MEYERS NEUES LEXIKON
In zehn Bänden

MEYERS NEUES LEXIKON

In zehn Bänden

Herausgegeben und bearbeitet von
Meyers Lexikonredaktion

Vierter Band

Gem - Inj

MEYERS LEXIKONVERLAG
Mannheim·Leipzig·Wien·Zürich

Redaktionelle Leitung: Dr. Gerd Grill M. A.

Redaktionelle Bearbeitung: Ariane Braunbehrens M. A.,
Ines Groh, Hildegard Hogen M. A., Jürgen Hotz M. A.,
Dipl.-Ing. Helmut Kahnt, Klaus M. Lange,
Dipl.-Inf. Veronika Licher, Heike Pfersdorff M. A.,
Dr. Erika Retzlaff, Dr. Uschi Schling-Brodersen,
Maria Schuster-Kraemer M. A., Irmgard Theobald,
Dr. Joachim Weiss, Johannes-Ulrich Wening

Redaktionsschluß des vierten Bandes: 15. April 1993

Einbandgestaltung: Markus Lüpertz

Die Deutsche Bibliothek – CIP-Einheitsaufnahme
Meyers neues Lexikon: in 10 Bänden/hrsg. und bearb. von Meyers Lexikonred.
[Red. Leitung: Gerd Grill. Red. Bearb.: Ariane Braunbehrens ...]. –
Mannheim; Leipzig; Wien; Zürich: Meyers Lexikonverl.
ISBN 3-411-07501-5
NE: Grill, Gerd [Red.]
Bd. 4. Gem – Inj. – 1993
ISBN 3-411-07541-4

Als Warenzeichen geschützte Namen sind durch das Zeichen Ⓦ
kenntlich gemacht. Etwaiges Fehlen dieses Zeichens bietet keine Gewähr dafür,
daß es sich um einen nicht geschützten Namen handelt, der von jedermann
benutzt werden darf
Das Wort MEYER ist für Bücher aller Art für den Verlag
Bibliographisches Institut & F. A. Brockhaus AG als Warenzeichen geschützt
Alle Rechte vorbehalten
Nachdruck, auch auszugsweise, verboten
© Bibliographisches Institut & F.A. Brockhaus AG, Mannheim 1993
Satz: Bibliographisches Institut & F.A. Brockhaus AG (DIACOS Siemens)
und Mannheimer Morgen Großdruckerei und Verlag GmbH
Druck und Bindearbeit: Neue Stalling GmbH, Oldenburg
Papier: 115 g Offsetpapier holzfrei mattgestrichen, chlorfrei,
der Papierfabrik Håfreström, Schweden
Printed in Germany
Gesamtwerk: ISBN 3-411-07501-5
Band 4: ISBN 3-411-07541-4

Gem

GEMA, Abk. für: **Ge**sellschaft für **m**usikal. **A**ufführungsrechte und mechan. Vervielfältigungsrechte, 1933 in Berlin gegr. ↑ Verwertungsgesellschaft von Urheberrechten; Sitz Berlin.

Gemäldegedicht (Bildgedicht), Umsetzung eines Gemäldes (oder allg. einer bildl. Darstellung) in lyr. Sprachform, gepflegt im Barock (Nähe zum Epigramm, J. van den Vondel, P. Harsdörffer, S. von Birken), in der Romantik (Sonette von A. W. von Schlegel), im 19. Jh. (C. F. Meyer), im 20. Jh. (Liliencron, Dauthendey, Rilke, Schaukal).

Gemara [aram. „Vervollständigung, Erlerntes"], Teil des ↑ Talmud, Lehrstoff, zumeist in Form von Diskussionen als Ergänzung und Erklärung der ↑ Mischna, der in die Gebiete ↑ Halacha und ↑ Haggada unterteilt wird; entstanden im 3.–6. Jh.

Gemarkung, urspr. Markung, Grenze; heute im dt. SW in der Bed. von „Feldmark" und „Gesamtgebiet einer Gemeinde".

gemäßigte Zone, Klimagebiet zw. subtrop. und subpolaren Zone mit reger Tiefdrucktätigkeit bei vorherrschenden Westwinden und Regen zu allen Jahreszeiten.

Gematrie [griech.-hebr.], myst. Deutung von Wörtern mit Hilfe des Zahlenwertes ihrer Buchstaben; bes. bei den Hebräern (z. B. Kabbala) üblich.

Gemayel, Amin [frz. ʒema'jɛl], * 1942, libanes. Politiker (Phalange). – Maronit. Christ; seit 1970 Mitglied des Parlaments; Sept. 1982 als Nachfolger seines bei einem Attentat getöteten Bruders *Béchir G.* (* 1947, † 1982) zum Staatspräs. gewählt; verlor im libanes. Bürgerkrieg zunehmend an Autorität, seit Ablauf seiner Amtszeit Sept. 1988 politisch ohne Bedeutung.

Gemeinde, in der *Bibel* ↑ Ekklesia.
▷ in den *christl. Kirchen* Bez. für die kleinste Einheit kirchl. Gliederung ([Regional]pfarrei, Pfarrgemeinde).
▷ (Kommune), eine *öff.-rechtl. Gebietskörperschaft* mit dem Recht der Selbstverwaltung, d. h. dem Recht, alle Angelegenheiten der örtl. Gemeinschaft im Rahmen der Gesetze in eigener Verantwortung zu regeln.
Im *östr.* und im *schweizer. Recht* gilt eine entsprechende Definition. In der Schweiz gibt es verschiedene Arten von G., die wichtigste ist die Einwohner-G. Der Umfang der Autonomie ist entsprechend dem kantonalen Verfassungs- und Gesetzesrecht unterschiedlich.
▷ in der *Soziologie* eine lokale Einheit mit (nach außen) abgrenzbaren sozialen Handlungsgefügen und gemeinsamen kulturellen, wirtschaftl. und polit. Beziehungen der Bewohner. Nach der für den Menschen „primären" Familie wird, neben Schule und Nachbarschaft, die G. als wichtigstes elementares Sozialsystem betrachtet, in dem erste „sekundäre" (rationalisierte, organisierte) Sozialbeziehungen erlebt werden können. Die Verwandtschafts- und Familienordnungen (auf dem Dorfe) oder die Kommunikationssysteme unter den Bewohnern größerer G. wirken als persönlichkeits- und verhaltensprägende Sozialstrukturen, vermittelnd zw. Familie und gesellschaftl. Großgebilden.

Gemeindebürgerrecht, zus. mit dem Kantonsbürgerrecht Grundlage des Schweizer Bürgerrechts. Der Erwerb des G. ist eine Voraussetzung der Einbürgerung. Die Regelung des G. ist Sache der Kt.; wird das Schweizer Bürgerrecht durch Abstammung oder kraft anderer familienrechtl. Tatsachen erworben, so erfolgt der Erwerb des G. und des Kantonsbürgerrechts ipso iure. Damit ist jeder Schweizer Bürger einer bestimmten Gemeinde.

Gemeindediakon ↑ Gemeindehelfer.
Gemeindedirektor ↑ Gemeindeverfassungsrecht.
Gemeindefinanzen, Gesamtheit aller Einnahmen und Ausgaben der Gemeinden und Gemeindeverbände. In der BR Deutschland nimmt durch die überproportionale Zunahme der Gemeindeaufgaben der Finanzbedarf ständig zu. Die Einnahmen der Gemeinden und Gemeindeverbände, die in der Hauptsache aus Einnahmen aus dem eigenen Vermögen, Gebühren und Beiträgen, Zuschüssen und Beihilfen, Steuern (↑ Gemeindesteuern), Umlagen und Einnahmen aus wirtsch. Tätigkeit bestehen, reichen zur Beseitigung der vorhandenen Deckungslücken nicht mehr aus. Die wachsenden Ausgaben der Gemeinden und Gemeindeverbände bedingen eine verstärkte finanzielle Unterstützung durch Bund und Länder.
Das System der Gemeindeabgaben in *Österreich* ähnelt dem der BR Deutschland. Neben ausschließl. Gemeindeabgaben (z. B. Grund-, Getränke-, Vergnügungssteuer, Gebühren und Beiträge) finden sich Gemeinschaftsabgaben und Zuweisungen an die einzelnen Gemeinden im Rahmen eines Finanzausgleichs. In der *Schweiz* besitzen die Gemeinden noch weitgehend das Recht der Selbstverwaltung. Über die Höhe der Gemeindeausgaben und über den Haushaltsplan entscheiden i. d. R. die Bürger der betreffenden Gemeinde in der Form eines Referendums. Finanzschwache Gemeinden erhalten von ihren Kt. über den Finanzausgleich Zuwendungen.

Gemeindehelfer (Gemeindediakon), in den ev. Kirchen Bez. für den in der Gemeindepflege tätigen Mann bzw. Frau (Gemeindehelferin). Ausbildung u. a. zum Katecheten oder Sozialarbeiter.

Gemeindekirchenrat (Presbyterium, Kirchengemeinderat, Kirchenvorstand), Organ zur Selbstverwaltung in ev. Kirchen, bestehend aus [gewählten] Ältesten und den Pfarrern einer Gemeinde; in größeren Gemeinden meist in Fachausschüsse gegliedert.

Gemeindeordnungen, Landesgesetze, welche die Stellung, Aufgaben und Rechte der Gemeinden, ihre Verfassung und Verwaltung, ihre Wirtschafts- und Haushaltsführung sowie die Staatsaufsicht über sie regeln. In *Österreich* besteht in jedem Bundesland eine eigene G. In der *Schweiz* werden die von den Kt. erlassenen entsprechenden Bestimmungen als **Gemeindegesetze** bezeichnet.

Gemeindepsychiatrie, Teilgebiet der Psychiatrie (v. a. in den USA und Großbritannien), das Therapieformen zu entwickeln versucht, die nicht nur auf den psychisch Kranken innerhalb seines Milieus zielen, sondern durch die auch eine Einbeziehung der dem Kranken nahestehenden gesellschaftl. Gruppen in den Therapieplan ermöglicht werden soll.

Gemeinderat, eine Volksvertretung in den Gemeinden **(Gemeindevertretung),** die aus allgemeinen, unmittelbaren, freien, gleichen und geheimen Wahlen hervorgehen muß (Art. 28 Abs. 1 Satz 2 GG); in den Städten auch Stadtrat genannt. Der G. ist das oberste Organ der Willensbildung in der Gemeinde und hat über alle wichtigen Angelegenheiten der Gemeinde, insbes. den Haushaltsplan und den Erlaß von Satzungen, zu beschließen. Seine Stellung im einzelnen ist in den Ländern unterschiedlich ausgestaltet. – ↑ Gemeindeverfassungsrecht.
Nach *östr. Recht* ist G. der von den Wahlberechtigten der Gemeinde zu wählende allgemeine Vertretungskörper. Die Einrichtung des G. ist unabdingbar; er wählt Gemeindevor-

Gemeindereferent

stand und Bürgermeister. Die *schweizer. Gemeindeorganisation* richtet sich nach den jeweiligen kantonalen und kommunalen Bestimmungen.

Gemeindereferent (Seelsorgehelfer), Beruf der kath. Kirche mit Fachhochschulstudium. Der G. (grad.) oder die Referentin, vor Ablegung der zweiten Dienstprüfung **Gemeindeassistent** gen., ist in der Glaubensverkündigung in der Jugend- und Erwachsenenbildung wie auch im karitativen Bereich tätig.

Gemeinderschaft, in der Schweiz wenig gebräuchl. Form des Gesamthandvermögens unter Familien-Mgl., bes. zur Bewirtschaftung landw. Betriebe (Art. 336 ff. ZGB).

Gemeindeschwester, Bez. für die früher im Rahmen der ambulanten Gemeindedienste eingesetzte Krankenschwester oder -pflegerin. Die Aufgaben der G. werden heute im allg. von den Sozialstationen aus wahrgenommen.

Gemeindesoziologie, seit Mitte 19. Jh. entwickeltes Teilgebiet einer bes. mit empirisch-sozialstatist. Methoden arbeitenden Soziologie, die über die Analyse lokal begrenzter Sozialstrukturen von Gemeinden Aussagen über sozialen Wandel, über die Entwicklung sozialer Konflikte und Schichtenbildung sowie über Prozesse soziokultureller Integration und Desintegration anstrebt.

Gemeindesteuern, Gesamtheit aller Steuern, aus denen den Gemeinden Einnahmen zufließen; i. e. S. die Steuern, deren Aufkommen nur den Gemeinden zusteht (im Unterschied zu den ↑Gemeinschaftssteuern). Die wichtigsten G. sind Gewerbesteuer, Grundsteuer, Vergnügungssteuer, Getränkesteuer und Schankerlaubnissteuer.

Gemeindetheologie, zusammenfassende Bez. für theologisch der urchristl. Gemeinde zugeordnete Aussagen, die auf der Grundlage der Ostererlebnisse der Jünger das Kerygma von der Erlösung mit Begriffen aus der jüdisch-hellenistisch-oriental. Tradition und den Jesusprädikaten zu fassen versuchten; die G. wird mit formgeschichtl. Methode aus der synopt. Evangelien erschlossen.

Gemeindeverbände, kommunale Gebietskörperschaften mit überörtl. Aufgaben und dem Recht der Selbstverwaltung für den Bereich mehrerer Gemeinden, z. B. die **Ämter** (in Schl.-H.), die **Samtgemeinden** (in Nds.), die **Verbandsgemeinden** (in Rhld.-Pf.), die **Verwaltungsgemeinschaften** (in Bay.), die **Landkreise,** in Ländern mit dreistufigem Verwaltungsaufbau die **Bezirke** (in Bay.) und die **Landschaftsverbände** (u. a. Rheinland). Die Mgl. von G. sind entweder Gemeinden und andere G. (so bei den Landschaftsverbänden) oder die in dem betreffenden Gebiet lebenden Bürger (so bei den Landkreisen). Dementsprechend sind auch die Vertretungsorgane der G. ausgestaltet. Von den G. sind die Zweckverbände und die kommunalen Spitzenverbände zu unterscheiden.

Gemeindeverfassungsrecht, die Gesamtheit der Rechtsnormen, welche die Verfassung der Gemeinden regeln; in Landesverfassungen und Gemeindeordnungen niedergelegt (in den Ländern der ehem. DDR gilt das Gesetz über die Selbstverwaltung der Gemeinden und Landkreise [Kommunalverfassung] vom 17. 5. 1990). Von Bundes wegen ist lediglich in Art. 28 Abs. 1 GG vorgeschrieben, daß in den Gemeinden das Volk eine Vertretung haben muß, die aus allg., unmittelbaren, freien, gleichen und geheimen Wahlen hervorgegangen ist (Gemeindevertretung, auch Gemeinderat, Stadtrat, Rat oder Stadtverordnetenversammlung). Es haben sich vier Typen von Gemeindeverfassungen herausgebildet: 1. *Magistratsverfassung:* Gemeindeverwaltung wird durch ein Kollegialorgan geleitet (Magistrat, Gemeindevorstand), das aus dem Bürgermeister als Vors. und Beigeordneten besteht (Hessen, Schl.-H.); 2. *Bürgermeisterverfassung:* der von der Gemeindevertretung gewählte Bürgermeister ist als Einzelperson Gemeindevorstand und leitet mit Unterstützung der Beigeordneten die Verwaltungsgeschäfte (Rhld.-Pf., Saarland, z. T. Schl.-H.); 3. *süddt. Ratsverfassung:* gekennzeichnet durch die dominierende Stellung des Gemeinderats (Bad.-Württ., Bay.); 4. *norddt. Ratsverfassung:* der Rat ist Vertretungsorgan der Gemeinde, dessen Vors. der Bürgermeister; ausführender Leiter der Gemeindeverwaltung ist der Gemeindedirektor (NRW, Nds.). Die von den Gemeindeorganen zu erfüllenden Aufgaben werden unterteilt in Angelegenheiten des eigenen und Angelegenheiten des übertragenen Wirkungskreises (↑Selbstverwaltung).

Gemeiner Beifuß

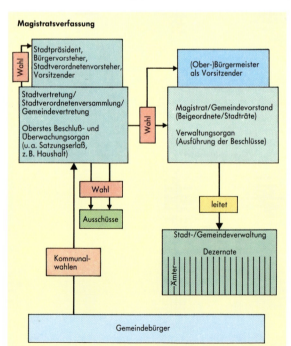
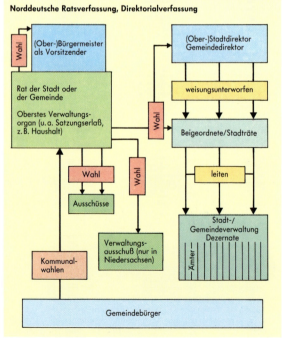

Gemeindeverfassungsrecht. Schematische Darstellung der Magistrats- und der norddeutschen Ratsverfassung

Gemeiner Hohlzahn

In *Österreich* sind die Grundzüge des G. in den Art. 115–120 B-VG enthalten. Organe der Gemeinde sind der Gemeinderat als zentrales Kollegialorgan, der Gemeindevorstand und der Bürgermeister.

In der *Schweiz* richtet sich das G. nach den jeweiligen kantonalen Bestimmungen. Von Bundes wegen wird die Gemeindeautonomie verfassungsrechtlich geschützt. In der Gemeindeorganisation ist die *Gemeindeversammlung,* die Gesamtheit der Stimmberechtigten, oberstes Organ. Ihr steht eine meist als Gemeinderat bezeichnete Exekutive gegenüber, der ein *Gemeindepräsident* vorsteht. In größeren Gemeinden bestehen Gemeindeparlamente, die die Bürgerversammlungen ersetzen.

Gemeindevermögen ↑Gemeindewirtschaftsrecht.
Gemeindeversammlung ↑Gemeindeverfassungsrecht (Schweiz).
Gemeindevertretung ↑Gemeinderat.
Gemeindevorstand, in der BR Deutschland ein kollegial oder monokratisch (der Bürgermeister ist G.) organisiertes Gemeindeorgan neben der Gemeindevertretung, auch *Magistrat* oder *Verwaltungsausschuß* gen.; die Zusammensetzung des Kollegialorgans ist unterschiedlich (Bürgermeister, Beigeordnete, Stadträte). *Aufgaben:* Leitung der Gemeindeverwaltung, Ausführung der Beschlüsse der Gemeindevertretung.

Nach *östr. Recht* ist der G. ein Organ der Gemeinde (bei Städten mit eigenem Statut: Stadtsenat), der die Vorberatung und Antragstellung an den Gemeinderat zu besorgen hat; Vorstand des G. ist der Bürgermeister.

Gemeindewirtschaftsrecht, Bestimmungen über die Wirtschafts- und Haushaltführung der Gemeinden, v. a. in Gemeindeordnungen enthalten. Das G. regelt die Verwaltung des **Gemeindevermögens** (Verwaltungs-, Betriebs-, Finanz-, Sonder-, Treuhandvermögen) nach den Grundsätzen der Bestands- und Werterhaltung sowie die kommunale Finanzwirtschaft, deren Grundlage u. a. die Festsetzung des jährl. Haushaltsplans, der Steuer- und Hebesätze und der Darlehensermächtigung ist. Des weiteren ist Bestandteil des G. die Regelung der wirtsch. Betätigung der Gemeinden.

Gemeine, in der graph. Technik fachsprachl. für: Kleinbuchstaben des Alphabets.
Gemeine ↑Commons.
gemeine Figuren ↑Wappenkunde.
Gemeine Flockenblume, svw. Wiesenflockenblume (↑Flockenblume).
Gemeineigentum, urspr. Bez. für das einer Gesamtheit zur gemeinschaftl. Nutzung zustehende Eigentum, bes. im bäuerl. Bereich das gemeinschaftl. Weideland. Im heutigen Sprachgebrauch Eigentum, das zur Sozialisierung (Verstaatlichung) auf einen Rechtsträger (bes. den Staat) übertragen wird, der nach den Grundsätzen der Gemeinwirtschaft handelt. Nach Art. 15 GG ist die Überführung von Grund und Boden, Naturschätzen und Produktionsmitteln in G. gegen Entschädigung erlaubt. – Zur *marxist.-leninist. Bestimmung* von G. ↑sozialistisches Eigentum und ↑Volkseigentum.
Gemeiner, im dt. Heer bis 1918 verwendete allg. unterste Dienstgradbezeichnung.
Gemeiner Beifuß (Pfefferkraut, Artemisia vulgaris), an Wegrändern und auf Schuttplätzen wachsende Beifußart, mehrjährige, bis 120 cm hohe Pflanze mit zweifach gefiederten, unterseits filzigen Blättern; Blütenköpfchen sehr klein, rötlichbraun, von filzigen Hüllblättern umgeben; als Gewürz für Braten und Geflügel verwendet.
Gemeiner Beinwell (Symphytum officinale), auf feuchten Wiesen, an Ufern und in Sümpfen wachsende Beinwellart; mehrjährige, bis 120 cm hohe, kräftige Pflanze mit bis 25 cm langen, lanzenförmigen Blättern; Blüten gelblich, hellrosafarben oder rot.
Gemeiner Birnbaum (Birnbaum pyrus domestica), Sammelart, die alle europ. Kultursorten des Birnbaums umfaßt, die vermutlich aus dem ↑Wilden Birnbaum durch Einkreuzen mehrerer Wildarten entstanden sind; bis 15 m hohe Obstbäume mit eiförmigen, spitzen Blättern und weißen Blüten mit roten Staubbeuteln; Früchte: kurze bis längl., eiförmige Balgäpfel mit Steinzellen im Fruchtfleisch. – ↑Birnen (Übersicht).
Gemeiner Hohlzahn (Ackerhohlzahn, Galeopsis ladanum), einjährige, 20–100 cm hohe Hohlzahnart in Europa

Gemeiner Beinwell

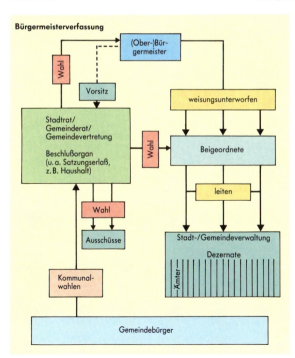
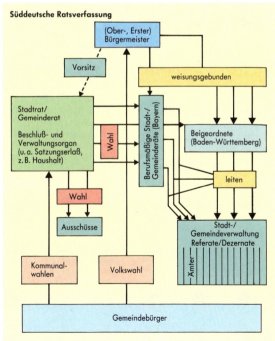

Gemeindeverfassungsrecht. Schematische Darstellung der Bürgermeister und der süddeutschen Ratsverfassung

Gemeiner Krake

und Asien; verzweigte Pflanzen mit roten bis weißen Blüten; Unkraut auf Äckern, Schutt und in Gebüschen.

Gemeiner Krake ↑ Octopus.

Gemeiner Pfennig, Bez. für die auf dem Wormser Reichstag 1495 beschlossene allg. unmittelbare Reichssteuer; die Erhebung scheiterte v. a. an der Zahlungsunwilligkeit der Reichsstände.

Gemeiner Wasserfloh ↑ Daphnia.

gemeiner Wert (Verkehrswert), Begriff des Steuerrechts, der die Bewertung eines Wirtschaftsgutes zum Einzelveräußerungspreis beschreibt, der im gewöhnl. Geschäftsverkehr zu erzielen wäre.

gemeines Recht, allg. geltendes Recht eines Staates (z. B. das Common Law in Großbritannien), im Ggs. zum bes. *(partikularen)* Recht bestimmter Provinzen oder Personen. In Deutschland versteht man darunter meist das röm. Privat- und Prozeßrecht, und zwar in der Gestalt, die es durch die Bearbeitung der italien. Juristen erhalten hatte, und das von der Kirche ausgebildete kanon. Recht. Das g. R. wurde in Deutschland von Rechtsprechung und Rechtswissenschaft weiterentwickelt und galt in vielen dt. Staaten, die sich keine Kodifikation gegeben hatten, subsidiär bis zum Inkrafttreten des BGB am 1. Jan. 1900.

Gemeinfreie ↑ Freie, ↑ Königsfreie.

Gemeingebrauch, die jedermann eingeräumte Berechtigung, *öff. Sachen* (wie Straßen, Wege, Grünanlagen, Wasserstraßen) ohne bes. Zulassung entsprechend ihrer Zweckbestimmung und ohne Beeinträchtigung anderer unentgeltlich zu benutzen. Gesteigerte Benutzungsrechte haben die Anlieger von Straßen und Gewässern (sog. *gesteigerter G.* oder *Anliegernutzung*); so unterliegt dem G. etwa das Unterhalten einer Garagenzufahrt, die kurzfristige Ablagern von Sachen vor dem Grundstück oder das Aufstellen von Fahrradständern für Kunden.

Gemeingefahr, zentraler Begriff der Gefährdungsdelikte. G. liegt vor bei Gefährdung einer Vielzahl von Menschen oder hochwertiger fremder Sachen durch die Tat.

gemeingefährliche Straftaten, Sammelbez. für die in §§ 306–323 c StGB aufgeführten Straftaten (z. B. Brandstiftung, Herbeiführen einer Explosion durch Kernenergie, Mißbrauch ionisierender Strahlen, Gefährdung des Bahn-, Schiffs- und Luftverkehrs), durch die eine Gemeingefahr herbeigeführt wird.

gemeingefährliche Vergiftung (Brunnenvergiftung), die Vergiftung von Brunnen oder Wasserbehältern oder von Gegenständen, die zum öff. Verkauf oder Verbrauch bestimmt sind (§ 319 StGB); mit Freiheitsstrafe von 1 bis zu 10 Jahren (u. U. mit lebenslanger Freiheitsstrafe) bedroht.

Gemeinheitsteilung, Maßnahme der ↑ Agrarreform seit dem 18. Jh.: Allmenden wurden aufgeteilt und in Privateigentum überführt.

Gemeinkosten, Kosten, die sich nicht unmittelbar einer bestimmten Leistung zurechnen lassen; z. B. Abschreibungen, Versicherungen, Transportlöhne.

Gemeinlastprinzip, v. a. im Zusammenhang mit dem Umweltschutz häufig herangezogenes Prinzip, wonach die Kosten der Vermeidung oder Beseitigung von Umweltbelastungen oder -schäden gesellschaftl. Gruppen oder den öff. Gebietskörperschaften und damit der Allgemeinheit zugerechnet werden. Das G. wird angewandt, wenn umweltpolit. Maßnahmen nach dem ↑ Verursacherprinzip nicht ergriffen werden können (z. B. wenn der Verursacher nicht eindeutig feststellbar ist).

gemeinnützige Unternehmen, private oder öffentliche, nicht auf Gewinnerzielung ausgerichtete Unternehmen, die gemeinnützige, mildtätige oder kirchl. Zwecke verfolgen und die steuerl. Vergünstigungen erhalten.

gemeinnützige Wohnungsunternehmen, Wohnungsunternehmen, die als jurist. Person betrieben werden und nicht unter dem überwiegenden Einfluß von Angehörigen des Baugewerbes stehen.

Gemeinplatz, 1770 von C. M. Wieland geprägte dt. Übersetzung für lat. „locus communis": allg. bekannter Ausdruck; meist als „nichtssagende Redensart" negativ bewertet.

Gemeinsame Afrikanisch-Mauritische Organisation ↑ OCAM.

Gemeinsamer Ausschuß (Notparlament, Notstandsausschuß), 1968 durch die Notstandsverfassung eingeführtes Verfassungsorgan (Art. 53 a GG), das zu zwei Dritteln aus den Abg. des Bundestages (1991: 32), die nicht der Bundesreg. angehören dürfen und vom Plenum zu Beginn jeder Wahlperiode entsprechend dem Stärkeverhältnis der Fraktionen bestimmt werden, und zu einem Drittel aus von den Landesreg. bestellten und im G. A. weisungsfreien Mgl. des Bundesrates (1991: 16) besteht.
Im Verteidigungsfall hat er die Stellung von Bundestag und Bundesrat und nimmt deren Rechte einheitlich wahr, sobald er mit Zweidrittelmehrheit der abgegebenen Stimmen, die zugleich auch die Mehrheit der gesetzl. Stimmenzahl sein müssen, festgestellt hat, daß dem rechtzeitigen Zusammentritt des Bundestages *unüberwindl. Hindernisse* entgegenstehen oder daß dieser *nicht beschlußfähig* ist (Art. 115 e Abs. 1 GG). Gesetze des G. A. dürfen weder die Verfassung ändern noch Neugliederungen des Bundesgebietes vornehmen oder Hoheitsrechte auf internat. Organisationen übertragen, sie treten spätestens sechs Monate nach Beendigung des Verteidigungsfalles außer Kraft.

gemeinsamer Markt, möglichst freier, jedenfalls den gleichen Bedingungen unterworfener *Binnenmarkt* im Rahmen der Europ. Gemeinschaften, insbes. freier Waren-, Dienstleistungs- und Kapitalverkehr, Freizügigkeit der Arbeitnehmer und Niederlassungsfreiheit der Selbständigen und Gesellschaften. Entsprechend der ↑ Einheitlichen Europäischen Akte ist der einheitl. gemeinsame Binnenmarkt der EG Anfang 1993 verwirklicht worden.

Gemeinsamer Senat der obersten Gerichtshöfe des Bundes, Spruchkörper zur Wahrung der Einheitlichkeit der Rechtsprechung der obersten Gerichtshöfe des Bundes (gemäß Art. 95 Abs. 3 GG), Sitz Karlsruhe. Er besteht aus den Präs. der obersten Gerichtshöfe des Bundes, den Vors. Richtern und je einem weiteren Richter der an der einzelnen Sache beteiligten Senate. Er entscheidet bindend über die Rechtsfrage, welche von einem obersten Gerichtshof vorgelegt wird, wenn er von der Entscheidung eines anderen obersten Gerichtshofes oder des Gemeinsamen Senats abweichen will.

gemeinsames Vielfaches, eine ganze Zahl, die sich durch zwei oder mehr gegebene ganze Zahlen ohne Rest teilen läßt. So sind z. B. die Zahlen 120, 240 oder 360 g. V. von 5, 6 und 8.

Gemeinsame Versammlung, das Parlament der Europ. Gemeinschaften für Kohle und Stahl (Montanunion); 1958 vom Europ. Parlament abgelöst.

Gemeinschaft, in der älteren dt. *Soziologie* (F. Tönnies, 1887) als Ggs. zu „Gesellschaft" geprägter Begriff; ein sozialer Zustand instinktiver, gewohnheitsbedingter bzw. ideenbezogener Gemeinsamkeit, auf Neigung, Liebe, „innerer" Verbundenheit beruhend. Herrschaftsverhältnisse in der G. werden interessenintegrativ betrachtet als Gebrauch der Herrschaft zum Nutzen der Beherrschten. In der Gegenwartssoziologie ist die geistesgeschichtlich gebundene Kategorie G. zugunsten differenzierterer Grundbegriffe wie Primärgruppe, Intimgruppe u. a. abgelöst worden.
– G. und *Religion* ↑ Religionssoziologie.
▷ im *dt. Recht* 1. i. w. S. jede privatrechtl. Verbindung von Personen mit gemeinsamen vermögensrechtlichen Interessen, nämlich die Zweckgemeinschaft (Gesellschaft), die schlichte Interessengemeinschaft, die ehel. Gütergemeinschaft, die ↑ Erbengemeinschaft; 2. i. e. S. die ↑ Bruchteilsgemeinschaft.

Gemeinschaft der Heiligen (Communio Sanctorum), Begriff der christl. Theologie zur Bez. 1. der „Gemeinschaft der hl. Gaben", d. h. Gemeinschaft an Leib und Blut Christi in der Eucharistie, 2. der Kirche.

Gemeinschaften Christlichen Lebens, Abk. GCL, seit 1967 unter diesem Namen erneuerte Fortführung der 1563 gegr. kath. **Marianischen Kongregationen**: kirchl. Gemeinschaften (Kleriker und Laien), die sich dem Dienst in Kirche und Welt widmen. 1988 gab es insgesamt 45 Nationalföderationen der GCL. Die Anzahl der Mgl. in der BR Deutschland beträgt rd. 55 000.

gemeinschaftliches Testament, eine Form des ↑Testaments.

Gemeinschaftsantennenanlage, Abk. GA, gemeinschaftlich genutzte Antenne zum Betrieb zahlr. Hörfunk- und Fernsehgeräte in größeren Wohnanlagen. Die Antennensignale werden von einem breitbandigen Verstärker verstärkt und über Koaxialkabel den einzelnen Wohnungen zugeführt. Vorteile: Vermeidung sog. „Antennenwälder" auf den Dächern. Eine Weiterentwicklung der GA stellt die **Groß-Gemeinschaftsantennenanlage,** Abk. GGA, dar, die der Versorgung ganzer Stadtteile dient.

Gemeinschaftsaufgaben, bestimmte Verwaltungsaufgaben, die gemeinsam von Bund und Ländern wahrgenommen werden, wenn diese Aufgaben für die Gesamtheit bedeutsam sind und die Mitwirkung des Bundes zur Verbesserung der Lebensverhältnisse erforderlich ist (Art. 91 a GG). Es handelt sich hierbei um den Ausbau und Neubau von Hochschulen einschl. der Hochschulkliniken sowie um die Verbesserung der regionalen Wirtschaftsstruktur, der Agrarstruktur und des Küstenschutzes. Die G. werden von den Ländern ausgeführt, der Bund beteiligt sich an der Planung und Finanzierung.

Gemeinschaftsbewegung, zusammenfassende Bez. für eine innerprot. Erneuerungsbewegung, die aus verschiedenen Traditionen hervorging. - Erbauungsversammlungen ohne Anschluß ans Pfarramt nahmen im 19. Jh. Wicherns Aufforderung zur Evangelisation und die aus den angelsächs. Ländern kommende „Heiligungsbewegung" auf. Betonung charismat. Laienarbeit und persönl. Heilssicherheit begünstigten um die Jahrhundertwende ekstat. und Einflüsse der Pfingstbewegung, die aber in den Jahren 1920-30 durch Neuorientierung an der Rechtfertigung zugunsten einer Verkirchlichung wieder verdrängt wurden. - Durch die Herkunft vieler heute amtierender ev. Pfarrer aus der G. wurde eine Zusammenarbeit der G. mit den Landeskirchen ermöglicht, wobei jedoch die G. im Ggs. zur Kirche nach wie vor die Erkennbarkeit der Zugehörigkeit zur Gemeinde betont.

Gemeinschaftserziehung, svw. ↑Koedukation.

Gemeinschaftskunde, 1960 bzw. 1962 eingeführtes Oberstufenfach am Gymnasium, in dem Geschichts-, Erdkunde- und Sozialkundeunterricht zusammengefaßt werden. Es soll durch Darlegung sozialer, wirtsch. und histor. Bedingungen der Gesellschaft zur polit. Bildung beitragen. In einigen Bundesländern sind u. a. auch die Bez. Sozialkunde, Politik und polit. Weltkunde/Geschichte üblich.

Gemeinschaftspatent, Patent, das mit Wirkung für den Bereich der Europ. Wirtschaftsgemeinschaft erteilt wird; besteht neben dem nat. und dem Europ. Patent.

Gemeinschaftsrecht ↑Europarecht.

Gemeinschaftsschule (Simultanschule), Schulform, die Schüler versch. Bekenntnisse vereinigt; seit den 60er Jahren in der BR Deutschland die Regelschule, meist als **christliche Gemeinschaftsschule,** deren allg.-christl. Grundlage jedoch andere weltanschaul. oder religiöse Inhalte nicht beeinträchtigen darf (Neutralitätsangebot der G.). - Ggs.: Bekenntnisschule. In *Östr.* und der *Schweiz* sind die Pflichtschulen überwiegend Gemeinschaftsschulen.

Gemeinschaftsteuern, Bez. für die Gesamtheit der Steuern, die Bund und Länder nach Art. 106 GG gemeinsam zustehen: Lohnsteuer, veranlagte Einkommensteuer, Kapitalertragsteuer, Körperschaftsteuer, Umsatzsteuer (Mehrwertsteuer) und Einfuhrumsatzsteuer.

Gemeinschaftswerk Aufschwung Ost, am 8. März 1991 von der Bundesreg. verabschiedetes Programm zur Förderung von Investitionen und Arbeitsplätzen in den neuen Bundesländern. Das zunächst für 2 Jahre konzipierte Programm hatte ein finanzielles Gesamtvolumen von jeweils 12 Mrd. DM für 1991 und 1992. Die Mittel wurden u. a. zur Stimulierung bes. beschäftigungsintensiver kommunaler und privater Unternehmen, für Arbeitsbeschaffungsmaßnahmen, Wohnungs- und Stadtebau sowie für Investitionen im Bereich Verkehr und Hochschulen eingesetzt.

Gemeinschaft Unabhängiger Staaten ↑GUS.

Gemeinschuldner, derjenige Schuldner [einer Mehrzahl von Gläubigern], über dessen Vermögen der Konkurs stattfindet.

Gemeinsinn, das Zusammengehörigkeitsgefühl innerhalb einer Gruppe (z. B. Gemeinde, Staat) mit der Bereitschaft, über den persönl. Bereich hinaus Verantwortung im sozialen Leben zu übernehmen.
▷ ↑Common sense.

Gemeinsprache, eine über die Grenzen der Mundarten hinausreichende Einheitssprache; auch als Opposition zu Fach- oder Gruppensprache verwendet; auch svw. ↑Standardsprache.

Gemeinwesenarbeit ↑Sozialarbeit.

Gemeinwille ↑Volonté générale.

Gemeinwirtschaft, Wirtschaftsform, die das Ziel der volkswirtsch. Bedarfsdeckung verfolgt und bei der Festsetzung ihrer Preise für Güter und Dienstleistungen nach dem Prinzip der Kostendeckung verfährt. Gemeinwirtsch. Unternehmen sind z. B. die Dt. Bundespost und die Dt. Bundesbahn.

Gemeinwirtschaftsbanken, von Gewerkschaften und Genossenschaften getragene Banken.

Gemeinwohl, politisch-sozialer Begriff, der in einem Gemeinwesen die Gesamtinteressen (im Ggs. zu Einzel- oder Gruppeninteressen) bezeichnet, wobei problematisch ist, was konkret inhaltlich jeweils als G. anzusehen ist (da dies von den jeweiligen politisch-sozialen und wirtsch. Positionen und Zielen der verschiedenen Gruppen sehr unterschiedlich interpretiert wird), wie die Feststellung des G. zustande kommt und inwieweit das G. sich in der Summe der Einzel- bzw. Gruppeninteressen erschöpft oder eine behauptete eigene Qualität darstellt. Die aktuelle Definition des G., die im Zusammenhang mit den - häufig verfassungsrechtlich normierten - Wertentscheidungen einer Gesellschaft steht, wird in pluralist. Gesellschaften in der ständigen Auseinandersetzung der verschiedenen Interessen vorgenommen, für deren Ergebnis letztlich die Machtverteilung unter den gesellschaftl. Gruppen ausschlaggebend ist.

Gemelli, Agostino [italien. dʒe'mɛlli], * Mailand 18. Jan. 1878, †ebd. 15. Juli 1959, italien. Philosoph und Psychologe. - 1902 Arzt, 1903 Franziskaner, 1908 Priester. Gründete in Mailand die „Università del Sacro Cuore" (1921 eröffnet, 1924 staatl. anerkannt), die er bis zu seinem Tode leitete und an der er Prof. für Psychologie war. 1936 Präs. der Päpstl. Akademie der Wissenschaften.

Gemęlli [lat.], svw. ↑Zwillinge.

Gemenge ↑Gemisch.
▷ (Gemengesaat) gleichzeitiger Anbau von zwei oder mehreren gleichzeitig reifenden Fruchtarten auf demselben Ackerstück; z. B. Weizen-Roggen-G., Hafer-Lupinen-G.; liefert meist höhere Erträge.

Gemengelage (Gemenglage, Streulage), verstreute Verteilung des in einer Hand befindl. ländl. Grundeigentums (↑Flurformen, ↑Flurbereinigung).

Gemini [lat.] (Zwillinge), Sternbild, ben. nach den Zwillingssternen Castor und Pollux; ↑Sternbilder (Übersicht).

Gemini [lat.], svw. ↑Zwillinge.

Geminiani, Francesco [italien. dʒemi'niaːni], * Lucca 1680(?), ≈ 5. Dez. 1687, †Dublin 17. Sept. 1762, italien. Violinist und Komponist. - Ab 1714 als Virtuose und Lehrer in London 1749-55 in Paris. Sein Lehrwerk „The art of playing on the violin" (1751) war grundlegend für die moderne Violintechnik. Komponierte 24 Violin-, 6 Cellosonaten und 24 Concerti grossi.

Geminiden [lat.], Meteorstrom aus der Richtung des Sternbildes Gemini, der zw. 5. und 19. Dez. auftritt.

Gemini-Programm, Orbital-Raumflugprogramm der NASA (1961-66) mit zweisitzigen Raumkabinen (Orbitalmasse: bis 3 800 kg) als Vorbereitung auf die Apollo-Flüge. Hauptaufgabe des mit Trägerraketen Titan 2 durchgeführten G.-P., das zehn Raumflüge mit je zwei Astronauten um-

Gemisch

faßte (Gemini 3 bis 12), waren neben einer Vielzahl wiss. Experimente die Ausführung raumfahrttechn., biomedizin. und psycholog. Versuche sowie Schwerelosigkeitstests und Arbeitsfähigkeitstests bei Weltraumausstiegen. Die Flugdauer der Raumkabinen lag zw. 4 h 53 min (3 Erdumläufe; Gemini 3) und 13 d 18 h 36 min (206 Umläufe; Gemini 7). Die größte Apogäumshöhe erreichte Gemini 11 (1 367 km).

Gemini-Programm. Gemini 6 beim Rendezvousmanöver mit Gemini 7 am 15. Dezember 1965 in 295 km Höhe (aufgenommen aus Gemini 7)

Gemisch (Mischung), eine Substanz, die durch physikal. Trennmethoden in einzelne Bestandteile (Komponenten) zerlegt werden kann. **Homogene Gemische** bestehen aus nur einer Phase (z. B. Flüssigkeits-G., Lösungen, Legierungen), **heterogene Gemische** (Gemenge) aus mehreren Phasen (z. B. Suspensionen, Emulsionen, Aerosole).

Gemischbildung, bei Verbrennungskraftmaschinen Herstellung der zum Betrieb erforderl. Kraftstoff-Luft-Mischung im Vergaser bzw. beim Dieselmotor durch Einspritzen des Kraftstoffs in die im Brennraum befindl. Luft.

Gemischschmierung, Schmierungsart für Zweitaktmotoren. Das Schmieröl wird in Verhältnissen von 1:25 bis 1:50 dem Kraftstoff zugesetzt.

gemischtes Doppel (Mixed) ↑Doppel.

gemischte Stimmen, in der Orgel Register (wie Mixtur, Kornett u. a.), die aus mehreren ↑Aliquotstimmen zusammengesetzt sind.

gemischte Zahl, jeder unechte Bruch, dargestellt als Summe einer ganzen Zahl und eines echten Bruches, wobei das Pluszeichen weggelassen wird, z.B. $^{11}/_2 = 5 + ^1/_2 = 5^1/_2$.

Gemischtwarengeschäft, Betriebsform des Einzelhandels, durch eine breite Streuung des Warensortiments gekennzeichnet.

gemischtwirtschaftliche Unternehmen, privatrechtl. Unternehmen, deren Eigenkapital sowohl durch öff. Körperschaften als auch durch Privatpersonen aufgebracht wird.
Da eine Eigenkapitalbeteiligung von Privatpersonen an öff.-rechtl. Institutionen nicht möglich ist, kommen für g. U. nur privatrechtl. Rechtsformen in Frage, die wegen der Vorschriften über die Beteiligungen der öff. Hand überdies fast durchweg durch beschränkte Haftungsverhältnisse gekennzeichnet sind. Prakt. bestehen g. U. bes. in der Rechtsform der AG und der GmbH; g. U. finden sich v. a. in der Energieversorgung und im Verkehrswesen.

Gemma [lat. „Edelstein"], Name des hellsten Sterns (α CrB) im Sternbild Corona borealis (Nördl. Krone); scheinbare visuelle Helligkeit 2^m23.

Gemme [lat.-italien.] ↑Steinschneidekunst.

Gemmen [lat.], bei der ungeschlechtl. Fortpflanzung von Pilzen gebildete Dauerzellen am Ende einer Pilzhyphe.

Gemmologie [lat./griech.], die Lehre von den Schmuck- und Edelsteinen.

Gemmula [lat.], kugelförmiges, meist etwa 0,5–1 mm großes Dauerstadium hauptsächlich bei Süßwasserschwämmen; zur Überdauerung ungünstiger Lebensbedingungen.

Gemsbock, wm. Bez. für die ♂ Gemse.

Gemsbüffel, svw. ↑Anoa.

Gemse (Gams, Rupicapra rupicapra), etwa ziegengroße Art der Hornträger (Unterfam. Ziegenartige) in den Hochgebirgen Europas (mit Ausnahme des N) und SW-Asiens, eingebürgert auch in europ. Mittelgebirgen (z. B. im Schwarzwald und Erzgebirge) und in Neuseeland; Körperlänge etwa 1,1–1,3 m, Schulterhöhe etwa 70–85 cm, Gewicht bis 60 kg; Kopf auffallend kontrastreich gelblichweiß und schwarzbraun gezeichnet, übrige Färbung im Sommer rötlich- bis gelblichbraun mit schwärzl. Aalstrich, im Winter braunschwarz; die bes. verlängerten Haare auf Widerrist und Kruppe liefern den Gamsbart; ♂ und ♀ mit hakenartig nach hinten gekrümmtem Gehörn (*Krucken, Krickel, Krükkel*). Die in Rudeln lebende G. ist ein sehr flinker Kletterer; ihre spreizbaren, hart- und scharfrandigen Hufe mit einer elast. Sohlenfläche passen sich gut dem Gelände an.

Gemskraut, svw. ↑Gamskraut.

Gemskresse (Hutchinsia), Gatt. der Kreuzblütler mit drei Arten (u. a. **Alpengemskresse**) in den Hochgebirgen Europas; niedrige Polsterstauden mit fiederschnittigen Blättern und weißen Blüten in Doldentrauben.

Gemswild, svw. ↑Gamswild.

Gemswurz (Gamswurz, Doronicum), Gatt. der Korbblütler mit etwa 35 Arten in Europa und Asien, v. a. in Mittel- und Hochgebirgen; Stauden mit wechselständigen, ungeteilten Blättern und einem oder wenigen großen, gelben Blütenköpfchen; viele Arten sind beliebte Zierpflanzen (u. a. die **Großblütige Gemswurz**).

Gemünden a. Main, Stadt 40 km nw. von Würzburg, Bay., 161 m ü. d. M., 10 100 E. Maschinen- und Fahrzeugbau, Elektro-, Holz- und Bekleidungsind. – Erstnennung 837; 1466 an Würzburg, seit 1803/14 zu Bayern. – Im 2. Weltkrieg stark zerstört; wiederaufgebaut bzw. neu erbaut wurden u. a. die Stadtpfarrkirche (15. Jh.) und das Kreuzkloster mit Rundkirche (1956–61); erhalten sind das sog. Huttenschlößchen (1711), Teile der ma. Befestigung und Teile der Scherenburg (13. Jh.).

Gemündener Maar, von einem See gefülltes Maar in der Eifel bei Daun.

Gemüse [zu mittelhochdt. gemüese, urspr. „Brei (aus gekochten Nutzpflanzen)" (zu Mus)], pflanzl. Nahrungsmittel (mit Ausnahme des Obstes und der Grundnahrungsmittel Getreide und Kartoffel), die roh oder nach bes. Zubereitung der menschl. Ernährung dienen. Man unterscheidet: *Wurzel- und Knollen-G.* (Kohlrabi, Rettich, Radieschen, Rote Rübe), *Blatt- und Stiel-G.* (Spinat, Mangold, Rhabarber, Kopfsalat), *Frucht-G.* (Erbse, Tomate, Gurke), *Kohl-G.* (Weißkohl, Rosenkohl, Blumenkohl). G. spielt bei der Ernährung durch seinen hohen Gehalt an Vitaminen und Mineralstoffen eine große Rolle.

Geschichte: Im prähistor. M-Europa ist die Verwendung von Erbse, Linse und Pferdebohne nachweisbar. G.anbau kam durch Griechen und Römer nach M-Europa. In den Kloster- und Pfalzgärten des frühen MA wurden Kohlsorten, Möhren, Pferdebohnen, Kohlrabi, Zwiebeln, Knoblauch, Melde, Lattich (Salat), Endivien, Erbsen, Melonen, Gurken, Mangold und Portulak angebaut. Aus Amerika brachten die Spanier Tomaten sowie die Garten- und Feuerbohne nach Europa.

Gemüsekohl (Brassica oleracea), zweijähriger bis ausdauernder (als Kulturform auch einjähriger) Kreuzblütler; wild wachsend an Strandfelsen; bis 3 m hohe Pflanze; Blüten schwefelgelb (seltener weiß) in Blütenständen; Früchte bis 7 cm lang, mit kurzem „Schnabel". – Der G. ist eine Kulturpflanze mit zahlr. Kulturformen, die sich in folgende morpholog. Gruppen unterteilen lassen: **Stammkohl** mit bes. kräftig entwickelter Sproßachse, die genutzt wird (z. B. Markstammkohl, Kohlrabi); **Blätterkohl** (Blattkohl), dessen Blätter sich entfalten und dann genutzt werden (Grünkohl), **Kopfkohl,** bei dem die Blätter die Knospenlage bei-

Gemskresse. Alpengemskresse

Gemswurz. Großblütige Gemswurz

behalten und sich zu einem Kopf zusammenschließen; **Infloreszenzkohl**, dessen fleischig verdickte Blütenstandsachsen gegessen werden (z. B. Blumenkohl, Spargelkohl).

Gemüt, zusammenfassende Bez. für die Gefühle, Leidenschaften, Stimmungen usw. enthaltende emotionale Seite des menschl. Seelenlebens. Unter **Gemütsarmut** versteht man meist eine gefühlsmäßige Gleichgültigkeit gegenüber der Umwelt.

Gemütskrankheiten, Leiden, die mit einer krankhaften Veränderung des affektiv-emotionalen („gefühlsbetonten") Verhaltens (ohne Beeinträchtigung des Intellekts) einhergehen; z. B. ↑Depression.

Gen [griech.] (Erbeinheit, Erbanlage), urspr. die letzte, unteilbare, zur Selbstverdopplung befähigte Einheit der Erbinformation. Die Gesamtheit aller Gene eines Organismus wird als **Genom** bezeichnet. Ein G. bestimmt (zus. mit den Umwelteinflüssen) die Ausbildung eines bestimmten Merkmals. Neue alternative (allele) G. treten sprunghaft und einzeln unter einer großen Zahl von Individuen mit sonst konstantem Merkmalsbild auf (↑Mutation). Die mit der steigenden Zahl von bekannten G. entdeckten Einschränkungen der freien Kombinierbarkeit untereinander (bei den sog. *gekoppelten G.*) führten zur Aufstellung von *Kopplungsgruppen* als G.zusammenschlüssen (G.kopplung). Bei der Aufspaltung der elterl. Erbanlage insgesamt werden nicht einzelne G., sondern solche Kopplungsgruppen verteilt und in der Zygote frei [re]kombiniert. Trotzdem kommt es aber auch zw. homologen Kopplungsgruppen zu einem gegenseitigen Austausch von G. (Cross-over). Die Kopplungsgruppen wurden mit den mikroskop. erkennbaren ↑Chromosomen identifiziert, die G. selbst mit den ↑Chromomeren gleichgesetzt. – Die heutige molekulare Genetik definiert das G. als einen einzelnen Abschnitt auf einem viele G. umfassenden Nukleinsäuremolekül und somit als das materielle Substrat eines ↑Erbfaktors; es enthält die genet. Information für die Bildung eines einheitl., vollständigen Genproduktes (meist ein Protein bzw. eine Polypeptidkette). Damit ist (nach dem Muster der früheren Hypothese: ein G. = ein Enzym bzw. ein ↑Cistron = ein Polypeptid) die Definition beibehalten worden, daß das G. die Einheit der genet. Funktion (Einheit der Merkmalsausbildung) darstellt. Als Einheit der Mutation (↑Muton) und der Rekombination (↑Recon) wird heute das einzelne Nukleotidpaar der DNS angesehen. – Beim Menschen wird die Anzahl der G. in einem Zellkern auf rd. 50 000 geschätzt; davon sind z. Z. rd. 1 200 bekannt.

Gemünden a. Main. Im Vordergrund der erhaltene Turm der mittelalterlichen Stadtbefestigung, am Berghang die Ruine der im 13. Jh. erbauten Scherenburg

...gen [griech.], Nachsilbe mit der Bed. „erzeugend, bildend; erzeugt", z. B. anthropogen.

genant [ʒeˈnant; frz.], belästigend, lästig; peinlich; unangenehm.

Genauigkeit, der Grad der Annäherung an einen idealen oder erforderl. Wert. Eine Zahl ist auf *n* Dezimalen (hinter dem Komma) genau, wenn ihre Abweichung kleiner als $0,5 \cdot 10^{-n}$ ist. – ↑Toleranzen.

Genaustausch, svw. ↑Faktorenaustausch.

Genbank (Genbibliothek), Einrichtung zur Sammlung, Erhaltung und Nutzung des Genmaterials bestimmter Organismen in der Form von klonierten DNS-Fragmenten, insbes. von Pflanzenarten (v. a. der für die menschl. Ernährung und sonstige Nutzung wichtigen), aber auch von Tieren, vor allem von solchen, die bedroht zu sein scheinen. 1986 wurde in den USA eine G. für menschl. Genmaterial eingerichtet.

Genchirurgie, svw. ↑Genmanipulation.

Gendarm [ʒanˈdarm; frz., von gens d'armes „bewaffnete Männer], seit dem 19. Jh. Bez. für einen Angehörigen des Polizeidienstes (nicht der Kriminalpolizei). Die **Gendarmerie** war urspr. eine aus dem frz. König dienenden Edelleuten gebildete Truppe. Seit 1809 war die Gendarmerie in fast allen dt. Staaten eine militärisch organisierte Polizei auf dem Lande. Ihre Gestalt als staatl. Vollzugspolizei auf dem Lande erhielt sie erst 1820. 1920 wurde sie auf Grund des Versailler Vertrags entmilitarisiert, dem allg. Beamtenrecht unterstellt und in Preußen in **Landjägerei** umbenannt. In der BR Deutschland wird die Bez. Gendarmerie nicht mehr geführt.

Für *Österreich* ↑Bundesgendarmerie. In der frz.sprachigen *Schweiz* ist die Bez. G. nur inoffiziell.

Gendron, Maurice [frz. ʒãˈdrõ], * Nizza 26. Dez. 1920, † Grez-sur-Loing 20. Aug. 1990, frz. Cellist. – Solist und Kammermusiker, dessen Repertoire von J. S. Bach bis zur Moderne reichte. Unternahm seit Mitte der 40er Jahre weltweite Konzertreisen; trat auch als Dirigent hervor.

Genealogie [griech.] (Ahnenforschung, Geschlechtskunde, seltener Familienforschung, -kunde), Lehre von der Herkunft und den Verwandtschaftsverhältnissen von Personen oder Familien in der Abfolge der Generationen; im MA v. a. für den Adel von Bed. (Erbrecht, Adelsprobe). Entwicklung zur histor. Hilfswiss. seit der Aufklärung (v. a. durch J. C. Gatterer). Die *allg. (theoret.) G.* erforscht Gesetzmäßigkeiten genealog. Zusammenhänge u. a.; die *angewandte (prakt.) G.* wertet v. a. genealog. Quellen (Chroniken, Urkunden, Kirchenbücher usw.) aus. – Genealog. Sachverhalte werden meist in tabellar. Übersichten dargestellt. In der **Aszendenztafel** wird ein Proband an die Spitze seiner Vorfahrenreihe gesetzt **(Ahnentafel)**, in der **Deszendenztafel** an die Spitze seiner Nachkommenschaft, die entweder die männl. und weibl. Deszendenz vollständig **(Enkeltafel)** oder nur die Linien der männl. Nachkommenschaft **(Stammtafel)** verzeichnet. Die Verbindung von Aszendenz- und Deszendenztafeln ergibt **Konsanguinitätstafeln** (Verwandtschaftstafeln).

genealogische Taschen- und Handbücher, Verzeichnisse von Personenstand und genealog. Abkunft politisch oder gesellschaftlich bed. Geschlechter, im dt. Sprachbereich v. a. „Gothaische Genealog. Taschenbücher" (5 Abteilungen, 1763–1944), „Genealog. Handbuch des Adels" (1951 ff.), „Genealog. Handbuch bürgerl. Familien" (119 Bde., 1889–1943), Fortsetzung: „Dt. Geschlechterbuch" (Bd. 120 ff., 1955 ff.).

Genée, Dame (seit 1950) Adeline [dän. ʃiˈniː], eigtl. Anina Jensen, *Århus 6. Jan. 1878, †Esher (Surrey) 23. April 1970, dän. Tänzerin. – Kam 1897 nach London, wo sie u. a. in „Coppélia" große Erfolge hatte; maßgebl. für die Anfänge des engl. Balletts.

G., Richard [frz. ʒəˈne], *Danzig 7. Febr. 1823, †Baden bei Wien 15. Juni 1895, dt. Komponist und Librettist. – Seit 1867 Theaterkapellmeister in Wien; übersetzte und schrieb (mit F. Zell) zahlr. Operettentexte (bes. für J. Strauß, Millöcker, Suppé), komponierte kom. Opern und Operetten.

genehmigtes Kapital, der Betrag, um den der Vorstand einer AG das Grundkapital durch Ausgabe neuer Aktien erhöhen kann.

Genehmigung, 1. im Zivilrecht die nachträgl. und unwiderrufl. Zustimmung zu einem zustimmungsbedürftigen Rechtsgeschäft. Sie bewirkt, daß das mangels Zustimmung *schwebend unwirksame Rechtsgeschäft* wirksam wird, i. d. R.

geneigte Ebene

rückwirkend auf den Zeitpunkt seiner Vornahme; 2. die [vor oder nach Geschäftsabschluß erteilte] behördl. Zustimmung zu einem Privatrechtsgeschäft sowie die behördl. ↑Erlaubnis.

geneigte Ebene, svw. ↑schiefe Ebene.
Genelli, Bonaventura [dʒeˈnɛli], *Berlin 28. Sept. 1798, †Weimar 13. Nov. 1868, dt. Zeichner und Maler. – Einer der produktivsten Zeichner des dt. Klassizismus; u. a. Bildfolgen zu Dantes „Göttl. Komödie" (1840–46), zur „Ilias" und zur „Odyssee" (1844).

Bonaventura Genelli. Harmonia beseligt Amor und Psyche (Leipzig, Museum der bildenden Künste)

Genera (Mrz. von Genus) [lat.] ↑Genus.
▷ in der Biologie ↑Gattung.
General [zu lat. generalis „allgemein, die (ganze) Gattung betreffend"], in zahlr. Streitkräften höchster Offiziersdienstgrad; in der Bundeswehr: Brigadegeneral, Generalmajor, Generalleutnant, G.; in der dt. Wehrmacht bis 1945: Generalfeldmarschall, Generaloberst, General, Generalleutnant, Generalmajor. – In *Österreich* Brigadier und General. In der *Schweiz* ist der G. der Oberbefehlshaber der Streitkräfte, der nur im Mobilmachungsfall gewählt wird. – ↑Dienstgradbezeichnungen (Übersicht).
General... [lat.], Bestimmungswort von Zusammensetzungen mit der Bed. „Haupt..., Oberst..., allgemein", z. B. Generalintendant.
Generalabsolution, in der kath. Kirche 1. die sakramentale Lossprechung von Sünden ohne vorhergehendes persönl. Schuldbekenntnis (z. B. in Todesgefahr). – 2. päpstl. Segen mit vollkommenem Ablaß in Todesgefahr.
General Agreement on Tariffs and Trade [engl. ˈdʒɛnərəl əˈgriːmənt ɔn ˈtærɪfs ənd ˈtreɪd] ↑GATT.
Generalanzeiger, Bestandteil im Titel dt. Zeitungen (seit 1845), zugleich dt. Zeitungstyp; wichtigste Merkmale waren: 1. Finanzierung v. a. über Anzeigeneinnahmen; 2. Rücksichtnahme auf möglichst viele Lesergruppen (Bevorzugung der Nachricht gegenüber Meinung und Parteinahme, Betonung von Unterhaltung und Belehrung gegenüber der Politik, Ausgestaltung insbes. des lokalen und regionalen Teils). Als Schöpfer des G.typs gilt der Aachener Verleger La Ruelle. Als Zeitungstyp fand der G. seine größte Verbreitung zw. 1870 und 1914.
Generalbaß (italien. Basso continuo), in der Musik des 17./18. Jh. die der Komposition zugrundeliegende instrumentale Baßstimme, nach der bei der Aufführung auf einem oder mehreren Akkordinstrumenten (Orgel, Cembalo, Laute), die häufig von tiefen Streich- oder Blasinstrumenten verstärkt werden, eine mehrstimmige *G.begleitung* zu spielen ist. In der Regel ist der G. „beziffert", d. h., die vom Komponisten festgelegten Klänge sind durch dem notierten Baßton zugefügte Ziffern, die die Intervalle zu diesem angeben, festgelegt. Erhöhung und Erniedrigung eines Akkordtons bezeichnet man meist durch ♯ bzw. ♭ neben der entsprechenden Ziffer. Wesentl. für das nur hinsichtl. der Klangfolge gebundene G.spiel war die Improvisation. – Das G.spiel entstand Ende des 16. Jh. in Italien. Um sich das Schreiben einer vollständigen Partitur der meist nur in Einzelstimmen vorliegenden Kompositionen zu sparen, spielten die Organisten aus der Baßstimme, die auch häufig als Direktionsstimme diente. Aufbauend auf dieser Praxis schuf L. Viadana („Concerti ecclesiastici", 1602) obligate G.stimmen. In der weltl. Musik wendete man dieses extemporierte Begleiten zuerst in der höf. Oper in Florenz um 1600 und bei den solist. Gesängen von G. Caccini (↑Monodie) an. Im Hochbarock wurde in fast allen Gattungen der Instrumentalmusik und der Vokalmusik der G. vorausgesetzt. Im Rezitativ blieb der G. über das Ende des G.zeitalters (↑Barock) hinaus bis zu Rossini üblich, beim Orgelpart in kirchl. Kompositionen sogar bis Ende des 19. Jahrhunderts.

Generalbundesanwalt ↑Bundesanwaltschaft.
Generaldirektor, Bez. der Position (Stelle) der obersten Instanz an der Spitze des Leitungssystems großer Unternehmen und Unternehmenszusammenschlüsse.
Generaldirektorium, im 18. Jh. (bis 1808) oberste preuß. Zentralverwaltungsbehörde; gliederte sich in vier Provinzialdepartements und ihnen unterstellte Fachdepartements.
General Electric Co. [engl. ˈdʒɛnərəl ɪˈlɛktrɪk ˈkʌmpəni], größter Elektrokonzern der Welt; Sitz New York; entstanden 1892 durch Fusion von **Edison General Electric Co.** (gegr. 1878) und der **Thomson-Houston Electric Co.** – Hauptproduktionsgebiete: Elektro- und elektron. Geräte und Anlagen, Turbinen, Kraftwerkanlagen (einschl. Kernkraftwerke) und Flugzeugtriebwerke, Lokomotiven und Transportsysteme, Radargeräte, Luft- und Raumfahrtsysteme, militär. Ausrüstungen, Industriediamanten.
Generalgewaltiger ↑Profoß.
Generalgouvernement, Bez. für das Restgebiet Polens nach der Besetzung 1939 und der Abtretung großer Gebiete an Deutschland und die UdSSR; Amtssitz des dt. Generalgouverneurs war Krakau. – ↑Polen (Geschichte).
Generalgouverneur, urspr. Gouverneur mit militär. Befehlsgewalt; dann auch oberster Verwaltungsbeamter in größeren Territorien, dem mehrere Gouverneure untergeordnet sein können; in mehreren Staaten des Commonwealth Vertreter der brit. Krone; im 1. bzw. 2. Weltkrieg Bez. für den Leiter der Verwaltung eines vorübergehend besetzten, nicht endgültig annektierten Gebiets.
Generalhandel ↑Außenhandelsstatistik.
Generalić, Ivan [serbokroat. gɛnɛˈralitɕ], *Hlebine 21. Dez. 1914, kroat. Laienmaler. – Malt in flächiger Manier und klaren Farben [Öl- oder Hinterglas]bilder aus dem Dorfleben sowie traumhaft-phantast. Szenen; Begründer der Schule von Hlebine.
Generalinspekteur der Bundeswehr, Dienststellungsbez. für den ranghöchsten Soldaten der Gesamtstreitkräfte der ↑Bundeswehr; unmittelbar dem Verteidigungsmin. nachgeordnete ministerielle Instanz für die Entwicklung und Realisierung der Gesamtkonzeption der militär. Verteidigung sowie für die Durchführung von Einzelmaßnahmen; Gesamtverantwortlicher für die Bundeswehrplanung im Bundesverteidigungsministerium; militär. Berater des Verteidigungsmin. und der Bundesreg.; Vors. des Mili-

Generalbaß. Standardbeispiel der Ausführung einer bezifferten Baßstimme (unten) in einfachen Akkorden (oben)

tär. Führungsrates und Vertreter der Bundeswehr in höchsten internat. militär. Gremien.

Generalintendant ↑ Intendant.

generalisieren [lat.], aus Einzelfällen allg. Begriffe gewinnen; verallgemeinern.

▷ in der *Kartographie* Bez. für die vereinfachte Wiedergabe der Wirklichkeit in Karten, bes. aller Vorgänge, durch die der Inhalt einer Ausgangskarte beim Übergang in einen kleineren Maßstab oder themenbedingt graphisch umgestaltet wird.

Generalisierung [lat.], in der *Logik* ein Verfahren, aus einer Allaussage durch Wahl eines generellen Subjektbegriffs eine neue Allaussage zu gewinnen, z. B. ist „alle Menschen sind eigensinnig" eine G. von „alle Kinder sind eigensinnig". – In den *empir. Wissenschaften* wird die Berechtigung der G. von Einzelfällen, den singulären Tatsachen, auf die von Gesetzesaussagen darstellbaren allgemeinen Zusammenhänge unter dem Titel „induktive Verfahren" (↑ Induktion) erörtert.

▷ (Generalisation) in der *Lernpsychologie* Bez. für das Phänomen, daß erlernte Reaktionen außer durch bedingende Reize auch durch solche Reize veranlaßt werden können, die diesen Reizen ähnlich sind.

▷ (Generalisation) in der *Medizin* ↑ Streuung.

Generalissimus [lat.-italien.], Oberstkommandierender, früher in einigen Staaten höchster militär. Dienstgrad; Titel Stalins und Francos.

Generalität [lat.], die Gesamtheit der Generale eines Staates.

Ivan Generalić. Der gekreuzigte Hahn, 1964 (Zagreb, Galerija primitivne umjetnosti)

Generalitätslande, bis 1795/96 diejenigen Gebiete Flanderns, Brabants, Limburgs und Gelderns in der Republik der Vereinigten Niederlande, die nicht Teil der 7 Provinzen oder der diesen angeschlossenen souveränen Gebiete waren. 1648–1795 den ↑ Generalstaaten direkt unterstellt.

generaliter [lat.], im allgemeinen, allgemein betrachtet.

Generalkapitän, militär. Oberbefehlshaber (z. B. im Krieg in der Republik Venedig), auch militär. Rang (im 17. Jh. in Frankreich unter dem Marschall); diente in Spanien seit dem 16. Jh. zur Sicherung exponierter Gebiete in Amerika und zur militär. Kontrolle des Mutterlandes; gegenwärtig kommandierender General eines span. Militärbezirks.

Generalkapitel, in kath. Ordensgemeinschaften die regelmäßige Versammlung der Oberen und bevollmächtigten Mgl. aus den Ordensprovinzen oder einzelnen Klöstern; besitzt die höchste gesetzgeber. Gewalt in den Ordensgemeinschaften; von den Zisterziensern eingeführt.

Generalklausel, Gesetzesbestimmung, welche die von ihr erfaßten Sachverhalte nicht abschließend aufzählt, sondern durch Verwendung wertausfüllungsbedürftiger Begriffe abstrakt begrenzt. Die in allen Rechtsbereichen vorkommenden G. sind i. d. R. Auffangtatbestände, die die Lückenlosigkeit des Rechts in Gebieten gewährleisten sollen, für die eine Aufzählung aller in Betracht kommenden Fallgestaltungen unmöglich ist. Zu den bekanntesten G. zählen das Prinzip von *Treu und Glauben* (§ 242 BGB) und die sog. *polizeil. Generalklausel,* die der Polizei die Eingriffsermächtigung *zur Abwendung aller der Allgemeinheit drohenden Gefahren* verleiht.

Generalkommission der Gewerkschaften Deutschlands, zentrales Organ der freien ↑ Gewerkschaften 1890–1919.

Generalkongregation, in der röm.-kath. Kirche die Versammlung aller stimmberechtigten Mgl. einer Verwaltungs- bzw. Organisationseinheit (z. B. bei Konzilien, Synoden, Orden).

Generalleutnant ↑ General.

Generalmajor ↑ General.

General Motors Corp. [engl. ˈdʒɛnərəl ˈmoʊtəz kɔːpəˈreɪʃən], Abk. GMC (auch GM), eines der größten Ind.unternehmen der Erde; gegr. von William C. Durant (1908), Sitz Detroit (Mich.); weltweit zahlr. Tochtergesellschaften (in Deutschland: Adam Opel AG). Hauptbetätigungsgebiete sind die Herstellung und der Vertrieb von Personen- und Lastkraftwagen, jedoch arbeitet GMC u. a. auch auf den Gebieten Elektronik, Bau- und Landwirtschaftsmaschinen, Großmotorenbau, militär. Flugkörper und dem Sektor der elektr. Haushaltsgeräte. Mit *Electronic Data Systems Corp.* besitzt GMC eines der bedeutendsten Softwareunternehmen der Erde.

Generalmusikdirektor, Abk. GMD, ↑ Musikdirektor.

Generaloberer, der höchste Obere einer kath. Ordensgemeinschaft.

Generaloberst ↑ General.

Generalpächter (frz. Fermiers généraux), Bez. für die Hauptpächter von Zöllen, Monopolen und anderen Steuern, v. a. in Frankreich (Anfang 17. Jh.–1790).

Generalpause, Abk. G. P., in der Musik eine gemeinsame Pause aller Stimmen in einem mehrstimmigen Satz.

Generalprävention ↑ Strafe.

Generalprobe, letzte Spielprobe [im Theater] vor der Premiere.

Generalquartiermeister, seit der 2. Hälfte des 17. Jh. Bez. für die Führungsgehilfen von Oberkommandierenden; in Preußen seit 1809 vorübergehende Dienststellen-Bez. für den Chef des im Entstehen begriffenen Generalstabs; 1881–89 und wieder ab 1896 Stelle des stellv. Generalstabschefs.

Generalsekretär, der oberste Geschäftsführer von Parteien, genossenschaftl., wirtsch. und wiss. Verbänden sowie internat. Organisationen (z. B. UN, NATO); in kommunist. Parteien (häufig auch Erster Sekretär gen.) der eigtl. Parteiführer.

Generalstaaten (niederl. Staten-Generaal [Übers. von frz. états généraux]), die Generalstände der niederl. Provinzen unter burgund. und habsburg. Herrschaft; 1464 erstmals einberufen. Seit dem 16. Jh. die gemeinsame Versammlung der von den 7 souveränen Provinzstaaten zur Leitung des niederl. Staatenbundes gewählten Abg.; dann auch Bez. für die Rep. der Vereinigten Niederlande. Am 1. März 1796 mußten die G. ihre Befugnisse der Nationalversammlung der ↑ Batavischen Republik abtreten.

▷ seit der Verfassung von 1814 das niederl. Parlament.

Generalstaatsanwalt ↑ Staatsanwaltschaft.

Generalstab, Einrichtung in nahezu allen Armeen der Welt zur Vorbereitung und Durchführung militär. Operationen, bestehend aus ausgewählten und eigens ausgebildeten Offizieren, die als Gehilfen der Befehlshaber fungieren. G. entstanden im 18. und 19. Jh. Der preuß. G. erlangte ab

Generalisieren. Kartographische Generalisierung einer Küstenlinie am Beispiel Madagaskars

Generalstabsdienst

1866 unter H. von Moltke seine volle Bedeutung und hatte in der Folgezeit maßgebl. Einfluß auf die preußisch-dt. Politik. Nach dem 1. Weltkrieg traten in den verschiedenen Staaten neben die Generalstäbe des Heeres und der Marine solche der Luftwaffe sowie diesen übergeordnete Generalstäbe wie die Joint Chiefs of Staff in den USA. Parallel zum G. bestand in Deutschland bis 1918 ein **Admiralstab** der Marine als deren oberster Führungsstab. Die Bundeswehr besitzt keinen G., sie kennt nur Offiziere im Generalstabsdienst.

Generalstabsdienst, Summe der Dienststellungen, in denen in der Bundeswehr bes. ausgebildete Offiziere im Verteidigungsministerium, in Kommandobehörden und in Truppenstäben als Führungshilfen Dienst tun.

Generalstabskarte ↑ Karte.

Generalstände (frz. États généraux), im frz. Königreich die Versammlung von Vertretern der drei Stände (Adel, Geistlichkeit und städt. Körperschaften), 1302 erstmals berufen; alleiniges Recht der Bewilligung allg. Steuern; traten mit ihrer Ausschaltung durch das absolutist. Königtum 1614–1789 nicht mehr zusammen. Ihre Wiederberufung 1789 führte zur ↑ Französischen Revolution.
▷ ↑ Generalstaaten.

Generalstreik ↑ Streik.

Generalsuperintendent, in den ev. Kirchen Deutschlands seit der Reformation Titel leitender geistl. Amtsträger, die zw. Konsistorium und Superintendenten stehen.

Generalunternehmer, 1. Hauptunternehmer, der auf Werkvertrag der Unternehmer, der sich zur Erstellung eines Gesamtwerks (z. B. Hausbau) verpflichtet hat, aber befugt ist, in eigenem Namen und auf eigene Rechnung einen Teil der erforderl. Werksleistungen an Nach- oder Subunternehmer zu vergeben; 2. in der schweizer. Bauwirtschaft ein Baumanager, der einen ihm vom Bauherrn übertragenen Bauauftrag (Vorbereitung, Organisation, Durchführung) zum abgemachten Festpreis ausführt. Die G. sind im Verband Schweizer G. (VSGU), Zürich, gegr. 1970, zusammengeschlossen.

Generalversammlung ↑ Genossenschaft.

Generalversammlung der UN ↑ UN.

Generalvertrag ↑ Deutschlandvertrag.
▷ während seiner Vorbereitungszeit häufige Bez. für den ↑ Grundvertrag.

Generalvikar (Vicarius generalis), in der röm.-kath. Kirche der ständige Vertreter des Diözesanbischofs für den Bereich der allgemeinen Diözesanverwaltung, die er in Weisungsabhängigkeit vom Diözesanbischof mit ordentl. stellvertretender Vollmacht leitet; wird vom Diözesanbischof frei ernannt und abgesetzt. – Das 2. Vatikan. Konzil schuf das Amt des Bischöfl. Vikars, um die Stellung der Hilfsbischöfe aufzuwerten; dadurch wird der Aufgabenbereich des G. eingeschränkt.

Generalvollmacht (Blankovollmacht) ↑ Vollmacht.

Generatianismus [zu lat. generatio „Zeugung"], Lehre von der Entstehung der menschl. Seele durch elterl. Zeugung, vertreten im altchristl. *Traduzianismus;* der G. wurde von der kath. Kirche mehrfach verurteilt (Ggs. ↑ Kreatianismus).

Generation [lat.], Gesamtheit aller annähernd gleichaltrigen Individuen einer Art; bes. beim Menschen werden in der G.folge unterschieden: Großeltern, Eltern, Kinder, Enkel. – ↑ Genealogie.
▷ soziologisch die Gesamtheit der innerhalb eines bestimmten Spielraums geborenen Gesellschaftsmitglieder, die ähnl. kulturelle und soziale Orientierungen, Einstellungen und Verhaltensmuster aufweisen und sich dadurch von andern Altersgruppen abheben. **Generationskonflikte** als zw. Jugendlichen und Erwachsenen bestehende Spannungsprobleme (z.B. im Verhältnis Sohn/Tocher–Eltern, Schüler–Lehrer) äußern sich in verschiedenen Formen des jugendl. Protests. Sie werden im wesentlichen durch Ablösungsprozesse der jeweils jüngeren G. von den Lebensstilen und Werten der älteren bestimmt und können als Autoritätskonflikte interpretiert werden, bei denen eine vom Lebensalter und entsprechenden Erfahrungen hergeleitete Autorität von den nachdrängenden Jugend-G. nicht mehr kritiklos anerkannt wird. – ↑ Kohorte.
▷ in der *Biologie* in bezug auf den ↑ Generationswechsel jede der beiden Entwicklungs- oder Fortpflanzungsphasen (geschlechtl. G., ungeschlechtl. G.) eines Organismus.

Generationskonflikt ↑ Generation.

Generationswechsel, Wechsel zw. geschlechtl. und ungeschlechtl. Fortpflanzungsweisen bei Pflanzen und Tieren im Verlauf von zwei oder mehreren Generationen, häufig mit Gestaltwechsel (Generationsdimorphismus) verbunden. Beim **primären Generationswechsel** wechselt eine Geschlechtsgeneration mit einer durch ungeschlechtl. Einzelzellen sich fortpflanzenden Generation ab. Beim **sekundären Generationswechsel** erfolgt der Wechsel zw. einer normalen Geschlechtsgeneration und einer sich sekundär ungeschlechtlich (vegetativ) oder eingeschlechtlich (parthenogenetisch) fortpflanzenden Generation.

Generation von 98, Gruppe span. Schriftsteller, die, bes. seit dem Verlust der letzten überseeischen Kolonien im Kubakrieg 1898, eine nat. Regeneration Spaniens durch Wiederanschluß an die geistige Entwicklung Europas erstrebte. Hauptvertreter: M. de Unamuno y Jugo, Azorín, R. de Maeztu y Whitney, P. Baroja y Nessi.

generativ [lat.], geschlechtlich, die geschlechtl. Fortpflanzung betreffend; erzeugend.

generative Grammatik (heute meist generative Transformationsgrammatik, Abk.: TG), Grammatiktheorie, seit den 50er Jahren entwickelt u. a. von N. Chomsky mit dem Ziel, eine formalisierte Beschreibung der Sprache zu geben, in die auch Einsichten der mathemat. Logik und der Psychologie einfließen. Sie will erklären, auf welche Weise es dem Menschen möglich ist, mit einer endl. Menge von Regeln eine unendl. Menge von Sätzen hervorzubringen und zu verstehen. Der Name *generativ* leitet sich also aus dem zentralen Anliegen dieser Grammatiktheorie ab, die Fähigkeit zum *Erzeugen* von Sätzen zu erklären. Eine g. G. besteht aus der syntakt., der semant. und der phonolog. Ebene. Die Syntax ist Satzerzeuger, hat also die Aufgabe, abstrakte Repräsentationen von Sätzen zu liefern, die alle für die semant. und phonolog. Interpretation notwendige Information enthalten. Auf der semant. Ebene wird die Bed. eines ganzen Satzes durch regelhafte Verknüpfung der Bedeutungen seiner einzelnen Teile abgeleitet. Auf der phonolog. Ebene wird dann die phonet. Repräsentation, d. h. die genaue lautl. Form der Sätze, erzeugt. Der Syntax kommt also eine zentrale Rolle zu. Während die traditionellen Grammatiken meistens von Oberflächenstrukturen ausgingen, beschreibt die g. G. die Oberflächenstrukturen im Verhältnis zu den zugrundeliegenden Tiefenstrukturen mit Hilfe eines expliziten Ableitungsmechanismus. Einer der Vorteile einer g. G. besteht darin, daß man mit ihr oberflächlich unterschiedl. Sätze zueinander in Beziehung setzen und oberflächlich ident. Sätze unterscheiden kann.

Generator [lat.], (Dynamo[maschine]) eine Maschine, in der mit Hilfe der elektromagnet. ↑ Induktion mechan. Energie in elektr. Energie umgewandelt wird. – Das geschieht z. B. durch Drehen einer Spule in einem Magnetfeld *(Außenpolmaschine)* oder durch Drehung eines [Elektro]magneten um eine feststehende Spule *(Innenpolmaschine).* Primär wird dabei stets eine Wechselspannung erzeugt. Sie kann durch bes. Vorrichtungen (z. B. einem Kommutator) in eine (pulsierende) Gleichspannung umgewandelt werden. Da die Wirkungsweise eines G. im Prinzip die Umkehrung der Wirkungsweise eines Elektromotors darstellt, läßt sich jeder Elektromotor auch als G. betreiben.
▷ (magnetohydrodynam. G.) ↑ MHD-Generator.
▷ (Gas-G.) schachtofenartiger Apparat zur Gaserzeugung aus festen Brennstoffen. Bei Zufuhr von Luft oder Sauerstoff entsteht **Generatorgas** (Kraftgas, Luftgas; enthält neben Stickstoff und Kohlendioxid etwa 25 % Kohlenmonoxid und etwa 15 % Wasserdampf; wird v. a. zum Beheizen von Schmelzöfen verwendet), bei Zumischung von Wasserdampf ↑ Wassergas. Die Gase werden als Heizgas oder ↑ Synthesegas genutzt.

Generatorgas ↑ Generator.

generell [lat.], allgemein, allgemeingültig; für viele Fälle derselben Art zutreffend.

generös [lat.-frz.], groß-, edelmütig, freigebig; **Generosität**, Edelmut, Freigebigkeit.

Generosion, Verlust der genet. Vielfalt einer Art (Landsorten, Wild- und Primitivformen) als Folge ihrer Ablösung durch wenige, leistungsfähige, einheitl. Zuchtsorten.

Genese (Genesis) [griech.], Entstehung, Entwicklung, z. B. einer Krankheit.

Genesis [griech. „Schöpfung"], griech.-lat. Bez. für das 1. Buch Mos., erstes Buch des Pentateuchs und der Bibel überhaupt; Abk. 1. Mos. oder Gen. (Gn). Es gliedert sich in zwei Hauptteile: die Urgeschichte (z. B. Schöpfung, Paradies und Sündenfall, Noah und die Sintflut) und die Geschichte der Erzväter Abraham, Isaak und Jakob, Josephs und seiner Brüder. Die **Altsächsische Genesis**, ein um 830 verfaßtes Epos in Stabreimversen, ist neben dem „Heliand" das bedeutendste Denkmal in altsächs. Sprache.

Genesis [engl. ˈdʒɛnəzɪs], 1966 gegr. brit. Rockmusikgruppe; bekannt durch literarisch eigenwillige, surrealist. Songs ihres Sängers Peter Gabriel (* 1950); nach dessen Ausscheiden 1975 musikal. Kommerzialisierung unter P. Collins.

Genesung (Rekonvaleszenz), Erholungsphase nach Abklingen der erkennbaren Krankheitserscheinungen bis zur völligen Gesundung.

Genet, Jean [frz. ʒəˈnɛ], * Paris 19. Dez. 1910, † ebd. 15. April 1986, frz. Schriftsteller. – Wechselvolles Leben; wegen Raubes, Zuhälterei, Geldfälschung, Opiumschmuggels und Sexualdelikten zahlr. Gefängnisstrafen, schließlich zu lebenslängl. Haft verurteilt, auf Fürsprache von Sartre, Cocteau und Picasso begnadigt. Im Gefängnis entstand 1942 sein erster Roman, „Notre-Dams-des-fleurs" (1944). Seine kriminellen Helden leben, wie er selbst, in ständiger Fehde mit der Gesellschaft, deren Normen ihnen fremd sind. Als sein bedeutenster Roman gilt „Querelle" (1953). Seine Werke sind durch lyr. und bilderreiche, oft obszöne Sprache gekennzeichnet. – *Weitere Werke:* Le miracle de la rose (R., 1946), Das Totenfest (R., 1947), Die Zofen (Dr., 1948), Unter Aufsicht (Dr., 1949), Tagebuch eines Diebes (1949), Der Balkon (Dr., 1956), Die Neger (Dr., 1958), Wände überall (Dr., 1961), Briefe an Roger Blin (1966), Ein verliebter Gefangener (postum, 1986).

Genetik [zu griech. génesis „Entstehung"] (Vererbungslehre, Erbkunde, Erbbiologie, Erblehre), Teilgebiet der Biologie mit den Zweigen klass. oder allg. G., molekulare G. (Molekular-G.) und angewandte G. Die **klassische Genetik** befaßt sich vorwiegend mit den formalen Gesetzmäßigkeiten (z. B. nach den Mendel-Regeln) der Vererbungsgänge von Merkmalen v. a. bei den höheren Organismen. Die **Molekulargenetik** erforscht die grundlegenden Phänomene der Vererbung im Bereich der Moleküle (Nukleinsäuren), die die Träger der ↑ genetischen Information sind. Die **angewandte Genetik** beschäftigt sich u. a. mit der Züchtung bes. ertragreicher, wirtsch. vorteilhafter Pflanzen und Tiere, mit erbbiol. Untersuchungen, Abstammungsprüfungen und genet. Beratungen.

genetisch, die Entstehung bzw. Entwicklung der Lebewesen (im Sinne der Genetik) betreffend; entwicklungsgeschichtlich erblich bedingt.

genetische Auslegung ↑ Auslegung.

genetische Beratung, im Rahmen der Ehe- und Familienberatung durchgeführte Untersuchung der Erbanlagen von Ratsuchenden zur Feststellung der Wahrscheinlichkeit eines Auftretens von ↑ Erbkrankheiten, v. a. bei den Nachkommen. Als Grundlage dient die humangenet. Analyse der Familienvorgeschichte hinsichtlich angeborener Fehlbildungen und erbl. wie nichterbl. Krankheiten sowie die Diagnose eventueller Erkrankungen oder Dispositionen der Betroffenen, die eine Chromosomenanalyse (Zytokinetik), auch molekulargenet. Untersuchungen einschließen kann.

Jean Genet

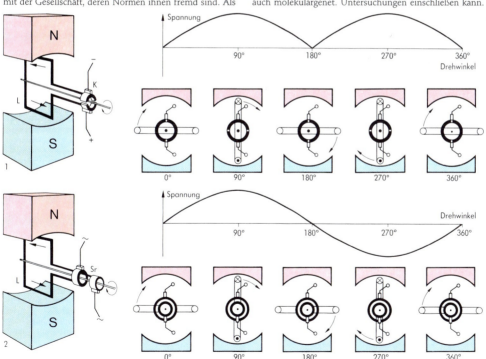

Generator. Aufbau eines Gleichstromgenerators (1) und eines Wechselstromgenerators (2). Beim Gleichstromgenerator wird im Magnetfeld zwischen Nord- und Südpol beim Drehen der Leiterschleife in dieser eine sinusförmige Spannung induziert, die mit Hilfe des Kommutators, der nach jeder Halbdrehung eine Änderung der Stromrichtung bewirkt, an den Klemmen als pulsierende Gleichspannung abgegriffen werden kann. Beim Wechselstromgenerator wird im Magnetfeld zwischen Nord- und Südpol beim Drehen der Leiterschleife in dieser eine sinusförmige Wechselspannung induziert, die mit Hilfe von Schleifringen an den Klemmen abgegriffen werden kann (N Nordpol, S Südpol, L Leiterschleife, K Kommutator, Sr Schleifringe)

genetische Information

Die Beratung bezieht auch die Möglichkeit der Früherkennung (↑ pränatale Diagnostik) und der Behandlung von Erbkrankheiten ein. Genet. Beratungsstellen sind i. d. R. den medizin. Fachbereichen der Univ. angegliedert.

genetische Information, Gesamtheit der Baupläne (bzw. Teile davon) für alle Moleküle, die in einer Zelle synthetisiert werden können. Materieller Träger der g. I. ist das Genom bzw. das genetische Material (in den meisten Fällen die doppelsträngige DNS). Jeder einzelne der beiden Stränge eines DNS-Moleküls enthält bereits die vollständige g. I. des Moleküls, der zweite Strang ist als sein komplementärer Gegenstrang bereits durch den ersten vollständig festgelegt. Die ident. Verdopplung der g. I., also die Konstanz des Informationsgehaltes der Gene, ist die Grundlage des Vererbungsvorgangs.

genetische Pharmakologie, svw. ↑ Pharmakogenetik.

genetischer Code ['ko:t] (genet. Alphabet), Schlüssel für die Übertragung ↑ genetischer Information von den Nukleinsäuren (DNS, RNS) auf die Proteine bei der Proteinsynthese (vergleichbar dem Übertragungsschlüssel zw. Morsezeichen und Buchstaben). Grundbedingung für den Aufbau des g. C. ist die Unmöglichkeit einer direkten spezif. Bindung zw. den einzelnen Aminosäuren des Proteins und den einzelnen Nukleotiden oder Nukleotidgruppen der Nukleinsäure. Die notwendige Bindung zw. der richtigen unter den 20 Aminosäuren und der richtigen unter den 20 Arten von Transfer-RNS wird von je einer unter 20 Arten von Enzymen vollzogen. Die eigtl. Erkennungsreaktion zw. der Aminosäure und der zugehörigen elementaren Einheit der Informationsübertragung auf der Nukleinsäure (↑ Codon) wird in dieser Reaktion von je einem dieser Enzyme geleistet. Bei der „Erkennung" durch das Enzym liegt die Dreiernukleotidsequenz nicht in ihrer normalen Form vor, sondern – mit gleichem genet. Informationsgehalt – in ihrer komplementären Form (als *Anticodon*). Die formale Beschreibung dieses Ablaufs kennzeichnet den g. C. als einen *Triplettcode*. Die drei für eine Aminosäure „codierenden" Nukleotide stehen in der Nukleinsäure unmittelbar benachbart. Bei insgesamt $4^3 = 64$ mögl. Tripletts und nur 20 korrespondierenden Aminosäuren entsprechen häufig mehrere (bis zu sechs) Tripletts einer einzelnen Aminosäure. Drei der 64 Tripletts entsprechen keiner der Aminosäuren, sondern steuern (als *Terminatorcodon*) den Abbruch der Proteinsynthese und das Freisetzen der fertigen Polypeptidkette vom Ribosom. Eines der Codons steuert zugleich mit der Aminosäure Methionin den Beginn der Proteinsynthese *(Initiatorcodon)*. Auf Grund der bisherigen Untersuchungen scheinen alle Organismen (einschl. Viren) den gleichen Schlüssel für die Übertragung von genet. Information zu benutzen (universeller g. C.), ein Beweis für den Ursprung allen bestehenden Lebens aus einer gemeinsamen Wurzel.

genetischer Fingerabdruck, Bez. für bei einer Straftat am Tatort hinterlassene Spuren von Körpersekreten, Blut, Haaren, Gewebeteilen, die nach einer gentechn. Untersuchung zur Identifizierung von Tatverdächtigen dienen können.

genetische Sprachbetrachtung, zusammenfassende Bez. für die beiden Forschungsrichtungen histor. und vergleichende Sprachbetrachtung, die sich mit *genetisch verwandten Sprachen* befassen, d. h. mit solchen, deren einzelne Sprachen von einer gemeinsamen (nur erschlossenen oder nachweisbaren) ↑ Grundsprache abstammen. – ↑ typologische Sprachbetrachtung.

Genetiv, selten für ↑ Genitiv.

Genève [frz. ʒəˈnɛːv] ↑ Genf.

Genever [ʒeˈneːvər, ʒəˈn..., geˈn...; frz., zu lat. iuniperus „Wacholderstrauch"], niederl. Wacholderbranntwein.

Geneviève de Paris [frz. ʒənvjɛvdapaˈri] ↑ Genoveva von Paris.

Genevoix, Maurice [frz. ʒənˈvwa], * Decize (Nievre) 29. Nov. 1890, † Alcudia Cansades bei Javea (Spanien) 8. Sept. 1980, frz. Schriftsteller. – 1958–73 Sekretär der Académie française; begann als Chronist des 1. Weltkrieges („Sous Verdun", 1916), dann u. a. realist. Heimatromane, wie „Raboliot" (1925), „Ein Tag – ein Leben" (1976).

Genezareth, See von (See von Tiberias, Galiläisches Meer), fischreicher Süßwassersee in N-Israel, im Jordangraben, 21 km lang, bis 12 km breit, vom Jordan durchflossen. Hohe Verdunstung, Seespiegel rd. 209 m u. d. M.; ein Großteil des Wassers wird für Bewässerung v. a. im nördl. Negev genutzt. – Im N. T. Schauplatz der Geschichte Jesu.

Genf (frz. Genève), Hauptstadt der schweizer. Kt. G., am Ausfluß der Rhone aus dem Genfer See, 375 m ü. d. M., 161 500 E. Univ. (seit 1873), zahlr. Fach- und Fachhochschulen, Staatsarchiv, Bibliotheken (u. a. Bibliothek der Vereinten Nationen); Theater, Museen, Observatorium, botan. Garten, Sitz zahlr. internat. Organisationen, u. a. Internat. Arbeitsamt, Weltgesundheitsorganisation, GATT, Internat. Rotes Kreuz, Ökumen. Rat der Kirchen, Luther. Weltbund; nw. von G. die Forschungsstätten des CERN. Bank-, Handels- Messen und Ausstellungen) und Verkehrszentrum mit dem zweitgrößten ✈ der Schweiz. Herstellung von Lokomotiven, Turbinen, Nähmaschinen, Uhren und Präzisionsgeräten; Bekleidungs-, Nahrungsmittel- und Genußmittelind. Verlage, Tagungsort internat. Kongresse, Fremdenverkehr.

Geschichte: Ehem. Hauptstadt der kelt. Allobroger *Genava*; um 400 erstmals als Bischofssitz erwähnt. 443–461 Hauptstadt des Kgr. Burgund; 534 durch die Franken erobert; nach 887 zum neuen Kgr. Burgund (Hochburgund). 1124 setzten sich die Bischöfe gegen die Grafen von Genevois durch (bis 1534). Durch Calvin nach 1536 reformierte Hochburg, 1792 revolutionäre Reg. nach frz. Muster; 1798–1814 von Frankreich annektiert und Hauptstadt des Dep. Leman, seit 1815 Mgl. der Eidgenossenschaft; 1864 Sitz des IRK, 1920 des Völkerbundes.

Bauten: Frühgot. Kathedrale (12./13. Jh.) mit Fassade des 18. Jh., Saint-Germain (15. Jh.), Saint Gervais mit Wandmalereien (15. Jh.), Temple de la Fusterie (1707–10); Moschee (1978); Akademie (1559–63), Rathaus (16./17. Jh.), Reformationsdenkmal (1909–17), Palais des Nations (1930 ff.).

G. (frz. Genève), Kt. in der W-Schweiz, 282,2 km², 375 900 E (1990), davon etwa 70 % frz.sprachig; Haupt-

Genetischer Code. A Adenin, C Cytosin, G Guanin, U Uracil (das Schema wird von innen nach außen gelesen). Beispiel: das Triplett UGG (Innenfeld) steuert den Einbau von Tryptophan (rechts unten) bei der Proteinsynthese

Genfer Konventionen

stadt Genf. Umfaßt das Hügelland um den sw. Teil des Genfer Sees. Wichtigster Wirtschaftszweig ist der Fremdenverkehr, gefolgt von der Ind. (Maschinenbau, Uhren- und Nahrungsmittelind.); intensive Bodennutzung (Spezialkulturen: Gemüse-, Obst- und Weinbau).
Geschichte: Der Kt. G. erlangte 1815 die Aufnahme in die Eidgenossenschaft.
Verfassung: Nach der Verfassung vom 24. Mai 1847 (mehrfach geändert) liegt die Exekutive beim Staatsrat (Conseil d'État; 7 Mgl.), der alle 4 Jahre neu gewählt wird. Die Legislative bilden der vom Volk gleichfalls auf 4 Jahre gewählte Große Rat (Grand Conseil; 100 Mgl.) und das Volk selbst. 1960 wurde das Frauenwahlrecht eingeführt.

Genfer Abkommen, svw. ↑Genfer Konventionen.
Genfer Ärztegelöbnis ↑Arzt.
Genfer Katechismus, Bez. für zwei Schriften Calvins: 1. Katechismus von 1537 *(Genfer Bekenntnis);* 2. Katalog von 373 Fragen und Antworten, in der für die ref. Kirchen richtungweisenden Reihenfolge: Glaube-Gesetz; gilt in den ref. Kirchen als Bekenntnisschrift.

Genfer Konferenzen, Genf war bzw. ist seit 1932 Austragungsort verschiedener internat. Konferenzen:
Abrüstungskonferenz (1932–34/35): Trotz langer Vorarbeiten einer Völkerbundskommission konnten sich die 61 Teilnehmerstaaten nicht einigen. Frankreich forderte die kollektive Sicherheit (keine Abrüstung, frz. Übergewicht), Deutschland die dt. Gleichberechtigung (dt. Aufrüstung und dt. Übergewicht).
Indochina-Konferenz (26. April–21. Juli 1954): Ziel war die Beendigung des Vietnamkriegs. Teilnehmer: Frankreich, die mit ihm assoziierten Staaten Vietnam, Laos und Kambodscha, der Vietminh, Großbritannien, die USA, China und die UdSSR. Vereinbart wurden 3 Waffenstillstandsabkommen sowie die Lösung Kambodschas, Laos' und Vietnams aus den staatl. Bindungen an Frankreich. Für Vietnam wurde eine Demarkationslinie nahe dem 17. Breitengrad festgelegt, die jedoch keine polit. Grenze sein sollte. Die vietnames. Reg.truppen sollten sich in die südl., der Vietminh in die nördl. Zone zurückziehen. In ganz Vietnam sollten 1956 freie Wahlen stattfinden; führte zu keiner Befriedung.
Gipfelkonferenz (18.–23. Juli 1955): Treffen zw. Eisenhower, Bulganin/Chruschtschow, Eden und E. Faure mit dem Ziel einer weltpolit. Entspannung nach Aufnahme der BR Deutschland in NATO und WEU. Im Mittelpunkt der Verhandlungen standen Fragen der dt. Wiedervereinigung, der Abrüstung sowie der allg. Verbesserung der Ost–West-Beziehungen.
Außenministerkonferenz (11. Mai–20. Juni und 13. Juli–5. Aug. 1959): Durch das sowjet. Berlin-Ultimatum vom 27. Nov. 1958 veranlaßtes Treffen, an dem die USA, die UdSSR, Großbritannien, Frankreich sowie beratend die BR Deutschland und die DDR beteiligt waren. Die Beratungen über die dt. Frage und die europ. Sicherheit blieben ergebnislos.
Laos-Konferenz (16. Mai 1961–23. Juli 1962): Ziel war die Beendigung des Laos-Konflikts sowie der ausländ. Einmischung (bes. der USA, der UdSSR und Nord-Vietnams) in Laos, Teilnehmer waren u. a. China, Frankreich, Großbritannien, Indien, Kanada, Nord-Vietnam, Polen, Süd-Vietnam, die UdSSR, die USA und die 3 rivalisierenden laot. Parteien (prowestl. Gruppe, Neutralisten, prokommunist. Pathet Lao). Im Schlußprotokoll erklärte Laos seine Neutralität. Die anderen Konferenzteilnehmer verpflichteten sich zur Respektierung der laot. Neutralität, Souveränität und Integrität.
Genfer Abrüstungskonferenz (seit 1962): ↑Abrüstung.
Nahost-Friedenskonferenz (eröffnet 21. Dez. 1973): Ziel ist die Beendigung des israel.-arab. Kriegs (Nahostkonflikt), Teilnehmer des unter dem gemeinsamen Vorsitz der USA und der UdSSR von den UN organisierten Konferenz waren Israel, Ägypten und Jordanien. Es gelang die Unterzeichnung und Durchführung von Truppenentflechtungsabkommen zw. Israel und Ägypten (Jan. 1974) bzw. Syrien (Mai 1974), die Friedensbemühungen verlagerten sich dann auf bilaterale Verhandlungen zw. Israel und Ägypten (1979).

Genf. Palais des Nations, 1930 begonnen

Libanonkonferenz (31. Okt.–5. Nov. 1983; erneut 12. bis 20. März 1984 in Lausanne**):** Die Vertreter der wichtigsten polit.-religiösen Gruppen Libanons unter Vors. des libanes. Staatspräs. einigten sich auf eine gemeinsame Definition der libanes. „Identität", die Beendigung des Bürgerkrieges gelang ihnen jedoch nicht.
Amerikanisch-sowjetische Abrüstungsverhandlungen: 1. über nukleare Mittelstreckenwaffen (INF; Nov. 1981–Nov. 1983); 2. über strateg. Rüstungen (↑START; Juni 1982 bis Nov. 1983); 3. Wiederaufnahme des abgebrochenen INF- und START-Dialogs und Gespräche über Rüstungskontrolle im Weltraum (ab 12. März 1985; Unterzeichnung des amerikan.-sowjet. INF-Abkommens, des Vertrags über die konventionellen Streitkräfte in Europa und der START-Vereinbarungen im Juli 1991 in Moskau).

Genfer Konventionen (Genfer Abkommen, Genfer Übereinkommen), die zahlr. multilateralen in Genf geschlossenen völkerrecht. Verträge, in deren [Kurz]titeln der Unterzeichnungsort zum [gebräuchl.] Bestandteil geworden ist, insbes.: die [vier] **Genfer Abkommen zum Schutz der Kriegsopfer** vom 12. 8. 1949 (in der dt. Gesetzessprache **Genfer Rotkreuz-Abkommen** genannt). Das Vertragswerk, das heute von nahezu allen Staaten ratifiziert ist, umfaßt folgende Einzelabkommen: 1. Das Genfer Abkommen zur Verbesserung des Loses der Verwundeten und Kranken der Streitkräfte im Felde; 2. das Genfer Abkommen zur Verbesserung des Loses der Verwundeten, Kranken und Schiffbrüchigen der Streitkräfte zur See; 3. das Genfer Abkommen über die Behandlung der Kriegsgefangenen; 4. das Genfer Abkommen zum Schutze von Zivilpersonen in Kriegszeiten. Vorläufer der Verwundetenabkommen war am 22. 8. 1864 durch 16 Staaten (Deutschland: Baden, Hessen, Sachsen, Preußen und Württemberg) beschlossene **Konvention zur Verbesserung des Loses der verwundeten Soldaten der Armeen im Felde,** angeregt durch die von H. Dunant veröffentlichte Schrift „Un souvenir de Solférino" (1862). Dieses Abkommen, das neben einer Festlegung des Schutzzeichens „rotes Kreuz auf weißem Grund" (↑Rotes Kreuz) in seinen 10 Art. bereits die wichtigsten Grundsätze der späteren Verwundetenabkommen enthielt, wurde anläßlich der Haager Friedenskonferenz von 1899 auch für den Seekrieg in Geltung gesetzt. Durch ein späteres Genfer Abkommen vom 6. 7. 1906 auf 33 Artikel erweitert, wurde es zur Grundlage für das **Genfer Abkommen zur Verbesserung des Loses der Verwundeten und Kranken im Felde** vom 27. 7. 1929. Am selben Tage wurde das **Genfer Abkommen über die Behandlung der Kriegsgefangenen** erlassen, eine Ergänzung und Verbesserung der unzulängl. Kriegsgefangenenbestimmungen der Haager Landkriegsordnung.
Die Abkommen gelangen zur Anwendung, sobald ein bewaffneter Konflikt zw. zwei oder mehreren Vertragsparteien ausbricht. Im Falle eines bewaffneten Konflikts ohne

Genf
Stadtwappen

Genf
Hauptstadt des schweizer. Kantons Genf

161 500 E

Sitz zahlr. internat. Organisationen (u. a. europ. Zentrum der UNO, Internat. Rotes Kreuz)

Tagungsort internat. Kongresse

nach 1536 reformierte Hochburg (Calvin)

1920–46 Sitz des Völkerbundes

Genfer Protokoll

internat. Charakter auf dem Gebiet einer der Vertragsparteien *(Bürgerkrieg)* ist diese gehalten, gegenüber dem geschützten Personenkreis mindestens die Grundsätze der Menschlichkeit anzuwenden und keine Diskriminierung vorzunehmen. Zu diesem Zweck sind – für den geschützten Personenkreis unverzichtbar – jederzeit und überall verboten: Angriffe auf das Leben und die Person, namentl. Tötung, Verstümmelung, Grausamkeit und Folterung sowie Geiselnahme, die Beeinträchtigung der persönl. Würde und Verurteilungen und Hinrichtungen ohne vorhergehendes Urteil eines ordentl., bestellten Gerichts in einem rechtsstaatl. Verfahren. In der gleichen Weise geboten ist die Bergung und Pflege der Verwundeten und Kranken. In ähnl. Wortlaut bilden diese Bestimmungen den wesentl. Kern auch der die internat. Konflikte betreffenden Artikel. Eine weitere wichtige G. K. ist das **Abkommen über die Rechtsstellung der Flüchtlinge** (Genfer Flüchtlingsabkommen) vom 28. 7. 1951 (↑Flüchtlinge).

Gẹnfer Protokoll, Vertrag vom 4. Dez. 1922 zur wirtsch. und finanziellen Stützung Österreichs, in dem sich Österreich gegen Gewährung internat. Kredite unter Garantie des Völkerbundes (Finanzkontrollkommission) zur Aufrechterhaltung seiner Unabhängigkeit verpflichtete, während seine Vertragspartner Großbritannien, Frankreich, Italien und die ČSR die östr. Integrität garantierten.
▷ von der Völkerbundsversammlung am 2. Okt. 1924 beschlossene Empfehlung zur friedl. Regelung internat. Streitigkeiten zum Schutz des Weltfriedens. Das G. P. ächtete den Angriffskrieg als „internat. Verbrechen". Da die brit. (konservative) Regierung Baldwin wegen des Einspruchs der Dominions nicht unterzeichnete, konnte das G. P. nicht verwirklicht werden.
▷ internat. Abkommen vom 17. Juli 1925 über das Verbot von erstickenden, giftigen oder ähnl. Gasen sowie von bakteriolog. Mitteln im Krieg; von zahlr. Staaten ratifiziert.

Gẹnfer See (frz. Lac Léman), sichelförmiger See am S-Rand des Schweizer Mittellandes (Schweiz und Frankreich); etwa 70 km lang, bis 14 km breit, bis 310 m tief, von der Rhone durchflossen; mildes Klima, am N-Ufer das größte Weinbaugebiet der Schweiz; bed. Fremdenverkehr.

Gẹnfer Seerechtskonferenzen ↑Seerechtskonferenzen.
Gẹnfer Übereinkommen ↑Genfer Konventionen.
Gẹngenbach, Pamphilus, *Basel um 1480, †ebd. 1525, schweizer. Dramatiker und Satiriker. – Anhänger der Reformation; seine allegorisch-didakt. Fastnachtsspiele bestehen aus einer Bilderfolge mit erklärendem Text, u. a. „Die Gouchmat der Buhler" (Spiel, 1516 oder 1521).

Gẹngenbach, Stadt im Schwarzwald, im Kinzigtal, Bad.-Württ., 171 m ü. d. M., 10 700 E. Museum; Textil-, Metall-, holzverarbeitende Betriebe. – Das neben der 727 gegr. Benediktinerabtei aus bäuerl. Siedlung entstandene G. erhielt 1230 Stadtrecht und wurde 1360 von Kaiser Karl IV. zur Reichsstadt erhoben; 1689 im Pfälz. Erbfolgekrieg nahezu völlig zerstört; 1803 an Baden. – Kirche der ehem. Benediktinerabtei (um 1120), ehem. Klosterbauten (1693–1702/03); klassizist. Rathaus (1784).

Gẹnick, svw. ↑Nacken.
Gẹnickbruch, Abbruch des zahnförmigen Fortsatzes des zweiten Halswirbels; tödl. Verletzung durch Zerstörung des Atemzentrums im verlängerten Mark.
Gẹnickstarre, svw. epidem. ↑Gehirnhautentzündung.
Genie [ʒeˈniː; frz. (↑Genius)], seit dem 18. Jh. auf Grund engl. (Shaftesbury) und frz. (Diderot) Theorien eingeführter Begriff für das bes. künstler. (ästhet.) Vermögen, für das Schöpferische und die Originalität des Dichters und des Künstlers; heute auch bei anderen überragenden Leistungen (z. B. auf polit., wiss. oder ethisch-moral. Gebiet). Die Beurteilung ist von zeitbedingten Normen abhängig.
In der Renaissance wurde die Originalität zum Leitwert und der durch Spontaneität und Originalität bestimmte Künstler, das G., zum Inbegriff menschl. Selbstverwirklichung. Diese Tendenz verstärkt sich in der Folgezeit, insbes. im Sturm und Drang. G. galt schon Gellert als angeborene, nicht erwerbbare Anlage, als Natur, die der Kunst die Regel gibt. Für Lessing wurde G. etwa seit 1759 Organ der Dichtung und Kunst. Der junge Herder und Goethe vollendeten die Deutung des Dichters und Künstlers überhaupt als G., und zwar als ursprüngliche, originale, an nichts gebundene Subjektivität. Sie beriefen sich dabei auf Aischy-

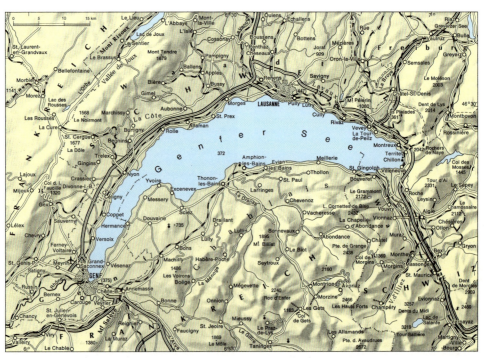

Genfer See

los, Sophokles und bes. Shakespeare. Der Sturm und Drang wird auch als **Geniezeit** bezeichnet. Für die Romantiker war G. der natürl. Zustand des Menschen, den es wieder zu erlangen galt. Kant nennt als Vermögen des Gemüts, die das G. ausmachen, Einbildungskraft und Verstand. G. ist nach ihm „die meisterhafte Originalität der Naturgabe eines Subjekts, durch welche die Natur der Kunst die Regel gibt". Hegel bezieht in den G.begriff auch außerkünstler. Persönlichkeiten und ihre Leistungen ein. In Nietzsches Philosophie des „Übermenschen" findet der G.begriff eine extreme Übersteigerung.

genieren [ʒeˈniːrən; frz.], in Verlegenheit bringen; **sich genieren,** gehemmt sein, sich unsicher fühlen, sich zieren.

Genietruppen [ʒeˈniː], Truppengattung der schweizer. Armee.

Genisa (Geniza) [hebr. „Versteck"], Raum innerhalb der Synagoge (im Keller oder auf dem Dachboden), in dem beschädigte Buchrollen der Hl. Schrift und verbrauchte Kultusgegenstände aufbewahrt wurden. Von bes. Wichtigkeit für die Wiss. wurde die G. von Al Fustat (Alt-Kairo), in der man 1896 große Mengen von alten Handschriften, Dokumenten und Büchern fand.

genital [lat.], die Geschlechtsorgane betreffend.

genitale Phase, nach S. Freud die mit der Pubertät beginnende Stufe der menschl. Sexualentwicklung, die der phall. Phase folgt. In der g. P. werden die von Freud postulierten Teilkomponenten der frühkindl. Sexualität zum Geschlechtstrieb vereinigt.

Genitalhöcker, svw. ↑Geschlechtshöcker.

Genitalien (Genitalorgane) [lat.], svw. ↑Geschlechtsorgane.

Genitiv [lat. (casus) genitivus, zu gignere „hervorbringen"], 2. Fall in der Deklination, Wesfall; im Dt. v. a. als **Genitivobjekt,** z. B. er nahm sich *des Freundes* an, und für das substantiv. Attribut, z. B. das Dach *des Hauses,* verwendet. Der G. drückt ein Verhältnis, ein Beteiligtsein am Subjekt aus.

Genitivkompositum, zusammengesetztes Substantiv, dessen Bestimmungswort aus einem Substantiv im Genitiv besteht, z. B. *Tages*licht.

Genitivus obiectivus [lat.], Genitiv, der als Bezugswort ein substantiviertes Verb hat und der Objekt zu dem Verb ist, aus dem das substantivierte Verb hervorgegangen ist, z. B. Die Verschönerung *der Stadt* (sie verschönern *die Stadt*). **Genitivus subiectivus:** Die Ankunft *des Zuges* (*der Zug* kommt an).

Genius [lat., eigtl. „Erzeuger"], in der röm. Religion die dem Mann innewohnende göttl. Kraft, die sich speziell auf seine Zeugungsfähigkeit bezieht; entspricht der weibl. ↑Juno. Bes. Bed. kam dem G. des Paterfamilias zu. Die Redeweise vom **Genius loci** („G. eines Ortes") ist nicht religiös, sondern dient nur der Charakterisierung des geistigen Klimas einer lokalen Einheit.

Geniza ↑Genisa.

Genk [niederl. xɛŋk], belg. Bergbau- und Ind.gemeinde im Kohlenrevier des Kempenlandes, 69 m ü. d. M., 65 600 E. Walzwerk, Kraftfahrzeugind.; Hafen am Albertkanal.

Genkelbachtalsperre ↑Stauseen (Übersicht).

Genklonierung [griech.], der Einbau von fremder DNS mit Hilfe von Restriktionsenzymen in ein Plasmid. Die fremde DNS wird dann in sich teilenden Bakterienzellen repliziert.

Genkopplung, svw. ↑Faktorenkopplung.

Genmanipulation (Genchirurgie), Neukombination von Genen durch direkten Eingriff in die Erbsubstanz (DNS) mit biochem. Verfahren (↑Gentechnologie). Seit Entdeckung der ↑Restriktionsenzyme, die einzelne Gene aus DNS-Fäden herauslösen, lassen sich solche Versuche mit Erfolg durchführen.

Gennargentu, Monti del [italien. ˈmonti del dʒennarˈdʒentu], Gebirge in M-Sardinien, in der Punta Lamarmora 1 834 m hoch (höchste Erhebung der Insel).

Gennes, Pierre-Gilles de [frz. ʒɛn], * Paris 24. Okt. 1931, frz. Physiker. Seit 1976 Leiter der École Superieur de Phy-

Gengenbach. Blick auf die Stadt, rechts im Hintergrund das Rathaus, 1784

sique et Chémie in Paris. Grundlegende Forschungen zum Übergang von geordneten zu ungeordneten Molekülzuständen in komplexen physikal. Systemen (z. B. flüssigen Kristallen), deren Ergebnisse auch auf Phänomene wie Supraleitung, Magnetismus, Verhalten von Polymeren usw. anwendbar sind. Erhielt den Nobelpreis für Physik 1991.

Gennevilliers [frz. ʒɛnviˈlje], frz. Ind.stadt im nördl. Vorortbereich von Paris, Dep. Hauts-de-Seine, 45 400 E. Flußhafen.

Genocidium [griech./lat.] ↑Völkermord.

Genom [griech.] ↑Gen.

Genomanalyse [griech.], Bez. für Verfahren der Analyse genetisch bedingter Eigenschaften des Menschen; G. finden u. a. Anwendung zur Feststellung von Erbanlagen für Krankheiten, bes. genetisch bedingten Empfindlichkeiten gegen Umwelteinflüsse (z. B. Schadstoffe, Arzneimittel, Nahrungsmittel), außerdem zur Feststellung familiärer Abstammung sowie zur Identifizierung von Personen. – Eine G. kann auf verschiedene Art und Weise durchgeführt werden. Bei der **direkten Genomanalyse** ist die genaue Kenntnis des Gens und der zu diagnostizierenden Mutation erforderlich. Durch Einsatz bestimmter ↑Restriktionsenzyme oder von **Gensonden** (radioaktiv oder mit Farbstoff markierte DNS-Stücke) ist ein Teil der Mutationen, die Erbkrankheiten zugrunde liegen, nachzuweisen. Bei der **indirekten Genomanalyse** hingegen macht man sich die Tatsache zunutze, daß der gesuchte Gendefekt oft mit einer anderen Mutation zufällig gemeinsam auftritt, die auf dem Chromosom eng benachbart ist und als genet. Marker dient. Der Nachweis geschieht wiederum mit Hilfe von Restriktionsenzymen oder DNS-Sonden. Außer den reinen DNS-Analysen ist zur G. in begrenztem Ausmaß auch eine lichtmikroskop. **Chromosomenanalyse** geeignet.

Genosse, allg. Kamerad, Gefährte.
▷ Teilhaber, Mitgenießer an Sachen oder Rechten, z. B. im MA die Bauern an der Allmende (↑Markgenossenschaft).
▷ seit 1879 in die Sozialist. Arbeiterpartei Deutschlands eingeführte Bez. und Anrede für Partei-Mgl.; seit der 2. Hälfte der 1960er Jahre auch in der SPD wieder gebräuchl. Anrede.

Genossenschaft (eingetragene G.), ein Verein ohne geschlossene Mitgliederzahl, der die wirtsch. Förderung seiner Mgl. mittels gemeinschaftl. Geschäftsbetriebes bezweckt und in das G.register eingetragen ist. Die G. ist jurist. Person und wird als Kaufmann im Sinne des Handelsrechts behandelt (§ 17 GenG), obwohl sie kein [auf Gewinnzielung gerichtetes] Gewerbe betreibt, sondern in erster Linie dazu dient, ihre Mgl. zu unterstützen, z. B. durch Gewährung von Krediten oder durch gemeinsamen Verkauf.

Pierre-Gilles de Gennes

Genossenschaft Deutscher Bühnen-Angehörigen

Rechtliche Grundlage ist das Genossenschaftsgesetz (GenG) vom 20. 5. 1898, grundlegend geändert durch ein BG vom 9. 10. 1973 (in Kraft seit 1. 1. 1974). Rechtsform der G. ist die eingetragene Genossenschaft (Abk. e. G.). – Die G. haftet im Falle des Konkurses mit ihrem Vermögen. Das Statut muß u. a. den Umfang der Geschäftsanteile und die darauf zu leistende Mindesteinzahlungssumme festlegen sowie angeben, ob für den Konkursfall eine Nachschußpflicht der Genossen besteht und ob diese beschränkt oder unbeschränkt ist.
Errichtung: Mindestens sieben Gründer müssen schriftlich eine Satzung aufstellen sowie Vorstand und Aufsichtsrat wählen. Durch Eintragung in dem beim Amtsgericht geführten **Genossenschaftsregister** erlangt die G. Rechtsfähigkeit.
Organe: Die *Generalversammlung* (bei G. mit mehr als 3 000 Mgl. *Vertreterversammlung*) wählt den Aufsichtsrat und Vorstand und beschließt u. a. über den Jahresabschluß. Jeder Genosse hat [ohne Rücksicht auf die Höhe seines Geschäftsanteils] eine Stimme; die Satzung kann jedoch Mehrstimmrechte vorsehen. Der aus mindestens drei Personen bestehende *Aufsichtsrat* hat den Vorstand zu überwachen und, wenn es die Satzung vorsieht, auch Aufgaben der Geschäftsführung wahrzunehmen. Dem Vorstand, bestehend aus mindestens zwei Mgl., obliegt die Geschäftsführung und die Vertretung der G.
Prüfung: Jede G. muß einem *Prüfungsverband* angehören. Die Prüfung erstreckt sich auf das Rechnungswesen, die gesamte Geschäftsführung und die wirtsch. Verhältnisse.
Mitgliedschaft: Sie wird erworben durch Unterzeichnung des Statuts bei Gründung oder durch unbedingte schriftl. Beitrittserklärung und Eintragung in die beim Registergericht geführte Genossenliste. Jeder Genosse hat ein Recht auf Mitverwaltung (Stimmrecht), auf Teilnahme an den gemeinschaftl. Einrichtungen und, falls in der Satzung nicht ausgeschlossen, auf Beteiligung am Reingewinn der G. und am Zuwachs des G.vermögens. Er ist verpflichtet, die satzungsmäßig bestimmte Mindest[pflicht]einlage auf seinen Geschäftsanteil zu leisten. Die (vererbbare) *Mitgliedschaft* endet durch Tod, Austritt und Ausschluß. Dem Ausgeschiedenen ist sein Geschäftsguthaben auszuzahlen.
In *Österreich* gilt das Gesetz vom 9. 4. 1873, zuletzt 1974 novelliert. In der *Schweiz* ist das G.recht Teil des Revidierten Obligationenrechts vom 18. 12. 1936, Art. 828 ff. Die Regelungen sind dem dt. Recht ähnlich.
Arten: Zu **Förderungsgenossenschaften** gehören die Beschaffungs-G. (Bezugs-G., Einkaufs-G.) und die Verwertungs-G. (Absatz-, Fischerei- und Fischverwertungs-G.); in den **Produktivgenossenschaften** sind die Mgl. gleichzeitig Unternehmer und Arbeitnehmer; **Spezial- und Universalgenossenschaften** (letztere erfüllen alle genossenschaftl. Funktionen in einer Region, erstere nur besondere); **Markt- und Instrumentalgenossenschaften** (erstere treten in kaufmänn. Weise am Markt auf, letztere sind meist Betriebs-, z. B. Dresch-G.); **Erwerbs- und Wirtschaftsgenossenschaften** (erstere fördern ihre Mgl.; letztere dienen dem Wohl der Verbraucher).
Zur besseren Durchführung ihrer Aufgaben und zur Vermeidung der Einflußnahme einer staatl. Aufsicht schlossen sich einzelne G. schon früh zu **Genossenschaftsverbänden** zusammen (1859 gründete Schulze-Delitzsch den ersten dt. G.verband, den Allg. Verband der auf Selbsthilfe beruhenden dt. Erwerbs- und Wirtschafts-G.). Heute bestehen in der BR Deutschland folgende Spitzenverbände: Deutscher Genossenschafts-Raiffeisenverband, Bund dt. Konsumgenossenschaften GmbH, Gesamtverband gemeinnütziger Wohnungsunternehmen e. V. Die moderne G.bewegung hat sich mit den wirtsch. und sozialen Entwicklungen im 19. Jh. (Industrialisierung) als Selbsthilfeeinrichtung herausgebildet. Der Gedanke der *Produktiv-G.* wurde in Frankreich von H. de Saint-Simon und C. Fourier entwickelt. Erste *Verbraucher-G.* entstanden in Großbritannien (1844 Gründung eines Konsumvereins in Rochdale). Pioniere des *gewerbl. G.wesens* in Deutschland waren H. Schulze-Delitzsch und für das *landw. G.wesen* F. W. Raiffeisen.

Genossenschaft Deutscher Bühnen-Angehörigen, gegr. 1871, dem Dt. Gewerkschaftsbund angeschlossen.

Genossenschaftsbanken, Banken in der Rechtsform einer eingetragenen Genossenschaft. Zu den bedeutendsten Bankunternehmen dieses Typs zählen die Volksbanken und Raiffeisenbanken. Spitzeninstitut ist die Dt. Genossenschaftsbank.

Genossenschaftsregister ↑Genossenschaft.

Genotyp [griech.] (Genotypus), die Summe der genet. Informationen eines Organismus. – ↑Phänotyp.

genotypische Geschlechtsbestimmung ↑Geschlechtsbestimmung.

Genova [italien. ˈdʒɛːnova] ↑Genua.

Genovefa von Brabant ↑Genoveva von Brabant.

Genovés, Juan [span. xeno'βes], *Valencia 1. Juni 1930, span. Maler und Graphiker. – Malt nach Photovorlagen Szenen von Gewalt und Terror (v. a. Kriegsfolgen).

Genoveva (Genovefa) **von Brabant,** der Legende nach Gemahlin eines Pfalzgrafen Siegfried (8. Jh.). Verleumderisch des Ehebruchs bezichtigt, kann sie in den Wald entfliehen, wo sie mit ihrem Säugling von einer Hirschkuh ernährt wird. Der heimgekehrte Gemahl findet sie und läßt den Verleumder Golo töten. Beliebtes dt. Volksbuch (18. Jh.), zahlr. dramat. Fassungen.

Genoveva (Genovefa) **von Paris** (frz. Geneviève), hl., *Nanterre um 422, †Paris um 502, Patronin von Paris. – Angeblich blieb auf ihre Fürbitte hin Paris 451 beim Hunneneinfall verschont; 1791 Umwandlung ihrer Kirche zum ↑Panthéon.

Genozid (Genocidium) [griech./lat.] ↑Völkermord.

Genpool, Summe aller unterschiedl. ↑Allele innerhalb einer Population.

Genre [ʒãːr; frz., zu ↑Genus], in der bildenden Kunst Darstellungsbereich, der das alltägl. Leben zum Gegenstand hat. **Genremalerei** ist seit dem späten MA durch alle Jh. hindurch zu finden, insbes. in der niederl. Malerei des 16. und 17. Jh. sowie im 19. Jahrhundert.

Gens [lat. „Geschlecht, Sippe"] (Mrz. Gentes), im antiken Rom ein Verband zw. Staat und Familie, dessen Angehörige (**Gentilen**) sich auf einen gemeinsamen Ahnherrn („pater gentis") beriefen und einen gemeinsamen Gentilnamen (z. B. Tullius bei Marcus Tullius Cicero) führten.

Genscher, Hans-Dietrich *Reideburg bei Halle/Saale 21. März 1927, dt. Politiker (FDP). – Jurist; nach 1945 zunächst LDPD-Mgl. in Halle/Saale; ging 1952 in die BR Deutschland; seit 1965 MdB, seit 1968 stellv. Parteivors.,

Hans-Dietrich Genscher

Genre (Genremalerei). Jan Steen, Bohnenkönigsfest, 1668 (Kassel, Staatliche Kunstsammlungen)

Genter Altar. Mittelteil und Innenseiten der Flügel in geöffnetem Zustand, 1432 vollendet (Gent, Kathedrale Sint-Baafs)

1969–74 Bundesmin. des Innern; 1974–92 Außenmin. und Vizekanzler; 1974–85 Vors. der FDP; im Okt. 1982 entscheidend beteiligt am Koalitionswechsel der FDP; hatte 1989 maßgebl. Anteil an der Herstellung der dt. Einheit und deren europ. Einbindung.

Gent [niederl. xɛnt] (frz. Gand), belg. Hafen- und Ind.-stadt, 233 000 E. Verwaltungssitz der Provinz Ostflandern; kath. Bischofssitz; Univ. (gegr. 1817); Königl. Fläm. Akad. für Sprache und Literatur; Staatl. Fakultät der Landwirtschaftswiss., Königl. Musikkonservatorium, Staatsarchiv; Kunst-, archäolog. u. a. Museen; Bibliotheken; internat. Messe, Zentrum der belg. Textilind., in den Randgemeinden Blumen- und Ziersträucherzucht. Der Hafen ist mit der Westerschelde bei Terneuzen (Niederlande) durch den 33 km langen **Gent-Terneuzen-Kanal** verbunden, eine weitere Kanalverbindung besteht nach Brügge. Die Kanalzone ist stark industrialisiert, u. a. Hütten- und Stahlwerk, Automontagewerk, Erdölraffinerien.

Geschichte: Geht auf eine Kaufmannsniederlassung des 10. Jh. an der Leie vor ihrer Mündung in die Schelde zurück, die durch eine Burg der Grafen von Flandern geschützt wurde. Die Kaufleute erlangten in den frühen 12. Jh. polit. Rechte gegenüber den Grafen, aus ihrer Mitte erwuchs ein Patriziat (seit Anfang des 14. Jh. Beteiligung der Tuchweber am Stadtregiment). Kaiser Karl V. nahm der Stadt 1540 alle polit. Rechte. Zur Zeit des niederl. Aufstandes mußte G. den span. Truppen die Tore öffnen, wurde zugleich aber Zentrum formierten Widerstands. Nach 1750 Entwicklung zur modernen Industriestadt.

Bauten: Got. Kirchen, u. a. Kathedrale Sint-Baafs, Sint-Niklaaskerk und Sint-Michielskerk; bed. Rathaus (15. bis 17. Jh.), Justizpalast (1836–46) mit 95 m hohem Belfried (14. Jh.) und Glockenspiel; Zunfthäuser (13.–16. Jh.), Wasserburg 's-Gravensteen (1180 ff.).

Gentamycin (Gentamyzin) [Kw.], Breitbandantibiotikum, das gegen verschiedene grampositive und gramnegative Erreger (z. B. Kolibakterien und Streptokokken) wirksam ist.

Gentechnikgesetz, BG zur Regelung der Gentechnik (Abk. GenTG) vom 20. 6. 1990, in Kraft seit 1. 7. 1990. Das G. dient dem Zweck, Leben und Gesundheit von Menschen, Tieren, Pflanzen sowie die sonstige Umwelt in ihrem Wirkungsgefüge und Sachgüter vor mögl. Gefahren gentechn. Verfahren und Produkte zu schützen sowie den rechtl. Rahmen für die Erforschung, Entwicklung, Nutzung und Förderung der wiss. und techn. Möglichkeiten der Gentechnik zu schaffen. Gentechn. Arbeiten in gentechn. Anlagen werden je nach dem Risiko für die menschl. Gesundheit und die Umwelt in vier Sicherheitsstufen eingeteilt. Die Errichtung und der Betrieb von gentechn. Anlagen bedürfen der Genehmigung.

Gentechnologie, Teilgebiet der Molekularbiologie und Biotechnologie, das sowohl die theoret. Aspekte als auch die prakt. Methoden (Gentechnik, Genchirurgie) umfaßt, durch die Gene und deren Regulatoren isoliert, analysiert, verändert und wieder in Organismen eingebaut werden. G. schließt auch Zellfusionen zur Herstellung von Hybridomen mit ein. Durch die Übertragung von Genen zw. verschiedenen Arten, bes. der Einbau in die ↑Plasmide von Bakterien, ist die Massenproduktion von sonst nur sehr schwer zugängl. Genprodukten (Proteine, Hormone, monoklonale ↑Antikörper) möglich geworden. Da die gentechn. Forschung sich primär auf Bakterien konzentriert hat, liegt z. Z. auch der wirtsch. Schwerpunkt der G. noch in der biolog. Stoffsynthese, d. h. in der Herstellung pharmakolog. Produkte mit Hilfe transformierter Mikroorganismen. Durch Übertragung entsprechender Säugergene produzieren diese Bakterien medizinisch oder technisch wichtige Substanzen, die durch normale chem. Synthese nur unter hohem materiellem, zeitl. und finanziellem Aufwand zugänglich sind, z. B. Interferon. – Der Einsatz von gentechnisch veränderten Organismen ist nicht unproblematisch, da bei einer unkontrollierten Freisetzung die Folgen für Mensch und Umwelt und auch die weitere evolutive Entwicklung des Organismus kaum absehbar sind und diese, einmal ausgesetzt, nicht wieder in das Labor zurückgeholt werden können. – ↑Gentechnikgesetz.

Genter Altar, Altar der Brüder van ↑Eyck in der Kathedrale Sint-Baafs in Gent, 1432 (oder wenig später) vollendet.

Genter Pazifikation, 1576 in Gent zw. den aufständ. Prov. Holland und Seeland sowie Wilhelm von Oranien einerseits und den Generalstaaten der nichtaufständ. Länder andererseits geschlossener Bund zur Vertreibung der span. Soldaten und Befriedung des Landes.

Gentes, Mrz. von ↑Gens.

Gentexnetz [Kw. aus engl. **gen**eral **te**legraph **ex**change „allg. telegraph. Austausch"] ↑Fernschreibnetz.

Gent. Stadtwappen

Gentherapie

Gentherapie, Bez. für gezielte Veränderungen des Erbgutes, die der Korrektur erblich bedingter Erkrankungen dienen. Hierbei ist zu unterscheiden zw. der **somatischen Gentherapie,** der Korrektur genet. Defekte in Körperzellen, und der **Keimbahn-Gentherapie,** die in Zellen der Keimbahn vorgenommen wird und die Vererbung der eingeführten Veränderung an die folgenden Generationen einschließt. Bestehende Defekte im Genom könnten im Rahmen einer G. ausgeglichen werden durch Einbringen eines Gens, das die Auswirkungen eines fehlerhaften Gens kompensiert, oder durch den direkten Austausch des defekten Gens gegen ein gesundes. – Seit 1990 ist in den USA die gentherapeut. Behandlung von Menschen bei Hautkrebs und bei angeborener Immunschwäche bei Kindern erlaubt. Die G. an menschl. Keimbahnzellen ist wegen der unabsehbaren mögl. Folgen sehr umstritten.

Giovanni Gentile

Genthin, Krst. in Sa.-Anh., am Elbe-Havel-Kanal, 16 000 E. Waschmittelwerk, Lebensmittelind.; Binnenhafen. – Im 12. Jh. gegr., seit dem 12. Jh. Stadt. – Barocke Pfarrkirche (1707–22). – **G.,** Landkr. in Sachsen-Anhalt.

Gentile, Giovanni [italien. dʒen'tiːle], * Castelvetrano 30. Mai 1875, † Florenz 15. April 1944 (Ermordung durch antifaschist. Partisanen), italien. Philosoph und Politiker. – Seit 1917 Prof. in Rom; 1922–24 Unterrichtsmin. im 1. Kabinett Mussolini (Reform des italien. Schulwesens); 1925–37 leitender Hg. der „Enciclopedia Italiana". Stark vom dt. Idealismus beeinflußt, war G. neben B. Croce Hauptvertreter neuidealist. philosoph. Strömungen in Italien. – *Werke:* Teoria generale dello spirito come atto puro (1916), Sistema di logica come teoria del conoscere (2 Bde., 1917–23), Grundlagen des Faschismus (1929), Philosophie der Kunst (1931).

Wolfgang Gentner

Gentile da Fabriano [italien. dʒen'tiːle daffa'brjaːno], eigtl. G. di Niccolò di Giovanni Massi, * Fabriano zw. 1360/1370, † Rom 1427, italien. Maler. – Blieb der got. Tradition verhaftet (Weicher Stil), vollzog aber, geschult an der Miniaturmalerei, in genrehafter Ausgestaltung eine wegweisende Hinwendung zur Frührenaissance. Neben Altargemälden (v. a. „Anbetung der Könige", 1423; Florenz, Uffizien) zahlr. Fresken (zerstört).

Gentilen [lat.], Mgl. einer ↑ Gens.

Gentileschi [italien. dʒenti'leski], Artemisia, * Rom 1597, † Neapel nach 1651, italien. Malerin. – Von ihrem Vater Orazio G. ausgebildet, steht sie in der Caravaggionachfolge; v. a. in Neapel tätig, Gemälde und Bildnisse (u. a. „Judith und Holofernes", Florenz, Uffizien). – **G.,** Orazio, eigtl. O. Lomi, * Pisa 1563, † London 7. Febr. 1639, italien. Maler. – Vater von Artemisia G.; verband in seinen Andachtsbildern Caravaggios naturalist. Helldunkelmalerei mit transparenten Farben und lyr. Stimmung und vermittelte diesen Stil an frz. und niederl. Künstler.

Gentilhomme [ʒɑ̃ti'jɔm; lat.-frz.], frz. Bez. für Edelmann, Adliger (von Geburt); gebildeter Mann von vornehmer Gesinnung (↑ Gentleman).

Gentilname [lat./dt.] ↑ Gens.

Gentleman [engl. 'dʒɛntlmən], in England (als Lehnübersetzung zu ↑ Gentilhomme) urspr. Bez. für den zur ↑ Gentry gehörenden Adligen; später v. a. Bez. für einen Mann von Anstand, Lebensart und ehrenhaftem Charakter. Das *G.-Ideal* spielte in Großbritannien v. a. in der Erziehung eine bed. Rolle.

Gentlemen's Agreement (Gentleman's Agreement) [engl. 'dʒɛntlmənz ə'griːmənt] ↑ Agreement.

Gentner, Wolfgang, * Frankfurt am Main 23. Juli 1906, † Heidelberg 4. Sept. 1980, dt. Physiker. – Prof. in Freiburg und Heidelberg; entwickelte u. a. mit seinen Mitarbeitern die Kalium-Argon-Methode zur Altersbestimmung von Mineralen.

Gentofte, dän. Gemeinde auf Seeland, mit Kopenhagen zusammengewachsen, 66 000 E. Sitz des Dän. Geolog. Inst., des Meteorolog. Inst., des Arkt. Inst. und des Dän. Inst. für Fischerei und Meeresforschung.

Gentry [engl. 'dʒɛntrɪ], der im 13. Jh. entstandene niedere Adel in England/Großbritannien, der seit den Tudors seine hohe geschichtl. Bed. gewann. Neben der wappentragenden älteren bzw. reichen G., den **Knights,** gab es die nichtritterl. Schicht der **Squires.** Die G. war polit. Bindeglied zw. Parlament, Grafschaften und Kommunitäten durch den Einstieg bes. finanzkräftiger Schichten des Bürgertums; im 18. und 19. Jh. bed. mittelständ. Führungsschicht.

Gent-Terneuzen-Kanal [niederl. 'xɛnttɛr'nøːzə] ↑ Gent.

Gentz, Friedrich, * Breslau 2. Mai 1764, † Wien 9. Juni 1832, dt. Publizist und Politiker. – Preuß. Kriegsrat 1793–1802; wurde durch seinen Kampf gegen die Prinzipien der Frz. Revolution, seine Deutung des Phänomens der modernen Revolution und seinen Widerstand gegen die europ. Machtpolitik Napoleons I. führender dt. konservativer Staatsdenker und Publizist. Agierte seit 1803 in Wien erfolgreich als polit. Publizist für eine antinapoleon. gemeineurop. Politik; 1810 zum Aufbau einer offiziösen Presse durch Metternich fest verpflichtet; als außerordentl. östr. Hofrat seit 1813; einer der Exponenten der vormärzl. Reaktion. – **G.,** Heinrich, * Breslau 5. Febr. 1766, † Berlin 3. Okt. 1811, dt. Baumeister. – Bruder von Friedrich G.; strenger Frühklassizist, Vorläufer Schinkels; u. a. 1798–1800 Münze in Berlin (abgerissen), 1802–04 Ausgestaltung des großherzogl. Schlosses in Weimar (Treppenhaus, Festsaal), 1810 Mausoleum für Königin Luise im Charlottenburger Park.

Gentzen, Gerhard [Karl Erich], * Greifswald 24. Nov. 1909, † Prag 4. Aug. 1945, dt. Logiker und Mathematiker. – Lieferte bedeutende Beiträge zur mathemat. Logik und zur Beweistheorie.

Genua (italien. Genova), Hauptstadt der italien. Region Ligurien am Golf von G., am südl. Steilabfall des Ligur. Apennin, 722 000 E. Sitz eines Erzbischofs; Univ. (gegr. 1471), Kunstakad., Marine- und Schiffbauschule, Musikhochschule, ozeanograph. und meteorolog. Inst.; mehrere Museen und Gemäldegalerien und Bibliotheken, Oper; Sitz von Börse, Behörden und Verbänden. G. bildet mit seinen Nachbargemeinden einen der wichtigsten Wirtschaftsräume Italiens, v. a. Schwerind., Schiff- und Maschinenbau, Kraftfahrzeugind., Raffinerien und viele kleinere Betriebe; zahlr. Banken, Reedereien; internat. Messen. Pipelines nach Aigle (Schweiz) und Ingolstadt (BR Deutschland). Bed. Hafen, einer der wichtigsten Verkehrsknotenpunkte von Italien;

Artemisia Gentileschi. Judith und Holofernes, um 1620 (Florenz, Uffizien)

Geochronologie

Genua. Blick auf das Stadtzentrum mit dem alten Hafen im Hintergrund

Geschichte: Schon im Altertum Handels- und Schiffahrtszentrum Liguriens; seit 218 v. Chr. unter röm. Einfluß; nach dem Ende des Weström. Reichs ostgot., byzantin., 641 langobard.; in fränk. Zeit Mittelpunkt einer Gft.; im erbitterten Machtkampf mit Pisa (v. a. 1165–76), mit dem zus. es 1016 den Sarazenen Sardinien und Korsika abgenommen hatte, war G. erst 1284 siegreich. Zahlr. genues. Niederlassungen in Syrien und Palästina, im Kgr. Kleinarmenien, in Ägypten, N-Afrika, Konstantinopel und am Schwarzen Meer. Der Konflikt mit Venedig endete nach wechselvollen Kämpfen mit der Niederlage der Genuesen 1380. Ende 14.–Anf. 16. Jh. war G. in frz. oder mailänd. Hand. Admiral Andrea Doria konnte die Unabhängigkeit wieder herstellen (1528) und gab G. eine oligarch. Verfassung. Im Östr. Erbfolgekrieg von Österreich 1746 vorübergehend besetzt. 1768 trat G. Korsika an Frankreich ab. Durch Napoleon I. wurde G. (mit vergrößertem Gebiet) als Ligur. Republik eingerichtet, 1800 kurze Zeit von den Österreichern besetzt und 1805 Frankreich einverleibt. 1815 mit dem Kgr. Sardinien vereinigt.

Bauten: Wahrzeichen der Stadt ist der 75 m hohe Turm (1543) am Hafen. Der Dom (geweiht 1118) wurde 1307–12 got. erneuert, 1567 mit einer Renaissancekuppel versehen; bed. Domschatz. Adelspaläste, die v. a. 1530 bis 1650 entstanden sind, u. a. Palazzo del Principe und die Paläste der Doria, die die Piazza San Matteo umgeben. Die Univ. wurde 1634 ff. als Jesuitenkolleg errichtet.

Genueser Spitze, eine Art der Klöppelspitze.

Genugtuung, allg. Wiedergutmachung eines Unrechts, z. B. ein Schmerzensgeld.

genuin [lat.], angeboren, echt, rein, unverfälscht, natürlich.
▷ in der *Medizin* ohne erkennbare Ursache, selbständig und nicht als Folge anderer Krankheiten auftretend.

Genus [lat. „Art, Geschlecht"] (Mrz. Genera), in der *Logik* svw. ↑Genus.
▷ in der *Biologie* svw. ↑Gattung.
▷ in der *Sprachwissenschaft* grammat. Kategorie („grammat. Geschlecht"), die die Substantive (danach Adjektive und Pronomina) einteilt in männl. G. (Maskulinum: *der Mann, Hengst*), weibl. G. (Femininum: *die Frau, Stute*) und sächl. G. (Neutrum, eigtl. „keines von beiden", d. h. hinsichtlich des Sexus indifferent: *das Geschöpf, Pferd*). Einige indogerman. Sprachen kennen nur zwei Genera (Maskulinum/Femininum), z. T. ist die G.unterscheidung völlig aufgegeben. Grammat. G. und Sexus stimmen nur z. T. überein (nicht in: *das Weib, das Mädchen*). Zum formalen Ausdruck des G. dient z. B. im Deutschen (danach) Adjektive *der, die, das*. – Als **Genus des Verbs** (G. verbi) wird die jeweilige Verhaltensrichtung des Verbs (Aktiv, Passiv, Medium) bezeichnet.

Genußgifte, Bez. für einige Genußmittel, deren dauernder Genuß zur Sucht bzw. zur Schädigung des Organismus führen kann.

Genußmittel, Produkt, das nicht wegen seines Nährwerts, sondern wegen seines Geschmacks und/oder seiner anregenden Wirkung genossen wird (Gewürze, Kaffee, Tee, Konfekt usw.). – ↑Lebensmittelrecht.

Genußschein, Urkunde, die verschiedene Rechte gegenüber einem Unternehmen verbrieft, z. B. Anspruch auf den Reingewinn.

Genus verbi [lat.] ↑Genus.

Genzentrum (Allelzentrum), geograph. Gebiet, in dem bestimmte Kulturpflanzenarten in der größten Formenfülle vertreten sind und von dem sie vermutlich ihren Ursprung genommen haben (Ausbreitungszentren); deckt sich im allg. mit einem eiszeitl. Refugialgebiet.

Genzmer, Felix, * Marienburg (Westpr.) 25. März 1878, † Tübingen 19. Aug. 1959, dt. Jurist und Germanist. – Prof. für öff. Recht in Rostock, Marburg und Tübingen; Arbeiten zur german. Rechtsgeschichte; Hg. altnord. Sagas, Übersetzung der „Edda" (2 Bde., 1912–20; mit A. Heusler).
G., Harald, * Blumenthal (= Bremen) 9. Febr. 1909, dt. Komponist. – Sohn von Felix G.; 1928–34 Schüler von P. Hindemith, Kompositionslehrer an den Musikhochschulen Freiburg im Breisgau (1946–57) und München (seit 1957). Komponierte Ballette, Orchesterwerke (u. a. drei Sinfonien 1957, 1958, 1984), Konzerte, Kammermusik, Orgel- und Klavierwerke, Chormusik und Lieder.

Geo..., geo... [zu griech. gḗ „Erde"], Bestimmungswort von Zusammensetzungen mit der Bed. „Erd..., erd..., Land..., land...", z. B. Geodäsie, Geographie, Geometrie.

Geobotanik (Pflanzengeographie, Phytogeographie), Teilgebiet der Botanik, in dem die Verbreitung und Vergesellschaftung von Pflanzen nach der räuml. Ausbreitung der einzelnen Arten (*florist. G.*), ihrer Abhängigkeit von Umweltfaktoren (*ökolog. G.*), den histor. Bedingungen ihrer Verbreitung (*Vegetationsgeschichte*) sowie nach der Zusammensetzung und Entwicklung der Pflanzengesellschaften (*Pflanzensoziologie, Vegetationskunde*) untersucht wird.

Geochemie, die Wiss. von der chem. Zusammensetzung und den chem. Veränderungen der Erde. Aufgaben sind u. a. die chem. Analyse von Gesteinen und Mineralen, die Bestimmung des Vorkommens und der Häufigkeit der chem. Elemente und ihrer Isotope sowie ihrer Verteilung und Wanderung in den verschiedenen Bereichen der Erde und die Erforschung der Gesetzmäßigkeiten, nach denen sich diese Vorgänge vollziehen und Minerale, Gesteine und Lagerstätten gebildet oder verändert werden.

Geochronologie, Teilgebiet der Geologie, das sich mit relativer und absoluter Altersbestimmung befaßt. Bei Sedimenten gilt bei ungestörter Lagerung das Grundgesetz der Stratigraphie, daß obere Schichten **(Hangendes)** jünger sind als darunter liegende **(Liegendes)**. Mit Hilfe der Petrographie werden v. a. [präkambr.] Schichten, in denen kaum oder keine Versteinerungen vorkommen, in eine Reihenfolge gebracht. Vom Kambrium ab erleichtern Makro- und Mikroleitfossilien als Zeitmarken (biostratigraph. Prin-

Genua
Stadtwappen

Friedrich Gentz

Harald Genzmer

Geodäsie

zip) die relative zeitl. Einordnung der Sedimente. Magmat. und metamorphe Gesteine werden v. a. mit Hilfe physikal. Methoden chronologisiert, die absolute Werte, d. h. Angaben in Jahren, ergeben (↑Altersbestimmung). Zu absoluten Werten (Kalendern) führen auch die Auszählung von Bändertonen, die Pollenanalyse und die Jahresringchronologie.

Geode aus Amethyst

Geodäsie [griech.] (Vermessungskunde), Wiss. und Technik der Bestimmung von Form und Größe der Erde bzw. von Teilen ihrer Oberfläche. Fundamentale Bed. für die G. haben Messungen des Schwerefeldes der Erde, weil daraus auf die Erdform geschlossen werden kann. Grundlage für Messungen auf der Erdoberfläche ist die Festlegung eines sog. Festpunktfeldes *(Triangulierungsnetz)*, das auf eine mathematisch streng definierte Bezugsfläche (meist ein Ellipsoid) abgebildet wird.
Die histor. Wurzeln der G. reichen bis zur Feldmessung in den asiatischen Hochkulturen zurück. Ein qualitativ neuer Abschnitt begann 1617 mit der von W. Snellius eingeführten ↑Triangulierung. Die erste Landesaufnahme auf dieser Grundlage führte W. Schickard in Württemberg durch. Die Gegenwart ist gekennzeichnet von der Schaffung geodät. Fixpunkte mittels Satellitentriangulierung und der Ablösung des Triangulierungsverfahrens durch die exakteren Laserstrahlmessungen, die mit dem Nachweis der Verschiebung der Kontinente die G. vor neue Aufgaben stellen.

Étienne Geoffroy Saint-Hilaire

geodätische Linie [griech./lat.] (Geodätische), Kurve auf einer Fläche, die die kürzestmögl. Verbindungslinie zw. je zwei ihrer Punkte auf dieser Fläche darstellt. Die g. L. der Kugeloberfläche sind Großkreise.

Geode [griech.], in Sedimentgesteinen die ↑Konkretion, bei einigen Ergußgesteinen das Ausfüllen von Blasenhohlräumen durch Minerale, daher für diese (Melaphyr, Basalt, Diabas u. a.) auch die Bez. **Mandelstein.**

geodynamisches Meter ↑Geopotential.

Geoelektrik, Teilgebiet der *Geophysik*, das sich bei der Bestimmung der physikal. Eigenschaften von Gesteinsmassen und Bodenschichten, bei der Erkundung von Lagerstätten und bei der Untersuchung des Baugrundes künstlich erzeugter oder von Natur aus vorhandener elektr. Felder und Ströme (↑Erdströme) bedient.

Geofaktoren, Bez. für die einzelnen Bestandteile einer Landschaft, durch die sie geformt wird, z. B. Lage, Klima, Vegetation.

Geoffrey of Monmouth [engl. ˈdʒɛfrɪ əv ˈmʌnməθ] (Galfridus Monemutensis), *Monmouth um 1100, †Llandaff bei Cardiff 1154, engl.-walis. Geschichtsschreiber. – Seine oft legendar. Geschichte der Könige Britanniens („Historia regum Britanniae", 1136–38) ist die Hauptquelle für die Artusdichtung.

Geoffroy Saint-Hilaire, Étienne [frz. ʒɔfrwasɛ̃tiˈlɛːr], *Étampes (Essonne) 15. April 1772, †Paris 19. Juni 1844, frz. Naturforscher. – Prof. für Zoologie in Paris. Bekannt wurde er v. a. durch den „Akademiestreit" (1830) mit Cuvier, in dem er die Ansicht vertrat, daß die Entwicklung der Lebewesen (Artenbildung) von einem einzigen Bauplan hergeleitet werden kann.

Geofraktur, svw. ↑Lineament.

Geognosie, veraltet für Geologie.

Geographie (Erdkunde), Wiss., die nicht nur die Erdoberfläche beschreibt, sondern das Ökosystem Erde–Mensch untersucht. In der Antike und im MA standen Beschreibungen von Ländern, Küsten und Häfen im Vordergrund, kartograph. Darstellungen der Erdoberfläche wurden versucht sowie Messungen der Form und Größe der Erde und ihrer Stellung im Weltall. Im 12./13. Jh. erweiterten die Reiseberichte von W. Rubruk, M. Polo u. a. den Horizont. Bei den Erdbeschreibungen des Entdeckerzeitalters (seit dem 15. Jh.) erfolgte bereits eine Hinwendung zur Naturbeobachtung. Im 17. Jh. gliederte B. Varenius die G. in eine allg. und eine spezielle G. (Länderkunde). Mit A. von Humboldt und C. Ritter setzte im 19. Jh. die Frage nach den ursächl. Zusammenhängen ein, wobei auch die Wirkung der räuml. Verhältnisse auf die Geschichte der Völker untersucht wurde. Die Kolonisationspolitik der europ. Staaten, verbunden mit großen Expeditionen, erbrachte nicht nur topograph. Kenntnisse, sondern auch weiterführende Erkenntnisse. Geograph. Gesellschaften wurden 1821 in Paris, 1828 in Berlin, 1830 in London, 1852 in New York gegr. Seit 1871 gibt es das Fach G. an Universitäten. Neben die **physische Geographie,** die sich mit Geomorphologie, Klima, Hydrographie, Bodenkunde, Vegetations- und Tiergeographie befaßt, trat Ende des 19. Jh. die **Länderkunde** in den Vordergrund, die Teilräume der Erdoberfläche, von Staaten, Ländern und Länderteilen, auch Meeresgebiete, erforscht und den individuellen Charakter des betreffenden Raumes herausarbeitete. Im 20. Jh. geht es darüber hinaus um Mitarbeit und Mitverantwortung an Erschließung und Gestaltung menschl. Lebensräume. Dabei bildeten sich nach dem 2. Weltkrieg mehrere Richtungen heraus, so die **Sozialgeographie** (auch **Anthropogeographie** gen.), die die Beziehungen zw. unterschiedl. sozial und landschaftlich geprägten Verhaltensgruppen und Lebensformen einerseits und geograph. Raum andererseits untersucht in enger Verknüpfung mit der **Wirtschaftsgeographie,** die sich mit Produktion, Versorgung, Siedlung, Verkehr, Bildung, Erholung befaßt. Eine weitere Richtung ist die **Geosystemforschung,** die Entwicklungen, Gleich-

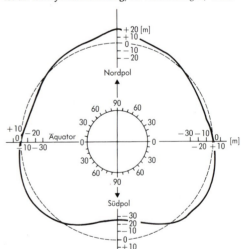

Geoid. Ein über verschiedene Längenkreise gemittelter Schnitt durch den Erdkörper. Die durchgehende Linie entspricht dem Geoid nach Auswertung von 27 künstlichen Erdsatelliten. Die gestrichelte Kurve gibt ein Sphäroid mit der Abplattung 1/298,25 wieder. Die Abweichungen sind stark gedehnt (etwa 80 000fach)

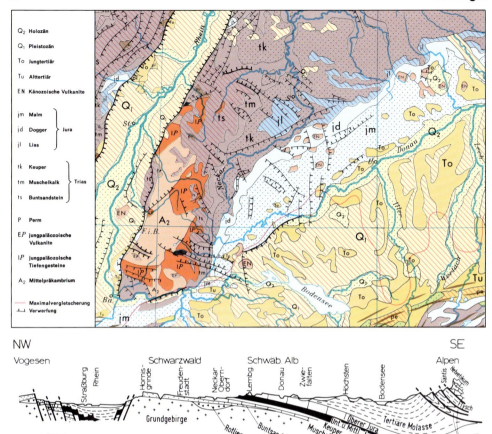

Geologische Karten. Südwestdeutschland vom Oberrheingraben bis zum Alpenrand als Beispiel einer geologischen Karte mit dazugehörigem Profil (nach: Otto F. Geyer/Manfred P. Gwinner, Geologie von Baden-Württemberg)

gewichte, Elastizitäten und Steuerungsmöglichkeiten des Naturhaushalts untersucht. Geosystemforschung und Sozialgeographie führen zus. wiederum zurück zur Einheit der Länderkunde, die jetzt als Integration von Natur- und Kulturgeographie verstanden wird, die realitätsbezogene Aufgaben der Umwelt bearbeitet.

geographische Karten, Bez. für Karten, deren Maßstab kleiner als 1:500 000 ist.

geographische Lage, bei Siedlungsplätzen die großräuml. Verkehrslage, z. B. Küsten-, Ufer-, Paßlage. Die **topographische Lage** wird dagegen von kleinräuml. Eigenschaften bestimmt, z. B. Berg-, Tal-, Sporn-, Insellage.

geographische Meile ↑ Meile.

Geoid [griech.], Bez. für den von der wahren Erdgestalt abweichenden theoret. Körper, dessen Oberfläche die Lotlinien der Schwerkraft überall im rechten Winkel schneidet.

Geokarpie [griech.], Ausbildung von Früchten in der Erde, nachdem sich die Fruchtknoten in die Erde eingebohrt haben (z. B. bei der Erdnuß).

Geokorona, die äußerste Schicht der Erdatmosphäre in etwa 2 000–20 000 km Höhe, in der die Wasserstoffkonzentration größer als im interplanetaren Raum ist; ihre Entstehung wird mit der Diffusion des in der Exosphäre vorkommenden Wasserstoffs in den interplanetaren Raum erklärt.

Geokratie, in der Geologie Bez. für Zeiten, in denen die Festländer bes. weite Teile der Erdoberfläche einnehmen.

Geologenkompaß, Kompaß mit Klinometer, 360°-Teilung oder 400-Gon-Teilung und Libelle, bei dem die Bez. für Osten (E) und Westen (W) vertauscht sind; mit dem G. werden Streichen und Fallen von Gesteinsschichten, Klüfte und Störungen gemessen.

Geologie, die Wiss. von der Entstehung und Entwicklung der Erde und der sie bewohnenden Lebewesen in erdgeschichtl. Zeit. Bis zur Wende vom 18. zum 19. Jh. blieben wesentl. Erkenntnisse Einzelleistungen, die nicht generell anerkannt wurden (Leonardo da Vinci erkannte die organ. Natur der Fossilien, 1500; Steno formulierte das Stratigraph. Grundgesetz, 1669). In der Mitte des 18. Jh. erfolgte der Übergang von einer beschreibenden zur erklärenden Naturwiss. Dabei standen sich zwei Schulrichtungen kraß gegenüber: Plutonismus und Neptunismus. A. G. Werner, der an der Bergakad. Freiberg G. lehrte, war der Begründer des **Neptunismus,** der alle Gesteine als Ablagerungen eines Urmeeres ansah, J. Hutton der des **Plutonismus,** der vulkan. Ursprung annahm. Beider Zeitgenosse G. de Cuvier entwickelte die **Katastrophentheorie,** die weltweite Katastrophen und nachfolgende Neuschöpfungen von Tier- und Pflanzenwelt annahm. Im 19. Jh. begründete W. Smith die **Stratigraphie,** durch K. von Hoff und später C. Lyell setzte sich der **Aktualismus** durch, der besagt, daß in den früheren Phasen der Erdgeschichte die gleichen Kräfte wirksam waren wie in der Gegenwart. Die G. umfaßt zwei große Gebiete: allg. oder dynam. G. und histor. G. Die **dynamische Geologie** gliedert sich wiederum in zwei Bereiche: exogene und endogene Dynamik. Die *exogene Dynamik* untersucht alle Kräfte, die von außen auf die Erdkruste einwirken. In enger Wechselbeziehung zu ihr steht die *endogene Dynamik,* die die innenbürtigen Kräfte untersucht,

geologische Karten

Geologische Systeme

Zeitalter	System	Abteilung	Beginn vor Mill. Jahren	Entwicklung des Lebens
Erdneuzeit (Neozoikum, Känozoikum)	Quartär	Holozän		Veränderung der Umwelt durch den Menschen; Pflanzen- und Tierwelt der Gegenwart
		Pleistozän		Den Eiszeiten und Zwischeneiszeiten angepaßte Tier- und Pflanzenwelt Menschwerdung
			2,5	
	Tertiär	Pliozän Miozän Oligozän Eozän Paläozän		Entwicklung der Vögel und Säugetiere, insbes. der Herrentiere; Höhepunkt in der Entwicklung der Schnecken
			65	
Erdmittelalter (Mesozoikum)	Kreide	Oberkreide		Aussterben der Dinosaurier und Flugsaurier. Zahlr. Foraminiferen und Muscheln (z.T. Leitfossilien); Entwicklung der Bedecktsamer
		Unterkreide		
			144	
	Jura	Malm		Reiche marine Fauna mit Ichthyosauriern, Plesiosauriern, Ammoniten (Leitfossilien), Belemniten, riffbildenden Schwämmen. Auftreten des Urvogels Archäopteryx
		Dogger		
		Lias		
			213	
	Trias (german. Trias)	Keuper		Im Keuper Auftreten der ersten Säugetiere, im Muschelkalk reiche marine Fauna (u. a. Seelilien, Muscheln, Brachiopoden, Kopffüßer), im Buntsandstein Fährten von Chirotherium (ein Saurier)
		Muschelkalk		
		Buntsandstein		
			248	
Erdaltertum (Paläozoikum)	Perm	Zechstein		Entwicklung und Differenzierung der Reptilien. Daneben Großforaminiferen, Bryozoen. Glossopteris-Flora in Gondwanaland
		Rotliegendes		
			286	
	Karbon	Oberkarbon		Zahlr. Amphibien; erste Reptilien. Baumförmige Farne, Schachtelhalme, Bärlappgewächse (erhalten in Steinkohlenlagern)
		Unterkarbon		
			360	
	Devon	Oberdevon		Leitfossilien sind Brachiopoden, Kopffüßer und Fische. Im Mitteldevon erste Farne, Schachtelhalme und Bärlappgewächse
		Mitteldevon		
		Unterdevon		
			408	
Erdaltertum (Paläozoikum)	Silur			Erstes Auftreten der Fische, im obersten Silur der ersten Gefäßpflanzen (Landbewohner). Reiche marine Fauna, u. a. riffbildende Korallen, Graptolithen (Leitfossilien)
			438	
	Ordovizium			Erstes Auftreten der Graptolithen und Korallen. Daneben Brachiopoden, Echinodermen, Kopffüßer, Trilobiten
			505	
	Kambrium			Erstes Auftreten der Trilobiten (Leitfossilien), Brachiopoden, Echinodermen, Kopffüßer
			590	
Erdfrühzeit (Präkambrium)	Algonkium (Proterozoikum)		etwa 2 500	Abdrücke von Spiculä, Quallen, Seefedern, Arthropoden, Stromatolithen (Kalkausscheidungen von Blaualgen), Algenreste
	Archaikum		etwa 4 000	Entstehung des Lebens

d. h., sie befaßt sich mit Tektonik und Vulkanologie. Den Ablauf der Erdgeschichte (dargestellt in der Übersicht geolog. Systeme) und die Entwicklung des Lebens auf der Erde zu rekonstruieren ist Aufgabe der **historischen Geologie.** Sie bedient sich dazu der Stratigraphie, der Geochronologie, der Paläontologie und der Paläogeographie. Ermöglicht werden diese Kenntnisse durch genaue geolog. Erforschung von mehr oder weniger begrenzten Gebieten (**regionale Geologie**). Diese ist auch Grundlage für das weite Feld der angewandten G. (z. T. **Ingenieurgeologie**), die sich mit Baugrunduntersuchungen, Tunnelbau, Wasserversorgung, Erkundung von Erdöl, Erdgas, Erzen, Kohlen u. a. Rohstoffen befaßt. Ein Forschungsschwerpunkt der G. ist seit Mitte des 20. Jh. die **Meeresgeologie,** bes. die Untersuchung der mittelozean. Schwellen, deren Ergebnisse zur Aufstellung der Theorie der ↑ Plattentektonik führte.

geologische Karten, Meßtischblätter oder topograph. Übersichtskarten verschiedener Maßstäbe sowie mit beigefügtem Textheft (Erläuterung), auf denen Gesteinsarten, deren Lagerungsverhältnisse und Altersstellung, tekton. Strukturen u. a. geolog. Befunde durch Farben, Signaturen und Symbole eingetragen sind. – Abb. S. 25.

geologische Systeme, stratigraph. Einheiten, in denen die in Abteilungen und Stufen gegliederten Gesteinsfolgen einer geolog. Periode auf Grund ihres Fossilinhaltes zusammengefaßt werden; früher meist als **Formationen** bezeichnet.

Geomagnetik, Lehre von den Magnetfeldern der Erde; wird in der angewandten Geophysik bei der Erschließung des Untergrundes herangezogen; die magnetostat. Messungen werden vom Boden oder aus der Luft (Aeromagnetik) vorgenommen.

Geomagnetismus, svw. ↑ Erdmagnetismus.

Geomedizin, Zweig der Medizin, der sich mit Vorkommen, Ausbreitung und Verlauf von Krankheiten in ihrer Abhängigkeit von geograph. und klimat. Bedingungen befaßt.

Geometer [griech.], Landvermesser, Feldmesser; heute Vermessungsingenieur.

Geometrie [griech., eigtl. „Feldmeßkunst"], Teilgebiet der *Mathematik,* das sich im urspr. Sinne mit der Größe und Gestalt der Dinge der physikal. Welt befaßt. Als **euklidische Geometrie** bezeichnet man den Teilbereich, der auf dem von Euklid aufgestellten Axiomensystem beruht. **Nichteuklidische Geometrie** ist die auf das ↑ Parallelenaxiom Euklids verzichtende G., z. B. die *hyperbol.* und die *ellipt. Geometrie.* In der elementaren euklid. G. werden die Eigenschaften und Beziehungen der Figuren des zwei- und dreidimensionalen Raumes untersucht. Die Ergebnisse sind auf den n-dimensionalen Raum übertragbar. Die G. der Ebene bezeichnet man auch als **Planimetrie,** die des (dreidimensionalen) Raumes als **Stereometrie,** die der Kugeloberfläche als **sphärische Geometrie.** Prakt. Bedeutung hat die **darstellende Geometrie,** die räuml. Gebilde durch Projektion auf Ebenen darzustellen lehrt. – ↑ analytische Geometrie, ↑ fraktale Geometrie.

geometrische Kunst, Stilepoche der griech. Kunst (900–700), ben. nach den Mustern der Ornamentbänder der Keramik.

geometrische Optik ↑ Optik.

geometrische Reihe ↑ Reihe.

geometrischer Ort, Punktmenge, die bestimmten geometr. Bedingungen genügt; z. B. ist der geometr. Ort aller Punkte, die von zwei festen Punkten A und B gleiche Entfernung haben, die Mittelsenkrechte der Verbindungsstrecke $\overline{AB}$.

geometrisches Mittel ↑ Mittelwert.

Geomorphologie (Morphologie), die Wiss. von den Oberflächenformen der Erde. Sie entstand als Teilgebiet der phys. Geographie und der dynam. Geologie, da sie nicht nur das Relief der Natur- und Kulturlandschaft beschreibt, sondern auch die Kräfte und gesetzmäßigen Abläufe untersucht, durch die die verschiedenen Formen gestaltet werden: Art des Gesteins, seine tekton. Lagerung, Art der Verwitterung, Abtragung und Anhäufung, Art der Vegetationsdecke, Eingriffe des Menschen usw. Hierbei spielen die spezif. Zusammenhänge zw. Klima und Formenbildung eine bes. wichtige Rolle.

Geonym [griech.], Deckname, der einen geograph. Hinweis enthält, z. B. Stendhal.

Geophagie [griech.] (Erdessen), Sitte, bes. bei Naturvölkern, Erde oder Ton zu essen; auch als krankhafter Trieb bei Schwachsinnigen vorkommend.

Geophon [griech.] (Erdhörer, Seismophon), elektrodynam. Vertikalseismograph zur Aufnahme und Messung künstlich erzeugter Erdbebenwellen (Sprengseismik); bei der Erkundung von Lagerstätten, aber auch bei der Untersuchung von Rohrleitungen eingesetzt. Bei Messungen auf See treten an die Stelle der G. **Hydrophone,** die in speziellen Bojen untergebracht sind.

Geophysik, Teilbereich der Physik, der sich mit den natürl. Erscheinungen auf der Erde, in ihrem Inneren wie auch im erdnahen interplanetaren Raum befaßt. Zum Forschungsbereich der G. gehören auch die Einflüsse anderer Himmelskörper auf die Erde und die sie umgebende Materie, insbes. Wirkungen von Sonne und Mond. Teilgebiete der G. sind u. a. die **Gravimetrie** (Lehre von der Schwerkraft), die **Seismologie** (Erdbebenkunde) und die **Lehre vom Erdmagnetismus. Ozeanographie** und **Meteorologie,** die Lehren von den Weltmeeren und der Atmosphäre, haben einen solchen Umfang angenommen, daß sie gewöhnlich wie selbständige Disziplinen behandelt und allenfalls der G. zugezählt werden. Bei der Suche nach nutzbaren Lagerstätten *(Exploration)* und wasserführenden Schichten sowie bei Baugrunduntersuchungen treten häufig Fragen auf, die sich mit Hilfe geophysikal. Methoden beantworten lassen. Die Bearbeitung solcher Probleme ist die Aufgabe der angewandten G.; ihre Methoden *(Aufschlußmethoden)* entsprechen denen der allg. Geophysik.

geophysikalische Karten, themat. Karten, die z. B. Schwerkraft, Erdbeben, Erdmagnetismus darstellen.

Geophysikalisches Jahr (Internationales Geophysikalisches Jahr, internat. Abk. AGI [Année Géophysique Internationale]), Zeitraum, in dem auf Grund internat. Absprachen geophysikal. Daten in allen Teilen der Erde gemessen und gesammelt werden; im bes. die vom 1. 7. 1957 bis zum 31. 12. 1958 auf der ganzen Erde vorgenommene Forschungen auf dem Gebiet der Geophysik; verlängert bis 31. 12. 1959 durch die **Internationale Geophysikalische Kooperation.** Vorgänger des Geophysikalischen Jahres waren die 1882/83 und 1932/33 durchgeführten Polarjahre.

Geophyten [griech.], mehrjährige krautige Pflanzen, die ungünstige Jahreszeiten mit Hilfe unterird. Erneuerungsknospen überdauern (z. B. Dahlie).

Geopolitik, Grenzfach zw. Geographie, Staatswiss., Geschichte und Soziologie; begründet und zu einer Staatswissenschaft erhoben von R. Kjellén, in Deutschland u. a. von K. Haushofer vertreten; sucht Beziehungen zw. polit. Gegebenheiten und Raum zu erforschen. Nach dem 1. Weltkrieg wurden in Deutschland geopolit. Theorien (z. B. ↑Lebensraum) von Gruppen der extremen polit. Rechten agitatorisch vertreten (bes. von den Nationalsozialisten). Seit 1945 sind geopolit. Auffassungen stärker Ausdruck einer prakt. polit. Geographie.

geopolitische Karten, themat. Karten, in denen [bevölkerungs]polit. Vorgänge, Wachstumstendenzen u. a. dargestellt werden.

Geopotential, Maß für die Arbeit bzw. Energie, die aufzuwenden ist, um auf der Erde eine Masseneinheit (z. B. 1 kg) von einem Höhenniveau Z_1 (z. B. dem Meeresniveau) entgegen der Schwerebeschleunigung auf ein Höhenniveau Z_2 zu heben. Flächen gleichen G. werden **Äquipotential-** oder **Niveauflächen** genannt; sie liegen über dem Pol enger als über dem Äquator. Einheiten des G. sind das **geopotentielle Meter** (gpm) bzw. das **geodynamische Meter** (gdm). 1 gdm = 10 m²/s²; 1 gpm = 9,80665 m²/s².

geordnete Menge ↑Ordnungsrelation.

Georg, hl. Märtyrer. Die Existenz des Heiligen ist bis heute umstritten; die Legende macht ihn zum Märtyrer des 4. Jh. oder zum Drachenkämpfer; sein Kult kam im MA v. a. durch die Kreuzfahrer nach Europa. – Die vorherrschende Darstellung ist die des Heiligen als Ritter, seit dem 12. Jh. v. a. als Held, der Drachen tötet (u. a. Bernt Notkes Sankt-Georgs-Gruppe in St. Nikolai, Stockholm, 1489 vollendet).

Georg, Name von Herrschern:
Bayern-Landshut:
G. der Reiche, *Landshut vor dem 15. Aug. 1455, †Ingolstadt 1. Dez. 1503, Herzog (seit 1479). – Vermachte sein Erbe seinem Schwiegersohn Ruprecht von der Pfalz, weshalb es zum Landshuter Erbfolgekrieg (1503–05) kam. Zum Gedächtnis an seine prunkvolle Hochzeit mit Hedwig von Polen (1475) wird noch heute die **Landshuter Fürstenhochzeit** alle drei Jahre feierlich begangen.
Böhmen:
G. von Podiebrad und Kunstatt (G. Podibrad), *Poděbrady 6. April 1420, †Prag 22. März 1471, König (seit 1458). – Seit 1452 Reichsverweser; konnte das vor seiner Krönung gegebene Geheimversprechen, sein Volk zum röm.-kath. Glauben zurückzuführen, nicht verwirklichen; 1466 von Papst Paul II. als Ketzer verurteilt und seines Königtums für verlustig erklärt; 1469 wurde sein Schwiegersohn Matthias I. Corvinus von einer Minderheit zum böhm. Gegenkönig gewählt.
Griechenland:
G. I., *Kopenhagen 24. Dez. 1845, †Saloniki 18. März 1913, König (seit 1863). – Sohn König Christians IX. von Dänemark; 1863 von der Nat.versammlung unter Zustimmung der Schutzmächte gewählt; erreichte 1864 den Anschluß der Ion. Inseln und 1881 Thessaliens und des Südepirus; kurz nach seinem Sieg im 1. Balkankrieg (1912/13) ermordet. – Abb. S. 28.
G. II., *Schloß Tatoi bei Athen 19. Juli 1890, †Athen 1. April 1947, König (1922–24, 1935–47). – Enkel G. I.; nach Ausrufung der Republik 1924–1935 im Exil; ermächtigte 1936 General I. Metaxas zur Errichtung einer Diktatur; während der dt. Besetzung 1941–44 erneut im Exil, nach Plebiszit 1946 Rückkehr.
Großbritannien und Hannover:
G. Ludwig, *Hannover 7. Juni 1660, †Osnabrück 22. Juni 1727, Kurfürst von Hannover (seit 1698), König von Großbritannien und Irland (seit 1714, als Georg I.). – Erreichte die Anerkennung der Kurwürde Hannovers; mit ihm begann die Personalunion von Großbritannien und Hannover. – Abb. S. 28.
G. II. August, *Herrenhausen b. Hannover 10. Nov. 1683, †London 25. Okt. 1760, Kurfürst von Hannover, König von Großbritannien und Irland (seit 1727). – Sohn Georgs I.; verbündete sich im Östr. Erbfolgekrieg 1741 mit Maria Theresia und siegte 1743 bei Dettingen über die

Geometrische Kunst. Geometrische Kanne aus Attika, um 750 v. Chr. (Hannover, Kestner-Museum)

Geometrischer Ort. Mittelsenkrechte auf $\overline{AB}$ als geometrischer Ort aller Punkte, die von A und B gleichen Abstand haben

Georg. Paolo Uccello, Der heilige Georg mit dem Drachen, Ausschnitt, um 1456 (London, National Gallery)

Georg-Büchner-Preis

Franzosen; Verbündeter Friedrichs II. im Siebenjährigen Krieg; 1737 Gründer der nach ihm ben. Univ. in Göttingen.
G. III. Wilhelm Friedrich, * London 4. Juni 1738, † Windsor 29. Jan. 1820, König von Großbritannien und Irland (seit 1760), Kurfürst von Hannover (seit 1760), König von Hannover (seit 1814). – Enkel Georgs II.; erzwang 1761, um die Stellung der Krone zu stärken, den Rücktritt von Pitt d. Ä.; beendete 1763 den Siebenjährigen Krieg im Frieden von Paris (ohne Preußen); verschuldete den Abfall der nordamerikan. Kolonien; verfiel seit 1810 dem Wahnsinn (seit 1811 Regentschaft von G. IV. August Friedrich).
G. IV. August Friedrich, * London 12. Aug. 1762, † Windsor 26. Juni 1830, König (seit 1820). – Seit 1811 Regent für seinen geisteskranken Vater; seine privaten und öff. Skandale schadeten dem Ansehen der Monarchie; erließ 1819 in Hannover eine landständ. Verfassung.
Großbritannien:
G. V., * London 3. Juni 1865, † Sandringham (Norfolk) 20. Jan. 1936, König (seit 1910). – Sohn von Eduard VII.; 1911 auch zum Kaiser von Indien gekrönt; 1921 um Ausgleich in der ir. Frage bemüht.
G. VI., urspr. Albert, * Sandringham (Norfolk) 14. Dez. 1895, † ebd. 6. Febr. 1952, König (seit 1936). – Bestieg nach der Abdankung seines Bruders Eduard VIII. den Thron und nahm dabei den Namen seines Vaters an; verzichtete 1948 auf den Titel „Kaiser von Indien".
Hannover:
G. V., * Berlin 27. Mai 1819, † Paris 12. Juni 1878, König (1851–66). – Sohn von König Ernst August; betrieb eine reaktionäre Politik und setzte 1855 die Verfassung von 1848 außer Kraft; nach der von ihm nie anerkannten preuß. Annexion Hannovers 1866 im Exil in Wien, Gmunden und Paris. Der Abfindungsvertrag von 1867 wurde von Preußen nicht vollzogen († Welfenfonds).
Sachsen:
G. der Bärtige (G. der Reiche), * Meißen 27. Aug. 1471, † Dresden 17. April 1539, Herzog (seit 1500). – Vertrat 1488–1500 seinen Vater, Albrecht den Beherzigten; bemüht um eine gute Verwaltung seines Landes (1506 Gerichts-, 1508 Hofordnung); konnte die Ausbreitung der Reformation in Sachsen nicht verhindern; unterdrückte 1525 den Bauernkrieg in Thüringen; Vorkämpfer einer als notwendig erachteten kath. Reform.
Sachsen-Meiningen:
G. II., * Meiningen 2. April 1826, † Bad Wildungen 25. Juni 1914, Herzog (seit 1866). – Begrüßte die preuß.-kleindt. Reichsgründung von 1871, lehnte die konservative Bismarcksche Politik nach 1878 und das Regiment Kaiser Wilhelms II. entschieden ab; schuf einen liberalen Musterstaat; Schöpfer der Meininger Theaterreform („Theaterherzog").
Waldeck:
G. Friedrich, * Arolsen 31. Jan. 1620, † ebd. 19. Nov. 1692, Graf (regierte seit 1645), Fürst (seit 1682). – 1642–51 im militär. Dienst Friedrich Heinrichs von Oranien, 1651–58 im Dienst Kurfürst Friedrich Wilhelms von Brandenburg; sein Plan, eine antihabsburg. Opposition im Reich zu schaffen, scheiterte; seit 1672 Feldmarschall Wilhelms III. von Oranien, kämpfte seit 1679 v. a. gegen Frankreich; 1683–85 Reichsmarschall im Großen Türkenkrieg.

Georg-Büchner-Preis, 1923 gestifteter Kunstpreis für hess. Künstler, 1945 neu ins Leben gerufen; seit 1951 allg. Literaturpreis des deutschsprachigen Kulturlebens, von der Dt. Akademie für Sprache und Dichtung verliehen (seit 1985 30 000 DM). Preisträger dieses bedeutendsten Literaturpreises der BR Deutschland sind: G. Benn (1951), (1952 nicht verliehen), E. Kreuder (1953), M. Kessel (1954), M. L. Kaschnitz (1955), K. Krolow (1956), E. Kästner (1957), M. Frisch (1958), G. Eich (1959), P. Celan (1960), H. E. Nossack (1961), W. Koeppen (1962), H. M. Enzensberger (1963), I. Bachmann (1964), G. Grass (1965), W. Hildesheimer (1966), H. Böll (1967), G. Mann (1968), H. Heissenbüttel (1969), T. Bernhard (1970), U. Johnson (1971), E. Canetti (1972), P. Handke (1973), H. Kesten (1974), M. Sperber (1975), H. Piontek (1976), R. Kunze (1977), H. Lenz (1978), E. Meister (1979), C. Wolf (1980), M. Walser (1981), P. Weiss (1982), W. Schnurre (1983), E. Jandl (1984), Heiner Müller (1985), F. Dürrenmatt (1986), E. Fried (1987), A. Drach (1988), B. Strauß (1989), T. Dorst (1990), W. Biermann (1991), G. Tabori (1992).

George, Götz [-´--], * Berlin 23. Juli 1938, dt. Schauspieler. – Sohn von Heinrich G. und der Schauspielerin Berta Drews (* 1905, † 1987). 1958–63 am Dt. Theater Göttingen unter H. Hilpert. Prägte 1981–91 die Gestalt des Kommissars Schimanski in der Fernsehserie „Tatort"; in Spielfilmen u. a. „Abwärts" (1984), „Der Bruch" (1988), „Blauäugig" (1989), „Schtonk" (1991).
G., Heinrich [-´--], eigtl. Georg Heinrich Schulz, * Stettin 9. Okt. 1893, † Sachsenhausen bei Oranienburg 25. Sept. 1946, dt. Schauspieler. – Zu seinen Glanzrollen gehörten Falstaff, der Richter von Zalamea und der Götz. Vitale, kraftvolle und volkstüml. Rollen auch im Film, z. B. in „Berlin-Alexanderplatz" (1931) und „Der Postmeister" (1940); 1936–44 Intendant des Berliner Schillertheaters.
G., Henry [engl. dʒɔ:dʒ], * Philadelphia 2. Sept. 1839, † New York 29. Okt. 1897, amerikan. Wirtschaftswissenschaftler. – Entwickelte als Bodenreformer in seinem Werk „Fortschritt und Armuth" (1879) eine Theorie, die von einer einzigen Steuer („single tax") ausging. Steuerbemessungsgrundlage sollte dabei der Boden sein.
G., Stefan [-´--], * Büdesheim (= Bingen) 12. Juli 1868, † Minusio bei Locarno 4. Dez. 1933, dt. Lyriker. – Reiste zw. 1888 und 1891 in die literar. Zentren Europas, um mit den wesentl. Vertretern der modernen Poesie bekannt zu werden wie A. C. Swinburne, S. Mallarmé, P. Verlaine, A. Verwey, É. Verhaeren. Die Begegnung mit dem frz. Symbolismus führte ihn zur Ausbildung seines elitären Kunstprogramms („Kunst für die Kunst", das sich gegen Epigonentum und Naturalismus stellte. Die von G. gegr. „Blätter für die Kunst" (1892–1919) wurden von diesem Programm bestimmt, das sich auch um den Dichter sammelnder Kreis von Künstlern und Gelehrten (**George-Kreis**) zu eigen machte, dem (zeitweise) angehörten oder nahestanden Dichter wie K. Wolfskehl, M. Dauthendey, H. von Hofmannsthal, Maler wie M. Lechter, Wissenschaftler wie G. Simmel, E. Kantorowicz, L. Klages, Literaturwissenschaftler wie F. Gundolf, N. von Hellingrath, M. Kommerell. Seit 1900 lebte G. streng zurückgezogen. Aus Protest gegen Umdeutung und Reklamierung seines Werks durch den Nationalsozialismus ging er 1933 in die Schweiz. G. ist der bedeutendste Lyriker der wilhelmin. Epoche, gegen deren von vorwiegend ökonom. Denken bestimmt erscheinende Gesellschaft sein Werk opponiert. Der von G. an den künstler. Mitteln wahrgenommenen Einwilligung ins Bestehende durch den Naturalismus setzt es Sprödigkeit von Form und Bildern entgegen. Konservativ blieb solche Erneuerung insofern, als sie den im Liberalismus geprägten und von Nietzsche vorgedachten totalitären Individualitätsanspruch nicht aufgeben konnte, der sich im Georgeschen Bild des Narziß oder im Gestus des Dichters als Seher manifestierte. Mit religiösen Metaphern versuchte G., der selbst nicht als religiöser Dichter mißverstanden werden wollte, im Spätwerk eine durchaus diesseitige Gegenwelt zur vom Kommerz bestimmten Gesellschaft zu gründen. *Werke:* Algabal (1892), Das Jahr der Seele (1897), Der Teppich des Lebens und die Lieder von Traum und Tod (1900), Der siebente Ring (1907), Der Stern des Bundes (1914). – Sämtl. Werke in 18 Bde. Hg. v. G. P. Landmann. 1982 ff.

George-Kreis † George, Stefan.

Georgetown [engl. ´dʒɔ:dʒtaʊn], Hauptstadt von Guyana, an der Mündung des Demerera River in den Atlantik, 195 000 E. Sitz eines anglikan. Erzbischofs und eines kath. Bischofs; Univ. (gegr. 1963), histor.-ethnolog. Museum, botan. und zoolog. Garten; Handelszentrum und Haupthafen des Landes; internat. ✈. – 1781 von Franzosen gegr., seit 1784 in niederl. Hand. 1814 gelangte die Stadt endgültig in brit. Besitz.
G., Hauptort der Cayman Islands, Hafen an der W-Küste von Grand Cayman Island, 13 700 E. Fischfang und -verarbeitung, Fremdenverkehr; internat. ✈.
G., Hauptsiedlung auf † Ascension.

Georg I., König von Griechenland

Georg Ludwig, König von Großbritannien und Irland

Georg III. Wilhelm Friedrich, König von Großbritannien und Irland

Georg IV. August Friedrich, König von Großbritannien und Irland

Georgien

Georgien
Fläche: 69 700 km²
Bevölkerung: 5,5 Mill. E (1990), 79 E/km²
Hauptstadt: Tiflis
Amtssprache: Georgisch
Währung: 1 Rubel (Rbl) = 100 Kopeken
Zeitzone: MEZ +3 Stunden

George Town [engl. dʒɔːdʒtaʊn] (Penang, Pinang), Hauptstadt des malays. Gliedstaats Pinang, an der O-Küste der Insel Pinang, 251 000 E. Kath. Bischofssitz; Univ. (gegr. 1968); Exportind.zone; Überseehafen, Straßenbrücke (13,5 km) zum Festland (Malakka), internat. ✈. – Gegr. 1786 von der brit. Ostind. Kompanie. – Neben Bauten aus der Kolonialzeit, u. a. Fort Cornwallis (1808–10), Sankt-Georgs-Kirche (1871), mehrere Tempel und Moscheen sowie die Große Pagode (1915); 10 km sw. von G. T. liegt der Kek-Lok-Si-Tempel (1891 ff.), die wichtigste buddhist. Wallfahrtsstätte Malaysias.

Georgette [frz. ʒɔrˈʒɛt], svw. Crêpe Georgette (↑Crêpe).

Georgi, Yvonne, *Leipzig 29. Okt. 1903, †Hannover 25. Jan. 1975, niederl. Tänzerin, Choreographin und Ballettmeisterin dt. Herkunft. – Schülerin von Jaques-Dalcroze und M. Wigman; seit 1926 Tourneen mit H. Kreutzberg; eine der bedeutendsten dt. Ausdruckstänzerinnen; wirkte 1954–70 als Choreographin in Hannover.

Georgia [engl. ˈdʒɔːdʒə], B.-Staat im SO der USA, 152 576 km², 6,48 Mill. E (1990), Hauptstadt Atlanta.
Landesnatur: Der größte Teil von G. wird von der atlant. Küstenebene eingenommen, die allmähl. auf rd. 200 m ansteigt. Im NW hat G. Anteil an den Appalachen. Hier liegt mit 1 458 m (Brasstown Bold) die höchste Erhebung.
Klima, Vegetation: Das Klima ist warmgemäßigt feucht. Fast die Hälfte der Fläche von G. ist mit Wald bedeckt, im Gebirge v. a. Eichen-, Hickory-, Tannen- und Kiefernarten, in den Sümpfen an der Küste Lebensbaum, Zypressen und Palmen.
Bevölkerung, Wirtschaft, Verkehr: Der Anteil der Schwarzen an der Gesamtbevölkerung beträgt rd. 27 %; 62 % der Bev. leben in Städten; über 50 % sind Baptisten. G. verfügt über zahlr. Colleges und 6 Univ., deren älteste, in Athens, 1785 gegr. wurde. – Der 150 Jahre lang dominierende Anbau von Baumwolle wurde durch die Produktion von Erdnüssen, Tabak, Baumwolle, Weizen und durch eine hochentwickelte Rinder-, Schweine- und bes. Geflügelhaltung abgelöst. Die Forstwirtsch. verwertet v. a. die Kiefer (Papierherstellung, Terpentingewinnung). G. liefert Kaolin, Granit, Bauxit und Marmor. Neben Baumwollind. sind holzverarbeitende, chem., Textil- und Nahrungsmittelind. bed. – Das Eisenbahnnetz ist rd. 9 000 km lang, das Straßennetz rd. 77 000 km. Wichtigster Hafen ist Savannah.
Geschichte: Das heutige G. wurde 1540 erstmals von Europäern betreten. Die brit. Reg. überließ es 1732 J. E. Oglethorpe auf 21 Jahre. Die neue Kolonie wurde nach dem brit. König Georg II. ben.; 1754 Kronkolonie; ratifizierte 1776 die Unabhängigkeitserklärung, gab sich 1777 eine Verfassung. Die noch offene W-Grenze wurde bis 1802 festgelegt; spielte bei der Sezession der Südstaaten eine führende Rolle, 1870 wieder in die Union aufgenommen.

Georgia, Strait of [engl. ˈstreɪt əv ˈdʒɔːdʒə], südl. Teil der Meeresstraße des Pazifiks zw. dem Festland und Vancouver Island, Kanada, 240 km lang, 30–60 km breit.

Georgiades, Thrasybulos, *Athen 4. Jan. 1907, †München 15. März 1977, dt. Musikforscher griech. Herkunft. – Seit 1949 Prof. in Heidelberg, seit 1956 in München; veröffentlichte u. a. „Musik und Sprache" (1954), „Musik und Rhythmus bei den Griechen" (1958), „Das musikal. Theater" (1965).

Georgian Bay [engl. ˈdʒɔːdʒən ˈbeɪ], ↑Huronsee.

Georgian poetry [engl. ˈdʒɔːdʒən ˈpoʊɪtri], Titel einer von E. Marsh 1912–22 in 5 Bänden herausgegebenen lyr. Anthologie und seitdem Bez. für die traditionsgebundene literar. Richtung der darin vertretenen Dichter zur Regierungszeit Georgs V. Ihre Motive stammen aus dem ländl. Milieu und der Natur. Vertreter waren u. a. W. W. Gibson, R. C. Brooke, W. H. Davies, J. Drinkwater, W. J. de la Mare, H. E. Monro, auch D. H. Lawrence, J. Masefield, R. Graves.

Georgian style [engl. ˈdʒɔːdʒənˈstaɪl] (georgianischer Stil), Stilrichtung in Architektur (W. Kent, R. Adam, J. Nash), Innendekoration und Kunsthandwerk (T. Chippendale, G. Hepplewhite) in England und seinen Kolonien unter den Königen Georg I. bis Georg IV. (1714–30). Der G. s. bediente sich weitgehend der Formensprache A. Palladios, aber auch des frz. Rokoko, der Gotik sowie der chin. und ind. Kunst und Architektur.

Georgien (Grusinien, Grusien, Republik Georgien, Republik Georgien, Eigenbez. Sakartvelo), Republik im W Transkaukasiens (SW-Asien), zw. 41° und 43,6° n. Br. sowie 40° und 46,7° ö. L. *Staatsgebiet:* Grenzt im W ans Schwarze Meer, im N an Rußland, im O und SO an Aserbaidschan, im S an Armenien und im SW an die Türkei. *Verwaltungsgliederung:* 65 ländl. Bezirke und 62 Städte. Zu G. gehören die Teilrepubliken Abchasien (im NW) und Adscharien (im SW) sowie das Autonome Gebiet Südossetien (im N). *Internat. Mitgliedschaften:* KSZE, UN.
Landesnatur: Gebirgs- und Vorgebirgsländer nehmen in G. 87 % des Territoriums ein. Im N findet sich die Südabdachung des Großen Kaukasus (Schchara, 5 068 m ü. d. M.; Kasbek, 5 033 m ü. d. M.), im S liegen die westl. Rücken des Kleinen Kaukasus und Randteile des vulkanisch geprägten Hochlandes von Armenien. Dazwischen breiten sich im W die Kolchis und in der Mitte die transkaukas. Senke mit Innerkarteli-, Unterkarteli- und Alasaniebene aus.
Klima: Es ist im Bereich der Kolchis subtropisch-feucht, nach O nimmt die Kontinentalität zu. Im Großen und Kleinen Kaukasus variiert es je nach Höhenlage stark. Die dem Schwarzen Meer zugeneigten Hänge empfangen die höchsten Niederschlagsmengen (2 000–4 000 mm/Jahr).
Vegetation: Etwa ⅖ der Landesfläche sind waldbedeckt. Über der Waldgrenze (2 800–3 500 m ü. d. M.) breiten sich subalpine und alpine Wiesen aus. Steppe, heute weitgehend in Kulturland verwandelt, bedeckt weite Teile der Becken- und Senkungszone sowie das Gebirgsland im S.
Bevölkerung: Sie setzt sich (1989) zu 70,1 % aus Georgiern (Eigenbez. Kartveli), 8,1 % Armeniern, 6,3 % Russen, 5,7 % Aserbaidschanern, 3,0 % Osseten, 1,9 % Griechen, 1,8 % Abchasen, 1,0 % Ukrainern, 0,6 % Kurden sowie 1,5 % Angehörigen anderer Nationalitäten (Weißrussen,

Georgien

Staatswappen

Internationales
Kfz-Kennzeichen

Georg VI.,
König von
Großbritannien und
Nordirland

Stefan George

Georgier

Tataren) zusammen. Die Gläubigen der Georgier sind georgisch-orthodox. Am dichtesten sind der S und O der Kolchis und der Küstenstreifen am Schwarzen Meer besiedelt. Neben einer Akad. der Wiss. gibt es 19 Hochschulen, darunter eine Univ. in Tiflis.

Wirtschaft: Wegen des Gebirgsreliefs sind nur 44 % der Landesfläche landw. nutzbar. Schon immer spielten Weinbau und Zitrusfrucht-, Obst- und Teeanbau eine bes. Rolle. Maulbeerbaumkulturen sind Grundlage einer umfangreichen Seidenraupenzucht. Rinderhaltung wird v. a. in den westl., Schafhaltung in den östl. Landesteilen betrieben. Nahrungs- und Genußmittelind. sowie die Textilind. sind die wichtigsten Ind.zweige; auch der Bergbau (Steinkohle, Mangan-, Kupfererze) sowie die Eisen- und Kupfererzverhüttung, chem. Ind. und der Bau von Elektrolokomotiven, Lkw und Werkzeugmaschinen haben Bedeutung. Die wichtigsten Handelspartner sind Rußland, die Ukraine, Aserbaidschan, Armenien. Heilbäder (Mineralquellen) und Badeorte an der Schwarzmeerküste (Suchumi, Gagra, Pizunda u. a.) führten zu einem bed. Fremdenverkehr.

Verkehr: Eisenbahn und Hochseeschiffahrt bewältigen den Hauptteil des Gütertransports. Das 1 580 km lange Eisenbahnnetz ist vollständig elektrifiziert. Das Straßennetz umfaßt 42 800 km, davon haben 37 600 km eine feste Decke (darunter die ↑Georgische Heerstraße). Haupthäfen sind Batumi und Poti; internat. ✈ in Tiflis.

Geschichte: Das erste georg. Reich entstand während der Diadochenkriege (nach 323 v. Chr.). Nach seinem Zerfall befand sich G. seit 65 v. Chr. unter röm. Einfluß. Das Christentum setzte sich in der 1. Hälfte des 4. Jh. durch. 395 kam Kolchis (im SW) unter die Oberhoheit von Byzanz; Iberien (im SO unter dem Namen Khartli) wurde Vasallenstaat Persiens. Im 7. Jh. eroberten die Araber fast ganz G. Im 12. Jh. erneut geeint, reichte G. vom Schwarzen bis zum Kasp. Meer und umfaßte Teile Persiens und Armeniens. Die Mongolen, v. a. unter Timur-Leng (1386), verwüsteten das Land; 1555 wurde es aufgeteilt: Imeretien wurde Vasallenstaat der Osmanen, Kachetien und Khartli kamen unter pers. Herrschaft Rußland unterwarf Imeretien und unterstellte es 1810 seiner Verwaltung. 1747 wurde das ostgeorg. Kgr. erneuert, das sich 1783 unter russ. Protektorat begab (1801 von Zar Paul I. annektiert). Nachdem Anfang des 19. Jh. alle georg. Gebiete unter dem Zarentum vereint waren, hob Rußland deren lokale Autonomie bald auf. Die danach einsetzende Politik der Russifizierung führte zu zahlreichen Aufständen. Nach der russ. Oktoberrevolution (1917) war G. zunächst von April bis Mai 1918 mit Armenien und Aserbaidschan in der „Transkaukas. Demokrat. Föderativen Republik" vereint. Im Mai 1918 rief der von Menschewiki geführte Georg. Nat.-Rat die „Georg. Republik" aus, die mit Unterstützung dt., später brit. Truppen bis 1921 ihre Unabhängigkeit behaupten konnte. Nach Einmarsch der Roten Armee (1921) wurde G. eine Sowjetrepublik, die 1922–36 zus. mit Armenien und Aserbaidschan die „Transkaukas. Sozialist. Föderative Sowjetrepublik" bildete. Seit 1936 war G. Unionsrepublik. Der blutige Einsatz sowjet. Militärs gegen nationalist. Demonstrationen in Tiflis (April 1989) stärkte die georg. Unabhängigkeitsbewegung. Zugleich kam es seit Ende der 80er Jahre wiederholt zu heftigen, z. T. bürgerkriegsähnl. Auseinandersetzungen zw. Georgiern und den um ihre Eigenständigkeit ringenden nat. Minderheiten: seit 1989 mit den Abchasen, seit 1990 mit den Südosseten (↑Südossetien). Bei den Wahlen zum georg. Obersten Sowjet im Nov. 1990 errang das oppositionelle Parteibündnis „Runder Tisch – Freies Georgien" eine Mehrheit; Swiad Gamsachurdia (*1939) wurde Parlamentspräs., im Mai 1991 gewählter Staatspräs. Am 9. April 1991 proklamierte G. seine Unabhängigkeit. Gamsachurdias autoritäre Reg. wurde nach zahlr. Protesten (seit Sept. 1991) und schließlich bewaffneten Aktionen der Opposition im Jan. 1992 gestürzt; nachfolgende Putschversuche der Anhänger Gamsachurdias scheiterten. Der im März 1992 nach G. zurückgekehrte E. Schewardnadse wurde zum Vors. des neugebildeten Staatsrates ernannt und im Okt. 1992 zum Staatsoberhaupt gewählt. Die zeitgleich abgehaltenen Parlamentswahlen entschieden die Parteien der polit. Mitte für sich. In den militärisch ausgetragenen Konflikten mit Abchasien und Südossetien, nach Unabhängigkeit von G. streben, wurden 1992 brüchige Waffenstillstandsabkommen vereinbart.

Politisches System: Seit der Proklamation der Unabhängigkeit vom 9. April 1991 (am 31. März 1991 durch Referendum gebilligt) ist G. eine unabhängige Republik mit Mehrparteiensystem. Als provisorisches *Exekutivorgan* fungierte bis zu den Neuwahlen des Parlaments der im März 1992 gebildete Staatsrat (38 Mgl., Vertreter der wichtigsten polit. Gruppierungen und Repräsentanten der 3 autonomen Gebiete Abscharien, Abchasien, Südossetien); sein Vors. war provisor. Staatsoberhaupt. Ein Parlament (234 Abg.) wurde erstmals im Okt. 1992 gewählt. *Staatsoberhaupt* ist seither dessen Präs. Die *Exekutive* wird von der Reg. unter Vorsitz des Min.präs. ausgeübt. Die zahlr. *Parteien* sind in Wahlbündnissen zusammengeschlossen, u. a. „Frieden", „Einheit", „Bund der nat. Verständigung und Wiedergeburt".

Georgier (Grusinier, Eigenbez. Khartweli), in mehrere Stämme gegliedertes kaukas. Volk in Georgien, Aserbaidschan, Rußland, in der Türkei und in Iran; 4,5 Mill. G. (1990), davon rd. 4 Mill. in Georgien.

Georgiew, Kimon Stojanow, *Pasardschik 11. Aug. 1882, †Sofia 29. Sept. 1969, bulgar. Politiker. – Stützte als Min.präs. 1934/35 das autoritäre Regime König Boris' III.; seit 1942 führendes Mgl. der Widerstandsbewegung, betrieb als Min.präs. 1944–46 die Abschaffung der Monarchie; 1946–62 stellv. Min.präsident.

Georgii, Walter [...gi], *Meiningen 12. Aug. 1888, †München 27. Juli 1968, dt. Meteorologe. – Prof. für Flugmeteorologie in Darmstadt. Leiter der Dt. Forschungsanstalt für Segelflug (1926–1945). G. hatte wesentl. Anteil an der Entwicklung des Segelflugs.

Georgine, svw. ↑Dahlie.

Georgische Heerstraße (Grusinische Heerstraße), 208 km lange Paßstraße über den Großen Kaukasus, zw. Tiflis und Wladikawkas.

georgische Kirche, oriental. Kirche von Georgien; seit dem 5. Jh. autokephal; seit 1943 in Gemeinschaft mit der russ. Kirche; 1978 etwa 2 Mill. Gläubige.

რამეთუ ესრეთ შეი-
ყვარა ღმერთმან სოფელი ესე,
ვითარმედ ძეცა თვსი მხოლოდ-
შობილი მოსცა მას, რათა
ყოველსა, რომელსა ჰრწმენეს
იგი, არა წარჰსწყმდეს, არამედ
აქუნდეს ცხოვრება საუკუნო.

Georgische Schrift. Textbeispiel aus der „Kriegerschrift", 11. Jahrhundert

georgische Kunst, erste Zeugnisse auf georg. Territorium gibt es seit dem 5./4. Jt. v. Chr.; aus dem 2./1. Jt. v. Chr. Megalithbauten und Kurgangräber. Die Architektur entwickelte sich seit der 1. Hälfte des 4. Jh. und wurde von der frühchristlich-byzantin. Kunst geprägt (Basilika bei Bolnisi, 478/93). Im 6./7. Jh. entstanden Zentralkuppelbauten und die Form des Tetrakonchos (Dshwari-Kirche bei Mzcheta). Aus dem 9./10. Jh. haben sich Städte (Tiflis, Kutaissi), Festungen (Chertwisi, Tmogwi) und große Klosterensembles (Wardsia, Ikalto, David Garedsha, Bethania) erhalten. Im 11. Jh. entstanden die 3 Hauptbauten georg. Architektur: die Szweti-Zchoweli-Kirche in Mzcheta (1010/1029), die Bagratkirche in Kutaissi (1003) und die Kathedrale in Alawerdi (Anfang 11. Jh.). Mit dem Mongoleneinfall im 13. Jh. endete die Blüte georg. Baukunst. Im 19. Jh. dominierte der russ. Klassizismus, gefolgt von westeurop. Einflüssen. In der bildenden Kunst entwickelten sich seit dem 5. Jh. architekturgebundene Reliefplastik, Mosaikkunst, Wandmalerei und Toreutik. Älteste überlieferte Werke der Miniaturmalerei stammen aus dem 9./10. Jh.

(Evangeliare von Adische und Dshrutscha). Im 18. Jh. begann mit Einführung des Buchdruckes die georg. Kunst der Neuzeit, z. T. stark geprägt von der russ. Kunst. Im 19./20. Jh. wurde bes. der Autodidakt N. ↑ Pirosmanaschwili bekannt. Innerhalb der Gegenwartskunst nimmt traditionell das Kunsthandwerk eine führende Position ein.

georgische Literatur, die *altgeorg. geistl. Literatur* umfaßt u. a. Übers. aus dem Armen., Syr. und Griech. (Byzanz) durch Mönche in Klöstern innerhalb und außerhalb Georgiens sowie einige Neuschöpfungen (Märtyrerviten). Die im 11. und 13. Jh. an den Fürstenhöfen gepflegte *mittelalterl. Dichtung und Prosa* steht unter pers. Einfluß. Als Werk der Weltliteratur ragt aus einer Reihe von Ritterromanen das georg. Nationalepos „Der Mann im Pantherfell" von Rustaweli heraus. In der *vorneugeorg. Periode* (Mitte des 13. bis 19. Jh.) konnte sich erst im 18. Jh. literar. Leben breiter entfalten, gefördert von Wachtang VI. (* 1675, † 1737), dessen Onkel S.-S. Orbeliani (* 1658, † 1725) eine Sammlung von Fabeln, Parabeln, Märchen („Die Weisheit der Lüge") und ein georg. Wörterbuch verfaßte. Als Lyriker trat W. Gabaschwili (* 1750, † 1791) hervor. Europ. (russ.) Einflüsse zeigten sich zuerst in der Lyrik, bes. bei A. Tschawtschawadse (* 1786, † 1846), G. Orbeliani (* 1804, † 1883) und V. Barataschwili (* 1817, † 1845). Der Schöpfer der Komödie, G. Eristawi (* 1811, † 1864), betätigte sich bereits als krit. Realist. – Die Sprache der *neugeorg. Literatur* wurde vornehmlich durch I. Tschawtschawadse und A. Zereteli geschaffen. Zu den Realisten zählen E. Ninoschwili (* 1859, † 1894) und D. Kldiaschwili (* 1862, † 1931). Prominente Vertreter der *georg.-sowjet. Literatur* seit 1921 wie die Dichter G. Tabidse (* 1891, † 1959) und G. Leonidse (* 1897, † 1966) begannen als Symbolisten. Die g. L. der Gegenwart weist insbes. in der Prosa und Lyrik Merkmale vom Expressionismus der 1920er Jahre bis hin zum lateinamerikan. Roman auf, aber auch jüngste Traditionen der „lyr. Prosa" der 1960er Jahre, histor. Themen und der Publizistik. Wichtige Autoren sind u. a. K. Gamsachurdia, N. W. Dumbadse, G. Abaschidse, T. und O. J. Tschiladse, O. Iosseliani, R. Tscheischwili, O. Tschcheidse, N. Gelaschwili, I. Noreschwili, O. Tschelidse.

georgische Musik, die Zeugnisse über g. M. reichen in das 15. Jh. v. Chr. zurück. Neben einer mehrstimmigen, vorwiegend dreistimmigen Volksmusik, die bei den Georgiern bereits vor tausend Jahren entwickelt war, sind auch ein- und zweistimmige Lieder verbreitet. Volksinstrumente sind u. a. die lautenähnl. Pandura und Tschonguri, die Streichinstrumente Kemantsche und Tschuniri, ferner Soinari (Flöte), Stwiri (Dudelsack) sowie verschiedene Schlaginstrumente. Im 4. Jh. entstand die georg. Kirchenmusik. Geistl. Gesänge sind in einer eigenständigen Neumennotation aus dem 10. Jh. überliefert. Nach der Vereinigung Georgiens mit Rußland im 19. Jh. verstärkten sich die Kontakte der georg. Musik zur europ. Tonkunst. Die ersten georg. Opern schrieb S. Paliaschwili, die ersten sinfon. Werke D. Arakischwili. S. Sulchanischwili komponierte georg. Chormusik. Zu den bed. georg. Komponisten des 20. Jh. gehören A. Balantschiwadse, G. Kiladse, R. Gabitschwaidse, A. Matschawariani, D. Toradse, O. Taktakischwili, S. Zinzadse sowie G. Kantscheli und N. Mamussaschwili.

georgische Schrift, Schrift des Georgischen: 1. die „runde Priesterschrift" gen. Majuskel (5. bis 10. Jh.); 2. die daraus im 10. Jh. entwickelte eckige Buchschrift, die für kirchl. Schrifttum bis ins 18. Jh. benutzt wurde; 3. die daraus im 11. Jh. für den weltl. Gebrauch abgeleitete „Kriegerschrift", die die Grundlage für die heutige Schrift bildet. Sie ist vermutlich aus einem aramäischen Alphabet abgeleitet, griech. Einfluß ist deutlich.

georgische Sprache, zur Gruppe der südkaukas. Sprachen gehörende größte (rd. 4,5 Mill. Sprecher) und einzige Literatursprache der kaukasischen Sprachen (Amtssprache in Georgien). Die lautl. und grammat. Unterschiede zw. Altgeorgisch (5.–12. Jh.) und Neugeorgisch (seit 19. Jh.) sind unerheblich. Stärkeren Veränderungen unterlag der Wortschatz, bes. durch die Übernahme türk. und neupers., später auch russ. Wörter. Die schwach differenzierten georg. Dialekte zerfallen in die Gruppen Ostgeorg. und Westgeorgisch.

Georgslied, ältester deutschsprachiger Heiligenhymnus in gereimten Vierhebern, entstanden um 900; um 1000 in der Heidelberger Otfrid-Handschrift aufgezeichnet; der Eintrag bricht nach 118 Versen ab.

Georgsmarienhütte, Stadt am N-Rand des Teutoburger Waldes, Nds., 100 m ü. d. M., 30 800 E. Stahlerzeugung, Maschinenbau, Möbelind. – Entstand als Hüttenwerk Mitte des 19. Jh.; seit 1970 Stadt.

Geos, Abk. für engl.: **Geo**detic **E**arth **O**rbiting **S**atellite, amerikan. Forschungssatelliten des Explorer-Programms, die zu geodät. Messungen verwendet werden.

Geosphäre, der Raum, in dem sich Erdkruste (Lithosphäre), Wasser- (Hydrosphäre) und Lufthülle (Atmosphäre) berühren und durchdringen.

geostationäre Bahn (geostationärer Orbit), svw. ↑ Synchronorbit.

Geosynklinale [griech.], weiträumiges, über lange Zeiträume hinweg aktives Senkungsgebiet der Erdkruste, in dem sich größere Mengen von Sedimentgesteinen ansammeln, die nach der Faltung als Gebirge herausgehoben werden. – ↑ Gebirgsbildung.

Geothermik, Lehre von der Temperaturverteilung und den Wärmeströmen innerhalb des Erdkörpers. Die G. befaßt sich neben der Bestimmung der Wärmeleitfähigkeit der Gesteine bes. mit dem Nachweis technisch nutzbarer geotherm. Energie.

geothermische Tiefenstufe, Bez. für die Strecke, bei der die Temperatur der Erdkruste um 1 °C in Richtung Erdmittelpunkt ansteigt, im Durchschnitt 33 m (Faustregel: 3 °C/100 m). Starke Abweichungen von diesem Mittelwert (z. B. Schwäb. Alb: 11 m, Kanada, Südafrika: 125 m) sind bedingt durch die unterschiedl. Wärmeleitfähigkeit der Gesteine und den geolog. Bau eines Gebiets.

Geotropismus ↑ Tropismus.

Geowissenschaften, zusammenfassende Bez. für alle Disziplinen, die sich mit der Erforschung der Erde befassen.

geozentrisch, auf die Erde als Mittelpunkt bezogen.

geozentrisches System, ein Weltsystem, bei dem die Erde den Mittelpunkt des Weltalls, insbes. des Planetensystems (einschließl. Sonne und Mond) bildet. G. S. entwickelten und vertraten u. a. Aristoteles, Ptolemäus, T. Brahe und ihre Anhänger.

Gepäckträgerkrabbe (Ethusa mascarone), etwa 1,5 cm große, graubraune bis rötl. Krabbenart in den Küstenregionen des Mittelmeers; trägt mit den beiden hinteren Beinpaaren Muschelschalen über dem Rücken.

Gepard [frz., zu mittellat. gattus pardus „Pardelkatze"] (Jagdleopard, Acinonyx jubatus), schlanke, hochbeinige, kleinköpfige Katzenart, v. a. in den Steppen und Savannen Afrikas und einiger Gebiete Asiens; Körperlänge etwa 1,4–1,5 m, Schwanz 60–80 cm lang, Schulterhöhe etwa 75 cm; Fell relativ kurz und hart, rötlich bis ockergelb, mit relativ kleinen, dichtstehenden, schwarzen Flecken, die an der weißl. Unterseite weitgehend fehlen; vom vorderen Augenwinkel zum Mundwinkel ein kennzeichnender schwarzer Streif. Der G. ist das schnellste Säugetier. Er erreicht eine Geschwindigkeit bis etwa 100 km pro Stunde, die er jedoch nur über kurze Strecken durchzuhalten vermag.

Gepard

Gepiden

Gepiden (lat. Gepidae), ostgerman., urspr. zu den Goten gehörendes Volk, das im 3. Jh. von der Weichselmündung an den N-Hang der Karpaten zog. Um 400 von den Hunnen unterworfen, stellten sie 451 ein starkes Kontingent für Attilas Feldzug nach Gallien, befreiten sich jedoch nach dessen Tode (453) durch einen Sieg über Attilas Söhnen in Pannonien (454) und errichteten das G.reich unter Kg. Ardarich zw. Donau, Theiß, Alt und Karpaten; traten zum Arianismus über. 567 wurden die G. von den Ostgoten und Langobarden vernichtend geschlagen.

Ger, german. Wurfspieß.

Gera, kreisfreie Stadt und Krst. in Thür., im Tal der Weißen Elster, 185–300 m ü. d. M., 132 000 E. Museen, Theater; botan. Garten. Maschinen- und Gerätebau, Textil-, Lebensmittelind.; Verkehrsknotenpunkt O-Thüringens. – Die bei einer herrschaftl. Burg angelegte Siedlung wurde vor 1237 zur Stadt (Magdeburger Stadtrecht) erhoben. Auf den letzten Vogt von G. (Herren von Weida) folgte 1550 der Burggraf von Meißen, Heinrich von Plauen; 1562 gingen Stadt und Herrschaft an die jüngere Linie des Hauses Reuß über, die vom Ende des 16. Jh. bis 1918 in G. residierte. 1952–90 Hauptstadt des gleichnamigen DDR-Bezirks. – Barocke Salvatorkirche (1717–20), Trinitatiskirche (14. Jh., 1611 erweitert), spätgot. Marienkirche (um 1440), Renaissancerathaus (1573–76, 1780 umgestaltet) und Stadtapotheke (1606) am Markt mit Simsonbrunnen (17. Jh.); im Stadtteil Untermhaus barocke Orangerie (1729–32, Museum).

G., Landkr. in Thüringen.

Gerade, in der *euklid. Geometrie* die kürzeste Verbindung zweier Punkte A und B, die beiderseits über diese Punkte hinaus verlängert ist; die G. ist also – im Ggs. zur Strecke und zum Strahl – nicht durch Endpunkte begrenzt. Das G.stück zw. diesen Punkten ist die *Strecke $\overline{AB}$*.

▷ gerade verlaufender Teil einer Laufbahn oder Rennstrecke.

▷ Angriffsstoß beim ↑Boxen, bei dem der Schlagarm eine Gerade bildet.

Geradengleichung ↑analytische Geometrie.

gerade Zahl, durch 2 ohne Rest teilbare natürl. Zahl.

Geradflügler (Orthopteroidea, Orthoptera), mit etwa 17 000 Arten weltweit verbreitete Überordnung kleiner bis großer Landinsekten mit den Ordnungen ↑Heuschrecken, ↑Gespenstschrecken, ↑Ohrwürmer.

Geradhorn, svw. ↑Orthoceras.

Geraldton [engl. 'dʒɛrəltən], Hafenstadt und Seebad an der Küste Westaustraliens, nnw. von Perth, 20 600 E. Sitz eines anglikan. und eines kath. Bischofs; Superphosphatwerke.

Geramb, Viktor Ritter von, *Deutschlandsberg bei Graz 24. März 1884, †Graz 8. Jan. 1958, östr. Volkskundler. – Seit 1930 Prof. in Graz, Gründer des Steier. Volkskundemuseums (Leiter 1913–49); zahlr. Werke zur Volkskunde, insbesondere der Steiermark, und zur Märchenforschung.

Geranie [griech.], gärtner. Bez. für die ↑Pelargonie.

Geraniol [griech./arab.], zweifach ungesättigter Terpenalkohol mit rosenartigem Geruch; wird aus äther. Ölen (Palmarosaöl, Rosenöl und v. a. aus Zitronellöl) gewonnen und dient u. a. zur Herstellung synthet. Rosenöle. Chem. Bruttoformel: $(CH_3)_2C = CH-(CH_2)_2-C(CH_3) = CH-CH_2OH$.

Geranium [griech.], svw. ↑Storchschnabel.

Geraniumöl, svw. ↑Pelargoniumöl.

Gérard, François Baron (seit 1819) [frz. ʒe'raːr], *Rom 4. Mai 1770, †Paris 11. Jan. 1837, frz. Maler. – Schüler J. L. Davids. G. war wohl der beliebteste Porträtist des Empire (u. a. „Madame Récamier", 1802). Bed. Skizzen, die er nach seinen Porträts fertigte.

Gérardmer [frz. ʒerar'me], frz. Luftkurort und Wintersportzentrum am Lac de G., dem größten See der Vogesen, Dep. Vosges, 665 m ü. d. M., 9 100 E. Jährl. Narzissenfest.

Gerasa, antike Stadt in Jordanien, das heutige **Dscharasch,** 35 km nördlich von Amman. Gegr. z. Z. Alexanders d. Gr., neugegr. unter Antiochos IV. Epiphanes (175–164); 63 v. Chr. von Pompejus zur Dekapolis geschlagen. Bed. Ruinen (Tempel, Säulenstraße, Theater und Forum aus dem 1. und 2. Jh. n. Chr.).

Gerassimow, Alexander Michailowitsch, *Koslow 12. Aug. 1881, †Moskau 23. Juli 1963, sowjet. Maler. – Als prominenter Vertreter des sozialist. Realismus malte er histor. Kompositionen und Porträts.

G., Sergei Apollinarijewitsch, *Jekaterinburg 3. Juni 1906, †Moskau 29. Nov. 1985, sowjet. Filmregisseur. – Internat. Erfolge mit Filmen nach literar. Vorlagen, z. B. „Der stille Don" (nach M. A. Scholochow, 1958).

G., Sergei Wassiljewitsch, *Moskau 26. Sept. 1885, †ebd. 20. April 1964, sowjet. Maler. – Schilderer des dörfl. Lebens in lockerer, von den Impressionisten beeinflußter Malweise.

Geräteturnen, Bez. für Übungen an Turngeräten; für *Männer:* Boden, Seitpferd, Ringe, langgestelltes Pferd (Sprung), Barren, Reck; für *Frauen:* Boden, seitgestelltes Pferd (Sprung), Stufenbarren, Schwebebalken (↑Kunstturnen).

Geräusch, unperiod. Schallschwingung im Ggs. zum Klang.

Geräuschkulisse, in Theater, Film, Funk und Fernsehen die akust. Untermalung szen. Geschehens, wobei bestimmte Originalgeräusche vorgetäuscht werden.

Geräuschlaut, Sprachlaut mit deutl. Geräusch, bes. stimmlose Konsonanten, z. B. [p t k f s ʃ ç x h]. – Ggs. ↑Sonor.

Gerber, Carl Friedrich Wilhelm von (württemberg. persönl. Adel 1859, sächs. Adel 1878), *Ebeleben bei Sondershausen 11. April 1823, †Dresden 23. Dez. 1891, dt. Jurist und Politiker. – Als Professor der Rechte (1847 Erlangen, 1851 Tübingen, 1862 Jena, 1863 Leipzig) Mitbegründer des Rechtspositivismus; reformierte als sächs. Kultusmin. (seit 1871) das Bildungswesen. Seit März 1891 sächs. Min.präsident.

Gerbera [nach dem dt. Arzt T. Gerber, †1743], Gatt. der Korbblütler mit etwa 45 Arten in Afrika und Asien; Stauden mit meist großen, leuchtend gefärbten Blütenköpfen mit 1–2 Reihen langer, zungenförmiger Strahlenblüten; beliebte Schnittblumen.

Gerberei, Betrieb zur ↑Lederherstellung.

Gerberstrauch (Lederstrauch, Coriaria), einzige Gatt. der zweikeimblättrigen Pflanzenfam. **Gerberstrauchgewächse** (Coriariaceae) mit 10 Arten in den Tropen und Subtropen; bisweilen Zierpflanzen, wie z. B. der **Provenzalische Sumach** (Coriaria myrtifolia) aus dem Mittel-

Gera. Das 1573–76 erbaute, 1780 umgestaltete Renaissancerathaus am Markt, davor der Simsonbrunnen, 17. Jahrhundert

Gera Stadtwappen

Gerbera

Gerberstrauch

meergebiet, dessen Blätter und Rinde zum Gerben verwendet werden.

Gerbert, Martin (Taufnamen: Franz Dominik Bernhard), *Horb am Neckar 12. Aug. 1720, †Sankt Blasien 13. Mai 1793, dt. Benediktiner, Fürstabt (Martin II.) von Sankt Blasien (seit 1764). – Bed. dt. kath. Theologe des Zeitalters der Aufklärung; Wortführer der Opposition gegen den Josephinismus und um einen Ausgleich zw. Episkopalismus und Kurialismus bemüht; ließ die Kuppelkirche von Sankt Blasien erbauen.

Gerbert de Montreuil [frz. ʒɛrbɛrdəmõ'trœj] (Gibert de M.), altfrz. Dichter des 13. Jh. aus Montreuil-sur-Mer (Pas-de-Calais). – Verfaßte u. a. um 1227 den „Roman de la violette", auf dem das Textbuch zu C. M. von Webers „Euryanthe" beruht.

Gerberwolle (Kalkwolle), in der Gerberei Bez. für Schafwolle, die in einem chem. Verfahren gewonnen wird; minderwertiger als Schurwolle.

Gerbstoffe, Substanzen, die durch ihre eiweißfällende Wirkung zur Umwandlung von tier. Häuten in Leder benutzt werden können (↑Lederherstellung). Natürlich vorkommende **organische Gerbstoffe** (Tannine, Catechine) werden aus Rinden, Hölzern, Früchten und Gallen gewonnen. Ihre gerbende Wirkung beruht auf Phenolkörpern, die auch Bestandteil synthet. G. sind. Sonstige organ. G. sind ungesättigte Fette (Trane) und Formalin. Die wichtigsten **anorganische** (*mineral.*) **Gerbstoffe** sind bas. Chrom(III)- und Zirkoniumsalze sowie polymere Phosphate.

Gerbung ↑Lederherstellung.

Gerdauen (russ. Schelesnodoroschny), Ort in Ostpreußen, Rußland, hatte 1939 5 100 E und war bis 1945 Kreisstadt. – Die Pruzzenburg kam um 1273 in den Besitz des Dt. Ordens, 1398 zur Stadt erhoben.

Nicolaus Gerhaert von Leiden. Büste eines Propheten, 1463 (Straßburg, Frauenhaus)

Gerechtigkeit, im subjektiven Sinne das [ge]rechte Verhalten eines Menschen als Tugend; im objektiven Sinne das Prinzip zur Aufstellung und zur Beurteilung von Rechtsnormen: nach Platons Schichtenlehre für den einzelnen wie für den Staat das richtige Verhältnis der Schichten zueinander. Aristoteles unterschied die ausgleichende G. (*iustitia commutativa*) zw. einzelnen und die austeilende G. (*iustitia distributiva*) beim Verhältnis zw. Staat und einzelnen. Die Gesetzes-G. (*iustitia legalis*) verpflichtet den einzelnen insbes. zur Einhaltung der Gesetze. In der ma. Scholastik wurde die G. durch die in der Natur sich zeigende göttl. Ordnung zu bestimmen versucht. In der Neuzeit wird auf die (durch Vernunft zu analysierende) Natur des Menschen zurückgegangen (↑Naturrecht). Für die europ. Staats- und Rechtsphilosophie wurde seit dem MA die griech. und röm. Rechtsdenken tradierende Formel, daß „G. die Grundlage von Herrschaft" sei zu einem zentralen Leitsatz (↑Justitia). Der Pflicht der Herrschenden zur G. entsprach das ↑Widerstandsrecht gegen ungerechte Obrigkeit. Gegenüber der neuzeitl. Maxime der Staatsräson hat v. a. Kant die G. als höchstes polit. Prinzip entwickelt. Ihre Sicherung und Wahrung in Gesetzgebung, Verwaltung und Rechtsprechung gilt als eine Hauptaufgabe des Rechtsstaats. Die polit. Problematik und Dynamik des Begriffs G. ist durch ihre Doppelgesichtigkeit bestimmt: G. zielt sowohl auf die Bewahrung überkommener Rechte wie auf die Reform oder im Extremfall: auf die Revolutionierung traditioneller, ungerecht gewordener Rechtsverhältnisse. In der Gegenwart stellt sich im innerstaatl. Bereich v. a. die Frage einer gerechten Verteilung des Sozialprodukts und einer gerechten Produktionsverfassung. Im 20. Jh., v. a. seit dem 2. Weltkrieg, erweist sich G. als zentrale Aufgabe der internat. Ordnung: der Ausgleich des wirtsch.-sozialen Gefälles zw. den euro-amerikan. Industriestaaten und Japan einerseits und den asiat., afrikan. und südamerikan. Entwicklungsländern andererseits.

Im A. T. ist G. das rechte Verhältnis zw. Personen. – Im N. T. ist „G. Gottes" Heilshandeln Gottes, und „G. des Menschen" aus dem Glauben kommende Frucht der ↑Rechtfertigung.

Gerechtigkeiten (Gerechtsame), in der älteren dt. Rechtssprache Bez. für an einem Grundstück bestehende Nutzungsrechte (z. B. Wegerechte) und mit einem Grundstück verbundene Berechtigungen (z. B. Schank-G.).

Gerechtigkeitspartei (türk. Adalet Partisi), frühere türk. Partei, gegr. 1960; verstand sich zunächst als Nachfolgerin der 1960 verbotenen Demokrat. Partei; prowestlich orientiert, in der Wirtschaftspolitik liberal; erreichte unter S. Demirel (seit 1964) bei den Wahlen 1965 und 1969 die absolute Mehrheit, 1973 und 1977 wurde sie zweitstärkste Partei; unter der Militärherrschaft 1981 verboten und formal aufgelöst; Nachfolgepartei ist die „Partei des rechten Weges".

Gerechtsame ↑Gerechtigkeiten.

Gerfalke (Falco rusticolus), dem Wanderfalken ähnl., aber bed. größerer, arkt. Falke (51–56 cm lang) ohne kontrastreiche Gesichtszeichnung.

Gergovia (frz. Gergovie [frz. ʒɛrgɔ'vi]), Festung der kelt. Arverner, in der Auvergne, südlich von Clermont-Ferrand. Im Aufstand des Vercingetorix 52 v. Chr. errangen die Gallier in G. einen Abwehrerfolg gegen Cäsar.

Gerhaert von Leiden (Leyden), Nicolaus [niederl. 'xe:ra:rt] (Gerhaerts; Niclaus von Leiden), *Leiden zw. 1420/30, †Wiener Neustadt 1473 (?), niederl. Bildhauer. – Sein bed. und einflußreiches Werk ist der Spätgotik zuzurechnen. Es stellt eine Synthese aus niederl., nordfrz. und burgund. Elementen dar; charakteristisch der Faltenstil, die ausgreifende Bewegung und die beseelte und realist. Gestaltung. – *Werke:* Grabplatte des Erzbischofs Jacob von Sierck (1462, Trier, Diözesanmuseum), Portal der Alten Kanzlei, Straßburg, 1463, erhalten die Halbfiguren eines Propheten (heute Straßburg, Frauenhaus) und einer Sibylle (heute Frankfurt am Main, Liebighaus), Epitaph des Conrad von Busnang (1464; Straßburger Münster), Steinkruzifix in Baden-Baden (1467; heute Stiftskirche), Deckplatte des Hochgrabs Kaiser Friedrichs III. (1467 ff.; Wien, Sankt Stephan).

Gerhard (Gerhardt), Hubert, *Amsterdam (?) um 1550, †München 1622/23, niederl. Bildhauer. – Für die Fugger (Brunnengruppe „Mars und Venus", 1584–90) und den herzogl. Hof in München tätig, u. a.: „Hl. Michael" (1588–92; an Sankt Michael); „Bavaria" (1594, Hofgartentempel), „Patrona Bavariae" (1590er Jahre; Marienplatz). Für die Stadt Augsburg schuf G. den „Augustusbrunnen" (1589–94). In seinem Werk verbinden sich niederl. (Florisstil) und italien. Einflüsse in einem eigenen, frühbarocken Stil.

G., Johann, *Quedlinburg 17. Okt. 1582, †Jena 17. Aug. 1637, dt. luth. Theologe. – Seit 1616 Prof. in Jena; sein Hauptwerk „Loci theologici" (9 Bde., 1610–22) gehört zu den bedeutendsten Werken der luth. Orthodoxie.

Gerhard von Cremona, *Cremona um 1114, †Toledo 1187, italien. Gelehrter. – Herausragende Persönlichkeit

Gerfalke

der Übersetzerschule von Toledo; übertrug nahezu 90 Werke verschiedener Wiss. aus dem Arab. ins Lateinische.

Gerhardsen, Einar [norweg. 'gærhardsən], *Oslo 10. Mai 1897, †ebd. 19. Sept. 1987, norweg. Politiker. – 1941–45 in dt. Haft, 1945–65 Vors. der norweg. Arbeiterpartei, wiederholt Min.präs. (zw. 1945–65).

Gerhardt, Paul, *Gräfenhainichen 12. März 1607, †Lübben/Spreewald 27. Mai 1676, dt. Dichter. – 1657–66 Pfarrer an der Nikolaikirche in Berlin; als Lutheraner Gegner der vom Großen Kurfürsten angestrebten ev. Union; sein von tiefer Frömmigkeit und starkem Gottvertrauen geprägtes Schaffen bildet den Höhepunkt der ev. Kirchenlieddichtung nach Luther (u. a. „Nun ruhen alle Wälder", 1648; „Befiehl du deine Wege", 1656; „O Haupt voll Blut und Wunden", 1656).

Paul Gerhardt

Geriatrie [griech.], svw. ↑Altersheilkunde.

Geriatrika [griech.], Arzneimittel zur Prophylaxe und Behandlung von Alters- und vorzeitigen Abnutzungserscheinungen, z. B. Vitamine, Hormone (Anabolika), Spurenelemente und gefäßaktive Stoffe.

Géricault, Théodore [frz. ʒeri'ko], *Rouen 26. Sept. 1791, †Paris 26. Jan. 1824, frz. Maler. – Steht mit E. Delacroix am Beginn der frz. Romantik („Das Floß der Medusa", 1818/19; Paris, Louvre); Bilder von Pferderennen, Bildnisse.

Gerichte, unabhängige Organe der Rechtspflege mit der Aufgabe, darüber zu entscheiden, was im konkreten Falle rechtens ist. Sie verkörpern die *rechtsprechende Gewalt,* die gemäß Art. 92 GG den Richtern anvertraut ist. Die G. sind an Gesetz und Recht, v. a. an die Grundrechte gebunden (Art. 20 Abs. 3, 1 Abs. 3 GG). Die Richter sind unabhängig (Art. 97 GG). Jedermann hat vor G. Anspruch auf rechtl. Gehör (Art. 103 Abs. 1 GG). Träger der G. sind in erster Linie der Bund und die Länder. Ein Teil der *Berufs-* und *Ehrengerichte* wird von Selbstverwaltungskörperschaften (berufsständ. Kammern) unterhalten. Ihre Verfassung und ihr Verfahren werden durch staatl. Gesetze geregelt. Außer diesen staatl. G. gibt es *kirchl., Verbands-* und *Schiedsgerichte.* Von zunehmender Bed. auch für den innerstaatl. Bereich sind *supra-* und *internat. G.,* v. a. der Europ. Gerichtshof und der Europ. Gerichtshof für Menschenrechte. – ↑ordentliche Gerichtsbarkeit, ↑Arbeitsgerichtsbarkeit, ↑Berufsgerichtsbarkeit, ↑Disziplinargerichtsbarkeit, ↑Finanzgerichtsbarkeit, ↑Patentgerichtsbarkeit, ↑Sozialgerichtsbarkeit, ↑Verfassungsgerichtsbarkeit, ↑Verwaltungsgerichtsbarkeit.

Nach östr. Verfassungsrecht sind die G. *Behörden des Bundes,* deren Organe mit bestimmten verfassungsgesetzl. Garantien ausgestattet sind. In der *Schweiz* gilt eine dem dt. Recht im wesentlichen entsprechende Regelung. Träger der G. sind i. d. R. die Kantone.

gerichtete Assoziation ↑Assoziation.

Théodore Géricault. Das Floß der Medusa, 1818–19 (Paris, Louvre)

gerichtliche Polizei, in der Schweiz die im Strafprozeßrecht des Bundes und einiger Kt. verwendete Bez. für die Behörden, die sich ausschließlich mit der Strafverfolgung befassen und denen v. a. die Aufdeckung der strafbaren Handlungen, die Fahndung nach dem Täter sowie die Ermittlung und Sicherung von Spuren und Beweismitteln obliegen.

gerichtliche Psychiatrie, svw. forensische Psychiatrie (↑Rechtsmedizin).

gerichtliche Zuständigkeit ↑Zuständigkeit.

Gerichtsbarkeit, Ausübung der rechtsprechenden Gewalt durch unabhängige Gerichte. Sie ist nach Maßgabe der dt. Gerichtsverfassung unter den zu Gerichtszweigen zusammengefaßten ↑Gerichten aufgeteilt. Organisatorisch gliedert sie sich in die ordentl. G. (einschl. Patent-G. und freiwillige G.), die Arbeits-G., die allg. Verwaltungs-G., die Finanz- und Sozial-G. sowie die Verfassungs-G. Neben diesen allg. zugängl. G. existieren bes. G., die Disziplinar-G., die Berufs-G. und die kirchl. G. Die Gerichte, die derselben G. angehören, bilden zumeist einen *Rechtszug* (z. B. Arbeits-, Landesarbeits-, Bundesarbeitsgericht); die Verfassungsgerichte der Länder und das Bundesverfassungsgericht sind jedoch nicht durch einen Rechtszug verknüpft. In den Ländern der ehem. DDR wird die ordentl. streitige G. und bis zur Errichtung selbständiger G. auch die Rechtsprechung in Angelegenheiten des Verwaltungs-, Finanz-, Arbeits- und Sozialrechts durch die Kreis- und Bezirksgerichte ausgeübt. Diese Gerichte sind ebenfalls für Angelegenheiten der freiwilligen G. zuständig, die den Gerichten übertragen sind.

In *Österreich* ist die G. in Zivil- und Strafsachen den staatl. Gerichten zugewiesen. Bes. Aufgaben haben die Handels-, Arbeits- und Sozialgerichte. Nichtstreitige Angelegenheiten werden fast ausnahmslos durch die staatl. Gerichte erledigt. In der *Schweiz* ist die Gerichtsverfassung im wesentlichen Sache der Kantone. Die einzelnen Gerichtsverfassungen sind sehr verschieden. Sowohl in Zivil- als auch in Strafsachen bestehen meist zwei Instanzen.

Gerichtsberichterstattung, Information der Öffentlichkeit von Verlauf und Ergebnis öff. Verhandlungen der Gerichte durch Presse, Hörfunk und Fernsehen. Direkte Rundfunk- oder Fernsehaufnahmen sowie Ton- und Filmaufnahmen zum Zwecke der öff. Vorführung oder Veröffentlichung ihres Inhalts sind unzulässig. Berichte über *nichtöff. Verhandlungen* sind nur in gewissen Schranken zulässig, dürfen z. B. ein erlassenes Schweigegebot nicht mißachten.

Gerichtsbescheid, Entscheidung im Verwaltungsgerichtsverfahren, die ohne mündl. Verhandlung getroffen wird und in ihren Wirkungen einem Urteil gleichsteht. Die zuständige Kammer des Verwaltungsgerichts muß einstimmig der Auffassung sein, daß der Sachverhalt geklärt ist und keine bes. Schwierigkeiten bietet. Die Beteiligten sind zu hören. Gegen einen G. kann mit dem Rechtsmittel, das gegen ein Urteil zulässig wäre, vorgegangen werden.

Gerichtsbezirk, Bereich, für den ein Gericht die örtl. ↑Zuständigkeit hat.

Gerichtsferien, Zeitraum vom 15. Juli bis 15. Sept. eines jeden Jahres, während dessen bei den ordentl. Gerichten nur in ↑Feriensachen Sitzungen abgehalten und Entscheidungen erlassen werden (gilt gemäß Einigungsvertrag nicht in den Ländern der ehem. DDR).

Gerichtsgebühren ↑Gerichtskosten.

Gerichtsherr, frühere Bez. für den Inhaber der Gerichtsbarkeit. Grundsätzlich war die Gerichtsbarkeit über die freie Bev. mit der höchsten Gewalt im Staate verbunden (in Rom: Konsuln und Prätor; im dt. MA: König bzw. Kaiser). Ausgeübt wurde die Gerichtsbarkeit meist von Delegierten des G. (Amtsträger, Grafen, Richter, Vögte). In der *Militärgerichtsbarkeit* war G. der Kommandant der militär. Einheit.

Gerichtshilfe, Einrichtung, die Gericht und Staatsanwaltschaft bei den Ermittlungen zur Täterpersönlichkeit und ihrer Umwelt unterstützen soll; meist im Geschäftsbereich der Landesjustizverwaltungen eingerichtet. Im Jugendstrafverfahren ist die Einschaltung der ↑Jugendgerichtshilfe obligatorisch.

Gerichtshof, Bez. für bestimmte höhere Kollegialgerichte, insbes. die obersten G. des Bundes, auch für supranationale Gerichte der Europ. Gemeinschaften und des Europarats sowie den Internat. G. der Vereinten Nationen.

Gerichtshof erster Instanz, im östr. Rechtssprachbrauch svw. Landes- und Kreisgericht. Es entscheidet *erstinstanzlich* in *Zivilsachen* in allen Angelegenheiten, die nicht den Bezirksgerichten zugewiesen sind (Konkurs- und Ausgleichssachen, Führung des Handels- und Genossenschaftsregisters), i. d. R. durch einen Einzelrichter, ausnahmsweise einen Senat. In *Strafsachen* entscheidet der G. e. I. wegen Vergehen und Verbrechen (bei einem Strafrahmen von i. d. R. sechs Monaten bis zu fünf Jahren Freiheitsentzug) durch Einzelrichter, sonst durch Schöffengericht oder Dreirichtersenat. 2. Die Landes- und Kreisgerichte sind *zweite* (Rechtsmittel-)*Instanz* gegenüber den Bezirksgerichten in Zivil- und Strafsachen. Am Sitz eines jeden G. e. I. besteht ein Geschworenengericht.

Gerichtshof zweiter Instanz, im östr. Rechtssprachgebrauch svw. Oberlandesgericht.

Gerichtshoheit, Befugnis, die Gerichtsbarkeit auszuüben. Der G. der dt. Gerichte unterliegen grundsätzlich auch Ausländer, außer Mgl. diplomat. Vertretungen.

Gerichtskosten, die in einem gerichtl. Verfahren anfallenden **Gerichtsgebühren** sowie die ↑Auslagen des Gerichts; geregelt im GerichtskostenG (GKG) i. d. F. vom 15. 12. 1975 sowie für die freiwillige Gerichtsbarkeit in der Kostenordnung (KostO) i. d. F. vom 26. 7. 1957, beide mit späterer Änderung. In *bürgerl. Rechtsstreitigkeiten* richten sich die Gerichtsgebühren (meist Prozeßgebühr und Urteilsgebühr) nach dem Wert des Streitgegenstandes. Diese Gebühren werden für jeden Rechtszug nur einmal erhoben. – In der *freiwilligen Gerichtsbarkeit* bestimmen sich die Gebühren nach dem Geschäftswert. – In *Strafsachen* richtet sich die Gebühr nach der Höhe der erkannten Strafe. – Für die *Verwaltungs-, Arbeits-* und *Finanzgerichtsbarkeit* gelten die Vorschriften des GKG sinngemäß. In der *Sozialgerichtsbarkeit* ist das Verfahren für natürl. Personen bis auf rechtl. geregelte Ausnahmen kostenfrei. Im Verfahren vor dem *Bundesverfassungsgericht* entstehen i. d. R. keine Gerichtskosten.

Ähnl. Regelungen gelten im östr. und schweizer. *Recht.*

Gerichtsmedizin, frühere Bez. für ↑Rechtsmedizin.

Gerichtsstand, das örtlich zuständige Gericht. Im *Zivilprozeß* kann beim allg. G. einer natürl. Person (am Wohnsitz) sowie einer jurist. Person jede Klage gegen sie erhoben werden, für die nicht ein *ausschließl. G.* begründet ist. *Ausschließl. G.* bestehen v. a. in Familien- und Wohnraummietsachen, bei Grundstücksrechten. In vielen Fällen kann der G. vertraglich vereinbart werden (↑Prorogation). Im *Strafverfahren* ist G. in erster Linie jener des Begehungsortes.

Gerichtsverfassung, Aufbau, Funktion sowie Zuständigkeit der Gerichte, ihrer Geschäftsstellen und der anderen Rechtspflegebehörden (z. B. Staatsanwaltschaft) sowie die verfassungs- und verfahrensrechtl. Stellung der Richter und weiteren Rechtspflegeorgane (u. a. Staatsanwalt, Rechtsanwalt, Notar). Grundlage des G.rechts in der BR Deutschland ist das Prinzip der Gewaltenteilung in der Ausprägung des GG. Das Gerichtsverfassungsg regelt die ordentl. Gerichtsbarkeit (Zivil- und Straf-G.), für die übrigen Zweige der Gerichtsbarkeit (↑Gerichte) bestehen gesonderte Verfahrensordnungen.

Geschichte: Das dt. MA kannte nur Kollegialgerichte, bestehend aus einem „Richter" als prozeßleitendem Vorsitzenden ohne Stimmrecht und einer größeren Zahl (meist 7 oder 12) von Urteilern (Geschworene, Schöffen), die urspr. die Entscheidung einstimmig finden mußten. Der Richter war staatl. Amtsträger, die Urteiler gewählte Vertreter der Gerichtsgemeinde. Ein Rechtsmittelverfahren im modernen Sinn kannte man nicht. Seit dem Spät-MA verminderte sich durch den Dualismus von Kaiser und Reichsständen die Bed. der Reichsjustiz; ihr blieben das Reichskammergericht, der Reichshofrat, das kaiserl. Hofgericht und einige kaiserl. Landgerichte, die übrigen Gerichte waren in der Hand der reichsständ. Landesherren. Neben den staatl. Gerichten gab es zahlr. nichtstaatl., z. B. grundherrschaftl. Gerichte.

Die Kirche des Hoch-MA entwickelte eine G. mit juristisch ausgebildeten Einzelrichtern und vielfachem Instanzenzug, der letztlich bis zur röm. Kurie führte.

Etwa seit dem 15. Jh. setzte in Deutschland eine erst im 19. Jh. abgeschlossene Reform der G. ein. Die ehrenamtl. Laienrichter wurden verdrängt, Rechtsmittel zugelassen und ein geordneter Instanzenweg zu einem obersten Gericht geschaffen (im Reich das Reichskammergericht und der kaiserl. Reichshofrat, in den Ländern die fürstl. Hofgerichte). In den unteren Instanzen ging man zum System der Einzelrichter über. Kollegialgerichte, an denen Laien ehrenamtlich mitwirkten, wurden seit der Mitte des 19. Jh. neu geschaffen (Schwurgerichte).

Gerichtsverfassungsgesetz, Gesetz i. d. F. vom 9. 5. 1975 mit späterer Änder., Abk. GVG, das die Gerichtsverfassung der ordentl. Gerichte der BR Deutschland (nicht abschließend) regelt. Seine Bestimmungen gelten kraft Verweisung z. T. auch für andere Gerichtsbarkeiten. Das G. enthält Vorschriften über Richteramt und Gerichtsbarkeit, Amts-, Schöffen-, Landgerichte, Kammern für Handelssachen, Oberlandesgerichte, den Bundesgerichtshof, die Staatsanwaltschaft, Urkunds-, Zustellungs- und Vollstreckungsbeamte, Rechtshilfe, Öffentlichkeit und Sitzungspolizei, Gerichtssprache und -ferien sowie über Beratung und Abstimmung.

Gerichtsvollzieher, Beamter des mittleren Dienstes, der in einem festen Bezirk beim Amtsgericht v. a. mit der Durchführung der Zwangsvollstreckung betraut ist und u. a. Zustellungen und Ladungen (der Prozeßparteien) (meist mit Hilfe der Post) bewirkt; er nimmt ferner Scheck- und Wechselproteste auf. Für die Tätigkeit der G. gilt bundeseinheitlich die Geschäftsanweisung für G. (GVGA).

In *Österreich* werden entsprechende Aufgaben von Vollstreckungsbeamten, Gerichtsbediensteten und berufenen Organen wahrgenommen. In der *Schweiz* bestehen in den Kt. Beitreibungsämter.

geringfügige Beschäftigung, im *Sozialversicherungsrecht* ein Arbeitsverhältnis, dessen Dauer weniger als 15 Stunden wöchentlich beträgt und bei dem der Verdienst ein Siebtel der monatl. Bezugsgröße (§ 18 Sozialgesetzbuch IV), bei höherem Entgelt ein Sechstel des Gesamteinkommens nicht überschreitet, oder das auf längstens zwei Monate oder 50 Arbeitstage innerhalb eines Jahres begrenzt ist. Die g. B. ist von der Kranken-, Arbeitslosen- und Rentenversicherung befreit. Zur Überprüfbarkeit bei Mehrfachbeschäftigung müssen geringfügig Beschäftigte vom Arbeitgeber bei der AOK an- und abgemeldet werden.

geringstes Gebot, das niedrigste, in der ↑Zwangsversteigerung zulässige Gebot.

geringwertige Wirtschaftsgüter, bewegl. Wirtschaftsgüter des Anlagevermögens, die der Abnutzung unterliegen, selbständig bewertbar und nutzbar sind und deren Anschaffungs- oder Herstellkosten 800 DM (zuzüglich Umsatzsteuer) je Gut nicht übersteigen; können im Jahr der Anschaffung oder Herstellung abgesetzt werden.

Gerinne, Bauwerk zur Wasserableitung bei Entwässerungen und als Zubringer bei Wasserkraftanlagen.

Gerinnung, Vorgang, der durch Ausflockung von Eiweißstoffen (unter Einwirkung z. B. von Wärme, Enzymen oder Elektrolyten) aus einer Lösung gekennzeichnet ist, z. B. bei der Blut- und Milchgerinnung.

Gerinnungsfaktoren, svw. ↑Blutgerinnungsfaktoren.

gerinnungsfördernde Mittel, svw. ↑Koagulantia.

gerinnungshemmende Mittel, svw. ↑Antikoagulantia.

Gerippe ↑Skelett.

Gerkan, Armin von, *Subate bei Dünaburg 30. Nov. 1884, †Garstedt (= Norderstedt) 22. Dez. 1969, dt. Bauforscher und Archäologe. – 1938–45 Direktor des Dt. Archäolog. Instituts in Rom; 1948–53 Prof. in Bonn. Arbeiten zur Architektur und Topographie der Antike.

Gerlach

G., Meinhard von, *Riga 3. Jan. 1935, dt. Architekt. – Sein Hauptwerk (in Zusammenarbeit mit V. Marg, *1936, und K. Nickels, *1936) ist der Berliner Flughafen Tegel (1967–74).

Meinhard von Gerkan. Berliner Flughafen Tegel, 1967–74

Gerlach, Ernst Ludwig von, *Berlin 7. März 1795, †ebd. 18. Febr. 1877, preuß. Jurist und Politiker. – Bruder von Leopold von G.; 1842 Mgl. des Staatsrats; 1844–74 Präs. des Oberlandes- und Appellationsgerichts in Magdeburg. Gründete 1848 zus. mit F. J. Stahl die preuß. Konservative Partei und als deren Organ die Neue Preuß. Zeitung („Kreuzzeitung"). Mgl. des preuß. Abg.hauses, 1851–58 Fraktionsführer der äußersten Rechten; MdR seit 1873. Wurde zum Gegner Bismarcks wegen dessen preuß. Interessenpolitik.

G., Helmut von, *Mönchmotschelnitz (Schlesien) 2. Febr. 1866, †Paris 1. Aug. 1935, dt. Publizist und Politiker. – Mitbegr. des Nationalsozialen Vereins und der Demokrat. Vereinigung; MdR für die Freisinnige Vereinigung (1903–06); wirkte im 1. Weltkrieg als radikaler Pazifist; führte in der Weimarer Republik einen publizist. Kampf gegen Rechtsradikalismus und Militarismus (Gründungs-Mgl. der Dt. Friedensgesellschaft, Vors. der dt. Liga für Menschenrechte, Chefredakteur der Berliner Zeitung „Die Welt am Montag"); emigrierte 1933 nach Österreich, danach nach Frankreich.

Leopold von Gerlach

G., [Ludwig Friedrich] Leopold von, *Berlin 17. Sept. 1790, †Potsdam 10. Jan. 1861, preuß. General und Politiker. – Bruder von Ernst Ludwig von G.; 1850 Generaladjutant Friedrich Wilhelms IV.; seit 1848 geistiger Führer einer antirevolutionär-ständisch ausgerichteten „Kamarilla". Stand in unüberbrückbarem Ggs. zu Bismarck.

G., Manfred, *Leipzig 8. Mai 1928, dt. Politiker (Liberal-Demokrat. Partei Deutschlands, LDPD). – Jurist; 1949–90 Abg. der DDR-Volkskammer, 1950–54 Bürgermeister von Leipzig. 1960–89 Stellv. Vors. des Staatsrats, 1967–90 Vors. der LDPD. Von Dez. 1989 bis April 1990 amtierender Staatsratsvors. der DDR.

G., Philipp, *Spandau (= Berlin) 24. Juli 1679, †Berlin 17. Sept. 1748, dt. Baumeister. – Baute in strengem Barockstil. Hauptwerk ist die Garnisonskirche in Potsdam (1731–35; nach dem 2. Weltkrieg wurde die Ruine beseitigt); auch zahlr. Profanbauten.

G., Walther, *Biebrich (= Wiesbaden) 1. Aug. 1889, †München 10. Aug. 1979, dt. Physiker. – Prof. in Frankfurt am Main, Tübingen und München. Entdeckte 1921 mit O. Stern die Richtungsquantelung von Atomen im Magnetfeld (↑Stern-Gerlach-Versuch).

Gerlachovský štít [slowak. ...xɔfski: ʃtjiːt] ↑Gerlsdorfer Spitze.

Gerland, Ernst, *Kassel 16. März 1838, †Clausthal (= Clausthal-Zellerfeld) 22. März 1910, dt. Physiker und Physikhistoriker. – Prof. an der Bergakademie Clausthal; verfaßte Beiträge zur Geschichte der exakten Naturwissenschaften.

Gerlingen, Stadt im Strohgäu, Bad.-Württ., 336–500 m ü. d. M., 17 900 E. Wohngemeinde für Auspendler v. a. nach Stuttgart; opt., chem., holz- und metallverarbeitende Betriebe. – Das 797 erstmals erwähnte G. kam wahrscheinlich 1308 an die Grafen von Württemberg; seit 1958 Stadt. – Ev. spätgot. Pfarrkirche (1463) mit barocker Ausmalung (17. Jh.).

Gerling-Konzern ↑Versicherungsgesellschaften (Übersicht).

Gerlospaß ↑Alpenpässe (Übersicht).

Gerlsdorfer Spitze (Gerlachovský štít), Berg in der Hohen Tatra, mit 2 655 m höchster Gipfel der SR und der Karpaten.

Germanen, Sammelname für Völker und Stämme in N- und M-Europa, die der sog. indogerman. Sprachfamilie angehören, untereinander sprachverwandt sind, sich jedoch von den benachbarten Kultur- und Sprachgruppen der Kelten, Illyrer, Balten, Slawen und Finnen durch Sprache, Religion, Sitte, Brauch und Gegenstandskultur unterscheiden. Urspr. kelt. Bez. für nichtkelt. Stämme, von den Römern seit Cäsar übernommen; zuerst überliefert von Poseidonios als Name eines Stammes im N Galliens.
Nach Tacitus gab es 3 german. Stammesgruppen: ↑**Ingwäonen,** ↑**Herminonen** und ↑**Istwäonen.** In den ersten Jahrhunderten n. Chr. lassen sich mehrere, archäologisch bezeugte german. Fundgruppen nachweisen, denen bestimmte, von den Römern erstmals genannte Stämme zugeordnet werden können: *Nordsee-G.* (Friesen, Chauken, Sachsen), *Rhein-Weser-G.* (Tenkterer, Sugambrer, Brukterer, Cherusker, Chatten), *Elb-G.* oder *Elbsweben* (Langobarden, Semnonen, Hermunduren, Markomannen, Quaden), *Oder-Warthe-G.* (Lugier, Vandalen), *Weichsel-G.* (Rugier, Burgunder, Goten), *Ostsee-G.* (kleinere südskand. Stämme). Erst im 3. Jh. kam es zum Zusammenschluß der historisch bekannten Großstämme (Alemannen, Franken, Sachsen, Goten).

Geschichte

Die neuere archäologisch-histor. Forschung lehnt die Vorstellung von einer Urheimat der G. zw. S-Skandinavien und Mittelelbegebiet, die angeblich seit der Bronzezeit (2. Jt. v. Chr.) nachzuweisen sei, sowie von einer aus diesen Gebieten erfolgten, stetig fortschreitenden „Germanisierung" südlich und westlich anschließender Landschaften weitgehend ab. Vielmehr gilt die Entstehung (Ethnogenese) und Ausbreitung der G. als ein außerordentlich vielschichtiger, bislang nicht völlig geklärter Vorgang. Einigkeit herrscht lediglich darüber, daß offenbar eine Vielzahl eisenzeitl. Bevölkerungsgruppen unterschiedl. Ursprungs und Kulturniveaus im Gebiet zw. norddt. Flachland und der Mittelgebirgszone an der Entstehung der german. Stämme beteiligt waren. In jenem Raum, der annähernd vom Verlauf von Nieder- und Mittelrhein, Main, Sudeten und Weichsel umschrieben wird, lassen sich in den letzten Jahrhunderten v. Chr. mehrere regionale eisenzeitl. Kulturgruppen nachweisen, die sich teilweise kontinuierlich aus bronzezeitl. Wurzeln gebildet hatten. Diese waren einer mehr oder minder intensiven Beeinflussung seitens der höher entwickelten Zivilisation kelt. Stämme ausgesetzt, deren Siedlungsgebiete sich von Gallien über S-Deutschland und Böhmen bis nach S-Polen erstreckten. Bei allen regionalen, meist traditionsbedingten Unterschieden war die Zugehörigkeit zur Randzone der kelt. La-Tène-Kultur für sämtl. Bevölkerungsgruppen im nördl. Mitteleuropa das verbindende Element. So darf die Ethnogenese der G. verstanden werden als ein Ausgleichsprozeß verschiedenartiger ethn. Gruppen, die jeweils starkem kelt. Einfluß unterlagen, ohne selbst Kelten zu werden. Dieser Prozeß setzte in einigen Gebieten wohl schon im 3. Jh. v. Chr. ein und dauerte in der Zeit um Christi Geburt teilweise noch an. Dafür spricht die große Mobilität einzelner historisch bezeugter Stämme, die sich noch unter den Römern bildeten oder neu formierten. Die Ausbildung einer sich vom Keltischen immer weiter unterscheidenden Sprachgruppe dürfte wesent-

Germanen

lich zur Entstehung des Germanentums beigetragen haben. Einen wichtigen Anteil an diesem Vorgang hatten die Träger der sich kontinuierlich aus der jüngeren Bronzezeit entwickelnden Jastorfkultur, die von der jüt. Halbinsel über Mecklenburg und Brandenburg bis nach N-Böhmen verbreitet waren. Sie gelten als die Vorläufer der späteren Elbgermanen. Einzelne Vorstöße im 2./1. Jh. v. Chr. nach S und W mögen den genannten Ausgleichsprozeß gefördert haben. Zur gleichen Zeit bildete sich im stark keltisch geprägten Raum zw. Oder und Warthe die german. Przeworsker Kultur heraus, die sich durch Übernahme kelt. Waffen – und damit verbunden der Sitte, verstorbenen Kriegern bei der Bestattung Waffen beizugeben – auszeichnete, vielleicht ein Zeugnis für die Rezeption des kelt. Gefolgschaftswesens. Schon bald einsetzende Vorstöße aus diesem Raum ins Elbe-Saale-Gebiet vermittelten dem südl. Jastorfkreis die Sitte des Waffenbeigebens als Ausdruck des neu entstehenden, wohl gefolgschaftlich organisierten Kriegertums. So hat spätestens im letzten Jh. v. Chr. der schon seit längerem wirkende kelt. Einfluß nicht nur die materielle Kultur, sondern offenbar auch die Gesellschaftsstruktur der weiter nördlich siedelnden Bevölkerungsgruppen entscheidend verändert und damit zur Ethnogenese der G. beigetragen. Im 3. Jh. v. Chr. drangen die Bastarnen aus Mitteleuropa an die Schwarzmeerküste vor. Zur gleichen Zeit zogen von Jütland die Vandalen zur Oder und Netze und die Langobarden zur unteren Elbe, während im 2. Jh. v. Chr. die Rugier aus N-Jütland an der Weichselmündung und an der pommerschen Küste und die Burgunder aus Bornholm im Küstengebiet der Oder auftraten. Die um 120 v. Chr. offenbar durch eine Sturmflut zum Abzug aus NW-Jütland gezwungenen Kimbern und Teutonen konnten weit in röm. Gebiet eindringen; 102 wurden jedoch die Teutonen bei Aquae Sextiae (= Aix-en-Provence), 101 die Kimbern bei Vercellae (= Vercelli) vernichtend geschlagen. Ab 100 v. Chr. dehnten sich die Sweben nach S aus, wobei die Markomannen kurz vor Christi Geburt nach Böhmen, die Quaden an den Unterlauf des Mains und bis 21 n. Chr. nach Mähren, die Triboker in die Gegend von Stuttgart, die Vangionen in das Gebiet nördlich des Mains (Wetterau) und nach Rheinhessen, die Hermunduren nach Thüringen, die Semnonen in das Havelland und die Angeln nach SO-Schleswig gelangten. In das von den Sweben geräumte Gebiet an Elbe und Unstrut rückten die Vandalen nach, während sich die Burgunder ostwärts bis an die Weichsel ausdehnten. Um 71 überschritt Ariovist mit etwa 120000 Haruden, Tribokern, Nemetern und Vangionen den Rhein, wurde aber 58 in der Nähe von Mülhausen von Cäsar geschlagen; die G. Ariovists wurden über den Rhein zurückgedrängt, die vor ihnen nach N ausgewichenen Usipeter und Tenkterer 55 besiegt; eine allg. rückläufige Bewegung der G. (bes. Markomannen, Quaden, Burgunder und Vandalen) nach O setzte ein; 38 wurden die Ubier auf dem linken Rheinufer angesiedelt. Die Niederlage des Marcus Lollius gegen die Sugambrer (16) führte zu den röm. Offensivkriegen gegen die G. von 12 v. Chr. bis 16 n. Chr., in deren Verlauf der Sieg des Cheruskers Arminius über Varus im Teutoburger Wald (9 n. Chr.) eine Zäsur darstellt (Aufgabe des röm. Plans einer Grenzverlegung an die Elbe). Während dieser Zeit zogen die Goten aus Skandinavien an die Weichselmündung; um 6 v. Chr. kam es unter Marbod zur Gründung des Markomannenreiches in Böhmen, das um 25 mit dem Quadenreich des Vannius (19–50) verschmolz. Nach verschiedenen Auseinandersetzungen Roms mit german. Völkern ab 39 n. Chr., u. a. Niederwerfung des Bataveraufstandes (69/70), traten an der german. Front verhältnismäßig ruhige Zustände ein, die bis 166 anhielten und nur kurzfristig durch die G.feldzüge Domitians (83–89) unterbrochen wurden.

Die Romanisierung der besetzten german. Gebiete erfolgte seit 50 v. a. durch die Gründung der röm. Bürgerkolonie Colonia Claudia Ara Agrippinensium (= Köln), die Anlage der Kastelle Abusina (= Eining), Regina castra (= Regensburg-Kumpfmühl) und Sorviodurum (= Straubing), durch die Anlage des obergerman. und rät. Limes (etwa 83–145) und die Einrichtung der beiden Grenzprov. Obergermanien (Germania superior: linksrheinisch ein Streifen von etwa 40 km Breite entlang des Ober- und Mittelrheins und rechtsrheinisch das ↑Dekumatland) und Untergermanien (Germania inferior: Teile der heutigen Niederlande, Belgiens und das dt. linksrhein. Gebiet am Niederrhein). Im freien Germanien (Germania libera oder magna) wurde die 1. german. Völkerwanderung (um 150–295) durch die Abwanderung der Goten von der Weichselmündung zum Schwarzen

Germanen. Siedlungsräume germanischer Stämme

Germani

Meer (um 150 bis um 180) ausgelöst: Abdrängung der Burgunder nach W, der Vandalen nach S, der Chatten um 162 über den Limes und der Markomannen über die Donau (166/167). Folge waren die Markomannenkriege Mark Aurels (166–175 und 177–180). 212 und 233 erschienen Teile der Alemannen am Rhein, an der unteren Donau 236 die Goten, die 249 bis nach Makedonien vorstießen, Kaiser Decius 251 bei Abritus (= Rasgrad) schlugen, 267 bis nach Kappadokien vordrangen und 268 zur See zus. mit den Herulern und Bastarnern bis Sparta gelangten. 257 erreichten Franken über Gallien und Spanien Marokko, 258/259 fielen Alemannen in N-Italien ein, worauf von Rom der Limes aufgegeben werden mußte. 269 begannen die Goten (jetzt erstmals in Ost- und Westgoten geschieden) ihre Wanderung auf den Balkan.

Bereits im 3. Jh., bes. seit Konstantin d. Gr., verstärkte sich das german. Element im röm. Heer; G. stiegen zu den höchsten Befehlshaber- und Verwaltungsstellen des Röm. Reichs auf. Die Westgoten erschlossen sich seit 341 dem arian. Christentum. In den Donauländern siedelten sich Goten, Heruler, Rugier, Skiren und Vandalen an. Die Unruhen begannen erst wieder mit der Durchbrechung der Rheinbefestigungen durch die Alemannen und Franken (nach 350; Aufgabe der Rheingrenze durch Rom 401), den Donauüberschreitungen durch Quaden und Markomannen (seit 357) sowie dem Wiederausbruch der Kämpfe mit den Westgoten (367). Durch den Vorstoß der Hunnen (375) wurde die 2. german. Völkerwanderung ausgelöst, in deren Verlauf auf dem Boden des Imperium Romanum german. Reiche entstanden, die im europ. Raum den antiken Zustand der Mittelmeerwelt beendeten. 413–436: burgund. Föderatenreich um Worms; 419–507: Westgotenreich von Tolosa (= Toulouse); 429–534: Vandalenreich in Afrika; 433–534: Burgunderreich in der Sapaudia (= Savoyen); 476: Beseitigung des weström. Kaisertums durch den Skiren Odoaker; 486: Frankenreich Chlodwigs zw. Somme und Loire; 493–553: Ostgotenreich in Italien; 568–774: Langobardenreich in Italien.

Gesellschaft und Siedlung

Die Sippe erscheint als die wichtigste gesellschaftl. Einheit der G.; das Heer war nach Sippen geordnet; über ihnen stand der in Gaue unterteilte Stamm, der von den benachbarten Stämmen in der Regel durch Wald oder Ödlandstreifen getrennt war; darüber hinaus Differenzierung nach Freien, Halbfreien und Sklaven. Die Freien bildeten die Masse der wehrfähigen Bevölkerung, waren zum Kriegsdienst verpflichtet und besaßen polit. Rechte. Aus ihnen hob sich der politisch bedeutsame Adel heraus; aus der Führungsrolle hervorragender Mgl. führender Adelssippen entstand um Christi Geburt das mit sakralen, krieger. und richterl. Aufgaben betraute german. Königtum. Die Halbfreien waren Unterworfene oder Freigelassene, persönlich frei, jedoch an die Scholle gebunden. Sklaven waren Kriegsgefangene, unfrei Geborene oder durch persönl. Schuldhaftung unfrei Gewordene. – Die G. siedelten seit dem Ende der Bronzezeit sowohl in Einzelhöfen als auch in kleinen Dörfern aus dreischiffigen Häusern; in der Eisenzeit im massiven hölzernen Pfostenhaus.

Wirtschaft

Agrarisch strukturierte Wirtschaft, Anbau von Weizen und Gerste, später auch von Hafer, Roggen, Flachs, Hirse und Gemüse; von den Römern wurde der Weinbau übernommen; Haustierhaltung; ohne große Bed. waren Jagd und Fischfang. Erzgewinnung und Metallverarbeitung lagen frühzeitig in der Hand von berufsmäßigen Handwerkern. Der Fernhandel mit dem Mittelmeergebiet (bes. mit Bernstein, Fellen und Wolle) geht bis in die Bronzezeit zurück; Kupfer und Zinn als Rohmaterialien für die Bronzeherstellung und Metallgeräte wurden nach Germanien eingeführt. Die Schiffahrt, die mit verhältnismäßig großen und seetüchtigen Schiffen betrieben wurde, erreichte im 4. Jh. n. Chr. (Nydamboot) ihren ersten Höhepunkt und ging von hier bruchlos in die Hochseeschiffahrt der Wikinger über.

Germani, Fernando [italien. dʒer'ma:ni], * Rom 5. April 1906, italien. Organist. – 1948 zum 1. Organisten der Peterskirche in Rom ernannt; schrieb „Metodo per organo" (4 Bde., 1942–52).

Germanische Kunst. Stilisierte Götterfiguren aus dem Wittemoor, Holz, 3. Jh. v. Chr. (Oldenburg, Staatliches Museum für Naturkunde und Vorgeschichte)

Germania [lat.], Personifikation Germaniens bzw. Deutschlands; in der röm. Antike als trauernde Gefangene, im Hoch-MA als gekrönte Frau, im 19. Jh. als Walküre; nach 1850 volkstüml. Symbolfigur.

Germania [lat.], röm. Name für ↑ Germanien.

Germanicum [lat.] (Collegium Germanicum [et Hungaricum]), deutschsprachiges Priesterseminar in Rom, von Papst Julius III. auf Veranlassung von Ignatius von Loyola 1552 gegr., 1580 durch Gregor XIII. mit dem 1578 errichteten ungar. Kolleg vereinigt. Die Alumnen des G. werden *Germaniker* gen.

Germanicus, Gajus Julius Caesar, * Rom 24. Mai 15 v. Chr., † Daphne bei Antiochia (Syrien) 10. Okt. 19 n. Chr., röm. Feldherr. – Sohn von Drusus d. Ä.; 4 n. Chr. von Tiberius adoptiert, ⚭ mit Agrippina d. Ä., Vater u. a. Agrippinas d. J. und Caligulas; nahm seit 7 an Kämpfen in Pannonien und 11–14 in Germanien teil. Trotz erfolgreicher Vorstöße nach Germanien (14–16) Rückberufung durch Tiberius (Triumph 17).

Germanien, 1. im Altertum das von den ↑ Germanen besiedelte Gebiet (lat. Germania), das sich in die beiden röm. Provinzen **Germania inferior** und **Germania superior** und das von den Römern nicht beherrschte freie G. (**Germania magna** oder **libera**) gliederte. 2. im MA häufig Bez. für das Ostfränk. Reich (↑ deutsche Geschichte).

Germanin ⓦ [Kw.] (Suramin), chemotherapeut. Mittel gegen Trypanosomenerkrankungen (bes. afrikan. Schlafkrankheit).

germanische Altertumskunde, Wissenschaft von Geschichte und Kultur der Germanen vor der Christianisierung. Die g. A. entstand etwa um 1500.

germanische Dichtung, die wenigen späteren Aufzeichnungen der nur mündlich überlieferten vorchristl. Texte lassen oft Spuren christl. Bearbeitung erkennen. Für die Dichtung der bäuerl. Urgesellschaft sind Kulthymnen (Vegetationskult) und von diesen nur schwer trennbare Zaubersprüche (u. a. die althochdt. „Merseburger Zaubersprüche", altengl. Zaubersprüche und Segensformeln) bezeugt, weiter Hochzeits-, Toten-, Schlachtgesänge (↑ Barditus) und Arbeitslieder, ferner Spruchdichtung, Rätselpoesie, Merkdichtung aller Art. In der Dichtung der Völkerwanderungszeit kamen das ep. Heldenlied und das panegyr. Preislied hinzu. Gepflegt wurden die heroischen Gattungen an den Adelshöfen; ihre Träger (althochdt. „scoph", „scof", altengl. „scop" gegenüber altnord. „scáld") gehörten als Hofdichter zur Gefolgschaft der Fürsten. Die wenigen einigermaßen authent. Zeugnisse (u. a.

„Hildebrandslied", „Ludwigslied") zeigen rohe Ausprägungen des Stabreim- und Endreimverses. Im angelsächs. Bereich wurden in christl. Zeit noch Stoffe älterer Heldenlieder zu einem Buchepos („Beowulf") verarbeitet und auch altererbte Spruchdichtung und Rätselpoesie (allerdings mit christl. Tendenz) ausgefeilt. Am längsten lebte die alte Dichtung in Skandinavien fort: ↑ Edda, ↑ altnordische Literatur, ↑ Saga.

germanische Kunst, das kunsthandwerkl. Schaffen im germanisch besiedelten Europa von der späten röm. Kaiserzeit bis zum Ende der Wikingerzeit, soweit es sich nach Darstellungsweisen und -inhalten vom mediterranen Kunstkreis abhebt. Der Kontakt mit ihm spielt neben prähistor. und außereurop. Einflüssen eine bed. Rolle. Für die meisten Metallarbeiten sind Vorbilder aus Holz vorauszusetzen, nachweisbar bes. beim *Kerbschnittdekor* an Werken des 4.–6. Jh. An Schmucktechniken bei Metall waren üblich die Preßblechformung über Modeln, Tauschierung und Punzierung, dazu kamen im farbigen Stil (400–700) Niello und Zellverglasung (Cloisonné). Beim Bronzeguß war anschließende Feuervergoldung häufig.

Die g. K. wird zw. dem späten 5. Jh. und der Wikingerzeit in drei *Tierstile* gegliedert, der erste (mit Vorstufen) war nur in Skandinavien verbreitet, der zweite entstand vor 600 n. Chr. wohl in der germanisch-roman. Kontaktzone. Neben ihm gibt es die Vendelstile B und C (in Skandinavien). Der Tierstil III wird auch als Vendelstil E bezeichnet, neben dem noch ein Vendelstil D bestand. Beide gehen in die *Wikingerkunst* über (Mitte 9. Jh.–11. Jh.), bekannt durch das Schiffsgrab von Oseberg. Man unterscheidet den Borrestil, im 10. Jh. den Jellingstil und den Mammenstil sowie den Ringerikestil (spätes 10.–spätes 11. Jh.) und ab 1050 den Urnesstil. Die anscheinend von bloßem Dekor bestimmte g. K. stellt offenbar exemplarisch-sakrales Geschehen dar („Heilsbilder").

Germanische Kunst. Detail eines Zierblechs vom Thorsberg bei Süderbrarup, 3. Jh. n. Chr. (Schleswig, Schleswig-Holsteinisches Landesmuseum für Vor- und Frühgeschichte)

Germanische Kunst. Silberpokal von Himlingøie, Seeland, 3. Jh. n. Chr. (Kopenhagen, Nationalmuseum)

germanische Musik, die Musik der german. Stämme vor ihrer Beeinflussung durch die griech.-röm. Antike und das Christentum. Die Quellen für ihre Kenntnis sind Funde von Musikinstrumenten (u. a. Luren, metallene Hörner, Knochenflöten, Harfen und Zupfleiern), Felszeichnungen und Berichte antiker Autoren. Der g. M., die sich durch weitgehend syllab. Singen in relativ geringem Tonumfang auszeichnete, wurden mag. Wirkungen zugesprochen. Nach der Christianisierung lebte die g. M., vielfach von der Kirche bekämpft, in den unteren Volksschichten noch mehrere Jh. weiter.

germanische Philologie zusammenfassende Bez. für dt. Philologie (Germanistik), engl. Philologie (Anglistik) und nord. Philologie (Skandinavistik).

germanische Religion, zusammenfassende Bez. für die Glaubensformen der german. Stämme, die zwar keine völlige Einheitlichkeit aufweisen, aber in vielen wesentl. Anschauungen und mytholog. Vorstellungen übereinstimmen. Die g. R. erlosch mit der Christianisierung, beginnend bei den Westgoten (Ende 4. Jh.) und endend in Skandinavien (um 1000); nur einzelne Elemente hielten sich in Volks- und Aberglauben. Die Entstehung der Welt vollzog sich nach der g. R. aus den Körperteilen des riesenhaften Urwesens Ymir: Aus seinem Fleisch entstand die Erde, aus seinem Blut das Meer, aus seinen Knochen die Berge, sein Haar wurde zu Bäumen, sein Schädel bildete den Himmel. Im räuml. Weltbild nimmt die Weltesche Yggdrasil, die ihre Äste über das All breitet, die zentrale Stellung ein. An ihren Wurzeln sind die Quellen der Weisheit und des Schicksals, an der sich die drei Schicksalsgöttinnen (Nornen) Urd, Werdandi und Skuld aufhalten. Mittelpunkt der Welt ist der Lebensraum des Menschen, das Reich Midgard, das von der Midgardschlange umgeben ist; außerhalb (in Utgard) wohnen die Riesen, unterhalb liegt die Unterwelt Hel und über der Erde Asgard, das Land der Götter.

Die **Götter** gehören zwei verschiedenen Geschlechtern an, den (älteren) ↑ Wanen und den (jüngeren) ↑ Asen, die mit Odin (Wodan), Thor (Donar) und Tyr (Ziu) bes. Bed. haben. Odin ist ein Herr des Kampfes, der nachts die „wilde Jagd" anführt, Patron der Sänger, Meister der Runen und Herr der Wahrsagekunst. Als Herr des Kampfes gilt auch Thor („Donner"), der mit seinem Hammer Mjöllnir das Chaos besiegt. Tyr schützt Fürstentum und Herrscheramt. Gottheiten vegetativer Fruchtbarkeit sind die Wanen Njörd, sein Sohn Freyr und seine Tochter Freyja. Im Ggs. zu den Göttern haben die Göttinnen nur geringe Bed.; als vornehmste gilt Freyja; Odins Gattin ist Frigg, die des Thor Sif („Gemahlin"), wohl eine Erntegottheit.

Der **Kult** der g. R. war sowohl öff. Kult, in dem der König als oberster Priester die rituelle Tötung des Opfertieres (auch Menschenopfer) vollzog, als auch Familienkult. Pflicht und (held.) Ehre prägen die Moral der g. R. ebenso wie ihren **Jenseitsglauben:** Die in tapferem Kampf Gefallenen kommen, geführt von den Walküren, nach Walhall, der „Halle der Kampftoten", alle anderen Verstorbenen zur Unterweltsgöttin Hel. Die Universaleschatologie ist geprägt von der Vorstellung von einem alles vernichtenden Weltbrand und der mit der Rückkehr Baldrs neu werdenden Erde. – Übersicht S. 40.

Germanischer Lloyd [lɔyt], Abk. GL, 1867 gegr. Klassifikationsgesellschaft (seit 1889 AG), Sitz Hamburg. Der GL

Germanische Götter

Name und Geschlecht	myth. Bedeutung	Attribut
Götter		
Odin (Ase) (Wodan, Wotan)	Herr der Götter, Gott des Krieges und der Weisheit	Speer
Thor (Ase) (Donar)	Gott des Gewitters und der Fruchtbarkeit	Hammer
Tyr (Ase) (Ziu, Tiu)	Kriegsgott	
Freyr (Wane)	Gott des Lichts, des Friedens und des Reichtums	Eber
Loki	dämon., listiger Gott, Feind der Asen	
Baldr (Ase) (Balder)	Sohn Odins, Gott des Lichts und der Gerechtigkeit	
Heimdall (Ase)	Seher und Wächter der Götter	Gjallarhorn
Hödr (Ase)	blinder Gott, Mörder Baldrs	
Forseti (Ase)	Sohn Baldrs, Schlichter des Streits	
Ullr (Ase)	Wintergott	
Bragi (Ase)	Eroberer des Göttertranks, Gott der Dichtkunst	
Fjörgyn	Vater der Frigg, Erdgott	
Hönir	einer der Schöpfer der Menschen (zus. mit Odin)	
Njörd (Wane)	Gott des Meeres und der Fruchtbarkeit	
Mimir	Herr der Weisheitsquelle	
Wali (Ase)	Sohn Odins, Rächer von Baldrs Tod	
Widar (Ase)	Sohn Odins, Rächer des Vaters	
Göttinnen		
Frigg (Asin) (Frija)	Göttin der Liebe und Ehe, Gemahlin Odins, Mutter Baldrs	Falken- oder Federgewand
Freyja (Wanin)	Göttin der Liebe und der Geburt	Brisingamen-Halsband, Federgewand
Idun (Asin)	Göttin der Jugend, Gemahlin Bragis	Äpfel
Sif (Asin)	Gemahlin Thors	goldenes Haar
Jörd (Asin)	Erdgöttin	
Skadi (Riesin)	Winter- und Jagdgöttin, Gemahlin Njörds	
Hel (Riesin)	Herrin des Totenreichs	

erläßt behördlich anerkannte Vorschriften für den Bau und die Reparatur von Handelsschiffen und überwacht beides in Zusammenarbeit mit der Seeberufsgenossenschaft; veröffentlicht alljährlich ein Schiffsregister. Seit 1927 werden von ihm auch Luftfahrzeuge nach internat. Richtlinien klassifiziert und registriert; ist auch in weiteren Bereichen tätig (Wasser-, Brückenbau, Windenergie, Umweltschutz).

Germanisches Nationalmuseum ↑Museen (Übersicht).

germanische Sprachen, Zweig der indogerman. Sprachfamilie mit folgenden Gruppen (mitsamt den jeweiligen früheren Sprachstufen): *Nordgermanisch* oder *Nordisch* (Schwedisch, Dänisch, Norwegisch, Isländisch, Färöisch), *Westgermanisch* (Englisch, Friesisch, Niederdt., Niederländisch [mit Afrikaans], Hochdt. [mit Jiddisch]) und die oft als *Ostgermanisch* zusammengefaßten, untergegangenen Sprachen der Goten, Burgunder, Vandalen, Heruler und Gepiden. Charakteristisch für sämtl. g. S., d. h. also auch für das dieser Gruppe zugrunde liegende „Urgermanisch", dessen Struktur trotz fehlender direkter Bezeugung nur für Vergleich der Einzelsprachen und Rekonstruktion erfaßbar ist, sind v. a. die folgenden Veränderungen gegenüber der indogerman. Grundsprache und damit auch gegenüber allen anderen indogerman. Sprachen: 1. die Veränderungen durch die german. (erste) ↑Lautverschiebung (mitsamt ihren Ausnahmen wie dem ↑Vernerschen Gesetz); 2. die Festlegung des Intensitätsakzentes auf der (ersten) Stammsilbe, die zur Schwächung unbetonter Silben führte (sog. Auslautgesetze); 3. der systemat. Ausbau der Doppelflexion (starke und schwache) des Adjektivs (dt. ein *blinder* Mann – der *blinde* Mann); 4. die starke Vereinfachung des gesamten grammat. Systems. Die früheste german. Überlieferung ist sehr fragmentarisch; einzelne german. Wörter und Namen bei antiken (v. a. lat.) Autoren seit dem 1. Jh. v. Chr. sind bedeutsam für die rekonstruktive Erschließung des „Urgermanischen", z. B. alcē „Elch", ūrus „Ur, Auerochs". – Sprachhistorisch wird heute eine Gliederung in fünf Gruppen angenommen, die z. T. durch Gemeinsamkeiten wiederum miteinander zu verbinden sind: 1. Ostgermanisch (Gotisch usw.), 2. Nordgermanisch (erst in der Wikingerzeit erfolgte eine stärkere Differenzierung in eine O-Gruppe Schwedisch/Dänisch und eine W-Gruppe Norwegisch/Isländisch/Färöisch), 3. Nordseegermanisch oder Ingwäonisch (Angelsächsisch, Friesisch, Altsächsisch/Niederdt.), 4. Rhein-Weser-Germanisch oder Istwäonisch („Mitteldt.": Fränkisch, Thüringisch), 5. Elbgermanisch oder Herminonisch („Oberdt.": Alemannisch, Bairisch). Da die Verbindungen der g. S. untereinander in histor. Zeit ständig wechselten, ließ sich ein abschließendes Bild von der Ausgliederung der einzelnen german. Sprachen bis heute noch nicht gewinnen.

germanisches Recht, europ. Rechtsfamilie des MA; gliedert sich in das nordgerman. (Island, Skandinavien) und das südgerman. Recht (Kontinent, England), unterteilt in ost- und westgerman. Rechte. Das ↑angelsächsische Recht (ein westgerman. Recht) nimmt eine Sonderstellung im Vergleich zu den anderen german. Volksrechten ein.

germanische Volksrechte (lat. Leges Barbarorum), Rechtsaufzeichnungen v. a. über straf- und prozeßrechtl. Bestimmungen german. Stämme aus dem 5. bis 9. Jh. in überwiegend lat. Sprache. 475/476 entstand im tolosan. Westgotenreich der nur für dec got. Bevölkerung gültige (Personalitätsprinzip) *Codex Euricianus,* 506 ein Gesetz für die röm. Untertanen (*Lex Romana Visigothorum;* auch *Breviarium Alarici* gen.) und im 7. Jh. die germanisch geprägte *Lex Visigothorum* für alle Untertanen (Territorialprinzip). Eine ähnl. Konzeption der Ostgoten in Italien entstand vermutlich vor 507 mit dem fast gänzlich dem röm. Recht entlehnten *Edictum Theoderici.* Mit den westgot. sind die Gesetze der Burgunder verwandt: nach 480 *Lex Burgundionum (Lex Gundobada),* vor 506 *Lex Romana Burgundionum.* Das westgot. Recht wirkte auch auf die Gesetzgebung *westgerman. Stämme,* insbes. der späteren dt. Stämme ein: das fränk. Recht in der *Lex Salica* (Gesetz der sal. Franken, um 507) und *Lex Ribuaria* (Gesetz der ripuar. Franken, 7. Jh.), ferner *Pactus Alemannorum* (Gesetz der Alemannen, 7. Jh.), in der *Edictum Rothari* (Gesetz der Langobarden, 643), das als einziges german. Recht später wiss. bearbeitet wurde. Es folgten im 7./8. Jh. die beiden süddt. Leges, das alemann. und bayer. Volksrecht (*Lex Alemannorum, Lex Baiuvariorum*), der Sachsen (*Lex Saxonum*) und der Thüringer (*Lex Thuringorum*) sowie der Friesen (*Lex Frisionum*). – Soweit es sich um Gesetze späterer dt. Stämme handelt, galten sie bis ins Hoch-MA und wurden dann vergessen. Das Westgotenrecht blieb demgegenüber in Spanien bis in die Neuzeit in Geltung.

Germanisierung [lat.], friedl. oder gewaltsamer Prozeß einer Landnahme oder Assimilierung fremder Völker und ihrer Kultur durch Germanen oder Deutsche. Im 19. Jh. vielfach akzeptiertes polit. Programm im Zuge der nat. Einheitsbewegung; im Nationalsozialismus rassisch motivierte G.politik.

Germanismus [lat.], (oft fehlerhafte) Übertragung einer Eigentümlichkeit der dt. auf eine andere Sprache.

Germanisten und Romanisten, Erforscher des ma. dt. Rechts (Germanisten) und des röm. Rechts (Romanisten) in der von F. K. von Savigny zu Beginn des 19. Jh. begründeten histor. Schule der Rechtswissenschaft; diese Fächerteilung der Rechtsgeschichte wird noch heute beachtet, obgleich sie wiss. nicht haltbar ist.

Germanistik [lat.], Wiss. von der geschichtl. Entwicklung der dt. Literatur und Sprache; Bez. meist in gleichem Sinne wie dt. Philologie, gelegentlich wie german. Philologie gebraucht, bisweilen auch die german. Altertumskunde und selbst die Skandinavistik (nord. Philologie) umfassend. Seit dem Ende des 19. Jh. wird die *Alt-G.* (Sprache und Literatur der Frühzeit und des MA) von der *Neu-G.* (Literatur der Neuzeit) unterschieden. – Nach ersten Ansätzen im Humanismus waren es v. a. die dt. Sprachgesellschaften, die die Sprachkunde (J. G. Schottel) und Textforschung (althochdt. Textausgaben) förderten. Im letzten Drittel des 18. Jh. richtete sich das Augenmerk auf die Literatur des Hoch-MA (J. G. Herder). Um Grammatik und Wortschatz bemühten sich F. G. Fulda und J. C. Adelung. Die Romantik griff v. a. die Ansätze Herders auf, die literar. Zeugnisse des MA wurden als Zeugnisse des Wirkens eines Volksgeistes gesammelt (A. von Arnim, C. Brentano), übersetzt (L. Tieck), aufbereitet (A. W. und F. Schlegel, L. Uhland), ediert (P. H. von der Hagen). Bed. erlangte v. a. die „Dt. Grammatik" (1819) von J. Grimm, in der er durch die Entdeckung der Ablautgesetze die dt. Sprache in gesetzmäßige Verbindung mit der german. und indogerman. Sprachentwicklung brachte, ebenso die Konzeption des „Dt. Wörterbuches" (1854 ff.). Wegweisend waren J. und W. Grimm auch mit ihren weiteren philolog. Arbeiten und ihren Ausgaben zu mittellat., altengl., altnord. („Edda"), alt- und mittelhochdt. Literatur. K. ↑Lachmann begr. die germanist. Textkritik. W. Wackernagel edierte, wie später K. Bartsch, auch altfrz. Texte. W. H. Riehl begr. die germanist. Volkskunde. Bed. erhielt der literarhistor. Ansatz von G. G. ↑Gervinus. – Die sog. ↑Junggrammatiker konnten das Werk J. Grimms bis ins Neuhochdt. fortführen. Ihre Grammatiken sind heute noch grundlegend (vgl. auch O. Behaghel, F. Kluge, „Etymolog. Wörterbuch", 1881 ff.). Der Positivismus betrieb v. a. weitere Quellenerschließung. W. Scherers Anstoß zur Erforschung der neueren Literaturgeschichte führten Erich Schmidt, A. Sauer, F. Muncker u. a. fort; Literatur- und Sprachwissenschaft nahmen seit Ende des 19. Jh. eigenständige Entwicklungen. Die im 20. Jh. von dem Philosophen W. ↑Dilthey („Das Erlebnis und die Dichtung", 1905) begründeten Methode bestimmten v. a. R. Unger, H. Korff, F. Strich, F. Schultz, F. Gundolf, O. Walzel. Die „Alt-G." wurde durch A. Heusler, G. Ehrismann, C. von Kraus, H. Schneider, J. Schwietering, T. Frings getragen, Mundartforschung und Sprachgeographie vorangetrieben (G. Wenker, F. Wrede, „Dt. Sprachatlas", 1927 ff.; K. Bohnenberger, W. Mitzka). Nach 1945 begann als Reaktion auf völkisch-rassist. Irrwege der G. während des 3. Reiches ein Rückzug auf die textimmanente Methode, die v. a. von E. Staiger beeinflußt wurde. In der BR Deutschland ist heute Methodenpluralismus kennzeichnend, z. T. unter Orientierung an Soziologie oder Strukturalismus u. a. In der DDR war die G. vom Marxismus geprägt. Wesentl. Impulse empfing die dt. G. nach 1945 auch von der ausländ. G. (u. a. Großbritannien, Frankreich, USA, Japan).

Germanium [lat.], chem. Symbol Ge; halbmetall. Element aus der IV. Hauptgruppe des Periodensystems der chem. Elemente, Ordnungszahl 32; relative Atommasse 72,59. Das grauweiße, glänzende, spröde Element hat einen Schmelzpunkt von 937,4 °C, einen Siedepunkt von 2830 °C und eine Dichte von 5,326 g/cm³. G. findet sich in den Mineralen Germanit, $Cu_3(Fe,Ge)S_4$, und Argyrodit, Ag_8GeS_6. G. fällt als Nebenprodukt bei der Gewinnung anderer Metalle an oder wird aus Flugasche gewonnen. In seinen Verbindungen tritt G. vierwertig, seltener zweiwertig auf. G. ist amphoter. Als Halbleiter wurde G. weitgehend vom Silicium verdrängt; es wird aber noch für spezielle Bauelemente verwendet.

germanophil [lat./griech.], deutschfreundlich.

germanophob [lat./griech.], deutschfeindlich.

Germanos, eigtl. Lukas Strinopulos (Ostthrakien) 15. Sept. 1872, †London 23. Jan. 1951, griech.-orth. Metropolit von Thyatira. – Seit 1922 Metropolit von Thyatira und Exarch des Ökumen. Patriarchats von West- und Zentraleuropa. Bes. bekannt durch seine vielseitige und bed. ökumen. Mitarbeit an allen ökumen. Konferenzen und Begegnungen seit 1920.

germanotyp [lat./griech.], die Art der Gebirgsbildung bezeichnend, bei der Bruchfaltengebirge entstehen.

Germantown [engl. ˈdʒəːməntaʊn], Stadtteil von Philadelphia, USA; erste dt. Siedlung in Nordamerika, gegr. 1683 von Mennoniten aus Krefeld; 1854 in Philadelphia eingemeindet.

Germanus von Paris (frz. Germain), hl., *bei Autun um 496, †28. Mai 576, Mönch und Bischof von Paris (seit 555). – Gründete das Kloster Saint-Germain-des-Prés in Paris.

Germer, Lester Halbert [engl. ˈgəːmə], *Chicago 10. Okt. 1896, †Gardiner (N. Y.) 3. Okt. 1971, amerikan. Physiker. – Wies zus. mit C. J. Davisson 1927 die Wellennatur der Elektronen nach.

Germer (Veratrum), Gatt. der Liliengewächse mit etwa 45 in Europa, N-Asien und N-Amerika verbreiteten Arten; Blätter breit, längsfaltig genervt, mit breiter Blattscheide an der Basis; Blüten in Blütenständen. In Europa zwei Arten: **Schwarzer Germer** (Veratrum nigrum), bis 1 m hohes, mehrjähriges Kraut mit schwarzpurpurfarbenen Blüten, und **Weißer Germer** (Veratrum album), 0,5–1,5 m hoch, Blüten gelblichweiß, Wurzelstock sehr giftig durch hohen Alkaloidgehalt.

Germersheim, Krst. an der Mündung der Queich in den Oberrhein, Rhld.-Pf., 105 m ü. d. M., 13 500 E. Verwaltungssitz des Landkr. G.; Fachbereich für angewandte Sprachwiss. der Univ. Mainz; Werft; kunststoff-, metall- und holzverarbeitende Betriebe; Rheinhafen. – Erstmals 1055 erwähnt; 1276 zur Freien Reichsstadt erhoben; 1330 an Kurpfalz; 1674 von frz. Truppen zerstört, 1792–1814 frz., 1814–16 unter östr.-bayr. Verwaltung, 1816 an Bayern; erhielt 1834–61 Festungsanlagen, die 1920–28 geschleift wurden. – Spätgot. kath. Pfarrkirche (14. Jh.; 1674 Brand, wiederhergestellt).

G., Landkr. in Rheinland-Pfalz.

Germi, Pietro [italien. ˈdʒɛrmi], *Genua 14. Sept. 1914, †Rom 5. Dez. 1974, italien. Filmregisseur. – Nach neoverist. Filmen („Der Zeuge", 1946) erzielte er seinen größten Erfolg mit der kritisch-sarkast. Filmkomödie „Scheidung auf italienisch" (1961).

Germigny-de-Prés [frz. ʒɛrmiɲi de ˈpre], Gem. im Dép. Loiret, Frankreich, im Loire-Tal, 400 E. Die Kirche des Bischofs Theodulf von Orléans (806 geweiht, 1869 verändernd restauriert) ist ein Hauptwerk karoling. Baukunst in Frankreich.

germinal [lat.], den Keim betreffend.

Germinal [frz. ʒɛrmiˈnal, „Keimmonat"], 7. Monat des Kalenders der Frz. Revolution (21. bzw. 22. März bis 19. bzw. 20. April).

Germiston [engl. ˈdʒəːmɪstən], südafrikan. Ind.stadt im Transvaal osö. von Johannesburg, 220 000 E. Größte Goldraffinerie der Erde, Goldbergbau; Metall- Textilind.; größter südafrikan. Bahnknotenpunkt, ✈.

Gernhardt, Robert, *Reval 13. Dez. 1937, dt. Schriftsteller und Zeichner. – Bed. Satiriker v. a. in Text und Illustration eng verbindenden „Bildgedichten"; schrieb u. a. „Ich Ich Ich" (R., 1982), „Achterbahn" (1990, Ged.); auch Kinderbücher.

Robert Gernhardt

Gernrode. Ansicht der Stiftskirche Sankt Cyriakus von Nordwesten, begonnen 961

Gernrode

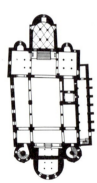

Gernrode. Grundriß der Stiftskirche Sankt Cyriakus

George Gershwin

Gerona Stadtwappen

Gernrode, Stadt in Sa.-Anh., am NO-Rand des Harzes, 200–300 m ü. d. M., 4800 E. Schmuck-, Holzverarbeitungsind. – Entstand als Weiler des Kanonissenstifts Sankt Cyriakus; Ende des 12. Jh. Markt; erhielt vermutlich 1539 Stadtrecht. – Die Stiftskirche wurde 961 begonnen; im Innern das roman. Hl. Grab (Ende 11. Jh./Anfang 12. Jh.) sowie das spätgot. Grabmal des Markgrafen Gero (1519). – Abb. S. 41.

Gernsbach, Stadt im unteren Murgtal, Bad.-Württ., 118–180 m ü. d. M., 14 100 E. Meisterschule für Papiermacher; Holzverarbeitung und Papierherstellung. – 1219 erstmals erwähnt; 1250 Stadt. – Spätgot. sind die Liebfrauenkirche (14. Jh.) und die Jakobskirche (15. Jh.); frühbarockes ehem. Rathaus (1617/18); Schloß Eberstein (13., 16. und 19. Jh.).

Gernsheim, hess. Stadt am rechten Ufer des Oberrheins, 90 m ü. d. M., 8200 E. Petrochem. Ind., Armaturen-, Papier- und Malzfabrik; Rheinhafen. – 1232 an Mainz, 1356 Stadtrecht; 1803 an Hessen-Darmstadt. – Die 1945 zerstörte barocke Pfarrkirche wurde unter Beibehaltung alter Teile 1946–51 neu erbaut; klassizist. Stadthaus (1839).

Gero, † 20. Mai 965, Markgraf der Elbmark (seit 937). – Erhielt von Otto I. den Oberbefehl in den Grenzgebieten beiderseits der Elbe, eroberte 939 Brandenburg, zerschlug 940 den Bund der Wenden und besiegte 955 mit Otto I. die Elbslawen; gründete 948 die Bistümer Havelberg und Brandenburg.

Gerő, Ernő [ungar. ˈgɛrø:], eigtl. E. Singer, * Terbegec 8. Juli 1898, † Budapest 12. März 1980, ungar. Politiker. – Seit 1918 Mgl. der ungar. KP, aktiv in der Räterepublik; 1919–22 und 1924–44 in der Emigration (zuletzt in der UdSSR); seit 1945 Mgl. des ZK und des Politbüros der ungar. KP, 1955/56 stellv. Min.präs., Juni–25. Okt. 1956 Erster Sekretär des ZK; nach Niederschlagung des ungar. Volksaufstandes (Nov. 1956) bis 1960 in der UdSSR; 1962 Parteiausschluß.

Geröll, in der Brandung oder durch Transport in fließendem Wasser durch gegenseitiges Abscheuern (**Abrieb**) gerundete Gesteinsbruchstücke, nach Ablagerung **Schotter** genannt.

Gerolstein, Stadt in der Eifel, Rhld.-Pf., 380 m ü. d. M., 6500 E. Museum; Kohlensäurequellen (Mineralwasserabfüllung), Fremdenverkehr. – Der Weiler der um 1115 gegr. Burg Gerhardstein (= Löwenburg) erhielt 1336 Stadtrechte; 1952 erneut Stadt.

Gerolzhofen, Stadt am Fuß des Steigerwaldes, Bay., 344 m ü. d. M., 6300 E. Mittelpunkt des landw. geprägten Gerolzhöfer Gäulands. – Um 750 erwähnt, erstmals 1327 als Stadt bezeichnet; 1803, endgültig 1814 an Bayern. – Spätgotische Stadtpfarrkirche (1436–79, 1899–1902 erweitert; barock ausgestattet); doppelter Stadtmauerring mit 13 Türmen; Rathaus (15./16. Jh.) mit Treppengiebeln; Wohnbauten des 16. und 17. Jh.

Gerona [span. xeˈrona], span. Stadt 85 km nö. von Barcelona, 98 m ü. d. M., 68 000 E. Verwaltungssitz der Prov. G.; Bischofssitz; Provinzmuseum, Diözesanmuseum; Textil- und Korkind., Markt- und Handelszentrum; Fremdenverkehr; ⚐. – G. geht auf die keltiber. Stadt **Gerunda** zurück. 1351 Sitz des Hzgt. G., das später in ein Ft. umgewandelt wurde. – Kathedrale in katalan. Gotik (14./15. Jh.) mit zahlr. Grabmälern (13.–16. Jh.) und roman. Kreuzgang (12. Jh.), Stiftskirche San Feliu (1215–1318), arab. Bäder (1295 im Mudejarstil verändert).

Geronten [griech.], Mgl. des Ältestenrates (↑Gerusia) griech. Stadtstaaten, nachweisbar u. a. in Sparta, wo die G. ein wichtiges Verfassungsorgan bildeten.

Gerontokratie [griech.], Bez. für eine Herrschaftsform eines sozialen Systems, bei der die Entscheidungsbefugnisse i. d. R. in den Händen seiner älteren Mgl. liegen („Rat der Alten"); findet sich v. a. bei Naturvölkern und am Anfang aller Hochkulturen. – ↑Gerusia.

Gerontologie [griech.], svw. ↑Alternsforschung.

Gerontoxon [griech.], svw. ↑Greisenbogen.

Gerresheim ↑Düsseldorf.

Gers [frz. ʒɛːr], Dep. in Frankreich.

G., linker Nebenfluß der Garonne, SW-Frankreich; entspringt im Pyrenäenvorland, mündet bei Agen; 178 km lang.

Gersau, Hauptort des Bez. G. im schweizer. Kt. Schwyz, am Vierwaldstätter See, 434 m ü. d. M., 1800 E. Klimat. Kurort; Seidenspinnerei, Sägewerke. – G. gehörte 1359–1798 als selbständige Republik zur Eidgenossenschaft; endgültig 1817 zu Schwyz. – Klassizist. Kirche (1807–12).

Gerschenson, Michail Ossipowitsch, *Kischinjow 13. Juli 1869, †Moskau 19. Febr. 1925, russ. Literatur- und Kunsthistoriker. – Schrieb zus. mit W. Iwanow (*1866, †1949) den kulturphilosoph. „Briefwechsel zw. zwei Zimmerwinkeln" (1921).

Gerschom (Gerson) **Ben Jehuda,** *um 960, †Mainz 1028, Talmudgelehrter und liturg. Dichter. – Als „Leuchte des Exils" verehrt, prägte G. durch seine Mainzer Talmudakademie das ma. Judentum in Deutschland, Frankreich und Italien.

Gersfeld (Rhön), Stadt in der Hohen Rhön, Hessen, in einem Talkessel am S-Fuß der Wasserkuppe, 500–950 m ü. d. M. (einschl. der zur Gemarkung gehörenden Wasserkuppe), 5300 E. Schloßmuseum; Kneipp- und Luftkurort, Wintersportplatz. – 944 erstmals erwähnt, 1359 Stadtrecht. 1816 an Bayern, 1866 an Preußen – Ev. spätbarocke Pfarrkirche (1780–88), Schloß (14.–18. Jh.).

Gershwin, George [engl. ˈgəːʃwɪn], eigtl. Jacob G., *New York-Brooklyn 26. Sept. 1898, †Beverly Hills (Calif.) 11. Juli 1937, amerikan. Komponist. – Hatte zunächst mit Unterhaltungsmusik Erfolg; berühmt machten ihn die von P. Whiteman angeregte „Rhapsody in blue" (Klavierkonzert mit Jazzorchester, 1924), das Klavierkonzert f-Moll (1925), das Orchesterwerk „Ein Amerikaner in Paris" (1928) und v. a. die Oper „Porgy and Bess" (1935).

Gerson, Jean de [frz. ʒɛrˈsõ], eigtl. Jean Charlier de Gerson, gen. Doctor Christianissimus, *Gerson bei Rethel (Ardennes) 14. Dez. 1363, †Lyon 12. Juli 1429, frz. Theologe. – Schüler von Peter von Ailly; 1395 Kanzler der Univ. Paris. Vertrat im Abendländ. Schisma konziliarist. Ideen; führender Theologe auf dem Konstanzer Konzil, Gegner der Ansicht, Tyrannenmord sei erlaubt. Bed. Prediger, myst. Theologe und wirkungsvoller Schriftsteller.

Gerstäcker, Friedrich, *Hamburg 10. Mai 1816, †Braunschweig 31. Mai 1872, dt. Schriftsteller. – Schrieb spannende Romane und Reiseberichte (1837–43 in den USA, 1849–52 in S-Amerika und Australien), u. a. „Die Flußpiraten des Mississippi" (R., 3 Bde., 1848), „Gold" (R., 3 Bde., 1858).

Gerste (Hordeum), Gatt. der Süßgräser mit etwa 25 Arten auf der Nordhalbkugel und in S-Amerika; Blütenstand eine Ähre mit zwei Gruppen von je drei einblütigen, meist

Gerona. Die im 14./15. Jh. errichtete Kathedrale, links im Bild der Glockenturm der 1215–1318 errichteten Stiftskirche San Feliu

lang begrannten Ährchen an jedem Knoten. Die bekannteste Art ist die in vielen Varietäten und Sorten angebaute **Saatgerste** (Hordeum vulgare); einjähriges *(Sommergerste)*

Gerste. Saatgerste

oder einjährig überwinterndes *(Wintergerste),* 0,5–1,3 m hohes Getreide. In klimatisch extremen Gebieten wird die Saat-G. als Brotgetreide verarbeitet, sonst zur Herstellung von Graupen, Grütze und Malzkaffee bzw. als Viehfutter. Die Hauptanbaugebiete liegen zw. dem 55. und 65. nördl. Breitengrad (Gerstengürtel). Die Weltproduktion betrug 1989 167 Mill. t. – Als Unkraut bekannt ist die an Weg- und Straßenrändern in M- und S-Europa, N-Afrika, Vorderasien und Amerika wachsende, bis 40 cm hohe **Mäusegerste** (Hordeum murinum); Ähren 4–9 cm lang. An den Küsten W-Europas, des Mittelmeers und Amerikas kommt die 10–40 cm hohe **Strandgerste** (Hordeum marinum) vor; mit bis zur Ähre beblätterten Halmen. – Schon um 4000 v. Chr. wurden in Ägypten und Mesopotamien viele wilde Formen angebaut. G. wurde zunächst geröstet und als Brei, bei den Pfahlbauern auch als fladenartiges Brot gegessen.

Gerstenberg, Heinrich Wilhelm von, *Tondern 3. Jan. 1737, †Altona (= Hamburg) 1. Nov. 1823, dt. Dichter und Kritiker. – Sohn eines dän. Offiziers. Mit seinem düsteren Trauerspiel „Ugolino" (1768) Vorläufer des Sturm und Drang; gilt außerdem als Begründer der ↑Bardendichtung.

Gerstenkorn (Hordeolum), akute, eitrige Talgdrüsenentzündung des oberen oder unteren Augenlids infolge Streptokokken- oder Staphylokokkeninfektion mit Schwellung, Rötung und Berührungsschmerz. Das **äußere Gerstenkorn** (eine Entzündung der Moll-Drüsen) bricht nach außen, das **innere Gerstenkorn** (eine Entzündung der Meibom-Drüsen) bricht nach innen zum Bindehautsack hin auf.

Gerstenmaier, Eugen, *Kirchheim unter Teck 25. Aug. 1906, †Remagen 13. März 1986, dt. Politiker (CDU) und Theologe. – Mgl. der Bekennenden Kirche und des Widerstandes gegen Hitler im ↑Kreisauer Kreis; nach dem 20. Juli 1944 zu 7 Jahren Zuchthaus verurteilt; 1945 Gründer des Ev. Hilfswerks, das er bis 1951 leitete. 1949–69 MdB, 1954–69 Präs. des Dt. Bundestages (Rücktritt infolge öff. Unwillens über seine Wiedergutmachungsansprüche); 1956–69 stellv. Vors. bzw. Mgl. des Präsidiums der CDU.

Gerster, Georg, *Winterthur 30. April 1928, schweizer. Photograph. – Verfasser wiss. Bildreportagen (u. a. 1968 über die Verlegung der Tempel von Abu Simbel). 1953 drehte er den Film „Die Wüste lebt". Bildbände: u. a. „Äthiopien. Das Dach Afrikas" (1974), „Brot und Salz" (1980), „Flugbilder" (1985).

G., Ottmar, *Braunfels 29. Juni 1897, †Borsdorf bei Leipzig 31. Aug. 1969, dt. Komponist. – V. a. erfolgreich mit realistisch-volkstüml. Opern, u. a. „Enoch Arden" (1936), „Die Hexe von Passau" (1941); daneben Instrumental- und Vokalwerke, u. a. „Das Lied vom Arbeitsmann" (1929).

Gersthofen, Stadt im nördl. Vorortbereich von Augsburg, Bay., 469 m ü.d.M., 17 100 E. Chem. Ind. – Seit 1969 Stadt.

Gerstl, Richard, *Wien 14. Sept. 1883, †ebd. 4. Nov. 1908 (Selbstmord), östr. Maler. – Expressionist. Landschaften und Porträts unter dem Einfluß Munchs und van Goghs.

Gerstner, Karl, *Basel 2. Juli 1930, schweizer. Graphiker und Maler. – Seine Bilder, Reliefs, Objekte und Plastiken befassen sich mit kinet. Strukturen unter Einbeziehung serieller Elemente; auch kunsttheoret. Untersuchungen, u. a. „Die Formen der Farben" (1986).

Gert, Valeska, *Berlin 11. Jan. 1900, †Kampen (Sylt) 15. März 1978, dt. Tänzerin, Kabarettistin, Filmschauspielerin. – Gab als Schöpferin der modernen Tanzpantomime seit 1918 Vorstellungen an allen bed. Bühnen Europas; spielte auch in Filmen wie „Die freudlose Gasse" (1925), „Die Dreigroschenoper" (1931). Emigrierte 1933 nach New York, wo sie ein eigenes Kabarett eröffnete; nach 1946 in der BR Deutschland tätig (Kabarett und Film, u. a. „Der Fangschuß", 1977).

Gerthener (Gertener, Gerthner), Madern, *Frankfurt am Main um 1360, †ebd. um 1430, dt. Baumeister und Bildhauer. – Neben burgundisch-westl. Einflüssen verarbeitete G. auch Parlersches Formengut. – *Werke:* Westchor der Katharinenkirche in Oppenheim (1415ff.), Turm des Doms (1415ff., nach 1869 nach seinem Entwurf vollendet) und „Dreikönigsportal" der Liebfrauenkirche (um 1420 bis 1425) in Frankfurt, „Memorienpforte" des Mainzer Domes (um 1425).

Gertler, André, *Budapest 26. Juli 1907, belg. Violinist ungar. Herkunft. – Schüler von J. Hubay und Z. Kodály; Freund B. Bártoks, mit dem er häufig konzertierte; bekannt durch seine Interpretation zeitgenöss. Violinwerke.

Gertrud, †1143, Tochter und Erbin Kaiser Lothars III. – ∞ 1127 mit Heinrich X., dem Stolzen, Hzg. von Bayern; beider Sohn war Heinrich der Löwe. 1142 schloß die 1139 verwitwete G. eine 2. Ehe mit Heinrich II. Jasomirgott, Markgraf von Österreich.

Gertrud von Helfta, hl., gen. die Große, *wahrscheinlich in Thüringen 1256, †Helfta (= Eisleben) 13. Nov. 1302, dt. Zisterzienserin. – Erlebte seit 1281 mehrmals Christusvisionen, die sie zu einer der größten dt. Mystikerinnen werden ließen. – Fest: 17. November.

Gertsch, Franz, *Mörigen (Kt. Bern) 8. März 1930, schweizer. Maler. – Malt in altmeisterl. Technik großformatige realist. Porträts nach photograph. Vorlagen.

Geruch, die charakterist. Art, in der ein Stoff durch den Geruchssinn wahrgenommen wird.
▷ svw. ↑Geruchssinn.

Geruchsorgane (Riechorgane, olfaktor. Organe), der Wahrnehmung von Geruchsstoffen dienende chem. Sinnesorgane (↑Geruchssinn) bei tier. Organismen und beim Menschen. Die Geruchssinneszellen (Osmorezeptoren) liegen bei Wirbellosen über den ganzen Körper verstreut oder treten gehäuft an bestimmten Stellen auf. Spinnen und Krebse tragen sie an den Extremitäten, Insekten vorwiegend an den Antennen. Bei den Wirbeltieren sind die Geruchssinneszellen stets in einem als ↑Nase bezeichneten Organ vorn am Kopf vereinigt. Kriechtiere besitzen als bes. G. das ↑Jacobson-Organ im Gaumendach. Bei den auf dem Land lebenden Wirbeltieren dient die durch die Nase aufgenommene Luft nicht nur der Atmung (Sauerstoffaufnahme), sondern zugleich zur Geruchswahrnehmung und -orientierung. Die Geruchssinneszellen sind im oberen Teil der Nasenhöhle konzentriert.

Beim Menschen erstreckt sich das Riechepithel *(Riechschleimhaut, Regio olfactoria)* insgesamt nur über einen kleinen Teil (etwa 2,5 cm^2) der Nasenschleimhaut, d. h. nur über die obere Nasenmuschel und den benachbarten Teil der angrenzenden Nasenscheidewand beider Nasenhöhlen. Zw. gelbl. pigmentierten Stützzellen stehen, diese etwas überragend, die schlanken, am freien Ende mit 6–8

Eugen Gerstenmaier

Valeska Gert

Madern Gerthener. Der heilige Martin, Höhe 81 cm, um 1425 (Mainz, Memorienpforte im Dom)

Geruchssinn

etwa 2 μm langen **Riechhärchen** besetzten Ausläufer (**Riechstäbchen**) der Geruchssinneszellen; Gesamtzahl ca. 10 bis 20 · 10⁶. Beim normalen Atmen gelangt nur ein sehr geringer Teil der Luft zum Riechepithel.

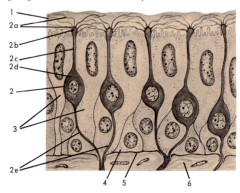

Geruchsorgane. Menschliches Riechepithel: 1 Schleimfilm; 2a Riechhärchen, 2b Riechkolben, 2c peripherer Zellfortsatz, 2d Zellkörper der Sinneszelle mit Zellkern, 2e Riechfädchen, die in die Riechnerven übergehen; 3 Stützzellen; 4 Basalzellen; 5 Basalmembran; 6 Bindegewebe

Georg Gottfried Gervinus

Geruchsverschluß

Geruchssinn (Geruch, Riechsinn), durch niedrig liegende Reizschwellen ausgezeichneter, bei höheren Tieren und beim Menschen in Nasenorganen lokalisierter Fernsinn (im Ggs. zum ↑Geschmackssinn), der mit Hilfe bes. Geruchsorgane als chem. Sinn die Wahrnehmung von Geruchsstoffen ermöglicht. Die Geruchsreize werden bei Wirbeltieren (einschl. Mensch) über paarige Geruchsnerven dem Gehirn zugeleitet. Mit Hilfe des G. erkennen tier. Lebewesen Nahrung, Artgenossen und Feinde. Auch zur Orientierung und (z. B. beim Sozialverhalten staatenbildender Insekten) zur gegenseitigen Verständigung (z. B. Duftmarken, Duftstraßen) kann der G. von Bed. sein. – Zur Unterscheidung verschiedener Düfte sind mehrere Typen von Rezeptoren notwendig. Der Mensch kann mehrere tausend Düfte unterscheiden. Viele Gerüche haben ausgesprochen angenehme, andere unangenehme Affektkomponenten, wodurch sie großen Einfluß auf das emotionale Verhalten ausüben können. Auch haben Düfte häufig einen hohen Gedächtniswert und können als Schlüsselreize wirken. Bei Dauerreizung durch einen bestimmten Geruchsstoff unterliegt der G. einer ausgeprägten Adaptation, d. h., die Geruchsempfindung erlischt (ohne jedoch die Empfindlichkeit für andere Stoffe zu beeinflussen). Bemerkenswert ist außerdem, daß derselbe Stoff je nach Konzentration ganz verschiedene Geruchsempfindungen hervorrufen kann. Am bekanntesten sind die sechs Kategorien: *würzig* (z. B. Ingwer, Pfeffer), *blumig* (Jasmin), *fruchtig* (Fruchtäther, z. B. des Apfels), *harzig* (Räucherharz), *faulig* (Schwefelwasserstoff) und *brenzlig* (Teer).

Geruchsstoffe (Riechstoffe), gas- oder dampfförmige bzw. gelöste chem. Stoffe, auf die die Geruchssinneszellen ansprechen; z. B. äther. Öle, Terpene und Ketone.

Geruchsverschluß (Siphon), U- oder S-förmig gebogenes Rohr oder becherförmiges Gefäß in Abwasserleitungen. Das in ihm zurückbleibende Wasser verhindert den Durchtritt schädl. oder übelriechender Gase in die Räume.

Gerücht, urspr. Ruf, Leumund; heute nur noch im Sinne von „umlaufendes unverbürgtes Gerede".

Gerundium [lat.], in der lat. Grammatik Bez. für das vom Präsensstamm gebildete Verbalsubstantiv; z. B. *ars scribendi* („die Kunst des Schreibens").

Gerundivum [lat.], in der lat. Grammatik Bez. für das passivische Verbaladjektiv, das die Notwendigkeit einer Handlung bezeichnet, z. B. *homo laudandus* („ein Mann, der gelobt werden muß; ein lobenswerter Mann").

Gerusia (Gerusie) [griech.], Ältestenrat griech. Staaten; am berühmtesten die G. in Sparta; sie bestand aus 28 über 60 Jahre alten, lebenslänglich gewählten Personen (↑Geronten) und den beiden Königen. Der G. oblagen die Vorbereitung der Volksversammlung und die Kontrolle der polit. Entscheidungen sowie Gerichtsbefugnisse.

Gerüst (Baugerüst), eine hölzerne oder stählerne Hilfskonstruktion (auch aus Leichtmetall) zur sicheren Durchführung von Bau- und Montagearbeiten. Richtlinien für G. sind durch Normen verbindlich.

Gerüsteiweiße, unlösl. Proteine, die Organismen als Stütz- und Gerüstsubstanzen dienen. Zu den G. gehören u. a. das Kollagen und Elastin des Bindegewebes, das schwefelreiche Keratin der Haare, Federn, Hufe und Hörner.

Gervasius von Tilbury (Gervase of Tilbury) [engl. 'tɪlbəɪɪ], *Tilbury (Essex) um 1152, †Arles (?) nach 1220, engl. Rechtsgelehrter und Geschichtsschreiber. – Wuchs am Hof König Heinrichs II. von England auf; durch Kaiser Otto IV. zum Marschall des Kgr. Arles ernannt; schrieb zur Unterhaltung des Kaisers die „Otia imperialia" („Kaiserl. Mußestunden"; um 1212), eine Sammlung von geograph. und histor. Nachrichten mit eingefügten Märchen, Sagen und Erzählungen.

Gervinus, Georg Gottfried, *Darmstadt 20. Mai 1805, †Heidelberg 18. März 1871, dt. Historiker, Politiker und Literarhistoriker. – 1835 Prof. in Heidelberg, seit 1836 in Göttingen, 1837 als einer der ↑Göttinger Sieben entlassen, seit 1844 Honorarprofessor in Heidelberg. 1848 vorübergehend Mgl. der Frankfurter Nationalversammlung. Nach dem erneuten Entzug der Lehrbefugnis 1853 verfolgte G. mit wachsender Verbitterung die weitere Entwicklung der Reichsgründung. Als erster stellte er die Wechselbeziehung zw. Literatur und geschichtl. Entwicklung dar („Geschichte der poet. Nationalliteratur der Deutschen", 5 Bde., 1835 bis 1840).

Geryoneus ↑Herakles.

Gerz, Jochen, *Berlin 4. April 1940, dt. Schriftsteller und Künstler. – Kam über die konkrete Poesie zur bildenden Kunst. Mit Environments, Videos, Photo- und Objektserien wichtiger Vertreter der Prozeßkunst. Mit seiner Frau, der Bildhauerin **Esther Shalev-Gerz** (*1948), entwarf er ein „Mahnmal gegen Faschismus, Krieg, Gewalt – für Frieden und Menschenrechte", das 1986 in Hamburg-Harburg errichtet wurde.

gesammelte Werke, Ausgabe, die nur die wichtigsten Werke eines Autors enthält.

Gesamtafrikanische Konferenz der Kirchen (All African Conference of Churches), 1963 in Kampala (Uganda) gegr. Vereinigung fast aller Kirchen Afrikas (Katholiken im Beobachterstatus); Sitz Nairobi.

Gesamtarbeitsvertrag, Abk. GAV, in der Schweiz das zentrale Institut des kollektiven Arbeitsvertragsrechts (↑Tarifvertrag).

Gesamtausgabe, ungekürzte Ausgabe sämtl. Werke, in der Literatur auch einer definierten Gruppe (alle Dramen, die Lyrik) oder eines vorher in Teilen erschienenen einzelnen Werkes eines Autors.

Gesamtbetriebsrat ↑Betriebsverfassung.

Gesamtdeutsche Partei, Abk. GDP, aus der Fusion von Gesamtdeutschem Block/ Block der Heimatvertriebenen und Entrechteten und Dt. Partei 1961 hervorgegangene Splitterpartei in der BR Deutschland.

Gesamtdeutscher Block/Block der Heimatvertriebenen und Entrechteten, Abk. GB/BHE, 1952–61 Bez. des ↑Blocks der Heimatvertriebenen und Entrechteten.

Gesamtdeutsche Volkspartei, Abk. GVP, neutralist. Splitterpartei in der BR Deutschland, Ende 1952 u. a. von G. W. Heinemann, Helene Wessel gegr.; erstrebte die Wiedervereinigung durch Neutralisierung, lehnte Wiederbewaffnung und Westintegration der BR Deutschland ab; nach Erfolglosigkeit bei den Bundestagswahlen 1953 Selbstauflösung im Mai 1957.

Gesamtgewicht, das sich aus Leermasse und Nutzlast zusammensetzende Gewicht eines betriebsfertigen Fahrzeugs.

Gesamtgläubigerschaft, die Gläubigermehrheit, bei der jeder Gläubiger die ganze Leistung fordern kann, der Schuldner aber nur einmal [an einen beliebigen Gläubiger] zu leisten braucht (§ 428 BGB; Ggs. ↑Gesamtschuld). Erfüllung, Erlaß und Verzug eines Gläubigers wirken allen Gläubigern gegenüber, andere Umstände nur für und gegen denjenigen Gläubiger, in dessen Person sie eintreten (§ 429 BGB). Der Gläubiger, der die Leistung empfangen hat, ist den anderen regelmäßig ausgleichungspflichtig (§ 430 BGB). Im *östr.* und im *schweizer. Recht* gilt eine im wesentlichen entsprechende Regelung. In der Schweiz heißt die G. **Gläubigersolidarität.**

Gesamtgut ↑Gütergemeinschaft.

Gesamthandsgemeinschaft (Gemeinschaft zur gesamten Hand), Form der gemeinschaftl. Berechtigung an einem Sondervermögen, über das die Gesellschafter nur zus. („mit gesamter Hand") verfügen können (Vertretung jedoch möglich, ebenso in bestimmten Fällen Klage des einzelnen auf Leistung an alle). Arten: Gesellschaften (Gesellschaft des bürgerl. Rechts, OHG, KG), nichtrechtsfähiger Verein, ehel. Gütergemeinschaft, Erbengemeinschaft. – Die G. hat keine eigene Rechtsfähigkeit. Dem Gesamthänder steht kein verfügbarer Anteil am einzelnen Vermögensgegenstand, sondern lediglich ein Anteil am gesamten gemeinschaftl. Vermögen zu. Dieser Anteil wiederum ist i. d. R. unübertragbar und meist untrennbar mit der Zugehörigkeit zu einem Personenverband (z. B. Gesellschaft, Ehe) verknüpft. Für die Verbindlichkeiten der G. haftet das gemeinschaftl. Vermögen, daneben oft jeder Gesamthänder als Gesamtschuldner.

Gesamtherrschaft, svw. ↑Kondominium.

Gesamthochschule, die inhaltl. und organisator. Verbindung herkömml. Hochschulen wie Univ., pädagog. Hochschule, Ingenieur- und/oder anderer Fachhochschulen. In einer G. werden jeweils innerhalb der gleichen Fachrichtung zur verschiedene Studienziele nach Schwerpunkten, Dauer und Abschluß unterschiedene Studiengänge angeboten. Eingerichtet wurden u. a. die hess. G. Kassel sowie in NRW die G. Essen, Siegen, Wuppertal, Paderborn und Duisburg sowie die sog. Fernuniv. Hagen.

Gesamthypothek ↑Hypothek.

Gesamtkatalog ↑Zentralkatalog.

Gesamtkirchengemeinde (Gemeindeverband), Vereinigung mehrerer benachbarter Kirchengemeinden zur Durchführung gemeinsamer Aufgaben.

Gesamtkunstwerk, Vereinigung mehrerer künstler. Disziplinen (z. B. Dichtung, Musik, Tanz) zu einem einheitl. Kunstwerk. Die Durchsetzung des Begriffs G. ist mit R. Wagners Poetik des Musikdramas verbunden, ihn verwendeten z. B. auch Y. Goll („Überdrama") und E. Piscator („Total-Theater"). Er wird daneben für die Bauvorhaben und Festspiele des Barock verwendet und für die Architekturauffassung des Jugendstils und des Bauhauses. Auch Multi-Media-Veranstaltungen liegen z. T. Gedanken des G. zugrunde.

Gesamtprokura ↑Prokura.

Gesamtrechtsnachfolge (Universalsukzession), die Rechtsnachfolge in ein ganzes Vermögen. Sie vollzieht sich durch einen Vorgang, ohne daß es einer Übertragung der einzelnen zu dem Vermögen gehörenden Rechte und Pflichten bedarf. Die G. ist in gesetzlich bestimmten Fällen möglich (z. B. Erbfolge, Fusion).

Gesamtschuld, das zw. einem Gläubiger und mehreren Schuldnern bestehende Schuldverhältnis, auf Grund dessen jeder Schuldner zur ganzen Leistung verpflichtet ist, der Gläubiger aber die Leistung nur einmal fordern kann. Erfüllung durch einen Gesamtschuldner befreit auch die übrigen; ebenso hat Gesamtwirkung i. d. R. der zw. Gläubiger und Gesamtschuldner vereinbarte Erlaß (§ 421 ff. BGB). Die G. kann durch Vertrag oder Gesetz entstehen (z. B. Haftung der Miterben für Nachlaßverbindlichkeiten). Untereinander sind die Gesamtschuldner kraft Gesetzes verpflichtet, zur Befriedigung des Gläubigers mitzuwirken und, wenn einer den Gläubiger befriedigt hat, ihm Ausgleich zu leisten.

Das *östr. Recht* kennt ähnl. Bestimmungen (§§ 891–896 ABGB). Im *schweizer. Recht* wird die G. als **Schuldnersolidarität** bezeichnet (Art. 143 ff. Obligationenrecht).

Gesamtschule, eine Schule, in der entweder die verschiedenen herkömml. Schularten (Hauptschule, Realschule, Gymnasium) aufgehen und eine neue organisator. Einheit bilden **(integrierte Gesamtschule)** oder die Schultypen lediglich räumlich (in Schulzentren) vereinigt werden, meistens unter Einführung einer gemeinsamen Orientierungsstufe im 5. und 6. Schuljahr **(kooperative Gesamtschule, Ko-op-Schule).** In der integrierten G. gibt es nur anfänglich feste Klassenverbände, später hat jeder Schüler seinen eigenen Lehrplan, zusammengesetzt aus Grund- und Leistungskursen, je nach seiner individuellen Begabung bzw. nach seiner eigenen Wahl. In den Grundkursen werden Schüler des gleichen Jahrgangs ohne Berücksichtigung des Leistungsgrads gemeinsam unterrichtet, in den Leistungskursen werden die Schüler je nach dem Stand ihres Wissens in Gruppen mit verschieden hohen Anforderungen zusammengefaßt. G. wurden seit den 1970er Jahren als Schulversuch eingerichtet; seit 1988 ist die G. in Berlin, Bremen, Hamburg, Hessen, NRW und Rhld.-Pf. neben den traditionellen Schularten Regelschule. – Der Unterricht in G. soll das Prinzip der Chancengleichheit der Schüler verwirklichen, da 1. auf die individuellen Fähigkeiten, aber auch Lernschwierigkeiten des einzelnen eingegangen werden kann und 2. die Wahl des angestrebten Schulabschlusses hinausgeschoben und individuell korrigiert werden kann. Kritiker der G. sehen hierin eine Tendenz zu „Gleichmacherei" und Niveauverlust, die bes. Begabungen nicht mehr fördert und außergewöhnl. Leistungen nicht mehr zuläßt.

Gesamtstrafe, diejenige Strafe, die bei gleichzeitiger Verurteilung wegen mehrerer selbständiger Straftaten aus den für diese Straftaten verhängten Einzelstrafen durch Erhöhung der höchsten Einzelstrafe (sog. Einsatzstrafe) gebildet wird. Bei Strafen verschiedener Art (z. B. Geld- neben Freiheitsstrafen) wird die nach ihrer Art schwerste Strafe erhöht. Die G. darf die Summe der Einzelstrafen nicht erreichen und 15 Jahre Freiheitsstrafe, bei Geldstrafen 720 Tagessätze nicht überschreiten.

Gesamtstrahlung, die von der Flächeneinheit eines strahlenden Körpers (Temperaturstrahler) im gesamten Wellenlängenbereich des Spektrums elektromagnet. Wellen ausgesandte Strahlungsenergie. Für die G. eines schwarzen Körpers gilt das ↑Stefan-Boltzmannsche Gesetz.

Gesamtvereinbarung (Kollektivvereinbarung) ↑Tarifvertrag.

Gesandter, nach Art. 14 der Wiener Konvention über diplomat. Beziehungen vom 18. 4. 1961 ein Missionschef der zweiten Rangklasse, der beim Staatsoberhaupt akkreditiert ist. Ihm geht im Range der Botschafter vor. Der G. leitet die einer Botschaft entsprechende **Gesandtschaft.**

Gesandtschaftsrecht, 1. im *subjektiven Sinne* die durch das Völkerrecht gewährte Befugnis, Gesandte zu entsenden und zu empfangen; es steht allen Völkerrechtssubjekten zu; 2. im *objektiven Sinne* die Summe des völkerrechtl. Regeln, die den diplomat. Verkehr und die Rechte und Pflichten der Diplomaten zum Gegenstand haben. Das G. zählt zu den ältesten völkerrechtl. Normen, dessen erste umfassende Kodifizierung durch das Wiener Reglement (1815) bzw. das Aachener Protokoll (1818) erfolgte. Eine umfassende Neukodifikation enthält die **Wiener Konvention über diplomatische Beziehungen** vom 18. 4. 1961, der zahlr. Staaten (auch die BR Deutschland) beigetreten sind. Die Wahrnehmung der diplomat. Beziehungen obliegt bes. ausgebildeten Personen (Diplomaten), wobei die *Missionschefs* in drei Klassen eingeteilt werden: Botschafter und Nuntien, Gesandte, Min. und Internuntien und Geschäftsträger. Die Aufnahme der diplomat. Beziehungen setzt das gegenseitige Einvernehmen der beiden Staaten voraus. Der Sendestaat hat vor der Entsendung eines Missionschefs das ↑Agrément des Empfangsstaates einzuholen. Der Empfangsstaat erteilt dem entsandten Missionschef daraufhin das Akkreditiv. Im Empfangsstaat stehen den Diplomaten

Gesang

gewisse Vorrechte und Privilegien zu: Die Mission ist berechtigt, Flagge und Hoheitszeichen des Sendestaates am Gebäude der Mission, der Residenz des Missionschefs und an ihren Fahrzeugen zu führen; die Räumlichkeiten der Mission sind unverletzlich und jeder Durchsuchung oder Exekution entzogen; den Diplomaten steht Exterritorialität zu, sie dürfen im Empfangsstaat (vorbehaltlich des Verbotes, bestimmte Zonen aus Gründen der nat. Sicherheit zu betreten) in der vollen Bewegungs- und Reisefreiheit nicht beschränkt werden; die Mission hat das Recht auf chiffrierten Nachrichtenverkehr. Bei Beendigung der diplomat. Beziehungen hat der Empfangsstaat den Diplomaten des Sendestaates das Verlassen seines Hoheitsgebietes zu ermöglichen. Mit Zustimmung des Empfangsstaates kann der Sendestaat dann die Wahrnehmung seiner Interessen im Empfangsstaat auch einem dritten Staat übertragen.

Gesang, (engl. song; frz. chant; italien. canto; lat. cantus, canticum) Bez. sowohl für die von einem einzelnen (Solo-G.) oder von mehreren Sängern zugleich (Chor-G.) ausgeübte Tätigkeit des Singens wie auch für eine abgeschlossene musikal. Einheit (das G.stück, Lied). I. d. R. ist G. an Sprache gebunden. – G. ist eine der ältesten kulturellen Leistungen des Menschen und findet sich als Arbeits-, Tanz- oder Kult-G. auch bei Naturvölkern. Hauptformen des mündlich überlieferten höf. G. im MA waren Ballade und Epos. Der Kunst-G. der abendländ. Musiktradition geht auf den christl. Kult-G. (Gregorian. Choral) und auf das italien. Madrigal des 14. Jh. (Trecento-Madrigal) zurück. In dieser Zeit wurde ein wesentl. Moment des G.vortrags die freie Hinzufügung von Ausschmückungen zum Notentext. Seit Anfang des 17. Jh. (G. Caccini) wird im Kunst-G. (Belcanto) der in der Dichtung vorgegebene und musikalisch gestaltete dramat. Affekt ausgedrückt. Im Lied dient seit Ende des 18. Jh. die gesangl. Gestaltung überwiegend lyr. Ausdruck. In der Neuen Musik des 20. Jh. wird G. gelegentlich (ohne Wiedergabe sprachl. Texte) als eine Variante des Instrumentalen eingesetzt.

▷ längerer Abschnitt in Versdichtungen, z. B. in Klopstocks Epos „Der Messias" (20 Gesänge).

▷ in der *Biologie* Bez. für mehr oder weniger wohlklingende oder rhythm. Lautäußerungen von Tieren, wie sie z. B. bei Grillen, Heuschrecken, Zikaden und v. a. bei Vögeln vorkommen; steht meist in enger Beziehung zum Fortpflanzungsverhalten.

Gesangbuch, die für eine Glaubensgemeinschaft bestimmte Sammlung kirchl. oder geistl. Lieder. Seine an die Entwicklung des Buchdrucks gebundene Geschichte beginnt mit einem tschech. G. der Böhm. Brüder von 1501. Auf Luther gehen das Erfurter „Enchiridion" und „Geystl. gesank Buchleyn" (beide 1524) sowie das Klugsche (1529 ff.) und das Babstsche G. (1545 ff.) zurück. Ältestes kath. G. ist das „New Gesangbuchlin" von M. Vehe (1537). Gesangbücher neuerer Zeit sind das „Ev. Kirchengesangbuch" (1950) sowie das „Einheitsgesangbuch" (1973) der kath. Kirche, 1975 für das gesamte dt. Sprachgebiet ersetzt durch „Gotteslob – Kath. Gebet- und Gesangbuch".

Gesangverein, Vereinigung von Laiensängern und -sängerinnen zur Pflege überwiegend volkstüml. A-cappella-Chorliteratur.

Gesäß (Gesäßbacken, Sitzbacken, Nates, Clunes), auf Grund seines aufrechten Ganges beim Menschen bes. ausgebildetes, das Sitzen erleichterndes unteres Rumpfende, das sich durch die kräftigen Gesäßmuskeln und die dort (unterschiedlich stark) entwickelten Fettpolster vom Rücken absetzt und vorwölbt (**Gesäßrundung**). In der tiefen, senkrechten **Gesäßspalte** liegt der After. Eine quer verlaufende **Gesäßfurche (Gesäßfalte)** grenzt (v. a. beim stehenden Menschen) das G. von den Oberschenkeln ab.

Gesäßmuskeln, von der Außenfläche der Darmbeinschaufel zum äußeren, oberen Ende des Oberschenkelknochens ziehende Muskeln, die den Körper beim Stehen und Gehen sichern.

Gesäßschwielen, unbehaarte, oft lebhaft gefärbte Hornhautstellen am Gesäß vieler Affenarten.

gesättigte Kohlenwasserstoffe, Kohlenwasserstoffe, in denen keine Doppel- oder Dreifachbindungen vorhanden sind, weil alle freien Valenzen der Kohlenstoffkette [meist mit Wasserstoffatomen] abgesättigt sind.

Gesäuge, Milchdrüsen der Säugetiere, bes. bei Hündinnen und Säuen.

Gesäuse, Engtalstrecke der ↑ Enns.

Geschabtes, svw. ↑ Hackfleisch.

Geschäftsanteil, 1. bei der Genossenschaft: der Betrag, bis zu dem sich der einzelne Genosse mit Einlagen an der Genossenschaft beteiligen kann; 2. bei der GmbH: die Mitgliedschaft eines Gesellschafters. Sie bestimmt sich nach dem Betrag der übernommenen Stammeinlage. Ihre Verbriefung in einem Wertpapier ist ausgeschlossen; wie die Aktie ist der G. veräußerlich und vererblich.

Geschäftsbericht ↑ Lagebericht.

Geschäftsbesorgung, 1. i. w. S. jede Tätigkeit (außer bloßen Handreichungen) im Interesse eines anderen. Bei Unentgeltlichkeit liegt Auftrag oder Geschäftsführung ohne Auftrag vor, bei Entgeltlichkeit vielfach Dienst-, Werk- oder Maklervertrag; 2. i. e. S. die selbständige Wahrnehmung fremder Vermögensinteressen, z. B. als Rechtsberater, Treuhänder, Vermögensverwalter auf der Grundlage eines **Geschäftsbesorgungsvertrags** (Dienst- oder Werkvertrag).

Geschäftsbriefe, in Briefform abgefaßte schriftl. Mitteilungen von Unternehmen an einen bestimmten Empfänger. Für G. gelten bes. Vorschriften für die AG, die KG auf Aktien und die GmbH. Die G. solcher Unternehmen müssen Angaben über die Rechtsform und den Sitz der Gesellschaft, die Nummer der Eintragung im Handelsregister sowie das Registergericht, sämtl. Vorstandsmgl. (bzw. Geschäftsführer und Komplementäre) sowie den Vorstandsvors. und den Vors. des Aufsichtsrates enthalten.

Geschäftsfähigkeit, die Fähigkeit zur wirksamen Vornahme von Rechtsgeschäften, ein Unterfall der Handlungsfähigkeit. Um wirksam verfügen zu können, bedarf es daneben noch der ↑ Verfügungsbefugnis.

Unbeschränkt geschäftsfähig ist der volljährige Mensch, der weder geistesgestört noch entmündigt ist. Da die Rechtsordnung die unbeschränkte G. als Regelfall ansieht, muß der Mangel der G. (falls bestritten) bewiesen werden.

Geschäftsunfähig ist (§ 104 BGB): der Minderjährige, der das 7. Lebensjahr noch nicht vollendet hat; wer sich infolge krankhafter Geistesstörung in einem Zustand befindet, in dem seine freie Willensbestimmung nicht nur vorübergehend ausgeschlossen ist; wer wegen Geisteskrankheit entmündigt ist. Die Willenserklärung eines Geschäftsunfähigen ist nichtig; er kann nur durch seinen gesetzl. Vertreter rechtswirksam handeln. **Beschränkt geschäftsfähig** ist (§§ 106 ff., 114 BGB): der Minderjährige ab vollendetem 7. Lebensjahr; wer wegen Geistesschwäche, Trunksucht, Rauschgiftsucht oder Verschwendung entmündigt ist; wer unter vorläufiger Vormundschaft gestellt ist. Beschränkt Geschäftsfähige können u. a. wirksam vornehmen: Rechtsgeschäfte, die ihnen ausschließlich rechtl. Vorteile bringen (z. B. Annahme einer Schenkung); sog. neutrale Geschäfte, die das Vermögen des beschränkt Geschäftsfähigen nicht berühren; Geschäfte im Rahmen der sog. erweiterten G., nämlich diejenigen Geschäfte, die der Betrieb eines Erwerbsgeschäfts mit sich bringt (sog. **Handelsmündigkeit,** § 112 BGB), Geschäfte zur Eingehung, Aufhebung und Erfüllung von Dienst- oder Arbeitsverhältnissen der vom gesetzl. Vertreter gestatteten Art (§ 113 BGB). Alle übrigen Rechtsgeschäfte bedürfen grundsätzlich der Einwilligung des gesetzl. Vertreters. Sonst sind einseitige Rechtsgeschäfte nichtig. Von Anfang an wirksam ist ein von einem beschränkt Geschäftsfähigen mit Mitteln erfüllter Vertrag, die ihm zu freier Verfügung vom gesetzl. Vertreter oder mit dessen Zustimmung von einem Dritten überlassen worden sind (§ 110 BGB **[Taschengeldparagraph]**).

Für das *östr.* Recht gilt im wesentl. Entsprechendes. Im *schweizer.* Recht entspricht der G. die **Handlungsfähigkeit** für die Vornahme von Rechtsgeschäften.

Geschäftsführer, der gesetzl. Vertreter einer GmbH.

Geschäftsführung, im Gesellschaftsrecht die Tätigkeit für die Gesellschaft. Sie umfaßt alle tatsächl. und rechtl. Maßnahmen, die den Gesellschaftszweck unmittelbar oder mittelbar fördern sollen, ausgenommen Beschlüsse über Grundsatz- und Organisationsfragen. Der G. als Tätigkeit entspricht die **Geschäftsführungsbefugnis,** das im Innenverhältnis [zw. Gesellschaft und dem zur G. berufenen Gesellschafter oder Organ] bestehende Recht zur Geschäftsführung.

Geschäftsführung ohne Auftrag, die Geschäftsbesorgung (im weiteren Sinn), die dem Geschäftsherrn gegenüber weder aus Auftrag noch aus einem anderen rechtsgeschäftl. oder gesetzl. Grund (etwa kraft elterl. Gewalt) gerechtfertigt ist (§§ 677–686 BGB). Sie ist eine Geschäftsfähigkeit voraussetzende geschäftsähnl. Rechtshandlung, zu der das Bewußtsein und der Wille gehören, ein *fremdes Geschäft* [im Interesse eines anderen] zu besorgen. Zu unterscheiden sind: Die *berechtigte* G. o. A.: sie liegt vor, wenn die Übernahme der Geschäftsführung dem Interesse und dem wirkl. oder mutmaßl. Willen des Geschäftsherrn entspricht, ferner wenn der Geschäftsherr die Geschäftsbesorgung genehmigt. Der Geschäftsführer hat grundsätzlich für jedes Verschulden einzustehen; er kann Aufwendungsersatz verlangen. Die *unberechtigte* G. o. A., die entweder dem Interesse oder dem Willen des Geschäftsherrn widerspricht, ist rechtswidrig und geeignet, Schadenersatzansprüche des Geschäftsherrn aus unerlaubter Handlung zu begründen.

Geschäftsgeheimnis (Betriebsgeheimnis), eine auf ein Geschäft oder einen Betrieb bezogene Tatsache, die nur einem eng begrenzten Personenkreis bekannt ist und nach dem Willen des Geschäftsinhabers geheimgehalten werden soll, z. B. Herstellungsverfahren, Bezugs- und Absatzquellen. Verrat und unbefugte Verwertung eines G. sind nach verschiedenen Rechtsvorschriften strafbar (Geheimnisverrat); sie begründen auch Schadenersatzansprüche.
Für das *östr.* und das *schweizer. Recht* gilt Entsprechendes.

Geschäftsgrundlage, die einem Rechtsgeschäft zugrunde liegenden Vorstellungen der Beteiligten, ohne die das Geschäft nicht oder nicht mit einem solchen Inhalt zustande gekommen wäre. Die G. ist rechtserhebl. Motiv oder Geschäftsvoraussetzung, deren Störung zur Änderung oder Aufhebung des Geschäfts führen kann. *Fehlen* der G. ist gegeben bei beiderseitigem Irrtum über wesentl. Umstände. In diesem Fall wird das Rechtsverhältnis grundsätzlich so abgeändert, wie Treu und Glauben es erfordern (z. B. eine Schuld angemessen erhöht).

Geschäftsjahr, Zeitraum, zu dessen Ende jeder Kaufmann Inventar, Bilanz und Gewinn-und-Verlust-Rechnung aufzustellen hat. Die Dauer des G. darf 12 Monate nicht überschreiten. Bei Geschäftsgründung ergeben sich mitunter kürzere Zeiträume (**Rumpfgeschäftsjahr**). Das G. kann vom Kalenderjahr abweichen.

Geschäftsordnung, Gesamtheit der rechtl. (gesetzl., satzungsmäßigen, vertragl.) Regeln über den Willensbildungsprozeß und die innere Ordnung einer Organisation des Privatrechts (Verein), des Verwaltungsrechts (Behörde), des Verfassungsrechts (Parlament) oder des Gerichtswesens. Die G. der kollegialen Verfassungsorgane (Bundestag, Bundesrat, Bundesreg.) sind autonome, auf ausdrückl. Verfassungsermächtigung beruhende Satzungen, die lediglich organinterne Bindungen erzeugen und durch gesetzl. und z. T. auch ungeschriebene Regeln (Verfassungsbrauch) ergänzt werden. Die G. des Bundestages regelt die Details der vom Bundestag durchzuführenden Wahlen, die Bildung der Fraktionen und Ausschüsse, die Rechte und Pflichten der Abgeordneten, das Abstimmungsverfahren.
In *Österreich* werden Nationalrat, Bundesrat, Landtage, Landesreg., Gemeinderäte und andere Kollegialorgane auf Grund von G. tätig, nicht jedoch die Bundesregierung.
Im *schweizer. Recht* gilt eine dem dt. Recht im wesentlichen entsprechende Regelung. Die G. der kollegialen Verfassungsorgane werden jedoch nur z. T. als autonome Satzungen erlassen. Häufig wird die G. in eine verbindlichere Rechtsform (Gesetz, VO) gekleidet.

Geschäftsordnungsantrag ↑ Antrag.

Geschäftsstelle, bei jedem Gericht eingerichtete, mit Urkundsbeamten besetzte Stelle, durch die u. a. Beurkundungen, Ausfertigungen von Urteilen, Zustellungen sowie sämtl. nichtrichterl. Handlungen vorgenommen werden, soweit diese nicht dem Rechtspfleger übertragen sind.

Geschäftsträger, nach Art. 14 der Wiener Konvention über diplomat. Beziehungen (1961) in der dritten Klasse eingereihter Missionschef, der nur beim Außenmin. des Empfangsstaates akkreditiert ist. Zu unterscheiden sind der **ständige Geschäftsträger** (Chargé d'affaires en pied oder Chargé d'affaires en titre) und der **Geschäftsträger ad interim,** der den Missionschef vertritt.

Geschäftsübernahme (Geschäftsübergang), Fortführung eines bestehenden Handelsgeschäftes durch den Erwerber (auch Erben). Bei Einwilligung des bisherigen Geschäftsherrn oder dessen Erben darf die Firma weitergeführt werden. Bei Erwerb unter Lebenden haftet der Erwerber auch für alle im Betrieb des Geschäftes begründeten Verbindlichkeiten des früheren Inhabers.

Geschäftsunfähigkeit ↑ Geschäftsfähigkeit.

Geschäftsverteilung, im *Gerichtswesen* die Verteilung der richterl. Geschäfte an die einzelnen Richter und Spruchkörper durch das Präsidium des Gerichts für ein Jahr im voraus. Die G. darf im Geschäftsjahr nur aus zwingenden Gründen geändert werden (Gebot des ↑ gesetzlichen Richters).

Geschäftswert, svw. ↑ Goodwill.

Gescheide, wm. Bez. für Magen und Gedärm beim Wild.

Geschein, rispenförmiger Blütenstand der Weinrebe.

Gescher, Stadt im westl. Münsterland, NRW, 60 m ü. d. M., 14 600 E. Glocken- und Heimatmuseum; Glockengießerei; Textilind. – Seit 1969 Stadt. – Spätgot. Pfarrkirche (um 1490–1510 und 1889–91).

Geschichte [zu althochdt. giscint „Geschehnis, Ereignis"] (lat. historia), urspr. das augenblickl., zufällige Ereignis; heute i. w. S. der Ablauf allen Geschehens in Raum und Zeit (Erd-, Natur-G.), i. e. S. der Entwicklungsprozeß der menschl. Gesellschaft als Ganzes oder ihrer Individuen (Menschheits-G.), ihrer ökonom., polit., ideolog., sozialen und kulturellen Ausformung (u. a. Wirtschafts-, Sozial-, Geistes-, Kultur-G.).

geschichtliche Landeskunde ↑ Landeskunde.

Geschichtsatlas, Sammlung von wiss. erarbeiteten Karten, die histor. Zustände oder Abläufe rekonstruieren sowie räumlich und zeitlich einordnen.

Geschichtsbewußtsein, das erst im 19. Jh. terminologisch formulierte Bewußtsein von der geschichtl. Bedingtheit menschl. Existenz und von einem sinnvollen Geschichtsverlauf, das im Entwurf handlungsleitender Zukunftsperspektiven mündet. Während G. in traditionell verfaßten Gesellschaften unabdingbarer Bestandteil des Rechts- und Legitimationssystems ist, hat die fortschreitende technisch-wiss. Zivilisation offenbar die Tendenz, das G. als irrationalen Rest auszuscheiden oder, wo das G. als quasiwiss. Herrschaftsbegründung dient, in Geschichtsmetaphysik auszuweichen.

Geschichtsbild, vorwiss. oder wiss. begr. Auffassung von den geltenden Kräften bzw. vom Gesamtverlauf der Geschichte; es entwickelt sich in Wechselbeziehung mit dem Gegenwartsbewußtsein und ist damit selbst Produkt des histor. Entwicklungsgangs. Das G. eines einzelnen erweist den histor. Standort seines Urteilens und Handelns, das von Gruppen, Völkern oder Nationen zeigt die Motivation ihrer Zielsetzungen. – ↑ Geschichtsphilosophie.

Geschichtskalender, den Annalen ähnl., nach zeitl. Abfolge geordnete Zusammenstellung wichtiger polit. Fakten und Daten innerhalb eines Jahres. Als ältester G. gilt das „Annual register" (seit 1759) von E. Burke; erster dt. G.: der seit 1860 von H. Schultheß hg. „Europ. Geschichtskalender".

Geschichtsklitterung [zu klittern „klecksen, schmieren"], nach J. ↑ Fischart Bez. für einen nicht auf Reflexion und Erkenntnis, sondern auf sinnentstellende und parteil.

Geschichtsphilosophie

Beweisführung gerichteten Umgang mit den geschichtl. Stoffen.

Geschichtsphilosophie, auf Voltaire zurückgehender Begriff sowohl für die Deutung der Geschichte („Sinn der Geschichte") bzw. ihre Erklärung durch allg. Gesetze als auch für die Methodologie der Geschichtsschreibung. Vorbereitet und beeinflußt wurden die Sinndeutungen der **spekulativen Geschichtsphilosophie** seit G. B. Vico durch die christl. Geschichtstheologie, deren Problem es war, die Macht der göttl. Vorsehung in der Geschichte aufzuzeigen. Der Übergang ma. Geschichtstheologie zur neuzeitl. G. fand v. a. auf Grund der Trennung des Wissens vom Glauben im Nominalismus (insbes. bei Wilhelm von Ockham), in der Reformation, insbes. im Kalvinismus, statt: Der Mensch hat seine eigene Geschichte, in der sich Gottes Absichten zeigen, und muß deshalb auch deren Sinn erst aufbauen. In eine G. wurden solche Auffassungen allerdings erst durch G. B. Vico gebracht; für ihn ist Geschichte eine Abfolge von Epochen kulturellen Wachstums und Verfalls, die sich auf jeweils höherer Ebene wiederholt; die Vorsehung, obschon als solche noch anerkannt, wird de facto mit den Gesetzen dieses Prozesses identifiziert. In der Aufklärung wurde nicht nach solchen Gesetzen gesucht, sondern die Geschichte im allg. als ein Fortschritt der Vernunft aus Aberglauben und Barbarei dargestellt (Voltaire, Condorcet u.a.). Auch Kant sieht die Geschichte als Fortschritt zu einer „vollkommenen bürgerl. Vereinigung der Menschengattung", die er für die einzige, deshalb notwendigerweise zu realisierende Möglichkeit hält. Dagegen setzte Herder die Notwendigkeit der organ. Entfaltung der Humanität in jeder Kulturstufe. Fortschrittsglaube einerseits und Epochenaufteilung andererseits führten im dt. Idealismus wieder zur Suche nach den „Gesetzen" geschichtl. Entwicklung.

Nach Fichtes apior., d. h. von der Erfahrung unabhängiger Geschichtsaufgliederung stellte Hegel als Hauptvertreter der **idealistischen Geschichtsphilosophie** die Weltgeschichte als die in dialekt. Schritten sich vollziehende Selbstverwirklichung des Geistes zu immer größerer Freiheit dar. Marx und Engels übernahmen zwar die dialekt. Schrittfolge als das allg. Bewegungsgesetz der Geschichte, setzten aber in ihrer **materialistischen Geschichtsphilosophie** des histor. ↑Materialismus an die Stelle des „im Bewußtsein der Freiheit" fortschreitenden Geistes den [Klassen]kampf um die Befriedigung der Bedürfnisse der „wirkl. Individuen". Nicht dialektisch, sondern als linearen Fortschritt ordnete A. Comte seine drei Stadien (↑Dreistadiengesetz), die die Geschichte durchläuft; eine solche lineare Entwicklung wurde von H. Spencer auf die Welt überhaupt bezogen. Die Aufgabe des Fortschrittsgedankens in der europ. G. wurde durch die sozialen, polit. und kulturellen Veränderungen am Ende des 19. und zu Beginn des 20. Jh. begünstigt. Als Folge wurden aus dem Erbe Vicos und der Romantik wieder Theorien des Kreislaufs (Kulturzyklentheorien) mit organ. Gesetzen von Wachstum und Verfall der Kultur formuliert (O. Spengler), wobei dies nach A. J. Toynbee zu einer (religiös gedeuteten) tieferen Einsicht über die menschl. Geschichte führt.

Gegenüber den Versuchen spekulativer Sinndeutung und Erklärung der Geschichte durch Bewegungsgesetze ist insbes. von Vertretern einer **kritischen Geschichtsphilosophie** eingewandt worden, daß sie method. ungeklärt oder empir. ungeprüft oder falsch seien (so v. a. K. R. Popper). Allg. Diskussionen der Methodenfragen setzten schon seit G. B. Vico ein; A. Comte und J. S. Mill sahen in der Geschichtsschreibung die Anwendung von Generalisierungen der Sozialwissenschaften auf bes. Situationen der Vergangenheit. H. Rickert wies auf die den Stoff der Geschichte gliedernden Wertbeziehungen hin; G. Simmel und W. Dilthey versuchten, das „Verstehen" bzw. die „Einfühlung" als die diesen Besonderheiten adäquate Methode auszuarbeiten. M. Weber lieferte eine erste Synthese der Positionen, indem er das Verstehen zu einer objektiv kontrollierbaren, an allg. formulierten Idealtypen orientierten Erklärungsmethode sowohl für die Sozialwissenschaften als auch für die Geschichtsschreibung auszuarbeiten versuchte. In der analyt. Philosophie wurden die Weberschen Lösungsvorschläge in der Sprache der Logik und Wissenschaftstheorie neu diskutiert und z. T. auch formuliert worden.

Geschichtsschreibung (Historiographie), die Darstellung der Geschichte (Vorgänge, Zustände, Gestalten); wies bereits in der Antike sozialkrit. Züge auf oder deutete auf einen politisch folgenreichen inneren Sinn der Geschichte. Grundlegend für alle G. ist bis heute das vielschichtige Wechselverhältnis von Geschichtsbild und Gegenwartsbewußtsein geblieben. Als Disziplin der ↑Geschichtswissenschaft steht die G. wegen ihres prinzipiell empir. Charakters in einem Spannungsverhältnis zur Geschichtsphilosophie.

Altertum: Bei Ägyptern, Babyloniern, Assyrern u. a. wurden die Taten der Herrscher in *Tatenberichten,* meist in *Inschriften,* gelegentlich auch in *Annalen,* festgehalten und verherrlicht. Ansätze zu einer eigtl. G. mit histor. Kritik und der Frage nach geschichtl. Wahrheit finden sich jedoch bereits bei den Hethitern, ähnlich bei den Israeliten, die zudem ihre eigene Vergangenheit als Heilsgeschichte verstanden und ein festes Geschichtsbild entwickelten. Um Erfahrung weiterzugeben, wollten die Griechen das Traditionsgut mit einem unbedingten Wahrheitsanspruch überliefern und Gründe und Zusammenhänge histor. Vorgänge aufzeigen (v. a. Herodot); Thukydides gilt mit der Darstellung des Peloponnes. Krieges als Schöpfer der histor. *Monographie.* Seit dem 4. Jh. v. Chr. entstanden v. a. nach rhetor. Regeln verfaßte Geschichtswerke. Diese G. erreichte in der röm. Kaiserzeit zu Beginn des 2. Jh. n. Chr. mit Tacitus ihren Höhepunkt. – Neben die G. im eigtl. Sinne trat seit etwa dem 4. Jh. v. Chr. die *Biographie* bzw. biograph. Behandlung histor. Stoffe (Arrian, Curtius Rufus, Plutarch, Sueton).

Mittelalter: Der allg. Rückgang der Schriftlichkeit zu Beginn des MA betraf auch die G.; sie begann nur zögernd im Zuge der Rezeption antiker Kulturformen, getragen fast nur von Geistlichen, daher in lat. Sprache. Es entwickelten sich die für längere Zeit deutlich unterschiedenen Hauptgattungen *Biographie, Annalen, Chronik* und *Gesta.* Seit den Karolingern wuchs das Bedürfnis, die Ereignisse der eigenen Zeit in Reichsannalen sowie in *Viten* weltl. Herrscher (Einhard) aufzuzeichnen. Die geistigen Auseinandersetzungen des 11. Jh. bewirkten u. a. eine verstärkte Hinwendung zur universalgeschichtl. Einordnung und zur *Weltchronik,* die ihren Höhepunkt im geschichtstheol. Werk Ottos von Freising fand. Im Spät-MA wurden nationalstaatlich, territorialgeschichtlich und dynastisch orientierte *Chroniken* sowie Biographien, Kloster- und Ordensgeschichten vorherrschend, daneben zahlr. Stadtchroniken als Ausdruck eines neu entstehenden bürgerl. Selbstbewußtseins. Das vom Humanismus beeinflußte gebildete Bürgertum wandte sich jedoch stärker den Weltchronistik zu. Aber schon vom ital. Frühhumanismus des 14. Jh. an wechselte die G. zw. *Quellenkritik* (Konstantin. Schenkung) und *Geschichtsklitterung,* politisch-zeitgeschichtl. Interesse und *Memoirenliteratur* (P. de Commynes). Mit der polit.-realist. Geschichtsdarstellung seit dem Ende des 15. Jh. erfolgte die Verbreitung der modernen Staatengeschichte.

16. und 17. Jahrhundert: Unter dem Einfluß der Glaubenskämpfe wurde die von den Humanisten vernachlässigte Kirchengeschichte wiederentdeckt (v. a. M. Flacius, Baronius), aber oft konfessionell recht einseitig betrieben. Die inneren Auseinandersetzungen im England des 17. Jh. brachten die *Parteien-G.* hervor. J. Sleidanus begründete die Gattung der *reichspublizist. G.* Die Mauriner entwickelten die *philolog.* Quellenkritik und begründeten die *histor. Hilfswissenschaften* wie z. B. die *Urkundenlehre.*

18. Jahrhundert: Die G. der Aufklärung unterzog die histor. Überlieferung und das herkömml. Autoritäten einer schonungslosen, an der Rationalität orientierten Kritik; erstmals wurde die Geschichte nicht mehr ausschließlich vom Standpunkt der Regierenden beurteilt, sondern auch aus der Perspektive der Untertanen. Sie überwand die heils- und territorialgeschichtl. Verengung durch eine an der Entwicklung der Menschheit orientierte *Universalgeschichte.*

Neue Sachgebiete wurden erschlossen oder entstanden: *Gesellschaftsgeschichte, Kulturgeschichte, Rechtsgeschichte, Verfassungsgeschichte, Wirtschaftsgeschichte, Kolonialgeschichte.* Von bes. Bed. für die Entwicklung der dt. G. war v. a. die frz. Aufklärungshistoriographie (Voltaire, Montesquieu); sie wurde wesentlich gefördert durch die Göttinger histor. Schule (J. C. Gatterer, A. Heeren, A. L. von Schlözer, L. T. von Spittler), die Geschichtsvereine und die wiss. Akademien.

19. Jahrhundert: Bahnbrechend für die moderne Geschichtswissenschaft und G. wirkte die Vollendung der histor. Methode durch den dt. Historismus, der die Kategorien Entwicklung und Individualität zu Leitprinzipien der G. machte und die Vergangenheit in ihrer Eigentümlichkeit zu verstehen suchte (L. von Ranke, B. G. Niebuhr). Die philologisch-histor. Methode *(Quellenedition)* wurde zur Grundlage aller Geschichtsforschung. Befruchtend wirkten die histor. Schulen der Rechtswissenschaft und der Nationalökonomie. In enger Verbindung zu den polit. Tendenzen der Zeit standen die liberale (K. W. von Rotteck, K. T. Welcker, G. G. Gervinus, F. C. Dahlmann) sowie die preuß.-kleindt. (J. G. Droysen, H. von Treitschke, H. von Sybel) und die östr.-großdt. Richtung der G. (Julius von Ficker, A. Ritter von Arneth, O. Klopp). In bewußtem Gegensatz zu dieser polit. G. wurde von W. H. von Riehl, G. Freytag und J. Burckhardt die Kulturgeschichte zum vornehml. Gegenstand histor. Darstellung gemacht. K. Lamprecht, L. von Stein und der Marxismus begründeten die *Sozialgeschichte,* W. Dilthey und F. Meinecke die *Ideengeschichte.*

20. Jahrhundert: Die G. als Erzeugnis und Erbteil der bürgerl. Epoche erlebte am Ende des 19. Jh. mit der „Krise des Historismus" (F. Meinecke) eine Erschütterung, die vom modernen naturwiss. Weltbild (Positivismus) ihren Ausgang nahm. Der Übergang zu einer sich auch als Sozialwissenschaft verstehenden G. (und damit die Ausweitung ihres Gegenstandes) setzte sich, getragen v. a. von den Impulsen durch M. Weber, erst in der zweiten Hälfte des 20. Jh. durch (soziale *Strukturgeschichte).*

Geschichtssoziologie, von Alfred ↑ Weber systematisierte Richtung und Forschungsmethode, die sich um ein Begreifen gegenwärtiger Prozesse und Systeme von Verhalten und Ideenbildung aus der Analyse ihrer Vorgeschichte und ihrer zu erwartenden Entwicklungstendenzen bemüht. Die G., häufig auch als „Kultursoziologie" bezeichnet, strebt eine synopt. Betrachtung aller materiellen und immateriellen Faktoren an, die Einfluß auf eine bestimmte histor. Kultur- und Gesellschaftsformation haben, und sucht nach geschichtlich übergreifenden Typen menschlich-kulturellen Lebens, die die Offenlegung gesellschaftl. „Gleichzeitigkeiten" in verschiedenen Regionen und „grundlegender" Veränderungen im historisch-sozialen Wandel ermöglichen sollen.

Geschichtstheologie, Bez. für das theolog. Verständnis der Geschichte. Die G. geht davon aus, daß Gott in der Geschichte der Menschen frei und übernatürlich wirksam ist. Dabei erweist sich das Handeln Gottes als ein Plan, der sich im Verlauf der Geschichte immer mehr enthüllt. Bed. G. schufen Augustinus (↑ Civitas Dei) und Joachim von Fiore. Das 20. Jh. brachte eine Erneuerung der G., v. a. durch K. Barth und O. Cullmann (↑ Heilsgeschichte).

Geschichtsunterricht, schul. Fachunterricht über histor. Ereignisse und Zusammenhänge, der darüber hinaus die Fähigkeit zu geschichtl. Denken vermitteln soll. Geschichte war seit der Reformation Unterrichtsfach, oft in Verbindung mit Geographie. Nach der Frz. Revolution wurde, mit Rückschlägen in der Zeit der Restauration, die Geschichte der Nationwerdung und der Aufbau eines Nationalstaates zum zentralen Thema, bis zur Verirrung nationalsozialist. Propaganda. Als Folge einer neuen Reflexion der eigenen Geschichte nach dem 2. Weltkrieg rückten Fragen der geistig-polit. und sozialen Neuordnung in das Zentrum des Interesses. Forschungs- wie kulturpolit. Entscheidungen in der BR Deutschland weisen dem G. einen freiheitlich-demokrat. Bildungsauftrag zu (↑ politische Bildung). Wesentl. Kennzeichen sind dabei die ausführl. Behandlung der Geschichte des 19. und 20. Jh. einschl. der Zeitgeschichte und die Berücksichtigung sozialwiss. Fragestellungen.

Geschichtsvereine, aus den „Patriot. Gesellschaften" der Aufklärung erwachsene Vereine zur Pflege und Publizierung orts-, heimat- und landesgeschichtl. Studien (**historische Vereine**) und zur Pflege und Erhaltung von Altertümern und Denkmälern (**Altertumsvereine**), in Deutschland seit 1852 zusammengefaßt im **Gesamtverein deutscher Geschichts- und Altertumsvereine.** Bed. ist v. a. die 1819 gegr. „Gesellschaft für Deutschlands ältere Geschichtskunde" (u. a. Herausgabe der „Monumenta Germaniae historica").

Geschichtswissenschaft, die method. Erforschung der Geschichte des Menschen als ein soziales Wesen, betrieben auf der Grundlage der kritisch gesicherten Überlieferung („Quellen"); Voraussetzung für eine wiss. begründete ↑ Geschichtsschreibung. Die G. stellt sich die Aufgabe, alle bezeugten Tatbestände möglichst genau und vollständig festzustellen sowie ihre Zusammenhänge, Bedingtheiten und Wirkungen verständlich zu machen. Ideologiekritisch in ihrem method. Ansatz, sucht sie die Wurzeln der Gegenwart freizulegen (oft in dialekt. Vermittlung) und deren geschichtl. Struktur erkennbar zu machen. Ihrem Wesen nach kann die G. dem politisch Handelnden keine Anweisungen bereitstellen, aber die Bedingungen erhellen, unter denen sich polit. Handeln vollzieht. Demzufolge ist die Frage nach dem Sinn der Geschichte allenfalls negativ einzugrenzen.

Einteilung und **Organisation** von Forschung und Lehre folgen im wesentlichen entsprechend der Eigenart ihrer Überlieferung bis heute der klass. Periodisierung in Alte, Mittlere und Neuere Geschichte, innerhalb der letzteren wird noch zw. Neuester Geschichte (seit der Frz. Revolution bzw. der Industrialisierung) und Zeitgeschichte („zeitgenöss. Geschichte") unterschieden; hinzu kommen die Vor- und Frühgeschichte. Die histor. Hilfswiss. stellen die Mittel zur krit. Erforschung der Quellen bereit (u. a. Paläographie, Urkundenlehre, Chronologie, Genealogie). Kleinere landschaftl. und staatlich-polit. Einheiten erforscht die Landesgeschichte; bes. Aspekte der Geschichte behandeln Kultur-, Rechts-, Religions-, Wirtschaftsgeschichte u. a. Die Verfassungsgeschichte, urspr. stark an Institutionen und staatl. Normen orientiert, nähert sich heute der Sozialgeschichte. Die Grenze zu den von sozialwissenschaftl. Methodologie bestimmten Nachbardisziplinen ist heute oft fließend.

Geschichte: Im Rahmen von Rhetorik, Poesie und Ethik gelangte die G. an die Universitäten. In der absolutist. Epoche wurde sie zum Bestandteil der neugegr. Akademien und diente zugleich der Hervorhebung der herrscherl. Majestät. Im 19. Jh. erwuchs die starke Stellung der G. v. a. aus dem erwachten nat. Bewußtsein. Im Zeitalter des Historismus nahm insbes. die dt. G. eine polit., aber auch methodolog. Führungsstellung innerhalb der Geisteswissenschaften ein (histor. Methode), führte in den großen Quelleneditionen den Positivismus zur Perfektion, wurde aber um die Jh.wende v. a. durch W. Dilthey, E. Troeltsch, K. Heussi und F. Meinecke einer grundlegenden Revision unterzogen und v. a. durch die sich in Frankreich im 20. Jh. entwickelnde Strukturgeschichtsschreibung vor der Verabsolutierung bewahrt. In der modernen G. herrscht ein Methodenpluralismus, wobei neuerdings auch sozialgeschichtl. Fragestellungen im Vordergrund stehen, v. a. in der Erforschung der Alltagsgeschichte („Geschichte von unten", ↑ Oral history). – ↑ Geschichtsphilosophie.

Geschicklichkeit, Bez. für die Fähigkeit, bestimmte körperl. oder geistige Aufgaben bestmöglich und schnell zu lösen, v. a. als *Hand-G.* als optimale Koordination von motor. Antrieb und Bewegung der Hände.

Geschiebe, vom Gletscher oder Inlandeis transportierte und in Moränen abgelagerte, der Größe nach unsortierte Gesteinsbrocken, die kantengerundet und gekritzt sind. Große G. heißen **Findlinge (erratische Blöcke).** – Abb. S. 50.

Geschiebemergel

Geschiebemergel, die beim Rückzug von Gletschern oder Inlandeis zurückbleibende, an Geschieben reiche, kalkig-tonige (mergelige) Grundmoräne; durch Verwitterung (Auslaugung) entkalkt, wird daraus **Geschiebelehm (Blocklehm).**

Geschirr [eigtl. „das (Zurecht)geschnittene" (zu scheren)], Gesamtheit der Gefäße und Geräte, die zum Kochen und Essen benutzt werden, bes. die aus Porzellan, Keramik oder Glas.

▷ Riemen- und Lederzeug für die Verbindung der Zugtiere mit dem Fahrzeug; bei Pferden wird für schweren Zug das **Kummetgeschirr** (besteht aus dem Kummet [Kumt], einem gepolsterten Leder- oder Stoffbalg, Steuerketten, Zugsträngen, Rückenriemen und Bandgurt) verwendet. Das **Sielengeschirr** besteht aus einem die Brust umfassenden, von Riemen und Kammdeckel gehaltenen breiten Brustblatt, Zugsträngen und Steuerketten. Beim Rindvieh wird das **Joch,** eine hölzerne oder eiserne, schwach gebogene Platte, an deren Enden Zugstränge befestigt sind, benutzt.

▷ (Webgeschirr, Schaftwerk) Bez. für die Schäfte und das Webriet in einer Webmaschine, die an der Fachbildung beteiligt sind.

Geschirrspülmaschine, Haushaltgerät zur Reinigung verschmutzten Geschirrs mit Heißwasser unter Zugabe von chem. Reinigungsmitteln. In der G. wird die Aufprallwirkung des durch geeignete Spülsysteme in Bewegung gesetzten Wassers zum Reinigen ausgenutzt, z. B. indem das Spülwasser mit Hilfe einer Umwälzpumpe durch im Gerät verteilte feststehende Düsen oder rotierende Sprüharme (Antrieb durch Rückstoß) auf das Geschirr gesprüht wird. Am Schluß des Waschvorgangs wird durch zugefügtes Klarspülmittel das Wasser entspannt und Tropfenbildung verhindert. Das Trocknen des heiß gespülten Geschirrs erfolgt weitgehend beim Abkühlen.

Geschlecht [zu althochdt. gislahti, eigtl. „was in dieselbe Richtung schlägt, (übereinstimmende) Art (zu schlagen)"], (Sexus) Bez. für die unterschiedl. genotyp. Potenz bzw. die entsprechende phänotyp. Ausprägung der Lebewesen im Hinblick auf ihre Aufgabe bei der Fortpflanzung. Sind Lebewesen angelegt, Spermien zu erzeugen, so spricht man vom *männl.* G. (biolog. Symbol: ♂ = Speer und Schild des Mars). Bringen sie Eizellen hervor, sind sie *weibl.* G. (Symbol: ♀ = Spiegel der Venus). Beim gleichzeitigen Vorhandensein beider Fähigkeiten spricht man vom *zwittrigen* G. (Symbol: ♀ oder ♀). – Zum Menschen ↑ Frau, ↑ Mann.

▷ umgangssprachlich: Bez. für das Geschlechtsorgan.

▷ im german. und ma. Recht die durch agnat. Abkunft gekennzeichnete Verwandtschaftsgemeinschaft. Das G. bildete den ältesten und engsten Rechts- und Friedensverband innerhalb des Stammes und trat im Kampf als militär. Einheit auf. Im Spät-MA auch Bez. für die wirtsch. und polit. einflußreichen Patrizierfamilien größerer Städte.

▷ auf einen gemeinsamen Ahnen zurückgehende Gruppe von Menschen, die auf Grund ihrer Blutsverwandtschaft erblich näher miteinander verbunden sind.

▷ G. *der Gottheit* setzt eine Vorstellung des Göttlichen nach Analogie menschl. oder tier. Erscheinungen voraus und wird daher von einer transzendenten Gottesauffassung ausgeschlossen. In polytheist. Religionen führt meist eine menschengestaltige, anthropomorphe Schau der Gottheiten zu geschlechtl. Differenzierung, wobei das G. für ihre Funktionen im allg. nicht ausschlaggebend ist. Nur Gottheiten des Krieges sind vorwiegend maskulin, solche des mütterl. Lebens stets feminin. Bei der Vorstellung von Götterpaaren ist der sexuelle Aspekt von Zeugung und Geburt an anderer Gottheiten sekundär; sie entspringen dem Bestreben, in der Gottheit die Summe männl. und weibl. Qualitäten zu erfassen, ähnlich der Vorstellung androgyner Gottheiten, die die geschlechtl. Gegensätze in sich vereinen.

▷ in der Sprachwissenschaft ↑ Genus.

Geschlechterbuch, genealog. Handbuch zur Familienforschung.

Geschlechterkunde, svw. ↑ Genealogie.

Geschlechterverhältnis (Geschlechtsverhältnis, Geschlechtsrelation, Sexualproportion, Sexualindex), das zahlenmäßige Verhältnis der Geschlechter zueinander innerhalb einer bestimmten Art, Population, Individuengruppe oder unter den Nachkommen eines Elters, ausgedrückt entweder im Prozentsatz der ♂♂ an der Gesamtzahl der Geburten oder im Prozentsatz der ♂♂ an der Gesamtpopulation oder bezogen auf die Zahl der ♂♂ je 100 ♀♀. Das G. beträgt z. Z. der Geburt durchschnittlich 100 Mädchen zu 106 bis 108 Knaben und ist z. Z. der Befruchtung noch stärker in gleicher Richtung verschoben. Infolge einer geringeren Lebenserwartung des Mannes kehrt sich das G. nach dem 50. Lebensjahr um und führt zu einem Frauenüberschuß.

geschlechtliche Fortpflanzung ↑ Fortpflanzung.

Geschlechtlichkeit, svw. ↑ Sexualität.

Geschlechtsbestimmung, die Festlegung des jeweiligen Geschlechts eines Organismus durch Faktoren, die die urspr. allen Zellen zugrundeliegende bisexuelle Potenz in entsprechender Weise, d. h. zum ♂ oder ♀ hin, beeinflussen **(Geschlechtsdetermination).** Man unterscheidet zwischen **phänotypischer Geschlechtsbestimmung (modifikatorischer Geschlechtsbestimmung),** bei der innere oder äußere Umweltfaktoren das Geschlecht bestimmen (z. B. ändert sich bei Napfschnecken das Geschlecht mit dem Alter, junge Tiere sind ♂, alte ♀), und **genotypischer Geschlechtsbestimmung,** bei der v. a. in den Geschlechtschromosomen liegende geschlechtsdeterminierende Gene das Geschlecht bestimmen.

▷ svw. ↑ Geschlechtsdiagnose.

Geschlechtschromatin (Barr-Körper[chen], Sexchromatin, X-Chromatin), nahe der Kernmembran bei etwa 60–70 % der ♀ determinierten Körperzellen des Menschen (bei ♂ nur zu etwa 6 %) vorkommender, entsprechend anfärbbarer, etwa 0,8–1,1 μm großer Chromatinkörper. **Drumstick** wird ein kleines tropfenförmiges, G. enthaltendes Anhängsel am Segmentkern mancher weißer Blutkörperchen genannt; es kommt bei rd. 3 % aller Granulozyten der Frau, dagegen nur äußerst selten beim Mann vor. Da vom äußeren Erscheinungsbild eines Menschen nicht ohne weiteres auf die genet. Geschlechtsanlage geschlossen werden kann (↑ Intersexualität), ist häufig (z. B. bei klin. Fragestellungen, im Rahmen genet. Beratung oder bei der Kontrolle von Sportlern auf ihre Geschlechtszugehörigkeit) eine zytolog. Untersuchung im Hinblick auf das G. notwendig. G. läßt sich an Epithelzellen v. a. der Mund-, Nasen- und Vaginalschleimhaut und bes. an Haarwurzelzellen nachweisen.

Geschlechtschromosomen ↑ Chromosomen.

Geschlechtsdetermination ↑ Geschlechtsbestimmung.

Geschlechtsdiagnose (Geschlechtsbestimmung), Feststellung des Geschlechtes eines Individuums anhand der primären und sekundären Geschlechtsmerkmale oder (z. B. bei Embryonen, Intersexen, an Geweben) mit Hilfe zytogenet. Methoden. Beim Menschen kann im Rahmen der ↑ Pränataldiagnostik das Geschlecht des Fetus bereits ab etwa der 16. Schwangerschaftswoche mittels Chromosomenanalyse aus den Zellen des Fruchtwassers sicher bestimmt werden.

Geschlechtsdimorphismus (Sexualdimorphismus), äußerlich sichtbare Verschiedenheit der Geschlechter derselben Art (auf Grund sekundärer oder tertiärer Geschlechtsmerkmale). Einen extremen G. stellt das Auftreten von Zwerg-♂♂ dar, wie z. B. bei Igelwürmern der Gatt. Bonellia. Sehr stark geschlechtsdimorph sind auch die Pärchenegel und viele Insekten (z. B. Frostspanner), daneben

Geschiebe.
Gekritztes Geschiebe

Geschirr.
Oben: Sielengeschirr.
Unten: Joch

Geschlechtsorgane

sehr viele Vögel (auf Grund ihrer unterschiedl. Gefiederfärbung).

Geschlechtsdrüsen (Keimdrüsen, Gonaden), drüsenähnl. aufgebaute Organe bei den meisten mehrzelligen Tieren und beim Menschen, in denen sich die Keimzellen (Ei- oder Samenzellen) entwickeln. Die G. (beim ♂ ↑Hoden, beim ♀ ↑Eierstock) bilden einen Teil der inneren Geschlechtsorgane.

Geschlechtserziehung ↑Sexualerziehung.

geschlechtsgebundenes Merkmal, Merkmal, dessen Erbsubstanz (Gen) in den Geschlechtschromosomen (X- und Y-Chromosom) lokalisiert ist und sich daher geschlechtsgebunden weitervererbt **(geschlechtsgebundene Vererbung).** So liegen z.B. die Gene, deren Allele die Farbenblindheit und Bluterkrankheit beim Menschen verursachen, im X-Chromosom.

Geschlechtshöcker (Genitalhöcker), während der Embryonalentwicklung der Säugetiere (einschl. Mensch) sich ausbildender, kegelförmiger Wulst, aus dem Penis oder Kitzler entsteht.

Geschlechtshormone (Sexualhormone), i.w.S. alle Hormone, die die Entwicklung und Funktion der Geschlechtsdrüsen und Geschlechtsorgane bestimmen und steuern. Außerdem bestimmen sie die Ausbildung der männl. oder weibl. Geschlechtsmerkmale. Sie werden in den Hoden, den Eierstöcken und in der Nebennierenrinde, während der Schwangerschaft auch in der Plazenta gebildet. Ein durchgehender Ggs. zw. weibl. (Östrogenen und Gestagenen) auf der einen und männl. (Androgenen) auf der anderen Seite besteht nicht. Beide Geschlechter bilden, wenn auch in unterschiedl. Menge, sowohl männl. als auch weibl. G. – Die Sekretion der G. unterliegt dem übergeordneten Einfluß der Hypophyse. Deren Tätigkeit wird durch einen Teil des Zwischenhirns, den Hypothalamus, gesteuert, der Neurohormone produziert. Die Neurohormone wirken als Freisetzungsfaktoren (Releaserfaktoren) auf die Hypophyse, so daß diese die G. direkt ausschüttet oder über Vermittlung anderer Hormone die Sekretion der Nebennierenrindenhormone stimuliert. Nach ihrer Zugehörigkeit zu bestimmten chem. Grundverbindungen teilt man die G. in die beiden Gruppen der **Gonadotropine** (gonadotrope Hormone) und der **Steroidhormone** ein. Erstere werden im Hypophysenvorderlappen gebildet. Hierzu gehören: **follikelstimulierendes Hormon** (Abk.: FSH, Follikelreifungshormon), bewirkt bei der Frau die Reifung des Eierstockfollikels und steuert die Östrogenproduktion; beim Mann steuert es den Entwicklungs- und Reifungsprozeß der Samenzellen; **luteinisierendes Hormon** (Gelbkörperbildungshormon, Abk.: LH), löst bei der Frau den Eisprung aus und reguliert Funktion und Lebensdauer des Gelbkörpers; beim Mann steuert es die Produktion und Ausschüttung der Androgene; **luteotropes Hormon** (Prolaktin, Abk.: LTH), bewirkt eine Vermehrung des Brustdrüsengewebes, löst die Milchsekretion aus und bewirkt eine vermehrte Progesteronbildung des Gelbkörpers und wirkt damit erhaltend auf die Schwangerschaft. Das **Prolan** (Choriongonadotropin, Abk.: CG) wird während der Schwangerschaft in der Plazenta gebildet und fördert die Östrogen- und Progesteronproduktion und damit das Wachstum der Gebärmutter. – Zu den Steroidhormonen gehören ↑Androgene, ↑Östrogene und ↑Gestagene.

Geschlechtskrankheiten (venerische Krankheiten), meldepflichtige Infektionskrankheiten, die überwiegend durch Geschlechtsverkehr übertragen werden und deren Erscheinungen v.a. an der Haut und an den Schleimhäuten der Geschlechtsorgane auftreten. Zu den G. des Menschen gehören ↑Tripper, ↑Syphilis, weicher ↑Schanker und ↑Lymphogranuloma inguinale. – Nach Einteilung der Weltgesundheitsorganisation fallen unter den Oberbegriff der „sexuell übertragbaren Krankheiten" (engl. sexually transmitted diseases, Abk. STD) auch ↑Trichomoniasis, ↑Soor, ↑Herpes der Geschlechtsorgane, das spitze ↑Kondylom, ↑Aids u.a. Wegen der sozialen Bedeutung der G., die bei fehlender Behandlung ein ständiges Ansteckungsrisiko und eine Gefährdung der Nachkommenschaft darstellen, ist ihre Bekämpfung in den meisten Staaten gesetzlich geregelt.

In der BR Deutschland sind die Behandlung und Bekämpfung der G. nach dem Gesetz zur Bekämpfung der Geschlechtskrankheiten vom 23. 7. 1953 (geändert) geregelt. Der die G. feststellende Arzt muß die Ansteckungsquelle und eventuelle Kontaktpersonen ermitteln und darauf dringen, daß diese sich in ärztl. Beobachtung bzw. Behandlung begeben.

Geschlechtsleite, german. Rechtsbrauch zur Aufnahme eines Sippenfremden in ein freies Geschlecht, z. B. zur Legitimierung unehel. Söhne.

Geschlechtsmerkmale (Sexualmerkmale), unter dem Einfluß der für die ↑Geschlechtsbestimmung maßgebl. Faktoren entstehende kennzeichnende Merkmale des ♂ bzw. ♀ Geschlechts, deren Bildung bereits während der Embryonalentwicklung beginnt. Man unterscheidet primäre, sekundäre und tertiäre Geschlechtsmerkmale. **Primäre Geschlechtsmerkmale** sind die ↑Geschlechtsorgane und deren Anhangsdrüsen. In bezug auf die **sekundären Geschlechtsmerkmale** unterscheiden sich ♂♂ und ♀♀ hinsichtlich Gestalt, Färbung und Verhalten äußerlich voneinander. Die sekundären G. werden – außer bei den Insekten – durch Hormone der Geschlechtsdrüsen ausgeprägt. Bes. charakterist. sekundäre G. sind Sonderbildungen zur Begattung und Brutpflege sowie akust., opt. und chem. Reize, die von einem Geschlechtspartner ausgehen. Als sekundäre G. sind bei ♂♂ häufig Hörner, Geweihe, Prachtkleider, Mähnen ausgebildet, die v.a. der Abwehr von Rivalen dienen oder die Aufmerksamkeit der ♀♀ auf das ♂ lenken sollen. Bei ♀♀ tritt die Ausbildung sekundärer G. in Form von Bes. Organen zur Brutpflege (z. B. Beutel der Känguruhs, die Milchdrüsen) auf. Sind bestimmte, sonst den ♂♂ eigene Bildungen auch bei den ♀♀ entwickelt (z. B. ein Geweih wie beim Ren, Stoßzähne beim Afrikan. Elefanten), so verlieren diese Bildungen ihren Charakter als sekundäre G. und werden zu Artmerkmalen. – Beim Menschen vollzieht sich die endgültige Ausbildung der sekundären G. während der Pubertät. Sie betrifft v.a. die Behaarung und die Stimme sowie die Ausbildung der Brüste. – Unterschiede in der Körpergröße, im Knochenbau, in der Herz- und Atemtätigkeit sowie in anderen physiolog., auch psych. Faktoren werden zuweilen auch als **tertiäre Geschlechtsmerkmale** bezeichnet.

Geschlechtsorgane (Fortpflanzungsorgane, Genitalorgane, Genitalien, Geschlechtsteile), die unmittelbar der geschlechtl. Fortpflanzung dienenden Organe der Lebewesen. Bei den Tieren und beim Menschen stellen sie gleichzeitig die primären ↑Geschlechtsmerkmale dar. Sie lassen sich in äußere und innere G. gliedern. Die äußeren G. des Mannes umfassen Penis und Hodensack (mit Hoden und Nebenhoden), die der Frau Schamspalte, Schamlippen und Kitzler. Zu den inneren G. gehört beim Mann der Samenleiter nebst Anhangsorganen wie Vorsteherdrüse, bei der Frau Eierstock, Eileiter, Gebärmutter und Scheide nebst Bartholin-Drüsen. Die G. stehen bei den *Wirbeltieren* in engem Zusammenhang mit den Ausscheidungsorganen.

Die G. der *Wirbellosen* bestehen oft nur aus (meist paarig angelegten) Eierstöcken bzw. Hoden. Bei allen Wirbeltieren (Ausnahme Rundmäuler) besteht eine enge Verbindung zw. Geschlechts- und Exkretionsorganen, die daher als Urogenitalsystem zusammengefaßt werden können.

Bei den *Blütenpflanzen* sind die ♂ G. die ↑Staubblätter, deren Pollenkörner nach dem Auskeimen die ♂ Geschlechtszellen bilden. Die ♀ G. sind die ↑Fruchtblätter mit den ↑Samenanlagen; die Eizelle entsteht dann im Embryosack. Die

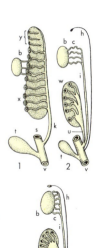

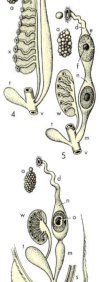

Geschlechtsorgane und Harnorgane von Wirbeltieren. 1, 2 und 3 Männchen; 4, 5 und 6 Weibchen. 1 und 4 Haifische und Lurche; 2 und 5 Kriechtiere und Vögel; 3 und 6 Säugetiere. a Eierstock; b Hoden, keimleitende Organe; c Nebenhoden; d, e und f Eileiter mit Eizelle, die von einer aus Drüsen der Eileiterwand abgeschiedenen Eiweißhülle umgeben ist; g Müllerscher Gang; h rudimentärer Müllerscher Gang; i Samenleiter; k Urnierengang (Wolffscher Gang); l Glied; m Scheide; n Gebärmutter; o Embryo mit Embryonalhüllen in der Gebärmutter; p Vorsteherdrüse; q Samenblase; r After; s Enddarm; t Harnblase; u Harnleiter; v Kloake; w Nachniere; x Urniere; y Vorniere

Geschlechtsregister

♂ G. der Moose und Farne sind die Antheridien, in denen die bewegl. ♂ Geschlechtszellen gebildet werden. Die ♀ G. sind die Archegonien, in denen die meist unbewegl. Eizelle entsteht.

Geschlechtsregister (Stammbaum), bibelwiss. Bez. für die Abstammungsliste bibl. Personen; finden sich bes. im chronist. Geschichtswerk. – ↑Stammbaum Jesu.

Geschlechtsreife, Lebensalter, in dem die Fortpflanzungsfähigkeit eines Lebewesens eintritt; sie ist abhängig von der Art, vom Klima sowie von physiolog. (z. B. Ernährung, Krankheiten), soziolog. und individuellen (z. B. Erbanlage) Faktoren. Beim Menschen erfolgt die G. zu Ende der Pubertät, und zwar bei der Frau zw. dem 11. und 15., beim Mann zw. dem 13. und 16. Lebensjahr.

Geschlechtstiere, Einzeltiere in Tierstöcken (z. B. in einem Polypenstock), die Fortpflanzungsfunktion haben, bzw. die fortpflanzungsfähigen Individuen bei sozialen Insekten (z. B. bei Honigbienen).

Geschlechtstotemismus ↑Totemismus.
Geschlechtstrieb. ↑Sexualität.

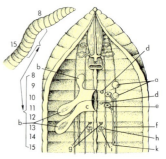

Geschlechtsorgane von Wirbellosen (Regenwurm). a Samentaschen; b Samenblasen; c Samenkapsel (rechts geöffnet); d Hoden; e Flimmertrichter des Samenleiters (f); g Eierstöcke; h Wimpertrichter des Eileiters (i); k Samenleitermündung; 8–15 Körpersegmente

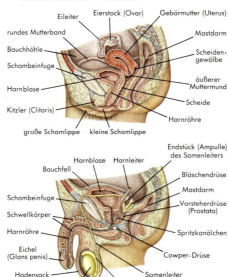

Geschlechtsorgane des Menschen im Längsschnitt. Oben: weibliche Beckeneingeweide. Unten: männliche Beckeneingeweide

Geschlechtsumwandlung, (Geschlechtsumkehr, Geschlechtsumstimmung) Umschlag der urspr., genetisch (chromosomal) bedingten Geschlechtsanlage während der vorgeburtl. Entwicklung durch Veränderungen im Geschlechtshormonhaushalt, wodurch es zur Ausbildung von Scheinzwittern bzw. Intersexen kommt.

▷ Änderung des Geschlechts im Verlauf der Individualentwicklung als natürl. Vorgang bei Organismen mit phänotyp. ↑Geschlechtsbestimmung.

▷ ärztl. Maßnahmen zur Änderung der Geschlechtsmerkmale; eine G. wird vorgenommen, wenn keine eindeutige Geschlechtszugehörigkeit besteht (Intersexualität) oder wenn eine starke Identifikation mit dem anderen Geschlecht mit hierdurch verursachten psych. Konflikten vorliegt (Transsexualität). Nach einer Vorbehandlung mit Sexualhormonen des angestrebten Geschlechts, die zu Bartwuchs (Androgene) oder Wachstum der Brüste (Östrogene) führt, werden durch plastisch-chirurg. Eingriffe die geschlechtsbestimmenden Merkmale geschaffen. Bei der Operation Mann zu Frau wird der Penisschaft amputiert und aus der Penishaut eine Scheide gebildet. Die Hoden werden entfernt, die Brüste eventuell operativ aufgefüllt. Im umgekehrten Fall werden Gebärmutter und Scheide entfernt und die Brüste amputiert. Durch plast. Operationen wird ein Penis gebildet. – Rechtl. Grundlage für eine G. ist das *Transsexuellengesetz* vom 10. 9. 1980. Danach besteht unter gewissen Voraussetzungen die Möglichkeit, durch Entscheidung des Amtsgerichts Vornamen zu ändern und im Personenstandsregister eintragen zu lassen. Außerdem kann nach einer operativen G. von unverheirateten und fortpflanzungsunfähigen Antragstellern eine gerichtl. Feststellung der Geschlechtszugehörigkeit in einem entsprechenden Verfahren beantragt werden. Nach einem Urteil des Bundessozialgerichts vom 6. 8. 1987 kann Transsexualität eine behandlungsbedürftige Krankheit im Sinne der §§ 182, 184 Reichsversicherungordnung sein, die den gesetzl. Krankenpflegeanspruch begründet.

Geschlechtsunterschiede, charakterist. Unterschiede zw. Mann und Frau, denen sowohl biolog. bzw. genet. als auch psycholog. und soziolog. Faktoren zugrunde liegen. Aus der bisexuellen Potenz des Keims beider Geschlechter resultiert ontogenetisch jeweils ein Überwiegen des einen Geschlechtertyps durch Hemmung der Anlagen des Gegentyps. Mann und Frau sind eindeutiger durch die primären Geschlechtsorgane unterschieden als durch die sekundären Geschlechtsmerkmale, zu denen man im weitesten Sinne auch das geschlechtsspezif. Verhalten rechnet. – ↑Frau, ↑Mann.

Geschlechtsverhältnis, svw. ↑Geschlechterverhältnis.

Geschlechtsverkehr (Geschlechtsakt, Beischlaf, Coitus, Koitus, Kohabitation), genitale Vereinigung, beim Menschen durch Einführung des ↑Penis in die ↑Vagina (entsprechend der ↑Kopulation bei Tieren) und rhythm. Hin- und Herbewegen des Penis in der Vagina bis zum Höhepunkt der Lustempfindung (↑Orgasmus); führt beim Mann zum Ausstoß von Samenflüssigkeit (Ejakulation), bei der Frau zu Kontraktionen der Scheidenmuskulatur und Erschlaffung des Muttermundes. Beim ersten G. kommt es beim Mädchen bzw. bei der Frau gewöhnlich zur ↑Defloration. – Die *biolog.* bzw. *Zeugungsfunktion* liegt in der Übertragung männl. Keimzellen in den weibl. Organismus über Begattungsorgane mit der in der Konzeptionszeit mögl. Folge einer Befruchtung und Schwangerschaft. Die *psycholog. Funktion* des G. besteht v. a. in der Befriedigung des Geschlechtstriebs. Die damit zusammenhängende *soziolog. Funktion* betrifft die sexuelle Partnerbindung, die beim Menschen (im Ggs. zum Tier) an keine Brunstzyklen gebunden ist. Dadurch erreicht die sexuelle Partnerbindung eine soziale Bed., die weit über die Funktion der Fortpflanzung hinausgeht.

Über die Normalität des G. gibt es keine verbindl. Richtlinien. Dies gilt sowohl für die Form, die vielfach durch zahlr. Koituspositionen und Sexualtechniken (wie ↑Fellatio und ↑Cunnilingus) variiert wird als auch für die Häufigkeit des Geschlechtsverkehrs.

Geschlechtswort, svw. ↑Artikel.

Geschlechtszellen (Keimzellen, Fortpflanzungszellen, Gameten), die bei der Befruchtung miteinander verschmelzenden, als ♂ oder ♀ unterschiedenen, haploiden Zellen.

Man unterscheidet: **Isogameten,** wenn die ♂ und ♀ G. morpholog. gleich sind und sich nur in ihrem Verhalten unterscheiden (z. B. bei Algen); **Anisogameten,** wenn sie morpholog. Unterschiede, hauptsächl. in der Größe, aufweisen: Die größeren ♀ G. heißen dann Makrogameten, die kleineren ♂ Mikrogameten (z. B. bei Pilzen, Sporentierchen); **Heterogameten,** wenn sie (als Anisogameten) als größere, in allg. unbewegl. Eizellen und kleinere, bewegl. Samenzellen ausgebildet sind.

geschlossene Fonds (engl. closed-end-funds), Investmentfonds mit endgültig festgelegter Anteilszahl.

geschlossene Form ↑ offene Form.

geschlossener Blutkreislauf ↑ Blutkreislauf.

geschlossener Markt ↑ Marktformen.

geschlossene Vereinigungen ↑ Vereinigungen.

geschlossene Volkswirtschaft, Modellvorstellung einer fiktiven Volkswirtschaft, bei der keinerlei ökonom. Beziehungen zum Ausland bestehen.

Geschmack, die charakterist. Art, in der ein Stoff durch den ↑ Geschmackssinn wahrgenommen wird.
▷ svw. ↑ Geschmackssinn.
▷ (guter G.) ästhet. Begriff für das Vermögen, Schönes und Häßliches zu unterscheiden und zu beurteilen. Seit Mitte des 17. Jh. fand der Begriff Eingang in die ästhet. Diskussion. V. a. drei Fragen standen im Mittelpunkt: Ist G. angeboren oder muß/kann er erworben werden; ist G. ein auf Verstand oder auf Sinnlichkeit gegründetes Vermögen des Menschen; sind G.urteile nur individuell oder allgemeingültig. Kant bestimmt G. als ein „sinnl. Beurteilungsvermögen", das ein „Vermögen der ästhet. Urteilskraft, allgemeingültig zu wählen" ist, und in diesem Verständnis wurde im 18. Jh. der Versuch einer G.bildung des Publikums durch Erweiterung der Erfahrung mit Gegenständen des ästhet. und künstler. Bereichs gemacht. Die Erneuerungsbewegungen in der bildenden Kunst des 20. Jh. verstanden guten G. im Sinne funktionalist. Designs. Das Interesse der empir. Soziologie und der marxist. Theoretiker hat sich den gesellschaftl. Grundlagen des G. zugewandt.

Geschmacksknospen ↑ Geschmackssinn.

Geschmacksmuster, schutzfähige, gewerblich verwertbare ästhet. Gestaltungsform (Muster, z. B. Stoffmuster, und Modelle, z. B. für Glaswaren), geregelt im Gesetz betreffend das Urheberrecht an Mustern und Modellen vom 11. 1. 1876 (zuletzt 1990 geändert). Als G. schutzfähig sind nur solche, auf einer individuellen, selbständigen Leistung beruhende und gewerblich herstellbare Erzeugnisse. Der Urheber erwirbt durch Anmeldung und Hinterlegung des von ihm entworfenen Musters oder Modells bei dem mit der Führung des Musterregisters beauftragten Patentamt das Recht, das G. für eine von ihm selbst gewählte Schutzdauer (5–20 Jahre) ausschließlich selbst gewerblich zu verwerten.

Geschmackssinn (Geschmack, Schmecksinn), chemischer Sinn zur Wahrnehmung von Nahrungsstoffen und zum Abweisen ungenießbarer bzw. schädl. Substanzen beim Menschen und bei Tieren. Der G. ist ein Nahsinn mit relativ hohen Reizschwellen. Die **Geschmackssinneszellen (Geschmacksrezeptoren)** sprechen auf gelöste Substanzen *(Geschmacksstoffe)* an. Sie liegen beim Menschen und bei den Wirbeltieren fast ausschließlich im Bereich der Mundhöhle. Bei Säugetieren stehen die sekundären Geschmacksrezeptoren mit dazwischen liegenden Stützzellen in sog. **Geschmacksknospen** zus. Die spindelförmigen Sinneszellen stehen durch einen feinen Kanal mit der Mundhöhle in Verbindung. An ihrer Basis treten Nervenfasern aus, die „Geschmacksimpulse" zu den betreffenden Gehirnzentren weiterleiten. Jede Sinneszelle hat feine Fortsätze, die in eine kleine, nach der Mundhöhle sich öffnende Grube *(Geschmacksporus)* hineinragen. Dort kommen die Geschmacksstoffe mit ihnen in Berührung. Der erwachsene Mensch hat rd. 2 000 Geschmacksknospen (ihre Zahl verringert sich mit zunehmendem Alter). Sie liegen hauptsächlich auf den vorderen und seitl. Zungenteilen und am Zungengrund. Die vielfältigen, oft fein nuancierten Sinnesempfindungen, die z. B. beim Abschmecken von Speisen und beim Kosten von Getränken auftreten, beruhen auf dem Zusammenwirken von Geschmacks- und Geruchsempfindungen. Die vier Grundqualitäten des eigtl. G. sind: süß, sauer, salzig und bitter. Süß schmeckt man mit der Zungenspitze, sauer an den Zungenrändern, salzig an Rändern und Spitze, bitter erst am Zungengrund.

Geschoß, (Projektil) fester Körper, der aus oder mit Hilfe einer Waffe verschossen wird und eine ballist. Flugbahn (Geschoßbahn) beschreibt.
▷ (Stockwerk, Etage) Gebäudeteil, der die auf einer Ebene liegenden Räume umfaßt.

Geschoßbahn, Flugbahn eines Geschosses nach dem Verlassen der Abschußvorrichtung. Die Form der G. hängt von einer Reihe während der Flugzeit auf das Geschoß einwirkender Faktoren ab (↑ Ballistik). Für eine kurze G. in großer Höhe (praktisch ohne Lufttreibung) oder bei geringer Geschwindigkeit ergibt sich die ideale **Wurfparabel** (↑ Wurf). Wirkt sich v. a. bei hohen Geschwindigkeiten der Luftwiderstand aus, so ergibt sich die sog. **ballistische Kurve.** Sie erreicht früher ihr Maximum (bei etwas geringerer Höhe) und ist auf dem absteigenden Ast stärker als auf dem ansteigenden gekrümmt, so daß die Schußweite verkürzt ist.

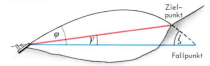

Geschoßbahn. Ballistische Kurve (tatsächliche Schußweite rot, schußtafelmäßige Schußweite blau); φ Abgangswinkel; γ Zielhöhenwinkel; ζ schußtafelmäßiger Fallwinkel

Geschütze, militär. Feuerwaffen, deren Größe und Gewicht eine freihändige Handhabung wie bei Handfeuerwaffen nicht mehr zulassen. Früher bezeichnete man als G. alle Geräte zum Werfen, Schleudern und Schießen von Geschossen, während man heute darunter nur diejenigen Geräte versteht, die ein Abschießen von Geschossen aus einem Geschützrohr mit Hilfe einer detonierenden Pulverladung (Treibladung) ermöglichen. Das G., die Hauptwaffe der Artillerie, gehört auch zur Ausrüstung von Panzern, Flugzeugen und Kriegsschiffen. Nach der Bauweise unterscheidet man Leichtgeschütze, Kanonen, Haubitzen und Mörser.

Kanonen sind G. mit langen Rohren, hoher Geschoßgeschwindigkeit, großer Reichweite und schwach gekrümmter Flugbahn (Panzer- bzw. Flugabwehrkanone, Bordkanone verschiedener Panzer, Schiffsgeschütz). *Haubitzen* sind G. mit kürzeren Rohren (Bauarten: fahrbare *Feldhaubitzen,* Haubitzen auf Selbstfahrlafetten, panzerähnl. *Panzerhaubitzen*). *Mörser* sind Steilfeuer-G. mit kurzen Rohren und meist großem Kaliber zur Bekämpfung starker Befestigungen.

Flugabwehr-G. haben hohe Geschoßgeschwindigkeit, große Feuergeschwindigkeit und große Beweglichkeit nach Höhe und Seite; Kaliber zw. 20 bis etwa 130 mm. *Flugzeug-G.* (Bordkanonen) haben ein Kaliber von 20 bis etwa 50 mm und werden meist starr in die Flugzeuge eingebaut. *Schiffs-G.* stehen am Oberdeck in allseits geschlossenen, drehbaren Geschütztürmen mit starkem Panzer.

Moderne G. zeichnen sich durch hohe Beweglichkeit, geringes Gewicht, große Schußfolge (Kadenz), große Reichweite und maschinelle Ladeautomatik mit wählbarer Munitionsartenzuführung aus. Hauptteile eines Geschützes sind: 1. das *Geschützrohr* samt Verschluß, mechan. oder elektr. Abfeuerungseinrichtung, Mündungsbremse und Rauchabsauger; die Länge des Rohrs richtet sich nach der angestrebten Geschoßgeschwindigkeit, da das Geschoß nur innerhalb des Rohrs beschleunigt werden kann; 2. die *Lafette,* mit der sog. Rohrwiege und den Richtwerken, die die vertikale und horizontale Bewegung des G.rohres ermöglichen (heute oft ferngesteuert); Lafetten nehmen die beim Schuß auftretenden Kräfte auf und leiten sie in den Erd-

Geschmackssinn. Schematische Darstellung einer menschlichen Geschmacksknospe: a Geschmacksporus; b Sinneszellen mit Geschmacksstiftchen; c Stützzellen; d Nervenbündel

geschützte Pflanzen

boden bzw. die Fundamentierung ab; 3. die *Ladeeinrichtung* (z. T. vollautomatisch) und 4. die *Zieleinrichtung* (Zielwerke).
Geschichte: Die G. haben sich aus den ersten primitiven Feuerwaffen entwickelt. Anfangs verwendete man kurze, aus Eisen geschmiedete oder aus Bronze gegossene Rohre. Größere Rohre bestanden aus schmiedeeisernen Stäben, über die in erhitztem Zustand Reifen gezogen wurden (wie bei der Faßherstellung). Als Geschosse dienten Steinkugeln, seit der 2. Hälfte des 15. Jh. auch gußeiserne Kugeln. Der Bronzeguß setzte sich schon im 15. Jh. weitgehend durch und erlebte im 16. und 17. Jh. mit verschiedenen Geschützarten eine hohe Blüte: Steinbüchsen (verschossen Steine), Klotzbüchsen (für Kugeln aus Eisen und Bronze), Lotbüchsen (für Bleikugeln); Metzen und Kanonen hatten großes Kaliber; Mörser, Böller, Tummler waren kurz und weit; Mauerbrecher, Bombarden oder Hauptbüchsen besaßen eine verengte Pulverkammer und dienten zum Bresscheschuß; Kartaunen waren kleine Hauptbüch-

Geschütze. Oben: Schwere Feldkanone, um 1630. Unten: Deutscher Mörser „Gamma-Gerät", sogenannte Dicke Berta, 1911

sen; Schlangen besaßen bis zu 4 m lange Rohre und ein enges Kaliber (10 bis 15 cm); auch sog. Orgel- oder Hagel-G. (mehrere Rohre nebeneinander) wurden eingesetzt. Um die Mitte des 19. Jh. lösten (nach dem Vorbild der Konstruktion der gezogenen Gewehrläufe) die gezogenen *Hinterlade-G.* der Vorderlader ab. Der schwed. Baron M. von Wahrendorff stellte in seiner Geschützgießerei in Åker um 1840 den ersten mit Kolbenverschluß versehenen Hinterlader aus Gußeisen her. Preußen führte 1858/59 von der Firma Krupp gelieferte Gußstahl-G. ein. Um die Jh.wende wurde dann das *Schnellfeuer-G.* entwickelt; Voraussetzungen dafür waren u. a. der Rohrrücklauf (Frankreich 1897, Deutschland 1904), das Gußstahlmantelrohr und Verschlüsse mit selbsttätigem Auswerfer. Schon zu Beginn des 1. Weltkrieges wurde der ab 1911 gefertigte und auf eine Räderlafette montierte Kruppsche Mörser („Dicke Berta", Reichweite etwa 15 km) eingesetzt, daneben die ebenfalls von Krupp gefertigten *Fern-G.* („Pariser Kanonen"; 21 cm Kaliber und etwa 120 km Reichweite). Im 2. Weltkrieg wurden v. a. Feld- und Kanonenhaubitzen verwendet und die Zünd- und Zielvorrichtungen der G. verbessert (elektr. Zünder, maschinelle Richt- und automat. Zielwerke). Nach dem Krieg schließlich kam es auch zum Bau von *Atom-G.,* aus denen Geschosse mit Atomsprengköpfen verschossen werden können.

geschützte Pflanzen, wildwachsende Pflanzen, deren Beschädigung oder Entfernung vom Standort auf Grund ihrer Seltenheit verboten oder nur beschränkt zulässig ist. Zuwiderhandlungen gegen die bestehenden Regelungen (Naturschutz) werden zumeist strafrechtlich verfolgt. In der BR Deutschland ist der Schutz durch die BundesartenschutzVO und Landesgesetze geregelt.
Vollkommen geschützt sind in Deutschland: Akelei, Alpenmannstreu, Alpenrose, Alpenveilchen, Aurikel, Diptam, Edelraute (alle Hochgebirgsarten), Edelweiß, Enzian, Federgras, Gelber und Großblütiger Fingerhut, Frühlingsadonisröschen, Hirschzunge, Karlsszepter, Königsfarn, Küchenschelle, Lilie, Großes und Narzissenblütiges Windröschen, Orchideen, Pfingstnelke, Primel (alle rotblühenden Arten), Schachblume, Sibirische Schwertlilie, Seerose, Seidelbast, Siegwurz, Gelber Speik, Stranddistel, Straußfarn, Teichrose, Winterlieb, Wintergrün und Zwergalpenrose.
Zu den **teilweise geschützten Arten** (geschützt sind die unterird. Teile [Wurzelstöcke und Zwiebeln] oder die Blattrosetten) gehören: Arnika, Blaustern, Christrose, Grüne Nieswurz, Eisenhut, Leberblümchen, Märzenbecher, Maiglöckchen, Narzisse, Schneeglöckchen, Schwertlilie, Silberdistel, Sonnentau, Tausendgüldenkraut, Traubenhyazinthe, Trollblume, Waldgeißbart, ferner alle rosetten- und polsterbildenden Arten der Gatt. Hauswurz, Leimkraut, Mannsschild, Schlüsselblume und Steinbrech.

geschützte Tiere, Tiere, deren mißbräuchl. Aneignung und Verwertung ständig oder zeitweise verboten ist. In der BR Deutschland sind durch die BundesartenschutzVO und Landesrecht (Naturschutzrecht) folgende Tiere **vollkommen geschützt:** von den *Säugetieren:* Biber, Igel, alle Spitzmäuse (Ausnahme: Wasserspitzmaus), alle Fledermäuse, alle Bilche, Birkenmaus, Schweinswal; von den *Vögeln:* alle nicht jagdbaren Arten mit Ausnahme von Rabenkrähe, Haustaube (verwilderte Form), Elster, Eichelhäher, Star, Amsel und Haussperling; von den *Kriechtieren:* Europ. Sumpfschildkröte, alle Eidechsen, Blindschleiche, Ringel-, Würfel-, Schling- und Äskulapnatter, Kreuzotter; von den *Lurchen:* Feuersalamander, Alpensalamander, alle Kröten der Gatt. Bufo, Geburtshelferkröte, Knoblauchkröte, Unken, Laubfrosch, alle Frösche der Gatt. Rana mit Ausnahme des Wasser- und Grasfrosches; von den *Insekten:* v. a. Libellen, Bienen, Hummeln, rote Waldameise; Pracht-, Großlauf-, Bock-, Blüten-, Gold-, Rosen-, Hirsch-, Ölkäfer, Puppenräuber, Bärenspinner, Eulenfalter, Schwärmer, Widderchen, fast alle Tagschmetterlinge; ferner Stein- und Edelkrebs, Weinbergschnecke, Teich-, Flußperlmuschel.
Aus bes. Gründen, z. a. wiss. und unterrichtl. Zwecken und in diesem Zusammenhang zur Haltung in Aquarien und Terrarien, kann die Naturschutzbehörde auf begründeten Antrag hin Ausnahmen zulassen.
Geschwader [urspr. „Reiterabteilung", zu lat.-italien. squadra „Viereck", in quadrat. Form angeordnete Truppe"], fliegender Einsatzverband der *Luftwaffe* auf Regimentsebene; in der *Marine* eine organisator. und takt. Zusammenfassung gleichartiger Kriegsschiffe.
Geschwindigkeit, Formelzeichen v, bei einer gleichförmigen Bewegung der konstante Quotient aus dem zurückgelegten Weg s und der dazu benötigten Zeit t, also $v = s/t$; bei ungleichförmiger Bewegung der entsprechende Differentialquotient $v = ds/dt$.
Die Geschwindigkeit ist ein *Vektor,* da zu ihrer vollständigen Beschreibung außer der Angabe ihres Betrages auch die Angabe ihrer Richtung erforderlich ist.
Die G. wird im allg. in bezug auf ein als fest angenommenes Koordinatensystem gemessen und dann auch als *Abso-*

Geschütze. Panzerhaubitze (links) und Feldhaubitze (rechts) der Bundeswehr

lut-G. bezeichnet, im Ggs. zur *Relativ-G.,* mit der sich zwei Körper bzw. Massenpunkte gegeneinander bewegen. – *SI-Einheit* der G. ist Meter pro Sekunde (m/s). Ein Körper hat die G. 1 m/s, wenn er in 1 Sekunde einen Weg von 1 Meter zurücklegt. Eine weitere Einheit ist Kilometer pro Stunde (km/h); 1 m/s = 3,6 km/h bzw. 1 km/h = 1/3,6 m/s.

Geschwindigkeitsmesser, svw. ↑Tachometer, ↑Log.

Geschwindigkeitspotential ↑Potentialströmung.

Geschwister, von den gleichen Eltern abstammende Kinder. Man unterscheidet vollbürtige (leibl.) G. und, wenn sie nur einen Elternteil gemeinsam haben, halbbürtige G. (Stief-, Halb-G.); G. sind auch minderjährig Adoptierte.

Geschwisterehe, Ehe zw. Geschwistern, i. d. R. als Blutschande angesehen, nach §§ 4 und 21 EheG nichtig.

Geschworene, frühere Bez. der ehrenamtl. Laienrichter, die in voller richterl. Unabhängigkeit und mit gleichem Stimmrecht neben den Berufsrichtern im Schwurgericht mitwirkten (↑Schöffen). – In *Österreich* (als „Geschworne" bezeichnet) und in der *Schweiz* sind G. Laienrichter beim G.gericht (↑Schwurgericht).

Geschworenengericht, östr. Bez. für ↑Schwurgericht.

Geschwulst (Tumor), i. w. S. jede örtlich begrenzte (umschriebene) Schwellung von Gewebsteilen (Organen), z. B. durch Entzündungserreger oder mechan. Einwirkung, die sich nach Beseitigung der Ursache zurückbildet; i. e. S. eine krankhafte Gewebsneubildung (**Neoplasma, Blastom**), die aus körpereigenen Zellen hervorgegangen ist und abweichend vom Gesamtplan des Organismus wuchernd wächst. Es kann in der Entwicklung zwar zu Stillstand, Schrumpfung mit Verhärtung und Vernarbung kommen, i. d. R. aber nicht zu einer Spontanheilung (Rückbildung ohne Therapie). **Gutartige (benigne) Geschwülste,** die nur in Ausnahmefällen (z. B. als Hirntumor) lebensbedrohend werden, wachsen langsam; sie sind scharf abgegrenzt, teils von einer bindegewebigen Kapsel umgeben, aus der sie leicht herausgeschält werden können, und verdrängen das benachbarte Gewebe. Histologisch bestehen sie meist aus differenzierten, dem Ursprungsgewebe sehr ähnl. Zellen. Eine maligne Entartung ist möglich. **Bösartige (maligne) Geschwülste** dagegen infiltrieren und zerstören das umgebende Gewebe, werden zum Ausgangspunkt von Metastasen, rufen Stoffwechselvergiftungen und Auszehrung (Kachexie) hervor und führen, wenn sie nicht rechtzeitig entfernt werden, zum Tod. Auch nach Behandlung kann es durch die Metastasenbildung zu Rückfällen (Rezidiven) kommen. Bösartige epitheliale G. werden als Karzinom (↑Krebs), bösartige nichtepitheliale G. als ↑Sarkom oder ↑Lymphome bezeichnet.

Geschwür, volkstüml. Bez. für eitrige Hautentzündungen wie Furunkel und Karbunkel.

▷ (Ulkus, Ulcus) örtl., verhältnismäßig tiefer, schlecht heilender Substanzdefekt an der Haut oder Schleimhaut, gewöhnlich durch Zerfall krankhaft veränderten Gewebes entstanden. Da der Substanzdefekt über das Epithel hinaus bis in das Grundgewebe reicht, heilen G. stets unter Narbenbildung ab. – ↑Beingeschwür, ↑Magenerkrankungen (Magengeschwür), ↑Zwölffingerdarmgeschwür.

Geschwürbildung (Exulzeration, Ulzeration), Substanzverlust von Zellgewebe mit begleitender Entzündung.

Gese, Bartholomäus ↑Gesius, Bartholomäus.

Geseke, Stadt am Hellweg, NRW, 104 m ü. d. M., 17 000 E. Zement-, Möbel-, Elektro-, Maschinenbauind. – Um 800 erstmals erwähnt, erhielt um 1220 Stadtrecht. – Pfarrkirchen Sankt Cyriakus (10.–13. Jh.) und Sankt Peter (13. Jh.); got. Steinhaus, Dieckmannsches Haus (1664; heute Hellweg-Museum). –Abb. S. 56.

Geselle [eigtl. „der mit jemandem denselben Saal (Wohnraum) teilt"], Person, die einen Ausbildungsberuf des Handwerks erlernt und vom Prüfungsausschuß der Handwerkskammer bzw. -innung ein Zeugnis, den **Gesellenbrief,** erhalten hat. Der Prüfling soll die erforderl. Fertigkeiten (wozu er ein **Gesellenstück** vorlegt), die notwendigen prakt. und theoret. Kenntnisse und die Vertrautheit mit einem bestimmten Lehrstoff nachweisen. Der G. lebte im MA in Arbeits- und Wohngemeinschaft im Haushalt des Meisters. Im späten MA bildeten sich die G.wandern *(Walz)* und die *G.bruderschaften* heraus, nicht zuletzt unter sozialem Druck (die Zünfte erhöhten die Anzahl der Meister nicht).

Gesellentaufe, Aufnahmebrauch der Handwerker nach der Lossprechung des Gesellen durch die Zunft (Innung); scherzhafte Nachahmung der christl. Taufe. – ↑gautschen, ↑hänseln.

Gesellenvereine, in der Phase des Übergangs zur Industriegesellschaft entwickelte, vorwiegend konfessionelle Standesorganisationen unselbständiger Handwerker mit dem Ziel, durch soziale Unterstützung und Bildung das Absinken der Handwerksgesellen ins Proletariat und ihre Entfremdung vom Christentum zu verhindern.

Geselligkeit, kommunikatives Zusammensein von Menschen aus unterschiedl. Anlässen; dient der sozialen Integration, insbes. dem Informations-, Orientierungs- und Unterhaltungsbedürfnis.

Gesellschaft [zu althochdt. gisellscaft „Vereinigung mehrerer Gefährten, freundschaftl. Beisammensein"], vieldeutig gebrauchter Begriff, der im weitesten Sinne die Verbundenheit von Lebewesen (Pflanzen, Tiere, Menschen) mit anderen ihrer Art und ihr Eingeschlossensein in den gleichen Lebenszusammenhang bezeichnet; allein auf den Menschen bezogen meint G. die *Menschheit* schlechthin oder bestimmte begrenzte Teile davon (z. B. die Menschen einer Nation) und weist auf deren Gliederung, [Rang]ordnung und bes. strukturiertes Beziehungssystem hin. Der Begriff G. wurde und wird in vielen Zusammenhängen verwendet, z. B. für gelehrte Vereinigung, Geheim-G. und Handels-G., oder auch für den Verkehrskreis des einzelnen, z. B. „in G. sein".

Gesellschaft des bürgerlichen Rechts

In bezug auf ihre Wirtschaftssysteme und politisch-staatl. Ordnungsverhältnisse unterscheidet man verschiedene **Gesellschaftssysteme** sowohl im Hinblick auf die geschichtl. Entwicklung der Menschheit (↑ Gesellschaftsformation) als auch auf die heute zu beobachtenden Unterschiede, wobei die Bez. für die verschiedenen G.systeme uneinheitlich ist und oft nur auf bestimmte Aspekte eines Systems bezogen ist (z. B. entwickelte bzw. unterentwickelte G., Agrar- bzw. Industrie-G., bürgerl. bzw. sozialist. G., Klassen-G. bzw. klassenlose G.). Jedes etablierte G.system besitzt ein relativ dauerhaftes inneres Gefüge **(Gesellschaftsstruktur** bzw. **Sozialstruktur),** das sich aus der Gesamtheit der gesellschaftl. Elemente (Individuen, Gruppen, Institutionen) zusammensetzt und durch deren sinnvolle Zuordnung und die damit verbundenen Normen, Handlungsmuster und Wertvorstellungen gekennzeichnet ist. Von der *Soziologie* werden grundsätzlich die noch bei Naturvölkern zu beobachtende **genossenschaftliche Gesellschaftsform,** bei der zw. den verschiedenen Individuen und G.gruppen die Macht ausgewogen verteilt ist, und die **herrschaftliche Gesellschaftsform** unterschieden. Letztere zeichnet sich durch v. a. auf Grund gesellschaftl. Arbeitsteilung entstandene Ungleichheit der G.mitglieder sowie damit verbundene unterschiedl. Macht- bzw. Abhängigkeitsverteilung aus und ist v. a. für die moderne Industriegesellschaft kennzeichnend.

Begriffsgeschichte: Bis ins 17. Jh. hatte die Konzeption des Aristoteles Gültigkeit, der G. und Staat (die er als identisch ansah) aus der geselligen Natur des Menschen *(zōon politikon)* erklärte. Die darauf aufbauende und theologisch begründete Ordovorstellung der ma. Philosophie sah in der hierarchisch gegliederten, **ständische Gesellschaft** (↑ Stand) die Offenbarung göttl. Ordnungsprinzipien. Erst der Zerfall dieser Ordnung mit dem Erstarken des Bürgertums und die Ideen der Aufklärung und bewußt gestalteten menschl. Gesellschaft (↑ Gesellschaftsvertrag) lösten die begriffl. Identität von Staat und G. auf. Der bereits bei Aristoteles angelegte, im 13. Jh. wieder aufgenommene Begriff der **bürgerliche Gesellschaft** *(societas civilis)* erhält den Inhalt von G. als einem von Menschen rational organisierten, eigenen Bewegungsformen unterworfenen innerweltl. Rahmen und Handlungszusammenhang. Der zu Beginn des 19. Jh. auftretende Widerspruch zw. Anspruch und Wirklichkeit dieser neu verstandenen bürgerl. G., in der v. a. auf Grund der industriellen Revolution neue Ungleichheiten und Ungerechtigkeiten zw. Besitzenden und Nichtbesitzenden, wirtsch. Mächtigen und Abhängigen entstanden, führte zur Kritik dieser G. als *Klassen-G.* v. a. durch den Marxismus, der mit Hilfe einer von der besitzlosen Arbeiterklasse (↑ Proletariat) getragenen Revolution diese G. durch eine klassenlose G. ersetzen wollte.

Die weitere Entwicklung. Differenzierung der sich rapide entwickelnden *Industrie-G.* und die damit verbundene Entstehung vielfältiger hierarch. Strukturen in allen G.bereichen läßt diese G. als eine nach verschiedenen Kriterien (z. B. Bildung, Beruf, Einkommen, Vermögen, Einfluß, Autorität) *geschichtete G.* (↑ Schichtung) erfahren. Die Vorstellung, die der einzelne von Aufbau und Differenzierung der G. hat, wird **Gesellschaftsbild** gen. und ist jeweils nach Schichtzugehörigkeit unterschiedlich (z. B. *dichotom.* oder *polarisiertes G.bild* der Unterschichten: Ggs. von Hand- und Kopfarbeit, ,,oben`` und ,,unten``; feingestufte Hierarchie bei Mittelschichten).

Gesellschaftskritik: Kritik an bestehenden, z. B. als ungerecht, unmenschl., gegen göttl. Willen gerichtet empfundenen gesellschaftl. Verhältnissen, an der gesamten G. oder ihren Einzelerscheinungen entsteht i. d. R. durch den Vergleich bestehender Verhältnisse mit vergangenen, in anderen G. real existierenden oder zukünftig gedachten *(G.utopie)* G.ordnungen (↑ Liberalismus, ↑ Sozialismus, ↑ Kommunismus, ↑ Konservatismus) oder artikuliert sich durch G.mitglieder, die mit ihrer objektiven oder subjektiv empfundenen gesellschaftl. Stellung unzufrieden sind.

▷ im *Recht* i. w. S. jede privatrechtl. Personenvereinigung, die zur Erreichung eines bestimmten gemeinsamen Zwecks

Geseke.
Dieckmannsches
Haus, 1664

durch Rechtsgeschäft (Gesellschaftsvertrag, Satzung) begründet wird. Man unterscheidet **nach dem Zweck:** 1. G., die ideelle (z. B. wiss., künstler., sportl., polit.) Zwecke verfolgen. Rechtsform: meist Verein oder G. des bürgerl. Rechts; 2. wirtsch. Zwecken dienende G. (Erwerbs-G.), zu denen v. a. die Handels-G. gehören, ferner Unternehmenszusammenschlüsse wie Interessengemeinschaft, Konzern, Kartell; **nach der Rechtsform:** 1. rechtsfähige G. (Vereine), Grundform: rechtsfähiger Verein. Bei ihnen werden die Organisation der Mgl. und das gemeinsame Vermögen so zusammengefaßt, daß sich ein einheitl. neues Rechtssubjekt (jurist. Person) bildet; 2. nichtrechtsfähige G. (G. im engeren Sinn), deren Gesellschafter die Träger von Rechten und Pflichten der G. sind. Grundform: G. des bürgerl. Rechts; **nach der Organisation:** 1. G., die auf der persönl. Verbundenheit der Gesellschafter beruhen (Personen-G.); 2. körperschaftlich organisierte G. (Kapital-G., Verein), die von der Persönlichkeit der Mgl. unabhängig sind und eine Satzung, einen Gesamtnamen und bes. Geschäftsführungs- und Vertretungsorgane (z. B. Vorstand, Aufsichtsrat) haben. – ↑ fehlerhafte Gesellschaft.

Für das östr. und das *schweizer. Recht* gilt im wesentlichen das zum dt. Recht Gesagte.

Gesellschaft des bürgerlichen Rechts, auf einem Gesellschaftsvertrag beruhende, nichtrechtsfähige Personenvereinigung zur Förderung eines gemeinsamen ideellen oder materiellen Zwecks (§ 705 BGB). Betreibt die Gesellschaft ein vollkaufmänn. Handelsgewerbe, so ist sie OHG oder KG.

Innenverhältnis: Die Gesellschafter sind verpflichtet, die vereinbarten Beiträge zu leisten. Das Gesellschaftsvermögen ist gemeinschaftl. Vermögen der Gesellschafter, es gehört ihnen zur gesamten Hand (Gesamthandsgemeinschaft). Die *Geschäftsführung* steht ihnen (sofern durch den Gesellschaftsvertrag nicht anders geregelt) grundsätzlich gemeinsam zu (Einstimmigkeitsgrundsatz). *Haftungsmaßstab* ist für jeden Gesellschafter die Sorgfalt, die er in eigenen Angelegenheiten anzuwenden pflegt.

Außenverhältnis: Im Rechtsverkehr mit Dritten müssen die Gesellschafter, falls nicht alle gemeinsam handeln, vertreten werden. Aus Verbindlichkeiten, die von vertretungsberechtigten Gesellschaftern für die Gesamtheit eingegangen werden, haften alle Gesellschafter als Gesamtschuldner, also auch mit ihrem Privatvermögen.

Gesellschafterwechsel: Die Aufnahme eines neuen Gesellschafters erfordert einen Aufnahmevertrag zw. dem Aufzunehmenden und den bisherigen Gesellschaftern. Ein *Ausscheiden* aus der Gesellschaft ist nur möglich, wenn es vertraglich vorgesehen ist oder alle Gesellschafter zustimmen und, falls einem Gesellschafter gekündigt werden soll, ein *wichtiger Grund* zur Kündigung vorliegt. Beim Ausscheiden wächst den übrigen Gesellschaftern der Anteil des Ausgeschiedenen an der Gesellschaft zu. Der Ausgeschiedene kann Abfindung beanspruchen (§ 738 BGB).

Beendigung der Gesellschaft: Hauptsächl. Auflösungsgründe sind: 1. Zweckerreichung oder deren Unmöglichkeit; 2. Auflösungsbeschluß; 3. Tod eines Gesellschafters, außer wenn Fortsetzung der Gesellschaft vertraglich vorgesehen ist; 4. grundsätzlich der Konkurs über das Vermögen eines Gesellschafters; 5. Kündigung durch einen Gesellschafter. Mit der *Auflösung* wandelt sich die Gesellschaft in eine **Auseinandersetzungsgesellschaft** um. Zuerst sind die gemeinschaftl. Schulden zu zahlen und dann die Einlagen der Gesellschafter zurückzuerstatten. Reicht das Gesellschaftsvermögen dazu nicht aus, müssen die Gesellschafter Nachschüsse leisten.
In *Österreich* ist die G. d. b. R. in den § 1175 ff. ABGB ähnlich wie im BGB geregelt. – In der *Schweiz* entspricht der G. d. b. R. die einfache Gesellschaft (Art. 530–551 OR).
Gesellschaft des Göttlichen Wortes (lat. Societas Verbi Divini.) ↑ Steyler Missionare.
Gesellschaft Deutscher Chemiker e.V., Abk. GDCh, 1949 hervorgegangen aus der 1946 in Göttingen gegründeten GDCh in der brit. Zone und der 1947 in Frankfurt am Main entstandenen GDCh in Hessen; Sitz Frankfurt am Main; Aufgabe: die Förderung der Chemie und der Chemiker auf gemeinnütziger Grundlage u. a. durch wiss. Tagungen und Herausgabe von Fachliteratur.
Gesellschaft Deutscher Naturforscher und Ärzte e. V., Vereinigung zur Förderung der Naturwissenschaften und Medizin; 1822 in Leipzig gegründet; 1950 in Göttingen wiedergegr.; Sitz Göttingen.
Gesellschaften für christlich-jüdische Zusammenarbeit, Vereinigungen in der BR Deutschland, die für ein besseres Verhältnis zw. Christen und Juden und für den Abbau von Vorurteilen gegenüber Minderheiten eintreten; seit 1946/47 entstanden über 70 Gesellschaften (1992), die im „Dt. Koordinierungsrat der G. f. c.-j. Z. e. V." (Sitz: Bad Nauheim) zusammengefaßt sind. In der seit 1951 im März jeden Jahres durchgeführten **Woche der Brüderlichkeit** verleiht der Koordinierungsrat seit 1966 die von ihm gestiftete Buber-Rosenzweig-Medaille an Persönlichkeiten und Einrichtungen mit Verdiensten um die christlich-jüd. Verständigung.
Gesellschafter, Mgl. einer Personengesellschaft oder Anteilsinhaber einer GmbH.
Gesellschaft für deutsche Sprache ↑ Deutscher Sprachverein.
Gesellschaft für Deutschlands ältere Geschichtskunde ↑ Geschichtsvereine.
Gesellschaft für Deutsch-Sowjetische Freundschaft, Abk. DSF, Massenorganisation in der ehem. DDR; 1947 als „Gesellschaft zum Studium der Kultur der Sowjetunion" gegr., 1949 umbenannt; 1990 umorganisiert.
Gesellschaft für Erdkunde zu Berlin, älteste dt. geograph. Gesellschaft, gegr. 1828.
Gesellschaft für Mathematik und Datenverarbeitung mbH, Abk. GMD, von der BR Deutschland und dem Land NRW 1968 gegr. Großforschungseinrichtung. Aufgaben: Durchführung von forschungsintensiven Datenverarbeitungsprojekten und Beratung von öff. Auftraggebern, Forschung und Entwicklung im Rahmen des Förderprogramms Datenverarbeitung des Bundes, Standardisierung und Normung in der Datenverarbeitung. Sitz Sankt Augustin.
Gesellschaft für musikalische Aufführungsrechte und mechanische Vervielfältigungsrechte ↑ GEMA.
Gesellschaft für Sport und Technik, Abk. GST, 1956–90 Massenorganisation in der ehem. DDR zur vormilitär. und wehrsportl. Ausbildung v. a. Jugendlicher.
Gesellschaft für Wirtschafts- und Sozialwissenschaften – Verein für Socialpolitik ↑ Verein für Socialpolitik.
Gesellschaft Jesu ↑ Jesuiten.
Gesellschaft mit beschränkter Haftung, Abk. GmbH, rechtsfähige Kapitalgesellschaft (Handelsgesellschaft), für deren Verbindlichkeiten nur das Gesellschaftsvermögen haftet. Ihr *Stammkapital* (mindestens 50 000 DM) wird durch die *Stammeinlagen* der Gesellschafter (Mindestbetrag 500 DM) aufgebracht; es darf vor Auflösung der GmbH nicht zurückgezahlt werden. Rechtl. Grundlage ist das GmbH-Gesetz (GmbHG) vom 20. 4. 1892 (durch Gesetz vom 4. 7. 1980 reformiert).
Gründung erfolgt durch eine oder mehrere Personen, die in notarieller Urkunde einen Gesellschaftsvertrag (= Satzung) errichten und die Stammeinlagen übernehmen. Durch die Eintragung ins Handelsregister erlangt die GmbH Rechtsfähigkeit.
Organe: 1. [ein oder mehrere] *Geschäftsführer.* Ihnen obliegt die Geschäftsführung und Vertretung der GmbH. Ihre Vertretungsmacht ist nach außen unbeschränkt. Im Innenverhältnis sind sie an die Weisungen der Gesellschafterversammlung gebunden. 2. die *Gesamtheit der Gesellschafter* (oberstes Organ), die ihre Beschlüsse (Gesellschafterbeschluß) meist in einer **Gesellschafterversammlung** faßt; Aufgaben: Feststellung des Jahresabschlusses, Entscheidung über Verwendung des Gewinns, Bestellung, Prüfung, Überwachung, Abberufung und Entlastung der Geschäftsführer, Bestellung von Prokuristen und Handlungsbevollmächtigten. Die Gesellschafter haben Anspruch auf einen Gewinnanteil, sind aber auch mitunter zur Leistung von Nachschüssen verpflichtet. 3. der *Aufsichtsrat,* der z. B. auf Grund des MitbestimmungsG in Betrieben mit mehr als 2 000 Arbeitnehmern (außer in mitbestimmungsfreien Unternehmen) bestellt werden muß.
Auflösung: Auflösungsgründe sind v. a. 1. Gesellschafterbeschluß, 2. Auflösungsurteil auf Grund einer aus wichtigem Grund erhobenen Auflösungsklage, 3. Konkurs, 4. gerichtl. oder behördl. Auflösungsverfügung.
In *Österreich* wurde das Recht der GmbH dem dt. Recht nachgebildet, zuletzt durch die GmbH-Novelle von 1980 bedeutend abgeändert. In der *Schweiz* ist die GmbH durch Art. 772 ff. Obligationenrecht geregelt.
Gesellschaftsbild ↑ Gesellschaft.
Gesellschaftsformation, zentraler Begriff des historischen Materialismus für die Gesamtheit der materiellen und ideolog. Verhältnisse einer menschl. Gesellschaft in einer bestimmten histor. Entwicklungsstufe; nach marxist. Theorie werden Urkommunismus, Sklavenhaltergesellschaft, Feudalismus, Kapitalismus, Sozialismus und Kommunismus als histor. bzw. zukünftige G. angesehen.

Gesellschaftsinseln. Blick auf Mooréa mit der Cook-Bucht

Gesellschaftsinseln, zu ↑ Französisch-Polynesien gehörende Inselgruppe im südl. Pazifik, 1 647 km². Sie gliedern sich in die südöstl. „Inseln über dem Winde" (frz. Îles du Vent: ↑ Tahiti, Mooréa, Maiao, Tetiaroa) und die nordwestl. „Inseln unter dem Winde" (frz. Îles sous le Vent: Huahiné, Raiatéa, Bora Bora, Tahaa, Motou Iti, Maoupiti) sowie ganz im W die drei Atolle Mahipaa (Mopella), Scilly und Bellingshausen. – 1767 durch J. Cook erforscht; 1769 von J. Cook erforscht; 1842 frz. Protektorat; 1880 frz. Kolonie.
Gesellschaftskleidung, offiziellen Anlässen vorbehaltene Kleidung; *für den Herrn:* schwarzer Anzug, Smoking, Cutaway und Frack; *für die Dame:* klass. Kostüm (v. a. vormittags), eleganter Hosenanzug, festl. Kleid, großes Abendkleid.

Gesellschaftskritik

Gesellschaftskritik ↑ Gesellschaft.

Gesellschaftslehre, Bez. für ein Schulfach der Sekundarstufe I in der BR Deutschland, in dem gesellschaftlich-polit., geograph. und geschichtl. Fragen behandelt werden.

Gesellschaftslied, ein von Hoffmann von Fallersleben 1844 eingeführter Begriff zur Bez. der Liedtraditionen v. a. des 17. und 18. Jh., die weder dem Kunstlied noch dem Volkslied zuzurechnen sind und von einer bestimmten Gesellschaftsschicht getragen werden, u. a. Tanz-, Trink-, Festlieder der Studenten.

Gesellschaftspolitik ↑ Sozialpolitik.

Gesellschaftsrecht, die privatrechtl. Rechtsvorschriften zur Regelung der Rechtsstellung, der Organisation und der Betätigung von Gesellschaften. Geregelt im BGB, HGB und zahlr. Sondergesetzen.

Gesellschaftsroman ↑ Roman.

Gesellschaftsschicht, svw. soziale Schicht (↑ Schichtung).

Gesellschaftsstruktur ↑ Gesellschaft.

Gesellschaftsstück, Bildgattung, die sich in den Niederlanden im 17. Jh. entwickelte. Bäuerl. Feste, Trunk und Streit schildern P. Bruegel d. Ä., J. Jordaens, A. Brouwer, D. Teniers, J. van Ostade, J. Steen, bürgerl. geselliges Zusammensein G. Terborch, P. de Hooch, J. Vermeer; höf. Feste F. Francken d. J., Rubens. Hier knüpfen die „Fêtes galantes" in Frankreich an (A. Watteau). In Deutschland wurde das G. mit D. Chodowiecki bürgerlich, in Großbritannien mit W. Hogarth moralisierend, im 19. Jh. ist es ein unübersehbares Thema geworden (Menzel). Noch im 20. Jh. fand es bed. Nachfolger (E. Manet, P. Cézanne, P. Gauguin).

Gesellschaftssystem ↑ Gesellschaft.

Gesellschaftstanz, Bez. für lehrbare, nicht oder wenig improvisierte Tanzformen, die im Ggs. zum Bühnen-, Sakral- und Volkstanz v. a. der Geselligkeit dienen. Aufgekommen an italien. Fürstenhöfen des 15. Jh., waren seine Zentren im 16./17. Jh. der frz. und span. Hof, seine Formen Branle, Bourrée, Gavotte, Allemande, Chaconne, Gigue, Sarabande, Courante und Menuett. Bes. beliebt waren im 19. Jh. Walzer, Polka, Galopp und Cancan, Anfang des 20. Jh. nord- und südamerikan. Tanzformen wie Boston, Tango, Charleston, Rumba und, nach 1945, neben den in das Programm der Tanzsportvereinigungen eingegangenen Standardtänzen und den lateinamerikan. Tänzen (↑ Tanzsport) bes. Blues, Jive, Rock'n'Roll, Boogie-Woogie und Beat sowie eine Vielzahl von meist kurzlebigen Tänzen wie Bossa Nova, Slop, Twist, Letkiss, La Bostela und Shake.

Gesellschaftsvermögen, das gemeinschaftl. Vermögen der Gesellschafter einer Personengesellschaft (↑ Gesamthandsgemeinschaft), das i. d. R. aus den Beiträgen der Gesellschafter, den für die Gesellschaft erworbenen Gegenständen und deren † Surrogaten gebildet wird (§ 718 BGB). Über seinen Anteil am gesamthänder. G. und den einzelnen zum G. gehörenden Gegenständen kann der Gesellschafter nicht verfügen (§ 719 BGB).

Gesellschaftsvertrag, gesellschaftstheoret. Versuch, das Problem der nicht gerechtfertigten, aber tatsächlich vorhandenen Herrschaft von Menschen über Menschen in Anlehnung an das ↑ Naturrecht aufzulösen, indem die durch freie Willensübereinstimmung grundsätzlich (von Natur aus) gleicher und freier Individuen konstituierte Gesellschaft die Zweckbestimmtheit polit. Herrschaft festlegen und deren Verfahren und Form anhand der Prinzipien von Recht, Freiheit und sozialer Gleichheit vorschreiben sollte. Die Lehre vom modernen G. beginnt mit dem „Leviathan" (1651) des T. Hobbes, der von einem Naturzustand des „Kriegs aller gegen alle" (bellum omnium contra omnes) ausging, welcher durch einen Herrschaftsvertrag zugunsten eines Souveräns, auf den die vereinigten Rechte aller übertragen werden, aufgehoben werden sollte. J. Lockes „Zwei Abhandlungen über die Regierung" (1690) richtete sich bereits gegen die absolutist. Staatsgewalt. Für ihn war der G. ein Vertrag freier Individuen auf der Grundlage aktiver Teilnahme der besitzenden Bürger an der Ausübung der Staatsgewalt, deren Verfassung mehrheitlich beschlossen wird. Die Auflösung der Lehre des auf der Naturrechtskonzeption beruhenden G. begann mit J.-J. Rousseau. Das Naturrecht war für ihn nicht Voraussetzung, sondern Ergebnis einer langen Entwicklung der vergesellschafteten Menschheit. Der G. ist Grundlage eines Staates, in dem der einzelne seine Freiheit bewahrt, obwohl er sich einem Allgemeinwillen unterwirft, der im freien Diskurs entstand („Du contrat social", 1762). Der einzelne verzichtet auf seine Rechte zugunsten des gemeinsamen Willens, dieser jedoch ist nur Ausdruck des freien Willens des einzelnen. Nach Rousseau wurde die Theorie des G. nicht mehr verwendet.

▷ im *geltenden Recht* 1. der Vertrag, durch den eine Personengesellschaft errichtet wird. Mindestinhalt: Angaben über den Gesellschaftszweck und die Art der Zweckverfolgung (Beiträge); 2. die Satzung einer GmbH.

Gesellschaftswissenschaften, svw. ↑ Sozialwissenschaften.

Gesellschaftsstück. Jan Steen, Nach dem Trinkgelage, um 1665 (Amsterdam, Rijksmuseum)

gesellschaftswissenschaftliches Grundstudium, für alle Studenten an Hoch- und Fachschulen der ehem. DDR obligator. Fach zur Vermittlung der Grundlagen des Marxismus-Leninismus (bis 1989).

Gesellschaft zur Vereinigung des Weltchristentums ↑ Vereinigungskirche e. V.

Gesellschaft zur Verwertung von Leistungsschutzrechten mbH, Abk. GVL, ↑ Verwertungsgesellschaften.

Gesenius, Wilhelm, * Nordhausen 3. Febr. 1786, † Halle/Saale 23. Okt. 1842, dt. ev. Theologe und Orientalist. – Begründer der modernen wiss. Lexikographie des A. T. unter Einbeziehung anderer semit. Sprachen und der semit. Epigraphik; seine „Hebr. Grammatik" (1813) und sein „Neues hebr.-dt. Handwörterbuch über die Schriften des A. und N. T." (1815) sind Standardwerke.

Gesenk, Preßwerkzeug in Gestalt einer Hohlform, zw. deren Oberteil *(Obergesenk, Stempel)* und Unterteil *(Untergesenk)* Preßteile gefertigt werden können *(G.schmieden, G.pressen)*.

Gesenke, Hohes ↑ Hohes Gesenke.

Gesenkschmieden ↑ Schmieden.

Geser (Gezer), bed. Kanaanäerstadt (heute Ruinenhügel Tel Gezer, sö. Tel Aviv); namentl. belegt seit dem 15. Jh. v. Chr. als **Gazru**; im 2. Jt. v. Chr. Sitz eines einheim. Dyn.; im 12. Jh. zum Gebiet der Philister, unter Salomo zum israelit. Reich, etwa 734 von Tiglatpileser III. erobert, während der Makkabäeraufstände umkämpft; Ausgrabungen seit 1902.

Gesetz, in mittelhochdt. Zeit zum Verb „setzen" in der Bed. „festsetzen, bestimmen, anordnen" gebildetes Wort mit dem Inhalt: „festes Ordnungsprinzip, Richtlinie, Regel". Allg. die sprachl. oder mathemat. Formulierung eines [meist] unwandelbaren, wesentl. Zusammenhanges zw. bestimmten Dingen und Erscheinungen bzw. Vorgängen in Natur, Wiss. und Gesellschaft, durch den ihr Verhalten

bzw. ihr Ablauf eindeutig bestimmt ist und der unter gleichen Bedingungen in gleicher Weise feststellbar ist; auch svw. Regel, Vorschrift, Richtlinie oder Norm, nach der man handeln muß oder handelt. Zu unterscheiden sind Denk- und Naturgesetze. Die **Denkgesetze** beschreiben (als log. G.) die allgemeinsten Verfahrensweisen des Denkens bei der Bildung von Begriffen, Urteilen und Schlüssen, oder sie drücken Folgerungen aus, die sich durch Anwendungen der log. G. ergeben. Die sich auf die reale Welt beziehenden **Naturgesetze** erhält man durch generalisierende Induktion aus Einzelfällen.
In der *Physik* ist ein G. ein durch Messung oder wiss. Experiment nicht widerlegter (falsifizierter) allgemeingültiger Satz. Physikal. G. sind allg. G., d. h., sie gelten in beliebig reproduzierbaren Situationen. Die empir. G., wie etwa die Fall-G., die Keplerschen G. u. a., werden auf Grund-G. in Form von Differentialgleichungen zurückgeführt, z. B. die Newtonsche Bewegungsgleichung der klass. Mechanik oder die Einsteinschen Gleichungen der allg. Relativitätstheorie.
In der *Mathematik* werden als G. strukturelle Eigenschaften bezeichnet, die innerhalb eines Objektbereiches beweisbar sind (z. B. die Kommutativität bei der Addition) oder aber abstrakt als definierende Eigenschaften gefordert werden (z. B. bei der Definition des Begriffs „abelsche Gruppe"). In der *Logik* werden oft gebrauchte logisch wahre Aussageformen als G. bezeichnet.
Geschichte: Das erste für die moderne Physik relevante Auftreten des Begriffs physikal. oder Natur-G. ist mit dem Beginn der klass. Physik im 17. Jh. verbunden (Galilei, Newton, Huygens). Auf Newton geht das empirist. Verständnis zurück, wonach die physikal. G. unmittelbar durch Erfahrung bestätigt werden. Dieser Auffassung, die sich in die moderne Physik hinein fortgesetzt hat, wurde in der analyt. Wiss.theorie (Carnap) durch die Unterscheidung einer Beobachtungssprache von einer Theoriesprache widersprochen. Im krit. Rationalismus (Popper) wurde sie durch Bewährung gegenüber deduktiven Falsifizierungsversuchen ersetzt; in dem auf Leibniz und Kant zurückgehenden normativen Wiss.verständnis wird sie relativiert durch einen Nachweis der Abhängigkeit naturwiss. G. von physikal. Grundbegriffen (welche durch Meßvorschriften zweckorientiert gesetzt werden), ohne die G. weder formuliert noch kontrolliert werden können.
▷ 1. *im formellen Sinn:* der in einem verfassungsmäßig vorgesehenen, förml. Gesetzgebungsverfahren unter Beteiligung der Volksvertretung zustandegekommene Rechtssatz. Formelle G. als Rechtsgrundlage werden i. d. R. dann vorgeschrieben, wenn wegen der Bed. und Tragweite einer Regelung für den einzelnen oder die Allgemeinheit eine Entscheidung des Parlaments erforderlich erscheint;
2. *im materiellen Sinn:* jeder Rechtssatz, d. h. jede hoheitl., generelle und abstrakte Regelung mit allgemeinverbindl. Wirkung. G. im materiellen Sinn sind alle formellen G., soweit sie Rechtssatzqualität haben. Außerdem zählen dazu die Rechtsverordnungen, die Satzungen und das Gewohnheitsrecht. In einigen Fällen haben die Entscheidungen des Bundesverfassungsgerichts G.kraft. Vom Verwaltungsakt und Richterspruch unterscheidet sich das G. dadurch, daß es nicht einen oder mehrere Einzelfälle, sondern eine unbestimmte Vielzahl von Fällen regelt. An das G. sind alle drei Staatsgewalten gebunden. Zw. den verschiedenen G. im materiellen Sinn besteht eine Rangordnung. An der Spitze der Normenpyramide steht die Verfassung, darunter das förml. G., unter diesem die Rechtsverordnung und die Satzung. Im Bundesstaat hat das Bundesrecht Vorrang vor dem Landesrecht.
▷ In fast allen *Religionen* wurde das G. als Ausdruck göttl. Willens betrachtet und auch schriftlich fixiert. So werden Teile der *Bibel* G. (Thora) genannt (z. B. Deuteronomium und Pentateuch). Im *Spätjudentum* hat G. die Bed. von Einzelweisung (im weitesten Sinn die Summe aller göttl. Weisungen im Pentateuch) und ist konstitutiv für die Religion der Israeliten und des Judentums. – Zur *neutestamentl.* Bewertung des G. ↑Gesetz und Evangelium.

Gesetzblätter, amtl. Verkündungsblätter zur Veröffentlichung der Gesetze und RVO (z. B. das Bundesgesetzblatt).
Gesetz der großen Zahl ↑Wahrscheinlichkeitsrechnung.
Gesetzentwurf ↑Gesetzgebungsverfahren.
Gesetzesinitiative ↑Gesetzgebungsverfahren.
Gesetzeskonkurrenz ↑Konkurrenz von Straftaten.
Gesetzeskraft, die Verbindlichkeit eines Gesetzes. – ↑Gesetzgebungsverfahren.
Gesetzesreligion, Bez. für eine Religionsform, die das allein von Gott rechtmäßig gegebene Gesetz und seine Befolgung in den Mittelpunkt religiösen Verhaltens stellt. Typ. G. sind u. a. Judentum und Islam.
Gesetzesvorbehalt ↑Gesetzmäßigkeit der Verwaltung, ↑Grundrechte.
Gesetzesvorlage ↑Gesetzgebungsverfahren.
Gesetzgebung, Erlaß von Rechtssätzen, d. h. von Gesetzen [im formellen und materiellen Sinne]. Die G. ist Funktion der **gesetzgebenden Gewalt** (Legislative) innerhalb der drei Staatsgewalten. Allerdings ist die Gewaltentrennung durchbrochen, da auch z. T. die Exekutive zur G. befugt ist (Erlaß von RVO). In der BR Deutschland ist die Befugnis zur G. zw. Bund und Ländern aufgeteilt. Auf gewissen Gebieten hat der Bund die **ausschließliche Gesetzgebungskompetenz** (vgl. Art. 73 GG). Hier können die Länder Gesetze nur dann erlassen, wenn sie in einem BG ausdrücklich ermächtigt werden. Im Bereich der **konkurrierenden Gesetzgebung** (vgl. Art. 74 GG) haben die Länder die Befugnis zur G., solange und soweit der Bund von seinem G.recht keinen Gebrauch macht. Nach dem Erlaß von BG gehen diese jedoch den Landesgesetzen vor. Auf gewissen Gebieten hat der Bund das Recht zur **Rahmengesetzgebung** (vgl. Art. 75 GG). Ohne verfassungsrechtl. Erwähnung hat der Bund schließlich in sehr beschränktem Umfang die Rechte zur G. aus der **Natur der Sache** und **kraft Sachzusammenhangs.** Die Befugnis zur G. auf dem Gebiet des Finanzwesens ist gesondert geregelt (vgl. Art. 105 GG). In allen übrigen Fällen haben die Länder die G.kompetenz (Art. 70 GG).
In *Österreich* steht das Recht der G. dem Bund und den Bundesländern nach Maßgabe der Kompetenzverteilung der Art. 10 ff. B-VG zu. Es gibt ausschließl. Bundeskompetenzen, ausschließl. Landeskompetenzen und Kompetenzen, wo dem Bund das Recht der *Grundsatzgesetzgebung* zusteht und die Länder die dazugehörigen Ausführungsgesetze erlassen. Auch in der *Schweiz* ist die Befugnis zur G. zw. Bund und Kt. aufgeteilt. Nur in wenigen Fällen (z. B. Zölle, Post- und Telegrafenwesen, Währung) ist die Bundeszuständigkeit ausschließl., i. d. R. ist sie konkurrierend, teilweise beschränkt auf die Aufstellung von Grundsätzen. In diesen Fällen verdrängt eine Bundesregelung die kantonale Regelung.

Gesetzgebungsnotstand, außerordentl., in Art. 81 GG geregeltes Gesetzgebungsverfahren zur Behebung der Handlungsunfähigkeit der Reg., wenn diese sich im Parlament nicht mehr auf eine regierungsfähige Mehrheit stützen kann. Ist der Bundeskanzler im Bundestag mit einer Vertrauensfrage unterlegen und der Bundestag daraufhin nicht aufgelöst worden, so kann der Bundespräs. nach seinem polit. Ermessen auf Antrag der Bundesreg. mit Zustimmung des Bundesrates für eine Gesetzesvorlage den G. erklären, wenn der Bundestag die Vorlage ablehnt, obwohl die Reg. sie als dringend bezeichnet hat oder der Kanzler mit ihr die Vertrauensfrage verbunden hatte. Nach Erklärung des G. muß die Reg. das Gesetz erneut beim Bundestag einbringen. Lehnt dieser die Vorlage wiederum ab, verabschiedet sie nicht binnen 4 Wochen oder nimmt sie in einer der Reg. als unannehmbar bezeichneten Fassung an, so gilt das Gesetz als zustande gekommen, wenn der Bundesrat ihm zustimmt. Abweichend vom normalen Gesetzgebungsverfahren werden also die Gesetze im G. von Bundesreg. und Bundesrat erlassen. Der G. dauert höchstens sechs Monate, in denen auch jede andere vom Bundestag abgelehnte Gesetzesvorlage (außer Verfassungsänderun-

Gesetzgebungsverfahren

gen) im Notverfahren verabschiedet werden kann. Nach Ablauf der Frist kann der G. während der Amtszeit desselben Bundeskanzlers nicht wieder erklärt werden. Der Bundestag kann den G. durch Vertrauensausspruch oder Neuwahl eines Bundeskanzlers beenden.

Dem *östr.* und *schweizer. Verfassungsrecht* ist eine derartige Regelung unbekannt.

Gesetzgebungsverfahren, Verfahren, in dem *Gesetze im formellen Sinne* zustande kommen. Sie werden entsprechend der Befugnis zur Gesetzgebung von den gesetzgebenden Organen des Bundes (Bundestag, Bundesrat) oder der Länder (in den meisten Ländern Landtag) beschlossen. Das G. für Bundesgesetze beginnt mit der **Einbringung einer Gesetzesvorlage** (Gesetzentwurf, Vorlage) beim Bundestag durch die Bundesreg., aus der Mitte des Bundestages oder durch den Bundesrat **(Gesetzesinitiative).** Vorlagen der Bundesreg. werden zunächst dem Bundesrat zugeleitet, der zur Stellungnahme innerhalb von 6 Wochen berechtigt ist. Vorlagen des Bundesrates hat die Bundesreg. unter Darlegung ihrer Auffassung innerhalb von drei Monaten dem Bundestag zuzuleiten (vgl. Art. 76 GG). Die Gesetzentwürfe werden im Bundestagsplenum in drei Lesungen beraten, wobei sie im Anschluß an die erste Lesung i. d. R. einem Ausschuß zur Stellungnahme überwiesen werden. Nachdem ein BG vom Bundestag beschlossen worden ist, wird es dem Bundesrat zugeleitet. Der Bundesrat kann gegen das Gesetz den ↑Vermittlungsausschuß anrufen. Schlägt dieser eine Änderung des Gesetzesbeschlusses vor, so hat der Bundestag erneut Beschluß zu fassen. Für das weitere G. ist entscheidend, ob für das BG kraft ausdrückl. verfassungsrechtl. Vorschrift die Zustimmung des Bundesrates erforderlich ist (sog. ↑Zustimmungsgesetz) oder ob es sich um ein sog. ↑Einspruchsgesetz handelt.

Die rechtswirksam beschlossenen BG werden vom Bundespräs. nach **Gegenzeichnung** durch den Bundeskanzler oder den zuständigen Bundesmin. **ausgefertigt** (↑Ausfertigung). Der Bundespräs. hat zu prüfen, ob das BG in einem ordnungsgemäßen G. zustande gekommen ist, nach umstrittener Meinung auch, ob es inhaltlich mit dem GG im Einklang steht. Danach werden die BG im Bundesgesetzblatt **verkündet** und **treten** an dem Tag **in Kraft,** den das Gesetz bestimmt. Fehlt eine solche Bestimmung, so treten sie mit dem 14. Tage nach Ablauf des Tages in Kraft, an dem das Bundesgesetzblatt ausgegeben worden ist.

In *Österreich* darf sich die Gesetzgebung des Bundes nur im Rahmen der dem Bund zugewiesenen Kompetenzen bewegen. *Organe* der Bundesgesetzgebung sind der Nationalrat und der Bundesrat. **Gesetzesanträge** gelangen an den Nationalrat als Reg.vorlagen, Initiativanträge seiner Mgl., Anträge des Bundesrates oder als Volksbegehren. Sie werden in drei Lesungen sowie in den zuständigen Ausschüssen beraten. Verfassungsgesetze und bestimmte Schulgesetze bedürfen einer Zweidrittelmehrheit. Gegen Gesetzesbeschlüsse kann der Bundesrat binnen acht Wochen ein suspensives Veto einlegen. Der Einspruch kann durch einen Beharrungsbeschluß des Nationalrates entkräftet werden. Insbes. zu Gesetzen über Finanzen und Vermögen des Bundes kommt dem Bundesrat kein Vetorecht zu, dagegen bedürfen Verfassungsgesetze, die die Kompetenzen der Länder einschränken, der Zustimmung des Bundesrates. Auf Verlangen des Nationalrates ist über einen Gesetzesbeschluß eine Volksabstimmung durchzuführen. Der Bundespräs. beurkundet das verfassungsmäßige Zustandekommen der BG, der Bundeskanzler veranlaßt ihre Verkündung im Bundesgesetzblatt.

In der *Schweiz* wird das G. auf Bundesebene durch eine Gesetzesinitiative in Gang gesetzt. Berechtigt zum Antrag auf Erlaß, Aufhebung oder Änderung eines BG oder eines allgemeinverbindl. Bundesbeschlusses sind: 1. jeder der beiden Räte (Nationalrat, Ständerat), 2. jedes Ratsmgl., 3. der Gesamtbundesrat und 4. jeder Kanton oder Halbkanton (Standesinitiative). Laut Bundesverfassung haben die Stimmberechtigten seit 1891 das Recht, ein entsprechendes Verfahren durch eine Volksinitiative in Gang zu setzen. Findet die Gesetzesinitiative eine Mehrheit, arbeitet der Bundesrat einen Gesetzentwurf (Vorlage) aus, den er der Bundesversammlung in Form einer Botschaft unterbreitet. Nachdem die in jedem Rat eigens dafür gebildeten Kommissionen die Vorlage vorberaten haben, erfolgt die Behandlung durch die beiden Kammern (National- und Ständerat). Sie beraten die Vorlage i. d. R. in verschiedenen Sessionen (Sitzungen). Am Schluß der Detaildebatte steht jeweils die Gesamtabstimmung, wobei die einfache Mehrheit der Anwesenden entscheidet. Weichen die Beschlüsse der beiden Räte voneinander ab, kommt es zum „Differenzbereinigungsverfahren", d. h., die Vorlage gelangt nochmals in den erstbehandelnden Rat, allerdings beschränkt auf die Streitpunkte. Können die Differenzen nicht behoben werden oder verwirft ein Rat die Vorlage in der Gesamtabstimmung, ist sie gescheitert und wird von der Traktandenliste (Tagesordnung) gestrichen. Wenn hingegen die Differenzen bereinigt werden können, findet, nachdem die Vorlage von der Redaktionskommission bereinigt worden ist, in beiden Räten die Schlußabstimmung statt, und der Erlaß wird im Bundesblatt veröffentlicht. Innerhalb von 90 Tagen nach Veröffentlichung können 50 000 Stimmberechtigte oder acht Kantone verlangen, daß das Gesetz der Volksabstimmung unterbreitet wird (fakultatives Referendum). Findet keine Volksabstimmung statt, bestimmt der Bundesrat das Inkrafttreten des Erlasses.

Für die Verfassungsgesetze kommt hinzu, daß die Volksabstimmung in jedem Fall zu erfolgen hat (obligator. Referendum), wobei für die Annahme der Vorlage nicht bloß die Mehrheit der Stimmenden erforderlich ist, sondern auch die der Kantone. In den Kantonen ist das G. einfacher, da die Kantone nur Einkammerparlamente kennen; die Gesetze unterstehen je nach Verfassungsrecht der obligator. oder aber der fakultativen Volksabstimmung.

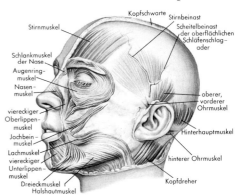

Gesicht. Gesichtsmuskeln

gesetzliche Erbfolge ↑Erbfolge.
gesetzliche Feiertage ↑Feiertage.
gesetzlicher Richter, der Einzelrichter oder das gerichtl. Kollegium (Kammer, Senat), der bzw. das für eine konkrete richterl. Entscheidung zuständig ist. Gemäß Art. 101 Abs. 1 GG darf niemand seinem g. R. entzogen werden. G. R. ist nicht nur das sachlich, örtlich und funktionell zuständige Gericht (↑Zuständigkeit) als organisator. Einheit, sondern dessen nach dem *Geschäftsverteilungsplan* zuständiger Spruchkörper (Kammer) in bestimmter personeller Besetzung.

In *Österreich* und in der *Schweiz* gilt eine dem dt. Recht im wesentlichen entsprechende Regelung.

gesetzliches Zahlungsmittel, Zahlungsmittel, mit dem ein Zahlungspflichtiger eine Geldschuld rechtswirksam tilgen kann.

gesetzliche Vertretung ↑elterliche Sorge.
Gesetzmäßigkeit der Verwaltung, der in Art. 20 Abs. 3 GG niedergelegte Grundsatz, daß das Gesetz (i. w. S. alle sonstigen Rechtsnormen) Richtschnur und Grenze des Verwaltungshandelns ist (sog. **Vorrang des Gesetzes**) und

das von ihm vorausgesetzte Prinzip, daß die Verwaltung in bestimmten Bereichen eines förml. Gesetzes als Handlungsgrundlage bedarf (sog. **Gesetzesvorbehalt**). Der Vorbehalt des Gesetzes als Erscheinungsform der G. d. V. gewährleistet, daß die Verwaltung im Bereich der Eingriffsverwaltung nur auf Grund eines förml. Gesetzes tätig wird.

Gesichtsurnen. Zwei Gesichtsurnen aus frühostgermanischen Steinkistengräbern in Pommern

Gesetz und Evangelium, Formel für die gegensätzl., zugleich dialektisch aufeinander bezogenen Grundpositionen des bibl. Ethos, der auf ihr basierenden christl. Ethik und der christl. Existenz überhaupt, wobei das Gesetz als urspr. Wort Gottes grundsätzlich seine Bed. behält, andererseits aber in und durch Jesus Christus, im Evangelium von der sich frei schenkenden Gnade Gottes und der ↑ Rechtfertigung allein aus dem Glauben seine Erfüllung und sein Ende findet; d. h. nicht mehr die Leistung der Gesetzeserfüllung (Gesetzesreligion), sondern die Verwirklichung der Liebe (formuliert in der Bergpredigt) aus dem Glauben bringt die Erlösung.

Gesetz vom abnehmenden Ertragszuwachs ↑ Ertragsgesetz.

Gesicht [zu althochdt. gesiht „das Sehen, Anblicken"], (Facies) durch Ausbildung einer bes. G.muskulatur gekennzeichneter vorderer Teil des Kopfes der Säugetiere (v. a. des Menschen), die Stirn-, Augen-, Nasen- und Mundregion umfassend. Das *Knochengerüst* des G. wird im wesentlichen vom Stirnbein, von den Schläfenbeinen und vom Gesichtsschädel gebildet. Von diesen Skeletteilen ist nur der Unterkiefer beweglich, die übrigen Knochen sind untereinander und mit dem Hirnschädel fest verbunden. Wichtigstes *Sinnesorgan* ist das paarige Auge als Lichtsinnesorgan. Die *G.muskeln* stehen durch Bildung von Falten und Grübchen als mim. Muskulatur im Dienst des *G.ausdrucks* und der unwillkürl. und willkürl. Ausdrucksbewegungen (Mimik). – Die *G.haut* ist beim Menschen verhältnismäßig zart und gefäßreich. Die *G.farbe* hängt von der Durchsichtigkeit der G.haut, ihrer Eigenfarbe bzw. ihrem Pigmentgehalt und der Hautdurchblutung ab.

▷ in der *Parapsychologie* ↑ Zweites Gesicht.

▷ Vision, Erscheinung.

Gesichtsfeld, Gesamtheit aller Objekte der Umgebung, die bei ruhendem Auge wahrgenommen werden. Die Größe des G. ist von Objektgrößen und dem Auflösungsvermögen der Netzhaut abhängig. Das G. wird mit dem Perimeter geprüft, wobei Veränderungen in der Funktionstüchtigkeit der Netzhaut untersucht werden.

▷ (Instrumenten-G., Sichtfeld) das durch die Feldblende begrenzte kreisförmige Gebiet im objektseitigen Raum *(Objektfeld),* das mit einem opt. Instrument erfaßt werden kann. Die Größe des G. wird durch den *G.winkel* charakterisiert, den doppelten Wert des Winkels, den ein zum Rande des G. gehörender Strahl mit der opt. Achse bildet.

Gesichtsfeldausfall, svw. ↑ Skotom.

Gesichtskreis ↑ Horizont.

Gesichtslähmung (Gesichtsmuskellähmung, Fazialisparese, Fazialislähmung), einseitige oder vollständige Lähmung der vom Gesichtsnerv (Fazialis) versorgten Gesichtsmuskulatur. Die häufigere **periphere Gesichtslähmung**

(der Nerv ist im Bereich des Nervenkerns bzw. zw. ihm und seinen Endästen geschädigt) entsteht durch Verletzungen (z. B. Schädelbasisbruch), Entzündungen (z. B. Mittelohrentzündung), Viruserkrankungen mit Beteiligung des Zentralnervensystems, Durchblutungsstörungen *(ischäm. G.)* oder Gehirntumoren (Kleinhirnbrückenwinkeltumor). Kennzeichen sind: weit offen stehende Lidspalte durch Unfähigkeit zum Lidschluß, Herabhängen des Mundwinkels. In den meisten Fällen ist die Entstehung einer G. jedoch unklar *(idiopath.* oder *rheumat. G.).* Die idiopath. G. bildet sich meist nach spätestens 3–4 Monaten vollständig zurück. – Die **zentrale Gesichtslähmung** (die Störung liegt im Bereich der motor. Großhirnrinde) wird bes. durch Blutungen im Großhirn oder durch einen Schlaganfall verursacht. Kennzeichen ist der schlaff herabhängende Mundwinkel auf der Gegenseite des Gehirnherdes.

Gesichtsmuskeln ↑ Gesicht.

Gesichtsnerv ↑ Gehirn.

Gesichtssinn, die Fähigkeit von Organismen, sich mit Hilfe der Augen als Lichtsinnesorganen in der Umwelt zu orientieren.

Gesichtsurnen, hochhalsige Tongefäße, die im oberen Teil Gesichtsdarstellungen aufweisen; seit dem 6. Jt. v. Chr. in Vorderasien bekannt, wurden in Europa aber erst in der Eisenzeit gebräuchlich, wo sie bes. die **Gesichtsurnenkultur** im Oder-Weichsel-Gebiet prägten (6.–3. Jh.).

Gesims (Sims), der horizontalen Gliederung von Mauern dienendes Bauglied, mit schrägen Abdeckflächen *(Schräg-G.)* an Außenwänden dient es dem Regenschutz. Es ist z. T. unterschnitten *(Kaff-G.)* und liegt vielfach auf Konsolen auf. Man unterscheidet *Fuß-* oder *Sockel-G.* am Unterbau, *Gurt-G.* zw. den einzelnen Geschossen und *Kranz-G.* am Dachansatz. Ferner kommen G. an Fenstern und Türen vor.

Gesinde [zu althochdt. gisind „Gefolgsmann" (eigtl. „jemand, der den gleichen Weg hat")], Bez. für persönlich abhängige Arbeitskräfte, die (als Mägde, Knechte) in Hausgemeinschaft mit der bäuerl. Familie lebten. Landesrechtl. *G.ordnungen* regelten die Rechtsbeziehungen (im Dt. Reich bis 1918, in Österreich und in der Schweiz bis 1926).

Gesinnung, Gesamtheit eth. [positiv oder negativ zu qualifizierender] Vorstellungen und Motivationen des Menschen.

Gesinnungsethik, ↑ Ethik, die sich mit Gesinnung und Motivation menschl. Entscheidungen und Handlungen beschäftigt.

Gesinnungstäter, jemand, der aus ideolog. Überzeugung eine Tat begeht, die nach geltendem Recht mit Strafe bedroht ist.

Gesira, Al ↑ Gasira, Al.

Gesius (Göß, Gese), Bartholomäus, * Müncheberg (Landkreis Strausberg) 1562, † Frankfurt/Oder im Aug. 1613, dt. Komponist. – Seit 1593 Kantor an der Frankfurter Marienkirche; komponierte, stilistisch stark traditionsgebunden, fast ausschließlich geistl. Vokalmusik.

Gesner, Conrad, latinisiert Gesnerus, * Zürich 26. März 1516, † ebd. 13. Dez. 1565, schweizer. Polyhistor, Natur- und Sprachforscher. – Prof. der griech. Sprache in Lausanne, danach Prof. für Naturkunde und praktizierender Arzt in Zürich. Der „Mithridates" (1555) ist ein erster Versuch sprachvergleichender Darstellung. Seine „Historia animalium" (Bd. 1–4 1551–58, Bd. 5 1587 [postum]) behandelt das zoolog. Wissen von Antike und MA; das gleiche plante er mit den „Opera botanica" (2 Bde., hg. 1751–71). G. legte in Zürich eine Naturaliensammlung an und gründete ebd. einen bot. Garten.

Gesneriengewächse (Gesneriaceae) [nach C. Gesner], in den Tropen und Subtropen verbreitete Fam. der Zweikeimblättrigen mit rd. 1 800 Arten in 140 Gatt.; Kräuter, Sträucher oder kleine Bäume mit fünfzähligen, radförmigen bis langröhrigen, leicht zweilippigen Blüten in leuchtenden Farben, u. a. Drehfrucht, Gloxinie, Usambaraveilchen.

Gesoriacum ↑ Boulogne-sur-Mer.

Gespan [ungar.], in Ungarn seit dem 11. Jh. oberster Amtsträger eines Verwaltungsbezirkes (Komitats) als Ver-

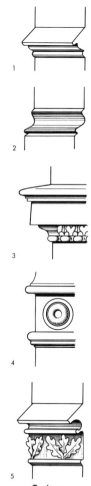

Gesims.
1 gotisches Kaffgesims;
2 gotisches Sockelgesims; 3 und 4 antike Gurtgesimse;
5 gotisches Kranzgesims

Gespenst

Otto Geßler

treter des Königs; seit 1867 war der **Obergespan** Vertreter der Regierung; 1950 abgeschafft.

Gespenst [zu althochdt. gispensti „Verlockung, (teufl.) Trugbild"], im Volks- und Aberglauben unheilverkündende, grauenerregende Erscheinung [in Menschengestalt].

Gespenstaffen, svw. ↑ Koboldmakis.

Gespensterkrabben (Spinnenkrabben, Inachinae), Unterfam. 2–3 cm körperlanger Krabben, v.a. in den Strandzonen des nördl. Atlantiks, an der europ. Küste von der Nordsee bis zum Mittelmeer verbreitet.

Gespenstfrösche (Heleophryninae), Unterfam. der ↑ Südfrösche mit fünf bis 6,5 cm langen Arten in S-Afrika.

Gespenstschrecken (Gespenstheuschrecken, Phasmida), Ordnung etwa 5–35 cm langer Insekten mit rd. 2 000 Arten, v.a. in den Tropen und Subtropen; mit schlankem, stengelartigem bis abgeflachtem, blattartigem, meist grün oder braun gefärbtem Körper. Zu den G. gehören die Fam. **Stabschrecken** (Bacteriidae, Phasmidae) mit zahlr., 5–35 cm langen Arten in Afrika, auf Madagaskar und im Mittelmeergebiet. In S-Frankreich kommt die bis 10 cm lange, grüne oder gelblichgraue **Mittelmeerstabschrecke** (Bacillus rossii) vor. Von S-Asien bis Neuguinea verbreitet sind die etwa 5–10 cm langen Arten der Fam. **Wandelnde Blätter** (Phylliidae). Die bekannteste Art ist das in SO-Asien vorkommende, bis 8 cm (♀) lange **Wandelnde Blatt** (Phyllium siccifolium).

Gesperre ↑ Getriebe.

Gespinst. Spinnennetz

Gespinst, aus einzelnen Fäden (Spinnfäden) bestehendes Gebilde, das manche Insekten und Spinnen aus dem erhärtenden Sekret von Spinndrüsen anfertigen.

▷ das aus einzelnen Fasern gesponnene Garn.

Gespinstblattwespen (Pamphiliidae), Fam. der Pflanzenwespen mit etwa 160 Arten auf der Nordhalbkugel; mit breitem Kopf, langen Fühlern und abgeflachtem, seitlich scharfrandigem Hinterleib; Larven leben in Gespinsten an Laub- und Nadelbäumen.

Gespinstlein ↑ Flachs.

Gespinstmotten (Yponomeutidae), in allen Erdteilen verbreitete Schmetterlingsfam. mit etwa 800 kleinen bis mittelgroßen Arten; Vorderflügel häufig grau oder weißlich mit schwarzen Punkten; Raupen leben in großen Gespinsten an Bäumen; bei Massenauftreten sehr schädlich in Forst- und Obstkulturen (z.B. Apfelbaumgespinstmotte).

Gesprächstherapie ↑ Psychotherapie.

Gesprenge, holzgeschnitzter Aufbau über spätgot. Flügelretabeln.

Geßler, (Gryßler) Hermann, tyrann. Landvogt der Tellsage; erstmals im „Weißen Buch" von Sarnen um 1470 erwähnt. Historisch gesichert ist der Name eines habsburg. Ministerialengeschlechts G. im Aargau, nicht aber die Person.

G., Otto, *Ludwigsburg 6. Febr. 1875, †Lindenberg i. Allgäu 24. März 1955, dt. Jurist und Politiker. – 1918 Mitbegr. der DDP in Nürnberg, 1920–24 MdR; als Reichswehrmin. (1920–28) mit Seeckt maßgeblich am Aufbau der Reichswehr beteiligt; 1944/45 im KZ Ravensbrück; 1950–52 Präs. des DRK.

Geßner, Salomon, *Zürich 1. April 1730, †ebd. 2. März 1788, schweizer. Dichter. – Von der antiken Bukolik (v.a. Theokrit) beeinflußt; zeichnete in seinen naturverbundenen Gedichten ein behaglich-gefühlvolles Bild des Rokokobürgertums. Illustrierte seine Werke selbst und schuf Kupferstiche, Aquarelle und Gouachen. – *Werke:* Idyllen (1756), Der Tod Abels (Prosa-Epos, 1758), Gedichte (1762).

Gesta [lat.], Sonderform ma. Geschichtsschreibung in lat. Sprache und ausgeschmücktem Erzählstil über Leben und Handlungen bed. Personen und Völker.

Gestagene [lat./griech.], aus Cholesterin hervorgehende Steroidhormone (hauptsächlich Progesteron), die überwiegend im Gelbkörper des Eierstocks (als *Eierstock-* bzw. *Gelbkörperhormone*) und im Mutterkuchen, in geringem Maße auch in der Nebennierenrinde gebildet werden und v.a. die Sekretionsphase der Uterusschleimhaut zur Vorbereitung der Schwangerschaft einleiten sowie für die Erhaltung der Schwangerschaft sorgen (als *Schwangerschaftshormone*).

Gestalt, allg. svw. Aussehen; Beschaffenheit, Art und Weise; Person.

▷ in der *Psychologie* Bez. für Figuren oder Fakten, die nur in ihrer Gesamtheit, d.h. als geschlossenes, von einem Grund sich abhebendes Ganzes aufgefaßt werden (z.B. Raum-G., Bewegungs-G.). Die Verhaltensforschung sieht in der G. weniger ein Phänomen der (objektiven) Ganzheit als vielmehr ein (subjektives) Wahrnehmungsphänomen.

▷ in der *techn. Morphologie* die (gelungene) äußere Erscheinung eines Produkts, bei dem die einzelnen Bestandteile wie Formen, Farben, Oberflächenbeschaffenheiten, auch Gewichte, akust. Eigenschaften, als eine Ganzheit wahrgenommen werden.

▷ in der *Literaturwiss.* unterschiedlich verwendeter Begriff; entweder als Synonym für Form oder als Begriffsergänzung zu Gehalt gebraucht, wobei der Gehalt erst durch und in der G. existiert.

Gestaltgesetze (Gestaltfaktoren), aus gestaltpsycholog. Untersuchungen über die Wahrnehmung hervorgegangene Prinzipien, die erklären sollen, welche Phänomene auf welche Weise und aus welchem Grund als Gestalten erlebt werden. Das wichtigste der G. ist das *Gesetz der guten Gestalt* (**Prägnanzprinzip**). Es besagt, daß unter allen Möglichkeiten des Zusammenschlusses von Gliedern eines Ganzen diejenige bevorzugt ist, die die einfachste und deutlichste Gestalt darstellt.

Gestaltpsychologie, psycholog. Schule, die sich in den zwanziger Jahren des 20. Jh. unter Führung W. Köhlers in Berlin konstituierte. Im Unterschied zur Ganzheitspsychologie beschränkt sich die mehr naturwiss. orientierte G. auf die Erforschung objektiver, gestalthafter Gegebenheiten (Eigenschaften, Bildungsgesetze, Gliederungsverhältnisse von Gestalten).

Gespinstmotten. Raupen der Apfelbaumgespinstmotte

Gestaltqualität, von C. von Ehrenfels („Über Gestaltqualitäten", 1890) geprägte und in die Psychologie eingeführte Bez. für eine Eigenschaft, die nur am Gesamtkomplex einer jeweiligen Gestalt und nicht an deren einzelnen Teilen erkannt werden kann. Ein Musterbeispiel der G. ist die Melodie.

Salomon Geßner. Vignette aus seinem Gedichtband, 1762

Gestalttherapie ↑ Psychotherapie.
Gestaltungsklage, Klage, mit der eine Änderung der bisherigen Rechtslage durch Urteil erstrebt wird, meist der Auflösung eines Rechtsverhältnisses (z. B. einer Ehe). **Gestaltungsurteile** wirken nur für die Zukunft (Eheaufhebung), z. T. entfalten sie rückwirkende Kraft (Ehenichtigkeit).
Gestaltungsrecht, das subjektive Recht, durch eine Willenserklärung oder eine Handlung einseitig (ohne Mitwirkung eines Betroffenen) eine Rechtsänderung herbeizuführen (z. B. Rücktritt, Kündigung).
Gestaltungsurteil ↑ Gestaltungsklage.
Gestaltwandel, von W. Zeller geprägter Begriff für typ. Veränderungen der körperl. Proportionen und psych. Funktionen eines Menschen beim Übergang vom Kleinkindalter zum Schulkindalter und in der Pubertät.
Geständnis, 1. im *Zivilprozeß:* die Erklärung einer Partei in der mündl. Verhandlung oder zu Protokoll des beauftragten oder ersuchten Richters, daß eine vom Gegner behauptete Tatsache wahr sei. Diese bedarf in Verfahren, in denen die Verhandlungsmaxime gilt, keines Beweises mehr. Nichtbestrittene Tatsachen gelten als zugestanden. 2. im *Strafprozeß:* das Zugestehen von Tatsachen, die für die Schuldfrage erheblich sind, durch den Beschuldigten. Das G. unterliegt der freien Beweiswürdigung. Ein durch Täuschung, Drohung oder Zwang zustande gekommenes G. darf nicht verwertet werden.
Gestänge, aus mehreren durch Gelenke verbundenen Stangen und Hebeln zusammengesetzte Vorrichtung zum Übertragen von Bewegungen und Kräften, z. B. Brems-G. bzw. Kupplungs-G. zum Betätigen einer Bremse bzw. Kupplung.
Gestapo, Abk. und Bez. für die ↑ **Ge**heime **Sta**ats**po**lizei im nat.-soz. Deutschland.
Gesta Romanorum [lat. „Taten der Römer"], mittellat. Novellensammlung des 13./14. Jh., die wahrscheinlich in England, vielleicht auch in Deutschland entstanden ist. Die Verbindung mit der Geschichte der röm. Kaiser ist nur äußerlich. In fast alle europ. Sprachen übersetzt; bed. als Quellenwerk, aus dem Dichter Stoffe entnommen haben.
Geste [lat., zu *gerere* „zur Schau tragen, sich benehmen"], Körperbewegung (v. a. der Hände und Arme), meist als Ausdruck einer bestimmten inneren Haltung.
Geste [frz. ʒɛst] ↑ Chanson de Geste.
Gesteine, Bez. für Mineralgemenge, die in mehr oder weniger konstanter Ausbildung selbständige Teile der Erdkruste sind. Ein großer Teil der G. sind wichtige industrielle Rohstoffe. Nach der Entstehung unterscheidet man magmat., sedimentäre und metamorphe G. 95 % der G. gehören zu den **magmatischen Gesteinen** (Erstarrungs-G., Magmatite), die als *Tiefengesteine* (Intrusivgesteine, Plutonite, z. B. Granit, Gabbro, Syenit u. a.) in der Erdkruste sehr langsam oder als *Ergußgesteine* an der Erdoberfläche sehr rasch erstarren (Extrusiv-G., Effusiv-G., veraltet Eruptiv-G., Vulkanite, z. B. Basalt, Porphyr, Diabas). Die als Spaltenfüllungen in der Erdkruste auftretenden G. (früher Gang-G.) werden als *Übergangsmagmatite* bezeichnet und mit dem zugehörigen Tiefengesteinsnamen und dem Vorsatz „Mikro" versehen (z. B. Mikrogabbro). Nach der chem. Beschaffenheit unterscheidet man bei den magmat. G. saure, basische und intermediäre G.; saure Magmatite sind hell, sie enthalten sehr viel Quarz und Silikate (Gesamt-SiO$_2$-Gehalt über 60 %). Basische Magmatite sind dunkel und bestehen aus Silikaten (weniger als 50 % Gesamt-SiO$_2$-Gehalt) und Metalloxiden. Intermediäre Magmatite stehen zw. diesen beiden Gruppen, sie haben wenig oder keinen Quarz (50–60 % Gesamt-SiO$_2$-Gehalt). Die **Sedimentgesteine** (Schicht-G., Absatz-G.) entstehen durch mechan. und chem. Verwitterung von G. aller Art und durch Ablagerung der Verwitterungsprodukte, es sind *klastische Gesteine* (Trümmer-G.), die nach dem Verfestigungsgrad in *Lockergesteine* (Sedimente), z. B. Sand, und *verfestigte Gesteine* (Sedimentite), z. B. Sandstein, unterschieden werden. Durch Ausfällung aus Lösungen entstehen als *chemische Sedimente* die *Ausfällungs-* oder *Eindampfungsgesteine,* z. B. Kalkstein, Gips, Salze. *Organogene Sedimente* werden von Organismen aufgebaut, z. B. Korallenkalke, Radiolarite (↑ Biolithe). **Metamorphite Gesteine** (Metamorphite) entstehen aus Erstarrungs- und Sedimentgesteinen durch ↑ Metamorphose, d. h. unterschiedlich starke Umgestaltung durch Druck und Temperatur. So entstehen z. B. aus Graniten Orthogneise, aus Basalten Amphibolite. Die Metamorphose kann über die teilweise Aufschmelzung des urspr. G. (Anatexis), wobei *Migmatite* (Misch-G.) entstehen, bis zur völligen Aufschmelzung führen (Palingenese), bei der sich Magma neu bildet.
gesteinsbildende Minerale, in den Gesteinen der Erdoberfläche und der oberen Erdkruste bes. häufig auftretende Minerale. Von mehr als 2 000 Mineralen sind nur etwa 250 g. M., weitverbreitet sogar nur rd. 40, darunter Quarz, Feldspäte, Glimmer, Augite, Amphibole und Olivine.
Gesteinsfasern, svw. ↑ Steinwolle.
Gesteinskunde, svw. ↑ Petrologie.
Gesteinsmetamorphose ↑ Metamorphose.
Gesteinswolle, svw. ↑ Steinwolle.
Gestellung, bis 1918 die Vorstellung eines Militärdienstpflichtigen bei den Ersatzbehörden auf Grund Gestellungsbefehls zur Musterung oder Aushebung bzw. Ableistung der Wehrpflicht oder zum Kriegsdienst bei einem bestimmten Truppenteil.
Gestiefelter Kater, weltweit verbreitetes Märchen von einem klugen Kater, der seinen Herrn durch geschickt inszenierten Schwindel zum königl. Schwiegersohn macht.
Gestik [lat. (zu ↑ Geste)], Gesamtheit der Gesten.
gestikulieren [lat.], Gebärden, Gesten machen; sich mit Hilfe von Gesten verständlich machen.
Gestirn, selbstleuchtender oder Licht reflektierender Himmelskörper (Sonne, Mond, Planeten, Fixsterne).
Gestosen (Gestationstoxikosen [lat./ griech.], früher Schwangerschaftstoxikosen), Sammelbez. für alle durch eine Schwangerschaft ausgelösten Gesundheitsstörungen, bes. Stoffwechselerkrankungen der Mutter. Zu den zu Beginn der Schwangerschaft auftretenden sog. *Frühgestosen* zählt das Schwangerschaftserbrechen. Als *Spätgestose* kann im letzten Drittel der Schwangerschaft eine ↑ Eklampsie auftreten.
Gestricke (Strickware), textile Maschenwaren, die aus einem Faden bestehen, der quer zur Ware läuft und wieder aufgezogen werden kann.
gestromt, im Fell einzelne ineinanderlaufende Querstreifen aufweisend; von Hunden und Katzen gesagt.
Gestüt, staatl. oder private Einrichtungen für die Pferdezucht. *Haupt-G.* (*Stamm-G.*) halten sowohl Hengste als auch Stuten und züchten selbst. *Land-G.* (*G.ämter*) halten nur Hengste.
Gesundbeten, die Krankenbehandlung mittels Gebets; enthält sowohl christl. als auch heidn. Elemente; in der Volksmedizin aller Kulturen anzutreffen.

Gesundheit

Geta

Gesundheit, das „normale" (bzw. nicht „krankhafte") Befinden, Aussehen und Verhalten sowie das Fehlen von der Norm abweichender ärztl. Befunde. Nach der Definition der Weltgesundheitsorganisation ist G. ein „Zustand vollkommenen körperl., geistigen und sozialen Wohlbefindens und nicht allein das Fehlen von Krankheiten und Gebrechen".

Gesundheitsamt, eine in jedem Stadt- und Landkreis bei der unteren Verwaltungsbehörde zur einheitl. Durchführung des öff. Gesundheitsdienstes eingerichtete Behörde. Aufgabe sind die Durchführung der ärztl. Aufgaben der Gesundheitspolizei, der gesundheitl. Volksbelehrung, der Schulgesundheitspflege, der Mütter- und Kinderberatung.

Gesundheitshilfe, Zweig der Sozialhilfe, der den Schutz vor gesundheitl. Gefährdungen aller Art in allen Bevölkerungsgruppen, medizin., materielle und soziale Hilfen für bedürftige Kranke und die Betreuung dauernd Kranker (z. B. Blinde, psych. Kranke, Krebskranke, Diabetiker, pflegebedürftige Alte) umfaßt. *Vorbeugende G.* (Erholung, Kuren) wird Personen gewährt, bei denen nach ärztl. Urteil ein Gesundheitsschaden droht. Bes. Formen der G. sind u. a. die Hilfen für werdende Mütter, Wöchnerinnen, Säuglinge und Kleinkinder. Die Leistungen der G. werden von den öff. Trägern der Sozialhilfe (zus. mit Gesundheitsämtern) oder von den Trägern der Sozialversicherung gewährt.

Gesundheitslehre, svw. ↑Hygiene.

Gesundheitspaß ↑Notfallausweis.

Gesundheitsstatistik, Erhebungen auf dem Gebiet des Gesundheitswesens zur Ermittlung der Gesundheitsverhältnisse der Bev. mit dem Zweck, gezielte Maßnahmen zur Krankheitsbekämpfung und Gesundheitsvorsorge und -hilfe in die Wege zu leiten.

Gesundheitsvorsorge ↑Präventivmedizin, ↑Vorsorgeuntersuchung.

Gesundheitswesen (öff. Gesundheitswesen), Gesamtheit der staatl. Einrichtungen zur Förderung und Erhaltung der Gesundheit der Bev. sowie zur Vorbeugung und Bekämpfung von Krankheiten oder Seuchen. Das öff. G. stellt die notwendige Ergänzung zur individuellen Behandlung der Erkrankten durch den Arzt dar. – ↑Krankenversicherung.

Dem *Bund* kommen auf dem Gebiet des G. fast ausschließlich Gesetzgebungsaufgaben *(Gesundheitsrecht)* zu (z. B. Bundesseuchengesetz, Bundesärzteordnung, Arzneimittelgesetz, Betäubungsmittelgesetz, Lebensmittelgesetze). Der Bund besitzt zusätzlich das Recht der konkurrierenden Gesetzgebung bei gesundheitspolit. Maßnahmen auf den Gebieten des Wirtschaftsrechts, des Schutzes gegen Gefahren beim Freiwerden von Kernenergie, der Sozialversicherung und des Arbeitsschutzes sowie der öff. ↑Fürsorge.

Unter die *Ländergesetzgebung* fallen u. a. die Organisation des öff. Gesundheitsdienstes, die Struktur des Krankenwesens (Krankenhausbedarfsplanung), die Organisation der Hilfe für psychisch Kranke u. a.

Im *östr. Rechtssprachgebrauch* besteht für das G. v. a. die Bez. **Sanitätswesen.** Die Kompetenzen des G. sind zw. Bund und Ländern geteilt. In der *Schweiz* bestehen ähnl. Regelungen wie in der BR Deutschland.

Gesundheitszeugnis, von approbierten Ärzten (v. a. Amtsärzten) ausgestellte Bescheinigung über den allg. Gesundheitszustand, auch darüber, daß die betreffende Person frei von bestimmten ansteckenden Krankheiten ist; erforderlich z. B. im Rahmen des Bundesbeamtengesetzes bei der Berufung in das Beamtenverhältnis, Aufnahme in den Schuldienst, bei berufl. Umgang mit Lebensmitteln, Abschluß von Lebensversicherungen, auch bei Auswanderungen in außereurop. Länder.

Geszty, Sylvia [ungar. ˈɡɛsti], verh. Duncker, *Budapest 28. Febr. 1934, ungar. Sängerin (Koloratursopran). – 1961–70 Mgl. der Dt. Staatsoper Berlin (Ost), 1971–77 der Württemberg. Staatsoper in Stuttgart; wurde bes. bekannt als Interpretin von Mozart und R. Strauss.

Geta, Publius Septimius, *Rom 27. März 189, †ebd. 26. Febr. 212, röm. Kaiser (seit 211). – Jüngster Sohn des Septimius Severus, Bruder des seit Kindheit mit ihm verfeindeten Caracalla; wurde nach dem Tod des Septimius Severus Mitkaiser. Caracalla ließ G. ermorden und dessen Anhänger hinrichten.

Geta [jap.], jap. Holzsandalen; gehalten durch einen Riemen zw. großer und zweiter Zehe; zu den G. werden **Tabi** getragen, Stoffsocken mit abgeteilter großer Zehe.

Gethsemane [aram. „Ölkelter"], nach Mark. 14, 32 Ort der Gefangennahme Jesu am Fuße des Ölbergs bei Jerusalem.

Getränke, Flüssigkeiten, die zu den Nahrungs- und Genußmitteln zählen; sie bestehen in der Hauptsache aus Wasser und vielerlei Komponenten.

Getränkesteuer (Gemeindegetränkesteuer, Schankverzehrsteuer), eine von den Gemeinden auf den Ausschank an Ort und Stelle verzehrter Getränke erhobene Verbrauchsteuer. Gegenstand der Besteuerung sind dabei alle Getränke außer Bier, Milch, Milchmixgetränken und reinen Fruchtsäften.

Getreide [zu althochdt. gitregidi „das, was getragen wird; Ertrag, Besitz"], Sammelbez. für die aus verschiedenen Arten von Gräsern gezüchteten landw. Kulturpflanzen Roggen, Weizen, Gerste, Hafer, Reis, Mais und verschiedene Hirsen. Die G.körner werden als Nahrungsmittel, ferner zur Herstellung von Branntwein, Malz, Stärke und als Viehfutter verwendet. Die Halme dienen als Futter, Streu, Flecht- und Verpackungsmaterial sowie zur Zellulosegewinnung.

Getreidegesetz, das Gesetz über den Verkehr mit Getreide und Futtermitteln i. d. F. vom 3. 8. 1977. Das G. ist Grundlage der innerstaatl. Marktordnung für Getreide und Getreideprodukte. Es sieht die Aufstellung eines jährl. Versorgungsplans vor, in welchem festzustellen ist, welche Mengen Getreide aus der Inlandsernte zur Verfügung stehen und welche Mengen zur Ernährungssicherung eingeführt werden müssen. Im übrigen ist die Marktordnung für Getreide in den Agrarmarktverordnungen der EWG geregelt.

Getreidehähnchen. Rothalsiges Getreidehähnchen

Getreidehähnchen, Bez. für zwei in großen Teilen Eurasiens verbreitete Blattkäferarten, deren Imagines und Larven durch Blattfraß an Sommergetreide schädlich werden können: **Blaues Getreidehähnchen** (Lema lichensi), Körper blau oder blaugrün; **Rothalsiges Getreidehähnchen** (Lema melanopus), Körper blau oder grün, mit rotem Halsschild.

Getreidehalmwespe ↑Halmwespen.

Getreidemotte

Getreidemotte (Weißer Kornwurm, Sitotroga cerealella), weltweit verbreiteter, kaum 2 cm spannender Schmetterling (Fam. Tastermotten) mit ocker- bis lehmgelben Vorderflügeln. Raupen sind Vorratsschädlinge an Getreidekörnern und Bohnen.

Getreidenager (Schwarzer G., Brotkäfer, Tenebrioides mauretanicus), weltweit verbreiteter, 6–11 mm großer, schwarzbrauner Flachkäfer; Vorratsschädling.

Getreidenager

Getreideplattkäfer (Oryzaephilus surinamensis), weltweit verbreiteter, bis 3 mm langer, schlanker, fein behaarter, brauner Plattkäfer; Vorratsschädling.

Getreiderost, durch Rostpilze verursachte Getreidekrankheiten, z. B. ↑Streifenrost, ↑Schwarzrost.

Getrenntgeschlechtlichkeit, bei tier. Lebewesen als *Gonochorismus* bezeichnet, d. h. die ♂ und ♀ Geschlechtszellen werden in verschiedenen Individuen derselben Art gebildet; es treten daher ♂ und ♀ Tiere auf. Bei Pflanzen ↑Diözie.

Getrenntleben der Ehegatten ↑Unterhaltspflicht, ↑Ehescheidung.

Getriebe [urspr. Bez. für die Treibvorrichtung in Mühlen], i. w. S. jede Vorrichtung *(kinemat. Kette),* die der Kopplung und [zwangläufigen] Umwandlung von Bewegungen und der Energieübertragung dient; i. e. S. eine Vorrichtung, die die Drehbewegung von einer Welle auf eine andere überträgt (Drehmomentenwandler). G. bestehen aus mehreren Getriebegliedern: *Starrglieder* sind z. B. Kurbeln, Räder, Stangen, Wellen. *Verformbare Glieder* sind z. B. Riemen, Bänder, Seile, Ketten, die nur Zugkräfte übertragen können, oder auch Flüssigkeiten und Gase, die nur Druckkräfte übertragen können.

Schraubengetriebe (*Schraub[en]triebe*) dienen zur Umwandlung einer Drehbewegung in eine Schubbewegung oder umgekehrt.

Kurbelgetriebe formen im allg. eine gleichförmige Drehbewegung in eine periodisch veränderl. Bewegung um und umgekehrt. Grundlage jedes Kurbel-G. ist das Gelenkviereck. Von den Abmessungen der Glieder des Gelenkvierecks und der Gestellwahl hängt es ab, ob einzelne Glieder volle Umläufe (als Kurbel) oder nur Schwingbewegungen (als Schwinge) ausführen. Werden beim Gelenkviereck einzelne Drehgelenke durch ein Schubgelenk ersetzt, erhält man die sog. umlaufende Schubkurbel, die als vielfach angewendeter Kurbeltrieb der Umwandlung einer oszillierenden in eine rotierende Bewegung [und umgekehrt] dient.

Zugmittelgetriebe (*Rollen-G.*) haben zw. Antriebs- und Abtriebswelle ein band- oder kettenförmiges Zugmittel (Track). Beim Riemen- oder Keilriementrieb erfolgt die Kraftübertragung im allg. durch Reibung, wobei zw. An- und Abtrieb Schlupf auftritt. Beim *Ketten-G.* ist wegen des Formschlusses zw. Kette und Kettenrädern immer eine zwangläufige Übertragung vorhanden.

Beim **Kurvengetriebe** (*Kurventrieb*) erfolgt die Bewegungsübertragung mittels der berührenden Kurvenkörper, die als Kurvenscheibe, bei räuml. G. als Kurvenzylinder (Kurvenkegel) ausgebildet sind. Zu diesen G. gehören z. B. die *Wälzgleit-G.* in der Ventilsteuerung bei Verbrennungskraftmaschinen, bei der eine Kurvenscheibe (Nocken) die gewünschte Ventilbewegung erzeugt.

Sperrgetriebe (*Gesperre*) werden zum willkürl. oder selbsttätigen Sperren einer Bewegung verwendet.

Rädergetriebe übertragen das eingeleitete Drehmoment durch Reibschluß mit Hilfe von Reibrädern (*Reibrad-G.*) oder durch Formschluß mit Hilfe von Zahnrädern (*Zahnrad-G.*); man unterscheidet *Stirnrad-G.* bei parallelen Wellen, *Kegelrad-G.* bei sich schneidenden Wellen, G. mit versetzten Kegelrädern (*Hypoid-G.*) bei sich mit geringem Abstand kreuzenden Wellen, *Schraubenrad-G.* (für kleine Drehmomente) und *Schnecken-G.* (zur Übertragung großer Drehmomente bei sich in großem Abstand kreuzenden Wellen). Sind die Achsen aller Räder raumfest, dann handelt es sich um ein *Stand-G.*, andernfalls um ein *Umlauf-G.* (z. B. ein Planetengetriebe [Dreigangschaltung beim Fahrrad] oder das Differential-G. beim Kfz). Läßt sich die Drehrichtung der Abtriebswelle ändern, so liegt ein *Wende-G.* vor. *Wechsel-G.* erlauben allg. die Änderung des Übersetzungsverhältnisses [in Stufen]. In *Wechselräder-G.* wird die gewünschte Übersetzung durch Austauschen von Räderpaaren oder durch Einschwenken von Rädern zur Herstellung des Eingriffs erreicht. Bei *Schubklauen-G.* mit mehreren Zahnrädern sind die Zahnradpaare dauernd im Eingriff. Das auf der Welle frei laufende Zahnrad wird erst beim Schalten durch eine in den Wellennuten gleitende *Schubmuffe*, die mit Klauen in das Zahnrad eingreift, kraftübertragend.

Druckmittelgetriebe benutzen fast überwiegend Flüssigkeiten als energieübertragende Medien; unterschieden werden *Druckflüssigkeits-G.* und *Strömungsgetriebe*.

Getriebeautomat ↑automatisches Getriebe.

Getter [engl.] ↑Vakuumtechnik.

Getto ↑Ghetto.

Getty, Jean Paul [engl. ˈgɛti], *Minneapolis (Minn.) 15. Dez. 1892, †Sutton Place 6. Juni 1976, amerikan. Industrieller. – G. gründete 1953 in Malibu (Calif.) das **J. Paul Getty Museum**; das **Getty Center for the History of Art and the Humanities**, ein Forschungsinst. der Kunst- und Geistesgeschichte, gibt die wichtigste kunstwiss. Bibliographie heraus (RILA).

Gettysburg [engl. ˈgɛtɪzbəːg], Stadt in S-Pennsylvania, USA, mit 300 E. College, luth. theolog. Seminar. – Vom 1. bis 3. Juli 1863 fand bei G. eine entscheidende Schlacht des Sezessionskrieges statt, die mit dem Rückzug der Konföderierten endete und zus. mit der gleichzeitigen Eroberung von Vicksburg (Miss.), die Wende zugunsten der Nordstaaten brachte. Das Schlachtfeld wurde 1895 zum National Military Park erklärt.

Getz, Stan[ley], *Philadelphia 2. Febr. 1927, †Malibu (Calif.) 6. Juni 1991, amerikan. Jazzmusiker (Tenorsaxophonist). – Entwickelte sich zu einem der stilbildenden Vertreter des Cool Jazz und des modernen Mainstream.

Geulincx, Arnold [niederl. ˈxøːlɪŋks], *Antwerpen 31. Jan. 1624, †Leiden im Nov. 1669, niederl. Philosoph. – 1646–58 Prof. in Löwen; nach seiner Entlassung Übertritt zum Kalvinismus; 1662 Lektor, 1665 Prof. in Leiden. Vertrat in seiner Erkenntnistheorie u. a. einen ↑Okkasionalismus, bei dem das Problem einer Wechselwirkung zw. Körper und Geist – etwa bei willkürl. Handlungen und Schmerzempfindungen – durch Annahme entweder eines direkten oder indirekten göttl. Eingriffs gelöst wird.

Geusen (niederl. geuzen) [zu frz. gueux „Bettler"], urspr. Spott-, später Ehrenname der im 16. Jh. gegen die Spanier kämpfenden Niederländer. Bes. bekannt die **Wassergeusen**, gefürchtete Seeräuber, die mit der Einnahme von Brielle die Befreiung der aufständ. niederl. Provinzen einleiten. Als Abzeichen wurde der **Geusenpfennig** getragen.

GeV, Einheitenzeichen für Gigaelektronenvolt; 1 GeV = 10^9 eV (↑Elektronvolt).

Gevaert, François Auguste Baron (seit 1907) [niederl. ˈxeːvaːrt], *Huise (bei Oudenaarde) 31. Juli 1828, †Brüssel 24. Dez. 1908, belg. Komponist und Musikforscher. – Wurde 1867 Musikdirektor der Pariser Grand Opéra, 1871 Direktor des Brüsseler Konservatoriums. Arbeiten v. a. zur Musik der Antike und zum Gregorian. Choral.

Gevatter, im 8. Jh. als Lehnübersetzung von kirchenlat. „compater" („Mitvater, Taufpate") als althochdt. „gifatero" entstandene Bez. für den Taufpaten, später auch für Nachbar oder Freund; heute ungebräuchlich.

Gevatter Tod, weltweit verbreitetes Märchen; unter der Bedingung, auch dem Tod seinen Anteil an den Menschen zu lassen, verleiht der Tod seinem Patenkind übernatürl. Fähigkeiten als Arzt. Dieser bricht wiederholt die Abmachung; wird vom Tod in die Höhle der Lebenslichter aller Menschen geführt, wo der Tod sein Licht auslöscht.

Gevelsberg [ˈgeːvəlsbɛrk, ˈgeːfəls...], Stadt an der Ennepe, NRW, 160 m ü. d. M., 32 500 E. Metallverarbeitende und Elektroind. – Entstand im 13. Jh. aus einem Zisterzienserinnenkloster; seit 1886 Stadt.

Gewächs, allg. svw. Pflanze.

Gewächshaus, künstlich erwärmtes Glashaus zur An- und Aufzucht von Blumen, Zierpflanzen und Gemüse während des ganzen Jahres. Nach der Innentemperatur während der kalten Jahreszeit unterscheidet man **Kalthaus** (12 °C, zur Überwinterung subtrop. Pflanzen) und **Warmhaus** (Treibhaus; 18–20 °C, zur Kultivierung trop. und subtrop. Pflanzen).

Gewächshausspinne (*Theridion tepidariorum*), weltweit verbreitete, bis 8 mm große Kugelspinne, die häufig in Gewächshäusern, aber auch in Wohnungen und Kellerräumen vorkommt; Körper meist gelblichbraun mit schwärzl. Flecken oder Fleckenreihen (bes. am Hinterleib).

Gewaff, wm. Bez. für die vorstehenden Eckzähne beim männl. Wildschwein (Keiler) und für die Krallen der Greifvögel.

Gewährleistung ↑Mängelhaftung.

Gewahrsam, 1. im *Strafrecht* die von einem Herrschaftswillen getragene tatsächl. Herrschaft über eine Sache mit der Möglichkeit der ungehinderten und unmittelbaren körperl. Einwirkung auf sie. Von Bed. ist der **Gewahrsamsbruch** (= Bruch fremden G.) als Teilakt der Wegnahme beim Diebstahl. 2. im *Zivilrecht* die tatsächl. Herrschaft einer Person über eine Sache, im wesentlichen identisch mit dem unmittelbaren Besitz (Ausnahme: Erbenbesitz § 857 BGB). 3. im *Polizei- und Ordnungsrecht* der Länder die Ingewahrsamnahme von Personen u. a. zu ihrem Schutz oder zur Identitätsfeststellung.

Gewahrsamsbruch ↑Gewahrsam.

Gewährvertrag ↑Garantievertrag.

1

2

3

4

5

6

Getriebe. 1 Kurbelgetriebe; 2 Kettengetriebe; 3 Kurvengetriebe; 4 Reibradgetriebe; 5 Zahnradgetriebe; 6 Schraubengetriebe

Gewalt

Gewalt, die Anwendung von phys. oder psych. Zwang gegenüber Menschen. – Im *Strafrecht* – als Einsatz phys. Kraft zur Beseitigung eines wirkl. oder vermuteten Widerstandes – häufig Tatbestandsmerkmal einer strafbaren Handlung, z. B. bei Widerstand gegen die Staatsgewalt, Vergewaltigung, Menschenraub, Raub und Erpressung. Die G. kann die Willensbildung oder die Willensbetätigung des Gezwungenen völlig ausschalten (z. B. betäubendes Niederschlagen, Fesselung) oder durch unmittelbare oder mittelbare Einwirkung auf den anderen darauf gerichtet sein, dessen Willen zu beugen oder seine Willensbetätigung in eine bestimmte Richtung zu lenken (z. B. durch Einsperren, Bedrohen von Angehörigen des Gezwungenen mit der Waffe). Nach der neueren Rechtsprechung bedeutet auch die Anwendung berauschender oder narkot. Mittel sowie die Hypnose, der den Gleiskörper einer Straßenbahn blockierende Sitzstreik sowie das Erzwingen oder das bewußte Verhindern des Überholens im Straßenverkehr Anwendung von Gewalt. Im *Zivilrecht* die tatsächl. Herrschaft einer Person über eine Sache, auch ↑ elterliche Sorge, ↑ Schlüsselgewalt. Im *öff. Recht* ↑ Gewaltentrennung, ↑ Staatsgewalt. G. bedeutet in der *älteren dt. Rechtssprache* auch Herrschaft, Herrschaftsgebiet, Regierung, Vollmacht, Auftrag.

In den *Sozialwissenschaften* ist G. die Anwendung von phys. und psych. Zwang gegenüber einem anderen, um diesem Schaden zuzufügen bzw. ihn der Herrschaft des G.ausübenden zu unterwerfen oder um solcher G.ausübung (mittels Gegen-G.) zu begegnen.
Der Staat hat das „Monopol über phys. Gewaltsamkeit" (Max Weber), das ihm einerseits die Verwirklichung der Freiheits-, Rechts- und Wohlfahrtsordnung für die Bürger der Gesellschaft ermöglicht, das andererseits jedoch verfassungsmäßigen Bindungen und Begrenzungen unterliegt. Sofern der Staat einseitig oder völlig von bestimmten gesellschaftl. Gruppen oder Klassen beherrscht wird, entsteht strukturelle Gewalt: nicht mehr nur personale oder direkte, sondern (indirekte) in das gesellschaftl. System eingebaute, durch die Entstehung von (durch Gesetz und Recht legitimierten) ungleichen Macht- und Besitzverhältnissen zulassende G., die Gegen-G. provozieren kann.
In den revolutionären Theorien des Marxismus und Leninismus wird die Rolle der polit. und staatl. G. in ihrer geschichtl. Notwendigkeit begründet und für die Verhältnisse des revolutionären Kampfes unter verschiedenen geograph. und ökolog. Bedingungen weiterentwickelt.
Daneben gibt es wiss. Bemühungen, die die Ursachen von Frustration und Aggression sozialer Gruppen untersuchen und die Voraussetzungen für polit. Aufklärung, für rationale Auseinandersetzung unter Gegnern und für eine Institutionalisierung von Konflikten erforschen.

Gewaltentrennung (Gewaltenteilung), Unterscheidung der drei Staatsfunktionen in Exekutive (vollziehende Gewalt), Legislative (Gesetzgebung), Jurisdiktion (Rechtsprechung) sowie ihre Zuweisung zu voneinander unabhängige Staatsorgane (Regierung und Verwaltung, Parlament, Gerichte) zur Verhinderung von Machtmißbrauch und zur rechtsstaatl. Sicherung der bürgerl. Freiheiten. Als grundlegendes Ordnungs- und Strukturprinzip moderner Verfassungen zuerst von J. Locke 1690 formuliert und von ↑ Montesquieu in „De l'esprit des lois" (1748) zu einem System kontrollierenden Gleichgewichts (Gewaltenbalance) entwickelt. In der Verfassungswirklichkeit der USA (seit 1776/87) mangels monarch. Tradition zu charakterist. Ausprägung gelangt, erhielt die G. in der Frz. Revolution 1789 im Art. 16 der „Déclaration des droits de l'homme et du citoyen" grundgesetzl. Charakter. Im Dt. Reich wurde die G. erst 1919 (Weimarer Reichsverfassung) Realität. – Die marxistisch-leninist. Staatstheorie lehnt die G. ab.
Für die BR Deutschland ist die G. in Art. 20 Abs. 2 GG festgelegt, wonach die Staatsgewalt durch bes. Organe der Gesetzgebung, der vollziehenden Gewalt und der Rechtsprechung ausgeübt wird. Diese Verfassungsvorschrift kann nicht abgeändert werden. Der Grundsatz der *funktionellen* G. ist allerdings nicht immer eingehalten: So stehen z. B. dem Parlament vereinzelt exekutive Rechte zu, und die vollziehende Gewalt übt über den Erlaß von RVO Befugnisse der Gesetzgebung aus. In *personeller* Hinsicht soll die G. durch ↑ Inkompatibilität erreicht werden.
Für das *östr. Verfassungsrecht* ist der Grundsatz der G. ausdrücklich lediglich für den Bereich der Justiz und Verwaltung ausgesprochen (Art. 94 B-VG).
Für das *schweizer. Verfassungsrecht* des Bundes und der Kt. gilt eine dem dt. Recht entsprechende Regelung.

Gewaltlosigkeit, Ablehnung von Gewaltpolitik und/oder gewaltsamer Aktionen unter Anknüpfung an eth. Postulate z. B. im Christentum, Humanismus oder Buddhismus. Anhänger der G. versuchen ihre Ziele durch friedl. Aktionen durchzusetzen.

Gewaltmonopol (staatl. G.), die vom Staat wahrgenommene ausschließl. Befugnis, auf seinem Staatsgebiet phys., d. h. körperl. Zwangsgewalt einzusetzen oder den Einsatz zuzulassen; wesentl. Bestandteil der inneren Souveränität des Staates. Privatpersonen dürfen phys. Gewalt nur auf Grund staatl. Ermächtigung oder Delegation ausüben, wenn staatl. Hilfe zu spät käme (z. B. § 32 StGB Notwehrrecht).

Gewaltopferentschädigung ↑ Opferentschädigungsgesetz.

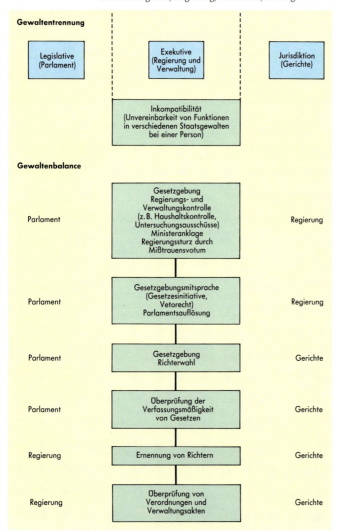

Gewaltentrennung. Schematische Darstellung von Gewaltentrennung und Gewaltenbalance

Gewaltverhältnis (öff.-rechtl. G.), Verhältnis des Bürgers zum Staat. Das **allgemeine Gewaltverhältnis** umfaßt die Rechte und Pflichten jedes Bürgers gegenüber dem Staat, z. B. Steuerpflicht, Wehrpflicht u. a.; Grundrechte, Wahlrecht, Rechtsschutzanspruch. Das **besondere Gewaltverhältnis** (heute auch „bes. Verwaltungsrechtsverhältnis" oder „Einordnungsverhältnis") ist gekennzeichnet durch ein bes. enges Verhältnis des Gewaltunterworfenen zu einem bestimmten Träger staatl. Gewalt. Es kann auf freiwilliger Grundlage (z. B. Beamte, Richter) oder auf gesetzl. Zwang beruhen (z. B. Strafgefangene, Wehrpflichtige, schulpflichtige Schüler). Durch das bes. G. wird der aus dem allg. G. sich ergebende Status zwar nicht aufgehoben, jedoch weiteren Beschränkungen unterworfen. Absolute Grenzen für Grundrechtseinschränkungen im bes. G. ergeben sich aus der Menschenwürde, dem Gleichheitsgebot und der sog. Wesensgehaltsgarantie der Grundrechte. Freiheitsbeschränkungen im Rahmen eines bes. G. bedürfen grundsätzlich einer gesetzl. Grundlage.

Gewaltverzicht, im Völkerrecht Verzicht auf Androhung oder Anwendung von Gewalt zur Lösung strittiger Fragen. Als Einschränkung von Gewalt schon im 19. Jh. praktiziert, im 2. Haager Abkommen (18. 10. 1907), in der Völkerbundsatzung (29. 4. 1919) und in der UN-Charta (26. 6. 1945) als Gewaltverbot formuliert. NATO und Warschauer Pakt bekannten sich trotz scharfer Konfrontation immer zum Gewaltverbot der UN. Die BR Deutschland erklärte den G. bereits auf der Londoner Neunmächtekonferenz (28. 9.–3. 10. 1954). Der G. wurde ein zentrales Instrument der Ostpolitik der BR Deutschland ab 1969, die in den 1970er Jahren geschlossenen Ostverträge mit der UdSSR (12. 8. 1970), Polen (7. 12. 1970), der DDR (21. 12. 1972) und der ČSSR (11. 12. 1973) enthielten G.klauseln. Eine umfassende G.erklärung enthält die Schlußakte der Konferenz über Sicherheit und Zusammenarbeit in Europa (KSZE) vom 1. Aug. 1975.

Gewand [zu althochdt. giwant, urspr. „das Gewendete", d. h. „das gefaltete Tuch"], selten für Oberbekleidung, v. a. gebraucht für außereurop. oder histor., auch liturg. Kleidungsstücke.

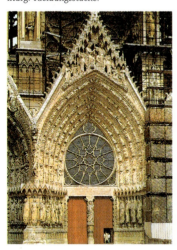

Gewände am mittleren Portal der Kathedrale von Reims

Gewände, Bez. für die durch schrägen Einschnitt in die Mauer entstehende Fläche an Fenstern und Portalen. Im roman. und im got. Stil Stufenportale mit Schmuckformen **(Gewändefiguren).**

Gewandhaus (Tuchhalle), im späten MA von den Gilden der Gewandschneider errichtetes Lager-, Verkaufs-, Fest- und Repräsentationshaus (u. a. in Brügge, Braunschweig und Leipzig).

Gewandhausorchester, eines der ältesten dt. Konzertorchester, ben. nach dem Leipziger Gewandhaus, in dessen Saal ab 1781 die zuerst von J. A. Hiller geleiteten Ge-

Gewandhaus. Neues Gewandhaus in Leipzig, 1977–81

wandhauskonzerte stattfanden. 1884 bezog das G. das erneuerte Gebäude. Seit 1981 spielt das G. im Neuen Gewandhaus. Bed. Dirigenten: F. Mendelssohn Bartholdy, N. W. Gade, A. Nikisch, W. Furtwängler, B. Walter, H. Abendroth, F. Konwitschny, V. Neumann, seit 1970 K. Masur.

Gewann, urspr. (mittelhochdt. gewande) Ackergrenze, an der der Pflug gewendet wird, später Bez. für die Gesamtheit der Felder, die an einen gemeinsamen Grenzstreifen reichen.

Gewannflur ↑ Flurformen.

Gewässer, die Gesamtheit aller natürl. und künstl. stehenden und fließenden Wassermassen auf und unter der festen Erdoberfläche. – Zum *Recht* ↑ Wasserrecht.

Gewässergüteklassen, Einteilung der Fließgewässer in Klassen je nach dem Verschmutzungsgrad. Nach der Belastung v. a. mit organ. Substanzen, die mikrobiell abbaubar sind, und den dabei entstehenden anorgan. Abbauprodukten sowie nach dem dabei auftretenden Sauerstoffverbrauch unterscheidet man vier Haupt- und drei Zwischenstufen.

Gewässerkarten, kartograph. Darstellungen der fließenden und stehenden Gewässer des Festlandes einschl. des Grundwassers sowie der Meere.

Gewässerkunde ↑ Hydrologie.

Gewässernamen (Hydronymie), Namen fließender und stehender Gewässer; im Unterschied zu den fließenden Gewässern sind die Namen der stehenden Gewässer verhältnismäßig jung und etymologisch durchsichtig.

Gewässerschutz, alle Maßnahmen zum Schutz der Gewässer (oberird. Gewässer, Küstengewässer und Grundwasser) vor Verunreinigungen bes. durch Abwässer, Abfälle u. a. wassergefährdende Stoffe, um das Wasser optimal nutzen zu können und gesundheitl. Gefahren und Beeinträchtigungen abzuwenden. *Technische Möglichkeiten* zum G. sind bei oberird. Gewässern die Reinigung und Desinfektion oder die mengenmäßige Beschränkung der eingeleiteten Abwässer und die Verbesserung der Selbstreinigungskraft z. B. durch künstl. Belüftung. Der Schutz des unterird. Wassers ist durch techn. Sicherungen gegen das Übertreten von Schadstoffen in den Untergrund möglich (↑Wasserschutzgebiet). – ↑ Wasserrecht.

Gewässerversauerung, Versauerung fließender und stehender Gewässer; Ursache ist die beträchtlich gestiegene Bodenversauerung, ausgelöst von sauren Niederschlägen. Folgen sind u. a. eine Verarmung der Artenvielfalt und der Rückgang der Fischfauna. Inwieweit für die Wasserversorgung wichtige Grundwasservorkommen durch saure Depositionen beeinträchtigt werden, läßt sich bisher nur schwer beurteilen.

Gewässerverschmutzung, die über die Selbstreinigungskraft hinausgehende Belastung der Gewässer mit Schadstoffen; führt zu einer erhebl. Gefährdung von Tieren und Pflanzen nicht nur in den Gewässern, sondern auch in den Uferbereichen.

Gewebe

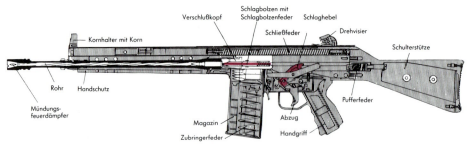

Gewehr. Schematische Darstellung des automatischen Schnellfeuergewehrs G3

Gewehr. Vorderlader mit Radschloß, um 1620 (Ingolstadt, Bayerisches Armeemuseum)

Gewebe, textiles Flächengebilde aus zwei rechtwinklig sich kreuzenden Fadensystemen (Kette und Schuß). Die Fadenverkreuzung wird Bindung genannt.
▷ in der *Biologie* Verbände aus miteinander in Zusammenhang stehenden Zellen annähernd gleicher Bauart und gleicher Funktion (**einfache Gewebe**) oder zusammengesetzt aus zwei oder mehr Zelltypen (**komplexe Gewebe**). Durch Zusammenschluß mehrerer G. können höhere Funktionseinheiten (Organe, Organsysteme) entstehen.
Pflanzliche Gewebe: Algen und Pilze haben im allg. Schein-G. (Plektenchyme; aus miteinander verflochtenen Zellfäden bestehende Zellverbände). Moose (auch hochdifferenzierte Algen) haben z. T., die Sproßpflanzen (Farne und Samenpflanzen) stets unterschiedlich differenzierte echte G. Ihr Entstehungsort sind die ↑Meristeme. Durch Zellteilung, Zellstreckung und Differenzierung gehen aus den Meristemen ↑Dauergewebe hervor. **Tierische Gewebe** treten bei den Eumetazoen (G.tiere) auf. Sie gehen aus den verschiedenen Keimblättern bzw. einem ↑Blastem hervor. Nach Entwicklung, Bau und Leistung werden hauptsächlich unterschieden: Deck-G. (↑Epithel), Stütz- und Füll-G. (↑Bindegewebe), ↑Muskelgewebe, ↑Nervengewebe.
Gewebebank, Depot für konserviertes menschl. Gewebematerial, das für Transplantationen bereitgehalten wird.
Gewebelehre, svw. ↑Histologie.
Gewebetypisierung, immunologische Feststellung der Verträglichkeit von Geweben unterschiedl. Organismen, die v. a. bei der Organtransplantation zur Ermittlung einer optimalen Spender-Empfänger-Kombination dient. Die G. beruht auf einer Bestimmung der Gewebsantigene des ↑HLA-Systems.
Gewebeverpflanzung, svw. ↑Transplantation.
Gewebezüchtung (Gewebekultur, Explantation), Weiterzüchtung von lebend aus dem Organismus entnommenem Gewebe (Explantat) in natürl. (Blutplasma und Gewebeextrakt) oder synthet., meist flüssigem Nährsubstrat. Die G. dient zur Aufklärung morpholog., physiolog., biochem. und pharmakolog. Fragen (z. B. Differenzierung und Wachstum von Zellen und Geweben, Geschwulst-, Virusforschung, Genetik, Immunologie) und zur Gewinnung biolog. Produkte (z. B. Hormone, Antibiotika).
Gewebshormone, in verschiedenen Geweben erzeugte hormonähnl. Stoffe, z. B. Gastrin, Sekretin, Angiotensin, Acetylcholin.
Gewebstod, svw. ↑Nekrose.
Gewebsverträglichkeit (Histokompatibilität), Verträglichkeit zw. Empfänger- und Spendergewebe bei einer Transplantation; sie ist von der Identität der Blutgruppen und der möglichst weitgehenden Übereinstimmung der Histokompatibilitätsantigene des ↑HLA-Systems abhängig, die durch eine Gewebetypisierung vorab geklärt wird. Da die molekulare Struktur dieser Antigene genetisch verankert ist, findet sich vollständige G. nur bei eineiigen und damit erbgleichen Zwillingen. In jedem anderen Fall setzen immunbiol. Reaktionen ein, die ohne immunsuppressive Therapie (↑Immunsuppression) zur Abstoßung des Transplantats führen.
Gewehr [zu althochdt. giwer „Verteidigung, Schutz"], langläufige Handfeuerwaffe. Die ältesten Handfeuerwaffen waren ungeschäftete Knallbüchsen (Donnerbüchsen), die Bolzen oder Kugeln verschossen. Pulver und Kugel wurden bei diesen **Vorderladern** mit einem Ladestock in den Lauf geschoben. Die Zündung erfolgte anfangs durch eine mit der Hand geführte Lunte, dann mit dem Luntenschloß. Ein wesentl. Fortschritt war das 1517 erfundene Radschloß, bei dem ein Zahnrad von einem Feuerstein Funken schlug. Dem überlegen war das gegen 1550 in Spanien entwickelte Schnapphahnschloß, ein Vorläufer des um 1630 in Frankreich entwickelten Stein- oder Flintenschlosses, bei dem der in den Hahn eingeklemmte Feuerstein (Flint) gegen die Schlagfläche eines stählernen Pfannendeckels schlug (Feuersteinschloß). Nach den Befreiungskriegen wurde das Steinschloß G. durch das auch bei Regen zuverlässige Perkussions-G. verdrängt. Bei ihm schlägt der Hahn auf ein mit Knallquecksilber gefülltes Kupferzündhütchen, dessen Feuerstrahl die Pulverladung entzündet (chem. Zündung).

Gewehr. Oben: Vorderlader mit Luntenschloß, um 1500 (Pilsen, Západočeské Múzeum). Mitte: Vorderlader mit Steinschloß, 1777 (Paris, Musée de l'Armée). Unten: kanadischer Mehrlader Mark Ross Mark III, 303, Ende des 19. Jahrhunderts

Mit N. von Dreyses Erfindung des von hinten zu ladenden Zündnadel-G. rüsteten die meisten Staaten (beginnend mit dem preuß. Heer, 1866) auf **Hinterlader** um, unter Verwendung der 1860 erfundenen Metallpatrone, in der Pulverladung, Zündmasse und Geschoß vereinigt waren. Ab 1860 begann die Entwicklung der **Mehrlader** bzw. Repetier-G. (mit Magazinen für 3 bis 10 Patronen), die erstmals im amerikan. Sezessionskrieg von der Kavallerie der Nordstaaten verwendet wurden (Spencer-Karabiner). Während noch im 1. Weltkrieg die Mehrfachlader-G. eine große Rolle spielten, wurden sie im 2. Weltkrieg zunehmend von den Maschinenwaffen verdrängt. Das 1944 eingeführte „Sturmgewehr 44", ein sog. Maschinenkarabiner, mit dem sowohl Einzel- als auch Dauerfeuer geschossen werden konnte, wurde zum Ausgangsmodell der meisten nach dem 2. Weltkrieg entwickelten automat. Schnellfeuer-G. im militär. Bereich. Das Kaliber moderner Schnellfeuer-G. liegt zw. 5,56 mm und 7,62 mm, ihre Gesamtlänge zw. 75 cm und 105 cm. Die Magazine nehmen i. d. R. 20–30 Schuß auf. **Sportgewehre** sind Luft-G., die runde oder doppelkegelförmige Bleigeschosse mittels komprimierter Luft verschießen, Kleinkaliber-G. (Kaliber .22 = 5,6 mm) oder Schrot-G. für Trap- und Skeetschießen. **Jagdgewehre** zum Verschießen von Schrotpatronen besitzen einen (Flinte) oder zwei glatte Läufe (Doppel- oder Bockflinte), zum Verschießen von Kugelpatronen einen (Büchse) oder zwei gezogene Läufe (Doppel- bzw. Bockdoppelbüchse).

Geweih [eigtl. „Geäst"], paarig ausgebildete Stirnwaffe der Hirsche für Brunst- und Abwehrkämpfe. In der Jägersprache wird das nicht ausladende G. des Rehbocks als **Gehörn** bezeichnet. Mit Ausnahme des Rens sind zur G.bildung nur die ♂♂ befähigt. Im Unterschied zum Gehörn (↑Hörner) der Rinder ist das G. eine Hautknochenbildung, die während ihrer Entwicklung von einer plüschartig behaarten, blutgefäßreichen Haut **(Bast)** überzogen ist. Diese Haut wird nach ihrem Absterben und Eintrocknen an Baumstämmen abgescheuert. Jährlich, beim Abklingen der Brunst, wird das G. durch Einwirkung der Geschlechtshormone abgeworfen. Die Neubildung erfolgt unter der Einwirkung der Schilddrüsenhormone. Das noch im Wachstum begriffene, bastüberzogene G. heißt **Kolbengeweih (Kolben).** Zur Abwurfzeit der Stangen (beim Rothirsch etwa im Febr. und März, beim Rehbock Ende Okt. bis Dez., beim Elchhirsch Anfang Okt. bis Anfang Nov., beim Damhirsch April und Mai) erfolgt eine ringartige Auflösung des Knochens am **Knochenzapfen (Stirnzapfen, Rosenstock)** des Stirnbeins dicht unterhalb der *Rose,* einem Wulst mit perligen Verdickungen. Das G. besteht aus den beiden *G.stangen* **(Stangen)** und deren Abzweigungen **(Enden** bzw. **Sprosse).** Bildet die Stangenspitze drei oder mehr Enden aus, so spricht man von einer **Krone.** Eine Abflachung und Verbreiterung der Stange heißt **Schaufel.** Die ersten, noch unverzweigten G.stangen werden als **Spieße,** das häufig darauf folgende, einmal verzweigte G. als **Gabelgeweih** bezeichnet.

Am G. des Rothirschs unterscheidet man von der Rose ab *Augsproß* (erster, nach vorn weisender Sproß), *Eissproß* (meist erst ab Zehnender), *Mittelsproß* und *Endsproß* mit Gabelenden. Die Endenzahl eines G. ist die verdoppelte Zahl der Enden der Einzelstange, die die meisten Enden trägt. Je nach Endenzahl und Gleich- oder Ungleichheit der Enden beider Stangen spricht man z. B. von geraden oder ungeraden Sechs-, Acht-, Zehn-, Zwölfendern usw. Beim Rehbock unterscheidet man am Gehörn im Anschluß an die Rose den nach vorn stehenden *Vordersproß,* den nach hinten weisenden *Hintersproß* und das *Stangenende (Obersproß).* „Korkenzieher-" und „Widdergehörne" entstehen durch Krankheiten, v. a. durch Kalkmangel oder Parasitenbefall. Eine Mißbildung, das **Perückengeweih,** das nur aus weichen, unförmig verdickten Wucherungen oder schwammig verdickten Stangen besteht, ist das **Perückengeweih,** das nur aus weichen, unförmig verdickten Wucherungen oder schwammig verdickten Stangen besteht.

Geweihfarn (Platycerium), Gatt. der Tüpfelfarngewächse mit 17 (epiphyt.) Arten in den trop. Regenwäldern; Rhizompflanzen mit aufrechten, ledrigen, gabelig verzweigten, geweihähnl. Blättern; einige Arten werden als Zimmerpflanzen kultiviert.

Gewerbe, jede selbständige, auf Dauer angelegte wirtsch. Tätigkeit mit der Absicht, Gewinn zu erzielen, mit Ausnahme der ↑Urproduktion und der freiberufl. Tätigkeit.

Gewerbeaufsicht, die staatl. Überwachung der Einhaltung von insbes. arbeits- und immissionsschutzrechtl. Bestimmungen durch die Gewerbebetriebe (in der Gewerbeordnung und in zahlr. landesrechtl. Vorschriften geregelt). Die Durchführung der G. obliegt in den Ländern den **Gewerbeaufsichtsämtern** bzw. in einigen Bereichen Sonderaufsichtsbehörden, z. B. Bergämtern. – In *Österreich* ist die G. den Bezirksverwaltungsbehörden und den Arbeitsinspektoraten zugewiesen. In der *Schweiz* ist die Ordnung nach den Kantonen unterschiedlich.

Gewerbebetrieb, ein Unternehmen des Handels, Handwerks, der Ind. oder des Verkehrs zum Betrieb eines Gewerbes; geregelt in der Gewerbeordnung und in zahlr. Nebengesetzen. Die Gewerbeordnung unterscheidet zw. stehendem Gewerbe, Reisegewerbe sowie Messen, Ausstellungen und Märkten.

Gewerbeerlaubnis ↑Gewerbezulassung.

Gewerbefreiheit, das in § 1 der Gewerbeordnung niedergelegte Recht eines jeden, ein Gewerbe zu betreiben, soweit nicht gesetzlich Ausnahmen oder Beschränkungen (z. B. Art. 12 GG) vorgeschrieben oder zugelassen sind. Die G. wurde in Deutschland erst mit der Gewerbeordnung von 1869 eingeführt; vorher war der Betrieb eines Gewerbes von einer behördl. Genehmigung (Konzession) oder von der Mitgliedschaft in einer Zunft abhängig (↑Berufsfreiheit).

In *Österreich* ist G. in Art. 6 B-VG gewährleistet. Die Gewerbeordnung u. a. Vorschriften regeln die Voraussetzungen für die Ausübung eines Erwerbszweiges. Nach neuerer Rechtsprechung dürfen derartige gesetzl. Bedingungen die G. nicht unverhältnismäßig einschränken (führte zur Aufhebung mehrerer Bedarfsprüfungsregelungen). In der *Schweiz* ist nach Art. 31 BV die Handels- und Gewerbefreiheit in der ganzen Eidgenossenschaft gewährleistet, soweit sie nicht durch die BV oder die auf ihr beruhende Gesetzgebung beschränkt ist.

Gewerbegerichte, in einigen Kt. der Schweiz Sondergerichte zur Beilegung bzw. Entscheidung von arbeitsrechtl. Streitigkeiten zw. Arbeitgebern und Arbeitnehmern. In anderen Kt. bestehen Arbeitsgerichte.

Gewerbekrankheiten, veraltet für ↑Berufskrankheiten.

Gewerbelehrer, nichtamtl., traditionelle Berufsbez. von Lehrkräften an gewerbl. und hauswirtschaftl. Berufs-, Berufsfach-, Fachschulen und Berufsoberschulen; heute ist in der BR Deutschland ein Hochschulstudium Voraussetzung, während in Österreich die Ausbildung an berufspädagog. Lehranstalten erfolgt, in der Schweiz am Schweizer Institut für Berufspädagogik.

Gewerbeordnung, Abk. GewO, Gesetz i. d. F. vom 1. 1. 1987, das die öff.-rechtl. Gewerbeüberwachung regelt. Die G. geht vom Grundsatz der Gewerbefreiheit aus und fixiert deren Beschränkungen zur Gewährleistung der öff. Sicherheit unter Berücksichtigung des Arbeitsschutzes. Sie enthält insbes. Regelungen über die Einteilung der ↑Gewerbe, zulässige Maßnahmen der Gewerbeüberwachung,

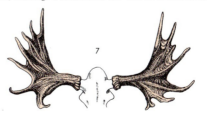

Geweih. 1–3 Entwicklung des Rehbockgehörns: 1 Spießergeweih, 2 Gabelgehörn, 3 sechsendiges Gabelgehörn; 4 und 5 Geweihe des Damhirsches; 6 Geweih des Edelhirsches; 7 Geweih des Elches

Gewerbepolitik

Voraussetzungen der Gewerbezulassung, Einrichtung des Gewerbezentralregisters, arbeitsrechtl. Vorschriften. In Österreich gilt die G. i. d. F. vom 7. 7. 1988. Im *schweizer.* Recht bestehen verschiedene bundes- und kantonalrechtl. Vorschriften zum Gewerbe.

Gewerbepolitik, Maßnahmen des Staates und der Wirtschaftsverbände, die die gewerbl. Wirtschaftszweige betreffen. Die histor. Entwicklung kann man in vier Epochen unterteilen: 1. Die ma. zunftgebundene G. strebte einen „standesgemäßen Unterhalt" an. Als Mittel zur Einkommenssicherung dienten Zunftzwang sowie Produktions- und Preiskontrolle. 2. Die merkantilist. G. förderte Handel und Verkehr durch Erweiterung des Absatzgebietes (Förderung von Handel und Verkehr) und Vergrößerung des Produktionsausstoßes durch staatl. konzessionierte Manufakturbetriebe. 3. Die liberale G. vertrat die Prinzipien der Gewerbe-, Berufs- und Handelsfreiheit. 4. Die sozialgebundene G. sieht ihre Aufgabe v. a. in der Einkommenssicherung der Lohnempfänger, der Sicherung der Arbeitsplätze sowie der Stärkung der Klein- und Mittelbetriebe.

Gewerbeschein ↑ stehendes Gewerbe.

Gewerbeschulen, Vorläufer der heutigen Berufsfachschulen des gewerblich-techn. Bereichs. In Österreich sind die Nachfolger der früheren G. die gewerbl. und techn. Fachschulen und Lehranstalten. In der Schweiz die gewerblich-industriellen Berufsschulen.

Gewerbesteuer, bedeutendste der Gemeindesteuern in der BR Deutschland. Die G. ist bundeseinheitlich geregelt und zählt innerhalb der Besitzsteuern zu der Gruppe der Real- oder Sachsteuern. Steuerbemessungsgrundlagen sind der Gewerbeertrag (unter diesem Aspekt zählt sie zu den Ertragsteuern) und das Gewerbekapital. Die G. wird errechnet, indem Gewerbeertrag und -kapital mit einer Steuermeßzahl vervielfältigt und zu einem einheitl. Steuermeßbetrag zusammengezählt werden, den das Finanzamt durch G.-Meßbescheid festsetzt. Die G.schuld ergibt sich durch Multiplikation des G.meßbetrages mit einem in der jeweiligen Haushaltsatzung der hebeberechtigten Gemeinden beschlossenen Hebesatzes. Seit der Finanzreform von 1969 muß ein Teil des G.aufkommens an Bund und Länder abgeführt werden. Zum Ausgleich erhalten die Gemeinden einen Teil des Einkommensteuerertrags.

Gewerbeuntersagung, das behördl. Verbot, ein Gewerbe weiter auszuüben. Eine entschädigungslose G. ist u. a. möglich, wenn Tatsachen vorliegen, welche die Unzuverlässigkeit des Gewerbetreibenden bezeugen, sofern die G. zum Schutz der Allgemeinheit oder der im Betrieb Beschäftigten erforderlich ist (§ 35 Gewerbeordnung). Gegen Schadenersatz kann jederzeit die fernere Benutzung einer gewerbl. Anlage wegen überwiegender Nachteile und Gefahren für das Gemeinwohl untersagt werden (§ 51).

Gewerbevereine, freie Zusammenschlüsse von Gewerbetreibenden zur Wahrung mittelständ. Interessen im lokalen und regionalen Bereich. Der erste G. wurde 1825 in Leipzig gegr.; 1891 Zusammenschluß im „Verband dt. G."; 1933 Auflösung der G.; seit 1950 Wieder- und Neugründungen.

Gewerbezulassung, die Erlaubnis zum Betrieb eines Gewerbes. Sie bezieht sich entweder auf bestimmte Anlagen oder auf die Befähigung und Zuverlässigkeit des Gewerbetreibenden. Die G. vom Nachweis eines Bedürfnisses abhängig zu machen, ist i. d. R. verfassungswidrig. Die Errichtung von Anlagen, die die Allgemeinheit gefährden oder erheblich belästigen, ist nach dem Bundes-Immissionsschutzg genehmigungspflichtig. An Anlagen, die wegen ihrer Gefährlichkeit einer bes. Überwachung bedürfen (z. B. Dampfkessel), werden zusätzl. Anforderungen gestellt. Eine Personalerlaubnis (Befähigungsnachweis) ist für den Betrieb bestimmter Gewerbe vorgesehen (Privatkrankenhäuser, Grundstücksvermittlungen).

In *Österreich* unterscheidet die Gewerbeordnung entsprechend der Strenge der Voraussetzungen (Befähigungsnachweis) konzessionierte Gewerbe und Anmeldegewerbe. Die einzelnen Regelungen sind mit dem dt. Recht vergleichbar.

In der *Schweiz* hat der Bund in bestimmten Bereichen bes. polizeil. Befugnisse (z. B. Aufsicht über das private Versicherungs- und Bankenwesen). Weite Teile des Gewerberechts, bes. gewerbepolizeiliche Fragen, sind durch Kt. und Gemeinden geregelt.

gewerblicher Rechtsschutz, Sammelbegriff für die Gesetze zum Schutz des *geistigen Schaffens* auf *gewerbl. Gebiet* (Patent-, Gebrauchsmuster-, Geschmacksmuster-, Warenzeichen- und Wettbewerbsrecht).

gewerbliches Eigentum, im internat. Sprachgebrauch verwendete Bez. für ↑ gewerblichen Rechtsschutz.

gewerbsmäßiges Handeln, im Strafrecht eine Handlungsweise des Täters in der Absicht, sich durch die wiederholte Begehung einer Straftat eine nicht nur vorübergehende Einnahmequelle zu verschaffen. Das g. H. wirkt teils *strafbegründend* (z. B. beim Betreiben eines Bordells), teils *straferhöhend* (z. B. bei Hehlerei).

Für das *östr.* Strafrecht gilt Entsprechendes. Nach neuester *schweizer.* Rechtsprechung muß das g. H. zusätzlich durch die Ausübung nach Art eines Berufes gekennzeichnet sein.

Gewere, Begriff im german. und ma. Recht für ein Herrschaftsrecht (über Sachen und Personen).

Gewerk, Gewerbe, Handwerk, Zunft.

Gewerkschaften, im weitesten Sinne alle Organisationen, in denen sich abhängig Beschäftigte (Arbeiter, Angestellte, Beamte) zusammenschließen, um bestimmte gemeinsame, v. a. wirtsch. und soziale Interessen durchzusetzen. Nach Gesetzgebung und Rechtsprechung gelten G. ebenso wie Arbeitgeberzusammenschlüsse in der BR Deutschland als *Koalitionen,* die vom Mitgliederwechsel unabhängig sind, die freiwillig gebildet, von Parteien, Kirchen sowie vom Staat unabhängig und auf überbetriebl. Grundlage organisiert sind, deren wichtigste Aufgabe der Abschluß von Tarifverträgen ist, die zu diesem Zweck Druck ausüben können, dabei aber die geltenden Schlichtungsregelungen anerkennen. Über diese rechtswiss. Definition hinaus gilt und galt v. a. in der Geschichte der Arbeiterbewegung als wichtigstes Ziel gewerkschaftl. Zusammenschlüsse die *Selbsthilfe* Lohnabhängiger (v. a. zu Beginn der industriellen Revolution) gegen Armut sowie Kinderarbeit, unzumutbare Arbeitsbedingungen (12- bis 17-Stundentag, zu niedrige Löhne usw.) und fehlende soziale Sicherung (v. a. gegen Arbeitslosigkeit, Krankheit und Alter; ↑ soziale Frage). Gewerkschaftl. Kampf um die Verbesserung der Lebens- und Arbeitsbedingungen richtete sich nicht allein gegen Arbeitgeber, sondern auch gegen den Staat, der die notwendigen gesetzl. Rahmenbedingungen schaffen sollte (Normalarbeitstag, Arbeitsschutzgesetzgebung, staatl. Sozialversicherung, Betriebsverfassung sowie als notwendige Voraussetzung gewerkschaftl. Zusammenschlüsse eine gesetzl. abgesicherte ↑ Koalitionsfreiheit). Heute gelten als wichtigste, auch gesetzlich abzusichernde Ziele betriebl. und überbetriebl. Mitbestimmung, Vermögensbildung in Arbeitnehmerhand, Abbau der Arbeitslosigkeit u. a. durch verschiedene Maßnahmen der Arbeitszeitverkürzung (35-Stundenwoche, Urlaubsverbesserungen), Verbesserung des Bildungs- und Ausbildungswesens sowie der Schutzgesetze für Jugendliche, Frauen und Behinderte.

Organisationsformen: G. bildeten sich zunächst nach dem **Berufsverbandsprinzip,** bei dem sich Arbeitnehmer getrennt nach Berufsgruppen organisieren und somit in einem Betrieb mehrere G. vorhanden sind, die unabhängig voneinander verhandeln und Kampfmaßnahmen durchführen. Dieses Prinzip ist heute noch z. B. in Großbritannien und den USA vorherrschend; in W-Europa entwickelte sich bereits um die Jahrhundertwende das diesem entgegenstehende **Industrieverbandsprinzip** (ein Betrieb – eine G.), nach dem sowohl die Einzelgewerkschaften des Dt. Gewerkschaftsbundes (DGB) als auch die Arbeitgeberverbände in der BR Deutschland gegliedert sind. Daneben sind in der BR Deutschland die ↑ Deutsche Angestellten-Gewerkschaft (DAG) und der ↑ Deutsche Beamtenbund nach dem **Berufsgruppenprinzip** gegliedert; insoweit konnte hier nach 1945 das Ziel der alle Berufsgruppen umfassenden **Einheitsgewerkschaft** nur bedingt verwirklicht wer-

Gewerkschaften

Gewerkschaften (Übersicht)

AFRIKA
In den 1880er Jahren bildeten sich hier die ersten G. europ. Arbeiter und Angestellter. Vor dem 1. Weltkrieg gegr. Gewerkschaftsorganisationen einheim. Arbeiter bestanden jeweils nur kurze Zeit. Die zw. den Weltkriegen gegr. zahlr. G. wurden von den Kolonialmächten – mit Ausnahme der tunes. G. – erst nach 1945 anerkannt und legalisiert. Die Organisationsformen entsprachen meist denen der Kolonialländer. Erste afrikan. Dachorganisationen waren die 1961 gegr. **All-African Trade Union Federation (AATUF)** und die 1962 gegr. **African Trade Union Confederation (ATUC)**, die dem IBFG und dem WVA nahestanden. 1974 stellten die AATUF und ATUC mit der Bildung der **Organization of African Trade Union Unity (OATUU)** ihre Tätigkeit ein. Seit der Entkolonisation stehen die afrikan. G. fast ausschließlich unter polit. Kontrolle durch die jeweilige Reg.; 15 Dachorganisationen in 13 arab. Ländern sind in der 1956 gegr. **International Confederation of Arab Trade Unions (ICATU)** zusammengeschlossen.
ÄGYPTEN: Die **Egyptian Trade Union Federation (ETUF)** ist Dachverband von 21 Einzel-G. (gegr. 1957 als Egyptian Federation of Labour); Mgl. der OATUU und der ICATU.
ALGERIEN: **Union Générale des Travailleurs Algériens (UGTA)**, gegr. 1956, mit 12 nach dem Industrieverbandsprinzip organisierten Einzel-G.
GHANA: **Ghana Trades Union Congress;** gegr. 1945; 17 Einzel-G.
MAROKKO: **Union Marocaine du Travail (UMT)**, linkssozialistisch; **Union Générale des Travailleurs Marocains (UGTM)**, gegr. 1960.
SÜDAFRIKA: Größter Gewerkschaftsdachverband ist der **Congress of South African Trade Unions (COSATU)**, gegr. 1985, multirassisch. Dem **National Council of Trade Unions (Nactu)** sind nur „afrikan." G. angeschlossen; die 1957 gegr. **South African Confederation of Labour (SACOL)** ist weißen G. vorbehalten.
TUNESIEN: Die **Union Générale Tunisienne du Travail (UGTT)**, gegr. 1946, ist Dachverband von 23 Einzel-G.; von der Reg. kontrolliert.

AMERIKA
KANADA: 1886 Gründung des **Trades and Labour Congress** und 1902 des **All Canadian Congress of Labour**, die sich 1956 zum **Canadian Labour Congress (CLC)** zusammenschlossen, der über 100 Einzel-G. repräsentiert. Die frz.-sprachigen Arbeiter sind in der 1921 gegr. **Confédération des Syndicats Nationaux** organisiert.
USA: Nach Gründung einzelner Berufs-G. und nat. Facharbeiterverbände und nachdem Versuche gescheitert waren (am wichtigsten der 1869 gegr. und als Einheits-G. konzipierte **Noble Order of the Knights of Labor**), gewerkschaftl. Dachorganisationen zu gründen, wurde 1886 die **American Federation of Labor (AFL)** als Dachorganisation von 90 Berufsverbänden geschaffen, die exklusiv orientiert (ungelernte Arbeiter und ethn. Minderheiten waren ausgeschlossen), unpolitisch und pragmatisch allein auf die wirtsch. und soziale Besserstellung der Facharbeiter ausgerichtet war (Mgl. 1897: 250 000; 1904: 1,7 Mill.; 1920: 5,1 Mill.; zur Zeit der Depression der 1920er Jahre Rückgang auf 4,3 Mill.); 1938 spaltete sich von der AFL das nach dem Industrieverbandsprinzip organisierte **Committee of Industrial Organization (CIO)** ab, das auch Ungelernte und Farbige aufnahm; 1955 Zusammenschluß zur **American Federation of Labor and Congress of Industrial Organizations (AFL/CIO)** mit 95 (1984) sowohl nach dem Berufs- als auch nach dem Industrieverbandsprinzip organisierten Einzel-G. Die bedeutendsten G. neben der AFL/CIO sind die **National Education Association** und die **United Electric Workers**.
LATEINAMERIKA: Kurz vor Ende des 19. Jh. wurden die ersten lateinamerikan. G. von anarchist. und anarchosyndikalist. Einwanderern gegr. Nach dem 1. Weltkrieg entstanden in allen Staaten G. und internat. Zusammenschlüsse. Auf Grund der geringen Industrialisierung, hohen Arbeitslosenquote und überwiegend diktator. Reg.systeme liegt der Organisationsgrad unter 10% der Erwerbstätigen. Regionalorganisation des IBFG ist die **Organización Regional Interamericana de Trabajadores (ORIT)**, gegr. 1951.
ARGENTINIEN: G. spielen traditionell eine wichtige Rolle im polit. Leben des Landes. Einflußreichste G. ist die **Confederación General del Trabajo (CGT)**, gegr. 1930; unter dem militär. Regime staatlich kontrolliert, zeitweise (bis zur erneuten Zusammenführung 1984) gespalten.
BRASILIEN: Auf der Grundlage eines korporativen Arbeitsrechts sind die direkt vom Staat über die Besteuerung aller Beschäftigten finanzierten G. so organisiert, daß auf nat. Ebene 9 nach Wirtschaftssektoren getrennte Föderationen bestehen. Die Arbeitnehmer einer Branche sind je nach Bundesland in Föderationen organisiert, die wiederum nach Berufsgruppen und Gemeinden in G. (sindicatos) unterteilt sind. Neben dieser staatl. Gewerkschaftspyramide bildeten sich 3 Gewerkschaftszentralen heraus: **Central Unica dos Trabalhadores (CUT)**, gegr. 1983; **Central General dos Trabalhadores (CGT)**, gegr. 1986; **União Sindical Independente (USI)**, gegr. 1985.
CHILE: Neugründung von (ideologisch geprägten) Dachorganisationen erfolgte in den 1980er Jahren. Größte Gewerkschaftszentrale ist die **Central Unica de Trabajadores (CUT)**, die etwa 80 Gruppen und Organisationen repräsentiert.
MEXIKO: Größter Dachverband ist die dem IBFG angehörende **Confederación de Trabajadores de México (CTM)**, gegr. 1936.
VENEZUELA: Der **Confederación de Trabajadores de Venezuela (CTV)**, 1959 gegr., sind 16 Industrie-G. angegliedert.

ASIEN
CHINA: Die **All-China Federation of Trade Unions,** gegr. 1948, umfaßt 23 Industriegewerkschaften.
INDIEN: Der **Indian National Trade Union Congress (INTUC)**, gegr. 1947, dem IBFG angeschlossen, umfaßt 4 232 Verbände, dem **All-India Trade Union Congress (AITUC)**, gegr. 1920, gehören 3 229 Verbände an.
ISRAEL: Der Allg. Gewerkschaftsverband Israels, **Histadrut**, 1920 gegr., 40 Einzel-G., ist der wichtigste Interessenverband Israels, der neben rein gewerkschaftl. auch Aufgaben im Bereich des Sozial- und Sozialversicherungswesens und ökonom. Aktivitäten (v. a. Genossenschaftsbetriebe) ausübt.
JAPAN: Die wichtigsten Gewerkschaftsformen sind die selbständigen Betriebs-G. (z. T. zu Unternehmens-G. zusammengeschlossen), die Branchen-G. und die Berufs-G. Bed. Dachverbände sind der **Nihon Rōdō Kumiai Sō Hyōgikai (Sōhyō,** Generalrat der jap. G.), der **Zen Nihon Rōdō Sōdōmei (Dōmei,** Gesamtjap. Generalbund der G.) und der **Chūritsu Rōdō Kumiai Renraku Kaigi (Chūritsu Rōren,** Verbindungskonferenz der Neutralen G.). Daneben gibt es zahlr. ungebundene G. 1987 wurde die Konföderation Jap. G. des Privatsektors und daraus 1989 der neue Dachverband **Rengō** (Nationalverband der G. der Privatwirtschaft; Zusammenschluß von Dōmei, Chūritsu Rōren und dem kleineren Nationalverband der Industrie-G.) gegründet. Dieser sowie mehrere G. von Sōhyō sind dem IBFG angeschlossen, weitere G. gehören verschiedenen Internat. Berufssekretariaten an.
NORD-KOREA: Wichtigste G. sind der **Generalverband der Gewerkschaften Koreas,** gegr. 1945, und die **Union der in der Landwirtschaft arbeitenden Menschen Koreas,** gegr. 1965.
SÜD-KOREA: Dachverband von 16 Einzel-G. ist die **Federation of Korea Trade Unions (FKTU)**, gegr. 1961.
TÜRKEI: Im Rahmen des militär. Regimes nach Berufsbranchen organisierte G. sind im **Türkischen Gewerkschaftsbund (Türk-İş)**, gegr. 1952, zusammengeschlossen, der dem IBFG angeschlossen ist.
VIETNAM: Der **Allgemeine Vietnames. Gewerkschaftsverband** ist ein 1976 erfolgter Zusammenschluß der beiden gewerkschaftl. Dachverbände N- und S-Vietnams.

AUSTRALIEN: Von den fast 300 nach Berufsbranchen organisierten G. sind 163 dem **Australian Council of Trade Unions (ACTU)** angeschlossen, der 1927 gegr. wurde. Bei einer Mitgliedschaft von etwas über 50% aller Beschäftigten verzeichnen die austral. G. einen sehr hohen Organisationsgrad.

EUROPA
FRANKREICH: Nach mehreren Gründungsversuchen (seit 1884) gewerkschaftl. Berufsverbände kam es 1895 zur Gründung der marxistisch ausgerichteten **Confédération Générale du Travail (CGT)** und 1919 der christl. Confédération Française des Travailleurs Chrétiens (CFTC), die 1964 in **Confédération Française Démocratique du Travail (CFDT)** umbenannt wurde (Mgl. des EGB); 1947 spaltete sich von der CGT die **Force Ouvrière (FO)** ab; sie ist sowohl dem IBFG als auch dem EGB angeschlossen.
GROSSBRITANNIEN und NORDIRLAND: Obwohl sie gleiche Strukturen aufweisen, sind die G. in England, Wales, Schottland und Nordirland getrennt organisiert. Als zentrales G.organ Englands fungiert der 1868 gegr. **Trades Union Congress (TUC)**, dem mehr als 80% aller Gewerkschaftsmgl. angehören; er ist Mgl. des IBFG und des EGB; dem 1897 gegr. **Scottish Trades Union Congress** gehören 73 G. an; in Wales wurde 1973 der **Wales Trades Union Council** gegr.; Nordirland besitzt keinen Dachverband.
ITALIEN: Zu Beginn des 20. Jh. bildeten sich 3 gewerkschaftl. Dachorganisationen, die reformsozialist. **Confederazione Generale del Lavoro (CGL)**, 1906 gegr., die **Unione Sindicalista Italiana** und die 1918 gegr. Confederazione Italiana del Lavoro. Nach der Zerschlagung des Faschismus wurde 1944 die **Confederazione Generale Italiana del Lavoro (CGIL)** als Einheits-G. gegr., die jedoch ab 1948 Abspaltungen hinnehmen mußte. Heute bestehen 3 große Richtungsgewerkschaften: die kommunist./sozialist. CGIL, die christl. **Confederazione Italiana Sindicati Lavoratori (CISL)**, gegr. 1950, und die sozialdemokrat.-republikan. **Unione Italiana del Lavoro (UIL)**, gegr. 1950. Seit 1974 gehören alle 3 Dachverbände dem EGB an.
ÖSTERREICH: 1893 wurde die **Provisorische Kommission der Gewerkschaften Österreichs** als erste Dachorganisation örtl. und branchengebundener Arbeitervereine gegr., etwa ab 1900 entstanden christl. G. und einige „gelbe" Betriebs-G. 1934 wurden alle der Sozialdemokratie nahestehenden G. aufgelöst. 1945 wurde der **Österr. Gewerkschaftsbund (ÖGB)** als Einheits-G. gegr.; er umfaßt 15 Industrie-G. und ist Mgl. des IBFG. Innerhalb des ÖGB bestehen polit. Fraktionen.
POLEN: Nach dem Zerfall der staatl. G. bildeten sich seit Sept. 1980 von der kommunist. Partei unabhängige G. heraus, als deren Dachorganisation der Gewerkschaftsverband **Solidarność (Solidarität)** gegr. wurde; nach illegaler Arbeit (1982–89 verboten) wurde die Solidarność im April 1989 infolge der polit. Veränderungen zugelassen und konnte über ihr Bürgerkomitee (OKP) bei den Parlamentswahlen 1989 die überwiegende Zahl der Mandate gewinnen. 1989 wurde auch die **Bauern-Solidarność** gegründet.
SCHWEDEN: Die seit 1869 bestehenden G. gründeten 1898 die **Landsorganisationen i Sverige (LO;** Zentralverband der G. Schwedens) als Dachorganisation, der heute 23 meist nach dem Industrieverbandsprinzip organisierte

gewerkschaftliche Bildungsarbeit

Gewerkschaften (Fortsetzung)

Einzel-G. (= 95% der Arbeiter) angehören; die LO ist Mgl. des IBFG und des EGB. In der **Tjänstemännens Centralorganisation (TCO)**; Zentralorganisation für Beamte und öff. Angestellte) sind 19 Einzel-G. organisiert; die TCO ist Mgl. des IBFG und des EGB.
SCHWEIZ: Als gewerkschaftl. Dachorganisation wurde 1880 der **Schweizerische Gewerkschaftsbund (SGB)** gegr., zuerst marxistisch, seit Ende des 1. Weltkrieges sozialdemokratisch ausgerichtet. Der SGB umfaßt 15 Einzel-G. und ist Mgl. des IBFG. Der **Christlichnationale Gewerkschaftsbund (CNG)**, 1907 als **Zentralverband der christlichen Gewerkschaften** gegr., repräsentiert 13 Einzelverbände und ist Mgl. des WVA.
EHEM. SOWJETUNION: Mit der Annahme eines neuen Gewerkschaftsgesetzes (Dez. 1990), das den Bestimmungen der internat. Konvention über Gewerkschaftsorganisationen entspricht, wurde die Abkehr von den bisherigen, unter Führung der KPdSU stehenden komunist. Einheits-G. (zusammengefaßt im Zentralrat der G. der UdSSR) und der Aufbau freier, politisch unabhängiger G. legitimiert. Gewicht wird künftig den G. auf Republiksebene zukommen.
SPANIEN: Seit dem Tod Francos 1975 entwickelten sich neue G. (formell zugelassen 1977), die sich zwar parteipolitisch nicht binden dürfen, de facto jedoch an den verschiedenen Parteien orientiert sind. Die **Confederación Sindical de Comisiones Obreras (CCOO)**, gegr. 1956, steht den Kommunisten nahe, die **Unión General de Trabajadores de España (UGT)**, gegr. 1888, den Sozialisten. Die **Unión Sindical Obrera (USO)** ist parteiunabhängig und vertritt ein sozialistisches Programm; 1978 hat sie sich gespalten.
EHEM. TSCHECHOSLOWAKEI: Der 1945 gegr. **Zentralrat der Gewerkschaften**, faßte die beiden Dachorganisationen, den **Tschechischen Gewerkschaftsrat** und den **Slowakischen Gewerkschaftsrat**, zusammen, die 18 Fach-G. repräsentierten. 1990 wurde die bisherige komunist. Gewerkschaftsbewegung aufgelöst, die Gründung eines neuen, parteiunabhängigen Dachverbandes wird vorbereitet.

---

den. Sind G. auf bestimmte Weltanschauungen und polit. Grundrichtungen festgelegt bzw. die G.bewegung eines Landes nach Weltanschauungszugehörigkeit gegliedert, spricht man von **Richtungsgewerkschaften**. Die *G.geschichte* kennt hauptsächlich folgende Richtungs-G.: 1. **freie** bzw. **sozialistische Gewerkschaften** als Teil der sozialist. Arbeiterbewegung; in Deutschland schlossen sich nach Aufhebung des Sozialistengesetzes 1890 die der SPD nahestehenden G.gruppen zur *Generalkommission der G. Deutschlands* zusammen. Entgegen den Absichten Bebels u.a., die dafür eintraten, daß die Partei die Richtlinien der Arbeitnehmerorganisationen bestimmte, blieben diese jedoch unabhängig; 1919 bildeten die freien G. in Deutschland den *Allgemeinen Dt. Gewerkschaftsbund (ADGB)*, dem der *Allgemeine freie Angestelltenbund (Afa-Bund)*, gegr. 1921, und der *Allgemeine Dt. Beamtenbund (ADB)*, gegr. 1921, angeschlossen waren. Die freien G. vertraten insbes. eine reformist. Politik (↑Reformismus, ↑Sozialdemokratie), lehnten den u.a. von R. Luxemburg propagierten polit. Massenstreik ab und verzichteten während des 1. Weltkriegs auf Lohnerhöhungen und Streiks. Wichtigstes polit. Konzept in den 1920er Jahren war die Forderung nach *Wirtschaftsdemokratie* (sozialpolit. Maßnahmen gegen wirtschaftl. Macht, Ausbau betriebl. Mitbestimmung, Einführung regionaler und überbetriebl. Selbstverwaltungsorgane, Förderung der öffentl. Unternehmen sowie der Genossenschaften). 2. **kommunistische Gewerkschaften** entstanden in Rußland bzw. der Sowjetunion, ČSR, Großbritannien, Frankreich, Österreich und Polen und bildeten 1921 die *Rote Gewerkschaftsinternationale (RGI)*, der sich auch revolutionäre Gruppen innerhalb der dt. freien G. anschlossen, die sich 1928 als *Revolutionäre Gewerkschaftsopposition (RGO)* unter der Führung der KPD vom ADGB abspaltete. Ziel kommunist. G. ist letztlich die revolutionäre Umgestaltung der kapitalist. Gesellschaft. In kommunist. Ländern stehen sie als Einheitsgewerkschaften unter Führung der die Macht ausübenden Staatspartei und sehen ihre Aufgabe v.a. in der Integrierung der Arbeiter und Angestellten in das Herrschaftssystem. 3. **syndikalistische Gewerkschaften** bestanden v.a. in den letzten anderthalb Jahrzehnten des 19. Jh.; sie haben den Gedanken des Industrieverbandsprinzips am stärksten propagiert, da nach Meinung des ↑Syndikalismus nur Massenschlüsse der Arbeiter in den Betrieben (sog. Syndikate), nicht aber Parteien Träger revolutionärer Bestrebungen seien. Ziel der syndikalist. G. ist ein Wirtschaftssystem der *Arbeiterselbstverwaltung*; ihr Mittel der Massenstreik der Arbeiterbewegung. Syndikalist. G. entstanden zuerst in Frankreich (1892 Gründung der *Fédération des Bourses du Travail*) und hatten v.a. in S-Amerika und Spanien (v.a. 1931–39) größeren Einfluß; 4. **christliche Gewerkschaften** entstanden innerhalb der christlich-sozialen Bewegung zuerst Ende des 19. Jh. in Deutschland; sie gründeten 1901 den *Gesamtverband christl. G.*, der nach dem Prinzip der Interkonfessionalität arbeitete. 1919 kam es zur Gründung des ↑Deutschen Gewerkschaftsbundes (DGB), der sich an der Zentrumspartei orientierte. Auch in der BR Deutschland gibt es noch christl. (kath. orientierte) G. mit dem 1959 gegr. *Christl. Gewerkschaftsbund Deutschlands (CGB)* als Dachorganisation; 5. gegen die klassenkämpfer. Gewerkschaftsauffassung der freien, kommunist. und syndikalist. G. bildeten sich neben den christl. G. die dem Linksliberalismus nahestehenden ↑Hirsch-Dunckerschen Gewerkvereine, die nach dem Selbsthilfeprinzip schon früh Hilfskassen für ihre Mgl. einrichteten; 1868 erfolgte die Gründung des *Verbandes der Dt. Gewerkvereine*, der 1919 mit Angestellten- und Beamtenorganisationen den *Gewerkschaftsring* dt. Arbeiter-, Angestellten- und Beamtenverbände gründete; 6. die wirtschaftsfriedl. Gewerkschaften (sog. *gelbe G.*) lehnten den Arbeitskampf als Mittel zur Durchsetzung der Arbeitnehmerinteressen ab und proklamierten die Arbeitgeber und -nehmer zusammenfassende *Werkgemeinschaft*. 1899 in Frankreich entstanden, entwickelten sie sich meist mit Arbeitgeberunterstützung seit 1905 auch in Deutschland.

In der BR Deutschland waren 1992 rd. 14 Mill. Arbeitnehmer gewerkschaftlich organisiert; der überwiegende Teil gehörte dem 1949 gegr. ↑Deutschen Gewerkschaftsbund an, der mit der IG Metall (rd. 3,6 Mill. Mgl.) die mitgliederstärkste Einzelgewerkschaft stellte. – In der SBZ wurde 1945 der ↑Freie Deutsche Gewerkschaftsbund gegründet, der sich 1990 selbst auflöste.

Internationale Organisationen: Die freien G. gründeten 1913 den *Internat. Gewerkschaftsbund (IGB)*, der 1919 als internat. Dachorganisation der reformist. G. Europas und zeitweilig der USA neu konstituiert wurde (1919: 32 Mill. Mgl.; zu Beginn des 2. Weltkriegs faktisch aufgelöst). 1921 gründeten die kommunist. Gewerkschaften die *Rote Gewerkschaftsinternationale (RGI)*. 1945 kam es zur Gründung des *Weltgewerkschaftsbundes (WGB)*, der alle G. unabhängig von ihrer Zugehörigkeit zu unterschiedl. gesellschaftl. Systemen vertrat. Auf Grund der durch den kalten Krieg einsetzenden Spannungen kam es bereits 1949 zur Spaltung des WGB und zum Zusammenschluß der in den demokrat. Traditionen des IGB stehenden G. im *Internat. Bund Freier G. (IBFG)*, so daß der WGB danach als internat. Organisation der kommunist. G. anzusehen ist. Als christl. G.internationale ging 1968 aus dem 1920 gegr. *Internat. Bund Christl. Gewerkschaften (IBCG)* der *Weltverband der Arbeitnehmer (WVA)* hervor.

gewerkschaftliche Bildungsarbeit, Weiterbildung v.a. von Gewerkschaftsmgl. zur Vermittlung gesellschaftspolit. Bildung (v.a. Schulung von Betriebs- und Personalräten) in örtl. Einrichtungen des DGB, seinen sieben Bundesschulen und zehn Jugendbildungsstätten, der ↑Akademie der Arbeit in Frankfurt am Main und der Sozialakademie Dortmund. Wiss. Einrichtungen sind die ↑Hans-Böckler-Stiftung und das Wirtschafts- und Sozialwiss. Inst. des DGB (WSI). Der DGB hat ein Berufsfortbildungswerk gegr. und ist Mitträger des Arbeitskreises Arbeit und Leben. Kulturelle Aktivitäten: ↑Ruhrfestspiele, Europ. Gespräche und die Büchergilde Gutenberg.

Gewerkschaftsbanken (Arbeitnehmerbanken), i.e. S. die Hausbanken der Gewerkschaften oder anderer Arbeitnehmerorganisationen zur Verwaltung des durch Mit-

Spitzgewinde

Sägengewinde

Rundgewinde

Flachgewinde

Trapezgewinde

Gewinde. Verschiedene Gewindeformen

gliedsbeiträge entstandenen Gewerkschaftsvermögens, Finanzierung von Streiks usw. Durch Ausweitung des Geschäftsbereichs auf die allg. Kreditwirtschaft sind G. heute i. d. R. als gemischte G. tätig. Nach 1945 gründeten in der BR Deutschland Gewerkschaften und Konsumgenossenschaften die Bank für Gemeinwirtschaft AG.

Gewerkschaftsjugend, die in einer Gewerkschaft organisierten 14–25jährigen Jugendlichen. Die G. verfügt über eigene Gremien, deren Vertreter meist Mitspracherecht in den entsprechenden Erwachsenengremien besitzen, führt Schulungen durch und gibt eigene Zeitschriften heraus.

Gewicht, umgangssprachl. Bez. für die durch Wägung ermittelte Masse eines Körpers.
▷ svw. ↑Gewichtskraft.
▷ Zahlenfaktor, durch den ein [Meß]wert gegenüber anderen Werten stärker oder schwächer berücksichtigt wird; z. B. kann das arithmet. Mittel der n Zahlen $a_1, \ldots, a_n$ bezüglich der G. $p_1, \ldots, p_n$ gebildet werden:

$$m = \frac{a_1 p_1 + \ldots + a_n p_n}{n}.$$

Man bezeichnet diesen Ausdruck dann als **gewogenes Mittel.**
▷ im *Pferderennsport* Bez. für die von einem Pferd im Rennen zu tragende Masse (von Reiter und Sattelzeug).

Gewichtheben, seit etwa 1890 betriebene Sportart, bei der eine Masse (seit 1910 Scheibenhantel) ein- oder beidarmig (wettkampfmäßig ausschließlich beidarmig) vom Boden zur Hochstrecke gebracht werden muß. Beim beidarmigen G. gibt es nur noch 2 Disziplinen: Reißen und Stoßen (olymp. Zweikampf; 1928–72 einschl. Drücken als olymp. Dreikampf ausgetragen). Beim **Stoßen** wird die auf der Brust umgesetzte Masse mit einem kräftigen Stoß zur Hochstrecke gebracht. Beim **Reißen** muß das Gewicht in einem Zug vom Boden nach oben gebracht werden. Die Gewichtheber werden in Gewichtsklassen eingeteilt.

Gewichtsanalyse ↑Gravimetrie.

Gewichtsklassen, Einteilung der Wettkämpfer nach Körpermasse (Körpergewicht); üblich im Boxen, Gewichtheben, Judo, Rasenkraftsport, Ringen und anderen Zweikampfsportarten. ↑Sport (Gewichtsklassen, Übersicht).

Gewichtskraft (Gewicht), diejenige Kraft, mit der ein Körper infolge der Anziehung der Erde auf seine Unterlage lastet, an seiner Aufhängung zieht oder zum Erdmittelpunkt hin beschleunigt wird. Ist g die Fallbeschleunigung und m die Masse eines Körpers, dann gilt für den Betrag G seiner Gewichtskraft: $G = mg$. SI-Einheit der Gewichtskraft ist das ↑Newton.

Gewichtsprozent ↑Konzentration.

Gewichtsstaumauer ↑Talsperre.

Gewiegtes, svw. ↑Hackfleisch.

gewillkürte Erbfolge ↑Erbfolge.

gewillkürte Form ↑Form.

Gewinde, in Form einer Schraubenlinie in die Außenfläche eines zylindr. Körpers (*Außen-G.*) oder in die Innenfläche eines zylindr. Hohlkörpers (*Innen-G.*) eingeschnittene Nut, die es einerseits ermöglicht, zwei mit korrespondierendem G. versehene Teile, z. B. Schrauben[bolzen] und [Schrauben]muttern, jederzeit wieder lösbar miteinander zu verbinden, andererseits eine drehende Bewegung in eine Längsbewegung umzuwandeln (Schraubengetriebe). Einen vollen Umlauf der Schraubenlinie bezeichnet man als **Gang.** Der Weg, um den sich die Schraubenmutter bei einer vollen Umdrehung gegenüber dem Schraubenbolzen verschoben hat, ist die **Ganghöhe** oder **Steigung.** Der **Steigungswinkel** ist der Winkel, unter dem die Schraubenlinie gegenüber einer auf der Schraubenachse senkrecht stehenden Ebene ansteigt. Steigt bei einem senkrecht stehenden Bolzen die Schraubenlinie nach rechts an, so handelt es sich um das normalerweise verwendete *Rechts-G.,* bei Anstieg nach links um das *Links-G.* Werden auf den Schraubenbolzen oder in die Schraubenmutter zwei oder mehr gleiche G.profile so eingeschnitten, daß sie gleichmäßig auf dem Umfang verteilt beginnen, so wird das eingängige zum zwei- oder mehrgängigen G. – Die Grundgrößen eines G. sind Außendurchmesser (Nenndurchmesser), Kerndurchmesser (Innendurchmesser), Flankendurchmesser (mittlerer Durchmesser der Schraubenfläche), Steigung und Flankenwinkel. Nach dem Schnittbild eines G.gangs, dem G.profil, unterscheidet man Spitz-G. (Dreiecksprofil), Sägen-G., Rund-G., Trapez-G., Flach-G. (Rechteckprofil). *Spitz-G.* (in Ländern mit metr. Maßsystem als metr. *ISO-G.* genormt) mit kleinem Steigungswinkel werden wegen der größeren Reibung v. a. für Befestigungsschrauben, *Trapez-* und *Flach-G.* mit größerem Steigungswinkel für Bewegungsschrauben verwendet. Bei den für Befestigungsschrauben genormten G. unterscheidet man *Normal-G., Grob-G.* (mit größerer Steigung) und *Fein-G.* (mit kleinerer Steigung). G. können von Hand, z. B. mit Gewindebohrern (für Innen-G.) sowie Schneideisen oder Schneidkluppen (in denen die Schneidbacken verstellbar sind; für Außen-G.), oder auch auf Maschinen hergestellt werden, mit G.stählen auf der Drehmaschine, durch Fräsen, Schleifen und Walzen auf speziellen Maschinen, aber auch durch Pressen oder Gießen (z. B. Schrauben aus Kunststoff). – ↑Schraube.

Gewindemeßschraube, Sonderform der Bügelmeßschraube zum Messen von Außengewinden, Flankendurchmessern u. a.

Gewinn, in der Betriebswirtschaftslehre Differenz zw. Einnahmen und Ausgaben, Ertrag und Aufwand oder bewerteten Leistungen bzw. Erlösen und Kosten. Die Differenz zw. Einnahmen und Ausgaben während der Lebensdauer eines Unternehmens wird als **Totalgewinn** bezeichnet. Aus der Notwendigkeit der Ermittlung von G.größen für Teilperioden folgt die Periodisierung von Ausgaben und Einnahmen als Aufwand und Ertrag, deren positive Differenz den **Bilanzgewinn** oder **pagatorischen Gewinn** des Unternehmens ergibt. Er wird in der G.-und-Verlust-Rechnung ermittelt, ergibt sich aber auch als Saldo der Aktiv- und der Passivseite der Bilanz (**Buchgewinn**). Der **Betriebsgewinn** bzw. **kalkulatorische Gewinn** ergibt sich mit Hilfe der Erfolgsrechnung aus der Differenz der Erlöse und Kosten.

Gewinnabführungsvertrag (Ergebnisabführungsvertrag), aktienrechtl. Unternehmensvertrag, durch den sich eine AG oder eine KG auf Aktien als abhängiges Unternehmen verpflichtet, ihren ganzen Gewinn an ein anderes Unternehmen abzuführen. Dieses ist gemäß § 302 AktienG zur Übernahme von Verlusten verpflichtet.

Gewinnanteil, quotenmäßiger Anspruch des Gesellschafters auf Beteiligung am Gewinn einer Personen- oder Kapitalgesellschaft. – ↑Dividende.

Gewinnbeteiligung, Beteiligung der Arbeitnehmer am Gewinn eines Unternehmens. Ziel der G.: Umverteilung der Einkommen und über die besseren Möglichkeiten zur ↑Vermögensbildung auch Umverteilung der Vermögen. Die G. kann sich an Kostenersparnissen bzw. Leistungssteigerungen am Produktionsergebnis, am Betriebsgewinn (Ergebnisbeteiligung) oder am Wachstum des Unternehmens orientieren. Realisiert werden kann die G. in Form von Barausschüttungen, Gutschrift auf ein Sparkonto oder durch Ausgabe von Belegschaftsaktien.

Geschichte: In der dt. Landw. hat zuerst 1847 H. von Thünen eine G. für Tagelöhner eingeführt, in der dt. Ind. 1867 der Berliner Messingwarenfabrikant Wilhelm Borchert jun. Ein bed. Versuch zur G. stammt von E. Abbe in den von ihm in die Carl-Zeiss-Stiftung eingebrachten Unternehmen. Seit den 1950er Jahren fordern Gewerkschaften eine überbetriebl. G., die eine Gewinnabführung der Großunternehmen an einen zentralen Fonds vorsieht, an dem alle Arbeitnehmer und ihre Familien zu gleichen Teilen beteiligt sein sollten. In einigen Ländern (z. B. USA, Großbritannien) ist die G. weit verbreitet, in Frankreich seit 1968 für Betriebe mit mehr als 100 Arbeitnehmern gesetzlich vorgeschrieben.

Gewinnermittlung, Ermittlung des steuerl. Gewinns bei Einkünften aus Land- und Forstwirtschaft, Gewerbebetrieb und selbständiger Arbeit. Die G. kann erfolgen durch: 1. Schätzung, 2. unvollständigen Betriebsvergleich, 3. vollständigen Betriebsvergleich, 4. Einnahmen-Ausgaben-Rech-

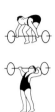

Ausfall

Gewichtheben.
Reißen mit Ausfall

Hocke

Gewichtheben.
Stoßen mit Hocke

Gewinnmaximierung

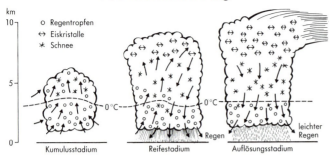

Gewitter. Schematische Darstellung der Entwicklungsstadien einer Gewitterwolke

nung und 5. Anwendung von Durchschnittsätzen. Bei den Einkünften aus nichtselbständiger Arbeit, Kapitalvermögen, Vermietung und Verpachtung und bei den sonstigen Einkünften erfolgt die G. auf dem Wege der Überschußrechnung (Überschuß der Einnahmen über die Werbungskosten).

Gewinnmaximierung, Ziel einer Unternehmensstrategie, die darauf ausgerichtet ist, die Differenz zw. Erlös und Kosten für einen bestimmten Zeitraum so groß wie möglich zu gestalten.

Gewinnschuldverschreibung, ein Wertpapier, mit dem eine AG dem Inhaber (Gläubiger einer AG) eine Gewinnbeteiligung in der Weise zusichert, daß die Zinsen bzw. die zu zahlenden Beträge zur Höhe der Dividende in Beziehung gesetzt werden. Die Ausgabe von G. bedarf eines Beschlusses der Hauptversammlung.

Gewinn-und-Verlust-Rechnung (Erfolgsbilanz), Teil des Jahresabschlusses, Erfolgsrechnung im Rahmen der doppelten Buchführung, in der sich der Erfolg einer Periode (Gewinn oder Verlust) als Saldo zw. Aufwendungen und Erträgen ergibt. Im Ggs. zur Bilanz, in der sich der Erfolg als Saldo zw. Vermögens- und Kapitalposten ergibt, ist es Aufgabe der G.-u.-V.-R., einen Einblick in das Zustandekommen des Erfolgs zu vermitteln. Die Erfolgsbilanz weist als reine Salden- oder Nettorechnung nur den Gewinn oder Verlust auf Teilgebieten betriebl. Betätigung aus. Durch die Saldierung von Aufwands- und Ertragspositionen (z. B. Zinsaufwendungen und Zinserträge) geht jedoch ein großer Teil der Aussagefähigkeit verloren. Das AktienG schreibt deshalb eine Mindestgliederung für die G.-u.-V.-R. vor.

Gewinnvortrag, der nach dem Beschluß über die Gewinnverwendung verbleibende Rest des Gewinns; wird in der Bilanz als gesonderter Posten ausgewiesen und auf das nächste Jahr übertragen.

Gewirke, textile Maschenware aus einem oder mehreren Fadensystemen, die parallel zur Fertigungsrichtung verlaufen. Die von den *Ketten-G.* unterschiedenen *Kulier-G.* sind eigtl. **Gestricke**.

Gewissen [Lehnübers. von lat. conscientia (nach griech. syneídesis), eigtl: „Mitwissen"], Urteilsbasis zur (zweifelsfreien) Begründung der allg. persönl. moral. Überzeugungen und Normen insbes. für die eigenen Handlungen und Zwecke wie der einzelnen Urteile auf Grund dieser Überzeugungen. – Die christl. Theologie bildet erst in der Hochscholastik eine systemat. G.lehre: Es gibt ein doppeltes G.: Synderesis (als unverlierbare Grundlage apriori. G.erkenntnis) und Conscientia (als aktuelles G.urteil). G. ist also immer ein Zweifaches: Organ, das sittl. Normen vermittelt, die es nicht selbst schafft (*normierte Norm* [norma normata]) und Motivation zur sittlich geschuldeten Handlung (*normierende Norm* [norma normans]). Trotz der Verpflichtung, das G. an objektiven Normen (Hl. Schrift, kirchl. Lehre u. a.) zu bilden, bleibt doch in jeder sittl. Entscheidung das subjektive G. letzte Instanz.

Gewissenserforschung, Selbstprüfung des sittl. Handelns und seiner Motivierung; im kirchl. Bereich v. a. im Rahmen des Bußsakraments.

Gewissensfreiheit ↑ Glaubens- und Gewissensfreiheit.

Gewitter [zu althochdt. giwitiri, urspr. „Witterung, Wetter"], eine bei hochreichender, sehr labiler Schichtung der Atmosphäre und relativ hohem Wasserdampfgehalt der Luft auftretende Wettererscheinung, die gekennzeichnet ist durch die Ausbildung bes. mächtiger Quellwolken (G.wolken) und durch mit starken Schallerscheinungen (Donner) verbundene elektr. Entladungen in Form von Blitzen, außerdem auch durch kräftige Niederschläge und heftige, böige Winde.

Gewitterarten: *Wärme-G.* sind eine Folge starker Überhitzung der bodennahen Luftschichten bei gleichzeitig hohem Feuchtigkeitsgehalt. Sie treten bei sommerl. Wetterlagen und sehr flacher Luftdruckverteilung am häufigsten in den Nachmittagsstunden, über warmen Wasserflächen jedoch in den Abend- und Nachtstunden auf und führen zu keiner nachfolgenden Wetterverschlechterung. *Front-G.* entstehen durch Abkühlung der oberen Luftschichten infolge einbrechender Kaltluftmassen an einer Front, also im Grenzbereich zweier verschiedener Luftmassen. Sie sind die häufigste Art von G. in gemäßigten Breiten.

Gewitterhäufigkeit: Im allg. nimmt die Zahl der G. von den Tropen nach höheren Breiten ab. In der Äquatorialzone ist im Mittel mit 100 bis 160 G.tagen pro Jahr zu rechnen, in mittleren Breiten mit 15 bis 50. Die G.häufigkeit nimmt zum Landinnern zu und erreicht gewöhnlich mit Annäherung an die Gebirge ihr Maximum.

Entwicklung des Gewitters: Jedes G. besteht aus mehreren etwa gleich großen Zellen; jede *G.zelle* durchläuft ihre eigene, typ. Entwicklung. Jeweils mehrere Zellen sind in einem G. gleichzeitig wirksam; alte, absterbende Zellen werden durch neue ersetzt; erst wenn keine Zellen mehr neu gebildet werden, endet das Gewitter.

Elektrische Ladungsverteilung in der Gewitterwolke: Eine G.wolke im Reifestadium ist in den oberen Teilen positiv, in den unteren negativ geladen; meist ist aber in den unteren, negativ geladenen Wolkenteilen in Nähe der Wolkenuntergrenze noch ein kleines Gebiet mit positiver Ladung eingelagert, das mit der Hauptniederschlagszone zusammenfällt. Erfahrungsgemäß beginnt die Elektrisierung in den Quellwolken mit der Bildung und Bewegung von Niederschlägen. Da sich der Prozeß bei Temperaturen unter 0 °C vollzieht, müssen auch feste Niederschlagsteilchen beteiligt sein.

Der **Blitz** ist eine Funkenentladung großen Ausmaßes, die zu einem Ausgleich von starken elektr. Potentialdifferenzen (einige 100 Mill. V) zw. den Wolken bzw. zw. Wolken und Erde führt. Blitze treten als *Erdblitze* zw. Wolke und Erde oder als *Wolkenblitze* innerhalb einer Wolke, zw. verschiedenen Wolken oder zw. einer Wolke und dem Luftraum auf. Der Erdblitz nimmt mit der Ausbildung eines elektrisch leitenden Kanals zw. Wolke und Erde seinen Anfang. Allerdings kann sich von Berg- oder Turmspitzen auch die Kanalbildung von unten nach oben vorschieben. Nach dem Ende des Blitzes wird der leitende Kanal häufig noch von weiteren Entladungen von unten nach oben benutzt (sie erklären das Flackern des Blitzes). Die beobachteten Stromstärken zeigen Maxima bis etwa 10^5 A. Die Temperaturen in der Hauptentladung eines Erdblitzes wurden in Mittel zu 25 000 bis 30 000 °C bestimmt. Die *Blitzenergie* (die während der Hauptentladung umgesetzte Energie) wird auf 40 kWh geschätzt. Der Blitz leuchtet durch die glühend erhitzte Luft im Blitzkanal. Die äußerst starke Erhitzung der Luft bewirkt ihre explosionsartige Ausdehnung; die Druckwelle pflanzt sich als Schall in den Raum fort, der **Donner** ist also eine Folge des Blitzes. Aus Reflexionen der Schallwellen an den Wolken und an der Erdoberfläche erklärt sich das 15–30 km weit hörbare *Donnerrollen*. Blitze mit mehr oder weniger verzweigten Bahnen werden als *Linienblitze* bezeichnet. Flächenblitze sind wahrscheinlich meist als durch Wolken verdeckte Linienblitze anzusehen. *Kugelblitze,* Blitze in Form einer leuchtenden Kugel, sind sehr selten zu beobachten.

Wetterleuchten ist der Widerschein von gewittrigen Entladungen in einer so großen Entfernung, daß der Donner nicht zu hören ist.

Gewürzstrauch. Erdbeergewürzstrauch

Gewirke. Oben: Maschengeschlinge eines Kettengewirkes. Unten: Maschengeschlinge eines Kuliergewirkes

Gewitterfliegen, sehr kleine, zu den Blasenfüßen (v. a. der Getreideblasenfuß) gehörende Insekten, die v. a. im Spätsommer (bes. an schwülen Abenden) schwärmen.

gewogenes Mittel ↑ Gewicht.

gewohnheitsmäßiges Handeln, strafbegründendes oder straferhöhendes Merkmal einer Straftat, die auf dem durch wiederholte Begehung hervorgerufenen Hang des Täters zu dem betreffenden Delikt beruht. Gewohnheitsmäßigkeit setzt voraus, daß der Täter zumindest zwei gleichartige Delikte begangen hat.

Gewohnheitsrecht, Rechtsquelle, die im Unterschied zum gesetzten Recht nicht im formalisierten Rechtsetzungsverfahren (Gesetzgebungsverfahren) entsteht, sondern durch langdauernde, von Rechtsüberzeugung getragene Übung in einer Rechtsgemeinschaft. G. spielte bes. in älteren Kulturstufen eine Rolle, als staatl. Rechtsetzung nicht oder nicht genügend wirksam wurde. Das Privatrecht des angelsächs. und des röm. Rechts sind zwei große Rechtssysteme, die auf gewohnheitsrechtl. Grundlage entstanden. Im Völkerrecht sind auch heute Vertrag und G. die wesentl. Rechtsquellen.

Gewohnheitsverbrecher ↑ Hangtäter.

Gewöhnung, (Habituation) in *Medizin* und *Pharmakologie:* Wirkungsabnahme einer Substanz (Arzneimittel, Genußmittel) bei wiederholter Gabe der gleichen Dosis. Man unterscheidet die **akute Gewöhnung** (Tachyphylaxie) von der **chronischen Gewöhnung** (Toleranz).

▷ in der *Physiologie:* Anpassung an [Dauer]reize (z. B. Gerüche), bis diese kaum noch oder nicht mehr wahrgenommen werden. Oft ist damit eine Abnahme der Bereitschaft verbunden, mit bestimmten Verhaltensweisen auf bestimmte (auslösende) Reize zu reagieren.

▷ in der *Psychologie:* durch häufige Wiederholung psych. und phys. Abläufe geschaffene Bereitschaft zu routinemäßigem, automatisiert erscheinendem Verhalten. Eine verfestigte G. **(Gewohnheit)** kann zum (sekundären) Bedürfnis werden.

Gewölbe, Baukonstruktion von bogenförmigem Querschnitt, auch Bez. für einen von einer derartigen ,,Decke" überdeckten Raum. Statisch ist ein G. dadurch definiert, daß es bei lotrechten Belastungen auf die stützenden Bauteile auch seitlich wirkende Drücke ausübt. Das **Tonnengewölbe** besteht aus einem liegenden Halbzylinder von halbkreis-, segment- oder spitzbogenförmigem Querschnitt auf zwei durchgehenden Auflagern. Beim **Gurtbogen** ist die Tonne durch Gurtbogen in Joche unterteilt. Die rechtwinklige Durchdringung von zwei Tonnen-G. gleicher Größe in einer Ebene führt zum **Kreuzgratgewölbe.** Die Durchdringungskurven bilden einen Ellipsenbogen. Sind die Grate durch Rippen verstärkt, so entsteht das für die Gotik typ. **Kreuzrippengewölbe.** Kreuzrippen-G. mit stark überhöhtem Scheitel und zusätzl. Rippen in den Kappenscheiteln nennt man *Domimikalgewölbe.* Weitere **Rippengewölbe:** das sog. *Dreistrahl-G.* (Chorumgänge), *Stern-G.,* jochweise aus einer sternförmigen Rippenfiguration gebildet, *Netz-G.,* eine zusammenhängende Netzbildung der Rippen (meist in Sternform oder als Raute) ohne Jochteilung. Die spätgot. Stern- und Netz-G. werden auch als **figurierte Gewölbe** bezeichnet; ähnlich das *Fächer-G.* (auch Palmen-, Strahlen- oder Trichter-G. genannt) mit fächerförmig angeordneten Rippen. Das **Klostergewölbe** (östr. Kappen-G.) kann über quadrat. oder polygonalem Grundriß errichtet werden. Die entsprechende Anzahl von Tonnenausschnitten wölben sich als Wangen auf durchgehenden Auflagern, ist der G.scheitel durch eine Fläche ersetzt, spricht man von *Spiegelgewölbe.* Eine islam. Sonderform stellt das **Stalaktitengewölbe** dar, die Stalaktiten (oder Mukarnas) lassen kaum die angewandte G.- oder Kuppelform erkennen. – ↑ Kuppel.

Gewölbejoch (Gewölbefeld, Travée), durch Gurtbögen begrenztes Abschnitt eines Gewölbes.

Gewölle [zu mittelhochdt. gewelle, von wellen ,,Ekel empfinden, erbrechen"], unverdaul., in Klumpen ausgewürgte Nahrungsreste (Haare, Federn, Chitin, Fischschuppen, auch Knochen), v. a. der Eulen und Greifvögel.

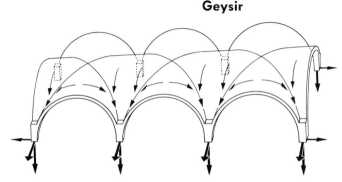

Gewölbe. Folge von Kreuzgratgewölben (die Pfeile bezeichnen die Richtungen der auftretenden Druck- und Schubkräfte)

Gewürze [zu althochdt. wurz ,,Pflanze, Wurzel"], Teile von Gewürzpflanzen, die frisch oder getrocknet [und gemahlen] einer Speise zugesetzt werden und durch ihren pikanten oder aromat. Geschmack den Charakter einer Speise bestimmen oder den Eigengeschmack der Speise betonen, auch deren Bekömmlichkeit fördern. – Übersicht S. 76.

Gewürzinseln ↑ Molukken.

Gewürznelken (Nägelein, Flores caryophylli), getrocknete, tiefbraune Blütenknospen des Gewürznelkenbaumes; enthalten 16–21 % äther. Öle (Nelkenöl); Verwendung als Küchengewürz, v. a. Eugenol; Verwendung als Küchengewürz sowie bei der Herstellung von Likören, Seifen, Parfümen.

Gewürznelkenbaum (Syzygium aromaticum), urspr. auf den Molukken verbreitetes Myrtengewächs; bis 10 m hoher Baum mit länglich-eiförmigen Blättern und roten Blüten in Trugdolden; heute v. a. auf Sansibar und Madagaskar kultiviert.

Gewürzpflanzen, Pflanzen, deren Wurzeln, Rinde, Sprosse, Blätter, Blüten, Früchte oder Samen sich wegen ihres aromat. oder scharfen Geschmacks und Geruchs als würzende Zugaben zur menschl. Nahrung eignen. Der Nährwert der G. ist gering, bedeutsam ist hingegen die appetitanregende und verdauungsfördernde Wirkung ihrer äther. Öle und ihrer Bitterstoffe.

Gewürzstrauch (Calycanthus), Gatt. der Gewürzstrauchgewächse mit fünf Arten in N-Amerika und Australien; beliebte Ziersträucher, z. B. der **Erdbeergewürzstrauch** (Calycanthus floridus).

Gewürztraminer, Spielart der Rebsorte Traminer mit rosafarbenen, blaubereiften Trauben; ergibt würzige, säurearme, alkoholreiche Weine.

Geyer, Florian, * Giebelstadt bei Ochsenfurt um 1490, † Rimpar bei Würzburg 10. Juni 1525, dt. Reichsritter und Bauernführer. – Leitete 1519 im Auftrag des Schwäb. Bundes ein militär. Unternehmen gegen Herzog Ulrich von Württemberg und Götz von Berlichingen, schloß sich jedoch 1525 den aufständ. Bauern an. Gewann als Unterhändler mehrere kleine Städte, u. a. Rothenburg ob der Tauber, trat für eine Reichsreform ein, die die Privilegien des Adels und der Kirche beseitigen sollte, fand aber mit seinen gemäßigten Forderungen nicht die Zustimmung der Bauern und wurde, als diese bei Ingolstadt i. Ufr. und Königshofen geschlagen waren, ermordet. (G. war an der Schlacht nicht beteiligt.) – Zahlr. Dramatisierungen; bed. G. Hauptmanns Drama ,,F. G." (1896).

Geysir [ga'zɪr; isländ., zu geysa ,,in heftige Bewegung bringen"] (Geisir, Geiser, Springquelle), heiße Quelle, bei der periodisch oder unregelmäßig ein Wasserausstoß in Form einer Fontäne erfolgt, der durch Druckentlastung überhitzten Wassers entsteht. Im Wasser gelöste Mineralstoffe lagern sich als Sinter z. T. terrassenförmig um die Quelle ab. G. finden sich in jungvulkan. Gebieten (Island [G. mit bis 60 m hoher Fontäne], Yellowstone National Park [USA], Neuseeland u. a.).

1

2

3

4

5

6

Gewölbe. 1 Tonnengewölbe; 2 Kreuzganggewölbe; 3 Kreuzrippengewölbe; 4 Sterngewölbe; 5 Klostergewölbe; 6 Spiegelgewölbe

Géza

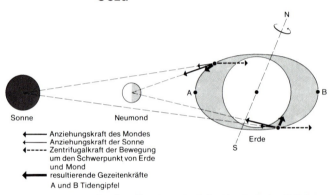

Gezeiten. Entstehung der Springtiden durch den Einfluß von Sonne und Mond

Géza [ungar. 'gɛ:zɔ] (dt. Geisa), Name ungar. Herrscher aus der Dyn. der Arpaden:
G., *um 940/45, † 1. Febr. 997, □ Székesfehérvár, Großfürst (seit 972). – 974 auf den Namen Stephan getauft, begann er mit der Christianisierung Ungarns; schuf die Grundlagen für den Aufstieg Ungarns unter seinem Sohn Stephan I.
G. I., *um 1044, † 25. April 1077, König (seit 1074). – Sohn König Bélas I.; schlug in den ungar. Thronkämpfen 1074 seinen Vetter König Salomon und wurde König.
G. II., *um 1130, † 31. Mai 1162, □ Székesfehérvár, König (seit 1141). – Sohn König Bélas II.; war der erste ungar. König, der größere Gruppen westl. Siedler aus den Niederlanden und vom Rhein („Sachsen") ins Land (Zips und Siebenbürgen) rief.

Gezeiten, period. Bewegungen der Atmosphäre, des Erdkörpers und, bes. auffallend, des Meeres, die verursacht werden durch das Zusammenwirken von Schwer- und Fliehkräften, die bei der Bewegung des Mondes um die Erde und bei der Bewegung der Erde um die Sonne entstehen. Die G. der Atmosphäre äußern sich in period. Schwankungen des Luftdrucks, die des Erdkörpers in geringen Hebungen und Senkungen der Erdkruste innerhalb von 12 Std. Die G. des Meeres **(Tiden)** äußern sich bes. an den Küsten, zumeist als zweimal tägl. (im Abstand von 12 Std. 25 Min.) Ansteigen (= **Flut**) und Absinken (= **Ebbe**) des Meeresspiegels. Bei Neu- und Vollmond verstärken sich die G. zu kräftigen **Springtiden**, bedingt durch die Stellung von Sonne und Mond zueinander. Bei Halbmond hebt die Sonne einen Teil der G.kräfte des Mondes auf, so entstehen die bes. schwachen **Nipptiden**. Bei Niedrigwasser fallen seichte Teile von Randmeeren trocken († Watt). Der **Tidenhub** gibt den Höhenunterschied zw. Hoch- und Niedrigwasser an. Er ist im offenen Ozean gering, in Buchten können Werte bis zu 20 m erreicht werden. Die G. werden örtlich beeinflußt von den jeweiligen geograph. Gegebenheiten. So erreichen in Meerengen und Fjorden die G.ströme durch Einengung des Wasserprofils Geschwindigkeiten bis zu 8 sm/h. Die Energie der G.ströme wird durch G.kraftwerke ausgenutzt. Bei Flüssen wirken sich die G. von der Mündung landeinwärts ebenfalls aus. Beim Eindringen der Flut, v. a. der Springflut, kann sich eine mehrere Meter hohe, flußaufwärts laufende Sprungwelle bilden. Zur Vorausberechnung des Eintreffens der Tiden an den Küsten-

		Gewürze und Gewürzkräuter (Auswahl)		
dt. Name	Stammpflanze	Heimat	verwendeter Pflanzenteil	Verwendung
Anis	Bibernellenart Anis	östl. Mittelmeergebiet	Früchte	Süßspeisen, Liköre, Gebäck
Basilikum	Basilie	Indien	Kraut bzw. Blätter	Salate, Fisch, Käse, südeurop. Gerichte
Curry	Gewürzmischung aus Kurkuma, Kardamom, Cayennepfeffer, Koriander, Ingwer, Kümmel, Muskat, Nelken, Pfeffer, Zimt	Indien		Reis- und Fleischgerichte, Soßen, fernöstl. Spezialitäten
Gewürznelken	Gewürznelkenbaum	Molukken	Blütenknospen	Süß- und Fleischspeisen, Gebäck
Ingwer	Ingwer	O-Asien	Wurzelstock	Backwaren, Konfekt, fernöstl. Spezialitäten
Kapern	Kapernstrauch	Mittelmeergebiet	Blütenknospen	Fisch- und Fleischgerichte, Salate, Soßen
Koriander	Koriander	Mittelmeergebiet	Blätter, Samen	Fleischgerichte, Süßspeisen, Wurst, Backwaren
Lorbeer	Echter Lorbeer	Kleinasien	Blätter	Fleischgerichte, Soßen
Muskat	Echter Muskatnußbaum	Bandainseln	Samen	Fleisch-, Fisch-, Gemüsegerichte, Wurst, Süßspeisen
Origano	Gemeiner Dost	Mittelmeergebiet	Kraut	italien. Gerichte
Paprika	Capsicum annuum, Capsicum frutescens	S-Amerika	Früchte: Samen entfernt = süßer Paprika; mit Samen gemahlen = scharfer Paprika	Fleischgerichte, Suppen, Salate, Gemüse, Fisch
Pfeffer	Pfefferstrauch	Malabarküste	Früchte: ganze, unreif geerntete, ungeschälte Früchte = schwarzer Pfeffer; reife, geschälte Früchte = weißer Pfeffer	Fleischspeisen, Salate, Soßen, Suppen
Piment	Pimentbaum	W-Indien, M- und S-Amerika	Früchte	Backwaren, Fleisch-, Fischgerichte, Suppen, Soßen
Safran	Echter Safran	Griechenland, Kleinasien	Blütennarben	Backwaren, Fischsuppen und -gerichte
Soja	Sojabohne	SO-Asien	Samen	ostasiat. Gerichte, Fleischgerichte, Soßen
Thymian	Gartenthymian	Mittelmeergebiet	Kraut	Fleisch-, Fischgerichte, Soßen, Suppen
Vanille	Gewürzvanille	M- und S-Amerika	Fruchtkapseln	Süßspeisen
Zimt	Ceylonzimtbaum	Ceylon	Rinde	Süßspeisen, Backwaren, Getränke, Gewürzmischungen

Ghana

Ghana
Fläche: 238 537 km²
Bevölkerung: 15,3 Mill. E (1990), 64,1 E/km²
Hauptstadt: Accra
Amtssprache: Englisch
Nationalfeiertage: 6. März (Unabhängigkeitstag) und 1. Juli (Tag der Republik)
Währung: 1 Cedi (C) = 100 Pesewas (p)
Zeitzone: MEZ −1 Stunde

abschnitten wurden vor dem Einsatz von Computern spezielle Rechengeräte (Gezeitenmaschinen) verwendet.
Gezeitenkraftwerk ↑ Kraftwerke.
Gezeitenstrom, durch die Gezeiten verursachte Strömung im Meer, die die gesamte Wassersäule bis zum Grund erfaßt.
Gezeitenwald ↑ Mangrove.
Gezelle, Guido Pierre [niederl. xəˈzɛlə], * Brügge 1. Mai 1830, † ebd. 27. Nov. 1899, fläm. Dichter. − Priester, Mundartforscher; lehrte Philosophie, Literatur, Naturwiss.; gilt als bedeutendster fläm. Lyriker; von religiöser Tiefe und großer Liebe zu Heimat und Volk. Schrieb musikal. Verse und Prosa. Übersetzte Longfellows Versepos „Das Lied von Hiawatha" (1886).
GEZ, Abk. für: **G**ebühren**e**inzugs**z**entrale der öff.-rechtl. Rundfunkanstalten in der BR Deutschland; 1975 von ARD und ZDF gegr. Verwaltungsgemeinschaft zur Abwicklung der An- und Abmeldung von Hörfunk- und Fernsehempfangsgeräten sowie zur Gebührenverwaltung und -beitreibung; Sitz: Köln.
gezogene Feuerwaffen, Feuerwaffen, deren Rohre oder Läufe innen mit schraubenlinig verlaufenden Zügen versehen sind.
GFK, Abk. für: ↑ **g**las**f**aserverstärkte **K**unststoffe.
GG, Abk. für: ↑ **G**rund**g**esetz.
Ghadamis ↑ Ghudamis.
Ghaem-Magham, Mirsa Abolghasem Farahani [pers. ɣaemmæˈɣaːm], * Teheran um 1799, † ebd. 1835 (ermordet), pers. Politiker. − Modernist und Aufklärer; Berater von Fath Ali Schah; reformierte Staatsverwaltung und Amtssprache. Unter seiner Leitung wurde die Armee modernisiert und die Waffen- und Textilind. begründet.
Ghali, Boutros Boutros [arab. ˈraːli], * Kairo 14. Nov. 1922, ägypt. Diplomat. − Jurist, Prof. für Völkerrecht; 1977−91 Staatssekretär im Außenministerium, 1991 stellv. Min.präs. für Außenpolitik; seit Jan. 1992 Generalsekretär der UN. − Abb. S. 78.
Ghana (amtl. Vollform: Republic of G.), Republik in Westafrika, zw. 4° 44′ und 11° 10′ n. Br. sowie 3° 15′ w. L. und 1° 12′ ö. L. **Staatsgebiet:** G. grenzt im W an die Elfenbeinküste, im N an Burkina Faso, im O an Togo, im S an den Golf von Guinea. **Verwaltungsgliederung:** 10 Regionen. **Internat. Mitgliedschaften:** UN, OAU, GATT, ECOWAS, Commonwealth, der EWG assoziiert.
Landesnatur: G. erstreckt sich vom Golf von Guinea (etwa 400 km lange Ausgleichsküste mit Lagunen) rd. 675 km landeinwärts. An die 15−25 km breite Küstenebene schließen sich Hochebenen an, die im SO von der Atakora (bis 876 m ü. d. M.) überragt werden. Den zentralen Teil nimmt das Hochland von Aschanti (bis 788 m ü. d. M.) ein, in den N das Voltabecken, das durch markante Schichtstufen begrenzt ist. Im O entstand durch den Akosombodamm am Volta der größte Stausee der Erde.
Klima: G. hat trop. Klima mit zwei Regenzeiten im S (Mai/Juni und Okt./Nov.) und einer Regenzeit im N (Juli bis Sept.).

Vegetation: An einen schmalen Saum mit Strand- und Lagunenvegetation schließen Küstendickicht und Küstengrasland an. Im SW findet sich immergrüner Regenwald (durch Rodungen zunehmend in seiner Existenz gefährdet), der nach N und O in regengrünen Feuchtwald übergeht. Im N sind Busch und Hochgrassavanne verbreitet.
Bevölkerung: Die Bev. setzt sich aus Völkern und ethn. Gruppen der Sudaniden zus. (bes. Akan, Mossi, Ewe, Ga-Adangme, Fanti). Am dichtesten ist der südl. Landesteil, bes. die Küstenregion um Accra und die Gebiete um Kumasi und Tamale, am schwächsten sind die nördl. Bereiche (abgesehen vom äußersten NO) besiedelt. 63 % der Bev. sind Christen, 21 % Anhänger traditioneller Religionen, 16 % Muslime. Es besteht eine allg. 6jährige Schulpflicht, neben berufsbildenden und weiterführenden Schulen verfügt G. über drei Universitäten.
Wirtschaft: Wichtigster Zweig ist die Landw., bes. der exportorientierte Anbau von Kakao in kleinen und mittleren Betrieben. Für die Eigenversorgung werden Mais, Reis, Hirse, Erdnüsse, Jams u. a. erzeugt und Fischfang (Küstenfischerei, Binnenfischerei im Voltastausee) betrieben. Die bed. Holzwirtschaft wird von einer staatl. Gesellschaft kontrolliert. An Bodenschätzen werden Gold, Manganerze, Industriediamanten, Bauxit und Erdöl (vor der Küste) abgebaut. Die verarbeitende Ind. ist relativ entwickelt, 50 % ihrer Produktion kommen aus dem Raum Accra − Tema, dem wichtigsten Ind.standortbereich, wo sich u. a. eine Aluminiumschmelze und eine Erdölraffinerie befinden. Im Waldgebiet des SW arbeiten Sägewerke, Furnier- und Sperrholzfabriken.
Außenhandel: Wichtigste Ausfuhrgüter sind Kakao (etwa ²/₃ des Ausfuhrwertes), Gold, ferner Holz, Erdölprodukte u. a. Bergbauerzeugnisse. Eingeführt werden v. a. Nahrungsmittel, industrielle Konsumgüter, Rohöl, Maschinen und Ind.einrichtungen. Bedeutendste Handelspartner sind Großbritannien, die USA und Nigeria.
Verkehr: G. verfügt über ein Eisenbahnnetz (nur im südl. Landesteil) von 953 km Länge; das Straßennetz ist 38 500 km lang, davon rd. 6 000 km asphaltiert. Die Binnenschiffahrt hat nur auf dem Voltasee größere Bed. Wichtigste Überseehäfen sind Takoradi (v. a. Export) und Tema (v. a. Import). Staatl. Fluggesellschaft ist die G. Airways. Internat. ✈ Kotoka bei Accra.
Geschichte: Zur Zeit der Ankunft der Europäer (1471 Portugiesen) spielten im Gebiet des heutigen G. die Aschanti eine bed. Rolle. Vom 16.−19. Jh. versuchten Franzosen, Niederländer, Briten, Schweden, Dänen und Brandenburger, an der Goldküste Fuß zu fassen; Mitte des 19. Jh. rivalisierten nur noch Briten und Niederländer, denen die Briten 1872 ihre Niederlassungen abkauften. 1844 schlossen die Briten mit den Küstenstämmen Protektoratsverträge, 1850 wurde die Kolonie **Goldküste** proklamiert. Nach fast 30jährigem Krieg mit den Aschanti wurde deren Land nach einem letzten Aufstand (1900) endgültig von brit. Truppen erobert und unter direkte brit. Verwaltung gestellt. Erst 1935 durfte sich Aschanti wieder als Reich konstituieren

Staatswappen

Internationales Kfz-Kennzeichen

1970 1990 1970 1990
Bevölkerung Bruttosozial-
(in Mill.) produkt je E
            (in US-$)

Bevölkerungsverteilung 1990

Bruttoinlandsprodukt 1990

Boutros Ghali

Michel de Ghelderode

und erhielt den Status eines Protektorates, allerdings unterstanden König und Häuptlingsrat dem Gouverneur.
Am 6. März 1957 wurde die Goldküste unter dem Namen G. unabhängig; das Land blieb im Commonwealth, zunächst als Monarchie, seit dem 1. Juli 1960 als Republik, deren Staatspräs. K. Nkrumah (seit 1951 Premiermin.) aber bald ein diktator. Regime mit sozialist. Ausrichtung etablierte. Nach seinem Sturz durch einen Militärputsch 1966 regierte ein „Befreiungsrat" unter den Generälen J. Ankrah (*1915) sowie, ab April 1969, A. A. Afrifa (*1936, hingerichtet 1979) und betrieb eine mehr prowestl. Außenpolitik. Die 2. Republik (1969–72) unter dem frei gewählten Premiermin. K. A. Busia (*1913, †1978) scheiterte v. a. an wirtsch. Problemen; das Militär übernahm unter Oberst I. K. Acheampong (*1931, hingerichtet 1979) erneut die Macht. Nach weiteren Militärputschen im Juli 1978 unter F. Akufo (*1906, hingerichtet 1979) und Juni 1979 unter J. Rawlings (*1947), der die Reg. aber nach freien Wahlen schon im Sept. 1979 an H. Limann (*1934 ?) übergab, wurde am 24. Sept. 1979 die 3. Republik proklamiert. Nach seinem erneuten Putsch vom 31. Dez. 1981 übernahm J. Rawlings die Reg. und setzte seit 1983 durch konsequente Sparmaßnahmen erfolgreich ein wirtsch. Sanierungsprogramm (1989 allerdings von der einzigen organisierten Opposition, dem Dachverband der Gewerkschaften, scharf kritisiert) und eine vorsichtige Demokratisierung (Dez. 1988 und Febr. 1989 Distriktswahlen, April 1992 Verfassungsreferendum) durch; im Nov. 1992 gewann er die ersten nach 1979 abgehaltenen Präs.wahlen, sein Demokrat. Nationalkongreß (DNC) im Dez. 1992 die Parlamentswahlen.
Politisches System: Die Verfassung der 3. Republik vom 24. Sept. 1979 wurde nach dem Militärputsch vom 31. Dez. 1981 suspendiert. Der am 28. April 1992 von der Bev. durch Referendum angenommene Verfassungsentwurf sieht für G. (Ausrufung der 4. Republik im Jan. 1993) ein Präsidialsystem mit weitreichenden *Exekutiv*vollmachten des in allg. Wahlen direkt gewählten Staatspräs. vor. Der Min.präs. wird demnach vom Parlament gewählt; er ist wie die Reg. diesem verantwortlich; die *Legislative* liegt bei der direkt gewählten Abg.kammer (200 Abg.). Ein überparteilicher Staatsrat berät alle Staatsorgane bei der Erfüllung ihrer verfassungsmäßigen Aufgaben. Das Verbot polit. Parteien wurde bereits im Mai 1992 aufgehoben. Dachverband der *Gewerkschaften* ist der Ghana Trades Union Congress (TUC) mit 17 Branchengewerkschaften.

Gharbi [frz. garˈbi], ↑ Kerkennainseln.

Ghardaja [frz. gardaˈja], alger. Oasenstadt in der Sahara, an der Transsaharastraße über den Ahaggar, Hauptstadt des Wilayats G. und Zentrum des Mzab, 63 000 E. Handwerksbetriebe (Leder- und Schmuckwaren); ⌘. – Die Stadt ist pyramidenartig an einen Hang gebaut und wird von einem 22 m hohen, konischen Minarett überragt.

Gharjan, Bezirkshauptort in NW-Libyen, ssw. von Tripolis, 717 m ü. d. M., 15 000 E (zum großen Teil in Höhlenwohnungen). Bewässerungslandw.; Teppichweberei.

Ghasel (Ghasele, Gasel) [arab., eigtl. „Gespinst"], lyr. Gedichtform, seit dem 8. Jh. im ganzen islam. Raum verbreitet, Höhepunkt im Werk des pers. Dichters Hafes (14. Jh.); besteht aus einer nicht festgelegten Anzahl von Langversen, die in je zwei Halbverse zerfallen. Dt. Nachahmungen u. a. von F. Schlegel, Rückert, Platen.

Ghasi [arab. „Kämpfer gegen die Ungläubigen"], urspr. Bez. für die türk. Glaubenskämpfer gegen die Byzantin. Reich, später Ehrentitel der osman. Sultane.

Ghasnawiden (Ghasnewiden), türk.-iran. Dyn. in Ghazni und Lahore (977–1187), begr. von Sebüktigin, einem türk. Heerführer der Samaniden. Bed. v. a. ↑ Mahmud.

Ghassali, Al (Al Ghasali, Al Ghazali, Al Gazzali, Algazel, Algazelius), Abu Hamid Muhammad, *Tus (Chorasan) 1059, †ebd. 1111, islam. Theologe. – Gilt als einer der bedeutendsten Denker und Theologen des Islams, dem es gelang, die Frömmigkeit der Mystik (↑ Sufismus) mit der orth. Theologie zu versöhnen.

Ghassaniden, arab. Fürstendyn. aus dem Stamm Ghassan, der sich 490 n. Chr. unter byzantin. Gebiet ansiedelte und das monophysit. Christentum annahm; herrschten unter byzantin. Oberhoheit bis 636 über das Ostjordanland, Südpalästina und die syr. Wüste.

Ghassulkultur, Kulturgruppe Südpalästinas, aus der 2. Hälfte des 4. Jt. v. Chr., kennzeichnend sind auf der Töpferscheibe gefertigte Keramik (meist plastisch verziert), Geräte aus Feuerstein und Kupfer, Felskammergräber mit Brandbestattungen in Urnen (z. T. in Hausform).

Ghaswin, Stadt am S-Fuß des Elbursgebirges, 1 220 m ü. d. M., Iran, 250 000 E. Baumwollind. – Um 260 n. Chr. als **Schad Schapur** gegr., war bis zu den mongol. Eroberungen im 13. Jh. eine bed. Stadt; im 16. Jh. Residenz der Safawiden.

Ghats, Bez. für die Küstengebirge Vorderindiens; ↑ Ostghats, ↑ Westghats.

Ghaur, Al (Ghor), Bez. für den Jordangraben zw. dem See von Genezareth und dem Toten Meer.

Ghazni, Provinzhauptstadt im östl. Afghanistan, 2 138 m ü. d. M., 30 400 E. Handelszentrum in einem extensiven Landw.gebiet. – 977–1187 Hauptstadt des Reichs der Ghasnawiden; gehörte 1504–1738 zum Mogulreich. – Lehmziegelmauer um die Altstadt (12. Jh.); nö. liegt ein großes Ruinenfeld. Nahebei in einem Dorf das Mausoleum Mahmuds von G. († 1030).

Ghedini, Giorgio Federico [italien. geˈdiːni], *Cuneo 11. Juli 1892, †Nervi (Prov. Genua) 25. März 1965, italien. Komponist. – Schrieb Opern, u. a. „Le baccanti" (1948), „Billy Budd" (1949), Oratorium „La messa del venerdì santo" (1929), Orchesterwerke, Kammer- und Klaviermusik, Lieder; auch Film- und Bühnenmusik.

Ghee [engl. giː] (Ghi), aus Büffel- und Kuhmilch hergestelltes butterschmalzähnl. Fett (in Indien verwendet).

Gh_**e**_**ga,** Karl Ritter von (seit 1851), *Venedig 10. Jan. 1802, †Wien 14. März 1860, östr. Bauingenieur. – Generalinspekteur der östr. Staatseisenbahn; erbaute 1848–54 die Semmeringbahn.

Ghelderode, Michel de [niederl. ˈxɛldərɔːdə, frz. gɛldəˈrɔd], eigtl. Adhemar Martens, *Ixelles 3. April 1898, †Brüssel 1. April 1962, fläm. Dramatiker. – Expressionistisch-visionärer Dramatiker einer grotesken Welt. – *Werke:* Escorial (Dr., 1930), Barabbas (Dr., 1931), Pantagleize (Dr., 1934), Ausgeburten der Hölle (Dr., 1938), Ein Abend des Erbarmens (Dr., 1955).

Gheorghe Gheorghiu-Dej [rumän. ˈɡeorɡe ɡeorˈɡiuˈdeʒ], rumän. Stadt im Vorland der Ostkarpaten, 52 300 E. Erdölraffinerie, chem. und petrochem. Werk.

Gheorghiu-Dej, Gheorghe [rumän. ɡeorˈɡiuˈdeʒ], *Bîrlad (Kreis Vaslui) 8. Nov. 1901, †Bukarest 19. März 1965,

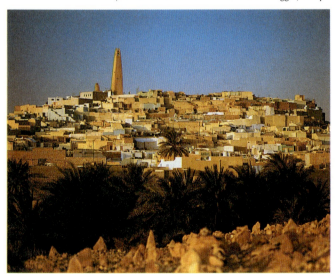

Ghardaja. Stadtansicht mit dem konischen Minarett, Höhe 22 m

rumän. Politiker. – 1944 Teilnahme am Sturz der Militärdiktatur I. Antonescus; 1945–54 Generalsekretär, seit 1955 1. Sekretär des ZK der rumän. KP, hatte entscheidenden Anteil an der Umwandlung seines Landes in eine Volksdemokratie; 1952–55 Min.präs.; seit 1961 Präs. des Staatsrats (Staatsoberhaupt).

Lorenzo Ghiberti. Szene aus der Geschichte Isaaks, Detail aus der Paradiestür des Baptisteriums in Florenz, 1425–52

Gherardesca, Ugolino della [italien. gerar'deska], Graf von Donoratico, *um 1220, †Pisa 1289, italien. Adliger. – Zunächst Ghibelline, dann Guelfe; errichtete in Pisa eine grausame Herrschaft; 1289 von Erzbischof R. Ubaldini gestürzt; mit zwei Söhnen und zwei Enkeln dem Hungertod preisgegeben. Literarisch gestaltet u. a. von Dante, G. Chaucer, H. W. von Gerstenberg.

Gherla (dt. Armenierstadt), rumän. Stadt im nördl. Siebenbürgen, 22 800 E. Museum; Holzverarbeitung. – Im 16. Jh. gegr., im 18. Jh. in **Armenopolis** umbenannt, Zentrum der Armenier in Siebenbürgen. – Spätgot. Kirche der Kalvinisten, barocke armen.-kath. Kirche, Schloß Martinuzzi (16. Jh.), Festung (um 1540) an der Stelle eines röm. Castrums.

Gheschm ↑Hormos, Straße von.

Ghetto (Getto) [italien.; Herkunft umstritten], Bez. für geschlossene jüd. Wohnviertel, die behördlich verordnet von außen abgeriegelt und mit einer nächtl. Ausgangssperre belegt wurden; zuerst für Venedig (1531) nachgewiesen. Etwa um 1000 wurde der bis dahin freiwillige Rückzug der Juden in bestimmte Stadtteile bzw. Straßenzüge von christl. Seite durch das Verbot des Zusammenwohnens von Christen und Juden rechtlich fixiert. Die Judenquartiere oder -gassen wurden mit Mauern umgeben und nachts durch Tore verschlossen. Mit der Emanzipation und der Erlangung der Bürgerrechte im 19. Jh. entfiel für europ. Juden der G.zwang; 1870 wurde in Rom das letzte G. geöffnet. – In der Zeit des NS wurden in den besetzten Ostgebieten die Juden erneut in G. („Judenviertel", „jüd. Wohnbezirke") gezwungen. Der Begriff G. bezeichnet heute, bes. in der Soziologie, generell einen Ort, in dem rass. oder religiöse Minderheiten in aufgezwungener (auch geistiger oder polit.) Segregation leben müssen.

Gheyn, Jacob de [niederl. xɛin], d. Ä., *Antwerpen 1565, †Den Haag 29. März 1629, niederl. Kupferstecher, Zeichner und Maler. – Bed. v. a. seine Federzeichnungen.

Ghi, svw. ↑Ghee.

Ghibellinen und Guelfen, zunächst die beiden widerstreitenden Parteien in Italien, die sich aus dem polit. Ggs. der Staufer („Waiblinger") und Welfen während des Thronstreites zw. Friedrich II. und Otto IV. (1212–18) ergaben. Die Bez. gingen nach dem Ende der Stauferzeit auf andere Parteigruppierungen über, v. a. im ständ. Kampf um die ober- und mittelitalien. Städte (Ghibellinen: Adel, Guelfen: Volkspartei). Beide Namen fanden im 14. Jh. erneut Anwendung bei dem Streit zw. den Röm. Königen und der Kurie. Obwohl der Gebrauch beider Parteibez. 1334 von Papst Benedikt XIII. verboten wurde, fanden sie bis ins 17. Jh. hinein Anwendung im innerstädt. Kampf.

Ghiberti, Lorenzo [italien. gi'bɛrti], *Florenz 1378, †ebd. 1. Dez. 1455, italien. Bildhauer. – Urspr. Goldschmied, gewann 1401 u. a. gegen Brunelleschi den Wettbewerb für die 2. Bronzetür (Nordtür) des Baptisteriums in Florenz, an der er 1403–24 arbeitete. Die sog. Paradiestür (1425–52) mit 10 Feldern mit Szenen aus dem A. T. in perspektiv. Raumbühnen ist ein bed. Werk der Frührenaissance. Für Or San Michele schuf G. drei Bronzestatuen (1412–28). Ab 1420 war er neben Brunelleschi Bauleiter des Florentiner Doms. In seinen letzten Lebensjahren Niederschrift seiner Autobiographie und kunsthistor. Betrachtungen („Commentarii").

Ghica (Ghika, Gyka) [rumän. 'gika], aus Makedonien stammende rumän. Bojarenfamilie, die vom 17. bis 19. Jh. in den Donaufürstentümern mehrere Gospodare stellte. Stammvater ist *Gheorghe G.* (*um 1600, †1664), der vom türk. Sultan 1658 zum Fürsten der Moldau (bis 1659), 1659 zum Fürsten der Walachei (bis 1660) ernannt wurde.

Ghirlandaio, Domenico [italien. girlan'da:jo], eigtl. D. di Tommaso Bigordi, *Florenz 1449, †ebd. 11. Jan. 1494, italien. Maler. – Bed. Vertreter der Frührenaissance. Sein Werk (Fresken, Gemälde) zeichnen eine klare kühle Farbigkeit, reiche, bewegte Komposition und eine Fülle von Gegenständlichkeit (Landschaft, Architektur, Innenraum) aus. Der Erzählstil findet unter dem Einfluß Botticellis und Signorellis sowie der niederl. Malerei (Hugo van der Goes) in den Fresken der Cappella Sassetti in Santa Trinità (1483–85) und der Cappella Tornabuoni (Hauptchorkapelle) in Santa Maria Novella in Florenz (1486–90) seinen Höhepunkt. Unter den Tafelbildern G. sind bes. hervorzuheben: „Bildnis der Giovanna Tornabuoni" (1488; Madrid, Palacio Villahermosa), „Großvater und Enkel" (1488; Paris, Louvre).

Ghislandi, Giuseppe [italien. giz'landi], *Bergamo 4. März 1655, †ebd. 3. Dez. 1743, italien. Maler. – Franziskaner; gesuchter Porträtist.

Domenico Ghirlandaio. Großvater und Enkel, 1488 (Paris, Louvre)

Ivar Giaever

Gibbons. Siamang

Ghom, iran. Stadt 130 km ssw. von Teheran, 543 000 E. Baumwollverarbeitung, Teppichherstellung; Bahnknotenpunkt. Wallfahrtsziel der Schiiten (Fatima-Heiligtum); Gräber mehrerer Safawidenherrscher.

Ghom (Kum) ↑ Orientteppiche (Übersicht).

Ghor ↑ Ghaur, Al.

Ghosh, Sri Aurobindo [engl. goʊʃ] ↑ Aurobindo.

Ghost town [engl. ˈgoʊsttaʊn], svw. ↑ Geisterstadt.

Ghostword [engl. ˈgoʊstwəːd „Geisterwort"] (Vox nihili), Wort, das durch einen Schreib-, Druck- oder Aussprachefehler entstanden ist.

Ghostwriter [engl. ˈgoʊstraɪtə „Geisterschreiber"], anonymer Autor, der im Auftrag und unter dem Namen anderer Personen Reden, Zeitungsartikel und Bücher schreibt.

Ghudamis (Ghadamis), Oasenstadt in NW-Libyen, 351 m ü. d. M., 52 000 E. Herstellung von Teppichen und Lederarbeiten; Handelsplatz, Karawanenstützpunkt; ✈. – G. ist das röm. **Cydamus.** – Die Altstadt wurde von der UNESCO zum Weltkulturerbe erklärt.

Ghuriden, iran. Dynastie aus Ghur (Zentralafghanistan); urspr. Vasallen der Ghasnawiden, verdrängten sie diese im 12. Jh.; das G.reich zerfiel bald nach 1206.

GHz, Einheitenzeichen für Gigahertz.

gi, Einheitenzeichen für ↑ Gill.

G. I. [ˈdʒiːˈaɪ; engl.-amerikan.], Abk. für: **G**overnment **I**ssue („Regierungsausgabe"), früher Aufdruck auf den staatlich gelieferten Ausrüstungsgegenständen für die Soldaten, daher auch volkstüml. Bez. für den einfachen Soldaten der USA.

Giacobiniden [dʒako...], svw. ↑ Draconiden.

Giacometti [italien. dʒakoˈmetti], Alberto, * Stampa (Kt. Graubünden) 10. Okt. 1901, † Chur 11. Jan. 1966, frz. Bildhauer und Graphiker schweizer. Herkunft. – Lebte seit 1923 (ausgenommen 1940–45) in Paris. Vom Surrealismus beeinflußt. Nach 1945 entstanden die für ihn typ., dünnen, überlängten Figuren (auch Köpfe), einzeln oder in Gruppierung. Auch Lithographien.

G., Augusto, * Stampa (Kt. Graubünden) 16. Aug. 1877, † Zürich 9. Juni 1947, schweizer. Maler. – V. a. Glasfenster (Farbrhythmen) für zahlr. schweizer. Kirchen (u. a. Großmünster in Zürich); auch Tafel- und Wandbilder.

Giacomo da Lentini [italien. ˈdʒaːkomo da lenˈtiːni], * Lentini wahrscheinlich Ende 12. Jh., † vor 1250, italien.

Alberto Giacometti. Der Wald, Bronze, Höhe 58 cm, 1950 (St.-Paul-de-Vence, Fondation Maeght)

William Francis Giauque

Dichter. – Ein Hauptvertreter der ↑ Sizilianischen Dichterschule; entwickelte das Sonett.

Giaever, Ivar [norweg. ˈjeːvər], * Bergen 5. April 1929, amerikan. Physiker norweg. Herkunft. – Entdeckte 1960/61 den Tunneleffekt von thermisch angeregten supraleitenden Elektronen und bestimmte die Energielücke im Anregungsspektrum von Supraleitern. G. erhielt 1973 den Nobelpreis für Physik (mit L. Esaki und B. Josephson).

Giambologna [italien. dʒamboˈloɲɲa] ↑ Giovanni da Bologna.

Giambono, Michele [italien. dʒamˈbɔːno], eigtl. M. di Taddeo Bono, italien. Maler und Mosaizist des 15. Jh. – Als Leiter der Mosaikarbeiten in San Marco in Venedig stattete er die Cappella dei Mascoli aus; als Maler von Gentile da Fabriano beeinflußt.

Giannone, Pietro [italien. dʒanˈnoːne], * Ischitella (Prov. Foggia) 7. Mai 1676, † Turin 17. März 1748, italien. Historiker und Jurist. – Veröffentlichte 1723 die „Istoria civile del regno di Napoli" (dt. „P. G. bürgerl. Geschichte des Kgr. Neapel"), in der er die Entwicklung der neapolitan. Staats- und Rechtsverfassung schilderte und die volle Souveränität des Staates begründete.

Giant's Causeway [engl. ˈdʒaɪənts ˈkɔːzweɪ], Naturdenkmal in N-Irland, unter Einwirkung der Brandung entstandener, etwa 5 km langer Kliffküstenabschnitt aus Basalt.

Giap, Vo Nguyên, vietnames. General und Politiker, ↑ Vo Nguyên Giap.

Giardiasis [nach dem frz. Zoologen A. Giard, * 1846, † 1908] (veraltet Lambliasis), Befall des Dünndarms (v. a. Zwölffinger- und Leerdarm) mit den parasitierenden Flagellaten Giardia lamblia (Lamblia intestinalis), von dem auch Tiere (Affen, Kaninchen, Ratten) betroffen werden; begünstigt durch verminderten Salzsäuregehalt im Magensaft. Krankheitserscheinungen können fehlen; bei Massenbefall kommt es zu Brechdurchfall, Koliken und Fettstuhl. Die Behandlung wird mit Chemotherapeutika durchgeführt.

Giauque, William Francis [engl. dʒɪˈoʊk], * Niagara Falls (Kanada) 12. Mai 1895, † Oakland (Calif.) 28. März 1982, amerikan. Physikochemiker. – Prof. in Berkeley; lieferte Beiträge zur chem. Thermodynamik und zur Tieftemperaturphysik; entdeckte 1929 mit L. Johnston die Sauerstoffisotope ^{17}O und ^{18}O in der Erdatmosphäre; 1933 erzielte er mit dem von ihm entwickelten Verfahren der adiabat. Entmagnetisierung erstmals Temperaturen von etwa 0,1 K. Nobelpreis für Chemie 1949.

Gibb, Sir (seit 1954) Hamilton Alexander Rosskeen, * Alexandria (Ägypten) 2. Jan. 1895, † Oxford 22. Okt. 1971, brit. Orientalist. – Prof. für Arabisch in London, Oxford und an der Harvard University in Cambridge (Mass.); Verfasser wichtiger Werke zur Geistesgeschichte des Is-

Gibbons. Weißhandgibbon mit Jungtier

lams. – *Werke:* Arab. Literaturgeschichte (1926), Modern trends in Islam (1947), Islamic society and the West (2 Bde., 1950–57; mit H. Bowen), Studies on the civilization of Islam (1962).

Gibberd, Sir (seit 1967) Frederick [engl. ˈgɪbəd], *Coventry 7. Jan. 1908, †London 9. Jan. 1984, brit. Architekt und Städteplaner. – Wegweisend war sein Entwurf 1947 ff. für die Trabantenstadt Harlow bei London.

Gibberelline [lat., nach dem Pilz Gibberella fujikuroi], Gruppe von Pflanzenhormonen, die als Wuchsstoffe im gesamten Pflanzenreich weit verbreitet sind; entstehen in höheren Pflanzen in der Streckungszone von Sproß und Wurzel und in jungen Blättern. G. sind gemeinsam mit anderen Wuchs- und Hemmstoffen, in Abhängigkeit von den Außenbedingungen, an verschiedenen Entwicklungs- und Stoffwechselprozessen beteiligt. Wirtsch. Verwendung finden G. u. a. in der Blumengärtnerei zur Steigerung von Blüten-, Stiel- und Blütenblattgröße. – ↑Pflanzenhormone.

Gibberellinsäure (Gibberellin A$_3$), C$_{19}$H$_{22}$O$_6$, zu den Gibberellinen zählendes, als deren Grundkörper anzusehendes Pflanzenhormon.

Gibbon, Edward [engl. ˈgɪbən], *Putney (= London) 8. Mai 1737, †London 16. Jan. 1794, engl. Historiker und Schriftsteller. – Bed. seine die Zeit von 180 bis 1453 behandelnde „Geschichte des Verfalls und Untergangs des Röm. Reiches" (6 Bde., 1776–88), in der er die These von der Schuld des Christentums am Untergang Roms vertritt.

Gibbons [engl. ˈgɪbənz], Grinling, *Rotterdam 4. April 1648, †London 3. Aug. 1721, engl. Bildhauer. – Schnitzte die Innenausstattung der Königsschlösser Kensington, Whitehall, Windsor und Hampton Court sowie das Chorgestühl von Saint Paul's Cathedral in London; auch Marmor- und Bronzearbeiten.

G., Orlando, ≈ Oxford 25. Dez. 1583, †Canterbury 5. Juni 1625, engl. Komponist. – Mit Anthems, weltl. und geistl. Madrigalen sowie v. a. Werken für Tasteninstrumente einer der führenden Vertreter der engl. Virginalisten.

Gibbons [frz.] (Hylobatidae), zur Überfam. ↑Menschenartige zählende Affenfam. mit sieben Arten in den Urwäldern SO-Asiens; Körperlänge etwa 45–90 cm, Schwanz fehlt; Körper schlank, Brustkorb kurz und breit, Arme stark verlängert; Kopf klein und rundlich, ohne vorspringende Schnauze; Fell dicht und weich, Färbung variabel. – Man unterscheidet die Gatt. Siamangs (Symphalangus) und Hylobates. Die Gatt. *Siamangs* mit den Arten **Siamang** (Symphalangus syndactylus; in den Bergwäldern Sumatras, Malakkas und Thailands; Körperlänge etwa 90 cm, Fell lang, schwarz) und **Zwergsiamang** (Symphalangus klossi; auf den Mentawaiinseln; Körperlänge etwa 75 cm, sonst der vorherigen Art sehr ähnlich). ♂ und ♀ dieser Gatt. mit nack-

tem, aufblähbarem schallverstärkendem Kehlsack. Die zur Gatt. *Hylobates* (G. i. e. S.) gehörenden Tiere haben eine Körperlänge bis etwa 65 cm; schlankes Gesicht, das häufig von einem Haarkranz umsäumt ist; meist ohne Kehlsack; ♂ und ♀ sind oft recht unterschiedlich gefärbt. Diese Gatt. umfaßt fünf Arten: **Weißhandgibbon** (Hylobates lar), **Schopfgibbon** (Hylobates concolor; schwarz bis gelbbraun; bes. bei ♂♂ ausgeprägter Haarschopf auf dem Scheitel), **Hulock** (Hylobates hoolock; mit weißer Stirnbinde), **Silbergibbon** (Hylobates moloch; Fell lang, dicht, silbergrau) und **Ungka** (Hylobates agilis).

Gibbs, James, *Aberdeen 23. Dez. 1682, †London 5. Aug. 1754, engl. Baumeister. – Schuf zahlr. klassizist. Bauten, u. a. Saint-Martin-in-the-Fields in London (1722–26), Senate House in Cambridge (1722–30), Radcliffe Camera in Oxford (1737–49).

G., Josiah Willard, *New Haven (Conn.) 11. Febr. 1839, †ebd. 28. April 1903, amerikan. Physiker und Mathematiker. – G. gehört zu den Begründern der modernen Thermodynamik und der statist. Mechanik. Er stellte 1876 die nach ihm ben. ↑Gibbssche Phasenregel auf. In der Mathematik lieferte G. bed. Beiträge zur Theorie der Fourier-Reihen.

Gibbssche Phasenregel [nach J. W. Gibbs], gültige Beziehung für ein aus k Bestandteilen oder Komponenten bestehendes, im Gleichgewicht befindl. thermodynam. System; $p + f = k + 2$ (p Anzahl der Phasen, f Anzahl der frei wählbaren thermodynam. Variablen [Freiheitsgrade] des Systems, z. B. Druck, Temperatur, Volumen).

Gibbssche Wärmefunktion [nach J. W. Gibbs], svw. ↑Enthalpie.

Gibbus [lat.] ↑Kyphose.

Gibea [hebr. ˈgiːbea, giˈbeːa, gibeˈaː] (Vulgata: Gabaa), Ort 6 km nördlich von Jerusalem, heute Tal Al Ful; erste israelit. Königsresidenz (1020 v. Chr.); wichtige Ausgrabungen zur alttestamentl. Geschichte.

Gibeon (Vulgata: Gabaon), Ort im alten Israel, vermutlich das heutige Al Dschib, 9 km nw. von Jerusalem; berühmte Opferstätte der alttestamentl. Könige, v. a. Salomos und Davids.

Gibli (Ghibli) [arab.], Bez. des ↑Schirokko in Libyen.

Gibraltar [giˈbraltar, gibralˈtar], von Großbritannien abhängiges Gebiet an der S-Spitze Spaniens, 30 100 zivile E (1988). G. und der Djebel Musa an der afrikan. Gegenküste flankieren als mächtige Felsklötze (in der Antike „Säulen des Herkules") das östl. Ende der etwa 60 km langen, 14–44 km breiten **Straße von Gibraltar**, die das Mittelmeer mit dem Atlantik verbindet. Den Kern der G.halbinsel bildet eine schmale Felsrippe aus Jurakalk (bis 425 m hoch), die im O senkrecht zum Meer abfällt. Am Fuß der W-Flanke erstreckt sich der Hauptteil der Stadt G. mit Militär-, Handelshafen und ✈. Im S endet die Halbinsel in einem 15 m hohen Kliff, nach N ist sie durch eine rd. 800 m

Gibraltar
Wappen

Gibraltar

Gibraltar

Gibraltaraffe

lange Nehrung mit dem span. Hinterland verbunden. Auf der G.halbinsel lebt als einzige Affenart Europas der Magot in freier Wildbahn. – Die einheim. Bev. (zwei Drittel der gesamten Bev.) ist überwiegend span., maltes. oder portugies. Herkunft und spricht einen südspan. Dialekt (Giannito); Amtssprache ist Englisch. Von wirtsch. Bed. sind der militär. Dienstleistungssektor und die Hafenwirtschaft, die Erdölverarbeitung und Konsumgüterherstellung sowie der Fremdenverkehr.

André Gide

Geschichte: Ben. nach dem maur. Feldherrn Tarik, der um 711 n. Chr. die Meerenge überschritt und am N-Hang des G.felsens eine Burg errichten ließ (G. „Dschabal Al Tarik" [„Berg des Tarik"]). Seit 1462 kastilisch, 1704 von brit. Truppen erobert, seit 1713 zu Großbritannien gehörend. 1963 mit Spanien eingeleitete Rückgabeverhandlungen scheiterten 1966; danach Sperrung des Grenzüberganges durch Spanien. Bei einem Referendum 1967 entschieden sich rd. 95 % der wahlberechtigten Bev. gegen den Anschluß an Spanien. Die Grenze zw. G. und Spanien wurde im Dez. 1982 mit Einschränkungen, im Febr. 1985 wieder vollständig geöffnet. – G. besitzt beschränkte Autonomie (brit. Kronkolonie); der brit. Kommandant ist auch Gouverneur mit Exekutiv- und Gesetzgebungsgewalt.

Gibraltaraffe ↑ Magot.

Gibson, John [engl. gɪbsn], *Gyffin bei Conway 19. Juni 1790, †Rom 27. Jan. 1866, engl. Bildhauer. – Schuf, beeinflußt von Thorvaldsens, klassizistische (polychrome) Statuen.

Gibsonwüste [engl. gɪbsn], 330 000 km² große Halbwüste in Westaustralien zw. Großer Sandwüste im N und Großer Victoriawüste im Süden.

Gicht [zu althochdt. gigiht, eigtl. „Besprechung, Behexung"] (Arthritis urica, früher volkstümlich Zipperlein), Stoffwechselstörung, die u. a. zur Erhöhung des Harnsäurespiegels im Blut und zur Ablagerung von harnsaurem Natrium in der Nähe bestimmter Gelenke führt.

Die **primäre Gicht** ist eine dominant erbl. Störung des Purinstoffwechsels, die zu 95 % bei Männern vorkommt und sich meist erst nach dem 40. Lebensjahr bemerkbar macht. Beim **Gichtanfall** werden harnsaure Salze in den Gelenkknorpeln, Gelenkkapseln, Sehnenscheiden und Schleimbeuteln, in den benachbarten Weichteilen, u. U. sogar in den Gelenken selber abgelagert. Der typ. G.anfall beginnt plötzlich und befällt zu rd. 70 % nur das Großzehengrundgelenk (**Podagra**). Daneben können das Sprunggelenk, ein Daumengrundgelenk (**Chiragra**) oder das Kniegelenk (**Gonagra**), aber auch Sehnenscheiden und Faszien betroffen sein. Ohne Behandlung dauern die Anfälle tage- und wochenlang an, vergehen dann wieder und wiederholen sich nach beschwerdefreien Zwischenzeiten. Sie befallen nun auch andere Gelenke. Die Gelenkknorpel werden durch eingelagerte Harnsäure zerstört, es kommt zu Gelenkverformungen und schließlich auch zur Gelenkversteifung. Harnsäureablagerungen in Schleimbeuteln und Sehnenscheiden verunstalten die Gelenke auch äußerlich. Bei der **chronischen Gicht** kommt es zu einer langsam fortschreitenden Gelenkzerstörung. Äußeres Anzeichen sind die mit harnsauren Salzen beladenen **Gichtknoten** (Gelenktophi), die u. U. eitrig-geschwürig zerfallen (G.geschwüre). Der G.anfall wird mit Kolchizin und Kortisonderivaten behandelt. Der Harnsäurespiegel muß ebenfalls medikamentös normalisiert werden. Bei der **sekundären Gicht** tritt die Harnsäurespiegelerhöhung infolge anderer Erkrankungen (z. B. chron. Niereninsuffizienz) auf.

Gicht, in der *Hüttentechnik:* Oberteil des Hochofens mit Beschickungsöffnung und Arbeitsplattform (**Gichtbühne**).

Gichtel, Johann Georg, ≈ Regensburg 4. März 1638, †Amsterdam 21. Jan. 1710, dt. Spiritualist. – Schüler J. Böhmes. Wollte das erstarrte luth. Kirchenwesen spiritualistisch erneuern. Seine Anhänger werden **Gichtelianer** oder nach Matth. 22, 30 **Engelsbrüder** genannt.

Gichtgas (Hochofengas, Schwachgas), Abgas bei der Verhüttung von Eisenerzen im Hochofen. Bestandteile: rd. 12 % Kohlendioxid, 28 % Kohlenmonoxid, 55 % Stickstoff, 3 % Wasserstoff, 2 % Methan.

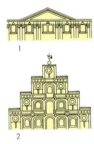

Giebel.
1 Dreiecksgiebel;
2 Treppengiebel;
3 Segmentgiebel;
4 verkröpfter Giebel;
5 gesprengter Giebel;
6 geschweifter Giebel

Giddings, Franklin Henry [engl. ˈgɪdɪŋz], *Sherman (Conn.) 23. März 1855, †Scarsdale (N.Y.) 11. Juni 1931, amerikan. Soziologe. – Seit 1894 Prof. an der Columbia University; Mitbegr. der amerikan. Soziologie; anfänglich Vertreter einer psycholog. Entwicklungstheorie, widmete sich später Fragen der Methodologie und des Behaviorismus.

Gide, André [frz. ʒid], *Paris 22. Nov. 1869, †ebd. 19. Febr. 1951, frz. Schriftsteller. – 1893/94 Reise nach Algerien und Tunesien, Zusammentreffen mit O. Wilde. 1909 Mitbegr. der Zeitschrift „La Nouvelle Revue Française". Einige Jahre stand er dem Kommunismus nahe; eine Reise in die UdSSR (1936) ernüchterte ihn jedoch („Zurück aus Sowjet-Rußland", 1936); erhielt 1947 den Nobelpreis. – Sein durch eine klassisch reine Sprache gekennzeichnetes Werk reicht von Übersetzungen (Goethe, Shakespeare, Blake, Whitman, Puschkin u. a.) über ein umfangreiches literaturkrit. Werk und Biographien bis zu [polit.] Reisebeschreibungen, Erzählungen, Romanen, Dramen und Gedichten; starke Einflüsse durch Beschäftigung mit Pascal, Nietzsche, Dostojewski und Goethe. In seinem Werk proklamiert G. das Recht des Individuums auf Freiheit und ein ganz persönl., authent. Leben. Künstlerisch am bedeutendsten ist seine mehrbändige Autobiographie, beginnend mit „Stirb und werde" (2 Bde., 1920/21); die folgenden Bände enthalten in der Literatur in dieser Form bisher unübl. Schilderungen [homo]sexueller Erlebnisse („Et nunc manet in te", 1951, „Intimes Tagebuch", hg. 1952, „So sei es oder Die Würfel sind gefallen", hg. 1952). Als sein erzähler. Hauptwerk gelten „Die Falschmünzer" (1925).

Weitere Werke: Ein Liebesversuch (En., 1893), Paludes (E., 1895), Uns nährt die Erde (Prosa, 1897), Der schlechtgefesselte Prometheus (E., 1899), Der Immoralist (R., 1902), Die Rückkehr des verlorenen Sohnes (E., 1907; dt. von Rilke 1914), Die Verliese des Vatikan (R., 1914, auch dramatisiert), Die Pastoralsymphonie (Nov., 1919), Die Schule der Frauen (R., 1929), Oedipus (Dr., 1931), Theseus (R., 1946).

Gideon (Vulgata: Gedeon), bibl. Person, einer der großen Richter, um 1100 v. Chr.; Befreier der Israeliten von räuber. Kamelnomaden.

Giebel, Agnes, *Heerlen (Niederlande) 10. Aug. 1921, dt. Sängerin (Sopran). – Wirkte nach Debüt als Konzertsängerin 1947 als Oratorien-, Lied- und Konzertinterpretin; wurde bes. durch Bach-Kantaten bekannt.

Giebel, Abschlußwand an der Schmalseite eines Satteldaches, auch Bekrönung von Fenstern, Portalen u. a.; folgt meist der Dachform, i. d. R. in Gestalt eines Dreiecks. Beim griech. Tempel ist das G.feld (Tympanon) abgeschlossen (gerahmt durch das ↑Geison) und oft mit G.skulpturen gefüllt. G.mitte und G.ecken krönen figürl. ↑Akrotere. In der ma. Baukunst wird das G.feld der Kirchenportale mit Reliefs geschmückt. Die Gotik bringt spitze G. hervor, auch reine Zier-G. (Wimperge) mit Maßwerk. Bes. im norddt. Backsteinbau wurde der angestufte *Treppen-G.* bevorzugt. An der Barockfassade wechseln *Segment-G.* mit *Dreiecks-G.*; wird das rahmende Gesims im Mittelteil des G. weggelassen, entsteht der *gesprengte G.;* wird das Gesims ver- oder zurückgestuft, spricht man vom *verkröpften G.;* der *geschweifte G.* gehört ebenfalls zu den typ. G.formen.

Giebeldach, svw. Satteldach, ↑Dach.

Giefer, Alois, *Frankfurt am Main 7. Sept. 1908, †ebd. 5. Dez. 1982, dt. Architekt. – Neben Kirchenbauten entstanden u. a. 1957–59 in Frankfurt am Main die Dt. Bibliothek und 1965–72 der Flughafen.

Giehse, Therese, eigtl. T. Gift, *München 6. März 1898, †ebd. 3. März 1975, dt. Schauspielerin. – 1925 von O. Falckenberg an die Münchner Kammerspiele verpflichtet; 1933 emigrierte sie nach Zürich. Nach dem Krieg Rückkehr nach Deutschland, 1949–52 bei B. Brecht am Berliner Ensemble. In München, Zürich und Berlin bed. Charakterdarstellerin, u. a. „Mutter Courage" (B. Brecht).

Gielen, Michael [Andreas], *Dresden 20. Juli 1927, östr. Dirigent und Komponist dt. Herkunft. – Setzt sich als Dirigent bes. für zeitgenöss. Musik ein. Als Komponist schloß er sich der Schönberg-Schule an.

(1501), Siemenshaus (1693); Befestigungsanlagen mit Wällen und Rundtürmen. – Der ma. Stadtkern von G. sowie das Silberbergwerk Rammelsberg wurden von der UNESCO zum Weltkulturerbe erklärt.

G., Landkr. in Niedersachsen.

Gospel [engl. ˈgɔspəl, eigtl. „Evangelium"] (Gospelsong), religiöse Liedform der nordamerikan. Schwarzen. Der G. wird solistisch und chorisch dargeboten, wobei die für die afroamerikan. Volksmusik und den Jazz typ. Ruf-Antwort-Muster eine bedeutsame Rolle spielen. Die Stilmerkmale und Ausdrucksmittel des G. beeinflußten v. a. den Hard-Bop und den Soul.

Gosplan, Abk. für russ.: **Gos**sudarstwenny **plan**owy komitet Soweta Ministrow SSSR (Staatl. Plankomitee), Organ des Min.rats vor der ehem. UdSSR für die staatl. Planung der Volkswirtschaft; gegr. 1921.

Gospod [russ. gasˈpotj], in den byzantinoslaw. Liturgien nur für Gott gebrauchte Anrede; **Gospodi pomilui** („Herr, erbarme dich") entspricht dem griech. Kyrie eleison.

Gospodar (Hospodar) [slaw.], Herr, Herrscher, auch Oberhaupt einer Familie oder Sippe. Seit dem 14. Jh. Bez. der Fürsten in der Moldau und der Walachei.

Gospodin [russ. gespaˈdin], [höfl. und förml.] russ. Anrede: Herr (meist mit dem Namen); zeitweilig durch die offizielle sowjet. Anrede Towarischtsch (Genosse) verdrängt.

Gosport [engl. ˈgɔspɔːt], engl. Hafenstadt am Kanal, Gft. Hampshire, 77 300 E. Marinehafen; Leichtindustrie.

Göss, seit 1939 Stadtteil von Leoben, Steiermark, Österreich.

Gossaert, Jan [niederl. ˈxɔsaːrt], gen. Mabuse, *Maubeuge zw. 1478/88, † Breda (?) 1532, fläm. Maler. – Vollzog nach einer Romreise den Schritt zum ↑Romanismus. G. brachte neues Formgut und neue (weltl.) Motive in die niederl. Kunst, bes. mit seinen mytholog. Bildern wie „Neptun und Amphitrite" (1516; Berlin, Museumsinsel), „Danae" (1527; München, Alte Pinakothek); Dekoration von Schloß Souburg (um 1515); vorzügl. Bildnisse.

Jan Gossaert. Bildnis eines jungen Mädchens (London, National Gallery)

Gossau (SG), Hauptort des Bez. Gossau im schweizer. Alpenvorland, Kt. Sankt Gallen, 635 m ü. d. M., 15 800 E. Maschinenbau, Nahrungsmittel- und Textilindustrie.

Gosse [eigtl. die Stelle, wo etwas ausgegossen wird], an der Bordkante entlanglaufende Straßenrinne, durch die Regenwasser und Schmutz abfließen; übertragen für den Bereich sozialer und moral. Verkommenheit.

Gossec, François-Joseph [frz. gɔˈsɛk], *Vergnies (Hennegau) 17. Jan. 1734, † Passy (= Paris) 16. Febr. 1829, frz. Komponist. – Wurde v. a. durch seine Revolutionsmusik (Märsche und Hymnen, mit Massenchören, Blasorchester und großem Schlagzeug besetzt) populär; komponierte daneben Opern, Ballette, Sinfonien und Kirchenmusik.

Gossen, Hermann Heinrich, *Düren 7. Sept. 1810, † Köln 13. Febr. 1858, dt. Nationalökonom. – G. wurde mit seinen nach ihm benannten Gesetzen der Bedürfnissättigung und vom Ausgleich der ↑Grenznutzen zu einem der bedeutendsten Vorläufer der Grenznutzenschule. – *Hauptwerk:* Entwicklung der Gesetze des menschl. Verkehrs und der daraus fließenden Regeln für menschl. Handeln (1854).

Gossensaß (italien. Colle Isarco), Teil der italien. Gemeinde Brenner, Südtirol, 1 098 m ü. d. M., 1 700 E. – Das erstmals um 1200 genannte G. war früher ein wichtiger Bergwerksort. – Barocke Pfarrkirche (18. Jh.) mit Fresken.

Gößweinstein, Marktgemeinde, Wallfahrts- und Luftkurort in der Fränk. Schweiz, Bay., 458 m ü. d. M., 3 950 E. Herstellung von Sportbekleidung, Radio- und Fernsehteilen. – Wallfahrtskirche (1730–39; nach Plänen von B. Neumann).

GOST-Normen [Abk. für russ.: **G**ossudarstwenny **o**bschtschessojusny **st**andart „Staatl. Allunionsnorm"], die in der ehem. UdSSR geltenden techn. und industriellen Normen.

Götaälv [schwed. ˌjøːtaˈɛlv], schwed. Fluß, entfließt dem Vänersee, mündet mit zwei Armen in das Kattegat, 93 km lang. Im Oberlauf Wasserfälle, zu deren Umgehung der **Trollhättakanal** mit drei Schleusen angelegt wurde.

Götakanal [schwed. ˌjøːtakaˈnɑːl], schwed. Kanal, verbindet den Vänersee mit der Ostsee, durchquert dabei zahlr. Seen, u. a. den Vättersee; 191 km lang, mit 58 Schleusen; dient heute v. a. der Sportschiffahrt.

Götaland [schwed. ˈjøːtaland], die volkreichste der histor. Großlandschaften Schwedens, umfaßt den S Schwedens von Schonen bis Dalsland, Väster- und Östergötland und die Ostseeinseln Öland und Gotland.

Göteborg [schwed. jøːtaˈbɔrj], schwed. Hafen- und Ind.stadt am Kattegat, 430 800 E. Hauptstadt des Verw.-Geb. G. och Bohus, luth. Bischofssitz; Königl. Gesellschaft der Wissenschaften (gegr. 1778), Univ. (gegr. 1891) mit ozeanograph. Inst., TH (gegr. 1829), Fachhochschulen; Forschungsinst. für Schiffbau, für Nahrungsmittelkonservierung, Schiffsprüfungsanstalt; Konservatorium, Kunstakad., Bibliotheken, Museen (u. a. Seefahrtsmuseum); Theater, botan. Garten. Sitz zahlr. Banken, Versicherungen, Reedereien, Im- und Exportgesellschaften; große Werften, Automobilind. (Volvo), Kugellagerfabriken (SKF), Erdöl- und Bitumenraffinerien; Häfen. Fährverbindungen nach Frederikshavn (Dänemark) und Kiel; internat. ✈ Landvetter. – König Gustav II. Adolf ließ 1619 das heutige G. anlegen, das 1621 Stadtrecht erhielt. Zur Zeit der Napoleon. Kontinentalsperre war G. Stapelplatz brit. Waren für den Ostseeraum. – Domkirche (1633 geweiht, nach Brand 1815 klassizist. Wiederaufbau), Altes Rathaus (17. und 19. Jh.), Neues Rathaus (1934–37).

Göteborg Stadtwappen

Goten, Stammesgruppe der Ostgermanen, urspr. in S-Skandinavien, dann an der unteren Weichsel. Zw. 150 und 180 wanderten die G. an die N-Küste des Schwarzen Meeres ab; unternahmen seit 238 Beutezüge auf dem Balkan und nach Kleinasien; besetzten um 270 die ehem. röm. Prov. Dakien (Rumänien). Ab der 2. Hälfte des 3. Jh. schied sich der Stamm in ↑Westgoten und ↑Ostgoten.

Gotenhafen, 1939–45 Name für ↑Gdynia.

Gotha, Krst. in Thür., im nördl. Vorland des Thüringer Walds, 308 m ü. d. M., 55 000 E. Ingenieurschulen, Schloß-, Kartographiemuseum; Herstellung von Getrieben, Waggons, Gummiwaren und Blechbearbeitungsmaschinen, Landkartenverlag. – Urspr. wohl thüring., im 8. Jh. fränk. Königsgut, 775 an das Stift Hersfeld; vor 1190 Stadt (Eisenacher Recht). 1247 an die Markgrafen von Meißen, 1287 bis 15. Jh. mainz. Lehen, 1485 an die Ernestiner. 1640 Residenz des selbständigen Ft. Sachsen-G. (1681–1825 Sachsen-G.-Altenburg; ab 1826 Sachsen-Coburg und G.). – G. wird überragt vom frühbarocken Schloß Friedenstein (1643–55) mit Schloßkirche und -theater („Ekhoftheater"). Am Fuße des Schloßbergs Schloß Friedrichsthal (1708–11) mit barockem Gartenparterre, Rathaus (16., 19. Jh.), spätgot. Margarethenkirche (1494 ff.; nach dem 2. Weltkrieg wiedererrichtet). – Abb. S. 142.

G., Landkr. in Thüringen.

Gotha, Kurzbez. für: Gothaische Genealog. Taschenbücher, ↑genealogische Taschen- und Handbücher.

Gotha Stadtwappen

Gothaer Programm

Gotha. Das Rathaus, 16. und 19. Jh., am Marktplatz im Zentrum der Altstadt

Gothaer Programm ↑ Sozialdemokratie.
Gotha-Torgauer Bündnis (1526), Bündnis ev. Reichsstände, zunächst zw. Hessen und Sachsen geschlossen (am 27. Febr. 1526 in Gotha, ratifiziert am 2. Mai in Torgau). Am 12. Juni 1526 Beitritt der Reichsstände Braunschweig-Lüneburg, Braunschweig-Grubenhagen, Anhalt, Mansfeld und der Stadt Magdeburg; Reaktion auf den zur Durchführung des ↑ Wormser Edikts geschlossenen kath. Regensburger (1524) sowie Dessauer Bund (1525).
Göthe, Eosander, Freiherr ↑ Eosander, Johann Friedrich Nilsson.
Gothein, Eberhard, * Neumarkt (Niederschlesien) 29. Okt. 1853, † Berlin 13. Nov. 1923, dt. Nationalökonom und Historiker. – 1884 Prof. für Nationalökonomie in Karlsruhe, 1890 in Bonn und 1905 in Heidelberg. Universalgeschichtlich motiviert, verwirklichte G. die Verbindung von Wirtschafts- und Geistesgeschichte, trat mit Arbeiten über die vorreformator. Zeit und das Zeitalter der Gegenreformation hervor.
Gothic novel [engl. 'gɔθik 'nɔvəl „got. Roman"], engl. Schauerroman, der Ende des 18. Jh. aufkam und das 1. Viertel des 19. Jh. beherrschte. Charakterist. Motive sind Verbrechen und unheimlich-übernatürl. Geschehen in oft ma. Architekturszenerien. Die erste G. n. ist „Schloß Otranto" (1764) von H. Walpole, entscheidend wurde A. Radcliffes Roman „The mysteries of Udolpho" (1794); die spätere G. n. zeigt oft dt. Milieu (Einfluß der Gespenstergeschichten der dt. Romantik), so M. Shelley in „Frankenstein" (1818).
Gothofredus, Dionysius, eigtl. Denis Godefroy, * Paris 17. Okt. 1549, † Straßburg 7. Sept. 1622, frz. Jurist. – Floh 1579 als Hugenotte aus Frankreich, 1585 Prof. in Basel, 1591 in Straßburg, ab 1604 in Heidelberg; besorgte u. a. die erste krit. Gesamtausgabe des Corpus Juris Civilis (1583).
Gotik, Stilepoche der europ. Kunst. Der Begriff G. war von Vasari abwertend von den Goten, in seinen Augen Barbaren, abgeleitet worden. Eine positive Sicht und Wertung gelang erst der dt. Romantik.
Baukunst: Das Entstehungsgebiet der G. ist die Île de France (Bau der Abteikirche Saint-Denis 1137–44). Elemente, die der roman. Baukunst schon bekannt waren (Kreuzrippengewölbe, Dienst, Spitzbogen, Strebewerk, Doppelturmfassade), wurden hier zum ersten Mal in einen Zusammenhang gestellt, der eine Verschmelzung, Durchlichtung und Höhensteigerung der Räume ermöglichte. Die klass. frz. Kathedralen der Hoch-G. (Bourges, um 1195 ff.; Chartres, nach 1194 ff.; Reims, 1211 ff.; Amiens, 1220 ff.) vollendeten die Auflösung der Wände. Ausgehend von der frz. Früh-G. entwickelte England einen got. Stil, bei dem die architekton. Struktur mehr und mehr von reinen Schmuckformen überdeckt wurde (Decorated style, um 1250–1350; Perpendicular style, um 1350 ff.). Aus dieser Sonderform erhielten wiederum die frz. Spät-G. (Flamboyantstil) und die portugies. Architektur (Emanuelstil) wesentl. Impulse. Für die dt. G., die einzelne Bauten in enger Anlehnung an die frz. Vorbilder hervorbrachte (u. a. Köln, Domchor, 1248 ff.), wurde bes. in den Stifts- und Pfarrkirchen die Vorliebe für großflächige, kaum gegliederte Wände und die Einturmfassade charakteristisch (Freiburg im Breisgau, um 1235 ff.). Seit Mitte des 14. Jh. wurde die ↑ Hallenkirche der bestimmende Kirchentypus, v. a. bei den Bettelorden.
Plastik: Die Ausbildung der Säulenportale war die Voraussetzung für die Entstehung der aus dem Zusammenhang der Mauer herausgelösten, um eine eigene Körperachse gerundeten got. Gewändefigur (zuerst in Chartres, Westfassade, 1145–55). Den Höhepunkt bilden die hochgot. Reimser und Straßburger Plastik sowie die Naumburger Stifterfiguren (um 1250). Im 14. Jh. entstand unter dem Einfluß der Mystik das von der Architektur gelöste ↑ Andachtsbild, dem mit dem ↑ Weichen Stil eine Fülle von Einzelwerken folgte, die noch einmal eine internat. einheitl. Formensprache brachte. Im 15. Jh. Blüte des spätgot. Schnitzaltars.
Malerei: Bed. hat hier die Kathedrale nur für die ↑ Glasmalerei. Von Paris ausgehend, entwickelte sich seit Mitte des 13. Jh. eine bed. höf. ↑ Buchmalerei, die im 14. Jh. in Burgund und den Niederlanden einen Höhepunkt erlebte. Sie ist eine wichtige Quelle für die Tafelmalerei, die im 15. Jh. bes. in den Niederlanden eine überragende Stellung einnahm (van Eyck u. a.). In Italien entstanden hervorragende Werke got. Wandmalerei (Giotto).
Gotisch, zur Ostgruppe der german. Sprachen gehörende Sprache der Goten; älteste in längeren Texten erhaltene und neben dem Urnordischen der Runeninschriften archaischste aller german. Sprachen; überliefert v. a. durch die Fragmente der Mitte des 4. Jh. n. Chr. entstandenen Bibelübersetzung Ulfilas und drei kurzen Runeninschriften (Goldring von Pietroasa, Speerblatt von Kowel, Spinnwirtel von Letcani). Das G. ist im 4./5. Jh. durch die Wanderungen der Ost- und Westgoten sowie der Vandalen schnell über weite Teile Europas verbreitet worden, aber nur auf der Krim konnten Goten sich und ihre Sprache *(Krimgotisch)* bis ins 16. Jh. erhalten.
gotische Schrift, 1. Die erste g. S. wurde für die Bibelübersetzung des westgot. Bischofs Ulfilas († 383) auf der Grundlage der griech. Unziale (mit Entlehnungen aus der lat. Unziale und der Runenschrift) gebildet. Sie ist erhalten im ↑ Codex argenteus. 2. Vom Ende des 7. bis zum Ende des 11. Jh. wurde im christl. Teil Spaniens die westgot. Schrift geschrieben, eine sehr enge Form der lat. Minuskel. Seit dem 12. Jh. wurde aus der karoling. Minuskel eine Schrift mit spitzbogigem Duktus, die *got. Minuskel,* gebildet, in Form der *Textura* Prunkschrift des 14. und 15. Jh., v. a. auch für liturg. Texte. Die gleichzeitig entwickelte *Notula,* eine Kursivschrift, diente als Gebrauchsschrift. Aus beiden entstand die ↑ Bastarda. In Italien nahmen die Gotico-Antiqua und die Rotunda abgerundete Formen an. – Die ältesten Drucktypen zeigen die strengen Formen der Textura, bald wurden aber die Schwabacher sowie die ↑ Fraktur die vorherrschenden Druckschriften.
Gotland, schwed. Insel, größte der Ostsee, 90 km von der schwed. Ostküste entfernt, 117 km lang, bis 45 km breit, 3 001 km², umfaßt als Verw.-Bez. dazu die Insel Farö (114 km²) und einige kleinere Inseln, zus. 3 140 km², 56 100 E. Hauptort ist Visby. G. bildet ein nach O geneigtes silur. Kalk- und Mergelplateau, das mit schroffen Felswänden und isolierten Felssäulen zum Meer abfällt. Klima mild; Ackerbau, Schafzucht; Zementind., Fischerei; Fremdenverkehr. Mehrere Fährlinien zum Festland. ✈ in Visby. – G., um 900 den schwed. Königen zinspflichtig, wurde durch den norweg. König Olaf II., den Heiligen, christianisiert. 1288 kam G. an Schweden; 1361 durch den

Dänenkönig Waldemar IV. Atterdag, 1392 von den Vitalienbrüdern erobert. G. gelangte 1398 in den Besitz des Dt. Ordens, 1408 fiel es an Dänemark, das es nach heftigen Kämpfen 1645 endgültig an Schweden abtrat.

Gotlandbecken, Hauptbecken der Ostsee, in das westl. und östl. G. gegliedert. Die größte Tiefe des östl. G. beträgt 249 m (Gotlandtief), die des westl. G. 459 m (Landsorttief, zugleich die größte Tiefe der Ostsee).

Gott [vermutl. Bildung zu einem indogerman. Verb mit der Bed. „anrufen", eigtl. „das (durch Zauberwort) angerufene Wesen"], in der *Religionsgeschichte* hl., übersinnl., transzendente und unendl. Macht in personaler Gestalt, die als Schöpfer Ursache allen Naturgeschehens ist, das Schicksal der Menschen lenkt und die normative Größe für deren sittl. Verhalten darstellt. Diese Fülle von Qualitäten vereinigt der ↑Monotheismus auf eine einzige Gottheit, während der ↑Polytheismus die göttl. Funktionen auf verschiedene Gottheiten verteilt. Oft findet sich innerhalb des Polytheismus ein subjektiver Monotheismus, der dem Gläubigen, v. a. beim Gebet, den von ihm verehrten G. als alleinigen erscheinen läßt, auf den er die Attribute anderer Götter überträgt *(Henotheismus)*.

Der G.glaube ist kennzeichnend und von zentraler Bed. für die Vorstellungswelt fast aller Religionen, jedoch ist sein Ursprung nicht völlig geklärt. Der *Animismus* vertrat die Ansicht, die G.vorstellung habe sich aus einem „primitiven" Glauben an Allbeseeltheit, an Geister in jeder Form, entwickelt. Demgegenüber sieht der *Dynamismus* die von ihm meist mit dem melanes. Wort ↑Mana bezeichnete „Macht" als primäres religiöses Erlebnis an. Die Annahme eines *Urmonotheismus* geht von einem urspr. Hochgottglauben (höchstes Wesen) aus. Die *Philosophie* findet aus ihrer Frage nach dem Sein zur Frage nach dem Urgrund des Seins (dem höchsten Seienden) und löst sie je nach ihrem Standpunkt mit theist. ↑Gottesbeweisen (Scholastik; ↑Analogia entis), im Deismus (M. Tindal, J.-J. Rousseau, G. E. Lessing), im Pantheismus (Spinoza), Atheismus (Sophismus, Skeptizismus, Marxismus und postulator. Atheismus N. Hartmanns) oder verneint jede philosophisch-metaphys. Aussagemöglichkeit über Gott.

Gotik

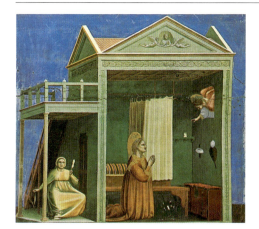

Links: Giotto di Bondone, Der heiligen Anna wird die Geburt Mariä verkündet, Fresko, 1305/06 (Padua, Arenakapelle). Mitte: Sankt Lorenz in Nürnberg, Innenraum, 13.–15. Jh. Rechts: Westminster Abbey in London, Innenraum, 1245 ff.

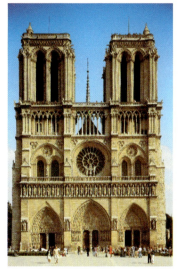
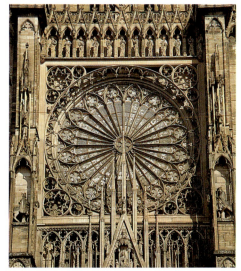

Links: Gewändefiguren am Königsportal der Kathedrale von Chartres, 1145–55. Mitte: Notre-Dame de Paris, Westfassade, in der 1. Hälfte des 13. Jh. vollendet. Rechts: Straßburger Münster, die große Rose, um 1280

Der G.begriff der *Bibel* ist monotheistisch und zeichnet sich aus durch eine Transzendenz, die alles Räumliche, Zeitliche, überhaupt Welthafte übersteigt. G. ist der absolute Schöpfer und Herr des Kosmos, eine Theogonie ist undenkbar. Kenntnis von G. gewinnt der Mensch ausschließlich aus der sich in Schöpfung und Geschichte erschließenden Selbstmitteilung (Offenbarung) Gottes, die sich – nach christl. Glauben – in Jesus Christus als „G.sohn" personifizierte. Obwohl die *kath. Theologie* schon in den christolog. Auseinandersetzungen (↑ Jesus Christus) des 4. Jh. die maßgebl. Gestalt ihrer G.lehre mit den Aussagen über Gottes dreifaltiges Wesen und Wirken in Schöpfung, Erlösung, Heiligung und Vollendung gefunden hatte, blieb die ↑ Trinität (v. a. in der westl. Kirche) als Ursprung der Heilsgeschichte weitgehend von den philosoph. Systembildungen über G. als das „Sein an sich" (ens a se) und über seine Beweisbarkeit (↑ Gottesbeweis) verdeckt. Erst die kath. Gegenwartstheologie besinnt sich wieder stärker auf die existentiellen Aussagen der Bibel über G. (G. hilft, G. ist da usw.). Die G.lehre und -anschauung der *reformator. Kirchen* ist im wesentlichen von den Ansichten Luthers, Calvins und Zwinglis sowie deren gemeinsamem christolog. Ausgangspunkt geprägt. – Für *Luther* ist G. in der Natur und unter dem Gesetz verborgen (Deus absconditus), dagegen offenbart er sich im paradoxen Geschehen des Leidens und Sterbens seines Sohnes am Kreuz (Theologia crucis; Deus revelatus). Luther betont darüber in bewußtem Ggs. zur kath. Tradition die existentielle Bed. von Gnade, Macht und Wirksamkeit Gottes. – Nach *Calvin* vermag der Mensch G. nicht adäquat zu erkennen, wenn dieser sich ihm nicht in seinem Wort (= Jesus Christus) erschließt. Gottes Handeln geschieht um seiner eigenen Ehre und Selbstverherrlichung willen, die sich sowohl in erwählender Liebe als auch in strafender Verdammung (↑ Prädestination) manifestieren kann. – *Zwingli* bezeichnet zwar G. im Sinne der scholast. Tradition als „Summum bonum" („höchstes Gut"), betont aber v. a. die sich dem Menschen zuwendende Güte Gottes in Jesus Christus. Für ihn kann nur G. durch seine Gnade kirchl. und polit. Mißstände beseitigen. Darum trägt Zwinglis G.bild mehr als das Luthers und Calvins ins Politische und Soziale hineinreichende Züge.

Gött, Emil, *Jechtingen (= Sasbach) 13. Mai 1864, † Freiburg im Breisgau 13. April 1908, dt. Schriftsteller. – Von sozialen und wirtsch. Reformideen erfüllt; schrieb neben bühnenwirksamen Dramen u. a. Erzählungen, Lyrik, Spruchdichtungen.

Gottebenbildlichkeit (Imago Dei), auf 1. Mos. 1, 26 basierende Aussage der theolog. Anthropologie, nach der der Mensch [Eben]bild Gottes ist.

Gotter, Friedrich Wilhelm, *Gotha 3. Sept. 1746, † ebd. 18. März 1797, dt. Dichter. – Gründete 1769 mit H. C. Boie den „Göttinger Musenalmanach"; klassizist. Lyriker und Dramatiker, u. a. „Die Geisterinsel" (Singspiel nach Shakespeare, 1797).

Götterbaum (Ailanthus), Gatt. der Bittereschengewächse mit 10 Arten in Indien, O-Asien und Australien. Die bekannteste Art ist der **Chinesische Götterbaum** (Ailanthus altissima), mit kräftigen Zweigen, großen, unpaarig gefiederten Blättern und Blüten in Rispen.

Götterdämmerung ↑ Ragnarök.

Gottesacker, alpines Gebirgsplateau westl. des Kleinen Walsertales, auf der dt.-östr. Grenze; zw. 1 900 und 2 000 m hoch; reich an Karsterscheinungen.

Gottesacker, svw. ↑ Friedhof.

Gottesanbeterin ↑ Fangheuschrecken.

Gottesberg (Schles.) (poln. Boguszów-Gorce), Stadt im Waldenburger Bergland, Polen, 570–780 m ü. d. M., 20 000 E. Textilind., Abbau von Steinkohle und Baryt. – 1499 Stadt- und Bergrecht. 1752 wurde der Silbererzgbau eingestellt.

Gottesbeweis, Versuch, aus „Vernunftgründen", d. h. ohne Rückgriff auf Offenbarung, auf die Existenz Gottes zu schließen, und zu einer **Gotteserkenntnis** zu kommen, wobei man auf Grund der benutzten Beweisprinzipien Kausalitäts-, Finalitäts- und Intuitionsbeweise unterscheiden kann. – Die *Kausalitätsbeweise* (klassisch formuliert in den „Quinque viae" [„fünf Wege"] des Thomas von Aquin) schließen von der Tatsache 1. der Bewegung, 2. des Verursachtseins, 3. der Kontingenz, 4. der Unvollkommenheit und 5. der Zielgerichtetheit alles Seienden auf ein jeweils letztes, nicht mehr bedingtes oder zufälliges, vollkommenes und in sich selbst ruhendes Prinzip, von dem Thomas sagt: „Et hoc dicimus Deum" („und dieses nennen wir Gott"). Die *Finalitätsbeweise* (auch *teleolog. G.*) beruhen auf der Annahme einer zweck- bzw. zielgerichteten Ordnung der Welt, die auf einen zwecksetzenden Geist verweist. In den *Intuitionsbeweisen* (*moral. G.;* am bekanntesten ist der *ontolog. G.* des Anselm von Canterbury) wird „intuitiv" akzeptiert, daß etwas, das man als Ziel allen vernünftigen Handelns ansieht, auch existieren müsse: Der Begriff von Gott ist etwas, zu dem nichts Größeres gedacht werden kann, was aber nur dann der Fall ist, wenn das, zu dem nichts Größeres gedacht werden kann, auch existiert, sonst würde ihm die Qualität des Seins fehlen. – Die entscheidende *Kritik* an jeder Art von G. formulierte Kant, indem er die Unmöglichkeit aufzeigte, vom *Begriff* Gottes auf sein *Dasein,* von der Existenz irgendeines Dinges auf die Existenz eines notwendigen Wesens und von der Existenz bestimmter Eigenschaften von Dingen auf ein höchstes Wesen zu schließen.

Gottesbild, svw. ↑ Idol.

Gottesdienst, dt. Bez. für den in der *Religionswissenschaft* und in der *kath. Theologie* [überwiegend] verwendeten Begriff ↑ Kult (auch ↑ Liturgie, ↑ Messe). – Im Verständnis der *reformator. Kirchen* ist G. jede Versammlung von Gläubigen, in der Gottes Wort als Schriftlesung bzw. -auslegung und/oder im ↑ Sakrament verkündigt wird und die Gemeinde im ↑ Gebet antwortet. G. gehört neben Lehre, Seelsorge und Diakonie zu den grundlegenden Elementen der christl. Gemeinde. Ziel des G. ist in bezug auf den Menschen Lebenshilfe vom Evangelium her. Neben der wichtigsten Form, dem sonntägl. Haupt-G. (der heute i. d. R. mit Abendmahl gefeiert wird), gibt es die Wochen-G., entweder in Form von Predigt-G. oder als liturgisch geprägte Gebets-G. (u. a. auch für bestimmte Zielgruppen). Der Ablauf der herkömml. G. ist in den ↑ Agenden festgelegt.

Gotteserkenntnis ↑ Gottesbeweis.

Gottesfriede, religionsgeschichtlich der befristete Waffenstillstand zw. kämpfenden Gruppen während gemeinsam begangener Kultfeiern und bei naturreligiösen Jugendweihen. Im MA wurde der G. (Pax Dei) von der Kirche als Befriedung bestimmter sakraler Bezirke und Personengruppen durchgesetzt und vom Königtum zur Einschränkung der Rechtsunsicherheit und der Fehde garantiert. – ↑ Treuga Dei.

Gottesfurcht, in allen Religionen die Furcht und Ehrfurcht vor der strafenden und Heil spendenden Gottheit.

Gottesgnadentum, der Anspruch abendländ. Herrscher auf göttl. Legitimität. Die in den Herrschertitulaturen seit dem 8. Jh. übl. Devotionsformel Dei gratia („von Gottes Gnaden") umriß die Vorstellung von der göttl. Qualität des Königtums, in der antike, german. und christl. Komponenten zusammenschmolzen; bes. ausgeprägt im ↑ Absolutismus.

Gotteshausbund, zur Sicherung des Landfriedens 1367 geschlossener Bund zw. dem Domkapitel (daher G.) und der Stadt Chur sowie den zum „Gotteshaus" gehörenden Talschaften, u. a. Domleschg, Oberhalbstein, Engadin, Bergell; richtete sich v. a. gegen den Bischof von Chur und die Ausdehnungsbestrebungen des Hauses Österreich.

Gotteskindschaft, allg. die Idee einer engen personalen Bindung des Menschen an Gott oder eine Gottheit; v. a. im N. T. wichtiger Begriff zur Umschreibung des Gottesverhältnisses des durch Christus mit Gott versöhnten Menschen.

Gottesknecht, im A. T. Bez. für den frommen Israeliten.

Gotteslästerung, Beschimpfung der Gottheit durch Wort, Bild oder sonstige Ausdrucksmittel. – ↑ Religionsvergehen.

Friedrich Wilhelm Gotter (Kupferstich, 1790)

Göttingen

Gottesmutterschaft, Bez. für den bes. Charakter der Mutterschaft Marias (Gottesgebärerin, Mutter Gottes), die besagt, daß Maria nicht nur Mutter der [seel.-leibl.] Menschheit Jesu Christi, sondern seiner ganzen gottmenschl. Einheit ist.

Gottesraub ↑Sakrileg.
Gottessohnschaft ↑Sohn Gottes.
Gottesstaat ↑Theokratie, ↑Hierokratie.

Gottesurteil. Darstellung der Wasserprobe auf einer Miniatur, um 1250

Gottesurteil (angelsächs. Ordal, lat. Judicium Dei), i. w. S. das strafende Eingreifen eines Gottes (Gottesgericht), i. e. S. formelles Verfahren, in dem der Spruch der Gottheit zum Beweis einer Tatsache angerufen wird. Im ma. Gerichtsverfahren diente das G. der Entkräftung eines Verdachts (**Abwehrordal**) oder der Überführung eines Täters (**Ermittlungsordal**), z. B. **Wasserprobe** (der Proband wurde gefesselt ins Wasser geworfen; blieb er an der Oberfläche, galt er als schuldig, da das Wasser den „Unreinen" nicht annehmen wollte; oft in Hexenprozessen angewendet, sog. „Hexenbad"), **Bahrprobe** (Konfrontation eines Mordverdächtigen mit dem Opfer, dessen Wunden in Gegenwart des Täters erneut anfangen sollten zu bluten), **Feuerprobe (Feuerordal)** (der Proband mußte z. B. ein glühendes Eisen tragen [**Eisenprobe**]; blieb er unverletzt, galt er als unschuldig). Als G. galt auch der ↑Zweikampf.

Gottesvolk ↑Volk Gottes.

Gottfried, Name von Herrschern in Niederlothringen: **G. II., der Bärtige,** †Verdun 21. Dez. 1069, Hzg. von Ober- und Niederlothringen (seit 1044). – Nur mit Oberlothringen belehnt, empörte er sich 1045 und 1047 gegen Kaiser Heinrich III.; nach Anerkennung seiner Ehe mit der Markgräfin Beatrix von Tuszien (1054) durch den Kaiser (1056) war G. der mächtigste Fürst in Mittelitalien; erhielt 1065 auch Niederlothringen zu Lehen.
G. IV. (G. von Bouillon), *um 1060, †Jerusalem 18. Juli 1100, Hzg. (seit 1087). – Brach mit etwa 20 000 Mann als erster Reichsfürst zum 1. Kreuzzug auf, schlug 1098 die türk. Seldschuken bei Antiochia und erstürmte 1099 Jerusalem; als „Vogt des Heiligen Grabes" Regent des Kreuzfahrerstaates.

Gottfried von Neifen, mittelhochdt. Minnesänger des 13. Jh. – Wohl aus einem schwäb. Freiherrengeschlecht stammend, zw. 1234 und 1255 nachweisbar; die meisten seiner virtuosen Lieder variieren Motive des höf. Minnesangs.

Gottfried von Straßburg, mittelhochdt. Dichter des späten 12. und frühen 13. Jh. – Über seine Person ist so gut wie nichts bekannt. Die überlieferte Bez. „Meister" (im Ggs. zu anderen Dichtern) deutet darauf hin, daß G. eine gelehrte Ausbildung genossen hat und vielleicht als Jurist oder Kleriker in Straßburg tätig war. Aus Bezügen zu anderen mittelhochdt. Werken wird geschlossen, daß er um 1210 gestorben ist. Unter seinem Namen ist in der Großen Heidelberger Liederhandschrift auch Lyrik überliefert. G. schuf mit seinem unvollendet gebliebenen Versepos „Tristan und Isolt" (um 1210) eines der klass. Werke des MA.

Es beruht auf der bereits höf. Fassung (Thomas d'Angleterre, um 1180) eines Stoffes der frz.-kelt. Sagentradition und zeichnet sich durch sprachl. Musikalität, Klarheit, vers- und reimtechn. Raffinement sowie geistige und psycholog. Durchdringung der Minnethematik aus. Das Werk wurde von Ulrich von Türheim und Heinrich von Freiberg fortgesetzt, die jedoch beide das Vorbild nicht erreichten.

Gottfried von Viterbo, *Viterbo 1125, †ebd. nach 1202, dt. Geschichtsschreiber. – Kaplan und Notar König Konrads III. und Kaiser Friedrichs I.; verfaßte als Erzieher Heinrichs VI. mehrere Geschichtswerke in Vers und Prosa (u. a. „Gesta Friderici").

gottgläubig, 1936–45 offizielle Religionsbez. für Personen, die keiner anerkannten Religionsgemeinschaft angehörten, jedoch nicht glaubenslos waren.

Gotthardbahn, Bez. für das im Gebiet der Gotthardgruppe zw. Andermatt und Airolo liegende Kernstück der Eisenbahnlinie Basel–Mailand, 1872–82 erbaut. Da die G. durch schweizer. Gesetz vom 18. 10. 1897 verstaatlicht wurde, kam es am 13. 10. 1909 zum Abschluß des sog. **Gotthardvertrages.** Darin übernahm die Schweiz die Verpflichtung, den Betrieb der G. jederzeit zu gewährleisten und Deutschland und Italien für den Transitverkehr bestimmte Tarife einzuräumen.

Gotthardgruppe, Gebirgsmassiv in den schweizer. Alpen, nördl. Teil der Tessiner Alpen, im Pizzo Rotondo 3 192 m hoch; Quellgebiete von Aare, Reuß, Rhein und Rhone. **Sankt Gotthard** (Paß) ↑Alpenpässe (Übersicht).

Gotthardvertrag ↑Gotthardbahn.

Gotthelf, Jeremias, eigtl. Albert Bitzius, *Murten 4. Okt. 1797, †Lützelflüh (Kt. Bern) 22. Okt. 1854, schweizer. Erzähler. – Aus Altberner Patrizierfamilie, seit 1832 Pfarrer in Lützelflüh. Schauplatz seiner Werke, die ihn zu einem der großen Realisten machen, ist fast ausschließlich die Berner Bauernwelt. Seine sprachmächtigen Romane, v. a. „Der Bauernspiegel oder Lebensgeschichte des Jeremias Gotthelf" (1837), „Wie Uli der Knecht glücklich wird" (1841, Neufassung 1846 u. d. T. „Uli der Knecht") mit der Fortsetzung „Uli der Pächter" (1849), „Wie Anne Bäbi Jowäger haushaltet..." (1843/44), „Zeitgeist und Berner Geist" (2 Teile, 1852) und „Erlebnisse eines Schuldenbauers" (1854) enthalten massive Zeitkritik aus konservativem Blickwinkel. Tragend ist sein hohes Menschenbild auf gesicherter religiöser Grundlage. Seine Erzählungen reichen von der „Schwarzen Spinne" (1842) über „Elsi, die seltsame Magd" (1843) und „Das Erdbeeri Mareili" (1851) zu köstlichen humorist. Erzählungen („Wie Joggeli eine Frau sucht", 1841, „Wie Christen eine Frau gewinnt", 1845, und v. a. „Michels Brautschau", 1849) voller Realistik.

Göttingen, Krst. an der Leine, Nds., 138 m ü. d. M., 114 700 E. Göttinger Akademie der Wissenschaften, Max-Planck-Inst. für experimentelle Medizin, für biophysikal. Chemie, für Strömungsforschung, für Geschichte, drei Inst. der Dt. Forschungs- und Versuchsanstalt für Luft- und

Jeremias Gotthelf (anonymer Stahlstich)

Göttingen Stadtwappen

Göttingen. Links das Rathaus, erbaut 1369–1444, im 19. Jh. restauriert, davor der Gänselieselbrunnen, 1901

Göttinger Hain

Johann Christoph Gottsched
(Ausschnitt aus einem Ölgemälde von Leonhard Schorer, 1744)

Luise Adelgunde Victorie Gottsched
(Nachstich eines Kupferstichs, 1744)

Klement Gottwald

Samuel Abraham Goudsmit

Raumfahrt e.V., Ibero-Amerikan. Inst. für Wirtschaftsforschung, Sternwarte; Univ. (gegr. 1737), Konservatorium, Verwaltungs- und Wirtschaftsakad., Fremdsprachen- und Dolmetscherinst., Museen, Bibliotheken, zwei Theater; botan. Garten. Feinmechan. Werkstätten für Meßinstrumente und Mikroskopie, pharmazeut. Ind., Buchdruckereien, Verlage u. a. – Westlich des seit 953 belegten Dorfs **Gutingi** gegr., 1202 erstmals als Marktsiedlung G. erwähnt; Stadtrechtsverleihung spätestens im frühen 13. Jh. Seit 1235 zum welf. Hzgt. Braunschweig-Lüneburg, seit 1286 zum Ft. Göttingen; 1351–1572 Hansemitglied. 1584 an Braunschweig-Wolfenbüttel und 1635 an Calenberg, das spätere Kurhannover. – Zahlr. Kirchen, u. a. Johanniskirche (14. Jh.), Jacobikirche (14./15. Jh.), Marienkirche (14. Jh.), Christuskirche (1954/55), Kreuzkirche (1960–62); Rathaus (1369–1444, im 19. Jh. restauriert), davor der Gänselieselbrunnen (1901); Stadt- und Konzerthalle (1962–64). G., Landkr. in Niedersachsen.

Göttinger Hain (Hainbund), dt. Dichterkreis, gegr. 1772 von J. H. Voß, L. Hölty, J. M. Miller u. a., die wie die weiteren Mgl. (H. C. Boie, die Grafen C. und F. L. Stolberg, J. A. Leisewitz, C. F. Cramer) an der Univ. Göttingen studierten. Dem G. H. nahe standen G. A. Bürger, M. Claudius (in Wandsbeck) und v. a. Klopstock (in Hamburg), der verehrtes Vorbild war und auf dessen Ode „Der Hügel und der Hain" sich der Name bezog. Der G. H. war eine Protestbewegung gegen den Rationalismus der Aufklärung zugunsten erlebter Gefühlsaussage.

Göttinger Manifest, öff. Erklärung von 18 dt. Atomwissenschaftlern am 24. April 1957 gegen die atomare Ausrüstung der Bundeswehr, veranlaßt durch das Verlangen Bundeskanzler K. Adenauers, die Bundeswehr mit takt. Atomwaffen auszurüsten.

Göttinger Sieben, die Göttinger Prof. W. E. Albrecht, F. C. Dahlmann, H. von Ewald, G. Gervinus, J. Grimm, W. Grimm und W. E. Weber, die am 18. Nov. 1837 gegen die Aufhebung der Verf. von 1833 durch König Ernst August II. protestierten und deshalb entlassen wurden; trugen durch ihr aufsehenerregendes Handeln wie durch ihre Rechtfertigungsschriften maßgeblich zur Entwicklung des dt. Liberalismus bei.

Göttingische Gelehrte Anzeigen, 1739 als „Göttingische Zeitungen von gelehrten Sachen" gegründete wiss. Rezensionszeitschrift, die seit 1802 unter dem heutigen Titel erscheint. 1944 stellte die Zeitschrift ihr Erscheinen ein, 1953 (207. Jg.) neu gegründet.

Gottkönigtum ↑ Gottesgnadentum.

göttliches Recht, 1. natürl. g. R. (↑ Naturrecht); 2. positives g. R., das nach kath. Kirchenlehre die unveränderl. Grundordnung der Kirche umschreibt.

göttliche Tugenden (theolog. Tugenden), in der kath. Theologie Bez. für die unmittelbar auf Gott bezogenen Tugenden Glaube, Hoffnung, Liebe, die Gott mit der heiligmachenden Gnade schenkt.

Gottlosenbewegung, generalisierende Bez. für kommunist. atheist. ↑ Freidenker.

Gottorf (Gottorp), europ. Dyn., Nebenlinie des oldenburgisch-dän. Königshauses; stellte 1544–1733 die Herzöge von Schleswig und Holstein. Eine gottorfsche Seitenlinie regierte 1751–1818 in Schweden, das Haus Romanow-Holstein-G. 1762–1917 in Rußland.

Göttrick (Godofredus), † 810 (ermordet), dän. König. – Herrschte in Jütland; ließ, um das Vordringen der Franken aufzuhalten, eine Wallanlage zw. Treene und Schlei errichten (Grundlage des ↑ Danewerks).

Gottschalk, Thomas, *Bamberg 18. Mai 1950, dt. Funk- und Fernsehmoderator. – Ausbildung als Lehrer; seit 1971 beim Rundfunk, seit 1976 beim Fernsehen Präsentation erfolgreicher Spiel- und Talk-Shows, u. a. „Na sowas" (1982–87), „Wetten daß ..." (1987–92); auch Filmschauspieler.

Gottsched, Johann Christoph, *Juditten (= Königsberg [Pr]) 2. Febr. 1700, † Leipzig 12. Dez. 1766, dt. Literaturtheoretiker. – ∞ mit Luise Adelgunde Victorie G.; Kritiker und Spracherzieher, Reformer und geistiger Führer der Frühaufklärung. In seinem „Versuch einer Crit. Dichtkunst vor die Deutschen" (1730) erstrebte er eine Reform der dt. Literatur, u. a. des dt. Dramas, das er im Sinne des frz. Klassizismus gestalten wollte. Als erster entwarf er ein geschlossenes „poetolog. Regelsystem"; oberstes Prinzip der Dichtung wurde es, die Natur nachzuahmen. Als Beispiel für die Schaubühne verfaßte er das Trauerspiel „Der sterbende Cato" (UA 1731, erschienen 1732). Sein Dogmatismus (u. a. Ablehnung Shakespeares, Miltons, Klopstocks) führte zu einer heftigen literar. Kontroverse über das Wunderbare mit den Schweizern Bodmer und Breitinger und durch ein neues Geschichtsbewußtsein und den aufkommenden Irrationalismus zu einer Fehde mit Klopstock, Herder und Lessing. Sein größtes Verdienst erwarb sich G. um das dt. Theater, er sorgte für deklamator. Ausbildung der Schauspieler und zusammen mit Karoline Neuber für das soziale Ansehen des Standes. Auch Übersetzer.

G., Luise Adelgunde Victorie, geb. Kulmus, gen. „die Gottschedin", *Danzig 11. April 1713, † Leipzig 26. Juni 1762, dt. Schriftstellerin. – Seit 1735 ∞ mit Johann Christoph G., dessen Literatur- und Theaterreform ihre Interessen und ihr Schaffen galten. Übersetzte v. a. frz. Komödien und begründete mit eigenen die „Sächs. Typenkomödie".

Gottschee, Gebiet in Unterkrain, Slowenien, Hauptort Kočevje. – Als Teil der Mark Krain durch die im frühen 14. Jh. durchgeführte Besiedlung mit dt. Bauern Mittelpunkt einer bis 1941 bestehenden dt. Sprachinsel.

Gottwald, Clytus, *Bad Salzbrunn (Schlesien) 2. Nov. 1925, dt. Musikforscher, Chorleiter und Komponist. – Gründete 1960 die Stuttgarter Scola Cantorum, ein Vokalensemble zur Aufführung von Musik des 15./16. Jh. und der Avantgarde. In seinen Kompositionen beschäftigt er sich mit Problemen der Sprachvertonung.

G., Klement, *Dědice (Mähren) 23. Nov. 1896, † Prag 14. März 1953, tschechoslowak. Politiker. – Seit 1929 Generalsekretär der KPČ; 1939–45 in Moskau; danach Vors. der KPČ und der Nat. Front, zunächst stellv., seit 1946 Min.-präs.; führte im Febr. 1948 den kommunist. Staatsstreich durch; verwandelte als Staatspräs. seit Juni 1948 die ČSR mit stalinist. Methoden (z. B. Schauprozeß gegen R. Slánský) in eine Volksdemokratie.

Gottwaldov [tschech. 'ɡɔtvaldɔf] ↑ Zlín.

Göttweig (Stift G.), Benediktinerabtei sö. von Mautern an der Donau, Niederösterreich; um 1074 als Augustiner-Chorherrenstift gegr.; 1719–65 barocker Neubau des Stifts nach J. L. von Hildebrandts Plänen, die später geändert und nur zum Teil ausgeführt wurden; u. a. Kirchenfassade (1750–65), N-Flügel (mit Kaiserstiege, 1738) und O-Flügel weitgehend nach seinen Plänen.

Götz (Goetz, Göz), Gottfried Bernhard, *Kloster Welehrad (bei Ungarisch-Hradisch) 10. Aug. 1708, † Augsburg 23. Nov. 1774, dt. Maler und Kupferstecher mähr. Herkunft. – Schuf im Stile des Rokoko v. a. in S-Deutschland zahlr. Tafelbilder und Deckenfresken, u. a. in ↑ Birnau.

G., Johann Nikolaus, *Worms 9. Juli 1721, † Winterburg bei Bad Kreuznach 4. Nov. 1781, dt. Dichter. – Begründete u. a. mit J. P. Uz und J. W. Gleim den Halleschen anakreont. Dichterkreis; neben eigenen Gedichten v. a. Übersetzungen.

Götze [zu mittelhochdt. götz „Heiligenbild"; bei Luther „falscher Gott"], in der verneinenden Sprache einer (monotheist.) Religion ein Gegenstand göttl. Verehrung (Mensch, Naturwesen, Ding) einer anderen Religion.

Götz von Berlichingen ↑ Berlichingen, Götz von.

Gouache [gu'aʃ; italien.-frz.] (Guasch), Malerei mit Wasserfarben, denen Gummiarabikum oder Dextrin als Bindemittel und Deckweiß zugefügt sind; stark deckender, nach dem Trocknen aufhellender Farbauftrag; v. a. in der ma. Miniaturmalerei und der Bildnisminiaturmalerei (15. bis 19. Jh.).

Gouda [niederl. 'xɔuda:], niederl. Stadt nö. von Rotterdam, 63 200 E. Museen; Käsehandelszentrum; Viehmarkt. Molkereien, Herstellung von Tonpfeifen, Steingut u. a. – G. erhielt 1272 von Graf Floris V. von Holland Stadtrechte. 1572 fiel die bed. Handelsstadt in die Hand der Geusen.

der holländ. Ständeversammlung war G. eine der sechs großen Städte. – Spätgot. Rathaus (1448–50), spätgot. Sint-Janskerk (1485 ff.) mit Glasfenstern (16./17. Jh.).

Gouda. Das spätgotische Rathaus, erbaut 1448–50, auf dem Marktplatz

Gouda [ˈɡaʊda; niederl. ˈxɔyda:; nach der gleichnamigen Stadt], Hartkäse von mildem bis pikantem Geschmack, entsprechend der Reifezeit (sechs Wochen bis 18 Monate). Kleine runde G. werden als **Babygouda** oder **Geheimratskäse** bezeichnet.

Goudimel, Claude [frz. gudiˈmɛl], * Besançon um 1514, † Lyon (nach der Bartholomäusnacht, vermutlich zw. dem 28. und 31.) Aug. 1572, frz. Komponist. – Komponierte Messen, Motetten und Chansons; bed. sind seine 3 Vertonungen der Genfer Psalmen von C. Marot und T. Beza, deren letzte (1565) zu einem der wichtigsten Bücher des reformierten und darüber hinaus auch des allgemein prot. Kirchengesangs wurde.

Goudsmit, Samuel Abraham [niederl. ˈxɔytsmɪt], * Den Haag 11. Juli 1902, † Reno (Nev.) 4. Dez. 1978, amerikan. Physiker niederl. Herkunft. – Führte 1925 zur Deutung der Atomspektren zus. mit G. Uhlenbeck den ↑ Spin der Elektronen in die Quantentheorie ein.

Goudt, Hendrik [niederl. xɔʏt], * Den Haag (?) 1582 (?), † Utrecht 17. Dez. 1648, niederl. Zeichner und Kupferstecher. – Seine Radierungen nach Bildern Elsheimers und seine Federzeichnungen im Stil Elsheimers vermittelten dessen wegweisende Kunst niederl. Malern, v. a. auch Rembrandt.

Goudy, Frederick William [engl. ˈɡaʊdɪ], * Bloomington (Ill.) 8. März 1865, † Deepdene bei Marlboro (N. Y.) 11. Mai 1947, amerikan. Schriftkünstler und Buchdrucker. – Gründete verschiedene Privatpressen (u. a. Camelot Press, Village Press); schuf über 100 Typenalphabete.

Gough Island [engl. ˈɡɔf ˈaɪlənd], unbewohnte Vulkaninsel im südl. Atlantik, 90 km², bis 888 m ansteigend; Brutstätte der Wanderalbatros. – Zu Beginn des 16. Jh. von Portugiesen entdeckt; seit 1847 britisch; gehört zu Tristan da Cunha.

Goujon, Jean [frz. guˈʒɔ̃], * in der Normandie (?) um 1510, † Bologna zw. 1564/69, frz. Bildhauer. – Stilistisch zeigt G. einen sehr eleganten Manierismus. Sein Hauptwerk in Paris ist die „Fontaine des Innocents" (1548/1549; heute Square des Innocents) mit den heute im Louvre befindl. Hochreliefs der Quellnymphen. Auch Bauplastik für den Louvre (seit 1548) sowie Holzschnitte für eine Vitruv-Ausgabe (1547).

Goulart, João Belchior Marques [brasilian. guˈlar], * São Borja 1. März 1918, † Mercedes (Prov. Corrientes, Argentinien) 6. Dez. 1976, brasilian. Politiker. – 1961 Präs., wegen sozialreformer. Haltung im April 1964 vom Militär gestürzt.

Gould, Glenn Herbert [engl. ɡuːld], * Toronto 25. Sept. 1932, † ebd. 4. Okt. 1982, kanad. Pianist. – V. a. Interpret klass. Musik (Bach, Beethoven) und der Wiener Schule.

Goulds Amadine [engl. ɡuːld; nach dem brit. Zoologen J. Gould, * 1804, † 1881] (Chloebia gouldiae), 11–13 cm langer, sehr farbenprächtiger Prachtfink, v. a. in offenen, grasreichen Landschaften N-Australiens; Oberseite grasgrün, Brust und Bürzel blau, Bauch gelb; beliebter Stubenvogel.

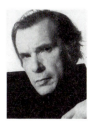

Glenn Herbert Gould

Gouled Aptidon, Hassan [frz. guledaptiˈdɔn], * Dschibuti 1916, dschibut. Politiker. – Seit 1977 erster Staatspräs. des unabhängigen Dschibuti.

Goulette, La [frz. laɡuˈlɛt], Stadt in N-Tunesien, am Golf von Tunis, 62 000 E. Außenhafen von Tunis (10 km lange Kanalverbindung zw. beiden Städten); Seebad; Werft. – An der Stelle von La G. lag das antike **Toenia** oder **Ligula**.

Gounod, Charles [frz. ɡuˈno], * Paris 17. Juni 1818, † Saint-Cloud (Hauts-de-Seine) 18. Okt. 1893, frz. Komponist. – Komponierte Opern, u. a. „Faust" (1858; in Deutschland „Margarethe"), „Roméo et Juliette" (1867), Oratorien, Messen, Sinfonien, Kammermusik.

Gourmand [ɡurˈmã; frz.], svw. Schlemmer.

Gourmet [ɡurˈmeː; frz., eigtl. „Gehilfe des Weinhändlers"], Feinschmecker.

Gourmont, Remy de [frz. ɡurˈmɔ̃], * Bazoches-en-Houlme (Orne) 4. April 1858, † Paris 27. Sept. 1915, frz. Schriftsteller. – Theoretiker des Symbolismus; skept. Antitraditionalist, an Voltaire und Renan geschult; Essayist; auch Gedichte, Dramen, Romane.

Gout [ɡuː; frz., zu lat. gustus „Geschmack"], Geschmack, Wohlgefallen; **goutieren**, Gefallen an etwas finden.

Gouvernante [ɡu...; lat.-frz. (zu ↑ Gouverneur)], im 18. und 19. Jh. die Erzieherin (Hauslehrerin, Hofmeisterin) der Töchter aus vornehmem Haus, oft ausländ. Herkunft.

Gouvernement [ɡuvɛrnəˈmã; lat.-frz. (zu ↑ Gouverneur)], Regierung; Verwaltungsbezirk militär. oder ziviler Behörden.

Gouverneur [ɡuvɛrˈnøːr; lat.-frz., zu lat. gubernare „steuern, lenken" (von griech. kybernān (mit gleicher Bed.)], höchster Exekutivbeamter eines B.-Staates (USA), einer Prov. oder Kolonie (Zivil-G.); oberster Befehlshaber einer Festung (Militär-G.).

Gove Peninsula [engl. ˈɡoʊv pɪˈnɪnsjʊlə], Halbinsel im O von Arnhemland im austral. Nordterritorium; bed. Bauxitvorkommen; Eingeborenenreservat.

Governador Valadares [brasilian. governaˈdor valaˈdaris], brasilian. Stadt im Minais Gerais, 127 000 E. Kath. Bischofssitz; Endpunkt der Schiffahrt auf dem Rio Doce; ⌂.

Gower, John [engl. ˈɡaʊə], * Kent um 1330, † Southwark (= London) 1408, engl. Dichter. – Schrieb neben Satiren eine didaktisch aufbereitete Erzählsammlung in engl. Sprache, die „Confessio amantis" (um 1390, „Beichte des Liebenden").

Gowers, Sir (seit 1897) William Richard [engl. ˈɡaʊəz], * London 20. März 1845, † ebd. 4. Mai 1915, brit. Mediziner. – Prof. in London; beschäftigte sich mit der Anatomie des Gehirns und des Rückenmarks sowie mit der Klinik der Nervenkrankheiten, bes. mit der Epilepsie. Nach ihm sind u. a. zahlr. Syndrome und das **Gowers-Bündel** im Rückenmark (vordere Kleinhirnseitenstrangbahn) benannt.

Goya y Lucientes, Francisco José de [span. ˈɡoja i luˈθientes], * Fuendetodos bei Zaragoza 30. März 1746, † Bordeaux 16. April 1828, span. Maler, Radierer und Lithograph. – 1774 Berufung durch A. R. Mengs an die königl. Teppichmanufaktur (1775–91 zahlr. Teppichkartons). Hofmaler seit 1786; seit 1792 ertaubt; seit 1824 in Bordeaux. Außergewöhnlich ist seine menschl. Anteilnahme an Not und Elend des Volkes, wie es in den seinen Welt-

Charles Gounod

Jean Goujon. Quellnymphe, Hochrelief der „Fontaine des Innocents", 1548/49 (Paris, Louvre)

Goyen

ruhm begründenden bitteren Radierfolgen „Los Caprichos" (1793–99), „Desastres de la guerra" (1810–14), „Tauromaquia" (1815) und „Los Proverbios" (1815 ff.) sichtbar wird, ebenso in Gemälden wie „Die Erschießung der Aufständischen vom 3. Mai 1808" (1814; Madrid, Prado), die G. auch als bed. Koloristen ausweisen.
Weitere Werke: Die bekleidete Maja und Die unbekleidete Maja (beide um 1797; Madrid, Prado), Die Familie Karls IV. (1800, ebd.), Der Koloß (auch: Die Panik; um 1808–12; ebd.), Saturn verschlingt eins seiner Kinder (Fresko aus seinem Wohnhaus bei Madrid, zw. 1819/23, ebd.).

Francisco José de Goya y Lucientes. Der Koloß, auch Die Panik, um 1808–12 (Madrid, Prado)

Goyen (Goijen), Jan van [niederl. ˈxoːjə], *Leiden 13. Jan. 1596, †Den Haag 27. April 1656, niederl. Maler. – Bed. Landschaftsmaler. Zunächst schlichte Motive, später repräsentative niederl. Fluß- und Küstenlandschaften sowie Städteansichten.

G., [Charles] William [engl. ˈɡɔjən], *Trinity (Tex.) 24. April 1915, Los Angeles 30. Aug. 1983, amerikan. Schriftsteller. – Gestaltet eine verinnerlichte Welt von Erinnerungen in einer sensiblen, musikal. und lyr. Prosa, u. a. „Haus aus Hauch" (R., 1950), „Savata" (R., 1963).

Goytisolo, Juan [span. ɡoitiˈsolo], *Barcelona 5. Jan. 1931, span. Schriftsteller. – Schreibt zeitkrit. Romane und Essays (über das Spanien Francos). – *Werke:* Die Falschspieler (R., 1954), Trauer im Paradies (R., 1955), Das Fest der anderen (R., 1956), Rückforderung des Conde Don Julián (R., 1970), Johann ohne Land (R., 1975), Landschaften nach der Schlacht (R., 1982).

Gozan, antike Ruinenstätte, ↑Tall Halaf.

Gozzi [italien. ˈɡɔddzi], Carlo Graf, *Venedig 13. Dez. 1720, †ebd. 4. April 1806, italien. Lustspieldichter. – Lehnte für das Theater (v. a. im Ggs. zu C. Goldoni) alle fremden, v. a. frz. Einflüsse ab; versuchte die Wiederbelebung der Commedia dell'arte durch Aufnahme von Märchenelementen. Seine bekanntesten Stücke sind „Die Liebe zu den drei Pomeranzen" (Märchenspiel, 1761 uraufgeführt; als Oper von S. Prokofjew 1921 u. d. T. „Die Liebe zu den drei Orangen"), „Turandot" (Kom., 1762 uraufgeführt; als Oper von Busoni 1917, von Puccini 1926) und „König Hirsch" (Kom., 1762 uraufgeführt, als Oper von H. W. Henze 1956).

G., Gasparo Graf, *Venedig 4. Dez. 1713, †Padua 26. Dez. 1786, italien. Schriftsteller. – Bruder von Carlo Graf G.; Hg. und Kommentator des „Osservatore veneto" (1761/62)

Carlo Gozzi (Kupferstich, 1772)

nach dem Vorbild von Addisons „Spectator"; auch Satiriker, Dramatiker und Übersetzer; bed. Dante-Biographie.

Gozzoli, Benozzo [di Lese], *Florenz 1420, †Pistoia 4. Okt. 1497, italien. Maler. – Schüler (?) und Gehilfe Fra Angelicos; 1459–61 Fresken im Palazzo Medici-Riccardi (Florenz) in festl. und farbigem Erzählstil.

GP [frz. ʒeˈpe], Abk. für: **G**rand **P**rix (↑Großer Preis).

G. P., Abk. für: ↑**G**eneral**p**ause.

gpm, Einheitenzeichen für: geopotentielles Meter (↑Geopotential).

GPS, Abk. für: **G**lobal **P**ositioning **S**ystem, das gegenwärtig modernste digitale Satellitennavigationssystem, das sich im Endaufbau befindet. Mit den Signalen von jeweils 4 Satelliten ist weltweit eine exakte Positionsbestimmung (auf einige Meter genau) möglich. Geplant ist der gleichzeitige Empfang von 4 Signalen (dazu sind 21 Satelliten notwendig), mit dem sogar die Höhe eines Flugkörpers bis auf einige Meter genau errechnet werden kann.

GPU, Abk. für: **G**ossudarstwennoje **p**olititscheskoje **u**prawlenije [„staatl. polit. Verwaltung"], polit. Staatspolizei in der UdSSR; entstand 1922 aus der ↑Tscheka; ging 1934 im NKWD auf; seit 1946 unter der Bez. MWD dem Ministerium des Innern angegliedert; seit 1953 als ↑KGB Zentrale der Spionageabwehr und des Geheimdienstes im Ausland.

Graaf, Reinier de [niederl. xraːf], *Schoonhoven 30. Juli 1641, †Delft 17. Aug. 1673, niederl. Anatom. – Arzt in Paris und Delft; beschrieb den nach ihm ben. **Graaf-Follikel** (↑Eifollikel).

Graaff, Robert Jemison Van de [engl. ɡræf], amerikan. Physiker, ↑Van de Graaff, Robert Jemison.

Graal-Müritz (Ostseebad Graal-Müritz), Gem. in Meckl.-Vorp., nö. von Rostock, in waldreicher Umgebung, 3 000 E. Kur- und Seeheilbad.

Grab, Beisetzungsstätte; in heutiger Zeit üblich als Erd- oder Urnen-G. bzw. Einzel- oder Familien-G. auf Friedhöfen. Die Bestattung von Toten in Massengräbern ist nicht statthaft. – Häufige vor- und frühgeschichtl. *G.formen* sind Holzkammergräber (Einbauten aus Holz), Megalithgräber (Großsteingräber: z. B. Dolmen, Gang-G., Steinkisten-G., Allée couverte), Hügelgräber (mit Aufschüttung von Erde und Steinen über dem G.), Flachgräber (ohne solche Aufschüttung), Schachtgräber (mit stärkerer Eintiefung, im Lauf der Zeit immer stärker ausgebaut und reich ausgestattet: z. B. Königsgräber von Ur), Höhlen- und Felskammergräber, sog. Totenhäuser (nach Art von Wohnhäusern, unter Aufschüttungen), Bootgräber (Beisetzung in einem Boot). Hinzu kommen die G.stätten mit Charakter eines ↑Grabmals. Nach den Bestattungsarten, den G.beigaben oder der sozialen Stellung der Toten unterscheidet man ferner z. B. Hockergräber (nach der Stellung des Toten benannt), verschiedene Formen von Brandgräbern (Feuerbestattung seit dem Neolithikum), Wagengräber (nach der Beigabe), Fürstengräber (Bestattungen hochgestellter Personen). G.bau, Art der Bestattung, Riten, G.beigaben, G.steine bzw. G.mäler geben Aufschlüsse über die jeweilige Religion und Sozialstruktur.

Grabar, Igor Emmanuilowitsch, *Budapest 25. März 1871, †Moskau 16. Mai 1960, sowjet. Kunsthistoriker. – Maler (Porträts und Landschaften); 1913–25 Direktor der Tretjakow-Galerie in Moskau, Mitinitiator der sowjet. Denkmalpflege; bed. wiss. Arbeiten über russ. Kunst.

Grabbe, Christian Dietrich, *Detmold 11. Dez. 1801, †ebd. 12. Sept. 1836, dt. Dramatiker. – 1827–34 Jurist beim Lippischen Militär in Detmold; die Unzufriedenheit mit seiner berufl. Tätigkeit, die erfolglosen Versuche, Schauspieler und Regisseur zu werden sowie die zerrütteten Lebensverhältnisse (u. a. unglückl. Ehe) trugen dazu bei, daß G. zunehmend dem Alkohol verfiel; kam 1836 todkrank (Rückenmarkschwindsucht) wieder nach Detmold. Gilt nach Büchner als bedeutendster dt. Dramatiker des Vormärz und als wichtiger Wegbereiter des modernen Dramas. In der Tragödie „Herzog Theodor von Gothland" (entstanden 1819–22, erschienen 1827) rückte G. völlig von der ästhet. und eth. Tradition der dt. Klassik ab und präsentiert eine nihilist. Weltsicht. In der Literatursatire „Scherz, Satire, Ironie und tiefere Bedeutung" (Lsp., entstanden 1822, erschienen 1827) deutet er die Welt als „mittelmäßiges Lustspiel". Von seinen schwer spielbaren, heute wenig aufgeführten Dramen sind v. a. die Tragödien „Napoleon oder Die hundert Tage" (1831) und „Hannibal" (1835) bedeutsam. – *Weitere Werke:* Don Juan und Faust (Dr., 1829), Kaiser Friedrich Barbarossa (Dr., 1829), Die Herrmannsschlacht (Dr., hg. 1838).

Grabbeigaben, einem Toten ins Grab mitgegebene Gegenstände aus dem profanen und kult. Bereich; schon in Gräbern der mittelpaläolith. Neandertaler bekannt. Außer Speisebeigaben und Geräten in den verschiedensten Materialien ist oft der persönl. Besitz an Schmuck und Bewaffnung beigegeben, unter Umständen auch Menschen- und Tieropfer. Bes. reich mit Beigaben ausgestattete Gräber können Aussagen über die Sozialstruktur in vor- und frühgeschichtl. Zeit ermöglichen.

Grabbienen (Erdbienen, Sandbienen, Andrenidae), weltweit verbreitete Fam. nicht staatenbildender Bienen mit über 1 000 Arten (4–20 mm lang), davon etwa 150 in M-Europa. G. graben ihre Nester meist in die Erde. Zur artenreichsten Gatt. gehören die ↑Sandbienen (i. e. S.), außerdem die ↑Trugbienen.

Graben, künstlich angelegte oder natürl. längl. Bodenvertiefung.
▷ (Grabenbruch) relative Einsenkung eines Erdkrustenstreifens an Verwerfungen zw. stehengebliebenen oder gehobenen Schollen **(Horst).**
▷ im *militär.* Bereich (auch als G.systeme) Hindernisse für den Feind oder Deckungen vor feindl. Einwirkung.

Graber, Pierre, *La Chaux-de-Fonds 6. Dez. 1908, schweizer. Politiker. – Mgl. der Sozialdemokrat. Partei; 1970–77 Bundesrat, Leiter des Polit. Departements (für Außenpolitik zuständig); 1975 Bundespräsident.

Grabeskirche, komplexe Anlage in Jerusalem, von Konstantin d. Gr. errichtet; umfaßt mehrere Sakralbauten, darunter eine Basilika und einen Zentralbau, angelegt über der vermuteten Kreuzigungs- und Grabstätte Jesu Christi; mehrfach zerstört und wiedererrichtet.

Grabfeld, nördlichster Teil des fränk. Gäulandes, Bay. und Thür., erstreckt sich zw. der Rhön im NW und den Haßbergen im SO, wird von der Fränk. Saale durchflossen. – Der Name G. ist erstmals 739 belegt; Grafen im G. waren die Popponen bzw. vom 11. Jh. an die Grafen von Henneberg; auch die Stifter Würzburg und Fulda hatten Anteil am Grabfeld.

Grabmal des Giuliano de' Medici von Michelangelo, 1524–35 (Florenz, San Lorenzo)

Grabgabel ↑Spaten.
Grabheuschrecken, svw. ↑Grillen.
Grabmal, Monument für einen Toten an seiner Beisetzungsstätte mit repräsentativem Denkmalcharakter, z.T. auch als Grabstätte (↑Grab).

Grabmal Theoderichs des Großen in Ravenna, Anfang des 6. Jahrhunderts

Altertum: Großartige Grabbauten wurden schon in früher Zeit geschaffen, im alten Ägypten die ↑Pyramide, im Mittelmeerraum Kuppelgräber, von denen die myken. (sog. Schatzhaus des Atreus) von bes. Bedeutung sind. Das antike Griechenland pflegte die Grabstele mit Reliefbild. In Kleinasien wurden Felsengräber z. T. mit architekt. Fassaden versehen (1. Jt. v. Chr.), ebenso die achämenid. Felsengräber (↑Naghsch e Rostam) und die Felsengräber von ↑Petra (um Christi Geburt). In Lykien (SW-Kleinasien) waren vom 6. bis 4. Jh. Pfeiler- oder Turmgräber (u. a. das Harpyienmonument von Xanthos) verbreitet. Die Türben genannten Grabtürme in Kleinasien stammen dagegen erst aus islam. Zeit, v. a. 11.–16. Jh.; sie sind seldschuk. Ursprungs; sie kommen u. a. auch im Iran vor. Im islam. Bereich entwickelten sich daraus monumentale Grabmoscheen und -medresen.

Kuppelgräber unter Erdaufschüttungen (Tumuli) tauchten seit dem 7. Jh. v. Chr. wieder auf. Diesen Typ übernahmen die Römer im 1. Jh. v. Chr., daneben standen v. a. Einflüsse des kleinasiat. Pfeiler- oder Turmgrabs. Einen Höhepunkt bildeten das Augustus-Mausoleum und die Engelsburg in Rom sowie das Grabmal Theoderichs d. Gr. in Ravenna. In der ↑Igeler Säule ist ein Pfeilermonument erhalten.

MA: Das in den Boden der Kirche eingelassene Grab wurde mit einer Grabplatte geschlossen, ebenso die freistehende *Tumba,* die bald in eine Wandnische rückte (Wandnischengrab). Seit dem 11. Jh. wurde auf der Grabplatte eine figürl. Darstellung des Toten angebracht; später fügte man dem Tumbengrab auch weitere Skulpturen hinzu.

Neuzeit: In der Renaissance wurde die Figur des Toten auch von der Grabplatte gelöst (Michelangelo, Grabkapelle der Medici in Florenz, San Lorenzo, 1520 ff.). In den Grabmälern des Barock verband sich das Bedürfnis nach Repräsentation mit der Vorliebe der Zeit zu allegor. Darstellungen. Seit dem Ende des 18. Jh. überwog die Ausstattung von Friedhofsgräbern, Grabbauten standen neben einfachen Gedenksteinen und Kreuzen. Im 20. Jh. fungieren G. nicht nur als Gedenk- und Erinnerungsstätten, sondern auch als Mahnmale.

Grabmann, Martin, *Winterzhofen (= Berching) 5. Jan. 1875, †Eichstätt 9. Jan. 1949, dt. kath. Theologe und Philosophiehistoriker. – Betrieb bed. und umfangreiche Quellenforschungen zur Philosophie- und Theologiegeschichte des Mittelalters.

Reinier de Graaf

Christian Dietrich Grabbe

Grabow

Grabow [...bo], Stadt an der Elde, Meckl.-Vorp., 28 m ü. d. M., 8300 E. Holz-, Bekleidungs- und Nahrungsmittelind. – Um 1252 gegr., erhielt vor 1275 Stadtrecht. – Got. Stadtkirche (13./14. Jh.); der **Grabower Altar** des Meisters Bertram befindet sich heute in der Hamburger Kunsthalle; barockes Rathaus (18. Jh.).

Grabowsky, Adolf [...ki], * Berlin 31. Aug. 1880, † Arlesheim bei Basel 23. Aug. 1969, dt. Politikwissenschaftler und Jurist. – Mitbegr. und Hg. der „Zeitschrift für Politik" (1907–33 und seit 1954); 1921–33 Dozent an der Dt. Hochschule für Politik, Berlin; 1934 Emigration in die Schweiz, wo er 1937 das „Weltpolit. Archiv" gründete; seit 1950 Prof. in Marburg, 1952–65 in Gießen.

Grabschändung ↑ Störung der Totenruhe.

Grabstele, altgriech. Grabmal in Form einer ↑ Stele.

Grabstichel, Werkzeug zum Gravieren, Ziselieren und Kupferstechen: ein vorn meist schräg geschliffener Stahl von quadrat. Querschnitt. **Grabstichelarbeit,** älteste Kupferstichtechnik bzw. der in dieser Technik hergestellte Stich.

Grabstock, zugespitzter Stock, der zum Ausgraben von Wurzeln und zum Auflockern oder Umbrechen des Bodens vor dem Säen dient. Bereits in der Steinzeit, heute v. a. von Sammelwirtschaft treibenden Stämmen benutzt; wird zunehmend durch die Hacke verdrängt.

Grabtuch Jesu (Leichentuch [Jesu] Christi), vermeintl. Reliquie der Grablegung Jesu; es gibt etwa 40 Exemplare; das berühmteste ist das ↑ Turiner Grabtuch.

Grabwespen (Sandwespen, Sphegidae), mit rd. 5000 Arten weltweit verbreitete Fam. 2–50 mm großer, keine Staaten bildender Hautflügler; in M-Europa rd. 150 Arten; mit meist schwarzgelb oder schwarzrotbraun gezeichnetem Körper; graben meist Erdröhren als Nester für die Brut. Zu den G. gehören u. a. Bienenwolf, Sand-, Kreisel-, Knoten- und Töpferwespen.

Gracchus ['graxʊs], Beiname des altrömischen plebej. Adelsgeschlechts der Sempronier:

G., Gajus Sempronius, * 154 oder 153, † 121 v. Chr., Politiker und Reformer. – Bruder von Tiberius Sempronius G.; für 123 und 122 zum Volkstribunen gewählt; nahm das Reformwerk seines Bruders wieder auf: Gesetze zur Verteilung verbilligten Getreides an die Armen, zur Milderung des Militärstrafrechts sowie zur Anlage von Kolonien außerhalb Italiens, wodurch er u. a. Anhänger gegen die Optimaten in der Staatsführung zu gewinnen gedachte. Trotz großer Anhängerschaft für 121 nicht mehr zum Volkstribunen gewählt. Als die Aufhebung der Gesetze des G. beantragt wurde, kam es zu Kämpfen, in deren Verlauf sich G. von einem Sklaven töten ließ.

G., Tiberius Sempronius, * 163 oder 162, † 133, Politiker und Reformer. – Das von ihm als Volkstribun (133) eingebrachte Ackergesetz sah – unter völliger Schonung des Privateigentums – vor, daß niemand mehr als 500 Morgen für sich und je 250 Morgen für zwei erwachsene Söhne an okkupiertem Staatsland besitzen dürfe, um auf dem darüber hinausgehenden, vom Staat einzuziehenden Gebiet neue Bauernstellen mit je 30 Morgen zu gründen und das stadtröm. Proletariat wieder auf dem Lande anzusiedeln. Die Ackerverteilung übernahm eine Dreimännerkommission, der auch die beiden Gracchen angehörten. Bei dem Versuch, seine Wiederwahl als Volkstribun zu erzwingen, mit 200–300 seiner Anhänger erschlagen.

Gracián y Morales, Baltasar [span. graˈθian i moˈrales], * Belmonte de Calatayud 8. Jan. 1602, † Tarazona de Aragón 6. Dez. 1658, span. Schriftsteller – Jesuit; schrieb pessimist. Aphorismen über weltkluges Verhalten („Handorakel", 1647; dt. von Schopenhauer 1862) und stellte in dem allegorisch-satir. Roman „Criticon oder Über die allg. Laster des Menschen" (3 Tle., 1651–57) dem Höfling den natürl. Menschen gegenüber.

Gracia Patricia, geb. Grace Kelly, * Philadelphia 12. Nov. 1929, † Monaco 14. Sept. 1982 (Autounfall), Fürstin von Monaco. – Theater- (seit 1949 am Broadway) und Filmschauspielerin (1951–56; u. a. in „Zwölf Uhr mittags", 1952; „Über den Dächern von Nizza", 1955; „Die oberen Zehntausend", 1956), heiratete 1956 Fürst Rainier III.

Graciosa [portugies. greˈsiɔze], Insel der Azoren, 63 km², 5400 E. Hauptort und -hafen ist **Santa Cruz da Graciosa.**

Gracq, Julien [frz. grak], eigtl. Louis Poirier, * Saint-Florent-le-Vieil (Maine-et-Loire) 27. Juli 1910, frz. Schriftsteller. – Gestaltet in dem Roman „Das Ufer der Syrten" (1951) das Schicksal des Menschen und der modernen brüchigen Gesellschaft symbolhaft im Untergang eines Stadtstaates. – *Weitere Werke:* Auf Schloß Argol (R., 1938), Ein Balkon im Wald (R., 1958), Entdeckungen (Essays, 1961), La forme d'une ville (Prosa, 1985).

grad, Formelzeichen für ↑ Gradient.

Grad [slaw.], Burg, Stadt; häufig in slaw. Ortsnamen, z. B. Belgrad.

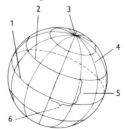

Gradnetz der Erde. 1 Äquator; 2 ein Breitenkreis (Parallelkreis); 3 Nordpol; 4 ein Längenkreis; 5 geographische Breite (beliebig); 6 geographische Länge (beliebig)

Grad [zu lat. gradus, eigtl. „Schritt"], Einheitenzeichen °, Einheit für ebene Winkel, zur Unterscheidung vom sog. Neugrad (↑ Gon) früher auch als Altgrad bezeichnet; 1° ist gleich dem 90. Teil eines rechten Winkels: $1° = \pi/180$ rad. Unterteilung: $1° = 60'$ (Minuten) $= 3600''$ (Sekunden). SI-Einheit für den ebenen Winkel ist der ↑ Radiant.

▷ Skalenteil bzw. die durch ihn dargestellte Größe oder Einheit (z. B. Härtegrad), speziell Temperatureinheit in Verbindung mit den die jeweilige Temperaturskala bezeichnenden Hinweiswörtern Celsius (°C), Fahrenheit (°F) und Reaumur (°R).

▷ Verhältnis einer Größe zu ihrem Optimalwert oder einer ähnl. Vergleichsgröße; z. B. Füllungsgrad, Reflexionsgrad.

▷ die höchste Potenz, in der eine Unbekannte oder Variable in einer Gleichung bzw. in einem Polynom auftritt.

▷ ↑ akademische Grade.

▷ ↑ Freimaurerei.

Gradabteilung ↑ Gradnetz.

Gradara, italien. Gemeinde in den Marken, an der Adria, 2300 E. – Hier soll Giancotto Malatesta nach der von Dante (Inferno V) und nach ihm von zahlr. anderen Dichtern, von Malern und Komponisten dargestellten Liebestragödie seine Gattin Francesca da Rimini und deren Liebhaber, seinen jüngeren Bruder Paolo Malatesta, ermordet haben.

Gradation [zu lat. gradatio „Steigerung"], in der Literaturwiss. sich steigernder Aufbau, z. B. der Szenen eines Dramas, einer Satzreihung (↑ Klimax).

▷ (Tonwertabstufung) Kontrastwiedergabevermögen eines photograph. Materials. Die Wiedergabe der Helligkeitsabstufungen in Grautönen wird im Diagramm als Kurve dargestellt, die den Zusammenhang zw. Belichtung (Produkt aus Beleuchtungsstärke und Belichtungsdauer) und erzielter Dichte (Ausmaß der Schwärzung auf der belichteten photograph. Schicht) zeigt (*G.kurve, Dichtekurve, Schwärzungskurve*).

▷ svw. ↑ Massenvermehrung.

Grade, Hans, * Köslin 17. Mai 1879, † Borkheide (Landkr. Belzig) 22. Okt. 1946, dt. Ingenieur und Flugpionier. – Baute und flog 1908 das erste dt. Motorflugzeug (Dreidecker); gründete eine Flugschule.

Gradient [zu lat. gradiens, eigtl. „schreitend"], allg. svw. Gefälle oder Anstieg einer Größe auf einer bestimmten Strecke, z. B. Temperatur-, Druck-G. In der *Mathematik* bezeichnet man als G. den einer skalaren Ortsfunktion

Baltasar
Gracián y Morales

$A(x, y, z)$ zugeordneten Vektor $(\partial A/\partial x, \partial A/\partial y, \partial A/\partial z)$ = grad A, der senkrecht auf der Niveaufläche $A(x, y, z)$ = const. steht und in Richtung des stärksten Wachstums von A weist.

Gradierwerk, Holzgerüst, belegt mit Reisig oder Schwarzdornästen, über die ↑ Sole herabrieselt, deren Salzgehalt hierbei infolge erhöhter Verdunstung ansteigt; findet in Luftkurorten noch zur Behandlung erkrankter Atemwege Anwendung.

Gradisca d'Isonzo, oberitalien. Gemeinde in Friaul-Julisch-Venetien, am unteren Isonzo, 31 m ü. d. M., 5200 E. – Von Venedig 1471–81 als Festung gegen die Osmanen angelegt; 1521 an das Haus Österreich, das Gemeinde und Umgebung zur Gft. **Gradisca** erhob; 1754 mit Görz zur gefürsteten Gft. **Görz und Gradisca** vereinigt. Nach dem 1. Weltkrieg an Italien. – Dom (16. Jh.) mit palladian. Fassade (1752), zahlr. barocke Paläste und Bürgerhäuser; z. T. erhaltene Befestigungsanlage.

Gradmann, Robert, *Lauffen am Neckar 18. Juli 1865, †Sindelfingen 16. Sept. 1950, dt. Geograph und Botaniker. – Ev. Pfarrer, schrieb als Autodidakt „Das Pflanzenleben der Schwäb. Alb" (2 Bde., 1898); Begründer der Lehre vom Einfluß der Klima- und Vegetationsveränderungen auf die vor- und frühgeschichtl. Besiedlung; 1914 Prof. in Tübingen, später in Erlangen.

Gradnetz, i. w. S. jedes die Oberfläche der Planeten oder die Himmelskugel dem geograph. G. entsprechend unterteilendes Liniennetz, i. e. S. das aus **Längenkreisen** (Meridiane) und **Breitenkreisen** gebildete Netz der als Kugel oder Rotationsellipsoid betrachteten Erdoberfläche. Die sich von Pol zu Pol erstreckenden Meridiane dieses geograph. G. sind die Hälften von Großkreisen, die sich in beiden Polen schneiden; Nullmeridian ist der Meridian von Greenwich, von dem aus die geograph. Längen bis 180° nach O (ö. L.) bzw. nach W (w. L.) gezählt werden. Von den Breitenkreisen ist nur der Äquator ein Großkreis, während die parallel verlaufenden Breitenkreise polwärts immer kleiner werden; die geograph. Breiten zählt man vom Äquator aus bis 90° (Pol) nach N (n. Br.) bzw. nach S (s. Br.). Von Meridianen und Parallelkreisen abgegrenzte Teile der Erdoberfläche heißen **Gradabteilungen**.

Gradnetznavigation, svw. ↑ Gitternavigation.

Grado, italien. Hafenstadt und Seebad in Friaul-Julisch-Venetien, auf einer Nehrung gelegen, 9 600 E. Fischkonservenind., Fremdenverkehr. – In röm. Zeit Hafenort Aquilejas, nach dessen Eroberung durch Hunnen (452) und Langobarden (568) Zufluchtsort eines Großteils der Bev.; ab 568 bis 12. Jh. Patriarchensitz; 1815 östr., 1919 italienisch. – Altchristl. Bauten in der Altstadt, u. a. Sant-Eufemia (geweiht 579) mit 900 m² Mosaikfußboden, oktogonales Baptisterium (2. Hälfte des 5. Jh.), Santa Maria delle Grazie (6. Jh.).

Grado. Oktogonales Baptisterium der beiden Basiliken Sant-Eufemia und Santa Maria delle Grazie, 2. Hälfte des 5. Jahrhunderts

Graduale [lat.], in der kath. Liturgie ein auf den Stufen (lat. gradus) zum Ambo nach der Epistel vorgetragenes ↑ Responsorium.

▷ seit dem 12. Jh. übl. Bez. für das liturg. Buch mit den Gesängen der Messe.

Gradualsystem ↑ Erbfolge.

graduell [lat.-frz.], grad-, stufenweise, allmählich.

graduieren [lat.], einen ↑ akademischen Grad erteilen; *graduiert* bezeichnet die Tatsache, daß jemand einen akadem. Grad erworben hat.

Graduiertenförderung ↑ Ausbildungsförderung.

Gradus [lat.], Schritt, Grad, Stufe, Rang.

Gradus ad Parnassum [lat. „Stufen zum Parnaß"], Titel alphabetisch geordneter griech. oder lat. Wörterbücher des 18. Jh., in denen die Silbenlänge, sinnverwandte Wörter, Beiwörter und poet. Wendungen angegeben werden als Hilfe zum Versemachen. Auch Titel musikal. Studienwerke, z. B. der Kontrapunktlehre von J. J. Fux (1725).

Graecum (Gräkum) [griech.-lat.], Abiturabschluß oder eine entsprechende Ergänzungsprüfung eines Studierenden in der griech. Sprache.

Graefe, [Wilhelm Ernst] Albrecht von, *Finkenheerd (= Brieskow-Finkenheerd, Kr. Eisenhüttenstadt) 22. Mai 1828, †Berlin 20. Juli 1870, dt. Augenarzt. – Prof. in Berlin; Begründer der modernen Augenheilkunde; führte den von H. Helmholtz erfundenen Augenspiegel in die Praxis ein, verbesserte die Staroperation und führte zur Heilung des Glaukoms die Iridektomie ein.

Graeser, Camille Louis, *Carouge 27. Febr. 1892, †Zürich 21. Febr. 1980, schweizer. Innenarchitekt, Maler, Graphiker und Designer. – G. zählt zu den bedeutendsten Vertretern der konkreten Malerei in der Schweiz.

Graetz, Heinrich, *Xions (= Książ Wielkopolski, Woiwodschaft Posen) 31. Okt. 1817, †München 7. Sept. 1891, jüd. Historiker. – Seit 1869 Prof. in Breslau; verfaßte als erster eine Gesamtgeschichte des jüd. Volkes („Geschichte der Juden von den ältesten Zeiten bis auf die Gegenwart", 12 Bde., 1853–75).

G., Leo, *Breslau 26. Sept. 1856, †München 12. Nov. 1941, dt. Physiker. – Prof. in München; entwickelte einen elektrolyt. Gleichrichter (G.-Zelle) und eine Schaltung zur Gleichrichtung beider Halbwellen des Wechselstromes (↑ Graetz-Schaltung).

Graetz-Schaltung [nach L. Graetz], zur Gleichrichtung von Wechselstrom verwendete Brückenschaltung, bei der vier Gleichrichter die Brücke bilden, an deren einem Diagonalzweig die Wechselstromquelle angeschlossen ist, während der andere Diagonalzweig den gleichgerichteten Strom führt.

Graetz-Schaltung. Schaltbild

Graevenitz, Gerhard von, *Schilde bei Wittenberge 19. Sept. 1934, †in den Alpen (Flugzeugabsturz) 20. Aug. 1983, dt. kinet. Künstler. – Ging von weißen Reliefstrukturen seit 1960 zu kinet. Objekten über.

Graf, Ferdinand, *Klagenfurt 15. Juni 1907, †Wien 8. Sept. 1969, östr. Politiker (ÖVP). – Bereitete als Staatssekretär im B.-Ministerium für Inneres (1945–56) seit 1950 die Wiederbewaffnung vor; 1956–61 B.-Min. für Landesverteidigung.

G., Oskar Maria, *Berg (Landkr. Starnberg) 22. Juli 1894, †New York 28. Juni 1967, dt. Schriftsteller. – Anhänger K. Eisners; 1933 emigrierte er über Österreich, die ČSR und die UdSSR in die USA (1938). Schrieb anfänglich pazifist. und sozialkrit. Gedichte und Novellen, dann v. a. derbe, erot. Dorf- und Kleinstadtromane sowie Schwänke. – *Werke:* Das bayr. Dekameron (En., 1928), Bolwieser (R., 1931; 1964 u. d. T. Die Ehe des Herrn Bolwieser), Anton Sittinger (R., 1937), Unruhe um einen Friedfertigen (R., 1947), Der große Bauernspiegel (En., 1962).

Oskar Maria Graf

G., Stefanie Maria (Steffi), *Mannheim 14. Juni 1969, dt. Tennisspielerin. – Vierfache Wimbledonsiegerin 1988, 1989, 1991 und 1992, Olympiasiegerin 1988, viele weitere internat. Erfolge (u. a. Grand Slam 1988).

G., Urs, *Solothurn gegen 1485, †Basel (?) 1527 oder 1528, schweizer. Zeichner. – Seine [Rohrfeder]zeichnungen geben v. a. derb-drast. Darstellungen aus dem Landsknechts- und Volksleben; auch Kupferstiche.

Steffi Graf

Graf [griech.-mittellat.], im Früh-MA königl. Amtsträger in einem durch den Streubesitz des Königsguts nur lose be-

Grafenfehde

Martha Graham

stimmten Gebiet (↑ Grafschaft). Im Fränk. Reich urspr. Führer einer Heeresabteilung, dann Amtsträger zur Durchsetzung königl. Verwaltungs-, Rechts-, Finanz- und Wehrhoheit. Das Amt wurde später von Hofdienst und Krone losgelöst durch Umwandlung in ein Lehen und durch Erblichkeit (9. Jh.). Der Titel G. wurde bis in die Neuzeit als Adelstitel geführt; seit 1919 ist er in Deutschland nur noch Teil des Familiennamens, in Österreich abgeschafft. – Sonderformen waren u. a. *Burg-* und *Land-G.;* auch Bez. für genossenschaftlich Beauftragte in bestimmten Funktionen (z. B. *Deichgraf*).

Grafenfehde, der Krieg zwischen Dänemark und Lübeck 1533–36; ben. nach den Grafen Christoph von Oldenburg und Johann von Hoya, die zus. mit Lübeck und dessen Bürgermeister J. Wullenwever die dän. Städte und den Adel in ihrem Kampf zur Befreiung des 1532 gestürzten Königs Christian II. militärisch unterstützten. 1536 siegte jedoch der vom dän. Adel gewählte König Christian III. mit schwed. Hilfe.

Gräfenhainichen, Krst. in Sa.-Anh., in der Dübener Heide, 93 m ü. d. M., 8000 E. Druckerei, Glasfliesenwerk, Braunkohlenbergbau. – Entstand im späten 12. Jh., kam 1423 an Meißen und 1815 an Preußen. – Barocke Pfarrkirche (17. Jh.).

G., Landkr. in Sachsen-Anhalt.

Grafenwöhr, Stadt am O-Rand der Fränk. Alb, Bay., 400 m ü. d. M., 5500 E. Heimatmuseum; Elektroapparatebau. – Wird 1427 als Stadt bezeichnet.

Gräfe und Unzer GmbH ↑ Verlage (Übersicht).

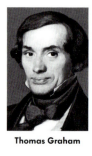

Thomas Graham

Graff, Anton, *Winterthur 18. Nov. 1736, †Dresden 22. Juni 1813, schweizer. Maler. – Seit 1766 Hofmaler und seit 1789 Lehrer an der Kunstakad. in Dresden; gesuchter Porträtist; leitete mit seinen Bildnissen zur bürgerl. Malerei des 19. Jh. über.

Graffiato [italien., zu graffiare „kratzen"], Verzierung von Tonwaren. – ↑ Sgraffiato.

Graffiti [italien. zu Graffiato; Einz. Graffito], Bez. für Kratzputz (↑ Sgraffito).

▷ auf Felsen, Mauern, Wandflächen eingeritzte oder aufgekritzelte und aufgezeichnete Texte, auch Symbole, elementare Zeichen, figürl. und abstrakte Darstellungen; heute oft mittels Spraydosen ausgeführte Beschriftung oder Bemalung unterschiedl. Gegenstände. – Bereits aus der Antike bekannt. Ausgehend von den USA, wo in den 1970er Jahren G. zunehmend als Ausdruck polit. Protests in Erscheinung trat, erhielten G. auch in Europa wachsende Bedeutung. Durch den als Sprayer von Zürich bekannt gewordenen H. Naegeli (* 1940) wurden sie ab 1977 als künstler. Ausdrucksmöglichkeit zur Diskussion gestellt. Jedoch erst in den 80er Jahren konnte sich eine **Graffiti-art** in New York als neue Kunstrichtung mit K. Haring und J.-M. Basquiat (* 1960, † 1988) als führenden Vertretern etablieren. Ihr vergleichbar sind die Tendenzen der „figuration libre" in Frankreich, die u. a. durch R. Combas (* 1958) und H. di Rosa (* 1959) repräsentiert wird.

Grafschaft, Amtsbezirk des Grafen zur Institutionalisierung des königl. Herrschaftsanspruchs v. a. z. Z. Karls des Großen, der das Fränk. Reich mit einem Netz von G. *(G.verfassung)* überzieren ließ. Als Gebiete unmittelbarer Königshoheit verschwanden die G. im 11./12. Jh. und entwickelten sich zu einer Vielfalt verschiedener Typen *(Land-, Mark-, Pfalz-* und *Burggrafen);* da sie vererbt, verschenkt, verkauft, geteilt und verpfändet werden konnten, wurden sie zum Objekt dynast. Erb- und Heiratspolitik.

Grafschaft Bentheim, Landkr. in Niedersachsen.

Graham [engl. 'greiəm], Martha, *Pittsburgh (Pa.) 11. Mai 1894, †New York 1. April 1991, amerikan. Tänzerin, Choreographin und Tanzpädagogin. – Gründete 1929 eine eigene Kompanie, für die sie etwa 150 Werke schuf, u. a. „Incantation" (1931), „Letter to the world" (1940), „Clytemnestra" (1958), „Frescoes" (1978), „Acts of light" (1981). G. entwickelte eine eigene, auf der Harmonie von Atmung und Bewegung beruhende Tanztechnik. Ihr Einfluß war ausschlaggebend für die Entwicklung des modernen Tanzes in Amerika.

G., Thomas, *Glasgow 21. Dez. 1805, †London 16. Sept. 1869, brit. Physiker und Chemiker. – Prof. in Glasgow und London. G. stellte 1834 das Grahamsche Gesetz über die Diffusionsgeschwindigkeiten von Gasen auf und war Mitbegründer der Kolloidchemie.

Graham-Bell-Insel [engl. 'greiəm], östl. Insel von Franz-Joseph-Land, im Nordpolarmeer, Rußland, 1708 km².

Grahambrot [nach dem amerikan. Arzt S. Graham, * 1794, † 1851], Weizenschrot-Vollkornbrot in Kastenform, urspr. ohne Hefe und Sauerteig hergestellt.

Graham Island [engl. 'greiəm 'ailənd] ↑ Queen Charlotte Islands.

Grahamland [engl. 'greiəmlænd] ↑ Antarktische Halbinsel.

Graham-Salz [nach T. Graham, der es 1834 erstmals herstellte], ein Natriumpolyphosphatgemisch, das wegen seiner Fähigkeit, Calciumionen zu binden, zur Wasserenthärtung verwendet wird.

Grahamstown [engl. 'greiəmztaʊn], Stadt in der südl. Kapprovinz, Republik Südafrika, 532 m ü. d. M., 56000 E. Anglikan. Bischofssitz; Univ. (gegr. 1904 als College), mehrere Forschungsinst.; landw. Handelszentrum. – G. entstand um 1812. – Kathedrale von Saint Michael und Saint George (19. Jh.).

Graien ↑ Gorgonen.

Grainger, Percy [engl. 'greindʒə], *Brighton bei Melbourne 8. Juli 1882, †White Plains (N. Y.) 20. Febr. 1961, amerikan. Komponist und Pianist. – Schüler von F. Busoni, sammelte v. a. engl. und skand. Volksmelodien, die auch in seine Kompositionen Eingang fanden.

Grajische Alpen (frz. Alpes Grées, italien. Alpi Graie), Teil der Westalpen beiderseits der frz.-italien. Grenze, im vergletscherten **Gran Paradiso** 4061 m hoch.

gräkobaktrisches Reich ↑ Baktrien.

gräkobuddhistische Kunst, svw. Gandharakunst (↑ Gandhara).

Gräkomanie [griech.], leidenschaftl. Vorliebe für die altgriech. Kultur.

Gral [zu altfrz. graal, eigtl. „Gefäß"], in der ma. Dichtung ein geheimnisvoller, verschieden beschriebener heiliger Gegenstand, der seinem Besitzer alles himml. und ird. Glück verheißt nur dem Reinen erreichbar ist, der zu ihm berufen wird. Die ältesten erhaltenen G.dichtungen sind Chrétien de Troyes' „Perceval" (vor 1190) und Robert de Borons „Roman de l'estoire dou Graal" (um 1180); bei ihnen ist der G. ein Kelch bzw. Christi Abendmahlsschüssel, in der bei der Grablegung sein Blut aufgefangen wurde. Am Anfang der dt. G.dichtungen steht Wolfram von

Graffiti. Wandbild von Keith Haring, Ausschnitt, Höhe 4,5 m, Gesamtbreite 15 m (New York)

Eschenbachs „Parzival" (um 1210); bei ihm ist der G. ein Stein mit wunderbaren Kräften, der von einem G.könig und G.rittern (Templeisen) auf dem Berg Montsalvatsch gehütet wird. Weitere dt. Fassungen sind die „Crône" Heinrichs von dem Türlin (um 1230) und der „Jüngere Titurel" des Albrecht von Scharfenberg (um 1270). Eigenständige Deutungen des G.stoffes unternahm R. Wagner (Opern „Lohengrin", 1850; „Parsifal", 1882). – Von frz. Quellen sind auch die engl. G.dichtungen, z. B. T. Malorys „Le morte d'Arthur" (um 1469/70, auch „Le morte Darthur" betitelt), der walis. „Peredur" und die altnord. „Parcevalssaga" abhängig. Der Ursprung der G.sage ist umstritten.

Gralsbewegung, von O. E. Bernhardt (* 1875, † 1941) gegr. religiöse Gemeinschaft, nach deren Lehre Christus Gottessohn, **Abd-ru-shin** (unübersetzbare Selbstbez. Bernhardts) Menschensohn ist; in Deutschland etwa 1 400 Mitglieder.

Gram-Färbung [dän. gram'; nach dem dän. Bakteriologen H. C. J. Gram, * 1853, † 1938], wichtige diagnost. Färbung in der Bakteriologie. Das Färbeverfahren unterteilt die Bakterien auf Grund eines unterschiedl. Zellwandaufbaues in **grampositiv** (dunkelblau), z. B. Staphylokokken, Streptokokken, und **gramnegativ** (rot), z. B. Gonokokken, Meningokokken, Salmonellen.

Graminizide [zu lat. gramen „Stengel, Gras" und caedere „töten"], gegen Gräser eingesetzte, selektive ↑Herbizide.

Gramm [griech.-lat.-frz., letztlich zu griech. gráphein „schreiben"] ↑Kilogramm.

...gramm [griech.], Nachsilbe von Zusammensetzungen mit der Bed. „Schrift, Geschriebenes", z. B. Autogramm.

Grammäquivalent ↑Äquivalentmasse.

Grammar school [engl. 'græmə 'sku:l, eigtl. „Grammatikschule"], in Großbritannien und Nordirland auf die Univ. vorbereitende Schule, in der bes. klass. Studien ein wichtigen Platz einnehmen. Das Eintrittsalter liegt im allgemeinen bei 11 oder 12 Jahren. Die G. s. kann nach drei oder vier Jahren mit einem qualifizierten Abschluß, dem „General certificate of secondary education" (GCSE) – es ersetzt seit 1988 den O(rdinary) level –, verlassen werden und nach weiteren zwei bis drei Jahren mit dem A(dvanced) level. Jede G. s. ist eine eigene, von einem „Headmaster" geleitete Körperschaft. Die G. s. wurde im allgemeinen durch die ↑Comprehensive school ersetzt.

Grammatik [griech., zu grámma „Geschriebenes, Buchstabe, Schrift"], Teil der *Sprachwiss.*, der sich mit den sprachl. Formen und deren Funktion im Satz, mit den Gesetzmäßigkeiten und dem Bau einer Sprache beschäftigt; auch Bez. für die Ergebnisse der G.forschung in Form eines Buches oder einer wiss. Darstellung sowie Bez. für die Gesamtheit der Regeln einer Sprache. Meist wird die G. eingeteilt in Phonetik (Lautlehre), Morphologie (Formen- und Wortbildungslehre) und Syntax (Satzlehre). Je nach Forschungsziel gibt es unterschiedl. G.typen: die **historische Grammatik** beschreibt eine Sprache in ihrer geschichtl. Entwicklung und Veränderung; die **deskriptive Grammatik** stellt ohne jede Wertung eine Sprache dar, wie sie zu einem bestimmten Zeitpunkt gesprochen wird (↑Diachronie, ↑Synchronie); eine **normative Grammatik** stellt Regeln für den richtigen Sprachgebrauch auf; in der **vergleichenden (kontrastiven) Grammatik** werden zwei oder mehr Sprachen miteinander verglichen. – Neben der traditionellen G. gibt es u. a. folgende G.arten: ↑Dependenzgrammatik, inhaltsbezogene G. (↑Sprachinhaltsforschung), ↑generative Grammatik, ↑Stratifikationsgrammatik.
Geschichte: Die Wissenschaft der G. entstand unabhängig voneinander im 6./5. Jh. v. Chr. in Indien und im 5. Jh. v. Chr. in Griechenland (↑Philologie). Das älteste erhaltene Werk ist die „Techné grammatiké" des Dionysios Thrax (um 100 v. Chr.). Die griech. G. schuf die Grundlage für die grammat. Fachsprache, die in lat. Übersetzung heute noch gebraucht wird. – MA und Neuzeit wurden durch die prakt. beschreibende G. des Donatur („Ars grammatica", 4. Jh. n. Chr.) beeinflußt. Die vergleichende G. wurde von dem Dänen R. Rask (1814) und dem Deutschen F. Bopp (1816) geschaffen, die histor. G. von J. Grimm (1819). An W. von Humboldt knüpft in neuerer Zeit L. Weisgerbers inhaltsbezogene G. an.

▷ in der *analyt. Philosophie* übl. Terminus („log. G.") für die Untersuchung der sprachl. Operationen von Wissenschaftssprachen, darunter auch von formalen Sprachen; führt zu einer *log. Syntax* und *Semantik*.

Grammatikalität [griech./lat.], Begriff aus der ↑generativen Grammatik, mit dem die bloße Übereinstimmung eines Satzes mit den Regeln der Grammatik bezeichnet wird; Ggs.: ↑Akzeptabilität.

grammatisch, (grammatikalisch) die Grammatik betreffend.
▷ nach den Regeln der Grammatik richtig gebildet (↑Grammatikalität).

grammatischer Wechsel ↑Vernersches Gesetz.

grammatisches Geschlecht ↑Genus.

Grammatom, diejenige Menge eines chem. Elements, die seiner relativen ↑Atommasse in Gramm entspricht.

Grammolekül, diejenige Masse einer chem. Verbindung, die ihrer relativen Molekülmasse in Gramm entspricht.

Grammont, Maurice [frz. gra'mõ], * Damprichard (Doubs) 15. April 1866, † Montpellier 17. Okt. 1946, frz. Sprachwissenschaftler. – Prof. für vergleichende Sprachwiss. in Montpellier; bed. Phonetiker, arbeitete v. a. über Haupterscheinungen des Lautwandels im Französischen.

Grammophon ⓦ [zu griech. grámma „Geschriebenes" und phōnē̌ „Stimme"], früher übl. Bez. für ↑Plattenspieler.

Grammos, Grenzgebirge zw. Griechenland und Albanien, bis 2 523 m hoch.

gramnegativ ↑Gram-Färbung.

Gramont [frz. gra'mõ], nach einer Herrschaft in Niedernavarra (Dep. Pyrénées-Atlantiques) benanntes, 1525 begründetes frz. Adelsgeschlecht (Herzogswürde 1648), aus dem bed. Feldherren, Diplomaten und Wissenschaftler hervorgingen; u. a. Antoine Agénor Herzog von G. (* 1819, † 1880), der als frz. Außenmin. (1870) für den Ausbruch des Dt.-Frz. Krieges (1870/71) mitverantwortlich war.

Grampian Mountains [engl. 'græmpjən 'mauntınz] ↑Highlands.

Grampian Region [engl. 'græmpjən 'ri:dʒən], Region in NO-Schottland.

grampositiv ↑Gram-Färbung.

Gramsci, Antonio [italien. 'gramʃi], * Ales (Prov. Cagliari) 23. Jan. 1891, † Rom 27. April 1937, italien. Politiker. – 1913 Mgl. des Partito Socialista Italiano (PSI); 1921 Mitbegr. des Partito Comunista Italiano (PCI); seit 1924 Abg. und Führer des PCI; 1926 verhaftet, 1928 zu 20 Jahren Gefängnis verurteilt. Die während seiner Haftzeit entstandenen Aufzeichnungen politisch-philosoph. und kulturellen Inhalts übten auf die Nachkriegskultur Italiens tiefen Einfluß aus.

Gran (de G., G. della Torre), Daniel, ≈ Wien 22. Mai 1694, † Sankt Pölten 16. April 1757, östr. Maler. – Bed. Repräsentant der barocken Freskomalerei (Palais Schwarzenberg, 1724, 1945 fast völlig zerstört; Östr. Nationalbibliothek, 1730, in Wien; Wallfahrtskirche auf dem Sonntagberg, 1738–43; Klosterneuburg, 1749); auch Altarbilder sowie virtuose Federzeichnungen.

Gran, dt. für ↑Esztergom.

Gran [zu lat. granum „Korn"], alte, in vielen Ländern verwendete Gewichtseinheit; als kleineres Apothekergewicht entsprach 1 G. meist 0,06 bis 0,07 g.

Grana [lat.] ↑Plastiden.

Granada [span. gra'naða], span. Stadt am NW-Abfall der Sierra Nevada, 670 m ü. d. M., 257 000 E. Verwaltungssitz der Prov. G.; Erzbischofssitz; Univ. (1532 neu gegr.); Prov.- und archäolog. Museum; metallverarbeitende, Zucker-, Textil-, Nahrungsmittel-, Keramikind., Maschinenbau, Erdölraffinerie, Handel und Verarbeitung von Erzeugnissen des westlich von G. gelegenen, über 40 000 ha großen Bewässerungsoase. Der Stadtteil Albaicín mit Höhlenwohnungen wird überwiegend von Zigeunern bewohnt; bed.

Granada
Stadtwappen

Granados y Campiña

Fremdenverkehr; 18 km westlich bei Santa Fe ⚑. – In der Antike **Illiberis** (kelt. Gründung), unter Augustus röm. Munizipium in der Prov. Baetica; im 5. Jh. nacheinander von Vandalen, Alanen, Sweben und Westgoten erobert. Nach der arab. Invasion im 8. Jh. Bildung des maur. Kgr. G. (1030–50 und 1238–1492), dessen Hauptstadt G. (bis dahin **Elvira** gen.) seit 1238 war; bald reichste Stadt der Iber. Halbinsel. – Palacio del Generalife (Sommerresidenz der maur. Könige, 1319 vollendet; von der UNESCO zum Weltkulturerbe erklärt); die ↑ Alhambra ist einer der bedeutendsten islam. Profanbauten (13./14. Jh.); Kathedrale (1523 bis 1703) mit den Grabmälern Ferdinands und Isabellas, Philipps I. und von Johanna der Wahnsinnigen; Renaissancekirche San Jerónimo (16. Jh.); Palast Karls V. (ab 1526).

G., Hauptstadt des Dep. G. in W-Nicaragua, am NW-Ufer des Nicaraguasees, 88 600 E. Kath. Bischofssitz; Textil-, Holz-, Nahrungsmittelind. Hafen; Eisenbahnendpunkt. – 1523 von Hernández de Córdoba gegr., vor 1858 zeitweilig Hauptstadt Nicaraguas. – Kirche La Merced (18. Jh.) mit klassizist. Fassade.

Granados y Campiña, Enrique [span. graˈnaðos i kamˈpiɲa], * Lérida 27. Juli 1867, † im Ärmelkanal 24. März 1916, span. Komponist und Pianist. – Bed. Vertreter der neueren nationalspan. Musik, v. a. Klaviermusik („Danzas españolas", 1892–1900; „Goyescas", 1911; als Oper 1916).

Granat [niederdt.], svw. Nordseegarnele (↑ Garnelen).

Granat [zu lat. granatus „gekörnt"] (Granatgruppe), Gruppe sehr verbreiteter, gesteinsbildender kub. Minerale von wechselnder Zusammensetzung; allg. chem. Formel $Me_3^{II} Me_2^{III} (SiO_4)_3$, wobei Me^{II} die zweiwertigen Metalle Ca, Mg, Fe^{II}, Mn und Me^{III} die dreiwertigen Metalle Fe^{III}, Al, Cr^{III}, Ti^{III} sind. G. sind typ. Nesosilicate (↑ Silicate); Dichte zw. 3,5 und 4,2 g/cm³, Mohshärte von 6,5 bis 7,5; durchsichtig bis undurchsichtig, glasglänzend bis fett- oder harzglänzend; Vorkommen in metamorphen kalkigen und dolomit. Gesteinen als Kontaktmineral sowie auf Seifen und in Sanden. Die einzelnen Glieder der G.gruppe dienen als Schmucksteine und Schleifmittel, z. B. Almandin.

Granatapfelbaum (Granatbaum, Punica), einzige Gatt. der **Granatapfelgewächse** (Punicaceae) mit zwei Arten, von denen der **Granatbaum** (G. im engeren Sinn, Punica granatum), urspr. verbreitet von SO-Europa bis zum Himalaja, heute in den Subtropen der ganzen Welt kultiviert wird; bis 1,5 m hoher Strauch oder bis 10 m hoher Baum mit korallenroten („granatroten") Blüten; Frucht (**Granatapfel,** Punischer Apfel) eine Scheinbeere, apfelähnlich, 1,5 bis 12 cm breit; die Samen mit ihren fleischigsaftigen Samenschalen werden als Obst sowie zur Herstellung von Sirup (**Grenadine**) verwendet.

Granate [italien., eigtl. „Granatapfel" (nach der Form)], sprengstoffgefülltes Artilleriegeschoß (↑ Munition).

Granatwerfer, mörserähnl. Steilfeuerwaffe, eingesetzt zur Bekämpfung von Einzelzielen hinter Deckungen.

Gran Canaria, drittgrößte der ↑ Kanarischen Inseln, fast rund (45 km Durchmesser), 1 532 km², im erloschenen Vulkan Pico de las Nieves 1 980 m hoch; Hauptstadt Las Palmas de Gran Canaria; ⚑.

Gran Chaco [span. gran ˈtʃako], Großlandschaft in S-Amerika, zw. den Anden im W und Paraguay und Paraná im O, den Llanos de Chiquitos im N und den pampinen Sierren und Pampas im S; eine etwa 1 400 km lange, 600–700 km breite Ebene, die von 400–500 m ü. d. M. am Andenfuß bis auf unter 100 m nach O abfällt. Das Klima weist heiße Sommer und kühle Winter auf mit starken tägl. Temperaturschwankungen. Hauptflüsse sind Río Pilcomayo und Río Bermejo. Während der sommerl. Hochwasserführung sind größere flußnahe Bereiche überschwemmt. Die Parklandschaft des feuchteren O geht nach W in Buschwald und Strauchdickicht über. – Der G. C. war ein ziemlich ungestörtes Siedlungsgebiet der Indianer; erst Ende des 19. Jh. drangen Viehzüchter ein. Nach dem 1. Weltkrieg begann im südl. Teil der Feldbau. Anteil am G. C. haben Argentinien, Paraguay und Bolivien.

Granada. Innenhof mit Gartenanlage im Palacio del Generalife, 1319 vollendet

Granat. Geschliffener Granat

Granatapfelbaum. Schemazeichnung: a blühender Zweig; b angeschnittene Frucht

Grancino [italien. granˈtʃiːno], bed. italien. Geigenbauerfamilie in Mailand (Mitte des 17. bis Mitte des 18. Jh.); wichtigste Vertreter waren Paolo G. (arbeitete 1665–92 in Mailand, Amati-Schüler) und seine Söhne Giovanni Battista und Giovanni.

Grand [grãː; frz., eigtl. grand jeu „großes Spiel"], Großspiel, höchstes Spiel (Skat).

Grand Bahama Island [engl. ˈgrænd bəˈhaːmə ˈaɪlənd] ↑ Bahamas.

Grand Ballon [frz. grãbaˈlõ] ↑ Großer Belchen.

Grand-Bassam [frz. grãbaˈsam], Stadt auf der Nehrung der Lagune Ébrié, Republik Elfenbeinküste, 27 000 E. Ananaskonservenfabrik, Möbelherstellung; Fischerei. – Gegr. 1850, bis 1900 Hauptstadt der Elfenbeinküste.

Grand Caicos Island [engl. ˈgrænd ˈkɛɪkəs ˈaɪlənd] ↑ Turks- und Caicosinseln.

Grand Canal d'Alsace [frz. grãkanaldalˈzas] ↑ Rheinseitenkanal.

Grand Canyon [engl. ˈgrænd ˈkænjən], Schlucht des ↑ Colorado.

Grand Condé, Le [frz. ləgrãkõˈde] ↑ Condé, Louis II., Fürst von.

Grand Coulee Dam [engl. ˈgrænd ˈkuːlɪ ˈdæm], Staudamm am mittleren Columbia River, nahe der Einmündung des Grand Coulee im NW der USA; 168 m hoch, 1 272 m lang, erbaut 1933–42; staut den **Franklin Delano Roosevelt Lake** (11,8 Mrd. m³); Kraftwerk mit 6 494 MW.

Grande [lat.-span. „groß, bedeutend"], Bez. für Angehörige der obersten Klasse des span. Adels.

Grande, Río, linker Quellfluß des Paraná, entspringt in S-Brasilien, 1 450 km lang.

G., R., linker Nebenfluß des Rio São Francisco (Brasilien), entspringt in der Serra de Taguatinga, mündet bei Barra, rd. 600 km lang.

G., R., Grenzfluß zw. den USA und Mexiko, ↑ Rio Grande.

Grande Armée [frz. grãdarˈme „Große Armee"], Bez. für zwei Napoleon. Heere; das erste, 1805 zur Invasion in Großbritannien aufgestellt, kämpfte 1806/07 gegen Preußen, das zweite (453 000 Mann stark) seit 1812 gegen Rußland.

Grande Chartreuse [frz. grãdʃarˈtrøːz], bis 2 087 m hohes Massiv der frz. Voralpen.

Grande Comore [frz. grãdkɔˈmɔːr], früherer Name der Komoreninsel Njazidja.

Grande de Chiapa, Río [span. ˈrrio ˈɣrande ðe ˈtʃiapa] ↑ Grijalva, Río.

Grandeln (Granen, Gränen, Kusen, Haken), wm. Bez. für die verkümmerten Eckzähne im Oberkiefer des Rothirsches (**Hirschgrandeln**); sehr selten auch von Reh- und Damwild.

Grande Nation [frz. grãdna'sjõ „Große Nation"], erstmals von Napoléon Bonaparte 1797 gebrauchte Bez. für Frankreich.

Grande peur [frz. grãd'pœ:r] (Große Furcht), Kollektivpanik im Sommer 1789, die den Ausbruch der Französischen Revolution auf dem Lande herbeiführte.

Grandeur [grã'dø:r; lat.-frz.], [strahlende] Größe, Großartigkeit.

Grandezza [lat.-italien.], eigtl. die Würde eines span. Granden; feierl., steife Würde, hoheitsvolles Benehmen.

Grand-Guignol [frz. grãgi'ɲɔl, eigtl. „großer Kasper"], Name eines Pariser Theaters, v.a. unter M. Maurey (seit 1899), spezialisiert auf die naturalist. Darstellung extremer Schauer- und Horrorstücke, die bald die Gattungsbez. G.-G. erhielten.

Grandi [di Mordano], Dino Graf (seit 1937), *Mordano (Prov. Bologna) 4. Juni 1895, † Bologna 21. Mai 1988, italien. Jurist und Politiker. – Mitbegr. der faschist. Bewegung; 1929–32 Außenmin., 1932–39 Botschafter in London, 1939–43 Justizmin. und Präs. der Kammer; stellte im Großrat des Faschismus (Mgl. seit 1922) 1943 den Antrag, der zum Sturz Mussolinis führte; 1944 zum Tode verurteilt, floh nach Portugal.

grandios [lat.-italien.], großartig.

Grand mal [frz. grã'mal „großes Übel"] ↑ Epilepsie.

Grand National Steeplechase [engl. 'grænd 'næʃənəl 'sti:pltʃeɪs] ↑ Hindernisrennen.

Grand Old Man [engl. 'grænd 'oʊld 'mæn „der große alte Mann"], urspr. ehrender Beiname für W. E. Gladstone; heute auch allg. Bez. für bed. Persönlichkeit des gesellschaftl. Lebens; weibl. Form: **Grand Old Lady.**

Grand Prix [frz. grã'pri] ↑ Großer Preis.

Grand Rapids [engl. 'grænd 'ræpɪdz], Stadt im sw. Michigan, USA, 200 m ü. d. M., 186 500 E. Kath. Bischofssitz; Holz- und Möbelindustrie.

Grandseigneur [grãsɛn'jø:r; lat.-frz.], vornehmer, weltgewandter Herr.

Grand Slam [engl. 'grænd 'slæm], in einigen Sportarten Bez. für den Sieg in allen dafür festgelegten Turnieren (Golf, Tennis) in einer Saison.

Grandson [frz. grã'sõ], schweizer. Bez.hauptort am Neuenburger See, Kt. Waadt, 450 m ü. d. M., 2 000 E. Wein- und Obstbau; Uhrenindustrie. – Burg (gegr. um 1000) und Ort G. (gegr. um 1200) wechselten 1475/76 mehrfach den Herrscher. Mit der Herrschaft G. blieben sie nach dem Sieg der Eidgenossen über das Heer Karls des Kühnen bei G. (2. März 1476) bis 1798 im Gemeinbesitz von Bern und Freiburg. – Romanisch-got. Kirche (12. und 14. Jh.); Das Schloß Burg (13. Jh.; heute Museum) ist eine der größten Wehranlagen in der Schweiz.

Grand-Tourisme-Wagen [frz. grãtu'risml], Abk. GT, Bez. für bestimmte Wettbewerbsfahrzeuge im ↑ Motorsport. – ↑ Homologation.

Grand Turk Island [engl. 'grænd 'tə:k 'aɪlənd] ↑ Turks- und Caicosinseln.

Grandville [frz. grã'vil], eigtl. Ignace Isidore Gérard, *Nancy 15. Sept. 1803, †Vanves bei Paris 17. März 1847, frz. Zeichner und Karikaturist. – Wurde v. a. bekannt mit polit. und Gesellschaftskarikaturen; sein Spätwerk gilt als Vorläufer des Surrealismus; auch bed. Buchillustrator.

Grangemouth [engl. 'greɪndʒmɛθ], schott. Hafenstadt am S-Ufer des Firth of Forth, Central Region, 21 700 E. Erdölraffinerie, chem. und petrochem. Ind., Schiffbau und -reparaturen. – 1777 gegründet.

Grängesberg [schwed. ˌgrɛŋəsbærj, – – ' –], schwed. Ort 150 km wnw. von Uppsala, 5 600 E. Bei G. liegt das größte Eisenerzvorkommen M-Schwedens.

Granikos, Fluß in Kleinasien, der heutige Kocabaş çayı (108 km langer Zufluß zum Golf von Erdek, einem Teil des Marmarameeres). Am G. siegte 334 v. Chr. Alexander d. Gr. über die Perser.

Granit, Ragnar [Arthur], *Helsinki 30. Okt. 1900, finn.-schwed. Physiologe. – Prof. in Helsinki und Stockholm; Untersuchungen der mit dem Sehvorgang verbundenen physiologisch-chem. Vorgänge (bes. hinsichtlich Art, Intensität und Farbe). Erhielt dafür 1967 (mit H. K. Hartline und G. Wald) den Nobelpreis für Physiologie oder Medizin.

Granit [italien., zu mittellat. granitum (marmor) „gekörntes (Marmorgestein)"], helles, rötl. bis graues, fein- bis grobkörniges saures Tiefengestein; Hauptbestandteile: Feldspat, Quarz, Glimmer, gelegentlich auch Amphibole und Pyroxene. G. ist das häufigste Gestein der Erdkruste und beliebter Bau- und Werkstein.

Granjon, Robert [frz. grã'ʒõ], in Paris geborener frz. Schriftgießer und Buchdrucker des 16. Jh. – Tätig v. a. in Lyon (1558 ff.), auch in Rom und Paris; verbesserte Musiknoten und griech. Schrifttypen und schuf 1557 die „Civilité", eine got. Kursive.

Granne, steife Borste, die sich auf dem Rücken oder an der Spitze der Deckspelzen von Gräsern befindet.

Grannendinkel ↑ Dinkel.

Ragnar Granit

Granit. Zweiglimmergranit (mit Muskovit und Biotit)

Grannenhaare (Haupthaare, Stichelhaare, Konturhaare), zum Deckhaar zählende, über die Wollhaare hinausragende, steife, unterhalb ihrer Spitze verdickte Haare des Fells von Säugetieren.

Grannenkiefer ↑ Kiefer.

Granny Smith [engl. 'grænɪ 'smɪθ] ↑ Äpfel (Übersicht).

granoblastisch [lat./griech.], Gefügebez. für metamorphe Gesteine mit annähernd gleich großen Kristallen.

Granodiorit [lat./griech.], klein- bis grobkörniges saures Tiefengestein mit den Hauptbestandteilen Feldspat, Quarz und Biotit, das etwas dunkler als Granit gefärbt ist.

Gran Paradiso [italien. gram para'di:zo] ↑ Grajische Alpen.

Gran Sasso d'Italia, italien. Gebirgsstock in den Abruzzen, in Corno Grande 2 912 m hoch.

Gransee, Krst. am Gehronsee, Brandenburg, 50 m ü. d. M., 5 100 E. Konserven- und Baustoffind. – Erhielt 1262 Stadtrecht. – Spätgot. Pfarrkirche Sankt Marien (15. Jh.), Teile der Stadtbefestigung, u. a. Ruppiner Tor, Reste des ehem. Franziskanerklosters (um 1300), Spitalkapelle St. Spiritus (14. Jh.).

G., Landkr. in Brandenburg.

Grant, Cary, eigtl. Archibald Alexander Leach, *Bristol (England) 18. Jan. 1904, †Davenport (Ia.) 30. Nov. 1986, amerikan. Filmschauspieler engl. Herkunft. – Spielte meist in heiteren Filmen, z. B. in „Leoparden küßt man nicht" (1938), „Arsen und Spitzenhäubchen" (1944), „Der unsichtbare Dritte" (1959), „Charade" (1963).

G., Ulysses Simpson, *Point Pleasant (Ohio) 27. April 1822, †Mount McGregor (bei Saratoga, N. Y.) 23. Juli 1885, amerikan. General und 18. Präs. der USA (1869–77). – Republikaner; im Sezessionskrieg seit 1864 Oberbefehlshaber der Unionstruppen, zwang 1865 die Konföderierten zur Kapitulation. Zahlr. Korruptionsfälle während seiner Amtszeit als Präs. ließen seine Wiederwahl 1876 scheitern.

Cary Grant

Ulysses Simpson Grant (zeitgenössischer Holzstich)

Grantgazelle

Grantgazelle [nach dem schott. Forschungsreisenden J. A. Grant, *1827, †1892] ↑Gazellen.

Grantha [Sanskrit „Buch"], südind. Schriftart, die sich etwa seit dem 5. Jh. n. Chr. herausgebildet hat; wird noch heute in S-Indien bes. für Sanskritwerke verwendet.

Granula [Mrz. von lat. granulum „Körnchen"], in der *Medizin:* 1. körnige Follikelbildung beim Trachom; 2. Gewebeknötchen in Granulationsgewebe.
▷ in der *Zytologie:* körnchenartige Strukturen oder Einlagerungen im Zellplasma.

granulär [lat.] ↑granulös.

Granulat [lat.], Zubereitung, die aus Körnern unregelmäßiger Gestalt, aber weitestgehend einheitl. Größe besteht; in der Pharmazie Arzneiform zur oralen Einnahme.

Granulation [zu lat. granulum „Körnchen"], Körnung von Metallen, insbes. Ziertechnik der Goldschmiedekunst, bei der Gold- oder Silberkörnchen auf einen Metallgrund aufgeschmolzen werden, ohne daß die Kügelchen verschmelzen. Bes. für Schmuck verwendet, findet sich G. bei den Ägyptern und bei den Griechen, v. a. aber bei den Etruskern. G. spielte noch eine gewisse Rolle in der Goldschmiedekunst der Germanen in der Völkerwanderungszeit und in roman. Zeit. Erst im 19. Jh. gab es Versuche einer Neubelebung.
▷ die körnige Struktur der gesamten Sonnenoberfläche. Bei den hellen und dunklen G.elementen **(Granulen)**, deren Anordnung sich innerhalb weniger Minuten ändert, handelt es sich um auf- und absteigende Gasmassen.
▷ in der *Medizin:* 1. Bildung von ↑Granulationsgewebe; 2. kleine Fleischwärzchen des jungen Granulationsgewebes.

Granulationsgewebe, junges, gefäßreiches Bindegewebe, das Gewebedefekte (Wunden) ausfüllt, Fremdkörper und Zerfallsherde abkapselt und nach einiger Zeit in Narbengewebe übergeht.

Granulen [lat.] ↑Granulation.

Granulieren [lat.], das Zerkleinern eines Stoffes auf eine für die weitere Verarbeitung geeignete Körnung durch Mahlen oder Schneiden.

Granulom [zu lat. granulum „Körnchen"], geschwulstähnl. Neubildung aus Granulationsgewebe. G. bilden sich oft an den Wurzelspitzen marktoter Zähne als Folge einer chron. Entzündung.

granulös (granulär) [lat.], körnig, gekörnt.

Granulozyten [lat./griech.], große Leukozyten (↑Blut), deren Verringerung im Blut zu Agranulozytose führt.

Granulum, Einz. von ↑Granula.

Granvelle [frz. grã'vɛl] (Granvel[l]a), Antoine Perrenot de, *Besançon 20. Aug. 1517, †Madrid 21. Sept. 1586, Kardinal und span. Minister. – Sohn von Nicolas Perrenot de G.; 1538 von Arras; 1550 Nachfolger seines Vaters als Staatssekretär Karls V.; 1559–64 Berater der Margarete von Parma; 1560 Erzbischof von Mecheln und Primas der Niederlande; seit 1561 Kardinal; 1571–75 span. Vizekönig von Neapel; wurde 1579 leitender Min. Philipps II. und veranlaßte die Eroberung Portugals (1580); 1584 Erzbischof von Besançon, wo er eine bed. Bibliothek aufbaute.
G., Nicolas Perrenot de, *Ornans (Doubs) 1486, †Augsburg 27. Aug. 1550, Staatssekretär Kaiser Karls V. (seit 1530). – Vater von Antoine Perrenot de G.; leitete 1540 das Wormser Religionsgespräch und entwarf 1541 den Regensburger Reichsabschied.

Granville [engl. 'grænvɪl], engl. Earlstitel, seit 1744 im Besitz der Familie Carteret, seit 1833 der Familie Gower. Bed. Vertreter:
G., George Leveson-Gower, Earl of G. (seit 1846), *London 11. Mai 1815, †ebd. 31. März 1891, Politiker. – 1851/52, 1870–74 und 1880–85 Leiter des Außenministeriums; 1865/66, 1868–70 und 1886 Kolonialmin.; enger Vertrauter W. E. Gladstones.
G., John Carteret, Earl of G. (seit 1744), *22. April 1690, †Bath 2. Jan. 1763, Politiker. – 1721–24 Staatssekretär für die südl. (afrikan.) Kolonien, 1724–30 Lordstatthalter von Irland; 1742–44 Staatssekretär des Äußeren.

Granville [frz. grã'vil], frz. Seebad an der W-Küste der Halbinsel Cotentin, Dep. Manche, 15 000 E. Museen; Fischerei- und Handelshafen; ⚓. – Entstand im 12. Jh., erhielt im 15. Jh. Stadtrecht. Die von den Engländern seit 1437 erbaute Zitadelle spielte in den engl.-frz. Kriegen eine bed. Rolle. – Kirche Notre-Dame (16./17. Jh.).

Granville-Barker, Harley [engl. 'grænvɪl'ba:kə], *London 25. Nov. 1877, †Paris 31. Aug. 1946, engl. Regisseur und Dramatiker. – Berühmt durch Shakespeare-Inszenierungen im elisabethan. Stil (bed. seine „Prefaces to Shakespeare", 5 Bde., 1927–48); beispielgebende Ibsen- und Maeterlinck-Inszenierungen.

Granulation. Teil eines goldenen Armbands, um 1830 (Pforzheim, Schmuckmuseum)

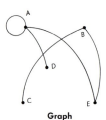

Graph (Mathematik)

Antoine Perrenot de Granvelle

Nicolas Perrenot de Granvelle (zeitgenössisches Schabkunstblatt, Ausschnitt)

Granz, Norman [engl. grænz], *Los Angeles 6. Aug. 1918, amerikan. Jazzimpresario. – Erfolgreich v. a. als Begründer der weltweiten Tourneen von ↑Jazz at the Philharmonic; auch Schallplattenproduzent; einer der bedeutendsten Propagandisten des Jazz.

Grapefruitbaum [engl. 'greɪpfru:t; zu grape „Weintraube" und fruit „Frucht"] (Citrus paradisi), Art der Gatt. Zitrus; hohe, kräftige Bäume mit Blüten in Blütenständen. Die gelben, kugeligen Früchte **(Grapefruit)**, die das bittere Glykosid Naringin enthalten, werden als Obst und für Fruchtsäfte verwendet (reich an Vitamin C und B_1). Hauptanbaugebiete in Israel und den USA.

Graph [zu griech. gráphein „schreiben"], in der *Mathematik* geometr. Darstellung von Beziehungen zw. den Elementen einer bestimmten Menge, den *Ecken (Knoten)*, durch gerichtete oder ungerichtete Kurvenbögen, die jeweils zwei Ecken verbindenden *Kanten*. Graphen dienen z. B. zur Veranschaulichung von chem. Verbindungen, Straßennetzen oder allg. Datenstrukturen. – Der *G. einer Funktion* ist die bildl. Darstellung des Funktionsverlaufs in einem Koordinatensystem.
▷ Schriftzeichen, kleinste Einheit in Texten, gewonnen durch Zerlegung (Segmentierung) von Geschriebenem, im Unterschied zum ↑Graphem aber nicht klassifiziert.

...graph [griech.], Nachsilbe von zusammengesetzten Substantiven mit der Bed. „Schrift, Geschriebenes, Schreiber", z. B. Autograph.

Graphem [griech.], in der Sprachwiss. kleinste bedeutungsunterscheidende Einheit in einem Schriftsystem, die ein Phonem bzw. eine Phonemfolge repräsentiert; ggf. svw. Buchstabe; im Dt. wird z. B. das Phonem [a] in „Wahl" durch die G. a und h, die Phonemfolge [ʃ] durch die G. s, c und h repräsentiert.

Graphemik (Graphematik, Grapheologie) [griech.], Wiss. von den Graphemen, d. h. von den Schriftzeichen unter dem Aspekt ihrer unterscheidenden Merkmale, ihrer Kombinierbarkeit und Stellung im System; sie arbeitet weitgehend mit den von der ↑Phonologie entwickelten Methoden. Die G. ist die Grundlage für die Beschreibung der phonolog. Systeme der älteren Sprachzustände, da Sprache nur geschrieben überliefert ist.

...graphie [griech.], Nachsilbe von zusammengesetzten Substantiven mit der Bed. „Beschreibung", z. B. Biographie.

Graphik [zu griech. gráphein „(ein)ritzen, schreiben"], bes. mittels der Linie, heute auch mit [Druck]farben künstlerisch gestaltete Blätter, insbes. solche, die mit Hilfe bestimmter Verfahren vervielfältigt sind. I. w. S. werden auch Handzeichnungen dazu gezählt.

Graphikdesign [...diza͜in] ↑Gebrauchsgraphik.

graphische Darstellung, i. e. S. die zeichner. Veranschaulichung eines Zusammenhanges zw. den Zahlenwerten zweier oder mehrerer veränderl. Größen; i. w. S. jede Veranschaulichung von Größenverhältnissen (Längen, Flächen, Winkel u. a.) durch Schaubilder. – ↑Diagramm, ↑Funktion, ↑Graph.

graphische Datenverarbeitung, svw. ↑Computergraphik.

graphische Notation ↑musikalische Graphik.

graphisches Gewerbe, veraltete, aber noch gebrauchte Bez. für die Druckindustrie.

Graphit [zu griech. gráphein „(ein)ritzen, schreiben"], hexagonal kristallisierende, stabile Modifikation des reinen Kohlenstoffs. G. ist undurchsichtig, schwarz und sehr weich; Mohshärte 1; Dichte 2,26 g/cm³; er besitzt eine gute elektr. und insbes. therm. Leitfähigkeit und ist außerdem schwer brennbar. Durch Anwendung von sehr hohen Drücken und Temperaturen bis zu 3 000 °C gelingt es heute, sog. Industriediamanten (↑Diamant) aus G. herzustellen. – Künstl. G. entsteht als Elektro-G. nach dem *Acheson-Verfahren,* einer Reaktion zw. Koks und Quarz im Lichtbogenofen bei Temperaturen um 3 000 °C. – G. findet v. a. Verwendung als schwärzendes Mittel (z. B. in Bleistiften), als Elektroden- und Kollektormaterial sowie als Moderator in Kernreaktoren.

Graphologie [griech.], Kunst der Handschriftdeutung; heute vielfach auch als Schriftpsychologie bezeichnet. Die G. versucht, aus der Handschrift Rückschlüsse auf die Persönlichkeitsstruktur des Schreibers zu ziehen. Wichtige Schriftcharakteristika sind u. a. Größe, Lage, Raumverteilung der Schrift, Schreibdruck und Schreibdruckverteilung, Fülle, Magerkeit und Schärfe der Schrift sowie deren Gesamteindruck. Magere Schriften sollen z. B. auf eine wenig lebhafte, mehr ausgeglichene Gemütslage, Abstraktionsvermögen und krit. Denkstil, füllige Schriften dagegen auf ein starkes Gemütsleben und Phantasiebegabung schließen lassen. Die G. wird v. a. in der Erziehungs- und Berufsberatung und bei der Personalbegutachtung sowie bei der Begutachtung von Handschriftenfälschungen (z. B. Testamente, Schecks) eingesetzt. Viele Psychologen stehen der G. jedoch kritisch gegenüber.

Graptolithen. Monograptus spiralis (Pfeil) aus dem Silur

Grappa [italien.], italien. Tresterbranntwein mit 38–60 Vol.-% Alkohol.

Grappelli, Stéphane [frz. grapɛ'li], *Paris 26. Jan. 1908, frz. Jazzmusiker (Violine). – Einer der führenden europ. Geiger des Swing; spielte 1934–39 zus. mit D. Reinhardt im Pariser Quintette du Hot Club de France; bes. Beachtung fand 1978 seine Zusammenarbeit mit Y. Menuhin.

Graptolithen (Graptolithina) [griech.], ausgestorbene Klasse von kleiner, mariner, koloniebildender Kragentiere. Die Einzeltiere saßen in langen, röhren- bis schlüsselförmigen Kammern; wichtige Leitfossilien im Ordovizium bis ins Unterkarbon.

Gras, Caspar, *Mergentheim (= Bad Mergentheim)(?) 1584/85(?), †Schwaz 3. Dez. 1674, östr. Bildhauer. – Schüler von H. Gerhard; Manierist; schuf u. a. Grabmal Erzherzog Maximilians (Sankt Jakob) und Brunnen in Innsbruck (1622–30), „Pegasus" im Lustgarten des Schlosses Mirabell in Salzburg (1661).

Gras ↑Gräser.

Grasaal ↑Aale.

Grasbahnrennen, Motorradrennen auf Grasbahnen, ähnlich dem ↑Speedwayrennen.

Grasbaum (Xanthorrhoea), wichtigste Gatt. der einkeimblättrigen Pflanzenfam. **Grasbaumgewächse** (Xanthorrhoeaceae) mit 12 Arten in Australien und Tasmanien; Schopfbäume mit über 1 m langen, grasartigen Blättern; Charakterpflanzen der austral. Trockenvegetation.

Gräser, (Süßgräser, Gramineen, Gramineae, Poaceae) weltweit verbreitete Fam. der Einkeimblättrigen mit rd. 8 000 Arten (in Deutschland über 200 Arten) in rd. 700 Gatt.; windblütige, krautige, einjährige oder ausdauernde Pflanzen; Halme in Knoten und Internodien gegliedert; Blätter schmal, spitz, parallelnervig. Die einfachen Blüten stehen in Ähren und Ährchen; Frucht meist eine ↑Karyopse. – Die G. sind auf Savannen, Steppen, Wiesen, Dünen und anderen Formationen bestandbildend und als Nutzpflanzen für die Viehhaltung (Futter-G.) und als Getreide von größter Bedeutung. Bekannte einheim. G.gatt. sind Rispengras, Schwingel, Perlgras, Trespe und Straußgras.
▷ (Sauer-G.) svw. ↑Riedgräser.

Grasfrosch ↑Frösche.

Grashof, Franz, *Düsseldorf 11. Juli 1826, †Karlsruhe 26. Okt. 1893, dt. Maschinenbauingenieur. – Mitbegründer und erster Direktor des Vereins Dt. Ingenieure (VDI); Prof. für Angewandte Mechanik und Maschinenlehre am Polytechnikum in Karlsruhe. Der VDI verleiht jährlich die *G.-Gedenkmünze* für bes. Verdienste um die Technik.

Grashüpfer (Heuhüpfer, Sprengsel), volkstüml. Bez. für kleine Feldheuschrecken.

Graslilie (Anthericum), Gatt. der Liliengewächse mit rd. 100 Arten in Europa, Afrika und Amerika; Stauden mit grasartigen Blättern; in Deutschland zwei Arten: **Ästige Graslilie** (Anthericum ramosum) mit weißen Blüten in einer verzweigten Traube; **Astlose Graslilie** (Anthericum liliago) mit weißen Blüten in unverzweigter Traube.

Grasmücken (Sylviidae), weltweit verbreitete Singvogelfam. mit rd. 400 8–30 cm langen Arten; mit dünnem, spitzem Schnabel; häufig unauffällig gezeichnet, ♂ und ♀ gewöhnlich gleich gefärbt. Eine bekannte Art der Gatt. **Spötter** (Hippolais) ist der etwa 13 cm lange **Gelbspötter** (Gartensänger, Gartenspötter, Hippolais icterina); Oberseite olivfarben, Unterseite schwefelgelb, Beine blaugrau. In fast ganz Europa kommt die etwa 14 cm lange **Gartengrasmücke** (Sylvia borin) vor; oberseits graubraun, unterseits hellgelblichbraun; in NW-Afrika und in Europa bis zum Ural die etwa 14 cm lange **Mönchsgrasmücke** (Sylvia atricapilla), mit dunkler Kopfplatte. Weitere bekannte Arten gehören zu den Gatt. Rohrsänger, Schwirle, Laubsänger und zur Unterfam. Goldhähnchen.

Grasnelke (Strandnelke, Armeria), Gatt. der Bleiwurzgewächse mit rd. 50 Arten auf der Nordhalbkugel und in den Anden; meist Stauden mit grundständigen, grasartigen Blättern und kopfigen Blütenständen mit weißen, rosa- oder karminroten Blüten. In Deutschland kommen drei Arten vor, darunter die **Gemeine Grasnelke** (Armeria maritima) mit blaßroten Blüten auf Salzwiesen der Küste, auf sandigen Böden im Binnenland.

Grasnelkengewächse, svw. ↑Bleiwurzgewächse.

Grass, Günter, *Danzig 16. Okt. 1927, dt. Schriftsteller und Graphiker. – Studium der Bildhauerei in Düsseldorf und Berlin; lebte 1956–60 in Paris, seitdem in Berlin; gehörte zur „Gruppe 47"; starkes polit. (vorwiegend sozialdemokrat.) Engagement. G. schrieb zunächst Gedichte (u. a. „Die Vorzüge der Windhühner", 1956; „Gleisdreieck", 1960) und Dramen („Onkel, Onkel"; „Die bösen

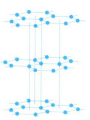

Graphit. Anordnung der Kohlenstoffatome im Kristallgitter

Grasmücken. Mönchsgrasmücke

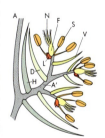

Gräser. Oben: schematische Darstellung des dreiblütigen Ährchens. Unten: Blütendiagramm einer typischen Grasblüte; A Ährenachse, A' Ährchenachse, D Deckspelze, F Fruchtknoten, H Hüllspelze, L Lodiculae (= Schwellkörper), N Narbe, S Staubgefäß, V Vorspelze

Günter Grass

Ernesto Grassi

Gratian, römischer Kaiser (Münzbild)

Carl Heinrich Graun (Ausschnitt aus einem Ölgemälde, um 1750)

Köche"; „Hochwasser"; alle 1957). Internat. Geltung erreichte G. mit den Romanen „Die Blechtrommel" (1959, 1979 verfilmt von V. Schlöndorff) sowie „Hundejahre" (1963; mit der Nov. „Katz und Maus", 1961, später als „Danziger Trilogie" bezeichnet), die in Erfindung und Durchführung der Fabel sowie im barock anmutenden, vital-naturalist. Stil die Tradition des desillusionierenden Schelmenromans wieder aufnahmen und mit Zeitkritik verbanden. 1965 erhielt er den Georg-Büchner-Preis. In den 80er Jahren arbeitete G. verstärkt als Zeichner („Zeichnen und schreiben", 2 Bde., 1982–84; „Totes Holz", 1990), auch während seines Indienaufenthaltes 1986/87 („Zunge zeigen", 1988). – *Weitere Werke:* Die Plebejer proben den Aufstand. Ein Trauerspiel (1966), Örtlich betäubt (R., 1969), Aus dem Tagebuch einer Schnecke (Bericht, 1972), Der Butt (R., 1977), Das Treffen in Telgte (E., 1979), Die Rättin (R., 1986), Dt. Lastenausgleich (Reden, Gespräche, 1990), Unkenrufe (E., 1992).

Grasse [frz. grɑːs], frz. Stadt in der Provence, Dep. Alpes-Maritimes, 333 m ü. d. M., 38 400 E. Museen; Luftkurort; ein Zentrum der frz. Parfümind. – G. war bis 1227 Stadtrepublik nach italien. Vorbild; 1244–1790 Bischofssitz. – Ehem. Kathedrale (12./13. Jh.; erneuert im 17. und 18. Jh.); Reste des ehem. Bischofspalastes (12./13. Jh., jetzt Rathaus), Musée Fragonard.

Grasser, Erasmus, *Schmidmühlen (Landkr. Burglengenfeld) um 1450, †München zw. 8. April und 1. Juni 1518, dt. Bildhauer. – Seit 1474 in München, 1480 entstanden als sein Hauptwerk für den Festsaal des Rathauses die spätgot. „Moriskentänzer" (davon 10 erhalten; Histor. Stadtmuseum); gesichert auch das Marmorepitaph für Ulrich Aresinger (1482, Sankt Peter).

Grassi, Anton, *Wien 26. Juni 1755, †ebd. 31. Dez. 1807, östr. Porzellanmodelleur. – G. bestimmte mit seinen frühen anmutigen Porzellangruppen den Stil des Wiener Porzellans am Ende des 18. Jh.; nach 1794 klassizist. Design.

G., Ernesto, *Mailand 2. Mai 1902, †München 22. Dez. 1991, italien. Philosoph. – 1937 Prof. in Freiburg im Breisgau, 1938 in Berlin, 1945 in Zürich, 1948 in München. G. arbeitete v. a. zur Philosophie der Renaissance und des italien. Humanismus, die er unter Einbeziehung von Elementen der Existenzphilosophie für die Gegenwart fruchtbar zu machen suchte (bes. „Die Macht der Phantasie. Zur Gesch. des abendländ. Denkens", 1984).

G., Giorgio, *Mailand 27. Okt. 1935, italien. Architekt. – Vertreter der rationalen Architektur; u. a. Entwürfe für das Studentenwohnheim in Chieti (1976–84), für ein Museum für dt. Geschichte in Berlin (1984).

G., Paolo, *Mailand 30. Okt. 1919, †London 14. März 1981, italien. Theaterleiter, Regisseur und Kritiker. – Gründete 1941 ein Avantgarde-Theater und 1947 mit G. Strehler das „Piccolo Teatro" in Mailand, das er seit 1968 allein leitete; 1972–76 Generalintendant der Mailänder Scala; 1977–80 Präs. der staatl. italien. Rundfunkgesellschaft RAI.

grassieren [lat.], um sich greifen, sich ausbreiten (z. B. von Seuchen).

Grassittiche (Neophema), Gatt. bis 22 cm langer, meist grün, gelb und blau gefärbter Sittiche mit 7 Arten in Australien; der **Schmucksittich** (Neophema elegans) ist ein beliebter Stubenvogel.

Graßmann, Hermann [Günther], *Stettin 15. April 1809, †ebd. 26. Sept. 1877, dt. Mathematiker und Sprachforscher. – Legte in seinem Werk „Die Wissenschaft der extensiven Größe oder die Ausdehnungslehre, eine neue mathemat. Disciplin" (1844) die Grundlagen der Vektor- und Tensorrechnung. Später betrieb er intensive Sanskritstudien, gab 1877 eine zweibändige Übersetzung des „Rigweda" heraus.

Grat, meist scharfe Kammlinie eines Berges.
▷ Schnittlinie zweier Dach- oder Gewölbeflächen.
▷ scharfkantig vorstehende Erhebung an den Kanten bearbeiteter metall. Werkstücke oder Gußformstücke, wird durch *Entgraten* beseitigt.

Gotthard Graubner. Ohne Titel, Farbraumkörper, 1983/84 (Privatbesitz)

▷ bei textilen Geweben eine aus der Gewebefläche heraustretende Bindungslinie mit schrägem Verlauf (Köpergrat, Atlasgrat).

Gräten, dünne bis fadenartige, oft gegabelte, knöcherne Strukturen im Muskelfleisch vieler Knochenfische.

Gratia [lat.], Gunst, Dank, Gnade.

Gratian (Flavius Gratianus), *Sirmium (= Sremska Mitrovica) 359, †Lugdunum (= Lyon) 25. Aug. 383, röm. Kaiser (seit 367). – Sohn Valentinians I., 367 zum Augustus und Mitkaiser erhoben, seit 375 Vormund seines Stiefbruders Valentinian II. und Nachfolger seines Vaters im Westreich; Gegner der Arianer; besiegte 378 die Alemannen bei Colmar. Erhob 379 (anstelle Valens') Theodosius I. zum Augustus. Förderer des Christentums; legte 382 offiziell den Titel des Pontifex Maximus ab. Auf der Flucht vor dem Usurpator Magnus Maximus ermordet.

Gratian (Gratianus), *Ende des 11. Jh., †Bologna vor 1160, italien. Theologe und Kanonist. – Verfaßte um 1140 ein nach scholast. Methode angelegtes Lehrbuch (sog. ↑„Decretum Gratiani"), mit dem er und durch seine ausführl. Erläuterungen zum „Vater der Kanonistik" wurde.

Gratifikationen [zu lat. gratificatio „Gefälligkeit"], Sonderzuwendungen im Rahmen eines Dienst- oder Arbeitsverhältnisses, die an einen Arbeitnehmer vom Arbeitgeber zu bestimmten Anlässen erbracht werden. G. sind Bestandteile des Entgelts und unterliegen als solche der Lohn- bzw. Einkommensteuerpflicht.

Gräting [engl.], im Schiffswesen Bez. für einen begehbaren Gitterrost.

gratinieren [frz.], durch Überbacken mit einer braunen Kruste versehen.

gratis [lat., eigtl. „um den bloßen Dank" (zu gratia „Dank")], unberechnet, unentgeltlich, frei.

Gratisaktien, Aktien, die den Aktionären ohne direkte Gegenleistung (anstelle einer Dividende) gewährt werden.

Grätsche, Übung an Turngeräten, bei der die Beine gleichmäßig seitwärts gespreizt werden; als [Stütz]sprung üblich an Bock, Kasten, Pferd.

Grattage [graˈtaːʒə; frz.], von Max Ernst entwickelte Maltechnik, bei der die dick aufgetragene Farbe wieder von der Leinwand geschabt wird.

Grattan, Henry [engl. grætn], *Dublin 3. Juli 1746, †London 6. Juni 1820, ir. Politiker. – 1775–97 sowie 1800 Mgl. des ir. Parlaments; erreichte 1782 die Aufhebung des Poynings'-Law, wonach der Zusammentritt des Parlaments der Zustimmung des engl. Königs bedurfte, kämpfte aber vergeblich gegen die Union Irlands mit Großbritannien (1800) und für die Emanzipation der Katholiken.

Gratulation [lat.], Beglückwünschung, Glückwunsch; **gratulieren,** jemandem Glück wünschen, Glückwünsche überbringen.

Grau, Shirley Ann [engl. grɔ:], *New Orleans 8. Juli 1929, amerikan. Schriftstellerin. – In ihren Romanen und Kurzgeschichten zeichnet sie das Leben in den Südstaaten, u. a. „Die Hüter des Hauses" (R., 1965), „Nine Women" (R., 1986).

Grau, Bez. für jede unbunte (d. h. keinen Farbton besitzende) Körperfarbe zw. Weiß und Schwarz.

Grauammer (Emberiza calandra), etwa 18 cm großer, oberseits sand- bis graubrauner, dunkel gestreifter, unterseits weißlich-braun gestreifter Finkenvogel (Unterfam. Ammern) in Europa, NW-Afrika und Vorderasien; Kulturfolger.

Graubär, svw. ↑Grizzlybär.

Graubarsch (Pagellus centrodontus), etwa 50 cm lange Art der Meerbrassen im Mittelmeer und O-Atlantik; blaßgrau mit Silberglanz, Rücken rötlich; Speisefisch.

Graubner, Gotthard, *Erlbach (Landkreis Klingenthal) 13. Juni 1930, dt. Maler. – In seinen Arbeiten wird die reine Farbe selbst zum Objekt, zum „Farbleib" (Kissenbilder) oder zum körperlosen Nebelraum (Farb- und Lichtenvironments).

Graubünden, östlichster Kt. der Schweiz, 7 106 km², 168 000 E. Etwa 50–60 % der Bev. sprechen Deutsch, 25 % Rätoroman., die übrigen Italien.; Hauptort Chur. G. umfaßt den südl. Teil der Glarner Alpen sowie die Adula, das Engadin, das Bergell und die Rät. Alpen. Wirtsch. bed. ist die Landw., v. a. die Milchviehhaltung; Ackerbau wird in den Tälern betrieben. Die Ind. konzentriert sich auf Chur und Umgebung; zahlr. Wasserkraftwerke. Von großer Bed. ist der Fremdenverkehr dank heilklimat. Kurorte und Wintersportplätze wie Davos, Arosa, Sankt Moritz, Pontresina u. a.; wichtiges Verkehrsdurchgangsgebiet.

Geschichte: Gehörte zur röm. Prov. Rätien, kam 536 zum Fränk. Reich. Gegen habsburg. Expansionsbestrebungen entstand 1367 der **Gotteshausbund** zw. Domkapitel (mit den zugehörigen Talschaften) sowie der Stadt Chur; 1424 bildete sich im Vorder- und Hinterrheintal und im Misox der **Graue** oder **Obere Bund,** 1436 schlossen sich die ehem. toggenburg. Gemeinden im Prättigau, um Davos, Arosa und Churwalden zum **Zehngerichtebund** zusammen. Nach Zusammenarbeit der 3 Bünde seit 1461 Bündnis des Grauen Bundes (1497) und des Gotteshausbundes (1498) mit den Sieben Orten der Eidgenossenschaft. Der Bundesbrief von 1524 führte zu engerem staatl. Zusammenschluß. V. a. im Grauen Bund und im Zehngerichtebund fand die reformator. Lehre weite Verbreitung, der Gotteshausbund blieb weitgehend kath.; 1550 wurde das Engadin evangelisch. Im 17. Jh. abwechselnd von Frankreich und Österreich bzw. Spanien besetzt; jedoch gelang es G. Jenatsch, 1635 bzw. 1637 G. die Unabhängigkeit zu sichern. Ende des 18. Jh. Teil der Helvet. Republik, 1803 15. Kanton.

Verfassung: Nach der Verfassung vom 2. Okt. 1892 liegt die Exekutive beim vom Volk auf 4 Jahre gewählten Kleinen Rat (Pitschen Cussagl/Piccolo Consiglio; 5 Mgl.). Die Legislative bilden der vom Volk auf 2 Jahre gewählte Große Rat (Grand Cussagl/Gran Consiglio; 120 Mgl.) und das Volk selbst.

Graubutt, svw. Flunder (↑Schollen).

Graudenz, Stadt in Polen, ↑Grudziądz.

Graue Eminenz, Bez. für eine „hinter den Kulissen" wirkende, nach außen kaum in Erscheinung tretende einflußreiche Persönlichkeit (meist für Politiker).

Graue Panther, Kurzbez. für den **Senioren-Schutz-Bund „Graue Panther" e. V.,** 1975 gegr. überparteil. und überkonfessionelle Organisation, die aktiv für die Interessen alter Menschen eintritt; Sitz Wuppertal. Teile der G. P. gründeten 1989 die polit. Partei *Die Grauen,* die die Forderungen der G. P. direkt und nicht über andere Parteien (z. B. die Grünen) im Bundestag durchsetzen soll.

Grauer Bund ↑Graubünden (Geschichte).

Grauer Burgunder, svw. ↑Ruländer.

Grauer Kardinal ↑Graukardinäle.

Grauerle ↑Erle.

grauer Star, svw. ↑Katarakt.

graue Substanz ↑Gehirn.

Graufäule, svw. ↑Grauschimmel.

Graufilter ↑Filter.

Graufüchse ↑Füchse.

Graugans, Art der Echten ↑Gänse; bekannt durch die Verhaltensstudien von K. Lorenz zur Prägung von Verhaltensmustern.

Grauguß ↑Gußeisen.

Grauhaie (Kammzähner, Hexanchidae), mit nur wenigen Arten in allen Meeren verbreitete Fam. bis etwa 5 m langer Haie; mit beiderseits sechs oder sieben Kiemenspalten und nur einer, weit hinten ansetzender Rückenflosse; Zähne des Unterkiefers mit sägeartiger Kante. Am bekanntesten ist der **Grauhai** (Hexanchus griseus), v. a. in trop. und subtrop. Meeren (auch im Mittelmeer), gelegentlich in der Nordsee; meist braun.

Graubünden
Kantonswappen

Grauhörnchen

Grauhörnchen (Sciurus carolinensis), oberseits meist bräunlichgraues, unterseits weiß. Baumhörnchen (Gatt. Eichhörnchen), v. a. in Eichen- und Nadelwäldern des östl. N-Amerikas; Körperlänge etwa 20–25 cm, mit etwa ebenso langem, sehr buschig behaartem Schwanz; Ohren stets ohne Haarpinsel.

Graukappe, svw. ↑Birkenröhrling.

Graukardinäle (Paroaria), Singvogelgatt. der Kardinäle mit fünf 16–19 cm großen Arten im trop. S-Amerika; Kopf (einschl. Kehle) mit Haube rot, übriges Gefieder oben grau, unten weiß. Oft in Gefangenschaft gehalten wird der **Graue Kardinal** (Graukardinal, Paroaria coronata) mit grauen Oberflügeldecken.

Graukeil, transparente Vorrichtung mit kontinuierlich oder stufenförmig *(Stufengraukeil)* zunehmenden Grautönen (logarithmisch abgestufte Dichtewerte) für densitometr. Messungen.

Graun, Carl Heinrich, *Wahrenbrück zw. 9. Aug. 1703 und 8. Aug. 1704, †Berlin 8. Aug. 1759, dt. Komponist. – Bruder von Johann Gottlieb G.; seit 1735 im Dienste Friedrichs des Großen (1740 Kapellmeister); komponierte über 30 italien. Opern, bed. Kirchenmusik, Konzerte und Kammermusik.

G., Johann Gottlieb, *Wahrenbrück zw. 28. Okt. 1702 und 27. Okt. 1703, †Berlin 27. Okt. 1771, dt. Komponist. – Bruder von Carl Heinrich G.; seit 1732 Konzertmeister Friedrichs des Großen, komponierte etwa 100 Sinfonien, Concerti grossi, Violinkonzerte und Kammermusik.

Graupapagei ↑Papageien.

Graupeln [slaw.], Niederschlag in Form weißer, undurchsichtiger, weicher Eiskörner (**Reifgraupeln;** Durchmesser über 1 mm) oder als halbdurchsichtige Körner mit weichem Kern und harter Eisschale (**Frostgraupeln;** 2–5 mm).

Graupen, Stadt in der ČR, ↑Krupka.

Graupen [slaw.], geschälte, geschliffene und polierte Gersten-, seltener Weizenkörner von längl., halbrunder oder runder Form.

Graukardinäle.
Grauer Kardinal
(Männchen)

Graupner, [Johann] Christoph, *Kirchberg 13. Jan. 1683, †Darmstadt 10. Mai 1760, dt. Komponist. – 1712 Hofkapellmeister in Darmstadt; komponierte 8 Opern,

Graureiher

über 1400 (v. a. Kirchen-)Kantaten, 113 Sinfonien, 87 Ouvertüren, 44 Konzerte, Kammer- und Klaviermusik.

Graureiher, svw. Fischreiher (↑ Reiher).

Grauschimmel (Graufäule), Bez. für die durch den Deuteromyzeten Botrytis cinerea hervorgerufenen Krankheiten, v. a. von Zwiebeln, Gurken, Erdbeeren und Himbeeren; G. tritt meist nach vorangegangener Schädigung der Pflanzen oder Früchte auf, die dann von einem mausgrauen Schimmelrasen überzogen werden. – An reifen Weinbeeren bewirkt der G. die ↑ Edelfäule.

Grauspecht ↑ Spechte.

Grauspießglanz, svw. ↑ Antimonit.

Grauwacke, dunkelgraues, sandsteinartiges Sedimentgestein aus kleinen Gesteinstrümmern, v. a. aus Schiefergrus.

Grauwal

Grauwal (Eschrichtius glaucus), etwa 10–15 m langer Bartenwal im nördl. Pazifik; mit zwei bis vier etwa 1,5 m langen Kehlfurchen; Rückenfinne fehlend; Färbung schiefergrau bis schwarz mit zahlr. weißl. Flecken.

Gravamen [lat.], Beschwerde; im 15./16. Jh. in Deutschland als **Gravamina nationis germanicae** Klagen über kirchl. Mißstände.

grave [italien.], musikal. Tempo- und Vortragsbez.: schwer, langsam.

Gravelines [frz. gra'vlin], frz. Hafenstadt in der flandr. Küstenebene, Dep. Nord, 11700 E. Kernkraftwerk (6 Blöcke mit insgesamt 5480 MW). – 1163 gegr., seit 1659 frz.; durch Vauban im 17. Jh. zur Festung ausgebaut.

Gravelotte und Saint-Privat [frz. gra'vlɔt, sɛ̃pri'va], nach den beiden frz. Orten Gravelotte (12 km westl. von Metz) und Saint-Privat-la-Montagne (rd. 20 km nw. von Metz) ben. Schlacht am 18. Aug. 1870 im Dt.-Frz. Krieg 1870/71, die zur Einschließung der Armee F. A. Bazaines in Metz beitrug.

Gravensteiner ['gra:vən...; nach dem Ort Gravenstein (dän. Gråsten) in Nordschleswig] ↑ Äpfel (Übersicht).

Robert Graves

Graves, Robert [engl. greɪvz], eigtl. R. von Ranke-G., * London 26. Juli 1895, † Deyá (Mallorca) 7. Dez. 1985, engl. Schriftsteller. – Urenkel Leopold von Rankes; Historiker; bekannt wurde er durch den histor. Roman „Ich, Claudius, Kaiser und Gott" (1934); auch experimentelle Lyrik („Poems about love", 1968), Studien zur Literatur und Mythologie. – *Weitere Werke:* Strich darunter (autobiograph. Kriegsbuch, 1929), Rostbraun-gezähnt (R., 1936), Griech. Mythologie (1955), Nausikaa und ihre Freier (R., 1955).

Gravesend [engl. 'greɪvz'ɛnd], engl. Stadt an der Themse, Gft. Kent, 53000 E. Werften, Papier-, Zement-, Gummi-, elektrotechn. Ind. Die Hafenanlagen gehören zum Londoner Hafengebiet. – 1562 Stadt.

Gravettien [gravɛti'ɛ̃:], nach dem Abri La Gravette (Gemeinde Bayac, Dordogne, Frankreich) ben. jungpaläolith. Kulturgruppe; löste das ↑ Aurignacien ab; kennzeichnend v. a. die Gravette-Spitzen (schmale, lamellenartige Spitzgeräte mit abgestumpftem Rücken), Kerbspitzen, Stielspitzen und Stichel bes. Art, weibl. Statuetten aus Elfenbein oder Stein.

Gravida [lat.], in der Medizin Bez. für Schwangere.

Gravidität [lat.], svw. ↑ Schwangerschaft.

Gravieren [niederl.-frz., zu niederdt. graven „graben"], das Einritzen von Zeichnungen, Schrift oder Druckelementen in Metallflächen, Stein, Elfenbein, Holz, Glas u. a. mittels Gravierwerkzeugen, Graviermaschinen oder durch Elektrogravur. Man unterscheidet **Flachgravieren,** bei dem an der Oberfläche Furchen eingeritzt werden, und **Reliefgravieren,** bei der Herstellung von Prägestempeln verschiedenster Art. I. w. S. gehören zum G. das Stempel- und Schriftschneiden, das Siegel-, Wappen- und Notenstechen.

Gravieren. Gravierwerkzeuge: 1 gebogener Spitzstichel; 2 Ringstichel; 3 Graviernadel; 4 Flachstichel (1, 2 und 4 mit Querschnittzeichnung)

gravierend [lat.], erschwerend, schwerwiegend.

Gravimetrie [lat./griech.], Gesamtheit der Verfahren zur Messung der durch die Erdmassen, die Erdrotation und die Massen benachbarter Himmelskörper erzeugten Schwerebeschleunigung bzw. Schwerkraft an der Erdoberfläche. Zur absoluten Schweremessung wird das Pendel verwendet, aus dessen Schwingungsdauer die Schwerebeschleunigung ermittelt werden kann. Relative Schweremessungen werden mit dem auf dem Prinzip des Federpendels beruhenden **Gravimeter** durchgeführt. Prakt. Anwendung findet die G. bei der Erkundung nutzbarer Lagerstätten von Erz, Erdöl usw. und bei der Baugrunduntersuchung.
▷ (Gewichtsanalyse) quantitatives Analysenverfahren, das sich der Messung einer Stoffmenge durch Gewichtsbestimmung (Auswaage) bedient. Dabei wird der zu bestimmende Stoff in eine schwerlösl. Verbindung (Fällungsform) überführt. Bei der zur quantitativen Bestimmung von Metallen dienenden **Elektrogravimetrie** wird ein Metall aus der wäßrigen Lösung eines seiner Salze elektrolytisch abgeschieden.

Gravina di Puglia [italien. gra'vi:na di 'puʎʎa], italien. Stadt im westl. Apulien, 350 m ü. d. M., 37500 E. Bischofssitz; Marktort; Kalksteinbrüche, Nahrungsmittelind.; Weinbau. – In der Gravinaschlucht befinden sich Höhlenwohnungen und Grottenkirchen, z. B. die fünfschiffige Kirche San Michele. Dom (11. Jh.; im 15. Jh. erneuert). Nahe bei G. liegt die Ruine eines Jagdschlosses Kaiser Friedrichs II. (um 1230).

Gravirezeptoren ↑ Gleichgewichtsorgane.

Gravis [lat.], in der *Phonetik:* fallender Silbenakzent.
▷ bes. in der lat., griech. und kyrill. Schrift diakrit. Zeichen (Akzent) in Form eines von mittlerer Höhe nach rechts abfallenden Striches: `, z. B. frz. è.

Gravitation [zu lat. gravis „schwer"] (Massenanziehung, Schwerkraft), die Kraft, die zwei oder mehrere Körper allein auf Grund ihrer (schweren) Masse aufeinander ausüben. Die G. der Erde bezeichnet man auch als **Schwerkraft.** Sie ist die Ursache für die Gewichtskraft (Gewicht) eines Körpers. Für den Betrag F der Kraft, mit der sich zwei Körper gegenseitig anziehen, gilt das **Newtonsche Gravitationsgesetz:** $F = G \cdot m_1 m_2 / r^2$ (m_1 und m_2 Massen der beiden Körper, r Abstand ihrer Massenmittelpunkte, G **Gravitationskonstante** $6{,}673 \cdot 10^{-11}$ m³ · kg⁻¹ · s⁻²). Als **Gravitationsfeld** bezeichnet man den Raum in der Umgebung eines Körpers, in dem er auf andere Körper eine Anziehungskraft ausübt. Maß für die Stärke des G.feldes an irgendeinem beliebigen Raumpunkt ist der Quotient aus der Kraft F, die an diesem Punkt auf einen Körper ausgeübt wird, und der Masse dieses Körpers. Er wird als **Gravitationsfeldstärke** g bezeichnet: $g = F/m$. Für den Betrag der G.feldstärke der Erde gilt: $g = G \cdot M/r^2$ (M Masse der Erde, r Abstand der betrachteten Raumpunktes vom Erdmittelpunkt). – Nach der allg. Relativitätstheorie hängen G. und Geometrie von Raum und Zeit zus.; in der Umgebung sehr großer Massen ist der Raum gekrümmt.

Gravitationsaberration ↑ Lichtablenkung.

Gravitationskollaps, Zusammensturz eines thermonuklear ausgebrannten Sterns infolge der Gravitation. Bei nicht zu großer Masse (↑ weiße Zwerge, ↑ Neutronensterne) kann der G. durch den Gegendruck der komprimierten Materie aufgehalten werden; andernfalls entstehen ↑ schwarze Löcher.

Gravitationskonstante ↑ Gravitation.

Gravitationswellen, Störungen im Gravitationsfeld, die sich wellenartig mit Lichtgeschwindigkeit im Raum ausbreiten. Nach der allg. Relativitätstheorie entstehen G., wenn eine große Masse sehr schnell bewegt wird oder ihre Dichte verändert. G. konnten experimentell bisher nicht nachgewiesen werden, ihre Existenz kann jedoch aus der Gravitationstheorie und aus neueren astronom. Beobachtungen gefolgert werden. Den G. entsprechenden Feldquanten nennt man **Gravitonen.**

Gravur [niederl.-frz.], eine in Metallflächen, Stein, Elfenbein u. a. gravierte figurative oder ornamentale Darstellung.

Gravüre [niederl.-frz.], allg. Bez. für Erzeugnis der Gravierkunst, bes. für eine auf photomechan. Wege hergestellte Tiefdruckform und den davon hergestellten Druck.

Gray [engl. gɹeɪ], Elisha, *Barnesville (Ohio) 2. Aug. 1835, †Newtonville (= Newton, Mass.) 21. Jan. 1901, amerikan. Erfinder. – G. beantragte am 14. Febr. 1876 – wenige Stunden nach A. G. ↑Bell – das Patent für das Telephon (gerichtlich wurde dann Bell die Priorität zuerkannt). 1888 erfand G. einen Fernschreiber **(Teleautograph).**

G., Stephen, *vermutlich Canterbury 1666 oder 1667, †London 15. Febr. 1736, engl. Naturwissenschaftler. – Er entdeckte 1729 die Elektrizitätsleitung und die Influenzelektrizität und machte die bedeutsame Unterscheidung zw. elektr. Leitern und Nichtleitern.

G., Thomas, *London 26. Dez. 1716, †Cambridge 30. Juli 1771, engl. Dichter. – Mit seiner Erschließung altnord. und gäl. Dichtung und seiner Lyrik („Elegie auf einem Dorfkirchhof", 1751) ein Wegweiser der Romantik.

Gray [engl. gɹeɪ; nach L. H. Gray, *1905, †1965], gesetzl. Einheit der Energiedosis (Einheitenzeichen Gy), 1 Gy = 1 J/kg.

Grays Wasserbock [engl. gɹeɪ] ↑Riedböcke.

Graz. Blick auf die Franziskanerkirche, um 1500, dahinter der Schloßberg mit dem Uhrturm, 16. Jahrhundert

Graz, Landeshauptstadt des östr. B.landes Steiermark, am Austritt der Mur ins Grazer Becken, 364 m ü. d. M., 128 km², 242 300 E. Kath. Bischofssitz; Univ. (gegr. 1586), TU, Östr. Akad. für Führungskräfte, Akad. für Musik und darstellende Kunst; Steiermärk. Landesarchiv, Museen, u. a. Steiermärk. Landesmuseum, Volkskundemuseum, Landeszeughaus, Waffensammlung. Großbetriebe des Kraftfahrzeug-, Maschinen-, Stahl- und Waggonbaus sowie Nahrungsmittel-, Elektro-, Papier-, Textil-, Schuh- und chem. Ind., Brauereien, Verlage; Verkehrsknotenpunkt; ✈; Fremdenverkehr.
1164 als Marktsiedlung (bei der Burg) erwähnt, woraus die Stadtsiedlung G. erwuchs (1222 Münzrecht; 1265 ummauert). Ab 1379 Residenz der leopoldin. Linie der Habsburger, unter Friedrich III. ab 1440 Kaiserresidenz. Seit Anfang 16. Jh. Sitz der steir. Stände. Ab 1543 zu einem Bollwerk gegen die Türken ausgebaut; 1564–1619 wieder Residenz für Innerösterreich.
Zahlr. Kirchen, u. a. frühgot. Leechkirche (1275–93) des Dt. Ritterordens, spätgot. erneuerter Dom (1438–62) mit im wesentl. barocker Ausstattung, Haupt- und Stadtpfarrkirche (ab Hl. Blut (1519) mit Barockfassade, Franziskanerkirche (um 1500) mit got. Kreuzgang. Mausoleum Kaiser Ferdinands II. (1614 ff.) mit barocker Ausstattung. Der Haupttrakt des sog. Landhauses (16.–19. Jh.; jetzt Landtagsgebäude) ist ein bed. Renaissancebau mit Arkadenhof. Auf dem Schloßberg als Überreste der Burg Uhr- und Glockenturm (beide 16. Jh.).

Grazer Forum ↑Forum Stadtpark.

Graziani, Rodolfo, Marchese di Neghelli (seit 1936), *Filettino (Prov. Frosinone) 11. Aug. 1882, †Rom 11. Jan. 1955, italien. Marschall (seit 1936). – Leitete 1921–31 die Rückeroberung Libyens, befehligte im Krieg gegen Äthiopien 1935/36 die italien. S-Front; 1936/37 Vizekönig von Äthiopien; 1939/40 Generalstabschef des Heeres, 1940/41 Oberbefehlshaber der italien. Truppen in N-Afrika; 1943–45 Verteidigungsmin., 1950 zu 19 Jahren Gefängnis verurteilt, bald darauf begnadigt; ab 1952 Führer neofaschist. Bewegungen.

Grazie [lat.], Anmut, Liebreiz; **graziös,** anmutig, lieblich.

Grazien [lat.] ↑Chariten.

grazil [lat.], schlank, schmächtig; zartgliedrig, zierlich, geschmeidig.

grazioso [italien.], musikal. Vortragsbez.: anmutig, lieblich.

Gräzismus [griech.], sprachl. Element (syntakt. Konstruktion usw.), das wörtlich bzw. in genauer Nachbildung aus dem Griech. in eine andere Sprache übernommen ist.

Graz-Seckau, östr. Bistum, umfaßt heute das Bundesland Steiermark; 1218 als Suffraganbistum Seckau von Salzburg gegr. Den Namen G.-S. führt das Bistum seit 1963. – ↑katholische Kirche (Übersicht).

grd, älteres Einheitenzeichen für ↑Grad (bei der Angabe von Temperaturdifferenzen).

Great Abaco Island [engl. 'gɹeɪt 'æbəkoʊ 'aɪlənd] ↑Bahamas.

Great Awakening, The [engl. ðə 'gɹeɪt ə'weɪkənɪŋ „die große Erweckung"], Erweckungsbewegung in den Staaten Neuenglands, die um 1734 entstand; Hauptvertreter waren u. a. J. Edwards und G. Tennent. Die Bewegung beeinflußte das soziale und polit. Denken in Nordamerika, bes. die Entwicklung eines liberalen, toleranten, demokrat. Gedankenguts; z. T. wegweisend für den amerikan. Transzendentalismus.

Great Basin [engl. 'gɹeɪt 'beɪsn] (Großes Becken), abflußlose Großlandschaft der USA, zw. der Sierra Nevada und der Cascade Range im W, den mittleren Rocky Mountains und dem Colorado Plateau im O, nach N in das Columbia Plateau übergehend, gegliedert durch zahlr. N–S streichende Ketten, Becken und Wannen. Die meisten Flüsse münden, soweit sie nicht verdunsten oder versikkern, in Endseen. Die Vegetation ist dem ariden Klima angepaßt. Von Bed. sind die Bodenschätze und der Fremdenverkehr.

Great Dividing Range [engl. 'gɹeɪt dɪ'vaɪdɪŋ 'reɪndʒ] ↑Ostaustralische Kordilleren.

Greater Britain [engl. 'gɹeɪtə 'bɹɪtn „größeres Britannien"], von Sir C. W. Dilke geprägtes polit. Schlagwort des brit. liberalen Imperialismus für ein mit dem Mutterland eng verbundenes Kolonialreich.

Greater London [engl. 'gɹeɪtə 'lʌndən] (Groß-London), engl. Verwaltungsgebiet.

Greater Manchester [engl. 'gɹeɪtə 'mæntʃɪstə], Metropolitan County in England.

Great Grimsby [engl. 'gɹeɪt 'gɹɪmzbɪ] (bis 1979 Grimsby), engl. Stadt an der Mündung des Humber in die Nordsee, Gft. Humberside, 92 100 E. Fischereihafen; Fischverarbeitung, chem. Ind. – Stadtrecht 1201.

Great Inagua Island [engl. 'gɹeɪt ɪ'nɑːgwə 'aɪlənd] ↑Bahamas.

Great Plains [engl. 'gɹeɪt 'pleɪnz], der westl. Teil der ↑Interior Plains.

Great rebellion [engl. 'gɹeɪt rɪ'beljən „große Rebellion"] ↑Puritanische Revolution.

Great Salt Lake [engl. 'gɹeɪt 'sɔːlt 'leɪk] (Großer Salzsee), Endsee mit sehr hohem Salzgehalt (25–27 %) in nördl. Utah, USA, im nordöstlichsten Becken des Great Basin; mittlere Seespiegelhöhe 1 280 m ü. d. M., mittlere Größe 2 600 km², bis 8 m tief (meist wesentlich flacher); mehrere Inseln. Dem dynam. Gleichgewicht von Zufluß und Verdunstung entsprechen klimaabhängige Seespiegelschwankungen; jahreszeitl. Schwankungen um durch-

Elisha Gray

Thomas Gray

Graz
Stadtwappen

Great Smoky Mountains

schnittlich 60 cm (250 km²; Maximum Mai/Juni, Minimum Nov./Dez.). Der G. S. L. ist ein Rest des eiszeitl., über 50 000 km² großen **Lake Bonneville,** dessen einstige Uferlinien noch zu erkennen sind. Durch den G. S. L. führt ein Eisenbahndamm. Kochsalzgewinnung.

Great Smoky Mountains [engl. 'grɛɪt 'smʊkɪ 'maʊntɪnz], Teil des appalach. Gebirgssystems, an der Grenze zw. Tennessee und North Carolina, USA, im Clingman's Dome 2 025 m hoch; z. T. Nationalpark.

Great Valley [engl. 'grɛɪt 'vælɪ] ↑ Ridge and Valley Province.

Great Yarmouth [engl. 'grɛɪt 'jɑːməθ], Stadt an der ostengl. Küste, 48 300 E. Museen; Stützpunkt für die Erdöl- und Erdgasförderung in der Nordsee, Fischereihafen; Seebad. – Pfarrkirche Saint Nicholas (1101 ff.); charakteristisch für die Altstadt sind die „rows", sehr enge Straßen mit schmalen Häusern.

Grebenstein, hess. Stadt, 193 m ü. d. M., 5 800 E. Pendlerwohngemeinde von Kassel. – Im 13. Jh. entstanden, erhielt 1324 Stadtrecht. – Got. Stadtkirche mit Gewölbemalereien (um 1400), got. Fruchtspeicher, Fachwerkbauten (16.–18. Jh.), Rathaus mit spätgot. Untergeschoß, Fachwerkaufbau (17. Jh.) und barockem Hauptportal.

Greco, Juliette [frz. gre'ko], * Montpellier 7. Febr. 1927, frz. Chansonette und Schauspielerin. – War in der Nachkriegszeit als Chansonsängerin die typ. Vertreterin der in den Kellern von Saint-Germain-des-Prés heim. Existentialistengeneration, mit Texten von Sartre, Camus, Queneau u. a.; Comeback 1991.

Juliette Greco

Julien Green

Greco, El [span. ɛl 'ɣreko „der Grieche"], eigtl. Dominikos Theotokopulos, * Fodele bei Iraklion (Kreta) um 1541, † Toledo 6. oder 7. April 1614, span. Maler griech. Herkunft. – Lehrjahre in Venedig in der Werkstatt Tizians. Um 1570 in Rom, spätestens ab 1577 in Toledo (zahlr. kirchl. Aufträge). Zu seinen frühen Hauptwerken zählen „Das Begräbnis des Grafen Orgaz" (1586, Toledo, Santo Tomé) und „Entkleidung Christi" für die Kathedrale in Toledo (1590–95; München, Alte Pinakothek). Anordnung des Geschehens in einem in der Tiefe unbestimmten, von Licht und atmosphär. Phänomenen dramatisierten Raum mit überlängten manierist. Figuren. Die religiöse Intensität ist im Spätwerk bis zu visionärer Ekstase gesteigert. – *Weitere Werke:* Martyrium des hl. Mauritius und der Thebaischen Legion (1580–84, Escorial), Taufe Christi (um 1598, Madrid, Prado), Kardinal Don Fernando Niño de Guevara (um 1600; New York, Metropolitan Museum), Blick auf Toledo (1604–14; ebd.), Himmelfahrt Mariä (Toledo, Hospital de Santa Cruz).

Green, Julien [frz. grin], * Paris 6. Sept. 1900, frz.-amerikan. Schriftsteller. – Lebt in Paris. Gestaltet in seinem „Journal" (9 Bde., 1938–72) und in seinen Romanen Lebensangst und vergebl. Kampf des Menschen gegen seine Triebhaftigkeit. Auch Dramen, Autobiographien. – *Weitere Werke:* Adrienne Mesurat (R., 1927), Leviathan (R., 1929), Treibgut (R., 1932), Moira (R., 1950), Jeder Mensch in seiner Nacht (1960), Der Andere (R., 1971), Von fernen Ländern (R., 1990).

Greenaway [engl. 'griːnəweɪ], Kate, * London 17. März 1846, † ebd. 6. Nov. 1901, engl. Zeichnerin. – Bekannt durch ihre naiv-humorvollen Illustrationen zu eigenen Kinderbüchern (u. a. „Mother goose", 1881).

G., Peter, * in Wales 1942, brit. Filmregisseur. – Bed. Vertreter des neuen brit. Films, dessen Werke skurrile, drastisch-vulgäre und kom. Züge aufweisen; auch Maler, Illustrator und Romancier. – *Filme:* Der Kontrakt des Zeichners (1982), Ein Z und zwei Nullen (1985), Der Bauch des Architekten (1987), Der Koch, der Dieb, seine Frau und ihr Liebhaber (1989), Prosperos Bücher (1991).

Greenbacks [engl. 'griːnbæks; engl.-amerikan. „Grünrücken"], Staatspapiergeldnoten der USA von 1–1 000 Dollar, ausgegeben im Sezessionskrieg (1862); ben. nach dem grünen Untergrund im Unterschied zum Papiergeld der Südstaaten, den **Bluebacks** (ben. nach dem blauen Druck der Rückseite); nach Aufhebung der Goldeinlösungspflicht stark entwertet, deshalb heute auch volkstümlich verallgemeinernde Bez. für ungedecktes Papiergeld.

Green Bank [engl. 'griːnbæŋk], Ort in W-Virginia, USA; das 1962 in Betrieb genommene Radioteleskop (Reflektordurchmesser 91,5 m) stürzte 1988 zusammen.

Green Bay [engl. 'griːn 'beɪ], Stadt am S-Ufer der G. B. des Michigansees, Wis., USA, 180 m ü. d. M., 87 900 E. Kath. Bischofssitz; Univ. (gegr. 1965); bed. Käseherstellung; Hafen, Bahnknotenpunkt, ✈. – 1634 als Handelsstation gegründet.

Greenberg, Joseph H[arold] [engl. 'griːnbəːg], * Brooklyn (= New York) 28. Mai 1915, amerikan. Sprachwissenschaftler. – Prof. in New York, seit 1962 an der Stanford University (Calif.); beschäftigte sich v. a. mit der genet. Klassifikation der afrikan. („The languages of Africa", 1963), südamerikan. und indones. Sprachen.

Greene, Graham [engl. griːn], * Berkhamsted (Hertford) 2. Okt. 1904, † Vevey (Schweiz) 3. April 1991, engl. Schriftsteller. – Trat 1926 zum kath. Glauben über; lebte in Mexiko, im 2. Weltkrieg Sondermission in Westafrika. Behandelt das Thema von Sünde und Gnade, v. a. in raffiniert aufgebauten Kriminalgeschichten, in einer Mischung von sehr subjektiver Religiosität, Erotischem und Abenteuerlichem mit didaktisch-moral. Tendenz. – *Werke:* Orientexpress (R., 1932), Am Abgrund des Lebens (R., 1938), Die Kraft und die Herrlichkeit (R., 1940), Der dritte Mann (R., 1950), Das Ende einer Affäre (R., 1951), Der stille Amerikaner (R., 1955), Unser Mann in Havanna (R., 1958), Ein Mann mit vielen Namen (R., 1988).

Greenhorn [engl. 'griːnhɔːn; urspr. Bez. für: Tier mit „grünen (d. h. noch jungen) Hörnern"], Neuling, Unerfahrener.

Green Mountains [engl. 'griːn 'maʊntɪnz], schmaler Mittelgebirgszug, Teil des appalach. Gebirgssystems, USA, im Mount Mansfield 1 339 m hoch.

El Greco. Das Begräbnis des Grafen Orgaz, 1586 (Toledo, Santo Tomé)

Greenock [engl. 'gri:nək], schott. Hafen- und Ind.stadt am Clyde, Strathclyde Region, 57 300 E. Schiff- und Maschinenbau, chem. und Nahrungsmittelind. Der Containerhafen von G. bildet mit dem Hafen von Glasgow den Clyde Port.

Greenpeace [engl. 'gri:npi:s, „grüner Frieden"], internat., unabhängige und überparteil. Umweltschutzorganisation, die mit gewaltlosen, direkten, oft unkonventionellen Aktionen weltweit auf Umweltverschmutzung und -zerstörung aufmerksam machen und zur Beseitigung ihrer Ursachen beitragen will. G. wurde 1971 in Vancouver (Kanada) gegründet. Hauptanliegen sind: Beendigung aller Kernwaffentests, Einstellung der Versenkung von Chemie- und Atommüll in den Meeren, Schutz bedrohter Tierarten, Bekämpfung des sauren Regens und der Verseuchung der Umwelt, Schutz der Antarktis. G. hat Beobachterstatus bei den UN. Sitz des nat. G.-Büros in Deutschland ist Hamburg. Die Aktivitäten von G. werden durch Spenden finanziert.

Green River [engl. 'gri:n 'rɪvə], rechter Nebenfluß des Colorado, USA, entspringt im westl. Wyoming, durchquert in Cañons das nördl. Colorado Plateau; 1 175 km lang.

Greensboro [engl. 'gri:nzbərə], Stadt auf dem Piedmont Plateau, N. C., USA, 260 m ü. d. M., 159 000 E. Univ. (gegr. 1891), Großhandels-, Versicherungszentrum.

Greenville [engl. 'gri:nvɪl], Stadt auf dem Piedmont Plateau, S. C., USA, 290 m ü. d. M., 58 200 E. Univ. (gegr. 1826), eines der Zentren der Textilind. in den Südstaaten. – Entstand 1797 als **Pleasantburg**; G. seit 1831.

Greenwich [engl. 'grɪnɪdʒ], Stadtbezirk von London am S-Ufer der Themse. Die Sternwarte von G. befindet sich heute in Herstmonceux. – 918 erstmals gen.; der durch die 1675 gegr. Sternwarte verlaufende Meridian ist 1884/1911 internat. als Nullmeridian anerkannt. – Bauten des 17. und 18. Jh., u. a. Queen's House (1616–19 und 1629–35).

Greenwicher Zeit ['grɪnɪtʃər; nach ↑Greenwich], svw. ↑Weltzeit.

Greenwich Village [engl. 'grɪnɪdʒ 'vɪlɪdʒ], Künstlerviertel im Stadtbez. Manhattan, New York, USA.

Gregg-Syndrom [nach dem austral. Augenarzt N. Gregg, * 1892, † 1966] (Rötelnembryopathie), Fehlbildungssyndrom (Herzfehler, Mikrozephalie, Innenohrschwerhörigkeit, Linsentrübung); Ursache ist eine Rötelninfektion, die während der ersten drei Schwangerschaftsmonate von der Mutter auf das Kind übertragen wird.

Gregor, Name von Päpsten:
G. I., hl., * Rom um 540, † ebd. 12. März 604, Papst (seit 3. Sept. 590), Kirchenlehrer. – Durch vorbildl. Verwaltung des Patrimonium Petri bereitete er die weltl. Macht des ma. Papsttums und den Kirchenstaat vor; maßgebl. Vermittler zw. christl. Antike und abendländ. MA; seine liturg. Reformen dienten v. a. der Ordnung und Bewahrung des Überlieferten (↑Gregorianischer Gesang). – Fest: 3. Sept. (früher 12. März).

Papst Gregor I. Zeichnung aus einer Handschrift des 12. Jh. (München, Bayerische Staatsbibliothek)

G. III., hl., † Rom 28. Nov. 741, Papst (seit 18. März 731). – Im Bilderstreit (↑Bild) verurteilte G. 731 die Bilderfeinde; sein Pontifikat steht im schwierigen Übergang von der Lösung Roms aus dem byzantin. Verband zur allmähl. Hinwendung zu den Franken. – Fest: 28. November.

G. VII., hl., * Soana (?) (Toskana) zw. 1019 und 1030, † Salerno 25. Mai 1085, vorher Hildebrand, Papst (seit 22. April 1073). – Benediktiner; kämpfte gegen Simonie und Priesterehe (↑gregorianische Reform), für die Reinheit und Freiheit der Kirche in seinem Verständnis. Der Anspruch zur Verwirklichung seiner Auffassungen ergab sich im ↑Investiturstreit, der jahrzehntelang alle abendländ. Staaten ergriff, die schärfste Zuspitzung aber im Reich erfuhr (↑Canossa, 1077). Der von G. 1080 erneut verurteilte König Heinrich IV. eroberte 1083/84 Rom und ließ sich von dem von ihm zum Gegenpapst erhobenen Klemens III. zum Kaiser krönen. Das Pontifikat G.s entschied trotz unmittelbaren Scheiterns den Sieg der gregorian. Reform. In unbeugsamen Kampf um eine religiös bestimmte ird. Ordnung war seine Regierung ein Höhe- und Wendepunkt in der Geschichte des Papsttums. – Fest: 25. Mai.

G. IX., * Anagni bei Frosinone um 1170, † Rom 22. Aug. 1241, vorher Ugolino Graf von Segni, Papst (seit 19. März 1227). – G. förderte schon als Kardinal neue Orden (v. a. Franziskaner und Dominikaner) und kirchl. Laienbewegungen. Sein Pontifikat war maßgeblich beherrscht von der Auseinandersetzung mit Kaiser Friedrich II. Er förderte die Mission, veröffentlichte Dekretalen (↑Corpus Juris Canonici) und organisierte die Inquisition.

G. XIII., * Bologna 1. Jan. 1502, † Rom 10. April 1585, vorher Ugo B[u]oncompagni, Papst (seit 13. Mai 1572). – G. förderte die innerkirchl. Reform (↑Katholische Erneuerung) und die Gegenreformation, v. a. auch die Jesuiten bei der Mission in Indien und Japan; veranlaßte eine amtl. Ausgabe des ↑Corpus Juris Canonici und die Reform des Julian. Kalenders (1582).

G. XVI., * Belluno 18. Sept. 1765, † Rom 1. Juni 1846, vorher Bartolomeo Alberto Capellari, Papst (seit 2. Febr. 1831). – Politisch unerfahren und weltfremd; versäumte die Reform des zerbrechenden Kirchenstaates und verwarf „Neuerungen" in Welt und Kirche wie die nat. Einigungsbewegung Italiens (↑Risorgimento); bekämpfte jedes Staats- und Nationalkirchentum, trat im Streit um die Mischehen für kath. Grundsätze ein (↑Kölner Wirren).

Gregor der Wundertäter (Gregorios Thaumaturgos), hl., * Neocaesarea in Pontus um 213, † zw. 270 und 275, Bischof und Kirchenlehrer. – Schüler des Origenes; seine „Dankrede an Origenes" ist eine Hauptquelle der Erforschung von dessen Leben und Werk.

Gregor von Nazianz, hl., gen. der Theologe, * Arianz (Kappadokien) 330, † ebd. 390, Bischof, griech. Kirchenlehrer. – Gehört mit Basilius d. Gr. und Gregor von Nyssa zu den führenden Theologen des späten 4. Jh., die die theolog. Entscheidung des 1. Konzils von Konstantinopel ermöglichten. Sein schriftsteller. Werk zählt zu den besten Leistungen der altkirchl. Literatur. – Fest: 2. Januar.

Gregor von Nyssa, hl., * Caesarea Mazaca um 335, † Nyssa um 394, Bischof und Kirchenlehrer. – Jüngerer Bruder von Basilius d. Gr. Auf dem 1. Konzil von Konstantinopel 381 zählte er zu den bestimmenden Köpfen. In seinen Schriften verteidigte G. das nizän. Glaubensbekenntnis und formte die Trinitätslehre entscheidend mit. – Fest: 9. März.

Gregor von Tours, hl., latin. Gregorius Turonensis, * Clermont (Auvergne) 30. Nov. 538 oder 539, † Tours 17. Nov. 594, fränk. Geschichtsschreiber. – 573 Bischof von Tours; hatte bed. Einfluß auf die fränk. Könige; verfaßte die „Historia Francorum", die bis 591 reicht und über die Anfänge des Merowingerreiches Aufschluß gibt. – Fest: 17. November.

Gregor-Dellin, Martin [...li:n], * Naumburg/Saale 3. Juni 1926, † München 23. Juni 1988, dt. Schriftsteller. – 1958 Übersiedlung in die BR Deutschland; beschrieb v. a. das Leben unter totalitärer Herrschaft in der NS-Zeit, u. a. „Jakob Haferglanz" (R., 1956), „Kandelaber" (R., 1962); Biographien über R. Wagner (1980), M. Luther (1983) und H. Schütz (1984). Seit 1982 Präs. des P.E.N.-Zentrums der BR Deutschland.

Graham Greene

Papst Gregor XVI. (Holzstich, um 1840)

Martin Gregor-Dellin

Gregoriana

Greiffrösche.
Rotaugenlaubfrosch

Greiskraut.
Gemeines Greiskraut
(Höhe 10–50 cm)

Greifswald
Stadtwappen

Gregoriana, päpstl. Univ. in Rom. 1551 als „Collegium Romanum" gegründet.

gregorianische Reform, kirchl. Reformbewegung des 11./12. Jh., benannt nach Papst Gregor VII., die sich zunächst gegen Simonie und Priesterehe wandte, dann jedoch bestehende Rechtsformen (Laieninvestitur, Kaiserrechte bei der Papstwahl) angriff; ihre Ergebnisse waren stärkere Abgrenzung der geistl. und weltl. Gewalt bei Betonung des geistl. (päpstl.) Führungsanspruchs und Bildung einer in sich geschlossenen, unter päpstl. Primat stehenden kirchl. Hierarchie (Kardinalskollegium, Kurie).

Gregorianischer Gesang (Choral, Gregorian. Choral), der chorisch und solistisch einstimmige liturg., mit der lat. Sprache verbundene Gesang der röm. Kirche in den Formen von ↑ Oration, ↑ Lektion, ↑ Antiphon, ↑ Responsorium, Hymnus (↑ Hymne) und ↑ Sequenz, die in der Liturgie von Messe (↑ Graduale) und Stundengebet (↑ Antiphonar) verwendet werden. Er wurde nach Papst Gregor I. im Zusammenhang mit dessen um 600 erfolgter Liturgiereform benannt. Das heutige Melodienrepertoire des G. G. stellt keinen historisch einheitl. Bestand dar, sondern wurde ständig durch Neukompositionen erweitert. Bei diesen trat die urspr., von melod. Modellformen ausgehende Gestaltung zunehmend zurück, wodurch die neuen Melodien mehr oder weniger stark dem jeweiligen musikal. Zeitstil unterworfen waren. Davon unberührt blieben die an ein festes Grundgerüst gebundenen modellartigen Singweisen in der Psalmodie.

Gregorianischer Kalender [nach Papst Gregor XIII.] ↑ Zeitrechnung.

Gregorius, röm. Jurist des späten 3. Jh. n. Chr. – Lehrte in Berytos (= Beirut); verfaßte unter Diokletian den **Codex Gregorianus,** eine nicht erhaltene Slg. von Kaisergesetzen des 3. Jahrhunderts.

Gregoriusorden, päpstl. ↑ Orden.

Gregorovius, Ferdinand, Pseud. F. Fuchsmund, *Neidenburg bei Allenstein 19. Jan. 1821, †München 1. Mai 1891, dt. Schriftsteller. – Erfolgreich mit kulturhistor. Werken, v. a. „Geschichte der Stadt Rom im MA" (8 Bde., 1859–72).

Gregory, James [engl. ˈgrɛgərɪ], *Drumoak bei Aberdeen im Nov. 1638, †Edinburgh Ende Okt. 1675, schott. Mathematiker. – Beschrieb das Prinzip des Spiegelteleskops; entwickelte unabhängig von Newton und Leibniz die Grundlagen der Infinitesimalrechnung, was aber erst im 20. Jh. bekannt wurde.

Greif [zu semit.-griech.-lat. gryps (mit gleicher Bed.)], geflügeltes Fabeltier, das auf einem Löwenkörper einen Adlerkopf bzw. Adleroberkörper trägt. Altes vorderasiat. Motiv, Sinnbild der Macht und – mit Ausnahmen – der Hoheit. Auch Grab- und Torwächter. Bis heute tradiert als Wappentier.

Greife, svw. ↑ Greifvögel.

Greifensee, See 10 km östlich von Zürich, Schweiz, 8,6 km², 435 m ü. d. M. Am W-Ufer unterwasserarchäolog. Station mit Resten vorgeschichtl. Ufersiedlungen. Am NO-Ufer liegt die Stadt **Greifensee** (5 300 E) mit Schlößchen (1520) und kleiner got. Pfarrkirche (gestiftet 1350).

Greiffrösche, Bez. für die in M- und S-Amerika verbreiteten Laubfroschgatt. **Phyllomedusa** und **Agalychnis;** lebhaft bunt gefärbte Tiere mit meist leuchtend grüner Oberseite; Daumen kann den übrigen Fingern gegenübergestellt werden, wodurch eine typ. Greifhand entsteht; u. a. **Rotaugenlaubfrosch.**

Greiffuß, in der Zoologie Bez. für einen Fuß, bei dem die erste Zehe den übrigen Zehen gegenübergestellt (opponiert) werden kann und der Fuß so zum Greifen befähigt wird (z. B. bei Affen). Entsprechendes gilt für die **Greifhand** (z. B. bei den meisten Affen und dem Menschen).

Greifschwanzaffen, svw. ↑ Kapuzineraffenartige.

Greifswald, kreisfreie Stadt und Krst. in Meckl.-Vorp., am S-Ufer des Ryck, 2–7 m ü. d. M., 66 000 E. Ev. Bischofssitz; Univ. (gegr. 1456); Museum, Theater; Bekleidungs-, Lebensmittel-, nachrichtenelektron. Ind.; Kernkraftwerk (4 Blöcke; 1990 stillgelegt) nö. von G. bei Lubmin am Greifswalder Bodden; Hafen. – Entstand vermutlich als dörfl. Siedlung bei einem seit 1193 bezeugten Salzwerk auf dem N-Ufer des Ryck; seit 1241 Marktrecht, ab 1250 lüb. Stadtrecht. Weitreichende Handelsbeziehungen; 1648 unter schwed. Herrschaft, 1815 an Preußen. – Drei got. Backsteinkirchen (alle 13. Jh.): Sankt Marien, Sankt Nikolai und Sankt Jakobi. Urspr. got. Rathaus (14. Jh.; barock wieder aufgebaut nach Bränden), barockes Univ.gebäude (1747 bis 1750), Franziskanerkloster (13. Jh.; jetzt Museum), spätgot. und Renaissancegiebelhäuser (16. und 17. Jh.), Reste der Stadtbefestigung (14. Jh.). Nahebei die Ruine der ehem. Zisterzienserabtei ↑ Eldena.

G., Landkr. in Mecklenburg-Vorpommern.

Greifswalder Bodden, flaches Randbecken der südl. Ostsee, Meckl.-Vorp., mit dem Hafen Stralsund.

Greifswalder Oie [ɔy, ˈɔyə], Insel im O des Greifswalder Boddens, 0,6 km²; Leuchtturm.

Greifvögel (Greife, Tagraubvögel, Falconiformes, Accipitres), mit rd. 290 Arten weltweit verbreitete Ordnung 14–140 cm langer, tagaktiver Vögel mit Spannweiten von 25 cm bis über 3 m; kräftige, gut fliegende, häufig ausgezeichnet segelnde Tiere, die sich vorwiegend tierisch ernähren; mit kurzem, hakig gekrümmtem Oberschnabel und kräftigen Beinen, deren Zehen (mit Ausnahme der Aasfresser wie Geier) starke, gekrümmte, spitze, dem Ergreifen und häufig auch dem Töten von Beutetieren dienende Krallen aufweisen. – Man unterscheidet vier Fam.: ↑ Neuweltgeier, Sekretäre (bekannte Art ↑ Sekretär), ↑ Habichtartige und ↑ Falken. Fast alle G. stehen in Europa (Ausnahme: Italien, Frankreich) unter Naturschutz.

Greifzirkel ↑ Zirkel.

Grein, Stadt am linken Ufer der Donau, Oberöstr., 220 m ü. d. M., 2 900 E. Schiffahrtsmuseum. – 1147 erstmals erwähnt, 1491 Stadt. – Spätgot. Pfarrkirche zum hl. Ägidius; Rathaus (1562 ff.) mit Stadttheater (1790). Spätgot. Schloß Greinburg (1488–93; im 17. Jh. vollendet) mit dreistöckigen Arkaden.

Greinacher, Heinrich, *Sankt Gallen 31. Mai 1880, †Bern 17. April 1974, schweizer. Physiker. – G. machte eine Reihe von Erfindungen zur Elektronik und Kernphysik: Greinacher-Schaltung zur Spannungsverdopplung (1914), Prinzip der Spannungsvervielfachung beim Kaskadengenerator (1920) und Funkenkammer zum Nachweis von Teilchen (1934).

Greindl, Josef [...dəl], *München 23. Dez. 1912, dt. Sänger (Baß). – Engagements v. a. in Berlin und Wien, sang bei den Bayreuther und Salzburger Festspielen; v. a. als Wagner-Interpret bekannt.

Greiner, Peter, *Rudolstadt 20. April 1939, dt. Dramatiker. – 1957 Übersiedlung nach Berlin (West). Seine nur zö-

Greifswald. Im Vordergrund rechts das Rathaus, 14. Jh., nach Bränden barock wieder aufgebaut, im Hintergrund die gotische Backsteinkirche Sankt Marien aus dem 13. Jahrhundert

Grenada

Grenada
Fläche: 344 km²
Bevölkerung: 110 000 E (1990), 319,8 E/km²
Hauptstadt: Saint George's
Amtssprache: Englisch
Nationalfeiertag: 7. Febr. (Unabhängigkeitstag)
Währung: 1 Ostkarib. Dollar (EC $) = 100 Cents
Zeitzone: MEZ −5 Stunden

---

gernd aufgeführten Stücke beschäftigen sich mit Außenseitern, deren Bezugspunkt immer wieder die bürgerl. Gesellschaft ist, z. B. „Kiez" (entstanden 1974, gedruckt 1976, aufgeführt 1978), „Roll over Beethoven" (aufgeführt 1978, gedruckt 1979), „Orfeus" (1978), „Fast ein Prolet" (3 Stücke, 1980 gedruckt), „Die Torffahrer" (aufgeführt 1985).

Greis [zu niederdt. grīs, eigtl. „grau"], Mann in hohem Alter.

Greisenbogen (Arcus senilis, Gerontoxon), in höherem Lebensalter durch Lipid- und Kalkeinlagerungen verursachter harmloser grauweißer Ring im Randbereich der Hornhaut des Auges; verursacht auf Grund seiner Randlage keine Sehstörungen.

Greisenhaupt (Cephalocereus senilis), bis 15 m hohe, am Grund öfter verzweigte Art der Kakteen aus Mexiko; Stamm vielrippig, säulenförmig, mit bis 12 cm langen, grauen bis weißen Borstenhaaren.

Greiskraut (Kreuzkraut, Senecio), Gatt. der Korbblütler mit über 1 500 weltweit verbreiteten Arten; Kräuter, Halbsträucher, Stamm- oder Blattsukkulenten mit einzelnen oder in Trauben stehenden Blütenköpfchen. Neben der ↑Zinerarie ist eine bekannte Art das **Gemeine Greiskraut** mit gelben Blütenköpfchen.

Greiz, Krst. in Thür., an der Weißen Elster, 260–440 m ü. d. M., 35 800 E. Museen, Theater; bes. Textil-, aber auch chem. und Metallindustrie. – Vermutlich im 12. Jh. in Anlehnung an die Burg auf dem Schloßberg und einen slaw. Burgweiler gegr.; wohl um 1180 zur Stadt erhoben (1350 als solche erwähnt). – Die Altstadt liegt am Schloßberg mit dem Oberen Schloß (16. und 18. Jh.); das Untere Schloß (1802–09) ist heute Museum. Barocke Stadtkirche mit klassizist. Ausstattung. Im engl. Park frühklassizist. Sommerpalais (1779–89; Bücher- und Kupferstichsammlung).

G., Landkr. in Thüringen.

Gremium [lat. „Armvoll, Bündel", eigtl. „Schoß"], Ausschuß, Körperschaft.

Grenå [dän. 'grɛːnɔː], dän. Stadt und Seebad 50 km nö. von Århus, 18 500 E. Textilind., Maschinenbau, Stickstoffwerk. Hafen am Kattegat, u. a. Fährverkehr nach Schweden. – G. erhielt um 1400 Stadtrechte. – Zahlr. Fachwerkhäuser, Kirche (um 1400).

Grenada Staat im Bereich der Westind. Inseln, bei 12° 7′ n. Br. und 61° 40′ w. L. **Staatsgebiet:** Umfaßt die gleichnamige Insel sowie die südl. Grenadine Islands. **Internat. Mitgliedschaften:** Commonwealth, UN, OAS, CARICOM, SELA, der EWG assoziiert (AKP-Staat).
Landesnatur: Die Inseln gehören zum inneren, vulkan. Bogen der Inseln über dem Winde. Die Hauptinsel G. (305 km²) ist im Mount Saint Catherine 840 m hoch. Von den Grenadine Islands gehören zu G.: *Carriacou Island* (34 km²), *Rhonde* (3 km²) und *Petit Martinique* (2 km²).
Klima: Tropisch, unter dem Einfluß des NO-Passats stehend.
Vegetation: Reste des trop. Regenwaldes sind im Gebirge der Hauptinsel erhalten.

Bevölkerung: Nachkommen der (seit dem 18. Jh. eingeführten) Sklaven sind Schwarze (82 % der Gesamtbev.) und Mulatten (13 %), als Landarbeiter kamen (ab 1877) Inder (3 %) nach G. Der Anteil der Weißen beträgt 1 %. Die Bev. ist überwiegend röm.-kath. G. verfügt über ein Lehrerseminar, eine private medizin. Hochschule und einen Zweig der University of the West Indies.
Wirtschaft, Außenhandel: Fast 30 % der Erwerbstätigen sind in der Landw. beschäftigt, die durch den Anbau von Kakao, Bananen und Muskatnüssen (rd. ⅓ der Weltproduktion) 90 % der Exporterlöse erbringt. Das produzierende Gewerbe beschränkt sich auf die Verarbeitung der Agrarprodukte für den Export. Eine gleichwertige Haupteinnahmequelle der Deviseneinnahmen bildet der internat. Tourismus (v. a. Kreuzfahrtteilnehmer aus den USA). Eingeführt werden Nahrungsmittel, Textilien, Maschinen, Kfz u. a. Die wichtigsten Handelspartner sind Großbritannien, die USA, Trinidad und Tobago sowie Kanada.
Verkehr: Das Straßennetz war 1991 1127 km lang. Haupthafen ist Saint George's. ✈ Pearls Airport im NO; seit 1984 internat. ✈ bei Point Salines.
Geschichte: 1498 von Kolumbus entdeckt und **Asunción** (Mariä Himmelfahrt) gen.; seit 1650 ließen sich Franzosen nieder; sie rotteten die Kariben aus. 1674 frz. Kronkolonie; seit 1762/63 brit., 1958–62 Teil der Westind. Föderation. 1967 erhielt G. mit den südl. Grenadine Islands volle Autonomie als mit Großbritannien assoziierter Staat, am 7. Febr. 1974 unter Premiermin. E. Gairy (* 1923) die volle Unabhängigkeit. Im März 1979 kam es zu einem unblutigen, von der linksgerichteten New Jewel Movement (NJM) unter M. Bishop (* 1944, † 1983; ermordet) getragenen Putsch. Als Premiermin. leitete er eine Politik der Demokratisierung und der Diversifizierung der Wirtschaft unter nat. Kontrolle ein und schloß G. außenpolitisch der Bewegung der blockfreien Staaten an. Von den USA wirtsch. boykottiert, erhielt das Land Unterstützung durch europ. Staaten (bes. des Ostblocks), OPEC-Länder, v. a. aber durch Kuba. Den blutigen Sturz der Reg. Bishop im Okt. 1983 nahmen die USA und sieben karib. Inselstaaten zum Anlaß für eine Invasion in G. Nach einer Übergangsreg. unter N. Braithwaite (* 1925) wurde nach den Wahlen vom Dez. 1984 die New National Party (NNP) Reg.partei und H. Blaize (* 1918, † 1989) Premiermin.; trotz seiner westlich orientierten, pragmat. Politik und finanzieller Unterstützung durch die USA, Kanada und die EG kam es kaum zur wirtsch. Konsolidierung. Nach seinem Tod führte B. Jones (National Party, NP) die Reg.geschäfte; seit den Wahlen vom März 1990 ist N. Braithwaite (National Democratic Congress, NDC) Premiermin. einer Koalitionsreg. mit der NP. Er will die Kooperation mit dem Westen fortsetzen und eine soziale Politik zur Lösung der wirtsch. Probleme des Landes verfolgen.
Politisches System: G. ist nach der Verfassung von 1974 (1979–83 suspendiert) eine parlamentar. Monarchie im Rahmen des Commonwealth. *Staatsoberhaupt* ist die brit. Königin, vertreten durch den Generalgouverneur. Die *Exe-*

Grenada

Staatswappen

Internationales
Kfz-Kennzeichen

1970 1990 1970 1990
Bevölkerung Bruttosozial-
(in Tausend) produkt je E
             (in US-$)

Bevölkerungsverteilung
1989

Bruttoinlandsprodukt
1989

Grenadier

kutive liegt bei der dem Parlament verantwortl. Reg., an deren Spitze der Premiermin. (zugleich Finanz-, Sicherheits- und Innenmin.) steht, die *Legislative* beim Parlament, bestehend aus dem House of Representatives (15 gewählte Abg.) und aus dem Senat (13 ernannte Mgl.). Einflußreichste Parteien sind der National Democratic Congress (NDC, gegr. 1987) und die Grenada United Labour Party (GULP). Das *Rechtssystem* ist nach dem brit. Vorbild ausgerichtet; es besteht ein Oberster Gerichtshof.

Grenadier [frz., zu grenade „Granate"], seit Mitte des 18. Jh. Bez. für Handgranaten werfende Soldaten; seit Anfang des 19. Jh. für die einfachen Soldaten in den eine Elite bildenden infanterist. G.-Truppenteilen.

Grenadierfische (Macrouroidei), mit rd. 170 Arten in allen Meeren verbreitete Fam. etwa 0,2–1 m langer, tiefseebewohnender ↑Dorschfische; Körper keulenförmig, mit großem Kopf, stark verjüngtem Hinterkörper, großen stacheligen Schuppen und zwei Rückenflossen.

Grenadillen [span.-frz., eigtl. „kleine Granatäpfel"], sww. ↑Passionsfrüchte.

Grenadillholz (Grenadill) ↑Hölzer (Übersicht).

Grenadine [frz., eigtl. „aus der (span. Stadt) Granada kommend"], hart gedrehtes Garn aus Naturseide oder Chemiefaserstoffen, aus dem der spitzenartige, durchsichtige Stoff gleichen Namens hergestellt wird.
▷ Granatapfelsirup zum Rotfärben von [Erfrischungs]getränken.

Grenadine Islands [engl. grɛnə'di:n 'aɪləndz], Inselgruppe im südl. Bereich der Kleinen Antillen, gehören politisch zu ↑Grenada und ↑Saint Vincent.

Grenchen, schweizer. Bez.hauptort am Jurasüdfuß, Kt. Solothurn, 457 m ü.d. M., 16 700 E. Ingenieurschule, Technikerschule für Informatik. Bed. Uhrenind., Bahnknotenpunkt.

Grenoble [frz. grə'nɔbl], Stadt in den frz. Alpen, 212 m ü.d. M., 156 600 E. Verwaltungssitz des Dep. Isère; kath. Bischofssitz; Univ. (gegr. 1339), Hochschulen für Elektrochemie und -metallurgie, Elektronik und Papierverarbeitung, Handelshochschule, Kernforschungszentrum, Inst. für Radioastronomie im Millimeterbereich; Museen, Bibliotheken, Theater. V. a. elektrochem. und Metallind., Maschinen- und Gerätebau sowie Handschuhmacherei und Zementfabrikation. – G. geht auf das antike **Gratianopolis** zurück. Es war seit dem 4. Jh. Bischofssitz, wurde 443 burgund., 534 fränk. und gehörte ab 877 zum Kgr. Burgund; 1242 Stadt. – Kathedrale Notre-Dame (12./13. Jh.), im Chor ein 14 m hohes Ziborium (15. Jh.); Kirche Saint-Laurent (12. Jh.) mit frühkaroling. (?) Krypta; Justizpalast (15.–16. Jh.; ehem. Parlamentsgebäude der Dauphiné); Rathaus (16. Jh.). Im O der Stadt liegt das olymp. Dorf (Winterspiele 1968).

William Wyndham Grenville (Punktierstich, um 1795)

Grenville [engl. 'grɛnvɪl], alte engl. Fam. aus Buckinghamshire; seit 1749 im Besitz des Titels Earl of Temple, seit 1822 des Hzg.titels von Buckingham. Bed. Vertreter:

G., George, *14. Okt. 1712, †London 13. Nov. 1770, Politiker. – 1762 Außenmin., 1763–65 Premiermin. Unter ihm erging die ↑Stempelakte (1765).

G., William Wyndham Lord (seit 1790), *25. Okt. 1759, †Dropmore (Buckinghamshire) 12. Jan. 1834, Politiker. – Sohn von George G.; leitete als Staatssekretär des Auswärtigen unter Pitt d. J. 1791–1801 die Kriegspolitik gegen das revolutionäre Frankreich; bildete nach Pitts Tod 1804 das „Ministerium aller Talente", dem 1807 die Abschaffung des Sklavenhandels gelang. 1806/07 Premierminister.

Grenzabmarkung ↑Grenzregelung.

Grenzarbeitnehmer (Grenzgänger), Bewohner von Grenzregionen, die einer Arbeit im benachbarten Ausland nachgehen und i. d. R. täglich in ihren Heimatstaat zurückkehren.

Grenzausgleich (Währungsausgleich), innerhalb des EWG-Agrarmarktes zollähnl. Abgaben, um (höhere) inländ. Agrarpreise gegen durch Wechselkursänderungen verbilligte Importe zu schützen.

Grenzbegriff, nach Kant ein Begriff, durch den der Bereich mögl. Gegenstände der Erfahrung, und daher erfahrungsbestimmter Begriffe überhaupt, von nicht erfahrungsbestimmten Erweiterungen abgegrenzt wird.

Grenze [zu mittelhochdt. greniz (aus dem westslaw., eigtl. „Kante, Rand")], in der *Mathematik* kleinste obere bzw. größte untere ↑Schranke einer [beschränkten] Zahlenfolge, als *obere G. (Supremum)* und *untere G. (Infimum)* unterschieden.
▷ im *Recht* vorgestellte Linie, die als Staats-G. das Gebiet zweier Staaten, als Verwaltungs-G. die örtl. Zuständigkeit von Behörden, als Gemeinde- oder Kreis-G. die Gebiete von kommunalen Gebietskörperschaften trennt. Der Grenzverlauf ist durch Vorschriften des Völker-, Staats- und Verwaltungsrechts bestimmt und im Gelände durch Grenzzeichen markiert. Ein fundamentaler Grundsatz des Völkerrechts ist die wechselseitige Unverletzlichkeit der G. Die Staaten regeln bes. im Paß- und Zollrecht die Voraussetzungen für den Verkehr über ihre G. – Im *Zivilrecht* bestimmt die G. eines Grundstücks den Teil der Erdoberfläche, der dem Eigentümer zusteht (§ 905 BGB). Ist der Grenzverlauf unstreitig, fehlen jedoch Grenzzeichen, kann jeder Grundstückseigentümer vom Eigentümer des Nachbargrundstücks verlangen, daß dieser bei der Errichtung oder Wiederherstellung von Grenzzeichen mitwirkt *(Abmarkung,* § 919 BGB). Ist der Grenzverlauf streitig und läßt sich die richtige G. nicht ermitteln *(Grenzverwirrung),* kann Klage auf *Grenzscheidung (Grenzfestsetzung)* durch richterl. Urteil erhoben werden. Bei *Grenzeinrichtungen* (Mauern, Hecken), die dem Vorteil beider Grundstücke dienen, wird vermutet, daß die Nachbarn zur gemeinschaftl. Benutzung berechtigt sind, soweit nicht äußere Merkmale darauf hinweisen, daß sie einem Nachbarn allein gehören (§ 921 BGB).

Grenzfläche, Fläche zw. zwei Stoffen oder Phasen, an der sich die physikal. Eigenschaften innerhalb einer Strecke molekularer Größenordnung sehr stark ändern; z. B. zw. zwei Flüssigkeiten, zw. einer Flüssigkeit oder einem Gas und einem festen Stoff, zw. einer Flüssigkeit und einem Gas oder Dampf (in diesem Falle meist als Oberfläche bezeichnet).
Da die Atome oder Moleküle in einer G. nicht allseitig von gleichen Nachbaratomen bzw. -molekülen umgeben sind, tritt auf Grund der beiderseits unterschiedl. bzw. sogar einseitigen Bindung eine Vielzahl von typ. **Grenzflächenerscheinungen** auf. Zu ihnen zählen z. B. ↑Adhäsion, ↑Oberflächenspannung, ↑Benetzung, ↑Kapillarität.

grenzflächenaktive Stoffe, sww. ↑Tenside.

Grenzflächenspannung ↑Oberflächenspannung.

Grenzflächenwellen, an der Grenzfläche zweier Medien unterschiedl. Dichte (z. B. Wasser und Luft) unter dem Einfluß der Schwerkraft sowie der Grenzflächenspannung auftretende Transversalwellen.

Grenzgänger, sww. ↑Grenzarbeitnehmer.

Grenoble Stadtwappen

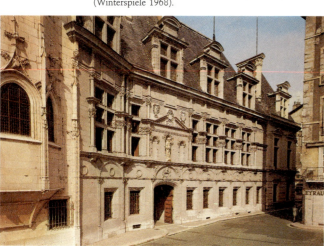

Grenoble. Der Justizpalast in der Altstadt, 15.–16. Jahrhundert

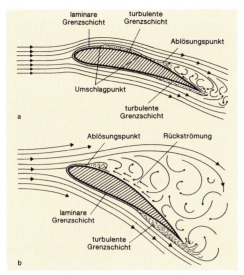

Grenzschichtablösung an einem Tragflügelprofil. Schemazeichnung: a Beginn der Ablösung; b vollständige Ablösung bei zu großem Anstellwinkel

Grenzgewässer, im Völkerrecht Flüsse oder andere Wasserläufe, die die Grenze zw. zwei Staaten bilden. Die Grenzlinie verläuft im allg. im *Talweg*, jener Flußrinne, welche die größte Tiefe aufweist und zur Schiffahrt benutzt wird. Die Mittellinie gilt bei Binnenseen als Grenzlinie, soweit nicht eine andere staatsvertragl. Regelung besteht (wie z. B. beim Bodensee).

Grenzkosten, preis- und produktionstheoret. Bez. für den Kostenzuwachs, der auf einem bestimmten Produktionsniveau bei der Produktion einer weiteren Gütereinheit anfällt.

Grenzlehre ↑ Lehre (Meßtechnik).

Grenzmark ↑ Mark.

Grenzmark Posen-Westpreußen, 1922–38 preuß. Prov., gebildet aus den Restteilen der nach dem Versailler Vertrag beim Dt. Reich verbliebenen ehem. preuß. Prov. Posen und Westpreußen; Hauptstadt Schneidemühl; 1938 aufgelöst und den Prov. Pommern, Mark Brandenburg und Schlesien zugeschlagen; 1945 zu Polen.

Grenzmaße, zwei vorgeschriebene Maße (**Größtmaß** und **Kleinstmaß**), zw. denen Istmaß und Paarungsmaß von Werkstücken liegen müssen, um deren Austauschbarkeit zu gewährleisten.

Grenznutzen, in der Haushaltstheorie der Nutzenzuwachs, den ein Wirtschaftssubjekt auf einem bestimmten Konsumniveau bei einer geringfügigen Ausweitung seines Konsums erfährt.

Grenznutzenschule, zusammenfassende Bez. für die Vertreter einer in den 70er Jahren des 19. Jh. entstandenen Richtung in der Wirtschaftstheorie, die in den individuellen Nutzempfindungen der Wirtschaftssubjekte den entscheidenden Ansatzpunkt für die wirtschaftstheoret. Analyse sahen und als bleibendes Verdienst auf method. Gebiet das Marginalprinzip entwickelten. Die drei Hauptrichtungen der G. sind *Wiener Schule* (C. Menger, E. von Böhm-Bawerk), *Lausanner Schule* (L. Walras, V. Pareto) und *anglo-amerikan. Schule* (W. S. Jevons, F. Y. Edgeworth, J. B. Clark).

Grenzpolizei, Einrichtungen von Bund und Ländern, denen Aufgaben des Grenzschutzes übertragen sind (v. a. Grenzpolizeil. Kontrolle, Grenzfahndung), bes. ↑ Bundesgrenzschutz und G. von Bayern, Bremen, Hamburg. In *Österreich* besteht ein sog. **Grenzkontrollorgan,** dessen Aufgaben v. a. durch die Bundespolizei, die Bundesgendarmerie und die Zollwache wahrgenommen werden. In der *Schweiz* besteht ein **Grenzwachtkorps** als militärisch organisierte Einheit zur Überwachung der Zollgrenze und Sicherung des Zolldienstes sowie zur Lösung von polizeil. und militär. Aufgaben.

Grenzproduktivitätstheorie, wichtiger theoret. Ansatz für die Erklärung der Einkommensverteilung. Unter den Voraussetzungen der vollkommenen Konkurrenz, der Gültigkeit des Ertragsgesetzes und der Zielsetzung der Gewinnmaximierung lautet die zentrale Aussage der G., daß sich der Einsatz eines Produktionsfaktors bis zu dem Punkt lohnt, an dem der mit dem Marktpreis bewertete Grenzertrag gerade noch die Kosten des dazu benötigten Faktoreinsatzes deckt.

Grenzschicht (Reibungsschicht), bei Strömungen zäher Medien entlang fester Wände diejenige Strömungsschicht in unmittelbarer Wandnähe, innerhalb der die Geschwindigkeit vom Betrag Null (Haftbedingung an der Wand) allmählich auf den der Außenströmung ansteigt: als *G. dicke* wird gewöhnlich der Abstand von der Wand definiert, in dem die Strömungsgeschwindigkeit 99 % der Außengeschwindigkeit erreicht hat. Innerhalb einer *laminaren G.* verlaufen alle Stromlinien parallel zueinander, es ist nur eine Längsbewegung der einzelnen Strömungsteilchen vorhanden. Bei einer *turbulenten G.* treten zu dieser Längsbewegung noch ungeordnete Querbewegungen der Strömungsteilchen hinzu. Von großer Bed. für die prakt. Anwendung z. B. in der Flugtechnik ist die Tatsache, daß der Reibungswiderstand bei laminarer G. wesentlich geringer als bei turbulenter ist.

Grenzschichtablösung (Ablösung), Abweichen der wandnahen Strömungsschicht von der Kontur eines umströmten Körpers; hinter dem Ablösepunkt bildet sich ein mit Wirbeln ausgesetztes Unterdruckgebiet („Totwasser") aus, das zu starkem Anstieg des Druckwiderstandes, bei Tragflügeln zu einer Verminderung des Auftriebs führt. Durch die G. wird zwar der Reibungswiderstand der beströmten Oberfläche vermindert, aber der durch die Totwasserbildung bedingte Druckwiderstand überwiegt diesen Gewinn mehrfach, so daß die G. insgesamt unerwünscht ist.

Grenzschichtbeeinflussung, Maßnahmen zur Beeinflussung der Grenzschicht an Flugzeugtragflügeln mit dem Ziel, eine Ablösung der Strömung bes. an der Flügeloberseite zu verhindern, wodurch die Widerstandskraft vermindert wird und größere Anstellwinkel zur Steigerung der Auftriebskraft genutzt werden können. Da stark verzögerte und energiearme Luftteilchen in der Grenzschicht die Ablösung verursachen, kann diese verhindert werden durch ein Absaugen der Grenzschicht in das Flügelinnere, durch ein Ausblasen von Luft tangential zur Flügeloberseite zur Beschleunigung der Grenzschicht oder durch Energiezufuhr aus der energiereichen Außenströmung mit Hilfe von Wirbelerzeugern.

Grenzschutz ↑ Bundesgrenzschutz.

Grenzschutzgruppe 9 (GSG 9) ↑ Bundesgrenzschutz.

Grenzsituationen, Leitbegriff in der Philosophie K. Jaspers' zur Bez. der Situationen, in denen der Mensch die Grenzen seines Erkennens, Wollens und Handelns (Vergänglichkeit und Tod) erfährt.

Grenzstrahlen (Bucky-Strahlen), Bez. für weiche (langwellige) Röntgenstrahlen, die bei der Behandlung bestimmter Hauterkrankungen angewandt werden.

Grenzstrang (Truncus sympathicus), eine paarige Ganglienkette darstellender Nervenstrang des sympath. Nervensystems der Wirbeltiere und des Menschen; verläuft beiderseits der Wirbelsäule von der Schädelbasis bis zur Steißbeinspitze. Jedes G.ganglion steht einerseits mit dem effektor. Teil des Rückenmarks in Verbindung, andererseits führen die Nerven zu den inneren Organen.

Grenzverkehr, der Verkehr über die Grenzen eines Staates hinweg. Dabei wird in grenzüberschreitenden Dienstleistungs-, Waren-, Kapital- und Personenverkehr unterschieden. Eine bes. Rolle spielt der sog. **kleine Grenzverkehr** als grenzüberschreitender Verkehr von Personen mit ständigem Wohnsitz innerhalb eines Zollgrenzbezirks.

Grenzwellen, für den Nahfunkverkehr (insbes. Küstenfunk, Verkehrsfunk) verwendete elektromagnet. Wel-

Grenzwert

len mit Wellenlängen zw. 200 und 100 m (Frequenzen von 1,5 bis 3,0 MHz); sie liegen im Grenzbereich zw. Kurz- und Mittelwellen.

Grenzwert (Limes), diejenige reelle Zahl g, der sich die Glieder einer unendl. Zahlenfolge $a_1, a_2, a_3, \ldots, a_n \ldots$ in der Art nähern, daß sie sich von einem genügend hohen Index n an von g beliebig wenig unterscheiden. Das ist der Fall, wenn es zu jedem $\varepsilon > 0$ eine Nummer $N(\varepsilon)$ gibt, so daß $|g - a_n| < \varepsilon$ für alle $n > N(\varepsilon)$ ist. Man schreibt $a_n \to g$ oder $\lim a_n = g$.

Gresham, Sir Thomas [engl. 'grɛʃəm], * London 1519, † ebd. 21. Nov. 1579, engl. Kaufmann und Finanzpolitiker. – Lebte 1551–74 in Antwerpen, wo er als privater Handelsbankier für die engl. Regierung Anleihen aufnahm. Auf eigene Kosten errichtete er 1566 die Börse von London.

Gretchenfrage, nach Goethes „Faust" (1. Teil, Szene Marthens Garten) Bez. für eine [Fang]frage, die auf eine heikle, vielfach auf das Gewissen bezogene Problematik abzielt.

Gretchenfrisur, Zöpfe, die zum Kranz aufgesteckt sind.

Gretel im Busch ↑ Schwarzkümmel.

Gretna Green [engl. 'grɛtnə 'gri:n], südschott. Grenzdorf am Solway Firth, Dumfries and Galloway Region; bekannt v. a. als Ort, wo früher Minderjährige, auch Ausländer, ohne Erlaubnis der Eltern vom Dorfschmied (Friedensrichter) getraut werden konnten.

Grétry, André Ernest Modeste [frz. gre'tri], * Lüttich 11. Febr. 1741, † Montmorency bei Paris 24. Sept. 1813, belg. Komponist. – Bed. Vertreter der ↑ Opéra comique; Opern, u. a. „Aucassin und Nicolette" (1779), „Richard Löwenherz" (1784), „Raoul Barbe-Bleue" (1789), „Wilhelm Tell" (1791); daneben Kirchen-, Orchester- und Kammermusik.

Gretschko, Andrei Antonowitsch, * Golodajewka (= Kuibyschewo) 17. Okt. 1903, † Moskau 26. April 1976, sowjet. Marschall (seit 1955) und Politiker. – Im 2. Weltkrieg rasche Karriere (1943 Generaloberst) als Truppenführer; 1953–57 Oberbefehlshaber der Gruppe der Sowjet. Streitkräfte in Deutschland, 1957–60 der sowjet. Landstreitkräfte und 1960–67 aller Truppen des Warschauer Paktes; seit 1967 Verteidigungsmin.; seit 1961 Mgl. des ZK, seit 1973 auch des Politbüros der KPdSU.

Greuelpropaganda, die Verbreitung übertriebener oder erfundener Nachrichten von Gewalttaten und Verbrechen gegen die Menschlichkeit mit dem Ziel, den polit. Gegner moralisch zu diffamieren, sein Ansehen im In- und Ausland zu erschüttern und oppositionelle Gruppen dem eigenen Lager zu integrieren.

Greutungen, anderer Name der ↑ Ostgoten.

Greuze, Jean-Baptiste [frz. grø:z], * Tournus (Saône-et-Loire) 21. Aug. 1725, † Paris 21. März 1805, frz. Maler. – Moralisierende bürgerl. Genrebilder.

Grevelingen [niederl. 'xre:vəlɪŋə], Salzwassersee im SW der Niederlande, 110 km²; ein ehem. Meeresarm im Rhein-Maas-Delta, durch einen Damm in einen Binnensee umgewandelt.

Greven ['gre:vən], Stadt im Münsterland, NRW, 40–60 m ü. d. M., 29 500 E. Eines der Zentren des münsterländ. Textilbezirks. – Um 890 zuerst erwähnt; bis 1803 zum Fürstbistum Münster. 1950 Stadt. – Spätgot. Pfarrkirche Sankt Martin mit roman. Westturm.

Grevenbroich [gre:vən'brɔx], Stadt am N-Rand der Ville, NRW, 51 m ü. d. M., 58 600 E. Geolog. Museum; bed. Braunkohletagebau; Großkraftwerke; Aluminiumind. – 1268 erstmals erwähnt, 1305/07 an Jülich, um diese Zeit zur Stadt erhoben. 1614/66 an Pfalz-Neuburg (ab 1685 Kurpfalz), ab 1815 zu Preußen. – Vom Schloß ist der Palas (15. Jh.) erhalten.

Grevenmacher [gre:vən...], luxemburg. Stadt an der Mosel, 3 000 E. Verwaltungssitz des Distrikts und des Kt. G.; Zollstation (internat. Moselbrücke). Weinbau und Großkellereien, Fremdenverkehr. – Erhielt im 13. Jh. Stadtrechte.

Grevesmühlen [gre:vəs...], Krst. in Meckl.-Vorp., westlich von Wismar, 33 m ü. d. M., 11 000 E. Schiffsausrüstungsbau, Bekleidungs-, Holzind. – Vor 1230 entstanden, um 1262 Stadtrecht, gehörte stets zu Mecklenburg. – Got. Pfarrkirche Sankt Nikolai (13. Jh.); barockes Rathaus (1715).

G., Landkr. in Mecklenburg-Vorpommern.

Grevillea [nach dem schott. Botaniker C. F. Greville, * 1749, † 1809], Gatt. der Proteusgewächse mit rd. 170 Arten in Australien, auf Neuguinea, den Molukken und auf Celebes; immergrüne Bäume und Sträucher mit vielfarbenen, paarweise stehenden Blüten in Trauben; Griffel meist aus der Blüte herausragend. Als Zimmer- oder Kübelpflanze kultiviert wird die **Australische Silbereiche** (Grevillea robusta) mit gefiederten Blättern.

Grévy, Jules [frz. gre'vi], * Mont-sous-Vaudry (Jura) 15. Aug. 1807, † ebd. 9. Sept. 1891, frz. Politiker. – Rechtsanwalt; Republikaner, 1871–73 Präs. der Nat.vers.; 1879–87 Staatspräs.; mußte wegen Betrügereien seines Schwiegersohnes zurücktreten.

Grewe, Wilhelm, * Hamburg 16. Okt. 1911, dt. Jurist und Diplomat. – Prof. in Berlin (ab 1942), Göttingen (ab 1945) und Freiburg im Breisgau (1947–55). Delegationsleiter der BR Deutschland u. a. bei den Verhandlungen zur Ablösung des Besatzungsstatuts (1951); Botschafter der BR Deutschland in den USA (1958–62) und Japan (1971–76); Mgl. des Internat. Schiedshofes in Den Haag (seit 1954); arbeitet v. a. zum Völkerrecht.

Grey (Gray) [engl. greɪ], engl. Adelsfamilie normann. Herkunft. Ihr Name ist abgeleitet von der frz. Stadt Gray (Dep. Haute-Saône). Bed. Vertreter:

G., Charles, Earl of G., * Fallodon (= Falloden) bei Alnwick (Northumberland) 13. März 1764, † Howick (Northumberland) 17. Juli 1845, Politiker. – Seit 1786 Mgl. des Unterhauses; Whig und Parteigänger von C. J. Fox; nach dessen Tod (1806) Außenmin.; 1830–34 Leiter eines Whig-Kabinetts, das mit der ersten umfassenden Parlaments- und Wahlrechtsreform (Reform Bill 1832) die bürgerlich-liberale Umwandlung Großbritanniens einleitete.

G., Sir Edward, Viscount G. of Fallodon (seit 1916), * London 25. April 1862, † Fallodon (= Falloden) bei Alnwick (Northumberland) 7. Sept. 1933, Politiker. – Seit 1885 liberales Mgl. des Unterhauses; 1905–16 Außenmin. Stimmte infolge der wachsenden dt.-engl. Flottenrivalität und aus Besorgnis vor einem dt. Hegemoniestreben der russ.-engl. Verständigung und damit der Ausweitung der ↑ Entente cordiale zu; konnte trotz persönl. Friedensbemühungen den Ausbruch des 1. Weltkriegs und den Kriegseintritt Großbritanniens nicht verhindern.

G., Lady Jane, * Bradgate (Leicestershire) Okt. 1537, † London 12. Febr. 1554, Gegenkönigin. – Urenkelin Heinrichs VII.; auf Betreiben ihres Schwiegervaters, des Hzg. von Northumberland, von Eduard VI. unter Ausschluß seiner Schwester Maria I. (Tudor) zur Nachfolgerin ernannt; bestieg nach dem Tod des Königs am 10. Juli 1553 den Thron, mußte jedoch 9 Tage später der legitimen Thron-

Grevillea. Australische Silbereiche

Charles Earl of Grey (Stahlstich, um 1845)

Edward Viscount Grey of Fallodon

Lady Jane Grey (Ausschnitt aus einem zeitgenössischen Ölgemälde)

Greyhound, Schulterhöhe bis 65 cm

Griechenland

Griechenland
Fläche: 131 957 km² (davon Inseln: 25 213 km²)
Bevölkerung: 10,14 Mill. E (1990), 77 E/km²
Hauptstadt: Athen
Amtssprache: Neugriechisch
Nationalfeiertag: 25. März (Unabhängigkeitstag)
Währung: 1 Drachme (Dr.) = 100 Lepta
Zeitzone: MEZ +1 Stunde

erbin Maria I. weichen, die sie festsetzen und enthaupten ließ.
Greyerz (amtl. Gruyères), schweizer. Gemeinde 8 km sö. von Bulle, Kt. Freiburg, 830 m ü. d. M., 1 250 E. Käsereien. – Die Siedlung entwickelte sich um das Schloß der Grafen von G. zum Städtchen. Die alte Gft. G. umfaßte neben G. u. a. Château-d'Oex und Saanen; 1554 geteilt: Bern erhielt Château-d'Oex und Saanen, Freiburg das übrige Gebiet. – Schloß (12. und 15. Jh.) mit Museum; ma. Stadtbild mit Stadtmauer und Häusern des 15.–17. Jh.
Greyerzer Land, Landschaft in den Freiburger Voralpen des Schweizer Mittellandes.
Greyerzer See, Stausee der Saane, im schweizer. Kt. Freiburg; 9,42 km², bis 75 m tief.
Greyhound [engl. 'grɛɪhaʊnd] (Engl. Windhund), große Windhundrasse mit langem, schmalem Kopf, langem Hals und gefalteten, rückwärts anliegenden Ohren sowie langer, dünner, hakenförmig auslaufender Rute; Haar kurz, fein und glänzend, einfarbig und gestromt in allen Farben.
Grianan of Aileach [engl. 'grɪənən əv 'ɛɪlək], frühe ir. Bergbefestigung auf dem Greenan Mountain im N der Gft. Donegal; vom 5. bis 12. Jh. Sitz des Kgr. der O'Neill of Aileach. 1101 zerstört; 1870 rekonstruiert.
Gribojedow, Alexandr Sergejewitsch, *Moskau 15. Jan. 1795, †Teheran 11. Febr. 1829, russ. Dramatiker. – Diplomat; sein Ruhm wurde durch seine einzige Komödie, „Verstand schafft Leiden" (entstanden 1824, hg. 1833) begründet, eine treffende Satire auf die Moskauer Gesellschaft.
Griebel, Otto, *Meerane 31. März 1895, †Dresden 7. März 1972, dt. Maler und Graphiker. – Vertreter des gesellschaftskrit. Verismus der 20er Jahre, soziale und antimilitarist. Bilder.
Grieben [zu althochdt. griobo, eigtl. „Grobes"], Rückstände nach dem Ausschmelzen von Speckwürfeln.
Griechenland (amtl. Vollform: Elliniki Dimokratia), Republik im S der Balkanhalbinsel, zw. 35° 45' und 36° 23' n. Br. (S-Spitze der Peloponnes und Insel Gavdos: 34° 48') sowie 19° 23' und 28° 14' ö. L. (Rhodos; Insel Strongili: 29° 79'). **Staatsgebiet:** G. grenzt im NW an Albanien und Jugoslawien, im N an Bulgarien und im NO an die europ. Türkei; einige der ägäischen Inseln liegen dicht vor der türk. W-Küste. **Verwaltungsgliederung:** 13 Regionen mit 51 Bez. (Nomoi) einschl. Groß-Athen und die eingeschränkt autonome Mönchsrepublik Athos. **Internat. Mitgliedschaften:** UN, OECD, NATO, GATT, Europarat, Balkanpakt, EG, WEU.
Landesnatur: G. ist ein vorwiegend gebirgiges Land. Der Olymp (in O-Thessalien) ist mit 2 917 m ü. d. M. die höchste Erhebung. Die Faltengebirge der Helleniden als südl. Fortsetzung der Dinariden durchziehen G. in N–S-Richtung. Das zentrale Faltengebirge erreicht im nördl. Pindos Höhen von mehr als 2 000 m, setzt sich auf der Peloponnes (bis über 2 400 m) fort und bildet über die Inseln Kreta und Rhodos die Verbindung zum kleinasiat. Festland. Durch Bruchbildung entstanden großräumige Beckenzonen, wie in Makedonien, Thessalien, Böotien und der Argolis, die zu den fruchtbarsten Anbaugebieten von G. gehören. Der Golf von Patras, der Golf von Korinth und der Saron. Golf trennen die Peloponnes vom Festland. Das Meer dringt im Argol., im Lakon. und im Messen. Golf tief ins Landesinnere vor. Ebenso ist die nördl. Landmasse durch Buchten und Golfe reich gegliedert. Die starke Kammerung bes. der östl. Landeshälfte begünstigte die Entstehung großer Häfen. Die enge Verflechtung von Land und Meer zeigt sich in der Länge der Küste, 15 021 km, gegenüber der nur 1 170 km langen Landgrenze. Der W-Küste sind die Ion. Inseln, der O- und SO-Küste Kreta, Euböa und die Ägäischen Inseln vorgelagert.
Klima: Weitgehend mediterran, modifiziert durch Höhenlage, vorherrschende Windrichtungen und kontinentale Einflüsse im N und NO. Es wird von S nach N merklich rauher. Die trockenen, heißen Sommer sind durch stärkere Luftströmungen aus dem N gekennzeichnet, die Winter durch regenbringende W-Winde. Die W-Seiten erhalten wesentlich mehr Niederschlag als die O-Seiten.
Vegetation: Der Gebirgscharakter führt zu einer Höhenstufung der Vegetation. Die immergrüne mediterrane Vegetation ist auf die Küsten und Tiefländer beschränkt. Daran schließt sich bis rd. 2 000 m Höhe die Region der Gebirgswälder mit sommergrünem Laubmischwald, in höheren Lagen mit Nadelwäldern an. Es folgt die Region alpiner Matten. Die urspr. bewaldeten Höhen wurden bereits in der Antike, bes. aber seit dem 13. Jh., weitgehend gerodet.
Tierwelt: Durch den Raubbau an den Wäldern wurde auch die urspr. Tierwelt (Bär, Auerochs, Löwe u. a.) weitgehend vernichtet.
Bevölkerung: Rd. 95 % der Bev. sind Griechen, der Rest nat. Minderheiten wie Makedonier, Türken, Albaner, Aromunen und Bulgaren; rd. 97 % sind griech.-orth. Christen, 1,3 % Muslime. Ballungsgebiete sind Athen und Saloniki. Auch die Beckenlandschaften sind dicht besiedelt. Es besteht allg. Schulpflicht von 6–15 Jahren. Neben 6 Hochschulen verfügt G. über 6 Univ. und eine TH (in Athen).
Wirtschaft: Obwohl die landw. Nutzfläche (ohne Weiden) nur etwa 25 % der Landesfläche einnimmt, ist die Landw. der bedeutendste Wirtschaftszweig. Sie ist seit Jahrhunderten durch Getreidebau, Weinbau (mit Korinthen- und Sultaninenproduktion) und Ölbaumkulturen gekennzeichnet. Erweitert wurde im Hinblick auf den Anschluß an die EG der Anbau von exportfähigem Obst. Daneben sind Baumwoll- und Tabakanbau von Bed. Die Viehhaltung wird überwiegend als Weidewirtschaft (z. T. Transhumanz) betrieben, im N v. a. Rinder-, im S Schaf- und Ziegenhaltung. Infolge der jahrhundertelangen Waldverwüstung ist die Forstwirtschaft wenig erträgreich. Neben Holzkohle wird aus der Aleppokiefer Harz gewonnen; außerdem Gewinnung von Bruyèreholz. Die Fischerei wird staatlich gefördert. Abgebaut werden Braunkohle, Torf, Bauxit, Magnesit; Erdöl- und Erdgasvorkommen in der N-Ägäis bei der Insel Thasos führten zu polit. Kontroversen mit der Türkei über die Abgrenzung des Festlandsockels;

Griechenland
Staatswappen

Internationales
Kfz-Kennzeichen

Griechenland

Griechenland. Wirtschaft

mit der Förderung konnte erst 1981 begonnen werden. Hauptstandorte der Ind. und des Handwerks sind Athen, Saloniki, Patras sowie einige Städte auf Euböa und in Thessalien. Der Fremdenverkehr ist ein bed. Devisenbringer: 1990 besuchten 8,873 Mill. ausländ. Touristen Griechenland.

Außenhandel: Von den EG-Ländern ist Deutschland der wichtigste Handelspartner, gefolgt von Italien, Frankreich und Großbritannien. Ausgeführt werden Erdölderivate, frisches Obst, Garne, Gewebe und Textilien, Rohtabak, Aluminium, Trockenfrüchte, Obstkonserven, Magnesit, Schuhe u. a., eingeführt Rohöl, Maschinen, Fahrzeuge, Eisen und Stahl, Mais, Kunststoffe und -harze u. a.

Verkehr: Das Schienennetz ist 2 479 km lang. Das Straßennetz hat eine Länge von 38 106 km. Eine große Rolle spielt die Seeschiffahrt. 1988 betrug der Bestand an Handelsschiffen (ab 100 BRT) 2 045 Einheiten, darunter 336 Tanker. Wichtigste Häfen sind Piräus, Patras und Saloniki. 1974 wurde die 1956 auf privater Basis gegr. Olympic Airways verstaatlicht. Sie befliegt ein internat. Streckennetz (rd. 30 Zielflughäfen im Ausland) und fliegt rd. 30 Städte bzw. Inseln des Inlands an. Internat. ✈ sind Athen, Saloniki, Alexandrupolis, Iraklion, Korfu, Kos, Mitilini (Lesbos) und Rhodos.

Geschichte ↑griechische Geschichte.

Politisches System: Nach der im März 1986 revidierten Verfassung vom 11. Juni 1975 ist G. eine parlamentar. Republik mit präsidialen Elementen. *Staatsoberhaupt* ist der vom Parlament auf 5 Jahre gewählte Präs.; er ist zugleich Oberbefehlshaber der Streitkräfte, ernennt den Min.präs. und auf seinen Vorschlag die übrigen Min. des Kabinetts. Unter bes. Umständen kann der Präs. die Leitung des Kabinetts übernehmen und den Rat der Republik zusammenrufen. Die *Exekutive* liegt bei der Reg., die des Vertrauens des Parlaments bedarf und durch ein Mißtrauensvotum gestürzt werden kann.

Der Rat der Republik, ein Gremium aus allen früheren demokratisch gewählten Präs., dem Min.präs. und dem Oppositionsführer sowie allen früheren vom Vertrauen des Parlaments getragenen Min.präs., tagt unter Vors. des Präs., wenn das Parlament nicht in der Lage ist, eine vom Vertrauen des Parlaments getragene Reg. zu bilden, und kann den Präs. ermächtigen, einen Min.präs. zu ernennen. Beim Einkammerparlament, das aus 200 bis 300 (z. Z. 300) auf 4 Jahre vom Volk (auf Grund eines verstärkten Verhältniswahlrechts) gewählten Abg. besteht, liegt i. d. R. die *Legislative*. Die von ihm verabschiedeten Gesetze müssen vom Präs. bestätigt werden, dessen Veto vom Parlament durch die absolute Mehrheit aller Abg. aufgehoben werden kann. Das Parlament besitzt die Möglichkeit zur Präs.anklage.

Parteien: Reg.partei war 1981–89 die Panhellen. Sozialist. Bewegung (PASOK; gegr. 1974); sie verlor nach einer Reihe von Skandalen ihre absolute Mehrheit. Die 1974 gegr. Partei „Neue Demokratie" versteht sich als konservativ-libe-

griechische Geschichte

rale Volkspartei, sie stellte bis 1981 und wieder seit 1989 die Regierung. Diese beiden großen Blöcke prägen die Parteienlandschaft. Dritte Kraft ist eine von Kommunisten geführte Links-Allianz. – *Gewerkschaften:* Es gibt über 5 000 eingetragene Gewerkschaften, die in 77 Verbänden zusammengeschlossen sind. Die meisten von ihnen sind dem Allg. Griech. Arbeiterverband angegliedert (rd. 600 000 Mgl.), der Mgl. des IBFG und des EGB ist.
Recht: Neben dem Griech. Zivilgesetzbuch, das z. T. dem dt. BGB entspricht, bestehen zahlr. Spezialgesetze. Die Gerichtsbarkeit ist in Zivil-, Straf- und Verwaltungsgerichte unterteilt. Appellationsgerichte sind für alle Berufungsfälle zuständig. Höchste Revisionsinstanz ist der Oberste Gerichtshof. Ein Staatsrat ist Revisionsinstanz in Verwaltungsfällen, ein Oberstes Tribunal urteilt als letzte Entscheidungsinstanz in Verfassungsfragen.

griechische Astronomie, die Griechen verwendeten anfangs das Beobachtungsmaterial der Babylonier und Ägypter zu einer kosmogon. und kosmolog. Welterklärung. Anaximander gab eine erste physikal. Erklärung der kreisförmig gedachten Mond- und Sonnenbahn; außerdem suchte er die Ausdehnung der kugelförmig gedachten Fixsternsphäre spekulativ-mathematisch zu bestimmen. Im ausgehenden 5. Jh. v. Chr. versuchten die Pythagoreer, Erkenntnisse über die fünf Planeten, die Sonne und den Mond, über ihre Reihenfolge und die relativen Abstände ihrer Kreisbahnen zu gewinnen (↑ Sphärenharmonie). In diese Zeit fällt auch die spekulative Erschließung der Kugelgestalt der Erde durch die Pythagoreer. Anknüpfend an pythagoreische Vorstellungen, entwickelte dann Platon eine von den Gesetzen der Harmonie bestimmte mathemat. Theorie der Planetenbewegungen, die sich bewußt über die Beobachtungen erhob. Diese Theorie hat bis hin zu J. Kepler starken Einfluß ausgeübt. Die von den Griechen gefundenen Beobachtungsergebnisse wurden im System der ↑ homozentrischen Sphären des Eudoxos von Knidos (4. Jh. v. Chr.) mathematisch erfaßt. Auf diesem Modell baute Aristoteles sein System der 27 Sphären auf, das dann bis hin zu N. Kopernikus die physikal. Grundlage aller Kosmologien bildete. Die beobachteten Phänomene zwangen jedoch, von der strengen Konzentrizität der Sphären abzugehen. Dazu wurden die Exzentertheorie (Hipparchos) und die Epizykeltheorie (Apollonios von Perge) entwickelt. Ptolemäus verknüpfte um 150 n. Chr. miteinander. Sein „Almagest" bildete das maßgebl. Lehr- und Handbuch der Astronomie für fast anderthalb Jahrtausende. Der erste Fixsternkatalog, den Hipparchos erstellt hatte, wurde fast unverändert von Ptolemäus und bis hin zu N. Kopernikus übernommen. Ansätze zu einer Himmelsdynamik fanden auf Grund der geozentr. Physik des Aristoteles, die bis ins 17. Jh. anerkannt blieb, keine Fortsetzung (Ablehnung der heliozentr. Hypothese des Aristarchos von Samos). – Die Vermittlung der astronom. Kenntnisse der Griechen an das Abendland erfolgte seit dem 12. Jh. wesentlich durch die arab. Astronomie.

griechische Geschichte, die Geschichte Griechenlands von der Frühzeit bis in die Gegenwart. – Zur Vorgeschichte ↑ Europa.

Frühzeit und archaische Zeit (bis etwa 500 v. Chr.)

Die Bez. Griechenland bezieht sich für die Antike auf die griech. Halbinsel (ohne Makedonien), die zugehörigen griechisch besiedelten Inseln, die Peloponnes und die Inseln des Ägäischen Meeres (mit Kreta). Um 2000 v. Chr. trafen wahrscheinlich indogerman. Stämme bei ihrer Einwanderung auf eine mit Kleinasien und den Inseln in enger Verbindung stehende Bev. In sich unter kret. Einfluß gestaltenden myken. Kultur (seit etwa 1600 v. Chr.) entstanden offensichtlich größere Territorialherrschaften mit befestigten Zentren (Mykene, Pylos, Tiryns) und ausgeprägter Verwaltung. Auf Kreta entwickelte sich die minoische Kultur (bis 1400 v. Chr.) weiter. In einer neuen Einwanderungswelle seit 1200 wurden bes. M-Griechenland sowie die nördl. und nw. Peloponnes durch die Dorier besiedelt. Reste früherer Bev. hielten sich in Arkadien, daneben kam es jedoch auch zur Auswanderung (1. Kolonisation) von Äoliern und Ioniern nach Kleinasien und auf die Ägäischen Inseln. Die Hellenisierung führte dort zu griech. Stammesbünden, die Berührung mit dem Osten zu einer ersten Kulturblüte (Vorsokratiker). Zugleich bildeten sich gemeingriech. Institutionen, Festspiele (Olymp. Spiele), Mythen, Kulte und Kultverbände (Delphi) heraus.

Die archaische Zeit (seit etwa 800) war politisch durch regionale Aufsplitterung sowie Herausbildung des Stadtstaates (Polis) mit seinen Unabhängigkeitsprinzipien nach außen, im Innern durch allmähl. Ablösung der monarch. (Ausnahme z. B. Sparta) durch eine aristokrat. Ordnung geprägt. Probleme der Überbevölkerung und soziale Spannungen führten seit dem 8. Jh. zur 2. griech. Kolonisation (Küsten des Schwarzen Meeres und des Mittelmeeres). Der sich entwickelnde Gegensatz zw. Volk und Adel hatte die verstärkte Teilnahme des ganzen überdies bereits zur Verteidigung der Polis herangezogenen Volkes an der Entscheidung über seine Belange zum Ziel und führte u. a. zur Rechtsaufzeichnung (624 Drakon in Athen) und zum wirtsch.-polit. Ausgleich durch Schiedsrichter (594/593 Reformen Solons in Athen). Bestehende Gegensätze begünstigten den Aufstieg der Tyrannen (z. B. Peisistratos in Athen) mit volksfreundl. Politik. Der von ihnen geförderte Abbau bestehender politisch-sozialer Verhältnisse wurde Grundlage weiterer Demokratisierung (in Athen durch

Griechenland. Oben: Landschaft bei Andritsäna auf der Peloponnes. Unten: Blick von der Insel Santorin auf das Meer

griechische Geschichte

Kleisthenes 508). – Sparta entwickelte sich als führende Macht der Peloponnes zum Flächenstaat, regiert von der militarist. Minderheit der Spartiaten mit rechtl. und sozialer Abstufung der anderen Bev.teile (Heloten). Neben Volksversammlung und Gerusia hielt sich ein Doppelkönigtum, das durch die 5 Ephoren (Ephorat) eingeschränkt wurde. Unter ihrem Einfluß beschränkte sich die spartan. Politik seit Mitte des 6. Jh. mehr und mehr auf innergriech., peloponnes. Angelegenheiten (Entstehung des Peloponnes. Bundes Ende des 6. Jh.).) – Die in lockeren Stammesbünden zusammengeschlossenen Griechen Kleinasiens fielen erst unter lyd., seit 546 unter pers. Oberhoheit. Die Unterstützung des Ion. Aufstandes (500–494) durch Athen und Eretria (Euböa) hatte die Perserkriege zur Folge.

Klassische Zeit (500–336)

Die nach der Angliederung Thrakiens und Makedoniens (513) versuchte Unterwerfung Griechenlands zur Abrundung des pers. Reiches konnten die Griechen in den Schlachten bei Marathon (490), Salamis (480) und Plataä (479) erfolgreich abwehren. Nach Befreiung der kleinasiat. Küstengebiete kam es zw. Athen und Sparta zu Differenzen und zur Gründung des Attisch-Del. Seebundes (477) unter Führung Athens. Persien konnte endgültig vom Mittelländ. Meer verdrängt werden und mußte die Unabhängigkeit der westkleinasiat. Küstengebiete zugestehen. In Athen festigten sich die demokrat. Strukturen durch eine volksfreundl. Gesetzgebung. Der Attisch-Del. Seebund wurde durch eine rigorose Kontrolle zum Herrschaftsinstrument Athens. Die Überführung der Bundeskasse 454 nach Athen und die durch Perikles angeregte Verwendung der Bundesmittel zum Ausbau der Akropolis dokumentierten den Anspruch Athens, das Zentrum Griechenlands zu sein, und die Bemühungen um die polit. Einigung der Griechen. Der wachsende Gegensatz zw. Athen und Sparta hatte den Peloponnes. Krieg (431–404) zur Folge, der nach pers. Unterstützung Spartas mit dessen Vormachtstellung endete. Der mit Persien 387 abgeschlossene Königsfriede sicherte den griech. Staaten die Unabhängigkeit, lieferte aber Kleinasien endgültig dem pers. Großkönig aus. Übergriffe Spartas förderten die Gründung des 2. Att. Seebundes (60 Mgl.). Theben brach die spartan. Vorherrschaft bei Leuktra (371).

Die griech. Einigungsbemühungen schlugen sich in Versuchen der Errichtung allg. Friedensordnungen nieder. Erste, konkret faßbare Vorstellungen sahen die Einigung aller Griechen unter Führung Athens vor, zugleich aber Eroberung Kleinasiens als Siedlungsgebiet. Diese Führungsrolle übernahm 346 Philipp II. von Makedonien.

Hellenismus (336–146)

In Makedonien hatte sich Philipp II. eine starke Militärmacht geschaffen; er dehnte den Einflußbereich Makedoniens über die ganze nördl. Ägäis aus. Bei Chaironeia schlug er 338 die vereinigten Athener und Thebaner entscheidend und gründete im gleichen Jahr in Korinth eine Friedensorganisation, die ihm als Exekutivmacht und Garanten polit. Stabilität die Herrschaft über Griechenland verschaffte. Nach Ermordung Philipps (336) gelang es seinem Sohn Alexander d. Gr., Persien zu zerschlagen und die eigenen Herrschaftsgrenzen bis Ägypten (332), ins Gebiet des heutigen Turkestan (329–327) und zum Indus auszudehnen (326). Die nach Alexanders Tod (323) entstandenen Diadochenreiche bedeuteten die Herrschaft griech. Minderheiten über die unterworfenen Völker und Ausbreitung griech. Kultur und Lebensformen als verbindendes Element über den ganzen Orient (Hellenismus). Dies hatte einen kulturellen Aufschwung zur Folge, bei dem sich griech.-makedon. und einheim. Bev. gegenseitig fruchtbar beeinflußten. Der seit 215 von Philipp V. von Makedonien

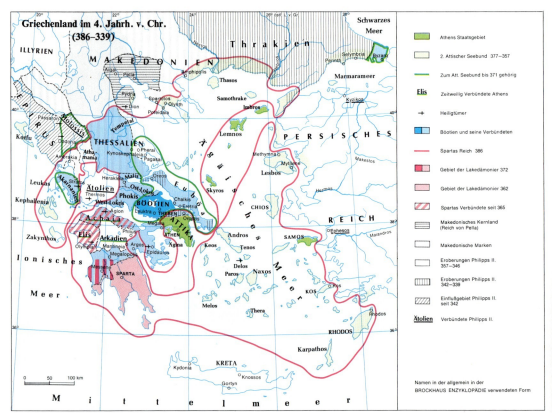

griechische Geschichte

im Bund mit Hannibal gegen die seit 229 in Epirus engagierten Römer geführte 1. Makedon. Krieg löste die makedon. Vorherrschaft auf, Griechenland wurde röm. Einflußgebiet. Weitere röm. Siege führten zur Aufteilung Makedoniens in von Rom abhängige Reiche und schließlich zur teilweisen Einverleibung in das röm. Imperium als Prov. Macedonia (seit 148).

Römische Zeit (146 v. Chr. – 330 n. Chr.)

Entvölkerung und Ausbeutung v. a. durch röm. Steuerpächter führten, trotz Bemühungen Roms um Verbesserung der wirtsch. Möglichkeiten, zu einer katastrophalen Lage, die erneute Aufstände gegen die röm. Herrschaft nach sich zog. Nach verschiedenen Versuchen der Neuordnung des hellenist. Ostens richtete Augustus 27 v. Chr. die Prov. Achaia mit Korinth als Hauptstadt ein und sorgte damit zunächst für eine Beruhigung. Äußerlich war die Kaiserzeit gekennzeichnet durch Bautätigkeit in allen Teilen des griech. Ostens, Verehrung griech. Kultur und Förderung des griech. Elements in regionaler und in Reichsverwaltung. Fortschreitende Homogenisierung und fiskal. Notwendigkeiten führten zum Verlust der Sonderstellung der Polis in Reichs- und Prov.verwaltung. Die Erhebung Byzantions (Byzanz) zur Hauptstadt des östl. Reichsteils (Ostrom) am 11. Mai 330 durch Konstantin I. konnte diesen Prozeß nicht verhindern.

Byzantinische Zeit (330 – 1453)

Obwohl sich das Byzantin. Reich mit Konstantinopel (Byzanz) als Zentrum v. a. auf die Tradition der griech. Kultur stützte und nach den arab. Eroberungen im 7. Jh. zu einem Staat mit fast rein griech. Bev. wurde, blieb Griechenland eine unbedeutende Provinz; vom 6. bis 9. Jh. litt es oft unter Einfällen von slaw. Völkern. Als 1204 Konstantinopel durch Kreuzfahrer und Venezianer erobert und das Byzantin. Reich aufgeteilt wurde, behielt in Griechenland nur das Despotat Epirus die byzantin. Tradition. Durch das Osman. Reich bis Ende des 14. Jh. auf das Gebiet der Hauptstadt und Besitzungen auf der Peloponnes reduziert, wurde das Byzantin. Reich mit der Eroberung Konstantinopels durch Sultan Muhammad II. (29. Mai 1453) zerstört.

Osmanische Herrschaft (1453 – 1830)

Griechenland war für mehr als drei Jh. ein Teil des Osman. Reiches. Nachkommen byzantin. Aristokraten, Großkaufleute, Beamte der griech.-orth. Kirche und der osman. Obrigkeit bildeten die einflußreiche Oberschicht der Phanarioten. Die Grundbesitzer behielten zwar nach der Eroberung ihr Land als Militärlehen, doch wurde v. a. in den fruchtbaren Gebieten des Festlandes ein Großteil des Grundbesitzes an Muslime (d. h. Türken) ausgegeben. Die bäuerl. Hintersassen wanderten im 15./16. Jh. wie die Städter zu einem großen Teil aus den von Militär und Verwaltung stärker kontrollierten Gebieten ins Ausland und in unwegsame Bergregionen ab, in denen Freidörfer mit Viehzucht und Handwerk entstanden. Durch die Verleihung von Privilegien an Regionen und Personengruppen entstanden vielfältige Formen lokaler und berufsständ. Selbstverwaltung. Diese und die orth. Kirche hielten das Nationalgefühl aufrecht. Im 16./17. Jh. setzte ein wirtsch. Aufschwung ein. Bev.vermehrung und Binnenrückwanderung führten zum Anwachsen der Städte sowie zur Wiederbesiedlung der verkehrsgünstigen Küsten, der Inseln und Kleinasiens. Anfang des 19. Jh. konnte der griech. Seehandel auf Grund der Napoleon. Kriege vom Niedergang des brit. und frz. Handels profitieren. Die neu entstandene Schicht der Kaufleute und Fernhändler sah sich durch den Machtverfall des Osman. Reiches und die damit wachsende Rechtsunsicherheit sowie durch dessen allg. Rückständigkeit behindert; dank

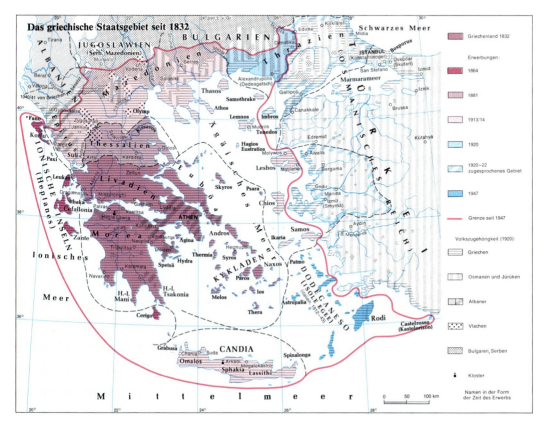

griechische Geschichte

ihrer Kontakte zu M- und W-Europa wurde sie zum Vermittler des Gedankenguts der Aufklärung und der nat. Bewegungen. Nach der erfolgreichen serb. Erhebung (1804–17) revoltierten die von Albanern und Bulgaren unterstützten Griechen gegen den Sultan; am 6. März 1821 rückte A. Ypsilantis in der Moldau ein. Am 25. März (heute Nationalfeiertag) begann der allg. bewaffnete Aufstand im eigtl. Griechenland. Am 13. Jan. 1822 erklärte die 1. Nationalversammlung von Epidauros Griechenland für unabhängig. Der Aufstand wurde aber erst nach dem Eingreifen von Großbritannien, Rußland und Frankreich in die Kämpfe entschieden (1827).

Monarchie und Diktatur (1830–1974)

Im Londoner Protokoll (3. Febr. 1830) wurde Griechenland als unabhängige Erbmonarchie anerkannt. Das Staatsgebiet bestand – bezogen auf das heutige Griechenland – aus S- und Z-Griechenland einschl. Euböa und den Kykladen. Nach der Ermordung des ersten Regenten, I. A. Graf Kapodistrias (seit 1827) am 9. Okt. 1831 wurde 1832 auf Betriben der Großmächte der bayr. Prinz Otto König. Die absolute Monarchie, im Ggs. zu den Idealen des Freiheitskampfes eingeführt, konnte in der Bev. keinen Rückhalt gewinnen. 1862 wurden die Wittelsbacher vertrieben und der dän. Prinz Wilhelm als Georg I. von der Nationalversammlung zum neuen König gewählt. Dessen Dyn. Holstein-Glücksburg hatte den Thron bis 1923 und 1935–73 inne. Die 1864 ausgearbeitete Verfassung basierte auf dem Prinzip der Volkssouveränität und bildete die Grundlage des gegen die Machtansprüche der Krone durchgesetzten parlamentar. Reg.systems. Die Außenpolitik orientierte sich stets an der Idee der Bildung eines großgriech. Nationalstaates, der auch Gebiete ohne griech. Bev.mehrheit aus histor. Recht umfassen sollte. Hierin war der Konflikt mit den Nachbarvölkern angelegt. Im Berliner Frieden 1881 erhielt Griechenland S-Epirus, den größten Teil Thessaliens, in den Balkankriegen 1912/1913 konnte das Staatsgebiet dann fast verdoppelt werden (u. a. Gewinnung von Kreta). Erst 1923 wurde die Grenze zur Türkei endgültig festgelegt. Der heutige territoriale Bestand ergab sich nach dem 2. Weltkrieg, als Italien den Dodekanes abtrat.
Erschließung des Landes, Ausweitung des inneren Marktes, Modernisierung der Verwaltung und Aufrüstung kennzeichneten die Wirtschafts- und Innenpolitik seit 1882. Wegen starker Auslandsverschuldung verhängten die Gläubigerländer über Griechenland eine internat. Finanzkontrolle. In der Folge der Militärrevolte 1909 bildete der liberale E. Weniselos 1910–15 die Reg. und führte 1911 eine Verfassungsreform durch. Auf durchgreifende Reformen folgte die siegreiche Teilnahme an den Balkankriegen (1912/13). Über die Frage des Kriegseintritts 1915 brach ein schwerer Verfassungskonflikt zw. dem für unbedingte Neutralität eintretenden König Konstantin I. und den für das Bündnis mit der Entente plädierenden Liberalen aus. Es kam zu schweren innenpolit. Wirren mit Bildung einer Gegenregierung durch Weniselos (1916), deren Unterstützung durch die Westmächte den König zum Verlassen Griechenlands (bis 1920) zwang. Nach dem verlorenen Griech.-Türk. Krieg (1921/22) mußte Griechenland mehr als eine Mill. Flüchtlinge aufnehmen; das Problem ihrer Ansiedlung wurde durch eine tiefgreifende Landreform gelöst, bei der über die Hälfte der landw. nutzbaren Fläche neu verteilt wurde. Seitdem gibt es weder Großgrundbesitzer noch landlose Landarbeiter, sondern eine breite Schicht kleinbäuerl. Besitzer. Die radikalen Gruppen der weniselist. Parteien setzten 1924 die Abschaffung des Königtums durch, doch gelang ihnen nicht die Disziplinierung des in Verschwörerzirkel zerfallenden Offizierskorps. Reg.krisen und schließlich die Weltwirtschaftskrise führten zum Erstarken der royalist. Parteien, die 1933 die Mehrheit errangen. Nach einer gescheiterten weniselist. Revolte erzwangen sie durch Verfassungsbruch, Staatsstreich, Terror und ein gefälschtes Plebiszit die Wiedereinführung der Monarchie. Die 1936 errichtete Diktatur I. Metaxas' entglitt der königl.

Kontrolle und wurde in ein faschist. Regime überführt, das allerdings bed. wirtsch. und soziale Erfolge aufzuweisen hatte.
Am 28. Okt. 1940 forderte Mussolini italien. Stützpunkte auf griech. Boden, Griechenland lehnte ab und wurde daraufhin besetzt. Während der dt.-italien.-bulgar. Okkupation seit April 1941 entstand im Lande eine Widerstandsbewegung, deren mächtigste Organisation EAM/ELAS (Ethnikon Apeleftherotikon Metopon) kommunistisch geführt wurde. Die Exzesse der Besatzungsmächte (Griechenpogrome, Massenschießungen) blieben in dem Bewußtsein des Volkes. Im griech. Bürgerkrieg (1942–49) gelang es den Kommunisten allerdings trotz ihres Dezemberaufstandes nach dem dt. Abzug 1944 nicht, sich zu behaupten; schließlich wurden sie auch wirtsch. und militärpolit. Hilfe der USA bezwungen. Nach einem Plebiszit kehrte Georg II. auf den Thron zurück. Die 1952 revidierte Verfassung von 1864/1911 entwickelte zwar das parlamentar. Reg.system weiter, doch legten die Könige in der Folgezeit (Paul I., Konstantin II.) die Bestimmungen über ihre Kompetenzen recht extensiv aus. Griechenland trat der NATO und dem Balkanpakt bei. Die Bemühungen von K. Karamanlis 1955–63 um eine zügige Beseitigung der Kriegs- und Bürgerkriegsschäden sowie um die Ind.entwicklung mit Hilfe der USA und W-Europas (Assoziierungsvertrag mit der EWG 1962) blieben durch die Hypothek erbitterter Auseinandersetzungen mit der Opposition um die Grundlagen der Rechtsstaatlichkeit belastet. Die zur Union des Zentrums vereinigten Parteien der Mitte leiteten nach Wahlsiegen (1963, 1964) unter G. Papandreu die innenpolit. Liberalisierung ein. Außenpolitisch war das Land durch das Zerwürfnis mit der Türkei in der Zypernfrage belastet. Schwere innenpolit. Auseinandersetzungen führten zu nur kurzlebigen Kabinetten. Einem zw. den großen Parteien vereinbarten Wahltermin kam am 21. April 1967 ein Armeeputsch zuvor, der von einer kleinen Gruppe konservativer Offiziere um die Obristen J. Papadopulos und S. Pattakos ausging und in der Errichtung eines diktator. Regimes endete (Ausnahmezustand, Massenverhaftungen und -deportationen, Gleichschaltung der Presse, KZ auf Jaros und Leros). Ein Gegenputsch König Konstantins II. scheiterte (Dez. 1967). Seit Dez. 1968 war Papadopulos durch Ausweitung seiner Befugnisse Diktator Griechenlands. Unter Bruch der Verfassung wurde am 1. Juni 1973 die Republik ausgerufen und eine Volksabstimmung am 29. Juli 1973 sanktionierte dies. Noch im Nov. des gleichen Jahres übernahmen die Streitkräfte erneut die Reg.gewalt und setzten Papadopulos ab. Der Mitte Juli 1974 auf Zypern unternommene Versuch, nach dem Sturz des zypr. Staatspräsidenten Makarios durch griech. Offiziere der zypr. Nationalgarde ein Regime zu etablieren, das den Anschluß der Insel an Griechenland betreiben sollte, scheiterte durch das Eingreifen der Türkei. Die Militärführung des Landes entschloß sich daraufhin, die Reg. wieder zivilen Kräften zu übertragen.

Die neue Republik (seit 1974)

K. Karamanlis wurde aus seinem Exil zurückgerufen und mit der Reg.bildung beauftragt, die Verfassung von 1952 trat unter die Artikel über die Staatsform wieder in Kraft. Bis Ende 1974 normalisierte sich das polit. Leben in Griechenland u. a. durch Bildung der polit. Parteien und die ersten Wahlen seit 10 Jahren (Nov. 1974), die für die Partei K. Karamanlis' (Neue Demokratie) die Zweidrittelmehrheit erbrachten. In einer Volksabstimmung am 8. Dez. 1974 entschieden sich 69,2 % für die Republik als Staatsform; im Juni 1975 wurde die neue Verfassung des Landes verabschiedet. Außenpolitisch lehnte sich Griechenland weiter an den Westen an. Im Aug. 1974 trat es allerdings aus der militär. Organisation der NATO aus, da diese den griech.-türk. Konflikt um Zypern nicht hatte verhindern können. Auch in der Frage des Ägäissockels kam es wegen der dort vermuteten Erdölvorkommen zu Konflikten mit der Türkei; im Mai 1978 einigten sich Min.präs. K. Karamanlis und

Görres-Gesellschaft zur Pflege der Wissenschaft

Alexandr Michailowitsch Fürst Gortschakow
(zeitgenössischer Holzstich)

Georg Joachim Göschen
(Lithographie, um 1795)

Goslar Stadtwappen

Görres-Gesellschaft zur Pflege der Wissenschaft, 1876 anläßlich des 100. Geburtstages von J. von Görres von kath. Forschern und Publizisten in Koblenz gegr. Vereinigung zur Förderung der wiss. Arbeit dt. Katholiken. Die G.-G. arbeitet in 17 Sektionen und unterhält u. a. vier Auslandsinstitute (Vatikan, Jerusalem, Madrid, Lissabon). Bed. Herausgebertätigkeit, u. a. „Histor. Jahrbuch" (1879 ff.), „Röm. Quartalschrift" (1887 ff.), „Staatslexikon" (1887 ff., ^{7}1985 ff.), „Philosoph. Jahrbuch" (1888 ff.), „Jahrbuch für Psychologie, Psychotherapie und medizin. Anthropologie" (1952 ff.).

Gorski, Alexandr Alexejewitsch, * Petersburg 18. Aug. 1871, † Moskau 20. Okt. 1924, russ.-sowjet. Tänzer und Choreograph. – Seit 1900 am Bolschoi-Theater in Moskau. Neben zahlr. Klassiker-Neuinszenierungen schuf G. dramat., realist. Handlungsballette (u. a. „Salambo", 1910), die für das sowjet. Ballett richtungweisend wurden.

Gorter, Herman [niederl. ˈxɔrtər], * Wormerveer 26. Nov. 1864, † Brüssel 15. Sept. 1927, niederl. Lyriker. – Schrieb in klangschöner Sprache und tiefem Naturempfinden u. a. die Epen „Mai" (1889) sowie „Pan" (1912, erweitert 1916); Hg. sozialist. Monatsschriften.

Gortschakow, Alexandr Michailowitsch Fürst [russ. gertʃɪˈkɔf], * Haapsalu (Estland) 15. Juli 1798, † Baden-Baden 11. März 1883, russ. Politiker. – 1856–82 Außenmin.; 1867 Reichskanzler; versuchte, die durch die Niederlage im Krimkrieg (1853/54–56) erschütterte Position Rußlands wieder herzustellen, nutzte den Dt.-Frz. Krieg 1870/71 zur Aufkündigung der Pontusklausel des Pariser Friedens von 1856; erzielte 1875 einen diplomat. Erfolg gegenüber Bismarck.

Gortyn (Gortyna), bed. altkret. Stadt in der Mesaraebene; bereits in vordor. Zeit Kulturzentrum; ehem. röm. Prov.hauptstadt. 826 durch die Araber zerstört. 1884 Ausgrabung, dabei Fund einer in Stein gehauenen Rechtskodifikation (5. Jh. v. Chr.).

Görz, italien. Stadt, ↑ Gorizia.
G., ehem. [gefürstete] Gft. mit dem Mittelpunkt Görz (= Gorizia), 1001 entstanden. Seit dem 12. Jh. im Besitz der ↑ Meinhardiner, nach deren Aussterben (1500) habsburg.; 1815–1918 als **Görz und Gradisca** östr. Kronland. Im 1. Weltkrieg während der Isonzoschlachten hart umkämpft; 1919 italien. Prov., 1947 zw. Italien und Jugoslawien aufgeteilt.

Gorze, ehem. Benediktinerabtei bei Metz; 749 gegr. Im 10. Jh. Zentrum der **Gorzer Reform** (↑lothringische Reform): bei Wahrung der Selbständigkeit der Klöster einheitl. Regelerklärung, gleiches Ordenskleid und Gebetsgemeinschaft. Die Reformbewegung dauerte in bis zu 170 Klöstern etwa zwei Jh. an.

Gorzów Wielkopolski [poln. ˈgɔʒuf vjɛlkɔˈpɔlski], ↑ Landsberg (Warthe).

Gosauseen, drei Seen in einem Trogtal im westl. Dachstein, Oberösterreich.

Gösch [zu niederl. gens(je) „kleine Fahne"], an einem kleinen Flaggenstock am Vorsteven von Schiffen gesetzte Flagge, die das Stadtwappen des Heimathafens trägt, eine verkleinerte Nationalflagge ist oder die Oberecke der Kriegsflagge zeigt.

Goschen, George Joachim [engl. ˈgoʊʃən], Viscount G. of Hawkhurst (seit 1900), * Stoke Newington (= London) 10. Aug. 1831, † Seacox Heath (Sussex) 7. Febr. 1907, brit. Unternehmer und Politiker. – Enkel von G. J. Göschen. 1863–86 und ab 1887 im Unterhaus. 1871–74 sowie 1895–1900 1. Lord der Admiralität. Zunächst Liberaler; handelte 1876 die Kontrolle über die ägypt. Schuldentilgung aus; wandte sich jedoch gegen die Homerulepolitik Gladstones; schloß sich den Unionisten an. 1887–92 Schatzkanzler.

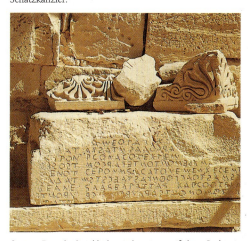

Gortyn. Einer der Steinblöcke mit dem eingemeißelten „Recht von Gortyn", 5. Jh. v. Chr.

Göschen, Georg Joachim, ≈ Bremen 22. April 1752, † Gut Hohnstädt bei Grimma 5. April 1828, dt. Verlagsbuchhändler. – 1785 gründete er in Leipzig die *G. J. G.'sche Verlagsbuchhandlung,* die 1793 gegr. Druckerei verlegte er 1797 nach Grimma, 1823 auch den Verlag. Brachte u. a. typographisch mustergültige Gesamtausgaben von Goethe, Wieland, Iffland, Klopstock sowie Werke von Schiller heraus und bot zugleich billige Volksausgaben an. Die Firma wurde 1838 der Cotta'schen Buchhandlung eingegliedert.

Göschenen, schweizer. Gemeinde 4 km nördl. von Andermatt, Kt. Uri, 1 106 m ü. d. M., 650 E. Nördl. Endpunkt des Gotthard-Eisenbahn- und des Straßentunnels. Stausee mit Großkraftwerk.

Gose [nach dem gleichnamigen Fluß in Goslar, dem urspr. Herstellungsort], helles, obergäriges, säuerl. Bier, das u. a. aus Gersten- und Weizenmalz v. a. in Leipzig und Umgebung bis 1965 hergestellt wurde.

Goshun Matsumura (Gekkei, Hokuba), * 28. April 1752, † Kyōto 4. Sept. 1811, jap. Maler. – Begr. der von der chin. Song- und Yuanmalerei, aber auch schon von westl. Techniken inspirierten Shijō-Schule.

Goslar, Krst. am N-Rand des Harzes, Nds., 260 m ü. d. M., 46 000 E. Verwaltungssitz des Landkr. G. Museen, Bibliothek. Hüttenbetriebe, chem. und metallverarbeitende Ind., Glas- und Baustoffwerk u. a.; Fremdenverkehr. – 922 erstmals erwähnt. 965/68 begann der Abbau der Silbererzlager im Rammelsberg, an dessen Fuß das Bergdorf G. entstand. Kaiser Heinrich II. ließ in G. eine Pfalz errichten. Unter Heinrich III. und Heinrich IV. Entwicklung zur Stadt und Ort von Reichsversammlungen. Als Mgl. des Sächs. Städtebundes (1267/68) und Gründungs-Mgl. der Hanse im 13. Jh. starker Aufschwung, 1290/1340 Reichsstadt. 1808 preußisch, 1815 an Hannover. – Kaiserpfalz (11./ 12. Jh., 1867–79 historisierend restauriert) mit Ulrichskapelle; spätroman. Domvorhalle (12. Jh.); roman. Klosterkirche (12. Jh.), Jakobikirche (12./13. Jh., um 1500 umgebaut); auch die roman. Marktkirche wurde in der Gotik umgestaltet. Spätgot. Rathaus (um 1450) mit ausgemaltem Huldigungssaal; Marktbrunnen (13. Jh.). Zahlr. Gilde- und Bürgerhäuser, u. a. Kaiserworth (1494), Bäckergildehaus

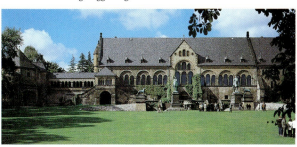

Goslar. Kaiserpfalz, im 11./12. Jh. erbaut, 1867–79 historisierend restauriert

Görlitz. Blick auf den Untermarkt mit dem Rathaus, im Kern 14./15. Jh., im 16. Jh. umgebaut und erweitert

1. Sept. 1939 (im Falle seines Todes) zum Nachfolger bestimmt; am 19. Juli 1940 zum Reichsmarschall ernannt. Nach dem Versuch, Ende April 1945 von Berchtesgaden aus die Führung der Staatsgeschäfte zu übernehmen, vorübergehend verhaftet, geriet dann in amerikan. Gefangenschaft. – G. war einer der Hauptverantwortlichen für den Einsatz ausländ. Arbeitskräfte zur Zwangsarbeit und für die Maßnahmen zur Vernichtung der Juden. Beging Selbstmord nach der Verurteilung zum Tod durch den Strang in den Nürnberger Prozessen.

Gorizia [italien. go'rittsja] (dt. Görz), italien. Stadt an der Grenze zu Slowenien, Friaul-Julisch-Venetien, 86 m ü. d. M., 39 800 E. Hauptstadt der Prov. G.; Erzbischofssitz; Museum, Bibliotheken; Obst- und Weinhandel, Textil-, Papier- und Möbelind., Fremdenverkehr. – Im 13. Jh. Mittelpunkt der später gefürsteten Gft. Görz; erhielt 1307/1455 Stadtrecht und fiel 1500 an die Habsburger. 1919 kam es an Italien, 1947 wurden die östl. Außenbezirke Jugoslawien zugesprochen (↑ Nova Gorica). – Eine Befestigungsanlage (16.–18. Jh.) umschließt die Burg (Palas, 12./13. Jh.) und die obere Altstadt. Got. Kirche Santo Spirito (1414 ff.); ehem. Wohn- und Postgebäude des Simon de Taxis (um 1562). In der unteren Stadt liegt der Dom (14./15. Jh., im 17. Jh. umgestaltet) mit barocker Ausstattung und bed. Domschatz.

Gorki, Maxim, eigtl. Alexei Maximowitsch Peschkow, *Nischni Nowgorod 28. März 1868, †Moskau 18. Juni 1936, russ. Schriftsteller. – Gelegenheitsarbeiter auf Wanderschaft. Wurde mit naturalist., mit romant. Zügen versehenen Schilderungen des Landstreicherlebens bekannt (1898 und 1899). Zunehmend polit. Tendenz (lernte 1905 Lenin kennen). 1906 Amerikareise, dann jahrelang in W-Europa (bis 1913, 1921–28). Kritisch-bejahendes Bekenntnis zum Bolschewismus; zählt zu den Mitbegr. des sozialist. Realismus. Schildert neben gescheiterten Existenzen bürgerl. und proletar. revolutionäre Figuren. Bed. v. a. das Schauspiel „Nachtasyl" (1902), die Erzählwerke „Verlorene Leute" (E., 1897), „Foma Gordejew" (R., 1899), „Die Mutter" (R., 1907), die autobiograph. Werke „Meine Kindheit" (1913), „Unter fremden Menschen" (1914), „Meine Universitäten" (1923) und seine „Erinnerungen an Lew Nikolajewitsch Tolstoi" (1919).

Gorki [nach M. Gorki] ↑Nischni Nowgorod.

Gorky, Arshile [engl. 'gɔ:kɪ], armen. Vosdanig Adoian, *Khorkom Vari (Türk.-Armenien) 15. April 1904, †Sherman (Conn.) 21. Juli 1948 (Selbstmord), amerikan. Maler armen. Herkunft. – Mit seiner spontanen, biomorph-abstrakten Malerei und mehrdeutigen organ., erot. Formsymbolen übte G. nachhaltige Wirkung auf das Action painting (↑abstrakter Expressionismus) in den USA aus.

Gorleben, Gemeinde im Landkreis Lüchow-Dannenberg, Nds., am linken Ufer der Elbe, 605 E. – Die geplante Errichtung des nuklearen Entsorgungszentrums der BR Deutschland in G. wurde 1979 von der niedersächs. Landesregierung auf Grund von Bürgerprotesten nicht genehmigt; seit 1983 ist ein Zwischenlager für schwach radioaktive Stoffe in Betrieb; geolog. Untersuchungen ergaben eine allenfalls fragl. Eignung des Salzstocks G. für die Endlagerung radioaktiver Abfälle.

Görlitz, Stadt in Sa., in der östl. Oberlausitz, an der Lausitzer Neiße, 210 m ü. d. M., 74 000 E. Sitz eines ev. Bischofs und eines Apostol. Administrators; Theater, Kunstsammlungen, Museen; Turbinen- und Waggonbau, Textil-, feinmechan. u. a. Ind. – 1071 erwähnt als **villa Goreliz**, wechselnd unter meißn., poln. und (meist) böhm. Herrschaft. Zw. 1210/20 wurde die dt. Stadt G. gegr.; 1329–1635/48 zu Böhmen, danach zu Kursachsen; 1815 zu Preußen; 1945 geteilt (östl. Teil als Zgorzelec an Polen). – Spätgot. Kirchen, u. a. Sankt Peter und Paul (1423–97), Frauenkirche (1449–86), Renaissancerathaus am Untermarkt (im Kern 14./15. Jh., im 16. Jh. umgebaut und erweitert), Bürgerhäuser des 16.–18. Jh.; Tore der ma. Befestigung.

G., Landkr. in Sachsen.

G. (poln. Zgorzelec), Krst. am rechten Ufer der Lausitzer Neiße, Polen, 200 m ü. d. M., 36 000 E. Textil-, Leder-, Papierind. – G. umfaßt die östl. der Neiße gelegenen Stadtteile von Görlitz, die 1945 zu Polen kamen. – Oberlausitzer Gedenkhalle (1902), heute Kulturhaus.

G., Apostol. Administrator (seit 1972) für den westl. der Oder-Neiße-Linie liegenden Teil des Erzbistums Breslau.

Görlitzer Abkommen, von der DDR und Polen am 6. Juli 1950 geschlossener Grenzvertrag, der die Oder-Neiße-Linie als Westgrenze Polens anerkannte; 1990 vom Dt.-Poln. Grenzvertrag bestätigt.

Görlitzer Neiße ↑Lausitzer Neiße.

Görlitzer Programm, Parteiprogramm der SPD von 1921, ↑Sozialdemokratie.

Gorlowka, ukrain. Stadt im Donbass, 337 000 E. PH, histor. Museum, Gemäldegalerie; Steinkohlenbergbau; Herstellung von Grubenausrüstungen, chem. u. a. Ind. – G. entstand 1867 und wurde 1932 Stadt.

Gorm der Alte, *um 860, †um 940, dän. König. – Errang um 920 in Dänemark die Alleinherrschaft und eroberte Haithabu.

Gornergletscher, 14,1 km langer alpiner Gletscher auf der N-Seite der Monte-Rosa-Gruppe, Schweiz. Der am N-Rand des G. gelegene **Gornergrat** (3 089 m ü. d. M.) ist von Zermatt aus mit einer Zahnradbahn (1898 erbaut) erreichbar.

Gorno-Altaisk, Hauptstadt des Autonomen Gebietes Hochaltai in der Region Altai, Rußland, 40 000 E. PH; Textil-, Holz-, Lebensmittelind., Elektrogerätebau. – Seit 1928 Stadt.

Górny Śląsk [poln. 'gurni 'ɕlɔ̃sk], poln. Bez. für ↑Oberschlesien.

Gorontalo, Stadt an der S-Küste der nördl. Halbinsel von Celebes, Indonesien, 97 600 E. Hafen (für Seeschiffe Reede).

Görres, Ida Friederike, *Ronsperg (= Poběžovice, Westböhm. Bez.) 2. Dez. 1901, †Frankfurt am Main 15. Mai 1971, östr.-dt. Schriftstellerin. – Schwester von R. N. Graf Coudenhove-Kalergi; um eine innere Erneuerung des Katholizismus bemühte geistl. Gedichte, Heiligenleben, Spiele und Jugendbücher.

G., [Johann] Joseph von, *Koblenz 25. Jan. 1776, †München 29. Jan. 1848, dt. Publizist und Gelehrter. – 1806–08 Privatdozent in Heidelberg. Als Gegner Napoleons I. 1814–16 Hg. des „Rhein. Merkur", der wegen Einsatzes für eine freiheitl. Verfassung in einem geeinten Deutschland unter östr. Führung verboten wurde. 1817 Hg. der „Altteutschen Volks- und Meisterlieder", 1819 Flucht wegen seiner Schrift „Teutschland und die Revolution". 1827 Prof. für Geschichte in München; Mitbegr. der „Histor.-polit. Blätter für das kath. Deutschland" (1838 ff.).

Görlitz Stadtwappen

Gorizia Stadtwappen

Maxim Gorki

Joseph von Görres (Ausschnitt aus einem Ölgemälde, 1838)

Göreme

1000 E. Histor. und ozeanograph. Museum. – Vom 17.–19. Jh. einer der bedeutendsten Sklavenumschlagplätze W-Afrikas.

Göreme, Plateau in Inneranatolien, 1400 bis 1500 m ü. d. M., mit unzähligen, aus vulkan. Tuff herauspräparierten Erdpyramiden, in denen Wohnungen, Kirchen und Klöster angelegt worden sind. Die vom 7.–14. Jh. angelegten Höhlenkirchen sind v. a. wegen ihrer Fresken kunstgeschichtlich bedeutend.

Göreme. Blick auf die Erdpyramiden, in denen zum Teil Wohnungen angelegt sind

Goretta, Claude, *Genf 23. Juni 1929, schweizer. Filmregisseur. – Vom engl. Free Cinema und vom Neorealismus beeinflußt; bed. Vertreter des jungen Films, u. a. mit „Die Spitzenklöpplerin" (1977), „Die Verweigerung" (1981), „Orfeo" (1985).

Goretti, Maria, hl., *Corinaldo (Prov. Ancona) 16. Okt. 1890, †Nettuno 6. Juli 1902, italien. Bauernmädchen. – Von einem Sittlichkeitsverbrecher ermordet; als Märtyrerin der Jungfräulichkeit verehrt. – Fest: 6. Juli.

Gorgan, Stadt 40 km östlich des SO-Spitze des Kasp. Meeres, Iran, 88 000 E. Forstwiss. Hochschule; Verwaltungs- und Handelszentrum eines Agrargebiets; Endpunkt der transiran. Eisenbahn.

Görgey, Artúr [ungar. 'gørgɛi], *Toporec (Zips) 30. Jan. 1818, †Visegrád 21. Mai 1916, ungar. General. – Führend an der Organisation der ungar. Revolutionsarmee beteiligt und zuletzt deren Oberbefehlshaber, Einnahme von Ofen im Frühjahr 1849. Lehnte die radikale Politik L. Kossuths ab und kapitulierte am 13. Aug. 1849 bei Világos vor den Russen; von Zar Nikolaus I. begnadigt; 1867 nach Ungarn entlassen.

Gorgias von Leontinoi, *Leontinoi (= Lentini, Sizilien) um 485, †Larisa (Thessalien) um 380, griech. Rhetor und Philosoph. – Neben Protagoras der wichtigste Vertreter der Sophistik; seit 427 Gesandter in Athen; später att. Wanderphilosoph. Das Wissen um die überzeugende und verführer. Macht des Wortes bestimmte G.' z. T. erhaltene Schrift „Über das Nichtseiende ...", mit den Thesen: 1. nichts ist; 2. wenn etwas wäre, wäre es nicht erkennbar; 3. wenn es erkennbar wäre, wäre es nicht mitteilbar.

Gorgonen, Fabelwesen der griech. Mythologie; nach Hesiod die drei Schwestern Stheno, Euryale und die sterbl. Medusa; geflügelte, grauenerregende Wesen mit Schlangenhaaren und dem versteinernden Blick, die am W-Rand der Erde wohnen und von ihren älteren Schwestern Pephredo, Enyo und Deino (den **Graien**) behütet werden. Mythos und bildner. Darstellungen konzentrieren sich auf die Gorgo Medusa, eine frühe Darstellung findet sich am Westgiebel des Artemistempels in Kerkira (um 590/80; Museum). Ihr Haupt **(Gorgoneion)** wird in der griech. und röm. Kunst als Emblem vielfach verwendet und lebt in der roman. Kunst des MA als Fratze fort. Das Motiv wurde seit der Renaissance wieder aufgegriffen (u. a. von Leonardo da Vinci, B. Cellini, P. P. Rubens, A. Schlüter).

Gorgonzola [nach dem gleichnam. Ort östl. von Mailand] ↑ Käse.

Gori, Stadt an der Kura, nw. von Tiflis, Georgien, 62 000 E. PH; Stalin-Museum; Theater; Baumwollind., Apparatebau. – Alte Festung, bereits im 7. Jh. bekannt. Geburtsort Stalins.

Gorilla [engl.; von griech. Goríllai, eigtl. „behaarte Wilde in Afrika"] (Gorilla gorilla), sehr kräftiger, muskulöser, in normaler Haltung aufrecht stehend bis 1,75 m hoher Menschenaffe in den Wäldern Äquatorialafrikas; Gesicht nackt, schwarz, mit relativ stark vorspringender Schnauze, wulstiger Nase und starken Brauenwülsten über den relativ kleinen Augen; Beine kurz, Arme stark entwickelt, Hände sehr breit mit relativ kurzen Fingern; Fell dicht, braunschwarz bis schwarz oder grauschwarz, manchmal mit rotbrauner Kopfplatte; alte ♂♂ mit auffallend silbergrauer Rückenbehaarung *(Silberrückenmann)*.
Der pflanzenfressende G. lebt in kleinen Gruppen. Etwa alle vier Jahre wird nach durchschnittlich neunmonatiger Tragzeit ein Junges zur Welt gebracht. G. erreichen ein Alter von etwa 30 bis zu 50 Jahren. Man unterscheidet die Unterarten **Flachlandgorilla** (Gorilla gorilla gorilla und Gorilla gorilla graueri) in den Regenwäldern Äquatorialafrikas; mit kurzer Behaarung; **Berggorilla** (Gorilla gorilla beringei) in Z-Afrika von O-Zaire bis W-Uganda, v. a. im Gebirge; Fell sehr lang und dunkel.

Gorinchem [niederl. 'xɔrkəm], niederl. Stadt am rechten Ufer der Waal, 28 200 E. Rinder- und Pferdemarkt; Metall-, chem., Nahrungsmittelind. – Entstand im 13. Jh. – Befestigungsanlagen (16. Jh.), Kirche (15./16. Jh.) mit 60 m hohem spätgot. Glockenturm.

Göring, Hermann, *Rosenheim 12. Jan. 1893, †Nürnberg 15. Okt. 1946 (Selbstmord), dt. Politiker (NSDAP). – 1918 Kommandeur des Jagdgeschwaders Richthofen; schloß sich Ende 1922 der NSDAP an und übernahm die Führung der SA. MdR ab 1928, 1932/33 Reichstagspräs.; ab Jan. 1933 Schlüsselfigur bei der Errichtung der NS-Diktatur: 1933 Reichsmin. ohne Geschäftsbereich, Reichskommissar für Luftfahrt und für das preuß. Innenministerium, am 11. April 1933 zum preuß. Min.präs. ernannt, bis 1. Mai 1934 zugleich preuß. Innenmin. Seine preuß. Machtbasis nutzte G. zur rücksichtslosen Gleichschaltung aus, v. a. nach dem Reichstagsbrand (eine Mitverantwortung von G. ist umstritten). Seit dem 5. Mai 1933 auch Reichsluftfahrtmin., als der er die Luftwaffe (seit 1. März 1935 deren Oberbefehlshaber) aufbaute. Seit 1936 als Beauftragter für den Vierjahresplan verantwortlich für die wirtsch. Seite der Wiederaufrüstung; ab 1938 Generalfeldmarschall; am 20. Aug. 1939 von Hitler zum Vors. des Reichsverteidigungsrats berufen und von diesem am

Hermann Göring

Gorilla

Goral [Sanskrit] ↑ Waldziegenantilopen.
Goralen, im poln. Teil der Beskiden lebende Bergbauern, die ihr traditionelles Brauchtum bewahrt haben.
Gorbach, Alfons, * Imst (Tirol) 2. Sept. 1898, † Graz 31. Juli 1972, östr. Jurist und Politiker. – 1933–38 Landesführer der Vaterländ. Front in der Steiermark; 1938–42 und 1944/45 in KZ-Haft; seit 1945 Nationalrat, 1961–64 Bundeskanzler.
Gorbatschow, Michail Sergejewitsch, *Priwolnoje (Region Stawropol) 2. März 1931, sowjet. Politiker. – Studierte Jura; wurde 1952 Mgl. der KPdSU, 1970 Mgl. des Obersten Sowjets, 1978 Sekretär des ZK der KPdSU und 1980 Mgl. des Politbüros; 1985–91 Generalsekretär der KPdSU, 1988–90 Vors. des Präsidiums des Obersten Sowjets (Staatsoberhaupt), März 1990–Dez. 1991 gewählter Staatspräsident. – Die von ihm 1985 begonnene Reformpolitik (↑ Glasnost, ↑ Perestroika) zielte auf eine grundlegende wirtsch. und gesellschaftl. Erneuerung der ↑ Sowjetunion. Die wirtsch. Unzulänglichkeiten, die sich rasch ausbreitende Autonomiebewegung in den Republiken, der Widerstand orthodox-kommunist. Kräfte und die mangelnde Unterstützung in weiten Kreisen der Bev. verurteilten diese Ansätze mit fortschreitender Dauer zum Scheitern. Die von G. betriebene Abkehr vom Vormachtsanspruch der UdSSR innerhalb des Ostblocks ermöglichte nach 1989 die Umwälzungen in M- und O-Europa und 1990 die Herstellung der staatl. Einheit Deutschlands. Für die Verdienste seiner Entspannungsdiplomatie, die zum Abbau des Ost-West-Konfliktes und zur Beendigung des kalten Krieges entscheidend beitrug, erhielt G. 1990 den Friedensnobelpreis. Ein gegen G. gerichteter Putsch konservativer Politiker und Militärs im Aug. 1991 scheiterte am energ. Widerstand der polit. Opposition um B. ↑ Jelzin. Unter weitgehenden Machtbeschränkungen danach wieder in das Amt des Staatspräs. eingesetzt, trat G. im Zuge des Verbotes der KPdSU als deren Generalsekretär zurück. Nach der Gründung der Gemeinschaft Unabhängiger Staaten (GUS) im Dez. 1991 und der damit besiegelten Auflösung der UdSSR gab G. auch das Präsidentenamt auf.

Gorch Fock [nach D. ↑ Fock], Name des 1958 in Dienst gestellten Segelschulschiffs der dt. Bundesmarine (Dreimastbark; 1 700 t Wasserverdrängung).

Gordian (Gordianus), Name röm. Kaiser:
G. I. (Marcus Antonius Gordianus Sempronianus), *etwa 159, † März 238, Kaiser (seit März 238). – Konsul 223; wurde als Statthalter der Provinz Africa zum Gegenkaiser gegen Maximinus Thrax ausgerufen und ernannte seinen Sohn **Gordian II.** (*wohl 191) zum Mitregenten. Obwohl vom Senat anerkannt, beging er nach seiner Niederlage gegen den loyalen Statthalter von Numidia, und dem Tod G. II. Selbstmord.
G. III. (Marcus Antonius Gordianus), *225, † bei Dura (Mesopotamien) im Frühjahr 244, Kaiser (seit 238). – Neffe von G. II., konnte in einem erfolgreichen Persienkrieg ab 242 (243 Siege bie Carrhae und Nisibis) Mesopotamien zurückerobern, wurde jedoch ermordet.

Gordimer, Nadine [engl. 'gɔ:dɪmə], *Springs (Transvaal) 20. Nov. 1923, südafrikan. Schriftstellerin. – Schildert in psycholog. Kurzgeschichten und Romanen (in engl. Sprache) meist südafrikan. Milieu und dessen Spannungen; u.a. „Der Besitzer" (1974). Schrieb auch „Eine Stadt der Toten, eine Stadt der Lebenden" (En., 1982), „Ein Spiel der Natur" (R., 1987), „Die Geschichte meines Sohnes" (R., 1990). – Nobelpreis für Literatur 1991.

Gordion, antike Stadt im nw. Inneranatolien, Hauptstadt des Phrygerreiches, Ausgrabungsstätte wnw. von Polatlı, Türkei. Die reiche Stadt (v.a. 8.–6. Jh.) wurde 333 v. Chr. durch Alexander d. Gr. erobert, 189 v. Chr. durch Galater zerstört.

Gordios, Name mehrerer phryg. Herrscher (vor dem 5. Jh. v. Chr.). Der myth. Begründer der Dynastie wurde anläßlich eines Zwistes unter den Phrygern zum König gewählt und galt als Erbauer von Gordion und als Vater des Midas; er soll den **Gordischen Knoten** am Joch seines Wagens geknüpft haben, mit dessen Lösung der Sage nach die Herrschaft über Asien verbunden war. Alexander d. Gr. soll den Gord. Knoten 334 v. Chr. mit dem Schwert durchschlagen haben.

Gordon [engl. gɔ:dn], schott. Familie, schon im 13. Jh. nachgewiesen. Seit 1682 im Besitz des Adelstitels der Earls of ↑ Aberdeen.
G., George Hamilton ↑ Aberdeen, George Hamilton, Earl of.
G., Lord George, *London 26. Dez. 1751, † ebd. 1. Nov. 1793, brit. Politiker. – 1774 Mgl. des Unterhauses; fanat. Gegner der Katholiken; organisierte 1780, um das Parlament zur Aufhebung des Toleranzgesetzes von 1778 zu zwingen, in London einen blutigen Aufstand (**Gordon riots**); mußte England verlassen.
G., John (Johann) ['--], † um 1649, kaiserl. Oberst. – Diente im Heer Wallensteins; als Kommandant von Eger ließ er sich von W. Graf Butler zur Teilnahme an der Ermordung Wallensteins (24. Febr. 1634) überreden.
G., Charles George (Gordon Pascha) [engl. gɔ:dn], *Woolwich 28. Jan. 1833, † Khartum 26. Jan. 1885, brit. General. – Unterdrückte in chin. Diensten 1863 den Taipingaufstand. 1873–79 in ägypt. Diensten, unterwarf er die Äquatorialprovinzen; 1877 Gouverneur dieser Provinzen und des Sudans; 1884 zur Bekämpfung der Bewegung des Al ↑ Mahdi in den Sudan entsandt, nach der Verteidigung von Khartum bei dessen Einnahme ermordet.
G., Jehuda Leib ['--], *Wilna 7. Dez. 1830, † Petersburg 16. Sept. 1892, hebr. Schriftsteller. – Führender Vertreter der russ.-jüd. Aufklärung (↑ Haskala); bediente sich des Hebräischen, das er im Ggs. zum Jidd. als jüd. Nationalsprache betrachtete.
G., Patrick ['--; -'-] (russ. Pjotr Iwanowitsch G.), *Auchleuchries (Grampian Region) 31. März 1635, † Moskau 9. Dez. 1699, russ. General (seit 1678) schott. Herkunft. – Seit 1661 in russ. Diensten; militär. Berater Zar Peters I., der ihn mit der Reorganisierung des russ. Heeres nach westl. Vorbild beauftragte; an der Niederschlagung des Strelitzenaufstandes (1697) beteiligt.
G., Walter ['--], *Apolda 3. Aug. 1893, † Stockholm 24. Dez. 1939, dt. Physiker. – Prof. in Hamburg, nach seiner Emigration (1933) in Stockholm. – Arbeiten zur Quantenmechanik. G. formulierte 1926 etwa gleichzeitig mit O. Klein die ↑ Klein-Gordon-Gleichung.

Gordon-Bennett-Preis ↑ Bennett, James Gordon.
Gordon Setter [engl. 'gɔ:dn] ↑ Setter.

Gore, Al[bert] [engl. gɔ:], *Washington D. C. 31. März 1948, amerikan. Politiker (Demokrat. Partei). – Jurist; 1977–85 Abg. im Repräsentantenhaus, 1985–93 Senator für Tennessee, seit Jan. 1993 Vizepräs. der USA; befaßt sich mit Gesundheits- und Umweltpolitik („Wege zum Gleichgewicht. Ein Marshallplan für die Erde", 1992).

Gorée [frz. gɔ're:], Basaltinsel am Kap Verde, in der G.bucht des Atlant. Ozeans, 2 km vor Dakar, Senegal,

Michail Sergejewitsch Gorbatschow

Nadine Gordimer

Charles George Gordon (Holzstich, um 1880)

Gordion. Blick auf die Ausgrabungen in der Nähe des Torbaus

Goniometrie

Iwan Alexandrowitsch Gontscharow (zeitgenössischer Holzstich)

Felipe González Márquez

Benny Goodman

Julio González. Kaktusmensch II, Bronze, 1939/40 (Privatbesitz)

Goniometrie [griech.], allg. svw. Winkelmessung, speziell das Teilgebiet der ↑Trigonometrie, das sich mit den Eigenschaften der goniometr. Funktionen (↑trigonometrische Funktionen) befaßt.

goniometrische Gleichungen ↑Gleichungen.

Gonioskopie [griech.], Untersuchung des Augenkammerwinkels u. a. zur Glaukomdiagnostik.

Gonitis [griech.], svw. ↑Kniegelenkentzündung.

Gonokokken [griech.], Bez. für Bakterien der Art Neisseria gonorrhoeae, Erreger des ↑Trippers.

Gonorrhö [griech.], svw. ↑Trippers.

Gontard, Carl von, * Mannheim 13. Jan. 1731, † Breslau 23. Sept. 1791, dt. Baumeister. – Vertreter eines spätbarocken Klassizismus. Schuf die südl. Erweiterungstrakte des Neuen Schlosses (1757–64) in Bayreuth, ab 1765 Bauleitung für das Neue Palais in Potsdam, ebd. 1771–78 Militärwaisenhaus und 1787–91 Marmorpalais.

G., Susette, * Hamburg 9. Febr. 1769, † Frankfurt am Main 22. Juni 1802. – Gattin (seit 1786) des Frankfurter Bankiers Jakob Friedrich G., in dessen Haus Hölderlin 1796 bis 1798 die Hofmeisterstelle innehatte; Hölderlin nannte sie in seinen Gedichten „Diotima".

Gontscharow, Iwan Alexandrowitsch [russ. gɐntʃɪˈrɔf], * Simbirsk 18. Juni 1812, † Petersburg 27. Sept. 1891, russ. Schriftsteller. – Seine drei Romane, Hauptwerke des russ. Realismus, sind vom gleichen Grundthema der maßlosen Langeweile bestimmt. Den Auftakt bildet „Eine alltägl. Geschichte" (1847). Der Titelheld von „Oblomow" (1859) ist ohne jede Aktivität und verliert schließlich die Verbindung zu seinen Mitmenschen. „Die Schlucht" (1869) nähert sich dem Nihilismus.

Gontscharowa, Natalija Sergejewna [russ. gɐntʃɪˈrɔvə], * Ladyschkino (Gouv. Tula) 4. Juni 1881, † Paris 17. Okt. 1962, russ. Malerin und Bühnenbildnerin. – Entwickelte mit ihrem Mann M. Larionoff den „Rayonnismus"; seit 1914 in Paris, entwarf sie für Diaghilews „Ballets Russes" Bühnenbilder und Kostüme.

Gonzaga [italien. gonˈdzaːga], italien. Fürstengeschlecht, benannt nach der Burg G. bei Mantua, dort seit dem 12. Jh. urkundlich nachweisbar. 1329 wurde *Luigi I.* (* 1267, † 1360) von Kaiser Ludwig IV., dem Bayern, mit dem Reichsvikariat über Mantua belehnt. Von den Kaisern des Hl. Röm. Reiches 1362 zu Grafen, 1433 zu Markgrafen, 1530 zu Hzg. von Mantua ernannt, wurde den G. 1536 von Karl V. auch die Markgft. Montferrat zugesprochen. Damit erreichten sie den Höhepunkt ihrer polit. Bedeutung, gleichzeitig unter *Francesco II.* (* 1466, † 1519), der mit Isabella d' ↑Este verheiratet war, auch ihre künstler. Glanzzeit (Palazzo del Te). Der kaiserl. Feldherr *Ferrante* (* 1507, † 1557), Graf von Guastalla, wurde von Karl V. zum Vizekönig von Sizilien (1536–46) und zum Gouverneur von Mailand (1546–55) ernannt. Das Aussterben der Hauptlinie im Mannesstamm 1627 löste den ↑Mantuanischen Erbfolgekrieg aus.

Gonzaga, Aloisius von [italien. gonˈdzaːga] ↑Aloisius von Gonzaga.

González, Julio [span. gɔnˈθaleθ], * Barcelona 21. Sept. 1876, † Arcueil bei Paris 27. März 1942, frz. Eisenplastiker span. Herkunft. – Lebte seit 1900 in Paris. Der figürl. Ansatz seiner Kompositionen geht in freie plast. Erfindungen über.

González Márquez, Felipe [span. gɔnˈθaleθ ˈmarkes], * Sevilla 5. März 1942, span. Politiker. – Rechtsanwalt; wurde 1974 Generalsekretär des Partido Socialista Obrero Español (PSOE); seit 1982 Ministerpräsident.

González Prada, Manuel [span. gɔnˈsales ˈpraða], * Lima 6. Jan. 1848, † ebd. 22. Juli 1918, peruan. Schriftsteller. – Antitraditioneller und antiromant. Lyriker, Kritiker und Essayist.

Goodman, Benny [engl. ˈɡʊdmən], eigtl. Benjamin David G., * Chicago 30. Mai 1909, † New York 13. Juni 1986, amerikan. Jazzmusiker (Klarinettist und Orchesterleiter). – Gründete 1934 eine Bigband, die zum erfolgreichsten Swingorchester der USA wurde. Hervorragender Klarinettist (auch klass. Musik).

Goodwill [engl. ˈɡʊdwɪl, eigtl. „Wohlwollen"], allg.: Ansehen, freundl. Gesinnung. In *Recht* und *Wirtschaft* der über den Substanzwert [der vorhandenen Sachgüter und Rechte] hinausgehende Wert eines Unternehmens oder einer freiberufl. Praxis (**Geschäftswert, Firmenwert**). Er beruht auf ungegenständl. Beziehungen und Verhältnissen, wie Lage, Organisation, Kundenstamm, Ruf und Erfolgsaussichten.

Goodyear, Charles [Nelson] [engl. ˈɡʊdjəː], * New Haven (Conn.) 29. Dez. 1800, † New York 1. Juli 1860, amerikan. Chemiker und Techniker. – Erfand 1839 die Kautschukvulkanisation, 1852 den Hartgummi.

Goodyear Tire & Rubber Co., The [engl. ðə ˈɡʊdjəː ˈtaɪə ənd ˈrʌbə ˈkʌmpəni], eines der größten Unternehmen der Welt auf dem Gebiet der Reifen- und Gummiproduktion; Sitz Akron (Ohio); gegr. 1898.

Goossens, Sir (seit 1955) Eugène [engl. guːsnz], * London 26. Mai 1893, † ebd. 13. Juni 1962, engl. Dirigent und Komponist belg. Herkunft. – Seine Kompositionen (die Opern „Judith", 1929, und „Don Juan de Mañara", 1937, Bühnenmusiken, Orchester-, Kammer- und Klavierwerke, Lieder) sind dem frz. Impressionismus verpflichtet.

Göpel, durch tier. oder menschl. Muskelkraft bewegte große Drehvorrichtung („Tretmühle") zum Antrieb von Arbeitsmaschinen (Wasserpumpen usw.).

Goppel, Alfons, * Regensburg 1. Okt. 1905, † bei Aschaffenburg 24. Dez. 1991, dt. Jurist und Politiker. – 1930–33 Mgl. der BVP, seit 1945 der CSU; seit 1954 MdL in Bayern; 1958–62 Innenmin.; 1962–78 bayr. Min.präs.; 1979–84 MdEP.

Natalija Sergejewna Gontscharowa. Frau mit Hut, um 1912 (Paris, Musée National d'Art Moderne)

Göppingen, Krst. im nw. Vorland der Schwäb. Alb, Bad.-Württ., 323 m ü. d. M., 52 200 E. Museum (u. a. Fossilien); wirtsch. Mittelpunkt des Filstals mit Maschinen- und Werkzeugbau, metallverarbeitender, Textil-, Spielwaren-, Holz- und Kunststoffind. – G. entstand um 1130, Mitte des 12. Jh. Stadtrecht, fiel 1319 an Württemberg. – Stadtpfarrkirche (1618; im 18. Jh. und 1910 erneuert), spätgot. Oberhofenkirche (1436 ff.), Schloß (1554–59).

G., Landkr. in Baden-Württemberg.

Gorakhpur, ind. Stadt in der nördl. Gangesebene, Uttar Pradesh, 308 000 E. Univ. (gegr. 1957); Textil- und Papierherstellung, Druckereien, Chemie- und Farbindustrie.

Gonaïves [frz. gɔnaˈiːv], Hafenstadt am Golf von G., Haiti, 39 000 E. Verwaltungssitz des Dep. Artibonite, Bischofssitz; Versand von Agrarprodukten, Fischerei.

Gonaïves, Golf von [frz. gɔnaˈiːv], Bucht des Karib. Meeres an der W-Küste Haitis; Haupthafen ist Port-au-Prince.

Gonarthritis [griech.], svw. ↑ Kniegelenkentzündung.

Goncourt, Edmond [Huot] de [frz. gõˈkuːr], * Nancy 26. Mai 1822, † Champrosay (= Draveil, Essonne) 16. Juli 1896, und sein Bruder Jules [Huot] de G., * Paris 17. Dez. 1830, † ebd. 20. Juni 1870, frz. Schriftsteller. – Meist gemeinsam Verf. von Studien über Kunst-, Gesellschafts- und Sittengeschichte des 18. Jh. sowie Romanen, mit denen sie als Vorläufer des Naturalismus gelten, für den sie auch die ersten theoret. Grundlagen legten (Vorwort zu „Germinie Lacerteux. Der Roman eines Dienstmädchens", 1864). Die von E. de G. begr. Académie Goncourt vergibt jährlich den ↑ Prix Goncourt. – *Weitere Werke:* Renée Mauperin (R., 1864), Manette Salomon (R., 1867), Madame Gervaisais (R., 1869).

Göncz, Árpád [ungar. gønts], * Budapest 10. Febr. 1922, ungar. Schriftsteller und Politiker. – Teilnehmer am Volksaufstand 1956, 1958 zu lebensläng. Haft verurteilt, 1963 amnestiert; u. a. als Übersetzer tätig. Nov. 1988 Gründungs-Mgl. des „Bundes freier Demokraten", seit Mai 1990 Staatspräs. Gestaltete in seinen Werken, häufig in histor. oder mytholog. Umkleidung, Probleme des menschl. Seins (Roman „Sandalenträger", 1974; Dramen „Ungar. Medea", 1976; „Pessimist. Komödie", 1986).

Gond, Volk in Z-Indien (rd. 3,5 Mill.), das in zahlr. Gruppen zerfällt, die kulturell auf verschiedenen Stufen stehen und in unterschiedl. Maße dem Hinduismus integriert sind. Ihre urspr. Sprache, das **Gondi,** gehört zu den drawid. Sprachen.

Gondar, Regionshauptstadt nördlich des Tanasees, in Äthiopien, 2 222 m ü. d. M., 69 000 E. Medizin. Hochschule; Handelszentrum eines Kaffeeanbaugebiets; Herstellung von Leder- und Metallwaren. – G. wurde in der 1. Hälfte des 17. Jh. die Hauptstadt Äthiopiens (bis 1887). – Im Stadtzentrum liegen in einem ummauerten Bereich Paläste und Kirchen des 17. und 18. Jh.; 1989 von der UNESCO zum Weltkulturerbe erklärt.

Gondel [venezian.-italien.], schmales, z. T. überdachtes venezian. Boot mit steilem, verziertem Vorder- und Achtersteven.

▷ Korb oder Kabine eines Ballons; Besatzungs- und Passagierraum eines Luftschiffs; Kabine einer Seilbahn; mit dem Rumpf oder den Tragflächen eines Flugzeugs verbundener Bauteil, der die Triebwerke o. ä. aufnimmt.

Gondi ↑ Gond.

Gondomar, Diego Sarmiento de Acuña, Graf von [span. gɔndoˈmar], * Gondomar (Pontevedra) 1. Nov. 1567, † Casalarreina (Prov. La Rioja) 2. Okt. 1626, span. Offizier und Diplomat. – Wies 1609 einen niederl. Flottenangriff auf Galicien ab. 1613–18 und 1620–24 Gesandter in London mit großem Einfluß auf König Jakob I. G.s Intervention führte 1618 zur Hinrichtung von Sir W. Raleigh.

Gondwana, histor. Landschaft in Z-Indien, vom 14. bis 18. Jh. von der Dyn. der Gond beherrscht.

Gondwanaflora, Steinkohlenflora des Gondwanalandes; v. a. holzige Gewächse mit kleinen, hartlaubigen, ganzrandigen, fiedernervigen Blättern.

Gondwanaland (Gondwania), bis ins Mesozoikum bestehender Kontinent der Südhalbkugel, umfaßte Südamerika, Afrika, Vorderindien, Australien und Antarktika.

Gonfaloniere [italien. gomfaloˈnjɛːra, eigtl. „Bannerträger, Schutzherr"], in Italien bis 1859 Bez. für das Stadtoberhaupt; in den Provinzstädten des Kirchenstaates bis 1870. **Gonfaloniere della chiesa** [italien. ˈdella ˈkjɛːza „Bannerträger der Kirche"], ein von den Päpsten seit 1294 bis zum 17. Jh. verliehener Ehrentitel; **Gonfaloniere di compagnia** [italien. di kompaɲˈɲiːa „Bannerträger der Bürgermiliz"], seit Mitte des 13. Jh. militär. Befehlshaber in den italien. Kommunen; **Gonfaloniere della giustizia** [italien. ˈdella dʒusˈtittsja „Bannerträger der Gerechtigkeit"], im MA

Gondar. Palastbezirk

Amtsträger in den italien. Städten zur Wahrung der bürgerl. Belange.

Gong [malai.-engl.], Schlaginstrument asiat. Herkunft, bestehend aus einer Bronzescheibe, die mit einem Filzschlegel angeschlagen wird. In seiner Größe kann der G. von kleinen, meist auf eine feste Tonhöhe gestimmten Formen bis zum großen G. (↑ Tamtam, bis 150 cm Durchmesser) mit unbestimmter Tonhöhe variieren. Der weit hallende Klang ist meist tief und dunkel, kann aber auch (wie beim chin. G.) helltönend sein. G. treten einzeln, paarweise, auch als Orchestergruppe (↑ Gamelan) auf.

Gongola, rechter Nebenfluß des Benue, Nigeria, entspringt im Josplateau, mündet bei Numan, etwa 600 km lang.

Góngora y Argote, Luis de [span. ˈgɔngora i arˈγote], * Córdoba 11. Juli 1561, † ebd. 23. Mai 1627, span. Dichter. – Studierte die Rechte und klass. Literatur; wurde Diakon. 1617 empfing er die Priesterweihe und wurde Ehrenkaplan Philipps II. G. wandte sich nach seinen frühen volkstüml. Dichtungen der Romances und Letrillas um 1600 dem „estilo culto" zu, begründete den ↑ Gongorismus. G. wurde Ende des 19. Jh. durch Rubén Darío wiederentdeckt und übte auf die span. Lyrik des 20. Jh. großen Einfluß aus. Neben seinen eleganten Sonetten sind v. a. die mytholog. Versdichtung „Die Fabel von Poliphem und Galatea" (entstanden 1612, erschienen 1627) und „Die Soledades..." (1613) als die Hauptwerke des Gongorismus zu nennen.

Gongorismus [span.] (Culteranismo, Cultismo, Estilo culto), span. literar. Ausprägung des ↑ Manierismus, genannt nach ihrem bedeutendsten Vertreter, Luis de Góngora y Argote. Der G. ist gekennzeichnet durch eine gewollt schwierige, gedrängte und dunkle Sprache, durch Latinismen, überraschenden metaphor. Gebrauch geläufiger Wörter, Nachahmung der freien Syntax der lat. Poesie, überreiche Anwendung rhetor. Figuren und mytholog. Anspielungen.

Goniatiten [griech.], paläozoische Ammoniten des Unterkarbons mit einfach gewellter Lobenlinie; wichtige Leitfossilien.

Gonin, Jules [frz. gɔˈnɛ̃], * Lausanne 10. Juli 1870, † ebd. 11. Juni 1935, schweizer. Augenarzt. – Prof. in Lausanne; entwickelte den nach ihm benannt. operativen Verschluß von Netzhautrissen im Auge durch Elektrokaustik.

Goniometer [griech. „Winkelmesser"], Gerät zur Bestimmung des Neigungswinkels zweier Ebenen (z. B. zweier Prismen- oder Kristallflächen). Das *Anlege-* oder *Kontakt-G.* besteht aus zwei um eine gemeinsame Achse drehbaren Linealen; der von ihnen eingeschlossene Winkel läßt sich an einer Winkelskala ablesen. Für kristallograph. Präzisionsmessungen verwendet man *Reflexions-G.,* deren Wirkungsweise auf der Reflexion von Lichtstrahlen an den zu messenden Flächen beruht.

Goniometer. Anlegegoniometer: K Kristall; L Lineal; W Winkelskala

Paul Goma

Franciscus Gomarus
(anonymer Kupferstich, um 1645)

Władysław Gomułka

Luis de Góngora y Argote
(Schabkunstblatt, 1622)

G., Rüdiger Graf von der, *Züllichau 8. Dez. 1865, †Kinsegg (= Bernbeuren bei Schongau) 4. Nov. 1946, preuß. General. – Wirkte 1918 als Führer der „Ostseedivision" maßgeblich an der militär. Begründung der nat. Unabhängigkeit Finnlands mit; 1934 Führer des Reichsverbandes Dt. Offiziere.

Goltzius, Hendrik [niederl. 'xɔltsi:ʏs], *Mühlbracht bei Venlo im Jan. oder Febr. 1558, †Haarlem 1. Jan. 1617, niederl. Kupferstecher und Zeichner. – Bed. Vertreter des späten niederl. Manierismus; neben Kupferstichen Clair-Obscur-Schnitte, Radierungen, Farbholzschnitte, realist. Federskizzen; bed. sind auch seine Porträts.

Gołuchowski [goɫʊˈxɔfski, poln. gɔu̯uˈxɔfski], Agenor Maria Adam Graf, *Lemberg 25. März 1849, †ebd. 28. März 1921, östr.-ungar. Politiker. – Sohn von Agenor Romuald Graf G.; seit 1872 im diplomat. Dienst; seit 1875 Mgl. des Herrenhauses; 1895–1906 östr.-ungar. Außenmin.; vertrat die Reichseinheit und die Dreibundpolitik.
G., Agenor Romuald Graf, *Lemberg 8. Febr. 1812, †ebd. 3. Aug. 1875, östr. Politiker poln. Herkunft. – Gouverneur von Galizien (1849–59, 1866/67, 1871–75); 1859–61 Innenmin.; sein Versuch, der Donaumonarchie eine halbparlamentarisch-föderalist. Verfassung zu geben (Oktoberdiplom, 1860), scheiterte.

Goma, Paul, *in Bessarabien 2. Okt. 1935, rumän. Schriftsteller. – Seine Romane (z. B. „Ostinato", dt. 1971) konnten nur im Ausland erscheinen; seit 1977 lebt G. in Paris. Schrieb ferner „Chassé croisé" (Bericht, 1983), „Le calidor" (Memoiren, 1987).

Gomarus (Gomar), Franciscus, *Brügge 30. Jan. 1563, †Groningen 11. Jan. 1641, niederl. ref. Theologe. – Führte seit 1604 als Vertreter einer streng kalvinist. Theologie heftige Fehden mit den ↑Arminianern, v. a. über die Prädestinationslehre. Auf der ↑Dordrechter Synode konnten er und seine Anhänger **(Gomaristen)** sich nicht durchsetzen.

Gombert, Nicolas [niederl. 'xɔmbərt], *Brügge(?) nach 1490, †um 1556, niederl. Komponist. – Schüler von Josquin Desprez, mindestens seit 1526 im Dienst Karls V. Seine Kompositionen gelten als vollendete Ausprägung des niederl. Stils (10 Messen, 8 Magnifikats, etwa 160 Motetten, etwa 60 Chansons).

Gömbös von Jákfa, Gyula [ungar. 'gømbøʃ, 'jaːkfɔ], *Murga (Komitat Tolna) 26. Dez. 1886, †München 6. Okt. 1936, ungar. General und Politiker. – 1918 Mitbegr. und -leiter der Organisation „Erwachendes Ungarn", 1919 enger Mitarbeiter Horthys in dessen „Nationalarmee" gegen die Räterepublik; 1920–23 Abg. der Kleinlandwirtepartei; 1929–36 Kriegsmin.; 1932–36 Min.präs.; steuerte schließlich einen nationalist. Rechtskurs (u. a. Anlehnung an Deutschland).

Gombrowicz, Witold [poln. gɔmˈbrɔvitʃ], *Małoszyce bei Krakau 4. Aug. 1904, †Vence 25. Juli 1969, poln. Schriftsteller. – Lebte 1939–63 in Argentinien, seitdem v. a. in Frankreich; dem Existenzialismus nahestehender Vertreter einer grotesk-phantast. Erzählweise, der mit allen Möglichkeiten der Sprache arbeitet; bed. Tagebücher. – *Werke:* Ferdydurke (R., 1938), Yvonne (Schausp., 1938), Trans-Atlantik (R., 1953), Die Trauung (Traumsp., 1953), Verführung (R., 1960).

Gomel [russ. 'gɔmɪlj], Gebietshauptstadt im SO Weißrußlands, am Sosch, 500 000 E. Univ. (gegr. 1969), drei Hochschulen; Planetarium; Theater; Maschinen- und Apparatebau, Superphosphatfabrik, Nahrungsmittel- u. a. Ind.; Flußhafen. – G. wurde erstmals 1142 erwähnt.

Gomera, La, eine der Kanarischen Inseln, 378 km², im zentralen Bergmassiv Alto de Garajonay bis 1487 m ü. d. M. ansteigend; Ackerbau auf terrassierten, bewässerten Hängen; Hauptort San Sebastián de la Gomera. Tourismus gewinnt zunehmend an Bedeutung.

Gomes, Francisco da Costa [portugies. 'gomɪʃ], *Chaves 30. Juni 1914, portugies. General und Politiker. – 1968/69 Oberbefehlshaber der Kolonialtruppen in Moçambique, 1970–72 in Angola; 1972–74 portugies. Generalstabschef; nach der Revolution von 1974 Mgl. der Militärjunta; 1974–76 Staatspräsident.

Gómez [span. 'gomes], José Miguel, *Sancti Spíritus (Las Villas) 6. Juli 1858, †New York 13. Juni 1921, kuban. General und Politiker. – 1895–98 einer der Führer des Aufstands gegen die Spanier; führte in der Rep. Kuba die Liberalen; veranlaßte 1906 durch einen Aufstand die Intervention der USA. 1909–13 Präsident.
G., Juan Vicente, *San Antonio del Táchira 24. Juli 1857, †Maracay (Aragua) 18. Dez. 1935, venezolan. General und Politiker. – 1899 (unter C. Castro) Gouverneur von Caracas, 1902–08 Vizepräs. und Oberbefehlshaber der Armee; wurde nach einem Staatsstreich Präs. (1908–14; erneut 1915–29 und 1931–35).

Gómez Castro, Laureano Eleuterio [span. 'gomes 'kastro], *Bogotá 20. Febr. 1889, †ebd. 13. Juli 1965, kolumbian. Politiker. – Seit 1932 Vors. der Konservativen Partei, 1948 Außenmin., regierte als Staatspräs. (1950–53) mit diktator. Mitteln; durch Staatsstreich gestürzt.

Gómez de Avellaneda, Gertrudis [span. 'gomeð ðe aβeʎaˈneða], *Puerto Príncipe (= Camagüey, Kuba) 23. März 1814, †Madrid 1. Febr. 1873, span. Dichterin. – Erfolgreich mit überschwengl. Gedichten, Dramen und sozialen Romanen.

Gómez de la Serna, Ramón [span. 'gomeð ðe la 'sɛrna], *Madrid 5. Juli 1891, †Buenos Aires 12. Jan. 1963, span. Schriftsteller. – Geistreich seine spieler. Aphorismen („Greguerías", 1917), Essays, Romane („Das Rosenschloß", 1923), Novellen und Künstlerbiographien.

Gomolka, Alfred, *Breslau 19. Juli 1942, dt. Politiker. – Geograph; Mgl. der CDU (DDR) 1960–68 (Austritt aus Protest gegen den Einmarsch von sowjet. u. a. Truppen in die Tschechoslowakei) und wieder seit 1971. Stadtrat in Greifswald 1979–84; 1984–90 Dozent an der Univ. Greifswald; Okt. 1990 bis März 1992 (Rücktritt) Min.präs. von Mecklenburg-Vorpommern.

Gomorrha (Gomorra) ↑Sodom und Gomorrha.

Gompers, Samuel [engl. 'gɔmpəz], *London 27. Jan. 1850, †San Antonio (Texas) 13. Dez. 1924, amerikan. Gewerkschaftsführer. – Konservativer Gewerkschafter, Mitbegr. der American Federation of Labor (AFL), deren Präs. 1886–1924 (ausgenommen 1895).

Gomringer, Eugen, *Cachuela Esperanza (Bolivien) 20. Jan. 1925, schweizer. Schriftsteller. – Vertreter der konkreten Poesie, veröffentlicht seit 1953 „Konstellationen", 1969 in dem Band „worte sind schatten" zusammengefaßt; 1988 erschien „Zur Sache des Konkreten" (2 Bde.). Gründete 1960 die „eugen gomringer press".

Goms, oberster Abschnitt des Rhonetales im schweizer. Kt. Wallis; Hauptort Münster.

Gomułka, Władysław [poln. gɔˈmuu̯ka], *Krosno 6. Febr. 1905, †Warschau 1. Sept. 1982, poln. Politiker. – 1926 Mgl. der KP, in deren ZK seit 1931; 1932–34 und 1936–39 in Haft. Während der dt. Okkupation arbeitete G. im Untergrund und reorganisierte die KP (seit 1943 Poln. Arbeiterpartei, Abk. PPR); als Generalsekretär der PPR (seit 1943) betrieb er den Zusammenschluß mit den Sozialisten zur Poln. Vereinigten Arbeiterpartei (PZPR); seit 1945 zugleich stellv. Min.präs. und Min. für die Westgebiete; 1948/49 zur Aufgabe aller Partei- und Reg.ämter gezwungen und 1951–54/55 als „Nationalist" und „Titoist" inhaftiert; kurz nach seiner Rehabilitierung (1956) im „poln. Oktober" erneut zum Parteiführer (1. Sekretär des ZK) gewählt, mußte Ende 1970 nach Unruhen unter der Bev. seine Parteiämter niederlegen.

Gon [griech.], Einheitenzeichen gon, eine v. a. in der Geodäsie verwendete Einheit für ebene Winkel: 100. Teil eines rechten Winkels (90°); 1 gon = $\pi/200$ rad = 0,9°. Unterteilung: 1 gon = 10 dgon (Dezigon) = 100 cgon (Zentigon) = 1000 mgon (Milligon). – Das G. wurde früher auch als *Neugrad* (Einheitenzeichen ^{g}) bezeichnet, $^1/_{100}$ gon als *Neuminute* (Einheitenzeichen ^{c}), $^1/_{10000}$ gon als *Neusekunde* (Einheitenzeichen ^{cc}). SI-Einheit für den ebenen Winkel ist der ↑Radiant.

Gonaden [griech.], svw. ↑Geschlechtsdrüsen.

gonadotrope Hormone [griech.], svw. Gonadotropine (↑Geschlechtshormone).

nern des Atlantiks als südwärts gerichtete Kompensationsströmung abgeführt. Das System schließt sich durch den Kanarenstrom, der in die breite Trift des Nordäquatorialstroms einmündet. Der G. nimmt laufend subtrop. Wasser auf, befördert es ein Stück in höhere Breiten und gibt es dann an das umgebende Wasser ab. Im gesamten G.gebiet bestehen daher hohe positive Unterschiede zw. Wasser- und Lufttemperatur, die die Verdunstung fördern. Ihre latente Verdampfungswärme bildet eine der Hauptenergiequellen der Atmosphäre über dem Nordatlantik und letzthin für einen Teil des europ. Klimas.

Golgatha (Golgotha, Golgota, lat. Calvaria, Kalvaria), Anhöhe außerhalb der alten Stadtmauer Jerusalems, Ort der Kreuzigung und Bestattung Jesu.

Golgi, Camillo [italien. 'gɔldʒi], * Corteno 7. Juli 1844, † Pavia 21. Jan. 1926, italien. Histologe. – Prof. in Siena und Pavia; entwickelte zahlr. neue histolog. Färbemethoden und gewann wichtige Erkenntnisse über den Feinbau des Nervensystems, wofür er 1906 (mit S. Ramón y Cajal) den Nobelpreis für Physiologie oder Medizin erhielt. G. beschrieb u. a. den nach ihm ben. **Golgi-Apparat,** ein submikroskop. Membransystem im Zellplasma der Organismen, das v. a. den Sekretionsleistungen der Zelle dient.

Golgota ↑ Golgatha.

Goliath, bibl. Gestalt, Krieger der Philister, der durch seine Größe auffiel; nach 1. Sam. 17 vom jungen David im Zweikampf mit einer Steinschleuder getötet.

Goliathfrosch ↑ Frösche.

Golizyn [russ. ga'litsin] (Galitzin, Galizin, Galyzin, Gallitzin), russ. Fürstenfamilie. Als ihr Stammvater gilt ↑ Gedymin, ihr Name datiert jedoch erst aus dem 16. Jh. Bed.:
G., Alexandr Nikolajewitsch Fürst, * 19. Dez. 1773, † Gaspra 4. Dez. 1844, Politiker. – Ratgeber Kaiser Alexanders I.; 1803 Oberprokuror des Hl. Synods, 1812 Vors. der Russ. Bibelgesellschaft, leitete ab 1816 das Unterrichtsministerium; 1824 gestürzt.
G., Dmitri Michailowitsch Fürst, * 13. Juni 1665, † Schlüsselburg (= Petrokrepost) 25. April 1737, Politiker. – Mitarbeiter Zar Peters I.; 1730 Führer einer hochadligen Gruppe, die die autokratie einschränken wollte; 1736 als Verschwörer verurteilt.

Goll, Claire [frz. gɔl], * Nürnberg 29. Okt. 1890, † Paris 30. Mai 1977, frz.-dt. Schriftstellerin. – Gab Werk und Nachlaß von Yvan G. heraus, an dessen Werk sie z. T. beteiligt war; schrieb Romane, Gedichte und Erinnerungen („Traumtänzerin. Jahre der Jugend", 1971; „Ich verzeihe keinem", 1978).
G., Jaroslav [tschech. gɔl], * Chlumec nad Cidlinou (Südböhm. Gebiet) 11. Juli 1846, † Prag 8. Juli 1929, tschech. Historiker und Dichter. – 1880–1910 Prof. in Prag; Begr. der tschech. Geschichtswiss.; bewies die Fälschung der ↑ Königinhofer Handschrift durch V. Hanka (1886); übersetzte Baudelaire, schrieb Gedichte.
G., Yvan [frz. gɔl], * Saint-Dié 29. März 1891, † Neuilly-sur-Seine 27. Febr. 1950, Dichter elsäss.-lothring. Abstammung. – In der Schweiz Verbindung zu den Dadaisten, befreundet mit Joyce, S. Zweig und Arp; ∞ mit Claire G.; von 1919 bis zur Flucht nach Amerika (1939) in Paris; schrieb in dt., frz. und engl. Sprache. In seinen frühen Gedichten Expressionist, dann Surrealist, z. T. dunkle Metaphorik. Sein „Überdrama" ist ein groteskes Maskentheater. – *Werke:* Der Panamakanal (Ged., 1921), Methusalem oder Der ewige Bürger (Dr., 1922), Poèmes de la vie et de la mort (Ged., 1926; mit Claire G.), Die Eurokokke (E., 1928), Jean sans terre (Ged., entstanden 1934–44, hg. 1957).

Gollancz, Sir (seit 1965) Victor [engl. gə'lænts], * London 9. April 1893, † ebd. 8. Febr. 1967, engl. Verleger. – Gründete 1928 einen Verlag **(Victor Gollancz, Ltd.)** für Belletristik und Sachbücher (1989 von Houghton Mifflin Co., Boston, übernommen), 1936 den für den engl. Sozialismus bed. „Left Book Club"; aktiver Philanthrop auf internat. Ebene; 1960 Friedenspreis des Dt. Buchhandels. Autobiographien: „Aufbruch und Begegnung" (1952), „Auf dieser Erde" (1953).

Gollenstein ↑ Blieskastel.

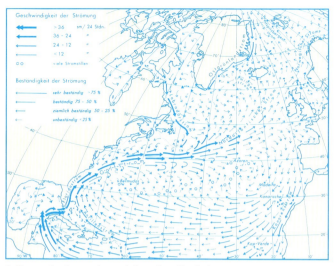

Golfstrom im System der nordatlantischen Oberflächenströmungen

Göllheim, Gemeinde 8 km ssö. von Kirchheimbolanden, Rhld.-Pf., 3 200 E. Auf dem Hasenbühl bei G. unterlag am 2. Juli 1298 König Adolf (von Nassau) seinem Rivalen, Hzg. Albrecht I. von Österreich in der Schlacht im Kampf um die Krone und fiel.

Göllnitz, dt. Name von ↑ Gelnica.

Gollwitzer, Helmut, * Pappenheim 29. Dez. 1908, dt. ev. Theologe. – Seit 1957 Prof. für systemat. Theologie in Berlin; seine wiss. Arbeit wird stark durch seine seelsorgerl. Tätigkeit, sein Bemühen um den christl.-jüd. Dialog und sein polit. Interesse bestimmt.

Golon, Anne [frz. gɔ'lõ], eigtl. Simone Golonbinoff, * Toulon 17. Dez. 1921, frz. Schriftstellerin. – Verf., anfangs in Zusammenarbeit mit ihrem Mann Serge G. (* 1903, † 1972), der Serie der abenteuerl.-erot. „Angélique"-Romane aus der Zeit Ludwigs XIV.

Golowin, Fjodor Alexejewitsch Graf (seit 1702), * 1650, † Głuchów 10. Aug. 1706, russ. Generaladmiral und Diplomat. – Schloß 1689 den Vertrag von ↑ Nertschinsk.

Golowkin, Gawriil Iwanowitsch Graf (seit 1707), * 1660, † Petersburg 1734, russ. Politiker. – Leitete seit 1706 die auswärtigen Angelegenheiten; 1709 Kanzler. Unter Katharina I. und Peter II. Mgl. des Obersten Geheimen Rats.

Goltz, von der, neumärk., erstmals 1297 erwähntes Uradelsgeschlecht (1786 preuß. Grafenstand):
G., August Graf von der, * Dresden 20. Juli 1765, † Berlin 17. Jan. 1832, preuß. Politiker. – 1807–13 Außenmin., preuß. Delegationsleiter in Tilsit (1807) und auf dem Erfurter Fürstentag (1808). 1816–24 Gesandter bei der Bundesversammlung in Frankfurt am Main.
G., Colmar Freiherr von der **(Goltz-Pascha),** * Bielkenfeld bei Labiau 12. Aug. 1843, † Bagdad 19. April 1916, preuß. Generalfeldmarschall (1911). – Einer der bedeutendsten Militärschriftsteller seiner Zeit; reorganisierte 1883–96 die türk. Armee. Seit 1898 wieder in preuß. Diensten, 1914 Generalgouverneur in Belgien. Als Kommandeur der 6. türk. Armee brach er mit der Eroberung von Kut-el-Amara (1916) den brit. Einfluß in Mesopotamien.
G., Robert Graf von der, * Paris 6. Juni 1817, † Charlottenburg (= Berlin) 24. Juni 1869, preuß. Diplomat. – Seit 1839 im preuß. Verwaltungsdienst; beteiligte sich 1848/49 an der Sammlung der Konservativen und an der Gründung der „Kreuzzeitung"; übernahm seit 1854 diplomat. Missionen in Athen, 1859 in Konstantinopel, 1860 in Petersburg; als Leiter der preuß. Vertretung in Paris (seit 1863) hatte er eine preuß.-frz. Verständigung zum Ziel, was ihn bald in einen unüberbrückbaren Ggs. zu Bismarck brachte.

Golfküstenebene

Camillo Golgi

Victor Gollancz

Helmut Gollwitzer

Colmar Freiherr von der Goltz

Chomaini geführten fundamentalist.-islam. Iran und dem sozialist.-laizist. Irak unter Präs. Saddam Husain. Der Krieg begann im Sept. 1980 mit dem Einmarsch irak. Truppen in die iran. Prov. Chusestan. Nach Errichtung einer weiteren irak. Front in Kurdistan (Dez. 1980) gelang es den iran. Streitkräften, fast das gesamte besetzte Gebiet zurückzuerobern. Bis 1988 entwickelte sich ein „Abnutzungskrieg", in dem der besseren Bewaffnung der irak. Armee die zahlenmäßige Überlegenheit der iran. Streitkräfte gegenüberstand. Zahlr. Großoffensiven Irans (Propagierung eines „Heiligen Krieges") erzielten kaum Geländegewinn auf irak. Territorium. Neben einem 1984 entbrannten „Tankerkrieg" (beidseitige Angriffe auf Erdöl transportierende Tanker) kam es auch zu einem „Städtekrieg" (gegenseitige Bombardierung großer Städte und der Erdölförderzentren). Die arab. Anrainerstaaten, bes. Saudi-Arabien und Kuwait, unterstützten Irak (v. a. finanziell). Internat. Auswirkungen hatte der 1. G. durch die Gefährdung der Erdöltransportwege, was zunächst die USA, später auch Großbritannien und Frankreich zum Anlaß nahmen, Flotteneinheiten zu entsenden. Im Zusammenhang mit dem 1. G. unternahmen irak. Truppen eine Großoffensive gegen die im N Iraks lebenden Kurden, denen eine Unterstützung Irans angelastet wurde (Einsatz chem. Waffen). Der 1. G., der auf beiden Seiten etwa 1 Mill. Tote und Verwundete forderte und große Zerstörungen anrichtete (ca. 200 Mrd. Dollar zivile Schäden), endete nach langwierigen Vermittlungsaktionen der UN mit einem Waffenstillstand im Aug. 1988. – *2. G.:* Krieg zw. Irak und alliierten Streitkräften unter Führung der USA vom 17. Jan.–28. Febr. 1991. Dem 2. G. ging eine *Golfkrise* mit internat. Dimension voraus, als Irak nach gescheiterten Gesprächen zur Beilegung eines Konfliktes bei der Erdölförderung im gemeinsamen Grenzgebiet am 2. Aug. 1990 Kuwait okkupierte (Beseitigung der Monarchie, Installierung einer proirak. Reg.) und der UN-Sicherheitsrat eine einstimmige Verurteilung dieser Invasion mit Maßnahmen verband, die einen „sofortigen und bedingungslosen Abzug aller irak. Soldaten" (Resolution 660) erreichen sollten. Am 6. Aug. wurde ein Wirtschaftsembargo gegen Irak beschlossen (Resolution 661). Die USA entsandten seit Aug. Truppen in die Golfregion (Aufmarsch in Saudi-Arabien, das sein Territorium zur Verfügung stellte) und setzten mit Unterstützung des UN-Sicherheitsrats eine Seeblockade gegen Irak durch, die im Sept. 1990 um eine Luftblockade erweitert wurde. Daraufhin verwehrte der irak. Diktator Saddam Husain Tausenden Ausländern, insbes. aus westl. Staaten, die Ausreise und ließ sie z. T. als „Schutzschilde" an strategisch wichtige Punkte des Landes bringen (verschiedene diplomat. Missionen erreichten die Freilassung der Geiseln bis Anfang Dez.). Eine weitere Zuspitzung erfuhr die Situation, als Irak nach Angliederung Kuwaits als 19. Prov. (28. Aug. 1990) eine Schließung der ausländ. Vertretungen zu erzwingen suchte. Der UN-Sicherheitsrat richtete ein Ultimatum an Irak, das den Abzug der irak. Truppen bis zum 15. Jan. 1991 forderte (Resolution 678 vom 29. Nov.) und bei Nichtbeachtung auch den Einsatz milit. Mittel vorsah. Zahlr. diplomat. Initiativen zur Verhinderung einer krieger. Auseinandersetzung scheiterten (amerikan.-irak. Außenministertreffen in Genf, 9. Jan. 1991; Vermittlungsversuch des UN-Generalsekretärs J. Pérez de Cuéllar in Bagdad, 13. Jan.). Anfang Jan. 1991 war der Truppenaufmarsch in der Golfregion abgeschlossen. Den etwa 550 000 (nach anderen Angaben bei Beginn des Landkrieges rd. 200 000) in Kuwait stationierten irak. Soldaten standen etwa 680 000 Soldaten der antiirak. Front gegenüber (darunter etwa 450 000 amerikan., 34 000 brit. und 15 000 frz.). Die Sowjetunion unterstützte die UN-Resolutionen, enthielt sich jedoch einer militär. Beteiligung und suchte zu vermitteln. Der Golfkonflikt rief unterschiedl. Reaktionen im arab. Lager hervor. Während ein kleiner Teil (z. B. Jordanien, die PLO) den unnachgiebigen Kurs Iraks diplomatisch-politisch unterstützte, entsandte ein Großteil der arab. Staaten, nachdem die Krise auf innerarab. Wege nicht beigelegt werden konnte, Truppenkontingente in die antiirak. Allianz; Iran erklärte seine Neutralität, nachdem Irak am 15. Aug. 1990 die iran. Bedingungen zur formellen Beendigung des seit 1980 bestehenden Kriegszustandes akzeptiert hatte. – Nach Ablauf des von Irak nicht befolgten Ultimatums begannen am 17. Jan. 1991 die militär. Operationen der alliierten Streitkräfte unter dem Oberbefehl des amerikan. Generals N. Schwarzkopf (Aktion „Wüstensturm"). Eine wochenlange Luftoffensive gegen Stellungen in Kuwait und Irak zielte auf die Zerstörung der irak. Luftwaffe und die Ausschaltung der irak. Elitetruppen („Republikan. Garde"). Die Vernichtung der militär. Objekte und Kommandozentralen richtete auch im zivilen Bereich starke Zerstörungen an (u. a. in Bagdad, Basra). Der irak. Präs. Saddam Husain versuchte durch den Abschuß von SCUD-Raketen (seit 18. Jan.) auf das an den militär. Aktionen nicht beteiligte Israel, dieses in den Krieg zu ziehen und damit die Anti-Irak-Front zu spalten, wozu auch die Verknüpfung der Kuwait-Frage mit dem Palästina-Problem diente. Israel enthielt sich jedoch auf Grund des amerikan. Drängens und der Installierung des Raketenabwehrsystems „Patriot" zum Schutz der Bev. jegl. Vergeltungsaktionen. Zur Abwehr eines alliierten Angriffs von der Seeseite her leitete Irak Erdöl in den Pers. Golf ein und löste damit eine Umweltkatastrophe aus. Ein mit weitgehenden Bedingungen verknüpftes Waffenstillstandsangebot von Saddam Husain (15. Febr.) lehnte der amerikan. Präs. G. Bush ab, der auch eine sowjet. Initiative zur Einstellung der Kampfhandlungen (18. Febr.) für unzureichend hielt; Irak wurde zur bedingungslosen Annahme aller UN-Resolutionen bis zum 23. Febr. 1991 aufgefordert. Nach Ablauf dieser Frist befreiten die alliierten Streitkräfte bis zum 27. Febr. Kuwait, wo die irak. Truppen bei ihrem Rückzug Öllager und Ölquellen in Brand setzten; außerdem wurden südl. Teile des Irak besetzt. Nachdem Irak alle UN-Resolutionen bedingungslos anerkannte, trat am 28. Febr. an allen Fronten Waffenruhe ein; am 9. April 1991 folgte ein offizieller Waffenstillstand. – Bestärkt durch diese Schwächung des Regimes Saddam Husains, begannen im März 1991 oppositionelle schiit. Kräfte und die ↑ Kurden einen bewaffneten Aufstand, der nach anfängl. Erfolgen von Reg.truppen niedergeschlagen wurde. Die nachfolgenden Repressalien lösten eine Massenflucht der Kurden nach Iran und in das türk. Grenzgebiet aus. Die Mißachtung von UN-Resolutionen durch den Irak führte im Jan. 1993 zu militär. Schritten der Alliierten.

Claire und Yvan Goll. Bleistiftzeichnung von Otto Dix, 1927

Golfküstenebene, lagunenreiche westliche Fortsetzung der Atlant. Küstenebene entlang dem Golf von Mexiko bis zur Halbinsel Yucatán (USA und Mexiko); Erdölvorkommen.

Golfstaaten, Bez. für 6 Anrainerstaaten des Pers. Golfs (Bahrain, Katar, Kuwait, Oman, Saudi-Arabien, Vereinigte Arab. Emirate), die sich im Mai 1981 zum „Kooperationsrat der Arab. Staaten am Golf" *(Golfrat)* zusammenschlossen.

Golfstrom, Meeresströmung im Nordatlantik, entsteht durch Vereinigung von Florida- und Antillenstrom, wendet sich in einem nur etwa 100 km breiten Band nach O. Östl. der Neufundlandbank tritt der G. fächerartig auseinander, der Hauptarm an der Oberfläche **(Nordatlantischer Strom)** erreicht die europ. Gewässer. Der weitaus größere Teil der vom G. transportierten Wassermenge wird im In-

(J. Lutma d. Ä.), Augsburg, München, Dresden (J. M. Dinglinger), Prag, Breslau. Im **18. Jh.** ist neben Frankreich (T. Germain) Großbritannien zu nennen, wo seit 1800 Tafelsilber gefertigt wurde. Wie allg. im Kunstgewerbe brachte erst die Jh.wende **(Jugendstil)**, vorbereitet durch die engl. ↑Arts and Crafts Exhibition Society, neue Impulse (J. M. Olbrich, L. C. Tiffany, H. van de Velde, R. Lalique, C. Fabergé), bes. auf dem Gebiet des Schmucks. In **China** liegen die Höhepunkte der G. in der Zeit der Dynastien Tang (hier bes. das 8. Jh.) und Ming (1368–1644). In den **altamerikanischen Kulturen** Blütezeit der G. in Peru im 9.–4./3. Jh. (Chavínkultur) und 200–800 n. Chr. (Mochekultur) sowie in Mittelamerika nach um 900 n. Chr. (Mixteken). Kaum erhalten sind die Schätze der Inka und Azteken. In den **afrikanischen Kulturen** war Goldschmuck sehr verbreitet; es sind aber nur wenige größere Stücke erhalten (z. B. Treibarbeiten der Mapungubwe).

Goldschnitt, Verzierung des beschnittenen Buchblocks mit ↑Blattgold, heute meist ersetzt durch Farb- oder Metallschnitt.

Goldschwämmchen, svw. ↑Pfifferling.

Goldschwefel ↑Antimonsulfide.

Goldseifen ↑Seifen.

Goldsmith, Oliver [engl. 'gouldsmiθ], * Pallasmore (Irland) 10. Nov. 1728, † London 4. April 1774, engl. Schriftsteller ir. Herkunft. – Berühmt ist sein Familienroman „Der Vikar von Wakefield" (1766). Seine erfolgreichen Komödien sind gegen die Empfindsamkeit der Zeit gerichtet.

Goldstein, Eugen ['– –], * Gleiwitz 5. Sept. 1850, † Berlin 25. Dez. 1930, dt. Physiker. – Forschungen auf dem Gebiet der Entladungen in verdünnten Gasen; wies 1876 die elektr. Ablenkbarkeit der Kathodenstrahlen nach, entdeckte 1886 die Kanalstrahlen.

G., Joseph Leonard [engl. 'gouldstain], * Sumter (S. C.) 18. April 1940, amerikan. Mediziner und Molekulargenetiker. – Arbeitete mit M. S. Brown an der Aufklärung der Ursachen von Fettstoffwechselstörungen und erhielt für die Erforschung des Cholesterinstoffwechsels und der Arteriosklerose 1985 (mit Brown) den Nobelpreis für Physiologie oder Medizin.

Goldstern (Gelbstern, Gagea), Gatt. der Liliengewächse mit rd. 90 Arten in Europa, Asien und N-Afrika; niedrige Zwiebelgewächse mit sternförmigen, schwefel- bis (v. a. außen) grünlichgelben Blüten; u. a. der **Gemeine Goldstern.**

Goldstirnblattvogel (Chloropsis aurifrons), etwa 20 cm großer Singvogel (Fam. Blattvögel) v. a. in den Wäldern des Himalajas, Vorder- und Hinterindiens und Sumatras; Ober- und Unterseite grün, Kehle und Vorderbrust schwarz, Stirn orangegelb.

Goldtopas, unkorrekte Bez. für topasfarbenen Zitrin oder gebrannten Amethyst.

Goldwährung, Währungssystem, in dem das Geld an Gold gebunden oder in dem Gold Münzmetall ist. Die Notenbank verpflichtet sich zur Einlösung des Geldes in Gold und umgekehrt zu einem festen Preis. Goldein- und -ausfuhr sind frei; damit ist durch die Goldparität auch der Wechselkurs gegenüber dem Ausland fixiert. Die wichtigsten G. sind: 1. **Goldumlaufswährung:** Das Geld besteht aus Goldmünzen. Nominalwert der Münzen und Metallwert der Münzen sind identisch. 2. **Goldkernwährung:** Geld- und Goldmenge stimmen nicht überein. Papiergeld besteht neben dem Währungsmetall, ist aber jederzeit in Gold einlösbar. In den meisten Fällen wird dabei eine Goldreservehaltungspflicht in einer bestimmten Relation zur Geldmenge verlangt. 3. **Golddevisenwährung:** Die Notendeckung erfolgt durch Gold und Golddevisen (Forderungen in einer anderen Währung, die bei den ausländ. Notenbanken in Gold eingelöst werden).

Goldwertklausel ↑Wertsicherungsklauseln.

Goldwespen (Chrysididae), mit über 2 000 Arten (in Deutschland rd. 60) weltweit verbreitete Fam. 1,5–13 mm großer Hautflügler; Körper teilweise oder ganz rot, rotgold, blau- oder grünglänzend.

Goldwurzel (Golddistel, Scolymus), Gatt. der Korbblütler mit drei Arten im Mittelmeergebiet; distelartige, Milchsaft führende Pflanzen mit großen Blütenköpfchen mit gelben Zungenblüten.

Goldwyn, Samuel [engl. 'gouldwɪn], eigtl. S. Goldfish, * Warschau 22. Aug. 1884, † Los Angeles 31. Jan. 1974, amerikan. Filmproduzent poln. Herkunft. – 1913 Mitbegr. der späteren „Paramount" und 1924 der Firma „Metro Goldwyn Mayer".

Goldziher, Ignác [ungar. 'goltsiɛr], * Székesfehérvár 22. Juni 1850, † Budapest 13. Nov. 1921, ungar. Orientalist. – Bahnbrechender Erforscher der Religionsgeschichte des Islams; zeigte die histor. Bedingtheit des islam. Gesetzes und der Prophetentradition auf.

Golem [hebr. „formlose Masse"], in der jüd. Literatur und Mystik vom frühen MA an Bez. für ein von Weisen und Magiern mittels Buchstabenmystik meist aus Lehm erschaffenes, stummes menschl. Wesen, das oft gewaltige Größe und Kraft besitzt und gelegentlich als Retter der Juden in Zeiten der Verfolgung erscheint. In der dt. Literatur aufgegriffen bei J. Grimm („Zeitung für Einsiedler", 1808), A. von Arnim („Isabella von Ägypten", Nov., 1812), E. T. A. Hoffmann („Die Geheimnisse", Nov., 1822) und (für versteinerte Seelen) von A. von Droste-Hülshoff („Die G.", Ged., 1844) sowie in Verbindung mit der Gestalt des Hohen Rabbi ↑Löw. Bei G. Meyrink („Der G.", R., 1915) wird der G. zum Symbol des jüd. Volkes.

Golf [italien., zu griech. kólpos „(Meer)busen"], Bez. für größere Meeresbucht.

Golf [engl.], auf Rasenflächen (bis zu 50 ha) betriebenes Ballspiel. Sinn des G.spieles ist es, den Ball mit einem Schläger (und möglichst wenig Schlägen) über verschiedene lange (insges. 18) Bahnen in ein Loch zu treiben **(einlochen)**. Eine Spielbahn besteht aus **Abschlag (Tee),** der eigtl. **Spielbahn (Fairway),** dem mit bes. gepflegtem und kurzgeschnittenem Rasen versehenen **Grün (Green),** in das ein **Loch (Hole)** von 10,8 cm Durchmesser eingeschnitten ist, in dem eine Richtungsflagge steckt, die vor dem **Einlochen** des Balles entfernt werden muß. Die Spielbahn ist umgeben von hochgeschnittenem **Gras (Rauhes = Rough),** Bäume, Büsche sowie Bäche, Flüsse und Seen bilden natürl. Hindernisse; es gibt auch künstlich angelegte **Sandhindernisse (Bunker).** Die Spielbahnen sind zw. 100 und 550 m lang und 20–50 m breit. Beim Abschlag darf der Ball auf einen Holz- oder Kunststoffstift (ebenfalls Tee gen.) aufgesetzt werden, ansonsten ist er von der Stelle aus zu spielen, wo er nach dem letzten Schlag liegen geblieben ist.

Für jede Spielbahn ist eine Mindestzahl von Schlägen, das sog. *Par* festgesetzt. Bis 228 m sind 3, zw. 229 und 434 m 4, über 434 m sind 5 Schläge festgelegt. Aus der Gesamtlänge aller 18 Spielbahnen ergibt sich der Platzstandard, der zw. 63 und 74 Schlägen schwankt. Man unterscheidet u. a.: *Lochwettspiele,* bei denen jedes erzielte Loch gewertet wird, und *Zählwettspiele,* bei denen die Gesamtzahl der für eine Runde benötigten Schläge gezählt wird.

Der Ball darf nicht mehr als 45,9 g schwer sein und muß mindestens 41,15 mm Durchmesser haben. Ein Spieler darf nur bis zu 14 G.schläger benutzen. Es gibt Schläger mit Holz- und Eisenköpfen (Woods und Irons) an dünnen Stahlschäften mit Gummi- oder Ledergriffen. Je nach Länge des Schaftes und Neigungswinkel der Schlagfläche des Schlägerkopfes kann man den Ball verschieden weit und hoch schlagen. Ein Helfer, der **Caddie,** transportiert die Schläger und gibt dem Spieler Ratschläge. – In allen Regelfragen entscheidet der 1754 gegründete „Royal and Ancient Golf Club of Saint Andrews" (Schottland).

Golfkrieg, Bez. für 2 Kriege im Gebiet des Pers. Golfs: *1. G.:* Krieg zw. Irak und Iran 1980–88; verursacht durch den Versuch Iraks, den 1975 in einem Vertrag mit Iran festgelegten Grenzverlauf am Schatt Al Arab auf militär. Weg zu verändern. Der 1. G. war darüber hinaus Folge des Konkurrenzkampfes zw. beiden Staaten um die Vorherrschaft über die von der Erdölförderung geprägte Golfregion und des gesellschaftlich-ideolog. Ggs. zw. dem von Ajatollah

Goldschmiedekunst. Humpen aus dem Hildesheimer Silberfund, 1. Hälfte des 1. Jh. (Berlin, Staatliche Museen)

Goldschmiedekunst. Brustschmuck, S. Isidro General, Costa Rica, 14./15. Jh. (München, Museum für Völkerkunde)

Joseph Leonard Goldstein

Goldschmiedekunst

Skythen beeinflußt und verband geometr. und figürl. Ornamente mit reichen, farbigen Einlagen, insbesondere Almandin (Schatz von Pietroasa [Rumänien], 4. Jh.; Funde von Haßleben [Thüringen], 4. Jh.; Schatz von Sînnicolau Mare [Rumänien], 9./10. Jh.). In der abendländischen G. des frühen **Mittelalters** überlagerten sich german. Formen und antike Überlieferungen aus Byzanz und befruchteten sich gegenseitig. Bed. Zeugnisse sind aus karoling. Zeit erhalten (Reliquiar aus Enger, 8. Jh.; Berlin-Charlottenburg; Arnulfziborium [um 870; München] und Buchdeckel des ↑Codex aureus [870], jüngere Reimser Schule). Hildesheim, Trier, Echternach, Reichenau und Regensburg sind Zentren otton. G., u. a. Goldene Madonna des Essener Münsterschatzes (um 980). In roman. Zeit Standkreuze, Reliquiare, Leuchter, Kelche und Altäre (Basler Antependium, vermutlich 1019; Paris, Musée Cluny). Einen neuen Aufschwung nahm die G. im 11./12. Jh. in Köln, Trier, Lüttich mit Reliquienschreinen. Im 12./13. Jh. sind Eilbertus von Köln, Godefroid de Huy und Nikolaus von Verdun als Hauptmeister der Romanik bekannt. In got. Zeit traten neben die kirchlichen Geräte profane Goldschmiedearbeiten (Trinkgefäße, Schmuck). Die G. der **Renaissance** strahlte von Italien (B. Cellini) nach ganz Europa aus. Bed. Zentren waren im 16. Jh. Antwerpen, Utrecht (A. van Vianen), Nürnberg (M. Baier, W. Jamnitzer, H. Lencker, H. Petzolt) und Westfalen (A. Eisenhoit) und im **17. Jh.** Paris, Amsterdam

Goldschmiedekunst

Links: Stierkopf (Teil des Dekors einer Harfe) aus einem der Königsgräber von Ur, um 2500 v. Chr. (Bagdad, Irak-Museum). Rechts: Totenmaske aus Mykene, 16. Jh. v. Chr. (Athen, Nationalmuseum)

Links: Goldmaske, Schwertanhänger der Adyukru, Elfenbeinküste, Anfang des 19. Jh. (Paris, Musée de l'Homme). Mitte: Goldkegel von Ezelsdorf, Spitze einer Kultsäule, etwa 1000 v. Chr. (Nürnberg, Germanisches Nationalmuseum). Rechts: Anhänger in Form eines Schwans, französische Arbeit, Gold mit Email, um 1900 (Pforzheim, Schmuckmuseum)

Goldschmiedekunst

Goldmulle (Chrysochloridae), Fam. der Insektenfresser mit rd. 15 Arten in fünf Gatt. in S-Afrika; Körper walzenförmig, etwa 8 bis knapp 25 cm lang; Kopf keilförmig zugespitzt, Schnauzenspitze verhornt, Augen verkümmert und von Haut überwachsen; Fell sehr dicht und weich; u. a. **Kapgoldmull** und **Riesengoldmull**.

Goldmünzen ↑Münzen.

Goldnessel ↑Taubnessel.

Goldoni, Carlo, *Venedig 25. Febr. 1707, †Paris 6. Febr. 1793, italien. Dramatiker. – Ging 1762 nach Paris, leitete dort 1762–64 das italien. Theater, bekleidete dann ein Hofamt und schrieb zahlr. Komödien zum größten Teil in frz. Sprache. Reformator der italien. Komödie; ersetzte die „Commedia dell'arte" durch eine v. a. an Molière geschulte italien. Rokokokomödie mit geschickter psycholog. Motivierung, realist. Charakterzeichnungen, volkstüml. Milieu und lebhafter Handlungsführung. – *Werke:* Das Kaffeehaus (Kom., 1743), Mirandolina (Kom., 1753), Der Diener zweier Herren (Kom., 1753), Die vier Grobiane (Kom., 1760).

Goldorange ↑Aukube.

Goldorfe, Farbvarietät des ↑Aland, meist orangegelb, auch mit rotgoldenem Rücken.

Goldparität ↑Wechselkurs.

Goldparmäne [dt./engl.] ↑Äpfel (Übersicht).

Goldpflaume (Chrysobalanus), Gatt. der Goldpflaumengewächse mit fünf Arten in der trop. und subtrop. Amerika und Afrika. Eine Nutzpflanze ist die Art **Ikakopflaume** (**Kakaopflaume**, Chrysobalanus icaco), ein immergrüner Strauch oder Baum mit rundl. Blättern, kleinen, weißen Blüten und pflaumenähnl., gelben, roten oder schwarzen, eßbaren Früchten.

Goldpräparate, meist organ. Goldverbindungen enthaltende Arzneimittel, die v. a. zur Behandlung des Anfangsstadiums der (rheumat.) primär chron. Polyarthritis verwendet werden. Die Anwendung ist durch erhebl. Nebenwirkungen eingeschränkt.

Goldprimel (Douglasia), Gatt. der Primelgewächse mit sieben Arten in Europa und N-Amerika; niedrige Stauden mit dichten Blattrosetten und primelähnl. Blüten in kurzgestielten, bis siebenblütigen Dolden.

Goldprobe, Strichprobe zur Feststellung des Feingehalts einer Goldlegierung durch Vergleich ihres Strichs auf einem Probierstein mit denen von Probiernadeln bekannten Feingehalts.

Goldregen. Kulturform, Kreuzung aus Gemeinem und Alpengoldregen

Goldregen (Bohnenbaum, Laburnum), Gatt. der Schmetterlingsblütler mit drei Arten in S-Europa und W-Asien; Sträucher oder Bäume mit langgestielten, dreizähligen Blättern und langen, hängenden, gelben Blütentrauben; giftig. Als Ziersträucher angepflanzt werden **Gemei-** **ner Goldregen** (Laburnum anagyroides) mit goldgelben Blüten und behaarten Hülsen und **Alpengoldregen** (Laburnum alpinum) mit hellgelben Blüten und kahlen Hülsen.

Goldrenette ↑Äpfel (Übersicht).

Goldröhrling (Boletus elegans), unter Lärchen wachsender, eßbarer Röhrenpilz aus der Fam. der Röhrlinge; goldgelb, 5–12 cm breit, kuppelartig gewölbt, mit schwefelgelber Röhrenschicht; Stiel rötlichgelb, weiß beringt; Fleisch gelb.

Goldrute (Goldraute, Solidago), Gatt. der Korbblütler mit rd. 100, v. a. in N-Amerika verbreiteten Arten; Blütenköpfchen in schmalen Rispen, klein, goldgelb. Die häufigsten Arten sind: **Gemeine Goldrute** (Solidago virgaurea), bis 70 cm hohe Staude in trockenen Wäldern und Gebüschen; **Kanadische Goldrute** (Solidago canadensis) und **Riesengoldrute** (Solidago gigantea var. serotina), bis 2,5 m hohe Stauden.

Goldschmidt, Adolph, *Hamburg 15. Jan. 1863, †Basel 5. Jan. 1944, dt. Kunsthistoriker. – Prof. in Berlin. Emigrierte 1939 nach Basel. Verfaßte grundlegende Werke v. a. über die karoling. und otton. Buchmalerei.

G., Hans, *Berlin 18. Jan. 1861, †Baden-Baden 25. Mai 1923, dt. Chemiker und Industrieller. – Entwickelte das aluminotherm. Verfahren (↑Aluminothermie) zur Darstellung reiner Metalle, das Thermitschweißverfahren und (mit seinem Bruder Karl G., *1857, †1926) ein Verfahren zur elektrolyt. Entzinnung von Weißblechabfällen.

G., Henriette, *Krotoschin (Prov. Posen) 23. Nov. 1825, †Leipzig 30. Jan. 1920, dt. Sozialpädagogin. – 1865 Mitbegr. des ↑Allgemeinen Deutschen Frauenvereins; versuchte ein sozialpädagog. Bildungs- und Berufsweg für Frauen aufzubauen.

G., Herrmann, *Frankfurt am Main 17. Juni 1802, †Fontainebleau 30. Aug. 1866, dt. Maler und Amateurastronom. – Ließ sich als Historienmaler in Paris nieder; ab 1847 astronom. Studien; entdeckte insgesamt 14 Planetoiden und beobachtete v. a. Kometen und veränderl. Sterne.

G., Richard, *Frankfurt am Main 12. April 1878, †Berkeley (Calif.) 25. April 1958, amerikan. Zoologe dt. Herkunft. – Grundlegende Arbeiten zur Genphysiologie und über die genet.-entwicklungsphysiolog. Probleme der Evolution; entwickelte eine allg. Theorie der Geschlechtsbestimmung.

G., Victor Moritz, *Zürich 27. Jan. 1888, †Vestre Aker bei Oslo 20. März 1947, dt. Mineraloge und Geochemiker. – Prof. in Oslo (1914–28, 1936–41), Göttingen (1929–35) und Aberdeen; erforschte die physikalisch-chem. Gesetzmäßigkeiten, die die Verteilung der chem. Elemente im Erdkörper bestimmen; Begründer der modernen Geochemie.

Goldschmied (Goldlaufkäfer, Carabus auratus), 20–27 mm langer, oberseits goldgrüner Laufkäfer in M-Europa; Flügeldecken mit je drei Längsrippen und goldrotem Seitenrand.

Goldschmiedekunst, die künstler. Verarbeitung von Gold und Silber sowie deren Legierungen zu Geräten, Gefäßen und Schmuck. Techniken seit dem Altertum: Treiben, Schmieden, Gießen, Ziselieren, Punzieren, Gravieren, Tauschieren, Ätzen, Niello, Granulation, Filigran, Emaillieren, Fassen und Montieren von Perlen, Steinen und Glasflüssen. Zahlr. bed. Schatzfunde bezeugen die G. der **vorgeschichtlichen Zeit** und des **Altertums** in Europa im 5. Jt. (Gräberfeld von Warna), in Ägypten, Mesopotamien (Ur) und Indien (Harappakultur) seit dem 3. Jt.; Höhepunkte ägypt. (12. und 18. Dyn. [Grab des Tutanchamun, 1347–1337]), trojan. und myken. G. (Totenmasken, Schmuck) im 2. Jt., in dessen 2. Hälfte auch in N- und M-Europa bronzezeitl. G. entstand („Hut von Schifferstadt" [um 1300 v. Chr.; Speyer], Funde von Eberswalde [11./10. Jh.; verschwunden] und Boeslunde [um 800 v. Chr.; Kopenhagen]). Im 1. Jt. zeigt sich ein breites Spektrum europ. G.: Skythen, Kelten sowie Etrusker. Die nachmyken. griech. G. erlangte v. a. z. Zt. des Hellenismus größere Bed. Aus röm. Zeit ist v. a. Tafelgerät des 1. Jh. n. Chr. erhalten (Hildesheimer Silberfund). Die G. der Germanen wurde v. a. durch die röm. Tradition und den Tierstil der

Goldhähnchen.
Oben:
Wintergoldhähnchen.
Unten:
Sommergoldhähnchen
(beides Männchen)

Goldschmied

Goldlack.
Gelbveilchen

Goldfaden

land „goldene zwanziger Jahre") Bez. für das durch wirtsch. Prosperität gekennzeichnete Jahrzehnt vom Ende des 1. Weltkriegs bis zur Weltwirtschaftskrise 1929–32.

Goldfaden, Abraham, *Starokonstantinow (Gebiet Chmelnizki) 12. Juli 1840, † New York 9. Jan. 1908, jidd. Dramatiker. – Begr. des modernen jidd. Theaters. Trug wesentlich zur Ablösung des jidd. Laienspiels durch ein professionalisiertes jidd. Theater bei, für das er als Autor, Komponist, Theaterdirektor, Regisseur und Darsteller wirkte.

Goldfasan ↑ Fasanen.

Goldfieldit [nach dem amerikan. Ort Goldfield], Fahlerzvarietät mit bis zu 17 % Tellur.

Goldfisch (Carassius auratus auratus), als Jungfisch einfarbig graugrüne Zuchtform der Silberkarausche; ändert nach meist etwa 8–12 Monaten sein Farbkleid (rotgold bis golden, auch messingfarben bis blaßrosa, z. T. mit schwarzen Flecken); wird in Aquarien etwa 10–30 cm lang, in Teichen bis 60 cm; teilweise monströse Zuchtformen, z. B. Kometenschweif, Schleierschwanz, Teleskopfisch und Himmelsauge. Der G. wurde vermutlich seit dem 10. Jh. in China gezüchtet; Ende des 16. Jh. kam er nach Europa.

Goldfliegen ↑ Schmeißfliegen.

Goldgewichte, bei den Aschanti in Z-Ghana früher benutzte Gewichtseinheiten, meist figürlich geformt. Sie umfaßten als Einzelstücke den Gewichtsraum von $^1/_{12}$ bis 500 Gramm, jedes Stück trug eine eigene Bezeichnung.

Goldglas, röm. Glasgefäß, bei dem Glasscheibchen mit aufgeklebtem Blattgold, in das figürl. Darstellungen, Ornamente, auch Inschriften geritzt sind, mit einem farblosen Glas überfangen sind. Bei den Christen war die vielfach in Katakomben gefundene Sonderform der **Fondi d'oro** verbreitet, bei denen sich die Bilder bzw. Goldplättchen unter dem Boden befinden. – ↑ Zwischengoldglas.

Goldgrund, mit Blattgold belegter Malgrund, in der abendländ. sowie der byzantin. Kunst (Buch- und Tafelmalerei). In der westl. Tafelmalerei des 15. Jh. löst sich über die Punzierung der Flächenstruktur des G. auf, um schließlich landschaftl. Elementen Raum zu geben. In der Ikonenmalerei bis heute verwendet.

Goldhafer (Trisetum), Gatt. der Süßgräser mit rd. 70 Arten, v. a. in der nördl. gemäßigten Zone; Ähren bei der Reife oft mit Gold- oder Silberschimmer; bekannte Art: der 60–80 cm hohe **Wiesengoldhafer** (Trisetum flavescens), meist goldgelbe Ähren.

Goldhähnchen (Regulus), Gatt. 8–10 cm langer Singvögel (Fam. Grasmücken) mit sieben Arten in Eurasien, NW-Afrika und N-Amerika; Gefieder oberseits meist graugrünlich, unterseits heller, mit leuchtend gelbem bis orangerotem, oft schwarz eingesäumtem Scheitel. In M-Europa kommen zwei Arten vor: **Wintergoldhähnchen** (Regulus regulus) und **Sommergoldhähnchen** (Regulus ignicapillus) mit weißem Überaugenstreif.

Goldhamster ↑ Hamster.

Golding, William Gerald [engl. 'gouldɪŋ], *Saint Columb Minor (Cornwall) 19. Sept. 1911, engl. Schriftsteller. – Beschreibt in seinen pessimist. Romanen die zerstörer. Neigung der menschl. Natur, z. B. in den Antirobinsonaden „Herr der Fliegen" (1954) und „Der Felsen des zweiten Todes" (1956) oder in „Die Erben" (1955); bed. ferner „Das Feuer der Finsternis" (1979), „Papier-Männer" (1984), „Fire Down Below" (1989). – 1983 Nobelpreis.

Goldkatzen (Profelis), Gatt. 0,5–1 m körperlanger, hochbeiniger Katzen mit 3 Arten in Afrika und S- und SO-Asien.

Goldkernwährung ↑ Goldwährung.

Goldklausel ↑ Wertsicherungsklauseln.

Goldkronen, 1. Vereinsgoldmünze des durch den Wiener Münzvertrag von 1857 geschaffenen Münzvereins; 2. amtl. Bez. des goldenen Zehnmarkstücks des Deutschen Reiches 1871–1914; 3. in Österreich-Ungarn 1892–1914 Rechnungseinheit.

Goldkugelkaktus ↑ Igelkaktus.

Goldküste, Küstengebiet Ghanas am Golf von Guinea, benannt nach dem Gold, das im Hinterland gefunden wurde. – ↑ Ghana (Geschichte).

Goldfisch. Oben: Goldfisch. Unten: Kometenschweif

William Gerald Golding

Nahum Goldmann

Carlo Goldoni

Golden Gate. Blick auf die Golden Gate Bridge, Gesamtlänge 2,15 km, vollendet 1937

Goldlack (Lack, Cheiranthus), Gatt. der Kreuzblütler mit rd. 10 Arten auf der Nordhalbkugel; flaumig behaarte Kräuter oder Halbsträucher. Bekannteste Art ist das **Gelbveilchen** (Cheiranthus cheiri), ein bis 80 cm hoher Halbstrauch mit gelben bis schwarzbraunen, einfarbigen oder mehrfarbigen, stark duftenden Blüten in Trauben.

Goldlaufkäfer, svw. ↑ Goldschmied.

Goldmakrelen (Coryphaenidae), Fam. der Barschartigen mit vom Nacken bis zum Schwanzstiel reichender Rückenflosse und tief gegabelter Schwanzflosse am schlanken, prächtig metallisch schillernden Körper. Man unterscheidet zwei Arten: **Große Goldmakrele** (Dorade, Coryphaena hippurus), etwa 1 m lang, in trop. und gemäßigt warmen Meeren; rascher Schwimmer (bis 60 km/h). – **Kleine Goldmakrele** (Coryphaena equisetis), bis 75 cm lang, in wärmeren Meeren.

Goldmalerei, in der Tafelmalerei des 13. und 14. Jh.: Goldstaub wird mit Eiweiß gemischt und aufgetragen (v. a. für Ornamente).
▷ in der asiat. Lackmalerei übl. Verfahren unter Verwendung von Gold- und Silberfolien.

Goldmann, Lucien [–'–], *Bukarest 20. Juli 1913, † Paris 3. Okt. 1970, frz. Philosoph, Literaturtheoretiker und -soziologe. – 1958 Prof. in Paris, seit 1965 zugleich in Brüssel. Befaßte sich mit marxist. Erkenntnistheorie („Dialekt. Untersuchungen", 1958); begründete den „genet. Strukturalismus". – *Weitere Werke:* Gesellschaftswissenschaften (1948), Der verborgene Gott (1956).

G., Nahum ['––], *Wiszniewiec (Wolynien) 10. Juli 1895, † Bad Reichenhall 29. Aug. 1982, Präs. des Jüd. Weltkongresses (1949–78). – 1926–33 Leiter der Zionist. Vereinigung in Deutschland; 1933 Flucht; 1935–40 Vertreter der Jewish Agency beim Völkerbund; setzte sich nachdrücklich für die Gründung des Staates Israel ein und war maßgeblich an der Regelung der Wiedergutmachung durch die BR Deutschland und Österreich beteiligt. 1956–68 Präs. der Zionist. Weltorganisation.

Goldmann Verlag (Wilhelm G. V.) ↑ Verlage (Übersicht).

Goldmark, Karl, *Keszthely (Bez. Veszprém) 18. Mai 1830, † Wien 2. Jan. 1915, öster. Komponist ungar. Herkunft. – In seinen Bühnenwerken v. a. an Wagner und an der großen frz. Oper orientiert; setzte als einer der ersten oriental. Kolorit als Klangmittel ein. Von seinen Werken wurden hauptsächl. die Ouvertüre „Sakuntala" (1865) und die Oper „Die Königin von Saba" (1875) bekannt.

Goldmark, Abk. GM, 1919–23 im Dt. Reich Rechnungseinheit im Geldwesen, definiert als der 1395. Teil des Pfundes Feingold.

Goldbullen ↑ Bulle.
Goldbutt ↑ Schollen.
Gold Coast [engl. 'gould 'koust], aus 18 Ortschaften bestehende austral. Stadtgemeinde im äußersten SO von Queensland, erstreckt sich über rd. 35 km an der Küste, 208 000 E. Wichtiges Fremdenverkehrsgebiet Australiens mit Delphinarien und Vogelpark.
Golddeckung, Deckung der umlaufenden Banknoten in einer festen Relation durch Gold.
Golddevisenwährung ↑ Goldwährung.
Golddistel, svw. ↑ Goldwurzel.
Goldelfenbeintechnik ↑ chryselephantin.
Golden Delicious [engl. 'gouldən dɪ'lɪʃəs „der goldene Köstliche"] ↑ Äpfel (Übersicht).
Goldene Acht (Gemeiner Heufalter, Colias hyale), etwa 4–5 cm spannender Tagschmetterling (Gatt. Gelblinge) in W-, M- und O-Europa sowie in Asien bis zum Altai; Flügel gelb (♂) oder weißlich (♀) mit schwärzl. Saum auf der Oberseite; in der Mitte der Hinterflügel befindet sich ein Augenfleck, meist in Form einer 8.
Goldene Aue, fruchtbare, klimatisch begünstigte Niederung in Sa.-Anh. und Thür., erstreckt sich zu beiden Seiten der Helme zw. Harz und Kyffhäuser, 110–130 m ü. d. M.; Getreide-, Gemüse-, Zuckerrübenanbau.
goldene Bankregel, Liquiditätsgrundsatz von Kreditinstituten, nach dem Umfang und Terminierung im Aktiv- und Passivgeschäft einander entsprechen sollen.
goldene Bilanzregel ↑ Bilanz.
Goldene Bistritz, Fluß in Rumänien, ↑ Bistritz.
Goldene Bulle [nach ihrer goldenen Siegelkapsel], von König Andreas II. von Ungarn 1222 erlassenes ältestes ungar. Grundgesetz (G. B. Ungarns); legte die Freiheitsrechte des Adels fest.
▷ wichtigstes Grundgesetz des Hl. Röm. Reiches Kaiser Karls IV. von 1356; kodifiziert in lat. Sprache u. a. das Recht der Königswahl, sichert die privilegierte Stellung der 7 Kurfürsten (Kurfürstenverfassung) und regelt das Zeremoniell für die feierl. Repräsentation des Reiches.

Goldene Bulle (Grundgesetz des Heiligen Römischen Reiches). Seite aus einer der erhaltenen Originalhandschriften mit Goldsiegel (Wien, Haus-, Hof- und Staatsarchiv)

goldene Hochzeit, 50jähriges Ehejubiläum.
Goldene Horde (eigentlich Khanat Kiptschak), histor. mongol. Reich in O-Europa und W-Sibirien. Den Namen G. H. erhielt es von den Russen. Beim Tod Dschingis-Khans (1227) fiel das Erbteil seines schon verstorbenen ältesten Sohnes Dschotschi (das Reich hieß nach ihm urspr. **Ulus Dschotschi**) an ↑ Batu Khan; umfaßte damals Sibirien westlich des Irtysch und Choresmien. In siegreichen Feldzügen dehnte Batu sein Reich nach W aus; er eroberte das Reich der Wolgabulgaren (1236) und die altruss. Ft. Rjasan (1237), Wladimir (1238) und Kiew (1240), wobei Nowgorod verschont blieb; die Hauptstadt seines Reiches war ↑ Sarai. Im 14. Jh. kam es zur offiziellen Islamisierung der Mongolen (sie wurden von den Europäern „Tataren" gen.). Die Schließung der Dardanellen durch die osman. Eroberung (1354) und innere Machtkämpfe schwächten das Reich, das 1395 durch Timur-Leng erobert wurde und im 15. Jh. zerfiel.
Goldene Legende ↑ Legenda aurea.
Goldene Mark ↑ Eichsfeld.

Goldene Acht. Männchen

Goldene Regel, seit dem 16. Jh. nachweisbare Bez. für die Grundregel rechten Handelns, bes. für deren bibl. Formulierung (Matth. 7, 12), v. a. in ihrer negativen Wendung als Sprichwort bekannt: „Was du nicht willst, das man dir tu', das füg' auch keinem andern zu"; findet sich sinngemäß auch in der ind. und chin. Tradition.
Goldene Regel der Mechanik, Gesetzmäßigkeit der Mechanik, nach der es keine mechan. Vorrichtung gibt, durch die Arbeit eingespart werden kann; verkleinert sie eine Kraft, so verlängert sie den Weg und umgekehrt. Beispiel: Flaschenzug.
Goldene Rose, eine in kostbarer Goldschmiedearbeit verfertigte Rose, gefüllt mit Moschus und Balsam, die vom Papst am Sonntag Lätare geweiht und einer verdienstvollen [kath.] Persönlichkeit (meist einer Frau) übersandt wird („Tugendrose" genannt); seit 1049 (Leo IX.) nachweisbarer Brauch.
Goldener Schnitt (stetige Teilung), Bez. für die Teilung einer Strecke durch einen auf ihr liegenden Punkt derart, daß sich der größere Abschnitt zur ganzen Strecke verhält wie der kleinere Abschnitt zum größeren Abschnitt. Die Regel des G. S. wurde vielfach in der Kunst angewendet.
goldenes Buch, Ehrenbuch von Städten, Körperschaften usw., in das man hohe Besucher ihre Namen eintragen läßt.
Goldenes Buch, seit dem frühen 16. Jh. Bez. für das seit 1314 existierende Verzeichnis der Patrizierfam. Venedigs, aus deren Mgl. seit 1297 der Große Rat gewählt wurde.
Goldenes Dreieck, Gebiet im Grenzbereich von Laos, Birma und Thailand. Die hier lebenden Bergstämme bauen Schlafmohn zur Opium- und Heroingewinnung an; Schmuggelzentrum.
Goldenes Horn ↑ Bosporus.
Goldenes Kalb, aus Gold gegossener Jungstier, der im alten Israel unter Anknüpfung an kanaanäische Symbolik als Fruchtbarkeitssymbol verehrt wurde; von den Propheten heftig bekämpft; bes. bekannt ist das von Aaron am Sinai aufgestellte G. K. (2. Mos. 32).
Goldenes Vlies, in der griech. Mythologie das Fell des goldenen Widders, das die ↑ Argonauten erobern.
▷ (Orden vom Goldenen V.; frz. Ordre de la Toison d'or; span. Orden Toisón de oro), 1429 gestifteter burgund. Ritterorden; Ordenszeichen: (in Anlehnung an die griech. Sage von den Argonauten) ein goldenes Widderfell, das durch einen goldenen Ring gezogen ist. Im Span. Erbfolgekrieg entstanden zwei getrennte Orden, ein östr. und ein spanischer.
Goldenes Zeitalter, in antiken (z. B. Hesiod) und altind. Quellen das sagenhafte Zeitalter des Friedens und Glücks des ältesten Menschengeschlechts.
Golden Gate [engl. 'gouldən 'geɪt „goldenes Tor"], die rd. 5 km lange, von der G. G. Bridge (größte Spannweite 1,28 km, Gesamtlänge 2,15 km, vollendet 1937) überspannte Einfahrt in die San Francisco Bay, Calif., USA. – Abb. S. 128.
Golden twenties [engl. 'gouldən 'twɛntɪːz „goldene Zwanziger"], zunächst in den USA, dann allg. (in Deutsch-

Goldener Schnitt.
$\overline{AB} : \overline{AE} = \overline{AE} : \overline{EB}$
$\overline{AE} = \overline{AD}$
$\frac{1}{2}\overline{AB} = \overline{BC} = \overline{CD}$

Goldenes Vlies. 1429 gestifteter Ritterorden

Goldalgen

Goldbarren in verschiedenen Größen

oder auch eine Veränderung des Farbtons erreicht wird. Zur Herstellung von sog. *Rotgold* wird es mit Kupfer, zur Herstellung von *Weißgold* mit Silber oder Platinmetallen legiert. In natürl. Vorkommen liegt G. meistens gediegen vor mit Verunreinigungen bzw. als Legierungen mit Silber und Kupfer in Form von sog. **Berggold**, das sich z. T. durch natürl. Verwitterung und Transport durch Bäche und Flüsse in Flußsanden als **Waschgold** *(Seifengold)* wiederfindet und dort durch G.wäscherei abgeschlämmt werden kann. Daneben kommt G. auch in Verbindungen, v. a. in Form von Telluriden vor, z. B. ↑Calaverit. Die größten Vorkommen des seltenen G. befinden sich in Südafrika und Z-Asien, daneben in N-Amerika, im Uralgebiet und in Australien. Das größte G.reservoir sind die Ozeane, in denen sich nach Schätzungen viele Mill. Tonnen G. in Form lösl. Natriumkomplexsalze befinden.
Gewinnung: Etwa 90 % allen G. stammen aus G.erzen, der Rest wird aus Zwischenprodukten der Schwermetallerzeugung gewonnen. Zur Aufbereitung der G.erze werden die Amalgamation (↑Amalgame) sowie heute bes. die ↑Cyanidlaugung angewendet. Das *Rohgold* aus beiden Prozessen enthält stets Silber und häufig auch andere Bestandteile, z. B. Platinmetalle, die durch verschiedene Verfahren herausgelöst werden können.
Wirtschaft: Die wirtsch. Bed. des G. liegt (neben seiner Verwendung als Metall) v. a. in der Schmuckind. sowie in seiner Funktion als privates Wertaufbewahrungsmittel.
Geschichte: G. ist mindestens seit 5000 v. Chr. bekannt. Es wurde schon früh zur Herstellung von Kunstgegenständen, für Schmuck und als Zahlungsmittel benutzt. – Die Ägypter gewannen G. anfangs v. a. durch G.wäscherei aus dem Sand des Nils in Nubien, ab 2000 auch durch G.bergbau in Unternubien. Das abgebaute goldhaltige, stark mit Silber durchsetzte Erz wurde anschließend im Schmelzofen weiterbehandelt. – Die wichtigsten G.lieferanten des MA waren in Europa die gebirgigen Landschaften der Karpaten, Alpen und Pyrenäen. Die Sucht nach G. wurde angefacht durch die Entdeckung und Eroberung M- und S-Amerikas. Aus Mexiko und Peru, wo bereits im 9. Jh. v. Chr. G. verarbeitet wurde, kamen im 16. Jh. große G.mengen nach Europa. Im 17. und 18. Jh. bestritten die Bergwerke in S-Amerika (v. a. Kolumbien) den größten Teil der Weltproduktion. Zu Beginn des 19. Jh. schob sich Rußland an eine führende Stelle, bis kurz vor der Jh.mitte der amerikan. Goldrausch einsetzte. In Afrika, das schon im MA große G.mengen produziert hatte, begann die G.förderung in der 2. Hälfte des 19. Jh., bes. in den südafrikan. Minen. Die Funktion des G. in den Währungssystemen hat sich im Laufe der Jh. gewandelt (↑Goldwährung). Eine modifizierte G.devisenwährung wurde nach dem 2. Weltkrieg durch das Abkommen von Bretton Woods (Gründung des Internat. Währungsfonds, IWF) geschaffen. Die zunehmende Geldentwertung in vielen Ländern, bes. auch im Leitwährungsland USA, führte zu steigender Diskrepanz zw. der G.parität des Dollars und dem freien G.preis, wodurch starke G.spekulationen hervorgerufen wurden, die die Mgl. des IWF am 18. März 1968 zu einer Spaltung des G.marktes veranlaßten. Seitdem gab es einen amtl. G.preis für die Verrechnung zw. den Notenbanken (35 $ je Unze Feingold) und einen freien Preis für Waren-G. Die seit Ende der 60er Jahre überproportional steigende Zunahme ihrer Verbindlichkeiten veranlaßte die USA am 15. Aug. 1971, die Einlösungspflicht des Dollars in G. aufzuheben. Der Preis auf dem freien G.markt richtet sich nach Angebot und Nachfrage; er erreichte 1980 seinen Höchstwert mit 850 US-$ pro Unze, fiel 1985 auf 285 $ je Unze und stagnierte Anfang der 1990er Jahre bei rd. 350 US-$ je Unze.
Goldalgen (Chrysophyceae), Klasse der Algen mit rd. 1 000 Arten im Süßwasser (nur wenige im Meer); einzellige, bewegl. oder festsitzende, goldbraune Algen.

Goldammer

Goldbrüstchen

Goldammer (Emberiza citrinella), etwa 17 cm großer Finkenvogel, v. a. in offenen Landschaften Europas und der gemäßigten Regionen Asiens; mit gelbem Kopf und gelber Unterseite, Seiten, Rücken und Schwanz braun gestreift; Teilzieher.

Goldbachsche Vermutung, von dem dt. Mathematiker C. Goldbach (* 1690, † 1764) 1742 [in abgeschwächter Form] zuerst geäußerte Vermutung, nach der jede gerade natürl. Zahl ≧ 4 als Summe zweier Primzahlen darstellbar ist; bisher nicht bewiesen.

Goldbandsalmler (Creagrutus beni), etwa 8 cm langer Salmler im trop. Südamerika; Rücken hellbraun, Körperseiten blaß ockergelb mit breitem, rotgolden glänzendem Längsstreifen; Warmwasseraquarienfisch.

Goldbarren, Handelsform von Gold in Stangen. G. werden im Gewicht von 10, 20, 50, 100, 250, 500 und 1 000 g gehandelt; ihr Feingehalt beträgt 999,9 oder 1 000 ‰.

Goldbarsch ↑Rotbarsch.

Goldgewinnung[1] (in Tonnen)			
Land	1970	1980	1990
Südafrika	1 000	675	605
USA	54	31	295
Australien	20	17	241
Kanada	75	52	165
Brasilien	9	35	78
Philippinen	19	22	37
Papua-Neuguinea	1	14	34
Kolumbien	7	17	33
Andere Länder[1]	88	99	246
Welt	1 273	962	1 734

[1] Ohne ehem. Sowjetunion, osteurop. Länder, China und Nordkorea (nur Schätzwerte bekannt).

Goldberg, Emanuel, * Moskau 19. Aug. 1881, † Tel Aviv 13. Sept. 1970, dt.-israel. Photochemiker. – Prof. an der TH Dresden und Direktor bei der Zeiss-Ikon AG; 1937 gründete er ein Laboratorium für angewandte Optik in Tel Aviv. G. entwickelte moderne Verfahren der photograph. Densitometrie, u. a. einen Graukeil (1911), eine Mikrofilmkamera (1921), den Spektrodensographen (1927) und das G.-Refraktometer (1942).

G., Johann Gottlieb, * Danzig 14. März 1727, † Dresden 13. April 1756, dt. Cembalist. – Schüler von W. F. und J. S. Bach, der für ihn die sog. ,,Goldberg-Variationen" schrieb. Er komponierte u. a. 2 Cembalokonzerte, 6 Triosonaten, 24 Polonäsen und 2 Kantaten.

Goldberg, prähistor. Fundstelle am W-Rand des Nördlinger Ries; 1911–35 planmäßige Ausgrabung von mehreren vorgeschichtl. Siedlungen (Dörfer der Rössener Kultur, der Michelsberger Kultur sowie aus der Eisenzeit). Wichtige Aufschlüsse für die Geschichte des Hausbaues.

Goldberg (poln. Złotoryja), Stadt im Bober-Katzbach-Gebirge, Polen, 235 m ü. d. M., 16 000 E. Filzfabrik, Basaltbruch. – Seit 1211 Stadtrecht, 12.–16. Jh. Goldgewinnung; 1742–1945 preußisch, seit 1945 polnisch. – Got. Pfarrkirche (13., 15. Jh.) mit spätgot. Deckenmalerei.

Goldblatt (Sternapfel, Chrysophyllum cainito), Art der Gatt. Chrysophyllum; immergrüner, bis 15 m hoher Baum mit unterseits seidiggolden behaarten Blättern und wohlschmeckenden, apfelgroßen, violetten Früchten; Kulturpflanze der Tropen.

Goldbrasse (Dorade, Chrysophrys aurata), bis 60 cm lange Meerbrasse im Mittelmeer und Atlantik; hochrückig, Körperseiten silbrig mit zahlr. schmalen, goldgelben Längsstreifen; Speisefisch.

Goldbronze, Messing mit 77 bis 85 % Kupfer; von goldähnl. Aussehen.

Goldbrüstchen (Amandava subflava), 9–10 cm langer Prachtfink, v. a. auf Feldern und in Steppen Afrikas südl. der Sahara; ♂ mit bräunlichgrauer Oberseite, rotem Schnabel, rotem Augenstreif, gelber Kehle, orangefarbener Unterseite, schwarzem Schwanz und rotem Bürzel; ♀ in der Färbung matter, ohne roten Augenstreif; beliebter Stubenvogel.

(1. Teil 1842, 2. Teil fragmentar. hg. 1855), der ihn als Meister der Ironie und Groteske erweist. Der Roman steht in der Tradition des Schelmenromans und war als Trilogie geplant. Auch bed. Novellist, u. a. „Abende auf dem Vorwerk bei Dikanka" (1831/32), zwei Bände, die das Bauernleben in der Ukraine schildern, wobei er folklorist. mit romant. Elementen verbindet, „Arabesken" (3 Bde., 1835), darunter die drei Petersburger Novellen „Der Newski-Prospekt", „Das Porträt" (2. Fassung 1842), „Die Aufzeichnungen eines Wahnsinnigen", und „Mirgorod" (2 Bde., 1835), darin „Der Vij" und „Taras Bulba", sowie „Der Mantel" (1842), seine bedeutendste Novelle. Er gilt als Begr. der ↑ natürlichen Schule und zählt nach Stil und Thematik zur russ. Romantik.

Gogra [engl. 'gougrə], linker Nebenfluß des Ganges, entspringt als **Map-chu** in S-Tibet, fließt als **Karnali** durch Nepal, durchbricht die Siwalikketten, mündet oberhalb von Patna; rd. 1030 km lang.

Gograf ↑ Go.

Gog und Magog, in der rabbin. Literatur und Apk. 20, 8 myth. Doppelname für den endzeitlichen Feind des Gottesvolkes. Die Schlacht wogt zwölf Monate im Jerichotal, bis Gott sich als Sieger erweist. Der Name ist aus Ezech. 38 und 39 übernommen, wo Magog der Bereich des mächtigen Fürsten Gog ist, der, aus dem Norden kommend, Israel überfallen wird.

Goh Chok Tong, * Singapur 20. Mai 1941, Politiker in Singapur. – Wirtschaftswissenschaftler; schloß sich der People's Action Party (PAP) an; seit 1977 mehrfach Min. (u. a. 1982–91 für Verteidigung), seit Nov. 1990 Premierminister.

Goi [hebr.], im A. T. „Volk", in der rabbin. Literatur der einzelne Nichtjude. Der **Schabbes-Goi** verrichtet in einem frommen jüd. Haushalt die am Sabbat verbotenen Arbeiten.

Goiânia [brasilian. go'jenja], Hauptstadt des brasilian. B.staates Goiás, 760 m ü. d. M., 928 000 E. Kath. Erzbischofssitz; B.-Univ. (gegr. 1960), kath. Univ. (gegr. 1959); Zentrum eines Viehzucht- und Ackerbaugebiets; Eisenbahnknotenpunkt, ⚐. – Seit 1933 als Hauptstadt von Goiás (seit 1937) angelegt.

Goiás [brasilian. go'jas], zentralbrasilian. B.-Staat, 340 166 km², 3,9 Mill. E (1989). Hauptstadt Goiânia. G. umfaßt eine wellige Hochfläche im Brasilian. Bergland; trop.-sommerfeuchtes Klima; fast ausschließl. von Campos cerrados bedeckt; neben Ackerbau Sammelwirtschaft und Viehzucht. – Erste europ. Besiedlung gegen Ende des 17. Jh.; seit 1744 Generalkapitanat, seit 1822 Prov., seit 1889 Bundesstaat; 1991 wurde der N von G. als neuer Bundesstaat Tocantins konstituiert.

Go-in [zu engl. to go in „hineingehen"], [meist unbefugtes] Eindringen engagierter Gruppen in Vorlesungen, Parlamentssitzungen oder in andere Gremien in der Absicht, eine Diskussion über dort verhandelte oder sonstige brisante Themen zu erzwingen; seit Mitte der 1960er Jahre Mittel [friedl.] polit. Demonstration.

Go-Kart-Sport [engl. 'gouka:t; amerikan., zu engl. go-cart „Laufwagen (für Kinder)"], Geschwindigkeitswettbewerbe in verschiedenen Klassen mit speziellen einsitzigen Kleinstwagen mit Zweitaktmotoren von 100–250 cm³ Hubraum auf 400–1200 m langen Rundbahnen.

Gokstad [norweg. ˌgɔksta], Fundstelle (bei Sandefjord, Norwegen) eines wikingerzeitl. Bootgrabes (Ausgrabung 1880). Die Grabkammer, in der auf einem Prunkbett ein Mann, vermutlich der altschwed. König Olaf Geirstadralf (2. Hälfte des 9. Jh. n. Chr.) bestattet war, befand sich auf einem hochseegehenden Langschiff aus Eichenholz (bis auf die Steven wiederhergestellt). Als Grabbeigaben fanden sich u. a. 3 kleine Segelboote, 12 Pferde und 6 Hunde.

Göksu nehri (in der Antike **Calycadnus**, im MA **Salef**), Zufluß zum östl. Mittelmeer in der Türkei, entspringt (zwei Quellflüsse) im Westtaurus; 380 km lang. – Im G. n. ertrank 1190 Kaiser Friedrich I. Barbarossa.

Golanhöhen, Basaltplateau im äußersten SW Syriens, im S bis etwa 700 m ü. d. M. ansteigend, im N von zahlr. kleinen Vulkankuppen und Schlackenkegeln durchsetzt, die 1200 m ü. d. M. erreichen. Zentraler Ort Kunaitra. V. a. als Weideland genutzt, vereinzelt Weizen- und Baumwollanbau. – Mit der israel. Besetzung 1967 wurden nahezu alle Bewohner (etwa 130 000) aus dem Gebiet vertrieben; der urspr. Absicht, es in eine unbesiedelte Pufferzone zu verwandeln, folgte später aber eine israel. Neubesiedlung. Im Krieg 1973 waren die G. heftig umkämpft, 1981 wurden sie von Israel annektiert.

Golaseccakultur [italien. gola'sekka], nach der Fundstelle eines Brandgräberfeldes am Ausfluß des Lago Maggiore ben. eisenzeitl. (800 bis etwa 200) Kulturgruppe im nw. Oberitalien und der S-Schweiz; bed. durch ihre Vermittlerrolle zw. dem süd- und nordalpinen Gebiet.

Gölbaşı [türk. 'gœlbaˌʃi], Dorf an der westl. S-Küste der Türkei, Prov. Antalya. Bekannt durch die 1841 von J. A. Schönborn entdeckte, 1881 von O. Benndorf wiedergefundene antike Bergfeste **Trysa**, die am Rande eines küstennahen Hochplateaus (866 m) im südl. Lykien liegt.

Golconda [engl. gɔl'kɔndə], Ruinenstadt im ind. B.-Staat Andhra Pradesh, 10 km westlich von Hyderabad. 1512–1687 Hauptstadt des gleichnamigen Dekhansultanats.

Gold, Käthe, * Wien 11. Febr. 1907, östr. Schauspielerin. – 1933–44 am Staatsteater Berlin mit gleichem Erfolg in heiteren wie in trag. Rollen des klass. Repertoires. Seit 1947 am Wiener Burgtheater und Akademietheater, wirkte auch in einigen Filmen mit, z. B. „Amphitryon" (1935).

Gold [zu althochdt. gold, eigtl. „das Gelbliche, Blanke"], chem. Symbol Au (von lat. „aurum"); metall. Element aus der I. Nebengruppe des Periodensystems der chem. Elemente. Ordnungszahl 79; relative Atommasse 196,9665. Von den radioaktiven Isotopen hat Au 195 mit 183 Tagen die größte Halbwertszeit. Das natürlich vorkommende G. besteht ausschließlich aus dem Isotop 197. Das rötlichgelb gefärbte, edle Schwermetall hat eine Dichte von 19,32 g/cm³, sein Schmelzpunkt liegt bei 1064 °C, sein Siedepunkt bei 3080 °C. In seinen Verbindungen tritt das Element dreiwertig, seltener einwertig auf. Chemisch ist G. entsprechend seinem edlen Charakter überaus widerstandsfähig gegen Säuren, Basen und Salze. Lediglich ↑ Königswasser vermag das Metall schnell zu lösen. Flüssiges Quecksilber kann G. unter Bildung von Amalgamen lösen. Das reine Metall ist auf Grund seiner Verformbarkeit und Dehnbarkeit (Mohshärte 2,5 bis 3,0) mechanisch leicht bearbeitbar und kann zu sehr dünnen Drähten und zu Folien *(Blattgold)* von fast $1/10000$ mm ($1/10$ μm) ausgewalzt oder gehämmert werden. Die elektr. Leitfähigkeit und die Wärmeleitfähigkeit erreichen ungefähr 70 % der entsprechenden Werte des Silbers. Legierungen bildet G. mit relativ vielen Metallen, wodurch zum Teil eine Erhärtung des Metalls

Käthe Gold

Gold. Oben: Gold mit Quarz. Unten: feinblättriges gediegenes Gold auf Nebengestein

Gokstad. Das wiederhergestellte Gokstadschiff (Bygdøy, Oslo, Museum der Wikingerschiffe)

Goethe-Institut

the-Nationalmuseum. 3. **Goethes Gartenhaus** „am Stern" in Weimar, am unteren Park unweit der Ilm, im 17. Jh. gebaut, seit 1776 als Geschenk des Hzg. Karl August in Goethes Besitz; 1966/67 wiederhergestellt.

Goethe-Institut [ˈgøːtə] (offiziell G.-I. zur Pflege der dt. Sprache im Ausland und zur Förderung der internat. kulturellen Zusammenarbeit e. V.), ein 1932 bzw. 1951 gegr. gemeinnütziger Verein, der auf der Grundlage eines 1976 abgeschlossenen Rahmenvertrages im Auftrag der BR Deutschland umfangreiche Aufgaben der auswärtigen Kulturpolitik wahrnimmt (u. a. Erteilung von Deutschunterricht). Sitz der Zentralverwaltung ist München. 1992 unterhielt das G.-I. in 73 Ländern 157 Institute, davon 16 in der BR Deutschland.

Goethe-Nationalmuseum [ˈgøːtə], Goethes Wohnhaus am Frauenplan in Weimar, das sog. Helmershausensche Haus, mit angeschlossenem Museum; das Haus wurde 1709 erbaut, 1781 von Goethe gemietet und 1782 bezogen. 1792 von Herzog Karl August von Sachsen-Weimar-Eisenach als Geschenk für Goethe gekauft. Seit 1844 vermietet, 1885 von Walther Wolfgang Freiherr von Goethe dem Staat Weimar-Eisenach vermacht, 1886 von der Goethe-Gesellschaft als G.-N. eröffnet. 1913/14 wurde das G.-N. um den Zwischenbau, 1934/35 um den Museums-Neubau erweitert. Es enthält außer authent. Einrichtungsgegenständen (kleineres Arbeitszimmer, Sterbezimmer) und Zeitdokumenten Goethes Sammlungen, Zeichnungen Goethes und seine Bibliothek von rd. 6 000 Bänden. Seit 1953 gehört das G.-N. zu den „Nat. Forschungs- und Gedenkstätten der klass. dt. Literatur in Weimar".

Goethe-Preise [ˈgøːtə] ↑ Frankfurter Goethe-Preis, ↑ Hansischer Goethe-Preis.

Goethe- und Schiller-Archiv [ˈgøːtə], bed. literaturwiss. Forschungsinst. der neueren dt. Literatur von 1700 bis 1900, Sitz Weimar. Bewahrt mehr als 40 Nachlässe von Dichtern sowie von Zeitgenossen Goethes und Musikern. Gegr. 1885 von der Großhzgn. Sophie von Sachsen-Weimar-Eisenach, der Walther Wolfgang Freiherr von Goethe den literar. Nachlaß Goethes vermacht hatte. Der Name G.- und S.-A. besteht seit dem Erwerb des Schiller-Nachlasses (1889). Seit 1953 ist das Archiv Abteilung der „Nat. Forschungs- und Gedenkstätten der klass. dt. Literatur in Weimar". U. a. entstand hier 1887–1919 die erste textkrit. Goethe-Ausgabe (Weimarer oder Sophienausgabe, 143 Bde.), 1947–70 eine Ausgabe seiner naturwiss. Schriften (11 und 2 Bde.), 1943 ff. zus. mit dem Dt. Literaturarchiv im Schiller-Nationalmuseum in Marbach am Neckar die Schiller-Nationalausgabe.

Goethit [gø:...], svw. ↑ Nadeleisenerz.

Goetz [gœts], Curt, eigtl. Kurt Götz, * Mainz 17. Nov. 1888, † Grabs (Kt. Sankt Gallen) 12. Sept. 1960, dt. Schriftsteller und Schauspieler. – ∞ mit Valérie von Martens. Schrieb Gesellschaftskomödien mit witzig-geistreichen Dialogen und glänzender Situationskomik (z. T. unter seiner Regie verfilmt), u. a. „Hokuspokus" (1928), „Dr. med. Hiob Prätorius" (1934), „Das Haus in Montevideo" (1953).

Goeze (Goetze), Johann Melchior [ˈgœtsə], * Halberstadt 16. Okt. 1717, † Hamburg 19. Mai 1786, dt. luth. Theologe. – Anhänger der luth. Orthodoxie, bes. bekannt durch den sog. Fragmentenstreit mit Lessing (Reimarus-Fragmente).

Goffiné, Leonhard [gɔfiˈneː], * Broich bei Jülich (Köln ?) 6. Dez. 1648, † Idar-Oberstein 11. Aug. 1719, dt. Prämonstratenser (seit 1669) und religiöser Volksschriftsteller. – Sein Hauptwerk ist die 1687 vollendete (erbaul.) „Hauspostille" (1690).

Gog ↑ Gog und Magog.

Gogarten, Friedrich, * Dortmund 13. Jan. 1887, † Göttingen 16. Okt. 1967, dt. ev. Theologe. – Einer der Begr. der ↑ dialektischen Theologie; bekämpfte mit K. Barth den Historismus und Anthropozentrismus der ev. Theologie des 19. Jh.; durch G.s Beitritt zu den ↑ Deutschen Christen kam es zum Bruch mit Barth. Der Titel seines Werkes „Der Mensch zwischen Gott und Welt" (1952) bezeichnet zugleich auch das Hauptthema seiner theolog. Arbeit.

Curt Goetz

Friedrich Gogarten

Nikolai Wassiljewitsch Gogol (Lithographie)

Gogh, Vincent (Willem) van [goːk, gɔx; niederl. xɔx], * Groot-Zundert bei Breda 30. März 1853, † Auvers-sur-Oise (Val-d'Oise) 29. Juli 1890 (Selbstmord), niederl. Maler. – 1880 begann van G. zu zeichnen, malte 1881–85 dunkle, tonige Bilder. Übernahm, 1886–88 in Paris, vom Impressionismus die hellen und reinen Töne, vom jap. Farbholzschnitt Flächigkeit und Umrißlinie. 1888 entstanden in Arles seine bekanntesten Werke („Boote am Strand", 1888; Amsterdam, Rijksmuseum V. van G.; „Sonnenblumen", 1888; London, Tate Gallery; „Caféterrasse am Abend", 1888; Otterloo, Rijksmuseum Kröller-Müller). Gemeinsam mit Gauguin wollte er eine Künstlerkolonie gründen; das Zusammenleben endete mit einem Zusammenbruch im Dez. 1888. Nach der Selbstverstümmelung seines Ohres, klin. Behandlung und wiederholten Anfällen (bisher als Zeichen geistiger Verwirrung gewertet, doch nach neuesten Erkenntnissen wahrscheinlich Folgen einer Erkrankung des Innenohrs), ging van G. 1889 in die Heilanstalt von Saint-Rémy-de-Provence, wo Gemälde von ekstat. Ausdruckskraft entstanden („Sternennacht", 1889; New York, Museum of Modern Art). Ab Mai 1890 in Auvers, be-

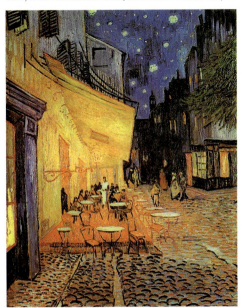

Vincent van Gogh. Caféterrasse am Abend, 1888 (Otterloo, Rijksmuseum Kröller-Müller)

diente sich van G. einer ornamentalen, den Jugendstil ankündigenden Gestaltungsweise: Die Formen werden aufgebrochen und ihre Rudimente zugunsten einer absoluten Bildwirkung verselbständigt („Im Grünen", 1890; Amsterdam, Rijksmuseum V. van G.). Neben vielen Selbstbildnissen hinterließ er auch zahlr. dokumentarisch und literarisch wertvolle Briefe (u. a. an seinen Bruder Theo). Neben Cézanne ist van G. für die Kunst des 20. Jh. von fundamentaler Bedeutung.

Go-Go-Girl [ˈgoʊgoʊˌgəːl, zu amerikan. go-go „aufreizend" (zu to go „gehen")], Animiertänzerin im Showgeschäft.

Gogol, Nikolai Wassiljewitsch, * Bolschije Sorotschinzy (Gebiet Poltawa) 1. April 1809, † Moskau 4. März 1852, russ. Schriftsteller. – Sohn eines ukrain. Gutsbesitzers, lebte ab 1828 in Petersburg, dort u. a. Beamter; Freundschaft mit Puschkin. Ging trotz des großen Theatererfolges seines „Revisors" (Kom., 1836) ins Ausland und lebte v. a. in Italien (1836–48). In seinen letzten Jahren verfiel er einem selbstzerstöter. religiösen Mystizismus; 1848 pilgerte er ins Heilige Land; kurz vor seinem Tode verbrannte er das Manuskript des 2. Teils seines Romans „Die toten Seelen"

gleiter des Herzogs am 1. Koalitionskrieg gegen das revolutionäre Frankreich. Bedeutsam wurde die nähere Begegnung mit Schiller seit 1794, den er nach Weimar holte und mit dem er bis zu dessen Tod 1805 eng zusammenarbeitete. Daraus erwuchs die programmat. Grundlage der *Hochklassik:* das Ideal der harmon. Ausbildung des Individuums. Der Briefwechsel zw. beiden dokumentiert den wechselseitigen Einfluß, v. a. aber die Rolle Schillers als Kunstrichter bei entstehenden Schriften: die Umbildung des „Wilhelm Meister" (1796), die Fortführung des „Faust"-Plans (bis zum Abschluß des 1. Teils 1806, veröffentlicht 1808; Entwurf des Helena-Akts als Kernstück des 2. Teils, 1800), das Versepos „Hermann und Dorothea" (1797). Gemeinsame Zeit- und Literaturkritik enthalten die „Xenien" (1796); die Zeitschriften „Die Horen", „Die Propyläen", ferner der „Musenalmanach" wurden zu Organen der klass. Kunst- und Literaturprogrammatik. Die anregende Zusammenarbeit bezeugen auch die Balladen des „Balladenjahres" 1797 („Der Zauberlehrling", „Der Gott und die Bajadere").

Goethe und die Romantik: Nach dem Tod Herders (1803), Schillers (1805) und Wielands (1813) veränderte sich das literar. Leben am Weimarer Hof. Wichtig wurde für G. damals der Kreis der Romantiker in Jena, zu dem er vielfältigen Kontakt aufnahm. Während er sich F. Hölderlin und H. von Kleist verschloß, ließ er sich von A. von Arnim und von C. Brentano anregen. Aus der Auseinandersetzung mit den romant. Vorstellungen von Ich, Bewußtsein, Volk und Zeit entstanden G.s „Sonette" (erschienen 1815). Eigene Faszination durch junge Frauen ergänzte die Anregungen der Romantik, sie spiegeln sich im Festspiel „Pandora" (Teilabdruck 1808, 1. Teil vollständig 1810) und in dem Roman „Die Wahlverwandtschaften" (2 Teile, 1809) wider. – Reisen führten in jenen Jahren bes. in die böhm. Bäder; sie brachten v. a. eine Erweiterung der mineralog. Studien. Zu philosoph.-naturwiss. Auseinandersetzungen, bes. mit Schelling, trat eine weltliterar. Orientierung G.s (Beschäftigung mit Calderón und Boccaccio).

Goethes Altersperiode: Sie begann mit dem Sturz Napoleons, mit dem G. 1808 während des Erfurter Fürstentages zusammengetroffen war, und über den G. sich in dem Festspiel „Des Epimenides Erwachen" (1815) rückblickend äußerte. Bezeichnend ist die autobiograph. Beschäftigung mit dem eigenen Leben als Kunstwerk: „Aus meinem Leben. Dichtung und Wahrheit" (Teil 1–3, 1811–13; Teil 4 postum 1833), „Die Campagne in Frankreich 1792" (1822), „Italien. Reise" (1829) und Redaktion von Briefen, Tagebü-

Johann Wolfgang von Goethe. Siebdruck von Andy Warhol, 1982, nach einem Gemälde von Johann Heinrich Wilhelm Tischbein aus dem Jahr 1787

chern und „Annalen", die als Tages- und Jahreshefte die Erinnerung an die Zeit von 1786 bis 1822 festhalten. Die Beschäftigung mit altpers. Dichtung seit 1814 und die Begegnung mit Marianne von Willemer auf einer Sommerreise an Rhein und Main prägen den von Weltanschauungsdichtung und Altersweisheit bestimmten „West-östl. Divan" (1819). Resignation und Unstillbarkeit des Verlangens sind die Grundtöne der erot. Alterslyrik: „Trilogie der Leidenschaft" mit der „Marienbader Elegie" (entstanden 1823/1824, erschienen 1827), „Dornburger Lieder" (1828). Seine späten Weltanschauungsgedichte, so „Urworte. Orphisch" (1817), sind teilweise in naturwiss. Schriften aufgenommen und schon von G. kommentiert. In „Wilhelm Meisters Wanderjahre" (1. Teil 1821, abgeschlossen 1829, Untertitel „oder die Entsagenden") zeigt sich ein gewandeltes Menschenbild und ein neues Verhältnis zu Welt und Gesellschaft. Kurz vor seinem Tod schloß G. den „Faust" ab (erschienen postum 1833), dessen zweiter Teil eine Harmonie von Antike und abendländ. Bewußtsein des MA anstrebt.

Goetheanum in Dornach, Schweiz, 1913 gegründet, 1922/23 abgebrannt, 1924 wieder aufgebaut

G., Katharina Elisabeth, gen. „Frau Rat", „Frau Aja", * Frankfurt am Main 19. Febr. 1731, † ebd. 13. Sept. 1808. – Älteste Tochter des Frankfurter Stadtschultheißen J. W. Textor. Heiratete 1748 Johann Kaspar G.; von sieben Kindern blieben nur Johann Wolfgang und Cornelia am Leben. Ihre lebensmutige, heitere, gesellige Natur und eine urwüchsige Erzählbegabung spiegeln sich in ihren Briefen.

G., Walther Wolfgang Freiherr von (seit 1859), * Weimar 9. April 1818, † Leipzig 15. April 1885. – Sohn von August von G., legte als Nachlaßverwalter den Grundstein für das Goethe- und Schiller-Archiv und das Goethehaus in Weimar.

Goetheanum [gø...; nlat.], „freie Hochschule für Geisteswissenschaft", von R. Steiner 1913 in Dornach bei Basel, dem Hauptsitz der Allg. anthroposoph. Gesellschaft, gegr.; das expressionistisch gestaltete Gebäude brannte 1922/23 ab, es wurde 1924 ebenfalls nach Entwürfen Steiners wieder aufgebaut.

Goethe-Gesellschaft ['gø:tə], internat. literar.-wiss. Vereinigung; gegr. 1885, Sitz Weimar. Herausgabe eines Jahrbuchs sowie von Schriften. Ihre Bibliothek ist heute in die „Herzogin Anna Amalia Bibliothek" eingegliedert und untersteht seit 1953 dem „Nat. Forschungs- und Gedenkstätten der klass. dt. Literatur in Weimar".

Katharina Elisabeth Goethe

Goethehaus ['gø:tə], 1. **Goethes Geburtshaus** „zu den drei Leiern" in Frankfurt am Main, Großer Hirschgraben 23, urspr. zwei Häuser aus dem 16. Jh., 1733 von Goethes Großmutter Anna Cornelia erworben, von Goethes Vater 1755/56 umgebaut, 1795 von Goethes Mutter verkauft. 1863 von O. Volger für das ↑Freie Deutsche Hochstift – Frankfurter Goethe-Museum erworben. 1895/96 um einen Bibliotheksbau, 1932 um ein Museumsgebäude erweitert. Nach Kriegszerstörung 1944 wiederaufgebaut (1951 eröffnet), Bestände dank Auslagerung gerettet, u. a. 20 000 Handschriften und 100 000 Bände, über 400 Gemälde, Büsten, Handzeichnungen usw. aus der Goethezeit. 2. **Goethes Wohnhaus** am Frauenplan in Weimar, ↑Goe-

Goes

Hugo van der Goes. Anbetung der Hirten, Mitteltafel des Portinari-Altars, zwischen 1475 und 1478 (Florenz, Uffizien)

Goes, Albrecht [gøːs], *Langenbeutingen (Landkr. Heilbronn) 22. März 1908, dt. Schriftsteller. – Ev. Pfarrer. G. schreibt Lyrik, Erzählungen (u. a. „Unruhige Nacht", 1950; „Das Brandopfer", 1954), Essays, Laienspiele, Biographien und Predigten; „Noch und schon. 12 Überlegungen" (1983).

G., Hugo van der [niederl. xuːs], *Gent um 1440, † Kloster Roodendale bei Brüssel 1482, fläm. Maler. – 1467 Meister in Gent. Gesichert ist der dreiflügelige Portinari-Altar (zw. 1475/78 für Sant'Egidio, Florenz; heute Uffizien) mit der Mitteltafel „Anbetung der Hirten", in dem sich Monumentalität der Auffassung mit realist. Genauigkeit verbindet. Das Spätwerk („Anbetung der Hirten" [zw. 1475 und 1478; ebd.] und der „Tod Mariens" [Brügge, Städt. Museum]) ist von großen geistigen Spannungen erfüllt.

Goes [niederl. xuːs], niederl. Stadt auf der Halbinsel Zuid-Beveland, 31 800 E. Maschinenbau, Glas-, holzverarbeitende und Baustoffind. – Wurde um 1400 Stadt. – Spätgot. Rathaus (1463; 1771–75 umgebaut), spätgot. Basilika (1470 vollendet, 1619–21 und 1922–32 restauriert).

GOES [engl. gouz], Abk. für engl.: **G**eostationary **O**perational **E**nvironmental **S**atellite (↑Wettersatelliten).

Goethe ['gøːtə], August von, *Weimar 25. Dez. 1789, † Rom 28. Okt. 1830. – Sohn von Johann Wolfgang von G.; seit 1817 ∞ mit Ottilie Freiin von Pogwisch (*1796, † 1872), Vater von Walter Wolfgang von Goethe.

G., Christiane von, *Weimar 1. Juni 1765, † ebd. 6. Juni 1816. – Schwester von C. A. ↑Vulpius; lebte seit 1788 mit Johann Wolfgang von G. in freier Gemeinschaft (Heirat 1806); Mutter von August von Goethe.

G., Cornelia Friederica Christiana, *Frankfurt am Main 7. Dez. 1750, † Emmendingen 8. Juni 1777. – Schwester von Johann Wolfgang von G.; seit 1773 mit dessen Freund J. G. Schlosser verheiratet.

G., Johann Kaspar, *Frankfurt am Main 31. Juli 1710, † ebd. 25. März 1782. – Vater von Johann Wolfgang von G.; Jurist. Seit 1742 kaiserl. Rat.

G., Johann Wolfgang von (seit 1782), *Frankfurt am Main 28. Aug. 1749, † Weimar 22. März 1832, dt. Dichter.

Jugendzeit und Frühwerke: Sein Vater, Johann Kaspar G., entstammte einer aus Thüringen nach Frankfurt am Main zugezogenen Familie; seine Mutter, Katharina Elisabeth, geb. Textor, gehörte zum Frankfurter Patriziat. In Leipzig, wo G. trotz schöngeistiger Neigungen auf Wunsch des Vaters 1765 ein Jurastudium begann, entstanden erste Lyrik im Stil des Rokoko (Liederbuch „Annette", 1767; „Neue Lieder", 1769) und dramat. Versuche. 1768 veranlaßte ein gefährl. Lungenleiden seine Rückkehr ins Elternhaus. Dort stand er 1768/1769 unter dem Einfluß von pietist. und myst. Lektüre, vermittelt durch S. von Klettenberg. Zur Fortsetzung des Studiums ging G. im Frühjahr 1770 nach Straßburg. In der Begegnung mit der elsäss. Landschaft, in der Liebe zu F. Brion und in der Freundschaft mit Herder fand G. seinen Durchbruch zum ↑Sturm und Drang: Aneignung der Naturauffassung Rousseaus, die geistige Auseinandersetzung mit dem Ursprüngl. in Sprache, Volkslied und Architektur („Von dt. Baukunst", 1773), geistige Begegnung mit Homer, Shakespeare und Ossian (J. Macpherson). Erträge der Straßburger Zeit sind die subjektive Lyrik („Mailied"; „Willkommen und Abschied" u. a.) und die erste Fassung des „Götz"-Dramas (1771). Das jurist. Abschlußexamen berechtigte G. zu einer Advokatur in Frankfurt am Main, die er im Herbst 1771 erhielt. Hier befreundete er sich mit J. H. Merck und knüpfte über ihn Beziehungen zum Darmstädter Kreis. Damit setzte G.s hymn. Dichtung ein. Von Mai bis Sept. 1772 arbeitete G. als Praktikant am Reichskammergericht in Wetzlar. V. a. aus der Begegnung mit C. Buff entwickelte G. die Problematik des äußerst erfolgreichen Briefromans „Die Leiden des jungen Werthers" (1774, Neufassung 1787). Ferner entstanden 1774 unter dem Einfluß Pindars u. a. die Hymnen „Prometheus" und „Ganymed" sowie eine erste Fassung des „Egmont" (endgültige Fassung 1788).

Weimar (1775–86): Im Nov. 1775 folgte G. einer Einladung des Herzogs Karl August nach Weimar, wo er einen literarisch engagierten Hofkreis vorfand (u. a. C. von Stein). Seine Aufgabe als Erzieher und Minister bestimmte seinen weiteren Berufsweg (1779 zum Geheimen Rat ernannt); er leitete die Gebiete der Finanzen, des Bergbaus, des Militärwesens, später auch das Theater und das Bildungswesen. In Weimar entstanden die großen Werke der Reifezeit, dazu die ästhet., naturwiss. und autobiograph. Werke. „Faust" reicht in die Frühzeit zurück („Urfaust", ↑Faust, J.). 1777 begann G. mit „Wilhelm Meisters theatral. Sendung" (Romanfragment, erschienen 1911), nach der italien. Reise zu „Wilhelm Meisters Lehrjahren" (4 Bde., 1795/96) erweitert, sowie „Iphigenie auf Tauris" (1779 aufgeführt) und 1780/81 auch „Torquato Tasso" (Prosafassungen); in der Lyrik bereicherte er den hymn. Stil wieder um liedhafte Elemente (u. a. „Erlkönig", 1782). Daneben naturwiss. (Entdeckung des menschl. Zwischenkieferknochens, 1784), zeichner. und sammler. Betätigungen. Unter dem Druck der amtl. Verpflichtungen und der letztl. hoffnungslosen Leidenschaft für Frau von Stein entschied sich G. für eine Reise nach Italien.

Italienische Reise (1786–1788): Im Sept. 1786 brach G. von Karlsbad fast fluchtartig auf und kehrte erst Mitte 1788 nach Weimar zurück. Zu den Hauptaufenthalten in Rom kam eine mehrmonatige Reise nach Neapel und Sizilien. In Italien vertiefte G. durch die Begegnung mit der Antike seine dichter. und ästhet., aber auch die naturwiss. Anschauungen („Urpflanze" in Palermo) und suchte bes. den Kontakt zu bildenden Künstlern. Seine frühere Dichtung und Gesinnung wurde hier zum Klassischen umorientiert, z. B. verschiedene Faustszenen und Versfassungen von „Iphigenie" (erschienen 1787) und „Torquato Tasso" (erschienen 1790).

Weimarer Klassik (1788–1805): Nach der Rückkehr entstanden die „Röm. Elegien" (erschienen 1795), beeinflußt von G.s außerbürgerl. Lebensgemeinschaft mit C. Vulpius (Geburt des Sohnes August 1789, die er 1806 heiratete. 1790 reiste G. für wenige Monate nach Venedig, um die Herzoginmutter abzuholen („Venetian. Epigramme", erschienen 1795). In Weimar übernahm G. 1791 die Leitung des Hoftheaters (bis 1817). Neue Beziehungen zur Univ. Jena führten G. zu neuen naturwiss. Studien („Versuch, die Metamorphose der Pflanze zu erklären", 1790; „Zur Farbenlehre", 1810). In den Lustspielen „Der Groß-Cophta" (1792) und „Der Bürgergeneral" (1793) sowie dem ep. Fragment „Reineke Fuchs" (1794) setzte sich G. mit der Frz. Revolution auseinander. 1792 beteiligte er sich als Be-

Christiane von Goethe
(Zeichnung von Johann Wolfgang von Goethe)

Johann Kaspar Goethe
(Zeichnung von Johann Wolfgang von Goethe)

Marlborough Leiter der brit. Politik; ermöglichte die Beteiligung Großbritanniens am Span. Erbfolgekrieg und war maßgeblich an der Union mit Schottland (1707) und der Reorganisation der Ostind. Kompagnie (1708) beteiligt.

Godefroid de Huy. Kopfreliquiar Papst Alexanders I., 1145 (Brüssel, Musées royaux d'Art et d'Histoire)

Godoy, Manuel de, eigtl. M. de G. Álvarez de Faria Ríos Sanches Zarzosa, Hzg. von Alcudia (seit 1792), * Castuera (Prov. Badajoz) 12. Mai 1767, † Paris 4. Okt. 1851, span. Politiker. – Aus niederem Adel; stieg infolge eines Verhältnisses mit Königin Maria Luise 1792 zum leitenden Min. auf (bis 1798; erneut 1801–1808); regierte im Sinne des aufgeklärten Absolutismus; erhielt für den Abschluß des frz.-span. Friedens von 1795 den Titel „Friedensfürst". Bereicherte sich skrupellos; wurde während des Aufstandes von Aranjuez 1808 gestürzt, lebte danach in Paris.

God save the King [engl. 'gɔd 'seɪv ðə 'kɪŋ „Gott schütze den König"] (God save the Queen [engl. 'kwiːn „Gott schütze die Königin"]), brit. Nationalhymne; seit Mitte des 18. Jh. als patriot. Lied bei königl. Zeremonien gesungen; seit 1825 als Nationalhymne belegt.

Godthåb [dän. 'gɔdhɔːˀb] ↑ Nuuk.

Godunow, Boris Fjodorowitsch, * um 1552, † 23. April 1605, russ. Zar (seit 1598). – Günstling des Zaren Iwan IV.; stieg unter dem schwachsinnigen Zaren Fjodor I. Iwanowitsch seit 1584 zum eigtl. Herrscher in Rußland auf; errichtete das Patriarchat Moskau (1589) und machte damit die russ. Kirche von Konstantinopel unabhängig. Wurde nach dem Tod Fjodors zum Zaren gewählt; erzielte mit der Rückgewinnung des 1583 an Schweden verlorenen Küstenstreifens am Finn. Meerbusen (1595), der Inbesitznahme Westsibiriens (um 1600) zwar bed. außenpolit. Erfolge, konnte jedoch die soziale Befriedung des unter Iwan IV. schwer erschütterten Landes nur teilweise erreichen. Sein Sohn und Nachfolger Fjodor Borissowitsch wurde schon sieben Wochen nach G. Tod gestürzt. – Literar. Gestaltung u. a. in A. S. Puschkins Tragödie „Boris G." (1825); gleichnamige Oper von M. P. Mussorgski.

Gödöllő. Mittelteil des Barockschlosses, 1744–50

Godwin [engl. 'gɔdwɪn], Mary, geb. Wollstonecraft, * Hoxtont(?) (= London) 27. April 1759, † ebd. 10. Sept. 1797, engl. Schriftstellerin ir. Herkunft. – Seit 1797 ⚭ mit William G.; erste Frauenrechtlerin Großbritanniens; bed. v. a. ihr Werk „Rettung der Rechte des Weibes, mit Bemerkungen über polit. und moral. Gegenstände" (1792).

G., William, * Wisbech (Cambridgeshire) 3. März 1756, † London 7. April 1836, engl. Schriftsteller. – ⚭ mit Mary G.; hatte als Anreger der engl. Romantik großen Einfluß (Shelley, Coleridge, Wordsworth, Southey). Trat für die Freiheit der Persönlichkeit ein, stellte sich gegen jeden Zwang, verkündete anarchist. Ideen. – *Werke:* An enquiry concerning political justice (1793; Bd. 1 dt. u. d. T. Untersuchung über polit. Gerechtigkeit ...), Caleb Williams oder Die Dinge wie sie sind (R., 1794).

Godwin Austen, Mount [engl. 'maʊnt 'gɔdwɪn 'ɔstɪn] ↑ K2.

Goebbels, Joseph ['gœbəls], * Rheydt 29. Okt. 1897, † Berlin 1. Mai 1945 (Selbstmord), dt. Politiker und Journalist. – Stammte aus kleinbürgerl. kath. Haus; studierte Germanistik, Philosophie, Kunstgeschichte und bemühte sich danach vergeblich um eine Karriere als Schriftsteller oder Dramaturg. 1924 Redakteur der Elberfelder „Völk. Freiheit" und Eintritt in die NSDAP. 1926 machte ihn Hitler zum Gauleiter von Berlin-Brandenburg, als der er sein rhetorisch-demagog. Talent entfaltete. 1927–34 Hg. des „Angriff"; seit 1928 MdR; seit 1929 Reichspropagandaleiter der NSDAP mit wachsendem Einfluß auf Hitler. Als Reichsmin. für Volksaufklärung und Propaganda und Präs. der neuen Reichskulturkammer (seit März bzw. Herbst 1933) leitete G. die Gleichschaltung aller Massenmedien sowie des Kulturlebens und wurde zum publizist. Organisator des Führermythos. G. trug neben Hitler und mit seinen Rivalen Himmler und Bormann die Hauptverantwortung für die NS-Verbrechen. Den Höhepunkt seiner Propagandatechnik erreichte G. im 2. Weltkrieg. Am 18. Febr. 1943 rief er im Berliner Sportpalast zum „totalen Krieg" auf; nach dem 20. Juli 1944 „Generalbevollmächtigter für den totalen Kriegseinsatz". Von Hitler zur Nachfolge im Reichskanzleramt bestimmt, tötete er wenige Stunden nach dessen Tod seine Kinder und nahm sich zus. mit seiner Frau das Leben.

Goedeke, Karl Ludwig ['gøː...], * Celle 15. April 1814, † Göttingen 27. Okt. 1887, dt. Literarhistoriker. – 1873 Prof. in Göttingen. Verfaßte den „Grundriß zur Geschichte der dt. Dichtung. Aus den Quellen" (in 3 Bdn. 1857–81, in 21 Bdn. 1884–1966; eine „Neue Folge", 1962 ff.).

Goeppert-Mayer, Maria ['gœpərt], * Kattowitz 28. Juni 1906, † San Diego 20. Febr. 1972, amerikan. Physikerin dt. Herkunft. – Prof. an der University of California in La Jolla. G.-M. entwickelte ab 1947 neben J. H. D. Jensen u. a. das Schalenmodell des Atomkerns (↑ Kernmodelle). 1963 erhielt sie gemeinsam mit J. H. D. Jensen und E. P. Wigner den Nobelpreis für Physik.

Goerdeler, Carl Friedrich ['gœr...], * Schneidemühl 31. Juli 1884, † Berlin (Plötzensee) 2. Febr. 1945 (hingerichtet), dt. Verwaltungsjurist und Politiker (deutschnat.). – 1930–37 Oberbürgermeister von Leipzig (aus Opposition zur NS-Politik zurückgetreten), 1931/32 und 1934/35 zugleich Reichskommissar für Preisüberwachung; wurde seit 1939 zum führenden zivilen Kopf der nichtkommunist. Widerstandsbewegung gegen Hitler, als dessen (provisor.) Nachfolger im Reichskanzleramt er für den Fall eines erfolgreichen Staatsstreiches vorgesehen war; nach dem Scheitern des Attentats auf Hitler am 20. Juli 1944 wurde G. auf Grund einer Denunziation verhaftet, am 8. Sept. 1944 zum Tode verurteilt.

Goeree-Overflakkee [niederl. xuːˈreːˈoːvərflakeː], niederl. Doppelinsel im Rhein-Maas-Delta, 265 km², 42 100 E. Ackerbau, Fischerei und Fremdenverkehr.

Goering, Reinhard ['gøːrɪŋ], * Schloß Bieberstein bei Fulda 23. Juni 1887, † Flur Bucha bei Jena 14. Okt. 1936 (Selbstmord), dt. Schriftsteller. – Verf. expressionist. Dramen, in denen er nach dem Sinn der Kriegsopfer fragt, u. a. „Seeschlacht" (Trag., 1917).

Boris Fjodorowitsch Godunow (zeitgenössischer Kupferstich)

Joseph Goebbels

Maria Goeppert-Mayer

Carl Friedrich Goerdeler

Gobialtai

Joseph Arthur von Gobineau

Jean-Luc Godard

Kurt Gödel

reiche Bergrücken und Bergländer ist die G. in meist langgestreckte flache Einzelbecken gegliedert. In ihnen liegen vielfach Salztonebenen, -sümpfe und -seen, die von meist nur episod. wasserführenden kurzen Flüssen gespeist werden. Die G. besitzt extremkontinentales winterkaltes Trockenklima. Die Niederschläge sind unregelmäßig; sie sinken in den Kerngebieten oft unter 50 mm oder setzen für mehrere Jahre ganz aus. Die Vegetation ist die der Trockensteppen und Wüstensteppen; Kernwüsten sind vorwiegend im S und W entwickelt. Die Tierwelt ist spärlich nach Artenzahl und -fülle: Gazellen, Antilopen, Wildpferde, -esel und -kamele, Vögel; in den Gebirgen Wildschafe und -ziegen. Die G. ist fast nur von nomadisierenden Mongolen bewohnt. Als wichtigste Verkehrslinie führt durch die G. die von einer Straße begleitete Transmongol. Bahnlinie von Ulan Bator nach Peking. Der chin. Bereich ist v. a. durch die am Gebirgsfuß verlaufenden Bahnlinien und Straßen (ehem. Seidenstraße) erschlossen.

Gobialtai ↑ Altai.

Gobineau, Joseph Arthur Graf von [frz. gɔbi'no], *Ville-d'Avray bei Paris 14. Juli 1816, †Turin 13. Okt. 1882, frz. Schriftsteller. – Diplomat; Beziehungen zum Kreis R. Wagners. In seinem „Versuch über die Ungleichheit der Menschenrassen" (4 Bde., 1853–55, dt. 4 Bde., 1898–1901) behauptet er die Überlegenheit der „arischen" Rasse; diese Theorie lieferte Argumente für den Rassenfanatismus des Nationalsozialismus. – *Weitere Werke:* Das Siebengestirn (R., 1874; 1964 u. d. T. Die Plejaden), Die Renaissance (Dichtung, 1877).

Goch, Stadt im Niederrhein. Tiefland, NRW, 18 m ü. d. M., 29 300 E. Museum; Textil-, Kunststoffind., Maschinen- und Fahrzeugbau. – Um die Mitte des 13. Jh. als Stadt gegr.; nach Zugehörigkeit zu Kleve (1473–1614) brandenburgisch. – Pfarrkirche (14.–16. Jh.); Wiederaufbau nach Kriegsschäden); Steintor (14. Jh.), „Haus zu den fünf Ringen" (16. Jh., Backsteinbau mit Treppengiebel).

Göchhausen, Louise Ernestine Christiane Juliane von, *Eisenach 13. Febr. 1752, †Weimar 7. Sept. 1807, sachsenweimar. Hofdame. – Seit 1775 Gesellschafterin der Hzgn. Anna Amalia und seit 1783 Erste Hofdame; von ihr stammt die einzige erhaltene Abschrift von Goethes „Urfaust" (1887 aufgefunden).

Godard, Jean-Luc [frz. gɔ'da:r], *Paris 3. Dez. 1930, frz. Filmregisseur. – Seit seinem ersten Spielfilm „Außer Atem" (1960) einer der führenden Vertreter der frz.

Gobelin nach einem Entwurf von François Boucher, Raub der Europa, Ausschnitt, 1764, gewirkt in der Manufaktur von Beauvais (Berlin, Kunstgewerbemuseum)

„Neuen Welle". Film. Analysen über die materialist. Forderungen der modernen Leistungsgesellschaft sind u. a. „Die Geschichte der Nana S." (1962), „Eine verheiratete Frau" (1964), „Die Verachtung" (1965). Z. T. theoretisch-intellektuelle Filme wie „Elf Uhr nachts" (1965), „Masculin-Féminin" (1966), „Made in USA" (1966), „Weekend" (1967). Seit 1968 v. a. krit. polit. Problemfilme sowie Experimente mit Fernseh- und Videoaufnahmen (einige Arbeiten wurden 1976 u. d. T. „Nummer zwei" als Film herausgebracht). Später auch wieder Spielfilme wie „Tout va bien" (1972), „Maria und Joseph" (1985), „Detektive" (1986); „Nouvelle vague" (1990).

Godavari [engl. gou'dɑ:vərɪ], Fluß in Indien, entspringt in den nördl. Westghats, quert den Dekhan, durchbricht die nördl. Ostghats und bildet 65 km oberhalb seiner Mündung in den Golf von Bengalen ein Delta; rd. 1450 km lang. – Von den Hindus als heiliger Fluß verehrt.

Goddard, Robert Hutchins [engl. 'gɔdəd], *Worcester (Mass.) 5. Okt. 1882, †Baltimore 10. Aug. 1945, amerikan. Physiker und Raketenpionier. – Prof. an der Clark University in Worcester (Mass.); baute 1914 eine zweistufige Feststoffrakete, startete 1926 die erste Flüssigkeitsrakete und 1929 die erste mit Meßinstrumenten ausgestattete Rakete.

Goddard Space Flight Center [engl. 'gɔdəd 'speɪs 'flaɪt 'sɛntə; nach R. Goddard], das amerikan. Raumfahrtforschungszentrum in Greenbelt (Md.); 1959 gegründet.

Godefroid de Huy [G. de Claire) [frz. gɔdfrwadə'ɥi], *Huy bei Lüttich nach 1100, †nach 1173/84, niederl. Goldschmied und Emailleur. – Ausgang der Zuschreibungen sind die Schreine in Notre-Dame in Huy (vor 1173). Zugeschrieben (umstritten) sind ihm u. a. der Heribertschrein (um 1170, Köln, Sankt Heribert), das Kopfreliquiar Papst Alexanders I., der Servatiusschrein in Maastricht, Sankt Servatius (Spätwerk).

Gödel, Kurt, *Brünn 28. April 1906, †Princeton (N. J.) 14. Jan. 1978, östr. Logiker und Mathematiker. – Prof. am Institute for Advanced Study in Princeton (N. J.). Bewies bedeutende Sätze über Leistungsfähigkeit und -grenzen der formalen Logik (z. B. Vollständigkeit des Prädikatenkalküls, Unvollständigkeit der Arithmetik).

Godemiché [frz. gɔdmi'ʃe] (Dildo, Fascinum), künstl. Nachbildung des erigierten Penis; wird von Frauen zur Selbstbefriedigung oder zur Ausübung gleichgeschlechtl. Verkehrs benutzt.

Godesberg, Bad ↑ Bad Godesberg.

Godesberger Programm (G. Grundsatzprogramm), im Nov. 1959 beschlossenes Programm der SPD, in dem sich die SPD unter Ausscheidung marxist. Gedanken und Zielsetzungen als „entideologisierte Volkspartei" darstellte, deren Ziele durch die Grundwerte des demokrat. Sozialismus (Freiheit, Gerechtigkeit und Solidarität) definiert sind. Statt Sozialisierung und Planwirtschaft wurde die Kontrolle wirtsch. Macht insbes. durch Mitbestimmung gefordert. Mit dem v. a. von H. Wehner eingeforderten G. P. machte sich die SPD für weite bürgerl. Schichten wählbar. Das G. P. wurde durch das unter Vorsitz O. Lafontaines ausgearbeitete, Mitte 1990 vorgestellte neue Grundsatzprogramm „Fortschritt 90" abgelöst, das als Schwerpunkte Umweltschutz, soziale Gerechtigkeit und Abrüstung enthält.

Godetie [nach dem schweizer. Botaniker H. Godet, *1797, †1879] (Atlasblume, Godetia), Gatt. der Nachtkerzengewächse mit etwa 20 Arten im westl. Amerika; Kräuter mit trichterförmigen, rosa, lila oder weißen Blüten in Blütenständen; als Gartenzierpflanze kultiviert v. a. die Art **Sommerazalee** (Godetia grandiflora) mit rosafarbenen bis roten, azaleenähnl. Blüten.

Godofredus, dän. König, ↑ Göttrick.

Gödöllő, ungar. Stadt 25 km nö. von Budapest, 30 000 E. Landw. Hochschule; elektrotechn., chem. Ind. – Stadtrecht seit 1966. – Barockschloß (1744–50; 1867 bis 1918 königl. Sommerresidenz; heute Hochschule).

Godolphin, Sidney [engl. gə'dɔlfɪn], Earl of G. (seit 1706), *Godolphin Hall (Cornwall) 15. Juni 1645, †Saint Albans 15. Sept. 1712, brit. Politiker. – Unter Königin Anna als Lordschatzkanzler (1702–10) zus. mit dem Hzg.

Gnostizismus [griech.], zusammenfassende Bez. für mehrere auf ↑Gnosis beruhende philosophisch-theolog. (synkretist.) Richtungen (Sekten) umstrittener Herkunft v. a. des 2. Jh. n. Chr., deren Erforschung sich erst seit der Entdeckung von (oft schwer übersetzbaren) kopt. Originaltexten in ↑Nag Hammadi auf authent. Quellen stützen kann. Grundlegend für den G. ist die Interpretation der menschl. Existenz im Rahmen einer mythisch geschauten streng *dualist.* Kosmologie: Mensch und Kosmos enthalten Teile einer jenseitigen (guten) Lichtwelt, die aus der gottfeindl. (bösen) Materie erlöst werden müssen. Diese Erlösung geschieht durch Gesandte des Lichts (v. a. durch Christus). Sie ist abgestuft, so daß zur vollen „Erkenntnis" (Gnosis) nur gelangt, wer den „Geist" (griech. „pneũma") besitzt. Andere bleiben auf der niederen Stufe des „Glaubens". Bed. Vertreter des G. waren u. a. Basilides (2. Jh.), Valentinos (3. Jh.) und Ptolemaios (um 180).

Gnothi seauton [griech. „erkenne dich selbst"] (lat. nosce te ipsum), Inschrift des Apollontempels in Delphi; wird Thales von Milet oder Chilon zugeschrieben.

Gnotobiologie [griech.], Forschungsrichtung der Biologie und Mikrobiologie, die sich mit **gnotobiotischen Tieren** (Gnotobionten; keimfrei zur Welt gebrachte und keimfrei aufgezogene Tiere) befaßt, um Aufschluß über den Aufbau und die Entwicklung ihres immunolog. Abwehrsystems und die Wechselbeziehungen zw. **Gnotophoren** (nur von bestimmten bekannten Keimen besiedeltes Tier) und bestimmten Mikroorganismen zu erhalten.

Gnubberkrankheit, svw. ↑Traberkrankheit.

Gnus. Streifengnu

Gnus [afrikan.] (Connochaetes), Gatt. der Kuhantilopen in den Steppen O- und S-Afrikas; 1,7–2,4 m lang, Schulterhöhe 0,7–1,5 m; Fell sehr kurz und glatt; Mähne an Stirn, Nacken, Hals und Brust; Schwanz am Ende mit langer Haarquaste; Beine lang und schlank, Hals auffallend kurz; Kopf groß mit breiter Schnauze; beide Geschlechter mit hakig gebogenen Hörnern. Zwei Arten: **Streifengnu** (Schwarzschwanzgnu, Connochaetes taurinus) mit grauer bis graubrauner Färbung mit meist dunklen Querstreifen; **Weißschwanzgnu** (Connochaetes gnou) mit schwärzlichbrauner Färbung, schwarzer Brustmähne; Nasenrücken, Nacken und Schulter mit Stehmähne; Schwanz überwiegend weiß.

Go [niederdt. „Gau"], Verwaltungs- und Gerichtsbezirk des MA in Friesland (ab 10. Jh.) und Sachsen (seit dem 12. Jh.). Im 16./17. Jh. verschmolzen die Goe, denen der **Gograf** vorstand, mit den landesherrl. Ämtern und Vogteien.

Go [jap.], altjap. Brettspiel; auf einem quadrat. Spielbrett mit 19 × 19 Linien (361 Schnittpunkte) werden von 2 Spielern abwechselnd 181 schwarze und 180 weiße Steine gesetzt; durch Bildung von Ketten sollen die gegner. Steine eingeschlossen werden.

Goa [ˈgoːa, engl. ˈgoʊə, portugies. ˈgoɐ̯], ind. Bundesstaat an der W-Küste Vorderindiens, 3 702 km², 1 Mill. E, Hauptstadt Panaji (43 200 E). Eisenerzgewinnung, Fischfang; Reis- und Gewürzanbau; Tourismus. – G. (1479 gegr.; erobert 1510) bildete mit Daman (erobert 1559) und Diu (erobert 1509–37) als ehem. portugies., räumlich weit auseinanderliegende Kolonienklaven der Hauptstützpunkte der Portugiesen in Indien, bis sie 1961 mit Waffengewalt Indien eingegliedert wurden. 1962 erhielten sie den Status eines Unionsterritoriums, 1987 wurde G. Bundesstaat. – ↑Daman und Diu.

GOÄ, Abk. für: **G**ebühren**o**rdnung für **Ä**rzte (↑ärztliche Gebührenordnung).

Goabohne (Psophocarpus tetragonolobus), Schmetterlingsblütler im trop. Asien; Windepflanze mit dreizählig gefiederten Blättern und violetten Blüten in Trauben; wird in den Tropen als Gemüsepflanze kultiviert; auch die gerösteten Samen sind eßbar.

Goal [goːl; engl., eigtl. „Ziel"], engl. Bez. für das Tor und den Torerfolg bei Sportspielen, auch in Österreich und der Schweiz gebraucht.

Gobang [engl. ɡoʊˈbæn, ˈɡoʊbæŋ], engl. Brettspiel (Variante des Go) für 2–4 Teilnehmer, von denen jeder 20–30 Steine erhält. Das Spielbrett enthält 15 × 15 Felder, auf die man ebenso wie auf die Schnittpunkte der Linien setzt.

Gobat, Charles Albert [frz. ɡɔˈba], *Tramelan (Kt. Bern) 21. Mai 1834, †Bern 16. März 1914, schweizer. Jurist. – Mitbegr. des ständigen Büros der Interparlamentarischen Union, seit 1906 Leiter des Internat. Friedensbüros; Ständerat (1884–90), Nationalrat (1890–1914); erhielt 1902 mit E. Ducommun den Friedensnobelpreis.

Gobelin [gobəˈlɛ̃; frz.], handgewirkter [Wand]teppich, auch Polstermöbelbezug, der in der frz. königl. Manufaktur (gegr. 1662 im Hause der Färberfam. Gobelin in Paris, daneben kleiner Betrieb in Beauvais) im 17. und 18. Jh. hergestellt worden ist. Große figürl. mytholog. und histor. Kompositionen; Entwürfe lieferten Künstler wie N. Poussin, A. Caron, S. Vouet, im 18. Jh. v. a. F. Boucher, J. Restout, C. J. Natoire. – In farblose Kettfäden aus Leinen wird ein bereits in Farbe und Länge auf das Muster abgestimmter „Schußfaden" (Wolle, Seide) eingeflochten. – Abb. S. 120.

Gobelinmalerei [gobəˈlɛ̃], Malerei, die auf ripsartigem Stoff angebracht, einen gewirkten Gobelin nachahmt.

Gobelinstich [gobəˈlɛ̃], in der allg. schräg und dicht an dicht ausgeführter Stickereistich; die **Gobelinstickerei** schmückt Bezüge, Wandbehänge, Taschen u. a. mit Blumenmotiven, Landschaften, Szenerien.

Gobert, Boy, *Hamburg 5. Juni 1925, †Wien 30. Mai 1986, dt. Schauspieler und Intendant. – Spielte v. a. Bohemien- und Dandyrollen, sowohl auf der Bühne, 1964 u. a. in C. Sternheims „Der Snob", wie im Film, z. B. „Wer sind Sie, Dr. Sorge?" (1961); 1969 Intendant des Hamburger Thalia Theaters, 1980 Generalintendant der Staatl. Schauspielbühnen Berlins, 1986 Intendant in Wien (Theater in der Josefstadt).

Gobi (chin. Shamo „Sandwüste"), trockene Beckenlandschaft in Z-Asien, in der Inneren Mongolei (China) und der Mongolei, etwa 1 500 km lang (WSW–ONO), bis 250 km breit, durchschnittlich 1 000 m hoch. Durch zahl-

Charles Albert Gobat

Boy Gobert

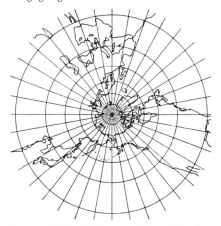

Gnomonische Projektion der nördlichen Halbkugel

Gielgud, Sir (seit 1953) John [engl. 'gɪlgʊd], * London 14. April 1904, brit. Schauspieler und Regisseur. – Intellektueller Inszenierungsstil (Tschechow, Congreve, Wilde, Fry), Interpret v. a. klass. Rollen, u. a. Hamlet. Filmrollen, u. a. in „Julius Caesar" (1953), „Richard III." (1955), „Plenty" (1985).

Giemsa-Färbung [nach dem Pharmazeuten und Histochemiker G. Giemsa, * 1867, † 1948], mikroskop. Färbeverfahren zur Untersuchung von Gewebeschnitten und Ausstrichen (z. B. Blut, Eiter) sowie zur Darstellung von Protozoen und Spirochäten.

Gien [engl.-niederl.; letztlich zu lat. ingenium „Erfindung"], seemänn. Bez. für einen starken Flaschenzug (Talje) mit mehrscheibigen Blöcken *(G.blöcken)*.

Gießen. Links: Neues Schloß, 1533–39. Rechts: Zeughaus, 1586–90

Giengen an der Brenz, Stadt in einem Talkessel am S-Rand der Schwäb. Alb, Bad.-Württ. 464 m ü. d. M. 18 400 E. Spielwaren-, Elektroind., Orgelbau. – Nach 1147 Mittelpunkt der Herrschaft Güter im Brenztal; zählte 1307 zu den zwölf alten schwäb. Reichsstädten; seit 1803 zu Württemberg. – Stadtkirche (13./14. Jh., Umbau bes. 19. Jh.).

Gierek, Edward [poln. 'gjɛrɛk], * Porąbka Nowy Sącz 6. Jan. 1913, poln. Politiker. – Lebte 1923–34 in Frankreich, 1937–48 in Belgien, wo er sich der kommunist. Bewegung anschloß; 1956 Sekretär des ZK und Mgl. des Politbüros des ZK der Poln. Vereinigten Arbeiterpartei; 1970 als Nachfolger Gomułkas zum 1. ZK-Sekretär gewählt; infolge der Streikbewegung Anfang Sept. 1980 abgelöst; 1981 aus der Partei ausgeschlossen.

Gieren [niederl.], seitl. Abweichen des Schiffes oder Flugzeugs vom Kurs durch Drehen um die Hochachse, bewirkt durch ein Giermoment.

Gierke, Otto [Friedrich] von (seit 1911), * Stettin 11. Jan. 1841, † Berlin 10. Okt. 1921, dt. Jurist und Rechtshistoriker. – Prof. in Berlin (seit 1871/72 und 1887–1921), Breslau (1872–84), Heidelberg (1884–87). Er verfaßte Arbeiten zum Genossenschaftsrecht, die auf Gesetzgebung und Rechtsprechung in Deutschland großen Einfluß gewannen. Zukunftsweisend v. a. für die Entwicklung des dt. Arbeitsrechts war die Betonung der sozialen Funktion des Privatrechts. – *Hauptwerke:* Das dt. Genossenschaftsrecht (4 Bde., 1868–1913); Dt. Privatrecht (3 Bde., 1895 bis 1917).

Giermoment, Drehmoment um die Hochachse eines Fahrzeugs.

Giers, Nikolai Karlovitš, * bei Radziwiłłów (= Tscherwonoarmeisk, Gebiet Rowno) 21. Mai 1820, † Petersburg 26. Jan. 1895, russ. Politiker. Herkunft. – Als Nachfolger des Fürsten Gortschakow von 1882 bis zu seinem Tod Außenmin. Alexanders III.; Verfechter einer maßvoll-konservativen Außenpolitik in Anlehnung an das Dt. Reich und Österreich-Ungarn; schloß nach Verschlechterung der dt.-russ. Beziehungen u. a. 1893 eine Militärkonvention mit Frankreich.

Giersch, Herbert, * Reichenbach (Eulengebirge) 11. Mai 1921, dt. Nationalökonom. – Prof. in Saarbrücken (seit 1955) und Kiel (seit 1969), Leiter des Instituts für Weltwirtschaft (1969–89). Er arbeitet v. a. auf den Gebieten der Wirtschafts-, insbes. der Konjunktur-, Wachstums- und Strukturpolitik, sowie der internat. Wirtschaftsbeziehungen.

Giersch [zu althochdt. giers, eigtl. „(Un)kraut"] ↑ Geißfuß.

Gies, Gerd, * Stendal 24. Mai 1943, dt. Politiker. – Tierarzt; seit 1970 Mgl. der CDU (DDR). Seit Febr. 1990 Landesvors. seiner Partei von Sachsen-Anhalt, Nov. 1990 bis Juli 1991 Min.präs. von Sachsen-Anhalt.

G., Ludwig, * München 3. Sept. 1887, † Köln 27. Jan. 1966, dt. Bildhauer. – Seine Plastiken und Reliefs zeigen stark expressionist. Züge, im Spätwerk von linearen Elementen geprägte ruhige Formensprache. Sein Kruzifix (1920) für den Lübecker Dom ist 1944 in Berlin verbrannt.

Giese, Hans, * Frankfurt am Main 26. Juni 1920, † Saint-Paul (Dep. Alpes-Maritimes) 22. Juli 1970, dt. Psychiater und Sexualforscher. – Befaßte sich sowohl mit den allg. Problemen der Sexualität als auch mit den Formen des von der sog. Norm abweichenden Sexualverhaltens (v. a. Homosexualität).

Gieseking, Walter, * Lyon 5. Nov. 1895, † London 26. Okt. 1956, dt. Pianist. – Bed. Interpret Bachs und der Wiener Klassiker, v. a. aber der frz. Impressionisten (Debussy, Ravel). Schrieb „So wurde ich Pianist" (hg. 1963).

Gießen, hess. Stadt an der Lahn, 159 m ü. d. M., 72 000 E. Verwaltungssitz des Landkr. und des Reg.-Bez. G.; Univ. (gegr. 1607 bzw. 1957), Fachhochschule, Oberhess. Museum, Papyrussammlung, Liebig-Museum; Theater; botan. Garten. Werkzeugmaschinenbau, elektrotechn., feinmechan., opt., Pharma- u. a. Ind. – Bei einer Wasserburg erbaut; 1248 zuerst als Stadt bezeichnet; seit 1265 im Besitz der Landgrafen von Hessen. Ende des 13. Jh. befestigt, im 16. Jh. zur Festung umgebaut. Nach 1650 bestimmten die kleine Landesuniv. und eine starke Garnison das Gesicht der Stadt. 1944 stark zerstört. Vom 1. Jan. 1977 bis 31. Juli 1979 Teil der Stadt Lahn. – Erhalten u. a. Altes Schloß (14.–17. Jh., nach Umbau und Kriegszerstörung wiederhergestellt; Oberhess. Museum), Neues Schloß (1533–39; heute Univ.institut), Zeughaus (1586–90), Burgmannenhaus (um 1500, Museum für Stadtgeschichte). Neubauten: Univ.bibliothek (1957–59), Kongreßhalle (1964–66) u. a. Im Ortsteil *Schiffenberg* Kirche des ehem. Augustiner-Chorherrenstifts (12. Jh.).

G., Landkr. in Hessen.

G., Reg.-Bez. in Hessen.

Gießen ↑ Gießverfahren.

Gießener Becken, Ausweitung des mittleren Lahntals zw. Vogelsberg im O und Rhein. Schiefergebirge im W.

Gießerei ↑ Gießverfahren.

Gießereischachtofen, svw. ↑ Kupolofen.

Gießharze, Reaktionsharze, die in Formen vergossen werden und durch Polyaddition (Epoxid- und Polyurethan-G.) oder Polymerisation (ungesättigte Polyester-, Polybutadien- und Silicon-G.) zu vernetzten **Gießharzformstoffen** aushärten.

Gießkannenschimmel (Kolbenschimmel, Aspergillus), Gatt. der Schlauchpilze mit etwa 60 Arten; bilden am Ende ihrer Hyphen radial ausstrahlende Konidienketten aus (Ähnlichkeit mit Brausestrahlen einer Gießkanne); häufig auf Lebensmitteln.

Gießkannenschwamm (Venusblumenkorb, Euplectella aspergillum), meist etwa 30 cm hoher Kieselschwamm im Pazif. Ozean (bes. bei den Philippinen und um Japan); Körper röhrenförmig, häufig leicht gebogen, Körperwände mit Innenskelett aus feinen, netzartig verflochtenen Kieselnadeln; Ausströmöffnung durch einen gitterartigen Deckel verschlossen. Der G. wird in O-Asien als Schmuckgegenstand verwendet.

Gießverfahren, Verfahren zum Einbringen *(Gießen)* geschmolzener Metalle in dafür vorgesehene Hohlformen in Gießereien, wobei man entweder große Platten oder

Gießen
Stadtwappen

Therese Giehse

Michael Gielen

Edward Gierek

Blöcke (Formate) erhält, die weiterverarbeitet werden (durch Schmieden, Walzen, Umschmelzen u. a.), oder aber Formstücke bestimmter Gestalt, die keiner oder nur noch geringer Nachbearbeitung bedürfen.

Gießen von Blöcken: Beim **Blockguß** werden Blöcke, die für die Warmverformung bestimmt sind, in (z. T. wassergekühlte) Formen (sog. Kokillen) aus Stahl oder Gußeisen gegossen. Das flüssige Metall wird aus dem Ofen oder aus schwenkbaren Gießpfannen bei *fallendem Guß* direkt in die in einer Grube aufgestellten Kokillen eingegossen oder beim *steigenden Guß* über einen Gießkanal, der unten mit der Kokille verbunden ist, so daß das Metall in der Kokille hochsteigt. Beim *Schwenkguß* wird das Metall aus der Gießpfanne in die Form gegossen, wobei die Kokille aus nahezu waagerechter Stellung langsam in die Senkrechte gekippt und die Pfanne entsprechend angehoben wird. Beim **Strangguß** werden durch Gießen in eine wassergekühlte Kokille symmetr. Voll- oder Hohlgußstücke (Blöcke, Rohre und Profile) hergestellt. Der Strang wird kontinuierlich abgeführt. Dieses Verfahren ist die wichtigste Art des Abgießens von großen Metallmengen zur anschließenden Weiterverarbeitung (Stahl, Aluminium).

Gießen von Formgußstücken: Beim sog. **Gießen in verlorene Formen** (für jedes Gußstück wird eine neue Form benötigt) werden in der Formerei zunächst Modellteile von Hand oder maschinell abgeformt und dann zu der Form zusammengesetzt. Formstoffe sind v. a. mineral. Materialien wie Sand, Zement, Schamotte und Gips, die die Grundmasse bilden, und aus Bindemitteln (Sulfitlauge, Wasserglas, Kunstharz u. a.), die der Form durch Trocknung oder durch chem. Verfestigungsvorgänge die für den Guß erforderl. Festigkeit und Maßhaltigkeit verleihen. Beim *Trockenguß* werden die Formen vor dem Gießen gebrannt, beim *Naßguß* wird das Metall in die feuchte Form gegeben. Zu diesen *Sandgußverfahren* gehört auch das Grubenformverfahren zum Gießen sehr großer, komplizierter und schwerer Stücke, bei dem die Form in einer Gießgrube aufgebaut wird. Unter *Feinguß* oder *Präzisionsguß* werden industriemäßige Gießverfahren verstanden, die außer mit verlorenen Formen auch mit verlorenen Modellen arbeiten (große Maßgenauigkeit und Oberflächengüte). Ebenfalls mit verlorenen Modellen arbeitet das *Vollformgießverfahren,* bei dem das Modell aus Polystyrolschaumstoff beim Eingießen der Schmelze vergast und den Hohlraum freigibt.

Während der Sandguß nach jedem Guß zerstört werden muß, lassen sich beim **Gießen in Dauerformen** *(Kokillenguß)* zahlr. Abgüsse mit immer derselben Form erzielen. Die Kokillen bestehen aus Stahl, Gußeisen oder warmfesten, legierten Stählen. Daneben verwendet man auch Kokillen aus Aluminium oder Kupfer und für das Gießen von Stahl, Gußeisen und Uran solche aus Graphit. Die bei Sand gegebene Gasdurchlässigkeit muß bei den geschlossenen Kokillen durch feine Kanäle in den Trennfugen und zusätzl. Entlüftungsbohrungen erzielt werden.

Die wirtschaftlichste Herstellung größerer Stückzahlen von NE-Metallgußteilen mit komplizierter Gestalt bei größter Maßgenauigkeit und Oberflächengüte sowie geringstem Werkstoffverbrauch ist durch die **Druckgußverfahren** möglich. Hierbei werden die Metalle im teigigen oder flüssigen Zustand unter Druck (meist mit Hilfe eines Kolbens oder mit Druckluft) in eine Dauerform gegossen. Der *Vakuumdruckguß* liefert bes. dichte, porenfreie Druckgußteile. Unter dem Begriff **Schleuderguß (Zentrifugalguß)** sind alle Arten von G. zusammengefaßt, bei denen durch Rotation eines Teiles der Gießeinrichtung die Zentrifugalkraft Einfluß auf die Formgestaltung, die Formfüllung und die Kristallisation nimmt. Beim *Schleuderformguß* rotiert die Kokille während des Gießvorganges um ihre eigene Achse, wodurch die Formfüllung begünstigt, eine genaue Gußtoleranz erzielt wird und sich ein bes. feines, dichtes Gefüge mit sehr guten Festigkeitseigenschaften ausbildet. Beim *Schleuderguß* wird die Zentrifugalkraft zur Herstellung zylinderförmiger Hohlkörper (z. B. Rohre) aus flüssigem Metall benutzt, wobei die Umdrehungsgeschwindigkeit so groß sein muß, daß die Schwerkraft überwunden wird.

Als **Verbundguß** bezeichnet man alle Verfahren, bei denen an ein festes Metallteil ein weiteres aus einem anderen Metall angegossen wird. Dabei sollen die günstigen mechanisch-technolog. Eigenschaften eines Werkstoffes mit denen eines anderen kombiniert werden (z. B. hohe Festigkeitseigenschaften mit guten Gleiteigenschaften für Gleitlager). Außerdem wird häufig eine Verringerung der Bearbeitungskosten oder eine Einsparung an wertvollen Metallen angestrebt. – ↑ Al-Fin-Verfahren, ↑ Gußeisen.

Geschichte: In Mesopotamien tauchten die ersten Bronzen zu Beginn des 3. Jt. auf, am Nil um 2600, doch wurde die Bronzeherstellung dort erst um 2000 heimisch. Die Schmelzöfen der Sumerer besaßen zwei Öffnungen, eine für das Brennmaterial (Holz oder Holzkohle) und eine für das Erz. Außerdem befanden sich in Höhe der Feuerstelle Löcher für die Luftzufuhr. Um die Schlacke und Fremdkörper nach dem ersten Schmelzvorgang zu beseitigen, wurde die Masse vermutlich zerkleinert, gereinigt und erneut geschmolzen. Als Material für die Gußformen benutzte man tonhaltigen Sand, Diorit oder Sandstein. Gegossen wurde im offenen Herdguß, bald auch im Verfahren der „verlorenen Form". – Die ältesten aus dem Mittelmeerraum bekannten Schmelzöfen (Anfang des 2. Jt.) ähnelten den Backöfen der frühen Töpfer. Zw. der unteren Brennkammer und der oberen Schmelzkammer befand sich ein durchlöcherter Boden. Durch Öffnungen wurden in die kuppelförmige Schmelzkammer Tiegel mit dem zu schmelzenden Erz und etwas Holzkohle eingestellt. Später wurden metall. Kupfer und Zinn zusammen geschmolzen. Schüttete man Eisenerz direkt in die obere Ofenkammer, so verband sich das Ganggestein zu Schlacken, aus denen das Eisen als schwammige Masse herausgebrochen werden mußte. Schmelzbare Metalle konnte man in derartigen Öfen in größerer Menge gewinnen, indem man eine Abflußrinne für das geschmolzene Material einbaute. Man legte solche Öfen in Europa bevorzugt an einem Berghang an und fing den Hangwind in einem rechteckigen, aus Steinplatten gebauten Kanal auf. So erzielte man Temperaturen von über 1 000 °C. Die Verwendung von Gebläsen, in der Antike längst bekannt, kam in Europa erst spät auf. Das Gießen des Eisens gelang hier erst im 15. Jahrhundert.

Giffard, Henry [Jacques] [frz. ʒi'fa:r], *Paris 8. Jan. 1825, †ebd. 14. April 1882, frz. Ingenieur. – Konstruierte 1852 das erste halbstarre, von einer kleinen Dampfma-

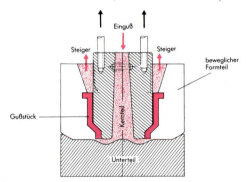

Gießverfahren. Kokillenguß

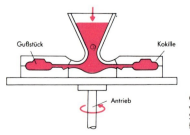

Gießverfahren. Schleuderformguß

schine (3 PS) angetriebene Luftschiff; baute später große Fesselballons, erfand 1850 den Injektor für Dampfkessel.

Gifhorn, Krst. am S-Rand der Lüneburger Heide, Nds., 65 m ü. d. M., 34 800 E. Mühlenmuseum; Bremsenherstellung, Metallind. – Das im 13. Jh. zuerst erwähnte G. entwickelte sich nach 1350 zur Stadt. – Schloß (1533–81) mit Schloßkapelle (1547); barocke Pfarrkirche (1734–44).

G., Landkr. in Niedersachsen.

Giftbeere (Nicandra), Gatt. der Nachtschattengewächse mit der einzigen Art **Blasengiftbeere** (Nicandra physaloides) in Peru; bis über 1 m hohes Kraut mit großen blauen Blüten; Beerenfrucht von grün und rot gezeichnetem Kelch umschlossen; Gartenzierpflanze; giftig.

Giftdrüsen ↑ Gifttiere.

Gifte [zu althochdt. gift, eigtl. „das Geben, Übergabe; Gabe"], in der Natur vorkommende oder künstlich hergestellte organ. und anorgan. Stoffe, die nach Eindringen in den menschl. oder tier. Organismus zu einer spezif. Erkrankung **(Vergiftung)** mit vorübergehender Funktionsstörung, bleibendem Gesundheitsschaden oder zum Tode führen; auch für Pflanzen schädl. Stoffe (Herbizide) werden oft als G. bezeichnet. G. sind in der Natur weit verbreitet. Zahlr. Tiere, Pflanzen und Mikroorganismen bilden G., die als Toxine bezeichnet werden. Nach Herkunft und Verwendung kann man G. einteilen in *pflanzl. G.* (z. B. Atropin, Amanitin), *tier. G.* (z. B. Bufotenin, Melittin, Tetrodotoxin), *Bakterien-G.* (z. B. Botulinustoxin), *Umwelt-G.* (z. B. Quecksilber, Pestizide), *gewerbl. G.* (z. B. Benzol, Blei, Cadmium), *Genuß-G.* (z. B. Alkohol, Nikotin) u. a. Um die Giftigkeit zu charakterisieren, legt man die Höhe der geringsten schädl. Dosis zugrunde. *Starke G.* sind Substanzen, die bereits in kleinsten Mengen schwerwiegende Folgen hervorrufen; bei *schwachen G.* sind wesentlich größere Mengen erforderlich. Die *Giftwirkung* kann innerhalb kurzer Zeit nach einmaliger Gabe *(akute Toxizität)* oder erst nach längerer (Wochen oder Monate) Anwendung *(chron. Toxizität)* eintreten. G. können äußerlich wirken *(lokale Giftwirkung)* oder erst nach Aufnahme in das Blut und Gewebe *(resorptive Giftwirkung).* Eine weitere Einteilung der G. kann auch nach dem vorwiegend geschädigten Organ erfolgen, z. B. gibt es Blut-, Kapillar-, Herz-, Nerven-, Nieren- und Lebergifte.

Giftfische, Fische, die durch mit Giftdrüsen in Verbindung stehende Stacheln Gift auf Angreifer übertragen können, z. B. Petermännchen, Drachenköpfe, Antennenfische, Stechrochen. Die *Fischgifte* können beim Menschen bei Nichtbehandlung zum Tode führen. – Als G. können auch Fische mit giftigen Organen (z. B. Keimdrüsen, Gallenblase und Leber bei Kugelfischen) oder giftigem Blut (z. B. Aale) bezeichnet werden.

Giftgase, svw. chem. Kampfstoffe (↑ ABC-Waffen, ↑ Gaskrieg).

Gifthaare ↑ Brennhaare.
Gifthahnenfuß ↑ Hahnenfuß.
Giftlorchel, svw. ↑ Frühjahrslorchel.

Giftnattern (Elapidae), mit rd. 180 Arten bes. in den Tropen und Subtropen verbreitete Fam. 0,3–5 m langer Giftschlangen (fehlen in Europa); Giftwirkung für Menschen meist sehr gefährlich (überwiegend Nervengifte), nicht selten mit tödl. Ausgang. Zu den G. gehören ↑ Mambas, ↑ Kobras, ↑ Korallenschlangen, ↑ Taipan, ↑ Kraits und ↑ Todesotter.

Giftpflanzen, Pflanzen, die Substanzen enthalten, die durch Berührung oder Aufnahme in den Körper beim Menschen und bei Tieren Vergiftungserscheinungen mit u. U. tödl. Ausgang hervorrufen. Der Giftgehalt der einzelnen Pflanzenteile ist unterschiedlich und abhängig von Klima, Standort, Jahreszeit und Alter.

Giftpilze, Fruchtkörper höherer Pilze, die bestimmte Substanzen als Stoffwechselbestandteile in so hohen Anteilen enthalten, daß nach ihrem Genuß bei Mensch und Tier Vergiftungserscheinungen hervorgerufen werden. Von den etwa 200 Giftpilzarten der nördl. gemäßigten Zone sind 40 gefährlich giftig, 10 tödlich giftig. Auch nach dem Verzehr zu alter, durch Frost, unsachgemäße Lagerung oder Zubereitung verdorbener Speisepilze können Vergiftungserscheinungen auftreten. Nach der Wirkung der Gifte auf den Organismus sind drei Gruppen der G. zu unterscheiden: 1. G. mit Protoplasmagiften (die schwere, lebensgefährl. Vergiftungen hervorrufen: Wirkung erst nach 6–48 Stunden; Tod durch Kollaps, Herzlähmung (z. B. Knollenblätterpilz) oder Leberversagen); 2. G. mit Nervengiften (Muskarin, Muskaridin), die schwere Vergiftungen, jedoch selten mit tödl. Ausgang, hervorrufen; Wirkung nach 15 bis 30 Minuten (z. B. Fliegenpilz, Ziegelroter Rißpilz); 3. G. mit lokal wirkenden Giften; bewirken weniger starke Vergiftungen (z. B. Giftreizker). – Übersicht S. 86.

Giftreizker (Birkenreizker, Lactarius torminosus), bis 8 cm hoher, fleischfarbener Lamellenpilz in lichten Wäl-

Giftpflanzen Auswahl der wichtigsten giftigen Wild- und Zierpflanzen in Mitteleuropa		
Pflanzenarten	giftige Pflanzenteile	Gefährlichkeitsgrad
Aronstab, Gefleckter (Arum maculatum)	alle Pflanzenteile einschl. Beeren	+ +
Bärenklauarten, v. a. Riesenbärenklau (Heracleum mantegazzianum)	alle Pflanzenteile, bes. Saft	+ +
Bilsenkraut, Schwarzes (Hyoscyamus niger)	alle Pflanzenteile, bes. Samen	+ + +
Christrose (Helleborus niger)	alle Pflanzenteile	+ +
Dieffenbachiaarten	alle Pflanzenteile	+ + +
Eibe, Gemeine (Taxus baccata)	alle Pflanzenteile, ausgenommen der rote Samenmantel	+ +
Eisenhutarten, v. a. Blauer Eisenhut (Aconitum napellus)	alle Pflanzenteile, bes. Wurzelknollen und Samen	+ + +
Engelstrompete (Datura suaveolens)	alle Pflanzenteile	+ + +
Fingerhutarten, v. a. Roter Fingerhut (Digitalis purpurea)	alle Pflanzenteile	+ + +
Gartenbohne (Phaseolus vulgaris)	rohe Hülsen, rohe Kerne	+ +
Germerarten, v. a. Weißer Germer (Veratrum album)	alle Pflanzenteile, bes. Wurzelstock	+ + +
Gloriosaarten	alle Pflanzenteile	+ +
Goldregenarten, v. a. Gemeiner Goldregen (Laburnum anagyroides)	alle Pflanzenteile, bes. reife Samen	+ +
Hahnenfußarten, v. a. Scharfer Hahnenfuß (Ranunculus acris) und Gifthahnenfuß (Ranunculus sceleratus)	alle Pflanzenteile	+
Herbstzeitlose (Colchicum autumnale)	alle Pflanzenteile	+ + +
Hundspetersilie (Aethusa cynapium)	alle Pflanzenteile	+ + +
Kartoffel (Solanum tuberosum)	Keime, unreife, grün gewordene, auskeimende Knollen und oberird. Pflanzenteile	+ + +
Lebensbaumarten, v. a. Abendländ. Lebensbaum (Thuja occidentalis)	Blätter, Zapfen, Holz	+ + +
Maiglöckchen (Convallaria majalis)	alle Pflanzenteile, bes. Blüten und Samen	+ +
Oleander (Nerium oleander)	alle Pflanzenteile	+ +
Pfaffenhütchen (Euonymus europaeus)	alle Pflanzenteile, bes. Früchte	+ +
Rhododendronarten, u. a. Rhododendron mollis	Blüten einschl. Nektar	+ +
Sadebaum (Juniperus sabina)	alle Pflanzenteile, bes. Zweigspitzen	+ + +
Schierling, Gefleckter (Conium maculatum)	alle Pflanzenteile	+ + +
Seidelbast (Daphne mezereum)	alle Pflanzenteile, außer Fruchtfleisch; bes. Samen	+ + +
Stechapfel (Datura stramonium)	alle Pflanzenteile, bes. Blüten und Früchte	+ + +
Tabak (Nicotina tabacum)	alle Pflanzenteile	+ + +
Tollkirsche (Atropa belladonna)	alle Pflanzenteile	+ + +
Wasserschierling (Cicuta virosa)	alle Pflanzenteile, bes. Wurzelstock	+ + +
Wunderbaum (Ricinus communis)	Samen	+ + +
Zaunrübenarten (Bryonia alba und Bryonia dioica)	alle Pflanzenteile, bes. Beeren und Wurzeln	+ +

+ giftig; + + stark giftig, kann zu schweren Vergiftungserscheinungen führen; + + + sehr stark giftig, schon geringe Mengen lebensgefährlich

Giftschlangen

Die wichtigsten einheimischen Giftpilze

dt. Name	lat. Name	Inhaltsstoffe	Wirkungsweise	Verwechslungsmöglichkeiten
Fliegenpilz	Amanita muscaria	Alkaloide Muskarin und Muskaridin	Wirkung nach 30 Minuten; verstärkter Speichelfluß, verstärkte Nasenschleimhautsekretion, tränende Augen, langsamer Puls, Erstickungsanfälle, Rauschzustand	Kaiserling (Amanita caesarea)
Giftreizker	Lactarius torminosus	unbekannter Giftstoff	Magen- und Darmstörungen	Edelreizker, Speisetäubling
Kartoffelbovist	Scleroderma aurantium	unbekannter Giftstoff	Magen- und Darmstörungen	jung mit anderen Bovisten und Stäublingen
Blasse Koralle, Bleicher Ziegenbart	Clavaria pallida	unbekannter Giftstoff	Darmkoliken, Erbrechen, Durchfall	mit anderen eßbaren Keulenpilzen
Frühlingsknollenblätterpilz Grüner Knollenblätterpilz Weißer Knollenblätterpilz	Amanita verna Amanita phalloides Amanita virosa	Polypeptide Amantin und Phalloidin	Wirkung nach 8–40 Stunden; Erbrechen, Durchfall, Schweißausbruch, Durst, Schüttelfrost, schwacher Puls, Leber- und Nierenschädigung, Tod nach 2–5 Tagen	Rosablättriger Schirmpilz, Ritterlinge, Champignon, jung mit Bovisten und Champignons
Frühjahrslorchel	Gyromitra esculenta	Gyromitrin, Helvellasäure	Übelkeit, Erbrechen, Durchfall, Leberschwellung, Gelbsucht, Bewußtlosigkeit, Tod	Speisemorchel
Riesenrötling	Rhodophyllus sinuatus	Alkaloid Muskarin	wie Ziegelroter Rißpilz	Schildrötling, Nebelgrauer Trichterling
Giftiger Wiesentrichterling	Clitocybe rivulosa	Alkaloid Muskarin	wie Ziegelroter Rißpilz	Nelkenschwindling
Schwefelgelber Ritterling, Tigerritterling	Tricholoma sulphureum, Tricholoma tigrinum	unbekannter Giftstoff	Magen- und Darmstörungen	Grünling, Erdritterling
Satanspilz	Boletus satanas	unbekannter Giftstoff	Magen- und Darmstörungen	Steinpilz, Flockenstieliger Hexenröhrling
Grünblättriger Schwefelkopf	Naematolema fasciculare	unbekannter Giftstoff	Magen- und Darmstörungen	Stockschwämmchen
Tintenchampignon	Agaricus xanthoderma	unbekannter Giftstoff	Reizung der Magenschleimhaut	Schaf-, Anischampignon
Ziegelroter Rißpilz	Inocybe patouillardi	Alkaloid Muskarin	Wirkung nach 15–30 Minuten; Übelkeit, Brechreiz, Schwindel, Schweißausbrüche, Speichel- und Tränenfluß, Lungenödem, Kreislaufkollaps	Mairitterling

Beniamino Gigli

Walter Gilbert

dern, oft unter Birken; Hut 5–15 cm breit; Lamellen blaßweiß bis orangegelb; Stiel hohl; roh giftig.

Giftschlangen, Schlangen, die ihre Beute durch Gift töten; das Gift wird durch Giftzähne injiziert. Der Biß vieler G. ist auch für den Menschen tödlich. Man unterscheidet die beiden Gruppen Röhrenzähner (mit Vipern und Grubenottern) und Furchenzähner (mit Giftnattern und Seeschlangen). Die einzigen in Deutschland vorkommenden G. sind ↑Kreuzotter und ↑Aspisviper.

Giftspinnen, Bez. für (bes. für den Menschen) giftige Spinnentiere. Hierzu gehören u. a. Schwarze Witwe, Tarantel und Skorpione. Unter den in M-Europa vorkommenden Spinnen sind Wasserspinne und Dornfinger am gefährlichsten, Kreuzspinnen dagegen werden dem Menschen kaum gefährlich.

Gifttiere, Bez. für Tiere, die zum Beutefang und/oder zur Verteidigung (meist in Giftdrüsen erzeugte) Giftstoffe abgeben, z. B. Giftfische, Giftschlangen, Giftspinnen, Stechimmen, Nesseltiere, Schnabeltier, Ameisenigel.

Giftweizen, rot angefärbte, mit Gift (Rodentizide) präparierte Weizenkörner, die zur Bekämpfung von Mäusen und Ratten ausgelegt werden.

Giftzähne, modifizierte Zähne für den Beutefang bei Giftschlangen (im Oberkiefer) und Krustenechsen (im Unterkiefer).

Giftzüngler (Giftschnecken, Conoidea), Überfam. meerbewohnender Schnecken, bei denen ein Teil der Radulazähne zu Stiletten umgewandelt ist, die mit Giftdrüsen in Verbindung stehen.

ˈ**Gifu,** jap. Stadt auf Honshū, 412 000 E. Verwaltungssitz der Präfektur G.; Univ. (gegr. 1949); entomolog. Inst.; Planetarium. Herstellung von Papierschirmen und -laternen, Textil-, Porzellanindustrie.

Gig [engl.], offener, zweirädriger Wagen (Einspänner) mit einer Gabeldeichsel.
▷ zum Training und für Wanderfahrten verwendetes, leichtes Ruderboot mit Rollensitzen und Auslegern. – ↑Rudersport.
▷ Auftritt für einen Abend bei einem Rock-, Popkonzert.

Giga... [griech. (zu ↑Gigant)], Vorsatzzeichen G, Vorsatz vor physikal. Einheiten, bezeichnet das 10^9fache der betreffenden Einheit, z. B. 1 GeV (Gigaelektronvolt) = 10^9 eV (↑Elektronvolt), 1 GHz (Gigahertz) = 10^9 Hz (↑Hertz).

Gigant [griech.], Riese (nach den Riesen der griech. Mythologie); **gigantisch,** riesenhaft, ungeheuer groß.

Giganten, erdgeborene Riesen der griech. Mythologie, von ihrer Mutter gesandt, die junge Herrschaft des Zeus und der Olympier zu stürzen; im Kampf mit diesen (**Gigantomachie**) geschlagen. Schon früh verstand man diesen Sieg der Zeusherrschaft als Triumph von Kultur und Ordnung über Chaos und Barbarei. Berühmteste bildner. Darstellung der Antike: großer Fries des Zeusaltars von Pergamon (180–160 v. Chr.; Berlin, Pergamonmuseum).

Gigantensäulen ↑Jupitersäulen.

Gigantismus [griech.], svw. ↑Riesenwuchs.

Gigantomachie [griech.] ↑Giganten.

Gigantopithecus [griech.], Bez. für eine Gruppe ausgestorbener höherer Primaten, deren Gebiß größer war als das der rezenten Gorillas.

Gigartina [griech.], marine Gatt. der Rotalgen mit etwa 90 Arten.

Gigasform [griech./lat.] (Gigaswuchs), genet. bedingter Riesenwuchs bei Pflanzen und Tieren.

Gigli, Beniamino [italien. ˈdʒiʎʎi], * Recanati (Prov. Macerata) 20. März 1890, † Rom 30. Nov. 1957, italien. Sänger (Tenor). – Gastierte als Opern- und Konzertsänger in ganz Europa und Amerika (bis 1955). Galt als bedeutendster Tenor seiner Zeit nach Caruso. – Autobiographie: „Und es blitzten die Sterne".

Gigolo [ˈʒiːgolo, frz. ʒigoˈlo; frz.], Eintänzer, der früher in Tanzlokalen als Tanzpartner oder -lehrer für Besucherinnen angestellt war; eitler, geckenhafter (von Frauen ausgehaltener) Mann.

Gigots [ʒiˈgoː; frz., eigtl. „Hammelkeulen"] (Schinkenärmel, Hammelkeulen), oben weite, zum Handgelenk hin verengte Ärmel; erstmals im späten 16. Jh., v. a. im Biedermeier und erneut um 1900 modern.

Gigoux, Jean [frz. ʒi'gu], *Besançon 8. Jan. 1806, †ebd. 12. Dez. 1894, frz. Graphiker. – Mit seinen romant. Holzschnittillustrationen zu „Gil Blas" von A. R. Lesage (1835) erneuerte er die frz. Buchillustration.

Jean Gigoux. Illustration zu dem Roman „Gil Blas" von Alain René Lesage

Gigue [ʒiːk, frz. ʒig] (engl. Jig, italien. Giga), aus der ↑Jig hervorgegangener, instrumentaler Tanz des 17./18. Jh., ein Grundbestandteil der ↑Suite. Verschiedene Ausprägungen: 1. die frz. G. im punktierten $^4/_4$- oder $^3/_4$-Takt mit imitierender oder fugierter Stimmführung, 2. die nicht fugierte italien. Giga im schnellen $^{12}/_8$- oder $^6/_8$-Takt.

Gijón [span. xi'xɔn], nordspan. Hafen- und Ind.stadt an der astur. Küste, 259 000 E. TH, Handels- und Seefahrtsschule; Pferderennbahn. Umschlaghafen für Steinkohle (Export) und Eisenerze, Eisen- und Stahlverhüttung, Schiff- und Maschinenbau, Gießereien, chem. Ind., Fischfang und -verarbeitung. – G. geht auf das römerzeitl. **Gigia** zurück; im 17. Jh. entwickelte es sich zum Handelshafen Asturiens. Im Span. Bürgerkrieg wurde die Stadt 1936 fast völlig zerstört. – Paläste (15./16. Jh.), Stiftskirche mit Fassade des 16. Jahrhunderts.

Gijsen, Marnix [niederl. 'xɛisə], eigtl. Jan-Albert Goris, *Antwerpen 20. Okt. 1899, †Lubbeek 29. Sept. 1984, fläm. Schriftsteller. – Begann mit expressionist. Gedichten, später Abkehr von christl. Vorstellungen; u. a. „Joachim von Babylon" (R., 1947).

Gila Desert [engl. 'hiːlə 'dɛzət], vom **Gila River,** einem linken Nebenfluß des unteren Colorado, durchflossenes Trockengebiet in Arizona, USA.

Gila-Krustenechse [engl. 'hiːlə; nach dem Gila River] ↑Krustenechsen.

Gilan, iran. Landschaft und Prov., umfaßt die Küstenebene am SW-Ufer des Kasp. Meeres, die anschließenden N-Hänge des Elbursgebirges und die O-Hänge des Talyschgebirges; Hauptstadt Rascht. Feuchtwarmes Klima; Reisanbau, Tee- und Obstkulturen.

Gilbert, Robert [frz. ʒil'bɛːr], *Berlin 29. Sept. 1899, †Locarno 20. März 1978, dt. Komponist und Schriftsteller. – Schrieb die Gesangstexte zu etwa 60 Operetten („Im weißen Rößl", „Feuerwerk") und 100 Spielfilmen („Die Drei von der Tankstelle", „Der Kongreß tanzt"), übersetzte amerikan. Musicals („Annie get your gun", „My fair lady") und komponierte Operetten- und Filmmusik.

G., Walter [engl. 'gɪlbət], *Boston 21. März 1932, amerikan. Molekularbiologe. – Prof. an der Harvard University in Boston; entwickelte eine neue chem. Methode zur Bestimmung der Reihenfolge der Nukleotide der DNS. Erhielt 1980 (zus. mit P. Berg und F. Sanger) den Nobelpreis für Chemie.

G., William [engl. 'gɪlbət], *Colchester 24. Mai 1544, †London 30. Nov. 1603, engl. Naturforscher und Arzt. – Leibarzt Elisabeths I. und Jakobs I. von England. Sein Hauptwerk über den Magnetismus (1600) übte u. a. auf J. Kepler und O. von Guericke großen Einfluß aus. Er machte auch erstmals auf das Verhalten einer Reihe von Stoffen („corpora electrica") aufmerksam, die nach dem Reiben – ähnlich wie Bernstein – leichte Körper anziehen, und leitete damit die Untersuchungen der Elektrizität ein.

Gilbert de la Porrée [frz. ʒilbɛrdəlapɔ're] (G. von Poitiers; auch: G. Porreta, Gilbertus Porretanus), *Poitiers um 1080, †ebd. 4. Sept. 1154, frz. scholast. Philosoph und Theologe. – Seit 1142 Bischof von Poitiers. Die sprachlog. vorgenommene Unterscheidung von Gott und Gottheit in seiner Trinitätslehre wurde bes. von Bernhard von Clairvaux angegriffen. – Die von ihm ausgehende Schule der **Porretaner** bzw. **Gilbertiner** beeinflußte die theologisch-dogmat. Entwicklung.

Gilbert and Ellice Islands [engl. 'gɪlbət ənd 'ɛlɪs 'aɪləndz], ehem. brit. Kolonie, ↑Tuvalu, ↑Kiribati.

Gilbertiner ↑Gilbert de la Porrée.

Gilbertinseln [engl. 'gɪlbət], Kette von Atollen im Pazifik beiderseits des Äquators, Teil der Republik ↑Kiribati.

Gilboa, Bergmassiv in N-Israel, 600 bis 800 m über dem Jordangraben.

Gilbreth, Frank [Bunker] [engl. 'gɪlbrəθ], *Fairfield (Maine) 7. Juli 1868, †Lackawanna (N.Y.) 14. Juni 1924, amerikan. Bauingenieur und Rationalisierungsfachmann. – Zeitweilig Mitarbeiter von F. W. ↑Taylor. G. erfand die Bewegungsstudie zur ökonom. Gestaltung der Arbeitsabläufe.

Gilbweiderich (Gelbweiderich, Felberich, Lysimachia), Gatt. der Primelgewächse mit etwa 150 Arten in gemäßigten Gebieten, v. a. in Europa und O-Asien; meist Kräuter und Stauden mit beblättertem Stengel. In M-Europa kommen fünf Arten vor, v. a. der **Gemeine Gilbweiderich** (Lysimachia vulgaris), eine bis über 1 m hohe Staude an feuchten Stellen, mit gelben Blüten in Rispen und quirlständigen Blättern.

Gildas der Weise (Gildas Sapiens, Gildas Bandonicus), hl., *Strathclyde um 500, †um 570, frühester brit. Geschichtsschreiber. – Verfaßte vor 547 eine Geschichte Britanniens seit der röm. Eroberung („De excidio et conquestu Britanniae"). – Fest: 29. Januar.

Gilde [niederdt., urspr. „Opfergelage" anläßlich einer eingegangenen rechtl. Bindung], genossenschaftl. Vereinigung v. a. im MA mit religiösen und/oder weltl. Zielen (gegenseitige Unterstützung, Schutz, Geselligkeit), nachweisbar seit dem 8. Jh. in den german. Ländern und N-Frankreich; später Gliederung nach Berufsständen (z. B. Kaufmanns-G.); für das handwerkl. Gewerbe entwickelte

Gilbweiderich
Gemeiner Gilbweiderich

Giganten. Gigantomachie, Detail vom großen Fries des Zeusaltars von Pergamon (Zeus zweite Figur von links), 180–160 v. Chr. (Berlin, Pergamonmuseum)

Gildenschaft

sich die ↑Zunft (seit dem 15./16. Jh. auch synonym gebraucht).

▷ Name verschieden motivierter Gruppenbildungen innerhalb der Jugendbewegung nach dem 1. Weltkrieg, meist überbünd. Art, z. B. die „Musikantengilden" von Fritz Jöde (seit 1919), die Älterenvereinigung „Gilde Soziale Arbeit" (1928) oder die akadem. Gilde.

Gildenschaft (Gilde), 1920–34 farbentragende student. Korporation, die ein Gemeinschaftsleben im Sinn der bünd. Jugend pflegte. Der heutige Verband der **Deutschen Gildenschaft** wurde 1958 wiedergegründet.

Gildensozialismus, eine in Großbritannien entstandene, dem ↑Syndikalismus nahestehende sozialist. Bewegung; versuchte, sozialist. Politik von den Gewerkschaften her auf inner- und überbetriebl. Ebene zu betreiben; hielt am Klassenkampfgedanken fest, erstrebte jedoch industrielle Selbstverwaltung; ging vom 1906 gegr. Guilds Restoration Movement aus, das sich um Wiederbelebung der ma. Zünfte bemühte; erreichte seine größte Bed. 1913–25 (1915 Gründung der National Guilds League); Haupttheoretiker war George Douglas Howard Cole (* 1889, † 1959). Nach dem Scheitern des G. 1925 lebten seine Ideen z. T. in der Verstaatlichungspolitik der Labour Party nach 1945 und in gewerkschaftl. Forderungen nach Mitbestimmung fort.

Gilead (Vulgata: Galaad), bibl. Landschaft im Ostjordanland; Siedlungsgebiet israelit. Sippen (Ri. 11, 4 ff.); später Bez. für das ganze Ostjordanland zw. Arnon und Jabbok (Jer. 22, 6 f.).

Emil Grigorjewitsch Gilels

Gilels, Emil Grigorjewitsch, *Odessa 19. Okt. 1916, †Moskau 14. Okt. 1985, russ. Pianist. – Trat v. a. als Interpret der Klavierwerke von Tschaikowski, Mozart, Schubert und Schumann hervor.

Gilgal (Vulgata: Galgal[a]), Heiligtum im alten Israel nö. von Jericho, an dem u. a. um 1000 v. Chr. die Israeliten Saul zum König einsetzten (1. Sam. 11, 14 f.).

Gilgamesch, sumer. König der ersten Dyn. von Uruk, lebte etwa um 2600 v. Chr. – G. erbaute die große Mauer um Uruk und wurde ab etwa 2600 göttlich verehrt. Um G. bildete sich ein Zyklus sumer. mythisch-ep. Dichtungen, fragmentarisch überliefert seit etwa 1900 v. Chr., aus dem 18. Jh. stammen akkad. G.-Texte in altbabylon. Sprache; diese akkad. Version findet sich (neben churrit. und hethit. Versionen) im 13. Jh. in Boğazkale und Megiddo. Auch Darstellungen in der bildenden Kunst.

Dizzy Gillespie

Gilgamesch-Epos, bedeutendstes Werk der babylon. Literatur (Ende des 2. Jt. v. Chr.), sog. ninivit. Fassung des Stoffes um ↑Gilgamesch in jungbabylon. Sprache (um 1200); es hatte ursprl. etwa 3600 Verszeilen auf elf Tafeln (v. a. aus Ninive). In diese Fassung sind auch andere Stoffkreise eingearbeitet (Flutsage). Als 12. Tafel wurde eine Teilübersetzung des sumer. Epos „Gilgamesch, Enkidu und die Unterwelt" angefügt.

Gilge ↑Memel.

Gilgit, Hauptort der G. Agency im nw. Kaschmir, 1 490 m ü. d. M., am Gilgit, rd. 5 000 E. Über G. führt die 1978 eröffnete Karakorumstraße von Islamabad zur chin. Grenze.

Allen Ginsberg

G. (amtl. G. Agency), schwer zugängl., z. T. vergletscherte Hochgebirgslandschaft (bis 6 705 m ü. d. M.) in dem unter pakistan. Verwaltung stehenden Teil Kaschmirs, im Schnittpunkt von Hindukusch, Karakorum und nw. Himalaja; Hauptort G. In den Tälern werden Reis, Baumwolle, Mais, Weizen und Gerste angebaut; außerdem Obstbau.

Gill [engl. gıl], Sir David, *Aberdeen 12. Juni 1843, †London 24. Jan. 1914, brit. Astronom. – 1879–1907 Direktor der Sternwarte am Kap der Guten Hoffnung, die unter seiner Leitung Weltruf erlangte. Führte 1882 die photograph. Messung von Sternpositionen ein.

Witali Lasarewitsch Ginsburg

G., Eric, *Brighton 22. Febr. 1882, †Uxbridge (= London) 17. Nov. 1940, engl. Graphiker. – Schuf Buchschmuck (Kupferstiche und Holzschnitte) und Schriften („Perpetua", „Gill sans serif", „Felicitas").

Gill [engl. dʒɪl; zu lat. gillo „Kühlgefäß" (für Wein)], angloamerikan. Volumeneinheit, Einheitenzeichen gi; in Großbritannien: 1 gi = 1/32 gallon = 142,065 cm³, in den USA für Flüssigkeiten (und im Apothekenbereich) 1 gi = 118,29483 cm³.

Gilles, Werner, *Rheydt (= Mönchengladbach) 29. Aug. 1894, †Essen 23. Juni 1961, dt. Maler. – Lebte auf

Werner Gilles. Flucht vor dem Dämon, Orpheuszyklus, Blatt 5, 1955 (Berlin, Staatliche Museen)

Ischia. G. verknüpfte abstrakte mit wirklichkeitsnahen Formen.

Gillespie, Dizzy [engl. gɪˈlɛspɪ], eigtl. John Birks G., *Cheraw (S. C.) 21. Okt. 1917, †Englewood (N. J.) 6. Jan. 1993, amerikan. Jazzmusiker (Trompeter, Bandleader, Komponist). – Neben C. Parker und T. Monk führender Vertreter des ↑Bebop. G. leitete seit 1945 mehrere Orchester, in denen er den im Rahmen kleiner Gruppen entwickelten Bebop auf die Big Band übertrug. Er beeinflußte v. a. durch seine techn. Perfektion zahlr. Trompeter des Modern Jazz.

Gillette, King Camp [engl. ʒɪˈlɛt], *Fond du Lac (Wis.) 5. Jan. 1855, †bei Los Angeles 10. Juli 1932, amerikan. Industrieller und Erfinder. – Erfand die Rasierklinge und den Rasierapparat; gründete 1901 in Boston die G. Razor Co. (heute: The Gillette Co.).

Galliéron, Jules [frz. ʒijeˈrõ], *La Neuveville (Kt. Bern) 21. Dez. 1854, †Schernelz (Gem. Ligerz, Kt. Bern) 26. April 1926, schweizer. Romanist. – Prof. für frz. Dialektologie in Paris; Begr. der modernen Sprachgeographie durch seine Sprachatlanten, v. a. den „Atlas linguistique de la France" (1902–20; mit E. Edmont) und seine method. wegweisenden Abhandlungen.

Gilgamesch. Orthostatenrelief von Dur-Scharrukin bei Chorsabad, 8. Jh. v. Chr. (Paris, Louvre)

Gillingham [engl. 'dʒɪlɪŋəm], engl. Hafen- und Ind.-stadt am Medway, Gft. Kent, ist mit Chatham und Rochester verwachsen, 95 300 E. Marinehafen mit Werften und Arsenalen. – Seit 1903 Stadt.

Gillray, James [engl. 'gɪlreɪ], * Chelsea (= London) 13. Aug. 1757, † London 1. Juni 1815, engl. Karikaturist. – Schuf bis zu seiner geistigen Umnachtung (1811) rd. 1 500 Stichradierungen mit schonungsloser polit. Satire und beißendem Witz.

Gilly ['ʒɪli], David, * Schwedt/Oder 7. Jan. 1748, † Berlin 5. Mai 1808, dt. Baumeister. – Vater von Friedrich G.; Vertreter des Berliner Vorklassizismus. Baute u. a. für Friedrich Wilhelm III. Schloß Paretz (1796–1800), für Königin Luise Schloß Freienwalde (1798/99).

G., Friedrich, * Altdamm bei Stettin 16. Febr. 1772, * Karlsbad 7. Aug. 1800, dt. Baumeister und Bautheoretiker. – Von entwicklungsgeschichtl. Bed. wurde sein Entwurf eines monumentalen Denkmals für Friedrich d. Gr. (1796). G. war u. a. Lehrer von K. F. Schinkel.

Gilson, Étienne [frz. ʒil'sõ], * Paris 13. Juni 1884, † Cravant (Yonne) 19. Sept. 1978, frz. Philosoph. – 1932–51 Prof. am Collège de France; Mgl. der Académie française. Bed. Neuthomist mit Studien u. a. zur Philosophiegeschichte des MA.

Gimmi, Wilhelm, * Zürich 7. Aug. 1886, † Chexbres (Waadt) 29. Aug. 1965, schweizer. Maler. – Lebte 1912–40 vorwiegend in Paris; malte v. a. Interieurs mit menschl. Figuren.

James Gillray. Pitt und Napoleon teilen sich die Welt, Radierung, 1805

Gimpel [zu mittelhochdt. gumpen „hüpfen, springen"] (Pyrrhula), Gatt. der Finkenvögel mit sechs Arten in Eurasien; mit kurzem, kräftigem Schnabel, schwarzen Flügeln und schwarzem Schwanz und (im ♂ Geschlecht) meist rötl. Brust; in M-Europa nur der ↑ Dompfaff.

Gin [engl. dʒɪn; gekürzt aus geneva „Genever"], Wacholderbeerdestillat enthaltender Getreidebranntwein (zw. 40 und 45 Vol.-% Alkohol), ähnlich dem Genever oder Steinhäger. In Deutschland v. a. Grundlage für Mixgetränke, z. B. **Gin-Fizz** (mit Mineralwasser, Zucker und Zitrone).

Ginastera, Alberto Evaristo [span. xinas'tera], * Buenos Aires 11. April 1916, † Genf 25. Juni 1983, argentin. Komponist. – Einer der Wegbereiter einer nat. argentin. Musik. Seine Kompositionen basieren auf argentin. und indian. Folklore unter Einbeziehung moderner Techniken. Schrieb Opern („Don Rodrigo", 1964; „Bomarzo", 1967; „Beatrix Cerci", 1971), Ballette, Chorwerke, Orchester- und Kammermusik.

Ginger [engl. 'dʒɪndʒə; lat.], engl. Bez. für Ingwer, womit z. B. das „g. ale" (ein alkoholfreies Erfrischungsgetränk) gewürzt wird.

Gingiva [lat.], svw. ↑ Zahnfleisch.

Gingivektomie [lat./griech.], chirurg. Behandlung bestimmter Formen von Zahnbettentzündungen durch Abtragen des Zahnfleischrandes bis zum Grund der Zahnfleischtasche.

Gingivitis [lat.], svw. ↑ Zahnfleischentzündung.

Ginkgo [jap.], bekannteste Gatt. der Ginkgogewächse mit vielen, v. a. vom Jura bis zum Tertiär verbreiteten Arten; einzige rezente Art ist der **Ginkgobaum** (Fächerbaum, Ginkgo biloba), ein sommergrüner, bis 30 m hoher, zweihäusiger Baum; Blätter meist zweiteilig gelappt, fächerförmig verbreitet; Samen kirschenähnlich mit gelber äußerer Samenschale; in Parks angepflanzt.

Ginsberg, Allen [engl. 'gɪnzbəːg], * Paterson (N. J.) 3. Juni 1926, amerikan. Lyriker. – Dichter der ↑ Beat generation, Kritiker der amerikan. Gesellschaft. Die Suche eines Auswegs durch (künstl.) visionäre Zustände spiegelt sich in seiner bilderreichen rhythm. Lyrik. – *Werke:* Das Geheul u. a. Gedichte (1956), Empty mirror. Poems 1948–51 (1960), Reality sandwiches (Ged., 1963), Ind. Tagebuch (1969), Der Untergang Amerikas (Ged., 1972), Herzgesänge (Ged., 1980), Poems 1980–85 (1986), Überlegungen zur Poesie (3 Bde., dt. 1988).

G., Ernst ['– –], * Berlin 7. Febr. 1904, † Zollikon bei Zürich 3. Dez. 1964, dt. Schauspieler und Regisseur. – Nach der Emigration 1933–62 am Zürcher Schauspielhaus, außerdem in Basel und in München. Spielte klass. Rollen, inszenierte Schiller, Shakespeare, Molière und Dürrenmatt.

Ginsburg, Alexandr, * 1938, russ. Schriftsteller. – Gab 1959/60 die illegale literar. Zeitschrift „Sintaxis" heraus, brachte 1967 u. a. ein Weißbuch zum Fall Sinjawski und Danijel in Umlauf; mehrmals langjährige Haft, wurde 1979 mit anderen sowjet. Dissidenten gegen Spione ausgetauscht; lebt in Paris.

G., Witali Lasarewitsch, * Moskau 4. Okt. 1916, sowjet. Physiker. – Entwickelte 1950 gemeinsam mit L. D. Landau die ↑ Ginsburg-Landau-Theorie.

Ginsburg-Landau-Theorie, von W. L. Ginsburg und L. D. Landau 1950 aufgestellte, von A. A. Abrikossow 1957 wesentlich erweiterte, phänomenolog. Theorie der Supraleitung. In der G.-L.-T. wird angenommen, daß neben der für die Normalleitung verantwortl. Leitungselektronen (die im supraleitenden Zustand kurzgeschlossen sind) eine geordnete Phase von „suprafluiden Elektronen" existiert, die mit der ↑ Cooper-Paaren zu identifizieren sind und durch eine Materiewellenfunktion beschrieben werden können. L. P. Gorkow begründete 1959 die G.-L.-T. quantentheoretisch; seither wird sie nach den Anfangsbuchstaben der Namen **GLAG-Theorie** bezeichnet.

Ginseng [chin.], Bez. für zwei Araliengewächse, aus deren rübenförmigem Wurzelstock ein allg. anregendes Mittel gewonnen wird: **Panax ginseng**, eine bis 50 cm hohe Staude, kommt wild nur selten in der Mandschurei und in Korea vor (in Japan angebaut), mit gefingerten Blättern und grünlichweißen Blüten; **Amerikanischer Ginseng** (Panax quinquefolius) aus dem östl. N-Amerika, wird als E.ersatz verwendet. – Die echte G.wurzel der ersten Art ist seit etwa 2 000 Jahren in O-Asien ein geschätztes Allheilmittel, dessen Anwendung mit myst. Vorstellungen verbunden war.

Ginsheim-Gustavsburg, hess. Gemeinde an der Mündung des Mains in den Rhein, 87 m ü. d. M., 14 800 E. Maschinenbau, Werft; Hafen. – Das Reichsdorf **Ginsheim** gehört seit 1600 zu Hessen. Die 1632 auf Befehl von König Gustav II. Adolf von Schweden zur Verstärkung von Mainz angelegte Festung erhielt 1632 den Namen **Gustavsburg**. 1930–45 waren Ginsheim und Gustavsburg Stadtteile von Mainz.

Ginster (Genista) [lat.], Gatt. der Schmetterlingsblütler mit etwa 100 von Europa nach N-Afrika bis W-Asien verbreiteten Arten; gelbblühende, gelegentlich dornige Sträucher mit grünen, elast. Zweigen und kleinen Blättern. Einheim. Arten sind u. a. **Färberginster** (Genista tinctoria) und **Flügelginster** (Genista sagittalis).

Ginsterkatzen (Genetten, Genetta), Gatt. 45–60 cm körperlanger, nachtaktiver Schleichkatzen mit 9 Arten, v. a. in den Strauch- und Graststeppen Afrikas, S-Arabiens, Israels und SW-Europas; Körper schlank, sehr langgestreckt, kurzbeinig, mit kleinem Kopf, langgestreckter, zugespitzter Schnauze und knapp körperlangem Schwanz;

Ginkgo. Zweig und Frucht eines Ginkgobaums

Ginseng. Ginsengwurzel

Ginster. Färberginster

Giorgione. Drei Philosophen, 1503/04 (Wien, Kunsthistorisches Museum)

Grundfärbung gelblich bis gelbgrau mit dunkelbraunen bis schwärzl., meist in Reihen angeordneten Flecken, Schwanz dunkel geringelt. Einzige auch in Europa vorkommende Art ist die **Nordafrikanische Ginsterkatze** (Kleinfleckginsterkatze, Genetta genetta).

Ginza [mandäisch „Schatz"] (auch Sidra rabba [„Großes Buch"]), bedeutendstes literar. Werk der ↑Mandäer, Zusammenfassung älterer Werke mytholog., lehrhaften und liturg. Inhalts.

Ginzburg, Natalia, geb. Levi, *Palermo 14. Juli 1916, †Rom 8. Okt. 1991, italien. Schriftstellerin. – Gehört mit ihren in kargem, unsentimentalem Stil geschriebenen Kurzromanen und Dramen sowie mit ihren Essays zu den bedeutendsten Vertretern der italien. Literatur der Nachkriegszeit. – *Werke:* Alle unsere Jahre (R., 1952), Valentino (R., 1957), Die Stimmen des Abends (R., 1961), Mein Familienlexikon (Erinnerungen, 1963), L'inserzione (Dr., 1968), Die Stadt und das Haus (R., 1984).

Natalia Ginzburg

Ginzkey, Franz Karl, *Pola (= Pula) 8. Sept. 1871, †Wien 11. April 1963, östr. Schriftsteller. – Seine liedhafte (Heimat)lyrik, die Balladen und meist kulturgeschichtl. Romane und Novellen weisen ihn als späten Nachfahren der Romantik aus, u. a. „Das heiml. Läuten" (Ged., 1906), „Der von der Vogelweide" (R., 1912), „Der Gaukler von Bologna" (R., 1916), „Seitensprung ins Wunderliche" (Ged., 1953).

Gioberti, Vincenzo [italien. dʒo'bɛrti], *Turin 5. April 1801, †Paris 26. Okt. 1852, italien. Philosoph und Politiker. – 1825 Priesterweihe; 1833–48 im Exil in Frankreich und Belgien. Mit seinen Schriften förderte er entscheidend die Herausbildung des italien. Nationalbewußtseins. U. a. von Dez. 1848 bis Febr. 1849 Min.präs. im Kgr. Sardinien und 1849 sardin. Gesandter in Paris. In seinen philosoph. Werken war G. stark von F. W. G. von Schelling und G. W. F. Hegel beeinflußt.

Giovanni Giolitti

giocondo [dʒo...; italien.], musikal. Vortragsbez.: heiter, fröhlich, anmutig.

giocoso [dʒo ...; italien.], musikal. Vortragsbez.: scherzhaft, freudig.

Giolitti [italien. dʒo'litti], Antonio, *Rom 12. Febr. 1915, italien. sozialist. Politiker. – Enkel von Giovanni G., bis 1957 Mgl. der italien. KP; 1963/64, 1970–72 und 1973/74 Min. für Budget und Wirtschaftsplanung; 1977–85 EG-Kommissar für Regionalpolitik und Koordinierung der EG-Fonds.

Jean Giono

G., Giovanni, *Mondovì 27. Okt. 1842, †Cavour 17. Juli 1928, italien. Politiker. – Seit 1882 liberaler Abg., 1892/93, 1903–05, 1906–09 und 1911–14 (sog. G.-Ära) Min.präs.; förderte die Sozial- und Arbeitsgesetzgebung, schuf ein Staatsmonopol für Lebensversicherungen und erweiterte das Wahlrecht. 1914/15 als Führer der Neutralisten Gegner eines italien. Kriegseintritts; 1920/21 erneut Min.präs.; suchte zunächst das Bündnis mit dem aufsteigenden Faschismus, dem er seit 1925 jedoch oppositionell gegenüberstand.

Giono, Jean [Fernand] [frz. ʒjɔ'no], *Manosque (Basses-Alpes) 30. März 1895, †ebd. 8. Okt. 1970, frz. Schriftsteller. – In seinem pazifist. Schaffen eng mit seiner Heimat, der Provence und ihrem Bergbauerntum, verbunden; später chronikartige Romane. – *Werke:* Pan-Trilogie (Der Hügel, R., 1929; Der Berg der Stummen, R., 1929; Ernte, R., 1933), Der Husar auf dem Dach (R., 1951), Die poln. Mühle (R., 1952), Das unbändige Glück (R., 1957).

Giordano, Umberto [italien. dʒor'da:no], *Foggia 28. Aug. 1867, †Mailand 12. Nov. 1948, italien. Komponist. – Von seinen Opern verist. Prägung hatte „Andrea Chénier" (1896) den größten Erfolg, ferner „Fedora" (1898), „Madame Sans-Gêne" (1915), „Il Re" (1929).

Giordano Bruno [italien. dʒor'da:no 'bru:no] ↑Bruno, Giordano.

Giorgione [italien. dʒor'dʒo:ne], eigtl. Giorgio da Castelfranco, *Castelfranco Veneto 1478, †Venedig vor dem 25. Okt. 1510, italien. Maler. – Bed. Vertreter der venezian. Hochrenaissance; angeregt von den Werken G. Bellinis und V. Carpaccios sowie Leonardos. Mit dem Hochaltarbild für San Liberale in Castelfranco Veneto (1504) schuf G. einen neuen Typus der ↑Sacra conversazione. Die „Drei Philosophen" (Wien, Kunsthistor. Museum), das „Gewitter" (Venedig, Gallerie dell'Accademia), die „Ruhende Venus" (Dresden, Gemäldegalerie) und das „Ländl. Konzert" (Paris, Louvre) machen seine neue Interpretation der Natur als kosm. Rätsel deutlich. Seine Behandlung von Farbe und Licht ist Grundlage der venezian. Malerei des 16. Jh. (Tizian, Sebastiano del Piombo, Palma il Vecchio).

Giorgisches Vierersystem [italien. dʒor'dʒi], das von dem italien. Physiker G. Giorgi (*1871, †1950) eingeführte physikal. Maßsystem mit den Grundeinheiten Meter (m), Kilogramm (kg), Sekunde (s) und Ohm (Ω), das sog. MKSΩ-System, aus dem das MKSA-System **(Giorgi-System)** mit den Grundeinheiten Meter, Kilogramm, Sekunde und Ampere (A) hervorging. Das Giorgi-System wurde zum Internat. Einheitensystem weiterentwickelt.

Giornico [italien. dʒor'ni:ko], schweizer. Gem. im Tal des Tessin, Kt. Tessin, 391 m ü.d.M., 1300 E. Stahl- und Walzwerk. – Roman. Kirche San Nicolao (Mitte 12. Jh.) mit dreischiffiger Hallenkrypta.

Giotto [italien. 'dʒotto], Name einer Raumsonde der ESA, die, 1985 vom Raumfahrtzentrum Kourou gestartet, 1986 in nur 600 km Abstand den Kern des Halleyschen Kometen passierte.

Giotto di Bondone [italien. 'dʒotto di bon'do:ne], *Colle di Vespignano bei Florenz 1266, †Florenz 8. Jan. 1337, italien. Maler und Baumeister. – Von Cimabue (in Assisi?) ausgebildet, doch sicher auch in Rom geschult; 1287/88 bis 1296 Fresken der Oberkirche von San Francesco in Assisi, Kruzifix in Santa Maria Novella (Florenz); schuf vermutlich zw. 1304 und 1313 Fresken der Arenakapelle (Cappella degli Scrovegni) in Padua; anschließend in Rimini (Kruzifix im Tempio Malatesta) und erneut in Assisi (Unterkirche von San Francesco, Plan der Ausgestaltung der Cappella della Maddalena). 1311–29 in Florenz, schuf er neben Tafelbildern („Maestà" für die Kirche Ognissanti, um 1310; Florenz, Uffizien; „Marientod", zw. 1315/20; Berlin-Dahlem) zw. 1317/26 Bilderzyklen in den Kapellen Peruzzi und Bardi in Santa Croce. Sein letztes großes Werk ist der Kampanile des Domes von Florenz (1334–37). – Schon von den Zeitgenossen als Neuerer der italien. Malerei gefeiert, gilt G. heute als Wegbereiter einer auf Naturbeobachtung und Psychologie gestützten Gestaltungsweise, die in der italien. Kunst die Abkehr vom strengen Schematismus der byzantin. Schule („maniera greca") einleitete und eine für die Entwicklung der Renaissance wesentl., persönl. Auffassung der Künstler von Umwelt und Gesellschaft zeigte.

Giotto di Bondone. Die Begegnung Joachims und Annas an der Goldenen Pforte, Ausschnitt eines Freskos, zwischen 1304 und 1313 (Padua, Arenakapelle)

Giovagnoli, Raffaello [italien. dʒovaɲˈpɔːli], *Rom 13. Mai 1838, † ebd. 15. Juli 1915, italien. Schriftsteller. – Mitkämpfer Garibaldis. Verfaßte bes. histor. Romane aus der röm. Geschichte („Spartaco", 1874), auch eine Darstellung der Republik von 1848.

Giovanni da Bologna [italien. dʒoˈvanni dabboˈloɲɲa], gen. Giambologna (Jean Boulogne), *Douai 1529, † Florenz 13. Aug. 1608, italien. Bildhauer fläm. Herkunft. – Seit 1556 in Florenz im Dienste der Medici; seine spätmanierist. Stilprinzipien beeinflußten die europ. Plastik nachhaltig (H. Gerhard, A. de Vries). Die komplizert nach oben geschraubten Figuren oder Gruppen bieten sich nach allen Seiten zur Ansicht dar. – *Werke:* Neptunsbrunnen in Bologna (1563–66), Merkur (1580; Florenz, Bargello), Raub der Sabinerin (1583; Florenz, Loggia dei Lanzi).

Giovanni d'Alemagna [italien. dʒoˈvanni daleˈmaɲɲa] (G. d'Alamagna), gen. Zuane da Murano, † Padua 1450, italien. Maler dt. Herkunft. – Begründete gemeinsam mit A. Vivarini die sog. Schule von Murano (altertüml. spätgot. Traditionalismus).

Giovanni da Milano [italien. dʒoˈvanni dammiˈlaːno], eigtl. G. di Giacomo di Guido da Caversago, *Caversaccio bei Como, italien. Maler der Mitte des 14. Jh. – Steht in der Giotto-Nachfolge, u. a. mit den Fresken der Rinuccinikapelle in Santa Croce in Florenz (um 1365).

Giovanni da Modena [italien. dʒoˈvanni damˈmɔːdena], eigtl. G. di Pietro Faloppi, italien. Maler des 15. Jh. – Sein Hauptwerk sind die Fresken der Bologninikapelle in San Petronio in Bologna (1410–20).

Giovanni di Paolo [italien. dʒoˈvanni diˈpaːolo], *Siena 1403 (?), † ebd. 1482, italien. Maler. – Von frz. Miniaturmalerei ebenso wie von Sassetta und Gentile da Fabriano beeinflußte dramatisch, gelegentlich phantastisch aufgefaßte bibl. Szenen („Szenen aus dem Leben des hl. Johannes des Täufers", um 1453/54; Chicago, Art Institute, und London, National Gallery).

Giovio, Paolo [italien. ˈdʒɔːvjo], latin. Paulus Jovius, *Como 19. April 1483, † Florenz 10. Dez. 1552, italien. Arzt; Humanist und Geschichtsschreiber. – Arzt; von Papst Leo X. an die Univ. Rom berufen; 1528 Bischof von Nocera Inferiore; siedelte während des Pontifikats Pauls III. (1534–49) nach Florenz über. G. behandelte v. a. die Geschichte seiner Zeit („Historiarum sui temporis Libri XLV", gedr. 1550–52); zahlr. biograph. Werke.

Gippsland [engl. ˈɡɪpslænd], Landschaft in Victoria (Australien), reicht von der S-Küste östl. von Melbourne bis in die Ostaustral. Kordilleren. Zum größten Teil fruchtbare Küstenebene; Vorkommen von Braunkohle, Bauxit, Erdöl und Erdgas; Fremdenverkehr.

Gips [zu semit.-griech. gýpsos (mit gleicher Bed.)], Bez. für das in der Natur als monoklines Mineral vorkommende Dihydrat des Calciumsulfats, $CaSO_4 \cdot 2H_2O$; Mohshärte 1,5 bis 2; Dichte 2,3 g/cm³. Varietäten sind ↑Alabaster, **Marienglas** (Glas mit ausgezeichneter tafeliger Spaltbarkeit) und **Fasergips** (parallelfasrige Struktur, lagenförmig in Carbonatgesteinen). G. bildet sich in mächtigen Schichten chemisch-sedimentär in abgeschlossenen Meeresbecken, bes. im Zechstein und in der Trias, sekundär durch Wasseraufnahme des Anhydrits und konkretionär durch Sulfatverwitterung in Tonen. Bei Erhitzen des Dihydrats auf etwa 110 °C entsteht **gebrannter Gips** (Halbhydrat, $CaSO_4 \cdot \frac{1}{2}H_2O$), bei 130–160 °C **Stuckgips** (Gemisch aus viel Halbhydrat und wenig Anhydrit). Technisch wichtig ist v. a. grobkristalliner G. (**Gipsgestein**), der in großem Umfang für die Baustoffind. abgebaut wird (**Baugips**). – G. wird zur Herstellung von Fertigteilen, Zement, Mineralfarben, Papier und Schreibkreide, zur Produktion von Schwefelsäure und Ammoniumsulfat und als Düngemittel verwendet.

Gipsbett, Gipsliegeschale zur Ruhigstellung der Wirbelsäule; dient der Korrektur von Wirbelsäulenverbiegungen (Kyphose, Skoliose) oder ihrer Verhütung (v. a. bei Wirbelbrüchen, Spondylitis, Rachitis oder bei tuberkulöser Wirbelerkrankung).

Gipsbinde ↑Binde.

Gipshut ↑Salzstock.

Gipskartonplatte, mit Karton ummantelte Gipsplatte; G. werden bes. für Wand- und Deckenverkleidungen, aber auch als Schallschutzplatten verwendet.

Gipskraut (Gypsophila), Gatt. der Nelkengewächse mit etwa 130 v. a. vom Mittelmeergebiet bis zum mittleren Asien verbreiteten Arten. In M-Europa kommt u. a. das dichte Rasen bildende **Kriechende Gipskraut** (Gypsophila repens) in trockenen Gebirgsregionen vor. Kultiviert wird das **Schleierkraut** (Rispiges G., Gypsophila paniculata), bis 1 m hoch, mit zahlr. kleinen, weißen oder rosafarbenen Blüten. – Abb. S. 92.

Gipsverband, aus Gipsbinden hergestellter fester, dauerhafter Verband zur möglichst vollständigen Ruhigstellung von traumatisch veränderten Knochen und Gelenken. Anstelle des G. werden heute auch Kunststoffverbände, die

1

2

Gips. 1 Gipsrosette; 2 Fasergips

Giovanni di Paolo. Der heilige Johannes der Täufer geht in die Wüste, um 1453/54 (London, National Gallery)

Giraffe

sich durch geringes Gewicht, hohe Festigkeit u. a. auszeichnen, verwendet.

Giraffe [arab.-italien.] ↑ Sternbilder (Übersicht).

Giraffen [arab.-italien.] (Giraffidae), Fam. der Wiederkäuer (Ordnung Paarhufer) mit nur noch zwei rezenten Arten in Afrika südl. der Sahara: 1. **Giraffe** (Giraffa camelopardalis), in den Savannengebieten lebend, Körperlänge etwa 3–4 m, Schwanz 0,9–1,1 m lang, mit lang behaarter Endquaste; Schulterhöhe 2,7–3,3 m, Scheitelhöhe 4,5–6 m; Hals sehr lang; in beiden Geschlechtern 2–5, von Haut überzogene Knochenzapfen auf der Stirn. Die G. lebt von Blättern und Zweigen, die sie mit der langen Zunge und der als Greiforgan dienenden Oberlippe erfaßt. – Unterarten sind z. B. die **Netzgiraffe** (Giraffa camelopardalis reticulata) mit großen, kastanienbraunen, nur durch eine schmale, helle Netzzeichnung unterbrochenen Flecken (in Somalia und N-Kenia) und die **Sterngiraffe** (Massai-G., Giraffa camelopardalis tippelskirchi) mit unregelmäßig sternförmigen, weiter auseinander stehenden dunklen Flecken (in Kenia und Tansania). 2. **Okapi** (Okapia johnstoni), erst 1901 entdeckt, in den Regenwäldern von Z-Zaire lebend; etwa 2,1 m körperlang, meist tief kastanien- bis schwarzbraun, an den Oberschenkeln zebraähnlich weiß quergestreift, mit mäßig verlängertem Hals, großen Ohren und (im ♂ Geschlecht) zwei Hörnern.

Giraffengazelle (Gerenuk, Litocranius walleri), ostafrikan. Art der Gazellenartigen mit langem Hals und dünnen, stelzenartigen Beinen; ♂ mit geringelten, nach hinten, am Ende aufwärtsgeschwungenen Hörnern.

Girai, tatar.-mongol. Herrscherdyn. auf der Krim; begr. von Haddschi G. († 1466); lange Zeit ein gewichtiger Machtfaktor in O- bzw. SO-Europa (Brandschatzung Moskaus 1571). 1783 wurde die Krim von Katharina II. Rußland einverleibt und der letzte Khan Schahin G. abgesetzt.

Giraldi, Giambattista [italien. dʒiˈraldi], gen. Cinzio oder Cintio, * Ferrara 1504, † ebd. 30. Dez. 1573, italien. Dichter. – Sein Werk zeigt eine stark moralisierende Tendenz. „Orbecche", die erste Tragödie der neueren italien. Literatur, hatte bei der Aufführung in Ferrara 1541 einen außerordentl. Erfolg. Schrieb auch 113 Novellen („Gli hecatommithi", 1565), die er in der Art Boccaccios in eine Rahmenhandlung stellte.

Giralgeld [ʒi...; italien./dt.] (Buchgeld), Guthaben bei Kreditinstituten, über die der Inhaber durch Überweisung oder Scheck verfügen kann (bargeldloser Zahlungsverkehr). G. entsteht durch Bareinzahlung oder durch Kreditgewährung der Banken.

Giralnetz [ʒi...; italien./dt.], Gesamtheit der zu einer einheitl. Giroorganisation zusammengeschlossenen Geldinstitute, die bei einer oder mehreren Zentralgirostellen über Konten verfügen. G. in der BR Deutschland: das Zentralbanksystem (Dt. Bundesbank und Landeszentralbanken), die Sparkassen, die Kreditgenossenschaften, die Postscheckämter und die privaten Kreditbanken.

Girandole [ʒiranˈdoːlə; italien.-frz.] (Girandola), mehrarmiger Leuchter aus Silber oder Bronze.

Girard [frz. ʒiˈraːr], Albert * Saint-Mihiel (Meuse) 1595, † Leiden 8. Dez. 1632, frz. Mathematiker. – Formulierte erstmals den Fundamentalsatz der Algebra und veröffentlichte als erster die Inhaltsformel für das sphär. Dreieck.
G., Jean-Baptiste, un Père Grégoire (Ordensname), * Freiburg 17. Dez. 1765, † ebd. 6. März 1850, schweizer. Pädagoge. – Trat 1781 in den Minoritenorden ein; leitete 1805–23, z. T. nach Pestalozzis Grundsätzen, die frz. Knabenschule in Freiburg. G. war schulreformerisch tätig, wobei er den Schwerpunkt auf die Muttersprache legte.

Girardet, Wilhelm [frz. ʒiraʁˈdɛ], * Lennep (= Remscheid) 14. Juni 1838, † Bad Honnef am Rhein 4. Mai 1918, dt. Verleger. – Richtete in Essen 1865 eine Buchbinderei ein, aus der sich die Verlags- und Druckereibetriebe W. G. entwickelten; zahlr. liberal und objektiv geführte Fachzeitschriften und Tageszeitungen. Der heutige Verlag veröffentlicht v. a. Fachbücher und -zeitschriften.

Girardi, Alexander [ʒiˈrardi], * Graz 5. Dez. 1850, † Wien 20. April 1918, östr. Schauspieler und Sänger. – An mehreren Wiener Bühnen, seit 1918 am Burgtheater. Erreichte als Operettenbuffo und Volksschauspieler große Popularität.

Girardon, François [frz. ʒirarˈdõ], * Troyes 17. März 1628, † Paris 1. Sept. 1715, frz. Bildhauer. – 1648–50 in Rom. Schuf u. a. barocke Gruppen in Versailles.

Giraudoux, Jean [frz. ʒiroˈdu], * Bellac (Haute-Vienne) 29. Okt. 1882, † Paris 31. Jan. 1944, frz. Schriftsteller. – In ihm verbindet sich der Humanismus A. Gides, das Erbe der dt. Romantik und frz. Esprit. G. reduziert die Handlung oft auf ein Minimum, seine Figuren sind keine Charaktere, sondern Typen. Moderne Probleme behandelt er häufig vor antikem oder bibl. Hintergrund. Auch Essays.
Werke: Suzanne und der Pazifik (R., 1921), Siegfried oder Die zwei Leben des Jacques Forestier (R., 1922), Eglantine (R., 1927), Amphitryon 38 (Dr., 1929), Die Abenteuer des Jérôme Bardini (R., 1930), Judith (Dr., 1931), Intermezzo (Dr., 1933), Kampf mit dem Engel (R., 1934), Der trojan. Krieg findet nicht statt (Dr., 1935), Elektra (Dr., 1937), Impromptu (Dr., 1937), Undine (Dr., 1939), Sodom und Gomorrha (Dr., 1943), Die Irre von Chaillot (Dr., hg. 1945), Um Lukrezia (Dr., hg. 1953).

Giresun, türk. Hafenstadt am Schwarzen Meer, 55 800 E. Hauptstadt der Prov. G.; Holzind., Haselnußverarbeitung und -export; Hafen. – G. ist das antike **Kerasus**.

Giri, Varahagiri Venkata, * Berhampur (Orissa) 10. Aug. 1894, † Madras 24. Juni 1980, ind. Politiker. – Mitbegr. der ind. Gewerkschaftsbewegung; 1957–67 Gouverneur der ind. Gliedstaaten Uttar Pradesh, Kerala und Mysore, 1969–74 Präs. Indiens.

Girke, Raimund, * Heinzendorf (poln. Jasienica) 28. Okt. 1930, dt. Maler. – Ausgehend vom Tachismus gelangte er zu monochromen, strukturierten Bildern, die später durch geometr. Formen gegliedert wurden. In den 70er und 80er Jahren bevorzugte er vertikale und diagonale Pinselführungen.

Girl [gøːrl, engl. gəːl], engl. Bez. für Mädchen; auch für das weibl. Mgl. einer Tanztruppe.

Girlande [italien.-frz.], durchhängendes Gebinde aus Blumen oder Blättern, auch mit Früchten zur festl. Dekoration, als Bauskulptur und auch als Motiv der Malerei.

Girlitz (Serinus serinus), etwa 12 cm großer, gelbl., dunkel längsgestreifter Finkenvogel, in NW-Afrika, Kleinasien und Europa; mit leuchtend gelbem Bürzel und (im ♂ Geschlecht) leuchtend gelber Stirn und Brust; ♀ stärker gestreift, mit mehr Grautönen. Teilzieher, dessen nördl. Populationen in S-Europa überwintern.

Girnar, hl. Berg auf der ind. Halbinsel Kathiawar mit mehreren Tempeln, u. a. dem großen Neminathtempel (13. Jh.). An einem Granitfelsen sind die Inschriften Ascho-

Giraffen. Sterngiraffen

Jean Giraudoux

Varahagiri Venkata Giri

Gipskraut. Schleierkraut

kas und die älteste Sanskritinschrift (Rudradaman-Inschrift, 150 n. Chr.) eingemeißelt.

Giro [ˈʒiːro; italien. „Umlauf"; zu griech. gýros „Kreis"] ↑ Indossament.
▷ Bez. für die Überweisung einer Zahlung.

Giro d'Italia [italien. ˈdʒiːro diˈtaːlia] (Italien-Rundfahrt), seit 1909 ausgetragenes Etappenradrennen für Profis durch Italien.

Girod-Öfen [frz. ʒiˈro] ↑ Schmelzöfen.

Gironde [frz. ʒiˈrõːd], Dep. in Frankreich. G. ↑ Garonne.

Girondisten [ʒirõˈdɪstən], nach dem Dep. Gironde, aus dem ihre einflußreichsten Abg. kamen, ben. gemäßigte republikan. Gruppe in der frz. Nationalversammlung zur Zeit der Frz. Revolution. Die G. – nach einem ihrer Führer, J. P. Brissot, häufig auch als **Brissotisten** bez. – bildeten die Partei des nationalist., wohlhabenden, von den Ideen der Aufklärung erfüllten Bürgertums in W- und S-Frankreich. Sie vertraten den Gedanken der Volkssouveränität, forderten daher den Kampf gegen die europ. Fürsten zur Befreiung der unterdrückten Völker und setzten die Kriegserklärung (4. April 1792) gegen Österreich und Preußen durch. Gemeinsam mit den ↑ Jakobinern stürzten sie das frz. Königtum, gerieten aber bald in Ggs. zu der sich immer stärker radikalisierenden jakobin. Bergpartei; ihre Mgl. wurden während der Schreckensherrschaft 1793/94 zum großen Teil hingerichtet.

Gironella, José María [span. xiroˈneʎa], *Darníus (Prov. Gerona) 31. Dez. 1917, span. Schriftsteller. – In seiner Romantrilogie „Die Zypressen glauben an Gott" (1953), „Reif auf Olivenblüten" (1963) und „Ha estallado la paz" (Der Friede ist ausgebrochen, 1966) behandelt G. die Zeit des Span. Bürgerkriegs und die Nachkriegsjahre.

Giroverkehr [ˈʒiːro] (Überweisungsverkehr), bargeldloser Zahlungsverkehr durch Gutschrift oder Belastung auf einem zum Zahlungsverkehr dienenden Konto bei einem Geldinstitut. Über die auf Girokonten befindl. Beträge wird durch Überweisung oder Scheck verfügt.

Girozentralen [ˈʒiːro], regionale Zentralinstitute der Sparkassen; werden als öff.-rechtl. Körperschaften geführt und unterstehen staatl. Aufsicht. Haftungsträger sind im allg. die kommunalen Gewährsträger. Spitzeninstitut der G. ist die Dt. Girozentrale – Dt. Kommunalbank, Berlin und Frankfurt am Main. Ihre Aufgaben bestehen v. a. in der Verwaltung von Sicht- und Termineinlagen der ihnen angeschlossenen Sparkassen (Liquiditätsreserve) und Vornahme des Liquiditätsausgleiches innerhalb des Regionalbereichs, der Durchführung des Zahlungs- und Inkassoverkehrs innerhalb des Giralnetzes und die Gewährung von Gemeinschaftskrediten, soweit die Kredithöhe die Kompetenz der Sparkasse übersteigt.

Girsu, altoriental. Stadt, ↑ Telloh.

Girtin, Thomas [engl. ˈɡəːtɪn], *London 18. Febr. 1775, †ebd. 9. Nov. 1802, engl. Maler. – Seine Aquarelle wurden richtungweisend für die Landschaftsmalerei des 19. Jh.

Gis, Tonname für das um einen chromat. Halbton erhöhte G.

Gisborne [engl. ˈɡɪzbɔːn], Stadt an der O-Küste der Nordinsel von Neuseeland, 31 800 E. Botan. Garten; Verarbeitung landw. Produkte; Hafen, ✈. – Hier landete am 9. Okt. 1769 erstmals J. Cook; die Stadt wurde 1870 angelegt.

Giscard d'Estaing, Valéry [frz. ʒiskardɛsˈtɛ̃], *Koblenz 2. Febr. 1926, frz. Politiker. – Aus bed. Beamten- und Politikerfam.; 1962–66 und 1969–74 Min. für Wirtschaft und Finanzen; gründete 1966 die Fédération Nationale des Républicains Indépendants, bis 1973 deren Präs.; Staatspräs. 1974–81.

Gischigabucht ↑ Schelichowgolf.

Gischt, aufschäumende See, von starkem Wind versprühtes [Meer]wasser.

Gise (Gizeh, Giseh), ägypt. Prov.hauptstadt am linken Nilufer, gegenüber von Kairo, 1,67 Mill. E. Kopt. Bischofssitz; Univ. (gegr. 1908); Zigaretten-, elektrotechn. Industrie. – 8 km sw. Pyramidenfeld mit Cheops-, Chephren- und Mykerinospyramide sowie Sphinx.

Gisel, Ernst, *Adliswil 8. Juni 1922, schweizer. Architekt. – G. gilt als einer der Pioniere der neuen schweizer. Architektur (↑ Tessiner Schule). – *Werke*: u. a. Mitarbeit am Märk. Viertel, Berlin (1966–71), Rathaus Fellbach bei Stuttgart (1979 ff.).

Gisela, *um 990, †Goslar 15. Febr. 1043, Röm. Kaiserin (seit 1027). – Tochter Hzg. Hermanns II. von Schwaben und Gerbergas, Schwester Rudolfs II. von Burgund; in 2. Ehe ⚭ mit Hzg. Ernst I. von Schwaben, nach dessen Tod wohl 1017 mit dem späteren Konrad II., dessen Politik sie nach den „Gesta Chuonradi II imperatoris" des Wipo stark beeinflußte. Mutter von Hzg. Ernst II. von Schwaben und des späteren Kaisers Heinrich III.

Giselbert, *um 890, †bei Andernach 2. Okt. 939, Hzg. von Lothringen (seit 915). – Unterwarf sich 925 König Heinrich I., der ihn 928 mit seiner Tochter Gerberga verheiratete; 939 Teilnahme am Aufstand gegen König Otto I.

Giskra, Karl, *Moravská Třebová 29. Jan. 1820, †Baden (bei Wien) 1. Juni 1879, östr. Politiker und Jurist. – 1846–49 Prof. der Staatswiss. in Wien; 1848/49 Mgl. der Frankfurter Nat.versammlung (linkes Zentrum); 1861–67 als Führer der Deutschliberalen mähr. Landtagsabg. und Mgl. des östr. Reichsrats; Innenmin. 1867–70.

Gislebert (Gillebert) **von Mons**, *um 1150, †1. Sept. 1224, dt. Geschichtsschreiber. – Führte in Diensten Graf Balduins V. von Hennegau 1189–91 Verhandlungen mit den Kaisern zum Erwerb der Gft. Flandern und Namur. Sein „Chronicon Hanoniae" (behandelt die Jahre 1086–1195) stellt eine einzigartige Quelle für die Verfassungsgeschichte des 12. Jh. dar.

Gislebertus (Gillebert), frz. Bildhauer der 1. Hälfte des 12. Jh. – Er schuf zw. 1125 und 1135 fast sämtl. Skulpturen und Reliefs der Kathedrale Saint-Lazare in Autun; als Hauptwerk gilt das Tympanon der Westfassade mit dem Jüngsten Gericht.

gissen [niederdt.], den Standort eines Schiffes auf der Karte nach Kurs und Geschwindigkeit schätzen.

Valéry Giscard d'Estaing

Gitarre. Miniatur aus den „Cantigas de Santa Maria" Alfons' X., des Weisen (links spielt eine guitarra latina, rechts wahrscheinlich eine guitarra morisca), um 1280 (El Escorial, Kloster San Lorenzo)

Gitarre [griech.-arab.-span. (zu ↑ Kithara)] (ältere Form Guitarre; span. guitarra), Zupfinstrument mit flachem, 8förmigem Korpus, Zargen, Schalloch in der Decke, breitem Hals mit chromatisch angeordneten Metallbünden und abgeknicktem Wirbelkasten. Die 6 an einem Querriegel befestigten Saiten der modernen einchörigen G. sind auf E-A-d-g-h-e^1 (Notation eine Oktave höher als klingend) gestimmt. 4saitige Frühformen der G. („guitarra latina", „guitarra morisca") sind seit dem 13. Jh. in Spanien nachweisbar; im 16. Jh. bildete sie, nunmehr mit 5 Saitenpaaren (= Chören) versehen, das volkstüml. Gegenstück zur

Gitter

Giuliano da Maiano. Dom von Faenza, 1474–86, Innenansicht von Westen

gleichgebauten, 5- bis 7chörigen Vihuela der span. Kunstmusik. Als „guitarra española" gelangte sie in ihrer Blütezeit im 17. Jh. nach Italien und Frankreich und wurde gleichermaßen von Künstlern wie Amateuren gespielt. Im 18. Jh. erhielt die G. die heute übl. Bespannung mit 6 Einzelsaiten. In der Folge nur selten von großen Virtuosen gepflegt (z. B. F. Sor, N. Paganini), erlebte die G. im 20. Jh. u. a. durch A. Segovia, N. Yepes, J. Bream und S. Behrend eine künstler. Wiederbelebung, die sich in anspruchsvoller G.literatur niederschlug (u. a. M. de Falla, J. Turina, A. Roussel, H. Villa-Lobos, H. W. Henze, C. Halffter). Die dt. Jugendbewegung erhob die G. (Klampfe, Zupfgeige) zu ihrem Standardinstrument. – Breite Verwendung findet die G. in der modernen Unterhaltungs-, Jazz- und Popmusik als Melodie- und Begleitinstrument, bes. in der Form der ↑ Elektrogitarre. Bei der 6- oder 8saitigen **Hawaiigitarre** wird durch eine bes. Grifftart (Saitenverkürzung mittels Metallstab) ein charakterist. Glissando- und Vibratoeffekt erzielt. – Nebenformen der G. sind die Terz- und Quint-G., die Baß-G. der Schrammelmusik mit zusätzl. freischwingenden Saiten, die Lyra-G., das Arpeggione und die Ukulele.

Gitter, im *Bauwesen* Bez. für Bauteile, die aus (parallelen oder gekreuzten) Holz- oder Metallstäben, aus Drahtgeflecht o. ä. gefertigt sind und als Schutzwand usw. dienen.

▷ Kurzbez. für ↑ Kristallgitter.
▷ in *Elektronenröhren* eine gitterförmige Elektrode (Steuergitter) zw. Anode und Kathode zur Steuerung des Anodenstromes, als *Raumladungs-G.* zur Verstärkung, als *Schirm-G.* zur Konstanz der Anodenspannung, als *Brems-G.* zur Abbremsung von Sekundärelektronen.
▷ (opt. G.) svw. ↑ Beugungsgitter.
▷ svw. ↑ Gitternetz.

Gitterbaufehler, svw. ↑ Fehlordnung.

Gitterbausteine, allg. Bez. für die Atome, Ionen oder Moleküle, die in ihrer Gesamtheit das Kristallgitter eines festen Körpers aufbauen.

Gitterdynamik, svw. ↑ Gittertheorie.

Gitterkonstante, der Abstand benachbarter Gitterelemente (Gitterstriche, -furchen) eines Beugungsgitters.
▷ der Abstand zweier gleichwertiger Netzebenen im Raumgitter eines Kristalls.

Gitterleitfähigkeit, in Festkörpern der von der Wärmeleitung durch die Gitterschwingungen eines Kristalls herrührende Anteil an der Wärmeleitfähigkeit. Während die G. in Isolatoren (Dielektrika) allein zur Wärmeleitfähigkeit beiträgt, ist sie in Metallen klein gegenüber dem von der Wärmeleitung durch die Leitungselektronen herrührenden Anteil.

Gittermast, freistehender stählerner Mast in vergitterter Fachwerkkonstruktion mit quadrat. oder rechteckigem Querschnitt, z. B. als Freileitungsmast.

Gitternavigation (Gradnetznavigation), Navigation mit Hilfe eines Gitternetzes (rechtwinkliges Koordinatensystem), das anstelle der geograph. Koordinaten auf die Abbildung der Erdoberfläche gelegt wird; G. wird insbes. in Polnähe betrieben.

Gitternetz (Gitter), in topograph. Karten aufgedrucktes Quadratnetz, das mit Hilfe eines Planzeigers das genaue Eintragen und Auffinden von koordinierten Punkten ermöglicht. Auf Stadtplänen ist das G. meist mit Buchstaben und Zahlen versehen.

Gitterschwingungen, die Schwingungen der Gitterbausteine (Atome, Ionen oder Moleküle) eines Kristallgitters um ihre Gleichgewichtslagen (die Gitterpunkte). Die G. sind auch am absoluten Nullpunkt der Temperatur vorhanden; sie können u. a. durch Zuführung von Wärmeenergie (therm. Anregung) verstärkt werden.

Gitterstoffe, Bez. für einige grobfädige, stark appretierte Gazegewebe aus Baumwolle, Leinen (**Gitterleinen**) oder Chemiefasern, die für Vorhangstoffe, Wäsche- und Kleiderstoffe sowie als Einlage- und Stickereigrundstoffe verwendet werden (z. B. Stramin).

Gitterstruktur, in der Kristallphysik Bez. für den regelmäßigen, dreidimensionalperiod. Aufbau der Kristalle aus den Gitterbausteinen.

Gittertheorie (Gitterdynamik), die allg. Theorie der Bewegungen der Gitterbausteine eines Kristallgitters und der dadurch hervorgerufenen physikal. Erscheinungen (z. B. Gitterelastizität, Wärmeausdehnung, spezif. Wärme des Gitters, Gitterleitfähigkeit, Piezoelektrizität).

Giuliani, Giovanni [italien. dʒu'lja:ni], * Venedig 1663, † Stift Heiligenkreuz (Niederösterreich) 5. Sept. 1744, italien. Bildhauer. – Hochbarocke Arbeiten für das Stift Heiligenkreuz (1694 ff.).

Giuliano da Maiano [italien. dʒu'lja:no dam ma'ja:no], * Maiano (= Fiesole) 1432, † Neapel 17. Okt. 1490, italien. Baumeister und Bildhauer. – Bruder von Benedetto da Maiano; 1477 Dombaumeister in Florenz; verbreitete den Renaissancestil Brunelleschis und Michelozzos (Siena, Neapel). Sein Hauptwerk ist der Dom von Faenza (1474–86).

Giulini, Carlo Maria [italien. dʒu'li:ni], * Barletta 9. Mai 1914, italien. Dirigent. – War ständiger Dirigent beim italien. Rundfunk in Rom (1946–50) und Mailand (1950–53); 1973–76 Chefdirigent der Wiener Symphoniker; 1978–84 Leiter des Philharmon. Orchesters Los Angeles.

Giulio Romano [italien. 'dʒu:lio ro'ma:no], eigtl. G. Pippi, * Rom 1499, † Mantua 1. Nov. 1546, italien. Maler

Giulio Romano. Das Bad der Psyche, Ausschnitt aus einem Fresko im Saal der Psyche (Mantua, Palazzo del Te)

und Baumeister. – Mitarbeiter Raffaels, führte 1520–24 dessen Arbeiten in der röm. Villa Madama und im Vatikan zu Ende. 1525–35 schuf er mit dem Palazzo del Te in Mantua ein Hauptwerk des Manierismus.

Giunta [italien. 'dʒunta] (Giunti, span. Junta), aus Florenz stammende Drucker- und Verlegerfam. des 15. bis 17. Jh. Sitz Florenz und Venedig, Zweigniederlassungen u. a. in Lyon, Madrid, Burgos und London. Die Klassikerausgaben von Filippo G. (* 1450, † 1517) und seinem Sohn Bernardo G. (* 1487, † 1551) heißen **Giuntinen**.

Giurgiu [rumän. 'dʒurdʒu], rumän. Stadt an der Donau, gegenüber von Russe (Bulgarien), 68 000 E. Werft, Schwermaschinenbau, Zucker-, Konservenfabrik, Chemiewerk. Wichtiger Grenzübergang über die 2 200 m lange, doppelstöckige Straßen- und Eisenbahnbrücke (seit 1954); Donauhafen (Erdölumschlag). – Erstmals 1409 erwähnt; 1417–1829 unter osman. Herrschaft.

Gladiatoren. Darstellung eines Kampfes Mann gegen Mann, Mosaik (Rom, Galleria Borghese)

Giustiniani [italien. dʒu...] (Giustinian, Zustinian), seit dem 11. Jh. bezeugte, aus Istrien stammende venezian. Familie. Bed.:
G., Bernardo, * Venedig 6. Jan. 1408, † ebd. 10. März 1489, venezian. Amtsträger und Geschichtsschreiber. – Sohn von Leonardo G.; 1474 Prokurator der Republik; schrieb die erste, 1492 gedruckte krit. Untersuchung der Frühzeit Venedigs (bis 809).
G., Leonardo, * Venedig 1388, † ebd. 10. Nov. 1446, italien. Dichter und Humanist. – Bekannt seine volkstüml., von ihm selbst vertonten Liebeslieder in venezian. Mundart.

Giustiniani [italien. dʒu...], alte Genueser Familie, 1362 durch Verbindung mehrerer Fam. entstanden, später auch auf Inseln im östl. Mittelmeer (u. a. Chios) ansässig; zu ihren Mgl. zählen neun Dogen.

Giustizia e Libertà [italien. dʒu..., „Gerechtigkeit und Freiheit"], 1929 in Frankreich gegr. italien. antifaschist. Widerstandsgruppe linksliberal-republikan. Prägung.

Gjandscha (Gandscha; 1804–1918 Jelisawetpol, 1935–89 Kirowabad), Stadt am N-Rand des Kleinen Kaukasus, Aserbaidschan, 278 000 E. Mehrere Hochschulen; nach Baku wichtigstes aserbaidschan. Ind.zentrum, bed. v. a. Textilind., Weinkellereien und Aluminiumwerk. – Im 5./6. Jh. gegr. Stadt, die bis zu ihrer Zerstörung durch die Mongolen 1231 oder 1235 eines der bedeutendsten Handels- und Kulturzentren Transkaukasiens war. Nach ihrem Wiederaufbau an der heutigen Stelle im 18. Jh. Hauptstadt eines Khanats; 1804 an Rußlands angeschlossen und 1868 zur Hauptstadt eines Gouvernements erhoben. – Mausoleum Imansade (14. Jh.), Karawanserei (frühes 18. Jh.). Im Ruinenfeld des freigelegten alten G. dominiert die Zitadelle. Die Stadtmauer ist eines der besten Beispiele ma. Wehrbaus.

Gjaurov, Nicolai [...rɔf], * Welingrad 13. Sept. 1929, bulgar. Sänger (Baß). – Trat 1959 erstmals an der Mailänder Scala auf; feierte als einer der führenden Bassisten (im italien., russ. und frz. Fach) Erfolge.

Gjellerup, Karl Adolph [dän. 'gɛlərob], * Roholte (Seeland) 2. Juni 1857, † Dresden 11. Okt. 1919, dän. Schriftsteller. – Theologe; wandte sich unter dem Einfluß Brandes' und Darwins vom Christentum ab. Ließ sich nach zahlr. Reisen in Deutschland nieder, fühlte sich als Jünger der dt. und griech. Klassik, ab 1900 neigte er dem Buddhismus zu. Nobelpreis (mit H. Pontoppidan) 1917. – *Werke:* Ein Jünger der Germanen (R., 1882), Pastor Mors (R., 1894), Die Hügelmühle (R., 1896), Der Pilger Kamanita (R., 1906), Die Weltwanderer (R., 1910), Das heiligste Tier (En., hg. 1920).

Gjirokastër [alban. gjiro'kastər] (italien. Argirocastro), unter Denkmalschutz stehende alban. Bez.hauptstadt, 75 km sö. von Vlorë, 21 400 E. Waffenmuseum; Textil-, Nahrungsmittel- und Holzind. Terrassenförmige Stadtanlage; Ruinen einer Festung (14. Jh.).

GKS [Abk. für graph. Kernsystem], internat. genormtes System für die Computergraphik; stellt hardware- und anwendungsunabhängige Grundfunktionen für Erzeugung und Verarbeitung von graph. Darstellungen zur Verfügung.

Glabella [lat. „die Glatte, Unbehaarte"], knöcherne Erhebung am Stirnbein über der Nasenwurzel (zw. den Brauenbögen); wichtiger anthropolog. Meßpunkt (Kopflänge).

Glacéleder [gla'se:], feines, glänzendes Zickel- oder Lammleder.

Glacier National Park [engl. 'gleɪʃə 'næʃənəl 'pa:k], 4 100 km² großer Nationalpark in den Rocky Mountains, Mont., USA, mit über 60 Gletschern.

Glacis [gla'si:; lat.-frz.], militärisch: feindwärts flache Erdaufschüttung vor dem Grabenrand einer Befestigung.

Gladbeck, Stadt im nw. Ruhrgebiet, NRW, 50 m ü. d. M., 78 300 E. Metall-, Textil-, elektrotechn. und Kunststoffind. – Um 900 erstmals erwähnt; 1873–1958 Steinkohlenbergbau; 1919 Stadt.

Gladenbach, hess. Stadt sw. von Marburg, 260–280 m ü. d. M., 11 000 E. Luft- und Kneippkurort. – 1937 Stadt.

Gladiatoren [lat.], die Teilnehmer an den röm. Kampfspielen auf Leben und Tod, den **Gladiatorenspielen,** die seit 105 v. Chr. zur Unterhaltung des Volkes von den Ädilen oder anderen Magistraten, später von den Kaisern veranstaltet wurden. Die G. (Sklaven, Kriegsgefangene, verurteilte Verbrecher, aber auch Berufskämpfer) wurden in **Gladiatorenschulen** ausgebildet; sie mußten Mann gegen Mann oder gegen wilde Tiere kämpfen.

Gladiole [zu lat. gladiolus, eigtl. „kleines Schwert"], svw. ↑Siegwurz.
▷ allg. Bez. für die v. a. aus afrikan. Arten der Gatt. Siegwurz erzüchteten Gartenformen; mehrjährige, nicht winterharte, bis 1 m hohe Pflanzen mit schwertförmigen Blättern; Blüten trichterförmig, in vielen Farben.

Gladius [lat.], in der Antike das Kurzschwert der röm. Legionäre.

Gladsheim, in der nord. Mythologie Wohnsitz Odins.

Gladstone [engl. 'glædstən], William Ewart, * Liverpool 29. Dez. 1809, † Hawarden (Wales) 19. Mai 1898, brit. Staatsmann. – Seit 1832 konservativer Abg. im Unterhaus; erreichte als Leiter des Handelsministeriums (1843–45) den Übergang zum Freihandel, als Kolonialmin. 1845/46 in die Spaltung der Konservativen und den Sturz Peels verwickelt. 1852–55 und 1859–66 Schatzkanzler; setzte als Liberaler (seit 1859) in diesem Amt v. a. bed. finanztechn. sowie Steuerreformen durch und förderte durch den brit.-frz. Handelsvertrag von 1860 die wirtschaftl. Expansion. Ende 1867 Führer der Liberalen Partei. Als Premiermin. (1868–74, 1880–85, 1886 und 1892–94) prägte G. entscheidend die brit. Politik: Aufhebung der Staatskirche in Irland, Education Act (allg. Schulpflicht, 1870), Wahlrechtsreform, Bemühungen um die ir. Autonomie (Homerule Bill). In scharfem Ggs. zu B. Disraeli stehend, lehnte G. den brit. Imperialismus ab.

Gladstone ['glædstən], austral. Hafenstadt in Queensland, an der O-Küste, 31 000 E. Anglikan. Bischofssitz; Tonerde-, Chemiewerk.

glagolitischer Kirchengesang, svw. ↑altslawischer Kirchengesang.

Gladiole

Nicolai Gjaurov

William Ewart Gladstone

Glagoliza

Glagoliza [slaw.], die älteste von ↑ Kyrillos und Methodios um 862 geschaffene kirchenslaw. Schrift, deren Vorbild nicht endgültig geklärt ist und in der die Mehrzahl der ältesten altkirchenslaw. Sprachdenkmäler geschrieben ist. Die ältere bulgar.-makedon. oder runde G. wurde seit dem 10. Jh. von der offizielleren Kyrilliza zurückgedrängt, blieb aber als kroat. oder eckige G. in Küstenkroatien und auf dalmatin. Inseln (Krk) bis ins 20. Jh. im Kirchendienst in Gebrauch. – ↑ Altkirchenslawisch.

GLAG-Theorie ↑ Ginsburg-Landau-Theorie.

Glaise von Horstenau, Edmund, *Braunau am Inn 27. Febr. 1882, † Lager Langwasser (bei Nürnberg; Selbstmord) 20. Juli 1946, östr. Offizier und Politiker. – 1925–38 Leiter des Kriegsarchivs; 1936–38 Min. ohne Geschäftsbereich bzw. Innenmin., 1938 Vizekanzler; „Dt. Bevollmächtigter General" in Kroatien 1941–44.

Glåma [norweg. ˌɡloːma] (Glomma), längster und wasserreichster Fluß Norwegens; mündet in den Oslofjord; 598 km lang.

Glamour [ˈɡlɛmər; engl. ˈɡlæmə „Blendwerk, Zauber"], bezaubernde Schönheit, durch Anwendung kosmet. Mittel betörende Aufmachung; **Glamourgirl,** raffiniert aufgemachtes Mädchen, Reklame-, Filmschönheit.

Glan, rechter Nebenfluß der Nahe, entspringt am Westrich, mündet nördlich von Odernheim am Glan, 68 km lang.

Glandula [lat.], svw. Drüse.

Glans [lat.] ↑ Eichel.

Glanville (Glanvill, Glanvil), Ranulf de [engl. ˈɡlænvɪl], *Stratford Saint Andrew, † Akko 1190, engl. Staatsmann und Jurist. – Dem normann. Adel entstammend; 1180–89 hoher Amtsträger (Chief Justiciar) König Heinrichs II.; auf dem 3. Kreuzzug gestorben. – Ihm wird eine Ende des 12. Jh. entstandene Darstellung der königl. Gerichtsbarkeit zugeschrieben, der „Tractatus de legibus et consuetudinibus regni Angliae", die zu den ältesten Quellen des Common Law zählt.

Glanz, die Eigenschaft einer Licht reflektierenden Fläche, je nach Beleuchtungs- und Beobachtungsrichtung verschieden hohe Leuchtdichten zu zeigen. Als physikal. Größe ist der G. der Quotient aus dem gerichtet und dem diffus reflektierten Anteil des auf eine Fläche auffallenden Lichts.

Glanze, Bez. für eine Gruppe von Mineralen, die aus Schwermetallsulfiden bestehen, sich aber von den ebenfalls aus Schwermetallsulfiden zusammengesetzten Blenden und Kiesen durch ihre Undurchsichtigkeit und ihren meist dunklen, metall. Glanz unterscheiden.

Glanzstare. Dreifarbenglanzstar

Glanzenten. Mandarinente

Glanzenten (Cairinini), Gattungsgruppe der Enten mit 13 Arten, v. a. in den Tropen; Gefieder häufig metallisch grün schillernd, Erpel z. T. recht bunt. Zu den G. gehören u. a. **Brautente** und **Mandarinente.**

Glanzfasanen ↑ Fasanen.

Glanzfischartige (Lampridiformes), Ordnung mariner Knochenfische überwiegend in der Tiefsee; Körperform häufig sehr langgestreckt oder oval. Zu den G. gehören die Fam. Glanzfische, Schopffische, Sensenfische und Bandfische.

Glanzfische (Lampridae), Familie der Glanzfischartigen mit der einzigen Art **Glanzfisch** (Gottesslachs, Königsfisch, Sonnenfisch, Mondfisch, Lampris regius); bis etwa 2 m lang und über 100 kg schwer; seitlich stark abgeplattet; Rücken dunkel- oder grünlichblau, am ganzen Körper metallisch glänzende Flecken; Flossen leuchtend zinnoberrot.

Glanzfische. Gottesslachs

Glanzfliege ↑ Schmeißfliegen.

Glanzgarn, lüstriertes oder merzerisiertes Baumwoll- oder Leinengarn.

Glanzgras (Phalaris), Gatt. der Süßgräser mit zehn v. a. im Mittelmeergebiet verbreiteten Arten; Blätter flach, schilfartig. Das einjährige **Kanariengras** (Kanar. G., Phalaris canariensis), 15–50 cm hoch, Hüllspelzen weiß, grün gestreift, wird als Vogelfutter angebaut.

Glanzkäfer (Nitidulidae), mit fast 2 600 Arten weltweit verbreitete Fam. meist metallisch glänzender, nur 2–7 mm großer Käfer, davon in Deutschland etwa 150 Arten; z. T. Schädlinge (z. B. Rapsglanzkäfer).

Glanzkobalt, svw. ↑ Kobaltglanz.

Glanzkohlenstoff, aus Mikrokristallen aufgebaute, metall. glänzende Abart des Graphits, die bei Auftreffen einer Methan- oder Stadtgasflamme auf eine 650 °C heiße, glatte Porzellanfläche entsteht.

Glanzmispel (Photinia), Gatt. der Rosengewächse mit etwa 40 Arten in S- und O-Asien; Sträucher oder Bäume mit ledrigen Blättern; Blüten meist weiß, in Doldenrispen.

Glanzstare, Gattungsgruppe 20–50 cm langer Stare mit rd. 45 Arten, v. a. in Steppen und Savannen Afrikas; Gefieder glänzend, häufig metallisch schillernd. Etwa 21 cm lang ist der in den Savannen und Steppen Afrikas lebende kurzschwänzige, oberseits metall. schwarz, blau und grün schillernde **Dreifarbenglanzstar** (Lamprospreo superbus). Ein oberseits v. a. grün und blau schimmerndes Gefieder hat der etwa 25 cm lange, in den Galeriewäldern des trop. Afrikas vorkommende **Prachtglanzstar** (Lamprotornis splendidus). In den Savannen O-Afrikas verbreitet ist der bis 35 cm lange **Königsglanzstar** (Cosmopsarus regius); oberseits metallisch grün und blau schillernd, Brust violett, Bauch goldgelb.

Glanzstreifen ↑ Muskeln.

Glanzvögel (Galbulidae), Fam. 13 bis 30 cm langer Spechtvögel mit etwa 15 Arten, v. a. in den Urwäldern M- und S-Amerikas; mit meist buntem, oberseits metallisch grün oder blau schillerndem Gefieder.

Glanzwinkel, in der Optik der Winkel zw. einfallendem [Licht]strahl und reflektierender Oberfläche.

Glareanus, Henricus Loriti, eigtl. Heinrich Loriti, *Mollis (Kt. Glarus) im Juni 1488, † Freiburg im Breisgau 28. März 1563, schweizer. Humanist. – Lehrte in Köln, Basel und Paris, seit 1529 in Freiburg im Breisgau. Neben Ausgaben antiker Autoren Abhandlungen zur Geographie und an Boethius anknüpfende musiktheoret. Arbeiten („Dodekachordon", 1547), auch neulat. Dichtungen.

Glarner, Fritz, *Zürich 20. Juli 1899, † Locarno 18. Sept. 1972, amerikan. Maler schweizer. Herkunft. – Lebte seit 1936 in New York. Seit 1944 Konstruktivist, u. a. Wandbilder in der Hammarskjöld-Bibliothek des UN-Gebäudes (1961) in New York.

Glarner Alpen, Gebirgsgruppe der schweizer. Nordalpen, im Tödi 3 614 m hoch.

Glärnisch, vergletscherter Bergstock in den nördl. Glarner Alpen, Schweiz; höchste Gipfel sind der 2 914 m hohe **Bächistock** und das **Vrenelisgärtli** (2 904 m).

Glarus, Hauptort des schweizer. Kt. G., an der Linth, 478 m ü. d. M., 5 600 E. Kunsthaus, Haus Brunner (Museum für Glasmalereien); Textil- und Holzind. – Seit 1419 Hauptort des Kantons. Nach dem Großbrand von 1861 wurde die Stadt neu angelegt. – Ev. Stadtkirche (1864–66).

G., Kt. in der O-Schweiz, 685 km², 37 600 E (1990), Hauptort Glarus; umfaßt im wesentlichen das Einzugsgebiet der Linth in den Glarner Alpen. G. ist ein stark industrialisierter Kt.: Textilind., Maschinenbau sowie elektron. Ind., nahezu ausschließlich im unteren Linthtal um Glarus. Im Sernftal Schieferbergbau. Das Kulturland wird v. a. weidewirtsch. genutzt.

Geschichte: Das urspr. rät., in der Völkerwanderung von Alemannen besiedelte Gebiet kam vermutlich im 9. Jh. an das Kloster Säckingen. Die Habsburger erwarben später die Reichsvogtei (bis 1388, eidgenöss. Sieg bei Näfels). Seit 1352 Mgl. der Eidgenossenschaft. Der Ort Glarus kaufte 1395 sämtl. Rechte von Säckingen. Nach 1528 verbreitete sich rasch die reformierte Lehre. 1803 wurde das ehem. Glarner Gebiet als Kt. anerkannt.

Verfassung: Nach der Verfassung vom 1. Mai 1988 liegt die gesetzgebende Gewalt bei der Landsgemeinde und dem auf 4 Jahre gewählten Landrat (80 Mgl.). Der Landsgemeinde obliegt die Gesetzesverabschiedung sowie die Wahl des Regierungsrates (7 Mgl.).

Glas [urspr. Bez. für Bernstein], ein fester, in seiner überwiegenden Masse nichtkristalliner (amorpher), spröder anorgan. Werkstoff, der keinen definierten Schmelzpunkt besitzt, sondern mit steigender Erwärmung stetig (d. h. ohne sprunghafte Änderung seiner Eigenschaften) in einen weichen und schließlich flüssigen Zustand übergeht. Strukturell gesehen besteht G. aus einem unregelmäßig räumlich verketteten Netzwerk bestimmter molekularer Bauelemente (z. B. SiO_4-Tetraeder), in das große Kationen eingelagert sind. Die Dichte des G. schwankt zw. 2,2 und 7 g/cm³; die Mohshärte beträgt 5 bis 7; es besitzt eine geringe Wärmeleitfähigkeit und einen hohen elektr. Widerstand.

Verarbeitung

Die Hauptbestandteile des G. sind die eigtl. G.bildner, Flußmittel und Stabilisatoren. Die wesentlichsten **Glasbildner** sind Siliciumdioxid (SiO_2), Bortrioxid (B_2O_3) und Phosphorpentoxid (P_2O_5), z. B. in Form von Quarzsand, Bergkristall (v. a. für Quarz-G.), Borsäure u. a. Das **Flußmittel** erniedrigt den Schmelzpunkt und bewirkt, daß die G.schmelze bereits bei Temperaturen unterhalb 1 500 °C durchgeführt werden kann; als Flußmittel dienen v. a. Carbonate, Nitrate und Sulfate von Alkalimetallen. **Stabilisatoren** sollen das G. chemisch beständig machen; es werden hierzu v. a. Erdalkalimetalle sowie Blei und Zink, meist in Form ihrer Carbonate oder Oxide, verwendet.

Für die Verarbeitung und Formgebung des G. sind Zähigkeit, Oberflächenspannung und Neigung zur Kristallisation von bes. Bed.; diese Eigenschaften werden u. a. durch Art und Menge der erschmolzenen **Rohstoffe** bestimmt: Quarzsand, Soda, Natriumsulfat, Kalkstein, Dolomit, Feldspat, Pottasche, Borax, Salpeter, alkalihaltige Gesteine, Mennige, Baryt, Zinkoxid, Arsenik und Natriumchlorid. Die gemahlenen, nach genau berechneten Gewichtsanteilen eingewogenen, meist mit G.scherben versetzten Rohstoffe werden gemischt, und das Gemenge wird in einen Tiegel oder Hafen oder in eine Wanne eingelegt. Die niedrigschmelzenden Gemengebestandteile greifen den höherschmelzenden Sand an, wobei sich Alkali- und Erdalkalisilicate bilden. Zugleich entweichen die aus den Rohstoffen freigesetzten Gase, z. B. Kohlendioxid aus den Carbonaten. Am Ende dieser **Rauhschmelze** liegt eine inhomogene, stark schlierige und blasenreiche Schmelze vor. Im Verlauf des anschließenden Läutervorganges, der **Blankschmelze**, wird die Schmelze von allen sichtbaren Einschlüssen, bes. den Gasblasen, befreit. Dies geschieht z. B. durch Zugabe von Läuterungsmitteln (Glaubersalz, Salpeter); sie führen zur Bildung großer Sauerstoffblasen, die die kleinen Blasen in sich aufnehmen, aufsteigen und aus der Schmelze austragen. Die Gasblasen setzen die Schmelzmasse in Bewegung und dienen der Homogenisierung der Schmelze. Der Blasenauftrieb erfordert eine hinreichend niedrige Viskosität der G.schmelze, d. h. Temperaturen zw. 1 400 und 1 600 °C; bei etwa 1 250 °C ist das G. bereits zu zäh, um noch Blasen entlassen zu können; bis dahin muß also die Läuterung vollendet sein. Die Verarbeitung des G. ist erst bei 900 bis 1 200 °C möglich; es muß folglich noch etwas abkühlen oder abstehen.

Zu den Bearbeitungsvorgängen bei erhöhter Temperatur gehören das Biegen und Wölben, die Verarbeitung vor der Flamme u. a. Zahlr. chem., physikal. und pharmazeut. Laboratoriumsgeräte, daneben aber auch Schmuck- und Kunst-G., werden aus Röhren und Stäben als Halbprodukt vor der **Glasbläserlampe** (Gebläseflamme) hergestellt. Zu den Verarbeitungsvorgängen bei Normaltemperatur gehören Schleifen und Polieren, Ätzen, Sandblasen, Malen und Drucken, Gravieren und Ritzen sowie das Aufbringen von Oberflächenschichten und die Herstellung von Verbundsicherheitsglas.

Produktionstypen

Flachgläser: **Tafelglas** wird durch Ziehen aus der Schmelze erzeugt und ist weder poliert noch geschliffen. **Spiegelglas** wird durch Gießen und Walzen sowie anschließendes Planschleifen und Polieren hergestellt. **Sicherheitsglas** umfaßt Einscheiben- und Verbundsicherheitsglas. Ersteres wird durch Vorspannen (gesteuerte äußere Abschreckung) bei der Kühlung des G. erzeugt, wobei eine höhere Festigkeit erreicht wird. Außerdem wird dadurch die Entstehung scharfkantiger Splitter beim Bruch verhindert. Verbundsicherheits-G. **(Verbundglas)** besteht aus zwei Flachglasscheiben mit zwischengeklebter Kunststoffschicht zur Erhöhung der Elastizität und zum Festhalten der Splitter beim Bruch. **Farbglas** umfaßt alle gefärbten Flachgläser und wird durch Zugabe färbender Oxide und Kolloide zum Gemenge erzeugt.

Flach-G. wird nach maschinellen Zieh- oder Walzverfahren hergestellt. Das **Senkrechtziehverfahren** benutzt eine in der Schmelzoberfläche befindl. Schamottdüse, durch die das G.band stetig nach oben in einen senkrechten Schacht gezogen und dabei spannungsfrei gekühlt wird; auf der Schneidbühne am oberen Ende des Schachtes wird es auf die gewünschte Länge geschnitten. Beim **Waagrechtziehverfahren** wird das G. aus der freien Oberfläche der Schmelze gezogen. Das G.band wird über eine gekühlte Stahlwalze umgelenkt und in einen waagerecht angeordneten Ziehkanal gezogen und spannungsfrei gekühlt. Bei dem **Walzverfahren** wird die aus Häfen oder Wannen kontinuierlich ausfließende Schmelze zw. zwei rotierenden Walzen geformt. Ornament-G. wird durch profilierte Walzen, Draht-G. durch Einführen von Drahtgeflechten hergestellt.

Glarus
Kantonswappen

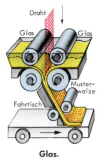

Glas.
Schematische Darstellung des Walzverfahrens bei der Drahtglasverarbeitung

Glas. Links: Hohlglasverarbeitung vor der Glasbläserlampe. Rechts: Mundblasen mit der Glasmacherpfeife

Glas

Donald Arthur Glaser

Beim sog. **Floatglasverfahren** erstarrt die G.schmelze auf der Oberfläche einer Zinn-Metallschmelze.

Hohlgläser: Alle im Haushalt und Schankgewerbe benutzten **Hohl- und Preßgläser** sowie **Beleuchtungsgläser** werden im Mundblasverfahren, durch maschinelle Blasverfahren oder durch Pressen hergestellt. **Chemisch-technische Gläser** (Laborgeräte, Ampullen, Lampenkolben usw.) werden nach automat. Ziehverfahren gefertigt. Das älteste Verfahren zur Hohlglasherstellung ist das **Mundblasverfahren (Glasblasen).** Der G.posten wird vom G.macher mit der G.macherpfeife aufgenommen und frei oder in Hohlformen unter ständigem Drehen ausgeblasen und in die gewünschte Form gebracht, sodann von der Pfeife abgeschlagen und gekühlt. – Automat. **Glasverarbeitungsmaschinen** v. a. für die Flaschenherstellung arbeiten entweder nach dem **Saug-Blas-Verfahren,** bei dem das G. in die Vorform eingesaugt, in die Fertigform übergeben, fertiggeblasen und ausgeworfen wird, oder nach dem **Speisetropfen-Blasverfahren,** bei dem der G.posten durch eine Düse als Tropfen auf die Maschine gelangt. An die Formgebung des G. schließt sich die Kühlung an. Eine gesteuerte, kontrollierte Kühlung des G. hat den Zweck, therm. Spannungen, wie sie durch das unterschiedlich schnelle Erkalten der G.gegenstände an der Oberfläche und im Innern entstehen, auszugleichen. Hierzu werden Kühlöfen in Form von Kühlkanälen benutzt.

Sondergläser: Zu den **optischen Gläsern** gehören neben den Gläsern zur Herstellung von Linsen und Spiegeln für opt. Geräte auch alle übrigen Gläser für strahlungs- und lichttechn. Zwecke. Sie müssen völlig homogen, d. h. frei von Fremdeinschlüssen, Blasen, Schlieren und Spannungen sein. Die Verformung erfolgt meist durch Pressen oder durch Schneiden mit rotierenden, gekühlten Schneidscheiben. Die Kühlung von opt. G. geschieht bes. sorgfältig in programmgesteuerten elektr. Kühlöfen, um völlige Spannungsfreiheit zu erzielen.

Gerätegläser sind alle Gläser zur Herstellung von Laboratoriumsgeräten und flammfesten Wirtschaftsgeräten, aber auch von großtechn. G.geräten und -apparaturen, insbes. für die chem. Ind. Sie zeichnen sich durch bes. hohe chem. und therm. Beständigkeit aus (↑ Glaskeramik). Es werden v. a. *Borosilicatgläser* (Jenaer G. ⓦ, Vycor-G. ⓦ, Pyrexglas ⓦ) und reines *Kiesel-G.* verwendet. Kiesel-G. wird durch ein- oder mehrmaliges Schmelzen von reinem Bergkristall unter Vakuum in Hochfrequenzinduktionsöfen in Graphittiegeln hergestellt.

Glas

Oben links: Henkelvase aus Fadenglas, venezianische Arbeit, 16. Jh. (Mannheim, Reiß-Museum). Oben Mitte: Diatretglas, rheinische Arbeit, Anfang des 4. Jh. (Köln, Römisch-Germanisches Museum). Oben rechts: Jugendstilvase aus Klostermühle, Böhmen, um 1902 (Freiburg im Breisgau, Augustinermuseum). Unten links: Humpen mit Emailmalerei, böhmische Arbeit, 1595 (Mannheim, Reiß-Museum). Unten Mitte: Pokal mit Schnittdekor, 1. Hälfte des 18. Jh. (Mannheim, Reiß-Museum). Unten rechts: moderne Gläser aus der Serie „Asimmetria" von Bjørn Wiinblad

Glasfaseroptik

Geschichte

Schmuckteile aus G. sind in Ägypten und im östl. Mesopotamien seit dem 3. Jt. v. Chr. nachweisbar. Seit etwa 2000 v. Chr. wurden zuerst die gemischten Bestandteile (Sand, Soda) in flachen Tiegeln in Öfen bis zu maximal 750 °C erhitzt. Die Teilchen backten hierbei aneinander („fritten"). Diese Masse wurde pulverisiert und bei etwa 1 100 °C zu einer undurchsichtigen, von Luftblasen durchsetzten G.masse *(Glasfluß)* geschmolzen. Z. Z. Tutanchamuns (14. Jh.) fand sich als Seltenheit durchsichtiges G. Um 1500 traten in Ägypten die ersten G.gefäße auf, sog. Sandkerngefäße, weil sie über tonigem Sandkern geformt wurden. Seit dem 8. Jh. (Assyrien, Persien) ist dickes G. bekannt, das Schnitt und Schliff erhielt. Die Entdeckung des G.blasens wird syr. G.arbeitern im 1. Jh. v. Chr. zugeschrieben. Die Römer gründeten berühmte Werkstätten, u. a. am Rhein (insbes. in Köln). Sie entwickelten Fadenglas, Diatretglas (Netzglas), Millefioriglas, Überfangglas, Goldglas. Auf der Insel Murano bei Venedig befanden sich seit dem Ende des 13. Jh. die meisten G.hütten des alten Europas, sie wurde Hauptsitz der Brillenherstellung. Ebenfalls am Ende des 13. Jh. erfand Briani in Venedig das Aventuringlas. Hier begann unter dem Einfluß islam. G.künstler im 14./15. Jh. die eigtl. Entwicklung des europ. Kunstglases. Eine verfeinerte farblose G.masse („cristallo") wurde hergestellt, Emailmalerei und Diamantgravierung erreichten im 16. Jh. Höhepunkte. Nach Erfindung des klaren Kreide-G. und des Bleikristalls (1674) wurden gegen Ende des 17. Jh. G.schliff und G.schnitt beliebt. Diese in Prag zur Vollendung gebrachte Technik breitete sich im 18. Jh. v. a. in Nürnberg, Böhmen, Schlesien, Hessen und den Niederlanden aus. Bes. ragt das böhm. Zwischengoldglas hervor. Anfang des 19. Jh. bemalte man Milchglas. Die Biedermeierzeit bevorzugte G. aus mehreren Schichten (Überfang-G.) mit Schnittdekor und bemaltes G. Am Ende des 19. Jh. begann man mit der Massenfertigung im Preßglasverfahren. Um 1900 versuchte der Jugendstil die alten handwerkl. Techniken zu beleben. Das Bauhaus führte die Ansätze einer neuen G.kunst weiter. Bekannte G.designer, die in der Folgezeit nach Formen entsprechend der rationalen Serienfertigung suchten, sind T. Sarpaneva, T. Wirkkala, B. Wiinblad in Skandinavien, W. Wagenfeld, R. Süßmuth in Deutschland, P. Venini in Italien. In den 60er Jahren setzte allg. eine Wiederbelebung handwerkl. Tradition ein. Im Mittelpunkt dieser von den USA ausgehenden „Studio"-Bewegung steht nicht nur das künstlerisch gestaltete Hohl-G., sondern auch das plast., funktionsfreie Objekt.

▷ (Gesteinsglas) Bez. für das amorphe Gefüge von vulkan. Gesteinen, die so schnell erstarrten, daß sich keine Kristalle bilden konnten, z. B. beim Obsidian.

Glasaale ↑Aale.
Glasauge ↑künstliches Auge.
Glasbarsche (Centropomidae), Fam. 3–180 cm langer Barschfische mit etwa 30 Arten in Meeres-, Brack- und Süßgewässern der trop. Küstenregionen. Die Arten der Gatt. Chanda sind glasartig durchscheinend. An den Küsten Amerikas kommen die 30–150 cm langen Arten der **Schaufelkopfbarsche** (Centropomus) vor. Bis 1,8 m lang wird der grünlichbraune **Nilbarsch** (Lates niloticus), der bes. im Nil, Niger und Senegal vorkommt; dieser und der ↑Barramundi sind geschätzte Speisefische.
Glasbatist, durch Merzerisieren, Säurebehandlung und erneutes Merzerisieren glasig und steif gemachter feiner Batist in Weiß. Entsprechend behandelter gemusterter und bunter Batist wird als **Organdy,** ein durch Spezialbehandlung milchig trübes Gewebe als **Opalbatist** bezeichnet.
Glasbau, Bauwerk, das durch großzügige Glasfassaden und/oder -bedeckungen charakterisiert ist. Aus dem Typus der Orangerie entwickelt, entstanden G. seit der Mitte des 19. Jh. v. a. als Ausstellungsgebäude (z. B. Kristallpalast, London 1851). Glasüberdachungen wurden in der Folgezeit mehrfach angewandt (z. B. Börse von Amsterdam, 1897, von Berlage), und in den USA entstanden die ersten Glasfassaden, ermöglicht durch die ↑Stahlskelettbauweise (↑Hochhaus). Den ersten „Curtain-wall" in Deutschland hatte das Warenhaus Tietz in Berlin (1900, von B. Sehring). Bed. moderne Architekten wie B. Taut und Mies van der Rohe machten die Glaswand und damit die Öffnung nach außen und den fließenden, fließenden Raum zum Thema der modernen Architektur.

Glasbausteine (Glassteine), lichtdurchlässige, beschränkt durchsichtige, auch farbige Bausteine aus Glas, die v. a. für lichtgebende Abschlüsse von Außen- und Innenöffnungen verwendet werden.
Glasblasen ↑Glas.
Glasen, das früher übl. halbstündl. Schlagen der Schiffsglocke (G.glocke) für die jeweils vierstündige Wache. Die Bez. geht auf die in der Zeit der Segelschiffe verwendete Sanduhr (das „Glas") zurück, die eine Laufzeit von jeweils ½ Stunde hatte.
Glasenapp, [Otto Max] Helmuth von, * Berlin 8. Sept. 1891, † Tübingen 25. Juni 1963, dt. Indologe und Religionswissenschaftler. – 1928–45 Prof. für Indologie in Königsberg, seit 1946 in Tübingen; arbeitete bes. über die ind. Religionen, mit denen er sich auf zahlr. Reisen befaßte.
Glaser, Donald Arthur, * engl. 'gleɪzə', *Cleveland (Ohio) 21. Sept. 1926, amerikan. Physiker. – Prof. in Ann Arbor und in Berkeley. Entwickelte ab 1952 die ↑Blasenkammer; Nobelpreis für Physik 1960.
G., Walter ['– –], *Oberbaumgarten (Böhmen) 31. Juli 1906, †Wien 3. Febr. 1960, östr. Physiker und Mathematiker. – Prof. in Prag und Wien; maßgeblich an der Entwicklung der Elektronenoptik beteiligt; u. a. stellte er 1943 eine Theorie der Bildentstehung und des Auflösungsvermögens auf wellenmechan. Grundlage auf.
Glaser-Kammer [nach D. A. Glaser], svw. ↑Blasenkammer.
Glasfasern, aus wieder aufgeschmolzenem Rohglas, auch unmittelbar aus einem geschmolzenen Gemenge (↑Glas) durch Ziehen, Schleudern oder Blasen hergestellte Fasern. Der Faserdurchmesser beträgt 0,003–0,03 mm. G. werden in Isolierfasern, Textil-G. und Lichtleitfasern unterteilt. *Isolierfasern* werden für den Schall-, Wärme- und Brandschutz verwendet; an sie werden nur geringe Reinheitsanforderungen gestellt. *Textilglasfasern* aus Aluminiumborosilicatglas mit weniger als 0,8 % Alkali finden in Form von Matten, Geweben und Strängen aus parallelen Spinnfäden (Rovings) breite Anwendung für die Kunststoffverstärkung. Hochwertige G. werden für die Glasfaseroptik verwendet *(Lichtleitfasern).*
Glasfaseroptik (Fiberoptik), Teilgebiet der *Optik,* das sich mit der Übertragung von Licht in Glasfasern (oder auch Kunststoffasern) beschäftigt. Dünne Fasern aus hochtransparenten opt. Gläsern sind dabei von einem Fasermantel eines anderen Glases niedrigerer Brechzahl umgeben **(Stufenprofilfaser).** Ein Lichtstrahl, der auf die polierte Eingangsfläche einfällt, wird im Innern dieser **Lichtleitfaser** durch Totalreflexion weitergeleitet; er folgt allen Biegungen und tritt am Ende wieder aus. Bei **Gradientenfasern** nimmt die Brechzahl von der Faserachse in radialer Richtung nach einer quadrat. Funktion ab; das Licht durchläuft die Faser auf einer wellenförmigen Bahn. Flexible **Lichtleiter** bestehen aus einem Bündel flexibler Lichtleitfasern, die an den Enden gefaßt und miteinander verklebt werden. Die Stirnfläche ist poliert. Zum Schutze gegen Beschädigung befindet sich das Faserbündel in flexiblen Metall- oder Kunststoffschläuchen. Für Bildübertragungen werden Lichtleitfasern in genau paralleler Anordnung verbunden. Das auf die Eingangsfläche entworfene Bild wird durch die einzelnen Fasern zerlegt und zum anderen Ende übertragen. Hier wird das Bild rasterförmig wieder zusammengesetzt. Flexible **Bildleiter** sind geordnete Faserbündel, die nur an den Enden gefaßt und verklebt, im mittleren Teil

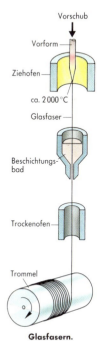

Glasfasern. Ziehen von Lichtleitfasern

Glasfaseroptik. Schematische Darstellung eines Endoskops: 1 ungeordnetes Faserbündel zur Beleuchtung; 2 Objektivlinsen; 3 geordnetes Faserbündel; 4 biegsamer Fasermantel; 5 Okular; 6 geordnetes Faserbündel zur Bildübertragung; 7 ungeordnetes Lichtleitfaserbündel im Kunststoffmantel; 8 Beleuchtungsquelle

glasfaserverstärkte Kunststoffe

Sheldon Lee Glashow

Alexandr Konstantinowitsch Glasunow

Glasflügler Johannisbeerglasflügler

Glasgow Stadtwappen

aber flexibel sind. Es lassen sich Bilder hoher Auflösung auf flexiblen Wegen übertragen. Bei **Faserstäben** sind die Lichtleitfasern in der ganzen Länge miteinander verschmolzen. **Faserplatten** (z. B. für neuartige elektron. Bildröhren) bestehen aus vakuumdicht miteinander verschmolzenen geordneten Lichtleitfasern, wobei die Faserlänge gleich der Plattendicke ist. In der Medizin werden Bildleiter in Endoskopen zur Kaltlichtbeleuchtung innerer Organe für die Beobachtung, Photographie und Aufnahme mit einer Fernsehkamera verwendet. In der opt. Nachrichtentechnik werden **Glasfaserkabel (Lichtleiterkabel)** zur Informationsübertragung mit sehr hoher Bandbreite verwendet. Elektroopt. (bzw. optoelektron.) Wandler an beiden Enden des Lichtleiters setzen analoge Signale (z. B. Sprache bzw. Sprechstrom im Fernsprechbereich) oder digitale Signale (z. B. bei der Datenübertragung) in Lichtsignale um und umgekehrt.

glasfaserverstärkte Kunststoffe, Abk. GFK, mit Glasfasern, -fäden, -geweben, -matten oder Harzmatten **(Prepregs)** verstärkte Kunststoffe, die sich gegenüber den Ausgangsmaterialien durch erhöhte Druck-, Biege-, Zug- und Schlagfestigkeit auszeichnen und zu Platten, Profilteilen, Rohren, zu Großbehältern, Booten, Karosserieteilen, Schutzabdeckungen u. a. verarbeitet werden. Als Kunststoffe kommen sowohl Duroplaste (v. a. ungesättigte Polyesterharze, aber auch Melamin-, Phenol-, Silicon-, Epoxidharze u. a.) als auch Thermoplaste (Polyamide, Polystyrole, Polyolefine u. a.) zur Anwendung.

Glasfestelektrolyt, Glaserzeugnis (auf der Basis $Na_2S - SiS_2$) mit hoher Ionenleitfähigkeit; vorerst auf Batterien kleiner Leistung mit hoher Langzeitstabilität begrenzt, z. B. für Herzschrittmacher.

Glasfiberstab ↑ Stabhochsprung.

Glasflügler (Aegeriidae), mit etwa 1 000 Arten weltweit verbreitete Fam. der Schmetterlinge, davon in Deutschland etwa 20 Arten; Körper meist bienen- oder wespenähnlich gestaltet und gezeichnet; mit schmalen, überwiegend unbeschuppten und glasklaren Flügeln. Bis etwa 3,5 cm spannt der **Hornissenschwärmer** (Aegeria apiformis); mit hornissenartig gelb und schwarz geringeltem Hinterleib. Knapp 2 cm spannt der **Johannisbeerglasflügler** (Synanthedon tipuliformis); Raupen schädlich an Johannis- und Stachelbeerzweigen.

Glasfrösche (Centrolenidae), Fam. meist 1–3 cm langer, laubfroschähnl. Lurche, v. a. in gewässerreichen Gegenden M- und S-Amerikas; oberseits überwiegend grüne, unterseits glasartig durchscheinende Baumfrösche mit meist breitem Kopf.

Glasgow, Ellen [engl. ˈglæsgoʊ], * Richmond (Va.) 22. April 1874, † ebd. 21. Nov. 1945, amerikan. Schriftstellerin. – Ihre realist. Darstellungsweise in psycholog. Differenziertheit ist von H. James beeinflußt. Iron., mitunter satir., schildert sie das Leben in den Südstaaten. – Werke: Barren ground (R., 1925), Die eiserne Ader (R., 1935), The woman within (Autobiogr., hg. 1954).

Glasgow [engl. ˈglɑːsgoʊ], Stadt in den schott. Lowlands, Mittelpunkt und Verwaltungssitz der Strathclyde Region, 703 000 E. Größte Stadt und größter Hafen Schottlands, seine Ind.- und Handelsmetropole; Sitz eines kath. Erzbischofs und eines anglikan. Bischofs; zwei Univ. (gegr. 1451 bzw. 1796), mehrere Hochschulen, Museen und Theater; Kunstgalerie; zoolog. Garten. Der Schiffbau (einst größtes brit. Werftzentrum) ging nach dem 1. Weltkrieg und bes. nach 1971 stark zurück; Maschinenbau, Elektro-, Textil-, chem., Nahrungsmittel-, Tabakind. Um G. entstanden die neuen Städte East Kilbridge, Cumbernauld und Glenrothes. U-Bahn, internat. ✈. – Um 550 baute der hl. Kentigern die erste Kirche von G. 1116 Bischofs-, 1492 Erzbischofssitz (1560 anglikan.; kath. Erzbistum wieder seit 1878). G. wurde 1450 „Royal Burgh" und erhielt 1689 Stadtrecht; seit dem 17. Jh. bed. Handelsstadt (im 18. Jh. bes. Amerikahandel). – Die Kathedrale stammt aus dem 12. Jh.; das Stadtbild wird von Bauten des 19. und 20. Jh. geprägt.

Glashalbleiter, spezielle Gläser (z. B. Chalkogenid-, Silicat- und Boratgläser), denen in der Schmelze Germanium, Arsen, Tellur, Jod u. a. Elemente in geringen Mengen als Dotierungsstoffe zugefügt werden und die dadurch besondere Halbleitereigenschaften bekommen.

Glasharfe, ein ab 1929 entwickeltes Glasspiel mit aufrechten, in einem Resonanzboden feststehenden Glasglocken, die so angeordnet sind, daß Dreiklänge mit einer Hand gespielt werden können (Tonumfang d-c⁴).

Glasharmonika, aus den „musical glasses" (↑ Glasspiel) 1762 entwickeltes Friktionsinstrument. Es besteht aus verschieden großen Glasglocken, die ineinandergeschoben auf einer horizontalen Achse lagern und durch Pedalantrieb in Umdrehung versetzt und mit befeuchteten Fingerspitzen zum Klingen gebracht werden. Tonumfang anfangs $2\frac{1}{2}$, später bis zu 4 Oktaven (chromatisch).

Glasharmonika. Bau Ende des 18. Jh., Länge 1,28 m (Brüssel, Musée Instrumental du Conservatoire de Musique)

Glashauseffekt ↑ Treibhauseffekt.

Glashow, Sheldon Lee [engl. ˈglæʃoʊ], * New York 5. Dez. 1932, amerikan. Physiker. – Prof. in Berkeley und Cambridge. Bed. Arbeiten zur Theorie der Elementarteilchen (bes. zum Quarkmodell) und ihrer Wechselwirkungen; erhielt 1979 den Nobelpreis für Physik (zus. mit A. Salam und S. Weinberg).

Glashütte, Industriebetrieb zur Herstellung und Verarbeitung von Glas.

Glasieren, (G. keram. Erzeugnisse) ↑ Glasur.
▷ Dickzuckerbehandlung von Früchten oder Gebäck, auch Überziehen von Braten oder Gemüse mit Gelee.

glasige Metalle, svw. ↑ metallische Gläser.

Glaskeramik, mikrokristalliner Werkstoff, der durch gesteuerte Kristallisation aus bestimmten Gläsern erzeugt wird. Die Herstellung erfolgt durch Schmelzen eines vorwiegend aus Silicium-, Aluminium-, Magnesium-, Lithium- und Titanoxid bestehenden Gemenges. Die Schmelze wird nach der Glastechnologie geformt und erstarrt glasig; die anschließende Temperaturbehandlung bei etwa 800 °C, dann bei etwa 1 100 °C, ergibt das kristalline Endprodukt, das sehr fest, oxidations- und temperaturwechselbeständig, elektrisch isolierend, je nach Zusammensetzung maschinell bearbeitbar, abrieb- und korrosionsfest ist. G. wird für Kochgeschirr, Raketenspitzen, Verschleißteile, Außenwandverkleidungen, Isolatoren u. a. verwendet.

Glasklischee ↑ Diaphanradierung.

Glaskopf, Bez. für kugelige, traubige oder nierenförmige, radialfaserige Mineralaggregate mit glatter, glänzender Oberfläche, die sich aus rundl. Gelmassen gebildet haben. **Brauner Glaskopf** ist Brauneisenstein, **roter Glaskopf** Hämatit, **schwarzer Glaskopf** Psilomelan.

Glaskörper ↑ Auge.

Glasmalerei, Herstellung von Fenstern bzw. Scheiben figuralen oder ornamentalen Charakters in Farbe und Grisaille, wobei die einzelnen Glasscherben in Bleistege eingebettet werden *(musivische G.).* Bei reiner Bemalung von Glas spricht man von *Glasgemälden*. Im MA wurde das durchgefärbte Glas (später Überfangglas) mit heißem Eisendraht und Kröseleisen in die gewünschte Form gebracht und dann bemalt (mit Schwarzlot aus pulverisiertem Bleiglas, Metalloxid und Bindemittel [Wein und Gummiarabikum]), beginnend beim hellsten Ton; schließlich wurden Lichtgrate und zarte Ornamente ausradiert. Das Brennen erfolgte bei 600 °C. Um 1300 kamen Silbergelb, das rückseitig aufgetragen wurde, im 15./16. Jh. weitere Lotfarben hinzu (Eisenrot u. a.). – G. ist eine abendländ. Erscheinung. Vorstufen finden sich in der röm. Antike und in Byzanz. Ausschlaggebend für ihre Entwicklung dürfte der Wille zur künstler. Gestaltung der Maueröffnung gewesen sein. Bed. frühe Zeugnisse stammen aus dem Kloster Lorsch (wohl 9. Jh.; heute Hess. Landesmuseum in Darmstadt) und Augsburg (Prophetenfenster, Dom, um 1100). Mit der Wandauflösung in der Gotik setzte die eigtl. Blütezeit der G. ein, v. a. in Frankreich (Chartres, Bourges, Reims, Paris), dessen G. einwirkte auf England (Canterbury, Lincoln, York), Spanien (León), Italien (Assisi, Orvieto) und Deutschland (Straßburg, Marburg a. d. Lahn, Regensburg, Köln, Freiburg im Breisgau, Erfurt), das im 14. Jh. führend wurde. – Im Profanbau kam Ende des 15. Jh. die mit Emailfarben bemalte *Kabinettscheibe* auf; der Hausbuchmeister, H. Suess von Kulmbach, H. Baldung, gen. Grien, A. Dürer, J. Breu d. Ä. u. a. haben Entwürfe und Skizzen geliefert. Seit der Romantik gibt es Wiederbelebungsversuche, im 20. Jh. Werke von M. Lechter, J. Thorn Pricker, H. Matisse, F. Léger, Marc Chagall, A. Manessier, J. Schreiter.

Glasmetalle, svw. ↑ metallische Gläser.

Glasnost [russ. 'glaznəstj „Öffentlichkeit"], im Zusammenhang mit der sowjet. Politik der ↑ Perestroika in der 2. Hälfte der 80er Jahre von M. Gorbatschow geprägtes polit. Schlagwort, das als ein grundlegendes Prinzip der sowjet. Reformpolitik die öff. Information und Diskussion über alle wichtigen gesellschaftl. Belange und Prozesse bezeichnet. Insbes. mit Hilfe der Medien soll die Transparenz der Entscheidungsfindung in Partei- und Staatsorganen sowie eine breite Meinungsbildung der Bevölkerung garantiert werden. G. stellt eine Abkehr von der früher restriktiven und selektiven Informationspolitik der KPdSU gegenüber der Bevölkerung dar und führte u. a. zum Beginn einer krit. Aufarbeitung der sowjet. Geschichte (u. a. der Ursachen und Folgen des Stalinismus); ermöglicht ebenso das öff. Ansprechen von innergesellschaftl. Defiziten und Konflikten, die lange aus dem öff. Bewußtsein verdrängt worden waren (Nationalitätenfrage, wirtsch. Probleme, Kriminalität, Bürokratismus, Korruption). Gegen G. wandten sich insbes. konservative Kräfte im sowjet. Partei- und Staatsapparat.

Glaspapier ↑ Schleifpapier.

Glaßbrenner, Adolf, Pseud. Adolf Brennglas, *Berlin 27. März 1810, †ebd. 25. Sept. 1876, dt. Schriftsteller. – Journalist, zeitweilig einer liberalen Haltung wegen verfolgt. G. gilt als Begr. der humorist.-satir. Berliner Volksliteratur, schrieb u. a. „Berlin, wie es ist – und trinkt" (30 Hefte, 1832–49), „Verbotene Lieder" (1843), „Neuer Reinecke Fuchs" (Epos, 1846).

Glasschnecken (Vitrinidae), Fam. der Landlungenschnecken mit rd. 10 einheim. Arten, v. a. in feuchten, kühlen Gegenden; Gehäuse sehr dünn, glasartig durchscheinend.

Glasschneider, Werkzeug zum Anritzen von Glas[scheiben] mit Diamant oder gehärtetem Stahlrädchen, die unter Druck oberflächlich in das Glas eindringen; unter der geritzten Linie bildet sich ein feiner Spalt, der das Glas bei leichter Belastung (z. B. leichtem Klopfen) entlang dieser Linie springen läßt.

Glasschwämme (Hexactinellida), Klasse 0,1–1 m hoher, becher- oder trichterförmiger Schwämme in großen Meerestiefen, u. a. der ↑ Gießkannenschwamm.

Glasspiel (Gläserspiel, frz. verrillon, engl. musical glasses), Musikinstrument aus Glas, das durch Reiben (seltener durch Anschlagen) zum Klingen gebracht wird. In Persien seit dem 14. Jh. bekannt, in Europa, bes. in Großbritannien, im 18./19. Jh. beliebt. Das G. bestand aus einer Anzahl durch Wassereinfüllung abgestimmter Trinkgläser, die mit wasserbenetzten Fingerspitzen am oberen Rand angerieben wurden. – ↑ Glasharmonika, ↑ Glasharfe.

Glassteine, svw. ↑ Glasbausteine.

Glasunow, Alexandr Konstantinowitsch, *Petersburg 10. Aug. 1865, †Neuilly-sur-Seine 21. März 1936, russ. Komponist. – Schüler von Rimski-Korsakow. Sein umfangreiches, spätromant. Werk zeichnet sich durch hohe kompositor. Qualität aus und ist nicht ausschließlich nat.-russ. geprägt; u. a. 9 Sinfonien, sinfon. Dichtungen, Konzerte (für Klavier, Violine, Saxophon), Kammermusik, Orgelwerke, Lieder sowie Ballette und Bühnenmusiken.

Glasur, dünne, glasartige Schicht auf keram. Erzeugnissen, die ihnen Glanz und Glätte verleiht und das Eindringen von Flüssigkeiten oder Gasen in die meist porösen Scherben verhindert. Als Rohstoff für die *Porzellan-G.* wird z. B. eine Mischung aus Feldspat, Quarz, Kaolin, Kalkspat und Dolomit verwendet, die zu einer wäßrigen Suspension vermahlen wird. Das **Glasieren,** d. h. das Aufbringen der G., erfolgt durch Tauchen oder Spritzen des (nach dem Glühbrand noch gut saugfähigen) Scherbens. Beim anschließenden Glattbrand (bei 1 380–1 445 °C) fließt die G.masse zu einer durchsichtigen Schicht zusammen. Grobkeramik versieht man häufig mit einer *Anflug-G. (Salz-G.),* indem man bei der Garbrandtemperatur Kochsalz in den Ofen einbringt und so an der Oberfläche des Brennguts eine Natriumaluminiumsilicat-G. erzeugt.
▷ Überzug bei Speisen durch ↑ Glasieren.

Glaswelse (Schilbeidae), Fam. kleiner bis mittelgroßer Welse in den Süßgewässern S-Asiens und Afrikas; Körper mehr oder minder durchscheinend; z. T. Warmwasseraquarienfische, z. B. der **Kongo-Glaswels** (Eutropiella debauwi) bis etwa 8 cm lang.

Glattbutt ↑ Steinbutte.

Glattdelphine ↑ Delphine.

glatte Feuerwaffen, Handfeuerwaffen und Geschütze, deren Läufe und Rohre im Ggs. zu den ↑ gezogenen Feuerwaffen keine schraubenförmigen Züge aufweisen (↑ Drall).

Glatteis, glatter, glasiger Eisüberzug, der entsteht, wenn entweder unterkühlter Regen beim Auftreffen auf den Boden sofort gefriert, oder wenn Regen auf einen stark unterkühlten Boden fällt und dort gefriert.

glatte Muskeln ↑ Muskeln.

Glatthaarpinscher (Edelpinscher), mittelgroße Hunderasse mit glatt anliegendem, glänzendem Haar; Ohren stehend, spitz kupiert; Fellfarben schwarz mit rostroten bis gelben Abzeichen, dunkelbraun, braun.

Glatthafer (Wiesenhafer, Arrhenatherum), Gatt. der Süßgräser mit etwa 50 Arten in Europa, Asien, trop. Gebirgen Afrikas, Südafrika und N-Amerika; einheimisch ist der **Hohe Glatthafer** (Arrhenatherum elatius), 0,5–1,8 m hoch, gutes Futtergras. – Abb. S. 102.

Glatthaie (Marderhaie, Triakidae), Fam. meist 1,5–2 m langer Haie mit etwa 30 Arten in den Meeren warmer und gemäßigter Regionen. In europ. Küstengewässern kommen zwei (für den Menschen ungefährliche) Arten vor: **Südlicher Glatthai** (Hundshai, Mustelus mustelus) im Mittelmeer und O-Atlantik von Frankreich bis SW-Afrika; **Nördlicher Glatthai** (Sternhai, Mustelus asferias) im Mittelmeer und O-Atlantik, von NW-Afrika bis zur Nordsee.

Glattnasen ↑ Fledermäuse.

Glattnatter ↑ Schlingnattern.

Glattstirnkaimane [dt./indian.-span.] (Paleosuchus), Gatt. bis 1,5 m langer Krokodile (Gruppe Kaimane) mit zwei Arten, v. a. in schnellfließenden Gewässern des nördl. und mittleren S-Amerikas.

Glasmalerei. Johannes Schreiter, Fazit 52/1975/F, Alternativfenster für die Maison Stief in La Couvertoirade, Frankreich

Glasmalerei. Der Prophet Daniel vom Prophetenfenster des Augsburger Doms, um 1100

Glattwale

Glattwale (Balaenidae), Fam. der Bartenwale mit 5 rd. 6–20 m langen Arten mit sehr großem, hochgewölbtem Kopf; Kehle glatt, ohne Furchen; bis über 700 sehr lange, biegsame Barten. In arkt. Meeren kommt der etwa 15–18 m lange, schwarze **Grönlandwal** (Balaena mysticetus) vor; Schwanzflosse bis 8 m breit. Der bis 18 m lange, überwiegend schwarze **Nordkaper** (Biskayawal, Eubalaena glacialis) kommt im kalten und gemäßigten nördl. Atlantik vor. In den Meeren der südl. Halbkugel lebt der bis 15 m lange, meist völlig schwarze **Südkaper** (Eubalaena australis). Der bis 6 m lange **Zwergglattwal** (Neobalaena marginata) lebt in den Gewässern um S-Afrika, S-Australien, Neuseeland und S-Amerika. Nach nahezu vollständiger Ausrottung sind die ersten drei Arten durch das 1936 getroffene Internat. Walfangabkommen völlig geschützt.

Glatz (poln. Kłodzko), Stadt in Niederschlesien, Polen, im Glatzer Kessel an der Glatzer Neiße, 303 m ü. d. M., 30 000 E. Holzverarbeitende, Textil- und Nahrungsmittelind.; Verkehrsknotenpunkt. – G. entstand bei der seit 981 belegten Burg, wird um 1114 erstmals als Stadt bezeichnet. Das seit etwa 1300 mehrheitlich von Deutschen besiedelte G. war Hauptstadt der gleichnamigen Gft. – Spätgot. Pfarrkirche (14./15. Jh.) mit barocker Innenausstattung, Rathaus (16./18. Jh., umgebaut 1890); Häuser des 16.–18. Jh., z. T. mit Arkaden.

G., ehem. Gft. in Niederschlesien mit den Städten G., Habelschwerdt und Neurode. Urspr. zu Böhmen gehörig, seit 1278 mehrfach wechselnd als böhm. Lehen im Besitz der schles. Ft., seit 1454 der Podiebrads, seit 1501 der Grafen von Hardegg, kam 1554 wieder an Böhmen, 1742 an Preußen.

Glatze [zu mittelhochdt. glat „glänzend, blank, glatt"], durch Haarausfall verursachte kahle Stellen der Kopfhaut.

Glatzer Bergland, Teil der Sudeten, auf der Grenze zw. Polen und der ČR; seine Bergketten, darunter das **Glatzer Schneegebirge** mit dem 1 425 m ü. d. M. aufragenden Großen Schneeberg, umrahmen den 65 km langen und 20–30 km breiten **Glatzer Kessel.**

Glatzer Neiße, linker Nebenfluß der Oder, in Schlesien, Polen, entspringt im Glatzer Schneegebirge, durchfließt den Glatzer Kessel, ist bei Ottmachau im Sudetenvorland gestaut (Kraftwerk), mündet nw. von Oppeln; 195 km lang.

Glatzflechte (Borkenflechte, Kälberflechte, Rindertrichophytie), ansteckende Hautkrankheit (Trichophytie) bei Haustieren, v. a. bei Jungrindern, durch Pilze der Gattung Trichophyton (Deuteromyzeten) verursacht; mit Haarausfall und Ausbildung runder, kahler Flecke v. a. an Kopf und Hals, bei Saugkälbern bes. am Maul **(Teigmaul, Maulgrind).**

Glaube, innere Sicherheit, die keines Beweises bedarf; Grundelement des religiösen Lebens. G. bedeutet primär [gefühlsmäßiges] Vertrauen, feste Zuversicht und umfaßt nur ausschließlich ein Fürwahrhalten metaphys., transzendenter Gegebenheiten, was die etymolog. Verwandtschaft von G. (althochdt. giloubo) mit althochdt. liob (lieb, vertraut) verdeutlicht.

Obwohl in allen *Religionen* das Element des G., v. a. an Dämonen und das Numinose anzutreffen ist, spielt er eigtl. nur in den monotheist. prophet. Offenbarungsreligionen (Judentum, Christentum, Islam) eine sie konstituierende und ihre Ethik normierende Rolle.

Im *Christentum* ist G. im bibl. Sinn Reaktion auf das ihm vorgängige Wort Gottes in Schöpfung und Erlösung, das seinen Höhepunkt in der Person Jesu Christi hat, kommt also aus dem Hören dieses Wortes (Röm. 10, 17) und zielt auf volle und ungetrübte personale Gemeinschaft zw. Gott und Mensch.

Die erst relativ spät (auf dem Tridentinum) einsetzende lehramtl. Festlegung der *kath. Lehre* vom G. betont sehr stark die sachhafte Inhaltlichkeit des G. als Summe der von der Kirche vermittelten göttl. Offenbarung („fides, quae creditur" „der G., der geglaubt wird"), ohne deshalb zu vergessen, daß der personale G.akt („fides, qua creditur" „der G., durch den [in dem] geglaubt wird") durch die göttl. Gnade allein begründet wird und als solcher Anfang, Wurzel und Grundlage der Rechtfertigung ist.

In der *reformator. Theologie* gewinnt der G. die umfassende Bed. von Heilsweg und Heilsgeschehen überhaupt: Die Gerechtigkeit des Menschen vor Gott (↑Rechtfertigung) geschieht allein im G. und aus dem G. („sola fide"), nicht auf Grund eigener „guter Werke"; diese sind die ↑notwendige, Folge des G. sind, womit der ausschließlich gnadenhafte Charakter des G. deutlicher ausgedrückt ist als in der kath. Theologie.

In der *Philosophie* ist G. ein Fürwahrhalten ohne method. Begründungen, im Ggs. zum Wissen. Während die klass. antike Philosophie den G. noch als Vorstufe eines rational begründeten Wissens verstand, steht der G. in der christlich beeinflußten Philosophie (v. a. seit der Scholastik) im Ggs. zum Wissen. Trotz Kants Versuch, dem G. als Postulat der prakt. Vernunft einen Platz in der Philosophie zu sichern, setzte sich die Tendenz der Aufklärung, Wissen nur empirisch zu begründen, durch, so daß der G. in der praktisch-philosoph. Diskussion kaum noch eine Rolle spielt.

Glattwale. Grönlandwal

Glaubensartikel (Articuli fidei), im Christentum Bez. für die einzelnen Abschnitte des Glaubensbekenntnisses.

Glaubensbekenntnis, formelhafte Zusammenfassung der wesentl. Aussagen der christl. Glaubenslehre. Bes. Bed. haben die G. der ökumen. Konzilien als Norm der reinen Lehre, v. a. das ↑Apostolische Glaubensbekenntnis (das Credo [Kredo] der westl. Kirchen) und das ↑Nizänokonstantinopolitanum (im Osten). – ↑Bekenntnisschriften.

Glaubensdelikte, im kath. Kirchenrecht Vergehen gegen den christl. Glauben und die Einheit der Kirche, z. B. Apostasie, Häresie und Schisma, die automatisch die Exkommunikation nach sich ziehen.

Glaubenseid, das Ablegen des christl. Glaubensbekenntnisses unter Eid; in der kath. Kirche vor Empfang des Weihesakramentes gefordert; entspricht in den ev. Kirchen einer meist eidl. Lehrverpflichtung.

Glaubenskriege ↑Religionskriege.

Glaubens- und Gewissensfreiheit, das in Art. 4 GG verankerte Grundrecht, das in Glaubens- und Weltanschauungsfragen und bei inneren Gewissensentscheidungen die Freiheit von staatl. Zwang garantiert. Sie wird ergänzt durch die Freiheit des religiösen und weltanschaul. Bekenntnisses (↑Bekenntnisfreiheit), durch das Recht zur ungestörten Religionsausübung im privaten und öff. Bereich **(Kultusfreiheit)** und durch die Befugnis zur Vereinigung in Religions- oder Weltanschauungsgemeinschaften. Art. 4 Abs. 1 und 2 GG ist eine für jedermann geltende Freiheitsverbürgung, die letztlich ihre Grenze findet, wo sie auf die kollidierenden Grundrechte andersdenkender Grundrechtsträger trifft. Die G.- und G. ist in erster Linie ein Abwehrrecht des einzelnen gegen die öff. Gewalt. Sie erlaubt es auch zu verschweigen, was man glaubt oder nicht glaubt (negative G.- und G.). Das Recht zur Werbung für den eigenen Glauben ist eingeschlossen. In Art. 4 Abs. 3 GG ist das Recht zur Kriegsdienstverweigerung ausdrücklich geregelt. In *Österreich* ist die G. u. a. durch Art. 14 StaatsgrundG 1867 gewährleistet. In der *Schweiz* ist sie in Art. 49 BV verankert. Der Staat ist verpflichtet einzugreifen, wenn die religiöse Betätigung durch Dritte beeinträchtigt wird.

Glauber, Johann Rudolph, *Karlstadt 1604, †Amsterdam 10. März 1670, dt. Chemiker und Apotheker. – Entwickelte zahlr. chemisch-techn. Prozesse und wurde so einer der Begründer der chem. Industrie.

Glaubersalz [nach J. R. Glauber] (Mirabilit), farbloses, monoklines Mineral; $Na_2SO_4 \cdot 10 H_2O$; Dichte 1,49 g/cm³;

Glatthafer. Hoher Glatthafer

Mohshärte 1,5–2. Verwendung u. a. in der Glasfabrikation sowie als Abführmittel.

Glaubhaftmachung, im *Prozeßrecht* der Beweis geringeren Grades, der erbracht ist, wenn für den zu beweisenden Sachverhalt eine erhebl. Wahrscheinlichkeit besteht; nur in den gesetzlich bestimmten Fällen zulässig. Mittel sind die gesetzl. Beweismittel, ferner die eidesstattl. Versicherung.

Gläubiger, 1. im *materiellen Recht* derjenige, der von einem anderen (Schuldner) eine ↑Leistung verlangen kann; 2. in der *Zwangsvollstreckung* der Inhaber des im Vollstreckungstitel festgestellten Anspruchs.

Gläubigeranfechtung, Anfechtung von Rechtshandlungen des Schuldners durch den Gläubiger einer Geldforderung, der erfolglos in das Vermögen des Schuldners vollstreckt hat. Durch die G. (geregelt im AnfechtungsG i. d. F. vom 20. 5. 1898) soll die Zwangsvollstreckung auf Werte ausgedehnt werden, die der Schuldner verschenkt oder absichtlich weggegeben hat, um die Zwangsvollstreckung zu vereiteln.

Gläubigerausschuß, Organ der Konkursgläubiger zur Unterstützung und Überwachung des Konkursverwalters.

Gläubigerbegünstigung ↑Konkursstraftaten.

Gläubigerversammlung, die Zusammenkunft der Konkursgläubiger, in der die Gläubiger ihre Rechte auf Mitwirkung am Konkursverfahren ausüben. Hauptaufgaben: endgültige Ernennung des Konkursverwalters, Bestellung eines Gläubigerausschusses, Genehmigung bes. Geschäfte des Konkursverwalters, Entgegennahme der Schlußrechnung. Die G. entscheidet mit der Mehrheit der abgegebenen Stimmen, berechnet nach Forderungsbeträgen.

Gläubigerverzeichnis, das Verzeichnis der an einem Vergleichs- oder Konkursverfahren beteiligten Gläubiger. Das G. wird vom Konkursverwalter zur Vorbereitung einer ↑Abschlagsverteilung erstellt.

Gläubigerverzug ↑Annahmeverzug.

Glauchau, Krst. in Sa., an der Zwickauer Mulde, 250 m ü. d. M., 26 000 E. Textilind. – Entstand im 12. Jh., erhielt im 13. Jh. Stadtrecht. – Barocke Stadtkirche (1726–28), Schloß Hinterglauchau (1460–70 und 1525 ff.) und Schloß Forderglauchau (1527–34).
G., Landkr. in Sachsen.

Glaukom [zu griech. glaúkōma „Augenfehler"] (grüner Star), Sammelbegriff für Krankheiten des Auges mit erhöhtem Augeninnendruck infolge einer Abflußbehinderung oder einer vermehrten Produktion des Kammerwassers, aber auch infolge einer bestehenden oder vorausgegangenen Augenerkrankung. Die Abflußgeschwindigkeit wird wesentlich durch die Weite des vorderen Kammerwinkels bestimmt. Augen mit flachen Kammerwinkeln sind daher glaukomgefährdet (Engwinkel-G.). Auch die Pupillenerweiterung (durch Dunkelanpassung und bes. durch pupillenerweiternde Mittel) führt infolge Fältelung der Regenbogenhaut zu einer Einengung der Abflußwege. Das G. ist eine der wichtigsten Ursachen für Frühinvalidität und Erblindung. Rd. 2 % aller Personen über 40 Jahre sind, oft ohne es zu wissen, an chron. G. erkrankt oder glaukomgefährdet. Der normale mittlere Augeninnendruck beträgt 15 mm Hg, die obere Grenze liegt bei 22 mm Hg. Man unterscheidet das primäre G. ohne vorhergehende auslösende Augenerkrankung und das sekundäre G. im Anschluß an verschiedene andere, abgelaufene oder noch bestehende Augenleiden. Das **primäre Glaukom** kann als Winkelblock-G. (Engwinkel-G.) und als Weitwinkel-G. (Glaucoma simplex) ablaufen. Das **Winkelblock-Glaukom** kommt in einer mehr chron. Verlaufsform mit anfallsartigen akuten Drucksteigerungen und in einer akuten Verlaufsform vor (akuter G.anfall). Der G.anfall kann sich durch Gesichtsfeldtrübungen, Farbensehen oder halbseitigen Kopfschmerz ankündigen. Im Anfall wird ein unerträgl. Druckgefühl in den Augenhöhlen verspürt; plötzlich treten quälende Schmerzen mit Übelkeit und Erbrechen auf, das Sehvermögen wird durch die akute Drucksteigerung vermindert; bei langer Anfallsdauer kann es zu andauernder Erblindung kommen. Die Bindehaut sieht hochrotentzündet aus, die Hornhaut ist matt, die Lederhaut gestaut; die Lider sind geschwollen. In der erweiterten Pupille erscheint der graugrüne Trübungsreflex aus dem Augeninneren. – Die am meisten verbreitete Form des G. ist das chronisch verlaufende **Weitwinkel-Glaukom,** bei dem der Kammerwinkel zwar weit, der Kammerwasserabfluß aber behindert ist. Die Erkrankung macht zunächst kaum Beschwerden. Die Sehkraft kann ohne auffallende subjektive Beschwerden schon wesentlich vermindert und das Gesichtsfeld eingeengt sein. Beim **sekundären Glaukom** ist der Augeninnendruck infolge anderer Augenleiden meist einseitig erhöht, z. B. bei Linsenluxation. Auch Entzündungen, Traumen und Gefäßveränderungen können zum sekundären G. führen. – Als **Glaucoma absolutum** bezeichnet man die völlige Erblindung als Endzustand eines G. jeder Ursache und Verlaufsform. – Beim kindl. Auge ist die Lederhaut noch nachgiebig. Daher kann der Augapfel sich hier bei einer Erhöhung des Innendrucks wesentlich vergrößern (kindl. G. ↑Hydrophthalmus). – Zur Behandlung des G. stehen verschiedene Medikamente und augeninnendrucksenkende Operationsverfahren zur Verfügung. Bei unzureichender Behandlung kann Erblindung durch Schwund des Sehnervs eintreten. Das älteste Operationsverfahren ist die Iridektomie, bei der durch Entfernung eines Teils der Regenbogenhaut eine zusätzl. offene Verbindung zw. der hinteren und vorderen Augenkammer hergestellt wird. – ↑Iridenkleisis.

Glaukonit [griech.], zur Gruppe der Glimmer gehörendes, intensiv grünes, körniges, monoklines Mineral; Eisenaluminiumsilicat wechselnder Zusammensetzung mit 4–9,5 % Kaliumoxid (K_2O); entsteht in marinen Sandsteinen und Mergeln; Mohshärte 2–3; Dichte 2,2–2,8 g/cm³.

glazial [lat.], während einer Eiszeit entstanden, mit einer Eiszeit in Zusammenhang stehend.

Glazialerosion, abschleifende und abtragende Tätigkeit der ↑Gletscher.

Glaziallandschaft, Landschaft, deren Oberflächenformen durch Gletscher und Inlandeisbedeckung geprägt worden ist.

Glazialrefugien ↑Refugialgebiete.

Glazialseen, infolge von Vergletscherung entstandene Seen.

glaziär [lat.], im Umkreis eines Gletschers oder des Inlandeises entstanden, z. B. Schmelzwasserablagerungen.

glazigen [lat./griech.], unmittelbar vom Eis geschaffen (gesagt von bestimmten Ablagerungs- und Abtragungsformen).

Glaziologie [lat./griech.] ↑Gletscherkunde.

Gleditsch, dt. Buchhändlerfamilie des 18. Jh. in Leipzig, die Buchhandlungs- und Verlagsunternehmen verband; Gründer der Leipziger Unternehmen waren die Brüder *Johann Friedrich G.* (* 1653, † 1716) und *Johann Ludwig G.* (* 1663, † 1741). *Johann Gottlieb G.* (* 1688, † 1738), der Sohn von Johann Friedrich G., machte die Buchhandlung zu einem der größten Unternehmen der Branche in Europa. Nach mehrfachem Besitzerwechsel wurde es 1831 an F. A. Brockhaus verkauft.

Gleditsia [nach dem dt. Botaniker J. G. Gleditsch, * 1714, † 1786] (Dornkronenbaum, Gleditschia, Gleditschie), Gatt. der Caesalpiniengewächse mit rd. 15 Arten im gemäßigten Asien, in N-Amerika und im trop. Amerika; hohe Bäume mit gefiederten Blättern und Blüten in Trauben. Als Parkbaum wird die aus dem östl. N-Amerika stammende **Amerikanische Gleditsia** (G. triacanthos) mit 20–40 cm langen und 3–4 cm breiten, ledrigen, gedrehten Hülsenfrüchten angepflanzt.

Gleiboden [russ./dt.] (Gley) ↑Bodenkunde.

Gleich, Joseph Alois, *Wien 14. Sept. 1772, †ebd. 10. Febr. 1841, östr. Schriftsteller. – Schrieb weit über 200 Wiener Volksstücke und Zauberpossen (Vorläufer F. Raimunds), ferner damals äußerst beliebte Ritter- und Schauerromane.

Gleichbehandlungsgrundsatz, vom allg. Gleichheitssatz abzuleitendes Schutzprinzip gegenüber willkürl. Behandlung; von bes. Bed. im Arbeitsrecht, wo er die willkürl. Schlechterstellung von Arbeitnehmern innerhalb

Gleditsia.
Amerikanische Gleditsia

Gleichberechtigung

eines Betriebes, insbes. bei der Ausgestaltung der Arbeitsbedingungen sowie der Gewährung freiwilliger Sonderleistungen (Urlaubsgeld, Gratifikationen, Pensionen), verbietet. Der Geltungsumfang des G. für die Lohnfestsetzung ist umstritten; er zwingt aber als Verbot willkürl. Differenzierungen zur Anwendung objektiver Leistungsbewertungsgrundsätze. Auch im Verwaltungs-, Gesellschafts- und Steuerrecht ist der G. zu beachten.

Gleichberechtigung, das in Art. 3 Abs. 2 GG garantierte Grundrecht der rechtl. Gleichheit von Mann und Frau. Eine Ausnahme von dem Grundrecht ist nur zulässig, wenn biolog. Unterschiede die Verschiedenbehandlung erfordern (z. B. Mutterschutz). Die Zulassung von „funktionalen" Ausnahmen, die auf der traditionellen gesellschaftl. Rollenverteilung beruhen, ist problematisch. Das Grundrecht ist im Familien- und Erbrecht (gesetzl. Bevorzugung eines männl. Erben bei der Hoferbfolge ist verfassungswidrig) sowie in der Berufsausbildung und -ausübung (unzulässig sind ungleiche Behandlung bei der Kündigung, unterschiedl. Entlohnung) von bes. Bed. – Der *Rechtsnorm* der G. steht allerdings eine *soziale Realität* gegenüber, in der die Frau trotz rechtl., gesellschaftl. und polit. Fortschritte in ihrer Gleichstellung mit dem Mann im Verlauf der Entwicklung zur Industriegesellschaft der Gegenwart weiterhin eine unterprivilegierte Stellung einnimmt.
In *Österreich* läßt der verfassungsrechtl. Gleichheitssatz (Art. 7 B-VG) nur gesetzl. Differenzierungen zu, die in der Natur des Geschlechts begr. sind. – In der *Schweiz* wird die Rechtsgleichheit der Geschlechter seit 1981 durch Art. 4 BV garantiert.

Gleichberechtigungsgesetz, BG vom 18. 6. 1957, in Kraft seit 1. 7. 1958. Es hat insbes. das BGB an den verfassungsrechtl. Grundsatz der Gleichberechtigung von Mann und Frau angepaßt.

Gleichdruckdampfturbine (Aktionsdampfturbine) ↑Dampfturbine.

Gleichen (die drei G.), Bez. für 3 zw. Arnstadt und Gotha gelegene Höhenburgen: Wachsenburg, Mühlberg und die namengebende Wanderslebener Gleiche (1034 erstmals erwähnt). Letztere kam im 12. Jh. in den Besitz der Mainzer Erzbischöfe, die sie als Lehen an die Grafen von Tonna gaben (seit 1162 Grafen von G.; starben 1631 aus). Literarisch oft verarbeitet wurde seit dem 16. Jh. die Sage (ohne histor. Grundlage) eines Grafen von G., der, um heimkehren zu können, einer Sarazenin die Ehe verspricht; seine Gemahlin bringt dafür Verständnis auf, der Papst gibt seinen Konsens zur Doppelehe.

Gleicheniengewächse (Gabelfarne, Gleicheniaceae), v. a. in den Tropen vorkommende Farnfam. mit vier Gatt.; bekannteste Gatt. **Gleichenie** (zehn Arten); bodenbewohnende Farne mit doppelt gefiederten Blättern.

Gleichen-Rußwurm, fränkisch-thüring. Adelsfamilie (Einheirat der thüring. von Gleichen) seit dem 18. Jh.:
G.-R., Alexander Freiherr von, *Schloß Greifenstein ob Bonnland (Unterfranken) 6. Nov. 1865, † Baden-Baden 25. Okt. 1947, dt. Schriftsteller. – Enkel von Emilie von G.-R., Urenkel Schillers; u. a. breite kulturhistor. Abhandlungen, Schillerbiographie.
G.-R., Emilie Freifrau von, *Weimar 25. Juli 1804, † Schloß Greifenstein ob Bonnland (Unterfranken) 25. Nov. 1872, dt. Schriftstellerin. – Jüngste Tochter Schillers, dessen Lebensgeschichte ihre literar. Arbeit galt.

Gleichflügler (Pflanzensauger, Homoptera), mit rd. 30 000 Arten weltweit verbreitete Ordnung pflanzensaugender, wanzenartiger Landinsekten; Vorder- und Hinterflügel, wenn vorhanden, gleichartig häutig ausgebildet und in Ruhe dachförmig zusammengelegt. Man unterscheidet fünf Unterordnungen: ↑Blattläuse, ↑Blattflöhe, ↑Schildläuse, ↑Zikaden, ↑Mottenschildläuse.

gleichförmige Bewegung ↑Bewegung.

Gleichgeschlechtlichkeit ↑Homosexualität.

Gleichgewicht, in *Physik* und *Technik* der Zustand eines Körpers oder eines [Teilchen]systems, bei dem maßgebende Zustandsgrößen zeitlich konstant sind und/oder Wirkungen und Gegenwirkungen sich aufheben.

1

2

3

Gleichgewicht.
1 stabiles, 2 labiles,
3 indifferentes
Gleichgewicht
(*G* Gewichtskraft;
S Schwerpunkt)

Mechanik: An einem Körper bzw. in einem Teilchensystem herrscht G. *(Kräfte-G.),* wenn die Summe aller einwirkenden Kräfte bzw. Drehmomente gleich Null ist. Der Körper bzw. das System befindet sich dann im Zustand der Ruhe oder der gleichförmigen Bewegung **(statisches Gleichgewicht).** Nach der Stabilität eines G.zustands unterscheidet man drei G.arten: 1. Ein Körper befindet sich im **stabilen Gleichgewicht,** wenn er nach einer kleinen Auslenkung aus seiner G.lage wieder in diese zurückkehrt. Seine potentielle Energie besitzt in der stabilen G.lage ein Minimum. 2. Ein Körper befindet sich im **labilen Gleichgewicht,** wenn er nach einer kleinen Auslenkung aus seiner G.lage nicht mehr in diese zurückkehrt, sondern eine andere, stabile G.lage anstrebt. Seine potentielle Energie besitzt in der labilen G.lage ein Maximum. 3. Ein Körper befindet sich im **indifferenten Gleichgewicht,** wenn er nach einer kleinen Auslenkung aus dieser G.lage weder in die ursprüngl. Lage zurückkehrt noch eine andere Lage anstrebt, sondern vielmehr in der Lage bleibt, in die er durch die Auslenkung gebracht wurde. Seine potentielle Energie ändert sich somit nicht.

Thermodynamik: Ein abgeschlossenes thermodynam. System ist im G., wenn seine ↑Entropie den größtmögl. Wert besitzt und wenn sie sich bei allen mit den vorgegebenen Versuchsbedingungen verträgl. Zustandsänderungen nicht ändert.

Kernphysik: Ist das Folgeprodukt (Tochtersubstanz) eines radioaktiven Stoffes selbst radioaktiv und hat es eine kürzere Halbwertszeit als der Ausgangsstoff (Muttersubstanz), so herrscht **radioaktives Gleichgewicht,** wenn das Zusammenwirken von Neuerzeugung und Zerfall konstant geworden ist. Die Radioaktivität von Mutter- und Tochtersubstanz klingt dann nach der gleichen Zeitfunktion ab.
▷ in der *Biologie* bzw. *Physiologie* ↑Fließgleichgewicht, ↑ökologisches Gleichgewicht.
▷ in der *Chemie* ↑chemisches Gleichgewicht.
▷ in der *Psychologie* ↑seelisches Gleichgewicht.
▷ in der *innenpolit.* Theorie lehrten bereits die röm. Juristen das G. als verfassungsmäßige Gewaltentrennung zur Vermeidung einer Tyrannis. Einen modernen Ausdruck fanden diese Gedanken u. a. bei A. de Tocqueville. Während die marxist. Klassenkampftheorie ein G. der politisch-sozialen Kräfte ablehnt, zählt die G.idee in sozialen, parlamentar. Demokratien zu den konstitutiven Elementen einer Balance von Freiheit und Gleichheit (↑Föderalismus).
In der *Außenpolitik* zielt G. auf ein ausgewogenes Machtverhältnis zw. souveränen Staaten, um die Hegemonie eines Staates oder einer Staatengruppe zu verhindern. Entstanden in der italien. Staatenwelt des 13.–16. Jh., wurde G.politik zum beherrschenden Prinzip der Politik des europ. Staatensystems **(Gleichgewicht der europäischen Mächte),** insbes. der brit. Europapolitik des 17. Jh. **(Balance of power).** Nach dem Scheitern dieser Politik im 1. Weltkrieg wurde ein System der kollektiven Sicherheit (Völkerbund) angestrebt. Das Ergebnis des 2. Weltkrieges war ein bipolares G. zw. den beiden Supermächten USA und UdSSR. Zu Beginn der 1990er Jahre zeichnen sich Entwicklungen ab, dieses spannungsreiche G. durch eine Friedensordnung zu ersetzen, die Hegemoniebestrebungen ausschließt.
▷ in der *Wirtschaftstheorie* Bez. für den Zustand eines Systems, das keine systemimmanenten Änderungstendenzen aufweist. Im G. besteht für kein Wirtschaftssubjekt Veranlassung, sein Verhalten zu ändern, da die geplanten mit den realisierten ökonom. Größen übereinstimmen. Die Erreichung des gesamtwirtschaftl. G. als Ziel der Wirtschaftspolitik in der BR Deutschland bestimmt das Gesetz zur Förderung der Stabilität und des Wachstums der Wirtschaft. – ↑außenwirtschaftliches Gleichgewicht.

Gleichgewichtsorgane (statische Organe), Organe des Gleichgewichtssinns bei vielen Tieren und beim Menschen; dienen der Wahrnehmung der Lage des Körpers im Raum, und zwar meist mit Hilfe der Schwerkraftwirkung. Im allg. liegen ein einheitl., größerer Körper **(Statolith)** oder mehrere kleine Körnchen bei Normallage des Körpers der Lebewesen mehr oder weniger beweglich einer bestimmten Gruppe von Sinneshärchen eines Sinnesepithels **(Schwererezeptoren, Gravirezeptoren)** auf, das meist in einer mehr oder weniger tiefen Grube oder in einer offenen oder geschlossenen, flüssigkeitserfüllten Blase **(Statozyste)** gelegen ist. Die Sinneshärchen werden durch die Statolithen bei einer Lageveränderung des Körpers in Richtung Schwerkraft verschoben, wodurch sich der Reiz auf die Sinneshärchen der betreffenden Seite verlagert. Diese einseitige Reizung löst reflektor. Kompensationsbewegungen aus, die den Körper wieder in die normale Gleichgewichtslage zurückzubringen versuchen. Bei den Wirbeltieren befindet sich das G. im Innenohr (↑ Labyrinth).

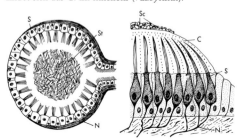

Gleichgewichtsorgane. Querschnitte durch die Statozyste einer Muschel (links) und durch die Macula des Innenohrs eines Säugetiers (rechts); C Cupula, S Sinneszellen, St Statolith, N Nervenfasern, Sc Statoconien

Gleichgewichtsprüfung, ärztl. Untersuchung zur Überprüfung des Körpergleichgewichts und zur Erkennung von Krankheiten, die mit Schwindel, Haltungs- und Bewegungsstörungen verbunden sind. Für die Diagnostik sind unwillkürl. ruckförmige Augenbewegungen (Spontan-Nystagmus) wichtig.

Gleichgewichtssinn (statischer Sinn, Schwerkraftsinn, Schweresinn), mechan. Sinn zur Wahrnehmung der Lage des Körpers bzw. der einzelnen Körperteile im Raum nach zentralnervaler Verarbeitung der von der Schwerkraft ausgehenden Reizwirkung auf die ↑Gleichgewichtsorgane; im Hinter- bzw. Kleinhirn lokalisiert.

Gleichgewichtsstörungen, v. a. beim Stehen und Gehen auftretende bzw. empfundene Störungen des Gleichgewichtssinns. Objektiv machen sich G. durch Unsicherheiten beim Stehen oder Gehen, subjektiv v. a. durch Schwindelgefühl, u. U. auch Erbrechen bemerkbar. Ursachen sind z. B. lokale Durchblutungsstörungen im Kopf, Kreislaufstörungen (Hypotonie und Hypertonie).

Gleichheit, im Recht verstanden als G. vor dem Gesetz (↑Gleichheitssatz), darüber hinaus als allg. Gerechtigkeitsprinzip. Die polit. Grundüberzeugung, daß alle Menschen nach ihrer Natur und unantastbaren Würde gleich sind, ist älter als die christl. Botschaft. Die ständ.-herrschaftl. Gesellschaft des MA und der frühen Neuzeit kannte nur gestufte G. bzw. Sonderrechte. Erst das moderne Naturrecht (↑ Aufklärung) erarbeitete mit den Prinzipien der Freiheit die revolutionären Neuansätze der G.prinzipien, die dann erstmals in der amerikan. Unabhängigkeitserklärung (1776) verfassungspolitisch wirksam wurden. Neben Freiheit und Brüderlichkeit wurde G. in der Frz. Revolution Grundlage der Erklärung der Menschen- und Bürgerrechte (1789), Basis der europ. Verfassungsbewegung und des Rechtsstaates. Die im 19. Jh. entstandene Arbeiterbewegung dehnte die G.forderungen über den rechtl. Bereich hinaus auf die Fragen der gesellschaftl. Besitzordnungen aus. Vom Marxismus wurde das Ziel der klassenlosen Gesellschaft proklamiert, in der alle Ungleichheit zw. den Menschen beseitigt sei. In den heutigen kapitalist.-demokrat. Massengesellschaften steht G. in Spannung zum Prinzip der Freiheit, da die unabdingbare Verwirklichung sozialer G. Einschränkungen der individuellen Freiheit verlangt.

▷ (Gleichheitsrelation) zweistellige, durch das Gleichheitszeichen (=) symbolisierte ↑ Relation (in einer Menge M), die genau dann zw. zwei Elementen a und b aus der Menge M besteht ($a = b$), wenn a jede [in der jeweiligen Betrachtung relevante] Eigenschaft hat, die auch b hat und umgekehrt.

Gleichheitssatz (Gleichheitsgrundsatz), in Art. 3 Abs. 1 GG verankertes Grund- und Menschenrecht, wonach *vor dem Gesetz* alle Menschen gleich sind. *Formelle Rechtsgleichheit* bedeutet staatl. Handeln ohne Ansehen der Person, d. h., jeder wird in gleicher Weise durch bestehendes Recht verpflichtet und berechtigt. Als *materiell-inhaltl.* Rechtsgrundsatz verlangt der G., daß das Gesetzesrecht selbst dem Rechtsgebot der Gleichheit entspricht. Dessen Grenzen sind kaum allgemeingültig zu ermitteln; denn nur gleichartige Lebenssachverhalte sollen gleich, ungleichartige entsprechend ungleich behandelt werden. Trotz dieser Schwierigkeiten ist der Gesetzgeber gehalten, nicht nur frei von Willkür, sondern im Sinne *umfassender Gerechtigkeit* zu handeln. Über den allg. G. hinaus enthält das GG unmittelbar wirkende *spezielle Gleichheitsrechte,* wie die Wahlrechtsgleichheit und die Gleichheit des Zugangs zu allen öff. Ämtern, ferner in Art. 3 Abs. 2 und 3 das Verbot der Benachteiligung oder Bevorzugung wegen Geschlechts, Abstammung, Rasse, Sprache, Heimat, Glaubens, religiöser und polit. Anschauung. Der G. bindet Gesetzgebung, Rechtsprechung und Verwaltung gleichermaßen.

Für das *östr. Verfassungsrecht* gilt im wesentlichen das zum dt. Recht Gesagte. Die Gleichheit vor dem Gesetz ist allerdings ausschließlich östr. Staatsbürgern gewährleistet.

In der *Schweiz* verpflichtet Art. 4 BV Gesetzgeber und Rechtsanwender, das Gebot der Rechtsgleichheit einzuhalten. Art. 4 verbietet die rechtsungleiche Behandlung, die Willkür, die formelle Rechtsverweigerung und im Bereich des öff. Rechts Verstöße gegen den Grundsatz von Treu und Glauben.

Gleichlauf (Synchronismus), Übereinstimmung des Drehrichtungssinns bei zwei oder mehreren sich drehenden Maschinenteilen (im Ggs. zum *Gegenlauf*).

▷ beim Fernsehen die mit Hilfe von Synchronsignalen erzielte Übereinstimmung der Kathodenstrahlablenkung in der Bildröhre eines Fernsehempfängers mit der Ablenkung des Abtaststrahles in der Aufnahmekamera.

Gleichmacherei, im allg. Sprachgebrauch abwertend für die Aufhebung aller [sozialen] Unterschiede; bezeichnet und verurteilt als kommunist. Schlagwort jedes Eintreten für Gleichheit in der Entlohnung, das ideologisch als (Links)abweichung gilt.

gleichmächtig ↑ Mächtigkeit.

Gleichnamigmachen, Brüche durch Kürzen oder Erweitern auf den gleichen Nenner bringen.

Gleichnis, sprachl. Gestaltungsmittel, bei dem eine Vorstellung, ein Vorgang oder Zustand (Sachsphäre) zur Veranschaulichung und Intensivierung mit einem entsprechenden Sachverhalt aus einem anderen, meist sinnlich-konkreten Bereich (Bildsphäre) verglichen wird. Bild- und Sachsphäre sind im allgemeinen durch Vergleichspartikeln („so ... wie") ausdrücklich aufeinander bezogen. Das G. ist vom bloßen Vergleich durch breitere Ausgestaltung und eine gewisse Selbständigkeit des Bildbereichs unterschieden, wird des öfteren auch gleichbedeutend mit ↑ Parabel verwendet. – Bekannteste Beispiele sind die homer. G., die in ihrer breiten Ausgestaltung die betrachtende Haltung des Epikers zum Ausdruck bringen, und die bibl. Gleichnisse. – ↑ Allegorie, ↑ Tertium comparationis.

Gleichrichter, Geräte mit Ventilwirkung, die einen elektr. Strom nur in einer Richtung leiten, d. h. eine Wechselspannung gleichrichten. Bei den vorwiegend in G.meßinstrumenten eingesetzten *mechan. G.* werden Kontakte synchron von der gleichzurichtenden Wechselspannung gesteuert. Die *elektron. G.* beruhen auf der Ventilwirkung der elektr. Entladung im Vakuum, der elektr. Gasentladung und dem G.effekt von Halbleitern. Verwendung von Elektronenröhren ist wegen ihres hohen Innenwiderstandes nur für kleinste Leistungen möglich. Für große Leistungen verwendet man *Halbleiter-G.* Sie werden wegen ihrer geringen Größe, ihrer kleineren Spannungsverluste und ihrer

Gleichschaltung

mechan. Unempfindlichkeit in steigendem Maße eingesetzt und nutzen die Ventilwirkung des Überganges von einer p- oder n-leitenden Halbleiterschicht zu einem metall. Leiter. Bei den Germanium- und Silicium-G. wird die Ventilwirkung durch den Übergang von einer p- zu einer n-leitenden Halbleiterschicht (p-n-Übergang) bewirkt (↑ Diode). *Steuerbare G.* sind Halbleiter-G. mit drei p-n-Übergängen (Thyristor).
Jede G.schaltung liefert einen Gleichstrom, dem ein Wechselanteil überlagert ist. Er ist beim Einweg-G. am größten und bei den Brücken-G. am geringsten. Ladekondensatoren und Glättungsdrosseln vermindern den überlagerten Anteil (Welligkeit).

Gleichschaltung, polit. Schlagwort während der nat.-soz. Machtergreifung 1933; es bezeichnet die Aufhebung des politisch-gesellschaftl., wirtsch. und kulturellen Pluralismus zugunsten der NS-Bewegung und ihrer Ideologie (1933/34, beginnend mit dem Vorläufigen Gesetz zur G. der Länder vom 31. 3. 1933).

Gleichschein, svw. ↑ Konjunktion.

gleichschenkliges Dreieck ↑ Dreieck.

gleichseitiges Dreieck ↑ Dreieck.

Gleichspannung, eine zeitlich konstante elektr. Spannung (im Ggs. zur Wechselspannung); *G.quellen* sind z. B. die elektrochem. Elemente.

Gleichstrom, ein elektr. Strom gleichbleibender Richtung (im Ggs. zum Wechselstrom). Ein G. konstanter Stärke wird v. a. von elektrochem. Elementen geliefert, ein **pulsierender Gleichstrom,** d. h. ein in der Stromstärke, jedoch nicht in der Stromrichtung sich period. ändernder Strom von G.generatoren oder Gleichrichtern.

Gleichstrommaschinen, rotierende elektr. Maschinen, die Gleichstrom erzeugen *(Generator)* oder verbrauchen *(Motor).* Sie bestehen aus einem feststehenden Teil, dem *Ständer (Stator)* mit den Polen, die die Erregerwicklung tragen (bei Kleinstmaschinen auch Permanentmagnete), und einem darin umlaufenden Teil, dem *Anker (Rotor).* In den auf dem Ankerumfang gleichmäßig verteilten Nuten liegt die Ankerwicklung, deren Teilspulen an je zwei Lamellen des Kollektors (Stromwender) enden; Stromzuführung über Bürsten. Beim Generator werden in den im Erregerfeld bewegten Ankerspulen Wechselspannungen induziert und in ihrem Maximum von den Bürsten auf dem Kollektor abgegriffen, so daß an den Bürsten praktisch eine Gleichspannung anliegt. Beim Motor wird auf die im Erregerfeld befindl. stromdurchflossene Ankerspule ein Drehmoment ausgeübt. Der Kollektor sorgt für gleichbleibende Stromrichtung in der unter den Polen befindl. Ankerwicklung.
Man unterscheidet je nach Parallel- oder Reihenschaltung der Anker- mit der Erregerwicklung: 1. *Nebenschlußmaschine* (Drehzahl durch konstante Erregung fast lastunabhängig; durch Vorwiderstände im Erregerkreis weitgehend regelbar); Verwendung: Antrieb von Werkzeugmaschinen, Lichtmaschinen in Kfz. 2. *Reihenschlußmaschine* (Erregerwicklung vom Ankerstrom durchflossen; Drehzahl lastabhängig); bei hohem Anzugsmoment bes. zum Antrieb elektr. Fahrzeuge. 3. *Doppelschlußmaschine (Verbund-, Compoundmaschine)* verbindet die Eigenschaften von 1. und 2. Durch stromabhängige Feldverstärkung erreicht man bei Generatoren konstante Klemmenspannungen (Erregermaschinen für Synchrongeneratoren) bzw. bei Motoren eine Drehzahlabsenkung und Erhöhung des Anzugsmomentes (Schwungantrieb an Pressen und Stanzen). Fremderregung eines Generators und Motors findet z. B. in der *Leonardschaltung* Anwendung, bei der die Motordrehzahl kontinuierlich von einer Drehrichtung zur anderen geregelt werden kann.

Gleichstromtelegrafie ↑ Telegrafie.

Gleichungen, mathemat. Aussagen oder Aussageformen, die ein Gleichheitszeichen enthalten. Man unterscheidet **identische Gleichungen,** die entweder nur bekannte Größen enthalten oder für alle Werte von in ihnen enthaltenen Variablen gelten, wie z. B. $3+7 = 10$ und $(a+b)^2 = a^2 + 2ab + b^2$, **Bestimmungsgleichungen,** die nur für bestimmte Werte ihrer Variablen gelten, wie z. B. $3x+2 = 11$ oder $\sin x = 0$, und **Funktionsgleichungen,** die eine funktionale Abhängigkeit angeben, wie z. B. die Geradengleichung $y = 2x+6$ oder die Hyperbelgleichung $x \cdot y = 1$. Spezielle Bestimmungs-G. sind G., in denen Funktionen gesucht werden, z. B. Differential-G., Integral-G., allg. Funktionalgleichungen. Die große Anzahl aller mögl. [Bestimmungs-]G. unterteilt man in die **algebraischen Gleichungen** der Form

$$a_n x^n + a_{n-1} x^{n-1} + \ldots + a_1 x + a_0 = 0$$

mit konstanten *Koeffizienten* a_k ($k = 0, 1, \ldots, n$), in denen die Unbekannte x nur algebraischen Rechenoperationen unterworfen ist (der höchste auftretende Exponent von x bezeichnet den *Grad* der algebraischen G.), und in die **transzendenten Gleichungen,** das sind alle nichtalgebraischen Gleichungen.
Für algebraische G. sind die Fragen nach Lösungsmöglichkeit, Eindeutigkeit der Lösungen und nach evtl. vorhandenen Lösungsformen in der klass. Algebra beantwortet worden. N. H. Abel wies nach, daß algebraische G. von mehr als viertem Grad im allg. nicht durch Wurzelziehen gelöst werden können. Von C. F. Gauß stammt der erste Beweis des *Fundamentalsatzes der Algebra* (↑ Algebra) für algebraische Gleichungen.
Im Ggs. zu den algebraischen G. gibt es bei den transzendenten keine systematisch aufgebaute Theorie. Man kann unterscheiden zw. **Exponentialgleichungen,** bei denen die Unbekannte im Exponenten auftritt (z. B. $e^{-x} = x$), **logarithmischen Gleichungen,** bei denen die Unbekannte im Argument eines Logarithmus vorkommt (z. B. $\ln x + x = 0$) und **goniometrischen Gleichungen,** bei denen die Unbekannte im Argument einer trigonometr. Funktion steht (z. B. $\sin 2x + \sin x = 0$). Es können jedoch auch transzendente G. auftreten, die nicht diesen Typen angehören (z. B. $e^{-x} = \sin x$).

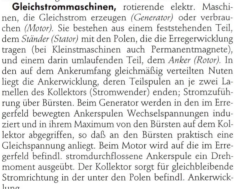

Gleichstrommaschinen. Schematische Darstellung: 1 Nebenschlußmaschine; 2 Reihenschlußmaschine; 3 Doppelschlußmaschine

Gleichverteilungssatz, svw. ↑ Äquipartitionstheorem.

Gleichzeitigkeit, die durch zwei an verschiedenen Orten und in verschiedenen Bewegungszuständen befindl. Beobachter an ihren Uhren festgestellte zeitl. Übereinstimmung des Eintretens zweier physikal. Ereignisses. Der auf der Annahme eines gleichen (synchronen) Ablaufs der Zeit in jedem Punkt des Raumes (absolute Zeit) beruhende Begriff der G. wurde durch A. Einstein in der speziellen ↑ Relativitätstheorie neu gefaßt.

Johann Wilhelm Ludwig Gleim

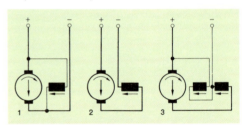

Józef Glemp

Gleim, Johann Wilhelm Ludwig, *Ermsleben 2. April 1719, †Halberstadt 18. Febr. 1803, dt. Dichter. – 1738–41 in Halle, begründete dort u. a. mit J. P. Uz und J. N. Götz den Halleschen Dichterkreis, wurde der führende Vertreter der Anakreontik („Versuch in scherzhaften Liedern", 3 Tle., 1744–58); schrieb auch Gedichte mit patriot. Tendenz („Preuß. Kriegslieder in den Feldzügen 1756 und 1757 von einem Grenadier", 1758). Bedeutsam war v. a. sein Versuch, das Denken und Fühlen des Volkes darzustellen oder es zu erziehen.

Gleis, die Fahrbahn von Schienenfahrzeugen; besteht aus zwei in gleichbleibendem Abstand (Spurweite) verlaufenden Stahlschienen, die auf Schwellen aus Holz, Stahl oder Beton befestigt sind.

Gleisanlagen ↑ Eisenbahn.
Gleisbildstellwerk ↑ Eisenbahn.
Gleisdreieck, dreieckförmige Gleisanlage; ermöglicht das Wenden von Schienenfahrzeugen ohne Drehscheibe.
Gleiskettenfahrzeug (Raupenfahrzeug), Fahrzeug, dessen Räder zur Verminderung des Bodendrucks sowie zur Verbesserung der Bodenhaftung auf Gleisketten (gelenkig verbundenen Stahlplatten) laufen. G. werden überwiegend als Geländefahrzeuge für militär., bau-, land- und forstwirtsch. Zwecke verwendet.
Gleismessung ↑ Eisenbahn.
Gleisschaltmittel ↑ Eisenbahn.
Gleitaare (Elaninae), Unterfam. 18–60 cm langer Greifvögel (Fam. Habichtartige) mit acht Arten, v. a. in offenen Landschaften der Tropen und Subtropen; in M-Europa kommt (als seltener Irrgast) der **Schwarzflügelgleitaar** (Elanus caerulens) vor; bis 35 cm lang, mit hellgrauer Oberseite, schwarzem Flügelbug und kurzem, weißem Schwanz.
Gleitboot, schnelles Motorboot mit einem bes. ausgebildeten Schiffsboden (flach, beim *Stufenboot* mit stufenförmigem Absatz). Das in Fahrt befindl. G. erfährt einen dynam. Auftrieb, der das Boot mit zunehmender Geschwindigkeit aus dem Wasser hebt.
Gleitbruch ↑ Bruch.
Gleitebene ↑ Gleitung.
gleitende Arbeitszeit (Gleitzeit) ↑ Arbeitszeit.
Gleiter, Bez. für antriebslose, lediglich zu Gleitflügen befähigte Luftfahrzeuge. – ↑ Hängegleiter.
Gleitflug, ohne zusätzl. Schub auf geneigter *Gleitbahn* erfolgender Flug (im normalen Anstellwinkelbereich) eines Flugsystems, wobei durch die wirksamen Auftriebskräfte eine zusätzl. Bewegungskomponente in Flugrichtung erzeugt wird.
Gleithang ↑ Hang.
Gleitklausel, Vertragsklausel, durch die vereinbart wird, daß die Höhe einer Zahlung (z. B. Miete) nach einer bestimmten Frist den veränderten [Lebenshaltungs]kosten angepaßt wird. – ↑ Wertsicherungsklauseln.
Gleitkommadarstellung (Gleitpunktdarstellung), in der *Datenverarbeitung* verwendete halblogarithm. Darstellung einer Zahl $z = m \cdot b^e$ durch Mantisse m und Exponent e der verwendeten Basis b (meist 2, 10 oder 16), wodurch ein großer Zahlenbereich nutzbar wird.
Gleitlager, Lager, bei dem ein bewegter Teil auf Gleitflächen in einer feststehenden Lagerschale gleitet (Maschinenbau).
Gleitmodul, svw. ↑ Schubmodul.
Gleitreibung ↑ Reibung.
Gleitschalung, bei turmartigen Betonbauten verwendete Schalung, die dem Baufortgang entsprechend am Bauwerk hochgezogen wird.
Gleitung, in der *Kristallphysik* und *Werkstoffkunde* Bez. für die bei Schubbeanspruchung eines Körpers nach Überschreiten einer bestimmten krit. Spannung (der sog. Streckgrenze) auftretende plast. Verformung. Bei kristallinen Stoffen beruht die G. auf einer Verschiebung von Kristallschichten parallel zu einer kristallographisch bestimmten Ebene, der **Gleitebene,** und in einer festgelegten Richtung, der **Gleitrichtung.** Dabei werden größere Gitterbereiche gegeneinander verschoben, bis die Gitterbausteine wieder in ein Minimum des period. Gitterpotentials gelangt sind. Durch röntgenograph. Untersuchungen hat sich gezeigt, daß nicht nur eine Gleitebene auf ihrer benachbarten abgleitet, sondern ganze Schichten, sog. **Gleitlamellen,** um den gleichen Betrag verschoben sind. Die Spuren der Gleitlamellen sind mit bloßem Auge an Oberflächen als **Gleitlinien** sichtbar. Eine G. ist nicht notwendigerweise auf eine Gleitebene und eine Gleitrichtung beschränkt, es können vielmehr gleichzeitig mehrere Gleitsysteme betätigt werden. Die einfachste Mehrfach-G. ist die **Doppelgleitung,** die in einer Ebene, aber längs zweier verschiedener Richtungen stattfindet. – Die G. wird durch Gitterbaufehler und Inhomogenitäten begünstigt. Modellmäßig kann man die G. als Fortpflanzung von eindimensionalen Gitterbaufehlern, den sog. **Versetzungen,** längs einer Gleitebene auffassen. Der Übergang von Versetzungen der verschiedenen Gleitebenen ineinander, die sog. **Quergleitung,** führt zur Ausbildung von **Gleitbändern,** die aus Gleitlamellen zusammengesetzt sind.

Gleitwegsender (Gleitwegfunkfeuer) ↑ Instrumentenlandesystem.

Gleitzahl, das Verhältnis von Widerstandskraft zu Auftriebskraft bei der Umströmung eines Tragflügels oder des gesamten Flugzeugs. Die G. ist der Tangens des sog. **Gleitwinkels.** Der Kehrwert der G. wird *Gleitverhältnis* genannt; dieses beschreibt für das in ruhender Luft gleitende Flugzeug das Verhältnis von horizontaler Flugstrecke zum zugehörigen Höhenverlust.

Gleiwitz (poln. Gliwice), Stadt am W-Rand des Oberschles. Ind.gebiets, Polen, 223 m ü. d. M., 211 000 E. TH, mehrere Forschungsinst.; Museum. G. ist eines der ältesten Schwerind.zentren Europas mit Steinkohlenbergbau, Kokereien, Eisenhütten und chem. Ind.; Umschlaghafen am 40,6 km langen **Gleiwitzkanal,** der G. mit der Oder bei Cosel verbindet. – 1276 als dt. Stadt neben der slaw. Siedlung Alt-G. gegr.; gehörte zu verschiedenen Staaten. Hzgt.; seit 1742 zu Preußen. Anlage des ersten Kokshochofens auf dem europ. Festland (1795). – Ein vom Sicherheitsdienst der SS unter Verwendung poln. Uniformen organisierter Überfall auf den Sender G. am Abend des 31. Aug. 1939 sollte den dt. Angriff auf Polen am folgenden Tag als berechtigte Abwehrreaktion erscheinen lassen.

Gleizes, Albert [frz. glɛːz], * Paris 8. Dez. 1881, † Avignon 24. Juni 1953, frz. Maler. – War zunächst ein Vertreter des Kubismus bzw. der ↑ Section d'or; widmete sich später christl. Thematik; verfaßte u. a. „Über den Kubismus" (1912).

Głemp, Józef, * Inowrocław (Woiwodschaft Bydgoszcz) 28. Dez. 1928, poln. kath. Theologe. – 1967–79 Sekretär von Kardinal S. Wyszyński in Warschau; 1979 Bischof von Warmia (Ermland), seit Juli 1981 Erzbischof von Gnesen und Warschau und Primas von Polen, seit 1983 Kardinal.

Glen [schott.-engl.], schott. Bez. für ein glazial überformtes Tal, in Irland **Glean,** in Wales **Glyn** genannt.

Glencheck [ˈglɛntʃɛk; engl., zu schott. glen „Tal" und engl. check „Karomuster"], Bez. für eine großflächige Karomusterung bei Geweben (insbes. solchen aus Kammgarnen) in Leinwand- oder Köperbindung.

Glendale [engl. ˈglɛndeɪl], Stadt im nö. Vorortbereich von Los Angeles, Calif., 147 000 E. Flugzeugwerke, opt., pharmazeut. Industrie.

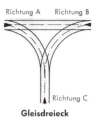

Gleisdreieck

Gleitaare. Schwarzflügelgleitaar

Albert Gleizes. Die Kathedrale von Chartres, 1912 (Hannover, Niedersächsisches Landesmuseum)

Glendower

Glendower, Owen [engl. 'glɛndauə], *um 1354, †um 1416, Fürst von Wales. – Aus walis. königl. Familie; unterstützte die Rebellion gegen König Richard II., rief 1400 aber auch gegen Heinrich IV. zu einem Aufstand auf, der Wales zum letzten Mal Unabhängigkeit von England verschaffte; dabei wurde G., der sich bis 1408 als „Prince of Wales" halten konnte, zum walis. Nationalhelden.

Glenn, John [Herschel] [engl. glɛn], * Cambridge (Ohio) 18. Juli 1921, amerikan. Astronaut. – Umkreiste am 20. Febr. 1962 als erster Amerikaner die Erde (drei Umrundungen). Seit 1974 demokrat. Senator von Ohio; bewarb sich 1984 erfolglos um die Präsidentschaftskandidatur.

John Glenn

Glenrothes [engl. glɛnˈrɔθɪs], schott. Ind.stadt in der Region Fife, 60–90 m ü. d. M., 33 900 E. – Gegr. 1948 als New Town.

Glessker (Gleßkher, Klesecker), Justus, * Hameln zw. 1610/23, † Frankfurt am Main 2. Dez. 1678, dt. Bildhauer. – Schuf Skulpturen von pathet. Aussagekraft und beeinflußte die Entwicklung der dt. Barockskulptur; u. a. 1648–52 Ausstattung des Bamberger Doms (z. T. zerstört), Grabmal des Fürstbischofs Melchior Otto Veit von Salzburg (1659, Michaelskirche in Bamberg).

Gletscher [roman., zu lat. glacies „Eis"] (in Salzburg, Kärnten und Osttirol **Kees**, im übrigen Tirol **Ferner**), Eisströme, die oberhalb der Schneegrenze in Firnmulden entstehen. In diesem **Nährgebiet** entwickelt sich der Schnee über Firn und Firneis zu **Gletschereis** durch den Druck der überlagernden Schneemassen und durch wiederholtes Schmelzen und Gefrieren. Durch diese sog. **Regelation**, bei der sich Gleitfilme aus Wasser bilden, wird das Gletschereis außerdem beweglich. Es fließt mit Geschwindigkeiten von 1–2 cm/Std. (Alpen) bis zu 17 cm/Std. (Himalaja) und 115 cm/Std. (Grönland). Der G. endet unterhalb der Schneegrenze (Firnlinie) als **Gletscherzunge** im **Zehrgebiet.** Hier ist die ↑Ablation wirksam. Gegenwärtig ist weltweit ein Gletscherrückgang erkennbar, ein Zusammenhang mit dem ↑Treibhauseffekt wird vermutet.

Die Oberfläche des G. ist durch zahlr. **Gletscherspalten** zerrissen: Längsspalten treten an der Gletscherstirn auf, Randspalten entstehen, da sich der G. in der Mitte schneller bewegt als am Rand, Querspalten bilden sich bei Versteilung des Untergrunds. Fällt er über eine Felskante **(Gletschersturz)**, bilden die Eistrümmer mitunter einen neuen G. **(regenerierter Gletscher).** Anstehendes Gestein wird abgeschliffen **(Gletscherschliff)** oder zu Rundhöckern geformt. Diese **Glazialerosion** erweitert und übertieft außerdem Becken, Mulden und Täler; letztere bekommen einen trogförmigen Querschnitt. Helle und dunkle Streifen auf der Oberfläche des G. **(Ogiven)** entstehen durch Schichtung des Eises (mit Staubeinlagen) oder durch Druck.

Justus Glessker. Oberer Teil der Kreuzigungsgruppe im Bamberger Dom, 1648–52

Die vom G. transportierten Gesteinsbrocken (↑Geschiebe) werden als **Moräne** mitgeführt und abgelagert. Man unterscheidet **Seitenmoränen** (auch *Ufer-* oder *Randmoränen*), **Mittelmoränen**, die entstehen, wenn zwei G. zusammenfließen; **Grundmoränen** bestehen aus abgesunkenen und am G.boden ausgeschürften Geschieben. An der G.stirn entstehen **Endmoränen** (auch *Stirn-* oder *Stauchmoränen*). Das Schmelzwasser eines G. fließt teils auf der Oberfläche, teils in Tunneln oder an der G.sohle. Durch strudelnde Bewegung können im festen Gesteinsuntergrund Kolke **(Gletschertöpfe)** und durch zusätzlich wirbelnd bewegte Geschiebe **Gletschermühlen** entstehen. Am Zungenende tritt das Schmelzwasser als **Gletscherbach** aus Gletschertoren aus. Es ist durch fein zerriebenes Gesteinsmaterial trübe **(Gletschermilch).**

Zu den Gebirgs-G. zählen **Talgletscher, Hängegletscher, Kargletscher** u. a., daneben gibt es G.flächen, die nach vielen Seiten abfließen, untergliedert in **Eiskappen, Plateaugletscher** und **Inlandeis.**

Gletscherbach ↑Gletscher.

Gletscherbrand (Erythema glaciale), auf Schnee- und Eisflächen durch verstärkte Sonneneinwirkung hervorgerufene Lichtschäden der Haut und der Augenbindehaut.

Gletschereis ↑Gletscher.

Gletscherfalter (Oeneis glacialis), auf die Alpen beschränkter Augenfalter mit 50 bis 55 mm Flügelspannweite.

Gletscherfloh (Isotoma saltans), 1,5–2 mm langes, schwarzes Urinsekt (Unterklasse Springschwänze), das oft

Gletscher. Tatzenförmige Gletscherzunge des Glacier du Trient, Montblanc-Massiv, Schweiz

in Massen auf Schnee- und Eisflächen in den Alpen vorkommt.

Gletschergarten, Teil eines ehem. vergletscherten Gebietes mit typ. glazialen Formen wie Rundhöcker, Gletscherschliffe, Gletschermühlen u. a.

Gletscherkunde (Glaziologie), die Lehre von Entstehung und Wirkung des Eises und der Gletscher.

Gletschermilch ↑ Gletscher.

Gletschermühle ↑ Gletscher.

Gletscherschliff ↑ Gletscher.

Gletscherspalte ↑ Gletscher.

Gletschersturz ↑ Gletscher.

Gletscherwind (Firnwind), flache, kalte, gletscherabwärts gerichtete Luftströmung, die durch das Abfließen bodennaher Kaltluft von der Gletscherfläche hervorgerufen wird.

Gletscherzunge ↑ Gletscher.

Gleve (Glefe, Gläve, Glene) [frz., zu lat. gladius „das Schwert"], eine im hohen und späten MA für Fußtruppen gebräuchl. hellebardenähnl. Hieb- und Stichwaffe.
▷ militär. Einheit der Ritterheere, bes. im 14. und 15. Jh.; die zu einem Schwerbewaffneten gehörenden Schützen, Knechte, Pferde usw.

Glia [griech. „Leim"] (Gliagewebe, Neuroglia), im zentralen und peripheren Nervensystem vorkommende Zellform, deren Aufgaben (Stütz-, Stoffwechsel-, Abwehr-, Speicher- sowie Hüll- bzw. Isolierfunktion) mit denen der Bindegewebszellen vergleichbar sind.

Gliadin [griech.], zu den Prolaminen gehörender Eiweißkörper, Hauptproteinbestandteil des Weizen- und Roggenkorns.

Glibber [niederdt.], schlüpfrige, glitschige, klebrige Masse.

Glied, allg. Teil des Ganzen.
▷ in der *Anatomie:* 1. ↑ Gliedmaßen; 2. männl. Geschlechtsorgan (↑ Penis).
▷ *militärisch* eine Reihe nebeneinanderstehender Soldaten.

Gliederfrucht (Bruchfrucht), bei Hülsen und Schoten auftretende Fruchtform, bei der sich zw. den Samen Scheidewände ausbilden. Bei der Reife zerfällt die Hülse *(Gliederhülse)* oder Schote *(Gliederschote)* in die einzelnen Glieder, die dann als Schließfrüchte verbreitet werden. – ↑ Fruchtformen.

Gliederfüßer (Arthropoden, Arthropoda), seit dem Kambrium bekannter Stamm der Gliedertiere, der mit über etwa 1 Mill. Arten fast 70 % aller Tierarten umfaßt; Körperlänge von unter 0,1 mm bis etwa 60 cm; mit Außenskelett aus Chitin. Da die Chitinkutikula nicht dehnbar ist, sind zum Wachstum der G. laufend Häutungen und Neubildungen der Kutikula erforderlich. – Die G. stammen von Ringelwürmern ab. Demnach ist auch ihr Körper segmentiert. Urspr. trägt jedes Segment ein Paar Gliedmaßen, die sehr unterschiedlich ausgebildet sein können (z. B. als Laufbeine, Flügel, Fühler). Die Sinnesorgane (v. a. chem. und opt. Sinn) sind meist hoch entwickelt, ebenso das Zentralnervensystem. Die Atmung erfolgt durch Kiemen (bei vielen wasserbewohnenden Arten oder Larven) oder über Tracheen. Neben den ausgestorbenen Trilobiten zählen zu den G. als rezente Gruppen v. a. Pfeilschwanzkrebse, Spinnentiere, Asselspinnen, Krebstiere, Tausendfüßer, Hundertfüßer und Insekten.

Gliederkaktus, svw. ↑ Weihnachtskaktus.

Gliederreißen, volkstüml. Bez. für Rheumatismus.

Gliedertiere (Artikulaten, Articulata), rd. 80 % der Tierarten umfassende Stammgruppe der ↑ Protostomier; mit gegliedertem (segmentiertem) Körper und Strickleiternervensystem. Die Segmentierung ist entweder gleichartig *(homonom;* bei Ringelwürmern) oder ungleichartig *(heteronom;* z. B. bei Gliederfüßern). Als G. werden fünf Stämme zusammengefaßt: Ringelwürmer, Stummelfüßer, Bärtierchen, Zungenwürmer und Gliederfüßer.

Gliederungszahlen, Verhältniszahlen in der beschreibenden Statistik, bei denen der Zähler eine Teilmenge (Teilgesamtheit) der durch den Nenner gegebenen Gesamtmenge (Gesamtheit) ist; G. geben also einen Anteil an. Beispiel: Anzahl der Knabengeburten/Anzahl der Geburten insgesamt.

Gliedkirche, autonome [ev.] Kirche als Glied einer größeren Vereinigung, z. B. der EKD.

Gliedmaßen (Extremitäten), v. a. der Fortbewegung (Bein, Flossen, Flügel), aber auch dem Nahrungserwerb (z. B. Mund-G.), der Fortpflanzung (z. B. Gonopoden), der Atmung (z. B. bei Kiemenfußkrebsen) oder als Tastorgane (die Antennen der Krebstiere und Insekten) dienende, in gelenkig miteinander verbundene Teile gegliederte, paarige Körperanhänge bei Gliederfüßern, Wirbeltieren und beim Menschen. Bei den Wirbeltieren unterscheidet man *vordere G. (Vorderextremitäten;* ↑ Arm) und *hintere G. (Hinterextremitäten;* ↑ Fuß).

Gliedsatz, svw. ↑ Nebensatz.

Gliedstaaten, die Mitgliedstaaten eines Staatenbundes oder Bundesstaates. Die Benennungen variieren im einzelnen (z. B. BR Deutschland: Länder; Österreich: Bundesländer; Schweiz: Kantone; USA: Staaten).

Glier, Reingold Morizewitsch, eigtl. Reinhold Glière, * Kiew 11. Jan. 1875, † Moskau 23. Juni 1956, sowjet. Komponist belg. Abstammung. – Lehrer von S. S. Prokofjew und A. I. Chatschaturjan. Seine Werke stehen innerhalb der nat.-russ. Tradition, mit starken Anregungen der Volksmusik Mittelasiens, teilweise von revolutionärer Thematik bestimmt, so in dem Ballett „Roter Mohn" (1927); u. a. 3 Sinfonien, sinfon. Dichtungen, Opern, Ballette und Kammermusik.

Glima [isländ.], eine in Island seit dem 14. Jh. ausgeübte Form des *Gürtelringens,* bei dem der Gegner nur am Gürtel angefaßt werden und auf den Boden geworfen werden darf; ähnlich dem schweizer. *Kleiderringen.*

Glimmentladung, eine zumeist bei niedrigem Gasdruck zw. zwei an einer Gleichspannungsquelle liegenden kalten Elektroden auftretende stromschwache ↑ Gasentladung. Die Elektronenemission der Kathode erfolgt durch Aufprall beschleunigter Ionen sowie durch Photoemission; im Gas werden die Ladungsträger durch Stoßionisation unter Lawinenbildung erzeugt. In den drei typ. Entladungsteilen einer G., dem Kathodengebiet, der positiven Säule und dem Anodengebiet, tritt bei einer vollständig ausgebildeten G. eine Anzahl charakterist. Leuchtschichten und Dunkelräume auf. Alle Erscheinungen sind von Gasdruck und Gasart abhängig.
In der Praxis wird die Lichtemission der positiven Säule in Leuchtröhren, die des negativen Glimmlichts in Glimmlampen zu Beleuchtungs- und Anzeigezwecken verwendet.

Glimmer, Gruppe gesteinsbildender Silicatminerale (Alumosilicate), die elastisch-biegsame, blättrig-tafelige, monokline (pseudohexagonale) Kristalle ausbilden; diese sind spaltbar und zeigen Perlmutterglanz. Die G. haben Phyllo- oder Schichtsilicatstruktur (↑ Silicate). Ihre Kristallgitter bestehen aus zweidimensionalen Netzen von in Sechserringen angeordneten Silicium- und Aluminiumatomen, die jeweils von vier Sauerstoffatomen umgeben sind; jeweils zwei solcher Netze werden durch Aluminium-, Magnesium- oder Eisenatome zu festen Doppelnetzen verknüpft, die ihrerseits von Kalium- oder Calciumionen zusammengehalten werden. In Richtung der Schichtebenen beträgt die Mohshärte 2,5, sonst 4; Dichte 2,7–3,2 g/cm³. G.blättchen sind gut wärmeleitend und von hoher Isolierfähigkeit; sie werden in der Elektrotechnik für Kondensatoren verwendet. Wichtige G. sind Biotit, Lepidolith, Muskovit, Zinnwaldit.

Glimmerschiefer, Gruppe metamorpher Gesteine, die durch hohen Gehalt an Quarz oder Kalkspat und Glimmermineralen sowie Feinschiefrigkeit charakterisiert sind.

Glimmkathode, kalte Kathode einer Gasentladungsröhre, an der Elektronen bei Aufprall positiver Ionen ausgelöst werden.

Glimmlampe (Glimmröhre), meist mit Neon oder Helium-Neon-Gemisch von 0,5–3 kPa Druck gefüllte Gasentladungslampe, die nur das negative Glimmlicht der Gasentladung (↑ Glimmentladung) ausnutzt; v. a. als Signal- und Kontrollampen (z. B. in Spannungsprüfern) verwendet.

Gleve

Reingold Morizewitsch Glier

Glimmerschiefer

Michail Iwanowitsch Glinka

Vinko Globokar

Glinka, Michail Iwanowitsch, * Nowospasskoje bei Smolensk 1. Juni 1804, † Berlin 15. Febr. 1857, russ. Komponist. – Mit seiner Oper „Das Leben für den Zaren" (zuerst als „Ivan Susanin", 1836) beginnt die nat.-russ. Schule; u. a. Bühnenmusik zu „Fürst Cholmski" (1840), Oper „Ruslan und Ludmilla" (1842), Orchesterfantasie „Kamarinskaja" (1848), daneben die Ouvertüren „Jota aragonesa" (1845) und „Recuerdos de Castilla" (1848); außerdem Kammer- und Klaviermusik, Chorwerke und Lieder.

Glinski, Michail Lwowitsch Fürst, gen. **Dorodny,** * um 1475, † 15. Sept. 1534, litauisch-poln. und russ. Heerführer. – Tatar. Herkunft; 1500–06 Hofmarschall des litauischen Großfürsten Alexander; trat 1508 in russ. Dienste und eroberte 1514 Smolensk. Nach Wassilis III. Tod (1533) Vormund für den minderjährigen Thronfolger Iwan (den späteren Iwan IV.); versuchte 1534 die Macht an sich zu reißen, scheiterte aber und starb im Kerker.

Glioblastom [griech.] ↑ Gliom.

Gliom [griech.], Sammelbez. für alle vom Nervenstützgewebe (Glia) ausgehenden Geschwülste des Zentralnervensystems; Vorkommen v. a. im Gehirn, aber auch in Rückenmark, Netzhaut des Auges und peripheren Nerven. Ein bösartiges G. heißt **Glioblastom.**

Glišić, Milovan [serbokroat. 'gliʃitɕ], * Gradac bei Valjevo 7. Jan. 1847, † Dubrovnik 20. Jan. 1908, serb. Schriftsteller. – Gilt als Begründer der realist. serb. Dorfnovellistik. Übersetzte Werke I. N. Gontscharows, A. N. Ostrowskis und L. Tolstois.

glissando [italien.], Abk. gliss., in der Musik die gleitende (kontinuierl.) Ausfüllung eines größeren Tonraums auf Klavier, Streich- oder Blasinstrumenten und im Gesang.

Glissando

Glisson, Francis [engl. ɡlɪsn], * Rampisham (bei Yeovil) 1597, † London 14. Okt. 1677, engl. Mediziner. – Beschrieb 1650 erstmals die Rachitis und in seinem bed. Werk über die Leber (1654) die Bindegewebskapsel der Leber **(Glisson-Kapsel);** erfand die ↑ Glisson-Schlinge.

Glisson-Schlinge [engl. ɡlɪsn; nach F. Glisson], Zugvorrichtung (gepolsterter Ring mit Schlaufen) zur Streckung und damit Entlastung der Wirbelsäule bei Wirbelsäulenerkrankungen.

Glittertind [norweg. ˌɡlɪtərtin], einer der beiden höchsten Berge Nordeuropas, im O-Teil des norweg. Gebirgsmassivs Jotunheim, 2 451 m, mit darüberliegendem Firnfeld bis 2 472 m hoch. Er überragt somit den 2 469 m hohen **Galdhøpigg,** der im NO von Jotunheim liegt.

Gliwice [poln. gli'vitsɛ] ↑ Gleiwitz.

global [lat.], auf die gesamte Erdoberfläche bezogen, weltumspannend, umfassend.

Global Atmospheric Research Programme [engl. 'ɡloʊbəl ætməsˈferɪk rɪˈsɜːtʃ ˈproʊɡræm], Abk. GARP, ein seit 1967 von der Weltorganisation für Meteorologie (WMO) in Zusammenarbeit mit dem International Council of Scientific Unions (ICSU) organisiertes globales atmosphärisches Forschungsprogramm. Ziel ist eine Verbesserung der großräumigen Wettervorhersage und ein besseres Verständnis der physikal. Grundlagen von Klima und Witterung. Zu diesem Zweck ist ein internat. System von Beobachtungssatelliten aufgebaut worden.

Global Positioning System [engl. 'ɡloʊbəl pəˈzɪʃənɪŋ 'sɪstəm] ↑ GPS.

Globalsteuerung, Bez. für die Beeinflussung makroökonom. Größen wie Geldmenge, Investitionsvolumen, Konsum und Volkseinkommen durch den Einsatz wirtschafts- und finanzpolit. Instrumente zur Erreichung eines gesamtwirtschaftl. Gleichgewichts. Diese Maßnahmen sind so durchzuführen, daß sie im Rahmen der marktwirtsch. Ordnung gleichzeitig zur Stabilität des Preisniveaus, zu einem hohen Beschäftigungsstand und außenwirtsch. Gleichgewicht bei stetigem und angemessenem Wirtschaftswachstum („mag. Viereck") führen.

Globe Theatre [engl. 'ɡloʊb 'θɪətə], eines der wichtigsten Zentren des elisabethan. Theaters, 1599 erbaut, nach Brand 1613 wieder errichtet, 1647 zerstört; stand am Ufer der Themse in London.

Globetrotter ['ɡloːptrɔtər, engl.], Weltbummler.

Globigerinen (Globigerina) [lat.], seit dem Jura bekannte Gatt. bis 2 mm großer Foraminiferen in allen Meeren (bes. der trop. und subtrop. Regionen); mit poröser, mehrkammeriger Kalkschale. Viele Arten sind wichtige Leitfossilien. Abgestorbene G. bauen die als **Globigerinenschlamm** bekannten Ablagerungen auf, die etwa 35 % der Meeresböden bedecken.

Globine [lat.], Proteinbestandteile von Chromoproteiden, z. B. des roten Blutfarbstoffes Hämoglobin sowie des Myoglobins der Muskeln.

Globke, Hans, * Düsseldorf 10. Sept. 1898, † Bonn 13. Febr. 1973, dt. Jurist. – 1932–45 Ministerialrat im Reichsinnenministerium; leitete 1953–63 unter B.kanzler K. Adenauer die Verwaltung des B.kanzleramts; v. a. wegen Mitwirkung an einem Kommentar zu den Nürnberger Gesetzen heftigen Angriffen ausgesetzt.

Globoid [lat./griech.], die Fläche, die von einem um eine beliebige Achse rotierenden Kreis erzeugt wird.

Globokar, Vinko, * Anderny (Meurthe-et-Moselle) 7. Juli 1934, jugoslaw. Komponist und Posaunist. – Entwickelte die Posaunenspieltechnik weiter und führte Gruppenimprovisationen ein. Kompositionen u. a. „Fluide" für Blechbläser und Schlagzeug (1967), „Ausstrahlungen" für einen Solisten und 20 Instrumentalisten (1971), „Laboratorium" für 11 Musiker (1973), „Miserere" für Stimmen und Orchester (1982).

Globule [zu lat. globulus „Kügelchen"], kleine runde Dunkelwolke, die z. B. vor einem hellen galakt. Nebel als dunkler Punkt sichtbar wird.

Globuline [lat.], Proteine, die in Pflanzen als Reservestoffe, im tier. und menschl. Organismus (z. B. Aktin und Myosin als Muskelglobuline) als Träger wichtiger physiolog. Funktionen und als Energielieferant vorkommen; treten auch als Bausteine von Enzymen, Genen, Viren auf.

Globus [lat. „Kugel"] (Mrz. Globen), maßstabsgerecht verkleinertes Kugelmodell der Erde, auch anderer Himmelskörper oder der (gedachten) Himmelskugel. Der älteste erhaltene Erd-G. stammt von M. Behaim (1492; heute im German. Nationalmuseum in Nürnberg). Wertvolle Globen schufen u. a. G. Mercator, Willem Janszoon Blaeu (* 1571, † 1638), Vincenzo Maria Coronelli (* 1650, † 1718) und Matthäus Seutter (* 1678, † 1757).

Globus. Nachbildung des Erdglobus von Vincenzo Maria Coronelli (Florenz, Museo di Storia della Scienza)

Glocke [kelt.], hohler, meist konkav gewölbter, nahezu kegelstumpfförmiger, aus Metall gegossener Klangkörper, der durch Anschlagen mit einem metallenen Klöppel zu Eigenschwingungen angeregt wird (Idiophone). Der G.klang ist durch nichtharmon. ↑Teiltöne gekennzeichnet. – Zunächst legt der G.gießer mit dem Entwurf des Halbprofils, der „Rippe", wichtige Eigenschaften der G. fest (Tonhöhe, Innenharmonie). Zur Herstellung wird dann aus Backstei-

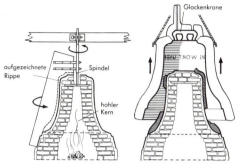

Glocke. Links: Abformen der Modellglocke. Rechts: Abheben des Glockenmantels, dabei wird die Modellglocke vom Kern entfernt

nen und Lehm ein „Kern" gemauert, der dem inneren Hohlraum der G. entspricht. Auf diesem Kern wird eine Modell-G. („falsche G.") aus Lehm geformt, auf die der „Mantel" aufgetragen wird. Nach dem Trocknen des Mantels wird dieser und die Modell-G. vom Kern entfernt, danach der Mantel wieder aufgesetzt. In den so entstandenen Hohlraum wird das flüssige Metall, meist G.bronze, gegossen (↑Gießverfahren). Die gegossene Bronze-G., als deren Vorläufer G. aus Holz, Fruchtschalen, Ton, Eisen oder Edelmetallen gelten, ist seit dem 9. Jh. v. Chr. in Vorderasien nachweisbar. Verwendung fand sie im magisch-kult. wie im profanen, nach ihrer Verbreitung über Europa seit dem 6. Jh. im sakralen Bereich. Daneben hat sich etwa bis ins 19. Jh. ihr Gebrauch als Wetter-, Feuer-, Gerichts- und Rats-G. und bis heute als Zeit-(Uhr-)G. erhalten. – Zunächst wurde der G.guß von Mönchen betrieben; seit dem 13. Jh. bilden die G.gießer eine eigene Zunft. Bis zum 17. Jh. wurden G. aus Bronze gegossen, später wurden auch Eisen und Stahl verwendet.

Glockenapfel ↑Äpfel (Übersicht).

Glockenbecherkultur, nach einer ihrer Leitformen, dem meist strich- oder stempelverzierten, rötl. gefärbten glockenförmigen Becher benannte endneolith. Kulturgruppe (Ende des 3. Jt. v. Chr.), die zu den Becherkulturen

Globus. Himmelsglobus von Matthäus Seutter (Wien, Österreichische Nationalbibliothek)

gerechnet wird. Ihr Verbreitungsgebiet umfaßt v. a. M-, W-, SW- und S-Europa, ihre Herkunft ist umstritten (Iber. Halbinsel ⚥).

Glockenberg (Zuckerhutberg), in den wechsel- und immerfeuchten Tropen sowie in einigen Monsungebieten häufige, steilwandig konvexe Bergform mit annähernd runder Grundfläche.

Glockenblume (Campanula), Gatt. der Glockenblumengewächse mit etwa 300 fast ausschließlich in den arkt., gemäßigten und subtrop. Gebieten der Nordhalbkugel verbreiteten Arten; meist Stauden mit glockigen, trichter- bis radförmigen Blüten in Trauben. In Deutschland kommen 18 Arten vor, darunter neben der ↑Ackerglockenblume u. a. noch: die **Kleine Glockenblume** (Campanula cochleariifolia), bis 15 cm hohe, rasenartig wachsende Staude, Blüten hellblau oder weiß, glockig in einer zwei- bis sechsblütigen Traube, Blätter eiförmig bis lanzettförmig; die **Pfirsichblättrige Glockenblume** (Campanula persicifolia), 30–80 cm hohe, meist kahle Pflanze mit glänzenden lanzettförmigen Blättern und großen, weitglockigen himmelblauen Blüten; die **Wiesenglockenblume** (Campanula patula), Stengelblätter länglich, blauviolette Blüten mit ausgebreiteten Zipfeln in armblütigen Rispen.

Glockenblumengewächse (Campanulaceae), Pflanzenfam. mit etwa 70 Gatt. und rd. 2 000 Arten, v. a. in den gemäßigten und subtrop. Gebieten; hauptsächlich Kräuter, Blüten meist fünfzählig, verwachsen-kronblättrig. Bekannte einheim. Gatt. sind u. a. ↑Glockenblume, ↑Sandglöckchen, ↑Teufelskralle.

Glockenbronze ↑Bronze.

Glockendon, Nürnberger Künstlerfamilie des 15./16. Jh., tätig v. a. als Zeichner für den Holzschnitt und Illuministen. Bedeutendster Vertreter ist *Nikolaus G.* († 1534), der farbenfrohe Miniaturen unter dem Einfluß der niederl. Buchmalerei schuf (u. a. ein N. T. und ein Missale, Wolfenbüttel, Herzog-August-Bibliothek, bzw. Aschaffenburg, Hofbibliothek).

Glockenheide (Heide, Erika, Erica), Gatt. der Heidekrautgewächse mit etwa 500, v. a. in S-Afrika verbreiteten Arten; wenige Arten kommen auch im trop. Afrika, im Mittelmeerraum (↑Baumheide) und vom Alpengebiet bis Großbritannien (Grauheide) vor; meist niedrige, dicht verzweigte, immergrüne Sträucher mit nadelförmigen Blättern; Blüten glocken-, krug-, röhren- oder tellerförmig, zu mehreren an den Enden der Äste und Ästchen. Einheim. Arten: **Grauheide** (Erica cinerea), 20–60 cm hoch, Zweige aufrecht, Blüten in dichten, endständigen Trauben oder Dolden, violett- oder fleischrot; **Moorheide** (Erica tetralix), bis 40 cm hoch, mit rosafarbenen Blüten; **Schneeheide** (Erica carnea), 15–30 cm hoher Zwergstrauch, Blüten rosafarben bis hell karminfarben.

Glockenrebe (Cobaea), Gatt. der Sperrkrautgewächse mit rd. 10 Arten im trop. Amerika; mit Blattranken bis 10 m hoch kletternde Sträucher; Blüten einzeln in den Blattachseln, langgestielt, groß, glockenförmig, nickend oder hängend, violett bis grün.

Glockenspiel (frz. Carillon), altes, bereits im 7. Jh. in Frankreich belegtes Musikinstrument, das aus verschieden gestimmten Glocken besteht. Seit dem 12. Jh. verwendete man ein aus vier Glocken bestehendes und mit dem Hammer angeschlagenes G. vor dem Stundenschlag der Turmuhren. Seit dem 14. Jh. kannte man Stiftwalzen, die ein mechan. G. von außen anschlugen. Die Vermehrung der Glocken (meist 2–4 Oktaven) und die Einführung von Klaviatur (Oudenaarde 1510) und später Pedal ermöglichte selbständiges Musizieren auf dem G. Sein Hauptverbreitungsgebiet war Belgien, Holland und Nordfrankreich, wo sich in seiner Blütezeit im 16.–18. Jh. Glockenspielerschulen ausbildeten. – Die seit Ende des 17. Jh. im Orchester verwendeten G. bestehen aus waagrecht in einem Rahmen angeordneten abgestimmten Metallplatten (Umfang chromatisch g^2–e^5), die mit Hämmerchen angeschlagen werden. Beim tragbaren G. der Militärkapellen sind die Metallplättchen in einem Lyrarahmen aufgehängt (↑Lyra). – Abb. S. 112.

Glockenstuhl, Gerüst zum Aufhängen von Glocken.

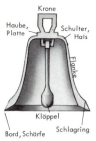

Glocke

Glockenblume. Pfirsichblättrige Glockenblume

Glockenheide. Moorheide

Glockentierchen

Glockentierchen (Vorticellidae), Fam. der Wimpertierchen mit zahlr. Arten, v. a. im Süßwasser; Zellkörper von glockenförmiger Gestalt.

Glockenwinde (Codonopsis), Gatt. der Glockenblumengewächse mit 40–50 Arten in den Gebirgen O-Asiens; windende oder niederliegende Stauden mit meist einzelnen, großen, glocken- oder röhrenförmigen, grünl., blauen oder weißl. Blüten; auch Zierpflanzen.

Glöckner, Hermann, *Dresden 21. Jan. 1889, †Berlin (West) 10. Mai 1987, dt. Maler, Graphiker und Plastiker. – G. leistete mit seinem Werk (v. a. Collagen, Monotypien, architekturbezogene Kunst) einen eigenständigen Beitrag zum europ. Konstruktivismus.

Glocknergruppe, östr. Bergmassiv in den Hohen Tauern mit zahlr. über 3 000 m hohen Gipfeln (u. a. Großglockner 3 798 m, Kleinglockner 3 770 m); stark vergletschert, u. a. die rd. 10 km lange **Pasterze,** der größte östr. Gletscher.

Glogau (poln. Głogów), Hafenstadt an der Oder, Polen, 70 m ü. d. M., 70 000 E. Kupfererzbergbau und -verhüttung, Maschinenbau. – Um 1010 gegr., war G. 1251–1481 Hauptstadt des gleichnamigen Hzgt.; kam mit diesem 1331 unter böhm. Oberhoheit; fiel 1526 an Habsburg, 1742 an Preußen. Im 2. Weltkrieg fast völlig zerstört. – Jesuitenkolleg mit Kirche (1694–1724).
G., ehem. schles. Hzgt., 1251 durch Erbteilung entstanden, wonach Hzg. Konrad I. in G. eine neue Linie der schles. Piasten begr., danach mehrmals geteilt; unter wechselnder Oberhoheit von Böhmen und Polen; fiel 1526 als nicht mehr selbständiges Hzgt. an die Habsburger.

Glogau-Baruther Urstromtal, O–W gerichtete Talung im Norddt. Tiefland, verläuft vom Warthetal bis zur mittleren Elbe.

Gloger-Regel [nach dem dt. Zoologen C. W. L. Gloger, *1803, †1863], Klimaregel, nach der in feuchtwarmen Gebieten die Melaninbildung hauptsächlich bei Vögeln und Säugetieren stärker ausgeprägt ist als in kühltrockenen Regionen. In feuchtwarmen Gebieten überwiegen die rötlichbraunen Farbtöne, in kühlen Trockengebieten die grauen.

Gloggnitz, Stadt am N-Rand der Buckligen Welt, Niederösterreich, 442 m ü. d. M., 6 100 E. Weberei, Maschinen-, Motorenbau, Holzind.; Moorbad. – Entstand vermutlich im 7. Jh.; erhielt 1926 Stadtrecht. – Schloß mit barocken Gebäuden (1741 vollendet).

Głogów ['guɔguf], poln. Name von ↑Glogau.

Gloire [frz. glwaːr; zu lat. gloria (mit gleicher Bed.)], frz. svw. Ruhm.

Glomerulonephritis [lat.-griech.], svw. Nierenentzündung (↑Nierenerkrankungen).

Glomerulosklerose [lat.-griech.], nichtentzündl. Nierenerkrankung durch keulenförmige und diffuse Ablagerungen hyaliner Substanzen in und zw. den Kapillaren der Nierenkörperchen mit sekundärer Verfasserung, Verhärtung und Funktionsstörung; kommt bes. bei Diabetes mellitus vor. Kennzeichen der G. sind Bluthochdruck, Ödeme, eiweißhaltiger Harn und Augenhintergrundveränderungen.

Glomerulus [lat.] ↑Niere.

Glomma ↑Glåma.

Glomus [lat. „Kloß, Knäuel"], in der *Anatomie* Gefäß- oder Nervenknäuel.

Gloria in excelsis Deo [lat. „Ehre (sei) Gott in der Höhe"], psalmenähnl. christl. Lob- und Bittgesang, im 4. Jh. im östl. Mittelmeerraum entstanden; im W im 6. Jh. in die Eucharistiefeier übernommen.

Glorie [lat.], Ruhm, Glanz.
▷ atmosphärisch-opt. Lichterscheinung, bestehend aus farbigen Ringen um den Schatten eines Objekts auf einer von der Sonne (oder dem Mond) beschienenen Nebelwand oder Wolkenoberfläche.

Glorienschein ↑Heiligenschein.

Gloriette [frz., zu lat. gloria „Ruhm"], offener Gartenpavillon in Parkanlagen (18./19. Jh.), z. B. im Park von Schönbrunn in Wien.

glorifizieren [lat.] verherrlichen; **Glorifikation,** Verherrlichung.

Gloriole [lat.] ↑Heiligenschein.

Glorious revolution [engl. 'glɔːrɪəs rɛvə'luːʃən „glorreiche Revolution"], Bez. für die Absetzung (1688) des absolutist. Stuartkönigs Jakob II. und die Übertragung der engl. Krone an Wilhelm (III.) von Oranien und Maria (II.); „glorreich" genannt, weil der Thronwechsel ohne Blutvergießen verlief; sie war keine Revolution im eigtl. Sinn, da die bisherige staatl. und gesellschaftl. Ordnung keine Veränderung erfuhr, vielmehr in ihrem aristokrat. Charakter eher gestärkt wurde. Mit der Bindung des Königtums an das Parlament (Verabschiedung der ↑Bill of Rights, 1689) wurde jedoch die konstitutionelle Entwicklung des 18. und 19. Jh. begründet.

Glossa [griech.-lat.], svw. ↑Zunge.

Glossar [griech.-lat.], erklärendes Verzeichnis schwer verständl. (fremdsprachiger, altertüml. mundartl.) Wörter bzw. Wendungen eines bestimmten Textes, oft als dessen Anhang gedruckt oder als selbständiges Wörterbuch. – ↑Glosse.

Glossatoren ↑Glosse.

Glosse [zu griech.-lat. glossa, eigtl. „Zunge" „Sprache"], fremdes oder ungebräuchl. Wort, dann die Übersetzung oder Erklärung eines solchen Wortes (nicht der Sache). Glossen erscheinen in Handschriften entweder zw. den Zeilen des Textes *(Interlinear-G.)* oder an den Rand geschrieben *(Marginal-G.).* Sie wurden entweder gemeinsam

Glockenwinde

Glockenspiel. Spieltisch des Glockenspiels im hohen Belfried in Brügge

Gloriette

Glocknergruppe. Großglockner mit dem Talgletscher Pasterze

mit diesem Text wieder abgeschrieben und so tradiert oder zu Glossaren gesammelt. Die Abfassung von G. reicht in die antike Homer-Erklärung zurück (5. Jh. v. Chr.). Im MA erschienen schon früh neben lat. auch volkssprachige G. zu lat. Texten, bes. als Zusätze zur Bibel, zu den im Unterricht verwendeten lat. Autoren und in Rechtstexten, z. B. Malberg. G. zur „Lex Salica", einem der german. Volksrechte. Nach der Wiederentdeckung des ↑ Corpus Juris Civilis im 11. Jh. gaben Juristen der Univ. Bologna (**Glossatoren**) philolog. und sachl. Erläuterungen zu einzelnen Stellen, wiesen übereinstimmende oder widersprechende Belege nach, arbeiteten allg. Rechtsregeln heraus und schufen damit die Anfänge einer jurist. Dogmatik.
▷ urspr. span. Gedichtform, vom 15. bis Ende des 17. Jh. sehr beliebt. Die G. variiert und kommentiert ein vorgegebenes Thema bzw. Motto, wobei jedem Vers des Mottos eine ↑ Dezime zugeordnet wird. U. a. in der dt. Romantik nachgeahmt.
▷ Randbemerkung; knapper, meist polemisch-feuilletonist. Kommentar zu aktuellen polit. oder kulturellen Ereignissen in Presse, Hörfunk, Fernsehen.

Glossem [griech.] ↑ Glossematik.

Glossematik [griech.] (Kopenhagener Schule), sprachwiss. Theorie, die von L. Hjelmslev u. a. Anfang der 1930er Jahre in Dänemark entwickelt wurde. In der Annahme eines Parallelismus zw. Form und Inhalt der Sprachzeichen wird ein Text mittels mathematisch-deduktiver Methoden in kleinste Elemente dieser Ausdrucks- und Inhaltsebene zerlegt (sog. **Glosseme**), deren Beziehungen untereinander dann untersucht werden, um eine universelle Grammatik zu erstellen, aus der dann die Grammatiken tatsächlich vorkommender wie auch mögl. Sprachen abgeleitet werden können.

glossieren [griech.-lat.], durch die ↑ Glosse erläutern; mit [spött.] Randbemerkungen versehen.

Glossitis [griech.], svw. ↑ Zungenentzündung.

Glossolalie [griech.] (Zungenreden), ekstat., unverständl. (religiöses) Sprechen, das der Deutung bedarf; in modernen ekstat. Gemeinschaften (z. B. Pfingstbewegung) bis heute üblich.

glottal [griech.], in der Phonetik: in der Glottis oder mit ihrer Beteiligung artikuliert.

Glottis [griech.], 1. das aus den beiden Stimmlippen (Stimmbändern) bestehende Stimmorgan im Kehlkopf, 2. bes. in der Phonetik die von beiden Stimmlippen gebildete Stimmritze (= Zwischenraum zw. ihnen).

Glottiskrampf, svw. ↑ Stimmritzenkrampf.

Glottisschlag, beim Sprechen und Singen der harte Ansatz von Vokalen.

Glottogonie [griech.], die Richtung der Sprachwiss., die sich mit der Erforschung der Entstehung einer Sprache, Sprachfamilie oder der menschl. Rede überhaupt befaßt.

Glotz, Peter, *Eger 6. März 1939, dt. Politiker (SPD). – 1972–77 und seit 1983 MdB; 1977–81 Senator für Wiss. in Berlin; 1981–87 Bundesgeschäftsführer der SPD.

Glotzauge, svw. ↑ Exophthalmus.

Gloucester [engl. 'glɔstə], engl. Earls- und Hzg.würde. Der Titel eines Earls von G. wurde 1122 für Robert (* um 1090, † 1147), einen illegitimen Sohn König Heinrichs I., geschaffen; gelangte 1221 an die engl. Adelsfamilie Clare, die 1314 erlosch. Seit 1385 wird der Hzg.titel an Mgl. der königl. Familie vergeben, zuerst an Thomas (*1355, † 1397), Sohn Eduards III. Weitere Träger des Titels:
G., Humphrey Hzg. von (seit 1414), *1390, † Bury Saint Edmunds (Suffolk) 23. Febr. 1447. – Der 4. Sohn König Heinrichs IV. führte nach dem Tod Heinrichs V. (1422) die Regentschaft für seinen unmündigen Neffen Heinrich VI.
G., Richard Hzg. von, ↑ Richard III., König von England.

Gloucester [engl. 'glɔstə], engl. Hafenstadt am Severn, 90 500 E. Verwaltungssitz der Gft. Gloucestershire; anglikan. Bischofssitz (seit 1541); Museen; Bau von Flugzeugteilen und Maschinen, Chemiefaser-, Möbelind., ⚒. – Geht auf die Zeit um 1. Jh. n. Chr. gegr. röm. Kolonie **Glevum** zurück, von den Walisern später **Caer Glow,** den Angelsachsen **Gleawecastre** gen.; wurde Ende 7. Jh. Hauptstadt des Kgr. Mercia; seit 1483 selbständige Gft., 1605 City. – Kathedrale (geweiht 1100 als Abteikirche, Kathedrale ab 1541; umgebaut 14./15. Jh.) im Perpendicular style.

Gloucestershire [engl. 'glɔstəʃɪə], Gft. in SW-England.

Gloverturm [engl. 'glʌvə; nach dem brit. Chemiker J. Glover, 19. Jh.] ↑ Schwefelsäure.

Gloxinie [nach dem elsäss. Arzt B. P. Gloxin, † 1784], (Gloxinia) Gatt. der Gesneriengewächse mit sechs im trop. S-Amerika verbreiteten Arten.
▷ (Sinningia speciosa) Gesneriengewächs der Gatt. Sinningie aus S-Brasilien; bis 20 cm hohe Pflanze mit knolligem Wurzelstock; Blätter oval, weich behaart; Blüten groß, glockenförmig, violettblau; Ausgangsform für die in vielen Farben blühenden, als **Gartengloxinie** (Sinningia hybrida) bekannten Zuchtformen.

Glubb, Sir (seit 1956) John Bagot [engl. glʌb], gen. G. Pascha, *Preston (Lancashire) 16. April 1897, † Mayfield (Sussex) 17. März 1986, brit. Offizier. – Trat 1930 in die transjordan. Armee (von den Briten Arab. Legion gen.) ein, deren Oberbefehlshaber er 1939–56 war und mit der er im 2. Weltkrieg die Alliierten im Irak und in Syrien unterstützte.

Glucagon [griech.], ein Peptidhormon der Bauchspeicheldrüse, das aus 29 Aminosäuren besteht. G. wird in den α-Zellen der Langerhans-Inseln produziert und bewirkt physiologisch als Gegenspieler des Insulins indirekt einen Anstieg des Blutzuckerspiegels; wurde 1967 erstmals synthetisch hergestellt.

Glucinium (Glucinum) [griech.], histor. Bez. für Beryllium.

Gloxinie. Gartengloxinie

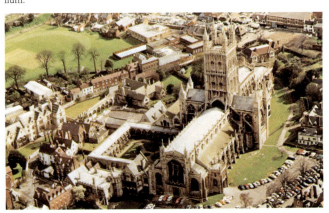

Gloucester. Blick auf die Kathedrale, geweiht 1100 (als Abteikirche), im 14. und 15. Jh. umgebaut

Gluck, Christoph Willibald Ritter von, *Erasbach bei Berching 2. Juli 1714, † Wien 15. Nov. 1787, dt. Komponist. – G. wuchs in Böhmen auf, wurde 1736 Kammermusiker in Wien und studierte von 1737 bis zu seinem ersten Auftreten als Opernkomponist („Artaserse", 1741) in Mailand bei G. B. Sammartini. Nach einer Berufung nach London und der Mitarbeit bei reisenden Operntruppen wirkte G. ab 1752 als Hofkapellmeister in Wien. – Die Zusammenarbeit mit dem Textdichter Calzabigi führte zu den sog. Reformopern „Orfeo ed Euridice" (1762), „Alceste" (1767) und „Paride ed Elena" (1770), deren Ideal echter, einfacher Ausdruck und Unterwerfung der Musik unter die Erfordernisse der Handlung war. Dies hatte musikalisch die Verwendung von ausdrucksstarker Melodik und Harmonik, den Verzicht auf das dürre Seccorezitativ, die Ersetzung der statisch angelegten Soloarie durch frei komponierte Szenen und die Aufnahme von Chorszenen zur Folge. – Den Streit zw. den Parteigängern G.s und denen Piccinnis über den Vorrang der reformierten frz. Tragédie lyrique oder der italien. Oper entschied G. mit dem Erfolg von „Iphigénie en Tauride" (1779, Text von N.-F. Guillard) für sich. – Da G.s Reformwerk v. a. eine Rückkehr zur Ba-

Christoph Willibald Gluck (Lithographie)

André Glucksmann

rockoper darstellte, war seine unmittelbare Nachwirkung relativ gering. Erst R. Wagner hat für seine Reform des Musikdramas teilweise an G.s Zielsetzungen angeknüpft.

Glück, das Eins-Sein mit seinen Hoffnungen, Wünschen, Erwartungen; als Ziel individuellen Handelns in der Philosophie seit der Antike viel diskutiert (↑ Eudämonismus, ↑ Hedonismus).

Glück auf!, Zuruf und Grußformel; um 1600 als Gegenstück zu dem älteren *Glück zu!* aufgekommen; wurde um 1675 im Erzgebirge, später im ganzen dt.sprachigen Raum zum Bergmannsgruß.

Glucke, Huhn, das brütet oder Küken führt.

Glückel von Hameln, *Hamburg 1645, †Metz 17. Sept. 1724, jidd. Schriftstellerin. – Ihr Memoirenwerk (etwa 1690–1719) ist eine bed. Quelle für die Kultur- und Wirtschaftsgeschichte der dt. Juden im 17./18. Jh.

Glucken (Wollraupenspinner, Lasiocampidae), mit über 1000 Arten weltweit verbreitete Fam. bis 9 cm spannender Nachtfalter; Körper kräftig, plump, dicht behaart, mit breiten, nicht selten gezackten, meist braun, gelb oder grau gefärbten Flügeln, Raupen dicht pelzig behaart. In M-Europa kommen 20 Arten vor, darunter Kupferglucke, Grasglucke und Schädlinge wie Kiefern-, Ringel-, Eichen- und Brombeerspinner.

Glücksburg, europ. Dyn., Zweig der Linie Sonderburg des Hauses Oldenburg. Stammvater war Hzg. August Philipp von Schleswig-Holstein-Beck (1612–75). Die Belehnung mit Glücksburg durch Dänemark und die Verleihung des Titels Hzg. von G. (jüngere Linie) erfolgte 1825. Mit Hzg. Christian als König Christian IX. kam das Haus G. 1863 auf den dän. Thron, mit dessen Sohn (Georg I.) auf den griech. und mit Christians Enkel (Håkon VII.) auf den norweg. Thron.

Glücksburg (Ostsee), Stadt und Seebad an der Flensburger Förde, Schl.-H., 6300 E. Wohnvorort von Flensburg. Segelhafen, -schule. – Entstand im 13. Jh.; 1622–1779 Reg.sitz des Hzgt. Schleswig-Holstein-Sonderburg-Glücksburg; seit 1900 Stadt. – Wasserschloß der Renaissance (1582–87) mit bed. Gobelinsammlung.

Glücksburg (Ostsee). Blick auf das Wasserschloß, 1582–87

Glückshaube (Caput galeatum), den Kopf des Neugeborenen haubenartig überziehende, außerordentlich feste Eihäute, die wegen Erstickungsgefahr umgehend entfernt werden müssen. Ursache ist das Ausbleiben des Blasensprungs. Im Volksglauben gelten diese Kinder als Glückskinder.

Glückskäfer, svw. ↑ Marienkäfer.

Glücksklee, volkstüml. Bez. für einheim. Kleearten, v. a. für den Wiesenklee, wenn er (selten) vierzählige Blätter bildet.

▷ Bez. für Arten der Gatt. Sauerklee (mit vierzählig gefingerten Blättern), die als Topfpflanzen kultiviert werden,

z. B. **Oxalis deppei** aus Mexiko, bis 25 cm hoch, Blätter gestielt; Blüten rosen- oder purpurrot, am Grunde gelb, in 5- bis 12blütiger Scheindolde.

Glucksmann, André [frz. glyks'man], *Boulogne-sur-Mer 19. Juni 1937, frz. Philosoph und Schriftsteller. – Sohn dt.-jüd. Emigranten; als Vertreter der sog. „Neuen Philosophen" entwickelte er in der Auseinandersetzung mit dem zunächst auch von ihm vertretenen Marxismus eine grundlegende Kritik des Totalitarismus; in seinen Werken, u. a. „Philosophie der Abschreckung" (1983), „Die Macht der Dummheit" (1985), „Die cartesianische Revolution" (1987), steht die Verantwortung des Philosophen für die Folgen seines Denkens im Mittelpunkt.

Glücksrad, allegor. Darstellung vom Wechsel des Glücks und der menschlichen Schicksale, Attribut der Glücksgöttin, bes. der röm. ↑ Fortuna.

Glücksspiel, Spiel um Vermögenswerte, bei dem die Entscheidung über Gewinn und Verlust allein oder überwiegend vom Zufall, dem Wirken unberechenbarer und dem Einfluß der Beteiligten entzogener Ursachen bestimmt wird (z. B. Roulette, Bakkarat, Kasinospiel, Sektorenspiel, Würfeln um Geld und verschiedene Kartenspiele). Die öff. und die in geschlossenen Gesellschaften gewohnheitsmäßig betriebene Veranstaltung von G. ohne behördl. Erlaubnis sowie die Beteiligung hieran sind mit Geld- oder Freiheitsstrafe bis zu zwei Jahren bzw. sechs Monaten bedroht (§§ 284, 284a StGB). Ähnl. Bestimmungen gelten im *östr. Recht.* In der *Schweiz* wird der unbefugte Betrieb einer Spielbank bestraft.

Glückssteine, svw. ↑ Monatssteine.

Glückstadt, Stadt in der Kremper Marsch, Schl.-H., an der Unterelbe, 3 m ü. d. M., 11 300 E. Museum; Papier-, Holz-, Farbenfabrik, Druckereien; Gemüseanbau; Hafen. – G. wurde 1616 von König Christian IV. von Dänemark gegr. – G. hat einen strahlenförmigen Grundriß und wird von barocken Häusern geprägt.

Gluco... [griech.], eindeutschend **Gluko...,** Wortbildungselement mit der Bedeutung „süß".

Gluconsäure [griech./dt.] (D-Gluconsäure), $CH_2OH-(CHOH)_4-COOH$, sirupartige, im reinen Zustand kristalline Carbonsäure; ihre Ester und Salze werden als *Gluconate* bezeichnet. G. wird als Metallbeizmittel, Textilhilfsmittel und Limonadenzusatz sowie in der Calciumtherapie verwendet.

Glucosamin [Kw.] (Aminoglucose, Chitosamin), 2-Amino-2-desoxyglucose, ein Aminozucker mit Glucosekonfiguration. G. kommt im Chitin, in Glykolipiden, Mukopolysacchariden und Glykoproteinen vor.

Glucose [zu griech. glykýs „süß"] (D-Glucose, Traubenzucker, Dextrose, früher Glykose), zu den Aldohexosen gehörender, biologisch bedeutsamster und in der Natur meistverbreiteter wichtigster Zucker ($C_6H_{12}O_6$), ein Monosaccharid. Er kommt in vielen Pflanzensäften und Früchten sowie im Honig (in der D-Form) vor und ist am Aufbau vieler Di- und Polysaccharide (z. B. Rohrzucker, Milchzucker, Zellulose, Stärke, Glykogen) beteiligt. Im menschl. und tier. Organismus findet sich stets eine geringe Menge von G. im Blut gelöst, beim Menschen etwa 0,1 %. Die Bestimmung im Blut erfolgt überwiegend enzymatisch. G. ist ein wichtiges Zwischenprodukt im Stoffwechsel der Kohlenhydrate; in den Pflanzen entsteht G. durch Photosynthese. Sie findet als Bestandteil von Lebensmitteln, Infusionslösungen und Tabletten sowie zur Herstellung von Sorbit, Ascorbinsäure, Gluconsäure u. a. Verwendung. Räuml. Struktur:

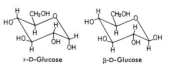

α-D-Glucose   β-D-Glucose

Glucoside [griech.], ↑Glykoside, die Glucose als Kohlenhydratkomponente enthalten.

Glucuronsäure [griech./dt.] (D-Glucuronsäure), durch Oxidation der Glucose entstehende Uronsäure. Die G.

kann mit Stoffwechselprodukten **Glucoronide** (Glykoside der G.) bilden, ein Vorgang, der u. a. für Entgiftungsreaktionen der Abbauprodukte von Arzneimitteln in Leber und Niere von Bedeutung ist und deren Ausscheidung durch die Niere beschleunigt.

Glühbrand (Verglühbrand), erster Brand von keram. Formlingen (↑Keramik).

glühelektrischer Effekt (Edison-Effekt, Glühemission, Richardson-Effekt, therm. Elektronenemission), die 1883 von T. A. ↑Edison entdeckte Erscheinung, daß aus glühenden Metallen Elektronen **(Glühelektronen)** austreten. Die große prakt. Bedeutung des glühelektr. E. liegt in der Möglichkeit der einfachen Erzeugung freier Elektronen, die z. B. die Entwicklung der Elektronenröhren ermöglichte.

Glühen, das Leuchten erhitzter Körper, das mit steigender Temperatur von der kaum sichtbaren Grauglut (ca. 400 °C) über Rot- (ab 525 °C) und Gelbglut (ab ca. 1 000 °C) bis zur Weißglut (über 1 200 °C) reicht. Die Temperaturabhängigkeit der **Glühfarben** kann daher zur näherungsweisen Temperaturbestimmung glühender Körper ausgenutzt werden.
▷ ↑Wärmebehandlung.

Glühkathode, negative Elektrode in Elektronenröhren, Röntgenröhren u. a., die unter Ausnutzung des glühelektr. Effektes Elektronen aussendet. Ein durch elektr. Energie zum Glühen gebrachter Metallfaden bildet entweder selbst die *direkt geheizte G.* oder gibt seine Wärme an die eigtl. G. ab *(indirekt geheizte G.)*.

Glühkerze, elektrisch betriebene Zündhilfe zum Anlassen von Dieselmotoren mit unterteilten Verdichtungsräumen. Man unterscheidet G. mit *Glühdraht* und mit *Glühstab (Stabglühkerze)*. Sobald der Motor läuft, wird die G. abgeschaltet.

Glühlampe

Glühlampe, die am weitesten verbreitete, zur Gruppe der Temperaturstrahler gehörende elektr. Lichtquelle. Ein Metallfaden, der sog. Glühdraht (meist eine Wolframwendel), wird in einem evakuierten oder mit einem indifferenten Gas (meist Argon mit 10 % Stickstoff oder Krypton) gefüllten Glaskolben durch den elektr. Strom zum Glühen (2 500 bis 3 000 °C) und damit zur Lichtemission gebracht. Dabei werden etwa 95 % der zugeführten elektr. Energie in Wärme umgewandelt, nur der Rest von etwa 5 % in Licht.
Geschichte: Der nach Amerika ausgewanderte dt. Uhrmacher H. Goebel erfand 1854 die erste praktisch brauchbare G., indem er einen verkohlten Bambusfaden in eine luftleer gemachte Flasche einschmolz. Verbreitete Anwendung fanden erst die nach Einführung der Dynamomaschine von dem Briten J. W. Swan und T. A. Edison ab 1877/78 entwickelten Glühlampen.

Glührohr, dickwandiges Glasröhrchen zum Erhitzen kleiner Substanzmengen bei der chem. Analyse.

Glühwein, mit Zucker oder Honig und Gewürzen (Teeblätter, Nelken, Zimt, Kardamom) erhitzter Rotwein.

Glühwürmchen ↑Leuchtkäfer.

Gluko... ↑Gluco...

Glukokortikoide, Gruppe von Steroidhormonen aus der Nebennierenrinde (↑Nebennierenrindenhormone).

Glukosurie [griech.] (Glykosurie, Glykurie), Ausscheidung von Traubenzucker (Glucose) im Harn; z. B. bei Diabetes mellitus, bei starker körperl. Belastung und bei Gehirnerkrankungen.

Gluonen [zu engl. glue „Klebstoff"], bei der starken Wechselwirkung zw. den Quarks ausgetauschte intermediäre Bosonen ohne Ruhmasse. Die Quelle der G.felder ist die Farbladung der Quarks, so wie die elektr. Ladung als Quelle des Photonenfeldes aufzufassen ist.

Glurns (italien. Glorenza), italien. Gemeinde in Südtirol, Trentino-Südtirol, 920 m ü. d. M., 750 E. – 1178 als Dorf gen., 1304 Stadt. – Die ma. Stadtbefestigung ist vollständig erhalten; spätgot. Pfarrkirche (1481–95).

Glutaeus [griech.], Kurzbez. für: Musculus glutaeus ... (↑Gesäßmuskeln).

Glutamate [zu lat. gluten „Leim"] (Glutaminate), die Ester und Salze der ↑Glutaminsäure. Die Magnesium-, Calcium- und Kaliumsalze werden als Kochsalzersatz für diätet. Lebensmittel verwendet. Das Natriumsalz dient v. a. als Würzmittel und wird z. B. in der Lebensmittelind. als Geschmacksverbesserer Suppen und Konserven zugesetzt.

Glutamin [Kw.], eine weitverbreitete Aminosäure, das Monoamid der Glutaminsäure.

Glutaminate [Kw.], svw. ↑Glutamate.

Glutaminsäure (2-Aminoglutarsäure), in der Natur weitverbreitete Aminosäure, kommt vor allem im Eiweiß des Quarks und der Getreidekörner (bis 45 %) vor. G. spielt im Zellstoffwechsel eine überragende Rolle, da sie über den Zitronensäurezyklus in Verbindung zum Kohlenhydratstoffwechsel steht. Sie ist an der Bildung von Aminosäuren beteiligt und bindet das beim Proteinabbau freiwerdende giftige Ammoniak unter Bildung von Glutamin. Chem. Strukturformel:

$$HOOC-CH_2-CH_2-CH-COOH$$
$$|$$
$$NH_2$$

Glutarsäure [lat./dt.] (Pentandisäure), eine wasserlösl., höhere, gesättigte Dicarbonsäure; kommt im Saft unreifer Zuckerrüben vor; $HOOC-(CH_2)_3-COOH$.

Glutathion [lat./griech.], γ-Glutamylcysteinylglycin; in fast allen lebenden Zellen vorkommendes Tripeptid, das im Stoffwechsel als Redoxsystem bei der Wasserstoffübertragung eine Rolle spielt. Im menschl. und tier. Körper wird das G. in der Leber synthetisiert.

Gluteline [lat.], einfache Eiweißstoffe des Getreidemehls mit hohem Anteil an den Aminosäuren Glutaminsäure und Prolin. Zus. mit den Prolaminen bilden sie das Gluten.

Gluten [lat. „Leim"] (Kleber, Klebereiweiß), aus Glutelinen und Prolaminen bestehender Hauptanteil des Eiweißes im Weizenmehl, das im Endosperm des Weizenkorns enthalten. Quellfähigkeit und zähe Konsistenz dieses Proteingemisches beim Anteigen bewirken die Backeigenschaften des Weizenmehls. Das als Nebenprodukt bei der Stärkefabrikation gewonnene G. dient zur Herstellung eiweißreicher Nähr- und Futtermittel sowie von Glutaminsäure.

Glyceride (Glyzeride) [griech.], Ester des ↑Glycerins.

Glycerin [zu griech. glykerós „süß"] (Glyzerin, Propantriol-(1, 2, 3)), einfachster dreiwertiger, gesättigter Alkohol; Bestandteil als Glycerinfettsäureester aller natürl. Fette, aus denen es technisch durch ↑Fettspaltung gewonnen wird. G. ist eine farblose, süß schmeckende Flüssigkeit. Das technisch wichtige Grundprodukt dient zur Herstellung von ↑Nitroglycerin und v. a. von Kunststoffen.

Glycerinaldehyd, der einfachste opt. aktive Zucker; wurde von E. Fischer als Bezugssubstanz zur Festlegung der Konfiguration von Kohlenhydraten eingeführt. Chem. Strukturformeln:

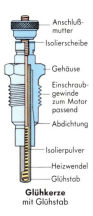

Glühkerze mit Glühstab

CH_2OH
$|$
$CHOH$
$|$
CH_2OH

Glycerin

Glycin

Glycin [griech.] (Glyzin, Glykokoll, Aminoessigsäure), H_2N-CH_2-COOH, einfachste, nichtessentielle Aminosäure.

Glycyrrhizinsäure [griech./dt.] (Glyzyrrhizin, Süßholzzucker), $C_{42}H_{62}O_{16}$, sehr süß schmeckendes, im Süßholzstrauch vorkommendes Glykosid, dessen Moleküle aus einem Molekül *Glycyrrhetinsäure* ($C_{30}H_{46}O_4$) und zwei Molekülen Glucuronsäure bestehen; Verwendung v. a. zur Geschmacksverfeinerung von bitteren Arzneien.

Glykocholsäure [griech./dt.], eine gepaarte Gallensäure, bei der Cholsäure und Glycin säureamidartig miteinander verbunden sind: $C_{26}H_{43}O_6N$.

Glykogen [griech.] (Leberstärke, tier. Stärke), ein aus α-D-Glucose in der Leber und im Muskel aufgebautes Polysaccharid, das als rasch mobilisierbares Reservekohlenhydrat im Stoffwechsel eine große Rolle spielt. G. hat eine verzweigte, amylopektinartige Struktur, seine Molekülmasse liegt zw. 1 Mill. (Muskel) und 16 Mill. (Leber). Der Auf- und Abbau von G. im Körper wird durch Hormone gesteuert.

Glykogenie [griech.] (Glykogensynthese), Aufbau von Glykogen aus Glucoseeinheiten. Der Syntheseweg verläuft nicht als Umkehrung des Abbaus (Glykogenolyse), sondern über ein eigenes Enzymsystem, wodurch beide Wege getrennt reguliert werden können.

Glykogenolyse [griech.] (interzellulärer Glykogenabbau), der innerhalb einer Zelle ablaufende enzymat. Abbau des Glykogens, der im Ggs. zum extrazellulären Abbau durch Amylase Glucosephosphat liefert. Die G. im Muskel ist stimulierbar durch das in Streß- oder Gefahrensituationen vom Nebennierenmark ausgeschüttete Hormon Adrenalin. Dadurch ist eine Mobilisierung von Energiereserven gewährleistet.

Glykogenspeicherkrankheit (Glykogenose), Enzymdefekt des Glykogenstoffwechsels, der mit einer pathologisch vermehrten Glykogenspeicherung in Leber, Nieren, Herz, Muskulatur und Zentralnervensystem verbunden ist. Bei der **hepatorenalen Glykogenose** (Gierke-Krankheit) ist die Freisetzung von Glucose aus Glykogen gestört. Anzeichen sind Fettstoffwechselstörungen, geistige Entwicklungshemmung und Infektanfälligkeit.

Glykokoll [zu griech. glykýs „süß" und kólla „Leim"], svw. ↑Glycin.

Glykol [griech./arab.] (Äthylenglykol, 1,2-Äthandiol), $HO-CH_2-CH_2-OH$, einfachster, zweiwertiger Alkohol. Verwendet wird G. als Frostschutzmittel, als Lösungsmittel für Zellulosenitrat sowie bei der Synthese von Polyestern. – ↑Diäthylenglykol.

Glykole (1,2-Diole), Sammelbez. für zweiwertige ↑Alkohole mit benachbarten Hydroxylgruppen.

Glykolipide (Glykolipoide) [griech.], organ. Verbindungen, die neben einem Lipid- auch einen Kohlenhydratanteil (meist Glucose oder Galaktose) enthalten.

Glykolsäure (Äthanolsäure, Hydroxyessigsäure), $CH_2OH-COOH$, die einfachste Hydroxysäure, die z. B. in Fruchtsäften, unreifen Weintrauben und im Zuckerrohr vorkommt. Verwendet wird die G. in der Gerberei zum Entkalken der Häute sowie zum Veredeln von Leder und Pelzen.

Glykolyse [griech.] (Embden-Meyerhof-Parnas-Abbauweg), der in lebenden Organismen ablaufende enzymat., anaerobe (ohne Mitwirkung von Sauerstoff) Abbau von Glucose oder ihren Speicherformen (z. B. Glykogen). Dabei entstehen aus 1 Mol Glucose 2 Mol Brenztraubensäure, wobei etwa 60 kJ verwertbare Energie frei wird (gespeichert in 2 Mol ATP) und 1 Mol NAD · H_2 gebildet wird. Die entstehende Brenztraubensäure kann anaerob zu Milchsäure (z. B. im Muskel) oder in Hefen zu Alkohol abgebaut werden; ihr aerober Abbau mündet in ↑Zitronensäurezyklus. Die G. ist der wichtigste Abbauweg der Kohlenhydrate im Organismus, der häufig auch nach den bei der Aufklärung dieser Reaktionskette führenden Wissenschaftlern benannt wird. Neben dem Embden-Meyerhof-Parnas-Weg kann Glucose auch auf den Pentosephosphat-Weg (Warburg-Dickens-Horecker-Weg) abgebaut werden.

Glykoneus [griech.-lat.], nach einem sonst unbekannten hellenist. Dichter Glykon ben. antikes Versmaß nach dem Grundschema ⌣⌣–⌣⌣–⌣–.

Glykoproteide [griech.] (Glykoproteine, Eiweißzukker), zusammengesetzte Eiweißstoffe, die Kohlenhydratkomponenten tragen, die glykosidisch mit den Aminosäureresten verbunden sind. Zu den G. zählen viele Proteohormone, Proteine des Blutserums, die Blutgruppensubstanzen und Bestandteile von Körperschleimen.

Glyzine

Glykoside [griech.], große Gruppe von Naturstoffen und synthet. organ. Verbindungen, deren Kohlenhydratanteil durch ↑glykosidische Bindung mit einem Nichtkohlenhydratbestandteil (**Aglykon,** Genin) verbunden ist. Das Kohlenhydrat kann über ein Sauerstoffatom (*O-Glykoside*) oder ein Stickstoffatom (*N-Glykoside*) an das Aglykon gebunden sein. Die meisten in der Natur vorkommenden G. sind O-Glykoside, die wichtigsten N-Glykoside sind die Nukleoside. Die biolog. Bed. der pflanzl. G. (z. B. die ↑Saponine) liegt darin, daß durch die Glykosidbindung das Aglykon wasserlöslich gemacht wird. Viele G. haben pharmakolog. Wirkung (z. B. Digitalisglykoside).

glykosidische Bindung (Glykosidbindung), Bindungstyp organ. Verbindungen, der durch Wasserabspaltung bei der Reaktion der am Kohlenstoffatom des Kohlenhydrats gebundenen halbacetal. Hydroxylgruppe mit einer Hydroxyl- oder Aminogruppe des Alglykons gebildet wird. Im ersten Fall entsteht eine *O-glykosid. Bindung:* $(-\overset{|}{\underset{|}{C}}-NR')$ $-OR$. Im zweiten Fall entsteht eine *N-glykosid. Bindung:* $(-\overset{|}{\underset{|}{C}}-OR')$ $-OR$.

Glykosurie (Glykurie) [griech.], svw. ↑Glukosurie.
Glyn ↑Glen.
Glyoxal [Kw.] (Äthandial, Oxalaldehyd), $OHC-CHO$, der einfachste Dialdehyd; er entsteht bei Oxidation von Acetaldehyd mit Salpetersäure. Verwendet wird G. als Vernetzungsmittel.

Glyoxylsäure [Kw.] (Äthanalsäure, Glyoxalsäure), die einfachste Aldehydsäure, $OHC-COOH$; findet sich bes. in unreifen Früchten (z. B. in Stachelbeeren).

Glyoxylsäurezyklus (Glyoxalatzyklus, Krebs-Kornberg-Zyklus), Stoffwechselweg bei Mikroorganismen und Pflanzen. Der G. ist eine Variante des ↑Zitronensäurezyklus, bei der aktivierte Essigsäure (Acetyl-CoA) nicht abgebaut, sondern zur Synthese von Dicarbonsäuren verwendet wird. Die biolog. Bed. des G. liegt in der Möglichkeit, aus Acetyl-CoA, das z. B. aus dem Fett[säure]abbau stammt, Kohlenhydrate (über die Bernsteinsäure) aufzubauen, ein Vorgang, der in Pflanzensämlingen große Bed. hat.

Glyphe ↑Glypte.
Glypte (Glyphe) [zu griech. glýphein „ausmeißeln"], Eingemeißeltes; geschnittener Stein; Skulptur.

Glyptik [griech. (zu ↑Glypte)], svw. ↑Steinschneidekunst.

Glyptodonten [griech.], svw. ↑Riesengürteltiere.

Glyptothek [griech.], Sammlung geschnittener Steine, auch antiker Skulpturen (z. B. Münchner G., als Bau 1816–34 von L. von Klenze errichtet, 1972 wiedereröffnet).

Glyzeride ↑Glyceride.

Glyzerin ↑Glycerin.

Glyzin ↑Glycin.

Glyzine [zu griech. glykýs „süß"] (Blauregen, Glyzinie, Wisterie, Wisteria), Gatt. der Schmetterlingsblütler mit neun Arten in N-Amerika und O-Asien; sommergrüne, hochwindende Klettersträucher mit unpaarig gefiederten Blättern; Blüten groß, duftend, in langen, hängenden Trauben, blau, weiß oder lilafarben.

GM, Abk. für: ↑**G**old**m**ark.

GmbH, Abk. für: ↑**G**esellschaft **m**it **b**eschränkter **H**aftung.

GmbH & Co ↑Kommanditgesellschaft.

GMD, Abk. für: **G**eneral**m**usik**d**irektor (↑Musikdirektor).

Gmeiner, Hermann, *Alberschwende (Vorarlberg) 23. Juni 1919, †Innsbruck 26. April 1986, östr. Sozialpädagoge. – Gründete 1949 das erste von rund 250 SOS-Kinderdörfern und entwickelte die Organisation der Dorfgemeinschaften mit Familien von 5–8 Kindern verschiedener Altersstufen, die von einer Frau als „Mutter" betreut werden.

Gmelin [...li:n], Johann Friedrich, *Tübingen 8. Aug. 1748, †Göttingen 1. Nov. 1804, dt. Chemiker. – Prof. in Göttingen; verfaßte eine „Allgemeine Geschichte der Gifte" (3 Bde., 1776/77), eine „Einleitung in die Pharmazie" (1781) und eine „Geschichte der Chemie" (3 Bde., 1797–99).

G., Leopold, *Göttingen 2. Aug. 1788, †Heidelberg 13. April 1853, dt. Chemiker. – Prof. in Heidelberg; sein „Handbuch der theoret. Chemie" (3 Bde., 1817–19) betreute er bis zur 5. Auflage (1853) selbst; das Werk wurde weitergeführt u. d. T. „Gmelins Handbuch der anorgan. Chemie". Es wird seit 1946 vom *Gmelin-Institut für anorgan. Chemie und Grenzgebiete in der Max-Planck-Gesellschaft* herausgegeben.

GMT [engl. 'dʒiː:ɛmˈtiː], Abk. für engl.: **G**reenwich **M**ean **T**ime ['grɪnɪdʒ miːn 'taɪm „mittlere Greenwicher Zeit"], ↑Weltzeit.

Gmünd in Niederösterreich. Renaissancefassaden mit Sgrafitto

Gmünd, östr. Stadt am O-Ende der Hohen Tauern, Kärnten, 732 m ü. d. M., 2 600 E. Luftkurort und Wintersportplatz. – Im 13. Jh. als Burgstadt gegr., die 1292 als Stadt erscheint. – Spätgot. Stadtpfarrkirche mit zahlr. Grabdenkmälern; Wohnhäuser aus Renaissance und Barock; roman. Bergfried und got. Bauteile des Alten Schlosses; Neues Schloß (1651–54).

G., Bez.hauptstadt im Waldviertel, Niederösterreich, 492 m ü. d. M., 6 300 E. Museum; Nahrungsmittel-, Möbel-, Textilind. – Vor 1200 als Grenzstadt mit Burg angelegt. – Roman. Pfarrkirche mit got. Chor (14. Jh.) und W-Turm von 1954; Schloß (16. Jh.).

Gmunden, Bez.hauptstadt an der N-Spitze des Traunsees, Oberösterreich, 445 m ü. d. M., 12 600 E. Handelsakad., Bundesförsterschule; kulturhistor. Museum; Theater, Freilichtbühne. Luftkurort; Bekleidungs-, Schuhind., Glühlampenherstellung. – Seit etwa 1280 Stadt. – Barockisierte Pfarrkirche mit einem Holzschnitzaltar von T. Schwanthaler (1678); Rathaus (16. bis 18. Jh.). In **Ort** b. G.: Seeschloß (mit got. Bauteilen) und Landschloß (17. Jh.).

Gnade [zu althochdt. ginâda, eigtl. „Hilfe, Sicherheit"], *religionswissenschaftlich* die Hilfe [eines] Gottes, in den prophet. Religionen (z. B. Judentum, Christentum, Islam) vornehmlich als unverdiente Vergebung menschl. Sünde, in den myst. Religionen ind. Herkunft in erster Linie als Erlösung aus ird. Vergänglichkeit. – In der *Bibel:* Im A. T. erfährt Israel Gottes G. v. a. in der grundlosen Auserwählung zum Bundesvolk und in der alle Gerechtigkeit überbietenden Treue, die Gott auch seinem untreuen Volk gegenüber beweist. Im N. T. bezeugt Jesus selbst in den Gleichnissen und durch sein Verhalten den gnädigen Vatergott. Der Sünder wird nach Paulus (Röm. 3, 23) allein durch Gottes G. ohne eigenes Verdienst gerechtfertigt und mit neuem Leben beschenkt. – Im *kath. Verständnis:* G. wurzelt in Gottes freiem Willen zur Selbstmitteilung. G. bezeichnet sowohl Gott selbst, insofern er sich dem Menschen schenkt (ungeschaffene G.), als auch die Wirkung von Gottes Selbsterschließung im Menschen (z. B. Gotteskindschaft, totale Sündenvergebung durch die **heiligmachende Gnade**), wobei die G. die Natur voraussetzt und vervollkommnet. – Im Verständnis der *reformator. Kirchen* ↑Rechtfertigung. – Zum Recht ↑Gnadenrecht.

Gnadenbild, im kath. Verständnis das an Wallfahrtsorten (**Gnadenorten**) verehrte gemalte oder plast. Bild von Christus oder von Heiligen, v. a. von Maria.

Gnadengesuch ↑Gnadenrecht.

Gnadenhochzeit ↑Hochzeit.

Gnadenkirchen, Bez. für die 6 ev. Kirchen in Schlesien, die in der Konvention von Altranstädt (1707) den ev. Schlesiern bewilligt und mit Sonderrechten ausgestattet wurden: in Landeshut i. Schles., Hirschberg i. Rsgb., Sagan, Freystadt i. Niederschles., Militsch und Cieszyn.

Gnadenkraut (Gratiola), Gatt. der Rachenblütler mit 20 Arten in den gemäßigten Zonen und trop. Gebirgen. Einzige einheim. Art ist das **Gottesgnadenkraut** (Gratiola officinalis); mehrjährige, bis 60 cm hohe Pflanze mit langgestielten, weißen, rötlich geäderten Blüten; auf nassen Wiesen, an Ufern und in Sümpfen.

Gnadenorte ↑Gnadenbild.

Gnadenrecht, das Recht, rechtskräftig verhängte Strafen zu erlassen, umzuwandeln, herabzusetzen und (zur Bewährung) auszusetzen (↑Begnadigung) und anhängige Strafverfahren niederzuschlagen (↑Abolition). Normalerweise wird die Gnadenfrage auf Grund eines **Gnadengesuches** [des Verurteilten oder eines Dritten] aufgegriffen, sie kann aber auch von Amts wegen geprüft werden.

Gnadenstreit ↑Molinismus.

Gnadenstuhl, kunstgeschichtl. Bez. für eine etwa seit dem 12. Jh. bekannte Darstellungsform der Dreifaltigkeit: Der auf einem Thron sitzende Gottvater hält das Kreuz mit dem Corpus Christi vor sich; zwischen beiden (später auch über beiden) schwebt der Hl. Geist in Gestalt einer Taube. – Abb. S. 118.

Gnägi, Rudolf, *Schwadernau (Bern) 3. Aug. 1917, †Bern 20. April 1985, schweizer. Politiker. – Mgl. der Schweizer. Volkspartei; 1966–79 Bundesrat (Verkehrs- und Energiewirtschaftsdepartement, seit 1968 Militärdepartment); 1971 und 1976 Bundespräsident.

gnathogen [griech.], vom Kiefer herrührend oder ausgehend (z. B. von Krankheiten gesagt).

Gnathoschisis [griech.], svw. ↑Kieferspalte.

Gneis, weitverbreitete Gruppe metamorpher Gesteine, mittel- bis grobkörnig, mit deutl. Parallelgefüge; Hauptgemengteile: Feldspat, Quarz, Glimmer. **Orthogneis** ent-

Hermann Gmeiner

Gnadenkraut. Gottesgnadenkraut

stand aus magmat., **Parageneis** aus sedimentären Gesteinen.

Gneisenau, August Wilhelm Anton Graf Neidhardt von (seit 1814), *Schildau 27. Okt. 1760, † Posen 23. Aug. 1831, preuß. Generalfeldmarschall. – Nahm 1782/83 auf der Seite Großbritanniens am nordamerikan. Unabhängigkeitskrieg teil. Seit 1786 in preuß. Diensten; erhielt im April 1807 das Kommando über die Festung Kolberg, die er mit Nettelbeck und Schill bis zum Frieden von Tilsit verteidigte; trat danach in die Kommission zur Reorganisation des Heeres ein, setzte mit Scharnhorst die Errichtung der Kriegsschule durch und trug mit der Forderung nach Abschaffung ständ. Vorrechte in der Armee, Einführung der allg. Wehrpflicht und Humanisierung des militär. Dienstes entscheidend zu Steins Werk der preuß. Reformen bei, nach dessen Entlassung 1808 er ebenfalls aus dem preuß. Dienst ausschied. Warb seit 1811 für den Volkskrieg gegen Napoleon I. Seit 1813 Generalleutnant, erwies er sich als Generalstabschef Blüchers in den Befreiungskriegen (bes. in den Schlachten von Leipzig 1813 und Belle-Alliance 1815) als umsichtiger Heerführer. Nahm 1816 aus polit. Gründen seinen Abschied. 1818 wurde er Gouverneur von Berlin, 1825 Generalfeldmarschall. Starb, während des poln. Aufstands an die Spitze der östl. Armeekorps berufen, an der Cholera.

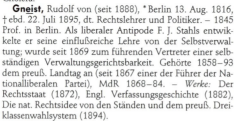

August Wilhelm Anton von Gneisenau

Gneist, Rudolf von (seit 1888), *Berlin 13. Aug. 1816, † ebd. 22. Juli 1895, dt. Rechtslehrer und Politiker. – 1845 Prof. in Berlin. Als liberaler Antipode F. J. Stahls entwickelte er seine einflußreiche Lehre von der Selbstverwaltung; wurde seit 1869 zum führenden Vertreter einer selbständigen Verwaltungsgerichtsbarkeit. Gehörte 1858–93 dem preuß. Landtag an (seit 1867 einer der Führer der Nationalliberalen Partei), MdR 1868–84. – *Werke:* Der Rechtsstaat (1872), Engl. Verfassungsgeschichte (1882), Die nat. Rechtsidee von den Ständen und dem preuß. Dreiklassenwahlsystem (1894).

Gnesen ↑Gniezno.

Gnesiolutheraner [zu griech. gnḗsios „echt"], spätere Bez. für eine von M. Flacius angeführte theolog. Gruppierung innerhalb des frühen Luthertums, die behauptete, das Erbe Luthers unverfälscht zu bewahren.

Gnetum [malai.-nlat.], einzige Gatt. der Nacktsamerfamilie **Gnetumgewächse** (Gnetaceae) mit etwa 30 Arten in Afrika, auf dem Pazif. Inseln und im äquatorialen Amerika; meist Sträucher oder Lianen mit gegenständigen Blättern; z. T. eßbare Früchte.

Gniezno. Um 1170 geschaffene romanische Bronzetür des Doms

Gniezno [poln. ˈgɲɛznɔ] (dt. Gnesen), poln. Stadt onö. von Posen, 120 m ü. d. M., 70 000 E. Kath. Erzbischofssitz; Maschinenbau, Leder-, Nahrungsmittelind. – Nach Überlieferung und Ausgrabungsbefunden (Burgsiedlung des späten 8. Jh.) die älteste poln. Stadt; wurde im 10. Jh. Fürstensitz und war (neben Posen) im 10. und 11. Jh. Hauptstadt Polens; um 1000 Errichtung des Erzbistums. 1793–1806 und seit 1814/15 unter preuß. Herrschaft; kam nach dem 1. Weltkrieg zu Polen. – Spätgot. Dom (1342–1415) mit roman. Bronzetür (um 1170).

G., Erzbistum, errichtet im Jahre 1000, erhielt die Suffragane Kolberg, Breslau, Krakau, bald auch Posen. Der Metropolit von G. krönte die poln. Könige und war seit 1416 Primas von Polen und Litauen. 1821 wurde Posen zum Erzbistum erhoben und G. ihm in Personalunion verbunden; seit 1948 in Personalunion mit Warschau.

Gnitzen [niederdt.] (Bartmücken, Ceratopogonidae), mit rd. 500 Arten weltweit verbreitete Fam., 0,3–3 mm langer Mücken; meist dunkel gefärbt mit gedrungenem Körper und oft behaarten und gefleckten Flügeln; Blutsauger an Insekten und Wirbeltieren (rufen beim Menschen starken Juckreiz und bis 2 cm große Quaddeln hervor).

Gnoli, Domenico [italien. ˈɲɔːli], *Rom 3. Mai 1933, † New York 17. April 1970, italien. Maler. – Füllt die Bildfläche völlig aus in minutiöser Wiedergabe der Stofflichkeit seines Gegenstandes. Schuf auch Objekte („Schuh") und Bühnendekorationen.

Gnom [von Paracelsus geprägt; Herkunft ungeklärt], Erd-, Berggeist (↑Zwerge).

Gnome [griech.-lat., zu griech. gignṓskein „(er)kennen"], kurze Sprüche, in älteren Literaturen Form der Lehrdichtung, oft in Sammlungen vereinigt (Florilegien); z. B. die Sammlung des apokryphen Dionysius Cato („Dicta Catonis", 2. Jh.), eines der didakt. Grundbücher des MA).

Gnomon [griech.], senkrecht stehender Schattenstab (z. B. auch Obelisk); antikes astronom. Meßinstrument; Vorläufer der ↑Sonnenuhr.

gnomonische Projektion (gnomische Projektion, orthodromische Projektion), Zentralprojektion einer Kugel (speziell der Erdkugel) von ihrem Mittelpunkt aus auf eine Tangentialebene. Die durch den Berührungspunkt der Kugel mit der Ebene verlaufenden Großkreise der Kugel werden dabei in Geraden dieser Ebene abgebildet (von Bed. für kartograph. Entwürfe von Navigationskarten, auch für die Kristallographie).

Gnoseologie [griech.], Erkenntnislehre; Bez. für ↑Erkenntnistheorie.

Gnosis [griech. „Erkenntnis, Wissen"], allg. Begriff der Religionsphänomenologie zur Bez. eines systematisch gefaßten Wissens um göttl. Geheimnisse, das nur wenigen Menschen als apriori. Vermögen gegeben ist, aus dem Menschen selbst und nicht aus einer Offenbarung (Gnade) stammt und sich selbst als das umfassende Heil des Menschen versteht. – Der Begriff G. wurde früher (bis 1966) mit ↑Gnostizismus gleichgesetzt.

Gnostiker [griech.], Anhänger oder Vertreter der ↑Gnosis.

Gnadenstuhl. Tafelbild eines unbekannten Meisters aus der Steiermark, um 1425 (London, National Gallery)

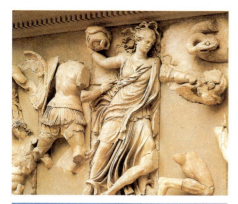

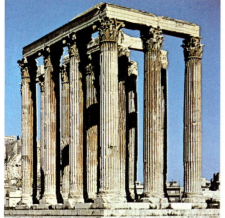

Griechische Kunst. Oben: Relief vom Nordfries des Pergamonaltars, 164–156 v. Chr. (Berlin, Pergamonmuseum). Unten: Olympieion in Athen, vollendet 131/132 n. Chr.

der türk. Reg.chef B. Ecevit, die strittigen Fragen ohne ausländ. Einmischung zu lösen. Vor den vorgezogenen Wahlen Ende 1977 kam es noch einmal zu einer Welle von Parteigründungen, v. a. einer Rechtspartei, die Anhänger der ehem. Militärjunta und Royalisten vereinigt. Bei den Wahlen (20. Nov. 1977) behielt die Reg.partei K. Karamanlis' trotz starker Verluste die absolute Mehrheit. Nach fast dreijährigen Verhandlungen wurde im Mai 1979 der Vertrag über den Beitritt Griechenlands zu den EG unterzeichnet, der am 1. Jan. 1981 wirksam wurde. Nach der Wahl von Min.präs. K. Karamanlis im Mai 1980 zum Präs. wurde J. Rallis neuer Min.präs. und Parteivors. der „Neuen Demokratie". Seit Okt. 1980 ist Griechenland wieder in die militär. Organisation der NATO integriert.
Bei den Wahlen vom 18. Okt. 1981 gewann die Panhellen. Sozialist. Bewegung (PASOK) die absolute Mehrheit. Der neugewählte Min.präs. A. Papandreu erwog den Austritt aus der NATO und wollte den EG-Beitritt einem Referendum unterwerfen. Im März 1985 trat Präs. Karamanlis zurück, nach mehreren Wahlgängen wurde Ende März der Richter am Obersten Gerichtshof C. Sartzetakis (parteilos) zum neuen Präs. gewählt. Papandreu betrieb zugleich die geplante Verfassungsreform, nach der der Staatspräs. u. a. den Min.präs. nicht mehr entlassen darf (1986 vom Parlament gebilligt). Den vorgezogenen Wahlen im Juni 1986 folgten im Okt. drakon. Sparmaßnahmen der wiedergewählten PASOK-Reg., die schwere soziale Unruhen auslösten. In der Außenpolitik belasteten der griech.-türk. Konflikt um Zypern sowie die Kontroverse um die Hoheitsrechte in der Ägäis die Beziehungen beider Staaten; in der Frage der Militärstützpunkte kam es zu Spannungen mit den USA. Nach einer Reihe von Krisen beschwor 1988 ein

griechische Kunst

Korruptionsskandal, in den die PASOK und Reg.mitglieder verwickelt waren, eine zehnmonatige polit. Instabilität herauf; erst nach drei Parlamentswahlen (Juni und Nov. 1989 sowie April 1990) kam eine dünne regierungsfähige Mehrheit durch die „Neue Demokratie" (mit Unterstützung des einzigen Abg. der „Demokrat. Erneuerungspartei") unter Min.präs. K. Mitsotakis zustande. Im Mai 1990 wurde K. Karamanlis zum zweiten Mal zum Präs. gewählt. Seit Ende 1990 verschärfte der zunehmende starke Flüchtlingsstrom von Albanien nach Griechenland die schwierige polit. und wirtsch. Lage, die 1992 durch den Streit um Namensgebung und Anerkennung der ehem. jugoslaw. Teilrepublik Makedonien zusätzlich verschärft wurde.

griechische Kolonisation, im 8. Jh. v. Chr. beginnende Siedlungsbewegungen v. a. griech. Seehandelsstädte an den Küsten des Schwarzen Meeres und des Mittelmeeres (hier Gründung von Himera, Syrakus, Tarent, Massalia [= Marseille]); Ende der g. K. im 6. Jahrhundert.

griechische Kunst, die Kunst des griech. Kulturkreises etwa vom 11. bis 1. Jh. v. Chr.; ihre Geschichte stellt sich als konsequente Entwicklung mit geringen fremden Einflüssen dar. Stets war es Ziel der g. K., die Grundgesetzmäßigkeiten der dargestellten Gegenstände herauszuarbeiten (z. B. organisch-funktionelles Menschenbild). Neben das Streben nach innerer Wahrheit trat bald die Berücksichtigung der äußeren Wirklichkeit und ihrer objektiven Wiedergabe (Mimesis), doch nie Sucht nach täuschend ähnl. Nachahmung. Schon den Römern und dann wieder der europ. Neuzeit galt die g. K. als Inbegriff einer klassisch-idealen Kunst. Themen der g. K. waren die altgriech. Götterwelt und der Mythos, letztlich das Menschenbild; seit dem 5. Jh. wurde der profane Bereich erobert, später das Genre. Die Wiedergabe der Natur spielte im Hellenismus eine größere Rolle. G. K. wandte sich meist an die Öffentlichkeit. Der Künstler trat durch Signierung seiner Werke, auch mit theoret. Schriften hervor. Unsere Kenntnis der g. K. beruht auf der antiken Kunstliteratur und einem Denkmälerbestand, der aber vom Zufall der Erhaltung bestimmt ist.

Protogeometrische und geometrische Zeit: Benennung nach dem linearen Dekorationssystem der Keramik (Kreise, Mäander). Zugrunde lag reduziertes, myken. Formenerbe, das jetzt straff organisiert wurde. Scharfe Gliederung der Gefäße nach Fuß, Bauch, Hals wurde von Ornamentverteilung unterstützt und zeigte erstmals die analyt. Einstellung der g. Kunst. Seit dem 8. Jh. Kleinplastik, die aber noch zeichenhaft war. Die Baukunst blieb primitiv; häufig Apsiden- und Ovalbauten.

Archaik (7.–6. Jh.): Konstituierung fester, verbindl. Typen, anfangs unter Bezug auf altoriental. Vorbilder. In der Architektur wurden die ererbten Säulenordnungen zu Systemen verfestigt; man erfand den Ringhallentempel und die Säulenhalle. Die frontal ausgerichtete Plastik zeichnete sich durch scharfe Artikulation aus. Ausbildung lokaler Bildhauerschulen (Peloponnes, Athen, Kykladen, Westanatolien). Die Keramik wurde dunkel auf hellerem Grund (schwarzfigurig) mit mytholog. u. a. Darstellungen verziert.

Klassik (5. und 4. Jh.): Das 5. Jh. brachte, nach den Werken des „strengen Stils" (ca. 500–460 v. Chr.), den Ausgleich gegenstrebiger Tendenzen, die Harmonisierung zw. den Teilen und dem Ganzen. Die Baukunst entdeckte den Innenraum; die Stadt als Gesamtkunstwerk gewann Gestalt und damit die Wiss. der Urbanistik (Hippodamos). Aufgabe der Plastik war jetzt, die übergreifenden Zusammenhänge in Bewegung und Ruhe darzustellen. Myron war der Meister der übergängigen Bewegung, Polyklet entwickelte den Kontrapost. Phidias erfüllte seine Bilder mit dem Ethos der athen. Demokratie. Die Meister des 4. Jh. fügten dieser strengen Kunst den Ausdruck der Leidenschaft, der Leichtigkeit und auch schon der Gefälligkeit hinzu (Skopas, Praxiteles); sie eroberten zum einen die Wirklichkeit und widmeten sich zum andern der rein gedankl. Abstraktion (Lysipp). So entstand neben dem realist. Porträt die Allegorie. Die nicht erhaltene Malerei (Polygnot, Zeuxis, Nikias) muß von der isolierten Darstellung einzelner Figuren zur kontinuierl. Schilderung der Sach- und Bedeutungszusammen-

Griechische Landschildkröte

hänge übergegangen sein; die Relation Mensch-Umwelt trat ins Bewußtsein. Das widerspiegelt die nunmehr in rotfiguriger Technik ausgeführte Vasenmalerei. Insgesamt bedeuten die zwei Jh. der Klassik den Höhepunkt der g. Kunst.
Hellenismus (Ende 4. Jh. bis 1. Jh.): War die Kunst dieser Epoche (↑Hellenismus) anfänglich auch noch der Wirklichkeit zugewandt (Genre), so führten fürstl. Repräsentationsansprüche und großbürgerl. Interessen bald zu übersteigertem Pathos (Pergamonaltar) und rückgewandter Thematik (mytholog. Darstellungen: Laokoon, Sperlonga). Die Baukunst wandte sich der Schaffung großer Ensembles zu.
Rezeption der griechischen Kunst: Die Aneignung der g. K. in der Neuzeit setzte auf dem Umweg über die abgeleitete röm. Kunst in der Renaissance ein. Das 18. Jh. entdeckte den griech. Kern der antiken Kunst (Winckelmann); dies und erweiterte Denkmälerkenntnis führten zum europ. Klassizismus. Die philosoph. Ästhetik richtete sich weithin an g. K. aus (Lessing, Hegel). Während das 19. Jh. bes. die klass. Jh. bevorzugte, ließ sich die 1. Hälfte des 20. Jh. v. a. von archaischen Werken anregen.
Griechische Landschildkröte (Testudo hermanni), in S-Europa (von O-Spanien bis Rumänien und S-Griechenland) weit verbreitete Landschildkröte, Panzer stark gewölbt, durchschnittlich 20 cm lang; Hornplatten des Rückenpanzers gelb bis braungelb mit schwarzem Zentrum und schwarzem Saum, Weichteile olivgelb; beliebtes Terrarientier.
griechische Literatur, die antike Literatur in griech. Sprache wird erst für die Zeit nach der Entstehung des griech. Alphabets (vermutlich im 9. Jh. v. Chr.) faßbar.
Archaische Zeit (800–500): Mit „Ilias" und „Odyssee", den Epen vom Kampf um Troja und den Irrfahrten und der Heimkehr des Odysseus, beginnt die Geschichte der g. Literatur. Ausgeformt und überliefert wurde der Mythos vom Krieg um Troja durch wandernde Sänger; der Iliasdichter vollzog im 8. Jh. jedoch den Schritt von der mündl. Überlieferung zur Literatur, setzen doch Umfang und Struktur der „Ilias" und der eine Generation jüngeren „Odyssee" schriftl. Abfassung voraus. – Der Epiker, der sich als redender Mund der Musen verstand, blieb als Person im Hintergrund. Hesiod aber, der um 700 die „Theogonie" und das erste Lehrgedicht („Erga") schrieb, nannte ohne Scheu seinen Namen. Mit der Elegie (Kallinos von Paros) um 650 und mit der monod. Lyrik (Sappho, Alkaios) um 600 wurde der einzelne Mensch Gegenstand der Dichtung, während die Chorlyrik (Alkman) dem Mythos treu blieb. Um 550 entstand aus dor. Chorlied und ion. Sprechvers das Drama;

Griechische Kunst

Links: spätgeometrische Amphora, um 700 v. Chr. (Paris, Louvre). Mitte: Krieger von Riace, Bronze, 5. Jh. v. Chr. (Reggio di Calabria, Archäologisches Museum). Rechts: Amazone Sciarra, römische Kopie nach einer Skulptur von Polyklet (Berlin, Staatliche Museen)

Links: Fundamente und Säulen des Tempels von Apoll in Korinth, nach 550 v. Chr. Rechts: griechisches Theater in Epidauros, Anfang des 3. Jh. v. Chr. von Polyklet d. J. errichtet

griechische Literatur

gegen 535 führte Thespis an den Dionysien die erste Tragödie auf, und gegen 500 entstand im Westen Epicharmos' sizil. Komödie. So trat in organ. Abfolge eine Dichtungsgattung nach der anderen hervor; in der 2. Hälfte des 6. Jh. kam in Ionien die philosoph. (Anaximander), geograph. (Hekataios) und medizin. (Alkmaion) Fachprosa hinzu.

Klassische Zeit (500 bis Ende 4. Jh. v. Chr.): Im 5. Jh. wurden die Gattungen der archaischen Adelsgesellschaft weitergepflegt: Epos, Lehrgedicht (Empedokles), Elegie, Jambus, Chorlyrik (Pindar, Bakchylides) erlebten eine Nachblüte. Doch die Zukunft gehörte der Literatur der Polis, dem Drama und der Prosa. Höhepunkt der Klassik war die Perikleische Zeit (460–429). Das Zentrum der Literatur verlagerte sich von Ionien nach Attika; Athen konnte diese Position bis zum Ende des 4. Jh. halten. Die Entwicklung der Tragödie (von Aischylos' „Perser" [472] über Sophokles' „Antigone" [442] zu Euripides' „Orestes" [408]) war gleichzeitig die Entwicklung vom Chordrama zum Schauspielerstück. Das gilt auch für die Komödie, die bis 400 Instrument der öff. Rüge war (Aristophanes), gegen 300 aber zum bürgerl. Lustspiel wurde. In der Prosa gelangten Geschichtsschreibung (Herodot, Thukydides, Xenophon) und Rhetorik (Lysias, Isokrates, Demosthenes) auf den Höhepunkt ihrer Möglichkeiten. Mit neuen Gattungen wie dem Prosadialog und mit der Rhythmisierung der Satzenden (Klauseln) trat die Prosa mit der Dichtung in Wettbewerb.

Hellenismus (vom 3. Jh. v. Chr. an): Tragödie und Komödie wurden auch noch nach 300 in Athen weitergepflegt. Doch die neuen Tendenzen der hellenist. Dichtung zeigten sich an den Höfen der Nachfolger Alexanders d. Gr., der Antigoniden in Pella, der Attaliden in Pergamon, der Seleukiden in Antiochia und v. a. der Ptolemäer in Alexandria. Hier wurden in der Bibliothek des Museions die griech. Autoren von Homer bis Menander gesammelt, katalogisiert und erklärt. Autoren wie Kallimachos und Apollonios von Rhodos waren an der Bibliothek tätig. Ihr Interesse richtete sich auf eine Renaissance der durch die Tragödie verdrängten Gattungen des Epos (Apollonios', „Argonautika"), des Lehrgedichts (Aratos' „Phainomena"), der Elegie, des Jambus und der Lyrik (Kallimachos). Neu entstanden die Bukolik (Theokrit), der Mimus (Herondas von Kos) und das literar. Epigramm. Bevorzugt wurde in der Dichtung die Kleinform. Die Prosa erfaßte jetzt alle Bereiche. Die rhetorisierte Geschichtsschreibung des 3. Jh. v. Chr. wurde durch Polybios (Weltgeschichte, bis 144) zu pragmat. Darstellung zurückgeführt. Dionysios von Halikarnassos wandte sich im 1. Jh. v. Chr. dem röm. Altertum zu. Seit dem 2. Jh. v. Chr.

Links: Kopf eines Mannes (Philipp II. von Makedonien ?), Elfenbeinschnitzerei aus einem Fürstengrab in Vergina, Höhe 3 cm, 2. Hälfte des 4. Jh. (Saloniki, Archäologisches Museum). Rechts: Drei Musen, Reliefplatte von der in Mantineia gefundenen „Musenbasis", um 340/330 v. Chr. (Athen, Archäologisches Nationalmuseum)

Links: Phintias, Tityos raubt Leto, rotfigurige Amphora aus Vulci, Höhe des Bildes 22 cm, um 520/510 (Paris, Louvre). Rechts: Bronzekopf eines Philosophen, Höhe 29 cm, Mitte des 2. Jh. v. Chr. (Athen, Archäologisches Nationalmuseum)

griechische Mathematik

rivalisierte der Prosaroman mit der Dichtung. Nach dem Zusammenbruch des Ptolemäerreichs bei Aktium (31 v. Chr.) übernahm Rom die Rolle der hellenist. Literaturzentren; die g. L. ging in der zweisprachigen Literatur des Römischen Reiches auf. – ↑byzantinische Literatur, ↑neugriechische Literatur.

griechische Mathematik, die im griech. Kulturbereich seit etwa 600 v. Chr. bis ins 6. Jh. n. Chr. betriebene und zu einer systemat., eigenständigen Wiss. entwickelte Mathematik. Die g. M. ging von den mathemat. Erkenntnissen in den vorgriech. Kulturen aus. Wissen wurde bes. durch die kleinasiat. Ionier dem Griechentum zugänglich. Thales von Milet soll um 585 v. Chr. als erster Sätze „bewiesen" haben, die zumeist mit den Symmetrieverhältnissen am Kreis zusammenhängen. Die wichtigsten Erkenntnisse in der frühgriech. Mathematik stammen von den ↑Pythagoreern. Pythagoras (*um 570, †480) sah das Wesen der Dinge in den Verhältnissen ganzer Zahlen. Algebraische Sachverhalte wurden in geometr. Gewand ausgedrückt („geometr. Algebra"), so die Lösung der quadrat. Gleichungen durch die sog. Flächenanlegung. Daneben wurden in der Geometrie Parallelen, Dreiecke, regelmäßige Vielecke und Ähnlichkeiten behandelt. Etwa gegen 450 v. Chr. stießen die Pythagoreer und Sophisten auf die drei klass. Probleme der antiken Mathematik, das ↑delische Problem, die Dreiteilung des Winkels und die Quadratur des Kreises. Gegen Ende des 3. Jh. v. Chr. sammelte Euklid in seinem Hauptwerk, den „Elementen", das Wissen seiner Vorgänger und ordnete es systematisch. Archimedes (*um 285, †212), der größte Mathematiker des Altertums, bestimmte u. a. den Inhalt der Kugel und Rotationsflächen 2. Grades, untersuchte die archimed. Spirale, grenzte den Wert der Zahl π ein und beschäftigte sich mit trigonometr. Fragen. Apollonios von Perge (*um 262, †um 190) entwickelte die für zwei Jt. gültige Theorie der Kegelschnitte. Mit den drei großen Mathematikern Euklid, Archimedes und Apollonios, die alle in Alexandria wirkten, erreichte die g. M. im Hellenismus ihren Höhepunkt. In der Spätzeit wurden nur noch einzelne Gebiete, insbes. der angewandten Mathematik weiterentwickelt, v. a. die Trigonometrie (Menelaos, Ptolemäus), die prakt. Geometrie (Heron) und Arithmetik (Diophantos); außerdem entstanden wertvolle Sammelwerke (Pappos) und Kommentare (Proklos).

griechische Medizin, die Entwicklung der g. M. begann im 6./5. Jh. v. Chr. bei westgriech. Ärzten und Philosophen und erreichte ihren ersten Höhepunkt im 5./4. Jh. v. Chr. in den Ärzteschulen von Kos und Knidos, deren zahlr. Schriften später unter dem Namen des Hippokrates von Kos gesammelt wurden. Die hippokrat. Ärzte widmeten sich genauer Krankheitsbeobachtung, legten großen Wert auf die Prognose, waren dagegen in der Therapie zurückhaltend und vertrauten v. a. der „Heilkraft der Natur". Auf der Grundlage der ↑Humoralpathologie betonten sie die Bed. von Umweltfaktoren (Klima, Jahreszeiten, geograph. Lage u. a.), aber auch die Eigenverantwortlichkeit des Menschen für Gesundheit und Krankheit (Lebensweise insgesamt, v. a. Ernährung). Schon früh war es für die g. M. charakteristisch, daß sie ihre Aufgabe nicht nur in der Heilung der Krankheit, sondern sogar primär in der Erhaltung der Gesundheit sah. Durch die Hippokratiker (z. B. Diokles von Karystos) und schließlich Galen wurde die Diätetik zu einer wichtigen Therapie. Eine neue Epoche der g. M. begann um 300 in Alexandria, v. a. mit Herophilos und Erasistratos, als die Anatomie und operative Chirurgie sowie (als diagnost. Mittel) die Pulsbeobachtung Bedeutung gewannen. Im 4. Jh. v. Chr. entwickelte sich die Pharmakologie (erste Kräuterbücher). Die planmäßige Sammlung und Systematisierung aller damals bekannten pflanzl., tier. und mineral. Heilmittel gipfelte in dem für Jahrhunderte maßgebl. Werk des Pedanios Dioskurides (1. Jh. n. Chr.). – Die g. M. kannte verschiedene Arzttypen. Neben Priesterärzten gab es schon früh von Gemeinden angestellte Ärzte, es gab wandernde Ärzte, Ärzte im engen Familienverband (Asklepiaden), später auch Hof- und Leibärzte. Ihren höchsten Stand erreichte die g. M. zur Zeit Galens, der die Medizin des MA entscheidend prägte. Viele Schriften der g. M. wurden in den großen Lehrbüchern der Araber (↑arabische Medizin) verarbeitet.

griechische Musik, i. w. S. die Musik der Griechen in Vergangenheit und Gegenwart, deren rund 3000jährige Geschichte die altgriech. Musik, die ↑byzantinische Musik und ↑neugriechische Musik umfaßt. I. e. S. versteht man unter g. M. die Musik der alten Griechen (ausgenommen die ↑frühchristliche Musik). Die g. M. wird ihrem Erscheinungsbild nach zu den melodisch orientierten Musikkulturen gerechnet und scharf von der klanglich-mehrstimmigen Musik des Abendlandes unterschieden.
Einzige Quelle blieb für lange Zeit die literar. Überlieferung, deren Wirkungsgeschichte sich z. B. in Lehnwörtern (Musik, Harmonie, Melodie, Rhythmus) spiegelt. Archäolog. Funde und musikwiss. Beobachtungen brachten zusätzl. Einsichten. – Der griech. Begriff „mousikḗ" ist mit dem modernen Begriff Musik nicht identisch. Die griech. Begriffsbildung läßt drei Stufen erkennen: 1. Anfangs erfaßte die Sprache nur anschaul. Einzelmomente des noch unbenannten Ganzen, z. B. singen, Gesang, Phorminx spielen, Reigen tanzen (8.–6. Jh.); 2. in klass. Zeit fand die Einheit von Poesie, Musik und Tanz ihren gültigen Ausdruck in der Wortprägung „mousikḗ" (die „Musische"; 5./4. Jh.); 3. mit der allmähl. Verselbständigung der musikal. Bestandteile gegenüber Dichtung und Tanz verengte sich der Begriff zu dem der Tonkunst (seit dem 4. Jh., Aristoteles). Entscheidend für die gesamte, dem orchestisch-musikal. Phänomens war das zunehmende Gewicht der Sprache. Die klar ausgeprägten Silbenlängen (lang, kurz) drängten in gehobener Rede zu musikal.-rhythm. Gestaltung. Dichter waren daher stets Musiker. Frühestes Dokument dafür ist die Leier, das Instrument Apollons und des thrak. Sängers Orpheus. Meist viersaitig dargestellt und im Zusammenhang mit Reigentänzen bezeugt, diente sie (bei Homer ↑Phorminx genannt) auch dem Epossänger zur Begleitung. Die von Hermes „erfundene" Lyra kam im 7. Jh. auf. Terpandros (um 675), der die Zahl der Saiten auf sieben vermehrte, schuf als erster kitharod. Nomoi, d. h. mehrteilige, auf der ↑Kithara begleitete Sologesänge. Nomos bezeichnete eine Weise, deren Melodieverlauf nur umrißhaft feststand und Gelegenheit zu „variierender" Ausführung bot. Bei gleichzeitiger instrumentaler Realisierung ergab sich das von Platon beschriebene Phänomen der ↑Heterophonie. Mit dem ↑Aulos soll der Phrygier Olympos (um 700?) die ältere Form der ↑Enharmonik nach Griechenland gebracht haben. Neben Aulodie (Gesang mit Aulosbegleitung) entstand solist. Instrumentalmusik (Kitharistik und Auletik). Anders als die monod. Lyrik waren Chorlyrik und Chorlieder der att. Dramas an Tanz gebunden. Das musikal. Element erhielt seit dem Ende des 5. Jh. zunehmendes Übergewicht über das Wort. Vermehrte Saitenzahl der Kithara, Berufsvirtuosentum, Preisgabe von Strophengliederung und herkömml. Versbau (Phrynis, Timotheos, später Euripides) führten im 4. Jh. zur Aufspaltung der alten „mousikḗ" in Dichtung und Musik.
Der mathemat. Ursprung der Musiktheorie hat deren Geschichte weithin bestimmt. Bei Pythagoras (6. Jh.) und seinen Schülern blieb das Denken über Zahl und Harmonie mit philosoph.-myst. Lehren verquickt. Bei Platon und Aristoteles waren „mousikḗ" bzw. Musik Gegenstand ihrer Staatsphilosophie. Erst seit dem 4. Jh. entstand eine eigene musiktheoret. Fachliteratur, u. a. von Aristoxenos, Kleoneides, Euklid, Ptolemäus, Aristides Quintilianus und Alypios. Bei den unterschiedl. Intervallberechnungen des Tonsystems gingen die Pythagoreer von den exakten Maß- und Zahlenverhältnissen der ↑Konsonanzen aus. Die Vierstufigkeit des Quartintervalls, das Tetrachord, war die Basis der Tonordnungslehre. Aus gleichgebauten Tetrachorden setzt sich das zwei Oktaven umfassende, oben nach unten dargestellte Tonsystem zusammen, z. B.

$$a'\ g'\ f'\overline{e'\ d'\ c'\ h}\ \overline{a\ g\ f\ e}\ d\ c\ H\ A$$

(absolute Tonhöhen kannte man jedoch nicht). Die Oktavreihe des zentralen Tetrachordpaares e'–e entsprach der

Tonstufenordnung des Dorischen, d'–d der des Phrygischen, c'–c der des Lydischen. Die drei Tongeschlechter weisen deutlich voneinander abweichende Intervallverhältnisse innerhalb des Tetrachords auf: diaton. $1-1-\frac{1}{2}$ (a g f e), chromat. $1\frac{1}{2}-\frac{1}{2}-\frac{1}{2}$ (a ges f e), enharmon. $2-\frac{1}{4}-\frac{1}{4}$ (a geses Viertelton e). Die griech. Musiktheorie verfügte über zwei Tonzeichensysteme (aus Buchstaben), die heute Instrumental- und Vokalnotenschrift genannt werden.

griechische Naturwissenschaft, im alten Griechenland aus der Theogonie und der daran anschließenden Kosmogonie entstandene Wiss. von der Natur. Die g. N. war stets integriert in die griech. Philosophie und blieb bis Platon ausschließlich und später im wesentlichen auf das Ganze des Kosmos gerichtet. Selbst als bei Aristoteles und seiner Schule die Spezialwiss. wie Botanik, Zoologie, Geographie und Astronomie entstanden, basierten diese auf den Grundlagen der Prinzipien der allg. „Physik". An die Stelle von Zeus trat die Natur als göttl. und organ. Einheit, in der jedes natürl. Ding seinen Platz hat. Die g. N. kannte nicht das verifizierende Experiment, das ein diese Einheit störender Eingriff in die Natur gewesen wäre. Exakt mathemat. Naturwiss. war in der g. N. Beschreibung eines ideellen Bereichs, den die materielle Welt durch die Möglichkeit seiner „Teilhabe" an den Ideen nur grob angenähert darstellt. Deshalb galten die Ergebnisse etwa mathematisch beschreibender Astronomie und Optik der Antike seit Aristoteles nur als Hypothese, die die Phänomene mehr oder weniger genau wiedergeben; sie konnten auf das naturwiss. Weltbild keinen Einfluß nehmen. Neuansätze der Spätantike wurden erst von der Scholastik fortgeführt.

griechische Philosophie, als Begründer der g. P. und damit der Philosophie in ihrer europ.-abendländ. Gestalt gelten die **Vorsokratiker,** die das zuvor herrschende religiös-myth. Denken ablösten. Thales von Milet begründete die **ionische Schule und Tradition,** zu der Anaximander, Anaximenes und die Vertreter des ↑Atomismus Leukipp und Demokrit zählen. Ihr stand die von Pythagoras begr. **italische Schule und Tradition** gegenüber mit den Vertretern der **eleatische Philosophie,** v. a. Xenophanes, Parmenides, Zenon von Elea. Beide Richtungen gingen von naturphilosoph. Fragen aus, in deren Mittelpunkt der Aufbau der Welt stand. Heraklit, Anaxagoras und Empedokles verbanden die für die ion. Tradition charakterist. naturphilosoph. Elemente mit log. Denkansätzen, wie sie für die eleat. Richtung kennzeichnend waren. Im 5. Jh. v. Chr. entstand als Bildungsbewegung die Richtung der **Sophisten** mit Protagoras, Hippias von Elis und Prodikos von Keos als ihren Repräsentanten. Gegen den erkenntnistheoret. Skeptizismus und Relativismus der Sophisten versuchte die **attische Philosophie** (v. a. Sokrates, Platon und Aristoteles), Philosophie und Wissenschaft auf ein tragfähiges erkenntnistheoret. Fundament zu stellen. Sokrates wurde zum Begründer der prakt. Philosophie. Platon und Aristoteles gaben der prakt. Philosophie erstmals systemat. Darstellungen. Die theoret. Philosophie baute Platon vom Begriff der Idee aus auf und entwickelte die Logik zu einer fundamentalen Disziplin der Philosophie. Aristoteles konzipierte Theorie und Modell einer zukünftigen strengen, durch Beweisverfahren abgesicherten Wissenschaft und begründete mit der Syllogistik die Logik im engeren Sinn als formale Logik. Mit der Sokrat., Aristotel. bzw. Platon. Philosophie verbunden sind die ↑Megarische Schule, die ↑Kyniker, ↑Kyrenaiker, die ↑Akademie und der ↑Peripatos. Die **hellenistische Philosophie** (360 v. Chr. bis 30 n. Chr.) war geprägt durch religiös-kulturellen Synkretismus, Übernahme von Elementen der Mysterienfrömmigkeit, kosmopolit. Ideen und Spezialisierung der philosophisch-wiss. Forschung (Höhepunkt der griech. Mathematik, Naturwiss., insbes. der Astronomie). Hierfür sind 4 große Schulen kennzeichnend: V. a. in der um 306 v. Chr. von Epikur begr. Schule des **Epikureismus,** in der von Zenon von Kition begr. **Stoa** und in der **Skepsis** (Pyrrhon von Elis) rückte die Erörterung prakt. Fragen zunehmend in den Vordergrund. Dagegen nahm die theoret. Philosophie in der **Akademie** bei Speusippos und Xenokrates, im **Neupytha-** goreismus und im **Neuplatonismus** (z. B. bei Plotin und Porphyrios) spekulative Züge an; sie wandte sich bei Euklid, Aristarchos, Eratosthenes von Kyrene, Archimedes v. a. einzelwissenschaftl. Fragestellungen zu. Die g. P. der Antike endete kalendarisch mit der Schließung der Akademie (529 n. Chr.). Die **Apologeten,** die das Christentum mit philosoph. Fragestellungen konfrontierten, schlossen an das stoische, epikureische, skept. und v. a. neuplaton. Denken an.

Griechischer Bürgerkrieg, 1942–49, militär. Auseinandersetzung zw. der kommunistisch kontrollierten Nat. Befreiungsarmee (ELAS) bzw. ihrer polit. Organisation, der Nat. Befreiungsfront (EAM), und Truppen, die die aus dem Exil zurückgekehrte griech. Zentralreg. in Athen unterstützten; forderte 40 000–45 000 Tote.

griechische Religion, Bez. für die Religion der Griechen v. a. der Antike. Polit. (Kleinstaaterei) und ethn. (Mischbev.) Struktur des alten Griechenland bedingen die Vielgestaltigkeit der g. R. schon in archaischer Zeit, die sich von einem ausgeprägten Totenkult über den Heroenkult durch Übernahme großer Götter zu der von Homer festgehaltenen klass. Form entwickelte. Die griech. Götterwelt (Götterstaat) wird ausgesprochen aristokratisch und in starkem ↑Anthropomorphismus vorgestellt, der durch die Unsterblichkeit der Götter (griech. „athánatoi" [„die Unsterblichen"] ist Synonym für die Götter) oft ins Extreme gesteigert wird.

Griechische Religion. Wasserkrug mit Götterdarstellungen. Von links nach rechts: Artemis, Apollon, Athena, Hermes, Ariadne, Dionysos, 2. Hälfte des 6. Jh. v. Chr. (München, Staatliche Antikensammlung und Glyptothek)

An der Spitze der Götter steht ↑Zeus mit seiner Schwester und Gemahlin ↑Hera. Lieblingstochter des Zeus und ihm gleich an Weisheit ist die seinem Haupt entsprungene ↑Athena. Aus der Vielfalt der Göttergestalten des Pantheons werden die bedeutendsten zu einer *Zwölfheit* zusammengefaßt; zu ihr gehören außer *Zeus, Hera* und *Athena* noch: *Poseidon,* der Gott des Meeres und Patron der Seeleute; *Demeter,* die Förderin der Fruchtbarkeit der Erde; *Apollon,* der Gott der Ordnung und des Friedens; *Artemis,* die Schützerin der Frauen und Herrin der Tiere und der Jagd; *Ares,* der Gott des Krieges und der sinnlosen Zerstörung; *Aphrodite,* die Herrin des freundl. Meeres, der Schönheit und der Liebe; *Hermes,* der Bote der Götter, Gott der Hirten, Kaufleute und Diebe; *Hephäst,* der Gott des Feuers und der Schmiedekunst; *Hestia,* die Herrin des häusl. Herdfeuers. Neben diesen Hauptgöttern kennt die g. R. noch zahlr. *andere Götter, Heroen und Numina,* die für die Frömmigkeit der Griechen wichtig waren.

Die Götter haben die Welt nicht aus dem Nichts geschaffen, sie verkörpern vielmehr die Ordnung, durch die die Urgewalten des Chaos geformt und gebändigt worden sind. Als Mächte der Ordnung und der Gerechtigkeit sind die Götter auch Götter des Staates, der sich im Gesetz („nómos") und im Eid unmittelbar als göttlich erweist.

griechische Schrift

In der *Jenseitsvorstellung* der g. R. werden die Seelen der Toten von Hermes bis an die Grenzen des Hades, des Schattenreichs, gebracht und von Charon, dem Fährmann, über den Styx gesetzt, an dessen jenseitigem Ufer sie das Wasser des Vergessens, Lethe, trinken und schließlich nach Elysium gelangen.

Das Ideal der *Ethik* der g. R. ist das Maßvolle, dem als Hauptsünde des Menschen die Hybris, die maßlose Selbstüberhebung entspricht. V. a. unter dem Einfluß Hesiods wurde dieses Ethos so beherrschend, daß der delph. Apollon als der Inbegriff der Gerechtigkeit und Gesetzlichkeit den sinnenfreudigen Zeus fast überschattete. Zu dieser „apollin." Ethik stand die „dionys." in ständiger Spannung: Die Übernahme des wohl kret. Gottes Dionysos brachte Orgiasmus und Mystizismus in die g. R., deren Ende mit steigendem Einfluß der aufklärer. griech. Philosophie und v. a. mit der Praxis des Herrscherkults (seit Alexander d. G.) begann.

griechische Schrift, das Alphabet der Griechen, das die wahrscheinlich Ende des 2. Jt., spätestens Mitte des 8. Jh. v. Chr. zus. mit den nordwestsemit. Namen der einzelnen Zeichen und in der schon festliegenden Reihenfolge von den Phönikern übernommen haben und auf das alle modernen europ. Schriftsysteme zurückgehen; sie war die erste europ. Buchstabenschrift. Anders als das semit. Vorbild bezeichnet die g. S. nicht nur Konsonanten, sondern auch die Vokale und gestattet damit die lautgetreue Wiedergabe des gesprochenen Wortes. Der Dialektvielfalt entsprach daher eine große Vielzahl verschiedener, teilweise beträchtlich voneinander abweichender Lokalalphabete. Dieser Zustand wurde erst im Laufe des 4. Jh. v. Chr. überwunden, 403/402 wurde in Athen das ion. Alphabet (mit 24 Buchstaben) für den offiziellen Gebrauch eingeführt, das von den anderen griech. Staaten übernommen wurde. Zu diesen 24 Zeichen kamen nur die von den alexandrin. Grammatikern Aristophanes von Byzanz und Aristarchos von Samothrake eingeführten sog. Lesezeichen hinzu, die aber erst vom 2./3. Jh. an systematisch verwendet und erst im 9. Jh. obligatorisch wurden: Spiritus asper ʽ (für [h]-Anlaut) und Spiritus lenis ʼ (für fehlendes [h]) bei vokal. oder diphthong. Anlaut, die Akzentzeichen Akut [´], Gravis [`], Zirkumflex [˜] sowie Apostroph, Trema. Die Überlieferung der g. S. setzte im 8. Jh. v. Chr. mit der Inschrift auf einer Kanne der Dipylonnekropole in Athen, die nur Großbuchstaben (Majuskelschrift) kannte; auf Steininschriften hielt sich diese bis ins 3. Jh. n. Chr., während beim Schreiben mit Pinsel oder Griffel die Buchstaben stärker gerundete Formen annahmen (sog. Unzialschrift). Im alltägl. Gebrauch erschien vom 3. Jh. v. Chr. an eine Kursivform, die zur Verbindung einzelner Buchstaben neigte. Im 8. Jh. n. Chr. kam die Minuskelschrift mit „Kleinbuchstaben" auf (ältestes datierbares Denkmal ein Evangeliar von 835).

Die *neugriech. Schreibschrift* stellt eine Mischung aus der Minuskelschrift und der lat. Schreibschrift dar.

Edvard Grieg

Zeichen		Name	Zeichen		Name
A	α	Alpha	N	ν	Ny
B	β	Beta	Ξ	ξ	Xi
Γ	γ	Gamma	O	ο	Omikron
Δ	δ	Delta	Π	π	Pi
E	ε	Epsilon	P	ϱ	Rho
Z	ζ	Zeta	Σ	σ, ς	Sigma
H	η	Eta	T	τ	Tau
Θ	ϑ	Theta	Y	υ	Ypsilon
I	ι	Iota	Φ	φ	Phi
K	κ	Kappa	X	χ	Chi
Λ	λ	Lambda	Ψ	ψ	Psi
M	μ	My	Ω	ω	Omega

griechisches Kaisertum, svw. byzantin. Kaisertum (↑Byzantinisches Reich).

griechisches Kreuz ↑Kreuzformen.

griechische Sprache, die Sprache der Griechen im Altertum, die genauer als „Altgriechisch" zu bezeichnen ist (↑neugriechische Sprache). Sie ist ein selbständiger Zweig der indogerman. Sprachen und die älteste überlieferte indogerman. Sprache Europas. Die g. S. fand erst in hellenist. Zeit zu einer Gemeinsprache (Koine). Als die ältesten griech. Texte haben sich die vornehmlich in den Palästen von Knossos (Kreta; 15. oder 13. Jh. v. Chr.), Pylos (W-Peloponnes), Mykene und Theben (13. Jh. v. Chr.) gefundenen Tontafeldokumente und Vaseninschriften aus der spätminoisch-myken. Zeit herausgestellt (in der kret.-myken. Silbenschrift Linear B). Inschriftl. Überlieferung in griech. Schrift setzte im 8. Jh. v. Chr. ein. – Ebenfalls aus dem 8. Jh. stammen die ältesten literar. Werke, die homer. Epen „Ilias" und „Odyssee". Die g. S. war im Altertum v. a. im Mittel- und Schwarzmeerraum verbreitet.

Das ältere griech. Sprachgebiet gliedert sich in verschiedene **Dialektgebiete:** 1. das ion.-att. Zweig mit dem ion. Dialekt an der kleinasiat. W-Küste, auf den Kykladen und Euböa sowie dem Attischen in Athen, das sich gegen die anderen Dialekte durchsetzte; 2. die äol. Dialekte, u. a. von Sappho und Alkaios auf Lesbos verwendet; 3. der arkad.-kypr. Zweig mit dem Arkadischen in der Zentralpeloponnes und dem in der kypr. Silbenschrift geschriebenen Kyprischen auf Zypern; 4. das Westgriechische mit den dor. Dialekten (v. a. der Peloponnes), den Dialekten von Achaia und Elis sowie einigen nordwestgriech. Dialekten; wahrscheinlich ist, daß das Ionisch-Attische, Arkadisch-Kyprische und Mykenische als „südgriech." Gruppe enger zusammengehören. Die Kluft zw. den einzelnen Dialekten wurde erst während des Hellenismus und der röm. Zeit durch die auf der Grundlage des att. Dialekts gebildete einheitl. Schrift und Umgangssprache, die Koine, überwunden. Sie wurde, zunächst Kanzleisprache der Makedonenkönige, zur Weltsprache, behielt diese Rolle auch im Röm. Reich und war in dessen östl. Hälfte die allg. Verkehrssprache, die auch für die Verbreitung des Christentums – die Schriften des N. T. sind in Koine geschrieben – von Bed. war.

Die wesentlichen **Charakteristika** der g. S. sind ihr Archaismus im Vokalbestand (wo der gemeinindogerman. Zustand zunächst fast unverändert erhalten ist), die altertüml. Betonung, die Vereinfachung des alten Kasussystems (vier statt sieben Kasus sowie Vokativ), die Bewahrung altertüml. Kategorien wie Dual, Medium, Aorist und Optativ sowie die Satzverbindung durch eine Vielzahl von Partikeln. Im Wort- und Namensschatz finden sich neben geograph. Namen auch Appellativa, die die Griechen aus den Sprachen der vorgriech. Bevölkerung des Balkan-Ägäis-Raumes übernommen haben. – ↑Pelasgisch.

griechisch-römischer Ringkampf ↑Ringen.

Griechisch-Türkischer Krieg, 1919 bis 1922, aus den Abmachungen der Entente von 1919, dem griech. Streben nach einem „Großgriechenland" und der militär. Niederlage der Türkei im 1. Weltkrieg hervorgegangen; der Friede von Lausanne (1923) schließlich besiegelte die Vertreibung der Griechen aus Kleinasien und Ostthrakien und führte zum Sturz der Monarchie (1924).

Grieg, Edvard, *Bergen 15. Juni 1843, †ebd. 4. Sept. 1907, norweg. Komponist. – Verschaffte der norweg. Musik Weltgeltung, indem er den Kern nat.-musikal. Eigenart mit satztechn. Mitteln seines Jh. verband. Klaviermusik, u. a. 10 Hefte „Lyr. Stücke" (1867 bis 1901, darin „Hochzeitstag auf Troldhaugen"), „Norweg. Tänze und Volksweisen" (1870); Bühnenmusik zu „Peer Gynt" (1874/75); Orchesterwerke, u. a. Klavierkonzert a-moll (1868), „Symphon. Tänze" (1898); Kammermusik, Chorwerke, zahlr. Lieder.

Grien, Hans Baldung ↑Baldung, Hans, genannt Grien.

Grierson [engl. ɡrɪəsn], John, *Deanston (Perthshire) 26. April 1898, †Bath 20. Febr. 1972, brit. Dokumentarfilmregisseur und -produzent. – Gründete 1929 eine Dokumentarfilmgruppe; später u. a. in Kanada und ab 1955 für das Schott. Fernsehen tätig; drehte u. a. „Industrial Britain" (1933), „Coal face" (1936).

Griesbach, Johann Jakob, *Butzbach 4. Jan. 1745, †Jena 12. März 1812, dt. luth. Theologe. – Bed. Textkritiker des N. T.; prägte für die ersten drei Evangelien den Begriff „Synoptiker".

Grieshaber, HAP (Helmut Andreas Paul), *Rot an der Rot 15. Febr. 1909, †Eningen unter Achalm 12. Mai 1981, dt. Graphiker. – Seine eigtl. Leistung ist der großformatige Farbholzschnitt, in dem er Figürliches in szen. Situationen gruppiert. Fand seinen Stil in den 30er Jahren (Reutlinger Drucke, 1933–39); zahlr. Serien, Buch- und Mappenwerke, u. a. „Totentanz von Basel" (1966).

HAP Grieshaber. Tod und Ratsherr, Holzschnitt aus dem „Totentanz von Basel", Ausschnitt, 1966

Griesheim, hess. Stadt im nördl. Hess. Ried, 94 m ü. d. M., 20 100 E. Pendlerwohngemeinde für Darmstadt; wurde 1965 Stadt. – Spätgot. Pfarrkirche mit barockem Chor (1749).

Griesinger, Wilhelm, *Stuttgart 29. Juli 1817, †Berlin 26. Okt. 1868, dt. Psychiater. – Prof. in Tübingen und Kiel, ab 1864 Leiter der psychiatr. Abteilung der Charité in Berlin. Als strenger „Somatiker" trat G. für die Lehre der Abhängigkeit psych. Krankheiten von Erkrankungen des Gehirns ein. Er wies erstmals auf psych. Reflexreaktionen hin.

Grieskirchen, oberöstr. Bez.hauptstadt im östl. Hausruck, 335 m ü. d. M., 4 800 E. Marktort eines landw. Umlands; Landmaschinenbau, Brauerei. – 1144 erstmals gen., erhielt 1613 Stadtrecht.

Grieß, Bez. für körnige Stoffe, z. B. grobkörnigen Sand. ▷ meist aus Weizen hergestelltes Mahlprodukt mit verschiedenen Korngrößen (grob, mittel, fein).

Griess, Johann Peter, *Kirchhosbach (Landkreis Eschwege) 6. Sept. 1829, †Bournemouth 30. Aug. 1888, dt. Chemiker. – Stellte 1858 erstmals Diazoniumverbindungen her, über deren Struktur er eingehende Untersuchungen anstellte.

Griffbrett, am Hals von Saiteninstrumenten festgeleimtes, flaches Brett, auf das die darüber gespannten Saiten beim Abgreifen niedergedrückt werden.

Griffel (Stylus), stielartiger Abschnitt der Fruchtblätter zw. Fruchtknoten und Narbe im Stempel vieler Bedecktsamer; leitet die Pollenschläuche der auf der Narbe nach der Bestäubung auskeimenden Pollenkörner zu den im Fruchtknoten eingeschlossenen Eizellen.

Griffelbeine, die rückgebildeten, stäbchenförmigen Mittelfußknochen der 2. und 4. Zehe der Pferde. – **Griffelbeinfraktur,** Ermüdungsbruch bes. bei Renn- und Reitpferden; häufige Lahmheitsursache.

Griffin, Johnny, eigtl. John Arnold G., *Chicago 24. April 1928, amerikan. Jazzmusiker (Tenorsaxophonist). – Entwickelte sich während der 50er Jahre in der Zusammenarbeit mit A. Blakey und T. Monk zu einem der führenden Tenorsaxophonisten des ↑Hard-Bop.

Griffith [engl. ˈgrɪfɪθ], Arthur, *Dublin 31. März 1871, †ebd. 12. Aug. 1922, ir. Politiker. – Führer der ir. Unabhängigkeitsbewegung; Mitgründer der ↑Sinn Féin; erreichte 1921 die Bildung des ir. Freistaates; von Jan. bis Aug. 1922 erster Premierminister.

G., David Wark, *La Grange (Ky.) 22. Jan. 1875, †Los Angeles-Hollywood 23. Juli 1948, amerikan. Filmregisseur und -produzent. – Entwickelte neue Aufnahmemethoden, z. B. Großaufnahme, Landschaftstotale, Rückblende, Parallelmontagen, und war dadurch richtungweisend für das gesamte Filmschaffen; „Geburt einer Nation" (1915), „Intolerance" (1916).

G., John, amerikan. Schriftsteller, ↑London, Jack.

Grifflöcher, Öffnungen in der Rohrwandung von Blasinstrumenten, die zur Veränderung der Tonhöhe mit den Fingerkuppen geschlossen werden.

Griffon [griˈfõ, frz. griˈfõ], rauh bis struppig behaarter Vorstehhund; Schulterhöhe etwa 55 cm; mit starkem Bart und mittelgroßen Hängeohren; Fell stahlgrau oder weiß mit braunen Platten oder braun.

Grignard, Victor [Auguste François] [frz. griˈɲaːr], *Cherbourg 6. Mai 1871, †Lyon 13. Dez. 1935, frz. Chemiker. – 1908–10 Prof. in Lyon, dann in Nancy, seit 1919 wieder in Lyon. G. entdeckte, daß sich aus Magnesium und Alkyl- oder Arylhalogeniden in Äther magnesiumorgan. Verbindungen bilden. 1912 Nobelpreis für Chemie (mit P. Sabatier).

Grignard-Verbindungen [frz. griˈɲaːr; nach V. Grignard], eine Gruppe magnesiumorgan. Verbindungen der allgemeinen Formel R–Mg–X, wobei R für einen organ. Rest und X im allg. für ein Halogen steht; in der präparativen organ. Chemie für viele Synthesen von Bedeutung.

Grigorowitsch, Juri Nikolajewitsch, *Leningrad (= St. Petersburg) 1. Jan. 1927, russ. Tänzer und Choreograph. – Seit 1964 Chefchoreograph und Direktor des Bolschoi-Balletts, u. a. „Spartakus" (1968), „Iwan der Schreckliche" (1975), „Das goldene Zeitalter" (1982).

Grijalva, Juan de [span. griˈxalβa], *Cuéllar (Segovia) um 1480, †bei Cabo Gracias a Dios (Zelaya, Nicaragua) 21. Jan. 1527, span. Konquistador. – Erster Gouverneur Kubas. Entdecker des heutigen Mexiko, das er 1518 offiziell in span. Besitz nahm.

Grijalva, Río [span. ˈrrio γriˈxalβa], Zufluß zum Golf von Mexiko, entsteht nahe der guatemaltek. Grenze (mehrere Quellflüsse), durchfließt als **Río Grande de Chiapa** das Valle Central von Chiapas, durchbricht die Meseta Central in einer tiefen Schlucht, vereinigt sich mit dem westl. Mündungsarm des Río Usumacinta; etwa 600 km lang.

Grill [frz.-engl., letztlich zu lat. craticulum „kleiner Rost"], mit Holzkohle, Gas, Infrarotstrahlen oder elektrisch beheizbares Gerät oder Feuerstelle zum Rösten von Fleisch, Geflügel, Fisch o. ä.

Grillen [lat.] (Grabheuschrecken, Grylloidea), mit über 2 000 Arten weltweit verbreitete Überfam. der Insekten (Ordnung Heuschrecken), davon in M-Europa acht 1,5–50 mm große Arten; Fühler oft lang und borstenförmig; die Flügeldecken werden im allg. von den etwas längeren Hinterflügeln überragt; ♂♂ mit Stridulationsapparat: Eine gezähnte Schrilleiste an der Unterseite des einen Flügels und eine glatte Schrillkante am Innenrand des anderen Flügels werden gegeneinander gerieben, wodurch zur Anlockung von ♀♀ Laute erzeugt werden (Zirpen); Hinterbeine meist als Sprungbeine. Man unterscheidet sechs Fam., darunter die **Maulwurfsgrillen** (Gryllotalpidae) mit rd. 60 weltweit verbreiteten Arten; nicht springend, Vorderbeine zu Grabschaufeln umgewandelt. In M-Europa kommt nur die 5 cm lange, braune **Maulwurfsgrille** (Gryllotalpa gryllotalpa) vor. Die durch großen Kopf und breiten Halsschild gekennzeichneten **Gryllidae** (Grillen i. e. S.) haben rd. 1 400 Arten. Bekannt sind u. a.: **Feldgrille** (Gryllus campestris), das 26 mm lang und glänzend schwarz, Schenkel der Hinterbeine unten blutrot; lebt v. a. auf Feldern und trockenen Wiesen M- und S-Europas, N-Afrikas und W-Asiens; ↑Heimchen.

Grillparzer, Franz, *Wien 15. Jan. 1791, †ebd. 21. Jan. 1872, östr. Dichter. – 1818 Ernennung zum Theaterdichter des Burgtheaters. Seit 1821 mit K. Fröhlich verlobt; 1826

Wilhelm Griesinger
(Holzstich, um 1870)

Arthur Griffith

David Wark Griffith

Grillen.
Feldgrille

Grimaldi

Franz Grillparzer

Herman Grimm

Deutschlandreise, auf der er u. a. Tieck, Fouqué, Chamisso, Rahel Varnhagen, Hegel und Goethe kennenlernte; von Shakespeare, Lope de Vega, Calderón, dem Wiener Volksstück und der Romantik beeinflußter öst. Dramatiker in der Nachfolge der Weimarer Klassik. In der Tragödie „Die Ahnfrau" (1817) gestaltete er nach Schillers Trauerspiel „Die Braut von Messina", dem engl. Schauerroman und dem romant. Schicksalsdrama Schicksal als determinierende Macht. Dann folgten als Problemkreise der Mensch zw. Tat und Verharren sowie die Frage nach dem Sinn und Recht des Staates. Dem Künstlertrauerspiel „Sappho" (1819) folgten die Tragödien „Das goldene Vließ" (Trilogie, 1822), „König Ottokars Glück und Ende" (1825), „Des Meeres und der Liebe Wellen" (Uraufführung 1831, gedruckt 1840), „Der Traum ein Leben" (Uraufführung 1834, gedruckt 1840) und „Libussa" (vollendet 1848, hg. 1872) sowie sein Lustspiel „Weh dem, der lügt" (1840, Uraufführung 1838). Spätwerke sind „Ein Bruderzwist in Habsburg" (hg. 1872) und „Die Jüdin von Toledo" (hg. 1873). Von seinen wenigen Prosawerken gehört die autobiographisch getönte Erzählung „Der arme Spielmann" (1848) zu den Meisterwerken des psycholog. Realismus des 19. Jh. Seine Lyrik ist rational-reflektierend, wichtig seine Selbstbiographie und Tagebücher.

Grimaldi, genues. Adelsfam., seit dem 12. Jh. nachweisbar; mit den ↑ Fieschi die führenden Guelfen. Die G. erwarben Besitz in Italien und Frankreich, waren seit 1419 endgültig Herren in Monaco; nahmen 1612 den Fürstentitel an; 1731 in männl. Linie erloschen.

Grimaldi, Francesco Maria, *Bologna 2. April 1618, † ebd. 28. Dez. 1663, italien. Gelehrter. – Prof. in Bologna; Jesuit; Mitbegr. der Wellentheorie des Lichtes. Sein Werk „De lumine" erschien 1665.

Grimaldigrotten, durch Funde aus der Alt- und Mittelsteinzeit berühmte Höhlen bei dem italien. Ort Grimaldi an der italien.-frz. Grenze zw. Menton (Frankreich) und Ventimiglia (Italien). Skelettfunde aus dem Aurignacien (seit 1872) in der sog. Kinderhöhle. Die Annahme der Existenz einer eigenen Grimaldirasse mit angeblich negroiden Merkmalen ist in der Anthropologie umstritten.

Grimaud [frz. gri'mo] ↑ Grimoald.

Grimm, Friedrich Melchior Freiherr von, *Regensburg 26. Dez. 1723, † Gotha 19. Dez. 1807, dt. Schriftsteller. – Lebte 1748–90 in Paris, wo z. T. unter Mitwirkung von Diderot, Madame d'Épinay u. a. die berühmte „Correspondance littéraire, philosophique et critique" (1753–73) entstand, ein Briefwechsel über das frz. Geistesleben.

G., Hans, *Wiesbaden 22. März 1875, † Lippoldsberg (= Wahlsburg, Landkr. Kassel) 27. Sept. 1959, dt. Schriftsteller. – Sein tendenziöser Kolonialroman „Volk ohne Raum" (2 Bde., 1926), dessen Titel zum nat.-soz. Schlagwort wurde, schildert das Schicksal eines dt. Kolonisten in Südafrika.

G., Herman, *Kassel 6. Jan. 1828, † Berlin 16. Juni 1901, dt. Kunst- und Literarhistoriker. – Ältester Sohn von Wilhelm G.; seine einfühlsamen Darstellungen von Michelangelo (1860–63), Raffael (1872) und Goethe (1877) fanden weite Verbreitung; ferner Essays, bes. zur Weimarer Klassik.

G., Jacob, *Hanau am Main 4. Jan. 1785, † Berlin 20. Sept. 1863, dt. Sprach- und Literaturwissenschaftler. – Begr. der german. Altertumswiss., der german. Sprachwiss. und der dt. Philologie; zeitlebens eng mit seinem Bruder Wilhelm G. verbunden; 1830 Prof. und Bibliothekar in Göttingen; sein polit. Engagement (↑ Göttinger Sieben) führte zu seiner fristlosen Entlassung und Landesverweisung; seit 1841 Mgl. der Preuß. Akad. der Wiss. mit der Erlaubnis, an der Berliner Univ. Vorlesungen zu halten; 1848 Abg. der Frankfurter Nat.versammlung. Grundlage seiner wiss. Haltung ist die von Savigny begr. histor. Betrachtungsweise und die exakte Quellen- und Detailforschung. Neben den großen Sammlungen („Kinder- und Hausmärchen", 2 Bde., 1812–15; „Dt. Sagen", 2 Bde., 1816 bis 1818) begründete die 1819 erschienene „Dt. Grammatik" („dt." im Sinne von „german."), die er im folgenden erweiterte und z. T. völlig umarbeitete (bis 1837 4 Teile), seinen Ruf. Bei der Arbeit an diesem „Grundbuch der german. Philologie", das erstmals die Sprache in ihrem organ. Wachstum zu registrieren suchte, entdeckte G. die Gesetzmäßigkeit des Lautwandels, des Ablautes, des Umlautes, der Lautverschiebungen, erweiterte und entschied das Wissen um die Verwandtschaft der german. und indogerman. Sprachen. Bed. auch seine Publikationen zur german. Rechtsgeschichte („Dt. Rechtsalterthümer", 1828), Religionsgeschichte („Dt. Mythologie", 1835) sowie seine Sammlung bäuerl. Rechtsquellen („Weisthümer", 7 Bde., 1840–78). Seine 1848 veröffentlichte „Geschichte der dt. Sprache" (2 Bde.) wertet auch die Sprache als Geschichtsquelle aus. 1854 ff. entstand das ↑ „Deutsche Wörterbuch"; Hg. altdt., altnord., angelsächs., mittelalt. und lat. Werke (z. T. gemeinsam mit Wilhelm Grimm). – Gemeinsam mit seinem Bruder Wilhelm G. ziert sein Porträt den 1 000-Mark-Schein der Dt. Bundesbank.

Jacob und Wilhelm Grimm. Radierung von Ludwig Emil Grimm, 1843

G., Ludwig Emil, *Hanau am Main 14. März 1790, † Kassel 4. April 1863, dt. Radierer. – Bruder von Jacob und Wilhelm G.; seit 1832 Prof. an der Akad. in Kassel; schuf v. a. Radierungen (u. a. Jacob und Wilhelm Grimm), ferner Bleistiftzeichnungen und Aquarelle.

G., Robert, *Hinwil (Kt. Zürich) 16. April 1881, † Bern 8. März 1958, schweizer. Politiker. – 1909–18 Chefredakteur der „Berner Tagwacht"; bis 1919 Präs. der Sozialdemokrat. Partei der Schweiz; 1921 Mitinitiator der Internat. Arbeitsgemeinschaft Sozialist. Parteien, 1923 Mitbegr. der Sozialist. Arbeiter-Internationale; 1914–57 Nationalrat.

G., Wilhelm, *Hanau am Main 24. Febr. 1786, † Berlin 16. Dez. 1859, dt. Literaturwissenschaftler. – 1831 Prof. in Göttingen; als Mgl. der ↑ Göttinger Sieben 1837 amtsenthoben, 1841 Mgl. der Preuß. Akad. der Wiss. in Berlin; arbeitete meist mit seinem Bruder Jacob G. zus., wesentlich sein Anteil an der sprachlich meisterhaften Gestaltung der „Kinder- und Hausmärchen" (2 Bde., 1812–15). Sagenforscher und Hg. zahlr. mittelhochdt. Literaturwerke sowie Mitarbeiter am ↑ „Deutschen Wörterbuch".

Grimma, Krst. in Sa., an der Mulde, 130–160 m ü. d. M., 17 000 E. Kr.museum, Göschenhaus (im Ortsteil Hohnstädt), Chemieanlagenbau, elektrotechn., Papierind. – Entstand um 1170 als dt. Marktsiedlung, vermutl. um 1220 Stadtrecht; seit Anfang des 15. Jh. öfter wettin. Nebenresidenz und mehrmals Tagungsort von sächs. Land- und Fürstentagen. – Got. Liebfrauenkirche (13. Jh.) mit roman. Westwerk; Schloß (13., 14., 16. Jh.); Rathaus (1442, 1538–85 erneuert).

G., Landkr. in Sachsen.

Grimmdarm ↑ Darm.

Adolf Grimme

Grimme, Adolf, *Goslar 31. Dez. 1889, † Degerndorf (Landkr. Bad Tölz) 27. Aug. 1963, dt. Pädagoge und Politiker (SPD). – Trat als entschiedener Schulreformer hervor; 1930–32 preuß. Kultusmin.; führend unter den religiösen Sozialisten; 1942–45 in Haft. 1946–48 Kultusmin. von Niedersachsen, 1948–56 Generaldirektor des NWDR. – Nach G. wurde der 1961 vom Dt. Volkshochschul-Verband e. V. gestiftete **Adolf-Grimme-Preis** ben., mit dem jährlich ausgewählte dt. Fernsehproduktionen ausgezeichnet werden.

Grimmelshausen, Johann (Hans) Jakob Christoffel von, *Gelnhausen um 1622, †Renchen (Landkr. Kehl) 17. Aug. 1676, dt. Dichter. – 1648 Kriegsdienste, 1667 Schultheiß in Renchen; konvertierte zum kath. Bekenntnis. Sein Hauptwerk ist der Roman in 5 Büchern „Der Abentheurliche Simplicissimus Teutsch" in mundartlich gefärbter Sprache (1669; noch 1669 erschien eine sprachl. gereinigte 2. Auflage und die „Continuatio des abentheuerl. Simplicissimi ..." als 6. Buch), bedeutendstes literar. Dokument der Barockzeit, die erste moderne realist. Darstellung der Zeit- und Sittengeschichte. Sein Mittel satir. Erzählens ist die Perspektive eines „tumben Toren", der Erfahrungen mit der Welt macht, die sich im Dreißigjährigen Krieg in ihrem Elementarzustand zeigt. Unbeständigkeit und Wahn der Welt sowie die Hoffnung auf Erlösung im Jenseits sind das immer variierte Thema auch der sog. Simplizian. Schriften „Trutz Simplex: Oder Ausführl. und wunderseltzame Lebensbeschreibung Der Ertzbetrügerin und Landstörtzerin Courasche" (1670), „Der seltzame Springinsfeld" (1670).

Grimmen, Krst. in Meckl.-Vorp., an der Trebel, 11 m ü.d.M., 14 000 E. Baustoff-, Bekleidungsind. – Seit 1267 Stadt, 1354 an Pommern, 1648 an Schweden, 1815 an Preußen. – Frühgot. Marienkirche (um 1280), spätgot. Rathaus (14. Jh.), spätgot. Stadttore.
G., Landkr. in Mecklenburg-Vorpommern.

Grimoald (Grimaud), *um 620, †Paris 662(?), fränk. Hausmeier. – Sohn Pippins d.Ä.; ließ nach dem Tod des austr. Kg. Sigibert III. (656) seinen eigenen Sohn Childebert zum Kg. erheben, indem er den rechtmäßigen Nachfolger, Sigiberts Sohn Dagobert II., absetzte und ins Exil schickte; wurde von den Neustriern gestürzt und hingerichtet.

Grimsby [engl. 'grɪmzbɪ] ↑ Great Grimsby.
Grimselpaß ↑ Alpenpässe (Übersicht).
Grind, volkstüml. Bez. für Hautkrankheiten mit schuppenden, krustenbildenden, auch nässenden Ausschlägen.
Grindelwald, schweizer. Gemeinde in den Berner Alpen, Kt. Bern, 1 040 m ü.d.M., 3 600 E. Heimatmuseum; Luftkurort und Wintersportplatz; Station der Jungfraubahn, Gondelbahn auf den Männlichen.
Grindflechte, svw. ↑ Impetigo.
Grindwale ↑ Delphine.
Gringo [span., zu griego „griechisch", d.h. unverständlich (reden)], verächtl. Bez. für einen Nichtromanen im spanisch sprechenden M- und S-Amerika.
Gringore, Pierre [frz. grɛ̃'gɔːr] (Gringoire), *Thury-Harcourt (Calvados) um 1475, †in Lothringen um 1538, frz. Dichter. – Schrieb witzige und satir. Gedichte und Bühnenstücke; oft mit antipapist. Tendenz; als „Gringoire" in V. Hugos „Glöckner von Notre-Dame" (R., 1831).

Grippe [frz., eigtl. „Laune, Grille" (zu gripper „haschen", weil sie oft plötzl. und launenhaft auftritt)] (Virusgrippe, Influenza), akute, fieberhafte Infektionskrankheit mit epidem. bzw. pandem. Auftreten. Die Erreger der G. sind ↑Influenzaviren. Die G. beginnt – Stunden bis einige Tage nach der Ansteckung durch Tröpfcheninfektion – mit Schüttelfrost, Fieber (38–40 °C), Kopf- und Gliederschmerzen. Nach 1–2 Tagen treten Reizhusten, geschwollene Mandeln und Bindehautentzündung hinzu. Bei der **Darmgrippe** kommt es außerdem zu schweren Durchfällen. Die unkomplizierte G. klingt nach einigen Tagen ab. Durch bakterielle Sekundärinfektion unter erneutem Fieberanstieg kann sich aber die gefürchtete **Grippepneumonie** (Lungenentzündung) entwickeln. Weitere Komplikationen der G. sind Nasennebenhöhlenentzündung, Mittelohrentzündung, Hirnhaut- bzw. Gehirnentzündung. Zur Vorbeugung kann eine Schutzimpfung vorgenommen werden.
Geschichte: Die G. gehört vermutlich zu den ältesten epidem. Infektionskrankheiten, deren regelmäßige Ausbreitung seit dem MA belegt ist. Die schwere G.pandemie 1889–92 („russ. Schnupfen") forderte viele Todesopfer. Im Verlauf der bisher schwersten G.pandemie 1918–20 („span. G."), von der mehr als 500 Mill. Menschen in ganz Europa erfaßt wurden, starben über 20 Mill. Menschen. – ↑asiatische Grippe.

Johann Jakob Christoffel von Grimmelshausen (Kupferstich, um 1670)

Gripsholm. Königliches Schloß, 1537 ff.

Gripsholm [schwed. grips'hɔlm], königl. Schloß am Mälarsee in der Gemeinde Strängnäs. 1537 ff. von Heinrich von Köln für Gustav I. Wasa errichtet.

Gris, Juan [span. gris], eigtl. José Victoriano Gonzáles, *Madrid 23. März 1887, †Paris 11. Mai 1927, span. Maler und Graphiker. – Seit 1913 suchte er eine Synthese von kubist. Simultansichtigkeit des Gegenständlichen und dessen sinnl. Abbild (durch Collageneinbau) und wurde damit der Begr. des synthet. Kubismus. 1916–19 strenge Kompositionen, in der Folgezeit Aufnahme arabesker Elemente. – Abb. S. 184.

Grisaille [frz. gri'zaːj; zu gris „grau"], Malerei in grauen (auch bräunl., grünl.) Farben, insbes. für die Darstellung von Skulpturen. Als die frühesten G. gelten Giottos Tugenden und Laster der Sockelzone in der Arenakapelle in Padua (vermutlich 1305/06).

Griseldis, literar. Gestalt (Boccaccio, Petrarca), arme Bauerntochter, deren adliger Gemahl ihren Gehorsam und ihre Duldsamkeit härtesten Proben unterwirft.

Grislybär [...li] ↑Grizzlybär.
Gritti, venezian. Patrizierfam., aus der seit dem 13. Jh. hohe Beamte hervorgingen.
Grivas, Georgios ↑Griwas, Jeorjios.
Grivet [frz. grɪ've], svw. Grüne Meerkatze (↑Meerkatzen).

Griwas, Jeorjios, gen. Digenis (nach Digenis Akritas), *Trikomo bei Famagusta 23. März 1898, †Limassol 27. Jan. 1974, griech.-zypriot. General und Politiker. – Leitete seit 1955 die EOKA; lehnte das Londoner Abkommen von 1959 (Unabhängigkeit Zyperns ohne Anschluß an Grie-

Grimma. Westgiebel und Südseite des Rathauses, 1442, 1538–85 erneuert

Grisaille. Matthias Grünewald, Heiliger Laurentius, Standflügel zum Frankfurter Heller-Altar, um 1510 (Frankfurt am Main, Städelsches Kunstinstitut)

chenland) ab; 1964–67 Kommandeur der griech.-zypriot. Nationalgarde; als Gegner der Politik von Erzbischof Makarios III. 1972/73 im Untergrund tätig.

Juan Gris. Das Frühstück, 1915 (Paris, Musée National d'Art Moderne)

Grizzlybär [engl. 'grɪzlɪ „grau"] (Grizzly, Grislybär, Graubär, Ursus arctos horribilis), große, nordamerikan. Unterart des Braunbären; urspr. im ganzen westl. N-Amerika (südlich bis Kalifornien) verbreitet, heute nur noch an einigen Stellen der nördl. USA, in Kanada und Alaska vorkommend; Körperlänge bis 2,3 m, Schulterhöhe etwa 0,9–1 m, Gewicht bis über 350 kg; Färbung blaß braungelb bis dunkelbraun, auch fast schwarz. Der G. ist ein Allesfresser.

GRO [Kurzbez. für engl.: **G**amma **R**ay **O**bservatory], 1991 vom Raumtransporter „Atlantis" in eine Erdumlaufbahn gebrachtes Weltraumteleskop mit vier Instrumenten für den Gammastrahlenbereich. Während der auf vier Jahre geplanten Mission sollen die Durchmusterung des gesamten Himmels durchgeführt sowie die Gammastrahlung von Einzelobjekten untersucht werden.

grobe Fahrlässigkeit ↑ Fahrlässigkeit.

Gröber, Adolf, *Riedlingen (Landkr. Biberach) 11. Febr. 1854, †Berlin 19. Nov. 1919, dt. Jurist und Politiker. – Gründete 1895 das württemberg. Zentrum; MdR seit 1887; Fraktionsführer im Reichstag und in der Nat.vers. (1917–19).

G., Gustav, *Leipzig 4. Mai 1844, †Straßburg 6. Nov. 1911, dt. Romanist. – Prof. in Zürich, Breslau, seit 1880 in Straßburg. Gründete 1877 die „Zeitschrift für roman. Philologie" und gab den „Grundriß der roman. Philologie" (2 Bde. in 4 Bden., 1886–1902, ²1904–06) heraus.

Grobfeile ↑ Feile.

grobianische Dichtung, didakt. Literaturgatt. v. a. des 16. Jh., die rohe, ungebildete Verhaltens- und Sprachformen beschreibt oder bloßstellt, bes. Tischsitten. Vertreter sind S. Brant, H. Sachs und F. Dedekind.

Grobsteinzeug ↑ Keramik.

Grock, eigtl. Adrian Wettach, *Reconvilier bei Biel (BE) 10. Jan. 1880, †Imperia (Italien) 14. Juli 1959, schweizer. Musikclown. – Wurde durch seine Solonummern mit akrobat. und musikal. Einlagen weltbekannt. Seit 1951 leitete G. einen eigenen Zirkus. Schrieb u. a. „Ein Leben als Clown" (frz. 1948, dt. 1951), „Nit m-ö-ö-öglich. Die Memoiren des Königs der Clowns" (1956).

Gröde-Appelland, drittgrößte Hallig vor der W-Küste Schleswig-Holsteins.

Grock

Wilhelm Groener

Groden [niederdt.], deichreifes oder eingedeichtes Marschland. Ein hinter dem Hauptdeich liegender Binnen-G. wird **Koog** oder **Polder,** ein vor ihm liegender Außen-G. **Heller** genannt.

Grödner Tal (italien. Val Gardena), etwa 25 km lange Tallandschaft in den Südtiroler Dolomiten, Italien, mit den Fremdenverkehrszentren Sankt Ulrich und Wolkenstein.

Grodno [russ. 'grɔdnɛ], Geb.hauptstadt an der Memel, Weißrußland, 270 000 E. Univ. (gegr. 1978), medizin. und landw. Hochschule, histor.-archäol. Museum; Theater; zoolog. Garten; Chemiefaser-, Mineraldüngerwerk, Maschinenbau. – 1183 erstmals urkundlich erwähnt; im 14. Jh. durch Litauen erobert, nach dessen Personalunion mit Polen (1569) wiederholt Tagungsort wichtiger poln. Reichstage (1692, 1717, 1793); fiel nach der 2. bzw. 3. Teilung Polens 1793/95 an Rußland; 1919–39 wieder polnisch, danach Eingliederung in die Weißruss. Sowjetrepublik. – Schloß (16. Jh.).

Groener, Wilhelm ['grø:nər], *Ludwigsburg 22. Nov. 1867, †Bornstedt bei Potsdam 3. Mai 1939, dt. General und Politiker. – Wurde 1916 Generalleutnant und Chef des neugebildeten Kriegsamtes zur Ausschöpfung der dt. Produktionsreserven; Frontkommando ab Aug. 1917; Nachfolger E. Ludendorffs als Erster Generalquartiermeister der OHL seit dem 26. Okt. 1918. Leitete nach dem 9. Nov. 1918 die Rückführung und Demobilmachung des Heeres und hatte im Einvernehmen v. a. mit F. Ebert maßgebl. Anteil an der Verhinderung eines Rätesystems. Setzte sich für die Annahme des Versailler Vertrages ein und nahm im Sept. 1919 seinen Abschied. 1928–32 als Reichswehr- und 1931/32 zugleich als Reichsinnenmin. eine der wichtigsten Stützen H. Brünings.

Groër, Hans (Ordensname: Hermann), *Wien 13. Okt. 1919, östr. kath. Theologe. – Benediktiner; seit 1970 Direktor des Marienwallfahrtsortes Maria Roggendorf; 1974–86 Direktor des Gymnasiums Hollabrunn; seit 1986 Erzbischof von Wien.

Groethuysen, Bernhard [niederl. 'xru:thœÿzə], *Berlin 9. Jan. 1880, †Luxemburg 17. Sept. 1946, dt. Philosoph. – 1931–33 Prof. in Berlin, lebte dann v. a. in Paris; untersuchte die Erscheinungsformen und Voraussetzungen der bürgerl. Gesellschaft („Die Entstehung der bürgerl. Welt- und Lebensanschauung in Frankreich" [2 Bde., 1927–30]); bed. seine „Philosoph. Anthropologie" (1928, ²1968) und die Abhandlungen „Die Dialektik der Demokratie" (1932) und „Philosophie der Frz. Revolution" (hg. 1956).

Grizzlybär

Grog [engl., vermutlich nach „Old Grog", dem Spitznamen (wegen seines Kamelhaarüberrocks, engl. grogram) des brit. Admirals E. Vernon (*1684, †1757), der den Befehl erließ, nur noch mit Wasser verdünnten Rum an die Matrosen auszugeben], Getränk meist aus Rum mit heißem

Wasser und Zucker. Variationen u. a. mit Arrak und Weinbrand.

Grögerová, Bohumila [tschech. ˈgrɛgɛrɔva:], * Prag 7. Aug. 1921, tschech. Schriftstellerin. – Wichtige Vertreterin experimenteller Literatur. Zus. mit H. Hiršal veröffentlichte sie 1964 das typograph. Kinderbuch „Co se slovy všechno poví" (Was man mit Worten alles sagt) und 1967 „JOB-BOJ", eines der wichtigsten Bücher der konkreten Literatur; bed. Übersetzerin (u. a. E. Ionesco).

Grogger, Paula, * Öblarn (Steiermark) 12. Juli 1892, † ebd. 31. Dez. 1983, östr. Schriftstellerin. – Im Volkstum und Glauben ihrer Heimat wurzelnde Erzählwerke in bildstarker, mundartlich geprägter Sprache, u. a. „Das Grimmingtor" (R., 1926), „Die Mutter" (E., 1958), „Späte Matura oder Pegasus im Joch" (Erinnerungen, 1975), „Der Paradiesgarten. Geschichte einer Kindheit" (1980).

groggy [engl. ˈgrɔgi, eigtl. „vom Grog betrunken"], im Boxen schwer angeschlagen, nicht mehr kampf- und verteidigungsfähig; übertragen auch svw. zerschlagen, erschöpft.

Grohmann, Will, * Bautzen 4. Dez. 1887, † Berlin (West) 6. Mai 1968, dt. Kunsthistoriker und -kritiker. – Seit 1948 Prof. an der Hochschule für bildende Künste in Berlin. Durch seine publizist. Tätigkeit gehörte er maßgeblich zu den Wegbereitern zeitgenöss. Kunst in Deutschland. Monograph. Werke, u. a. über Klee (1954, ⁴1965), Schmidt-Rottluff (1956), Kandinsky (1958) und Henry Moore (1960).

Grolman, Karl [Wilhelm Georg] von, * Berlin 30. Juli 1777, † Posen 15. Sept. 1843, preuß. General. – 1807 Mitarbeiter Scharnhorsts bei der preuß. Heeresreform; 1809 in östr. Diensten, 1810 auf seiten der span. Aufständischen gegen Napoleon; 1815 Generalstabsoffizier im Hauptquartier Blüchers; bis 1819 unter H. von Boyen Mitwirkung bei der Einführung der allg. Wehrpflicht und der Entwicklung des Generalstabes.

Groma [lat. (zu griech. ↑Gnomon)], Visiergerät der röm. Agrimensoren (zur Festlegung rechtwinkliger Koordinaten), bestehend aus einem an den vier Enden mit Loten versehenen, rechtwinkligen Kreuz, das im Zentrum auf einer senkrechten Stange befestigt ist. Die G. ging auf ägypt. Vorbilder zurück und war über griech. Feldmesser nach Italien gelangt.

Grömitz, Gem. an der Lübecker Bucht, Schl.-H., 6 600 E. Ostseeheilbad. – 1259 als Ort, seit 1440 als Stadt erwähnt. – Frühgot. Feldsteinkirche mit barocker Ausstattung.

Gromyko, Andrei Andrejewitsch [russ. graˈmikɛ], * Starye Gromyki 18. Juli 1909, † Moskau 2. Juli 1989, sowjet. Politiker. – Trat 1939 in den diplomat. Dienst; 1943–46 Botschafter in den USA, 1946–48 ständiger sowjet. Vertreter beim Sicherheitsrat der UN und 1952/53 Botschafter in Großbritannien; 1949–52 und 1953–57 1. stellv. Außenmin.; 1957–85 Außenmin.; seit 1956 Mgl. des ZK, 1973–88 auch des Politbüros des ZK der KPdSU; 1983–85 1. stellv. Min.präs.; 1985–88 Vors. des Präsidiums des Obersten Sowjets.

Gronau, Wolfgang von, * Berlin 25. Febr. 1893, † Frasdorf (Landkr. Rosenheim) 17. März 1977, dt. Flieger. – Erkundete 1930 den nördl. Seeweg über den Atlantik auf der Route Sylt–Island–Grönland–Labrador–New York und unternahm 1932 einen Etappenflug (60 000 km) um die Erde.

Gronau (Westf.), Stadt an der Dinkel, NRW, 40 m ü. d. M., 39 300 E. Drilandmuseum; bed. Textil- und Bekleidungsind. – Der Ort entstand im 15. Jh.; 1898 erhielt G. Stadtrecht.

Gronchi, Giovanni [italien. ˈgroŋki], * Pontedera (Prov. Pisa) 10. Sept. 1887, † Rom 17. Okt. 1978, italien. Politiker. – 1919 Mitbegr. des Partito Popolare Italiano (PPI), dessen Abg. 1919–26. 1943/44 Vertreter der neugegr. Democrazia Cristiana (DC) im Nat. Befreiungskomitee; 1944–46 Industrie- und Handelsmin., 1946 Fraktionsvors. der DC in der Constituante, seit 1948 Kammerpräs., 1955–62 Staatspräs., seit 1962 Senator auf Lebenszeit; Führer des linken Flügels der Democrazia Cristiana.

Grönemeyer, Herbert, * Göttingen 12. April 1956, dt. Schauspieler und Liedermacher. – Beginn am Bochumer Schauspielhaus als Pianist und Bühnenmusikschreiber; wirkte mit in Kino- und Fernsehfilmen (u. a. „Das Boot", 1981; „Frühlingssinfonie", 1983); profilierte sich daneben seit Mitte der 80er Jahre als erfolgreicher Rocksänger („Männer", 1984). In seinen Liedern greift er überwiegend gesellschaftskrit. Themen auf.

Groningen [niederl. ˈxro:nɪŋə], Stadt in den nö. Niederlanden, 168 000 E. Verwaltungssitz der Prov. G.; kath. Bischofssitz; Univ. (gegr. 1614), Akad. für Baukunst und für bildende Künste; Prov.- und Schiffahrtsmuseum. Handelszentrum. In der Umgebung bed. Erdgasfelder. Durch den Emskanal kann G. von Seeschiffen bis 2 000 t angelaufen werden. U. a. chem. Ind., Herrenkonfektion, Schiff-, Maschinenbau, Elektroind., Herstellung von Fahrrädern, Tabakverarbeitung. Verlage; ✠. – 1040 von Kaiser Heinrich III. als Landgut dem Bischof von Utrecht geschenkt; entwickelte sich zu einer Handelsstadt, die im 13. Jh. die bischöfl. Herrschaft abschüttelte. G. fiel 1580 an Spanien; 1594 durch Moritz von Oranien erobert und den Generalstaaten eingegliedert. – Der Turm (15. Jh. und später) der got. Martinikerk ist das Wahrzeichen der Stadt. Prinzenhof (1594 zu einem Statthalterhaus erweitert), Provinzenhuis (etwa 1550, stark restauriert), Goldkontor (1635), klassizist. Rathaus (1810) mit modernem Anbau (1962).

G., Prov. in den nö. Niederlanden, 2 611 km², 554 000 E (1990). Verwaltungssitz G.; die Prov. ist ein flaches Becken (im äußersten S bis 12,7 m u. d. M.). Den N nehmen eingepolderte Marschen, den SO kultivierte Torfmoore ein. Über 80 % der landw. Nutzfläche sind Ackerland; bed. Erdgasvorkommen; Schiffbau, Textil-, Papier- und chem. Industrie.

Gröninger, westfäl. Bildhauerfam. des 16. bis 18. Jh.; bed.:

G., Gerhard, * Paderborn um 1582, † Münster (Westf.) um 1652. – Vertreter des Frühbarock, vom niederl. Manierismus ausgehend; u. a. Stephanusaltar, zugleich Epitaph des H. von Letmathe († 1625) im Dom von Münster.

G., Johann Mauritz, * Paderborn 1652, † Münster (Westf.) 21. Sept. 1707. – Vater von Johann Wilhelm G.; vom niederl. Hochbarock beeinflußt; u. a. Epitaph des Fürstbischofs C. B. von Galen († 1678) im Dom von Münster.

G., Johann Wilhelm, * Münster (Westf.) 1675 oder 1677, † ebd. nach 1732. – Sohn von Johann Mauritz G.; sein Hauptwerk ist das Epitaph für den Domherrn F. von Plettenberg († 1712) im Dom von Münster.

Grönland (amtl. Kalaallit Nunaat; dän. Grønland), größte Insel der Erde, zum arkt. N-Amerika gerechnet, zw. 83° 39′ und 59° 46′ n. Br. sowie 11° 39′ und 73° 08′ w. L., 2 175 600 km², 55 415 E (1989). Hauptstadt Nuuk (dän. Godthåb). Verwaltungsmäßig ist die zu Dänemark gehörende Insel (mit innerer Autonomie) in West-, Nord- und Ost-G. geteilt. Nationalfeiertag: 21. Juni. Zeitzonen (von O nach W): MEZ −3, −4 (Nuuk), −5 Std. 1 833 900 km² von G. sind vom Inlandeis bedeckt, das durchschnittl. 1 500 m, maximal rd. 3 400 m mächtig ist. Es entsendet zahlr. Gletscher zum Meer. Im S und N bildet das Eis zwei Kuppeln. Unter der südl. Kuppel liegt ein bis 1 000 m hohes Bergland, im Zentrum besteht der Untergrund aus einem riesigen, z. T. u. d. M. liegenden Becken. Im W und O wird das Inlandeis von den Alpen ähnelnden Randgebirgen eingefaßt, die im Gunnbjørns Fjeld 3 700 m Höhe erreichen. – Es herrscht Eis- und Tundrenklima. Kalte polare Luftmassen mit einem stabilen Hoch im Winter und warme atlant. Luftmassen mit Tiefdruckwetterlagen im Sommer bestimmen den Witterungsablauf. Die Temperatur auf dem Inlandeis zeigt ein absolutes Temperaturminimum von −70 °C; im Sommer kommt sie bis an 0 °C heran. Aller Niederschlag fällt als Schnee oder Reif. – Die v. a. auf den Küstenraum beschränkte Tundrenvegetation wird nach N hin immer spärlicher; nur im SW gibt es Krummholzbestände.

Der Siedlungsraum der Bev. beschränkt sich auf das Küstengebiet, v. a. im klimatisch begünstigten SW. Hier wer-

Groningen
Stadtwappen

Karl von Grolman

Andrei Andrejewitsch Gromyko

Giovanni Gronchi

Grönlandhai

Walter Gropius. Das Bauhaus-Archiv in Berlin, 1976–79 nach einem Entwurf von Walter Gropius erbaut

Gropius, Walter, *Berlin 18. Mai 1883, †Boston (Mass.) 5. Juli 1969, dt.-amerikan. Architekt. – 1919 Gründung des ↑Bauhauses; 1928–33 Architekt in Berlin („Siemensstadt"); 1933 Emigration nach London und Zusammenarbeit mit M. Fry 1934–37 („Impington Village College" bei Cambridge [Mass.]). Seine Industriebauten (Faguswerk in Alfeld [Leine], 1911–18; Fabrikanlage für die Werkbund-Ausstellung, Köln 1914), Wohnsiedlungen sowie das Bauhaus in Dessau (1925/26) entstanden nach funktionalist. Prinzipien. Das pragmat. und sozialverantwortl. Handeln wurde zum Grundsatzprogramm seiner Architekturschule in Cambridge bzw. des Architektenteams „The Architects' Collaborative" (TAC), u. a. Harvard Graduate Center (1949/50), PAN AM Building in New York (1952). G. erhielt nach dem Krieg internat., auch in Berlin (West), Einzel- und städtebauliche Aufträge, u. a. Wohnblock für Interbau 1957 (Hansaviertel) und das nach seinen Plänen 1976–79 errichtete Bauhaus-Archiv sowie die Rosenthal-Porzellanfabrik in Selb (1963–67).

Groppen (Cottidae), Fam. bis 60 cm langer Knochenfische (Ordnung Panzerwangen) mit rd. 300 Arten auf der N-Halbkugel; überwiegend Meeresbewohner, einige Arten auch im Süßwasser (z. B. Groppe); Körper schuppenlos, z. T. bestachelt; großes Maul, Brustflossen fächerartig; Schwimmblase fehlend. – Bekannte Arten: **Groppe** (Koppe, Dolm, Cottus gobio), bis 15 cm lang, oberseits grau

Groppen. Groppe

bis bräunlich mit dunklerer Marmorierung, Bauch weißlich; in der Ostsee, in Brack- und Süßgewässern Europas. **Seebull** (Cottus bubalis), 10–20 cm lang, braun mit schwarzer Fleckung, Bauch gelblich; an den Küsten W- und N-Europas. **Seeskorpion** (Seeteufel, Myxocephalus scorpius), bis 35 cm lang, dunkelbraun mit hellerer Fleckung, Kopf stark bestachelt; an den Küsten des N-Atlantiks.

Gropper, Johann, *Soest 24. Febr. 1503, †Rom 13. März 1559, dt. kath. Theologe. – Sein „Enchiridion Christianae institutionis" (1538) gilt als wichtigstes vortridentin. Lehrbuch der Dogmatik.

Grönland Wappen

den auch Schafe und Rentiere gehalten. Die Grönländer sind eine Mischrasse aus Eskimos und Europäern, die seit Mitte des 17. Jh. entstand. Reine Eskimos leben nur noch an der nördl. O- und W-Küste. Amtssprachen sind Eskimoisch (Westgrönländisch) und Dänisch. Haupterwerbszweig ist die Fischerei und Fischereiverarbeitung. Die Fischereigrenze wurde 1977 auf 200 Seemeilen erweitert. Die Jagd auf Robben, Wale, Füchse und Bären spielt noch im N und SO eine Rolle. – Blei-Zink-Erze werden seit 1973 bei Maarmorilik abgebaut und aufbereitet. Weitere Bodenschätze (Eisen-, Chrom-, Nickel-, Molybdän-, Gold-, Thoriumvorkommen) sind nachgewiesen, aber kaum erschließbar. Größter Arbeitgeber ist die 1774 gegr. staatl. Königl.-Grönländ. Handelsgesellschaft (KGH). Neben der Schiffahrt, dem Hunde- und Motorschlitten spielt v. a. der Luftverkehr (Hubschrauber) eine bed. Rolle.

Geschichte: Der Wikinger Erich der Rote fand 982 westlich von Island eine Insel, die er für unbewohnt hielt und G. („grünes Land") nannte. Ab 986 gründete er dort Siedlungen. Um 1000 wurde G. christianisiert, 1126 erhielt es einen eigenen Bischof. Die Kolonien waren autonom, sie hatten ein Althing; 1261 gerieten sie jedoch unter norweg. Oberhoheit. Rascher Niedergang seit dem 14. Jh. führte dazu, daß die Seefahrer, die ab Ende des 16. Jh. die W-Küste G. anliefen, keine Reste der wiking. Kolonien mehr fanden. Die Neubesiedlung begann 1721. 1785 erhielt die Insel von den dän. Reg. ein Grundgesetz; bei der Auflösung der dän.-norweg. Personalunion 1815 blieb G. bei Dänemark. Den dän.-norweg. Streit um G. entschied der Internat. Gerichtshof in Den Haag 1933 zugunsten Dänemarks. Seit dem 2. Weltkrieg besitzen die USA Luftstützpunkte auf der Insel. 1953 wurde G. ein gleichberechtigter Bestandteil des Kgr. Dänemark (seit 1979 mit innerer Selbstverwaltung). Die gesetzgebende Funktion übt das Landsting aus (27 Abg.). 1982 lehnte die grönländ. Bev. ein Verbleiben in der EG über den 1. Jan. 1985 hinaus ab.

Grönlandhai ↑Dornhaie.
Grönlandhund, svw. ↑Polarhund.
Grönlandsee ↑Europäisches Nordmeer.
Grönlandwal ↑Glattwale.
Groot, Huigh de [niederl. xro:t] ↑Grotius, Hugo.
Groote (Groot), Geert (Gerhard) [niederl. 'xro:tə], *Deventer Okt. 1340, †ebd. 20. Aug. 1384, niederl. Bußprediger und Mystiker. – Seine Frömmigkeit und Mystik bilden die Grundlagen der ↑Devotio moderna; seine Anhänger schlossen sich als Schwestern und ↑Brüder vom gemeinsamen Leben zusammen.

Groote Eylandt [engl. 'gru:t 'ailənd], mit 2 460 km² größte Insel im Carpentariagolf an der N-Küste Australiens, bis 183 m hoch; Eingeborenenreservat; größtes austral. Manganerzvorkommen.

Grootfontein ['gro:tfɔntain], Stadt im nördl. Namibia, 1 463 m ü. d. M., 9 000 E. Zentrum eines Agrargebiets; Blei- und Kupfererzabbau; Eisenbahnendpunkt, ✈.

Antoine-Jean Gros. Bonaparte auf der Brücke, 1800/01 (Paris, Louvre)

Großbritannien und Nordirland

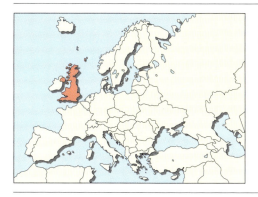

Großbritannien und Nordirland
Fläche: 244 110 km²
Bevölkerung: 57,38 Mill. E (1990), 235,1 E/km²
Hauptstadt: London
Amtssprache: Englisch
Nationalfeiertag: Offizieller Geburtstag des Monarchen
Währung: 1 Pfund Sterling (£) = 100 New Pence (p)
Zeitzone: MEZ −1 Stunde

Gros, Antoine-Jean Baron (seit 1824) [frz. gro], *Paris 16. März 1771, †Meudon 26. Juni 1835 (Selbstmord), frz. Maler. – 1793–1800 in Italien. Schuf großformatige Gemälde Napoleons I. Mit der Komposition bewegter Massenszenen und dem leidenschaftl. Kolorit wies er der romant. Schule den Weg. Vorzügl. Porträtist.

Gros [grɔs; niederl., zu frz. grosse (douzaine) „großes (Dutzend)"], altes dt. Zählmaß: 1 G. = 12 Dutzend = 144 Stück; *allg.* der überwiegende Teil einer Gruppe.

Groschen [zu mittellat. grossus (denarius) „Dick(pfennig)"], Abk. Gr., gr., 1. urspr. dicke Silbermünze, erstmals 1266 in Tours (Frankreich; ↑Turnose), seit 1338 als *Meißn. G.* (nach dem Vorbild des *Prager* oder *Böhm. G.*) in Sachsen, später auch in anderen dt. Ländern geprägt; da der Wert zeitlich und territorial schwankte, wurden häufig Angaben über die Art der G. gemacht (meißn. Währung, Gute G., Silber-G., Gulden-G. u. a.). Seit dem 16. Jh. Scheidemünze in Österreich, der Schweiz und Süddeutschland (*Dreikreuzer*), in Preußen bis 1821 der *Gute G.* (12 Pfennige = 1 G. = ¹⁄₂₄ Taler), 1821–73 der *Silber-G.* (12 Pfennige = 1 G. = ¹⁄₃₀ Taler). Sachsen führte 1840 den *Neu-G.* zu 10 Pfennigen ein. Seit Beginn der Mark-Rechnung 1873 gelten in Deutschland allg. 10 Pfennige = 1 Groschen.
2. in Österreich 1925–38 und seit 1945 kleinste Scheidemünze (1 G. = ¹⁄₁₀₀ Schilling).

Groschenhefte (Groschenromane), in preisgünstiger Heftform meist wöchentlich in hoher Auflage auf den Markt gebrachte Trivialromane, meist in Serien mit unterschiedl. Inhalt. Schwerpunkten (u. a. Western).

Gros de Vaud [frz. grod 'vo], Landschaft im Schweizer Mittelland zw. Neuenburger See (im N) und Genfer See (im S).

Grosny, Hauptstadt von Tschetscheno-Inguschetien innerhalb Rußlands, im nördl. Vorland des Großen Kaukasus, 401 000 E. Univ. (gegr. 1972), Erdölhochschule, PH, Theater; Erdölförderung und -raffinerien, Maschinenbau. – Aus einer 1818 erbauten Festung entstanden.

Groß, Hanns, *Graz 26. Dez. 1847, †ebd. 9. Dez. 1915, östr. Kriminalist und Strafrechtslehrer. – Prof. in Czernowitz (1897) und Graz (1905). Gilt als Begründer der Kriminalistik als einer selbständigen Wissenschaft.

G., Michael, *Frankfurt am Main 17. Juni 1964, dt. Schwimmer. – Olympiasieger 1984 (200 m Freistil, 100 m Schmetterling) und 1988 (200 m Schmetterling); Weltmeister 1982, 1986 (jeweils über 200 m Freistil und 200 m Schmetterling) sowie 1991 (4 × 200-m-Freistilstaffel); mehrfacher Europameister, zahlr. Weltrekorde.

Großadmiral, urspr. [Ehren]titel des höchsten Offiziers einer Kriegsmarine; im Dt. Reich höchster, dem Generalfeldmarschall entsprechender Marinedienstgrad.

Großblütige Braunelle ↑Braunelle.
Großblütiger Fingerhut ↑Fingerhut.

Großbottwar, Stadt im Neckarbecken, Bad.-Württ., 215 m ü. d. M., 7 100 E. Bed. Weinbau. – Stadtrecht vermutlich zw. 1247 und 1279. – Pfarrkirche mit got. Chor und spätbarockem Langhaus; Fachwerkrathaus (1556).

Großbritannien, Hauptinsel der Brit. Inseln; auch zusammenfassende Bez. für die vereinigten Kgr. England [mit Wales] und Schottland.

Großbritannien und Nordirland (amtl. Vollform: United Kingdom of Great Britain and Northern Ireland; dt. Vereinigtes Kgr. Großbritannien und Nordirland), parlamentar. Monarchie in NW-Europa zw. 50° und 61° n. Br. sowie 1° 45′ ö. L. und 8° 10′ w. L. **Staatsgebiet:** Vereint in Personalunion Großbritannien und Nordirland; es umfaßt die Hauptinsel der Brit. Inseln, den NO-Teil der Insel Irland, die Inseln Wight und Anglesey, die Scilly-Inseln, die Hebriden, die Shetland- und Orkneyinseln, begrenzt von der Nordsee, dem Atlant. Ozean, der Irischen See und dem Kanal; einzige Landgrenze ist diejenige zw. Nordirland und der Republik Irland. Die Kanalinseln und die Insel Man unterstehen unmittelbar der Krone. **Verwaltungsgliederung:** England: 39 Gft. (Nonmetropolitan Counties) und 6 Metropolitan Counties; Wales: 8 Gft.; Schottland: 9 Regionen und 3 Inselgebiete; Nordirland: 26 Distrikte. **Internat. Mitgliedschaften:** UN, Commonwealth, EG, Europarat, WEU, OECD, Colombo-Plan, GATT, NATO.

Landesnatur

Die Oberflächenformen von G. und N. werden zu über 70 % von Bergländern bestimmt, diese nehmen v. a. den N und W der Hauptinsel ein, während im mittleren, östl. und südl. Teil vorwiegend Hügel- und Tiefland vorherrschen. Die schott. Highlands im N erreichen im Ben Nevis 1 343 m ü. d. M.; die Grabensenke Glen More teilt sie in die North West Highlands und die Grampian Mountains. Die schott. W-Küste ist durch Fjorde reich gegliedert. Als meist vulkan. Formen setzen sich die Gebirge auf den westschott. Inseln und in Nordirland fort. Jenseits der schott. Lowlands folgen die Southern Uplands mit den Cheviot Hills. Wales wird nahezu ganz von Bergländern (Cambrian Mountains) eingenommen; der Snowdon ist mit 1 085 m der höchste Punkt von England und Wales. Die nw. und mittlere England wird geprägt durch die Cumbrian Mountains und den Mittelgebirgszug der Pennines (bis 893 m ü. d. M.). Auf der Halbinsel Cornwall erheben sich einzelne Granitmassive wie Exmoor, Dartmoor oder Bodmin Moor. Den restl. Teil Großbritanniens nehmen Flachländer (im wesentlichen südengl. Schichtstufenland mit den Höhenzügen der North Downs und South Downs südlich der Themse) und Küstenebenen ein.

Klima und Vegetation

Das wintermilde und sommerkühle Klima kennt nur recht abgeschwächte Jahreszeitzäsuren. Großbritannien gliedert sich in eine trocken-warme O-Hälfte und eine feuchtgemäßigte W-Hälfte, letztere mit extrem hohen Niederschlagsmengen. Ein wichtiger Klimafaktor ist die hohe Luftfeuchtigkeit, bes. im Winter; sie ist die Hauptsache der häufigen Nebelbildung.

Großbritannien und Nordirland

Staatswappen

Internationales Kfz-Kennzeichen

1970 1990   1970 1990
Bevölkerung   Bruttosozial-
(in Mill.)   produkt je E
              (in US-$)

Bevölkerungsverteilung 1990

Bruttoinlandsprodukt 1989

Großbritannien und Nordirland

Abgesehen von O-England mit wohl natürl. Grasflora war Großbritannien urspr. ein Waldland. Heute sind nur noch 9 % der Landfläche mit Wald bedeckt (²/₃ Nadel-, ⅓ Laubwald). Ein großer Teil der Agrarlandschaft wird durch Einhegungen charakterisiert (Heckenlandschaft). Die Baumgrenze liegt bei 650 m; auf eine schmale Kriechholzzone folgen atlant. Bergheiden, die als Rauhweiden genutzt werden (Schafhaltung).

Bevölkerung

Die Bev. gliedert sich in Engländer (81,5 %), Schotten (9,6 %), Waliser (1,9 %) und Iren (4,2 %). Aus den Commonwealth-Ländern stammen rd. 2 Mill. Einwanderer. Neben Englisch werden in einigen Gebieten noch kelt. Sprachen gesprochen (Schottisch-Gälisch, Walisisch). Außer den Angehörigen der anglikan. und der prot.-presbyterian. Kirchen sowie der methodist. Freikirchen gibt es noch Baptisten und rd. 5,3 Mill. Katholiken, letztere v. a. in Nordirland. Es besteht allg. Schulpflicht im Alter von 5–16 Jahren. Von den privaten Internatsschulen sind Eton, Winchester, Rugby und Harrow die bedeutendsten. Etwa 5 % der brit. Schüler besuchen Privatschulen. Das Vereinigte Kgr. verfügt über 46 Univ., deren älteste in Oxford und Cambridge bestehen (beide im 13. Jh. gegr.). Über ⅘ der Bev. leben in Städten.

Wirtschaft und Verkehr

Wichtigster Zweig ist die Ind., die neben dem Dienstleistungssektor wirtschaftsbestimmend ist. Das Vereinigte Kgr. ist ein hochindustrialisierter Staat, der Anteil der verarbeitenden Ind. am Bruttoinlandsprodukt ist seit 1978 rückläufig. Im Zuge eines langjährigen Strukturwandels gingen die einst traditionellen Ind.zweige Stahlerzeugung, Schiffbau und Textilind. in ihrer Bedeutung zurück, dagegen nah-

Großbritannien und Nordirland. Wirtschaft

Großbritannien und Nordirland

men die Metallverarbeitung, Chemikalien- und Chemiefaserherstellung einen überdurchschnittl. Aufschwung, der Kohlenbergbau wurde modernisiert. Der staatl. bzw. staatlich kontrollierte Sektor wurde durch Reprivatisierung weitgehend abgebaut. Die Luft- und Raumfahrtind. ist eine der bedeutendsten der westl. Welt. Von der gesamten Landfläche werden 76 % agrarisch genutzt, überwiegend als Grünland. Die Viehwirtschaft steht an erster Stelle. Der Ackerbau erzeugt Futtergetreide, Braugerste, Weizen, Hackfrüchte sowie Gemüse und Obst. Die Fischerei ging in den letzten Jahrzehnten stark zurück.
Die wichtigsten Partner sind die EG-Länder (bes. Deutschland) und die USA. Ausgeführt werden Maschinen, Kfz und elektrotechn. Güter, chem. Produkte, Erdöl und Kohle, Erdölerzeugnisse, Eisen und Stahl, eingeführt Maschinen, Kraft- und Nutzfahrzeuge, chem. Produkte, Lebensmittel und Lebendvieh, Textilfasern und -gewebe, Papier und Pappe sowie Rohöl, Metalle und Stahlerzeugnisse.
Das Streckennetz der Eisenbahn ist im Vereinigten Kgr. 16 952 km lang. Die Gesamtlänge des Straßennetzes beträgt 358 034 km, darunter 3 070 km Autobahnen. Wichtigste Seehäfen sind Felixstowe, Southampton, Dover, Grimsby/Immingham und Harwich; London ist der bedeutendste Universalhafen. Zum europ. Festland bestehen etwa 40 Fährverbindungen; kurz vor der Fertigstellung steht der Kanaltunnel unter der Straße von Dover. Der internat. Flugverkehr ist v. a. auf die Flughäfen von London (Heathrow, Gatwick) ausgerichtet; größte Fluggesellschaft ist British Airways (1987 privatisiert).

Geschichte

Zur **Vorgeschichte** ↑ Europa.
Altertum: Der von Cäsar unternommene Versuch (55 und 54 v. Chr.), das keltisch besiedelte Großbritannien in das Röm. Reich einzubeziehen, fand bei seinen Nachfolgern zunächst wenig Interesse. Eroberung und Organisation durch Claudius 43 n. Chr. und Gnaeus Julius Agricola (77–84) sparten das Gebiet nördlich des Firth of Forth ebenso wie Irland aus. Die durch Hadrian und Antoninus Pius angelegten Befestigungslinien konnten die Bildung und Entwicklung neuer Stämme außerhalb der Grenzen (Pikten, Skoten, Attakotten, Kaledonier) nicht verhindern. Seit dem 3. Jh. rissen Invasionen und Aufstände innerhalb des röm. Herrschaftsgebiets nicht mehr ab; sie führten Anfang des 5. Jh. zur Aufgabe der Insel.
Mittelalter (5. Jh.–1485): Nach der z. T. gewaltsamen Landnahme durch die german. Angeln, Sachsen und Jüten vom Festland her (seit dem 5. Jh.) bildeten sich 7 angelsächs. Klein-Kgr. heraus (Kent, Sussex, Essex, Wessex, East Anglia, Mercia, Northumbria), auf deren Grundlage sich die Entstehung des angelsächs. Volkes vollzog (im 7. Jh. Annahme des Christentums in seiner röm. Form) und unter Führung im 8. Jh. Mercia unter König Offa (⚭ 757–796) übernahm. Die klösterl. angelsächs. Kultur wirkte in Verbindung mit missionar. Tätigkeit seit Ende des 7. Jh. stark auf den europ. Kontinent ein. Die angelsächs. Herrschaft wurde im 9. Jh. durch die Einfälle heidn., meist dän. Wikinger schwer erschüttert. Sie faßten in N-Schottland und Teilen Irlands sowie im N und O Englands festen Fuß. Mercia verlor seine Führungsposition an Wessex, das unter Alfred d. Gr. (⚭ 871–899) die Dänen zum Frieden zwang (878), die sich danach dem Christentum zuwandten. König Ethelstan von Wessex (⚭ 924–939) beherrschte im wesentlichen das ganze heutige England. Nach dem Fall des dän. Kgr. von York wurde 955 ein gesamtengl. Königtum geschaffen. Grundlage dafür war insbes. die Verwaltungsgliederung nach Gft. Die gleichzeitige Erneuerung der Kirche brachte neben der Reform des klösterl. Lebens mit der Nachahmung des westfränk. Krönungsrituals dem Königtum eine christlich-sakrale Überhöhung. Konflikte mit dem erstarkten Adel und neue Däneneinfälle schwächten das Königtum. Ethelred II. verlor 1013 die Krone an den dän. König Svend Gabelbart, dessen 2. Sohn Knut I., d. Gr., 1016 England besetzte und sich zum König wählen ließ (auch

König von Dänemark seit 1018, von Norwegen seit 1028). Nach dem Tode Knuts und seiner Söhne kam 1042 mit Eduard dem Bekenner wieder ein nat. Königtum zum Zuge. Eduards Nachfolger Harold II. Godwinson unterlag jedoch bei Hastings am 14. Okt. 1066 einem normann. Invasionsheer unter Herzog Wilhelm, der Erbansprüche auf den engl. Thron geltend machte.
Bei seiner Krönung in Westminster erkannte König Wilhelm I. ausdrücklich bestehende Verfassungseinrichtungen (Gesetze, Verwaltungsgliederung) an. Die angelsächs. Oberschicht, die ihren Besitz weitgehend verloren hatte, wurde durch normann.-frz. Adel ersetzt, der zumeist auch auf dem Kontinent ausgedehnten Landbesitz hatte, wodurch England kontinentalen Einflüssen geöffnet wurde. Die normann.-frz. Kultur überlagerte für die nächsten Jh. die angelsächs.-skand. Elemente. In der Verbindung des vom König (der ein Drittel des Bodens besaß) geführten Lehnswesens mit den rechtl. und administrativen Traditionen der angelsächs. Zeit lag die einzigartige Stärke des ma.

Verwaltungsgliederung (Stand: 1990)

	Fläche (km²)	E (in 1000)		Fläche (km²)	E (in 1000)
England			**Wales**		
Metropolitan Counties			*Grafschaften*		
Greater Manchester	1 286	2 590	Clwyd	2 425	411
Merseyside	652	1 443	Dyfed	5 765	354
South Yorkshire	1 560	1 300	Gwent	1 376	447
Tyne and Wear	540	1 126	Gwynedd	3 868	241
West Midlands	899	2 614	Mid Glamorgan	1 019	539
West Yorkshire	2 039	2 070	Powys	5 077	117
			South Glamorgan	416	406
Grafschaften (Nonmetropolitan Counties)			West Glamorgan	815	363
Avon	1 338	952	**Schottland**		
Bedfordshire	1 235	535	*Regionen*		
Berkshire	1 256	755	Borders	4 662	103
Buckinghamshire	1 883	641	Central	2 590	272
Cambridgeshire	3 409	664	Dumfries and Galloway	6 475	148
Cheshire	2 322	959	Fife	1 308	345
Cleveland	583	552	Grampian	8 550	506
Cornwall and Isles of Scilly	3 546	467	Highland	26 136	204
Cumbria	6 809	492	Lothian	1 756	749
Derbyshire	2 631	933	Strathclyde	13 856	2 306
Devon	6 715	1 030	Tayside	7 668	394
Dorset	2 654	658	Island Authority Areas	5 566	71
Durham	2 436	599	Orkney Islands	974	19
East Sussex	1 795	712	Shetland Islands	1 427	22
Essex	3 674	1 533	Western Isles	2 901	30
Gloucestershire	2 638	531	**Nordirland**		
Hampshire	3 772	1 547	*Distrikte*		
Hereford and Worcester	3 927	676	Antrim	415	47
Hertfordshire	1 634	988	Ards	368	65
Humberside	3 512	859	Armagh	667	49
Isle of Wight	381	129	Ballymena	634	57
Kent	3 732	1 525	Ballymoney	417	24
Lancashire	3 043	1 395	Banbridge	442	32
Leicestershire	2 553	897	Belfast	111	295
Lincolnshire	5 885	591	Carrickfergus	85	31
Norfolk	5 355	750	Castlereagh	84	58
Northamptonshire	2 367	580	Coleraine	478	48
Northumberland	5 033	305	Cookstown	512	27
North Yorkshire	8 317	726	Craigavon	279	78
Nottinghamshire	2 164	1 026	Derry	373	100
Oxfordshire	2 611	586	Down	638	57
Shropshire	3 490	405	Dungannon	763	43
Somerset	3 458	464	Fermanagh	1 700	50
Staffordshire	2 716	1 040	Larne	337	29
Suffolk	3 800	643	Limavady	585	29
Surrey	1 655	1 002	Lisburn	436	98
Warwickshire	1 981	482	Magherafelt	562	33
West Sussex	2 016	704	Moyle	494	15
Wiltshire	3 481	561	Newry and Mourne	886	89
			Newtownabbey	160	72
			North Down	73	72
			Omagh	1 124	45
			Strabane	861	35

Großbritannien und Nordirland

engl. Königtums begründet. Nach dem Aussterben der normann. Dyn. im Mannesstamm 1135 kam es zum Bürgerkrieg, bis die Krone an Heinrich Plantagenet, Graf von Anjou, fiel. Als Heinrich II. (⚭ 1154–89) verfügte er aus Erbe und Mitgift über die Herrschaft im gesamten W und SW Frankreichs, war damit der mächtigste Kronvasall des frz. Königs und schuf so die Grundlage für die dauernde Präsenz der engl. Krone auf frz. Boden. Irland wurde 1171/72 erobert, Schottland und Wales erkannten die engl. Oberlehnsherrschaft an. Im Innern schuf Heinrich II. mit der allg. Zuständigkeit der königl. Gerichte die Grundlinien des Common Law. Die Neuabgrenzung des Verhältnisses von Kirche und Staat (Konstitutionen von Clarendon, 1164) führte zum Konflikt mit Erzbischof Thomas Becket und zu dessen Ermordung. Unter Heinrichs Söhnen Richard I. (Löwenherz, ⚭ 1189–99) und Johann I. (ohne Land, ⚭ 1199–1216) kam es zur Auseinandersetzung mit dem frz. König um die engl. Festlandbesitzungen, wobei zunächst die Normandie und nach der Niederlage bei Bouvines (1214) die übrigen frz. Besitzungen mit Ausnahme des SW verloren gingen. Bereits 1213 hatte Johann sein Land vom Papst zu Lehen nehmen müssen. Diese Mißerfolge stärkten die oppositionellen Barone im Innern, die 1215 von Johann die Bestätigung ihrer Rechte in der Magna Carta libertatum (↑ Magna Carta) erzwangen. Unter Heinrich III. (⚭ 1216–72) kam es zu anhaltenden bürgerkriegsähnl. Auseinandersetzungen zw. Krone und Baronen. Ein Aufstand, geführt von Simon de Montfort, führte zur Gefangennahme des Königs (1264) und zur Einberufung eines Parlaments, in dem erstmals neben den Baronen Vertreter der Gft. sowie der Städte saßen (1265). Eduard I. (⚭ 1272–1307) konnte zwar Simon de Montfort ausschalten, trug jedoch der Entwicklung Rechnung, indem er häufig Parlamente einberief (Model parliament, 1295). Er glie-

Großbritannien und Nordirland

derte endgültig das Ft. Wales in den engl. Herrschaftsbereich ein (Titel „Prince of Wales" für den engl. Thronfolger seit 1282). Im Konflikt Eduards II. (⚭1307–27) mit den Baronen, der mit seiner Absetzung und Ermordung endete, gewann das Parlament immer größeres Gewicht. Grafschaftsvertreter und Bürger („Commons") tagten fortan im Unterhaus und errangen 1360 ein unumgängl. Bewilligungsrecht für außerordentl. Finanzen.

Das 14. Jh. war in England, wie in ganz Europa, durch tiefe Krisenerscheinungen bestimmt. V. a. die Pestepidemien von 1348–50 und 1361 brachten einen Bev.rückgang von 30 % mit nachhaltigen Auswirkungen im Agrarsektor. Der Konfliktstoff entlud sich im Bauernaufstand von 1381, der sich insbes. gegen die Erhöhung der bäuerl. Dienstpflichten und die Einführung einer Kopfsteuer richtete und sich mit dem religiösen Wirken J. Wyclifs sowie J. Balls gegen die Besitzkirche verband (Weiterführung durch die Lollarden). Als Eduard III. (⚭1327–77) Ansprüche auf die frz. Krone erhob, brach 1337 der Hundertjährige Krieg aus, in dem schließlich Heinrich V. (⚭1413–22) aus dem Haus Lancaster bei Azincourt 1415 einen entscheidenden Sieg über Frankreich errang. Im Vertrag von Troyes 1420 wurde er als Regent und Erbe von Frankreich anerkannt und mit Katharina, Tochter Karls VI. von Frankreich, vermählt. Gegen seinen erst einjährigen Nachfolger Heinrich VI. (⚭1422–61) lebte der frz. Widerstand erneut verstärkt auf, verkörpert bes. in der Person Jeanne d'Arcs, und zwang die Engländer, das Land bis auf Calais zu räumen. Der Krieg endete 1453 ohne Vertrag. Ein Thronstreit der Häuser Lancaster (Wappen: rote Rose) und York (Wappen: weiße Rose) löste die sog. Rosenkriege aus (1455–85), in denen sich zunächst das Haus York mit Eduard IV. (⚭1461–83) durchsetzen konnte. Als aber Richard III. (⚭1483–85) nach Beseitigung seiner Verwandten den Thron bestieg, bildete sich gegen ihn eine Opposition heraus, die hauptsächlich von Henry Tudor, Earl of Richmond, getragen wurde, der mit dem Haus Lancaster verwandt war.

Der Ausbau der königlichen Machtstellung unter den Tudors (1485–1603): Die Schlacht bei Bosworth (22. Aug. 1485) beendete die Rosenkriege. Henry Tudor wurde als Heinrich VII. (⚭1485–1509) engl. König. Durch die Heirat mit Elisabeth von York vereinigte er den Besitz der beiden Häuser. Zur Beratung des Königs wurde ein von ihm berufener Staatsrat errichtet. Heinrich VII. stärkte die zentralen Gerichtshöfe, reorganisierte die Finanzverwaltung und betrieb eine umsichtige Wirtschafts- und Handelspolitik (Verträge mit Dänemark, den Niederlanden und Riga, Unterstützung der Handelskompanien, beginnender Aufbau einer Flotte). Sein Sohn Heinrich VIII. (⚭1509–47) führte ohne durchschlagenden Erfolg Krieg gegen das mit Frankreich verbündete Schottland und konnte auch Irland nicht unterwerfen, obschon er sich 1542 zum König von Irland erklärt hatte. Größte Bed. erlangte die von ihm aus persönl. Gründen (Scheidung von Katharina von Aragonien und Heirat Anna Boleyns) vollzogene Trennung von der röm. Kirche (1533/34). Der König war von nun an Oberhaupt der anglikan. Kirche. Wer der ↑Suprematseid verweigerte, setzte sich der Verfolgung aus (z. B. Hinrichtung von Sir Thomas More 1535). Alle Klöster wurden aufgehoben, was der Krone reichen Gewinn an Grund und Boden brachte. Dennoch bis zum Ende seiner Reg.zeit mußte Heinrich VIII. zwei Drittel dieses Grundbesitzes an den kleinen Landadel (Gentry) verkaufen, um seine auswärtigen Kriege zu finanzieren. Damit wurden die wirtsch. Grundlagen für die maßgebl. polit. Rolle der Gentry im 17. und 18. Jh. gelegt. Unter Eduard VI. (⚭1547–53) wurden die Reformation des Glaubens und die Gestaltung der anglikan. Kirche durch staatl. Gesetze und Verordnungen (u. a. 1. und 2. „Common Prayer Book", 1549 u. 1552) nicht ohne Gewalt vorangetrieben. Maria I. Tudor (⚭1553–58), die 1554 König Philipp II. von Spanien heiratete, versuchte als fanat. Katholikin, die gesamte kirchl. Gesetzgebung seit Heinrich VIII. rückgängig zu machen. Der Krieg mit Frankreich brachte 1558 England den Verlust von Calais, seinem letzten Stützpunkt auf frz. Boden.

Unter Elisabeth I. (⚭1558–1603) büßte die röm.-kath. Partei mit der Enthauptung der ehem. schott. Königin Maria Stuart (1587), die als Urenkelin Heinrichs VII. Anspruch auf den engl. Thron erhoben hatte, ihr polit. Gewicht ein. Der letzte Versuch, mit bewaffneter Macht von außen den Katholizismus zu restaurieren, scheiterte 1588 durch die vernichtende Niederlage der span. Armada. Von welthistor. Bed. waren der Niedergang Spaniens und Englands Aufstieg zur Weltgeltung. Elisabeth förderte die Entdeckungsreisen engl. Seeleute, den Aufbau einer Handelsflotte und den Außenhandel (Gründung neuer Handelskompanien). Die merkantilist. Wirtschaftspolitik verhalf Bürgertum und Gentry zu gesteigertem Wohlstand und stärkte ihren Einfluß im Parlament. Neben Königin und Reg. wurde das Unterhaus zum Träger polit. Entscheidungen. Das geistige und literar. Leben gelangte zu hoher Blüte.

Der Kampf zwischen Krone und Parlament unter den Stuarts (1603–1714): Der von Elisabeth zum Nachfolger bestimmte Sohn Maria Stuarts, Jakob I. (⚭1603–25), vereinigte erstmals die Kronen von Schottland und England. Er erweiterte die königl. Rechte, mißachtete die Unabhängigkeit der Rechtsprechung und ließ mißliebige Politiker verhaften. Demgegenüber pochte das Parlament auf seine Eigenständigkeit und erworbene Rechte. Der Druck Jakobs I. auf die Puritaner veranlaßte viele zur Auswanderung nach Übersee (Pilgerväter). Der Kampf zw. Krone und Parlament wurde auch unter Karl I. (⚭1625–49) fortgesetzt. 1628 bewilligte Karl I. zwar die ↑Petition of Right, regierte jedoch 1629–40 ohne Parlament. Ziel des Königs war ein vom Parlament unabhängiges, auf ein stehendes Heer gestütztes Königtum sowie die Durchsetzung der Uniformität der anglikan. Kirche gegen die Puritaner in England und die Presbyterianer in Schottland. Um die Finanzmittel zur Bekämpfung von Unruhen in Schottland und Irland zu erhalten,

Thomas More
(Ausschnitt aus einer Kreidezeichnung von Hans Holbein d. J., 1527)

Maria Stuart,
Königin von Schottland
(Ausschnitt aus einem Gemälde)

Großbritannien, Herrscherliste
Für die angelsächs. Zeit sind nur Könige über ganz England genannt

angelsächsische Könige
Edwy (Edwin) (seit 957 nur Wessex)	955–959
Edgar	959–975
Eduard der Märtyrer (nur Wessex)	975–978
Ethelred II.	978/79–1013
Svend (Sven) Gabelbart	1013–1014
Knut I., d. Gr.	1016–1035
Edmund Ironside (gemeinsam mit Knut)	1016
Harold I. Harefoot	1035/36–1040
Hardknut (Harthaknut)	1040–1042
Eduard der Bekenner	1042–1066
Harold II. Godwinson	1066

normannische Könige
Wilhelm I., der Eroberer	1066–1087
Wilhelm II. Rufus	1087–1100
Heinrich I. Beauclerc	1100–1135
Stephan I. von Blois	1135–1154

Haus Plantagenet
Heinrich II. Kurzmantel	1154–1189
Richard I. Löwenherz	1189–1199
Johann I. ohne Land	1199–1216
Heinrich III.	1216–1272
Eduard I.	1272–1307
Eduard II.	1307–1327
Eduard III.	1327–1377
Richard II.	1377–1399

Haus Lancaster
Heinrich IV.	1399–1413
Heinrich V.	1413–1422
Heinrich VI.	1422–1461

Haus York
Eduard IV.	1461–1483
Eduard V.	1483
Richard III.	1483–1485

Haus Tudor
Heinrich VII.	1485–1509
Heinrich VIII.	1509–1547
Eduard VI.	1547–1553
Maria I.	1553–1558
Elisabeth I.	1558–1603

Haus Stuart
Jakob I.	1603–1625
Karl I.	1625–1649

Commonwealth und Protektorat
Oliver Cromwell (Protektor)	1653–1658
Richard Cromwell (Protektor)	1658–1659

Haus Stuart
Karl II.	1660–1685
Jakob II.	1685–1688
Maria II. und Wilhelm III.	1689–1702
Anna	1702–1714

Haus Hannover
Georg I.	1714–1727
Georg II.	1727–1760
Georg III.	1760–1820
Georg IV.	1820–1830
Wilhelm IV.	1830–1837
Viktoria	1837–1901

Haus Sachsen-Coburg
Eduard VII.	1901–1910

Haus Windsor
Georg V.	1910–1936
Eduard VIII.	1936
Georg VI.	1936–1952
Elisabeth II.	seit 1952

Großbritannien und Nordirland

Heinrich VIII., König von England (Ausschnitt aus einem Gemälde von Hans Holbein d. J., um 1536)

Elisabeth I., Königin von England (Ausschnitt aus einem Gemälde von Federico Zuccari, 1575)

sah Karl I. sich 1640 gezwungen, das Parlament einzuberufen. Diesem gelang es, seine Machtstellung grundlegend und letztlich auf Dauer zu sichern: Einberufung des Parlaments unabhängig vom Willen des Königs alle 3 Jahre, Zuständigkeit des Parlaments für die gesamte Steuergesetzgebung, Beseitigung aller Sondergerichte. Die Verschärfung des Konflikts zw. Krone und Parlament führte 1642 zur Puritan. Revolution, in der O. Cromwell mit den Anhängern des Parlaments („Rundköpfe") über die Parteigänger des Königs („Kavaliere") siegte (Erfolge des Parlamentsheeres in den Schlachten von Naseby 1645 und Newark-on-Trent 1646). Cromwell vertrieb die Presbyterianer aus dem Parlament und ließ durch ein „Rumpfparlament" von etwa 60 radikalen Puritanern den König zum Tode verurteilen (Hinrichtung am 30. Jan. 1649).

Monarchie und Oberhaus wurden abgeschafft und England zum Commonwealth erklärt. 1649 unterwarf Cromwell Irland, 1650/51 sicherte er die engl. Herrschaft über Schottland. Nach Auflösung des Parlaments erhielt das Land 1653 eine schriftl. Verfassung. Cromwell regierte, gestützt auf ein stehendes Heer, als Lordprotektor wie ein Alleinherrscher. Die Navigationsakte (1651) verschloß Englands Häfen allen fremden Schiffen, die nicht Waren ihres Heimatlandes brachten. Die Kämpfe zur See gegen Spanien und die Niederlande waren z. T. erfolgreich. Nach Cromwells Tod versah sein unfähiger Sohn Richard nur für kurze Zeit das Amt des Lordprotektors (1658/59). Er wurde durch General G. Monk abgelöst, der den Sohn Karls I. aus dem Ausland zurückkrief.

Gegen die kath. und die absolutist. Tendenzen Karls II. (⚭ 1660–85), mit dem die Stuart-Herrschaft restauriert wurde, verabschiedete das Parlament 1673 die ↑ Testakte und 1679 die ↑ Habeaskorpusakte. Karls Bruder und Nachfolger Jakob II. (⚭ 1685–88) bekannte sich offen zur kath. Konfession und betrieb eine absolutist. Rekatholisierungspolitik. Nach der Geburt seines Sohnes 1687 sahen deshalb beide Kräfte im Parlament – Whigs und Tories – die prot. Thronfolge in Gefahr und baten Wilhelm von Oranien, den Erbstatthalter der Niederlande, und seine Gemahlin Maria, eine Tochter Jakobs II., die Herrschaft in England anzutreten. Der Thronwechsel von Jakob II. zu Wilhelm III. (⚭ 1689–1702) und Maria II. (⚭ 1689–94) vollzog sich unblutig und wird deshalb als Glorious revolution bezeichnet. Die 1689 verabschiedete ↑ Bill of Rights schrieb grundlegende Rechte des Parlaments fest und schränkte die Macht der Krone ein. Wilhelm III. führte England in die europ. Politik zurück. Er griff in den Abwehrkampf gegen die drohende Hegemonie König Ludwigs XIV. von Frankreich

Großbritannien und Nordirland. Cromwell löst das Parlament auf, zeitgenössischer Stich

ein und erhob das Gleichgewicht der europ. Mächte zu seinem außenpolit. Prinzip. Nach Beteiligung am Span. Erbfolgekrieg kam es unter Anna Stuart (⚭ 1702–14) zum Abschluß des Friedens von Utrecht (1713); dieser beseitigte die Gefahr einer frz. Vorherrschaft, erweiterte Englands amerikan. Kolonialbesitz und begründete seine beherrschende Stellung im Mittelmeerraum (Erwerb von Gibraltar und Menorca). 1707 wurde durch die Vereinigung des schott. und des engl. Parlaments die seit 1603 bestehende Personalunion zw. England und Schottland in eine Realunion überführt; seitdem amtl. Bez. „Großbritannien".

Großbritannien auf dem Weg zur Weltmacht (1714 bis 1815): 1714 ging die brit. Krone auf das Haus Hannover über. Bis 1837 war der brit. König zugleich Kurfürst von Hannover, d.h. Reichsfürst. Unter Georg I. (⚭ 1714–27) und Georg II. (⚭ 1727–60) bestimmte 21 Jahre Sir Robert Walpole die Politik (Konsolidierung der Staatsfinanzen, friedl. Außenpolitik). Unter W. Pitt d. Ä. erreichte Großbritannien im Siebenjährigen Krieg (1756 bis 1763), als Bundesgenosse Preußens Erfolge gegen Frankreich (Eroberung Kanadas) und baute die brit. Herrschaft in Indien aus. Der Friede von Paris (1763) war damit eine entscheidende Etappe auf dem Weg zum brit. Weltreich. Georg III. (⚭ 1760–1820) mußte nach dem amerikan. Unabhängigkeitskrieg (1775–83) den Verlust der nordamerikan. Kolonien (außer Kanada) hinnehmen. Danach verlagerte sich der Schwerpunkt der brit. Reichspolitik nach Indien. Die Frz. Revolution bedeutete eine innen- und außenpolit. Herausforderung. Im Innern wurden bereits vorhandene Reformansätze verschärft. Zahlr. radikale Gesellschaften entstanden; es kam zu Unruhen. Durch Gesetze und Prozesse brachte die Reg. die Reformbewegung zum Erliegen und wandte sich mit ganzer Kraft gegen die erneut drohende frz. Hegemonie. In 4 Koalitionskriegen und insgesamt 22 Kriegsjahren bekämpfte Großbritannien mit seinen Verbündeten bei wechselndem Schlachtenglück, aber am Ende erfolgreich die Revolutionsheere und Napoleon I., der Großbritannien nicht nur durch die ägypt. Expedition und die Kontinentalsperre, sondern auch durch Invasionspläne bedrohte. Das „Vereinigte Kgr. von Großbritannien und Irland", wie der Landesname seit dem von W. Pitt d. J. 1800 bewirkten Realvereinigung mit Irland lautete, erreichte auf dem Wiener Kongreß (1814/15) die Wiederherstellung des Gleichgewichts der europ. Mächte und die Garantie seiner kolonialen Neuerwerbungen (Malta, Helgoland, Ceylon, Kapkolonie, Mauritius, Trinidad, Tobago u.a.). Die industrielle Revolution begann in Großbritannien Mitte des 18. Jh. Eine bis dahin nicht gekannte gesellschaftl. Umwälzung wurde bei enormem Bev.wachstum (1750: 6,3 Mill.; 1851: 21 Mill.) durch die Mechanisierung der Ind., das Wirtschaftswachstum, die Entstehung industrieller Ballungszentren bewirkt, die Großbritannien trotz der aufbrechenden sozialen Spannungen einen wirtsch. Vorsprung in Europa sicherten.

Industrialisierung und innere Reformen (1815–50): Bis zum Ende des 19. Jh. war Großbritannien „Werkstatt der Welt" und zugleich ihr Bankier. Seine führende Welthandelsmacht beruhte auf seiner Sozialstruktur, überlegener Technologie, Kapitalreichtum und weltweiten Exportmärkten. Die Expansion der Textilind., der Montanind. und des Maschinenbaus führte zur Zusammenballung von Arbeitskräften in immer größeren Ind.betrieben. Mit der Umstellung der Hochöfen von Holz- auf Steinkohle weitete sich die Kohle- und Stahlproduktion massiv aus. Der Bau von Eisenbahnen steigerte die Nachfrage nach Eisen. Der Staat überließ das industrielle Wachstum seiner eigenen Dynamik und beschränkte sich bis Mitte des 19. Jh. darauf, Rahmenbedingungen zu setzen (Fabrikgesetzgebung und Gewerbeaufsicht, Steuern und Subventionen, Zölle und Einfuhrsperren, Seehandelsmonopol). Regelmäßig kam es zu Bankrotten, Betriebsstillegungen und Massenarbeitslosigkeit. Aber auch in Zeiten der Prosperität blieben die Löhne infolge des Überangebots an Arbeitskräften niedrig, Arbeitszeit und Arbeitsbedingungen unmenschlich. Erst 1847 wurde die gesetzl. Begrenzung des Arbeits-

Großbritannien und Nordirland

tags auf 10 Stunden für Frauen und Jugendliche, 1850 für alle erreicht. Schon das ausgehende 18. Jh. hatte erste industrielle Arbeitskämpfe erlebt, anfangs von seiten der Maschinenstürmer, später als bewußte Auflehnung gegen ökonom. Herrschaft. Die bis dahin weitgehend unorganisierte Arbeiterschaft sammelte sich seit Mitte der 1830er Jahre in der Massen- und Protestbewegung des Chartismus. Die Agitation der Chartisten für die Demokratisierung der Verfassungsinstitutionen und die sozialen Rechte der Arbeiter verbanden sich mit dem Kampf der Unternehmer gegen die hohen Getreidezölle, die dem Großgrundbesitz zugute kamen (Anti-Corn-Law-League). 1842 wurden die Getreidezölle gesenkt, 1846 abgeschafft. Mit dem Übergang zum vollen Freihandel 1853 zerfiel das Bündnis von Industriellen und Arbeitern. Letztere blieben für Jahrzehnte ohne organisierte Interessenvertretung.

Viktoria, Königin von Großbritannien und Irland, Photo vom 50jährigen Thronjubiläum, 1887

1815–22 war die brit. Politik im Innern bei schwindender Autorität der Krone von Revolutionsfurcht und Repression (Militäreinsätze bei Arbeiterunruhen, Unterdrückung der Pressefreiheit), nach außen von unbedingter Unterstützung des Systems Metternich gekennzeichnet. Mit dem Amtsantritt G. Cannings als Außenmin. 1822 wurde der innen- und außenpolit. Kurs gelockert. Sir Robert Peel führte die ultrakonservativen Tories in eine realist.-reformer. Richtung (1824 Gewährung des Koalitionsrechts an Arbeiter). Die gegen den anfängl. Widerstand des Oberhauses durchgesetzte Wahlrechtsreform von 1832 verschaffte den Industriestädten parlamentar. Vertretung und gab Hausbesitzern und Wohnungsmietern direktes und gleiches Wahlrecht. Die Kabinettsbildung verlagerte sich nun endgültig ins Unterhaus; die Parteien begannen sich – verstärkt seit der 2. Wahlreform von 1867 – von exklusiven Klubs zu modernen Organisationen mit Massengefolgschaft zu wandeln (nunmehr Konservative und Liberale statt Tories und Whigs). In den folgenden Jahren wurde die Reformpolitik weitergeführt (u. a. Verbot der Sklaverei im Brit. Reich, Reform der Armengesetzgebung). Seit der Thronbesteigung der Königin Viktoria (⚭ 1837–1901), die einem ganzen Zeitalter ihren Namen gab, wurde eine strikt liberale und konstitutionelle Reg.form Maßstab der Innenpolitik, von den reformer. Kräften auf dem Kontinent als vorbildhaft betrachtet. In Irland scheiterten alle Reformpläne am Widerstand der brit. Landbesitzer, die von der rechtl. und polit. Diskriminierung der kath. Iren profitierten, und an der anglikan. Hierarchie. Die ir. Hungersnot von 1845/46 brachte die Mißstände zum Höhepunkt: 500 000 Hungertote wurden gezählt. Massenarbeitslosigkeit brach aus. Der Aufstand des „Jungen Irland" (1848) scheiterte. Durch Massenauswanderung in die USA wurde die Krise scheinbar gelöst.

Höhepunkt britischer Machtstellung in Europa und in der Welt (1850–1914): Im Krimkrieg (1853/54–56) trat Großbritannien dem russ. Streben zum Mittelmeer entgegen. Das Empire wurde zum größten Kolonialreich der imperialist. Epoche bei zunehmender Föderalisierung ausgebaut. Die Kolonien wurden allerdings z. T. in krieger. Annexions- und Unterwerfungspolitik gewonnen. Kanada erhielt bis 1867 verantwortl. Selbstreg.; es folgten Australien, Neuseeland und Südafrika. Diese partnerschaftl. Politik bestand ihre Bewährungsprobe im 1. Weltkrieg, an dem die Dominions an der Seite des Mutterlandes teilnahmen. Die brit. Weltmachtstellung wurde v. a. unter dem konservativen Premiermin. Disraeli (1874–80) ausgebaut: 1875 Ankauf der Sueskanalaktien (1882 formale Oberhoheit über Ägypten), 1876 Annahme des ind. Kaisertitels durch Königin Viktoria, 1878 Gewinn Zyperns. Am Versuch einer Autonomielösung für Irland (Homerule), der die Liberal Party spaltete, scheiterte Disraelis liberaler Nachfolger W. E. Gladstone. Die ir. Frage blieb innenpolit. Hauptproblem bis zum Vorabend des 1. Weltkriegs, als die erneute Vorlage der Homerule-Bill durch die liberale Reg. Asquith das Land an den Rand des Bürgerkriegs führte. Die deutsch-brit. Flottenrivalität ab 1898 und die brit. Isolation im Burenkrieg (1899–1902) führten zur Abkehr von der Politik der ↑ Splendid isolation, zum Bündnis mit Frankreich (Entente cordiale, 1904), zum Abkommen mit Rußland 1907 und zum beschleunigten Bau der Großkampfschiffe (Dreadnoughts) seit 1909.

Die Innenpolitik der letzten Vorkriegsjahre wurde von den liberalen Kabinetten Sir Henry Campbell-Bannerman (1905–08) und H. H. Asquith (1908–16) bestimmt. Die sozialen Reformen (Neuregelung des Arbeitsrechts, Sicherung der Stellung der Gewerkschaften, Achtstundentag im Bergbau, ansatzweise Mindestlöhne) und der Bau der Dreadnoughts erforderten 1909 das sog. People's Budget, das höhere Einkommen- und Erbschaftsteuern brachte. Der Widerstand des Oberhauses führte bis 1911 zu einer schweren Verfassungskrise, die jedoch mit seiner Entmachtung endete: Das Oberhaus hatte danach nur noch ein aufschiebendes Veto.

Erster Weltkrieg und Zwischenkriegszeit (1914–39): In der Julikrise 1914 versuchte Großbritannien zwar zu vermitteln, konnte sich aber der Logik der Bündnisse, der Furcht vor Isolierung und dt. Hegemonie nicht entziehen. Es bildete sich (ohne Iren) eine Kriegskoalition aller Parteien, von deren Vertrauen selbst die diktator. Machtstellung Lloyd Georges (ab 1916) abhängig blieb. Unter Erhaltung der liberal-demokrat. Tradition wurden der Staatsbürokratie umfassende Kontroll- und Steuerungsfunktionen von der Zensur bis zur zentralen Wirtschaftsplanung eingeräumt. Die Kriegsfinanzierung wurde v. a. durch drükkende Steuern gesichert. Zur Verhinderung eines Sonderfriedens seiner Bündnispartner mit den Mittelmächten diente die Festlegung Großbritanniens auf die maximalen frz. und italien. Kriegsziele. Erst angesichts der bolschewist. Oktoberrevolution (1917) und der gefürchteten Sozialrevolution in Deutschland und Ostmitteleuropa kehrte Großbritannien vorsichtig zu den Maximen des Gleichgewichts zurück, in der Hoffnung, Nachkriegsdeutschland zum Damm gegen Sowjetrußland aufzubauen. Dies bestimmte mit die im Vergleich zu Frankreich elastischere brit. Haltung auf der Pariser Friedenskonferenz 1919 und in der Reparationsfrage.

Von den Verstrickungen der ir. Frage entlastete sich Großbritannien 1921 durch die Teilung Irlands, wobei Südirland in ein Dominion innerhalb des Commonwealth umgewan-

Anna Stuart, Königin von England und Schottland und Irland (Ausschnitt aus einem Gemälde)

William Pitt d. Ä. (Ausschnitt aus einem Gemälde)

William Pitt d. J. (Ausschnitt aus einem Gemälde)

Sir Robert Peel (Ausschnitt aus einem Gemälde von John Linnell, 1838)

Großbritannien und Nordirland

Arthur Neville Chamberlain

delt wurde. Die wirtsch. Zerrüttung und polit. Desorientierung der Mittelschichten wurde augenfällig in dem raschen Zerfall der Liberal Party und dem Aufstieg der Labour Party, die sich nach dem Mißerfolg des Generalstreiks 1926 endgültig für den parlamentar. Weg zum Sozialismus entschied. Die Umstellung auf Friedenswirtschaft brachte schwere Erschütterungen (ausgedehnte Streiks; 1921: 2,5 Mill. Arbeitslose). Um die Westoption Deutschlands zu fördern, setzte sich die konservative Reg. unter S. Baldwin (ab 1924) für den Locarnopakt sowie den dt. Beitritt zum Völkerbund ein und war zur schrittweisen Revision des Versailler Vertrages bereit. Die nach den Wahlen 1929 gebildete Labourreg. unter J. R. MacDonald wurde 1931 in der Weltwirtschaftskrise um Konservative und Liberale zu einem National government erweitert. Die Umgestaltung des Commonwealth zu einer Gemeinschaft gleichberechtigter Staaten wurde im Westminster-Statut 1931 festgeschrieben. Dem nat.-soz. Deutschland begegnete Großbritannien mit der opportunist. Hoffnung, es werde als Wellenbrecher gegen die sowjet. Bedrohung wirken. Man erwartete zunächst, daß Hitler nur die dt. Politik der friedl. Revision des Versailler Vertrags fortführen würde. Das Dt.-Brit. Flottenabkommen von 1935, das die Loslösung des NS-Regimes vom Versailler Vertrag bereits förmlich sanktionierte, war ein erster entscheidender Schritt auf dem Weg der brit. Beschwichtigungspolitik (Appeasement) gegenüber dem nat.-soz. Deutschland: Hinnahme der Remilitarisierung des Rheinlands, der Wiedereinführung der allg. Wehrpflicht, des „Anschlusses" von Österreich, der Sudetenkrise (1938) und der Annexion der restl. tschech. Gebiete (März 1939). Erst mit der Garantie für die Unversehrtheit Polens (31. März 1939) begann Großbritannien der dt. Expansion entgegenzutreten.

Zweiter Weltkrieg und Nachkriegszeit (seit 1939): Politisch bewirkte der 2. Weltkrieg die endgültige Zerstörung der brit. Weltmachtstellung. Im Mai 1940 wurde A. N. Chamberlain durch W. Churchill als Premiermin. einer großen Kriegskoalition abgelöst. Churchills Angebot einer brit.-frz. Union konnte indes den frz. Zusammenbruch (Juni 1940) nicht mehr verhindern. Von da an bis zum vollen Kriegseintritt der USA war Großbritannien, das sich 1940 schwerer dt. Luftangriffe zu erwehren hatte („Schlacht um England"), der einzige Träger des Widerstands gegen das faschist. Europa. Die rasche Umstellung auf Kriegswirtschaft intensivierte noch einmal den staatl. Eingriff in die ohnehin bereits hochgradig konzentrierte und staatlich gelenkte Wirtschaft. Die nach ihrem Wahlsieg von 1945 regierende Labour Party unter C. R. Attlee versuchte, die dominierende Rolle des Staates bruchlos in die Nachkriegszeit zu überführen und zur Basis einer sozialist.

Großbritannien und Nordirland

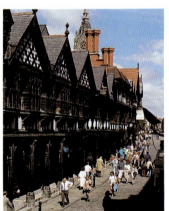

Oben links: Hügellandschaft bei Widecombe in the Moor, Grafschaft Devon, Südwestengland. Oben rechts: Fachwerkhäuser in Chester, Grafschaft Cheshire, Nordwestengland. Unten links: Saint John's College, gegründet 1511, in Cambridge, Ostengland. Unten rechts: Industriegebiet bei Swansea, Südwales, im Vordergrund ein Golfplatz

Großbritannien und Nordirland

Neuordnung zu machen. Sozialpolitisch bed. waren die Einführung der einheitl. Sozialversicherung und des nat. Gesundheitsdienstes. Unternehmen, die de facto seit langem staatl. Kontrolle unterstanden, wurden verstaatlicht, ebenso in Schwierigkeiten geratene Wirtschaftszweige wie Bergbau und Eisenbahnen, aber nur wenige erfolgreich arbeitende Wirtschaftszweige wie die Eisen- und Stahlind. und der Güterfernverkehr (beide von konservativen Reg. wieder reprivatisiert). Die Gesamtplanung der Wirtschaft wurde allerdings erst Ende der 1950er Jahre mit der Errichtung des Nat. Wirtschaftsrats ansatzweise versucht. Die wirtsch. Probleme, der Zerfall des Empire nach dem 2. Weltkrieg mit dem Verlust sicherer Märkte, zunehmende Rohstoffabhängigkeit vom Ausland, schleichende Geldentwertung und die aus all dem resultierende Dauerbelastung der Handelsbilanz machten in der Nachkriegszeit eine entschlossene Außenpolitik praktisch unmöglich. Seit Beginn der 1960er Jahre war das Commonwealth keine tragfähige Alternative zur europ. Option mehr. Die enge außenpolit. Zusammenarbeit mit den USA, die sich u. a. in der Marshallplanhilfe, im Ausbau der NATO und in der gemeinsamen atomaren Rüstung äußerte, fand in der Sueskrise 1956 ihre Grenze, als die USA gegen die brit.-frz. Intervention vorgingen. Folge dieses gescheiterten Unternehmens war kurzfristig der Sturz des brit. Premiermin. R. A. Eden, langfristig die sich verstärkende Überzeugung in der brit. Öffentlichkeit, daß allein im Anschluß an Europa ein Ersatz für die zerrinnende Weltmachtstellung zu finden sei. So beteiligte sich G. u. N. 1960 an der Gründung der Europ. Freihandelsassoziation (EFTA), führte 1963 Beitrittsverhandlungen mit der EWG, die am frz. Veto scheiterten, und trat schließlich 1973 als Voll-Mgl. den Europ. Gemeinschaften (EG) bei. Den konservativen Reg. Macmillan (1957–63) und Douglas-Home (1963/64) folgte die Labourreg. unter H. Wilson (1964–70). Belastet von schweren Zahlungsbilanzdefiziten, deren Beseitigung durch die Pfundabwertung von 1967 und einen Anstieg der Arbeitslosigkeit erkauft wurde, scheiterte sie bei dem Versuch, die Arbeitsbeziehungen und v. a. die Rechte der Gewerkschaften in einem gesetzl. Rahmen zu fassen, am erbitterten Widerstand der Gewerkschaften. Die aus den Wahlen von 1970 hervorgegangene konservative Reg. unter E. R. G. Heath setzte 1971 dann die Industrial Relations Act durch. Das Gesetz wurde von den Gewerkschaften boykottiert und 1974 unter der Labourreg. durch die Trade Union and Labour Relations Bill ersetzt, die die traditionellen gewerkschaftl. Rechte wiederherstellte und z. T. ausweitete. Als schwere Belastung erweisen sich bis heute die 1969 offen ausgebrochenen bürgerkriegsähnl. Auseinandersetzungen in Nordirland, die 1972 zur Übernahme der direkten Reg.gewalt in

Winston Churchill

Links: Piccadilly Circus, einer der verkehrsreichsten und belebtesten Plätze im Zentrum von London. Rechts oben: Drumlanrig Castle in den Southern Uplands, nördlich von Dumfries, Südwestschottland. Rechts unten: Königin Elisabeth II. auf dem Weg zur Eröffnung der Sitzungsperiode des Parlaments

Großbritannien und Nordirland

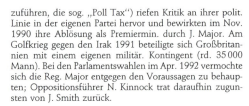

Großbritannien und Nordirland. Jugendliche im Protest gegen die Anwesenheit britischer Truppen in Nordirland, Anfang der 1980er Jahre

diesem Landesteil durch die brit. Reg. führten. Vorzeitige Neuwahlen im Febr. 1974 brachten der Labour Party einen knappen Mandatsvorsprung, den sie bei erneuten Unterhauswahlen im Okt. 1974 zur absoluten Mehrheit ausbauen konnte. Premiermin. H. Wilson (1974–76) ließ im Juni 1975 eine Volksabstimmung – die erste in Großbritannien überhaupt – über den Verbleib seines Landes in den EG durchführen, die 67,2 % Ja-Stimmen ergab. Nach seinem Rücktritt übernahm J. Callaghan im April 1976 die Führung der Labourreg. Die wirtsch. Probleme in G. u. N. trugen wesentlich zum Sieg der Konservativen Partei bei den Unterhauswahlen im Mai 1979 bei; Premiermin. wurde M. Thatcher. Ihre restriktive Wirtschafts- und Währungspolitik v. a. zur Verlangsamung der Inflation (von 18 % [1980] auf rd. 5 % [1983] führte zu zahlr. Firmenzusammenbrüchen und bis Aug. 1982 zu über 3 Mill. Arbeitslosen. Die von ihr durchgesetzte Revision des Gewerkschaftsgesetzes beschränkt die Monopolstellung der Gewerkschaften und definiert das Streikrecht enger. Wichtige Erfolge in der Außenpolitik der Reg. Thatcher stellten die Lösung des Rhodesienkonfliktes (Dez. 1979) sowie der erfolgreich beendete Krieg mit Argentinien um die brit. Kronkolonie Falkland Islands and Dependencies dar, die nach argentin. Besetzung im Juni 1982 zurückerobert wurde. Dieser Sieg führte zum großen Erfolg der Konservativen bei den Unterhauswahlen 1983. Der fast einjährige Streik der Bergarbeitergewerkschaft NUM gegen die vorgesehene Schließung von 20 Zechen mußte am 5. März 1985 ergebnislos abgebrochen werden. Die Reg. nutzte den Streik zu einer weiteren Schwächung der uneinigen Gewerkschaftsbewegung.

In der Nordirlandfrage, in der seit der Übernahme der direkten Herrschaft (1972) keine polit. Lösung zustande kam, unternahm die Reg. neue Vorstöße zur Befriedung. G. u. N. sowie die Rep. Irland unterzeichneten im Nov. 1985 ein Abkommen, das der ir. Reg. eine konsultative Rolle in der Verwaltung Nordirlands gibt. Die Exekutivgewalt bleibt bei London. Außerdem soll die Zusammenarbeit bei der Bekämpfung des Terrors verstärkt werden. Unterhaus und ir. Parlament stimmten bis Ende Febr. 1986 mit jeweils großer Mehrheit dem Abkommen zu.

Außenpolitisch bemühte sich Großbritannien in engem Einvernehmen mit den USA seit Mitte der 80er Jahre um eine schrittweise Verbesserung seiner Beziehungen zur UdSSR. Die Reg. Thatcher unterstützte die sowjet.-amerikan. Abrüstungsverhandlungen (INF-Vertrag); das brit. Mittelstreckenpotential blieb jedoch bestehen. M. Thatchers starre Europapolitik (ablehnende Haltung gegenüber der geplanten polit.-wirtsch. europ. Union), der sich abzeichnende Beginn einer neuen wirtsch. Rezession und innenpolit. Unruhen (insbes. ausgelöst durch den Versuch, gegen die Proteste der Bev. eine neue Gemeindesteuer ein-

Harold Wilson

Margaret Thatcher

zuführen, die sog. „Poll Tax") riefen Kritik an ihrer polit. Linie in der eigenen Partei hervor und bewirkten im Nov. 1990 ihre Ablösung als Premiermin. durch J. Major. Am Golfkrieg gegen den Irak 1991 beteiligte sich Großbritannien mit einem eigenen militär. Kontingent (rd. 35 000 Mann). Bei den Parlamentswahlen im Apr. 1992 vermochte sich die Reg. Major entgegen den Voraussagen zu behaupten; Oppositionsführer N. Kinnock trat daraufhin zugunsten von J. Smith zurück.

Politisches System

Das brit. Verfassungsrecht beruht nicht auf einer bestimmten Verfassungsurkunde, es besteht aus dem richterl. Gewohnheitsrecht (↑Common Law), den ungeschriebenen Konventionalregeln, die zum großen Teil das Verhältnis der höchsten staatl. Institutionen untereinander bestimmen, und dem geschriebenen Gesetzesrecht, das unbedingten Vorrang hat. G. u. N. ist eine Erbmonarchie (erst männl., dann weibl. Thronfolge) mit parlamentar.-demokrat. Reg. form. Der Monarch ist *Staatsoberhaupt,* heute im wesentlichen auf Repräsentationsfunktionen beschränkt. Die *Exekutive* liegt bei der Reg. mit dem Premiermin. an der Spitze. Der Monarch ernennt den Führer der Mehrheitsfraktion im Unterhaus zum Premiermin. und beruft auf dessen Vorschlag die übrigen (etwa 100) Mgl. der *Regierung*. Die etwa 20 wichtigsten Reg.-Mgl. bilden das *Kabinett*. Der Premiermin. bestimmt die Richtlinien der Politik. Er allein kann jederzeit beim Monarchen die Auflösung des Unterhauses beantragen und damit über Neuwahlen entscheiden. Die verfassungsmäßig beim Monarchen und dem Parlament (↑Oberhaus und ↑Unterhaus) liegende *Legislativgewalt* wird praktisch allein vom Unterhaus (House of Commons) ausgeübt, wobei das Gesetzgebungsverfahren sehr stark von der Reg. gelenkt wird. Der Führer des Unterhauses ist Mgl. des Kabinetts; er bestimmt weitgehend die Tagesordnung des Unterhauses. Vom Präs. des Unterhauses (Speaker) andererseits wird strikte Neutralität in der Handhabung der Geschäftsordnung erwartet. Die Gesetzesvorlagen (Bills) werden mit wenigen Ausnahmen von der Reg. im Unterhaus eingebracht, Finanzgesetze ausschließlich von ihr. Nach der Verabschiedung werden die Gesetzesvorlagen an das Oberhaus (House of Lords) weitergereicht, dessen Ablehnung auf Finanzgesetzentwürfe keinen Einfluß, auf die übrigen Gesetzentwürfe nur aufschiebende Wirkung hat. Nach der Verabschiedung durch das Parlament wird eine Gesetzesvorlage vom Monarchen unterzeichnet und durch Eintragung im Book of Statutes zum Gesetz (Act).

Wegen der Machtstellung der Reg. beim Gesetzgebungsverfahren gibt es im brit. Parlamentarismus weniger ein Gegenüber von Reg. und Parlament im Sinne der Gewaltentrennung als vielmehr eine Konfrontation zw. der Reg. sowie der von ihr straff geführten Reg.fraktion einerseits und der parlamentar. Opposition andererseits. Die Opposition, die stets als Alternative zur amtierenden Reg. bereitsteht, verfügt über ein ständiges Schattenkabinett, das vom Oppositionsführer angeführt wird. Die (1992) 651 Abg. des *Unterhauses,* davon 72 für Schottland, 38 für Wales und 17 für Nordirland, werden auf maximal 5 Jahre in Einerwahlkreisen nach dem relativen Mehrheitswahlrecht gewählt. Das aktive Wahlrecht liegt bei 18, das passive bei 21 Jahren.

Das *Oberhaus* besteht aus den erbl. Peers (Angehörige des Hochadels), den ernannten Peers auf Lebenszeit, den ernannten Lords of Appeal in Ordinary, die die Funktionen des Oberhauses als Oberster Gerichtshof wahrnehmen, und 26 Bischöfen der anglikan. Kirche; insgesamt rd. 1 190 Mitglieder.

Der *Geheime Kronrat* (Privy Council) besteht aus rd. 330 vom Premiermin. ernannten Mgl. aus allen Commonwealth-Ländern, darunter alle Mgl. des brit. Kabinetts. Seine begrenzte Bed. liegt darin, daß alle Reg.verordnungen von ihm gebilligt werden müssen.

Das *Parteiensystem* in G. u. N. ist – bedingt v. a. durch das Mehrheitswahlrecht – traditionell ein Zweiparteiensystem.

Seit 1931 hatte meist eine der beiden großen Parteien (die ↑Konservative und Unionistische Partei oder die ↑Labour Party) eine absolute Mehrheit im Unterhaus. Beide große Parteien sind Volksparteien, deren Mgl. und Wähler – mit unterschiedl. Gewichtung – sich aus allen Schichten der Bev. rekrutieren. Sie orientieren sich eher nach der polit. Mitte als nach dem linken bzw. rechten Flügel. Grundsätzlich jedoch plädiert die Labour Party für eine weitere Ausdehnung der staatl. Tätigkeit zugunsten größerer sozialer und ökonom. Gleichheit, während die Konservative und Unionist. Partei eher das Prinzip der individuellen Freiheit betont. Die 1981 gegr. Social Democratic Party (SDP) und die Liberal Party schlossen sich 1988 zu den Social and Liberal Democrats (SLDP; Kurzbez. auch Liberal Democrats) zusammen. In Nordirland hat sich auf Grund der histor. und polit. Sonderstellung ein eigenes Parteiensystem entwickelt, das nach konfessionellen Gesichtspunkten aufgebaut ist. Dem Unterhaus gehören u. a. an: Konservative und Unionist. Partei, Labour Party, SLDP sowie weitere, meist regionale und nationalist. Parteien.

Das brit. *Gewerkschaftswesen* unterliegt keinem einheitl. Strukturprinzip. So gibt es große, ganze Ind.zweige umfassende Organisationen neben kleinen Gewerkschaften, die nur auf die Angehörigen eines Berufes beschränkt sind. Die meisten Einzelgewerkschaften, 73 (1991) Verbände mit insgesamt rd. 8,2 Mill. Mgl., sind im Dachverband Trades Union Congress (TUC) zusammengeschlossen. Der polit. und wirtsch. Einfluß der Gewerkschaften, die der Labour Party eng verbunden sind, ging in den 1980er Jahren stark zurück. Die *Interessenverbände* der Unternehmer in den einzelnen Branchen sind zum größten Teil in der Confederation of British Industry zusammengeschlossen.

Verwaltung: G. u. N. ist ein zentraler Einheitsstaat. Der Verwaltungsaufbau ist, abgesehen von der Ebene der Reg., dreistufig. Gesetzl. Grundlage bilden die Local Government Acts von 1972. Seit 1974 sind England und Wales sukzessive in 53 Grafschaften (Counties) eingeteilt worden; hierzu zählen auch sechs Großstadtverwaltungen (Metropolitan Counties). Die Grafschaften gliedern sich in 369 Distrikte, von denen 36 als großstädt. Bez. gelten (Metropolitan Districts). Schottland und Nordirland haben eigene, vergleichbare Verwaltungssysteme. In Schottland wurden 1975 die Gebietskörperschaften durch neun neue Regionen und drei Inselgebiete (Islands Areas: Orkney, Shetland, Western Isles) ersetzt. Die Regionen gliedern sich in 53 Distrikte. Seit der Verwaltungsreform von 1973 gibt es in Nordirland 26 Distrikte und neun Gebietsräte, denen bestimmte Aufgaben obliegen. – Die Kanalinseln und die Insel Man gehören staatsrechtlich nicht zu G. u. N. An der Spitze der lokalen Selbstverwaltungseinheiten stehen auf 4 Jahre gewählte Räte, die ihrerseits die Bürgermeister bzw. ihre Vors. wählen.

Die *Rechtsprechung* beruht weitgehend auf dem ↑Common Law. In der Gerichtsorganisation unterscheidet sich Schottland von den übrigen Regionen. Außerhalb Schottlands entscheidet bei allen Strafgerichten eine zwölfköpfige Laienjury über die Schuldfrage und der Richter über die Strafzumessung. Die Stufen der Strafgerichtsbarkeit sind Magistratsgericht, Hoher Justizgerichtshof, Krongericht, Appellationsgerichtshof; in der Zivilgerichtsbarkeit Grafschaftsgericht (zuweilen auch Magistratsgericht), Hoher Justizgerichtshof, Appellationsgerichtshof. In Straf- und Zivilsachen ist das Oberhaus letzte Berufungsinstanz. In Schottland sind die Gemeinde- oder Polizeigerichte bzw. die Friedensgerichte für die leichteren, die Sheriffgerichte für die schweren Strafsachen zuständig. Oberstes Strafgericht ist der Hohe Justizgerichtshof. In Zivilsachen sind die Sheriffgerichte Erstinstanz, der Court of Session Berufungsinstanz. Berufung zum Oberhaus ist in Schottland nicht zulässig.

Für die *Landesverteidigung* unterhält G. u. N. eine Freiwilligenarmee in einer Gesamtstärke (1990) von 306 000 Soldaten; davon entfallen auf das Heer 152 900, auf die Luftwaffe 89 600 und auf die Marine 83 500 Soldaten. Bis 1997 ist eine Reduzierung der Streitkräfte vorgesehen (Heer 116 000 Mann, Luftwaffe 75 000, Marine 55 000); die U-Bootflotte wird von 27 auf 16 Kernkraft- und dieselgetriebene Boote abgebaut, die 4 mit Polaris-Raketen bestückten U-Boote werden außer Dienst gestellt. Außerhalb von G. u. N. sind in Deutschland die Brit. Rheinarmee (Teilabzug bis 1995 geplant) sowie weitere Truppenkontingente in Brunei, Hongkong, auf Zypern, Gibraltar, Belize und auf den Falklandinseln stationiert.

Großdeutsche, seit der Revolution 1848/49 Vertreter einer nationalpolit. Richtung, die die dt. Frage durch den staatl. Zusammenschluß möglichst aller (geschlossen siedelnden) Deutschen in M-Europa zu lösen suchte. Die G. knüpften in der Frankfurter Nationalversammlung an die Tradition der Befreiungskriege an, konnten sich aber nicht durchsetzen. Die europ. Problematik ergab sich zum einen aus der mit der großdt. Konzeption verbundenen Änderung des Gleichgewichts der europ. Mächte, die weder Großbritannien noch Rußland zu tolerieren gewillt waren, zum anderen aus der nat. Gemengelage in M-Europa. Beim Zerfall der Donaumonarchie am Ende des 1. Weltkrieges fand die großdt. Idee ihren Ausdruck in der Weimarer und der öftr. Verfassung, die einen Anschluß Deutschösterreichs an das Dt. Reich vorsahen. Machtpolitisch wäre damit der Sieg der Alliierten unterlaufen worden, so daß die Friedensverträge von Versailles und Saint-Germain-en-Laye den Anschluß verboten. Dieser blieb dennoch Ziel nahezu aller polit. Lager im Reich und in Österreich. Hitler erzwang 1938 das Aufgehen Österreichs in einem zentralist. Einheitsstaat („Großdeutschland" bzw. „Großdt. Reich"), dem noch 1938 die Sudetengebiete und 1939 das „Protektorat Böhmen und Mähren" zugeschlagen wurden.

Großdeutsches Reich (Großdeutschland), zunächst informelle Bez. für das Dt. Reich nach dem Anschluß Österreichs; später, v. a. im Verlauf des 2. Weltkriegs, auch offiziell gebraucht.

Großdeutsche Volkspartei, aus der deutschnationalen Bewegung in Österreich-Ungarn hervorgegangene, 1920 gegr. liberal-nationale Partei (ihr Vorläufer war 1919 die Großdt. Vereinigung). Die G. V. vertrat als Hauptforderung den Anschluß Österreichs an das Dt. Reich. 1921–32 war sie mit kurzen Unterbrechungen in den Reg. vertreten, 1933 schloß sie eine Kampfgemeinschaft mit den Nationalsozialisten. 1934 wurde die Partei verboten und aufgelöst.

Größe, (physikal. Größe) Bez. für Merkmale eines physikal. Sachverhalts, eines physikal. Objektes oder eines physikal. Phänomens, die qualitativ charakterisiert und quantitativ erfaßt werden können. Jede G. ist durch eine geeignete Meßvorschrift definiert. Die Messung einer physikal. G. besteht in einem Vergleich der G. mit dem als Einheit gewählten bzw. festgelegten ↑Normal. Somit läßt sich jede G. durch das Produkt aus Zahlenwert und Einheit darstellen. Die G.angabe 5 Meter (5 m) bedeutet also: $5 \cdot 1$ Meter $(5 \cdot 1 \text{ m})$. – ↑Physikalische Größen und ihre Einheiten (Übersicht).

▷ ↑Helligkeit.

Große Allianz, Name zweier gegen Frankreich gerichteter europ. Bündnisse: Kaiser Leopold I. schloß am 12. Mai 1689 ein Kriegsbündnis mit den Niederlanden, dem Wilhelm III. von England (12. Sept. 1689) sowie (1690) Spanien und Savoyen beitraten *(Wiener G. A.);* zwang Frankreich nach der Pfälz. Erbfolgekrieg zum Frieden von Rijswijk (1697). Im Span. Erbfolgekrieg wurde am 7. Sept. 1701 die *Haager G. A.* zw. dem Röm. Kaiser, England und den Niederlanden gebildet.

große Anfrage ↑parlamentarische Anfrage.

Große Antillen ↑Antillen.

Große Armee svw. ↑Grande Armée.

Große Australische Bucht, weite Bucht des Ind. Ozeans an der S-Küste Australiens.

Große Blöße, mit 528 m ü. d. M. höchster Berg des Solling, Niedersachsen.

große Depression (Gründerkrise), Bez. für die der globalen Hochkonjunkturphase nach 1850 folgende Verlangsamung des wirtsch. Wachstums in Europa, deren Beginn in der Wirtschaftsgeschichte meist mit dem Wiener Börsen-

John Major

Elisabeth II., Königin von Großbritannien und Nordirland

Große Ebene

krach vom Sommer 1873 und deren Ende mit der 1895/96 einsetzenden, bis zum Vorabend des 1. Weltkrieges anhaltenden Aufschwungperiode angesetzt wird. Die g. D. wird charakterisiert durch 3 Konjunkturtiefs: Die 1. Phase, bestimmt von Stagnation, Preisverfall und Schrumpfung in Einzelbereichen, dauerte bis 1879, die 2. Phase der Jahre 1882–86 war nicht in allen Ländern von schweren Einbußen gekennzeichnet. Der dann zu verzeichnende weltweite Aufschwung durchlief 1891–94 in der 3. Phase eine internat. Krise, deren Tiefpunkt der spektakuläre Zusammenbruch des Bankhauses Baring in London markierte. Zu den polit. Folgeerscheinungen werden heute v. a. die Diskreditierung des Liberalismus als polit.-wirtsch. Ordnungssystem, die sich bis zum Sozialistengesetz steigernde Revolutionsfurcht und Statusunsicherheit der Mittelschichten, der beginnende Antisemitismus und v. a. der Übergang zum Schutzzoll 1879 gezählt. – Der Begriff wurde u. a. von H. Rosenberg geprägt.

Große Ebene, Tiefebene in N-China, nördl. des Jangtsekiang im Einzugsgebiet von Hai He, Hwangho und Huai He. Sie umfaßt etwa 5 % der Fläche Chinas mit äußerst fruchtbaren Böden; in ihr leben rd. 22 % der Gesamtbevölkerung des Landes; intensive Landw., stark industrialisiert.

Große Fahrt ↑ Fahrtbereich.

Große Fatra, Gebirgszug der Westkarpaten in der SR, südlich der Waag, im Ostrodok 1 592 m ü. d. M.; stark bewaldet.

große Haverei (große Havarie) ↑ Havarie.

Große Heidelberger Liederhandschrift ↑ Heidelberger Liederhandschrift.

Große Kabylei ↑ Kabylei.

große Koalition, Reg.bündnis der (beiden) stärksten Parteien im Parlament, z. B. in der Weimarer Republik zw. SPD, DDP, Zentrum, DVP und BVP (1923 und 1928–30), in der BR Deutschland zw. CDU/CSU und SPD (1966–69), in Österreich zw. ÖVP und SPÖ (1945–66 und seit 1986).

Große Kreisstädte, amtl. Bez. für kreisangehörige Gemeinden, die jedoch – je nach Bundesland – alle oder einzelne Verwaltungsaufgaben der unteren staatl. Verwaltungsbehörden (Landrat) als Pflichtaufgaben wahrnehmen.

Große Mauer ↑ Chinesische Mauer.

Große Meteorbank, untermeer. Tafelberg im N-Atlantik; reicht aus fast 5 000 m Tiefe bis auf 275 m ü. d. M. herauf.

Große Mutter ↑ Kybele.

Größenarten ↑ Physikalische Größen und ihre Einheiten (Übersicht).

Große Neufundlandbank, Flachseegebiet im Atlantik, der kanad. Insel Neufundland sö. vorgelagert, einer der reichsten Fischgründe der Erde; sehr nebelreich.

Großenhain, Krst. in Sa., an der Großen Röder, 115–122 m ü. d. M., 18 000 E. Älteste dt. Volksbücherei; Maschinenbau, Gesenkschmiede, Papierind. – Bei einer seit 1205 belegten slaw. Siedlung wurde um 1200 vom Markgrafen von Meißen die Stadt angelegt. – Barocke Marienkirche (1744–48).

G., Landkr. in Sachsen.

Größenklasse ↑ Helligkeit.

Großen-Linden ↑ Linden.

Größenordnung, ein (meist durch aufeinanderfolgende Zehnerpotenzen begrenzter) Zahlenbereich, in dem die Maßzahl einer [physikal.] Größe, einer Anzahl o. a. liegt.

Größenwahn (Megalomanie), übersteigerte Geltungssucht (v. a. bei Psychosen), bei der sich der Betroffene sinnlos übertriebene (positive) Eigenschaften und soziales Prestige selbst zuschreibt.

Grosser, Alfred [frz. gro'sɛːr], * Frankfurt am Main 1. Febr. 1925, frz. Politikwissenschaftler und Publizist dt. Herkunft. – Emigrierte 1933 mit seinen Eltern nach Frankreich, schloß sich im 2. Weltkrieg der Résistance an; setzte sich nach dem Krieg für eine dt.-frz. Verständigung ein; Prof. in Paris seit 1955; 1975 mit dem Friedenspreis des Börsenvereins des Dt. Buchhandels ausgezeichnet; schrieb

Alfred Grosser

u. a. „Deutschlandbilanz" (1970), „Der schmale Grat der Freiheit" (1981), „Ermordung der Menschheit" (1990).

Großer Aletschgletscher (Aletschgletscher), größter (86,76 km²) und längster (24,7 km) Alpengletscher, in der Finsteraarhorngruppe der Berner Alpen (Schweiz).

Große Randstufe, für das südl. Afrika typ. Steilabbruch des Binnenhochlands zur Küstenzone. – ↑ Drakensberge.

Großer Ararat ↑ Ararat.

Großer Arber, höchster Berg der ostbayr. Gebirge, 1 457 m im Hinteren Bayer. Wald, durch einen Sattel mit dem 1 384 m hohen **Kleinen Arber** verbunden; unterhalb davon der **Große Arbersee** (6,8 ha Wasserfläche, 15 m tief) und der **Kleine Arbersee** (3,4 ha, 10 m tief).

Großer Bär ↑ Bär, ↑ Sternbilder (Übersicht).

Großer Bärensee, See in NW-Kanada am Polarkreis, 31 153 km², 156 m ü. d. M.

Großer Beerberg, mit 982 m höchster Gipfel des Thüringer Waldes.

Großer Belchen (frz. Grand Ballon, Ballon de Guebwiller), mit 1 423 m höchster Gipfel der Vogesen, Frankreich.

Großer Belt, mittlere der drei Meeresstraßen, die das Kattegat mit der Ostsee verbinden.

Großer Bittersee, See in Ägypten, 30 km nördl. von Sues, 23 km lang, bis 13 km breit; durch ihn und den sö. anschließenden **Kleinen Bittersee** (13 km lang, 3 km breit) verläuft der Sueskanal.

Großer Brachvogel (Numenius arquata), mit fast 60 cm Körperlänge größter europ. Schnepfenvogel (Gatt. Brachvögel) in den gemäßigten, z. T. auch nördl. Regionen Eurasiens; Schnabel etwa 12 cm lang, abwärts gebogen, Gefieder gelblichbraun, dicht gestreift.

Großer Chingan (Da Hinggan Ling), Gebirge in N-China, erstreckt sich vom Amurbogen über rd. 800 km nach S und trennt die Nordostchin. Ebene vom mongol. Plateau im W, größte Höhe im S mit 2 034 m ü. d. M.

Großer Feldberg, mit 879 m die höchste Erhebung des Taunus, Hessen.

Großer Ferganakanal, 345 km langer Hauptbewässerungskanal des Ferganabeckens, in Usbekistan und Tadschikistan.

Großer Geist, eine unter nordamerikan. Indianern weitverbreitete Bez. für eine unsichtbare und übernatürl. kosm. und lebenspendende Macht; in der Algonkinsprache meist **Manitu** („Geist") genannt (bei den Sioux **Wakanda,** bei den Huronen **Oki**).

Großer Heuberg (Heuberg), der hochgelegene Teil der Kuppenalb in der sw. Schwäb. Alb, Bad.-Württ., im Lemberg 1 015 m ü. d. M.

Großer Himmelswagen ↑ Bär.

Großer Hund ↑ Sternbilder (Übersicht).

Großer Inselsberg (Inselsberg), Berg im nordwestl. Thüringer Wald, 916 m ü. d. M. Sendeanlagen, meteorolog. Station. Über den G. I. verläuft der Rennsteig.

Großer Jasmunder Bodden, Meeresbucht im Nordteil der Insel Rügen.

Großer Jenissei ↑ Jenissei.

Großer Kanal ↑ Kaiserkanal.

Großer Kaukasus ↑ Kaukasus.

Großer Kudu ↑ Drehhornantilopen.

Großer Kurfürst, Beiname des Kurfürsten ↑ Friedrich Wilhelm von Brandenburg.

Großer Norden, chilen. Großlandschaft, ↑ Atacama.

Großer Ölberg, mit 460 m höchster Berg des Siebengebirges, NRW.

Großer Östlicher Erg, Sandwüstengebiet in der nördl. Sahara (Algerien und Tunesien) mit bis 200 m hohen Wanderdünen.

Großer Ozean ↑ Pazifischer Ozean.

Großer Plöner See, inselreicher See in der Holstein. Schweiz, 29,0 km², bis 60 m tief.

Großer Preis (Grand Prix), Abk. GP, 1. im Automobilsport Bez. für einen Formel-1-Wertungslauf zur Fahrerweltmeisterschaft. GP-Rennen werden u. a. ausgetragen in Belgien, Brasilien, Frankreich, den Niederlanden, Italien, Monaco, Spanien; in Deutschland als G. P. von Deutschland, ausgetragen erstmals 1926 (Avus), 1927–76 sowie 1985 auf dem Nürburgring (daneben 1959 Avus, 1970 Hockenheimring), 1977–84 und seit 1986 auf dem Hockenheimring. 2. im Motorradrennsport Bez. für Weltmeisterschaftsläufe.

Großer Rat, die parlamentar. Vertretungskörperschaft der schweizer. Kt., auch **Kantonsrat, Landrat** gen.; höchstes Staatsorgan, das unter Vorbehalt der Rechte des Volkes die oberste Gewalt ausübt; hat die übl. parlamentar. Funktionen (Rechtsetzung, Budgetrecht, Kontrolle [außer in den Landsgemeinde-Kt.] und ist das entscheidende Organ bei der Ausübung der kantonalen Rechte in der Bundesgesetzgebung.

Großer Salzsee ↑ Great Salt Lake.
Großer Sankt Bernhard ↑ Alpenpässe (Übersicht).
Großer Schneeberg ↑ Glatzer Bergland.
Großer Schwertwal ↑ Delphine.
Großer Senat für Strafsachen ↑ Bundesgerichtshof.
Großer Senat für Zivilsachen ↑ Bundesgerichtshof.
Großer Sklavensee, See in NW-Kanada, rd. 500 km lang, 80–240 km breit, 156 m ü. d. M., bis 627 m tief; Zufluß durch den Slave River, Abfluß durch den Mackenzie River.
Großer Süden, Großlandschaft in ↑ Chile, südlichster Teil des Landes.
Großer Tanrek (Großer Tenrek, Tenrec ecaudatus), größte Art der Borstenigel auf Madagaskar; Körperlänge bis etwa 40 cm, Schwanz äußerlich nicht sichtbar (etwa 1 cm lang); das wenig dichte Haarkleid von z. T. langen Stacheln durchsetzt; am Kopf und am Rücken sehr lange, feine Tasthaare; Grundfärbung meist grau- bis rötlichbraun; dämmerungs- und nachtaktiv.

Großer Tanrek

Großer Treck ↑ Treck.
Großer Tümmler ↑ Delphine.
Großer Vaterländischer Krieg, sowjet. Bez. für den Krieg gegen das nat.-soz. Deutschland 1941–45.
Großer Wagen ↑ Bär.
Großer Wasserfloh ↑ Daphnia.
Großer Westlicher Erg, Sandwüstengebiet in der nördl. Sahara, im westl. Z-Algerien, mit bis zu 300 m hohen Wanderdünen.
Große Sandwüste, heißester und vegetationsärmster Teil Australiens, im N Westaustraliens, etwa 520 000 km². Sanddünen und Salzseen.
Großes Appalachental ↑ Ridge and Valley Province.
Großes Artesisches Becken, Beckenlandschaft im zentralöstl. Australien, größtenteils in Queensland, über 2 000 km N–S und etwa 1 500 km O–W-Erstreckung, fällt von 300 m ü. d. M. im O auf 12 m u. d. M. am Eyresee ab. Bed. Weidewirtschaftsgebiet innerhalb einer Halbwüstenregion dank zahlr. artes. Brunnen.
Großes Barriereriff, mit 2 000 km längstes lebendes Korallenriff der Erde, vor der Küste von Queensland, Australien. Über 600 Inseln ragen über den Meeresspiegel hinaus, u. a. **Green Island** (Nationalpark) mit Unterwasserobservatorium, Museum und Aquarium.
Großes Becken ↑ Great Basin.

Große Schütt, Flußinsel in der Donau und der Kleinen Donau, SR, 85 km lang, 14–29 km breit.
Große Schwebrenken ↑ Felchen.
Große Seen, zusammenfassende Bez. für ↑ Oberer See, ↑ Michigansee, ↑ Huronsee, ↑ Eriesee und ↑ Ontariosee in den USA und in Kanada; bed. Binnenschiffahrtsweg und, mit etwa 246 500 km², größte zusammenhängende Süßwasserfläche der Erde.
Große Senate, Spruchkörper höherer [Revisions]gerichte mit der Aufgabe, eine einheitl. Rechtsprechung der einzelnen Senate des betreffenden Gerichts zu sichern und das Recht fortzubilden. Je einen G. S. haben das Bundesarbeitsgericht, das Bundesverwaltungsgericht, das Bundessozialgericht, der Bundesfinanzhof und die Oberverwaltungsgerichte (Verwaltungsgerichtshöfe) der Länder. Beim Bundesgerichtshof bestehen zwei Große Senate.
großes Fahrzeug ↑ Mahajana-Buddhismus.
Großes Jahr, svw. ↑ platonisches Jahr.
Große Sundainseln, Teil des Malaiischen Archipels, umfaßt die Inseln ↑ Borneo, ↑ Celebes, ↑ Java und ↑ Sumatra.
Großes Ungarisches Tiefland (Alföld), wenig gegliederte Beckenlandschaft mit kontinentalem Klima zw. der Donau im S und W, den Karpaten im N, dem Nordungar. Mittelgebirge in N, den Karpaten im NO und dem Bihargebirge im O, etwa 100 000 km². Anteil am G. U. T. haben Ungarn (50 000 km²), Rumänien, Kroatien, Serbien, die SR und die Ukraine. Die ehem. von Auwäldern und Sümpfen durchsetzte Wiesensteppe wird heute weitgehend als Ackerland und Weidegebiet (v. a. Schaf-, Geflügel-, Schweine- und Pferdezucht) genutzt. Große wirtsch. Bed. haben Erdöl- und Erdgasförderung.
Großes Walsertal, rechtes Seitental der Ill, Vorarlberg, Österreich, reicht vom Hochtannbergpaß bis in die Nähe von Bludenz. Im 13. und 14. Jh. von den Walsern besiedelt.
Große Wiesel, svw. Hermelin (↑ Wiesel).
Große Syrte, Golf des Mittelmeers an der libyschen Küste, zw. Misurata und Bengasi. Mehrere Erdölexporthäfen.
Grosseteste, Robert [engl. 'groustest], * Stradbroke (Suffolk) um 1175, † Buckden (Buckinghamshire) 9. Okt. 1253, engl. Philosoph und Theologe. – 1214–21 Kanzler der Univ. Oxford, 1235 Bischof von Lincoln. Durch seine Übersetzungen und Kommentare zu Aristoteles (u. a. die erste vollständige Übersetzung der Nikomachischen Ethik, um 1246) von großer Bed. für die wissenschaftstheoretisch und naturphilosophisch orientierte Aristotelesrezeption seiner Zeit (Einfluß u. a. auf R. Bacon, Albertus Magnus, Duns Scotus). Verband die Aristotel. ↑ analytische Methode mit einem metaphys. [Neu]platonismus, der in seiner ↑ Lichtmetaphysik zum Ausdruck kommt.
Grosseto, italien. Stadt in der Toskana, Hauptort der Maremmen, 10 m ü. d. M., 70 700 E. Hauptstadt der Prov. G.; Bischofssitz; archäolog. Museum, Museum sakraler Kunst; Landmaschinenbau. – Fiel im 16. Jh. an Florenz. – Stadtummauerung (16. Jh.) mit sechs Bastionen; Dom (1294 ff.).
Große Vereinheitlichte Theorie (engl. Grand Unified Theory, Abk. GUT), der Versuch, alle fundamentalen ↑ Wechselwirkungen der Elementarteilchen durch eine einheitl. Theorie zu beschreiben; ein grundlegendes Ziel der Elementarteilchenphysik.
Große Victoriawüste, abflußlose Halbwüste in Australien, zw. der Nullarborebene und der Gibsonwüste; im S Salzseen; nur spärl. Vegetation (Spinifexgräser).
Großfamilie ↑ Familie.
Großfeuerungsanlagenverordnung ↑ Luftreinhaltung.
Großfleckenkrankheit, svw. ↑ Ringelröteln.
Großfürst, russ. Herrschertitel; nach 1186 bei den Fürsten von Wladimir-Susdal in Gebrauch; nach Unterwerfung der russ. Fürstentümer durch Moskau nur noch von der Moskauer Familie geführt, die ihn auch nach Annahme des Zarentitels (1547) und des Kaisertitels (1721) beibehielt. Ab 1886 ebenso Titel der nichtregierenden männl. Mgl. des Kaiserhauses und deren Nachkommen bis zum 2. Grad.

Großfußhühner

Seit dem 14. Jh. Titel der litauischen Herrscher; nach der Union mit Polen (1569) Bestandteil des poln. Königstitels. Die Habsburger führten seit 1765 den Titel G. von Siebenbürgen, die russ. Kaiser seit 1809 den Titel G. von Finnland.

Großfußhühner (Megapodidae), 12 Arten umfassende Fam. dunkel gefärbter, haushuhn- bis fast truthahngroßer Hühnervögel v. a. in Australien, auf den Sundainseln, den Philippinen und Polynesien; Bodenvögel mit großen, kräftigen Scharrfüßen. Einige Arten nutzen zum Ausbrüten der Eier die Verrottungswärme von selbst aufgeschichteten Laub-Erd-Haufen aus.

Großgebietiger ↑ Deutscher Orden.

Groß-Gerau, hess. Krst. im nördl. Hess. Ried, 92 m ü. d. M., 21 200 E. Eisenverarbeitung, Lebensmittel-, pharmazeut. Ind. – 910 erstmals erwähnt, 1013 kam der Ort an das Hochstift Würzburg, 1398 Stadt; 1479 hessisch. – Fachwerkrathaus (1579), barockes „Prinzenhaus" (18. Jh.). **G.-G.,** Landkr. in Hessen.

Großglockner, mit 3798 m höchster Berg Österreichs, Hauptgipfel der ↑ Glocknergruppe, in den Hohen Tauern, an den Flanken stark vergletschert; wurde 1800 erstmals bestiegen.

Großglockner-Hochalpenstraße ↑ Alpenpässe (Übersicht).

Großgörschen, Gemeinde in Sa.-Anh., östl. von Weißenfels, 1100 E. – Bei G. siegte die Armee Napoleons I. am 2. Mai 1813 über die vereinigten russ. und preuß. Armeen.

Großgriechenland (Magna Graecia), antike Bez. für das griechisch besiedelte Gebiet des heutigen Kalabrien und Apuliens; bis 1922 Bez. der neugriech., an byzantin. Tradition ausgerichteten „großen Idee" eines Nationalstaates.

Großhandel, Sammelbez. für die Gruppe von Handelsunternehmen, die als Bindeglied zw. Herstellern und Einzelhandel fungiert. Die Aufgaben des G. sind insbes. die Konzentration und Vereinfachung der Vertriebswege, Zusammenfassung bestimmter Produktgruppen und Senkung der Warenbezugskosten für den Einzelhandel.

Großherzog, Fürstentitel, im Rang zw. König und Hzg.; Anrede Königl. Hoheit; seit 1569 Titel der Herrscher von Toskana, seit dem 19. Jh. mehrerer dt. Fürsten. Als Staatsoberhaupt führt ihn heute noch der G. von Luxemburg.

Großhirn ↑ Gehirn.

Großhirnrinde ↑ Gehirn.

Großhufeisennase ↑ Fledermäuse.

Großhundert, altes Zählmaß, entsprach 120 Stück.

Großinquisitor ↑ Inquisition.

Großkanzler ↑ Kanzler.

Großkatzen (Pantherini), Gattungsgruppe großer Katzen in Asien, Afrika und Amerika; Körperlänge knapp 1 bis 2,8 m. Fünf Arten: Schneeleopard, Leopard, Jaguar, Tiger und Löwe.

Großklima ↑ Klima.

Groß-Kolumbien, 1819 durch den Zusammenschluß Neugranadas und Venezuelas entstandene Rep. unter S. ↑ Bolívar.

Großkomtur ↑ Deutscher Orden.

Großkopfschildkröten. Platysternon megacephalum

Großkopfschildkröten (Platysternidae), Schildkrötenfam. mit der einzigen Art *Platysternon megacephalum* in SO-Asien; Panzer bis etwa 20 cm lang, braun, auffallend abgeflacht, Schwanz nahezu ebenso lang; Kopf ungewöhnlich groß.

Großkophta, angeblich geheimer Oberer der von A. Graf von Cagliostro erfundenen „ägypt. Maurerei".

Großkreis ↑ Orthodrome.

Großkreuz, höchste Klasse bei den meisten Orden.

Großlibellen (Ungleichflügler, Anisoptera), weltweit verbreitete Unterordnung mittelgroßer bis großer Libellen mit rd. 1400 Arten, davon etwa 50 einheimisch; Körper kräftig, Vorder- und Hinterflügel unterschiedlich geformt. Flügel in Ruhe stets waagerecht ausgebreitet; Augen groß; bekannte Fam. sind Segellibellen, Flußjungfern, Teufelsnadeln.

Groß-Gerau. Fachwerkrathaus, 1579

Großloge [...ʒə], in den meisten europ. Staaten und in Amerika übl. Bez. für einen Verband von (mindestens drei) Freimaurerlogen, an deren Spitze ein gewählter Großmeister steht. Die oberste Instanz einer G. ist der Großlogentag.

Groß-London ↑ Greater London.

Großmacht, Staat, der auf Grund seiner polit., militär. und wirtsch. Stärke (oder auch seines Prestiges) einen erhebl. Einfluß auf andere Staaten oder auf das Gesamtverhalten der Staatengesellschaft ausüben kann; Herausbildung v. a. im 17./18. Jh. mit Großbritannien, Frankreich, Österreich, Rußland und Preußen. Höhepunkte ihres Zusammenwirkens bildeten im 19. Jh. v. a. der Wiener Kongreß 1815, der Pariser Friedenskongreß 1856, der Berliner Kongreß 1878 und die Berliner Kongokonferenz 1884/85. Italien erlangte nach 1860 den Rang einer G., die USA 1898 im Krieg mit Spanien, Japan mit dem Sieg über Rußland 1904/05. Im 20. Jh. ist ein Merkmal der G. der ständige Sitz im Völkerbundsrat bzw. im Sicherheitsrat der UN. Das Dt. Reich und Japan verloren ihre G.position im 2. Weltkrieg, der die Rolle der traditionellen europ. Großmächte insgesamt entscheidend reduzierte; danach übernahmen die USA und die UdSSR als Welt- bzw. Supermächte weitgehend die Funktionen der bisherigen Großmächte.

Großmährisches Reich, die erste größere westslaw. Staatsbildung in Mitteleuropa im 9. Jh.; fiel 906 dem Ansturm der Magyaren zum Opfer. – ↑ Mähren.

Grossman, Wassili Semjonowitsch, * Berditschew 12. Dez. 1905, † Moskau 14. Sept. 1964, russ. Schriftsteller. – Schrieb u. a. die Romane „Stürm. Jahre" (1937–40) über die Revolution, „Dies Volk ist unsterblich" (1942) über die Rote Armee und den Stalingradroman „Wende an der Wolga" (1952, 1954 in 3 Teilen), „Leben und Schicksal" (hg. 1980; erstmalige sowjet. Veröffentlichung 1988).

Großmast, bei mehrmastigen Segelschiffen der zweite Mast von vorn, bei Eineinhalbmastern der große Mast.

Großmeister, im kath. Ordensrecht der auf Lebenszeit gewählte Obere eines Ritterordens mit dem Titel Eminenz

(souveräner Malteserorden; beim Orden der Ritter vom Hl. Grab ist jeweils ein Kardinal G.). Im Dt. Orden heißt der Obere Hochmeister.
▷ im *Schachspiel* ↑ Internationaler Großmeister.
▷ (Ordensherr) ↑ Orden.

Großmogul ↑ Mogul.

Großmufti ↑ Mufti.

Grosso [italien., zu mittellat. grossus (denarius) „Dick(pfennig)"] (Mrz. Grossi), Bez. für italien. Vor- und Frühformen von Groschenmünzen seit dem Ende des 12. Jh.

Großostheim, Marktgem. sw. von Aschaffenburg, Bay., 13 500 E. Nahrungsmittel- und Textilind. – 827 erstmals erwähnt. – Pfarrkirche mit einer Beweinungsgruppe von Riemenschneider (1489 gestiftet); Türme der Ringmauer (15. Jh.).

Großpfennig [zu mittellat. grossus (denarius) „Dick(pfennig)", urspr. allg. für Groschen; ab 1395 bes. Bez. für pommersche Schillinge.

Großpolen (poln. Wielkopolska), histor. Bez. v. a. für den Raum zw. mittlerer Warthe und Weichsel (als Kerngebiet der ersten poln. Staatsbildung) mit den Hauptorten Posen, Gnesen und Kalisch, im Unterschied zu ↑ Kleinpolen.

Großrat des Faschismus (Gran Consiglio del Fascismo), oberstes Parteiorgan des italien. Partito Nazionale Fascista; 1922 gegr., seit 1928 Staatsorgan; von Mussolini dominiert, bis ihm der G. d. F. am 24./25. Juli 1943 das Mißtrauen aussprach.

Großrußland, seit 1654/55 offizielle Bez. für den zentral- und nordruss. Raum.

Großschreibung ↑ Rechtschreibung.

Großsegel, Segel, die am Großmast gefahren werden.

Großspitze, zusammenfassende Bez. für die größeren dt. Spitze; Schulterhöhe etwa 40 cm. Sie werden v. a. als **Schwarzer Spitz** (tief- bis blauschwarz) und **Weißer Spitz** (rein weiß) gezüchtet.

Großstadt, im Sinne der Statistik eine Stadt mit über 100 000 Einwohnern.

Großsteingrab ↑ Megalithgrab.

Großtausend, altes Zählmaß, entsprach 1 200 oder 1 300 Stück.

größter gemeinsamer Teiler ↑ Teiler.

Größtmaß, größeres der beiden ↑ Grenzmaße, unterhalb dessen das am fertigen Werkstück festgestellte Istmaß liegen muß.

Großtrappe ↑ Trappen.

Groß-Umstadt, hess. Stadt im nördl. Odenwaldvorland, 165 m ü. d. M., 18 400 E. Heimatmuseum; Kunstharzverarbeitung, Maschinenbau u. a.; Weinbau (sog. Odenwälder Weininsel). – **Omunstat** (so 1156) war ab 1255 Mgl. des Rhein. Städtebundes; 1301 Stadt, 1504 an Hessen, das 1521 einen Teil an die Pfalz abtreten mußte; seit 1802/03 gehörte die Stadt ganz zu Hessen(-Darmstadt) und heißt seit 1857 auch amtlich Groß-Umstadt. – Spätgot. Pfarrkirche (1490–94); Rathaus (1596–1625).

Großvenediger, höchster Gipfel der stark vergletscherten Venedigergruppe in den westl. Hohen Tauern, Österreich, 3 666 m ü. d. M.; 1841 erstmals erstiegen.

Großwardein, im Dt. gebräuchl. Name der rumän. Stadt ↑ Oradea. Der **Friede von Großwardein** (24. Febr. 1538) beendete den Thronstreit in Ungarn zw. dem Röm. König Ferdinand I. und dem von den „Patrioten" 1526 ausgerufenen König Johann I. (Zápolya). Er beließ beiden Rivalen Königstitel und tatsächl. Besitz und sprach Ferdinand nach Johanns Tod das ganze Kgr. zu.

Großwesir (türk. vezir a'zam), Titel des obersten Amtsträgers im Osman. Reich; 1922 abgeschafft.

Großwetterlage, die durch die mittlere Luftdruckverteilung am Boden charakterisierte Witterung über einem größeren Gebiet während eines mehrtägigen Zeitraumes. Das Wetter selbst kann während einer G. wechseln, der Charakter der Witterung bleibt erhalten. Die unterschiedl. Häufigkeit, regionale Ausbildung und typ. Aufeinanderfolge der G. gestalten wesentlich das Klima eines Gebietes mit.

Grosz, George [grɔs], eigtl. Georg Ehrenfried Groß, * Berlin 26. Juli 1893, † ebd. 6. Juli 1959, dt. Maler und Graphiker. – Mitbegr. der Berliner Dada-Gruppe; einer der schärfsten Satiriker der dt. Kunst („Stützen der Gesellschaft", 1926; Berlin, Staatl. Museen); neben Illustrationen zu zeitgenöss. Werken satir. Mappenwerke (u. a. „Das Gesicht der herrschenden Klasse", 1921; „Ecce homo", 1922; „Der Spießerspiegel", 1925); Porträts. – 1933 Emigration.

Grotefend, Georg Friedrich, * Münden 9. Juni 1775, † Hannover 15. Dez. 1853, dt. Philologe und Orientalist. – Seine Deutung der Königsnamen auf altpers. Inschriften aus Persepolis (vorgelegt am 4. 9. 1802) stellt den ersten gelungenen Versuch der Entzifferung der Keilschrift dar.

Grote'sche Verlagsbuchhandlung GmbH & Co. KG, G. ↑ Verlage (Übersicht).

grotesk [italien.-frz.], wunderlich, überspannt, verzerrt, lächerlich.

Groteske [italien.-frz., zu italien. grotta ↑ „Grotte"], in der *Kunstgeschichte* Rankenornament mit eingeflochtenen stilisierten Menschen- und Tierfiguren, Trophäen u. a.; aus der Spätantike von der Renaissance übernommen.
▷ in der *Literaturwiss.* Bez. für eine phantast. Erzählung.

Groteske [italien.-frz.], Monströs-Grausiges, das zugleich lächerlich erscheint, d. h. die Verbindung von scheinbar Unvereinbarem (die Begriffsbildung geht auf die ↑ Groteske zurück); findet sich in Literatur und Kunst v. a. solcher Epochen, in denen das überkommene Bild einer heilen Welt angesichts der veränderten Wirklichkeit seine Verbindlichkeit verloren hat.

Groteskschriften, Antiquablockschriften mit gleichmäßig starker Strichführung, deshalb auch Linear-Antiqua-Schriften genannt. Sie kennen keine Serifen (daher auch „Sans Serif"). Die G. entstanden im 1. Drittel des 19. Jahrhunderts.

George Grosz. Stützen der Gesellschaft, 1926 (Berlin, Staatliche Museen)

Otto Grotewohl

Klaus Groth

Hugo Grotius

Grotewohl, Otto, *Braunschweig 11. März 1894, †Berlin (Ost) 21. Sept. 1964, dt. Politiker. – Mgl. der SPD seit 1912 (1918–22 der USPD), 1920–24 Min. im Land Braunschweig (Inneres, Volksbildung, Justiz), 1925–33 MdR, 1945 zum Vors. des Zentralausschusses der SPD in Berlin gewählt; führte schließlich trotz eigener Vorbehalte im April 1946 die SPD in der SBZ zum Zusammenschluß mit der KPD; 1946 neben W. Pieck Vors. der SED, 1946–50 Abg. des sächs. Landtages, ab 1949 der Volkskammer; seit 1949 Min.präs. der DDR, seit 1950 Mgl. des Politbüros der SED.

Groth, Klaus, *Heide 24. April 1819, †Kiel 1. Juni 1899, dt. Dichter. – Schrieb gemütvolle und zarte Gedichte sowie Erzählungen, Idyllen in niederdt. Sprache („Quickborn", 1852; 2. Teil 1871); 1866 Prof. in Kiel.

G., Otto, *Schlettstadt 2. Juli 1875, †München 15. Nov. 1965, dt. Publizist. – Sohn von Paul Ritter von G.; versuchte mit dem Werk „Die unerkannte Kulturmacht" (6 Bde., 1960–66) eine Grundlegung der Zeitungswiss. (Periodik, außerdem „Die Zeitung" (4 Bde., 1928–1930).

G., Paul Ritter von (seit 1902), *Magdeburg 23. Juni 1843, †München 2. Dez. 1927, dt. Kristallograph und Mineraloge. – Vater von Otto G.; 1872–82 Prof. in Straßburg, danach bis 1923 in München. Mit umfangreichen Einzeluntersuchungen an Kristallen fundierte G. die erst viel später mittels Röntgenstrahlinterferenzen (M. von Laue u. a.; 1912) bestätigte Vorstellung eines Kristallgitters.

G., Wilhelm, *Hamburg 9. Jan. 1904, †Bonn 20. Febr. 1977, dt. Physikochemiker. – 1945–50 Prof. in Hamburg, seit 1950 in Bonn. Bei seinen Forschungen zur Isotopentrennung entwickelte G. die Gaszentrifuge.

Grotius, Hugo [ˈgroːtsiʊs, niederl. ˈxroːtsiˑys], eigtl. Huigh de Groot, *Delft 10. April 1583, †Rostock 28. Aug. 1645, niederl. Jurist. – Seit 1613 Ratspensionär von Rotterdam; wurde als Arminianer und Gefolgsmann Oldenbarnevelts in dessen Sturz verwickelt und 1619 zu lebenslangem Kerker verurteilt. G. schrieb während dieser Haft u. a. sein epochemachendes Werk über die niederl. Rechtsgeschichte („Inleidinge tot de Hollandsche rechtsgeleerdheid", hg. 1631). Er floh 1621 und ließ sich bis 1631 in Paris nieder, wo 1625 sein Hauptwerk „De jure belli ac pacis libri tres" (= Vom Recht des Krieges und des Friedens) erschien. 1635–45 schwed. Gesandter in Paris. – G. wurde als Fortsetzer der Schule von Salamanca mit seiner Abhandlung von 1609 „Mare liberum" (= Freiheit der Meere) zu einem der Begründer des modernen ↑Naturrechts und gilt als Vater des neuzeitl. Völkerrechts. Er beendete die Kontroverse über den gerechten Krieg und stützte die Regelung der internat. Beziehungen im Krieg und Frieden auf die Souveränität.

Grubenausbau. Bogenausbau

Grotrian-Steinweg, Klavierfabrik in Braunschweig, 1835 in Seesen gegr. von H. E. Steinweg (*1797, †1871) und nach dem Eintritt von F. Grotrian (*1803, †1860) 1859 nach Braunschweig verlegt. Noch heute unter Leitung der Familie Grotrian-Steinweg (↑Steinway & Sons).

Grottaferrata italien. Gemeinde in der Röm. Campagna, 329 m ü. d. M. 14800 E. – G. entstand um die vom hl. Nilus d. J. über den Resten einer röm. Villa 1004 gegr. Basilianerabtei *(Abbazia di G.).* Die Abtei hat eine reiche Bibliothek (griech. Kodizes), eine Buchdruckerei sowie eine Werkstatt zur Restaurierung alter Kodizes. – In der Kirche (1025 geweiht, 1754 umgebaut) Mosaiken des 11.–13. Jh. und Fresken von 1609–10, neben ihr ein frühchristl. Oratorium.

Grotte [italien., zu griech.-lat. crypta „verdeckter unterird. Gang, Gewölbe"], Höhle, v. a. künstl. Höhle in Renaissance-, Manierismus- und Barockgärten, auch in der Romantik und im 19. Jh.

Grottenolm ↑Olme.

Groupe de Recherche d'Art Visuel [frz. grupdəraʃɛrʃdarviˈzyɛl], 1960 in Paris gegr. Künstlergruppe mit dem Ziel der „Erforschung visueller Kunst". Gründungsmgl. waren J. Le Parc, F. Morellet, H. García Rossi, F. Sobrino, J. Stein und J.-P. Yvaral.

Growl [engl. graʊl „Brummen"], im Jazz Bez. für einen Effekt instrumentaler Tonbildung. Als Nachahmung vokaler Ausdrucksmittel wird G. auf Blasinstrumenten durch gleichzeitiges Singen und Spielen und den Einsatz spezieller Dämpfer hervorgerufen.

Groza, Petru, *Băcia (Kr. Hunedoara) 7. Dez. 1884, †Bukarest 7. Jan. 1958, rumän. Politiker. – 1934 Mitbegründer der Landarbeiterfront (Frontul Plugarilor). 1945–52 Min.präs., 1952 Vors. des Präsidiums der Großen Nat.vers. (Staatspräs.).

Grubber

Grubber [engl. „Graber, Wühler"] (Kultivator), Bodenbearbeitungsgerät, das der mitteltiefen Bodenlockerung (v. a. im Frühjahr auf herbstgepflügten Feldern) dient und mit starken, an einem Rahmen in zwei oder mehr Reihen angebrachten Zinken arbeitet.

Grube, svw. Bergwerk; i. e. S. Grubenbetrieb unter und über Tage.

Grubenauge ↑Auge.

Grubenausbau, im Bergbau Bez. für das Absichern und Offenhalten der für den fortlaufenden Betrieb benötigten Grubenräume; umfaßt zahlr. Verfahren zur Abstützung oder Verfestigung des Gebirges. Als Ausbaumaterialien dienen Holz, Stahl, Leichtmetall, Steine oder Beton. – Das häufigste hölzerne Bauelement ist der sog. **Türstock.** Er besteht aus zwei senkrechten oder leicht geneigten Stützhölzern, den **Stempeln,** und der von diesen getragenen querliegenden **Kappe.** Auch einzelne Stempel werden oft verwendet. Neben dem Holzausbau kann auch Stahlausbau für den Türstock in Frage kommen, jedoch überwiegen im Stahlausbau die bogenartigen G.formen **(Bogenausbau)** mit auf die Verhältnisse im Bergbau abgestimmten Stahlprofilen. – Ausbau in Stein bietet hohe Druckfestigkeit; bevorzugt wird die Ziegelausmauerung. – Beton kann als Ausbaustoff unter Tage an der Verwendungsstelle zubereitet, als Fertigbeton von über Tage zugeführt oder in Form von Betonformsteinen eingebracht werden. Eine sehr wirtsch. Art des Betonausbaus ist der mit Spritzbeton **(Torkretierverfahren, Abpreßverfahren).** – Zusammenhängender massiver Ausbau, z. B. gegen Wassereinbruch, besteht oft aus **Tübbingen,** d. h. zu Ringen zusammengeschraubten gußeisernen oder stählernen Segmenten. Der Raum zw. den Bauen wird mit Hilfe von Blechen, Brettern oder Drahtgewebe (**Verzug**) gegen Nachfall abgesichert; der Hohlraum zw. Verzug und Gebirge wird mit lockerem Material hinterfüllt. – Neben dem *starren Ausbau* wird im Bereich des Abbaus, in dem stets stärkere Gebirgsbewegungen auftreten, denen ein starrer Ausbau nicht widerstehen kann, ein *formänderungsfähiger Ausbau* eingebracht, der während der stärksten Gebirgsdruckerscheinungen dem Druck ausweicht, z. B. der Gelenkbogenausbau, bei dem einzelne Ausbauteile rahmenartig zusammengesetzt und gelenkartig miteinander verbunden sind. Im Strebbau werden **Reibungsstempel** verwendet, auf denen gelenkig angeordnete Stahlkappen ruhen. Das Umsetzen des Ausbaus wird heute vielfach maschinell bewirkt. Die hierzu erforderl. Einheiten nennt man **Ausbaugespanne**; sie bestehen aus je zwei *Ausbaugestellen* mit zwei bis drei Stempeln und Kappen, die auf Gleitblechen ruhen.

Grubenbetrieb, im Bergwerk alle untertägigen, im Tagebau die unter dem Niveau der Tagesoberfläche gelegenen Anlagen.

Grubenbewetterung (Bewetterung, Wetterführung), Maßnahmen zur Zuführung von Frischluft (**Frischwetter**) sowie zur Abführung verbrauchter Luft (**Abwetter**) und schädl. Gase (**Schlagwetter**) in Grubenbauen. In Gruben mit zwei unterschiedlich hoch liegenden Ausgängen reicht mitunter die durch Temperaturunterschiede entstehende natürl. Luftbewegung (**Wetterstrom**) aus. Im Regelfall sind Ventilatoren an den Ausgängen erforderlich. Im Grubengebäude wird die Verteilung der Wetter durch Abmauerungen, v. a. aber durch **Wetterschleusen** (bestehend aus mindestens zwei Wettertüren) und Wahl der Querschnitte der Grubenbaue geregelt. – In Grubenbauen mit nur einem Zugang, z. B. beim Vortrieb von Strecken und Tunneln, muß *Sonderbewetterung* erfolgen. Hierzu dienen dünnwandige Röhren (**Wetterlutten, Lutten**) mit Durchmessern zw. 200 und 800 mm, die zu einer Luttentour vom Anschlußpunkt des Grubenbaus bis vor Ort zusammengefügt werden und an die eine oder mehrere Luttenventilatoren angeschlossen sind.

Grubengas ↑ Methan.

Grubenhagen, nach der gleichnamigen Burg ben. welf. Ft. (1286–1596) hauptsächlich beiderseits der oberen Oker und nördl. des Eichsfeldes.

Grubenottern (Lochottern, Crotalidae), Fam. sehr giftiger, 0,4–3,75 m langer Schlangen mit rd. 130 Arten, v. a. in Amerika und Asien (eine Art im äußersten SO-Europa). Giftzähne lang, Augen mit senkrechter Pupille, etwa in der Mitte zw. diesen und den Nasenlöchern jederseits ein als **Grubenorgan** bezeichnetes Sinnesorgan, mit dem Temperaturdifferenzen von nur 0,003 °C wahrgenommen werden können. Zu den G. zählen u. a. Buschmeister, Klapperschlangen, Mokassinschlangen, Lanzenottern.

Grubenwurm (Hakenwurm, Ancylostoma duodenale), etwa 8 (♂)–20 (♀) mm langer, meist gelbl. Fadenwurm (Fam. Hakenwürmer); Dünndarmparasit des Menschen in S-Europa, N-Afrika, Kleinasien und Asien; Erreger der Hakenwurmkrankheit.

Gruber, Franz Xaver, *Unterweizberg (Hochburg-Ach) 25. Nov. 1787, †Hallein 7. Juni 1863, östr. Organist. – Schrieb 1818 die Melodie zu J. Mohrs Lied „Stille Nacht, heilige Nacht".

G., Karl, *Innsbruck 3. Mai 1909, östr. Politiker. – 1938 aus dem Staatsdienst entlassen, gegen Kriegsende führend in der Tiroler Widerstandsbewegung; 1945–53 Nationalrat (ÖVP); schloß als Außenmin. (1945–53) mit Italien das sog. Gruber-De-Gasperi-Abkommen (5. Sept. 1946) zur Regelung der Südtirolfrage (↑Südtirol); 1954–57 und 1969–72 Botschafter in Washington, 1972–74 in Bern; 1966–69 Staatssekretär im B.kanzleramt.

G., Ludwig, Pseud. von L. ↑Anzengruber.

G., Max Ritter von (seit 1908), *Wien 6. Juli 1853, †Berchtesgaden 16. Sept. 1927, östr. Hygieniker. – Prof. in Graz, Wien und München; Mitbegründer der modernen Hygiene. G. entdeckte 1896 die spezif. Agglutination der Bakterien (↑ Gruber-Widal-Reaktion).

Grüber, Heinrich, *Stolberg (Rhld.) 24. Juni 1891, †Berlin (West) 29. Nov. 1975, dt. ev. Theologe. – Leitete ab 1937 die von ihm gegr. Hilfsstelle für ev. Rasseverfolgte („Büro Grüber"); 1940–43 deshalb im KZ Sachsenhausen und Dachau. Nach dem Krieg Propst an der Marienkirche in Berlin (Ost), 1949–58 Bevollmächtigter der EKD bei der Regierung der DDR, wo er sich für die Wiedervereinigung Deutschlands einsetzte. Seine Aussagen beim Prozeß gegen A. ↑Eichmann 1961 und bei anderen NS-Prozessen fanden große Beachtung.

G., Klaus Michael, *Neckarelz (= Mosbach) 4. Juni 1941, dt. Theaterregisseur. – War Regieassistent und Regisseur bei G. Strehler bzw. am „Piccolo Teatro" in Mailand. 1969 Inszenierungen in Bremen (Shakespeares „Sturm"), wirkte seit 1973 meist in Berlin (an der Schaubühne am Hallenschen Ufer, u. a. Kleists „Amphitryon", 1991; im Olympiastadion „Winterreise" nach Hölderlins „Hyperion", 1977; Volksbühne „Faust" 1982 mit B. Minetti); Gastinszenierungen u. a. in Paris.

Gruberová, Edita, *Preßburg 23. Dez. 1946, östr. Sängerin (Sopran) slowak. Herkunft. – Seit 1970 Mgl. der Wiener Staatsoper; brillante Koloratursopranistin, bes. in Opernpartien von Mozart, R. Strauss und Verdi.

Gruber-Widal-Reaktion [nach M. Ritter von Gruber und F. Widal], artspezif. Agglutination von Bakterien durch ein Blutserum, das bekannte Antikörper (Agglutinine) enthält; dient zur Identifizierung von Bakterienstämmen.

Grudekoks (Grude) [niederdt./engl.], der feste, körnige, mattschwarze Rückstand bei der Braunkohlenschwelung; sein mittlerer Heizwert beträgt trocken etwa 16–25 MJ/kg. G. verbrennt langsam, ohne Rauchbildung.

Grudziądz [poln. ˈgrudzɔnts] (dt. Graudenz), poln. Stadt an der Weichsel, 20–100 m ü. d. M., 98 000 E. – Theater, Binnenhafen; Landmaschinen, Gummi-, Nahrungsmittel- u. a. Ind. – 1291 Culmer Stadtrecht, 1466 an Polen. Unter preuß. Herrschaft (ab 1772) wurde G. zur Festung ausgebaut. 1920 fiel es an Polen. – Barocke ehem. Jesuitenkirche (geweiht 1650) mit Jesuitenkolleg, ehem. Benediktinerkloster mit barocker Kirche.

Gruga, Abk. für: **G**roße **Ru**hrländ. **G**artenbau-**A**usstellung, Essen 1929; heute Park- und Ausstellungsgelände.

Gruhl, Herbert, *Gnaschwitz (Oberlausitz) 22. Okt. 1921, dt. Politiker. – 1969–80 MdB, Vors. der CDU/CSU-Arbeitsgruppe für Umweltvorsorge; seit 1973 Vorstands-Mgl. der Interparlamentar. Arbeitsgemeinschaft und des Umweltforums; trat 1978 aus der CDU aus und gründete die „Grüne Aktion Zukunft" (GAZ), die 1980 in der Partei der ↑Grünen aufging. Von ihr trennte sich G. und gründete 1982 die Ökolog.-Demokrat. Partei, deren Vors. er von 1982–89 war.

Grujić, Sava [serbokroat. ˌgruˑjitɕ], *Kolari (bei Belgrad) 7. Dez. 1840, †Belgrad 3. Nov. 1913, serb. General und Politiker. – Als führendes Mitglied der Nationalradikalen Partei war G. zw. 1887 und 1906 mehrere Male Min.präs. sowie Kriegs- und Außenmin. 1889 führte er eine im Sinne der Parlamentarisierung fortschrittl. Verfassung ein.

Grumach, Ernst, *Tilsit 7. Nov. 1902, †London 5. Okt. 1967, dt. klass. Philologe. – 1949–57 Prof. an der Humboldt-Univ. Berlin. Beschäftigte sich mit antiker Philosophie, kret. Schrift und Goetheforschung; gab die dt. Aristoteles-Gesamtausgabe (1956 ff.) und (mit Renate G.) „Goethes Begegnungen und Gespräche" (3 Bde., 1965 bis 1977) heraus.

Grumbach, Wilhelm von, *Rimpar bei Würzburg 1. Juni 1503, †Gotha 18. April 1567, fränk. Reichsritter. – Schwager Florian Geyers; seine Kämpfe gegen den Würzburger Bischof Melchior von Zobel und Kurfürst August von Sachsen sind als **Grumbachsche Händel** bekannt. 1567 belagerte August das von G. verteidigte Gotha und ließ ihn nach der Erstürmung vierteilen.

Grumbkow, Friedrich Wilhelm von [...pko], *Berlin 4. Okt. 1678, †ebd. 18. März 1739, preuß. Generalfeldmarschall (seit 1737) und Staatsbeamter. – 1709 Generalmajor;

Franz Xaver Gruber

Heinrich Grüber

Karl Gruber

Edita Gruberová

Wilhelm von Grumbach

Grumiaux

als Vertrauter Friedrich Wilhelms I. 1713 Generalkommissar, 1723 Vizepräs. des Generaldirektoriums.

Grumiaux, Arthur [frz. gry'mjo], *Villers-Perwin bei Charleroi 21. März 1921, †Brüssel 16. Okt. 1986, belg. Violinist. – Gefeierter Virtuose und seit 1949 Lehrer am Brüsseler Konservatorium.

Grümmer, Elisabeth, *Niederjeutz (= Basse-Yutz, Moselle) 31. März 1911, †Warendorf 6. Nov. 1986, dt. Sängerin (Sopran). – Eine der bedeutendsten Sängerinnen des dt. Fachs (Mozart, Wagner, R. Strauss), auch als Oratorien- und Liedinterpretin internat. bekannt.

G., Paul, *Gera 26. Febr. 1879, †Zug (Schweiz) 30. Okt. 1965, dt. Violoncellist. – Gehörte 1913–30 dem Quartett von A. Busch an, unterrichtete in Wien, Köln und Berlin. Setzte sich bes. für das Werk M. Regers ein.

Grummet [eigtl. „grünende (d. h. sprießende) Mahd"] ↑Heu.

Grumpen ↑Tabak.

Grün, Anastasius, eigtl. Anton Alexander Graf von Auersperg, *Laibach 11. April 1806, †Graz 12. Sept. 1876, östr. Dichter. – Mit Lenau befreundet. 1868 Präs. der östr. Reichsratsdelegation. Mit seinen „Spaziergängen eines Wiener Poeten" (1831) wandte er sich gegen Klerus und Reaktion (Metternich). G. schrieb polit. Lyrik und Dichtungen („Schutt", 1835) sowie humorist. Epen („Der Pfaff von Kahlenberg", 1850).

G., Karl Theodor Ferdinand, *Lüdenscheid 30. Sept. 1817, †Wien 18. Febr. 1887, dt. Schriftsteller. – Als Linkshegelianer und Vertreter vormärzl. polit. Radikalismus in Mannheim und Köln publizistisch tätig. Emigriert, schrieb er „Die sociale Bewegung in Frankreich und Belgien" (1845). 1848 Mgl. der preuß. Nat.vers. und des preuß. Abgeordnetenhauses. 1850–61 in Brüssel; ging 1867 nach Wien. Schrieb ferner „Ludwig Feuerbach" (1874) und v. a. kulturgeschichtl. Werke.

G., Max von der, *Bayreuth 25. Mai 1926, dt. Schriftsteller. – Bergmann, seit 1964 freier Schriftsteller. Mitbegr. der ↑Gruppe 61. Sozialkritisch geprägte Romane (aus dem Kohlenrevier): „Irrlicht und Feuer" (1963), „Stellenweise Glatteis" (1973), „Flächenbrand" (1979), „Die Lawine" (1986), „Springflut" (1990); Fernsehspiele.

Grün [urspr. „wachsend, sprießend, grasfarben"], Farbempfindung, die durch Licht einer Wellenlänge zw. 487 nm und 566 nm (*grünes Licht*) oder durch subtraktive Farbmischung der beiden Grundfarben Blau und Gelb hervorgerufen wird.
▷ in dt. Spielkarten die dem frz. Pik entsprechende Farbe.
▷ (green), im *Golf* die kurzgeschnittene Rasenfläche in der Umgebung des Loches.

Grünaal ↑Aale.

Grünalgen (Chlorophyceae), Klasse der Algen mit rd. 10 000 v. a. im Benthos und Plankton des Süßwassers vorkommenden Arten. Die Grünfärbung wird durch Chlorophyll a und b in den Chloroplasten bewirkt. Assimilations- und Reservestoffe sind Stärke und Fett. Die einfachsten Formen sind mikroskopisch klein und einzellig und können sich mit Geißeln fortbewegen. Vielzellige Individuen haben eine äußere Ähnlichkeit mit höheren Pflanzen.

Grünberg, hess. Stadt im Vorderen Vogelsberg, 274 m ü. d. M., 11 700 E. Fachschulen (Hess. Fußballverband, Dt. Gartenbau). Metallverarbeitung, Textilind. – Erstmals 1222 als Stadt bezeichnet. – Landgräfliches Schloß (1578–82) sowie Renaissancerathaus (1586/87).

Grünberg i. Schlesien (poln. Zielona Góra), niederschles. Stadt, Polen, 150 m ü. d. M., 113 000 E. PH und TH; 2 Theater, Museum; Maschinen- und Waggonbau, Nahrungsmittel-, Textilind., Weinbau. – Vermutlich Anfang des 13. Jh. von dt. Siedlern angelegt (1323 Stadtrecht). – Sankt-Hedwigs-Kirche (13. und 15. Jh.), Rathaus (16. Jh.) mit Belfried.

Grund, 1. Aussagen i. e. S. (Tatsachenbehauptungen) und prakt. Orientierungen (z. B. Zweckangaben, Handlungsregeln), die in Argumentationen zur Begründung bzw. Rechtfertigung anderer Aussagen oder Vorschläge angeführt werden; 2. Ursache. – In der *Philosophie* wird gefordert, daß jedes Urteil einen zureichenden G. habe (↑Grund, Satz vom); dabei kann der die Zustimmung zu einem Urteil erzwingende G. auf rein log. Schlüssen beruhen **(Erkenntnis- oder Idealgrund)** oder sich aus der Erfahrung selbst ergeben **(Real- oder Seinsgrund).** – ↑Arche, ↑Causa.
▷ allg. svw. Grundfläche, Untergrund, Hintergrund.
▷ svw. Erdboden, Boden eines Gewässers.

Grund, Satz vom [lat. principium rationis] (Satz vom zureichenden Grund), Denkgesetz der theoret. Philosophie von Leibniz, das in der Formulierung „nichts ist ohne Grund" (= „nihil est sine ratione") sowohl den physikal. Begriff der Kausalität „nichts geschieht ohne Grund" (= „nihil fit sine causa") als auch den log. Begriff der Grund-Folge-Beziehung einschließt. C. Wolff versucht, den S. v. G. mit ontolog. Mitteln zu beweisen. Kant reduziert ihn i. d. R. auf den Grundsatz der Kausalität; Schopenhauer nimmt ihn zum Anlaß einer Unterscheidung in vier verschiedene Fundierungsverhältnisse.

Grundangelei ↑Angelfischerei.

Grundausbildung, erster Abschnitt der Ausbildung eines Soldaten; dauert in der Bundeswehr 3 Monate und soll den Soldaten für den militär. Dienst und zur Selbstverteidigung mit grundlegenden wie auch mit für seine in Aussicht genommene militär. Haupttätigkeit speziellen Kenntnissen und Fertigkeiten vertraut machen. Nach der G. erfolgt die **Vollausbildung** in der Gemeinschaftsausbildung (v. a. in der Gruppe und im Zug) und durch die Verbandsausbildung. Bei der Luftwaffe tritt bei der Ausbildung zum Reserveoffizier und zum Unteroffizier an die Stelle der Vollausbildung die **Fachausbildung**.

Grundbau, Baumaßnahmen, die erforderlich sind, um Bauwerke (insbes. Hoch- und Tiefbauten, aber auch Erdbauten und Straßenkörper) zu gründen. Die **Gründung** leitet die aus dem Bauwerk herrührenden Lasten und Kräfte so in den Baugrund ab, daß für das Bauwerk die Standsicherheit gewährleistet ist. Voraussetzung für die Errichtung eines Bauwerks ist die *Baugrunderkundung*. Hierzu werden mittels verschiedener Verfahren die Bodenschichten im Baugrund erschlossen und deren techn. Eigenschaften untersucht. Aufgabe der *G.statik* ist es, die Standsicherheit des Bauwerks nachzuweisen. Die *G.dynamik* befaßt sich mit den stoßweise oder periodisch auf den Baugrund wirkenden Kräften, mit deren Aufnahme und Weiterleitung durch die Bodenschichten und mit den mechan. Verhalten des Baugrundes unter dem Einfluß von Schwingungen und Erschütterungen. Die Beanspruchung des Baugrundes kann zu **Setzungen** einzelner Fundamente oder des gesamten Bauwerks führen; es kann unter den Fundamenten ein **Grundbruch** entstehen, wodurch diese plötzlich stark einsinken; es kann sich ein **Geländebruch** entwickeln, wodurch z. B. im Bereich einer Böschung das gesamte Bauwerk im Gelände abgleiten kann. – Es gibt verschiedene Sy-

Friedrich Wilhelm von Grumbkow

Arthur Grumiaux

Anastasius Grün

Max von der Grün

Grünberg. Renaissancerathaus, 1586/87

steme von G.werken. Die einfachste Konstruktion ist die Verbreiterung einer tragenden Wand durch einen **Fundamentstreifen** (Bankett) oder einer Säule durch einen **Fundamentsockel**; bei bes. gering tragfähigem Baugrund wird das gesamte Bauwerk auf eine durchgehende **Grundplatte** gesetzt, wodurch sich die Bodenpressung erheblich verringert. Derartige Gründungsarten sind sog. *Flachgründungen.* Im Ggs. dazu werden *Tiefgründungen* gewählt, wenn die oberen Bodenschichten für die Aufnahme der Bauwerkslast nicht geeignet sind. In großem Umfange werden hier **Pfahlgründungen** angewandt, mittels deren die Kräfte aus dem Bauwerk in tieferliegende Bodenschichten eingeleitet werden. **Spundwandbauwerke** sind tiefgegründete, selbständige Bauwerke. Sie werden erstellt durch Einrammen, gegebenenfalls auch durch Einrütteln und Einspülen von Spundbohlen aus Holz, Stahlbeton oder Stahl. – **Stützmauern** sind Bauwerke des G., die im wesentlichen Seitenkräfte (Erddruck) aufnehmen. **Baugrundverfestigung** wendet man an, wenn in einfachem Mitteln wie dem Einrammen von Grobmaterial in weichere Bodenschichten eine Verbesserung der Tragfähigkeit des Baugrundes erreicht werden kann. Eine Verfestigung kann auch durch Zusätze von Kalk oder Chemikalien oder auch durch Injektionen erzielt werden. Zu den grundbautechn. Maßnahmen gehört auch die Abdichtung von G.werken gegen die Wirkung von (aggressivem) Grundwasser sowie gegen Sicker- und Kapillarwasser durch Anstriche, Folien, Pappen.

Grundbruch ↑ Grundbau.

Grundbuch, das vom Grundbuchamt geführte öff. Verzeichnis der an Grundstücken eines bestimmten Bezirks bestehenden Rechtsverhältnisse. Für jedes Grundstück (ausnahmsweise für mehrere Grundstücke), Erbbaurecht und Wohnungseigentum muß grundsätzlich ein **Grundbuchblatt** angelegt werden. Es besteht aus dem *Bestandsverzeichnis* (aus dem sich Lage, Wirtschaftsart und Größe ergeben) und *drei Abteilungen.* Abteilung 1 enthält: Eigentümer und [dingl.] Eigentumserwerbsgrund (z.B. Auflassung, nicht jedoch Kaufvertrag); Abteilung 3: Grundpfandrechte; Abteilung 2: alle übrigen Belastungen und Verfügungsbeschränkungen des Eigentümers sowie Vormerkung und Widerspruch, die sich auf das Eigentum oder die in Abteilung 3 eingetragenen Rechte beziehen. Das G. kann jeder einsehen, der ein berechtigtes Interesse darlegt.

In *Österreich* wird das G. von den Bez.gerichten geführt. Es besteht aus *Hauptbuch* (jedes Grundstück ist darin mit einer eigenen Einlage verzeichnet), *Urkundensammlung* (enthält alle Urkunden, die Grundlage für eine Eintragung waren), *Mappe* (= Landkarte) und *Register*. In der *Schweiz* gilt eine dem dt. Recht im wesentlichen entsprechende Regelung. Vorgemerkt werden können dingl. und gewisse persönl. Rechte (Miete, Pacht, Vorkaufsrecht).

Grundbuchamt, eine Abteilung des Amtsgerichts (in der ehem. DDR des Kreisgerichts), die das Grundbuch führt.

Grundbuchberichtigung, die Richtigstellung von Eintragungen im Grundbuch, wenn dieses mit der wirkl. Rechtslage nicht in Einklang steht; kann erfolgen auf Antrag des [wahren] Berechtigten, von Amts wegen, auf Grund eines Urteils. Zur vorläufigen Sicherung des Berechtigten kann ein ↑ Widerspruch eingetragen werden.

Grundbuchrecht, 1. das materielle G. regelt v.a. die Voraussetzungen für Rechtsänderungen an Grundstücksrechten sowie den ↑ öffentlichen Glauben des Grundbuchs; 2. das formelle G. ist das Grundbuchverfassungs- und -verfahrensrecht, das in der Grundbuchordnung (GBO) i.d.F. vom 5.8.1935 geregelt ist. *Verfahrensgrundsätze:* Das Grundbuchamt wird auf *Antrag* des von der Eintragung *Betroffenen* oder durch sie *Begünstigten* tätig. Die Eintragung erfordert grundsätzlich eine *Bewilligung* des von ihr Betroffenen. Bei der Übereignung von Grundstücken und bei der Bestellung eines Erbbaurechts muß dem Grundbuchamt die rechtsgeschäftl. Einigung nachgewiesen werden. Eintragungsbewilligung und andere Erklärungen gegenüber dem Grundbuchamt (außer dem Eintragungsantrag) bedürfen der *öff. Beglaubigung.* Liegen mehrere, das gleiche Recht betreffende Eintragungsanträge vor, sind sie in der Reihenfolge des Eingangs zu erledigen (wonach sich auch der Rang der Rechte richtet).

In *Österreich* ist Hauptquelle des G. das Allg. GrundbuchG von 1955, weitere Vorschriften enthält das Grundbuch-UmstellungsG von 1980. In der *Schweiz* wurde das Grundbuch durch das ZGB vom 10.12.1907 eingeführt. Dadurch wurde die allmähl. Neu- oder Nachvermessung des urbaren Gebietes notwendig, die bis zum Jahr 2000 abgeschlossen sein soll.

Grunddeutsch, der für die Verständigung notwendige Mindestbestand an Ausdrucksmitteln der dt. Sprache (Wortschatz und Grammatik); soll Ausländern das Erlernen der dt. Sprache erleichtern. – ↑ Basic English.

Grunddienstbarkeit, das subjektive dingl. Recht (= dem jeweiligen Eigentümer eines Grundstücks zustehende) Recht zur begrenzten Nutzung eines anderen Grundstücks.

Grundeigentum, das Eigentum an einem Grundstück. Es erstreckt sich, soweit eine Nutzungsmöglichkeit besteht, auf den Luftraum über und das Erdreich unter der Oberfläche (§ 905 BGB). Inhalt und Grenzen sind weitgehend sonderrechtlich geregelt.

Grundeinheiten, svw. ↑ Basiseinheiten.

Grundeis, in sehr kalten Gebieten am Grund von Binnengewässern gebildetes Eis.

Grundelartige (Gobioidei), Unterordnung der Barschartigen mit rd. 1000 meist kleinen, schlanken Arten, überwiegend in küstennahen Meeresgebieten, auch in Süßwasser; Bodenfische; bekannteste Fam. sind die Meergrundeln (↑ Grundeln).

Grundeln (Meer-G., Gobiidae), in allen Meeren, z.T. auch in Brack- und Süßgewässern vorkommende Fam. der Knochenfische mit rd. 600, meist nur wenige cm langen Arten. Man unterscheidet die Unterfam. **Schläfergrundeln** (Eleotrinae; 2,5–60 cm lang, v.a. in trop. Meeren) und **Echte Grundeln** (Gobiinae). Bekannt ist der **Sandkühling** (Sandgrundel, Pomatoschistus minutus), bis 10 cm lang, auf hellbraunem Grund schwärzlich gezeichnet, auf Sandböden der Nord- und Ostsee, des Atlantiks vor der frz. Küste und des Mittelmeeres.

Gründeln, Bez. für das Nahrungssuchen am Grund von flachen Gewässern bei verschiedenen Wasservögeln.

Gründelwale. Oben: Weißwal. Unten: Narwal

Gründelwale (Monodontidae), Fam. bis etwa 6 m langer Zahnwale in nördl. Meeren; Kopf stumpf gerundet mit aufgewölbter Stirn; Rückenfinne fehlend. Die G. fressen überwiegend am Grund. Im Atlantik, bes. im Nordpolarmeer, kommt der bis 5 m lange **Narwal** (Einhornwal, Monodon monoceros) vor; grau- bis gelblichweiß, dunkelbraun gefleckt. ♂ mit 1–3 m langem, schraubig gedrehtem oberem Schneidezahn. Der etwa 3,7–4,3 m lange **Weißwal** (Delphinapterus leucas) kommt in arkt. und subarkt. Meeren vor; erwachsen weiß, Jungtiere dunkelgrau.

Gründerjahre (Gründerzeit), i.e.S. Bez. für die Jahre vom Ende des Dt.-Frz. Kriegs (1871) bis zum Beginn der ↑ großen Depression (1873), i.w.S. für die Zeit etwa 1870–90. Der (bereits zeitgenöss.) Begriff veranschaulicht die Wachstumseuphorie, die im Zeichen weitgehenden Zollabbaus und der durch die frz. Kriegsentschädigung ausgelösten Geldschwemme den eigtl. Durchbruch der industriellen Revolution in Deutschland begleitete. Für die rege

Gründerkrise

Bautätigkeit, die sich auch in den 1890er Jahren fortsetzte, ist Eklektizismus charakteristisch (Neugotik, Neurenaissance, Neubarock).

Gründerkrise ↑ große Depression.

Grunderwerbsteuer, Steuer auf den Erwerb von inländ. Grundstücken und darauf gerichtete Verpflichtungsgeschäfte. Rechtsgrundlage für die Erhebung einer bundeseinheitl. G. ist das G.gesetz vom 17. 12. 1982. Der G. unterliegen in erster Linie Kaufverträge. Steuerbemessungsgrundlage ist der Kaufpreis samt Nebenkosten bzw. der Wert der Gegenleistung. Der Steuersatz beträgt einheitlich 2 %. Einnahmen aus der G.: rd. 4 Mrd. DM (1990).

Grunderwerbsteuervergünstigung, Bez. für die vollkommene oder teilweise Befreiung von der Grunderwerbsteuer durch im Gesetz festgelegte Ausnahmen oder auf Antrag. G. besteht z. B. bei verwandtschaftl. Beziehungen zw. Käufer und Erwerber, wenn das Grundstücksgeschäft im öff. Interesse liegt oder das Grundstück zum Zweck des gemeinnützigen Wohnungsbaus erworben wird.

Grundfarben (Primärfarben), die zur Herstellung von Farbmischungen in der Malerei bzw. Drucktechnik als Ausgangsfarben verwendeten drei Farben, mit denen sich alle anderen Farben subtraktiv ermischen lassen. Die G. für den Mehrfarbendruck sind bei additiver Mischung Blau, Gelb und Rot, die bezüglich Farbton, Sättigung und Helligkeit auf nat. und internat. Basis genormt wurden.

Grundform, svw. ↑ Infinitiv.

Grundfreiheiten ↑ Menschenrechte.

Grundgebirge, von der Geologie übernommener Bergmannsausdruck, der die kristallinen liegenden Gesteine bezeichnet, auf denen sedimentäre, nicht metamorphe Gesteinsserien **(Deckgebirge)** aufliegen.

Gustaf Gründgens

Gründgens, Gustaf (bis 1923 Gustav G.), * Düsseldorf 22. Dez. 1899, † Manila 7. Okt. 1963, dt. Schauspieler und Regisseur. – 1934–37 Intendant des Staatl. Schauspielhauses in Berlin, 1937–45 Generalintendant des Preuß. Staatstheaters, seit 1947 der Städt. Bühnen Düsseldorf, die er 1951 in die Düsseldorfer Schauspielhaus GmbH umwandelte, 1955–62 des Dt. Schauspielhauses in Hamburg. Wurde bes. bekannt in der Rolle des „Mephisto". G. wurde wegen seiner Position in nat.-soz. Zeit angegriffen (z. B. Klaus Manns „Mephisto", 1936; verfilmt von I. Szabo, 1980). Wirkte auch in zahlr. Filmen mit („Tanz auf dem Vulkan", 1938; „Friedemann Bach", 1941; „Das Glas Wasser", 1961). Schuf Inszenierungen klass. und moderner Autoren, u. a. „Faust (I)" (1960 verfilmt).

Grundgesetz, 1. (Staatsgrundgesetz) traditionell ein verfassungsrechtlich bes. bedeutsames Gesetz. 2. die Verfassung der BR Deutschland. Das Grundgesetz, Abk. GG, wurde am 23. Mai 1949 verkündet und trat am 24. Mai 1949 in Kraft. Seit dem 1. Jan. 1957 gilt es auch im Saarland, seit dem 3. Okt. 1990 ebenso in den Ländern der ehem. DDR. Das GG legt die staatl. Grundordnung fest, indem es die Staatsform, die Aufgaben der Verfassungsorgane und die Rechtsstellung der Bürger regelt. Mit dem Begriff GG sollte auf den provisor. Charakter der BR Deutschland hingewiesen werden. Im Einigungsvertrag 1990 wurde die Aufhebung (Art. 23) und Änderung (Präambel, Art. 51, 143 und 146) von Teilen des GG festgeschrieben, die sich durch die Wiederherstellung der Einheit Deutschlands als überholt erwiesen hatten; seit Okt. 1991 berät ein gemeinsamer Ausschuß mit 64 Mgl. aus Bundesrat und Bundestag über Modifikationen des Grundgesetzes. Das GG ist in 15 Abschnitte gegliedert, denen eine Präambel vorangestellt ist. In Abschnitt I (Art. 1–19) sind die Grundrechte niedergelegt. Abschnitt II (Art. 20–37) enthält Regelungen über die Staatsform der BR Deutschland und über das Verhältnis von Bund und Ländern. In die Abschnitte III–VI (Art. 38–69) sind den Verfassungsorganen Bundestag, Bundesrat, Gemeinsamer Ausschuß, Bundespräs. und Bundesreg. gewidmet. Abschnitt VII (Art. 70–82) behandelt die Zuständigkeit und das Verfahren bei der Gesetzgebung des Bundes. In den Abschnitten VIII und VIII a (Art. 83–91 b) folgen Bestimmungen über die Ausführung der Bundesgesetze, die Bundesverwaltung und die Gemeinschaftsaufgaben. Der Rechtsprechung ist Abschnitt IX (Art. 92–104) gewidmet. In Abschnitt X (Art. 104 a–115) schließen sich Regelungen über das Finanzwesen, in Abschnitt X a (Art. 115 a–115 l) über den Verteidigungsfall an. In Abschnitt XI (Art. 116–146) finden sich Übergangs- und Schlußbestimmungen. Das GG geht als Verfassungsgesetz allen anderen Rechtsnormen vor. Es kann selbst nur durch ein Gesetz geändert werden, das den Wortlaut des GG ausdrücklich ändert oder ergänzt. Dieses Gesetz bedarf der qualifizierten Mehrheit von zwei Dritteln der Mgl. des Bundestages und zwei Dritteln der Stimmen des Bundesrates. Bestimmte elementare Verfassungsgrundsätze dürfen auch im Wege der Verfassungsänderung nicht beseitigt werden (Art. 79 Abs. 3 GG).

Der Anstoß zur Ausarbeitung einer Verfassung nach dem 2. Weltkrieg ging 1948 von den drei westl. Besatzungsmächten aus. Am 8. Mai 1949 wurde das GG nach längeren Verhandlungen zw. den dt. Beteiligten einerseits, dt. und alliierten Stellen andererseits vom Plenum des ↑ Parlamentarischen Rates angenommen. Mit Ausnahme Bayerns stimmten die Landtage dem GG zu. Die westl. Besatzungsmächte genehmigten es mit Schreiben vom 12. Mai 1949 mit einigen Vorbehalten.

Grundgewebe (Parenchym), bei *Pflanzen* häufigste Form des ↑ Dauergewebes, gebildet in den krautigen Teilen, aber auch im Holzkörper der höheren Pflanzen. Das G. besteht aus lebenden, wenig differenzierten Zellen. Im G. laufen die wichtigsten Stoffwechselprozesse der Pflanze ab, außerdem gewährleistet es bei ausreichender Wasserversorgung durch seinen ↑ Turgor die Festigkeit der krautigen Pflanzenteile.

Grundherrschaft, wiss. Bez. für einen Teilbereich adliger, kirchl. und königl. Herrschaft, der die europ. Agrar-, Sozial- und Verfassungsgeschichte vom Früh-MA bis zur Bauernbefreiung des 18. und 19. Jh. entscheidend bestimmte. Die ältere G. war „Herrschaft über Land und Leute" mit der Pflicht des **Grundherrn** zu Schutz und Schirm gegenüber den **Grundholden.** Diese unterstanden in unterschiedl. Abhängigkeitsverhältnissen der Gerichtsbarkeit des Grundherrn und hatten für das von ihnen bewirtschaftete Land oder auch nur für den grundherrl. Schutz Naturalabgaben bzw. Geld zu entrichten und Fronen zu leisten **(Grundlasten).** Seit dem Spät-MA entwickelte sich die jüngere G. als „Herrschaft über Grund und Boden". Ostmitteleurop. Ausprägung der G. war die ↑ Gutsherrschaft.

Grundierung, Grundanstrich bei [Pigment]farbanstrichen; die erste auf einen Werkstoff aufgebrachte Schicht mit ausgeprägter Haftfestigkeit zur Verbindung des Untergrundes mit den folgenden Anstrichschichten.
▷ ↑ Malgrund.

Grundig, Hans, * Dresden 19. Febr. 1901, † ebd. 11. Sept. 1958, dt. Graphiker und Maler. – ∞ mit Lea G. Ab

Hans Grundig. Den Opfern des Faschismus, 1947 (Dresden, Staatliche Kunstsammlungen)

1930 Mgl. der ↑Asso. 1946–48 Rektor der Hochschule für bildende Künste in Dresden. Gestaltete sozial- und zeitkrit. Themen in einer expressiv-realist. Formensprache, deren Tiersymbolik der Entlarvung des Faschismus dient.

G., Lea, *Dresden 23. März 1906, †ebd. 10. Okt. 1977, dt. Malerin und Graphikerin. – ∞ mit Hans G. (seit 1928). Ab 1930 Mgl. der ↑Asso. Seit 1950 Prof. an der Hochschule für bildende Künste in Dresden. V. a. Porträts sowie große, politisch und sozial bestimmte Kompositionen.

Grundig AG, größtes europ. Unternehmen der Unterhaltungselektronik, Sitz Fürth, gegr. 1948 durch M. Grundig (*1908, †1989), der 1984 aus der Firma ausschied; seither zur Philips AG.

Grundkapital ↑Aktiengesellschaft.

Grundkarte ↑Karte.

Grundkurs (Normalkurs), in der gymnasialen Oberstufe Kurs, der das schul. Grundwissen in einem Fach vermittelt, während **Leistungskurse** ein erweitertes Lernangebot darstellen (zwei Leistungskurse sind Pflicht). G. der Oberstufe sind i. d. R. zwei- bis dreistündig, Deutsch, Mathematik und Fremdsprachen mindestens dreistündig.

Grundlagenbescheid, Feststellungsbescheid im Steuerfestsetzungsverfahren, der selbständig Rechtskraft erlangt; kann nicht über darauf aufbauende Folgebescheide angegriffen werden (z. B. Einheitswertbescheid).

Grundlagenforschung, Terminus der Wiss.theorie: 1. Die wiss. Beschäftigung mit dem systemat. und method. Fundament einer wiss. Disziplin (z. B. mathemat. G., zu der Beweistheorie und Philosophie der Mathematik gehören). G. in diesem Sinne wird auch **Grundlagentheorie** genannt. 2. Insbes. in den Natur- und Technikwiss. im wesentlichen nicht auf Anwendungen hin orientierte, zweckfreie Forschung.

Grundlagenstreit, i. w. S. jede Kontroverse über die Grundlagen einer Wiss., d.h. über Begriffe, Sätze oder Verfahrensweisen, die zur Zeit dieser Auseinandersetzung als „grundlegend" für die betroffene Wiss. angesehen werden (z. B. der Streit zw. Newton bzw. seinem Sprecher Clarke und Leibniz über den Begriff des Raumes); sind zentrale theoret. Sätze und Verfahrensweisen sowie die Zielstellung der jeweiligen Wiss. in Frage gestellt, spricht man von einer **Grundlagenkrise**. Einen G. *im engeren Sinn* kennzeichnet, daß eine Grundlagenkrise vorausgeht und einflußreiche Gruppen von Wissenschaftlern versuchen, ihre mit den jeweils konkurrierenden Vorschlägen unverträgl. Vorschläge zur Behebung der bestehenden Grundlagenkrise durchzusetzen (z. B. der G. der modernen Mathematik, in dem sich als Hauptrichtungen Formalismus, Platonismus und Konstruktivismus gegenüberstehen).

Grundlagenvertrag, svw. ↑Grundvertrag.

Grundlasten ↑Grundherrschaft.

Grundlastwerk ↑Kraftwerke.

Grundlawine ↑Lawine.

Gründlinge (Gobioninae), Unterfam. kleiner bis mittelgroßer, bodenbewohnender Karpfenfische mit über 70 Arten in den Süßgewässern Eurasiens; Körper meist schlank, mit mehreren dunklen Flecken und einem Paar relativ langer Oberlippenbarteln. In M-Europa kommt der **Gewöhnliche Gründling** (Gobio gobio) vor, ein bis 15 cm langer Fisch mit graugrünem Rücken, je einer Reihe dunkler Flecken an den helleren Körperseiten und rötlich-silbriger Unterseite.

Grundlinie, Grenzlinie des Spielfeldes an den Schmalseiten (u. a. beim Tennis, Volleyball).

Grundlohn, (Mindestlohn) ↑Lohn.

▷ in der gesetzl. *Krankenversicherung* das auf den Kalendertag umgerechnete Arbeitsentgelt. Der G. bildet die Bemessungsgrundlage für die baren Leistungen der Krankenkassen (außer Krankengeld) sowie für die Beiträge (§ 180 Reichsversicherungsordnung).

Grundlsee, See im steir. Salzkammergut, Österreich, 4,2 km², 6 km lang, bis zu 1 km breit und 64 m tief, 709 m ü. d. M.

Grundmann, Herbert, *Meerane 14. Febr. 1902, †München 20. März 1970, dt. Historiker. – 1939 Prof. in Königsberg (Pr), 1944 in Münster, ab 1959 in München, dort auch Präs. der „Monumenta Germaniae historica".

Grundmauer, unter der Erde liegende, die Last des darauf errichteten Bauwerks auf den Baugrund übertragende Mauer.

Grundmoräne ↑Gletscher.

Grundnetz ↑Schleppnetz.

Gründonnerstag [wohl nach dem Brauch, an diesem Tag etwas Grünes zu essen; vielleicht auch nach mittellat. dies viridium „Tag der Büßer" (eigtl. der „Grünen", d. h. derer, die durch ihre Buße wieder zu lebendigen [„grünen"] Zweigen der Kirche werden)] (lat. [Feria quinta] in Coena Domini, Feria quinta Hebdomadae sanctae), 5. Tag der ↑Karwoche, nach 1. Kor. 11, 23 Tag des letzten Abendmahles. Zu seinem Gedächtnis findet in allen christl. Liturgien ein seit dem 4. Jh. nachweisbarer Abendgottesdienst statt. In zahlr. kath. Kirchen wird dabei traditionell die Fußwaschung symbolisch nachvollzogen.

Grundordnung, Bez. für die nach 1945 beschlossenen Verfassungen der dt. ev. Landeskirchen, v. a. der EKD. Die erste G. der EKD vom 13. Juli 1948 wurde durch die G. vom 7. Nov. 1974 ersetzt.

Grundpfandrechte, Oberbegriff für Hypothek, Grundschuld und Rentenschuld; das sind dingl. Verwertungsrechte an Grundstücken, auf Grund deren der Berechtigte eine bestimmte Geldsumme aus dem belasteten Grundstück [im Wege der Zwangsvollstreckung] beitreiben kann. Sie sind die Sicherheit beim Realkredit an Immobilien.

Grundpfandverschreibung, im *schweizer. Recht* eine wichtige Art des Grundpfandrechts. Die G. (Art. 824ff. ZGB) dient der Sicherung einer persönl. Forderung; sie wird nicht in einem Wertpapier verbrieft.

Grundrechenarten, Bez. für die vier Rechenarten Addition (Zusammenzählen), Subtraktion (Abziehen), Multiplikation (Malnehmen) und Division (Teilen).

Grundrechte, [außer im Falle der ↑Koalitionsfreiheit] nur gegen den Staat gerichtete Fundamentalrechte des Bürgers, die i. d. R. verfassungsmäßig gewährleistet sind. In der BR Deutschland sind die wichtigsten G. im GG, Abschnitt I, enthalten: der Schutz der Menschenwürde; die freie Entfaltung der Persönlichkeit; das Recht auf Leben und körperl. Unversehrtheit und die Freiheit der Person; der Gleichheitssatz; die Religions- einschl. der Glaubens-, Gewissens- und der Bekenntnisfreiheit; Meinungs-, Informations- und Pressefreiheit; die Wissenschaftsfreiheit; der Schutz von Ehe und Familie; die Privatschulfreiheit; die Versammlungsfreiheit; Vereinigungs- und Koalitionsfreiheit; Brief-, Post- und Fernmeldegeheimnis; die Freizügigkeit; die Berufsfreiheit; die Unverletzlichkeit der Wohnung; das Recht auf Eigentum und das Erbrecht; das Verbot der Auslieferung und das Asylrecht; das Beschwerde- und Petitionsrecht. Außerhalb des Grundrechtskatalogs enthält das GG weitere Grundrechtsbestimmungen, u. a.: die Freiheit der Parteien; das Recht auf gleichen Zugang zu jedem öff. Amt nach Eignung, Befähigung und Leistung; das Wahlrecht; das Recht auf den gesetzl. Richter; das Verbot der mehrmaligen Bestrafung wegen derselben Tat und das Verbot der Rückwirkung von Strafgesetzen; den Anspruch auf rechtl. Gehör vor Gericht.

Einige G. stehen nicht allen Menschen, sondern nur den Deutschen im Sinne des Art. 116 GG zu. Außer den natürl. Personen können sich auch inländ. jurist. Personen und sonstige Personengemeinschaften auf G. berufen, sofern diese ihrem Inhalt nach auf sie anwendbar sind.

Die G. wenden sich an alle drei Staatsgewalten und binden daher auch die gesetzgebende Gewalt. Diese darf ein G. durch Gesetz grundsätzlich nur dann einschränken, wenn das G. diese Beschränkung ausdrücklich vorsieht *(Gesetzesvorbehalt)*. Das eingeschränkte G. muß außerdem unter Angabe seines Art. gen. werden (Art. 19 Abs. 1). In keinem Falle darf ein G. in seinem Wesensgehalt angetastet werden (Art. 19 Abs. 2). Wer bestimmte G. zum Kampfe gegen die freiheitl. demokrat. Grundordnung mißbraucht, verwirkt sie (Art. 18 GG). Hierüber entscheidet das Bundesverfas-

Grundrente

sungsgericht. Gegen eine Verletzung der G. durch die öff. Gewalt kann jedermann Verfassungsbeschwerde erheben. Außerhalb des GG finden sich G. in vielen Landesverfassungen. Diese G. bleiben gemäß Art. 142 GG insoweit in Kraft, als sie mit dem GG übereinstimmen oder einen weitergehenden G.schutz gewähren (vgl. Art. 142 GG). G. finden sich u. a. auch in der Europ. Menschenrechtskonvention; sie haben jedoch keinen Verfassungsrang. – ↑ Menschenrechte, ↑ Drittwirkung der Grundrechte.

In *Österreich* fehlt es derzeit noch an einer umfassenden Kodifikation der G. Enthalten sind G. im B-VG, im StaatsgrundG vom 21. 12. 1867 und in der als östr. Verfassungsrecht in Geltung gesetzten Europ. Menschenrechtskonvention.

In der *Schweiz* sind die G. (auch **Freiheitsrechte** gen.) in der BV und in den Kantonsverfassungen aufgeführt. Die BV garantiert u. a. das Eigentum, die Handels- und Gewerbefreiheit, die Niederlassungsfreiheit für Schweizer Bürger, die Glaubens- und Gewissensfreiheit, die Kultusfreiheit, das Recht auf Ehe, die Presse-, die Vereins-, die Petitionsfreiheit, das Recht auf den verfassungsmäßigen Richter und das Verbot von Ausnahmegerichten. Seit 1960 anerkennt das Bundesgericht ungeschriebene G. der BV, z. B. persönl. Freiheit, Meinungs-, Sprachen-, Versammlungsfreiheit. Gemäß bundesgerichtl. Rechtsprechung bedarf der Eingriff in G. gesetzl. Grundlage und eines überwiegenden öff. Interesses; der Eingriff muß verhältnismäßig sein und den Kerngehalt der G. wahren.

Geschichte: Die Vorstellung von G., die dem Menschen von Natur aus zu eigen sind (↑ Menschenrechte, ↑ Naturrecht), fand sich bereits in der Antike. In einem vielschichtigen Prozeß verbanden sich im MA antike Naturrechtsphilosophie, christl. Staatsphilosophie und german. Volksrechtstraditionen und bildeten eine Basis zunächst ständisch beschränkter G. gegenüber dem Herrscher (Widerstandsrecht). Die berühmteste ma. G.verbriefung ist die Magna Carta libertatum von 1215, die die engl. Lehnsleute vor dem Mißbrauch der königl. Gewalt sicherte. Auch die Petition of Right von 1628 bestätigte nur feudale Vorrechte. Über den aus den Kreisen der engl. Independenten hervorgegangenen demokratisch orientierten Verfassungsentwurf des „Agreement of the people" 1647 führte der Weg zur verfassungsrechtl. Anerkennung individueller G. in der Habeaskorpusakte 1679 und im Bill of Rights 1689. In N-Amerika erlangten die G. bei der Trennung von Großbritannien eine bes. Bed. Sie wurden in verfassungsgesetzl. Katalogen der Einzelstaaten (Virginia Bill of Rights, 1776) und in den Zusatzart. I–X der Unionsverfassung von 1787 gewährleistet. Unter dem maßgebl. Einfluß der nordamerikan. Vorbilds und der rationalist. Ideen der Aufklärung (Voltaire, Montesquieu, Rousseau) wurde in der Frz. Revolution 1789 das klass. Dokument der G. in der „Erklärung der Menschen- und Bürgerrechte" proklamiert (↑ Déclaration des droits de l'homme et du citoyen). Während die vormärzl. dt. Verfassungen G. nur in beschränktem Umfang kodifizierten (am ausführlichsten Bayern und Baden 1818, Württemberg 1819), sah die Frankfurter Nationalversammlung in ihrer Reichsverfassung (1849) einen ausführl. Katalog von „G. des dt. Volkes" vor (u. a. Rechtsgleichheit, Niederlassungsfreiheit, Freiheit und Unverletzlichkeit der Person, Unverletzlichkeit der Wohnung, Briefgeheimnis, Pressefreiheit, Freiheit der Wissenschaft und Lehre). Den Verfassungen des Norddt. Bundes von 1867 und des Dt. Reiches von 1871 fehlten G. Dagegen enthielt die Weimarer Reichsverfassung von 1919 in Anknüpfung an die 1848er Tradition einen Katalog von G. und Grundpflichten (auch sozialer Natur). Der Nationalsozialismus lehnte G. als Relikte des liberalen Staates ab und beseitigte sie durch die Reichstagsbrand-Notverordnung vom 28. Febr. 1933. In den Verfassungen sozialist. Staaten waren G. kodifiziert. Sie wurden jedoch nicht als gegen den Staat gerichtete Rechte verstanden, sondern als allg. Rechtsgrundsätze. Ein wirksamer, gerichtlich abgesicherter Schutz der G. war nicht vorhanden. G.schutz enthalten auch internat. Abkommen, z. B. die Europ. Menschenrechtskonvention vom 4. 11. 1950, die Europ. Sozialcharta vom 18. 10. 1961, die UN-Rassenkonvention, der UN-Pakt über bürgerl. und polit. Rechte sowie der UN-Pakt über wirtsch., soziale und kulturelle Rechte, beide vom 19. 12. 1966. G.fragen waren auch Gegenstand der ↑ Konferenz über Sicherheit und Zusammenarbeit in Europa.

Grundrente, (Bodenrente) in der *funktionellen Verteilungstheorie* das Einkommen, das aus dem Eigentum an Grund und Boden bezogen wird. Die G. hat die volkswirtsch. Funktion, den Produktionsfaktor Boden, sofern er kein freies Gut mehr ist, der produktivsten Verwendungsart zuzuführen.

▷ in der *Kriegsopferversorgung* nach dem BundesversorgungsG gewährter einkommensunabhängiger Rentenbestandteil, der eine Minderung der Erwerbsfähigkeit um mindestens 25 % voraussetzt. Die G. kann durch eine Ausgleichsrente ergänzt werden.

Grundriß, die senkrechte Parallelprojektion eines Gegenstandes auf eine waagerechte Ebene.

Grundschicht (Peplosphäre), Bez. für den untersten Bereich der Troposphäre (↑ Atmosphäre): die rund 1 bis 2,5 km mächtige, dem Erdboden aufliegende Luftschicht.

Grundschleier, ohne Lichteinwirkung entstehende, sehr geringe Schwärzung einer photograph. Schicht.

Grundschuld, Grundpfandrecht, das von einer zu sichernden Forderung rechtlich unabhängig ist (§ 1191 BGB). Entstehung durch formlose Einigung und Eintragung ins Grundbuch sowie (bei der Brief-G.) Übergabe des G.briefes. Die G. erlischt durch Befriedigung des G.gläubigers aus dem Grundstück, ferner durch Aufhebung. Dagegen entsteht eine **Eigentümergrundschuld,** wenn der Eigentümer des belasteten Grundstücks die G. tilgt oder der Gläubiger auf die G. verzichtet. Häufigste Art der G. ist die [der Sicherung einer Forderung dienende] **Sicherungsgrundschuld;** ihr liegt als kausales Rechtsgeschäft ein Sicherungsvertrag zw. einem Kreditgeber und dem Eigentümer zugrunde.

Im *östr.* und im *schweizer. Recht* ist die G. unbekannt.

Grundschule, gemeinsame Pflichtschule für alle Kinder ab vollendetem 6. Lebensjahr. Vorzeitige Einschulung und Rückstellung sind möglich. Eingeführt in der Weimarer Republik (Art. 146 der Verf.). Die Dauer der G. beträgt in den Ländern der BR Deutschland i. d. R. vier Jahre. Die G. führt von anfängl. Gesamtunterricht (die ersten zwei Jahre) zur Aufgliederung in Fächer (dt. Sprache, Mathematik, Religion, Kunst, Musik, Sport und Sachunterricht). Der Übergang in die weiterführenden Schulen folgt teils nach der 4. Schuljahr, teils nach dem Besuch einer Orientierungsstufe (5. und 6. Schuljahr).

In *Österreich* wird die vierjährige G. Volksschule gen., auf die die Hauptschule folgt.

In der *Schweiz* besteht im Rahmen einer 7- bis 10jährigen Volksschule eine Primarschule, die je nach Kt. 3–6 Jahre umfaßt.

Grundschwingung, die mit der niedrigsten Frequenz erfolgende harmon. [Teil]schwingung eines schwingenden Gebildes. Beliebige unharmon. Schwingungsvorgänge lassen sich stets in eine G. und eine Folge von harmon. ↑ Oberschwingungen zerlegen.

Grundsee, eine kurze, steile, oft auch überkommende Welle, die durch Auflaufen einer aus tiefem Wasser kommenden langen Welle auf Untiefen und vor flachen Küsten entsteht.

Grundsprache, die gemeinsame Vorstufe mehrerer verwandter Sprachen; z. B. ist das Lat. die G. der roman. Sprachen.

grundständig, unmittelbar über dem Boden stehend; auf Blätter bezogen, die an der Basis eines Pflanzensprosses entspringen.

Grundsteuer, Steuer auf alle Formen des Grundbesitzes (bebaute und unbebaute Grundstücke, Eigentumswohnungen), deren Erhebung auf Grund des GrundsteuerG vom 7. 8. 1973 (mit Änderungen) erfolgt. Sie ist neben der Gewerbesteuer die wichtigste Gemeindesteuer; ihr Aufkommen betrug 1990 8724 Mill. DM. Bei der Erhebung der G. gilt als maßgebende Größe der Einheitswert des betreffenden Grundstücks, von dem mit Hilfe einer Steuermeßzahl der G.meßbetrag festgestellt wird. Den Steuermeßbetrag multipliziert die Gemeinde mit ihrem Hebesatz und ermittelt so die G.schuld als Jahresbetrag.

Grundstimme, 1. die tiefste (Baß-)Stimme einer Komposition; 2. bei der Orgel bezeichnet man als Grundstimmen die Prinzipale aller Oktavlagen, im Ggs. zu den ↑Aliquotstimmen und den ↑gemischten Stimmen.

Grundstoffindustrien, Sammelbez. für die Betriebe der eisenschaffenden Ind., des Kohlenbergbaus und der Energiewirtschaft. Durch ihre Tätigkeit schaffen sie die Grundlage für die Produktion von Investitions- und Konsumgütern. Da die Betriebe kapitalintensiv und daher für konjunkturelle Schwankungen bes. anfällig sind, werden sie häufig staatlich subventioniert.

Grundstück, 1. im Sinne des BGB und der Grundbuchordnung ein räumlich abgegrenzter Teil der Erdoberfläche, der im Bestandsverzeichnis eines Grundbuchblattes unter einer bes. Nummer gebucht ist, ohne Rücksicht auf die Art seiner Nutzung; 2. in den Bau- und Bodengesetzen die eine wirtsch. Einheit bildenden Bodenflächen (*G. im wirtsch. Sinn,* u. U. bestehend aus mehreren G. im Rechtssinn). *Steuerl. Bewertung bei bebauten G.:* Der **Sachwert** setzt sich zus. aus dem Wert des Bodens, des Gebäudes und der Außenanlagen. Dabei wird der Boden mit dem **gemeinen Wert** bzw. **Verkehrswert** angesetzt. Bei der Errechnung des Gebäudewerts wird vom Gebäudeherstellungswert ausgegangen, der um Wertminderungen auf Grund des Zeitablaufs, baul. Mängel oder Schäden berichtigt wird. Bei der Ermittlung des Werts der Außenanlagen wird ähnlich verfahren. Der **Ertragswert** wird durch Kapitalisierung der erwarteten durchschnittl. Reinerträge ermittelt. Voraussetzung ist die Kenntnis der zu erwartenden Mieteinnahmen oder zumindest die Möglichkeit ihrer Schätzung. Bei *unbebauten G.* wird der gemeine Wert angesetzt.

grundstücksgleiche Rechte, dingl. Rechte an Grundstücken, die rechtlich wie Grundstücke behandelt werden, z. B. Erbbaurecht, Wohnungseigentum.

Grundstückskaufvertrag, Kaufvertrag, durch den die Verpflichtung zur Übertragung des Eigentums an einem Grundstück begründet wird. Der gesamte Vertrag mit allen Nebenabreden bedarf der notariellen Beurkundung (§ 313 BGB) und in den neuen B.ländern der Genehmigung durch das Landratsamt bzw. die Stadtverwaltung.

Grundstücksrechte, dingl. Rechte an einem Grundstück. *Arten:* 1. Grundeigentum; 2. grundstücksgleiche Rechte; 3. beschränkte dingl. Rechte, nämlich Dienstbarkeiten sowie Grundstücksverwertungsrechte (= Grundpfandrechte), Grundstückserwerbsrechte (= dingl. Vorkaufsrecht). – Zur rechtsgeschäftl. Begründung und inhaltl. Abänderung eines G. sowie zur rechtsgeschäftl. Begründung und Übertragung von Rechten an G. (z. B. einem Pfandrecht an einer Hypothek) sind i. d. R. erforderlich: Einigung [zw. den Beteiligten] und Eintragung ins Grundbuch. Die Aufhebung eines G. erfolgt durch Aufgabeerklärung [gegenüber dem Grundbuchamt oder dem Begünstigten] und Eintragung ins Grundbuch.

Grundstücksverkehr, im Sinne des GrundstücksverkehrsG vom 28. 7. 1961 die Veräußerung land- oder forstwirtsch. Grundstücke. Sie bedarf der Genehmigung der nach Landesrecht zuständigen Landwirtschaftsbehörde.

Grundstufe ↑Komparation.

Grundton, in der *Akustik* der tiefste Ton eines Klanges. ▷ in der *Musik* der Ton, auf dem eine Tonleiter bzw. eine Tonart oder ein Akkord aufgebaut ist.

Grundtvig, Nicolai Frederik Severin [dän. 'grondvi], *Udby (Seeland) 8. Sept. 1783, †Kopenhagen 2. Sept. 1872, dän. ev. Theologe, Pädagoge und Schriftsteller. – Bemühte sich um religiöse und nat. Erneuerung (**Grundtvigianismus**), übersetzte altnord. Sagen, dichtete über 400 Kirchenlieder und gab den Anstoß zur dän. Volkshochschulbewegung.

Grundumsatz (Basalumsatz, Erhaltungsumsatz, Ruheumsatz), Abk. GU, diejenige Energiemenge, die ein lebender Organismus bei völliger geistiger und körperl. Entspannung in nüchternem Zustand und bei Indifferenztemperatur (Temperatur, die geringste Energie zur Wärmeregulation erfordert; 20 °C) zur Aufrechterhaltung seiner Lebensvorgänge benötigt. Die Höhe des G. ist abhängig von Gewicht, Alter, Geschlecht, Körperoberfläche, Hormonproduktion und Ernährung. Er wird gemessen in Joule je Tag. Der Durchschnittswert beträgt beim Erwachsenen 5 800–7 500 kJ/d (1 400–1 800 kcal/d). Der G. der Frau liegt um 10–15 % unter dem des Mannes. Eine Erhöhung des G. tritt bei Fieber, Schilddrüsenüberfunktion, Tumoren, Schwangerschaft, Hunger u. a. auf.

Gründung, (Fundament) ↑Grundbau.
▷ rechtl., finanzielle und organisator. Errichtung eines Unternehmens entsprechend der für die einzelnen Unternehmungsformen geltenden Vorschriften.

Gründüngung, Düngungsart, bei der Grünpflanzen als Ganzes oder nur die Stoppel- und Wurzelrückstände von Futterpflanzen untergepflügt werden. Zur G. bevorzugt angebaut werden z. B. Lupinen, die mit Hilfe ihrer Wurzelknöllchen Luftstickstoff binden können und so den Boden zusätzlich mit Stickstoff anreichern.

Grundurteil ↑Zwischenurteil.

Grundvermögen, im *Steuerrecht* immobiler Teil des Gesamtvermögens von Privatpersonen, Einzelunternehmen, Personen- und Kapitalgesellschaften, bestehend aus: Grund und Boden, Gebäuden, sonstigen Bestandteilen und Zubehör, dem Erbbaurecht, dem Wohnungseigentum, dem Teileigentum, dem Wohnungs- und dem Teilerbbaurecht; nicht zum G. gehören land- und forstwirtsch. Vermögen sowie Betriebsgrundstücke.

Grundvertrag (Grundlagenvertrag), Kurzbez. für den Vertrag über die Grundlagen der Beziehungen zw. der BR Deutschland und der DDR vom 21. Dez. 1972, in Kraft getreten am 21. Juni 1973. Der G. sollte „gutnachbarl. Beziehungen" zw. beiden Staaten „auf der Grundlage der Gleichberechtigung" dienen; er umfaßte einen Gewaltverzicht mit der Bekräftigung der „Unverletzlichkeit" der Grenze zw. beiden Staaten und der „uneingeschränkten Achtung ihrer territorialen Integrität". Die Vertragspartner verpflichteten sich, Sicherheit und Zusammenarbeit in Europa sowie eine kontrollierte internat. Rüstungsbegrenzung und Abrüstung zu fördern. Sie versicherten ihre Bereitschaft, prakt. und humanitäre Fragen zu regeln (z. B. Verbesserung des Post- und Fernmeldeverkehrs, Schaffung von Reiseerleichterungen, Familienzusammenführung) und vereinbarten den Austausch ständiger Vertretungen. Im „Brief zur dt. Einheit" bekräftigte die Bundesreg. gleichzeitig, daß der G. nicht im Widerspruch zu dem polit. Ziel der BR Deutschland stehe, auf einen Zustand des Friedens in Europa hinzuwirken, in dem das dt. Volk in freier Selbstbestimmung seine Einheit wiedererlangt.

Grundwasser, alles Wasser, Sickerwasser, das unterird. Hohlräume zusammenhängend ausfüllt und nur der Schwerkraft unterliegt. Die obere Grenzfläche zw. lufthaltiger und wassergesättigter Zone ist der **Grundwasserspiegel.** Bei **Grundwasserstockwerken** werden mehrere **Grundwasserleiter** durch schwer- oder undurchlässige Schichten getrennt. Tritt G. zutage, so bildet es Quellen. – Die Höhe des G.spiegels schwankt jährlich. Die im Vergleich zur G.neubildung größere G.nutzung führt zur G.absenkung, die oft mit ökolog. Schäden verbunden ist.

Grundwehrdienst ↑Wehrdienst.

Grundwort, in einer Zusammensetzung (Kompositum) das nachstehende, übergeordnete Wort, das Wortart, Genus und Numerus des ganzen Wortes bestimmt, z. B. Regen*schirm.*

Grundzahl ↑Potenz.

Grundzeit, nach der REFA-Lehre Teil der Ausführungszeit; die Summe der Zeiten, die regelmäßig anfallen und durch Berechnung oder Zeitaufnahme zu ermitteln sind. G. kann untergliedert werden in: 1. **Hauptzeit** (der Teil der G. je Einheit, bei dem ein unmittelbarer Fortschritt an den Einheiten oder Arbeitsgegenständen im Sinne des Auftrags entsteht) und **Nebenzeit** (der Teil der G., der regelmäßig

Nicolai Frederik Severin Grundtvig (Ausschnitt aus einem Gemälde von Constantin Hansen, 1847)

Grundzustand

auftritt, jedoch lediglich mittelbar zum Fortschritt im Sinne des Auftrags beiträgt); 2. **Bearbeitungszeit** (Zeit vom Beginn bis zur Beendigung der Bearbeitung der einzelnen – oder gleichzeitig mehrerer – Auftragseinheiten) und **Zwischenzeit** (Zeit vom Ende der Bearbeitung der einen – oder gleichzeitig mehrerer – Einheiten bis zum Beginn der Bearbeitung der nächsten Einheit); 3. **Tätigkeitszeit** in der G. (die Zeit, in der bei Fließarbeit zur Erreichung der täglich geforderten Sollmenge jeweils eine Mengeneinheit fertigzustellen ist) und **Wartezeit** in der G. (bei Zusammenwirken von Arbeiter, Betriebsmittel und Werkstoff der für den Arbeiter auftretende Zeitverlust, der vorzugeben ist).

Grundzustand, der stationäre, quantenmechanisch zu beschreibende Zustand eines mikrophysikal. Systems, der die niedrigste mögl. Energie besitzt. – ↑angeregter Zustand.

Grüne (Die Grünen), polit. Partei der BR Deutschland, gebildet Anfang 1980 aus verschiedenen regionalen Gruppen („grüne Listen") sowie der „Grünen Aktion Zukunft"; bekennt sich zu den Grundwerten „ökologisch – sozial – basisdemokratisch – gewaltfrei". Seit 1983 im B.tag vertreten (1983 5,6 %; 27 Abg.; 1987 8,3 %; 42 Abg.) und bis Ende der 80er Jahre in eine Reihe von Länderparlamenten gewählt, gerieten die G. nach der B.tagswahl vom 2. Dez. 1990 (4,9 %; keine Abg.) in eine ernsthafte Krise; wesentl. Gründe dafür lagen in dem Dauerkonflikt zw. den sog. Fundamentalisten (u. a. J. Ditfurth) und Realpolitikern (u. a. J. Fischer, A. Vollmer), dem Scheitern der Reg.koalitionen mit der SPD in Hessen (1985–87) und Berlin (["Alternative Liste"] 1989/90) sowie der Übernahme von Teilen der ökolog. Programmatik durch die anderen Parteien. Im Zuge der gewaltfreien Revolution 1989/90 entstand auch in der DDR eine Grüne Partei (Gründungsparteitag Jan. 1990), die nach der Volkskammerwahl vom 18. März 1990 mit den Bürgerbewegungen die Fraktionsgemeinschaft ↑Bündnis 90/Grüne bildete und in dieser Verbindung nach dem 2. Dez. 1990 in den ersten gesamtdt. B.tag einzog (zus. 8 Abg.). Der radikal linke Flügel um J. Ditfurth spaltete sich im Mai 1991 ab und bildete die Ökolog. Linke/Alternative Liste als neue Sammlungsbewegung. Die Fusion zw. G. und Bündnis 90 wurde 1993 vereinbart.

Grüne Front, allg. Bez. für eine agrarpolit. Interessengemeinschaft und -vertretung. 1929–33 Bez. für den lockeren Zusammenschluß von Reichslandbund, Vereinigung der dt. christl. Bauernvereine, Dt. Bauernschaft und Dt. Landwirtschaftsrat.

Grüne Insel, Bez. für Irland.

Grüne Jagdbirne ↑Birnen (Übersicht).

grüne Lunge, Bez. für Grünflächen im Bereich städt. Siedlungen.

Grüne Mandel ↑Pistazie.

Grüner Bericht (seit 1971: Agrarbericht), seit 1956 jährlich erstellter agrar- und ernährungspolit. Bericht der Bundesreg., der seit 1968 auch die von der Bundesreg. zugunsten der Landw. getroffenen und noch beabsichtigten Maßnahmen enthält **(Grüner Plan).** Der G. B. enthält Angaben u. a. über die Lage der Agrarwirtschaft, Ziele der Agrar- und Ernährungspolitik, Erzeugungs-, Markt- und Preispolitik, Weltagrarprobleme, Strukturpolitik, Umweltpolitik im Agrarbereich, Naturschutz und Landschaftspflege.

Grüner Graf ↑Amadeus VI., Graf von Savoyen.

Grüner Knollenblätterpilz (Grüner Giftwulstling, Grüner Wulstling, Amanita phalloides), Ständerpilz aus der Fam. der Wulstlinge, verbreitet in mitteleurop. Laub- und Nadelwäldern; Hut 5–15 cm im Durchmesser, jung eiförmig, später gewölbt, zuletzt flach; Oberseite oliv- bis gelbgrün, Lamellen weiß bis schwach grünlich, Stiel 5–12 cm lang, 1–2 cm dick, zylinderförmig, weiß bis schwach grünlich mit weißer Manschette. Der häufig mit dem Champignon verwechselte Pilz ist einer der giftigsten einheim. Pilze.

Grünerle ↑Erle.

grüner Pfeffer, konservierte Pfefferbeeren, bes. aromatisch.

Grüner Plan ↑Grüner Bericht.

grüner Punkt ↑duales Abfallsystem.

grüner Star, svw. ↑Glaukom.

grüner Strahl (Green-flash), seltene atmosphär. Erscheinung bei Sonnenaufgängen und -untergängen: Im Augenblick der Berührung des oberen bzw. unteren Sonnenrandes mit dem Horizont tritt eine farbige, meist grüne, intensive Lichterscheinung von zwei bis drei Sekunden Dauer auf.

grüner Tee ↑Tee.

grüner Tisch, früher mit grünem Stoff bezogener Kanzleitisch; übertragen für: Beamtenregiment, wirklichkeitsfremder Bürokratismus.

Gruner + Jahr AG & Co. ↑Verlage (Übersicht).

Grünes Gewölbe, eine der bedeutendsten Schatzkammern Europas, die heute zu den Staatl. Kunstsammlungen in Dresden gehört, meist aus dem 16.–18. Jh. stammende Goldschmiedearbeiten u. ä. Das G. G. wurde 1721 von August dem Starken gegründet.

grüne Versicherungskarte (Internat. Versicherungskarte für Kraftverkehr), im internat. Kfz-Verkehr Nachweis, daß ein ausländ. Fahrzeugführer über eine den inländ. Anforderungen genügende Kfz-Haftpflichtversicherung verfügt.

Grünewald, Matthias (Matthäus), eigtl. **Mathis Gothart Nithart (Neithart),** *Würzburg um 1470/80, †Halle/Saale vor dem 1. Sept. 1528, dt. Maler und Baumeister. – Die zu Beginn des 20. Jh. bekannte Vorstellung von der Persönlichkeit des Künstlers prägte J. von Sandrart. G. selbst signierte mit MG und MGN. Trotz intensiver Bemühungen konnte sein Lebenslauf bislang nicht vollständig rekonstruiert werden. Um 1503/04 ließ er sich in Aschaffenburg nieder, wo er im Dienst des Mainzer Erzbischofs Uriel von Gemmingen (ab etwa 1509) 1511 als „Werkmeister" am Umbau des Schlosses beteiligt war. 1510 ist er als Wasserkunstmacher in Bingen bezeugt. Ab 1516 stand er im Dienst des Kardinals Albrecht von Brandenburg. Wohl in Zusammenhang mit den Wirren des Bauernkrieges (Beziehungen G. zu den rebellierenden Bauern sind nicht auszuschließen) ließ sich G. 1526 in Frankfurt am Main nieder. Im Sommer 1527 übersiedelte er nach Halle/Saale, wo er bis zu seinem Tod als Wasserkunstmacher tätig war. – Als Frühwerke gelten eine doppelseitig bemalte Tafel mit einer Abendmahlsdarstellung (um 1500/02; Privatbesitz), „Chri-

Matthias Grünewald. Die Begegnung der Heiligen Erasmus und Mauritius, zwischen 1520 und 1524 (München, Alte Pinakothek)

stus am Kreuz" (1502/05; Basel, Kunstmuseum), die Tafeln des Lindenhardter Altars mit Darstellungen der Vierzehn Nothelfer (1503; Lindenhardt, ev. Pfarrkirche) und die „Verspottung Christi" (um 1504; München, Alte Pinakothek). Um 1510 erhielt er den Auftrag, vier Standflügel zum Frankfurter Heller-Altar zu malen (Grisaillen; „Hl. Laurentius" und „Hl. Cyriakus" in Frankfurt am Main, Städelsches Kunstinstitut; „Hl. Elisabeth" und „Hl. Lucia" in Karlsruhe, Staatl. Kunsthalle), dessen Mittelbild A. Dürer schuf. Zw. 1512 und 1516 entstand sein Hauptwerk, der Isenheimer Altar für das Antoniterkloster in Isenheim im Elsaß. 1519 vollendete er den Maria-Schnee-Altar für die Aschaffenburger Stiftskirche („Das Schneewunder"; Freiburg im Breisgau, Augustinermuseum); als Mitteltafel kommt die „Stuppacher Madonna" in Betracht (Stuppach, kath. Pfarrkirche). Um 1519/20 schuf er wohl auch die „Kleine Kreuzigung" (Wash., D.C., National Gallery of Art). Zw. 1520 und 1524 malte er das Porträt Kardinal Albrechts von Brandenburg als hl. Erasmus mit dem hl. Mauritius (München, Alte Pinakothek). Zu den Spätwerken zählen ferner die Tafel vom Tauberbischofsheimer Altar (Vorderseite: „Kreuzigung Christi", Rückseite: „Kreuztragung" um 1523/24; Karlsruhe, Staatl. Kunsthalle) und die „Beweinung Christi" (um 1524/25; Aschaffenburg, Stiftskirche). Erhalten ist auch ein kleiner Bestand von Kreidezeichnungen, Entwürfen und Studien zu seinen Altären. Aus stilkrit. Gründen ist anzunehmen, daß G. die Werke großer Zeitgenossen wie H. Holbein d. Ä., A. Dürer, L. Cranach d. Ä., H. Burgkmair d. Ä. und A. Altdorfer kannte. Offensichtlich hatte er auch genaue Kenntnis der italien. und niederl. Malerei (H. Bosch). Sein Œuvre spiegelt in einer lebhaften Formensprache und Farbgebung die fanatischasket. Grundstimmung der Zeit des Umbruches vom MA zur Neuzeit; so sind z. B. Einflüsse der Mystikerin Brigitta nachweisbar.

Gabriel de Grupello. Jan-Wellem-Reiterstandbild in Düsseldorf, 1703–11

grüne Welle, Steuerung der Verkehrssignale eines Straßenzuges derart, daß die Fahrzeuge an allen aufeinanderfolgenden Kreuzungen das Signal Grün vorfinden.

Grünfilter ↑ Filter.

Grünfink (Grünling, Carduelis chloris), etwa 15 cm großer Finkenvogel in Europa, NW-Afrika und Vorderasien; Gefieder des ♂ olivgrün mit gelbgrünem Bürzel und leuchtendem Gelb an Flügeln und Schwanzkanten. ♀ weniger lebhaft gefärbt.

Grüningen, Dietrich von, * um 1210, † 3. Sept. (?) 1258, Land- und Deutschmeister des Dt. Ordens. – 1238 Landmeister in Livland und Preußen; unterwarf Kurland und war maßgeblich am Ausbau der Ordensherrschaft in Preußen beteiligt. In der Reichspolitik unterstützte er als Deutschmeister (1254–56) die antistauf. Gegenkönige Heinrich Raspe und Wilhelm von Holland.

Grunion [span.] (Amerikan. Ährenfisch, Leuresthes tenuis), etwa 15 cm langer, silbrig glänzender Ährenfisch im Küstenbereich flacher Sandstrände Kaliforniens.

Grünkern, unreif geerntetes, gedörrtes und geschältes Korn des Dinkels; Suppeneinlage.

Grünkohl (Braunkohl, Winterkohl, Krauskohl, Brassica oleracea var. acephala), Form des Gemüsekohls mit krausen Blättern; anspruchslose, winterharte, in mehreren Sorten angebaute Gemüsepflanze.

Grünkreuzkampfstoffe, Bez. für alle während des 1. Weltkriegs eingesetzten chem. Kampfstoffe (Kampfgase), die auf die Atemorgane einwirkten.

Grünland, landw. Nutzfläche, die mit Gräsern, Grünlandkräutern und Schmetterlingsblütlern bewachsen ist, v. a. Wiese und Weide, aber auch Feldfutterflächen.

Grünlilie (Graslilie, Chlorophytum), Gatt. der Liliengewächse mit über 100 Arten in den Tropen. Die bekannteste Art ist **Chlorophytum comosum** aus dem südl. Afrika; die bei uns meist in der Kulturform **Variegatum** (mit weißgestreiften oder weißgerandeten Blättern) kultivierte G. ist eine beliebte Zimmerpflanze.

Grünling, (Echter Ritterling, Tricholoma flavovirens) in sandigen Kiefernwäldern und auf Heiden häufig vorkommender Ständerpilz; Hut 4–8 cm breit, olivgelb bis olivgrün, Lamellen schwefelgelb, dicht stehend; Fleisch fest, weiß, nach außen zu gelblich; Speisepilz.
▷ svw. ↑ Grünfink.

Grünordnung, Teilbereich der Landespflege; erarbeitet Vorschriften für die Gestaltung, Erhaltung und Pflege von Gärten, Grünflächen und Grünanlagen sowie deren Einordnung in die Ortsanlage zur Erzielung eines gesunden Lebensraums nach sozialen, biolog., ökolog., klimat., lufthygien. und techn. Gesichtspunkten. Die G. umfaßt Grünanalyse und -planung, Grünflächenbau und -pflege. Rechtsgrundlagen geben u. a. das Baugesetzbuch, das Landesplanungs-, Kleingarten- und Friedhofsrecht.

Grünsand, durch Anreicherung von Glaukonit grüngefärbte Meeresablagerung.

Grünschiefer, Bez. für metamorphe Gesteine, die durch ihre Hauptbestandteile, u. a. Chlorite und Epidot, grün gefärbt sind.

Grünschwäche ↑ Farbenfehlsichtigkeit.

Grünspan [Lehnübersetzung von mittellat. viride Hispanum „spanisches Grün" (weil der künstlich hergestellte Farbstoff dieses Namens urspr. aus Spanien eingeführt wurde)], Gemisch bas. Kupfer(II)-acetate von grüner oder blauer Farbe; entsteht bei Einwirkung von Essigsäure[dämpfen] auf Kupfer oder Messing in Gegenwart von Luft sowie durch Reaktion von Kupfersulfat mit Calciumacetat; ferner bildet sich G. an Kupfergefäßen bei Aufbewahrung saurer Speisen. Der für den Menschen mäßig giftige G. wurde früher in der Malerei als Pigment (span. Grün) verwendet. – ↑ Patina.

Grünspecht (Picus viridis), 32 cm langer Specht in Europa und Vorderasien; mit grau- bis dunkelgrüner Oberseite, hellgrauer Unterseite, gelbl. Bürzel und roter Kopfplatte, die bis zum Nacken reicht.

Grünstadt, Stadt am Rande der nördl. Haardt, Rhld.-Pf., 174 m ü.d.M., 12 100 E. Herstellung von Ton- und Schamottewaren, Konserven. – 1556 erhielt G. Marktrechte. – Mehrere barocke Kirchen.

Grupello, Gabriel de, * Geraardsbergen (Ostflandern) 22. Mai 1644, † Ehrenstein bei Kerkrade (Prov. Limburg) 20. Juni 1730, fläm. Bildhauer italien. Abkunft. – Schüler von A. Quellinus d. Ä., brachte die Tradition der Rubensschule und die Kenntnis des frz. Hofstils nach Düsseldorf; u. a. „Jan-Wellem"-Reiterstandbild (1703–11; Düsseldorf), Bronzepyramide (1716; 1743–1978 und seit 1992 Mannheim, Paradeplatz).

Gruppe [italien.-frz.], in den Sozialwiss. unscharfer und mehrdeutig benutzter Begriff für eine Menge, Masse bzw. abgrenzbare Anzahl von Personen, die bes. soziale Beziehungen untereinander und gegenüber Außenstehenden unterhalten; mitunter auch synonym gebraucht für Schicht, Klasse, Bev.teil oder eine sozialstatist. Personengesamtheit mit gleichen Merkmalen. In Psychologie und Soziologie ist G., neben Organisation, der wichtigste Begriff für soziale Gebilde, durch die das Individuum mit seiner Gesellschaft

Grünkohl

Grünlilie. Chlorophytum comosum

Grünfink

verbunden wird. Die G. hat eine bestimmte, mehr oder weniger verbindend gefügte soziale Struktur: die Beziehungen zw. den ihr angehörenden Personen verlaufen relativ regelmäßig und zeitlich überdauernd, die Gruppen-Mgl. haben ein gewisses Bewußtsein der Zusammengehörigkeit und Abgrenzung gegenüber Dritten **(Gruppenbewußtsein)**, ihr gemeinsames Handeln ist an gemeinsamen Zielen und Interessen ausgerichtet, die Gruppen-Mgl. bilden in Verfolgung dieser Ziele ein System arbeitsteiliger Rollen und einen Status aus.
Im Hinblick auf solche Strukturierung werden Typen von G. unterschieden: Als **Primärgruppen** gelten die auf spontanen oder engen persönlich-emotionalen Beziehungen beruhenden und die beteiligten Personen untereinander relativ umfassend zusammenführenden sozialen Gebilde (Familie, Freundschaft, Nachbarschaft); **Sekundärgruppen** sind rational organisierte, lediglich auf spezielle Zielsetzungen ausgerichtete Strukturen gemeinsamen Handelns (Arbeits-G., Spielmannschaft). Innerhalb von Organisationen unterscheidet man die aus dem geplanten System der Arbeitsteilung sich ergebenden **formalen Gruppen** von den spontan entstehenden **informellen Gruppen,** die wichtige von der Organisation nicht berücksichtigte Bedürfnisse der Gruppen-Mgl. befriedigen.
▷ *militärisch:* nach dem Trupp kleinste Teileinheit aller Truppengatt. des Heeres (7–12 Soldaten unter Führung eines Unteroffiziers).
▷ in der *Mathematik* eine algebraische Struktur ($G.,\ast$) mit einer Verknüpfung $\ast$, die folgende Eigenschaften besitzt: Für die Verknüpfung ($\ast$) gilt das Assoziativgesetz: $(a\ast b)\ast c = a\ast(b\ast c)$ für alle Elemente a, b, c aus G. 2. Es existiert ein neutrales Element (Einselement) e mit der Eigenschaft: $e\ast a = a\ast e = a$ für alle a aus G. 3. Es existiert zu jedem Element a aus G ein inverses (reziprokes) Element a^{-1} aus G mit der Eigenschaft: $a\ast a^{-1} = a^{-1}\ast a = e$. Gilt außerdem das Kommutativgesetz: $a\ast b = b\ast a$, spricht man von einer *kommutativen* oder *abelschen* G. Beispiel für eine G. bezüglich der Addition als Verknüpfung ist die Menge aller ganzen Zahlen.
▷ in der *Chemie:* 1. Bestandteil eines Moleküls, u. a. die ↑funktionellen Gruppen, viele Molekülreste und Radikale; 2. die jeweils in einer Spalte des Periodensystems der chem. Elemente untereinanderstehenden Elemente mit ähnl. chem. Eigenschaften.
▷ im *Sport* bestimmte Anzahl von Mannschaften oder Einzelspielern, die zur Ermittlung eines Siegers oder einer Meisterschaft Qualifikationsspiele gegeneinander austragen.

Gruppenbild. John Singleton Copley, Die Familie Copley, um 1785 (Washington D. C., National Gallery of Art)

Gruppe 47, fluktuierende Gruppierung dt. Schriftsteller und Publizisten, gegr. im Bestreben, die „junge Literatur ... zu sammeln und zu fördern" und zugleich für ein neues, demokrat. Deutschland zu wirken. Als Gründungsdatum gilt der 10. Sept. 1947, an dem sich H. W. Richter, A. Andersch, H. Friedrich, W. Kolbenhoff, W. Schnurre, W. Bächler, W. M. Guggenheimer, F. Minssen und N. Sombart trafen, um die erste, dann verbotene Nummer einer neuen Zeitschrift vorzubereiten. Sie veranstalteten fortan jährl. Tagungen mit Lesungen (über 200 Autoren trugen vor). Träger des Literaturpreises der Gruppe 47 seit 1950: G. Eich, H. Böll, I. Aichinger, I. Bachmann, A. Morriën, M. Walser, G. Grass, J. Bobrowski, P. Bichsel, Jürgen Becker. 1968 fand die letzte Tagung im alten Stil statt, am 19. Sept. 1977 wurde die Gruppe aufgelöst. Im Juni 1990 holten rd. 40 Autoren der alten Gruppe (darunter auch H. W. Richter) auf Einladung des tschech. PEN ein Treffen in der ČSFR nach, das 1968 geplant, aber durch den Einmarsch der Warschauer-Pakt-Staaten verhindert worden war.

Gruppe 61, Arbeitskreis von Schriftstellern und Publizisten; Anstoß zur Gründung gab eine Anthologie von Bergmannsgedichten (1960); Absicht: künstler. Auseinandersetzung mit den sozialen und menschl. Problemen der industriellen Arbeitswelt und (Formulierung 1971) Sachverhalte der Ausbeutung ins öff. Bewußtsein zu bringen. Mitte der 60er Jahre Abspaltung des „Werkkreises Literatur der Arbeitswelt". Mgl. u. a.: F. Hüser, F. C. Delius, M. von der Grün, G. Wallraff.

Gruppe der 77, loser Zusammenschluß von urspr. 77 Entwicklungsländern; formierte sich 1964, traf sich erstmals als Vorauskonferenz zur Vorbereitung der 2. Welthandelskonferenz (UNCTAD II, 1968) in Algier (10.–25. Okt. 1967) und verabschiedete die *„Charta von Algier"* über die wirtsch. Rechte der Dritten Welt" (u. a. Forderung nach Umwandlung der Weltbank in eine Entwicklungsbank, bis 1970 Abzweigung von jährlich 1 % des Bruttosozialprodukts der Ind.nationen für die Entwicklungsländer, vermehrte handelspolit. Konzessionen der kommunistisch regierten Länder). Die G. d. 77 tritt bei internat. Konferenzen der UN geschlossen auf als Sprachrohr der Länder der dritten Welt; inzwischen gehören ihr rd. 130 Länder an.

Gruppenakkord ↑Akkordarbeit.

Gruppenarbeit, ein v. a. in der Sozialarbeit und Sozialerziehung angewandtes Verfahren, das darauf abzielt, gruppendynam. Prozesse erzieherisch zu nutzen; der Gruppenpädagoge versucht eine fruchtbare Zusammenarbeit der Mgl. zu gewährleisten und positive Aktivitäten aus der Gruppe zu fördern.

▷ (Gruppenunterricht) didakt. Prinzip, bei dem einzelne Themenkreise von Gruppen erarbeitet werden (Schule und Hochschule).

Gruppenarbeitsverhältnis, Arbeitsverhältnis mehrerer Arbeitnehmer zu einem Arbeitgeber, das auf eine gemeinsame Arbeitsleistung ausgerichtet ist. Bei der **Betriebsgruppe** werden die Gruppen-Mgl. vom Arbeitgeber zur gemeinsamen Arbeitsleistung zus.gefaßt und nach dem Arbeitsergebnis der Gruppe entlohnt (z. B. *Gruppenakkordkolonnen*). Bei der **Eigengruppe** beruht der Zus.schluß auf dem Willen der Arbeitnehmer, die gemeinschaftlich ihre Dienste dem Arbeitgeber anbieten (z. B. Musikkapellen).

Gruppenbewußtsein ↑Gruppe.

Gruppenbild, Darstellung zusammengehöriger Menschen, wobei die Auftraggeber Porträtähnlichkeit erwarten. Im 17. Jh. in der niederl. Malerei das ↑Schützenstück und ↑Regentenstück, in der Romantik das Freundschaftsbild, daneben bis heute das Familienbildnis.

Gruppendynamik, Bez. für psychologisch erfaßbare Kräfte und Prozesse, die durch wechselseitige Einflüsse zw. den Mgl. sozialer ↑Gruppen entstehen und u. a. pädagogisch (↑Gruppenarbeit) und psychotherapeutisch (↑Gruppentherapie) genutzt werden.

Gruppenehe, kollektive Ehegemeinschaft, die nur für einige wenige Naturvolkgruppen nachgewiesen ist.

Gruppengeschwindigkeit, die Geschwindigkeit, mit der sich eine Wellengruppe, d. h. das Intensitätsmaximum mehrerer sich überlagernder Wellen, bewegt. Ist die Phasengeschwindigkeit für alle Teilwellen gleich, so sind G. und Phasengeschwindigkeit identisch. Die G. ist diejenige Geschwindigkeit, mit der sich die Energie in einem Wellenvorgang ausbreitet (sie ist daher mit der **Signalgeschwindigkeit** identisch).

Gruppenkommunikation ↑ Kommunikation.

Gruppenpädagogik, v. a. in der sozialen Gruppenarbeit mit Jugendlichen praktizierte Gemeinschaftserziehung, die ihre Aufgabe ausschließlich und ohne weitere Bildungsabsichten darin sieht, sozial integratives Verhalten, d. h. den Willen zur Einfügung in eine Gemeinschaft und zu gemeinschaftl. Handeln, zu wecken.

Gruppensex, sexuelle Handlungen, an denen mindestens drei Personen beteiligt sind; meist als Partnertausch praktiziert; in Deutschland nicht strafbar.

Gruppensprachen, Sonderausprägungen innerhalb der Gemeinsprache bei bestimmten sozialen oder altersmäßig fixierten Gruppen einer Sprachgemeinschaft. Man unterscheidet die Standessprachen, Berufssprachen und Fachsprachen von dem näher bei der Umgangssprache stehenden ↑ Jargon und den Geheimsprachen (bes. Gaunersprachen wie Rotwelsch, Argot).

Gruppentest (Gruppenuntersuchung), Bez. für psycholog. Testverfahren für Eignungs- und Leistungsprüfungen, die in Gruppen durchgeführt werden; vorwiegend schriftlich, um gegenseitige Beeinflussung der Probanden auszuschließen.

Gruppentheorie, Teilgebiet der Mathematik, das sich mit der Untersuchung endl. und unendl. ↑ Gruppen befaßt.

Gruppentherapie (Gruppenpsychotherapie), Methode der Psychotherapie, bei der mehrere Personen gleichzeitig bes. unter Ausnutzung der Gruppendynamik behandelt werden. Die G. will soziale Kontaktschwierigkeiten und psych. Spannungen beseitigen sowie soziale Fehlanpassungen korrigieren. Optimale Bedingungen der G. scheinen in der Gruppe von fünf bis sechs Personen bei Integration eines tiefenpsychologisch geschulten Therapeuten (der keine autoritäre, sondern eine ausgleichende Funktion hat) gegeben zu sein. Eine bes. Form der G. ist das **Psychodrama**: Dazu wählen und spielen die Gruppen-Mgl. bestimmte soziale Rollen, und im Verlauf dieser G. eröffnet sich dem Therapeuten die Gelegenheit, Symptome und Ursachen psych. Konflikte zu ermitteln und zugleich entsprechende therapeut. Maßnahmen durchzuführen. – ↑ Sozialtherapie.

Gruppenunterricht ↑ Gruppenarbeit.

Gruppenversicherung ↑ Versicherungsvertrag.

Gruppo 63 [italien. 'gruppo ses'santa 'tre], Zusammenschluß italien. literar. Avantgardisten im Okt. 1963 in Palermo. A. Giuliani und E. Sanguineti verhalfen neben G. Manganelli sowohl durch ihre Experimente in Lyrik und Roman als auch bes. durch ihre Bemühungen um neue Theaterformen dem G. 63 zu internat. Beachtung.

Grus [lat.] (Kranich) ↑ Sternbilder (Übersicht).

Grus [niederdt.], durch Verwitterung gebildeter, feiner, bröckeliger Gesteinsschutt.

Grusinien ↑ Georgien.

Grusinier ↑ Georgier.

Grusinische Heerstraße ↑ Georgische Heerstraße.

Gruß, Handlungen und Wortformeln bei Begegnung und Abschied. – Nach psycholog. Deutung sind G. und Gegen-G. oft nur zeremonielle Maßnahmen zur Verhütung gegenseitiger Aggression. Dem entspricht, daß die Verweigerung des G. oder Gegen-G. („Schneiden") als relativ starke negative Sanktion (Beleidigung) aufgefaßt wird. Die Formen der Begrüßung sind von der sozialen Stellung der Grüßenden zueinander und von regionalen Traditionen abhängig.

Die verbindende Kraft des G. wird in den sog. G.gemeinschaften bes. deutlich. Glaubens-, Arbeits-, Berufs-, Standes- und Lebensgemeinschaften haben eigene G.formen entwickelt, deren Benutzung die Mgl. als zu ihnen gehörig erweist und darum für sie verpflichtend ist (z. B. das „Glückauf!" der Bergleute). Die G.gebärden sind ebenso wie die G.formen regional und historisch mannigfach geschichtet. Neben sehr altertüml. G.gesten (Ablegen der Waffen, des Hutes, gründl. der Kleidung [noch heute in der Aufforderung „Bitte, legen Sie ab"], Handheben, Verbeugen, Niederknien) finden sich jüngere politisch motivierte Gesten, z. B. das mit dem Heben des rechten Armes verbundene „Heil Hitler" der NS-Zeit. – Alle Armeen verfügen über ein bes. G.reglement. In der dt. Bundeswehr besteht G.pflicht gegenüber dem militär. Vorgesetzten, ferner gegenüber dem Bundespräs. und dem Bundeskanzler, außerdem beim Hissen der Fahnen und Standarten sowie beim Erklingen der Nationalhymnen. Der G. erfolgt durch Anlegen der rechten Hand an die Kopfbedeckung, bei geschlossenen Abteilungen auch durch Kopf- und Blickwendung.

Grüssau (poln. Krzeszów), Gem. in der Woiwodschaft Breslau, Polen, bei Landeshut i. Schles. Ehem. Zisterzienserkloster, 1427 (Hussitenkriege) zerstört, erneute Blüte unter Abt Bernhard Rosa (1660–96), 1810 säkularisiert, 1919–46 von Benediktinern besetzt. Die Abteikirche (1728–38) ist eine bed. Kirche des schles. Barock.

Grützbeutel, svw. ↑ Atherom.

Grütze, enthülste und grob bis fein gemahlene Getreidekörner (Hafer, Hirse, Gerste, Buchweizen) zur Herstellung von Suppen, Brei, Grützwurst.

Grützke, Johannes, * Berlin 30. Sept. 1937, dt. Maler und Graphiker. – Vertreter eines kritisch-iron. Realismus, der sich kunstgeschichtl. Zitate sowie manierist. und barokker Stilmuster bedient (u. a. „Misch du dich nicht auch noch ein", 1972, Privatbesitz; Wandbild für die Wandelhalle der Paulskirche in Frankfurt am Main, 1987–90).

Johannes Grützke. Misch du dich nicht auch noch ein, 1972 (Privatbesitz)

Gruyères [frz. gry'jɛ:r] ↑ Greyerz.

Gruyter & Co., Walter de [də 'grɔytər] ↑ Verlage (Übersicht).

Grynäus (Grüner, Gryner), Johann Jakob, * Bern 1. Okt. 1540, † Basel 13. Aug. 1617, schweizer. ref. Theologe. – Führte die kalvinist. Lehre in Basel wieder ein und gab die ↑ Basler Konfession von 1534 neu heraus (1590).

Gryphaea [...'fɛ:a; zu griech. grypós „gekrümmt"], Gatt. überwiegend fossiler Austern; im Lias Leitfossilien **(Gryphitenkalk)**; linke Schale hoch gewölbt, rechte Schale deckelartig flach.

Gryphius, Andreas, eigtl. A. Greif, * Glogau 2. Okt. 1616, † ebd. 16. Juli 1664, dt. Dichter. – Hatte nach dem frühen Tod der Eltern eine schwere Kindheit; besaß auf Grund seiner vorzügl. Ausbildung hervorragende Kenntnisse klass. und neuer Sprachen. Seit seinem 15. Lebensjahr als Privatlehrer tätig. 1637 wurde er vom Hofpfalzgrafen Schönborner zum Poeta laureatus gekrönt. 1638–43 studierte und lehrte er an der Univ. Leiden, wo er sich mit der Theorie des Dramas auseinandersetzte und Vondels Werk kennenlernte. 1644–47 Studienreise durch Europa, seit 1650 Syndikus der Stände des Fürstentums Glogau; 1662 als „der Unsterbliche" Mgl. der Fruchtbringenden Gesellschaft. – G. ist der bedeutendste Lyriker und Dramatiker des dt. Barock, der zugleich auf lat. und volkssprachl. Traditionen zurückgriff. Im Rahmen der normativen, emblemat. Regelpoetik der Zeit fand er in seinen „Sonetten" (1637, 1643, 1650) und „Oden" (1643) einen eigenständigen lyr. Ausdruck. Als Dramatiker verband er Momente des antiken (Seneca), holländ. (Vondel) und frz. (Corneille) Schauspiels zur Begründung eines dt. Trauerspiels. Gegenstand seiner Trauerspiele („Leo Armenius", 1650; „Carolus Stuardus", 1650(?); „Catharina von Georgien", 1651; „Aemilius Paulus Papinianus", 1659) ist die menschl. Geschichte, die unter dem Eindruck des Dreißigjährigen Krieges vom zentralen Motiv der „Vanitas", der Vergänglichkeit alles ird. Glücks, bestimmt ist. Das christlich gefärbte stoische Ideal der „Constantia" (Beständigkeit) ist hier wie im ersten dt. Trauerspiel um bürgerl. Personen („Cardenio und Celinde", 1657) melanchol. Trost. Daneben schrieb G. zwei von Wandertruppen gern gespielte Komödien („Peter Squentz", 1657; „Horribilicribrifax", 1663).

Andreas Gryphius
(Ausschnitt aus einem Kupferstich von Philipp Kilian, um 1660)

Grzesinski, Albert [kʃeˈzɪnski], * Treptow a. d. Tollense (= Altentreptow) 28. Juli 1879, † New York 31. Dez. 1947, dt. Politiker (SPD). – 1925/26 Polizeipräs. von Berlin, 1926–30 bemüht um eine Demokratisierung der Verwaltung und Polizei wie um die Eindämmung des Nationalsozialismus; 1930–32 preuß. Innenmin., 1932 amtsenthoben; floh 1933 nach Frankreich, 1937 in die USA.

Grzimek [ˈgʒɪmɛk], Bernhard, * Neisse 24. April 1909, † Frankfurt am Main 13. März 1987, dt. Zoologe. – Urspr. Tierarzt; leitete 1945–74 den Zoolog. Garten in Frankfurt am Main. 1969–73 war er Naturschutzbeauftragter der dt. Bundesregierung. G. setzte sich den Naturschutz und die Erhaltung freilebender Tiere ein. Verfaßte u. a. „Kein Platz für wilde Tiere" (1954), „Serengeti darf nicht sterben" (1959).

Bernhard Grzimek

G., Waldemar, * Rastenburg 5. Dez. 1918, † Berlin (West) 26. Mai 1984, dt. Bildhauer. – Nach archaisierenden, in sich ruhenden Figuren konzentrierte er sich seit 1960 auf dynam. Gestaltungen stürzender, fliehender, bedrängter Körper. Er schuf u. a. die Plastikgruppe für die Gedenkstätte KZ Sachsenhausen (1959/60).

Gs, Einheitenzeichen für ↑ Gauß.

G-Schlüssel, in der Musik das aus dem Tonbuchstaben G entwickelte Zeichen, der Violinschlüssel, mit dem in der Liniensystem die Lage des eingestrichenen g (g') festgelegt wird. Der in der Barockmusik häufige „frz." Violinschlüssel auf der untersten Linie wurde durch den heute übl. G-S. auf der zweiten Linie verdrängt. – ↑ Schlüssel.

Gsovsky, Tatjana [ˈksɔfski], * Moskau 18. März 1901, dt. Tänzerin, Choreographin und Tanzpädagogin russ. Herkunft. – Nach ersten Choreographien in Leipzig (1942–44) ging sie an die Dt. Staatsoper in Berlin (1945–52), war 1952–54 in Buenos Aires tätig und 1954–66 an der Städt. bzw. Dt. Oper in Berlin; bed. v. a. in der Gestaltung dramat. Ballette.

GST, Abk. für: ↑ Gesellschaft für Sport und Technik.

Gstaad, schweizer. Kurort im Saanetal, Kt. Bern, 1 050 m ü. d. M., Ortsteil von Saanen; Seilbahnen; Yehudi-Menuhin-Musikakademie.

GT (GT-Wagen), Kurzbez. für ↑ Grand-Tourisme-Wagen.

Guadagnini [italien. guadaɲˈɲiːni], italien. Geigenbauerfamilie, deren nachweisbare Instrumente vom Ende des 17. bis zur Mitte des 20. Jh. reichen. Bekannteste Vertreter: *Lorenzo G.* (* vor 1695, † nach 1760) in Cremona und Piacenza (wahrscheinlich Schüler und Gehilfe von A. Stradivari); dessen Sohn *Giovanni Battista* (Giambattista) *G.* (* 1711, † 1786) in Piacenza, Mailand, Cremona, Parma und Turin, bezeichnete sich ebenfalls als Schüler („alumnus") von Stradivari. Letzte Vertreter: *Francesco G.* (* 1863, † 1948) und dessen Sohn *Paolo G.* (* 1908, † 1942), beide in Turin tätig.

Tatjana Gsovsky

Guadalajara [span. guaðalaˈxara], span. Stadt im Tajobecken, am Henares, 679 m ü. d. M., 58 000 E. Verwaltungssitz der Prov. G.; Bibliothek (Handschriftensammlung). – In röm. Zeit **Arriaca.** – Zahlr. Kirchen, u. a. Santa María de la Fuente (13. Jh.; Mudejarstil); Paläste (15. und 16. Jh.).

G., span. Prov. in Kastilien-La Mancha.

G., Hauptstadt des mex. Staates Jalisco, im W des Hochlandes von Mexiko, 1 590 m ü. d. M., 2,24 Mill. E. Erzbischofs-

Guadalajara (Mexiko). Die Kathedrale, 1561–1618 errichtet, seitdem mehrfach umgebaut

sitz; zwei Univ. (gegr. 1792 und 1935), Museen, Theater; Zoo. Handelszentrum des westl. Z-Mexiko, wichtiger Ind.-standort; ✈. – 1531 gegr. – Palacio de Gobierno (vollendet 1774) und die Kathedrale (1561–1618).

Guadalcanal [engl. gwɔdlkəˈnæl], mit 6 475 km² größte Insel der Salomoninseln, im Mount Popomanasiu 2 447 m hoch, 70 000 E. – 1568 entdeckt; wurde 1893 brit. Protektorat. Im 2. Weltkrieg 1942 von Japanern besetzt und danach in schweren Kämpfen (Aug. 1942–Febr. 1943) von amerikan. Truppen erobert, Schauplatz zahlr. See- und See-Luft-Schlachten.

Guadalquivir [span. guaðalkiˈβir], Fluß in S-Spanien, entspringt in der Betischen Kordillere, mündet in den Golf von Cádiz; 657 km lang; Seeschiffahrt bis Sevilla möglich.

Guadalupe [span. guaðaˈlupe], span. Gem. und Marien-Wallfahrtsort 90 km östlich von Cáceres, 650 m ü. d. M., 3 000 E. Kloster Nuestra Señora de G. (1340 ff.) mit zweistöckigem Kreuzgang (1405/06) im Mudejarstil; reiche Kunstschätze.

Guadalupe Hidalgo, Friede von [span. ɣuaðaˈlupe iˈðalɣo] ↑ Mexikanischer Krieg.

Guadarrama, Sierra de, östl. Gebirgsmassiv des Kastil. Scheidegebirges in Zentralspanien nördlich von Madrid; im Pico de Peñalara 2 430 m ü. d. M.

Guadeloupe [frz. gwaˈdlup], frz. Überseedepartement im Bereich der Kleinen Antillen, 1 780 km², 380 000 E (1990), 191 E/km². Hauptstadt Basse-Terre. Besteht aus der Doppelinsel G. (im W **Basse-Terre** mit 848 km², bergig, Vulkan Soufrière 1 467 m ü. d. M.; im O **Grande-Terre** mit 590 km²), den Inseln Marie-Galante, Îles des Saintes, Îles de la Petite Terre, La Désirade, Saint-Barthélemy und dem N-Teil von Saint-Martin. Die Bev. ist überwiegend afrikan. Abstammung. Fast alle Ind.erzeugnisse und viele Nahrungsmittel müssen eingeführt werden. Wichtigster Seehafen und internat. ✈ ist Pointe-à-Pitre. – G. wurde 1493 von Kolumbus entdeckt. Als erste Europäer besiedelten seit 1635 die Franzosen die Insel (Vernichtung der einheim. Kariben); 1674 frz. Kronkolonie; seit 1946 Überseedepartement mit vier Abg. in der Nationalversammlung und zwei Mgl. im Senat.

Guadiana [span. guaˈðiana, portugies. guɐˈðiɐnɐ], Fluß in Spanien und Portugal, entspringt in der Mancha, bildet im Unterlauf z. T. die span.-portugies. Grenze. 778 km lang.

Guadix [span. gua'ðiks], span. Stadt onö. von Granada, 915 m ü. d. M., 19 000 E. Bischofssitz; Alfagrasverarbeitung. – Kathedrale (16.–18. Jh.), Alcazaba (9. Jh., im 15. Jh. erneuert), Höhlenwohnungen.

Guainía, Río [span. 'rrio ɣuaį'nia] ↑ Negro, Río (Kolumbien).

Guairá [span. guai'ra], Dep. im südl. Paraguay, 3 846 km², 179 600 E (1990), Hauptstadt Villarrica.

Guajakbaum [indian.-span./dt.] (Guajacum), Gatt. der Jochblattgewächse mit sechs Arten in M-Amerika; Bäume oder Sträucher mit gegenständigen, unpaarig gefiederten Blättern und radiären, blauen oder purpurroten Blüten. Die Arten **Guajacum officinale** und **Guajacum sanctum** liefern das olivbraune bis schwarzgrüne, stark harzhaltige **Guajakholz**, aus dem **Guajakharz** gewonnen wird, das zur Herstellung des dickflüssigen bis festen, wohlriechenden äther. **Guajakholzöls** dient (in der Parfümerie als Fixator verwendet).

Guajakol [Kw. aus **Guajak** und **Alkohol**] (Brenzcatechinmonomethyläther, o-Methoxyphenol), Phenolderivat, aus dem u. a. Husten-, Bronchialkatarrh- und Grippemittel hergestellt werden.

Guajakprobe [indian.-span./dt.], Untersuchung von Stuhl, Urin oder Magensaft auf Blutbeimengungen durch Zusatz von Wasserstoffperoxid und Guajakharzlösung zum Untersuchungsmaterial; bei positiver Reaktion Blaufärbung.

Guajavabaum [indian.-span./dt.] (Psidium guayava), in den Tropen und Subtropen oft als Obstbaum in vielen Sorten angepflanztes Myrtengewächs aus dem trop. Amerika; Früchte (**Guajaven, Guayaven, Guaven**) birnen- bis apfelförmig, rot oder gelb mit rosafarbenem, weißem oder gelbem Fruchtfleisch, reich an Vitamin C; hauptsächlich für Marmelade, Gelee und Saft verwendet.

Guajira, Península de [span. pe'ninsula ðe ɣua'xira], Halbinsel am Karib. Meer, nördlichster Teil des südamerikan. Kontinents, gehört zu Kolumbien und Venezuela.

Guam, größte und südlichste Insel der Marianen, untersteht dem Innenministerium der USA; 541 km², bis 396 m hoch, Hauptstadt Agaña, 128 000 E. Militäreinrichtungen, Fremdenverkehr. – 1521 von F. de Magalhães entdeckt, später in span. Hand; nach dem Span.-Amerikan. Krieg 1898 an die USA abgetreten; 1941–44 von Japan besetzt; strategisch wichtige Militärbasis.

Guanabara, Baía de [brasilian. ba'ia di guena'bara], Bucht des Atlantiks an der SO-Küste Brasiliens. An der 1,5 km breiten Einfahrt liegen sich Rio de Janeiro und Niterói gegenüber.

Guanajuato [span. guana'xuato], Hauptstadt des mex. Staates G., 2 080 m ü. d. M., 44 000 E. Univ. (gegr. 1732), Zentrum eines Bergbau- und Agrargebiets. – 1548 gegr., bald bed. Silberbergbauzentrum. – Kolonialzeitl. Bauten:

Guanajuato. Blick auf einen Teil der Altstadt mit der Basilika Nuestra Señora de Guanajuato aus dem 17. Jh., dahinter die 1732 gegründete Universität

Guadix. Höhlenwohnungen, im Hintergrund die Sierra Nevada

barocke Basilika Nuestra Señora de G. (17. Jh.), Jesuitenkirche (18. Jh.). Das histor. Zentrum sowie die Bergwerksanlagen wurden von der UNESCO zum Weltkulturerbe erklärt. **G.**, Staat in Z-Mexiko, 30 491 km², 3,98 Mill. E (1990). Hauptstadt G. Im N liegen die bis über 3 000 m hohen Ausläufer der Sierra Madre Occidental, den S nimmt eine in 1 700–1 800 m ü. d. M. gelegene Beckenlandschaft ein (Bewässerungsfeldbau). – Von den Spaniern erstmals 1529 unter Nuño de Guzmán durchquert; seit 1924 eigener Staat.

Guanako [indian.-span.] (Huanako, Lama guanicoe), wildlebende Kamelart, v. a. im westl. und südl. S-Amerika; Schulterhöhe 90–110 cm, Fell lang und dicht, fahl rotbraun, Unterseite weißlich, Gesicht schwärzlich.

Guanare [span. gua'nare], Hauptstadt des venezolan. Staates Portuguesa, in den Llanos, 64 000 E. Bischofssitz; Wallfahrtszentrum durch das 15 km ssö. gelegene Santuario Nacional de Nuestra Señora de la Coromoto; ⌘. – Gegr. 1593.

Guanchen [gu'antʃən], die Urbev. Teneriffas, i. w. S. der Kanar. Inseln (mit neolith. Kultur), die in der seit dem 14. Jh. eingewanderten span. Bev. aufgegangen ist; urspr. 25–30 000 Menschen.

Guangdong [chin. guaŋdʊŋ] (Kwangtung), Prov. in SO-China, am Südchin. Meer; 186 000 km², 62,9 Mill. E (1990), Hauptstadt Kanton. Die Prov. erstreckt sich im südchin. Bergland und umfaßt zudem die Halbinsel Leizhou. Auf Grund des subtrop. bis trop. Klimas ist G. ein bed. Produzent von Zuckerrohr, Reis, Zitrusfrüchten, Bananen, Ananas, Tee, Tabak und Erdnüssen; Seidenraupenzucht; Fischerei im Südchin. Meer. Abbau von Ölschiefer, Wolframerz, Kohle, Eisenerzen; Seesalzgewinnung; vorwiegend Nahrungsmittelind., Metallverarbeitung, Maschinenbau, Papier-, chem. Ind. An der Küste Wirtschaftssondergebiete Shenzhen, Zhuhai und Shantou für Auslandsinvestitionen.

Guangxi [chin. guaŋçi] (Guangxi Zhuang; Kwangsi), autonome Region in S-China, grenzt an Vietnam, 236 300 km², 42,3 Mill. E (1990), Hauptstadt Nanning. Die im Einzugsgebiet des oberen Xi Jiang gelegene Region ist überwiegend ein von kleinen Becken und Talungen gegliedertes Bergland. Das subtrop. Monsunklima erlaubt v. a. im S den Anbau von Reis und Zuckerrohr, daneben von Mais, Gerste, Hirse und Tee. Im waldreichen N Gewinnung von Sandelholz und Kork, Abbau von Zinnerz, Kohle und Manganerz; Verarbeitung landw. Produkte, Maschinenbau, chem., Zement- und Elektronikindustrie. – 1958 gegründet.

Guang Xu [chin. guaŋçy] (Kuang Hsü), *Peking 14. Aug. 1871, †ebd. 14. Nov. 1908, chin. Kaiser (seit 1875). – Vorletzter Kaiser der Qing-Dyn.; wurde wegen seiner Reformversuche gestürzt.

Guangzhou

Guangzhou [chin. guaŋdʒəu] ↑ Kanton.
Guanidin [indian.] (Iminoharnstoff), $(NH_2)_2C=NH$, organ. Base. Bestandteil von Arginin, Kreatin und Kreatinin; wird u.a. zur Herstellung von Kunstharzen, Arzneimitteln und Farbstoffen verwendet.
Guanin [indian.], Purinbase (2-Amino-6-hydroxypurin), $C_5H_3N_4(NH_2)(OH)$, eine der vier am Aufbau der Nukleinsäuren beteiligten Hauptbasen. Ablagerungen von G. in Haut und Schuppen bei Fischen führen zu einem metall. Glanz; bedingt durch die hohe Brechzahl von kristallinem Guanin.
Guano [indian.], v.a. aus Exkrementen von Kormoranen und anderen Seevögeln zusammengesetzter, hauptsächlich Calciumphosphat und Stickstoff enthaltender organ. Dünger, der sich an den Küsten von Peru und Chile angesammelt hat; künstlich hergestellt wird der sog. Fisch-G. aus Seefischen und Fischabfällen.
Guanosin [Kw.] (Guaninribosid), Nukleosid aus ↑ Guanin und ↑ Ribose; Bestandteil der Ribonukleinsäuren.
Guantánamo [span. guan'tanamo], Hauptstadt der gleichnamigen Prov. im östl. Kuba, in der Küstenebene, 174 400 E. Zuckerfabriken u.a. Industrie; ⚓. – 12 km südl. von G. liegt die Bucht von G. (Bahía de G.). – 1903 mußte Kuba die Bucht als Flottenstützpunkt (insgesamt 114 km², heute mit Befestigungen und Flughafen) für 99 Jahre an die USA abtreten; für kuban. Handelsschiffe wurde die freie Durchfahrt zugesichert. Gegen den 1934 erneuerten Vertrag protestiert Kuba seit 1959 und fordert die Rückgabe der Bucht.
Guaporé, Rio [brasilian. 'rriu guapo'rɛ] (span. Río Iténez), rechter Nebenfluß des Río Mamoré, entspringt in der Chapada dos Parecis, 1 800 km lang; Grenzfluß zw. Bolivien und Brasilien.
Guarana [indian.], bitter schmeckendes Genuß- und Heilmittel der Indianer Brasiliens; wird aus den Samen des Seifenbaumgewächses Paullinia cupana hergestellt; enthält 3–6,5 % Koffein und 5–8 % Gerbstoffe.
Guaranda [span. gua'randa], Hauptstadt der zentralecuadorian. Prov. Bolívar, in den Anden, 2 608 m ü. d. M., 14 200 E. Bischofssitz; Handelszentrum eines Agrargebiets.
Guaraní [guara'ni:], Abk. G., Währungseinheit in Paraguay; 1 G = 100 Céntimos (cts).
Guarda [portugies. 'guarde], portugies. Stadt onö. von Coimbra, 1 056 m ü. d. M., 13 000 E. Kath. Bischofssitz; Zentrum der histor. Prov. Beira Alta und des Distr. G.; Textilind. und Kfz-Montage; Luftkurort. – Kathedrale (1390–1516).
Guardafui, Kap [italien. guarda'fu:i], äußerste NO-Spitze der Somalihalbinsel.
Guardi, Francesco, *Venedig 5. Okt. 1712, †ebd. 1. Jan. 1793, italien. Maler. – Berühmt seine von Licht und flirrender Atmosphäre erfüllten Vedutenmalerei (Venedig).
Guardia civil [span. 'ɣuarðia θi'βil], span. Gendarmerie, gegr. 1844; Teil des Heeres, untersteht dem Innenminister.
Guardian, The [engl. 'ga:djən „der Wächter"], brit. Tageszeitung. – ↑ Zeitungen (Übersicht).
Guardini, Romano, *Verona 17. Febr. 1885, †München 1. Okt. 1968, dt. kath. Theologe und Religionsphilosoph italien. Herkunft. – Führende Persönlichkeit in der kath. Jugendbewegung und in der liturg. Bewegung. Befaßte sich in zahlr. Werken mit den Gestalten der Dichtung und Philosophie, mit Grundfragen des christl. Glaubens und mit Zeit- und Kulturfragen. Erhielt 1952 den Friedenspreis des Börsenvereins des Dt. Buchhandels.

Romano Guardini

Guareschi, Giovanni [italien. gua'reski], *Fontanelle (= Roccabianca, Prov. Parma) 1. Mai 1908, †Cervia 22. Juli 1968, italien. Schriftsteller. – Sein heiter-satir. Roman „Don Camillo und Peppone" (1948) behandelt den Ggs. zw. Kirche und Kommunismus im Gewand eines modernen Schelmenromans.
Guárico [span. 'guariko], venezolan. Staat, 64 986 km², 465 500 E (1988), Hauptstadt San Juan de los Morros. G. liegt in den Llanos; die S-Grenze bildet der Orinoko mit seinen Nebenflüssen. Feldbau, Förderung von Erdöl und -gas.
Guarini, Giovanni Battista, *Ferrara 10. Dez. 1538, †Venedig 7. Okt. 1612, italien. Dichter. – Für verschiedene Höfe als Diplomat tätig (v. a. Ferrara). Mit dem Drama „Il pastor fido" (1590; dt. 1619 u. d. T. „Der treue Schäfer") in formvollendeten Versen schuf er die Gattung des Schäferspiels, das er in „Dialogen" verteidigte.
G., Guarino, *Modena 17. Jan. 1624, †Mailand 6. März 1683, italien. Baumeister des Barock. – Seine Bauten in Turin (Fassade des Palazzo Carignano, 1679–85; Kapelle Santa Sindone im Dom, 1667 ff.; San Lorenzo, 1668 ff.) sind in der Durchdringung der einzelnen Raumteile von außerordentl. Kompliziertheit, die auf genauen Berechnungen beruht; Nachwirkung v. a. im süddt. Raum.
Guarino von Verona, *Verona 1374, †Ferrara 1460, italien. Humanist. – Lehrmeister der ersten italien. Humanistengeneration; 1403–08 in Konstantinopel, wo er Griechisch lernte, das er in Florenz, Venedig, Verona und Ferrara lehrte.
Guarneri [italien. guar'nɛ:ri] (Guarnieri, Guarnerius), berühmte italien. Geigenbauerfamilie in Cremona. Nach *Andrea G.* (*vor 1626, †1698), einem angesehenen Schüler N. Amatis, und seinen Söhnen *Pietro Giovanni G.* (*1655, †1720; in Mantua tätig) und *Giuseppe Giovanni Battista G.* (*1666, †um 1739) gilt des letzteren Sohn *Giuseppe Antonio G.* (*1698, †1744) als der bedeutendste Meister neben A. Stradivari. Das von ihm auf den Vignetten benutzte Zeichen IHS (= Iesum Habemus Socium) trug ihm den Beinamen „del Gesù" ein. Sein Bruder *Pietro G.* (*1695, †1762) war ab 1725 in Venedig tätig.
Guastalla, italien. Stadt in der Emilia-Romagna, 25 m ü. d. M., 13 500 E. Bischofssitz; Museum; Käsereien, Leder-

Francesco Guardi. Santa Maria della Salute in Venedig, nach 1763 (London, National Gallery)

Guarino Guarini. Palazzo Carignano in Turin, 1679–85

Guatemala

Guatemala
Fläche: 108 889 km²
Bevölkerung: 9,34 Mill. E (1990), 85,8 E/km²
Hauptstadt: Guatemala
Amtssprache: Spanisch
Nationalfeiertag: 15. Sept. (Unabhängigkeitstag)
Währung: 1 Quetzal (Q) = 100 Centavos
Zeitzone: MEZ −7 Stunden

und Holzindustrie. – Langobard. Gründung des 7. Jh.; 1428 Gft., 1621 Hzgt., ging 1746 in östr. Besitz über, 1748 dem Hzgt. Parma und Piacenza einverleibt. 1806 bekam Napoleons Schwester Pauline das Hzgt.; 1815 wurde es mit Parma und Piacenza der Gemahlin Napoleons, Marie Louise, überlassen; fiel 1848 an Modena und 1860 an das Kgr. Italien. – Dom (16. Jh.) mit Fassade des 18. Jh.; barocker Palazzo Gonzaga (16. Jh.).

Guatemala, Hauptstadt der Republik und des Dep. Guatemala, in einem Tal des zentralen Hochlandes, 1500 m ü. d. M., 2 Mill. E. Sitz eines Erzbischofs, fünf Univ., zwei wiss. Akad., Konservatorium, Militärakad., Museen, u.a. archäolog.-ethnolog. Museum, Nationalarchiv, -bibliothek, meteorologisch-seismolog. Observatorium, Zoo, botan. Garten. Hauptind.standort des Landes, an der Carretera Interamericana; internat. ✈. – G. wurde 1776 durch ein Dekret König Karls III. von Spanien als 3. Hauptstadt des Generalkapitanats Guatemala gegr. (die erste wurde 1541 durch einen Vulkanausbruch zerstört, die zweite, das heutige, von der UNESCO zum Weltkulturerbe erklärte Antigua G., 1773 durch ein Erdbeben); seit 1839 Hauptstadt von Guatemala. – 1917/18 durch Erdbeben zerstört, modern oder in nachgeahmtem Kolonialstil wieder aufgebaut.

Guatemala (amtl. Vollform: República de Guatemala), Republik in Zentralamerika zw. 13° 45' und 17° 49' n. Br. sowie 88° 14' und 92° 13' w. L. **Staatsgebiet:** G. erstreckt sich vom Pazifik zum Karib. Meer, es grenzt im W und N an Mexiko, im NO an Belize, im SO an Honduras und El Salvador. **Verwaltungsgliederung:** 22 Dep. **Internat. Mitgliedschaften:** UN, OAS, ODECA, MCCA, SELA.
Landesnatur: Im nw. Zentrum liegen die bis 3800 m hohen Altos Cuchumatanes (nördl. Zweig der Kordilleren). Der südl. Zweig der Kordilleren, wie in Mexiko Sierra Madre genannt, setzt sich aus Kettengebirgen, Massenbergländern und Hochflächen zus. Am Abfall zur 30–50 km breiten pazif. Küstenebene liegt längs einer erdbebenreichen Bruchzone eine Reihe von z. T. noch aktiven Vulkanen (Tajamulco, 4210 m ü. d. M.). Im N (Petén) hat G. Anteil an der Hügellandschaft der Halbinsel Yucatán, im O am karib. Küstentiefland.
Klima: G. hat randtrop. Klima; die Temperaturen nehmen von 25/26 °C im Tiefland auf 18–20 °C im mittleren Hochland ab.
Vegetation: Der N ist von immerfeuchtem Regenwald, im Z-Teil auch von Kiefernsavannen bedeckt. Die luvseitigen Gebirge sind von trop. Berg- und Nebelwald bedeckt, im trockeneren Binnenhochland treten Eichen-Kiefern-Mischwälder und Savannen auf.
Bevölkerung: Sie setzt sich aus 44 % Indianern, 49 % Mestizen, 5 % Weißen und 2 % Schwarzen zus., 96 % sind Katholiken. Über 60 % der Bev. leben im südl. Hochland; der N und das karib. Küstentiefland sind dünn besiedelt. G. hat eine der höchsten Analphabetenquoten (45 %) Zentralamerikas. Neben Grund-, Mittel-, höheren und Berufsschulen gibt es Lehrerseminare und 5 Universitäten.

Wirtschaft: G. gehört zu den industriell am weitesten entwickelten Ländern Zentralamerikas, obwohl auch hier die Landw. dominiert. Großbetriebe produzieren vor allem für den Export Kaffee (größter Produzent Zentralamerikas), Baumwolle, Zuckerrohr, Bananen und Kardamom. Für den Binnenmarkt werden Mais, Weizen, Reis und Kartoffeln angebaut, wobei der Eigenbedarf aber nicht gedeckt werden kann. Der in den Wäldern von Petén gesammelte Chiclegummi dient als Rohstoff für die Kaugummiind. der USA. Trotz reicher Bodenschätze ist der Bergbau gering entwickelt. Abgebaut werden Eisen-, Kupfer-, Blei-, Zink-, Nickelerze; seit 1976 geringe Erdölförderung. Nahrungsmittel-, Getränke-, Tabak-, Textil- und Lederind. sind die wichtigsten Zweige des verarbeitenden Gewerbes. Das indian. Handwerk ist hoch entwickelt.
Außenhandel: Wichtigste Handelspartner sind die USA, Japan, die EG-Länder (v. a. Deutschland) und El Salvador. Ausfuhr von Kaffee (53 % des Exportwertes), Bananen, Zucker, Kardamom und Rohbaumwolle; eingeführt werden Maschinen, chem. Grundstoffe, Getreide.
Verkehr: Das Eisenbahnnetz hat eine Länge von 953 km. Das Straßennetz ist rd. 18 000 km lang, davon sind rd. 3000 km asphaltiert. Die Carretera Interamericana durchzieht das Hochland, zu ihr parallel verläuft die Carretera Pacifica am pazif. Tiefland. Die wichtigsten Häfen sind an der Karibik San Tomás de Castilla (ehem. Puerto Barrios), am Pazifik Puerto Quetzal (San José) und Champerico; staatl. Fluggesellschaft AVIATECA; internat. ✈ bei der Hauptstadt.
Geschichte: Man unterscheidet in G. zwei voreurop. Kulturgebiete: Die Mayakultur 1. im trop. Tiefland des Petén und 2. in Hochland-G. Seit 1000 v. Chr. existierte Kaminaljuyú, ein bed. polit. und Handelszentrum mit starken Einflüssen aus dem zentralmex. Teotihuacán um 400/700. 1200–1524 wurde Hochland-G. u. a. durch die Quiché und die Cakchiquel beherrscht.
1524 drangen Spanier erstmals im heutigen G. ein. Die nördl. Teile wurden ab 1537 unter span. Einfluß gebracht. 1570 wurde die Audiencia de G. gegr. Die Loslösung von Spanien erfolgte 1821. 1823 erklärte G. (nach zeitweiliger Zugehörigkeit zum mex. Kaiserreich) zum 2. Mal die Unabhängigkeit, verblieb aber bis 1838 im Rahmen der Zentralamerikan. Föderation. Die inneren Kämpfe zw. Liberalen und Konservativen prägten bis weit ins 20. Jh. die Politik von G. Seit Beginn des 20. Jh. mischten sich die großen amerikan. Pflanzungsgesellschaften, v. a. die United Fruit Company, und in der Folge die Reg. der USA selbst in wachsendem Maße in die Innenpolitik G. ein. Präs. General J. Ubico (1931–44) stabilisierte den Staat. Nach der Vertreibung Oberst J. Arbenz Guzmáns, der als Präs. (1951–54) eine radikale Bodenreform gewagt hatte und durch einen von den USA offen unterstützten Putsch gestürzt worden war, folgte eine Zeit der Putsche und Gegenputsche einzelner Teile der Armee. Durch die Verfassung von 1965 wurde zwar 1966 der Übergang zu einer Zivilreg. unter Präs. J. C. Méndez Montenegro (1966–70) möglich;

Guatemala

Staatswappen

Internationales Kfz-Kennzeichen

1970 1990 1970 1990
Bevölkerung Bruttosozial-
(in Mill.) produkt je E
(in US-$)

Bevölkerungsverteilung 1990

Bruttoinlandsprodukt 1990

die Armee blieb jedoch nach wie vor der eigtl. Machthaber. Durch Wahlen (z. T. mit gefälschten Ergebnissen) gelangten als Nachfolger Militärs an die Macht: 1970–74 C. Araña Osorio (*1918), 1974–78 K. Laugerud García (*1930) und 1978–82 F. R. Lucas García (*1925). Nach den Präsidentschaftswahlen vom März 1982 stürzte am 23. März eine Gruppe von Offizieren den noch amtierenden Präs. Lucas García; eine dreiköpfige Militärjunta unter General J. E. Ríos Montt (*1926) übernahm die Macht; die Verfassung wurde außer Kraft gesetzt, die Bekämpfung von Oppositionsgruppen verstärkt fortgesetzt, wobei es wiederholt zu Massakern an der Zivilbev. kam. Anfang Aug. 1983 trat General O. H. Mejía Victores (*1930) an die Stelle Ríos Montts; er suchte die zunehmenden Gewalttaten einzudämmen. Er ersetzte schrittweise die Militärs in den öff. Ämtern und ließ Wahlen zu einer Verfassunggebenden Versammlung im Juli 1984 zu. Aus ihnen ging die Mitte-Links-Partei der Christdemokraten (PDCG) als Sieger hervor, die auch die im Nov. 1985 folgenden Präs.-, Parlaments- und Kommunalwahlen gewann. Am 14. Jan. 1986 trat M. V. Cerezo Arévalo (*1942) sein Amt als erster gewählter Präs. seit 16 Jahren an. Das Militär blieb aber ein bed. Machtfaktor (drei erfolglose Putschversuche 1988/89); Gewalt, Terror und Armut bestimmten weiterhin die innenpolit. Situation. Gespräche mit dem linksgerichteten Guerilladachverband „Nat. Revolutionäre Einheit Guatemalas" (URNG) 1987/88 und 1990 über die Beendigung des Bürgerkrieges, unter dem v. a. die entrechtete indian. Landbev. zu leiden hat, blieben ergebnislos. Die Kommunal- und Parlamentswahlen im Nov. 1990 gewann die „Union der Nat. Zentrums" (UCN; 41 Abg.), eine Partei der Mitte; die bisherige Reg.partei PDCG wurde zweitstärkste Fraktion (27 Abg.). Nach einer Stichwahl im Jan. 1991 trat der Protestant J. Serrano Elias (*1945) von der 1987 gegr. konservativen „Bewegung der solidar. Aktion" (MAS) sein Amt als Präs. und Reg.chef an. Unter Vermittlung der „Nat. Versöhnungskommission" wurde nach Friedensgesprächen zw. Reg. und Guerilla im Juli 1991 ein Abkommen unterzeichnet, das beide Seiten zum Aufbau einer funktionsfähigen Demokratie verpflichtet. Internat. Beachtung fanden die Menschenrechtsverletzungen in G. anläßlich der Verleihung des Friedensnobelpreises an Rigoberta ↑Menchú 1992.

Politisches System: G. ist nach der Verfassung vom Mai 1985 (in Kraft seit Jan. 1986) eine präsidiale Republik. *Staatsoberhaupt* und Inhaber der *Exekutive* (Reg.chef) ist der für die einmalige Amtszeit von 5 Jahren durch allg. Wahlen gewählte Präs. Er ist verantwortlich für die nat. Sicherheit nach innen und außen und Oberbefehlshaber der Streitkräfte, er ernennt und entläßt die Min., hohen Beamten und Diplomaten und koordiniert die Reg.politik. Die *Legislative* liegt beim Kongreß, dessen 116 Abg. für 5 Jahre gewählt werden. Die wichtigsten *Parteien* sind: Partido Democracia Cristiana Guatemalteca (PDCG), Unión del Centro Nacional (UCN), Movimiento de Acción Solidaria (MAS) und Partido Acción Nacional (PAN). Der *Gewerkschafts*verband Frente Nacional Sindical (FNS) repräsentiert mit den in ihm zusammengeschlossenen 11 Einzelgewerkschaften rd. 97 % der Gewerkschaftsmgl. Das *Gerichtswesen* ist dreistufig aufgebaut. Höchstes Gericht ist der Oberste Gerichtshof, dessen 7 Richter für 4 Jahre vom Kongreß gewählt werden. Die Richter der unteren Instanzen werden vom Obersten Gericht ernannt.

Guaven [indian.-span.] ↑Guajavabaum.

Guaviare, Río [span. 'rrio ɣuaˈβiare] (im Oberlauf Río Guayabero), linker Nebenfluß des Orinoko, entspringt in der Ostkordillere der Anden, mündet bei San Fernando de Atabapo, etwa 1 000 km lang.

Guayana, Großlandschaft im nördl. S-Amerika, zw. den Llanos del Orinoco und dem Amazonastiefland; etwa 1,5 Mill. km². Den größten Teil nimmt das 1 000–1 500 m hohe Bergland von G. ein.

Guayaquil [span. guajaˈkil], Hauptstadt der ecuadorian. Prov. Guayas, am Río Guayas, 1,57 Mill. E. Erzbischofssitz; drei Univ. (gegr. 1867, 1962, 1966), Forschungsinst., Museen; zweitwichtigstes Ind.zentrum des Landes; Haupthafen Ecuadors, für Ozeanschiffe erreichbar; internat. ✈. – 1537 gegr.; 1942 schwere Erdbebenschäden.

Guayas [span. ˈguajas], ecuadorian. Prov. am Pazifik, 21 078 km², 2,46 Mill. E (1990), Hauptstadt Guayaquil.

Gubaidulina, Sofia, *Tschistopol 24. Okt. 1931, Komponistin tatar.-russ. Herkunft. – Verbindet in ihren Kompositionen Elemente der westl. und der östl. Musikkultur. V. a. bekannt durch Vokal- und Instrumentalwerke, bes. Kammermusik; u. a. Kantate „Nacht in Memphis" (1968), elektron. Komposition „Vivente – non vivente" (1970), „Widmung an Thomas St. Eliot" für Sopran und Oktett (1987), „Im Anfang war der Rhythmus" für Schlagzeugensemble (1988), Filmmusiken.

Gubbio, italien. Stadt in Umbrien, nnö. von Perugia, 529 m ü. d. M., 32 000 E. Bischofssitz; Inst. für umbr. Studien, Museum, Gemäldegalerie; Wollverarbeitung, Kunsthandwerk, Fremdenverkehr. – In der Antike **Iguvium;** im MA (**Eugubium**) seit dem 11. Jh. freie Gem. 1384 fiel G. an die Montefeltro, Grafen von Urbino; 1631–1860 gehörte es zum Kirchenstaat. – Zahlr. Kirchen, u. a. Dom (13. und 14. Jh.), San Francesco (13. Jh.), San Domenico (1278 geweiht). Wahrzeichen von G. ist der Palazzo dei Consoli (1332 ff., im 16. Jh. ausgebaut). Röm. Theater aus augusteischer Zeit.

Guben, Krst. in Brandenburg, in der Niederlausitz, an der Lausitzer Neiße, 47 m ü. d. M., 33 000 E. Chemiefaserwerk, Tuch-, Hutherstellung. – Als Brückenort von Markgraf Konrad von Meißen (1123–56) gegr., erhielt 1235 Magdeburger Recht. Die Stadt unterstand der Landeshoheit der Niederlausitz; 1635 an Kursachsen, 1815 an Preußen; schwere Zerstörungen im 2. Weltkrieg.

G., Landkr. in Brandenburg.

G., (poln. Gubin) Ind.stadt an der Lausitzer Neiße, Polen, 40 m ü. d. M., 17 000 E. Entstand 1945, umfaßt die rechts der Lausitzer Neiße gelegenen Stadtteile von Guben.

Gubernium [zu lat. gubernare „steuern"], in Österreich seit 1763 Bez. für die kollegiale landesfürstl. Verwaltungsbehörde eines östr. Kronlandes; 1848 durch die Statthalterei (bis 1918) ersetzt.

Gubin ↑Guben (Polen).

Gubkin, russ. Stadt nö. von Belgorod, 75 000 E. Geolog. Forschungsinst. und Museum; Eisenerzbergbau im Bereich der Kursker Magnetanomalie. – Gegr. um 1933.

Guckkastenbühne ↑Theater.

Gudbrandsdal [norweg. ˈgʉbransdaːl], norweg. Talschaft, umfaßt das 199 km lange Tal des Gudbrandsdalslågen und seine Seitentäler, zw. den Gebirgslandschaften Jotunheim im W und Rondane im O. Bed. Fremdenverkehrsgebiet.

Gudbrandsdalslågen [norweg. ˈgʉbransdaːlsloːgən], Fluß in O-Norwegen, entfließt dem Lesjaskogvatn, mündet in den Mjøsensee, 230 km lang; Kraftwerke.

Philippe de la Guêpière. Lustschloß Solitude bei Stuttgart, 1763–67 (zusammen mit Johann Friedrich Weyhing)

Guernica. Pablo Picasso, Guernica, Gemälde, 1937 (Madrid, Centro de Arte Reina Sofia)

Gudden, Bernhard [Friedrich Adolf], *Pützchen (= Bonn) 14. März 1892, †Prag 3. Aug. 1945, dt. Physiker. – Prof. für Experimentalphysik in Erlangen und in Prag. Mitbegr. der Halbleiterphysik.

Gudea, neusumer. Stadtfürst (etwa 2080–2060) der sog. 2. Dynastie von Lagasch. – Beherrschte den größten Teil S-Babyloniens; hingegen ist seine Unabhängigkeit von Ur umstritten. Als Idealtyp des altoriental. Herrschers und Hirte seines Volkes dargestellt in einer auf zwei Tonzylindern überlieferten, literarisch bedeutsamen Tempelbauhymne (Paris, Louvre).

Gudenå [dän. 'guːðənɔːˀ], längster dän. Fluß in Jütland, entspringt nw. von Vejle, durchfließt zahlr. Seen, mündet in den Randersfjord; 158 km lang.

Gudensberg, hess. Stadt 8 km nö. von Fritzlar, 221 m ü. d. M., 7 300 E. – Um G. sind Siedlungen vom Spätneolithikum bis in die röm. Kaiserzeit nachgewiesen. Die Wallburgen auf dem Odenberg gehören wahrscheinlich dem Früh- bzw. Hoch-MA an. – Vermutlich um 1130 kam G. an die Landgrafen von Thüringen, die sy vor 1200 befestigten; 1254 als Stadt bezeichnet. – Got. Pfarrkirche (13. und 14. Jh.).

Guderian, Heinz, *Culm 17. Juni 1888, †Schwangau 15. Mai 1954, dt. General. – Organisator der dt. Panzertruppe nach 1934; 1938 Chef der schnellen Truppen und General der Panzertruppe; 1940 Generaloberst; Ende 1941 von Hitler wegen Differenzen in takt. Fragen seines Postens enthoben, 1943 Generalinspekteur der Panzertruppen, 1944 Chef des Generalstabs des Heeres; im März 1945 erneut verabschiedet.

Guðmundsson, Kristmann [island. 'gʏvðmyndsɔn], *Þverfell (Borgarfjörður) 23. Okt. 1902, †Reykjavík 20. Nov. 1983, island. Schriftsteller. – Von Hamsun beeinflußter Romancier, der seine island. Heimat darstellt, u. a. „Kinder der Erde" (R., 1935).

Gudrun, Epos, ↑Kudrun.

Gudschar ↑Gujar.

Gudscharati ↑Gujarati.

Guebwiller, Ballon de [frz. balɔ̃dgəbviˈlɛːr], frz. für ↑Großer Belchen.

Guedes, Joaquim, *São Paulo 18. Juni 1932, brasilian. Architekt und Städteplaner. – Einer der wichtigsten Vertreter der postmodernen Architektur in Brasilien. Als sein Hauptwerk gilt die Neuplanung der Stadt Caraîba in Bahia (1977).

Guelfen [guˈɛlfən, ˈgɛlfən] ↑Ghibellinen und Guelfen.

Guelma [frz. gɛlˈma, gɥɛlˈma], alger. Stadt sw. von Annaba, 85 000 E. Hauptstadt des Wilayats G., landw. Handelszentrum; Fahrrad- und Motorradbau. – G. ist das röm. **Calama,** von dem noch die Ruinen der Thermen und des Theaters erhalten sind.

Guêpière, Philippe de la [frz. gɛˈpjɛːr], *vermutl. 1715, †Paris 30. Okt. 1773, frz. Baumeister. – Neben der Ausgestaltung des Stuttgarter Neuen Schlosses Pläne (1750–52) für das Schloß in Karlsruhe (1752–59 Bauberater); Lustschloß Solitude bei Stuttgart (zus. mit J. F. Weyhing, 1763–67) in einem kühlen, klassizist. Spätbarock.

Guéranger, Prosper-Louis-Pascal [frz. gerãˈʒe], *Sablé-sur-Sarthe (Sarthe) 4. April 1805, †Kloster Solesmes (Sarthe) 30. Jan. 1875, frz. kath. Theologe und Benediktiner (seit 1837). – Erneuerte mit der Gründung von ↑Solesmes, das er 1832 kaufte (1837 Abtei), im Zuge der romant. Restauration den Benediktinerorden in Frankreich. Gilt als Vater der ↑liturgischen Bewegung.

Guéret [frz. geˈrɛ], frz. Stadt im nw. Zentralmassiv, 436 m ü. d. M., 15 700 E. Verwaltungssitz des Dep. Creuse und Zentrum der Marche; Museum; Schmuckwarenind. – G. entstand um ein im 7. Jh. gegr. Kloster.

Guericke (Gericke), Otto von (seit 1666) [ˈgeːrɪkə], *Magdeburg 30. Nov. 1602, †Hamburg 21. Mai 1686, dt. Naturforscher und Politiker. – 1626 Ratsherr und 1630 Bauherr der Stadt Magdeburg, trat 1631 nach ihrer Zerstörung als Ingenieur in schwed., dann in kursächs. Dienste und war nach seiner Rückkehr 1646–78 einer der vier Bürgermeister von Magdeburg (u. a. dessen Gesandter in Osnabrück und Regensburg). Seine öff. physikal. Demonstrationsversuche machten ihn weithin berühmt; mit der von ihm erfundenen Luftpumpe (vor 1650) führte er Versuche mit luftleer gepumpten Kesseln durch und zeigte, daß sich im Vakuum der Schall nicht ausbreiten und eine Kerze nicht brennen kann. G. konstruierte zur Veranschaulichung der Größe des Luftdruckes die **Magdeburger Halbkugeln,** mit denen er 1657 in Magdeburg und 1663 am brandenburg. Hof Schauversuche veranstaltete. Er erfand außerdem ein Manometer (vor 1661) und baute ein über 10 m langes, mit Wasser gefülltes Heberbarometer, an dem er neben der Höhenabhängigkeit auch die wetterabhängigen Schwankungen des Luftdruckes erkannte, was ihm Wettervorhersagen ermöglichte. Ein weiteres wichtiges Arbeitsgebiet von G. war die Reibungselektrizität (erste Elektrisiermaschine).

Guerilla [geˈrɪl(j)a; span., zu guerra „Krieg"], während des span. Unabhängigkeitskrieges aufgekommene Bez. für den Kleinkrieg, den irreguläre Einheiten der einheim. Bev. gegen eine Besatzungsmacht (oder auch im Rahmen eines Bürgerkrieges) führen; auch Bez. für diese Einheiten selbst bzw. ihre Mgl. (G.; in Lateinamerika auch Guerilleros gen.). Nach geltendem Völkerrecht sind G. von Partisanen zu unterscheiden (↑Kombattanten). Eine Völkerrechtskonferenz beschloß in Genf im Mai 1977, daß G. im Fall ihrer Gefangennahme den Status von Kriegsgefangenen haben, sofern sie die Waffen offen trugen. Die G.strategie spielt im Pro-

Gudea

Kristmann Guðmundsson

Guérin

Guido von Arezzo.
Guidonische Hand

zeß der Entkolonisation eine maßgebl. Rolle. Erhebl. Bed. erlangten die G. auch in einigen Ländern Lateinamerikas, wo sie sich gegen die herrschenden sozialen und polit. Verhältnisse wenden und z. T. als Stadt-G. auftreten.

Guérin, Jean [Urbain] [frz. ge'rɛ̃], * Straßburg 1760, † Oberehnheim (Bas-Rhin) 8. Okt. 1836, frz. Maler. – Schöpfer feiner Porträtminiaturen (u. a. Maria Antoinette und Ludwig XVI.).

Guernica [span. gɛr'nika] (amtlich G. y Luno), span. Ort onö. von Bilbao, 4 m ü. d. M., 18 000 E. 1937 durch die ↑ Legion Condor zerstört; weltberühmt durch das Gemälde „G." von P. Picasso. – Die Könige von Kastilien (später die von Spanien) garantierten in G. seit dem MA mit einem öff. abgelegten Eid bask. Autonomierechte. Vom 9. Jh. bis 1877 Versammlungsort der bask. Landtage. – Abb. S. 219.

Guernsey [engl. 'gə:nzı] (frz. Guernesey), westlichste der ↑ Kanalinseln, 15 km lang, bis 8 km breit, 63 km², 55 500 E (1986); Hauptort ist Saint Peter Port.

Guernsey
Wappen

Flagge

Guerrero [span. gɛ'rrɛro], Staat in S-Mexiko, am Pazifik, 63 794 km², 2,62 Mill. E (1990), Hauptstadt Chilpancingo de los Bravo. Den südl. Teil nimmt die Sierra Madre del Sur ein; im N hat G. Anteil am Tal des Río Balsas und der Cordillera Volcánica. – Kam um 1500 unter aztek. Herrschaft; entstand als Staat 1849.

Guerrini, Olindo [italien. guɛr'ri:ni], * Forlì 4. Okt. 1845, † Bologna 21. Okt. 1916, italien. Dichter. – Berühmt durch die Gedichtsammlung „Postuma" (1877), angeblich der Nachlaß eines fiktiven Lorenzo Stecchetti. Angriffe auf seine Verwendung der Alltagssprache, den oft derben Realismus und die antiklerikale Tendenz beantwortete er in polem. Gedichten.

Guesclin, Bertrand du [frz. dyge'klɛ̃], * Schloß La Motte Broons bei Dinan (Côtes-du-Nord) 1320, † bei Châteauneuf-de-Randon 13. Juli 1380, frz. Feldherr. – Besiegte 1364 bei Cocherel Karl von Navarra; als Konnetabel von Frankreich (seit 1370) an der Vertreibung der Engländer von frz. Boden im Hundertjährigen Krieg maßgeblich beteiligt.

Guesde, Jules [frz. gɛd], * Paris 11. Nov. 1845, † Saint-Mandé (bei Paris) 28. Juli 1922, frz. Politiker (Sozialist). – 1880 maßgeblich an der Bildung einer sozialist. Partei mit marxist. Programm beteiligt; 1893–98 und 1906–22 Abg. Sein Widerstand gegen den Eintritt A. Millerands in eine bürgerl. Regierung führte 1901 zum Bruch mit J. Jaurès und zur Spaltung der frz. Sozialisten. 1914–16 Min. ohne Geschäftsbereich. – Als **Guesdisten** werden in Frankreich die Anhänger G. bzw. die Vertreter eines marxist. Sozialismus mit nat. Orientieurung bezeichnet.

Guevara Serna, Ernesto [span. ge'βara 'sɛrna], gen. Che Guevara, * Rosario (Argentinien) 14. Juni 1928, † in Bolivien 9. Okt. 1967 (erschossen), kuban. Politiker. – Arzt; beteiligte sich, ab 1955 von F. Castro in Verbindung, an der Aufstandsbewegung gegen Batista auf Kuba; 1959–61 Präs. der kuban. Nationalbank, 1961–65 Industriemin.; seit 1966 in Bolivien als Guerillaführer tätig. G. S. wurde eine Leitfigur für Befreiungsbewegungen, bes. in der dritten Welt. Er war eines der Idole der Studentenbewegung von 1968.

Josef Guggenmos

Che Guevara

Gugel [zu lat. cucullus „Kapuze"], im späten MA (12.–15. Jh.) von Männern getragene Kapuze mit kragenartigem Schulterstück.

Gugelhupf (Gugelhopf, Kugelhupf), Napfkuchen aus Hefeteig mit Rosinen.

Guggenbichler, Johann Meinrad, ≈ Einsiedeln 17. April 1649, † Mondsee 10. Mai 1723, östr. Bildhauer schweizer. Herkunft. – Seit 1679 in Mondsee nachweisbar (großer Werkstattbetrieb), von T. Schwanthaler beeinflußt. Schnitzaltäre in Irrsdorf (Gem. Straßwalchen, Salzburg; 1684), Michaelbeuern (Stiftskirche; 1691) und Sankt Wolfgang im Salzkammergut (1706).

Guggenheim, amerikan., aus der Schweiz ausgewanderte Industriellenfamilie. Bed.:

G., Daniel, * Philadelphia 9. Juli 1856, † Hampstead (N. Y.) 28. Sept. 1930, Industrieller. – Errichtete u. a. Zinnminen in Bolivien, Goldminen in Alaska und Kupferminen in Chile. Er entwickelte die sog. G.-Strategie, d. h., er legte die Erschließung, den Abbau und die Verarbeitung von Rohstoffen in eine Hand. Stifter der „Daniel and Florence G. Foundation" und des „G. Fund for the Promotion of Aeronautics".

G., Solomon R., * Philadelphia (Pa.) 2. Febr. 1861, † Long Island (N. Y.) 3. Nov. 1949, amerikan. Unternehmer und Kunstsammler. – Gründete 1937 in New York die „Solomon R. Guggenheim Foundation" zur Förderung abstrakter Kunst und eröffnete das „Museum of Non-Objective Painting", das den Grundstock für das 1956–59 von F. L. Wright erbaute Guggenheim-Museum bildete.

Guggenheim, Paul, * Zürich 15. Sept. 1899, † Genf 31. Aug. 1977, schweizer. Völkerrechtler. – Prof. in Genf, Mgl. des Internat. Schiedshofes in Den Haag (seit 1952); veröffentlichte bed. Arbeiten v. a. zum Völkerrecht und zur Völkerrechtsgeschichte.

Guggenheim-Museum ↑ Museen (Übersicht).

Guggenmos, Josef, * Irsee bei Kaufbeuren 2. Juli 1922, dt. Schriftsteller. – Verf. eigenwillig-poet. Kinderbücher („Mutzebutz", 1961; „Was denkt die Maus am Donnerstag?", 1967; „Sonne, Mond und Luftballons", 1984).

Guglielmi, Pietro Alessandro [italien. guʎ'ʎelmi], * Massa Carrara (= Massa) 9. Dez. 1728, † Rom 18. Nov. 1804, italien. Komponist. – Schüler von F. Durante, einer der erfolgreichsten Vertreter der Opera buffa.

Guglielmini, Domenico [italien. guʎʎel'mi:ni], * Bologna 27. Sept. 1655, † Padua 11. Juli 1710, italien. Naturforscher. – Sein 1697 erschienenes Werk „Della natura dei fiumi" war grundlegend für die Hydraulik. G. befaßte sich außerdem mit Kristallographie; ermittelte das Gesetz der Winkelkonstanz.

Yvette Guilbert. Lithographie von Henri Toulouse-Lautrec, 1898

Guicciardini, Francesco [italien. guittʃar'di:ni], * Florenz 6. März 1483, † Arcetri bei Florenz 22. Mai 1540, italien. Politiker und Historiker. – Jurist; in florentin. und päpstl. Diensten; betrieb das Zustandekommen der Liga von Cognac (1526), wurde deren Generalkommissar. Sein 1537–40 verfaßtes Hauptwerk „Storia d'Italia" ist die erste Darstellung der Geschichte ganz Italiens.

Guide [frz. gid, engl. gaɪd, „Führer"], v. a. in Buchtiteln vorkommende Bez. für Reiseführer.

Guido II. [gu'i:do, 'gi:do] (Wido), † Herbst 894, Hzg. von Spoleto und Camerino. – Wurde 889 nach siegreicher Schlacht gegen Berengar I. von oberitalien. Bischöfen in Durchbrechung karoling. Vorrechtsansprüche zum König gewählt und 891 zum Kaiser gekrönt.

Guido von Arezzo [italien. 'gui:do] (G. Aretinus), *Arezzo (?) um 992, † 17. Mai 1050 (?), italien. Musiktheoretiker. – Führte die Notierung der Melodien auf Linien im Terzabstand (Tonbuchstaben als Schlüssel, Kolorierung der c- und f-Linie) sowie die Benennung der Hexachordtöne c-a mit den Silben ut-re-mi-fa-sol-la (↑Solmisation) ein. Die sog. **Guidonische Hand**, die Darstellung der Tonbuchstaben bzw. Solmisationssilben auf der geöffneten linken Hand zur Veranschaulichung von Tönen und Intervallen im Musikunterricht, kam erst nach G. auf.

Guido (Guy) **von Lusignan** [gy'i:do, 'gi:do], † 1194, König von Jerusalem (1186–90). – ∞ mit Sibylle, Schwester König Balduins IV.; verlor 1187 sein Kgr. an Sultan Saladin und mußte 1190 abdanken; 1192 entschädigte ihn Richard Löwenherz durch die Belehnung mit dem Kgr. Zypern.

Guignol [frz. giˈɲɔl], lustige Person des frz. Marionetten- und Handpuppentheaters, auch Bez. für das frz. Puppentheater.

Guigou, Paul [frz. giˈgu], *Villars (Vaucluse) 15. Febr. 1834, † Paris 21. Dez. 1871, frz. Maler. – Landschaften in der Tradition Corots. Seine pastos gemalten, lichterfüllten Bilder aus der Provence und der Camargue erwachsen aus präziser Naturbeobachtung.

Guilbert, Yvette [frz. gilˈbɛːr], *Paris 20. Jan. 1867, † Aix-en-Provence 2. Febr. 1944, frz. Diseuse. – Toulouse-Lautrec stellte sie als gefeierte Sängerin in Pariser Varietés in mehreren Lithographien dar. Später sang sie v. a. Volkslieder; auch Filmschauspielerin (u. a. in F. W. Murnaus Faustfilm, 1926).

Guildford [engl. ˈɡɪlfəd], engl. Stadt am Wey, 56 700 E. Verwaltungssitz der Gft. Surrey; anglikan. Bischofssitz; Univ., Museum; Theater. Maschinenbau und Braugewerbe. – Angelsächs. Gründung, mindestens seit 1257 Stadtrecht. – Spätnormann. Kirche Saint Mary (12. Jh.), Kathedrale (1936 ff.).

Guilhem de Cabestanh [frz. gijɛmdəkabɛsˈtã], provenzal. Troubadour der 2. Hälfte des 12. Jh. aus dem Roussillon. – Held der ältesten europ. Fassung der „Herzmäre"; einige kunstvolle Minnelieder sind überliefert.

Guillaume, Charles Édouard [frz. giˈjoːm], *Fleurier (Kt. Neuenburg) 15. Febr. 1861, † Paris 13. Juni 1938, frz. Physiker schweizer. Herkunft. – Entwickelte ab etwa 1897 die Nickellegierungen Invar und Elinvar mit extrem niedrigen Wärmeausdehnungskoeffizienten bzw. temperaturkonstanter Elastizität und setzte sie mit Erfolg in der Zeitmeßtechnik ein. Hierfür erhielt er 1920 den Nobelpreis für Physik.

Guillaume de Machault (Machaut) [frz. gijomdəmaˈʃo], *in der Champagne (Reims ?) zwischen 1300 und 1305, † Reims April 1377, frz. Dichter und Komponist. – Außer Gedichten sowie Versromanen sind mehr als 140 Kompositionen (Motetten, 1 Messe, Lais, Balladen, Rondeaux, Virelais) überliefert; bed. Vertreter der Ars nova. Neben die grundlegende Technik der isorhythm. Motette tritt bei ihm erstmals gleichrangig der Kantilenensatz.

Guillaume-Affäre [giˈjoːm], Spionagefall in der BR Deutschland, der u. a. zum Rücktritt W. Brandts als B.-Kanzler führte. In der Nacht vom 24. zum 25. April 1974 wurden Günter Guillaume (*1927), persönl. Referent des B.-Kanzlers, und seine Ehefrau Christel (*1927), Verwaltungsangestellte beim Bevollmächtigten des Landes Hessen in Bonn, wegen des dringenden Verdachts der Spionage für die DDR verhaftet. Das Ehepaar Guillaume wurde Ende 1975 wegen (schwerwiegenden) Landesverrats verurteilt, 1981 begnadigt und in die DDR entlassen.

Guillaume d'Orange [frz. gijomdɔˈrãːʒ] (Wilhelm von Orange, Wilhelm von Oranien), altfrz. Sagenheld, als dessen histor. Vorbild der karoling. Graf Wilhelm von Aquitanien († 812) gilt.

Guillemin, Roger [Charles Louis] [frz. gijˈmɛ̃], *Dijon 11. Jan. 1924, amerikan. Biochemiker frz. Herkunft. – Prof. am Salk Institute in San Diego (Calif.), extrahierte aus dem Hypothalamus von Schafen bestimmte Substanzen, die die Hypophyse zur Produktion und Abgabe bestimmter Hormone veranlassen. 1969 konnte er den Releaserfaktor TSH-RF des schilddrüsenstimulierenden (thyreotropen) Hormons TSH isolieren, dessen chem. Struktur (aus drei Aminosäuren bestehendes Peptid) aufklären und es auch synthetisieren. Später gelang ihm die Isolierung weiterer Peptide aus dem Hypothalamus. Er erhielt für diese Forschungsarbeiten (mit A. Schally und R. S. Yalow) 1977 den Nobelpreis für Physiologie oder Medizin.

Guillén [span. giˈʎen], Jorge, *Valladolid 18. Jan. 1893, † Málaga 6. Febr. 1984, span. Dichter. – Lebte 1938–77 in den USA. Klass. Formstreben verpflichtete Gedichte über Erscheinungen des Alltags, voller Begeisterung und Dank für die Wunder der Schöpfung, u. a. „Cántico" (1928: 75 Gedichte; bis 1950 auf 334 Gedichte erweitert).

G., Nicolás, *Camagüey 10. Juli 1902, † Havanna 16. Juli 1989, kuban. Lyriker. – Knüpft an die Folklore der Schwarzen und Mulatten an und verbindet sprachl., bildl. und rhythm. Intensität mit sozialrevolutionärer Aussage („Bitter schmeckt das Zuckerrohr", dt. Ausw. 1952; „Bezahlt mich nicht, daß ich singe", dt. Ausw. 1961).

Guilleragues, Gabriel Joseph de Lavergne, Vicomte de [frz. gijˈrag], *Bordeaux 18. Nov. 1628, † Konstantinopel 5. März 1685, frz. Schriftsteller. – Gilt als Verf. der lange M. ↑Alcoforado zugeschriebenen „Portugies. Briefe" (1669; dt. 1913 von R. M. Rilke).

Guilloche [gɪlˈjɔʃ; giˈjɔʃ; frz.], sehr genau ausgeführte, feine, verschlungene Linienzeichnung auf Wertpapieren, Urkunden u. a., um Fälschungen zu erschweren.

Guillotine [gɪljoˈtiːnə, gijoˈtiːnə; frz.], Hinrichtungsgerät der Frz. Revolution, durch das mittels eines in Führungsschienen schnell herabfallenden Beils der Kopf vom Rumpf getrennt wird (auch als *Fallbeil* bezeichnet; benannt nach dem frz. Arzt J. I. Guillotin (*1738, † 1814). Mit dem frz. Strafrecht wurde sie auch in dt. Ländern westlich der Elbe eingeführt.

Guimarães [portugies. gimɐˈrɐ̃iʃ], portugies. Stadt nö. von Porto; 22 000 E. Textilind. – 1250–1401 tagten in G. sechsmal die Cortes; erhielt 1853 Stadtrecht. – Auf einem Hügel liegt die mächtige Burg (10.–12. Jh.), etwas tiefer der got. Palast der Bragança (1420).

Guimarães Rosa, João [brasilian. gimaˈrɐ̃iʃ ˈrrɔza], *Cordisburgo 1908, † Rio de Janeiro 19. Nov. 1967, brasilian. Schriftsteller. – Sein Roman „Grande Sertão" (1956) gilt als das Epos Brasiliens. – *Weitere Werke:* Sagarana (En., 1946), Das dritte Ufer des Flusses (En., 1962).

Guimard, Hector [frz. giˈmaːr], *Paris 10. März 1867, † New York 20. Mai 1942, frz. Architekt und Dekorationskünstler. – Bed. Vertreter des Art nouveau (frz. Jugendstil), schuf u. a. das Castel Béranger (Paris, 1894–98) und die Pariser Metrostationen.

Guimerà, Ángel [katalan. gimɐˈra], *Santa Cruz de Tenerife 6. Mai 1849, † Barcelona 18. Juli 1924, katalan. Dichter. – Vorkämpfer der katalanischen Autonomiebestrebungen; schrieb neben lyr. Gedichten romant. und zeitweilig naturalist. [Vers]dramen: „Gala Placídia" (Trag., 1879), „Judith de Welp" (Trag., 1883) u. a.; bekanntestes Stück ist das Drama „Terra baixa" (1896), das die Grundlage für d'Alberts Oper „Tiefland" wurde.

Guimarães. Burg, 10.–12. Jahrhundert

Guilloche

Charles Édouard Guillaume

Roger Guillemin

Guinea

Guinea
Fläche: 245 857 km²
Bevölkerung: 7,27 Mill. E (1990), 29,6 E/km²
Hauptstadt: Conakry
Amtssprache: Französisch
Nationalfeiertag: 2. Okt. (Unabhängigkeitstag)
Währung: 1 Guinea-Franc (F.G.)
Zeitzone: MEZ −1 Stunde

Guinea

Staatswappen

Guinea (amtl.: République de Guinée), Republik in Westafrika, zw. 7° und 12° n.Br. sowie 8° und 15° w.L. **Staatsgebiet:** G. grenzt im NW an Guinea-Bissau, im N an Senegal und Mali, im SO an die Elfenbeinküste, im S an Liberia und Sierra Leone, im W an den Atlantik. **Verwaltungsgliederung:** 4 Regionen, untergliedert in 29 Prov. Internat. Mitgliedschaften: UN, OAU, ECOWAS; der EWG assoziiert.
Landesnatur: G. ist weitgehend ein Berg- und Tafelland. Hinter der 300 km langen, nur 50–90 km breiten Küstenebene erhebt sich der Fouta Djalon (durchschnittlich 1 500 m ü. d. M.). Hier entspringen die großen Flüsse Westafrikas (Niger, Senegal, Gambia u. a.). Nach O Übergang in das um 300 m ü. d. M. liegende Mandingplateau. Die höchste Erhebung liegt im äußersten SO, im Inselgebirge der Nimbaberge (1 752 m ü. d. M.).
Klima: G. liegt im Bereich der wechselfeuchten Tropen mit einer Regenzeit (April–Nov. an der Küste und im SO, Mai–Okt. im NO).
Vegetation: Dem Klima entsprechend sind im S Regenwälder verbreitet, im S Feucht-, im N und NO Trockensavannen. Die Hochflächen sind weitgehend entwaldet, sie tragen Grasfluren. An der Küste wachsen Mangroven und Kokospalmen.
Tierwelt: Verbreitet sind u. a. Elefanten, Büffel, Antilopen, Krokodile, Hyänen.
Bevölkerung: 47 % der Bev. gehören zur Manding-Sprach- und Kulturgruppe, 36 % sind Fulbe, daneben zahlr. kleinere ethn. Gruppen. 69 % sind Muslime, 30 % Anhänger traditioneller Religionen, daneben christl. Minderheiten. Eine 6jährige Grundschulpflicht besteht vom 7.–13. Lebensjahr. In Conakry gibt es eine Univ. (1984 gegr.), in Kankan eine polytechn. Hochschule.
Wirtschaft: Über 80 % der Bev. sind in der Landw. tätig. Vorherrschend sind kleinbäuerl. Betriebe, die für die Eigenversorgung bes. Reis, Hirse, Mais und Maniok erzeugen, den Lebensmittelbedarf des Landes aber nicht abdecken können. Für den Export werden Kaffee, Ananas, Bananen und Ölpalmen angebaut. Forstwirtschaft, Küsten- und Flußfischerei dienen ausschließlich dem Eigenbedarf. Wichtigster Wirtschaftszweig ist der Bergbau (95 % des Exportwertes). G. verfügt über etwa 30 % der gesamten Bauxitvorräte der Erde, die u. a. in Fria (hier Tonerderaffinerie), Boké, Dabola, bei Kindia und Tougué und in Ayékoyé abgebaut werden. Diamanten werden im Schwemmsand verschiedener Flüsse, Gold im NO gewonnen. Conakry und Kankan sind Hauptstandorte der verarbeitenden Ind. (Nahrungs- und Genußmittelind., Kfz- und Fahrradmontage, Zementwerk, Möbel-, Textil- und Schuhfabriken).
Außenhandel: Ausgeführt werden Bergbau- und Agrarerzeugnisse, eingeführt Lebensmittel, Textilien u. a. Gebrauchsgüter, Erdölprodukte, Ind.einrichtungen. Die wichtigsten Handelspartner sind die EG-Länder (bes. Frankreich), die USA und Kamerun.
Verkehr: Neben der Staatsbahn (Conakry–Kankan [662 km]) existieren Privatbahnen der Bergbauunternehmen (4 Linien mit insgesamt 399 km). Das Straßennetz ist 29 000 km lang, davon 1 300 km asphaltiert. Binnenschiffahrt auf dem oberen Niger. Überseehäfen in Conakry (Haupthafen) und Kamsar (Bauxitexport). Die nat. Air Guinée fliegt inländ. Orte sowie westafrikan. Hauptstädte an. Internat. ✈ bei Conakry.
Geschichte: Mindestens der O-Teil von G. lag im Einflußbereich der beiden afrikan. Großreiche Ghana und Mali; der Fouta Djalon bot einem kleineren, meist unabhängigen Herrschaftsbereich Schutz. 1880 gründeten die Franzosen am Rio Nunez Handelsniederlassungen; aber erst um 1890 hatten sie die ganze Küste des heutigen G. fest in der Hand. Bei der Durchdringung des Hinterlandes konnte der Widerstand Samory Tourés und des von ihm gegr. Reichs erst 1898 gebrochen werden. Die 1882 gegr. frz. Kolonie Rivières du Sud wurde zunächst von Senegal aus verwaltet; ab 1893 hieß sie Frz.-G.; gleichzeitig erhielt sie eine selbständige Verwaltung mit eigenem Gouverneur. 1946 wurde G. Mgl. der Frz. Union; 1957, als Frankreich seinen Überseeterritorien beschränkte innere Autonomie gewährte, wurde Sékou Touré (Enkel Samory Tourés) Min.präs.; 1958 erhielt G. die volle Selbständigkeit. Sékou Touré wurde Staatspräs., die Demokrat. Partei G. (PDG) Einheitspartei. Lücken in der Versorgung und daraus resultierende Unzufriedenheit in der Bev. wurden kompensiert durch eine gewisse Überpolitisierung; häufige Aufdeckungen von Verschwörungen (so 1966, 1969, 1970, 1972/73) mit darauf folgenden Verhaftungswellen und Hinrichtungen. Ab 1978 normalisierte G. seine Beziehungen zu zahlr. Staaten innerhalb und außerhalb Afrikas. Bei den Parlamentswahlen Anfang Jan. 1980 wurden die Kandidaten der Einheitspartei, bei den Präsidentschaftswahlen vom Mai 1982 Sékou Touré als Präs. bestätigt. Wenige Tage nach seinem Tod (26. März 1984) übernahm das Militär am 3. April 1984 in einem unblutigen Putsch die Macht. Neuer Staatspräs. wurde Oberst L. Conté (*1934) als Vors. des Militärkomitees für Nat. Erneuerung (CMRN). Die Staatspartei PDG und das Parlament wurden aufgelöst, die neue Verfassung von 1982 außer Kraft gesetzt. Ein Putschversuch des ehem. Min.präs. Oberst Traoré im Juli 1985 scheiterte an der Loyalität der Armee. 1990 sprach sich die Bev. in einem Referendum für eine neue Verfassung und die schrittweise Übergabe der Exekutivgewalt an eine Zivilreg. aus.
Politisches System: Die 1984 suspendierte Verfassung (Dez. 1990 Votum der Bev. für neue Verfassung) bezeichnete G. als präsidiale Republik. *Staatsoberhaupt* ist der Staatspräs., zugleich Vors. des Übergangskomitees für Nat. Erneuerung (CTRN; seit Jan. 1991 Nachfolgeorganisation des CMRN) und Vors. des Min.rats. Beim CTRN liegen *Exekutiv-* und *Legislativgewalt*. Polit. Parteien agieren nur illegal und vom Ausland her. Als *Gewerkschaft* wurde 1984 die Conféderation des travailleurs de Guinée (CTG) gegründet. Das *Gerichtswesen* ist praktisch ein Teil der allg. Verwaltung. Neben einem Hochgericht (für polit. Fälle) existieren Appellationsgerichtshof, Anklagekammer, Oberstes Kassationsgericht sowie Gerichte für Zivil- und Strafsachen.

Guinea-Bissau
Fläche: 36 125 km²
Bevölkerung: 998 000 E (1990), 27,6 E/km²
Hauptstadt: Bissau
Amtssprache: Portugiesisch
Nationalfeiertag: 24. Sept. (Ausrufung der Republik)
Währung: 1 Guinea-Peso (PG) = 100 Centavos (CTS)
Zeitzone: MEZ −1 Stunde

Guinea [engl. 'gɪnɪ] ↑ Guineamünzen.
Guinea, Golf von [gi...], Bucht des Atlantiks vor der westafrikan. Küste, zw. Kap Palmas und Kap Lopez mit den Inseln Bioko, Príncipe und São Tomé.
Guinea-Bissau (amtl. Vollform: República da Guiné-Bissau), Republik in Westafrika, zw. 10° 52′ und 12° 40′ n. Br. sowie 13° 38′ und 16° 43′ w. L. *Staatsgebiet:* G.-B. grenzt im N an Senegal, im O und S an Guinea, im W an den Atlantik, in dem die vorgelagerten Bissagosinseln liegen. *Verwaltungsgliederung:* 8 Regionen und das Stadtgebiet von Bissau. *Internat. Mitgliedschaften:* UN, OAU, ECOWAS; der EWG assoziiert.
Landesnatur: G.-B. ist ein Flachland in 30–40 m Meereshöhe. Die Küste ist stark gegliedert durch vorgelagerte Inseln und tief ins Land eingreifende Ästuare. In den Ästuaren sind die Gezeiten bis über 100 km flußaufwärts bemerkbar, durch den dadurch bewirkten Rückstau kommt es v. a. in der Regenzeit zu weiten Überschwemmungen.
Klima: Es herrscht randtrop. Klima mit einer Regenzeit von Mai–Anfang Nov.
Vegetation: Auf den Inseln und an der Küste Regen- und Mangrovewälder, die nach O in Feuchtsavanne übergehen.
Bevölkerung: Insgesamt leben etwa 25 Stämme in G.-B., bes. Balante, Fulbe, Malinke und Mandyak. 65 % sind Anhänger traditioneller Religionen, 30 % Muslime, 5 % Christen. Für das 7.–13. Lebensjahr besteht eine allg. Schulpflicht.
Wirtschaft: Es überwiegt die Landw. zur Selbstversorgung mit dem Hauptnahrungsmittel Reis, außerdem Bohnen, Mais und Maniok. Hauptexportkulturen sind Cashewnüsse, ferner Ölpalmen und Erdnüsse. Bedeutung gewinnt die Küstenfischerei. Die Ind. beschränkt sich auf die Verarbeitung landw. Produkte.
Außenhandel: 80–90 % der Ausfuhrgüter entstammen dem Agrarsektor. Eingeführt werden Lebensmittel, Maschinen und Fahrzeuge, Baustoffe und Erdölprodukte. Wichtigste Handelspartner sind die EG-Staaten (bes. Portugal), gefolgt von Thailand und Senegal.
Verkehr: Keine Eisenbahn. Vom 2 500 km langen Straßennetz sind 400 km asphaltiert. Überseehafen ist Bissau. Die nat. Fluggesellschaft Transportes Aéros da Guiné-Bissau (TAGB) befliegt In- und Auslandsrouten; internat. ✈ bei Bissau.
Geschichte: Die Portugiesen entdeckten diesen Teil der westafrikan. Küste 1446, besiedelten ihn aber erst 1588. 1879 wurde das Gebiet als „Portugies.-Guinea" selbständige Kolonie, 1951 Überseeprov. Seit 1961 entfalteten afrikan. Nationalisten eine rege Guerillatätigkeit; sie riefen am 24. Sept. 1973 die Republik G.-B. aus. Vors. des Staatsrates und damit Staatspräs. wurde L. Cabral. Nach der Revolution in Portugal 1974 erkannte die neue portugies. Reg. am 10. Sept. 1974 die Unabhängigkeit von G.-B. an. Die Einheitspartei PAIGC strebte zus. mit dem in Kap Verde regierenden Flügel der Partei den Zusammenschluß beider Staaten an. Die Furcht vor einer Vorherrschaft der Kapverdier in Partei und Staat löste am 14. Nov. 1980 einen Militärputsch einheim. Offiziere gegen Präs. Cabral aus. Nach dessen Sturz wurde J. B. Vieira (* 1939) Staatspräs. und Staatsratsvors.; die PAIGC teilte sich, die Kapverden nahmen seitdem eine eigenständige Entwicklung. Vieira, seit 1981 auch Generalsekretär der PAIGC, wurde 1984 und 1989 als Staatschef bestätigt.
Politisches System: Nach der Verfassung vom 16. Mai 1984 ist G.-B. eine „antikolonialist. und antiimperialist. Rep." und „revolutionäre Staatsdemokratie". *Staatsoberhaupt* und oberster Inhaber der *Exekutive* ist der Staatspräs. Er ist Vors. des Staatsrats und Oberbefehlshaber der Streitkräfte. Das Amt des Premiermin. wurde im Dez. 1991 wieder eingeführt. Die *Legislative* liegt bei der Nat. Volksversammlung, deren 150 Mgl. aus den 8 Regionalräten entsandt werden. Einzige polit. *Partei* war die Partido Africano de Independência da Guiné e Cabo Verde (PAIGC). Sie hat im Mai 1991 ihren Anspruch auf Alleinherrschaft aus der Verfassung gestrichen und die Zulassung weiterer politischer Parteien vorgesehen. Im *Rechtswesen* ernennt der Präs. des Staatsrates die Richter des Obersten Gerichtshofs.

Guineamünzen [gi...], aus Guineagold von verschiedenen europ. Kolonialmächten geprägte Münzen: Seit 1657 in Dänemark (**Guineadukaten**), 1683–96 auch von Brandenburg nachgeahmt; 1663–1816 war die **Guinea** die Hauptgoldmünze Englands (bzw. Großbritanniens), 1816 durch den Sovereign abgelöst, hielt sich als inoffizielle Rechnungseinheit bis in neueste Zeit.

Guinea-Peso [gi...], Währungseinheit in Guinea-Bissau; 1 PG = 100 Centavos (CTS).

Guineapfeffer [gi...] (Mohrenpfeffer, Xylopia aethiopica), baumartiges Annonengewächs der Regenwälder und Buschsteppen W-Afrikas mit gelben Blüten und längl., pfefferartig schmeckenden Früchten.

Guineastrom [gi...], warme, ostwärts fließende atlant. Meeresströmung vor der SW- und S-Küste W-Afrikas; Fortsetzung des nordäquatorialen Gegenstroms.

Guinizelli, Guido [italien. guinit'tsɛlli], *Bologna zw. 1230/40, † Monselice (Prov. Padua) um 1276, italien. Dichter. – Gilt als Begründer des ↑ Dolce stil nuovo; von Dante „Vater der italien. Dichtkunst" genannt.

Guinness, Sir (seit 1959) Alec [engl. 'gɪnɪs], *London 2. April 1914, engl. Schauspieler. – Sein subtiler, mit sparsamsten Mitteln größte Wirkung erzielender Spielstil macht G. zu einem der führenden brit. Schauspieler, bes. Shakespearerollen, spielte auch Ionesco. Zahlr. Filmrollen, u. a. „Adel verpflichtet" (1950), „Ladykillers" (1955), „Die Brücke am Kwai" (1957), „Unser Mann in Havanna" (1959), „Reise nach Indien" (1984). – Abb. S. 224.

Güiraldes, Ricardo [span. gui'raldes], *Buenos Aires 13. Febr. 1886, † Paris 8. Okt. 1927, argentin. Schriftsteller. – Bekannt v. a. durch den z. T. autobiograph. Bildungsroman „Das Buch vom Gaucho Sombra" (1926); außerdem avantgardist. Lyrik.

Guiro [span. 'giːro] (Guero), aus Kuba stammendes, lateinamerikan. Rhythmusinstrument, das aus einem mit Rillen versehenen ausgehöhlten Flaschenkürbis besteht.

Guinea-Bissau
Staatswappen

998
305
490
180
1970 1990 1970 1990
Bevölkerung Bruttosozial-
(in Tausend) produkt je E
(in US-$)

Stadt   Land
27%
73%
Bevölkerungsverteilung
1989

Industrie
Landwirtschaft
Dienstleistung
5% 25%
70%
Bruttoinlandsprodukt
1985

Alec Guinness

Henri I. de Lorraine, Herzog von Guise

Friedrich Gulda

Guisan, Henri [frz. gi'zã], *Mézières (Waadt) 21. Okt. 1874, †Pully (Waadt) 7. April 1960, schweizer. General. – 1939–45 General und Oberkommandierender der schweizer. Armee. Strategisch bedeutsam war seine Konzeption eines Réduit national im Alpenmassiv.

Guiscard, Robert, Hzg. von Apulien, ↑Robert Guiscard.

Guise [frz. gɥiːz, giːz], frz. Hzg.familie, Seitenlinie des Hauses Lothringen. – Stammvater war Claude I. de Lorraine (*1496, †1550). 1528 wurde die Gft. G. zur herzogl. Pairie erhoben. Maria (*1515, †1560), die Tochter von Claude I., war die Mutter Maria Stuarts. In den Hugenottenkriegen Anführer der Hl. Liga; 1675 erloschen. Bed. Vertreter:

G., Charles de Lorraine, Herzog von G., gen. Kardinal von Lothringen, *Joinville (Haute-Marne) 17. Febr. 1524, †Avignon 26. Dez. 1574, Erzbischof von Reims (seit 1538), Kardinal (seit 1547). – Unversöhnl. Gegner der Hugenotten; führte die Inquisition in Frankreich ein, entschied auf dem Tridentinum die Reformfrage im Sinne des Papstes.

G., Charles de Lorraine, Hzg. von Mayenne, *Alençon 26. März 1554, †Soissons 4. Okt. 1611, Thronprätendent. – Sohn von François I. de Lorraine. Ab 1588 Führer der Hl. Liga, übernahm er 1589 für den von der kath. Partei zum König proklamierten Kardinal Charles de Bourbon die Regentschaft und nach dessen Tod (1590) die Anwartschaft auf den Thron; konnte sich gegen Heinrich IV. nicht durchsetzen und unterwarf sich 1595.

G., François I. de Lorraine, Hzg. von G., *Bar-le-Duc 17. Febr. 1519, †Saint-Mesmin bei Orléans 24. Febr. 1563 (ermordet), Feldherr. – Sohn von Claude I. de Lorraine. Kämpfte erfolgreich gegen die Engländer und Kaiser Karl V.; 1558 nahm er Calais ein. Entfesselte mit dem „Blutbad von Vassy" (1. März 1562) die Hugenottenkriege.

G., Henri I. de Lorraine, Hzg. von G., gen. Le Balafré [„der Narbige"], *Joinville (Haute-Marne) 31. Dez. 1550, †Blois 23. Dez. 1588, Generalstatthalter. – Sohn von François I. de Lorraine; bei der Vorbereitung und Ausführung der Morde in der Bartholomäusnacht maßgeblich beteiligt. Gründete 1576 die ↑Heilige Liga und schloß 1585 ein Bündnis mit Spanien, um die frz. Krone zu erlangen; zwang Heinrich III. zu einem Vertrag, der die kath. Konfession als einzige im Staat duldete. Der König widersetzte sich v. a. der spanienfreundl. Politik, weshalb der Hzg. ihn durch den Pariser „Barrikadenaufstand" (Mai 1588) in seine Gewalt brachte. Heinrich III. ernannte ihn zum Generalstatthalter, ließ ihn aber bald darauf ermorden.

G., Marie de ↑Maria, Regentin von Schottland.

Guisui [chin. guεisuei], früherer Name der chin. Stadt ↑Hohhot.

Guitarre [gi...] ↑Gitarre.

Guitry, Sacha [frz. gi'tri], eigtl. Alexandre Pierre Georges G., *Petersburg 21. Febr. 1885, †Paris 24. Juli 1957, frz. Schriftsteller. – Urspr. Schauspieler; schrieb rund 130 Bühnenwerke, meistens Komödien, die bestes Pariser Boulevardtheater darstellen. Amüsant seine Autobiographie „Wenn ich mich recht erinnere" (1935); außerdem u. a. „Roman eines Schwindlers" (1936, auch als Film).

Guittone d'Arezzo [italien. guit'toːne da'rettso], gen. Fra G., *Arezzo um 1225, †Florenz um 1294, italien. Dichter. – Vorzüglich ausgebildet; bed. Prediger des Ordens „Cavalieri di Santa Maria"; schrieb der Troubadourlyrik verpflichtete Liebeslyrik, später als Geistlicher polit., religiöse und moral.-didakt. Lieder.

Guiyang [chin. guεi-jaŋ] (Kweijang), Hauptstadt der chin. Prov. Guizhou, 1,4 Mill. E. Univ. (gegr. 1958), TU, Fachhochschulen für Landw. und Medizin; Aluminium-, Eisen-, Stahlind., Maschinenbau; ✈.

Guizhou [chin. guεidʒou] (Kweitschou), Prov. in W-China, 170 000 km², 32,4 Mill. E (1990), Hauptstadt Guiyang. Überwiegend dünn besiedeltes, stark zerschnittenes Kalksteinplateau in durchschnittlich 1 000 m Höhe; den N durchziehen SW–NO streichende Bergketten. In den grundwassernahen Talungen und Becken werden Reis, Weizen, Mais, Kartoffeln und Tabak angebaut; außerdem Seidenraupenzucht und Tungölgewinnung. Die wichtigsten Bergbauprodukte sind Quecksilber, Kohle, Bauxit sowie Manganerze. Die Eisen- und Stahl-, Maschinenbau-, Elektro-, Reifen-, Zement- und Düngemittelind. ist v. a. in den Städten Guiyang und Zunyi ansässig.

Guizot, François [Pierre Guillaume] [frz. gi'zo], *Nîmes 4. Okt. 1787, †Val-Richer (Calvados) 12. Sept. 1874, frz. Historiker und Politiker. – Seit 1812 Prof. an der Sorbonne. Die reaktionäre Politik Karls X. machte ihn zum oppositionellen Vertreter der „Doktrinäre"; als Publizist von Einfluß auf den Ausbruch der Revolution von 1830. Unter dem Bürgerkönig Louis Philippe 1832–37 Erziehungsmin., 1840–48 Außenmin. und 1847/48 zugleich Min.präs. Widersetzte sich den Bestrebungen nach Wahlrechtsreform und Sozialgesetzgebung; nach der Februarrevolution 1848, zu der sein starres Verhalten entscheidend beitrug, zeitweilig im Exil. Schrieb historiograph. Werke.

Olaf Gulbransson. Karikatur der Tänzerin Isadora Duncan, Lithographie im „Simplicissimus", um 1901

Gujar (Gudschar) [gu:dʒar], ind. Volksstamm, der v. a. in den ind. B.-Staaten Gujarat, Punjab und Haryana lebt; rd. 2 Mill. Angehörige.

Gujarat [gu:dʒəˈrat], ind. B.-Staat, grenzt an Pakistan und das Arab. Meer; 196 024 km², 40,6 Mill. E (1990), Hauptstadt Gandhinagar. G. besteht fast gänzlich aus Tiefland. Das Klima wird durch den Monsunwechsel bestimmt. G. zählt zu den wichtigsten Baumwollanbaugebieten Indiens. Neben der Landw. stellen Forstwirtschaft sowie die Gewinnung von Erdöl, Kalkstein, Manganerzen, Bauxit, Gips und Salz bed. Erwerbszweige dar, daneben [petro]chem. Ind. sowie v. a. Textil- und Zementindustrie. Im 4./5. Jh. Teil des Guptareiches; im 8./9. Jh. von den Gudscharas beherrscht, nach denen das Gebiet seinen Namen erhielt; kam 1298 unter muslim. Herrschaft; 1403–1572 bestand ein unabhängiges Sultanat. Danach dem Mogulreich eingegliedert. Die Marathen beherrschten es seit 1758, mußten es aber 1818 an Brit.-Indien abtreten. 1960, als der ind. B.-Staat Bombay geteilt wurde, entstanden G. und Maharashtra.

Gujarati [gu:dʒəˈrati], offizielle Sprache des ind. B.-Staates Gujarat, etwa 37 Mill. Angehörige. Die heutige Literatursprache mit eigener Schrift entstand in der 2. Hälfte des 19. Jh. Sie wurde von M. K. Gandhi verwendet.

Gujranwala [engl. gʊdʒˈraːnwaːlə], pakistan. Stadt im mittleren Pandschab, 659 000 E. Traditionsreiches Handwerk, Metallverarbeitung, elektrotechn. Industrie.

Gujrat [engl. guːˈdʒrɑːt], pakistan. Stadt im nördl. Pandschab, 155 000 E. Möbel-, Lederwaren-, Textil- und Elektroind. – Im 16. Jh. gegründet.

Gu Kaizhi [chin. gukai̯dʒi̯] (Ku K'-ai-chih), * Wuxi 345 (?), † 406 (?), chin. Maler. – Berühmtester Vertreter der frühen chin. Figurenmalerei. In Haltung und Bewegung der Figuren wird deren seel. Reaktion ausgedrückt; Kopien sind erhalten.

Gül [pers. „Rose"], Achteckornament der turkmen. Teppiche.

GULAG [Abk. für russ. **G**lawnoje **U**prawlenije **Lag**erej], Hauptverwaltung des stalinist. Straflagersystems in der UdSSR 1930–55; in den ihr unterstehenden Lagern wurden insbes. in der Zeit der Zwangskollektivierung der Landw. sowie der „Säuberungen" (Große ↑ Tschistka) in den 30er Jahren, aber auch nach dem 2. Weltkrieg Mill. Menschen interniert. Der Name G. wurde der internat. Öffentlichkeit v. a. durch den literarisch-dokumentierenden Bericht „Der Archipel GULAG" (1974–76) von A. Solschenizyn bekannt.

Gulasch [zu ungar. gulyás (eigtl. „Rinderhirt") hús (eigtl. „Fleisch")„Pfefferfleischgericht, wie es von Rinderhirten gekocht wird"], urspr. ungar. Gericht aus in Würfel geschnittenem geschmortem Fleisch, Paprika und Tomaten.

Gulaschkanone ↑ Feldküche.

Gulbarga, ind. Stadt im B.-Staat Karnataka auf dem Dekhan, 454 m ü. d. M., 219 000 E. Baumwollind. und -handel. – Zahlr. Baudenkmäler aus dem 14. Jahrhundert.

Gulbenkian, Calouste [Sarkis], * Istanbul 14. April 1869, † Lissabon 20. Juli 1955, brit. Ölmagnat armen. Herkunft. – G. erwarb durch seine Ölgeschäfte eines der größten Vermögen der Erde; G. brachte nahezu sein gesamtes Vermögen, darunter eine umfangreiche Kunstsammlung, in eine Stiftung ein (Calouste-G.-Stiftung).

Gulbranssen, Trygve [norweg. ˈɡʉlbransən], * Christiania 15. Juni 1894, † Gut Hobøe bei Eidsberg 10. Okt. 1962, norweg. Schriftsteller. – Bekannt v. a. die Romantrilogie über ein norweg. Bauerngeschlecht auf Björndal („Und ewig sangen die Wälder", „Das Erbe von Björndal" [2. und 3. Teil], 1933–35).

Gulbransson, Olaf [norweg. ˈɡʉlbransɔn], * Christiania 26. Mai 1873, † Tegernsee 18. Sept. 1958, norweg. Maler, Zeichner und Karikaturist. – In München v. a. für die „Simplicissimus" tätig; auch Buchillustrator und Porträtist.

Gulda, Friedrich, * Wien 16. Mai 1930, östr. Pianist und Komponist. – Sein Repertoire umfaßt Werke vom Barock bis zur Moderne. G. tritt auch als Jazzpianist und -saxophonist hervor. Veröffentlichung: „Worte zur Musik" (1971).

Guldberg, Cato Maximilian [norweg. ˈɡʉlbærɡ], * Christiania 11. Aug. 1836, † ebd. 14. Jan. 1902, norweg. Mathematiker und Chemiker. – Auf Grund seiner experimentellen Untersuchungen, die G. mit P. Waage durchführte, stellten beide 1864 das ↑ Massenwirkungsgesetz auf.

G., Ove [dän. ˈɡulbɛr], eigtl. O. Høgh-G., * Horsens 1. Sept. 1731, † Hald 7. Febr. 1808, dän. Politiker. – 1761 Prof. in Sorø; schrieb die erste „Weltgeschichte" in dän. Sprache. G. leitete 1772 die Palastverschwörung gegen Struensee und bestimmte nach dessen Sturz als Sekretär des Geheimen Kabinetts die dän. Politik; 1784 entlassen.

Gulden [zu mittelhochdt. guldin pfennic „goldene Münze"] (mundartl. Gülden), numismat. Begriff mit sehr unterschiedl. Bed.; in vereinfachter Darstellung: 1. urspr. der Goldgulden; 2. Silbermünzen gleichen Wertes; 3. verschiedenwertige Rechnungs-G., die nicht immer auch als Münzen ausgeprägt wurden; 4. münztechn. Begriff für die nächste Zahlgröße unterhalb des Talers. *Deutschland* und *Österreich:* Der Gold-G. wurde als Zahlwert zunächst dem älteren Rechnungspfund gleichgestellt (= 20 Schillinge = 240 Pfennige) und verdrängte vielfach das Pfund als Rechnungsbegriff, als er im Kurswert stieg, ohne daß ihm noch ein geprägtes Geldstück entsprach (sog. Rechnungs-G., auch Zähl-G.); im 15. Jh. drang von Österreich aus die Neueinteilung des G. in 60 Kreuzer vor. Frühe Versuche, dem Gold-G. neue Silber-G. zur Seite zu stellen, knüpften teils an den inzwischen erreichten Kurswert des Gold-G. an, teils an ungeprägte Rechnungs-G. Das Bemühen, das G.-Kreuzer-System zur Grundlage der Reichswährung zu erheben, scheiterte am Widerstand der „Talerländer", endgültig 1566. Seit 1623 gab es nebeneinander v. a. den „G. rheinisch" = ⅔ Reichstaler oder den „G. fränkisch" = ⅚ Reichstaler = ¾ „G. rheinisch"; als Münze geprägt wurde nur der „G. rheinisch", stärker erst wieder seit etwa 1670. Er wurde als Münzeinheit der kaiserl. Erblande maßgeblich für den techn. Sprachgebrauch im Reichsmünzwesen. Dieser Zahl-G. oder Münz-G. entsprach vielfach ⅔ Rechnungstaler (in Österreich 1750/53 abgewertet, 1857 in 100 Neu-Kreuzer eingeteilt). In Süddeutschland brachte erst der Münchner Münzvertrag von 1837 eine einheitl. G.währung mit Ausprägung auch der Hauptrechnungseinheit als Münze (bis 1875). Nach 1871 setzte sich im Dt. Reich jedoch die Mark durch. Nach Einführung der Kronenwährung in Österreich (1892) blieben die Silber-G. als Zweikronenstücke kursfähig. – *Ungarn:* ↑ Forint. – *Niederlande:* Unabhängig von dt. G.sorten entstand 1601 ein Silber-G. zu 28 Stüvern; 1679 entstand ein neuer G. zu 20 Stüvern, seit 1816 zu 100 Cent, bis 1967 in Silber geprägt, seitdem in Kupfernickellegierung; 1973 ohne Goldbindung.

Guldengroschen ↑ Taler, ↑ Reichsguldiner.

Guldentaler ↑ Reichsguldiner.

Guldinsche Regeln [nach dem schweizer. Mathematiker P. Guldin, * 1577, † 1643], Regeln zur Berechnung von Oberfläche und Volumen. 1. Die Oberfläche eines Rotationskörpers ist gleich dem Produkt aus der Länge der erzeugenden Kurve und der Länge des Weges, den ihr Schwerpunkt beschreibt. 2. Das Volumen ist gleich dem Produkt aus dem Flächeninhalt der erzeugenden Fläche und der Länge des Weges, den ihr Schwerpunkt beschreibt.

Gulf Oil Corp. [engl. ˈɡʌlf ˈɔɪl ˈkɔːpəˈreɪʃən], eine der bedeutendsten Mineralölfirmen der Erde mit Aktivitäten auf den Gebieten Kohlenbergbau, Urangewinnung, Bau von Atomreaktoren; gegr. 1901, Sitz Pittsburgh (Pa.).

Güll, Friedrich Wilhelm, * Ansbach 1. April 1812, † München 23. Dez. 1879, dt. Kinderliederdichter. – Sehr beliebte Lieder, am bekanntesten „Vom Büblein auf dem Eis".

Gülle [zu mittelhochdt. gülle, eigtl. „Pfütze"], Gemisch aus Kot und Harn von Nutztieren (v. a. Rindern), das mit Wasser versetzt als Wirtschaftsdünger verwendet wird.

Gullstrand, Allvar, * Landskrona 5. Juni 1862, † Stockholm 30. Aug. 1930, schwed. Augenarzt. – Prof. in Uppsala. Forschungsarbeiten auf verschiedenen Gebieten der Augenheilkunde, u. a. Einführung der nach ihm benannten Spaltlampe (G.-Lampe) und des Augenspiegels; 1911 Nobelpreis für Physiologie oder Medizin.

Gully [ˈɡʊli; engl., zu gullet „Schlund" (von lat. gula „Kehle")], in die Fahrbahndecke eingelassener Schachtka-

Gulden. Niederländisches 10-Gulden-Stück, 1925 (Vorder- und Rückseite)

Allvar Gullstrand

GUM

Güls

sten, der oben zur Aufnahme des Regenwassers mit einem Rost abgedeckt ist und das Wasser in die Kanalisation abführt.

Güls, Ortsteil von ↑Koblenz.

Gült [mhd. gülte „Einkommen", „Zins", zu gelten], im *schweizer. Recht* wenig gebräuchl. Art des Grundpfandrechts, bei der Pfandrecht und Forderung in einem Wertpapier *(Pfandtitel)* verkörpert sind. Der Schuldner haftet nicht persönlich, sondern nur mit dem Verwertungserlös des Pfandes.

Gültigkeit ↑Validität.

GUM, Abk. für: **G**ossudarstwenny **u**niwersalny **m**agasin („staatl. Kaufhaus"), größtes Moskauer Kauf- und Warenhaus. – Abb. S. 225.

Gumbinnen (russ. Gussew), russ. Stadt an der Mündung der Rominte in die Pissa, Geb. Kaliningrad, 42 m ü. d. M., 20 000 E. Elektrotechn. Ind., Futtermittel-, Trikotagenfabrik. – 1722 Stadt; 1732–38 nach einem Plan des Königsberger Architekten J. L. Schultheiß von Unfried neu angelegt; im 2. Weltkrieg schwere Schäden.

Nikolai Stepanowitsch Gumiljow

Gumiljow, Nikolai Stepanowitsch [russ. gumi'ljɔf], *Kronstadt 15. April 1886, †Petrograd 24. Aug. 1921, russ. Dichter. – 1910–18 ⚭ mit A. A. Achmatowa; wegen Verdachts der Beteiligung an einer Verschwörung erschossen; 1986 rehabilitiert. Begann als Symbolist, später Akmeist. Mit seiner Begeisterung für alles Heroische und Abenteuerliche, seiner Entdeckung russ. Volksdichtung sowie frz. und exot. Volkspoesie von großem Einfluß.

Gumma [ägypt.-griech.-lat.], derb-elast., knotige Geschwulst, die im 3. Stadium der Syphilis auftreten kann; heute selten vorkommend.

Gummersbach, Krst. im Berg. Land, NRW, 203 bis 330 m ü. d. M., 48 300 E. Verwaltungssitz des Oberberg. Kr.; Abteilung der Fachhochschule Köln; u. a. Metall-, Elektro-, Kunststoff- und Textilind. – 1109 erstmals erwähnt; seit 1857 Stadt. – Roman. Kirche (12. Jh.) mit spätgot. Querhaus und Chor (15. Jh.); barockes ehem. Vogteihaus (1700).

Gummi [ägypt.-griech.-lat.], Vulkanisationsprodukt von Naturkautschuk und Synthesekautschuk, das im Ggs. zu den Ausgangsmaterialien die Elastizität beibehält. Der Herstellungsprozeß umfaßt ↑Mastikation und ↑Vulkanisation, z. T. unter Zusatz von Kautschukhilfsmitteln.

Geschichte: Der mittelamerikan. Naturkautschuk ist in Europa seit der Entdeckung Amerikas bekannt. Pietro Martire d'Anghiera beschrieb 1530 ein Ballspiel der Azteken, das mit G.bällen gespielt wurde. Ebenso kannten die Indianer auf Haiti, den Kolumbus auf seiner zweiten Reise zusammentraf, den G.ball. Die Maya fertigten aus G. grobe Schuhe und Flaschen. – Seit einem Vorschlag von J. Priestley (1770) wurde Kautschuk zum Radieren verwendet. Schläuche, luft- und wasserdichte Gewebe und elast. Stoffe waren die ersten industriell hergestellten Produkte. Der eigtl. Aufschwung der G.industrie begann mit der Erfindung der Vulkanisierung durch C. Goodyear (1844).

Gummiarabikum [nlat.], aus der Rinde verschiedener Akazienarten gewonnene, erhärtete, quellbare, wasserlösl. pektinartige Substanz als Klebstoff und Bindemittel.

Gummibaum

Gummibaum, (Ficus elastica) Feigenart in O-Indien und im Malaiischen Archipel; bis 25 m hoher Baum mit lederartigen, auf der Oberseite glänzend dunkelgrünen, bis 30 cm langen und bis 18 cm breiten Blättern; liefert Kautschuk; als Zimmerpflanze kultiviert.

▷ svw. ↑Kautschukbaum.

gummieren, eine Klebstoffschicht auf ein Material auftragen.

▷ in der *Textilindustrie* Latex oder Kunststoff (oft in mehreren Schichten) auf ein Gewebe auftragen, um es wasserdicht zu machen.

Gummifeder, aus einem Gummiklotz, der meist zwischen zwei Metallplatten oder -ringen einvulkanisiert ist **(Gummimetall),** bestehendes elast. Konstruktionselement, eingesetzt z. B. zur geräusch- und schwingungsisolierenden Aufhängung von Maschinen.

Gundermann. Gundelrebe

Gummifluß, Erkrankung von Steinobst- und Waldbäumen; aus der Rinde tritt ein gelber bis bräunl., gummiartiger Saft aus; Ursachen sind u. a. zu hohe Bodenfeuchtigkeit und Stammverletzungen.

Gummigutt [ägypt./malai.] (Gutti), grünlichgelbes Harz aus dem Wundsaft der südostasiat. Guttibaumgewächsart Garcinia hanburyi; Verwendung in der Farbenind. und als Abführmittel in der Tiermedizin.

Gummiharze, eingetrocknete Säfte und Harze v. a. von Guttibaumgewächsen. Sie bestehen aus einem in Wasser lösl. oder quellbaren gummiartigen Anteil und einem meist in Alkohol lösl. Harzanteil. G. (z. B. Gummiarabikum, Mastix) werden u. a. als Klebemittel, Verdickungsmittel sowie als Textilhilfsmittel verwendet.

Gundestrup. Der Silberkessel von Gundestrup, 2. oder 1. Jh. v. Chr. (Kopenhagen, Nationalmuseum)

Gummimetall ↑Gummifeder.

Gummistrumpf, aus elast. Gewebe gefertigter Strumpf zur Verhütung und Behandlung von Krampfadern oder zur Vermeidung von Thrombosen; verbessert u. a. bei erweiterten Beinvenen durch Zusammenpressen die Durchblutung und vermindert den im Stehen auftretenden Blutstau in den Beinen.

Gum-Nebel [engl. 'gʌm; nach dem austral. Astronomen C. Gum (*1924, †1960), der ihn 1952 entdeckte], größtes Objekt des Milchstraßensystems; eine Wasserstoffgaswolke, die den Überrest einer vor ungefähr 11 000 Jahren explodierten Supernova darstellt.

Gump ↑Gumpp.

Gumplowicz, Ludwig [...vitʃ], *Krakau 9. März 1838, †Graz 19. Aug. 1909 (Selbstmord), östr. Jurist und Volkswirt. – Prof. in Graz (1882–1908); einflußreicher Vertreter des Sozialdarwinismus, der in der Gewalt das primäre Element der Staatsentwicklung sah und den Klassenkampf als „Rassenkampf" deutete. Seine naturalist. Soziologie steht im Vorfeld faschist. Rassenideologie.

Gumpoldskirchen, Weinbauort am S-Rand des Wiener Beckens, Niederösterreich, 210 m ü. d. M., 3 000 E. Landw. Fachschule. – Pfarrkirche St. Michael (15. Jh.), ehem. Deutschordensschloß (15.–18. Jh.).

Gumpp (Gump), Tiroler Baumeisterfam., die im 17. und 18. Jh. v. a. in Innsbruck tätig war. *Christoph G. d. J.* (*1600, †1672) baute die frühbarocke Mariahilfkirche (1648/49) und die Wiltener Stiftskirche (1651–65), sein Sohn *Johann Martin G. d. Ä.* (*1643, †1729) die Spitalkirche (1701–05) und das Palais Fugger-Taxis (1679 ff.), dessen Sohn *Georg Anton G.* (*1682, †1754) das Landhaus der Tiroler Stände (1725–28).

Gumppenberg, Hanns Freiherr von, Pseud. Jodok Immanuel Tiefbohrer, *Landshut 4. Dez. 1866, †München 29. März 1928, dt. Schriftsteller. – Kabarettist („Die elf Scharfrichter") und Dramatiker; „Das teutsche Dichterroß in allen Gangarten geritten" (1901) enthält glänzende Parodien.

Gundahar (Gundaharius) ↑Gundikar.

Gundebald ↑Gundobad.

Gundelfingen a. d. Donau, Stadt am N-Rand des Donaurieds, Bay., 434 m ü. d. M., 6500 E. Metallverarbeitung, keram. Ind. – Stauf. Gründung, erhielt 1251 das Stadtrecht. 1268 kam die Stadt an die Wittelsbacher und gehörte 1505–1777 zu Pfalz-Neuburg.

Gundelfinger, Friedrich Leopold, dt. Literarhistoriker, ↑Gundolf, Friedrich.

Gundelrebe ↑Gundermann.

Gundelsheim, Stadt am Neckar, Bad.-Württ., 154 m ü. d. M., 6500 E. Heimatmuseum. U. a. Konservenfabrik, Pelzwarenveredelung, Weinbau. – Erstmals 766 erwähnt; 1378 Stadtrecht; 1805 an Württ. – Deutschordensschloß Horneck (im Bauernkrieg zerstört, 1724–28 wiederaufgebaut).

Gundermann (Glechoma), Gatt. der Lippenblütler mit fünf Arten im gemäßigten Eurasien. Einzige einheim. Art ist die **Gundelrebe** (Efeu-G., Glechoma hederacea), Blätter rundlich bis nierenförmig; Blüten violett oder blau, bisweilen rosa oder weiß, zu wenigen in Blütenständen; an Weg- und Waldrändern.

Günderode, Karoline von, Pseudonym Tian, * Karlsruhe 11. Febr. 1780, † Winkel (Rheingau-Taunus-Kreis) 26. Juli 1806 (Selbstmord), dt. Schriftstellerin. – Befreundet mit Clemens und Bettina Brentano. Schwermütige, z. T. ekstat. Gedichte, romant. Dramen und Phantasien.

Gundersen-Methode, in der Nord. Kombination angewendeter Austragungsmodus für den Kombinationslanglauf. Die Startreihenfolge ergibt sich aus dem Resultat des Sprunglaufs, der Führende startet zuerst, die anderen in entspr. Abständen (9 Punkte = 1 Minute). Wer den Langlauf als erster beendet, ist Sieger der Kombination.

Gundestrup [dän. 'gonəsdrob], dän. Ort bei Ålborg in Jütland, in dem 1891 in einem Moor der **Silberkessel von Gundestrup** gefunden wurde, ein reliefverziertes Kultgefäß, das bisher als ostkelt. Arbeit des 2. oder 1. Jh. v. Chr. angesehen wurde, vielleicht aber auch eine keltisch beeinflußte thrak. Arbeit des 2. Jh. v. Chr. aus N-Bulgarien ist.

Gundikar (Gundichar, Gundahar, Gundaharius), †436, burgund. König (nachweisbar seit 413) aus der Dyn. der Gibikungen. – Residenz war Worms; fiel 435 in die Prov. Belgica I ein, sein Heer wurde jedoch von den im Dienst des Aetius stehenden Hunnen vernichtet. G. ist der Gunther des „Nibelungenlieds".

Gunnera. Gunnera chilensis

Gundlach, Gustav, * Geisenheim 3. April 1892, † Mönchengladbach 23. Juni 1963, dt. Sozialwissenschaftler, Jesuit (seit 1912). – Seit 1961 Leiter der „Kath. Sozialwiss. Zentralstelle" in Mönchengladbach; Berater von Pius XI. und Pius XII.; Vertreter des ↑Solidarismus.

Gundobad [...bat] (Gundebald), †516, König der Burgunder (seit 480). – Ältester Sohn König Gundowechs; bestieg 480 mit seinen Brüdern gemeinsam den Thron; errang 501 die Alleinherrschaft und kämpfte 507 zus. mit Chlodwig I. gegen die Westgoten. Sein Name ist v. a. verbunden mit der burgund. Volksgesetzgebung, der **Lex Burgundionum** oder auch **Lex Gundobada.**

Gundolf, Friedrich, eigtl. F. Leopold Gundelfinger, * Darmstadt 20. Juni 1880, † Heidelberg 12. Juli 1931, dt. Literarhistoriker. – Seit 1916 Prof. in Heidelberg; stellte v. a. große Dichterpersönlichkeiten als Symbolgestalten ihrer Epoche dar, u. a. „Shakespeare und der dt. Geist" (1911), „Goethe" (1916), „George" (1920).

Gundremmingen, Gemeinde nö. von Günzburg, Bay., 1100 E. Altes Kernkraftwerk (Inbetriebnahme 1966, 1977 stillgelegt), seit 1984 neues Kernkraftwerk (1300 MW).

Gundulić, Ivan (Džıvo) [serbokroat. ˌgundulitɕ], italien. Giovanni Gondola, * Ragusa (= Dubrovnik) 8. Jan. 1589 (1588 ♀), † ebd. 8. Dez. 1638, ragusan. (kroat.) Dichter. – Schrieb große religiöse und histor. Epen („Die Osmanide", entstanden zw. 1622/38) und ein allegor. Schäferspiel.

Gunn, Neil Miller [engl. gʌn], * Dunbeath bei Wick 8. Nov. 1891, † Inverness 15. Jan. 1973, schott. Erzähler. – Stellt in seinen Romanen v. a. das Leben der Fischer und Hochlandbewohner seiner Heimat dar, u. a. „Frühflut" (R., 1931).

Gunnar, german. Sagengestalt, ↑Gunther.

Gunnarsson, Gunnar [isländ. 'gʏnarsɔn], * Valbjófsstaður 18. Mai 1889, † Reykjavík 21. Nov. 1975, isländ. Schriftsteller. – Schrieb zunächst in dän., später in isländ. Sprache Dramen, Erzählungen und v. a. große Romanzyklen über Leben und Geschichte in Island in künstlerisch vollendeter Prosa. – *Werke:* Die Leute auf Borg (R., 4 Bde., 1912–14), Strand des Lebens (R., 1914), Die Eidbrüder (R., 1918), Jon Arason (R., 1930), Die Eindalssaga (R., 1952).

Gunn-Diode [engl. gʌn], ein Halbleiterbauelement insbes. zur Erzeugung von Mikrowellen, dessen Wirkungsweise auf dem ↑Gunn-Effekt beruht; wird in Oszillatoren und Verstärkern im Mikrowellenbereich eingesetzt.

Gunn-Effekt [engl. gʌn], die von dem amerikan. Physiker J. B. Gunn 1963 entdeckte Erscheinung, daß eine konstante, relativ hohe elektr. Spannung (elektr. Feldstärken über 2000 V/cm) in bestimmten Halbleitern elektromagnet. Schwingungen im Mikrowellenbereich verursacht.

Gunnera [nach dem norweg. Botaniker J. E. Gunnerus, * 1718, † 1773], Gatt. der Meerbeerengewächse mit rd. 30 Arten auf der südl. Halbkugel; als riesige, rhabarberstaudenähnl. Blattzierpflanzen für Gärten und Parks wird u. a. **Gunnera chilensis** aus Chile, Ecuador und Kolumbien kultiviert; Blätter 1–2 m breit, stark runzelig, mit Stacheln auf Rippen und Blattstiel; Blütenstand bis 50 cm hoch, kolbenartig.

Gunpowder Plot [engl. ˈgʌnpaʊdəˈplɔt] ↑Pulververschwörung.

Güns, dt. für ↑Kőszeg.

Günsel [zu dem lat. Pflanzennamen consolida (von consolidare „festmachen"; wohl wegen der Wunden schließenden Wirkung)] (Ajuga), Gatt. der Lippenblütler mit rd. 50 Arten in Eurasien, Afrika und Australien; niedrige Kräuter oder Stauden mit rötl., blauen oder gelben Blüten in dichten Wirteln in den oberen Blattachseln; in M-Europa u. a. **Kriechender Günsel** (Ajuga reptans) mit blauen oder rötl. Blüten, auf Wiesen und in Laubwäldern.

Günstigkeitsprinzip ↑Tarifvertrag.

Gunther (Gunnar), german. Sagengestalt; im „Nibelungenlied" und in der Walthersage Bruder von Gernot, Giselher und Kriemhild, Gatte der Brunhild; mitschuldig an der Ermordung seines Schwagers Siegfried. – ↑Gundikar.

Gunther von Pairis, * in der 2. Hälfte des 12.Jh., † Anfang des 13. Jh., mittellat. Schriftsteller. – Mönch im Zisterzienserkloster Pairis bei Sigolsheim (Oberelsaß). Schrieb u. a. 1186/87 ein Epos über die Taten Kaiser Friedrichs I. („Ligurinus") und 1217/18 eine Geschichte Konstantinopels.

Günther, Agnes, geb. Breuning, * Stuttgart 21. Juli 1863, † Marburg a. d. Lahn 16. Febr. 1911, dt. Schriftstellerin. – Schrieb den schwärmer., religiös gefärbten Roman „Die Heilige und ihr Narr" (hg. 1913).

Friedrich Gundolf

Karoline von Günderode (zeitgenössischer Holzstich)

Günsel. Kriechender Günsel

Güntherianismus

G., Anton, *Lindenau (= Lindava, Nordböhm. Geb.) 17. Nov. 1783, †Wien 24. Febr. 1863, östr. kath. Theologe und Philosoph. – Versuchte auf der Basis einer Anthropologie eine Begründung des Christentums als Wiss., zugleich in der apologet. Absicht einer Neubegründung des kath. Dogmas (**Güntherianismus**). Seine Werke wurden 1857 auf den Index gesetzt.

G., Dorothee, *Gelsenkirchen 8. Okt. 1896, †Köln 18. Sept. 1975, dt. Gymnastiklehrerin und Schriftstellerin. – Gründete 1924 mit C. Orff die nach ihr ben. Schule für Gymnastik, Musik und Tanz, aus der das „Orff-Schulwerk" und die Lehrmethode „Elementarer Tanz" hervorgingen; verfaßte zahlr. Fachbücher.

G., Egon, *Schneeberg 30. März 1927, dt. Filmregisseur und Drehbuchautor. – Dreht Filme meist nach literar. Vorlagen; 1978–89 Drehverbot bei der DEFA; u. a.: „Lots Weib" (1965), „Junge Frau von 1914" (1969), „Erziehung vor Verdun" (1973), „Lotte in Weimar" (1975), „Die Leiden des jungen Werthers" (1976), „Exil" (1981), „Morenga" (1985), „Heimatmuseum" (1988), „Stein" (1991). – Schrieb auch Romane („Einmal Karthago und zurück", 1974).

G., Hans [Friedrich Karl], *Freiburg im Breisgau 16. Febr. 1891, †ebd. 25. Sept. 1968, dt. Naturwissenschaftler. – Prof. in Jena, Berlin und Freiburg im Breisgau. Seine vereinfachenden rassenkundl. Schriften (v. a. über das dt. und das jüd. Volk sowie die nord. Rasse) bildeten eine maßgebl. theoret. Grundlage der nat.-soz. Rassenideologie.

G., Herbert, *Berlin 26. März 1906, †München 19. März 1978, dt. Schriftsteller. – 1948 bis 1961 in Paris; verfaßte Lyrik, Erzählungen, Biographien, Essays sowie Reisebücher.

G., Ignaz, *Altmannstein (Oberpfalz) 22. Nov. 1725, †München 28. Juni 1775, dt. Bildhauer. – Seine Bildwerke vereinigen die frische Anmut des Rokoko mit der reinen Formgesinnung des Klassizismus. – Werke v. a. in südd. Kirchen: Rott a. Inn (1761/62), Weyarn (Obb.; um 1764), Starnberg (1766–68), Sankt Peter und Paul bei Freising (um 1765), Mallersdorf (1768), Nenningen bei Göppingen (1774).

G., Johann Christian, *Striegau 8. April 1695, †Jena 15. März 1723, dt. Dichter. – Seine Satiren führten zum Zerwürfnis mit der Familie; starb im Elend. Sein bed. Werk, Höhepunkt der dt. Barocklyrik, ist Ausdruck persönl. Erlebens und Leidens und weist damit über den Barock hinaus. – *Werke:* Die von Theodosio bereute Eifersucht (Trauerspiel, 1715), Dt. und lat. Gedichte (4 Bde., hg. 1724–35).

G., Matthäus, *Tritschenkreut (= Peißenberg) 7. Sept. 1705, †Haid bei Weilheim i. OB. 30. Sept. 1788, dt. Freskomaler. – Schüler von C. D. Asam; lichte, weiträumige Kompositionen, u. a. in der ehem. Benediktinerabteikirche in Amorbach (1745–47), in der Wiltener Pfarrkirche in Innsbruck (1754) und in der ehem. Benediktinerabteikirche in Rott a. Inn (1763).

Güntherianismus ↑Günther, Anton.

Guntur [engl. ɡʌnˈtʊə], Stadt im ind. Bundesstaat Andhra Pradesh, am W-Rand des Krishnadeltas, 367 000 E. Kath. Bischofssitz; Handels- und Verarbeitungszentrum für landwirtschaftl. Produkte, insbes. Tabak und Baumwolle.

Gunung Jaya [indones. ˈdʒaja] (Puncak Jaya), Berg auf Neuguinea, mit 5 033 m höchste Erhebung Indonesiens.

Günz, rechter Nebenfluß der Donau, entspringt (2 Quellflüsse) im Allgäu, mündet bei Günzburg; 54 km lang.

Günzburg, Krst. an der Mündung der Günz in die Donau, Bay., 448 m ü. d. M., 18 200 E. Verwaltungssitz des Landkr. Günzburg; Maschinenbau, Textil- und Nahrungsmittelind. – Das 1065 erstmals erwähnte, am Ort einer röm. Niederlassung gelegene G. kam 1301 an Habsburg und erhielt vermutlich 1303 das Stadtrecht. Seit Mitte des 15. Jh. Hauptsitz der Markgft. Burgau; 1805 an Bayern. – Liebfrauenkirche (1736–41; Rokoko); Renaissanceschloß (1560–1609; im 18. Jh. umgebaut); histor. Marktplatz.

G., Landkr. in Bayern.

Günzeiszeit [nach der Günz], Phase der ↑Eiszeit in S-Deutschland.

Gunzenhausen, Stadt am Oberlauf der Altmühl, Bay., 14 900 E. Elektro-, Metall- und Textilindustrie. – G. entwickelte sich im 13. Jh. zur Stadt und kam 1368 an die Burggrafen von Nürnberg; fiel 1805/06 an Bayern. – Spätgot. Pfarrkirche (Langhaus 1496), moderne Stadtpfarrkirche (1959/60), Türme der ehem. Stadtbefestigung.

Guo Moruo (Kuo Mojo) [chin. ɡuɔmɔruɔ], *Luoshan (Sichuan) 16. Nov. 1892, †Peking 12. Juni 1978, chin. Gelehrter und Schriftsteller. – Bed. Lyriker und Dramatiker, auch Übersetzer (u. a. Goethes „Faust"); Forschungen v. a. zum chin. Altertum.

Guo Xi (Kuo Hsi) [chin. ɡuɔɕi], *Wenxian (Prov. Henan) um 1020, †um 1090, chin. Maler. – Schuf symbolhafte heroische Landschaften; gilt als einer der größten chin. Landschaftsmaler.

Guppy [ˈɡʊpi, engl. ˈɡʌpɪ; nach R. J. L. Guppy (19. Jh.), der von Trinidad aus ein Exemplar an das Brit. Museum sandte] (Millionenfisch, Poecilia reticulata), im nö. S-Amerika, auf Trinidad, Barbados und einigen anderen Inseln heim. Art der Lebendgebärenden Zahnkarpfen; ♂ bis 3 cm lang, zierlich, schlank, mit äußerst variabler bunter Zeichnung; ♀ bis 6 cm lang, gedrungener, sehr viel unscheinbarer gefärbt; beliebter Warmwasseraquarienfisch.

Guptareich, Herrschaftsgebiet der nordind. Dyn. Gupta; entstand unter Tschandragupta I. (320 bis um 335). Die Großmachtstellung der Dyn. begr. Samudragupta (um 335–375). Von den ↑Hephthaliten um 500 vernichtet, gilt das G. als die klass. Zeit v. a. der Sanskritliteratur (Kalidasa).

Guragedialekte, 12 Sprachen sw. von Addis Abeba, gehören zum südäthiop. Zweig der semit. Sprachen Äthiopiens.

Guramis [malai.] ↑Fadenfische.

▷ Bez. für verschiedene Fischarten, z. T. Warmwasseraquarienfische; u. a. **Küssender Gurami** (Helostoma temmincki), südl. Hinterindien, Große Sundainseln, bis 30 cm lang, gelblichgrün, dunkel längsgestreift.

Gurdschara-Pratihara-Reich, hinduist. Großreich in N-Indien, das von 750 bis 850 von den Gurdscharas (↑Gudschar) beherrscht wurde. Letztes hinduist. Bollwerk gegen den Islam; das Reich endete 1018 mit der Eroberung von Kanauj durch Mahmud von Ghazni.

Gurjew [russ. ˈɡurjɪf], Gebietshauptstadt im W Kasachstans, am Fluß Ural, 149 000 E. PH, Heimatmuseum, Theater; Erdölraffinerie, chem. Ind.; Maschinenbau, Fleisch-, bei G. in Balykschi Fischverarbeitung; Hafen; ⚓. – 1645 gegründet.

Gurjewsk ↑Neuhausen.

Gurk, östr. Marktgem. in den sö. Gurktaler Alpen, Kärnten, 664 m ü. d. M., 1 400 E. Dommuseum; Wallfahrtsort

Guppy.
Wildform.
Oben: Männchen.
Unten: Weibchen

Johann Christian Günther
(zeitgenössische Radierung)

Matthäus Günther. Deckenfresko in der ehemaligen Benediktinerkirche in Rott a. Inn, Ausschnitt, 1763

Wintersport. – Pfarr- und ehem. Domkirche Maria Himmelfahrt (um 1140–1200), Krypta (1174) mit 100 Marmorsäulen und Grab der hl. Hemma; gehört zu den bedeutendsten roman. Bauwerken Österreichs.

G., östr. Bistum in Kärnten, Suffragan von Salzburg, 1070/72 errichtet; seit 1787 ist Klagenfurt Sitz von Bischof und Domkapitel. – ↑katholische Kirche (Übersicht).

G., linker Nebenfluß der Drau, entfließt dem Torersee in den Gurktaler Alpen, mündet östl. von Klagenfurt gemeinsam mit der Drau in den Völkermarkter Stausee; 120 km lang.

Gurke [mittelgriech.-westslaw.] (Garten-G., Cucumis sativus), Kürbisgewächs aus dem nördl. Vorderindien; einjährige, kriechende Pflanze mit großen, herzförmigen, 3- bis 5lappigen, rauhhaarigen Blättern, unverzweigten Blattranken, goldgelben, glockigen Blüten und fleischigen, längl. Beerenfrüchten mit platten, eiförmigen Samen (G.kerne); häufig in Treibhäusern gezogen. Man unterscheidet 1. nach der Anbauweise: Freiland-G., Gewächshaus-G. und Kasten-G., 2. nach der Verwendung: Salat-, Einlege-, Schäl- (Senf-) und Essig-G.; 3. nach der Form der Früchte: Schlangen-, Walzen- und Traubengurken.

Gurkenbaum (Baumstachelbeere, Averrhoa), Gatt. der Sauerkleegewächse mit zwei Arten: **Echter Gurkenbaum** (Blimbing, Averrhoa bilimbi) und **Karambole** (Averrhoa carambola) im malaiischen Gebiet; 10–12 m hohe Bäume mit säuerl., gurkenartigen, eßbaren Beerenfrüchten; als Obstbäume in den Tropen kultiviert.

Gurkenkraut, svw. ↑Borretsch.

Gurkha, Bez. für die autochthonen Bergvölker Nepals sowie für die polit. Führungsschicht Nepals. Als Söldner bildeten die G. seit 1815 eine Elitetruppe in der brit. Armee, wo es heute noch die „Brigade of Gurkhas" gibt (rd. 8 000 Mann; 6 Infanteriebataillone); überwiegend in Hongkong stationiert.

Gurktaler Alpen, zur Drau, Gurk und Mur entwässernde Gebirgsgruppe der Ostalpen, Österreich, im Eisenhut 2 441 m hoch.

Gurlitt, Cornelius, *Nischwitz bei Wurzen 1. Jan. 1850, †Dresden 25. März 1938, dt. Kunsthistoriker. – 1890–1920 Prof. an der TH in Dresden. Als Bahnbrecher der Barock- und Rokokoforschung übte er großen Einfluß auf die neubarocke Architektur aus.

G., Wilibald, *Dresden 1. März 1889, †Freiburg im Breisgau 15. Dez. 1963, dt. Musikforscher. – Sohn von Cornelius G.; studierte u. a. bei H. Riemann; gab das „Riemann Musiklexikon – Personenteil" (2 Bde., ^{12}1959–61) heraus und schrieb u. a. „J. S. Bach" (1936).

G., Wolfgang, *Berlin 15. Febr. 1888, †München 26. März 1965, dt. Kunsthändler und -verleger. – Gab Blätter der dt. Expressionisten heraus und setzte sich für die Künstler der Brücke ein (1915 ff. in Berlin).

Gurnemanz, greiser Ritter in Wolfram von Eschenbachs „Parzival"; führt den Knaben Parzival in das höf. Leben ein.

Gursprachen (Voltasprachen, voltaische Sprachen), eine der sechs Gruppen der Niger-Kongo-Sprachfam., rd. 5,5 Mill. Sprecher. Verbreitungsgebiet: Mali, Burkina Faso und südlich angrenzende Gebiete. Wichtige Sprachen: Senufo, Mossi, Dagbane, Gurenne, Gurma, Bargu.

Gurt, Band aus unterschiedl., sehr fest gewebtem textilem Material oder aus Leder.

▷ durchgehender oberer oder unterer Stab (Ober- oder Unter-G.) eines Fachwerkträgers bzw. Flansch eines Formstahls oder Holms.

Gürtelechsen (Gürtelschwänze, Wirtelschweife, Cordylidae), Fam. der Echsen in Afrika; starke Hautverknöcherungen bes. an Kopf und Schwanz; Schuppen in längs- und gürtelartigen Querreihen. Die Gatt. **Gürtelschweife** (Cordylus) hat 17 etwa 18–40 cm lange Arten, die am Nacken und v. a. am Schwanz stark bedornt sind; Färbung meist braun bis rotbraun. Bekannt sind das **Riesengürteltier** (Cordylus giganteus), bis 40 cm lang, mit großen, gebogenen Dornen bes. an Hinterkopf, Halsseiten und Schwanz und das **Panzergürteltier** (Cordylus cataphractus), bis 20 cm lang, mit kräftigen Stacheln an Hinterkopf, Rumpf, Seiten und Schwanz. Einen extrem langgestreckten und schlanken Körper haben die 40–65 cm langen Arten der **Schlangengürtelechsen** (Chamaesaura); Schwanz von etwa dreifacher Körperlänge, kann abgeworfen werden; Gliedmaßen weitgehend rückgebildet. Die Arten der Unterfam. **Schildechsen** (Gerrhosaurinae) sind etwa 15–70 cm lang; Schuppen panzerartig; mit dehnbarer Hautfalte längs der Körperseiten.

Gürtellinie ↑Boxen.

Gürtelmäuse, svw. Gürtelmulle (↑Gürteltiere).

Gürtelmulle ↑Gürteltiere.

Gürtelreifen ↑Reifen.

Gürtelringen ↑Glima.

Gürtelrose (Zoster, Herpes zoster), im Versorgungsgebiet einzelner Hautnerven halbseitig auftretende, bläschenbildende, schmerzhafte Viruskrankheit. Die Erkrankung beginnt mit leichter Beeinträchtigung des Allgemeinbefindens, leicht erhöhter Temperatur und neuralg. Schmerzen. Innerhalb von 2–3 Tagen treten dann gruppenweise hellrote, kleine Knötchen auf, die sich nach einigen Stunden in Bläschen umwandeln. Betroffen ist meist der Rumpf, auch das Gesicht im Bereich des Drillingsnervs. Die örtl. Lymphknoten sind regelmäßig beteiligt. Die G. dauert 2–4 Wochen, verläuft bei jüngeren Menschen gewöhnlich leicht, kann jedoch bei älteren Personen nach Abklingen der Hauterscheinungen noch neuralg. Schmerzen hinterlassen.

Gürtelschweife ↑Gürtelechsen.

Gürtelskolopender ↑Skolopender.

Gürteltiere (Dasypodidae), Fam. der Säugetiere (Unterordnung Nebengelenker) mit rd. 20 Arten in S- und N-Amerika; Körperoberseite von lederartigem oder verknöchertem, mit Hornplatten versehenem Panzer bedeckt, der sich am Rumpf aus gürtelartigen Ringen zusammensetzt, die durch eine unterschiedl. Anzahl von Hautfalten gegeneinander beweglich sind; ungeschützte Unterseite behaart; Kopf zugespitzt, mit stark verknöchertem Schild auf der Oberseite und vielen (bis 90) gleichgebauten Zähnen; Gliedmaßen relativ kurz, vordere sehr kräftig entwickelt, mit starken Grabkrallen. Das größte G. ist das rd. 1 m lange,

Gurke. Pflanze mit Blüte und junger Frucht

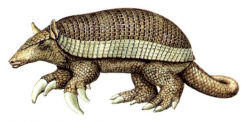

Gürteltiere. Riesengürteltier

sandfarbene bis schwarzbraune **Riesengürteltier** (Priodontes giganteus), Schwanz 50 cm lang. Die Gattungsuntergruppe **Gürtelmulle** (Gürtelmäuse, Chlamyphorina) hat zwei 12–18 cm lange Arten; Körper maulwurfähnlich, am Hinterende abgestutzt, vom verknöcherten Beckenschild bedeckt, übriger Hautknochenpanzer reduziert; Schwanz sehr kurz. Die Gatt. **Weichgürteltiere** (Dasypus) hat vier dunkel- bis gelblichbraune, 35–55 cm lange Arten in S- und im südl. N-Amerika; Schwanz etwa 25–45 cm lang, mit Knochenringen bedeckt; Hautknochenpanzer dünn und weich; Kopf schmal, mit langen, tütenförmigen Ohren.

Gürtelwürmer (Clitellata), weltweit verbreitete Klasse etwa 0,1 cm–3 m langer Ringelwürmer, v. a. in Binnengewässern und an Land lebend; zwittrige Tiere mit einem (zumindest zur Fortpflanzungszeit) gürtelartigen Wulst **(Clitellum),** der Schleim zur Bildung des Eikokons ausscheidet. Man unterscheidet die beiden Ordnungen Wenigborster und Blutegel.

Gürtner, Franz, *Regensburg 26. Aug. 1881, †Berlin 29. Jan. 1941, dt. Jurist und Politiker. – Mgl. der Bayer. Mittelpartei; 1922–32 bayr. Justizmin., 1932–41 Reichs-

Gurtung

justizmin. (1934–41 zugleich preuß. Justizmin.); schloß 1935 durch die Reichsjustizreform die Übertragung der Landesjustizverwaltungen auf das Reich ab.

Gurtung, in der *Bautechnik* die Gesamtheit der ↑Gurte eines Fachwerkträgers.

▷ im *Wasserbau* die zur Versteifung einer Spundwand dienende Konstruktion.

Guru [Sanskrit-Hindi, eigtl. „gewichtig", „ehrwürdig"], in Indien geistl. Lehrer und Führer zum Heilsweg.

Gurvitch, Georges [frz. gyrˈvitʃ], * Noworossisk 2. Nov. 1894, † Paris 12. Dez. 1965, frz. Soziologe. – Seit 1934 Prof. in Bordeaux und Straßburg; 1940–45 Emigrant in den USA, 1948 Prof. in Paris; Vertreter einer dialektisch orientierten Wissenssoziologie, die die engen wechselseitigen Beziehungen zw. der Gesellschaft und den jeweiligen Theorien über die Gesellschaft betont.

Gürzenich, Festsaalbau in Köln, der 1441–47 als städt. Fest- und Tanzhaus erbaut und 1952–55 nach Kriegszerstörung wiederhergestellt wurde. Im G. finden die Konzerte des städt. (seit 1888) G.*orchesters* (gleichzeitig Orchester des Kölner Opernhauses) und des G.*chores* statt. Das Orchester geht zurück auf die 1827 begründete „Concert-Gesellschaft in Cöln", deren Konzerte seit 1857 im G. stattfanden. Zu den G.-Kapellmeistern zählen F. Hiller (1850–84), F. Wüllner (1884–1902), F. Steinbach (1902–14), H. Abendroth (1915–34), E. Papst (1936–44), G. Wand (1946–73), Y. Ahronovitch (1975–86), M. Janowski (seit 1986).

GUS, Abk. für: **G**emeinschaft **U**nabhängiger **S**taaten [russ. Sodruschestwo nesawisimych gossudarstw], am 8. Dez. 1991 in Minsk zunächst von ↑Rußland, der ↑Ukraine und ↑Weißrußland gegr. lockerer Staatenbund, dem am 21. Dez. 1991 bei einem Treffen in Alma-Ata 8 weitere ehem. sowjet. Republiken (↑Aserbaidschan, ↑Armenien, ↑Kasachstan, ↑Kirgisien, ↑Moldawien, ↑Tadschikistan, ↑Turkmenistan und ↑Usbekistan) beitraten. Höchstes Organ der GUS ist der Rat der Staatsoberhäupter (mit rotierender Präsidentschaft); weitere koordinierende Institutionen (u. a. ministerielle Komitees) wurden gebildet; v. a. in den Bereichen Militär- und Wirtschaftspolitik traten seit 1992 jedoch zunehmend versch. Lösungen in den Vordergrund. Die GUS übernahm als Nachfolgeorganisation der ehem. ↑Sowjetunion deren völkerrechtl. Verbindlichkeiten (insbes. die internat. Abrüstungsverträge); als Mgl. wurden 1992 in die ↑Konferenz über Sicherheit und Zusammenarbeit in Europa und den Kooperationsrat der NATO aufgenommen. Zur Stützung des polit. und wirtsch. Reformprozesses wurde 1992 ein internat. Hilfsprogramm in Höhe von 24 Mrd. Dollar aufgelegt.

Gusana, Ruinenstätte, ↑Tall Halaf.

Gusinde, Martin, * Breslau 29. Okt. 1886, † Mödling 19. Okt. 1969, dt. Ethnologe. – Mgl. der Steyler Missionare, Prof. in Santiago de Chile, Innsbruck, Sevilla, Washington, Nagoya; Forschungsreisen nach Südamerika und Afrika. Schrieb u. a. „Die Feuerland-Indianer" (3 Bde., 1931–38), „Von gelben und schwarzen Buschmännern" (1966).

Gusle (Gusla) [serbokroat.], südslaw. Streichinstrument mit ovalem Korpus, gewölbtem Boden, einer Decke aus Fell und einem griffbrettlosen, mit geschnitztem Tierkopf verzierten Hals. Die einzige, über einen Steg laufende Saite aus Roßhaar wird mit einem halbmondförmigen Bogen angestrichen und mit den Fingern von der Seite her abgeteilt. Mit der in Kniehaltung gespielten G. begleitet sich der **Guslar** gen. Spieler beim Vortrag ep. Gesänge.

Gusli [russ.], russ. Volksmusikinstrument, ähnlich der finn. ↑Kantele, eine Brettzither unterschiedl. Größe und Form (Flügel-, Trapez-, Rechteckform) mit früher 5–7, später 18–32 Saiten, die mit den Fingern oder mit Plektron angerissen werden.

Gußeisen, verschiedene, durch Gießen zu verarbeitende Eisensorten, deren Kohlenstoffgehalt um oder über 2 % liegt. Die Gefügeausbildung wird wesentlich vom C- und vom Si-Gehalt beeinflußt, wie aus dem G.*diagramm (Maurer-Diagramm)* deutlich wird. Darin bedeuten:

stabiles System	ferritisch: kein Eisencarbid, nur Graphit in Ferrit (weich)
metastabiles System	ledeburitisch: Ledeburit und Perlit; Hartguß.

Die G.sorten werden durch Gußzeichen folgendermaßen gekennzeichnet: GG Grauguß, GGL Grauguß mit lamellarem Graphit, GGG Grauguß mit Kugelgraphit (Sphäroguß), GH Hartguß, GT Temperguß, GTW Temperguß weiß, GTS Temperguß schwarz. **Grauguß** *(graues G.):* Eisengußwerkstoff mit meist mehr als 2 % Kohlenstoff, dessen größerer Teil als lamellarer Graphit im Gefüge enthalten ist und dem Bruch eine graue Farbe verleiht. Wegen der niedrigen Festigkeit des Graphits und seiner Anordnung im Gefüge hat Grauguß nur eine geringe Zugfestigkeit, der Graphit dämpft aber Schwingungen.

Sphäroguß *(sphärolith. G.):* Durch Behandlung der G.schmelze z. B. mit Cer oder Magnesium wird die Ausscheidung des Graphits in Form von Kugeln (Sphärolithen) erreicht. Sphäroguß ist schmiedbar.

Hartguß *(weißes G.):* Durch Manganzusatz zur G.schmelze und schnelles Abkühlen wird eine Erstarrung nach dem metastabilen Eisen-Kohlenstoff-Diagramm erzielt, d. h., der Kohlenstoff scheidet sich in Form von Zementit aus. Hartguß hat weit höhere Härte als Grauguß, bessere Festigkeitseigenschaften, hohe Verschleißfestigkeit und ein helles, weißes Bruchaussehen.

Temperguß: Durch langdauerndes Glühen *(Tempern)* über mehrere Tage läßt sich aus *Temperrohguß* (entspricht dem Hartguß) der sog. Temperguß herstellen, der sich gegenüber Grauguß durch seine Zähigkeit und Bearbeitbarkeit auszeichnet. Der Kohlenstoff wird dabei flockenförmig als *Temperkohle* ausgeschieden. Der Temperguß vereinigt in sich die guten Gießeigenschaften des Graugusses mit einer nahezu stahlähnl. Zähigkeit, ist schweißbar und gut zerspanbar.

Die Gießverfahren wurden auch künstlerisch genutzt. In Europa trat der Eisenkunstguß sich breit im 15. Jh. auf, insbes. wurden reliefverzierte *Ofenplatten* für Kastenöfen hergestellt, im Barock kamen Gitter, Brunnen und Türen hinzu. Die Feingußverfahren des 18. Jh. führten zu einer Blüte im Klassizismus. Im 19. Jh. wurde G. zunehmend im Brücken- und Hallenbau eingesetzt.

Gussew [russ. ˈgusıf] ↑Gumbinnen.

Güssing, östr. Bez.hauptstadt im Burgenland, 229 m ü. d. M., 4200 E. Mittelpunkt eines landw. Umlandes; Fremdenverkehr; Mineralwasserversand, Nahrungsmittel- und Lederwarenind. – Burg (12./13. Jh., 16. und 17. Jh.); Stadtpfarrkirche (um 1200).

Gußstahl ↑Stahlguß.

Gustafsson [schwed. ˌgʊstavsɔn], Greta Lovisa ↑Garbo, Greta.

G., Lars, * Västerås 17. Mai 1936, schwed. Schriftsteller. – Setzt sich in Lyrik und Prosa mit philosoph. und sprachtheoret. Problemen auseinander. – *Werke:* Der eigtl. Bericht über Herrn Arenander (Prosa, 1966), Herr Gustafsson persönlich (autobiograph. R., 1971), Wollsachen (R., 1973), Das Familientreffen (R., 1975), Der Tod eines Bienenzüchters (R., 1978), Die Tennisspieler (R., 1979), Trauermusik (R., 1984), Die dritte Rochade des Bernard Foy (R., 1986).

Gustav, Name von schwed. Herrschern:

G. I. (G. Eriksson Wasa), * Rydboholm 12. Mai 1496 oder 3. Mai 1497, † Stockholm 29. Sept. 1560, König (seit 1523). – 1521 zum Reichsverweser, 1523 auf dem Reichstag zum König gewählt (Stammvater des königl. Hauses Wasa). Die Einführung der Reformation (1527) ermöglichte ihm, durch Einziehung der Klöster- und Kirchengüter die Schulden bei Lübeck zu tilgen und eine Kriegsflotte zu bauen. Durch Teilnahme an der Grafenfehde auf dän. Seite befreite er Schweden von der Macht Lübecks und der Hanse. Auf dem Reichstag 1544 machte er Schweden zur Erbmonarchie des Hauses Wasa.

Martin Gusinde

Lars Gustafsson

Gusle

G. II. Adolf, *Stockholm 19. Dez. 1594, ⚔ bei Lützen 16. Nov. 1632, König (seit 1611). – Sohn Karls IX. Ermöglichte unter maßgebl. Mitwirkung seines Kanzlers, A. G. Graf Oxenstierna, mit einer Reihe innerer Reformen (u. a. Neuordnung der Zentralverw. und der Rechtsprechung, Heeresreform, Forcierung der wirtschaftl. Entwicklung) die schwed. Großmachtpolitik des 17. Jh. Führte siegreiche Kriege gegen Dänemark (1611–13), Rußland (1614–17) und Polen (1621–29; Eroberung Livlands). Da er die Ausbreitung der kaiserl. Macht an der Ostsee und eine kath. Restauration befürchtete, griff G. II. A. 1630 in den ↑ Dreißigjährigen Krieg ein. Schloß mit Frankreich den Vertrag von Bärwalde (1631) gegen Habsburg; rettete die schwer bedrängten prot. Fürsten durch Siege bei Breitenfeld (1631) und bei Rain am Lech (1632); fiel in der Schlacht bei Lützen gegen Wallenstein.

G. III., *Stockholm 24. Jan. 1746, †ebd. 29. März 1792 (ermordet), König (seit 1771). – Schränkte durch einen unblutigen Staatsstreich 1772 die Rechte des Reichstags ein; begrenzte das Ämterrecht des Adels; führte 1788–90 einen erfolglosen Krieg gegen Rußland; förderte Kunst und Wissenschaft.

G. IV. Adolf, *Stockholm 1. Nov. 1778, † Sankt Gallen 7. Febr. 1837, König (1792–1809). – Sohn Gustavs III.; schloß sich 1805 der 3. Koalition gegen Napoleon I. an, verlor jedoch 1806 Vorpommern mit Rügen an Frankreich; mußte 1808 Finnland an Rußland abtreten; durch einen Staatsstreich 1809 abgesetzt und des Landes verwiesen.

G. V., *Schloß Drottningholm 16. Juni 1858, †ebd. 29. Okt. 1950, König (seit 1907). – Sohn Oskars II., ∞ seit 1881 mit Prinzessin Viktoria von Baden (*1862, †1930). Während seiner Regierungszeit setzte sich die parlamentar. Demokratie in Schweden durch. Während des 1. und 2. Weltkriegs trat G. für eine strikte Neutralität ein.

G. VI. Adolf, *Stockholm 11. Nov. 1882, † Hälsingborg 15. Sept. 1973, König (seit 1950). – Sohn Gustavs V.; in 2. Ehe seit 1923 ∞ mit Lady Louise Mountbatten (†1965); führte als Archäologe v. a. Grabungen in Griechenland und Italien durch.

Gustav-Adolf-Werk der Evangelischen Kirche in Deutschland, seit 1946 Vereinigung zur materiellen und geistl. Unterstützung der ev. Diaspora, hervorgegangen aus dem 1832 gegr. Gustav-Adolf-Verein.

Gustav-Wasa-Lauf ↑ Wasa-Lauf.

Güster, svw. ↑ Blicke (Karpfenfisch).

Gusto [lat.-italien.], Geschmack, Neigung.

Philip Guston. Ohne Titel, Ausschnitt, 1958 (Privatbesitz)

Guston, Philip [engl. ˈɡʌstən], *Montreal (Kanada) 27. Juni 1913, †Woodstock (N. Y.) 7. Juni 1980, amerikan. Maler. – Zunächst von de Chirico, später von dem mexikan. Revolutionsmalerei beeinflußt, entwickelte er sich schließlich zum bed. Vertreter des abstrakten Expressionismus.

gustoso [italien.], musikal. Vortragsbezeichnung: mit Geschmack, zurückhaltend.

Güstrow [...tro], Krst. südlich von Rostock, Meckl.-Vorp., 8 m ü. d. M., 37 000 E. PH, Museen. Landmaschinenbau, Textil- und Zuckerind. – Von Heinrich von Rostock (1219–26) auf dem linken Nebelufer als Stadt gegr.; 1235–1436 Residenz von Mecklenburg-Werle sowie von 1520/56 bis 1695 von Mecklenburg-G. – Renaissanceschloß (1558–94; im 19. Jh. und 1964–70 restauriert); got. Dom (nach 1226) mit bed. Ausstattung, u. a. Apostelfiguren von C. Berg (nach 1530) und Ehrenmal von Barlach (1927); spätgot. Marktkirche (nach 1503 bis um 1522 und 19. Jh.); klassizist. Rathaus; Theater (1828/29); Bürgerhäuser (16.–18. Jh.); spätgot. Gertrudenkapelle heute Barlach-Gedenkstätte, ebenso sein ehem. Atelier.

G., Landkr. in Mecklenburg-Vorpommern.

Gut, Besitz (z. B. in der Formel Hab und Gut), insbes. landw. [Großgrund]besitz.

▷ in der *Wirtschaft* Mittel zur Befriedigung menschl. Bedürfnisse. Es werden unterschieden: **freie** und **wirtschaftliche Güter,** wirtsch. Güter sind durch Knappheit gekennzeichnet, freie Güter stehen in beliebiger Menge zur Verfügung; **Real-** und **Nominalgüter,** Nominalgüter sind Geld und Ansprüche auf Geld, ihnen stehen alle anderen Güter als Realgüter gegenüber; **materielle** und **immaterielle Güter,** materielle Güter sind körperlich, immaterielle unkörperlich, materielle Realgüter können der sog. Sachgüter, die unbewegl. (Immobilien) oder bewegl. Natur (Mobilien) sein können, immaterielle Realgüter sind z. B. Arbeitsleistungen und Dienste sowie Informationen, Nominalgüter sind stets immaterielle Güter; **Konsum-** und **Investitionsgüter,** Konsumgüter dienen unmittelbar der Bedürfnisbefriedigung, Investitionsgüter der Herstellung von Konsumgütern, wobei ein und dasselbe G. sowohl als Konsum- als auch als Investitions-G. verwendet werden kann; **private** und **öffentliche Güter,** private Güter können unter Ausschluß anderer Wirtschaftssubjekte individuell genutzt bzw. konsumiert werden, während bei öffentl. Gütern die Möglichkeit einer gemeinsamen Nutzung besteht; **komplementäre** und **substitutive Güter,** komplementäre Güter ergänzen einander, z. B. Pkw und Reifen, substitutive Güter ersetzen einander, z. B. Süßstoff und Zucker.

▷ in der *Technik* Bez. für den einem bestimmten Prozeß zu unterwerfenden oder unterworfenen Stoff (z. B. Fördergut).

▷ *seemänn.* Bez. für die Gesamtheit der Taue und Seile in der Takelage eines Schiffes (stehendes G., z. B. Wanten, Stage, Pardunen; laufendes G., z. B. Fallen, Schoten).

Gutach (Schwarzwaldbahn), Gem. und Luftkurort im Mittleren Schwarzwald, Bad.-Württ., 300 m ü. d. M., 2 200 E. Freilichtmuseum Vogtsbauernhof (1570); bekannte Volkstracht (Bollenhut).

Gutachten, allg. [mündl. oder schriftl.] Aussage eines Sachverständigen in einer sein Fachgebiet betreffenden Frage.

▷ im *Recht*: 1. Aussagen eines Sachverständigen über den Beweisgegenstand vor Gericht. Sie betreffen gewöhnlich Tatsachenfragen. Durch das G., das der freien Beweiswürdigung unterliegt, soll dem Gericht fehlende Sachkunde ersetzt werden. Ein nicht von Amts wegen, sondern von einer Prozeßpartei in Auftrag gegebenes G. (Privat-G., bes. im Zivilprozeß) kann nur als Urkunde gewürdigt oder der Gutachter als Zeuge vernommen werden. 2. Beurteilung der Rechtslage in einem bestimmten Einzelfall (Rechts-G., Votum). 3. bindende Feststellung von bestimmten Tatsachen (z. B. Schaden, Wert, Preis) durch den Schiedsgutachter.

Gutäer, altoriental. Bergvolk aus Gutium im nordwestiran. Sagrosgebirge, das um 2100 v. Chr. das zerfallende Reich von Akkad zerstörte und etwa 40 Jahre Babylonien weitgehend beherrschte; in der Überlieferung als Schreckensherrschaft dargestellt.

Gutbrod, Rolf, *Stuttgart 13. Sept. 1910, dt. Architekt. – Lehrte ab 1953 an der TH bzw. Univ. Stuttgart; bes. hervorragende Bauten sind die mit A. Abel entworfene Stuttgarter Liederhalle (1954–56), der mit F. Otto erbaute

Güstrow
Stadtwappen

Gustav II. Adolf.,
König von Schweden
(Ausschnitt aus einem
Gemälde von Anthonis
van Dyck, um 1630)

Gustav III.,
König von Schweden
(Ausschnitt aus einem
Gemälde von
Alexander Roslin,
1777)

Gustav VI. Adolf,
König von Schweden

Johannes Gutenberg. Seite der Gutenbergbibel (Mainz, Gutenberg-Museum)

Dt. Pavillon in Montreal (1966/67) sowie das Kunstgewerbemuseum in Berlin (1981–85).

Gute (das Gute), Maßstab (Prinzip) für die zustimmende Beurteilung von Gegenständen, Zuständen, Ereignissen, insbes. Handlungen oder Sätzen; v. a. im philosoph., theolog. und religionswiss. Sprachgebrauch für den Seinsbereich, dem meist das ↑Böse entgegengesetzt wird. – In der *Religionswissenschaft* bezeichnet „das G." ein sittl. Verhalten, das einer übergreifenden und daher verpflichtenden Ordnung entspricht, die in monotheist. Religionen auf Gott als „das höchste Gut" („summum bonum") zurückgeführt wird und keine Autonomie des Ethischen gegenüber dem Religiösen, sondern nur ein sakrales Ethos des persönl. Angerufenseins kennt. – In der *Philosophie* wird der Maßstab „gut" verschieden bestimmt und angewendet (↑Wertphilosophie). Die Frage nach dem G. ist primär als die Frage nach dem Begründungsmaßstab menschl. Handlungsnormen gestellt worden. Grundlegend ist dafür die von Aristoteles ausgearbeitete Unterscheidung des „um eines anderen willen" G. und des „um seiner selbst willen" G., die von der gesamten nachfolgenden Tradition übernommen und variiert worden ist; hierbei wird unterschieden zw. der Nützlichkeit (Geeignetheit, Dienlichkeit) eines Mittels zu einem angegebenen Zweck und der Gerechtfertigtheit des Zweckes, für den ein Mittel nützlich ist. Der Rechtfertigungsmaßstab für Zwecke ist dabei seit Platon und Aristoteles immer wieder in einem allerdings verschieden bestimmten höchsten Gut[en] („summum bonum") gesehen worden.

Gutedel (Chasselas, Fendant), Rebsorte; Trauben groß, mit runden, hell- bis gelbgrünen *(Weißer G.)* oder zartbraunen *(Roter G.)* Beeren; liefert leichte, säurearme Weine (v. a Markgräfler Land, Elsaß, Westschweiz und Südfrankreich).

gute Dienste (frz. bons offices, engl. good offices), im *Völkerrecht* die Herstellung von Verbindungen zw. Staaten, die sich miteinander im Streit befinden, durch einen am Streit nicht beteiligten Dritten, um direkte Verhandlungen zw. den Beteiligten und damit eine friedl. Streitbeilegung zu ermöglichen.

Gutehoffnungshütte Aktienverein AG, Abk. GHH, dt. Maschinenbauunternehmen; fusionierte 1986 mit der MAN Maschinenfabrik Augsburg-Nürnberg AG zur MAN AG; Sitz München.

Gute Luise ↑Birnen (Übersicht).

Gutenberg, Johannes, eigtl. Gensfleisch zur Laden gen. G., *Mainz zw. 1397/1400, † ebd. 3. Febr. 1468, erster dt. Buchdrucker. – Erfinder des Buchdrucks mit bewegl. Metallettern. 1434–44 in Straßburg nachweisbar, 1448 in Mainz bezeugt, seit Anfang 1450 war J. Fust Teilhaber. G. muß um 1450 die Technik der Herstellung völlig gleicher, auswechselbarer Metalltypen (Legierung aus Blei, Zinn, Antimon und Zusatz von Wismut) mittels Handgießinstrument beherrscht haben. Er hatte mehrere Typen: die Bibeltype, kleine und große Psaltertype, Donat-Kalender-(DK-)Type sowie zwei kleinere „Brotschriften" (Ablaßbriefe). Die 42zeilige Bibel („G.bibel") ist das Hauptzeugnis der G.-Fustschen Gemeinschaftsdruckerei. Sie war spätestens im Frühsommer 1456 vollendet. Wie groß der Anteil P. Schöffers († 1502 oder 1503) ist, der um 1452 zum Bibeldruck kam, ist unsicher. Die 30zeiligen Ablaßbriefe stammen wohl ebenfalls aus der Gemeinschaftsdruckerei, während die 31zeiligen Ablaßbriefe (1454) und die Kleindrucke der DK-Type vielleicht von einem Gesellen G. in dessen „Hausdruckerei" hergestellt wurden; denn zw. Fust und G. kam es zum Prozeß und anscheinend ist Fust das Druckgerät mitsamt einem Teil der Typen zugesprochen worden. Jedenfalls nennt das prachtvolle (Dreifarbendruck) Mainzer Psalter (1457) in seinem – dem ältesten – Impressum als Drucker nur J. Fust und P. Schöffer. 1458 war G. zahlungsunfähig (Straßburger Zinsschulden). Die verbesserte DK-Type hat er offenbar nach Bamberg verkauft (Bibeldruck). Mit finanzieller Hilfe des Stadtsyndikus K. Humery konnte G. um 1459 eine neue Druckerei einrichten, aus der das 1460 vollendete „Mainzer Catholicon" hervorging (ein lat. Lexikon für die Bibelexegese). – In Mainz wurde 1900 ein G.-Museum eingerichtet.

Güterabwägungsprinzip, das Prinzip, ein rechtlich geschütztes höherwertiges Gut im Konfliktfall dem geringerwertigen Gut vorzuziehen, z. B. beim ↑Notstand.

Güterbahnhof ↑Bahnhof.

Güterfernverkehr, nach dem GüterkraftverkehrsG i. d. F. vom 10. 3. 1983 die für andere erfolgende Beförderung von Gütern mit Kraftfahrzeugen über die Grenzen der **Nahzone** (↑Güternahverkehr) hinaus. Zugelassene Lastzüge tragen ein Genehmigungsschild mit farbigem Schrägstrich (mit folgenden Bedeutungen): *rot:* allg. G., zugelassen für In- und Ausland; *blau:* Bezirks-G., 150 km um den Standort; *rosa:* internat. G., grenzüberschreitende Transporte; *gelb:* Möbelfernverkehr.

Gütergemeinschaft, der kraft Ehevertrags eintretende Güterstand, bei dem das Vermögen der Ehegatten grundsätzlich gemeinschaftl. **(Gesamtgut)** Vermögen ist (§§ 1415–1482 BGB). Zum Gesamtgut gehört auch das Vermögen, das Mann oder Frau während der G. erwerben. Vom Gesamtgut ausgenommen sind nur einzelne Gegenstände, die als ↑Sondergut oder als ↑Vorbehaltsgut jedem Ehegatten allein gehören. Das Gesamtgut wird je nach Vereinbarung vom Mann oder der Frau, mangels Vereinbarung von beiden Ehegatten verwaltet. Für Verbindlichkeiten beider Ehegatten haftet grundsätzlich das Gesamtgut. Für die persönl. Schulden jedes Ehegatten gegenüber Dritten haften zunächst Vorbehalts- und Sondergut, außerdem aber auch das Gesamtgut. Die G. endet durch Auflösung der Ehe (für den Todesfall eines Ehegatten kann fortgesetzte G. [mit den Kindern] festgelegt werden), durch Ehevertrag oder Gestaltungsurteil (das einen *wichtigen Aufhebungsgrund* voraussetzt). Die G. ist dann auseinanderzusetzen (↑Auseinandersetzung).

Nach *östr. Recht* (§§ 1233 ff. ABGB) kann die G. im Ehepakt vereinbart werden. Sie begr. Miteigentum am Gesamtgut nach vereinbarten Quoten. – Im *schweizer. Recht* gilt eine dem dt. Recht im wesentlichen entsprechende Regelung.

guter Glaube (lat. bona fides), im Recht die Überzeugung, daß man sich bei einer bestimmten Handlung oder in einem bestimmten Zustand in seinem guten Recht befinde, bes., daß man Rechte vom Berechtigten erworben habe,

Gutglaubensschutz

Ggs.: böser Glaube. – ↑Gutglaubensschutz, ↑gutgläubiger Erwerb.

Guter Hirt, im Anschluß an Joh. 10, 1–16 entstandenes Bildmotiv der christl. Kunst: der Hirte symbolisiert Jesus Christus.

Güterkraftverkehrsgesetz, BG i.d.F. vom 10. 3. 1983 über die Beförderung von Gütern mit Kraftfahrzeugen. Es macht *Güterfernverkehr* und *Güternahverkehr* von der Erteilung einer Genehmigung bzw. einer Erlaubnis abhängig und begr. bes. Tarifpflichten [zur Bildung marktgerechter Beförderungsentgelte]; es regelt ferner die Pflichten der am Beförderungsvertrag Beteiligten. Das G. ist Instrument zur volkswirtsch. sinnvollen Aufgabenteilung der Verkehrsträger und dient u. a. zur Regelung des Verhältnisses von Schiene und Straße.

Güterkursbuch ↑Fahrplan.

Güternahverkehr, die für andere erfolgende Beförderung von Gütern mit Kraftfahrzeugen in der **Nahzone,** d. h. innerhalb eines Umkreises von 50 km vom **Standort** (= Sitz des Unternehmens) des Fahrzeugs.

Güterrecht ↑Güterstände.

Güterrechtsregister, öff., beim Amtsgericht geführtes Register, das dazu bestimmt ist, für den Rechtsverkehr bedeutsame, von der gesetzl. Allgemeinregelung abweichende güterrechtl. Verhältnisse von Ehegatten zu verlautbaren (z. B. Eheverträge; einseitige Rechtsgeschäfte, v. a. Entziehung der sog. Schlüsselgewalt). Einsicht ist jedermann gestattet. Eintragungen werden auf Antrag beider (ausnahmsweise eines) Ehegatten bewirkt. Die Richtigkeit der Eintragung wird nicht vermutet.

Gütersloh, Albert Paris, eigtl. A. Conrad Kiehtreiber, *Wien 5. Febr. 1887, † Baden bei Wien 16. Mai 1973, östr. Schriftsteller. – War Schauspieler und Maler, schrieb expressionist., später sinnenbejahende Romane mit kath. Grundhaltung. „Die tanzende Törin" (R., 1913), „Sonne und Mond" (R., 1962), „Die Fabel von der Freundschaft" (R., 1969).

Gütersloh, Krst. im östl. Münsterland, NRW, 78 m ü. d. M., 83 000 E. Museum, botan. Garten; Druckerei- und Verlagswesen. Herstellung von Haushaltsmaschinen, Möbelind., Metallverarbeitung. – Vermutlich im 11. Jh. gegr., stand unter der Landeshoheit der Grafen von Tecklenburg; 1815 an Preußen, seit 1825 Stadt.

G., Kreis in Nordrhein-Westfalen.

Guter Hirt auf einem Fußbodenmosaik unter der Basilika von Aquileja, 4. Jahrhundert

Güterstände (ehel. G.), verschiedenartige Gestaltungstypen für das **eheliche Güterrecht,** d. h. die vermögensrechtl. Beziehungen von Ehegatten, über die sie weitgehend frei bestimmen können. Sie haben die Wahl zw. den durch Ehevertrag zu vereinbarenden vertragl. G. (Gütergemeinschaft oder Gütertrennung) und dem gesetzl. Güterstand, der Zugewinngemeinschaft. Für Ehegatten in den Ländern der ehem. DDR, die beim Wirksamwerden des Beitritts zur BR Deutschland im gesetzl. Güterstand der Eigentums- und Vermögensgemeinschaft des Familiengesetzbuches der DDR gelebt und nichts anderes vereinbart haben, gilt ab 3. 10. 1990 der gesetzl. Güterstand der Zugewinngemeinschaft. Bis zum Ablauf von 2 Jahren nach dem Beitritt kann jedoch jeder Ehegatte vor dem Kreisgericht erklären, daß die Eigentums- und Vermögensgemeinschaft fortgelten soll.

Nach *östr. Recht* ist die Gütertrennung gesetzl. Güterstand, durch Ehepakt kann die Gütergemeinschaft vereinbart werden. – In der *Schweiz* ist seit 1. 1. 1988 die **Errungenschaftsbeteiligung** gesetzl. Güterstand. Das Eigentum der Ehegatten bleibt getrennt, jeder benutzt und verwaltet sein Vermögen selbst. Bei der Auflösung des Güterstandes wird jeder Ehegatte am Gewinn des anderen beteiligt.

Gütertrennung, nicht im BGB geregelter Güterstand, bei dem jeder Ehegatte sein eigenes Vermögen selbst verwaltet und (soweit nicht für den Familienunterhalt erforderlich) auch selbst nutzt; jedoch kann ihm die Pflicht zur Rücksichtnahme auf den anderen Ehegatten gewisse Schranken auferlegen. G. tritt ein: 1. als vertragl. Güterstand kraft Ehevertrags; 2. als außerordentl. Güterstand kraft Gesetzes bei Aufhebung der ↑Zugewinngemeinschaft durch rechtskräftiges Urteil auf vorzeitigen Zugewinnausgleich, bei Beendigung der Gütergemeinschaft durch rechtskräftiges Aufhebungsurteil, bei ehevertragl. Ausschluß oder bei Aufhebung der Zugewinngemeinschaft ohne Vereinbarung eines anderen Güterstandes, ferner bei Ausschluß des Zugewinn- oder Versorgungsausgleichs und bei Aufhebung der Gütergemeinschaft. – Zum *östr.* und *schweizer. Recht* ↑Güterstände.

Güterverkehr, Beförderung von Gütern durch Verkehrsmittel wie Eisenbahn, Kraftfahrzeuge, Schiffe, Luftfahrzeuge und Rohrleitungen.

Güterwagen ↑Eisenbahn.

gute Sitten ↑Sittenwidrigkeit.

Güteverfahren, obligator. Verfahren im arbeitsrichtl. Prozeß erster Instanz mit dem Zweck, zu Beginn der mündl. Verhandlung vor dem Vors. eine gütl. Einigung der Parteien herbeizuführen (§ 54 ArbeitsgerichtsG). Der Vors. hat mit den Parteien das gesamte Streitverhältnis zu erörtern; bei gütl. Einigung wird ein Prozeßvergleich abgeschlossen. Andernfalls wird die streitige Verhandlung anberaumt.

Güteverhandlung, Teil der mündl. Verhandlung, welcher der gütl. Beilegung des Rechtsstreits oder einzelner Streitpunkte im Rahmen eines ↑Sühneversuchs dient.

gute Werke, in der Religionsgeschichte Bez. für Taten, die dem Willen Gottes oder den Forderungen der Ethik entsprechen. Sie gehören in den Bereich der sittl. Tugenden (z. B. Almosengeben), können aber auch in kult. Handlungen bestehen. – In der *christl. Theologie* sind die g. W. umstritten. Die Theologie der reformator. Kirchen erwartet ↑Rechtfertigung allein aus dem Glauben, nicht von der Leistung g. W.; die kath. Theologie hält die im Stand der Gnade vollbrachten g. W. für den Menschen verdienstlich und heilsnotwendig.

Gütezeichen, Wort- und/oder Bildzeichen, die eine bestimmte Qualität von Erzeugnissen und Leistungen garantieren und dem Verbraucher das Warenvergleichen erleichtern sollen (z. B. „Wollsiegel"). G. können in die ↑Zeichenrolle eingetragen werden.

Gutglaubensschutz, der Schutz des redl. Partners eines Rechtsgeschäfts vor Rechtsnachteilen. Er vollzieht sich zumeist in der Weise, daß Wirksamkeitsmängel eines Rechtsgeschäfts geheilt werden. – Ein Rechtsgeschäft ist grundsätzlich nur wirksam, wenn seine sämtl. Tatbestandsmerkmale (= Wirksamkeitsvoraussetzungen) erfüllt sind. In bes. geregelten Ausnahmefällen, in denen auf seiten eines Beteiligten ein bestimmtes Tatbestandsmerkmal fehlt, läßt die Rechtsordnung jedoch aus Gründen der *Verkehrssicherheit* und des *Vertrauensschutzes* die *Heilung* dieses Mangels zu, sofern für das fehlende Tatbestandsmerkmal ein sog. *Rechtsschein* besteht und darüber hinaus der andere Be-

Albert Paris Gütersloh

Reine Schurwolle

Gütezeichen

gutgläubiger Erwerb

teiligte das in Wirklichkeit nicht erfüllte Tatbestandsmerkmal für gegeben hält. Ein Rechtsschein kann u. a. auf einer unrichtigen Eintragung im Grundbuch oder auf einer inhaltlich unrichtigen Urkunde (z. B. Erbschein) beruhen. Kein G. findet z. B. beim Fehlen der Geschäftsfähigkeit statt. – In *Österreich* und in der *Schweiz* gelten dem dt. Recht im wesentlichen entsprechende Regelungen.

gutgläubiger Erwerb, ein Ausfluß des Gutglaubensschutzes. Hauptfall: der Rechtserwerb von einem Nichtberechtigten. Gutgläubig kann von einem Nichtberechtigten erworben werden: 1. *Eigentum:* a) an bewegl. Sachen, die jedoch nicht abhanden gekommen sein dürfen (↑ abhandengekommene Sachen), § 935 BGB. Erforderlich ist zum g. E. neben der Einigung, daß der Erwerber vom Veräußerer den unmittelbaren Besitz an der Sache erlangte und guter Glaube (hier = keine Kenntnis und auch nicht auf grober Fahrlässigkeit beruhende Unkenntnis vom fehlenden Eigentum des Veräußerers) vorlag; b) an Grundstücken. Voraussetzungen: vorhandene Eintragung des Veräußerers im Grundbuch, Fehlen eines Widerspruchs, guter Glaube (hier = Unkenntnis vom fehlenden Eigentum des Veräußerers [ohne Rücksicht auf Verschulden]); 2. *andere dingl. Rechte:* an bewegl. Sachen und an einem Grundstück; 3. *Forderungen:* wenn sie in Inhaberpapieren oder in ordnungsgemäß indossierten Orderpapieren verkörpert sind.

Guthaben, Habensaldo eines Kontos (Gutschriften übersteigen Belastungen).

Guthrie [engl. ɡʌθri], Sir (seit 1961) Tyrone, * Royal Tunbridge Wells 2. Juli 1900, † Newbliss (Irland) 15. Mai 1971, engl. Regisseur. – Bed. Shakespeareinszenierungen, u. a. am Old Vic und Sadler's Wells Theatre, deren Leitung er 1939–45 innehatte. 1962 Gründung des ersten ständigen Repertoire-Theaters Nordamerikas in Minneapolis.
G., Woody, eigtl. Woodrow Wilson G., * Okemah (Okla.) 14. Juli 1912, † New York 3. Okt. 1967, amerikan. Folksänger. – Stellte in über 1000 Songs das arme Amerika dar. Viele seiner Kompositionen, die sein Sohn, der Folk- und Bluessänger **Arlo Guthrie** (* 1947), z. T. in sein Repertoire übernahm, wurden Bestandteil der US-Folklore.

Guti [indian.] (Goldaguti, Dasyprocta aguti), im nördl. S-Amerika weit verbreitete, bis 40 cm körperlange Art des Aguti mit hohen, sehr dünnen Beinen; Haare dicht und glänzend, überwiegend dunkel graubraun.

Ludwig Güttler

Karl Gutzkow

Guti mit Jungtier

Gutland, Gebiet südlich der Ardennen und der Eifel in Luxemburg und östlich der Sauer um Bitburg, Deutschland, etwa 1760 km².

Gutschein, Urkunde, mit der sich der Aussteller zu einer Leistung an den Inhaber oder den in der Urkunde Genannten verpflichtet. G. können Inhaberzeichen (§ 807 BGB) oder ↑ Schuldscheine sein.

Gutschkow, Alexander Iwanowitsch [russ. gutʃˈkof], * Moskau 26. Okt. 1862, † Paris 14. Febr. 1936, russ. Politiker. – 1905 Mitbegründer und Vors. der ↑ Oktobristen, 1910/11 Präs. der Duma. Nahm zus. mit W. Schulgin am 15. März 1917 in Pleskau von Kaiser Nikolaus II. dessen Abdankungsurkunde entgegen. Emigrierte 1918.

Gutschrift, 1. in der doppelten Buchführung jede Buchung auf der Habenseite eines Kontos, Ggs. Lastschrift; 2. Mitteilung an den Begünstigten über eine entsprechende Buchung (z. B. Rechnungsnachlaß).

Gutsgerichtsbarkeit ↑ Patrimonialgerichtsbarkeit.

Gutsherrschaft, Bez. für eine vom 15. bis 19. Jh. in O-Mitteleuropa vorherrschende fortentwickelte Form der Grundherrschaft. Kennzeichen sind der ausgedehnte, arrondierte Besitz, der Besitz der Ortsherrschaft und meist die beherrschende Stellung der herrschaftl. Gutswirtschaft im Dorfverband. Der **Gutsherr** war Obrigkeit in vollem Umfang, der **Gutsbezirk** ein Territorialstaat im kleinen. Im Verlauf der ↑ Bauernbefreiung entfielen die polit. und rechtl. Seite der G., während die wirtsch. Vorherrschaft des Großgrundbesitzes in O-Deutschland erhalten blieb. 1927 wurden in Deutschland die Gutsbezirke durch Gesetz praktisch völlig aufgelöst.

Guts Muths, Johann Christoph Friedrich, * Quedlinburg 9. Aug. 1759, † Ibenhain bei Schnepfenthal (= Waltershausen) 21. Mai 1839, dt. Reform- und Turnpädagoge. – Schuf als Verfechter einer kulturanthrop. Leibesziehung ein beispielhaftes System des Schulturnens und wirkte v. a. durch sein Werk „Gymnastik für die Jugend" (1793) für die Verbreitung der Leibesübungen.

Gutswirtschaft, Bez. für einen Großgrundbesitz, der einheitlich landwirtschaftlich genutzt wird. Ihre Anfänge nahm die G. im 18. Jh. in Großbritannien. Sie wirkte zunächst auf Mittelschweden und NW-Deutschland und wurde dann im Bereich der Gutsherrschaft in O-Mitteleuropa bes. auf Eigengut oder auf gepachteten Domänen betrieben.

Guttapercha [zu malai. getah „Gummi" und percha „Baum" (der es absondert)], kautschukähnl., aus Isoprenresten (C_5H_8) aufgebautes Produkt, das durch Eintrocknen des Milchsaftes von Guttaperchabaumarten (v. a. Palaquium gutta) gewonnen wird. Im Gegensatz zum Naturkautschuk ist G. in der Kälte unelastisch und hart, erweicht jedoch bei leichtem Erwärmen.

Guttaperchabaum (Palaquium), Gatt. der Seifenbaumgewächse mit rd. 115 Arten im indomalaiischen Gebiet; bis 25 m hohe, immergrüne Bäume mit bis 2 m dicken Stämmen; einige Arten liefern ↑ Guttapercha.

Guttation [zu lat. gutta „Tropfen"], aktive, tropfenförmige Wasserausscheidung durch zu Wasserspalten (Hydathoden) umgewandelte Spaltöffnungen oder Drüsen an Blatträndern und -spitzen verschiedener Pflanzen (z. B. Kapuzinerkresse, Gräser); bes. nach feuchtwarmen Nächten.

Guttemplerorden, 1852 in Utica (N. Y.) zum Kampf gegen den Alkoholismus gegr. Bund; die Mitglieder verpflichten sich zur Abstinenz; die Weltloge (**International Order of Good Templars**) gliedert sich in Groß-, Distrikts- und Grundlogen; gehört nicht zu den Freimaurern.

Guttibaumgewächse (Guttiferae, Clusiaceae), Pflanzenfam. der Zweikeimblättrigen mit 47 Gatt. und rd. 900 Arten, v. a. in den Tropen und Subtropen; häufig immergrüne Bäume oder Sträucher mit Öldrüsen und Harzgängen; z. B. ↑ Butterbaum.

Güttler, Ludwig, * Sosa (Erzgebirge) 13. Juni 1943, dt. Trompeter. – Bis 1980 Solotrompeter an der Dresdner Philharmonie, seitdem ausschließlich solistisch tätig; zählt zu den führenden Trompetenvirtuosen der Gegenwart. Interpret v. a. von Bläsermusiken des 17./18. Jh.; Leiter des von ihm 1986 gegr. Kammerorchesters „Virtuosi Saxoniae".

guttural [lat.], allg.: kehlig klingend; in der Phonetik auf Laute bezogen, die im Bereich der Kehle gebildet werden.

Gutturalreihen, die für das Phonemsystem der indogerman. Grundsprache rekonstruierten drei Reihen von palatalen ($k, ĝ, ĝh$), velaren (k, g, gh) und labiovelaren ($k^u, g^u, g^u h$) Verschlußlauten, von denen in den sog. Kentumsprachen die Palatale und Velare zusammenfallen, in den Satemsprachen die Velare und Labiovelare.

Guttuso, Renato, * Bagheria bei Palermo 2. Jan. 1912, † Rom 18. Jan. 1987, italien. Maler und Graphiker. – Hauptvertreter des sozialist. und Vorläufer des sozialkrit. Realismus in Italien.

Gutzkow, Karl [...ko], * Berlin 17. März 1811, † Frankfurt am Main 16. Dez. 1878, dt. Schriftsteller. – Führen-

Guyana
Fläche: 214 969 km²
Bevölkerung: 990 000 E (1990), 4,6 E/km²
Hauptstadt: Georgetown
Amtssprache: Englisch
Nationalfeiertag: 23. Febr. (Tag der Republik)
Währung: 1 Guyana-Dollar (G$) = 100 Cents (c)
Zeitzone: MEZ − 5 Stunden

Persönlichkeit des Jungen Deutschland; schrieb scharfe Literaturkritiken, gesellschaftskrit., z. T. satir. Romane sowie Dramen. Einen Skandal und ein Verbot seiner Werke verursachte der Roman „Wally, die Zweiflerin" (1835). – *Weitere Werke:* Zopf und Schwert (Lsp., 1844), Das Urbild des Tartüffe (Lsp., 1844), Die Ritter vom Geiste (R., 9 Bde., 1850/51), Der Zauberer von Rom (R., 9 Bde., 1858–61).

Guy von Lusignan [frz. gi]: ↑ Guido von Lusignan.

Guyana (amtl. Vollform: Cooperative Republic of Guyana), Republik an der N-Küste Südamerikas zw. 1° und 8° 30′ n. Br. sowie 56° 27′ und 61° 28′ w. L. **Staatsgebiet:** G. wird von Venezuela im W, von Brasilien im SW und S, von Surinam im O und vom Atlantik im N begrenzt. **Verwaltungsgliederung:** 10 Regionen. **Internat. Mitgliedschaften:** UN, Commonwealth, CARICOM, SELA, GATT, der EWG assoziiert (AKP-Staat), Amazonaspakt, OAS.
Landesnatur: G. liegt im Bereich der NO-Abdachung des Berglandes von Guayana. Im Roraima an der Grenze gegen Venezuela werden 2 810 m ü. d. M. erreicht. Gegen N ist das Bergland in ein Hügelland aufgelöst; hier liegen die für G. wichtigen Bauxitvorkommen. Nach N folgt ein 20–70 km breites Tiefland (Hauptsiedlungsgebiet und -wirtschaftsgebiet), dessen küstennaher Teil 1–1,5 m unter dem Flutspiegel des Meeres liegt und mit dessen Einpolderung die Niederländer bereits im 17. Jh. begonnen hatten.
Klima: Es ist tropisch, im N mit einer Hauptregenzeit (April–Aug.) und einer kurzen Regenzeit (Dez.–Anfang Febr.).
Vegetation: Trop. Regenwald bedeckt rd. 70 % der Landfläche. Im Küstentiefland und im SW befinden sich Savannen.
Bevölkerung: Durch die geschichtl. Entwicklung bedingt, setzt sich die Bev. aus rd. 51 % Indern, 31 % Schwarzen, 11 % Mulatten und Mestizen, 2 % Europäern und Chinesen zus.; Restgruppen der urspr. Indianerbevölkerung leben v. a. im Landesinneren. Als Umgangssprachen sind Hindi, Urdu, Portugiesisch, Niederländisch sowie afrikan. und indian. Dialekte verbreitet. Hauptreligionen sind Christentum, Hinduismus und Islam. G. verfügt über eine Univ. in Georgetown (gegr. 1963).
Wirtschaft: 80 % der Wirtschaft werden durch den Staat kontrolliert; seit 1986 Privatisierungsprogramme. Wichtigste Zweige sind die Landw., deren Schwerpunkte Zuckerrohr- und Reiskulturen bilden, die Bauxitförderung und die Tonerdegewinnung; weiterhin Abbau von Gold, Diamanten und Mangan.
Außenhandel: Wichtigste Partner sind die EG (v. a. Großbritannien), die USA, Trinidad und Tobago sowie Japan. Ausgeführt werden Rohrzucker, Bauxit, Reis, Tonerde, Rum, Diamanten, eingeführt Erdölprodukte, Maschinen und Fahrzeuge, Nahrungsmittel u. a.
Verkehr: Das Straßennetz ist rd. 8 870 km lang, Hauptverkehrswege ins Landesinnere sind die Flüsse. Wenige Eisenbahnlinien dienen dem Bauxittransport. Georgetown und New Amsterdam sind wichtige Überseehäfen. Staatl. Fluggesellschaft G. Airways Corporation; ⚓ bei Georgetown.

Geschichte: Kolumbus erkundete 1498 die Küste von G. Im 17. bis Anfang des 19. Jh. von Engländern, Franzosen und Niederländern umkämpft, wurde G. auf dem Wiener Kongreß 1815 zw. Großbritannien und den Niederlanden (Surinam) aufgeteilt. 1961 erhielt die Kolonie die volle Selbstverwaltung. Am 26. Mai 1966 erlangte G. die Unabhängigkeit. Es blieb zunächst als parlamentar. Monarchie im Verband des Commonwealth of Nations, am 23. Febr. 1970 wurde es in eine Republik umgewandelt. Nach Verabschiedung einer neuen Verfassung 1980 übernahm der seit 1964 als Min.präs. amtierende L. F. S. Burnham (* 1923, † 1985; PNC) das Amt des Staatspräs., sein Nachfolger wurde im Aug. 1985 D. Hoyte (* 1929; PNC). Nach dem Sieg der PPP bei den Präs.- und Parlamentswahlen im Oktober 1992 wurde Hoyte von C. Jagan (* 1918) abgelöst.
Politisches System: Die Verfassungsänderung von 1980 führte anstelle des parlamentar. Systems ein Präsidialsystem ein. *Staatsoberhaupt* und oberster Inhaber der *Exekutive* ist der Präs. Er ernennt die Mgl. der Reg. und den Kommandanten der Streitkräfte und kann vom Parlament beschlossene Gesetze durch sein Veto zu Fall bringen. Die *Legislative* wird vom Einkammerparlament, der Nationalversammlung (mit 65 Abg.), ausgeübt. Die beiden wichtigsten *Parteien* sind der gemäßigt sozialist. People's National Congress (PNC) und die sozialistisch-marxist. People's Progressive Party (PPP). Nat. Dachverband der 23 *Gewerkschaften* mit insgesamt über 75 000 Mgl. ist der Trades Union Congress (TUC). Das *Rechtswesen* ist im allg. am brit. Vorbild orientiert.

Guyane Française [frz. gɥijan frã'sɛːz] ↑ Französisch-Guayana.

Guyenne [frz. gɥi'jɛn], seit dem MA frz. Name für ↑ Aquitanien.

Guy Fawkes Day [engl. 'gaɪ 'fɔːks 'deɪ] ↑ Fawkes, Guy.

Guyot [frz. gɥi'jo; nach dem schweizer.-amerikan. Geographen A. H. Guyot, * 1807, † 1884], submarine tafelbergartige Aufragung aus vulkan. Gestein; häufig im Pazifik.

Guys, Constantin [frz. gɥi, gɥis], * Vlissingen 3. Dez. 1802, † Paris 13. März 1892, frz. Zeichner und Aquarellist. – 1848–60 Kriegs- und Reisezeichnungen für die „Illustrated London News", geistreicher Chronist des mondänen Pariser Lebens.

Guyton de Morveau, Louis Bernard Baron (seit 1811) [frz. gitɔ̃mɔr'vo], * Dijon 4. Jan. 1737, † Paris 2. Jan. 1816, frz. Jurist, Politiker und Chemiker. – Errichtete 1783 die erste frz. Sodafabrik; arbeitete u. a. über die Kristallisation von Eisen, über Bariumsalze sowie Diamanten. 1798 gelang ihm mit Hilfe einer Eis-Calciumchlorid-Mischung erstmals die Verflüssigung des Ammoniaks. G. erarbeitete eine neue chem. Nomenklatur.

Guzmán, Alonso Pérez de [span. guð'man] ↑ Pérez de Guzmán, Alonso.

Gwalior, ind. Stadt am Rande des Dekhan zur Gangesebene, B.-Staat Madhya Pradesh, 224 m ü. d. M., 543 000 E. Univ. (gegr. 1964), archäolog. Museum. Textil-, Leder-, Papier-, Nahrungsmittelind., Teppichherstellung. – Seit dem

Guyana

Staatswappen

1970 1990   1970 1990
Bevölkerung   Bruttosozialprodukt je E
(in Tausend)   (in US-$)

Stadt ☐   Land ☐

Bevölkerungsverteilung 1988

☐ Industrie
☐ Landwirtschaft
☐ Dienstleistung

Bruttoinlandsprodukt 1989

Gwardeisk

6. Jh. n. Chr. erwähnt; 1771–1947 war G. mit Unterbrechungen die Hauptstadt des Reichs der Sindhia-Dyn. – Über der Stadt die 525 erwähnte Hinduburg mit 6 Palästen, 6 Tempeln und einer etwa 10 m hohen Schutzmauer.

Gwardeisk ↑ Tapiau.

Gwent, Gft. in Wales.

Gweru (früher Gwelo), simbabw. Prov.hauptstadt, nö. von Bulawayo, 1 420 m ü. d. M., 79 000 E. Kath. Bischofssitz; Zentrum eines Bergbaugebiets (Chrom, Nickel, Lithium, Wolfram, Asbest); Chromerzverhüttung, Asbestverarbeitung; Straßen- und Bahnknotenpunkt; ✈.

Gwynedd [engl. 'gwɪnɛð], Gft. in Wales.

Gy, Einheitenzeichen für ↑ Gray.

Gydangebirge ↑ Kolymagebirge.

Gyges, ✕ etwa 652 v. Chr., König von Lydien seit 685 (?). – Begründer der Dynastie der Mermnaden; dehnte seinen Herrschaftsbereich allmählich über die griechisch besiedelten Gebiete Westkleinasiens aus. Der Sage nach soll G. Kandaules, den letzten König der Herakliden, mit Hilfe eines unsichtbar machenden Ringes getötet haben. – Drama „Gyges und sein Ring" (1856) von Hebbel.

Gyllenborg, Carl Graf [schwed. ˈjylənbɔrj], * Stockholm 17. März 1679, † ebd. 20. Dez. 1746, schwed. Politiker. – Gründete die Partei der ↑ Hüte; Kanzleipräs. seit 1739.

Gyllensten, Lars Johan Wictor [schwed. ˈjylənsteːn], * Stockholm 12. Nov. 1921, schwed. Schriftsteller. – Experimentierfreudige Romane, die um moral. und existentialist. Grundprobleme kreisen und in denen er jegl. weltanschaul. Dogmatismus ablehnt; u. a. „Kains Memoiren" (R., 1963), „Im Schatten Don Juans" (R., 1975), „Sju vise mästare om Kärlek" (Nov.n, 1986).

Gyllenstierna, Johan Graf [schwed. ˈjylənʃæːrna], * Brännkyrka (= Stockholm) 18. Febr. 1635, † Landskrona 10. Juni 1680, schwed. Staatsmann. – Seit 1668 Reichsrat; im Krieg gegen Dänemark zum maßgebl. Berater Karls XI. berufen; versuchte, die schwed. Hegemonie im N Europas zu erhalten; erreichte den für Schweden nur mit geringen Gebietsverlusten verbundenen Frieden von Lund (1679).

Gymkhana [Hindi], Geschicklichkeitswettbewerb, z. B. für Läufer, Reiter, Motor- und Wassersportler.

gymn..., Gymn... ↑ gymno..., Gymno...

Gymnaestrada [gymnɛs...; griech./ span.], Weltfest der Gymnastik; bisher veranstaltet in Rotterdam (1953), Zagreb (1957), Stuttgart (1961), Wien (1965), Basel (1969), Berlin (1975), Zürich (1982), Herning (1987), Amsterdam (1991), Frankfurt am Main (1995 geplant).

Gymnasium [griech.-lat. (zu ↑ Gymnastik)], in der BR Deutschland weiterführende Schule, die mit dem Abitur die allg. Hochschulreife vermittelt; das Ablegen des Abiturs ist auch an einer Gesamtschule möglich, wenn dort eine gymnasiale Oberstufe eingerichtet ist. Die *Aufbauform* des G. schließt an die Realschule oder an die Hauptschule an und umfaßt drei bis vier Schuljahre; sie wird auch zum Teil als *Abend-G.* geführt, das neben dem Beruf besucht wird. Die *Normalform* erstreckt sich über die Sekundarstufen I und II, umfaßt im allgemeinen neun Schuljahre und schließt an die (vierjährige) Grundschule (Primarstufe) an; z. T. werden die Klassen 5 und 6 als schulformbezogene oder schulformunabhängige Orientierungs-(Förder-)Stufe geführt. Daneben gibt es Gymnasialformen mit kürzerer Schulzeit und bes. Eingangsvoraussetzungen. In der reformierten gymnasialen Oberstufe (ab Klasse 11, Sekundarstufe II) können Schüler ihren (individuellen) Unterrichtsplan in Grund- und Leistungskursen aus Pflicht- und Wahlbereichen (Fächern) in den drei Aufgabenfeldern (sprachlich-literarisch-künstlerisch, gesellschaftswiss., mathematisch-naturwiss.-technisch) sowie Religion, Sport und anderen Fächern zusammenstellen. Mit diesen Wahlmöglichkeiten sollen die Schüler ihren Neigungen und Interessen gerecht werden; dabei wird der bisherige Klassenverband zugunsten des Kurssystems aufgegeben.
Die Zulassung zum Abitur setzt eine bestimmte Anzahl von Kursen aus den Pflicht- und Wahlbereichen aller Aufgabenfelder und weiterer Fächer voraus; beim Abitur findet in bestimmten Leistungs- und Grundkursfächern eine schriftl. und mündl. Prüfung statt.

Geschichte: Im antiken Griechenland war das G. urspr. Übungs- und Wettkampfstätte zur körperl. Erziehung und vormilitär. Ausbildung der Jugendlichen, in das seit etwa 400 v. Chr. zunehmend mus. und geistige Bildung einbezogen wurden. – Seit dem 16. Jh. heißen Schulen, die den Klerikernachwuchs heranbildeten und deshalb einen vollständigen Kursus in den humanist. Fächern (Griechisch und Latein) vermittelten, Gymnasium. Im 17. Jh. begann man, Mathematik und dt. Sprachunterricht in den Lehrplan des G. aufzunehmen. Seit den Humboldt-Süvernschen Reformen (1812) wurden in Preußen – später auch in anderen dt. Ländern – alle Schulen, die auf das Universitätsstudium vorbereiteten, G. genannt. Mit zunehmender Bed. der Naturwissenschaften und der neueren Sprachen prägten sich neben dem *humanist. G.* verschiedene Typen des G. aus: 1890 wurden die lateinlose *Oberrealschule* (mathematisch-naturwissenschaftl. Schule), 1900 das *Realgymnasium* (neusprachl. Schule) als gleichberechtigte Bildungswege anerkannt; 1925 (Richertsche Schulreform) kam als vierter Schultyp die *dt. Oberschule* hinzu. 1937 und 1945 wurde einerseits die Zahl der humanist. G. drastisch verringert, andererseits Anzahl und System der übrigen Oberschulen variiert und erweitert und teilweise – mit ergänzendem Zusatz – als G. bezeichnet. Zur Sicherung einer umfangreichen Allgemeinbildung der Abiturienten und ihrer ausreichenden Befähigung zum Studium wurden die Bestimmungen zur gymnasialen Oberstufe durch die Kultusministerkonferenz am 1. Okt. 1987 gesetzlich fixiert.
In *Österreich* gliedern sich die allgemeinbildenden höheren Schulen (früher „Mittelschulen"), Gymnasien, Realgymnasien und wirtschaftskundl. Realgymnasien in der Oberstufe in jeweils mehrere Zweige. – In der *Schweiz* führen fünf Gymnasialtypen A bis E („höhere Mittelschulen") zur Hochschulreife: das humanist., das Latein-, das mathematisch.-naturwissenschaftl., das neusprachl. und das Wirtschaftsgymnasium. Nicht jeder Kanton bietet alle fünf Typen an.

Gymnastik [zu griech. gymnázesthai „nackt Leibesübungen machen"], systematisch betriebene Bewegungsschulung ohne Gerät oder mit Handgeräten wie Ball, Keule, Reifen, Sprungseil. Im weiteren Sinn als Beweglichkeits- und Haltungsschulung jedes körperl. Training ohne festes Gerät (wobei Übungen, die im engeren Sinn zum Bodenturnen gehören, einbezogen werden) oder auch mit bestimmten Großgeräten wie Sprossenwand, Schwebebalken. Als **funktionelle Gymnastik** dient sie der Erhaltung oder Erneuerung der körperl. Funktionen (z. B. Säuglings-G., Schwangerschafts-G., ↑ Krankengymnastik, orthopäd. G. bzw. orthopäd. Turnen bei fortgeschrittenen Schäden oder nach chirurg. Eingriffen). Die als „Fitneßtraining" allgemein auf Kondition ausgerichtete G. baut ebenfalls auf funktionellen Gesichtspunkten auf, bes. im Hinblick auf Haltungsfehler, labilen Kreislauf, muskuläre Verspannung oder Schwäche und Bandscheibenbeschwerden, so unter Berücksichtigung spezieller Funktionen wie z. B. Fuß-G., ↑ Atemgymnastik. Als **Zweckgymnastik** bezeichnet man G., wenn gymnast. Bewegungsabläufe und Übungen als Trainingsgrundlage für andere Sportarten dienen (z. B. Skigymnastik). Im engeren Sinne ist **rhythmische Gymnastik,** die Erziehung zur fließenden, durch den Rhythmus geformten Bewegung. Die *Grundbewegungen* der G. umfassen Gehen, Laufen, Hüpfen, Springen und Schwingen; sie werden durch die Bewegung mit dem *Handgerät* unterstützt. Am Ende der Bewegungsschulung steht einerseits deren Gestaltung (Körperbewegung als Ausdruck) und andererseits der Tanz in den unterschiedlichsten Konzeptionen (Ausdrucks-, Jazz-, Volkstanz).

Geschichte: G. war im griech. Verständnis die Wissenschaft (Kunst) von der Leibespflege, die v. a. als Leichtathletik betrieben wurde. Vom MA bis ins 18. Jh. wurden bes. Ballspiele gepflegt. Die Philanthropen verstanden unter G. die verschiedensten Sportarten. J. C. F. Guts Muths („G. für die Jugend", 1793) beeinflußte neben F. L. Jahn insbes.

Lars Johan Wictor Gyllensten

skand. Turn- bzw. G.pädagogen. Der Schweizer P. H. Clias forderte in seiner „Calisthénie..." (1829) bes. „Übungen zur Schönheit und Kraft der Mädchen", J. Werner trennte funktionelle und emotionelle G. (künstler. Ausdrucks-G.). Die eigtl. G.bewegung (seit etwa 1900) richtete sich gegen das inzwischen erstarrte Turnen. Begründer dieser musisch verstandenen rhythm. G. waren u. a. B. Mensendieck und R. Bode, der die eigtl. Ausdrucks-G. begründete, sowie H. Medau. Die tänzer. G. (Ausdruckstanz) geht auf I. Duncan zurück und wurde insbes. von R. von Laban und M. Wigman gepflegt. Seit 1958 wird die sportl. Form als Rhythm. Sport-G. (Wettkampf-G.) betrieben.

gymno..., Gymno... (vor Vokalen gymn..., Gymn...) [griech.], Bestimmungswort mit der Bed. „nackt, unbedeckt".

Gymnopädien [griech.], Fest in Sparta zu Ehren des Apollon.

Gymnospermae [griech.], svw. ↑Nacktsamer.

gynäko..., Gynäko... [griech.], Bestimmungswort mit der Bed. „Frau", z. B. Gynäkologie.

Gynäkologe [griech.] (Frauenarzt), Arzt für Frauenheilkunde und Geburtshilfe.

Gynäkologie (Frauenheilkunde), Fachrichtung der Medizin; befaßt sich mit der Erkennung, Verhütung und Behandlung der Frauenkrankheiten und mit Geburtshilfe.

Gynäkomastie [griech.], weibl. Brustbildung bei Männern durch Zunahme des Drüsengewebes oder Fettablagerung; tritt u. a. bei endokrinen Erkrankungen, chron. Leberkrankheiten und nach Behandlung mit bestimmten Hormonen auf.

Gynander [griech.] (Mosaikzwitter), Bez. für Individuen, die mosaikartig aus Bezirken mit ♂ und ♀ Geschlechtsmerkmalen bestehen. Im Extremfall sind die Unterschiede auf die beiden Körperhälften verteilt *(Halbseiten-G.)*. G. kommen v. a. bei Insekten vor.

Gynandrie [griech.], im Ggs. zur ↑Androgynie eine Scheinzwittrigkeit beim genotyp. ♀, bei dem typ. ♂ Geschlechtsmerkmale auftreten.
▷ svw. ↑Gynandromorphismus.

Gynandromorphismus [griech.] (Gynandrie, Mosaikzwittertum), Geschlechtsabnormität bei ↑Gynandern; beruht auf dem Vorkommen unterschiedl. Geschlechtschromosomenkombinationen in den Körperzellen desselben Individuums, die die Ausprägung der entsprechenden Geschlechtsmerkmale bewirken.

Gynomonözie [griech.], in der Botanik das gleichzeitige Vorkommen von weibl. Blüten und Zwitterblüten auf derselben Pflanze.

Gynözeum (Gynoeceum, Gynaeceum, Gynäzeum) [griech.], Gesamtheit der ♀ Organe der Blüte der bedecktsamigen Pflanzen, bestehend aus den Fruchtblättern mit den auf ihnen gebildeten Samenanlagen.

Gyöngyös [ungar. 'djøndjøʃ], ungar. Stadt am S-Fuß des Matragebirges, 36 000 E. Mittelpunkt eines der wichtigsten ungar. Wein- und Obstbaugebiete; agrarwiss. Univ. (gegr. 1945). – Franziskanerkirche (um 1400), Sankt-Bartholomäus-Kirche (14. Jh.), klassizist. Schloß (jetzt Museum).

Győr [ungar. djø:r] (dt. Raab), ungar. Bez.hauptstadt an der Mündung von Raab und Rabnitz in die Kleine Donau, 131 000 E. Fahrzeug- und Maschinenbau. – In röm. Zeit **Arrabona**; 896 wurde G. von den Magyaren erobert; 1271 königl. Freistadt. – Barockisierter Dom (13. Jh.) mit Fresken von A. Maulpertsch (18. Jh.) und klassizist. Fassade; Jesuitenkirche (17. Jh.), Bischofsburg (v. a. 16. Jh.), zahlr. Bürgerhäuser (16. – 18. Jh.).

Gypsophila [griech.], svw. ↑Gipskraut.

Gyre [griech.], in der Kristallographie Bez. für eine Symmetrieachse (Drehachse).

Gyri [griech.] ↑Gehirn.

Gyroantrieb (Elektrogyroantrieb) [griech./dt.], Fahrzeugantrieb, der die kinet. Energie eines Schwungrades ausnutzt. Gyroomnibusse (Gyrobusse) werden z. B. mit einem Schwungrad betrieben, das an Ladestationen beschleunigt wird. Auf diese Weise läßt sich Energie speichern. Der mit dem Schwungrad verbundene Elektromotor wird im Fahrbetrieb als Generator benutzt, der den Strom für die Fahrmotoren des Busses liefert.

Gyroeder [griech.] ↑Ikositetraeder.

gyromagnetische Effekte [griech./lat.] (magnetomechan. Effekte), physikal. Erscheinungen, die auf der Verknüpfung von atomaren magnet. Momenten und mechan. Drehimpuls beruhen. Auf Grund des Satzes von der Erhaltung des Drehimpulses muß jeder (mit einer gleichzeitigen Änderung der Magnetisierung eines Körpers verbundenen) Änderung der mechan. Drehimpulses der Elektronen auch eine Änderung des Drehimpulses des gesamten Körpers in umgekehrter Richtung entsprechen. Dies wurde im ↑Einstein-de-Haas-Effekt beobachtet, die Umkehrung im ↑Barnett-Effekt.

Gyroskop [griech.], Gerät zum Nachweis von Drehbewegungen (z. B. der Erde) mit Hilfe eines Kreisels; auch Bez. für ein Gerät zur Demonstration der Wirkung äußerer Kräfte auf einen Kreisel.

Gysi, Gregor, *Berlin 16. Jan. 1948, dt. Politiker (PDS). – Jurist; 1989–93 Vors. der SED-Nachfolgepartei; März–Okt. 1990 Vors. der PDS-Volkskammerfraktion; seit Okt. 1990 MdB.

Gyttja [schwed. ˌjytja], bituminöses Sediment (Halbfaulschlamm).

Gynander. Halbseitengynandrie beim Hirschkäfer; linke Hälfte männlich, rechte Hälfte weiblich

Gregor Gysi

H

H, der achte Buchstabe des Alphabets, der Form nach dem griech. Eta entsprechend. Zugrunde liegt das nordwestsemit. (phönik.) Heth, das einen stimmlosen Reibelaut, etwa [x], bezeichnet. Auf älteren gr. Inschriften wird H, Ɐ mit verschiedenen Lautwerten verwendet, als [h], [ɛ:], und [he], im klass.-gemeingriech. Alphabet hat es dagegen nur den Wert [ɛ:]. In das lat. Alphabet gelangte der Buchstabe H, Ɐ aus dem Westgriech. mit dem Lautwert [h]; in den roman. Sprachen (außer Rumän.) ist H stumm.
▷ (h) in der *Musik* die Bez. für die 7. Stufe der Grundtonleiter C-Dur, durch ♯ (Kreuz) erhöht zu *his,* durch ♭-(b-)Vorzeichnung erniedrigt zu B (b).
▷ (Münzbuchstabe) ↑Münzstätte.

H, chem. Symbol für ↑Wasserstoff.

H, Abk. für: ↑**H**ochdruckgebiet.

H, physikal. Zeichen für: die Härte.
▷ *(H)* die ↑Enthalpie.
▷ *(**H**, H)* die magnet. Feldstärke (↑Magnetfeld).

H, Einheitenzeichen für ↑Henry.

h (*h*), physikal. Zeichen für das ↑Plancksche Wirkungsquantum. Für die Größe $h/2\pi$ setzt man im allg. das Zeichen ℏ *(lies: h quer)*.

h, Kurzzeichen für:
▷ die Zeiteinheit Stunde (lat. hora); bei Angabe des Zeitpunktes hochgesetzt $(^h)$; 8 h = 8 Stunden, 8^h = 8 Uhr.
▷ den Vorsatz ↑Hekto...

ha, Einheitenzeichen für ↑Hektar.

Ha, chem. Symbol für ↑Hahnium. – ↑Transactinoide.

Haack, Hermann, *Friedrichswerth bei Gotha 29. Okt. 1872, †Gotha 22. Febr. 1966, dt. Kartograph und Geograph. – Seit 1897 in Justus Perthes' Geograph. Anstalt in Gotha tätig, die 1955 nach ihm umbenannt wurde. Gab geograph. und histor. Wandkarten, Schulatlanten, wirtschaftsgeograph. Karten und 1909–25 die Hundertjahrausgabe von „Stielers Handatlas" heraus.

H., Käthe, *Berlin 11. Aug. 1892, †ebd. 5. Mai 1986, dt. Schauspielerin. – Neben Engagements an verschiedenen Berliner Bühnen (u. a. unter Gründgens) zahlr. Filmrollen, u. a. in den Filmen „Pygmalion" (1935), „Der Biberpelz" (1949), „Ich kann nicht länger schweigen" (1961).

Haacke, Hans, *Köln 12. Aug. 1936, dt. Künstler. – Seit 1965 in New York; widmet sich der modellhaften Darstellung opt., physikal. und biolog. Abläufe, seit 1969 auch soziolog. Systeme (u. a. Dokumentation zur Rassendiskriminierung „Kontinuität", 1987).

Haag, Herbert, *Singen (Hohentwiel) 11. Febr. 1915, dt. kath. Theologe. – Seit 1960 Prof. für A. T. in Tübingen. H. stellt, ausgehend von der Exegese des A. T., krit. Fragen an die traditionelle Dogmatik, deren Beantwortung, z. B. seine Deutung der Begriffe Erbsünde und Teufel, in der kath. Kirche nicht unbestritten ist.

Haag, Den [niederl. dɛn'haːx] (amtl. 's-Gravenhage), Residenzstadt sowie Regierungs- und Parlamentssitz der Niederlande, Verwaltungssitz der Prov. Südholland, an der Nordseeküste, 444 000 E. Sitz des Internat. Gerichtshofes sowie des Ständigen Schiedshofs; Völkerrechtsakad., Königl. Akad. der Bildenden Künste; Niederl. Inst. für Information, Dokumentation und Registratur, Zentralamt für Statistik, Sitz von Banken und Gesellschaften; Königl. Musikkonservatorium, Hochschule für Sozialstudien, Staatsarchiv, Königl. Bibliothek, mehrere Museen, u. a. Internat. Pressemuseum, Niederl. Postmuseum; Theater, Miniaturstadt „Madurodam"; Wohnstadt mit zahlr. Klein- und Mittelbetrieben, die sich um die Hafenanlagen und im Stadtteil **Scheveningen** konzentrieren, dem größten Seebad der Niederlande mit Fischerei- und Handelshafen, ⚓. – 1370 erstmals urkundl. erwähnt; blühte im späten 14. und im 15. Jh. auf, v. a. auf Grund seiner Tuchwebereien. Einen neuen Aufschwung erlebte D. H., als ab 1580 die holländ. Stände und auch die Generalstaaten im Binnenhof tagten. Unter Moritz von Oranien wurde der Binnenhof Residenz der Statthalter; 1811 Stadtrecht. – Siedlungskern ist der sog. Binnenhof, das 1250 erbaute Schloß der Grafen von Holland. Spätgot. Grote Kerk (15. Jh.), Nieuwe Kerk (1649–56); im holländ. Renaissancestil u. a. das Mauritiushuis (17. Jh.; jetzt Gemäldegalerie) und der ehem. königl. Palast Noordeinde (17. Jh.), der königl. Palast Voorhout (18. Jh.), das Alte Rathaus (16.–18. Jh.); Friedenspalast (1909–1913; Sitz des Internat. Gerichtshofes).

Haager Abkommen (Haager Konventionen, Haager Übereinkommen), in Den Haag unterzeichnete völkerrechtl. Verträge, in deren [Kurz]titel der Unterzeichnungsort zum gebräuchl. Bestandteil geworden ist, insbes.: ↑Haager Landkriegsordnung, ↑Haager Kulturgüterschutzabkommen, ↑Haager Luftpiratenübereinkommen. Als H. A. wird auch die Gesamtheit der auf den Haager Friedenskonferenzen von 1899 und 1907 verabschiedeten Verträge bezeichnet. Außerhalb des völkerrechtl. Bereichs bestehen mehrere H. A. über Internat. Privatrecht, Familienrecht und Zivilprozeßrecht. Als ständige Einrichtung besteht seit 1955 die Haager Konferenz für Internat. Privatrecht (Satzung von 1951).

Haager Friedenskonferenzen, die in den Jahren 1899 und 1907 auf Initiative des russ. Kaisers Nikolaus II. bzw. des amerikan. Präsidenten T. Roosevelt in Den Haag abgehaltenen internat. Konferenzen.
Durch die **Erste Haager Friedenskonferenz** (1899), an der 26 Staaten teilnahmen, wurden am 29. 7. 1899 drei Abkommen angenommen (zur friedl. Erledigung internat. Streitfälle; über die Gesetze und Gebräuche des Landkriegs; über die Anwendung der Grundsätze der Genfer Konvention vom 22. 8. 1864 auf den Seekrieg), die nach Ratifikation 1900 bzw. 1901 in Kraft traten.
Die **Zweite Haager Friedenskonferenz** (1907) verabschiedete am 18. 10. 1907 13 Abkommen, u. a. das Abkommen zur friedl. Erledigung internat. Streitfälle (brachte die Einrichtung einer internat. Schiedsgerichtsbarkeit mit dem Ständigen Schiedshof in Den Haag); das Abkommen betreffend die Gesetze und Gebräuche des Landkriegs (↑Haager Landkriegsordnung); das Abkommen betreffend die Rechte und Pflichten der neutralen Mächte und Personen im Falle eines Landkrieges; das Abkommen über die Anwendung der Grundsätze der Genfer Konvention auf den Seekrieg.
Obwohl 12 (von 13) in Kraft getretene Abkommen der H. F. bis heute formell in Kraft sind, haben viele Staaten sie mißachtet.

Haager Garantievertrag (Assoziationstraktat), 1681 geschlossener schwed.-östr.-niederl. Vertrag, in dem sich die von B. G. Graf Oxenstierna geleitete Außenpolitik König Karls XI. von Schweden dem gegen die frz. Hegemonialpolitik gerichteten Kurs der beiden anderen Mächte anschloß.

Haager Große Allianz ↑Große Allianz.

Haager Kulturgüterschutzabkommen (amtl.: Konvention zum Schutz von Kulturgut bei bewaffneten Konflikten), ein im Rahmen der UNESCO ausgearbeiteter völkerrechtl. Vertrag vom 14. 5. 1954, der die Bestimmungen der Art. 27 und 56 der Haager Landkriegsordnung ergänzt und das bewegl. und das unbewegl. Kulturgut (z. B. Bauwerke, Gemälde, Kunstgegenstände) ohne Rücksicht auf ihre Herkunft oder Eigentumsverhältnisse einem bes. Schutz im Kriege unterstellt.

Haager Landkriegsordnung, Abk. HLKO, auf den Haager Friedenskonferenzen von 1899 und 1907 formulierte Gesetze und Gebräuche des Landkriegs. Der 1. Abschnitt *(Kriegführende)* definiert den Begriff des Kriegführenden und regelt ausführlich die Rechtsstellung der Kriegsgefangenen (u. a. Arbeitspflicht für gefangene Soldaten mit Ausnahme der Offiziere). Im 2. Abschnitt *(Feindseligkeiten)* werden bestimmte Mittel zur Schädigung des Feindes verboten (z. B. die Verwendung von Gift, Plünderung) und die Rechtsstellung der Spione und Parlamentäre sowie der Waffenstillstand behandelt. Der 3. Abschnitt *(militär. Gewalt auf besetztem feindl. Gebiete)* garantiert der Bev. eines besetzten Gebietes eine Reihe von Rechten, u. a. Schutz des Privateigentums. Ergänzende und weiterführende Vorschriften enthalten v. a. das Genfer Protokoll vom 17. 6. 1925 gegen den Gaskrieg, die Genfer Konventionen von 1949 sowie das Haager Kulturgüterschutzabkommen. Die HLKO wird auch gegenüber Nichtunterzeichnerstaaten als verbindlich angesehen.

Haager Luftpiraterieübereinkommen, Kurzbez. für das Übereinkommen zur Bekämpfung der widerrechtl. Inbesitznahme von Luftfahrzeugen; im Rahmen der Internat. Zivilluftfahrtorganisation (ICAO) ausgearbeitetes, am

---

Den Haag
Regierungs- und Parlamentssitz der Niederlande

444 000 E

Sitz des Internat. Gerichtshofes sowie des Ständigen Schiedshofs

im Stadtteil Scheveningen größtes Seebad der Niederlande

1370 erste urkundl. Erwähnung

Binnenhof

Den Haag
Stadtwappen

Den Haag. Der sogenannte Binnenhof, das 1250 erbaute Schloß der Grafen von Holland

16. Dez. 1970 in Den Haag unterzeichnetes Übereinkommen, mit dem die weltweite strafrechtl. Verfolgung von Luftpiraten sichergestellt werden soll.

Haakon ↑ Håkon.

Haar (Haarstrang), Höhenrücken am S-Rand der Westfäl. Bucht, bis 390 m hoch.

Haarausfall (Haarschwund, Alopezie), vorübergehender oder dauernder, örtlich begrenzter oder völliger Verlust der Kopf- oder Körperbehaarung. Bes. im Hinblick auf die Kopfbehaarung unterscheidet man je nach Ursache, Lokalisation und Verlauf verschiedene Formen: 1. **kreisförmiger Haarausfall** (Alopecia areata, Pelade): plötzl. Auftreten runder, kahler Stellen am behaarten Kopf, u. U. auch im Bereich der Bart-, Augenbrauen- und Körperbehaarung; Heilung erfolgt meist spontan; 2. **atrophischer Haarausfall** (Alopecia atrophicans): kreisförmiger H. mit zusätzl. narbigen Veränderungen, bes. im Bereich der Scheitelgegend; Ursache wahrscheinlich verschiedene Hauterkrankungen; 3. **kleinfleckiger Haarausfall** (Alopecia parvimaculata): bei Kleinkindern endemisch auftretender H.; Folge einer infektiösen Entzündung der Haarfollikel; 4. **vorzeitiger Haarausfall** (Alopecia praematura): erblich bedingter, um das 25. Lebensjahr mit zunehmenden „Geheimratsecken" beginnender, vorwiegend bei Männern vorkommender H., wobei sich eine Stirnglatze entwickelt und nur ein seitl. Haarkranz bestehen bleibt; 5. **symptomatischer Haarausfall**: meist hinter den Ohren beginnender H. als Begleiterscheinung verschiedener Krankheiten.

Haarbalg ↑ Haare.

Haarbalgdrüsen ↑ Haare.

Haarbalgmilbenausschlag, svw. ↑ Demodikose.

Haar der Berenike ↑ Sternbilder (Übersicht).

Haardt, an das Oberrhein. Tiefland grenzender östl. Teil des Pfälzer Waldes, in der Kalmit 673 m hoch; bekanntes Weinbaugebiet.

Haare, (Pili) ein- oder mehrzellige, meist fadenförmige Bildungen aus Keratin der Epidermis mancher *Tiere* und des *Menschen.* Unter den Wirbeltieren haben nur die Säugetiere H. Sie dienen v. a. der Temperaturregulation und als Strahlenschutz, haben aber auch Tastsinnesfunktion und stellen einen Schmuckwert oder Tarnschutz dar.
Man unterscheidet den über die Epidermis herausragenden **Haarschaft** und die in einer grubenförmigen Einsenkung steckende **Haarwurzel,** die an ihrem Ende zur **Haarzwiebel** verdickt ist. In diese ragt von unten her eine zapfenförmige, bindegewebige Lederhautpapille **(Haarpapille)** hinein. Sie enthält ein Blutgefäßnetz sowie Pigmentzellen und versorgt die teilungsfähigen Zellen der Haarzwiebel. Von dieser H.matrix aus wächst und regeneriert sich das H. (bei Zerstörung der Matrix oder der Papille ist keine H.bildung mehr möglich). Nach oben zu sterben die H.zellen ab und verhornen. Aus unvollständig verhornten und eingetrockneten Zellen bildet sich das **Haarmark.** Um das Mark herum liegt die **Haarrinde,** in deren Zellen Farbstoffe abgelagert sind, die die H.farbe bedingen. Außen umgeben verhornte Zellen eines einfachen Plattenepithels das H. dachziegelartig. Wie das H. selbst, besitzt der H.follikel innen eine Abschlußschicht aus bes. kleinen, flachen Zellen, die H.scheidenkutikula. Sie gehört zur inneren Wurzelscheide. Darauf folgt die äußere Wurzelscheide, die nach dem H.bulbus zu schmaler wird und nach außen eine stark verdickte, kutikuläre Basalmembran *(innere Glashaut)* ausscheidet. Die H.wurzel ist außen vom **Haarbalg,** einer bindegewebigen Schicht aus verdickten Zellen der Lederhaut, umgeben. Ihre Basalmembran liegt der inneren Glashaut als *äußere Glashaut* auf. – Die H. sitzen meist schräg in der Haut. Sie können durch einen kleinen glatten Muskel **(Haarbalgmuskel)** aufgerichtet werden. Zw. Muskel und H. liegen ein bis zwei Talgdrüsen **(Haarbalgdrüsen),** die in den H.balg münden. Ihr öliges Sekret hält das H. geschmeidig.
Die Gesamtzahl der H. des Menschen beträgt etwa 300 000–500 000; davon entfallen rd. 25 % auf die Kopf-H. Ein menschl. H. ist etwa 40–100 μm dick. Es wächst täglich (mit Ausnahme der Augenbrauen, die nur etwa halb so schnell wachsen) zw. 0,25 und 0,40 mm. Ist das Wachstum beendet, löst sich das H. unter Verdickung seines untersten Endes von der Papille ab. Nach einer Ruhezeit bildet diese ein neues H., das im gleichen Kanal wächst, das alte H. mitschiebt, bis dieses ausfällt. Wenn die Pigmentzellen keinen Farbstoff mehr haben, wird das neue H. grau. Treten zw. den verhornten Zellen feine Luftbläschen auf, werden die H. weiß. Die Dichte des H.kleides felltragender Säugetiere der gemäßigten Breiten liegt zw. 200 (Sommerkleid) und 900 (Winterkleid) H. je cm^2. Auf größeren Haut- bzw. Fellbezirken liegen die H. im allg. in bestimmten Richtungen **(Haarstrich).** Der H.strich ist häufig der Hauptfortbewegungsrichtung angepaßt (verläuft also von vorn nach hinten) oder entspricht der Schutzfunktion des H.kleides (v. a. gegen Regen; daher meist vom Rücken zum Bauch verlaufend).

▷ (Trichome) bei *Pflanzen* meist aus Einzelzellen der Epidermis hervorgehende Anhangsgebilde. Man unterscheidet **einzellige Haare** (Papillen, Borsten-H., Brenn-H.) und aus unverzweigten Zellreihen bestehende **mehrzellige Haare** (Drüsen-H.). Lebende H. fördern die Transpiration durch Vergrößerung der Oberfläche. Dichte, filzige Überzüge aus toten H. dagegen verringern diese durch Schaffung windstiller Räume und schützen gegen direkte Sonnenbestrahlung.

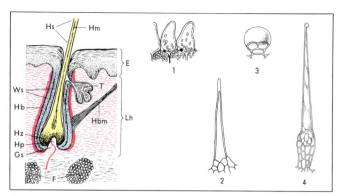

Haare. Links: Schnitt durch eine behaarte Hautstelle beim Menschen; E Epidermis, F Fettgewebe, Gs Gefäßschlinge, Hb Haarbalg, Hbm Haarbalgmuskel, Hm Haarmark, Hp Haarpapille, Hs Haarschaft, Hz Haarzwiebel, Lh Lederhaut, T Haarbalgdrüse, Ws Wurzelscheide. Rechts: Haare bei Pflanzen; 1 Papillen der Blütenblattepidermis (Gelbe Lupine), 2 Borstenhaar (Borretsch), 3 mehrzelliges Drüsenhaar (Salbei), 4 Brennhaar (Brennessel)

Haarentfernungsmittel ↑ Enthaarung.

Haarfärbemittel, Präparate, die den natürl. Farbton der Haare verändern. Temporäre Farbänderungen werden durch wasserlösl. Farbstoffe erzeugt, die leicht wieder ausgewaschen werden können (z. B. Tönungsfestiger). Neben Metallsalzlösungen (z. B. Silbernitrat) und pflanzl. H. (z. B. Henna) werden heute fast ausschließlich *Oxidationshaarfarben* verwendet. Sie enthalten leicht oxidierbare Substanzen, die in die Haarschäfte eindringen. Eine *direkte Haarfärbung* wird ohne zusätzl. Oxidationsmittel erreicht, da sich die Farbe bereits unter Einwirkung von Luftsauerstoff bildet. – ↑ Blondiermittel.

Haarfedergras ↑ Federgras.

Haargarne, gröbere Garne aus tier. Haaren von Rindern, Ziegen, Kamelen usw., die v. a. zur Herstellung von Teppichen verwendet werden.

Haargefäße, svw. ↑ Kapillaren.

Haargerste (Elymus), Gatt. der Süßgräser mit rd. 45 Arten in den gemäßigten Zonen der Erde; Hüllspelzen kurz begrannt, schmallinealisch. In Deutschland kommen vor: **Waldhaargerste** (Elymus europaeus) mit rauh behaarten Blättern; **Strandroggen** (Elymus arenarius), dessen Blätter sich bei trockenem Wetter zusammenrollen.

Haarhygrometer ↑ Hygrometer.

Haarkristall

Haarlem. Häuser am Spaarne, dahinter die Grote Kerk, 15. Jahrhundert

Haarlem Stadtwappen

Haarmücken. Larve der Gartenhaarmücke (Länge etwa 1,3 cm)

Haarkristall (Faserkristall, Whisker), außerordentlich dünner, haarförmiger ↑ Einkristall (Länge bis zu einigen cm, Dicke einige μm), der sich durch spontanes Wachstum aus Lösungen, Schmelzen oder (bei großer Übersättigung) aus der Gasphase, auch durch elektrolyt. Abscheidung bildet. Auf Grund ihrer ungestörten, versetzungsfreien Kristallstruktur besitzen H. gegenüber gewöhnl. Kristallen eine 1000-10000fach größere mechan. Festigkeit; Einsatz zur Verstärkung von Verbundwerkstoffen.

Haarlem, niederl. Stadt, 18 km westlich von Amsterdam, 149 000 E. Verwaltungssitz der Prov. Nordholland; röm.-kath. und altkath. Bischofssitz; Niederl. Geolog. Dienst, Fachhochschulen; Frans-Hals-Museum, seit dem 16. Jh. Zentrum der niederl. Blumenzwiebelzucht; Wohnstadt mit zahlr. Ind.betrieben. H. ist durch den Spaarne mit dem Nordseekanal verbunden. – H. erhielt 1245 Stadtrechte. Nach dem Ende der span. Besetzung (1573–77) wurde H. bald eine der reichsten Städte in Holland. Eine große Anzahl fläm. Glaubensflüchtlinge ließ sich hier nieder. – Zahlreiche Kirchen, u.a. spätgot. Grote Kerk (15. Jh.), Janskerk (14.–16. Jh.), Nieuwe Kerk (1645–49), Rathaus (14. und 17. Jh.), Stadtwaage (1598), Fleischhalle (1602–03; jetzt Provinzialarchiv).

Haarlemmermeer-Polder, niederl. Poldergebiet zw. Haarlem, Amsterdam und Leiden. 185 km², z.T. u.d.M.; Anbau von Getreide, Gemüse, Blumen; Metallindustrie. – Das Haarlemmermeer wurde zw. 1837 und 1852 trockengelegt, die gleichnamige Gemeinde 1855 gegründet. Zum Gemeindegebiet gehört u.a. der Flughafen Schiphol.

Haarlineal, Stahllineal mit messerartiger Kante zum Prüfen der Ebenheit von Werkstückkanten und -flächen durch Beobachten des zw. Werkstück und Linealkante sichtbaren Lichtspalts.

Haarlinge ↑ Federlinge.

Haarmoose (Polytrichaceae), Fam. der Laubmoose mit 15 Gatt. und rd. 350 in den gemäßigten Zonen und in trop. Gebirge verbreiteten Arten; z.B. ↑ Frauenhaar.

Haarmücken (Bibionidae), mit rd. 400 Arten weltweit verbreitete Fam. 3–13 mm langer Mücken; fliegenartig aussehende Insekten mit stark behaartem, meist schwarzem Körper.

Haarnixe (Fischgras, Cabomba), Gatt. der Seerosengewächse mit sechs Arten im trop. und subtrop. Amerika; Wasserpflanzen mit fein zerteilten Unterwasserblättern und schildförmigen Schwimmblättern; Blüten klein, weiß bis gelb; Aquarienpflanzen.

Haarpapille ↑ Haare.

Haarraubwild, wm. Bez. für alles Raubwild aus der Klasse der Säugetiere.

Haarrisse, feinste, für das bloße Auge oft unsichtbare [Oberflächen]risse bei Materialien verschiedenster Art.

Haarsterne (Federsterne, Crinoidea), Klasse meerbewohnender Stachelhäuter mit rd. 620 Arten; oft bunt gefärbte Tiere, die entweder nur im Jugendstadium (**Eigentliche Haarsterne;** Flachwasserbewohner) oder zeitlebens (**Seelilien;** in Tiefen unter 1 000 m) mit einem Stiel am Untergrund festsitzen.

Haarstrang (Peucedanum), Gatt. der Doldengewächse mit rd. 120 Arten in Eurasien und S-Afrika; bis 2 m hohe Pflanzen mit fiederteiligen Blättern und kleinen, weißen, gelbl. oder rötl. Blüten. In Deutschland kommen sieben Arten vor, darunter der **Sumpfhaarstrang** (Peucedanum palustre) auf sauren, nassen Böden.

Haartracht (Frisur), die Art, das Haar zu tragen; sie ist in der Kulturgeschichte vielfach durch soziale Stellungen und religiöse Ansichten bestimmt. – *Altertum:* Ägypter, Hethiter, Assyrer und Babylonier trugen meist lange, zu Locken gedrehte Haare oder Perücken. Lange Haare sahen die Griechen anfangs als Göttergeschenk an, weshalb den Sklaven die Haare gekürzt wurden; seit dem 5. Jh. v. Chr. waren auch bei den männl. Freien kurze Haare üblich; die Frauen faßten ihre Haare zu einem Schopf oder Knoten. Im 3. Jh. v. Chr. übernahmen die Römer die griech. H.; die Römerinnen der Kaiserzeit türmten die gefärbten oder gebleichten Haare zu dichten Locken. Die Germanen trugen die Haare lang, halblang oder zu einem Knoten über der Schläfe zusammengebunden; die german. Frauen steckten das Haar auf, die Mädchen trugen es herabfallend. **Zöpfe** sind gegen Ende der Völkerwanderungszeit nachweisbar. Bei den Franken waren lange Haare dem König vorbehalten. – *MA:* Bei den Männern überwogen lange, gelockte und seit dem 14. Jh. kurze Haare; unverheiratete Frauen trugen die Haare offen oder in Zöpfen, verheiratete verbargen sie unter vielfältigen Kopfbedeckungen, v.a. der Haube. – *Neuzeit:* Im 16. Jh. wurde die Frisur der allg. übl. span. Tracht angepaßt; Männer hatten kurzes, Frauen zu Locken gebauschtes, oftmals toupiertes Haar (**Kegelfrisur**). Im 17. Jh. trugen die Männer schulterlanges Haar, das in die Stirn gekämmt oder in der Mitte gescheitelt wurde. Ludwig XIV. verhalf der **Perücke** als Inbegriff der höf. H. zum Durchbruch. Höhepunkt ist die **Allongeperücke.** Aus der Mode, langes Haar am Hinterkopf in einem **Haarbeutel** zu tragen, entwickelte sich die **Zopftracht.** Im 18. Jh. gipfelte die höf. weibl. Frisur in der künstlich gesteiften, schmucküberladenen **Turmfrisur.** Nach der Frz. Revolution setzte sich eine kürzere, gelockte H. durch (bei Frauen der sog. **Tituskopf**). Im Biedermeier wurde das Haar der Frau wieder länger; danach setzten sich die **Scheitelfrisur** mit Mittelscheitel, **Korkenzieherlocken, Haarnest, Schnecken** oder **Chignon** (Ende des 19. Jh.) durch. Um 1920 begünstigte v.a. die erstarkende Frauenbewegung den kurzen Haarschnitt, der vom glatten **Bubikopf** (nach Entwicklung der Dauerwelle) zu zahlr. mehr oder weniger lockigen und welligen, kurzen oder langen Frisuren führte. In diese Zeit fällt auch der **Herrenschnitt.** Seit den 1950er Jahren ist der Wechsel der Haarmode auch bei Jugendlichen bes. auffallend; oftmals von Musikstars (z. B. E. Presley, Beatles) kreiert, fanden diese Frisuren, zunächst schichtenspezifisch als zur Schau getragene gesellschaftl. Überzeugung („Langhaarige"), dann als sog. **Look,** allg. Verbreitung. In den 1970er Jahren wurde einer von Hippiebewegung und Studentenrevolte geförderten Antimode (lange, betont ungepflegte H.) mit gestylten Punkfrisuren und „Skinhead"-Glatzen neue Ausrichtung gegeben.

Haarwasser, meist 40- bis 50prozentige alkohol. Lösung mit verschiedenen Wirkstoffen (Schwefelverbindungen, Pantothensäure, Vitamine, durchblutungsfördernde Substanzen, Lezithin), die den Haarboden günstig beeinflussen sollen.

Haarwechsel, bei Säugetieren (einschl. Mensch) kontinuierl. oder period. Ausfall von Haaren, die durch gleich- oder andersartige, verschiedentlich auch anders gefärbte

Haare ersetzt werden. Der period., hormonell gesteuerte und erblich festgelegte H. bei fast allen Säugetieren der gemäßigten Gebiete wird ↑Mauser genannt.

Haarwild, die jagdbaren Säugetiere.

Haarwürmer (Trichuridae), Fam. kleiner, schlanker Fadenwürmer mit sehr dünnem, haarartig ausgezogenem Vorderende; leben endoparasitisch in Vögeln und Säugetieren (einschl. Mensch), wo sie **Haarwurmkrankheiten** (v. a. im Bereich des Darms, der Nieren und der Lunge) verursachen.

Haarwurzel ↑Haare.

Haarzunge, grünlich bis schwärzlich verfärbte Zunge mit haarartig verlängerten verhornten Papillen. Als Ursache der H. wird eine Störung der Mundflora vermutet, tritt gelegentlich nach Chemotherapie auf.

Haas, Arthur Erich, * Brünn 30. April 1884, † Chicago 20. Febr. 1941, östr. Physiker und Physikhistoriker. – Prof. in Leipzig, Wien und Notre Dame (Ind.). H. verknüpfte 1910 als erster das Plancksche Wirkungsquantum mit atomaren Größen und formulierte eine Quantenbedingung, die mit der späteren Bohrschen Bedingung für den Grundzustand des Wasserstoffatoms übereinstimmte.

H., Ernst, * Wien 2. März 1921, † New York 12. Sept. 1986, östr. Photograph. – Lebte in den USA; poet. Landschafts- und Städteaufnahmen in zahlr. Illustrierten. Hielt als einer der ersten in Farbaufnahmen Bewegung fest. Bildbände: „Die Schöpfung" (1971), „In Amerika" (1975), „In Deutschland" (1976).

Ernst Haas. Nr. 33 aus dem Bildband „Die Schöpfung", 1971

H., Joseph, * Maihingen bei Nördlingen 19. März 1879, † München 30. März 1960, dt. Komponist. – Schüler von M. Reger; schrieb v. a. Opern, u. a. „Die Hochzeit des Jobs" (1944), Oratorien, Chorwerke, Orchesterwerke, Kammermusik und Lieder.

H., Monique [frz. a:s], * Paris 20. Okt. 1909, † ebd. 9. Juni 1987, frz. Pianistin. – mit dem Komponisten M. Mihalovici; bed. Interpretin klass. romant. und bes. zeitgenöss. Klaviermusik.

H., Wander Johannes de [niederl. ha:s], * Lisse (Prov. Südholland) 2. März 1878, † Bilthoven (Prov. Utrecht) 26. April 1960, niederl. Physiker. – Lieferte 1915 – einem Vorschlag von A. Einstein folgend – die experimentelle Bestätigung des daraufhin so ben. ↑Einstein-de-Haas-Effektes.

H., Willy, * Prag 7. Juni 1891, † Hamburg 4. Sept. 1973, dt. Kritiker und Essayist. – Gehörte in Prag zum Kreis um F. Kafka; leitete seit 1925 in Berlin die Zeitschrift „Die literar. Welt". Emigrierte 1933 nach Prag, 1939 nach Indien. Nach seiner Rückkehr 1947 Theater- und Literaturkritiker, Drehbuchautor. – *Werke:* Das Spiel mit dem Feuer (Essays, 1923), Gestalten der Zeit (Essays, 1930), Bert Brecht (Monographie, 1958), Fragmente eines Lebens (Essays, 1970).

Haase, Friedrich, * Berlin 1. Nov. 1825, † ebd. 17. März 1911, dt. Schauspieler, Regisseur und Theaterleiter. – Als Regisseur des Hoftheaters in Coburg (1866–68) beeinflußte er den Stil der ↑Meininger durch seine Hamletinszenierung nach engl. Vorbild. 1883 Mitbegr. des Dt. Theaters in Berlin.

H., Hugo, * Allenstein 29. Sept. 1863, † Berlin 7. Nov. 1919 (an den Folgen eines Attentats), dt. Jurist und Politiker. – MdR (SPD) 1897–1907 und 1912–19; 1911–17 Parteivors. (seit 1913 zus. mit F. Ebert); plädierte 1915 gegen die Kriegskredite. Seit März 1916 leitete H. die Sozialdemokrat. Arbeitsgemeinschaft (seit Ostern 1917 USPD). Nov./ Dez. 1918 Mgl. des Rats der Volksbeauftragten.

Haavelmo, Trygve Magnus, * Skedsmo (bei Oslo) 19. Dez. 1911, norweg. Volkswirtschaftler und Statistiker. – 1948–79 Prof. in Oslo. H. erhielt 1989 für die Erarbeitung wahrscheinlichkeitstheoret. Grundlagen zur empir. Überprüfung ökonom. Theorien (z. B. in der Investitions- und Wachstumstheorie) und deren Anwendung bei der Wirtschaftsprognose den sog. Nobelpreis für Wirtschaftswissenschaften.

Hába, Alois [tschech. 'ha:ba], * Wisowitz (bei Zlín) 21. Juni 1893, † Prag 18. Nov. 1973, tschech. Komponist. – Lehrte seit 1923 am Prager Konservatorium, war 1945–61 Prof. an der Akademie für mus. Künste in Prag. H., ein Verfechter des Vierteltonsystems, schrieb selbst Werke im Viertel-, Fünftel-, Sechstel- und im diaton.-chromat. Tonsystem. Sein Werk umfaßt u. a. 16 Streichquartette, 4 Nonette, Suiten, Phantasien und Sonaten für Bläser, Streicher oder für Klavier, Solokonzerte, Orchesterwerke, drei Opern („Die Mutter", 1931; „Die neue Erde", 1936; „Dein Reich komme", 1942).

Habakuk, alttestamentl. Prophet und das von ihm verfaßte bibl. Buch (Abk. Hab.); Datierung (zw. 609 und 303 v. Chr.) und Deutung des *Buches H.* sind umstritten. Es enthält die prophet. Klage über ein nat. Unglück Israels, Flüche gegen einen Gottlosen, einen Psalm und Gottesworte.

Habaner, späterer Name der ↑Hutterer in der Slowakei und in Siebenbürgen.

Habanera [span., nach Havanna (span. La Habana)], seit Anfang des 19. Jh. bekannter, kubanisch-span. Paartanz im $^2/_4$-Takt, gelangte Ende des 19. Jh. über Spanien nach Europa. Bekannt aus Bizets Oper „Carmen".

Habasch, Georges, * Lod (bei Tel Aviv) 1925, Palästinenserführer. – Urspr. Arzt; seit 1967 Führer der Volksfront zur Befreiung Palästinas, mit der er als scharfer Kritiker der PLO die Errichtung eines palästinens. Staates verfolgt. Ein Pariser Klinikaufenthalt H. führte im Febr. 1992 zu einer innenpolit. Krise in Frankreich.

Habdala (Havdala) [hebr. „Scheidung"], vom jüd. Hausherrn in der häusl. Feier beim Ausgang des Sabbats oder eines Feiertags gesprochener Lobpreis, verbunden mit einer Segnung eines von Wein überfließenden Bechers (Symbol überströmenden Segens) und einer Benediktion über Gewürz (dessen Wohlgeruch als Symbol der Sabbatwonne gilt), das in oft künstlerisch reich gestalteten Büchsen **(Besomimbüchsen)** aufbewahrt wird.

Habe, Hans, urspr. H. Bekessy, * Budapest 12. Febr. 1911, † Locarno 30. Sept. 1977, amerikan. Schriftsteller und Publizist östr. Herkunft. – Erfolgreich mit Tatsachenberichten und Unterhaltungsromanen. – *Werke:* Drei über die Grenze (R., 1937), Ob Tausend fallen (Bericht, 1941), Ich stelle mich (Autobiographie, 1954), Ilona (R., 1960), Die Tarnowska (R., 1962), Die Mission (R., 1965), Das Netz (R., 1969), Palazzo (R., 1975).

Haarsterne. Mittelmeerhaarstern (Rumpfdurchmesser 6–7 mm, Armlänge bis 12 cm)

Hugo Haase

Alois Hába

Hans Habe

Jürgen Habermas

Habeaskorpusakte [nach dem lat. Anfang alter Haftbefehle: habeas corpus „du sollst den Körper haben"], 1679 erlassenes engl. Staatsgrundgesetz zum Schutz der persönl. Freiheit: Kein engl. Untertan darf ohne richterl. Haftbefehl verhaftet oder ohne gerichtl. Untersuchung in Haft gehalten werden.

Habelschwerdt (poln. Bystrzyca Kłodzka), Krst. an der Glatzer Neiße, Polen, 365 m ü. d. M., 12 000 E. Phillumenist. Museum. Holzind. – Um die Mitte des 13. Jh. als Stadt gegr. Ab 1742 zu Preußen gehörend. – Got. Pfarrkirche, Reste von Wehranlagen (14. Jh.).

Habelschwerdter Gebirge, Gebirge in den Mittelsudeten, Polen, im Heidelberg 977 m hoch.

Habemus Papam [lat. „wir haben einen Papst"], die Worte, mit denen der Kardinal-Protodiakon die vollzogene Wahl des Papstes bekanntgibt.

Haben, die rechte Seite eines Kontos; bei Aktivkonten Eintragung der Vermögensabnahme, bei Passivkonten der Schuldenzunahme; bei den Erfolgskonten auf der H.seite Ausweis der Erträge. – Ggs. ↑Soll.

Habenzinsen ↑Zinsen.

Haber, Fritz, *Breslau 9. Dez. 1868, †Basel 29. Jan. 1934, dt. Chemiker. – 1898 Prof. an der TH Karlsruhe, 1911–33 Direktor des neugegr. Kaiser-Wilhelm-Instituts für physikal. Chemie und Elektrochemie in Berlin. 1933 emigrierte er nach Großbritannien. Seine größte wiss. Leistung, für die er 1918 den Nobelpreis für Chemie erhielt, ist die Darstellung von Ammoniak aus Stickstoff und Wasserstoff unter hohem Druck (↑Haber-Bosch-Verfahren).

H., Heinz, *Mannheim 15. Mai 1913, †Hamburg 13. Febr. 1990, dt. Physiker und Publizist. – Autor allgemeinverständlicher naturwiss. Sachbücher und Fernsehsendungen; Hg. der Zeitschrift „Bild der Wissenschaft" (1964 ff.).

Haber-Bosch-Verfahren (nach F. Haber und C. Bosch], bedeutendstes großtechn. Verfahren zur Herstellung von Ammoniak. Die Synthese erfolgt aus Wasserstoff und Stickstoff bei Drücken von über 20 MPa (200 bar) und Temperaturen um 500 °C mit Hilfe eines Eisenkatalysators nach folgender Gleichung: $N_2 + 3 H_2 \rightarrow 2 NH_3$. Das einzusetzende ↑Synthesegas wird aus Luft, Wasser und Koks gewonnen. Die exotherme Reaktion benötigt, durch einen elektr. Brenner in Gang gesetzt, keine zusätzl. Heizung. 11 % des eingesetzten Synthesegases werden zu Ammoniak umgesetzt. Das den Ofen verlassende Gasgemisch wird auf -20 bis $-30\,°C$ gekühlt; dabei fällt Ammoniak flüssig an.

Haberfeldtreiben, Bez. für ein im 18./19. Jh. im bayr. Oberland abgehaltenes Rügegericht zur Verächtlichmachung von Gemeindemgl., die gegen „Sitte und Brauch" verstoßen hatten; später nur noch scherzhaftes Faschingsgericht.

Haberlandt, Gottlieb, *Wieselburg-Ungarisch-Altenburg (ungar. Mosonmagyaróvár) 28. Nov. 1854, †Berlin 30. Jan. 1945, östr. Botaniker. – Prof. in Graz und Berlin; erforschte v. a. die Zusammenhänge zw. Bau und Funktion der Pflanzen, wies pflanzl. Hormone nach und erkannte deren Bed. für die Zellteilung und -differenzierung bzw. Embryonalentwicklung.

Häberlin, Paul, *Kesswil (Thurgau) 17. Febr. 1878, †Basel 29. Sept. 1960, schweizer. Philosoph und Pädagoge. – 1914 Prof. in Bern, 1922 in Basel. Das Schwergewicht der Arbeiten H. liegt in einer dualistisch (Geist–Trieb) aufgefaßten Anthropologie (Der Mensch. Eine philosoph. Anthropologie, 1941). Auf ihr begründete H. eine vom Gedanken der Triebüberwindung getragene Pädagogik, Psychologie und Kulturtheorie.

Habermann, Johann, latinisiert Avenarius, *Eger 1516, †Zeitz 5. Dez. 1590, dt. ev. Theologe. – H. ist der älteste bekannte Erbauungsschriftsteller der luth. Kirche und Verfasser eines der verbreitetsten, in mehrere Sprachen übersetzten Gebetbücher: „Christl. Gebeth für allerley Noth ...".

Habermas, Jürgen, *Düsseldorf 18. Juni 1929, dt. Philosoph und Soziologe. – 1961 Prof. in Heidelberg, 1964–71 und seit 1983 in Frankfurt am Main, 1971–80 in Starnberg als Direktor am Max-Planck-Institut zur Erforschung der Lebensbedingungen der wiss.-techn. Welt, dann bis 1983 Direktor am Max-Planck-Institut für Sozialwiss. H. ist in der Nachfolge von T. W. Adorno und M. Horkheimer einflußreichster Vertreter der ↑kritischen Theorie. Er will auf der Basis der analyt. Sozialwiss. die Möglichkeiten normativer Orientierung in komplexen pluralist. Gesellschaften aufdecken. Sein Hauptwerk „Theorie des kommunikativen Handelns" (2 Bde., 1981) verweist auf die normative Grundlegung gesellschaftl. Prozesse in der Sprache. Bereits in den 50er Jahren trat H. für demokrat. Reformen des Bildungswesens ein. Seine Kritik an neokonservativen Tendenzen löste 1986 den ↑Historikerstreit aus. H. hat seine Konzeption in zahlr. Werken begründet und erweitert, u. a.: „Strukturwandel der Öffentlichkeit" (1962), „Erkenntnis und Interesse" (1968), „Der Positivismusstreit in der dt. Soziologie" (mit T. W. Adorno u. a., 1969), „Zur Logik der Sozialwiss." (1970), „Zur Rekonstruktion des Histor. Materialismus" (1976), „Der philosoph. Diskurs der Moderne" (1985).

Habgier, im strafrechtl. Sinn (§ 211 StGB Mord): ein noch über die Gewinnsucht hinaus gesteigertes abstoßendes Gewinnstreben um jeden Preis.

Habib Ullah Khan, *Taschkent 3. Juli 1872, †Kallagusch (im Laghmantal) 20. Febr. 1919 (ermordet), Emir von Afghanistan (seit 1901). – Nachfolger seines Vaters Abd Ur Rahman Khan; erneuerte das Heeres- und Erziehungswesen nach anglоid. Vorbild.

Habichtartige (Accipitridae), mit rd. 200 Arten weltweit verbreitete Fam. 0,2–1,2 m körperlanger Greifvögel. Unterfam. sind ↑Gleitaare, ↑Milane, ↑Weihen, ↑Bussarde, ↑Wespenbussarde, ↑Habichte, ↑Adler und Altweltgeier (↑Geier).

Habichte [zu althochdt. habuh, eigtl. „Fänger, Räuber"] (Accipitrinae), mit über 50 Arten weltweit verbreitete Unterfam. etwa 25–60 cm körperlanger Greifvögel; mit meist kurzen, runden Flügeln, relativ langem Schwanz und langen, spitzen Krallen. H. schlagen ihre Beute (bes. Vögel) im Überraschungsflug. Die umfangreichste Gatt. ist *Accipiter* mit 45 Arten; in M-Europa kommen **Hühnerhabicht** (Accipiter gentilis), 50–60 cm körperlang, und **Sperber** (Accipiter nisus), bis 38 cm körperlang, vor.

Habichtsadler (Hieraaetus fasciatus), etwa 70 cm großer Adler in S-Eurasien und Großteilen Afrikas; Gefieder oberseits dunkelbraun, unterseits weiß mit braunen Längsflecken, Schwanz mit schwarzer Endbinde.

Habichtsburg ↑Habsburg.

Habichtskauz ↑Eulenvögel.

Habichtskraut (Hieracium), Gatt. der Korbblütler mit rd. 800 Sammelarten auf der Nordhalbkugel und in den Anden; Kräuter mit meist gelben, orangefarbenen oder roten, ausschließlich Zungenblüten enthaltenden Blütenkörbchen. In Deutschland u. a. das häufige **Waldhabichtskraut** (Hieracium silvaticum) sowie das **Kleine Habichtskraut** (Mausohr, Hieracium pilosella) mit meist einköpfigem Stengel und langen Ausläufern.

Habichtswald, Gebirge im Hess. Bergland, westlich von Kassel, im Hohen Gras 615 m hoch; z. T. Naturpark (80 km²).

Habilitation [zu mittellat. habilitare „geschickt, fähig machen"], förml. Verfahren zum Erwerb der Lehrerlaubnis (**venia legendi**) an Hochschulen. Nach Einreichung (früher Annahme) einer wiss. Arbeit als **Habilitationsschrift** wird ein Kolloquium im Rahmen der Fakultät oder des Fachbereichs mit dem **Habilitanden**, der einen Fachvortrag hält, abgehalten. Verläuft das Verfahren positiv, findet es seinen Abschluß in einem öff. Vortrag (Antrittsvorlesung). Bis 1976 war die H. grundsätzlich Voraussetzung für eine Berufung auf einen Lehrstuhl einer Universität.

Habima (Habimah) [hebr. „Bühne"], 1916 in Moskau von Naum L. Zemach gegr. hebr. Theater, seit 1931 mit dem größten Teil des Ensembles in Palästina, seit 1958 „National-Theater Israels". Die H. vertrat bis 1926 ein „synthet. Theater" und führte die drei „Klassiker" des hebr. Theaters, „Der Ewige Jude" (D. Pinski, 1919), „Der

Habichte.
Oben: Sperber.
Unten: Hühnerhabicht

Habichtsadler

Dybuk" (S. Anski, 1922) und „Der Golem" (H. Leivick, 1924) zum Erfolg.

Habiru (Hapiru) ↑Chapiru.

Habit [frz., zu lat. habitus „Aussehen, Kleidung"], [Amts]kleidung, Ordenstracht; auch wunderl., merkwürdige Kleidung.

Habit [engl. 'hæbɪt „Gewohnheit, Verhaltensweise"], v. a. in der amerikan. Psychologie und Pädagogik verwendete Bez. für das zur (ererbten) ↑Anlage Hinzuerworbene, Erlernte; auch Bez. für die kleinste Einheit im Lernprozeß.

Habitat [zu lat. habitare „wohnen"], in der *Biologie* der Standort einer bestimmten Tier- oder Pflanzenart.
▷ in der *Anthropologie* Bez. für den Wohnplatz von Ur- und Frühmenschen.

habituell [lat.-frz.], regelmäßig, gewohnheitsmäßig, ständig. – In der *Medizin*: gewohnheitsmäßig, oft wiederkehrend, z. B. von Fehlgeburten.

Habitus [lat.], Gesamterscheinungsbild (Aussehen und Verhalten) von Lebewesen; auch gleichbedeutend mit ↑Konstitution.

Haboob [engl. həˈbuːb; arab.-engl.] ↑Habub.

Habrecht, Isaac, *Schaffhausen 23. Febr. 1544, †Straßburg 11. Nov. 1620, dt. Uhrmacher. – Baute 1572–74 in Straßburg, 1579/80 in Heilbronn und 1580/81 in Ulm Kunstuhren.

Habsburg (Habichtsburg), 1020 erbauter Stammsitz der ↑Habsburger, über dem rechten Aareufer, sw. von Brugg (Schweiz).

Habsburger, europ. Dyn., seit Mitte des 10. Jh. am Oberrhein als Dynastengeschlecht nachweisbar, das sich nach der Habsburg benannte. Der Aufstieg im Elsaß, am Oberrhein und zw. Aare und Reuß begüterten H. begann mit der Wahl Rudolfs I. 1273 zum Röm. König und mit der Belehnung seiner Söhne Albrecht I. und Rudolf II. († 1290) 1282 mit den Hzgt. Österreich und Steiermark. Mit dem Erwerb von Kärnten und Krain (1335), Tirol (1363), Freiburg im Breisgau (1368), Triest (1383) und Görz (1500) wurden die Voraussetzungen für die Hausmacht der H. geschaffen; seit dem 15. Jh. wurde dafür die Bez. **Haus Österreich (Casa d'Austria)** gültig. Im 14. und 15. Jh. Verlust der althabsburg. schweizer. Besitzungen; 1379 Teilung in die **Albertinische Linie** (Nieder- und Oberösterreich) und die **Leopoldinische Linie** (Steiermark, Kärnten, Krain, Tirol), die sich 1411 in den jüngeren steier. und Tiroler Zweig teilte. Seit Albrecht II. (1438/39) Röm. Könige, gewannen die H. mit Friedrich III. (1440–93) 1452 die Krone des Hl. Röm. Reiches, dessen Träger sie (außer 1742–45) bis 1806 blieben. Friedrichs Sohn, Maximilian I., konnte den gesamthabsburg. Besitz wieder vereinigen. Durch seine dynast. Heiratspolitik, bes. durch das herzogl. burgund. Erbe, den Anfall der span. Kgr. und den Erwerb der Wenzels- und der Stephanskrone (1526), vollzog sich der Aufstieg der H. zur europ. Großmacht († Bella gerant alii, tu, felix Austria nube!). Nach der Trennung der span. und der dt. Linie der Gesamtdyn. nach dem Tode Karls V. (1556) bestimmte die span. Linie mit Philipp II. den Höhepunkt der Macht des Gesamthauses; der dt. Linie gelang (bei neuen dynast. Teilungen 1564 bis 1619) erst seit 1683 die östr. Großmachtbildung. Trotz der zahlr. Verwandtenehen zw. beiden Linien konnten die H. nach dem Erlöschen der span. Linie (1700) nur die europ. Nebenländer des span. Erbes gewinnen († Spanischer Erbfolgekrieg). Nachdem die Dyn. mit dem Tode Karls VI. (1740) im Mannesstamm erloschen war, entstand durch die Ehe seiner Tochter Maria Theresia mit dem lothring. Hzg., dem späteren Röm. Kaiser Franz I. Stephan, die als **Habsburg-Lothringer** (genealog. Lothringer) bezeichnete, im 19. und 20. Jh. weitverzweigte Dyn. 1804 errichtete Franz II. (I.) das östr. Kaisertum, das mit dem Thronverzicht Karls I. 1918 endete.

Habsburgergesetz, östr. Gesetz vom 3. 4. 1919, das die Herrscherrechte des Hauses Habsburg-Lothringen für Österreich aufhob und alle Habsburger, die nicht auf ihre Vorrechte verzichteten, des Landes verwies; seit 1955 Bestandteil des östr. Staatsvertrages.

Habsburg-Lothringen, Otto (von), *Schloß Wartholz bei Reichenau an der Rax (Niederösterreich) 20. Nov. 1912, östr. polit. Schriftsteller. – Ältester Sohn des letzten östr. Kaisers, Karls I., und Erbe der habsburg. Thronansprüche, auf die er 1961 verzichtete; ab 1919 im Exil, heute in der BR Deutschland (seit 1978 dt. Staatsbürgerschaft); seit 1973 Präs. der Paneuropa-Union, seit 1979 MdEP für die CSU; zahlr. polit. Schriften.

Habsburg-Lothringen ↑Habsburger.

Habub (Haboob) [arab.], heißer Sand- oder Staubsturm in Ägypten und im Sudan; meist aus nördl. Richtung wehend.

Háček [tschech. 'haːtʃɛk „Häkchen"], diakrit. Zeichen, das, bes. in den slaw. Sprachen mit Lateinschrift, einen Zischlaut oder einen stimmhaften Reibelaut angibt, z. B. tschech. č [tʃ], ž [ʒ].

Hácha, Emil [tschech. 'haːxa], *Trhové Sviny (Südböhm. Bez.) 12. Juli 1872, †Prag Juni 1945 (im Gefängnis), tschech. Politiker. – Wurde nach Abtretung des Sudetenlandes 1938 Staatspräs. der ČSR; schloß am 15. März 1939 unter Druck Hitlers einen Protektoratsvertrag ab und blieb bis 1945 formell Staatspräs. des „Protektorats Böhmen und Mähren".

Hachenburg, Stadt 25 km sw. von Siegen, Rhld.-Pf., 380 m ü. d. M., 5200 E. Luftkurort; Möbelherstellung. – Gegen Ende des 12. Jh. gegr., 1247 Stadt. – Barocke Pfarrkirche (1775/76) mit spätgot. Chor und Turm; Schloß (ma. Kern, im 18. Jh. erweitert).

Hachette S. A., Librairie [frz. libʁɛriʃɛtˈsa] ↑Verlage (Übersicht).

Hachinohe [hatʃi...] (Hatschinohe), jap. Hafenstadt an der NO-Küste von N-Honshū, 241 000 E. Fischereizentrum, Textil-, Baustoffind.; ⚒.

Hachiōji [hatʃiodʒi] (Hatschiodschi), jap. Stadt auf Honshū, 30 km westlich von Tokio, 433 000 E. Seidenverarbeitung, feinmechan.-opt. Ind.; ⚒.

Hachse (Haxe), volkstüml. Bez. für den Unterschenkel der Vorder- und Hinterbeine geschlachteter Kälber und Schweine.

Hacienda [span. aˈsjenda] ↑Hazienda.

Hacılar [türk. ˈhadʒilar], prähistor. Fundstätte bei Burdur (SW-Anatolien); brit. Ausgrabung (1957–60) eines Siedlungshügels, dessen Bed. in der gesicherten Abfolge mehrerer Kulturen vom 8. Jt. v. Chr. bis zum frühen Chalkolithikum und im Nachweis früher dörfl. und städt. Organisationsformen liegt.

Hackbau, primitive Ackerbauform, bei der der Boden mit einer Hacke gelockert wird.

Hackbrett (engl. dulcimer, frz. tympanon, italien. salterio tedesco, ungar. cimbalom), zitherartiges Saiteninstrument mit meist trapezförmigem Schallkasten und etwa 25 Saitenchören (zu durchschnittlich vier Metallsaiten), die jeweils zur Hälfte über einen von zwei Stegen laufen und mit Klöppeln angeschlagen werden. Der Tonumfang reicht von g bis g^2 oder g^3. Das **Cimbalom**, das seit dem 19. Jh. mit Baßsaiten, Chromatik und Dämpfungspedal ausgebaute H.

Habichtskraut. Kleines Habichtskraut (Höhe 5–30 cm)

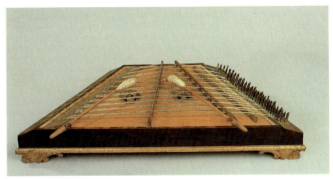

Hackbrett, gebaut von Antonio Battaglia, 1766 (Berlin, Staatliches Institut für Musikforschung Preußischer Kulturbesitz)

Hacken

der Zigeunerkapellen, wird bis heute in der osteurop. Volksmusik verwendet.

Hacken, im Bergbau, im Erd- und Straßenbau sowie in der Landw. und im Gartenbau verwendete, meist beidhändig geführte Arbeitsgeräte, bestehend aus einem Holzstiel und einem aufgesetzten, mit einer Spitze oder Schneide versehenen stählernen Hackblatt (Arm). Für schwere Erdarbeiten, Gesteinszerkleinerungen u. a. werden ein- oder zweiarmige **Spitz-** und **Breithacken** sowie die (im Bergbau auch als **Lettenhauen** bezeichneten) **Kreuzhacken** eingesetzt; zum Befestigen des Oberbaus von Gleisen u. a. dienen **Stopfhacken** (speziell die zweiarmigen **Stopfspitzhacken**). In der Landw. werden H. mit unterschiedl. Blattformen verwendet. **Ziehhacken** besitzen ein nur wenige Zentimeter hohes, sehr dünnes, schräg zum Stiel gestelltes Blatt und werden durch den Boden gezogen.

Hackepeter (Thüringer Mett, Schweinemett), mit Gewürzen zubereitetes Hackfleisch vom Schwein, wird roh verzehrt.

Hacker, Friedrich, *Wien 19. Jan. 1914, †Mainz 23. Juni 1989, amerikan. Psychiater östr. Herkunft. – Emigrierte 1938 in die USA; Prof. in Los Angeles, Gründer und Präs. der Sigmund-Freud-Gesellschaft; arbeitete v. a. über das Phänomen der Gewalt in der Massengesellschaft („Aggression. Die Brutalisierung der modernen Welt", 1971; „Terror", 1973; „Freiheit, die sie meinen", 1978).

Hacker [engl. 'hækə], urspr. Bez. für Menschen, die begeistert und intensiv mit und an Computern arbeiten; heute auch Computerbenutzer, die versuchen, über Datennetze unbefugt in fremde Computersysteme einzudringen.

Hackert, [Jacob] Philipp, *Prenzlau 15. Sept. 1737, †San Piero di Careggi (= Fiesole) 28. April 1807, dt. Maler und Radierer. – Mit heroischen Landschaften Vertreter der †Deutschrömer.

Hackethal, Julius, *Reinholterode (Kr. Heiligenstadt) 6. Nov. 1921, dt. Chirurg und Orthopäde. – Wurde bekannt als Sachverständiger bei Prozessen um ärztl. Kunstfehler durch sein engagiertes Eintreten für die betroffenen Patienten; kritisierte die ärztl. Berufsordnung und -ethik sowie die medizin. Versorgung und Krebsvorsorge und trat für Reformen im Gesundheitswesen ein. H. löste mit seinen Publikationen (u. a. „Auf Messers Schneide. Kunst und Fehler der Chirurgen", 1976; „Humanes Sterben. Mitleidstötung als Patientenrecht und Arztpflicht", 1988) Kontroversen in der Öffentlichkeit und den Standesorganisationen aus.

Hackfleisch (Gehacktes, Gewiegtes, Geschabtes, Faschiertes), rohes, heute meist durch den Wolf gedrehtes Fleisch von Rind und/oder Schwein; leicht verderblich. Zubereitung roh als Hackepeter oder Tatar, gegart als Hackbraten und Frikadelle bzw. Hamburger. – Das gewerbsmäßige Herstellen und Inverkehrbringen von H. unterliegt bes. strengen lebensmittelrechtl. Vorschriften (darf nur am Herstellungstag verkauft werden).

Hackfrüchte, Kulturpflanzen, bei denen während ihrer Entwicklung der Boden wiederholt gehackt werden muß; z. B. Rüben, Kartoffeln, Topinambur, Tabak, Zwiebeln.

Hackmaschinen, in der *Landwirtschaft* verwendete Maschinen zur Lockerung und Krümelung der Bodenoberfläche sowie zur Unkrautvernichtung.

Hackordnung, Form der †Rangordnung in Tiergesellschaften, v. a. bei Vögeln. Bei Haushühnern zeigt sich die festgelegte Rangordnung im Weghacken des Rangniederen durch den Ranghöheren vom Futterplatz.

Hacks, Peter, *Breslau 21. März 1928, dt. Dramatiker. – Schreibt Zeitstücke und Komödien mit gesellschaftskrit. und utop. Tendenz und geschichtsinterpretierendem Charakter, meist in histor. Gewand; auch Libretti, Gedichte, Kinderbücher, Essays.
Werke: Eröffnung des ind. Zeitalters (Dr., UA 1954), Die Schlacht bei Lobositz (1954 entstanden), Die Sorgen und die Macht (Dr., 1958 entstanden), Moritz Tassow (Dr., UA 1965), Der Schuhu und die fliegende Prinzessin (Märchenstück, UA 1967), Adam und Eva (Kom., UA 1973), Die Maßgaben der Kunst. Ges. Aufs. (1976), Historien und Ro-

manzen (1985), Die Gedichte (1988), Jona (Trauerspiel und ein Essay, 1989), Fafner, die Bisammaus (Dr., UA 1992).

Häcksel (Häckerling), mit der H.maschine kurzgeschnittenes Getreidestroh oder grobstengelige Grünfutterpflanzen.

Hacksilber, in vielen Funden (schon aus dem Alten Orient) erhaltenes primitives Zahlungsmittel, bestehend aus einem Gemisch von zerhackten, zerbrochenen, z. T. auch ganzen Silberteilen (Münzen, Barren, Schmuck); im 9.–12. Jh. v. a. in N- und O-Europa verbreitet.

Hadamar, hess. Stadt im Limburger Becken, 130 m ü. d. M., 10 500 E. Staatl. Glasfachschule, Textil- und Glasind. – Seit 1190 belegt, erhielt 1324 Stadtrecht. – In der 1894 gegr. Landesheil- und Pflegeanstalt wurden im Rahmen des nat.-soz. Euthanasieprogramms in den ersten Jahren des 2. Weltkriegs zahlr. Menschen ermordet. – Schloß (17. Jh.) mit 4 Höfen; spätgot. Liebfrauenkirche, Nepomukkirche (18. Jh.). Zahlr. Fachwerkbauten des 17. Jahrhunderts.

Hadamar von Laber, mittelhochdt. Dichter des 14. Jh. – Wohl Mgl. eines oberpfälz. Rittergeschlechts, schrieb die Minneallegorie „Die Jagd".

Hadamard, Jacques [Salomon] [frz. adaˈmaːr], *Versailles 8. Dez. 1865, †Paris 17. Okt. 1963, frz. Mathematiker. – Prof. in Paris; Mgl. der Académie des Sciences. H. war einer der führenden Mathematiker seiner Zeit und ist einer der Begründer der Funktionalanalysis.

Haden, Charles Edward (Charlie) [engl. 'heɪdn], *Shenandoah (Ia.) 6. Aug. 1937, amerikan. Jazzmusiker (Baß). – Arbeitete seit 1966 u. a. mit O. Colemann, K. Jarrett und C. Bley zusammen. Schrieb mit G. Barbieri die Filmmusik zu „Der letzte Tango in Paris" (1972).

Hadera, israel. Stadt am Mittelmeer, 40 900 E. Zentrum eines Gebietes mit Zitrus- und Bananenkulturen; Reifen- und Papierfabrik. – Gegr. 1890 als kooperative Siedlung.

Hadern [zu althochdt. hadara, eigtl. „Schafpelz"], als Rohstoff für die Papierherstellung verwendete Lumpen, die nach Gewebeart sortiert, gereinigt, zerkleinert und in H.kochern unter Ätzkalkzusatz gekocht werden. Enthält Papier mindestens 10 % H., so wird es als *hadernhaltiges Papier* bezeichnet.

Hadersleben (dän. Haderslev), dän. Stadt in SO-Jütland, 30 300 E. Ev.-luth. Bischofssitz; Museum; Garnison, Handelszentrum; Hafen. – 1292 Stadtrecht, bis 1920 zu Schleswig-Holstein. – Dom (urspr. roman., im 15. Jh. got. umgebaut), got. Severinskirche (13. Jh.).

Hades, griech. Gott der Unterwelt. – Ältester Sohn der Titanen Kronos und Rhea, Bruder von Poseidon und Zeus, mit denen er nach dem Sturz des Vaters die Weltherrschaft teilt: Zeus erhält Himmel und Erde, Poseidon das Meer, H. die Unterwelt, in der einem ewigen Dunkel er fortan mit seiner Gemahlin Persephone über die Schatten der Toten herrscht. Der Name H. bezeichnet später die Unterwelt überhaupt.

Hadewig †Hadwig.

Hadith [arab. „Bericht"], Textsammlung aus dem 9. Jh., die Aussprüche Mohammeds enthält; neben dem Koran Quelle des islam. Gesetzes.

Haditha, Stadt im W Iraks, am Euphrat; 50 000 E. Erdölraffinerie; Knotenpunkt mehrerer Pipelines von Kirkuk zum Pers. Golf (Al Fao) bzw. nach Jordanien; bei H. Staudamm mit Kraftwerk (seit 1986; 600 MW).

Hadloub (Hadlaub), Johannes, †an einem 16. März vor 1340, mittelhochdt. Minnesänger. – Gehörte dem Kreis um den Zürcher Patrizier Rüdiger Manesse und war wohl selbst Züricher Bürger. Erhalten sind 54 traditionelle Minne- sowie Herbst-, Ernte- und Tagelieder und drei Leiche.

Hadr, Al [alˈhadər], nordirak. Ort, 90 km ssw. von Mosul, das antike **Hatra;** bed. Ruinen der parth. Kunst aus dem 2. Jh. n. Chr. – Von der UNESCO zum Weltkulturerbe erklärt.

Hadramaut, Gebiet im S der Arab. Halbinsel, im O der Jemenit. Republik. Der Küste parallel verläuft ein bis

Hacken.
1 Spitzhacke;
2 Breithacke;
3 Kreuzhacke;
4 Stopfhacke;
5 Stopfspitzhacke;
6 Ziehhacke

Peter Hacks

Ernst Haeckel

2 100 m ü. d. M. ansteigendes Gebirge mit flacher Abdachung nach N und O. Hauptlebensraum ist das **Wadi Hadramaut** mit seinen Nebentälern. – Seit dem 1. Jt. v. Chr. bed. Kulturlandschaft; Niedergang seit dem MA; kam Ende 19. Jh. durch Protektoratsverträge unter brit. Einfluß und wurde später Teil des Eastern Aden Protectorate; gehörte 1967–90 zur Demokrat. VR Jemen.

Hadrian, Name von Päpsten:
H. II., *Rom 792, †ebd. 14. Dez. 872, Papst (seit 14. Dez. 867). – Unter H. Pontifikat verdammte eine röm. Synode 869 ↑Photios, ebenso das 4. Konzil von Konstantinopel 869/70; H. gestattete die slaw. Sprache in der Liturgie.
H. IV., *Langley (Hertford) zw. 1110 und 1120, †Anagni 1. Sept. 1159, vorher Nikolaus Breakspear, Papst (seit 4. Dez. 1154). – Einziger engl. Papst; H. krönte Friedrich I. Barbarossa zum Kaiser; Friedrichs Auffassung von einem starken Kaisertum führte jedoch bald zum Konflikt mit Hadrian.
H. VI., *Utrecht 2. März 1459, †Rom 14. Sept. 1523, vorher Adriaan Florisz. Boeyens (Adrian von Utrecht), Papst (seit 9. Jan. 1522). – Erzieher und Ratgeber des späteren Kaisers Karl V.; strebte nach durchgreifender Kirchenreform, um der luth. Reformation in Deutschland entgegenzuwirken.

Hadrian (Publius Aelius Hadrianus), *Italica (Spanien) 24. Jan. 76, †Baiae (= Baia) 10. Juli 138, röm. Kaiser (seit 117). – Verwandter des Trajan; 117 nach umstrittener Adoption zum Kaiser ausgerufen; Griechenfreund und Philosoph. Seiner Politik des Verzichts auf kostspielige Reichsexpansion und verstärkter Grenzsicherung (intensive Fortführung des Limesausbaues) entsprach das Bemühen um Ausbau im Innern: v. a. Straßen-, Städte- und Wasserleitungsbau im ganzen Reich, Verbesserung und Verstärkung des Verwaltungsapparates, Neueinrichtung von Prov., Heeresreform. Ließ u. a. in Rom das Pantheon, das Mausoleum (Engelsburg), bei Tivoli die Hadriansvilla, in Athen die Stoa mit Bibliothek bauen.

Hadrianopolis ↑Edirne.
Hadriansvilla (italien. Villa Adriana), sw. unterhalb von Tivoli gelegene Ruinenstätte, Reste einer ausgedehnten Villenanlage Kaiser Hadrians, erbaut 118–138, u. a. mit Gärten, Bassins, Inselvilla (sog. Teatro Marittimo).
Hadrianswall, seit 122 (bis etwa 136) n. Chr. auf Befehl Kaiser Hadrians angelegter Limes zum Schutz des N der röm. Prov. Britannia; etwa 120 km lang; der größere, östl. Abschnitt teils als Steinmauer, teils als Erdwall ausgeführt. Mehrfach von Pikten überrannt und nach 383 aufgegeben. Von der UNESCO zum Weltkulturerbe erklärt.
Hadronen [zu griech. hadrós „stark"], Elementarteilchen, die der starken Wechselwirkung unterliegen, die Baryonen und Mesonen. Alle H., zu denen auch Proton und Neutron gehören, sind aus ↑Quarks aufgebaut.
Hadrumetum ↑Sousse.
Hadsch [arab.], die Pilgerfahrt nach Mekka, die jedem volljährigen Muslim einmal im Leben vorgeschrieben ist, sofern er körperlich und finanziell dazu imstande ist.
Hadschar [arab. „der schwarze Stein"], ein Meteorit an der SO-Ecke der ↑Kaaba zu Mekka, den der Mekkapilger nach seinem Rundgang um die Kaaba küßt; schon vor dem Islam verehrt.
Hadschi, islam. Ehrentitel desjenigen, der die Mekkapilgerfahrt durchgeführt hat.
Häduer ↑Äduer.
Hadwig (Hadewig, Hedwig), *um 940, †28. Aug. 994, „Herzogin" („dux"), seit 973). – Tochter Hzg. Heinrichs I. von Bayern, heiratete 955 (?) Burchard II. von Schwaben. Nach dessen Tod (973) versuchte sie, das Hzgt. ihrem Haus zu erhalten. Gönnerin ihres Lehrers Ekkehard II.
Haebler, Ingrid ['hɛ:blər], *Wien 20. Juni 1926, östr. Pianistin. – Tritt als Interpretin v. a. Mozarts bei Festspielen (u. a. Salzburg) auf; lehrt seit 1969 am Salzburger Mozarteum.
Haeckel, Ernst ['hɛkəl], *Potsdam 16. Febr. 1834, †Jena 9. Aug. 1919, dt. Zoologe und Philosoph. – Prof. der Zoologie in Jena. Führender Vertreter der Deszendenztheorie bzw. Evolutionstheorie. H., der morphologist., systematisch und entwicklungsgeschichtlich wichtige Arbeiten über Medusen, Radiolarien und Kalkschwämme verfaßte, benutzte die Theorie Darwins zum Aufbau seiner generellen Morphologie als eines „natürl. Systems" unter konsequenter Einbeziehung des Menschen. Er vertrat die These, daß das „Prinzip des Fortschritts" auch auf die Analyse und polit. Gestaltung der Gesellschaft anwendbar sei. Auf der Basis der Ergebnisse vergleichender anatom. und embryolog. Untersuchungen formulierte H. das ↑biogenetische Grundgesetz. Über Darwin hinausgehend, forderte H. die Anwendung der Evolutionstheorie sowohl auf die anorgan. Natur als auch auf die Entstehung der Organismen (Hypothese der Entstehung sog. Moneren, kernloser Einzeller, aus anorgan. Materie) und glaubte somit eine Synthese von kausal-mechan. Materialismus und berechtigten Anliegen der Religion herbeigeführt zu haben („Der Monismus als Band bzw. Religion und Wissenschaft", 1892).
Weitere Werke: Generelle Morphologie der Organismen (2 Bde., 1866), Natürl. Schöpfungsgeschichte (1868), Anthropogenie, Entwicklungsgeschichte des Menschen (1874), Systemat. Phylogenie. Entwurf eines natürl. Systems der Organismen auf Grund ihrer Stammesgeschichte (3 Bde., 1894–96).

Haecker, Theodor ['hɛkər], *Eberbach (Hohenlohekreis) 4. Juni 1879, †Usterbach bei Augsburg 9. April 1945, dt. philosoph. Schriftsteller, Essayist und Kulturkritiker. – 1921 unter Einfluß J. H. Newmans Konversion zum Katholizismus. Seine Arbeiten zielten auf den Aufbau von [existentiellen] Positionen „christl. Philosophie" in Auseinandersetzung mit Problemen seiner Gegenwart; Interpretationen und Übersetzungen u. a. von Werken Kierkegaards, Newmans und Vergils. Als Gegner des Nationalsozialismus 1936 Rede-, 1938 Publikationsverbot. – *Werke:* Christentum und Kultur (1927), Vergil, Vater des Abendlandes (1931), Der Begriff der Wahrheit bei Sören Kierkegaard (1932), Der Christ und die Geschichte (1935), Der Geist des Menschen und die Wahrheit (1937), Tag- und Nachtbücher 1939–45 (hg. 1947).

Haeften ['ha:ftən], Hans von, *Gut Fürstenberg bei Xanten 13. Juni 1870, †Gotha 9. Juni 1937, dt. Offizier und Militärhistoriker. – Ab 1920 Direktor der Histor. Abteilung, 1931–34 Präs. des Reichsarchivs; Hg. der amtl. Darstellungen des 1. Weltkrieges.
H., Hans Bernd von, *Berlin 18. Dez. 1905, †ebd. 15. Aug. 1944 (hingerichtet), dt. Diplomat und Widerstandskämpfer. – Sohn von Hans von H. und Bruder von Werner Karl von H.; Jurist, seit 1933 im Auswärtigen Amt; Mgl. des „Kreisauer Kreises", Freund und Mitarbeiter Stauffenbergs.
H., Werner Karl von, *Berlin 9. Okt. 1908, †ebd. 21. Juli 1944 (standrechtlich erschossen), dt. Jurist und Wider-

Papst Hadrian VI. (Radierung von Daniel Hopfer)

Hadrian, römischer Kaiser (römische Marmorbüste; Rom, Vatikanische Sammlungen)

Hadrianswall, angelegt seit 122, bei Carlisle, Northumberland, mit den Resten eines Kastells

Haeju

standskämpfer. – Sohn von Hans von H.; Syndikus; als Ordonnanzoffizier Stauffenbergs (ab Ende 1943) dessen engster Helfer beim Attentat vom 20. Juli 1944.

Haeju [korean. hɛdʒu], Ind.- und Hafenstadt am Gelben Meer, Nord-Korea. 131 000 E. Verwaltungssitz einer Provinz.

Haensel, Carl [ˈhɛnzəl], *Frankfurt am Main 12. Nov. 1889, †Winterthur 25. April 1968, dt. Schriftsteller. – Rechtsanwalt; bekannt v. a. seine Tatsachenromane, u. a. „Der Kampf ums Matterhorn" (R., 1928).

Haese, Günter [ˈhɛːzə], *Kiel 18. Febr. 1924, dt. Plastiker. – Einer der ersten kinet. Plastiker; v. a. vibrierende Drahtplastiken.

Hafelekarspitze, Gipfel nördlich von Innsbruck, Österreich, 2 334 m hoch; Bergbahn.

Hafen [zu niederdt. havene, urspr. „Umfassung, Ort, wo man etwas bewahrt"], natürl. oder künstl., gegen Sturm und Seebrandung, auch gegen Eisgang schützender Anker- und Anlegeplatz für Schiffe, ausgerüstet mit den für Verkehr und Güterumschlag, Schiffsreparatur und -ausrüstung erforderl. Anlagen und Einrichtungen. **Binnenhäfen** liegen in den Ind.ballungsgebieten (z. B. Duisburg-Ruhrort) oder an Knotenpunkten der Binnenwasserstraßen (z. B. Minden an der Überführung des Mittellandkanals über die Weser). Binnenhäfen müssen strömungsfrei sein; deshalb sind sie meist als Becken mit stromabwärts gerichteter Einfahrt ausgebaut. **Seehäfen** werden als **Tidehäfen** gebaut (offene Verbindung zum Meer bei geringem Tidenhub, z. B. Hamburg) oder als **Dockhäfen** mit Schleusen (z. B. Emden). Für die Küstenschiffahrt sind oft **Fluthäfen** eingerichtet, deren H.tor bei Einsetzen des Ebbstroms geschlossen wird. Für Schiffe mit großem Tiefgang sind **Tiefwasserhäfen** entstanden (Europoort). Die **Umschlagseinrichtungen** sind den jeweiligen Ladungsarten angepaßt. *Stückgüter* werden mit Kaikränen verladen oder palettiert von Gabelstaplern auf sog. Ro-Ro-Schiffe „gerollt". Dem Beladen von Containerschiffen dienen *Containerterminals* mit großen Freiflächen und bes. Verladebrücken (z. B. Bremerhaven). Für Fahrgastschiffe und Fährschiffe sind sog. *Seebahnhöfe* angelegt worden (z. B. Travemünde). *Schüttgut* wie Getreide, Zucker wird mit Getreidehebern aus dem Laderaum in Silos gesaugt. Für *Massengüter* wie Kohle, Kies, Erz wird Greiferbetrieb mit Verladebrücken und Portalkränen bevorzugt. Strenge Sicherheitsanforderungen werden an die *Flüssiggasterminals* gestellt, in denen Flüssiggastanker entladen werden.

Geschichte: Natürl. H. der Frühzeit waren Flußmündungen und Buchten. Im 13. Jh. v. Chr. legten die Phöniker bei Küstenstädten die ersten künstl. Häfen an (Byblos, Tyros, Sidon). Altgriech. H.bauten befanden sich in Piräus und Rhodos. Da sich die Römer bei ihren gewaltigen Anlagen oft über die natürl. Verhältnisse hinwegsetzten, versandeten viele ihrer Häfen (Pozzuoli, Anzio, Ostia u. a.). Nachdem im 17. Jh. die Grundlagen der Hydrodynamik gelegt worden waren, begann im 18. Jh. der Aufstieg des H.- und Wasserbaus.

▷ zum Schmelzen von Glas verwendetes Gefäß aus feuerfester Keramik.

Hafenbehörde, die auf Grund landesrechtl. Vorschriften zur Hafenverwaltung bestimmten Landesbehörden (Hafenkapitän, Hafenkommissar; u. U. die örtl. Ordnungsbehörden, die Kreisordnungs- oder Kreisverwaltungsbehörden sowie die Gemeinden.

Hafer (Avena), Gatt. der Süßgräser mit rd. 35 Arten vom Mittelmeergebiet bis Z-Asien und N-Afrika; einjährige Pflanzen mit zwei- bis mehrblütigen Ährchen in Rispen. Die bekannteste Art ist der in zahlr. Sorten, v. a. in feuchten und kühlen Gebieten Europas, W-Asiens und N-Amerikas angebaute **Saathafer** (Avena sativa). Deckspelzen begrannt; Körner (auch reif) von weißen, gelben, braunen oder schwarzen Hüllspelzen umgeben. Der Saat-H. wird v. a. als Körnerfutter für Pferde sowie als Futterstroh verwendet. Aus den entspelzten und gequetschten Körnern werden u. a. H.flocken, H.grieß und H.mehl hergestellt. In Deutschland wild vorkommende Arten sind u. a. **Windhafer** (Avena fatua) mit dreiblütigen Ährchen und **Sandhafer** (Avena strigosa) mit zweiblütigen Ährchen.

Geschichte: Im Mittelmeerraum ist seit der Antike nur die Art Avena byzantina (als Unkraut, Futtergetreide und Arzneimittel) bekannt. Der Saat-H. entstand zur Germanenzeit aus dem Wind-H., der aus Asien stammt. Die Germanen bauten H. als eines ihrer bed. Nahrungsmittel an.

Haferflocken, durch Spezialbehandlung (u. a. gedämpft) auch roh gut verdaul. glattgewalzte Haferkörner.

Haferkamp, Wilhelm, *Duisburg 1. Juli 1923, dt. Gewerkschafter und Politiker. – 1962–67 Mgl. des DGB-Vorstands; 1958–66 und 1967 MdL (SPD) in NRW; EG-Kommissar für Energie 1967–73, für Wirtschaft 1973–76, für Außenbeziehungen 1977–85.

Hafenumschlag
Güterumschlag in den größten deutschen Häfen
(1989; in 1000 Tonnen)

Binnenhäfen:		Seehäfen:	
Duisburg	53 496	Hamburg	53 857
Berlin	11 449	Rostock	20 775
Köln	10 782	Bremerhaven	15 077
Karlsruhe	10 539	Bremen-Stadt	14 825
Ludwigshafen am Rhein	9 122	Wilhelmshaven	14 499
Hamburg	8 297	Lübeck	11 748
Mannheim	7 501	Brunsbüttel	6 314
Frankfurt am Main	5 475	Brake	4 595
		Wismar	3 346
		Emden	3 024
Dortmund	4 522	Stralsund	1 002

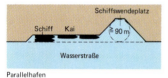
Parallelhafen

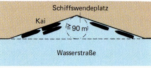
Dreieckshafen

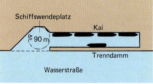
Molenhafen

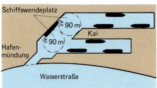
Stichhafen

Hafen. Oben: verschiedene Formen von Binnenhäfen. Unten: Luftaufnahme des Hamburger Hafens, eines Tidehafens, elbeabwärts gesehen

Haferpflaume ↑ Pflaumenbaum.

Hafes̟, Schamsoddin Mohammad (Hafis), *Schiras um 1325, †ebd. 1390(?), pers. Lyriker. – War mit der Begriffswelt der islam. Mystiker eng vertraut, seine Liebeslyrik wurde deshalb oft in mystisch-allegor. Sinne interpretiert, jedoch ist sie offenbar auch auf eine reale Umwelt zu beziehen. Neben Ghaselen besteht sein lyr. Werk (nach seinem Tode in einem „Diwan" zusammengefaßt) auch aus einigen Vierzeilern, Kassiden, Bruchstücken und zwei Verserzählungen. Goethes „West-östl. Divan" entstand unter dem Eindruck von H. Dichtung.

Haff [niederdt. „Meer"] ↑ Küste.

Haffkine, Waldemar Mordecai Wolff [engl. 'hɑ:fkɪn], *Odessa 15. März 1860, †Lausanne 26. Okt. 1930, russ. Bakteriologe. – 1889–93 Assistent am Institut Pasteur in Paris, 1893–1915 Tätigkeit in Indien; führte als erster eine Pestschutzimpfung durch; machte sich auch um die Bekämpfung anderer Infektionskrankheiten verdient.

Haffner, Sebastian, eigtl. Raimund Pretzel, *Berlin 27. Dez. 1907, dt. Publizist. – Seit 1934 journalistisch tätig (u. a. für die „Voss. Zeitung"), emigrierte 1938 nach Großbritannien (seit 1948 brit. Staatsbürger); nach Arbeit bei dem Emigrantenblatt „Die Zeitung" in London ab 1942 Redakteur des „Observer", 1945–61 dessen Auslandskorrespondent; kehrte 1954 nach Berlin zurück; zunächst Kolumnist der „Welt", dann 1963–78 Kolumnist und Serienautor des „Stern"; Buch-, Hörfunk- und Fernsehautor, der v. a. zeitgeschichtl. Themen aufgreift. Schrieb u. a. „Winston Churchill" (1967), „Anmerkungen zu Hitler" (1978), „Von Bismarck zu Hitler" (1987).

Hafis, pers. Lyriker, ↑Hafes.

Hafis, in islam. Ländern Ehrentitel eines Mannes, der den Koran auswendig kennt.

Haflinger [nach dem Dorf Hafling (italien. Avelengo) bei Meran], kleine, gedrungene, muskulöse (Stockmaß 142 cm) Pferderasse mit edlem Kopf, sehnigen Beinen und harten Hufen; meist dunkle Füchse mit heller Mähne und hellem Schweif; genügsame, trittsichere Gebirgspferde; auch als Reitpferd beliebt.

Hafner, Philipp, *Wien 27. Sept. 1731, †ebd. 30. Juli 1764, östr. Dramatiker. – Seine frühen Stücke sind der Wiener Hanswurstkomödie und dem Stegreifspiel stark verpflichtet. Die realist. Mundartpossen machten ihn zum „Vater des Wiener Volksstücks".

Hafner (Häfner), in Süddeutschland, Österreich und in der Schweiz Bez. für Töpfer, [Kachel]ofensetzer.

Hafnerkeramik, mit Bleiglasuren glasierte Irdenware (Krüge, Teller, Ofenkacheln), die bei Temperaturen bis höchstens 800 °C gebrannt wird. Zentren waren im 16. Jh. Nürnberg, Oberösterreich, Köln, Schlesien, Sachsen und die Schweiz.

Hafnium [nach Hafnia, dem latinisierten Namen Kopenhagens (dem Wohnsitz N. Bohrs, der auf H. noch vor der Entdeckung hingewiesen hatte)], chem. Symbol Hf; metall. Element in der IV. Nebengruppe des Periodensystems. Ordnungszahl 72; relative Atommasse 178,49. Das glänzende, leicht walz- und ziehbare Metall hat eine Dichte von 13,31 g/cm³; Schmelzpunkt 2 227 ± 20 °C, Siedepunkt 4 602 °C. In seinen Verbindungen tritt H. vierwertig auf. Chemisch verhält es sich sehr ähnlich dem Zirkonium und findet sich deswegen in der Natur vergesellschaftet mit Zirkonmineralen. Das für die Darstellung des Elements wichtigste Mineral ist der ↑Zyrtolith. Die Gewinnung erfolgt durch Reduktion von H.chlorid oder H.oxid. Neben seiner Verwendung als Legierungsmetall gebraucht man H. vorwiegend für Steuerstäbe in Kernreaktoren.

Hafsiden, Dyn. in Tunesien 1229–1574.

Haft, 1. früher die leichteste Freiheitsstrafe; durch das 1. StrafrechtsreformG vom 25. 6. 1969 aufgehoben; 2. Sicherungsmittel: ↑Untersuchungshaft; ↑Ordnungsmittel. Im östr. Recht gibt es nur die einheitl. Freiheitsstrafe. – In der Schweiz sind **Haftstrafen** von einem Tag bis zu drei Monaten (Art. 39 StGB) vorgesehen.

Haftbefehl, schriftl. Anordnung der Untersuchungshaft durch den zuständigen Richter (§§ 112 ff. StPO). Im H.

sind der Beschuldigte und die Tat, deren er dringend verdächtig sein muß, der **Haftgrund**, nämlich Flucht, Flucht- oder Verdunkelungsgefahr, Wiederholungsgefahr oder Schwere des Delikts, anzugeben. Auf das Vorliegen von Flucht-, Verdunkelungs- und Wiederholungsgefahr müssen bestimmte, im H. aufzuführende *Tatsachen* hinweisen. Ebenfalls darzulegen ist, daß die Anordnung der Untersuchungshaft nicht außer Verhältnis zu der zu erwartenden Strafe oder Maßnahme steht, falls nach der Verhaftung die Frage der Verhältnismäßigkeit stellt oder der Beschuldigte sich auf den Haftausschließungsgrund der Unverhältnismäßigkeit beruft. Der H. ist dem Beschuldigten bei der Verhaftung bekanntzugeben. Von der Verhaftung und jeder weiteren Entscheidung über die Haftfortdauer ist ein Angehöriger des Verhafteten oder eine Person seines Vertrauens zu benachrichtigen. – Wird der Beschuldigte auf Grund eines H. ergriffen, ist er spätestens am Tage nach der Verhaftung dem zuständigen Richter oder dem nächsten Amtsrichter vorzuführen und von diesem zum Gegenstand der Beschuldigung zu vernehmen. Er ist auf die belastenden Umstände und sein Recht, sich zu äußern oder zur Sache nichts auszusagen, hinzuweisen und über die Rechtsbehelfe (↑Haftbeschwerde, ↑Haftprüfungsverfahren) zu belehren. Der H. kann *außer Vollzug gesetzt* werden, wenn weniger einschneidende Maßnahmen ausreichen, um eine geordnete Durchführung des Strafverfahrens sicherzustellen. *Aufzuheben* ist der H., wenn die Voraussetzungen der Untersuchungshaft wegfallen oder sein weiterer Vollzug außer Verhältnis zur Bed. der Sache stehen würde.

Ähnl. Regelungen enthalten die §§ 175 ff. der *östr.* StPO (der Untersuchungshaft kann eine vorläufige Verwahrung von höchstens 5 Tagen vorangehen) und die kantonalen StPO der *Schweiz*, wo das Prinzip des richterl. H. nicht anerkannt ist.

Haflinger

Haftbeschwerde, unbefristetes Rechtsmittel gegen einen Haftbefehl gemäß § 304 Abs. 1 StPO. Hilft ihr der Haftrichter nicht ab, ergeht Entscheidung der Strafkammer des Landgerichts.

Haftdolde (Caucalis), Gatt. der Doldengewächse mit fünf Arten in M-Europa (u. a. die **Möhrenhaftdolde** [Caucalis lappula]) und im Mittelmeergebiet und einer Art im westl. N-Amerika; Kräuter mit weißen oder rötl. Blüten, die Früchte mit hakigen Stacheln.

Hafte (Planipennia), mit über 7 000 Arten weltweit verbreitete Unterordnung 0,2 bis 8 cm langer, meist zarter Insekten (Ordnung ↑Netzflügler).

Haftentschädigung, Entschädigung für den erlittenen Vermögensschaden, der durch den letztlich nicht gerechtfertigten Vollzug der Untersuchungshaft, Freiheitsentziehung auf Grund gerichtl. Entscheidung sowie anderer Strafverfolgungsmaßnahmen (z. B. vorläufige Festnahme, Beschlagnahme, Durchsuchung, vorläufige Entziehung der Fahrerlaubnis) eingetreten ist; geregelt im Gesetz über die Entschädigung für Strafverfolgungsmaßnahmen vom 8. 3. 1971 (findet in den Ländern der ehem. DDR für Strafverfolgungsmaßnahmen, die vor dem Wirksamwerden des

Hafer.
Saathafer
(Höhe 60–150 cm)

Haftdolde.
Möhrenhaftdolde
(Höhe 10–30 cm)

Haftkiefer

Beitritts zur BR Deutschland angeordnet wurden, keine Anwendung).
Ähnl. Regelungen gelten im *östr.* und *schweizer. Recht.*

Haftkiefer (Tetraodontiformes), fast rein marine Ordnung der Knochenfische, überwiegend in trop. Meeren; Kopf groß mit kleinem Maul und kleinen Kiemenspalten. Bekannte Fam. sind: ↑Drückerfische, ↑Feilenfische, ↑Kofferfische, ↑Kugelfische, ↑Igelfische und ↑Mondfische.

Häftlingshilfe, soziale Entschädigung für gesundheitl. Schäden nach dem HäftlingshilfeG i. d. F. vom 4. 2. 1987; Leistungen können Deutsche beanspruchen, die nach der Besetzung ihres früheren Aufenthaltsortes oder nach dem 8. Mai 1945 in der sowjet. Besatzungszone oder aus polit., von ihnen nach freiheitlich demokrat. Auffassung nicht zu vertretenden Gründen in Gewahrsam genommen worden sind und dadurch eine gesundheitl. Schädigung erlitten.

Haftmann, Werner, *Głowno 28. April 1912, dt. Kunsthistoriker. – Als Leiter der Nationalgalerie in Berlin (West) zw. 1967 und 1974 Förderer der modernen Kunst; schrieb das Standardwerk „Malerei im 20. Jh." (1944–55, erweitert 1962), auch „Verfemte Kunst" (1986); maßgeblich an der Konzeption der ↑documenta beteiligt.

Haftmine ↑Mine.

Haftorgane, morpholog. Bildungen, mit deren Hilfe manche Pflanzen und Tiere an [glatten] Flächen Halt finden können. Dies geschieht durch Reibung, Adhäsion und/oder Saugkraft.
Bei *Pflanzen* unterscheidet man: **Hapteren,** wurzelähnl. Ausstülpungen an der Basis des Vegetationskörpers bei verschiedenen Algen, Flechten und Moosen; **Haftscheiben,** scheibenförmige H. an der Basis bes. größerer mariner Braun- und Rotalgen; **Haftwurzeln,** umgebildete, auf Berührungsreize ansprechende, negativ phototrope sproßbürtige Wurzeln mancher Kletterpflanzen (z. B. Efeu). Zu den pflanzl. H. zählen ferner Haar- und Borstenbildungen an den Früchten von Korbblütlern (z. B. Kletten) und Doldenblütlern, die der Festheftung an Tieren (und damit der Artverbreitung) dienen.
Bei *Tieren* kommen ebenfalls unterschiedl. Formen von H. vor. Nesseltiere besitzen die als **Glutinanten** bezeichneten Nesselkapseln, die über Klebfäden wirken. Die **Arolien** der Insekten sind häutige, unpaare Bildungen zw. den Krallen des Fußes, die bei der Ordnung Blasenfüße einziehbare Haftblasen darstellen. – **Haftlappen** an der Basis der Krallen kommen v. a. bei Fliegen und Hautflüglern vor. Heuschrecken haben verbreitete Sohlenflächen an den Fußgliedern, viele Käfer eine Sohlenbürste aus feinen Härchen. Bekannte H. sind auch die Saugnäpfe oder -gruben der Saug- und Bandwürmer, der Egel und verschiedener Kopffüßer. – Die Stachelhäuter besitzen **Saugfüßchen,** einige Fische (v. a. Saugschmerlen, Schiffshalter) bes. **Saugscheiben,** Neunaugen ein **Saugmaul.** – Bei manchen Wirbeltieren sind die Sohlenballen auf Grund ihrer Adhäsionseigenschaft als H. anzusehen, z. B. bei Laubfröschen und Molchen, bei Siebenschläfern und Klippschliefern sowie bei manchen Affen (z. B. den Meerkatzen). Bei den Geckos, deren Sohlen häufig mit einem Schwellapparat und mit **Haftlamellen** ausgestattet sind, bewirken v. a. feinste Borsten mit Häkchen die hervorragende Haftfähigkeit ihrer Finger und Zehen.

Haftpflicht, die Pflicht zum Ersatz fremden Schadens aus ↑unerlaubter Handlung, ferner die von verschiedenen Gesetzen (u. a. H.gesetz i. d. F. vom 4. 1. 1978, LuftverkehrsG i. d. F. vom 14. 1. 1981, AtomG) auferlegte Pflicht, einem anderen den Schaden zu ersetzen, der ihm auch durch ein nicht schuldhaft herbeigeführtes Ereignis entstanden ist. Schutz gewährt die H.versicherung.

Haftpflichtgesetz, BG i. d. F. vom 4. 1. 1978, das u. a. die Haftung für Schäden (Personen- und Sachschäden) beim Betrieb von Schienen- und Schwebebahnen, von Energieanlagen, Bergwerken regelt (Neufassung des Reichs-H. vom 7. 6. 1871).

Haftpflichtversicherung, Schadenversicherung, die den Versicherungsnehmer davor schützt, daß er aus seinem eigenen Vermögen in bestimmten Haftpflichtfällen von einem geschädigten Dritten auf Schadenersatz in Anspruch genommen wird, z. B. bei einem Unfall als Kraftfahrzeughalter. Im Versicherungsfall muß der Versicherer den Versicherungsnehmer von [begründeten] Schadenersatzansprüchen [durch Leistung an den geschädigten Dritten] freistellen und ihm Rechtsschutz (u. U. Führen eines Rechtsstreits für den Versicherungsnehmer zur Abwehr unberechtigter Ansprüche, Tragen der Prozeßkosten) gewähren. Bei vorsätzl. Handeln des Versicherungsnehmers ist der Versicherungsschutz jedoch ausgeschlossen. Der Versicherungsnehmer hat das schädigende Ereignis, das eine Haftpflicht zur Folge haben könnte, binnen einer Woche dem Versicherer anzuzeigen, ebenso die Geltendmachung von Ansprüchen durch den Dritten, ferner unverzüglich eine gegen ihn erhobene Klage und die Einleitung eines Ermittlungsverfahrens. Ersetzt werden i. d. R. Personen- und Sachschäden, auf Grund bes. Vereinbarungen auch Vermögensschäden.
Im *östr.* und im *schweizer. Recht* gelten im wesentlichen entsprechende Regelungen.

Haftprüfungsverfahren, gerichtl. Verfahren während der Untersuchungshaft zur Prüfung, ob der Haftbefehl aufzuheben oder Haftverschonung anzuordnen ist. Der Beschuldigte, sein Verteidiger und u. U. sein gesetzl. Vertreter können jederzeit die Haftprüfung beantragen, auch wiederholt, wenn seit 2 Monate nach erfolgloser Haftprüfung oder Verwerfung der Haftbeschwerde vergangen sind. Nach dreimonatiger Untersuchungshaft wird das H. von Amts wegen durchgeführt, wenn der Beschuldigte keinen Verteidiger hat.
Im *östr.* und *schweizer. Recht* gilt Entprechendes.

Haftpsychose, Bez. für Erregungszustände, die meist mit Angst verbunden sind und sich zuweilen in Affekthandlungen unter weitgehender Desorientiertheit entladen („Haftknall", „Haftkoller"). Die H. ist durch starken Erregungsstau bedingt und tritt v. a. nach längerer Isolierung auf.

Haftschalen, svw. ↑Kontaktlinsen.

Haftspannung, die mechan. Spannung, die an der Grenzfläche zw. einer Flüssigkeit und einem festen Körper wegen der unterschiedl. Größe der molekularen Anziehungskräfte auftritt und die ↑Benetzung kennzeichnet.

Haftstellen, Störstellen in einem Halbleiter, die Elektronen oder Löcher binden können.

Haftstrafe ↑Haft.

Haftunfähigkeit, körperl. oder geistiger Zustand eines Untersuchungs- oder Strafgefangenen, der wegen drohender Schäden für dessen Umwelt, Gesundheit oder Leben die Durchführung der Haft verbietet oder als zwecklos erscheinen läßt. H. kann zur Aufhebung des Haftbefehls oder zum Vollzug der Untersuchungshaft in einer Krankenanstalt führen. Die Strafvollstreckungsbehörde (i. d. R. Staatsanwaltschaft) entscheidet über Maßnahmen bei H. von Strafgefangenen.

Haftung, (je nach dem Zusammenhang, in dem der Begriff gebraucht wird:) 1. svw. Verbindlichkeit, ↑Schuld (im Zivilrecht); auch die Verpflichtung zum Einstehen für fremde Schuld. 2. Verantwortlichkeit für den Schaden eines anderen mit der Folge, daß dem Geschädigten Ersatz zu leisten ist. Eine solche Verantwortlichkeit kann sich ergeben: a) aus einem von der Rechtsordnung mißbilligten schuldhaften Verhalten (**Verschuldenshaftung**), nämlich aus unerlaubter Handlung oder schuldhafter Vertragsverletzung; b) aus einem bestimmten, mit der Gefährdung anderer verbundenen (schadensgeneigten) Verhalten (**Gefährdungshaftung**), z. B. aus dem Betrieb eines Eisenbahnunternehmens, eines Kraftfahrzeugs. Die Gefährdungs-H. setzt weder Rechtswidrigkeit noch Verschulden voraus; sie erfordert nur, daß der Schaden in ursächl. Zusammenhang mit der spezif. Sach- oder Betriebsgefahr steht. Bei höherer Gewalt oder einem unabwendbaren Ereignis greift meist

Haftorgane bei Pflanzen: 1 Palmentangart Laminaria hyperborea mit Hapteren; 2 Sproßstück des Wilden Weins mit Haftscheiben; 3 Sproßstück des Gemeinen Efeus mit Haftwurzeln

keine Gefährdungs-H. ein. Der Umfang der Ersatzpflicht ist bei Gefährdungs-H. i. d. R. begrenzt; c) aus erlaubter Inanspruchnahme fremden Gutes **(Eingriffshaftung)**, etwa im Falle des Notstandes; d) aus einem bestimmten, den anderen zum Vertrauen veranlassenden Verhalten **(Garantie- und Vertrauenshaftung)**. 3. das Unterworfensein des Schuldners unter den Vollstreckungszugriff des Gläubigers **(persönliche Haftung)**. Grundsätzlich ist mit jeder Schuld eine persönl. Haftung des Schuldners verbunden. Das hat zur Folge, daß der Gläubiger, dessen Anspruch nicht freiwillig erfüllt wird, einen Vollstreckungstitel erwirken und daraus die Zwangsvollstreckung gegen den Schuldner betreiben kann. 4. die Verwertbarkeit einer fremden Sache durch den Gläubiger eines an der Sache bestehenden Pfandrechts oder Grundpfandrechts **(dingliche Haftung)**.
Im *östr.* und *schweizer. Recht* gelten dem dt. Recht im wesentlichen entsprechende Regelungen.

Haftungsausschluß, die vertragl. Vereinbarung, daß die Verantwortlichkeit einer Person in bestimmten Fällen ausgeschlossen wird. Haftung für Vorsatz kann nicht erlassen werden (§ 276 BGB). Ein H. findet sich meist als sog. *Freizeichnungsklausel* in allg. Geschäftsbedingungen.

Haftungsbescheid, Bescheid des Finanzamts, der immer dann ergeht, wenn ein anderer neben oder anstelle des eigentl. Steuerpflichtigen für die Zahlung der Steuer haftet; z. B. haftet unter bestimmten Voraussetzungen der Arbeitgeber für die Lohnsteuer des Arbeitnehmers.

Haftungsbeschränkung, vertragl. Vereinbarung über die Beschränkung der Schadensersatzverpflichtung auf bestimmte Schadenhöchstbeträge. Davon zu unterscheiden ist die *beschränkte Haftung,* die in der Haftung mit nur bestimmten Teilen des Schuldnervermögens (z. B. beim Erben) besteht.

Hafturlaub, Beurlaubung eines Strafgefangenen aus der Haft. Kann gemäß StrafvollzugsG bis zu 21 Kalendertagen im Jahr gewährt werden; der Gefangene soll sich vorher i. d. R. mindestens sechs Monate im Strafvollzug befunden haben.

Haftverschonung, Aussetzung des Vollzugs eines Haftbefehls, wenn weniger einschneidende Maßnahmen den Zweck der Untersuchungshaft zu gewährleisten versprechen (z. B. das Melden zu bestimmten Zeiten bei einer Behörde, Leistung einer Kaution).

Haftwasser, das nicht frei zirkulierende Boden- und Grundwasser.

Haftwurzeln ↑Haftorgane.

Haftzeher, svw. ↑Geckos.

Hafun, Kap, östlichster Punkt des afrikan. Kontinents, in NO-Somalia.

Hag, Dorngesträuch, Gebüsch; Umzäunung, Gehege, [umfriedeter] Wald.

Hagana, Selbstschutzorganisation des Jischuw, der jüd. Gemeinschaft in Palästina z.Z. des brit. Mandats; nach den Unruhen von 1920 aus der 1909 in Galiläa gegr. jüd. Schutzorganisation *Haschomer* zur Abwehr arab. Übergriffe entstanden; am 31. Mai 1948 zur Armee des Staates Israel erklärt.

Hagar (Vulgata: Agar), bibl. Gestalt, Sklavin der Sara und Nebenfrau des Abraham, der mit ihr den ↑Ismael zeugte; die Muslime verehren das Grab der H. in Mekka.

Hagebutte [zu mittelhochdt. hagen „Dornbusch" und butte „Frucht der Heckenrose"], Bez. für die rote Sammelnußfrucht der verschiedenen Rosenarten, v. a. der Heckenrose. Die Fruchtschalen und Samen enthalten Kohlenhydrate, Gerbstoffe, Fruchtsäuren, Pektine und v. a. viel Vitamin C.
▷ volkstüml. Bez. für die Heckenrose.

Hagedorn, Friedrich von, *Hamburg 23. April 1708, †ebd. 28. Okt. 1754, dt. Dichter. – Von Horaz, engl. (v. a. Prior, Gay), später frz. (bes. La Fontaine) Dichtern inspirierter anakreont. Lyriker und Fabeldichter, der in heiter-verspielter, anmutiger Manier und musikal. Sprache einem unbeschwerten, kultivierten Lebensgenuß huldigte; Neubelebung der Tierfabel.

Hagel [zu althochdt. hagal, eigtl. „kleiner, runder Stein"], Niederschlag von erbsen- bis hühnereigroßen Eiskugeln oder Eisstücken. H. setzt Graupelbildung voraus, die in hochreichenden Gewitterwolken mit starken Auf- und Abwinden auftritt. – Zur Verhinderung von Hagelschlag in bedrohten Gebieten (v. a. im Lee von Gebirgen der gemäßigten Breiten und Subtropen) ist das Einschießen von Gefrierkernen (Silberjodid) in Quellwolken gebräuchlich.

Hagelschnur (Chalaza), paarig angelegter Eiweißstrang im Eiklar von Vogeleiern.

Hagelstange, Rudolf, *Nordhausen 14. Jan. 1912, †Hanau 5. Aug. 1984, dt. Schriftsteller. – Schrieb von christlich-humanist. Grundhaltung geprägte Lyrik; auch Romane, Erzählungen, Reiseberichte und Essays; Übersetzer Boccaccios, Leonardo da Vincis und Polizianos. – *Werke:* Venezian. Credo (Ged. [1944 heimlich gedruckt], 1946), Strom der Zeit (Ged., 1948), Spielball der Götter (R., 1959), Gast der Elemente (Ged., 1972), Der große Filou (R., 1976).

Hagelversicherung, Schadenversicherung, in der nach § 108 VersicherungsvertragsG der Versicherer für den Schaden haftet, der an den versicherten Bodenerzeugnissen durch Hagel entsteht.

Hagemann, Walter, *Euskirchen 16. Jan. 1900, † Potsdam 16. Mai 1964, dt. Publizistikwissenschaftler. – 1928–33 Redakteur, 1934–38 Chefredakteur der „Germania"; Prof. 1946–59 in Münster; emigrierte 1961 nach Berlin (Ost) und wurde Prof. an der Humboldt-Universität. H. leitete mit seiner Lehre vom publizist. Prozeß den Übergang zur Kommunikationswiss. ein.

Hagen, Friedrich Heinrich von der, *Schmiedeberg (Landkr. Angermünde) 19. Febr. 1780, †Berlin 11. Juni 1856, dt. Germanist. – Prof. für dt. Literatur in Berlin, in Breslau und seit 1824 wieder in Berlin. Gab 1807 das „Nibelungenlied" in einer neuhochdt. und 1810 in einer mittelhochdt. Ausgabe heraus. Besorgte zahlr. [philolog.] Editionen alt- und mittelhochdt. Texte; u. a. „Minnesinger. Dt. Liederdichter des 12.–14. Jh." (5 Teile, 1838–56, Neudr. 1962).

H., Theodor, *Düsseldorf 24. Mai 1842, †Weimar 12. Febr. 1919, dt. Maler. – Von der Schule von Barbizon und dem Impressionismus beeinflußte zarte Landschaften.

Hagen, Stadt im westl. Sauerland, NRW, 90–435 m ü. d. M., 209 000 E. Fernuniv. (seit 1976), Fachhochschule, Konservatorium; Städt. Bühnen; Museum. Eisen-, Stahl-, Metall-, Papier- und Nahrungsmittelind. – Der um 1000 nachweisbare Ort H. fiel 1398 an Kleve und 1521 an Jülich-Berg; 1746 zur Stadt erhoben. – Ev. Johanniskirche (1748–50); Haus Hohenhof, Krematorium u. a. Jugendstilbauten; Rathaus (1960–65). – Abb. S. 250.

Hagen von Tronje (in altnord. Fassungen: Högni), Gestalt der Nibelungensage. Im alten „Atli-Lied" („Atlaviða") ist Högni der Bruder des Burgundenkönigs Gunnar; beide werden von ihrem Schwager Atli ermordet, weil sie den Nibelungenschatz nicht verraten. Im Unterschied zum mittelhochdt. „Nibelungenlied" begeht Högni in keinem nord. Lied den Mord an Sigurd bzw. Siegfried, den er dort für seine Herrin Brunhilde, Gemahlin Gunnars, ausführt. Er wird im zweiten Teil des Epos von Kriemhild erschlagen. Auch Gestalt der Walthersage („Waltharius" des Mönches Ekkehart I.).

Hagenau, Nikolaus von ↑Niclas Hagnower.

H., Reinmar von ↑Reinmar der Alte.

Hagenau (amtl. Haguenau), frz. Stadt im Elsaß, Dep. Bas-Rhin, 26 600 E. Prähistor. Museum, Bibliothek, Handelszentrum. – Die um die Pfalz Kaiser Friedrichs I. Barbarossa liegende Siedlung erhielt 1164 Mauer- und Stadtrecht, wurde 1260 Reichsstadt und war im 14. Jh. Hauptort des Elsässer Zehnstädtebundes sowie Sitz der kaiserl. Landvogtei H. im Unterelsaß. 1648 wurde H. französisch. – Kirche Sankt Georg (12./13. Jh.), Kirche Sankt Nikolaus (13./14. Jh.), Reste der ma. Stadtumauerung. – Abb. S. 250.

Hagebutte

Hagen
Stadtwappen

Haftorgane bei Tieren: 1 Querschnitt durch einen Saugnapf (Sn) vom Fangarm eines Kraken; 2 Beinspitze einer Blasenfüßerart mit eingezogener (links) und ausgedehnter Haftblase (Hb Haftblase, K Kralle); 3 Fußunterseite eines Geckos mit Haftlamellen

Hagenauer, Friedrich, * Straßburg zw. 1490 und 1500, † Köln nach 1546, dt. Medailleur. – Sohn von ↑ Niclas Hagnower(?); tätig v. a. in München, Augsburg und Köln. Schnitzte Holzmodelle für (235) Medaillen, u. a. von Philipp Melanchthon.

H., Johann Baptist, * Straß (= Ainring, Bay.) 22. Juni 1732, † Wien 9. Sept. 1810, dt. Bildhauer. – Schuf nach Entwürfen seines Bruders *Wolfgang H.* (* 1726, † 1801, leitender Baumeister des Erzstifts Salzburg) die Mariensäule am Salzburger Domplatz (1766–71).

H., Nikolaus ↑ Niclas Hagnower.

Hagenbach-Bischoffsches Verfahren, von dem Basler Mathematiker E. Hagenbach-Bischoff (* 1833, † 1910) vorgeschlagene Methode zur Ermittlung einer proportionalen Sitzverteilung bei der Verhältniswahl (z. B. in der Schweiz angewandt). Dabei wird die Gesamtzahl der gültigen Stimmen durch die um eins vermehrte Zahl der zu Wählenden geteilt und der sich so ergebende Quotient auf die nächsthöhere ganze Zahl aufgerundet. Jede Partei erhält so viele Mandate zugeteilt, wie dieser Quotient in ihrer Parteistimmenzahl enthalten ist **(Erstverteilung).** Können so nicht alle Mandate vergeben werden, wird die Stimmenzahl jeder Partei durch die um eins vermehrte Zahl der ihr bereits zugewiesenen Mandate dividiert und das erste noch zu vergebende Mandat derjenigen Partei zugewiesen, die hierbei den größten Quotienten aufweist; dies wird so lange wiederholt, bis alle Mandate vergeben sind **(Restmandatsverteilung).** Sofern sich bei der Restmandatsverteilung zwei oder mehr gleiche Quotienten ergeben, erhält diejenige Partei den Vorzug, die bei der Erstverteilung den größten Rest aufwies; sind auch diese Restzahlen gleich groß, so fällt das noch zu vergebende Mandat derjenigen Partei zu, deren in Frage stehender Bewerber die größere Stimmenzahl aufweist.

Hagenbeck, Carl, * Hamburg 10. Juni 1844, † ebd. 14. April 1913, dt. Tierhändler. – Baute die väterl. Tierhandlung zu einer der größten der Erde aus, gründete 1907 in Stellingen (heute zu Hamburg) den nach ihm benannten Tierpark und leitete ein Zirkusunternehmen; schrieb „Von Tieren und Menschen" (1908, Neuausgabe 1967).

Hagenow [...no], Krst. in Meckl.-Vorp., 50 m ü. d. M., 13 500 E. Zentrum eines Agrargebiets; Lebensmittel-, Bauind. – H., 1190 erstmals erwähnt, erhielt 1754 volles Stadtrecht.

H., Landkr. in Mecklenburg-Vorpommern.

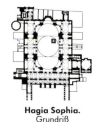

Hagia Sophia. Grundriß

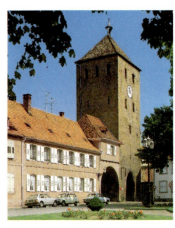

Hagenau. Tours de Chevaliers, ein Überrest der alten Stadtbefestigung

Hagen-Poiseuillesches Gesetz [frz. pwa'zœj; nach dem dt. Wasserbauingenieur G. Hagen, * 1793, † 1884, und dem frz. Mediziner J. L. M. Poiseuille, * 1799, † 1869], Gesetz für die laminare Strömung von Flüssigkeiten durch kreiszylindr. Röhren: Das in der Zeit dt durch jeden Rohrquerschnitt strömende Flüssigkeitsvolumen ist

$$dV = \frac{\pi r^4}{8\eta l}(p_1 - p_2)dt,$$

wobei r der Rohrradius, l die -länge, p_1 und p_2 der Druck am Rohranfang bzw. -ende und η die dynam. Viskosität der Flüssigkeit ist.

Hager, Kurt, * Bietigheim 24. Juli 1912, dt. Politiker. – 1930 Mgl. der KPD; 1937–39 auf republikan. Seite im Span. Bürgerkrieg, danach Emigrant in Frankreich und Großbritannien; 1946 Mgl. der SED, seit 1954 ihres ZK; seit 1958 Abg. der Volkskammer; seit 1963 Mgl. des Politbüros der SED; seit 1976 Mgl. des Staatsrates; hatte als Chefideologe der SED wesentl. Anteil an der staatl. Lenkung von Kunst und Kultur in der DDR. Im Nov. 1989 von allen Ämtern entbunden; im Jan. 1990 aus der SED ausgeschlossen.

H., Leopold, * Salzburg 6. Okt. 1935, östr. Dirigent. – Schüler u. a. von B. Paumgartner, 1968–81 Chefdirigent des Mozarteum-Orchesters in Salzburg, seit 1981 Chefdirigent des Radio-Symphonieorchesters Luxemburg.

Hagesander (Agesander), einer der Schöpfer der ↑ Laokoongruppe.

Hagestolz, früher nachgeborene Söhne, die nur ein kleines Nebengut (althochdt. hag „umzäuntes Grundstück") besaßen, das zur Gründung einer Familie nicht ausreichte; heute [scherzhaft] für älteren Junggesellen.

Haggada [hebr. „Erzählung"], Teil der sog. „mündl. Lehre" und damit des rabbin. und ma. jüd. Schrifttums. Im Ggs. zur ↑ Halacha werden von der H. alle nichtgesetzl. Bereiche erfaßt; haggad. Material findet sich im ↑ Talmud und in der ↑ Tosefta.

Haggai (Vulgata: Aggäus), alttestamentl. Prophet und das von ihm verfaßte Buch.

Haggard, Sir (seit 1912) Henry Rider [engl. 'hægəd], * Bradenham Hall (Norfolk) 22. Juni 1856, † London 14. Mai 1925, engl. Schriftsteller. – Bekannt v. a. der Roman „Die Schätze des Königs Salomo" (1885).

Haghbat (armen. Haghpat, russ. Achpat), Kloster in Armenien, 80 km nö. von Kumairi. – Das Kloster H. wurde zw. 931 und 951 gegr. und bis zum 13. Jh. ausgebaut und befestigt; u. a. Heiligenkreuzkirche (967–991), Kirche der Heiligen Jungfrau und Sankt-Gregor-Kirche (um 1000).

Hagi, jap. Ind.- und Hafenstadt an der N-Küste von W-Honshū, 54 000 E. Fischverarbeitung, Töpferei (seit über 300 Jahren).

Hagia Sophia [griech. „Heilige Weisheit"], Krönungskirche der oström. Kaiser in Konstantinopel, erbaut 532–37 unter Kaiser Justinian an Stelle eines Vorläuferbaus

Hagia Sophia. Erbaut 532–537, Innenansicht

des 4. Jh., Kuppel 563 erneuert, reiche Innenausstattung (6. Jh.). Die Baumeister Anthemios aus Tralles und Isidoros von Milet verbanden in diesem gewaltigen Bauwerk der byzantin. Kunst (Höhe 55,6 m, Durchmesser der Kuppel 33 m) in einmaliger Weise einen kuppelgewölbten Zentralbau mit der axial ausgerichteten Basilika. Nach 1453 Moschee, seit 1934 Museum.

Hagia Triada, am W-Rand der Mesara an der S-Küste Kretas gelegene minoische Siedlung und Palastanlage; urspr. meeresnaher Hafen- und Handelsplatz, der wahrscheinlich zu ↑Phaistos gehörte; Zerstörung um 1450 v. Chr. durch ein Erdbeben. Im Palast wurden Fresken und Reliefgefäße aus Steatit gefunden, in der Nekropole ein bemalter Steinsarkophag (um 1400 v. Chr.).

Hagiographen [griech.], 1. hl. Schriften, die dritte Gruppe der Bücher des A. T.; 2. die Verfasser der hl. Schriften; 3. Verfasser von Heiligenviten.

Hagiographie [griech.], Darstellung des Lebens der Heiligen und die wissenschaftl. Arbeit an Überlieferung, Geschichte und Kult der Heiligen. Die H. beginnt mit den altkirchl. Märtyrerakten (2. Jh.), den Lebensbeschreibungen von Asketen und Mönchen.

Hagnower, Niclas ↑Niclas Hagnower.

Hague, Kap [frz. ag], Kap an der NW-Spitze der Halbinsel Cotentin, Frankreich; Leuchtturm; Anlage zur Wiederaufbereitung von Kernbrennstoffen.

Haguenau [frz. agˈno] ↑Hagenau.

Häher, allgemeine Bez. für Rabenvögel, die andere Tiere durch kreischende Rufe vor näherkommenden Feinden warnen; in Eurasien u. a. Eichelhäher, Tannenhäher.

Hahn, Kurt [Martin], * Berlin 5. Juni 1886, † Ravensburg 14. Dez. 1974, brit. Pädagoge dt. Herkunft. – 1920–33 Leiter des Landerziehungsheimes Schloß Salem, dann der British Salem School in Gordonstoun (Schottland); richtete ↑Kurzschulen ein; schrieb „Erziehung zur Verantwortung" (1958).
H., Otto, * Frankfurt am Main 8. März 1879, † Göttingen 28. Juli 1968, dt. Chemiker. – 1910–34 Prof., 1928–45 Direktor des Kaiser-Wilhelm-Instituts für Chemie in Berlin; 1948–60 Präsident der Max-Planck-Gesellschaft; befaßte sich seit 1904 mit Untersuchungen radioaktiver Stoffe (1904/05 bei Sir W. Ramsay in London, 1905/06 bei E. Rutherford in Montreal). Diese führten ihn – seit 1907 in Zusammenarbeit mit L. Meitner – zur Entdeckung einer großen Anzahl radioaktiver Elemente bzw. Isotope. 1938 entdeckte H. – nach Vorarbeiten mit L. Meitner – in Zusammenarbeit mit F. Straßmann die Spaltung von Urankernen bei Neutronenbestrahlung (↑Kernspaltung). Für diese Entdeckung wurde ihm das Kriegsende der Nobelpreis für Chemie des Jahres 1944 verliehen.

Hahn [zu althochdt. hano, eigtl. „Sänger"], Bez. für ♂ Hühnervögel. – Durch seine Wachsamkeit Gefahren gegenüber und als Künder des neuen Tages wurde der H. zur Wächter- und Zeitfigur in der Symbolik.
▷ (Schlaghahn) hebelartiger Teil im Schloß von Handfeuerwaffen.

Hähne, Absperrorgane zum schnellen Öffnen oder Schließen von Rohrleitungen durch Drehen des konischen oder zylindr., mit einer Bohrung versehenen *Hahnkükens*. Der *Dreiwegehahn* erlaubt beliebige Verbindungen zw. zwei von drei Zu- oder Abgängen.

Hahnemann, [Christian Friedrich] Samuel, * Meißen 10. April 1755, † Paris 2. Juli 1843, dt. Arzt. – Seine Therapie sah vor, dasjenige Heilmittel in sehr kleinen Gaben anzuwenden, das „eine andere, möglichst ähnl. Krankheit zu erregen imstande ist"; gilt damit als Begründer der ↑Homöopathie.

Hahnenfuß (Ranunculus), Gatt. der Hahnenfußgewächse mit über 400 weltweit verbreiteten Arten; meist ausdauernde Kräuter mit gelben oder weißen Blüten und hahnenfußartig geteilten Blättern. In M-Europa kommen rd. 40 Arten vor, u. a. **Scharfer Hahnenfuß** (Ranunculus acris), häufig auf Wiesen und Weiden, mit goldgelben Blüten; **Kriechender Hahnenfuß** (Ranunculus repens), auf feuchten Böden, mit dottergelben, bis 3 cm großen Blüten.

Beide Arten sowie der **Gifthahnenfuß** (Ranunculus sceleratus) mit kleinen blaßgelben Blüten sind giftig. In den Alpen bis in 4 000 m Höhe wächst der **Gletscherhahnenfuß** (Ranunculus glacialis) mit großen, innen weißen, außen meist rosaroten oder tiefroten Blüten. Als Zierpflanze und Schnittblume beliebt ist v. a. die **Ranunkel** (Asiat. H., Ranunculus asiaticus), mit verschiedenfarbigen, einzelnen, gefüllten Blüten.

Hahnenfußgewächse (Ranunculaceae), Pflanzenfam. mit etwa 60 Gatt. und rd. 2 000 Arten von weltweiter Verbreitung (bes. auf der Nordhalbkugel); meist Kräuter, seltener Halbsträucher oder Lianen (z. B. Waldrebe); Blätter meist hahnenfußartig zerteilt; Blütenhülle meist fünfteilig, lebhaft gefärbt. Die H. enthalten häufig Alkaloide.

Hahnenkamm, östr. Berg sw. von Kitzbühel, 1 655 m hoch; Kabinenschwebebahn und Sessellift; jährl. internat. Skirennen.

Hahnenkamm, (Brandschopf, Celosia argentea f. cristata) bis 60 cm hohes, einjähriges Fuchsschwanzgewächs mit lineal- bis lanzenförmigen Blättern und im oberen Teil hahnenkammartig verflachtem Blütenstand.
▷ (Italien. H., Span. Esparsette, Hedysarum coronarium) bis über 1 m hohe Süßkleeart in S-Spanien, M- und S-Italien; Blätter gefiedert; Blütenähren mit großen, leuchtend purpurroten Blüten; als Zierpflanze kultiviert.
▷ (Traubenziegenbart, Rötl. Koralle, Clavaria botrytis) Ständerpilz in Buchenwäldern; Fruchtkörper bis 10 cm hoch, blaßweiß, mit verzweigten Ästen und ockergelb gefärbten Endästen, die in der Jugend fleischrot und im Alter ockergelb gefärbt sind; jung eßbar, im Alter bitter.

Hahnenkampf, seit alters in Indien und China bekannte, in Europa seit der Antike beliebte Volksbelustigung (sehr oft mit Wetten verbunden), bei der man zwei für diesen Zweck gezüchtete und mit scharfen Stahlsporen versehene Hähne miteinander kämpfen läßt; heute hauptsächlich noch in Lateinamerika, SO-Asien und selten in S-Europa üblich.

Hahnenklee-Bockswiese (Oberharz), heilklimat. Kurort und Wintersportplatz, Teil der Stadt Goslar, Niedersachsen.

Hahnentritt, die kleine, weißl. Keimscheibe auf dem Dotter von Vogeleiern.
▷ (Zuckfuß) Bewegungsanomalie beim Pferd, bei der das eine oder beide Hinterbeine plötzlich ungewöhnlich hoch gehoben werden; wird durch Entzündung oder Nervenlähmung verursacht.

Hahn-Hahn, Ida Gräfin von, * Tressow (= Lupendorf, Landkreis Waren) 22. Juni 1805, † Mainz 12. Jan. 1880, dt. Schriftstellerin. – 1850 Übertritt zum Katholizismus und 1852 Eintritt ins Kloster; setzte sich für die Emanzipation der Frau ein, schrieb Bekehrungsromane, Lyrik, auch Reisebücher. – *Werke:* Gräfin Faustine (R., 1841), Von Babylon nach Jerusalem (Autobiogr., 1851).

Hahnium [nach O. Hahn], radioaktives, zu den ↑Transactinoiden gehörendes chem. Element (Symbol Ha), das 1970 erstmals künstlich hergestellt wurde; Ordnungszahl 105.

Hahnrei [niederdt.], eigtl. verschnittener Hahn; zunächst Bez. für den Mann, der seinen ehel. Pflichten nicht nachkommt, dann für den betrogenen („gehörnten") Ehemann.

Hai [altnord.-niederl.] ↑Haifische.

Haida, einer der bekanntesten Indianerstämme der NW-Küste N-Amerikas, zur Nadene-Sprachfam. gehörend; spezialisierte Hochseefischer; große, reich verzierte Plankenhäuser und Kanus, Totempfähle mit myth. Tierahnen; rd. 1 560 Menschen.

Haidar Ali, * Budikote (bei Kolar Gold Fields) 1722, † Chittoor (Andhra Pradesh) 7. Dez. 1782, muslim. Herrscher in S-Indien. – Urspr. Offizier des Maharadschas von Mysore; machte sich um 1761 selbst zum Herrscher des südind. Fürstentums. Von den Franzosen unterstützt, führte er 2 Kriege gegen die Briten, die ihn 1781 besiegten.

Haider, Jörg, * Bad Goisern (Oberösterreich) 26. Jan. 1950, östr. Politiker (FPÖ). – Jurist; 1971–75 Sprecher des

Hahnenfuß. Gletscherhahnenfuß (Höhe 5–15 cm)

Hahnenkamm (Celosia argentea f. cristata)

Otto Hahn

Samuel Hahnemann (zeitgenössischer Holzstich)

Haiducken

Jörg Haider

Haile Selassie I.,
Kaiser von Äthiopien

Haifa
Stadtwappen

Rings Freiheitl. Jugend, 1979–83 Mgl. des Nationalrats; seit 1983 Vors. der FPÖ in Kärnten, seit 1986 Bundesvors. seiner Partei; 1989–91 Landeshauptmann von Kärnten (Abwahl wegen umstrittener Äußerungen zur nat.-soz. Vergangenheit); seit März 1992 FPÖ-Fraktionsvors. in Wien.

H., Karl, *Neuhausen (= München) 6. Febr. 1846, †Schliersee 29. Okt. 1912, dt. Maler. – Malte v. a. Landschaften von oft schwermütiger Stimmung sowie Porträts in altmeisterl. Manier. Stilistisch steht er dem Kreis von W. Leibl und H. Thoma, mit dem er befreundet war, nahe.

Haidycken ↑ Heiducken.

Haifa, israel. Hafenstadt am Fuß des Karmels, 223 000 E. Verwaltungssitz des Distrikts H., Sitz des melkit. Erzbischofs von Akko; Zentrum des Bahaismus; Univ. (seit 1963), TH (gegr. 1912); Bibliotheken und Museen, u. a. ethnolog. Museum, Schiffahrtsmuseum; Kunstgalerien, Konzerthallen, Theater, Amphitheater; Zoo. Bed. Handels- und Ind.stadt: Zentrum der Schwerind., größte Raffinerie des Landes, Werft, chem., petrochem. u. a. Ind.; Fremdenverkehr; ⚓. – Im 2. Jh. erstmals erwähnt; z. Z. der Kreuzzüge zweimal zerstört, erlangte erst wieder Bed. im 19. Jh., als der Hafen von Akko versandete, v. a. aber seit der jüd. Einwanderung.

Haifische (Haie, Selachii), Ordnung bis 15 m langer Knorpelfische mit rd. 250 fast ausschließlich marinen Arten; Körper meist torpedoförmig schlank, mit Plakoidschuppen, daher von sehr rauher Oberfläche; Maul unterständig; Zähne meist sehr spitz und scharf, in mehreren Reihen hintereinander stehend; Geruchssinn sehr gut entwickelt; viele Arten lebendgebärend, die übrigen legen von Hornkapseln überzogene Eier. Nur wenige Arten werden dem Menschen gefährlich (z. B. Blauhai, Weißhai). Einige H. (wie ↑Dornhaie, ↑Katzenhaie, Heringshai, ↑Hammerhaie) haben als Speisefische Bed., wobei die Produkte meist unter bes. Handelsbezeichnungen (Seeaal, Schillerlocken) auf den Markt kommen. Die Leber vieler Arten liefert hochwertigen Lebertran, die Haut mancher Arten wird zu Leder (Galuchat) verarbeitet. – Weiterhin gehören zu den H. ↑Grauhaie, ↑Stierkopfhaie, ↑Menschenhaie, ↑Makrelenhaie, ↑Glatthaie, ↑Engelhaie, ↑Sägehaie, ↑Sandhaie und ↑Nasenhaie.

Haig [engl. hɛɪg], Alexander M[eigs], *Philadelphia 2. Dez. 1924, amerikan. General und Politiker. – 1969/70 militär. Berater im Nat. Sicherheitsrat; 1973/74 Stabschef des Weißen Hauses, 1974–79 Oberbefehlshaber der amerikan. Truppen in Europa und NATO-Oberbefehlshaber; 1981/82 Außenmin. der USA.

H., Douglas, Earl of (seit 1919), *Edinburgh 19. Juni 1861, †London 29. Jan. 1928, brit. Feldmarschall (seit 1917). – Reorganisierte das brit. Heer; 1909/10 Generalstabschef in Indien; befehligte im 1. Weltkrieg seit Dez. 1915 die brit. Streitkräfte an der W-Front.

Haigerloch, Stadt an der Eyach, Bad.-Württ., 420–492 m ü. d. M., 9 400 E. Staatl. Verwaltungsschule; Textilind., Kunststoffwerk. – Stadt seit dem 13. Jh., seit 1576 Sitz der Linie Hohenzollern-H., fiel 1633 an Hohenzollern-Sigmaringen. – Auf einem Felssporn das Schloß (Hauptbau und Innenausstattung im 17. Jh.); barocke Wallfahrtskirche Sankt Anna (1753–55) in der Unterstadt.

Hai He (Haiho), Zufluß der Bucht von Bo Hai, NO-China, 69 km lang; entsteht bei Tientsin durch Vereinigung von 5 Flüssen.

Haikal, Muhammad Husain, *Kafr Al Ghannama (Prov. Ad Dakalijja) 20. Aug. 1888, †Kairo 8. Dez. 1956, ägypt. Schriftsteller und Politiker. – 1922 Mitbegr. der Liberalen Konstitutionspartei und Hg. einer Zeitung; 1937–44 mehrmals Erziehungsmin., auch Senatspräs. Schrieb Erzählungen, Biographien (u. a. über Mohammed) und Reisebeschreibungen sowie 1914 den in bäuerl. Milieu spielenden Roman „Sainab".

Haikou [chin. xaikɔu], Hauptstadt der chin. Prov. Hainan und Hauptort der Insel, 200 000 E. Konservenind.; See- und Fischereihafen, ✈.

Haiku (Haikai) [jap. „Posse"], Gatt. der jap. Dichtkunst; urspr. die 17silbige Anfangsstrophe eines ↑Tanka, bestehend aus drei Versen zu 5–7–5 Silben. Höhepunkt mit Bashō (*1644, †1694).

Hail [ˈhaːɪl], Oasenstadt in der nördl. Nefud, Saudi-Arabien, etwa 41 000 E. Verkehrsknotenpunkt (früher Karawanenstation) an der Pilgerstraße von Bagdad nach Mekka; ✈.

Haile Selassie I. (amhar. „Macht der Dreifaltigkeit"), urspr. Tafari Makonnen, *Edjersso (Prov. Harar) 23. Juli 1892, †Addis Abeba 27. Aug. 1975, äthiop. Kaiser (seit 1930). – 1916 Regent und Thronfolger; 1928 zum Negus („König") mit dem Thronnamen H. S. I., 1930 zum Negus Negest („König der Könige", d. h. Kaiser) gekrönt; gab 1931 Äthiopien die erste Verfassung; während der italien. Okkupation (1936–41) in Großbritannien im Exil; an der Gründung der OAU (1963) maßgeblich beteiligt; trat wiederholt als Vermittler in afrikan. Angelegenheiten auf (u. a. im Konflikt zw. Biafra und Nigeria); 1974 durch das Militär abgesetzt.

Hailey, Arthur [engl. ˈhɛɪlɪ], *Luton 5. April 1920, kanad. Schriftsteller engl. Herkunft. – Bestsellerautor; Vertreter des gut recherchierten Unterhaltungsromans und Mitbegr. des Politthrillers; u. a. „Auf höchster Ebene" (1962), „Airport" (1968), „Reporter" (1989).

Hailsham of St. Marylebone, Quintin McGarel Hogg, Viscount H. of St. M. (seit 1950) [engl. ˈhɛɪlʃəm əv snt'mærələbən], Baron von Herstmonceux (seit 1970), *London 9. Okt. 1907, brit. konservativer Politiker. – 1938–50 und 1963–70 Mgl. des Unterhauses, 1950–63 und seit 1970 des Oberhauses; 1957–59 und 1960–64 Lordpräsident des Staatsrates; 1959/60 Lordsiegelbewahrer; 1959–64 Wissenschaftsmin., 1960–63 zugleich Führer des Oberhauses; 1970–74 und 1979–87 Lordkanzler (Justizmin.).

Haimonskinder, die vier Söhne des Grafen Aymon de Dordogne (Allard, Renaut, Guiscard und Richard), Helden des altfrz. Heldenepos des 12. Jh. Im 16. und 17. Jh. in Deutschland als Volksbuch verbreitet. Histor. Grundlage ist die Auflehnung der Brüder gegen Karl d. Gr.

Hain, heute überwiegend in der Dichtersprache gebräuchl. Wort für „Wald; Lustwäldchen"; geht auf althochdt. „hagan" (↑Hag) zurück. Heilige H. kommen im Kult zahlr. Religionen vor und galten als Asylorte.

Hainan (Hainandao [chin. xaɪnandau]), chin. Insel mit trop. Klima vor der S-Küste Chinas, als Prov. (seit 1988) 34 000 km², 6,6 Mill. E (1990), Hauptstadt Haikou; im Wuzhi Shan 1 867 m hoch; Entwicklung zur größten Wirtschaftssonderzone Chinas.

Hainanstraße (Qiongzhou Haixia [chin. tɕiʊŋdʒouxaiçia]), Meeresstraße zw. der Halbinsel Leizhou und der Insel Hainan.

Hainaut [frz. ɛˈno] ↑Hennegau.

Haifa. Blick auf die Stadt und die Bucht von Haifa

Haiti

Haiti
Fläche: 27 750 km²
Bevölkerung: 6,4 Mill. E (1990), 230,6 E/km²
Hauptstadt: Port-au-Prince
Amtssprache: Französisch
Nationalfeiertag: 1. Jan. (Unabhängigkeitstag)
Währung: 1 Gourde (Gde.) = 100 Centimes
Zeitzone: MEZ −6 Stunden

Hainbuche (Weißbuche, Carpinus betulus), bis 25 m hoch und bis 150 Jahre alt werdendes Haselnußgewächs im gemäßigten Europa bis Vorderasien; Stamm glatt, grau, seilartig gedreht, oft durch Stockausschläge mehrstämmig und strauchartig; Blätter zweizeilig gestellt, elliptisch, scharf doppelt gesägt; Blüten in hängenden, nach ♂ und ♀ getrennten Kätzchen; Früchte büschelig hängende, dreilappig geflügelte Nüßchen.
Hainbund ↑ Göttinger Hain.
Hainburg an der Donau, niederöstr. Stadt nahe der slowak. Grenze, 161 m ü. d. M., 5 750 E. Tabakind. – Seit 1244 Stadt. – Stadtbefestigung (13. Jh.); Burg mit Wohnturm des 13. Jh.; Renaissance- und Barockhäuser.
Hainfarn (Alsophila), Gatt. der Cyatheagewächse mit rd. 300 Arten in den Bergwäldern der alt- und neuweltl. Tropen und Subtropen. Die in Australien vorkommende, bis 20 m hohe Art **Alsophila australis** wird häufig in Gewächshäusern kultiviert.
Hainich, Höhenzug am W-Rand des Thüringer Beckens, bis 494 m hoch.
Hainichen, Krst. im Mittelsächs. Hügelland, Sa., 303 m ü. d. M., 9 600 E. Gellert-Museum; Kfz-Bau, Textil-, Leder-, Möbelind. – 1342 als Stadt bezeichnet.
H., Landkr. in Sachsen.
Hainisch, Marianne, *Baden bei Wien 25. März 1839, †Wien 5. Mai 1936, östr. Politikerin. – Seit 1870 Vorkämpferin für Bildung und für Sicherung besserer Erwerbsmöglichkeiten für Frauen; gründete 1902 den Bund östr. Frauenvereine.
H., Michael, *Aue (= Gloggnitz, Niederösterreich) 15. Aug. 1858, †Wien 26. Febr. 1940, östr. Politiker. – Sohn von Marianne H.; liberal-demokrat. und gemäßigt großdt. Grundhaltung; 1920–28 Präs. der Republik Österreich; 1929/30 Handelsminister.
Hainleite, Muschelkalkhöhenzug im N des Thüringer Beckens, bis 463 m hoch. Setzt sich nach W im **Dün** (520 m), östlich der Thüringer Pforte in der bis 386 m hohen **Schmücke** fort.
Hainschnecken, svw. ↑ Schnirkelschnecken.
Hainschnirkelschnecke ↑ Schnirkelschnecken.
Hainsimse (Marbel, Luzula), Gatt. der Binsengewächse mit 80 Arten in der nördl. gemäßigten Zone; Stauden mit grasähnl., am Rande bewimperten Blättern und bräunl. bis gelbl. oder weißen, sechszähligen Blüten. In Deutschland kommen 12 Arten vor, darunter häufig die **Behaarte Hainsimse** (Luzula pilosa) mit weiß bewimperten Grundblättern und die **Gemeine Hainsimse** (Luzula campestris) mit knäuelig angeordneten Blüten.
Haiphong, Stadt mit Prov.status (1 515 km²) im NO des Tonkindeltas, Vietnam, 1,39 Mill. E (städt. Agglomeration). Sitz eines kath. Bischofs; Haupthafen N-Vietnams; Schiffbau, Eisen- und Zinkerzschmelze, Maschinenbau, Zementfabrik, Kunststoff-, Textil-, Nahrungsmittel- u. a. Ind.; Bahnlinie nach Hanoi; ⊠.
Haithabu [altnord. „Heidewohnstätte"], ein 804 als **Sliasthorpe,** um 850 als **Sliaswich** bezeugter Handelsplatz an der Schlei, südlich von Schleswig. Vermutlich um die Mitte des 8. Jh. gründeten fries. Kaufleute eine erste Niederlassung als Umschlagplatz. Der zentrale Siedlungskern nahm seit dem 9. Jh. immer mehr an Umfang und Bed. zu. H. erhielt eine Münzstätte und wurde im 10. Jh. mit einem Halbkreiswall befestigt. Um 900 kam das bisher dän. H. an schwed. Wikinger, wurde 934 und endgültig 983/84 wieder dänisch. Seine Funktion übernahm in der Folgezeit Schleswig. Seit 1900 wurden in H. umfangreiche Ausgrabungen durchgeführt (1980 vorläufig abgeschlossen; u. a. Fund eines Wikingerschiffs). 1985 nahebei Eröffnung des „Wikinger-Museums Haithabu".
Haitham, Al ↑ Alhazen.
Haiti (amtl. Vollform: République d'Haïti), Republik im Bereich der Westind. Inseln, zw. 72° und 74° 30′ w. L. sowie 18° und 20° n. Br. **Staatsgebiet:** Umfaßt den W der Insel Hispaniola, grenzt im O an die Dominikan. Republik. **Verwaltungsgliederung:** 9 Dep. **Internat. Mitgliedschaften:** UN, OAS, SELA, GATT, der EWG assoziiert (AKP-Staat).
Landesnatur: H. ist durch vier Gebirgszüge des Kordillerensystems mit dazwischen liegenden Becken bzw. [Küsten]ebenen gegliedert. Die höchste Erhebung liegt im SO (Pic de la Selle, 2 680 m ü. d. M.).
Klima: Das randtrop. Klima mit sommerl. Regenzeit und winterl. Trockenzeit wird durch das Relief differenziert.
Vegetation: Das urspr. Pflanzenkleid mit seinem Wandel von immergrünem Regen- und Bergwald an den N-Hängen zu regengrünem Feucht- und Trockenwald, Feucht- und Trockensavanne an den S-Hängen ist durch die Land- und Forstwirtschaft (Brandrodung, Raubbau an Wäldern) stark dezimiert.
Bevölkerung: Sie ist aus den Nachkommen der im 18. Jh. aus Afrika für die Plantagenarbeit eingeführten Sklaven entstanden (80 % Schwarze, rd. 20 % Mulatten); starke Auswanderung. Offiziell gehören rd. 90 % der Bev. der kath. Kirche an, doch ist der Wodukult stark verbreitet. H. weist die höchste Analphabetenquote Lateinamerikas auf (62 %, in ländl. Gebieten rd. 85 %), obwohl Schulpflicht (6–12 Jahre) besteht. In der Hauptstadt wurde 1944 eine Univ. gegründet.
Wirtschaft: H. gehört zu den ärmsten Entwicklungsländern Amerikas. 75 % der Erwerbstätigen sind in der Landw. beschäftigt, die aber durch ungünstige klimat. Bedingungen (Trockenperioden, Wirbelstürme), wachsende Erosionsschäden und uneffektive Anbaumethoden nicht den Nahrungsmittelbedarf decken kann. In kleinbäuerl. Betrieben werden, abgesehen von Kaffee, fast nur für den Eigenbedarf Mais, Reis, Bataten, Maniok u. a. angebaut. Großbetriebe in den Küstenebenen erzeugen Kakao, Zucker, Sisal und Baumwolle für den Export. Neben der überwiegend auf der Landw. basierenden Kleinind. erfolgt, begünstigt durch niedrige Löhne, die Weiterverarbeitung von importierten Halbfertigwaren der Bekleidungs-, Spielzeug- und Elektronikind. durch ausländ. Unternehmen. Der Fremdenverkehr hat steigende Tendenz.

Haiti

Staatswappen

Internationales Kfz-Kennzeichen

1970 1990   1970 1990
Bevölkerung   Bruttosozial-
(in Mill.)   produkt je E
              (in US-$)

Bevölkerungsverteilung 1990

Bruttoinlandsprodukt 1989

haitianische Kunst

Bernard Haitink

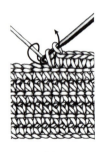

Jiří Hájek
(Politiker)

Außenhandel: Die wichtigsten Partner sind die USA (75 %), die EG-Länder (Frankreich, Deutschland, Belgien), Kanada, die Dominikan. Rep. und Japan. Der Anteil der Agrarerzeugnisse am Exportwert ging zugunsten der Leichtind.produkte (über 60 %) stark zurück. Eingeführt werden Nahrungsmittel, Brennstoffe, Maschinen und Transportmittel.

Verkehr: In Betrieb sind nur Plantagenbahnen. Das Straßennetz ist rd. 4 000 km lang, z. T. in schlechtem Zustand. Wichtigste Häfen sind Port-au-Prince, Cap-Haïtien und Miragoâne; internat. ✈ in Port-au-Prince.

Geschichte: 1492 von Kolumbus entdeckt, das westl. Drittel der Insel **Hispaniola** trat Spanien 1697 an Frankreich ab, **Saint-Domingue** wurde im 18. Jh. zur reichsten frz. Kolonie. Die Frz. Revolution brachte die Sklavenbefreiung und Aufstände der Schwarzen und Mulatten gegen die dünne weiße Oberschicht, die bald in einen allg. Krieg mündeten. F. D. Toussaint Louverture gelang es Ende des 18. Jh., brit. und span. Invasionen abzuwehren und seine schwarzen Landsleute unter seinem Kommando zu einen. 1802–04 war die Insel von einem frz. Expeditionskorps besetzt. Das unabhängige H. (ab 1. Jan. 1804) wurde zunächst von einem Kaiser (Jakob I., eigtl. J. J. Dessalines) beherrscht und spaltete sich 1806 in eine Mulattenrepublik im S (Präs. A. S. Pétion bis 1818, dann J. P. Boyer) und einen Schwarzenstaat im N (Präs. H. Christophe, seit 1811 als König Heinrich I.); erst 1820 wurden beide Teile wieder vereint. 1822–44 beherrschte H. auch den span. Teil der Insel; eine Erhebung der span. Kreolen nach der Vertreibung des Diktators Boyer ließ die ↑Dominikanische Republik entstehen. 1849–59 hatte H. nochmals einen Kaiser (Faustin I., eigtl. F. Soulouque), danach versank es in Anarchie. 1915 besetzten die USA H. Auch nach dem Abzug der US-Truppen (1934) blieb H. bis 1947 unter amerikan. Finanzkontrolle. Nach Unruhen, Streiks und polit. Machtkämpfen wurde 1957 F. Duvalier zum Präs. gewählt, der seine Herrschaft auf die Schwarzen stützte und die Mulatten, die bis dahin herrschende Schicht, von der Reg. ausschloß. Wegen seiner Willkürherrschaft kam es wiederholt zu Aufständen und Putschversuchen, die aber alle scheiterten. Die polit. Verhältnisse änderten sich auch nach dem Amtsantritt (1971) seines Sohnes J.-C. Duvalier (* 1951) nicht grundlegend. Nach starken Unruhen (seit Mai 1984) ging dieser 1986 ins frz. Exil. Eine Reg.junta unter General H. Namphy führte die Reg.geschäfte. Andauernde Unruhen führten zum Abbruch der Wahlen vom Nov. 1987. Erst im Jan. 1988 wurde ein neuer Präs. gewählt, der durch Putsch unter General Namphy im Juni 1988 gestürzt wurde. Nach einem weiteren Putsch kam im Sept. 1988 P. Avril an die Macht, der nach Unruhen im März 1990 zurücktrat. Eine zivile Übergangsreg. bereitete Wahlen vor; aus ihnen ging im Dez. 1990 der Befreiungstheologe J. B. Aristide (* 1953) als Sieger hervor. Er trat sein Amt – gestützt auf eine Koalition aus linken Splitterparteien (FNCD) – im Febr. 1991 an. Am 1. Okt. 1991 wurde Aristide durch einen Militärputsch unter General R. Cedras gestürzt und floh ins Exil. Die USA, die OAS und die EG forderten, unter Verhängung von Wirtschaftssanktionen, die Junta zur Rückgabe der Macht an Aristide auf. Trotzdem wurde am 7. Okt. 1991 J. Nerette vom Parlament als Übergangspräs. ernannt. Dieser bestimmte im Juni 1992 M. Bazin (* 1932) zum Min.präs., dessen Reg. jedoch nicht internat. anerkannt wurde.

Politisches System: Nach der Verfassung vom 28. April 1987 (durch Volksabstimmung gebilligt) ist H. eine präsidiale Republik. *Staatsoberhaupt* und oberster Inhaber der *Exekutivgewalt* ist der Präs., er wird für 5 Jahre direkt vom Volk gewählt. Der Präs. ernennt den Min.präs., der vom Parlament bestätigt werden muß. *Legislativorgan* ist ein Zweikammerparlament, bestehend aus Senat (27 Mgl.) und Deputiertenkammer (83 Abg.). Im Parlament vertreten sind folgende *Parteien* und Bündnisse: Front National pour le Changement et la Démocratie (FNCD), Alliance Nationale pour la Démocratie et le Progrès (ANDP), Parti Agriculturel et Industriel National (PAIN), Parti Démocrate Chrétien Haïtien (PDCH). Die *Rechtsordnung* fußt auf frz. Recht.

Häkelarbeit. Oben: feste Maschen. Mitte und unten: Stäbchen

haitianische Kunst, die von indian. und v. a. von afrikan. Einflüssen geprägte Kunst der Bev. Haitis. Die Gründung eines Kunstzentrums (1944) in Port-au-Prince brachte der h. K. einen bes. Aufschwung und weltweite Anerkennung. Zu den bekanntesten Künstlern gehören P. Obin (* 1892, † 1986), H. Hyppolite (* 1894, † 1948), P. Duffaut (* 1923), J.-E. Gourgue (* 1930), W. Bigaud (* 1931).

Haitianische Kunst. Jacques-Enguerrand Gourgue, Wodu-Gegenstände, 1950 (Port-au-Prince, Musée d'Art Haïtien du Collège Saint Pierre)

Haitink, Bernard (Haïtink), * Amsterdam 4. März 1929, niederl. Dirigent. – 1964–88 Dirigent des Concertgebouworkest in Amsterdam, 1967–79 des London Philharmonic Orchestra, leitete 1977–88 die Festspiele in Glyndebourne, seit 1986 Musikdirektor der Covent Garden Opera in London. Bed. Mahler-Interpret.

Hajdu, Étienne [frz. aj'dy; ungar. 'hɔjdu:], * Turda (Siebenbürgen) 12. Aug. 1907, frz. Bildhauer ungar. Abkunft. – 1937 Griechenlandreise; abstrakte, von Brancusi und der kret.-myken. Idolplastik beeinflußte Plastik.

Hajdúszoboszló [ungar. 'hɔjdu:soboslo:], ungar. Stadt 20 km sw. von Debrecen, 24 500 E. Kurort mit Thermalquellen; Mineralwasserversand ; Erdgasförderung.

Hajek, Otto Herbert, * Nové Hutě (Südböhm. Geb.) 27. Juni 1927, dt. Bildhauer und Maler. – Seine urspr. von innen aufgelösten Volumen verfestigten sich später zu kompakten Formen, oft farbige Großplastik, z. T. begehbar (seit 1963); auch Gemälde.

Hájek [tschech. 'ha:jek], Jiří, * Krhanice (Mittelböhm. Bez.) 6. Juni 1913, tschech. Politiker. – Jurist und Historiker, zunächst Mgl. der Sozialdemokrat. Partei, ab 1948 der Kommunist. Partei, in deren ZK 1948–69. Mgl. der Nationalversammlung 1945–54; April–Sept. 1968 Außenmin.; förderte maßgeblich die reformkommunist. Ideen, die 1968 zum „Prager Frühling" führten. Nach dessen gewaltsamer Unterdrückung verlor er 1969 alle Partei- und Staatsämter und wurde 1970 aus der KP ausgeschlossen. Mitverfasser der „Charta 77".

H., Jiří, * Pacov (Südböhm. Bez.) 17. Juli 1919, tschech. Literaturkritiker. – 1939–42 im KZ Sachsenhausen; Redakteur bei Literaturzeitschriften; übersetzte F. Hölderlin; einer der Sprecher der Bürgerrechtsbewegung „Charta 77".

Hajek-Halke, Heinz, * Berlin 1. Dez. 1898, † ebd. 11. Mai 1983, dt. Photograph. – Seit 1925 Pressephotograph. Widersetzte sich 1933 der Forderung des NS-Propagandaministeriums, Dokumentaraufnahmen zu fälschen. Seit den 1950er Jahren wurde er mit photokünstler. Experimenten als „Meister des photograph. Informel" bekannt.

Hajigakpaß ↑Hindukusch.

Häkelarbeit, mit nur einer Nadel (Häkelnadel) mit Widerhaken (zum Durchziehen des Fadens) ausgeführte Handarbeit.

Häkelgarn, scharf gedrehtes 4- bis 6fach gezwirntes, im Baumwollspinnverfahren hergestelltes Garn.

Haken, winklig oder rund gebogener Metall- oder Kunststoffteil, der zum Auf- oder Einhängen von Gegenständen dient. – ↑Karabinerhaken.

▷ svw. ↑Grandeln.

▷ Ausgangsform von Nehrungen. – ↑Küste.
▷ *Boxen:* mit angewinkeltem Arm geführter Schlag.

Hakenkäfer (Klauenkäfer, Dryopidae), weltweit verbreitete Fam. meist nur 3–5 mm langer Käfer an und in Gewässern, mit fast 1 000 Arten, davon in M-Europa 36; meist olivgrüne bis braune Käfer, die im Wasser an Wasserpflanzen, Steinen umherlaufen. Zum Anheften dienen große, spitze Klauen.

Hakenkreuz (Sanskrit: Swastika [„heilbringendes Zeichen"]; althochdt.: fyrfos [„Vierfuß"]), gleichschenkliges Kreuz, dessen 4 gleichlange Balken (rechtwinklig oder bogenförmig angeordnet) das H. wie ein laufendes Rad erscheinen lassen. Aus der Frühgeschichte überliefert und in Europa, Asien, seltener in Afrika und Mittelamerika nachweisbar; als religiöses Symbol von umstrittener Bed. (Sonnenrad, Spiralmotiv, Thors Hammer, doppelte Wolfsangel). Emblem des NS und anderer faschist. Bewegungen in Ungarn, Schweden, den Niederlanden, Großbritannien und den USA; auch nach 1945 von neofaschist. Bewegungen verwendet. Diente nach 1918 als polit. und militär. Emblem in Lettland und Finnland.

Hakenkreuzflagge, seit 1920 offizielles Parteibanner der NSDAP; seit 1933 zus. mit der schwarz-weiß-roten Fahne Flagge des Dt. Reiches; 1935–45 alleinige Reichs- und Nationalflagge.

Hakenlilie (Crinum), Gatt. der Amaryllisgewächse mit über 100 Arten, v. a. in den Küstenländern der Tropen und Subtropen; Zwiebelpflanzen mit langen, meist schmalen Blättern; Blüten in mehrblütiger Dolde.

Hakenpflug ↑Pflug.

Hakenwurm, svw. ↑Grubenwurm.

Hakenwürmer (Ankylostomen, Ancylostomatidae), Fam. bis etwa 3 cm langer, parasit. Fadenwürmer; hauptsächlich im Dünndarm von Säugetieren und des Menschen; beißen sich in der Darmwand fest und saugen Blut; verursachen die ↑Hakenwurmkrankheit. Beim Menschen kommen v. a. ↑Grubenwurm und ↑Todeswurm vor.

Hakenwurmkrankheit (Ankylostomiasis), von Hakenwürmern hervorgerufene chron. Erkrankung; Symptome sind Anämie, Wechsel von Verstopfung und Durchfall, Nasenbluten, Kräfteverfall.

Hakim [arab.], Herrscher, Gouverneur; Richter.

Hakim, Al, Bi Amrillah, *985, † auf dem Mokattam (Kairo) 13. Febr. 1021, fatimid. Kalif. – 996 Nachfolger seines Vaters Al-Asis; religiöser Fanatiker; zerstörte Kirchen und Synagogen, u. a. die Grabeskirche in Jerusalem. Die Drusen verehren in ihm die Verkörperung der göttl. Urkraft.

Halberstadt. Der Stephansdom, 13.–15. Jahrhundert

Hakka, Volks- und Sprachgruppe in S-China, auf Taiwan, Hainan und in Hongkong.

Hakko ↑Akko.

Hakodate, jap. Hafenstadt auf Hokkaidō, an der Tsugarustraße, 312 000 E. Fischereiwirtschaft, daneben Erdölraffinerie, petrochem. u. a. Ind.; Fährverbindung und ↑Saikantunnel nach Aomori auf Honshū; ⚓. – Urspr. eine Siedlung der Ainu; seit 1800 war H. wichtigster Hafen Hokkaidōs.

Håkon (Haakon) [norweg. 'hoːkɔn], Könige von Norwegen:

H. IV. Håkonsson, der Alte [norweg. 'hoːkɔnsɔn], *1204, †Kirkwall (Orkneyinseln) 17. Dez. 1263, König (seit 1217). – Führte das Erbkönigtum ein; erwirkte 1261 die Anerkennung der norweg. Oberhoheit durch Grönland, 1262 die durch Island.

H. VI. Magnusson [norweg. 'magnusɔn], *1339, †1. Mai 1380, König (seit 1355), von Schweden (1362/63). – Sohn des norweg.-schwed. Königs Magnus V. Eriksson; seine Ehe (seit 1363) mit Margarete I., der Tochter des dän. Königs Waldemar IV. Atterdag, begr. die skand. Staatenunion (Kalmarer Union).

H. VII., *Charlottenlund (= Kopenhagen) 3. Aug. 1872, †Oslo 21. Sept. 1957, König (seit 1905). – Trat im 1. wie beim Ausbruch des 2. Weltkriegs für eine neutrale Haltung Norwegens, Dänemarks und Schwedens ein; befahl bei der dt. Besetzung Norwegens 1940 den Widerstand der norweg. Truppen; ging nach deren Niederlage und seiner Weigerung, die Reg. Quisling anzuerkennen, nach Großbritannien ins Exil, 1945 Rückkehr.

Hal [frz. al], Stadt in Belgien, ↑Halle.

Halacha [hebr. „Wandel"], Bez. sowohl des gesetzl. Teils der jüd. Überlieferung im ganzen als auch einer Einzelbestimmung. – Die H. umfaßt als *schriftl.* Thora die Gebote der fünf Bücher Moses, als *mündl.* Thora deren Interpretation sowie nicht in der Bibel enthaltene, bibl. Geboten jedoch gleichgeachtete Vorschriften.

Halali [haˈlaːli, haˈlali; frz.], 1. urspr. der Jagdruf (auch Jagdhornsignal), wenn das gehetzte Wild auf einer Parforcejagd gestellt ist; 2. das Signal, das das Ende einer Jagd anzeigt.

Halbacetal ↑Acetale.

Halbaffen (Prosimiae), Unterordnung 13–90 cm körperlanger Herrentiere mit rd. 35 Arten, v. a. auf Madagaskar, in Afrika und S-Asien; Schwanz sehr lang bis stummelförmig, Kopf mit mehr oder minder langer, spitzer, hundeähnl. Schnauze; Augen sehr groß. Zu den H. gehören die Loris, Koboldmakis, Galagos, Lemuren, Indris und das Fingertier.

Halbbild, in der *Stereoskopie* Bez. für eines der beiden stereoskop. Teilbilder.

Halbblut, in der *Pferdezucht* Sammelbez. für die unterschiedl. Pferderassen und -schläge, die nicht eindeutig einer der großen Gruppen Ponys, Kaltblut und Vollblut zugeordnet werden können. In Deutschland werden als H. v. a. Pferde bezeichnet, deren einer Elter zu 100 % Vollblut ist.
▷ svw. ↑Mischling.

Halbdach ↑Dach.

Halbdeckung, Begriff aus der gesetzl. Rentenversicherung; bedeutet, daß die Zeit zw. dem Eintritt in die Versicherung und dem Versicherungsfall zur Hälfte mit Beiträgen belegt ist; wichtig für die Anrechnung von Ausfall-, Ersatz- und Zurechnungszeiten.

Halbe, Max, *Güttland bei Danzig 4. Okt. 1865, †Gut Neuötting (Oberbay.) 30. Nov. 1944, dt. Schriftsteller. – Seine Dramen (v. a. „Jugend", 1893; „Mutter Erde", 1897) veranschaulichen die naturalist. Thesen von der Bed. des Milieus und der Unausweichlichkeit des Schicksals; auch Romane, Novellen sowie Autobiographien.

Halbedelsteine ↑Schmucksteine.

halbe Note, Zeichen ♩, ↑Noten.

halbe Pause, Zeichen ▬, ↑Noten.

Halberstadt, Krst. in Sa.-Anh., Mittelpunkt des nördl. Harzvorlandes, 115 m ü. d. M., 45 000 E. Vogelkundemuseum Heineanum, Domschatzmuseum, Gleimhaus; Theater; Maschinenbau, Textil-, Gummi-, elektron., Möbel-, Nahrungsmittel- u. a. Ind. – H. wurde um 827 Bischofssitz und erhielt nach der Verleihung von Markt-, Münz- und Zollrecht (996) eine stadtgleiche Stellung. Durch den Westfäl. Frieden fiel die Stadt 1648/50 an Brandenburg. – Nach schweren Zerstörungen im 2. Weltkrieg wiederaufgebaut, u. a. Stephansdom (13.–15. Jh., bed. Ausstattung), Dom-

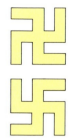

Hakenkreuz. Linksgeflügelte (oben) und rechtsgeflügelte Form (unten)

Hakenkreuzflagge

Hakenlilie. Hybride Crinum powellii (Blütenschaft bis 80 cm lang)

Halberstadt Stadtwappen

Halberzeugnis

propstei (16./17. Jh.), Liebfrauenkirche (12. Jh., Chorschranken um 1200); Bürgerhäuser (15.–17. Jh.); Reste der Stadtbefestigung.

H., Landkr. in Sachsen-Anhalt.

H., ehem. Bistum, um 827 durch Ludwig den Frommen geschaffen. H. war der äußerste Vorposten christl. Mission für die slaw. Gebiete; es unterstand dem Erzbistum Mainz. Schon 1541 ging H. zur Reformation über. Im Westfäl. Frieden (1648) kam das Hochstift als Ft. an Brandenburg.

Halberzeugnis (unfertiges Erzeugnis), im Produktionsprozeß eines Betriebes erst teilweise erstelltes bzw. bearbeitetes Erzeugnis.

Halbesel. Onager

Halbesel (Asiat. Wildesel, Pferdeesel, Equus hemionus), knapp 1–1,5 m schulterhohe Art der Unpaarhufer (Fam. Pferde) in den Steppen und Wüsten Asiens; mit esel- und pferdeartigen Merkmalen; Fell oberseits fahlgelb bis rotbraun, mit Aalstrich ohne „Schulterkreuz", Bauch weiß; Ohren relativ lang. Man unterscheidet mehrere Unterarten, u.a. Mongol. H. (**Kulan**, Equus hemionus kulan), fahlbraun mit schwärzl., weiß abgesetztem Aalstrich; Pers. H. (**Onager**, Equus hemionus onager), fahl gelbbraun, mit schwärzlich gesäumten Hufen und bis zum Schwanzende reichendem Aalstrich; Tibet. H. (**Kiang**, Equus hemionus kiang), mit rotbrauner Oberseite. H. lassen sich nicht abrichten.

halbe Stimmen (halbe Register), Bez. für Orgelregister, die nur die Hälfte einer Klaviatur umfassen. Sie finden sich bereits in Orgeln des 16. Jh. (z. B. bei C. Antegnati).

Halbfabrikat, svw. ↑ Halbzeug.

Halbfigurenbild, gemalte Darstellung eines Menschen in halber Figur; seit dem 15. Jh. bes. in Italien und in den Niederlanden. In der Plastik entspricht dem H. die Büste.

Halbfliegengewicht ↑ Sport (Gewichtsklassen, Übersicht).

Halbfreie, nach den ma. Volksrechten ein Stand mit geminderter Freiheit zw. Freien und Unfreien. Die Abhängigkeit dieser Bev.schicht von einer Herrschaft reichte von Schollengebundenheit bis zu persönl. Freizügigkeit bei Zahlung eines Anerkennungszinses. – ↑ Leibeigenschaft.

Halbgänse (Tadornini), mit Ausnahme von N-Amerika weltweit verbreitete Gattungsgruppe der Enten; gänseähnl. Merkmale sind die Gleichfärbung der Geschlechter und das Abweiden von Gras. Die bekanntesten der rd. 20 Arten sind: ↑ Brandente; **Rostgans** (Rote Kasarka, Tadorna ferruginea), etwa 65 cm lang, vorwiegend rostrot; v.a. an flachen Süßwasserseen S-Spaniens, NW-Afrikas und der südl. gemäßigten Regionen Eurasiens; Irrgast in M-Europa; **Nilgans** (Alopochen aegyptiacus), etwa 70 cm lang, vorwiegend gelblich-braun, an Gewässern Afrikas; mit dunkelbraunem Augen- und Brustfleck, rötl. Schnabel und rötl. Füßen; **Hühnergans** (Cereopsis novae-hollandiae), rd. 70 cm groß, auf den Inseln vor der W- und S-Küste Australiens; Gefieder aschgrau, Schnabel sehr kurz, gelbgrün, Beine rosarot. Die Gatt. **Spiegelgänse** (Chloephaga) hat mehrere Arten in S-Amerika. Die bekannteste ist die **Magellangans** (Chloephaga picta), etwa 65 cm groß, schwarzschnäbelig, in den Grassteppen S-Argentiniens und S-Chiles; ♂ vorwiegend weiß, ♀ vorwiegend braun.

Halbgeschwister ↑ Geschwister.

Halbgott ↑ Heros.

Halbholz, durch einmaliges Zerschneiden eines kantig zugerichteten Stammes in Längsrichtung entstandenes Bauholz.

halbimmergrüner Wald, dem Regenwald ähnl. Waldtypus, bei dem während oder nach der Trockenzeit die Blätter nur im obersten Baumstockwerk abgeworfen werden.

Halbinsel, inselartig in ein Gewässer vorspringender Teil des festen Landes.

Halbkammgarn, in vereinfachtem Kammgarnverfahren gesponnenes Garn, das nicht gekämmt ist und daher außer den langen auch kürzere Wollfasern enthält.

Halbkantone, Schweizer Kantone, die aus histor. Gründen in je zwei Teile geteilt sind: Unterwalden in Obwalden und Nidwalden, Appenzell in Innerrhoden und Außerrhoden, Basel in Basel-Stadt und Basel-Landschaft. Die H. zählen bei Verfassungsrevisionen im Bund nur mit einer halben Stimme und entsenden nur je einen Vertreter in den Ständerat. Im übrigen sind die H. den anderen Kt. gleichberechtigt.

Halbkonserve ↑ Konserve.

Halbkonsonant ↑ Halbvokal.

Halbleichtgewicht ↑ Sport (Gewichtsklassen, Übersicht).

Halbleinen, Gewebe mit mindestens 40 Gewichts-% Leinen.

Halbleiter, kristalliner oder amorpher Festkörper (auch organ. Stoff), dessen elektr. Leitfähigkeit über der der Isolatoren und unter der der Metalle, d. h. zw. 10^{-8} und 10^6 s/m liegt. Praktisch bed. H. sind Elemente der IV. Gruppe des Periodensystems (Silicium, Germanium), Verbindungen aus Elementen der III. und V. Gruppe (z. B. Galliumphosphid, -arsenid, Indiumarsenid und verschiedene Legierungen), der II. und VI. Gruppe (z. B. Zinksulfid, Cadmiumtellurid) sowie Bleichalkogenide (z. B. Bleisulfid, -tellurid) und Selen. Reine H. haben ein vollbesetztes Valenzband und ein leeres Leitungsband (↑ Bändermodell). Entscheidend für die Größe der elektr. Leitfähigkeit ist neben der Breite der Energielücke zw. Leitungs- und Valenzband auch Art und Konzentration der im Kristall vorhandenen ↑ Störstellen sowie Temperatur und äußerer Druck. Durch therm. oder opt. Anregung werden Elektronen ins Leitungsband gehoben, die lassen im Valenzband *Löcher (Defektelektronen)* zurück. Sowohl Elektronen als auch Löcher ermöglichen den Stromfluß *(Eigenleitung)*; die elektr. Leitfähigkeit nimmt mit steigender Temperatur zu. *Störstellenleitung* entsteht durch ↑ Dotierung, z. B. kann man in die H. Silicium und Germanium leicht Atome der Elemente der III. Hauptgruppe (z. B. Bor) als ↑ Akzeptoren und Atome der V. Hauptgruppe (z. B. Phosphor) als Elektronenspender (↑ Donatoren) mit gewünschter Konzentration einbauen, wodurch sich die elektr. Eigenschaften gegenüber dem reinen H. radikal ändern. Donatoren geben Elektronen ins Leitungsband ab (es entsteht **n-Leitung**), Akzeptoren nehmen Elektronen aus dem Valenzband auf **(p-Leitung)**. Durch ↑ Rekombination von Elektronen und Löchern wird Energie frei, die zu einer Erwärmung des H. führt oder unter günstigen Umständen als elektromagnet. Strahlung (Licht) den Kristall verläßt. Die Eigenschaften der H. führten zu ihrer Anwendung in einer Vielzahl von elektron. und optoelektron. Bauelementen.

Halbleiterbauelement, elektron. Bauelement, dessen Wirkungsweise bzw. Funktion auf dem Verhalten von La-

Halbgänse. Rostgans

dungsträgern in Halbleiterkristallen und in Strukturen, die aus verschiedenen Halbleiterkristallen sowie aus Metallen und Isolatoren bestehen können, beruht. In H. werden physikal. Effekte ausgenutzt, z. B. der Volumeneffekt als Gunn-Effekt, ebenso in und an Halbleiteroberflächen oder -grenzflächen, z. B. beim pn-Übergang. Nach den ausgenutzten Effekt beteiligten Energieformen unterscheidet man (rein) elektr. H. (z. B. Bipolartransistoren und Feldeffekttransistoren), thermoelektr. H. (z. B. Heißleiter), optoelektron. H. (z. B. Lumineszenzdiode und Solarzelle), galvanomagnet. H. (z. B. Hall-Element und Magnetdiode), akustoelektron. H. und piezoelektr. H. (z. B. Piezotransistor).

H. können jedoch auch nach technolog. Gesichtspunkten (z. B. Anzahl der pn-Übergänge) eingeteilt werden. Als H. lassen sich passive Bauelemente (Widerstände und Kondensatoren), Dioden, Transistoren und integrierte Schaltungen realisieren.

Halbleiterblocktechnik ↑Mikroelektronik.
Halbleiterdiode ↑Diode.
Halbleitergleichrichter ↑Gleichrichter.
Halbleiterkühlelement svw. Peltier-Element (↑Peltier-Effekt).
Halbleiterspeicher, aus integrierten Halbleiterschaltkreisen aufgebauter Arbeitsspeicher eines Computers, zuweilen auch die einzelnen *Speicherchips* oder *-schaltkreise.* Die Speicherkapazität der Chips beträgt bis zu 4 Megabit und mehr. Man unterscheidet dabei Fest[wert]speicher oder Nur-Lese-Speicher (**ROM**, Abk. für **r**ead **o**nly **m**emory) mit fest eingegebenem und nicht veränderbarem Inhalt und Schreib-Lese-Speicher mit wahlfreiem Zugriff (Direktzugriffsspeicher; **RAM**, Abk. für **r**andom **a**ccess **m**emory), bei denen jede Speicherzelle einzeln adressierbar und inhaltlich veränderbar ist. Bei den RAM gibt es **SRAM** (stat. RAM) und **DRAM** (dynam. RAM mit refresh = period. Auffrischung). Bei den ROM gibt es u. a. **PROM** (programmierbare) und **EPROM** (erasable = löschbare PROM).

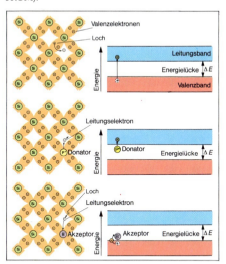

Halbleiter. Von oben nach unten: Schema der Ladungsträger eines undotierten, eines n-dotierten und eines p-dotierten Halbleiters mit dazugehörenden Bändermodellen

Hälbling, 1. (halbierte Münze) eine zur Behebung von Kleingeldmangel (in meist halbe Stücke) zerteilte Münze; schon in der Antike üblich; 2. (Helbling) Bez. für das Halbstück des mittelalterl. Pfennigs, auch als Obolus bezeichnet.

Halbmakis ↑Lemuren.
halbmast (halbstocks), auf halber Höhe; zum Zeichen der Trauer werden Flaggen h. gehißt.

Halbmesser, Verbindungsstrecke irgendeines Punktes auf einer ebenen Mittelpunktskurve (z. B. Kreis, Ellipse, Hyperbel) oder einer gekrümmten Mittelpunktsfläche (z. B. Kugel, Ellipsoid) mit dem Mittelpunkt der Kurve oder Fläche; bei Kreis und Kugel auch als **Radius** bezeichnet.

Halbmetalle, chem. Elemente, die teils metall., teils nichtmetall. Eigenschaften besitzen; zu ihnen gehören Antimon, Arsen, Bor, Germanium, Polonium, Selen, Silicium und Tellur. Die H. kommen meist in einer metall. und einer nichtmetall. Modifikation vor; sie sind auch in der metall. Modifikation relativ schlechte elektr. Leiter, während sie in der nichtmetall. Modifikation Halbleiter darstellen und als solche von techn. Bed. sind.

Halbmittelgewicht ↑Sport (Gewichtsklassen, Übersicht).
Halbmond ↑Mond.
▷ in der *Heraldik* gemeine Figur in Form einer Mondsichel, oft von Sternen begleitet.
▷ seit dem 13. Jh. Wahrzeichen des Islams; zus. mit einem Stern wird er zu Beginn des 19. Jh. Emblem des Osman. Reichs; in islam. Ländern heißt die dem Roten Kreuz entsprechende Organisation **Roter Halbmond.**

Halbnomadismus ↑Nomadismus.
Halböl, aus Leinölfirnis und einem Verdünnungszusatz bestehendes Grundierungsmittel für Holzanstriche; auch als Bindemittel für Ölfarben verwendet.
halbpart [dt./lat.], zu gleichen Teilen.
Halbporzellan, svw. ↑Vitreous China.
halbregelmäßige Körper, svw. ↑archimedische Körper.
Halbschatten, der Bereich, in dem eine Lichtquelle aus optisch-geometr. Gründen nur teilweise abgeschattet erscheint.
Halbschluß, in der Musik Bez. für die den Ganzschluß (auf der Tonika) noch hinauszögernde ↑Kadenz, meist auf der ↑Dominante.
Halbschmarotzer, svw. Halbparasiten (↑Parasiten).
Halbschnabelhechte (Halbschnäbler, Hemirhamphidae), Fam. bis 45 cm langer hechtartig schlanker Knochenfische mit rd. 70 Arten in trop. und subtrop. Meeren und Brackgewässern; Unterkiefer schnabelartig verlängert; Warmwasseraquarienfische.
halbschweres Wasser ↑schweres Wasser.
Halbschwergewicht ↑Sport (Gewichtsklassen, Übersicht).
Halbseide, Gewebe in ↑Atlasbindung mit Seidenschuß und Baumwollkette. Durch die einseitige Bindung erscheint die Oberseite als Seidengewebe.
Halbseitenanästhesie (Hemianästhesie), Ausfall des Berührungssinns einer Körperhälfte, eventuell auch anderer Sinnesfunktionen (z. B. Temperatur-, Schmerzsinn), meist als Folge einer Schädigung der gegenseitigen Gehirnhälfte.
Halbseitenblindheit (Hemianopsie, Hemiablepsie), Sehstörung mit einem halbseitigen Ausfall des Gesichtsfeldes eines oder beider Augen bei krankhaften Prozessen im Bereich der Sehnervenkreuzung.
Halbseitenlähmung (Hemiplegie), die vollständige Lähmung einer Körperhälfte, z. B. bei Schlaganfall.
Halbsouveränität ↑Suzeränität, ↑Souveränität.
Halbstamm ↑Obstbaumformen.
Halbstarke, in den 1950er Jahren übl. Bez. für sozial aufsässige, unangepaßte und mit aggressivem Krawall- und Protzverhalten die Gesellschaft der Erwachsenen provozierende (fast ausnahmslos männl.) Jugendliche zw. 15 und 20 Jahren in zahlr. Ind.ländern (in den angelsächs. Ländern ,,hooligans").
Halbstrauch (Hemiphanerophyt), Bez. für Pflanzen, deren untere Sproßteile verholzen und ausdauern, während die oberen, krautigen Sproßteile absterben.
Halbtagsbeschäftigung ↑Teilzeitbeschäftigung.
Halbtaucher ↑Off-shore-Technik.
Halbton, in der *Musik* die kleine ↑Sekunde (große Sekunde = Ganzton). Unterschieden werden der diaton. H. (z. B. e–f), der chromat. H. (z. B. c–cis) und der enharmon. H. (z. B. cis–eses). – ↑Intervall.

Halbunziale

▷ in der *Malerei* Abdeckung der Farben (Lokalfarben) zu einem farbigen Grau, um den Effekt des Übergangs vom Licht zu Schatten zu erzielen.

▷ in der *graph. Technik* und in der Photographie kontinuierlich ineinander übergehende Grau- oder Farbhelligkeitswerte einer Vorlage, eines Negativs oder Positivs.

Halbunziale, spätantike, vom 4.–8. Jh. gebräuchl. Schrift, die Elemente der Majuskelcharakter tragenden Unziale mit solchen der Minuskelkursive (Betonung der Ober- und Unterlängen) verbindet.

Halbwertszeiten radioaktiver Nuklide		
Thorium 219	1,05	Mikrosekunden
Stickstoff 13	9,96	Minuten
Kalium 42	12,36	Stunden
Jod 131	8,02	Tage
Strontium 90	28,5	Jahre
Cäsium 137	30,17	Jahre
Radium 226	1 600	Jahre
Kohlenstoff 14	5730	Jahre
Plutonium 239	24 100	Jahre
Uran 235	703,8	Mill. Jahre

Halbvokal, unsilb. Laut, nicht als Silbenträger auftretender Vokal, z. B. das i in Nation (gesprochen als j und damit in konsonant. Funktion auftretend, daher auch als **Halbkonsonant** bezeichnet).

Halbwachs, Maurice [frz. alb'vaks], *Reims 11. März 1877, †KZ Buchenwald 16. März 1945, frz. Soziologe. – Beeinflußt v. a. von E. Durkheim; 1919–35 Prof. in Straßburg und Paris, 1938 Präs. der Académie des Sciences morales et politiques, 1944 Prof. am Collège de France; betonte v. a. die verhaltensprägende Kraft der sozialen Klassen und stellte so die Verbindung zw. Soziologie und Sozialpsychologie her.

Halbwelt [Lehnübersetzung von frz. demi-monde (nach dem Titel einer Komödie von A. Dumas d. J.)], Bez. für eine wohl elegante, im bürgerl. Sinne jedoch moralisch anrüchige und deshalb verachtete Gesellschaftsschicht, v. a. des 19. Jahrhunderts.

Halbweltergewicht ↑ Sport (Gewichtsklassen, Übersicht).

Halbwertsbreite, die Breite einer glockenähnl. Kurve (z. B. Intensitätsverteilung einer Spektrallinie) in halber Höhe der Ordinate des Kurvenmaximums.

Halbwertszeit, Formelzeichen $T_{1/2}$, allg. die Zeitspanne, in der eine abfallende physikal. Größe auf die Hälfte ihres Anfangswertes abgesunken ist. Speziell beim *radioaktiven Zerfall* bezeichnet man mit H. diejenige Zeitdauer, innerhalb der von den urspr. vorhandenen Atomen die Hälfte zerfallen ist. Die H. ist für jedes radioaktive Nuklid eine charakterist., von äußeren Bedingungen (Druck, Temperatur usw.) unabhängige Konstante. Die *biolog. H.* ist die (meist in Tagen angegebene) Zeitspanne, in der die halbe Menge eines zugeführten Radioisotops aus dem betreffenden Organ biologisch wieder ausgeschieden ist.

Halbwollgofers ↑ Reißwolle.

Halbwüste, Übergangsform von der eigtl. Wüste zur Savanne bzw. Steppe.

Halbzeit, die halbe Spielzeit bei zahlr. Sportspielen mit feststehender Spielzeit; auf die 1. H. folgt eine kürzere Pause (H. auch Bez. für diese Pause), danach wechseln die Mannschaften die Seiten.

Halbzeug (Halbfabrikat), in der *Fertigungstechnik* und in der *Hüttentechnik* jedes zw. Rohstoff und Fertigerzeugnis stehende Produkt, das noch weitere Fertigungsstufen zu durchlaufen hat.

Haldane [engl. 'hɔːldeɪn], John Scott, *Edinburgh 2. Mai 1860, †Oxford 14. März 1936, brit. Physiologe und philosoph. Schriftsteller. – Prof. in Birmingham; seine Arbeiten über die Physiologie der Atmungsorgane waren von prakt. Bedeutung für die Vorbeugung von Berufskrankheiten, bes. im Bergbau; Vertreter des Neovitalismus.

H., Richard Burdon, Viscount H. of Cloan (seit 1911), *Edinburgh 30. Juli 1856, †Cloan (Perthshire, Schottland) 19. Aug. 1928, brit. Politiker. – Jurist; Bruder von John Scott H.; 1885–1911 liberales Mgl. des Unterhauses; führte als Kriegsmin. (1905–12) eine Neuordnung des Heeres nach preuß.-dt. Muster durch. Die Vermittlerrolle gegenüber Deutschland, die H. im Febr. 1912 mit seiner Reise nach Berlin zur Entschärfung der dt.-brit. Flottenrivalität übernahm (**Haldane-Mission**), scheiterte v. a. am Widerstand von Großadmiral Tirpitz; 1912–15 und 1924 Lordkanzler (Justizmin.).

Halde, Aufschüttung von bergbaulich gewonnenen Produkten, Bergen, Abraum und Rückständen aus der Aufbereitung.

Halden, südnorweg. Stadt an der schwed. Grenze, 25 800 E. Holzverarbeitende Ind.; unterird. Kernreaktor.

Haldensleben, Krst. in der Altmark, Sa.-Anh., 50 m ü. d. M., 19 500 E. Museum (mit Nachlaß der Gebrüder Grimm); Zuckerfabrik, chem., keram., Steingut- und Baustoffind. – Erstmals 966 erwähnt; Magdeburger Stadtrecht und Ratsverfassung; kam 1680 mit dem Erzstift an Brandenburg. – Marienkirche (14./15. Jh.), Rathaus (1703; klassizistisch umgebaut), reitende Rolandfigur, 2 Stadttore (14. und 16. Jh.).

H., Landkr. in Sachsen-Anhalt.

Halder, Franz, *Würzburg 30. Juni 1884, †Aschau i. Chiemgau 2. April 1972, dt. General. – 1938 Generalstabschef des Heeres; 1940 zum Generalobersten ernannt; verlor wegen des Ggs. zu Hitlers Strategie im Rußlandfeldzug ständig an Einfluß; 1942 entlassen und nach dem 20. Juli 1944 im KZ inhaftiert.

Hale, George [Ellery] [engl. heɪl], *Chicago 29. Juni 1868, †Pasadena (Calif.) 21. Febr. 1938, amerikan. Astronom. – Errichtete das Yerkes-Observatorium, das Mount-Wilson-Observatorium und das Mount-Palomar-Observatorium mit dem H.-Teleskop (Spiegeldurchmesser 5,08 m); entdeckte 1908 die Magnetfelder der Sonnenflecken.

Haleakala Crater [engl. haːleɪɑːkaːˈlaː ˈkreɪtɐ], größter Krater der Erde, auf der Hawaii-Insel Maui, USA, 3 055 m ü. d. M., 32 km Umfang, 600 m tief, Nationalpark.

Halebid, Dorf im ind. Bundesstaat Karnataka, 240 km westlich von Bangalore, an der Stelle der um 1000 gegr., im 13. Jh. neu erbauten und 1326 zerstörten Hauptstadt Dwarasamudra (Dorasamudra) der Hoysaladynastie. Erhalten u. a. der Haupttempel Hoysaleschwara (Baubeginn etwa 1141).

Hálek, Vítězslav [tschech. 'haːlɛk], *Dolínek 5. April 1835, †Prag 8. Okt. 1874, tschech. Dichter. – Journalist; vorwiegend Lyriker, auch realist. Novellen über das Landleben, ep. Dichtungen, histor. Dramen und Balladen.

Halemaumau ↑ Mauna Loa.

Hales, Alexander von [engl. heɪlz] ↑ Alexander von Hales.

Halesia [nach dem brit. Physiologen G. Hales, *1677, †1761], svw. ↑ Schneeglöckchenbaum.

Halevi, Juda ↑ Juda Halevi.

Halévy [frz. ale'vi], Daniel, *Paris 12. Dez. 1872, †ebd. 4. Febr. 1962, frz. Historiker und Essayist. – Sohn von Ludovic H.; verfaßte Biographien (u. a. über Nietzsche und Clemenceau) sowie Studien zur Kultur- und Sozialgeschichte des 19. und beginnenden 20. Jahrhunderts.

H., Jacques Fromental Élie, eigtl. Elias Lévy, *Paris 27. Mai 1799, †Nizza 17. März 1862, frz. Komponist. – Großonkel von Daniel H.; Schüler von L. Cherubini. Schrieb etwa 40 kom. und große Opern, u. a. „Die Jüdin" (1835).

H., Ludovic, *Paris 1. Jan. 1834, †ebd. 8. Mai 1908, frz. Librettist. – Neffe von Jacques Fromental Élie H.; schrieb v. a. Textbücher zu Offenbachs Operetten, meist zus. mit Meilhac („Die schöne Helena", 1864; „Pariser Leben", 1866), und zu „Carmen" (1875) von Bizet.

Haley [engl. 'heɪlɪ], Alex, *Ithaca (N.Y.) 11. Aug. 1921, †Seattle 10. Febr. 1992, amerikan. Schriftsteller. – Die

Halbwertszeit. Schematische Darstellung des Zerfalls von Radium 226; nach 1622 Jahren ist nur noch die Hälfte (2), nach 2 · 1622 Jahren ein Viertel (3) der Ausgangsmenge (1) vorhanden

Fernsehverfilmung seines Buches „Roots" (1976, dt. „Wurzeln"), in dem er seine als Sklaven nach Amerika verbrachten Vorfahren aufspürt, wurde in den USA 1977 ein großer Erfolg. Mitverf. der Autobiographie von Malcolm X (1965).

H., Bill, * Highland Park (Mich.) 6. Juli 1927, † Harlingen (Tex.) 9. Febr. 1981, amerikan. Rockmusiker (Sänger und Gitarrist). – Schuf aus Elementen von Country and Western, Rhythm and Blues und Dixieland den Rock 'n' Roll; berühmtester Hit „Rock around the clock".

Halffter Jiménez, Cristóbal [span. ˈalftɛr xiˈmeneθ], * Madrid 24. März 1930, span. Komponist und Dirigent. – 1960–66 Kompositionslehrer am Konservatorium von Madrid, 1964–66 dessen Direktor. In seinen frühen Werken an de Falla orientiert; wandte sich dann seriellen und postseriellen Techniken zu.

Halfter, Kopfgeschirr (ohne Gebiß und Trensen) für Pferde und Rinder; dient zum Führen oder Anbinden der Tiere.

Halfterfische ↑ Doktorfische.

Halebid. Reliefskulptur Krischnas am Hoysaleschwara-Tempel

Halifax [engl. ˈhælɪfæks], Edward Frederick Lindley Wood, Earl of H. (1944), * Powderham Castle (Devonshire) 16. April 1881, † Garrowby Hall (Yorkshire) 23. Dez. 1959, brit. Politiker. – 1910–25 konservativer Abg. im Unterhaus; Vizekönig in Indien 1925–31; 1935 Kriegsmin., dann bis 1938 Lordsiegelbewahrer und Führer des Oberhauses. Als Außenmin. (1938–40) Vertreter der Politik des Appeasement; 1940–46 Botschafter in den USA.

H., George Savile, Marquess of, * Thornhill (Yorkshire) 11. Nov. 1633, † London 5. April 1695, brit. Staatsmann. – Verhinderte 1680 als Min. das Gesetz zur Ausschließung Jakobs II. vom Thron; 1682–85 Staatsmin.; versuchte, den drohenden Bürgerkrieg durch Vermittlung zw. Jakob II. und Wilhelm von Oranien abzuwenden; stellte sich 1688 auf die Seite Wilhelms III.; 1689/90 Lord Privy Seal.

Halifax [engl. ˈhælɪfæks], engl. Stadt in den Pennines, Gft. West Yorkshire, 87 500 E. Textil- und Volkskundemuseum. U. a. Textilind., Maschinenbau. – Nach 1086 kam der Ort an das Kloster Lewes. – Pfarrkirche (15. Jh.) im Perpendicular style.

H., Hauptstadt der kanad. Prov. Nova Scotia, eisfreier Hafen an der SO-Küste der Halbinsel, 113 600 E. Sitz eines kath. Erzbischofs und eines anglikan. Bischofs; fünf Univ. (gegr. 1789, 1802, 1818, 1907, 1925), naturwiss. Forschungsinst.; Fischfang und -verarbeitung, Werften, Erdölraffinerie, Elektro-, Nahrungsmittel- u. a. Ind.; Marinebasis, internat. ✈ (40 km entfernt). – 1749 von brit. Einwanderern gegr.; City seit 1841. – Zitadelle (1749, im 19. Jh. wiedererrichtet); Saint Paul's Church (1750), Reg.gebäude (1800), Parlamentsgebäude (1818).

Halikarnassos, antike, urspr. kar. Stadt an der Küste SW-Kleinasiens, heute Bodrum, ein türk. Ort mit 9 900 E. Seit dem 11. Jh. v. Chr. dorisch besiedelt; Hauptstadt des ↑ Mausolos, von dessen Mausoleum nichts erhalten ist.

Halit [zu griech. háls „Salz"] ↑ Steinsalz.

Halitherium [griech.], nur aus dem europ. Oligozän und Miozän bekannte Gatt. ausgestorbener Seekühe.

Halitose [lat.], svw. ↑ Mundgeruch.

Hall [engl. hɔːl], Edmond, * New Orleans 15. Mai 1901, † Cambridge (Mass.) 12. Febr. 1967, amerikan. Jazzmusiker (Klarinettist). – Wirkte seit 1928 v. a. in New York im Bereich zw. Dixieland und Swing.

H., James Stanley (Jim), * Buffalo 4. Dez. 1930, amerikan. Jazzmusiker (Gitarre). – Spielte u. a. mit J. Guiffre; bed. Gitarrist des Cool Jazz; seit den 70er Jahren stilistisch ungebunden.

H., Sir (seit 1977) Peter, * Bury Saint Edmunds 22. Nov. 1930, brit. Regisseur und Theaterleiter. – Erster Erfolg 1955 mit „Warten auf Godot" (S. Beckett); seit 1956 am Stratford Memorial Theatre; 1960–68 Leiter der Royal Shakespeare Company. 1969–73 Direktor des königl. Opernhauses Covent Garden, 1973–88 des National Theatre in London; 1984–90 künstler. Leiter der Festspiele in Glyndebourne. Inszenierte 1983 Wagners „Ring des Nibelungen" für die Bayreuther Festspiele; drehte auch Filme.

Hall, Bad ↑ Bad Hall.

Halland, histor. Landschaft und Verw.Geb. in S-Schweden, am Kattegat (zahlr. Seebäder), 5 454 km², 251 000 E (1990), Hauptort Halmstad. – H., seit dem 7. Jh. eines der Kerngebiete der Wikinger, gehörte seit dem 11. Jh. zu Dänemark; 1216 wurde es Gft., 1285 Hzgt. Im Frieden von Brömsebro (1645) wurde H. an Schweden abgetreten.

Halle [niederl. ˈhal] (frz. Hal), belg. Ind.stadt und Wallfahrtsort 15 km ssw. von Brüssel, 35 m ü. d. M., 32 000 E. – Basilika Notre-Dame in Brabanter Gotik (1341–1467) mit „Schwarzer Madonna" (13. Jh.); Renaissancerathaus (1616).

Halle [zu althochdt. halla, eigtl. „die Bergende"], weiter und hoher Raum, Teil eines Bauwerkes oder ein gesonderter Bau. In der Antike ein nach mehreren Seiten offenes, überdecktes Bauwerk. Das MA kannte die geschlossene H. als Markt-H., Tuch-H., Rathaus-H., Vor-H. bei Kirchen sowie die ↑ Hallenkirche, in den Burgen gab es den ↑ Palas. Einen Höhepunkt erreichte der ma. H.bau mit der ↑ Westminster Hall in England. Im 19. und v. a. 20. Jh. entstanden große H.bauten für Handel, Industrie, Gewerbe und Verkehr, auch für den Sport. Als H. bezeichnet man auch den Hauptraum des nordwesteurop. Hauses (Diele) und von daher u. a. den Empfangsraum von Hotels.

Hall-Effekt [engl. hɔːl], von dem amerikan. Physiker E. H. Hall (* 1855, † 1938) 1879 entdeckte physikal. Erscheinung: In einem stromdurchflossenen elektr. Leiter tritt in einem homogenen Magnetfeld, dessen Feldlinien senkrecht zur Richtung des elektr. Stromes verlaufen, ein elektr. Spannungsgefälle senkrecht zur Stromrichtung und senkrecht zur Richtung der magnet. Feldlinien auf. Die durch den Leiter fließenden Ladungsträger werden durch die dabei auf sie wirkende Lorentz-Kraft seitlich abgelenkt und häufen sich so lange an den seitl. Begrenzungsflächen des Leiters, bis sich ein von ihrer Raumladung erzeugtes

Bill Haley

Peter Hall

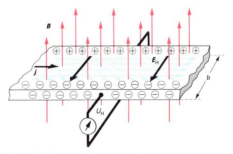

Hall-Effekt. Strombahnen (blau) des elektrischen Stroms vor (gestrichelt) und nach (ausgezogen) Ausbildung des Hall-Feldes (Feldstärke E_H, Spannung U_H auf der Breite b) im angelegten homogenen Magnetfeld (Induktion B, rote Feldlinien); j elektrische Stromdichte

Hallein

Halle/Saale. Der spätgotische Rote Turm aus dem 15. Jh., links die spätgotische Marktkirche, erbaut im 16. Jh., mit den beiden Turmpaaren zweier Vorgängerbauten

Halle/Saale
Stadtwappen

elektr. Gegenfeld, das sog. **Hall-Feld**, ausgebildet hat. In dem sich dann einstellenden stationären Zustand fließt wieder ein unabgelenkter Strom. – ↑Quanten-Hall-Effekt.

Hallein, östr. Stadt an der Salzach, B.-Land Salzburg, 445 m ü. d. M., 16 400 E. Bundesfachschule für Holz- und Steinbearbeitung; Keltenmuseum; histor. Sudhütte. Im Ortsteil **Dürnberg** (800 m ü. d. M.) Salzbergwerk und Kurbetrieb, auch Wintersport. – Bereits frühgeschichtl. Salzgewinnung; H. war bis zum 16. Jh. die bedeutendste Saline im östr.-bayr. Raum; seit 1230 Stadt. – Dekanatspfarrkirche mit klassizist. Innenausstattung. Häuser (17. und 18. Jh.). In Dürnberg Wallfahrtskirche (1594–1612).

Halleluja [hebr. „Preiset Jahwe!"], Aufruf zum Lob Gottes in der jüd.-christl. Tradition. In den meisten *ev. Gottesdienstformen* wird das H. nach dem Evangelium oder nach der Epistel von der Gemeinde dreifach gesungen. In der *kath.* und *ostkirchl. Liturgie* ↑Alleluja.

Halle-Neustadt, Stadt westlich von Halle/Saale. Wohnstadt für die Beschäftigten der chem. Ind. im Raum Halle/Saale-Merseburg-Bitterfeld; 1990 Halle/Saale zugemeindet.

Hallenhandball ↑Handball.

Hallenhockey ↑Hockey.

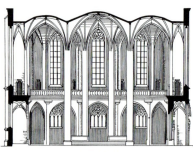 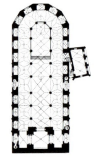

Hallenkirche. Querschnitt und Grundriß der Kirche Sankt Martin in Amberg, erbaut 1421–83

Hallenkirche, Kirchentyp aus mehreren, etwa gleich hohen Schiffen, wobei die inneren Stützen nur Lasten zu tragen brauchen, keinen Gewölbeschub. H. erhalten ihre Beleuchtung vom Chor, der seit 1300 meist als **Hallenchor,** d. h. in etwa gleicher Höhe wie das Schiff, ausgebildet ist, oder von einem Westfenster sowie von den Seitenschiffen her. Häufig fehlen bei den H. die Türme. – Die H. ist v. a. eine spätgot. Erscheinung, Vorläufer gibt es z. B. in der Auvergne und in Westfalen. Got. H. bauten bes. die Bettelorden (Predigtkirche).

Hallenser Synode, Sondertagung der 4. Bekenntnissynode der Ev. Kirche der altpreuß. Union vom 10. bis 13. Mai 1937 zur Konfessionsfrage, auf der die ↑Barmer Theologische Erklärung von 1934 zum rechten Verständnis der geltenden Bekenntnisse für unentbehrlich erklärt wurde.

Hallé Orchestra [engl. ˈhæleɪ ˈɔːkɪstrə], 1857 von C. Hallé (*1819, †1895) in Manchester gegr., ältestes engl. Sinfonieorchester.

Haller, aus dem Kt. Sankt Gallen stammende ratsfähige Berner Familie. Bed. Vertreter:

H., Albrecht von (seit 1749), *Bern 16. Okt. 1708, †ebd. 12. Dez. 1777, Arzt, Naturforscher und Dichter. – Prof. für Medizin und Botanik in Göttingen; seit 1753 in Bern tätig. Seine experimentell gefundenen medizin., v. a. physiolog. Erkenntnisse waren bis ins 19. Jh. gültig; bewies, daß Sensibilität und Reizbarkeit an lebende Gewebestrukturen gebunden sind. Sein dichter. Frühwerk gilt als Beginn einer philosoph. Lyrik im dt. Sprachraum. Verfaßte nach dem Vorbild der „Georgica" Vergils und des Lehrgedichtes „De rerum natura" des Lukrez sein erstes großes Gedicht „Die Alpen" (in: „Versuch Schweizer. Gedichten", 1732); schrieb weitere Lehrgedichte, Staatsromane („Usong...", 1771; „Alfred, König der Angel-Sachsen", 1773; „Fabius und Cato ...", 1774) sowie Tagebücher.

H., Karl Ludwig von, *Bern 1. Aug. 1768, †Solothurn 20. Mai 1854, Staatstheoretiker und Politiker. – Enkel von Albrecht von H.; 1806 Prof. für Staatsrecht und Geschichte in Bern; 1814–20 Mgl. des Großen Rats von Bern; konvertierte zum Katholizismus und verlor sein Amt; seit 1825 im frz. Außenministerium; 1834–37 Mgl. des Großen Rats von Solothurn. – Den Ideen der Frz. Revolution stellte er in seinem Hauptwerk „Die Restauration der Staatswiss." (1816–34), das der Epoche der Restauration den Namen gab, eine altständisch-patriarchal., legitimist. Staatstheorie auf christl. Grundlage entgegen, die stark auf den preuß. Konservatismus wirkte.

Haller, Hermann, *Bern 24. Dez. 1880, †Zürich 23. Nov. 1950, schweizer. Bildhauer. – Schuf [weibl.] Aktfiguren in zurückhaltender Bewegung und Porträtbüsten.

H., Johannes, *Keinis (Estland) 16. Okt. 1865, †Tübingen 24. Dez. 1947, dt. Historiker. – 1902 Prof. in Marburg, seit 1904 in Gießen, seit 1913 in Tübingen; erforschte v. a. Kaiser- und Papstgeschichte; deutschnat. Gegner der Weimarer Republik; von nat. Pathos getragene Darstellung in „Epochen der dt. Geschichte" (1923).

Hallertau (Holledau), Landschaft zw. der Münchener Ebene im S und dem Donaumoos im N, Ilm im W und Kleiner Laaber im O; größtes dt. Hopfenbaugebiet; wichtige Hopfenmärkte: Mainburg und Wolnzach.

Halle/Saale, kreisfreie Stadt an der Saale, 80–90 m ü. d. M., in Sa.-Anh., 320 000 E. Verwaltungssitz des Landkr. Saalkreis; Dt. Akad. der Naturforscher Leopoldina; Martin-Luther-Univ. Halle-Wittenberg, Franckesche Stiftungen; Hochschule für Kunst und Design, PH Halle-Köthen, Konservatorium, Max-Planck-Institut für Mikrostrukturphysik, mehrere wiss. Inst., Landes- und Univ.-Bibliothek, Museen, u. a. Geiseltalmuseum, Staatl. Galerie Moritzburg; Landestheater, Händelhaus und Händelfestspiele; botan. Garten, Zoo. Maschinen- und Waggonbau, elektrotechn., chem. und pharmazeut., Nahrungsmittel- und Genußmittelind.; Hafen. – Salzgewinnung ist im Gebiet von H./S. seit der jüngeren Bronzezeit (etwa 1000 v. Chr.) nachgewiesen. 806 Errichtung eines Kastells, Neuanlage einer Salzsiedlersiedlung (die Saline wird 961 gen.). Noch im 12. Jh. Stadtrecht (1150 als Civitas gen.). Ein Stadtrat ist 1258 belegt, seit 1260 Mgl. der Hanse, 1503–1680 Residenz der Erzbischöfe von Magdeburg, die die Zwingfeste Moritzburg errichten ließen. Fiel 1680 an Brandenburg; 1694 Gründung der Univ.; Mittelpunkt der Aufklärung und des Pietismus (Francke, Thomasius, Wolff). 1952–90 Hauptstadt des DDR-Bez. Halle. – Nach Zerstörungen im 2. Weltkrieg wiederaufgebaut bzw. erhalten: am Marktplatz der Rote Turm (15. Jh.), die Marktkirche (16. Jh.) und das Händeldenkmal (1859). In der Altstadt u. a. Häuser des 16.–18. Jh., die Moritzkirche (14.–16. Jh.), der Dom

(13. Jh.; im 16. Jh. umgebaut), die Neue Residenz (16. Jh.); Moritzburg (15./16. Jh., 1637 zerstört), im 1901–13 ausgebauten O- und S-Flügel die Staatl. Galerie. – An der Saale Burg Giebichenstein.

Halle (Westf.), Stadt am S-Hang des Teutoburger Waldes, NRW, 110–130 m ü.d.M., 18 200 E. Genußmittelind. – Das zur Gft. Ravensberg gehörende Halle erhielt 1346 Weichbildrechte und ging an Jülich-Berg über; Stadt seit 1719. – Nahebei Wasserschloß Tatenhausen (16. bis 18. Jh.).

Halley, Edmond [engl. ˈhælɪ], * Haggerston (= London) 8. Nov. 1656, † Greenwich (= London) 25. Jan. 1742, engl. Mathematiker, Physiker und Astronom. – Seit 1720 Direktor der Sternwarte Greenwich; beobachtete als erster einen vollständigen Merkurdurchgang, gab 1679 einen Sternkatalog des Südhimmels heraus und 1701 die ersten Karten der magnet. Deklination. 1705 sagte er die Wiederkehr des später nach ihm benannten Kometen von 1682 für 1758/59 voraus. 1718 entdeckte er die Eigenbewegung der Fixsterne.

Halleyscher Komet [engl. ˈhælɪ; nach E. Halley], seit dem Jahre 239 v. Chr. regelmäßig beobachteter Komet; Umlaufzeit 76,2 Jahre; bei seinem Erscheinen 1985/86 konnte er als erster Komet durch Raumsonden (v.a. ↑ Giotto) näher erforscht werden. Kern unregelmäßig geformt ($8 \times 8 \times 16$ km³), dunkle, vermutlich poröse Oberfläche, auffällige Aktivitätszonen, aus denen in Sonnennähe große Mengen an Staub und Gasen austreten, Koma mit rund 80 % Wasserdampf.

Hall-Generator [engl. hɔːl; nach dem amerikan. Physiker E. H. Hall, * 1855, † 1938], Bauelement zur Nutzbarmachung der beim ↑ Hall-Effekt auftretenden elektr. Spannungen. Zur Magnetfeldmessung verwendete H.-G. bezeichnet man meist als **Hall-Sonden; Hall-Köpfe** werden als kontaktlose Signalgeber in der Ind. zur Steuerung von Werkzeugmaschinen u.a. eingesetzt.

Halligen, Marschinseln im Wattenmeer, zw. Eiderstedt im S und Föhr im N, vor der W-Küste von Schl.-H. Die zehn H. umfassen insgesamt 2 281 ha mit etwa 330 E. Sie sind Teil des Marschlandes, das im Zusammenhang mit dem nacheiszeitl. Meeresspiegelanstieg durch Schlickablagerungen entstanden. Die größeren H. haben Sommerdeiche, die nicht eingedeichten H. werden bei Sturmfluten ganz oder teilweise überschwemmt. Die Gehöfte stehen auf Warften (↑Wurt); Milchviehwirtschaft, Fremdenverkehr.

Hallimasch (Armillariella mellea), eßbarer Lamellenpilz; Hut 3–13 cm breit, gelb bis bräunlich, mit dunklen, abwischbaren Schüppchen und gerieftem Rand; Lamellen blaßweiß; Stiel 5–12 cm hoch, mit häutig-flockigem Ring; Fleisch weiß bis blaßbräunlich; im Spätherbst an Baumstümpfen.

Hallingdal [norweg. ˌhaliŋdɑːl], Talschaft im zentralen S-Norwegen, 120 km lang, 132–1 300 m ü.d.M.; Zentrum ist das 800 m ü.d.M. gelegene **Geilo,** der größte skandinav. Wintersportort.

Hall in Tirol, östr. Stadt am Inn, 574 m ü.d.M., 12 900 E. Fachschule für Optiker und Photographen; Stadt-, Bergbaumuseum; Heilbad (Solbad), Textil-, Metall-, Holz-, Nahrungsmittel- und Futtermittelind. – Die ab 1232 nachweisbare Saline (1967 stillgelegt) gab dem bald zum Markt aufgestiegenen Ort den Namen **Hall;** erhielt 1303 Stadtrecht; 1477–1809 Münzstätte; seit 1875 zum Kurort entwickelt. – Maler. Stadtbild mit ma. Stadtbefestigung; Burg Hasegg (1567) mit ehem. Bergfried und Münzertor; got. Stadtpfarrkirche (13./14. Jh., im Innern barockisiert); Rathaus (15./16. Jh.).

Halloween [engl. ˈhæləwiːn, ˌhæleˈwiːn], auf den brit. Inseln und in den USA der Vorabend (31. Okt.) von Allerheiligen; urspr. ein keltisch-angelsächs. Fest („Samhain") zur Feier des Winteranfangs, das mit Opfern, Feuer, Maskeraden u.a. Geister, Hexen und Dämonen vertreiben sollte.

Hallstatt, Marktgemeinde am südl. W-Ufer des Hallstätter Sees, Oberösterreich, 512 m ü.d.M., 1 100 E. Museum prähistor. Funde; Salzbergbau, Keramikwerk; Fremdenverkehr. – Die Grundlage der Bed. H. als namengebender Fundort der H.kultur bildete der Bergbau auf das Salzgestein, dessen Stollen bis zu 330 m unter die Oberfläche reichten. Zum Bergwerk gehörte ein ehem. über 2 500 Brand- und Körperbestattungen umfassendes Gräberfeld, von dem etwa 1 300 Gräber seit 1846 ausgegraben und untersucht werden konnten. Sie wurden vom Ende der Urnenfelderzeit bis zur Mitte der La-Tène-Zeit belegt. Die wohl in der Römerzeit unterbrochene Salzgewinnung ist erstmals 1305 wieder bezeugt; 1311 Marktrechtsverleihung an die Salzsiedersiedlung.

Hallstattkultur, nach dem Gräberfeld oberhalb von Hallstatt ben. mitteleurop. Kultur der älteren Eisenzeit (von NO-Frankreich bis zum nw. Balkan). Aus verschiedenen Gruppen von Urnenfelderkulturen erwachsen, bildeten sich in ihr – bei wachsendem Kontakt mit dem mediterranen Kulturraum – wirtsch. und soziale Verhältnisse heraus, die größere Teile Europas zur Randzone der „antiken Welt" werden ließen. Da die H. aus verschiedenen eigenständigen Gruppen bestand, ist ihre Abgrenzung gegenüber benachbarten Gruppen umstritten. Die ältere H. zeigt bei östl. Gruppen stärkere soziale Unterschiede, die in den jüngeren H. auch bei den westl. Gruppen deutlich werden. Im allg. werden die Stufen „Hallstatt C" und „Hallstatt D" als **Hallstattzeit** bezeichnet, die Stufen „Hallstatt A" und

Edmond Halley
(Ausschnitt aus einem Kupferstich nach einem zeitgenössischen Gemälde)

Hallimasch

Halligen. Die Hallig Hooge bei normalem Wasserstand (links) und bei Sturmflut (rechts)

„Hallstatt B" als Urnenfelderzeit (↑Urnenfelderkulturen). Die ältere Hallstattzeit („Hallstatt C") begann um 700 v. Chr. und ging um 600 in die jüngere Hallstattzeit („Hallstatt D") über, die in der 2. Hälfte des 5. Jh. v. Chr. von der La-Tène-Zeit abgelöst wurde.

Hallstattkultur. Kegelhalsgefäß, Hallstatt C (Stuttgart, Württembergisches Landesmuseum)

Hallstein, Ingeborg, *München 23. Mai 1937, dt. Sängerin (lyr. Koloratursopran). – Seit 1961 Mgl. der Bayer. Staatsoper in München; wurde bes. mit Rollen aus Opern von W. A. Mozart und R. Strauss bekannt, auch Interpretin zeitgenöss. Musik.

H., Walter, *Mainz 17. Nov. 1901, †Stuttgart 29. März 1982, dt. Jurist und Politiker. – 1930–41 Prof. in Rostock, 1941–48 in Frankfurt am Main; 1950/51 Staatssekretär im Bundeskanzleramt, 1951–58 im Auswärtigen Amt, 1958–67 Präs. der Kommission der EWG; 1968–74 Präs. der Europ. Bewegung, 1969–72 MdB (CDU).

Hallsteindoktrin, nach W. Hallstein ben. und 1955 formulierter außenpolit. Grundsatz, wonach die BR Deutschland – auf Grund des von ihr vertretenen demokratisch legitimierten Alleinvertretungsanspruchs für das gesamte dt. Volk – mit keinem Staat diplomat. Beziehungen aufnehmen oder unterhalten solle, der seinerseits in diplomat. Beziehungen mit der DDR stehe oder solche eingehe; nach qualitativem Wandel in der Handhabung seit 1969 schließlich mit dem Dt.-Sowjet. Vertrag 1970 und dem Grundvertrag 1972 endgültig aufgegeben.

Halluzination [zu lat. (h)al(l)ucinari „gedankenlos sein, träumen"], Sinnestäuschung, Trugwahrnehmung. Obwohl kein entsprechender Umweltreiz vorliegt, wird das Wahrgenommene von dem Betroffenen als real empfunden.

Halluzinogene [lat./griech.] (Psychotomimetika, Psychodysleptika), „psychotrope", d. h. auf das Zentralnervensystem (und die Psyche) wirkende Substanzen (Rauschgifte wie LSD, Haschisch, Meskalin), die im allg. ohne Trübung des Bewußtseins einen psychoseähnl. Zustand (v. a. mit Symptomen, die denen bei Schizophrenie ähnlich sind) hervorrufen können.

Hallwachs-Effekt [nach dem dt. Physiker W. Hallwachs, *1859, †1922], der äußere ↑Photoeffekt.

Hallwiler See, See im Schweizer. Mittelland, 15 km sö. von Aarau, 449 m ü. d. M., bis 8,5 km lang, 1,5 km breit und bis 47 m tief.

Halm, August, *Großaltdorf (= Vellberg, Landkr. Schwäbisch Hall) 26. Okt. 1869, †Saalfeld 1. Febr. 1929, dt. Musikpädagoge und Komponist. – Musikerzieher an der Freien Schulgemeinde Wickersdorf, einer der maßgebl. Initiatoren der Jugendmusikbewegung. Bed. sind seine Schriften, in denen die musikal. Form als Prozeß betrachtet wird, u. a. „Von zwei Kulturen der Musik" (1913).

Halm (Culmus), hohler, deutlich durch Knoten gegliederter Stengel der Gräser.

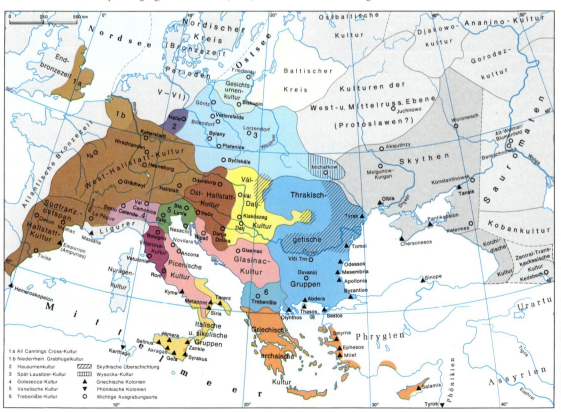

Hallstattkultur. Vorgeschichtliche Kulturen in Europa während der Hallstattzeit

Halma [griech. „Sprung"], Brettspiel für 2 bzw. 4 Personen mit je 19 bzw. 13 Steinen, die in den Ecken („Höfe") des Spielbrettes aufgestellt und durch Ziehen bzw. Springen über eigene oder fremde Steine in die gegenüberliegende Ecke zu bringen sind.

Halmahera, größte Insel der Molukken, Indonesien, durch die Molukkensee von Celebes und die **Halmaherasee,** einen Teil des Australasiat. Mittelmeers, von Neuguinea getrennt, 17 800 km², bis 1 908 m hoch, weitgehend von trop. Regenwald bedeckt; tätige Vulkane. Die Bev. (altmalai. Alfuren mit papuan. Einschlag, an der Küste auch Jungmalaien) lebt von der Landw. – Kam 1683 unter niederl. Herrschaft (1810–14 britisch).

Halmfliegen (Chloropidae), mit rd. 1 200 Arten weltweit verbreitete Fam. etwa 2 mm großer, meist schwarz und gelb gezeichneter Fliegen. Die Larven minieren meist in Stengeln von Gräsern; z. T. Getreideschädlinge (z. B. Fritfliege).

Halmstad, Hauptstadt des schwed. Verw.-Geb. Halland, am Kattegat, 78 600 E. Garnison; Metall-, Textil- und Nahrungsmittelind.; Hafen. – 1231 erstmals erwähnt, erhielt 1307 vom dän. König Stadtrecht; 1645 kam es mit Halland an Schweden. – Got. Kirche (14. Jh.), ehem. Schloß (16./17. Jh.).

Halmwespen (Cephidae), fast weltweit verbreitete Fam. der Pflanzenwespen mit rd. 100 (in Deutschland 13) schlanken, bis 18 mm großen, dunklen Arten. Vorderkörper auffallend lang. Die gelbl. Larven minieren in Getreidehalmen. Bekannt ist die 6–10 mm große, glänzend schwarze **Getreidehalmwespe** (Cephus pygmaeus), mit gelben Flecken auf der Brust und gelben Ringen am Hinterleib.

Halo [lat., zu griech. hálōs, eigtl. „Tenne"], meist in Form von Ringen um Sonne und Mond auftretende, gelegentlich aber auch streifen- oder fleckenförmige Lichterscheinung, die durch Brechung oder Spiegelung, selten durch Beugung an den Eiskristallen der Atmosphäre entsteht.
▷ (galakt. H.) ↑Milchstraßensystem.

Haloeffekt (Hofeffekt), in der Psychologie Bez. für die Fehlerquelle, die bei Psychodiagnosen wirksam werden kann, wenn diese Diagnosen nicht an objektive Testergebnisse gebunden sind.

Halogene [zu griech. háls „Salz"], Sammelbez. für die Hauptgruppenelemente Fluor, Chlor, Brom, Jod und Astat der VII. Gruppe des Periodensystems der chem. Elemente. Die H. bilden als sehr reaktionsfähige Nichtmetalle mit den anderen Elementen die ↑Halogenide, speziell mit Wasserstoff die Halogenwasserstoffe (↑Halogenwasserstoffsäuren); sie vermögen auch untereinander Verbindungen einzugehen (Interhalogenverbindungen).

Halogenide [zu griech. háls „Salz"], Sammelbez. für die Verbindungen der Halogene mit stärker elektropositiven Elementen. Man unterscheidet *salzartige* H. (z. B. Kochoder Steinsalz, NaCl), *kovalente* H. (Halogenwasserstoffe und -kohlenwasserstoffe, Interhalogenverbindungen) sowie *komplexe* H. (mit Halogenidionen als Komplexliganden).

Halogenierung [griech.], die v. a. in der organ. Chemie wichtige Einführung von Halogenatomen in die Moleküle von [organ.] chem. Verbindungen.

Halogenkohlenwasserstoffe, Bez. für Kohlenwasserstoffverbindungen, bei denen Wasserstoffatome durch Halogenatome ersetzt sind, z. B. Tetrachlorkohlenstoff, CCl_4. Die Anwendung von H. ist ab 1995 in Deutschland verboten. – ↑Chlorkohlenwasserstoffe, ↑Fluorkohlenwasserstoffe.

Halogenlampe, Glühlampe großer Lichtausbeute mit langer Lebensdauer, konstantem Lichtstrom und kleiner Abmessung. Der Kolben besteht aus Quarz- oder Hartglas. Der Edelgasfüllung ist eine genau bemessene Menge eines Halogens beigegeben; früher Jod (Jodlampe), heute überwiegend Bromverbindungen. Der Glühfaden besteht aus Wolfram. Die bei der Glühtemperatur verdampfenden Wolframpartikel gehen mit dem Halogen eine Verbindung ein (Wolframbromid), die gasförmig bleibt. An der Wendel zerfällt diese Verbindung infolge der hohen Temperatur; das Wolfram schlägt sich auf der Wendel nieder (keine Kolbenschwärzung durch Bromablagerungen).

Halogenwasserstoffsäuren, Sammelbez. für die wäßrige Lösung der **Halogenwasserstoffe** (Fluorwasserstoff HF, Chlorwasserstoff HCl, Bromwasserstoff HBr und Jodwasserstoff HJ).

Halokinese [griech.], i. e. S. das plast. Fließen von Salzgesteinen, i. w. S. alle mit der Salzbewegung verknüpften Vorgänge; z. B. Salzstockbildung.

Halone, internat. Bez. für Halogenkohlenwasserstoffe, die als Fluorlöschmittel verwendet werden.

Halophyten [griech.], svw. ↑Salzpflanzen.

Halothan [Kunstwort] (Bromchlortrifluoräthan), $CF_3-CHClBr$, ein Halogenkohlenwasserstoff; Mittel für die Inhalationsanästhesie.

Halothermen [griech.], salz-, insbes. kochsalzhaltige Quellen.

Hals, Frans, * Antwerpen zw. 1580 und 1585, □ Haarlem 1. Sept. 1666, niederl. Maler. – Bed. Porträtist, dessen gestalter. Können von der Charakterisierung des Erfolgsmenschen bis zu der des zerstörten Daseins reicht. Durch Mimik und Gesten erfolgte die Einbeziehung des Betrachters. Seine ungewöhnl. sichere Malweise, anfänglich den Umriß fest umgreifend und detaillierter, wurde zu einer suggestiven Pinselschrift: flüssig, mit breiter Pinselführung („impressionistisch"). Schuf im 1616 und 1664 neun große Gruppenbilder, u. a. „Die Regentinnen des Altmännerhauses in Haarlem" (1664, Haarlem, Frans-Hals-Museum) und das „Festmahl der Offiziere der Sankt-Georgs-Schützengilde" (1627, Haarlem, Frans-Hals-Museum). Die zahlr. Einzelporträts sind oft zugleich Genrebilder oder Allegorien (u. a. „Malle Babbe", um 1629, Berlin, Staatl. Museen). – Abb. S. 264.

Hals [zu althochdt. hals, eigtl. „Dreher" (des Kopfes)], (Cervix, Collum) Körperteil zw. Kopf und Rumpf, der Bewegungen des Kopfes gegenüber dem Rumpf ermöglicht. Beim Menschen besteht die Halswirbelsäule aus sieben **Halswirbeln,** von denen die beiden oberen (Atlas und Dreher) zu einem speziellen Kopfdrehgelenk umgebildet sind. Mit dem Schädel ist die H.wirbelsäule bzw. der Atlas über die paarigen Hinterhauptshöcker ebenfalls gelenkig verbunden. In der H.wirbelsäule verläuft das **Halsmark** mit 8 H.nervenpaaren. Dorsal von der Wirbelsäule liegt die Nackenregion, ventral Schlund und Speiseröhre, davor die Luftröhre, der Kehlkopf und das Zungenbein. Der Luft- und Speiseröhre und dem Kehlkopf liegen die Schilddrüse und die Nebenschilddrüsen an. Zu beiden Seiten des Eingeweidestrangs verlaufen H.schlagader (Karotis) und obere Hohlvene, dicht dabei als Nervenstränge der Vagus und Sympathikus. – Die **Halsmuskulatur** bildet einen Mantel um den Eingeweidestrang und erlaubt Kopfbewegungen nach allen Richtungen.
▷ bei Streich- und Zupfinstrumenten Bez. für die stielartige Verlängerung, über die die Saiten gespannt sind.
▷ *seemännisch* die vordere untere Ecke eines Segels.

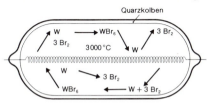

Halogenlampe. Schematische Darstellung des Wolframkreislaufs: W Wolfram, Br_2 Brom, WBr_6 Wolframbromid

Halsbandaffäre, Skandalaffäre am frz. Hof 1785/86; J. de Valois, Gräfin de La Motte, hatte Kardinal L. R. von Rohan durch gefälschte Briefe vorgespiegelt, er könne die Gunst Königin Marie Antoinettes wieder erlangen, wenn er dieser beim Erwerb eines Diamanthalsbandes behilflich sei. Rohan übernahm eine Bürgschaft für die Summe von 1,6

Frans Hals (Selbstbildnis, Ausschnitt aus „Offiziere und Unteroffiziere der Sankt Jorisdoelen", um 1639; Haarlem, Frans-Hals-Museum)

Halmwespen. Oben: Getreidehalmwespe. Unten: Larve der Getreidehalmwespe

Halsbandeidechsen

Frans Hals. Festmahl der Offiziere der Sankt-Georgs-Schützengilde, 1627 (Haarlem, Frans-Hals-Museum)

Mill. Livres und händigte das Halsband der Gräfin aus, die die Diamanten einzeln nach Großbritannien verkaufte. Nach Entdeckung des Betruges wurden in einem aufsehenerregenden Prozeß Rohan und sein Vertrauter, A. Graf von Cagliostro, freigesprochen, die Gräfin zu lebenslängl. Kerker verurteilt. Die H. trug zur weiteren Erschütterung des Ansehens der Krone bei.

Halsbandeidechsen ↑ Eidechsen.
Halsbandschnäpper ↑ Fliegenschnäpper.
Halsberge (Ringkragen), metallener Halsteil der ma. Ritterrüstung. Im MA wurde auch das Kettenhemd als H. bezeichnet.
Halsberger (Halsbergerschildkröten, Cryptodira), Unterordnung der Schildkröten, die den Kopf (im Unterschied zu den ↑ Halswendern) durch S-förmige Biegung der Halswirbelsäule in senkrechter Ebene geradlinig in den Panzer zurückziehen. Man unterscheidet 10 Fam., darunter Sumpf-, Land-, Weich-, Meeres-, Alligator-, Leder-, Tabasco- und Großkopfschildkröten.
Halsbräune, svw. ↑ Diphtherie.
halsen [von „Hals" in der seemänn. Bed.], ein segelndes Schiff vor dem raumen (d. h. von schräg hinten einfallenden) Wind wegdrehen (Ggs. ↑ wenden).
Halsentzündung ↑ Angina.
Halsfistel, Fehlbildung im mittleren oder seitl. Halsbereich, bedingt durch Zurückbleiben von Resten embryonaler Gänge oder Schlundfurchen; erkennbar an kleinen absondernden Öffnungen in der Haut.
Halsgericht ↑ Leib- und Lebensstrafen.
Hälsingborg ↑ Helsingborg.
Hälsingland, histor. Prov. im südl. N-Schweden, beiderseits des unteren Ljusneälv. Ausgedehnte Nadelwälder; Holzwirtschaft. – Seit 1762 selbständige Provinz.
Halske, Johann Georg, * Hamburg 30. Juli 1814, † Berlin 18. März 1890, dt. Elektrotechniker. – H. gründete 1847 mit W. Siemens die „Telegraphen-Bauanstalt von Siemens & Halske" in Berlin, aus der der Siemenskonzern hervorging.
Halskrause, Fältelung am Halsausschnitt des Hemdes, urspr. im 16. Jh.; entwickelte sich zum selbständigen Kragen.
Hals-Nasen-Ohren-Heilkunde (Otorhinolaryngologie), Abk. HNO, Fachgebiet der Medizin, das die Erkennung und Behandlung aller Erkrankungen des Ohrs (einschl. Gleichgewichtsorgan), der Nase und Nasennebenhöhlen, der Mundhöhle, des Rachens, des Kehlkopfs, der Luftröhre und der oberen Anteile von Speiseröhre und Bronchien umfaßt. Teilgebiete sind Phoniatrie und Pädaudiologie (Behandlung von Sprach- und Stimmstörungen sowie von Hörbehinderungen im Kindesalter).

Halsschild (Pronotum), der bei manchen Insekten (z. B. Käfern, Wanzen) durch Vergrößerung bes. in Erscheinung tretende Rückenteil des ersten Brustsegments.
Halsschlagader (Halsarterie, Kopfschlagader, Karotis, Arteria carotis communis), paarige Arterie des Halses der Wirbeltiere, die den Kopf und das Gehirn mit Blut versorgt. Die H. verläuft beim Menschen beiderseits der Luftröhre und des Kehlkopfes. Beide H. verzweigen sich in Höhe des Schildknorpels des Kehlkopfes in zwei gleich starke Äste: die tieferliegende *Arteria carotis interna* (liefert die Mrz. der Gehirnarterien und versorgt das Auge und innere Ohr) und die oberflächlicher verlaufende, am Vorderrand des Kopfwendermuskels als Puls fühlbare *Arteria carotis externa* (versorgt die übrigen Kopforgane sowie Teile der Halsmuskulatur und -eingeweide).
Halsschmerzen, Schmerzen im Rachenbereich, meist Symptom für Schleimhautentzündung, verbunden mit Rachenrötung, Fieber, Engegefühl und Schluckbeschwerden. Am häufigsten treten H. als Früh- oder Begleitsymptom bei Rachenkatarrh, Angina oder spezifischen Infektionskrankheiten (Scharlach, Diphtherie) auf.
Halstenbek, Gemeinde am S-Rand der Pinneberger Geest, Schl.-H., 11 m ü. d. M., 14 300 E. Forstbaumschulen.
Hals und Hand ↑ Leib- und Lebensstrafen.
Halswender (H.schildkröten, Pleurodira), Unterordnung der Schildkröten mit rd. 40 Arten in den Süßgewässern der Südhalbkugel. Der Hals kann durch waagerechte Krümmung seitlich unter den Panzer gelegt werden. Zwei Fam.: Pelomedusaschildkröten und Schlangenhalsschildkröten.
Halswirbelsäulensyndrom, svw. ↑ Schulter-Arm-Syndrom.
Halt, Karl Ritter von, * München 2. Juni 1891, † ebd. 5. Aug. 1964, dt. Sportfunktionär. – 1929–64 Mitgl. des Internat. Olymp. Komitees; 1936 Präs. des Organisationskomitees für die Olymp. Winterspiele; 1951–61 Präs. des Nat. Olymp. Komitees.
Halter eines Kraftfahrzeugs, nach der Rechtsprechung derjenige, der ein Kfz für eigene Rechnung gebraucht und die Verfügungsgewalt darüber besitzt, die ein solcher Gebrauch voraussetzt. Halter und Eigentümer müssen nicht identisch sein. Die Feststellung des Halters ist für die Pflicht zum Abschluß einer Kraftfahrzeughaftpflichtversicherung und für die Straßenverkehrshaftung wichtig.
Halteren [griech.-lat.] (Schwingkölbchen), rückgebildete Hinterflügel der Fliegen und Mücken mit Bewegungs- und Lagesinnesorganen; sind für die Stabilisierung des Fluges von Bedeutung.
Haltern, Stadt an der Lippe, NRW, 35–60 m ü. d. M., 33 000 E. Kalksandsteinwerke, Trinkwasserwerk. – Erstmals 1017 genannt; erhielt 1288 von den Fürstbischöfen von Münster stadträhnl. Rechte. – Reste von umfangreichen röm. Militäranlagen aus der Zeit um Christi Geburt; Funde im Röm.-German. Museum; Rathaus (16. Jh.).
Haltiatunturi (norweg. Raisduoddarhaldde, schwed. Haldefjäll), höchster Berg Finnlands, im äußersten NW des Landes, an der norweg. Grenze, 1 328 m ü. d. M.
Haltlosigkeit ↑ Labilität.
Haltung ↑ Körperhaltung.
▷ im *Wasserbau* Bez. für den gestauten Teilabschnitt eines Flusses oder Kanals, der zw. zwei Stauanlagen bzw. Schleusen liegt.
Haltungsfehler ↑ Körperhaltung.
Haltungsschäden ↑ Körperhaltung.
Halunke [zu tschech. holomek „Diener, Knecht"], Schuft, Spitzbube; Lausbube.
Halys, antiker Name des ↑ Kızılırmak.
Halysschlange ↑ Mokassinschlangen.
Ham (Vulgata: Cham), bibl. Gestalt, Sohn Noahs, Bruder von Sem und Japhet (1. Mos. 5,32); legendärer Stammvater der ↑ Hamiten.
Häm [zu griech. haĩma „Blut"], Eisenporphyrinverbindung, die als reduzierte Farbstoffkomponente des Blutfarbstoffes Hämoglobin, des Muskelfarbstoffes Myoglobin und als prosthet. Gruppe einiger Enzyme auftritt.

häm..., Häm... ↑ hämato..., Hämato...

Hama, Stadt in Syrien, 120 km ssw. von Aleppo, 177 000 E. Hauptstadt der Prov. H., Handelszentrum, Verkehrsknotenpunkt. – Der seit dem Neolithikum besiedelte Ort war im 2. vorchristl. Jt. eine bed. Siedlung. H. ist das bibl. **Hamath.** Der Seleukidenkönig Antiochos IV. Epiphanes (⚔ 175–164) nannte die Stadt **Epiphaneia.** Seit 64 v. Chr. gehörte sie zum Röm. Reich, seit der Mitte des 7. Jh. stand H. unter arab. Herrschaft und gehörte 1516–1918 zum Osman. Reich. – Zahlr. Moscheen, u. a. Nurimoschee (1172). Wahrzeichen der Stadt ist die Große ↑ Noria (14. Jh.). Bei dän. Ausgrabungen (1931–38) kamen 12 verschiedene Schichten (seit dem 5. Jt. v. Chr. bis etwa 1400 n. Chr.) zutage.

Hamadan, iran. Stadt am Fuß der östl. Sagrosvorberge, 1 868 m ü. d. M., 274 000 E. Hauptstadt der Prov. H., wichtigstes Handelszentrum in W-Iran; Textilind., Herstellung von Kupfer- und Lederwaren; Straßenknotenpunkt, ✈. – H. ist das alte **Ekbatana.**

Hamadan ↑ Orientteppiche (Übersicht).

Hamamatsu, jap. Stadt auf Honshū, 522 000 E. Museum; größtes Ind.zentrum zw. Yokohama und Nagoya; u. a. Musikinstrumenten- und Fahrzeugbau, Textil-, chem. Industrie.

Hamamelis [griech.], svw. ↑ Zaubernuß.

Ham and eggs [engl. 'hæm ənd 'ɛgz „Schinken und Eier"], gebackenes oder gebratenes [Frühstücks]gericht aus Schinken und Spiegeleierei.

Hämangiom [zu griech. haīma „Blut" und angeīon „Gefäß"] (Blutschwamm, Kurzbez. Angiom), Sammelbez. für alle von Blutgefäßen ausgehenden, angeborenen, gutartigen Geschwulstbildungen *(Gefäßgeschwülste).* Das einfache H. **(Feuermal,** Naevus flammeus) äußert sich in einer dunkelroten bis violetten, zuweilen recht ausgedehnten, meist unregelmäßig begrenzten Verfärbung der Haut. Das tiefe H. **(Blutschwamm,** kavernöses H.) überragt die Hautebene meist in unregelmäßigen Vorwölbungen, fühlt sich schwammartig an und reicht bis zu 3 cm in die Tiefe.

Hamann, Johann Georg, *Königsberg (Pr) 27. Aug. 1730, †Münster 21. Juni 1788, dt. Philosoph. – Eng befreundet mit F. H. Jacobi, Kant und Herder; wandte sich, beeinflußt von G. Bruno, Leibniz und Spinoza sowie von pietist. und neuplaton. Positionen, gegen den die Geschichtlichkeit des Menschen nicht berücksichtigenden aufklärer. Rationalismus. Nach H. ist die Vernunft von Verstehen, Intuition und histor. Erfahrung nicht zu trennen und das Wissen von Gott nicht unabhängig von histor. Erfahrung zu erklären; Denken ohne Sprache, die von der Sinneserfahrung abhängt, ist unmöglich. H. beeinflußte den Sturm und Drang, v. a. Hegel und Schelling sowie die existentialist. Philosophie (bes. Kierkegaard). – *Werke:* Sokrat. Denkwürdigkeiten (1759), Golgatha und Scheblimini (1784), Metakritik über den Purismus der reinen Vernunft (1784).

H., Richard, *Seehausen 29. Mai 1879, †Immenstadt i. Allgäu 9. Jan. 1961, dt. Kunsthistoriker. – 1913–49 Prof. in Marburg (1947–50 auch in Berlin), wo er das „Bildarchiv Foto Marburg" und 1929 das Forschungsinstitut für Kunstgeschichte gründete. Sein Hauptwerk ist die „Geschichte der Kunst" (2 Bde., 1933–52).

Hamar, norweg. Stadt am O-Ufer des Mjøsensees, 16 000 E. Hauptstadt der Prov. Hedmark; Sitz eines luth. Bischofs. Auf einer Landzunge im See Ruinen des Doms (12. Jh.) und des Bischofshofs.

Hamasa [arab. „Tapferkeit"], Sammlung alter (vorislam.) arab. Lieder und Sprüche, u. a. von Abu Tammam.

hämat..., Hämat... ↑ hämato..., Hämato...

Hämatemesis [griech.], svw. ↑ Bluterbrechen.

Hamath, altorient. Stadt ↑ Hama.

Hämatin [griech.], eisenhaltiger Bestandteil des roten Blutfarbstoffs.

Hämatinon [griech.], mit Kupferoxid dunkelrot gefärbtes, opakes Glas der ägypt. und röm. Glaskunst.

Hämatit [zu griech. haīma „Blut"], formenreiches, stahlgraues bis schwarzes, meist farbig angelaufenes trigonales Mineral der chem. Zusammensetzung α-Fe_2O_3; weit verbreitetes wichtiges Eisenerz, oft titanhaltig. H. wird nach Farbe und Aussehen unterteilt in den feinkörnigen **Roteisenstein,** den grobkörnigen **Eisenglanz** und in den radialfaserigen **Roten Glaskopf.** Eine bes. dichte Varietät, der **Blutstein,** wird als Schmuckstein verwendet. Mohshärte 6 bis 6,5; Dichte 5,2 bis 5,3 g/cm^3.

hämato..., Hämato... (hämo..., Hämo...; vor Selbstlauten meist hämat..., Hämat... bzw. häm..., Häm...) [griech.], Bestimmungswort von Zusammensetzungen mit der Bed. „Blut".

Hämatoblasten (Hämoblasten) [griech.], undifferenzierte blutbildende Zellen, v. a. im roten Knochenmark.

Hämatokritwert [griech./dt.], prozentualer Volumenanteil der Blutzellen an der Gesamtblutmenge; Normalwert 37–52 %.

Hämatologie [griech.], die Lehre vom Blut, von den blutbildenden Organen und ihren Erkrankungen als Teilgebiet der inneren Medizin.

Hämatom [griech.], svw. ↑ Bluterguß.

Hämatopathien [griech.], svw. ↑ Blutkrankheiten.

Hämatopoese [griech.], svw. ↑ Blutbildung.

Hamatorrhö [griech.], svw. ↑ Blutsturz.

Hämatothorax (Hämothorax) [griech.], Blutansammlung im Rippenfellraum, meist nach Verletzungen; bedarf der raschen Entleerung wegen Atembehinderung und Herzverdrängung.

Hämatoxylin [griech.], aus ↑ Blauholz gewonnene farblose Substanz. H.lösungen erhalten ihr Färbungsvermögen erst nach der Oxidation des H. zu *Hämatein,* einem roten Farbstoff, und werden in der Histologie zum Anfärben von Zellbestandteilen verwendet.

Hämaturie [griech.], svw. ↑ Blutharnen.

Hambach an der Weinstraße, Ortsteil von Neustadt an der Weinstraße. – Auf dem Schloß (Kästenburg, Maxburg; seit 1688 Ruine; 1981/82 restauriert) fand vom 27. bis 30. Mai 1832 die erste dt. demokratisch-republikan. Massenversammlung **(Hambacher Fest)** statt. Mit den Hauptrednern J. G. A. Wirth (*1798, †1848) und P. J. Siebenpfeiffer (*1785, †1849) forderten etwa 20 000–30 000 Menschen unter den Farben Schwarz-Rot-Gold Deutschlands Einheit und Freiheit. Der Dt. Bund antwortete mit weiterer Unterdrückung der Versammlungs- und Pressefreiheit und der Demagogenverfolgung.

Hamborn ↑ Duisburg.

Hambraeus, Bengt [schwed. ham'breːʊs], *Stockholm 29. Jan. 1928, schwed. Komponist, Organist und Musikschriftsteller. – Komponiert neben Werken für traditionelles Instrumentarium (Orchester-, Kammermusik, Orgel- und Chorwerke) auch elektron. Musik („Fresque sonore", 1967).

Hambro, Carl Joachim [norweg. 'hambru], *Bergen 5. Jan. 1885, †Oslo 15. Dez. 1964, norweg. Politiker. – 1919–57 Abg. im Storting, 1926–40 und ab 1945 Vors. der Konservativen Partei und Präs. des Storting; 1926–45 Präs. des Völkerbundes.

Hamburg (amtl. Freie und Hansestadt H.), Land der BR Deutschland, Stadtstaat, beiderseits der Elbe, 110 km oberhalb ihrer Mündung, 755 km^2, 1,626 Mill. E (1991), 2 154 E/km^2. Sitz der Landesreg. (Senat), zahlr. B.-Ämter und B.-Anstalten: staatl. Münzprägeanstalt; Univ. H. (gegr. 1919) mit Univ.krankenhaus Eppendorf, TU H.-Harburg (gegr. 1979), Hochschulen für Wirtschaft und Politik, für Musik und darstellende Kunst, für bildende Künste, Sitz einer Bundeswehruniv. Wiss. Gesellschaften und Forschungsstellen, u. a. Dt. Elektronensynchrotron, Max-Planck-Inst. für Meteorologie, Max-Planck-Inst. für ausländ. und internat. Privatrecht, Dt. Übersee-Inst., Schiffbau-Versuchsanstalt. Zahlr. Bibliotheken, Museen, Theater, u. a. Staatsoper (gegr. 1678), Thalia-Theater, Botan. Garten, Zoo, Sporthalle, Volksparkstadion, zwei Trabrennbahnen. H. ist der bedeutendste Presseplatz Deutschlands mit mehreren Nachrichtenagenturen (u. a. dpa), zahlr. Zeitungs-, Zeitschriften- und Buchverlagen, mit Film- und Fernsehstudios. Messegelände, Kongreßzentrum.

Johann Georg Hamann (anonyme zeitgenössische Bleistiftzeichnung)

Hamburg Wappen

Hamburg

Hamburg. Im Vordergrund die im 18. Jh. erbaute Kirche Sankt Michaelis, deren Turm (der Michel) das Wahrzeichen der Stadt ist, im Hintergrund Binnen- und Außenalster

Hamburg
Stadtstaat an der Niederelbe

1,626 Mill. E

größter Seehafen der BR Deutschland

Zentrum der Medien der BR Deutschland

entstanden um das Kastell Hammaburg (seit 825)

„Michel"

Vergnügungsviertel Sankt Pauli

Wirtschaft: H. hat als Handels-, Verkehrs- und Dienstleistungszentrum überregionale, z. T. weltweite Bedeutung, ist Sitz von über 2 000 Import- und Exportfirmen, von Generalkonsulaten und Konsulaten, ist nach Frankfurt am Main wichtigster dt. Bankenplatz und gilt als ältester und heute größter dt. Versicherungsplatz. H. verfügt über eine Wertpapier-, Versicherungs- sowie zwei Warenbörsen. Bed. sind der Seefischmarkt, Blumen-, Gemüse- und Obstgroßmärkte. Bei der Wirtschaftsstrukturveränderung in den letzten Jahrzehnten entwickelten sich solche zukunftsträchtigen Branchen wie die zivile Luftfahrtind., Elektrotechnik und der Maschinenbau im Vergleich zum traditionellen Schiffbau. Weitere wichtige Zweige sind die Mineralölverarbeitung, die chem. Ind., die Nichteisenmetall- und Nahrungsmittel- und Genußmittelind. (Kaffee, Tee u. a.).

Verkehr: Gemessen am Seegüterumschlag ist H. der größte dt. Seehafen und bedeutendste dt. Transithafen und gehört mit dem Containerzentrum Waltershof zu den 12 größten Containerhäfen der Erde. Über die Hälfte der dt. Seeschiffsreedereien haben in H. ihren Hauptsitz. Den natürl. Gunstraum für die Hafenanlagen (Gesamtfläche ohne Erweiterungsgebiet 63 km²) bildet das hier 8–12 km breite Urstromtal der Elbe mit seinem Stromspaltungsgebiet (Marsch). Elbtunnels wurden 1911 und 1974 dem Verkehr übergeben. Mit dem Hinterland und der Ostsee ist H. durch Binnenwasserstraßen (Oberelbe, Elbe-Seitenkanal, Nord-Ostsee-Kanal) verbunden. Sö. der Stadt wurde in Maschen (Gem. Seevetal, Nds.) 1980 einer der modernsten Rangierbahnhöfe Europas in Betrieb genommen. Ein Verkehrsverbund (u. a. U- und S-Bahn) bedient den Nahverkehr; ✈ in H.-Fuhlsbüttel.

Geschichte: Um 825 entstand das Kastell **Hammaburg**, 834 und 1043–72 Erzbistum, 1188 Erweiterung durch die Neustadt (ab 1189 Handels-, Zoll- und Schiffahrtsprivilegien auf der Niederelbe), 1215 Zusammenschluß von Alt- und Neustadt. Eines der ersten Mgl. der Hanse (im 14. Jh. deren wichtigster Umschlagplatz zw. Nordsee- und Ostseeraum). Seit dem Spät-MA durch den 1190 (☼) erstmals nachweisbaren, vom Patriziat gewählten Rat regiert. Seit etwa 1460 und endgültig seit 1510 Reichsstadt. Einführung der Reformation 1529; 1558 Gründung der ersten Börse in Deutschland und im nördl. Europa. 1616–25 entstand die Befestigung. Kulturelle Blüte im 17./18. Jh. (u. a. 1678 Gründung der ersten dt. Oper; 1767 des Hamburg. Nationaltheaters). 1806 frz. Besetzung; trat 1815 als Freie Stadt dem Dt. Bund, 1867 dem Norddt. Bund und 1871 dem Dt. Reich, erst 1888 dem Dt. Zollverein bei. 1921 parlamentarisch-demokrat. Verfassung (mit Senat und Bürgerschaft). 1937 durch Eingliederung von Altona (mit Blankenese), Harburg-Wilhelmsburg und Wandsbek sowie 28 Landgemeinden Bildung von **Groß-Hamburg** (bei Ausgliederung von Cuxhaven und Geesthacht). Mitte 1946 als dt. Land innerhalb der brit. Besatzungszone neu gebildet. Führende Partei wurde die SPD, die seit 1946, außer 1953–57 (Block aus CDU, FDP und DP) den Ersten Bürgermeister stellt (seit 1988 H. Voscherau). 1987–91 regierte eine SPD-FDP-Koalition, seit den Wahlen vom Juni 1991 ist die SPD alleinige Reg.partei.

Verfassung: Nach der Verfassung von 1952 liegt die Gesetzgebung beim Landesparlament, der *Bürgerschaft,* deren 120 Mgl. auf 4 Jahre gewählt werden. Die Landesreg. (*Senat),* Träger der Exekutive, besteht aus den von der Bürgerschaft gewählten (10–15) Senatoren und wählt zwei von ihnen zu Bürgermeistern, von denen einer zugleich Senatspräs. ist.

Bauten: 1842 richtete ein Brand, im 2. Weltkrieg Luftangriffe schwere Zerstörungen an. Wiederhergestellt wurden u. a. die barocke Kirche Sankt Michaelis (18. Jh.), deren Turm (sog. Michel) das Wahrzeichen der Stadt ist, Sankt Jacobi (14. Jh.) mit Schnitgerorgel (1689–93), Sankt Katharinen (14./15. Jh.), die Börse (1839–41), die Staatsoper (19. Jh.). In der Altstadt sind das Rathaus (1886–97), die Ellerntors- und die Zollenbrücke sowie einige Häuser des 17./18. Jh. erhalten. Im Bereich um die Binnenalster liegen exklusive Einkaufsstraßen, u. a. der Jungfernstieg. Der Hauptbahnhof wurde 1902–06 erbaut. Nach dem 1. Weltkrieg entstanden bed. Bürobauten, u. a. das Chilehaus, der Sprinkenhof, das Shellhaus. Neubauten nach dem 2. Weltkrieg sind das Hochhaus des Axel-Springer-Verlags, das Postscheckamt, die Gemüsegroßmarkthalle, das Amerikahaus, IBM-Haus oder Congreß Zentrum. – Auch die Außenbez. und Vororte verfügen über bemerkenswerte Baudenkmäler. In *Altona* wurde die barocke Hauptkirche wiederhergestellt; erhalten sind klassizist. Gebäude (1801–25) an der Palmaille, das Neue Rathaus (1896–98). In *Blankenese* befinden sich bed. Wohnhäuser von H. van de Velde, H. Muthesius und P. Behrens. In *Wandsbek* liegt das Schimmelmann-Mausoleum (1782–91), in *Bergedorf* die Kirche Sankt Petri und Pauli (um 1500 und 17. Jh.). – Weltbekannt ist das Vergnügungsviertel *Sankt Pauli* mit der Reeperbahn zw. Innenstadt und Altona.

Hamburger, Käte, *Hamburg 21. Sept. 1896, †Stuttgart 8. April 1992, dt. Literaturwissenschaftlerin. – Prof. in Stuttgart. Mit dem literaturtheoret. Werk ,,Die Logik der Dichtung'' (1957) legte sie eine Neuordnung der Dichtungsgattungen auf sprachtheoret. Grundlage vor.

Hamburger [engl. 'hæmbə:gə], heißer Bratklops aus Rindfleischhack in einem Brötchen.

Hamburger Abendblatt, dt. Zeitung, ↑Zeitungen (Übersicht).

Hamburger Abkommen, Neufassung des ↑Düsseldorfer Abkommens, zur Vereinheitlichung auf dem Gebiete des allgemeinbildenden Schulwesens 1964 (letzte Fassung 1971) in Hamburg durch die Min.präs. der Länder vereinbart. Es enthält u. a. Regelungen über Ferien, Notenstufen; Vollzeitschulpflicht beträgt neun Schuljahre, ihre Ausdehnung auf ein weiteres Schuljahr ist zulässig; einheitl. Bez. der Schultypen: Grundschule, Hauptschule, Realschule, Gymnasium, Sonderschulen, Kolleg; die Einführung der Orientierungsstufe wird anheimgestellt.

Hamburger Gruppe, nach Fundplätzen nördlich von Hamburg (Ahrensburg) ben. jungpaläolith. Kulturgruppe (etwa 13. und 12. Jt. v. Chr.) in NW-Deutschland und in den Niederlanden. Mit dem südl. Magdalénien verwandt.

Hamburgisches Welt-Wirtschafts-Archiv ↑HWWA – Institut für Wirtschaftsforschung Hamburg.

Hamdaniden, arab. Fürstendyn. in Mosul (934–979) und Aleppo (944–1030), die in der 1. Hälfte des 10. Jh. Nordmesopotamien beherrschte.

Häme (schwed. Tavastland), histor. Prov. im W-Teil der Finn. Seenplatte.

Hämeenlinna, Stadt in S-Finnland, beiderseits des langgestreckten Sees Vanajavesi, 42 300 E. Hauptstadt der Prov. Häme; Schulstadt, Museum; Holzverarbeitung; Garnison; Fremdenverkehr.

Hameln, Stadt an der Weser, Nds., 68 m ü. d. M., 58 200 E. Verwaltungssitz des Landkr. H.-Pyrmont. Museum (mit Sammlung zur Sage um ↑Rattenfänger von Hameln), Theater; jährl. Rattenfängerspiele. Metall-, Elektro-, Textil- u. a. Ind., Hafen. – Bei einem sächs. Dorf gründeten Mönche von Fulda im 8. Jh. ein Kloster; um 1200 planmäßige Stadtanlage; zw. 1260 und 1277 kam H. an das Hzgt. Braunschweig-Lüneburg. – Münsterkirche (12. und 13. Jh.), Marktkirche (13. Jh.); bed. Bauten der Weserrenaissance, u. a. Hochzeitshaus (1610–17), Rattenfängerhaus (1602/03).

Hameln-Pyrmont, Landkr. in Niedersachsen.

Hamen, sackförmige Fisch- und Garnelenfangnetze unterschiedl. Konstruktion.

Hamersley Range [engl. 'hæməzlı 'reındʒ] ↑Pilbara.

Hämerythrin (Hämoerythrin), braunroter, eisenhaltiger Blutfarbstoff bei niederen Tieren; besteht nur aus Aminosäuren.

Hamhung, nordkorean. Stadt 15 km nw. von Hungnam (gemeinsames Wirtschaftsgebiet), 775 000 E. Verwaltungssitz einer Prov.; Bahnknotenpunkt, ⚓. – Hochschulen für Veterinärmedizin und Chemie.

Hamilkar Barkas, *um 290, ✕ 229 oder 228, karthag. Heerführer und Politiker. – Vater Hannibals; eroberte 237–229/28 den südl. Teil Spaniens für Karthago.

Hamilton [engl. 'hæmilton], seit dem 13. Jh. nachgewiesene schott. Fam. (seit 1314 Baron of Cadzow, seit 1503 Earl of Arran, seit 1599 Marquess of H., seit 1643 Hzg. von H.); entschiedene Parteigänger der Stuarts. Der Hzg.titel der H. ging 1660 an *William Douglas,* Earl of Selkirk (seit 1711 auch Hzg. von Brandon) über. 1761 trat der Hzg. von H. als Marquess of Douglas auch an die Spitze der Fam. Douglas.

Hamilton [engl. 'hæmıltən], Alexander, *auf Nevis (Kleine Antillen) 11. Jan. 1755, †New York 12. Juli 1804, amerikan. Politiker. – Jurist; nahm am Nordamerikan. Unabhängigkeitskrieg teil, ab 1777 als Adjutant und Sekretär G. Washingtons; nach Kriegsende Anwalt; trat als Mgl. der gesetzgebenden (1786) und der verfassunggebenden Bundesversammlung (1787) an der Spitze der ,,Föderalisten'' für eine starke Bundesgewalt ein und war wesentlich an der Ausarbeitung der amerikan. Verfassung beteiligt; ordnete als erster Schatzmin. der USA (1789–95) erfolgreich die durch den Krieg zerrütteten Finanzen und die Wirtschaft; führte bis 1799 die Federalist Party, bekämpfte das demokrat. Programm Jeffersons. Seine polit. Ideen wirkten v. a. auf die Republikan. Partei.

H., Lady Emma, geb. Lyon, *Great Neston (Cheshire) um 1765, †Calais 15. Jan. 1815. – Seit 1791 ∞ mit dem brit. Gesandten in Neapel, Altertumsforscher und Sammler Sir William H. (*1730, †1803). Vertraute der Königin Karoline von Neapel. Seit 1798 Geliebte Lord Nelsons.

H., Richard, *London 24. Febr. 1922, brit. Maler und Graphiker. – Wegbereiter und Hauptvertreter der engl. Pop-art.

H., Sir (seit 1816) William, *Glasgow 8. März 1788, †Edinburgh 6. Mai 1856, schott. Philosoph und Logiker. – 1821 Prof. für Geschichte, 1836 Prof. für Metaphysik und Logik in Edinburgh. Vertreter der späten ↑Schottischen Schule; Grundlage seiner Metaphysik ist die Analyse des Bewußtseins; das Absolute ist unerkennbar, da Glaubenssache. Einer der Wegbereiter der Algebra der Logik.

H., Sir (seit 1835) William Rowan, *Dublin 4. Aug. 1805, †ebd. 2. Sept. 1865, ir. Mathematiker und Physiker. – Prof. und Präsident der Royal Irish Academy in Dublin. H. entwickelte die geometr. Optik aus Extremalprinzipien und übertrug dieses Konzept 1834/35 auf die Dynamik. In der Algebra entwickelte er als Verallgemeinerung der komplexen Zahlen das System der ↑Quaternionen; wichtiger Wegbereiter der abstrakten Algebra.

Hamilton [engl. 'hæmıltən], schott. Stadt in der Conurbation Central Clydeside, 51 500 E. – Seit 1456 Burgh, 1670 Hauptort des Hzgt. Hamilton.

H., kanad. Stadt am W-Ufer des Ontariosees, 307 000 E. Sitz eines kath. und eines anglikan. Bischofs; Univ. (gegr. 1887 in Toronto, 1930 nach H. verlegt); technolog. Inst.; Zentrum der kanad. Eisen- und Stahlind.; Bahnknotenpunkt, Hafen für Ozeanschiffe. – 1813 von Loyalisten angelegt; Town seit 1833, City seit 1846.

H., Hauptort und -hafen der Bermudainseln, auf H. Island, 1 700 E. Sitz eines anglikan. und eines kath. Bischofs. – Gegr. 1790, Verwaltungssitz seit 1815, Stadt seit 1897.

Käte Hamburger

Dag Hammarskjöld

Richard Hamilton. Lobby, 1985–87 (Privatbesitz)

Hamilton-Funktion

Hammerfest. Das nach 1945 wiederaufgebaute Stadtzentrum, im Hintergrund links die neue Kirche

H., Stadt auf der Nordinsel von Neuseeland, 100 km ssö. von Auckland, 104 000 E. Univ. (gegr. 1964); Kunstgalerie; Nahrungsmittelind., Herstellung von landw. Geräten u. a.; ✈.

Hamilton-Funktion [engl. ˈhæmɪltən; nach Sir W. R. Hamilton], eine in der Mechanik verwendete Funktion

$$H = H(q_k, p_k; t)$$

der verallgemeinerten Koordinaten q_k und Impulse p_k ($k = 1, 2, ..., f$), der sog. *kanon. Variablen,* eines physikal. Systems von Teilchen bzw. Massenpunkten (f Anzahl der Freiheitsgrade des Systems). Aus der H.-F. lassen sich die Bewegungsgleichungen ableiten. Für abgeschlossene Systeme ist die H.-F. die Summe von kinet. und potentieller Energie.

Hamilton-Operator [engl. ˈhæmɪltən; nach Sir W. R. Hamilton], grundlegender hermitescher Operator der Quantentheorie, der auf die mögl. Zustandsvektoren des betrachteten mikrophysikal. Systems wirkt und die quantentheoret. Bewegungsgleichungen festlegt. In einem abgeschlossenen System stellt der H.-O. den Operator der Gesamtenergie des Systems **(Energieoperator)** dar.

Hamiltonsches Prinzip [engl. ˈhæmɪltən; nach W. R. Hamilton], svw. ↑Prinzip der kleinsten Wirkung.

Hamina (schwed. Fredrikshamn), finn. Hafenstadt 130 km onö. von Helsinki, 10 300 E. Holzind. – 1653 Stadtrecht. 1743 an Rußland abgetreten; nach dem 1. Weltkrieg an den neuen finn. Staat.

Hamiten (Chamiten), in der bibl. Völkertafel (1. Mos. 10, 6–20) auf ↑Ham zurückgeführte Völker in Nordafrika und Südarabien.

Hamiten, 1880 eingeführte Bez. für eine Sprachgruppe von Völkern verschiedener Rassen in N- und NO-Afrika, später mißverständlich als rass. und kultureller Begriff gebraucht, heute vermieden bzw. auf die Kuschiten beschränkt.

hamitosemitische Sprachen (Afroasiatisch), afrikan. Sprachfam., in N-, NO- und Z-Afrika verbreitet, rd. 250 Sprachen. Die Zweige sind in sich unterschiedlich strukturiert; *Semitisch:* Gruppe eng verwandter Sprachen mit z. T. langer Überlieferung; *Ägyptisch:* nur eine Sprache, die mit ihrer Nachfolgerin, dem Koptischen, die längste ununterbrochene schriftl. Tradition hat; *Lybico-Berberisch:* etwa 300 Sprachen und Dialekte; *kuschit.* und *tschad. Sprachen:* zahlr. nur ungenügend erforschte Sprachen, über deren inneren Zusammenhang ebenfalls nur wenig bekannt ist.

Hamlet [ˈhamlɛt, engl. ˈhæmlɪt], Prinz der altdän. Sage. Die älteste Aufzeichnung der bereits in der Lieder-Edda erwähnten Sage findet sich bei Saxo Grammaticus (* um 1150, † um 1220). Ein nicht erhaltenes, T. Kyd zugeschriebenes H.-Drama (sog. **Ur-Hamlet**) scheint Vorlage für

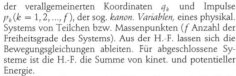

Hamm
Stadtwappen

Hammer. 1 Schlosserhammer (a Hammerkopf, b Hammerstiel, c Bahn, d Finne); 2 Vorschlaghammer; 3 Maurerhammer; 4 Latthammer

Shakespeares Tragödie „H., Prinz von Dänemark" gewesen zu sein, die in zwei Versionen (1603 und 1604) überliefert ist. Prinz H. erhält vom Geist seines kurz zuvor vom eigenen Bruder Claudius ermordeten Vaters, des Königs von Dänemark, den Auftrag, das an ihm begangene Verbrechen zu rächen. Der Mörder hatte sich des Throns bemächtigt und die Witwe des Königs geheiratet. H., bei Shakespeare ein sensibler Grübler, führt den Auftrag schließlich aus, findet jedoch in einem Zweikampf selbst den Tod. *Neuere Bearbeitungen* des H.-Stoffes schufen F. Freiligrath, A. Döblin, G. Hauptmann, K. Gutzkow, T. Stoppard, G. Britting und Heiner Müller.

Hamm, Stadt an der Lippe, NRW, 63 m ü.d.M., 171 200 E. Gustav-Lübcke-Museum; Steinkohlebergbau, Herstellung von Röhren, Draht, Büromaschinen, Textilien u. a.; Straßen- und Bahnknotenpunkt (großer Rangierbahnhof), mehrere Häfen. Im Stadtteil Uentrop Kernkraftwerk (296 MW; z. Z. stillgelegt). – 1227 gründete Graf Adolf von Altena-Mark die Stadt H., die bald befestigt wurde (1279 Stadtrechtsbestätigung); im 16. Jh. gemeinsam mit Unna hans. Prinzipalstadt; 1614/66 fiel H. an Brandenburg; 1763 Schleifung der Festungswerke; bis 1809 war H. Hauptstadt der Gft. Mark. – U. a. frühgot. Pauluskirche (13./14. Jh.), St. Agnes (1507–15), Lutherkirche (18. Jh.), in H.-Mark ev. Pfarrkirche (12.–14. Jh.).

Hammada [arab.] (Hamada, Felswüste), durch nacktes Gestein und grobe Gesteinsscherben gekennzeichneter Typ der Wüste.

Hammamet, tunes. Seebad sö. von Tunis, 31 000 E. Traditionelles Handwerk; Fischereihafen. – Ummauerte Altstadt mit Moscheen und Kasba (12. und 15. Jh.).

Hammarskjöld, Dag [schwed. ˈhamarʃœld], *Jönköping 29. Juli 1905, †auf dem Flug von Léopoldville (= Kinshasa) nach Ndola (Absturz) 18. Sept. 1961, schwed. Politiker. – 1952/53 Leiter der schwed. UN-Delegation; 1953 zum Generalsekretär der UN gewählt (Wiederwahl 1957); versuchte, die Rolle der UN als friedenstiftende Macht in der Welt durchzusetzen und die UN zu einer treibenden Kraft im Prozeß der Entkolonisation zu machen. Friedensnobelpreis 1961 (postum). – Abb. S. 267.

Hamm-Brücher, Hildegard, *Essen 11. Mai 1921, dt. Politikerin (FDP). – 1950–66 und 1970–76 MdL in Bayern, 1972–76 Fraktionsvors.; 1967–69 Staatssekretärin im hess. Kultusministerium, 1969–72 im B.ministerium für Bildung und Wiss.; 1972–76 stellv. Bundesvors. der FDP; 1976–90 MdB; 1976–82 Staatsmin. im Auswärtigen Amt.

Hammel [zu althochdt. hamal „verstümmelt"] (Schöps), im Alter von 2–6 Wochen kastriertes ♂ Schaf.

Hammelburg, Stadt an der Fränk. Saale, Bay., 189 m ü.d.M., 11 500 E. Kugellagerherstellung, Kleiderfabrik. – Um 1277 Stadt. – Spätgot. Pfarrkirche (1389–1461), Rathaus (1524–29), barockes Schloß (1726–33).

Hammelsprung [weil die Abg. den Saal hinter ihren „Leithammeln" her wieder betreten], übl. Bez. des parlamentar. Abstimmungsverfahrens, bei dem alle Abg. den Saal verlassen und ihn durch die mit „Ja", „Nein" oder „Stimmenthaltung" bezeichnete Tür wieder betreten und dabei gezählt werden (§ 51 Abs. 2 Geschäftsordnung des Bundestages); erfolgt, wenn trotz einer Gegenprobe Unklarheiten über das Abstimmungsergebnis bestehen.

Hammer [zu althochdt. hamar, eigtl. „(Werkzeug aus) Stein"], (Handhammer) Handwerkszeug für alle Arbeiten, die eine Schlagwirkung erfordern; besteht aus dem *H.kopf* (aus Stahl, Gummi, Kunststoff, Holz) und dem *H.stiel* (Helm), der meist mit Hilfe eines Keils im sog. Auge des Kopfes befestigt ist. Der (meist stählerne) Kopf hat je nach Verwendungszweck unterschiedl. Form und Größe, z. B. eine ebene oder nur schwach gewölbte quadrat. Schlagfläche *(Bahn)* und eine keilförmige *Finne (Pinne)*. Man unterscheidet u. a.: Schlosserhammer, Vorschlaghammer, Maurerhammer, Latthammer.

▷ Werkzeugmaschine zum spanlosen Umformen von Werkstücken, bei der die Schlagenergie durch eine in Führungen schnell bewegte Masse, den **Hammerbär,** auf das Werkstück übertragen wird.

Hämochromatose

▷ mit Filz (früher Leder) bezogener Klöppel, der beim Hammerklavier (↑Klavier) die Saiten anschlägt.
▷ ↑Hammerwerfen.
▷ (Malleus) Gehörknöchelchen, das beim Menschen hammerförmig ausgebildet ist.

Hammerfest, Hafenstadt in N-Norwegen, an der W-Küste der Insel Kvaløy, 7 400 E. Nördlichste Stadt Europas; Filetierungs- und Fischmehlfabrik; Werften; Fremdenverkehr. – H. wurde als Handelsfaktorei gegr. und bekam 1789 Stadtrecht. 1945 von der dt. Besatzungsmacht niedergebrannt; Wiederaufbau in Steinbauweise.

Hammerhaie (Sphyrnidae), Fam. bis etwa 5,5 m langer Haifische mit 12 Arten in trop. und subtrop. Meeren; Kopfende mit T-förmiger (hammerartiger) Verbreiterung.

Hammerklavier ↑Klavier.

Hammer-Purgstall, Joseph Frhr. von (seit 1835), eigtl. J. Edler von Hammer, * Graz 9. Juni 1774, † Wien 23. Nov. 1856, östr. Orientalist, Dichter und Historiker. – Trug entscheidend zur Erforschung des Orients und der osman. Geschichte bei.

Hammerschlag, beim Schmieden von glühendem Stahl abspringende feine Teilchen aus ↑Zunder.

Hammerstein, berg., seit 1412 nachweisbares Uradelsgeschlecht; kam im 17. Jh. nach Niedersachsen und teilte sich in die Linien H.-Equord, H.-Gesmold und H.-Loxten; bed:

H.-Equord, Kurt Freiherr von [ˈeːkvɔrt], *Hinrichshagen (Landkr. Waren) 26. Sept. 1878, † Berlin 25. April 1943, dt. General. – 1930 Chef der Heeresleitung; trat 1934 als Gegner des NS zurück; 1939 Chef einer Armeegruppe im Westen; seine baldige Entlassung 1939 verhinderte die von ihm geplante Festnahme Hitlers.

Hammer und Sichel, vorwiegend kommunist. Symbol der Solidarität von Arbeitern (Hammer) und Bauern (Sichel); 1924 in das Wappen der UdSSR aufgenommen; auch in den Wappen und Flaggen der Teilrepubliken. – Im östr. Bundeswappen (1919–34, seit 1945) symbolisieren H. u. S. (in den Fängen des Adlers) und Mauerkrone Arbeiter, Bauern und Bürger Österreichs.

Hammer und Zirkel, seit 1955 das Hoheitssymbol der ehem. DDR (eigtl. H. u. Z. im Ährenkranz); seit 1959 in der Nationalflagge der ehem. DDR.

Hammerwerfen, Disziplin der Leichtathletik für männl. Athleten, Weitwurf (nach dem internat. Reglement von 1908) eines **Hammers** (eine 7,26 kg schwere Metallkugel, die mit einem Verbindungsdraht, der an einem drei-

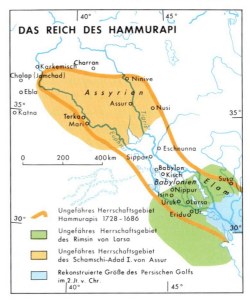

eckigen Griff endet, verbunden ist, Gesamtlänge höchstens 121,5 cm) nach 3–4 schnellen Körperdrehungen aus einem Abwurfkreis (Durchmesser 2,135 m) heraus.

Hammerzehe, angeborene oder erworbene Abknickung einer (meist der zweiten) Zehe im Mittelgelenk bei Überstreckung im Grundgelenk.

Hammett, [Samuel] Dashiell [engl. ˈhæmɪt], * im County Saint Marys (Md.) 27. Mai 1894, † New York 10. Jan. 1961, amerikan. Schriftsteller. – Klassiker des Detektivromans. Die spröden Dialoge seiner einsamen Detektive und patholog. Delinquenten prägten Filme der „schwarzen Serie" nach seinen Vorlagen, v. a. „Der Malteser Falke" (R., 1930; Film mit H. Bogart).

Hammondorgel [engl. ˈhæmənd], ein von L. Hammond 1934 gebautes mechanisch-elektron. Tasteninstrument. **Tonerzeugung:** Insgesamt 91 von einem Elektromotor gleichzeitig angetriebene [Metall-]„Tonräder" (Zahnräder mit sinusförmigem Zahnprofil) induzieren in ebenso vielen kleinen Spulen mit stiftförmigem Magnetkern sinusförmige Wechselspannungen (Frequenz entsprechend der Drehzahl und Zahl der „Zähne"). Beim Drücken der Taste (= Schalter) wird der entsprechende Spulenstrom elektronisch verstärkt und über Lautsprecher hörbar gemacht. Obertöne (z. B. Oktaven, Quinten und Terzen) können in verschiedenen Lautstärken jeweils zugemischt werden; auf diese Weise lassen sich unterschiedl. Klangfarben erzeugen.

Hammurapi (Chammurapi, Hammurabi), König (1728–1686) der altbabylon. 1. Dyn. von Babylon. – Schuf durch geschickte Verbindung von Bündnispolitik und Kriegszügen um 1700 v. Chr. wieder ein ganz Mesopotamien umfassendes Reich. Von seiner umsichtigen Politik im Inneren, die dem Lande wirtsch. Blüte schenkte, zeugt der sog. **Kodex Hammurapi,** wichtigste Rechtssammlung des Alten Orients; überliefert u. a. auf der nach Susa verschleppten Dioritstele H. (1902 wiedergefunden, heute im Louvre [Paris]).

hämo..., Hämo... ↑hämato..., Hämato...

Hämoblasten, svw. ↑Hämatoblasten.

Hämoblastosen (volkstüml. Blutkrebs), bösartige Erkrankungen des blutbildenden Systems, i. e. S. die Formen der Leukämie, i. w. S. auch Retikulose, bösartiges Lymphom, Lymphogranulomatose und Plasmozytom.

Hämochromatose [griech.] (Siderophilie, Eisenspeicherkrankheit), seltene, erbl. Eisenstoffwechselstörung *(primäre H.)* mit übersteigerter Eisenaufnahme im Darm und Eisenablagerung in zahlr. Organen, bes. in Haut,

Hammurapi vor dem thronenden Sonnengott Schamasch, oberer Abschluß der Dioritstele, 1. Hälfte des 18. Jh. v. Chr. (Paris, Louvre)

Dashiell Hammett

Hammer und Sichel im Staatswappen der Sowjetunion (1924–91)

Hammer und Zirkel in der Flagge der DDR (1955–90)

Hämocyanin

Bauchspeicheldrüse, Leber, Herzmuskel, Hoden und Hirnanhangdrüse. Folgen sind Organschäden mit entsprechenden Funktionsverlusten. Zu einer Ablagerung von Hämosiderin in Körpergeweben *(sekundäre H.)* kommt es infolge Eisenüberangebots, z. B. durch starken Blutzerfall bei perniziöser Anämie, nach häufigen Bluttransfusionen, nach übermäßiger Eisenzufuhr.

Hämocyanin (Hämozyanin), kupferhaltiges Chromoproteid von sehr hoher Molekularmasse (bis 7 Mill.), das bei wirbellosen Tieren (z. B. Tintenfischen, Schnecken, Krebsen, Spinnentieren) als Blutfarbstoff fungiert.

Hämodialyse ↑ künstliche Niere.

Hämoglobine (rote Blutfarbstoffe), umfangreiche Gruppe von Chromoproteiden, die im Tierreich die verbreitetsten Atmungspigmente sind und im allg. aus mehreren miteinander verknüpften Hämen als Farbstoffkomponente und einem artspezif. Globin als Proteinanteil bestehen. I. e. S. versteht man unter **Hämoglobin** (Abk. Hb) das als färbender Bestandteil in den roten Blutkörperchen des menschl. Bluts enthaltene Chromoproteid dieser Art. Die Funktion der H. besteht sowohl darin, in den Atmungsorganen Sauerstoff aufzunehmen und an die Orte des Verbrauchs im Körpergewebe zu transportieren und dort abzugeben, als auch das dort gebildete Kohlendioxid aufzunehmen und dieses den Atmungsorganen zuzuführen, wo es nach außen freigesetzt wird. Bei vielen Wirbellosen tritt das Hämoglobin frei im Blutplasma auf. Bei den Wirbeltieren sind die H. ausschließlich an die roten Blutkörperchen gebunden; sie bestehen hier aus 4 Untereinheiten, die jeweils aus einer Hämgruppe und einer Polypeptidkette aufgebaut sind und von denen je zwei gleich sind. Das menschl. Hämoglobin hat ein Molekulargewicht von etwa 68 000, seine α-Kette enthält 141, seine β-Kette 146 Aminosäuren bekannter Sequenz. – Kohlenmonoxid wird von den H. wesentlich fester gebunden als Sauerstoff und verdrängt diesen, worauf die große Giftigkeit schon geringer CO-Mengen beruht. – Bei den meisten Säugetieren unterscheidet sich das fetale vom mütterl. Hämoglobin durch eine höhere Bindungsfähigkeit für Sauerstoff, wodurch die O_2-Versorgung des Fetus sichergestellt wird. – 5,5 l menschl. Blutes enthalten etwa 745 (bei der Frau) bis 820 g (beim Mann) H. Ein zu niedriger H.gehalt führt zur ↑ Anämie.

Lionel Hampton

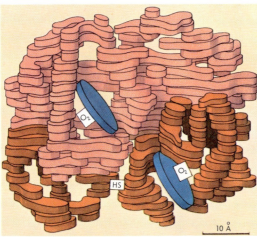

Hämoglobine. Vollständiges Modell eines Hämoglobinmoleküls, die blauen Scheiben stellen zwei Hämgruppen dar

Hämoglobinopathien [griech.], Sammelbez. für auf erbl. Degeneration des Hämoglobins beruhende Blutkrankheiten.

Hämoglobinurie [griech./lat./griech.], Auftreten von Blutfarbstoff im Harn als Folge eines Zerfalls roter Blutkörperchen; u. a. bei schweren Vergiftungen und Infektionskrankheiten.

Hämogramm, svw. ↑ Blutbild.

Hämolymphe, meist farblose Körperflüssigkeit wirbelloser Tiere ohne geschlossenen Blutkreislauf (z. B. Weichtiere, Gliederfüßer). In ihrer Funktion entspricht die H. dem Blut der Wirbeltiere.

Hämolyse [griech.], mechanisch, chemisch (Toxine, Antikörper) oder durch Strahlung bewirkte Zerstörung der Hüllmembran der roten Blutkörperchen mit nachfolgendem Austritt von rotem Blutfarbstoff (Hämoglobin).

hämolytische Anämie [griech.] ↑ Anämie.

Hämophilie [griech.], svw. ↑ Blutkrankheit.

Hämoptyse (Hämoptoe) [griech.], svw. ↑ Bluthusten.

Hämorrhagie [griech.], svw. ↑ Blutung.

hämorrhagische Diathese (Blutungsübel), Sammelbez. für alle mit erhöhter Blutungsneigung einhergehenden Erkrankungen.

Hämorrhoiden [zu griech. haimorrhoídes, eigtl. „Blutfluß"], sackartige, zuweilen knotenförmige Erweiterungen der Venen im unteren Mastdarm- und Afterbereich. H. entstehen meist auf der Grundlage einer anlagebedingten Bindegewebsschwäche durch Druckerhöhung im Bauchraum, also etwa durch Pressen (bes. bei hartem Stuhlgang). **Äußere Hämorrhoiden** sitzen außerhalb des Afterschließmuskels. Sie schwellen beim Pressen gewöhnlich zu weichen Knoten an. **Innere Hämorrhoiden** sind innerhalb des Afterschließmuskels lokalisiert. Anfangs machen innere H. keine Beschwerden, doch bluten sie häufig, v. a. bei hartem Stuhl. Die Behandlung besteht zunächst in einer Stuhlregulierung (viel Bewegung, ballaststoffreiche Kost) und der Anwendung schmerzlindernder und entzündungshemmender Zäpfchen oder Salben. Bei stärkerer Ausprägung ist eine Verödung durch Injektion oder die operative Entfernung erforderlich.

Hämosiderin [griech.], eisenhaltiger Proteinkomplex, der durch Zerfall des Blutfarbstoffs nach Blutaustritt ins Gewebe entsteht; findet sich auch in Organen, v. a. in Leber und Milz, und dient als Eisenspeicher.

Hämostase [griech.], svw. ↑ Blutstillung.

Hämothorax [griech.], svw. ↑ Hämatothorax.

Hämozyten [griech.], Blutkörperchen (↑ Blut).

Hampe, Karl, *Bremen 3. Febr. 1869, †Heidelberg 14. Febr. 1936, dt. Historiker. – Ab 1903 Prof. in Heidelberg; schrieb, ausgehend von krit. Quellenforschung zur ma. Geschichte, u. a. „Dt. Kaisergeschichte in der Zeit der Salier und Staufer" (1909), „Herrschergestalten des dt. MA" (1927).

Hampel, Gunter, *Göttingen 31. Aug. 1937, dt. Jazzmusiker (Vibraphon, Klarinette, Saxophon, Flöten, Klavier). – Mit seiner „Galaxy Dream Band" einer der bekanntesten Vertreter des Free Jazz.

Hampshire [engl. 'hæmpʃɪə], südengl. Grafschaft.

Hampton, Lionel [engl. 'hæmptən], *Louisville (Ky.) 12. April 1909(?), amerikan. Jazzmusiker (Schlagzeuger, Vibraphonist, Sänger, Pianist und Orchesterleiter). – Als Mgl. des Benny-Goodman-Quartetts (1936 bis 1940) führte H. erstmals das Vibraphon als vollgültiges Jazzinstrument ein. 1940 gründete er ein sehr populäres Orchester, mit dem er v. a. Rhythm and Blues und Swing spielte.

Hampton [engl. 'hæmptən], Ind.- und Hafenstadt am N-Ufer der **Hampton Roads** (sö. Teil des Ästuars des James River), Virginia, USA, 122 600 E. NASA-Forschungszentrum; Lkw-Montagewerk. – H. ist die älteste von Engländern gegr. Dauersiedlung in den USA (1610), 1887 zur City erhoben.

Hampton Court [engl. 'hæmptən kɔːt], königl. Schloß im SW Londons. 1514–22 von Kardinal Wolsey erbaut, 1526 als Geschenk an Heinrich VIII.; bis in die Regierungszeit Georgs II. Residenz. Im Auftrag Wilhelms III. 1689 ff. Umbau von Schloß und Garten durch C. Wren.

Hamra, Al Hammada Al, Steinwüste im westl. Libyen, zw. Dschabal Nafussa und Edeien Ubari; Erdölvorkommen.

Hamster [slaw.] (Cricetini), Gattungsgruppe 5–35 cm körperlanger Nagetiere (Fam. Wühler) mit 16 Arten in Eurasien; Körper gedrungen mit mäßig langem bis stummelartigem Schwanz und meist großen Backentaschen, in denen die Tiere Nahrungsvorräte (v. a. Getreidekörner) für den Winterschlaf in ihre unterird. Wohnbauten eintragen. – In M-Europa kommt nur die Gatt. Cricetus mit dem **Feldhamster** (Schwarzbauch-H., H. im engeren Sinne, Cricetus cricetus) als einziger Art vor; Körper bis über 30 cm lang, Rücken und Körperseiten bräunlich, Kopf rötlichgelb, mit großen weiß. Flecken an Maul, Wangen und vorderen Körperseiten. Der Feld-H. unterbricht seinen Winterschlaf etwa alle 5 Tage, um zu fressen. Zu den H. gehört auch der **Goldhamster** (Mesocricetus auratus), etwa 18 cm lang, Schwanz rd. 1,5 cm lang; Fell oberseits grau bis goldbraun, Bauchseite weißlich, an Kehle und Halsseiten helle Zeichnung. Alle heute gehaltenen Gold-H. stammen von der 1930 bei Aleppo (Syrien) gefangenen Unterart Syr. Gold-H. ab. Der Gold-H. wird im Alter von 8–10 Wochen geschlechtsreif, hat bis 7 oder 8 Würfe mit durchschnittlich 6–12 Jungen im Jahr (Tragezeit 16–19 Tage) und wird etwa zwei bis vier Jahre alt. Als **Zwerghamster** bezeichnet man einige Gatt. bes. kleiner H. in Asien und SO-Europa.

Hamsun, Knut, eigtl. K. Pedersen, *Lom (Oppland) 4. Aug. 1859, †Nørholm bei Grimstad 19. Febr. 1952, norweg. Schriftsteller. – Harte Jugend; kritisierte die amerikan. Lebensweise und stellte ihr eine bäuerlich-aristokrat. Lebenshaltung entgegen; verklärte das Bauerntum und den freien Vagabunden. Begrüßte 1941 den Einmarsch dt. Truppen in Norwegen. Wurde 1947 wegen Landesverrats verurteilt. 1920 Nobelpreis. – *Werke:* Hunger (R., 1890), Mysterien (R., 1892), Neue Erde (R., 1893), Pan (R., 1894), Victoria (Nov., 1898), Schwärmer (R., 1904), Segen der Erde (R., 1907), Landstreicher (R., 1927), August Weltumsegler (R., 1930).

H., Marie, geb. Andersen, *Elverum (Hedmark) 19. Nov. 1881, †Nørholm bei Grimstad 5. Aug. 1969, norweg. Schriftstellerin. – ∞ seit 1909 mit Knut H.; schrieb die vielbeachtete Kinderbuchreihe über die „Langerudkinder".

Han, chin. Dyn., ↑chinesische Geschichte.

Han, Ulrich (Udalricus Gallus), *Ingolstadt um 1425, †Rom 1479 (1480?), dt. Buchdrucker in Rom. – Druckte 1467–78 in Rom über 110 Schriften. War der zweite Drucker, der Holzschnitte (1467), und der erste, der Musiknoten druckte.

Hanafiten ↑Hanefiten.

Hanau, ehem. Gft. Die Herren von Dorfelden (1166 erwähnt) nannten sich seit 1191 nach der Burg H. (am Main) und wurden 1429 Reichsgrafen; 1736 erloschen. 1458 bis 1625 Gft.teilung in die ältere Linie **Hanau-Lichtenberg,** die 1480 Besitzungen v. a. im Untersaß erbte (1736 an Hessen-Darmstadt; elsäss. Gebiete 1697 an Frankreich; rechtsrhein. Gebiete 1803 an Baden), und die Linie **Hanau-Münzenberg** (1736 an Hessen-Kassel).

H., hess. Stadt am Untermain, 104 m ü. d. M., 83 400 E. Verwaltungssitz des Main-Kinzig-Kr., staatl. Zeichenakad., Histor. Museum; auf Grund der Lage im Rhein-Main-Gebiet ein bed. Ind.standort (u. a. Reifenwerke, Nukleartechnik, Quarzlampen-, Schmuckherstellung). – Neben der vor 1143 errichteten Wasserburg Hagenowa entstand im 13. Jh. der Ort H. (1303 Stadtrecht), dem 1597 in der Neustadt angesiedelte Niederländer und Wallonen Wohlstand brachten. 1736 an Hessen-Kassel. – Nach schweren Zerstörungen im 2. Weltkrieg wieder aufgebaut bzw. erhalten: u. a. spätgot. Marienkirche (15./16. Jh.), Wallon.-Niederl. Kirche (17. Jh.), Altstädter Rathaus (1537/38; heute Dt. Goldschmiedehaus), Neustädter Rathaus (18. Jh.); Schloß Philippsruhe (18. Jh.), Wilhelmsbad mit klassizist. Parktheater (18. Jh.).

Hanbaliten, Anhänger der von ↑Ahmad Ibn Hanbal begründeten (wenig verbreiteten) Schulrichtung der islam. Gesetzeslehre; in Moralfragen die rigoroseste Haltung einnehmend.

Hancock, Herbert Jeffrey (Herbie) [engl. 'hæŋkɔk], *Chicago 12. April 1940, amerikan. Jazzmusiker (Keyboardspieler, Komponist). – Spielte u. a. bei M. Davis (1963–68); gründete 1968 seine eigene Combo; einer der führenden Jazzpianisten; hatte seit den 1970er Jahren zahlr. Schallplattenerfolge mit einem Soul-Funk-Jazz; auch Filmmusiken (u. a. zu „Blow up").

Hand [zu althochdt. hant, eigtl. „die Greiferin"] (Manus), Bez. für den unteren (distalen) Abschnitt des Arms beim Menschen und bei Menschenaffen. Die H. ist über das **Handgelenk** (ein Kugelgelenk mit zahlr. Nebengelenken durch die Verschiebbarkeit der H.wurzelknochen) mit Speiche und Elle verbunden. Das H.skelett hat insgesamt 27 Knochen mit 36 gelenkigen Verbindungen. Man unterscheidet an der H. die ↑Handwurzel, die Mittel-H. (↑Mittelhandknochen) und die ↑Finger.

Im *Rechtsleben* des MA, dessen Schriftwesen noch unterentwickelt war, kam der H. in Rechtsbrauchtum und Symbolik als Zeichen der bestimmenden Gewalt bes. Bed. zu; in diesem Zusammenhang stehen z. B. Handfeste, -geld, -gemal, -lehen, -schlag, -schuh; ärgere H., linke H., Schwur-H., tote Hand.

Handarbeit, körperl. Arbeit, in Abgrenzung zur geistigen Arbeit (Schreibtischarbeit) oder zur maschinellen Fertigung.
▷ zusammenfassende Bez. für nicht maschinell, handwerklich hergestellte Arbeiten aus textilen Stoffen, z. B. Stickerei, Strick-, Häkel-, Filet-, Knüpf-, Durchbrucharbeit, Applikationen und Spitze.

Handauflegung (Cheirotonie), religionsgeschichtlich weit verbreiteter Gestus mit Auflegen der Hände oder einer Hand, der generell der Übermittlung des Segens dient, aber auch der Heilung und der Weihe bei der Übertragung eines priesterl. oder herrscherl. Amtes (z. B. bei der Firmung [kath. Kirche] und bei den höheren Weihen [kath., anglikan. und östl. Kirchen]).

Handball, urspr. als **Großfeldhandball** auf Rasenplätzen von 110 m × 65 m Größe mit Fußballtoren und Torräumen von 13 m Radius betriebenes Torspiel zweier Mannschaften von je elf Spielern (ein Torwart und zehn Feldspieler), jetzt ohne Bedeutung; heute ausschließlich im Freien oder in Hallen gespieltes Kleinfeldspiel (**Kleinfeldhandball, Hallenhandball**) zw. zwei Mannschaften von sieben Spielern (ein Torwart und sechs Feldspieler) sowie fünf ständigen Auswechselspielern. Das ideale Spielfeld ist 40 m × 20 m groß, die Tore haben die lichten Maße von 3 m × 2 m, der Torraum wird 6 m vor der Grundlinie markiert, um die Torpfosten schließen sich Viertelkreise an. Der Hohlball ist 425–475 g schwer und hat 58–60 cm Umfang (für Männer) bzw. 54–60 cm Umfang und 325–400 g Masse (für Frauen). Die Spielzeit beträgt 2 × 30 Minuten. Unentschieden endende Pokal- und Entscheidungsspiele werden unter Umständen um 2 × 5 Minuten verlängert. Der Ball muß nach einer Aufnahme (Festfassen des Balles) abgespielt, darf aber unbegrenzt geprellt und muß alle drei Schritte (oder Sekunden) getippt werden. Es gibt kein Abseits, der Torraum darf von den Feldspielern nicht betreten werden. Verboten ist die Ballberührung mit Unterschenkel oder Fuß.

Handbremse ↑Bremse.

Handbuch, systemat. und/oder lexikal. Nachschlagewerk für ein bestimmtes Sachgebiet.

Hamster. Links: Feldhamster. Rechts: Goldhamster

Knut Hamsun

Herbie Hancock

Hanau Stadtwappen

Handbuchbinderei

Georg Friedrich Händel. Anfang des „Halleluja" aus dem Oratorium „Messias", Autograph

Handbuchbinderei ↑ Buchbinderei.
Handdruck, eines der ältesten Textildruckverfahren, bei dem die Farbe mittels Models per Hand auf den Stoff gebracht wird.
Handel, 1. die Beschaffung von Waren und deren Verkauf, ohne daß eine nennenswerte Veränderung an den Waren stattfindet, i. w. S. jeder Austausch von wirtsch. Gütern; 2. die Gesamtheit der Handelsbetriebe. Nach dem Merkmal der Abnehmergruppe und der Absatzmenge wird zw. Groß-H. und Einzel-H. unterschieden. Großhandelsbetriebe setzen ihre Waren an Wiederverkäufer oder Weiterverarbeiter (Produzenten) ab, Einzelhandelsbetriebe verkaufen ihre Waren an Verbraucher oder Produzenten in relativ kleinen Mengen. Nach dem Kriterium des Absatzgebiets wird zw. Binnen-H. und Außen-H. unterschieden.
Geschichte: Von bes. geschichtl. Interesse ist die Entwicklung des Fern-H., die wohl bereits im 4. Jt. v. Chr. von Mesopotamien aus ihren Anfang nahm. Mit der weiteren Ausdehnung des Fern-H., der nacheinander von den Kretern, Phönikern, Griechen und Karthagern beherrscht wurde, wurden auch Indien, der westl. Mittelmeerraum und – insbes. durch die Karthager – die europ. Atlantikküste sowie die westafrikan. Küste einbezogen. Mit der Entstehung des röm. Weltreiches erfuhr der Fern-H. einen großen Aufschwung, weniger durch H.aktivitäten Roms selbst als vielmehr durch die entstehende Sicherheit der H.wege und die Vereinheitlichung von Münzen, Maßen und Gewichten. Nach dem vorübergehenden Rückgang des H. während der Zeit der Völkerwanderung gewannen die neuen Fernhandelsverbindungen, die einerseits bis nach Indien und China, andererseits durch Europa in den slaw. Osten reichten, zunehmend an Bedeutung. Im MA konzentrierte sich der Fern-H. v. a. auf die neu entstandenen Städte, insbes. in Italien, aber auch z. B. Augsburg und Nürnberg in Süddeutschland. Im Norden wurde zu dieser Zeit der H. u. a. von der ↑ Hanse beherrscht. Von großer Wichtigkeit für die Entwicklung des Fern-H. war die Entdeckung des Seewegs nach Ostindien und die Entdeckung Amerikas. Die H.zentren verlagerten sich mehr nach W-Europa. Spanien und Portugal, die zunächst ein Monopol auf den überseeischen H. hatten, erhielten Konkurrenz durch engl. bzw. brit. ↑ Handelskompanien, aber auch von niederl. Kaufleuten. Der moderne, alle Länder einbeziehende ↑ Welthandel entwickelte sich mit der durch die industrielle Revolution bewirkten Steigerung der Produktion und den zu dieser Zeit stattfindenden Umwälzungen im Verkehrs- und Nachrichtenwesen. – ↑ Handelsstraßen.

Georg Friedrich Händel
(Ausschnitt aus einem Schabkunstblatt, um 1750)

Händel, Georg Friedrich (engl. Handel), *Halle/Saale 23. Febr. 1685, †London 14. April 1759, dt. Komponist. – H. war in Halle/Saale Schüler von F. W. Zachow und erhielt dort 1702 seine erste Organistenstelle. 1703 wurde er Geiger und bald darauf „maestro al cembalo" an dem von R. Keiser geleiteten Hamburger Opernhaus. 1705 entstand seine erste Oper „Almira". 1707–09 bereiste H. Italien. 1710 wurde er kurfürstl. Kapellmeister in Hannover und reiste nach London, wo die Aufführung seiner Oper „Rinaldo" (1711) zu einem großen Erfolg wurde. Im Herbst 1712 ließ er sich endgültig in England nieder (1727 naturalisiert). Neben Opern entstanden in der ersten Londoner Zeit das „Utrecht Te Deum and Jubilate" und die „Ode for the birthday of Queen Anne" (beide 1713). 1719 erhielt er den Auftrag, ein königl. Opernhaus (Royal Academy of Music) zu gründen, für das zw. 1720 und 1728 14 italien. Opern entstanden, u. a. „Radamisto" (1720), „Giulio Cesare" (1724), „Tamerlano" (1724), „Rodelinda" (1725), „Scipione" (1726), „Admeto" (1727). Diese Werke machten H. in ganz Europa berühmt. 1728 mußte sich das königl. Opernunternehmen wegen wirtschaftl. Mißerfolge auflösen. In der Folgezeit versuchte H. noch zweimal, sich durch Neugründungen der Konkurrenten G. B. Bononcini, N. Porpora und J. A. Hasse zu erwehren. Schließlich zwang ihn 1737 der gesundheitl. Zusammenbruch endgültig zur Aufgabe des Unternehmens. Seit etwa 1740 widmete sich H. mehr und mehr der Komposition von Oratorien. Unter den 22 Werken dieser Gattung ist der „Messias" (1742) dasjenige, das im 19. Jh. zum Standardwerk der Chorvereine wurde. H. trat auch wieder stärker als Organist an die Öffentlichkeit, u. a. mit Orgelkonzerten, in denen er große Teile während der Aufführung improvisierte. 1743 entstand das „Dettinger Te Deum" zur Feier des Sieges König Georgs II. über die Franzosen und anläßlich des Aachener Friedens von 1748 die „Feuerwerksmusik" (1749). Während der Komposition an seinem Oratorium „Jephta" (1751/52) erblindete Händel.
Mit der genialen Beherrschung der musikal. Ausdrucks- und Stilmittel sowie der überkommenen Formen seiner Zeit führte er in der Instrumentalmusik den italien. Sonaten- und Konzertstil, auf musikdramat. Gebiet die italien. Barockoper und das Oratorium zu einer Vollendung, die ihm als erstem dt. Musiker Weltruf verschaffte.
Weitere Werke: Opern: Agrippina (1709), Il pastor fido (1712, 1734), Ottone (1723), Ezio (1732), Orlando (1733), Arianna (1734), Alcina (1735), Atalanta (1736), Serse (1738, darin das bekannte „Largo"), Deidamia (1741). – *Oratorien:* Esther (1718, 1732), Deborah (1733), Athalia (1733), Saul (1739), Israel in Ägypten (1739), Samson (1743), Belsazar (1745), Judas Makkabäus (1747). – *Sonstige Vokalwerke:* Acis und Galatea (1718), Alexanderfest (1736), Cäcilienode (1739), L'allegro, il pensieroso ed il moderato (1740), Hercules (1745); Johannes-Passion (1704), Passion nach Brockes (1716); 22 Anthems (darunter 12 Chandos Anthems, 4 Coronation Anthems); Italien. Duette, Trios, Kantaten; 9 Dt. Arien (1729). – *Instrumentalwerke:* 6 Concerti grossi op. 3 (1733), 12 Concerti grossi op. 6 (1739), Wassermusik (1717), 3 Concerti für Doppelorchester (1747/48), etwa 20 Orgelkonzerte; zahlreiche Trio- und Solosonaten (u. a. für Violine, Oboe, Block- und Querflöte); über 20 Klaviersuiten.
Handel-Mazzetti, Enrica (Freiin von), *Wien 10. Jan. 1871, †Linz 8. April 1955, östr. Schriftstellerin. – Ihr religiös-humanist. geprägter histor. Roman „Meinrad Helmpergers denkwürdiges Jahr" (1900) ist dem östr.-kath. Barock verpflichtet.
Handeln, Sonderform tier. und menschl. Verhaltens als Ausführung einer instinktiv und/oder intelligenzmäßig gesteuerten und somit wohlkoordinierten und zielgerichteten Tätigkeit. *Soziales H.* entsteht, sofern H. mehrerer (Individuen, Gruppen, Organisationen, Institutionen) aufeinander bezogen wird. Relativ regelmäßige, in bestimmten Situationen wiederkehrende und darum von den Beteiligten abschätzbare, vorhersehbare Abfolgen des H. lassen Strukturen des H. und so Gesellschaft entstehen.

Handelsakademien, in Österreich berufsbildende höhere Schulen des kaufmänn. Bildungswesens. Sie bauen in der Normalform auf dem Hauptschulabschluß auf und führen in fünf Jahren zu einem qualifizierten Abschluß.

Handelsbilanz, 1. ↑Zahlungsbilanz; 2. die durch § 242 HGB vorgeschriebene und nach handelsrechtl. Vorschriften aufgestellte Jahresbilanz.

Handelsbrauch, kaufmänn. Verkehrssitte, auf die zw. Kaufleuten Rücksicht zu nehmen ist. Der H. entsteht durch tatsächl., einverständl. Übung, ist aber kein Gewohnheitsrecht.

Handelsbücher, Bücher, in die ein Vollkaufmann seine Handelsgeschäfte und die Lage seines Vermögens nach den Grundsätzen einer ordnungsmäßigen Buchführung einzutragen verpflichtet ist (§ 238 ff. HGB).

Handelsembargo (Handelssperre) ↑Embargo.

Handelsflagge ↑Flaggen.

Handelsflotte, Gesamtheit der v. a. zur Güterbeförderung eingesetzten Seeschiffe einer nat. Flagge, die in das Seeschiffsregister des betreffenden Staates eingetragen sind. Die Größe der H. wird in der Regel noch in Bruttoregistertonnen (BRT) gemessen. – ↑billige Flaggen.

Handelsgeschäft, 1. Bez. für das Unternehmen eines Kaufmanns; 2. Rechtsgeschäft oder Rechtshandlung eines Kaufmanns, die zum Betrieb seines Handelsgewerbes gehört (§ 343 HGB). Dazu zählen auch für den Kaufmann ungewöhnl. Geschäfte *(Neben-H.)* sowie diejenigen Geschäfte, die zur Einrichtung und Förderung des Unternehmens abgeschlossen werden *(Hilfs-H.).* Ein H. verpflichtet u. a. zur Sorgfalt eines ordentl. Kaufmanns, läßt gewisse Formerfordernisse entfallen, schützt den guten Glauben an die Verfügungsbefugnis und unterliegt dem Handelsbrauch.

Handelsgesellschaft, Gesellschaft, für die Handelsrecht (§ 6 HGB) gilt, weil sie entweder ein Handelsgewerbe betreibt (OHG, KG, Reederei) oder weil das Gesetz ihr ohne Rücksicht auf den Gegenstand ihres Unternehmens die Kaufmannseigenschaft beilegt (AG, KGaA, GmbH, Europ. Wirtsch. Interessenvereinigung). Keine H., obgleich so behandelt, sind Genossenschaften und Versicherungsvereine auf Gegenseitigkeit, die Zusammenschlüsse von H. wie Kartelle, Konsortien.

Handelsgesetzbuch, Abk. HGB, Gesetz vom 10. 5. 1897, in Kraft getreten am 1. 1. 1900; wichtigste Kodifikation des Handelsrechts. Das HGB ist unterteilt in fünf Bücher, die sich wiederum in Abschnitte gliedern (1. Buch: Handelsstand; 2. Buch: Handelsgesellschaften und stille Gesellschaft; 3. Buch: Handelsbücher; 4. Buch: Handelsgeschäfte; 5. Buch: Seehandel).

Handelsgewerbe, jedes Gewerbe, das dem Handelsrecht unterliegt. Man unterscheidet: **Grundhandelsgewerbe** (alle Gewerbe, die infolge ihres Gegenstandes H. sind), **Handelsgewerbe kraft gesetzlicher Fiktion** (alle sonstigen Gewerbe, sofern das Unternehmen nach Art und Umfang einen in kaufmänn. Weise eingerichteten Geschäftsbetrieb erfordert und die Firma des Unternehmers im ↑Handelsregister eingetragen ist); alle Gewerbe von solchen **Gesellschaften,** denen das Gesetz ohne Rücksicht auf den Gegenstand ihres Unternehmens die Kaufmannseigenschaft beilegt.

Handelsgut, Ware, die Gegenstand eines Handelskaufs sein kann.

Handelskammer ↑Industrie- und Handelskammern.

Handelskauf, Kauf von Waren oder Wertpapieren, wenn dies ein Handelsgeschäft ist. Das HGB regelt einige Abweichungen vom allg. Kaufrecht, das im übrigen auch dem H. zugrunde liegt. Die Pflichten der Parteien werden verstärkt, die Abwicklung der Verträge wird vereinfacht und beschleunigt. Der kombinierten Regelung von BGB und HGB gehen allerdings Parteiabreden vor. Von dieser Möglichkeit wird in der Praxis, insbes. durch allgemeine Geschäftsbedingungen, häufig Gebrauch gemacht.

Handelskette, Folge von Betrieben, die eine Ware durchlaufen muß, um vom Erzeuger zum Verbraucher zu gelangen.

▷ Zusammenschluß von Groß- und Einzelhändlern, um günstiger ein- und verkaufen zu können.

Handelsklassen, Qualitätsnormen für land- und fischereiwirtschaftl. Erzeugnisse; die Festlegung von H. soll eine bestimmte Beschaffenheit, Güte und Eigenart der Waren garantieren und die Hersteller zur Qualitätssteigerung anregen. Die H. in Deutschland werden durch RVO oder durch EG-VO festgelegt.

\multicolumn{3}{c}{**Handelsflotten** (1989; in 1000 BRT)}
Land	insgesamt	darunter Tanker
Liberia	47 892	26 667
Panama	47 365	11 418
Japan	28 030	7 879
Sowjetunion	25 854	4 128
Griechenland	21 324	8 229
USA	20 588	7 955
Norwegen	15 597	7 074
VR China	13 514	1 790
Großbritannien	7 646	2 604
Italien	7 602	2 461
BR Deutschland	3 967	283
DDR	1 500	35
Schweiz	220	–

Handelsklauseln (Vertragsklauseln), Abreden in Kaufverträgen, die die Willensentscheide der Vertragsparteien festlegen und die Lieferungs- und Zahlungsbedingungen regeln. H. sind für den internat. Geltungsbereich geregelt in den **Incoterms** (Abk. für: International Commercial Terms), einer Zusammenstellung der im internat. Warenverkehr gebräuchl. Vertragsklauseln. Sie wurden 1936 von der Internat. Handelskammer Paris aufgestellt. Für den nat. Geltungsbereich sind die H. in den **Trade terms** *(Termes commerciaux)* geregelt, die für jedes Land eine einheitl. Auslegung internat. gebräuchl. Lieferbedingungen enthalten. Die Incoterms wurden mit Wirkung vom 1. 7. 1990 neu gefaßt und nach gemeinschaftl. Merkmalen in vier Gruppen unterteilt. *Gruppe E:* Verkäufer stellt die Ware in seinem Betrieb zur Abholung bereit (ab Werk, Abk. EXW); *Gruppe F:* Verkäufer übergibt die Ware dem Frachtführer des Käufers; Verkäufer trägt nicht die Transportkosten (frei Frachtführer, Abk. FCA; frei Längsseite Seeschiff, Abk. FAS; frei an Bord, Abk. FOB); *Gruppe C:* Verkäufer trägt Transportkosten bis zum benannten Bestimmungshafen (Kosten und Fracht, Abk. CFR; Kosten, Versicherung, Fracht, Abk. CIF; frachtfrei, Abk. CPT; frachtfrei versichert, Abk. CIP); *Gruppe D:* Verkäufer trägt Kosten und Gefahr bis zum Eintreffen der Ware im Bestimmungsland (geliefert Grenze, Abk. DAF; geliefert ab Schiff, Abk. DES; geliefert ab Kai [verzollt], Abk. DEQ; geliefert unverzollt, Abk. DDU; geliefert verzollt, Abk. DDP).

Handelskompanien, mit Privilegien, Monopolen und oft auch Territorialhoheitsrechten ausgestattete Gesellschaften, die v. a. im Zeitalter des Merkantilismus den Überseehandel beherrschten. Die Kaufleute, die nach einer bestimmten Richtung Handel trieben, schlossen sich zunächst zu Genossenschaften, Gilden und Hansen zusammen, um gemeinsam Handelsprivilegien an fremden Orten zu erstreben. Die Mgl. einer solchen Kompanie reisten zwar gemeinsam, blieben aber Einzelkaufleute und handelten auf eigenes Risiko. Die Zusammenlegung der Einzelkapitalien erwies sich jedoch als so vorteilhaft, daß die engl. Levantekompanie 1591, die Ostind. Kompanie 1600 und eine Afrikakompanie 1618 auf dieser Basis gegründet wurden. Als engl./brit. H. sind noch die Hudson's Bay Company von 1670 und die 1711–48 bestehende Südseekompanie zu erwähnen. – Die Niederländer entwickelten ihren Kompaniehandel als Antwort auf den span.-portugies. Monopolanspruch. 1602 erteilten die Generalstaaten eine auf 21 Jahre lautende Konzession an die Vereinigte Ostind.

Handelsmakler

Kompanie zum Handel im Bereich zw. dem Kap der Guten Hoffnung und dem Kap Hoorn. – Unter Richelieu wurden die H. zum zentralen Thema für alle maritimen Bestrebungen Frankreichs. J.-B. Colbert gründete bzw. reorganisierte 5 Kompanien. Auch die nord. Staaten Europas besaßen ihre Kompanien. Auf habsburg. Seite gab es u. a. die Ostendekompanie (1719–31), in Preußen sind erwähnenswert die 1772 von König Friedrich II. gestiftete und staatlich geleitete Seehandlungsgesellschaft, die sich bis ins 19. Jh. behauptete, die Rhein.-Westind. (1821–32) und die Sächs. Elb-Amerikan. Gesellschaft (1825–30).

Handelsmakler (Handelsmäkler), Kaufmann, der gewerbsmäßig und ohne festen Auftrag Verträge über Gegenstände des *Handelsverkehrs,* insbes. Waren, Wertpapiere, Versicherungen, vermittelt (§ 93 HGB). Dazu zählen auch **Börsenmakler.**

Handelsmarke, Warenzeichen, das von einem Handelsbetrieb verwendet wird.

Handelsmission ↑ Handelsvertretung.

Handelsmünzen, über das Gebiet des Prägestaates hinaus verbreitete Münzen, die (auch) dem internat. Verkehr dienen; in der Neuzeit v. a. die Mariatheresientaler.

Handelsorganisation, Abk. HO, staatl. Betrieb im Konsumgüterhandel der ehem. DDR. Die HO diente urspr. (gegr. 1948) dem Verkauf von Lebensmitteln und Mangelwaren zu erhöhten Preisen, um den Schwarzmarkt zu bekämpfen und überschüssige Kaufkraft abzuschöpfen, wurde aber nach Verbesserung der Versorgungslage weiter ausgebaut; 1990/91 Umgestaltung und Privatisierung.

Handelspapiere, zum Umsatz und Handel geeignete Wertpapiere. H. müssen demnach einen Markt- oder Börsenpreis haben und leicht übertragbar sein. H. sind Inhaber- und Orderpapiere.

Handelsprivilegien, Vorrechte, die für die Zwecke des Handels erteilt wurden (z. B. das Recht, Zölle und Marktgebühren zu erheben). Im Hl. Röm. Reich vergab diese Privilegien zunächst der König bzw. Kaiser, doch fielen die Vergaberechte zunehmend an die Landesherren und die Städte. Als mit bes. Privilegien ausgestattete Städtegemeinschaft ragte die Hanse heraus. Seit Ende des 16. Jh. wurden v. a. Handelskompanien mit Privilegien ausgestattet, die teilweise Monopolcharakter hatten.

Handelsrecht, Sonderrecht der Kaufleute als Teil des Privatrechts, hauptsächlich im Handelsgesetzbuch sowie in mehreren Nebengesetzen geregelt. Daneben gilt Gewohnheitsrecht sowie der Handelsbrauch. Eine große Bed. haben ↑ allgemeine Geschäftsbedingungen. Das H. stellt keine abgeschlossene, erschöpfende Regelung dar, sondern ist aus dem allg. Privatrecht zu ergänzen. Zum H. gehören auch die öff.-rechtl. Bestimmungen über das Handelsregister, die Handelsfirma (↑ Firma) und die Handelsbücher.

Handelsregister, vom Amtsgericht geführtes öff. Verzeichnis über Vollkaufleute (↑ Kaufmann) und Handelsgesellschaften eines Bezirks. Das H. macht Firmeninhaber, Gesellschafter, Haftungs- und Vertretungsverhältnisse offenkundig. Jedermann kann das H. einsehen; Eintragungen werden auch im Bundesanzeiger und einer örtl. Zeitung bekanntgemacht. Wirkungen der Eintragung im H. gegenüber Dritten: 1. Vor Eintragung und Bekanntmachung kann eine einzutragende Tatsache einem Dritten nur entgegengehalten werden, wenn er sie kannte. 2. Eine richtig eingetragene und richtig bekanntgemachte Tatsache muß ein Dritter gegen sich gelten lassen. 3. Auf eine unrichtig bekanntgemachte Tatsache kann sich ein Dritter berufen, es sei denn, daß er die Unrichtigkeit kannte. Vielfach bestehen *Anmeldepflichten,* deren Erfüllung durch Ordnungsstrafen erzwungen werden kann. Eingetragen werden in Abteilung A des H. Einzelkaufleute und Personengesellschaften, in Abteilung B Kapitalgesellschaften.

Handelsrichter, ehrenamtl. Richter in einer Kammer für Handelssachen. Die H. werden von der Justizverwaltung auf Vorschlag der Industrie- und Handelskammer für drei Jahre ernannt.

Handelsschiffe, im Völkerrecht im Gegensatz zu Kriegsschiffen alle Schiffe, die ausschließlich friedl. Zwecken dienen. Feindl. H. können im Krieg auch dann vom Gegner aufgebracht werden, wenn sie im Privateigentum stehen (↑ Prisenrecht).

Handelsschule, 1. berufsvorbereitende Berufsfachschule auf kaufmänn. Gebiet (meist 2–3 Jahre), eine sich anschließende kaufmänn. Lehre wird um ein halbes Jahr verkürzt; der Abschluß gilt als Fachoberschulreife; 2. meist zweijährige, die Fachoberschulreife oder mittlere Reife voraussetzende *höhere H.;* der Abschluß gilt als Fachhochschulreife.
In *Österreich* sind H. dreijährige mittlere berufsbildende Schulen. Sie ersetzen die Lehrzeit. Sonderform für Berufstätige (drei Jahre). In der *Schweiz* gibt es die auf der Hauptschule aufbauende H., die i. d. R. in 3 Jahren zum Handelsdiplom führt.

Handelsspanne, im Handelsbetrieb die Differenz zw. Verkaufs- und Einkaufs- bzw. Einstandspreis, auch: Rohgewinn.

Handelsstraßen, Verbindungen zw. Handelsplätzen des Fernhandels. Im Altertum und MA wurden die den natürl. Gegebenheiten angepaßten H. (Wege, Pässe, Flüsse; ↑ Weihrauchstraße) für den Handel mit ganz bestimmten Gütern (z. B. Salz, Seide, Bernstein) benutzt. Hervorragend gestaltet war das röm. H.netz. Größere Bed. erlangten seit dem 7. Jh. die Routen in M-Europa. Während der Kreuzzüge verdichteten sich die Seeverbindungen nach dem Orient und von dort die Landrouten nach Asien (Seidenstraßen). Seit dem 13. Jh. gewannen die flandrisch-niederl. Verbindungen nach Oberitalien (über Nürnberg–Augsburg) an Bedeutung. Die Zeit der Hanse intensivierte die Verbindungen nach dem Osten. Die überseeischen Entdeckungsfahrten brachten eine Verlagerung des wirtsch. Schwergewichts vom Mittelmeer an die atlant. Küste. Seit dem 17. Jh. entstanden bed. See-H. nach Asien, Afrika und Amerika durch das Aufblühen der Handelskompanien. Im 19. und 20. Jh. bildete sich mit der Entwicklung neuer Verkehrsträger ein die Welt umspannendes dichtes Netz von Handelswegen.

Handelsvertrag, Vereinbarung zw. Staaten über ihre gegenseitigen außenwirtsch. Beziehungen. Der H. i. e. S. umfaßt v. a. langfristige Regelungen über Handelsfreiheit, Niederlassungsfreiheit im Ausland, Erwerb von Eigentum im Ausland, Schutz der Investitionen im Ausland, gegenseitige Zollvereinbarungen usw. – Kurzfristige H. werden als **Handelsabkommen** bezeichnet.

Handelsvertreter, selbständiger Gewerbetreibender, der für einen oder mehrere andere ständig Geschäfte vermittelt (**Vermittlungsvertreter**) oder in deren Namen Geschäfte abschließt (**Abschlußvertreter**). Der H. bestimmt im wesentlichen frei über seine Tätigkeit und seine Arbeitszeit. Jedoch steht er zum Unternehmer in einem dauernden Vertragsverhältnis. Vom Kommissionär und vom Eigenhändler unterscheidet er sich dadurch, daß er erkennbar im Interesse des Unternehmers handelt. Als Vergütung erhält der H. regelmäßig eine Provision für alle auf seine Tätigkeit zurückzuführenden Geschäfte.

Handelsvertretung, 1. durch Staaten mit Außenhandelsmonopol eingerichtete, mit konsular. Befugnissen ausgestattete Stelle, die der Abwicklung des außenwirtsch. Verkehrs dient; 2. svw. **Handelsmission,** konsular. Vertretung, die insbes. die Förderung der Handelsbeziehungen zum Empfangsstaat wahrnimmt.

Handelswert (gemeiner Handelswert), der im gewöhnl. Geschäftsverkehr bei einem Verkauf zu erzielende Durchschnittspreis.

Händelwurz (Gymnadenia), Gatt. der Orchideen mit elf Arten in Europa und im gemäßigten Asien; Blüten im Blütenstand, Lippe gespornt. In Deutschland die **Mückenhändelwurz** (Gymnadenia conopea) mit rosa bis purpurlila gefärbten Blüten.

Handfeste (mlat. manufirmatio), in der älteren Rechtssprache eine Urkunde, insbes. ein öff.-rechtl. Privileg (z. B. Culmer H.).

Handfeuerwaffen, alle Feuerwaffen, die, im Unterschied zum Geschütz, von einer Person getragen und einge-

Handgranate.
Eierhandgranate

Händelwurz.
Mückenhändelwurz

setzt werden. Zu den H. gehören die Kurz- oder Faustfeuerwaffen mit einer Länge bis 60 cm (Revolver, Pistolen) sowie die Langwaffen mit einer Länge über 60 cm (Gewehre, Maschinenpistolen und -gewehre). I. w. S. zählen zu den H. auch die leichten Formen rückstoßfreier Waffen (v. a. die Panzerfaust), die z. T. auch Flugkörper verschießen.

Handfurchen, svw. ↑ Handlinien.

Handgeld, (Angeld, Drangeld, Treugeld) ma. Gottesheller, Rechtsbrauch der symbol. Anzahlung einer kleinen Geldsumme bei mündl. Abschluß eines Vertrages; bis ins 18. Jh. Werbungsgeld für Söldner.
▷ svw. ↑ Draufgabe.
▷ im Sport der Geldbetrag, der einem Spieler bei Vertragsabschluß von seinem neuen Verein gezahlt wird.

Handgelenk ↑ Hand.

Handgelübde (Handversprechen), in der Schweiz nichtreligiöses, feierl. Versprechen an Eides Statt, in der Verfassung und in Prozeßgesetzen vorgesehen.

Handgemal, im dt. MA vererbl. Stammgut eines edlen, schöffenfähigen Geschlechts.

Handgeräte, zusammenfassende Bez. für die in der Rhythm. Sportgymnastik verwendeten Geräte wie Seil, Reifen, Ball, Keulen, Band.

Handgranate, für das Werfen mit der Hand (Stiel-H. oder Eier-H.) ausgebildeter Wurfkörper für den Nahkampf; gefüllt mit Spreng- oder Brandstoffen; i. d. R. mit Brennzünder (3–6 Sekunden Verzögerung).

Handharmonika, ein Harmonikainstrument, bei dem im Ggs. zum ↑ Akkordeon auf Druck und Zug des Faltenbalgs verschiedene Töne erklingen und die Knopftasten diatonisch angeordnet sind. Speziell wird unter H. das mit einer Gleichtontaste und Hilfstasten für chromat. Töne versehene Instrument (Klubmodell) verstanden, während als **Ziehharmonika** die einfacheren, sog. Wiener Modelle bezeichnet werden.

Handheld [engl. ˈhændhɛld], tragbarer, batteriebetriebener Mikrocomputer; leistungsschwächer als ein Laptop.

Handikap [ˈhɛndɪkɛp; engl.], urspr. Bez. für ein in Irland übl. Tauschverfahren. Im Pferdesport werden bei den **Handikaprennen** die Gewinnchancen dadurch ausgeglichen, daß der Unparteiische (**Handikapper**) leistungsschwächeren Teilnehmern eine Strecken- oder Zeitvorgabe gewährt oder die stärkeren mit einem Gewicht (↑ Ausgleichsrennen) belastet; im Golf svw. ↑ Vorgabe; **gehandikapt,** benachteiligt, behindert.

Handkäse ↑ Käse.

Handke, Peter, *Griffen (Kärnten) 6. Dez. 1942, östr. Schriftsteller. – Wurde bekannt durch seine Provokation der Gruppe 47 (1966) und das unter Einfluß des Beat rhythmisch strukturierte Sprechstück „Publikumsbeschimpfung" (1966). Die grundsätzl. Nichtübereinstimmung von Sprache und Welt ist thematisiert im Titel der Textsammlung „Die Innenwelt der Außenwelt der Innenwelt" (1969), in „Kaspar" (1967) wie in dem Stück ohne Worte „Das Mündel will Vormund sein" (1969). H. versucht in weiteren Prosaarbeiten und monologartigen Stücken Sprach- und Bewußtseinsschablonen in Frage zu stellen, wobei häufig die Beziehungslosigkeit und Einsamkeit des modernen Menschen thematisiert wird.
Weitere Werke: Die Hornissen (R., 1966), Der Hausierer (R., 1967), Die Angst des Tormanns beim Elfmeter (E., 1970), Der kurze Brief zum langen Abschied (R., 1972), Chronik der laufenden Ereignisse (Filmbuch, 1971), Wunschloses Unglück (E., 1972), Falsche Bewegung (Prosa, 1975), Die linkshändige Frau (E., 1976), Das Gewicht der Welt. Ein Journal (1977), Langsame Heimkehr (E., 1979), Die Wiederholung (1986), Versuch über die Jukebox (E., 1990), Versuch über den geglückten Tag (Essay, 1991).

Handkuß, urspr. Zeichen der Verehrung, mit dem sich der Küssende vor dem Geküßten erniedrigt. Die Sitte, v. a. verheirateten Damen die Hand zu küssen, ist in der Barockzeit aus dem span. Hofzeremoniell übernommen worden.

Handlehen ↑ Lehnswesen.

Händler, im Handel tätige Kaufleute, z. B. Einzel-H.; auch im Börsengeschäft tätige Personen.

Handlesekunst (Handwahrsagung, Chiromantie, Chirognomie, Chirologie, Cheirologie), (umstrittene) Fähigkeit, Charakter und Schicksal eines Menschen aus Form und Furchen seiner [Innen]hand zu deuten.

Handlinien (Handfurchen), Beugefurchen in der Haut der Handinnenfläche. Neben kleineren Furchen unterscheidet man bei menschl. H. v. a. **Daumenfurche, Fünffingerfurche** und **Dreifingerfurche.** Die selten vorkommende Vierfingerfurche (↑ Affenfurche) tritt gehäuft bei Chromosomenaberrationen auf.

Handlung, Akt, Vollzug oder Ergebnis eines in der Regel menschl. Tuns, wobei der Handelnde als Subjekt der H. vom H.ziel bzw. von den verschiedenen Objekten der H. zu unterscheiden ist. Die H.fähigkeit (das Zielesetzenkönnen) gehört neben der Redefähigkeit (dem Argumentierenkönnen) seit der Antike zu den wichtigsten Bestimmungen des menschl. Individuums. Ermittlung und Begründung gesamtgesellschaftl. H., H.ziele sowie H.anweisungen bzw. -aufforderungen sind Gegenstand v. a. der Staats- und Rechtsphilosophie. Mit H.theorien (z. B. Lerntheorien, Wahrnehmungstheorie) wird versucht, H.prozesse zu interpretieren.
▷ Geschehnisfolge v. a. in dramat., aber auch in ep. Werken sowie im Film (z. B. Haupt- und Neben-H., äußere und innere Handlung).
▷ im *Strafrecht* eines der vier Glieder in der Definition des Straftatbegriffs, definiert u. a. als ein vom Willen beherrschtes menschl. Verhalten, das als verbotswidriges *Tun* bzw. als gebotswidriges *Unterlassen* der strafrechtl. Bewertung unterliegt. Der strafrechtl. H.begriff, der ein gemeinsames Grundelement aller strafrechtlich relevanten Verhaltensweisen bezeichnen soll, wird seit langem diskutiert. Keine der verschiedenen Auffassungen hat sich bisher durchsetzen können.

Handlungsfähigkeit, die Fähigkeit zum rechtswirksamen Handeln. Sie gliedert sich auf in: 1. die Geschäftsfähigkeit, 2. die Deliktsfähigkeit, 3. die Verschuldensfähigkeit (Einstehenmüssen für schuldhafte Pflichtverletzungen). Die H. setzt die natürl. Fähigkeit zur Willensbildung voraus und fehlt deshalb vielfach Kindern und Entmündigten.

Handlungsgehilfe, Angestellter in einem Handelsgewerbe, der auf Grund entgeltl. Arbeitsvertrages zur Leistung kaufmänn. Dienste verpflichtet ist, z. B. Buchhalter, Kassierer.

Handlungsreisender, entweder ein Handlungsgehilfe (Angestellter) oder ein selbständiger Handelsvertreter.

Handlungsvollmacht, die von einem Voll- oder Minderkaufmann erteilte, nicht in der Prokura bestehende Vollmacht zum Betrieb eines Handelsgewerbes (**Generalhandlungsvollmacht**) oder zur Vornahme einer bestimmten Art (**Gattungshandlungsvollmacht**) oder einzelner zu einem Handelsgewerbe gehöriger Geschäfte (**Spezialhandlungsvollmacht**).

Handmehr, ein vorzugsweise in der schweizer. ↑ Landsgemeinde durch Handaufheben geübtes Verfahren der Mehrheitsermittlung bei der Abstimmung. Das Abstimmungsergebnis wird geschätzt; nur wenn dies nicht mögl. ist, wird ausgezählt.

Handpferd, Bez. für das im Doppelgespann rechts von der Deichsel (von hinten gesehen) eingespannte Pferd.

Handpresse, im Buch- und Steindruck verwendete, von Hand betriebene Abziehpresse zur Herstellung von Probeabzügen, Liebhaberdrucken und Originalgraphik. Auf das gleitende Fundament der H. wird die Druckform gelegt, mit der Handwalze eingefärbt und, mit einem Papierbogen überdeckt, unter den Tiegel geschoben, der von oben den Papierbogen an die Druckform preßt.

Handpuppe, ein Torso aus Kopf (Holz, Papiermasse) und Kostüm mit Armen; die H. wird von Hand (Zeigefinger im Kopf, Daumen und Mittelfinger in den Armen) geführt. Alte Volksbelustigung als Puppenspiel und Kasperltheater.

Handschar (Kandschar, Chandschar) [arab.-türk.], zweifach gebogenes, zweischneidiges, bis 50 cm langes, messerartig auslaufendes Sichelschwert; etwa seit dem

Peter Handke

Handlinien.
1 Daumenfurche;
2 Fünffingerfurche;
3 Dreifingerfurche

Handschar

Handschlag

Bäcker

Bildhauer und Steinmetz

Musikinstrumentenmacher

Schlosser

Tischler

Uhrmacher

Töpfer und Ofensetzer

Zimmerer

Handwerk. Berufszeichen verschiedener handwerklicher Fachverbände

16. Jh. im Vorderen Orient und auf dem Balkan gebräuchlich.

Handschlag, Ineinandergreifen der rechten Hände zweier Vertragspartner zum Zeichen, daß eine getroffene Vereinbarung Rechtskraft erlangt hat.

Handschrift (Abk. Hs., Mrz. Hss.), 1. das handgeschriebene Buch von der Spätantike bis zum Aufkommen des Buchdrucks (in Europa nach 1450); 2. für den Druck bestimmte Niederschrift (Manuskript); 3. eigenhändige Niederschrift überhaupt (Autograph).

Spätantike und MA: Vorläufer sind die ägypt. Totenbücher (Papyrusrollen), die starken Einfluß bis zur spätantike westl. und byzantin. H.kunst ausübten. Geschrieben wurde auf den mit Zirkelstichen und blinden Prägestichen liniierten Pergamentblättern (seit dem 13. Jh. auch Papier) mit Rohrfedern und Tinte. Überschriften und wichtige Stellen im Text wurden durch rote Farbe hervorgehoben (rubriziert), die Anfangsbuchstaben kleinerer Absätze oft abwechselnd blau und rot geschrieben (Lombarden). Anfangsbuchstaben größerer Kapitel (Initialen), Randleistenverzierungen und Illustrationen (↑Buchmalerei) wurden meist von Miniatoren ausgeführt. Pracht-H. wurden v. a. im frühen und hohen MA in den Skriptorien der Klöster, bes. der Benediktiner und Zisterzienser, hergestellt. Wichtige Schreibschulen entstanden u. a. in Vivarium, Luxeuil, Bobbio, Corbie, in Sankt Gallen, auf der Reichenau, in Fulda und Regensburg. In der Renaissance wurden v. a. an den Fürstenhöfen kostbare Handschriften gefertigt.

▷ Niederschlag der durch Gehirnimpulse gesteuerten Schreibbewegung. Die H. ist zwar durch den schriftübl. Normalduktus in ihren Einzelformen festgelegt, sie trägt jedoch schon von Beginn des Schreibenlernens an so individuell charakterist. Züge, daß handgeschriebene Zeichen, insbes. der handgeschriebene Eigenname (Unterschrift), Rechtsverbindlichkeit erlangen konnten. Darüber hinaus ist die H. ein Phänomen des Persönlichkeitsausdrucks.

Handschriftenkunde, Wiss., die Mittel zur Datierung und Zuordnung zu Schreibstuben von alten Handschriften bereitstellt (z. B. Analyse des Einbandes, des Beschreibstoffes, der Schrift, der Interpunktion, des Bildschmucks).

Handschuhe, Bekleidung für die Hände, in ihrer ursprüngl. Form sackartig, dann mit gesondertem Daumenteil **(Fausthandschuh),** schließlich als **Fingerhandschuhe.** Alle diese Formen waren bereits in der Antike bekannt. Im MA wurden lederne **Stulpenhandschuhe** bei der Jagd getragen, **Eisenhandschuhe** beim Kampf. Im MA waren H. Herrschaftszeichen der Könige, sie gehörten zur Amtstracht der Päpste. In der **Frauenmode** wurden sie erst im 15. Jh. eingebürgert. Eine Neuerung der 19. Jh. waren die **Halbhandschuhe,** die die Fingerspitzen unbedeckt ließen.

Handstand, Turnübung, bei der der Körper mit dem Kopf nach unten, bei ausgestreckten Armen auf die Hände gestützt, im Gleichgewicht gehalten wird.

Hand- und Spanndienste, Fronen, die als Handarbeit und als Dienste mit zu stellenden Zugtieren zu leisten waren.

Handvermittlung, manuelle Herstellung von Fernsprech- und Fernschreibverbindungen.

Handwaffen, Sammelbez. für blanke Waffen und Handfeuerwaffen.

Handwerk, 1. nach der Handwerksordnung ein Gewerbe, das handwerksmäßig betrieben wird und das im Verzeichnis der Gewerbe, die als H. betrieben werden können, aufgeführt ist. Die Abgrenzung zw. Ind. und H. ist mitunter schwierig. Wesentl. **Merkmale** des Handwerks im Vergleich zur Ind.: geringere Betriebsgröße; geringerer Grad der Technisierung und Arbeitsteilung; persönl. Mitarbeit des Betriebsinhabers; Einzelfertigung auf Grund individueller Bestellung überwiegt, während für die Ind. die Massenfertigung auf Vorrat typisch ist. 2. H. als Bez. für eine Gruppe von Berufen: Von H.berufen wird gesprochen, wenn ein amtl. Berufsbild als Grundlage für die Ausbildung vorliegt. In der H.ordnung sind diejenigen Gewerbe aufgezählt, die handwerksmäßig betrieben werden können. Die Anzahl der H.berufe geht jedoch über diese Aufzählung

Handschrift. Seite aus einer Prachthandschrift des altfranzösischen Heldenepos „Girart de Roussillon" für Philipp den Guten von Burgund, um 1450 (Wien, Österreichische Nationalbibliothek)

hinaus. Die Ausbildung erfolgt nicht nur in H.betrieben, sondern z. B. auch in Industrieunternehmen, öff. Betrieben. 3. H. als Wirtschaftszweig: Unternehmen, in denen die handwerkl. Produktionsweise überwiegt, werden zu dem Wirtschaftszweig H. zusammengefaßt. Abgrenzungskriterium ist die Eintragung in die H.rolle.

Aufbau des Handwerks in der BR Deutschland: Die H.innung als freiwilliger Zusammenschluß selbständiger Handwerker eines H.zweigs in einem Bezirk bildet die Grundlage für den Aufbau der H.organisation. Die Innungen eines Kreises sind zu Kreishandwerkerschaften, H.kammern, Landeshandwerkskammertagen und zum Dt. H.kammertag zusammengeschlossen (regionaler Aufbau). Sie bilden gleichzeitig Landesinnungsverbände, Zentralfachverbände bzw. Hauptverbände und die Vereinigung der Zentralfachverbände (fachl. Aufbau). Die Gesamtvertretung des H. bildet der Zentralverband des Dt. Handwerks.

Geschichte: Bei den Germanen lassen sich kaum Spuren von (gewerbl.) H. feststellen, wenngleich für die Bronzezeit die Ausbildung von Weberei, Töpferei und Bronzegießerei als Gewerbe anzunehmen ist; seit etwa 500 v. Chr. tritt dazu die Tätigkeit des Schmiedes. Im Früh-MA gab es unfreie Handwerker auf grundherrl. Höfen, daneben aber auch schon freies H. in den Städten und auf dem Land (Mühlen). Mit dem Aufblühen des Städtewesens im Hoch-MA organisierten sich die einzelnen H. in ↑Zünften. Seit dem 15. Jh. vollzog sich in gewissen H.bereichen ein allmähl. Übergang vom produzierenden und selbst verkaufenden H. zum ↑Verlagssystem. Im 18. Jh. geriet das H. durch das Entstehen von Manufakturen in eine schwere Krise, die im 19. Jh. durch die industrielle Entwicklung noch verstärkt wurde (↑industrielle Revolution).

Handwerkergenossenschaften, Selbsthilfeeinrichtungen der selbständigen Handwerker, die Mitte des 19. Jh. zur Abwehr der wirtsch. Übermacht industrieller Großbetriebe und später auch des Handels entstanden und die gegenwärtig der wirtsch. Förderung ihrer Mgl. v. a. durch gemeinsamen Einkauf dienen (Einkaufsgenossenschaften). Die Genossenschaften erreichten im Handwerk nicht die gleiche Bedeutung wie in der Landwirtschaft.

handwerksähnliches Gewerbe, Gewerbe, das handwerksähnlich betrieben wird, für das aber keine vollhandwerkl. Ausbildung notwendig ist.

Handwerkskammern, Körperschaften des öff. Rechts zur Vertretung der Interessen des Handwerks. Sie werden von der obersten Landesbehörde jeweils für einen bestimmten Bezirk errichtet. Zu den H. gehören die selbständigen Handwerker in dem Bezirk sowie ihre Gesellen und Auszubildenden.

Handwerksordnung, Abk. HandwO, BG zur Ordnung des Handwerks i. d. F. vom 28. 12. 1965. Die H. vereinheitlichte das in der Gewerbeordnung und in zahlreichen anderen Bestimmungen geregelte Recht des Handwerks. Die H. enthält Vorschriften über die Ausübung des Handwerks, die Berufsbildung im Handwerk, die Meisterprüfung und den Meistertitel sowie über die Organisation des Handwerks.

Handwerksrolle, ein von den Handwerkskammern geführtes Verzeichnis, in das die selbständigen Handwerker mit den von ihnen betriebenen Handwerk einzutragen sind. Ohne Eintragung ist der selbständige Betrieb eines Handwerks nicht gestattet. In die H. wird grundsätzlich nur derjenige eingetragen, der in dem von ihm betriebenen Handwerk oder in einem diesem verwandten Handwerk die Meisterprüfung bestanden hat; Ausnahmebewilligung ist möglich.

Handwühlen (Bipedinae), Unterfam. rd. 20 cm langer Doppelschleichen mit drei Arten in Mexiko; Bodenbewohner mit entwickelten Vorderbeinen, Hinterbeine fehlen.

Handwurzel (Carpus), aus 8 H.knochen (Erbsenbein, Dreiecksbein, Mondbein, Kahnbein, Hakenbein, Kopfbein, kleines und großes Vieleckbein) bestehender, zum Körper hin gelegener Teil der Hand.

Handy, William Christopher [engl. ˈhændɪ], * Florence (Ala.) 16. Nov. 1873, † New York 28. März 1958, amerikan. Jazzmusiker (Komponist, Kornettist und Orchesterleiter). – Wirkte als Leiter von Minstrel Shows und eigener Jazzgruppen sowie als Musikverleger; komponierte u. a. „Memphis Blues" (1912), „Saint Louis Blues" (1914).

Handzeichen, eigenhändiges Zeichen anstelle einer Unterschrift; genügt, wenn es *notariell* beglaubigt ist, der Schriftform.

Handzeichnung, die künstler. Zeichnung (im Unterschied zu vervielfältigter Graphik).
▷ skizzenhafte [techn.] Darstellung, die ohne Zeichengeräte angefertigt wurde.

Hanefiten (Hanafiten), Anhänger der von Abu Hanifa begründeten Schulrichtung der islam. (orth.-sunnit.) Gesetzeskunde mit großzügiger Auslegung des Moralgesetzes.

Hanf (Cannabis), Gatt. der Hanfgewächse mit der einzigen Art **Gewöhnlicher Hanf** (Cannabis sativa) und der Unterart **Indischer Hanf** (Cannabis sativa var. indica) in Indien, im Iran und O-Afghanistan; angebaut v. a. in Indien, Vorderasien und im trop. Afrika; bis 4 m hohe, einjährige, getrenntgeschlechtl. Pflanzen mit fingerförmig gefiederten Blättern. Die Drüsen der Blätter und Zweigspitzen der weibl. Pflanzen liefern ein Harz, das Haschisch. Die harzverklebten getrockneten Pflanzenteile ergeben das Marihuana. Eine Kulturform des Gewöhnl. H. ist der ↑Faserhanf.
Älteste Angaben über den Anbau von H. im frühen 3. Jt. v. Chr. stammen aus China. In Indien wird H.anbau im 9. Jh. v. Chr. erwähnt. In Europa ist H. seit dem 1. Jt. v. Chr. bezeugt.
▷ Fasern aus den Sklerenchymfaserbündeln des Faserhanfs (Cannabis sativa ssp. sativa); etwas länger und gröber als Flachsfasern (Langfasern 1 bis 3 m, Werg 30–40 cm). Sie werden, häufig unter Beimischung anderer Fasern, zu *H.garnen* versponnen.

Hanfgewächse (Cannabaceae), Fam. der Zweikeimblättrigen mit den beiden Gatt. ↑Hanf und ↑Hopfen.

Hänflinge (Carduelis), Gatt. meist kleiner, bräunl. bis grauer Finkenvögel mit sechs Arten auf der Nordhalbkugel; ♂ (bes. zur Brutzeit) mit roten Gefiederpartien. Zu den H. gehören u. a. ↑Berghänfling und der bis 13 cm lange, in Europa, Kleinasien und NW-Afrika vorkommende **Bluthänfling** (Carduelis cannabina); oberseits braun mit grauem Kopf, unterseits gelblichbraun mit rötl. Brust (zur Brutzeit Brust und Stirn blaurot); ♀ unscheinbar. In M- und N-Europa, im nördl. Asien und im nördl. N-Amerika kommt der ebenso große **Birkenzeisig** (Carduelis flammea) vor; hell- und dunkelbräunlich gestreift, mit leuchtend roter Stirn und schwarzem Kehlfleck; ♂ mit rötl. Brust und ebensolchem Bürzel.

Hang, geneigter Teil der Erdoberfläche. Unterschieden werden Berg- und Talhänge, bei ersteren Steil- und Flachhang, bei letzteren der flach geböschte **Gleithang** an der Innenseite einer Flußwindung und der steilkonkave **Prallhang** an der Außenseite.
▷ Haltung am Turngerät, v. a. an Reck, Ringen, Barren, Stufenbarren, bei der sich die Schulterachse immer unterhalb der Gerätachse befindet; alle Gelenke des Körpers sind gestreckt.

Hangar [frz., eigtl. „Schuppen"], Flugzeughalle, Luftschiffhalle.

Hängebahnen, meist elektrisch betriebene Bahnen, bei denen die Fahrzeuge unterhalb von Tragbalken oder Schienen hängen, auf denen ihr Laufwerk rollt; dienen entweder zur Personenbeförderung oder zum Transport von Schüttgut.

Hängebauchschwein, in Vietnam gezüchtete Rasse kleiner, meist schwarzer Hausschweine mit stark durchgebogenem Bauch.

Hängebirke (Betula pendula), in Europa und Asien verbreitete Birkenart; bis 60 m hoch und bis 120 Jahre alt werdender Baum mit weißer, quer abblätternder Rinde; Blätter dreieckig, mit lang ausgezogener Spitze; Blüten meist einhäusig, ♂ Blüten in schon im Herbst erscheinenden Kätzchen, ♀ in grünen, im Frühjahr erscheinenden Kätzchen; Frucht: geflügeltes Nüßchen.

Hängebrücke ↑Brücken.

Hängebuche (Trauerbuche, Fagus sylvatica cv. pendula), Kulturform der Rotbuche mit waagerechten oder bogig nach oben weisenden Hauptästen und meist senkrecht nach unten hängenden Seitenästen.

Hängegleiter, von O. Lilienthal konstruiertes Gleitflugzeug ohne Sitz; heute Fluggerät für das Drachenfliegen.

hangeln, sich im Hang fortbewegen, wobei die Hände abwechselnd weitergreifen.

Hängematte [zu niederl. hangmat, volksetymolog. umgedeutet aus hangen „hängen" und mat „Matte", eigtl. jedoch zu indian. (h)amaca (frz. hamac)], geknüpftes, geflochtenes oder auch gewebtes rechteckiges Ruhenetz zum Sitzen und Schlafen, das, auf starken Tragschnüren ruhend, zw. Pfählen oder Bäumen aufgehängt wird. Heimisch in S- und M-Amerika, sekundär in W-Afrika und wohl auch in Neuguinea. Aus Segeltuch früher auf Schiffen (aus Raumnot) üblich.

hängende Gärten, ein in der antiken Tradition mit dem Namen der assyr. Königin Semiramis verbundenes Bauwerk in Babylon, das auch als Geschenk Nebukadnezars II. an seine Frau. Nebenfrau galt, eines der ↑Sieben Weltwunder. Unsichere Identifizierung mit Ruinen eines terrassierten Innenhofs der Südburg von Babylon (6. Jh. v. Chr.).

Hangendes, in Geologie und Bergbau Bez. für die über einer bestimmten Gesteinsschicht oder einer Lagerstätte liegende, bei ungestörter Lagerung jüngere Schicht. – ↑Geochronologie.

Hängepartie, eine Schachpartie, die in der vorgeschriebenen Zeit nicht beendet werden konnte und zu einem späteren Zeitpunkt fortgesetzt wird.

Hänger, lose fallendes, gürtelloses Kleid.

Hängetal, Seitental, dessen Sohle an der Einmündung höher liegt als die des Haupttales; häufig in glazial überformten Tälern.

Hänflinge.
Oben: Birkenzeisig.
Unten: Bluthänfling

Hanf. Gewöhnlicher Hanf: a männliche blühende Pflanze; b männliche Blüte; c weibliche Pflanze mit Früchten; d weibliche Blüte mit Tragblatt; e vom Tragblatt umgebene Frucht

Hängewerk

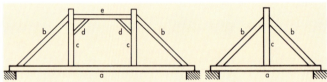

Hängewerk. Einfaches (rechts) und doppeltes Hängewerk (links): a Hängebalken; b Hängestreben; c Hängesäulen; d Streben; e Spannriegel

Hängewerk, aus Holz, Stahl oder Stahlbeton gefertigte Tragkonstruktion, mit der größere Spannweiten bei Dekken und Brücken überspannt werden können. Das H. besteht im wesentlichen aus einem nicht unterstützten, waagerechten Spann- oder Hängebalken, dessen Last z. T. mit Hilfe einer Aufhängevorrichtung über sog. Hängesäulen und Hängestreben auf die Auflager übertragen wird.

Hangö ↑ Hanko.

Hangover [engl. hæŋˈoʊvə], Bez. für Nachwirkungen (ähnlich denen eines Katers) von Medikamenten (bes. von Schlafmitteln), ionisierender Strahlung oder für den Zustand nach exzessivem Alkoholgenuß.

Hangtäter (frühere Bez.: Gewohnheitsverbrecher), ein Täter, der durch wiederholte Ausführung einen Hang zu erkennen gibt, erhebl. Straftaten zu begehen und der dadurch für die Allgemeinheit gefährlich ist (§ 66 Abs. 1 Ziffer 3 StGB). Gegen ihn kann Sicherungsverwahrung angeordnet werden.

Hangtschou [ˈhaŋtʃaʊ] ↑ Hangzhou.

Hangwinde, Luftströmungen an Berghängen, tagsüber als **Hangaufwind,** nachts als **Hangabwind.** Die H. sind Teile eines lokalen Windsystems (Bergwind, Talwind), das sich bei ungestörtem Wetter und kräftiger Sonneneinstrahlung ausbildet.

Hangzhou [chin. xaŋdʒɔu] (Hangtschou), Hauptstadt der chin. Prov. Zhejiang, an der **Hangzhoubucht,** einer trichterförmigen Bucht des Ostchin. Meeres, 1,27 Mill. E. Univ. (gegr. 1959), TU, Observatorium; Seiden-, Papier-, Teeind., Maschinen-, Elektromotorenbau, Erdölraffinerie, Stahl-, chem. Ind. Die Hafenfunktionen sind auf die Schiffahrt auf dem unteren Fuchun Jiang und auf dem Kaiserkanal beschränkt. – Die Stadtentwicklung ist im 6./7. Jh. anzusetzen. Die durch den Überseehandel (S-Amerika, O-Afrika) reich gewordene Stadt erlebte ihre größte Blüte unter dem Namen **Linan** (seit 1129) als Hauptstadt (1138–1276) der Südl. Song(Sung)-Dynastie (1127 bis 1279).

Hanifen [arab.], nach dem Koran diejenigen Gottsucher, die schon in vorislam. Zeit den reinen Glauben, den Gott in ihre Seele einpflanzte, unverfälscht bewahrten und somit „Muslime" vor dem Islam darstellten; insbes. Abraham wird als Hanife betrachtet.

Han Jiang [chin. xandʒiaŋ] ↑ Han Shui.

Hankar, Paul [frz. ãˈkaːr], * Frameries (Hennegau) 10. Dez. 1859, † Saint-Gilles 17. Jan. 1901, belg. Architekt. – Vertreter des belg. Jugendstils, folgte engl. Anregungen.

Hankiang ↑ Han Shui.

Hanko [ˈhaŋkɔ] (schwed. Hangö), finn. Hafenstadt und Seebad, 110 km sw. von Helsinki, 12 100 E. – Seit 1270 als Handelsplatz belegt, seit 1878 Stadt.

Hankou [chin. xankɔu] (Hankow) [ˈhaŋkaʊ], Teil von ↑ Wuhan.

Hann, Julius [Ferdinand] Edler von (seit 1910), * Schloß Haus bei Linz 23. März 1839, † Wien 1. Okt. 1921, östr. Geophysiker. – 1874–97 Prof. in Wien, 1897–1900 in Graz und danach bis 1910 wieder in Wien; leistete bahnbrechende Arbeit auf dem Gebiet der Klimatologie; verfaßte u. a. „Lehrbuch der Meteorologie" (1901).

Hanna (Vulgata: Anna), nach Luk. 2, 36–38 Prophetin am Tempel zu Jerusalem zur Zeit der Geburt Jesu und seiner Darstellung im Tempel.

Hannas (Vulgata: Annas), nach Luk. 3, 2 jüd. Hoherpriester (6–15), von den Römern ein- und abgesetzt; maßgeblich an den Prozessen gegen Jesus und die Apostel Petrus und Johannes beteiligt.

Hänneschen-Theater [ˈhɛnəsçən], Stabpuppenspiel, das sich im Rheinland Anfang des 19. Jh. aus dem volkstüml. Krippenspiel entwickelte. Die Komik entsteht aus dem Ggs. zw. den Bauern (in köln. Mundart), d. h. Hänneschen, Besteva, Bestemo bzw. Mariezebell, Bärbel, Tünnes, Schäl, Manes, Mehlwurm usw., und der Stadtbev. (in gemäßigter Dialektfärbung).

Hannibal [phönik. „Geschenk des Baal"], * 247/246, † Libyssa 183 (Selbstmord), karthag. Feldherr und Staatsmann. – In Spanien nach dem Tod seines Vaters Hamilkar Barkas (229) und seines Schwagers Hasdrubal (221) von den Soldaten zum Oberbefehlshaber gewählt; zerstörte 219 Sagunt und brach durch Überschreitung des Ebro (Mai 218) den Ebrovertrag (226) mit Rom (Anlaß zum 2. Pun. Krieg, 218–201). Der röm. Offensive gegen Spanien kam H. durch Überschreitung der Alpen mit 38 000 Mann, 8 000 Reitern und 37 Elefanten zuvor, schlug die Römer am Ticinus und an der Trebia, vernichtete 217 das Heer des Konsuls Gajus Flaminius am Trasimenischen See, bezwang 216 bei Cannae in einer großangelegten Umfassungsschlacht das zahlenmäßig weit überlegene Heer der Konsuln Lucius Aemilius Paullus und Gajus Terentius Varro und schloß 215 ein Bündnis mit Philipp V. von Makedonien, konnte aber die Römer nicht bezwingen. Diese unterwarfen vielmehr 212/211 ihre abgefallenen Bundesgenossen Syrakus und Capua, was H. durch seinen Zug vor Rom (H. ad portas!) nicht verhindern konnte, und eroberten 211–206 Spanien. 203 wurde H. nach Afrika zurückgerufen, wo er 202 bei Zama von Scipio Africanus d. Ä. kriegsentscheidend geschlagen wurde. 195 floh er vor seinen Gegnern nach Syrien, nach dem röm.-syr. Krieg (192–188) nach Bithynien, wo er sich vergiftete, um einem röm. Auslieferungsantrag zu entgehen.

Hannibal ante portas! [lat. „Hannibal vor den Toren!"], falsch zitierter Schreckensruf der Römer, als Hannibal 211 v. Chr. vor Rom zog. Die richtige Fassung lautet nach Cicero: **Hannibal ad portas!** („Hannibal an den Toren!").

Hann. Münden (bis 1990 Münden), Stadt am Zusammenfluß von Fulda und Werra, Nds., 125 m ü. d. M., 24 700 E. Herstellung von Verpackungsfolien, Gummiwaren und Luftgewehrmunition. – Seit 1182/85 als Stadt bezeugt; verdankt seinen Aufschwung dem Schiffsverkehr auf der Weser, dem 1247 verliehenen Stapelrecht (1823 aufgehoben) und dem Werraübergang. Bis 1866 gehörte die Stadt als *Hannoversch Münden* zum Königreich Hannover. – Got. Sankt-Blasius-Kirche (15. Jh.); Rathaus (1603–19; Renaissanceportal), Schloß (16. Jh., Weserrenaissance; jetzt Städt. Museum) und zahlr. Fachwerkhäuser (15.–19. Jh.).

Hanno, karthag. Seefahrer des 5. Jh. v. Chr. – Segelte mit dem Auftrag, neue Handelswege zu erkunden und Kolonien anzulegen, durch die Straße von Gibraltar, an der afrikan. W-Küste entlang und am Senegal vorbei bis zum Golf von Guinea.

Hannover [...fər], Hauptstadt von Niedersachsen, zw. dem niedersächs. Bergland und dem Norddt. Tiefland, 54 m ü. d. M., 494 900 E. Verwaltungssitz des Landkr. und des Reg.-Bez. H.; Sitz der niedersächs. Landesreg. und zahlr. Behörden; B-Anstalt für Geowiss. und Rohstoffe, Akad. für Raumforschung und Landesplanung; Univ. (1879 bis 1968 TH), medizin. Hochschule, tierärztl. Hochschule, Hochschule für Musik und Theater, Fachhochschulen, Verwaltungshochschule, Max-Planck-Institut für experimentelle Endokrinologie; bed. Museen und Kunstgalerien, mehrere Theater; Kirchenkanzlei der EKD, Kirchenamt der Vereinigten Ev.-Luth. Kirche Deutschlands; Wasser- und Schiffahrtsdirektion, Bergamt; Zoo. Bed. Ind.- und Handelsstadt, u. a. Betriebe der Metall-, Elektro-, Gummi-, Nahrungsmittel-, opt., feinmechan., chem. Ind.; Verwaltungssitz von Ind.konzernen; Verkehrsknotenpunkt (Eisen- und Autobahn, vier Häfen am Mittellandkanal, ✈); Messestadt (seit 1947 Hannovermesse).

Hannibal. Marmorbüste (Neapel, Museo Nazionale)

Hannover Stadtwappen

Geschichte: Am Leineübergang der Handelsstraße Hildesheim–Bremen entstand vor 1100 die Marktsiedlung **Honnovere** (1189 als Stadt bezeichnet, 1241 Bestätigung und Erweiterung der Stadtrechte durch den Hzg. von Braunschweig-Lüneburg). Im 13. Jh. rasche wirtsch. Entwicklung; 1368 Mgl. der Hanse. Im 14. Jh. erhielt H. weitgehende Selbständigkeit vom Stadtherrn, wurde aber 1636 Residenz des welf. Ft. Calenberg. 1837 Residenz des Kgr. H., 1866 Verwaltungssitz der preuß. Prov. H., 1946 Landeshauptstadt.
Bauten: Nach starken Zerstörungen im 2. Weltkrieg Aufbau einer modernen City. Erhalten bzw. wiederaufgebaut u. a. Marktkirche (14. Jh.), Kreuzkirche (1333), Altes Rathaus (15. Jh.), Neues Rathaus (1903–08) am Maschteich, Leineschloß (1742–46; 1817–42 klassizistisch umgebaut; 1959–62 umgebaut als Landtagsgebäude), Opernhaus (1845–52). Im Stadtteil **Herrenhausen** die berühmten Herrenhäuser Gärten mit Gartentheater; Georgenpalais (18. Jh.; heute Wilhelm-Busch-Museum), Mausoleum (1892) u. a. Gebäude des 17.–19. Jahrhunderts.
H., Landkr. in Niedersachsen.
H., Reg.-Bez. in Niedersachsen.
H., histor. Territorium, das auf das welf. Hzgt. Braunschweig-Lüneburg zurückgeht. Kristallisationskern war das Teil-Ft. Calenberg (Residenz H.), das 1635 an das Neue Haus Lüneburg fiel. Ernst August I. (⚭ 1679–98) erwarb 1692 die (9.) Kurwürde, sein Sohn Georg Ludwig (⚭ 1698–1727) erbte 1705 die übrigen lüneburg. Lande und bestieg 1714 den brit. Thron (Georg I.). In H. wurde ein Statthalter eingesetzt. 1720 Erwerb der Hzgt. Bremen und Verden, 1731 des Landes Hadeln. 1757/58 und 1803–13 frz. Besetzung. (1805/06 preuß.) 1807–13 Teil des Kgr. Westfalen. Auf dem Wiener Kongreß erhielt H. Ostfriesland, Hildesheim, Lingen und Meppen, seine Erhebung zum Kgr. (1814) wurde anerkannt. 1819 wurde eine Verfassung (2 Kammern mit nur beratender Stimme) oktroyiert. Der 1830 zum Vizekönig von H. ernannte Adolf Friedrich Hzg. von Cambridge (* 1774, † 1850) ließ eine neue Verfassung ausarbeiten (1833), die nach der Auflösung der Personalunion mit Großbritannien (1837) der neue König Ernst August II. (⚭ 1837–51) für ungültig erklärte (Protest der Göttinger Sieben). Die 1848 erlassene liberale Verfassung wurde 1855 wieder aufgehoben. Nach dem Dt. Krieg annektierte Preußen H. (3. Okt. 1866), das fortan eine Prov. des preuß. Staates bildete; Beschlagnahme des Vermögens der königl. Familie (Welfenfonds). 1946 wurde H. mit Braunschweig, Oldenburg und Schaumburg-Lippe zum Land Niedersachsen zusammengeschlossen.
Hannoveraner [...vər...], früher Bez. für Dt. Reitpferde aus dem Zuchtgebiet Hannover; meist braune Tiere (Widerristhöhe 160–170 cm) mit gutem Springvermögen; Reit-, Renn-, Turnier- und Arbeitspferde.

Hannover. Das 1903–08 erbaute Neue Rathaus am Maschteich, dahinter das Stadtzentrum

Hanoi. Der dem Konfuzius geweihte Tempel der Literatur, jetzige Gestalt im wesentlichen aus dem 15. Jahrhundert

Hanoi [ˈhanɔy, haˈnɔy], Hauptstadt von Vietnam, im Tongkingdelta, als Stadtprov. 2 139 km² mit 2,88 Mill. E. Kath. Erzbischofssitz, Univ. (gegr. 1956) mit land- und forstwirtsch. Hochschule, TH (gegr. 1956), PH, medizin. Hochschule, Kunstakad.; Militärakad.; Wasserbauinstitut u. a. Forschungsinstitute; Museen, Bibliotheken; botan. Garten; zwei Theater; Metall-, Textil-, Nahrungsmittel-, Kunststoff- u. a. Ind.; Verkehrsknotenpunkt, Flußhafen, internat ⚓. – 599 von den Chinesen unter dem Namen **Tong Binh** gegr., wurde die Stadt Zentrum des chin. Tongking; ab 1593 Reg.sitz unter der Ledynastie bzw. den Trinh; 1873 und 1882 von den Franzosen erobert, seit 1883 Verwaltungssitz des Protektorats Tongking, seit 1887 Sitz des Generalgouverneurs von Frz.-Indochina, 1940–45 von den Japanern besetzt, seit 1954 Hauptstadt Nord-Vietnams. Durch die amerikan. Bombenangriffe während des Vietnamkriegs wurde bes. der N der Stadt betroffen. Seit Juli 1976 Hauptstadt von Vietnam. – Bed. Bauten sind u. a. die Ein-Pfeiler-Pagode der Göttin Quan-Âm (Mitte des 11. Jh.) als Nationalheiligtum, der dem Konfuzius geweihte Tempel der Literatur (gegr. 1070; heutiger Zustand im wesentlichen 15. Jh.) und der Quan-thanh-Tempel.
Hanotaux, Gabriel [frz. anɔˈto], * Beaurevoir (Aisne) 19. Nov. 1853, † Paris 11. April 1944, frz. Politiker und Historiker. – 1886–89 Abg., förderte als Außenmin. (1894/95 und 1896–98) die koloniale Ausdehnung Frankreichs (bes. in Afrika) und eine Annäherung an Rußland; verfaßte u. a. „Histoire de la nation française" (15 Bde., 1920–29); 1897 Mgl. der Académie française.
Hans von Aachen ↑ Aachen, Hans von.
Hans von Kulmbach ↑ Kulmbach, Hans von.
Hans von Tübingen, * um 1400–05, † Wiener Neustadt vor Febr. 1462, dt. Maler. – Die ihm zugeschriebenen Werke (umstritten), v. a. „Votivtafel aus Sankt Lambrecht" (um 1425, Graz, Landesmuseum Joanneum), „Kreuztragung" und „Kreuzigung" (Wien, Östr. Galerie), Zeichnungen, Holzschnitte und Glasfenster, gehören zu den Hauptwerken des ↑Weichen Stils in Österreich.
Hansabund, für Gewerbe, Handel und Ind. 1909 gegr. wirtschaftspolit. Vereinigung, die eine liberale, antimonopolist. Wirtschafts- und Finanzpolitik (zunächst v. a. gegen den Bund der Landwirte) durchzusetzen suchte; löste sich Ende 1934 auf.
Hans Adam II., * Zürich 14. Febr. 1945, Fürst von Liechtenstein (seit 1989). – Ältester Sohn des Fürsten Franz Joseph II.
Hans-Böckler-Stiftung, gemeinnützige Stiftung des DGB, gegr. 1954 als „Stiftung Mitbestimmung"; 1977 Zusammenschluß mit der „Hans-Böckler-Gesellschaft" unter dem jetzigen Namen. Ziel der H.-B.-S. sind v. a. gewerkschaftl. Bildungs- sowie die Förderung des Mitbestimmungsgedankens; Sitz Düsseldorf.
Hanse [zu althochdt. hansa „Kriegerschar, Gefolge"], im MA Bez. für Gemeinschaften von Kaufleuten im Ausland zu gemeinsamer Vertretung von Handelsbelangen sowie zu gegenseitigem Schutz.

Gabriel Hanotaux

Hanoi

Hauptstadt von
Vietnam (seit 1976)

·

2,88 Mill. E

·

gegr. 599 unter dem
Namen Tong Binh

·

1954–76 Hauptstadt
Nord-Vietnams

·

Ein-Pfeiler-Pagode
(11. Jh.)

hänseln

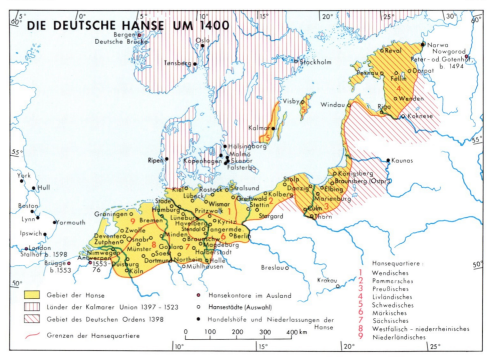

Geschichte: Die Ursprünge liegen in der Privilegierung dt. Kaufmannsgenossenschaften im Ausland. Im Zuge der dt. Ostsiedlung verlagerte sich das Gewicht der H. zunehmend in den Ostseeraum (2. Hälfte des 12. Jh. Niederlassungen in Nowgorod [Peterhof] und Smolensk). Unter der Leitung Lübecks formierte sich ein (erst seit 1356 förml.) Bündnis der westfäl., sächs., wend., pommerschen und preuß. Städte (H.quartiere). In der Folgezeit wurde die H. immer wieder in Kämpfe mit den skand. Herrschern verwickelt. Zur Zeit der größten Blüte, die mit dem Frieden von Stralsund (1370; Sieg über Waldemar IV. von Dänemark) begann, gehörten der H. alle bed. Städte nördlich der Linie Köln–Dortmund–Göttingen–Halle–Breslau–Thorn–Dünaburg–Dorpat an. Mit der Schließung des hans. Kontors von Nowgorod (1494) setzte der Niedergang der H. ein. 1598 wurde das Londoner Kontor (Stalhof) geschlossen. Nach dem Dreißigjährigen Krieg setzten Lübeck, Hamburg und Bremen die hans. Tradition fort (letzter H.tag 1669).
Organisation: Zum Kern der H. zählten 70 (vorwiegend dt.) Städte, weitere 130 Städte gehörten in einem lockeren Rahmen dazu. Leitendes Organ waren die H.tage als Hauptversammlungen der Mgl. Unterste Stufe der hans. Organisation war i. d. R. der Rat der jeweiligen H.stadt.
Handel: Der hans. Handel war überwiegend Seehandel. Die wichtigste Handelsroute verlief entlang der Linie Nowgorod–Reval–Lübeck–Hamburg–London. Handelsgüter waren v. a. Pelze und Wachs aus Rußland und O-Europa, Getreide aus O-Deutschland und Polen, Fisch aus Skandinavien, Salz aus Lüneburg und Frankreich, Wein aus dem Rheinland und aus Frankreich.

hänseln [zu ↑Hanse], necken, zum besten haben; urspr.: jemanden [unter bestimmten (scherzhaften) Zeremonien] in eine Körperschaft aufnehmen.

Hänsel und Gretel, Märchen der Brüder Grimm, in deren Fassung Kinder aus Not von den Eltern im Wald ausgesetzt werden und zu dem Kuchenhaus einer Hexe gelangen, die jene zu verzehren gedenkt. Sie täuschen sie jedoch, und Gretel gelingt es, die Hexe in den Ofen zu schieben. – Einzelne Motive gehen auf Märchen von G. Basile und C. Perrault zurück. Oper von E. Humperdinck (1893).

Hansemann, David, *Finkenwärder (= Hamburg-Finkenwerder) 12. Juli 1790, †Schlangenbad 4. Aug. 1864, preuß. Politiker und Bankier. – Typ. Vertr. des gemäßigten, in der Wirtschaftspolitik weitsichtigen rhein. Liberalismus; März–Sept. 1848 preuß. Finanzmin., 1850/51 Direktor der Preuß. Bank, gründete 1851 eine der ersten dt. Großbanken, die Disconto-Gesellschaft.

Hansen, Christian, *Kopenhagen 20. April 1803, †Wien 2. Mai 1883, dän. Baumeister. – Bruder von Theophil Edvard H.; nahm an der Ausgrabung des Niketempels auf der Akropolis in Athen teil. Erbaute 1837–42 die Athener Univ. in „griech. Stil".

H., Christian Frederik, *Kopenhagen 29. Febr. 1756, †ebd. 10. Juli 1845, dän. Baumeister. – Vertreter eines strengen Klassizismus. Seit 1804 in Kopenhagen, wo er u. a. die Frauenkirche (1811–29) und das Rathaus (1815; seit 1903 Gerichtsgebäude) baute.

H., Hans Christian Svane, *Århus 8. Nov. 1906, †Kopenhagen 19. Febr. 1960, dän. Politiker. – 1945 und 1947–50 Finanz-, 1953–58 Außenmin.; wurde 1955 Vors. der Sozialdemokrat. Partei, 1955–60 Min.präsident.

H., Heinrich, *Klockries (= Risum-Lindholm, Landkreis Nordfriesland) 13. Okt. 1861, †Breklum (Landkreis Nordfriesland) 17. April 1940, dt. luth. Theologe. – Begründete 1918 zus. mit anderen Theologen und Laien die ↑Hochkirchliche Vereinigung.

H., Martin Alfred, *Strøby (Seeland) 20. Aug. 1909, †Kopenhagen 27. Juni 1955, dän. Schriftsteller. – Im Frühwerk Auseinandersetzung mit sozialer Problematik, sein Spätwerk ist von einem religiös gefärbten Existentialismus bestimmt. – *Werke:* Der Lügner (R., 1950), Die Osterglocke (Nov., dt. Ausw. 1953).

H., Theophil Edvard Freiherr von (seit 1884), *Kopenhagen 13. Juli 1813, †Wien 17. Febr. 1891, dän. Baumeister. – Seit 1846 in Wien, wo er mit neuklassizist. Bauten bestimmend für den Wiener Ringstraßenstil wurde, u. a. Musikvereinsgebäude (1867–69), Akad. der bildenden Künste (1872–76), Börse (1874–77), Parlamentsgebäude (1873–83).

Hanser Verlag, Carl ↑Verlage.

Hanshin [jap. hanʃin], i. e. S. die vor dem 2. Weltkrieg entstandene Hafengemeinschaft Kobe-Osaka in Japan;

i. w. S. das Ind.gebiet an der Osakabucht, das nach **Keihin** das zweitwichtigste industrielle Ballungsgebiet Japans ist.

Han Shui [chin. xanʃui] (Han Jiang, Hankiang), linker Nebenfluß des Jangtsekiang in Mittelchina, entspringt im westl. Qin Ling, mündet in Wuhan, rd. 1 500 km lang; im Unterlauf Speicherbecken mit Schiffshebewerke.

Hans im Glück, Schwankerzählung von einem Burschen, der seinen Besitz aus freien Stücken immer wieder gegen einen weniger wertvollen umtauscht, bis er schließlich nichts mehr besitzt, dabei aber glücklich ist.

Hansischer Goethe-Preis, von der ↑ Stiftung F.V.S. 1950 geschaffener, mit 50 000 DM dotierter und mit einem Stipendium von 9 000 DM verbundener Preis für völkerbindende und humanitäre Leistungen. Preisträger: C. J. Burckhardt (1950), M. Buber (1951), E. Spranger (1952), E. Berggraf (1953), T. S. Eliot (1954), G. Marcel (1955), W. Gropius (1956), A. Weber (1957), P. Tillich (1958), T. Heuss (1959), B. Britten (1961), W. Flitner (1963), H. Arp (1965), S. de Madariaga (1967), B. Minder (1969), G. Strehler (1971), A. Lesky (1972), M. Sperber (1973), C. Schmid (1975), W. A. Visser 't Hooft (1977), H.-G. Wormit (1979), A. Tovar (1981), K.-H. Hahn (1985), A. Sauvey (1988), C. F. von Weizsäcker (1989), Goethe-Gesellschaft, Weimar (1991).

Hansjakob, Heinrich, Pseud. Hans am See, * Haslach im Kinzigtal 19. Aug. 1837, † ebd. 23. Juni 1916, dt. Schriftsteller. – Pfarrer. Populärer Volkserzähler, u. a. „Der Vogt auf Mühlstein" (En., 1895), „Bauernblut" (En., 1896), „Waldleute" (En., 1897).

Hanslick, Eduard, * Prag 11. Sept. 1825, † Baden bei Wien 6. Aug. 1904, östr. Musikforscher. – Seit 1861 Prof. in Wien; als Anhänger der Wiener Klassik, Verehrer von Brahms und Gegner Wagners wandte er sich in seinem Buch „Vom Musikalisch-Schönen" (1854) gegen die Gefühlsästhetik und entwickelte die Theorie der ↑absoluten Musik.

Hanson, Duane [engl. hænsn], * Alexandria (Minn.) 17. Jan. 1925, amerikan. Bildhauer. – Minutiös nachgebildete Einzelfiguren und Menschengruppen mit charakterisierender Kleidung und Objekten arrangiert er zu spezifisch sozialen Szenen; auch Environments.

Hansson, Ola, * Hönsinge (Schonen) 12. Nov. 1860, † Büyükdere bei Istanbul 26. Sept. 1925, schwed. Dichter. – Schildert in Gedichten und Erzählungen die heimatl. Landschaft und deren Menschen; bekämpfte Ibsen, Brandes und den Naturalismus; verließ Schweden 1889; im Spätwerk von Nietzsche beinflußt; u. a. „Sensitiva amorosa" (En., 1887).

H., Per Albin, * Fosie (= Malmö) 28. Okt. 1885, † Stockholm 6. Okt. 1946, schwed. Politiker. – Seit 1918 Abg., bis 1925 wiederholt Min.; seit 1925 Vors. der Sozialdemokrat. Partei; 1932–46 Min.präs. (Unterbrechung 1936); verfolgte im 2. Weltkrieg einen strikten Neutralitätskurs.

Hanswurst, dt. Prototyp der kom. Figur oder lustigen Person. Der H. entstand aus der Verschmelzung heim. Figuren mit von engl. Komödianten im 16. und 17. Jh. populär gemachten Clowntypen (↑Pickelhering) und dem ↑Arlecchino der Commedia dell'arte, der in dt. Versionen Harlekin hieß und in Stegreifspielen **(Harlekinade, Hanswurstiade)** nach dem ernsten Stück („Hauptaktion") auftrat. Er wurde von Gottsched bekämpft und von der Theatertruppe der Neuberin in einem allegor. Spiel von der Bühne verbannt.

Hantel [niederdt., eigtl. „Handhabe"], Sportgerät aus zwei durch Stange oder Griff verbundenen unveränderlichen Gewichten; Verwendung als *Freiübungs-* oder *Kugel-H.* in der Gymnastik, als *Kurz-* oder *Lang-H.* zum Konditionstraining, im Gewichtheben als ↑Scheibenhantel.

Hantzsch, Arthur [hantʃ], * Dresden 7. März 1857, † ebd. 14. März 1935, dt. Chemiker. – Professor an der ETH Zürich (1885–93), in Würzburg und (1903–29) in Leipzig. Er entwickelte 1881 eine Methode zur Darstellung von Pyridin und anderen heterocycl. Verbindungen, erklärte 1890 mit A. Werner die Isomerieerscheinung bei Aldoximen.

Hanum [pers., türk.], Anrede für Frauen in der Türkei und in Iran.

Hanuman [Sanskrit], im Hinduismus der Führer der Affen, der ↑ Rama half; genießt noch heute Verehrung, weshalb in Indien kaum Affen gejagt werden.

Han Yu (Han Yü; Han Wen-kung [Han Wengong]) * Nanyang (Henan) 768, † Chang'an (heute Xi'an) 824, chin. Dichter und Philosoph. – Bekämpfte als strenger Konfuzianer den Buddhismus; Lyriker und Meister einer klar durchgebildeten Prosa.

Haora ↑ Howrah.

Haori [jap.], weite „Jacke" der traditionellen jap. Tracht mit angeschnittenen Ärmeln, über dem Kimono getragen.

Hapag-Lloyd AG, dt. Schiffahrtsunternehmen, Sitz Hamburg. Entstanden 1970 durch Fusion des ↑Norddeutschen Lloyd mit der **H**amburg-**A**merikan. **P**acketfahrt-**A**ctien-**G**esellschaft (Hamburg–Amerika Linie), Abk.: Hapag, Sitz Hamburg, gegr. 1847, und des Norddt. Lloyd.

Haparanda, schwed. Stadt an der Mündung des Torneälv in den Bottn. Meerbusen, 10 000 E. Grenzstation an der schwed.-finn. Grenze. – 1812 gegr., seit 1842 Stadt.

Hapaxlegomenon [griech. „(nur) einmal Gesagtes"], ein nur an einer einzigen Stelle belegtes Wort einer nicht mehr gesprochenen Sprache.

haplo..., Haplo... [griech.], Bestimmungswort von Zusammensetzungen mit der Bed. „nur aus einem Teil bestehend, einfach", z. B. haplodont.

Haplobionten [griech.], svw. ↑ Haplonten.

haploid [griech.], einen meist durch Reduktionsteilung auf die halbe Chromosomenzahl reduzierten Chromosomenbestand aufweisend; von Zellen (v. a. den Keimzellen) und Lebewesen gesagt, die nicht direkt aus der Vereinigung zweier [Keim]zellen hervorgegangen sind (z. B. bei Jungfernzeugung).

Haplologie [griech.] (Silbenschichtung, haplolog. Silbenschwund), Verschmelzung zweier aufeinanderfolgender gleicher oder ähnl. Laute bzw. Lautfolgen, z. B. *Zauberin* statt *Zaubererin, Adaption* statt *Adaptation*.

Haplonten (Haplobionten) [griech.], Organismen, deren Zellen stets einen einfachen (haploiden) Chromosomensatz enthalten. Nur die befruchtete Eizelle (Zygote) hat einen doppelten Chromosomensatz, ist also diploid. Aus ihr entstehen durch Meiose wieder haploide Nachkommen. H. sind z. B. Sporentierchen, niedere Algen.

Happening [engl. 'hæpənɪŋ, zu *to happen* „geschehen, sich ereignen"], Bez. für provokative aktionsreiche [Kunst]veranstaltungen (v. a. der 60er Jahre), bei denen die Zuschauer oft zur Beteiligung an den Handlungen aufgefordert werden. Diese Handlungen sollen Prozessen des tägl. Lebens möglichst nahe sein und diese zugleich in ihrer Fragwürdigkeit enthüllen. Zu den Hauptvertretern gehörten A. Kaprow in den USA und W. Vostell in Deutschland. Parallel zum H. entwickelten sich die Fluxusbewegung (↑Fluxus) und die Aktionskunst der Vertreter des „Wiener

Hanuman als Lampenträger, Bronzestatuette aus Sri Lanka, 15. Jh. (London, Victoria and Albert Museum)

Eduard Hanslick

Duane Hanson. Bowery derelicts, 1967 (Aachen, Neue Galerie – Sammlung Ludwig)

Happy-End

Aktionismus". Der Begriff H. wurde von der künstler. auf die polit. Szene übertragen. Heute in **Aktionen** lebendig, z. B. H. Voth, W. Vostell (1981 Fluxus-Zug). Die ↑Performance ist eine modifizierte Weiterentwicklung des Happening.

Happy-End [engl. 'hæpɪ ɛnd „glückl. Ende"], [un]erwartet[er] glückl. Ausgang.

Haptene [zu griech. háptein „anfassen"], Halbantigene oder unvollständige Antigene; sie gehen zwar mit dem spezif. Antikörper eine Bindung ein, können aber die Bildung dieser Antikörper nicht hervorrufen; an Eiweiß gekoppelt werden H. zu Vollantigenen.

Hapteren [zu griech. háptein „anfassen"] ↑Haftorgane. ▷ bandartige Anhängsel der Sporen von Schachtelhalmen; dienen der Artausbreitung.

Haptik [zu griech. háptein „anfassen"], Lehre vom Tastsinn; **haptisch**, den Tastsinn betreffend.

Haptoglobin, Glykoprotein, das beim Transport und Abbau von Hämoglobin mitwirkt.

Haptonastie [griech.] ↑Nastie.

Haptotropismus [griech.] ↑Tropismus.

Harakiri (Seppuku) [jap.], bei jap. Adligen, insbes. bei den Samurai, übl. Art des rituellen Selbstmordes (seit dem 12. Jh.). Durch das H. stellte der jap. Adlige seine gekränkte Ehre wieder her oder entzog sich einer entehrenden Lebenslage. Seit dem 17. Jh. wurde H. als ehrenvolle Todesstrafe für Adlige verhängt: Der Verurteilte schnitt sich den Bauch auf, worauf ihm sein Sekundant den Kopf abschlug (bis 1873). Als ritueller Selbstmord vereinzelt bis heute.

Harald, angelsächs. Könige, ↑Harold.

Harald, Name von Herrschern:

Dänemark:

H. Blåtand [dän. 'blɔtan] „Blauzahn"], †Jomsburg um 986, König (seit etwa 940). – Sohn Gorms des Alten; ließ sich um 960 taufen; von Kaiser Otto II. besiegt; fiel im Verlauf krieger. Auseinandersetzungen mit seinem Sohn Svend Gabelbart.

Norwegen:

H. I. Hårfagre [norweg. ˌhoːrfaːgrə „Schönhaar"], *um 850, †930, König (seit etwa 860). – Setzte nach 872 die Vereinigung aller norweg. Teilreiche durch.

H. III. Hardråde [norweg. ˌhaˈrroˈdə „der Harte"], *1015, ⚔ bei Stamford Bridge 25. Sept. 1066, König (seit 1047). – Zunächst Offizier der kaiserl. Leibgarde in Konstantinopel; übernahm nach dem Tod Magnus' I., des Guten, die Herrschaft; bei dem Versuch, England zu erobern, von Harold II. geschlagen.

H. V., *Asker bei Oslo 21. Febr. 1937, König (seit 1991). – Sohn Olavs V.; wurde 1957 Kronprinz; seit 1968 ∞ mit der bürgerl. Kaufmannstochter Sonja Haraldsen (*1937).

Haram [arab.], Bez. für das hl. Gebiet von Mekka, das nur von Muslimen betreten werden darf; auch Medina mit dem Grab Mohammeds und der Tempelplatz in Jerusalem gelten als Haram.

Harappakultur (Induskultur), nach Harappa am Ravi (Pandschab, Pakistan), einem der Hauptausgrabungsplätze, ben. Hochkultur. 4.–Anfang des 2. Jt. v. Chr. v. a. im Industal, in Sind, Pandschab und Gujarat, auch auf der Halbinsel Kathiawar und an der Küste Belutschistans sowie in Afghanistan verbreitet. Die Städte Mohendscho Daro, Harappa, Chanhu Daro, Kot Diji, Kalibanga, Lothal und Sutkagen Dor sind relativ gut erforscht, sie zeigen gleichförmige Anlage (befestigte Zitadelle mit offener Unterstadt, rechtwinklige Straßenführung, komplizierte Entwässerungssysteme, Bauweise mit gebrannten Lehmziegeln). Hinter der Errichtung der großen Getreidespeicher, öff. Bäder, Versammlungsgebäude und der Verwendung der (noch unentzifferten) Hieroglyphenschrift und eines einheitl. Maß- und Gewichtssystems ist eine zentrale Verwaltung zu vermuten. Die Wirtschaft basierte auf der Verarbeitung von Getreide, Reis und Baumwolle; die Metallgegenstände sind aus Kupfer und vereinzelt aus Bronze. V. a. bed. Funde von Keramik.

Harar, Prov.hauptstadt in O-Äthiopien, 62 000 E. Handelszentrum eines Kaffeeanbaugebietes.

Harare [engl. haˈrɑːreɪ] (bis 1982 Salisbury), Hauptstadt von Simbabwe, im nördl. Mashonaland, 1 470 m ü. d. M., 681 000 E. Prov.hauptstadt, Sitz eines kath. und anglikan. Erzbischofs; Univ. (eröffnet 1957), Polytechnikum u. a. Hochschulen, mehrere Forschungsinst.; Nationalgalerie, -museum. Wirtschaftszentrum des Landes mit bed. Tabakhandel; Textil- Metall-, Nahrungsmittel- u. a. Ind.; Goldraffinerie; internat. ✈. – Gegr. 1890.

Harbig, Rudolf, *Dresden 8. Nov. 1913, ⚔ 5. März 1944, dt. Leichtathlet. – Stellte 1939 Weltrekorde über 400 m (46,0 Sek.) und 800 m (1:46,6 Min.) auf, von denen der 800-m-Weltrekord bis 1955 bestehenblieb.

Harbin (Charbin) [chin. xarbɪn], Hauptstadt der chin. Prov. Heilongjiang, am Songhua Jiang, 2,67 Mill. E. TU, Fachhochschulen für Land- und Forstwirtschaft, für Medizin, Baumaschinenwesen und Fremdsprachen; Prov.museum und -bibliothek. Verkehrszentrum NO-Chinas; ein Zentrum für die Ausrüstung von Kraftwerken, Maschinen-, Computerbau, Nahrungsmittel- u. a. Ind. – 1898 im Zusammenhang mit dem Bau (durch Rußland) der Ostchin. Eisenbahn zur Stadt ausgebaut. 1932 jap. besetzt und Mandschukuo zugeschlagen; seit 1949 Prov.hauptstadt.

Harbou, Thea von [arˈbuː, ˈharbu], *Tauperlitz bei Hof 27. Dez. 1888, †Berlin 1. Juli 1954, dt. Schriftstellerin. – 1921–23 ∞ mit Fritz Lang, für dessen Filme sie Romanvorlagen und Drehbücher verfaßte, u. a. „Metropolis" (R., 1926, verfilmt 1927).

Harburg, Landkr. in Niedersachsen.

Harburger Berge (Schwarze Berge), Höhenzug (Endmoräne) in der nördl. Lüneburger Heide, bis 155 m hoch; Naturpark.

Harburg (Schwaben), Stadt in der Fränk. Alb, Bay., 413 m ü. d. M., 5 700 E. Fürstl.-Oettingen-Wallersteinsche Bibliothek und Kunstsammlung. – Die Burg Harburg wurde 1093 erstmals erwähnt. 1295 wurden Burg und Ort aus Reichsbesitz an die Grafen (später Fürsten) von Oettingen verpfändet, die 1493–1549 in Harburg residierten; 1806 an Bayern. – Schloß (13.–17. Jh.), Schloßkapelle (1720/21 barock umgestaltet).

Hardanger, Landschaft im südl. W-Norwegen, um den **Hardangerfjord** einschl. eines Teils der **Hardangervidda**, einem mit Seen überzogenen Hochgebirgsplateau, oberhalb der Baumgrenze.

Hardangerfiedel (norweg. hardingfele), volkstümliches norweg. Streichinstrument in Form einer kleinen Violine mit vier Griff- und vier Resonanzsaiten.

Hard-Bop [haːd'bɔp; amerikan.], Jazzstil der 1950er und 60er Jahre, der an der O-Küste der USA v. a. von schwarzen Musikern als Gegenpol zum „weißen" West-Coast-Jazz ausgeprägt wurde. Der H.-B. stellt in stilist. Hinsicht die Fortsetzung des ↑Bebop dar, gleichzeitig jedoch dessen Glättung und z. T. Verflachung. Eine bed. Rolle im H.-B. spielten Rückgriffe auf traditionelle Modelle der afroamerikan. Folklore, bes. ↑Gospel und ↑Blues. Die zunehmende Schematisierung des H.-B. führte um 1960 zum ↑Free Jazz.

Hardcopy [engl. 'haːdˌkɔpɪ „feste Aufzeichnung"], in der Datenverarbeitung die Datenausgabe über Drucker auf Papier, im Ggs. zur ↑Softcopy.

Hard cover [engl. 'haːd ˌkʌvə „fester Einband"], Buch mit festem Einband.

Hard edge [engl. 'haːd ɛdʒ, eigtl. „harte Kante"], innerhalb der ↑Farbfeldmalerei Richtung der modernen Malerei v. a. der 60er Jahre mit klar abgesetzten geometr. Formen bzw. Farbflächen; wird z. T. auch auf figurative Malerei angewendet.

Hardekopf, Ferdinand, *Varel 15. Dez. 1876, †Zürich 26. März 1954, dt. Dichter. – Gehörte zum Kreis der „Aktion", einer der führenden Berliner Frühexpressionisten; Lyriker („Privatgedichte", 1921) und Essayist; bed. als Übersetzer frz. Literatur.

Harden, Sir (seit 1936) Arthur [engl. haːdn], *Manchester 12. Okt. 1865, †London 17. Juni 1940, brit. Biochemiker. – Bed. Arbeiten zur allg. Enzymologie; untersuchte u. a. die alkohol. Gärung von Kohlenhydraten und die Rolle

Harare
Hauptstadt von Simbabwe
681 000 E
·
Univ. (seit 1957)
·
Wirtschaftszentrum des Landes (Tabakhandel)
·
gegr. 1890
·
bis 1982 Salisbury

Harappakultur. Weibliche Terrakottafigur aus Mohendscho Daro (Delhi, Nationalmuseum)

der daran beteiligten Enzyme; erhielt 1929 zus. mit H. von Euler-Chelpin den Nobelpreis für Chemie.

H., Maximilian ['– –], urspr. Felix Ernst Witkowski, *Berlin 20. Okt. 1861, †Montana (Wallis) 30. Okt. 1927, dt. Publizist. – Schauspieler, Journalist, 1889 Mitbegr. der ↑Freien Bühne, 1892 gründete er eine eigene polit. Wochenschrift, „Die Zukunft". Zugunsten seines polit. Engagements traten seine zahlr. literar. Fehden (z. B. gegen H. Sudermann und G. Hauptmann) in den Hintergrund. Führte unter dem Pseud. Apostata („Apostata", Essays, 1892) harte Polemiken für den gestürzten Bismarck gegen Wilhelm II. und dessen Berater H. von Moltke und P. Fürst Eulenburg, die in drei Skandalprozessen (1907–09) gipfelten. Wurde während des Krieges Pazifist, Gegner des Nationalismus. 1922 wurde von rechtsradikalen Kreisen ein Attentat auf ihn verübt, lebte seitdem in der Schweiz; Autobiographie „Von Versailles nach Versailles" (1927).

Hardenberg, Friedrich Freiherr von, dt. Dichter, ↑Novalis.

H., Karl August Fürst von (seit 1814), *Essenrode bei Braunschweig 31. Mai 1750, †Genua 26. Nov. 1822, preuß. Staatsmann. – Aus hannoverschem Adel; verwaltete seit 1790 die Markgrafschaft Ansbach-Bayreuth als selbständige preuß. Prov. Nach maßgebl. Beteiligung am Basler Frieden Kabinettsmin., 1804–06 preuß. Außenmin., 1807 leitender Min. (nach dem Frieden von Tilsit auf Napoleons Befehl entlassen). Seit 1810 Staatskanzler in Preußen; setzte in seinem Bemühen, den preuß. Staat vom aufgeklärten Absolutismus zum Liberalismus zu führen, die von Stein in Gang gebrachten preuß. Reformen fort (Stein-Hardenbergsche-Reformen), v. a. den Abbau der städt. Zunftverfassung zugunsten der Gewerbefreiheit (1810), die Judenemanzipation (1812), auch die Regulierungsedikte (1811 und 1816) zur Ablösung der Grundherrschaft. Seine abwägende Koalitionspolitik in den Befreiungskriegen sicherte 1814/15 auf dem Wiener Kongreß für Preußen bed. Gebietszuwachs; unterstützte seitdem das „System Metternich", wenn er sich auch im Innern zu einer gemäßigten Weiterführung der Reform bekannte.

Harding [engl. 'haːdɪŋ], Stephan, hl., *in England 1059, †Cîteaux 1134, engl. Zisterzienser. – Kam auf der Flucht vor den Normannen nach Frankreich und Italien, wo er der monast. Reformbewegung der Zeit begegnete; wurde 1108 Abt von Cîteaux; wirkte entscheidend auf die Lebensform und Verfassung der ↑Zisterzienser.

H., Warren Gamaliel, *Caledonia (= Blooming Grove, Ohio) 2. Nov. 1865, †San Francisco 2. Aug. 1923, 29. Präs. der USA (1921 bis 1923). – 1915–20 republikan. Senator; gewann als Gegner der Politik W. Wilsons die Präsidentschaftswahlen von 1920; lehnte den Eintritt der USA in den Völkerbund ab; leitete im Inneren die ökonom. Blüte der Golden Twenties ein.

Hardouin-Mansart, Jules [frz. ardwɛ̃ˈmaːr] ↑Mansart, Jules Hardouin.

Hard Rock [engl. 'haːd 'rɔk], ein Stilbereich der Rockmusik, der häufig auch als Heavy Rock oder Heavy Metal Rock (Schwermetall-Rock) bezeichnet wird. Typisch für den H. R. sind seine sehr einfache harmon. und rhythm. Struktur sowie extreme Lautstärke.

Hardt, Ernst, *Graudenz (= Grudziądz) 9. Mai 1876, †Ichenhausen 3. Jan. 1947, dt. Schriftsteller. – War Theaterintendant (Weimar, Köln) und 1924–33 Leiter des Westdt. Rundfunks; gestaltete v. a. Stoffe aus Sage und Geschichte, neben Lyrik und Novellen lyr. Dramen von barocker Überladenheit, u. a. „Tantris der Narr" (Dr., 1907).

Hardtop [engl. 'haːdˈtɔp „festes Verdeck"], abnehmbares Verdeck von Kfz, insbes. von Sportwagen.

Harduin ↑Arduin.

Hardwar [engl. 'hɛədwaː], ind. Stadt am Ganges, B.-Staat Uttar Pradesh, 114 000 E. Univ. Hinduist. Wallfahrtsort.

Hardware [engl. 'haːdwɛə, eigtl. „harte Ware"], die unveränderl., konstruktionsbedingten Eigenschaften und Funktionselemente eines Computers, z. B. Ein- und Ausgabegeräte, Drucker. – ↑Software.

Hardy, Alexandre [frz. arˈdi], *Paris um 1570, †1631 oder 1632, frz. Dramatiker. – Vermutlich Schauspieler; seit 1611 Bühnendichter der königl. Truppe; von seinen über 600, von phantast. Geschehen überquellenden Stücken sind 34 erhalten; führender Bühnendichter im 1. Drittel des 17. Jahrhunderts. – *Werke:* Didon (Trag., 1603), Coriolan (Trag., um 1607), Mariamne (Trag., 1610), La mort d'Alexandre (Trag., 1624).

H., Oliver Novelle [engl. 'haːdɪ], *Atlanta 18. Jan. 1892, †Los Angeles-Hollywood 7. Aug. 1957, amerikan. Schauspieler. – ↑Dick und Doof.

H., Thomas [engl. 'haːdɪ], *Upper Bockhampton (Dorset) 2. Juni 1840, †Max Gate bei Dorchester 11. Jan. 1928; engl. Schriftsteller. – Schildert machtlos gegen Veranlagung, Milieu und unerbittlich waltende Mächte kämpfende, leidenschaftl. Menschen. Dem düsteren Schicksal angemessen ist die Schilderung der Landschaft. Am bekanntesten wurde der Roman „Tess von d'Urbervilles" (1891), bed. auch der Geschichtsroman „The dynasts" (3 Bde., 1903–08). – *Weitere Werke:* Die Liebe der Fancy Day (R., 1872), Die Rückkehr (R., 1878), Juda, der Unberühmte (R., 1895, 1956 u. d. T. Herzen in Aufruhr).

Hare [engl. hɛə], Stamm der Nördl. Athapasken westlich und nw. des Großen Bärensees, Kanada.

Hare-Krischna-Bewegung [Sanskrit/dt.], offiziell Internat. Gesellschaft für Krishna-Bewußtsein (engl. International Society for Krishna Consciousness; Abk. ISKCON), nach der Anrufungsformel ihres Gottes ben. religiöse Gesellschaft, die 1966 in New York von dem etwa 70jährigen A. C. Bhaktivedanta Swami Prabhupada (*1896, †1977) gegr. wurde. Sie fußt auf der ↑„Bhagawadgita", deren zentrale Gestalt der göttl. Offenbarer Krischna ist. Als Dienst und Hingabe an ihn verstehen – unter weitgehender Ausschaltung ihrer rational kontrollierten Persönlichkeit – die meist jugendl. Anhänger ihr Leben. Die rigorosen Praktiken des Geldsammelns brachten die fast kahl geschorenen und mit langen gelben Gewändern bekleideten Anhänger 1976 in der BR Deutschland in den Verdacht des Bettelbetrugs. Die internat. Zentrale der ISKCON ist in Mayapur (Indien), die dt. in Jandelsbrunn (Kr. Passau). Die H.-K.-B. hat etwa 5 000 Mgl. (in Deutschland ca. 200).

Harem [arab.-türk., eigtl. „verboten"], Bez. für die Frauenabteilung des Hauses islam. Länder. Der H. darf nur vom Ehemann und von männl. Verwandten 1. Grades betreten werden. Trotz langer Tradition und Festschreibung im Koran (Sure 33, 53) setzte sich der H. fast nur in den wohlhabenden Schichten, bei den Beduinen als Zeltabteilung, durch. Mit dem Eindringen westl. Lebensformen geht die Bed. des H. zurück.

Hare Meron, mit 1 208 m ü. d. M. höchster Berg Israels (im N) mit Ruinen der ältesten Synagoge Galiläas (2. Jh.); Wallfahrtsort.

Haremheb (Haremhab, Horemheb), †1306 v. Chr., letzter ägypt. König (seit 1333) der 18. Dynastie. – Stellte

Harald V., König von Norwegen

Arthur Harden

Karl August von Hardenberg (Ausschnitt aus einem Kupferstich, um 1815)

Hard edge. Ellsworth Kelly, Blau, Schwarz, Rot, 1964 (Boston, Mass., Museum of Fine Arts)

Wolfgang Harich

Ludwig Harig

die innere Verwaltung durch scharfe Maßnahmen (↑ ägyptische Geschichte) wieder her.

Harenberg Kommunikation Verlags- und Mediengesellschaft mbH & Co. KG ↑Verlage (Übersicht).

Hare-Niemeyer-Verfahren [nach dem Engländer T. Hare und dem dt. Mathematiker H. Niemeyer], Verfahren zur Errechnung von Parlamentssitzen beim Verhältniswahlsystem: die Stimmenzahl für die jeweilige Partei wird mit den zu vergebenden Parlamentssitzen multipliziert und das Produkt durch die Gesamtzahl der Stimmen aller Parteien geteilt. Jede Partei erhält soviel Sitze, wie ganze Zahlen auf sie entfallen. Die dabei verbleibenden Restsitze werden in der Reihenfolge der höchsten Zahlen hinter dem Komma an die Parteien vergeben. Das H.-N.-V. hat in Deutschland weitgehend das d'Hondtsche Höchstzahlverfahren abgelöst.

Häresie [zu griech. haíresis „die Wahl, das Gewählte"], im *Griechentum* und im *Hellenismus* Bez. für ein Bekenntnis religiösen oder polit. Inhalts und für eine wiss. Denkmaler. Der Begriff wurde im frühen Christentum zunehmend im Sinne einer willkürl. Auswahl aus dem Lehrgut der Kirche und einer Abweichung von deren Dogma verwendet. Damit gewann er eine Bed., die identisch ist mit dem im MA aufkommenden Begriff der Ketzerei. – Im *kath. Verständnis* ist H. eine schwerwiegende Abweichung vom christl. Glauben; im *prot. Verständnis* gilt als H., was die Wahrheit des Evangeliums entscheidend verkürzt oder entstellt.

Häretiker [griech.], Anhänger einer ↑Häresie.

Harfe (engl. harp, frz. harpe, italien. arpa), zur Klasse der ↑Chordophone gehörendes Musikinstrument, dessen Saitenebene senkrecht zur Decke des Resonanzkörpers verläuft. Die zw. Resonanzkörper und Hals gespannten Saiten werden mit den Fingerkuppen beider Hände angezupft. – Die heute gebräuchl. 46–48saitige **Doppelpedalharfe** wurde 1810 von S. Érard entwickelt und wird in Ces-Dur eingestimmt; durch sieben Doppelpedale kann jeder Ton der Ces-Dur-Tonleiter um einen Halb- oder Ganzton erhöht werden, so daß alle Töne der temperierten Stimmung erzeugt werden können. – Schon das alte Ägypten kannte die nach ihrer Form benannte 6saitige **Bogenharfe** (belegt seit 2703 v. Chr.), die schon vorher aus Babylon bekannte **Winkelharfe** und die **Rahmenharfe** (der Rahmen entsteht durch Hinzufügung einer Vorderstange). In dieser Form kam die H. im 8. Jh. nach Europa. Die im MA etwa 7–25 Saiten diatonisch, seit dem 16. Jh. auch chromatisch gestimmt. Die diaton. **Tiroler Hakenharfe** ermöglichte erstmals ein verhältnismäßig schnelles Umstimmen mit der Hand, wodurch der Tonvorrat vergrößert wurde. Verbessert wurde dieses Verfahren durch die **Pedalharfe** (5, später 7 Pedale) G. Hochbruckers (um 1720).

Hargeysa, zweitgrößte Stadt von Somalia, Zentrum einer Region, im NW des Landes, 400 000 E. Handelszentrum eines Agrargebiets; ⌀. – H. war 1941–60 Hauptstadt von Brit.-Somaliland.

Hargreaves [engl. 'ha:gri:vz] (Hargraves), James, *Stanhill (Lancashire) um 1740, †Nottingham 22. April 1778, brit. Weber. – Erfand um 1764 die 1770 patentierte und nach seiner Tochter ben. Jenny-Spinnmaschine, die gleichzeitig acht Fäden spinnen konnte.

Harich, Wolfgang, *Königsberg (Pr) 9. Dez. 1923, dt. Philosoph. – 1945 Mgl. der KPD, 1946–56 der SED; Journalist, 1949 Prof. an der Humboldt-Univ. Berlin, 1953–56 Mit-Hg. und Chefredakteur der „Dt. Zeitschrift für Philosophie". Kritisierte die Kulturpolitik der DDR in liberalisierender Absicht, stellte durch Publikation der Arbeiten G. Lukács' dessen marxist. Literaturtheorie zur Diskussion. 1957 wegen „Bildung einer konspirativen, staatsfeindl. Gruppe" zu 10 Jahren Zuchthaus verurteilt, 1964 amnestiert, dann Verlagslektor in Berlin (Ost); lebte 1979–81 in der BR Deutschland. Verfaßte u. a. „Jean Pauls Kritik des philosoph. Egoismus" (1968), „Zur Kritik der revolutionären Ungeduld" (1969), „Kommunismus ohne Wachstum?" (1975).

Harig, Ludwig, *Sulzbach/Saar 18. Juli 1927, dt. Schriftsteller. – Stellt vorgefundene Sprache, Muster und Klischees mit experimentellen Techniken in Frage, demonstriert, zumeist witzig, „das Absurde der Logik", geht neue Wege in Kurzprosa („Zustand und Veränderung", 1963), Hörspiel, Reisebericht, Familienroman („Sprechstunden für die dt.-frz. Verständigung und die Mgl. des Gemeinsamen Marktes", 1971) und Traktat. H. schrieb außerdem „Die saarländ. Freude. Ein Lesebuch über die gute Art zu leben und zu denken" (Prosa, 1977), „Zum Schauen bestellt. Deidesheimer Tagebuch" (1984), „Ordnung ist das ganze Leben" (R., 1986), „Weh dem, der aus der Reihe tanzt" (R., 1990), „Hölderlins Andenken" (E., 1992).

Haring, Keith [engl. 'hærɪŋ], *Kutztown (Pa.) 4. Mai 1958, †16. Febr. 1990, amerikan. Maler. – H. war ein Hauptvertreter der Graffiti-art (↑Graffiti) in den USA.

Häring, Hugo, *Biberach an der Riß 22. Mai 1882, †Göppingen 17. Mai 1958, dt. Architekt. – Einer der führenden dt. Architekturtheoretiker („Wege zur Form", 1925). Seine Vorstellungen vom „organ. Bauen" suchte H. u. a. im Gut Garkau (1925) und in den Siedlungsbauten in Berlin-Zehlendorf (1926) und in Berlin-Siemensstadt (1929/30) zu realisieren.

H., Wilhelm, dt. Schriftsteller, ↑Alexis, Willibald.

Häringer, Johann (Jan) Jakob, eigtl. Johann Franz H., *Dresden 16. März 1898, †Zürich 3. April 1948, dt. Schriftsteller. – Führte ein unstetes Leben, 1938 Flucht aus Österreich, schließlich in der Schweiz. Oft bittere expressionist. Lyrik, auch Prosa sowie Übers. – Werke: Hain des Vergessens (Ged., 1919), Weihnacht im Armenhaus (E., 1925), Abschied (Ged., 1930), Vermischte Schriften (1935), Lieder eines Lumpen (Ged., hg. 1962).

Harfe. Links: diatonische Harfe mit zwei Saitenreihen zu 30 und 23 Saiten, deutsche Arbeit, um 1650. Rechts: Doppelpedalharfe, gebaut von Sébastien Érard um 1820 (beide Brüssel, Musée Instrumental du Conservatoire de Musique)

Haringvliet, Meeresarm im Rhein-Maas-Delta, Niederlande, durch einen Damm mit über 1 km breitem Schleusenkomplex (im Rahmen des Deltaplans) vom Meer abgeschlossen.

Hariri, Al, Abu Muhammad Al Kasim Ibn Ali, *Basra 1054, †ebd. 1122, arab. Dichter und Gelehrter. – Schrieb 50 virtuose Makamen, dt. von Rückert (1826 und 1837).

Hari Rud, asiat. Fluß, entspringt im Koh-i-Baba (Afghanistan), versiegt in der Karakum (Turkmenistan), etwa 1 100 km lang. Bildet z. T. die Grenze Afghanistan/Iran und Afghanistan/Turkmenistan.

Härjedalen, Landschaft im südlichen N-Schweden, überwiegend waldbestandenes, bis 950 m hohes Plateau im

O, der W ist stärker reliefiert. Einzige Stadt ist Sveg. – H. gehörte im MA zu Norwegen; kam 1645 an Schweden.

Harke [niederdt.], svw. ↑Rechen.

Harkort, Friedrich [Wilhelm], *Gut Harkorten bei Hagen 25. Febr. 1793, †Hombruch (= Dortmund) 6. März 1880, dt. Industrieller und Politiker. – Unternehmer der Frühindustrialisierung (Kupfer-, Walz- und Eisenwerke), der den engl. Maschinenbau in Deutschland einführte; als Liberaler 1848 Mgl. der bürgerl. Rechten in der preuß. Nationalversammlung, später Abg. verschiedener dt. Parlamente und MdR; gründete das Linke Zentrum des preuß. Abg.hauses, später Mgl. der Dt. Fortschrittspartei. Trat publizistisch und praktisch für die soziale Integration der Arbeiter in die bürgerlich-industrielle Gesellschaft ein.

Harlan, Veit, *Berlin 22. Sept. 1899, †Capri 13. April 1964, dt. Schauspieler und Regisseur. – Drehte nat.-soz. Tendenzfilme wie „Jud Süß" (1940), „Der große König" (1942), „Kolberg" (1944/45).

Harlekin, von Moscherosch 1642 eingeführte Bez. für frz. Harlequin, die lustige Person der italien. Commedia dell'arte, den ↑Arlecchino; prägte die Gestalt des ↑Hanswursts mit.

Harlekinade [italien.] ↑Hanswurst.

Harlem [engl. 'ha:ləm], v. a. von Farbigen bewohnter Stadtteil in New York, USA.

Harlem Brundtland, Gro [norweg. ,ha:ləm 'brʉntlan], *Oslo 20. April 1939, norweg. Politikerin. – Ärztin; 1974–79 Min. für Umweltschutz; seit 1981 Vors. der Arbeiterpartei; 1981, 1986–89 und seit Nov. 1990 Min.präsidentin; wurde 1983 Vors. der UN-Umweltkommission.

Harlem-Jump [engl. 'ha:ləm 'dʒʌmp], in den 30er Jahren in Harlem entstandener Tanz, dessen charakterist. Bewegung die Sprung ist. Musikalisch ist der H.-J. als Vorläufer des ↑Rhythm and Blues anzusehen.

Harlingen, niederl. Hafenstadt an der Waddenzee, 16 200 E. Versorgungshafen für Friesland, Fährverkehr nach Vlieland und Terschelling; Werften. – Im 16. Jh. zweitgrößte Stadt in Friesland (nach Leeuwarden). – Giebelhäuser (16.–18. Jh.).

Harlinger Land, Marschenlandschaft mit über 10 Deichlinien im nö. Ostfriesland, Nds., zentrale Orte Esens und Wittmund.

Harlow [engl. hɑːloʊ], engl. Stadt 40 km nö. von London, Gft. Essex, 79 300 E. Elektro-, Möbel-, Papier- und Druckereiind. – 1947 gegründet.

Harmattan [afrikan.], trocken-heißer, staubreicher Passatwind aus NO im Hinterland der Guineaküstenländer Afrikas.

Harmin [griech.] (Banisterin, Yagein), Alkaloid aus der in S-Europa und Asien beheimateten Steppenraute Peganum harmala und südamerikan. Banisteriaarten (Malpighiengewächse); von den Indianern Südamerikas als halluzinogenes Rauschmittel gebraucht (Ayahuasca, Yagétee).

Harmodios, athen. Tyrannenmörder, ↑Aristogeiton.

Harmonie [zu griech. harmonía „Fügung, Ordnung"], allg.: Übereinstimmung, Einklang, Eintracht, Ebenmaß.
▷ der Begriff der H. wird bei den Griechen sowohl auf die richtige Tonhöhe in der festgelegten Folge der Töne als auch auf jede zusammenstimmende Einheit bezogen; H. gilt deshalb in der pythagoreischen Kosmologie (z. B. bei Philolaos von Kroton) mit ihrer Lehre von der ↑Sphärenharmonie als universale mathematisch-musikal. Struktur. Die ma. *Musikanschauung* übernahm die Idee der Sphärenharmonie als *„musica mundana"*, davon unterschied sie die *„musica humana",* die menschl. Harmonie zw. Leib und Seele, und die *„musica instrumentalis",* die erklingende Musik. In der Neuzeit verlor der kosmolog. Aspekt des H.begriffs an Bedeutung, und schließlich wurde H. nur noch gleichbedeutend mit ↑Akkord bzw. ↑Harmonik verwendet.
▷ in der *Ästhetik* der Renaissance wird nach dem Vorbild der Antike versucht, die Lehre von der H. als Gesetzmäßigkeit fester Verhältnisse auszuarbeiten, in denen Teile eines Kunstwerks zueinander stehen müssen, um als schön zu gelten. In der Architektur wird der Zentralbau, für den menschl. Körper ein [Proportions]kanon entworfen (Leonardo, Dürer). In der klass. Ästhetik entspricht H. dem Begriff des Schönen.

Harmonielehre, die aus der Generalbaßlehre entwickelte Lehre von den Akkorden und Akkordfolgen in der Dur-Moll-tonalen Musik des 18./19. Jh. (↑Dur, ↑Moll). Der aus Terzen geschichtete Grundakkord (z. B. c–e–g) mit dem Grundton als tiefstem Ton kann durch Oktavversetzung einzelner Töne in seine Umkehrungen überführt werden (e–g–c^1, g–c^1–e^1), die als Varianten des Grundakkords gelten. Die häufigsten Akkordfolgen (Tonika–Subdominante–Dominante–Tonika) stellt die H. in ↑Kadenzen dar, in der Modulationslehre (↑Modulation) gibt sie Regeln für den Übergang von einer Tonart in die andere an. Die harmon. Analyse abstrahiert aus dem Musikwerk ein Gerüst von Akkorden. – Heute ist die H. als System der ↑Stufenbezeichnungen und als Funktionstheorie in Gebrauch.

Harmonik [griech.], in der Musik Bez. für Zusammenklänge und ihre Beziehungen. Die H. bildet eines der musikal. Hauptelemente neben Melodik und Rhythmik. – In der frühen Mehrstimmigkeit des MA verwendete man zunächst nur Zweiklänge (Quinten und Quarten). Später wurde der aus zwei Terzen aufgebaute Dreiklang zur Regel. In der Generalbaßzeit (ab 1600) gewann der Akkordgrundton für die H. überragende Bedeutung; in der Klassik wurden Akkordfolgen überwiegend nach bestimmten bevorzugten Grundtonschritten gebildet. Mit stärkeren Dissonanzwirkungen durch die Zunahme der Tonzahl im Klang und der häufigeren Verwendung von chromat. Nebentönen trat in der Romantik das Leittonprinzip bei der Akkordverbindung schließlich in den Vordergrund und verdrängte das Grundtonprinzip; bei Schlüssen jedoch blieb der Dreiklang bis ans Ende des 19. Jh. verbindlich. A. Schönberg benutzte als erster (Kammersymphonie op. 9, 1906) systematisch den in der Folgezeit von vielen Komponisten (Strawinski, Bartók, Hindemith u. a.) übernommenen Quartaufbau statt der Terzaufbaus als Prinzip der Akkordbildung.

Harmonika [griech.], im 18. und 19. Jh. Bez. für Musikinstrumente mit aufeinander abgestimmten Röhren, Platten oder Stäben, Zungen oder Gefäßen, auf denen mehrstimmiges Spiel möglich war (z. B. die ↑Glasharmonika). Heute versteht man unter **Harmonikainstrumenten** kleine Aerophone mit durchschlagenden Zungen, wie Mundharmonika und Akkordeon.

harmonisch, in Übereinstimmung, in Einklang miteinander.

harmonische Analyse (Fourier-Analyse), allg. die Darstellung einer period. Funktion als ↑Fourier-Reihe, d. h. durch Summen sinus- bzw. kosinusförmiger Glieder. Speziell in der Schwingungslehre versteht man unter h. A. die Zerlegung einer ↑Schwingung in ihre harmon. = sinusförmigen Teilschwingungen (Partialschwingungen).

harmonische Reihe, Bez. für die keinem Grenzwert zustrebende unendl. Reihe

$$1+\frac{1}{2}+\frac{1}{3}+\ldots+\frac{1}{n}+\ldots=\sum_{n=1}^{\infty}\frac{1}{n},$$

in der jedes Glied das harmon. Mittel seiner beiden Nachbarglieder ist.

harmonische Schwingung ↑Schwingung.

harmonisches Mittel ↑Mittelwert.

harmonische Teilung, in der Musiktheorie die Teilung der Länge einer schwingenden Saite nach der Formel:

$$b=\frac{a+c}{2}.$$

Die h. T. einer Oktave (Verhältnis der Saitenlängen $c:a=1:2$ bzw. $2:4$) ergibt das Verhältnis $2:3:4$ der Frequenzen und damit die Quinte ($2:3$) und die Quarte ($3:4$), die h. T. der Quinte ergibt das Verhältnis $4:5:6$ eines Durdreiklangs mit großer Terz ($4:5$) und kleiner Terz ($5:6$). Der Molldreiklang ergibt sich durch Bildung des harmon. Mittels $1/b=1/2(1/a+1/c)$ wobei sich $a:c$ wie $2:3$ verhält und also einer Quinte entspricht.
▷ aus der Musiklehre übernommene Bez. für die Teilung einer Strecke $\overline{AB}$ durch einen inneren Punkt C und einen

Friedrich Harkort

Gro Harlem Brundtland

Harmonisierung

äußeren Punkt D in der Art, daß für die einzelnen Streckenabschnitte gilt:

$$\overline{AC} : \overline{BC} = \overline{AD} : \overline{BD}$$

A, B, C, D heißen **harmonische Punkte**.

Harmonisierung [griech.], Teile eines übergeordneten Ganzen in Übereinstimmung bringen.
▷ im Rahmen der EWG die Abstimmung konjunktur-, finanz-, sozial- und außenhandelspolit. Maßnahmen und gesetzl. Regelungen der einzelnen Mgl. untereinander. Ziel der H. ist das Erreichen einer gemeinsamen Konzeption der Wirtschaftspolitik.

Harmonium [griech.], im 19. Jh. entwickeltes Tasteninstrument, das zu den Aerophonen gehört. Es hat eine Klaviatur von meist 4½ Oktaven (52 Tasten). Mit zwei Pedalen werden Blasebälge betätigt, die Druck- und Saugwind erzeugen; zur Stabilisierung des Winddruckes dient ein Magazinbalg. Unter jeder Taste befindet sich ein Ventil, das beim Niederdrücken der Taste den Wind zu den eigtl. Tonerzeugern, den Zungenstimmen, freigibt. Durch den Luftstrom werden die Zungen in Schwingungen versetzt, die den Luftstrom mit der Frequenz ihrer Eigenschwingung unterbrechen; die dadurch entstehenden period. Druckschwankungen breiten sich als Schall aus. Größere Instrumente besitzen mehrere Register, die sich in der Tonlage um jeweils eine Oktave unterscheiden. Bes. Vorrichtungen sind Perkussion, Expression und Prolongement.

Harms, [Christoph] Bernhard (Cornelius), * Detern bei Aurich (Ostfriesland) 30. März 1876, † Berlin 21. Sept. 1939, dt. Nationalökonom. – Prof. in Jena (1906), Hohenheim (1907) und Kiel (1908–39); gründete 1911 in Kiel das Inst. für Seeverkehr und Weltwirtschaft (heute Inst. für Weltwirtschaft), das er bis 1933 leitete. 1912 begründete er die Zeitschrift „Weltwirtsch. Archiv".

Harn [zu althochdt. har(a)n, eigtl. „das Ausgeschiedene"] (Urin), flüssiges, v. a. ↑Harnstoff enthaltendes Exkretionsprodukt der Nieren der Säugetiere und des Menschen. Durch den H. werden v. a. die stickstoffhaltigen Endprodukte aus dem Eiweiß- und Nukleinsäurestoffwechsel, aber auch nicht verwertbare, im Übermaß zugeführte Nahrungsbestandteile sowie Blut- und Gewebsubstanzen als Schlacken- und Schadstoffe aus dem Körper ausgeschieden. Die **Harnbildung** (Uropoese) erfolgt in den Nieren, wobei aus dem Blut der stark wäßrige, ionen- und glucosehaltige *Primärharn* abgepreßt wird. Der größte Teil davon (beim Menschen etwa 99 %) wird in das Blut rückresorbiert, so daß die Schlackenstoffe im *Sekundär*- oder *Endharn* (beim Menschen täglich 1–2 l) stark angereichert sind. Über die beiden Harnleiter wird der H. dann von den Nieren in die Harnblase weitergeleitet. Die **Harnentleerung** (Harnlassen, Urese, Miktion) wird von einem Rückenmarkszentrum über parasympath. Fasern geregelt. Die Meldung an das Zentrum über den Füllungszustand der H.blase geht von Dehnungsrezeptoren in der Blasenwand aus. Ein Teil dieser Impulse wird aber auch an übergeordnete Hirnstrukturen weitergeleitet, die die Empfindung des „Harndrangs" vermitteln und das Rückenmarkszentrum im Sinne einer willkürlich gesteuerten Bahnung bzw. Hemmung des urspr. Entleerungsreflexes beeinflussen (wird beim Kleinkindalter erlernt).

Harnack, Adolf von (seit 1914), * Dorpat 7. Mai 1851, † Heidelberg 10. Juni 1930, dt. ev. Theologe. – 1876 Prof. in Leipzig, 1879 in Gießen, 1886 in Marburg, 1888 in Berlin. 1890 Mgl. der Preuß. Akademie der Wissenschaften, von 1911 bis zu seinem Tod Präsident der „Kaiser-Wilhelm-Gesellschaft zur Förderung der Wissenschaften", die mit auf seine Initiative gegründet wurde. – H. war bemüht, die Einheit von Christentum und Bildung und das „Evangelium als die alleinige Grundlage aller sittl. Kultur" zu erweisen. Als Kirchenhistoriker hat er in zahlr. Schriften v. a. der Patristik entscheidende Impulse gegeben, u. a. durch seine „Geschichte der altchristl. Literatur" (3 Bde., 1893–1904) und durch seine Quelleneditionen. Zusammen mit E. Schürer begründete er die „Theologische Literaturzeitung". Sein wichtigstes Werk, das „Lehrbuch der Dogmengeschichte" (3 Bde., 1886–90), beschreibt Entstehung und Entwicklung der christl. Lehre.

Adolf von Harnack

Nikolaus Harnoncourt

Harnblase (Vesica urinaria), stark dehnbares Hohlorgan als Sammelbehälter für den von den Nieren ausgeschiedenen und durch die Harnleiter zugeleiteten Harn bei vielen Wirbeltieren und beim Menschen. Bei der H. des Menschen werden H.scheitel, H.körper und H.grund unterschieden. Das Fassungsvermögen beträgt 300 bis 500 ml Harn. Nach Erschlaffung des willkürl. und des unwillkürl. Schließmuskels erfolgt die Entleerung (Miktion) durch die Harnröhre.

Harnblasenkrankheiten (Blasenkrankheiten), Erkrankungen der Harnblase. Die **Harnblasenentzündung** *(Blasenentzündung, Blasenkatarrh, Zystitis)* wird meist durch Kolibakterien, Strepto- oder Staphylokokken verursacht. Charakteristisch sind häufiger, starker Harndrang und schmerzhaftes Brennen beim Wasserlassen. Sehr oft treten auch durch schmerzhafte Kontraktionen der Blasenwand hervorgerufene **Blasenkrämpfe** auf. Die **Blasentuberkulose** entsteht meist absteigend von der zuerst erkrankten Niere aus; erste Anzeichen sind Blut im Harn und die Symptome einer chron. Harnblasenentzündung. – Die überwiegend aus Salzen bestehenden **Blasensteine** gelangen entweder aus dem Nierenbecken über die Harnleiter in die Harnblase oder sie wachsen, v. a. bei chronisch unvollständiger Blasenentleerung, in der Harnblase. Der **Blasenkrebs** ist eine bösartige Geschwulst der Harnblase; im allgemeinen handelt es sich um eine maligne Entartung der Blasenschleimhaut *(Blasenkarzinom),* während die von Muskel- oder Bindegewebe der Harnblase ausgehenden *Blasensarkome* sehr selten sind. Ein frühes Anzeichen für Blasenkrebs ist oft ein schmerzloses Bluthamen. Später treten dann häufiger Harndrang, Schmerzen beim Wasserlassen, die auch auf den gesamten Unterleib ausstrahlen können, und schließlich Harnverhaltung auf. Zur Erkennung werden Harnuntersuchungen (Nachweis von Blut und Geschwulstzellen), rektale Abtastung des Blasenbodens, Blasenspiegelung (Zystoskopie) und Röntgenkontrastdarstellung der Harnblase (Zystographie) durchgeführt.

Harnentleerung ↑Harn.

Harnflut, svw. ↑Polyurie.

Harninkontinenz, unwillkürl., dauernder Harnabgang; u. a. bei Beschädigung des Blasenschließmuskels, Rückenmarkserkrankung.

Harnisch [zu altfrz. harnais „krieger. Ausrüstung"] ↑Rüstung.
▷ Spur von tekton. Bewegungen auf Gesteinsbruchflächen; **Harnischstriemung** in Form paralleler Rillen, **Spiegelharnisch** als glänzende Politur.

Harnleiter (Ureter), bei Wirbeltieren (einschl. Mensch) paarig ausgebildeter, häutig-muskulöser, harnableitender Verbindungsgang zw. Niere und Harnblase. Die beim Menschen fast 30 cm langen H. ziehen aus dem Nierenbecken abwärts in das kleine Becken und münden von hinten (dorsal) in die Harnblase ein.

Harnoncourt, Nikolaus [frz. arnõ'ku:r], * Berlin 6. Dez. 1929, östr. Dirigent, Violoncellist und Musikforscher. – Beschäftigt sich mit der Aufführungspraxis von Renaissance- und Barockmusik und den spieltechn. und klangl. Möglichkeiten alter Instrumente. Mit seinem 1952 gegr. Concentus musicus unternimmt er weltweite Tourneen. – Setzte sich seit 1981 in Zürich und Wien für eine historisch fundierte Wiedergabe der Opern W. A. Mozarts ein.

Härnösand [schwed. hærnø:'sand], schwed. Hafenstadt an der Mündung des Angermanälv in die Bottensee. 27 300 E. Hauptstadt des Verw.-Geb. Västernorrland, luth. Bischofssitz; Holzverarbeitung, elektrotechn., Tabak- und Textilind. – Der alte Teil der 1586 gegr. Stadt liegt auf der Insel **Härnö**.

harnpflichtige Substanzen, stickstoffhaltige Endprodukte des Eiweißstoffwechsels (z. B. Harnstoff, Harnsäure, Kreatinin) und andere Substanzen (z. B. Elektrolyte, Enzyme); im Harn ausgeschieden.

Harnröhre (Urethra), Ausführungsgang der Harnblase bei vielen Wirbeltieren (einschl. Mensch). Die H. der Frau ist 3–4 cm lang und mündet im oberen Teil des Scheidenvorhofs. Beim Mann beträgt die Länge der H. 18–20 cm; sie endet am vorderen Ende des männl. Gliedes und dient (wie bei fast allen Säugetieren) von der Einmündung der Samenbläschen an auch zur Ableitung des Samens (**Harnsamenleiter**). Sie wird von einem Schwellkörper umgeben.

Harnröhrenentzündung (Harnröhrenkatarrh, Urethritis), Entzündung der Harnröhrenschleimhaut (vorwiegend beim Mann); verursacht durch verschiedene Bakterien, Trichomonaden (Geißeltierchen) und Pilze.

Harnruhr, svw. ↑Diabetes.

Harnsamenleiter ↑Harnröhre.

Harnsäure (2,6,8-Trihydroxypurin), weiße, geruchlose Kristalle bildende chem. Verbindung von geringer Wasserlöslichkeit, die in zwei tautomeren Formen auftritt. Ihre Salze heißen *Urate.* H. ist das Endprodukt des Eiweißstoffwechsels von Reptilien und Vögeln; Ammoniumurat ist deshalb bis zu 90 % in Schlangen- und Vogelexkrementen enthalten. Beim Menschen ist H. das Endprodukt des Purinstoffwechsels. Der Mensch scheidet pro Tag durchschnittlich 1 g H. aus, bei Ausscheidungsstörungen kann die Substanz in den Gelenken abgelagert werden (↑Gicht).

Harnsediment, Bodensatz des frisch gelassenen und 5 min zentrifugierten Harns; gibt, im Mikroskop betrachtet, wichtige Hinweise zum Erkennen von Nieren- und Blasenkrankheiten. Nichtorgan. Bestandteile sind Salze, die kristallin im Harn ausfallen. Organ., aber im Harn des Gesunden nicht oder kaum enthaltene Bestandteile sind Epithelien, weiße und rote Blutkörperchen und Harnzylinder.

Harnstauungsniere, svw. ↑Hydronephrose.

Harnsteine (Harnkonkremente, Nierensteine), vorwiegend in den Nieren entstehende steinartige Gebilde, die bei chron. Entzündungen oder bei Stoffwechselstörungen auftreten und aus unlösl. Harnsalzen, wie Uraten, Oxalaten, Phosphaten, Zystin, Xanthin oder Carbonaten bestehen. Diese Konkremente können sandkorn- bis apfelgroß sein. Je nach Sitz unterscheidet man Nierenkelch-, Nierenbecken-, Harnleiter-, Blasen- und Harnröhrensteine.

Harnstoff (Carbamid, Kohlensäurediamid), $CO(NH_2)_2$, farb- und geruchlose chem. Verbindung mit schwach bas. Eigenschaften; wichtigstes Endprodukt des Eiweißstoffwechsels bei Säugetieren, das im ↑Harnstoffzyklus gebildet und dann im Harn ausgeschieden wird. Der Mensch scheidet bei normaler Ernährung etwa 30 g H. pro Tag aus. Technisch hergestellter H. wird als Kunstdünger und als Grundstoff bei der Kunstharzherstellung verwendet.

Harnstoffharze (Carbamidharze), zu den Aminoplasten zählende ↑Kunststoffe; Polykondensationsprodukte aus Harnstoff oder Thioharnstoff mit Formaldehyd. H. werden als Preßmassen und Lackharze verwendet.

Harnstoffzyklus (Ornithinzyklus), ein in den Mitochondrien der Leber von Säugetieren ablaufender, an den Eiweißstoffwechsel anschließender biochem. Reaktionszyklus, bei dem in mehreren Schritten unter erhebl. Energieaufwand das im Zellstoffwechsel anfallende, schädl. Ammoniak in die ungiftige Form des Harnstoffs übergeführt wird.

harntreibende Mittel, svw. ↑Diuretika.

Harnvergiftung, svw. ↑Urämie.

Harnverhaltung (Ischurie), akutes Unvermögen, die gefüllte Harnblase spontan zu entleeren; verursacht u. a. durch Harnsteine, Tumor, Operation, Harnröhrenverschluß.

Harnzwang (Strangurie), schmerzhafter Harndrang, v. a. bei Blasen- und Harnröhrenentzündungen.

Harold [engl. ˈhærəld], Name von engl. Herrschern:
H. I. Harefoot [engl. ˈhɛəfʊt; „Hasenfuß"], † Oxford 17. März 1040, angelsächs. König (seit 1037). – Illegitimer Sohn Knuts I., d. Gr., 1035 zum Regenten für Hardknut ernannt; verteidigte als König England gegen Angriffe der Waliser und Schotten.
H. II. Godwinson, * um 1020, ⚔ bei Hastings 14. Okt. 1066, letzter angelsächs. König (seit 1066). – Graf von East Anglia, Wessex und Kent, trat 1066 die Nachfolge Eduards des Bekenners an; schlug die Norweger unter Harald III.

zurück, unterlag jedoch dem Angriff Hzg. Wilhelms von der Normandie bei Hastings.

Harpalos, Freund und Leiter der Finanzverwaltung Alexanders des Großen. – Nach erster Flucht 333 wegen Veruntreuung von Geldern floh er 324 bei der Rückkehr Alexanders aus Indien von Babylon erneut mit 5 000 Talenten und mit einem Söldnerheer nach Athen; dort inhaftiert, entkam aber und wurde Ende 324 in Kreta ermordet.

Harper & Row, Publishers, Inc. [engl. ˈhɑːpə ənd ˈrou ˈpʌblɪʃəz ɪnˈkɔːpəreɪtɪd] ↑Verlage (Übersicht).

Harpune [niederl., eigtl. = „Eisenklammer" (zu frz. harpe „Kralle, Klaue")], Wurfspieß mit Widerhaken, meist an einem Schaft befestigt und mit langer Leine. Verwendung beim Walfang (Abschuß der H. aus einer Kanone) und bei der Unterwasserjagd auf Fische (H. mit gewehrähnl. Abschußvorrichtung).

Harpyie [harˈpyːjə] griech., nach den Harpyien (Harpia harpyia), bis 1 m langer, adlerartiger Greifvogel, v. a. in M- und S-Amerika; Gefieder oberseits schieferschwarz, unterseits weiß, Kopf (mit aufrichtbarer, dunkler Haube) und Hals grau.

Harpyien [harˈpyːjən], Fabelwesen der griech. Mythologie; urspr. Sturmdämonen, später als häßl. Riesenvögel mit Frauenköpfen gedacht. Motiv der bildenden Kunst in Antike, MA und der Renaissance, im MA v. a. als ein Symbol der Habsucht; bei Goya ein Symbol des Bösen.

Harrach, oberösterr. Uradelsgeschlecht, 1195 erstmals urkundlich erwähnt, erwarb 1524 die Herrschaft Rohrau in Niederösterreich; 1552 Reichsfreiherrn, 1627 Reichsgrafen.

Harrassowitz Verlag, Otto ↑Verlage (Übersicht).

Harrer, Heinrich, * Hüttenberg (Kärnten) 6. Juli 1912, östr. Naturforscher. – 1939 Mgl. der dt. Himalajaexpedition, in Indien interniert, 1944–51 in Lhasa, danach Expeditionen weltweit. Schrieb u. a. „Sieben Jahre in Tibet" (1952), „Ladakh, Götter und Menschen hinter dem Himalaya" (1978).

Harriman, William Averell [engl. ˈhærɪmən], * New York 15. Nov. 1891, † Yorktown Heights (N. Y.) 26. Juli 1986, amerikan. Industrieller und Politiker. – Botschafter in Moskau 1943–46; leitete 1946–48 das Handelsministerium; Sonderbeauftragter für die Marshallplanhilfe 1948 bis 1950, Gouverneur des Staates New York 1955–59 und Unterstaatssekretär für Fernostfragen 1961–63; Berater der Präs. Roosevelt, Truman, Kennedy und Johnson.

Harriot, Thomas [engl. ˈhærɪət], * Oxford 1560, † Gut Sion bei London 2. Juli 1621, engl. Mathematiker und Naturforscher. – Er bewies die Winkeltreue der stereograph. Projektion und berechnete die ballist. Kurve (noch vor G. Galilei) als schiefe Parabel; entdeckte 1601 das Brechungsgesetz (das von W. Snellius neu entdeckt wurde), fand 1603 die Inhaltsformel für das sphär. Dreieck und verbesserte die Gleichungslehre F. Viètes. H. zeichnete nach Fernrohrbeobachtungen eine erste Mondkarte, zählte die Sonnenflecken und berechnete danach die Rotationsdauer der Sonne.

Harris [engl. hærɪs], Bill, eigtl. Willard Palmer H., * Philadelphia 28. Okt. 1916, † Holindale (Fla.) 6. Aug. 1973, amerikan. Jazzmusiker (Posaunist). – Wurde v. a. durch seine Mitwirkung im Orchester von W. Herman bekannt. Seine techn. Perfektion wirkte schulbildend.
H., Don „Sugar Cane", * Pasadena (Calif.) 18. Juni 1938, amerikan. Jazzmusiker. – Spielte zuerst in Blues- und Rockgruppen elektrisch verstärkte Violine und Baß; gehört zu den führenden Jazzrockgeigern.
H., Joel Chandler, * bei Eatonton (Ga.) 9. Dez. 1848, † Atlanta 3. Juli 1908, amerikan. Schriftsteller. – Berühmt durch die Sammlungen der Sagen, Lieder und Märchen der Schwarzen von den Plantagen in den Südstaaten, die er „Uncle Remus" humorvoll erzählen läßt.
H., Roy, eigtl. Leroy H., * Chandler (Okla.) 12. Febr. 1898, † Santa Monica (Calif.) 1. Okt. 1979, amerikan. Komponist. – Schüler von N. Boulanger; gilt als Klassiker der amerikan. Musik. Schrieb u. a. 13 Sinfonien, Konzerte, Kammermusik, Ballette, Chorwerke und Filmmusiken.

Harpyie

Heinrich Harrer

William Averell Harriman

Harris

Harris [engl. 'hærɪs], Südteil der Hebrideninsel ↑ Lewis with Harris.

Harrisburg [engl. 'hærɪsbə:g], Hauptstadt des B.-Staates Pennsylvania, USA, am unteren Susquehanna River, 53 000 E. Sitz eines kath., eines anglikan. und eines methodist. Bischofs. Bed. Ind.zentrum mit Stahl-, Nahrungsmittel-, Bekleidungs-, Schuhind.; im März 1979 ereignete sich bei H. ein schwerer Unfall in dem Kernkraftwerk Three Mile Island. – Siedlungsbeginn 1727; Hauptstadt seit 1812.

Harrison [engl. 'hærɪsən], Benjamin, *North Bend (Ohio) 20. Aug. 1833, †Indianapolis 13. März 1901, 23. Präs. der USA (1889–93). – Enkel von William Henry H.; im Sezessionskrieg Brigadegeneral der Union; 1881–87 republikan. Senator für Indiana; förderte den Flottenausbau und leitete den Wirtschaftsimperialismus der USA sowohl im Pazifik als auch in Lateinamerika ein; innenpolitisch für die Schutzzollpolitik verantwortlich.

H., George, Mitglied der ↑ Beatles.

H., Sir (seit 1989) Rex, eigtl. Reginald Carey H., *Huyton (Lancashire) 5. März 1908, †New York 3. Juni 1990, engl. Schauspieler. – H. verkörperte meist den Typ des eleganten, leicht iron. Gentlemans, u. a. als Professor Higgins in dem Musical „My fair Lady" (seit 1956 am Broadway und in London, 1963 im Film).

H., Wallace, *Worcester (Mass.) 28. Sept. 1895, †New York 2. Dez. 1981, amerikan. Architekt. – Zus. mit M. Abramowitz maßgeblich an Planung und Bau des Hauptquartiers der UN (1947–52) in New York beteiligt; sein Hauptwerk ist das Metropolitan Opera House in New York (1962–66).

H., William Henry, *Berkeley (County Charles City, Va.) 9. Febr. 1773, †Washington 4. April 1841, 9. Präs. der USA (1841). – Kämpfte als Gouverneur von Indiana (ab 1801) gegen die Indianerkonföderation unter Führung des Shawneehäuptlings Tecumseh und sicherte die amerikan. Herrschaft im NW während des Krieges mit Großbritannien (1812–15); 1825–28 Senator von Ohio; starb einen Monat nach seinem Amtsantritt als Präsident.

Wallace Harrison. Das neue Haus der Metropolitan Opera in New York, 1962–66

Harrogate [engl. 'hærəgɪt], engl. Stadt 30 km nördlich von Leeds, Gft. North Yorkshire, 66 500 E. Spielwarenmesse; Kurbad (88 Quellen). – Kurort schon im 17. Jh.; 1884 Stadtrecht.

Harrow [engl. 'hæroʊ], Stadtbez. in NW-London, England, 202 000 E; Wohnvorort von London. – 767 erstmals erwähnt; die berühmte Public School in H. wurde 1571 gegr. und 1611 eröffnet.

Harsányi, Zsolt [ungar. 'hɔrʃɑːnji], *Krompach (Krompachy, Ostslowak. Bez.) 27. Jan. 1887, †Budapest 29. Nov. 1943, ungar. Schriftsteller. – Erfolgreich v. a. seine biograph. Romane, u. a. „Ungar. Rhapsodie" (1936), „Und sie bewegt sich doch" (1937).

Harsch (Harst) [niederdt.], verfestigter Schnee; **Windharsch** entsteht durch Oberflächenverdichtung infolge von Winddruck, **Sonnenharsch** durch Schmelzen der Schneeoberfläche und erneutes Gefrieren.

Harsdörffer (Harsdörfer), Georg Philipp, *Fischbach bei Nürnberg 1. Nov. 1607, †Nürnberg 17. Sept. 1658, dt. Dichter. – Gründete mit J. Klaj 1644 den ↑Nürnberger Dichterkreis. H. schrieb Lieder sowie kleine anekdot. Erzählungen, außerdem eine Poetik („Poet. Trichter...", 3 Bde., 1647–53); gesellschaftl. Lebensformen suchte er durch „Gesprächsspiele" zu fördern.

Harsprång [schwed. ˌhɑːrsprɔŋ], schwed. Großkraftwerk 100 km südl. von Kiruna. Bis 1946 bildete der Stora Luleälv hier die H.wasserfälle mit 75 m Fallhöhe, wurde 1945–52 zu einem Wasserkraftwerk mit 350 MW Leistung ausgebaut.

Hart, Heinrich, *Wesel 30. Dez. 1855, †Tecklenburg 11. Juni 1906, dt. Schriftsteller. – Durch das mit seinem Bruder Julius H. veröffentlichte Literaturorgan „Krit. Waffengänge" (1882–84) wurde er einer der Vorkämpfer des Naturalismus. Mgl. des Friedrichshagener Kreises. Das auf 24 Bände berechnete Epos „Das Lied der Menschheit" blieb Fragment (3 Tle., 1888–96).

Hartberg, östr. Bez.hauptstadt 50 km nö. von Graz, Steiermark, 360 m ü. d. M., 6 200 E. – 1147 erstmals erwähnt. – Stadtpfarrkirche (12.–16. Jh., 1745–60 barockisiert) mit roman. Karner (12. Jh.), Wallfahrtskirche Maria-Lebing (1472) mit Barockausstattung; Burg Neuberg (12., 16./17. Jh.).

Hartbetonbeläge, aus Zementmörtel mit bes. Zuschlagstoffen *(Hartbetonstoffen)* hergestellte Fußboden- und Treppenbeläge von hoher Druckfestigkeit und großem Abnutzungswiderstand.

Hartblei, Bleilegierung mit einem Anteil von bis zu 13 % Antimon zur Erhöhung des Härtegrades.

Hartbonbons [bõ'bõːs] ↑ Bonbons.

Harte, [Francis] Bre[t] [engl. hɑːt], *Albany (N. Y.) 25. Aug. 1836, †Camberley (= Frimley and Camberley, England) 5. Mai 1902, amerikan. Schriftsteller. – Erfolgreich seine frühen Erzählungen aus dem Goldgräbermilieu, u. a. „Die Ausgestoßenen von Poker Flat" (1869), in denen er das Lokalkolorith des fernen Westen mit dem Interesse an skurrilen Sonderlingen verknüpfte.

Härte, (H. des Wassers) im wesentlichen durch Calcium- *(Kalk-H.)* und Magnesiumsalze *(Magnesia-H.)* bewirkter Gehalt des Wassers an Erdalkaliionen; die sog. *temporäre* H. wird durch Hydrogencarbonate der Erdalkimetalle hervorgerufen; durch Kochen werden diese nach der Gleichung

$$Ca(HCO_3)_2 \rightarrow CO_2 + H_2O + CaCO_3$$

ausgefällt (im Ggs. zu der v. a. durch Calcium- und Magnesiumsulfate verursachten *permanenten* H.). Temporäre und permanente H. ergeben die *Gesamt-H.* Die H. des Wassers wird in *H.graden* angegeben. Ein *deutscher H.grad* (Kurzzeichen ° d) entspricht 10 mg CaO je Liter Wasser oder der äquivalenten Menge eines anderen Erdalkalioxids. Die H. des Wassers bewirkt in Rohren, Kesseln u. a., die Warm- oder Heißwasser enthalten, die Bildung von Kesselstein; darüber hinaus bedingt sie durch Ausfällung fettsaurer Calcium- oder Magnesiumsalze eine stark reduzierte Waschwirkung der auf Fettsäurebasis hergestellten Seifen.

Wassercharakter in Abhängigkeit von der Härte	
dt. Härtegrad	Wassercharakter
0 bis 4	sehr weich
4 bis 8	weich
8 bis 12	mittelhart
12 bis 18	ziemlich hart
18 bis 30	hart
über 30	sehr hart

▷ Widerstand, den ein Körper dem Eindringen eines anderen, härteren Körpers entgegensetzt (↑Härteprüfverfahren)

Mohssche Härteskala		
Härtestufe	Mineral	
1	Talk	mit Finger-
2	Gips	nagel ritzbar
3	Kalkspat	mit Taschen-
4	Flußspat	messer oder
5	Apatit	Stahlnagel
6	Orthoklas	ritzbar
7	Quarz	ritzen
8	Topas	Fenster-
9	Korund	glas
10	Diamant	

▷ (Mohshärte) in der *Mineralogie* Maßzahl (oder: meßbare Größe) zur Bestimmung und Einordnung eines Minerals nach der von F. Mohs vorgeschlagenen **Mohsschen Härteskala**. Minerale mit niedrigerer Härte können von solchen mit höherer Härte geritzt werden.
▷ (H. einer Strahlung) Bez. für die Fähigkeit einer Strahlung, Materie zu durchdringen. Größerer H. entspricht eine größere Durchdringungsfähigkeit, eine höhere Energie und Frequenz und damit eine kürzere Wellenlänge.

Hartebeests [Afrikaans] ↑Kuhantilopen.
Härtegrade ↑Härte.
▷ die Gradationsabstufungen handelsübl. Photopapiere; z. B. unter den Bez. extraweich, weich, spezial, normal, hart, extrahart.
Härten (Härtung) ↑Wärmebehandlung.
Härteprüfverfahren, Methoden zur Ermittlung der Härte eines [Werk]stoffs. Die ermittelte *Härtezahl* ist abhängig vom Prüfverfahren; dieses muß bei Angaben vermerkt werden.
Statische Härteprüfverfahren: Das älteste H. ist das von F. Mohs für die Mineralogie geschaffene *Ritzhärteverfahren* (↑Härte). Bei dem von J. A. Brinell eingeführten *Brinell-H.* (Zeichen *HB*) wird eine Stahlkugel vom Durchmesser D (in mm) mit einer Last P senkrecht in die ebene, metall. blanke Probenoberfläche eingedrückt und der Durchmesser d (in mm) des dabei entstehenden Eindrucks mikroskopisch auf 1/100 mm genau gemessen. Beim *Vickers-H.* wird als Eindringkörper eine vierseitige, regelmäßige Diamantpyramide mit 136° Spitzenwinkel zwischen den gegenüberliegenden Flächen benutzt. Die Pyramide wird mit einer Last P senkrecht in die Probe eingedrückt, die Eindruckdiagonalen d_1 und d_2 werden auf 0,002 mm genau unter dem Mikroskop bestimmt, ihr Mittelwert d und damit die Eindruckoberfläche $d^2/(2 \cos 22°)$ und die *Vickers-* oder *Pyramidenhärte* (Zeichen *HV*) errechnet. Bis 3 000 N/mm² stimmt die Vickershärte mit der Brinellhärte überein. Darüber hinaus bleibt die Brinellhärte hinter der Vickershärte zurück. Beim *Rockwell-C-Verfahren* wird als Eindringkörper ein Diamantkegel (C: Abk. für engl. cone = Kegel) mit einem Spitzwinkel von 120° verwendet.
Dynamische Härteprüfverfahren: Können die stat. H. an einem Werkstoff nicht durchgeführt werden, so geben die dynam. zumindest einen gewissen Aufschluß über die Härte. Hierzu zählen v. a. das *Schlaghärteprüfverfahren mit dem Poldi-Hammer* (ergibt die *Poldi-Härte,* Formelzeichen *HBp*), das *Schlaghärteprüfverfahren mit dem Kugelschlaghammer* (*Baumann-Hammer;* ergibt die bedingt der Brinellhärte übereinstimmende *Schlaghärte*) und das *Rückprall-, Rücksprung-* oder *Fallhärteprüfverfahren mit dem Skleroskop* (*Shore-Rückprallhärteprüfer;* ergibt die *Shore-, Rückprall-, Fall-* oder *Skleroskophärte*), bei dem die Härte einer Probe nach ihrer Elastizität beurteilt wird und bei dem im Ggs. zu den übrigen H. die bleibende Verformung von geringerer Bedeutung ist.

Härter ↑Härtung.
harter Schanker, ältere Bez. für ↑Syphilis.
Härteskala ↑Härte.
harte Währungen, Währungen, die sich durch volle Konvertibilität auszeichnen und die wegen ihrer bes. Wertstabilität von anderen Ländern als Verrechnungseinheiten und Währungsreserven benutzt werden. Länder mit h. W. besitzen i. d. R. eine aktive Handelsbilanz; sie verfügen über ausreichende Mengen an internat. Liquiditätsreserven, um am Devisenmarkt zugunsten der Stabilität ihrer Währungen intervenieren zu können.
Hartfasern, die aus Stengeln, Blättern oder Früchten einiger einkeimblättriger trop. Pflanzen gewonnenen steifen, harten Fasern (z. B. Manila-, Sisal- und Kokosfasern). H. eignen sich bes. für Seilerwaren, Tauwerk, grobe Gewebe und Matten.
Hartfaserplatten, svw. Holzfaserhartplatten (↑Holzfaserplatten).
Hartford [engl. 'ha:tfəd], Hauptstadt des B.-Staates Connecticut, USA, am unteren Connecticut River, 136 000 E. Sitz eines kath. Erzbischofs und eines anglikan. Bischofs; Colleges; Staatsbibliothek, Kunstmuseum, Hauptsitz der amerikan. Versicherungsgewerbes; Präzisionsinstrumentenbau, elektrotechn. Ind. – 1635 gegr., eine der ältesten Siedlungen in den USA. – Klassizist. Old State House (1796), State Capitol (1878/79).
Hartgummi, aus Natur- oder Kunstkautschuk, Schwefel und anderen Zusätzen gewonnener, durch Heißvulkanisation gehärteter Werkstoff.
Hartguß ↑Gußeisen.
Harth, Philipp, * Mainz 9. Juli 1887, † Bayrischzell 25. Dez. 1968, dt. Bildhauer. – Bed. seine Tierskulpturen in vereinfachender Formgebung; zahlr. Zeichnungen.
Hartheu, svw. ↑Johanniskraut.

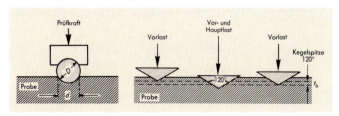

Härteprüfverfahren. Links: Brinell-Härteprüfverfahren. Rechts: Rockwell-C-Verfahren

Hartholz, durch hohen Anteil an Holzfasern und enge Gefäße sehr festes und schweres Holz, z. B. Guajakholz, Ebenholz, Buchsbaum.
Hartlaub, Felix, * Bremen 17. Juni 1913, ✕ bei Berlin (‡) April 1945, dt. Schriftsteller und Historiker. – Sohn von Gustav Friedrich H.; ab 1942 Sachbearbeiter der Abteilung Kriegstagebuch im Führerhauptquartier; Erzählungen, Dramen, literar. Skizzen sowie Tagebücher („Im Sperrkreis. Aufzeichnungen aus dem zweiten Weltkrieg", hg. 1955 von Geno H.).
H., Geno[veva], * Mannheim 7. Juni 1915, dt. Schriftstellerin. – Tochter von Gustav Friedrich H.; schrieb Romane, Erzählungen („Der Mond hat Durst", 1963, „Muriel", 1985), Essays, Hörspiele u. a. und gab den Nachlaß ihres Bruders Felix H. heraus.
H., Gustav Friedrich, * Bremen 12. März 1884, † Heidelberg 30. April 1963, dt. Kunsthistoriker. – Vater von Felix und Geno H.; 1923–33 Direktor der Kunsthalle Mannheim, ab

Hartlaubgewächse

1946 Prof. in Heidelberg. Förderer zeitgenöss. (expressionist.) Kunst; prägte den Stilbegriff ↑ Neue Sachlichkeit.

Hartlaubgewächse, an trockene, heiße Sommer angepaßte Pflanzen; besitzen meist kleine, immergrüne, saftarme Blätter, die mit Wachs überzogen oder behaart sind; z. B. Zistrosen, Lorbeer, Myrte.

Hartlaubwald, immergrüner, lederblättriger Laubwald der Winterregengebiete mit 15–20 m hoher Kronenschicht und dichtem Unterwuchs.

Hartleben, Otto Erich, Pseud. Otto Erich, *Clausthal (= Clausthal-Zellerfeld) 3. Juni 1864, † Salò 11. Febr. 1905, dt. Schriftsteller. – Verspottete als naturalist. Dramatiker kleinbürgerl. Philistertum; später tief pessimist. Werke; sein größter Erfolg war die Offizierstragödie ,,Rosenmontag'' (1900).

Hartlegierungen, harte, kohlenstoffhaltige Werkstoffe, die im wesentlichen aus einem Grundmetall der Eisengruppe (Eisen, Nickel, Kobalt) und einem oder mehreren Metallen der Chromgruppe (Chrom, Molybdän, Wolfram) bestehen, unter Umständen noch mit kleinen Sonderzusätzen von Vanadin, Tantal bzw. Niob und Bor. Hohe Verschleißfestigkeit, Korrosions- und Zunderbeständigkeit.

Hartleibigkeit, svw. ↑ Verstopfung.

Hartlepool [engl. 'hɑːtlɪpuːl], Ind.- und Hafenstadt an der engl. NO-Küste, Gft. Cleveland, 94 400 E. Schiffbau; Eisen- und Stahlind., Elektronik- u. a. Ind., Kernkraftwerk; Seebad. – Erhielt 1201 Stadtrecht.

Haldan Keffer Hartline

Hartline, Haldan Keffer ['hɑːtlɪn], *Bloomsburg (Pa.) 22. Dez. 1903, † Fallston (Md.) 17. März 1983, amerikan. Physiologe. – Prof. an der Rockefeller University in New York; grundlegende mikroelektr. Untersuchungen an den Lichtrezeptoren des Auges; Nobelpreis für Physiologie oder Medizin 1967 mit R. A. Granit und G. Wald.

Hartling, Poul [dän. 'hɑːdleŋ], *Kopenhagen 14. Aug. 1914, dän. Politiker. – 1957–60 und 1964–77 Theologe; 1957–60 und 1964–77 Mgl. des Folketing; 1973–77 Vors. der Liberalen Partei (Venstre); 1968–71 Außenmin.; 1973–75 Min.präs.; 1978–85 Hoher Kommissar der UN für Flüchtlinge.

Peter Härtling

Härtling, Peter, *Chemnitz 13. Nov. 1933, dt. Schriftsteller. – Schreibt (häufig biograph.) Romane, Erinnerungsstudien, Lyrik, Kinderbücher; bed. Herausgebertätigkeit. – *Werke:* Niembsch oder Der Stillstand (R., 1964), Das Familienfest (R., 1969), Eine Frau (R., 1974), Hölderlin. Ein Roman (1978), Hubert oder Die Rückkehr nach Casablanca (R., 1978), Krücke (R., 1986), Fränze (E., 1989), Herzwand (R., 1990), Schubert. Zwölf Moments musicaux und ein Roman (R., 1992).

Härtling, Geländeerhebung (Berg, Mineralgang), die infolge ihres widerstandsfähigeren Gesteins weniger abgetragen wurde als ihre Umgebung und deshalb diese überragt.

Hartlot ↑ Löten.

Hartmanganerz, svw. ↑ Braunit.

Hartmann von Aue, *2. Hälfte des 12. Jh., † Anfang des 13. Jh., mittelhochdt. Dichter. – Er bezeichnet sich in seinem Werk selbst als gelehrten Ritter. Welchem der aleman. Orte namens Aue (Eglisau, Reichenau, Au bei Freiburg, Obernau bei Tübingen) er zuzuordnen ist, ist nicht mehr zu klären. Strittig ist auch, ob er am Kreuzzug 1189/90 oder 1197/98 teilgenommen hat. H. dichtete Lieder der hohen Minne, der Absage an die Minnekonvention, Kreuzzugslieder, eine didakt. Minnelehre, das sog. ,,Büchlein''. Nach dem Vorbild des frz. Epikers Chrétien de Troyes schuf er die ersten mittelhochdt. Artusromane ,,Erec'' und ,,Iwein''. Neben den Artusromanen sind noch zwei höf. Verslegenden erhalten : ,,Der arme Heinrich'', die Geschichte eines Ritters, der sich einseitig dem Weltleben widmet, schließlich, vom Aussatz befallen, durch die Opferbereitschaft einer Jungfrau geheilt wird, und ,,Gregorius'', die höf. Gestaltung der Legende von der doppelten Blutschande. H., ein didaktisch engagierter Dichter, stand seiner Zeit nicht unkritisch gegenüber. Sein klarer, durch rhetor. Stilmittel geprägter Versstil wurde Vorbild für spätere Dichtergenerationen.

Hartmann, Eduard von, *Berlin 23. Febr. 1842, † Großlichterfelde (= Berlin) 5. Juni 1906, dt. Philosoph. – Ausgehend von der ,,Philosophie des Unbewußten'', schuf H. seine von ihm selbst ,,konkreter Monismus'' gen. Synthese zw. Hegels ,,absolutem Geist'', dem Willensbegriff Schopenhauers, Schellings Begriff des ,,Unbewußten'' und Leibniz' Monadenlehre. Als Gegner des Darwinismus war er Mitbegr. des Neovitalismus. – *Werke:* Philosophie des Unbewußten (3 Bde., 1869), Die Religion des Geistes (1882), Das Grundproblem der Erkenntnistheorie (1889).

H., Karl Amadeus, *München 2. Aug. 1905, † ebd. 5. Dez. 1963, dt. Komponist. – Studierte bei A. Webern, machte sich jedoch nie die Zwölftontechnik ganz zu eigen. V. a. durch seine 8 Sinfonien bekannt; komponierte expressivhumanist. Werke, die u. a. die Oper ,,Des Simplicius Simplicissimus Jugend'' (1935, Neufassung 1955), den ,,Versuch eines Requiems'' (1. Sinfonie mit Texten von W. Whitman, 1938), die unvollendete ,,Gesangsszene'' (nach Giraudoux, 1963) und den Beitrag ,,Ghetto'' zu der Gemeinschaftsarbeit ,,Jüdische Chronik'' (1960–66) umfassen.

H., Max[imilian], *Lauterecken 7. Juli 1876, † Hofgut Buchenbühl (zu Waltenhausen, Landkr. Günzburg) 11. Okt. 1962, dt. Zoologe und Naturphilosoph. – Prof. am Kaiser-Wilhelm-Institut (jetzt Max-Planck-Institut) für Biologie in Berlin, Hechingen und Tübingen; entwickelte 1909 das Gesetz der Relativität der geschlechtl. Differenzierung, das er 1925 experimentell bewies. H. befaßte sich auch mit philosophisch-methodolog. und erkenntnistheoret. Problemen der Naturwissenschaften.

H., Moritz, *Dušnik bei Příbram 15. Okt. 1821, † Wien 13. Mai 1872, östr. Dichter. – 1848 Mgl. des Frankfurter Parlaments; Beteiligung an der Revolution in Wien und im bad. Aufstand, schrieb in dieser Zeit bed. polit. Lyrik; später Romane, Novellen, Reiseberichte u. a. idyll. Charakters. – *Werke:* Kelch und Schwert (Ged., 1845), Reimchronik des Pfaffen Mauritius (Satire, 1849).

H., Nicolai, *Riga 20. Febr. 1882, † Göttingen 9. Okt. 1950, dt. Philosoph. – Prof. 1920 in Marburg, 1925 in Köln, 1931

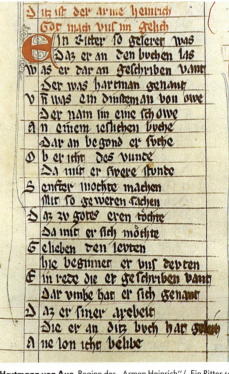

Hartmann von Aue. Beginn des ,,Armen Heinrich'' (,,Ein Ritter so geleret was ...'') in einer Handschrift des 14. Jh. (Heidelberg, Universitätsbibliothek)

Hans Hartung. T55–16–A, 1955 (Privatbesitz)

in Berlin, 1946 in Göttingen; anfangs der ↑ Marburger Schule verpflichtet; entwickelte eine neue, umfassende [realist.] Erkenntnistheorie, Ontologie und Ethik; gegen Kritizismus und Relativismus lehrt H. die Erfaßbarkeit des Ansichseienden; Ontologie beschreibt die erkennbare Seite des Seins, soll sich aber nach H. von der „oberflächl." Phänomenologie unterscheiden; das Sein baut sich bei H. in vier deutlich geschiedenen kategorialen Seinsschichten auf: Materie, Leben, Bewußtsein und Geist; method. Instrumentarium zur Untersuchung dieser Schichten ist nach H. die „Kategorialanalyse". – *Werke:* Grundzüge einer Metaphysik der Erkenntnis (1921), Die Philosophie des dt. Idealismus (1923 bis 1929), Ethik (1926), Das Problem des geistigen Seins (1933), Zur Grundlegung der Ontologie (1935), Möglichkeit und Wirklichkeit (1938), Der Aufbau der realen Welt (1940), Philosophie der Natur (1950), Teleolog. Denken (1951), Ästhetik (hg. 1953).

H., Paul, * Fürth 8. Jan. 1889, † München 30. Juni 1977, dt. Schauspieler. – H. hatte große Erfolge als jugendl. Held (1914–26 am Dt. Theater Berlin, 1926–34 am Burgtheater Wien), später in Charakterrollen (1934–45 am Staatstheater Berlin, dann in Hamburg) um 1945 Gastspiele.

Hartmannbund (Verband der Ärzte Deutschlands e. V.), von dem dt. Arzt H. Hartmann (* 1863, † 1923) im Jahre 1900 in Leipzig als „Leipziger Verein" gegründeter ärztl. Berufsverband; Auflösung 1936, Wiedergründung 1949 in Hamburg.

Hartmannsweilerkopf (frz. Vieil Armand), Berg in den S-Vogesen, Frankreich, 957 m hoch; im 1. Weltkrieg hart umkämpft.

Hartmetalle, harte und verschleißfeste, temperaturbeständige Werkstoffe; gesinterte Carbid-H. *(Sinterhartmetalle):* mit Kobalt- oder Nickelpulver zusammengesinterte Legierungen als Molybdän-, Tantal-, Titan-, Vanadin- und Wolframcarbid (für Schneidwerkzeuge aller Art, Bohrer, Sandstrahldüsen u. a.); gegossene Carbid-H. *(Gußcarbide):* hauptsächlich aus Molybdän- und Wolframcarbid (↑ Hartlegierungen; für Bohrmeißel u. a.), als Zieh- und als Lagersteine für Instrumente.

Hartog, Jan de [niederl. 'hartɔx], Pseud. F. R. Eckmar, * Haarlem 22. April 1914, niederl. Schriftsteller. – Schrieb häufig über Seehelden, u. a. „Hollands Glorie" (R., 1940) sowie die Komödie „Das Himmelbett" (1951), „Die Spur der Schlange" (R., 1983).

Hartporzellan ↑ Porzellan.

Hartree, Douglas Rayner [engl. 'hɑːtrɪ], * Cambridge 27. März 1897, † ebd. 12. Febr. 1958, brit. Physiker und Mathematiker. – Entwickelte die ↑ Hartree-Fock-Methode; befaßte sich u. a. auch mit Problemen der digitalen Rechenautomaten, der Ballistik und der Physik der Atmosphäre.

Hartree-Fock-Methode [engl. 'hɑːtrɪ, russ. fɔk; nach D. R. Hartree und dem russ. Physiker W. A. Fock, * 1898, † 1974], wichtiges quantenmechan. Verfahren zur näherungsweisen Berechnung der Wellenfunktionen und Energiewerte eines Fermionen-Vielteilchensystems, das bes. zur theoret. Behandlung der Elektronengesamtheit im Atom herangezogen wird.

Hartriegel (Hornstrauch, Cornus), Gatt. der **Hartriegelgewächse** mit rd. 45 Arten in der gemäßigten Zone der Nordhalbkugel; meist Sträucher mit weißen, blauen oder schwarzen Steinfrüchten. In M-Europa kommen vor: ↑ Roter Hartriegel und **Kornelkirsche** (Herlitze, Gelber H., Cornus mas), frühblühend mit gelben Blüten und leicht säuerl., eßbaren roten Früchten.

Hartriegelgewächse (Cornaceae), Pflanzenfamilie mit 12 Gatt. in trop. und gemäßigten Zonen; meist Gehölze.

Hartschier (Hatschier) [zu italien. arciere „Bogenschütze"], Angehöriger der Leibgarde der Residenzwache der bayr. Könige bis 1918.

Hartschlägigkeit, svw. ↑ Dämpfigkeit.

Hartspiritus, durch Zusatz v. a. von Seifen oder Zelluloseestern in gallertige Form gebrachter Brennspiritus. Heute auch Bez. für Trockenbrennstoffe ohne Alkohol.

Hartung, Gustav, * Bartenstein (Ostpr.) 30. Jan. 1887, † Heidelberg 14. Febr. 1946, dt. Regisseur und Theaterleiter. – 1914–20 Regisseur in Frankfurt am Main, dann Intendant in Darmstadt, Köln, Berlin; 1933 Emigration. Als einer der wichtigsten Regisseure des expressionist. Theaters brachte H. zahlr. Uraufführungen heraus.

H., Hans, * Leipzig 21. Sept. 1904, † Antibes 8. Dez. 1989, frz. Maler und Graphiker dt. Herkunft. – Lebte seit 1935 in Paris; mit abstrakten, seit 1952 informellen Bildern Vertreter der *l'École de Paris.*

H., Hugo, Pseud. N. Dymion, * Netzschkau 17. Sept. 1902, † München 2. Mai 1972, dt. Schriftsteller. – V. a. heitere, z. T. humorist. und krit. Unterhaltungsromane, u. a. „Ich denke oft an Piroschka" (1954), „Wir Wunderkinder" (1957), „Wir Meisegeiers" (1972).

H., Karl, * Hamburg 2. Mai 1908, † Berlin 19. Juli 1967, dt. Bildhauer. – Schulte sich u. a. an C. Brancusi und A. Maillol und schuf (abstrakte) Skulpturen von organisch und klassisch-strengem Charakter.

Hartung, alte Bez. für Januar.

Härtung, (H. von Metallen) ↑ Wärmebehandlung.
▷ (H. von Fetten) ↑ Fetthärtung.
▷ (H. von *Kunststoffen*) durch engmaschige räuml. Vernetzung ihrer Moleküle zu Makromolekülen erzielte Überführung flüssiger oder plast. Kunststoffe in einen irreversiblen Zustand hoher Festigkeit. Bei den härtbaren Kunstharzen (Duroplaste) unterscheidet man eigenhärtende Harze, die durch Zugabe von katalytisch wirkenden *Härtern* polymerisieren, von den indirekt härtbaren Harzen, die mit den zugegebenen *H.mitteln* zu Polykondensations- oder Polyadditionsprodukten vernetzen. Durch H. lassen sich unlösl., unerweichbare, unschmelzbare, chemisch beständige, thermisch und elektrisch isolierende Kunststoffe herstellen. Härtbare Harze eignen sich als Formmassen, Gießharze, Schichtstoffe, Oberflächenschutz sowie zur Verleimung und Verkittung.

Hartwin ↑ Arduin.

Hartzenbusch, Juan Eugenio [span. arθem'butʃ], * Madrid 6. Sept. 1806, † ebd. 2. Aug. 1880, span. Dichter dt.-span. Abstammung. – Hauptvertreter des romant. Dramas in Spanien; auch Fabeln und Gedichte. – *Werke:* Die Liebenden von Teruel (Dr., 1836), Doña Mencía (Dr., 1838), La madre de Pelayo (Dr., 1846).

Haruden (lat. Harudes; Charuden), westgerman., wahrscheinlich aus W-Norwegen (Hordaland) nach Jütland eingewandertes Volk; um 150 von Ptolemäus erwähnt.

Hartriegel. Kornelkirsche, blühender Zweig und Zweig mit Früchten

Harz. Bergwerksteich bei Clausthal-Zellerfeld. Bergwerksteiche dienten vom 16. bis 20. Jh. als Energielieferanten des Oberharzer Erzbergbaus, heute als Kulturdenkmäler unter Schutz gestellt

Lilian Harvey

William Harvey

Harun Ar Raschid, * Rai Febr. 766, † Tus bei Meschhed 24. März 809, 5. abbasid. Kalif (seit 786). – Soll mit Karl d. Gr. Gesandtschaften ausgetauscht haben; unter seiner Herrschaft kam es zu wirtsch. und kulturellem Blüte sowie hoher Macht- und Prachtentfaltung, was ihn zum Idealbild des Kalifen (z. B. in „Tausendundeiner Nacht") werden ließ.

Harunobu Suzuki, * Edo (= Tokio) 1725 (?), † ebd. 29. Juni 1770, jap. Maler. – Erster klass. Meister des Farbholzschnitts, v. a. feinlinige, elegante Frauengestalten.

Haruspex [lat.], etrusk., später auch röm. Priester, der aus den Eingeweiden von Opfertieren oder aus bes. Himmelserscheinungen (wie Blitzen) wahrsagte.

Harvard University [engl. ˈhɑːvəd juːnɪˈvəːsɪtɪ], traditionsreiche, bed. Univ. der USA, in Cambridge (Mass.) sowie später auch Boston; gegr. 1636.

Harvey [engl. ˈhɑːvɪ], Lilian, eigtl. Lilian Muriel Helen Pape, * Hornsey (= London) 19. Jan. 1907, † Cap d'Antibes 27. Juli 1968, engl. Schauspielerin. – Spielte mit W. Fritsch in zahlr. Filmen, u. a. „Die drei von der Tankstelle" (1930), „Der Kongreß tanzt" (1931), ein Liebespaar.
H., William, * Folkestone (Kent) 1. April 1578, † Hampstead (= Camden) 3. Juni 1657, engl. Arzt und Anatom. – Arzt in London; 1618–47 königl. Leibarzt. H. entdeckte den großen Blutkreislauf. Daneben hat er auch erfolgreich auf embryolog. Gebiet gearbeitet.

Harwich [engl. ˈhærɪdʒ], engl. Hafenstadt 120 km nö. von London, Gft. Essex, 15 100 E. Fährverbindungen und Güterverkehr zum Kontinent; Seebad. – Seit 1319 Stadt.

Haryana, B.-Staat in NW-Indien, 44 212 km², 16,2 Mill. E (1990), Hauptstadt ↑ Chandigarh. H. liegt am östl. Rand des Pandschab und ist nur mit künstl. Bewässerung landw. nutzbar. Hauptsprache ist Hindi. – H. wurde als 17. B.-Staat der ind. Union am 1. Nov. 1966 aus dem Punjab ausgegliedert. Das histor. H. umfaßt etwa die Distrikte Hissar und Rohtak. Um die Mitte des 13. Jh. wurde H. muslimisch, 1803 britisch.

Harz, nördlichstes dt. Mittelgebirge, etwa 90 km lang, 30 km breit, im Brocken 1 142 m hoch. Der H. ist eine Pultscholle mit steilen Randstufen im N und allmähl. Abdachung nach SO, aufgebaut aus überwiegend paläozoischen, z. T. metamorphen Gesteinen. Er gliedert sich in Ober-H. und Unter-H. Der **Oberharz** wird aus einer Rumpffläche in rd. 600 m Höhe (Clausthaler Hochfläche) und dem sich darüber erhebenden Bergland des Brockenmassivs in Höhenlagen von 800–900 m ü. d. M. gebildet. Er wird von einem dichten Gewässernetz stark zertalt; 5 865 ha sind Nationalpark. Der ebenfalls von weiten Hochflächen geprägte **Unterharz** im SO, dessen östl. Gebirgsrand von Flüssen (z. B. Bode) stark zerschnitten ist, liegt in 350–500 m Höhe im Regenschatten des Brockens, der etwa 1 700 mm Niederschlag/Jahr erhält (dagegen Ober-H. 900 mm, Unter-H. von W nach O 750–580 mm). Das Maximum fällt im Winter (über 100 Schneetage). Aus den Staubecken der Talsperren werden Göttingen und der Raum Halle/Saale–Leipzig mit Trinkwasser versorgt. Im Unter-H. herrschen Laub- und Mischwälder vor, im Ober-H. Fichtenwälder. Der Brocken liegt über der Baumgrenze. Für die Besiedlung des H. war der heute bedeutungslos gewordene Bergbau (Silber-, Blei-, Kupfer-, Zinkerze, Schwerspat) von entscheidender Bed. Seit 968 wurden am Rammelsberg bei Goslar bis 1988 Erze gefördert, im 16. Jh. entstanden u. a. die Freien Bergstädte Grund, Wildemann, Clausthal, im Unter-H. z. B. Harzgerode und Stolberg/Harz. Wichtigste Einnahmequelle der Bev. ist heute der ganzjährige Fremdenverkehr; im Unter-H. spielt die Landw. eine größere Rolle.

Harzburg, Bad ↑ Bad Harzburg.

Harzburger Front, Zusammenschluß von DNVP, Stahlhelm, Vereinigung Vaterländ. Verbände und NSDAP in Bad Harzburg am 11. Okt. 1931; sollte die Einigkeit der sog. nat. Opposition im Kampf gegen die Reg. Brüning demonstrieren; scheiterte als polit. Bündnis an der Rivalität ihrer Führer.

Harze, amorphe, organ., festgewordene oder noch zähflüssige, glänzende, transparente Stoffe, die ohne festen Schmelzpunkt allmählich vom flüssigen in den festen Zustand übergehen; reine H. sind geruch-, geschmack- und farblos, in Wasser unlöslich, in Alkohol, Äther u. a. löslich. **Naturharze** finden sich teils rein, teils in Verbindung mit Terpentinöl und anderen Ölen in Ausscheidungsprodukten von Bäumen und fließen bei Rindenverletzung aus; fossile H. sind Bernstein und Kopal.

Harzer Käse, ein Sauermilchkäse (↑ Käse).

Harzer Roller ↑ Kanarienvogel.

Harzer Zither ↑ Cister.

Harzgerode, Stadt in Sa.-Anh., im Unterharz auf einer bewaldeten Hochfläche und mit den bis zu 4 km entfernten Ortsteilen Silberhütte, Alexisbad und Mägdesprung im Selketal, 5 300 E. Erholungsort; Metall-, Holz-, pyrotechn. Ind. – Erstmals 993 erwähnt, seit 1338 Stadt. – Renaissanceschloß (1549–52), barocke Pfarrkirche St. Marien (1697), Fachwerkhäuser.

Harzöle, aus den im ↑ Kolophonium enthaltenen Harzsäuren durch trockene Destillation gewonnene Öle. Verwendung für billige Schmiermittel, Druckfarben, Firnisse, Lacke.

Harzsäuren, v. a. in den Harzen der Koniferen und in dem aus ihnen gewonnenen ↑ Kolophonium enthaltene Monocarbonsäuren (z. B. Abietinsäure); dienen u. a. zur Herstellung von Harzseifen und Papierleimen.

Harzseifen (Resinate), Salze der Harzsäuren, insbes. ihre Natrium- und Kaliumsalze *(Alkali-H.);* die wasserlösl. Alkali-H. werden wegen ihres starken Schäumens als Emulgiermittel bei Polymerisationen verwendet; in Form von Harzleim dienen sie zum Leimen von Papier.

Harzvorland, weitgehend lößbedeckte, fruchtbare Landschaften im N, O und SW des Harzes. Das *nördl. H.* liegt zw. dem N-Rand des Harzes und dem Aller-Urstromtal, das *östl. H.* ist dem Unterharz vorgelagert, zw. der Bode im W, dem Flechtinger Höhenzug im N und der Leipziger Tieflandsbucht im O, das *südwestl. H.* ist eine Schichtstufenlandschaft zw. Harz und Eichsfeld.

Hasan, * Medina 625, † ebd. 669, 5. Kalif (661). – Sohn von Ali Ibn Abi Talib und der Fatima, Tochter Mohammeds; folgte seinem Vater als Kalif, dankte aber ein halbes Jahr später zu Gunsten des Gegenkalifen Muawija ab. Die Schiiten verehren H. als 2. Imam.

Hasan II. (Hassan II.), *Rabat 9. Juli 1929, König von Marokko (seit 1961). – Folgte 1961 seinem Vater Mohammed V. auf den Thron; 1961–63 und 1965–67 auch Min.-präsident.

Hasanlu [pers. hæsæn'lu:], Ruinenhügel im NW-Iran, 10 km südlich des Urmiasees. Bei Ausgrabungen seit 1957 fand man Keramik vom 5. Jt. v. Chr. an und eine bed. Siedlung des 2./1. Jt., die gegen 800 v. Chr. zerstört wurde.

Hasard [ha'zart, frz. a'za:r; arab.], Kurzwort für H.spiel, Glücksspiel; **Hasardeur**, Glücksspieler.

Haschee (Haché) [frz., zu hacher „zerhacken"], pikant abgeschmecktes Gericht aus fein zerkleinertem Fleisch (z. B. Lungenhaschee).

Haschimiden (Haschemiten), arab. Geschlecht in Irak und Jordanien; führt seinen Ursprung auf Haschim († um 500), den Urgroßvater Mohammeds, und über Hasan auf Mohammed zurück. Vom 10. Jh. an stellten die H. das religiöse Oberhaupt (Scherif) von Mekka; regierten in Hedschas 1917–25, in Irak 1921–58, seit 1921 in Transjordanien (= Jordanien).

Haschisch [arab., eigtl. „getrocknetes Gras, Heu"], weitverbreitetes Rauschgift, das durch Extraktion aus dem Harz der weibl. Pflanzen des Ind. Hanfs gewonnen wird. Die halluzinogene Wirkung wird durch Tetrahydrocannabinol verursacht; daneben enthält H. bis 60 weitere Cannabinoide sowie Sterole, Terpene u. a. Das geerntete Harz der Hanfpflanze wird zu Stangen oder Platten gepreßt. Enthält es außerdem noch getrocknete, gehackte Pflanzenteile, wird es **Marihuana** genannt. H. und Marihuana werden meist durch Rauchen des Joint genossen. Je nach Umgebung, Stimmungslage und körperl. Veranlagung des Rauchers ruft H. unterschiedl. Rauscherlebnisse hervor: Entspanntheit, Apathie, Glücksgefühl, Niedergeschlagenheit, intensivere Sinneswahrnehmung, Ängstlichkeit, Unruhe, Aggressivität. Häufig kommt es auch zu Übelkeit und Erbrechen. H.genuß führt zwar nicht zur phys. (keine Entzugserscheinungen), wohl aber zur psych. Abhängigkeit. Oft spielt H. als Einstiegsdroge zu stärkeren Drogen wie LSD oder Opiaten (v. a. Heroin) eine nicht zu unterschätzende Rolle. – ↑Rauschgift.

Hasdrubal, †221 v. Chr., karthag. Heerführer. – Schwiegersohn des Hamilkar Barkas; wurde 229 dessen Nachfolger als Oberkommandierender in Spanien und suchte die Iberer durch Versöhnungspolitik zu gewinnen; gründete Carthago Nova (= Cartagena); schloß 226 den Ebrovertrag mit Rom.

H., † am Metaurus 207 v. Chr., karthag. Heerführer. – Sohn des Hamilkar Barkas und Bruder Hannibals; 207 in der Schlacht am Metaurus bei Sena Gallica (= Senigallia) geschlagen.

H., † 146 v. Chr., karthag. Feldherr. – Leitete die Verteidigung Karthagos im 3. Pun. Krieg (149–146); ergab sich kurz vor dem Fall der Burg (Byrsa) den Römern.

Hase, Conrad Wilhelm, *Einbeck 2. Okt. 1818, †Hannover 28. März 1902, dt. Baumeister. – Setzte sich für die Wiederbelebung des got. Backsteinbaus und ma. Denkmäler ein, errichtete mehr als 100 Kirchen (u. a. Christuskirche, 1859–64, Hannover).

H., Karl August von, *Niedersteinbach (Landkr. Geithain) 25. Aug. 1800, †Jena 3. Jan. 1890, dt. ev. Theologe. – 1830 Prof. für Kirchengeschichte in Jena. Seine Kirchengeschichtsschreibung ist „Anschauung" im Sinne Schleiermachers. Sein „Handbuch der prot. Polemik gegen die röm.-kath. Kirche" (1862) verbindet Kritik am Katholizismus mit Verständnis für dessen christl. Inhalte.

H., Karl-Günther von, *Wangern (= Węgry bei Breslau) 15. Dez. 1917, dt. Diplomat und Journalist. – 1962–67 als Staatssekretär Leiter des Presse- und Informationsamtes der Bundesreg.; 1967–69 Staatssekretär im B.-Ministerium der Verteidigung; 1970–77 Botschafter in Großbritannien; 1977–82 Intendant des ZDF.

Hase ↑Sternbilder (Übersicht).

Hase, rechter Nebenfluß der Ems, entspringt im Teutoburger Wald, steht durch eine Bifurkation über die Else mit der Weser in Verbindung, mündet bei Meppen; 193 km lang.

Hase ↑Hasen.

Hašek, Jaroslav [tschech. 'haʃɛk], *Prag 24. April 1883, †Lipnice nad Sázavou (Ostböhm. Bez.) 3. Jan. 1923, tschech. Schriftsteller. – Weltruhm erlangte er mit dem satir. Roman „Die Abenteuer des braven Soldaten Schwejk während des Weltkrieges" (unvollendet, 4 Bde., 1921–23). Schwejk wurde zu einer Symbolfigur (u. a. von Brecht dramatisiert; auch verfilmt). K. Vaněk vollendete den Roman und schrieb eine Fortsetzung.

Hasel (Corylus), Gatt. der Fam. **Haselnußgewächse** (Corylaceae; vier Gatt. mit rd. 50 Arten auf der Nordhalbkugel; weitere bekannte Gatt. ↑Hainbuche, ↑Hopfenbuche) mit 15 Arten in Eurasien und N-Amerika; Sträucher oder kleine Bäume mit vor den Blättern erscheinenden Blüten und Nußfrüchten. Bekannte Arten sind: **Haselnußstrauch** (Gewöhnl. H., Wald-H., H.strauch, Corylus avellana), ein wärmeliebender, bis 5 m hoher Strauch mit rundl., zugespitzten, grob doppelt gesägten Blättern; ♀ Blüten in knospenartigem Blütenstand, ♂ Blüten in hängenden, im Vorjahr gebildeten Kätzchen. Die öl- und eiweißreichen, einsamigen Früchte (**Haselnüsse**) werden u. a. als Backzutaten verwendet; **Lambertsnuß** (Lamberts-H., Corylus maxima), bis 5 m hoher Strauch mit wohlschmeckenden Nüssen, dem H.nußstrauch ähnlich.

Haselhuhn ↑Rauhfußhühner.

Haselmaus (Haselschläfer, Muscardinus avellanarius), mit 6–9 cm Körperlänge kleinste Art der Bilche, v. a. in Europa; Körper gedrungen, Oberseite bräunlich- bis rötlichgelb, mit knapp körperlangem, schwach buschigem Schwanz; ernährt sich v. a. von Haselnüssen, Knospen und Beeren.

Haselwurz (Brechwurz, Asarum europaeum), bis 10 cm hohes Osterluzeigewächs; in Europa und Asien; kriechende Pflanze mit nierenförmigen, dunkelgrünen Blättern und nickender, glockenförmiger, außen bräunl., innen dunkelroter Blüte.

Haselzeit ↑Holozän (Übersicht).

Hasen [zu althochdt. haso, eigtl. „der Graue"] (Leporidae), mit rd. 45 Arten fast weltweit verbreitete Fam. der Hasenartigen; Körper 25–70 cm lang; Fell meist dicht und weich; Hinterbeine verlängert; Ohren lang bis sehr lang; v. a. Gehör und Geruchssinn hoch entwickelt. Zu den H. zählt u. a. die Gatt. *Echte Hasen* (Lepus) mit **Feldhase** (Eu-

Hasan II., König von Marokko

Jaroslav Hašek

Hasen. Oben: Feldhase. Unten: Wildkaninchen

Hasel. Haselnußstrauch. Oben: Zweig mit männlichen (Kätzchen) und weiblichen Blütenständen. Unten: Zweig mit Früchten

Hasenauer

Walter Hasenclever
(Zeichnung von
Oskar Kokoschka,
1918)

Hans Hass

rop. Feld-H., Lepus europaeus), lebt in Europa, SW-Asien und im westl. N-Afrika; etwa 40–70 cm lang, Schwanz bis 10 cm lang; Fell graugelb bis braun mit schwärzl. Melierung, Bauch weißlich. Der **Schneehase** (Lepus timidus) kommt in arkt. und gemäßigten Regionen Eurasiens und N-Amerikas (einschl. Grönlands) vor; etwa 45–70 cm lang, Schwanz 4–8 cm lang; Ohren relativ kurz, Fell im Sommer meist rotbraun bis braungrau, im Winter bis auf die stets schwarzen Ohrspitzen weiß. **Kaphase** (Wüsten-H., Lepus capensis), heimisch in steppen- und wüstenartigen Landschaften Afrikas, Vorderasiens und Asiens; 40–50 cm lang, ähnlich dem Feld-H. Die einzige Art der Gatt. **Wildkaninchen** (Oryctolagus) ist das in SW-Europa heimische, heute über weite Teile Europas verbreitete **Europäische Wildkaninchen** (Oryctolagus cuniculus); etwa 35–45 cm lang, Ohren kurz; oberseits graubraun, unterseits weiß; lebt gesellig in Erdröhrensystemen; Stammform der Hauskaninchenrassen.
Geschichte: Im alten Griechenland waren H. der Jagdgöttin Artemis heilig und wurden der Göttin Aphrodite als Fruchtbarkeitsopfer dargebracht. Das MA deutete den H. u. a. als Sinnbild der Auferstehung Christi. Als österl. Eierbringer *(Osterhase)* ist er erstmals im 17. Jh. an Rhein, Neckar und Saar belegt.

Hasenauer, Carl Freiherr von (seit 1873), *Wien 20. Juli 1833, †ebd. 4. Jan. 1894, östr. Baumeister. – Entwarf und erbaute in Zusammenarbeit mit G. Semper in repräsentativen Formen des röm. Hochrenaissance und des Hochbarock Kunsthistor. und Naturhistor. Museum (1872–91) und Burgtheater (1874–88) in Wien.

Hasenauge, svw. ↑Lagophthalmus.

Hasenbofist (Hasenstäubling, Lycoperdon caelatum), bis 15 cm hohe Stäublingsart mit weißem, birnenförmigem, grob gefeldertem Fruchtkörper; v. a. auf Bergweiden, im Sommer und Herbst; jung eßbar.

Hasenclever [...kleːvər], Johann Peter, *Remscheid 18. Mai 1810, †Düsseldorf 16. Dez. 1853, dt. Maler. – Vertreter der Düsseldorfer Malerschule, malte humoristisch-satir. Genreszenen, die sich durch physiognom. Charakterisierungen und feine Interieurstimmungen auszeichnen.

H., Walter, *Aachen 8. Juli 1890, †Les Milles (Bouches-du-Rhône) 21. Juni 1940, dt. Lyriker und Dramatiker. – Radikaler Pazifist; mußte 1933 Deutschland verlassen. Beim Einmarsch der dt. Truppen in Frankreich beging er im Internierungslager Selbstmord. Nach aufrüttelnder Lyrik gelangte H. mit dem Drama „Der Sohn" (1914), das den Vater-Sohn-Konflikt zum Thema hat und ihn zum Repräsentanten der jungen Generation werden ließ, in den Mittelpunkt der expressionist. Bewegung. Wandte sich dann einer sehr persönl. Mystik zu. – *Weitere Werke:* Der Jüngling (Ged., 1913), Antigone (Trag., 1917), Ein besserer Herr (Lsp., 1926), Napoleon greift ein (Stück, 1930), Die Rechtlosen (R., hg. 1963), Irrtum und Leidenschaft (R., hg. 1969).

H., Wilhelm, *Arnsberg 19. April 1837, †Schöneberg (= Berlin) 3. Juli 1889, dt. Politiker. – Lohgerber, später Journalist. 1866 Sekretär des Allg. dt. Arbeitervereins (ADAV), 1871 dessen Präs.; seit 1875 einer der beiden Vors. der Sozialist. Arbeiterpartei Deutschlands, deren Parteiorgan „Vorwärts" er mit W. Liebknecht leitete; 1874–88 MdR.

Hasenhacke (Kurbe), in der Tiermedizin: dicht unterhalb des Sprunggelenks auftretende geschwulstartige Anschwellung an den Hintergliedmaßen v. a. der Pferde.

Hasenklee (Ackerklee, Mäuseklee, Trifolium arvense), bis 40 cm hohe Kleeart auf Trockenrasen, Sandfeldern und Dünen in Europa; weichhaarige, ein- bis zweijährige Pflanze mit sehr kleinen, rosafarbenen oder weißen Blüten in Blütenköpfen.

Hasenmäuse (Bergviscachas, Lagidium), Gatt. rd. 30–40 cm körperlanger Nagetiere (Fam. Chinchillas) mit drei Arten in den Anden von Peru bis S-Chile (bis 5 000 m Höhe); Schwanz 20–30 cm lang, buschig; Körper oberseits gelbbraun bis dunkelgrau; Ohren auffallend groß, Schnurrhaare sehr lang. Sie werden wegen ihres Fells stark verfolgt.

Hasenklee

Hasenöhrl, Friedrich [...øːrl], *Wien 30. Nov. 1874, ✗ Folgaria (Prov. Trient) 7. Okt. 1915, östr. Physiker. – Prof. in Wien. Erkannte 1904 am Spezialfall einer in einen Hohlraum eingeschlossenen elektromagnet. Strahlung die dann 1905 von A. Einstein allgemein formulierte ↑Masse-Energie-Äquivalenz.

Hasenpanier, wm. Bez. für die auf der Flucht nach oben gestellte Blume (Schwanz) der Hasen; in übertragener Bedeutung: das *H. ergreifen,* svw. fliehen.

Hasenpest, svw. ↑Tularämie.

Hasenscharte (Lippenspalte, Cheiloschisis), angeborene (ein- oder doppelseitige) Hemmungsmißbildung, bei der die Oberlippe in der Gegend des Eckzahns auf einer oder beiden Seiten gespalten ist. Im Alter von drei bis vier Monaten kann die H. durch eine plast. Operation behoben werden. – ↑Gaumenspalte.

Haskala [hebr. „Aufklärung"], Bez. für die geistige Bewegung unter den Juden in M-Europa im 18. Jh., die analog zur allg. Aufklärung der Zeit tiefgreifende Veränderungen im jüd. geistigen und sozialen Raum hervorrief. Hauptanliegen der jüd. Aufklärer **(Maskilim)** war das Verlassen des Ghettos und die Hinwendung zu weltl. Wissenschaften, um so über Assimilation zur Emanzipation zu gelangen. Grundlegend für die H. waren der neue Religionsbegriff der Aufklärung (Vernunftreligion) und das Ideal einer neuen Humanität, wie es von G. E. Lessing und M. Mendelssohn vertreten wurde, der als „Vater der H." gilt. – Das Scheitern der H. zu Beginn des 19. Jh. v. a. in Rußland führte zur Hinwendung zu jüd.-nationalist. Vorstellungen und zum ↑Zionismus. – Die H. war die Grundlage der zu Beginn des 19. Jh. in Deutschland entstehenden Judaistik und der ↑Reformbewegung.

Haskil, Clara, *Bukarest 7. Jan. 1895, †Brüssel 7. Dez. 1960, schweizer. Pianistin rumän. Herkunft. – Schülerin von A. Cortot; v. a. beispielhafte Interpretin Mozarts, aber auch Schuberts und Schumanns.

Haslach im Kinzigtal, Stadt im mittleren Schwarzwald, Bad.-Württ., 215 m ü. d. M., 6 000 E. Trachtenmuseum, Hansjakob-Museum. Metall- und holzverarbeitende Ind. – Das um 1099 als zähring. Reichslehen erwähnte Haslach kam nach 1218 an die Grafen von Urach und wird 1278 erstmals als Stadt bezeichnet; 1806 an Baden. – Rathaus (15./16. Jh.).

Ernst Hassebrauk. Venedig, 1958 (Privatbesitz)

Haslital, von der oberen Aare durchflossenes Tal in den Berner Alpen, Schweiz.

Hasmonäer, Bez. für die ↑Makkabäer in der außerbibl. Literatur.

Hasner, Leopold, Ritter von Artha, *Prag 15. März 1818, †Bad Ischl 5. Juni 1891, östr. Politiker. – 1849 Prof. für Rechtsphilosophie, 1851 der polit. Wiss. in Prag, seit 1865 in Wien; ab 1861 Mgl. des böhm. Landtags, 1863–65 Präs. des östr. Abg.hauses, ab 1867 des Herrenhauses, Unterrichtsmin. (1867) und Min.präs. (1870).

Haspel, walzenförmige Vorrichtung zum Aufwickeln bzw. Entrollen von Fäden u. a.

Haspengau, Agrargebiet in Mittelbelgien, westlich der Maas.

Haspinger, Johann Simon (Ordensname Joachim), * St. Martin im Gsies (Pustertal) 28. Okt. 1776, † Salzburg 12. Jan. 1858, Tiroler Freiheitskämpfer. – Seit 1802 Kapuziner, stellte sich 1809 neben A. Hofer und J. Speckbacher an die Spitze des Tiroler Freiheitskampfes gegen Franzosen und Bayern.

Haß [zu althochdt. has, eigtl. „Leid, Groll"], gegen Personen gerichtetes, extrem starkes Abneigungsgefühl, das mit einem Vernichtungsbedürfnis einhergehen kann.

Hass, Hans, * Wien 23. Jan. 1919, östr. Zoologe. – Unternahm ab 1937 zahlr. Unterwasserexpeditionen im Karib. und Roten Meer, Expeditionen nach Australien und zu den Galapagosinseln. Seit 1965 widmet er sich (v. a. in Zusammenarbeit mit I. Eibl-Eibesfeldt) auch der Erforschung des menschl. Verhaltens. Schrieb u. a. „Naturphilosoph. Schriften" (4 Bde., 1987); „Der Hai im Management. Instinkte steuern und kontrollieren" (1990).

Hassan II. ↑ Hasan II.

Hassaniden, die seit 1669 herrschende Dyn. in Marokko, führt ihren Stammbaum auf den Kalifen ↑ Hasan zurück. – ↑ Hasan II.

Haßberge, Höhenzug in Unterfranken, zw. Grabfeld und Main, in der Nassacher Höhe 511 m hoch.

H., Landkr. in Bayern.

Hasse, Johann Adolf, ≈ Bergedorf (= Hamburg) 25. März 1699, † Venedig 16. Dez. 1783, dt. Komponist. – Schüler N. Porporas und A. Scarlattis in Neapel, 1727 Kapellmeister in Venedig, 1734–63 am sächs. Hof in Dresden; ging 1763 nach Wien, 1773 nach Venedig. H. war der führende Vertreter der spätneapolitan. Opera seria. Er hinterließ 56 Opern (davon 32 auf Texte Metastasios), 12 Intermezzi, 11 Oratorien, Kirchenmusik.

H., O. E. (Otto Eduard), * Obersitzko (= Obrzycko, Woiwodschaft Posen) 11. Juli 1903, † Berlin (West) 12. Sept. 1978, dt. Schauspieler. – Bühnenkarriere u. a. in München, seit 1954 v. a. Gastspiele. H. war bes. erfolgreich in J. Kiltys „Geliebtem Lügner" (1959) und J. Anouilhs „Majestäten" (1960), beim Film in „Entscheidung vor Morgengrauen" (1951), „Ich beichte" (1953), „Canaris" (1954).

Hassebrauk, Ernst, * Dresden 28. Juni 1905, † ebd. 30. Aug. 1974, dt. Maler und Graphiker. – Bes. beeinflußt von O. Kokoschka malte er Porträts, Stadtlandschaften und Stilleben mit leuchtenden Farben und expressivem Pinselduktus.

Hassel, Kai Uwe von, * Gare (Dt.-Ostafrika, heute Tansania) 21. April 1913, dt. Politiker. – 1950–65 MdL, 1954–63 zugleich Min.präs. von Schleswig-Holstein. 1955–64 Landesvors. der CDU, 1965–69 stellv. Bundesvors. der CDU, 1969–79 im Parteipräsidium; 1953/54 und 1965–80 MdB. 1963–66 Verteidigungs-, 1966–69 Vertriebenenmin., 1969–72 Präs., 1972–76 Vizepräs. des Bundestages, 1973–80 Präs. der Europ. Union Christl. Demokraten; 1979–84 MdEP.

H., Odd, * Oslo 17. Mai 1897, † ebd. 13. Mai 1981, norweg. Physikochemiker. – 1934–63 Prof. in Oslo. H. untersuchte mit Hilfe von Dipolmessungen sowie Röntgen- und Elektronenstrahlbeugungsuntersuchungen die ↑ Konformation des Cyclohexans und seiner Derivate und übertrug die Ergebnisse auf die sechsgliedrigen Ringe der Pyranosen. Er erhielt für diese stereochem. Untersuchungen zus. mit D. H. R. Barton 1969 den Nobelpreis für Chemie.

Hasselfeldt, Gerda, * Straubing 7. Juli 1950, dt. Politikerin (CSU). – Seit 1987 MdB; 1989–91 Bundesmin. für Raumordnung, Bauwesen und Städtebau, Jan. 1991 bis Mai 1992 Bundesmin. für Gesundheit.

Hassell, Ulrich von, * Anklam 12. Nov. 1881, † Berlin-Plötzensee 8. Sept. 1944 (hingerichtet), dt. Diplomat. – 1932–38 (entlassen) Botschafter in Rom; schloß sich der Widerstandsbewegung an und sollte in einer Reg. Goerdeler Außenmin. werden; nach dem 20. Juli 1944 zum Tode verurteilt.

Hasselt, belg. Stadt im östl. Kempenland, 38 m ü. d. M., 65 600 E. Verwaltungssitz der Prov. Limburg; kath. Bischofssitz; Brauerei und Brennereien, Maschinenbau, Möbel- und elektrotechn. Ind.; Hafen am Albertkanal. – Erhielt im 12. Jh. Stadtrechte. 1795–1813 war H. Hauptstadt des frz. Dep. Meuse-Inférieure und später Hauptstadt der niederl. Prov. Limburg; 1839 Hauptstadt der belg. Prov. Limburg. – Got. Kathedrale (13.–16. Jh.) mit Glockenspiel; Beginenhof (1707–62).

Hassenpflug, [Hans Daniel] Ludwig, * Hanau am Main 26. Febr. 1794, † Marburg a. d. Lahn 10. Okt. 1862, kurhess. Politiker. – 1832–37 Min. des Innern und der Justiz; 1841–50 im preuß. Staatsdienst, 1850–55 (Rücktritt) erneut Justiz- und Innenmin. in Kassel; sein Verfassungskonflikt mit den Ständen und die Anrufung der Bundesintervention beschleunigten den Zusammenbruch Kurhessens (1866).

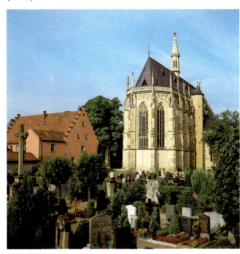

Haßfurt. Spätgotische Ritterkapelle, 1465 geweiht

Haßfurt, Krst. am Main, Bay., 225 m ü. d. M., 11 100 E. Verwaltungssitz des Landkr. Haßberge; Schuh-, Lebensmittelind., Herstellung von elektr. Meßgeräten, Kunststeinwerk. – 1230 erstmals erwähnt, erhielt 1243 Stadtrecht. – Spätgot. Pfarrkirche mit einem Frühwerk T. Riemenschneiders (um 1490), spätgot. „Ritterkapelle" (geweiht 1465) mit Wappenfries am Außenbau des Chors.

Hassium [lat.], chem. Symbol Hs; radioaktives, zu den ↑ Transactinoiden gehörendes chem. Element (Ordnungszahl 108); 1984 in Darmstadt erstmals mit Hilfe eines Schwerionenbeschleunigers künstlich hergestellt.

Haßler (Hasler), Hans Leo, ≈ Nürnberg 26. Okt 1564, † Frankurt am Main 8. Juni 1612, dt. Komponist. – Seit 1586 Organist der Fugger in Augsburg, 1601 Leiter der Ratsmusik in Nürnberg, ab 1608 Hoforganist in Dresden. H. verband in vollendeter Weise den Einfluß der italien. Musik mit den Elementen der dt. Tradition in einem eigenen Stil. Komponierte Messen, Motetten, Madrigale, Kanzonetten und mehrstimmige Lieder.

häßlich, bezeichnet das beim Rezipienten Mißfallen und Ablehnung Erzeugende. In der Kunsttheorie blieb das Häßliche als Selbständiges – als Sujet wie als Gestaltung – lange von der Kunst ausgeschlossen. Seit Aristoteles galt, daß das Häßliche lediglich als Einzelmoment eines Werkes auftreten und ästhetisch positiven Wert erhalten kann, weil es als durch das Ganze des Werkes transzendiert und/oder aufgehoben verstanden wird, etwa wenn kom. oder trag. Wirkung erzeugt werden soll (Lessing) oder es um die Vermittlung moral. und ästhet. Interesses geht (Schiller). Erst mit verstärkter Hinwendung der Kunst zur Wirklichkeit (Realismus und v. a. Naturalismus) erhielt das Häßliche einen gleichrangigen Stellenwert neben dem Schönen. – ↑ schön.

Hasta ↑ Asti.

Hasta [lat.], altröm. Stoßlanze, Hauptwaffe für Fußheer und Kavallerie.

O. E. Hasse

Kai Uwe von Hassel

Hastings, Warren [engl. 'heɪstɪŋz], *Churchill (Oxfordshire) 6. Dez. 1732, †Daylesford (Oxfordshire) 22. Aug. 1818, brit. Politiker. – Ab 1772 Gouverneur von Bengalen, 1773–85 der erste Generalgouverneur von Ostindien; festigte die brit. Machtstellung in Indien durch verschiedene Kriegszüge und den Ausbau der Verwaltung; 1786 auf Betreiben der Whigs des Amtsmißbrauches und der Erpressung angeklagt, jedoch 1795 freigesprochen.

Hastings [engl. 'heɪstɪŋz], engl. Hafenstadt an der Kanalküste, Gft. East Sussex, 74 800 E. Museum, Kunstgalerie; eines der führenden engl. Seebäder. – In der **Schlacht von Hastings** (14. Okt. 1066, die 10 km nw. von H. stattfand [heute Battle]) siegte der spätere Wilhelm I., der Eroberer, über den angelsächs. König Harold II. Godwinson. – Kirchen im Perpendicular style, u. a. Saint Clement (14. Jh.), All Saints (15. Jh.); Rathaus (1880 in got. Stil). Über der Stadt Burgruine (11. Jh.).

Hastings. Die Burgruine über der englischen Hafenstadt, 11. Jahrhundert

H., Stadt im O der Nordinsel von Neuseeland, 55 000 E. Theater, Bibliothek; Zentrum der Konservenind. des Landes. – 1864 erstmals von Europäern besiedelt; durch Erdbeben wurde H. 1931 fast ganz zerstört.

Hatfield [engl. 'hætfiːld], engl. Stadt 30 km nördl. von London, Gft. Hertfordshire, 25 200 E. Flugzeugwerke. – Das Dorf H. kam um 970 an das Benediktinerkloster Ely (Bishop's H.); 1948 gegr. New Town. – Pfarrkirche (13. Jh.), Rest des Palastes des Bischofs von Ely (15. Jh.), Schloß (17. Jh.).

Hathayoga [Sanskrit] ↑ Joga.

Hatheyer, Heidemarie, *Villach 8. April 1919, †Zollikon bei Zürich 11. Mai 1990, östr. Schauspielerin. – Engagements in München, Berlin, Zürich und Düsseldorf, zahlr. Tourneen. Verkörperte herbe, trag. Frauengestalten, z. B. in Shaws „Heiliger Johanna" (1938), in Grillparzers „Medea" (1960), als Frau John in G. Hauptmanns „Ratten" (1965). Filmrollen in „Der Berg ruft" (1938), „Die Geierwally" (1940).

Hathor, ägypt. Göttin in Gestalt einer Kuh oder einer Frau mit Kuhgehörn. H. ist Himmelsgöttin, Göttin des Liebes- und Weinrausches sowie der Freude, auch lebensbedrohend gedacht.

Hatoyama Ichirō, *Tokio 1. Jan. 1883, †ebd. 7. März 1959, jap. Politiker. – Jurist; gründete 1945 die (konservative) Liberale Partei, 1946 Reg.chef; durch US-Erlaß von allen öffentl. Ämtern bis 1952 ausgeschlossen; 1954 Mitbegr. der Jap. Demokrat. Partei; nahm als Min.präs. (1954–56) diplomat. Beziehungen zur UdSSR auf und erreichte Japans Aufnahme in die UN.

Hatra, antike Stadt in Irak ↑Hadr, Al.

Hatschepsut, ägypt. Königin der 18. Dyn. (1490 bis 1468). – Führte als Witwe Thutmosis' II. nach dessen Tod die Reg. für den minderjährigen Thutmosis III., ließ sich jedoch im 2. Reg.jahr selbst zum Pharao krönen; ließ eine Handelsexpedition nach Punt durchführen und u. a. den Architektur und Landschaft verbindenden Terrassentempel von Dair Al Bahri errichten.

Hatschier ↑Hartschier.

Hathor

Hatta, Mohammed, *Fort de Kock (= Bukittinggi) 12. Aug. 1902, †Jakarta 14. März 1980, indones. Politiker. – 1945–48 und 1950–56 Vizepräs. der Republik, 1948–50 Min.präs.; erreichte 1949 die Übertragung der Souveränitätsrechte an Indonesien.

Hattingen, Stadt an der Ruhr, NRW, 120 m ü. d. M., 55 900 E. Stahlverarbeitung und Maschinenbau. – 990 erstmals erwähnt, gehörte ab 1243 den Grafen von der Mark, ab 1614/66 brandenburgisch. 1970 Eingemeindung von **Blankenstein** und fünf Gemeinden.

Hatto I., *um 850, †5. Mai 913, Erzbischof von Mainz (seit 891). – Führte unter Ludwig IV., dem Kind, mit Bischof Salomon III. von Konstanz die Reichsreg., verhalf 911 Konrad I. zur Königswürde und wurde dessen Kanzler.

Hat-Trick (Hattrick) [engl. 'hættrɪk, eigtl. „Huttrick" (nach einem früher beim Kricket geübten Brauch, dem Vollbringer dieser Leistung einen Hut zu schenken)], Bez. v. a. im Fußball für den dreimaligen Torerfolg hintereinander, i. e. S. innerhalb einer Halbzeit durch denselben Spieler.

Hattusa ↑ Boğazkale.

Hattusili (hethit. Chattuschili), Name hethit. Könige:
H. I. (Labarna I.), regierte etwa 1590–60; schuf das hethit. Alte Reich; Kriegszüge bis nach Aleppo, von denen seine akkad.-hethit. Annalen berichten.
H. III., regierte etwa 1275–50: bed. autobiograph. Bericht.

Hatzfeld-Trachenberg, Sophie Josepha Gräfin von, *Trachenberg 10. Aug. 1805, †Wiesbaden 25. Jan. 1881, dt. Sozialistin. – Identifizierte sich mit den polit. Zielen ihres Freundes F. Lassalle, der ihren 10jährigen Scheidungsprozeß gegen ihren Mann, Graf E. von Hatzfeld-Wildenburg, geführt hatte, und suchte nach Lassalles Tod die Politik des Allg. dt. Arbeitervereins mitzubestimmen.

Haubach, Theodor, *Frankfurt am Main 15. Sept. 1896, †Berlin 23. Jan. 1945 (hingerichtet), dt. Journalist und Widerstandskämpfer. – Wurde 1930 Pressechef im Berliner Polizeipräsidium; nach 1933 mehrfach inhaftiert, schloß sich 1943 dem Kreisauer Kreis an; nach dem 20. Juli 1944 zum Tode verurteilt.

Haubarg [eigtl. „Ort, wo man das Heu birgt"], großes [auf einer Warft errichtetes] Bauernhaus vom Gulfhaustyp (bes. auf Eiderstedt). – ↑ Bauernhaus.

Haube [zu althochdt. huba, eigtl. „die Gebogene"], Kopfbedeckung der verheirateten Frau seit dem MA, aus dem Kopftuch hervorgegangen. Am Beginn, Anfang des 14. Jh., steht die **Hulle,** ein gekrauster Schleier, der im Laufe des 14. Jh. der **Kruseler** folgte, eine Stoff-H., deren Kanten mit mehreren Reihen von Krausen verziert waren. Im 15. Jh. setzen sich burgund. Formen durch, v. a. der **Hennin** in Zuckertütenform, von dem hinten ein Schleier herabhing, sowie die **Hörnerhaube** mit zwei wulstigen

Hatschepsut. Porträt der ägyptischen Königin als Osiris aus ihrem Terrassentempel in Dair Al Bahri, bemalter Kalkstein, um 1480–70 v. Chr. (Kairo, Ägyptisches Museum)

Spitzen oder Flügeln, ebenfalls mit Schleier versehen. Daneben kam die **Backenhaube** auf, deren breite Bänder unter dem Kinn gebunden waren. Aus ihr entwickelte sich die **Stuarthaube** mit schnabelförmiger Spitze über der Stirn, als **Flebbe** Witwenhaube bis ins 20. Jh. Seit Ende des 15. Jh. trug die Frau Barett und darunter die knapp anliegende kleine runde, oft netzartig geflochtene **Kalotte,** die sich bes. in Süddeutschland als kostbar ausgestattete **Flinderhaube** längere Zeit hielt. Die Volkstrachten brachten vielfältige H.formen hervor; die Dame trug im 17. Jh. die **Fontange** (hoher höf. Kopfputz, über einem Drahtgeflecht) und dann meist zierl. kleine Häubchen, oft nur im Haus und (seit dem 18. Jh.) im Freien den Hut.
▷ augenbedeckende Lederkappe, die man Beizvögeln zur Beruhigung aufsetzt, wenn sie nicht jagen sollen.
▷ verlängerte, aufrichtbare Kopffedern bei Vögeln (z. B. Haubenlerche).
▷ svw. Netzmagen (↑Magen).

Haubenadler (Spizaetus), Gatt. bis zu 80 cm großer, adlerartiger Greifvögel mit rd. 10 Arten in S-Amerika, S- und O-Asien, den Sundainseln und im Malaiischen Archipel; Kopffedern lang, zur Haube aufrichtbar.

Haubenlerche ↑Lerchen.

Haubenmeise ↑Meisen.

Haubenstock-Ramati, Roman, *Krakau 27. Febr. 1919, israel. Komponist. – Lebt in Wien; gehört zu den wichtigsten Anregern offener, mobiler Formen sowie musikal. Graphik. U.a. Oper „Amerika" (1964; nach F. Kafka); schrieb „Musik-Grafik Pre-Texte" (1980).

Haubentaucher ↑Lappentaucher.

Hauberrisser (Hauberisser), Georg Joseph Ritter von (seit 1901), *Graz 19. März 1841, †München 17. Mai 1922, dt. Baumeister. – Erbauer des neugot. Neuen Rathauses in München (1867–74, 1888/89).

Haubitze [zu tschech. houfnice „Steinschleuder"], Bez. für ↑Geschütze mittleren und schweren Kalibers für Flach- und Steilfeuer.

Hauck, Albert, *Wassertrüdingen 9. Dez. 1845, †Leipzig 7. April 1918, dt. ev. Theologe. – 1878 Prof. für Kirchengeschichte in Erlangen, 1889 in Leipzig. Sein Hauptwerk „Kirchengeschichte Deutschlands" (Bd. 1–5,1 1887–1912; Bd. 5,2 1920), bis zum Basler Konzil reichend, zählt zu den geschichtswiss. Standardwerken seiner Zeit.

Hauer, Joseph Matthias, *Wiener Neustadt 19. März 1883, †Wien 22. Sept. 1959, östr. Komponist und Musiktheoretiker. – Entwickelte seit 1919 (vor Schönberg) eine Zwölftontechnik, in der die mögl. Kombinationen der zwölf temperierten Töne in 44 in ihrer Struktur unterschiedl. „Tropen" (Wendungen) unterteilt werden. Komponierte u. a. die Oper „Salambo" (1929), das Singspiel „Die schwarze Spinne" (1932), Orchester- und Kammermusik, zahlr. „Zwölftonspiele". Schriften, u.a. „Zwölftontechnik. Die Lehre von den Tropen" (1926).

Hauer, Bergmann, der vorwiegend im Streckenvortrieb tätig ist.
▷ wm. Bez. für die vorstehenden unteren Eckzähne beim männl. Wildschwein.

Haufendorf, v. a. für die Altsiedellandschaften M-Europas typ. Siedlungsform: ein geschlossen bebautes Dorf mit ungeregeltem Grundriß.

Haufenveränderliche, svw. ↑RR-Lyrae-Sterne.

Hauff, Reinhard, *Marburg 23. Mai 1939, dt. Filmregisseur. – Nach „Ausweglos" (1970, Drehbuch zus. mit M. Walser) wurde H. durch die film. Biographie über den legendären bayr. Räuber „Mathias Kneissl" (1971) bekannt; es folgten u.a. „Die Verrohung des Franz Blum" (1974), „Paule Pauländer" (1976), „Messer im Kopf" (1979), „Stammheim" (1986), „Linie 1" (1987, nach dem Musical von V. Ludwig), „Blauäugig" (1989).

H., Volker, *Backnang 9. Aug. 1940, dt. Politiker (SPD). – MdB seit 1969, 1976–80 Bundesmin. für Forschung und Technologie, 1980–82 für Verkehr; 1983–88 stellv. Fraktionsvorsitzender; 1989–91 Oberbürgermeister von Frankfurt am Main.

H., Wilhelm, *Stuttgart 29. Nov. 1802, †ebd. 18. Nov. 1827, dt. Dichter. – Früh vollendeter, vielseitiger Erzähler, knüpft an Jean Paul, E. T. A. Hoffmann und L. Tieck an. Mit seinem histor. Roman „Lichtenstein" (1826) steht H. in der Nachfolge W. Scotts. Seinen Roman „Der Mann im Mond" (1826) veröffentlichte er in parodist. Absicht unter dem Namen des erfolgreichen Unterhaltungsschriftstellers H. Clauren. Einige Lieder (u. a. „Morgenrot, Morgenrot, leuchtest mir zum frühen Tod") wurden volkstümlich. – *Weitere Werke:* Maehrchen-Almanach auf das Jahr 1826/1827/1828 (darin: Das Wirtshaus im Spessart), Mittheilungen aus den Memoiren des Satan (E., 1826/27), Phantasien im Bremer Rathskeller (E., 1827).

Häufigkeit, eine Zahl (h), die angibt, wie oft ein bestimmtes Ereignis, z. B. bei Messung einer physikal. Größe ein bestimmter Meßwert, bei n-maliger Möglichkeit seines Eintreffens (n-maliger Messung) tatsächlich eintritt; als *relative H.* dieses Ereignisses wird der Quotient h/n bezeichnet.

Häufungspunkt, in der Mengenlehre Bez. für einen Punkt einer Menge, in dessen beliebig gewählter Umgebung unendlich viele Punkte liegen. So besitzt z. B. die Menge aller Stammbrüche $1/n$ ($n = 1, 2, 3, \ldots$) den H. 0.

Haufwerk, im Bergbau das aus dem Gesteinsverband oder der Lagerstätte gebrochene lose Material.

Haugesund [norweg. ˌhœyɡəsɵn], Hafenstadt an der Küste W-Norwegens, 27 200 E. Schiffbau, Fischfang.

Haughey, Charles James [engl. ˈhɔːɪ], *Castlebar 16. Sept. 1925, ir. Politiker. – Seit 1957 Parlamentsabg. (Fianna Fáil); mehrfach Min. (u. a. 1966–70 für Finanzen, 1977 bis 1979 für Gesundheit und Soziales); 1979 bis Jan. 1992 Parteiführer; 1979–81, 1982 sowie 1987 bis Jan. 1992 Premierminister.

Haugwitz, Christian Kurt Graf von (seit 1786), *Peuke (= Byków) 11. Juni 1752, †Venedig 9. Febr. 1832, preuß. Diplomat und Min. – 1791 Gesandter in Wien, seit 1792 Staats- und Kabinettsmin.; mußte in die Verträge von Schönbrunn (1805) und Paris (1806) einwilligen; nahm nach der Niederlage bei Jena im Nov. 1806 seinen Abschied.

H., Friedrich Wilhelm Graf, *11. Dez. 1702, †Knönitz (Mähren) 11. Sept. 1765, östr. Min. – Schuf 1749–60 die große Staats- und Verwaltungsreform Maria Theresias; wurde 1760 Staatsmin. im Staatsrat.

Hauhechel. Dornige Hauhechel

Hauhechel (Hechelkraut, Ononis), Gatt. der Schmetterlingsblütler mit rd. 75 Arten in Eurasien; meist Kräuter oder Halbsträucher mit drüsig behaarten Blättern; in M-Europa u. a. die Arten **Gelbe Hauhechel** (Ononis natrix) mit gelben, rot gestreiften Blüten und **Dornige Hauhechel** (Ononis spinosa) mit rosafarbenen Blüten.

Hauma (Haoma) [awest.], dem Soma der wed. Zeit Indiens entsprechender Rauschtrank, der im alten Iran bei

Haube. Verschiedene Formen:
1 Hennin;
2 Hörnerhaube;
3 Stuarthaube

Haumesser

nächtl. Opfermahlzeiten genossen wurde und als „todabwehrend" galt.

Haumesser, Bez. für alle Formen von Messern, bei denen an die Stelle des zum Schneiden notwendigen Druckes der Schlag tritt; die Klinge ist messerartig geschäftet und kann ein- oder zweischneidig sein; in S-Amerika als **Machete,** in Afrika als **Buschmesser** und in SO-Asien, v. a. in Indonesien, als **Parang** bekannt.

Haupt, Moritz, * Zittau 27. Juli 1808, † Berlin 5. Febr. 1874, dt. klass. Philologe und Germanist. – Prof. in Leipzig und Berlin, 1861 Sekretär der Preuß. Akad.; erster Hg. der „Zeitschrift für dt. Altertum" (Bd. 1–16, 1841–73), Hg. textkrit. Ausgaben mittelhochdt. und klass. Werke.

Haupt, gewählt für Kopf; übertragen allg. für Mensch, insbes. Führer einer Gruppe.

▷ in der *Bautechnik* Bez. für die im gemauerten Verband sichtbare Seite eines Steins.

▷ (Schleusen-H.) im *Wasserbau* Bez. für den Teil einer Schleuse, der das Schleusentor enthält.

Hauptanschluß, mit dem öff. Fernsprechnetz unmittelbar verbundene Sprechstelle.

Hauptantrag, im Zivilprozeßrecht der in erster Linie gestellte, unbedingte Antrag im Unterschied zu dem [nur hilfsweise gestellten, bedingten] Eventualantrag. Über den H. ist in jedem Fall zu entscheiden.

Hauptbootsmann ↑ Dienstgradbezeichnungen (Übersicht).

Hauptbuch, in der doppelten Buchführung die systemat. Zusammenfassung der im Grundbuch chronologisch erfaßten Geschäftsvorfälle; im H. werden die Sachkonten geführt; in der einfachen Buchführung dient das H. der Erfassung der Geschäftsvorfälle mit Kunden und Lieferanten.

Hauptfeldwebel ↑ Dienstgradbezeichnungen (Übersicht).

Hauptgefreiter ↑ Dienstgradbezeichnungen (Übersicht).

Haupthaar der Berenike ↑ Sternbilder (Übersicht).

Hauptkirche, nichtamtl. Bez. für die älteste oder bedeutendste Kirche einer Stadt.

Häuptling, Bez. für die Person eines Stammes oder einer kleineren Gruppe bei Naturvölkern, die die polit. Autorität ausübt. Mit dem durch Wahl oder Erbfolge erworbenen Amt des H. sind zumeist Privilegien verbunden.

▷ (hovetling, hoofdeling) Bez. für die lokalen Machthaber in Friesland, v. a. in Ostfriesland, 14.–15. Jh. – ↑ Brok, tom, ↑ Cirksena, ↑ Ukena, Focko.

Hauptlinien, svw. ↑ Analysenlinien.

Hauptman, Herbert Aaron [engl. 'hauptmæn], * New York 14. Febr. 1917, amerikan. Biophysiker. – Seit 1970 Prof., seit 1972 Forschungsdirektor und Vizepräs. der Medical Foundation in Buffalo (N. Y.). Für seine Entwicklung von Methoden zur Kristallstrukturbestimmung erhielt H. zus. mit J. Karle 1985 den Nobelpreis für Chemie.

Hauptmann, Carl, * Bad Salzbrunn 11. Mai 1858, † Schreiberhau 4. Febr. 1921, dt. Schriftsteller. – Bruder von Gerhart H.; schrieb nach naturalist. Dramen seit 1900 grübler. symbolist. Dichtungen, u. a. „Einhart der Lächler" (R., 1907), auch Lyrik und Aphorismen. Zuletzt Expressionist. – *Weitere Werke:* Ephraims Breite (Dr., 1900), Mathilde (R., 1902), Die armseligen Besenbinder (Dr., 1913), Tobias Buntschuh (Kom., 1916).

H., Gerhart, * Bad Salzbrunn 15. Nov. 1862, † Agnetendorf (Landkreis Hirschberg i. Rsgb.) 6. Juni 1946, dt. Dichter. – Bruder von Carl H.; betrieb künstler. und wiss. (histor.) Studien, lebte seit 1884 in bzw. bei Berlin, heiratete 1885 die Großkaufmannstochter Marie Thienemann (1904 Scheidung und 2. Ehe mit Margarete Marschalk). 1891 Übersiedlung nach Schlesien (Schreiberhau, dann Agnetendorf), nur noch zeitweise in Berlin; zahlr. Reisen. 1912 Nobelpreis für Literatur. H., der ein vielgestaltiges Werk schuf, ist Schöpfer lebendiger, plast., proletar. Gestalten. Durchschlagenden Erfolg erzielte H. mit dem sozialen Drama „Vor Sonnenaufgang" (1889), mit dem er dem Naturalismus zum Durchbruch verhalf, und mit der dramat. Bearbeitung des Weberaufstands von 1844 in dem Drama „Die Weber" (1892, 1. Fassung in schles. Mundart u. d. T. „De Waber"). In der Traumdichtung „Hannele" (Dr., 1894, 1896 u. d. T. „Hanneles Himmelfahrt") verläßt H. zwar nicht das soziale Drama, aber den Naturalismus, den er

Gerhart Hauptmann. Plakat von Emil Orlik für eine Aufführung des Dramas „Die Weber" 1897 in Prag

dann jedoch in realist. Milieutragödien (z. B. „Fuhrmann Henschel", 1899; „Rose Bernd", 1903; „Die Ratten", 1911) wieder aufgreift. Daneben neuromant. Versdramen und Bearbeitungen von histor., Sagen- und literar. Stoffen. Unter seiner Prosa ragt die naturalistisch-psycholog. Novelle „Bahnwärter Thiel" (1892) hervor. – *Weitere Werke:* Das Friedensfest (Trag., 1890), Einsame Menschen (Trag., 1891), Der Biberpelz (Kom., 1893), Florian Geyer (Dr., 1896), Die versunkene Glocke (Dr., 1897), Michael Kramer (Dr., 1900), Schluck und Jau (Kom., 1900), Und Pippa tanzt (Dr., 1906), Griselda (Dr., 1909), Der Narr in Christo Emanuel Quint (R., 1910), Der Ketzer von Soana (Nov., 1918), Indipohdi (Dr., 1920), Vor Sonnenuntergang (Dr., 1932), Die Finsternisse. Requiem (Dr., entstanden 1937).

Hauptmann, militär. Dienstgrad (↑ Dienstgradbezeichnungen [Übersicht]); früher der Anführer eines selbständigen Truppenteils; in der Bundeswehr als Chef einer Einheit sowie an Schulen, in Stäben und Ämtern und in vielen Sonderverwendungen eingesetzt.

Hauptnenner, das kleinste gemeinsame Vielfache der Nenner mehrerer ungleichnamiger Brüche. Die Brüche $\frac{1}{2}$, $\frac{1}{3}$ und $\frac{1}{4}$ haben z. B. den H. 12. Das Aufsuchen des H. ist v. a. bei der Addition und Subtraktion von ungleichnamigen Brüchen erforderlich, z. B. $\frac{1}{2} + \frac{1}{3} = \frac{3}{6} + \frac{2}{6} = \frac{5}{6}$. Sind die Nenner teilerfremd, so ist der H. gleich ihrem Produkt.

Hauptquantenzahl ↑ Quantenzahlen.

Hauptquartier, Abk. HQ (engl. Headquarters), Bez. für die Befehlszentrale der Armee und übergeordneter Großverbände.

Hauptreihenstern ↑ Hertzsprung-Russell-Diagramm.

Hauptsatz ↑ Satz.

▷ Bez. für einen grundlegenden [Erfahrungs]satz eines wiss. Teilgebietes, z. B. der erste, zweite und dritte H. der ↑ Thermodynamik.

Hauptschlagader, svw. ↑ Aorta.

Hauptschule, auf der Grundschule oder der Orientierungsstufe aufbauende, weiterführende, organisatorisch selbständige Schule. Sie umfaßt im allg. das 5. bis 9. Schuljahr (ein 10. Schuljahr ist nach dem Hamburger Abkommen von 1964 zulässig und wird allg. angestrebt). In einigen Ländern mit 6jähriger Grundschule oder zweijähriger Orientierungsstufe beginnt die H. erst mit der 7. Klasse. Mit dem **Hauptschulabschluß** sollen die Schüler eine allgemeine Bildung erworben haben, die sie für eine Ausbildungsstelle oder für den Besuch einer Berufsfachschule qualifiziert. Zum Fächerkanon gehören Deutsch, Mathematik, eine Fremdsprache (Englisch), Arbeitslehre und Sozialkunde.

In Österreich baut die H. auf der 4. Klasse der Volksschule auf und endet mit dem 8. Schuljahr. Seit 1985 wird mittels Einführung von Leistungsgruppen in Deutsch, Mathematik

Herbert Aaron Hauptman

Carl Hauptmann (Lithographie von Hans Rudolf)

Gerhart Hauptmann

und Englisch die „Neue H." begründet. – Für die *Schweiz* ↑Volksschule.

Hauptspeicher (Arbeitsspeicher), Teil der Zentraleinheit eines Computers, der die auszuführenden Programme und die benötigten Daten enthält; ist im allg. als Halbleiterspeicher realisiert. Seine Kapazität bestimmt maßgeblich die Leistungsfähigkeit eines Computers.

Hauptstrafen, Strafen, die im Gegensatz zu Nebenstrafen für sich allein verhängt werden können. H. sind Freiheitsstrafe, Geldstrafe, für Soldaten Strafarrest und für Jugendliche Jugendstrafe.

Haupt- und Staatsaktionen, die Repertoirestücke der dt. Wanderbühne des 17. und frühen 18. Jh.; sie heißen „Hauptaktionen" im Ggs. zu den possenhaften Nach- und Zwischenspielen, „Staatsaktionen" nach den (pseudo)historisch-polit. Inhalten (grundsätzlich höf. Milieu). Die polemisch gemeinte Bez. geht auf Gottsched zurück.

Hauptverbandsplätze, feldmäßige Einrichtungen der Sanitätstruppe auf dem Gefechtsfeld und im rückwärtigen Korpsbereich zur Sichtung und ärztl. Behandlung Verwundeter und Kranker.

Hauptverfahren, der an das Eröffnungsverfahren sich anschließende Abschnitt des Strafprozesses bis zur Rechtskraft des Urteils; in das H. leitet auch der Einspruch gegen einen Strafbefehl über. Das H. gliedert sich in die ↑Hauptverhandlung sowie deren Vorbereitung. Zur *Vorbereitung* dienen die Terminanberaumung, die Ladung des Angeklagten, des Verteidigers und der von Staatsanwaltschaft oder vom Gericht von Amts wegen benannten Zeugen und Sachverständigen. Der Angeklagte kann die Ladung von Zeugen und Sachverständigen beantragen, bei Ablehnung seines Antrages kann er selbst sie laden lassen. Ferner wird die Herbeischaffung anderer Beweismittel angeordnet sowie u. U. eine kommissar. Vernehmung sowie ein richterlicher Augenschein durchgeführt (§§ 213–225 a StPO).

Hauptverhandlung, zentraler Abschnitt des gesamten Strafverfahrens, der zur Entscheidung über den in Anklage und Eröffnungsbeschluß formulierten Vorwurf führt und regelmäßig durch Urteil abgeschlossen wird; Teil des Hauptverfahrens. Die H. ist nach den Grundsätzen der Öffentlichkeit, Mündlichkeit und Unmittelbarkeit durchzuführen. – Die H. erfolgt in ununterbrochener Gegenwart des Gerichts; Staatsanwalt, Verteidiger und Protokollführer dürfen wechseln. Der Angeklagte muß grundsätzlich anwesend sein; Ausnahmen sind in der StPO geregelt. Gegen einen widerrechtlich abwesenden Angeklagten kann Haftbefehl erlassen werden; wenn er sich unerlaubt entfernt, kann das Gericht ihn in Gewahrsam nehmen lassen. Die H., die der Vorsitzende leitet, beginnt mit dem Aufruf zur Sache; dann wird der Angeklagte über seine persönl. Verhältnisse vernommen. Nach dem Verlesen der Anklageschrift folgt die Vernehmung des Angeklagten zur Sache sowie die Beweisaufnahme, u. a. durch Vernehmung von Zeugen und Sachverständigen. Anschließend werden die Schlußvorträge (Plädoyers) von Staatsanwalt und Verteidiger gehalten; dem Angeklagten gebührt das letzte Wort. Die Urteilsfindung beruht allein auf den in der H. gewonnenen Ergebnissen.
Der Ablauf der H. ist in *Österreich* ähnlich geregelt; in der *Schweiz* gelten unterschiedl. kantonale Prozeßordnungen.

Hauptversammlung ↑Aktiengesellschaft.

Hauptwerk, in der Orgel das vom Hauptmanual aus gespielte Werk mit den wichtigsten Registern (Prinzipalchor, Mixturen, Zungenstimmen und Aliquoten).

Hauptwohnsitz ↑Wohnsitz.

Hauptwort, svw. ↑Substantiv.

Hauran, Landschaft in S-Syrien, 400 bis 800 m ü. d. M., mit fruchtbaren Böden; v. a. Getreideanbau. Östl. schließt sich der Vulkanschild des **Dschabal Ad Drus** (dt. **Drusengebirge;** bis 1735 m ü. d. M.) an, dessen Hänge von Drusen besiedelt werden.

Haus [zu althochdt. hūs, eigtl. „das Bedeckende, Umhüllende"], Gebäude, das Menschen zum Wohnen und/ oder Arbeiten dient. Es war – den vorwiegend gesellschaftl. Strukturen entsprechend – v. a. Wohnhaus von [Groß]familien und – gegebenenfalls – ihrem Gesinde. In den heutigen Industriegesellschaften herrscht das Mietshaus vor (mit abgeschlossenen Wohnungen). – Das H. und seine Teile haben traditionell hl. Charakter (apotropäische Gegenstände über der Tür, der Herd in Zusammenhang mit dem hl. Feuer). – Im frühen Christentum wurde die Bez. „H. Gottes" nicht primär auf bestimmte Gebäude bezogen, sondern in symbol. Weise auf die zum Herrenmahl versammelte Gemeinde angewandt. – Mit den religiösen Vorstellungen hängt auch die rechtl. Stellung des H. zus., nämlich die heute noch bewahrte Unantastbarkeit des H. (Hausrecht, ↑Hausfriedensbruch, ↑Unverletzlichkeit der Wohnung). – Die *Formen* des H.baus hängen ab von den gegebenen Möglichkeiten (Baumaterial), dem Klima, den gesellschaftl. und wirtschaftl. Bedingungen und dem Stilwillen einer Kultur und deren Epochen. – ↑Bauernhaus, ↑Bürgerhaus, ↑Rathaus, ↑Zunfthaus, ↑Verwaltungsbauten.

Hausa, zur tschad. Gruppe der hamitosemit. Sprachen gehörende Sprache der Haussa, die außer in ihrem Kerngebiet in N-Nigeria und Niger (Amtssprache) in weiten Teilen W- und Z-Afrikas als Verkehrssprache gesprochen wird (rd. 30 Mill. Sprecher). Seit der Kolonialzeit hat sich eine rege literar. Produktion entwickelt (in lat. Schrift).

Hausach, Stadt im mittleren Schwarzwald, Bad.-Württ., 238 m ü. d. M., 5 100 E. Metall-, Holz-, Textil- u. a. Ind.; Verkehrsknotenpunkt. – 1272 erste Erwähnung von Silbererzbergwerken. Im 12. Jh. an die Zähringer, 1237 an die Grafen von Fürstenberg (vermutlich Stadtgründer, 1305 Freiburger Stadtrecht). – Ruine der Burg (1453); roman. Pfarrkirche (12. Jh.).

Hausämter ↑Hofämter.

Hausarbeitstag (Haushaltstag), Arbeitstag, an dem unter bestimmten Voraussetzungen Arbeitnehmer mit eigenem Haushalt von der Arbeit freigestellt sind. Der H. ist in den alten Ländern der BR Deutschland z. T. landesrechtlich geregelt, hat jedoch wegen der allg. Verkürzung der Arbeitszeit nur noch geringe Bedeutung. In den Ländern der ehem. DDR wurde der bezahlte H. gemäß Einigungsvertrag 1990 bis zum 31. Dez. 1991 gewährt.

Hausarzt, i. d. R. Arzt für Allgemeinmedizin (prakt. Arzt), der bei Krankheitsfällen gewöhnlich als erster hinzugezogen wird.

Hausbank, Bez. für die Bank, mit der ein Kunde seine regelmäßigen Bankgeschäfte abwickelt; auch Bez. für Banken, die treuhänder. Verwaltung von Krediten der öff. Hand übernehmen.

Hausbesetzung, das Einziehen in leerstehende Häuser durch Personen oder Personengruppen, ohne die Erlaubnis des Besitzers bzw. gegen dessen Widerspruch. Die H. richtet sich zum einen gegen die Vernichtung von Wohnraum aus Gründen der Bodenspekulation und gegen die Verdrängung der Wohnbev. in den Städten, zum andern will sie auf mangelnde soziale Einrichtungen (z. B. Jugendhäuser) in dichtbesiedelten Stadtvierteln hinweisen. H. finden seit Beginn der 1970er Jahre statt und führten zu breiten Diskussionen um die Sozialbindung des Eigentums und die Planungspraxis der Stadtverwaltungen sowie z. T. zu Konfrontationen zw. Hausbesetzern und Polizeikräften (u. a. Hamburg, Hafenstraße; Berlin, Mainzer Straße).

Hausbock (Hylotrupes bajulus), 7–25 mm langer, schwarzer, weißlich behaarter Bockkäfer mit zwei weißl. Flügeldeckenquerbinden; Schädling in verarbeitetem Nadelholz.

Hausbuchmeister (Meister des Hausbuches von Schloß Wolfegg), im 15. Jh. am Mittelrhein tätiger dt. Maler, Zeichner und Kupferstecher. – Neben den Illustrationen des Hausbuches sind 89 Stiche bekannt, davon 82 in Amsterdam (daher früher auch der Name „Meister des Amsterdamer Kabinetts"); bed. das Verlobungsbild eines Liebespaares (1480, Gotha, Schloßmuseum). – Abb. S. 300.

Hausdurchsuchung ↑Durchsuchungsrecht.

Hausen, Friedrich von ↑Friedrich von Hausen.

Hausen (Huso), Gatt. großer Störe mit zwei Arten. Der bis 9 m lange **Europäische Hausen** (*Beluga,* Huso huso) steigt zum Laichen aus dem Schwarzen Meer in die Donau

Hausbock

Hausenblase

auf, früher bis Passau. Der Europ. H. ist ein wertvoller Nutzfisch (Kaviar), jedoch vom Aussterben bedroht, ebenso wie der im Amur und seinen Nebenflüssen vorkommende **Sibirische Hausen** (*Kaluga,* Huso dauricus).

Hausenblase, die aufbereitete Innenhaut der Schwimmblase von Hausen und anderen Stören; sie besteht aus hochmolekularen, stark quellenden Eiweißstoffen, die nach Erwärmen und anschließendem Abkühlen zu einem klaren Gallert erstarren, das wegen seines hohen Adsorptionsvermögens als Klärmittel, auch als Appreturhilfsmittel und Klebstoff verwendet wurde.

Hausenstein, Wilhelm, Pseud. Johann Armbruster, *Hornberg (= Altensteig) 17. Juni 1882, †München 3. Juni 1957, dt. Schriftsteller. – 1953–55 Botschafter in Paris; Kunstmonographien und Reisebücher sowie Erzählungen und Erinnerungen („Lux perpetua", 1947; „Pariser Erinnerungen", 1961).

Hausente, Sammelbez. für die von der Stockente (↑Enten) abstammenden Zuchtrassen, die nach Leistung in Lege- und Fleischenten eingeteilt werden.

Hauser, Arnold, *Temesvar 8. Mai 1892, †Budapest 28. Jan. 1978, engl. Literatur- und Kunstsoziologe ungar. Herkunft. – Emigrierte 1938 nach London; lehrte u. a. an der Univ. Leeds; führte die sozialhistor. und wissenssoziolog. Betrachtungsweise in die Kunstwiss. ein. – *Werke:* Sozialgeschichte der Kunst und Literatur (engl. 1950, dt. 1953), Methoden moderner Kunstbetrachtung (1. Auflage 1958 u. d. T. Philosophie der Kunstgeschichte; Der Ursprung der modernen Kunst und Literatur (1. Auflage 1964 u. d. T. Der Manierismus ...), Kunst und Gesellschaft (1974).

H., Erich, *Rietheim (Landkreis Tuttlingen) 15. Dez. 1930, dt. Metallplastiker. – In den Raum ausgreifende Konstellationen aus (vorgefertigten) Stahlrohrelementen.

H., Kaspar, *angeblich 30. April 1812, †Ansbach 17. Dez. 1833 (ermordet), Findelkind unbekannter Herkunft. – Tauchte 1828 in Nürnberg auf, anscheinend in fast völliger Isolierung aufgewachsen. Bes. der Rechtsgelehrte P. J. A. Ritter von Feuerbach nahm sich des seelisch und geistig Überforderten an; er vermutete, H. sei nyd dem 1812 geborenen Sohn des bad. Großherzogs Karl Ludwig Friedrich identisch und von der rivalisierenden Linie Hochberg aus dem Weg geräumt worden. K. H. wurde Gegenstand zahlr. literar. Gestaltungen. – Als **Kaspar-Hauser-Komplex** werden in der Sozialpsychologie durch Gemütsarmut und Kontaktschwierigkeiten gekennzeichnete Entwicklungsstörungen bezeichnet. Die Aufzucht (von Tieren) unter Erfahrungsvorenthaltung (isolierte Aufzucht) wird **Kaspar-Hauser-Versuch** genannt.

H., Kaspar, Pseud. von Kurt ↑Tucholsky.

Hausflagge (Reedereiflagge), im Topp eines Schiffes geführte Flagge mit Farbe und Zeichen der Reederei.

Hausfleiß (Hauswerk), Bez. für Heimarbeit (z. B. Möbelbau und -bemalung, Weberei, Gerätschnitzen, Töpfern) in bäuerl. Gesellschaften oder Enklaven, die hauptsächlich dem Eigenbedarf dient. Der Übergang zu Lohnarbeit war fließend und die Bez. ↑Hausindustrie anfänglich nicht darauf festgelegt.

Hausfrau, i. e. S. Berufsbez. für die einen Familienhaushalt führende [Ehe]frau. Die H.tätigkeit kann anstelle einer Erwerbstätigkeit oder auch neben einer berufl. Tätigkeit ausgeübt werden. Die Tätigkeit einer Frau als „Nur-H." wird oft gering eingeschätzt. Rechtlich wird die H.tätigkeit gewürdigt durch die Gleichbewertung mit der Erwerbstätigkeit des Ehemannes (Einführung der Zugewinngemeinschaft, Regelung der Unterhaltspflicht).

Hausfriedensbruch, Verletzung des Hausrechts durch 1. widerrechtl. Eindringen in Wohnung, Geschäftsräume, befriedetes (d. h. umzäuntes) Besitztum eines anderen, abgeschlossene Räume, die öff. Dienst und Verkehr bestimmt sind, 2. durch Verweilen an solchen Orten trotz Aufforderung des Berechtigten, sich zu entfernen (§ 123 StGB). – Das **Hausrecht** hat, wer ein stärkeres Gebrauchsrecht als der Täter hat, z. B. der Mieter gegenüber dem Eigentümer. H. wird mit Geld- oder mit Freiheitsstrafe bis zu einem Jahr bestraft. Die Verfolgung tritt nur auf Antrag ein. Schwerer H. liegt vor, wenn die Tat durch eine gewalttätige Menschenmenge begangen wird (nach § 124 StGB Freiheitsstrafe bis zu zwei Jahren oder Geldstrafe).

Nach *östr.* Strafrecht ist H. das Eindringen in die Wohnstätte eines anderen durch Gewalt oder Drohung mit Gewalt (§ 109 StGB). Im *schweizer.* Strafrecht gelten ähnl. Bestimmungen wie im dt. Recht.

Wilhelm Hausenstein

Kaspar Hauser (zeitgenössische Darstellung)

Hausbuchmeister. Das Liebespaar, Kupferstich, um 1480 (Gotha, Schloßmuseum)

Hausgans, Sammelbez. für alle aus der Graugans (↑Gänse) hervorgegangenen Zuchtformen, die in Brut- und Legegänse eingeteilt werden.

Hausgesetz ↑Fürstenrecht.

Hausgewerbetreibender, selbständiger Gewerbetreibender, der in eigener Arbeitsstätte mit nicht mehr als zwei fremden Hilfskräften im Auftrag von Gewerbetreibenden oder Zwischenmeistern Waren herstellt, bearbeitet oder verpackt; er arbeitet selbst wesentlich mit und überläßt einem anderen die Verwertung der Ergebnisse seiner Arbeit. Der H. ist gewerbesteuerpflichtig.

Haushalt, (Haushaltung, Privat-H.) zusammen wohnende und wirtschaftende Personengruppe, meist eine Familie im engsten oder im weiteren Sinne, kann aber auch fremde Personen, häusl. Dienstpersonal, gewerbl. und/oder landw. Arbeitskräfte mit umfassen (als Hausgemeinschaft); daneben steht der Einzelhaushalt.

▷ in den *Wirtschaftswissenschaften:* 1. svw. H.plan (↑Haushaltsrecht); 2. als **öffentlicher Haushalt** oder **Staatshaushalt** die öff. Finanzwirtschaft in ihrer Gegenüberstellung von Voranschlägen der Einnahmen und Ausgaben der öff. Hand für ein Haushaltsjahr. Die H.einnahmen und -ausgaben werden in ordentl. und außerordentl. eingeteilt; **ordentliche Einnahmen** sind u. a. Steuern, Einnahmen aus wirtschaftl. Tätigkeit, Zinseinnahmen, laufende Zuweisungen und Zuschüsse, Gebühren und sonstige Entgelte; Veräußerung von Sachvermögen, Darlehensrückflüsse, Schuldenaufnahmen bei Verwaltungen; **ordentliche Ausgaben** sind v. a. Personalausgaben, laufender Sachaufwand, Zinsausgaben, Ausgaben für Baumaßnahmen, Zuweisungen und Zuschüsse für Investitionen, Tilgungsausgaben; **außerordentliche Einnahmen** sind im wesentlichen solche aus Kreditmarktmitteln und der Ausgabe von Münzen; **außerordentliche Ausgaben** sind: Tilgung von Kreditmarktmitteln, Zuführung an Rücklagen, Ausgaben für Fehlbeträge in den H.rechnungen der Vorjahre; das H.volumen wie auch der H.plan werden auch **Etat** genannt.

Haushaltsausgleich, Deckung der öff. Ausgaben durch öff. Einnahmen.

Haushaltsbesteuerung, die bes. Besteuerung von Mgl. eines Haushalts bei der Einkommensteuer und der Vermögensteuer.

Haushaltsdefizit, Betrag der Unterdeckung der öff. Ausgaben durch laufende öff. Einnahmen. Das H. wird durch Kredite finanziert. Dieser Verzicht auf den materiellen Haushaltsausgleich wird in der Konjunkturpolitik ↑ Deficit-spending genannt.

Haushaltsführungsehe ↑ Ehewirkungen.

Haushaltsgeld (Wirtschaftsgeld), die dem haushaltsführenden Ehegatten zur Bestreitung der laufenden Haushaltskosten (nicht für außergewöhnl. Anschaffungen) überlassenen Mittel (§§ 1360 ff. BGB). Das H. ist im voraus zu entrichten. Davon zu unterscheiden ist der Anspruch des haushaltsführenden Ehegatten auf Taschengeld.

Haushaltsgesetz (Budgetgesetz) ↑ Haushaltsrecht.

Haushaltsglasversicherung, seit 1984 bestehende Sachversicherung zum Schutz vor Glasschäden an Gebäuden und Mobiliarglas.

Haushaltshilfe, in der *Sozialversicherung* Stellung einer Ersatzkraft oder Erstattung der für eine selbst beschaffte Hilfskraft entstandenen Kosten, wenn dem Versicherten oder dessen Ehegatten wegen Krankheit, Entbindung oder Kur die Weiterführung des Haushalts nicht möglich ist und soweit im Haushalt mindestens ein Kind unter acht Jahren oder ein behindertes Kind lebt bzw. keine andere dort lebende Person die Haushaltsführung übernehmen kann; im *Einkommensteuerrecht* können seit 1. 1. 1990 bis 12 000 DM Jahresgehalt für eine H. als Sonderausgaben geltend gemacht werden, wenn für das Beschäftigungsverhältnis Sozialversicherungsbeiträge entrichtet wurden und im Haushalt von Alleinerziehenden mindestens ein Kind, bei Ehegatten mindestens zwei Kinder unter zehn Jahren leben oder ein Schwerpflegebedürftiger zum Haushalt gehört.

Haushaltsjahr, Rechnungsjahr, für das ein Haushaltsplan aufgestellt wird. Das H. des Haushaltsplans des Bundes ist das Kalenderjahr.

Haushaltsplan ↑ Haushaltsrecht.

Haushaltspolitik, Gesamtheit der Maßnahmen eines Staates, durch isolierte oder kombinierte Veränderungen der Einnahmen und/oder der Ausgaben die Höhe des Volkseinkommens, der Beschäftigung und der Preise zu beeinflussen. Die H. ist insbes. ein Mittel der staatl. Konjunkturpolitik.

Haushaltsrecht (Budgetrecht, Etatrecht), Gesamtheit der Rechtsnormen, die die Planung und Aufstellung, Verwaltung und Kontrolle der öff. Haushalte regeln. Durch die wirtschafts- und sozialstaatl. Entwicklung der letzten Jahrzehnte wuchs der Kreis der vom Staat wahrzunehmenden Aufgaben und damit der Anteil der Staatshaushalte am Sozialprodukt ständig. Dadurch trat die gesamtwirtschaftl. Steuerungs- und Budgetfunktion in den Vordergrund. Sie bewirkte eine längerfristige Haushaltsbetrachtung auf der Grundlage einer mehrjährigen Finanzplanung und eine Vereinheitlichung des H. in Bund und Ländern. Dieser Entwicklung trugen das Gesetz zur Förderung der Stabilität und des Wachstums der Wirtschaft vom 8. 6. 1967 sowie die Haushaltsreform des Jahres 1969 (*Haushaltsgrundsätzegesetz* und *Bundeshaushaltsordnung* vom 19. 8. 1969) Rechnung. Das GG enthält einige Grundsätze des H., die für Bund und Länder gleichermaßen gelten. In Art. 109 Abs. 1 z. B. statuiert es das Prinzip der *Haushaltstrennung* für Bund und Länder entsprechend der bundesstaatl. Gliederung.

Das H. orientiert sich am **Haushaltskreislauf** mit seinen Phasen Aufstellung, Festsetzung und Durchführung des Haushaltsplans, Rechnungslegung und -prüfung, Entlastung. Im Mittelpunkt des H. steht der **Haushaltsplan.** Er dient der Feststellung und Deckung des Finanzbedarfs, der zur Erfüllung der staatl. Aufgaben im Bewilligungszeitraum voraussichtlich notwendig ist. Er ist die Grundlage für die Haushalts- und Wirtschaftsführung. Der Haushaltsplan besteht aus den Einzelplänen und dem Gesamtplan. Die Einzelpläne sind in *Kapitel,* die i. d. R. den Verwaltungsressorts entsprechen, und in *Titel* gegliedert. Der Gesamtplan enthält eine *Haushaltsübersicht* (Zusammenfassung der Einzelpläne, Summierung der gesamten Einnahmen und Ausgaben), eine Berechnung des Finanzierungssaldos (*Finanzierungsübersicht*) und eine Darstellung der Einnahmen aus Krediten sowie der Tilgungsausgaben (*Kreditfinanzierungsplan*).

Der **Haushaltsplanentwurf** wird für ein oder zwei Rechnungsjahre, nach Jahren getrennt, auf Grund von *Ressortvoranschlägen* vom Bundesfinanzmin. aufgestellt und von der Bundesreg. beschlossen, wobei dem Finanzmin. ein nur mit qualifizierter Mehrheit ausräumbares Widerspruchsrecht zusteht. Die Einbringung des Haushaltsplanes und des Haushaltsgesetzes beim Parlament ist alleiniges Recht der Regierung. Die Regierungsvorlage ist – mit einem Bericht des Finanzmin. über Stand und voraussichtl. Entwicklung der Finanzwirtschaft, auch im Zusammenhang mit der gesamtwirtschaftl. Entwicklung (**Finanzbericht**) – beim Bundestag vor Beginn des Haushaltsjahres einzubringen. Sie wird gleichzeitig dem Bundesrat zugeleitet, der innerhalb von sechs Wochen Stellung nehmen muß. Danach durchläuft die Regierungsvorlage das normale Gesetzgebungsverfahren und wird vom Bundestag durch Haushaltsgesetz festgestellt.

Durch das **Haushaltsgesetz** wird nur der Gesamtplan verkündet. Neben der Festlegung des Haushaltsplanes kann das Haushaltsgesetz auch andere Vorschriften enthalten, die sich aber nur auf den Haushaltszeitraum und auf Einnahmen und Ausgaben beziehen dürfen. Ist der Haushaltsplan bis zum Schluß eines Rechnungsjahres für das folgende Jahr nicht durch Gesetz festgestellt, so ist bis zu seinem Inkrafttreten die Bundesreg. ermächtigt, alle Ausgaben zu leisten, die nötig sind, um gesetzlich bestehende Einrichtungen zu erhalten, gesetzlich beschlossene Maßnahmen durchzuführen, die rechtlich begründeten Verpflichtungen des Bundes zu erfüllen und an Bauten, Beschaffungen und sonstige Leistungen fortzusetzen oder Beihilfen für diese Zwecke weiter zu gewähren, sofern durch den Haushaltsplan des Vorjahres bereits Beträge bewilligt worden sind. Reichen die gesetzl. Einnahmen zur Deckung der genannten Ausgaben nicht aus, darf die Reg. Kredite bis zur Höhe eines Viertels der Endsumme des abgelaufenen Haushaltsplanes aufnehmen (sog. **Nothaushalt**).

Wird während des Haushaltsvollzuges eine wesentl. Erhöhung des Budgets erforderlich, muß die Regierung einen **Nachtragshaushalt** einbringen. In Ausnahmefällen eines unvorhergesehenen und unabweisbaren Bedürfnisses steht dem Finanzminister ein **Notbewilligungsrecht** für über- und außerplanmäßige Ausgaben zu.

Ausgabenerhöhende und einnahmenmindernde Gesetze bedürfen, auch wenn sie diese Wirkung nur für die Zukunft mit sich bringen, der Zustimmung der Bundesregierung. Die **Rechnungsprüfung** nimmt der Bundesrechnungshof wahr, der den gesetzgebenden Körperschaften über die Ergebnisse unmittelbar berichtet. Unter Berücksichtigung des Rechnungsprüfungsberichts beschließen diese über die Entlastung. Bei Verstößen gegen eine geordnete Haushaltsführung können die gesetzgebenden Körperschaften jedoch nur polit. Sanktionen ergreifen (Mißbilligungsbeschlüsse). In *Österreich* wurde das lange Zeit zersplitterte H. umfassend reformiert mit der am 1. 1. 1987 in Kraft getretenen Bundesverfassungsgesetz-Novelle vom 4. 4. 1986 und dem BundesG über die Führung des Bundeshaushalts vom 4. 4. 1986. Danach setzt sich der Gesamthaushalt zus. aus dem allg. Haushalt und dem Ausgleichshaushalt. Sonderfinanzierungen sind gestattet, müssen aber in die Haushaltsprognose aufgenommen werden.

Die *schweizer. Bundesverfassung* (BV) enthält nur wenige Vorschriften über das Haushaltungsrecht des Bundes. Sie verlangt die Aufstellung eines jährl. Voranschlages (*Budget*), die Erstellung der Rechnungen über die Einnahmen und Ausgaben und regelt die Zuständigkeiten. BG über den eidgenöss. Finanzhaushalt vom 18. 12. 1968 hat Geltung für den Voranschlag des Bundes und seiner unselbständigen Betriebe und Anstalten, die Abnahme der Staatsrechnung und die Verwaltung der Bundesfinanzen; ausgenommen und bes. Vorschriften vorbehalten ist lediglich der Finanzhaushalt der Schweizer. Bundesbahnen (SBB) und derjenige der PTT-Betriebe. Oberste Grundsätze des Finanz-

Erich Hauser.
6/87–88,
Stahlskulptur,
Höhe 18,30 m, 1987/88
(Privatbesitz)

Haushaltstag

haushaltes des Bundes sind Gesetzmäßigkeit, Dringlichkeit, Wirtschaftlichkeit und Sparsamkeit; ferner ist anzustreben, den Fehlbetrag in der Bilanz abzutragen und die Einnahmen und Ausgaben im Gleichgewicht zu halten, wobei den Erfordernissen einer Konjunktur- und wachstumsgerechten Finanzpolitik Rechnung zu tragen ist.

Haushaltstag ↑ Hausarbeitstag.

Haushaltstheorie, Teil der mikroökonom. Theorie neben der Produktionstheorie und der Preistheorie. Die H. i. e. S. untersucht die Bestimmungsgründe für die Nachfrage nach Konsumgütern, i. w. S. auch diejenigen für das Angebot an Produktionsfaktoren bzw. Arbeit. Dabei unterstellt die H., daß der subjektive Nutzen das Maß der Bedürfnisbefriedigung ist, und jeder Haushalt versucht, seinen Nutzen zu maximieren.

Haushaltsüberschuß, Betrag der Überdeckung der öff. Ausgaben durch laufende öff. Einnahmen. Der H. wird in Deutschland dadurch stillgelegt, daß er zur zusätzl. Tilgung von Schulden bei der Dt. Bundesbank oder zur Bildung einer Konjunkturausgleichsrücklage (entsprechend den Bestimmungen des StabilitätsG) verwendet wird.

Haushalts- und Ernährungswissenschaft, Studienfach mit natur-, sozial- und betriebswirtsch. Ausbildung, die eine wiss. Grundlage für die Führung von Großhaushalten (z. B. Krankenhäusern) geben soll.

Haushaltungsstatistik, Zweig der amtl. Statistik in Deutschland, deren Objekt die Haushaltung ist. Im allg. werden die quantitative (Anzahl der Personen) und qualitative (Kinder, Verwandte) Zusammensetzung der Haushaltungen, die soziale Stellung und der Beruf des Haushaltungsvorstandes, die Anzahl der Mitverdiener, die Wohnverhältnisse, das Einkommen und die Ausgaben, etwa für Bekleidung, Ernährung, Freizeitgestaltung, erfragt.

Haus-Haus-Verkehr, Gütertransporte vom Haus des Versenders zum Haus des Empfängers durch einen Verkehrsträger (insbes. Güterkraftverkehr) oder mehrere Verkehrsträger (z. B. Containerverkehr).

Albrecht Haushofer

Manfred Hausmann

Hausmaler. Johann Friedrich Metzsch, Landschaft mit floralem und figürlichem Dekor auf einem Teller, um 1745 (Privatbesitz)

Haushofer, Albrecht, *München 7. Jan. 1903, †Berlin 23. April 1945, dt. Schriftsteller. – Sohn von Karl H.; 1940 Prof. für polit. Geographie und Geopolitik in Berlin, bis 1941 Mitarbeiter des Auswärtigen Amtes; als Widerstandskämpfer 1944 verhaftet und kurz vor Kriegsende erschossen. Übte in seinen Römerdramen („Scipio", 1934; „Sulla", 1938; „Augustus", 1939) Kritik am Nationalsozialismus. Seine bedeutendste Dichtung und zugleich die bedeutendste des Widerstands sind die „Moabiter Sonette" (hg. 1946).

H., Karl, *München 27. Aug. 1869, †Pähl bei Weilheim i. OB 10. März 1946, dt. Geopolitiker. – Vater von Albrecht H.; 1921–39 Prof. in München; Reisen nach Ostasien; Begründer der Geopolitik in Deutschland; seine Ideen wirkten stark auf den NS; deshalb angeschuldigt, nahm sich H. das Leben.

Haus-, Hof- und Staatsarchiv ↑ Österreichisches Staatsarchiv.

Haushuhn, Sammelbez. für die aus dem **Bankivahuhn** (↑ Kammhühner) gezüchteten Hühnerrassen. Die rd. 150 Hühnerrassen lassen sich in fünf große Rassengruppen zusammenfassen: *Legerassen* mit einer Legeleistung von nahezu 300 über 60 g schweren Eiern pro Huhn im Jahr (z. B. Weißes Leghuhn); *Zwierassen,* die zur Eier- und Fleischnutzung gezüchtet werden (z. B. Dt. Sperber); *Fleischrassen,* die hauptsächlich zur Fleischgewinnung dienen; sie sind bis 6 kg schwer (z. B. Dt. Langschan). *Zierhühner* werden nur zu Liebhaberzwecken gehalten (z. B. Zwerghühner). *Kampfhühner* (für Hahnenkämpfe) bilden die wohl älteste H.rasse. – Haushühner gab es wahrscheinlich schon im 3. Jt. v. Chr. in Vorderindien. In M-Europa ist das H. seit der späten Hallstatt- und frühen La-Tène-Zeit bekannt.

Haushund (Canis familiaris), vom Wolf abstammendes Haustier. Als Ur-H.rassen werden u. a. angesehen: Torfhund, Aschenhund, Schlittenhund, Lagerhund und Langkopfhund. – Die Domestikation begann vermutlich in der mittleren Steinzeit (vor rund 15 000 Jahren) im sw. bis südl. Asien. Die ältesten mitteleurop. Hofhunde stammen etwa aus dem 8. Jt. v. Chr. Die frühesten sicher datierbaren Reste domestizierter Hunde stammen von mittelsteinzeitl. Fundplätzen in Palästina und N-Europa. Auf zeitlich entsprechenden Felsbildern in O-Spanien sind Hunde bereits als Jagdhelfer des Menschen dargestellt.

Hausierhandel ↑ Reisegewerbe.

Hausindustrie, industrielles Verlagssystem, in dem viele unselbständige Handwerker in Hausarbeit für Rechnung eines Unternehmers Lohnaufträge ausführen. Der Unternehmer übernimmt hauptsächlich Beschaffungs- und Absatzfunktionen. Die H. stellt eine Übergangsform vom Handwerk zur Ind. dar, die ihre größte Bed. im Frühkapitalismus erreichte und gegenwärtig nur noch vereinzelt anzutreffen ist (z. B. Spielzeug).

Hauskaninchen (Stallhase), Bez. für die seit dem frühen MA aus dem Wildkaninchen (zunächst v. a. in frz. Klöstern) gezüchteten Kaninchenrassen, die für die Fleisch-, Pelz-, Filz- und Wollgewinnung (bes. Angorawolle) von Bed. sind. Das H. wird in zahlr. Rassen gezüchtet: u. a. Belg. Riesen, Dt. Widder, Großchinchilla, Großsilber und Kleinsilber.

Hauskatze, Zuchtform der nub. ↑ Falbkatze. Heute werden zahlr. Rassen gezüchtet, z. B. Perserkatze, Birmakatze, Siamkatze, Karthäuserkatze, Mankatze. – Katzen wurden bereits rd. 7000 v. Chr. im Vorderen Orient (Jericho) gehalten, jedoch wahrscheinlich nur als gezähmte Wildfänge. Die eigentl. Domestikation der H. setzte im 2. Jt. v. Chr. in Ägypten ein. Etwa im 8. Jh. n. Chr. kam sie nach M-Europa, wo sie sich mit der einheim. Wildkatze kreuzte.

Häusler, in der alten Agrarverfassung Bewohner eines Dorfes, der keine Vollbauernstelle und deshalb kein oder nur minderes Recht in der Gemeinde besaß; war Eigentümer eines Hauses, besaß wenig oder gar kein Feld und bestritt urspr. seinen Lebensunterhalt v. a. durch Tagelöhnerarbeit bei Vollbauern oder durch handwerkl. Tätigkeit.

Hausmacht, im MA jene Territorien, die sich im erbl. Besitz des Königsgeschlechts befanden; übertragen: innerhalb einer Institution die auf Personen bezogene Macht, über die der an der Spitze der Hierarchie Stehende verfügt.

Hausmaler, Künstler des 17./18. Jh., die von den Manufakturen unbemaltes Porzellan, auch Glas und Fayence bezogen, bemalten und verkauften.

Hausmann, Manfred, *Kassel 10. Sept. 1898, †Bremen 6. Aug. 1986, dt. Schriftsteller. – Naturerlebnis und Vagabundenromantik prägen sein Frühwerk; unter dem Einfluß Kierkegaards und K. Barths Wendung zum Christentum. – *Werke:* Abel mit der Mundharmonika (R., 1932), Das Worpsweder Hirtenspiel (1946), Der dunkle Reigen (Dr., 1951), Der Fischbecker Wandteppich (Spiel, 1955), Jahre

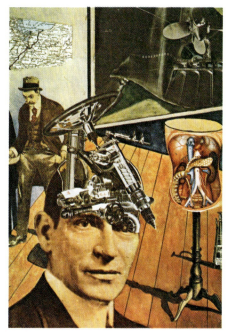

Raoul Hausmann. Tatlin at home, 1920 (Privatbesitz)

des Lebens (Ged., 1974), Da wußte ich, daß Frühling war (Eskimo-Lieder, 1984).

H., Raoul, *Wien 12. Juli 1886, † Limoges 1. Febr. 1971, östr. bildender Künstler und Texter. – Mgl. des Berliner Dada; 1936 Emigration. Schuf neben Photomontagen auch Kartonskulpturen und „Skulptur-Assemblagen" aus vorgefundenen Materialien.

Hausmann, Mann, der seine berufl. Tätigkeit eingeschränkt oder aufgegeben hat, um einen größeren Anteil an der Hausarbeit und der Erziehung der Kinder zu übernehmen.

Hausmarke, im Unterschied zum Hausnamen nicht dem Haus als Gebäude, sondern dem Haus als Familie oder Institution eigenes, meist geometr. Zeichen zur Kennzeichnung von Besitz, Werkzeug, Waren usw.; seit vorgeschichtl. Zeit für den bäuerl. Bereich (Hofmarken) bezeugt; im MA von Kaufleuten und Handwerkern verwendet und gelegentlich in Siegel und Wappen übernommen.

Hausmaus (Mus musculus), weltweit verbreitete Art der Echtmäuse; Körper 7–12 cm lang, schlank; Schnauze ziemlich spitz, Schwanz etwa körperlang, fast nackt; Färbung oberseits braungrau bis bleigrau oder gelbgrau, Unterseite wenig heller bis fast weiß. – Urspr. freilebend, hat sich die nachtaktive, gut springende und schwimmende H. an und in menschl. Behausungen angesiedelt. In Europa kommen bes. die folgenden Unterarten vor: **Westliche Hausmaus** (Haushausmaus, Mus musculus domesticus; westlich der Elbe in NW- und W-Europa; bleigrau bis bräunlich-grau; sehr eng an menschl. Ansiedlungen gebunden); **Nördliche Hausmaus** (Feldhausmaus, Mus musculus musculus; östlich der Elbe in O-, SO- und N-Europa; graubraun bis graugelb, mit weißl. Unterseite); **Ährenmaus** (Mus musculus spicilegus; im sö. Europa; gelbgrau mit weißer Unterseite; frei lebend; legt in ihren unterird. Bauten Nahrungsvorräte für den Winter an). – Als Stammform der rotäugigen Weißen Maus, einem Albino (Labormaus), ist sie ein wichtiges Versuchstier in der medizin. und biolog. Forschung.

Hausmeerschweinchen ↑ Meerschweinchen.

Hausmeier (lat. major domus), urspr. bei den Franken und anderen german. Völkern der Vorsteher des königl. Hauswesens und der Domänen. Seit etwa 600 im Fränk. Reich Führer des krieger. Gefolges, drängten die H. der Merowinger die Könige völlig beiseite, indem sie in den Reichsteilen Austrien, Neustrien und Burgund als Führer des Adels dessen Interessen gegen die Könige durchsetzten. 751 ließ sich Pippin III. zum König wählen, womit das H.amt erlosch.

Hausministerium, in Monarchien Hofbehörde, welche die Angelegenheiten des fürstl. Hauses verwaltete.

Hausmusik, das Musizieren im Familien- oder Freundeskreis; seit dem 17. Jh. das bürgerl. Gegenstück zur aristokrat. Kammermusik oder zur kunstvolleren Kirchenmusik. H.werke sind wegen ihrer Bestimmung für Dilettanten bewußt unkompliziert komponiert. Im 19. und beginnenden 20. Jh. bildeten Bearbeitungen größerer Formen (Opern, Sinfonien) einen wichtigen Teil der H.literatur. Einen Aufschwung erlebte die H. Anfang des 20. Jh. im Zusammenhang mit den Bestrebungen der Jugend- und Singbewegung, die sich für die Wiederbelebung der Gemeinschaftsmusik des 16.–18. Jh. einsetzte. Heute wird sie durch Musikschulen bzw. Jugendmusikschulen angeregt und in Laienorchestern wieder verstärkt gepflegt.

Hausmutter (Agrotis pronuba), bis 3 cm langer Eulenfalter in Europa, W-Asien und N-Afrika; Vorderflügel braun, Hinterflügel gelb, schwarz gerandet.

Hausner, Rudolf, *Wien 4. Dez.. 1914, östr. Maler und Graphiker. – Vertreter der sog. Wiener Schule des Phantast. Realismus.

Hausorden ↑ Orden.

Hausordnung, 1. Regelung, die der Vermieter im Rahmen seiner Verpflichtung zur Verwaltung und zur Erhaltung des Hausfriedens erlassen kann; enthält Rechte und Pflichten der Mieter gegenüber dem Vermieter; 2. die durch Stimmenmehrheit der Wohnungseigentümer beschlossene Ordnung über einen der Beschaffenheit der im Sondereigentum stehenden Gebäudeteile (insbes. Wohnungen) und des gemeinschaftl. Eigentums entsprechenden ordnungsmäßigen Gebrauch.

Haus Österreich ↑ Österreich, Haus.

Hauspferd (Equus caballus), in seinen verschiedenen Rassen vermutlich von den drei aus geschichtl. Zeit bekannten Unterarten des Prschewalskipferdes abstammendes Haustier. Das H. ist v. a. als Reit- und Zugtier von Bed.; heute wird es vielfach als Sportpferd gehalten. – Die Tragzeit beträgt etwa 336 Tage.

Hauspflege, in der *Sozialhilfe* die Hilfe zur Weiterführung des eigenen Haushalts, u.a. bei Krankheit oder altersbedingter Gebrechlichkeit, wenn keiner der Angehörigen

Hausmaus

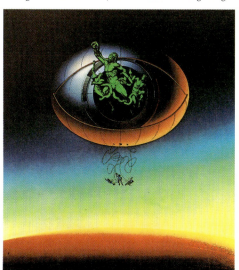

Rudolf Hausner. Laokoon in der Umlaufbahn, 1969–76 (Aachen, Neue Galerie – Sammlung Ludwig)

Hausrat

den Haushalt führen kann; soll i. d. R. nur vorübergehend gewährt werden (§ 70 BundessozialhilfeG).
▷ in der *Krankenversicherung* Kurzbez. für 1. die häusl. Krankenpflege als Komplexleistung aus Grundpflege, Behandlungspflege und hauswirtschaftl. Versorgung ohne zeitl. Begrenzung pro Tag (Krankenhausersatzpflege) oder als Ergänzung zur (ambulanten) ärztl. Behandlung (Sicherungspflege); 2. die 1991 eingeführte häusl. Pflegehilfe. Sie umfaßt eine Geldleistung (monatl. 400 DM an die versicherte Person oder 750 DM für eine Pflegeperson) und die Finanzierung einer Urlaubsvertretung.

Hausrat, alle bewegl. Sachen des Haushalts, v. a. Möbel, Gardinen, Teppiche, Geschirr und Wäsche; i. d. R. auch der Familien-Pkw, nicht jedoch die Gegenstände für den persönl. Gebrauch.

Hausratsverordnung, die 6. DVO zum EheG vom 21. 10. 1944 über die Behandlung der Ehewohnung und des Hausrats nach der Scheidung. Können sich die geschiedenen Ehegatten nicht einigen, wer von ihnen Ehewohnung und Hausrat erhalten soll, so kann auf Antrag der Richter eine Regelung unter Berücksichtigung des Wohls der Kinder und der Erfordernisse des Gemeinschaftslebens treffen.

Hausratte ↑ Ratten.

Hausratversicherung, Versicherung der Sachen, die in einem Haushalt zur Einrichtung gehören bzw. zum Gebrauch oder Verbrauch dienen sowie weiterer in den Versicherungsbedingungen einzeln aufgezählter Gegenstände gegen Feuer-, Einbruchdiebstahl-, Beraubungs-, Leitungswasser-, Sturm- und Glasbruchschäden (nach den Allg. H.bedingungen seit 1984 sind Glasbruchschäden nicht mehr erfaßt; ↑ Haushaltsglasversicherung) in einem Vertrag; deshalb auch: **verbundene Hausratversicherung.**

Hausrecht ↑ Hausfriedensbruch.

Hausrind, Bez. für vom Auerochsen abstammende, vom Menschen domestizierte Rinderrassen. Die H. werden häufig in Niederungs- und Höhenviehrassen untergliedert. Das H. ist als Arbeitstier sowie zur Fleisch-, Milch- und Ledergewinnung von größter wirtsch. Bed. – Das ♀ H. wirft nach rund 240 bis 320 Tagen meist nur ein Kalb.

Hausrotschwanz ↑ Rotschwänze.

Hausruck, etwa 30 km langer dichtbewaldeter Höhenzug im oberöstr. Alpenvorland, im Göbelsberg 801 m ü. d. M., Abbau von Braunkohle.

Hausruckviertel, östr. Voralpenlandschaft zw. Hausruck und Traun; wichtiges Landw.gebiet.

Haussa (Hausa), Volk in der afrikan. Großlandschaft Sudan, v. a. in N-Nigeria; Hauptzentren sind Kano, Sokoto, Zaria und das Josplateau. Überwiegend Händler, Handwerker und Hackbauern, seit dem 15. Jh. islamisiert.

Hausschabe (Dt. Schabe, Blatella germanica), bis 15 mm große, weltweit verbreitete, hellbraune Schabe mit zwei dunklen Längsstreifen auf dem Halsschild; kommt in M-Europa nur in Gebäuden vor (Backstuben, Großküchen, Lagerräume).

Hausschaf (Ovis aries), von vermutlich verschiedenen Unterarten des Wildschafs abstammendes, seit der frühen Steinzeit domestiziertes Haustier. Die ältesten europ. H.rassen waren Torfschaf und Kupferschaf. Heute werden zahlr. sehr unterschiedl. Rassen zur Fleisch-, Milch-, Woll-, Pelz- und Fettgewinnung gezüchtet. Die Schurzeit liegt bei der *Vollschur* (Jahresschur) im April und Mai, bei der *Halbschur* zusätzlich im Herbst. – Die Tragzeit beträgt durchschnittlich 150 Tage, nach denen 1–3 Lämmer geworfen werden. Das H. ist genügsam und läßt sich in Steppen- und Buschgebieten, v. a. auch auf Hochflächen gut weiden. – In Deutschland werden v. a. Fleischschafrassen sowie ↑ Merinoschafe und ↑ Landschafe gezüchtet.

Hausschwalbe, svw. Mehlschwalbe (↑ Schwalben).

Hausschwamm (Echter H., Serpula lacrymans), Ständerpilz, der durch enzymat. Holzabbau verbautes Holz zerstört; setzt sich zunächst mit weißem, lockerem Myzel auf feuchtem Gebälk fest und kann sich dann von der Infektionsstelle aus mit meterlangen, wasserleitenden, bleistiftdicken Myzelsträngen, die mitunter massives Mauerwerk durchdringen, auch auf trockenes Holz ausbreiten. An der Oberfläche des befallenen Holzes bilden sich flache, bräunl. Fruchtkörperkuchen mit netzartig verbundenen Wülsten. – Vorbeugen durch ↑ Holzschutz.

Hausurnen. Eisenzeitliche Hausurne aus Ton, gefunden in Königsaue bei Aschersleben, Höhe 40 cm

Hausschwein (Sus scrofa domesticus), seit Mitte des 6. Jt. v. Chr. domestiziertes Haustier, das hauptsächlich vom Europ. Wildschwein (europ. H.rassen) und vom Bindenschwein (asiat. H.rassen) abstammt. Das H. ist als Fleisch-, Fett-, Leder- und Borstenlieferant von größter wirtsch. Bed. – Nach einer Tragzeit von durchschnittlich 115 Tagen werden etwa 10 Junge (Ferkel) geworfen. – Bekannte Rassen sind: Dt. Sattelschwein, Dt. Landrasse, Dt. Weideschwein, Dt. Weißes Edelschwein, Berkshireschwein, Cornwallschwein, Rotbuntes Schwein, Yorkshireschwein.

Hausse ['ho:sə; lat.-frz.], Zustand steigender oder hoher Kurse an der Börse, wie er bes. im Zuge eines konjunkturellen Aufschwungs auftritt (Ggs. ↑ Baisse). **Spekulation à la Hausse** liegt vor, wenn Wertpapiere in Erwartung steigender Kurse gekauft werden.

Haussegen, mit Zaubersprüchen und Zeichen beschriebene oder bedruckte Blätter frommen oder abergläub.-mag. Charakters, die Haus und Hof vor Unglück bewahren sollen; neben Andachtsbildern dienen auch Schutzzeichen wie der Drudenfuß, drei Kreuze oder die Initialen C + M + B der Hl. Drei Könige dem gleichen Zweck.

Haussmann, Georges Eugène Baron [frz. os'man], * Paris 27. März 1809, † ebd. 12. Jan. 1891, frz. Politiker. – Unter Napoleon III. Präfekt von Paris (1853–70), das er in großzügiger Weise durch den Bau von Boulevards und Parkanlagen unter Zerstörung des ma. Stadtbildes umgestalten ließ.

Georges Eugène Haussmann

Haussmann, Helmut, * Tübingen 18. Mai 1943, dt. Politiker (FDP). – Seit 1976 MdB; 1984–88 Generalsekretär der FDP; 1988–91 Bundesmin. für Wirtschaft.

Haussperling ↑ Sperlinge.

Hausspinnen (Winkelspinnen, Tegenaria), Gatt. der Trichterspinnen mit acht einheim., meist in Gebäuden lebenden Arten; 5–20 mm groß, überwiegend dunkel gefärbt.

Haussuchung ↑ Durchsuchungsrecht.

Haustaube (Columba livia domestica), Sammelbez. für die seit dem 4. Jt. im Orient, seit der Mitte des 1. Jt. in Europa aus der Felsentaube gezüchteten Taubenrassen (z. Z. weit mehr als 100). H. werden aus Liebhaberei, zur Fleischgewinnung oder als Brieftauben gehalten. Sie neigen zur Verwilderung und haben sich in größeren Städten durch starke Vermehrung z. T. zu einer lästigen Plage entwickelt. Eine Rassengruppe der H. sind die **Feldtauben,** die sich ihre Nahrung auf Feldern suchen.

Haustiere, Bez. für die vom Menschen zur Nutzung ihrer Produkte oder Arbeitsleistungen oder aus Liebhaberei gehaltenen und gezüchteten Tiere. Zu den ältesten „klass." H. zählen Hausschaf, Hausziege, Haushund, Hausschwein und Hausrind, möglicherweise auch die Hauskatze. Hauspferd, Hausesel sowie Kamel, Lama, Rentier, Hausgans und Hausente wurden erst später domestiziert.

Haustorien [lat.], svw. ↑ Saugorgane.

Haustrunk, Bier, das Brauereien an ihre Arbeitnehmer zum eigenen Verbrauch abgeben.

Haustürgeschäft, Vertragsabschluß über eine entgeltl. Leistung insbes. am Arbeitsplatz, in der Privatwohnung (Haustür), bei Kaffeefahrten, in öff. Verkehrsmitteln. Das H. kann vom Kunden gemäß Gesetz vom 16. 1. 1986 innerhalb einer Woche widerrufen werden. Der Fristablauf beginnt erst nach schriftl. Belehrung. Das Widerrufsrecht besteht nicht, wenn die Verhandlung auf Bestellung des Kunden geführt wurde, die Leistung sofort erbracht und bezahlt wurde sowie ihr Wert unter 80 DM liegt. Das Gesetz ist nicht bei Abschluß eines Versicherungsvertrages anwendbar.

Haus- und Familiendiebstahl ↑ Diebstahl.

Hausurnen, Bez. für vorgeschichtl. Behältnisse des Leichenbrandes, die die Form eines Gebäudes haben; finden sich gegen Ende der jüngeren Bronzezeit und in der älteren Eisenzeit (10.–6. Jh.) erst in M-Italien, dann in M-Deutschland und in Skandinavien.

Hauswanzen, svw. ↑ Plattwanzen.

Hauswerk ↑ Hausfleiß.

Hauswirtschaft, selbständige Wirtschaftsführung, Bewirtschaftung eines großen Haushalts (z. B. Anstaltshaushalt).

▷ Begriff aus der volkswirtsch. Stufentheorie. Die H. (oder Oikenwirtschaft) stellt die erste Stufe der wirtsch. Entwicklung, auf der die Wirtschaftssubjekte im Rahmen der Hausgemeinschaft ausschließlich für den Eigenbedarf produzieren. Arbeitsteilung mit anderen Wirtschaftseinheiten und Märkte bilden sich erst in den folgenden Stufen der Entwicklung aus, in der Stadt-, Volks- und Weltwirtschaft.

Hauswirtschaftslehre, Unterrichtsfach an allg. und berufl. (hauswirtsch.) Schulen mit den Bereichen Ernährungslehre, Haushaltsökonomie und -ökologie sowie Arbeitstechniken im Haushalt und sozialkundl. Fragen.

Hauswurz (Dachwurz, Donnerwurz, Sempervivum), Gatt. der Dickblattgewächse mit rd. 30 Arten; meist dichte Polster bildende Rosettenpflanzen mit fleischigen Blättern; Blüten rot, gelb, seltener weiß, in Blütenständen. Viele Arten, u. a. die **Echte Hauswurz** (Sempervivum tectorum) oder die **Spinnwebenhauswurz** (Sempervivum arachnoideum), werden in vielen Zuchtformen angepflanzt.

Hausziege (Capra hircus), vermutlich bereits im 7. Jh. v. Chr. in SO-Europa und Vorderasien domestiziertes Haustier; Abstammung umstritten. – Die H. liefert Milch, Fleisch, Wolle und feines Leder (Chevreau, Glacéleder, Nappa, Saffian, Velour). – Nach rd. 150 Tagen Tragzeit werden 1–3 Zickel geworfen. – Bekannte Rassen sind: Dt. Bunte Edelziege, Weiße Dt. Edelziege, Sattelziege, Saanenziege und Zwergziege.

Haut (Cutis, Derma), den ganzen Körper bei Wirbeltieren und beim Menschen umgebendes Organsystem; setzt sich zus. aus der oberflächl. Ober-H. und der tieferliegenden Leder-H., auf die ohne scharfe Abgrenzung in die Tiefe die Unter-H. folgt. Die vom äußeren Keimblatt gebildete **Oberhaut** (Epidermis) des Menschen ist mehrschichtig: Die in der *Basalschicht* (Stratum basale) der *Keimschicht* (Stratum germinativum) gebildeten und zur H.oberfläche hin abgeschobenen, rundl., durch zahlr. kleine Fortsätze miteinander verbundenen (daher wie bestachelt erscheinenden) Zellen bilden die *Stachelzellschicht* (Stratum spinosum). Darauf folgt die *Körnerschicht* (Stratum granulosum), die durch Zusammenrücken und Abplatten der Zellen der Stachelzellschicht, durch das Auflösen ihrer Kerne und durch Einlagern von Verhornungssubstanz entsteht. An dicken H.stellen geht sie durch Zusammenfließen der Keratohyalinkörnchen zu einer stark lichtbrechenden Masse in die *Glanzschicht* (Stratum lucidum) über, aus der zuletzt die *Hornschicht* (Horn-H.) hervorgeht. Diese ist 10–20 Zellschichten (etwa 0,015 mm) dick. Ihre toten und verhornten Zellen werden ständig nach außen abgeschilfert und müssen deshalb von der Keimschicht ersetzt werden. Die **Lederhaut** (Corium) wird vom mittleren Keimblatt gebildet. Sie besteht aus Bindegewebe, enthält Gefäße und Nerven sowie an vielen Stellen auch glatte Muskulatur. Sie trägt gegen die Ober-H. zu Vorwölbungen (Papillen), die die Grundlage der Hautleisten sind. In der *Netzschicht* (Stratum reticulare) der Leder-H. liegen die Schweißdrüsen sowie die größeren Gefäße und Nerven. Unter der Leder-H. liegt die **Unterhaut** (Subcutis). Das in sie eingebettete Unterhautfettgewebe dient in erster Linie der Wärmeisolation des Körpers, daneben auch als Druckpolster und zur Speicherung von Reservestoffen.

Die H. schützt gegen eine Reihe von Umweltfaktoren. Durch ihre Reißfestigkeit und Dehnbarkeit wehrt sie mechan. Einwirkungen (Druck, Stoß) ab. Der Säureschutzmantel wehrt Bakterien ab. Die Pigmente der Keimschicht (↑ Hautfarbe), die auch in den verhornten Zellen verbleiben, absorbieren Licht und UV-Strahlung. Durch die Absonderung von Schweiß ist die H. an der Regulation des Wasserhaushaltes und v. a. an der Temperaturregulation beteiligt. Bei der Wärmeabgabe spielt außerdem ihr weitverzweigtes Kapillarnetz eine wichtige Rolle. Schließlich ist die mit Sinnesrezeptoren ausgestattete H. ein Sinnesorgan, das dem Zentralnervensystem eine Vielfalt von Wahrnehmungen vermittelt.

Hautatmung, Gasaustausch durch die Haut, vor allem Abgabe von Kohlendioxid; beträgt beim Menschen nur 2 % des gesamten Gasaustausches. Bei Lurchen können etwa 70 % des Kohlendioxids durch die (feuchte) Haut abgegeben werden.

Hautausschlag, volkstüml. Bez. (kurz *Ausschlag* gen.) für die bei Infektionskrankheiten (z. B. Windpocken) oder allerg. Reaktionen auftretenden Hautveränderungen wie Flecken, Quaddeln, Bläschen.

Hautcreme, Emulsionssalbe zur Pflege der Haut, die im Unterschied zu einfachen Fettsalben die Haut nicht luftdicht abdeckt, so daß Flüssigkeits- und Wärmeabgabe gewährleistet sind (↑ Creme).

Hautdasseln (Hautdasselfliegen, Hautbremsen, Hypodermatinae), Unterfam. parasitisch lebender, bis 15 mm großer Fliegen mit rd. 30 Arten (davon in M-Europa 6 Arten). – ↑ Dassellarvenkrankheit.

Hautdrüsen (Dermaldrüsen), ein- oder mehrzellige, an der Hautoberfläche mündende, epidermale Drüsen, z. B. Schweiß-, Talg- und Duftdrüsen.

Häute, die als Rohmaterial für Leder verwendeten noch nicht gegerbten Körperdecken von großen Schlachttieren (z. B. Rindern, Schweinen, Pferden, Büffeln) sowie von

Hauswurz. Spinnwebenhauswurz (Höhe des Blütenstandes 5–15 cm)

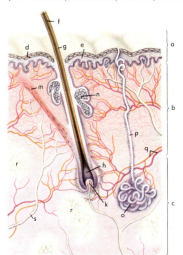

Haut. Schematischer Querschnitt durch die Haut des Menschen: a Oberhaut; b Lederhaut; c Unterhautzellgewebe; d Hornschicht der Oberhaut; e Keimschicht der Oberhaut; f Haarmark; g Haarrinde; h Haarzwiebel; k Haarpapille; m Haarmuskel; n Haarbalgdrüse; o Schweißdrüsenknäuel; p Schweißdrüsenausführungsgang; q Blutgefäße der Haut; r Fettgewebe; s Nerven

Haute Coiffure

einigen Meeressäugetieren, Reptilien, Amphibien und Fischen (die Körperdecken kleinerer Tiere, z. B. von Kälbern, Schafen, Ziegen, Hasen, werden als *Felle,* die von Vögeln als *Bälge* bezeichnet). Die beim Schlachten anfallenden H. und Felle werden durch Salzen und/oder Kühlen bis zu ihrer Weiterverarbeitung zu Leder haltbar gemacht.

Haute Coiffure [frz. otkwaˈfy:r „hohe Frisierkunst"], die modeschaffende Frisierkunst, bes. von Paris.

Haute-Corse [frz. otˈkɔrs], frz. Dep. auf Korsika.

Haute Couture [frz. otkuˈty:r „hohe Schneiderkunst"], schöpfer. Modeschaffen, für die Mode tonangebende Schneiderkunst; i. e. S. Bez. für das richtungweisende Modeschaffen Pariser Modesalons.

Hauteffekt, svw. ↑Skineffekt.

Haute-Garonne [frz. otgaˈrɔn], Dep. in Frankreich.

Hautelisse [(h)otˈlɪs; frz. otˈlis], auf einem *H.webstuhl* mit senkrecht gespannter Kette gewirkter Bildteppich (bes. 14.–16. Jh.).

Haute-Loire [frz. otˈlwa:r], Dep. in Frankreich.

Haute-Marne [frz. otˈmarn], Dep. in Frankreich.

Hautemphysem ↑Emphysem.

Haute-Normandie [frz. otnɔrmãˈdi], Region in N-Frankreich, umfaßt die Dep. Eure und Seine-Maritime, 12 317 km², 1,74 Mill. E (1990), Regionshauptstadt Rouen.

Hautentzündung, svw. ↑Dermatitis.

Hautes-Alpes [frz. otˈzalp], Dep. in Frankreich.

Haute-Saône [frz. otˈso:n], Dep. in Frankreich.

Haute-Savoie [frz. otsaˈvwa], Dep. in Frankreich.

Hautes-Pyrénées [frz. otpireˈne], Dep. in Frankreich.

Haute tragédie [frz. ottraʒeˈdi „hohe Tragödie"], Bez. der klass. frz. Tragödie, vertreten insbes. durch Corneille und Racine.

Haute-Vienne [frz. otˈvjɛn], Dep. in Frankreich.

Hautevolee [(h)o:tvoˈle:; frz.], spött. Bez. für die gesellschaftl. Oberschicht; im 19. Jh. aus frz. „(des gens) de haute volée" („[Leute] von hohem Rang") übernommen.

Hautfarbe, Farbton der menschl. Haut, der im wesentlichen von der Menge der in die Haut eingelagerten Farbstoffkörner, aber auch von der Dicke, vom Fettgehalt und von der Durchblutung der Haut sowie von der Einlagerung von Karotin abhängt. Die Fähigkeit zur Pigmentbildung ist erblich fixiert und stellt, da sie sehr stark variiert, ein wichtiges und leicht erkennbares Merkmal der Menschenrassen dar. Die Synthese der Melanine beginnt in der Embryonalzeit, die völlige Ausfärbung erfolgt jedoch erst nach der Geburt. – Durch lokale Überpigmentierung der Haut kommt es zu Sommersprossen oder Leberflecken. Ein völliges Fehlen der Farbstoffbildung liegt bei ↑Albinismus vor.

Hautflügler (Hymenopteren, Hymenoptera), weltweit verbreitete Insektenordnung mit weit über 100 000 Arten; 0,1 bis 60 mm große Tiere mit zwei durchsichtig-häutigen, aderarmen Flügelpaaren und beißenden oder leckend-saugenden Mundwerkzeugen; ♀♀ mit Legestachel. – Die H. untergliedern sich in die Unterordnungen ↑Pflanzenwespen und ↑Taillenwespen.

Hautgout [frz. oˈgu „starker Geschmack"], nach Hängen oder Lagern von frischem Wild infolge der Fleischreifung entstehender Wildgeschmack und -geruch; in übertragener Bedeutung svw. Anrüchigkeit.

Hautgrieß (Milien), aus geschichteten Hornlamellen bestehende, von Oberhaut bedeckte, stecknadelkopfgroße, weiße bis weiß-gelbl. Knötchen, die meist im Gesicht auftreten und nach einem kleinen Einschnitt durch Ausdrücken entfernt werden können.

Hautjucken, svw. ↑Jucken.

Hautknochen, svw. ↑Deckknochen.

Hautkrankheiten (Dermatosen), die krankhaften Veränderungen der Haut und/oder ihrer Anhangsgebilde. Nach der Ursache unterscheidet man: 1. entzündl. H. durch Bakterien und Protozoen (z. B. Furunkulose, Milzbrand); durch Viren (z. B. Herpes simplex, Gürtelrose, Warzen); durch Parasiten (z. B. Krätze) oder Pilze (↑Hautpilzerkrankungen); 2. allergisch und autoimmun bedingte H. (z. B. Ekzem, Nesselsucht); 3. H. durch physikal. oder chem. Schädigungen (Verbrennung, Sonnenbrand, Erfrierung und Verätzung); 4. unbekannte Ursachen (z. B. Schuppenflechte, Blasenausschlag); 5. gut- und bösartige Hautneubildungen (z. B. Fibrom, Melanom, Hautkrebs); 6. angeborene Hautmißbildungen (u. a. Muttermal, Behaarungsanomalien); 7. H. mit Hautschwund oder Hautverdickung (z. B. Verhornung, Schwielen); 8. H. durch Störungen der Hautdrüsenfunktion (z. B. Akne, Seborrhö); 9. exanthemat. H. im Gefolge bestimmter Infektionskrankheiten (z. B. Röteln, Masern, Windpocken).

Häutung einer Leopardnatter

Hautkrebs (Hautkarzinom), zusammenfassende Bez. für alle bösartigen Wucherungen der Haut. Die Einteilung richtet sich nach Entstehung und Art der Tumorzellen. Von den Stachelzellen der Oberhaut geht das ↑Spinaliom aus, die bösartigen ↑Melanome von den Pigmentzellen der Ober- oder der Lederhaut, die relativ selten ↑Sarkome der Haut (unter ihnen das v. a. im Zusammenhang mit Aids auftretende Kaposi-Sarkom) vom Bindegewebe. Die den Basalzellen ähnelnden, aus unreifen Zellen entstehenden Basaliome gehören nicht zu den H.; in seltenen Fällen ist jedoch eine Entartung zum Basalzellkarzinom möglich. Erscheinungsweisen des H. sind warzenartige oder geschwürige Gebilde, auch derbe, schmerzlose Knoten mit glatter Oberfläche oder Pigmentflecke. Kennzeichnend ist das rasche Wachstum, bei Geschwüren die fehlende Heilungstendenz. – Die Behandlung besteht in einer möglichst frühzeitigen operativen Entfernung oder in Röntgenbestrahlung, evtl. auch kombiniert.

Hautleishmaniase [...laiʃ...], svw. ↑Orientbeule.

Hautleisten (Papillarleisten, Tastleisten), an der Oberfläche der Haut, bes. deutlich an den Händen bzw. Fingern und den Füßen auftr. Zehen ausgebildete Erhebungen, in denen der Tastsinn lokalisiert ist.

Hautöle, flüssige, fetthaltige Hautpflegemittel (z. B. Bade-, Massageöl).

Hautpilze, zusammenfassende Bez. für alle niederen Pilze, die in der Haut und ihren Anhangsgebilden (Haare, Nägel) wachsen und dadurch zu Hautpilzerkrankungen führen können. Zu den H. gehören v. a. die *Dermatophyten* mit den Gatt. *Trichophyton, Epidermophyton* und *Microsporum,* ferner asporogene Sproßpilze der Gatt. Candida und einzelne Schimmelpilze.

Hautpilzerkrankungen (Dermatomykosen), Erkrankungen durch die Infektion der Oberhaut, der Haare oder Nägel mit Hautpilzen. Die Übertragung der H. kann von Menschen auf den Menschen, von Tieren auf den Menschen, bes. aber von pilzverseuchten Gegenständen (z. B. Kleidungsstücke, Bademattten) auf die menschl. Haut erfolgen. Nach der Übertragung gedeihen die Pilze am besten in feuchter Umgebung, also auf Hautpartien, die häufig schweißbedeckt sind bzw. länger feucht bleiben (bes. Zehenzwischenräume, Leistenbeuge, Analfalte, Achselhöhle). Die häufigsten H. sind ↑Epidermophytie, ↑Erbgrind, ↑Mikrosporie, ↑Soor, ↑Trichophytie, ferner ↑Blastomykosen.

Hautplastik (Hautlappenplastik, Dermatoplastik, Dermoplastik), in der plast. Chirurgie die operative Deckung eines Hautdefekts durch Übertragung angrenzender oder entfernterer Hautteile (Hauttransplantation) des gleichen Organismus.

Havanna
Stadtwappen

Havanna
Hauptstadt der Rep. Kuba (seit 1552)

2,026 Mill. E

Industriezentrum

gegr. 1515/19

einer der besten Naturhäfen der Karibik

Altstadt mit kolonialspan. Bauten

Hautreizmittel (Irritantia, Rubefazientia), zu vermehrter Durchblutung und Rötung (u. U. auch Entzündung) der Haut führende Stoffe, z. B. Senföl.

Haut-Rhin [frz. o'rɛ̃], Dep. in Frankreich.

Hautröte, svw. ↑ Erythem.

Hautschrift, svw. ↑ Dermographismus.

Hautschwiele ↑ Schwiele.

Hauts-de-Seine [frz. od'sɛn], Dep. in Frankreich.

Hautsinn, komplexe Wahrnehmung der auf die Haut wirkenden Reize. Die wichtigste Komponente des H. ist der Tastsinn, dessen Rezeptoren auf die mechan. Wirkungen Druck, Berührung oder Vibration ansprechen. Außerdem gibt es in der Haut Rezeptoren für Wärme- und Kältewirkungen sowie für chem. Änderungen (Schmerzrezeptoren). Auf dem H. beruht ein wesentl. Teil der Körperwahrnehmung.

Hauttest (Hautprobe, Kutantest), Verfahren zur Feststellung einer Sensibilisierung des Organismus gegen Allergene; als **Epikutantest** (Testsubstanz wird für 24 Std. auf die Haut in der Mitte des Rückens oder an der Außenseite des Oberarms aufgebracht) oder **Intrakutantest** (Testsubstanz wird in die Haut appliziert) durchgeführt.

Hauttuberkulose ↑ Tuberkulose.

Haut und Haar, in der ma. Rechtssprache Bez. für Leib- und Lebensstrafen; sie wurden durch Schläge und Abschneiden der Haare vollstreckt.

Häutung (Ekdysis), periodisch auftretende, saison- oder wachstumsabhängige Ablösung der verhornten, abgestorbenen Oberhaut, z. B. bei Schlangen (sog. Natternhemd), Eidechsen und Insektenlarven.

Haüy, René Just [frz. a'ɥi], * Saint-Just-en-Chaussée (Oise) 28. Febr. 1743, † Paris 1. (3. ?) Juni 1822, frz. Mineraloge. – Prof. in Paris; begr. die wiss. Mineralogie, u. a. „Lehrbuch der Mineralogie" (4 Bde., 1801).

Havaneser [frz., nach Havanna], Zuchtform des ↑ Bichons.

Havanna (span. La Habana, eigtl. San Cristóbal de la Habana), Hauptstadt der Rep. Kuba und der Prov. La Habana, Hafen an einer Bucht des Golfs von Mexiko, als Stadtprov. Ciudad de la Habana, 727 km^2 und 2,026 Mill. E. Kath. Erzbischofssitz; Univ. (gegr. 1728), wiss. Akad. und Inst., Museen, Bibliothek, Archiv, botan. Garten; Theater, Oper. Hauptindustriestandort Kubas, u. a. Erdölraffinerie, Eisen- und Stahlwerk, Schiffbau, Düngemittel-, Nahrungsmittel-, Tabak-, chem. u. a. Ind.; internat. ⌘. – Die erste Stadt H. wurde 1515 durch Diego de Velázquez an der S-Küste gegr. und 1519 an die heutige Stelle verlegt. 1552 wurde der Sitz der Hauptstadt Kubas von Santiago de Cuba nach H. verlegt. – Die Hafeneinfahrt wird von drei Forts (16. und 18. Jh.) flankiert. In der Altstadt u. a. Kathedrale San Cristóbal (um 1660–1724), Kloster Santa Clara (1635–44, heute Arbeitsministerium), Kirche La Merced (18. Jh.), Casa de Gobierno (1776–92), Rathaus (18. Jh.). Nahebei das Castillo de la Fuerza (16. Jh.); Kapitol (1929; heute Sitz der Akad. der Wissenschaften). –

Havanna. Das Kapitol, 1929, heute Sitz der Akademie der Wissenschaften

Havelberg. Blick über die Havel auf den Dom, 1170 geweiht, nach Brand bis 1330 umgebaut

Altstadt und Festung wurden von der UNESCO zum Weltkulturerbe erklärt.

Havanna [nach der gleichnamigen kuban. Hauptstadt], [Zigarren]tabak, der hauptsächlich als ↑ Deckblatt gebraucht wird.

Havarie (Haverei) [italien.-frz.-niederl., zu arab. awar „Fehler, Schaden"], Schäden eines See- oder Binnenschiffes oder seiner Ladung während einer Reise. **Kleine Havarie** werden die gewöhnl., während der Fahrt entstehenden Kosten genannt wie Hafengebühren, Lotsengeld, Schlepplohn. Sie werden vom Verfrachter getragen. **Große Havarie** werden diejenigen Schäden genannt, die zur Errettung von Schiff oder Ladung vorsätzlich herbeigeführt wurden, z. B. durch Notstranden. Sie werden von den Eigentümern von Schiff, Fracht und Ladung gemeinsam getragen. **Besondere Havarie** sind alle Unfallschäden, die nicht zur großen oder kleinen H. gehören. Sie werden von den Eigentümern von Schiff und Ladung getrennt getragen.

▷ Beschädigung, Schaden, größerer Unfall in techn. Anlagen.

Havas [frz. a'vɑːs] ↑ Agence Havas.

Havdala ↑ Habdala.

Havel, Václav [tschech. 'havɛl], * Prag 5. Okt. 1936, tschech. Schriftsteller und Politiker. – Geschult an Ionesco, benutzt H. Elemente des absurden Theaters, um die Sinnlosigkeit in den mechanisierten Beziehungen der heutigen Gesellschaft aufzudecken, u. a. „Das Gartenfest" (1963), „Drei Stücke. Audienz/Vernissage/Die Benachrichtigung. Offener Brief an Gustáv Husák" (1977), „Die Versuchung" (1986), „Die Sanierung" (1989). Ab 1969 Publikationsverbot (ab 1977 Veröffentlichungen im Ausland). 1977 Mitbegründer und Sprecher der Bürgerrechtsbewegung „Charta 77"; mehrfach inhaftiert; im Nov. 1989 als Mitbegründer und Sprecher des „Bürgerforums" einer der Initiatoren des demokrat. Umbaus; Dez. 1989–Juli 1992 Staatspräs. der ČSFR, seit Jan. 1993 der ČR. – 1989 Friedenspreis des Börsenvereins des Dt. Buchhandels; 1991 Karlspreis.

Havel [...fəl], rechter Nebenfluß der Elbe, entspringt auf der Mecklenburg. Seenplatte, durchfließt von Berlin bis zum Plauer See (westlich von Brandenburg/Havel) mehrere Rinnenseen und mündet unterhalb von Havelberg; 343 km lang, davon 243 km schiffbar; z. T. kanalisiert; Kanalverbindung zur Oder und Elbe.

Havelberg [...fəl...], Krst. in Sa.-Anh., an der Havel, 25 m ü. d. M., 7 200 E. Prignitz-Museum; Bekleidungs-, Möbelind.; Werft. – Entstand im 10. Jh., im 12. Jh. Stadtrecht, stets markgräflich brandenburgisch. – Dom (1170 geweiht, nach Brand bis 1330 gotisch umgebaut) mit reicher Baupla-

Václav Havel

stik und got. Triumphkreuzgruppe (13. Jh.); südl. des Domes die Stiftsgebäude (12.–14. Jh.).

Havelkanal [...fəl...], 34,9 km langer Schiffahrtskanal nw. von Berlin; Abk.kanal für die Havelschiffahrt; 1952 zur Umgehung Westberlins eröffnet.

Havelland [...fəl...], Niederungslandschaft westlich von Berlin, beiderseits der Havel.

Havemann, Robert [ˈhaːvəman], * München 11. März 1910, † Grünheide (Mark) 9. April 1982, dt. Chemiker und polit. Theoretiker. – Seit 1932 Mgl. der KPD, 1943 als Leiter einer Widerstandsgruppe zum Tode verurteilt. 1945–47 Leiter des Kaiser-Wilhelm-Instituts für Physikal. Chemie und Elektrochemie in Berlin (West), 1947–64 Prof. für physikal. Chemie an der Humboldt-Univ. in Berlin (Ost). 1964 auf Grund krit. (reformkommunist.) Äußerungen aus der SED und der Humboldt-Univ., 1966 aus der Dt. Akademie der Wiss. ausgeschlossen. 1977–79 Hausarrest; im Nov. 1989 von der Zentralen Kontrollkommission der SED postum rehabilitiert. Schrieb u. a. „Die Zukunft des Sozialismus" (Reden und Aufsätze, 1971), „Ein dt. Kommunist" (1978), „Morgen. Die Industriegesellschaft am Scheideweg" (1980).

Havilland, Sir (seit 1944) Geoffrey de [engl. ˈhævilənd], * Haslemere (Surrey) 27. Juli 1882, † London 21. Mai 1965, brit. Flugpionier und Flugzeugkonstrukteur. – H. gründete 1920 die De Havilland Aircraft Company Ltd., die nach dem 2. Weltkrieg bes. durch die Entwicklung von Strahlflugzeugen hervortrat.

Havlíček-Borovský, Karel [tschech. ˈhavliːtʃɛk ˈbɔrɔfskiː], Pseud. Havel Borovský, * Borová (Ostböhm. Bez.) 31. Okt. 1821, † Prag 29. Juli 1856, tschech. Schriftsteller. – Publizist, Verfechter des ↑Austroslawismus, 1851–55 in Brixen interniert. Schrieb Epigramme und Satiren, u. a. „Die Taufe des hl. Wladimir" (1854).

Havre, Le [frz. ləˈaːvr], frz. Hafenstadt am N-Ufer der Seinemündungsbucht, Dep. Seine-Maritime, 200 000 E. Sitz eines kath. Bischofs; Technolog. Univ.inst., Kunst-, Altertumsmuseum, Bibliothek; zweitgrößter Hafen Frankreichs, v. a. Erdölimport; Containerverkehr, Passagierhafen, Autofähre nach Southampton; Erdölraffinerien, petrochem. Ind., Flugzeug-, Auto-, Schiffbau, Nahrungsmittel- u. a. Ind.; ✈. – 1517 als Ersatz für den versandenden Hafen Harfleur gegr.; im 2. Weltkrieg im Rahmen der Invasionskämpfe schwer zerstört.

Hawaii [haˈvai, haˈvaii, engl. həˈwaːiː], B.-Staat der USA und Archipel (früher *Sandwich Islands*) im zentralen N-Pazifik, 16 760 km², 1,1 Mill. E (1990), Hauptstadt Honolulu auf Oahu.
Landesnatur: Der Archipel besteht aus acht Hauptinseln (die größten sind *H., Maui, Oahu, Kauai* und *Molokai*) und mehr als 120 kleinen Inseln, Atollen und Klippen. Die Inseln verdanken, abgesehen von Korallenriffen, ihre Entstehung Vulkanen, die sich aus Tiefen bis 5 400 m u. d. M. in Höhen bis zu 4 205 m ü. d. M. (Mauna Kea; ↑Mauna Loa) erheben. Das Klima ist mild und ausgeglichen. Im Ggs. zu den feuchten Luvseiten mit trop. Vegetation bleiben die Leeseiten der Inseln relativ trocken.
Bevölkerung, Wirtschaft, Verkehr: Urspr. von Polynesiern bewohnt, setzt sich die Bev. aus zahlr. später eingewanderten ethn. Gruppen zus. (Chinesen, Japaner, Filipinos, Europäer u. a.), die in zunehmendem Maße verschmelzen. Neben dem Christentum ist v. a. der Buddhismus verbreitet. Schulpflicht besteht von 6–18 Jahren. Univ. (gegr. 1907 als College) in der Hauptstadt. An 1. Stelle der Wirtschaft steht der Fremdenverkehr. Zuckerrohr und Ananas sind die wichtigsten Exportgüter, die z. T. in hochmechanisierten Plantagen angebaut werden. Bedeutungsvoll ist das Dienstleistungswesen für den militär. Bereich. Die Ind. verarbeitet v. a. landw. Produkte. Zw. den Inseln besteht regelmäßiger Schiffs- und Flugverkehr; internat. ✈ in Honolulu.

Hawaii. Krater des Vulkans Mauna Ulu auf der Insel Hawaii

Geschichte: 1778 entdeckte J. Cook die von Polynesiern bewohnten H.inseln und nannte sie *Sandwich Islands*. Auf ihnen bestanden mehrere kleine, territorial unbeständige Kgr., die 1781–1811 durch Kamehameha I. (* 1753, † 1817) geeint wurden (seit 1852 konstitutionelle Monarchie). Mit dem Einsetzen der Mission (seit 1820) begann auf den Inseln die europ. Kultur die einheim. zu verdrängen. Zunehmend gewannen die USA an Einfluß; 1887 erhielten sie das Recht, in Pearl Harbor eine Marinebasis einzurichten. Nach unblutiger Revolution 1894 Gründung der Republik H.; 1898 von den USA annektiert (auf Grund der strateg. Bedeutung für den span.-amerikan. Krieg); 1900 als Territorium organisiert. Während des 2. Weltkrieges, der für die USA mit dem japan. Überfall auf Pearl Harbor (7. Dez. 1941) begann, war H. eines der führenden Nachschubzentren der Amerikaner im pazif. Krieg. 1959 als 50. Staat in die USA aufgenommen.

H., größte Insel der H.gruppe, im Mauna Kea 4 205 m hoch, Hauptort Hilo an der O-Küste (37 000 E). Vulkanobservatorium am Kilauea Crater. Ein Teil der Vulkanlandschaft ist Nationalpark. – ↑Mauna Loa.

Hawaiigitarre [haˈvai, haˈvaii] ↑Gitarre.

Hawke, Robert James Lee [engl. hɔːk], * Bordertown (Südaustralien) 9. Dez. 1929, austral. Politiker. – Jurist und Wirtschaftswissenschaftler; 1970–80 Präs. des austral. Gewerkschaftsdachverbandes Australian Council of Trade Unions; 1980–92 Abg. des Repräsentantenhauses; 1983–91 Führer der Labor Party und Premierminister.

Hawking, Stephen William [engl. ˈhɔːkɪŋ], * Oxford 8. Jan. 1942, brit. Physiker. – Seit 1977 Prof. in Cambridge; arbeitet bes. über Kosmologie und einheitl. Feldtheorie. Sein populärwiss. Buch „Eine kurze Geschichte der Zeit" (1988) wurde 1992 verfilmt. H. leidet an amyotroph. Sklerose und verständigt sich per Computer mit seiner Umwelt.

Hawkins, Coleman [engl. ˈhɔːkɪnz], * Saint Joseph (Mo.) 21. Nov. 1904, † New York 19. Mai 1969, amerikan.

Robert Havemann

Stephen William Hawking

Le Havre Stadtwappen

Hawaii. Vulkanisch geprägte Landschaft auf der Insel Kauai

Jazzmusiker. – Erster bed. Tenorsaxophonist des Jazz. Sein voller, expressiver Ton und sein flüssiges Spiel wirkten schulebildend auf Saxophonisten des Swing, Modern Jazz und Free Jazz.

Hawks, Howard [engl. hɔːks], *Goshen (Ind.) 30. Mai 1896, †Palm Springs (Calif.) 26. Dez. 1977, amerikan. Filmregisseur. – Drehte Gangster- und Abenteuerfilme sowie Western, die knapper Stil und Humor auszeichnen („Scarface", 1932; „Tote schlafen fest", 1946; „Red river", 1948; „Hatari", 1962) und Komödien („Ich war ein männl. Kriegsbraut", 1949; „Blondinen bevorzugt", 1953).

Hawksmoor, Nicholas [engl. 'hɔːksmʊə], *in Nottinghamshire 1661, †London 25. März 1736, engl. Baumeister. – Schüler von C. Wren und Mitarbeiter von J. Vanbrugh; bed. Kirchenbauten in barockem Stil in London (Saint George in-the-East, Westtürme der Westminster Abbey), auch profane Bauten (Whitehall, 1715–18).

Haworth, Sir (seit 1947) [Walter] Norman [engl. 'hɔːəθ], *White Coppice bei Chorley (Lancashire) 19. März 1883, †Birmingham 19. März 1950, brit. Chemiker. – Prof. in Birmingham; untersuchte die Struktur von Kohlenhydraten und synthetisierte als erster das Vitamin C. 1937 erhielt er zus. mit P. Karrer den Nobelpreis für Chemie.

Haworthie (Haworthia) [...tsi-ə]; nach dem brit. Botaniker A. Haworth, *1767, †1833], Gatt. der Liliengewächse mit rd. 80 Arten in S-Afrika; z.T. halbstrauchige, sukkulente Pflanzen mit kurzem Stamm, dichten Blattrosetten, grünlich-weißen oder blaß rosafarbenen, zylindr. Blüten in einer Traube.

Hawthorne, Nathaniel [engl. 'hɔːθɔːn], *Salem (Mass.) 4. Juli 1804, †Plymouth (N.H.) 18. oder 19. Mai 1864, amerikan. Schriftsteller. – Lebte u.a. als Journalist, Zollbeamter, Konsul; stand den Transzendentalisten um R.W. Emerson nahe. Sein histor. Roman „Der scharlachrote Buchstabe" (1850) spielt unter den Puritanern Neuenglands und ist eine meisterhafte psycholog. Durchleuchtung des Schuldbewußtseins. – *Weitere Werke:* Das Haus mit den sieben Giebeln (R., 1851), Der Marmorfaun (R., 1860).

Hawthorne-Untersuchung [engl. 'hɔːθɔːn], klass. industriesoziolog. Untersuchung, zw. 1927/32 in den Hawthorne-Werken Chicago der Western Electric Co. durchgeführt, deren Hauptergebnis die für Arbeitswiss. und Betriebssoziologie wichtige Erkenntnis war, daß die menschl. Beziehungen im Betrieb für das Arbeitsverhalten von erhebl. Bed. sind. Diese Erkenntnis leitete die Human-Relations-Bewegung ein. Die Tatsache, daß die den Versuchspersonen zuteil gewordene Aufmerksamkeit auch bei Verschlechterung der äußeren Arbeitsbedingungen zu höherer Arbeitsleistung führte, wurde als **Hawthorne-Effekt** (auch Western-Electric-Effekt) bekannt.

Haxe, süddt. für ↑Hachse.

Hay, John [Milton] [engl. heɪ], *Salem (Ind.) 8. Okt. 1838, †Newbury (N.H.) 1. Juli 1905, amerikan. Politiker und Schriftsteller. – Schloß als Außenmin. (1898–1905) den Hay-Pauncefote-Vertrag (1901) und den Hay-Varilla-Vertrag (1903) über den Panamakanal ab. Verfaßte mit J.G. Nicolay eine Biographie Lincolns (10 Bde., 1890), dessen Privatsekretär er 1861–65 war; Autor derb-humorist. Dialektballaden (1871).

Háy, Gyula (Julius) [ungar. 'haːi], *Abony (Bez. Pest) 5. Mai 1900, †Ascona 7. Mai 1975, ungar. Schriftsteller. – Emigrierte 1919 nach Deutschland, 1933 nach Moskau, kehrte 1945 nach Ungarn zurück; Mgl. des Petőfi-Kreises, 1956 zu Gefängnis verurteilt, nach dreijähriger Haft amnestiert, ab 1965 in der Schweiz. – *Werke:* Haben (Dr., 1938), Gerichtstag (Dr., 1946), Attilas Nächte (Trag., 1964), Der Großinquisitor (Dr., 1968).

Haya de la Torre, Víctor Raúl [span. 'aja ðe la 'tɔrrɛ], *Trujillo (Peru) 22. Febr. 1895, †Lima 3. Aug. 1979, peruan. Politiker. – Begr. die erste Volksuniv. in Peru (1921), 1923–30 im Exil in Mexiko, gründete dort die APRA; 1945 Min. ohne Portefeuille, 1945–57 erneut im Exil; 1978/79 Präs. der Verfassunggebenden Versammlung in Peru.

Haydée, Marcia [aɪˈdeː], eigtl. Salaverry Pereira da Silva, *Niterói 18. April 1939, brasilian. Tänzerin. – Seit 1961 Solistin, seit 1962 Primaballerina in Stuttgart, seit 1976 Ballettdirektorin. Eine der bedeutendsten Tänzerinnen der Gegenwart. Kreierte zahlr. Rollen in Balletten von J. Cranko; auch als Choreographin tätig („Die Wilis", 1989; „Die Planeten", 1991).

Joseph Haydn. Autograph der Kaiserhymne, 1797 (Wien, Österreichische Nationalbibliothek)

Haydn, Joseph, *Rohrau (Niederösterreich) 31. März (?) 1732, ≈ 1. April 1732, †Wien 31. Mai 1809, östr. Komponist. – Von 1740 bis Ende der 40er Jahre war H. Chorknabe am Wiener Stephansdom, danach u.a. Akkompagnist und Kammerdiener bei N. Porpora, der ihm wohl auch Kompositionsunterricht erteilte. Gleichzeitig begann H. auch als Komponist hervorzutreten. 1759 wurde er Musikdirektor bei Graf Morzin im böhm. Lukawitz (bei Pilsen), 1761 berief ihn Paul Anton Esterházy von Galántha nach Eisenstadt als Vizekapellmeister seiner Privatkapelle, deren alleiniger Dirigent er von 1766 bis 1790 war. 1790 zog H. nach Wien. Noch im selben Jahr unternahm er auf Veranlassung des Konzertveranstalters und Geigers J.P. Salomon, für dessen Konzerte er 6 Sinfonien (Hob. I: 93–98) komponierte und dirigierte, eine anderthalbjährige erfolgreiche Reise nach London. 1791 erhielt er den Ehrendoktor der Universität Oxford, zu dessen Verleihung seine „Oxford"-Sinfonie (Hob. I: 92) aufgeführt wurde. Nach der zweiten Englandreise (1794/95) berief ihn Fürst Nikolaus II. Esterházy als Kapellmeister seiner neu zusammengestellten Kapelle. Es entstanden die großen orator. Werke und die letzten Streichquartette, darunter das „Kaiserquartett" (Hob. III: 77) mit dem Variationensatz über die 1797 komponierte Kaiserhymne. Von Alter und Krankheit geschwächt, starb H. kurz nach der frz. Besetzung Wiens. – Bedingt durch H.s Bemühen um die Ausgewogenheit von liedhafter Einfachheit und kunstvoller Gestaltung kann eine deutl. künstler. Entwicklung festgestellt werden: 1. Das Werk des jungen H. ist noch stark der Tradition verhaftet, obgleich sich sein geniales Talent früh bemerkbar macht (z.B. die Streichquartette Hob. III: 1–12). 2. Die 1760er und 70er Jahre können als Periode des Experimentierens und Suchens nach neuen Wegen bezeichnet werden. 3. 1781, auf dem Höhepunkt der Wiener Klassik, veröffentlichte H. seine, wie er selbst schrieb, „auf eine gantz neue besondere art" komponierten stilistisch meisterhaften 6 Streichquartette (Hob. III: 37–42; bekannt als „op. 33"). Die musikgeschichtl. Bedeutung von H. liegt v.a. in der Entwicklung der Sinfonie und des Streichquartetts und in der Vollendung des Sonatensatzes. Von seinen Werken, die A. van Hoboken in einem themat.-bibliograph. Werkverzeichnis zusammenstellte, sind v.a. zu nennen: 107 Sinfonien; 68 Streichquartette; mehr als 20 Streichtrios; 126 Barytontrios; 39 Klaviertrios; mehr als 60 Klaviersonaten; 3 Klavierkonzerte; 5 Orgelkonzerte; 20 Stücke für die Flötenuhr; 13 italien. Opern; mehrere orator. Werke, darunter „Die Schöpfung" (1798) und „Die Jahreszeiten" (1801); 14 Messen; weltl. Kanons und Volksliedbearbeitungen.
H., Michael, *Rohrau (Niederösterreich) 14. (15.?) Sept. 1737, †Salzburg 10. Aug. 1806, östr. Komponist. – Bruder

Joseph Haydn

Coleman Hawkins

Norman Haworth

Friedrich August von Hayek

von Joseph H.; 1757 bischöfl. Kapellmeister in Großwardein, 1763 „Hofmusicus und Concertmeister" des Fürstbischofs von Salzburg, 1781 Hof- und Domorganist. Bed. sind v. a. seine Kirchenkompositionen (u. a. 40 Messen).

Hayek, Friedrich August von [ˈhajɛk], *Wien 8. Mai 1899, †Freiburg im Breisgau 23. März 1992, brit. Nationalökonom und Sozialphilosoph östr. Herkunft. – 1931–41 Prof. an der London School of Economics, 1950–62 an der University of Chicago, seit 1962 in Freiburg im Breisgau. Bed. Vertreter des Neoliberalismus. Erhielt 1974 zus. mit K. G. Myrdal den sog. Nobelpreis für Wirtschaftswiss.; seit 1977 Mgl. des Ordens Pour le Mérite für Wiss. und Künste. – *Werke:* Monetary theory and the trade cycle (1933), The pure theory of capital (1941), Der Weg zur Knechtschaft (1944), Individualism und wirtsch. Ordnung (1948), Knowledge, evolution and society (1983).

Hayes [engl. hɛız], Isaac, gen. „Black Moses", *Covington (Tenn.) 20. Aug. 1943, amerikan. Jazz- und Popmusiker (Pianist, Organist, Sänger). – Wurde für seine Musik zu dem Film „Shaft" (1971) mehrfach ausgezeichnet; machte den Memphis-Sound internat. berühmt.

H., Joseph [Arnold], *Indianapolis 2. Aug. 1918, amerikan. Schriftsteller. – Romancier, Dramatiker und Funkautor; bekannt durch seinen Kriminalroman „An einem Tag wie jeder andere" (1954); schrieb auch „Die dunkle Spur" (R., 1982), „Morgen ist es zu spät" (R., 1985).

H., Rutherford Birchard, *Delaware (Ohio) 4. Okt. 1822, †Fremont (Ohio) 17. Jan. 1893, 19. Präs. der USA (1877–81). – 1865–67 republikanisches Kongreßmgl., 1868–72 und 1875/76 Gouv. von Ohio; vergeblich um Versöhnung mit den Südstaaten bemüht.

Haym, Rudolf, *Grünberg in Schlesien 5. Okt. 1821, †Sankt Anton am Arlberg 27. Aug. 1901, dt. Literaturhistoriker. – 1858 mit M. W. Duncker Gründer der *Preuß. Jahrbücher;* 1860 Prof. in Halle. Grundlegend sein Werk „Die romant. Schule" (1870).

Haymerle, Heinrich Freiherr von (seit 1876), *Wien 7. Dez. 1828, †ebd. 10. Okt. 1881, östr. Diplomat und Politiker. – Schloß als Außenmin. (seit 1879) den Zweibund (1879), 1881 den Dreikaiserbund ab und bereitete den Dreibund vor.

Hayworth, Rita [engl. ˈhɛıwəːθ], eigtl. Margarita Carmen Cansino, *New York 17. Okt. 1918, †ebd. 14. Mai 1987, amerikan. Filmschauspielerin. – Erlangte durch Filme wie „Herzen in Flammen" (1941), „Salome" (1953) Weltruhm; schauspielerische Anerkennung gewann sie mit dem Film „Getrennt von Tisch und Bett" (1958).

Hazienda (Hacienda) [span., zu lat. facienda „Dinge, die getan werden müssen"], Bez. für landw. Großbetrieb in den ehem. span. Kolonialgebieten Lateinamerikas.

Hazlitt, William [engl. ˈhæzlɪt, ˈhɛɪzlɪt], *Maidstone bei London 10. April 1778, †London 18. Sept. 1830, engl. Essayist. – Bed. Kritiker und Essayist, der zu allen literar. und polit. Fragen Stellung nahm; u. a. „The characters of Shakespeare's plays" (1817).

Hazor [ˈhaːtsɔr, haˈtsoːr] (Chazor), bed. alte Stadt in Galiläa, heute der Hügel Tel Hazor in N-Israel, 15 km nördlich des Sees von Genezareth; zuerst in Texten des 18. Jh. v. Chr. aus Ägypten und Mari gen.; im 2. Jt. v. Chr. eine mächtige und die wohl größte Stadt in Kanaan. Nach Zerstörung durch die einwandernden Israeliten um 1200 (Jos. 11, 1–13) von Salomo im 10. Jh. nur z. T. (Oberstadt) neu aufgebaut und befestigt (1. Kön. 9, 15); 733/732 endgültig durch die Assyrer (2. Kön. 15, 29) zerstört. Israelische Ausgrabungen 1955–58 fanden u. a. ein kanaanäisches Heiligtum in der Unterstadt, in der Oberstadt Befestigungen mit der Toranlage Salomos, Wasserversorgungsanlagen und Palastbauten des 1. Jt. v. Chr.

Hb, Abk. für: **H**ämoglo**b**in (↑Hämoglobine).

HB-Garne (Hochbauschgarne), Garne aus einem Gemisch verschieden stark schrumpfender Fasern für Waren, die bes. weich und voluminös sein sollen.

H-Bombe ↑ ABC-Waffen.

h. c., Abk. für: **h**onoris **c**ausa (lat. „ehrenhalber"), z. B. Dr. h. c.

HD-Öle [Kurzbez. für Heavy-duty-Öle; engl. ˈhɛvı ˈdjuːtı „hohe Leistung"], Motorenöle mit ↑Additiven für hohe Beanspruchungen.

Hazor. Blick auf die Ausgrabungsstätte

HDTV [Kurzbez. für High definition television; engl. „hochauflösendes" Fernsehen], ein in der Entwicklung befindl. Hochzeilenfernsehen, das bei größerer Zeilenzahl je Bild mit höherer Bildwechselfrequenz arbeiten soll.

h. e., Abk. für: **h**oc **e**st (lat. „das ist").

He, chem. Symbol für ↑Helium.

Head arrangement [engl. ˈhɛd əˈreɪndʒmənt; amerikan.], im Jazz Bez. für eine lockere, meist nur mündl. Vereinbarung über den formalen Ablauf eines Stückes, d. h. der Folge der Soli, ↑Riffs und Stimmführung bei der Themenvorstellung. Das H. a. stellt bes. bei ↑Jam Sessions häufig die Basis für die spontane Improvisation dar.

Headhunter [engl. ˈhɛdhʌntə; „Kopfjäger"], Bez. für Personalberater mit Tätigkeitsschwerpunkt auf der Direktvermittlung von Führungskräften.

Headline [engl. ˈhɛdlaɪn], hervorgehobene Überschrift in einer Zeitung oder Anzeige.

Head-Zonen [engl. hɛd; nach dem engl. Neurologen H. Head, *1861, †1940], Hautareale, die bestimmten inneren Organen zugeordnet sind und bei Erkrankung dieser Organe in charakt. Weise schmerzempfindlich sind.

Heard and McDonald Islands [engl. hɑːd ənd məkˈdɔnəld ˈaɪləndz], unbewohnte austral. Inseln vulkan. Ursprungs im Südpolarmeer, dem Kerguelenrücken aufsitzend, etwa 370 km², vergletschert. – 1853 entdeckt, 1910 von Großbritannien annektiert und 1947 an Australien abgetreten.

Hearing [engl. ˈhɪərɪŋ; zu to hear „hören"] (Anhörung), engl. Bez. für Verhör, öffentl. Anhörung von Sachverständigen, Interessenvertretern u. a. Auskunftspersonen in den Ausschüssen des Parlaments zu bestimmten Beratungsgegenständen (z. B. in § 70 der Geschäftsordnung des Dt. Bundestages vorgesehen).

Hearn, Lafcadio [engl. həːn], *auf Lefkas (Griechenland) 27. Juni 1850, †Tokio 26. Sept. 1904, amerikan. Schriftsteller. – Lebte seit 1890 in Japan, wo er den Namen Yakumo Koizumi annahm; schrieb zahlr. Japanbücher, u. a. „Izumo. Blicke in das unbekannte Japan" (2 Bde., 1894).

Hearst, William Randolph [engl. həːst], *San Francisco 29. April 1863, †Beverly Hills (Calif.) 14. Aug. 1951, amerikan. Journalist und Verleger. – Gilt zus. mit J. Pulitzer als Begründer des ↑Yellow journalism; baute den größten Pressekonzern der USA, die *H. Consolidated Publications Incorporation,* auf.

Heartfield, John [engl. ˈhɑːtfiːld], eigtl. Helmut Herzfeld, *Berlin 19. Juni 1891, †Berlin (Ost) 26. April 1968, dt. Graphiker. – Gemeinsam mit seinem Bruder W. Herzfelde

Head-Zonen. Hautempfindlichkeitsbereiche kurz nach einem Gallensteinanfall (1), bei Entzündung der Bauchspeicheldrüse (2) und bei Herzanfällen (3)

und G. Grosz Mitbegr. der Berliner Dada-Gruppe (1919). Entwickelte die Photomontage zum polit. Agitationsmittel und nutzte sie bes. zu Antikriegspropaganda.

Heath, Edward Richard George [engl. hi:θ], *Broadstairs (Kent) 9. Juli 1916, brit. Politiker. – Seit 1950 konservativer Unterhausabg., 1959/60 Arbeitsmin.; 1960–63 Lordsiegelbewahrer; 1963/64 Min. für Industrie, Handel und Regionalentwicklung sowie Präs. der Handelsbehörde, 1965–75 Führer der Konservativen und Unionist. Partei. Als Premiermin. (1970–74) setzte er 1973 den Beitritt Großbritanniens zu den EG durch; seine Gewerkschaftspolitik und interventionist. Wirtschaftspolitik (Lohn- und Preisstopp) führten zu wachsenden Spannungen innerhalb seiner Partei und mit den Gewerkschaften.

H., Ted, eigtl. Edward H., *Wandsworth (= London) 30. März 1900, † Virginia Water (Surrey) 18. Nov. 1969, engl. Jazzmusiker (Posaunist und Orchesterleiter). – Gründete 1944 im Auftrag der BBC ein eigenes Orchester, das im Bereich des Swing und des Modern Jazz wirkte.

Heathrow [engl. ˈhiːθroʊ], internat. ✈ von London.

Heaviside, Oliver [engl. ˈhɛvɪsaɪd], *London 18. Mai 1850, †Torquay (Devonshire) 3. Febr. 1925, brit. Physiker. – Autodidakt; arbeitete u. a. über die Ausbreitung elektromagnet. Wellen. 1902 sagte H. – etwa gleichzeitig mit A. E. Kennelly – die Existenz einer reflektierenden, ionisierten Schicht in der Erdatmosphäre (Kennelly-H.-Schicht) voraus.

Heaviside-Funktion [engl. ˈhɛvɪsaɪd; nach O. Heaviside] (Einschaltfunktion, Einheitssprungfunktion), die reelle Funktion $H(x)$ einer Variablen x, die für negative Argumente den Wert Null, für positive Argumente und für $x = 0$ den Wert Eins besitzt.

Heaviside-Schicht [engl. ˈhɛvɪsaɪd], svw. Kennelly-Heaviside-Schicht (↑ Heaviside).

Hebamme, staatlich geprüfte und anerkannte, nichtärztl. Geburtshelferin; der Beruf kann unter der Bez. **Entbindungspfleger** auch von Männern ausgeübt werden.

Hebbel, Christian Friedrich, *Wesselburen 18. März 1813, † Wien 13. Dez. 1863, dt. Dichter. – Nach ärml. Jugend Maurerlehrling, dann Kirchspielschreiber, autodidakt. Bildung; studierte in Heidelberg und München; heiratete 1846 C. ↑ Enghaus. – Als der bedeutendste dt. Dramatiker des 19. Jh. steht H. literatur- und geistesgeschichtlich zw. Idealismus und Realismus; an Hegels Geschichtsphiloso-phie anschließend, gründet sein „Pantragismus" in der Kluft zw. Idee und Wirklichkeit und dem Versuch ihrer Aufhebung. Hauptthema ist dabei das trag. Verhältnis zw. Individuum und Welt, das bes. an Übergangszeiten und an großen Persönlichkeiten deutlich wird. Einen versöhnl. Trost für das trag. Individuum wie in der Klassik gibt es bei H. nicht mehr. Das bürgerl. Trauerspiel „Maria Magdalene" (1844) gibt ein detailreiches realist. Bild des erstarrten dt. Kleinbürgertums und gestaltet wie auch das bibl. Drama „Judith" (1841) das Zeitproblem der Emanzipation der Frau in psycholog. Eindringlichkeit. Neben dem dramat. Werk schrieb H. realist. „Erzählungen und Novellen" (1855) mit einer Tendenz zum Skurrilen und Grotesken und prosanahe Gedankenlyrik (1857). – *Weitere Werke:* Herodes und Mariamne (Trag., 1850), Agnes Bernauer (Trag., 1855), Gyges und sein Ring (Trag., 1856), Mutter und Kind (Epos, 1859), Die Nibelungen (Tragödientrilogie, 2 Bde., 1862).

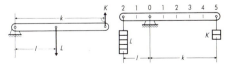

Hebel. Links: einarmiger Hebel. Rechts: zweiarmiger Hebel (K Kraft, L Last, k Länge des Kraftarms, l Länge des Lastarms)

Hebe, bei den Griechen die Göttin der blühenden Jugend (röm. **Juventas**); Tochter des Zeus und der Hera.

Hebebühne, hydraulisch oder elektromotorisch-mechanisch bewegte Plattform zum Heben von Lasten, z. B. in Kfz-Reparaturwerkstätten.

Hebei [chin. xʌbɛi] (Hopeh), Prov. in NO-China, 190 000 km², 61,1 Mill. E (1990), Hauptstadt Shijiazhuang. Kernraum von H. ist der nördl. des Hwangho gelegene Teil der Großen Ebene, im W und N von Gebirgsländern umrandet. Die Prov. ist der größte Baumwollproduzent Chinas, außerdem werden Weizen, Mais, Hirse, Sojabohnen, Bataten und Ölfrüchte angebaut; in den Bergländern auch Obstbau. – H. verfügt über Kohle, Eisen- und Kupfererzvorkommen; an der Küste Salzgewinnung. Hauptwirtschaftszentren sind Peking und Tientsin. Eisen- und Stahlind., Metallverarbeitung sowie Textilindustrie.

Hebel, Johann Peter, *Basel 10. Mai 1760, † Schwetzingen 22. Sept. 1826, dt. Dichter. – Im Dialekt um Lörrach (Baden) schrieb H. seine bed. alemann. Mundartdichtung. Neben den „Alemann. Gedichten" (1803 und 1820) über die heimatl. Landschaft schrieb er v. a. volkstüml. Kalendergeschichten und Anekdoten („Rheinländ. Hausfreund", 4 Bde., 1808–11; „Schatzkästlein des rhein. Hausfreunds", 1811).

Hebel, ein um eine Achse drehbarer, starrer, meist stabförmiger Körper, an dem Gleichgewicht herrscht, wenn die Summe der Drehmomente aller an ihm angreifenden Kräfte gleich Null ist (**Hebelgesetz**). Bei nur zwei Kräften bedeutet dies Gleichheit der Produkte aus Betrag der Kraft und zugehörigem *H.arm* (Abstand der Wirkungslinie der Kraft von der Drehachse). Man unterscheidet **einarmige Hebel** (alle Kräfte wirken nur auf einer Seite der Drehachse) und **zweiarmige Hebel** (die Kräfte greifen beiderseits der Drehachse an). H. dienen der Kraftübertragung: sie ermöglichen große Kraftwirkungen mit geringem Kraftaufwand (Hebebaum, Brechstange); der Kraftgewinn wird durch Vergrößerung des von der kleineren Kraft zurückzulegenden Weges ausgeglichen.

Hebelwaage ↑ Waage.

Hebephrenie [griech.] ↑ Schizophrenie.

Heber (Flüssigkeitsheber), Vorrichtung zur Entnahme von Flüssigkeiten aus offenen Gefäßen. Der **Stechheber** ist ein im oberen Teil häufig erweitertes, oft auch mit einer Skala versehenes Glasrohr, mit dem die Flüssigkeit nach dem Verschließen des oberen Endes herausgehoben werden kann. Der **Saugheber** (Winkel-H.) stellt eine gebogene Röhre dar, mit der die Flüssigkeit über ein höher als der

John Heartfield. Deutsche Eicheln, Photomontage, 1933

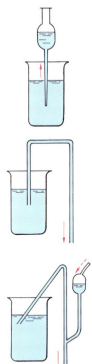

Heber.
Oben: Stechheber.
Mitte: Saugheber.
Unten: Giftheber

hebräische Schrift

Zei-chen	Name	Laut-wert	Zei-chen	Name	Laut-wert
Konsonanten:					
א	Alef	–	ל	Lamed	l
ב	Bet	b, v	מ, ם	Mem	m
ג	Gimel	g	נ, ן	Nun	n
ד	Dalet	d	ס	Samech	s
ה	He	h	ע	Ajin	–
ו	Waw	v	פ, ף	Pe	p, f
ז	Zajin	z	צ, ץ	Zade	s
ח	Chet	x	ק	Kof	k
ט	Tet	t	ר	Resch	r
י	Jod	j	ש	Schin	ʃ
כ, ך	Kaf	k, ç	ש	Sin	s
			ת	Taw	t
Vokalzeichen:					
–	Patach	a	ּ.	Sere	e
ָ	Kametz	a	.	Chirek	i
ָ	Kametz	a	.	Cholem	o
	Chatuf	ɔ	ּ..	Kibutz	u
ּ..	Segol	æ		Schwa	ə

Flüssigkeitsspiegel gelegenes Niveau in ein tiefer gelegenes gefördert werden kann; zum Betrieb muß die Flüssigkeit angesaugt werden. Eine spezielle Form des Saug-H. ist der **Giftheber,** an dem zusätzlich ein Ansaugrohr angebracht ist.

Heberer, Gerhard, *Halle/Saale 20. März 1901, †Göttingen 13. April 1973, dt. Zoologe und Anthropologe. – Prof. in Jena und Göttingen; beschäftigte sich hauptsächlich mit der Evolutionsforschung, insbes. der menschl. Stammesgeschichte und entsprechenden anthropolog. Studien; Hg. des Werks „Die Evolution der Organismen" (1943, ²1959, 3. erweiterte Aufl. 1967–74 in 3 Bden.).

Jacques René Hébert

Hébert, Jacques René [frz. eˈbɛːr], gen. Père Duchesne, *Alençon (Orne) 15. Nov. 1757, †Paris 24. März 1794, frz. Journalist und Revolutionär. – Seit 1790 Hg. des erfolgreichen Blattes „Le Père Duchesne", Führer der **Hébertisten,** der radikalsten Gruppe des Nationalkonvents; H. forderte die Verurteilung Ludwigs XVI., die Ausschaltung der Girondisten und radikale Entchristianisierung; auf Betreiben Robespierres hingerichtet.

Hebesatz, von den Gemeinden zu bestimmender Parameter bei der Gewerbesteuer und der Grundsteuer, durch den sie in gewissem Umfang das jeweilige Steueraufkommen beeinflussen. Der H. wird für ein Rechnungsjahr (Haushaltsjahr) festgelegt.

Hebezeuge, Bez. für Förder- und Transportmittel, die das Heben von Lasten ermöglichen. H. dienen entweder nur zum senkrechten Heben und Fördern von Lasten und Personen (z. B. Aufzug, Flaschenzug und Winde) oder zum Heben und Fördern in senkrechter und waagerechter Richtung (z. B. Krane und Laufkatzen). Sind sie auf einer von Portalstützen getragenen Brücke montiert, bezeichnet man sie z. B. als Bockwinde, Bock- oder Portalkran.

Ferdinand von Hebra

Hebra, Ferdinand Ritter von, *Brünn 7. Sept. 1816, †Wien 5. Aug. 1880, östr. Dermatologe. – Seit 1849 Prof. in Wien; schuf die Grundlagen der modernen Dermatologie und ihre (z. T. heute noch gültige) Nomenklatur.

Hebräer, svw. ↑Israeliten oder ↑Juden.

Hebräerbrief, in Briefform gekleidete, als „Mahnrede" von einem Unbekannten (nicht Paulus) kurz vor 95 n. Chr. abgefaßte Schrift des N. T.

hebräische Literatur, die in hebr. Sprache in den letzten 200 Jahren entstandenen literar. Werke, wobei das religiöse Schrifttum ausgeschlossen bleibt (↑jüdische Literatur). Im MA und in der Renaissance gab es neben dem religiösen Schrifttum nur vereinzelt profane Literatur (Liebes- und Weinlyrik in Spanien), sie setzte erst mit der Aufklärung im 18. Jh. v. a. in Deutschland ein, im 19. Jh. aber auch in Polen und Rußland. Dort erreichte die europ. Periode der h. L. ihren Höhepunkt durch Mendele Moicher Sforim und J. L. Perez, v. a. jedoch durch C. N. Bialik. Mit dem Aufkommen der zionist. Bewegung zu Beginn des 20. Jh. wurde Palästina zum neuen Zentrum der h. L. Als Lyriker traten Abraham Schlonski, Nathan Alterman und Lea Goldberg hervor. Die Prosa erfuhr durch das umfangreiche Romanwerk von S. J. Agnon einen neuen Höhepunkt. Nach 1945 und der 1948 erfolgten Gründung des Staates Israel nahmen die Katastrophe der europ. Judenheit in der Hitlerzeit und aktuelle polit. und soziale Entwicklungen breiten Raum ein, so etwa bei Jehuda Amichai und Aharon Meged, A. Oz, A. Appelfeld. Weltberühmt wurde das humorist. Werk E. Kishons.

hebräische Schrift, die althebr. Schrift geht auf das aus 22 Buchstaben bestehende Alphabet der Phöniker zurück, das die Israeliten nach der Landnahme um 1200 v. Chr. übernahmen. Nach der Rückkehr aus dem Babylon. Exil soll Esra der Schreiber die aram. Schrift eingeführt haben. Das Aram. war Verkehrs- und Handelssprache in Palästina, die Schrift geht ebenfalls auf die phönik. Schrift zurück und war bei den Juden sicher schon vor 540 v. Chr. in Gebrauch. Diese neue Schrift *(Quadratschrift)* breitete sich immer weiter aus und ist seit dem 1. Jh. v. Chr. die bei den Juden vorherrschende Schrift. Im MA entwickelte sich in M-Europa eine Halbkursive, die sog. *Raschischrift,* die v. a. im religiös-gesetzl. Schrifttum verwendet wurde. Heute gibt es neben der Quadratschrift eine *Kursive,* in der handschriftl. Texte abgefaßt werden. Auch jidd. Texte werden in h. S. geschrieben und gedruckt.

Das hebr. Alphabet besteht aus 22 Buchstaben, die nur Konsonanten bezeichnen. Die Schrift läuft von rechts nach links. Beim Lesen werden auf Grund von Vokalismusregeln, die dem Leser vertraut sein müssen, Vokale und Konsonantenverdoppelungen ergänzt. Um eine korrekte Lesung sicherzustellen, wurden die Bücher des A. T., Gebetbücher sowie andere Texte nach urspr. von den sog. Massoreten festgelegten Regeln vokalisiert.

Erich Heckel. Der schlafende Pechstein, 1910 (Privatbesitz)

hebräische Sprache, zum nw. Zweig der semit. Sprachen gehörende Sprache des Volkes Israel, heute offizielle Landessprache des Staates Israel (3,1 Mill. Sprecher). – Man nimmt an, daß die israelit. Stämme bei der Landnahme um 1200 v. Chr. die kanaanäische Landessprache annahmen bzw. daß sich ihre Sprache mit dem Kanaanäischen vermischte. Grundlage dieser *althebr. Sprache (bibl. Hebräisch)* war die judäische Hofsprache aus dem Gebiet um Jerusalem. Nach der Rückkehr aus dem Babylon. Exil (nach 538 v. Chr.) bediente man sich des Aramäischen, das zu dieser Zeit die Verkehrs- und Handelssprache war, und später des Griechischen. Hebräisch wurde zur „Heiligen Sprache", zur Sprache des jüd. Kultus und der Gelehrten. Durch die Funde von Kumran ist der Übergang zum sog. *Mischna-Hebräischen (Mittelhebr.)* zu verfolgen, in dem die Werke des rabbin. Schrifttums abgefaßt sind. Sprachgeschichtlich bedeutsam waren in der Folge die sog. „Pijut"-Dichtungen in Palästina (500–900) sowie die Gedichte und Lieder, die unter arab. Einfluß in Spanien entstanden (1000–1200). Die ma. religiösen Werke in M-Europa sind in Mischna-Hebräisch abgefaßt *(aschkenas. Hebräisch).* Mit dem Beginn der Neuzeit erfolgte eine Hinwendung zu einem rein bibl. Hebr., das nunmehr auch Mittel für moderne literar. Formen wurde. Diese Sprachform ist die Vorstufe der gegen Ende des 19. Jh. wiederbelebten h. S. in Palästina bzw. Israel. *Neuhebräisch (Iwrith)* vereinigt in sich Elemente der beiden früheren Sprachstufen Alt- und Mittelhebräisch mit eigenständigen Entwicklungen.

Hecht

Hebriden, Inselgruppe vor der W-Küste N-Schottlands; 7 285 km², 31 000 E; durch die Meeresteile **Hebridensee, The Little Minch** und **North Minch** in **Äußere Hebriden** und **Innere Hebriden** geteilt. Die nur z. T. bewohnten 500 Inseln und Eilande haben stark gegliederte Küsten, zahlr. Seen und vom Eis gerundete Oberflächenformen. Das ozean. Klima ist kühl und windreich mit hohen Niederschlägen. Atlant. Heiden und Torfmoore sind weit verbreitet. Fischerei, Fischverarbeitung, Rinder- und Schafhaltung sind Haupterwerbszweige der Bev., daneben Tweedweberei und Fremdenverkehr. – Im 1. Jt. v. Chr. von Kelten besiedelt, im 6. Jh. wurden die H. christianisiert. Die Norweger brachten sie im 9. Jh. unter ihre Herrschaft, 1266 kamen sie an Schottland.

Hebron, Stadt im Westjordanland (seit 1967 unter israel. Verwaltung), 30 km ssw. von Jerusalem, 927 m ü. d. M., 80 000 E. Univ. (gegr. 1978); Handelszentrum, Fremden- und Pilgerverkehr zur **Machpelahöhle,** wo sich nach der Überlieferung das Grab von Abraham befindet; über der Höhle eine Moschee (urspr. byzantin. Kirche von 1115).

Hebung, in der dt. Verslehre die durch akzentuierende Betonung hervorgehobene Silbe. Im Sinne des Versakzents stimmt sie in der Regel mit dem Wortakzent überein.
▷ Aufwärtsbewegung von Teilen der Erdkruste.

Hechelmaschine, Maschine zum Öffnen und Reinigen von Bastfasern.

hecheln, Bastfasern mit Hilfe von Werkzeugen oder Hechelmaschinen öffnen und reinigen.

Hechingen, Stadt am Fuß von Berg und Burg Hohenzollern, Bad.-Württ., 470–548 m ü. d. M., 16 000 E. Heimatmuseum; v. a. Textilind. und Maschinenbau. – Die Siedlung bei der um 1050 von den Grafen von Zollern erbauten Burg (↑Hohenzollern) wurde in der 1. Hälfte des 13. Jh. zur Stadt ausgebaut. 1576 kam H. zur Linie Hohenzollern-H. und entwickelte sich nach Erhebung der Grafen in den Reichsfürstenstand (1623) zur Barockresidenz; 1850 an Preußen abgetreten. – Frühklassizist. Pfarrkirche (1780–83), Renaissancekirche Sankt Luzen (1586–89).

Hebriden. Fischerort auf der Insel Skye

Hecht, Ben [engl. hɛkt], *New York 28. Febr. 1893, †18. April 1964, amerikan. Schriftsteller. – Autor von Romanen, Kurzgeschichten, polit.-satir. Dramen, Drehbüchern (u. a. für H. Hawks, W. Wyler). Bekannt wurde er (und sein Mitverf. C. MacArthur, *1895, †1956) mit dem Bühnenstück „The front page" (1928, verfilmt 1931).

Hecht (Esox lucius), Hechtart in Europa, Asien und N-Amerika; bis 1,5 m lange und bis 35 kg schwere Fische; Körper langgestreckt, Schnauze schnabelartig abgeflacht, mit starker Bezahnung; Rücken dunkel olivgrün bis graugrün. – Speisefisch.

Hechtbarsch, svw. ↑Zander.

Hechte (Esocidae), Knochenfischfam. mit der einzigen Gatt. *Esox,* zu der sechs Arten gehören, darunter der ↑Hecht.

Hechtsprung, beim *Turnen* Flug mit gestrecktem Körper über das Gerät (meist das Langpferd).

Heck [niederdt., eigtl. „Umzäunung" (als Bez. für ein früher übl. Gitter auf dem Hinterschiff zum Schutz des Steuermanns gegen Sturzseen)], der hintere Teil eines Fahrzeugs, insbes. der [über das Wasser herausragende] hintere Teil eines Schiffes. Man unterscheidet verschiedene H.formen: das *Dampfer-H.,* das bei Fracht- und Fahrgastschiffen sowie bei größeren Kriegsschiffen bevorzugte *Kreuzer-H.,* das v. a. bei Motorbooten und schnellen Kriegsschiffen zu findende *Spiegel-* oder *Plattgatt-H.,* das für Rennjachten verwendete *Jacht-H.,* das bei Fischkuttern anzutreffende *Spitzgatt-Heck.* – Abb. S. 314.

Heckantrieb, svw. ↑Hinterradantrieb.

Hecke, Bez. für eine aus Sträuchern gebildete natürl. Umzäunung.

Heckel, Erich, *Döbeln (Sachsen) 31. Juli 1883, †Hemmenhofen (= Gaienhofen, Kr. Konstanz) 27. Jan. 1970, dt. Maler und Graphiker. – Mitbegr. der ↑Brücke. Sein ausdrucksstarker Expressionismus stellt psycholog. Spannungen dar. Er schuf neben figürl. Holzschnitten, Radierungen und Zeichnungen bed. Lithographien. H. bevorzugte Themen aus dem Artistenleben, Landschaften, Stadtszenen, Porträts und Stilleben.

Heckelphon, eine von *Wilhelm Heckel* (*1856, †1909) und seinen Söhnen *Wilhelm Hermann* (*1879, †1952) und *August* (*1880, †1914) 1904 konstruierte Baritonoboe mit ↑Liebesfuß; zuerst von R. Strauss in „Salome" (1905) verwendet.

hecken, bes. wm. für: Junge werfen (bei kleineren Säugetieren) bzw. nisten und brüten (bei Vögeln).

Heckenbraunelle (Prunella modularis), Art der Braunellen; in Europa und Kleinasien verbreiteter, etwa 15 cm großer, spatzenähnl. Vogel mit unauffällig dunkelbraunem und schiefergrauem Gefieder.

Heckenkirsche, svw. ↑Geißblatt.

Heckelphon

Heckenlandschaft

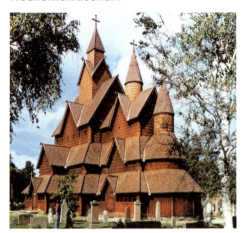

Heddal. Stabkirche, Mitte des 13. Jahrhunderts

Heckenlandschaft, durch eingehegte Fluren gekennzeichnete Kulturlandschaft. Die Hecken haben Einhegungsfunktion, schützen gegen Winderosion und dienen z. T. auch der Holzgewinnung. – ↑ Bocage.

Heckenmünzen, im alten Reichsrecht 1. Münzstätten, in denen gesetzwidrig minderwertige Geldsorten geprägt wurden; 2. die dort entstandenen Münzen.

Heckenrose ↑ Rose.

Heckenschütze, allg. Bez. für jemanden, der aus dem Hinterhalt auf eine Person schießt.

Hecker, Friedrich Franz Karl, *Eichtersheim bei Sinsheim 28. Sept. 1811, † Saint Louis (Mo.) 24. März 1881, dt. Politiker. – Rechtsanwalt; im Vormärz führender Abg. der 2. bad. Kammer, verband entschiedenen Liberalismus mit einem nat.-dt. Einigungsprogramm; entwickelte sich zum Republikaner und Radikaldemokraten; erließ am 12. April 1848 zus. mit G. von Struve den Aufruf zum bewaffneten Aufstand in Baden, der am 20. April niedergeschlagen wurde. H. floh in die Schweiz, wanderte von dort in die USA aus und nahm als Oberst auf seiten der Union am Sezessionskrieg teil.

H., Johann Julius, *Werden (= Essen) 7. Nov. 1707, † Berlin 24. Juni 1768, dt. ev. Theologe und Pädagoge. – War Lehrer bei A. H. Francke; 1739 Pfarrer an der Dreifaltigkeitskirche in Berlin, in deren Sprengel er u. a. auf berufl. Bedürfnisse ausgerichtetes Schulsystem aufbaute. Verf. des preuß. ↑ Generallandschulreglements.

Heckmann, Herbert, *Frankfurt am Main 25. Sept. 1930, dt. Schriftsteller. – Parabelhafte Erzählungen („Das Portrait", 1958; „Schwarze Geschichten", 1964) und der humorvolle Roman „Benjamin und seine Väter" (1962) machten ihn bekannt; auch Kinderbücher. – 1984–87 Präs. der Dt. Akad. für Sprache und Dichtung.

H., Otto [Hermann Leopold], *Opladen (= Leverkusen) 23. Juni 1901, † Regensburg 13. Mai 1983, dt. Astronom. – 1962–73 erster Direktor der (auf dem Gipfel des La Silla in Chile) errichteten Europ. Südsternwarte; Arbeiten zur Astrometrie und Photometrie, bes. Stellarstatistik, Kosmologie.

Heckrotor ↑ Hubschrauber.

Heckstarter, Senkrechtstarter, dessen Längsachse bei Start und Landung senkrecht nach oben weist; nach dem Vertikalstart Übergang in die übl. Horizontalfluglage.

Hecktrawler [...tro:lər] ↑ Fischerei.

Hecuba ↑ Hekabe.

Heda, Willem Claesz.,*Haarlem 1593/94, † ebd. 24. Aug. 1680, niederl. Maler. – Malte Frühstücksstilleben in silbriggrauem Ton.

Hedberg [schwed. ‚he:dbærj], Carl Olof (Olle), *Norrköping 31. Mai 1899, † Tveggesjö (Verveln) 21. Sept. 1974, schwed. Schriftsteller. – Satir. Kritiker des Bürgertums, u. a. „Darf ich um die Rechnung bitten" (R., 1932).

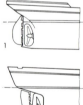

Heck.
1 Dampferheck;
2 Kreuzerheck;
3 Spiegel- oder Plattgattheck;
4 Jachtheck;
5 Spitzgattheck

H., Tor Harald, *Stockholm 23. März 1862, † ebd. 13. Juli 1931, schwed. Schriftsteller. – Realistisch-naturalist. Erzählungen und Romanen folgten psychologisch-symbolist. Dramen, u. a. „Johan Ulfstjerna" (Dr., 1907).

Heddal, Ort in O-Telemark bei Notodden, S-Norwegen, mit der größten erhaltenen norweg. Stabkirche (Mitte 13. Jh.).

Hedebostickerei [zu dän. hedebo „Heidebewohner"], Bez. für zwei in Dänemark heim. Stickereiarten auf grobem Leinen, die „echte" H., die aus doppeltem Durchbruch und Weißstickerei besteht, und die H., deren ausgeschnittene Muster mit Spitzenstich gefüllt werden.

Hederich, (Ackerrettich, Raphanus raphanistrum) bis 45 cm hoher Kreuzblütler mit weißen oder gelben, hellviolett geäderten Blüten und perlschnurartigen Gliederschoten; kalkmeidend; Ackerunkraut.
▷ svw. ↑ Rettich.
▷ (Falscher H.) ↑ Ackersenf.

Hedgegeschäft [engl. hɛdʒ „Deckung"], im börsenmäßigen Terminhandel übl. Deckungsgeschäft oder Gegengeschäft, das zur Sicherung eines bereits abgeschlossenen anderen Termingeschäfts oder einer einzigen langfristigen Lieferverpflichtung gegen Markt- und Preisrisiken dient.

Hedin, Sven, *Stockholm 19. Febr. 1865, † ebd. 26. Nov. 1952, schwed. Asienforscher. – Schüler von F. Frhr. von Richthofen; folgte 1893–97 den alten Seidenstraßen nach China. Erforschte auf weiteren mehrjährigen Expeditionen das Gebiet des Lop Nor („Der wandernde See", 1937), den bis dahin unbekannten Transhimalaja und die Quellgebiete von Brahmaputra und Indus („Transhimalaja". Entdeckungen und Abenteuer in Tibet", 3 Bde., 1909–12), O-Turkestan und die Gobi. Neben populärwiss. Beschreibungen zahlr. wiss. Veröffentlichungen, u. a. „Scientific results of the Sino-Swedish expedition" (35 Bde., 1937–49).

Hedingebirge ↑ Himalaja.

Hedio, Caspar, eigtl. C. Heid, *Ettlingen 1494, † Straßburg 17. Okt. 1552, dt. ev. Theologe. – 1520 Domprediger in Mainz; 1523 Berufung an das Münster in Straßburg; gilt als erster prot. Kirchenhistoriker.

Hedmark, Verw.-Geb. im südl. Norwegen, 27 388 km², 187 000 E (1990), Hauptstadt Hamar; reicht von der schwed. Grenze im O bis zum Mjøsensee; überwiegend von Nadelwald bedeckte Moränenlandschaft; Landw. um den Mjøsensee und in den Flußtälern.

Hedonismus [zu griech. hēdoné „Freude, Lust"], eine Form des Eudämonismus, bei der das private Glück als höchstes Gut in der dauerhaften Erfüllung individueller, phys. und psych. Lust gesehen wird. Der H. als moralphilosoph. Lehre geht auf Aristippos (sensualist. H.) zurück; von Epikur weiterentwickelt. Später wird eine hedonist. Ethik von Locke, Hobbes, Hume, im frz. Materialismus, im Utilitarismus und im neueren Positivismus (M. Schlick) vertreten.

Willem Claesz. Heda. Stilleben, 1632 (Köln, Wallraf-Richartz-Museum)

Hedschas, Landschaft und Prov. im W von Saudi-Arabien, Hauptstadt Mekka. Hinter der heißen, wasserlosen Küstenebene (Tihama) am Roten Meer Steilanstieg zu einem bis 2 446 m hohen Gebirgshorst. Pilgerzentren Mekka und Medina. – War 1917–25 Kgr., 1926 mit Nadschd in Personalunion vereinigt, seit 1932 Teil des Kgr. Saudi-Arabien.

Hedschasbahn, 1901–08 erbaute Bahnlinie (Schmalspur) Damaskus–Amman–Medina, 1 302 km lang; S-Abschnitt (ab Maan) im 1. Weltkrieg zerstört.

Hedschra (Hidschra) [arab.], Auswanderung Mohammeds im Sept. 622 von Mekka nach Medina; Beginn der islam. Zeitrechnung.

Jan Davidsz. de Heem. Stilleben mit Büchern, 1628 (Den Haag, Mauritshuis)

Hedwig, Name von Herrscherinnen:
Polen:
H. (poln. Jadwiga), *um 1374, †Krakau 17. Juli 1399, Königin (seit 1382). – Jüngste Tochter Ludwigs I. von Ungarn; nach dem Tode ihres Vaters (1382), der seit 1370 auch König von Polen war, zur poln. Thronerbin bestimmt. Durch ihre Heirat mit Großfürst Jagello von Litauen (1386) wurde die polnisch-litauische Union von Krewo (1385) verwirklicht.
Schlesien:
H., hl., *Andechs um 1174, †Trebnitz (bei Breslau) 15. Okt. 1243, Herzogin (seit 1186 bzw. 1190). – Ihre Heirat mit Hzg. Heinrich I. von Schlesien legte den Grund für die dt. Einflußnahme in Schlesien. H. stiftete Kirchen und Klöster und trug wesentlich zur Kultivierung des Landes bei; Patronin von Schlesien. – Fest: 16. Oktober.
Schwaben:
H. ↑Hadwig.

Hedwigsgläser, nach der angebl. Besitzerin, der hl. Hedwig, bezeichnete Gruppe von Hochschnittgläsern (v. a. des 12. Jh.), die heute nicht mehr als islamisch (aus der fatimid. Epoche), sondern als byzantinisch oder russisch eingestuft werden.

Heem, Jan Davidsz. de, *Utrecht 1606, †Antwerpen 1683 od. 1684, niederl. Maler. – Bedeutendster Stillebenmaler der holländ. Malerei, schließt im Leidener Frühwerk an P. Claesz an, in den Antwerpener Früchte- und Blumenstilleben in warmer Helldunkelmalerei an D. Seghers.

Heemskerck, Maarten van [niederl. ˈheːmskɛrk], *Heemskerk 1498, †Haarlem 1. Okt. 1574, niederl. Maler und Zeichner. – Schüler von J. van Scorel; 1532–35 (?) in Rom, wo er den antiken Denkmälerbestand zeichnete (für Stichwerke); einer der ersten Künstler, die italien. Formengut in die Niederlande vermittelte. Der röm. Manierismus der Michelangelo-Schule wurde bestimmend für seine Altarblätter und bibl. Allegorien (Zeichnungen).

Heer, Friedrich, *Wien 10. April 1916, †ebd. 18. Sept. 1983, östr. Historiker und Publizist. – Seit 1962 Prof. in Wien; 1961–71 Chefdramaturg am Burgtheater; seine geistesgeschichtlich orientierten Werke sind wiss. umstritten, u. a. „Europ. Geistesgeschichte" (1953), „Die dritte Kraft" (1960), „Der König und die Kaiserin. Friedrich und Maria Theresia" (1981).

H., Jakob Christoph, *Töß (=Winterthur) 17. Juli 1859, †Rüschlikon bei Zürich 20. Aug. 1925, schweizer. Schriftsteller. – Bekannt durch unterhaltende Heimatromane, u. a. „An heiligen Wassern" (1898), „Der König der Bernina" (1900), „Tobias Heider" (1922).

Heer [zu althochdt. heri, eigtl. „das zum Krieg Gehörige"], für den Landkrieg bestimmter Teil von Streitkräften. Nach der H.verfassung wird unterschieden zwischen H. mit allg. oder mit beschränkter Wehrpflicht und nach Berufsheeren. Das **stehende Heer** ist der im Frieden unter den Waffen befindl. Teil des H. (der im Mobilmachungsfall durch die Reservisten ergänzt wird). **Milizheere** treten (nach kurzer Ausbildung und Übungen in Friedenszeiten) erst im Kriegsfall unter die Waffen bzw. unterhalten nur einen zahlenmäßig schwachen Kader (deshalb auch **Kaderheere**). – ↑Militärgeschichte.

Heerbann, seit dem frühen MA Bez. für das vom König erlassene militär. Aufgebot zur Heerfahrt sowie für diese selbst; ebenso für die im Falle der Nichtbeachtung zu zahlende Strafe (H.buße); seit dem 13. Jh. auch für das aufgebotene Heer wie die ersatzweise als Ablösung zu zahlende Heersteuer.

Heeren, Arnold Hermann Ludwig, *Arbergen (=Bremen) 25. Okt. 1760, †Göttingen 6. März 1842, dt. Historiker. – Seit 1801 Prof. in Göttingen; bezog in seine Untersuchungen (v. a. Altertum und europ. Staatensystem) die Wirtschaftsgeschichte ein.

Heerenveen, niederl. Gem. in der Prov. Friesland, 37 700 E. Auto- und Zweiradmuseum. – H. ist die älteste niederl. Hochmoorkolonie, entstanden im 16. Jahrhundert.

Heeresattaché ↑Militärattaché.

Heeresflieger, in der Bundeswehr zu den Kampfunterstützungstruppen zählende Truppengatt. des Heeres; eingesetzt zur Panzerabwehr und für Transport-, Verbindungs-, Aufklärungs- und Überwachungsaufgaben.

Heeresflugabwehrtruppe, in der Bundeswehr zu den Kampfunterstützungstruppen zählende Truppengattung des Heeres zur Bekämpfung von Luftzielen in niedrigen und mittleren Flughöhen.

Heeresgruppen, Großverbände des Heeres, in denen mehrere Armeen zusammengefaßt sind.

Hederich

Maarten van Heemskerck. Familienbild, vor 1532 (Kassel, Staatliche Kunstsammlungen)

Heeresleitung, in der Reichswehr die oberste Kommandobehörde des Heeres mit einem General als Chef der H. an der Spitze.

Heeresoffizierschule, Abk. HOS, ↑Offizierschulen.

Heeresschulen, militär. Ausbildungsstätten der Teilstreitkraft Heer; in der Bundeswehr die *Offizierschule des*

Heerfahrt

Heeres zur Ausbildung zum Offizier des Truppendienstes, des Militärfachl. Dienstes und der Reserve sowie für Verwendungslehrgänge (z. B. Bataillonskommandeure), die *Truppen-* bzw. *Fachschulen des Heeres,* die in Laufbahn- und Verwendungslehrgängen Offiziere und Unteroffiziere für spezielle Verwendungen ausbilden, und die *Techn. Schulen des Heeres* für Offiziere und Unteroffiziere techn. Truppengattungen und Fachrichtungen.

Heerfahrt (Kriegszug), im MA der vasallit. Reichskriegsdienst, v. a. der Italienzug zur Kaiserkrönung (Romfahrt). Die Pflicht zur **Heerfolge** als Teil der Lehnsfolge konnte durch Geld abgelöst werden.

Heerkönig, Sonderform einer Königsherrschaft, die ihre Berechtigung von der Führung eines freiwillig zustandegekommenen Heeresgefolges ableitet; Beispiele u. a. in Makedonien sowie in den german. Staaten der Völkerwanderungszeit.

Heerlen [niederl. ˈheːrlə], niederl. Stadt im S der Prov. Limburg, 94 000 E. Fern-Univ. (gegr. 1984), geolog. und archäolog. Museum; Ind.- und Dienstleistungszentrum mit elektrotechn., metallverarbeitender, Glas-, Textil- und Druckind. Bis 1974 bed. Steinkohlenbergbau. – Sint-Pancratiuskerk (um 1200; im 20. Jh. erweitert und erneuert).

Heermann, Johannes, *Randten (Schlesien) 11. Okt. 1585, †Lissa (= Leszno) bei Posen 17. Febr. 1647, dt. ev. Kirchenlieddichter. – Volkstüml. Kirchenlieder („Herzliebster Jesu, was hast du verbrochen") sowie Gedichte und asket. Schriften.

Heerschild, im dt. MA Bez. 1. für das Heeresaufgebot, 2. für die Fähigkeit zum Erwerb oder zur Vergabe eines Lehens. Die **Heerschildordnung** gab die unterschiedl. Abstufung der lehnsrechtl. Bindungen innerhalb des Adels wider, d. h., sie bestimmte, wessen Vasall man werden durfte, ohne seinen „Schild" (Rang) in der Lehnshierarchie zu verringern; im 12. Jh. in 7 Stufen unterteilt. 1. König, 2. geistl. Fürsten, 3. Laienfürsten, 4. Grafen und Freiherren, 5. Ministerialen und Schöffenbarfreie, 6. deren Mannen, 7. übrige ritterbürtige Leute, die allein die aktive Lehnsfähigkeit nicht besaßen (Einschildige).

Heerwurm ↑ Trauermücken.

Heesters, Johannes, *Amersfoort 5. Dez. 1903, östr. Sänger und Schauspieler niederl. Herkunft. – Kam 1934 an die Wiener Volksoper, wo er als Operettentenor erfolgreich war. Seit 1936 trat er in Berlin auf; nach 1948 Comeback als Operettensänger und Bühnenschauspieler. Zahlr. Filme, u. a. „Hochzeitsnacht im Paradies" (1950), „Die Czardasfürstin" (1951); Fernsehfilm „Die schöne Wilhelmine" (1984).

Johannes Heesters

Hefe, allg. Bez. für Arten und Rassen der ↑ Hefepilze, die in Reinkulturen gezüchtet und lebensmitteltechnisch in großem Umfang eingesetzt werden. Durch Reinzucht obergäriger Rassen auf Nährlösungen (v. a. Melasse) wird **Backhefe** hergestellt, die als **Preßhefe** oder auch **Trockenhefe** in den Handel kommt. Die in der Natur frei vorkommende **Weinhefe** wird heute ausschließlich als Reinzucht-H. gezüchtet, wobei hochgärige Stämme mit einer hohen Alkoholausbeute bevorzugt werden. Die **Bierhefen** sind dagegen nur als Kulturstämme bekannt; hier werden untergärige und obergärige Stämme unterschieden. Ebenfalls zu den H. wird die **Futterhefe** (Eiweiß-H.) gerechnet, die durch Verhefung in der Technik anfallender Nebenprodukte (Holzzucker, Molke, Sulfitablaugen) mit verschiedenen H.rassen gewonnen wird. – Als H. werden auch die festen Stoffe verstanden, die bei der Gärung zunächst an die Oberfläche steigen und sich dann nach der Hauptgärung am Boden absetzen.

Hefei [chin. xʌfɛi] (Hofei), Hauptstadt der chin. Prov. Anhui, nahe dem See Chao Hu, 902 000 E. Univ., TU, Fachhochschulen für Landw., Bergbau und Medizin; Prov.museum und -bibliothek. Mittelpunkt eines Reisanbaugebiets, Textilind., Eisen- und Stahl-, Aluminiumind.; Schiffsverbindung zum Jangtsekiang; ✈.

Hefepilze (Hefen, Saccharomycetaceae), Fam. der Schlauchpilze mit kugeligen oder ovalen, einkernigen, mikroskopisch kleinen Zellen, die Glykogen als Reservestoff und zahlr. Vitamine (v. a. der B-Gruppe) enthalten.

Hefner-Alteneck, Friedrich von, *Aschaffenburg 27. April 1845, †Biesdorf (= Berlin) 7. Jan. 1904, dt. Elektrotechniker. – 1867–90 Ingenieur bei Siemens & Halske in Berlin; erfand (1872/73) den Trommelanker und entwickelte die Hefnerlampe als Normal für die Lichtstärkeeinheit ↑ Hefnerkerze.

Hefnerkerze [nach F. von Hefner-Alteneck], Kurzzeichen HK, veraltete photometr. Einheit der Lichtstärke; 1 HK = 0,903 cd.

Heft, zusammengeheftete Bogen von Schreib- oder Zeichenpapier; auch für Druck- und Flugschriften.
▷ bei Handwerkszeugen ein auf einen meist spitz ausgeschmiedeten Zapfen geschlagener Holzgriff.

heften, mit Nadeln, Klammern, Fäden u. a. [locker] befestigen.

Heftmaschine, Maschine, die gefalzte Papierbogen für Broschüren oder Bücher mittels Drahtklammern oder Fäden (Faden-H.) zum Buchblock verbindet.

Heftpflaster ↑ Pflaster.

Heftzwecken, svw. ↑ Reißzwecken.

Hegar, Friedrich, *Basel 11. Okt. 1841, †Zürich 2. Juni 1927, schweizer. Dirigent und Komponist. – Komponierte v. a. Vokalwerke, u. a. das Oratorium „Manasse" (1888) und zahlr. virtuos wirkungsvolle Männerchöre (Balladen) sowie Orchester- und Kammermusik in spätromant. Stil.

Hegar-Stifte [nach dem dt. Gynäkologen A. Hegar, *1830, †1914], gebogene und abgerundete Metallstifte verschiedener Stärke zur Dehnung des Gebärmutterhalskanals.

Hegau, südwestdt. Beckenlandschaft zw. Bodensee und Randen, im Hohenstoffel 844 m hoch, zentraler Ort Singen (Hohentwiel). Das Landschaftsbild wird von zwei Reihen herauspräparierter Vulkanschlote sowie eiszeitl. Ablagerungen geprägt. Heiße, trockene Sommer erlauben ausgedehnten Getreideanbau. – Die erstmals 787 erwähnte Gft. H., eine der Kernlandschaften des Hzgt. Schwaben, fiel nach mehrfachem Besitzwechsel um 1180 an Kaiser Friedrich I.; seit dem Spät-MA Landgft., gehörte H. 1465 bis 1805 zum habsburg. Vorderösterreich, 1810 kam das Gebiet zu Baden.

Hege (Wildpflege), zusammenfassende Bez. für alle Maßnahmen, die zur Pflege und zum Schutz des Wildes (auch der Nutzfische) durchgeführt werden; gesetzl. Verpflichtung hierzu besteht für den Jagdausübungsberechtigten nach dem B.-Jagdgesetz.

Hegel, Georg Wilhelm Friedrich, *Stuttgart 27. August 1770, †Berlin 14. Nov. 1831, dt. Philosoph. – Studierte 1788–93 Philosophie und Theologie in Tübingen (Freundschaft mit Hölderlin und Schelling); 1801–07 Privatdozent in Jena; 1808 Rektor des Ägidiengymnasiums in Nürnberg; 1816 Prof. in Heidelberg, seit 1818 in Berlin. H. entwickelte unter Beibehaltung aufklär. und krit. Positionen (Rousseau, Kant) und Einbeziehung der histor. Betrachtungsweise (Vico, Montesquieu, Herder) ein philosoph. System, in dem er die tradierte aristotel. Metaphysik, die

Georg Wilhelm Friedrich Hegel

Hegau mit den Vulkankegeln Hohenkrähen, Hohentwiel und Hohenhewen (von links)

Josef Hegenbarth. Illustration zum Buch „Wunderbare Reisen des Freyherrn von Münchhausen", 1950

modernen naturwiss. Methoden, das moderne Naturrecht (Locke, Hobbes) und die Theorie der bürgerl. Gesellschaft (Stewart, A. Smith, Ricardo) zum Ausgleich zu bringen versuchte. Im Mittelpunkt steht das *Absolute,* und zwar als absolute Idee, als Natur und als Geist, dargestellt in „Wissenschaft der Logik" (1812–16), in der H. das vorweltl. Sein Gottes, des absoluten Geistes, (sein „An-sich-sein") beschreibt; in der *Naturphilosophie* dessen Selbstentäußerung in die materielle Welt (sein „Für-sich-sein") und in der *Philosophie des Geistes* sein Zurückfinden zu sich selbst durch das immer stärker erwachende Selbstbewußtsein des menschl. Geistes (sein „An-und-für-sich-sein"). Weltgeschichte ist demnach der notwendig fortschreitende Prozeß des absoluten Geistes, in welchem er sich seiner Freiheit bewußt wird. Das Absolute konkretisiert sich als *subjektiver Geist* im menschl. Individuum, als *objektiver Geist* in Familie, Gesellschaft, Staat, als *absoluter Geist* in Kunst, Religion und Philosophie. Die Verwirklichung des Absoluten vollzieht sich im dialekt. Dreischritt von These, Antithese, Synthese. Die Kunst als sinnl. Darstellung des Absoluten erfährt ihre Vollendung in der griech. Antike, die Religion als „Vorstellung" des Absoluten im Christentum. Kunst und Religion sind aufgehoben in der Philosophie, die als letzte Gestalt des absoluten Geistes die method. (dialekt.) begreifende Bestimmung des Werdens geistigen Lebens ist. Das System wird geschlossen, indem sich die Philosophie sich selbst zuwendet und ihre sprachl. Mittel und Methoden reflektiert. Freiheit ist das Wesen des Geistes. In der Lehre vom objektiven Geist stellt H. die Freiheit in den Gemeinschaftsformen von Recht, Moral, Familie, Gesellschaft, Staat und Geschichte dar. Bes. Bed. hat die „bürgerl. Gesellschaft" als allg., die Bedürfnisbefriedigung zusammenfassende Lebensform, zu deren Erhaltung die „Rechtspflege" dient. Den modernen Staat begreift H. als Verwirklichung der Freiheit. In der Rechtsphilosophie vertritt er einen konstitutionell-monarch. geprägten Liberalismus. – Zur Wirkungsgeschichte ↑ Hegelianismus, ↑ Neuhegelianismus. – *Weitere Werke:* Phänomenologie des Geistes (1807), Enzyklopädie der philosoph. Wissenschaften (1817), Grundlinien der Philosophie des Rechts oder Naturrecht und Rechtswissenschaft im Grundrisse (1821).

Hegelianismus, Sammelbez. für die an Hegel anschließenden (und z.T. sich heftig bekämpfenden) philosoph. Strömungen im 19. und 20. Jh.: der konservative theistisch-christl. **Alt-** bzw. **Rechtshegelianismus** (v.a. K. F. Göschel, J. E. Erdmann) und der politisch sozialrevolutionäre **Jung-** bzw. **Linkshegelianismus** (v.a. A. Runge, B. Bauer, L. Feuerbach, D. F. Strauß, K. Marx, F. Engels). Die mittlere Position vertraten E. Gans und K. L. Michelet. Starke Weiterentwicklung im Ausland, v.a. in Italien (B. Spaventa, A. Vera, G. Gentile, B. Croce), Großbritannien (J. H. Stirling, F. H. Bradley), den USA (G. S. Morris, J. Royce), Polen (A. Cieszkowski), Rußland (M. Bakunin, W. G. Belinski, A. I. Herzen, G. W. Plechanow). Um die Jh.wende leiteten K. Fischer und W. Dilthey den ↑ Neuhegelianismus ein. Ausschließlich philosophie- und wirkungsgeschichtlich orientierte Beschäftigung mit Hegel setzte nach dem 2. Weltkrieg in der BR Deutschland ein (v.a. H. G. Gadamer, K. Löwith, J. Ritter, M. Riedel). – 1955 wurde die „Dt. Hegel-Gesellschaft" (seit 1958 „Internat. Hegel-Gesellschaft") gegr.; daneben besteht die von H.-G. Gadamer 1962 gegr. „Internat. Vereinigung zur Förderung des Studiums der Hegelschen Philosophie".

Hegemonie [zu griech. hēgemonía, eigtl. „das Anführen"], Bez. für die Vorherrschaft eines Staates gegenüber anderen. Sie gründet sich auf die Anerkennung der polit., militär., wirtsch. und/oder kulturellen Überlegenheit eines Staates seitens anderer. Die H., die völkerrechtlich fixiert sein kann, endet unterhalb der Schwelle unmittelbarer Gewalt- oder Herrschaftsausübung und beläßt dem unterlegenen Staat Souveränität und polit. Handlungsspielräume.

Hegenbarth, Josef, *Böhmisch-Kamnitz (tschech. Česká Kamenice) 15. Juni 1884, †Dresden 27. Juli 1962, dt. Zeichner und Graphiker. – Buchillustrator; zeichnete und radierte mit Vorliebe groteske Szenen aus der Märchen- und Zirkuswelt, bes. mit Tierdarstellungen.

Heger, Robert, *Straßburg 19. Aug. 1886, †München 14. Jan. 1978, dt. Dirigent und Komponist. – Als Dirigent u.a. in Wien, Berlin und München (Staatsoper) tätig; komponierte Opern sowie Orchester- und Vokalwerke.

Hegesias von Kyrene, griech. Philosoph um 300 v. Chr. – Vertreter der Schule der ↑ Kyrenaiker; bestimmte in pessimist. Abwendung von dem ↑ Hedonismus dieser Schule eine Befreiung von jegl. Hedone (griech. „Lust") als Ziel und Endzweck des Handelns und radikalisierte diesen Ansatz in der Forderung der Selbsttötung als letzter Konsequenz.

Hegewald, Bez. für Waldstücke, die nicht forstwirtsch. genutzt werden, sondern eine Schutzwirkung ausüben sollen; z.B. an Steilhängen gegen die Erosion.

Hegner, Ulrich, *Winterthur 7. Febr. 1759, †ebd. 3. Jan. 1840, schweizer. Schriftsteller. – Humorvoller Volksschriftsteller, u.a. „Auch ich in Paris" (Reisebericht, 3 Bde., 1803/04), „Die Molkenkur" (R., 1812), „Saly's Revolutionstage" (R., 1814), „Suschens Hochzeit oder Die Folge der Molkenkur" (R., 2 Tle., 1819).

Hegumenos [griech. „Führer, Vorsteher"], Vorsteher eines orth. Klosters.

Hehlerei, gemäß § 259 StGB wird mit Freiheitsstrafe bis zu fünf Jahren oder Geldstrafe bestraft, wer eine Sache, die ein anderer gestohlen oder sonst durch eine gegen fremdes Vermögen gerichtete rechtswidrige Tat erlangt hat, ankauft oder sonst sich oder einem Dritten verschafft, verkauft oder absetzen hilft, um sich oder einen Dritten zu bereichern. Der Versuch ist strafbar. Wer die H. *gewerbsmäßig betreibt,* wird mit Freiheitsstrafe von sechs Monaten bis zu zehn Jahren bestraft. – Entsprechendes gilt im *schweizer. Strafrecht.* – Nach *östr. StGB* sind auch fahrlässige H. sowie Begünstigung und Nutznießung am Erlös der rechtswidrig erlangten Sache strafbar.

Hehn, Victor, *Dorpat (estn. Tartu) 8. Okt. 1813, †Berlin 21. März 1890, estn. Kulturhistoriker. – Lebte seit 1873 in Berlin. Glänzend geschriebene kulturhistor. Schriften und Reiseberichte. – *Werke:* Italien (1867), Gedanken über Goethe (1887), De moribus Ruthenorum. Zur Charakteristik der russ. Volksseele (hg. 1892).

Heiberg, Gunnar Edvard Rode [norweg. ˈhɛibærg], *Christiania (= Oslo) 18. Nov. 1857, †Oslo 22. Febr. 1929, norweg. Dramatiker. – Schrieb z.T. satir. Dramen, die meist um den Konflikt zw. Verstand und triebhafter Erotik kreisen, auch Komödien. – *Werke:* König Midas (Dr., 1890), Der Balkon (Dr., 1894), Die Tragödie der Liebe (Dr., 1904).

H., Johan Ludvig [dän. ˈhaibɛr], *Kopenhagen 14. Dez. 1791, †Bonderup 25. Aug. 1860, dän. Dichter und Kritiker. – Berühmt seine literar. Fehde mit Oehlenschläger. H. begann als Dramatiker in der romant. Tradition („Der Elfenhügel", 1828) und schuf das dän. Vaudeville nach frz. Vorbild.

Heide

Heidelberg. Blick über den Neckar auf die Altstadt. Links die Alte Brücke, darüber das Heidelberger Schloß, rechts die Heiliggeistkirche

Heidelberg Stadtwappen

Martin Heidegger

Heide, Krst. 32 km südlich von Husum, Schl.-H., 14 m ü. d. M., 20 100 E. Verwaltungssitz des Landkr. Dithmarschen; Museen; Vieh-, Obst- und Gemüsehandel; 2 km südlich die Erdölraffinerie von ↑Hemmingstedt. – Im 15. Jh. entstanden, seit 1447 Tagungsort der Landesversammlung, 1559 brach im Heer der schleswig-holstein. Landesherren bei H. den Widerstand der Dithmarscher Bauern. Seit 1870 Stadt. – Spätgot. Kirche Sankt Jürgen (14./15. Jh.).

Heide [zu althochdt. heida, eigtl. „unbebautes Land"], offene Landschaft auf nährstoffarmen Böden mit typ. Vegetation aus Zwergsträuchern, meist durch Roden von Wäldern und anschließende Überweidung entstanden.

Heidegger, Martin, *Meßkirch 26. Sept. 1889, †Freiburg im Breisgau 26. Mai 1976, dt. Philosoph. – Schüler E. Husserls, 1923 Prof. in Marburg, ab 1928 in Freiburg im Breisgau; 1945–51 Lehrverbot wegen seiner Nähe zum Nationalsozialismus als Rektor der Freiburger Univ. H. Denken bewegte sich (in der ontolog. Tradition der griech. und neuzeitl. Metaphysik) wesentlich um das „Seinsproblem". Sein Hauptwerk „Sein und Zeit" (1920) untersucht v. a. die Frage nach dem Verständnis von Sein, insofern es jeder Aussage über Seiendes vorangestellt ist. – H. selbst unterschied drei Phasen seines Schaffens. In der *ersten Phase* (etwa 1923–33) versuchte er die Grundlegung einer neuen Ontologie (Fundamentalontologie), welche die Frage nach dem „Sinn von Sein" stellt. H. existentiale Analytik des Daseins sollte die Seinsstrukturen des Menschen aufzeigen, da nur an ihm der Sinn von Sein ablesbar wird. Als Seinsweisen der menschl. Existenz („Existentialien") werden „Befindlichkeit" („Geworfenheit"), „Verstehen" („Entwurf"), „Rede", „Verfallen", „Sein zum Tode", „Gewissen" und „Geschichtlichkeit" herausgestellt. Die Grundverfassung des (menschl.) Daseins faßt H. als „In-der-Welt-sein", sein konkretes Sein als „Sorge", seinen tiefsten ontolog. Sinn als „Zeitlichkeit". Die *zweite Phase* (etwa 1934–46) ist gekennzeichnet von einer detaillierten Analyse metaphys. Denkens in der Geschichte der Philosophie (u. a. Platon, Aristoteles, G. W. F. Hegel, F. Nietzsche) und der Bezugnahme auf das höhere Werk F. Hölderlins. In der *dritten Phase,* die sich bis zu seinem Tode erstreckt, ist H. um einen Ausbruch aus traditionellen Denkformen bemüht. Bedeutung errangen für ihn v. a. die Gefahren der alle Bereiche des Lebens umfassenden Auswirkungen der Technik, die einen wirkl. „Seinsbezug" der Menschen verhindern. H. verzichtete jedoch auf die Formulierung einer verbindl. Sollensethik. H. Ansichten werden sowohl in der Philosophie als auch in Theologie, Psychologie, Literaturwissenschaft usw. reflektiert. Gleichzeitig ist eine sich ständig erneuernde Diskussion um sein Verhältnis zum Nationalsozialismus zu verzeichnen. – *Weitere Werke:* Was ist Metaphysik? (1929), Kant und das Problem der Metaphysik (1929), Holzwege (1950), Einführung in die Metaphysik (1953), Was heißt Denken? (1954), Der Satz vom Grund (1957), Unterwegs zur Sprache (1959), Nietzsche (2 Bde., 1961), Wegmarken (1967), Phänomenologie und Theologie (1970).

Heidekraut (Besenheide, Calluna), Gatt. der Heidekrautgewächse mit der einzigen Art **Calluna vulgaris** (H. im engeren Sinn) auf Moor- und Sandböden Europas und an den Küsten N-Amerikas; 20–100 cm hoher Zwergstrauch mit nadelförmigen Blättern; Blütenkrone fleischrot, selten weiß. Das H. wird in vielen Gartenformen kultiviert.

Heidekrautgewächse (Erikagewächse, Erikazeen, Ericaceae), weltweit verbreitete Pflanzenfam. mit über 2 500 Arten in 82 Gatt.; meist kleine Sträucher; Blätter ungeteilt, häufig immergrün; Kapsel- oder Beerenfrüchte. Bekannte Gatt. sind ↑Heidekraut, ↑Glockenheide, ↑Alpenrose, ↑Heidelbeere.

Heidelbeere [zu althochdt. heitperi „auf der Heide wachsende Beere"] (Vaccinium), Gatt. der Heidekrautgewächse mit rd. 150 Arten in Europa und N-Asien. Eine auf sauren Böden in Nadel- und Laubwäldern weit verbreitete Art ist die **Blaubeere** (H. im engeren Sinn, *Bickbeere,* Vaccinium myrtillus), ein sommergrüner Zwergstrauch mit einzelnstehenden, kugeligen, grünl. bis rötl. Blüten. Die wohlschmeckenden blauschwarzen, bereiften Beeren *(Heidelbeeren)* werden u. a. zu Saft, Wein, Gelee, Marmelade und Kompott verarbeitet.

Heidelberg, Stadt am Austritt des Neckars aus dem Odenwald, Bad.-Württ., 114 m ü. d. M., 127 800 E. Stadtkreis und Verwaltungssitz des Rhein-Neckar-Kr.; Univ. (gegr. 1386) mit Südasien-Inst. und Dolmetscher-Inst., Akad. der Wiss., Europ. Molekularbiolog. Laboratorium, Max-Planck-Inst. für Astronomie, Kernphysik, medizin. Forschung, ausländ. öff. Recht und Völkerrecht; Dt. Krebsforschungszentrum; Hochschule für Musik (zus. mit Mannheim), PH, Hochschule für Jüd. Studien; Sternwarte; Museen, u. a. Dt. Apothekenmuseum, Theater; botan. Garten, Zoo. Fremdenverkehr, Sitz von Verlagen und Firmen, Hauptquartier der amerikan. Streitkräfte in Europa; Metall-, Elektro-, chem., feinmechan. u. a. Ind. – In röm. Zeit zunächst ein Kastell im heutigen Stadtteil Neuenheim und eine Neckarbrücke; seit dem 2. Jh. n. Chr. eine röm. Zivilsiedlung (vor 200 von den Alemannen zerstört). Der Name H. taucht 1196 erstmals in Urkunden auf. Die Gründung erfolgte unterhalb einer wohl aus dem 11. Jh. stammenden Burg (heute Schloß). 1214 kam H. an die wittelsbach. Pfalzgrafen bei Rhein, 1329 an die pfälz. Wittelsbacher. Seit dem 13. Jh. Residenz der Pfalzgrafen; Verwüstung der Stadt durch die Franzosen 1693; Verlegung der Residenz nach Mannheim 1720; 1803 an Baden. – Bed. sind außer dem ↑Heidelberger Schloß u. a. die Heiliggeistkirche (15. Jh.), die spätgot. Peterskirche (15. und 19. Jh.), der Renaissancebau „Haus zum Ritter" (1592), die Alte Brücke (18. Jh.) und das Karlstor (18. Jh.).

Heidelberger Kapsel ↑Endoradiosonde.

Heidelberger Katechismus, neben Luthers Kleinem Katechismus der bedeutendste dt. ev. Katechismus des 16. Jh., 1563 u. a. von Z. Ursinus verfaßt; enthält die Grundzüge der ref. Lehre unter Abgrenzung von der röm.-kath. Theologie und von der luth. Christologie und Abendmahlslehre.

Heidelberger Liederhandschrift 1. **Große Heidelberger Liederhandschrift** (Sigle C), nach ihrem Aufbewahrungsort von 1657–1888 auch „Pariser Handschrift", nach ihrem angebl. Auftraggeber **Manessische Handschrift** gen., größte und schönste mittelhochdt. Liederhandschrift. Sie enthält Gedichte, die von der Mitte des 12. Jh. bis etwa 1300 zu datieren und z.T. nur hier überliefert sind. Sie sind nach Verfassern geordnet, die umfangreichste Sammlung gehört Walther von der Vogelweide (etwa 450 Strophen). Jeder Gedichtsammlung ist eine Miniatur vorangestellt, Idealbildnisse der Dichter, meist mit Wappen. – Entstanden in der 1. Hälfte des 14. Jh. mutmaßlich auf der Grundlage der gesammelten Liederbücher des

Züricher Patriziers Rüdiger Manesse. **2. Kleine Heidelberger Liederhandschrift** (Sigle A), wohl Ende des 13. Jh. im Elsaß entstanden. Enthält in 34 mit Autoren- (oder auch nur Sammler-)Namen bezeichneten fortlaufend eingetragenen Abschnitten mhd. Minnelyrik aus dem Ende des 12. und dem Anfang des 13. Jh; heute in der Univ.bibliothek Heidelberg.

Heidelberger Programm ↑ Sozialdemokratie.

Heidelberger Schloß, auf ma. Burganlagen zurückgehende ehem. Residenz der pfälz. Wittelsbacher oberhalb der Stadt Heidelberg. Im Pfälz. Erbfolgekrieg 1689 und 1693 verwüstet; die z. T. wiederhergestellte Anlage wurde 1764 durch Blitzschlag in den Pulverturm zerstört, seitdem Ruine. Einige Bauten sind restauriert. Die wichtigsten sind der Ottheinrichsbau (1556 ff.), von dem nur die bed. Renaissancefassade steht, und der manierist. Friedrichsbau (1601–04).

Heidelbergmensch ↑ Mensch (Abstammung).

Heidelerche ↑ Lerchen.

Heiden [zu althochdt. heidano (mit gleicher Bed.)], urspr. Bez. für alle Menschen, die nicht die christl. Taufe empfangen hatten und daher außerhalb der Kirche standen; seit Beginn der Neuzeit nur noch für Bekenner nichtmonotheist. Religionen gebräuchlich und daher nicht für Juden und Muslime, heute oft durch „Nichtchristen" ersetzt.

Heidenchristen ↑ Urchristentum.

Heidenfeld, Teil der Gemeinde Röthlein, ssw. von Schweinfurt, Bay. – Ehem. Augustiner-Chorherren-Stift (1069 gestiftet, 1802 säkularisiert), dessen barocke, nach Plänen B. Neumanns 1723–32 errichtete Konventgebäude erhalten sind.

Heidenheim, Landkr. in Bad.-Württemberg.

Heidenheim an der Brenz, Krst. in der nö. Schwäb. Alb, Bad.-Württ., 504 m ü. d. M., 47 800 E. Verwaltungssitz des Landkr. Heidenheim; Schulzentrum, Theater, Naturtheater; Heimatmuseum, Zentrum der stark industrialisierten Kocher-Brenz-Furche mit Maschinenbau, Elektro-, Textil- u. a. Ind. – Zw. 750 und 802 zuerst erwähnt, Stadtrecht um 1335; 1351–1448 an Württ. – Über der Stadt Schloß Hellenstein (16. Jh.).

Heidelberger Liederhandschrift. Miniatur des Walther von der Vogelweide aus der Großen Heidelberger Liederhandschrift, 1. Hälfte des 14. Jh. (Heidelberg, Universitätsbibliothek)

Heidenreich, Elke, * Korbach 15. Febr. 1943, dt. Journalistin und Schriftstellerin. – Moderatorin und Kolumnistin (u. a. als „Else Stratmann", 1976–87); schreibt Drehbücher und Erzählungen („Kolonien der Liebe", 1992).

H., Gert, * Eberswalde 30. März 1944, dt. Schriftsteller. – Journalist; seit 1984 freier Schriftsteller; schreibt v. a. Dramen, Gedichte („Eisenväter", 1987), Erzählungen und Romane mit aufklärerisch-zeitkrit. Thematik. Seit Okt. 1991 Präs. des P.E.N.-Zentrums BR Deutschland. – *Werke:* Der Wetterpilot (Dr., 1984; Neufassung 1987), Die Gnade der späten Geburt (En., 1986), Füchse jagen. Schauspiel auf das Jahr 1968 (Dr., 1988), Belial oder die Stille (R., 1990).

Heidenreichstein, niederöstr. Stadt im Waldviertel, 560 m ü. d. M., 5300 E. – Um 1200 entstand die mächtige Wasserburg, daneben der 1369 Markt gen. Ort, der 1932 Stadt wurde. – Wasserburg (13.–16. Jh.), Pfarrkirche mit spätgot. Chor (15. Jh.) und barocker Innenausstattung.

Gert Heidenreich

Heidenreichstein. Wasserburg, 13.–16. Jahrhundert

Heidenstam, Verner von [schwed. ˌhɛidənstam], * Olshammar (Örebro) 6. Juli 1859, † Övralid (Östergötland) 20. Mai 1940, schwed. Dichter. – Insbes. mit reichem lyr. Werk Hauptvertreter der neuromant. schwed. Literatur. Zu den Hauptwerken H. gehören das geschichtl. Volkslesebuch „Die Schweden und ihre Häuptlinge" (2 Bde., 1908–10), der Essay „Renässans" (1889), „Carl XII. und seine Krieger" (Nov.n, 1897 f.).

Heider, Werner, * Fürth 1. Jan. 1930, dt. Komponist, Pianist und Dirigent. – Komponierte unter Anwendung neuester musikal. Techniken u. a. „Modelle", szen. Werk für Tänzer, Instrumente, Texte und Bilder (1964), „Kunst-Stoff" für Elektroklarinette, präpariertes Klavier und Tonband (1971), „Rock-Art" für Sinfonieorchester (1982), 2. Sinfonie (1983), „VI Exerzitien" für Orgel (1987).

Heidewacholder ↑ Wacholder.

Heidschnucke, Rasse kleiner, sehr genügsamer, 40–70 kg schwerer, seit alters in der Lüneburger Heide gehaltener, kurzschwänziger Hausschafe; mischwollige Landschafe.

Heiducken (Haiduken) [ungar.], urspr. Bez. für ungar. Hirten, dann für Söldner (ungar. hajdú), die Ende 15. Jh. die Grenze gegen das Osman. Reich verteidigten; seit dem 18. Jh. auch Bez. für die Lakaien der Magnaten, außerdem in Südosteuropa Sammelbegriff für Räuberbanden, die ihre Beute mit den Armen teilten und unter osman. Herrschaft gegen die türk. Machthaber, in den Donaufürstentümern auch gegen die Bojaren vorgingen.

Heifetz, Jascha, eigtl. Iossif Robertowitsch Cheifez, * Wilna 2. Febr. 1901, † Los Angeles (Calif.) 10. Dez. 1987, amerikan. Violinist russ. Herkunft. – Ließ sich 1917 in den USA nieder; einer der bedeutendsten Geiger seiner Zeit; Repertoire von Barock- bis zu zeitgenöss. Musik.

Heigert, Hans, * Mainz 21. März 1925, dt. Journalist. – Präs. des Goethe-Instituts seit März 1989.

Heijermans, Herman [niederl. ˈhɛijərmans], Pseud. Iwan Jelakowitsch, Koos Habbema u. a., * Rotterdam 3. Dez. 1864, † Zandvoort 22. Nov. 1924, niederl. Schriftsteller. – Hauptvertreter des naturalist. niederl. Dramas („Ahasverus", 1893; „Die Hoffnung auf Segen", 1901;

Heidelbeere. Blaubeere. Blühender Zweig und Zweig mit Früchten

Heil

„Glück auf", 1912); auch naturalist. Erzählungen und Romane.

Heil [eigtl. „Glück"], Kennzeichnung der Existenzweise, die dem Menschen durch die Religion vermittelt wird; der Kontrastbegriff ist Unheil. H. kann substantiell verstanden werden als Befreiung von Sündenstoff und dämon. Einwohnung, deren Folgen Unglück und Krankheit sind. Erlösungsreligionen sehen im H. eine völlig verwandelte Daseinsweise des Menschen, die zur Unsterblichkeit und Teilnahme am Leben der Gottheit führt.

▷ politisch-geschichtl. der Glaube an hervorragenden Menschen verliehene, auf Sippe und Herrschaft ausstrahlende übernatürl. Kraft.

▷ Bestandteil von *Grußformeln* unterschiedlichster Vereinigungen, deren Benutzung die Mgl. als zu ihnen gehörig erweist; z. B. *„Berg-Heil!", „Petri-Heil!", „Ski-Heil!", „Weidmannsheil!"*; im 20. Jh. ideologisiert als *„Heil Hitler"* während des NS.

Heilbronn. Stadtzentrum mit der Pfarrkirche Sankt Kilian, 13. und 15. Jh., darüber der Marktplatz mit dem Rathaus, 15./16. Jahrhundert

Heiland [zu althochdt. heilant „Erlöser" (zu heilen)], im Christentum Bez. Jesu Christi als des Erlösers, entspricht dem griech. Begriff ↑ Soter, den das N. T. anwendet und der lat. mit Salvator wiedergegeben wird (↑ Messias).

Heilanstalt, i. w. S. Krankenanstalt, in der längerdauernde Behandlungen durchgeführt werden, auf welche die allg. Krankenhäuser nicht eingerichtet sind; z. B. Lungenheilstätte für Tuberkulosekranke, H. für Suchtkranke.

Heilanzeige, svw. ↑ Indikation.

Heilbad ↑ medizinische Bäder.

▷ svw. ↑ Kurort.

Heilbronn, Stadt am Neckar, Bad.-Württ., 156 m ü. d. M., 111 000 E. Verwaltungssitz der Region Franken, des Landkr. H., Stadtkreis; histor. Museum, Theater; neben Stuttgart führendes Ind.- und Handelszentrum von Württ. mit Automobil-, Elektro-, Textil- Papier-, Nahrungsmittelind., Werkzeug- und Stahlbau. Bed. Binnenhafen; Verkehrsknotenpunkt. Weinbau. – In röm. Zeit Kastell; 741 als fränk. Königshof erwähnt, seit 742 zum Bistum Würzburg, kam spätestens im 13. Jh. an die Staufer; seit dem Interregnum freie Reichsstadt; seit 1802/03 zu Württ. – 1944 zu 80 % zerstört, u. a. wieder aufgebaut: Pfarrkirche Sankt Kilian (13. und 15. Jh.) mit Renaissanceturm im W, Deutschhauskirche (1721), Rathaus (15./16. Jh.).

H., Landkr. in Baden-Württemberg.

Heilbutt ↑ Schollen.

Heiler, Friedrich, * München 30. Jan. 1892, † ebd. 28. April 1967, dt. Theologe und Religionswissenschaftler. – 1920 Prof. für vergleichende Religionsgeschichte und Religionsphilosophie in Marburg. Als Theologe vertrat H. eine „ev. Katholizität", deren Anhänger er seit 1929 in der ↑ Hochkirchlichen Vereinigung zusammenschloß. – *Werke:* Das Gebet (1918), Christl. Glaube und ind. Geistesleben (1926), Erscheinungsformen und Wesen der Religion (1961).

Heilerde, vorwiegend in der Volksmedizin äußerlich und innerlich verwendete geschlämmte Lehm- oder Tonerde, die Eisenverbindungen und Aluminiumsilicate enthält; angewendet bei Hautleiden sowie Magen- und Darmstörungen.

Heilfasten, svw. ↑ Fastenkur.

Heilfieber, durch fiebererregende Injektionspräparate künstlich erzeugtes Fieber zur Behandlung chronisch verlaufender, fieberloser Krankheiten (v. a. Nervenkrankheiten).

Heilgymnastik ↑ Krankengymnastik.

heilig, Begriff, der von den angelsächs. Missionaren des Christentums zur Wiedergabe von lat. „sanctus" verwendet und damit in seiner späteren Bed. geprägt wurde, die die religiöse, vornehmlich kult. Absonderung und Distanz **(Heiligkeit)** gegenüber dem Profanen zum Inhalt hat, das seinerseits das „vor dem geheiligten Bezirk („fanum") Liegende" bezeichnet. – In der modernen Religionswiss. werden „heilig" und „das Heilige" oft als Zentralbegriffe der Religion gebraucht. I. w. S. werden auch Personen, Handlungen, Dinge, Institutionen, Orte, Zeiten, die in bes. Weise in den Bereich des Göttlichen einbezogen sind, h. genannt.

Heilige, im N. T. Bez. für die christl. Gemeinde oder für christl. Missionare. In der *kath. Kirche* Menschen, die entweder ihr Leben für ihren Glauben hingaben (Märtyrer) oder sonst heroische Tugend in ihrem Leben übten und deshalb von den Gläubigen verehrt und um ihre Fürbitte bei Gott angerufen werden dürfen (↑ Heiligenverehrung). Die *reformator. Kirchen* kennen bei Ablehnung der Heiligenverehrung H. als Zeugen der Wirksamkeit der göttl. Gnade (z. B. Augustinus).

Heilige Allianz, Absichtserklärung der Monarchen Rußlands, Österreichs und Preußens vom 26. Sept. 1815, die Prinzipien der christl. Religion zur Grundlage ihrer Innen- und Außenpolitik zu machen. Der H. A. traten später alle europ. Staaten außer Großbritannien und dem Hl. Stuhl bei; sie wurde zum Inbegriff der Restauration; zerbrach schließlich am Interessengegensatz der europ. Großmächte im griech. Unabhängigkeitskrieg.

Heilige der letzten Tage ↑ Mormonen.

Heilige Drei Könige ↑ Drei Könige.

Heilige Familie, Jesus (als Kleinkind), Maria und Joseph, dargestellt in häusl. idyll. Szene, v. a. im 15.–17. Jh. In der italien. Renaissance wird auch der Johan-

Heilbronn Stadtwappen

Heiligenkreuz. Kreuzgang der Zisterzienserabtei, 1. Hälfte des 13. Jahrhunderts

nesknabe hinzugefügt, an der Wende zum 16. Jh. z. T. um die ganze hl. Sippe (die hl. Anna und ihre Familie) erweitert (**Sippenbild**).

heilige Kriege, in vielfältigen Formen auftretende Kriege, die im Namen einer religiösen Idee, eines „göttl." Auftrags oder der Verteidigung „geheiligter Werte" geführt werden; heute nur noch im Islam dogmatisch legitimiert (Dschihad; 1973 gegen Israel ausgerufen, 1991 von Saddam Husain im ↑Golfkrieg). – In der *Antike* Bez. von Kriegen innerhalb der delph. Amphiktyonie zur Rettung des Heiligtums von Delphi.

Heilige Liga, Name mehrerer, im Zeichen von Glaubenskriegen bzw. unter päpstl. Beteiligung abgeschlossener Allianzen, v. a.: 1. *H. L. von 1511* zw. Papst Julius II., Venedig, der Eidgenossenschaft und Aragonien, v. a. gegen König Ludwig XII. von Frankreich; 2. *H. L. von 1526, Liga von Cognac,* zw. Papst Klemens VII., König Franz I. von Frankreich, Mailand, Florenz und Venedig gegen Kaiser Karl V.; 3. *H. L. von Péronne,* 1576–95, kath. Bündnis unter Führung der Fam. Guise gegen Henri I., Fürst von Condé (Hugenottenkriege); 4. *H. L. von 1684,* in den Türkenkriegen geschlossenes Bündnis von Kaiser, Papst, Polen und Venedig.

Heilige Nacht, die Nacht der Auferstehung Jesu Christi (↑Ostern), im heutigen Sprachgebrauch vorwiegend die seiner Geburt (↑Weihnachten).

Heiligenattribute, in religiösen Darstellungen den Heiligen beigegebene Zeichen oder Gegenstände, entweder allg. Art, z. B. der ↑Heiligenschein oder die Palme für Märtyrer, oder Instrumente ihres Martyriums, oder Gegenstände, die sich auf ihre Legende oder auch auf das Patronat beziehen.

Heiligenberg, Gemeinde 12 km nö. von Überlingen, Bad.-Württ., 726 m ü. d. M., 2 400 E. Luftkurort. – Renaissanceschloß der Fürsten von Fürstenberg (1559 ff.) mit bed. Rittersaal (reich geschnitzte Kassettendecke 1580–84, restauriert) und Schloßkapelle (16. Jh.).

Heiligenbild ↑Heiligenverehrung.

Heiligenblut, östr. Gem. am S-Ende der Großglockner-Hochalpenstraße, Kärnten, 1 301 m ü. d. M., 1 300 E. – Urkundlich erstmals 1465 genannt. – Pfarrkirche (Ende 14. Jh.–1483) mit spätgot. Hochaltar (1520).

Heiligendamm ↑Bad Doberan.

Heiligenfeste, v. a. in der kath. Kirche jährl. liturg. Begehung des Todes- oder Gedächtnistages von Heiligen; seit dem 2. Jh. als christl. Übung bezeugt.

Heiligenhafen, Stadt auf der Halbinsel Wagrien, Schl.-H., 8 900 E. Ostseebad; Fischereihafen, Bootswerft. – Das 1250 gegr. H. erhielt im 13. Jh. Stadtrecht (1305 bestätigt).

Heiligenhaus, Stadt nö. von Düsseldorf, NRW, 190 m ü. d. M., 28 900 E. Meßgeräte-, Maschinen- und Apparatebau, elektrotechn. u. a. Ind. – Im 15. Jh. gegr., seit 1947 Stadt.

Heiligenkreuz, Gemeinde im südl. Wienerwald, Niederösterreich, 312 m ü. d. M., 1 100 E. Theolog. Lehranstalt (im Stift). – Älteste Zisterzienserabtei Österreichs (gegr. 1135/36), Stiftskirche mit roman. Langhaus (1135 bis um 1160) und got. Hallenchor (geweiht 1295), Kreuzgang (1. Hälfte des 13. Jh.).

Heiligenschein (Nimbus, Gloriole, Glorienschein), in der christl. Ikonographie Lichtscheibe oder Strahlenkranz um das Haupt Gottes oder eines Heiligen. Der **Kreuznimbus,** eine Lichtscheibe mit einbeschriebenem Kreuz, besagt, daß jede göttl. Person nur im menschgewordenen Sohn, der stets mit Kreuznimbus dargestellt wird, bildlich dargestellt werden kann. Der H. findet sich schon in der altoriental., auch in der buddhist. und ostasiat. Kunst. – ↑Mandorla.

Heiligenstadt (amtl. Heilbad H.), Krst. in Thür., im Eichsfeld, an der Leine, 250 m ü. d. M., 15 000 E. Heimatmuseum; Bekleidungswerk; Kneippkurort. – Die neben einem Stift aus dem 9. Jh. entstandene Siedlung erhielt 1227 Stadtrecht. – Got. Stiftskirche (14./15. Jh.), Pfarrkirche St. Marien (14. Jh.), ehem. Jesuitenkolleg (1739/40), Barockschloß (1736–38), Bürgerhäuser (15.–18. Jh.).

H., Landkr. in Thüringen.

Heiligenberg. Rittersaal des Renaissanceschlosses mit geschnitzter Kassettendecke, 1580–84

Heilige Familie. Gemälde von Bartolomé Esteban Murillo, vor 1650 (Madrid, Prado)

Heiligenverehrung, i. w. S. die in vielen Religionen verbreitete Verehrung geschichtl. oder myth. Persönlichkeiten, die als Heilige, Heiland, Heilbringer oder Heros gelten. I. e. S. die Verehrung der Heiligen im Christentum, bes. in der *kath. Kirche.* Die H. als Zeichen für die Heiligkeit in der Kirche und als ein Zielpunkt der Anrufung und Nachahmung wird zuletzt vom 2. Vatikan. Konzil herausgestellt und mit der allg. Berufung zur Heiligkeit in der Kirche, mit dem endzeitl. Charakter der pilgernden Kirche und mit ihrer Einheit mit der himml. Kirche begründet. Erste Ansätze einer H. finden sich als ↑Heiligenfeste. Die in der Geschichte oft mißverstandene H. mittels eines **Heiligenbilds** gilt dem im Bild Dargestellten, nicht aber dem Bild selbst. – Die urspr. Auffassung der Heiligenfeste als Folgeereignisse der Christusfeste wurde im Lauf der Geschichte immer mehr von bloßen Heiligenfesten überwuchert. Zudem ließ die Typisierung der Heiligen (Märtyrer, Asketen, Ordensgründer, Bischöfe, Missionare, Jungfrauen, Witwen), die eine starke Überbetonung des Heroischen in der H. bedeutete, eine Motivation zur Nachahmung nicht aufkommen. Beiden Fehlentwicklungen suchte die Kalenderreform Papst Pauls VI. zu begegnen, indem sie das „Herrenjahr" in der Liturgie gegenüber dem „Heiligenjahr" hervorhebt und betont, daß auch „unheroisches" Leben Heiligkeit bedeuten kann. Die *reformator. Theologie* und Praxis lehnt jede Art von H. als unbiblisch und der Christozentrik wie der Rechtfertigung allein aus Glauben widersprechend ab.

Heiliger, Bernhard, *Stettin 11. Nov. 1915, dt. Bildhauer. – Figürl., auch abstrakte Plastik sowie bed. Porträtbüsten.

Bernhard Heiliger. Porträtbüste von Karl Hofer, Bronze, Höhe 42 cm, 1951 (Hannover, Niedersächsisches Landesmuseum)

Heiliger Abend, der Tag, bes. der Abend vor Weihnachten.

Heiliger Geist (lat. Spiritus sanctus), in der christl. Theologie neben dem Vater und dem Sohn die dritte Person der ↑Trinität. Die Lehre vom H. G. wurde in der Kirche erst ab dem 2. Jh. unter dem Einfluß der philosophisch-theolog. Erörterungen zum Begriff des Logos entwickelt, da im N. T. selbst nur ansatzweise Aussagen zu diesem Problem zu finden sind (z. B. 2. Kor. 3, 17; Joh. 15, 26; Matth. 28, 19). Zur gleichen Zeit bildeten sich in der Auffassung vom H. G. sowohl (z. T. bis heute bestehende) Differenzen zw. den westl. und östl. Kirchen heraus (↑Filioque) als auch kirchl. Bewegungen (z. B. der Montanismus), die das Geistmotiv isoliert überbetonen. In der Theologie des MA verlor die Lehre vom H. G. durch Integration in die Gnadenlehre an Bed. ebenso wie in der reformator. Theologie, die sie zu einem Bestandteil ihrer Lehre von Christus und von der Rechtfertigung macht. – Die in beiden großen Konfessionen festzustellende Vernachlässigung der Lehre vom H. G. führte im Lauf der Geschichte immer wieder zu Gegenbewegungen wie den sog. ↑Schwarmgeistern und in neuester Zeit den sog. „charismat. Bewegungen" (↑Pfingstbewegung).

Heiliger Rock, der Leibrock Christi, von den Kirchenvätern und Theologen des MA als Symbol der Einheit von Kirche und Glaube gesehen. – Unter den Tuniken Christi, die gezeigt werden, nimmt die im Dom zu Trier eine hervorragende Stelle ein. Sie dürfte eine aus Konstantin. Zeit stammende Berührungsreliquie sein.

Heiliger Stuhl ↑Apostolischer Stuhl.

Heiliger Synod ↑Synod.

Heiliger Vater, Ehrentitel und Anredeform des Papstes.

Heilige Schar, Name der 379 v. Chr. gegr. theban. Kerntruppe von 300 Mann; ihre Mgl. fochten in vorderster Front und fielen gemeinsam 338 bei Chaironeia.

heilige Schriften, religionswiss. Bez., die von der Benennung der christl. Bibel als „Hl. Schrift" abgeleitet ist und für normative Texte außerchristl. Religionen übernommen wurde. Der kanonisierte Wortlaut h. S. muß unverändert erhalten bleiben, die Sprache, in der sie abgefaßt sind, gilt oft als hl. Sprache. – Neben dem A. T. und dem N. T. sind die wichtigsten h. S.: 1. der ↑Talmud; 2. der ↑Koran; 3. das ↑Awesta; 4. der ↑Weda; 5. der ↑Adigrantha; 6. das Tipitaka des sog. Buddhismus (sog. Pali-Kanon); 7. die konfuzian. Bücher Chinas. – Eine religiöse Neustiftung, die in betonter Weise auf dem Besitz einer eigenen hl. Schrift aufbaut, ist das Mormonentum mit seinem „Buch Mormon".

Heiliges Grab, das Grab Jesu, nach bibl. Berichten ein einzelnes Felsengrab vor den Toren Jerusalems, im 4. Jh. mit einer Höhle identifiziert, über der Konstantin d. Gr. die Jerusalemer Grabeskirche errichten ließ; Mittelpunkt eines reichen liturg. Lebens, das die gesamte christl. Liturgie stark beeinflußte. – Der Zentralbau der Grabeskirche wurde v. a. in der Romanik nachgebildet. Seit dem MA entstanden H. G. für die Osterspiele in Form begehbarer Grabkammern mit Sarkophag und Figurenschmuck.

Heiliges Jahr, 1. Bei den Juden ↑Jobeljahr. – 2. In der kath. Kirche ein Jahr, auch Jubiläums- oder Jubeljahr genannt, das der inneren Erneuerung der Gläubigen dienen soll. Es wird in bestimmten Zeitabständen begangen (seit 1475 alle 25 Jahre). Das H. J. wird am Weihnachtsfest mit dem Öffnen der **Heiligen Pforte** durch den Papst eingeleitet.

Heiliges Land, aus dem A. T. übernommene Bez. für Palästina.

Heiliges Römisches Reich, amtl. Bez. für den Herrschaftsbereich des abendländ. Röm. Kaisers und der in ihm verbundenen Reichsterritorien vom MA bis 1806. Das Selbstverständnis des H. R. R. als römisch ergab sich aus der Anknüpfung des fränk. bzw. ostfränk.-dt. Kaisertums an die röm.-universalist. Tradition der Antike (↑Kaiser). Die Verwendung des Beiworts *Sacrum* (heilig) in der Reichstitulatur (erstmals 1157) ist als Antwort auf die Entsakralisierung des Kaisertums im Investiturstreit zu verstehen. *Sacrum Imperium* wurde nun neben Imperium Romanorum verwendet, bis beide Bez. 1254 verschmolzen *(Sacrum Romanorum Imperium).* Seit Kaiser Karl IV. erschien die dt. Formel H. R. R. (vom 15. Jh. bis Mitte 16. Jh. mit dem humanistisch-frühnat. Zusatz **„deutscher Nation"**). Bes. seit der Reichsreform des 15./16. Jh. wurde der Dualismus zw. Kaiser und Reichsständen bestimmend; das H. R. R. entwickelte sich nicht mehr zum modernen Staat, sondern blieb in der bzw. vornat. Lehnsverband. Seit dem Westfäl. Frieden 1648 (Beschränkung der kaiserl. Gewalt auf Reservatrechte, Bestätigung der reichsständ. Landeshoheit) vollzog sich die dt. Geschichte fast nur noch auf der Ebene der Territorialstaaten.

heilige Stätten, alle dem Kult einer Gottheit gewidmeten Orte, früher bes. Wohn- oder Offenbarungsstätten bzw. Orte bedeutsamer Ereignisse für die jeweilige Religion. H. S. sind häufig durch Meidungsgebote vor dem Betreten Unbefugter geschützt; oft herrscht an ihnen Asylrecht. – Im spezifisch *christl.* Verständnis sind h. S. die mit dem Leben Jesu Christi in Verbindung stehenden Orte in Palästina, die Ziel einer Wallfahrt sind.

heilige Steine, Steine ungewöhnl. Farbe oder Form, denen kult. Verehrung zuteil wird (Megalithreligion).

Heilige Stiege ↑Scala santa.

Heilige Woche ↑Karwoche.

heilige Zeiten, dem Alltag enthobene Zeitabschnitte, die meist in jährl. Wiederholung durch Feste begangen werden und die Ursache für die Aufstellung des Kalenders waren.

Heiligkeit ↑heilig.

heiligmachende Gnade ↑Gnade.

Heiligsprechung (Kanonisation), in der röm.-kath. Kirche auf Grund eines kirchenrechtlich genau geordneten Verfahrens in liturg. Form erfolgende, dem Papst vorbehaltene feierl. Erklärung, durch die ein zuvor Seliggesprochener unter die Heiligen aufgenommen wird, deren amtl. Verehrung in allen Formen in der ganzen Kirche gestattet ist, wogegen die Verehrung eines Seligen nur für eine bestimmte Teilkirche oder kirchl. Gemeinschaft und nur in bestimmten Formen zugelassen ist. Zur H. sind nach der Seligsprechung, geschehene Wunder nachzuweisen.

Heiligungsbewegung, Bez. für eine größere Anzahl religiöser Gruppen, die aus der methodist. Erweckungsbewegung des 19. Jh. in USA, Großbritannien und Deutschland hervorgingen und auf die ↑Gemeinschaftsbewegung bed. Einfluß gewannen.

Heilklima, therapeutisch wirksames Klima mit überprüften klimatolog. Eigenschaften und festgelegten Grenzwerten von Nebel und Temperatur, jährl. Sonnenscheindauer und lufthygien. Verhältnissen.

Heilkunde, svw. ↑Medizin.

Heilmeyer, Ludwig, *München 6. März 1899, †Desenzano del Garda 6. Sept. 1969, dt. Internist. – Prof. in Jena, Düsseldorf, Freiburg im Breisgau und Ulm; arbeitete v. a. auf den Gebieten Hämatologie und Chemotherapie.

Heilmittel, in der gesetzl. Kranken- und Unfallversicherung die für die Diagnose oder Therapie einer Krankheit oder ihrer Folgen oder zur Aufrechterhaltung des Behandlungserfolges dienenden Mittel, die unmittelbar auf den Körper entweder über den inneren Organismus oder von außen einwirken. Innerhalb der H. (i. w. S.) wird zw. Arzneimitteln, größeren und kleineren H. (z. B. Bruchbänder, Brillen, Massagen, Bäder) unterschieden.

Heilongjiang [chin. xɛiluŋdziaŋ] (Heilungkiang), Prov. im äußersten NO Chinas, südl. vom Amurbogen, 469 000 km², 35,2 Mill. E (1990); Hauptstadt Harbin. Umfaßt den Großen Chingan, den nördl. Teil des Tieflands an Songhua Jiang und Nen Jiang, den Kleinen Chingan, Teile des ostmandschur. Berglands und das Sumpfgebiet im Zwischenstromland von Songhua Jiang und Ussuri. Mit Ausnahme des N liegt H. in der Zone gemäßigten Klimas; bed. Landw.; sowohl die Steppengebiete im N als auch das Zwischenstromland wurden seit den 50er Jahren weitgehend kultiviert. Kohlenlagerstätten werden bei Shuangyashan abgebaut. Erdölfeld Daqing nw. von Harbin, bed. holzverarbeitende Industrie.

Heilong Jiang ↑ Amur.

Heilpädagogik ↑ Sonderpädagogik.

Heilpflanzen (Arzneipflanzen), Pflanzen, die auf Grund ihres Gehaltes an Wirkstoffen zu Heilzwecken verwendet werden. Nach der Wirkungsweise ihrer Inhaltsstoffe unterscheidet man weniger stark wirksame und stark wirksame („giftige") H., wobei die Heilwirkung der letzteren bei unsachgemäßer Anwendung (bes. Überdosierung) in eine schädl. Wirkung umschlagen kann. Heute werden die Wirkstoffe solcher H. (Digitalisglykoside aus dem Fingerhut, Atropin aus der Tollkirsche) überwiegend industriell in chemisch reiner und entsprechend exakt dosierbarer Form gewonnen. Manche H. werden ganz, von anderen werden nur Teile verwendet, z. B. Blätter (Folia), Kraut (Herba), Rinde (Cortex), Wurzel (Radix), Wurzelstock (Rhizoma), Blüten (Flores), Samen (Semen) und Frucht (Fructus). H. können je nach Zubereitung ganz unterschiedlich wirken. Da frische Pflanzen i. d. R. nicht haltbar sind, werden sie meist in getrockneter und zerkleinerter Form weiterverarbeitet. Neben Pflanzensäften sind Pflanzentees und Teegemische (Spezies) bewährte Heilmittel.

Heilpflanzen (Auswahl)				
dt. Name	lat. Name	verwendete Pflanzenteile	Inhaltsstoffe	Anwendung
Arnika	Arnica montana	Blüten	äther. Öl, Bitterstoffe, Flavonoide	äußerlich bei Blutergüssen und Mundschleimhautentzündungen
Baldrian	Valeriana officinalis	Wurzel	äther. Öl, Valepotriate	bei Nervosität, Schlafstörungen
Bärentraube	Arctostaphylos uva-ursi	Blätter	Hydrochinonverbindungen, Gerbstoffe	bei Entzündungen der Harnwege (nur bei alkal. Harn)
Beifuß	Artemisia vulgaris	Kraut	äther. Öl, Bitterstoffe	bei Verdauungsbeschwerden, Blähungen, Appetitlosigkeit
Echte Kamille	Chamomilla recutita	Blüten	äther. Öl mit Chamazulen	bei innerl. und äußerl. Entzündungen, Magen-Darm-Beschwerden
Eibisch	Althaea officinalis	Wurzel, Blätter	Schleim, Stärke, Pektin	bei Reizhusten, Magen-Darm-Katarrhen, Bronchitis, Entzündungen des Rachenraums
Engelwurz	Angelica archangelica	Wurzelstock	äther. Öl, Bitterstoffe	bei Magenverstimmung, Verdauungsstörungen
Eukalyptus	Eucalyptus globulus	Blätter	äther. Öl mit Zineol	bei chron. Bronchitis
Fenchel	Foeniculum vulgare	Früchte	äther. Öl	appetitanregend, verdauungsfördernd, bei Blähungen, Magen-Darm-Krämpfen, Erkrankungen der Atemwege
Frauenmantel	Alchemilla xanthochlora	Kraut	Gerbstoffe, Bitterstoffe	bei Magen-Darm-Erkrankungen, Durchfall, Blähungen
Holunder (Schwarzer Holunder)	Sambucus nigra	Blüten	äther. Öl, Flavonoide	bei fieberhaften Erkältungen (schweißtreibend)
Huflattich	Tussilago farfara	Blüten	äther. Öl, Schleim, Bitterstoffe	bei entzündeten Schleimhäuten
Isländ. Moos	Cetraria islandica	ganze Pflanze (eine Flechte)	Schleimstoffe, Flechtensäuren	bei Husten, Entzündungen der Atmungsorgane, verdauungsfördernd
Knoblauch	Allium sativum	Zwiebeln	äther. Öl, Allizin	appetitanregend, verdauungsfördernd
Lein (Flachs)	Linum usitatissimum	Samen	fettes Öl, Schleim	bei chron. Verstopfung, Magenschleimhautentzündung
Löwenzahn	Taraxacum officinale	Wurzel, ganze Pflanze	Bitterstoffe	appetitanregend, bei Verdauungsbeschwerden, Blutreinigungsmittel
Melisse	Melissa officinalis	Blätter	äther. Öl mit Zitronellal und Zitral	bei Nervosität, Magen-Darm-Beschwerden
Odermennig (Kleiner Odermennig)	Agrimonia eupatoria	Kraut	Gerbstoffe, Bitterstoffe, äther. Öl	bei Magen-Darm-Entzündungen, Gallenbeschwerden
Pfefferminze	Mentha piperita	Blätter	äther. Öl mit Menthol, Gerb- und Bitterstoffe	bei Magenschleimhautentzündungen, Magen-Darm-Koliken, Gallenbeschwerden
Röm. Kamille	Anthemis nobilis	Blüten	äther. Öl, Bitterstoffe	wie Echte Kamille
Sanikel	Sanicula europaea	Kraut	Triterpensaponine, Pflanzensäuren, äther. Öl	bei Blähungen
Schafgarbe	Achillea millefolium	Blüten, Kraut	äther. Öl mit Azulen, Bitterstoffe	appetitanregend, verdauungsfördernd, bei Magenbeschwerden
Schlehe (Schlehdorn, Schwarzdorn)	Prunus spinosa	Blüten	Kohlenhydrate, Glykoside	bei Erkältungen, mildes Abführmittel
Spitzwegerich	Plantago lanceolata	Kraut	Glykoside, Schleim, Kieselsäure	bei Katarrhen der oberen Atemwege
Wermut	Artemisia absinthium	Kraut	äther. Öl, Bitter- und Gerbstoffe	bei Verdauungsstörungen, Magenleiden, Appetitlosigkeit

Heilpraktiker

Zu den wichtigsten Wirkstoffen der H. gehören Alkaloide, Glykoside, äther. Öle, Gerbstoffe, Schleimstoffe und Bitterstoffe.

Heilpraktiker, Berufsbez. für Personen, die die Heilkunde ohne ärztl. Approbation berufsmäßig mit staatl. Erlaubnis ausüben (Grundlage ist das HeilpraktikerG vom 17. 2. 1939 i. d. F. vom 2. 3. 1974). Der H. darf keine rezeptpflichtigen Heilmittel verschreiben und auf bestimmten medizin. Gebieten (z. B. Frauenheilkunde) nicht tätig werden.

Heilquellen (Heilwässer), Quellwässer oder aus Quellsalzen hergestellte künstl. Mineralwässer mit nachweisbaren gesundheitsfördernden Wirkungen, die teils auf ihren chem. Bestandteilen, z. B. Kohlensäure, Kochsalz, Glaubersalz, Eisensulfat *(Mineralquellen),* teils auf ihren physikal. Eigenschaften *(Thermalquellen)* beruhen. H. dienen zu Trink-, Bade- und Inhalationskuren.

Heilsarmee (Salvation Army), aus der von W. ↑ Booth 1865 gegr. Ostlondoner Zeltmission 1878 hervorgegangene Gemeinschaft, die sich der Rettung Verwahrloster, der Unterstützung Behinderter und Strafgefangener, dem Kampf gegen das Laster (v. a. den Alkoholmißbrauch), der Sorge für Arbeitslose u. a. sozialen Aufgaben widmet. Im Kampfbewußtsein hatte man militär. Sprachgebrauch angenommen, woraus sich der Name Heilsarmee ergab. In der BR Deutschland (Sitz Köln) gab es 1992 4 Divisionen (über 2 000 Mgl.). In der Welt wird das Werk von 3 Mill. Soldaten in 92 Ländern fortgesetzt. Hauptquartier ist London; Generalin ist seit 1986 Eva Burrows.

Heilsberg (poln. Lidzbark Warmiński), Stadt im Ermland, Polen, 80 m ü. d. M., 16 000 E. Wirkwaren-, Nahrungsmittelind. – H. erhielt 1308 Stadtrecht, gehörte zum Bistum Ermland und war 1350–1772 dessen Residenz. – Spätgot. Pfarrkirche (14. Jh.), ma. Burg (1350–1400; jetzt Museum).

Heilsbronn, Stadt 20 km sw. von Fürth, Bay., 423 m ü. d. M., 7 400 E. Mittelpunkt des agrar. Umlands. – 1932 wurde H. Stadt. – Ehem. Zisterzienserkloster mit roman. Münster (1139 vollendet, 13. und 15. Jh. erweitert), bis 1625 Grablege der fränk. Hohenzollern.

Heilserum (Antiserum), zur passiven Immunisierung bei Infektionen, als Gegengift bei Schlangenbissen o. ä. verwendetes Immunserum.

Heilsgeschichte, Begriff der christl. Theologie für das geschichtl. Heilshandeln Gottes am Menschen. Die Geschichte erscheint nicht als bloße Abfolge von zufälligen oder nur in sich selbst begründeten Ereignissen, sondern als bestimmter Plan, den Gott zum Heil des Menschen verfolgt. Für den kath. Christen findet der Inhalt der H. seinen elementaren Ausdruck im Apostol. Glaubensbekenntnis und in der Liturgie, in denen sich der Gläubige zu den Heilstaten Gottes bekennt. Die in der *reformator. Theologie* entwickelte Auffassung der H. als einer Abfolge von Bundesschlüssen zw. Gott und Menschen (Föderaltheologie) wurde seit der Aufklärung mehr und mehr kritisiert und schließlich (im Zusammenhang mit der Entmythologisierung der Hl. Schrift) nahezu ganz aufgegeben. Ebenso sieht die *kath. Theologie* die Abfolge von Bundesschlüssen zur adäquaten Erklärung von H. als unzureichend an und bemüht sich deshalb, H. so zu verstehen, daß in ihr der Mensch apriorisch als mögl. Empfänger aposteriorisch heilsgeschichtl. Erfahrungen erscheint. Eine dem heutigen Geschichtsbewußtsein und Wiss.-Verständnis gerecht werdende Darstellung von H. ist jedoch bisher nicht gelungen.

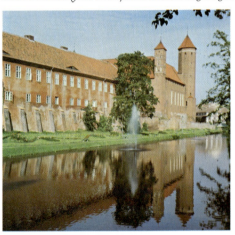

Heilsberg. Burg der Bischöfe von Ermland, 1350–1400, heute Museum

Heilungkiang ↑ Heilongjiang.

Heilungsbewegung, Bez. für Gemeinschaften, die die Genesung von Krankheiten durch rein religiöse Mittel erstreben (↑ Christian Science, ↑ Neugeistbewegung).

Heilverfahren, die Gesamtheit der vom Arzt angeordneten, durchgeführten oder überwachten Maßnahmen zur Wiederherstellung der Gesundheit; auch die von der gesetzl. Renten- oder Unfallversicherung sowie von vergleichbaren Institutionen angeordneten oder genehmigten Verfahren zur Erhaltung (Prävention), Wiedergewinnung oder Besserung (Rehabilitation) der Erwerbsfähigkeit (v. a. Kuren und Behandlung in Spezialkliniken).

Heim, Albert, *Zürich 12. April 1849, †ebd. 31. Aug. 1937, schweizer. Geologe. – Prof. in Zürich, 1894–1925 Präs. der Schweizer. Geolog. Kommission; einer der bedeutendsten Alpengeologen.

H., Karl, *Frauenzimmern bei Heilbronn 20. Jan. 1874, †Tübingen 30. Aug. 1958, dt. ev. Theologe. – 1914 Prof. für systemat. Theologie in Münster, ab 1920 in Tübingen. H. versuchte in seiner Theologie, das Erbe des Pietismus mit dem neuzeitl. naturwiss. Denken zu verbinden.

Heim [urspr. „Ort, wo man sich niederläßt", „Lager"], dem engl. „home" entsprechende, emotional gefärbte Bez. für ↑ Haus, ↑ Wohnung.

▷ vorwiegend öff. Einrichtung, die der Unterbringung eines bestimmten Personenkreises (z. B. Alters-, Erziehungs-, Säuglings-, Erholungs-H.) oder der Begegnung (z. B. Jugend-H.) dient; meist Einrichtungen der Sozial-, Kranken- und Jugendhilfe.

Heimaey [isländ. ˈhɛimaɛi], Hauptinsel der isländ. Westmännerinseln, 13 km², 4 800 E (alle in dem Ort Vestmannaeyjar, 1973 mehrere Monate evakuiert wegen Vulkanausbruchs). Fischfang und -verarbeitung.

Heimarbeiter, Personen, die in selbstgewählter Arbeitsstätte allein oder mit ihren Familienangehörigen im Auftrag von Gewerbetreibenden oder Zwischenmeistern gewerblich arbeiten, jedoch die Verwertung der Arbeits-

Heimaey. Hafenort Vestmannaeyjar, dahinter die Vulkane Eldfell (links) und Helgafell

ergebnisse dem auftraggebenden Gewerbetreibenden überlassen (HeimarbeitsG vom 14. 3. 1951 mit Änderungen). Arbeitsstätte ist i. d. R. die eigene Wohnung. Wegen ihrer persönl. Unabhängigkeit sind die H. keine Arbeitnehmer; als arbeitnehmerähnl. Personen gelten sie aber, weil sie wirtsch. abhängig sind. Für die H. bestehen Schutzvorschriften, v. a. hinsichtl. des Entgelts, der Arbeitszeit und des Gefahrenschutzes. Die Kündigungsfristen sind gestaffelt je nach Dauer der Beschäftigung. – Eine ähnl. Regelung gilt im *östr.* und *schweizer. Recht.*

Heimat, subjektiv von einzelnen Menschen oder kollektiv von Gruppen, Stämmen, Völkern, Nationen erlebte territoriale Einheit, zu der ein Gefühl bes. enger Verbundenheit besteht. – Zum Recht auf H. ↑Menschenrechte, ↑Selbstbestimmungsrecht, ↑Staatsangehörigkeit.

Heimatkunde, lange gültiges Unterrichtsprinzip und -fach der Volksschule, heute im ↑Sachunterricht aufgegangen.

Heimatkunst, in der Literatur eine in Volkstum und heimatl. Landschaft wurzelnde Dichtung, die leicht der Gefahr der Idyllisierung des Dorf- und Landlebens verfällt und sich auch für Ideologisierungen anfällig gezeigt hat. Die Heimat war selbstverständl. Rahmen vieler Schriftsteller des 19. Jh. (z. B. J. P. Hebel, B. Auerbach, L. Anzengruber, J. Gotthelf, F. Reuter, P. Rosegger, L. Ganghofer). Ende des 19. Jh. wurde H. v. a. von F. Lienhard und A. Bartels zum Programm erhoben. Der Dekadenzdichtung, dem Symbolismus und Naturalismus der Großstadt sollten ideale Werte entgegengestellt werden. Bartels vertrat eine stark völk. Richtung, woran die ↑Blut-und-Boden-Dichtung des Nationalsozialismus anknüpfte.

heimatlose Ausländer, fremde Staatsangehörige oder Staatenlose, die als ↑Displaced Persons von internat. Organisationen betreut wurden, nicht Deutsche im Sinne des Art. 116 GG sind und am 30. 6. 1950 ihren Aufenthalt im Geltungsbereich des GG oder in Berlin (West) hatten. Ihr ausländerrechtl. Sonderstatus bestimmt sich nach dem Gesetz über die Rechtsstellung h. A. im Bundesgebiet vom 25. 4. 1951. Sie sind dt. Staatsangehörigen weitgehend gleichgestellt.

Heimatmuseum, seit Anfang des 20. Jh. ein in seinen Darstellungsobjekten lokal geprägtes Museum, das meist sowohl naturkundl. als auch kulturgeschichtl. Sammlungen beherbergt; häufig ↑Freilichtmuseen und ↑Volkskundemuseen.

Heimatschein, Bürgerrechtsausweis des Schweizers im Inland, der bescheinigt, daß der Inhaber das Gemeindebürgerrecht und damit auch das Bürgerrecht des Kt. genießt. Der Nachweis des Kt.- und Gemeindebürgerrechts ist die Voraussetzung für die freie Niederlassung an jedem Ort der Schweiz.

Heimatschutz ↑Heimwehren.

Heimatvertriebene ↑Vertriebene.

Heimburg, Gregor [von], *Schweinfurt nach 1400, †Wehlen (bei Pirna) 1472, dt. Rechtsgelehrter und Humanist. – 1460 von Pius II. exkommuniziert; verteidigte entschieden die Konstanzer Dekrete über die Oberhoheit des Konzils über den Papst; versöhnte sich jedoch kurz vor seinem Tode mit der Kirche.

Heimbürge, in ganz Deutschland bis in die frühe Neuzeit verbreitete Bez. für einen Gemeindeamtsträger in Dorf oder Stadt.

Heimchen (Hausgrille, Acheta domestica), bis 2 cm große gelblichbraune Grille, v. a. in menschl. Wohnstätten und an Schuttabladeplätzen in Europa, W-Asien und N-Afrika; Vorratsschädling.

Heimcomputer [...kɔmpjuːtər] (Homecomputer), kleinerer, preiswerter Computer vorwiegend für private Zwecke; wegen der raschen techn. Entwicklung gegenüber dem Personalcomputer nicht genau abgrenzbar. H. besitzen eine Mikroprozessor-Zentraleinheit und Arbeitsspeicher mit einer Kapazität bis zu mehreren hundert Kilobyte, eine Tastatur zur Eingabe, einen Bildschirm (eigener Monitor oder Fernsehgerät) zur Ausgabe. Als externe Speicher dienen Magnetkassetten und Disketten; oft verfügen H. auch über Drucker sowie Akustikkoppler für Datenübertragung.

Heimdall, german. Gott; in den Liedern der „Edda" wird er als strahlende Gottheit geschildert, die in Himinbjorg wohnt und Wächter der Götter ist.

Heimeran, Ernst, *Helmbrechts 19. Juni 1902, †Starnberg 31. Mai 1955, dt. Schriftsteller und Verleger. – Journalist; gründete 1922 in München den **Ernst Heimeran Verlag,** in dem zunächst v. a. zweisprachige Ausgaben antiker Autoren („Tusculum-Bücherei") erschienen. 1980 wurde das Unternehmen eingestellt. H. schrieb auf der Grundlage heiterer Lebensbetrachtung vergnügl. Bücher, u. a. „Die lieben Verwandten" (1936), „Das stillvergnügte Streichquartett" (1936; mit B. Aulich), „Sonntagsgespräche mit Nele" (1955).

Heimerziehung, die im Rahmen der Jugendhilfe vorübergehend oder dauernd durchgeführte Erziehung von Kindern und Jugendlichen in einem Heim (§ 34 SGB VIII). H. soll die Rückkehr in die Familie zu erreichen versuchen, die Erziehung in einer anderen Familie vorbereiten oder die Verselbständigung des Jugendlichen fördern. H. wird auch behinderten Kindern und Jugendlichen gewährt, die die fachkundige Betreuung und Erziehung in einem Heim oder einer Sonderschule am Ort brauchen.

Heimfall, in der Rechtsgeschichte Rückfall erbenlosen oder herrenlos gewordenen Gutes an die Dorfgenossenschaft, später an den König, im Lehnsrecht an den Lehnsherrn; im Privatrecht Erbrecht des Staates, wenn im Erbfall weder Verwandte noch ein Ehegatte des Erblassers vorhanden sind (§ 1936 BGB).

Heimfallanspruch, 1. mögl. Vereinbarung beim Dauerwohn- oder Erbbaurecht, daß der Dauerwohn- oder Erbbauberechtigte verpflichtet ist, sein Recht beim Eintritt vertraglich bestimmter Voraussetzungen auf den jeweiligen Grundstückseigentümer oder einen von diesem zu bezeichnenden Dritten zu übertragen; 2. der unter den Voraussetzungen des § 12 ReichsheimstättenG bestehende Anspruch auf Rückübertragung des Eigentums an einer Heimstätte an deren Ausgeber.

Heimgesetz ↑Altersheim.

Heimkehrergesetz, Gesetz über Hilfsmaßnahmen für Heimkehrer aus dem 2. Weltkrieg vom 19. 6. 1950 (mit späteren Änderungen). Das H. sieht u. a. Zahlung eines Entlassungsgeldes, Gewährung von Übergangsbeihilfe, bevorzugte Arbeitsvermittlung vor. Es enthält arbeits- und sozialversicherungsrechtl. Sonderbestimmungen. Das Gesetz hat heute noch z. B. für Aussiedler Bedeutung.

heimliches Gericht ↑Femgerichte.

Heimpel, Hermann, *München 19. Sept. 1901, †Göttingen 23. Dez. 1988, dt. Historiker. – Prof. in Freiburg i. Br. (1931), Leipzig (1934), Straßburg (1941) und seit 1947 in Göttingen, ebd. seit 1956 Direktor des Max-Planck-Instituts für Geschichte; Arbeiten v. a. zur Reichs- und Wirtschaftsgeschichte des Spät-MA.

Heimskringla [altnord. „Weltkreis"], Hauptwerk ↑Snorri Sturlusons.

Heimsoeth, Heinz [...zøːt], *Köln 12. Aug. 1886, †Köln 10. Sept. 1975, dt. Philosoph. – Prof. in Marburg, Königsberg (Pr) und in Köln (seit 1931); bed. Arbeiten zur Geschichte der Philosophie. – *Werke:* Die sechs großen Themen der abendländ. Metaphysik (1922), Metaphysik der Neuzeit (1929), Studien zur Philosophiegeschichte (1961), Transzendentale Dialektik. Ein Kommentar zu Kants Kritik der reinen Vernunft (4 Bde., 1966–71).

Heimstätte, Grundstück, bestehend aus einem Einfamilienhaus mit Nutzgarten, landw. oder gärtner. Anwesen, zu deren Bewirtschaftung die Familie nicht ständiger fremder Hilfe bedarf. H. werden durch Bund, Länder, Gemeinden, Gemeindeverbände oder gemeinnützige Siedlungsgesellschaften zu günstigen Bedingungen ausgegeben. Das Eigentum ist vererblich und an „heimstättenfähige" Personen veräußerlich. – Das H.wesen entstand in den USA (Homestead Law 1862).

Heimsuchung Mariä (lat. Visitatio Beatae Mariae Virginis), Begegnung der werdenden Mütter Maria und Elisa-

Heimchen

Heimtücke

Heimsuchung Mariä. Kolorierter Holzschnitt, um 1435 (Wien, Graphische Sammlung Albertina)

beth (Luk. 1, 39–56); Marienfest oriental. Herkunft, am 31. Mai gefeiert; Bildmotiv (6.–16. Jh.).

Heimtücke, hinterlistige Bösartigkeit.

Heimvolkshochschulen (ländliche Heimvolkshochschulen) ↑ Volkshochschule.

Heimweh, als unangenehm und beklemmend empfundenes Gefühl, das von dem Verlangen getragen wird, in die angestammte Umgebung zurückzukehren. Intensives H. kann zu schwerwiegenden psych. und psychosomat. Störungen führen.

Heimwehren (Heimatwehr, Heimatschutz), freiwillige östr. Selbstschutzverbände; entstanden aus den Grenz- und Nationalitätenkämpfen nach Ende des 1. Weltkriegs und entwickelten sich nach blutigen Unruhen im Juli 1927 zu einer polit. Kampfbewegung; gaben seit 1930 das Programm des austrofaschist. *„Korneuburger Eides"*, das auf den autoritären Ständestaat und die Machtübernahme im Staat zielte; unter ihrem Bundesführer Fürst E. R. ↑Starhemberg 1930 an der Reg. beteiligt; unter Dollfuß zu Reg.aufgaben herangezogen; beteiligten sich an der Niederwerfung des ↑Republikanischen Schutzbundes während der Februarunruhen 1934 und des NS-Putsches am 25. Juli 1934. 1936 verboten, gingen in der Vaterländ. Front auf.

Hein, Christoph, *Heinzendorf (= Jasienica [Polen]) 8. April 1944, dt. Schriftsteller. – Sein zentrales Thema ist die morbide Gesellschaft der Gegenwart. H. zählte zu den DDR-Autoren, die in ihrem Werk frühzeitig die Lebensunfähigkeit bisheriger gesellschaftl. Utopien reflektierten; greift häufig auf histor. Sujets zurück. Auch Übersetzer und Essayist. – *Werke:* Einladung zum Lever Bourgeois (Prosa, 1980), Cromwell u.a. Stücke (1981), Der fremde Freund (Nov., 1982, auch u.d.T. Drachenblut), Horns Ende (R., 1985), Passage (Stück, 1988), Die Ritter der Tafelrunde (Kom., 1989), Der Tangospieler (R., 1989; verfilmt), Als Kind habe ich Stalin gesehen. Essays und Reden (1990).

Heine, Heinrich (bis 1825 Harry H.), *Düsseldorf 13. Dez. 1797, †Paris 17. Febr. 1856, dt. Dichter und Publizist. – Als Sohn eines jüd. Tuchhändlers zum Kaufmann ausgebildet, dann Jurastudium, u.a. in Berlin (1821–23), wo er in R. Varnhagens Salon verkehrte; 1824 Besuch bei Goethe; 1825 Abschluß seines Studiums in Göttingen und Übertritt zum Protestantismus. 1831 ging H. als Korrespondent der Augsburger „Allg. Zeitung" nach Paris, wo er mit den Saint-Simonisten sympathisierte und u.a. mit L. Börne, J. P. de Béranger, V. Hugo, H. de Balzac und G. Sand zusammentraf. Auch die Kontakte mit K. Marx (ab 1834 beteiligte er sich an dessen „Dt.-Frz. Jahrbüchern") waren für H.s polit. Entwicklung von Bedeutung. 1841 heiratete er C. E. Mirat („Mathilde"). Seit 1848 war er auf Grund eines Rückenmarkleidens bis zu seinem Tode an die „Matratzengruft" gefesselt; in dieser Situation stand ihm seine Geliebte E. Krienitz („Mouche") zur Seite. H. erwarb frühen literar. Ruhm als Lyriker. Seine „Gedichte" (1822) und das „Lyr. Intermezzo" (1823) erschienen, vermehrt um den Zyklus „Die Heimkehr" und die Gedichte aus den Reiseberichten „Harzreise" und „Die Nordsee" (1827) als „Buch der Lieder". Von der Romantik übernahm er das Volksliedhafte; das Charakteristikum seiner Lyrik besteht in der witzig-iron. Behandlung des Erlebnisses; das scheinbar ungebrochene Gefühl wird kritisch durchleuchtet und aufgelöst. Diese lyr. Subjektivität bezeichnet seine nachklass. Stellung in der Übergangszeit zum Realismus. In den „Neuen Gedichten" (1844) wandte sich H. polit. Ereignissen seiner Zeit zu. In der Sammlung „Romanzero" (1851) herrscht ein pessimist. Grundton vor. Viele seiner Lieder und Balladen sind von Schubert, Schumann u.a. vertont worden. H. überwand die dt. Romantik, indem er Formen und Stimmungen ironisch auflöste („romant. Ironie") und Begebenheiten realistisch gestaltete. Beispielhaft gelang ihm dies als Reiseschriftsteller; unter dem Sammeltitel „Reisebilder" erschienen 1826–31 u.a. „Harzreise", „Ideen. Das Buch Le Grand", „Die Bäder von Lucca". Durch seinen witzig-pointierten, entlarvenden und polem. Stil schuf H. eine moderne feuilletonist. Prosa. Das Verbot der Schriften des Jungen Deutschland und seiner eigenen (Bundestagsbeschluß 1835) stützte sich auf seinen Beitrag „Zur Geschichte der Religion und Philosophie in Deutschland" („Der Salon", Bd. 2, 1835), in dem er darlegte, daß die klass. dt. Philosophie (Hegel) als Vorbereitung zur bürgerl. Revolution anzusehen sei. Das Pendant für die Literatur ist seine Darstellung „Zur Geschichte der neueren schönen Literatur in Deutschland" (2 Bde., 1833, ²1836 u.d.T. „Die romant. Schule"), eine literar. Abrechnung mit dem überkommenen geistigen Erbe Europas. Für seine beißende Satire über die dt. Zustände (Kleinstaaterei, Preußentum, Philisterhaftigkeit der dt. Bürger) und den zeitgenöss. polit. Utopismus (anachronist. Idee von Kaiser und Reich) wählte H. die Form des Versepos sowohl für „Deutschland. Ein Wintermärchen" (1844, in „Neue Gedichte") wie auch für „Atta Troll. Ein Sommernachtstraum" (1847), in dem er die sog. Tendenzpoesie kritisierte. Außerdem verfaßte H. „Aus den Memoiren des Herrn von Schnabelewopski" (Essay, in „Der Salon", Bd. 1, 1834), „Florentin. Nächte" (Essay) und „Elementargeister" (Essay, beide in „Der Salon", Bd. 3, 1837), „Der Rabbi von Bacherach" (Romanfragment, in „Der Salon", Bd. 4, 1840 [über spätma. Judenverfolgung]), „Über Ludwig Börne. Eine Denkschrift" (Essay, 1840). – Wurde während des NS als „jüdisch entartet" diffamiert.

Gustav Heinemann

Ernst Heinkel

Heinrich Heine. Ausschnitt aus einem Gemälde von Moritz Oppenheim, 1831 (Hamburg, Kunsthalle)

H., Thomas Theodor, *Leipzig 28. Febr. 1867, † Stockholm 26. Jan. 1948, dt. Karikaturist und Illustrator. – Bed. satir. Mitarbeit an den Zeitschriften „Jugend" und „Simplicissimus", die er 1896 in München mitbegründete.

Heinemann, Gustav, *Schwelm 23. Juli 1899, †Essen 7. Juli 1976, dt. Politiker. – Rechtsanwalt; 1936–49 Vorstandsmgl. der Rhein. Stahlwerke, 1930–33 im Christlich-Sozialen Volksdienst, unter der NS-Diktatur an führender Stelle in der Bekennenden Kirche tätig; 1945–67 Mgl. des Rats, 1949–55 Präses der Synode der EKD. Trat 1945 der CDU bei; 1946–49 Oberbürgermeister in Essen, 1947–50 MdL in NRW, dort 1947/48 Justizmin.; 1949/50 1. Bundesinnenmin. (Rücktritt wegen Wiederaufrüstungsplänen Adenauers). Nach Austritt aus der CDU 1952 Mitbegr. und Vors. der Gesamtdt. Volkspartei; seit 1957 Mgl. der SPD, MdB 1957–69; betrieb als Justizmin. 1966–69 u. a. die Große Strafrechtsreform. 1969 von SPD und FDP zum Bundespräs. gewählt; verstand sich als „Bürgerpräs." und suchte in seiner Amtszeit (bis 1974) v. a. durch Staatsbesuche die Versöhnung der Deutschen mit ihren Nachbarn zu vertiefen.

Heine-Medin-Krankheit, svw. ↑ Kinderlähmung.

Heinicke, Samuel, *Nautschütz (Landkreis Eisenberg) 10. April 1727, † Leipzig 30. April 1790, dt. Pädagoge. – Begründer der Lautsprachmethode im Unterricht für Gehörlose (1755) und der ersten dt. Taubstummenschule in Leipzig (1778).

Ernst Heinkel. He 178, das erste Flugzeug mit Turbinenstrahltriebwerk

Heinkel, Ernst [Heinrich], *Grunbach (Rems-Murr-Kreis) 24. Jan. 1888, † Stuttgart 30. Jan. 1958, dt. Flugzeugkonstrukteur. – Chefkonstrukteur bei verschiedenen Flugzeugwerken. 1922 legte er mit den Ernst-Heinkel-Flugzeugwerken in Warnemünde den Grundstein der Heinkel-Gruppe. – Unter der Vielzahl der von H. entwickelten Flugzeugtypen ragen heraus: das erste europäische Schnellverkehrsflugzeug He 70, der „H.-Blitz" (1932), die von einer Flüssigkeitsrakete angetriebene He 176 (1939; erstes Raketenflugzeug der Welt) und die mit einem Turbinenstrahltriebwerk ausgerüstete He 178 (1939).

Heinrich, Name von Herrschern:

Hl. Röm. Reich:

H. I. * um 875, † Memleben 2. Juli 936, Herzog von Sachsen (seit 912), König (seit 919). – Von Konrad I. 919 zu seinem Nachfolger bestimmt; Franken und Sachsen wählten ihn in Fritzlar; die Anerkennung von Schwaben (919) und Bayern (921, Gegenkönig Arnulf) erlangte er durch Kompromiß. Den 9jährigen Waffenstillstand mit Ungarn nutzte er für expansive Züge gegen die Elbslawen und Böhmen: beide gerieten unter die Oberhoheit des Reichs (934 auch Teile der Dänen). 933 besiegte H. die Ungarn bei Riade mit einem Heer aus allen Stämmen, wodurch er innenpolitisch das Reich konsolidierte. Außenpolit. Höhepunkt war 935 der endgültige Verzicht Rudolfs von Frankreich und Rudolfs II. von Hochburgund auf Lothringen.

H. II., der Hl., *Bad Abbach bei Kelheim 6. Mai 973, † Pfalz Grone (= Göttingen-Grone) 13. Juli 1024, als Hzg. von Bayern H. IV. (seit 995), König (seit 1002), Kaiser (seit 1014). – Urenkel von H. I.; 1002 gegen Ekkehard I. von Meißen und Hermann II. von Schwaben gewählt, stellte in Italien die erschütterte dt. Herrschaft wieder her, ließ sich 1004 in Pavia zum König von Italien krönen und erreichte 1014 in Rom die Kaiserkrönung. Boleslaw I. von Polen mußte ihm nach Feldzügen 1002–18 huldigen (1013 und 1018). Seine Schenkungen an Bistümer und Klöster (Förderung der lothring. Reform) dienten zugleich der Stärkung königl. Gewalt (Höhepunkt des Reichskirchensystems). In Bamberg als Bistumsgründer (1007) verehrt; 1146 Kanonisation (Fest 13. bzw. 17. Juli).

H. III., *28. Okt. 1017, † Pfalz Bodfeld im Harz 5. Okt. 1056, Herzog von Bayern (seit 1027), König (seit 1028, regierte seit 1039), Herzog von Schwaben, von Kärnten und König von Burgund (seit 1038), Kaiser (seit 1046). – Sohn Konrads II.; erreichte im O des Reichs die Unterwerfung des böhm. Herzogs Břetislaw I. (1041) und erzwang die Lehnsnahme der ungar. Könige. Auf den Synoden von Sutri und Rom (1046) ließ er während seines Romzugs die 3 streitenden Päpste (Gregor VI., Benedikt IX. und Silvester III.) absetzen und Bischof Suitger von Bamberg als Klemens II. erheben, der ihn zum Kaiser krönte. Gleichzeitig band er die neuentstehenden norm an. Ft. Unteritaliens als Vasallen ans Reich. Als Patrizius von Rom wirkte er in der Folgezeit bei der Erhebung von Reichsbischöfen zu Päpsten (Damasus II., Leo IX., Viktor II.) mit, wie er auch im Reich Bistümer und Abteien mit Männern der kluniazens. Reform besetzte und so deren Ideen zum Durchbruch verhalf.

H. IV., *Goslar (?) 11. Nov. 1050, † Lüttich 7. Aug. 1106, König (seit 1056), Kaiser (seit 1084). – Nach dem Tod seines Vaters H. III. unter der Regentschaft seiner Mutter Agnes (von Poitou); 1062 von Erzbischof Anno II. von Köln entführt, der die Regentschaft 1066 an Erzbischof Adalbert von Hamburg-Bremen verlor. Schlug den sächs. Fürstenaufstand (1073–75) nieder. Der Streit mit dem Reformpapsttum um die Besetzung des Mailänder Erzbistums (seit 1073) mündete in den ↑Investiturstreit, als H. die Absetzungsdrohung Gregors VII. mit dessen Absetzung (Wormser Reichssynode 1076) beantwortete. Die Lösung vom päpstl. Bann erreichte H. 1077 durch den Gang nach Canossa, doch konnte er die Wahl des Gegenkönigs Rudolf von Rheinfelden (Nachfolger 1081–88 Hermann von Salm) nicht verhindern. 1080 erneut gebannt, erhob er Erzbischof Wibert von Ravenna zum Gegenpapst (Klemens [III.]) und ließ sich von ihm zum Kaiser krönen. Während er die Gegenkönige erfolgreich bekämpfte, kam es nicht zum Ausgleich mit dem Papsttum. 1105 zwang ihn sein Sohn H. (V.) zur Abdankung, nachdem sich schon der Erstgeborene, Konrad (1098 geächtet, † 1101), 1093 gegen ihn erhoben hatte.

H. V., *wohl 11. Aug. 1086, † Utrecht 23. Mai 1125, König (seit 1098), Kaiser (seit 1111). – Sohn von H. IV.; auf dessen Wunsch zum Nachfolger gewählt; erhob sich 1104 gegen seinen Vater und konnte nach dessen Abdankung (1105), endgültig nach dessen Tod (1106), die Herrschaft übernehmen; erzwang von dem gefangengesetzten Papst Paschalis II. das Recht der Investitur, am 13. April 1111 erfolgte die Kaiserkrönung. Im Reich kam es zum Aufstand der sächs. und thüring. Fürsten, H. erlitt eine Niederlage am Welfesholz (1115). Verhandlungen mit dem 1119 gewählten Papst Kalixt II. führten 1122 im Wormser Konkordat zum Ende des Investiturstreits. Mit H. starben die Salier aus.

H. VI., *Nimwegen 1165, † Messina 28. Sept. 1197, König (seit 1169), Kaiser (seit 1191), König von Sizilien (seit 1194). – Seit 1086 Mitregent seines Vaters, Kaiser Friedrichs I. Erhob 1189 im Namen seiner Frau Konstanze († 1198), der Erbin des norm an. Kgr. Sizilien, Ansprüche auf die sizil. Krone, die er mit Waffengewalt durchsetzte. Nach der Gefangennahme Richards I. Löwenherz und seiner Freilassung gegen ein hohes Lösegeld 1194 brach die mit diesem verbündete dt. Fürstenopposition zusammen; H. ließ sich am Weihnachtstag 1194 in Palermo zum König von Sizilien krönen. Als sein Erbreichsplan (1196) am Widerstand der Reichsfürsten scheiterte, mußte er sich mit der Wahl seines zweijährigen Sohnes Friedrich (II.) zum Röm.

Heinrich II., der Heilige, Kaiser des Heiligen Römischen Reichs (Detail aus der Adamspforte im Bamberger Dom, um 1235)

Heinrich IV., Kaiser des Heiligen Römischen Reichs (Detail einer Statuette am Karlsschrein in Aachen, um 1215)

Heinrich

Heinrich VI., Kaiser des Heiligen Römischen Reichs (Ausschnitt aus einer Miniatur der Großen Heidelberger Liederhandschrift, 1. Hälfte des 14. Jh.)

König begnügen. – Ein in der Großen Heidelberger Liederhandschrift und in der Weingartner Liederhandschrift als Minnesänger erwähnter Kaiser H. wird gewöhnlich mit ihm gleichgesetzt.

H. (VII.), * auf Sizilien 1211, † Martirano (Prov. Catanzaro) 12. Febr. 1242 (Selbstmord?), König von Sizilien (seit 1212), Herzog von Schwaben (seit 1217), König (1222–35). – Sohn Kaiser Friedrichs II., der ihm die Reg. in Deutschland überließ (bis 1228 unter Vormundschaft); die weltl. Fürsten zwangen ihn 1231 zum gleichen Fürstenprivileg, wie es sein Vater 1220 den geistl. Fürsten gewährt hatte; erhob sich offen gegen seinen Vater, mußte sich aber 1235 unterwerfen; wurde nach Italien verbracht und dort gefangengehalten.

H. Raspe, * um 1204, † auf der Wartburg 16. Febr. 1247, Landgraf von Thüringen, Gegenkönig (seit 1246). – Vormund für seinen Neffen, Hermann II., den er wie dessen Mutter, die hl. Elisabeth, vom Hof verdrängte; 1242 von Kaiser Friedrich II. mit Wenzel I. von Böhmen zum Reichsprokurator für Konrad IV. ernannt; ließ sich auf päpstl. Drängen 1246 zum Gegenkönig wählen; besiegte am 5. Aug. 1246 Konrad IV. in der Schlacht an der Nidda bei Frankfurt.

H. VII., * 1274 oder 1275, † Buonconvento bei Siena 24. Aug. 1313, König (seit 1308), Kaiser (seit 1312). – Sohn von Graf H. III. von Luxemburg; auf Betreiben seines Bruders Balduin von Trier und dem Mainzer Erzbischofs Peter von Aspelt zum König gewählt; Begründer der luxemburg. Königs- und Kaiserdynastie; gewann 1311 für seinen Sohn Johann das Kgr. Böhmen, das zur Basis der luxemburg. Hausmacht wurde. 1311 auf einem Italienfeldzug in Mailand zum langobard. König, 1312 in Rom zum Kaiser gekrönt; bekämpfte v. a. Robert I. von Neapel.

Bayern:

H. I., * Nordhausen 919/22, † Regensburg Okt. 955, Herzog. – Sohn von König H. I.; schloß sich 938 dem Aufstand der Herzöge Eberhard von Franken und Giselbert von Lothringen gegen seinen Bruder König Otto I. an; 948 mit dem bayr. Stammesherzogtum belehnt; 952 erhielt er auch die Mark Verona.

H. II., der Zänker ↑Heinrich II. von Bayern und Kärnten.

H. IV., Herzog, ↑Heinrich II., Kaiser.

H. XI., Herzog, ↑Heinrich II. Jasomirgott, Herzog von Österreich und Bayern.

Bayern und Kärnten:

H. II., der Zänker, * 951, † Gandersheim 28. Aug. 995, Herzog von Bayern (955–976, seit 985), Herzog von Kärnten (seit 989). – Empörte sich 974 gegen Kaiser Otto II. und verlor sein Hzgt.; erhielt (nach Unterwerfung 977) 985 Bayern zurück, 989 Kärnten; besiegte 991 die Ungarn; festigte Bayern außen- wie innenpolitisch.

Bayern und Sachsen:

H. X., der Stolze, * um 1108, † Quedlinburg 20. Okt. 1139, Herzog von Bayern (1126–38), Herzog von Sachsen (1137–39). – Welfe, stellte sich durch seine Heirat mit Gertrud, Tochter Kaiser Lothars III., gegen die Staufer; 1137 vom Kaiser mit dem Hzgt. Sachsen belehnt und als Nachfolger designiert. Verlor seine Reichslehen nach der Wahl des Staufers Konrad III., behauptete sich aber bis zu seinem Tode in Sachsen.

Braunschweig-Wolfenbüttel:

H. Julius, * Schloß Hessen bei Wernigerode 15. Okt. 1564, † Prag 30. Juli 1613, Bischof bzw. Administrator von Halberstadt (seit 1566/78) und Minden (1582–85), regierender Herzog in Wolfenbüttel (seit 1589). – Vertrauter Kaiser Rudolfs II.; Förderer von Wiss. und Kunst; rief 1592 engl. Komödianten an seinen Hof, für die er selbst Stücke mit erzieher. Absicht verfaßte.

Deutscher Orden:

H. von Plauen, * vor 1370, † Lochstädt 9. Nov. 1429, Hochmeister des Dt. Ordens. – Seit 1391 Ordensritter; sicherte nach der Schlacht bei Tannenberg 1410 die Marienburg; 1410 zum Hochmeister gewählt; konnte 1411 mit Polen den 1. Thorner Frieden schließen; beim Versuch der Reorganisation des Ordens 1414 abgesetzt.

England:

H. I. Beauclerc, * Selby (York) 1068, † Lyons-la-Forêt (bei Rouen) 1. Dez. 1135, König (seit 1100). – Jüngster Sohn Wilhelms I., des Eroberers; bemächtigte sich nach dem Tode seines Bruders Wilhelm II. Rufus des Throns; schuf in seinen Gesetzen eine Vorstufe zur Magna Carta libertatum.

H. II. Kurzmantel, * Le Mans 5. März 1133, † Chinon 6. Juli 1189, König (seit 1154). – Sohn des Grafen Gottfried Plantagenet von Anjou und Mathildes, Tochter von König H. I. von England; wurde 1150 Hzg. der Normandie und 1151 Graf von Anjou, erwarb durch seine Heirat mit Eleonore von Aquitanien (1152) große Teile von Frankreich; begr. 1170–73 die engl. Herrschaft in Irland; mußte seit 1171 mehrere Aufstände seiner Söhne abwehren.

H. III., * Winchester 1. Okt. 1207, † Westminster 16. Nov. 1272, König (seit 1216). – Sohn Johanns I. ohne Land; im Verlauf mehrerer Aufstände der Opposition der Barone unter Simon de Montfort bei Lewes (1264) gefangengenommen, durch seinen Sohn Eduard (I.) 1265 wieder befreit.

H. IV., Herzog von Bolingbroke, Herzog von Lancaster, * Bolingbroke (Lincolnshire) 3. April 1367, † Westminster 20. März 1413, König (seit 1399). – Sohn von John of Lancaster, Enkel Eduards III.; stürzte 1399 Richard II. und wurde vom Parlament zum König erhoben; Begr. der Dyn. Lancaster; schlug 1403 eine Rebellion der Barone und den Aufstand des Owen Glendower in Wales nieder.

H. V., * Monmouth 16. Sept. (?) 1387, † Vincennes 31. Aug. oder 1. Sept. 1422, König (seit 1413). – Sohn von König H. IV., nutzte die bürgerkriegsähnl. Wirren im Frankreich Karls VI. zum Eingreifen, siegte 1415 bei Azincourt und besetzte N-Frankreich; im Vertrag von Troyes (1420) als Erbe der frz. Krone und Regent von Frankreich anerkannt.

H. VI., * Windsor 6. Dez. 1421, † London 21. Mai 1471, König (1422–61 und 1470/71). – Sohn von H. V. Seine Minderjährigkeit trug zur Niederlage Englands im Hundertjährigen Krieg bei; im Verlauf der Rosenkriege durch die Niederlage bei Towton (1461) von Eduard IV. verdrängt; 1470 noch einmal erhoben, 1471 aber wieder abgesetzt; starb im Tower.

H. VII., * Pembroke Castle (Wales) 28. Jan. 1457, † Richmond 21. April 1509, König (seit 1485). – Erbe des Hauses Lancaster; landete nach seinem Asyl in Frankreich 1485 mit frz. Truppen in Wales; sein Sieg bei Bosworth über Richard III. sicherte ihm die Krone und beendete die Rosenkriege; heiratete 1486 Eduards IV. Tochter Elisabeth (Haus York), begr. die Dyn. der Tudor.

Heinrich VIII., König von England (Ausschnitt aus einem Gemälde von Hans Holbein d. J., um 1536, Madrid, Palais Villahermosa)

H. VIII., * Greenwich (= London) 28. Juni 1491, † Westminster (= London) 28. Jan. 1547, König (seit 1509). – Sohn von H. VII.; 1509 ∞ mit Katharina von Aragonien, von deren Vater, Ferdinand II., er sich zum Krieg gegen Frankreich bewegen ließ (1512–14); 1513 Sieg bei Guinegate); zugleich Kampf gegen Jakob IV. von Schottland; erneutes Eingreifen in Frankreich 1522–25 und 1543–46 auf seiten des Kaisers. Zunächst papstfreundlich, ließ es H. zum Bruch mit dem Papst kommen, als dieser unter dem Druck des Kaisers die Nichtigkeitserklärung der Ehe mit Karls V. Tante Katharina verweigerte. Nach Annahme der ↑Suprematsakte durch das Parlament (1534) proklamierte sich H. zum Oberhaupt der Kirche von England und forderte den ↑Suprematseid, dessen Verweigerung mit der Todesstrafe bedroht wurde (Opfer u. a. T. More). H., der noch vor der Annullierung seiner 1. Ehe durch den Erzbischof von Canterbury, T. Cranmer, 1533 Anna Boleyn geheiratet hatte, ließ sie 1536 hinrichten und heiratete Jane Seymour, die 1537 nach der Geburt des Thronfolgers Eduard (VI.) starb. Nach der kurzen Ehe mit Anna von Kleve heiratete H. 1540 Catherine Howard, nach deren Hinrichtung (1542) 1543 Catherine Parr, die ihn überlebte.

Frankreich:

H. I., * 1008, † Vitry-aux-Loges bei Orléans 4. Aug. 1060, König (seit 1031). – Sohn Roberts II.; schon 1027 zum König gewählt und als Mitregent eingesetzt; festigte die Stellung des Königtums.

Heinrich III., König von Frankreich (Kupferstich von Thomas de Leu, um 1580)

H. II., *Saint-Germain-en-Laye 31. März 1519, †Paris 10. Juli 1559, König (seit 1547). – Sohn Franz' I., seit 1533 ∞ mit Katharina von Medici; politisch stark beeinflußt von seiner Geliebten Diane de Poitiers (seit 1536) und seinem Jugendfreund Anne de Montmorency; schloß 1552 den Vertrag von Chambord mit der ↑Fürstenverschwörung. Der gegen Karl V. begonnene Krieg mündete in den Frieden von Cateau-Cambrésis (1559).

H. III., *Fontainebleau 19. Sept. 1551, †Saint-Cloud 2. Aug. 1589, König von Polen (1574), König von Frankreich (seit 1574). – Sohn von H. II.; verließ nach dem Tod seines Bruders Karl IX. ohne formale Abdankung 1574 Polen, um den frz. Thron zu besteigen. Nachdem durch den Tod (1584) seines jüngeren Bruders, des Herzogs von Anjou, die Valois ohne Thronfolger waren, so daß H. von Navarra, Führer der Hugenotten, das nächste Anrecht besaß, schloß die Hl. Liga von Péronne 1585 einen Geheimvertrag mit Spanien zur Verhinderung der prot. Thronfolge in Frankreich. Unter dem Druck der Liga erließ H. das Edikt von Nemours (1585) gegen die Hugenotten und begann den 8. Hugenottenkrieg, in dessen Verlauf er aber den Führer der Katholiken, den Herzog von Guise, umbringen ließ und sich mit den Hugenotten verbündete, um das von der Liga beherrschte Paris einzunehmen; bei der Belagerung von dem Dominikanermönch J. Clément ermordet.

H. IV., *Pau 13. Dez. 1553, †Paris 14. Mai 1610, König (seit 1589). – Sohn Antons von Bourbon und Johannas von Albret; wurde als H. III. 1572 König von Navarra, als Kalvinist seit 1581 Führer der Hugenotten. Sein Versuch, 1572 durch Heirat (∞ 1599) mit Margarete von Valois eine Aussöhnung mit der kath. Partei zu erreichen, scheiterte in der ↑Bartholomäusnacht. Nach dem Tod H. III. (1589) beanspruchte H. die Krone, wurde jedoch erst nach seinem Übertritt zum Katholizismus 1593 („Paris ist eine Messe wert") 1594 gekrönt. Unter ihm erfolgte die entscheidende Weichenstellung zum absolutist. Staat; er erreichte eine religiöse Befriedung (Edikt von Nantes 1598) und die Sanierung der Staatsfinanzen (mit seinem leitenden Min. M. de Béthune, Hzg. von Sully). H. wurde von dem Fanatiker François Ravaillac (*1578, †1610) ermordet. – In der Dichtung tritt H. IV. vielfach als toleranter, wohltätiger Volkskönig auf (Voltaire, A. Dumas d. Ä.). H. Mann stellte H. IV. als Sozialpolitiker in den Mittelpunkt seiner Romane „Die Jugend des Königs Henri Quatre" (1935) und „Die Vollendung des Königs Henri Quatre" (1938).

H. (V.), Thronprätendent, ↑Chambord, Henri Charles de Bourbon, Graf von.

Hessen:

H. I., das Kind, *24. Juni 1244, †Marburg a. d. Lahn 21. Dez. 1308, Landgraf (seit 1265). – Sohn Herzog Heinrichs II. von Brabant und der Sophie, Tochter der hl. Elisabeth von Thüringen; erhielt im thüring. Erbfolgestreit (1247–63/64) Hessen und wurde Begründer von Territorium und Dyn.; 1292 Erhebung in den Reichsfürstenstand.

Österreich und Bayern:

H. II. Jasomirgott, †Wien 13. Jan. 1177, Herzog von Österreich, Herzog von Bayern (1143–56). – Babenberger, Sohn Leopolds III. von Österreich; erhielt 1139 die Pfalzgrafschaft bei Rhein, seit 1141 Markgraf von Österreich, seit 1143 als H. XI. Herzog von Bayern. Mußte 1156 zugunsten H. des Löwen auf Bayern verzichten, wofür die Mark Österreich in ein Hzgt. umgewandelt wurde.

Portugal:

H. der Seefahrer (portugies. Henrique o Navegador [ẽ'rrikə u nəvəɣə'ðor], *Porto 4. März 1394, †Sagres (Distrikt Faro) 13. Nov. 1460, Infant von Portugal, Hzg. von Viseu und Herr von Covilhã (seit 1415). – Sohn König Johanns I. von Portugal; zeichnete sich 1415 bei der Eroberung Ceutas aus, dessen Verwaltung und Verteidigung ihm übertragen wurde. Entsandte seit 1418 Schiffe auf Entdeckungsfahrten, die er v. a. aus den Mitteln des Christusordens finanzierte, dessen Großmeister er seit 1420 war. 1427 wurden die Azoren entdeckt. An der westafrikan. Küste umsegelte Gil Eanes erstmals Kap Bojador (1434); die von H. entsandten Karavellen erreichten den Golf von Ar-

guin (1443), Kap Vert (1444, D. Dias), den Senegal und den Gambia (1456). H. schuf die Grundlagen für das spätere portugies. Kolonialreich.

Sachsen:

H. II., Herzog, ↑Heinrich X., der Stolze.

Sachsen und Bayern:

H. der Löwe, *um 1129, †Braunschweig 6. Aug. 1195, Hzg. von Sachsen (1142–80) und Bayern (1156–80). – Welfe; wurde erst 3 Jahre nach dem Tod seines geächteten Vaters H. X. von Bayern und Sachsen mit Sachsen belehnt. Mit dem Reg.antritt seines Vetters, Kaiser Friedrichs I. (1152), schien sich ein welf.-stauf. Ausgleich anzubahnen, doch die Belehnung H. mit Bayern (überdies unter Abtrennung Österreichs als selbständiges Hzgt.) erfolgte erst 1156. In Sachsen, für das er das Recht der Errichtung von Bistümern und der Bischofsinvestitur erhalten hatte, dehnte er seinen Machtbereich bis zur Peene aus und sicherte den Ostseehandel durch Städtegründungen, v. a. von Lübeck und Braunschweig, das Zentrum seiner Herrschaft wurde. Auf der Höhe seiner Macht (Anspruch auf königsgleiche Stellung) überwarf sich H. mit Friedrich I.; 1176 auf dem 5. Italienzug verweigerte er ihm militär. Hilfe. Wieder im Reich, griff Friedrich in die Kämpfe zw. H. und den Gegnern seiner slaw. Expansionspolitik ein und lud die Parteien vor Gericht. Da H. mehreren Vorladungen nicht nachkam, verfiel er 1179 der Acht, 1180 der Aberacht (Neuvergabe seiner Reichslehen). H. ging nach seiner Kapitulation 1181 in die Verbannung nach England; 1194 Rückkehr auf seine Eigengüter um Braunschweig.

Thüringen:

H. Raspe, Landgraf, ↑Heinrich Raspe (Hl. Röm. Reich).

Heinrich der Glîchesaere (H. der Gleisner), mittelhochdt. Dichter der 2. Hälfte des 12. Jh., wohl aus dem Elsaß. – Sein lehrhaftes, satir. Tierepos „Reinhard Fuchs" (auch „Îsingrînes nôt") stellt Fabeln um Reinhart Fuchs und den Wolf Isegrim zus. und geht wohl auf eine unbekannte Fassung des frz. „Roman de Renart" zurück.

Heinrich der Teichner, †um 1380 in Wien, mittelhochdt. Spruchdichter. – Verf. von rd. 730 Reimreden; beklagt Mißachtungen der von Gott gesetzten Ordnung.

Heinrich der Vogler, mittelhochdt. Epiker der 2. Hälfte des 13. Jh. – Wohl Bearbeiter (um 1275) von „Dietrichs Flucht"; die ältere Forschung schrieb ihm auch die „Rabenschlacht" zu.

Heinrich von dem Türlin, mittelhochdt. Epiker vom Anfang des 13. Jh. – Vermutlich aus einem Kärntner Bürgergeschlecht. Von ihm sind zwei Epen überliefert: „Der Mantel", wohl Bruchstück, und „Der aventiure crône" (um 1220), mehrere Abenteuer um den Artusritter Gawain.

Heinrich von Freiberg, mittelhochdt. Epiker vom Ende des 13. Jh., vermutlich aus Freiberg in Sa. – Schuf um 1290 eine Fortsetzung von Gottfried von Straßburgs unvollendetem „Tristan"-Epos (6 900 Verse).

Heinrich von Hesler, mittelhochdt. Dichter der 1. Hälfte des 14. Jh. – Meist mit einem Deutschordensritter Heinricus de Heseler gleichgesetzt. Schrieb die Versdichtung „Evangelium Nicodemi" (um 1300/10).

Heinrich von Meißen, gen. Frauenlob, *Meißen um 1250/60, †Mainz 29. Nov. 1318, mittelhochdt. Lyriker und Spruchdichter. – Fahrender Sänger bürgerl. Herkunft. In der Tradition der höf. Lyrik, eigenwilliger Stilist. Überliefert sind drei Leiche (Minne-, Kreuz-, Marienleich), etwa 450 Spruchstrophen und 13 Lieder in metaphernreicher, oft bewußt dunkler, geblümter Sprache und manierist. Form. Unter seinen bed. Spruchdichtungen gibt es selbstbewußte Streitgedichte. War von großem Einfluß auf die Meistersinger.

Heinrich von Melk, mittelhochdt. Dichter des 12. Jh. – Wahrscheinlich ritterl. Laienbruder in Melk; verfaßte um 1160 das asketisch-weltfeindl. Gedicht „Von des tōdes gehugede" (Erinnerungen an den Tod); zugeschrieben wird ihm das ebenfalls durch scharfe Zeit- und Kirchenkritik geprägte Gedicht „Priesterleben".

Heinrich von Morungen, mittelhochdt. Lyriker vom Ende des 12. und Anfang des 13. Jh. – Wohl Ministeriale

Heinrich der Löwe, Herzog von Sachsen und Bayern (Detail seines Grabmals im Braunschweiger Dom)

Heinrich IV., König von Frankreich (Ausschnitt aus einem Gemälde eines unbekannten Meisters; Florenz, Uffizien)

Heinrich der Seefahrer, Infant von Portugal (Ausschnitt aus dem Sankt-Vinzenz-Altar von Nuno Gonçalves, 1465–67; Lissabon, Museo Nacional de Arte Antigua)

Heinrich

Johann Jakob Wilhelm Heinse

Werner Heisenberg

Hermann Heiß

Helmut Heißenbüttel

des Markgrafen Dietrich IV. von Meißen. Überliefert sind rund 33 Lieder v. a. in oberdt. Handschriften. Sein Werk, das von den frz. Troubadours beeinflußt ist, bildet mit dem Reinmars des Alten und dem Walthers von der Vogelweide den Höhepunkt des mittelhochdt. Minnesangs; in visionärer Schau entwickelt er eine Liebesmystik und Verklärung der Idee der Minneherrin; musikalische Sprachgebung, schwebende Rhythmen (gemischte Daktylen), reich differenzierte Strophenformen und Einbeziehung der Natur zeichnen seine Lyrik aus.

Heinrich von Mügeln, mittelhochdt. Dichter des 14. Jh. – Zeitweise am Hofe Kaiser Karls IV. in Prag, zu dessen Ehren er zwei Sangsprüche und das allegorisierende Reimpaargedicht „Der meide kranz" dichtete; auch Minnelieder, eine lat. und eine dt. Ungarnchronik und eine Psalmenübersetzung.

Heinrich von Ofterdingen, sagenhafter Dichter des 13. Jh. – Erscheint in dem mittelhochdt. Gedicht „Der Wartburgkrieg" (13. Jh.) und wird in einer Bearbeitung eines Heldenepos als Autor genannt; Titelheld von Novalis' Romanfragment „H. von O." (1802).

Heinrich von Rugge, mittelhochdt. Dichter der 2. Hälfte des 12. Jh. – Vermutlich identisch mit Henricus de Rugge, Ministeriale des Pfalzgrafen von Tübingen (bezeugt zw. 1175/1191). Schrieb Minnegedichte sowie den ältesten dt. Kreuzleich.

Heinrich von Segusia (H. von Susa, Hostiensis), * Susa vor 1200, † Lyon 25. Okt. (oder 6. Nov.) 1270, italien. Dekretalist. – 1262 Kardinalbischof von Ostia. Sein Hauptwerk, „Lectura in quinque libros decretalium", ist der ausführlichste Kommentar zu den Dekretalen Gregors IX.

Heinrich von Veldeke, mittelhochdt. Dichter der 2. Hälfte des 12. Jh. – Der Beiname weist auf ein Dorf westlich von Maastricht; über Herkunft und Stand ist nichts bekannt; der ihm beigelegte Titel „meister" läßt auf gelehrte Bildung schließen. Sein ep. Schaffen setzte um 1170 mit einer Verslegende über den limburg. Lokalheiligen „Sanct Servatius" und seinem bed. Hauptwerk, „Eneit", ein. Das Manuskript dieses ersten mittelhochdt. höf. Romans vollendete er um 1190 im Auftrag des späteren Landgrafen Hermann von Thüringen. Es ist eine freie Bearbeitung des frz. „Roman d'Énéas" auf der stoffl. Grundlage von Vergils „Äneis". Vorbildhaft wurde er sowohl durch das ritterl. Ethos als auch durch die Formbeherrschung (reiner Reim, alternierendes Versmetrum).

Heinrich, Willi, * Heidelberg 9. Aug. 1920, dt. Schriftsteller. – Themen seiner unterhaltenden, realist. Romane sind Kriegs- und Nachkriegszeit. – *Werke:* Das geduldige Fleisch (1955, 1977 auch u. d. T. Steiner), Schmetterlinge weinen nicht (1969), So long, Archie (1972), Ein Mann ist immer unterwegs (1978), Männer zum Wegwerfen (1985).

Heinrich-Böll-Preis, Literaturpreis der Stadt Köln (1980–85 unter dem Namen „Kölner Literaturpreis"); wird jährlich (mit 25 000 DM dotiert) für „herausragende Leistungen auf dem Gebiet der deutschsprachigen Literatur" vergeben. Bisherige Preisträger: Hans Mayer (1980), P. Weiss (1981), W. Schnurre (1982), U. Johnson (1983), H. Heißenbüttel (1984), H. M. Enzensberger (1985), E. Jelinek (1986), L. Harig (1987), D. Wellershoff (1988), B. Kronauer (1989), G. de Bruyn (1990), Rainald Goetz (* 1954; 1991), H. J. Schädlich (1992).

Heinroth, Oskar [...ro:t], * Kastel am Rhein (= Wiesbaden) 1. März 1871, † Berlin 31. Mai 1945, dt. Zoologe. – Leiter der Vogelwarte Rossitten. Zus. mit seiner Frau Magdalena verfaßte er das Standardwerk „Die Vögel Mitteleuropas" (3 Bde., 1925–28, Erg.-Bd., 1933).

Heinsberg, Krst. an der dt.-niederl. Grenze, NRW, 35 m ü. d. M., 36 100 E. Chemiefaser-, Elektronik-, Maschinenbau-, Schuhind. – Seit 1255 Stadt, fiel 1483 an Jülich. – Wiederaufgebaut nach Zerstörungen 1944/45 die spätgot. Pfarrkirche Sankt Gangolf (15. Jh.) mit roman. Krypta (um 1130).

H., Kreis in Nordrhein-Westfalen.

Heinse, Johann Jakob Wilhelm, * Langewiesen 15. (16. ?) Febr. 1746, † Aschaffenburg 22. Juni 1803, dt. Schriftsteller. – Vertrat als Dichter im Umkreis des Sturm und Drang eine naturhafte Sinnlichkeit, bes. in seinem Künstlerroman „Ardinghello und die glückseligen Inseln" (2 Bde., 1787), der auch ein wichtiger utop. Staatsroman ist. In „Hildegard von Hohenthal" (R., 1795/96) musiktheoret. Ausführungen; auch Übersetzer, Kunstschriftsteller.

Heinsius, Daniel [niederl. 'hɛinsiʏs], * Gent 9. Jan. (Juni ?) 1580, † Leiden 25. Febr. 1655, niederl. Philologe und Dichter. – Prof. in Leiden; Hg. zahlr. Schriftsteller; beeinflußte mit den „Nederduytsche Poemata" (lat. und niederl. Gedichte, 1616) M. Opitz.

H., Wilhelm ['hainziʊs], * Leipzig 28. Juli 1768, † Gera 1. Okt. 1817, dt. Buchhändler. – Hg. des „Allg. Bücher-Lexikons" (4 Bde., 1793–98) der seit 1700 in Deutschland erschienenen Bücher, bis 1892 weitergeführt (19 Bde.; der letzte Band erschien 1894).

Heintel, Erich, * Wien 29. März 1912, östr. Philosoph. – Schüler R. Reiningers; bemüht um eine Synthese von aristotel. Metaphysik und der Transzendentalphilosophie Kants im Sinne der Hegelschen Dialektik von Substanz und Freiheit. – *Werke:* Hegel und die analogia entis (1958), Einführung in die Sprachphilosophie (1972), Grundriß der Dialektik (2 Bde., 1984/85).

Heintz (Heinz), Joseph, d. Ä., * Basel 11. Juni 1564, † Prag 15. Okt. 1609, schweizer. Maler. – Lange in Rom, dann v. a. in Prag; malte Porträts sowie mytholog. Bilder, Andachtsbilder, Altartafeln in einem höfisch verfeinerten manierist. bis frühbarocken Stil.

Heinz, Joseph ↑ Heintz, Joseph, d. Ä.

H., Wolfgang, * Pilsen 18. Mai 1900, † Berlin (Ost) 30. Okt. 1984, dt. Schauspieler, Regisseur und Theaterleiter. – Spielte unter Jeßner und Reinhardt in Berlin; nach Emigration (1933) am Schauspielhaus in Zürich tätig, leitete 1948–56 mit K. Paryla ein Theater in Wien, 1963–69 Intendant des Dt. Theaters in Berlin.

Heinze, Richard, * Naumburg/Saale, 11. Aug. 1867, † Bad Wiessee 22. Aug. 1929, dt. klass. Philologe. – Prof. u. a. in Leipzig; v. a. Arbeiten über klass. lat. Literatur und röm. Kultur, u. a. „Virgils ep. Technik" (1903), „Von den Ursachen der Größe Roms" (1921).

Heinzelmännchen, eine aus dem verbreitetsten dt. Namen des MA, Heinrich, entwickelte, schon im 16. Jh. gebrauchte Bez. für hilfreiche Zwerge und Hausgeister.

Heirat [zu althochdt. hīrāt, urspr. „Hausbesorgung"], svw. ↑ Eheschließung (↑ Hochzeit).

Heiratsbuch ↑ Personenstandsbücher.

Heiratsschwindel, Betrug (gemäß § 263 StGB) unter Ausnutzung eines Eheversprechens oder einer Eheschließung. H. kann vorliegen, wenn der Täter sich auf Grund eines nicht ernstgemeinten Eheversprechens eine Vermögenszuwendung gewähren läßt oder er anläßlich einer tatsächlich vollzogenen Eheschließung unter Vorspiegelung sonstiger Tatsachen den Partner zum Abschluß eines ihn bevorteilenden Ehevertrages bewegt.

Heiratsurkunde ↑ Personenstandsurkunden.

Heiratsvermittler, svw. ↑ Ehemakler.

Heischeformen, Verbformen, mit denen ein Wunsch oder Befehl ausgedrückt wird, z. B. *Wäre* er doch schon hier!

Heiseler, Bernt von, * Großbrannenberg (Landkreis Rosenheim) 14. Juni 1907, † ebd. 24. Aug. 1969, dt. Schriftsteller. – Sohn von Henry von H.; sein Werk umfaßt zahlr. Gattungen und ist der christl. wie klassizist. Tradition verpflichtet, u. a. „Ahnung und Aussage" (Essays, 1939), „Versöhnung" (R., 1953).

H., Henry von, * Petersburg 23. Dez. 1875, † Vorderleiten (= Soyen, Landkreis Rosenheim) 25. Nov. 1928, dt. Schriftsteller. – Vater von Bernt von H.; in seiner Lyrik anfangs S. George verpflichtet; wandte sich später in Versdramen der klass.-schlichten Form zu; u. a. „Peter und Alexéj" (Trag., 1912); auch Übersetzer (aus dem Russ.).

Heisenberg, Werner [Karl], * Würzburg 5. Dez. 1901, † München 1. Febr. 1976, dt. Physiker. – Prof. in Leipzig, Göttingen, Berlin und München. 1941–45 Direktor des Kaiser-Wilhelm-Instituts für Physik in Berlin, seit 1946 Direktor des Max-Planck-Instituts für Physik und Astrophysik (in Göttingen, seit 1958 in München). H. hat mit seinen fundamentalen Beiträgen zur Atom- und Kernphysik die Entwicklung der modernen Physik nachhaltig beeinflußt. 1925 begründete er mit M. Born und P. Jordan die Quantenmechanik in der Matrizenform. 1927 gelangte H. zur Aufstellung seiner ↑Unschärferelation. 1932 postulierte H. den Aufbau der Atomkerne aus Protonen und Neutronen. Seit etwa 1953 arbeitete er an einer Theorie der Elementarteilchen, aus der alle Elementarteilchen als Lösungen einer einzigen Feldgleichung („H.sche Weltformel") folgen sollten. H. beschäftigte sich auch mit Magnetismus, Höhenstrahlung, Supraleitung. Nobelpreis für Physik 1932.

Heiserkeit, Störung der Stimmbildung (↑Dysphonie), u. U. bis zur Tonlosigkeit der Stimme (Aphonie); meist im Zusammenhang mit einem Infekt der oberen Luftwege.

Heisig, Bernhard, *Breslau 31. März 1925, dt. Maler und Graphiker. – Prof. in Leipzig; beeinflußt von L. Corinth und O. Kokoschka, gestaltet er bes. histor. und zeitgeschichtl. Themen in dynamisch-expressiver Auffassung.

heiß, bei Hunden svw. ↑läufig.

Heiß, Hermann, *Darmstadt 29. Dez. 1897, †ebd. 6. Dez. 1966, dt. Komponist. – Schüler von J. M. Hauer; lehrte in Darmstadt, wo er seit 1955 ein Studio für elektron. Komposition leitete; komponierte konzertante Orchestermusik und Werke für kammermusikal. Besetzungen, seit 1954 v. a. elektron. Musik.

H., Robert, *München 22. Jan. 1903, †Freiburg im Breisgau 21. Febr. 1974, dt. Psychologe und Philosoph. – Seit 1936 Prof. in Köln; seit 1943 in Freiburg im Breisgau. Begründer und Direktor des dortigen Instituts für Psychologie und Charakterologie. Verfaßte u. a. „Die Lehre vom Charakter" (1936), „Allg. Tiefenpsychologie" (1956), „Psycholog. Diagnostik" (1964).

heiße Chemie, Teilgebiet der Radiochemie, das sich mit Stoffen hoher Aktivität und mit chem. Umwandlungen befaßt, die bei Kernreaktionen zustande kommen. Die Arbeit mit derartigen *heißen Substanzen* erfolgt in bes., sog. *heißen Laboratorien*. Extrem radioaktive Stoffe werden in von dicken Wänden abgeschirmten **heißen Zellen** durch die Wand hindurch mit ↑Manipulatoren und Kranen bearbeitet und durch strahlensichere Fenster beobachtet.

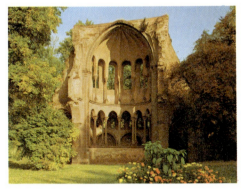

Heisterbach. Ruine der ehemaligen Zisterzienserabtei

Heißenbüttel, Helmut, *Rüstringen (= Wilhelmshaven) 21. Juni 1921, dt. Schriftsteller. – Zählt zu den konsequentesten Vertretern experimentellen Dichtens; vom Dadaismus herkommend, macht H. die Sprache selbst zum Gegenstand seiner Kunst. Wichtig v. a. die Publikationsfolge der „Textbücher" (6 Bde., 1960–67; gesammelt als „Das Textbuch", 1970; 4 weitere Bde., 1985–87), die sog. „Projekte", Hörspiele; auch literaturkrit. und theoret. Arbeiten, „Eichendorffs Untergang u. a. Märchen" (Reportagen, 1978); erhielt 1969 den Georg-Büchner-Preis.

heißer Draht, auf Grund eines Abkommens 1963 in Betrieb genommene direkte Fernschreibleitung zw. den Amtssitzen der Präs. der USA und der Sowjetunion in der Ab-

Bernhard Heisig. Der Zauberlehrling II. Fassung, 1978–81 (Privatbesitz)

sicht zum Informationsaustausch bei friedensgefährdenden Ereignissen; später wurden ähnl. Verbindungen der Sowjetunion mit anderen westl. Staaten eingerichtet.

heißes Geld (engl. hot money), kurzfristig angelegte Gelder auf internat. Geld- und Devisenmärkten, die vorwiegend spekulativen Zwecken dienen und unvermittelt bei entsprechenden Anlässen (z. B. erwarteten Wechselkursveränderungen) abgezogen und an anderer Stelle angelegt werden. Banken versuchen sich vor h. G. oft dadurch zu schützen, daß sie keine Zinsen zahlen, manchmal auch durch Erhebung einer Provision. Die Notenbanken ergreifen oft Devisenbewirtschaftungsmaßnahmen zur Abwehr negativer Einflüsse auf die Binnenwirtschaft.

heiße Zellen ↑heiße Chemie.

Heißgasmotor, svw. ↑Stirlingmotor.

Heißhunger (Hyperorexie), krankhaft vermehrtes, übersteigertes Hungergefühl. Ein gestörtes Eßverhalten mit H.attacken und anschließendem selbstausgelöstem Erbrechen bezeichnet man als **Bulimie.**

Heißlauf, unzulässig starke Erwärmung von Maschinenteilen (Wellen, Lager, Zahnräder usw.) durch Reibung infolge unzureichender Schmierung oder Kühlung.

Heißleiter, elektr. Widerstand aus Halbleitermaterial, das unter Normalbedingungen eine geringe, bei Erwärmung jedoch eine hohe Leitfähigkeit aufweist. Anwendung für Meß- und Regelwerke.

Heißluftbad (Heißluftbehandlung), Anwendung von trockener Heißluft (50–100 °C) zur Behandlung chron. Gelenkerkrankungen oder für Schwitzbäder.

Heißmangel ↑Mangel.

Heißprägen, Verfahren, bei dem durch Wärme- und Druckeinwirkung der Farbstoff einer Prägefolie auf nichtmetall. Werkstoffe übertragen wird.

Heißwasserbereiter, Geräte zur Erzeugung und Speicherung von warmem Wasser. Die H. haben einen allseitig geschlossenen Innenbehälter aus verzinntem Stahl- oder Kupferblech mit einer hochwertigen Wärmedämmung. Die Wärme wird im H. beispielsweise mittels eines Heizaggregats in Form eines Tauchsieders erzeugt. Die maximale Wassertemperatur beträgt etwa 85 °C. – Bei den *drucklosen H.* steht der Innenbehälter nicht unter Wasserleitungsdruck. Die drucklosen Speicher gestatten die Versorgung von ein oder zwei Zapfstellen. Bei den *Druckspeichern* steht der Innenbehälter unter Wasserleitungsdruck (zur Versorgung mehrerer Zapfstellen).

Heister, forstwirtsch. Bez. für junge Laubbäume (noch ohne Krone).

Heisterbach, Cäsarius von ↑Cäsarius von Heisterbach.

Heisterbach, ehem. Zisterzienserabtei (gegr. 1189, in H. seit 1193, 1803 aufgehoben und abgebrochen), heute zu

Königswinter; Blütezeit der Abtei im 13. Jh.; von der bed. frühgot. Kirche (1202–37) ist noch die mächtige Ruine des Chors mit Umgang erhalten.

heiter, in der *Meteorologie* Bez. für eine Bedeckung des Himmels mit Wolken bei einem Bedeckungsgrad von höchstens $1/4$.

Heitersheim, Stadt 8 km sw. von Bad Krozingen, Bad.-Württ., 254 m ü. d. M., 4600 E. Das erstmals 777 gen. H. gehörte zum Breisgau; seit 1272 im Besitz des Johanniterordens, seit 1505 Sitz des Großpriors in Deutschland; 1778 unter österr. Landeshoheit, 1806 an Baden; 1810 Stadtrecht (1952 erneuert). – Ehem. Johanniterschloß (v. a. 16. Jh.; heute Schwesternheim), klassizist. Pfarrkirche (1825–27).

Heitmann, Fritz, *Ochsenwerder (= Hamburg) 9. Mai 1891, †Berlin 7. Sept. 1953, dt. Organist. – Schüler von K. Straube, M. Reger und J. Pembaur; seit 1918 Organist an der Kaiser-Wilhelm-Gedächtniskirche, 1930 Domorganist in Berlin.

Heizelement, der Teil in Elektrowärmegeräten, in dem elektr. Energie in Wärmeenergie umgewandelt wird.

Heizer, Mike (Michael) [engl. ˈhaɪzə], *Berkeley (Calif.) 4. Nov. 1944, amerikan. Künstler. – Vertreter der Land-art und Konzeptkunst; v. a. Projekte in den Wüsten von Nevada und Kaliforniens; seit den 70er Jahren auch Holz- und Steinskulpturen, monochrome Bilder sowie abstrakte Zeichnungen und Graphiken.

Heizgase, brennbare Gase unterschiedl. Zusammensetzung und verschieden hoher Heizwerte, z. B. Erd-, Stadt-, Gicht-, Wasser- und Schwelgas (u. a. Braunkohlengas).

Heizgradtage, klimatechn. Wärmebedarfsberechnungen zugrundegelegte Temperatursumme: die Summe der Differenzen zw. der konstant zu haltenden Raumtemperatur und der Lufttemperatur im Freien (Tagesmitteltemperatur) für alle Tage der gesamten Heizperiode.

Heizkessel, Anlagen zur Erzeugung der Wärme für zentrale Heizungsanlagen u. ä. Die bei der Verbrennung von Kohle, Gas oder Öl entstehende Verbrennungswärme wird an Wärmeträger (Wasser, Wasserdampf) abgegeben und zum Wärmeverbraucher (Heizkörper, Wärmeaustauscher in Lüftungs- und Klimaanlagen) transportiert. Der Wärmeaustausch findet in den H. zw. den heißen Rauchgasen und dem Wärmeträger sowohl durch Konvektion als auch durch Strahlung statt. Bei größer dimensionierten Kesseln nimmt der Strahlungsanteil zu. – Ein H. kann aus mehreren gleichen gußeisernen Gliedern bestehen, die mit zwei Endgliedern zu einem Kessel montiert werden **(Gliederkessel)** oder aus geschweißtem Stahlblech zusammengebaut sein.

Heizkissen, elektrisch erwärmbares Kissen mit allseitig geschlossener, feuchtigkeitsdichter, schmiegsamer Hülle in einem Stoffbezug; im Inneren befindet sich der Heizleiter in einer Isolierumhüllung. Bei leistungsgeregelten H. wird der Heizleiter in drei Stufen (elektr. Leistung meist 15, 30 und 60 W) geschaltet. Bei temperaturgeregelten H. führt ein Heizleiter durch das ganze Kissen; er wird durch einen Regler, der auf drei Abschalttemperaturen (z. B. 60, 70 und 80 °C) einstellbar ist, geschaltet. Die H. haben zusätzlich Sicherheitsregler, die eine Überhitzung verhindern.

Heizkörper, Bestandteil einer [Zentral]heizungsanlage, der die Wärme des Wärmeträgers an den Raum abgibt. Die Wärmeabgabe erfolgt durch Konvektion und Strahlung. **Plattenheizkörper** oder **Flachheizkörper** sind aus glatten oder leicht gewellten Stahlblechplatten zusammengesetzt, die von dazwischenliegenden, Warmwasser führenden Rohren oder Kanälen erwärmt werden. **Radiatoren** aus Gußeisen oder Stahl bestehen aus gleichartigen Gliedern, die in beliebiger Stückzahl zu einem H. montiert werden können. Bei **Konvektoren** werden berippte Rohre in ein Blechgehäuse oder in eine Nische mit Verkleidung derart eingebaut, daß Luft von unten eintritt, sich erwärmt und oben wieder austritt. **Sockelheizkörper** sind berippte, verkleidete Rohre, die im ganzen Raum wie Fußleisten angebracht sind.

Heizkostenverteiler, svw. ↑Verdunstungsmesser.

Heizlüfter, elektr. Heizgerät, bei dem Luft angesaugt, über Heizspiralen geleitet und dann erwärmt in den Raum abgeblasen wird.

Heizöle, bei der Aufbereitung von Erdöl, Schieferöl oder Braunkohlen- und Steinkohlenschwelteeren anfallende flüssige Brennstoffe, nach dem Grad ihrer Viskosität in vier Sorten untergliedert. Ihr Heizwert liegt bei $42 \cdot 10^6$ J/kg.

Heizölsteuer ↑Mineralölsteuer.

Heizstrom, allg. der durch ein Heizelement fließende elektr. Strom, der dieses durch Entwicklung von Joulescher Wärme aufheizt; i. e. S. der durch den Heizdraht einer Elektronenröhre fließende Strom, dessen Stromstärke durch die angelegte Spannung **(Heizspannung)** und den elektr. Widerstand des Drahtes festgelegt ist.

Heizung, allg. eine Vorrichtung oder Anlage zum Erwärmen (Aufheizen) von Stoffen, Geräten u. a.; i. e. S. Sammelbez. für Vorrichtungen und Anlagen mit der Aufgabe, Räume aller Art zu erwärmen. Eine H.anlage besteht im wesentlichen aus der Wärmeerzeugungsanlage und den zur Wärmeabgabe bestimmten Teilen, die bei Einzel-H. jeweils örtlich zusammengefaßt sind, bei der Zentral- und Fern-H. sich an verschiedenen Orten befinden. Wärme wird entweder durch Verbrennung von Kohle, Gas, Öl oder durch Umwandlung von elektr. Energie erzeugt. Die Wärme nimmt ein Wärmeträger (Wasser, Dampf, Luft) auf und transportiert sie zum Heizkörper, der sie an den Raum abgibt. Verwendet man Brennstoffe, übernimmt ein Schornstein die Abführung der Verbrennungsgase (Rauchgase).

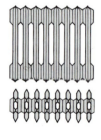

Heizkörper. Oben: Radiator. Unten: Plattenheizkörper (jeweils von vorn und von oben gesehen)

Heizkessel. Schnittzeichnung eines Niedertemperatur-Gußeisenheizkessels für Gas (links) und eines Niedertemperatur-Stahlheizkessels für Heizöl (rechts)

Einzelheizung: Einfachste und älteste Form der H. Die Heizstelle, der Ofen, befindet sich unmittelbar in dem Raum, der beheizt werden soll, und gibt Wärme durch Konvektion oder Strahlung ab. Die Öfen unterscheidet man nach *Baustoffen* (Kachelofen, eiserner Ofen) oder nach

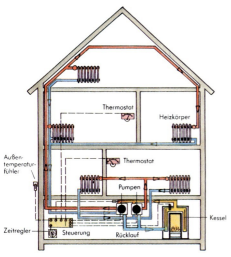

Heizung. Schematische Darstellung einer Zentralheizungsanlage mit elektronischer Temperaturregelung

Brennstoffen bzw. *Energieart* (Kohle-, Gas-, Ölofen, elektr. Ofen). Der **Kachelofen** zählt zu den Speicheröfen. Die Ummantelung nimmt Wärme auf und gibt sie vorwiegend durch Konvektion in den Raum ab. **Eiserne Öfen** haben einen mit Schamottesteinen ausgekleideten Stahlmantel. Man unterscheidet Öfen mit oberem Abbrand (Durchbrandofen) und Öfen mit unterem Abbrand (Unterbrandofen). Im **Gasofen** werden Heizgase (Stadt-, Raffinerie-, Propan-, Erdgas) verbrannt. Man unterscheidet Strahlungsöfen und Konvektionsöfen. In **Strahlungsöfen** erhitzt die Gasflamme Heizflächen aus Metall oder Schamotte, die Wärme abstrahlen. **Konvektionsöfen** werden als Gliederöfen oder vorwiegend als Kaminöfen gebaut; Wärmeabgabe über Wärmeaustauscher durch Konvektion. Die erwärmte Luft steigt infolge ihrer geringeren Dichte nach oben. In **elektrischen Öfen** wird mittels Widerstandsdrähten elektr. Energie in Wärmeenergie umgewandelt. *Strahlungsheizkörper* sind Heizsonne, Wand- und Deckenstrahler. Zu den Konvektionsheizkörpern gehören *Heizlüfter* (Ventilatorheizöfen) und *Nachtstrom-Speicheröfen*. Diese werden mit Nachtstrom zu Niedrigtarifen während der sog. Schwachlastzeiten zw. 22 und 6 Uhr aufgeheizt, und der isolierte Wärmespeicher (Temperatur bis 650 °C) gibt tagsüber die Wärme wieder ab. Die Konvektion wird mit einem Ventilator erzwungen. **Ölöfen** enthalten einen Verdampfungsbrenner, dem eine regelbare Menge Heizöl zugeführt wird. Die Verbrennungswärme nimmt ein Heizmantel auf und gibt er seinerseits vorwiegend durch Konvektion an die Umgebung ab.
Zentralheizung: H., bei der die einzelnen Räume von einer zentralen Feuerstelle mit Wärme versorgt werden. Weitaus am häufigsten ist die **Warmwasserheizung.** An der tiefsten Stelle des Gebäudes (bei der **Etagenheizung** auf demselben Stockwerk) befindet sich ein Heizkessel, der mit Kohle, Öl oder Gas beheizt wird. Wasser wird auf ca. 90 °C erwärmt (in einer **Druckheizung** oder **Heißwasserheizung** auf 110 °C) und durch Rohrleitungen zu den Heizkörpern gefördert. Bei der **Schwerkraftheizung** erfolgt der Kreislauf des Wassers infolge des unterschiedl. spezif. Gewichts zw. erwärmtem (Vorlauf) und abgekühltem Wasser (Rücklauf). Nach Art des Wasserumlaufs unterscheidet man Schwerkraft- und Pumpenheizung. Bei gro-

ßen hohen Gebäuden wird die **Pumpenheizung** angewendet. Hierbei wird das Wasser mit einer elektr. Pumpe umgewälzt *(Umwälzpumpe).*
Bei der **Dampfheizung** wird als Wärmeträger Wasserdampf verwendet, der in einem Kessel erzeugt und durch Rohrleitungen zu den Heizkörpern transportiert wird. Im Heizkörper kondensiert der Dampf unter Wärmeabgabe *(Kondensationswärme).* Das Kondensat fließt zum Kessel zurück. – Bei der **Warmluftheizung** werden mehrere Räume gleichzeitig meist von einem zentral gelegenen Kachelofen über Luftkanäle beheizt.
Zur Flächenbeheizung von Innenräumen oder Freiflächen (Fahrbahn, Gehweg, Flugplätze) eignet sich bes. die **Fußbodenheizung.** Elektrisch beheizte Heizmatten oder warmwasserführende Kunststoffrohre werden dazu direkt in den Estrich, Mörtel oder Beton eingebaut.
Die nach dem Prinzip einer Kältemaschine arbeitende ↑Wärmepumpe wird meist in eine vorhandene Zentral-H. integriert. Zur zentralen H. ganzer Gebäudegruppen dient die **Fernheizung.** Von einer zentralen Heizstelle aus werden die Gebäude durch Rohrleitungen mit Wärme versorgt. Als Wärmeträger dienen Heißwasser oder Dampf.
Geschichte: Die älteste Form der Einzel-H. war das mit Holz beschickte offene Herdfeuer. Im 10. Jh. gab es erstmals in M-Europa geschlossene Feuerstätten aus Steinen oder Lehm mit Rauchgasabführung durch einen Kamin. Vom 14. Jh. an verwendete man Kachelöfen, im 17. Jh. kamen eiserne Öfen auf. Die erste Zentral-H. war das röm. Hypokaustum. Von ähnl. Bauart war die Steinluft-H. (in Deutschland seit dem 12. Jh.); Steine gaben nach Erlöschen des Feuers ihre Wärme ab. Die Ofen-Luft-H. (etwa seit dem 18. Jh.) hatte einen gemauerten Ofen im Keller. Die Dampf-H. wurde um 1750 in Großbritannien erfunden. In den USA setzte man seit 1880 gußeiserne Radiatoren ein. Mitte des 18. Jh. wurde in Frankreich die erste Warmwasser-H. gebaut. In Dresden entstand um 1900 die erste Stadt-H. (Fernheizung).

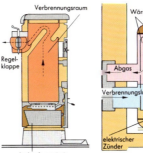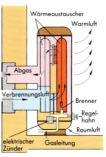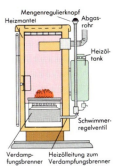

Heizung. Links: eiserner Durchbrandofen. Mitte: Gasofen mit Außenluftzufuhr und Wärmeaustauschern. Rechts: Ölofen mit Verdampfungsbrenner

Heizwert, der Quotient aus der bei vollständiger und vollkommener Verbrennung einer bestimmten Masse (in kg) bzw. Stoffmenge (in mol) eines festen oder flüssigen Brennstoffs frei werdenden Wärmemenge (negative Reaktionsenthalpie) und seiner Masse bzw. Stoffmenge (**spezifischer** bzw. **molarer Heizwert;** früher auch **unterer Heizwert** gen.). Dabei wird vorausgesetzt, daß die Temperatur des Brennstoffs vor dem Verbrennen und die der entstehenden Verbrennungsprodukte 25 °C beträgt, daß das vor dem Verbrennen vorhandene und das bei der Verbrennung entstehende Wasser in dampfförmigem Zustand bei 25 °C vorliegt (im Unterschied zum früher als **oberer Heizwert** bezeichneten, die Kondensationswärme der Gesamtwassermenge einschließenden **Brennwert**), daß die Verbrennungsprodukte des im Brennstoff enthaltenen Kohlenstoffs und Schwefels als Kohlendioxid und Schwefeldioxid in gasförmigem Zustand vorliegen und daß eine Oxidation vorhandenen Stickstoffs nicht erfolgt.

Hekabe

Al Held. Roberta's Trip III, 1987 (Privatbesitz)

Heinrich Held

Martin Held

Karl Helfferich

Hekabe (lat. Hecuba), Gestalt der griech. Mythologie. Gemahlin des Königs Priamos von Troja, Mutter u. a. von Paris, Hektor, Polydoros, Polyxene und Kassandra.

Hekataios von Abdera, griech. Schriftsteller um 300 v. Chr. – Sein Werk „Über die Ägypter" – nur durch Auszüge Diodors bekannt – stellt den Ptolemäerstaat als Idealstaat dar; in dem utop. Roman „Über die Hyperboreer" wird ein fiktiver Staat geschildert.

Hekataios von Milet, *um 560, †um 480, griech. Geograph und Historiograph. – Schüler Anaximanders, bereiste und beschrieb große Teile der bekannten Welt. In vier Büchern „Genealogien" versuchte er, Mythisches in ein chronolog. System zu bringen.

Hekate, griech. Göttin der Zauberei und des Spukwesens; urspr. wohl eine mächtige kleinasiat. Muttergottheit; oft in [verwandtschaftl.] Beziehung zu Artemis gesetzt.

hekato..., Hekato... [griech.], Bestimmungswort von Zusammensetzungen mit der Bed. „hundert", z. B. Hekatombe.

Hekatombe [griech., zu hekatón „hundert" und boũs „Rind"], urspr. das Opfer von 100 Tieren, dann jedes große Opfer, später auch Bez. für große Menschenverluste.

Hekatoncheiren, in der griech. Mythologie erdgeborene Riesen mit hundert Armen und fünfzig Köpfen; unterstützen Zeus im Kampf gegen Kronos und die Titanen.

Hekla, Vulkan im südl. Island, 1 491 m hoch.

Hektar [frz.], Einheitenzeichen ha, Flächeneinheit; 1 ha = 100 a = 10 000 m².

hektisch [zu griech. hektikós „eine Eigenschaft habend", „geübt"], fieberhaft, aufgeregt, von krankhafter Betriebsamkeit.

hekto..., Hekto... [griech.-frz.], Vorsatz bzw. Bestimmungswort von Zusammensetzungen mit der Bed. hundert[fach]; Vorsatzzeichen h.

Hektographie, veraltetes Vervielfältigungsverfahren für Schriftstücke und Zeichnungen, bei dem eine Spezialdruckfarbe von einem Trägermedium übertragen wird. Von dieser Druckform lassen sich durch Feuchtung (z. B. mit Alkohol) Abdrucke herstellen.

Hektoliter, Einheitenzeichen hl, eine Volumeneinheit (Hohlmaß); 1 hl = 100 l.

Hektopascal, Einheitenzeichen hPa, das 100fache der Druckeinheit ↑Pascal; 1 hPa entspricht 1 mbar.

Hektor, Gestalt der griech. Mythologie; ältester Sohn des Königs Priamos von Troja und der Hekabe, Bruder des Paris, Gemahl der Andromache, Vater des Astyanax. Im Trojan. Krieg ist H. Führer und tapferster Held der Trojaner, den selbst Achilleus achtet, und Liebling des Apollon. Tötet Patroklos, wofür er von Achilleus erschlagen und um das Grab des Patroklos geschleift wird.

Hel [altnord.] (Niflheim, Niflhel), in der german. Mythologie eines der Totenreiche, das unter den Wurzeln der Weltesche Yggdrasil gelegen ist. Personifiziert ist H. Göttin des Totenreiches.

Hela, Halbinsel, 34 km lange Nehrung (Landschaftsschutzgebiet) an der Ostseeküste Polens, trennt das **Putziger Wiek**, einen Teil der Danziger Bucht, von der Ostsee.

Helbling, Münzbez., ↑Hälbling.

Held, Al, *New York 12. Okt. 1928, amerikan. Maler. – Wichtiger Vertreter der Farbfeldmalerei in den USA. Große Kompositionen mit dynam. Bildarchitekturen zw. räuml. Illusion und linearer Abstraktion.

H., Heinrich, *Erbach (Rheingau) 6. Juni 1868, †Regensburg 4. Aug. 1938, bayr. Politiker. – 1918 Mitbegr. der Bayer. Volkspartei (BVP); 1924–33 bayr. Min.präs.; vertrat einen entschiedenen Föderalismus, namentlich auch während der Ära Brüning; schloß 1925 ein Konkordat; auch publizistisch tätig.

H., Kurt, eigtl. K. Kläber, *Jena 4. Nov. 1897, †Sorengo (Tessin) 9. Dez. 1959, dt. Schriftsteller. – Setzte sich in seinem Frühwerk (Lyrik, Novellen, Romane) mit der Verelendung des Proletariats auseinander. Seit 1924 ∞ mit L. Tetzner; 1928 Gründungsmgl. des Bundes proletarisch-revolutionärer Schriftsteller. Emigrierte 1933 in die Schweiz. Bes. Beachtung fanden seine Jugendbücher, u. a. „Die rote Zora und ihre Bande" (1941).

H., Louis, *Berlin 1. Dez. 1851, †Weimar 17. April 1927, dt. Photograph. – Bahnbrechend auf dem Gebiet der Bildberichterstattung.

H., Martin, *Berlin 11. Nov. 1908, †Berlin 31. Jan. 1992, dt. Schauspieler. – Hatte in Berlin mit der Darstellung des Wehrhahn in G. Hauptmanns „Biberpelz" 1951 seinen ersten bed. Erfolg; distanziert-iron. Spielweise, komödiant. Begabung; Filmrollen u. a. in „Rosen für den Staatsanwalt" (1959), „Die Ehe des Herrn Mississippi" (1961), „Der Pfingstausflug" (1978).

Held, urspr. der sich durch Tapferkeit und Kampfgewandtheit auszeichnende Mann, insbes. in den german. Sagen der berühmte Krieger einer Schlacht. Allgemein dann eine Person, die den Mittelpunkt einer Begebenheit oder Handlung bildet (z. B. die Hauptperson in Drama, Film und Roman) oder durch vorbildl., selbstloses Handeln Anerkennung und Bewunderung hervorruft (↑Heros); auch untergliedertes Rollenfach im Theater.

Heldbock (Großer Eichenbock, Spießbock, Riesenbock, Cerambyx cerdo), mit 3–5 cm Länge größter Bockkäfer in Europa und W-Asien; Körper und Flügeldecken schwarzbraun mit gerunzeltem, seitlich bedorntem Halsschild und überkörperlangen Fühlern. Die Larven werden v. a. in Eichen schädlich.

Held der Arbeit, Ehrentitel, 1950 gestiftete staatl. Auszeichnung in der ehem. DDR.

Heldenbuch, handschriftliche oder gedruckte Sammlungen von Heldendichtungen des 15. und 16. Jh., die oft späte Fassungen der mittelhochdt. Heldenepen in der Form des Volksbuchs überliefern.

Heldenepos, die Bez. H. ist in Unterscheidung zum höf. Epos oder der ↑Spielmannsdichtung oder auch dem Kunstepos (Ariosto, Tasso, Klopstock) ein Synonym für das Epos in strengem Sinn, das histor. Geschehen und z. T. auch myth. Überlieferung reflektiert und sich um Heldengestalten kristallisiert. Alle frühen Epen sind Heldenepen: „Gilgamesch-Epos", „Mahabharata", „Ramajana" sowie „Ilias" und „Odyssee", vorbildlich für zahlr. hellenist. und röm. E., ma. geistl. Epen und z. T. die Episierungen german. Heldenlieder („Waltharius", „Beowulf"). Bes. sind die Heldenepen des MA zu nennen, die frz. Chansons de geste und das mittelhochdt. „Nibelungenlied". – ↑Epos.

Heldenlied, gegenüber dem literar. ↑Heldenepos stellt das H. die ältere Form der Heldendichtung dar und ist eigtl. mündl. Dichtung. Das H. konzentriert sich auf die Höhepunkte der Handlung und hat episch-dramat. Charakter. Die Personenzahl ist reduziert. Der Text liegt nicht unbedingt fest und zeigt ein schlichtes Metrum. – Von diesen internat. nachweisbaren „rhapsod." H. unterscheiden sich die aus dem frühen und hohen MA erhaltenen Denkmäler german. H.dichtung („Hildebrandslied", „Finnsburglied" und die H. der altnord. Literatur [„Edda"]). Die metr. Form ist der Stabreimvers. Ein großer Teil der Eddalieder wird der **Heldenballade** zugerechnet, die v. a. in der ma. dän. Volksdichtung bezeugt ist, eine stark lyr. Gattung (z. B. Klagelieder).

Heldensage, v. a. in Heldenlied und Epos fixierte Sage. Die H.überlieferung der einzelnen Völker ordnet sich meist zyklisch zu Sagenkreisen, in deren Mittelpunkt jeweils ein überragender Held oder göttl. Heros bzw. ein ganzes Geschlecht steht, z. B. Gilgamesch, Rama, Herakles, Theseus, Perseus, die Argonauten, die Labdakiden (Ödipus), die Atriden, Achilleus, Odysseus, Äneas, Siegfried und die Nibelungen, Dietrich von Bern (Theoderich), König Artus, Karl d. Gr., der Cid u. a. Der H. stehen die isländ. Sögur († Saga) nahe.

Helder, Den, niederl. Hafenstadt am Marsdiep, 62 100 E. Größter Marinehafen des Landes, Werftind., Fischereihafen; Marinemuseum; ⚓. – D. H. entstand um 1500 auf der Insel Huisduinnen und wurde mehrfach weiter landeinwärts verlegt.

Heldt, Werner, *Berlin 17. Nov. 1904, †Sant'Angelo auf Ischia 3. Okt. 1954, dt. Maler und Zeichner. – Sein Hauptthema ist die Berliner Stadtlandschaft.

Helena, Gestalt der griech. Mythologie (die schöne H.); entstammt einer Verbindung von Zeus mit Leda, Frau des myken. Prinzen Menelaos. Ihre Entführung löst den Trojan. Krieg aus († Troja). H. war urspr. eine (wohl minoische) Vegetationsgöttin.

Helena (Flavia Julia H.), hl., *Drepanon (Bithynien) um 250, †Rom oder Nikomedia (= İzmit) wohl 329, Mutter Konstantins I., d. Gr. – War etwa 270–85 Konkubine Konstantius' I., durch ihren Sohn Konstantin 325 zur Augusta erhoben; seit 312 Christin; die Legende schreibt ihr die Auffindung des Hl. Kreuzes zu.

Helena [engl. ˈhɛlɪnə], Hauptstadt des B.-Staats Montana, USA, im O der Rocky Mountains, 1 270 m ü. d. M., 24 300 E. Sitz eines kath. und eines anglikan. Bischofs; College; Nahrungsmittelind., Erzaufbereitung. – 1889 Hauptstadt des Bundesstaates. – Klassizist. State Capitol (1899–1911), neugot. Kathedrale (1908–24).

Helenenkraut † Alant.

Helfferich, Karl, *Neustadt an der Weinstraße 22. Juli 1872, †Bellinzona 23. April 1924 (Eisenbahnunglück), dt. Politiker. – 1908–15 Vorstandsmgl. der Dt. Bank, seit 1910 Mgl. der Zentralausschusses der Reichsbank; als Staatssekretär des Reichsschatzamtes Leiter der Reichsfinanzpolitik seit 1915; 1916/17 Vizekanzler und Leiter des Reichsamts des Innern; Juli/Aug. 1918 dt. diplomat. Vertreter in Moskau; seit 1920 im Reichstag einer der Führer der DNVP (Finanzexperte und Agitator gegen die „Erfüllungspolitik" der Weimarer Koalition); erzwang 1920 den Rücktritt von M. Erzberger; die Schaffung der Rentenmark ging u. a. auf seine Vorschläge zurück.

Helfta, Stadtteil von Eisleben, Sa.-Anh., ehem. Zisterzienserinnenkloster (seit 1258), im 13. Jh. ein Zentrum der dt. Frauenmystik.

Helgoland, Insel in der Dt. Bucht (Nordsee), 65 km nw. von Cuxhaven, zu Schl.-H., 2,09 km², 1 800 E. Zollfreigebiet; Seebad. Besteht aus einem Buntsandsteinsockel mit steiler Kliffküste, bis 61 m ü. d. M., und der 1,5 km entfernten Düne. Hummerfischerei; Vogelwarte, Meeresbiolog. Anstalt, Wetterstation, Hafen. – Seit 1402 beim Hzgt. Schleswig und seit 1490 beim Gottorfer Anteil; 1714 von Dänemark, 1807 jedoch von Großbritannien besetzt (vertragsgemäß britisch seit 1814). 1826 Gründung des Seebades. Seit 1890 dt. und zum stark befestigten Marinestützpunkt ausgebaut (militär. Anlagen nach 1919 zerstört, nach 1933 erneuert). Am 18. 4. 1945 stark zerstört. 1945–52 Übungsziel der brit. Luftwaffe, danach bis 1960 Wiederaufbau.

Helgoland-Sansibar-Vertrag, am 1. Juli 1890 zw. dem Dt. Reich und Großbritannien abgeschlossener Vertrag, durch den Kolonialstreitigkeiten beider Staaten in O- und SW-Afrika sowie Togo bereinigt wurden. Deutschland erhielt einen Zugang zum Sambesi (sog. Caprivizipfel) und (für die Anerkennung der brit. Kolonialherrschaft über Sansibar) Helgoland, das durch Reichsgesetz (1890) preußisch wurde.

Heliaden † Phaethon.

heliakisch [griech.], auf die Sonne bezüglich.

Heliand, anonym überliefertes altsächs. Epos, wohl um 830 entstanden. Stellt in fast 6 000 Stabreimversen die Lebensgeschichte Christi (altsächs. H. für Heiland) dar nach dem Vorbild der „Evangelienharmonie" des Syrers Tatian.

Helianthemum [griech.], svw. † Sonnenröschen.

Helianthin [griech.], svw. † Methylorange.

Helianthus [griech.], svw. † Sonnenblume.

Helichrysum [griech.], svw. † Strohblume.

Werner Heldt. Gewitternachmittag an der Spree, 1951 (Privatbesitz)

Heliconia [griech.-lat.], Gatt. der Bananengewächse mit rd. 150 Arten im trop. Amerika; mehrjährige Kräuter mit einem aus Blattscheiden gebildeten Scheinstamm.

Helikon, Kalkgebirge (mehrere Ketten) in Griechenland, zw. dem Golf von Korinth und der Kopais, 1 748 m hoch. In der Mythologie Sitz der Musen.

Helikon [griech.], Blechblasinstrument; eine Baß- oder Kontrabaßtuba († Tuba) in kreisrund gewundener Form, wird beim Spiel über die Schulter gehängt; v. a. in der Militärmusik verwendet. – † Sousaphon.

Helikopter [frz.-engl., zu griech. hélix „Windung" und pterón „Flügel"], svw. † Hubschrauber.

helio..., Helio... [griech.], Bestimmungswort von Zusammensetzungen mit der Bed. „Sonne".

Heliodor, †nach 175 v. Chr., Jugendfreund und (seit 187) Staatskanzler Seleukos' IV. – Erhob persönlich in Jerusalem Kontributionen, was jüd. Animosität gegen die seleukid. Dyn. erregte. Sein Angriff auf den Tempelschatz

Helgoland. Luftaufnahme der Hauptinsel (unten) und der Düne (oben)

Heliodor

(2. Makk. 3) ist historisch nicht erwiesen. Ermordete 175 Seleukos IV.; wurde von Antiochos IV. vertrieben.

Heliodor von Emesa, griech. Schriftsteller des 3. Jh. n. Chr. – Schrieb den vielgelesenen Roman „Aithiopiká" (Äthiop. Geschichten; 10 Bücher), einen kunstvoll gebauten Liebes- und Abenteuerroman, der von einer neuen, schlichten Frömmigkeit erfüllt ist.

Heliodor [zu griech. hélios „Sonne" und dōron „Geschenk"] ↑ Beryll.

Heliogabalus ↑ Elagabal.

Heliographie, in der Drucktechnik Bez. für verschiedene ältere Lichtpaus- und Kopierverfahren.

Heliogravüre (Photogravüre) ↑ Drucken.

Heliolites [griech.], Gattung fossiler Korallen; vom oberen Silur bis zum Mitteldevon weltweit verbreitet; bildeten massive, etwa halbkugelförmige Kolonien.

Heliopolis, altägypt. Stadt, im NO des heutigen Kairo. – Die antike Stadt **Heliupolis** (im A.T. **On**) lag 4 km nw. vom heutigen H.; im Altertum bed. religiöses Zentrum Ägyptens mit berühmtem Sonnenheiligtum. H. ↑ Baalbek.

Helios. Helios B während einer technischen Überprüfung

Helios, griech. Sonnengott. Sohn der Titanen Hyperion (mitunter selbst ein Beiname des H.) und Theia, Bruder von Selene und Eos, Gemahl der Perse, in einigen Überlieferungen auch seiner Schwester. H. galt auch als Gott der Wahrheit und als Hüter und Garant der Ordnung.

Helios [griech.], Bez. für ein dt.-amerikan. Raumfahrtprojekt zur Erforschung der Sonne; H.A wurde am 10. Dez. 1974, H. B am 15. Jan. 1976 gestartet.

Heliostat [griech.] ↑ Zölostat.

Heliotechnik [griech.], Wissenschaftsgebiet, das sich mit der Energieumformung aus Sonnenstrahlung befaßt.

Heliotherapie, Anwendung des Sonnenlichts, bes. seiner Ultraviolettstrahlung, zur Behandlung von Krankheiten.

Heliotrop [zu griech. hélios „Sonne" und trépein „wenden"] (Sonnenwende, Heliotropium), Gatt. der Rauhblattgewächse mit mehr als 250 Arten in den Tropen und Subtropen sowie in den wärmeren gemäßigten Gebieten; Kräuter oder Halbsträucher mit kleinen, achselständigen oder in Wickeln stehenden Blüten. In Deutschland kommt nur die weiß-bläulich blühende, einjährige **Europäische Sonnenwende** (**Skorpionskraut,** Heliotropium europaeum) vor. Verschiedene mehrjährige Arten sind beliebte Topf- und Gartenpflanzen.

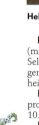

Heliotrop. Europäische Sonnenwende (Höhe 15–50 cm)

Heliotrop [griech.] ↑ Jaspis.
Heliotropismus ↑ Tropismus.

heliozentrisch, auf die Sonne als Mittelpunkt bzw. auf den Mittelpunkt der Sonne bezogen, z. B. das **heliozentrische System** des ↑ Kopernikus, bei dem die Sonne das Zentrum des Planetensystems bildet.

Helium [zu griech. hélios „Sonne" (wegen der zuerst im Sonnenspektrum entdeckten Spektrallinien)], chem. Symbol He; gasförmiges Element aus der Gruppe der Edelgase des Periodensystems der chem. Elemente. Ordnungszahl 2; relative Atommasse 4,00260. Das farblose, einatomige Edelgas hat eine Dichte von 0,1785 g/l, Schmelzpunkt (bei 2,5 MPa) −272,2 °C; Siedepunkt −268,934 °C. H. ist die einzige bekannte Substanz, die keinen ↑ Tripelpunkt besitzt und am absoluten Nullpunkt flüssig bleibt; sie wird aber fest (gefriert) unter äußerem Druck. Natürl. Isotope sind He 3 und He 4, die bei 3,2 K bzw. 4,2 K flüssig werden. Das flüssige He 4 tritt in zwei Modifikationen auf: oberhalb von 2,184 K in Form des *Helium I* und unterhalb dieses Umwandlungspunktes in Form der Tieftemperaturmodifikation *Helium II* (supraflüssiges H.), die die Eigenschaft der ↑ Suprafluidität besitzt. Chemisch ist H. außerordentlich reaktionsträge und bildet unter normalen Bedingungen keine Verbindungen. H. ist innerhalb der Erdatmosphäre und der Erdkruste ein außerordentlich seltenes Element, im Weltall aber nach Wasserstoff das zweithäufigste.

Heliummethode, Methode zur Altersbestimmung von Gesteinen: Vergleich des Gehalts an Uran oder Thorium mit der Menge an eingeschlossenem Helium, das durch radioaktiven Zerfall daraus hervorgegangen ist.

Helix [griech. „Windung, Spirale"], Gatt. großer, auf dem Lande lebender Lungenschnecken, darunter die ↑ Weinbergschnecke.

▷ in der *Anatomie* Bez. für den äußeren, umgebogenen Rand der menschl. Ohrmuschel.

Helixstruktur, wendelförmige Anordnung der Bausteine von Makromolekülen, die durch Bindungskräfte (z. B. Wasserstoffbrückenbindungen) zw. benachbarten Windungen stabilisiert ist. Sie tritt u. a. bei den Polynukleotidketten der Nukleinsäuren und den Polypeptidketten der Proteine auf sowie als Doppelhelix bei der DNS.

Helizität [griech.], innere Eigenschaft von Elementarteilchen der Ruhmasse Null (Photonen, Neutrinos); die H. ist $+s$ bzw. $-s$, wenn die Projektion des Spinvektors (vom Betrag s) auf die Bewegungsrichtung des Teilchens dieser gleich- bzw. entgegengerichtet ist.

helkogen [griech.], aus einem Geschwür entstanden; z. B. Magenkrebs.

helladische Kultur [griech./dt.], Frühkultur des griech. Festlandes. 1. *Frühhellad. K.* (etwa 2500–1900): kupferzeitliche Kultur, handgemalte Keramik, mattglänzend, schwarzbraun überzogen, später rot bis gelbweiß. 2. *Mittelhellad. K.* (etwa 1900–1570): unbemalte „grau-minyische" (nach dem sagenhaften Volk der Minyer) Keramik und eine

Helladische Kultur. Frühhelladische Schnabeltasse aus Attika, 2200–2000 v. Chr. (Athen, Archäologisches Nationalmuseum)

Helldunkelmalerei. Rembrandt, Der Segen Jakobs, 1656 (Kassel, Staatliche Kunstsammlungen)

mit geometr. Streifen und schraffierten Feldern mattbemalte Gattung. Unter zunehmendem minoischen Einfluß entwickelte sich 3. die *späthellad. K.*, die ↑mykenische Kultur. – ↑ägäische Kultur.

Hellanodiken [griech.], Kampfrichter bei den antiken Olymp. und Nemeischen Spielen.

Hellas, antike Bez. für das festländ. Griechenland; die Bewohner hießen **Hellenen**.

Hellbrunn, Barockschloß mit Park und berühmten Wasserspielen (seit 1921 zu Salzburg). Für Erzbischof Markus Sittikus von Hohenems 1613–19 von S. Solari errichtet.

Helldorf, Wolf [Heinrich] Graf von, * Merseburg 14. Okt. 1896, † Berlin 15. Aug. 1944 (hingerichtet), dt. Politiker. – Mgl. der NSDAP; seit 1925 MdL in Preußen; 1935–44 Polizeipräs. von Berlin; seit 1938 in umstrittenen Beziehungen zur Widerstandsbewegung um Goerdeler, sollte am 20. Juli 1944 in Berlin die Verhaftung der NS-Machthaber leiten.

Helldunkelmalerei (italien. Chiaroscuro, frz. Clair-obscur), in der Malerei seit dem 16. Jh. im Zusammenhang mit der Entwicklung des Beleuchtungslichtes ausgebildete Gestaltungsweise. H. diente Caravaggio zur stärkeren Durchbildung der plast. Form und Klärung der räuml. Verhältnisse, später Verunklärung im Interesse einer maler. oder stimmungshaften Vereinheitlichung der Bildwirkung (v. a. Rembrandt).

Helle ↑Phrixos.

Hellebarde [zu mittelhochdt. helm „Stiel (der Axt)" und barte „Beil"], ma. Stoß- und Hiebwaffe (Hauptwaffe des Fußvolks), bei der sich an einem 2–2,5 m langen Schaft eine etwa 30 cm lange Stoßklinge (Spitze) und ein häufig halbmondförmiges Beil sowie eine oder mehrere Eisenzacken befinden; im Verlauf des 16. Jh. von der Pike verdrängt.

Hellempfindlichkeitsgrad, relatives Maß für den mit helladaptiertem Auge wahrgenommenen Helligkeitseindruck, in Abhängigkeit von der Wellenlänge ergibt sich eine glockenähnl. Kurve mit dem Maximum bei 555 nm; außerhalb des sichtbaren Spektralbereiches ist der H. gleich Null.

Hellenen ↑Hellas.

Helleniden, südl. Fortsetzung der ↑Dinariden in Griechenland.

Hellenisierung [griech.], Bez. für den Prozeß der Verbreitung und Annahme griech. Kultur.

Hellenismus [griech.], Begriff zur histor. Einordnung des Zeitraumes zw. Alexander d. Gr. und der röm. Kaiserzeit, eingebürgert durch J. G. Droysen. Weder sachlich noch zeitlich genau zu umreißen, umfaßt H. Phänomen und Epoche der Ausbreitung griech. Kultur über die seit 326 sich zu einem Indus erstreckende hellenist. Staatenwelt wie nach W. Die Hellenisierung bewirkte das Entstehen einer einheitl. Kultur und führte zu gewaltigen Kulturleistungen; Griechisch wurde Weltsprache. – In der Spätantike bedeutete H. das Selbstverständnis des Heidentums gegen christl. Religiosität. – ↑griechische Geschichte, ↑griechische Kunst, ↑griechische Literatur, ↑griechische Philosophie.

hellenistische Staaten, die griech. Staaten im Zeitalter des Hellenismus; entstanden aus dem 323 v. Chr. unvollendet von Alexander d. Gr. zurückgelassenen Reich als Herrschaft einer griech. Minderheit: Ptolemäer in Ägypten 323–30; Seleukiden in Persien (bis ins 2. Jh. v. Chr.), Syrien, Teilen Kleinasiens 312–63; Antigoniden erst im Osten, etwa 276–168 in Makedonien; Pergamon 261 bis 133; das gräkobaktr. Reich (↑Baktrien) mit Blüte um 250–140; dazu die syrakusan. Großmacht auf Sizilien Anfang des 3. Jh. Dabei folgte auf die Kämpfe der Diadochen das Zeitalter der Epigonen mit weitgehend konsolidiertem Staatengefüge. Die absolute Herrschaft der Könige erklärte sich aus dem Verhältnis zum eroberten Machtbereich und zugleich als Anpassung an vorgefundene Verhältnisse. Hatte bereits im 3. Jh. und dann im 2. Jh. das Seleukidenreich die Bildung mehr oder weniger unabhängiger Staaten (3. Jh.: Pergamon, Bithynien, Pontus, Kappadokien, Baktrien, Parthien; 2. Jh.: Makkabäerstaat) hinnehmen müssen, so bewirkte das Eingreifen Roms – neben dem Nachlassen griech. Bev.nachschubs aus der Heimat und deutl. Dekadenzsymptomen innerhalb der Dyn. – seit dem 2. Pun. Krieg den schnellen Zusammenbruch des Gefüges der h. S. Nach der Unterwerfung Makedoniens (endgültig 149) und des Seleukidenreiches 63 hielt sich Ägypten bis 30 v. Chr. Die östl. Gebiete (Persien, Mesopotamien) gelangten seit dem 2. Jh. v. Chr. in den parth. Machtbereich.

Heller, André ['– –], * Wien 22. März 1946, östr. Literat und Aktionskünstler. – Maliziös-eleg. Texter und Liedermacher; Regisseur künstler. Veranstaltungen („Zirkus Roncalli", 1976; Großfeuerwerke; Show „Body & Soul"; Varieté „Flic-Flac"); schrieb „Schattentaucher" (R., 1987).

H., Hermann ['– –], * Teschen 17. Juli 1891, † Madrid 5. Nov. 1933, dt. Staatsrechtswissenschaftler. – 1928 Prof. in Berlin, 1932 in Frankfurt am Main, 1933 Emigration nach Spanien. Gilt als erster Theoretiker des „sozialen Rechtsstaats".

H., Joseph [engl. 'hɛlə], * New York 1. Mai 1923, amerikan. Schriftsteller. – Sein Roman „Catch 22" (1961; dt. u. d. T. „Der IKS-Haken") ist eine Entlarvung der Sinnlosigkeit des Krieges. – *Weitere Werke:* Was geschah mit Slocum? (R., 1974), Überhaupt nicht komisch (R., 1985), Picture this (R., 1988).

Heller (Haller, Häller), urspr. der Pfennig von Schwäbisch Hall; im Silberpfennig, erstmals 1200 erwähnt, seit dem 13. Jh. weit verbreitete Handelsmünze; seit dem 17. Jh. eine Kupfermünze. Im allg. setzte sich der H. als Halbpfennig durch. Im 19. Jh. waren südt. H. meist $\frac{1}{8}$ Kreuzer (in der Schweiz bis 1850) = $\frac{1}{480}$ Gulden, mitteldt. H. = $\frac{1}{24}$ Groschen = $\frac{1}{720}$ Taler; nur in Frankfurt am Main waren H. und Pfennig gleichbedeutend. – In Österreich-Ungarn wurde der H. 1892 neu belebt als $\frac{1}{100}$ Krone; als **Haléř** (tschech.) bzw. **Halier** (slowak.) noch in der ČR und SR (= $\frac{1}{100}$ Krone), als **Fillér** noch in Ungarn (= $\frac{1}{100}$ Forint) üblich.

Heller ↑Groden.

Hellerau, 1909 als ↑Gartenstadt gegründet, seit 1950 Ortsteil Dresdens; wegweisender Bebauungsplan von R. ↑Riemerschmid.

Hellespont ↑Dardanellen.

Helligkeit, in der *Astronomie* ein Maß für die Strahlung eines Himmelskörpers, insbes. eines Sterns. Die **scheinbare Helligkeit** (Formelzeichen m) ist ein logarithm. Maß für die auf der Erde beobachtete Intensität. Einheit ist die *Größe* oder *Größenklasse* (Einheitenzeichen ᵐ bzw. m). Die scheinbare H. wächst um 2,5 Größenklassen, wenn die Intensität des Sternlichts auf den zehnten Teil sinkt. Eine ähnl. Klassifikation wurde bereits im Altertum nach den mit bloßem Auge unterscheidbaren H. vorgenommen, dabei wurden die hellsten Sterne als von 1. Größe, die schwächsten als von 6. Größe bezeichnet. Die **absolute Helligkeit** (Formelzeichen M), ein Maß für die Leuchtkraft eines Sterns, ist die scheinbare H., die ein Stern in einer Normentfernung von 10 Parsec hätte. Alle H.angaben sind vom verwendeten Empfänger abhängig. Dementsprechend sind z. B. visuelle und photograph. H. zu unterschei-

Heller
aus Schwäbisch Hall, um 1300
(Durchmesser 18 mm; Vorder- und Rückseite)

Hellroter Ara

Helligkeitsregler

den. Die über das gesamte Spektrum erfaßte Gesamt-H. heißt **bolometrische Helligkeit**.
▷ ↑ Farblehre.

Helligkeitsregler (Dimmer), mit Triacs ausgerüstete elektron. Schaltung zur stufenlosen Steuerung der Helligkeit von Glüh- und Leuchtstofflampen. Ihre Wirkungsweise beruht auf der ↑ Phasenanschnittsteuerung.

Helligkeitssehen ↑ Auge.

Helling [niederdt., zu heldinge „Schräge, Abhang"], Bauplatz für Schiffsneubauten, zum Wasser hin geneigt, um einen Stapellauf zu ermöglichen. – ↑ Baudock, ↑ Dock.

Hellmesberger, östr. Musikerfamilie:
H., Georg, * Wien 24. April 1800, † Neuwaldegg (= Wien) 16. Aug. 1873, Violinist und Dirigent. – 1830–67 Dirigent der Hofoper in Wien und Prof. am Konservatorium; schrieb zwei Violinkonzerte und Kammermusik.
H., Joseph, * Wien 3. Nov. 1828, † ebd. 24. Okt. 1893, Violinist und Dirigent. – Sohn und Schüler von Georg H.; wurde 1851 Direktor der Gesellschaft der Musikfreunde, seit 1877 Hofkapellmeister in Wien. Leiter eines bed. Streichquartetts.
H., Joseph, * Wien 9. April 1855, † ebd. 26. April 1907, Violinist und Dirigent. – Sohn und Schüler von Joseph H.; seit 1890 1. Hofkapellmeister in Wien, 1904/05 Hofkapellmeister in Stuttgart; komponierte Operetten, Ballette, Tanzmusik und Lieder.

Hellpach, Willy, * Oels (Niederschlesien) 26. Febr. 1877, † Heidelberg 6. Juli 1955, dt. Mediziner und Psychologe. – 1911 Prof. in Karlsruhe, 1922–24 bad. Kultusmin., 1924/25 bad. Staatspräsident, anschließend Prof. in Heidelberg, 1928–30 MdR (DDP); seit 1945 wieder Prof. in Karlsruhe. H. schrieb bed. Beiträge zur medizin. Psychologie sowie zur Völker-, Sozial-, Kultur- und Religionspsychologie. Er befaßte sich insbes. mit den Auswirkungen der landschaftl. Umwelt und klimat. Umwelt auf die psych. Verfassung der Menschen („Geopsyche", 1911).

Hellroter Ara (Gelbflügelara, Arakanga, Makao, Ara macao), bis 90 cm großer Papagei (Gruppe Aras) in M- und S-Amerika; ♀ und ♂ rot, mit blauen Schwungfedern, blauem Bürzel und z.T. gelben Flügeldeckfedern. – Abb. S. 337.

Hell-Schreiber [nach dem dt. Ingenieur R. Hell, * 1901], Drucktelegraph, der jedes Schriftzeichen in einen Raster von sieben Zeilen und sieben Spalten zerlegt und spaltenweise überträgt.

Hellsehen, Fähigkeit, Dinge oder Vorgänge zu erkennen, die der normalen Wahrnehmung nicht zugänglich sind, z.B. weit entfernt ablaufende, vergangene oder zukünftige Ereignisse. – ↑ außersinnliche Wahrnehmungen.

Hellweg [eigtl. „Weg zur Hölle, Heerweg"], weitverbreitete Bez. für große Durchgangsstraßen, heute v.a. Bez. für den H. im S des Westfäl. Bucht, eine wichtige Salzhandelsstraße dank zahlr. Solquellen; Teilstück des ma. Fernhandelswegs von Flandern und dem Niederrhein nach O-Europa.

Hellwege, Heinrich, * Neuenkirchen (Kreis Stade) 18. Aug. 1908, † ebd. 4. Okt. 1991, dt. Politiker. – Nach 1933 Mgl. der Bekennenden Kirche; 1945 Mitbegr., 1947 Vors. der Niedersächs. Landespartei, die er zur Dt. Partei erweiterte und bis 1961 leitete; 1953–55 MdB und Bundesmin. für Angelegenheiten des Bundesrates und der Länder; 1955–59 Min.präs. von Nds.; 1961–79 Mgl. der CDU.

Helm, Brigitte, eigtl. Gisela Eve Schittenhelm, * Berlin 17. März 1906, dt. Filmschauspielerin. – Spielte den Typ des Vamps u.a. in „Metropolis" (1926), „Alraune" (1927 und 1930), „Die Herrin von Atlantis" (1932), „Gold" (1934), „Savoy-Hotel 217" (1936).

Helm [eigtl. „der Verhüllende, Schützende"], haubenförmiger Kopfschutz, in den Kulturen des Alten Orients seit dem 3. Jt. v. Chr. nachweisbar; aus Stoff oder Leder gefertigt und gelegentlich mit Kupfer verstärkt; aus Metall (Gold, Kupfer, Bronze) in Europa seit der myken. Kultur belegt. Der griech. H. war aus Leder oder Bronze hergestellt (meist mit einem aus Roßhaar bestehenden H.busch), der röm. H. urspr. aus Leder, später aus Bronze oder Eisen. Im 6. Jh. kamen Spangen-H. auf, deren Metallgerüst mit Platten aus Horn, Leder oder Metall ausgefüllt war. Im 11. und 12. Jh. verbreitete sich der aus einem Stück geschmiedete normann. H. über ganz Europa. Bald nach 1300 kam für den Gesichtsschutz die Haube mit hochklappbarem Visier auf (Hundsgugel). Der kettenartige Nackenschutz wurde um 1400 von einem weit nach hinten heruntergezogenen und spitz endenden H. (Schallern) abgelöst. Im 15. Jh. wurde der vollkommen geschlossene, mit bes. Kinnteil versehene H. entwickelt, der auch den Hals vollständig schützte. Seit Mitte des 16. Jh. wurden leichtere H. beliebt (z.B. Sturmhaube). Preußen führte 1842 die Pickelhaube ein, einen Leder-H. mit Metallspitze und Beschlägen. Im 1. Weltkrieg führten Franzosen, Briten und Deutsche den Stahlhelm ein.

Für die *Heraldik* ist der H. neben dem Schild Träger herald. Kennzeichen und ein wichtiger, wenn auch weglaßbarer Teil des Wappens, der mit der Helmzier (Helmkleinod, Zimier) versehen. – ↑ Wappenkunde.

Helmand, längster Fluß Afghanistans, entspringt im Koh-i-Baba westlich von Kabul, mündet in den Endsee Hamun-i-Helmand, 1130 km lang.

Helmbasilisk (Basiliscus basiliscus), rd. 30 cm langer, mit Schwanz etwa 80 cm messender Leguan (Gatt. Basilisken), v.a. auf Bäumen an Urwaldgewässern von Panama bis NW-Kolumbien; Körper oberseits olivbraun mit dunklen Querstreifen; ♂♂ weisen einen knorpeligen, von einer Knochenleiste gestützten Helm am Hinterkopf auf.

Helmbohne (Faselbohne, Lablab, Dolichos lablab), 3–4 m hoch windender, ästiger Schmetterlingsblütler; wird in den Tropen und Subtropen in mehreren Kulturformen angebaut; Blüten in Trauben, violett, seltener weiß; Hülsenfrüchte bis 6 cm lang, glänzend, purpurviolett; Samen etwas abgeplattet, braun, heller punktiert. Die jungen Hülsen und die Samen werden als Gemüse gegessen.

Helmer, Oskar, * Gáta (= Gattendorf/Burgenland) 16. Nov. 1887, † Wien 13. Febr. 1963, östr. Politiker (SPÖ). – 1921 Mgl. der Niederöstr. Landesregierung; 1923–34 und 1945–59 Mgl. des Parteivorstands; 1934–44 mehrfach inhaftiert; als Innenmin. 1945–59 verdient um die Heimführung der Kriegsgefangenen und bei der Hilfe für Flüchtlinge nach dem Ungar. Volksaufstand 1956.

Helm. Deutsche Hundsgugel, um 1400

Helmholtz, Hermann [Ludwig Ferdinand] von (seit 1882), * Potsdam 31. Aug. 1821, † Charlottenburg (= Berlin) 8. Sept. 1894, dt. Physiker und Physiologe. – Prof. für Physiologie in Königsberg (Pr), Bonn und Heidelberg; seit 1871 Prof. für Physik in Berlin. 1888 übernahm H. die Leitung der neugegründeten Physikalisch-Techn. Reichsanstalt in Charlottenburg. H. maß 1850 erstmals die Fortpflanzungsgeschwindigkeit von Nervenerregungen. Er begründete die moderne musikalisch-akust. Forschung. 1847 formulierte er unabhängig von J. R. Mayer und J. P. Joule exakt den Satz von der Erhaltung der Energie. H. behandelte die

Helmstedt. Das Juleum, Aula- und Auditoriumsgebäude der ehemaligen Universität, 1592–97, mit achteckigem Treppenturm

Hydrodynamik der Wirbelbewegungen, arbeitete zur Elektrodynamik, Thermodynamik und Meteorologie. Er erfand 1850/51 den Augenspiegel, forschte zur physiolog. Optik und entwickelte die Dreifarbentheorie des Sehens von T. Young weiter. Unabhängig von E. Abbe gab er 1874 das Auflösungsvermögen des Mikroskops an. In erkenntnistheoret. Schriften befaßte er sich v. a. mit den philosoph. Konsequenzen naturwiss. Forschung und der nichteuklid. Geometrie.

Helmholtz-Spule [nach H. von Helmholtz], Spulenanordnung zur Erzeugung eines sehr homogenen, allseitig zugänglichen und variablen Magnetfeldes.

Helminthagoga [griech.], svw. ↑ Wurmmittel.

Helminthen [griech.], svw. ↑ Eingeweidewürmer.

Helminthiasen [griech.], svw. ↑ Wurmkrankheiten.

Helmkasuar ↑ Kasuare.

Helmkleinod ↑ Wappenkunde.

Helmkraut (Scutellaria), Gatt. der Lippenblütler mit rd. 180 v. a. in den Tropen und den gemäßigten Zonen verbreiteten Arten; Kräuter oder Halbsträucher mit blauen, violetten, roten oder gelben Blüten. In Deutschland kommt v. a. das **Sumpfhelmkraut** (Scutellaria galericulata) vor, eine 10–50 cm hohe Staude mit einzelnstehenden blauvioletten Blüten.

Helmold von Bosau, * um 1120, † nach 1177, dt. Chronist. – Verfaßte eine umfangreiche „Slawenchronik" (1167–72), in der er die Christianisierung der Westslawen von Karl d. Gr. bis zu seiner Zeit schildert.

Helmont, Johan[nes] Baptist[a] van, * Brüssel 12. Jan. 1579, † Vilvoorde bei Brüssel 30. Dez. 1644, fläm. Arzt und Naturforscher. – Prägte den Begriff „Gas"; Anhänger Paracelsus' und Hauptvertreter der ↑ Iatrochemie.

Helmstedt, Krst. 33 km osö. von Braunschweig, Nds., 139 m ü. d. M., 26 700 E. Ehem. Univ.-Bibliothek; Metall- und Holzverarbeitung, Textil- und Bauind., Förderung von Braunkohle, Stromerzeugung. – Bei der Benediktinerabtei Sankt Ludgeri entwickelte sich zu Anfang des 11. Jh. eine Marktansiedlung. Mitte des 12. Jh. Neuanlage mit dem heutigen Marktplatz als Mittelpunkt. 1247 wurde das Stadtrecht bestätigt; 1426–1518 Hansemitglied; 1576 gründete Herzog Julius von Braunschweig die Univ., die bis 1810 bestand. – Pfarrkirche (Ostbau 11. Jh. mit der fast ebenerdigen Felicitaskrypta), Doppelkapelle Sankt Johannes der Täufer und Sankt Petrus (um 1050), Kloster Marienburg (1176 gegr., jetzt ev. Damenstift) mit roman. Kirche (1256 geweiht) und reichem Paramentenschatz, früh-got. Pfarrkirche Sankt Stephan (1282–1300). Juleum (Aula- und Auditoriumsgebäude der ehem. Univ., 1592–97, mit Treppenturm).

H., Landkr. in Niedersachsen.

Helmvogel ↑ Nashornvögel.

Helmzier ↑ Wappenkunde.

Heloïse (Héloïse [frz. elɔˈiːz]), * Paris 1101, † Kloster Le Paraclet bei Nogent-sur-Seine 1164, Schülerin und Geliebte ↑ Abälards.

Helophyten [griech.], svw. ↑ Sumpfpflanzen.

Heloten [griech.], die Staatssklaven Spartas, Nachkommen der von den Doriern unterworfenen achäischen Bev. Lakoniens und Messeniens; mußten die Landanteile der Spartiaten bestellen und dienten ihnen im Krieg als Kriegsknechte; versuchten in mehreren Aufständen (490, 464, 410, 369) vergeblich, sich zu befreien.

Hélou, Charles [frz. eˈluː], * Beirut 24. Sept. 1912, libanes. Politiker. – Maronit. Christ, Staatspräs. 1964–70.

Helsingborg (schwed. hɛlsɪŋˈbɔrj], (früher Hälsingborg), schwed. Hafen- und Ind.stadt an der engsten Stelle des Sunds, 107 500 E. Schiffbau, Zuckerraffinerien, Maschinenbau, Textil-, Gummi-, elektrotechn. Ind. Eisenbahn- und Autofähren nach Helsingør (Dänemark). – 1070 erstmals erwähnt; 1658 kam H. mit Schonen an Schweden. – Wahrzeichen der Stadt ist der 35 m hohe Turm einer ma. Burg (Kärnan).

Helsingfors, schwed. Name von ↑ Helsinki.

Helsingør [dän. hɛlsɛŋˈøːr], dän. Ind.- und Hafenstadt in NO-Seeland, an der engsten Stelle des Sunds, 56 800 E. Luth. Bischofssitz, internat. Hochschule; techn. Museum; Werft, Maschinenbau, Textilind., Eisenbahn- und Autofähren nach Helsingborg (Schweden). – 1231 erstmals erwähnt. Der heutige Hafen wurde 1766 angelegt. – Bedeutendstes Bauwerk ist Schloß ↑ Kronborg.

Helsinki (schwed. Helsingfors), Hauptstadt Finnlands und der Prov. Uusimaa. 490 000 E. Sitz von Reichstag und Reg. sowie zahlr. Verwaltungs- und Kulturinstitutionen, Nationalbibliothek, -archiv und -museum. Sitz eines ev.-luth., eines russ.-orth. und eines kath. Bischofs; Univ. (gegr. 1640 in Turku, 1828 nach H. verlegt), TU u. a. Hochschulen, Akad. der Wiss.; Kunstsammlungen, Freilichtmuseum; schwed. und finn. Theater, Oper, Konzerthaus, Olympiastadion. Bedeutendste Ind.stadt Finnlands, u. a. Werften, Elektro-, Papier-, chem., holzverarbeitende Ind., Maschinen- und Fahrzeugbau, Porzellanmanufaktur. Die Häfen können im Winter normalerweise offengehalten werden; U-Bahn; zwei ✈. – 1550 von Gustav I. Wasa oberhalb der Mündung des Vantaanjoki gegründet, 1640 ans Meer verlegt; wurde 1812 Hauptstadt des russ. Großfürstentums Finnland. – Am Senatsplatz liegen die klassizist. Domkir-

Helm.
1 römischer Helm, 1. Jh. n. Chr.;
2 alemannischer Spangenhelm, um 600;
3 Prunksturmhaube, um 1550;
4 Pickelhaube, 1895

Helsinki. Blick auf das Stadtzentrum mit der Domkirche, dem Senatsplatz und den darum gruppierten Regierungs- und Universitätsgebäuden

Helst

Helsinki
Stadtwappen

Helsinki
Hauptstadt Finnlands
(seit 1812)

490 000 E

Ind.zentrum Finnlands

1550 gegr. von
Gustav I. Wasa

klassizist. Stadtbild

Tagungsort der KSZE
(„Schlußakte von H.",
1975)

che (1830–52), das Alte Senatsgebäude (1818–22; jetzt Regierungssitz) und das Univ.gebäude (1828–32; 1944 verändert). Moderne Bauten sind u. a. der Hauptbahnhof (1910–14) von E. Saarinen, das Auditorium Maximum der TU (1962–64), das Konzert- und Kongreßhaus „Finlandia" von A. Aalto (1971).

Helst, Bartholomeus van der, *Haarlem 1613, □ Amsterdam 16. Dez. 1670, niederl. Maler. – Malte elegante Bildnisse und Gruppenbilder, Schützen- und Regentenstücke, die den Einfluß van Dycks zeigen.

Heluan, Stadt in Ägypten, ↑Hilwan.

Helvetia, lat. Name für die Schweiz.

Helvetier (lat. Helvetii), kelt. Stamm, der Anfang des 1. Jh. v. Chr. aus Süddeutschland in das Schweizer Mittelland einwanderte. Die H. versuchten 58 v. Chr. ihre Heimat mit dem Ziel Garonnemündung zu verlassen, wurden aber von Cäsar in der Schlacht bei Bibracte daran gehindert. 15 v. Chr. wurden sie in das röm. Reichsgebiet einbezogen.

Helvetische Konfession (Helvet. Bekenntnis), dt. Bez. für ↑Confessio Helvetica; Konfessionsbez. (v. a. in Österreich) für ref. Bekenntnis (Abk. H. B.).

Helvetische Republik, Staatsform der Schweiz 1798–1803 (amtl. Name bis 1815). Die staatl. Ordnung der **Helvetik** machte die Schweiz nach frz. Vorbild zu einem modernen Einheitsstaat mit Repräsentativverfassung.

Helvétius, Claude Adrien [frz. ɛlvɛ'sjys], * Paris 26. Jan. 1715, † ebd. 26. Dez. 1771, frz. Philosoph. – H. baute eine streng sensualistisch begründete prakt. Philosophie auf, in der er das Prinzip der Selbstliebe in den Mittelpunkt stellte. Es sei die Aufgabe des Staates, durch Gesetzgebung und Erziehung die Normen menschl. Handelns zu beeinflussen und so die drei Quellen menschl. Irrtümer, Leidenschaften, Unwissenheit und Sprachmißbrauch, versiegen zu lassen. Sein in Auseinandersetzung mit Locke entstandenes Hauptwerk „De l'esprit" (1758; dt. 1760 u. d. T. „Diskurs über den Geist des Menschen") wurde als staats- und religionsfeindlich verurteilt und öffentlich verbrannt.

Helwig, Werner, Pseud. Einar Halvid, * Berlin 14. Jan. 1905, † Thonex bei Genf 4. Febr. 1985, dt. Schriftsteller. – Sein Werk umfaßt u. a. Reisebücher und -romane, u. a. „Raubfischer in Hellas" (R., 1939, endgültige Fassung 1960) sowie „Im Dickicht des Pelion" (R., 1941), „Erzählungen der Windrose" (1961), „Totenklage" (autobiographisch, 1984).

Hemd [zu althochdt. hemidi, eigtl. „das Verhüllende"], unmittelbar auf der Haut getragenes Kleidungsstück von Männern und Frauen, Teil der Unter- und Oberbekleidung (**Unterhemd** bzw. **Oberhemd**). Vorläufer waren die ägypt. Kalasiris, der griech. Chiton und die röm. Tunika. Im MA trug man gleichartige Schlupfgewänder übereinander; im 15. und 16. Jh. wurde ein vorn geschlossenes H. mit kurzen Ärmeln, später auch mit langen bestickten, v. a. vom Adel und reichen Bürgern als Standesgewand getragen. Erst im 16. Jh. wurde das Oberteil des H. sichtbar und mit einer Krause (der Vorstufe des Kragens) versehen. Seit dem 17. Jh. wurden Männer- und Frauen-H. stärker voneinander unterschieden und erfuhren seitdem spezif. mod. Veränderungen. Spätestens seit dem 16. Jh. diente das H. auch als Nachtkleidung (**Nachthemd**). Brauchmäßig bestimmt sind **Taufhemd** und **Totenhemd** sowie das **Bräutigamshemd**. – Auch Teil der Soldatenuniform oder der uniformen Kleidung v. a. polit. oder religiöser Vereinigungen (**Fahrtenhemd**).

Hemer, Stadt im Sauerland, NRW, 245 m ü. d. M., 32 900 E. Metallverarbeitende Ind.; Naturschutzgebiet Felsenmeer. – 1072 erstmals erwähnt; nach Vereinigung mit umliegenden Gemeinden 1936 zur Stadt erhoben. – Barocke Pfarrkirche (1696–1700), Haus Hemer (ehem. Wasserschloß um 1611; heute Kinderheim)

Hemeralopie [griech.], svw. ↑Nachtblindheit.

Hemerken, Thomas ↑Thomas a Kempis.

Hemessen, Jan Sanders van [niederl. 'he:məsə], *Hemiksem bei Antwerpen um 1500, † Haarlem (?) nach 1575, fläm. Maler. – Begr. des Sittenbildes; bes. beeinflußt von Gossaert und Massys; oft lebensgroße Halbfiguren in bibl. und profanen Szenen. Identifizierung mit dem sog. Braunschweiger Monogrammisten umstritten.

hemi..., Hemi... [griech.], Bestimmungswort von Zusammensetzungen mit der Bed. „halb", z. B. Hemisphäre.

Hemianästhesie [griech.], svw. ↑Halbseitenanästhesie.

Hemianopsie [griech.], svw. ↑Halbseitenblindheit.

Hemichordata [...kɔr...; griech.], svw. ↑Kragentiere.

Hemikranie [griech.], svw. ↑Migräne.

Hemikryptophyten [griech.] (Oberflächenpflanzen), Bez. für Pflanzen, deren jährl. Erneuerungsknospen unmittelbar an der Erdoberfläche liegen; z. B. Horstgräser.

Hemimetabolie ↑Metamorphose.

Hemimorphit [griech.] (Kieselzinkerz, Kieselgalmei), farbloses, weißes, lichtgrünes oder braunes, rhomb. Mineral der chem. Zusammensetzung $Zn_4[(OH)_2|Si_2O_7] \cdot H_2O$, das in faserigen, fächerförmigen oder kugeligen Aggregaten auftritt; Mohshärte 4–5; Dichte 3,4–3,5 g/cm³; wichtiges Zinkerz.

Hemingway, Ernest [Miller] [engl. 'hɛmɪŋweɪ], *Oak Park (Ill.) 21. Juli 1899, † Ketchum (Idaho) 2. Juli 1961 (Selbstmord), amerikan. Schriftsteller. – 1918 als Freiwilliger des Roten Kreuzes an der italien. Front; 1921–27 als Korrespondent in Europa (v. a. Paris, wo er mit Gertrude Stein, E. Pound und F. Scott Fitzgerald zusammentraf). 1936/37 Berichterstatter im Span. Bürgerkrieg (auf republikan. Seite). 1954 Nobelpreis für Literatur. – H. Kurzgeschichten und Romane sind jährl. Verarbeitungen eigener Erlebnisse und der Ereignisse seiner Zeit. Von einem eindeutig maskulinen Standpunkt aus sucht er Bewährung in der Konfrontation mit Formen der Gewalt und des Todes, die sich ihm in existentiellen Grundsituationen des Lebens (Stierkampf, Krieg) bieten. Die nüchterne, emotionslose Sprache besitzt jedoch eine durch Symbole und Metaphern erkennbare Tiefendimension, die ein objektives Korrelat zur Erlebniswelt darstellt.

Werke: Fiesta (R., 1926), In einem anderen Land (R., 1929), Tod am Nachmittag (Schr., 1932), Die grünen Hügel Afrikas (E., 1935), Haben und Nichthaben (R., 1937), Wem die Stunde schlägt (R., 1940), Der Schnee vom Kilimandscharo (En., 1948), Über den Fluß und in die Wälder (R., 1950), Der alte Mann und das Meer (E., 1952), Gefährl. Sommer (Reportagen, hg. 1985), Der Garten Eden (R., hg. 1986), A lack of passion (E., hg. 1990), Phillip Haines was a writer (E., hg. 1990).

Hemiparasiten ↑Parasiten.

Hemiplegie [griech.], svw. ↑Halbseitenlähmung.

Hemisphäre, Erd- oder Himmelshalbkugel; in der Geographie: *nördl.* und *südl. H.* (vom Äquator aus) oder *östl.* und *westl. H.* (svw. Alte und Neue Welt).
▷ in der *Anatomie* Bez. für die beiden halbkugeligen Abschnitte des Klein- und Großhirns.

Hemizellulosen, Polysaccharide von zelluloseähnl. Aufbau, jedoch geringerer Molekülgröße. Je nach Zusammensetzung aus Pentosen oder Hexosen unterscheidet man

Bartholomeus van der Helst. Das Gastmahl im Sankt-Georgs-Schützenhaus zur Feier des Friedensschlusses in Münster, 1648 (Amsterdam, Rijksmuseum)

Pentosane und *Hexosane*. H. sind Bestandteile der pflanzl. Zellwand.

Hemlocktanne [engl./dt.] (Tsuga), Gatt. der Kieferngewächse mit 14 in Asien und N-Amerika beheimateten Arten; immergrüne Bäume mit lineal. Nadelblättern, auf deren Unterseite zwei silbrige Streifen (Bänder von Spaltöffnungen) befinden; Zapfen meist kugelförmig. Die **Kanadische Hemlocktanne** (Tsuga canadensis; bis 30 m hoch, Zapfen klein und gelbbraun) wird in Deutschland als Zier- und Forstbaum gepflanzt.

Hemma (Emma) von Gurk, hl., *in Kärnten um 980, † Gurk 29. Juni 1045, östr. Stifterin. – Stiftete die Klöster Gurk und Admont (Benediktiner); Grab in der Domkrypta von Gurk. – Fest: 27. Juni.

Hemmel von Andlau, Peter (irrtümlich auch Hans Wild genannt), *vermutlich Andlau zw. 1420 und 1425, † nach 1501, elsäss. Glasmaler. – H. unterhielt in Straßburg die bedeutendste Glasmalereiwerkstatt des späten MA, 1477–81 als Werkstattgemeinschaft. Seine anfänglich unter oberrhein. Einfluß stehenden Arbeiten nahmen später den niederl. Stil Rogiers van der Weyden auf.

Peter Hemmel von Andlau. Muttergottes zwischen zwei Engeln, Teil eines Fensters aus einer unbekannten Kirche, um 1485 (Nürnberg, Germanisches Nationalmuseum)

Hemmerle, Klaus, *Freiburg im Breisgau 3. April 1929, dt. kath. Theologe. – 1968–74 Geistl. Direktor des Zentralkomitees der Dt. Katholiken; seit 1975 Bischof von Aachen.

Hemmingstedt, Gemeinde 5 km südlich von Heide, Schl.-H., 2 900 E. Erdölraffinerie mit Pipeline zum Ölhafen Brunsbüttel. – H. wurde 1337 erstmals erwähnt. In der **Schlacht von Hemmingstedt** 1500 erlitt ein Söldnerheer unter König Johann von Dänemark und seinem Bruder Herzog Friedrich von Holstein eine schwere Niederlage gegen die Dithmarscher Bauern.

Hemmnisbeseitigungsgesetz, BG vom 22. 3. 1991 zur Beseitigung von Hemmnissen bei der Privatisierung von Unternehmen und zur Förderung von Investitionen. Ziel des Gesetzes ist es, Hindernisse zu beseitigen, die sich bei der Umgestaltung der ehem. volkseigenen Wirtschaft der DDR in eine soziale Marktwirtschaft ergeben haben, und gleichzeitig die in den neuen Bundesländern zu langsam vorankommende Investitionstätigkeit zu fördern. Zu diesem Zweck wurden zahlr. Änderungen u. a. am VermögensG (z. B. Möglichkeit der Entflechtung eines Unternehmens zur Erfüllung eines oder mehrerer Rückgabeansprüche), am InvestitionsG (z. B. Festlegungen über Vermietung und Verpachtung ehem. volkseigener Grundstücke und Gebäude) und weiteren Gesetzen vorgenommen.

Hemmschuh, svw. ↑ Bremsschuh.

Hemmung, in der *Physiologie* die Unterdrückung eines Zustandes oder die Verhinderung bzw. Verlangsamung oder Unterbrechung eines Vorgangs. – In der *Neurophysiologie* versteht man unter H. eine vorübergehende Aktivitätsminderung von Nervenzellen. Für die Koordination der Tätigkeit des Nervensystems spielen H.vorgänge eine grundlegende Rolle. Schon bei einfachen Reflexen sind sie wesentlich; z.B. wird beim Schluckreflex die Atmung gehemmt.
▷ in der *Psychologie* Störung des Antriebs durch seel. Widerstand emotionaler oder moral. bzw. eth. Art. Die **bewußte Hemmung** richtet sich bes. gegen Triebe bzw. Instinkte und Instinkthandlungen. Die **unbewußte Hemmung** wird v. a. durch Verdrängung oder durch gleichzeitig einander entgegengesetzte Bewußtseinsimpulse verursacht. – H., ein Zentralbegriff der Tiefenpsychologie, wird von S. Freud schon in seinen psychol. Frühwerken für die Folge psych. Konflikte verwendet. Im Sprachgebrauch der (klin.) Psychiatrie versteht man unter H. die Verzögerung der Antriebsfunktionen und damit aller assoziativer, sensor. und motor. Leistungen (**Gehemmtheit**). Oft ist H. mit gedrückter Stimmungslage bzw. Depression verknüpft.
▷ Schaltgetriebe der mechan. Uhr zur Energieübertragung vom Antrieb über das Räderwerk auf das Schwingsystem.

Hemmung [der Verjährung] (Ruhen der Verjährung) ↑ Verjährung.

Hemmwerk, Sperrgetriebe, das die gegenseitige Beweglichkeit zweier miteinander verbundener Glieder zeitweilig durch eine bes. Sperrvorrichtung hemmt.

Hempel, Johannes, *Zittau 23. März 1929, dt. ev. Theologe. – Seit 1972 Landesbischof der Ev.-Luth. Landeskirche Sachsens und 1981–91 leitender Bischof der Vereinigten Ev.-Luth. Kirche in der ehem. DDR; 1982–86 Vors. des Bundes der Ev. Kirchen in der ehem. DDR, 1983–91 einer der Präs. des Ökumen. Rates.

Hemsterhuis, Frans [niederl. ˈhɛmstərhœÿs], *Groningen 27. Dez. 1721, † Den Haag 7. Juli 1790, niederl. Philosoph und Kunsttheoretiker. – Vertrat einen ästhetisch bestimmten Neuplatonismus. Seine Moralphilosophie, der Gedanke eines Goldenen Zeitalters, in dem sich das Individuum harmonisch entfalten kann, und der von ihm eingeführte Begriff der poet. Wahrheit fanden Anklang bei führenden Vertretern des Sturm und Drang und der Romantik.

Henan [chin. xɑnan] (Honan), vom Hwangho durchflossene Prov. im nördl. China, 167 000 km², 85,5 Mill. E (1990), Hauptstadt Zhengzhou. Das Bergland im W erreicht etwa 1 800 m ü. d. M., im O hat H. Anteil an der Großen Ebene. H. ist ein wichtiges chin. Anbaugebiet für Weizen, Baumwolle, Tabak und Ölpflanzen; Seidenraupenzucht; Seidenfabrikation (Honanseide). Steinkohlevorkommen; Schwerind. in Anyang.

Hench, Philip Shoewalter [engl. hɛntʃ], *Pittsburgh 28. Febr. 1896, † Ocho Rios (Jamaika) 31. März 1965, amerikan. Arzt. – Prof. an der University of Minnesota; arbeitete v. a. über rheumat. Erkrankungen und entdeckte die Wirksamkeit des Kortisons; erhielt (mit E. C. Kendall und T. Reichstein) 1950 den Nobelpreis für Physiologie oder Medizin.

Henckell, Karl [...əl], *Hannover 17. April 1864, † Lindau (Bodensee) 30. Juli 1929, dt. Lyriker. – Verband in seinem Werk sozialrevolutionäre und naturalist. Tendenzen.

Henckels, Paul, *Hürth 9. Okt. 1885, † Schloß Hugenpoet bei Kettwig 27. Mai 1967, dt. Schauspieler. – Spielte in Düsseldorf und Berlin. Zahlr., meist heitere Charakterrollen in Film (über 175 Filme, u. a. „Die Feuerzangenbowle", 1943) und Fernsehen.

Henckel von Donnersmarck, aus der Zips stammende Großgrundbesitzer-, später auch Großindustriellenfamilie (v. a. *Guido, Fürst H. v. D.* [*1830, †1916]), deren Stammvater wohl um 1400 in Donnersmark lebte; erhielt den Beinamen „von Donnersmarck" bei ihrer Erhebung in

Claude Adrien Helvétius

Ernest Hemingway

Johannes Hempel

Philip Shoewalter Hench

Hendeka

den Freiherrenstand (1636); 1651 bzw. 1661 wurde sie gräflich und bestand in einer sächs. und schles. (1901 gefürsteten) Linie.

Hendeka [griech. „elf"], athen. Beamtengremium (**Elfmänner**); hatte die Aufsicht über Strafvollzug und Gefängnisse; vom 4. Jh. v. Chr. an auch für die Eintreibung von Schulden gegenüber dem Staat zuständig.

Henderson [engl. 'hendəsn], Arthur, *Glasgow 13. Sept. 1863, †London 20. Okt. 1935, brit. Politiker. – Seit 1903 Abg. für die Labour Party; deren Vors. (1908–10, 1914–17, 1931–34); Sekretär (1911–34); 1915–17 Mgl. der Kriegskabinette; 1924 Innen-, 1929–31 Außenmin.; erhielt auf Grund seiner Tätigkeit als Präs. der Genfer Abrüstungskonferenz (1932/33) 1934 den Friedensnobelpreis.
H., Fletcher, *Cuthbert (Ga.) 18. Dez. 1898, †New York 29. Dez. 1952, amerikan. Jazzmusiker (Pianist, Arrangeur, Orchesterleiter). – Gründete 1923 ein Ensemble, das sich zur ersten bekannten Big Band des Jazz entwickelte; zus. mit B. Goodman war er einer der Begr. des Swingstils.

Arthur Henderson

Hendiadyoin [griech. „eins durch zwei"], rhetor. Figur 1. aus zwei Substantiven, deren eines für ein Attribut steht, 2. aus zwei bedeutungsgleichen Substantiven zur Ausdruckssteigerung (z. B. Hab und Gut).

Hendricks, Barbara, *Stephens (Ark.) 20. Nov. 1948, amerikan. Sängerin (Sopran). – Wurde als Opern- und v. a. als Liedinterpretin internat. bekannt. Ihr Repertoire umfaßt neben Opernarien frz., dt., russ. und engl. Lieder sowie Negro Spirituals.

Hendrix, Jimi, eigtl. James Marshall H., *Seattle (Wash.) 27. Nov. 1942, †London 18. Sept. 1970, amerikan. Rockmusiker (Gitarrist und Sänger). – Expressiver Starsolist der Rockmusik; erweiterte die Gitarrentechnik (elektr. Klangverfremdung).

Jimi Hendrix

Hengist und Horsa [altengl. „Hengst und Roß"], sagenhaftes Brüderpaar; Führer der Angeln, Sachsen und Jüten, die um 450 in SO Englands landeten.

Heng Samrin, *in der Prov. Prey Veng 25. Mai 1934, kambodschan. Politiker. – 1976–78 Polit. Kommissar und Divisionskommandant der Roten Khmer; geriet jedoch in Konflikt mit dem Regime Pol Pot und flüchtete 1978 nach Vietnam; nach dem vietnames. Truppeneinmarsch in Kambodscha (1979) Staats- und Reg.chef (bis 1981); 1981–91 Staatsratsvors. und Generalsekretär des ZK der Revolutionären Volkspartei.

Hengsbach, Franz, *Velmede (Kreis Meschede) 10. Sept. 1910, †Essen 24. Juni 1991, dt. kath. Theologe. – 1957–90 Bischof des neugegr. Bistums Essen; 1961 bis Mai 1978 Militärbischof der BR Deutschland; seit 1988 Kardinal.

Heng Samrin

Hengst, männl. Tier der Fam. Pferde und der Kamele; auch Bez. für ♂ Maulesel und Maultier.

Hengstenberg, Ernst Wilhelm, *Fröndenberg 20. Okt. 1802, †Berlin 28. Mai 1869, dt. ev. Theologe. – Führender Vertreter der Erweckungsbewegung, bekämpfte in der von ihm hg. „Ev. Kirchen-Zeitung" v. a. den Rationalismus und die Vermittlungstheologie.

Hengyang [chin. xəŋ-iaŋ] (früher Hengzhou), chin. Ind.stadt am Xiang Jiang, 616 000 E. Endpunkt der Schiffahrt auf dem Xiang Jiang für große Motorschunken.

Henie, Sonja [norweg. hɛni], *Christiania (= Oslo) 8. April 1912, †im Flugzeug bei Oslo 12. Okt. 1969, norweg. Eiskunstläuferin. – 1928–36 Olympiasiegerin, 1927–36 Weltmeisterin, 1931–36 Europameisterin im Einzellauf.

Henisch, Peter, *Wien 27. Aug. 1943, östr. Schriftsteller. – Mitbegr. der Literaturzeitschrift „Wespennest"; schrieb u. a. „Die kleine Figur meines Vaters" (R., 1975), „Der Mai ist vorbei" (R., 1978), „Morrisons Versteck" (R., 1990).

Franz Hengsbach

Henkel, Heinrich, *Koblenz 12. April 1937, dt. Dramatiker. – Behandelt Themen aus der Arbeitswelt, u. a. „Eisenwichser" (1970), „Zweifel" (UA 1985).

Henkel KGaA, Dachgesellschaft des Henkel-Chemiekonzerns (mit über 160 Gesellschaften in 45 Ländern); gegr. 1876 von *Fritz Henkel* (*1848, †1930); Sitz Düsseldorf. Produktbereiche sind Chemieprodukte, Wasch- und Reinigungsmittel, Hygiene-, Kosmetik- und Körperpflegeartikel.

Henker ↑Scharfrichter.

Henkersmahlzeit, urspr. das letzte Mahl des Verurteilten vor dem Gang zum Henker; übertragen das Essen vor einem Ereignis, dessen Ausgang ungewiß ist.

Henkin, Leon, *New York 19. April 1921, amerikan. Mathematiker und Logiker. – Von H. stammt der heute in der mathemat. Logik übl. Beweis des Gödelschen Vollständigkeitssatzes in der Prädikatenlogik der 1. Stufe.

Henle, [Friedrich Gustav] Jakob, *Fürth 19. Juli 1809, †Göttingen 13. Mai 1885, dt. Anatom. – Prof. in Zürich, Heidelberg und Göttingen; entdeckte 1862 die nach ihm ben. schleifenartigen Teile der Harnkanälchen im Nierenmark der Niere *(Henle-Schleifen)*.

Henlein, Konrad, *Maffersdorf bei Reichenberg 6. Mai 1898, †Pilsen 10. Mai 1945 (Selbstmord in alliierter Haft), sudetendt. Politiker. – 1933 Gründer der Sudetendt. Heimatfront (SHF), als Sudetendt. Partei (SdP) 1935 zweitstärkste Partei der ČSR; forderte im Zusammenspiel mit der nat.-soz. Reg. in Deutschland den Anschluß der sudetendt. Gebiete an das Dt. Reich; 1938 Reichskommissar, ab 1939 Gauleiter und Reichsstatthalter im Reichsgau Sudetenland.
H., Peter, *Nürnberg um 1485, †ebd. zw. 1. und 14. Sept. 1542, dt. Mechaniker. – Erfand um 1510 durch Verkleinerung der Tischuhren die sog. Sack- oder Taschenuhren (mit nur einem Zeiger). Das ↑Nürnberger Ei kam erst nach H. Tod auf.

Peter Henlein zugeschriebene dosenförmige Taschenuhr, um 1510 (Nürnberg, Germanisches Nationalmuseum)

Henley, William Ernest [engl. 'henlɪ], *Gloucester 23. Aug. 1849, †Woking 11. Juli 1903, engl. Dichter, Kritiker. – Freund R. L. Stevensons; bekannt als Lyriker, u. a. „A book of verses" (1888), „In hospital" (1903).

Henna, antike Stadt, ↑Enna.

Henna [arab.], rotgelber Farbstoff, der aus den mit Kalkmilch zerriebenen Blättern und Stengeln des ↑Hennastrauchs gewonnen wird; altes oriental. Haarfärbemittel.

Hennastrauch (Ägypt. Färbekraut, Lawsonia inermis), ligusterähnl. Strauch der Weiderichgewächse; Blätter gegenständig; Blüten in Rispen, duftend, gelblichweiß bis ziegelrot; wird heute in den asiat. und afrikan. Tropen und Subtropen zur Gewinnung von ↑Henna angebaut.

Henne, Bez. für das ♀ der Hühnervögel.

Henneberg, Berthold von ↑Berthold von Henneberg.

Henneberg, ehem., seit 1310 gefürstete Gft. in Franken und Thüringen. 1230 verloren die Grafen von H. (*Henneberger*; Hochadelsgeschlecht; ben. nach der Burg H. sw. von Meiningen) das Burggrafenamt von Würzburg, ihre Macht verlagerte sich ganz nach Thüringen. Coburg kam 1353, das übrige H. nach Aussterben der Grafen von H. 1583 an die Wettiner (beide Linien); 1660 fiel der Hauptteil an Sachsen-Meiningen, die Herrschaft Schmalkalden an Hessen-Kassel. 1815 wurde der kursächs. Teil, 1866 der hess. Teil preußisch.

Hennebique, François [frz. ɛnˈbik], * Neuville-Saint-Vaast (Pas-de-Calais) 25. April 1842, † Paris 20. März 1921, frz. Bauingenieur. – Wurde durch seine bahnbrechenden Arbeiten im Stahlbetonbau auf der Pariser Weltausstellung von 1900 bekannt.

Hennecke, Adolf, * Meggen (= Lennestadt) 25. März 1905, † Berlin (Ost) 22. Febr. 1975, dt. Bergarbeiter. – Förderte als Hauer unter Tage 1948 nach bes. Arbeitsvorbereitung und wurde dadurch, nach sowjet. Vorbild, zum Begründer der Aktivistenbewegung der DDR, der Hennecke-Bewegung; seit 1946 Mgl. der SED (ab 1954 im ZK).

Hennef (Sieg), Gemeinde und Kurort am SO-Rand der Kölner Bucht, NRW, 70 m ü. d. M., 30 000 E. Philosoph.-theolog. Hochschule der Redemptoristen; Maschinen-, Geräte- und Anlagenbau. – Kern des heutigen H. ist die fränk. Gründung Geistingen (um 800 gen.); um 950 ist H. belegt.

Hennegau (frz. Hainaut, niederl. Henegouwen), Prov. in SW-Belgien, 3 786 km², 1,28 Mill. E (1990), Hauptstadt Mons. Der H. umfaßt größtenteils Hügelland mit fruchtbaren Böden; der SO-Teil reicht bis in die bewaldeten Ardennen. Der Steinkohlenbergbau ist 1984 erloschen; Eisen-, Glas-, chem. Ind.; zunehmend Fahrzeugbau, erdölverarbeitende und elektron. Industrie.
Geschichte: Der karoling. Gau H. kam im 9. Jh. an Lothringen. 1051 fiel der H. im Erbgang an Flandern, 1345 die Gft. H. und Holland an die Wittelsbacher, 1433 an die Herzöge von Burgund. Erben Burgunds wurden die Habsburger, deren span. Linie 1555 bis 1713, die östr. von 1713 bis in die Zeit der Frz. Revolution im H. regierte. 1659 wurde der südl. Teil an Frankreich abgetreten. Der übrige Teil wurde mit den Gebieten um Tournai und Charleroi und Grenzgebieten von Brabant und Lüttich 1792 zum frz. Dep. Jemappes vereinigt, das als H. 1815 an das Kgr. der Vereinigten Niederlande, 1830 an Belgien kam.

Hennequin de Bruges [frz. ɛnkɛdəˈbryːʒ] (Jan Bondol), fläm. Buchmaler des 14. Jh. – Aus Brügge stammend, spätestens seit 1371 im Dienste des frz. Königs Karl V., illuminierte mit anderen u. a. eine Bibel von 1372.

Hennetalsperre ↑ Stauseen (Übersicht).

Hennigsdorf b. Berlin, Stadt an der Havel, Brandenburg, 24 000 E. Ingenieurschule; Stahl- und Walzwerk, Lokomotivbau.

Henning, Walter Bruno, * Ragnit (Ost-preußen) 26. Aug. 1908, † Berkeley (Calif.) 8. Jan. 1967, dt. Iranist. – Emigrierte 1936; war Prof. in London und Berkeley; erforschte die chwaresm. und baktr. Sprache, bearbeitete manichäische Texte.

Henoch (Enoch), in den Stammbäumen 1. Mos. 4 und 5 Name eines der Patriarchen Israels; unter seinem Namen wurden mehrere Apokalypsen verfaßt (↑ Henochbücher).

Henochbücher, drei apokryphe Apokalypsen unter verschiedenen Sprachen, die unter der Verfasserschaft des ↑ Henoch in Umlauf gesetzt wurden und in denen die Gestalt Henochs eine wesentl. Rolle spielt: 1. *Äthiop. Henochbuch* (zw. 170 und 30 v. Chr.); 2. *Slaw. Henochbuch* (vor 70 n. Chr.); 3. *Hebr. Henochbuch* (um 200–300 n. Chr.).

Henotheismus [zu griech. heĩs „einer" und theós „Gott"], von Friedrich Max Müller in die Religionswiss. eingeführter Begriff zur Bez. eines subjektiven Monotheismus innerhalb polytheist. Religionen. Die kult. Verwirklichung des H. nennt man **Monolatrie.**

Henotikon [griech. „vereinigend"], Unionsedikt des byzantin. Kaisers Zenon von 482, das die Einheit zw. den Monophysiten und den Anhängern des Konzils von Chalkedon bezweckte.

Henriette, Name von Fürstinnen:

England:
H. Maria, * Paris 25. Nov. 1609, † Schloß Colombes (bei Paris) 10. Sept. 1669, Königin. – Tochter Heinrichs IV. von Frankreich und der Maria Medici, heiratete 1625 König Karl I. von England. Ihr polit. Einfluß war bes. während der Puritan. Revolution bedeutend; ging 1644 nach Frankreich, kehrte nach der Thronbesteigung durch ihren Sohn Karl II. 1660 nach England zurück (bis 1665).

Orléans:
H. Anne, * Exeter 16. Juni 1644, † Saint-Cloud 30. Juni 1670, Herzogin. – Tochter Karls I. von England und H. Marias, wuchs in Frankreich auf, wo sie 1661 Philipp I. von Orléans, den Bruder Ludwigs XIV., heiratete; leitete auf frz. Seite die Verhandlungen mit Karl II. von England (ihrem Bruder), die zum Geheimvertrag von Dover (1670) führten.

Henry, Joseph [engl. ˈhɛnri], * Albany (N. Y.) 17. Dez. 1797, † Washington 13. Mai 1878, amerikan. Physiker. – Fand unabhängig von M. Faraday die elektromagnet. Induktion und entdeckte bereits 1830 die Selbstinduktion. Führte die Wetterberichterstattung ein.

H., O. [engl. ˈhɛnri], eigtl. William Sydney Porter, * Greensboro (N. C.) 11. Sept. 1862, † New York 5. Juni 1910, amerikan. Schriftsteller. – Im Mittelpunkt seiner knappen Kurzgeschichten stehen kleine Leute; häufig setzt H. eine Schlußpointe; u. a. „Kohlköpfe und Könige" (R., 1904).

H., Pierre [frz. ãˈri], * Paris 9. Dez. 1927, frz. Komponist. – Seit 1960 um eine Synthese von konkreter und elektron. Musik bemüht; schuf zahlr. Ballettmusiken für M. Béjart, u. a. „Orphée" (1958), „Le voyage" (1962); neuere Werke: „Noces chymiques" (1980, Lautsprecheroper), „Hugosymphonie" (1985).

Henry [ˈhɛnri; nach J. Henry], Einheitenzeichen H, SI-Einheit der Induktivität. Festlegung: 1 H ist gleich der Induktivität einer geschlossenen Windung, die, von einem elektr. Strom der Stärke 1 A durchflossen, im Vakuum den magnet. Fluß 1 Weber umschlingt; 1 H = 1 Wb/A = 1 Vs/A.

Henry-Draper-Katalog [engl. ˈhɛnri ˈdreɪpə], svw. ↑ Draper-Katalog.

Henscheid, Eckhard, * Amberg 14. Sept. 1941, dt. Schriftsteller. – Mitarbeit bei satir. Zeitschriften (Mitbegründer der „Titanic"); schrieb u. a. die Roman-„Trilogie des laufenden Schwachsinns" (1973–78), „Maria Schnee. Eine Idylle" (R., 1988).

Henschke, Alfred, dt. Schriftsteller, ↑ Klabund.

Hensel, Luise, * Linum (Landkreis Neuruppin) 30. März 1798, † Paderborn 18. Dez. 1876, dt. Dichterin. – Trat 1818 zum Katholizismus über; war mit C. Brentano befreundet. Gemütvolle, geistl. Lieder und Gedichte („Müde bin ich, geh' zur Ruh' ...").

H., Walther, eigtl. Julius Janiczek, * Mährisch-Trübau 8. Sept. 1887, † München 5. Sept. 1956, dt. Musikpädagoge. – Gründete 1923 den „Finkensteiner Bund", der eine führende Rolle in der Jugendmusikbewegung spielte; veröffentlichte Volkslied- und Volkstanzsammlungen.

Hensen, [Christian Andreas] Victor, * Schleswig 10. Febr. 1835, † Kiel 5. April 1924, dt. Physiologe und Meeresbiologe. – Prof. in Kiel; entdeckte (unabhängig von C. Bernard) 1857 das Glykogen und förderte die Erforschung des Meeresplanktons.

Hentig, Hartmut von, * Posen 23. Sept. 1925, dt. Erziehungswissenschaftler. – Prof. u. a. in Bielefeld. Befaßt sich v. a. mit der Reformproblematik des [höheren] Schulwesens. Zahlr. Veröffentlichungen.

Hentrich, Helmut, * Krefeld 17. Juni 1905, dt. Architekt. – Zusammenarbeit mit H. Petschnigg (* 1913); zahlr. Hochhausbauten u. a. Großaufträge, z. B. Thyssenhaus in Düsseldorf (1957–60), Ruhr-Univ., Bochum (1961 ff.), Tonhalle Düsseldorf (1975–78).

Henze, Hans Werner, * Gütersloh 1. Juli 1926, dt. Komponist. – Schüler von W. Fortner und R. Leibowitz. War 1948/49 musikal. Leiter des Deutschen Theaters in Konstanz und 1950–53 künstler. Leiter des Balletts am Staatstheater Wiesbaden. In dieser Zeit schrieb H. zahlreiche Ballette („Jack Pudding", 1951; „Der Idiot", 1952, u. a.). Die Übersiedlung nach Italien (1953) markiert kompositorisch die Abkehr von der Reihentechnik, die H. in etwa 20 Werken verwendet hatte. Bis 1965 wandte er sich verstärkt dem vokalen Bereich zu, wobei die Frage der Kantabilität im Vordergrund stand, und schrieb neben einigen Instrumentalwerken v. a. Opern („König Hirsch", 1952–55; „Der Prinz von Homburg", 1960; „Elegie für junge Liebende", 1961; „Der junge Lord", 1965, u. a.), Kantaten

Henriette Maria, Königin von England (Ausschnitt aus einem Kupferstich nach einem Gemälde von Anthonis van Dyck, um 1635)

Joseph Henry

Hartmut von Hentig

Hans Werner Henze

Hepar

und Orchesterlieder. 1968 artikulierte er mit dem Oratorium „Das Floß der Medusa" (Text von E. Schnabel, Che Guevara gewidmet) erstmals eine deutl. polit. Haltung. Die in Kuba entstandene 6. Sinfonie (1969), das Rezital „El Cimarrón" (Text von H. M. Enzensberger, 1970) oder die Show „Der langwierige Weg in die Wohnung der Natascha Ungeheuer" (Text nach G. Salvatore, 1971) und „We come to the river" (Text von E. Bond, 1976) zeigen einen sozialistisch engagierten Komponisten, der eine Kunst im Dienste der Revolution zu entwickeln sucht. Im instrumentalen Bereich kamen das 3. und 4. Streichquartett (1976), das 5. Streichquartett (1977) sowie das 3. Violinkonzert (1978) hinzu, als Bühnenkomposition das Ballett „Orpheus" (1979); Kinderoper „Pollicino" (1980); Opern „Die engl. Katze" (1983), „Das verratene Meer" (1989); Orchesterwerke „Fandango" (1986) und „Cinque piccoli concerti e ritornelli" (1988). Schrieb u. a. „Musik und Politik. Schriften und Gespräche 1955-84" (1985).

Audrey Hepburn

Hepar [griech.], svw. ↑ Leber.

Heparin [griech.], ein aus der Leber isolierbares Polysaccharid; H. hemmt die Blutgerinnung. Medizinisch werden H. sowie ähnlich wirkende halbsynthet. Heparinoide bei Bluttransfusionen sowie zur Verhütung von Thrombosen und Embolien bei Venenentzündungen und nach Operationen benutzt. – Chem. Strukturformel (Formelausschnitt):

hepat..., Hepat... ↑ hepato..., Hepato...
Hepatitis [griech.], svw. ↑ Leberentzündung; **Hepatose**, nichtentzündl. Lebererkrankung.
hepato..., Hepato..., hepat..., Hepat... [griech.], Bestimmungswort von Zusammensetzungen mit der Bed. „Leber".
Hepatographie, röntgenolog. oder szintigraph. Darstellung der Leber mit Hilfe von Röntgenkontrastmitteln oder radioaktiven Indikatoren.
Hepatolith [griech.], svw. ↑ Leberstein.
Hepatologie, Spezialgebiet der inneren Medizin, das sich mit Bau, Funktion und Erkrankungen der Leber und der Gallenwege sowie deren Diagnose und Behandlung befaßt.
Hepatomegalie [griech.], Lebervergrößerung, Leberschwellung.
Hepburn [engl. 'hɛbəːn], Audrey, eigtl. Edda H. van Heemstra, *Brüssel 4. Mai 1929, †Tolochenaz (bei Lausanne) 20. Jan. 1993, amerikan. Filmschauspielerin niederl.-brit. Herkunft. – Internat. Popularität in Filmen wie „Ein Herz und eine Krone" (1953), „Sabrina" (1954), „Krieg und Frieden" (1956), „Frühstück bei Tiffany" (1961), „My fair Lady" (1964). Ihre Filme waren durch ihren frischen jugendl. Charme gekennzeichnet.
H., Katharine, *Hartford (Conn.) 8. Nov. 1909, amerikan. Schauspielerin. – Eindrucksvolle Charakterdarstellerin; seit 1933 auch in Filmen, u. a. „Leoparden küßt man nicht" (1938), „African Queen" (1951), „Der Regenmacher" (1956), „Plötzlich im letzten Sommer" (1959), „Am goldenen See" (1983).

Hephäst, griech. Gott des Feuers und der Schmiedekunst, Schirmherr des Handwerks, dem bei den Römern Vulcanus entspricht. Verkrüppelter Sohn des Zeus und der Hera (oder der Hera allein), dessen Name auch für das ihm hl. Element stand; war urspr. ein kleinasiat. (tyrrhen.-etrusk. ?), mit dem Vulkanismus verbundener chthon. Schmiededämon und Magier; die merkwürdige körperl. Mißbildung (bei Homer heißt er „der Hinkende") hat man als mytholog. Surrogat urspr. Zwergengestalt gedeutet.

Hephata [hebr. „öffnet euch"] (Ephphata, Ephpheta), Wort Jesu (Mark. 7, 34), mit dem er einen Taubstummen heilt; deshalb oft Name ev. Pflegeanstalten [für Taubstumme].

Hephthaliten (chin. Hua oder Yeda), Nomadenverband, den byzantin. u. a. Geschichtsquellen den Hunnen zurechnen (auch als *Weiße Hunnen* bezeichnet); wanderten im 4. Jh. aus der Altairegion in das Oxusgebiet (W-Turkestan) ein und griffen das Sassanidenreich an; herrschten im 5. Jh. über die Gebiete im heutigen russ. und chin. Turkestan (u. a. Sogdiana und Baktrien sowie den W des Tarimbeckens) und eroberten N-Indien. Die H. wurden um 558 von den Westtürken (Türküt) unterworfen.

Heppenheim (Bergstraße), hess. Krst., 106 m ü. d. M., 23 100 E. Verwaltungssitz des Landkr. Bergstraße; Volkskundemuseum, Luftkurort; Herstellung von Tiefkühlkost, Maschinenbau, elektrotechn. Ind., Kunststoffverarbeitung, Mineralwasserversand. – Die erstmals 755 erwähnte fränk. Siedlung kam 773 an das Kloster Lorsch; gehörte seit 1232 zu Kurmainz; seit 1318 Stadt. – Über der Stadt die Ruine Starkenburg (11. und 17. Jh.); Pfarrkirche (1900 bis 1904), ehem. Mainzer Amtshof (um 1300), Rathaus (1551 und 1695).

Hepplewhite, George [engl. 'hɛplwaɪt], †London 1786, engl. Kunsttischler. – Schöpfer eines rein engl. Möbelstils mit leichten zierl. Möbeln.

hepta..., Hepta..., hept..., Hept... [griech.], Bestimmungswort von Zusammensetzungen mit der Bed. „sieben", z. B. Heptameron.
Heptagon [griech.], Siebeneck.
Heptameron [griech.-italien.] ↑ Margarete von Navarra.
Heptane [griech.], zu den Alkanen zählende aliphat. Kohlenwasserstoffe der Summenformel C_7H_{16}, Bestandteil von Benzin.
Heptateuch [zu griech. heptáteuchos „siebenbändiges Buch"], altkirchl., auch wiss. gebräuchl. Bez. für die alttestamentl. Bücher 1. Mos. bis Richter.
Heptatonik [griech.] (Siebentönigkeit), die siebenstufige Skala des diaton. Tonsystems. – ↑ Pentatonik.
Heptene [griech.], zu den Alkenen zählende ungesättigte Kohlenwasserstoffe der chem. Summenformel C_7H_{14}.
Heptosen [griech.] ↑ Monosaccharide.

Hepworth, Dame (seit 1965) Barbara [engl. 'hɛpwəːθ], *Wakefield 10. Jan. 1903, †Saint Ives (Cornwall) 20. Mai 1975, engl. Bildhauerin. – 1934–51 ∞ mit Ben Nicholson. Nahm für ihre Holz- und Metallarbeiten Anregungen von H. Moore und von konstruktivist. Skulpturen auf.

Hera, griech. Göttin, der bei den Römern Juno entspricht. Älteste Tochter des Kronos und der Rhea, Schwester und Gemahlin des Zeus, von dem sie Mutter des Ares, des Hephäst und der Hebe wird. Mythos und Kult weisen ihr als Gemahlin des Zeus die Funktion einer Beschützerin von Ehe und Geburt zu. Herrisches und zänk. Wesen (v. a. gegen ihren Gemahl) sowie unversöhnl. Haß gegen ihre

Barbara Hepworth. Conversation with Magic Stones, Bronze, 1973 (Saint Ives, Barbara Hepworth Museum and Sculpture Garden)

Feinde, bes. die Trojaner (↑Paris), bestimmen das Bild der Göttin in der Sage. – In der Antike wurde H. vielfach dargestellt. Ein frühes Beispiel ist der Kopf ihres Kultbildes im Heraion in Olympia (um 600 v. Chr.).

Hera.
Kopf ihres Kultbildes aus dem Heraion in Olympia, um 600 v. Chr. (Olympia, Archäologisches Museum)

HERA ↑Deutsches Elektronensynchrotron.
Heracleum [griech.] ↑Bärenklau.
Herakleia, Name mehrerer antiker griech. Städte; am berühmtesten: 1. H. Pontika in Bithynien (heute Ereğli am Schwarzen Meer, Türkei); 2. H. an der S-Küste Siziliens, östl. der Halykosmündung (H. Minoa); 3. H. am Siris in Lukanien nahe dem heutigen Policoro (Prov. Matera, Italien).
Herakleios (Heraklios), *in Kappadokien 575, †11. Febr. 641, byzantin. Kaiser (seit 610). – Stürzte 610 den Usurpator Phokas und begr. eine Dyn., die bis 711 regierte; organisierte Heer und Verwaltung (Themenverfassung); gewann im Krieg gegen die Perser (622–628) alle zuvor verlorenen östl. Gebiete zurück.
Herakleopolis [„Heraklesstadt" (auf Grund einer Gleichsetzung des Herakles mit Harsaphes)] (H. Magna), ehem. Stadt in Ägypten, 15 km westlich von Bani Suwaif; Sitz der Herrscher der 9. und 10. Dyn.; Kultstätte des widderköpfigen Gottes Harsaphes.
Herakles (Hercules, Herkules), Held der griech. Mythologie. Zeus zeugte H. in der Gestalt des abwesenden Perseusenkels Amphitryon mit dessen Gemahlin Alkmene in Theben und verhieß ihm als dem nächsten Sproß aus dem Hause des Perseus die Herrschaft über Mykene. Hera, deren eifersüchtige Verfolgungen H. den Namen gaben (H. = „der durch Hera Berühmte"), hemmt die Geburtswehen der Alkmene und läßt Eurystheus, einen anderen Perseusenkel, eher zur Welt kommen, der so König von Mykene und später Dienstherr des H. wird. Nach zahlr. Anschlägen der Hera erhält H. schließlich vom Delph. Orakel den Auftrag, im Dienst des Eurystheus 12 Arbeiten zu vollbringen, um die Unsterblichkeit zu erlangen. H. besteht alle „12 Arbeiten" (Dodekathlos):
1. die Erlegung des Nemeischen Löwen; 2. der Kampf mit der neunköpfigen Hydra von Lerna; 3. das Einfangen der windschnellen Kerynit. Hirschkuh; 4. das Einfangen des Erymanth. Ebers; 5. der Kampf mit den Stymphal. Vögeln; 6. die Reinigung der Ställe des Augias; 7. das Einfangen des Kret. Stieres; 8. die Erringung der menschenfressenden Rosse des Diomedes; 9. die Erbeutung des Gürtels der Amazonenkönigin Hippolyte; 10. die Erbeutung der Rinder des Geryoneus, eines dreileibigen Riesen (bei dieser Arbeit setzt H. in der Straße von Gibraltar die nach ihm ben. „Säulen des H." als Zeichen seiner weitesten Fahrt); 11. die Erringung der goldenen Äpfel der Hesperiden; 12. die Entführung des Unterwelthundes Zerberus.
Nach Vollendung der 12 Arbeiten kehrt H. nach Theben zurück, zieht aber später mit seiner zweiten Frau Deianira nach Trachis, wo ihn durch ungewolltes Verschulden Deianiras ein furchtbares Todesgeschick ereilt, das H. aber durch Selbstverbrennung abkürzt. Von Zeus wird H., mit Hera versöhnt, als Unsterblicher aufgenommen.

Herakliden ↑Hyllos.
Heraklios ↑Herakleios.
Heraklit von Ephesus, *um 550, †um 480, griech. Philosoph. – Wegen seines schwer verständl. Denkens „der Dunkle" genannt. Setzte gegen die stat. Seinsauffassung der eleat. Philosophie das [vernunftbegabte] Feuer als Prinzip des Seienden, das er als Inbegriff steter Wandelbarkeit verstand. Ausdruck seiner Grundthese von der Einheit des Seins in der Gegensätzlichkeit und Veränderlichkeit der Dinge sind seine Sätze: „Der Krieg ist der Vater aller Dinge" und „Niemand kann zweimal in denselben Fluß steigen".
Heraldik [zu frz. (science) héraldique „Heroldskunde" (zu héraut „Herold")] ↑Wappenkunde.
heraldische Dichtung ↑Heroldsdichtung.
heraldische Farben (herald. Tinkturen) ↑Wappenkunde.
Heranwachsende, im Jugendstrafrecht Personen, die z. Z. einer Straftat das achtzehnte, aber noch nicht das einundzwanzigste Lebensjahr vollendet haben; es ist im Einzelfall zu entscheiden, ob Jugendstrafrecht oder allg. Strafrecht angewendet wird.
Herat, Prov.hauptstadt in NW-Afghanistan, am Hari Rud, 930 m ü. d. M., 160 000 E. Handelszentrum einer Flußoase; Baumwollentkörnung; Nahrungsmittel- und Teppichherstellung. – H. ist bereits in altpers. Inschriften bezeugt; war Hauptort der Satrapie Aria, hellenist. Alexandreia; 652 n. Chr. arabisch; 1221 Eroberung durch die Mongolen. Nach Timur-Lengs Tod (1405) wurde H. Hauptstadt des Reichs der Timuriden; unter den Safawiden 1528–1747 Zentrum von Chorasan; 1863 endgültig an Afghanistan. – Ruine der Zitadelle (9. oder 10. Jh.); Freitagsmoschee (1200 gegr.).
Herat ↑Orientteppiche (Übersicht).
Hérault [frz. e'ro], Dep. in Frankreich.
Herausgabeanspruch, das Recht, die Herausgabe einer Sache (Übertragung des Besitzes) zu verlangen. Ein H. kann sich z. B. aus Vertrag (§ 556 BGB), aus Eigentum oder Besitz (§§ 861, 1007 BGB), ungerechtfertigter Bereicherung (§ 2018 BGB) ergeben. Der H. kann mittels ↑Zwangsvollstreckung durchgesetzt werden.

Katharine Hepburn

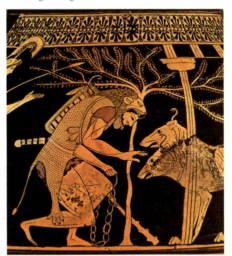

Herakles entführt den Unterwelthund Zerberus, Darstellung des Andokidesmalers auf einer Amphora, um 515 v. Chr. (Paris, Louvre)

Herausgeber, derjenige, der Druckwerke veröffentlicht, ohne selbst Autor zu sein. Der H. von Sammelwerken wird wie ein Urheber geschützt.
Herba [lat.] (Kraut), pharmazeut. Bez. für die meist zur Blütezeit gesammelten und getrockneten oberird. Teile krautiger Pflanzen.

Herbarium

Herbarium [lat., zu herba „Pflanze, Gras"] (Herbar), Sammlung gepreßter und getrockneter, auf Papierbögen aufgeklebter Pflanzen oder Pflanzenteile, geordnet nach systemat. oder pflanzensoziolog. Gesichtspunkten.

Herbart, Johann Friedrich, *Oldenburg (Oldenburg) 4. Mai 1776, †Göttingen 14. Aug. 1841, dt. Philosoph, Pädagoge und Psychologe. – Prof. in Königsberg (Pr), seit 1833 in Göttingen; beeinflußt von Fichte und Pestalozzi. Für H. ist Philosophie als Grundlagenwiss. für alle anderen Wiss. die „Bearbeitung der Begriffe". H. leitete die Ethik aus der Ästhetik ab. Seine realist. Metaphysik sieht die Dinge als einfache Zusammensetzung von realen Wesen mit je einer Qualität. Von großem Einfluß auf das Bildungswesen.
Werke: Allg. Pädagogik (1806), Allg. prakt. Philosophie (1808), Psychologie als Wissenschaft (2 Bde., 1824/25), Allg. Metaphysik (2 Bde., 1828/29).

Johann Friedrich Herbart

Herbartianismus, die pädagog. Schulrichtung der 2. Hälfte des 19. Jh., die sich auf ↑Herbart berief, u. a. T. Ziller und T. Vogt, sowie, weniger eng, W. Rein. Die Herbartianer setzen darauf, daß der (sittl.) Wille durch Intellektbildung geweckt wird, wobei diese Intellektbildung mittels eines starren Schemas des Unterrichts erfolgt. Sie vernachlässigen Herbarts Forderung der „eigenen Beweglichkeit" und die Bildung emotionaler urspr. Werturteile an ästhet. Beispielen.

Herberge [zu althochdt. heriberga, eigtl. „ein das Heer bergender Ort"], früher svw. Kriegslager, später i. w. S. allg. für Wirtshaus oder Gasthaus; in der Zunftzeit ein vom Herbergsvater und von der Herbergsmutter verwaltetes Haus (H. i. e. S.) für wandernde Gesellen zur Unterkunft, Arbeitsvermittlung bzw. Krankenpflege.

Zbigniew Herbert

Herberger, Joseph (gen. Sepp), *Mannheim 28. März 1897, †ebd. 28. April 1977, dt. Sportlehrer. – Seit 1936 Reichsfußballtrainer; 1949–64 Bundestrainer des Dt. Fußballbundes; unter seiner Leitung wurde die Nationalmannschaft der BR Deutschland 1954 Weltmeister.

Herberge zur Heimat, von C. T. Perthes 1854 gegr. Herbergstyp zur Betreuung wandernder Handwerksgesellen; später von F. von Bodelschwingh (1882) für wandernde Arbeitslose eingerichtet; nach den Weltkriegen zunehmende Entwicklung im Sinne planmäßiger Fürsorgearbeit an ökonomisch und sozial Entwurzelten; zusammengefaßt im „Ev. Fachverband für Nichtseßhaftenhilfe e. V." (früher „Dt. Herbergsverein").

Herbert, Edward [engl. 'hə:bət], Lord H. of Cherbury, *Eyton-on-Severn (Shropshire) 3. März 1583, †London 20. Aug. 1648, engl. Philosoph, Diplomat und Schriftsteller. – Bruder von George H.; 1619–24 Gesandter in Paris; zunächst Royalist, schloß sich 1645 Cromwell an. Stand u. a. in Verbindung mit Gassendi und Grotius. Begr. den Deismus.

H., George [engl. 'hə:bət], *Montgomery Castle (Wales) 3. April 1593, □ Bermerton bei Salisbury 3. März 1633, engl. Dichter. – Bruder von Edward H.; schrieb religiöse Lyrik („The temple", 1633).

H., Zbigniew [poln. 'xɛrbɛrt], *Lemberg 29. Okt. 1924, poln. Schriftsteller. – Behandelt Spannungen zw. Moderne und kulturellen Traditionen. – *Werke:* Ein Barbar in einem Garten (Essays, 1962), Herr Cogito (Ged., 1974), Berichte aus einer belagerten Stadt und andere Gedichte (1985).

Herbin, Auguste [frz. ɛr'bɛ̃], *Quiévy (Nord) 29. April 1882, †Paris 1. Febr. 1960, frz. Maler. – Stand Vantongerloo nahe; konstruktivist. Bilder.

Herbivoren [lat.] ↑Pflanzenfresser.

Herbizide (Herbicide) [zu lat. herba „Pflanze" und caedere „töten"], chem. Unkrautbekämpfungsmittel. Nach ihrem Wirkungsspektrum werden sie in *nichtselektive H. (Total-H.)* zur Vernichtung jegl. Pflanzenwuchses und *selektive H.,* die nur bestimmte Pflanzenarten vernichten und zur Unkrautbekämpfung in Kulturpflanzenbeständen eingesetzt werden können, eingeteilt. Die H. wirken entweder als Ätzmittel *(Kontakt-H.),* die die Pflanzen an den vom Wirkstoff getroffenen Stellen zerstören, oder als *systemische H.,* die von der Pflanze aufgenommen und im Leitgewebe transportiert werden. Bei Einsatz von systemischen H. (hierzu gehören auch die Wuchsstoff-H.) stirbt die Pflanze durch Stoffwechsel- und Wachstumsstörungen ab.

Herborn, hess. Stadt im Dilltal, 180–280 m ü. d. M., 20 300 E. Predigerseminar der Ev. Landeskirche in Hessen und Nassau. U. a. eisenverarbeitende Ind. – Ersterwähnung 1048; 1251 Stadt. Die 1584 gegr. Hohe Schule wurde 1812 von Napoleon aufgelöst, aus ihrer theolog. Fakultät ist 1817 das heutige theolog. Seminar hervorgegangen. – Schloß (v. a. 14. Jh.; heute Predigerseminar), Hohe Schule (nach 1591; heute Museum), Rathaus (1589–91), Fachwerkbauten (17./18. Jh.).

Herbort von Fritzlar (Fritslar), *Ende des 12. Jh., †Anfang des 13. Jh., mittelhochdt. Epiker. – Stammt aus Fritzlar (Hessen); bearbeitete um 1210 den Stoff der Trojasage, sein „Liet von Troye" steht der vorhöf. sog. Spielmannsdichtung nahe.

Herbst ↑Jahreszeiten.
Herbstastern ↑Aster.
Herbstpunkt ↑Äquinoktialpunkte.
Herbstzeitlose ↑Zeitlose.

Herburger, Günter, *Isny im Allgäu 6. April 1932, dt. Schriftsteller. – Schildert in Prosa und ep. Lyrik, z. T. mit utop. Perspektiven, die Realität bundesdt. Gegenwart. – *Werke:* Eine gleichmäßige Landschaft (Prosa, 1964), Die Messe (R., 1969), Birne kann alles (Kindergeschichten, 1970), Die Eroberung der Zitadelle (En., 1972), Operette (Ged., 1973), Flug ins Herz (R., 1977), Orchidee (Ged., 1979), Lauf und Wahn (R., 1988), Das brennende Haus (Ged., 1990).

Herculaneum [...ne-um], z. T. von dem italien. Ort Ercolano überdeckte Ruinenstätte am W-Fuß des Vesuvs, bei dessen Ausbruch 79 n. Chr. es der röm. Villenvorort von Schlammassen überdeckt wurde. Ausgrabungen seit 1709. V. a. zwei- und dreistöckige Häuser, deren Ausschmückung man in letzter Zeit an Ort und Stelle läßt.

Herculano de Carvalho e Araújo, Alexandre [portugies. irku'lɐnu ðə kɐr'vaʎu i ɐrɐ'uʒu], *Lissabon 28. März 1810, †Vale de Lobos (Distrikt Santarém) 13. Sept. 1877, portugies. Geschichtsforscher und Dichter. – Bibliotheksdirektor und ab 1844 Hg. der „Portugaliae monumenta historica"; schrieb grundlegende Werke zur portugies. Geschichte und histor. Romane in der Art W. Scotts; gilt mit Almeida Garett als Begründer der portugies. romant. Schule.

Hercules ↑Herakles.
Hercules (Herkules) [griech.-lat., nach ↑Herakles] ↑Sternbilder (Übersicht).

Herczeg, Ferenc [ungar. 'hɛrtsɛg], eigtl. Franz Herzog, *Vršac (Wojwodina) 22. Sept. 1863, †Budapest 24. Febr. 1954, ungar. Schriftsteller. – Seine Novellen, Dramen und Romane spielen in der gehobenen städt. Gesellschaft und

Herculaneum. Ausgegrabene Häuser am Cardo IV, vor 79 n. Chr.

in Kreisen des verarmten Landadels; u. a. „Die Töchter der Frau Gyurkovics" (R., 1893), „Im Banne der Pußta" (R., 1902), „Rákóczi, der Rebell" (R., 1936).

Auguste Herbin. Luft-Feuer, 1944 (Paris, Musée National d'Art Moderne)

Herd [eigtl. „der Brennende, Glühende"], häusl. Feuerstätte, in der Kulturgeschichte der alten Völker geheiligter Platz; Stätte des kult. Feuers (Staats-H., im alten Rom von den Vestalinnen gehütet), Wohnung der Schutzgötter, manchmal Begräbnisplatz (H.bestattung). – Im heutigen Sinn eine Vorrichtung in der *Küche* zum Kochen, Backen und Heizen: **Elektroherd** (bis zu vier elektr. Kochplatten, Backröhre, auch mit Grilleinrichtung), **Gasherd** (↑ Gasgeräte), **Kohle-** oder **Ölbeistellherd** (zum Kochen und Heizen; auch mit Backröhre). – ↑ Mikrowellenherd.
▷ Bauteil des metallurg. Ofens, der den unteren Abschluß des Schmelzraumes bildet.
▷ (Krankheits-H., Fokus) in der *Medizin* allg. Bez. für einen im Körper genau lokalisierten und umschriebenen Ausgangsbezirk einer Krankheit.
▷ in der *Geologie* der Ausgangspunkt von Erdbeben bzw. vulkan. Schmelzen (Magmaherd).
Herdbuch (Zuchtbuch, Zuchtregister, Stammbuch), in der landw. Tierzucht (v. a. Rinderzucht) buch- oder karteimäßig angelegte Aufzeichnungen, in denen die nach einem sorgfältigen Ausleseverfahren eines Züchterverbandes anerkannten Zuchttiere erfaßt werden. Dem H. entspricht bei Zuchtpferden das **Stutbuch**.
Herde, in der Zoologie Bez. für eine Ansammlung von meist größeren Säugetieren, die wenige Individuen bis viele tausend Tiere umfassen kann.
Herdecke, Stadt im sö. Ruhrgebiet, NRW, 150 m ü. d. M., 25 200 E. Privatuniv. (eröffnet 1983); Metallverarbeitung, Textil- und chem. Ind.; Wasserkraftwerk am Hengsteysee (Ruhrstausee). – Ersterwähnung um 1100, 1739 Stadtrecht. – Ev. Pfarrkirche (im Kern karoling., im 13. Jh. got. Umbauten).
Herdentrieb, Bez. für die manchen Tieren eigene Tendenz, in einer Herde zusammenzuleben und sich demgemäß zu verhalten.
Herdenzephalitis ↑ Gehirnentzündung.
Herder, (Herderer) Bartholomä, * Rottweil 22. Aug. 1774, † Freiburg im Breisgau 11. März 1839, dt. Verleger. – Gründete 1801 die Hildersche Verlagsbuchhandlung in Meersburg, die er 1808 nach Freiburg verlegte. Verlegte im Geist der Aufklärung und Romantik theolog. Literatur, histor. Schriften (K. W. von Rottecks „Allg. Geschichte", 6 Bde., 1813–16), Bildbände und Kartenwerke. Sein Sohn *Benjamin H.* (* 1818, † 1888) gab dem Verlag eine betont kath. Prägung, neben katechet. u. a. volkspädagog. Schrifttum, u. a. „Kirchenlexikon" (12 Bde. und Register-Bd., 1846–60), „Conversationslexikon" (6 Bde., 1854–57), theolog. Zeitschriften. Dessen Sohn *Hermann H.* (* 1864, † 1937) führte v. a. die Lexikonarbeit weiter (u. a. „Staatslexikon" der Görresgesellschaft [1889–97, ⁷1985–89, 5 Bde.], „Der große Herder" [12 Bde., ⁴1931–35; ⁵1952 bis 1962, 10 Bde. und 2 Ergänzungs-Bde.], „Lexikon für Theologie und Kirche" [2. erweiterte Auflage 1957–68, 10 Bde., 3 Ergänzungs-Bde. und Register-Bd.], „Lexikon der Pädagogik" [5 Bde., 1913–17; ³1974–75, 4 Bde.]), ergänzte die Zeitschriften und erweiterte das Programm wiss. Literatur (Theologie, Philosophie, Sozialwiss., [Kirchen]geschichte) sowie Belletristik und Jugendliteratur. Neuere Nachschlagewerke sind „Christl. Glaube in moderner Gesellschaft" (37 Bde., 1980–84), „Das große Lexikon der Musik" (10 Bde., 1978–83), „Die Geschichte des Christentums. Religion. Politik. Kultur" (13 Bde. und Register-Bd., 1991 ff.). – ↑ Verlage (Übersicht).
H., Johann Gottfried von (seit 1802), * Mohrungen 25. Aug. 1744, † Weimar 18. Dez. 1803, dt. Philosoph, Theologe und Dichter. – 1764 Lehrer, 1767 Prediger in Riga; 1769 Seereise nach Nantes, die (nach H. eigenen Angaben) seine Wendung von der Aufklärung zum Sturm und Drang bewirkte. In Straßburg (1770/71) erste Begegnung mit Goethe. 1771 Konsistorialrat in Bückeburg; ab 1801 Oberkonsistorialpräsident in Weimar; befreundet u. a. mit C. Wieland, Jean Paul.
Sprach- und Literaturphilosophie: Seine Ausführungen „Über die neuere Dt. Litteratur" (3 Bde., 1767) galten einer „pragmat. Geschichte der Litteratur" unter Berücksichtigung der für sie maßgebenden polit. und sozialen Bedingungen sowie der Bestimmung der literar. Normen: jedes Volk hat seine spezif. Dichtung; sie ist abhängig von dem Stand seiner Sprache, dieser von den natürl. und sozialen Gegebenheiten. H. ästhet. Grundforderungen sind Zeitgemäßheit und Verständlichkeit; daher die Forderung nach Verwendung der Volkssprache, der „Muttersprache". In der „Abhandlung über den Ursprung der Sprache" (1772) setzt H. die Sprache mit den naturgegebenen Voraussetzungen des Menschen in Beziehung. Sprache ist sowohl in ihrer gesellschaftl. als auch naturgesetzl. Ausdifferenzierung in Einzel- bzw. Nationalsprachen Bedingung universalen Lernens.
Geschichtsphilosophie: H. gelangt zu einer geistesgeschichtlich äußerst fruchtbar werdenden positiven Bewertung des MA und des bes. Volkstums der einzelnen Völker, in der er jeder Phase geschichtl. Entwicklung, die er in Analogie zu der organ. Entfaltung des Individuums (Kindheit = Goldenes Zeitalter) sieht, ihr eigenes Recht zugesteht. In seinen „Ideen zur Philosophie der Geschichte der Menschheit" (4 Tle., 1784–91) versteht H. Geschichte weiterführend als organ. Entfaltung der Humanität. Mit seiner Sammlung „Volkslieder" (2 Tle., 1778/79, 1807 u. d. T. „Stimmen der Völker in Liedern") wird er zum Begründer der Erforschung des Volkslieds. – H. ist für die dt. und europ. Geistesgeschichte richtungweisend bis in die Gegenwart, bes. für Sprach- und Geschichtsphilosophie, Literatur- und Kulturgeschichte sowie Anthropologie.
Weitere Werke: Briefe zur Beförderung der Humanität (10 Bde., 1793–97), Christl. Schriften (5 Bde., 1794–98), Journal meiner Reise im Jahre 1769 (hg. 1846).
Herdinfektion (Fokalinfektion), Erkrankung, die von einem chron. Krankheitsherd dauernde oder schubweise Ausschwemmung von Bakterien, -giften oder deren Abbauprodukten verursacht wird. Als Ausgangsherde gelten oft Entzündungsvorgänge und Eiterungen in den Gaumenmandeln, innerhalb der Nasennebenhöhlen, der Gallenblase, des Blinddarms und der Harnröhre. Typ. H. entzündl. und entzündlich-allerg. Art sind u. a. Gelenkrheumatismus, Herz- und Nierenentzündungen.
Herdofen ↑ Schmelzöfen.
Herðubreið [isländ. ˈhɛrðyˌbreɪð], Vulkan auf Island, 1 682 m hoch.
Héré, Emmanuel [frz. eˈre] (seit 1751 H. de Corny), * Nancy 12. Okt. 1705, □ Lunéville 2. Febr. 1763, frz. Baumeister. – Mit der Neugestaltung von Nancy erbrachte H. die bedeutendste stadtplaner. Leistung seiner Zeit (1751–55).
Heredia (Hérédia), José-Maria de [frz. ereˈdja], * La Fortuna Cafeyera (Kuba) 22. Nov. 1842, † Bourdonné (Yvelines) 3. Okt. 1905, frz. Dichter. – Bed. Vertreter des Parnasse. Sein Hauptwerk „Trophäen" (1893) behandelt in 5 Sonettzyklen die Epochen der Geschichte.
hereditär [lat.], erblich, vererbt (von biolog. Merkmalen und Krankheiten gesagt).

Johann Gottfried Herder

Hereford

Hereford [engl. ˈhɛrɪfəd], engl. Stadt am Wye, Gft. Hereford and Worcester, 47 700 E. Anglikan. Bischofssitz; Museum. Marktzentrum in einem Hopfen- und Obstbaugebiet. – Anfang des 7. Jh. gegr., wurde 676 Bischofssitz, erhielt 1189 Stadtrecht. – Kathedrale (um 1079 ff.; Bibliothek mit seltenen Handschriften und Inkunabeln [u. a. Weltkarte, 13. Jh.]).

Hereford and Worcester [engl. ˈhɛrɪfəd ənd ˈwʊstə], westengl. Grafschaft.

Hérens, Val d' [frz. valdeˈrã], Landschaft im schweizer. Kt. Wallis, mit Erdpyramiden an der Mündung des Val d'Hérémence.

Herero, Bantustamm im mittleren und nördl. Namibia, Sprache: Herero. Auf Großviehzucht spezialisierte Nomaden.

Herford, Krst. im Ravensberger Hügelland, NRW, 70–100 m ü. d. M., 60 900 E. Westfäl. Landeskirchenmusikschule; Stadttheater; bed. Möbelind. u. a. Ind.zweige. – H. ging aus einem Frauenstift (gegr. 789, aufgehoben 1802) hervor; wurde vor 1170 Stadt. Im 14. Jh. (bis ins 17. Jh.) schloß es sich der Hanse an. Verbrieft nur 1631–52 freie Reichsstadt, seit 1652 unter brandenburg. Herrschaft. – Mehrere Kirchen, u. a. spätroman. Münsterkirche St. Marien und Pusinna (um 1220–80) mit got. Anbauten (14./15. Jh.), Marienkirche des Nonnenstifts auf dem Berge (1011 gegr., um 1290–1350 erbaut); Fachwerkhäuser (16. bis 18. Jh.).

H., Kreis in Nordrhein-Westfalen.

Hergesell, Hugo, *Bromberg 29. Mai 1859, †Berlin 6. Juni 1938, dt. Meteorologe. – Prof. in Straßburg und Berlin. Nach dem 1. Weltkrieg gründete und leitete H. den Dt. Flugwetterdienst und war um eine Zusammenarbeit zw. Luftfahrt und Meteorologie bemüht.

Hergesheimer, Joseph [engl. ˈhəːɡəshaɪmə], *Philadelphia 15. Febr. 1880, †Sea Isle City (N. J.) 25. April 1954, amerikan. Schriftsteller. – Schrieb romant. Gesellschaftsromane, u. a. „Linda Condon" (1919).

Hergt, Oskar, *Naumburg/Saale 22. Okt. 1869, †Göttingen 9. Mai 1967, dt. Politiker. – 1917–18 preuß. Finanzmin.; Mitbegr. und Vors. (bis 1924) der DNVP; MdR 1920–33; 1927/28 Reichsjustizmin. und Vizekanzler.

Herhaus, Ernst, *Ründeroth (= Engelskirchen) 6. Febr. 1932, dt. Schriftsteller. – Wurde mit dem burlesken Roman „Die homburg. Hochzeit" (1967) bekannt; Alkoholismus ist das Thema von „Kapitulation. Aufgang einer Krankheit" (R., 1977) und „Der zerbrochene Schlaf" (R., 1978), „Gebete in die Gottesferne" (R., 1979), „Der Wolfsmantel" (R., 1983).

Heribert, hl., *um 970, †Köln 16. März 1021, Erzbischof (seit 999). – 994 Erzkanzler Ottos III. für Italien, 998–1002 für Deutschland; gründete das Apostelstift in Köln und das Benediktinerkloster in Deutz (= Köln). – Fest: 16. März.

Hering, [Karl] Ewald [Konstantin], *Altgersdorf (= Neugersdorf, Lausitz) 5. Aug. 1834, †Leipzig 26. Jan. 1918, dt. Physiologe. – Prof. in Wien, Prag und Leipzig; arbeitete v. a. über Nerven- und Sinnesphysiologie. Entdeckte mit J. Breuer die „Selbststeuerung der Atmung" durch sensible Nerven des Lungenvagus. Bei seinen psychophysikal. Untersuchungen, bes. der Raum- und Farbwahrnehmung, befaßte er sich mit den opt. Täuschungen und stellte eine Vierfarbentheorie auf.

H., Loy, *Kaufbeuren um 1484/85, †Eichstätt um 1554, dt. Bildhauer. – Sein Sitzbild des hl. Willibald im Eichstätter Dom (1514) gilt als bed. Renaissancewerk.

Heringe (Clupea), Gatt. bis 45 cm langer Heringsfische mit zwei Arten in gemäßigten und kalten Gewässern des nördl. Atlantiks und nördl. Pazifiks. Für Europa am wichtigsten ist der **Atlantische Hering** (Hering i. e. S., Clupea harengus) mit grünlich-blauem Rücken, silberglänzenden Körperseiten und gekielter Bauchkante. Er kommt in riesigen Schwärmen v. a. in planktonreichen Meeresgebieten vor. Ein ♀ legt etwa 20 000–70 000 Eier ab. Die Jugendentwicklung erfolgt im Küstenbereich, erst mit zwei bis drei Jahren wandern die etwa 20 cm langen Jung-H. von der Küste ab. Die Geschlechtsreife tritt im Alter von drei bis sieben Jahren ein, die Lebensdauer beträgt rd. 20 Jahre. Der Atlant. Hering ist einer der wirtsch. wichtigsten Nutzfische, der in verschiedenen Formen auf den Markt gebracht wird (z. B. Vollhering, Matjeshering, Grüner Hering, Bückling, Brathering). – Der **Pazifische Hering** (Clupea pallasii) im nördl. Pazifik und im Weißen Meer ist dem Atlant. Hering sehr ähnlich, bleibt jedoch meist kleiner als dieser, wächst schneller und wird früher geschlechtsreif.

Heringe. Atlantischer Hering

Heringe [wohl nach der an die H. erinnernden Form], beim Zeltaufbau notwendige Holz- oder Metallpflöcke zum Befestigen der Zeltbahnen am Erdboden.

Heringen (Werra), hess. Stadt 20 km östl. von Bad Hersfeld, 230 m ü. d. M., 8 800 E. Kalibergwerk; Metall- und Holzverarbeitung. – H. wurde 1977 Stadt.

Heringsdorf (amtl. Seebad H.), Gemeinde in Meckl.-Vorp., an der NO-Küste der Insel Usedom, 4 200 E. Sternwarte. – H. entstand nach 1819.

Heringsfische (Clupeidae), Fam. urspr. Knochenfische mit rd. 180 bis 50 cm langen Arten, v. a. im Meer, aber auch in Brack- und Süßgewässern. Zu ihnen zählen verschiedene wirtsch. wichtige Arten, z. B. Atlant. Hering und Pazif. Hering (↑Heringe), Sardine und Sprotte.

Heringshai ↑Makrelenhaie.

Heringskönig (Petersfisch, Zeus faber), bis etwa 60 cm langer Knochenfisch im Mittelmeer und an der O-Küste des Atlantiks; Körper im Umriß oval, seitlich stark zusammengedrückt; Speisefisch.

Heringskönig

Hering-Täuschung [nach E. Hering] ↑optische Täuschungen.

Heris ↑Orientteppiche (Übersicht).

Herisau, Hauptort des schweizer. Halbkantons Appenzell Außerrhoden, 8 km sw. von Sankt Gallen, 771 m ü. d. M., 14 800 E. Heimatmuseum; Marktort; Textilind., Maschinen- und Apparatebau. – 837 erste urkundl. Erwähnung. – Spätgot. Pfarrkirche (1516–20) mit Stuckierungen von A. Moosbrugger.

Herkules ↑Herakles.

Herkules ↑Sternbilder (Übersicht).

Herkuleskeule (Clavaria pistillaris), Ständerpilz mit keulenförmigem, 8–20 cm hohem, ockergelbem Fruchtkörper; Oberfläche runzelig, Fleisch schwammig, weich; v. a. in Buchenwäldern, jung eßbar.

Herkunftsbezeichnung (Herkunftsangabe), im Wettbewerbsrecht Bez. des geograph. Ursprungs einer Ware, die als Warenzeichen und nach den Vorschriften gegen den unlauteren Wettbewerb geschützt ist, z. B. Solinger Stahlwaren.

Herlin (Herlein), Friedrich, *vermutlich Rothenburg ob der Tauber um 1430, †Nördlingen zw. Juni/Nov. 1500, dt.

Ewald Hering

Herkuleskeule

Maler. – Nahm niederl. Einflüsse (Rogier van der Weyden) auf, u. a. Georgsaltar, Innen- und Außenflügel (1462–65, Nördlingen, Städt. Museum) und Flügel des Hochaltars von Sankt Jakob in Rothenburg (1466).

Hermagor-Pressegger See, östr. Bez.hauptstadt in Kärnten, 612 m ü. d. M., 7 200 E. Zentraler Ort des mittleren Gailtales; Fremdenverkehr. – H. wird 1161 erstmals genannt. – Pfarrkirche (12. und 15. Jh.).

Herman, Woody [engl. 'həmən], eigtl. Woodrow Charles H., * Milwaukee (Wis.) 16. Mai 1913, † Los Angeles (Calif.) 29. Okt. 1987, amerikan. Jazzmusiker (Klarinettist, Orchesterleiter). – Gründete 1936 eine eigene Band, die vorwiegend Blues interpretierte, in den 40er Jahren sich der Richtung Swing/Bebop zuwandte und später Elemente des Hard-Bop aufnahm. Berühmt wurde der aus vier Saxophonen bestehende „Four Brothers"-Klang. Strawinsky widmete ihm sein „Ebony-Concerto".

Hermandad [span. „Bruderschaft"], seit dem 12. Jh. geschlossene Schutzbündnisse kastil. und aragones. Städte v. a. gegen den Adel; Mitte des 15. Jh. zu fast unabhängiger Macht mit eigenem Heer entwickelt. 1476 vereinigte Königin Isabella I., die Katholische, die Städte Kastiliens in der mit großen Vorrechten ausgestatteten „Hl. H." **(Santa Hermandad),** die Ferdinand II., der Katholische, 1488 auch in Aragonien als staatl. Einrichtung zur Aufrechterhaltung des Landfriedens gegen den Adel einführte; 1498 faktisch aufgelöst. Im 16. Jh. entwickelte sich die H. zu einer Art Landpolizei mit beschränkten Gerichtsbefugnissen.

Hermann, Name von Herrschern:
Hl. Röm. Reich:
H., Graf von Salm, † Limburg a. d. Lahn (⚔) 28. Sept. 1088, Röm. Gegenkönig. – Als Luxemburger 1081 von den sächs. und schwäb. Gegnern Heinrichs IV. zum Gegenkönig erhoben; zog sich 1088 nach Abfall seiner sächs. Anhänger nach Lothringen zurück.
Deutscher Orden:
H. von Salza, * um 1170, † Salerno 20. März 1239, 4. Hochmeister (seit 1209). – Aus thüring. Ministerialengeschlecht, enger Freund und wichtiger Berater Kaiser Friedrichs II., bemühte sich v. a., die Gegensätze zw. Kaiser und Papst auszugleichen; begann 1226 mit der Bekehrung der heidn. Preußen. Die ihm von Friedrich II. ausgestellte „Goldbulle von Rimini" (1226) begründete die Landesherrschaft des Dt. Ordens in Preußen.
Köln:
H., Graf von Wied, * Wied bei Hachenburg 14. Jan. 1477, † ebd. 15. Aug. 1552, Kurfürst und Erzbischof (1515 bis 1547). – Setzte sich auf dem Wormser Reichstag 1521 für die Ächtung Luthers ein und war um die kath. Reform seines Erzstifts bemüht; sein Reformationsversuch von 1543 schlug fehl; 1546 exkommuniziert, mußte 1547 abdanken.
Sachsen:
H. Billung, † Quedlinburg 27. März 973, Herzog. – Als Markgraf im Raum der unteren Elbe („Billunger Mark") von König Otto I. wiederholt mit Aufgaben des Herzogs von Sachsen beauftragt; erhielt 953/54 Sachsen; Ahnherr der Billunger.
Thüringen:
H. I., * um 1155, † Gotha 25. April 1217, Pfalzgraf von Sachsen (seit 1181), Landgraf von Thüringen (seit 1190). – Wechselte im stauf.-welf. Thronstreit öfter die Partei; finanzierte mit Bestechungsgeldern den Ausbau der Wartburg, wo höf. Kultur und Minnesang gepflegt wurden (1207 „Sängerkrieg").

Hermann der Cherusker, fälschl. Name des ↑Arminius.

Hermann der Lahme ↑Hermann von Reichenau.

Hermann von Luxemburg ↑Hermann, Graf von Salm, Röm. Gegenkönig.

Hermann von Reichenau (Herimannus Contractus, d. h. H. der Lahme), * 18. Juli 1013, † 24. Sept. 1054, mittelalterl. Gelehrter, Dichter und Komponist. – Seit 1043 Mönch in Reichenau; schrieb in lat. Sprache die erste erhaltene, von Christi Geburt bis 1054 reichende Weltchronik,

ferner astronom. und mathemat. Abhandlungen, Lehrgedichte u. a.; entwickelte eine neue Notenschrift.

Hermann von Sachsenheim, * um 1365, † Stuttgart 29. Mai 1458, spätmittelhochdt. Dichter. – Vertreter einer späthöf. Ritterromantik. Schrieb allegor. geistl. und Minnedichtungen („Die Mörin", 1453).

Hermann, Georg, eigtl. G. H. Borchardt, * Berlin 7. Okt. 1871, † KZ Birkenau (⚔) 19. Nov. 1943, dt. Schriftsteller. – Bruder von L. Borchardt; Schilderer des Berliner Biedermeier („Jettchen Gebert", R., 1906; „Henriette Jacoby", R., 1908).

Hermann Lietz-Schule, von der Stiftung Dt. Landerziehungsheime H. L.-S. getragene und im Sinne des Gründers H. ↑Lietz geführte Schulen.

Hermann-Oberth-Medaille [me'daljə], eine von der Dt. Gesellschaft für Luft- und Raumfahrt für bes. Verdienste um die Raumfahrtentwicklung verliehene Medaille.

Hermanns, Ernst, * Münster 8. Dez. 1914, dt. Bildhauer. – Gestaltet Metallplastiken aus teils angeschnittenen stereometr. Formen, die er zueinander in Beziehung setzt.

Hermannsburg, Gemeinde in der südl. Lüneburger Heide, Nds., 54 m ü. d. M., 7 900 E. Sitz der streng luth. orientierten **Hermannsburger Mission.**

Hermannsdenkmal, 1836–75 von E. von Bandel errichtetes Nationaldenkmal für den Cheruskerfürsten ↑Arminius auf der Grotenburg im Teutoburger Wald.

Woody Herman

Hermannstadt. Das Brukenthalpalais, um 1790 erbaut (links), und die katholische Kirche aus dem 18. Jh. (rechts)

Hermannstadt (rumän. Sibiu), rumän. Stadt in Siebenbürgen, 415 m ü. d. M., 177 000 E. Hauptstadt des Verw.-Geb. H.; Sitz eines rumän.-orth. und des dt. ev.-luth. Bischofs; rumän. und dt. Staatstheater, Herstellung von Ind.-ausrüstungen, Landmaschinenbau u. a. – An der Stelle der röm. Siedlung **Cedonia;** nach der ersten Einwanderung der „Sachsen" im 12. Jh. und nach der Zerstörung durch die Mongolen (1241/42) neu als **Hermannsdorf** gegr. (seit 1366 H.). Bis ins 19. Jh. Mittelpunkt der Siebenbürger Sachsen, zeitweise auch Hauptstadt Siebenbürgens. – Spätgot. ev. Pfarrkirche (14./15. Jh.); spätgot. Altes Rathaus (15. Jh.); Basteien und Wehrtürme (16./17. Jh.); Brukenthalpalais (um 1790), heute Museum und Bibliothek mit über 240 000 Bänden, Handschriften und Inkunabeln; kath. Kirche (18. Jh.).

Hermaphrodit [griech., nach Hermaphroditos], svw. ↑Zwitter (↑Intersex).

Hermaphroditismus [griech., nach Hermaphroditos] svw. ↑Zwittrigkeit.

Hermaphroditos, zweigeschlechtliches Mischwesen der griech. Mythologie; Sohn des Hermes und der Aphrodite.

Hermannstadt
Stadtwappen

Hermas

Hermas, christl. Schriftsteller des 2. Jh. in Rom. – Mgl. der röm. Christengemeinde; verfaßte in der ersten Hälfte des 2. Jh. eine Mahnschrift über die Buße der Christen und die Heiligkeit der Kirche: „Der Hirte des H.". Die Schrift gehört zum ältesten christl. Schrifttum und ist ein wichtiges Dokument für die altkirchl. Bußgeschichte.

Herme [griech.-lat.], urspr. ein griech. Kultpfeilertypus aus vierseitigem Schaft mit bärtigem Kopf des Gottes ↑ Hermes und Phallus (am Pfeiler) sowie Armansätzen; auf der Agora, an Flurgrenzen, Wegkreuzungen, Hauseingängen und Gräbern aufgestellt. Seit dem 5. Jh. v. Chr. auch mit Köpfen anderer Götter und später mit Porträtköpfen (bes. in der röm. Kunst); oft auch als Doppelherme.

Hermelin ↑ Wiesel.

Hermelin, Handelsbez. für Pelze aus dem Winterfell des Hermelins (↑ Wiesel).

Hermelin ↑ Wappenkunde.

Hermeneutik [griech.], Bez. für eine nach mehr oder minder festen Regeln oder Prinzipien praktizierte Auslegung und deren Theorie. Gegenstand der **hermeneutischen** oder **verstehenden Methode** können grundsätzlich alle (geschichtl.) Lebensäußerungen sein (z. B. Texte, Musik, Malerei, Handlungen, Institutionen). Traditioneller Gegenstand ist die mündl. bzw. schriftl. Rede (Texte); deshalb auch **Texthermeneutik**. Dazu gehören z. B. die klass. Dichtung, Gesetz, die hl. Schriften, bes. die Bibel. Nach Anfängen in der Stoa begründete Philon von Alexandria im Anschluß an die griech. und jüd. H. die Lehre vom doppelten, dem wörtl. und dem geistigen Schriftsinn (allegor. Interpretation), die Origenes systematisch ausbaute. Augustinus bezog das hermeneut. Schema vom doppelten Schriftsinn auf das Verhältnis von „Zeichen" und „Sache": Der Text als vordergründige Sache wird zum Zeichen, zum Symbol des geistl. Sinns **(Signifikationshermeneutik).** Damit waren die Grundlagen für die ma. H. geschaffen, der die kirchl. Tradition als Norm für die Auslegung galt *(Traditionsprinzip).* Eine neue Grundlage bekam die H. durch M. Luther, der die Schrift selbst zur ausschließl. Auslegungsnorm erklärte *(Schriftprinzip).* Nach Neuansätzen v. a. durch J. A. Ernesti und J. S. Semler lieferte im 19. Jh. die klass. Philologie einen bed. Beitrag zu einer **philologischen Hermeneutik** (v. a. G. A. F. Ast und F. A. Wolf). Darauf aufbauend, entwickelte Schleiermacher im Rückgriff auf die Sprachlichkeit allen menschl. Denkens, Redens und Verstehens eine universale Theorie der H. *(H. als Kunstlehre des Verstehens);* im schöpfer. Akt des Verstehens sind die Sprache des Allgemeine und das verstehende Individuum aufeinander bezogen. W. Dilthey versuchte dann den universellen Anspruch der H. als „Kunstlehre des Verstehens" schriftlich fixierter Lebensäußerungen" im allg. aufzuweisen, indem er sie zur methodolog. Grundlage der Geisteswissenschaften erhob. In M. Heideggers aller Methodologie des Verstehens vorgeordneten „H. des Daseins" wird das menschl. Dasein als „Verstehen" und „Sich-Entwerfen auf die Möglichkeit seiner selbst" interpretiert. Die Tatsache des schon durch eigene innere Erfahrung vorhandenen Wissens von dem, was Gegenstand des Verstehens werden soll, bezeichnete er als **hermeneutischen Zirkel.** Über R. Bultmanns Programm der Entmythologisierung und existenzialen Interpretation der Bibel (v. a. des N. T.) wirkte diese Lehre auf die Theologie zurück (z. B. H. als „Sprachlehre des Glaubens"). Die **philosophische Hermeneutik** wurde durch H. G. Gadamer (v. a. in „Wahrheit und Methode", 1960) fortgeführt, vornehmlich das wirkungsgeschichtlich vermittelte Verhältnis von Vorverständnis (Überlieferung, Horizont) und Verständnis in allem Verstehen analysiert. Gadamers Theorie führte zu Kontroversen mit Vertretern des krit. Rationalismus (bes. H. Albert) und der krit. Theorie der Frankfurter Schule (bes. J. Habermas) und bot neue Anregung in der bis heute fortwährenden Auseinandersetzung zw. den Denktraditionen der (verstehenden) Geistes- und der (erklärenden) Naturwissenschaften.

hermeneutisch, erklärend, auslegend.

Hermes, griech. Gott des sicheren Geleits, Götterbote, Patron der Wanderer, Hirten, Kaufleute und Schelme, von den Römern *Mercurius* gen.; Sohn des Zeus und der Nymphe Maia. Das vielgesichtige und wendige Wesen des wohl urgriech. Gottes umspannt eine Fülle von Funktionen, die sich aus zwei Grundkomponenten entfalten: der Gewährung sicheren Geleits und Schutzes überhaupt und dem Glück- und Gewinnbringen. Er ist versehen mit Reisehut (bzw. Flügelhelm), Flügelschuhen und dem Heroldsstab (urspr. ein Zauberstab, da er mit ihm auch einschläfern und Träume bewirken kann).
Die bedeutendste der erhaltenen antiken Plastiken ist der H. mit dem Dionysosknaben des Praxiteles (um 325 v. Chr., Olympia, Archäolog. Museum; Originalität umstritten.

Hermes, Andreas, * Köln 16. Juli 1878, † Krälingen (Eifel) 4. Jan. 1964, dt. Politiker. – Als Zentrumsvertreter 1920–22 Min. für Ernährung und Landw.; 1922/23 Finanzmin., 1928–33 MdR; schloß sich im 2. Weltkrieg der Widerstandsbewegung um Beck und Goerdeler an. 1945 Mitbegr. und Vors. der CDU in Berlin und in der SBZ (von der sowjet. Besatzungsmacht abgesetzt); 1948–54 Präs. des Dt. Bauernverbandes und 1948–61 des Dt. Raiffeisenverbandes; hielt krit. Distanz zur Deutschlandpolitik Adenauers.

H., Georg, * Dreierwalde (Landkr. Tecklenburg) 22. April 1775, † Bonn 26. Mai 1831, dt. kath. Philosoph und Theologe. – 1799 Priester, 1807 Prof. der Dogmatik in Münster (Westf.), 1820 in Bonn. H. versuchte in Auseinandersetzungen mit Kants Kritizismus eine neue rationale Begründung des kirchl. Dogmas. Dabei kam er zu einem kritizist. Psychologismus (↑ Hermesianismus). – *Werke:* Untersuchung über die innere Wahrheit des Christentums (1805), Christkath. Dogmatik (hg. v. J. H. Achterfeldt, 3 Tle., 1834–36).

H., Johann Timotheus, * Petznick bei Stargard i. Pom. 31. Mai 1738, † Breslau 24. Juli 1821, dt. Schriftsteller. – Führte den engl. Familien- und Gesellschaftsroman in Deutschland ein, bes. erfolgreich war sein empfindsamer Reiseroman (nach dem Vorbild L. Sternes) „Sophiens Reise von Memel nach Sachsen" (5 Bde., 1769–73).

Herme von Siphnos, 490–480 v. Chr. (Athen, Archäologisches Nationalmuseum)

Hermes mit dem Dionysosknaben, Statue des Praxiteles, um 325 v. Chr. (Olympia, Archäologisches Museum)

Hermes [nach dem griech. Gott], 1937 entdeckter Planetoid, der sich der Erde bis auf 600 000 km näherte.
▷ geplantes Raumfahrzeug der europ. Raumfahrtbehörde ESA zum bemannten Pendelverkehr zw. der ebenfalls geplanten Raumstation Columbus u. a. und der Erde; seit 1989 ist das Projekt umstritten.

Hermesianismus, nach G. Hermes benanntes anthropozentr.-psychologist.-kritizist. Lehrsystem im 19. Jh. zur Begründung der kath. Glaubenslehre; 1835 von Papst Gregor XVI. verurteilt.

Hermeskeil, Stadt im Hunsrück, Rhld.-Pf., 560 m ü. d. M., 5 500 E. Maschinenbau, Holz-, Papier-, Kunststoff-, Keramik-, Druckind. – 1220 urkundlich erwähnt; Stadt seit 1970.

Hermes Kreditversicherungs-AG, dt. Versicherungsunternehmen, Sitz Hamburg; betreibt Warenkredit-, Investitionsgüterkredit-, Ausfuhrkredit-, Kautions-, Vertrauensschadenversicherung. Zur Exportförderung gewährt die H. K.-AG im Namen und für Rechnung des Bundes Ausfuhrgarantien und -bürgschaften und deckt damit wirtsch. und polit. Risiken *(Hermes-Deckung).*

Hermes Trismegistos, griech. Name für den ägypt. Gott ↑ Thot, der mit Hermes [im 3. Jh. v. Chr. offiziell] identifiziert wurde. Ihm wurden astrolog. und okkulte sowie theolog. und philosoph. Schriften zugeschrieben (↑ hermetische Literatur).

hermetisch [griech.], unzugänglich; luft- und wasserdicht verschlossen (nach dem mag. Siegel des Hermes Trismegistos, mit dem er eine Glasröhre luftdicht verschließen konnte.)

hermetische Literatur, Schrifttum einer spätantiken religiösen Offenbarungs- und Geheimlehre, als deren Verkünder und Verfasser Hermes Trismegistos angesehen wurde. Die h. L. wird dem 2./3. Jh. zugerechnet und besteht aus Traktaten in Brief-, Dialog- oder Predigtform, sie zeigt Einflüsse u. a. von ägypt. und orph. Mysterien und neuplaton. Gedanken. Im 3. und 4. Jh. übte sie Einfluß auf die christl. ↑ Gnosis aus, blieb aber auch im MA (u. a. Albertus Magnus), im europ. Humanismus sowie im 16.–18. Jh. (u. a. P. A. T. Paracelsus, Freimaurer) lebendig.

Hermetismus [griech.] (italien. Ermetismo), Stilrichtung der Lyrik des 20. Jh., insbes. der 30er Jahre; bekannteste Vertreter u. a. die Italiener E. Montale, G. Ungaretti, S. Quasimodo; allg. Dunkelheit, Vieldeutigkeit der Aussage als Wesenszug der modernen Poesie.

Herminonen (Erminonen, Hermionen), wie die Ingwäonen und die Istwäonen eine Gruppierung german. Stämme, die während des 1./2. Jh. als religiös-polit. Kultgemeinschaft aufzufassen ist. Sie umfaßte zahlr. Völkerschaften, vornehmlich der Elbgermanen. Die Rolle dieser Kultverbände ist unklar.

Hermite [frz. ɛr'mit], Charles, *Dieuze (Moselle) 24. Dez. 1822, †Paris 14. Jan. 1901, frz. Mathematiker. – Löste 1858–64 die allgemeine Gleichung 5. Grades mit Hilfe ellipt. Funktionen und bewies 1873 die Transzendenz der Zahl e.

Hermlin, Stephan, eigtl. Rudolf Leder, *Chemnitz 13. April 1915, dt. Schriftsteller. – 1936–45 im Ausland, nahm am Span. Bürgerkrieg teil; seit 1947 in Berlin (Ost). Behandelte in form- und sprachbewußter und oft von pathet. Gestus getragener Lyrik Themen antifaschist. Widerstands und des sozialist. Aufbaus in der DDR. H. besteht bei Wahrung seiner kommunist. Grundüberzeugung auf dem Recht des Individuums. Übertragungen insbes. frz., lateinamerikan. und afroamerikan. Dichtungen; auch Porträtskizzen („Die erste Reihe", 1951), Essays („Begegnungen 1954–1959", 1960). – *Weitere Werke:* Zwölf Balladen von den großen Städten (Ged., 1945), Der Leutnant Yorck von Wartenburg (E., 1946), Mansfelder Oratorium (1950), Scardanelli (Hsp., 1970), Abendlicht (1978, autobiographisch), Erzählungen (1990).

Hermon, Gebirge in Vorderasien, südl. Fortsetzung des Antilibanon, bis 2 814 m hoch. Da der H. nach der Entwaldung stark verkarstete, ist Anbau nur in Dolinen, Mulden und auf künstl. Terrassen möglich.

Hermonax, att. Vasenmaler des 2. Viertels des 5. Jh. v. Chr. – Erhalten sind mehrere signierte Gefäße im streng rotfigurigen Stil.

Hermosillo [span. ɛrmo'sijo], Hauptstadt des mex. Staates Sonora, am Río Sonora, 240 m ü. d. M., 341 000 E. Erzbischofssitz; Univ. (eröffnet 1942); Zentrum eines Bewässerungsfeldbaugebietes. – Gegr. 1742.

Hermsdorf, Stadt westlich von Gera, Thür., 10 000 E. Elektron., Holzindustrie. – Nach 1150 gegr., seit 1969 Stadt.

Hermunduren (lat. Hermunduri; Ermunduren), Stamm der german. Sweben, der im 1. Jh. v. Chr. an der mittleren Elbe siedelte; ging in den Thüringern auf.

Hermupolis Magna (Hermopolis Magna) ↑ Aschmunain, Al.

Hernández [span. ɛr'nandes], José, *Gut Pueyrredón bei Buenos Aires 10. Nov. 1834, †Buenos Aires 21. Okt. 1886, argentin. Schriftsteller. – Im als argentin. Nationalepos geltenden „Martín Fierro" (2 Teile, 1872–79) behandelte er das Schicksal der Gauchos.

H., Miguel, *Orihuela 30. Okt. 1910, †Alicante 28. März 1942, span. Dichter. – Neoklassizist. Lyriker.

Hernando ↑ Ferdinand.

Herne, Stadt im nördl. Ruhrgebiet, NRW, 50–130 m ü. d. M., 174 200 E. Maschinenbau, elektrotechn., chem. Ind.; Verkehrsknotenpunkt, Häfen am Rhein-H.-Kanal. Im Ortsteil **Wanne-Eickel** Solquelle, 41 °C. – Um 890 wird das Kirchdorf H. erwähnt. Erlangte mit dem Kohlenbergbau (seit 1856) und der Eisenind. wirtsch. Bedeutung. Stadterhebung 1897. 1975 wurde Wanne-Eickel eingemeindet. – Wasserschloß Strünkede (16./17. Jh., heute Emschertalmuseum).

Herne
Stadtwappen

Hernie (Hernia) [lat.], svw. Eingeweidebruch (↑ Bruch).

Hero von Alexandria ↑ Heron von Alexandria.

Herodes, *jüd. Herrscher:*

H. I., der Große, *um 73, †4 v. Chr., Herrscher des jüd. Staates. – Sohn des Antipater; 47 Stratege in Galiläa, 43 in röm. Dienst. Durch Augustus gestützt, machte H. Judäa zu einem starken Föderiertenstaat über große Teile Palästinas. Der jüd. Kult wurde nicht angetastet, das Diasporajudentum unterstützt; Ansätze von Opposition wurden radikal unterdrückt, potentielle Nachfolger (darunter 3 seiner Söhne) beseitigt. Nach dem Tod des H. teilte Kaiser Augustus das Reich unter dessen Söhne Archelaos, Herodes Antipas und Herodes Philippos. – In der Literatur als Initiator des ↑ bethlehemitischen Kindermords dargestellt, daneben zahlr. Dramatisierungen um H. und Mariamne, u. a. von F. Hebbel (1849).

H. Agrippa I., eigtl. Marcus Iulius Agrippa, *10 v. Chr., †44 n. Chr., jüd. Tetrarch. – Enkel Herodes' d. Gr.; in Rom aufgewachsen, erhielt die Tetrarchien von Herodes Philippos (37), Herodes Antipas (39) und Archelaos (41); ließ nach Apg. 12, 1–23 Jakobus d. Ä. hinrichten.

H. Agrippa II., *um 28, †um 100, jüd. Tetrarch. – Sohn von H. A. I.; in Rom erzogen, 50 von Claudius zum Herrscher von Chalkis am Libanon eingesetzt, erhielt 53 und 61 einige Tetrarchien; warnte vor dem Judenaufstand 66. Berühmt ist sein Gespräch mit dem Apostel Paulus und dessen Rede vor ihm (Apg. 25, 13–26, 32).

Charles Hermite

H. Antipas (Antipatros), *20 v. Chr., †nach 39 n. Chr., Tetrarch von Galiläa und Peräa. – Sohn Herodes' d. Gr.; gründete Tiberias; ließ Johannes den Täufer hinrichten (um 25 ?), als dieser ihn wegen seiner 2. Ehe mit seiner Nichte Herodias tadelte. – ↑ Salome.

H. Philippos, †34 n. Chr., Tetrarch von Gaulanitis, Trachonitis und Batanaea (nach 4 v. Chr.). – Sohn Herodes' d. Gr.; gründete Caesarea Philippi und Julias (ehem. Bethsaida); sein Gebiet kam 37 an Herodes Agrippa I.

Herodes Atticus (Tiberius Claudius H. A.), *Marathon um 101, †177, griech. Redner. – Vertreter des Attizismus; 143 röm. Konsul; ließ v. a. in Athen Prachtbauten errichten; erhalten ist eine Rede „Über den Staat".

Herodot, *Halikarnassos nach 490, †Athen nach 430, griech. Geschichtsschreiber. – War am Sturz des Tyrannen Lygdamis beteiligt, lebte deshalb zeitweise auf Samos im

Stephan Hermlin

Heroin

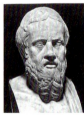

Herodot
(römische Kopie einer griechischen Herme aus der 2. Hälfte des 4. Jh.; Neapel, Museo Archeologico Nazionale)

Exil. Unternahm Reisen nach Ägypten, Mesopotamien sowie in skyth. Gebiete. In Athen war er mit Perikles und Sophokles befreundet. Wahrscheinlich Teilnehmer an der Kolonisation von Thurii (442). Sein Werk, später in 9 Bücher eingeteilt, behandelt die Entwicklung des O–W-(= Perser–Griechen-)Verhältnisses von den Anfängen bis zur Schlacht von Plataä (479). Die Darstellung wird ergänzt durch in sich geschlossene ethnographisch-geograph. Berichte (Logoi) nach dem Vorbild von Vorgängern und durch eigene Beobachtungen, durch Reden, Anekdoten und Reflexionen. H. Bemühen, dem Geschehen metaphys. Sinn zu geben, ist Abschluß vorklass. Denkens, leitet aber zugleich in die spätere Historiographie über. Histor. Geschehen ist einer göttl. Macht unterworfen, das Sicherheben einzelner wird als Hybris bestraft; Geschichte ist Lehre aus dieser Erkenntnis. H. wurde von Cicero „Vater der Geschichtsschreibung" genannt.

Heroin [zu griech. hērōs „Held" (im Sinne von „stark, kräftig")] (Diacetylmorphin), $C_{17}H_{17}NO(OCO \cdot CH_3)_2$, halbsynthet. Morphinderivat, das durch Acetylierung aus Morphin hergestellt wird. Das Rauschgift H. hat morphinähnl. Wirkungen, da es im Körper rasch zu Morphin abgebaut wird. Es ist das bekannteste und gefährlichste Opiat, schon nach kurzer Anwendung führt es zur Drogenabhängigkeit; seine medizin. und sonstige Anwendung ist daher verboten. Chem. Strukturformel ↑ Morphin.

Heroine [griech.], Darstellerin einer weibl. Heldenrolle auf der Bühne.

heroische Landschaft [griech./dt.] ↑ Landschaftsmalerei.

heroisch-galanter Roman [griech./frz./dt.], höf. Roman des Barock mit lehrhafter Tendenz, spielt vor einem pseudo-histor. Hintergrund. Vertreter in Frankreich: Gomberville, La Calprenède, M. de Scudéry, in Deutschland: P. von Zesen, H. A. von Zigler und Kliphausen, D. C. von Lohenstein und Herzog Anton Ulrich von Braunschweig.

Herold, Verein für Heraldik, Genealogie und verwandte Wiss., Sitz Berlin, gegr. 1869; übernahm nach 1918 die Registrierung neu angenommener Wappen in der 1922 begr. „Dt. Wappenrolle" und die Betreuung des Wappenwesens.

Herold [german.-frz., eigtl. „Heerwalter"], von Fürsten und Institutionen berufener Wappenkundiger im ritterl. Kriegs- und bes. im Turnierwesen; urspr. vielleicht Unterhändler und Sendbote. H. trugen als Amtskleid den mehrfach mit dem Wappen des Dienstherrn geschmückten Tappert (mantelartiger Überwurf); entwickelten die herald. Terminologie (↑ Wappenkunde), verzeichneten die Wappen, überprüften auch allg. in herrschaftl. Auftrag Wappen und Titel, woraus sich die staatl. **Heroldsämter** ableiteten.

Heroldsbilder ↑ Wappenkunde.

Heroldsdichtung (heraldische Dichtung, Wappendichtung), Versdichtungen des 13.–15. Jh., in der die Beschreibung fürstl. Wappen mit der Huldigung ihrer gegenwärtigen oder früheren Träger verbunden wurde. Sie erwuchs aus Vorstufen mündl. und literar. Art. Im 16. und 17. Jh. wurde sie in der **Pritschmeisterdichtung** als Preis von Festen und Fürsten fortgesetzt.

Heroldsfiguren, svw. Heroldsbilder (↑ Wappenkunde).

Heroldsstücke, svw. Heroldsbilder (↑ Wappenkunde).

Heron von Alexandria (lat. Hero), griech. Mathematiker und Mechaniker der 2. Hälfte des 1. Jh. n. Chr. – H. verfaßte ausführl. techn. Schriften. Seine „Mēchaniká" enthalten Angaben über kraftumformende Vorrichtungen sowie deren Zusammensetzungen z. B. in Kranen und Pressen, während in der „Pneumatiká" eine Vielzahl hydraul.-pneumat. Geräte und Spielwerke beschrieben ist.

Heronische Formel [nach Heron von Alexandria], Formel zur Berechnung des Flächeninhalts A eines Dreiecks mit den Seiten[längen] a, b, c:

$$A = \sqrt{s(s-a)(s-b)(s-c)};$$

dabei ist $s = \frac{1}{2}(a+b+c)$.

Heronsball [nach Heron von Alexandria], teilweise mit einer Flüssigkeit gefülltes Gefäß mit einer herausragenden, im Innern bis nahe an den Gefäßboden reichenden Röhre, aus der bei Erhöhung des Luftdrucks (durch „Einblasen" von Luft oder Erwärmung) die Flüssigkeit herausgetrieben wird.

Heroon [griech.] ↑ Heros.

Herophilos, *Chalkedon um 335 v. Chr., griech. Arzt. – Betrieb eingehende anatom. Forschungen an menschl. Leichen und entdeckte u. a. die Nerven. Im Organismus unterschied H. die vier Grundvorgänge Ernährung, Erwärmung, Wahrnehmung und Denken, erkannte den Zusammenhang von Puls und Herztätigkeit.

Heros [griech.], zunächst „Herr", „Edler", dann Bez. eines zw. Göttern und Menschen stehenden Helden, eines Halbgottes, der wunderbare Taten vollbringen kann. Diese Heroenvorstellung ist v. a. in der griech. Religion verbreitet und wahrscheinlich aus dem Totenkult mächtiger Herren der myken. Zeit entstanden. Der Sage zufolge entstammt der H. meist der Verbindung eines Gottes oder einer Göttin mit einem Menschen. Den Heroen wurde ein Kult zuteil, der stets lokal gebunden war. Er fand statt an dem tempelförmigen Grabmal, das **Heroon** hieß und die Reliquien des H. enthielt.

Herostrat [nach dem Griechen Herostratos, der 356 v. Chr. den Artemistempel zu Ephesus in Brand steckte, um berühmt zu werden], Verbrecher aus Ruhmsucht.

Héroult, Paul Louis [Toussaint] [frz. e'ru], *Harcourt (Eure) 10. April 1863, †vor Antibes (auf seiner Jacht) 9. Mai 1914, frz. Metallurg. – 1886 entwickelte er ein Verfahren zur industriellen Gewinnung von Aluminium aus Tonerde und Kryolith mittels Elektrolyse. 1907 ließ er einen Lichtbogenofen **(Héroult-Ofen)** zur Herstellung von Elektrostahl patentieren (↑ Schmelzöfen).

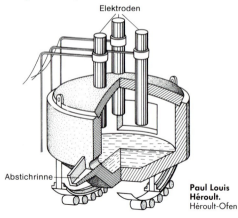

Paul Louis Héroult. Héroult-Ofen

Herold.
Kaiserlicher Herold in einem mit dem Reichsadler geschmückten Tappert, 16. Jahrhundert

Heronsball

Hero und Leander, Liebespaar der hellenist. Dichtung. Leander ertrinkt beim Durchschwimmen des Hellesponts, als in einer stürm. Nacht die Lampe, die die Aphroditepriesterin Hero zur Orientierungshilfe anzündet, erlischt. Überliefert bei Ovid und Musaios.

Herpangina [griech./lat.], durch Viren verursachte gutartige Infektionskrankheit (bes. bei Kindern), u. a. mit Rachen- und Gaumenentzündung sowie Bläschenbildung in der Mundhöhle.

Herpes [zu griech. hérpēs, eigtl. „schleichender Schaden"], entzündl. Haut- und Schleimhauterkrankungen, bei denen kleine, mit seröser Flüssigkeit gefüllte Bläschen auftreten; in speziellem Sinne Kurzbez. für **Herpes simplex,** eine virusbedingte Hautkrankheit. Bei ihr treten u. a. im Bereich der Haut-Schleimhaut-Übergänge (z. B. an Lippen, Naseneingang, Augenlidern) und den Geschlechtsteilen zahlr. kleine Bläschen mit serösem Inhalt auf, die sich anschließend trüben, mit Krusten eintrocknen und ohne Narbenbildung abheilen.

Herpes zoster [griech.], svw. ↑ Gürtelrose.

Herr [zu dem althochdt. Komparativ hēriro „älter, erhabener"], die schon im 9. Jh. anstelle des älteren „fro" substantivisch gebrauchte Komparativform von hehr („hēr") bezeichnete zunächst nur den Ehrung Beanspruchenden, d. h. den Höhergestellten gegenüber dem Geringeren; fand auch frühzeitig Anwendung auf den himml. Herrscher (Gott); in der höf. Periode Standesname für die Adligen, eigtl. für die freien Herren; ging in den Städten auf die obrigkeitl. Personen über; allg. auch für Familienoberhaupt, für Geistliche, für Personen, die Gewalt über etwas haben; seit Anfang des 17. Jh. bloße Höflichkeitsbezeigung.

Herr der Tiere, ein vornehmlich in Jägerkulturen verehrter Wildgeist, der Besitzer und Hüter der Jagdtiere.

Herrenalb, Bad ↑ Bad Herrenalb.

Herrenberg, Stadt am SW-Rand des Schönbuchs, Bad.-Württ., 460 m ü. d. M., 26 000 E. Gewerbl. Mittelpunkt des Oberen Gäus. – In der 2. Hälfte des 13. Jh. als Stadt angelegt. – Ehem. Kollegiatsstiftskirche (14.–18. Jh.).

Herrenbrüder ↑ Brüder Jesu.

Herrenchiemsee [...'ki:m...] (Herrenwörth), Schloßanlage auf der Herreninsel im Chiemsee, Bay. Das sog. Alte Schloß (17. Jh.) ist der Rest eines 1130 gegr. Augustiner-Chorherrenstifts. Das Neue Schloß ließ König Ludwig II. 1878–85 unter J. Hofmann nach Plänen von Georg von Dollmann (* 1830, † 1895) in Anlehnung an Versailles errichten; prunkvolle Innenausstattung.

Herrenfall ↑ Lehnswesen.

Herrenfeste, liturg. Gedenktage des heilsgeschichtl. Handelns Christi, v. a. der Sonntag, Ostern, Himmelfahrt, Pfingsten, Weihnachten, Epiphanie.

Herrenhaus, in Preußen (1855–1918) und Österreich (1861–65 und 1867–1918) amtl. Bez. für die 1. Kammer des Landtags bzw. des Reichsrats.

Herrenhausen, Stadtteil von ↑ Hannover.

Herrenhof ↑ Fronhof.

Herreninsel ↑ Chiemsee.

herrenlose Sachen, Sachen, an denen kein Eigentum besteht. Sie unterliegen der ↑ Aneignung. Verlorene Sachen werden i. d. R. nicht zu h. S., weil der Eigentümer nicht auf sein Recht verzichtet.

Herrenstand, im Hl. Röm. Reich alle über den Rittern stehenden Angehörigen des Adels.

Herrentiere (Primaten, Primates), Ordnung von bezüglich der Gehirnentwicklung sehr hochstehenden, in den übrigen Merkmalen jedoch wenig spezialisierten Säugetieren, die sich aus den Spitzhörnchen ähnl. Insektenfressern entwickelt haben. Man unterscheidet außer dem Menschen rd. 170 rezente Arten (zusammengefaßt in den Unterordnungen Affen und Halbaffen).

Herrenworte, im Unterschied zu den Erzählungen über Jesus die ihm in den Mund gelegten Worte, z. T. auch die von ihm selbst stammende Wortüberlieferung im N. T., v. a. die Gleichnisse, die Gesetzesworte und die Ich-Worte Jesu.

Herrera [span. ɛˈrrɛra], Fernando de, genannt el Divino („der Göttliche"), * Sevilla um 1534, † ebd. 1597, span. Dichter. – Bedeutendster span. Vertreter des Petrarkismus; die „Anotaciones a las obras de Garcilaso de la Vega" (1580) gehören zu den wichtigsten Poetiken des 16. Jahrhunderts.

H., Francisco, d. Ä., * Sevilla 1576 (?), † Madrid 1656, span. Maler. – Mitbegr. der von Caravaggio beeinflußten Sevillaner Malerschule; bevorzugte Volkstypen. Sein Sohn *Francisco Herrera d. J.* (* 1622, † 1685) ist ebenfalls ein Vertreter des Barock.

H., Juan de, * Mobellán (= Valdáliga, Santander) um 1530, † Madrid 15. Jan. 1597, span. Baumeister. – Mitarbeiter an den Plänen von Juan Bautista de Toledo (seit 1563) für El ↑ Escorial, den er 1567–86 vollendete; setzte dem platersken Stil eine auf geometr. Disziplin basierende Ordnung entgegen (*H.stil* oder Desornamentadostil); 1585 Entwurf für die Kathedrale in Valladolid.

Herrera Campins, Luis [span. ɛˈrrɛra kamˈpins], * Acarigua 4. Mai 1925, venezolan. Politiker. – Als Gegner des Regimes von M. Pérez Jiménez 1952–58 im Exil; 1958–68 Abg., seit 1961 Vors. des Comitado Organización Politica Electoral Independiente (COPEI); 1979–84 Staatspräsident.

Herrenchiemsee. Die Spiegelgalerie im Neuen Schloß, 1878–85 nach Entwürfen Georg von Dollmanns erbaut

Herrera y Tordesillas, Antonio de [span. ɛˈrrɛra i tɔrðeˈsiʎas], * Cuéllar (Prov. Segovia) 1549 (?), † Madrid 29. März 1625, span. Geschichtsschreiber. – Von Philipp II. zum Chronisten Amerikas (1596) und des Königs (1602) ernannt; wertvolle Quellen zur Geschichte des Entdeckungszeitalters.

Herrgottswinkel, eine mit dem Kruzifix geschmückte Ecke der kath. bäuerl. Wohnstube, in der auch Heiligenbilder hängen und Gesangbuch und Devotionalien verwahrt werden können.

Herrhausen, Alfred, * Essen 30. Jan. 1930, † Bad Homburg v. d. H. 30. Nov. 1989 (ermordet), dt. Bankmanager. – Vorstands-Mgl. der Deutschen Bank AG (seit 1971), 1985–88 einer der beiden, seit 1988 alleiniger Vorstandssprecher; wirtschaftspolit. Berater H. Kohls. Fiel einem Sprengstoffattentat der „Rote Armee Fraktion" zum Opfer.

Herrick, Robert, ≈ London 24. Aug. 1591, □ Dean Prior (Devonshire) 15. Okt. 1674, engl. Dichter. – Anakreont. Lyrik, Epigramme, geistl. Gedichte u. a.

Herrieden, Stadt an der Altmühl, Bay., 420 m ü. d. M., 6 300 E. Strickwarenfabrik, Brauerei. – König Arnulf schenkte das im 8. Jh. gegründete Benediktinerkloster 888 dem Bischof von Eichstätt. Mit der Säkularisierung des Klosters fiel H. 1803 an Preußen, 1806 an Bayern. – Spätgot. ehem. Stiftskirche (14.–16. Jh.; im Innern barockisiert).

Herri met de Bles ↑ Bles, Herri met de.

Herriot, Édouard Marie [frz. ɛˈrjo], * Troyes 5. Juli 1872, † Saint-Genis-Laval (Rhône) 26. März 1957, frz. Politiker und Schriftsteller. – 1905–40 und 1945–57 Bürgermeister von Lyon, 1912–19 Senator und 1919–40 sowie 1945–54 als Radikalsozialist Abg. der Kammer bzw. Nationalversammlung. 1924/25 Min.präs. und Außenmin.; in seine Reg.zeit fiel die Anerkennung der UdSSR, die Räumung des Ruhrgebietes und die Annahme des Dawesplans. 1926–28 Min. für Unterrichtswesen, 1932 erneut Min.-präs.; 1936–40 Präs. der Deputiertenkammer; 1944 nach Deutschland deportiert; 1947–54 Präs. der Nationalversammlung (danach Ehrenpräsident).

Herrmann, Hugo, * Ravensburg 19. April 1896, † Stuttgart 7. Sept. 1967, dt. Komponist. – Sein Schaffen reicht von Opern, Oratorien, Sinfonien, Konzerten, Kammermusik und Chorwerken bis zu volkstüml. Werken für das Laienmusizieren.

H., Joachim, * Berlin 29. Okt. 1928, † ebd. 30. Juli 1992, dt. Journalist und Politiker. – Ab 1946 Mgl. der SED; 1952–78 Chefredakteur (ab 1971 des SED-Zentralorgans „Neues Deutschland"); ab 1978 Mgl. des Politbüros und Sekretär des ZK für Agitation und Propaganda; trug in diesen Funktionen Verantwortung für Pressezensur und staatl. Len-

Alfred Herrhausen

Édouard Marie Herriot

Max Herrmann-Neiße (Ausschnitt aus einer Zeichnung nach George Grosz)

Dudley Robert Herschbach

Wilhelm Herschel

Alfred Hershey

kung der Medien in der DDR; am 18. Okt. 1989 abgesetzt, im Jan. 1990 aus der SED ausgeschlossen.

H., Max, *Berlin 14. Mai 1865, †KZ Theresienstadt 17. Nov. 1942, dt. Theaterwissenschaftler und Literaturhistoriker. – Prof. in Berlin, Gründer des dortigen theaterwiss. Instituts.

H., [Johann Georg] Wilhelm, *Melkow (= Wust, Landkr. Havelberg) 6. Dez. 1846, †Marburg (Lahn) 2. Jan. 1922, dt. ev. Theologe. – 1879 Prof. für systemat. Theologie in Marburg. Ausgehend von der Gültigkeit des Kantischen Wissenschaftsbegriffs, suchte H. Recht, Selbständigkeit und Wahrheitswert der Religion gegenüber dem Anspruch der Wissenschaft zu erweisen.

Herrmann-Neiße, Max, eigtl. M. Herrmann, *Neisse 23. Mai 1886, †London 8. April 1941, dt. Schriftsteller. – 1933 Emigration in die Schweiz, dann nach Großbritannien. Wichtig v. a. seine Lyrik mit sozialer Thematik. – *Werke:* Empörung, Andacht, Ewigkeit (Ged., 1917), Um uns die Fremde (Ged., 1936), Mir bleibt mein Lied (Ged., hg. 1942).

Herrnhut, Stadt sw. von Görlitz, Sa., 345 m ü. d. M., 1 900 E. Völkerkundemuseum. Herstellung von Adventssternen. – N. L. Graf von Zinzendorf siedelte seit 1722 mähr. Exulanten auf seiner Berthelsdorfer Grundherrschaft an. Aus der Siedlung entwickelte sich ein auf christl. Grundgedanken basierendes Gemeinwesen mit einer bes. Sozialstruktur (Stammort der H. Brüdergemeine); seit 1929 Stadt. – Barockbauten des 18. Jh., u. a. Kirchensaal der Brüdergemeine, Vogtshof.

Herrnhuter Brüdergemeine ↑Brüdergemeine.

Herrschaft, Bez. für Ausübung von Macht über Untergebene und Abhängige durch Machtmittel; von Max Weber definiert als institutionalisierte Macht im Sinne legitimer, aber auch illegitimer Ausübung von Gewalt innerhalb eines polit. Systems. Diese Definition wurde von der modernen Verfassungs- und Rechtsgeschichte in Frage gestellt, die die Ausklammerung der primären Rechtsstrukturen und der geschichtlich vorgegebenen Bezugsrahmen von Rechts- und Moralvorstellungen wie den Ausgangspunkt einer einheitl. Staatsgewalt bemängeln. Im ma. Verständnis war H. nur legitime, von dem über Herrscher und Beherrschten stehenden Recht bestimmte Machtausübung (Ggs. Tyrannis). H. schloß nicht den Kampf um wirkl. oder vermeintl. Rechte und Widerstandsrecht gegen „unrechte Gewalt" aus. Der Ursprung der H. lag in der german. **Hausherrschaft** (Gewalt des Hausherrn über die Hausgenossen), aus der sich die *Grund-H.* ableitete. Träger dieser auf Personalverbände gegründeten H. war der Adel; die *Königs-H.,* die ihre Legitimität durch konstitutive Akte (Wahl, Salbung, Krönung) und durch **Herrschaftszeichen** (Insignien; v. a. Diadem, Krone, Lanze, Schwert, Zepter, Reichsapfel, Thron) begründete, war nur eine Sonderform der *Adels-H.,* deren spezif. ma. Form die *Lehns-H.* war. Seit dem Aufkommen des Ständewesens (13. Jh.) wurde die Macht des Herrschers vielfach durch von den Ständen erzwungene **Herrschaftsverträge** beschränkt (z. B. engl. Magna Charta libertatum 1215, ungar. Goldene Bulle 1222, Joyeuse Entrée von Brabant 1356: Bestätigung von Freiheitsrechten und Widerstandsrecht der Stände, Vereinbarungen über die Ausübung der staatl. H.). Während die ma. H. durch Nebeneinanderbestehen und Ineinandergreifen verschiedener und durch das Privilegienrecht noch differenzierter Typen von H. gekennzeichnet war, setzte sich im Zuge der Ablösung des Personalprinzips durch das Territorialprinzip seit dem Spät-MA, endgültig jedoch erst Ende des 18. Jh. die moderne einheitl. Staatsgewalt durch, die seither einem ständigen Prozeß der Revision ihrer Legitimitätsgrundlagen unterliegt. Ein ausschließlich auf das Politische abhebender Begriff von H. widerspricht allerdings in der Ind.gesellschaft dem Ineinanderwirken von polit. und wirtsch. Macht, die durch bürokratisierte H.apparate mit einem gewissen Grad an Autonomie gehandhabt wird.

H.typen können nach verschiedenen Gesichtspunkten aufgestellt werden. Die älteste Typologie ist die nach der Zahl der H.träger: Monokratie, Oligarchie (bzw. Aristokratie), Demokratie; nach dem entscheidenden Machtmittel der herrschenden Elite unterscheidet man z. B. Pluto-, Hiero-, Techno-, Büro-, Militokratie; klassisch wurde Max Webers Unterscheidung nach Legitimationstypen (rationale, traditionale, charismat. H.). Die Mechanismen und Bedingungen der H.ausübung, die Ursachen des Abbaus alter und der Entstehung neuer H.verhältnisse u. a. werden von der Soziologie und der Politikwiss. untersucht.

Herrscherkult, sakrale Verehrung des Herrschers, der als machterfüllter Mensch und sichtbarer Gott, Sohn eines Gottes oder göttl. Erwählter gilt und neben seinen herrscherl. Funktionen meist diejenige des obersten Priesters innehat. Seine Insignien und Gewänder symbolisieren das numinose Charisma, das er besitzt. Sein Leben vollzieht sich in starren Ritualen und meist in strenger Abgeschlossenheit. Krönung und Bestattung des Sakralherrschers sind kult. Akte. Der Brauch, beim Tod des göttl. Herrschers die Menschen seiner engeren Umgebung ebenfalls zu töten und mit ihm zu bestatten, war gelegentlich Bestandteil des Herrscherkultes.

Hersbruck, Stadt an der Pegnitz, Bay., 345 m ü. d. M., 11 500 E. Hirtenmuseum. Mittelpunkt des als **Hersbrucker Gebirge** bezeichneten Hopfenanbaugebiets. – H. kam 1011 an das Bistum Bamberg (seit 1057 Markt) und erhielt um 1360 Stadtrecht. – Stadtpfarrkirche (15. und 18. Jh.), ma. Stadtbild.

Herschbach, Dudley Robert [engl. 'həːbak], *San Jose (Calif.) 18. Juni 1932, amerikan. Chemiker. – Seit 1963 Prof. für Chemie an der Harvard University, Cambridge (USA). Arbeiten zum Studium der chem. Reaktionskinetik die Methodik der gekreuzten Molekularstrahlen; erhielt dafür zus. mit Y. T. Lee und J. C. Polanyi 1986 den Nobelpreis für Chemie.

Herschel ['hɛrʃəl, engl. 'həʃəl], brit. Astronomenfamilie dt. Herkunft.

H., Sir (seit 1831) John [Frederick William], Baronet (seit 1838), *Slough (Buckinghamshire) 7. März 1792, †Collingwood (Kent) 11. Mai 1871, Astronom. – Seit 1823 Mitarbeiter seines Vaters [Friedrich] Wilhelm H.; 1850–55 Direktor der königl. Münze; entwickelte eine erste Methode zur Berechnung der Bahnen von Doppelsternen. 1834–38 unternahm er eine erste Durchmusterung des Südhimmels. 1864 gab er einen großen Sternkatalog heraus, der die Grundlage nachfolgender Kataloge blieb.

H., Sir (seit 1816) [Friedrich] Wilhelm (William), *Hannover 15. Nov. 1738, †Slough (Buckinghamshire) 25. Aug. 1822, Astronom. – Militärmusiker in Hannover, Musiker und Komponist in Großbritannien. Über die Beschäftigung mit Musiktheorie kam er zur Optik und Astronomie. 1774 begann er mit dem Schleifen von Spiegeln für astronom. Reflektoren. Sein größtes Gerät war ein Reflektor von 1,22 m Durchmesser (1789). 1775 unternahm H. eine erste Himmelsdurchmusterung. 1781 entdeckte er den Uranus und später die Uranusmonde, 1789 die beiden inneren Saturnmonde. Zur Bestimmung einer Fixsternparallaxe legte er erstmals (1782, 1784) Kataloge von Doppelsternen an.

Hersey, John [Richard] [engl. 'həːsɪ, 'həːzɪ], *Tientsin (China) 17. Juni 1914, amerikan. Schriftsteller. – Schrieb Berichte und Dokumentarromane v. a. von Kriegsschauplätzen und Unruheherden, u. a. „Eine Glocke für Adano" (1944), „Hiroshima" (1946), „Verdammt sind wir alle" (1959), „Zwischenfall im Motel" (1963), „Orkan" (1967), „Blues" (Prosa, 1987).

Hersfeld, Bad ↑Bad Hersfeld.

Hersfeld-Rotenburg, Landkr. in Hessen.

Hershey, Alfred [Day] [engl. 'həːʃɪ], *Owosso (Mich.) 4. Dez. 1908, amerikan. Molekularbiologe. – 1962–74 Leiter der Abteilung für Genetik des Carnegie-Instituts in Cold Spring Harbor (N. Y.); seine Arbeiten galten den Reaktionen von Antigenen und Antikörpern, der Biologie des Bakterienwachstums, der Genetik der Bakteriophagen sowie der Chemie der Nukleinsäuren. Anfang der 50er Jahre konnte H. beweisen, daß die DNS und nicht das Protein Träger der Erbinformation ist. Für die Gewinnung neuer Erkenntnisse über die genet. Struktur und den Vermehrungsmechanismus von Viren erhielt er 1969 (zus. mit M. Delbrück und S. E. Luria) den Nobelpreis für Physiologie oder Medizin.

Herstellkosten, alle Kosten, die bei der Produktion eines Gutes entstehen; in der betriebl. Kostenrechnung die Summe der Kostenträgereinzelkosten und der Kostenträgergemeinkosten: 1. Fertigungsmaterial, 2. Fertigungslohn, 3. Fertigungs- und Materialgemeinkosten, 4. Fertigungssonderkosten, 5. anteilige Verwaltungskosten.

Herstellungsklage, Klage auf Erfüllung nichtvermögensrechtl. ehel. Pflichten, v. a. auf Herstellung der ehel. Lebensgemeinschaft; praktisch ohne Bed., da aus dem Urteil nicht vollstreckt werden kann.

Herstellungskosten, für die Bewertung von Halb- und Fertigerzeugnissen sowie von selbsterstellten Anlagen gültige Wertmaßstäbe (Handels- und Steuerrecht). Die H. umfassen im Gegensatz zu den Herstellkosten keine lediglich kalkulatorisch berücksichtigten Kosten, z. B. Eigenkapitalzinsen oder kalkulator. Unternehmerlohn. Abschreibungen sowie Teile der Betriebs- und Verwaltungskosten, nicht aber Vertriebskosten dürfen in angemessenem Umfang eingerechnet werden, soweit sie auf den Herstellungszeitraum entfallen.

Herten, Stadt im nördlich Ruhrgebiet, NRW, 60 m ü. d. M., 67 800 E. Steinkohlenbergbau, Fleisch-, Papier-, Kunststoffverarbeitung, Maschinen- und Apparatebau. – Um 900 erstmals im 1936 Stadt. – Spätgot. Wasserschloß (16. Jh.), nach Bränden wieder aufgebaut.

Hertford [engl. 'hɑːfəd], engl. Stadt 30 km nördl. des Londoner Stadtzentrums, 21 400 E. Verwaltungssitz der Gft. Hertfordshire; Marktort im Leatal. – Burg (mit normmann. Bauformen; um 1800 z. T. verändert).

Hertfordshire [engl. 'hɑːfədʃɪə], Gft. in SO-England.

Hertie Waren- und Kaufhaus GmbH, Kaufhauskonzern in Deutschland, gegr. 1882 als **Her**mann **Tie**tz & Co. in Gera, seit 1935 heutige Firma; Sitz: Frankfurt am Main und Berlin.

Hertling, Georg Freiherr (seit 1914 Graf) von, *Darmstadt 31. Aug. 1843, †Ruhpolding 4. Jan. 1919, dt. Philosoph und Politiker. – 1880 Prof. in Bonn, 1882 in München; arbeitete zur kath. Staats- und Sozialphilosophie. Gründer und Präs. (1876–1919) der Görres-Gesellschaft zur Pflege der Wiss.; 1875–90 und 1896–1912 MdR (Zentrum); 1908 Fraktionsvors. im Reichstag, 1912 bayr. Min.präs.; vom 1. Nov. 1917 bis 30. Sept. 1918 Reichskanzler und preuß. Min.präs. Scheiterte am Widerstand konservativer Kreise in Preußen und der obersten Heeresleitung.

Hertwig, Oscar [Wilhelm August], *Friedberg (Hessen) 21. April 1849, †Berlin 25. Okt. 1922, dt. Anatom und Biologe. – Bruder von Richard H.; Prof. in Jena und Berlin; stellte als erster fest, daß eine Befruchtung durch Verschmelzung von Ei- und Samenzelle zustande kommt (Beobachtung des Vorgangs am Seeigelei, 1875). 1890 entdeckte er die Reduktionsteilung der Samenzellen und untersuchte die Einwirkung von Radiumstrahlen auf tier. Keimzellen.

H., Richard [Carl Wilhelm Theodor] von (seit 1910), *Friedberg (Hessen) 23. Sept. 1850, †Schlederloh (= Dorfen, Landkr. Bad Tölz-Wolfratshausen) 3. Okt. 1937, dt. Zoologe. – Bruder von Oscar H.; Prof. in Königsberg (Pr), Bonn und München; untersuchte die Konjugation bei Protozoen, die künstl. Jungfernzeugung bei Seeigeln und die Geschlechtsbestimmung bei Fröschen.

Hertz, Gustav, *Hamburg 22. Juli 1887, †Berlin 30. Okt. 1975, dt. Physiker. – Neffe von Heinrich H.; Prof. in Halle, Berlin und Leipzig; 1945–54 im sowjet. Kernforschungszentrum Suchumi tätig. Seine seit 1911 mit J. Franck durchgeführten Versuche zur diskontinuierl. Anregung von Atomen durch Elektronenstoß **(Franck-Hertz-Versuch)** erwiesen sich als Bestätigung des Bohrschen Atommodells. Die von ihm entwickelte Methode zur Trennung von Gasgemischen durch Diffusion gewann große techn. Bed. für die Trennung der Uranisotope. Nobelpreis für Physik 1925 mit J. Franck.

H., Heinrich [Rudolf], *Hamburg 22. Febr. 1857, †Bonn 1. Jan. 1894, dt. Physiker. – Prof. in Karlsruhe und Bonn. 1886–88 gelang ihm die Erzeugung und zugleich der Nachweis elektromagnet. Wellen (in Form von Dezimeterwellen) und damit die Bestätigung der Maxwellschen Theorie. 1887 entdeckte H. den Photoeffekt. In seinen letzten Lebensjahren versuchte er auch eine neue Grundlegung der Mechanik („Die Principien der Mechanik, in neuem Zusammenhange", 1894).

Hertz [nach H. Hertz], Einheitenzeichen Hz, SI-Einheit der Frequenz. Festlegung: 1 Hz ist gleich der Frequenz eines period. Vorgangs der Periodendauer 1 Sekunde; 1 Hz = 1 Schwingung/Sekunde, kurz: 1 Hz = 1 s⁻¹.

Hertzberg, Ewald Friedrich Graf von (preuß. Graf seit 1786), *Lottin bei Neustettin 2. Sept. 1725, †Berlin 27. Mai 1795, preuß. Politiker. – Schloß 1763 den Frieden von Hubertusburg; leitete seitdem neben Finck von Finckenstein das auswärtige Ministerium; erstrebte nach 1786 einen von Preußen, Großbritannien, Rußland und den skand. Staaten gebildeten Nordbund; schied als Vertreter einer massiv antiöstr. Politik nach dem Ausgleich mit Österreich (Juli 1790) 1791 als Kabinettsmin. aus.

Hertziana (Bibliotheca H.) [nach der Stifterin Henriette Hertz, *1846, †1913], kunsthistor. Bibliothek in Rom (Max-Planck-Institut), gegr. 1913.

Hertzog, James Barry Munnick [engl. 'hɛətsɔg, 'hɜːtsɔg, afrikaans 'hɛrtsɔx], *Wellington 3. April 1866, †Pretoria 21. Nov. 1942, südafrikan. Politiker. – Kämpfte im Burenkrieg gegen die Briten; 1910–12 Justizmin.; gründete 1914 die Nat. Partei; 1924–39 Min.präs., seit 1929 auch Außenmin.; von Smuts gestürzt, als er zögerte, in den Krieg gegen Deutschland einzutreten.

Hertzscher Dipol (Hertzscher Oszillator) [nach H. Hertz], ein elektr. Dipol, in dem die Ladungen $+Q$ und $-Q$ periodisch gegeneinander schwingen, wobei elektromagnet. Wellen abgestrahlt werden; realisiert z. B. in einer Dipolantenne.

Hertzsche Wellen [nach H. Hertz], veraltete Bez. für die bes. mit Hilfsmitteln der Elektrotechnik erzeugten elektromagnet. Wellen mit Wellenlängen von etwa 0,1 mm bis zu einigen km.

Hertzsprung, Ejnar ['hɛrtsprʊŋ, dän. 'hɛrdsbrɔŋ'], *Frederiksberg 8. Okt. 1873, †Roskilde 21. Okt. 1967, dän. Astronom. – Prof. der Astronomie in Göttingen, Potsdam und Leiden; Untersuchungen über Wellenlängen des Sternlichtes und über Sternfarben, Bestimmungen der absoluten Sterngrößen aus der Feinstruktur des Spektrums, Beobachtungen von Doppelsternen, Veränderlichen und Sternhaufen sowie die Eigenbewegungen und Radialgeschwindigkeiten der Sterne. Bereits 1909 hatte er ein erstes Temperatur-Leuchtkraft-Diagramm aufgestellt, das H. N. Russell 1913 verbesserte (↑Hertzsprung-Russell-Diagramm).

Hertzsprung-Russell-Diagramm [engl. rʌsl; nach E. Hertzsprung und H. N. Russell], Zustandsdiagramm für Sterne mit der absoluten ↑Helligkeit bzw. ↑Leuchtkraft als Ordinate und der Spektralklasse als Abszisse. Die Sterne ordnen sich in diesem Diagramm nach verschiedenen Gruppen und Reihen und sind so klassifizierbar. Die meisten Sterne (90 %, u. a. die Sonne) liegen auf der **Hauptreihe,** die das H.-R.-D. von links oben nach rechts unten durchzieht. Sie werden als *Hauptreihensterne* oder *Zwergsterne* bezeichnet. Oberhalb der Hauptreihe befindet sich – weniger scharf abgegrenzt – der **Riesenast.** Die dort eingeordneten (roten) *Riesensterne* haben eine größere Oberfläche. Hauptreihe und Riesenast sind durch ein Gebiet auffälliger Leere, die **Hertzsprung-Lücke,** getrennt. Ganz oben im Diagramm findet man vereinzelt sehr helle *Überriesen.* Unmittelbar oberhalb bzw. unterhalb der Hauptreihe finden sich vereinzelt *Unterriesen* bzw. *Unterzwerge.* Unterhalb der Hauptreihe befinden sich Sterne im Spätstadium ihrer Entwicklung, z. B. ↑Novae und ↑weiße Zwerge. – Wenn als Abszisse ein ↑Farbenindex verwendet wird, spricht man auch vom **Farben-Helligkeits-Diagramm.** – Abb. S. 356.

Georg von Hertling

Gustav Hertz

Heinrich Hertz

Ewald Friedrich Graf von Hertzberg

Heruler

Gustave Hervé

Georg Herwegh

Henriette Julie Herz

Heruler (lat. Heruli; Eruler), aus N-Europa stammendes german. Volk. Die *West-H.,* seit 286 n. Chr. in Gallien bezeugt und zum Niederrhein abgewandert, wurden im 6. Jh. von den Franken unterworfen; die zahlenmäßig stärkeren *Ost-H.* zogen zum Asowschen Meer (dort 267 n. Chr. gen.) und gerieten im 4. Jh. unter die Herrschaft der Goten; gründeten zw. March und Theiß um 500 ein größeres Reich, das jedoch schon nach einigen Jahren von den Langobarden zerstört wurde.

Hervé, Gustave [frz. ɛr'vǝ], *Brest 2. Jan. 1871, †Paris 25. Okt. 1944, frz. Publizist und Politiker. – Vor 1914 der berühmteste frz. sozialist. Antimilitarist (**Hervéisme** als Programm individueller und kollektiver Kriegsdienstverweigerung); wandelte sich im 1. Weltkrieg zum schroffen Nationalisten; gründete 1927 den Parti socialiste national, setzte sich seit etwa 1930 für eine dt.-frz. Verständigung ein und unterstützte im 2. Weltkrieg den État Français.

Herwegen, Ildefons (Taufname: Peter), *Junkersdorf (= Köln) 27. Nov. 1874, †Maria Laach 2. Sept. 1946, dt. Benediktiner. – Unter H., Mitbegr. der ↑liturgischen Bewegung in Deutschland, seit 1913 Abt von Maria Laach, wurde die Abtei zur führenden liturgiewiss. Forschungsstätte des dt. Sprachgebiets.

Herwegh, Georg [...veːk], *Stuttgart 31. Mai 1817, †Baden-Baden 7. April 1875, dt. Lyriker. — Wurde berühmt durch die politisch-revolutionären „Gedichte eines Lebendigen" (2 Bde., 1841–43); 1848 aktiv im bad. Aufstand.

Herz, Henriette Julie, geb. de Lemos, *Berlin 5. Sept. 1764, †ebd. 22. Okt. 1847, dt. Literatin. — Empfing in ihrem Berliner Salon viele bed. Persönlichkeiten; Mitbegr. eines sog. Tugendbundes, dem u. a. A. und W. von Humboldt, K. Laroche und später Schleiermacher angehörten.

H., Joachim, *Dresden 15. Juni 1924, dt. Regisseur. – 1953–56 Spielleiter und Assistent W. Felsensteins an der Kom. Oper Berlin (Ost) und 1976–81 dort Intendant, 1959–76 Operndirektor in Leipzig, 1981–91 Chefregisseur der Staatsoper Dresden.

Herz, (Cor, Kardia) im Brustraum über dem Zwerchfell und zw. den beiden Lungenflügeln liegendes muskulöses Hohlorgan, das durch Zusammenziehen (Systole) bzw. Erschlaffen (Diastole) und die Funktion der H.klappen für den Blutumlauf verantwortlich ist. Bei Säugetieren und dem Menschen besteht das H. aus einer linken H.hälfte (**linkes Herz**) und einer rechten H.hälfte (**rechtes Herz**), die durch die **Herzscheidewand** (Septum) voneinander getrennt sind. Jede H.hälfte ist in einen muskelschwächeren oberen Abschnitt, den **Vorhof** (Vorkammer, Atrium), und in einen muskelstärkeren Abschnitt, die **Herzkammer** (Ventrikel), unterteilt. Die **Herzohren** sind blindsackartige Seitenteile der Vorhöfe. Die bindegewebige Hülle des H., der **Herzbeutel** (Perikard) ist hauptsächlich mit der vorderen Brustwand und dem Zwerchfell verwachsen. Seine innere Schicht (**Epikard**) ist fest mit der H.oberfläche verwachsen. Seine äußere Schicht besteht aus straffem Bindegewebe, durch dessen Fasern der H.beutel auch an der Wirbelsäule, am Brustkorb und an der Luftröhre verschiebbar aufgehängt ist. Zw. den beiden Schichten befindet sich eine seröse Flüssigkeit, die die Gleitfähigkeit der beiden Schichten gegeneinander gewährleistet. Unter der inneren Schicht folgt der **Herzmuskel (Myokard).** Er ist zur H.höhle hin von einer dünnen Innenhaut, dem **Endokard,** bedeckt, aus dem auch die Ventilklappen entspringen. Die rechte Vorkammer nimmt das aus dem Körper kommende sauerstoffarme (venöse) Blut auf und leitet es in die rechte H.kammer weiter. Diese pumpt es durch die Lungenarterie in die Lungen. Von dort gelangt das Blut in die linke Vorkammer. Diese wiederum leitet es in die linke H.kammer, die es durch die Aorta in den Körper preßt. Um einen Rückfluß des Blutes bei der Kontraktion der H.kammern (Systole) zu verhindern, verschließen dabei aus Endokardfalten gebildete, durch sehnige Faserplatten versteifte **Segelklappen** (Atrioventrikularklappen; z. B. die dreizipflige Klappe und die Mitralklappe) den Weg zu den Vorhöfen. Erschlaffen die H.kammern (Diastole), so verhindern halbmondförmige, aus Bindegewebshäutchen bestehende **Taschenklappen** (Semilunarklappen) in der Lungenarterie (Pulmonalklappe) und in der Aorta (Aortenklappe) ein Zurückfließen des Blutes in die Kammern. Dabei öffnen sich die Segelklappen und geben den Blut in den Vorhöfen den Weg frei. Da die linke H.hälfte stärker arbeiten muß als die rechte, ist die Wandung der linken H.kammer viel dicker als die der rechten.

Die Versorgung der H.muskulatur mit sauerstoff- und nährstoffreichem Blut erfolgt in einem eigenen Kreislauf über die **Herzkranzgefäße** (Koronargefäße). Etwa 5–10 % des

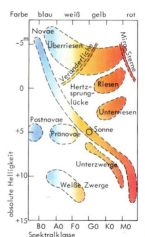
Hertzsprung-Russell-Diagramm

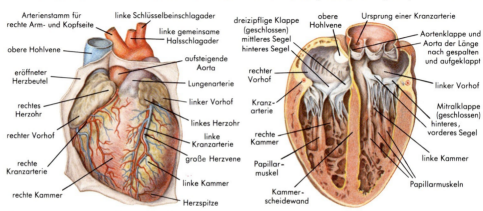
Herz. Links: Ansicht von vorn. Rechts: Längsschnitt eines von vorn gesehenen Herzens

Blutstroms im Körperkreislauf werden dafür abgezweigt. Das H. eines erwachsenen Menschen schlägt bei leichter Tätigkeit 60- bis 70mal in der Minute (Herzfrequenz); bei jedem H.schlag fördert das H. zw. 70 und 100 ml Blut je H.kammer. Bei rd. 75 Schlägen je Minute dauert ein H.schlag 0,8 Sekunden. Davon entfallen nur 0,3 Sekunden auf die eigentl. Arbeit, die Austreibung des Blutes (Systole), während die Erschlaffungsphase (Diastole) 0,5 Sekunden dauert.

Das Herz in der stammesgeschichtlichen Entwicklung: Bei Tieren mit Blutkreislauf wird das Blut i. d. R. durch mehrere H. oder durch ein H. bewegt. Unter den wirbellosen Tieren haben Ringelwürmer erstmals „Herzen" in Form von kontraktilen (sich zusammenziehenden) Gefäßabschnitten innerhalb ihres geschlossenen Blutkreislaufs. Bei den Gliederfüßern liegt die H. auf der Rückseite und ist ein Schlauch mit seitl. Einlaßschlitzen (Ostien), die sich beim Pumpvorgang verschließen. Weichtiere haben ein sackförmiges, in einem H.beutel liegendes Herz. Das sauerstoffreiche Blut gelangt aus den Kiemen in die seitl. Vorhöfe des Herzens. Ihre Zahl entspricht meist der Zahl der Kiemen. Von den Vorhöfen fließt das Blut in die H.kammer und wird von dort in die Aorta gepreßt. Bei den Manteltieren kehrt sich, im Unterschied zu allen übrigen Tieren, die Kontraktionsrichtung des einfachen, schlauchförmigen, ebenfalls von einem H.beutel umschlossenen H. periodisch um, so daß das Blut einmal in Richtung Kiemen, dann wieder zu den Eingeweiden fließt. Den Schädellosen (z. B. Lanzettfischchen) fehlt ein zentrales H.;

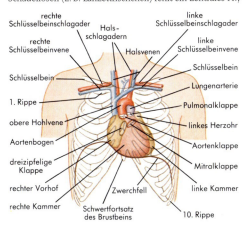

Herz. Die Lage des Herzens im Brustraum

sie haben venöse Kiemen-H. (Bulbillen). Bei allen Wirbeltieren ist ein H. ausgebildet. Bei den Fischen besteht es aus vier hintereinanderliegenden Abschnitten, die durch H.klappen getrennt sind: Der Venensinus (Sinus venosus) nimmt das Blut aus dem Körper auf und leitet es durch die Vorkammer in die Kammer. Von hier aus wird es in die Kiemen gepumpt. Bei den Lurchen sind zwar zwei Vorkammern vorhanden, von denen die rechte das Blut aus dem Körper, die linke das aus der Lunge erhält. Doch gibt es nur eine Kammer, die das Blut aus beiden Vorkammern aufnimmt. In der H.wand sind Taschen und Falten ausgebildet, so daß es doch weitgehend getrennt bleibt. Sauerstoffarmes Blut wird in die Lungen, sauerstoffreiches in den Kopf und Mischblut in den Körper gepumpt. Bei den Reptilien beginnt die Trennung der H.kammer in eine rechte und linke Hälfte durch Ausbildung einer Scheidewand von der H.spitze aus. Die vollständige Trennung ist erst bei Vögeln und Säugetieren erreicht.

Kulturgeschichte: In den verschiedensten Kulturen galt und gilt das H. als Zentrum der Lebenskraft, darüber hinaus als Ort des Gewissens und Sitz der Seele sowie der Gefühle. – Auch die Götter werden nach altem Aberglauben durch H. gestärkt und ernährt. – Seit dem griech.-röm.

Altertum ist das H. am stärksten mit dem Gefühlsleben, insbes. mit der Liebe verbunden, was auch in der Symbolsprache häufigen Ausdruck findet.
▷ in dt. Spielkarten die dem frz. Cœur entsprechende Farbe.

Herzanfall (Herzattacke), plötzlich auftretende Störungen der Herzfunktion wie Herzrhythmusstörungen (↑Herzkrankheiten) oder Mißempfindungen in der Herzgegend (↑Herzschmerzen).

Herzasthma ↑Asthma.

Herzautomatismus (Herzautomatie, Herzautonomie, Herzautorhythmie), Fähigkeit des Herzens, eigenständig rhythmisch tätig zu sein. Die Erregung der Herzmuskelfasern wird in einem *Automatiezentrum* des Herzens selbst gebildet. Sie breitet sich von dort über das gesamte Herz aus *(Erregungsleitungssystem des Herzens).* Beim Menschen liegt im Sinus venosus, d.h. in der Wand der oberen Hohlvene, als primäres Automatiezentrum der **Sinusknoten** (primäres Erregungszentrum, *Keith-Flack-Knoten*), der die Kontraktion der Vorkammern bewirkt. Über die Muskulatur der Vorkammerwand wird die Erregung mit einer zeitl. Verzögerung auf ein zweites, sekundäres Automatiezentrum in der Ebene der Segelklappen, den **Atrioventrikularknoten** *(sekundäres Erregungszentrum, Vorhofknoten, Aschoff-Tawara-Knoten),* übertragen und von dort über das spezifische erregungsleitende Gewebe des His-Bündels und der Purkinje-Fasern auf die gesamte Kammermuskulatur weitergeleitet und löst damit eine Kontraktion aus. Taktgeber für die Schlagfrequenz des Herzens ist der Sinusknoten. Bei seinem Ausfall übernimmt der Atrioventrikularknoten dessen Funktion (jedoch mit nur etwa 40–50 Kontraktionen je Minute).

Herzberg, Gerhard, *Hamburg 25. Dez. 1904, kanad. Physiker dt. Herkunft. – Nach der Emigration aus Deutschland Prof. in Saskatoon und Chicago; seit 1948 Mitarbeiter am National Research Council in Ottawa. Seine Hauptarbeitsgebiete waren die Atom- und Molekülspektroskopie, insbes. die Untersuchung der Struktur zwei- und mehratomiger Moleküle. Er förderte die Astrochemie durch spektroskop. Nachweismethoden. Nobelpreis für Chemie 1971.

Herzberg, Landkr. in Brandenburg.

Herzberg am Harz, Stadt am S-Rand des Harzes, Nds., 233 m ü. d. M., 16 000 E. Papierfabrik, Eisen- und Stahlwerk, Kunststoffplattenwerke. – Das 1029 erwähnte Jagdschloß wurde im 13. Jh. Residenz der Herzöge von Braunschweig-Grubenhagen, 1582 der Herzöge von Braunschweig-Calenberg. H. wurde 1929 Stadt. – Schloß (16.–19. Jh.).

Herzberg/Elster, Krst. in Brandenburg, nö. von Torgau, an der Schwarzen Elster, 84 m ü. d. M., 8 000 E. Armaturenbau, Mischfutterwerk. – Seit 1238 Stadt. – Marienkirche (14./15. Jh.).

Herzbeutel ↑Herz.

Herzbeutelentzündung ↑Herzkrankheiten.

Herzblatt (Parnassia), Gatt. der Steinbrechgewächse mit ca. 50 Arten in den kühleren Bereichen der Nordhalbkugel; Stauden mit eiförmigen oder längl. Blättern und großen Blüten an einem mit einem Blatt besetzten Blütenschaft. In Deutschland nur das **Sumpfherzblatt** (Studentenröschen, Parnassia palustris); 15–25 cm hoch.

Herzblock (Block), Unterbrechung der Erregungsleitung im Herzen. Nach dem Sitz der Störung werden u. a. folgende Formen unterschieden: Der *atrioventrikuläre H.* (AV-Block) besteht in einer Störung der Erregungsüberleitung zw. Herzvorhof und -kammer mit der Folge einer ungeordneten Kontraktion. Der *intraventrikuläre H.* tritt als rechts- oder linksseitige (partielle oder totale) Störung in einem Schenkel des His-Bündels (Rechts- oder Linksschenkelblock) oder in den Ausläufern einzelner Äste des Reizleitungssystems (Purkinje-Fasern) auf. Die dem H. zugrundeliegende Störung kann angeboren oder erworben sein (als krankhafte, herdartige Veränderungen in der Herzmuskulatur nach Scharlach, Diphtherie, bei Koronarsklerose oder Herzinfarkt). Die Behandlung erfolgt medikamentös (Sym-

Gerhard Herzberg

Herzblatt. Sumpfherzblatt

Herzbuckel 358

pathomimetika) oder durch Einpflanzung eines Herzschrittmachers.

Herzbuckel, meist asymmetr. Vorwölbung der Brustwand in der Herzgegend v. a. als Symptom eines angeborenen Herzfehlers mit Vergrößerung des Herzens.

Herzchirurgie, Spezialgebiet der Chirurgie, das sich mit operativen Eingriffen am Herzen oder an den großen, herznahen Gefäßen befaßt. Herzoperationen werden u. a. bei erworbenen oder angeborenen Herzklappenfehlern durchgeführt, bei Defekten der Herzscheidewände, bei Anomalien der großen, herznahen Gefäße (Aortenisthmusstenose) oder bei Herzverletzungen. Die ↑ Herztransplantation sowie der operative Ersatz von erkrankten Herzkranzgefäßen durch körpereigene Arterien und die Einpflanzung eines ↑ Herzschrittmachers gehören ebenfalls dazu. Operationen am geschlossenen, weiterschlagenden Herzen werden unter normaler Intubationsnarkose durchgeführt. Bei Eingriffen am geöffneten, blutleeren Herzen ist zur Vermeidung von Organschäden (bes. des Zentralnervensystems) eine künstl. Unterkühlung des Organismus oder der Einsatz einer ↑ Herz-Lungen-Maschine erforderlich.

Herzdilatation, svw. ↑ Herzerweiterung.

Herzebrock-Clarholz, Gemeinde im O der Westfäl. Bucht, NRW, 12 600 E. Möbel-, Kunststoff-, Nahrungsmittel- und metallverarbeitende Ind. – Spätgot. Pfarrkirche mit roman. W-Turm, ehem. Klostergebäude (17./18. Jh.).

Herzegowina [hɛrtsegoˈviːna, hɛrtseˈgoːvina], südl. Teil der Republik Bosnien und Herzegowina, ein dünn besiedeltes verkarstetes Gebirgsland, das im Hochkarst über 2 000 m Höhe erreicht. Hauptort der H. ist Mostar. – Zur Geschichte ↑ Bosnien und Herzegowina, ↑ Jugoslawien.

Herzeloyde (Herzeloide), Mutter Parzivals bei Wolfram von Eschenbach.

Herzen, Alexander Iwanowitsch (russ. Alexandr Iwanowitsch Gerzen), eigtl. A. I. Jakowlew; Pseudonym Iskander, *Moskau 6. April 1812, † Paris 21. Jan. 1870, russ. Schriftsteller und Publizist. – 1825 vom Aufstand der Dekabristen begeistert, setzte er sich für die Abschaffung der Leibeigenschaft ein. Mit Belinski Mittelpunkt literar. und polit. Salons in Moskau, Führer der radikalen russ. ↑ Westler. Stark vom dt. Geistesleben und vom frz. utop. Sozialismus beeinflußt, v. a. von Schiller, Hegel, Feuerbach, Saint-Simon. Lebte seit 1847 in W-Europa. Befreundet mit Marx, Garibaldi, Mazzini, Kossuth. Bed. als Sozialpolitiker, Denker und Schriftsteller; dichter. Werke ließ er nur in den 40er Jahren des 19. Jh. erscheinen, darunter seinen einzigen Roman „Wer ist schuld?" (1847). Gab in London den Almanach „Severnaja zvezda" („Polarstern", 1855–62 und 1869) und die Zeitschrift „Kolokol" („Die Glocke", 1857–67) heraus.

Herzenge, svw. ↑ Angina pectoris.

Herzerweiterung (Herzdilatation), jede Erweiterung der Herzhöhlen (nicht nur krankhafter, sondern auch physiolog. Art wie bei Herzvergrößerung infolge körperl. Belastung; z. B. das sog. ↑ Leistungsherz); die krankhafte H. tritt v. a. auf bei akuter und chron. Druck- oder Volumenüberlastung (z. B. bei Bluthochdruck, Herzklappeninsuffizienz, Herzfehler).

Herzfäule, infolge Bormangels auftretende Pflanzenkrankheit, die sich v. a. im Vergilben und Absterben der Herzblätter zeigt (z. B. des Mohns oder der Rübe); Bekämpfung mit borhaltigen Düngemitteln oder mit Borax.

Herzfehler (Vitium cordis), Sammelbez. für verschiedene angeborene oder erworbene Fehlbildungen des Herzens und/oder der großen herznahen Blutgefäße. – Angeborene Fehlbildungen sind meist Defekte in der Vorhof- oder Kammerscheidewand oder ein Offenbleiben der embryonalen Verbindung zw. Lungenarterie und Aorta (↑ Botalli-Gang), ferner die ↑ Fallot-Kardiopathien, ↑ Aortenisthmusstenose und anomale Querverbindungen zw. großem und kleinem Blutkreislauf bzw. dem rechten und linken Herzen (↑ Shunt). Erworbene H. sind Herzkrankheiten infolge einer Herzbeutelentzündung sowie die meisten Herzklappenfehler.

Herzfeld, Helmut ↑ Heartfield, John.

Herzfelde, Wieland, eigtl. W. Herzfeld, *Weggis (Schweiz) 11. April 1896, † Berlin (Ost) 23. Nov. 1988, dt. Schriftsteller. – Bruder von John ↑ Heartfield; 1917 Gründer des Malik-Verlags in Berlin, den er zum Sprachrohr revolutionärer Literatur und des Dadaismus machte. 1933 Emigration nach Prag, 1939 Flucht in die USA; seit 1949 Prof. in Leipzig. – *Werke:* Tragigrotesken der Nacht (En., 1920), Gesellschaft, Künstler und Kommunismus (Essays, 1921), Unterwegs. Blätter aus 50 Jahren (1961), Blau und Rot (Ged., 1971).

Herzflattern ↑ Herzkrankheiten.

Herzflimmern ↑ Herzkrankheiten.

Herzfrequenz, Anzahl der Herzschläge je Minute, die mit der Pulsfrequenz übereinstimmt. Die H. ist in erster Linie vom Alter, von der körperl. und seel. Belastung sowie von der Körpertemperatur abhängig. Sie beträgt beim Erwachsenen 60 bis 70 in körperl. Ruhe, 100 bei mittelschwerer Belastung, 150 und mehr bei schwerer Belastung. Bei Höchstleistungen können Werte um 200 erreicht. Die H. beim Pferd beträgt 20 bis 70, beim Sperling 700 bis 850.

Herzgeräusche, alle von den normalen ↑ Herztönen abweichenden, durch Abhorchen wahrnehmbaren, die Herztätigkeit begleitende akust. Erscheinungen. H. sind Anzeichen von organisch bedingten Veränderungen der Blutströmungsverhältnisse (insbes. Wirbelbildung), die u. a. bei Herzklappenfehlern auftreten können.

Herzgespann (Leonurus), Gatt. der Lippenblütler mit neun Arten in W-Europa bis Z-Asien. Heimisch ist u. a. das **Echte Herzgespann** (Löwenschwanz, Leonurus cardiaca) mit handförmig zerteilten, beiderseits weichhaarigen Blättern und rötl. Blüten in dichten Scheinquirlen.

Herzglykoside ↑ Digitalisglykoside.

Herzhypertrophie, Zunahme der Herzmuskulatur (Wandstärke, Größe und Gewicht des Herzens) allein durch Vergrößerung der einzelnen Herzmuskelfasern bei länger andauernder, vermehrter Beanspruchung (Druck- und/oder Volumenbelastung). Eine H. mit mäßiger Größenzunahme des gesamten Herzens findet man z. B. bei Hochleistungssportlern. Häufiger ist die H. einzelner Herzabschnitte, wobei sich die jeweils mehrbeanspruchte Herzkammer vergrößert (z. B. Rechts-H. bei Herzklappenfehlern und Lungenemphysem, Links-H. bei erhöhtem Druck im großen Kreislauf). Durch die H. kann sich das Gewicht des ganzen Herzens vom Durchschnittsgewicht (etwa 300 g) bis zu einem Maximalwert von etwa 500 g, dem sog. *krit. Herzgewicht,* vergrößern.

Herzinfarkt (Myokardinfarkt, Koronarinfarkt), plötzlich auftretendes, den Herzmuskel schädigendes Mißverhältnis zw. Sauerstoffbedarf des Herzmuskels und Sauerstoffangebot durch das Blut der zuführenden Herzkranzgefäße (akute Koronarinsuffizienz). Der Sauerstoffmangel (Ischämie) wird überwiegend durch eine die Lichtung der Kranzarterie hochgradig verengende oder verschließende Koronarsklerose hervorgerufen, wobei der endgültige Verschluß in über 90 % der Fälle durch einen Blutpfropf bewirkt wird (Koronarthrombose), der sich über dem Einriß eines arteriosklerot. Herdes bildet, seltener durch eine Embolie. Folge ist das Absterben eines Herzmuskelbezirks (ischäm. Nekrose). Beim Verschluß der linken Kranzarterie entsteht ein *Vorderwandinfarkt,* beim Verschluß der rechten ein *Hinterwandinfarkt.*

Risikofaktoren: Neben erblich bedingten Faktoren und Bluthochdruck können v. a. schädigende Einflüsse zivilisator. Lebensbedingungen einen H. begünstigen, z. B. körperl. Minderbeanspruchung, psych. Überlastung (Streß), Lebensangst, falsche Ernährung (Übergewicht), Rauchen, bei Frauen v. a. in Verbindung mit dem Gebrauch empfängnisverhütender hormoneller Mittel, unzureichender Schlaf und Arzneimittelmißbrauch sowie Stoffwechselstörungen, bes. bei Zuckerkrankheit, Gicht und Schilddrüsenunterfunktion. Während der H. im jüngeren und mittleren Lebensalter früher fast nur bei Männern auftrat, betrifft er in neuerer Zeit auch zunehmend Frauen dieser Altersgruppe; der Häufigkeitsgipfel liegt jedoch bei Männern jenseits des 50., bei Frauen jenseits des 60. Lebensjahres.

Wieland Herzfelde

Alexander Iwanowitsch Herzen

Verlauf: Der H., dem häufig schon jahrelange, von den koronaren Durchblutungsstörungen ausgehende (pektanginöse) Herzschmerzen vorausgehen, kann durch körperl. und psych. Belastungen (Streß), zu denen auch Infektionskrankheiten, kreislaufbelastende Wettereinflüsse gehören, ausgelöst werden. Er tritt anfallartig in Gestalt einer schweren ↑Angina pectoris auf mit äußerst starken Schmerzen meist unter der Brustbeingegend, die in Hals, Oberbauch und (bes. linken) Arm ausstrahlen, verbunden mit Unruhe, Todesangst und „Vernichtungsgefühl". Zusätzl. Symptome sind oft Schweißausbruch, Pulsbeschleunigung, Blutdruckerhöhung, Atemnot und Anzeichen einer Herzschwäche, beim Hinterwandinfarkt können Brechreiz und umgekehrt Pulsverlangsamung (Bradykardie) mit Hypotonie im Vordergrund stehen. In Einzelfällen sind die Beschwerden gering oder fehlen ganz („stummer Infarkt"). Die Auswirkungen sind vom Ausmaß und Ort der Muskelzerstörung abhängig. Bei einem großen Infarkt kann es durch Versagen der Herzleistung zu einem akuten Lungenödem oder Kreislaufschock kommen. Auch kleine Infarkte können dadurch gefährlich sein, daß sie zu Extraerregung der Herzkammern oder durch Sitz im Erregungsleitungssystem zu Kammerflimmern mit Sekundenherztod führen (häufigste Ursache des akuten Infarkttodes). Weitere Komplikationen sind zusätzl. Embolien z. B. in Gehirn, Gliedmaßen, Nieren, Milz oder Darm durch Abschwemmung von Teilen des infarktauslösenden Thrombus, eine Herzwandaussackung durch die Muskelschädigung (Aneurysma), teils mit nachfolgendem Herzriß, oder der Einriß einer infarktgeschädigten Herzkammerscheidewand. Nach Überstehen eines H. wird der Infarktbezirk von den Rändern aus durch einwachsendes Granulationsgewebe ersetzt, aus dem sich später eine feste Narbe oder Schwiele (Herzschwiele) entwickelt. Die weitere Prognose hängt vom Zustand der übrigen Kranzgefäße ab und ist bei leichter Verengung durch Ausbildung von Ersatzgefäßen (Kollateralkreislauf) günstig, ansonsten besteht die Gefahr weiterer Infarkte (Reinfarkte).
Die **Diagnose** des H. ist durch charakterist. Abweichungen im Elektrokardiogramm, Enzymbestimmung im Blutserum (Anstieg z. B. der Kreatinphosphokinase), Angiographie und Ultraschalluntersuchung möglich.
Behandlung: Erste Maßnahmen sind Ruhigstellung zur Herabsetzung des Sauerstoffbedarfs, Sauerstoffbeatmung, Verabreichung von schmerzstillenden, beruhigenden, auch kreislaufstützenden Medikamenten. Die Überlebensaussichten hängen sehr stark von der *umgehenden* Einlieferung in ein Krankenhaus (Intensivstation) ab, wo der Gefährdung durch Herzrhythmusstörungen und Herzinsuffizienz begegnet werden kann (Defibrillator, Herzschrittmacher). Häufig ist die Auflösung des Gefäßverschlusses durch Einspritzung von Streptokinase möglich. Zur Verhütung weiterer Thrombosen ist eine häufig längerfristige Anwendung von Antikoagulantien erforderlich. Nach einer etwa ein- bis dreiwöchigen Bettruhe und anschließender Schonung wird die Rehabilitation, meist im Rahmen eines Kuraufenthaltes, mit gezieltem Körpertraining zur Wiederherstellung einer optimalen Leistungsfähigkeit durchgeführt.

Herzinnenhautentzündung (Endokarditis) ↑Herzkrankheiten.
Herzinsuffizienz ↑Herzkrankheiten.
Herzjagen, svw. ↑Tachykardie.
Herz Jesu, Thema einer bes. kath. Jesusmystik und -verehrung, die das H. J. als Symbol des ganzen Menschen Jesus, v. a. seiner aufopfernden Liebe versteht. Die H.-J.-Verehrung geht nach einzelnen Ansätzen bei den Kirchenvätern und im MA bes. auf die Visionen von M.-M. Alacoque zurück und erfuhr im 19. und 20. Jh. intensive Ausbreitung. Das **Herz-Jesu-Bild** erscheint als Andachtsbild seit dem 15. Jh. Pius IX. führte das **Herz-Jesu-Fest** für die ganze kath. Kirche ein (Freitag nach dem 2. Sonntag nach Pfingsten).
Herzkatheterisierung [dt./griech.], zur Herz-Kreislauf-Diagnostik unter Röntgenkontrolle durchgeführte Einschiebung einer elast. Sonde durch ein arterielles oder venöses Gefäß in die herznahen großen Gefäße und in die Herzhöhle. Bei Untersuchung der rechten Herzhälfte und der Lungenarterie wird die Sonde meist über die Armbeugevene (auch die linke Leistenvene) eingeführt; hierbei ist die Verwendung eines Einschwemmkatheters, eines dünnen Plastikballonkatheters von etwa 0,8 mm Durchmesser, möglich, der vom Blutstrom mitgeführt wird. Die H. dient der Feststellung und quantitativen Erfassung angeborener oder erworbener Herzfehler durch Austastung von Gefäßen und Herzabschnitten, durch direkte Blutdruckmessung mittels Druckwandlers, Blutprobenentnahme aus den einzelnen Herzabschnitten zur Blutgasanalyse, Direktableitung des Elektrokardiogramms durch Spezialkatheter, Einspritzung von Röntgenkontrastmitteln zur Angiokardiographie u. a. Auch therapeut. Eingriffe, z. B. die Erweiterung von verengten Herzkranzgefäßen mittels Ballonkatheters, sind möglich. – Das Verfahren der H. wurde 1929 von W. Forßmann entwickelt und im Selbstversuch erprobt.
Herzkirsche ↑Süßkirsche.
Herzklappen ↑Herz.
Herzklappenentzündung ↑Herzkrankheiten.
Herzklappenfehler ↑Herzkrankheiten.
Herzklopfen ↑Herzkrankheiten.
Herzkrankheiten, organ. Erkrankungen oder Mißbildungen des Herzens oder der großen, herznahen Blutgefäße; i. w. S. auch Bez. für funktionelle Störungen der Herztätigkeit. – Zu den organ. H. zählen die **Herzbeutelentzündung (Perikarditis),** die meist im Gefolge übergeordneter Erkrankungen (z. B. bakterielle Infektionen, rheumat. Fieber, Herzinfarkt) vorkommt. Bei der schmerzhaften *fibrinösen Herzbeutelentzündung* (trockene Herzbeutelentzündung) kommt es zu Fibrinauflagerungen auf die Schichten des Herzbeutels und dadurch u. a. zu typ., mit der Herzarbeit synchronen Reibegeräuschen. Die *exsudative Herzbeutelentzündung* geht mit einer Vermehrung des Flüssigkeitsgehaltes des Herzbeutels **(Perikarderguß)** einher; die Umrisse des Herzens erscheinen vergrößert, die EKG-Ausschläge sind geringer, und es kommt (durch Behinderung der Herzfüllung) zur Abnahme von Blut- und Pulsdruck sowie zu Stauungserscheinungen. Eine chron. Herzbeutelentzündung führt durch narbige Veränderungen (Fibrose) und schrumpfende Verwachsung der Herzbeutelblätter, teils mit sekundärer Kalkeinlagerung **(Panzerherz),** zur Einengung des Herzens mit der Folge einer Herzinsuffizienz *(konstriktive Herzbeutelentzündung).* – Erkrankungen der Herzinnenhaut (Endokard) sind **Herzinnenhautentzündung (Endokarditis)** und **Herzklappenentzündung** (valvuläre Endokarditis). Letztere ist eine akut oder chronisch verlaufende Entzündung mit fast ausschließl. Lokalisation an den Herzklappen. Ursachen der Endokarditis sind rheumat. Erkrankungen und v. a. bakterielle Infektionen. Als Spätfolgen treten **Herzklappenfehler** auf. Diese können eine oder mehrere Klappen gleichzeitig betreffen. Bei einer *Herzklappenstenose* staut sich das Blut vor der Segelklappenöffnung oder es kann nur mit Mühe durch die Taschenklappenöffnung hindurchgepreßt werden. Die dadurch stromaufwärts entstehende Blutstauung wird vom Herzen durch eine Steigerung des Auswurfdrucks beantwortet. Die Druckbelastung führt zu einer kompensator. Herzmuskelzunahme (Druckhypertrophie). Bei einer *Herzklappeninsuffizienz* strömt ein Teil des geförderten Blutes wegen mangelnder Schlußfähigkeit der Klappen wieder in die auswerfende Herzhöhle zurück und führt zu vermehrter Volumenbelastung des Herzens und Erweiterung des Herzinnenraumes. Bei ausgeprägten Klappenfehlern ist ein operativer Ersatz der Herzklappen (Klappenprothesen) erforderlich. – Durch Erkrankungen der Herzkranzgefäße mit entsprechenden Durchblutungsstörungen und Überbelastung des Herzmuskels (z. B. durch Bluthochdruck, Herzklappenfehler) kommt es zur **Herzinsuffizienz** (Herzschwäche, Herzmuskelschwäche, Myokardinsuffizienz), d. h. zu einer unzureichenden Pumpleistung des Herzmuskels. Kann das Herz die geforderte Pumpleistung schon in Ruhe nicht mehr erbringen, spricht man von *Ruheinsuffizienz.* Wird die Herzleistung erst bei körperl. Beanspru-

Herzkranzgefäße

chung ungenügend, spricht man von *Belastungsinsuffizienz*. Nach dem Verlauf wird zw. einer chron. Herzinsuffizienz mit langsam entstehender und sich verschlimmernder Symptomatik und einer akuten Herzinsuffizienz (**Herzversagen**) unterschieden; diese tritt als Schock mit Blutdruckabfall, Herzfrequenzanstieg (Tachykardie), Blässe und kaltem Schweiß auf und kann zum plötzl. Herztod führen. Nach dem organ. Ausmaß liegt eine beide Herzkammern betreffende *Globalinsuffizienz* oder eine verminderte Pumpleistung einer der beiden Herzhälften vor. Bei der **Linksinsuffizienz** pumpt die linke Herzkammer weniger Blut in die Hauptschlagader. Die rechte Kammer dagegen wirft unverändert kräftig Blut in den Lungenkreislauf, der bald überfüllt und gestaut wird (↑Stauungslunge). Bei der **Rechtsinsuffizienz** wirft die leistungsfähige linke Herzkammer mehr Blut in den großen Körperkreislauf, als die rechte Herzkammer abschöpfen kann. Die Folge ist ein Rückstau, der zunächst durch die Blutadern und das Kapillarsystem aufgefangen (kompensiert) werden kann; bei Dekompensation kommt es zu Leberstauung mit Gelbsucht, Bauchwassersucht, Nierenversagen auf Grund mangelnder Durchblutung und zu Ödemen. Zur Behandlung muß v. a. die Kraft des versagenden Herzkammer mit Hilfe von Digitalisglykosiden u. a. wieder gesteigert werden. Wichtig ist auch eine Herzschonkost, in erster Linie die Einschränkung von Kochsalz, Fett und Ballaststoffen. – Weitere Erkrankungen des Herzmuskels sind Herzmuskelentartung und Herzmuskelentzündung. Die nicht entzündl. **Herzmuskelentartung** (Myodegeneratio cordis) mit Herzinsuffizienz ist Folge von chron. Allgemeinerkrankungen, Hungerdystrophie und Altersabbau. Die **Herzmuskelentzündung** (Myokarditis) tritt v. a. bei Rheuma, bestimmten Infektionskrankheiten (z. B. Diphtherie, Scharlach) und allerg. Prozessen auf. Die Symptome sind Herzklopfen, Herzinsuffizienz mit Kurzatmigkeit, Unruhe, rascher Ermüdbarkeit und schließlich Herzerweiterung und oft Herzrhythmusstörungen. Die Behandlung richtet sich nach dem Grundleiden. – Erkrankungen der Herzkranzgefäße sind ↑Angina pectoris, Koronarinsuffizienz, Koronarsklerose und ↑Herzinfarkt. **Koronarinsuffizienz** ist eine allg. Bez. für einen krankhaften Zustand, bei dem ein Mißverhältnis zw. Blutbedarf und tatsächl. Durchblutung des Herzmuskels besteht. Die Folge ist eine unzureichende Versorgung mit Sauerstoff und Nährstoffen. Sie äußert sich zunächst in einer Einschränkung der Koronarreserve, d. h. der Fähigkeit zur belastungsabhängigen Steigerung der Durchblutung, im fortgeschrittenen Stadium in einer unzureichenden Versorgung im Ruhezustand. Ursache ist in 90 % der Fälle eine fortschreitende Arteriosklerose der Gefäßinnenwand (**Koronarsklerose**). Risikofaktoren der Koronarinsuffizienz sind Bluthochdruck und ein erhöhter Cholesterinspiegel. – Unter den Schädigungen des Erregungsleitungssystems unterscheidet man Reizbildungsstörungen (↑Tachykardie, ↑Bradykardie, absolute ↑Arrhythmie, ↑Extrasystole, Herzflimmern) sowie Erregungsleitungsstörungen (↑Adam-Stokes-Symptomenkomplex, ↑Herzblock). Beide zus. werden als **Herzrhythmusstörungen** bezeichnet. Ausgelöst werden sie meist durch Grunderkrankungen des Herzens selbst (z. B. Koronarinsuffizienz, Herzinfarkt, Entzündungen) sowie nichtkardiale Erkrankungen (z. B. Elektrolytstörungen, hormonelle Erkrankungen). **Herzflimmern** ist eine Bez. für rasche, ungeordnete und ungleichzeitige Erregungen und Zusammenziehungen zahlr. Herzmuskelfasern bzw. Herzmuskelfasergruppen mit Ausfall der Pumpleistung des betroffenen Herzabschnitts oder des ganzen Herzens. Im Ggs. dazu ist beim **Herzflattern** die Herzschlagfolge noch regelmäßig, die Kontraktion synchron, die Pumpleistung erhalten; die Herzfrequenz allerdings ist auf etwa 300 je Minute erhöht. Das **Vorhofflimmern** (unkoordinierte Erregung der Herzvorhöfe) kommt v. a. bei Überfunktion der Schilddrüse, bei Vorhofüberlastung (z. B. durch Herzklappenfehler) sowie bei Koronarinsuffizienz vor. Anzeichen sind oft uncharakterist. Beschwerden (Schwindel, Leeregefühl im Kopf oder Druckgefühl in der Herzgegend). Das **Kammerflimmern** ist eine mit Absin-

ken bzw. Ausfall der Herzleistung verbundene unregelmäßige Bewegung der Herzkammern infolge ungeordneter Kontraktionen der Muskelfasern. Häufigste Ursache ist der Herzinfarkt; es kann außerdem bei Herzoperation, Herzkatheterisierung, bei Starkstromunfall oder bei schwerer Herzinsuffizienz auftreten. – Unter dem Begriff der **funktionellen Herzstörungen** werden einerseits Auswirkungen der vegetativen Dystonie auf das organisch gesunde Herz (z. B. nervöses Herz), andererseits das anfallsweise auftretende Herzjagen auf Grund neurot. Erlebnisreaktionen zusammengefaßt. Eine Form der Organneurose ist die **Herzneurose**, die gekennzeichnet ist durch anfallsweise auftretendes heftiges Herzklopfen verbunden mit Angst vor einem akuten Herzstillstand.

Subjektive Beschwerden, wie allg. Krankheitsgefühl, vorzeitige Ermüdbarkeit oder auffallende Leistungsminderung, **Herzstolpern** (eine subjektive Mißempfindung bei unregelmäßiger Herzschlagfolge), starkes **Herzklopfen** (Palpitatio cordis; subjektive Empfindung verstärkten Herzschlags; kommt beim Gesunden kurzfristig nach körperl. Anstrengung oder bei gefühlsmäßiger Erregung vor), können erste Anzeichen von organ. H. sein. Zur Erkennung von H. sind die Befunde der Abtastung, Beklopfung und Abhorchung des Herzens sowie die Beurteilung des Arterien- und Venenpulses von bes. Bedeutung. Röntgenaufnahmen des Brustraums, Elektrokardiographie (zur Erfassung von Störungen des Erregungsablaufs im Herzen) und Herzschallaufzeichnung (zum Nachprüfen pathol. Herzgeräusche) ergänzen den Untersuchungsgang. Spezielle, nur in größeren Kliniken durchführbare diagnost. Maßnahmen sind die ↑Herzkatheterisierung, die röntgenograph. Darstellung der Herzinnenräume und der herznahen Blutgefäße nach Injektion eines Kontrastmittels (Angiokardiographie) sowie die Echokardiographie.

Herzkranzgefäße ↑Herz.

Herz-Kreislauf-Erkrankungen, Gesamtheit der krankhaften Veränderungen des Herzens und der Blutgefäße. Zu den H.-K.-E. zählen in erster Linie die Herzkranzgefäßerkrankungen (↑Herzinfarkt, ↑Angina pectoris) sowie die ↑Arteriosklerose und ihre Folgeerscheinungen (bes. Bluthochdruck und Schlaganfall). Sie stellen in den Industrienationen eine der Hauptursachen frühzeitiger Invalidität und aller vorzeitigen Todesfälle dar. Folgende Risikofaktoren gelten als Ursachen der H.-K.-E.: Erhöhung des Cholesterinspiegels im Blut, Bluthochdruck, erhöhter Nikotinkonsum, Übergewicht sowie bes. psych. Überlastung und Bewegungsarmut.

Herzl, Theodor, * Budapest 2. Mai 1860, † Edlach an der Rax bei Gloggnitz 3. Juli 1904, östr. jüd. Schriftsteller und Politiker. – 1891–95 Korrespondent in Paris, wo ihm die Dreyfusaffäre Grunderlebnis jüd. Selbstbesinnung wurde; dann Feuilletonredakteur in Wien; Begründer des polit. Zionismus („Der Judenstaat", 1896); berief 1897 den 1. Zionist. Weltkongreß in Basel und wurde zum 1. Präs. der Zionist. Weltorganisation gewählt; forderte die Errichtung eines selbständigen jüd. Nationalstaates, den er im Roman „Altneuland" (1902) beschrieb.

Herzlieb, Minna (Mine, Minchen), eigtl. Wilhelmine H., *Züllichau 22. Mai 1789, †Görlitz 10. Juli 1865, Freundin Goethes. – Pflegetochter des Jenaer Buchhändlers K. F. E. Frommann. Die Goetheforschung hält sie für das Vorbild der Ottilie in Goethes „Wahlverwandtschaften".

Herzliyya, israel. Stadt am Mittelmeer, 70 000 E. Kur- und Seebadeort mit Ind.zone.

Herz-Lungen-Maschine, bei Herz- und Lungenoperationen eingesetztes Gerät, das die Funktionen dieser Organe für einen begrenzten Zeitraum übernimmt und damit die Sauerstoffversorgung der bes. empfindl. lebenswichtigen Organe für mehrere Stunden sicherstellt. Bei Operationen am offenen Herzen wird das venöse Blut nach Öffnung des Brustkorbs aus der oberen und unteren Hohlvene vor Eintritt in das Herz durch Schläuche in die mit Blutersatzmitteln gefüllte H.-L.-M. geleitet und nach deren Anlaufen ein künstl. Herzstillstand hergestellt. Mittels Rollen-, Finger- oder Ventilpumpen gelangt das zur Thrombosevermei-

Theodor Herzl

dung mit Heparin versetzte Blut über einen Filter (Blutentschäumung) in den Sauerstoffüberträger (Oxygenator), wo das Kohlendioxid entzogen und Sauerstoff mit Narkosegas zugeführt wird. Das sauerstoffhaltige (arterialisierte) Blut gelangt über einen Wärmeaustauscher mit arteriellem Druck in den Körper zurück (meist über die Oberschenkelarterie, bei Säuglingen und Kleinkindern über die Aorta).

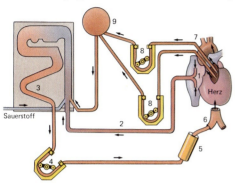

Herz-Lungen-Maschine. Schematische Darstellung: 1 obere und untere Hohlvene; 2 venöse Ableitung; 3 Sauerstoffüberträger; 4 arterielle Pumpe; 5 Wärmeaustauscher; 6 Oberschenkelarterie; 7 Sauger zur Ableitung von Blut aus den Herzkammern; 8 Saugerpumpen; 9 Blutreservoir mit Filter

Herzmanovsky-Orlando, Fritz Ritter von [...'nɔfski], * Wien 30. April 1877, † Schloß Rametz bei Meran 27. Mai 1954, östr. Schriftsteller. – Verfaßte phantast. Erzählungen, parodist. Dramen, Pantomimen und Ballette, u. a. den tragikomisch-skurrilen Roman aus der Zeit des Wiener Vormärz „Der Gaulschreck im Rosennetz" (1928) und den gleichnishaften Gesellschaftsroman „Maskenspiel der Genien" (hg. 1958).

Herzmassage, bei plötzl. Herzstillstand zur Wiederbelebung angewandte Maßnahme als *äußere H.* (manuelle rhythm. Druckausübung auf das Brustbein) oder *innere H.* (manuelles rhythm. Zusammendrücken des Herzens nach operativer Eröffnung des Brustkorbs). – ↑ Erste Hilfe.

Herzmittel (Kardiaka, Kardiotonika), Arzneimittel, die die Leistungsfähigkeit des Herzmuskels verbessern.

Herzmuscheln (Cardiidae), Fam. mariner, nahezu weltweit verbreiteter Muscheln (Ordnung Blattkiemer) mit herzförmigen, radial gerippten Schalen und langem, dünnem, einknickbarem Fuß, der ruckartig geradegestreckt werden kann und die H. zu Sprüngen bis über 50 cm befähigt. Gegessen werden v. a. die Arten der Gatt. Cardium mit der **Eßbaren Herzmuschel** (Cardium edule), die an allen europ. Küsten vorkommt; Schalenlänge etwa 3–4 cm, weißlich bis gelblich.

Herzmuskel, svw. Myokard (↑ Herz).
Herzmuskelentzündung ↑ Herzkrankheiten.
Herzmuskelschwäche, svw. Herzinsuffizienz (↑ Herzkrankheiten).
Herzneurose ↑ Herzkrankheiten.

Herzog, Chaim, * Belfast 17. Sept. 1918, israel. General und Politiker (Israel. Arbeiterpartei). – Seit 1935 in Palästina; in Israel bis 1961 in geheimdienstl., militär. (1961 General) und diplomat. Funktionen; 1975–78 Chefdelegierter Israels bei den UN; 1983–93 Staatspräsident.
H., Eduard, * Schongau (Kt. Luzern) 1. Aug. 1841, † Bern 26. März 1924, schweizer. altkath. Theologe. – Zunächst kath. Priester; 1876 erster Bischof der Christkatholischen Kirche; Förderer der Utrechter Union.
H., Roman, * Landshut 5. April 1934, dt. Jurist und Politiker (CDU). – 1978–83 Mgl. der Reg. des Landes Bad.-Württ.; 1983–87 Vizepräs., seit 1988 Präs. des Bundesverfassungsgerichts (BVG).
H., Werner, eigtl. W. H. Stipetic, * München 5. Sept. 1942, dt. Filmregisseur und -produzent. – Filme mit eindringl. Bildsprache oft über gesellschaftl. Außenseiter sind u. a.

„Fata Morgana" (1970) und „Land des Schweigens und der Dunkelheit" (1971); seit „Aguirre, der Zorn Gottes" (1972) fand H. internat. Aufmerksamkeit; auch Opernregisseur. – *Weitere Filme:* Jeder für sich und Gott gegen alle (1975), Herz aus Glas (1976), Stroszek (1977), Nosferatu – Phantom der Nacht (1979), Woyzeck (1979), Fitzcarraldo (1982), Ballade vom kleinen Soldaten (1984), Cobra Verde (1987), Lektionen in Finsternis (1992).
H., Wilhelm, Pseud. Julian Sorel, * Berlin 12. Jan. 1884, † München 18. April 1960, dt. Publizist und Dramatiker. – Seine Zeitschrift „Das Forum" wurde 1915 wegen ihrer kriegsfeindl. Haltung verboten; 1919 Leiter der sozialist. Tageszeitung „Die Republik"; emigrierte 1933, 1952 Rückkehr. U. a. Drama „Die Affäre Dreyfus" (1929, zus. mit H. J. Rehfisch).

Herzog (althochdt. herizogo [„Heerführer"], lat. dux), in german. Zeit ein gewählter oder durch Los unter den Fürsten bestimmter Heerführer für die Dauer eines Kriegszuges, in der Merowingerzeit ein über mehrere Grafen gesetzter königl. *Amts-H.* mit v. a. militär. Aufgaben. Im 7./8. Jh. entwickelte sich dort, wo ethn. Einheiten an der Wahl mitwirkten, das sog. älteres *Stammesherzogtum,* das erblich wurde. Ende des 9., Anfang des 10. Jh. kam es zur Bildung von jüngeren **Stammesherzogtümern** (Sachsen, Bayern, Lothringen und Schwaben). Um die Macht der Stammes-H. der Reichsgewalt wieder unterzuordnen, begann das Königtum unter Otto I., d. Gr., mit der Umwandlung der Hzgt. in **Amtsherzogtümer,** indem die Selbständigkeit der H. eingeschränkt, ihr territorialer Besitzstand verringert oder geteilt wurde. Daneben wurde im otton.-sal. Reichskirchensystem ein Gegengewicht aufgebaut. Friedrich I. Barbarossa schlug mit der Errichtung von **Territorialherzogtümern** (u. a. Österreich, Steiermark) einen Weg ein, der unter Friedrich II. zur völligen Territorialisierung des Reiches führte. In außerdt. Reichen gab es seit dem frühen MA regionale Hzgt. (z. B. Langobarden). Im spätma. und frühneuzeitl. Italien wurden mächtige Stadtherren zu Herzögen erhoben (Mailand, Florenz). In Frankreich entwickelten sich analog zum dt. Regnum spätkaroling. Hzgt. (Franzien, Aquitanien, Burgund, Bretagne, Normandie); bis zum Spät-MA wurden sie an Seitenlinien des Königshauses vergeben, ähnlich lagen die Verhältnisse in England und Skandinavien, wo echte Hzgt. fehlen. Im östl. M-Europa erlangten die böhm. und poln. Herrscher nach dt. Vorbild den H.rang.

Herzogenaurach, Stadt 9 km wsw. von Erlangen, Bay., 296 m ü. d. M., 18 500 E. Maschinenbau, Sportschuhind. – 1002 erstmals erwähnt; 1348 erstmals urkundlich als Stadt. – Kath. Pfarrkirche Sankt Maria Magdalena (14.–18. Jh.), ehem. Schloß (v. a. 18. Jh.).

Herzogenbusch (niederl. 's-Hertogenbosch), niederl. Stadt an der Einmündung des Zuid-Willemsvaart in die Dieze, 90 600 E. Verwaltungssitz der Prov. Nordbrabant,

Herzmuscheln
Eßbare Herzmuschel

Chaim Herzog

Roman Herzog

Werner Herzog. Szene aus dem Film Nosferatu – Phantom der Nacht, 1979

Herzogenhorn

Herzog Ernst. Der Kampf mit den Kranichschnäblern, Illustration aus der Prosafassung der Herzog-Ernst-Dichtung, gedruckt 1476 bei Anton Sarg in Augsburg (Mainz, Gutenbergmuseum)

Bischofssitz; Noordbrabants Museum; Reifenfabrik, metallverarbeitende, elektrotechn. und Nahrungsmittelind. – Um 1185 von Herzog Heinrich I. von Brabant als Stadt gegr. und mit zahlr. Privilegien ausgestattet. – Kathedrale (um 1380–1525) in Brabanter Gotik; Rathaus (im 17. Jh. barock erneuert).

Herzogenhorn, Berg im südl. Schwarzwald, Bad.-Württ., 1415 m ü. d. M.

Herzogenrath, Stadt an der dt.-niederl. Grenze, NRW, 110–145 m ü. d. M., 43 100 E. Glasschmelzgroßanlage, Flachglas- und Glasfaserproduktion. – 1104 erstmals erwähnt; nach der Zerstörung 1239 als Stadt wieder aufgebaut; Neuverleihung des Stadtrechts 1919.

Herzog Ernst, vor 1186 entstandenes mittelhochdt. vorhöf. Epos eines vermutlich mittelfränk. Dichters; es greift Motive aus dem Kampf Herzog Ernsts II. von Schwaben gegen seinen Stiefvater Kaiser Konrad II. auf; der Hauptteil besteht aus fabulösen Abenteuern im Orient.

Herzogstand, Gipfel (1731 m) am W-Ufer des Walchensees, Bayer. Voralpen.

Herzogtum Lauenburg, Landkr. in Schleswig-Holstein.

Herzrhythmusstörungen ↑ Herzkrankheiten.

Herzriß (Herzwandriß, Herzruptur), meist tödl. Schädigung durch Zerreißen der Herzwand infolge äußerer Gewalteinwirkung, Herzmuskelerweichung oder eines Herzwandaneurysmas nach ausgedehntem Herzinfarkt.

Herzschlag, der Schlagrhythmus des Herzens.
▷ volkstüml. Bez. für ↑ Herztod.

Herzschmerzen (Kardialgie), vom Herzen ausgehende bzw. mit dem Herzen zusammenhängende Schmerzen; entweder funktionell (d. h. Mißempfindungen ohne krankhafte Organveränderungen) oder organisch durch Minderdurchblutung der Herzkranzgefäße (bei Angina pectoris und Herzinfarkt). Ursache ist ein Sauerstoffmangel auf Grund von Durchblutungsstörungen.

Herzschrittmacher, der Sinusknoten des Erregungsleitungssystems des Herzens (↑ Herzautomatismus).
▷ (Pacemaker) in den Körper implantiertes (intrakorporaler H.) oder außerhalb des Körpers zu tragendes (extrakorporaler H.) elektr. Gerät (Impulsgenerator), von dessen Batterie elektr. Impulse zum Herzen geleitet werden, die dieses durch period. Reizung zum regelmäßigen Schlagen anregen. Eine künstl. elektr. Reizung des Herzens ist möglich, da die Herzkammern bei Ausfall des ↑ Herzautomatismus noch erregbar bleiben. Der H. besteht aus einem Batteriesatz, einem Taktgeber, einem Impulsverstärker und Elektroden, die entweder von außen durch die Brustwand oder das Zwerchfell an den Herzmuskel oder innen durch die Venen in die rechte Herzkammer gebracht werden. Ein H. wird verwendet, wenn die Herzfunktion durch Herzrhythmusstörungen beeinträchtigt ist. Funktionell werden zwei Arten von H. unterschieden: herzfrequenzsteigernde (antibradykarde) und herzfrequenzsenkende (antitachykarde) H. Der Schrittmacherimpuls kann eine festeingestellte Frequenz haben oder wie bei *Bedarfsschrittmachern* über eine elektron. Schaltung dem Bedarf von Herz und Kreislauf angepaßt sein. Durch einen kleinen operativen Eingriff wird der Impulsgeber meist im Brustbereich in eine Hauttasche eingepflanzt und die Schrittmacherelektrode von dort über eine Vene ins Herz vorgeschoben und verankert. Die Batterie muß in bestimmten Zeitabständen ausgetauscht werden; man versucht, möglichst langlebige Batterien (z. B. Radionuklidbatterien) zu entwickeln. Die Reizspannung beträgt bei intrakorporalen H. 5–10 V, bei extrakorporalen H. mit externen Elektroden, die meist nur zeitlich befristet (passagere H.) angelegt werden, bis maximal 150 V.

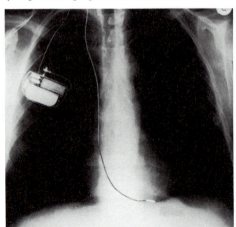

Herzschrittmacher. Röntgenbild eines implantierten Herzschrittmachers

Herzschwäche ↑ Herzkrankheiten.
Herzspitzenstoß ↑ Herzstoß.
Herzstiche, kurz anhaltende, stichartige Empfindungen in der Herzgegend; kommen u. a. als Anzeichen einer flüchtigen Durchblutungsstörung der Herzkranzgefäße während starker körperl. Anstrengung vor; auch Symptom bei Kreislaufstörungen mit arteriellem Unterdruck sowie bei Angina pectoris.

Herzstillstand, Aufhören der Herztätigkeit; Unterbrechung des Blutauswurfs aus den Herzkammern infolge Fehlens einer Herzmuskelkontraktion. Unmittelbare Folge eines H. ist die Unterbrechung der Blutzirkulation und damit der Sauerstoffversorgung des gesamten Organismus. Hält diese Unterbrechung länger als drei bis vier Minuten an, so kommt es zu irreversiblen Schädigungen lebenswichtiger Organe mit meist tödl. Ausgang. Bei einem H. ist daher sofortiges ärztl. Eingreifen erforderlich u. a. mit Herzmassage,

Herzschrittmacher. Geöffnetes (links) und geschlossenes (rechts) Gerät

künstl. Beatmung und Defibrillation, Injektion von Herz- und Kreislaufmitteln direkt ins Herz.

Herzstolpern ↑ Herzkrankheiten.

Herzstoß, sichtbare und fühlbare Erschütterung der Brustwand durch die Herztätigkeit, am deutlichsten wahrnehmbar im vierten bis fünften Zwischenrippenraum links, wo die Herzspitze bei jeder Systole die Brustwand berührt **(Herzspitzenstoß).**

Herzstromkurve, svw. ↑ Elektrokardiogramm.

Herztod (Herzschlag), Tod durch ↑ Herzstillstand.

Herztöne, vom Herzen bei normaler Herztätigkeit ausgehende Schallerscheinungen (im physikal. Sinne Geräusche; ↑ Herzgeräusche), die durch Vibrationen der sich schließenden Herzklappen, des tätigen Herzmuskels (samt Inhalt) und der großen herznahen Gefäße zustande kommen.

Herztransplantation (Herzverpflanzung), operative Übertragung eines menschl. Herzens als lebensfrisches Spenderorgan von einem Verstorbenen auf einen menschl. Empfänger. Anlaß zu einer H. bieten schwere Herzmuskel- und koronare Herzkrankheiten mit Herzinsuffizienz. Die H. wird unter Einsatz einer Herz-Lungen-Maschine ausgeführt; nach Entfernung des kranken Herzens bei Erhaltung des Herzbeutels wird das Transplantat an die Stümpfe der Aorta und die Lungenarterie durch Naht angeschlossen und die Herztätigkeit medikamentös oder durch Defibrillation wiederhergestellt. Entscheidend für den weiteren Erfolg ist die immunsuppressive Chemotherapie (↑ Immunsuppressiva) zur Unterdrückung der Abstoßungsreaktion. Erstmals 1967 von dem südafrikan. Chirurgen C. Barnard erfolgreich am Menschen durchgeführt.

Herzverfettung, svw. ↑ Fettherz.

herzynische Gebirgsbildung [lat./dt.], svw. ↑ variskische Gebirgsbildung.

herzynisches Streichen [lat./dt.], parallel zum Harznordrand (NW–SO) verlaufende tekton. Richtung.

Hesdin, Jacquemart de [frz. eˈdɛ̃], frz. Buchmaler des 14./15. Jh., vermutlich fläm. Herkunft (aus dem Hennegau). – Nachweisbar zw. 1384 und 1410. Schuf neben den Brüdern v. Limburg große Teile der Miniaturen für die Stundenbücher des Herzogs von Berry; sein eleganter Stil fußt auf got. (sienes.) Traditionen.

Hesekiel [...kiɛl] ↑ Ezechiel.

Heseltine, Michael Ray Dibdin [engl. ˈhɛzəltaɪn], *Swansea 21. März 1933, brit. Politiker (Konservative). – Seit 1966 Unterhaus-Abg.; u. a. 1983–86 Verteidigungsmin., seit 1990 Umweltminister.

Hesiod, griech. Dichter um 700 v. Chr. aus Askra in Böotien. – In seiner Jugend nach eigener Aussage Hirt. H. durchbricht in seinem Epos „Werke und Tage", das die Welt der kleinen Bauern spiegelt, als erster Dichter mit persönl. Einspruch die Anonymität der frühen griech. Epik. In der „Theogonie" (1022 Verse), besingt H. Weltentstehung und Ursprung der Götter. Die Götter werden hier nicht als heitere Olympier gesehen, sondern als gewaltige, erhabene Mächte. H. Epen sind wichtige Quellen für die griech. Mythologie.

Hesperiden [zu griech. hespéra „Abend, Westen"], Nymphen der griech. Mythologie. Die H. wachen zus. mit dem hundertköpfigen Drachen Ladon im fernen Westen über die goldenen Äpfel, die Gäa als Hochzeitsgeschenk für Zeus und Hera sprießen ließ.

Hesperien [zu griech. hespéra „Abend, Westen"], in der griech. Antike Bez. für „Land gegen Abend", zunächst bes. für Italien, dann auch für Spanien.

Hesperos, alter Name für ↑ Abendstern.

Heß, Rudolf, *Alexandria (Ägypten) 26. April 1894, †Berlin 17. Aug. 1987 (Selbstmord), dt. Politiker. – Wurde 1920 Mgl. der NSDAP; nach dem Hitlerputsch 1923 in der Festungshaft in Landsberg an der Abfassung von Hitlers Buch „Mein Kampf" beteiligt; wurde 1925 Privatsekretär Hitlers, 1933 „Stellvertreter des Führers" und Reichsmin. ohne Geschäftsbereich. Am 1. Sept. 1939 ernannte ihn Hitler zu seinem 2. Nachfolger (nach Göring). H. hatte maßgebl. Anteil am Ausbau des Hitlerkults. Er flog am 10. Mai 1941 nach Schottland, um Großbritannien zu Friedensverhandlungen zu bewegen, sprang dort mit dem Fallschirm ab, wurde bis Kriegsende interniert und 1946 in Nürnberg zu lebenslängl. Gefängnishaft verurteilt.

Jacquemart de Hesdin. Der Herzog von Berry mit seinem Stabträger, Buchmalerei aus den Stundenbüchern des Herzogs von Berry, undatiert (Paris, Nationalbibliothek)

Hess, Moses, *Bonn 21. Juni 1812, †Paris 6. April 1875, jüd. Schriftsteller und Journalist. – Mit seinem Werk „Rom und Jerusalem, die letzte Nationalitätsfrage" (1862), in dem H. die Einrichtung eines jüd. nat. Staates in Palästina forderte, wurde er zu einem Vorläufer des Zionismus.

H., Victor Franz, *Schloß Waldstein bei Deutschfeistritz (Steiermark) 24. Juni 1883, †Mount Vernon (N.Y.) 17. Dez. 1964, amerikan. Physiker östr. Herkunft. – Prof. in Graz und Innsbruck; nach seiner Emigration in die USA 1938–56 Prof. in New York; 1912 Entdeckung der Höhenstrahlung. Nobelpreis für Physik 1936 zus. mit C. D. Anderson.

H., Walter [Rudolf], *Frauenfeld (Kt. Thurgau) 17. März 1881, †Muralto (Kt. Tessin) 12. Aug. 1973, schweizer. Neurophysiologe. – Prof. in Zürich; Forschungen v. a. über die Funktion des Nervensystems (seit 1925), die grundlegend waren für die experimentelle Verhaltensforschung und darüber hinaus auch bes. für die Hirnchirurgie und Psychopharmakologie große Bed. erlangten. H. entdeckte ferner die Bed. des Zwischenhirns als Organ der Steuerung bzw. Koordination vegetativer Funktionen. Für diese Entdeckung erhielt er 1949 (mit H. E. Moniz) den Nobelpreis für Physiologie oder Medizin.

Hesse, Hermann, Pseud. Emil Sinclair, *Calw 2. Juli 1877, †Montagnola (Schweiz) 9. Aug. 1962, dt. Dichter. – Buchhändler und Antiquar in Basel (seit 1899), seit 1904 freier Schriftsteller; lebte, von Reisen durch Europa und Indien abgesehen, zurückgezogen am Bodensee und später im Tessin (seit 1923 schweizer. Staatsbürger); 1946 Nobelpreis für Literatur, 1955 Friedenspreis des Börsenvereins des Dt. Buchhandels. In seinem Erzählwerk geprägt von Goethe und Keller, begann H. als Neuromantiker mit stark autobiograph. Werken, die seine krisenhafte Entwicklung darstellen. Der Ggs. Geist–Leben (Natur) prägt sein literar. Schaffen. Beeindruckt von der ind. Philosophie, stellt er

Victor Franz Hess

Walter Hess

Hessen

Hermann Hesse

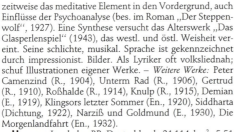

Hessen
Landeswappen

zeitweise das meditative Element in den Vordergrund, auch Einflüsse der Psychoanalyse (bes. im Roman „Der Steppenwolf", 1927). Eine Synthese versucht das Alterswerk „Das Glasperlenspiel" (1943), das westl. und östl. Weisheit vereint. Seine schlichte, musikal. Sprache ist gekennzeichnet durch impressionist. Bilder. Als Lyriker oft volksliednah; schuf Illustrationen eigener Werke. – *Weitere Werke:* Peter Camenzind (R., 1904), Unterm Rad (R., 1906), Gertrud (R., 1910), Roßhalde (R., 1914), Knulp (R., 1915), Demian (E., 1919), Klingsors letzter Sommer (En., 1920), Siddharta (Dichtung, 1922), Narziß und Goldmund (E., 1930), Die Morgenlandfahrt (En., 1932).

Hessen, Land der BR Deutschland, 21 114 km², 5,51 Mill. E (1990), Landeshauptstadt Wiesbaden. H. grenzt im NW an NRW, im NO an Nds., im O an Thür. und Bay., im S an Bad.-Württ., im SW an Rhld.-Pf., im W an Rhld.-Pf. und Nordrhein-Westfalen.
Landesnatur: Der größte Teil des durch Senken und Becken stark gekammerten Landes liegt im Bereich der dt. Mittelgebirgsschwelle. Mit Taunus, Hohem Westerwald, Gladenbacher Bergland und Kellerwald gehört der W zum Block des Rhein. Schiefergebirges. Nach O und NO schließt das Hess. Bergland an. Der Vogelsberg ist das flächenmäßig größte zusammenhängende Gebiet vulkan. Gesteine in Europa. Die höchste Erhebung ist mit 950 m die Wasserkuppe in der Rhön. Im S hat H. Anteil am Oberrheingraben und seinen östl. Randgebieten (Odenwald, Untermainebene, Spessart). Er setzt sich als Hess. Senke nach N fort, deutlich ausgeprägt in der Wetterau. In H. verläuft die Wasserscheide zw. Rhein und Weser vom Kellerwald über den Vogelsberg zur Rhön. – Das Klima wird v. a. durch den Ggs. Beckengebiete/Bergland bestimmt. Die Becken sind wesentlich wärmer und niederschlagsärmer als die Gebirge. – An Bodenschätzen finden sich Braunkohlen in der Wetterau und bei Borken (Bez. Kassel), Kalisalze im Werratal und bei Fulda, Erdöl und -gas im Hess. Ried sowie zahlr. Mineralquellen.
Bevölkerung: Sie ist aus mehreren Stämmen hervorgegangen (Franken, Chatten, Thüringer), doch hat sich die frühneuzeitl. Territorialgliederung noch stärker ausgewirkt, u. a. in der Religionszugehörigkeit. Rd. 33 % sind Katholiken der Bistümer Fulda, Limburg, Mainz und Paderborn. Die meisten der rd. 50 % ev. Christen gehören zur Ev. Kirche in H. und Nassau und zur Ev. Kirche in Kurhessen-Waldeck. Rd. 30 % der Bev. leben im Rhein-Main-Ballungsraum, während der N nur um Kassel und Baunatal ein Ballungsgebiet aufweist. H. verfügt über vier Univ. (Marburg, Gießen, Frankfurt am Main, Kassel) und eine TH (Darmstadt), ferner bestehen eine Privatuniv. (seit 1989, European Business School) sowie Kunst- und Fachhochschulen.
Wirtschaft: 37 % der Gesamtfläche werden land- und forstwirtsch. genutzt. Ackerbau, bes. von Weizen und Zuckerrüben, dominiert in den Beckenlandschaften. Der Anteil an Dauergrünland ist bes. hoch in den Basaltlandschaften (Hoher Westerwald, Hohe Rhön, Hoher Vogelsberg). An Sonderkulturen ist im Rheingau und an der Bergstraße der Weinbau verbreitet, in der Wetterau Anbau von Gemüse und Rosen, im Vortaunus von Obst, um Witzenhausen Kirschen. 40,2 % der Fläche werden von Wald eingenommen. Die größte Ind.dichte besitzt des Rhein-Main-Gebiet mit chem., elektrotechn. Ind., Maschinen- und Kfz-Bau. Um Kassel sind Waggon-, Lokomotiv-, Kfz-Bau u. a. Ind.zweige vertreten. Textil- und Bekleidungsind. sind v. a. in Fulda von Bedeutung. In Mittel-H. mit Schwerpunkt Wetzlar herrschen feinmechan.-opt. Ind., Gießereien und metallverarbeitende Ind. vor. Offenbach ist Standort der Lederind., Darmstadt und Wiesbaden der chem. Industrie. H. besitzt Durchgangs- und Bindefunktion zw. N- und S-Deutschland, sein verkehrsgeograph. Mittelpunkt liegt im Rhein-Main-Gebiet mit bes. dichtem Autobahnnetz, mit dem internat. ✈ von Frankfurt am Main, das auch wichtiger Eisenbahnknotenpunkt ist. Weitere bed. Eisenbahnknotenpunkte sind Kassel und Gießen. Neben Rhein und Main sind auch Weser und z. T. Fulda und Lahn schiffbar. Wichtigster Hafen ist Frankfurt am Main.
Geschichte: In der Frühzeit Gau der Chatten, seit dem 6. Jh. in fränk. Machtbereich einbezogen, im Ostfränk.-Dt. Reich starker Einfluß der Krone. Unter den ludowing. Grafen (1122–1247; seit 1130 Landgrafen von Thüringen) Kämpfe mit dem Mainzer Erzstift. Der thüring.-hess. Erbfolgekrieg (1247–64) zw. den Wettinern und den thüring. Landgräfin Sophie (*1224, †1275) führte zur Trennung Thüringens von H., das an Sophies Sohn Heinrich I., das Kind, kam. 1292 Erhebung der neuen Landgft. zum Reichsft. Unter Philipp I., dem Großmütigen, entwickelte sich H. zu einer die dt. Geschichte wesentlich beeinflussenden Macht. Durch die Landesteilung nach seinem Tod 1567 entstanden die Linien **Hessen-Kassel, Hessen-Marburg** (1604 an H.-Kassel), **Hessen-Rheinfels** (1583 an H.-Darmstadt) und **Hessen-Darmstadt** (1622 Abspaltung von **Hessen-Homburg**). Im Dreißigjährigen Krieg stand H.-Darmstadt auf kaiserl. Seite, H.-Kassel als Mgl. der Union auf prot. Seite. Am Kriegsende kam Ober-H. (urspr. zu H.-Marburg) zu H.-Darmstadt. Die „große Landgräfin" Henriette Karoline machte 1765–74 den Darmstädter Hof zu einem geistigen Mittelpunkt Deutschlands. Durch den Reichsdeputationshauptschluß 1803 wurde H.-Kassel Kurfürstentum (Zugewinn der Mainzer Enklaven Naumburg, Fritzlar, Amöneburg und Neustadt) und wurde 1807 dem Kgr. Westfalen eingegliedert. H.-Darmstadt dagegen konnte sein Gebiet 1803 und 1806 (Beitritt zum Rheinbund) als Großhzgt. erheblich vergrößern (v. a. um das Hzgt. Westfalen [bis 1815] und kurmainz. Lande).

Hessen. Verwaltungsgliederung

In dem im Zuge des Zusammenbruchs des Napoleon. Frankreichs wiederhergestellten **Kurhessen** kam es zu Auseinandersetzungen zw. dem Kurfürsten und (seit 1832) dem Min. H. D. Hassenpflug auf der einen und den Landtagen auf der anderen Seite um die erst 1831 verkündete liberale Verfassung. Nach Bildung einer liberalen Reg. 1848/49 wurde 1850 (Rückkehr Hassenpflugs) der reaktionäre Kurs fortgesetzt. Die Verfassungskämpfe gingen unter ständigen Eingriffen Preußens und des B.tages (1852 Besetzung H.) weiter, auch als die Verfassung von 1831 wiederhergestellt wurde. Als im Dt. Krieg 1866 Preußen von H. Neutralität verlangte, der Kurfürst sich aber auf die Seite Österreichs stellte, wurde er verbannt und H. Preußen einverleibt, das aus Kur-H., Nassau, Frankfurt am Main, H.-Homburg und Teilen des Groß-Hzgt. H. 1868 die Prov. **Hessen-Nassau** bildete (Reg.-Bez. Wiesbaden und Kassel).
Im **Großherzogtum Hessen** (bestehend aus den Prov. Oberhessen [nördlich des Mains], Starkenburg [zw. Rhein und Main] und Rheinhessen [linksrheinisch]) wurde 1820 eine Repräsentativverfassung eingeführt (Zweikammersystem, indirektes Zensuswahlrecht). 1848–50 umfassende liberale Reformen, 1850–71 reaktionäres Regiment des Min. C. F. R. Dalwigk. 1866 bei der unterlegenen Partei des Dt. Kriegs, trat die Großhzgt. 1867 nur mit Oberhessen dem Norddt. Bund bei, seit 1871 gehörte es zum Dt. Reich. 1918/19 wurde H. **Volksstaat** unter sozialdemokratisch geführter Reg., doch stellten frz. Besetzungen auch rechtsrhein. Gebietsteile und die zweimalige Proklamation der separatist. Rhein. Republik (1919/23) schwere Belastungen dar. 1933 nat.-soz. Gleichschaltung.
1945 Bildung des **Landes Hessen** aus den zur amerikan. Besatzungszone gehörenden Teilen von H. (somit ohne Rheinhessen) und dem größten Teil von H.-Nassau. Stärkste Partei im Landtag wurde bis 1982 stets die SPD, die nach der Allparteienreg. unter dem parteilosen Min.präs. K. Geiler 1945–47 immer in der Reg.chef stellte: C. Stock (1947–50; SPD-CDU-Koalition), G. A. Zinn (1950–69, 1954–66 als SPD-GB/BHE- bzw. SPD-GDP-Koalition), A. Osswald (1969–76; 1970–76 SPD-FDP-Koalition), H. Börner (1976–82; SPD-FDP-Koalition, 1982–84 geschäftsführend). Danach regierte Börner auf der Grundlage eines „Tolerierungsbündnisses" von SPD und Grünen (seit 1982 im Landtag), im Okt. 1985 einigten sich beide Parteien auf eine Koalition, die jedoch im Febr. 1987 an energiepolit. Differenzen zerbrach. Nach Neuwahlen im April 1987 bildeten CDU und FDP eine Koalition unter W. Wallmann (CDU). Nach den Wahlen vom Jan. 1991 kam es unter H. Eichel erneut zur Bildung einer Koalitionsreg. von SPD und Grünen.
Verfassung: Die Verfassung des Landes H. stammt vom 1. 12. 1946 (bei späteren Änderungen). Wichtigstes Organ der Gesetzgebung ist der nach modifiziertem Verhältniswahlrecht auf 4 Jahre gewählte Landtag, der den Min.präs. zum Leiter der Landesreg. wählt. Durch Volksbegehren und Volksentscheid kann die Bev. direkt an der Gesetzgebung teilnehmen. Jede Verfassungsänderung muß durch Volksentscheid gebilligt werden.
Hessen-Darmstadt ↑ Hessen, Geschichte.
Hessen-Homburg ↑ Hessen, Geschichte.
Hessen-Kassel ↑ Hessen, Geschichte.
Hessen-Marburg ↑ Hessen, Geschichte.
Hessen-Nassau ↑ Hessen, Geschichte.
Hessenthal, Teil der Gemeinde Mespelbrunn, 11 km sö. von Aschaffenburg, Bay. Seit dem späten 13. Jh. Wallfahrtsort. – Spätgot. Wallfahrtskapelle (1454), spätgot. Wallfahrtskirche (1439 ff.), zugleich Grablege der Echter von Mespelbrunn, und moderne Wallfahrtskirche von H. Schädel (1954/55) anstelle der alten Kreuzkapelle von 1618, mit Kreuzigungsgruppe von H. Backoffen (1519) und Beweinungsgruppe von T. Riemenschneider (um 1490).
Heß-Gesetz [nach dem russ. Chemiker G. H. Hess, *1802, †1850] (Gesetz der konstanten Wärmesummen), Gesetzmäßigkeit, wonach die von einem chem. System aufgenommene oder abgegebene Wärmemenge unabhängig vom Weg der Reaktion ist.

Verwaltungsgliederung (Stand: 1990)		
Kreisfreie Stadt/ Landkreis	Fläche (km²)	E (in 1000)
Regierungsbezirk Darmstadt		
Kreisfreie Städte		
Darmstadt	122	137,5
Frankfurt am Main	248	635,2
Offenbach am Main	45	114,0
Wiesbaden	204	256,9
Landkreise		
Bergstraße	719	245,9
Darmstadt-Dieburg	658	257,1
Groß-Gerau	453	231,8
Hochtaunuskreis	482	209,9
Main-Kinzig-Kreis	1397	368,2
Main-Taunus-Kreis	222	205,2
Odenwaldkreis	624	89,4
Offenbach	356	312,4
Rheingau-Taunus-Kreis	811	168,8
Wetteraukreis	1101	259,2
Regierungsbezirk Gießen		
Landkreise		
Gießen	855	234,2
Lahn-Dill-Kreis	1067	243,0
Limburg-Weilburg	738	155,7
Marburg-Biedenkopf	1262	237,4
Vogelsbergkreis	1459	111,1
Regierungsbezirk Kassel		
Kreisfreie Stadt		
Kassel	107	191,6
Landkreise		
Fulda	1380	193,7
Hersfeld-Rotenburg	1097	127,1
Kassel	1293	227,0
Schwalm-Eder-Kreis	1538	180,0
Waldeck-Frankenberg	1849	153,7
Werra-Meißner-Kreis	1025	114,5

Hessisch ↑ deutsche Mundarten.
Hessischer Rundfunk ↑ Rundfunkanstalten (Übersicht).
Hessisches Bergland, Teil der dt. Mittelgebirgsschwelle zw. Rhein. Schiefergebirge und Thüringer Wald.
Hessische Senke, Grabenzone in der dt. Mittelgebirgsschwelle, umfaßt den Übergang vom Oberrheingraben (u. a. Wetterau), das Hess. Bergland, das Weserbergland und das Niedersächs. Bergland.
Hessisches Ried, Landschaft im nördl. Teil des Oberrhein. Tieflands, zw. Rhein und Odenwald, 80–100 m ü. d. M. Erdölförderung.
Hessisch Lichtenau, hess. Stadt 20 km sö. von Kassel, 381 m ü. d. M., 13 300 E. Textil-, Kunststoff-, Holzind. – Ende 13. Jh. entstand durch Zusammenlegung mehrerer Dörfer Lichtenau. Seit 1889 heutiger Name.
Hessus, Helius Eobanus, eigtl. Eoban Koch, *Halgehausen bei Frankenberg-Eder 6. Jan. 1488, †Marburg a. d. Lahn 4. Okt. 1540, dt. Humanist und nlat. Dichter. – Gehörte dem Erfurter Humanistenkreis an; Gelegenheitsgedichte, Eklogen und Briefe (nach den „Heroiden" Ovids hl. Frauen („Heroides christianae", 1514, erweitert 1532); übertrug die „Ilias" in lat. Sprache.
Hestia, bei den Griechen Personifikation und jungfräul. Göttin des hl. Herdfeuers. Schirmerin des häusl. Friedens, der Schutzflehenden und des Eides; große Bed. in der myst. und philosoph. Spekulation. Der H. entsprach bei den Römern ↑ Vesta.
Hesychasmus [zu griech. hēsychía „Ruhe"], Sonderform der ma. byzantin. Mystik, die in Grundzügen bis ins 6. Jh. (Johannes Hesychastes [†559]) zurückgeht, die man jedoch auf Symeon den neuen Theologen († 1022) zurückführt und die Gregorios Palamas theologisch begründete.

Helius Eobanus Hessus (Holzschnitt nach einer Silberstiftzeichnung von Albrecht Dürer, 1526)

Hesychios

Durch Konzentration, körperl. Übungen und ständige Wiederholung des ↑Jesusgebets wollte man zur Schau der göttl. Energien und des ↑Taborlichts kommen. Zentrum des urspr. bekämpften H. war der Athos.

Hesychios, griech. Lexikograph wahrscheinl. des 5. oder 6. Jh. aus Alexandria. – Verfasser eines alphabetisch angeordneten Wörterbuches, das eine wertvolle Quelle für die Kenntnis der griech. Dichtersprache und Mundarten ist.

Hetäre [zu griech. hetaíra, eigtl. „Gefährtin"], in der Antike im Unterschied zu den eigtl. Dirnen (griech. pórnai) Bez. für den Typ einer in mus. Künsten gebildeten Halbweltdame, die sozial anerkannt war. Bekannte H., die mit bed. Persönlichkeiten Umgang hatten, waren: Aspasia, Phryne, Thais, Theodora.

Hetärie [griech.], 1. altgriech. Bez. für einen Männerbund, auch für eine Gruppe innerhalb der Bürgerschaft mit festen polit. oder kult. Aufgaben; 2. seit Ende des 18. Jh. Geheimbünde mit dem Ziel der nat. Befreiung Griechenlands, v. a. die 1812 in Athen gegr. Hetairia Philomúsōn („H. der Musenfreunde") und die Hetairia Philikón („H. der Freunde"), 1814 in Odessa gegr., 1821 von den Osmanen vernichtend geschlagen.

hetero..., Hetero... [griech.], Bestimmungswort von Zusammensetzungen mit der Bed. „anders, fremd, ungleich, verschieden", z. B. heterogen.

Heterochromatin ↑Euchromatin.

heterodont [griech.] (anisodont), aus verschiedenartigen Zähnen gebildet, z. B. besitzen der Mensch und die Säugetiere ein heterodontes Gebiß (Schneide-, Eck- und Backenzähne).

heterodox [griech.], abweichend von der offiziellen Lehre, Ggs. zu orthodox.

heterogametisch [griech.] (digametisch), unterschiedl. Gameten bildend; für das Geschlecht (bei Säugetieren und bei Menschen das ♂), das zweierlei Gameten ausbildet, solche mit dem X- und andere mit dem Y-Chromosom, das also die XY-Chromosomenkombination in seinen Körperzellen aufweist. Das Geschlecht, bei dem gleichartige Keimzellen entstehen, ist **homogametisch**.

Heterogamie [griech.], (Anisogamie) Befruchtungsvorgang zw. morphologisch unterschiedl. Gameten. – Ggs. Isogamie.

▷ Bez. für die Ungleichheit der Partner v. a. hinsichtlich sozialer Herkunft und kultureller Prägung bei der Gattenwahl. – Ggs. **Homogamie**.

heterogen, nicht gleichartig (z. B. im inneren Aufbau).

Heterogonie [griech.] (zykl. Jungfernzeugung), Wechsel zw. einer oder mehreren durch Jungfernzeugung entstandenen Generationen und einer oder mehreren bisexuellen Generationen; z. B. bei Blattläusen.

heterograph, orthographisch verschieden geschrieben, bes. bei gleichlautender (homophoner) Aussprache; z. B. Log [lɔk], Lok [lɔk].

Heterolyse [griech.], Auflösung, Zerstörung bzw. Abbau von Zellen oder organ. Stoffen (bes. Eiweiß) durch körperfremde Stoffe oder organfremde Enzyme.

Heteromorphie (Heteromorphismus) [griech.], bei manchen Kristallarten auftretende Unstimmigkeit zw. der Symmetrie der tatsächlichen äußeren Kristallgestalt und der auf Grund ihrer Kristallstruktur zu erwartenden äußeren Symmetrie.

heteronom [griech.], ungleichwertig; von der Gliederung des Körpers bei Tieren (z. B. Insekten) gesagt, deren einzelne Körperabschnitte (Segmente) unterschiedlich gebaut und daher ungleichwertig sind. – Ggs. homonom.

Heteronyme [griech.], in der Sprachwissenschaft Bez. für Wörter, die von verschiedenen Wurzeln (Stämmen) gebildet sind, obwohl sie bedeutungsmäßig eng zusammengehören, z. B. *Bruder* und *Schwester* gegenüber griech. *adelphós* (Bruder) und *adelphḗ* (Schwester).

heterophon [griech.], verschiedenlautend, bes. bei gleicher (homographer) Schreibung; z. B. Schoß [ʃoːs] (Mitte des Leibes) gegenüber Schoß [ʃɔs] (junger Trieb).

Heterophonie [griech.], Bez. für eine Musizierpraxis, bei der zu einer gesungenen oder gespielten Melodie eine (oft instrumental ausgeführte) umspielende und ausschmückende Begleitung tritt; v. a. in der außereurop. Musik. – ↑Homophonie, ↑Polyphonie.

Heterophorie [griech.] ↑Schielen.

Heterophyllie [griech.], in der Botanik Bez. für das Vorkommen unterschiedlich gestalteter Laubblätter an einer Pflanze.

heteroplasmonisch [griech.], aus der Kombination genetisch unterschiedl. ↑Plasmone hervorgegangen; von Zellen oder Lebewesen.

heteropolare Bindung, svw. Ionenbindung (↑chemische Bindung).

Heterosexualität, auf einen gegengeschlechtl. Partner gerichtete Sexualität; Ggs. ↑Homosexualität.

Heterosomen [griech.] ↑Chromosomen.

Heterosphäre, der obere Bereich der Atmosphäre ab etwa 120 km Höhe.

Heterosporen, der Größe und dem Geschlecht nach ungleich differenzierte Sporen (meist als Mikro- und Makrosporen); z. B. bei Farnen.

Heterostraken (Heterostraci) [griech.], ausgestorbene Ordnung fischähnl. Wirbeltiere (Gruppe Kieferlose) mit rd. 20 bekannten Gatt. vom Oberen Kambrium bis zum Mitteldevon; älteste bekannte Wirbeltiere mit 10–25 cm langem Körper und großem, durch Skelettplatten gepanzertem Kopf und Vorderkörper.

heterosyllabisch [griech.], zwei verschiedenen Silben angehörend, z. B. *e* und *u* in *beurteilen*. – Ggs. homosyllabisch.

heterotroph, in der Ernährung ganz oder teilweise auf die Körpersubstanz oder die Stoffwechselprodukte anderer Organismen angewiesen; bei vielen Lebewesen, z. B. allen Tieren sowie einigen höheren Pflanzen und der Mehrzahl der Pilze und Bakterien; Ggs. ↑autotroph. – ↑allotroph.

Heterovakzine (Fremdimpfstoffe), Vakzine, die im Unterschied zu den ↑Autovakzinen nicht vom Patienten selbst (als dem Impfling) stammen, sondern von einem anderen Lebewesen gewonnen werden.

Heterophyllie beim Wasserhahnenfuß. L Luftblätter; W Wasserblätter

Hethitische Kunst. Weibliche Statuette aus Silber, Kopf mit Goldüberzug, 2000 v. Chr. (Ankara, Archäologisches Museum)

Hethitische Kunst. Schnabelkanne aus Kültepe, Ton, 18. Jh. v. Chr. (Ankara, Archäologisches Museum)

Heterozygotie [griech.] (Mischerbigkeit, Ungleicherbigkeit), die Erscheinung, daß ein diploides oder polyploides Lebewesen in bezug auf wenigstens ein Merkmal ungleiche Anlagen besitzt bzw. daß eine befruchtete Eizelle (Zygote) oder ein daraus hervorgegangenes Lebewesen und dessen Körperzellen aus der Vereinigung zweier Keimzellen entstanden sind, deren homologe Chromosomen in bezug auf die Art der sich entsprechenden Gene bzw. Allele oder in bezug auf die Zahl oder Anordnung der Gene Unterschiede aufweisen. – Ggs. ↑Homozygotie.

Hethitische Kunst. König Warpalawas vor dem Wettergott, späthethitisches Relief aus der Nähe von Ivriz, um 730 v. Chr.

Hethiter [nach hebr. Chittim, vom Landesnamen Chatti abgeleitet] (ägypt. Ḫt'), Volk unbekannter Herkunft mit indogerman. Sprache, das im 2. Jt. v. Chr. im östl. Kleinasien das Reich Hatti gründete. Die H. waren seit dem 19. Jh. v. Chr. in Kappadokien ansässig und errangen allmählich die Oberherrschaft über die lokalen protohethit. Fürstentümer Anatoliens. Die spätere histor. Tradition weiß vom Eroberungszug eines H.königs Anitta nach der Stadt Hattusa (↑Boğazkale), die im 16. Jh. Hauptstadt der H. wurde. Hattusili I. (⚭ etwa 1590–60) und Mursili I. (⚭ etwa 1560–31) konnten das Reichsgebiet beträchtlich ausdehnen (sog. *Altes Reich*). Dynast. Wirren reduzierten das Reich auf sein anatol. Kerngebiet. Suppiluliuma I. (⚭ etwa 1370–35) schuf das sog. *Neue Reich* der H., indem er sich nach Sicherung der N-Grenzen v. a. in N-Syrien gegen die Churriter durchsetzte und damit die Anerkennung des H.reiches als Großmacht neben Ägypten und Babylonien errang. Unter Muwatalli (⚭ etwa 1295–82) brach der bisher vermiedene Konflikt mit Ägypten offen aus. Die Schlacht von Kadesch 1285 brachte den H. keinen klaren Sieg. Hattusili III. (⚭ etwa 1275–50) kam im Friedensvertrag von 1270 mit Ramses II. von Ägypten zu einer festen Abgrenzung (etwa bei Homs) der beiderseitigen Machtsphären in N-Syrien. Der Druck des erstarkenden Assyrerreichs auf N-Mesopotamien und N-Syrien gefährdete die hethit. Macht, die gegen 1200 v. Chr. dem Ansturm der neuen Völkerbewegung aus dem W erlag. Der hethit. Staat war eine Monarchie mit feudalen Zügen. Neben Rechtsprechung, Verwaltung, militär. Führung und diplomat. Korrespondenz hatte der König v. a. kult. Aufgaben. Die Entscheidungsrechte des Adels schwanden im Lauf der Zeit zugunsten der Macht einer wachsenden Beamtenschaft.

Hethitisch, zu den anatol. Sprachen gehörende Sprache der Hethiter, älteste schriftlich überlieferte indogerman. Sprache, die in einer Form der älteren babylon. Keilschrift (Keilschrift-H.) geschrieben wurde (im Ggs. zum Hieroglyphen-H). Die große Mehrheit hethit. Texte entstammt dem 14./13. Jh. (sog. Jung-H.), während Originaltontafeln mit althethit. Schrift- und Wortformen (seit etwa 1600 v. Chr.) relativ selten erhalten sind.

hethitische Kunst, meist ungenaue Bez. für die gesamte Kunst Altanatoliens vom 3. Jt. v. Chr. bis zur Kunst späthethit. Fürstentümer N-Syriens am Anfang des 1. Jt. v. Chr. Der eigtl. Beitrag der Hethiter ist schwer zu fassen, sicher war der churrit. Einfluß sehr bed. neben mesopotam. und syr. Vorbildern und der einheim. altanatol. Tradition. Reste hethit. Baukunst sind v. a. aus ↑Boğazkale, dem alten Hattusa, erhalten, v. a. Reste der mächtigen Befestigungsmauern (13. Jh.). Die Grundrisse der Gebäude und Tempel waren unsymmetrisch. – Typisch für die Zeit der altassyr. Handelskolonien (19./18. Jh.) sind Schnabelkannen und tierförmige Trinkgefäße. Aus der Zeit des Neuen Reichs stammen weich gestaltete Steinreliefs. Neben den strengen Kompositionen z. B. der Götterzüge von Yazılıkaya zeigen etwa die Orthostatenreliefs am Tor von Alaca Hüyük eine sehr lebendige Darstellungsweise, die in den späthethit. Reliefs (u. a. aus Ivriz, Karatepe, Karkemisch [Karkamış], Malatya, Tall Halaf) erstarrte.

hethitische Literatur, erhalten sind Tontafeln aus königl. und Tempelarchiven der Hauptstadt Hattusa (↑Boğazkale). Neben religiösen Texten finden sich Dienstinstruktionen, Staatsverträge, eine Rechtssammlung sowie diplomat. Korrespondenz. In den hethit. Schreiberschulen wurden sumer.-akkad. Epen (z. B. das „Gilgamesch-Epos") überliefert. Neu und selbständig von den Hethitern entwickelt wurde die Geschichtsschreibung.

hethitische Religion, bezeichnend ist die Vorstellung von der Beseeltheit der gesamten Natur. Höchste Staatsgötter waren der protohatt. Wettergott Taru und seine Gemahlin, die Sonnengöttin von Arinna Wuruschemu, zugleich eine Unterweltsgottheit. Teilweise an ihre Stelle trat im Neuen Reich das churrit. Götterpaar Teschub-Chebat. Erst durch churrit.-babylon. Einfluß gewannen z. B. die Gestirngottheiten Sonne und Mond an Bed., ebenso die babylon.-assyr. Ischtar. Der König war als der oberste Priester Garant für das Gedeihen des Landes.

hethitisch-luwische Sprachen ↑anatolische Sprachen.

Hetian ↑Hotan.

Hetman [slaw., zu spätmittelhochdt. hauptmann „Hauptmann"], 1. in Polen und Litauen vom 15. Jh. bis 1792 Titel des vom König ernannten Oberbefehlshabers des Heeres (seit 1581 Groß-H., Feld-H. als Vertreter); 2. bei den Kosaken (v. a. am Dnjepr) urspr. der auf ein Jahr gewählte Anführer, 1572–1764 Titel (russ. **Ataman**) des frei gewählten Heerführers aller Kosaken.

Hethitische Religion. Der Wettergott Taru, Basaltrelief, 13./14 Jh. v. Chr. (Ankara, Archäologisches Museum)

Hethitische Kunst. Löwe am Löwentor von Hattusa in der Nähe von Boğazkale, 13. Jh. v. Chr.

Hettner, Alfred, *Dresden 6. Aug. 1859, †Heidelberg 31. Aug. 1941, dt. Geograph. – Prof. in Leipzig, Tübingen und Heidelberg. Forschungen zur Geomorphologie, Klimatologie, Länderkunde und Anthropogeographie.

Hettstedt

Heuke

Andreas Heusler

Theodor Heuss

Hettstedt, Krst. in Sa.-Anh., liegt am Rand des Unterharzes, nö. von Mansfeld, 150–180 m ü. d. M., 20 000 E. Bis 1990 Kupferschieferbergbau und Kupfererzverhüttung; das Rohrwalzwerk wurde 1991 stillgelegt und als Museum eingerichtet; Elektrogerätebau. – Seit 1046 bezeugt, seit 1283 als Stadt. Ende des 12. Jh. Beginn des Kupfererzbergbaus.

H., Landkr. in Sachsen-Anhalt.

Hetzjagd ↑ Jagdarten.

Heu [eigtl. „das zu Hauende"], in saftigem Zustand geschnittene Futterpflanzen, die an der Luft getrocknet werden. Nach Art der Zusammensetzung unterscheidet man z. B.: **Wiesenheu** aus Futtergräsern und Kräutern sowie **Kleeheu** aus Feldfutterpflanzen (der erste Schnitt wird als H. i. e. S. bezeichnet, der zweite Schnitt als **Grummet** [Grumt]).

Heubach, Stadt im Ostalbkreis, Bad.-Württ., am NW-Rand der Schwäb. Alb, 466 m ü. d. M., 8 900 E. Miederwerke, Werkzeugbau. – Ende des 13. Jh. urkundlich erwähnt, wurde H. im 14. Jh. Stadt.

Heubazillus [dt./spätlat.] (Bacillus subtilis), überall im Boden und auf sich zersetzendem Pflanzenmaterial verbreitete, aerobe, meist begeißelte, stäbchenförmige Bakterienart, die auf Heuaufgüssen dünne Kahmhäute bildet und bei der Selbsterwärmung von Heu, Dung und Kompost stark beteiligt ist.

Heuberg ↑ Großer Heuberg.

Heublumen, Gemisch aus Blüten, Samen und Pflanzenteilen verschiedener Gras- und Wiesenblumenarten; in der Volksmedizin für Bäder verwendet.

Heuchelberg, WSW–ONO-gerichteter Höhenrücken westlich des mittleren Neckar, zw. Zaber und Lein, Bad.-Württ., bis 332 m hoch; Weinbau.

Heuer [niederdt.], Arbeitslohn des Besatzungsmgl. eines Seeschiffes; sie wird nach Monaten berechnet. Anspruch auf H. entsteht mit Dienstantritt.

Heuerbaas ↑ Baas.

Heuerverhältnis, im SeemannsG vom 26. 7. 1957 geregeltes Arbeitsverhältnis zw. Reeder und Besatzungsmgl. eines Seeschiffes. Der wesentl. Inhalt des H. wird im **Heuerschein** niedergelegt. Das H. endet durch Zeitablauf oder nach Kündigung.

Heuet, svw. ↑ Heumonat.

Heufalter, Sammelbez. für meist kleinere, gelbl. bis bräunl., bes. Wiesenblumen besuchende Tagschmetterlinge (bes. Augenfalter); z. B. **Großer Heufalter** (Coenonympha tullia), **Kleiner Heufalter** (Coenonympha pamphilus) und ↑ Gelblinge.

Heufieber, svw. ↑ Heuschnupfen.

Heuke (Hoike) [frz.-niederl.], ärmelloser, glockenförmiger Umhang, urspr. knielanger Überwurf (14.–19. Jh.).

Heumonat (Heuet), alter dt. Name für den Juli als Monat der Heuernte.

Heuneburg, frühkelt. Befestigungsanlage am linken Donauufer bei Hundersingen, Gem. Herbertingen, Kr. Sigmaringen, Bad.-Württ., mit Ausbauphasen der Bronze- und Eisenzeit sowie des MA. Bes. gut erforscht ist der späthallstattzeitl. Fürstensitz (6. Jh. und 1. Hälfte 5. Jh. v. Chr.). Ausgrabungen 1950–79 weisen Befestigungen in Holz-Stein-Konstruktion nach, in der Bauphase IV Verwendung luftgetrockneter Lehmziegel; zahlr. Funde importierter griech. Keramik.

Heupferd ↑ Laubheuschrecken.

heureka! [griech. „ich hab's gefunden!"], angebl. Ausruf des griech. Mathematikers Archimedes bei der Entdeckung des hydrostat. Grundgesetzes (Auftriebsprinzip); daher freudiger Ausruf bei der Lösung eines schwierigen Problems.

Heuriger [zu östr. heurig „diesjährig"], in Österreich Bez. für den [neuen] Wein von Martini an (11. Nov.) bis zum nächsten Weinjahrgang.

Heuristik [zu griech. heurískein „finden, entdecken"], Erfinderkunst (lat. „ars inveniendi"), Lehre von den Verfahren, Probleme zu lösen, also für Sachverhalte empir. und nichtempir. Wissenschaften Beweise oder Widerlegungen zu finden. Die H. dient somit der Gewinnung von Erkenntnissen, nicht ihrer Begründung. Sie bedient sich dabei **heuristischer Prinzipien,** z. B. Variation der Problemstellung, Zerlegung in Teilprobleme, Entwicklung von Modellen und (Arbeits-)Hypothesen.

Heuscheuer, Gebirge der Sudeten, im Glatzer Bergland, ČR und Polen, bis 919 m hoch.

Heuschnupfen (Heufieber, Pollenallergie, Pollinosis), allerg. Erkrankung, die auf einer Überempfindlichkeit gegenüber der Eiweißkomponente von Pollen einzelner oder mehrerer Gräser- oder Baumarten beruht und daher meist im Frühjahr in Erscheinung tritt. Die Erkrankung beginnt plötzlich mit erhebl. Schwellung und Sekretabsonderung der Nasenschleimhaut, anfallartigem, heftigem Niesen, Jukken, Brennen und Tränen der Augen, in schweren Fällen auch einer Reizung der Bronchien mit Atemnot. – Behandlungserfolge verspricht man sich u. a. durch ↑ Desensibilisierung.

Heuschrecken [eigtl. „Heuspringer" (zu schrecken in der älteren Bed. „springen")] (Springschrecken, Schrecken, Saltatoria), mit über 10 000 Arten weltweit verbreitete Ordnung etwa 0,2–25 cm langer Insekten (davon über 80 Arten in M-Europa); meist pflanzenfressende Tiere mit beißenden Mundwerkzeugen; Hinterbeine meist zu Sprungbeinen umgebildet. – H. erzeugen zum Auffinden des Geschlechtspartners mit Hilfe von ↑ Stridulationsorganen Zirplaute. Man unterscheidet ↑ Feldheuschrecken (mit den als Pflanzenschädlingen bekannten ↑ Wanderheuschrecken), ↑ Laubheuschrecken, ↑ Grillen.

Heuschreckenkrebse (Fangschreckenkrebse, Maulfüßer, Maulfußkrebse, Squillidae), Fam. bis 33 cm langer Höherer Krebse mit rd. 170 Arten in allen Meeren.

Heusenstamm, hess. Stadt im südl. Vorortbereich von Offenbach am Main, 122 m ü. d. M., 18 000 E. Lederwarenherstellung. – 1211 erstmals erwähnt. – Barocke Pfarrkirche (1739–44), Renaissanceschloß (17. Jh.), ehem. Wasserburg (12. und 16. Jh.).

Heusinger, Adolf, * Holzminden 4. Aug. 1897, † Köln 30. Nov. 1982, dt. General. – 1931–44 im Generalstab des Heeres (1940–44 Chef der Operationsabteilung); nach dem 20. Juli 1944 vorübergehend inhaftiert, 1945–48 interniert; beriet (mit H. Speidel) ab 1950 B.kanzler Adenauer in militär. Fragen; 1957–61 Generalinspekteur, leitete 1961–64 den Ständigen Militärausschuß der NATO in Washington; plädierte für eine atomare Ausrüstung der Bundeswehr.

Heusler, Andreas, * Basel 10. Aug. 1865, † Arlesheim 20. Febr. 1940, schweizer. Germanist. – 1894 Prof. in Berlin, seit 1919 Prof. in Basel. Trat bes. mit Arbeiten zur Versswiss. und der Heldensagenforschung hervor. – *Werke:* Lied und Epos in german. Sagendichtung (1905), Die altgerman. Dichtung (1923), Dt. Versgeschichte (3 Bde., 1925–29).

Heusonde, Thermometer zur Temperaturmessung in Heustöcken, in denen während der Resttrocknung Selbstentzündung eintreten kann.

Heuß, Alfred, * Gautzsch (= Markkleeberg) 27. Juni 1909, dt. Althistoriker. – 1941 Prof. in Breslau, 1949 in Kiel, 1954 in Göttingen. Hauptarbeitsgebiete: griech. und röm. Geschichte; schrieb u. a. „Röm. Geschichte" (1960), „Barthold Georg Niebuhrs wiss. Anfänge" (1981).

Heuss, Theodor, * Brackenheim 31. Jan. 1884, † Stuttgart 12. Dez. 1963, dt. Politiker und Publizist. – Schloß sich früh dem Kreis um F. Naumann an. Nach und neben journalistisch-publizist. Tätigkeit 1920–33 Dozent an der Hochschule für Politik in Berlin. Trat 1903 der Freisinnigen Vereinigung (ab 1910 Fortschrittl. Volkspartei) bei, 1918 der DDP (ab 1930 Dt. Staatspartei); MdR 1924–28 und 1930–33. Nach der nat.-soz. Machtergreifung mußte er seine politisch-publizist. Tätigkeit einschränken. 1945/46 Kultusmin. der 1. Reg. von Württemberg-Baden; 1945–49 MdL für die Demokrat. Volkspartei; 1948 Vors. der FDP; im Parlamentar. Rat Vors. der FDP-Fraktion, übte großen Einfluß auf die Formulierungen des Grundgesetzes, v. a. der Präambel und des Grundrechtsteils aus. 1949 zum 1. Bundespräs. der BR Deutschland gewählt (Wiederwahl

1954). In seiner Amtszeit versuchte er bewußt, wieder an Traditionen Deutschlands vor 1933 anzuknüpfen. Das Schwergewicht seines innenpolit. Wirkens sah H. im Ausgleich der polit. Gegensätze. Seine Staatsbesuche trugen wesentlich zum wachsenden Ansehen der BR Deutschland bei. 1959 Friedenspreis des Börsenvereins des Dt. Buchhandels. – Der *Theodor-Heuss-Preis* wird seit 1965 alljährlich für „beispielhafte demokrat. Gesinnung" verliehen. – *Werke*: Hitlers Weg (1932), Friedrich Naumann (1937), Schattenbeschwörung (1947), 1848. Werk und Erbe (1948), Vorspiele des Lebens (1953), Erinnerungen 1905–1933 (hg. 1963), Die großen Reden (hg. 1965), Aufzeichnungen 1945–1947 (hg. 1966), Die Machtergreifung und das Ermächtigungsgesetz (hg. 1967).

Heuss-Knapp, Elly, * Straßburg 25. Jan. 1881, † Bonn 19. Juli 1952, dt. Sozial- und Kulturpolitikerin. – Tochter von G. F. Knapp, ∞ mit T. Heuss; 1946–49 württemberg.-bad. MdL (DVP/FDP); gründete 1950 das Müttergenesungswerk.

Heuven-Goedhart, Gerrit Jan van [niederl. 'hø:və 'xu:thart], * Bussum 19. März 1901, † Genf 8. Juli 1956, niederl. Journalist und Politiker. – 1944/45 Justizmin. der Exilreg. in London; leitete 1951–56 das Hochkommissariat der UN für Flüchtlingsfragen, das 1954 den Friedensnobelpreis erhielt.

Hevelius, Johannes, eigtl. Hewel, auch Havelke, Hevelke oder Hewel[c]ke, * Danzig 28. Jan. 1611, † ebd. 28. Jan. 1687, dt. Astronom. – Ratsherr von Danzig; richtete sich eine Privatsternwarte ein und war einer der besten beobachtenden Astronomen seiner Zeit; bed. seine Mondtopographien und die Darstellung der Zyklen von Sonnenflecken. 1661 bestimmte er erstmals bei einem Durchgang des Merkurs vor der Sonne dessen Größe.

Heveller (Stodoranen), slaw. Stamm an der mittleren Havel, dessen Fürsten im ersten Viertel des 10. Jh. über einen größeren Herrschaftsbereich zw. mittlerer Elbe und Oder verfügten; später schlossen sich die H. den Liutizen an. Ihr Zentralort war die Brandenburg.

Hevesy, George de, eigtl. György Hevesi [ungar. 'hɛvɛʃi], in Deutschland Georg Karl von H., * Budapest 1. Aug. 1885, † Freiburg im Breisgau 5. Juli 1966, ungar. Physikochemiker. – Prof. in Budapest, Freiburg im Breisgau, Kopenhagen und Stockholm. – H. legte 1913 mit F. A. Paneth die Grundlagen der Isotopenmarkierung (↑ Indikatormethode), 1923 mit D. Coster Entdeckung des Hafniums. 1935 Entwicklung der ↑ Aktivierungsanalyse. Erhielt 1943 den Nobelpreis für Chemie.

Hewish, Antony [engl. 'hju:ɪʃ], * Fowey (Cornwall) 11. Mai 1924, brit. Astrophysiker. – Prof. für Radioastronomie in Cambridge; entdeckte 1967 die ↑ Pulsare; erhielt 1974 den Nobelpreis für Physik (zus. mit M. Ryle).

hexa..., Hexa..., hex..., Hex... [griech.], Bestimmungswort in Zusammensetzungen mit der Bed. „sechs".

Hexachloräthan (Perchloräthan), $CCl_3 - CCl_3$, farblose, in Wasser unlösl. organ. Verbindung von kampferartigem Geruch; wird bei der Herstellung von Nebelmunition, als Zusatz zu Mottenpulvern sowie als Weichmacher für Zelluloseester verwendet.

Hexachlorcyclohexan, Abk. HCH, in mehreren stereoisomeren Formen auftretender Chlorkohlenwasserstoff der chem. Zusammensetzung $C_6H_6Cl_6$; wirkt als Atmungs-, Fraß-, Kontaktgift tödlich auf die meisten Insektenarten. In der Landw. und im Gartenbau kommt nur das γ-H. unter der Bez. **Lindan** zum Einsatz, das, verglichen mit den anderen Isomeren, leichter abbaubar ist. Chem. Strukturformel:

Hexachlorophen [griech.] geruchloses, phenol. Desinfektionsmittel, das in hoher Verdünnung (1:2 500 000) das Wachstum von Bakterien und Pilzen hemmt, indem es ihre Zellmembran schädigt; v. a. in medizin. Seifen verwendet.

Hexachord [griech.] (lat. Hexachordum), in der ma. Musiktheorie von Guido von Arezzo erstmals beschriebene Sechstonskala mit der Intervallfolge Ganzton–Ganzton–Halbton–Ganzton–Ganzton. Auf den Ausgangstönen c (Hexachordum naturale), f (Hexachordum molle) und g (Hexachordum durum) einsetzend und mit den Silben ut-re-mi-fa-sol-la benannt, wurde mit diesem System den Bedürfnissen der ma. Musikpraxis entsprechende Gliederung des Tonraums gewonnen (↑ Solmisation).

Hexadezimalsystem (Sedezimalsystem), in der Datenverarbeitung häufig angewandtes Zahlensystem mit der Basis 16 und den Ziffern 0 bis 9 und weiter den Buchstaben A bis F (entsprechen den Zahlen 10 bis 15 im Dezimalsystem). Der Dezimalzahl 9 387 z. B. entspricht im H. die Zahl

$$24 \text{AB} = 2 \cdot 16^3 + 4 \cdot 16^2 + 10 \cdot 16^1 + 11 \cdot 16^0.$$

Hexaeder [griech.], Sechsflächner, von sechs Vierecken begrenztes Polyeder.

Hexagon [griech.], Sechseck.

Hexagramm, sechsstrahliger Stern. – ↑ Davidstern.

Hexakisoktaeder [griech.], Achtundvierzigflächner, ein von 48 Dreiecken begrenztes Polyeder.

Hexakistetraeder [griech.], Vierundzwanzigflächner, ein von 24 Dreiecken begrenztes Polyeder.

Hexakorallen (Sechsstrahlige Korallen, Hexacorallia), Unterklasse der Blumentiere mit rd. 4 000 Arten; man unterscheidet fünf Ordnungen: Seerosen, Steinkorallen, Dörnchenkorallen, Zylinderrosen, Krustenanemonen.

Hexameter [griech., zu héx „sechs" und métron „Silben-, Versmaß"], antiker Vers, der sich aus sechs Metren (Daktylen [–◡◡] oder Spondeen [– –]) zusammensetzt; dabei ist das 5. Metrum meist ein Daktylus, das letzte Metrum stets ein Spondeus. Grundschema:

–◡◡|–◡◡|–◡◡|–◡◡|–◡◡|–x.

Der relativ freie Wechsel von Daktylen und Spondeen sowie eine Reihe von Zäsuren (zwei bis drei pro Vers) und „Brücken" (d. h. Stellen, an denen die Zäsur vermieden wird) machen den H. zu einem bewegl. und vielseitig verwendbaren Vers. – Der H. ist der Vers der homer. Epen. Seit Hesiod findet er sich auch im Lehrgedicht. Weiter ist er, in Verbindung mit dem ↑ Pentameter (eleg. ↑ Distichon) der Vers der Elegie und des Epigramms. – Die H.dichtung der hellenist. Zeit (Kallimachos) und der Spätantike (Nonnos) unterscheidet sich von der älteren („homer.") Praxis durch größere Strenge und Künstlichkeit des Versbaus. In die röm. Dichtung führte Ennius den H. ein. Die quantitierende mittellat. Dichtung kennt eine Sonderform des H. mit Zäsurreim, den sog. **leoninischen Hexameter**. Die ersten dt. H. stammen von S. von Birken. Den reimlosen akzentuierenden H. führten Gottsched und Klopstock in die dt. Dichtung ein; mit der Homer-Übersetzung von J. H. Voß und Goethes H.epen setzte er sich in der neuhochdt. Verskunst endgültig durch und wird bis in die jüngste Gegenwart immer wieder verwendet.

Hexamethylentetramin [Kw.] (Methenamin, Urotropin), $C_6H_{12}N_4$, eine heterocycl. Verbindung, die durch Kondensation von Formaldehyd mit Ammoniak gewonnen wird; Verwendung als Puffersubstanz, Vulkanisationsbeschleuniger, bei der Herstellung von Kunstharzen und Sprengstoffen (↑ Hexogen); in Form von Pulvern und Tabletten wird H. als Hartspiritus verwendet. In der Medizin diente H. früher zur Behandlung bakterieller Infektionen der Harnwege. Chem. Strukturformel:

Hexane [griech.], zu den Alkanen zählende aliphat. Kohlenwasserstoffe der Summenformel C_6H_{14}. Die H. sind farblose, leicht entzündl. Flüssigkeiten; sie sind die wesentl. Bestandteile des Petroläthers.

Elly Heuss-Knapp

George de Hevesy

Antony Hewish

Hexateuch

Hexenkraut.
Gemeines Hexenkraut

Hexenröhrling.
Netzstieliger
Hexenröhrling

Hexateuch [griech.], Bez. für die fünf Bücher Mose (Pentateuch) und das Buch Josua. Die Auffassung, daß ihnen die gleichen literar. Quellen zugrunde liegen, ist in der Forschung umstritten.

Hexe [zu althochdt. hagzissa, urspr. „sich auf Zäunen oder Hecken aufhaltendes dämon. Wesen"], dem Volksglauben nach zauberkundige Frau mit magisch-schädigenden Kräften. H. sind auch vor- und nichtchristl. Religionen bekannt. In Märchen und Sage erscheinen sie rothaarig, bucklig, dürr, bewarzt, mit krummer Nase, Kopftuch, Stock und Katze. Der H.begriff des MA resultiert aus der Verbindung urspr. nicht zusammengehörender Elemente des Zauber- und Aberglaubens (Luftflug, Schadenzauber) mit der christl. Dämonologie (bes. Lehre vom Dämonenpakt von Augustinus und Thomas von Aquin) und Straftatbeständen der Ketzerinquisition.

Der ausgesprochene **Hexenwahn** vom 14. bis zum 17. Jh. ist ein sozialpsych. Phänomen des Spät-MA. Der Umbruch der geistigen, religiösen und polit. Verhältnisse brachte Unsicherheiten aller Art mit sich, und die Menschen, bes. M-Europas, sahen die Teufelsherrschaft der erwarteten Endzeit anbrechen. Auf dem Hintergrund ihrer frauenfeindl. Positionen hatte die Scholastik unter Rückgriff auf antike Vorstellungen und jüd. Mythologie (Inkubus, Sukkubus) die Ankläger. These von der „Teufelsbuhlschaft" von Frauen entwickelt. Der vom Sachsenspiegel auf Zauberei erkannte Feuertod fand auf **Hexerei** („maleficium") Anwendung und setzte sich als Strafform in der späteren Gesetzgebung durch. Auf der Basis des pseudowiss. untermauerten Dämonen- und Zauberglaubens sowie in Verbindung mit der Ketzerbekämpfung erfolgten etwa 1450 bis 1750 zunächst nur im christl. W-Europa, später – ausgebreitet durch Reformation und Gegenreformation – auch in anderen Gebieten großangelegte und systematisch betriebene **Hexenverfolgungen** bes. von sozial unangepaßten Frauen. Grundlage für das unmenschl., grausame Vorgehen wurde der nach einer H.bulle von Innozenz VIII. (1484) von päpstl. Inquisitoren (den beiden Dominikanern H. Institoris und J. Sprenger) verfaßte **Hexenhammer** („Malleus maleficarum", 1487), in dem als für die Gerichtspraxis maßgebl. Gesetzbuch die verschiedenen Formen des H.glaubens und der Zaubereidelikte zusammengefaßt sind. Als verfahrensrechtl. Neuerungen wurden eingeführt die Denunziation anstelle der Anklage und im Beweisverfahren die Anwendung der Folter und **Hexenprobe** (als Mittel zur Erkennung von H.). Unter den Juristen des 16. und 17. Jh. hatte der H.wahn, der Zehntausende von Frauen das Leben kostete, einflußreiche Förderer gefunden. Ihren Höhepunkt erreichten die **Hexenprozesse** (immer mehr in der Zuständigkeit der weltl. Gerichtsbarkeit) zw. 1590 und 1630; die bekanntesten Opfer sind Jeanne d'Arc (1431 in Rouen verbrannt) und A. Bernauer (1435 in Straubing ertränkt); Anna Göldi (* 1740), die „letzte H. Europas", wurde 1782 in Glarus geköpft. Seit Mitte des 16. Jh. führte der von Männern verschiedener Glaubensrichtungen, insbes. J. Weyer, A. von Tanner, F. von Spee, B. Becker und C. Thomasius, geführte Kampf gegen den H.wahn zur allmähl. Einstellung der H.prozesse. Der H.glaube ist jedoch bis in die Gegenwart nicht ausgestorben.

Eine moderne, magisch-okkultist. **Hexenbewegung** ist seit Mitte der 1930er Jahre in England und später auch in Kalifornien stark verbreitet (sog. **Wiccakult**). Seit den 80er Jahren findet sich die Wiederbelebung okkulter Praktiken als Modephänomen, in der neuen Frauenbewegung ein bewußter Bezug auf H. als Symbole für Unterdrückung und Widerstand von Frauen.

In der bildenden Kunst war die H. v. a. vom späten 15. Jh. an ein häufiges Motiv (H. Baldung, F. Goya), ebenso in vielen Dichtungen.

Hexenbesen (Donnerbüsche), besen- oder nestartige Mißbildungen, meist an Ästen zahlr. Laub- und Nadelbäume. Erreger sind meist Schlauchpilze aus der Gatt. Taphrina. Durch die Infektion wird ein Massenaustreiben von schlafenden oder zusätzlich gebildeten Knospen während der gesamten Vegetationsperiode ausgelöst, so daß nach allen Richtungen wachsenden Zweige eine charakterist. Besenform entstehen lassen.

Hexene [griech.], zu den Alkenen zählende aliphat. Kohlenwasserstoffe der chem. Summenformel C_6H_{12}.

Hexenhammer ↑ Hexe.

Hexenkraut (Circaea), Gatt. der Nachtkerzengewächse mit sieben Arten in den gemäßigten Gebieten der Nordhalbkugel; Stauden mit wechselständigen Blättern und kleinen, weißen Blüten in Trauben. In Deutschland u. a. das **Gemeine Hexenkraut** (Circaea lutetiana) in feuchten Laub- und Mischwäldern.

Hexenprobe ↑ Hexe.

Hexenprozeß ↑ Hexe.

Hexenring, volkstüml. Bez. für die kreisförmige Anordnung der Fruchtkörper bei einigen Ständerpilzarten (z. B. beim Champignon). Das von der Spore im Boden auswachsende Myzel breitet sich zunächst nach allen Seiten aus. Die älteren inneren Teile des Myzels sterben aus Nahrungsmangel bald ab, an der Peripherie wächst das Myzel jedoch weiter und bildet Fruchtkörper.

Hexenröhrling, Bez. für zwei Arten der Röhrlinge: **Flockenstieliger Hexenröhrling** (Boletus erythropus), Pilz mit 7–20 cm breitem, meist olivbraunem bis schwarzbraunem Hut; Röhren grüngelb bis rotgelb, Stiel geschuppt. **Netzstieliger Hexenröhrling** (Boletus luridus) mit olivgelbem bis bräunl. Hut; Röhren gelb bis gelbgrün; Stiel mit maschenförmigem Adernetz. Beide Arten sind roh giftig.

Hexensabbat, angebl. nächtl. Zusammenkünfte der Hexen auf Bergeshöhen, v. a. während der Walpurgisnacht (30. April), mit gemeinsamen Mählern, Tänzen, blasphem. Riten und orgiast. Promiskuität.

Hexenschuß (Lumbago), meist plötzlich auftretender heftiger Kreuz- oder Lendenschmerz mit nachfolgender Bewegungseinschränkung, Zwangshaltung, Muskelverhärtung, auch Empfindungsstörungen. Ursachen sind häufig Bandscheibenschäden bzw. krankhafte Veränderung der Lendenwirbelsäule.

Hexe von Endor ↑ Endor.

Hexine [griech.], zu den ↑Alkinen zählende ungesättigte aliphat. Kohlenwasserstoffe der Summenformel C_6H_{10}.

Hexite [griech.], kristalline, im Pflanzenreich weit verbreitete sechswertige Alkohole (Zuckeralkohole). Die wichtigsten natürl. H. sind Dulcit, Mannit und Sorbit.

Hexode [griech.], Elektronenröhre mit sechs Elektroden; eine Doppelsteuerröhre, die als Mischröhre verwendet wurde.

Hexe. Hexensabbat, Ausschnitt aus einem Gemälde von Francisco José de Goya y Lucientes, 1818/19 (Madrid, Prado)

Hexogen [griech.] ([Cyclo]trimethylentrinitramin, Cyclonit), auch unter der Bez. RDX oder T 4 bekannter hochbrisanter Sprengstoff. H. ist heute die wichtigste Komponente militär. Sprengstoffladungen. Chem. Strukturformel:

Hexosen [griech.], die wichtigste Gruppe der einfachen Zucker (Monosaccharide), chem. Summenformel $C_6H_{12}O_6$; u. a. Galaktose, Glucose, Mannose, Fructose.

Hey, Richard, *Bonn 15. Mai 1926, dt. Schriftsteller. – Autor von tragikom. Dramen (,,Thymian und Drachentod", 1956), experimentellen Hörspielen (,,Nachtprogramm", 1964) und erfolgreichen Kriminalromanen um die Kommissarin Ledermacher (,,Ein Mord am Lietzensee", 1973; ,,Feuer unter den Füßen", 1981). – *Weitere Werke:* Im Jahr 95 nach Hiroshima (R., 1982), Gipfelgespräch (Hsp., 1983).

Heydebrand und der Lasa (seit 1920 Lasa), Ernst von, *Golkowe bei Breslau 20. Febr. 1851, †Klein Tschunkawe bei Breslau 15. Nov. 1924, dt. Politiker. – Seit 1906 Führer der Dt.konservativen Partei (1888–1918 im preuß. Abg.haus, 1903–18 im Reichstag); steuerte einen Kurs militanter agrar. Interessenvertretung und aggressiver Außenpolitik, z. T. in scharfem Ggs. zu Reg. und Kaiser; seine ultrakonservative Haltung verhinderte notwendige Reformen.

Heydebreck O. S. (poln. Kędzierzyn), ehem. selbständige Stadt in Oberschlesien, Polen, Chemiekombinat. – 1975 mit ↑Cosel zur Stadt Kędzierzyn-Koźle vereinigt.

Hexenring

Heyden, Jan van der [niederl. ˈhɛidə], *Gorinchem 5. März 1637, †Amsterdam 28. März 1712, niederl. Maler. – Schuf Stadtansichten mit klarer Licht- und Schattenbehandlung.

Heydrich, Reinhard, *Halle/Saale 7. März 1904, †Prag 4. Juni 1942, dt. Politiker. – Baute als engster Mitarbeiter Himmlers den Sicherheitsdienst (SD) aus; wurde 1933 Chef der bayr. polit. Polizei. 1934 Leiter des Geheimen Staatspolizeiamtes in Berlin, 1936 ,,Chef der Sicherheitspolizei und des SD", 1939 Leiter des Reichssicherheitshauptamtes; maßgeblich beteiligt an den Morden im Zusammenhang mit dem Röhm-Putsch, bei der Krise um Blomberg und Fritsch sowie bei der Organisation der ↑Reichspogromnacht; 1941 zum SS-Obergruppenführer und General der Polizei ernannt, mit der Gesamtplanung für die ,,Endlösung der Judenfrage" beauftragt; 1941 stellv. Reichsprotektor von Böhmen und Mähren (unter Beibehaltung seiner anderen Ämter); bei einem von Exiltschechen organisierten Attentat getötet (↑Lidice); gehörte zu den skrupellosesten und gefürchtetsten Führern des Nationalsozialismus.

Heydt, August Frhr. von der (seit 1863), *Elberfeld (= Wuppertal) 15. Febr. 1801, †Berlin 13. Juni 1874, preuß. Bankier und Politiker. – Gehörte vor 1848 zu den Führern des rhein. Frühliberalismus; 1848–62 Min. für Handel, Gewerbe und öff. Arbeiten, 1862 und 1866–69 Finanzminister.

Heyerdahl, Thor, *Larvik 6. Okt. 1914, norweg. Zoologe und Ethnologe. – Fuhr 1947 auf einem Balsafloß (,,Kon-Tiki") in 97 Tagen von Callao über den Pazifik nach Tahiti, um seine (wiss. umstrittene) Thesen von der Herkunft der polynes. Kultur von Altperu nachzuweisen; 1955/56 Erforschung der Osterinsel; schrieb ,,Kon-Tiki" (1948); sein Versuch, seine Theorie von einer Herkunft der mittelamerikan. Kultur von Ägypten aus zu beweisen, scheiterte zunächst 1969 mit dem nach altägypt. Vorbild angefertigten Papyrusboot ,,Ra I", gelang aber 1970 nach einer 57tägigen Atlantiküberquerung von Safi nach Barbados mit ,,Ra II" (,,Expedition Ra", 1970). Mit dem Schilfrohrfloß ,,Tigris" segelte H. 1977/78 sechs Monate lang vom Südirak aus durch den Pers. Golf nach Dschibuti, um zu beweisen, daß die Sumerer ihre Kultur bis in die Regionen am Ind. Ozean brachten; 1983 entdeckte er Reste einer alten Hochkultur auf den Malediven (,,Fua Mulaku", 1986).

Heyl, Hedwig, *Bremen 3. Mai 1850, †Berlin 23. Jan. 1934, dt. Sozialpolitikerin. – Gründete 1884 die erste Koch- und Haushaltungsschule (später Pestalozzi-Fröbel-Haus des Berliner Vereins für Volkserziehung), 1890 die erste Gartenbauschule für Frauen; förderte Volkswohlfahrt und Frauenbewegung.

Heym, Georg, *Hirschberg i. Rsgb. 30. Okt. 1887, †Berlin 16. Jan. 1912 (ertrunken beim Eislaufen), dt. Lyriker. – Bed. Vertreter des Frühexpressionismus; Chaos und Grauen sowie dämonisch-apokalypt. Visionen prägen seine Dichtung; auch Dramatiker und Erzähler. – *Werke:* Der Athener Ausfahrt (Trag., 1907), Der ewige Tag (Ged., 1911), Umbra vitae (nachgelassene Ged., 1912), Der Dieb (Novellen, hg. 1913), Marathon (Sonette, hg. 1914, vollständig hg. 1956).

H., Stefan, eigtl. Helmut Flieg, *Chemnitz 10. April 1913, dt. Schriftsteller. – Während des NS u. a. in den USA; seit 1952 in der DDR; stark politisch orientierte histor. Romane in (anfangs) engl. und dt. Sprache. Werke, die kritisch die Entwicklung der DDR in der Verflechtung von persönl. Schicksalen mit den polit. Verhältnissen aufzeigen, z. B. ,,Fünf Tage im Juni" (1974; Darstellung der Ereignisse des 17. Juni 1953) oder ,,Collin" (1979; Entlarvung der stalinist. DDR-Vergangenheit mit ihrer Verdrängung), konnten nur in der BR Deutschland erstveröffentlicht werden. Verfaßte auch Lyrik, Schauspiele, Essays und Reportagen. Wurde 1979 aus dem Schriftstellerverband der DDR ausgeschlossen, im Nov. 1989 wieder aufgenommen.
Weitere Werke: Die Augen der Vernunft (R., dt. 1955), Der Fall Glasenapp (R., dt. 1958), Schatten und Licht (En., 1960), Die Papiere des Andreas Lenz (R., 1963, 1965 u. d. T. Lenz oder die Freiheit), Lassalle (R., dt. 1969), Der König David Bericht (R., dt. 1972), Ahasver (R., 1981), Schwarzenberg (R., 1984), Nachruf (Autobiographie, 1988), Auf Sand gebaut (Kurzgesch., 1990).

Heymans, Cornelius (Corneille) [Jean François] [niederl. ˈhɛimans], *Gent 28. März 1892, †Knocke 18. Juli 1968, belg. Physiologe. – Prof. in Gent, gleichzeitig Direktor des nach ihm ben. H.-Instituts für Pharmakologie; arbeitete hauptsächlich über die Atmungs- und Kreislaufregulation. Er entdeckte die Funktion des Karotissinusreflexes zur Stabilisierung des Blutdrucks und erhielt hierfür 1938 den Nobelpreis für Physiologie oder Medizin.

Heyn (Hein), Piet (Peter), eigtl. Pieter Pietersz., *Delfshaven (= Rotterdam) 15. Nov. 1577, ✕ vor Kap Dungeness 18. Juni 1629, niederl. Seeheld. – Seit 1623 als Vizeadmiral im Dienst der Westind. Kompanie; eroberte 1628 in der Bucht von Matanzas (Kuba) die span. Silberflotte und beutete rd. 12 Mill. Gulden.

Heyrovský, Jaroslav [tschech. ˈhɛjrɔfskiː], †Prag 20. Dez. 1890, †ebd. 27. März 1967, tschech. Physikochemi-

Reinhard Heydrich

Thor Heyerdahl

Georg Heym

Stefan Heym

Cornelius Heymans

Heyse

Jaroslav Heyrovsky

Paul Heyse

ker. – Erfand und entwickelte (um 1925) die ↑ Polarographie; 1959 Nobelpreis für Chemie.

Heyse, Paul von (seit 1910), *Berlin 15. März 1830, †München 2. April 1914, dt. Schriftsteller. – Mit Geibel Mittelpunkt des Münchner Dichterkreises; der klassisch-romant. Tradition verpflichtet, schuf er v. a. formal vollendete Übersetzungen und Novellen; auch Theoretiker der Novelle (Falkentheorie). 1910 Nobelpreis. – *Werke:* Novellen (1855; darin u. a.: L'Arrabbiata), Italien. Liederbuch (Übers., 1860), Neue Novellen (1862; darin u. a.: Andrea Delfin), Skizzenbuch (Ged., 1877), Troubadour-Novellen (1882), Gegen den Strom (R., 1907).

Heyting, Arend [niederländ. 'hɛitɪŋ], *Amsterdam 9. Mai 1898, †Lugano 9. Juli 1980, niederl. Mathematiker und Logiker. – Gilt als der eigtl. Begründer der formalisierten intuitionist. Logik.

Heyward, DuBose [engl. hɛɪwəd], *Charleston (S. C.) 31. Aug. 1885, †Tryon (N.C.) 16. Juni 1940, amerikan. Schriftsteller. – Hatte großen Erfolg mit dem Roman „Porgy" (1925); die Dramenversion, die H. zus. mit seiner Frau Dorothy (*1890, †1961) schrieb, war Grundlage für G. Gershwins Oper „Porgy and Bess" (1935).

Heywood, Thomas [engl. 'hɛɪwʊd], *in Lincolnshire um 1573, □London 16. Aug. 1641, engl. Dichter. – H. Familientragödien werden als Vorläufer des bürgerl. Trauerspiels angesehen.

Hf, chem. Symbol für ↑ Hafnium.

HF, Abk. für: ↑ Hochfrequenz.

hfl., Abk. für den niederl. ↑ Gulden.

Hg, chem. Symbol für ↑ Quecksilber (**H**ydr**arg**yrum).

HGB, Abk. für: ↑ **H**andels**g**esetz**b**uch.

HGÜ, Abk. für: ↑ **H**och**s**pannungs**g**leichstrom**ü**bertragung.

Hierapolis. Römisches Theater, um 200 n. Chr. erbaut

HHF, Abk. für: ↑ **H**öc**h**stfrequenz.

H-H-Reaktion, svw. ↑ Proton-Proton-Reaktion.

Hiatus [lat. „Öffnung, Schlund"], in der *Geologie* Bez. für eine infolge Sedimentationsunterbrechung entstandene Schichtlücke.

▷ in der *Sprach-* und *Verswissenschaft* Bez. für das Zusammenstoßen zweier Vokale an der Silbengrenze *(Lei-er)* oder Wortgrenze *(da aber)*. Seit M. Opitz ist zur grammat. Kennzeichnung des Vokalausfalls der Apostroph *(hab' ich)* üblich geworden.

Hibernation [lat.], svw. ↑ künstlicher Winterschlaf.

Hibernia [lat.], im Altertum Name für Irland.

Hibiscus [lat.] ↑ Eibisch.

Hickorybaum [...ri] (Hickorynußbaum, Carya), Gatt. der Walnußgewächse mit rd. 25 Arten im östl. N-Amerika und in China; meist 20–30 m hohe Bäume mit gefiederten Blättern, einhäusigen Blüten und glattschaligen Nüssen, deren Außenschale sich mit vier Klappen öffnet. Alle Arten liefern ein wertvolles, hartes, elast. Holz (**Hickory**). Einige Arten haben auch wegen der eßbaren Nüsse Bed., v. a. der

Hickorybaum. Kern mit Schale (oben) und Kern (unten) der Pekannuß

Pekannußbaum (Carya illinoensis), dessen hellbraune, süßschmeckende Samen als Pekannüsse bezeichnet werden.

Hicks [engl. hɪks], Edward, *Attleboro (= Langhorn, Pa.) 4. April 1780, †Newton (Pa.) 23. Aug. 1849, amerikan. Laienmaler. – Quäker-Wanderprediger. Schilderte das Leben der amerikan. Farmer; bekannt sind seine Tierbilder (als Paradiesbilder).

H., Sir (seit 1964) John Richard, *Warwick 8. April 1904, †Blockley (Gloucestershire) 20. Mai 1989, brit. Nationalökonom. – Lehrte in London, Cambridge, Manchester und seit 1952 in Oxford. Für seine bahnbrechenden Beiträge zur Theorie des allg. wirtsch. Gleichgewichts und zur Wohlfahrtstheorie erhielt er gemeinsam mit K. J. Arrow 1972 den sog. Nobelpreis für Wirtschaftswissenschaften. – *Werke:* Theory of wages (1932), Value and capital (1939), The social framework (1942), Capital and growth (1965).

hic Rhodus, hic salta [lat. „hier (ist) Rhodus, hier springe!"], nach der Fabel des Äsop Aufforderung, eine [prahler.] Behauptung sofort zu beweisen und sich nicht anderswo vollbrachter Leistungen zu rühmen.

Hidagebirge, N–S verlaufendes Gebirge mit aktiven Vulkanen auf Honshū, Japan; bis 3190 m hoch.

Hidalgo [span. iˈðalɣo], Staat im östl. Z-Mexiko, 20 813 km², 1,88 Mill. E (1990), Hauptstadt Pachuca de Soto. Den größten Teil nimmt die bis über 3 000 m hohe Sierra Madre Oriental ein. Bergbau auf verschiedene Erze (u. a. Silber, Gold).

Hidalgo [span. iˈðalɣo; zu hijo „Sohn" und de algo „von etwas"] (portugies. Fidalgo), 1. Bez. für Edelmann, 2. Titel des niederen span. Geburtsadels; Anredetitel Don oder Doña.

Hidalgo del Parral [span. iˈðalɣo ðɛl paˈrral], mex. Stadt 190 km ssö. von Chihuahua, 1 660 m ü. d. M., 58 000 E. Zentrum eines bed. Bergbaugebiets. – 1638 gegr.

Hiddensee, langgestreckte Ostseeinsel westlich von Rügen, Meckl.-Vorp., 18,6 km², im Dornbusch 72 m hoch; Teil des Nat.parks Vorpommersche Boddenlandschaft. Die Bev. lebt von Landw., Fischerei und Fremdenverkehr. Auf H. befinden sich mehrere wiss. Forschungsinst. und eine Vogelwarte. Im Seebad Kloster die Gerhart-Hauptmann-Gedächtnisstätte (sein ehem. Wohnhaus). Auf H. wurde ein Wikingergoldschatz gefunden (heute in Stralsund im Museum).

Hidradenitis [griech.], svw. ↑ Schweißdrüsenabszeß.

Hidrose (Hidrosis) [griech.], Schwitzen, die normale Schweißproduktion.

Hidrotika [griech.], svw. ↑ schweißtreibende Mittel.

Hidschra ↑ Hedschra.

Hiebe, Anordnung der schneidenden Kanten auf dem Blatt einer Feile.

Hiebsarten, Sammelbez. für die verschiedenen Formen des Holzeinschlags von Waldbeständen in der Forstwirtschaft. Die Grund-H. sind **Kahlhieb** *(Kahlschlag,* die völlige Abholzung einer größeren Fläche), **Schirmhieb** (Schirmschlag, der Altbestand wird durch mehrere sog. *Lichtungshiebe* allmählich entfernt) und **Plenterhieb** (nur Einzelstämme sowie kleinere Bestände werden geschlagen).

hier..., Hier... ↑ hiero..., Hiero...

Hierapolis [hi-e...; griech. ...hl. Stadt"], antike Stadt in Phrygien, nördlich von Denizli (W-Anatolien, Türkei), Zentrum des Kybelekultes; unter Eumenes II. von Pergamon um 190 v. Chr. gegr., seit 133 Teil der röm. Prov. Asia. 1334 n. Chr. aufgegeben. Von der UNESCO zum Weltkulturerbe erklärt. – Bed. Thermen, heute in Pamukkale genutzt.

H. ↑ Manbidsch.

Hierarchie [hi-e..., hi...; zu griech. hierarchía „Priesteramt" (zu hierós „heilig" und archein „der erste sein")], in der *Soziologie* Bez. für ein Herrschaftssystem von vertikal und horizontal festgefügten und nach Über- und Unterordnung gegliederten Rängen. In der idealtyp. H. sind alle Entscheidungsbefugnisse, Kommunikations- und Informationswege, Kompetenzen und Verantwortlichkeiten pyramidenhaft aufgebaut.

Hierro

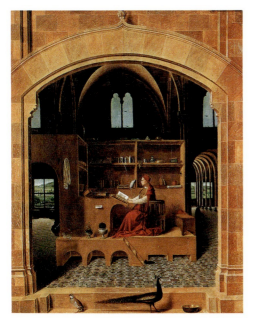

Hieronymus. Der heilige Hieronymus im Gehäuse, Gemälde von Antonello da Messina, um 1456 (London, National Gallery)

▷ in der *kath. Kirche* Bez. für die Gesamtheit derer, die nach der von Jesus Christus der Kirche gestifteten Ordnung hl. Vollmacht zur Repräsentation Jesu Christi und zum führenden Dienst besitzen sowie ihre Rangordnung und die institutionellen Stufen in diesem Ordnungsgefüge. Die H. gliedert sich in die Weihe-H. mit drei sakramentalen Stufen (Bischof, Priester, Diakon) und in die Ämter-H. mit Hauptstufen (Papst und Bischofskollegium) und von diesen abgeleiteten, allein auf kirchl. Einsetzung beruhenden Ämtern. – Auch die *orth.* und *oriental. Kirchen* kennen die Ämter-H. von Bischöfen, Priestern und Diakonen. – Die *luth. Reformation* vertrat theologisch die Identität von Pfarramt und altkirchl. Bischofsamt, doch gibt es hierarch. Ordnung im soziolog. Sinn in allen prot. Kirchen; auch die anglikan. Kirche hält an H. und apostol. Sukzession fest.

▷ in der *Technik* die Gliederung einer Anlage oder ihrer Aufgaben in Form einer festgelegten Rangordnung, z. B. Steuerungs- oder Rechnerhierarchie.

hieratische Schrift [hi-e-...; griech./dt.] ↑ ägyptische Schrift.

Hierl, Konstantin, *Parsberg 24. Febr. 1875, †Heidelberg 23. Sept. 1955, dt. Politiker. – Urspr. Offizier; trat 1927 der NSDAP bei; 1929 in der Reichsleitung der NSDAP; 1932 Beauftragter Hitlers für den Arbeitsdienst, ab 1933 Staatssekretär für den Arbeitsdienst, den er 1935 zum Reichsarbeitsdienst ausbaute und 1934–45 als Reichsarbeitsführer leitete; 1949 zu 5 Jahren Arbeitslager verurteilt.

hiero..., Hiero..., hier..., Hier... [hi-e-...; griech.], Wortbildungselement mit der Bed. „heilig", z. B. Hierarchie.

Hierodulen [hi-e-...; griech.], Bez. für die in altorientalischen und antiken Kulten im Sklavenstand von einer Gottheit abhängigen Personen, die als Diener (Priester, Prostituierte) oder Siedler vor Tempelland lebten.

Hieroglyphen [hi-e-..., hi...; zu griech. hieroglyphiká (grámmata) „heilige Schriftzeichen"], Schriftzeichen, die die Form von Bildern haben (↑ Bilderschrift), bes. in Ägypten üblich (↑ ägyptische Schrift). Auch einige andere Schriften werden als H. bezeichnet, u. a. die Schriften des Hieroglyphenhethitischen, der Harappakultur, der Mayakultur, der Osterinsel.

Hieroglyphenhethitisch [hi-e-..., hi...], anatol. Sprache; durch die Hethiter seit etwa 1500 v. Chr. in der Wort-Silben-Schrift der sog. hethit. Hieroglyphen überliefert.

Hierokratie [hi-e-...; griech.], Bez. für Priesterherrschaft; Wahrnehmung staatl. Herrschaftsfunktionen vorwiegend durch kirchl. Amtsträger (**Gottesstaat**), z. B. im Kirchenstaat und im Cäsaropapismus.

Hieron, Name zweier Tyrannen von Syrakus:

H. I., *um 540, †466, Tyrann von Gela (seit 485) und Syrakus (seit 478). – Gründete 475 Ätna (= Catania) auf Sizilien; durch Pindar gefeiert, an seinem Hofe hielten sich Simonides von Keos, Bakchylides und Aischylos auf.

H. II., *Syrakus 306, †ebd. 215, Tyrann von Syrakus (seit 275). – 269 zum König ausgerufen; trat im 1. Pun. Krieg auf die Seite Roms, dem er auch im 2. Pun. Krieg die Treue hielt.

Hieronymus, Sophronius Eusebius [hi-e-...], hl., *Stridon (Dalmatien) um 347, †Bethlehem 30. Sept. 420 (419 ?), lat. Kirchenvater und -lehrer. – Nach dem Studium in Rom lebte H. 375–378 als Einsiedler in der Wüste Chalcis (bei Aleppo). 382 erhielt er in Rom von Papst Damasus I. den Auftrag zur Neubearbeitung der lat. Bibel (↑ Vulgata). Seit 385 lebte er in Bethlehem, wo er ein Männer- und drei Frauenklöster leitete. H. zählt zu den bedeutendsten Gelehrten seiner Zeit, der neben der Vulgata viele wichtige theolog. und histor. Werke verfaßte und zahlr. griech. Werke ins Lateinische übersetzte. – Fest: 30. September.

Hieronymus [Joseph Franz de Paula] Graf von Colloredo-Waldsee [hi-e-...], *Wien 31. Mai 1732, †ebd. 20. Mai 1812, Fürsterzbischof von Salzburg (seit 1772). – H. war ein Vertreter des Staatskirchentums, ein überzeugter Verfechter des Febronianismus und maßgeblich beteiligt an der Emser Punktation.

Hieronymus [hi-e-...] (Jeronym) **von Prag,** *Prag 1360, †Konstanz 30. Mai 1416, tschech. Laientheologe. – H. wurde in Prag seit 1407 mit J. Hus Wortführer des Wyclifismus und entschiedener Gegner der Deutschen; auf dem Konstanzer Konzil zum Feuertod verurteilt.

Hierro [span. 'jɛrrɔ] (portugies. Ferro), westlichste der Kanar. Inseln, 278 km², im Mal Paso 1501 m hoch, Hauptort Valverde. – Durch das Westkap von H., **Kap Orchilla,** das schon in der Antike als westlichster Punkt der Alten

	Hieroglyphen					Hierogl. Buchschr.	Hieratisch			Demot.
v.Chr.	2900–2800	2700–2600	2000–1800	um 1500	500–100	um 1500	um 1900	um 1300	um 200	400–100
a										
b										
c										

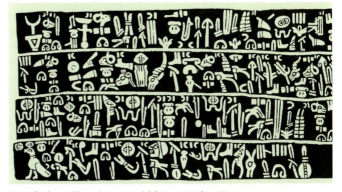

Hieroglyphen. Oben: Formenwandel bei ägyptischen Hieroglyphen: a drei Fuchsfelle, Lautwert ms; b Steinkrug mit Henkel, hnm; c Schreibgerät, bestehend aus Palette, Wassertöpfchen und Rohrbehälter, ss. Unten: hethitische Hieroglypheninschrift aus Karkemisch, etwa 9. Jh. v. Chr.

hieven

Welt galt, wurde 1634 der Nullmeridian (Nullmeridian von Ferro) gelegt, der erst 1884 vom Nullmeridian von Greenwich abgelöst wurde.

hieven [zu engl. to heave „heben"], seemänn. Ausdruck für: eine Last mittels einer Hebevorrichtung heben, auf- oder einziehen.

Hi-Fi [engl. 'haɪfaɪ, 'haɪfi], Abk. für engl.: ↑ High-Fidelity.

Hifthorn [zu frühneuhochdt. hift „Jagdruf mit dem Jagdhorn"] (Hüfthorn), ma. Signalhorn von Hirten, Wächtern, Kriegern und Jägern, urspr. aus einem Stierhorn, später aus Metall.

Higgs-Teilchen [nach dem brit. Physiker P. W. Higgs, * 1929], hypothet. Teilchen ohne Spin, die die von null verschiedene Ruhemasse der intermediären Bosonen und damit die kurze Reichweite der schwachen Wechselwirkung bedingen.

high [engl. 'haɪ], in euphor. Stimmung (nach dem Genuß von Rauschgift).

High Church [engl. 'haɪ 'tʃəːtʃ „hohe Kirche"] ↑ anglikanische Kirche.

High Court ['haɪ 'kɔːt] (H. C. of Justice [ɔv 'dʒʌstɪs]), in angelsächs. Ländern und Ländern mit angelsächsisch beeinflußten Rechtssystemen Berufungsinstanzgericht.

High-Fidelity [engl. 'haɪfɪ'dɛlɪtɪ „hohe (Wiedergabe)treue"], Abk. Hi-Fi, Bez. für eine Technik der Aufnahme und Wiedergabe von Schallereignissen, die höchsten Qualitätsansprüchen genügt.

Adolf von Hildebrand. Europa auf dem Stier, Detail des Wittelsbacher Brunnens in München, 1895 vollendet

High-key-Technik [engl. 'haɪkiː „hohe Tonart"], photograph. Positivtechnik, mit der hell in hell abgestufte Bilder ohne dunklere Tonwerte und Schwärzen erzielt werden.

Highland [engl. 'haɪlənd], Region in NW-Schottland.

Highlands [engl. 'haɪləndz], Bez. für das schott. Hochland nördlich der Linie Dumbarton–Stonehaven. Der von der O- zur W-Küste reichende, über 90 km lange tekton. Graben **Glen More**, der von einer Seenkette erfüllt ist (u. a. Loch Ness), trennt die North West H. im N von den Grampian Mountains im S. Die **North West Highlands** haben rd. 270 km N–S-Erstreckung. In den **Grampian Mountains** liegt der höchste Berg der Brit. Inseln (Ben Nevis, 1 343 m ü. d. M.).

Highlife ['haɪlaɪf; engl. „hohes Leben"], exklusives Leben reicher Gesellschaftsschichten; auch Bez. für Ausgelassenheit.

Highness [engl. 'haɪnɪs „Hoheit"], Titel, der bis Heinrich VIII. dem engl. König vorbehalten war; His [Her] **Royal Highness** ist heute Titel der brit. königl. Prinzen und Prinzessinnen.

High school [engl. 'haɪ ˌskuːl „hohe Schule"], in den USA Bez. der weiterführenden Schule, schließt an die 6. Klasse der Elementary school (Grundschule) an. Sie gliedert sich meist in eine je dreijährige Junior und Senior H. s. und führt i. d. R. nach sechs Jahren zur Hochschulreife.

Highsmith, Patricia [engl. 'haɪsmɪθ], * Fort Worth (Texas) 19. Jan. 1921, amerikan. Schriftstellerin. – Verf. aktionsarmer, psycholog. Kriminalromane, in denen sie das Ab- und Hintergründige der (bürgerl.) Existenz offenlegt; bed. v. a. die „Ripley"-Romane; auch Erzählungen.

High-Society [engl. 'haɪ səˈsaɪətɪ „hohe Gesellschaft"], Bez. für die gesellschaftlich nach „unten" relativ abgekapselte, gesellschaftl. Oberschicht.

High-Speed-Photographie [engl. 'haɪ 'spiːt], svw. ↑ Hochgeschwindigkeitsphotographie.

High-Tech [engl. 'haɪtɛk; Kw. aus engl. high technology], svw. Spitzentechnologie, Technologie, in der neueste Forschungsergebnisse angewandt und/oder neuentwickelte Verfahren, Materialien, Bauteile u. a. (insbes. aus dem Bereich der Mikro- und der Optoelektronik) eingesetzt werden.

Highway [engl. 'haɪweɪ „hoher Weg"], engl. Bez. für Haupt- oder Landstraße; amerikan. Bez. für Autobahn.

High Wycombe [engl. 'haɪ wɪkəm], südengl. Stadt in den Chiltern Hills, Gft. Buckingham, 60 500 E. Papier- und Möbelind., Präzisionsgerätebau, Druckereien. – 1086 erstmals erwähnt, seit König Heinrich II. (1154–89) Stadt.

Hiiumaa [hiːuma:], estn. Bez. der Ostseeinsel ↑ Dagö.

Hijacker [engl. 'haɪdʒɛkə „Straßenräuber"], Luftpirat, Flugzeugentführer.

Hikmet, Nazim (Nâzım Hikmet Ran), * Saloniki 20. Jan. 1902, † Moskau 3. Juni 1963, türk. Schriftsteller. – Mgl. der illegalen türk. KP; radikaler Erneuerer der türk. Lyrik; schrieb auch soziale Romane und Bühnenstücke, beeinflußt von Expressionismus, Dadaismus und von Majakowski. In dt. Übers. u. a. „Türk. Telegramme" (Ged., 1956), „Gedichte" (1959), „Legende von der Liebe", „Josef in Egyptenland" (Schauspiele, 1962).

Hilarion von Kiew ↑ Ilarion.

Hilarius von Poitiers, hl., * Poitiers um 315, † ebd. 367, Kirchenlehrer und Bischof von Poitiers (seit etwa 350). – Entschiedener Verteidiger des Glaubensbekenntnisses von Nizäa, trat mutig gegen den arian. Kaiser Konstantius auf. Sein theolog. Hauptwerk sind die 12 Bücher „Über die Dreifaltigkeit". H. ist bed. für das Bekanntwerden der Hymnodie in der abendländ. Kirche. – Fest: 13. Januar.

Hilbert, David, * Königsberg (Pr) 23. Jan. 1862, † Göttingen 14. Febr. 1943, dt. Mathematiker. – 1892–95 Prof. in Königsberg, dann in Göttingen. H. hat auf zahlr. Gebieten der Mathematik entscheidende Anstöße gegeben. Er arbeitete zunächst über die Invariantentheorie. Grundlegend war seine 1897 veröffentlichte „Theorie der algebraischen Zahlkörper", worin er die algebraische Zahlentheorie unter neuen Gesichtspunkten darstellte. Von weitreichendem Einfluß war die axiomat. Aufbau der Geometrie, den er in seinem berühmten Werk „Grundlagen der Geometrie" (1899) vorstellte. Bedeutende Beiträge zur Analysis sind seine Arbeiten über Integralgleichungen, Integraltransformationen und Variationsrechnung. In den folgenden Jahren beschäftigte sich H. mit Problemen der kinet. Gastheorie und Relativitätstheorie sowie mit Grundlagenproblemen der Mathematik und mit Logik.

Hilbig, Wolfgang, * Meuselwitz (Kr. Altenburg, Thür.) 31. Aug. 1941, dt. Schriftsteller. – Arbeitete u. a. als Schlosser und Heizer, heute freier Schriftsteller; lebt seit Mitte der 80er Jahre in Nürnberg. H. begann mit monolog. Versen („Abwesenheit", 1979). Skurrile Phantastik und Nachdenken über die eigene (proletar.) Herkunft prägen seine essayist. Prosa („Der Brief", 1985). – *Weitere Werke:* Unterm Neumond (En., 1982), Die Versprengung (Ged., 1986), Die Territorien der Seele (Prosa, 1986), Eine Übertragung (R., 1989).

Hildburghausen, Krst. in Thür., am S-Fuß des Thüringer Waldes, an der oberen Werra, 381 m ü. d. M., 11 000 E. Schraubenwerk, Textil-, Holz-, polygraph. Ind. – Stadtrecht

Hildburghausen
Stadtwappen

seit 1324. H. war 1680–1826 die Residenzstadt des Hzgt. Sachsen-Hildburghausen. – Rathaus (1395, 1572 erneuert), Stadtkirche (1781–85).

H., Landkr. in Thüringen.

Hildebrand, german.-dt. Sagengestalt, Waffenmeister Dietrichs von Bern, literar. Figur v. a. im althochdt. „Hildebrandslied" und im mittelhochdt. „Nibelungenlied".

Hildebrand ↑ Gregor VII., Papst.

Johann Lucas von Hildebrandt. Sala Terrena im Oberen Belvedere in Wien, 1721–25

Hildebrand, Adolf von, * Marburg a. d. Lahn 6. Okt. 1847, † München 18. Jan. 1921, dt. Bildhauer. – Angeregt von H. von Marées und C. Fiedler orientierte er sich an Antike und Renaissance und gelangte zu einer neuen Klassizität freierer Prägung. H. wurde v. a. auf den Gebieten der Brunnen- und Denkmalskunst führend (Wittelsbacher- [1895] und Hubertusbrunnen [1907] in München). H. Werk blieb für die dt. Plastik bis Mitte des 20. Jh. weithin prägend. Bed. kunsttheoret. Schriften („Das Problem der Form in der bildenden Kunst", 1893).

Hildebrandslied, einziges althochdt. Beispiel eines german. Heldenliedes; erhalten sind 68 nicht immer regelmäßig gebaute stabgereimte Langzeilen in einer althochdt.-altsächs. Mischsprache; der Schlußteil fehlt. Die trag. Begegnung des aus der Verbannung heimkehrenden Hildebrand mit seinem ihn nicht erkennenden Sohn Hadubrand spielt vor dem geschichtl. Hintergrund der Ostgotenherrschaft in Italien. Das H. wurde Anfang des 9. Jh. in Fulda von zwei Mönchen auf der ersten und letzten Seite einer theolog. Sammelhandschrift eingetragen. Die überlieferte Fassung geht auf eine bair. Bearbeitung eines langobard. Urliedes zurück. Die Handschrift befindet sich heute in der Landesbibliothek Kassel.

Das **Jüngere Hildebrandslied,** in gereimten Strophen abgefaßt, ist eine Ballade in volksliedhaftem Stil mit humoristisch-burlesken Zügen, sie endet versöhnlich. Die Urfassung wird Anfang des 13. Jh. angesetzt.

Hildebrandt, Dieter, * Bunzlau 23. Mai 1927, dt. Schauspieler, Kabarettist und Schriftsteller. – Gründete 1956 mit S. Drechsel (* 1925, † 1986) die „Münchner Lach- und Schießgesellschaft", der er bis 1972 angehörte; auch bekannt mit satir. Fernsehsendungen „Notizen aus der Provinz" (1973–79) und „Scheibenwischer" (seit 1980).

H. (Hildebrand), Johann Lucas von (seit 1720), * Genua 14. Nov. 1668, † Wien 16. Nov. 1745, östr. Baumeister. – Schuf bed. Schloß-, Palais- und Stiftsbauten, u. a. Umbau von Schloß Weißenstein in Pommersfelden (1711 ff.) und in Wien Unteres und Oberes Belvedere für Prinz Eugen (1714–16 bzw. 1721–23), Palais Schönborn (1706–11), Palais Daun-Kinsky (1713–16) sowie Kirchenbauten, auch einfache Wohnbauten. Zus. mit J. B. Fischer von Erlach ist H. der Hauptvertreter des östr. Hochbarock.

H. (Hildebrand), Zacharias, * Münsterberg (Schlesien) 1688, † Dresden-Neustadt 11. Okt. 1757, dt. Orgel- und Instrumentenbauer. – Schüler von G. Silbermann; baute u. a. Orgeln in Störmthal bei Leipzig (1723) und Naumburg (Sankt Wenzel, 1743–46). Sein Sohn *Johann Gottfried* (* um 1720, † 1775) baute die dreimanualige Orgel der Michaeliskirche in Hamburg (1762–70).

Hildegard von Bingen, hl., * 1098, † Kloster Rupertsberg bei Bingen 17. Sept. 1179, dt. Mystikerin. – Gründete als Benediktinerin zw. 1147 und 1150 das Kloster Rupertsberg bei Bingen. Hatte schon in ihrer Kindheit Visionen, die sie ab 1141 in lat. Sprache niederschrieb. Neben diesen myst. Schriften entstanden homilet.-exeget. und histor. Abhandlungen, 70 selbstvertonte geistl. Lieder und naturkundl. Bücher, v. a. das in zwei Teilen überlieferte Werk „Liber subtilitatum diversarum naturarum creaturarum", das die wichtigste Quelle naturkundl. Kenntnisse des frühen MA in M-Europa ist. – Fest: 17. September.

Hilden, Stadt am W-Rand des Berg. Landes, NRW, 45–55 m ü. d. M., 53 300 E. Metall- und Textilverarbeitung. – 1074 erstmals erwähnt, 1861 Stadt.

Hildesheim, Krst. an der Innerste, Nds., 89 m ü. d. M., 103 500 E. Verwaltungssitz des Landkr. H.; kath. Bischofsitz; mehrere Fachhochschulen, Predigerseminar der Ev.-luth. Landeskirche Hannovers; u. a. Roemer-Pelizaeus-Museum mit ägypt. Sammlung, Bibliotheken, Stadttheater, Behörden. 1928 durch den Stichkanal an den Mittellandkanal angeschlossen. Elektrotechn. Ind., Metallgießerei, Maschinen-, Anlagen- und Apparatebau, Gummiverarbeitung, Druck- und Verlagswesen, Fleischverarbeitung. – Beim Innerüstergang des Hellwegs entstand am heutigen Alten Markt vermutlich im 8. Jh. eine Kaufmannssiedlung. 815 gründete Kaiser Ludwig der Fromme das Bistum mit Domburg. H. erlebte unter Bischof Bernward eine kulturelle und wirtsch. Blüte (um 1000 Marktrecht); 1217 erstmals Stadt, 1367 Hanse-Mgl. – Der Dom wurde nach dem 2. Weltkrieg in der Form des Hezilo-Domes (1054–79) wiederaufgebaut, erhalten die berühmten Bronzetüren Bischof Bernwards (1015), die Kirche Sankt Michael in der Form des otton. Bernwardbaues (um 1010–33). Die UNESCO erklärte den Dom und St. Michael zum Weltkulturerbe. Weitere roman. Kirchen sind Sankt Godehard (1172 geweiht), Sankt Mauritius (11. Jh.), Heilig Kreuz (11. Jh.); spätgotisch ist die Andreaskirche (1389 ff., wiederaufgebaut). Wiederaufgebaut wurde das Knochenhauer-

Hildesheim Stadtwappen

Hildesheim. Maria mit dem Kind, Detail aus einer Darstellung der Anbetung der Könige von der Bernwardstür des Hildesheimer Doms, 1015

Hildesheimer

amtshaus (1529), einst der bedeutendste Fachwerkbau Deutschlands, ebenso das Rathaus (im Kern 13. Jh.) und die got. Fassade des Tempelhauses. Moderne Bauten sind u. a. das Gymnasium Andreanum (1960–62) und die Zwölf-Apostel-Kirche (1964–67).

H., Landkr. in Niedersachsen.

H., Bistum; 815 gegr., gehörte der Kirchenprov. Mainz. In der **Hildesheimer Stiftsfehde** (1519–23) kam der größere Teil des Hochstifts („Großes Stift") an die Herzöge von Braunschweig-Lüneburg (bis 1643). 1802 wurde das Bistum säkularisiert, 1842 neu errichtet und vergrößert, umfaßt heute Teile der Länder Bremen, Hamburg, Nds. und Sa.-Anh. – ↑katholische Kirche (Übersicht).

Wolfgang Hildesheimer

Hildesheimer, Wolfgang, *Hamburg 9. Dez. 1916, †Poschiavo (Schweiz) 21. Aug. 1991, dt. Schriftsteller. – Lebte in der Emigration 1933–36 in Palästina, 1937–39 in London, 1939–46 wieder in Palästina; 1946–49 Simultandolmetscher bei den Nürnberger Prozessen; gehörte zur Gruppe 47. H. veröffentlichte zunächst Kurzprosa („Lieblose Legenden", 1952), einen Roman („Paradies der falschen Vögel", 1953) und zahlr. Hörspiele und Bühnenstücke. Seine Dramen zählen z. T. zum absurden Theater; häufig parodist. Elemente. – **Werke:** „Prinzessin Turandot" (Hsp.-Fassung 1954, Bühnenfassung 1955 u. d. T. „Der Drachenthron", Neufassung 1961 u. d. T. „Die Eroberung der Prinzessin Turandot"), Nachtstück (Dr., 1963), Vergebl. Aufzeichnungen (1963), Zeiten in Cornwall (autobiograph. Aufzeichnungen, 1971), Masante (R., 1973), Mozart (Biogr., 1977), Exerzitien mit Papst Johannes (Prosa, 1979), Marbot (Biogr., 1981), Mitteilungen an Max über den Stand der Dinge ... (1983), Klage und Anklage (Texte, 1989).

Hildesheimer Silberfund, 1868 bei Hildesheim entdeckter Schatz röm. Tafelsilbers, bestehend aus 69 reichverzierten Gefäßen und Geräten aus der Zeit des Kaisers Augustus.

Hilfeleistung ↑unterlassene Hilfeleistung.

Hilfen, Einwirkungen zur Übermittlung von Befehlen des Reiters an das Pferd (Schenkeldruck, Sporen, Zügel, Gewichtsverlagerung).

Rudolf Hilferding

Hilferding, Rudolf, *Wien 10. Aug. 1877, †Paris 11. Febr. 1941, östr.-dt. Sozialwissenschaftler, Politiker und Publizist. – Arzt; 1907–16 Redakteur am „Vorwärts"; schloß sich als Pazifist der USPD an, nach seiner Rückkehr in die SPD (1922) Mgl. des Parteivorstandes (bis 1933); 1923 sowie 1928/29 Reichsfinanzmin.; 1924–33 MdR; arbeitete nach der Emigration im Exilvorstand der SPD; lebte seit 1938 in Frankreich, starb nach Selbstmordversuch in der Gestapohaft; zahlr. theoret. Schriften zum ↑Austromarxismus.

Hilfsarbeiter, Arbeiter, der keine bes. Ausbildung besitzt und nur angelernt ist.

Hilfsbeamte der Staatsanwaltschaft, bestimmte Beamtengruppen, denen auf Grund von RVO der Landesjustizverwaltungen Ermittlungsbefugnisse verliehen sind, die sonst nur Richtern oder Staatsanwälten zustehen (z. B. körperl. Untersuchungen [Blutproben], Beschlagnahme, Durchsuchung). Die H. d. S. unterstehen der Sachweisungsbefugnis der Staatsanwaltschaft ihres Bezirks. Zu den H. d. S. zählen u. a. Mgl. des Bundesgrenzschutzes, der Zollverwaltung, der Kriminalpolizei.

Hilfskassen (Hilfsvereine), im 19. Jh. gegr. Vorläufer der Krankenversicherung, auf Freiwilligkeit und Gegenseitigkeit beruhend, 1876 nachträglich gesetzlich geregelt, konnten nach Einführung der gesetzl. Krankenversicherung teils als Ersatzkassen weiterbestehen oder wurden zu privaten Versicherungsvereinen auf Gegenseitigkeit.

Hilfsmittel, im Sozialversicherungsrecht die zum Ausgleich bestehender körperl. Defekte dienenden Mittel, die an die Stelle der in ihrer Funktion beeinträchtigten Organe oder Gliedmaßen treten, z. B. Prothesen, Hörgeräte; werden von der gesetzl. Kranken- und der gesetzl. Unfallversicherung gewährt.

Hilfspfändung ↑Pfändung.

Hilfsschulen, frühere Bez. für ↑Sonderschulen.

Hilfstriebwerk, ein in größeren Flugzeugen eingebautes Gasturbinenaggregat, das die erforderl. Druckluft zum Anlassen der Haupttriebwerke und die nötige Antriebsenergie für die elektr. und hydraul. Bordsysteme liefert, wenn kein Haupttriebwerk arbeitet.

Hilfsverb (Auxiliarverb, Hilfszeitwort), Verb, das nur in Verbindung mit einem anderen Verb (Vollverb) bestimmte Funktionen erfüllt und dabei keine eigene lexikal. Bed. hat, z. B. Ich *bin* gelaufen. H. können auch als Vollverben gebraucht werden (Ich *habe* kein Geld).

Hilfsvereine, svw. ↑Hilfskassen.

Hilfswerk der Evangelischen Kirche in Deutschland, Vorläuferorganisation von ↑Diakonisches Werk der Evangelischen Kirche in Deutschland e. V.

Hildesheimer Silberfund. Schale mit Darstellung der Athene, teilvergoldet, zwischen 50 v. Chr. und 50 n. Chr. (Berlin, Staatliche Museen)

Hilfswerk für behinderte Kinder, Stiftung des öff. Rechts, Sitz Bonn; erbringt Leistungen an Behinderte, deren Fehlbildungen mit der Einnahme thalidomidhaltiger Präparate der Firma Chemie Grünenthal GmbH in Stolberg durch die Mutter während der Schwangerschaft in Verbindung gebracht werden können (↑Conterganprozeß) und fördert die Eingliederung von Behinderten in die Gesellschaft. Das Stiftungsvermögen besteht aus 150 Mill. DM, die der Bund zur Verfügung stellt, und 100 Mill. DM, zu deren Zahlung die Firma Chemie Grünenthal GmbH sich verpflichtet hat.

Hilfswissenschaft, Wiss., deren Hauptfunktion im Bereitstellen von Methoden und Kenntnissen für andere Wiss. liegt, z. B. Statistik oder die ↑historischen Hilfswissenschaften.

Hilfszeitwort, svw. ↑Hilfsverb.

Hill [engl. hɪl], Archibald [Vivian], *Bristol 26. Sept. 1886, †Cambridge 3. Juni 1977, brit. Physiologe. – Prof. in Manchester und London; erhielt für Untersuchungen der energet. Vorgänge bei der Muskelkontraktion 1922 mit O. F. Meyerhof den Nobelpreis für Physiologie oder Medizin.

H., David Octavius, *Perth 1802, †Edinburgh 17. Mai 1870, schott. Maler und Photograph. – Schuf mit Hilfe von photograph. Vorlagen 1843 ff. ein Gruppenbild mit 474 Porträts und machte zus. mit R. Adamson (*1821, †1848) etwa 1 500 psychologisch erfaßte Porträtaufnahmen.

H., Susan (Elisabeth), *Scarborough (Yorkshire) 5. Febr. 1942, engl. Schriftstellerin. – H. erzählt gefühlsintensive Geschichten, in denen sie sich mit Gefahren des Kommunikationsverlustes und dem Einrichten in der Selbstentfremdung beschäftigt; auch Hör- und Fernsehspiele. – **Werke:** Wie viele Schritte gibst du mir? (R., 1970), Seltsame Begegnung (R., 1971), Frühling (R., 1974), Nur ein böser Traum (R., 1984).

Hilla, Al, irak. Stadt 100 km südlich von Bagdad, 215 000 E. Hauptstadt der Prov. Babylon. Nahebei die Ruinen von ↑Babylon.

Hillary, Sir (seit 1953) Edmund Percival [engl. 'hılərı], * Auckland 20. Juli 1919, neuseeländ. Bergsteiger und Forscher. – Zus. mit dem Sherpa Tenzing Norgay am 29. Mai 1953 Erstbesteiger des Mount Everest. Leiter einer Antarktisexpedition (Nov. 1957–März 1958); dann weitere Himalajaexpeditionen 1960/61, 1963 und 1964; 1977 Ganges-Expedition.

Hillbilly-music [engl. 'hılbılı 'mju:zık; amerikan. hillbilly „Hinterwäldler"] (Hillbilly), Bez. für die weiße (euroamerikan.) ländl. Volksmusik der USA.

Hillebrand, Karl, * Gießen 17. Sept. 1829, † Florenz 19. Okt. 1884, dt. Publizist. – H. nahm am bad. Aufstand 1849 teil, danach in Frankreich (zeitweise Sekretär H. Heines) und seit 1870 in Italien. Gilt als der führende dt. Essayist seiner Zeit, u. a. „Zeiten, Völker und Menschen" (7 Bde., 1874–85).

Hillebrecht, Rudolf, * Hannover 26. Febr. 1910, dt. Architekt. – 1933/34 Zusammenarbeit mit W. Gropius in Hamburg. Als Leiter der städt. Bauverwaltung in Hannover war die Neugestaltung der Stadt nach den Zerstörungen des 2. Weltkriegs als beispielhaftes Konzept seine wichtigste Leistung.

Hillel, mit dem Ehrennamen „der Alte", * in Babylonien um 60 v. Chr., † in Palästina um 10 n. Chr., Präsident (Nasi) des Synedrions. – Bed. rabbin. Gesetzeslehrer, der durch die Einführung von festen Auslegungsregeln (Middot) einen wesentl. Beitrag zur Thoraexegese leistete; nach H. läßt sich das Gesetz in der „Goldenen Regel" zusammenfassen; sein Gegner war ↑Schammai.

Hiller, Ferdinand von (seit 1875), * Frankfurt am Main 24. Okt. 1811, † Köln 11. Mai 1885, dt. Dirigent und Komponist. – Wirkte als Dirigent in Frankfurt am Main, Leipzig, Dresden, Düsseldorf und Köln. Als Komponist mit Kammer- und Klaviermusik erfolgreich; bed. auch als Musikschriftsteller.

H., Johann Adam, * Wendisch Ossig bei Görlitz 25. Dez. 1728, † Leipzig 16. Juni 1804, dt. Komponist. – Gründete 1763 sog. Liebhaberkonzerte, wurde 1781 Kapellmeister der Gewandhauskonzerte und 1789 Kantor der Thomasschule in Leipzig. Seine vielbeachteten dt. Singspiele (u. a. „Der Teufel ist los", 1766; „Lottchen am Hofe", 1767; „Die Liebe auf dem Lande", 1768) und ein umfangreiches Liedschaffen beeinflußten die Entwicklung beider Gattungen nachhaltig.

H., Kurt, * Berlin 17. Aug. 1885, † Hamburg 1. Okt. 1972, dt. Publizist, Kritiker und Essayist. – Als revolutionärer Pazifist von den Nationalsozialisten verhaftet; 1934 Flucht ins Ausland, seit 1955 in Hamburg; eigenwilliger Vertreter einer sozialist. Staats- und Gesellschaftsordnung; bediente sich einer exakten, schlagkräftigen, zuweilen provozierend scharfen Sprache. – *Werke:* Die Weisheit der Langeweile (1913), Verwirklichung des Geistes im Staat (1925), Profile (1938), Ratio-aktiv (1966), Leben gegen die Zeit (Erinnerungen, 2 Bde. 1969–73).

Hillerød [dän. 'hilərø:'ð], Hauptstadt der dän. Amtskommune Frederiksborg, auf Seeland, 33 600 E. Maschinenbau, Nahrungsmittel-, Holzind. – Schloß ↑Frederiksborg.

Hillery, Patrick John [engl. 'hılərı], * Milltown Malbay (Gft. Clare) 2. Mai 1923, ir. Politiker (Fianna Fáil). – Arzt; seit 1951 Mgl. des ir. Parlaments; 1959–65 Erziehungsmin., 1965/66 Min. für Ind. und Handel und 1966/69 Arbeitsmin.; führte als Außenmin. (1969–72) die Verhandlungen um den Beitritt der Rep. Irland zur EG; 1973–76 Vize-Präs. der EG-Kommission; 1976–90 Staatspräsident.

Hillgruber, Andreas, * Angerburg 18. Jan. 1925, † Köln 8. Mai 1989, Historiker. – 1968–72 Prof. in Freiburg i. Br., ab 1972 in Köln. Forschte v. a. zur weltpolit. Rolle Deutschlands und zur NS-Zeit, verfaßte u. a. „Hitlers Strategie" (1965), „Die gescheiterte Großmacht" (1980), „Der Zweite Weltkrieg 1939–1945" (1982), „Die Zerstörung Europas" (1988).

Hilo [engl. 'hi:loʊ] ↑Hawaii (Insel).

Hilpert, Heinz, * Berlin 1. März 1890, † Göttingen 25. Nov. 1967, dt. Regisseur. – 1926–32 Oberregisseur am Dt. Theater in Berlin; übernahm 1934 die Reinhardtbühne in Berlin, 1938 auch in Wien. 1950–56 Intendant in Göttingen.

Hilpoltstein, Stadt im Vorland der Fränk. Alb, Bay., 383 m ü. d. M. – 10 100 E. – Maschinen- und Pumpenbau, Papierwarenind. – Um 1300 gegr., 1345 Stadt gen. – Die spätgot. Stadtpfarrkirche wurde 1731 barockisiert; Burg (13. Jh., später umgestaltet) z. T. erhalten.

Hilsenrath, Edgar, * Leipzig 2. April 1926, dt. Schriftsteller. – H. lebte als Kind in Rumänien im Ghetto und KZ; 1951–74 in den USA. Behandelt in seinen Werken jüd. Schicksale während des Krieges und in der Nachkriegszeit. „Der Nazi und der Friseur" (R., 1971 in engl. Übers., dt. 1977). – Weitere Werke: Nacht (R., 1964), Bronskys Geständnis (R., 1980), Das Märchen vom letzten Gedanken (R., 1989).

Hilty, Hans Rudolf, * St. Gallen 5. Dez. 1925, schweizer. Schriftsteller. – War Journalist; 1951–64 Hg. der Zeitschrift „hortulus". Schreibt Erzählungen, Romane und Gedichte, daneben umfangreiche Herausgebertätigkeit, u. a. zeitgenöss. Literatur, Essays. – *Werke:* Nachtgesang (Ged., 1948), Mutmaßungen über Ursula. Eine literar. Collage (1970), Zuspitzungen (Ged., 1984).

Hilus [zu lat. hilum „kleines Ding"], kleine Einbuchtung oder Vertiefung an einem Organ als Aus- oder Eintrittstelle für Gefäße und Nerven (z. B. Lungen-H.).

Hilversum [niederl. 'hılvərsʏm], niederl. Stadt in Nordholland, 85 000 E. Museum, Bibliothek; Pferderennbahn; Sitz mehrerer Rundfunk- und Fernsehgesellschaften, Villenstadt, Wohnvorort für Amsterdam; elektrotechn., Teppich-, Metallwaren- und pharmazeut. Ind. – Bed. das Neue Rathaus (1928–31).

Hilwan (Heluan), ägypt. Stadt sö. von Kairo, 350 000 E. Univ. (1975 gegr.), astronom. und geophysikal. Inst.; Eisenhütten- und Stahlwerk, Zement- und Düngemittelind.; nahebei, in Wadi Hauf, Automobilwerk. Kurort (Thermalquellen). – Fundstätte einer steinzeitl. Nekropole und einer solchen aus der Zeit der 1. und 2. Dyn. (1. Hälfte des 3. Jt. v. Chr.).

Hima, äthiopides Volk, halbnomad. Großviehzüchter, lebt im Zwischenseengebiet O-Afrikas.

Himachal Pradesh [engl. hı'mɑ:tʃəl prə'deıʃ], ind. B.-Staat, 55 673 km², 5,05 Mill. E (1990), Hauptstadt Simla. Gebirgsland im westl. Himalaja mit mildem Klima und größtem Nadelholzbestand in N-Indien. Bed. Forstwirtschaft, Obst- und Teekulturen.

Himalaja [hi'ma:laja, hima'la:ja; Sanskrit „Schneewohnung"], mächtigstes Gebirgssystem der Erde, begrenzt den Ind. Subkontinent gegen Tibet und Zentralasien, erstreckt sich vom Durchbruchstal des Indus im W zum Durchbruchstal des Brahmaputra im O, 2 500 km lang, zw. 280 (im NW) und 150 km (im O) breit. Von über 10 Achttausendern ist der Mount Everest mit 8 872 m Höhe zugleich der höchste Berg der Erde. Der H. gehört zu Indien, Pakistan, Nepal, Bhutan und China (Tibet). Der H. wird zu den jungen alpid. Faltengebirgen der Erde gerechnet und ist nach der Theorie der Plattentektonik das Ergebnis der Kollision der ind. mit der euras. Platte. Vier, im wesentl. W–O bogenförmig verlaufende Hauptgebirgsketten folgen von S nach N: Die **Siwalikketten** erheben sich abrupt über dem Nordind. Tiefland und reichen selten über 1 300 m Höhe hinaus. Der **Vorderhimalaja** hebt sich nach N steil über die Siwalikketten mit mittleren Höhen zw. 2 000–3 000 m, maximal 4 000 m. Die Hauptkette, der **Hohe Himalaja,** überragt den Vorderhimalaja um rd. 3 000–4 000 m mit den vergletscherten Gipfeln der höchsten Berge der Erde. Die tektonisch angelegte südtibet. Längstalfurche, die vom Tsangpo und oberen Indus durchflossen wird, trennt ihn vom **Transhimalaja (Hedingebirge),** der die S-Umrandung des Hochlands von Tibet bildet und durchschnittlich 5 500–6 000 m, im Aling Gangri 7 315 m hoch ist.
Der H. ist eine Klimascheide größten Ausmaßes. Während die monsunberegnete S-Flanke großenteils 2 000–2 500 mm Niederschlag im Jahresmittel erhält, liegt die N-Abdachung bereits jenseits der klimat. Trockengrenze. Vegeta-

Edmund Percival Hillary

Kurt Hiller

Patrick John Hillery

Heinz Hilpert

Edgar Hilsenrath

Himalajaglanzfasan

Himalaja. Die „Sechstausender" Kang Taiga und Tramserku, südlich des Mount Everest

tion und Landnutzung sind vertikal gestuft. An der S-Flanke herrschen üppige Berg- und Nebelwälder vor, an der N-Flanke wintertrockene alpine Steppen. Die Waldgrenze liegt im Vorder-H. bei 3700 m ü. d. M., im Hohen H. bei 4200 m. Die Schneegrenze steigt von 5000 auf knapp 6000 m an. Verstärkte Abholzungen (jährl. Entwaldungsrate im ind. H. 5%) der letzten Jahre führten zu einer schnelleren Entwässerung der Bergregion und zu einer fortschreitenden Bodenerosion (erhöhte Schlammführung der Flüsse) und sind Mitverursacher der z. T. katastrophalen Überschwemmungen in den Tiefländern am Gebirgsfuß.

Himalajaglanzfasan ↑ Fasanen.

Himastaaten, ehem. Reiche im ostafrikan. Seengebiet (u. a. Buganda, Bunyoro, Burundi, Ruanda); ben. nach den eingewanderten Hirtenethnien der Hima, die aus dem N kommend im 15./16. Jh. im Zwischenseengebiet die dort in kleinen Stammesverbänden lebende, ackerbautreibende Bantu-Bev. (Hutu) überlagerten und die Oberschicht bildeten.

Himation [...tion; griech.], der meist über dem Chiton getragene wollene, altgriech. Mantel von rechteckigem Schnitt.

Himbeere [zu althochd. hintperi „Hirschkuhbeere"] (Rubus idaeus), in Europa, N-Amerika und Sibirien heim. Art der Gatt. Rubus; meist an frischen, feuchten Waldstellen und in Kahlschlägen; halbstrauchige, vorwiegend durch Wurzelschößlinge sich vermehrende Pflanze; Sprosse bestachelt, 1–2 m hoch; Blätter gefiedert; Blüten klein, weiß, in rispenförmigen Blütenständen; Frucht **(Himbeere)** eine beerenartige Sammelsteinfrucht, rot (bei Gartenformen auch weiß oder gelb). Die H. wird seit der Jungsteinzeit gesammelt und seit dem MA in vielen Sorten kultiviert.

Himbeerkäfer (Blütenfresser, Byturidae), Fam. kleiner, gelber bis brauner, bes. an Blüten der Himbeere und Brombeere fressender Käfer mit rd. 20 Arten; in M-Europa nur zwei Arten, darunter am häufigsten **Byturus tomentosus:** 3–4 mm lang; Larven fressen in den Früchten der Himbeere **(Himbeermaden, Himbeerwürmer).**

Himbeerzunge (Erdbeerzunge), stark gerötete Zunge mit stark hervortretenden Papillen; Symptom bei Scharlach; mitunter auch bei Lebererkrankungen und Dickdarmentzündungen.

Himeji [...dʒi] (Himedschi), jap. Stadt im westl. Honshū, 450 000 E. Wirtsch. Mittelpunkt der H.ebene, Hafen **Hirohata** an der Ijimündung. – Um 1346 Errichtung einer Burg, im 17. Jh. entwickelte sich daneben eine Stadt.

Himera, westlichste Griechenstadt an der N-Küste Siziliens, 40 km östlich von Palermo; 649 v. Chr. von Zankle gegr.; bei H. 480 v. Chr. Sieg Gelons von Syrakus und Therons von H. über die Karthager; 409 v. Chr. von Karthagern zerstört.

Himbeere.
a Blüten;
b Blätter und Frucht;
c Längsschnitt durch eine Frucht

Himbeerkäfer.
Byturus tomentosus

Himes, Chester Bomar [engl. haɪmz], *Jefferson City (Mo.) 29. Juli 1909, †Moraira (Spanien) 12. Nov. 1984, amerikan. Schriftsteller. – Naturalist., von Protesthaltung bestimmtes Frühwerk. Wurde u. a. durch Kriminalromane über das Leben im New Yorker Schwarzenghetto Harlem bekannt. – *Werke:* Mrs. Taylor und ihre Söhne (R., 1954), Lauf Nigger, lauf (R., 1966), The quality of hurt, My life of absurdity (Autobiographie, 2 Bde., 1972 und 1976).

Himmel (Himmelsgewölbe, Firmament), das scheinbar über dem Horizont eines Beobachters liegende „Gewölbe" in Form eines halben Rotationsellipsoids oder flachen Kugelsegments (die Entfernung zum Horizont scheint größer als die zum Zenit zu sein), das in der Astronomie durch eine Halbkugel angenähert und zu einer Vollkugel, der **Himmelskugel,** ergänzt wird. Diese H.kugel dreht sich scheinbar innerhalb 24 Stunden einmal um die mit der Erdachse zusammenfallende **Himmelsachse,** die den H. in den **Himmelspolen** durchstößt.

Himmel, in mehreren Religionen als die Stätte alles Überirdischen, Transzendenten verstandener und mit Ehrfurcht und Scheu betrachteter Bereich bzw. Zustand. Vorgestellt wird der H. häufig als Zeltdach, als eine vom Weltenbaum, von Pfeilern oder einem Titanen (↑ Atlas) gestützte Kuppel **(Firmament),** als Scheibe (China), als Trennwand zw. oberen und unteren Gewässern (1. Mos. 1, 6 f.) oder als ein in mehrere Sphären gegliedertes Gewölbe (Dante). Der Mythos verbindet H. und Erde in der Vorstellung eines elterl. Götterpaares, eines H.vaters und einer Erdmutter. Viele Religionen erblicken im H. den Wohnort eines Hochgottes. Das A. T. kennt den H. als Wohnort Gottes, aber auch als Geschöpf seiner Macht. Das N. T. umschreibt mit den Begriffen H. und H.reich den Zustand der unmittelbaren Gottesnähe.

Himmelfahrt, religiöse Vorstellung vom Aufstieg der Seele des Verstorbenen in den Himmel als dem Wohnort der Gottheit; auch für eine temporäre **Himmelsreise** mit anschließender Rückkehr zur Erde angewandt (Islam).

Himmelfahrt Christi, Artikel des christl. Glaubensbekenntnisses (nach Apg. 1, 9–11) über die Auffahrt und Erhöhung Jesu Christi in den Himmel zur Teilnahme an der Macht Gottes. Das Fest **Christi Himmelfahrt** entstand im 4. Jh.; es wird am 40. Tag nach Ostern gefeiert.
Bildende Kunst: Es folgen einander verschiedene Darstellungstypen; frühchristlich und karolingisch: Christus wird von der Hand Gottes in den Himmel gehoben; byzantinisch und seit dem 6. Jh. auch abendländisch: Christus in einer Gloriole, von zwei Engeln begleitet, die Jünger und Maria schauen zu ihm auf; seit dem 11. Jh.: von dem auffahrenden Christus bleibt nur der Rocksaum oder der Fußabdruck im Felsen; seit dem 13. Jh.: Christus wird von einer Wolke getragen oder fährt aus eigener Kraft empor.

Himmelfahrt Marias (Aufnahme Marias in den Himmel, Mariä Himmelfahrt), nach der Lehre der kath. Kirche die Aufnahme Marias, der Mutter Jesu, nach ihrem Tod „mit Leib und Seele" in den Himmel, durch Papst Pius XII. 1950 zum Dogma erhoben. Das Fest Mariä Himmelfahrt wird am 15. Aug. gefeiert. – Im MA ist die Darstellung der H. M. selten, bestimmend wird dann die „Assunta" Tizians (1516–18, Venedig, Frarikirche), zahlr. Gemälde und auch plast. Gestaltungen (z. B. von E. Q. Asam) im Barock.

Himmelsäquator ↑ Äquator.

Himmelsblau, ↑ Himmelslicht.

▷ svw. ↑ Azur.

Himmelsglobus (Sternglobus), eine verzerrungsfreie Darstellung des Sternhimmels auf der Oberfläche einer Kugel (↑ Globus).

Himmelsgucker (Uranoscopidae), Fam. der Barschartigen mit rd. 25 Arten, v. a. in den Küstenregionen trop. und subtrop. Meere; plumpe Grundfische; graben sich bis auf die Augen in den Sand ein, um auf Beutetiere zu lauern. Im Mittelmeer und Schwarzen Meer kommt der bis 25 cm lange, braune **Sternseher** (Gemeiner H., Meerpfaff, Uranoscopus scoper) vor.

Himmelskunde, svw. ↑ Astronomie.
Himmelsleiter ↑ Jakobsleiter.

Himmelsleiter, svw. ↑ Sperrkraut.

Himmelslicht, diffuses, an den Luftmolekülen und Aerosolteilchen der Atmosphäre selektiv gestreutes Sonnenlicht; der sichtbare Anteil der kurzwelligen Himmelsstrahlung. Seine Färbung hängt von der Art der Streuzentren ab. Ist deren Radius klein gegenüber der Wellenlänge des Lichts (Luftmoleküle), so überwiegt infolge ↑ Rayleigh-Streuung im H. das kurzwellige blaue Streulicht, das **Himmelsblau.** Je höher der Gehalt der Atmosphäre an Streuzentren mit Durchmessern von der Größenordnung der Lichtwellenlängen (Staubteilchen, Wassertröpfchen u. a. Aerosolteilchen) ist, desto mehr tritt an die Stelle des Himmelsblaus weißes Licht (infolge ↑ Mie-Streuung).

Himmelslichtpolarisation, das Auftreten von [linear] polarisiertem Licht im Himmelslicht. – Als **neutrale Punkte** bezeichnet man diejenigen Punkte auf dem durch Sonne und Zenit gehenden Großkreis, die unpolarisiertes Licht aussenden.

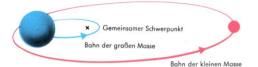

Himmelsmechanik. Eine große und eine kleine Masse bewegen sich auf elliptischen Bahnen um ihren gemeinsamen Schwerpunkt

Himmelsmechanik, Gebiet der *Astronomie*; die Lehre von der Bewegung der Himmelskörper unter dem Einfluß der ↑ Gravitation. Gegenstand der H. ist u. a. die *Bahnbestimmung,* z. B. von Planetenbahnen, aber auch von Raumsonden und Erdsatelliten, die Bewegung von Doppelsternen und Sternsystemen, die Präzession und Nutation der Erdachse und die damit verbundene Änderung der astronom. Koordinatensysteme, ferner die *Ephemeridenrechnung,* mit der die scheinbaren Positionen von Mond und Planeten zu jedem gewünschten Zeitpunkt bestimmt werden.

Himmelfahrt Marias. Gemälde von Peter Paul Rubens, um 1610 (Düsseldorf, Kunstmuseum)

Bei vielen Fragestellungen der H. genügt es, wenn bei der mathemat. Berechnung die Anziehung von nur zwei Himmelskörpern berücksichtigt wird. Dieses sog. *Zweikörperproblem* ist im Rahmen der Newtonschen Mechanik exakt lösbar und führt u. a. auf die Keplerschen Gesetze. Bei Beteiligung von drei oder mehr Himmelskörpern *(Dreikörperproblem, Mehrkörperproblem)* gibt es nur in Ausnahmefällen exakte Lösungen. – Der Einsatz der elektron. Datenverarbeitung ermöglicht die prakt. Lösung fast aller Probleme durch schrittweise Annäherung und Störungsrechnung. Zur genauen Bestimmung von Satellitenbahnen ist zu berücksichtigen, daß die Erde nicht exakt kugelförmig ist.

Himmelsrichtung, die zu einem beliebigen Punkt des Horizonts der Erde führende Richtung. Norden und Süden beziehen sich auf den geograph. Nord- bzw. Südpol, rechtwinklig dazu verlaufen Osten und Westen (Aufgang bzw. Untergang der Sonne zur Zeit des ↑ Äquinoktiums). Zur Bestimmung der H. dient der Kompaß.

Himmelsschlüssel, svw. ↑ Primel.

Himmelsstrahlung, die vom Himmel kommende elektromagnet. Strahlung ohne die direkte Sonneneinstrahlung. Die **kurzwellige Himmelsstrahlung** mit Wellenlängen $\lambda < 3\,\mu m$ besteht am Tage aus der in der Atmosphäre gestreuten Sonnenstrahlung, in der Nacht aus dem gesamten Sternlicht, dem Polar- und Zodiakallicht sowie von terrestr. Lichtquellen stammendem Streulicht. Die **langwellige Himmelsstrahlung** mit $\lambda > 3\,\mu m$ ist v. a. die Wärmestrahlung der absorbierenden Bestandteile der Atmosphäre.

Himmler, Heinrich, *München 7. Okt. 1900, † Lüneburg 23. Mai 1945 (Selbstmord), dt. Politiker. – Nahm 1923 am Hitler-Putsch teil, danach Mitarbeiter Strassers; trat 1925 in die NSDAP und die neugegr. Schutzstaffel (SS) ein; seit 1930 MdR, 1929 zum „Reichsführer SS" ernannt, baute H. diese Elitegliederung der SA zu einer parteiinternen Polizeiorganisation aus und organisierte (1933 kommissar. Polizeipräs. von München, danach Polit. Polizeikommandeur für Bayern) zus. mit R. Heydrich die polit. Polizei, die er (seit 1934 stellv. Chef der preuß. Gestapo und seit dem Röhm-Putsch als „Reichsführer SS" Hitler direkt unterstellt) zunehmend mit der SS verschmolz; 1936 erlangte er als Staatssekretär im Reichsministerium des Innern die Kontrolle über die gesamte dt. Polizei. Mit Heydrich errichtete er das System der Konzentrations- und Vernichtungslager und baute nach Kriegsbeginn aus der SS-Verfügungstruppe die Waffen-SS als selbständige Truppe neben der Wehrmacht auf. Er war nach der Übernahme des Amtes eines „Reichskommissars für die Festigung dt. Volkstums" 1939 zuständig für die brutale Umsiedlungs- und Germanisierungspolitik in O- und SO-Europa und wurde der entscheidende Organisator der millionenfachen Massenmorde an den Juden (sog. Endlösung der Judenfrage). 1943 zum Reichsinnenmin. und Generalbevollmächtigten für die Reichsverwaltung ernannt; übernahm nach dem 20. Juli 1944 den Oberbefehl über das Ersatzheer und die Leitung der Heeresrüstung. H. suchte sich seit 1944 der Verantwortung für die Fortführung des Massenmordes und die Mobilisierung des letzten Aufgebots (Volkssturm, Werwolf) zu entziehen; er wurde, nachdem er über Graf F. Bernadotte am 23./24. April 1945 ein Kapitulationsangebot an den Westen gemacht hatte, von Hitler am 29. 4. 1945 aller Ämter enthoben; geriet in brit. Gefangenschaft und beging Selbstmord.

himmlisches Jerusalem, im A. T. eschatolog. Erhöhung des ird. Jerusalem, Stadt der bes. Erwählung Jahwes, Sitz des messian. Davidssohns, Stadt der Gerechtigkeit, Ziel der großen Pilgerschaft der Völker; im N. T. Bild für die Vollendung der Geschichte Gottes mit den Menschen. – Bildmotiv der jüd. und christl. Kunst; Symbole des h. J. sind die Lichtkronen des 11. und 12. Jh. (z. B. Aachener Dom).

Hin [hebr.], bibl. Hohlmaß; entsprach etwa 6,5 Litern.

Hinajana-Buddhismus [Sanskrit, Pali „kleines Fahrzeug"], Richtung des ↑ Buddhismus, die heute nur noch in Sri Lanka, Birma, Thailand, Laos und Kambodscha verbreitet ist („südl. Buddhismus"); der H.-B. sieht im ↑ Arhat das Ideal, nicht im ↑ Bodhisattwa.

Chester Bomar Himes

Heinrich Himmler

Hinault

Hinault, Bernard [frz. i'no], *Yffiniac 15. Nov. 1954, frz. Radrennfahrer. – Gewann u. a. fünfmal die Tour de France (1978, 1979, 1981, 1982, 1985).

Hindelang, Marktgemeinde in den Allgäuer Alpen, Bay., 850–1150 m ü. d. M., 4600 E. Heilklimat. und Kneippkurort; Keramikwerk; im Ortsteil **Bad Oberdorf** Schwefelbad. Wintersport.

Hindemith, Paul [...mɪt], *Hanau am Main 16. Nov. 1895, †Frankfurt am Main 28. Dez. 1963, dt. Komponist. – War in Frankfurt Schüler von A. Mendelssohn, B. Sekles und A. Reber, wurde 1915 Konzertmeister des Frankfurter Opernhauses, war 1922–29 Bratscher im Amar-Quartett, 1927 37 Kompositionslehrer an der Berliner Musikhochschule, ging 1938 in die Schweiz, lehrte 1940–53 an der Yale-University in New Haven (Conn.), ab 1951 auch an der Univ. Zürich. – H., Mitbegründer und Haupt der Donaueschinger Kammermusikfeste (1921–26), galt seit seinen radikalen Frühwerken (z. B. die Operneinakter „Mörder, Hoffnung der Frauen" op. 12, 1919; „Sancta Susanna" op. 21, 1921 u. a.) als einer der Bahnbrecher der Moderne. Seine Abkehr von der Dur-Moll-tonalen Harmonik führte ihn zu einer eigenen Tonsprache unter Wahrung des Tonalitätsprinzips. H. schuf auch zahlr. Gebrauchsmusiken für musizierende Laien und zu Unterrichtszwecken und war als Dirigent tätig.

Werke (Auswahl): Opern: Cardillac (1926, Neufassung 1952), Mathis der Maler (1934/1935), Die Harmonie der Welt (1956/1957). – *Ballette:* Nobilissima visione (1938), Hérodiade (1944). – *Orchesterwerke:* Konzert op. 38 (1925), Sinfonie in Es (1940), Sinfonia serena (1946), Sinfonie in B für Blasorchester (1951); zahlreiche Instrumentalkonzerte. – *Klaviermusik:* Suite 1922 (1922), Ludus tonalis (1942). – *Lieder:* Die junge Magd (1926; G. Trakl), Das Marienleben (1922/23, Neufassung 1936–48; R. M. Rilke). – *Schul-, Spiel-* und *Lehrwerke:* Lehrstück (1929; B. Brecht), Wir bauen eine Stadt (1930), Plöner Musiktag (1932). – *Schriften:* Unterweisung im Tonsatz (3 Bde., 1937–70), Johann Sebastian Bach (1950), Komponist in seiner Welt (dt. 1959).

Paul Hindemith

Paul von Beneckendorff und von Hindenburg

Hindenburg, Paul von Beneckendorff und von H., *Posen 2. Okt. 1847, †Gut Neudeck bei Freystadt (Westpreußen) 2. Aug. 1934, dt. Generalfeldmarschall (seit 1914) und Reichspräs. (seit 1925). – Sohn einer preuß. Offiziers- und Gutsbesitzerfam. Übernahm mit E. Ludendorff als Stabschef die Führung der 8. Armee, die 1914/15 bei Tannenberg und an den Masur. Seen die russ. Truppen vernichtend schlug; übernahm Ende Aug. 1916 als Chef des Generalstabs des Feldheeres gemeinsam mit Ludendorff (1. Generalquartiermeister) die 3. Oberste Heeresleitung (OHL), die uneingeschränkt über strateg. Planung und Leitung des Krieges verfügte, in den Kriegsziel- und Friedensfragen ihre stark von industriellen Führungsgruppen beeinflußten Vorstellungen weitgehend durchsetzte und im Juli 1917 entscheidend zum Sturz des Reichskanzlers T. von Bethmann Hollweg beitrug. Um die monarch. Staatsform zu retten, befürwortete H. 1918 Thronverzicht und Übertritt des Kaisers in die Niederlande. Als populäre Symbolfigur der dt. Rechten in der Weimarer Republik 1925 von den verbündeten Rechtsparteien im 2. Wahlgang zum Reichspräs. gewählt (1932 mit Unterstützung von SPD und Zentrum gegen Hitler wiedergewählt). Vollzog unter dem Einfluß radikaler Nationalisten, großagrar. Interessenvertreter und der Reichswehrführung mit der Ernennung H. Brünings zum Reichskanzler 1930 den Übergang vom parlamentar. System zum Präsidialregime, das unter seinem Protegé F. von Papen den offenen Verfassungsbruch (Preußenputsch 1932) vollzog und nach der kurzen Kanzlerschaft K. von Schleichers das Koalitionskabinett Hitler und die NS-Machtergreifung ermöglichte.

Hindenburgdamm, die Insel Sylt und das schleswigholsteinische Festland verbindender 11 km langer Eisenbahndamm, 1927 seiner Bestimmung übergeben.

Hindenburg O. S., zw. 1915 und 1945 dt. Name für ↑Zabrze.

Hindernislauf, leichtathlet. Geschwindigkeitswettbewerb für männl. Athleten auf einer etwa 400 m langen Rundbahn. Beim internat. üblichen 3000-m-H. müssen insges. 28 Hindernishürden (91,4 cm hoch) und siebenmal ein Wassergraben (3,66 m breit und lang) übersprungen werden. Es ist erlaubt, die Hürden mit Händen und Füßen zu berühren.

Hindernisrennen, Pferderennen über künstl. oder natürl. Hindernisse auf Strecken zw. etwa 2400 m und 7500 m; man unterscheidet **Hürdenrennen** über Reisighürden und **Jagdrennen** bzw. **Steeplechases** über zusätzl., z. T. fest eingebaute schwere Hindernisse.

Hindi, indoar. Sprache, seit 1965 offizielle Landessprache Indiens mit etwa 150 Mill. Sprechern. Das in Dewanagari-Schrift geschriebene H. ist stark vom Sanskrit beeinflußt. H. ist Sammelname für die Dialekte Bradsch Bhascha, Bundeli, Awadhi, Kanaudschi, Bagheli, Tschattisgarhi. – Literatur des H. ↑indische Literaturen.

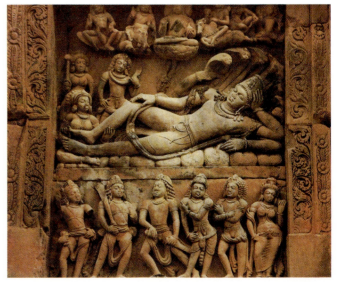

Hinduismus. Links: Darstellung des tanzenden Schiwa, Bronze, 10.–13. Jh. (Zürich, Museum Rietberg, Sammlung Von der Heydt). Rechts: Darstellung Wischnus, Detail an der Fassade eines Tempels in Zentralindien, um 500 n. Chr.

Hindu, pers. Bez. für den Bewohner Indiens, die aus der iran. Namensform des Flusses Indus (altind. „sindhu", iran. „hindu") abgeleitet ist. Seit dem Einbruch des Islams in Indien begannen die Muslime die Gegner ihrer Religion in Indien H. zu nennen. In Europa verdrängte H. um 1800 die ältere Bez. Gento (portugies. „Heide") und bezeichnet heute den Anhänger des Hinduismus.

Hinduismus [pers.], Religion, der heute über 650 Mill. Menschen (überwiegend in Indien) angehören. – Der H. ist keine Stifterreligion, sondern hat sich im Lauf von Jh. mit einer Vielzahl von Sekten aus der spätwed. Religion (Brahmanismus) entwickelt (in den letzten Jh. v. Chr. bis etwa 1000 n. Chr.). Der Übergang des Brahmanismus in den älteren H. geschah durch eine Veränderung des Pantheons, an dessen Spitze Brahma von ↑Schiwa und ↑Wischnu verdrängt wurde. – Der H. kennt keine in sich geschlossene dogmat. *Lehre*. Nur einige sehr allg. Grundlagen sind allen Sekten gemeinsam, v. a. die Lehre vom ↑Karma und von der Wiedergeburt: Jedes Wesen (einschl. der Götter) durchwandert in ewigem Kreislauf die Welt, je nach seinen guten bzw. bösen Taten als Gott, Mensch oder Tier. Der endlosen Kette der Wiedergeburten, dem **Samsara,** zu entrinnen, ist Ziel der Erlösung, zu der zahlr. Wege führen, z. B. Askese (↑Sadhu), Yoga, Gottesliebe (Bhakti) oder mag. Praktiken. Da Wiedergeburt auch als Tier möglich ist, gilt die Schonung alles Lebendigen (Ahimsa) als höchstes Gebot (daher der strenge Vegetarismus und die Rinderverehrung der Hindus). Das System der sozialen Gliederung in ↑Kasten wird nur von wenigen Sekten nicht anerkannt. Ohne Kastenzugehörigkeit sind nur die ↑Paria. Die Erfüllung der spezif. Pflichten seiner Kaste (Dharma) führt zur Schaffung heilsamen Karmas. Da der Eintritt in eine Kaste nur durch Geburt geschieht, kennt der H. keine Mission. – Im *Weltbild* des H. befindet sich die ewige, aus vielen Einzelwelten bestehende Welt in einem ständigen Prozeß des Werdens und Vergehens. Unterwelt, Erde und Götterwelt sind, jeweils mehrfach unterteilt, in Stockwerken übereinander angeordnet. – Aus der Vielzahl der *Götter* des H. ragt die Dreiheit Brahma, Schiwa und Wischnu (auch als dreiköpfige Gestalt dargestellt) heraus. Die beiden Hauptrichtungen des H. sind Schiwaismus und Wischnuismus, je nachdem, ob Schiwa (Zerstörer der Welt) oder Wischnu (Erhalter der Welt) an die Spitze der Götter gestellt wird. Unter den Inkarnationen (↑Awatara) Wischnus hat v. a. ↑Krischna einen weiteren Kreis von Verehrern gefunden. Neben den großen Göttern stehen viele kleine Gottheiten, die oft nur lokale Bed. haben. Andere, so der Affengott ↑Hanuman, und Naturerscheinungen wie Sonne, Mond oder Wind genießen weithin Verehrung. – Die *kult.* Verehrung von Bildern eines Gottes durch Gebet oder Opfergaben findet v. a. im Tempel statt. Mittler zw. dem Gläubigen und dem Gott sind die Priester (Brahmanen), die die Kulthandlungen und die Zeremonien bei den zahlr. Festen vollziehen, zu denen oft Prozessionen mit Kultbildern auf riesigen Wagen (Ratha) gehören. – Bestattungsform im H. ist die Leichenverbrennung. Folgt die Frau ihrem Mann auf dem Scheiterhaufen in den Tod (**Witwenverbrennung**), wird sie im Jenseits wieder mit ihm vereint. – Nach ersten Ansätzen in den Texten des ↑Weda beginnt die eigtl. Überlieferung des H. mit dem Epos ↑„Mahabharata" (einschl. der ↑„Bhagawadgita"), das somit eine wichtige *Quelle* ist, er ist jedoch erst in den 18 ↑Puranas (etwa 6. Jh. n. Chr.) voll entwickelt. Daneben stehen noch eigene Texte der Schiwaiten (Agamas) und der Wischnuiten (Samhitas; alle schwer datierbar). – ↑Reformhinduismus.

Hindukusch, Faltengebirge in Z-Asien (Afghanistan, Pakistan und Kaschmir), erstreckt sich vom Pamir rd. 700 km nach SW, im Tirich Mir (im O) 7 708 m hoch; z. T. vergletschert. Im Anjumatal die bedeutendste Lapislazulimine der Erde. Über den **Salangpaß** (im W) mit dem 6 km langen Salangtunnel (3 360 m ü. d. M.) führt eine asphaltierte Straße von Kabul in den N des Landes. Eine unbefestigte Straße führt im sw. Ausläufer des H., **Koh-i-Baba** (bis 5 143 m hoch), über den **Hajigakpaß** (3 250 m ü. d. M.) von Kabul nach ↑Bamian. Über seinen nördlich des Hari Rud liegenden Ausläufer, den **Paropamisus** (bis 3 588 m hoch), führen Straßen von Herat nach N und über den **Sabzakpaß** (2 550 m ü. d. M.) nach NO.

Hindustan [„Land der Hindus"] (Hindostan), frühere Bez. für das Indus- und Gangesgebiet in Vorderindien oder auch für ganz Vorderindien.

Hindustani, zur Gruppe der indoar. Sprachen gehörende indogerman. Sprache, die bis in das 20. Jh. als Verkehrssprache in ganz N-Indien und im Dekhan gebräuchlich war. Sie ist dem Hindi und Urdu eng verwandt. H. besitzt keine eigene Literatur.

Hinken, Gehstörung, die zu charakterist. Veränderungen des normalen Gehrhythmus führt. Ursachen sind v. a. Gelenkerkrankungen, Verkürzungen und Lähmungen des betroffenen Beins. – ↑intermittierendes Hinken.

hinkende Ehe, Ehe zw. Partnern mit unterschiedl. Staatsangehörigkeit, deren Gültigkeit in den Staaten verschieden beurteilt wird.

Hinkmar von Reims, *um 806, †Épernay 21. Dez. 882, Erzbischof von Reims (seit 845). – Mächtigster fränk. Metropolit; verteidigte die Unabhängigkeit der fränk. Kirche gegen die polit. Machthaber und die Metropolitanrechte gegen die Suffraganbischöfe und den Papst; einflußreicher Ratgeber Karls des Kahlen, vermittelte zw. diesem und Ludwig dem Deutschen in der aquitan. Frage.

Hinnomtal ↑Gehenna.

Hinnøy [norweg. ‚hinœi], mit 2 198 km² größte norweg. Insel. Sie gehört zu den Vesterålinseln; gebirgig (bis 1 266 m ü. d. M.); größter Ort Harstad (22 300 E).

hinreichende Bedingung, Begriff der Mathematik und Logik: Die Aussage A ist eine h. B. für die Aussage B, wenn die Wahrheit von A genügt, um die Wahrheit von B zu beweisen.

Hinrek von Alkmar (Hendrik van Alkmar), niederl. Dichter des 15. Jh. – Verfaßte eine (nur fragmentarisch erhaltene) Bearbeitung des niederl. Tierepos „Reinaerde" (Druck um 1487), auf dem die mittelniederdt. Übertragung „Reinke de Vos" beruht.

Hinshelwood, Sir (seit 1948) Cyril Norman [engl. 'hɪnʃlwʊd], *London 19. Juni 1897, †ebd. 9. Okt. 1967, brit. Chemiker. – 1937–64 Prof. in Oxford; arbeitete u. a. über homogene und heterogene Gasreaktionen. Später erforschte er die Kinetik des Bakterienstoffwechsels. 1956 erhielt H. (zus. mit N. N. Semjonow) für seine Arbeiten zur Reaktionskinetik den Nobelpreis für Chemie.

Hinstorff Verlag GmbH ↑Verlage (Übersicht).

Hinterbänkler, spöttisch für einen Abg., der im Parlament nicht hervortritt (nach der irrigen Ansicht, daß die unbedeutenderen Abg. im Parlament weiter hinten sitzen).

Hinterbliebenenrente, in den Rentenversicherungen der Arbeiter und Angestellten, der Unfall- und knappschaftl. Versicherung, der Altershilfe für Landwirte, ferner in der Kriegsopferversorgung Hinterbliebenen (Witwen, Witwer, Waisen, Eltern, bestimmte sonstige Verwandte, auch geschiedene Ehefrauen) gewährte Rente; ebenfalls an Hinterbliebene der Opfer von Gewalttaten.

Hintereinanderschaltung (Serienschaltung, Reihenschaltung), Schaltung elektrischer Schaltelemente in der Art, daß die Ausgangsklemme des vorhergehenden Schaltelementes mit der Eingangsklemme des folgenden verbunden wird (hingegen ↑Parallelschaltung).
Schaltet man n gleichartige Stromquellen der Leerlaufspannung U_0 hintereinander, so hat die entstehende Batterie eine Leerlaufspannung $U = nU_0$; der gesamte innere Widerstand ist $R = n \cdot R_i$ (R_i innerer Widerstand der einzelnen Stromquellen), die Stromstärke I eines über den Außenwiderstand R_a fließenden Stromes ist $I = nU_0/(nR_i + R_a)$. – Bei der H. mehrerer Widerstände $R_1, R_2, ..., R_n$ bzw. Induktivitäten $L_1, L_2, ..., L_n$ ergibt sich der Gesamtwiderstand durch Addition der Einzelwiderstände bzw. -induktivitäten; bei der H. mehrerer Kapazitäten $C_1, C_2, ..., C_n$ gilt für die Gesamtkapazität

$$\frac{1}{C} = \frac{1}{C_1} + \frac{1}{C_2} + \ldots + \frac{1}{C_n}.$$

Hinduismus. Symbol

Hinterer Bayerischer Wald ↑ Bayerischer Wald.

Hinterglasmalerei, seitenverkehrt angelegte Malerei auf der Rückseite eines Glases (Wasser-, Tempera- oder Ölfarben bzw. Mischtechnik). Bereits für die späthellenist. Zeit bezeugt; Blüte im Spät-MA (Andachtsbilder, Votivtafeln, auch Anhänger), z. T. mit Gold gehöht. Seit dem 16. Jh. häufig Serienproduktion. Die Gattung Hinterglasbild (als gerahmtes Einzelgemälde) gehört jedoch ausschließlich dem 18. und 19. Jh. an. Die seit der Entdeckung durch den „Blauen Reiter" für „Bauernmalerei" gehaltenen Stücke werden von der Forschung heute in H. künstler., malerhandwerkl. und hüttengewerbl. Herkunft eingeteilt. Eine Wiederbelebung versuchten naive Künstler (u. a. der Hlebiner Schule).

Hinterglasmalerei aus der Mittelslowakei. Jánošiks Rebellengruppe, um 1850 (Martin, Slowakisches Nationalmuseum)

Hintergrund, in der *Psychologie* derjenige Teil des Wahrnehmungsfeldes, von dem sich ein wahrgenommenes Objekt abhebt.

Hinterhand, (Nachhand) bei Haussäugetieren Bez. für die hinteren Extremitäten mit Kruppe und Schwanzansatz. ▷ bei Kartenspielen (zu dritt) derjenige Spieler, der die letzte Karte erhält und zuletzt ausspielt, im Ggs. zu **Vorhand** (der zuerst ausspielende Spieler) und **Mittelhand** (der Spieler in der Mitte).

Hinterhauptsbein ↑ Schädel.

Hinterhauptshöcker ↑ Schädel.

Hinterhauptslage, Kindslage (Schädellage), bei der das Hinterhaupt des Kindes bei der Geburt vorangeht; als vordere oder regelrechte H. weitaus häufigste Kindslage bei der Geburt.

Hinterhauptsloch, Öffnung im Hinterhauptsbein (↑ Schädel).

Hinterindien, Halbinsel SO-Asiens, zw. Golf von Bengalen, Andamanensee und Malakkastraße im W, Südchin. Meer und Golf von Thailand im O.

Hinterkiemer (Opisthobranchia), Überordnung der Schnecken mit rd. 13 000 marinen Arten (v. a. in Küstenregionen); Herz mit nur einer Vorkammer, dahinter rechtsseitig die Kieme.

Hinterlader ↑ Gewehr.

Hinterlauf, Bez. für die Hinterbeine beim Haarwild, beim Haushund und bei der Hauskatze.

Hinterlegung, die Übergabe von Geld oder Sachen an eine Verwahrungsstelle. **Hinterlegung zwecks Schuldbefreiung:** Bei unverschuldeter Ungewißheit des Schuldners über die Person des Gläubigers, Gläubigerverzug oder anderen Erfüllungshindernissen auf seiten des Gläubigers kann der Schuldner hinterlegungsfähiger Sachen (= Geld, Wertpapiere, Urkunden, Kostbarkeiten) in der Weise leisten, daß er die geschuldete Sache bei dem für den Leistungsort zuständigen Amtsgericht hinterlegt. Verzichtet der Schuldner auf das Recht zur Rücknahme der Sache oder ist die Rücknahme infolge Annahme der H. durch den Gläubiger oder Vorlage eines rechtskräftigen Urteils ausgeschlossen, so befreit die H. den Schuldner von seiner Verbindlichkeit. **Hinterlegung zwecks Sicherheitsleistung** (zulässig bei Geld oder Wertpapieren): Bei ihr erwirbt der Gläubiger ein Pfandrecht an dem hinterlegten Geld oder Wertpapier.

Hinterleib ↑ Abdomen.

Hinterpommern, seit den dynast. Teilungen ↑ Pommerns im 15. Jh. Bez. für das Gebiet östlich von Köslin, seit Ende des 16. Jh. für das Hzgt. Stettin, nach 1817 für das Gebiet Pommerns östlich der Oder.

Hinterradantrieb (Heckantrieb), konventionelle Antriebsbauweise im Kfz-Bau, bei der der üblicherweise vorn im Rahmen (als *Mittelmotor* auch im Rahmen vor den Hinterrädern) liegende Motor mit angebauter Kupplung und Schaltgetriebe über die Gelenkwelle auf das Achsgetriebe und dieses [über Gelenkwellen] auf die Hinterräder einwirkt. Bei H. und *Heckmotor* (hinten liegend) ist dieser meist mit Kupplung, Schaltgetriebe und Achsgetriebe zu einer Baueinheit zusammengefaßt.

Hinterrhein ↑ Rhein.

Hintersassen, Bez. für Bauern in MA und Neuzeit bis ins 19. Jh., die als Freie oder Halbfreie in dingl. Abhängigkeit von einem Grundherrn standen, auch für die Schutzverwandten in Städten, die auf dem Grund von Vollbürgern Häuser besaßen.

Hintertreppenroman, um 1880 gebildete Bez. für Trivialromane, die einem einfachen Lesepublikum (Dienstboten) an der Hintertreppe verkauft wurden.

Hinterwäldler, spött. Bez. für einen weltfremden, ungehobelten Menschen.

Hinterzarten, heilklimat. Kurort und Wintersportplatz im südl. Schwarzwald, Bad.-Württ., 885 m ü. d. M., 2 100 E.

Hintze, Otto, *Pyritz bei Stettin 27. Aug. 1861, †Berlin 25. April 1940, dt. Historiker. – Schüler von J. G. Droysen, G. von Schmoller und G. Waitz; 1899–1920 Prof. in Berlin; einer der bedeutendsten Sozialhistoriker; sah als wichtigste Aufgabe der Geschichtsschreibung eine zur polit. Sozialgeschichte sich erweiternde Verfassungsgeschichte an.

H., Peter, *Honnef/Rhein (= Bad Honnef) 25. April 1950, dt. ev. Theologe und Politiker (CDU). – 1983–90 Bundesbeauftragter für den Zivildienst; seit April 1992 Generalsekretär der CDU.

hinweisendes Fürwort ↑ Demonstrativpronomen.

Hinz, Werner, *Berlin 18. Jan. 1903, †Hamburg 10. Febr. 1985, dt. Schauspieler. – Nach Engagements in Darmstadt, Zürich, München und Berlin seit 1955 am Dt. Schauspielhaus in Hamburg und seit 1972 am Burgtheater, Wien; einer der profiliertesten Charakterdarsteller des dt. Theaters.

Hiob (Ijob, Septuaginta/Vulgata: Job), zentrale Gestalt des nach ihr ben. alttestamentl. Buches, das zu den bedeutendsten Werken der Weltliteratur zählt; mehrfach redigierte Fassung einer alten Legende, deren Hauptthema die Erprobung der Frömmigkeit H. und dessen Heimsuchung mit den **Hiobsbotschaften** (Unglücksbotschaften) ist. Die ersten dichter. Gestaltungen des H.stoffes stammen aus dem 16. Jh. (u. a. Drama von H. Sachs: „Comedi Der H.", 1547). Als Symbol für einen leidgeprüften Dulder erscheint H. u. a. bei O. Kokoschka („H.", Dr., 1917) und E. Wiechert („Das Spiel vom dt. Bettelmann", 1933). J. Roth („H.", R., 1930), A. J. Welti („H., der Sieger", Dr., 1954) und A. McLeish („Spiel um Job", 1958) zeigen am Beispiel H. die Existenzangst und die Glaubenszweifel des modernen Menschen.

Hipler, Wendel, * Neuenstein um 1465, † Heidelberg (in pfälz. Haft) 1526, dt. Bauernführer. – Vermittelte im Bauernkrieg zw. Bauern und Rittern; 1525 oberster Schreiber der Neckartal-Odenwälder Bauern, zwang Götz von Berlichingen zur Übernahme der Hauptmannschaft; berief 1525 ein Bauernparlament nach Heilbronn, um über Reichsreformvorstellungen zu beraten; seit Juni 1525 in Haft.

Hipparchos von Nizäa, *um 190, †um 125, griech. Astronom und Geograph. – H. war einer der bedeutendsten Astronomen der Antike. H. erfand vermutlich das ↑Astrolabium und erstellte einen ersten Katalog der Örter

Werner Hinz

von etwa 850 Fixsternen; die Auswertung älterer und eigener exakter Beobachtungen einer großen Anzahl von Finsternissen, Solstitien und Äquinoktien führten ihn zur Entdeckung der Präzession (um 130 v. Chr.), der verschiedenen Länge der Jahreszeiten u. a. Er führte die Trigonometrie in die Astronomie ein und entwickelte die ↑ Exzentertheorie. In der Geographie entwickelte H. ein Verfahren, mittels der Beobachtung von Mondfinsternissen die Breitendifferenz zweier Orte zu berechnen.

Hipparion [griech. „Pferdchen"], ausgestorbene, bes. aus dem Pliozän bekannte Gatt. etwa zebragroßer Pferde.

Hippeis [griech. „Ritter"], altgriech. Sammelbez. für die (von einem **Hipparchen** angeführte) Reiterei. Davon abgeleitet ist H. Terminus für die 2. soziale Rangklasse der athen. Bürgerschaft.

Hippel, Robert von, *Königsberg (Pr) 8. Juli 1866, †Göttingen 16. Juni 1951, dt. Jurist. – Prof. für Straf- und Prozeßrechte, wirkte v. a. in Göttingen. Schüler von F. von Liszt. 1903–13 arbeitete er an der beginnenden Strafrechtsreform mit. – *Hauptwerke:* Dt. Strafrecht (2 Bde., 1925–30), Der dt. Strafprozeß (1941, Nachtrag 1942).

H., Theodor Gottlieb von, *Gerdauen 31. Jan. 1741, †Königsberg (Pr) 23. April 1796, dt. Schriftsteller. – Freund Kants. H. verbindet in seinen Romanen, die von L. Sterne beeinflußt sind, empfindsame, lehrhafte, humorist. und satir. Elemente; bed. v. a. „Lebensläufe nach aufsteigender Linie" (R., 3 Bde., 1778–81).

Hipper, Franz Ritter von (seit 1916), *Weilheim i. OB. 13. Sept. 1863, †Othmarschen (= Hamburg) 25. Mai 1932, dt. Admiral. – Führte 1913–18 als Befehlshaber der Aufklärungsstreitkräfte die dt. Schlachtkreuzer; ab Aug. 1918 Chef der Hochseestreitkräfte.

Hippias, †um 490 v. Chr., Tyrann von Athen (seit 528/527). – Sohn des Peisistratos und zus. mit seinem Bruder Hipparchos dessen Nachfolger; nach Ermordung des Hipparchos (514) von Umsturzversuchen bedroht, suchte er die Verbindung mit Persien, wohin er vor den Spartanern 510 floh.

Hippiatrie [griech.], svw. ↑ Pferdeheilkunde.

Hippie [...pi; engl.-amerikan. „zu hip „eingeweiht"], Name für die Anhänger einer jugendl. Protestbewegung (1965–68 in den USA entstanden) gegen Kultur und polit. Ordnung der modernen Wohlstands- und Leistungsgesellschaft. Sie führten ein Leben in (scheinbar) friedvoller, freier, natürl. Gemeinschaft. Sexuelle Freizügigkeit („Love generation"), Farbenpracht und Blumenschmuck („Blumenkinder") sowie Drogengenuß dienten als Symbole, Erlebnisweise und Kampfmittel („Flowerpower").

hippo..., Hippo..., hipp..., Hipp... [griech.], Bestimmungswort von Zusammensetzungen mit der Bed. „Pferd".

Hippodamos von Milet, griech. Baumeister und Städteplaner des 5. Jh. v. Chr. – Vertrat das Plansystem ion. Kolonistenstädte, das durch gleich große Baulose in streng rechtwinkligem Straßennetz und zweckmäßiger Einbindung öff. Gebäude und Plätze bestimmt ist (später nach ihm „*Hippodam. System*" benannt); entwarf Stadt und Hafen Piräus (um 450).

Hippo Diarrhytus ↑ Biserta.

Hippodrom [griech.], im antiken Griechenland Bahn für Pferde- und Wagenrennen.

Hippokrates, *auf Kos um 460, †Larissa um 370, griech. Arzt. – H. gilt als Begründer der Medizin als Erfahrungswissenschaft auf Grund unbefangener Beobachtungen und Beschreibung der Krankheitssymptome und einer krit. spekulationslosen Diagnostik. – Die **Hippokratiker** verstanden Gesundheit und Krankheit als Gleichgewicht bzw. Ungleichgewicht von Körpersäften und Elementarqualitäten (↑ Humoralpathologie), wobei Umweltfaktoren, Lebensweise und Ernährung entscheidend sind. Sie beobachteten scharf die Krankheitssymptome, ihre Hauptanliegen waren jedoch die Prognose und die Prophylaxe, während sich in der Therapie zurückhielten und hauptsächlich die „Heilkraft der Natur" wirken ließen bzw. unterstützten. Die histor. Bedeutung der **hippokratischen Medizin** liegt einmal darin, daß sie das ärztl. Handeln einem hohen eth. Verantwortungsbewußtsein unterstellte, zum andern darin, daß sie bewußt von religiös-mag. Krankheitsauffassung und Therapie abrückte und ein rational-natürl. Verständnis der Krankheit versuchte.

Hipparion. Skelett (Abguß) eines Urpferdes

Hippokrates von Chios, griech. Mathematiker der 2. Hälfte des 5. Jh. v. Chr. – Erster Verfasser eines Lehrbuches („Elemente") der Geometrie; bemühte sich um das Problem der Kreisquadratur (in diesem Zusammenhang Einführung der sog. Möndchen) und der Würfelverdoppelung (delisches Problem).

hippokratischer Eid (Eid des Hippokrates, Asklepiadenschwur), dem griech. Arzt Hippokrates zugeschriebenes Gelöbnis der Ärzte, das die eth. Leitsätze ärztl. Handelns enthält und das Vorbild des heutigen Ärztegelöbnisses ist.

Hippolyt (Hippolytos), *in der 2. Hälfte des 2. Jh., †auf Sardinien um 235, röm. Kirchenschriftsteller, Gegenpapst (seit 217). – Fruchtbarster christl. griech. Schriftsteller im Westen; von seinen Anhängern gegen Kalixt I. zum Gegenpapst erhoben. H. verfaßte zahlr. nur teilweise erhaltene Werke, eine Kirchenordnung nach östl. Normen, exeget., dogmat., apologet., histor. und kirchenrechtl. Schriften sowie eine Weltchronik. Er leitete die Kanonisierung der Liturgie ein.

Hippolytos, Gestalt der griech. Mythologie. Sohn des Theseus und der Hippolyte, der Aphrodite die schuldige Ehrerbietung verweigert und deshalb auf Veranlassung Poseidons von seinen durchgehenden Rossen zu Tode geschleift wird.

Hipponax, griech. Dichter des 6. Jh. v. Chr. – Mußte vor den Tyrannen Athenagoras und Komas aus Klazomenai fliehen; Bettelpoet mit Spottgedichten in dem von ihm erfundenen Hinkjambus (↑ Choliambus) und in vulgärer Sprache.

Hippursäure [griech./dt.] (Benzoylglycin), organ. Säure, die in der Niere aus Benzoesäure und Glycin entsteht und sich bes. reichlich im Harn von pflanzenfressenden Tieren befindet. Die Bildung der H. dient der Entgiftung der bei pflanzl. Ernährung reichlich anfallenden Benzoesäure. Chemische Formel:

$$C_6H_5-CO-NH-CH_2-COOH$$

Hira, Al [aram. „Lagerplatz"], antike Stadt im Irak, nahe dem heutigen An Nadschaf; vom 3. bis 6. Jh. Residenz der Lachmiden, unter denen es zu einem Zentrum des nestorian. Christentums sowie Mittelpunkt der arab. Dichtkunst wurde; verfiel nach der islam. Eroberung.

Hiram I. (phönik. [A]hirom; Chiram), phönik. König von Tyrus (etwa 970–936 v. Chr.). – Verbündeter und Handelspartner Davids (2. Sam. 5, 11) und Salomos.

Hiratsuka, jap. Ind.stadt auf Honshū, an der Sagamibucht, 230 000 E. Landw. Forschungsstation; Fischereihafen und Seebad.

Hirmer Verlag ↑ Verlage (Übersicht).

Hirn... ↑ Gehirn...

Hirnangiographie, röntgenograph. Darstellung der Blutgefäße im Gehirn, entweder zur Untersuchung des

Theodor Gottlieb von Hippel (Kupferstich)

Hippokrates (römische Marmorkopie einer griechischen Herme, 4. Jh. v. Chr.; Ostia Antica, Museo Ostiense)

Hirnanhangsdrüse

Hiroshima. Die zerstörte Stadt nach dem Abwurf der Atombombe

Großhirns von den Kopfschlagadern aus *(Karotisangiographie)* oder zur Untersuchung des Kleinhirns von der Wirbelschlagader aus *(Vertebralisangiographie).*

Hirnanhangsdrüse, svw. ↑Hypophyse.
Hirnfläche, Schnittfläche senkrecht zur Faser eines Holzstammes.
Hirnhäute ↑Gehirnhäute.
Hirnnerven ↑Gehirn.
Hirnschädel ↑Schädel.
Hirnstamm ↑Gehirn.
Hirnstrombild, svw. ↑Elektroenzephalogramm.
Hirnszintigraphie (Gammaenzephalographie), diagnost. Verfahren zur Aufzeichnung der Verteilung und Speicherung von radioaktiven Testsubstanzen (Gammastrahlern) im Gehirn. Sie zeigen Lage und Ausdehnung z. B. von Blutungsherden, Geschwülsten und Erweichungsherden an, wenn man den Schädel mit Meßsonden (Szintillationszählern) abtastet und die Impulse registriert (Szintigramm). Seitenunterschiede in der Hirndurchblutung können an Aktivitätsverlaufskurven nach intravenöser Injektion von radiojodmarkiertem Serumalbumin abgelesen werden.

Hirohito, *Tokio 29. April 1901, †ebd. 7. Jan. 1989, jap. Kaiser. – Seit 1921 Regent, bestieg als Nachfolger seines Vaters, Kaiser Yoshihito, 1926 den Thron (124. Tenno); durch die Verfassung von 1947 auf reine Repräsentativfunktionen beschränkt.

Hirosaki, jap. Stadt auf N-Honshū, 176 000 E. Univ. (gegr. 1949). Mittelpunkt des größten jap. Obstbaugebietes, Lack- und Farbenproduktion. – Schloß (1610).

Hiroshige Andō [...ʃ...], *Edo (= Tokio) 1797, †ebd. 12. Okt. 1858, jap. Meister des Farbholzschnitts. – Seine Werke übten starken Einfluß auf die europ. Kunst aus (Impressionismus); Folgen: „Ansichten der Ost-Hauptstadt" (1830), „53 Stationen des Tōkaidō" (1834), „Berühmte Stätten von Kyōto" (1834), „Acht Ansichten vom Biwasee" (1834/35).

Hiroshima [...ʃ...] (Hiroschima), jap. Hafenstadt auf Honshū, an der Inlandsee, 1,04 Mill. E. Kath. Bischofssitz; Univ. (gegr. 1949), Musikhochschule; meteorolog. Observatorium. Bed. Ind.standort, u. a. Schiff-, Auto- und Maschinenbau. Export- und Fischereihafen, ✈.
Nach der Gründung der Burg 1589 als Burgstadt entstanden. In der Folgezeit entwickelte sich H. zur größten Stadt westlich von Osaka. Ab 1871 Präfekturhauptstadt. Im 2. Weltkrieg Standort von Rüstungsind. Der von US-Präs. H. S. Truman befohlene Atombombenabwurf auf H. am 6. Aug. 1945 (erstmaliger Kernwaffeneinsatz), der etwa 200 000 Tote und 100 000 Verwundete forderte, erfolgte in der Absicht, die Kapitulation Japans zu erzwingen. – Eines der wenigen größeren, nicht zerstörten Gebäude ist das Rathaus (1928, restauriert). Wiederhergestellt wurden der Wehrturm (jetzt Museum) der ehem. Burg (16. Jh.) und der Shukkeien-Landschaftsgarten (1. Hälfte 17. Jh.). Kenzō Tange schuf das „Friedenszentrum" (1949–56).

Hirsau ↑Calw.
Hirsauer Reform, ma. Reformbewegung innerhalb des Benediktinerordens, die vom Kloster Hirsau ausging und auf den Reformen von Gorze und Cluny beruhte. – ↑Kluniazensische Reform.

Hirsch, Emanuel, *Bentwisch (Landkr. Perleberg) 14. Juni 1888, †Göttingen 17. Juli 1972, dt. ev. Theologe – Schrieb geistes- und theologiegeschichtl. Werke, Übersetzer und Kommentator der Schriften S. Kierkegaards.
H., Ludwig [Gustav], *Weinberg (Steiermark) 28. Febr. 1946, östr. Liedermacher und Schauspieler. – Besingt in seinen textlich zynisch-aggressiven, z.T. skurrilen, melodisch einschmeichelnden Liedern (u. a. in der Tradition des Wiener Volks- und Straßenliedes) auch soz. Randgruppen.
H., Max, *Halberstadt 30. Dez. 1832, †Bad Homburg v. d. H. 26. Juni 1905, dt. Politiker. – Setzte sich für die Integration der Arbeiterbewegung in den Linksliberalismus ein; 1868 Mitbegr. der Hirsch-Dunckerschen Gewerkvereine; 1869–93 MdR (Dt. Fortschrittspartei bzw. Freisinnige Partei).
H., Paul, *Prenzlau 17. Nov. 1868, †Berlin 1. Aug. 1940, dt. Politiker. – 1908–33 MdL (SPD) in Preußen, 1918–20 erster preuß. SPD-Min.präs.; 1933 Emigration.

Hirschantilope ↑Riedböcke.
Hirschberg i. Rsgb. (im Riesengebirge; poln. Jelenia Góra), Hauptstadt der gleichnamigen Wojwodschaft, im **Hirschberger Kessel** (↑Sudeten), Polen, am oberen Bober, 345 m ü. d. M., 93 000 E. Chemiefaserwerk, pharmazeut., Textil-, Glasind.; Fremdenverkehr. – Das Ende des 13. Jh. gegr. und dt. besiedelte H. wurde 1299 Stadt. 1976 wurde ↑Bad Warmbrunn zugemeindet. – Spätgot. Pfarrkirche (14./15. Jh.), barockes Rathaus (1747).

Hirsch-Dunckersche Gewerkvereine, Gewerkschaftsorganisationen, die politisch am Linksliberalismus der Dt. Fortschrittspartei orientiert waren und den Klassenkampfgedanken ablehnten; gegr. 1868 durch M. Hirsch und F. Duncker; zus. mit den anderen Gewerkschaften Anfang Mai 1933 im Verlauf der Gleichschaltung aufgelöst; nach 1945 nicht wiederbelebt.

Hirsche (Cervidae), mit rd. 40 Arten weltweit verbreitete Fam. etwa 0,8 bis 3 m körperlanger Paarhufer; mit langer Schnauze und oft verkümmerten oder völlig reduzierten Eckzähnen (Ausnahmen: Moschustiere, Muntjakhirsche, Wasserreh, bei denen sie hauerartig entwickelt sind); ♂♂ (nur beim Ren auch ♀♀) mit Geweih (bei Moschustie-

Ludwig Hirsch

Hirohito, Kaiser von Japan

Magnus Hirschfeld

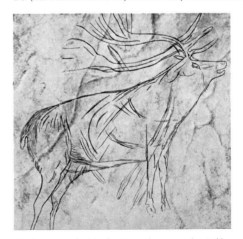
Hirsche. Jungpaläolithische Ritzzeichnung in der Höhle Altamira

ren und Wasserreh fehlend). – Während der Paarungszeit kommt es unter den ♂♂ oft zu Kämpfen um die ♀♀. Die Jungtiere sind meist hell gefleckt. – Neben den schon erwähnten Gruppen und Arten gehören zu den H. v. a. noch die ↑Trughirsche (u. a. mit Reh, Elch, Ren) und die Echthirsche (u. a. mit Rothirsch und Damhirsch).

Geschichte: Die ältesten Abbildungen von H. sind auf jungpaläolith. Felsbildern in Höhlen S-Frankreichs und N-Spaniens zu finden. Im alten Griechenland waren H. heilige Tiere der Göttin Artemis. Sie wurden auf Vasen, Reliefs und Münzen abgebildet. Die röm. Jagdgöttin Diana ist häufig zus. mit H. dargestellt.

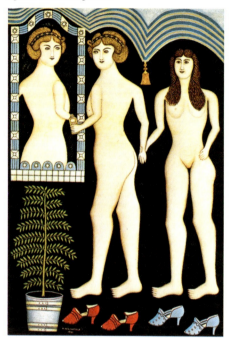

Morris Hirshfield. Unzertrennliche Freunde, 1941 (New York, Museum of Modern Art)

Hirschfänger ↑Jagdwaffen.

Hirschfeld, Georg, *Berlin 11. Febr. 1873, †München 17. Jan. 1942, dt. Schriftsteller. – Erfolgreich mit naturalist. Dramen aus dem Berliner Milieu, mit Komödien und Volksstücken sowie Novellen mit schwierigen psycholog. Problemen. Sein Spätwerk umfaßt v. a. eine große Zahl von Unterhaltungsromanen, z. B. „Die Tanzseele" (1920), „Die Frau mit den hundert Masken" (1931).

H., Kurt, *Lehrte 10. März 1902, †Tegernsee 8. Nov. 1964, dt. Regisseur. – Dramaturg (1933), später auch Regisseur und seit 1961 Direktor am Züricher Schauspielhaus; Uraufführungen u. a.: „Herr Puntila und sein Knecht Matti" (B. Brecht, 1948) und „Andorra" (M. Frisch, 1961).

H., Magnus, *Kolberg 14. Mai 1868, †Nizza 15. Mai 1935, dt. Nervenarzt und Sexualforscher. – Gründer und Leiter eines Instituts für Sexualwiss. in Berlin (ab 1918); arbeitete v. a. über Entwicklung und Störungen des sexuellen Verhaltens; trat für die geschlechtl. Aufklärung und für eine tolerante Haltung gegenüber abweichendem Sexualverhalten ein und befürwortete Geburtenkontrolle und Erleichterung der Ehescheidung; wandte sich entschieden gegen die strafrechtl. Verfolgung des Homosexualität.

Hirschhorn (Neckar), hess. Stadt am Neckar, 132 m ü. d. M., 3 800 E. Luftkurort; Apparatebau. – Die erstmals 773 (Stadtteil Ersheim) urkundlich erwähnte Siedlung, bei der um 1200 eine Burganlage entstand, erhielt 1391 Stadtrecht. – Burg mit Schildmauer, Turm (13./14. Jh.), Zwingmauern (14. Jh.) und Palas. Pfarrkirche (1411 vollendet, 1910 neu geweiht), barocke Stadtkirche (1628–30); Stadtmauer.

Hirschhornsalz, früher aus Hornsubstanz gewonnenes Gemisch aus zwei Teilen Ammoniumhydrogencarbonat und einem Teil Ammoniumcarbonat, das als Treibmittel z. B. beim Backen von Lebkuchen, Keksen u. a. Flachgebäck verwendet wird.

Hirschkäfer [so benannt wegen des geweihförmigen Oberkiefers] (Schröter, Lucanidae), mit über 1100 Arten weltweit verbreitete Fam. 0,5–10 cm großer Blatthornkäfer (in M-Europa sieben Arten); Oberkiefer der ♂♂ häufig zu geweihartigen Zangen vergrößert, mit denen sie Kämpfe um ein ♀ austragen. In M-Europa kommt neben dem ↑Balkenschröter bes. der **Eurasische Hirschkäfer** (*Feuerschröter, Hornschröter, Lucanus cervus*) vor: matt schwarzbraun; mit 4 (♀) bis 8 (♂) cm Länge größter europ. Käfer; steht unter Naturschutz.

Hirschkolbensumach ↑Sumach.

Hirschtrüffel (Hirschbrunst, *Elaphomyces cervinus*), ein kugeliger trüffelähnl. Schlauchpilz mit unterirdisch wachsendem, gelbbraunem, ungenießbarem und hartem Fruchtkörper.

Hirschvogel (Hirsvogel), Augustin, *Nürnberg 1503, †Wien im Febr. 1553, dt. Kunsthandwerker, Landvermesser, Kartograph und Radierer. – Sohn von Veit H. d. Ä.; in Nürnberg als Glasmaler, Wappensteinschneider und Hafner tätig, ab 1536 in Laibach und ab 1544 in Wien. Seine Landschaftsradierungen und -zeichnungen sind von der Donauschule beeinflußt.

H., Veit, d. Ä., *Nürnberg 1461, †ebd. 24. Dez. 1525, dt. Glasmaler. – Vater von Augustin H.; in seiner Glasmalerwerkstatt wurden zahlr. Glasgemälde nach Entwürfen von Dürer, H. Baldung und Hans von Kulmbach hergestellt.

Hirschziegenantilope ↑Springantilopen.

Hirschzunge (*Phyllitis scolopendrium*), seltene, geschützte Farnart aus der Fam. der Tüpfelfarngewächse mit 15–60 cm langen, immergrünen, in Rosetten angeordneten Blättern; auf feuchtem schattigem Kalkgestein in den Mittelgebirgen und Kalkalpen.

Hirse (*Panicum*), Gatt. der Süßgräser mit rd. 500 Arten, v. a. in den wärmeren Gebieten der Erde; einjährige oder ausdauernde Gräser mit ährenartiger Rispe. Die wichtigste Art ist die als Getreide verwendete **Echte Hirse** (*Rispen-H., Dt. H., Panicum miliaceum*), eine 0,5–1 m hohe, einjährige Pflanze mit behaarten, lanzettförmigen Blättern; Ährchen zweiblütig, in bis 20 cm langer, locker überhängender *(Flatter-H.)* oder aufrecht kompakter *(Dick-H.)* Rispe. – Die Früchte der H.arten sind fast runde Körner von hohem Nährwert (10 % Eiweiß, 4 % Fett, hoher Gehalt an Vitamin B_1 und B_2). Sie werden zur Bereitung von Brei und brotartigen Fladen, ferner zur Herstellung von Bier und Branntwein verwendet. Die Hauptanbaugebiete liegen in Z-Asien, O-Asien und Indien. – ↑Sorghumhirse, ↑Mohrenhirse, ↑Kolbenhirse.

Geschichte: Heimat der Echten H. ist wahrscheinlich Ostasien. Die Echte H. wurde in prähistor. Zeit in China, Indien und Kleinasien angebaut und war in Griechenland seit der minoisch-myken. Zeit Brot- und Breigetreide. Seit der Jungsteinzeit wurde sie im Alpenraum angebaut. Im MA gab es in M-Europa ausgedehnte Felder mit Echter Hirse.

Hirshfield, Morris [engl. 'hɔ:ʃfi:ld], *in Russisch-Polen 1872, †New York 26. Juli 1946, amerikan. Laienmaler poln. Herkunft. – Malte ab 1937 dekorative Kompositionen mit ornamental stilisierten Tieren, Bäumen oder Frauen.

Hirt, Hermann, *Magdeburg 19. Dez. 1865, †Gießen 12. Sept. 1936, dt. Sprachwissenschaftler. – 1896 Prof. in Leipzig, ab 1912 in Gießen; wurde v. a. mit Arbeiten zur Indogermanistik bekannt: „Die Indogermanen" (2 Bde., 1905–07), „Indogerman. Grammatik" (7 Bde., 1921–37), „Die Hauptprobleme der indogerman. Sprachwissenschaft" (hg. 1939).

Hirt (Hirte), Hüter von Haustieren beim Weidegang, meist angestellt als Hof-, Gemeinde- oder Genossenschafts-H.; auf sein Abzeichen, den H.stab, leistet er einen Eid oder

Hirschkäfer. Eurasischer Hirschkäfer

Hirse. Echte Hirse

Hirtenamt

Hirtenhunde. Links: Komondor. Rechts: Pyrenäenhund

Hirtentäschelkraut. Gemeines Hirtentäschelkraut

ein Gelübde. Die ehem. große Bed. des H., v. a. in den Alpenländern, in SO-Europa und SM-Europa, hat sich in vielfältigen, eigenen Kulturformen niedergeschlagen Die v. a. als Zierkunst ausgeprägte **Hirtenkunst** erstreckte sich auf zahlr. Gebrauchsgegenstände (Milchgefäße, H.stecken, Pfeifenköpfe, Garnhaspeln, Joche und Schellenbögen). Spezielle **Hirtenfeste** sind noch vereinzelt als sportl. Wettkämpfe (z. B. Steinstoßen, Kleiderringen, Schäferlauf) erhalten. Bes. altertüml. Züge trägt die **Hirtenmusik.** H.idyll und Schäferallegorie waren bereits in der Barockzeit beliebte dichter. Darstellungen.

Hirtenamt, im kath. Kirchenrecht bildl. Bez. für die der Kirche eigentüml. Vollmacht (↑Jurisdiktion), die in der sakramentalen Bischofs- und Priesterweihe übertragen und in der kanon. Sendung (↑Missio canonica) rechtlich umschrieben wird.

Hirtenbrief, Rundschreiben von Bischöfen oder Kirchenleitungen an die Gläubigen zu lehramtl. und seelsorgl. Fragen oder zu aktuellen Zeitproblemen.

Hirtendichtung, svw. ↑bukolische Dichtung; ↑Schäferroman.

Hirtenhunde, Gruppe großer, starkknochiger Hunde, die urspr. zum Schutz der Herden eingesetzt wurden. Zu den H. zählt man: Pyrenäenhund, Kuvasz und Komondor.

Hirtenspiel (Hirtenprozession), eine Szenengruppe des ↑Weihnachtsspiels.

Hirtentäschelkraut (Capsella, Hirtentäschel), Gatt. der Kreuzblütler mit fünf weltweit verbreiteten Arten; ein- bis zweijährige Kräuter mit verkehrt-herzförmigen Schotenfrüchten. In Deutschland kommt als Unkraut das **Gemeine Hirtentäschelkraut** (Echtes H., Capsella bursa-pastoris) vor.

Hirth, Albert, * Schellenmühle (= Brackenheim) 7. Okt. 1858, † Nonnenhorn (Landkr. Lindau) 12. Okt. 1935, dt. Erfinder, Konstrukteur und Unternehmer. – Vater von Hellmuth und Wolfram H.; erfand (1896) die Technik des Spritzgußverfahrens.

H., Hellmuth, * Heilbronn 24. April 1886, † Karlsbad 1. Juli 1938, dt. Ingenieur und Flugpionier. – Bruder von Wolfram H.; erreichte 1911 einen Höhenweltrekord und führte 1912 den ersten größeren Fernflug (Berlin–Wien) aus. 1931 gründete er die Hirth-Motoren GmbH in Stuttgart.

H., [Kurt Erhard] Wolfram, * Stuttgart 28. Febr. 1900, † bei Dettingen unter Teck 25. Juli 1959 (Flugzeugabsturz), dt. Flieger und Flugzeugbauer. – Bruder von Hellmuth H.; entdeckte 1930 die Technik des Thermikflugs (↑Segelflug) und stellte 1934 einen Weltrekord im Langstreckensegelflug auf.

Hirtius, Aulus, ✕ bei Mutina (= Modena) 43 v. Chr., röm. Politiker und Offizier. – Aus plebejischem Geschlecht. Sekretär Cäsars; 46 Prätor, 43 Konsul, fiel im Kampf gegen Marcus Antonius; verfaßte das 8. Buch von Cäsars „Commentarii de bello Gallico".

Hirudin [lat.], in den Speicheldrüsen von Blutegeln gebildeter Eiweißkörper, der die Blutgerinnung hemmt. H. enthaltende Präparate (Salben, Gele) werden lokal bei Venenentzündung und Thrombose angewendet.

Hirzebruch, Friedrich, * Hamm 17. Okt. 1927, dt. Mathematiker. – Seit 1956 Prof. in Bonn; seit 1980 Direktor des Max-Planck-Inst. für Mathematik in Bonn; Arbeiten zur Topologie und zur algebraischen Geometrie.

Hirzel, Hans Caspar, * Zürich 21. März 1725, † ebd. 20. März 1803, schweizer. Arzt und Schriftsteller. – Philanthrop; war u. a. mit E. von Kleist und J. W. L. Gleim befreundet; Vertreter der literar. Ideen J. J. Bodmers; schrieb u. a. „Catechet. Anleitung zu den gesellschaftl. Pflichten" (1776).

His, eigtl. Ochs, Basler Ratsherrenfamilie. 1818/19 nahmen die Söhne des Politikers und Historikers P. Ochs (* 1752, † 1821) den urgroßväterl. Namen H. an; bed.:

H., Wilhelm, * Basel 19. Dez. 1863, † Riehen 10. Nov. 1934, schweizer.-dt. Internist. – Prof. in Basel, Göttingen und Berlin; arbeitete v. a. über Krankheiten des Herzens und des Stoffwechsels; entdeckte das nach ihm ben. **His-Bündel,** ein erregungsleitendes Muskelgewebe des Herzens.

Hisbullah (Hisbollah) ↑Libanon (Geschichte).

Hiskia (Hiskija, Ezechias), König von Juda (725–697). – Zunächst Bundesgenosse des Assyrerkönigs Sargon II., nach dessen Tod Anhänger einer antiassyr. Bewegung; beraten vom Propheten Jesaja; rege Bautätigkeit; reformierte den Jahwekult (2. Kön. 18–20).

Hispaniola (Haiti), die zweitgrößte der Westind. Inseln, zw. Kuba und Puerto Rico, 76 192 km². Politisch geteilt in die Dominikan. Republik und Haiti.

hissen [niederdt.] (heißen), ein Segel oder eine Flagge hochziehen (Seemannssprache).

Histadrut, israel. Einheitsgewerkschaft; gegr. in Haifa 1920. – ↑Gewerkschaften.

Histamin [Kw.] (2-(4-Imidazolyl)-äthylamin), ein biogenes Amin, das durch Decarboxylierung von ↑Histidin entsteht. H. ist ein Gewebshormon, das bes. reichlich in den Gewebsmastzellen der Haut, Muskulatur und Lunge gespeichert ist. Es bewirkt eine rasche Kontraktion bestimmter glatter Muskeln (Gebärmutter, Bronchien), eine Erweiterung der Blutgefäße der Haut und eine Erhöhung der Kapillardurchlässigkeit; außerdem regt H. die Magensaftsekretion und Darmperistaltik an. Eine vermehrte H.ausschüttung erfolgt bei allerg. Reaktionen, bei [Sonnen]bestrahlung, Verbrennungen und anderen Gewebszerstörungen; es kommt zu lokal stark vermehrter Durchblutung, die sich auf der Haut durch intensive Rötung bemerkbar macht. Im Gewebe wird H. durch Enzyme schnell unwirksam gemacht; H. wird auch als Auslöser von Nahrungsmittelunverträglichkeiten angesehen. Substanzen (↑Antihistaminika), welche die Wirkung des H. hemmen, haben therapeut. Bed. Chem. Strukturformel:

$$\begin{array}{c} HN-C-CH_2-CH_2-NH_2 \\ | \quad \| \\ HC \quad CH \\ \diagdown N \diagup \end{array}$$

Histaminantagonisten, svw. ↑Antihistaminika.
Histaminrezeptorenblocker, svw. ↑Antihistaminika.

Histiäus, † 493 v. Chr., Tyrann von Milet. – Widersetzte sich beim Skythenzug Darius' I. 513 v. Chr. dem Plan einer Vernichtung des pers. Heeres durch Zerstörung der Donaubrücke; soll in Susa Aristagoras zum ion. Aufstand veranlaßt haben.

Histidin [griech.], [(2-Amino-3-(4-imidazolyl)-propionsäure)], Abk. His, als Baustein vieler Proteine vorkommende essentielle Aminosäure; sie spielt als Protonendonator und -akzeptor in den aktiven Zentren von Enzymen und für die Bindung von Hämen in Hämoproteinen eine wichtige Rolle. Chem. Strukturformel:

$$\begin{array}{c} N-C-CH_2-CH-COOH \\ \| \quad \| \quad \quad \quad | \\ HC \quad CH \quad \quad NH_2 \\ \diagdown N \diagup \\ | \\ H \end{array}$$

Histiozyten [griech.] ↑Wanderzellen.

Histochemie [griech./arab.], die Chemie der Gewebe und Zellen von Organismen; sie befaßt sich mit dem Nachweis, der Lokalisierung und Verteilung von chem. Stoffen in ihnen und deren Reaktionen und Veränderungen beim Stoffwechsel u. a. biolog. Abläufen.

Histogenese [griech.] (Gewebsentwicklung), Prozeß der Ausdifferenzierung der verschiedenen Gewebearten im Verlauf der Embryonalentwicklung.

Histogramm [griech.], graph. Darstellung einer Häufigkeitsverteilung, bei der der Wertebereich der unabhängigen Veränderlichen in gleich große Abschnitte eingeteilt ist, in denen die abhängige Veränderliche jeweils einen konstanten Wert hat.

Histologie [zu griech. histós „Gewebe"] (Gewebelehre), Lehre von der Struktur und Funktion der Gewebe; in der Medizin von bes. Bed. für die Beurteilung gesunder und krankhaft veränderter Gewebe *(patholog. H.)*.

Histolyse [griech.], Auflösung des Körpergewebes; allg. Gewebezersetzung durch Enzyme und Bakterien nach dem Tod oder lokale Gewebezerstörung beim lebenden Organismus durch schädigende Einwirkungen.

Histone [griech.], Gruppe von bas. Proteinen, die in den Zellkernen der Zellen von Eukaryonten als Bestandteile des Chromatins reversibel an die DNS gebunden sind.

Histoplasmose [griech.] (Histoplasma-Mykose), eine vorwiegend in den Tropen vorkommende Pilzkrankung bei Mensch und Tieren (bes. bei Hunden). Der Erreger (Histoplasma capsulatum) befällt die inneren Organe („Systemmykose"). Infektion durch Einatmen von sporenhaltigem Staub. Behandlung symptomatisch, in schweren Fällen mit Amphotericin B.

Historie [griech.-lat.], 1. Bez. für Geschichte als das Geschehene im Unterschied zur Geschichte als Wiss.; 2. veraltete Bez. für darstellende Geschichtsquellen.
▷ (abenteuerl., erdichtete) Erzählung, auch der Erzählstoff (der z. B. in der Historienmalerei verwendet wurde), speziell spätma. phantast. Erzählungen in Vers und Prosa; häufig in den Titeln der Volksbücher, z. B. „Historia von D. Johann Fausten ..." (1587).

Historienmalerei, Gattung der Malerei, die (kultur-)geschichtl. Ereignisse, i. w. S. Erzählstoffe aus Legende, Sage und Dichtung zum Inhalt hat. Die H. neigt zum Idealisieren. – H. gibt es im alten Ägypten, bei den Assyrern, bei den Griechen (↑Alexandermosaik).
Mit dem Christentum nimmt die religiöse H. ihren Anfang (Heiligenlegenden). – Als Beispiele für die H. i. e. S. sind die nicht erhaltenen karoling. Wandmalereien zu nennen (Pfalz von Ingelheim), weiteres Zeugnis ma. H. ist der ↑Bayeux-Teppich. – Häufiges Bildthema wird Geschichte erst mit der italien. Renaissance (ein frühes Beispiel sind die Fresken von S. Aretino im Rathaus von Siena, um 1407); Hauptwerke stammen u. a. von A. Mantegna („Cäsars Triumphzug", um 1484–92), P. Uccello („Die Schlacht bei San Romano", um 1456/57), Leonardo da Vinci („Schlacht von Anghiari", Karton von 1503–05, verlorengegangen) und Michelangelo („Überfall bei den Cascine", Federzeichnung von 1505 erhalten). Das bedeutendste Werk der deutschen Malerei jener Zeit ist A. Altdorfers „Alexanderschlacht" (1529). – Im Zeitalter des Absolutismus wurde die H. zur wichtigsten Kunstgattung an den frz. Akademien. Die H. des Barock erreichte mit Rubens' Medicizyklus (1622–25) und Velázquez' „Schlüsselübergabe von Breda" (1635) ihren Höhepunkt. Neuen Aufschwung nahm die H. mit Erstarken des Bürgertums (J. L. David, „Schwur der Horatier", 1784). Die H. des 19. Jh. wandte sich verstärkt der eigenen (nat.) Vergangenheit, aber auch der Gegenwart zu: E. Delacroix, T. Géricault, P. Delaroche, É. Manet in Frankreich, P. Cornelius, A. Rethel, K. F. Lessing, W. von Kaulbach, K. von Piloty, A. von Menzel in Deutschland, E. Stückelberg und F. Hodler („Rückzug von Marignano", 1898–1900) in der Schweiz. Gegen die russ. akadem. H. wandten sich die ↑Peredwischniki mit realist. Szenen (u. a. I. Repin, „Die Saporoger Kosaken schreiben einen Brief an den Sultan", 1878–91). – Im 20. Jh. hat Picasso mit „Guernica" (1937) ein bed. „Historienbild" geschaffen, das – wie schon Goya im 19. Jh. – Anklage gegen Krieg und Gewalt erhebt.

Historik [griech.], die Lehre von der histor. Methode der Geschichtswissenschaft.

Historikerstreit, Kontroverse unter einigen dt. Historikern, Philosophen und Journalisten über die Einordnung und Bewertung des NS, ausgelöst durch den Vorwurf von J. Habermas („Die Zeit", 11. Juli 1986) gegen eine Gruppe von Historikern (bes. E. Nolte), das NS-Regime und seine Verbrechen zu relativieren. In der polemisch ausgetragenen Diskussion zur Aufarbeitung dieser jüngeren dt. Vergangenheit ging es auch um die Bestimmung des zeitgenöss. Geschichtsbewußtseins und die Aufgaben der Geschichtswissenschaft und -schreibung (v. a. ihre Sinnstiftung für das öff. Bewußtsein).

Historiographie [griech.], svw. Geschichtsschreibung.

historische Buchten, nach Völkerrecht Buchten, deren Gewässer ungeachtet der Zugangsweite seit jeher der vollen Gebietshoheit des Uferstaates unterliegen; u. a. die Delaware Bay, die Hudson Bay und das Weiße Meer.

historische Grammatik ↑Grammatik.

historische Hilfswissenschaften (histor. Grundwissenschaften), Fächer und Teilgebiete der Geschichtswiss., die sich v. a. mit der Erschließung und vorbereitenden Kritik der Geschichtsquellen befassen; i. e. S. Paläographie einschl. Epigraphik (Inschriftenkunde) und Papyrologie, Urkundenlehre (Diplomatik) und Aktenkunde, Siegelkunde (Sphragistik), Zeitrechnung (Chronologie), Genealogie, Wappenkunde (Heraldik) und Numismatik.

historische Institute, Stätten wiss. Begegnung und Forschung; v. a. in der 2. Hälfte 19. Jh. gegr.: z. B. in Wien das **Institut für Österreichische Geschichtsforschung** (gegr. 1854), in Rom die **École Française de Rome** (gegr. 1873), das **Österreichische Historische Institut** (gegr. 1883), das **Preußische Historische Institut** (gegr. 1888, seit 1953 **Deutsches Historisches Institut**), das **Istituto storico Italiano** (gegr. 1883), in Göttingen das **Max-Planck-Institut für Geschichte** (gegr. 1956), in London das **Deutsche Historische Institut** (gegr. 1976).

historische Methode, Bez. für das v. a. in den Geisteswiss. (im Unterschied zu den Naturwiss.) grundlegende allg. Erkenntnisprinzip, das in krit. Auseinandersetzung mit dem Quellenbefund ermittelten histor. Fakten und Geschichtsabläufe in ihrer Genese, ihren Bedingungszusam-

Hans Caspar Hirzel (Kupferstich, um 1795)

Wilhelm His

Historienmalerei. Peter Paul Rubens, Die Ankunft der Maria von Medici in Marseille, 1622–25 (Paris, Louvre)

historische Rechtsschule

menhängen und Wirkungen zu verstehen; seit L. von Ranke prinzipiell unbestritten, heute relativiert.

historische Rechtsschule, svw. ↑historische Schule.

historischer Kompromiß, in Italien („compromesso storico") Bez. für die seit 1973 von E. Berlinguer geforderte polit. Zusammenarbeit v. a. von Democrazia Cristiana (DC) und Partito Comunista Italiano (PCI) mit dem vom PCI angestrebten Ziel seiner Reg.mitverantwortung. Seit 1975 kam es zu informeller Reg.beteiligung des PCI, der die von der DC geführten Minderheitsreg. durch Stimmenthaltung („non-opposizione") duldete. 1979 gab jedoch der PCI diese Haltung im Parlament auf, da er nicht an der direkten Reg.verantwortung durch Aufnahme in das Kabinett beteiligt worden war. – ↑Italien (Geschichte).

historischer Materialismus ↑Marxismus.

historischer Roman (Geschichtsroman), eine umfang- und figurenreiche Prosadichtung, die historisch authent. Gestalten und Vorfälle behandelt oder in historisch beglaubigter Umgebung spielt und auf einem bestimmten Geschichtsbild beruht. Eigtl. Begründer war W. Scott mit „Waverley" (1814). Vertreter in Frankreich u. a. V. Hugo und A. Dumas d. Ä. mit seinen über 300 histor. Abenteuerromanen, in Italien A. Manzoni, in Rußland u. a. A. S. Puschkin und N. W. Gogol, in Deutschland C. Brentano, A. von Arnim, W. Hauff, L. Tieck, W. Alexis. Eine zweite Phase ergab sich mit der Ausbreitung des Historismus und seiner Verabsolutierung des Geschichtsdenkens sowie mit der konsequent hist. Geschichtsschreibung. Früh davon beeinflußt war der h. R. in den USA: z. B. N. Hawthorne; es folgten in England W. M. Thackeray, in Deutschland V. von Scheffel und bes. G. Freytag. Von den h. R. des literar. Hoch- bzw. Spätrealismus (G. Flaubert, C. de Coster, A. Stifter, C. F. Meyer, T. Fontane, W. Raabe) ist L. Tolstois „Krieg und Frieden" (1868/69) wohl der bedeutendste. Seit dem Ausgang des 19. Jh. ist der h. R. literar. Gemeingut von großer Vielfalt, ohne daß sich weitere Phasen abgrenzen lassen; wichtige Autoren sind u. a. W. Faulkner, J. Roth, R. Rolland, H. Sienkiewicz, R. Huch, F. Thieß, F. Sieburg, S. Zweig, R. Schneider, W. Bergengruen, G. von Le Fort, M. Brod, A. Döblin, F. Werfel, L. Feuchtwanger, A. France, T. Wilder, M. Yourcenar.

historische Schule, (historische Rechtsschule) um 1800 von F. K. von Savigny begr. rechtswiss. Lehre über das Entstehen von Recht. Das Recht sei, gebunden an histor. Voraussetzungen, ein aus dem innersten Wesen der Nation und ihrer Geschichte entstandener Teil ihrer Kultur. Die h. S. verzweigte sich im 19. Jh. in ↑Germanisten und Romanisten.

▷ (h. S. [der Nationalökonomie]) Sammelbez. für die Vertreter einer um die Mitte des 19. Jh. entstandenen und bis ins 20. Jh. bed. Richtung in der Volkswirtschaftslehre (W. Roscher, G. Schmoller, W. Sombart, Max Weber). Sie betonten die histor. Einmaligkeit wirtsch. Phänomene und bemühten sich um Zeit- und Wirklichkeitsnähe; ihr (nicht erreichtes) Ziel war es, ökonom. Gesetzmäßigkeiten empirisch-induktiv aus einer universalen Gesamtschau des wirtschaftsgeschichtl. Materials zu schaffen.

historisches Präsens, Gegenwartsform, die innerhalb eines Textes im Präteritum (Vergangenheit) verwendet wird, um die Spannung zu steigern und Höhepunkte innerhalb der ep. Erzählung zu schaffen.

historische Theologie ↑Theologie.

Historische Zeitschrift, Abk. HZ, 1859 in München durch H. von Sybel gegr. Fachzeitschrift der Geschichtswiss.; seit 1985 hg. von L. Gall.

Historismus [griech.-lat.], in den Geisteswiss. eine Betrachtung der kulturellen Erscheinungen unter dem leitenden Gesichtspunkt ihrer histor. Gewordenheit, d. h. Geschichtlichkeit; damit verbunden ist die Betonung von Einmaligkeit und Besonderheit. In der Individualität sah der H. die schlechthin bestimmende Kategorie histor. Erkenntnis. Die Geschichtswiss. hat daraus starke Antriebe für Forschung und Deutung der Gegenwart gezogen, gleichzeitig aber durch Absolutsetzung dieses method. Prinzips, das die Unvergleichbarkeit histor. Prozesse und Strukturen voraussetzt, sich der Gefahr des Wertrelativismus ausgesetzt und von der Entwicklung der anderen Sozialwiss. abgesondert. Der eigtl. Begriff H. entstand erst der 2. Hälfte des 19. Jh. Seine größte prakt. Bed. für Geschichts- und Gegenwartsbewußtsein erreichte er in der Zeit der dt. Reichsgründung als grundlegende quellenbezogene geisteswiss. Position mit Auswirkung auf Sprachwiss., histor. Rechtsschule und histor. Schule der Nationalökonomie. Die Krise des H. fiel mit dem Ende des 1. Weltkriegs zusammen. Sie führte zur methodolog. Neuorientierung der modernen Geschichtswissenschaft.

Als **Historizismus** kritisierte K. R. Popper sozialwiss. Theorien (bes. Marxismus), die den Geschichtsverlauf „objektiven" Gesetzen unterwerfen und behaupten, histor. Entwicklungen voraussagen zu können.

▷ in der bildenden Kunst, Baukunst und im Kunsthandwerk des 19. Jh. Ausdruck einer in histor. Anleihen das eigene Selbstverständnis suchenden Stilhaltung (↑Neugotik, ↑Neurenaissance, ↑Neubarock).

Hit [engl., eigtl. „Stoß, Treffer"], Spitzenschlager (bes. erfolgreiches Musikstück, vielgekaufte Ware usw.).

Hitachi Ltd. [engl. hɪˈtɑtʃɪ ˈlɪmɪtɪd], Japans zweitgrößter Ind.konzern und eines der bedeutendsten Unternehmen der Welt auf dem Gebiet der Elektro- und Elektronikind., gegr. 1910, Sitz Tokio. Unternehmensbereiche: Energieerzeugungs- und Übertragungsanlagen, Ind.ausrüstungen; Unterhaltungselektronik, Haushaltsgeräte, Fernmelde- und Rundfunkanlagen, Datenübertragungs- und Datenverarbeitungsanlagen.

Alfred Hitchcock

Hitchcock, Alfred [Joseph] [engl. ˈhɪtʃkɔk], * London 13. Aug. 1899, † Los Angeles 29. April 1980, brit. Filmregisseur und -produzent. – Galt in den 30er Jahren als einer der führenden engl. Regisseure; ging 1939 nach Hollywood, wo er sich zum bedeutendsten Vertreter des Thrillers entwickelte; Hauptthema ist der Identitätsverlust seiner meist gutbürgerl. Helden, die aus der Ordnung ihres alltägl. Lebens gerissen werden. – *Filme (Auswahl):* Erpressung (1929), Der Mann, der zuviel wußte (1934, Remake 1955), Eine Dame verschwindet (1938), Rebecca (1940), Verdacht (1941), Im Schatten des Zweifels (1943), Bei Anruf Mord (1953), Das Fenster zum Hof (1954), Der falsche Mann (1957), Aus dem Reich der Toten (Vertigo; 1958), Der unsichtbare Dritte (1959), Psycho (1960), Die Vögel (1963), Marnie (1964), Topas (1968), Frenzy (1972), Familiengrab (1976).

Hitchings, George Herbert [engl. ˈhɪtʃɪŋs], * Hoquiam (Wash.) 18. April 1905, amerikan. Biochemiker. – Erarbeitete Methoden zur Analyse der Unterschiede in den Nukleinsäuremetabolismen von normalen menschl. Zellen, Krebszellen, Protozoen, Bakterien und Viren (als Voraussetzung für die Entwicklung von Arzneimitteln gegen Krebs

Alfred Hitchcock. Szene aus „Die Vögel", 1963

u. a. Erkrankungen); erhielt 1988 mit J. W. Black und G. B. Elion den Nobelpreis für Physiologie oder Medizin.

Hitler, Adolf, *Braunau am Inn 20. April 1889, †Berlin 30. April 1945 (Selbstmord), dt. Politiker östr. Herkunft. – Sohn des östr. Zollbeamten Alois H. (*1837, †1903; bis 1877 nach seiner Mutter Schicklgruber). H. verließ 1905 die Realschule ohne Abschluß. Zwei Bewerbungen an der Kunstakademie Wien (1907/08) scheiterten. In der konfliktreichen Atmosphäre im Wien der Vorkriegszeit fand der sozial deklassierte Zwanzigjährige Selbstbestätigung im Politisieren. Aus Zeitungen, Broschüren und Büchern las er sich eine Weltanschauung zusammen, deren Kern im Glauben an die „german. Herrenrasse" und die „jüd. Weltgefahr" bestand.

Im Mai 1913 ging H., um sich dem Militärdienst zu entziehen, nach München (dt. Staatsbürger wurde er, 1925 auf eigenen Wunsch aus der östr. Staatsbürgerschaft entlassen, erst am 25. Febr. 1932 durch Ernennung zum braunschweig. Reg.rat). Als Kriegsfreiwilliger erlebte er die Jahre 1914–18 als zeitweilig erblindeter Meldegänger an der W-Front. Kam als Vertrauensmann der Münchener Reichswehr im Sept. 1919 mit der völkisch ausgerichteten „Dt. Arbeiterpartei (ab Febr. 1920: Nat.-soz. Dt. Arbeiterpartei [NSDAP]) in Kontakt und übernahm im Juli 1921 den Parteivorsitz mit diktator. Vollmachten. Gefördert von Reichswehr, Polizei und Reg. in Bayern, wurde H. 1922/23 zur Schlüsselfigur der dortigen nationalist. Gruppen und Wehrverbände. Sein Versuch jedoch, die Reg. zum Staatsstreich gegen Berlin zu treiben, scheiterte am 9. Nov. 1923 (↑Hitlerputsch). Die NSDAP wurde verboten, H. zu 5 Jahren Festungshaft verurteilt. Auf der Festung Landsberg begann er seine Rechenschafts- und Programmschrift „Mein Kampf", die in 2 Bänden 1925/26 erschien (1928 entstand das postum 1961 veröffentlichte sog. „Zweite Buch"). Ausgehend von Negationen (Antisemitismus, Antimarxismus, Antiliberalismus usw.) fügte H. darin den rassisch gereinigten, nationalist. Führerstaat, dessen Zweck in der sozialdarwinistisch gerechtfertigten Eroberung „neuen Lebensraums für das dt. Volk" im O lag; H. Gedanken zur Technik polit. Propaganda zielten ab auf unbegrenzte Manipulation der Massen.

Die von H. nach seiner vorzeitigen Entlassung aus Landsberg (Ende 1924) neubegr. NSDAP (27. Febr. 1925) stand im Zeichen der auf Wahlerfolge bedachten Legalitätstaktik. Zwar blieben die Wahlerfolge bis 1928/29 begrenzt, doch schuf sich H. in der militanten Kaderpartei ein schlagkräftiges Instrument. Die Auswirkungen der Weltwirtschaftskrise in Deutschland begünstigten ein dammbruchartiges Anwachsen der kleinbürgerl. und agrar. Protestbewegung der NSDAP. Nach dem stufenweisen Abbau des parlamentarisch-demokrat. Systems der Weimarer Republik durch die Reg. Brüning und Papen, nach dem Scheitern aller Versuche, die NSDAP durch Reg.beteiligung zu „zähmen" (Papen) oder zu spalten (Schleicher), und nach dem Einschwenken großagrar. und industrieller Gruppen auf eine „Lösung H." wurde dieser von Hindenburg am 30. Jan. 1933 zum Reichskanzler ernannt.

Über sofortige Neuwahlen (NSDAP: 43,9 %), Notverordnungen (Aufhebung der Grundrechte, permanenter Ausnahmezustand) und Ermächtigungsgesetz gelang es H. in wenigen Monaten, mit Drohung und Terror alle Sicherungen und Gegenkräfte im polit., gesellschaftl. und geistigen Raum zu überspielen und den totalitären Einparteienstaat zu schaffen. Die plebiszitär abgestützte Führerdiktatur wurde durch die Schiedsrichterstellung H. zw. rivalisierenden Staats- und Parteiinstanzen bald unangreifbar. Durch seine Abrechnung mit der SA am 30. Juni 1934 (sog. Röhm-Putsch) stärkte H. die Wehrmacht in der Illusion einer traditionellen Partnerschaft. Nach dem Tode Hindenburgs (2. Aug. 1934) vereinigte er als Führer und Reichskanzler das höchste Partei-, Reg.- und Staatsamt in seiner Hand und ließ als neuer Oberbefehlshaber die Reichswehr auf seinen Namen vereidigen (seit 1942 auch Oberster Gerichtsherr). Den raschen Aufbau der Wehrmacht verband H. mit einer traditionelle Revisions- und Gleichberechtigungsziele anstrebenden Außenpolitik, die in geschickter Ausnutzung vorhandener Interessenkonflikte alle Ansätze zur kollektiven Friedenssicherung durch den Austritt aus dem Völkerbund (19. Okt. 1933) und durch zweiseitige Verträge mit Polen (Dt.-Poln. Nichtangriffspakt 1934), Großbrit. (Dt.-Brit. Flottenabkommen 1935) und Österreich (1936) verhinderte. Zögernde Konservative wie Fritsch, Blomberg und Neurath wurden im Febr. 1938 entlassen. Gestützt auf das Bündnis mit Italien und Japan (Achse Berlin–Rom, Antikominternpakt, Stahlpakt), griff H. mit dem „Anschluß" Österreichs (Einmarsch 12. März 1938), des Sudetenlands (1. Okt. 1938, Münchner Abkommen) und mit der Zerschlagung des tschechoslowak. Staates (März 1939) nach der Hegemonie in Kontinentaleuropa, nutzte den Abschluß des Dt.-Sowjet. Nichtangriffspaktes (23. Aug. 1939, „H.-Stalin-Pakt") zum Angriff auf Polen am 1. Sept. 1939 und entfesselte so den 2. Weltkrieg.

Anfangserfolge gaben H. auch auf militär. Gebiet ein Überlegenheits- und Unfehlbarkeitsbewußtsein, das dem fachl. Rat der Generalität nicht mehr zugänglich war. In den besetzten Gebieten, v. a. im O, begann auf H. Anweisung und mit Hilfe des seit 1939 rasch wachsenden Terrorapparats der SS eine rassenideologisch begr. brutale Unterdrückungs- und Vernichtungspolitik. Gleichzeitig fielen den Maßnahmen zur „Endlösung der Judenfrage" in den Konzentrationslagern Mill. Menschen zum Opfer. Die unmenschl. harte Kriegsführung gegen die Sowjetunion (Kommissarbefehl, Massenerschießungen russ. Kriegsgefangener) ging ebenso auf H. Intervention zurück wie die Anfänge der innerdt. Rassenpolitik (Euthanasieprogramm). In der Isolierung des Führerhauptquartiers verlor der Durchhaltefanatiker H. ab 1942 zunehmend den Realitätsbezug. Alle Pläne der Widerstandsbewegung zur Beseitigung H. (Attentat am 20. Juli 1944) scheiterten. Mit der ihm am Vortag angetrauten Eva Braun beging H. am 30. April 1945 im Bunker der Berliner Reichskanzlei Selbstmord. – ↑Nationalsozialismus.

Hitlerjugend, Abk. HJ, die Jugendorganisation der NSDAP; 1926 als „Bund dt. Arbeiterjugend" gegr.; bis 1933 Jugendabteilung der nat.-soz. Kampfverbände; wurde durch Gesetz 1936 zur zentralen, dem Elternhaus und der Schule gegenüber bevorzugten Organisation zur „körperl.-geistigen und sittl. Erziehung der Jugend" sowie seit 1939 zur „vormilitär. Ertüchtigung"; seit 1939 war die Mitgliedschaft für Jugendliche zw. 10 und 18 Jahren verbindlich. *Aufbau:* **Deutsches Jungvolk** bzw. **Jungmädelbund** (10- bis 14jährige), HJ i. e. S. bzw. **Bund Deutscher Mädel** (BDM; 14- bis 18jährige). – 1931–40 geleitet von „Reichsjugendführer" B. von Schirach, 1940–45 von A. Axmann; Ende 1938 rd. 8,7 Mill. Mitglieder.

Hitlerputsch, Versuch Hitlers und Ludendorffs, am 8./9. Nov. 1923 in Bayern die Macht an sich zu reißen und mit einem Marsch auf Berlin die Reg. Stresemann zu stürzen. Die ähnl. Ziele verfolgende, anfangs überrumpelte bayer. Reg. unter G. Ritter von Kahr ließ am 9. Nov. den Demonstrationszug vor der Feldherrnhalle mit Polizeigewalt zerstreuen.

Hitler-Stalin-Pakt ↑Deutsch-Sowjetischer Nichtangriffspakt (1939).

Hittorf, Jacques Ignace [frz. i'tɔrf], *Köln 20. Aug. 1792, †Paris 25. März 1867, frz. Baumeister und Archäologe dt. Herkunft. – Erbaute in Paris Saint-Vincent-de-Paul (1824 bis 1844, mit J.-B. Lepère) und gestaltete 1833 ff. die Place de la Concorde, die Champs-Élysées und die Place de l'Étoile (1856 vollendet, jetzt Place Charles-de-Gaulle). Einer der Pioniere der Eisenkonstruktionen (Gare du Nord, 1861–65). H. wies die Polychromie in der griech. Baukunst nach. – Abb. S. 390.

H., Johann Wilhelm ['--], *Bonn 27. März 1824, †Münster 28. Nov. 1914, dt. Physiker und Chemiker. – 1852–89 Professor in Münster. Er untersuchte die Beweglichkeit der Ionen bei der Elektrolyse, bestimmte mit Hilfe von Potentialsonden u. a. den Spannungsverlauf in Gasentladungen und fand die geradlinige Ausbreitung und magnet. Ablenkbarkeit der Kathodenstrahlen.

Adolf Hitler

Johann Wilhelm Hittorf

Hitzacker

Hitzacker, Stadt an der Mündung der Jeetzel in die Elbe, Nds., 18 m ü. d. M., 4 700 E. Luftkurort; jährl. Sommerl. Musiktage. – 1203 erstmals erwähnt, seit 1258 Stadt.

Hitze, Franz, *Hanemicke (= Olpe) 16. März 1851, † Bad Nauheim 20. Juli 1921, dt. kath. Theologe und Sozialpolitiker. – Wurde unter dem Einfluß von W. E. von Ketteler und K. von Vogelsang und in der Auseinandersetzung mit Marx zum Verfechter eines „ständ. Sozialismus", vertrat aber später die volle Integration der Arbeiterschaft auf dem Boden der bestehenden Gesellschaftsordnung. Organisierte die kath. Arbeitervereine und setzte sich für die christl. Gewerkschaften ein. Ab 1893 Prof. in Münster; als MdR (1884–1921) hatte H. über das Zentrum großen Einfluß auf die Sozialpolitik.

Jacques Ignace Hittorf. Gare du Nord in Paris, 1861–65

Hitze, eine gegenüber Normalbedingungen [stark] erhöhte Temperatur; vom Menschen als unangenehm empfundene Wärme.
▷ Bez. für die Brunst bei der Hündin.

Hitzebeständigkeit, Widerstandsfähigkeit von Werkstoffen gegenüber hoher therm. Belastung; ist bes. bei Stählen von Bedeutung, die durch Zusätze von Chrom, Silicium, Aluminium und Nickel bei Temperaturen über 550 °C verzunderungsbeständig werden. – ↑ Hochtemperaturwerkstoffe.

Hitzebläschen, svw. ↑ Frieseln.

Hitzeresistenz, die Fähigkeit eines Organismus, hohe Temperaturen ohne bleibende Schäden zu ertragen. Die obere Temperaturgrenze für Pflanzen und Tiere aus heißer Biotope liegt im allg. bei ungefähr 50 °C, in Ausnahmefällen höher, z. B. bei 59 °C für die Dattelpalme. Trockene Samen überleben z. T. Temperaturen bis 120 °C. Beim Menschen ist schon eine länger andauernde Körperkerntemperatur über 41 °C bedrohlich.

Hitzeschild (Hitzeschutzschild), Wärmeschutzvorrichtung an den beim Durchqueren einer Atmosphäre angeströmten Teilen zurückkehrender Raumflugsysteme, um deren Zerstörung durch aerodynam. Überhitzung (↑ Hitzeschwelle) zu verhindern.

Hitzeschwelle (Hitzemauer, Wärmebarriere, Wärmemauer), Bez. für den beim Über- und Hyperschallflug auftretenden Geschwindigkeitsbereich, in dem eine starke Erwärmung (aerodynam. Aufheizung) des Flugzeugs bzw. Flugkörpers durch Stauung und Reibung der Luft auftritt. Die H. liegt bei Verwendung von Aluminiumlegierungen bei 2 400 km/h, bei Titanlegierungen bei 3 000 km/h.

Hitzewallung (fliegende Hitze), mit einer Erweiterung der Hautgefäße verbundener, plötzlich auftretender Blutdrang zum Kopf, v. a. bei Frauen während der Wechseljahre infolge hormonaler Umstellungen.

Hitzig, Julius Eduard, bis 1799 Isaak Elias Itzig, *Berlin 26. März 1780, † ebd. 26. Nov. 1849, dt. Schriftsteller, Publizist und Kriminalist. – 1824 gründete H. die „Mittwochsgesellschaft", der bedeutende Berliner Schriftsteller angehörten. Er schrieb Biographien über E. T. A. Hoffmann (2 Bde., 1823), Z. Werner (1823), A. von Chamisso (1839) und F. de la Motte Fouqué (1848). Mit W. Alexis gab er 12 Bde. des „Neuen Pitaval" heraus (1842 ff.).

Hitzschlag, akute Erkrankung durch Überwärmung des Körpers bes. bei Wärmestauung infolge verminderter Wärmeabgabe (feuchtes, heißes Klima, Windstille, die Wärmeabgabe behindernder Kleidung, direkte Sonnenbestrahlung), oft auch infolge zusätzl. vermehrter Eigenwärmebildung (Arbeit bei Hitze). Die ersten Symptome eines H. sind starke Gesichtsröte, Schwindel, Kopfschmerzen sowie Schweißausbruch, Übelkeit und Erbrechen; darauf folgen meist Hör- und Gleichgewichtsstörungen, später auch Ohnmachtsanfälle; schließlich bricht der Betroffene bewußtlos zusammen. Bei Körpertemperaturen über 41 °C besteht die Gefahr eines tödl. Kreislaufversagens. Therapie. Lagerung in kühler Umgebung, kalte Kompressen. – ↑ Erste Hilfe.

HIV ↑ Aids.

HJ, Abk. für: ↑ Hitlerjugend.

Hjälmarsee, See in M-Schweden, 22 m ü. d. M., mit 484 km² viertgrößter See Schwedens, durch den Eskilstunaå und den **Hjälmarkanal** mit dem Mälarsee verbunden.

H-Jolle, eine 15-m²-Wanderjolle mit zwei Mann Besatzung; 6,20 m lang, etwa 1,80 m breit, Segelzeichen H.

HK, Einheitenzeichen für ↑ Hefnerkerze.

hl, Einheitenzeichen für ↑ Hektoliter.

hl., Abk. für: **h**ei**l**ig.

HLA-System [HLA Abk. für engl.: **H**uman **l**eucocyte **a**ntigen] (Histokompatibilitätsantigen-System), Bez. für ein System von Oberflächenantigenen, die auf den Zellen fast aller Gewebe vorkommen und sich bes. gut auf Leukozyten nachweisen lassen. Sie wurden 1958 erstmals von J. Dausset beschrieben. Die *HLA-Antigene (Histokompatibilitätsantigene)* werden beim Menschen genetisch durch multiple Allele an vier eng benachbarten Genorten (Locus A, B, C und D) auf Chromosom 6 gesteuert, die zus. als Major histocompatibility system (MHS) bezeichnet werden. Das HLA-System bedingt die Selbstdefinition des Organismus, d. h., die HLA-Antigene zeigen an, wogegen das Immunsystem nicht reagieren soll. Die Tolerierung bzw. Abstoßung von Organtransplantaten wird auf die Funktion des HLA-Systems zurückgeführt. Eine möglichst weitgehende Übereinstimmung der Erbmerkmale im HLA-System ist daher zw. Spender und Empfänger bei Organtransplantationen (Niere, Herz, Leber, Knochenmark) wie auch bei Leukozyten- und Thrombozytentransfusionen von Bedeutung. Wird die Spenderauswahl bei Organtransplantationen (Gewebetypisierung) nach den Kriterien der HLA-Kompatibilität vorgenommen, liegt bei Übereinstimmung von mehr als 50 HLA-Antigenen die Häufigkeit einer Abstoßung des Transplantats unter 10 %.

Hłasko, Marek [poln. 'xu̯asko], *Warschau 14. Jan. 1934, † Wiesbaden 14. Juni 1969, poln. Schriftsteller. – Lebte seit 1957 in der BR Deutschland und Israel; stilistisch unter dem Einfluß Hemingways; protestierte gegen Unterdrückung und Leiden. – *Werke:* Der achte Tag der Woche (E., 1956), Peitsche deines Zorns (R., 1963), Am Tage seines Todes. Die zweite Ermordung des Hundes (En., 1969), Folge ihm durchs Tal (L., hg. 1970).

Hlinka, Andrej [slowak. 'hlinka], *Černova bei Ružomberok 27. Sept. 1864, † Ružomberok 16. Aug. 1938, slowak. Politiker. – Ab 1889 kath. Geistlicher; 1905 Mitbegr. und ab 1918 Vors. der kath.-konservativen Slowak. Volkspartei; forderte die slowak. Autonomie innerhalb der ČSR.

Hlinka-Garde [slowak. 'hlinka; nach A. Hlinka], 1938 nach faschist. Vorbild (SA und Fasci di combattimento) gebildete, terrorist. Methoden anwendende Kampforganisation der Slowak. Volkspartei.

HLKO, Abk. für: **H**aager **L**and**k**riegs**o**rdnung.

H-Milch ↑ Milch.

H. M. S. [engl. 'eɪtʃ-ɛm'ɛs], Abk. für: **H**is (**H**er) **M**ajesty's **s**hip („Seiner [Ihrer] Majestät Schiff"); Zusatz zum Namen brit. Kriegsschiffe.

HNO, Abk. für: ↑ **H**als-**N**asen-**O**hren-Heilkunde.

Ho, Ort in SO-Ghana, 55 300 E. Verwaltungssitz der Region Volta (ehem. brit. Treuhandgebiet Togo); Handelszentrum in einem Kakaoanbaugebiet.

Julius Eduard Hitzig (Kupferstich, um 1825)

Ho, chem. Symbol für ↑ Holmium.
HO [ha:'o:], Abk. für: ↑ **H**andels**o**rganisation.
Hoangho [ho'aŋho, hoaŋ'ho:], Fluß in China, ↑ Hwangho.
Hoare, Sir Samuel [engl. hɔ:] ↑ Templewood of Chelsea, Samuel Hoare, Viscount.
Hob. ↑ Hoboken, Anthony van.
Hobart [engl. 'houba:t], Hauptstadt von Tasmanien, Australien, im SO der Insel, 175 000 E. Sitz eines kath. und eines anglikan. Bischofs; Univ. (gegr. 1890), mehrere wiss. Inst., Staatsbibliothek von Tasmanien, Museen, Theater, botan. Garten. Ind.-, Handels- und Verkehrszentrum der Insel, mit Zinkhütte, Nahrungsmittelind., Holzverarbeitung; geschützter Naturhafen; ⚓. – 1804 gegründet. – Bauten aus dem 19.Jh., u. a. Parlamentsgebäude, Theatre Royal.
Hobbema, Meindert, ≈ Amsterdam 31. Okt. 1638, † ebd. 7. Dez. 1709, niederl. Maler. – Schüler von J. van Ruisdael, Landschaftsmaler; u. a. „Allee von Middelharnis" (1689; London, National Gallery).
Hobbes, Thomas [engl. hɒbz], * Westport (= Malmesbury bei Bristol) 5. April 1588, † Hardwick Hall bei Chesterfield 4. Dez. 1679, engl. Philosoph und Staatstheoretiker. – Stand in engem Kontakt v. a. zu Descartes, Galilei, P. Gassendi; ausgehend von der Annahme einer log. aufgebauten, Bewegungsgesetzen unterworfenen Welt, entwickelte er eine nominalistisch-empirist. Philosophie. Begriffe sind für ihn nur „Namen"; wiss. Denken – orientiert an dem Wissenschaftsideal seiner Zeit, der axiomatisch-deduktiv verfahrenden Mathematik – ist ein „Rechnen" mit „Namen". Erkenntnis wird gewonnen durch Analyse der Entstehungs- und Wirkungsbedingungen, was je Besonderen. Gegenstand der Erkenntnis ist alles, was sich begrifflich in seine es bedingenden Elemente zerlegen läßt. Zentralstück der materialistisch-mechanist. Anthropologie von H. ist die Lehre von der Unfreiheit des Willens und vom Selbsterhaltungstrieb, der alles menschliche Handeln steuert. Richtungsweisend wirkte seine auf dem Naturrecht beruhende Staats- und Gesellschaftstheorie: im Naturzustand sind alle Menschen gleich, mit dem gleichen Recht auf alles ausgestattet; es herrscht der Kampf aller gegen alle (homo homini lupus „der Mensch ist des Menschen Wolf"). Der Rechtsverzicht zugunsten des Staates („Leviathan ...", 1651), auf den alle Gewalt übertragen wird, dient der notwendigen Sicherung des Friedens und der Rechtsgüter; er ist Grundlage des ↑ Gesellschaftsvertrags. – *Weitere Werke:* Über den Bürger (1647), Lehre vom Körper (1655), Über den Menschen (1658).
Hobby [engl.], Beschäftigung, der man in seiner Freizeit (aus Interesse oder als Ausgleich zur berufl. Tätigkeit) nachgeht; Liebhaberei.
Hobel, Werkzeug zum Ebnen und Glätten (durch Abheben von Spänen) von Holz- oder Metallflächen, auch zur Herstellung bzw. Bearbeitung von Gesimsen, Nuten, Federn und Profilen (Sims-, Nut-, Feder-, Profil- oder Form-H.) Der H. für die Holzbearbeitung besteht aus einer geschliffenen Stahlklinge (*H.stahl, H.eisen, H.messer*), die im sog. *Durchbruch*, einer keilförmigen Öffnung des *H.kastens*, mit einem Holzkeil in schräger Lage so befestigt ist, daß ihre Schneide an der Sohle des H. etwas herausragt und beim Längsbewegen des H. über die Bearbeitungsfläche einen Span abheben kann, der durch den Durchbruch abfließt. Man unterscheidet *Lang-H. (Rauhbank)* für das Abspanen langer, ebener Flächen, *Schrupp-H.* für grobe, *Schlicht-H.* für feinere Bearbeitung. U. a. beim *Putz-H.* (zur sauberen Nachbearbeitung) wird die H.eisen ein zusätzl. Eisen, die *H.eisenklappe (Spanbrecherklappe)* befestigt, die für Abbruch des H.spans sorgt. *H.maschinen* für Holzbearbeitung besitzen H.messerwellen; bei der *Metall-H.maschine* erfolgt das Abheben der Metallspäne durch einen *H.meißel*.
Hobelbank, Arbeitstisch zum Einspannen und Festhalten hölzerner Werkstücke.
Hobhouse, Leonard Trelawney [engl. 'hɔbhaus], * Saint Ive (Cornwall) 8. Sept. 1864, † Alençon (Orne) 21. Juni 1929, brit. Philosoph und Soziologe. – Ab 1907 Prof. für Soziologie in London; entwickelte eine soziolog. Evolutionstheorie, nach der sozialer Wandel und Fortschritt durch fehlende Übereinstimmung religiöser, technolog. und institutioneller Gegebenheiten einer Gesellschaft und der daraus entstehenden Konflikte verursacht wird.
Hoboe, veraltet für ↑ Oboe.
Hoboken, Anthony van [niederl. 'ho:bo:kə], * Rotterdam 23. März 1887, † Zürich 2. Nov. 1983, niederl. Musikforscher. – Richtete an der Wiener Nationalbibliothek das Archiv für Photogramme musikal. Meisterhandschriften ein. Veröffentlichte „Joseph Haydn. Thematisch-bibliograph. Werkverzeichnis" (2 Bde., 1957–71; Abk. Hob.).
Hoboken [niederl. 'ho:bo:kə], belg. Ind.gemeinde in der Agglomeration Antwerpen, 35 000 E. Werften, Erdölraffinerie, Kupfer- und Zinnerverhüttung.
Hobrecht, Jacob ↑ Obrecht, Jacob.
hoc anno, Abk. h. a., lat. „in diesem Jahr".
Hoccleve, Thomas [engl. 'hɔkli:v] ↑ Occleve, Thomas.
hoc est, Abk. h.e., lat. „das ist".
Hoch, svw. ↑ Hochdruckgebiet.
Hochadel ↑ Adel.
Hochafrika ↑ Afrika.
Hochalemannisch, oberdt. Mundart, ↑ deutsche Mundarten.
Hochaltai, Autonomes Gebiet, autonomes Gebiet innerhalb der Region Altai in Rußland, grenzt im S an China und die Mongolei, 92 600 km², 192 000 E (1989), Hauptstadt Gorno-Altaisk. Nach N sanft abgedachtes Gebirgsland (Belucha, 4 506 m hoch) mit ausgedehnten Hochflächen in 2 500–3 000 m ü. d. M. (von breiten Gebirgstälern durchbrochen). Kontinentales Klima. Viehzucht, in Tallagen Ackerbau. – Am 1. Juni 1922 errichtet als **Autonomes Oirotengebiet** (Name bis 1948).
Hochaltar, ma., heute noch gebräuchl. Bez. für den Hauptaltar einer kath. Kirche.
Hochamt (lat. missa solemnis), feierl. Form der kath. ↑ Messe, als Bischofsmesse **Pontifikalamt** genannt.
Hochätzung (Hochdruckätzung), eine chemigraphisch hergestellte Druckplatte (Strich- oder Rasterätzung) für den Hochdruck.
Hochbahn, im wesentlichen auf Brückenkonstruktionen geführte Eisen- oder Straßenbahnstrecke v. a. im innerstädt. Verkehr im Nahverkehrsbereich.
Hochbau, Teilbereich des Bauwesens, der sich mit der Errichtung von Gebäuden befaßt, die im wesentlichen über dem Erdboden liegen.
Hochblätter, Hemmungs- und Umbildungsformen der Laubblätter höherer Pflanzen im oberen Sproßbereich. Typ. Ausbildungsformen der H. sind die ↑ Brakteen, Blütenschei-

Meindert Hobbema. Allee von Middelharnis, 1689 (London, National Gallery)

Thomas Hobbes (Kupferstich von Wenzel Hollar)

Anthony van Hoboken

Hochburgund

den (z. B. beim Aronstab) und blütenblattähnl. Organe im Blütenbereich (z. B. beim Weihnachtsstern).

Hochburgund ↑ Burgund.

Hochdecker, Flugzeug, dessen Tragflächen oberhalb des Rumpfes angeordnet sind. – ↑ Schulterdecker.

Hochdeutsch ↑ deutsche Sprache.

Hochdorf, Hauptort des Bez. H. im schweizer. Kt. Luzern, 492 m ü. d. M., 6400 E. Wichtigster Ind.standort im südl. Seetal. – Barocke Kirche (1757–68) mit klassizist. Fassade.

H., Ortsteil von ↑ Eberdingen.

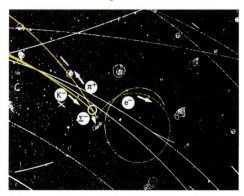

Hochenergiephysik. Aufnahme einer Wasserstoffblasenkammer, farbig hervorgehoben sind die Spuren eines einlaufenden Kaons (K⁻, Pfeilrichtung), das mit dem Kern eines Wasserstoffatoms, einem Proton, zusammenstößt (Kreis), sowie die auslaufenden Produkte dieser Kollision, π^+ und Σ^-. Das Sigma-Teilchen (Σ^-) zerfällt seinerseits in ein Neutron, ein Elektron und ein Antineutrino, von denen nur das Elektron (e⁻) eine Spur in der Blasenkammer erzeugt, weil die anderen Teilchen nicht geladen sind

Hochdruck, in der *Technik* Bez. für Drücke oberhalb von etwa 10 MPa (100 bar).
▷ ↑ Drucken.

Hochdruckätzung, svw. ↑ Hochätzung.

Hochdruckausläufer ↑ Druckgebilde.

Hochdruckbrücke ↑ Druckgebilde.

Hochdruckchemie, Gebiet der Chemie, das sich mit den Stoffumwandlungen bei Drücken oberhalb 10 MPa bzw. als *Höchstdruckchemie* oberhalb 100 MPa befaßt. In der Technik liegt z. Z. die obere Grenze für dauernd wirkende Drücke bei etwa 500 MPa; in Spezialaboratorien können in Volumina bis zu 1 ml 10 000 MPa, punktförmig 50 000 MPa und in Stoßwellen mehr als 100 000 MPa erzeugt werden. Hohe Drücke begünstigen Reaktionen, die unter Volumenminderung ablaufen. Ammoniak (↑ Haber-Bosch-Verfahren), Methanol u. a. werden bei 20 bis 30 MPa, Hochdruckpolyäthylen bei 100 bis 200 MPa und synthet. Diamanten bei 5000 MPa hergestellt. Die Verfahren der ↑ Kohlehydrierung arbeiten bis 20–70 MPa. Bei höchsten Drücken verschwinden die Unterschiede zw. den Aggregatzuständen; zwischenmolekulare Kräfte gehen in homöopolare und schließlich in metall. Bindekräfte über; Änderungen der physikal. Eigenschaften, wie Dichte, Härte, Elastizität, Ionisation, elektr. Leitfähigkeit, treten ein. Z. B. wird Stahl unter 1200 MPa Druck schmiegsam und zähflüssig; unter 4000 MPa schmilzt Eis bei 220 °C; Schwefel wird bei 40 000 MPa gut elektrisch leitend. Chem. Vorgänge laufen bei höchsten Drücken, z. B. im Erdinnern (etwa 10^5 bis 10^6 MPa) oder in Fixsternen (10^9 bis 10^{18} MPa), anders ab als auf der Erde.

Hochdruckgebiet (Hoch, Antizyklone), Gebiet hohen Luftdrucks mit absinkender Luftbewegung. In den unteren Schichten fließt Luft aus dem H. heraus, zum Ausgleich sinkt Luft aus höheren Schichten ab. Gewöhnlich enden diese Absinkbewegungen an der Obergrenze der ↑ Grundschicht, wo sich eine Inversion ausbildet, die im Winter oft so kräftig ist, daß sie durch die Sonneneinstrahlung nicht aufgelöst werden kann; es kommt zu langanhaltendem Nebel oder Hochnebel. Darüber jedoch herrscht wolkenloser Himmel mit oft ausgezeichneter Fernsicht. Im Sommer ist es tagsüber in einem H. entweder wolkenlos oder es bilden sich flache Kumuluswolken unterhalb der Inversion heraus, die sich gegen Abend wieder auflösen. Im Rahmen der allg. atmosphär. Zirkulation liegen *beständige H.* dort, wo Luftmassen absteigen, also in den Subtropen (z. B. das Azorenhoch) oder über den Polargebieten (↑ Atmosphäre, ↑ Druckgebilde).

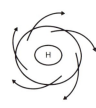
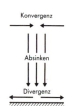

Hochdruckgebiet. Luftströmungen in einem Hochdruckgebiet. Oben: antizyklonale Bodenströmung. Unten: vertikale Zirkulation

Hochdruckkeil ↑ Druckgebilde.

Hochdruckkrankheit, svw. Hypertonie (↑ Blutdruck).

Hochdrucklampen ↑ Gasentladungslampe.

Hochdruckphysik, Teilgebiet der Physik, das sich mit dem Verhalten der Materie (z. B. elektr. und therm. Leitfähigkeit, Kompressibilität, Plastizität, Viskosität, Änderung der Kristallstruktur) unter extrem hohen Drücken befaßt.

Hochdruckrücken ↑ Druckgebilde.

Hochenergiephysik, Teilgebiet der Physik, das die Eigenschaften von ↑ Elementarteilchen, ihre Struktur und Wechselwirkung (insbes. ihre Erzeugung und Umwandlung) bei extrem hohen Energien (oberhalb etwa 100 MeV) untersucht. Derartig hohe Energien kommen in der Natur bei Teilchen der ↑ Höhenstrahlung vor. Künstlich werden sie in Teilchenbeschleunigern erzeugt. Bei den Experimenten der H. sind zahlr. Elementarteilchen und kurzlebige Resonanzen entdeckt worden. Die für die H. typ. Nachweisapparaturen sind Blasenkammer, Funkenkammer und vielkomponentige Teleskope aus Tscherenkow-Zählern, Szintillationszählern und Halbleiterdetektoren.

Hochenergieumformen, svw. ↑ Hochgeschwindigkeitsumformen.

Höcherl, Hermann, * Brennberg bei Regensburg 31. März 1912, † Regensburg 18. Mai 1989, dt. Politiker (CSU). – 1953–76 MdB, 1961–65 Bundesinnenmin., 1965–69 Bundesmin. für Ernährung, Landw. und Forsten, seit 1978 wiederholt Vermittler in Tarifverhandlungen.

Hochfeiler, mit 3510 m höchster Berg der Zillertaler Alpen, Österreich.

Hochfeistritz, nö. von Klagenfurt gelegene bed. östr. Wallfahrtskirche (1446–91), als (spätgot.) Kirchenburg zum Schutz vor Türken und Ungarn errichtet.

Hochfrequenz, Abk. HF, Bez. für den Bereich der Frequenzen von elektromagnet. Schwingungen bzw. Wellen und von elektr. Wechselströmen, die zw. 10 kHz und 300 MHz liegen, entsprechend einer Wellenlänge zw. 30 km und 1 m.

Hochfrequenzerwärmung, Erwärmung durch Umsetzung der Energie eines hochfrequenten elektromagnet. Wechselfeldes. Elektrisch gut leitende Stoffe, v. a. Metalle, werden durch **induktive Erwärmung** behandelt (Glühen, Härten, Schmelzen, Schweißen), wobei induzierte Wirbelströme das Material erhitzen. Elektrisch nicht oder schlecht leitende Stoffe werden kapazitiv mit Kondensatorfelderwärmung (bei 1 bis 50 MHz) durch **dielektrische Erwärmung** behandelt. – ↑ Mikrowellenerwärmung.

Hochfrequenzhärten ↑ Wärmebehandlung.

Hochfrequenzkinematographie ↑ Hochgeschwindigkeitsphotographie.

Hochfrequenzspektroskopie ↑ Spektroskopie.

Hochfrequenztechnik, Abk. HF-Technik, Bereich der Elektrotechnik (i. e. S. der Informationselektronik), der die Verfahren und Techniken umfaßt, mit denen die Erzeugung, Verstärkung, Modulation, Demodulation, Fortleitung und techn. Anwendung von elektr. Wechselströmen und elektromagnet. Wellen mit Frequenzen aus dem Bereich der Hoch- und Höchstfrequenzen sowie der Mikrowellen möglich ist.

Hochfrequenztransformator, svw. ↑ Tesla-Transformator.

Hochfrequenzwärmebehandlung, svw. ↑ Diathermie.

Hochgeschwindigkeitsphotographie. Ein Tropfen fällt in eine Seifenblase, Ausschnitt aus einem mit 1 000 Bildern pro Sekunde belichteten Film

Hochgebirge ↑Gebirge.
Hochgericht, Bez. für 1. Gericht der hohen Gerichtsbarkeit im Früh- und Hoch-MA, 2. Hinrichtungsstätte.
Hochgerichtsbarkeit ↑ hohe Gerichtsbarkeit.
Hochgeschwindigkeitsphotographie (High-Speed-Photographie), Verfahren zur photograph. Aufnahme extrem kurzzeitiger Vorgänge oder von Bewegungsabläufen hoher Geschwindigkeit mit Belichtungszeiten in der Größenordnung von 10^{-6} bis 10^{-9} s bzw. mit außerordentlich hoher Bildfrequenz, z. T. bis 2 Bill. Bilder/s **(Hochfrequenzkinematographie).** Derartig kurze Belichtungszeiten lassen sich verwirklichen durch Beleuchtungsanordnungen mit entsprechend kurzer Leuchtzeit (Funkenblitzgeräte, Stroboskope, Röntgen- und Elektronenstrahlimpulse), durch Kameras mit Spezialverschlüssen (Kerr-Zellen-, Faraday-Verschluß-, Bildwandlerkameras) und schließlich speziell für Serienaufnahmen durch hohe Umlaufgeschwindigkeit des Aufnahmematerials (Trommelkamera mit opt. Bildstandausgleich) bzw. Anordnungen mit ruhendem Aufnahmematerial und Drehspiegel **(Drehspiegelkamera).** Noch wesentlich kürzere Belichtungszeiten (10^{-12} s) ermöglicht die Lasertechnik sowie das Arbeiten mit ↑superstrahlendem Licht. Die H. liefert u. a. Aufschlüsse über das Materialverhalten bei hohen Geschwindigkeiten und Beschleunigungen oder bei Beanspruchung durch hochfrequente Schwingungen, ermöglicht in der Ultraschall- (Hochfrequenz-) und Sprengstoffverfahrenstechnik die opt. Untersuchung der Vorgänge u. a.
Hochgeschwindigkeitsumformen (Hochenergieumformen), Umformen von meist Blechteilen, bes. aus schwer umformbaren Werkstoffen (z. B. Titanlegierungen), durch schlagartiges Freisetzen hoher Energie, wodurch sehr große Umformgeschwindigkeiten erzielt werden. Die Energie kann durch Explosion *(Explosivumformen),* elektr. Entladung über eine Spule *(Magnetumformen)* oder Expansion eines verdichteten, nichtbrennbaren Gases *(Expansionsverfahren)* frei werden. Dabei wirkt die Druckwelle direkt über ein Magnetfeld oder indirekt über eine Flüssigkeit oder ein beschleunigtes Werkzeugelement auf das Werkstück ein.
Hochgolling, mit 2 863 m höchster Berg der Niederen Tauern, Österreich.
Hochgott ↑höchstes Wesen.
Hochhaus, [vielgeschossiges] Gebäude, bei dem der Fußboden mindestens eines Aufenthaltsraumes mehr als 22 m über der festgelegten Geländeoberfläche liegt. Für H. gelten – aus Gründen des Brandschutzes – bes. Bauvorschriften. Erst die ↑Stahlskelettbauweise sowie elektr. Aufzüge machten H. möglich. Die frühesten H. entstanden in Chicago seit 1880 (v. a. Verwaltungsbauten), mit ↑Curtain wall (1894) und Glasfassaden (W. Le Baron Jenney, L. Sullivan, D. H. Burnham und J. W. Root; W. Holabird und M. Roche: *Chicagoer Schule*). Es folgten First New York und Michigan. Der Chicagoer Sears-Tower mit 110 Stockwerken, 443 m hoch (fertiggestellt 1973) war 1988 der höchste Wolkenkratzer. Das höchste Bürogebäude Europas ist mit 254 m der Messeturm in Frankfurt am Main (1988–91).
Hochheim am Main, hess. Stadt 6 km östlich von Mainz, 129 m ü. d. M. 15 400 E. Mittelpunkt des Weinbaugebiets am Untermain; u. a. Sektkellereien. – 754 erstmals erwähnt, seit 1820 amtl. Stadt. – Barocke Pfarrkirche (1730–32); auf dem Plan die Hochheimer Madonna (Sandsteinplastik; 1770).

Hochhuth, Rolf [...hu:t], *Eschwege 1. April 1931, dt. Schriftsteller. – Ausgehend von seiner Grundthese, daß die Geschichte durch das Individuum gestaltbar ist, handeln seine umstrittenen Stücke von der moral. Verantwortung einzelner Personen im polit. Handlungsraum sowohl während des Nationalsozialismus („Der Stellvertreter", Dr., 1963) als auch in der Gegenwart („Ärztinnen", Dr., 1980). H. greift immer gesellschaftlich brisante Themen auf, so das der Leihmutterschaft in „Unbefleckte Empfängnis. Ein Kreidekreis" (Dr., 1988). Er schreibt auch Erzählungen und Essays. – *Weitere Werke:* Krieg und Klassenkrieg (Essays, 1971), Lysistrate und die Nato (Kom., 1973), Tod eines Jägers (Monodrama, 1976), Eine Liebe in Deutschland (E., 1978), Juristen (Dr., 1979), Judith (Trag., 1984), Atlantiknovelle (En. und Ged., 1985), Alan Turing (E., 1987), Täter und Denker (Essays, 1987), Sommer 14 (Dr., 1990), Wessis in Weimar (Dr., UA 1993).
Ho Chi Minh [hotʃiˈmɪn (vietnames. Hô Chi Minh) „der nach Erkenntnis Strebende"], eigtl. Nguyen That Thang, *Kim Liên 19. Mai 1890, †Hanoi 3. Sept. 1969; vietnames. Politiker. – Lebte seit 1915 als Journalist und Photograph in Paris (1920 Teilnehmer am Gründungskongreß der frz. KP); 1924–29 Komintern-Funktionär in Europa und Thailand, 1930 Mitbegr. der KP Indochinas in Hongkong; seit 1934 in der UdSSR, 1940 Rückkehr nach Vietnam; schuf 1941 die Vietminh und führte den Kampf um die Unabhängigkeit Indochinas; seit 1945 Präs. (bis 1955 zugleich Min.präs.) der Demokrat. Republik Vietnam; führte seit 1946 im Kampf gegen Frankreich die Lao-Đông-Partei (Arbeiterpartei) Vietnams; nach der Teilung Vietnams 1954 Staatspräs. von Nord-Vietnam und 1956 Generalsekretär der Lao Đông; er war die treibende Kraft der Wiedervereinigung Vietnams unter kommunist. Herrschaft; in den 60er Jahren wurde er zur Symbolfigur des vietnames. Kampfes gegen die USA.
Ho-Chi-Minh-Pfad, durch den O (Küstenkette von Annam und Vorland) von S-Laos führendes Wegesystem mit zahlr. Abzweigungen, verbindet das nördl. mit dem südl. Vietnam, z. T. über das nö. Kambodscha (hier *Sihanukpfad* gen.); von nordvietnames. Truppen seit 1956 zur Versorgung ihrer Einheiten in Süd-Vietnam angelegt.
Ho-Chi-Minh-Stadt (Thanh Phô Hô Chi Minh) [bis 1976 Saigon], vietnames. Stadt mit Prov.status (1 845 km²) am N-Rand des Mekongdeltas, 3,56 Mill. E. Sitz des buddhist. Oberhauptes von Vietnam und eines kath. Erzbischofs; zwei Univ., landw. Hochschule, Technikum, archäolog. Inst., bakteriolog. Inst., Kunstakad., Konservatorium; Museum; bothan. Garten. – Wichtigstes Ind.zentrum S-Vietnams; Maschinen-, Fahrzeugbau, Werften, chem. Leichtind. Der von Seeschiffen erreichbare und mit dem Mekongdelta verbundene Flußhafen ist der wichtigste Hafen S-Vietnams; Eisenbahnendpunkt. ⌖. – Entstand als befestige Khmersiedlung; im MA **Thi Nai** gen.; geriet im 17. Jh. unter die Herrschaft des südvietnames. Feudalgeschlechts der Nguyen; wurde nach Eroberung durch frz. Truppen (1859) als **Saigon** Sitz des frz. Gouverneurs von Cochinchina, Hauptstadt des frz. Indochina 1887–1902; 1940–45 von jap. Truppen besetzt; 1954–76 Hauptstadt von S-Vietnam. – Europ. Stadtbild durch Bauten im Kolonialstil, Alleen und Parks. Im W befindet sich der 1778 von chin. Einwanderern gegr., 1932 eingemeindete Vorort **Cholon.** – Abb. S. 394.

Ho Chi Minh

Hochkirch

Ho-Chi-Minh-Stadt. Rathaus im Kolonialstil

Hochkirch, Gemeinde in der Oberlausitz, Sa., 900 E. Bei H. wurde im Siebenjährigen Krieg (14. Okt. 1758) die preuß. Armee von östr. Truppen geschlagen.

Hochkirche, ↑ anglikanische Kirche.

hochkirchliche Bewegung, Bez. einer in der anglikan. Theologie bereits seit der Reformation Englands lebendigen Strömung mit dem Ziel eines stärkeren Rückgriffs auf kath. Traditionen. Ihren Höhepunkt erreichte die h. B. in der ↑ Oxfordbewegung. Sie griff insbes. auf Deutschland und auf die nord. Länder über und förderte ausdrücklich die ökumen. Bewegung.

Hochkirchliche Vereinigung (seit 1947 „Ev.-ökumen. Vereinigung des Augsburg. Bekenntnisses"), ein im Okt. 1918 erfolgter Zusammenschluß ev. Theologen und Laien, der Ideale der ↑ hochkirchlichen Bewegung Englands aufgriff.

Hochkommissar (Hoher Kommissar), im Völkerrecht übl. Amtsbez. für ein internat. Organ, dem die Staatengemeinschaft die Besorgung spezieller Aufgaben übertragen hat. H. ist i. d. R. eine natürl. Person, z. B. der Hohe Flüchtlingskommissar der UN.

Hochkulturen, Kulturkreise verschiedener histor. Epochen, die einen hohen Stand der Entwicklung erreicht haben. Kennzeichnend sind die hierarschisch geschichtete Sozialverfassung, spezialisierte Berufsgruppen, Urbanität, marktorientierte Wirtschaftsweise, ein Tribut- oder Steuersystem, die Existenz einer Verwaltungsbürokratie, das Vorhandensein einer Schrift oder schriftanaloger Bedeutungsträger, Monumentalbauten u. a. entwickelte künstler. Ausdrucksformen.

Hochland, 1903 von C. Muth begr. kath. Kulturzeitschrift; 1941 eingestellt; Neugründung 1946; abgelöst durch das „Neue Hochland" (1972–74).

Hochland ↑ Flachland.

Hochland der Schotts ↑ Atlas.

Hochlautung, der Standardsprache (Hochsprache) angemessene normierte Aussprache, im Dt. aus der ↑ Bühnenaussprache hervorgegangen. Die gemäßigte H. wird auch als Standardaussprache oder als Standardlautung bezeichnet.

Hochlichtaufnahme, in der Reproduktionsphotographie Bez. für eine Rasteraufnahme, bei der durch Zusatzbelichtung die Lichter rasterpunktfrei gehalten werden.

Hochmeister ↑ Deutscher Orden.

Hochmittelalter ↑ Mittelalter.

Hochmoor ↑ Moor.

Hochmut, die der ↑ Demut entgegengesetzte sittl. Grundhaltung des Menschen, vom Christentum als Ursünde qualifiziert.

Hochnebel ↑ Nebel.

Hochofen, Schachtofen zur kontinuierl. Gewinnung von Roheisen (↑ Eisen). Der H. (Höhe bis 50 m) besteht aus: 1. *Oberteil (Gicht)* mit Beschickungsöffnung und Verschluß *(Gichtglocke);* 2. *Schacht* (Höhe etwa 30 m) mit Ausmauerung *(Zustellung);* 3. *Kohlensack;* 4. *Rast* (eigtl. Schmelzzone, bis 1 500 °C); 5. *Gestell* mit *Windformen* zum Einblasen von Heißwinden (bis 600 000 m³/h, bis 1 350 °C), *Abstichöffnungen* für Schlacke und Roheisen (bis 1 500 °C). Tagesleistung bis 12 000 t (↑ Schmelzöfen).

Hochosterwitz, Burg bei Klagenfurt; im Kern 16. Jh.; mit 14 Torbauten.

Hochpaß ↑ Filter.

Hochpolymere ↑ Makromoleküle.

Hochpreußisch, mitteldt. Mundart, ↑ deutsche Mundarten.

Hochrad ↑ Fahrrad.

Hochrechnung, Verfahren der statist. Methodenlehre, das in dem Schluß von einer Stichprobe auf die Grundgesamtheit, der diese Stichprobe entnommen wurde, besteht. Durch H. wird z. B. während der Auszählung der Stimmen nach einer Wahl das Wahlergebnis geschätzt, indem man von den Ergebnissen in einzelnen ausgewählten, möglichst repräsentativen Wahlkreisen auf das Gesamtergebnis schließt.

Hochreligion, nicht eindeutig festgelegte Bez. für die höheren Kulturreligionen, v. a. die Weltreligionen.

Hochrhein ↑ Rhein.

Hochrhein-Bodensee, Region in Baden-Württemberg.

Hochsauerlandkreis, Kreis in Nordrhein-Westfalen.

Hochschulassistent, auf Widerruf beamtete wiss. Nachwuchskraft mit Lehraufgaben.

Hochschule für bildende Künste ↑ Kunsthochschule.

Hochschule für Musik ↑ Musikhochschule.

Hochschule für Wirtschaft und Politik, Fachhochschule in Hamburg (gegr. 1948 als Akad. für Gemeinwirtschaft, später Akad. für Wirtschaft und Politik), getragen von der Stadt Hamburg und dem DGB.

Hochschulen, Einrichtungen im Bereich des Bildungswesens, die Aufgaben in Studium, Lehre und Forschung wahrnehmen und damit der Pflege und Entwicklung von Wiss. und Künsten dienen und auf bes. berufl. Tätigkeiten vorbereiten. Dazu gehören Universitäten, techn. H. bzw. Univ., ↑ Gesamthochschulen, ↑ pädagogische Hochschulen, H. für Medizin, Tiermedizin und Sport, ↑ Kunsthochschulen und ↑ Musikhochschulen, ↑ kirchliche Hochschulen sowie ↑ Fachhochschulen. Die unterschiedl. Formen der Trägerschaft, Aufgabenstellung und Fächerangebote sind in der Entstehungsgeschichte der Bildungswesens begründet.

Recht: H. in Deutschland sind mit wenigen Ausnahmen Körperschaften des öff. Rechts und zugleich staatl. Einrichtungen in der Trägerschaft der einzelnen Bundesländer. Unmittelbare Wirkung für das Hochschulwesen haben die Artikel 5, 12, 73, 74, 91a und 91b GG; konkretisierende Regelungen enthalten u. a. die Landesverfassungen, das HochschulrahmenG, die einzelnen LandeshochschulG. In diesem Rahmen haben H. das Recht zur Selbstverwaltung und eigenverantwortl. Gestaltung ihrer Grundordnungen, an der alle Gruppen (Professoren, Hochschulassistenten, wiss. Mitarbeiter wie Lehrbeauftragte und Tutoren, Studenten, techn. und Verwaltungspersonal) mit deutlich unterschiedl. Stimmanteil beteiligt sind. Mit dem ↑ Hochschulrahmengesetz von 1976 (inzwischen mehrfach geändert) wurde erstmalig eine bundesrechtl. Grundlage für das Hochschulwesen geschaffen. Entsprechende LandeshochschulG, die u. a. die Organisation der H., Rechte und Pflichten der Organe, die Rechtsstellung der Hochschullehrer und Studenten regeln, wurden in den alten Bundesländern verabschiedet. Das HochschulrahmenG gilt mit notwendigen Überleitungsregelungen auch in den Ländern der ehem. DDR. Innerhalb von drei Jahren nach dem Beitritt zur BR Deutschland sind dort LandeshochschulG zu erlassen; bis zu diesem Zeitpunkt haben Rechtsvorschriften der DDR für das Hochschulwesen als Landesrecht Gültigkeit.

Planung und Statistik: Die Zunahme des Interesses an hochschulbezogenen Ausbildungsgängen (Höherqualifizierung), zudem seit den 70er Jahren der Zustrom der geburtenstarken Jahrgänge haben das Hochschulwesen immer stärker Fragen der Planung (Ausbau) und Finanzierung unterworfen, so daß seit 1970 über die Bund-Länder-Kommission für Bildungsplanung und die Bund-Länder-Gemeinschaftsaufgabe „Neu- und Ausbau von Hochschulen" (Art. 91 a GG) Planung und Finanzierung im Hochschulwesen gemeinsam und überregional vorgenommen werden. *Angaben zur quantitativen Entwicklung:* Innerhalb von 25 Jahren verdreifachte sich der Anteil der Studienanfänger, die Gesamtzahl der Studenten versechsfachte sich (↑ Numerus clausus). Im Wintersemester 1991/92 studierten rd. 1,75 Mill. Studenten an H. der BR Deutschland. 1990 beliefen sich die Ausgaben der H. (früheres Bundesgebiet) auf rd. 30,4 Mrd. DM bei 163 138 Stellen für wiss. Personal.

Geschichte: Das heutige Hochschulwesen fußt auf den im MA im Geiste des Frühhumanismus entstandenen Univ., Zusammenschlüssen aus privaten Gelehrtenschulen, Kloster- und Domschulen, denen kaiserl. und päpstl. Privilegien, wie Satzungsautonomie, Lehrfreiheit und eigene Gerichtsbarkeit, verliehen wurden: Bologna (1119), Paris (1150), Prag (1348), Wien (1365), Heidelberg (1386), Köln (1388), Erfurt (1392), Leipzig (1409) u. a. Bis ins 18. Jh. hinein wurde die Lehre an den Univ. in zunehmender Erstarrung und Verschulung durch kirchl. Dogmen und religiöse Orientierungen bestimmt. Erst Aufklärung und Einbeziehung der Naturwiss. brachten mit den Neugründungen Halle (1694) und Göttingen (1734/37) neue Impulse: Lehrfreiheit sowie Erfahrung und Experiment als neue wiss. Methoden. Hinter den Universitätsgründungen von Berlin (1809/10), Breslau (1811) und Bonn (1818) und der Reform Wilhelm von Humboldts stand ein Verständnis von Wiss. „als ständigem Prozeß des Mühens um Wahrheitserkenntnis", zu deren Bedingungen die enge Verbindung von Forschung und Lehre, Hochschulautonomie und strikte Trennung von Schule und Univ. gezählt wurden. Im 19. Jh. entstanden auch techn. Spezialschulen, die gegen Ende des Jh. den Stand techn. H. erreicht hatten und um die Jh.wende Promotionsrecht erhielten. Die seit 1926 gegr. pädagog. Akad. zur Lehrerausbildung sind heute i. d. R. in

Wissenschaftliche Hochschulen in Deutschland
(Auswahl[1]; Stand 1991)

Ort	Gründung	Studierende 1990/91	Ort	Gründung	Studierende 1990/91
Universitäten, techn. Hochschulen und techn. Universitäten			Marburg	1527	16 491
			München	1472	62 892
Aachen, TH	1870	36 547	München, TU	1868	23 218
Augsburg	1970	12 632	Münster	1780	43 737
Bamberg	(1647) 1972	7 126	Oldenburg	1974	10 732
Bayreuth	1975	8 067	Osnabrück	1974	11 332
Berlin (Humboldt-Univ.)	1809	18 687	Passau	1973	8 133
Berlin (Freie Univ.)	1948	59 585	Potsdam[2]	1969	
Berlin, TU	1799	34 278	Regensburg	1962	15 005
Bielefeld	1967	14 812	Rostock	1419	6 059
Bochum	1961	34 943	Saarbrücken	1948	19 801
Bonn	1786	36 268	Stuttgart	1829	20 402
Braunschweig, TU	1745	16 798	Stuttgart-Hohenheim	1818	5 730
Bremen	1971	13 900	Trier	1970	9 365
Chemnitz, TU	1953	6 690	Tübingen	1477	24 667
Clausthal-Zellerfeld, TU	1775	4 051	Ulm	1967	5 841
Cottbus, TU[2]	1969		Wismar, TH	1969	1 462
Darmstadt, TH	1836	17 100	Würzburg	1582	19 804
Dortmund	1966	21 365	Zittau, TH[4]	1969	1 261
Dresden, TU	1828	13 967	Zwickau, TH[4]	1969	1 957
Düsseldorf	1965	16 701	**Gesamthochschulen (mit Promotionsrecht)**		
Erfurt[2]	(1379) 1392		Duisburg	1972	13 776
Erlangen-Nürnberg	1743	27 800	Essen	1972	19 004
Frankfurt am Main	1914	34 747	Hagen (Fernuniv.)	1974	29 889
Frankfurt/Oder[2]	1506		Kassel	1970	14 523
Freiburg im Breisgau	1457	22 732	Paderborn	1972	16 001
Gießen	1607	19 860	Siegen	1972	11 409
Göttingen	1734	30 133	Wuppertal	1972	15 454
Greifswald	1456	3 469	**Universitäten der Bundeswehr**		
Halle-Wittenberg	1694	7 733	Hamburg	1973	1 950
Hamburg	1919	42 400	München	1973	2 702
Hamburg-Harburg, TU	1979	1 700	**Hochschulen oder Universitäten einer speziellen Fachrichtung (mit Promotionsrecht)**		
Hannover	1831	29 352			
Heidelberg	1386	27 065	Eichstätt, kath. Univ.	1972	2 861
Hildesheim	1978	2 971	Hannover, Medizin. Hochschule	1965	3 560
Ilmenau, TH	1953	2 603	Hannover, Tierärztl. Hochschule	1778	1 885
Jena	1548	5 653	Köln, Sporthochschule	1920	5 105
Kaiserslautern	1970	9 256	Lübeck, Medizin. Univ.	1964	1 342
Karlsruhe	1825	20 638	Speyer, Hochschule für Verwaltungswiss.	1947	496
Kiel	1665	18 962			
Koblenz-Landau	1969	4 238	**Private Hochschulen**		
Köln	1388	50 130	Koblenz (Vallendar), Wiss. Hochschule für Unternehmensführung	1984	212
Konstanz	1966	8 977			
Leipzig	1409	10 775			
Leipzig, TH[4]	1977	2 601	Witten-Herdecke, Privat-Univ.	1983	458
Leuna-Merseburg, TH[3]	1954	2 329			
Lüneburg	1989	4 767			
Magdeburg, TU	1953	4 730			
Mainz	1476	26 366			
Mannheim	1907	12 652			

[1] ohne Musik-, Kunst- und theolog. Hochschulen. – [2] in Gründung bzw. Wiedergründung begriffen. – [3] wird z. T. der Universität Halle-Wittenberg angegliedert. – [4] künftig Fachhochschule.

Hochschulen der Bundeswehr

Univ. integriert. Nach dem 2. Weltkrieg wurde an die alten Traditionen von Univ. und Hochschulen angeknüpft und bes. auf die H. der 20er Jahre zurückgegriffen. Seit den 60er Jahren erfolgte ein verstärkter Ausbau der H. und eine umfassende Hochschulreform. – ↑Hochschulpolitik.

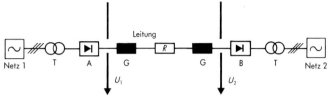

Hochspannungsgleichstromübertragung. Schematische Darstellung einer HGÜ-Anlage: A Gleichrichterstation; B Wechselrichterstation; G Glättungsdrosseln; R Widerstand der Gleichstromleitung; U_1 und U_2 Spannung am Anfang und Ende der Leitung

Hochschulen der Bundeswehr ↑Universitäten der Bundeswehr.

Hochschulpolitik, Teilbereich der Bildungspolitik mit der Aufgabe, das Hochschulwesen (↑Hochschulen) rechtlich zu regeln; in Deutschland durch Bund und Länder unter Berücksichtigung der nach Artikel 5, 3 GG gewährleisten Freiheit von Wiss., Forschung und Lehre. Die öff. diskutierte H. der Länder unter Mitwirkung des Bundes umfaßte seit den 60er Jahren den Aus- und Neubau von Hochschulen, die Eingliederung der Lehrerbildungsstätten und höheren Fachschulen in den Hochschulbereich (↑Fachhochschulen), die Studienreform, die Reform der Lehrkörperstruktur, die Reform des Selbstverwaltungsmodells u. a. Das ↑Hochschulrahmengesetz faßte dann 1976 (1984/85 geändert) die Ergebnisse der Diskussion zu einer Strukturreform zusammen. In den 90er Jahren steht die H. vor der Bewältigung der Probleme, die aus der Umstrukturierung der Hochschulen der neuen Bundesländer und der Steigerung der Studentenzahlen erwachsen.

Hochschulrahmengesetz, Abk. HRG, Gesetz i. d. F. vom 9. 4. 1987, in dem Rahmenvorschriften über die allg. Grundsätze für das Hochschulwesen der BR Deutschland erlassen wurden. Bestimmungen des Gesetzes sind u. a.: die Aufnahme einer *Regelstudienzeit* (von vier Jahren für die meisten Fächer) in die Prüfungsordnungen (§ 10); die Regelung der Vergabe der Studienplätze in Numerus-clausus-Fächern durch die von den Ländern errichtete Zentralstelle (§ 31); die Stimmenmehrheit für Prof. in allen Gremien mit Entscheidungsbefugnissen in Angelegenheiten, die Forschung, Lehre oder die Berufung von Prof. betreffen (§ 38 Abs. 3); Verpflichtung zum Angebot zeitlich gestufter und aufeinander bezogener Studiengänge (§ 4).

Hochschulreife, Voraussetzung der Einschreibung an einer wiss. Hochschule ist das ↑Abitur (allg. Hochschulreife); dieses kann ersetzt werden durch ein erfolgreiches Studium an einer Fachhochschule oder durch eine *Begabtenprüfung.* Auf Grund von Sonderprüfungen (zweiter Bildungsweg) bzw. in einigen Ländern an bestimmten Schulen kann die fachgebundene H. erworben werden. Für die Aufnahme an Fachhochschulen ist die Fachhochschulreife ausreichend.

Hochschulrektorenkonferenz, 1991 entstandenes Gremium des freiwilligen Zusammenschlusses von 213 dt. Hochschulen. Die H. soll die gemeinsame Lösung der die Hochschulen betreffenden Probleme fördern, die polit. Öffentlichkeitsarbeit koordinieren und eine Zusammenarbeit mit staatl. Instanzen, Wiss.-, Bildungs- und Hochschulorganisationen und -gremien gewährleisten. Die H. ging aus der 1949 entstandenen **Westdeutschen Rektorenkonferenz** hervor.

Hochschulsport ↑Sport.

Hochsee, Bez. für das offene Meer außerhalb der Küstengewässer.

Hochseefischerei ↑Fischerei.

Hochsommer, der an den von Mai bis Juli dauernden *meteorolog. Sommer* anschließende, ungefähr mit dem Monat August übereinstimmende Zeitraum.

Hochspannung, alle elektr. Spannungen bei Wechselstrom über 1 000 V (Effektivwert) und bei Gleichstrom über 1 500 V. Hohe Wechselspannungen, insbes. für die Stromversorgung, werden mit Wechsel- oder Drehstromgeneratoren (↑Wechselstrommaschinen) erzeugt und danach umgespannt (↑Transformator). In der Praxis übl. H. werden bezeichnet als 1. *Mittelspannung* (6 kV, 10 kV, 20 kV und 30 kV), 2. *Hochspannung* (110 kV, 220 kV und 380 kV) und 3. *Höchstspannung* (500 kV und darüber). Der Gebrauch der Werte ist nicht einheitlich.

Hochspannungsgeneratoren, Dreh- oder Wechselstromgeneratoren, die Spannungen für die allg. Stromversorgung liefern (↑Wechselstrommaschinen). Zu den H. für hohe Gleichspannungen in der Kernphysik (bis mehrere Mill. Volt) zählen Alphatron, Band-, Kaskaden- und Stoßgenerator.

Hochspannungsgleichstromübertragung, Abk. HGÜ, wirtsch. Energieübertragung großer elektr. Leistungen über große Entfernungen mit Freileitungen und Kabeln (z. B. HGÜ-Anlage Cabora Bassa [Sambesi–Johannesburg] über 2 000 MW, etwa 1 350 km Freileitung). Zur Übertragung von Leistung aus einem Drehstromnetz in ein anderes wird die Spannung auf der Erzeugerseite hochtransformiert und gleichgerichtet; ein Gleichstrom fließt zur Verbraucherseite, wo er über Wechselrichter dem zweiten Drehstromnetz als Wirkleistung zugeführt wird. Gleich- und Wechselrichtung erfolgt mit Thyristoren. Vorteile der H. gegenüber der herkömml. Drehstrom-Hochspannungs-Übertragung (DHÜ) sind: 1. Geringerer Aufwand an Leitermaterial (kein Skineffekt, Rückleitung über Erde möglich). 2. Geringerer Isolationsaufwand für Kabel (keine dielektr. Verluste); ein 400 kV-HGÜ-Kabel entspricht einem 110 kV-DHÜ-Kabel. 3. Auch bei größten Übertragungsentfernungen sind keine Kompensationsmittel erforderlich. 4. Eine HGÜ-Anlage kann nur Wirkleistung übertragen, bei Kurzschluß in einem Drehstromnetz wird keine Kurzschlußleistung aus dem anderen Netz übertragen. 5. Netze mit unterschiedl. Frequenzen können gekoppelt werden (z. B. 16^2/$_3$ oder 60 mit 50 Hz). Nachteile der H. sind: hohe Kosten der Stromrichterstationen, hoher Blindleistungsbedarf (etwa 50 % der übertragenen Wirkleistung, muß am Ort der Station aufgebracht werden).

Hochspannungsleitungen ↑Freileitungen.

Hochspannungstechnik, Bereich der *Elektrotechnik,* der die Gesamtheit der Verfahren und Techniken zur Erzeugung, Isolation, Messung, Übertragung u. a. von Hochspannung sowie ihrer Anwendung umfaßt. Das Hauptgebiet der H. ist die Übertragung großer elektr. Leistungen über weite Entfernungen. Weitere Anwendungsbereiche sind Sende- und Elektronenstrahlröhren, insbes. Fernsehbildröhren, ferner Röntgengeräte, Elektronenstrahlmikroskope, Teilchenbeschleuniger, Elektrofilter. Die in der H. anfallenden Probleme erfordern zu ihrer Lösung die Kenntnis des Verlaufs der elektr. Felder sowie die Eigenschaften der verwendeten Materialien. Zum Aufgabengebiet der H. gehört außerdem die Prüfung von Schaltgeräten, Transformatoren, Isolatoren u. a. auf ihre richtige Bemessung und elektr. Festigkeit.

Hochsprache, svw. ↑Standardsprache.

Hochsprung, leichtathlet. Disziplin, bei der eine Sprunglatte nach einem Anlauf übersprungen werden muß. Heute wird der Fosbury-Flop bevorzugt.

Höchst, seit 1928 Stadtteil von ↑Frankfurt am Main.

Höchstadt a. d. Aisch, Stadt auf der O-Flanke des Steigerwalds, Bay., 273 m ü. d. M., 11 000 E. Fachakad. für Sozialpädagogik, Mittelpunkt der im Aischgrund bed. Teichwirtschaft. – Erstmals um 900 erwähnt. – Spätgot. barockisierte Stadtpfarrkirche (14. Jh.), Schloß (13. und 16. Jh., 1713 von J. Dientzenhofer barockisiert).

Höchstädt a. d. Donau, Stadt am N-Rand des Donaurieds, Bay., 417 m ü. d. M., 4 800 E. Heimatmuseum. Spielwarenherstellung. – Entstanden um eine ehem. Reichsburg; seit 1270 als Stadt bezeichnet. Bekannt v. a. durch zwei Schlachten im Span. Erbfolgekrieg. Am 20. Sept. 1703 siegte das frz.-bayr. über das kaiserl. Heer, am 13. Aug. 1704 das kaiserl. Heer unter Prinz Eugen und das brit. Heer unter Marlborough über Bayern und Franzosen (in der engl. Literatur: Schlacht von *Blenheim* [= Blindheim bei H. a. d. D.]). – Spätgotische Pfarrkirche (15./16. Jh.), Schloß (16. Jh.).

Höchstalemannisch, oberdt. Mundart, ↑deutsche Mundarten.

Hochstaudenflur (Karflur), in Hochgebirgen auf fruchtbaren, feuchten Böden wachsende, üppige Kräuterflur. Charakteristisch für die H. der Alpen sind z. B. Eisenhut- und Alpendostarten, Weißer Germer sowie verschiedene Arten des Frauenmantels.

Höchstdruck, in der *Technik* Bez. für Drücke oberhalb von 100 MPa (1000 bar).

Höchstdrucklampen (Superhochdrucklampen), Gasentladungslampen mit Gasdrücken über 3 MPa; in der Regel Quecksilberdampf- oder Xenonlampen in einem bes. dickwandigen Entladungsgefäß. Die Leuchtdichte beträgt mehr als 10^8 cd · m^{-2}. Die Lichtfarbe ist weiß bis tageslichtähnlich. Anwendungen: Projektionslampen, Scheinwerfer, Leuchtfeuer.

Höchster Porzellan. Laurentius Russinger, Der Schlummer der Schäferin, um 1760 (Mainz, Mittelrheinisches Landesmuseum)

Höchster Porzellan, seit 1750 in der 1746 gegr. Manufaktur in Höchst (= Frankfurt am Main) hergestelltes Porzellan. Berühmt die figürl. Plastik: v. a. von H. S. Feilner, Laurentius Russinger (*1739, †1807) und J. P. Melchior. Marke (mannigfach abgewandelt): Rad (Wappen von Kurmainz, in dessen Besitz sich die Manufaktur seit 1778 befand). 1796 wurde die Manufaktur geschlossen, 1947 und 1966 erfolgten Neugründungen.

höchstes Gut (höchstes Gutes), 1. in der platon. Tradition idealer *Zustand,* der den gesellschaftl. Zuständen je nach dem Grad der Annäherung an ihn ihre Güte verleiht; 2. nach Aristoteles in einer Rangordnung der Güter und Werte ein *Prinzip,* nach dem die Normen des menschl. Handelns zu rechtfertigen sind. In der christl. Philosophie und Theologie wird die Platonische Idee des h. G. zum christl. Gott als dem „summum bonum" uminterpretiert worden.

höchstes Wesen (Hochgott), religionswiss. Bez. eines obersten Himmelsgottes, der Schöpfer der Welt und Herr atmosphär. Erscheinungen ist; gilt als Schicksalsgottheit. ▷ in der Aufklärung und bes. in der Frz. Revolution Ersatz für den christl. Gottesbegriff; mit dem als Auftakt eines neuen Kults eingeführten Fest des h. W. (8. Juni 1794) versuchte Robespierre, die Entchristianisierungskampagne einzudämmen und sein Herrschaftssystem durch eine metaphys. Begründung zu stabilisieren.

Höchstfrequenz, Abk. HHF, Frequenzbereich zw. 300 MHz und 300 GHz bzw. Wellenlängen zw. 1 m und 1 mm.

Hochstift, im Hl. Röm. Reich (bis 1803) bei geistl. Fürsten Bez. für den reichsunmittelbaren Territorialbesitz eines Bischofs; das geistl. Ft. eines Erzbischofs hieß *Erzstift,* das eines geistl. Kurfürsten *Kurstift,* das eines Abtes *Stift.*

Höchstmengenverordnungen, zum Schutz des Verbrauchers vor tox. Stoffen und vor Zusatzstoffen in Lebensmitteln erlassene Rechtsverordnungen, in denen Höchstmengen (Toleranzwerte) von Pflanzenschutzmittel- und Pestizidwirkstoffen, Wachstumsreglern und Schwermetallen festgelegt sind, die in Lebensmitteln vorhanden sein dürfen.

höchstpersönliche Rechte, Rechte, die derart mit der Person des Berechtigten verbunden sind, daß sie weder übertragbar noch vererblich sind (z. B. der Nießbrauch, Mitgliedschaftsrechte in Vereinen).

Höchstpreis, Preis, der auf Grund staatl. Anordnungen (meist aus sozialen oder polit. Gründen) nicht überschritten werden darf.

Hochsträß [...ʃtrɛːs], bis 677 m hohe, hügelige Hochfläche in der südl. Schwäb. Alb.

Hochstraten, Jakob von ↑Hoogstraten, Jacob van.

Höchstspannung ↑Hochspannung.

Höchststufe, svw. Superlativ (↑Komparation).

Höchstwertprinzip ↑Bewertung.

Höchstzahlverfahren ↑d'Hondtsches Höchstzahlverfahren.

Hochtannbergpaß, östr. Paß; ↑Alpenpässe (Übersicht).

Hochtaunus ↑Taunus.

Hochtaunuskreis, Landkr. in Hessen.

Hochtemperatur-Supraleitung, die Erscheinung der ↑Supraleitung an Kupferoxidsystemen bei relativ hohen Sprungtemperaturen T_c. Die H. wurde 1986 von J. G. Bednorz und K. A. Müller an keram. Barium-Lanthan-Kupferoxid bei $T_c \approx 30$ K entdeckt. 1987 fand man ein Yttrium-Barium-Kupferoxid mit $T_c \approx 90$ K, 1988 entdeckte man Wismut- bzw. Thallium-Kupferoxid mit $T_c \approx 110$ K bzw. 125 K. Gemeinsam ist diesen und weiteren Hochtemperatur-Supraleitern, daß sie Kristallstrukturen besitzen, die zur Ausbildung von CuO$_2$-Ebenen führen und daß sie sich nahe an einem Übergang aus ihrer metall. und supraleitenden Phase in eine isolierende und antiferromagnet. Phase befinden. Da diese Supraleiter statt mit Helium mit billigerem flüssigem Stickstoff auf 77 K gekühlt werden können, hat ihre Entdeckung möglicherweise weitreichende techn. Konsequenzen, z. B. für elektron. Bauelemente, Generatoren und Motoren, Energiespeicher oder Magnetschwebebahnen.

Hochtemperaturwerkstoffe, thermisch bes. stark belastbare Werkstoffe, die v. a. in der Luft- und Raumfahrt verwendet werden; es wird unterschieden zw.: 1. thermisch widerstandsfähigen Werkstoffen (Metalle, Metallkeramiken, Mischwerkstoffe mit hohen Schmelzpunkten), 2. therm. Absorptionswerkstoffen (Metalle und Metallegierungen mit hohen spezif. Wärmekapazitäten und Wärmeleitzahlen), 3. Schwitzwerkstoffen (mit Verdampfungskühlmitteln gekühlte poröse Werkstoffe), 4. ablativen Werkstoffen (Ablationswerkstoffe, ↑Ablation).

Hochterrasse ↑Terrasse.

Hochtonlautsprecher ↑Lautsprecher.

Hochtouristik [dt./lat.-frz.-engl.], Bez. für Bergtouren oberhalb der Baumgrenze (mindestens 2000 m ü. d. M.) mit Paßübergängen und Besteigungen im weglosen Gelände.

Hochufer, Rand der Flußaue.

Hoch- und Deutschmeister ↑Deutscher Orden.

Hochvakuum ↑Vakuum.

Hochvakuumröhren, Sammelbez. für Elektronenröhren, Röntgenröhren, Photozellen u. a., die bis auf einen Restgasdruck von 10^{-6} Pa evakuiert worden sind und in denen ausschließlich Elektronen die Träger des elektr. Stromes sind.

Hochvakuumtechnik ↑Vakuumtechnik.

Hochverrat, gewaltsamer, vorsätzl. Angriff auf den inneren Bestand oder die verfassungsmäßige Ordnung eines Staates. Nach § 81 StGB wird mit lebenslanger oder mit Freiheitsstrafe nicht unter zehn Jahren bestraft, wer es

Hochvolttherapie

unternimmt, mit Gewalt oder durch Drohung mit Gewalt 1. den Bestand der BR Deutschland zu beeinträchtigen (**Bestandshochverrat**, z. B. durch Gebietsabtrennung) oder 2. die auf dem Grundgesetz der BR Deutschland beruhende verfassungsmäßige Ordnung zu ändern (**Verfassungshochverrat**). Mit Freiheitsstrafe von einem Jahr bis zu zehn Jahren wird bestraft, wer H. gegen ein Land der BR Deutschland unternimmt. – Das Merkmal *unternehmen* umfaßt Versuch wie Vollendung der Tathandlung. Wegen der Bed. des geschützten Rechtsgutes wird auch die **Vorbereitung eines hochverräterischen Unternehmens** (§ 83 StGB) unter Strafe gestellt. – In allen Fällen des H. ist tätige Reue möglich.

Ähnl. Strafvorschriften wie in der BR Deutschland bestehen in *Österreich* (§§ 242 ff. StGB) und in der *Schweiz* (Art. 265 StGB).

Hochvolttherapie ↑ Strahlentherapie.

Hochwälder, Fritz, *Wien 28. Mai 1911, †Zürich 20. Okt. 1986, öster. Dramatiker. – Emigrierte 1938 in die Schweiz. Seine streng gebauten idealist. Dramen zeigen in der Gestaltung histor. und weltanschaul. Themen eine aktualisierende Tendenz. – *Werke:* Das hl. Experiment (Dr., Uraufführung 1943), Der Unschuldige (Kom., 1949), Der öffentl. Ankläger (Dr., 1954), Die Herberge (Dr., 1956), Der Himbeerpflücker (Dr., 1964), Der Befehl (Dr., 1967), Lazaretti oder der Säbeltiger (Dr., Uraufführung 1975).

Hochwasser, an Küsten der regelmäßige tägl. Hochstand des Wassers bei Flut.
▷ das erhebl. Ansteigen des Wasserstandes bei Flüssen und Seen, bes. nach Schneeschmelze oder starken Regenfällen.

Hochwild, wm. Bez. für das zur hohen Jagd gehörende Wild (u. a. Elch, Rot- und Damhirsch, Schwarzwild, Gemse, Steinbock, Mufflon und Auerhuhn).

Hochwohlgeboren, früher gebräuchl. Höflichkeitsanrede, im 17. Jh. für Angehörige des Hochadels eingeführt, dann auch auf den Niederadel und auf hohe bürgerl. Staatsbeamte übertragen.

Fritz Hochwälder

David Hockney. Swimming-pool und Treppe, 1971 (Humlebæk, Louisiana Museum)

Hockergrab. Skelett mit drei Bechern als Grabzulage aus dem Neolithikum, Fund in Leuna

Hochwürden (lat. reverendus), heute seltene Anrede und Ehrenbez. für kath. Priester.

Hochzahl, svw. ↑ Exponent.

Hochzeit [zu mittelhochdt. hôchgezît, hôchzît „hohes Fest, Vermählungsfeier"], Bez. für das Fest der Eheschließung (**grüne Hochzeit**). Als Erinnerungsfest an den Hochzeitstag werden gefeiert die **hölzerne Hochzeit** (nach 5 Jahren), die **silberne Hochzeit** (nach 25 Jahren), die **goldene Hochzeit** (nach 50 Jahren), die **diamantene Hochzeit** (nach 60 Jahren), die **eiserne Hochzeit** (landschaftlich verschieden nach 65, 70 oder 75 Jahren) und die **Gnadenhochzeit** (nach 70 Jahren). Zahlr. Hochzeitsbräuche haben sich bis heute erhalten: der Polterabend als Vorfeier am Abend vor der H.; das Tragen von Brautkleid, -strauß und -schleier; der Ringwechsel; das festl. Essen als Mittelpunkt der H. mit Tischrede und Hochzeitstanz. – Im Zuge von Säkularisierung und Industrialisierung hat jedoch die H. ihre frühere Bed. als Symbol und Anzeiger für soziale Statusveränderungen der Partner weitgehend verloren.

Hochzeitsflug, Bez. für den Begattungsflug staatenbildender Insekten (z. B. bei Bienen, Ameisen, Termiten).

Hochzeitskleid (Brutkleid, Prachtkleid), Bez. für die Gesamtheit aller durch Hormone gesteuerten auffälligen Bildungen der Körperdecke (z. B. bunte Federn oder Flossen; Hautkämme bei Molchen), wie sie bei den ♂♂ vieler Wirbeltierarten (bes. Fische, Amphibien, Vögel) zur Anlockung von ♀♀ auftreten.

Hocke, Gustav René, *Brüssel 1. März 1908, †Genzano bei Rom 14. Juli 1985, dt. Publizist. – Schrieb „Die Welt als Labyrinth. Manier und Manie in der europ. Kunst" (1957), „Manierismus in der Literatur" (1959), auch Reiseberichte, Essays u. a.

Hockenheim, Stadt im Oberrhein. Tiefland, Bad.-Württ., 100 m ü. d. M., 16 100 E. Motodrom (**Hockenheimring,** 1932; 1980 umgebaut; 7,58 km Länge). – 769 erstmals erwähnt; seit 1895 Stadt. – Kath. Pfarrkirche im Jugendstil.

Höcker, in der Morphologie, Anatomie und Medizin eine kegel- oder buckelartige Erhebung am Körper bzw. an Körperteilen (z. B. bei Kamelen), an Organen (z. B. bei der H.leber) oder Knochen (als Gelenk-H.).

Höckergans ↑ Gänse.

Hockergrab, vorgeschichtl. Bestattungsform (seit dem Jungpaläolithikum), bei der der Tote i. d. R. mit angewinkelten Beinen auf der rechten oder linken Körperseite im Grab liegt, seltener sitzt.

Höckerschmuckschildkröten (Höckerschildkröten, Graptemys), Gattung der Sumpfschildkröten mit 6 Arten in N-Amerika; Panzerlänge etwa 15–30 cm, mittlere Rückenschilder mit höckerartigen Erhebungen; Panzer und Weichteile mit oft sehr kontrastreicher Linien- und Fleckenzeichnung; beliebte Terrarientiere.

Höckerschwan ↑ Schwäne.

Hockey ['hɔkɪ; engl.], Kampfspiel, bei dem ein Ball möglichst oft in das gegner. Tor zu schlagen ist, während Tore der gegner. Mannschaft verhindert werden sollen. **Feldhockey:** Das *Spielfeld,* meist ein kurzgeschorener Rasenplatz, ist 91,40 m × 55 m groß, an jeder Schmalseite befindet sich ein 3,66 m breites und 2,14 m hohes *Tor,* davor im Abstand von 14,63 m von der Torlinie bzw. den Torpfosten der *Schußkreis. Spielgeräte* sind der unten gebogene, auf einer Seite abgeflachte *H.schläger* (Stock) mit einer Masse von 340 bis 794 g und der aus lederumhülltem Kork und Garngeflecht bestehende *H.ball,* ein Vollball von 22,4 bis 23,5 cm Umfang; er ist 156 bis 163 g schwer. Eine *Mannschaft* besteht aus 11 Spielern (1 Torwart, 10 Feldspieler) und bis zu 3 Auswechselspielern. Die *Spielzeit* beträgt 2 × 35 Minuten (Erwachsene). Der Ball darf nur mit der flachen Seite des Schlägers gespielt werden, der Torschuß nur in dem vor dem Tor markierten Schußkreis erfolgen. Schlagen, Schlenzen, Schieben und Heben bilden die Abspiel- und Torschußtechnik. Körperspiel, Sperren, Rempeln, Wegschieben des Gegners sind nicht gestattet und werden mit Freischlag geahndet. Der Ball darf mit dem Schläger, aber auch mit der Hand gestoppt werden. Das Spiel wird von 2 Schiedsrichtern geleitet. **Hallenhockey:** Das *Spielfeld* ist 40 m × 20 m groß mit Bande an den Längsseiten. Die *Tore* sind 3 m breit und 2 m hoch. Der *Schußkreis* hat einen Radius von 9 m. Eine *Mannschaft* besteht aus 6 Spielern (1 Torwart, 5 Feldspieler). Die *Spieldauer* beträgt 2 × 30 Minuten. Abweichend vom Feld-H. darf der Ball nur geschoben werden.

Hockney, David [engl. 'hɔknɪ], *Bradford (West Yorkshire) 9. Juli 1937, engl. Graphiker und Photograph. – Bed. Zeichner und Radierer sowie Maler der engl. Pop-art.

hoc loco, Abk. h.l., lat. (veraltet) „hier, an diesem Ort".

Hoddis, Jakob van, eigtl. Hans Davidsohn, *Berlin 16. Mai 1887, †bei Koblenz 30. April 1942 (auf der Deportation), dt. Schriftsteller. – 1909 Mitbegr. des frühexpressionist. „Neuen Clubs"; Freundschaft mit G. Heym; ab 1912 Anzeichen von Geisteskrankheit, Aufenthalt in Sanatorien. Die größte Wirkung seines schwermütigen, oft iron. Werkes voller visionärer Bilder hatte „Weltende" (gedruckt 1911), eines der berühmtesten expressionist. Gedichte.

Hodegetria [griech. „Wegführerin"], byzantin. Marienbildtypus; die Gottesmutter weist mit der rechten Hand auf Jesus hin, der auf ihrem linken Arm sitzt.

Hodeida ↑Hudaida.

Hoden [zu althochdt. hodo, eigtl. „das Umhüllende"] (Testis, Orchis), männl. Keimdrüse bei Tieren und beim Menschen, die die männl. Geschlechtszellen (Spermien) produziert und bei Wirbeltieren und Insekten Bildungsort von Hormonen ist.
Bei den Wirbeltieren entsteht der H. dorsal in der Leibeshöhle hängend, in einer Falte des Bauchfells neben der Urnierenanlage. Es kommt zu einer Verbindung *(Urogenitalverbindung)* mit der Urniere oder dem Urnierengang. Die in der H.anlage entstehenden Keimstränge formen sich bei den höheren Wirbeltieren (einschl. Mensch) zu gewundenen *Samenkanälchen (H.kanälchen,* Tubuli) um, deren Wand außer den Samenbildungszellen auch noch Nährzellen *(Sertoli-Zellen)* enthält. Im Bindegewebe zw. den Ampullen bzw. Kanälchen sind die *Leydig-Zwischenzellen* eingelagert, die Speicherfunktion haben und Androgene produzieren. Die Ausführgänge der H. vereinigen sich zum *Samenleiter* (häufig mit Samenblase), der zw. After und Harnröhre, in die Harnblase, die Harnröhre, den After oder in die Kloake münden kann. Bei den meisten Säugetieren verlagert sich der H. nach hinten und wandert *(Descensus testis)* über den Leistenkanal aus der Leibeshöhle in den ↑Hodensack, wo er entweder dauernd verbleibt (z.B. bei Beuteltieren, Wiederkäuern, Pferden, vielen Raubtieren und den Herrentieren, einschl. Mensch) oder aus dem er zw. den Fortpflanzungsperioden wieder in die Bauchhöhle zurückgezogen wird (z.B. bei vielen Nagetieren und Flattertieren). Bei den meisten Wirbeltieren kommt es noch zur Ausbildung eines ↑Nebenhodens.
Beim Menschen haben die beiden eiförmigen H. des erwachsenen Mannes die Größe einer kleinen Pflaume und sind von einer starken Bindegewebskapsel umschlossen; dem H. liegt hinten der Neben-H. an. Vor der Geschlechtsreife ist das Innere des H. durch Scheidewände in etwa 250 pyramidenförmige Fächer *(H.läppchen)* unterteilt. In jedem Läppchen liegen durchschnittlich drei bis etwa 30 cm lange, 0,2 mm dicke, aufgeknäuelte, blind endende H.kanälchen, in deren Wand die Samenbildungszellen sowie die Nährzellen liegen. Die H.kanälchen münden zunächst in einem Hohlraumsystem, dem *Rete testis,* und von dort aus in die ausführenden Kanäle des Nebenhodens.

Hodenbruch (Hodensackbruch, Skrotalhernie), Leistenbruch, bei dem der Bruchinhalt in den Hodensack eingetreten ist.

Hodenentzündung (Orchitis), bakteriell verursachte Anschwellung des Hodens mit schmerzhaftem und meist akut fieberhaftem Verlauf; oft als Begleiterscheinung von Infektionskrankheiten (Mumps, Typhus), auch als Folge von entzündl. Erkrankungen der Nachbarorgane oder von Verletzungen.

Hodensack (Skrotum, Scrotum), hinter dem Penis liegender Hautbeutel bei den meisten Säugetieren (einschl. Mensch). Im H. liegt der paarige Hoden (mit Nebenhoden), getrennt durch eine bindegewebige Scheidewand. Die Verlagerung der Hoden aus der Wärme des Körperinneren in den kühleren Bereich des H. ist bei den betreffenden Lebewesen Voraussetzung für eine normale Spermienbildung.

Hodges, Johnny [engl. 'hɔdʒɪz], eigtl. John Cornelius H., *Cambridge (Mass.) 25. Juli 1906, †New York 11. Mai 1970, amerikan. Jazzmusiker (Altsaxophonist). – Spielte seit 1928 im Orchester Duke Ellingtons. H. gehörte zu den stilbildenden Saxophonisten der Swingepoche.

Hodgkin [engl. 'hɔdʒkɪn], Sir (seit 1972) Alan Lloyd, *Banbury (Oxfordshire) 5. Nov. 1914, brit. Physiologe. – Prof. in Cambridge; arbeitete (mit A. F. Huxley) hauptsächlich auf dem Gebiet der Erregungsleitung in Nerven und entdeckte den Mechanismus der Entstehung und Weiterleitung der Aktionspotentiale in den Nervenbahnen. 1963 erhielt er mit A. F. Huxley und J. C. Eccles den Nobelpreis für Physiologie und Medizin.

Alan Lloyd Hodgkin

H., Dorothy Crowfoot, *Kairo 12. Mai 1910, brit. Chemikerin. – Prof. in Oxford; ermittelte die Molekülstruktur verschiedener Penicillinarten und Vitamine. 1964 erhielt sie für die röntgenograph. Analyse des Vitamins B_{12} den Nobelpreis für Chemie.

Dorothy Crowfoot Hodgkin

H., Howard, *London 6. Aug. 1932, brit. Maler und Graphiker. – H. gestaltet abstrakte Bilder von kolorist. Reichtum, auch malerisch aufgefaßte Radierungen, Aquatinten und Lithographien.

Hodgkin-Krankheit [engl. 'hɔdʒkɪn; nach dem brit. Internisten T. Hodgkin, *1798, †1866], svw. ↑Lymphogranulomatose.

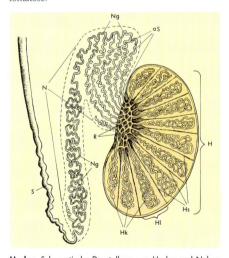

Hoden. Schematische Darstellung von Hoden und Nebenhoden des Menschen; aS ausführende Samenkanälchen; H Hoden; Hk Hodenkanälchen; Hl Hodenläppchen; Hs Hodensepten; N Nebenhoden; Ng Nebenhodengang; R Rete testis; S Samenleiter

Hödicke

Ferdinand Hodler. Auszug der Jenenser Studenten in den Freiheitskrieg 1813, Freskomalerei, 1908/09 (Jena, Universität)

Hödicke, Horst, *Nürnberg 21. Febr. 1938, dt. Maler. – H. wirkte mit seinen neoexpressionist. Bildern anregend auf die Neuen Wilden; schuf auch Zeichnungen, Objekte, Skulpturen und drehte Experimentalfilme.

Hodler, Ferdinand, *Bern 14. März 1853, †Genf 19. Mai 1918, schweizer. Maler. – 1889 entstand „Die Nacht" (Bern, Kunstmuseum), Ausgangspunkt seines monumental aufgefaßten Symbolismus mit verfestigtem Umriß der Gestalten und Landschaftsformen sowie strengem, oft symmetr. Bildaufbau; u. a. bed. Historienmalerei. – *Weitere Werke:* Die Enttäuschten (1891/92), Der Auserwählte (1893/94), Der Tag (1900; alle Bern, Kunstmuseum), Tell (1903; Solothurn, Museum der Stadt), Auszug der Jenenser Studenten in den Freiheitskrieg 1813 (1908/09, Jena, Univ., Freskomalerei).

Hodograph [zu griech. hodós „Weg"] (Geschwindigkeitskurve), graph. Darstellung der Geschwindigkeitsänderung eines sich bewegenden Körpers.

Hodometer [zu griech. hodós „Weg"], Wegmesser, Schrittmesser.

Hodonín (dt. Göding), Stadt in der ČR, 55 km sö. von Brünn, 33 300 E. Mittelpunkt des südmähr. Erdöl- und Erdgasreviers; Abbau von Braunkohlen. – 1228 Stadtrecht.

Hodoskop [zu griech. hodós „Weg"], ein räumlich ausgedehntes Detektorsystem der Kernphysik, mit dem die Bahnen von energiereichen Teilchen registriert werden können.

Hödr [...dər] altnord. blinder Gott, der als Sohn Odins gilt. Auf Anstiften Lokis tötet er unwillentlich seinen Bruder Baldr mit einem Mistelzweig, ein Verbrechen, das zum Untergang der Götter führt.

Hodscha, Enver ↑ Hoxha, Enver.

Hodža, Milan [slowak. 'hɔdʒa], *Sučany bei Lučenec 1. Febr. 1878, †Clearwater (Fla.) 27. Juni 1944, tschechoslowak. Politiker. – 1905–18 Abg. des ungar. Reichsrates, 1918–38 des tschechoslowak. Parlaments (Agrarpartei); 1935–38 Min.präs. der ČSR; trat innenpolitisch für einen Zentralismus ein, außenpolitisch für eine föderative Ordnung des Donauraumes. 1939 Emigration in die USA.

Hoech, Hannah [høːç], *Gotha 1. Nov. 1889, †Berlin 31. Mai 1978, dt. Malerin und Graphikerin. – Mgl. der Dada-Bewegung in Berlin; Photo- und Materialcollagen, groteske Puppen sowie Ölbilder.

Hoechst AG [høːçst], eines der größten dt. Chemieunternehmen, gegr. 1863; 1925–45 Teil der ↑I.G. Farbenindustrie AG, 1951 neu gegr. als *Farbwerke Hoechst AG vormals Meister Lucius & Brüning,* seit 1974 jetziger Name; Sitz Frankfurt am Main. Die H. AG ist ein bed. Produzent von Arzneimitteln sowie Kunststoffen, Farben, Lacken, Chemiefasern, Düngemitteln u. a. Produkten und ist auf den Gebieten des Anlagenbaues und der Schweißtechnik tätig.

Ludwig Hoelscher

Milan Hodža

Hoeflich, Eugen ['høːflɪç], israel. Schriftsteller östr. Herkunft, ↑ Ben-Gavriêl, Moscheh Ya'akov.

Hoeger, Fritz ↑ Höger, Fritz.

Hoegner, Wilhelm ['høːgnər], *München 23. Sept. 1887, †ebd. 5. März 1980, dt. Jurist und Politiker (SPD). – 1924–32 und 1946–70 MdL in Bayern, 1930–33 MdR, 1933–45 im Exil; nach 1945 in Bayern; im Mai 1945 bayr. Justizmin., 1945/46 Min.präs., 1947 stellv. Min.präs. und Justizmin., 1948–50 Generalstaatsanwalt, 1950–54 Innenmin., 1954–57 Min.präs., 1957–62 Fraktionsvors. der SPD.

Hoehme, Gerhard ['høːmə], *Greppin 5. Febr. 1920, †Neuss 28. Juni 1989, dt. Maler – 1952/53 Mitbegr. des Tachismus; später auch Objektkunst.

Hoei [niederl. huːi] ↑ Huy.

Hoeksche Waard [niederl. 'huːksə 'waːrt], niederl. Insel im Rhein-Maas-Delta, 276 km^2, 76 400 E; Landw., die auf den Markt von Rotterdam ausgerichtet ist.

Hoek van Holland [niederl. 'huːk fan 'hɔlant] ↑ Rotterdam.

Hoel, Sigurd [norweg. huːl], *Nord-Odal (Hedmark) 14. Dez. 1890, †Oslo 14. Okt. 1960, norweg. Schriftsteller. – Von S. Freud beeinflußter Dramatiker und Erzähler; seine pessimist., erot. Romane wie „Sünder am Meer" (1927), „Ein Tag im Oktober" (1932) waren Satiren gegen das norweg. Bürgertum.

Hoelscher, Ludwig ['hœlʃər], *Solingen 23. Aug. 1907, dt. Violoncellist. – Konzertierte seit 1931 (oft zus. mit E. Ney bzw. mit deren Trio) in den internat. Musikzentren. Bed. Interpret v. a. J. S. Bachs und zeitgenöss. Musik.

Hoelz (Hölz), Max [hœlts], *Moritz bei Riesa 14. Okt. 1889, †bei Gorki (= Nischni Nowgorod) 15. Sept. 1933 (ertrunken), dt. Politiker. – 1918 Mgl. der USPD, 1919 der KPD; Führer bewaffneter Arbeiterabteilungen im Vogtland (März 1920) und im Mansfelder Gebiet (März 1921); 1921 zu lebenslängl. Gefängnisstrafe verurteilt, 1928 freigelassen. 1929 Übersiedlung in die UdSSR; die Umstände seines Todes sind ungeklärt.

Hoelzel (Hölzel), Adolf ['hœltsəl], *Olmütz 13. Mai 1853, †Stuttgart 17. Okt. 1934, dt. Maler. – Gründete 1891 die Dachauer Malerschule in Neu-Dachau (Freilichtmalerei), lehrte 1906–18 in Stuttgart. H. setzte sich praktisch und theoretisch mit den Problemen der Farbentheorie auseinander; einer der Begründer der abstrakten Malerei. Auch Glasbilder, Pastellmalerei in leuchtenden Farben.

Hoensbroek [niederl. 'huːnzbruːk], ehem. selbständige Gem. in der niederl. Prov. Limburg, 1982 nach ↑ Heerlen eingemeindet. – Reste röm. Häuser; spätgot. alte Pfarrkirche (etwa 1400), Wasserschloß (14. und 17. Jh.).

Hoepner, Erich ['høːpnər], *Frankfurt/Oder 14. Sept. 1886, †Berlin 8. Aug. 1944, dt. Generaloberst. – 1941 Kommandeur einer Panzergruppe im Ostfeldzug, Anfang 1942 abgesetzt; wegen Teilnahme an der Verschwörung des 20. Juli 1944 zum Tode verurteilt und hingerichtet.

Hannah Hoech. Figurinen mit Ei, 1943 (Privatbesitz)

Hoerschelmann, Fred von ['hœr...], *Haapsalu (Estland) 16. Nov. 1901, †Tübingen 2. Juli 1976, dt. Schriftsteller. – Verfaßte Hörspiele wie „Das Schiff Esperanza" (1953), „Die blaue Küste" (1970), Dramen und Erzählungen mit Themen aus Geschichte und Gegenwart.

Hoesch AG [hœʃ], dt. Holdinggesellschaft der Montanind., umfaßt u. a. die Bereiche Stahlerzeugung und -veredelung, Maschinen- und Anlagenbau, Elektronik; Sitz Dortmund, gegr. 1871, heutiger Name seit 1938; 1946/47 Demontage und Entflechtung, 1950 Liquidation; Neugründung 1952, seit 1959 wieder Firmenbez. „H. AG"; 1966 Zusammenschluß mit der „Dortmund-Hörder Hüttenunion AG" (DHHU); 1972 Gründung der Zentralgesellschaft **ESTEL NV** (Sitz Nimwegen), an der sie und die Koninklijke Nederlandsche Hoogovens en Staalfabrieken NV zu je 50 % beteiligt sind. 1992 Fusion mit dem Krupp-Konzern.

Adolf Hoelzel. Komposition, um 1930/32 (Köln, Museum Ludwig)

Hoetger, Bernhard ['hœtgər], *Hörde (= Dortmund) 4. Mai 1874, †Unterseen 18. Juli 1949, dt. Bildhauer. – 1910 an die Künstlerkolonie nach Darmstadt berufen, neben Bauplastik v. a. expressive Kleinplastik mit oriental. Motiven.

Hoetzsch, Otto [hœtʃ], *Leipzig 14. Febr. 1876, †Berlin 27. Aug. 1946, dt. Historiker und Politiker. – 1906 Prof. für osteurop. Geschichte in Posen, 1913 in Berlin (1935 zwangsemeritiert); 1920–30 MdL in Preußen und MdR, bis 1929 für die DNVP, danach für die Volkskonservative Vereinigung; zahlr. Arbeiten über Rußland und Osteuropa.

Hof, Stadt an der oberen Saale, Bay., 497 m ü. d. M., 51 100 E. Verwaltungssitz des Landkr. H.; Museum. Wichtigste Wirtschaftszweige sind die Textilind. und Brauereien. ⚒ H.-Pirk. – Ersterwähnung 1214, Sitz des Reichsvogts im Regnitzland; kam 1373 an die Burggrafen von Nürnberg, 1810 an Bayern. – 1823 wurde der histor. Baubestand durch Brand stark zerstört. Die Spitalkirche (im Kern 14. Jh.) erhielt 1688/89 die barocke Kassettendecke, Rathaus (1563–66).

H., Landkr. in Bayern.

Hof, abgeschlossener Raum hinter dem Haus bzw. zw. Gebäuden; z. T. als Wohnteil gestaltet (Innenhof, ↑ Atrium, ↑ Patio).

▷ svw. ↑ Gehöft.

▷ (Curia) Bez. für die Haushaltung der Fürsten und ihrer Fam. sowie für die fürstl. Residenz. Der H. stellte das Machtzentrum des beherrschten Gebiets dar und wanderte in der Frühzeit mit dem Herrscher von Ort zu Ort, bis er (im Hl. Röm. Reich vom 14. Jh. an) mit festen Residenzen verbunden blieb; entwickelte sich zu einem Verwaltungs- und Herrschaftsapparat, aus dem die meisten modernen Staatsbehörden hervorgegangen sind. Die Gesamtheit der im H.dienst Stehenden war als **Hofstaat** in eine strenge Rangordnung gegliedert. Im 15. Jh. wurde der frz. H. zum Vorbild für das übrige Europa.

▷ ↑ Aureole.

Hofämter, Bez. für die schon z. Z. der fränk. Herrscher bestehenden vier altgerman. Hausämter Truchseß (Dapifer), Marschall, Kämmerer, Schenk. Seit Otto I. wurden sie von den höchsten Reichsfürsten ausgeübt und wandelten sich zu erbl. Ehrenämtern (↑ Erzämter). In Frankreich traten seit dem 11. Jh. an die Stelle der im 12. Jh. nicht mehr besetzten H. die vom König ernannten und abhängigen *Grands officiers,* u. a. *Grand maître de France* (Seneschall, Truchseß), *Connétable* (Konnetabel) und *Grand écuyer de France* (Marschall), *Grand chambellan* (Kämmerer) und *Grand bouteiller* (Schenk); im Verlauf der Frz. Revolution abgeschafft.

Hofbauer, Klemens Maria (Taufname: Johannes), hl., *Taßwitz (= Tasovice, Südmähr. Gebiet) 26. Dez. 1751, †Wien 15. März 1820, östr. Redemptorist. – Von großem Einfluß als Prediger und Seelsorger, bes. auf die Romantiker (F. Schlegel, C. Brentano, J. von Eichendorff [„H.-Kreis"]). – Fest: 15. März.

Hofbräuhaus, Brauhaus und Bierausschank in München, gegr. 1589. Seit 1614 wird nach dem Vorbild des Einbecker Biers „Einbock" („Bock", „Maibock") gebraut.

Hofdichtung, Sammelbez. für Dichtungen, die Normen höf. Standes- und Lebensideale und monarch. Herrschaftsstrukturen repräsentieren und propagieren oder Herrschergestalten verherrlichen.

Hofeffekt, svw. ↑ Haloeffekt.

Hofei ↑ Hefei.

Höfeordnungen ↑ Anerbenrecht.

Hofer, Andreas, *Sankt Leonhard in Passeier 22. Nov. 1767, †Mantua 20. Febr. 1810 (erschossen), Tiroler Freiheitskämpfer. – Der Gastwirt „am Sande" („Sandwirt von Passeier") leitete 1809 mit P. J. Haspinger, P. Mayr und J. Speckbacher den Tiroler Freiheitskampf. Nach Siegen am Berg Isel über die Bayern (25. und 29. Mai) und Franzosen (13. Aug. 1809) wurde H. Regent von Tirol. Als im Frieden von Schönbrunn (14. Okt.) Österreich auf Tirol verzichten mußte, setzte H. den Kampf fort. Durch Verrat wurde er von den Franzosen aufgespürt und hingerichtet.

H., Karl, *Karlsruhe 11. Okt. 1878, †Berlin 3. April 1955, dt. Maler und Graphiker. – 1919–36 Prof. an der Berliner Kunstakad., deren Direktor er 1945 wurde; beeinflußt von H. von Marées und Cézanne; stark konturierte Figurenbilder, Stilleben und Landschaften (aus dem Tessin). – *Werke:* Maskerade (1922; Köln, Museum Ludwig), Freundinnen (1923/24; Hamburg, Kunsthalle), Die schwarzen Zimmer (1928, verbrannt, Zweitfassung 1943; Berlin, neue Nationalgalerie), Lunares (1953; Karlsruhe, Kunsthalle).

Andreas Hofer (zeitgenössische Kreidelithographie)

Hoff, Ferdinand, *Kiel 19. April 1896, †Neukirchen (Schwalm-Eder-Kr.) 23. März 1988, dt. Internist. – Prof. in Würzburg, Graz und Frankfurt am Main. H. ist bes. durch Arbeiten auf dem Gebiet der vegetativen Regulationen und der inneren Sekretion hervorgetreten; machte auf die Gefahren des Arzneimittelmißbrauchs aufmerksam.

H., Jacobus Henricus van't, *Rotterdam 30. Aug. 1852, †Berlin 1. März 1911, niederl. Physikochemiker. – Prof. in Amsterdam und Berlin. Veröffentlichte 1874 Vorstellungen zur räuml. Ausrichtung der Kohlenstoffvalenzen und war damit Mitbegr. der Stereochemie. Außerdem fand er die Gesetzmäßigkeiten des chem. Gleichgewichts und stellte die **Van-'t-Hoff-Regel** (Reaktionsgeschwindigkeit-Temperatur-Regel, RGT-Regel) auf. Sie besagt, daß bei einer Temperaturerhöhung um 10 °C die Reaktionsgeschwindigkeit auf das Doppelte bis Dreifache ansteigt. Für die Entdeckung, daß für in stark verdünnter Lösung vorliegende Stoffe die Gasgesetze gelten (u. a. für die osmot. Druck die Zustandsgleichung idealer Gase), erhielt er 1901 den ersten Nobelpreis für Chemie. – Zum Van-'t-Hoff-Gesetz ↑ Osmose.

Ferdinand Hoff

H., Karl von, *Gotha 1. Nov. 1771, †ebd. 24. Mai 1837, dt. Geologe. – Direktor der wiss. und Kunstsammlungen in Gotha, verhalf dem ↑ Aktualismus zum Durchbruch.

Hoffahrt, im Lehnswesen die Verpflichtung des Lehnsträgers zu regelmäßigem Besuch des lehnsherrl. Hofes.

Hoffaktor, Bez. für den seit dem 14. Jh. bekannten Hofjuden; v. a. für die Erledigung wirtschaftl. Aufgaben zustän-

Jacobus Henricus van't Hoff

Hoffman

Dustin Hoffman

dig, nach dem Dreißigjährigen Krieg bes. als Hofbankier; seit Mitte des 16. Jh. häufig Erhebung in den Adelsstand (z. B. die Fam. Rothschild).

Hoffman, Dustin [engl. 'hɔfmæn], * Los Angeles 8. Aug. 1937, amerikan. Filmschauspieler. – Seine schauspieler. Wandlungsfähigkeit wurde deutlich in „Die Reifeprüfung" (1967), „Little Big Man" (1971), „Papillon" (1973), „Die Unbestechlichen" (1976), „Tootsie" (1982), „Rainman" (1989), „Dick Tracy" (1990).

H., Melchior ['--], * Schwäbisch Hall um 1490, † Straßburg 1543, dt. Täufer. – Wirkte seit 1523 v. a. in Norddeutschland für die Reformation, überwarf sich aber wegen seiner spiritualist. Sakramentenlehre und apokalypt. Enderwartung mit Luther; wollte in Straßburg (seit 1533) in Gefangenschaft das Tausendjährige Reich erwarten; daraufhin errichteten seine Anhänger (Melchioriten) 1534/35 das Täuferreich in Münster (Westf.).

Hoffmann, Arthur, * Sankt Gallen 18. Juni 1857, † ebd. 23. Juli 1927, schweizer. Politiker. – Jurist; 1886–91 als Liberaler im Großen Rat von Sankt Gallen, 1896–1911 im Ständerat, 1911–17 im Bundesrat; 1914 Bundespräs.; scheiterte im Juni 1917 als Vermittler zw. Rußland und Deutschland (Rücktritt).

H., August Heinrich ↑Hoffmann von Fallersleben, August Heinrich.

H., Christoph, * Leonberg 2. Dez. 1815, † Jerusalem 8. Dez. 1885, dt. Pietist. – Begründete die Gemeinde der Jerusalemsfreunde (später ↑Tempelgesellschaft genannt).

H., Elisabeth, dt. Dichterin, ↑Langgässer, Elisabeth.

H., E. T. A. (Ernst Theodor Amadeus), eigtl. E. T. Wilhelm H., * Königsberg (Pr) 24. Jan. 1776, † Berlin 25. Juni 1822, dt. Dichter, Komponist, Zeichner und Maler. – Jurist; seit 1800 im preuß. Staatsdienst in Posen. Hier entwickelten sich Züge seiner exzentr., innerlich zerrissenen Persönlichkeit, die bei vielen Gestalten seiner literar. Werke wiederkehren: Übersensibilität sowie ein bizarres, launenhaftes und phantast. Verhalten. Seine schonungslosen Karikaturen der kleinstädt. Philisterwelt führten zur Strafversetzung nach Płock. 1804–06 Regierungsrat in Warschau; danach stellungslos; ab 1808 in Bamberg als Theaterkapellmeister,

E. T. A. Hoffmann. Der wahnsinnige Kreisler, Zeichnung

Musikkritiker, Direktionsgehilfe, Komponist (zahlr. Opern, u. a. „Undine", 1816; Sinfonien, Kammermusik, Singspiele) und Bühnenbildner; ging 1813 als Musikdirektor einer Theatertruppe nach Dresden und Leipzig; ab 1814 wieder im Staatsdienst (1816 Ernennung zum Kammergerichtsrat). Realist. Alltagswelt und spukhafte Geisterwelt stehen in seinen Novellen, Erzählungen und Märchen nebeneinander und gehen unvermittelt ineinander über. Bewußtseinsspaltung und Doppelgängertum spielen in seinen Werken eine bed. Rolle, wie etwa in dem Roman „Die Elixiere des Teufels" (2 Bde., 1815/16). Zwei grundverschiedene Handlungsabläufe überschneiden sich in den „Lebensansichten des Katers Murr ..." (R.-Fragment, 2 Bde.,

E. T. A. Hoffmann. Selbstbildnis, um 1810 (Berlin, neue Nationalgalerie)

1819–21): die Memoiren des Kapellmeisters Johannes Kreisler (ein übersteigertes Selbstporträt) und die Betrachtung seines schreibkundigen Katers, eine humorist. Relativierung von bürgerl. und romant. Künstlerwelt. Sein exemplar. phantast. Realismus hatte großen Einfluß auf die europ. Literatur (u. a. auf Balzac, Dickens, Baudelaire, Poe, Kafka). – *Weitere Werke:* Nachtstücke (En., 2 Bde., 1817), Seltsame Leiden eines Theaterdirektors (En., 1819), Die Serapionsbrüder (Erzählzyklus mit Rahmenhandlung, 4 Bde., 1819–21), Meister Floh (Märchendichtung, 1820).

H., Heinrich, * Frankfurt am Main 13. Juni 1809, † ebd. 20. Sept. 1894, dt. Schriftsteller. – Arzt und 1851–88 Direktor der städt. Nervenheilanstalt in Frankfurt am Main, an der er als erster eine bes. Abteilung für psychisch abnorme Kinder einrichtete. Bekannt durch seine selbstillustrierten Kinderbücher; weltberühmt wurde „Der Struwwelpeter" (1845).

H., Hermann (seit 1921 H.-Völkersamb), * Straßburg 10. Jan. 1875, † Kiel 20. Sept. 1955, dt. Jugendführer. – Begründer des dt. ↑Wandervogels.

H., Johannes, * Landsweiler-Reden (= Schiffweiler) 23. Dez. 1890, † Völklingen 21. Sept. 1967, dt. Politiker. – 1935–45 im Ausland; 1945 Mitbegr. und bis 1956 Vors. der Christl. Volkspartei des Saargebiets, 1947–55 Min.präs.; verfolgte die polit. Autonomie und Europäisierung des Saargebiets bei wirtsch. Anschluß an Frankreich und trat für das Saarstatut ein.

H., Josef, * Pirnitz (= Brtnice, Südmähr. Gebiet) 15. Dez. 1870, † Wien 7. Mai 1956, östr. Architekt. – Begr. 1903 die ↑Wiener Werkstätten. Baute Hauptwerke des Jugendstils (Sanatorium Purkersdorf bei Wien, 1904; Palais Stoclet, Brüssel, 1905–11).

H., Jutta, * Halle/Saale 3. März 1941, dt. Schauspielerin. – Gehörte zu den ausdrucksstärksten und wandlungsfähigsten Bühnen- und Filmdarstellerinnen der ehem. DDR, die sie Mitte der 1980er Jahre verlassen mußte. Spielte 1985 u. a. unter P. Zadek in Hamburg. – *Filme:* Solange Leben in mir ist (1965), Der Dritte (1972), Lotte in Weimar (1975, nach T. Mann), Geschlossene Gesellschaft (1978).

H., Kurt, * Freiburg im Breisgau 12. Nov. 1910, dt. Filmregisseur. – Einer der bekanntesten Regisseure des dt. Unterhaltungsfilms; v. a. „Quax der Bruchpilot" (1941), „Ich denke oft an Piroschka" (1955), „Bekenntnisse des Hochstaplers Felix Krull" (1957), „Das Wirtshaus im Spessart" (1957), „Wir Wunderkinder" (1958), „Die Ehe des Herrn Mississippi" (1961).

H., Ludwig, *Darmstadt 30. Juli 1852, †Berlin 11. Nov. 1932, dt. Architekt. – Vertreter des Historismus; baute das Reichsgericht in Leipzig (1887–95) und 1896–1924 als Stadtbaurat in Berlin das Rudolf-Virchow-Krankenhaus (1899–1906), Märkisches Museum (1901–07), Stadthaus (1902–11).

H., Reinhild, *Sorau (Lausitz) 1. Nov. 1943, dt. Tänzerin, Choreographin und Ballettdirektorin. – Übernahm 1978 mit G. Bohner (bis 1981) die Leitung des Bremer Balletts, seit 1986 Leiterin des Tanztheaters Bochum. Ihre ausdrucksstarken Tanzstücke haben häufig eine speziell weibl. Thematik zum Inhalt; u. a. „Hochzeit" (1980), „Callas" (1983), „Föhn" (1985), „Ich schenk mein Herz" (1989).

H., Roald, *Złoczew 18. Juli 1937, amerikan. Chemiker poln. Herkunft. – Entdeckte 1965 zus. mit R. B. ↑Woodward den Zusammenhang zw. Molekülsymmetrie und dem Ablauf bestimmter organisch-chem. Reaktionen, die er später als Woodward-Hoffmann-Regeln von der „Erhaltung der Orbitalsymmetrie" formulierte. Erhielt dafür zus. mit Kenichi Fukui 1981 den Nobelpreis für Chemie.

H., Roland, *Brieg 14. Mai 1938, dt. ev. Theologe. – Seit 1992 Landesbischof in Thüringen.

Hoffmann-Krayer, Eduard, *Basel 5. Dez. 1864, †ebd. 28. Nov. 1936, schweizer. Germanist und Volkskundler. – Ab 1900 Prof. in Basel; Gründer der „Schweizer. Gesellschaft für Volkskunde".

Hoffmann-La Roche & Co. AG, F. [frz. laˈrɔʃ], einer der größten Pharmakonzerne der Erde, Sitz Basel, gegr. 1896.

Hoffmannstropfen [nach dem dt. Arzt und Chemiker F. Hoffmann, *1660, †1742] (Spiritus aethereus), Gemisch aus drei Teilen Alkohol und einem Teil Äther. H. haben eine leichte zentral erregende und daher belebende Wirkung.

Heinrich Hoffmann. „Der Struwwelpeter", kolorierte Lithographie aus dem gleichnamigen Kinderbuch

Hoffmann und Campe, Verlag ↑Verlage (Übersicht).

Hoffmann von Fallersleben, August Heinrich, eigtl. A. H. Hoffmann, *Fallersleben bei Braunschweig 2. April 1798, †Schloß Corvey (Westfalen) 19. Jan. 1874, dt. Germanist und Lyriker. – 1830 Prof. für dt. Sprache und Literatur in Breslau; wegen seiner nationalliberalen Haltung, die in den „Unpolit. Liedern" (2 Bde., 1840/41) bezeugt ist, 1842 seines Amtes enthoben und des Landes verwiesen; 1848 rehabilitiert; ab 1860 Bibliothekar des Herzogs von Ratibor in Corvey; schrieb 1841 auf Helgoland das „Deutschlandlied". Neben polit. Lyrik auch Kinderlieder („Alle Vögel sind schon da" u. a.). Entdeckte die Fragmente von Otfrids Evangelienbuch und das „Ludwigslied".

Hoffmanowa, Klementyna [poln. xɔfmaˈnɔva], geb. Tański, *Warschau 23. Nov. 1798, †bei Paris 21. Sept. 1845, poln. Schriftstellerin. – Begründerin der poln. Kinder- und Jugendliteratur.

Hoffmeister, Johannes, *Heldrungen 17. Dez. 1907, †Bonn 19. Okt. 1955, dt. Germanist und Philosoph. – 1948 Prof. in Bonn. Bed. Beiträge zu Problemen der Geistesgeschichte der Goethezeit und der Hegelforschung, u. a. „Goethe und der dt. Idealismus" (1932), „Dokumente zu Hegels Entwicklung" (1936).

Höffner, Joseph, *Horhausen (Westerwald) 24. Dez. 1906, †Köln 16. Okt. 1987, dt. kath. Theologe. – 1951–62 Prof. in Münster, gründete ebd. 1951 das „Institut für christl. Sozialwissenschaft". 1962–69 Bischof von Münster, seit 1969 Erzbischof von Köln und Kardinal; seit 1976 Vors. der Dt. Bischofskonferenz.

Hoffnung, allg. die auf Erfüllung eines Wunsches gerichtete Erwartung. – Bei Aristoteles war H. der Furcht entgegengesetzt. Im A. T. beschreibt H. die Heilserwartung und das Vertrauen, die aus der Verheißung Jahwes an sein Volk erwachsen, im N. T. das Vertrauen auf Gott in der Verkündigung seines kommenden Reiches, gebunden an Person und Werk Jesu Christi (↑Eschatologie). Für Kant gründete sich die H. auf Glückseligkeit und vollendete Sittlichkeit auf die Existenz Gottes, die Unsterblichkeit der Seele und die Freiheit des menschl. Willens. Im 20. Jh. wird H. im philosoph. Rahmen v. a. bei E. Bloch („Das Prinzip H.") und in der neueren Theologie z. B. von J. Moltmann („Theologie der H.") behandelt.

Hoffnungslauf, z. B. in Bahnrad-, Ruder- und Kanuwettkämpfen übl. Zwischenlauf für die Bewerber, die sich nicht für den Endlauf qualifiziert haben, an dem jedoch der Sieger des H. teilnehmen darf.

Hofgeismar, hess. Stadt 25 km nördlich von Kassel, 156 m ü. d. M., 14 500 E. Heimatmuseum, vielseitige Ind. – Ersterwähnung 1082, Stadt zw. 1220 und 1230; wichtiger kurmainzischer Stützpunkt gegen Hessen, bis H. 1462 in die Hand der Landgrafen kam; Badebetrieb im 18. und 19. Jh. – Got. Altstädter Kirche (ehem. roman. Basilika), spätgot. Neustädter Kirche; am Markt das Rathaus (1230) sowie zahlreiche Fachwerkhäuser des 16.–19. Jh., Teile der Stadtbefestigung. Im Park das frühklassizist. Schlößchen Schönburg (1787–89, seit 1952 Ev. Akademie).

Hofgericht, im MA Bez. für ein Gericht, das ein Herr an seinem Hof über die zum Hof gehörenden Personen hatte: 1. Gericht eines Grundherrn über die von ihm Abhängigen. Richter nach Hofrecht war der Grundherr oder sein Verwalter; die Schöffen rekrutierten sich aus den Abhängigen (Grundholden). 2. Gericht eines geistl. oder weltl. Reichsfürsten, auch des Röm. Königs. Das H. des Kaisers wurde 1495 an das Reichskammergericht abgetreten, später im Reichshofrat konkurrierend erneuert. Das H. tagte urspr. unter dem persönl. Vorsitz des Fürsten; Schöffen waren die Großen des Hofes oder des Reiches. Im Spät-MA ließ sich der König vertreten. Allmählich änderte sich die Kompetenz der H.; sie wurden erste Instanz für die höheren Stände. Das H. überprüfte die Urteile anderer, untergeordneter Gerichte und wurde damit zur Rechtsmittelinstanz. Diese Entwicklung war Ende des 15. Jh. abgeschlossen. Urteiler im H. wurden je zur Hälfte Juristen und Adlige. In einigen dt. Staaten wurde das H. vervielfacht und dezentralisiert und ihm ein Ober-H. übergeordnet. Diese Gerichtsorganisation erst von den Reichsjustizgesetzen 1879 beseitigt. 3. Eine Sonderstellung nahmen bis in die Neuzeit die kaiserl. Gerichte ein, die als kaiserl. Landgerichte bezeichnet wurden.

Hofhaimer (Hofhaymer), Paul Ritter von (seit 1515), *Radstadt 25. Jan. 1459, †Salzburg 1537, östr. Organist und Komponist. – Ab 1522 Domorganist in Salzburg. Galt als größter dt. Orgelspieler seiner Zeit. Er hinterließ drei- und vierstimmige dt. Lieder, 35 lat. Oden sowie einige Orgelwerke.

Hofheim am Taunus, hess. Krst. am Südabfall des Taunus, 121–410 m ü. d. M., 34 300 E. Verwaltungssitz des Main-Taunus-Kreises; Pendlerwohngemeinde für Frankfurt am Main. – Ersterwähnung 1263, seit 1352 Stadt. – Pfarrkirche Sankt Peter und Paul mit spätgot. W-Turm und

Reinhild Hoffmann

Roald Hoffmann

August Heinrich Hoffmann von Fallersleben (Stich)

Joseph Höffner

höfische Dichtung

August Wilhelm von Hofmann (Ausschnitt aus einem Gemälde, um 1888)

Peter Hofmann

Hugo von Hofmannsthal

Chor, Fachwerkhäuser (17./18. Jh.), Reste der Stadtbefestigung. Auf dem Kapellenberg Ringwall mit Funden aus der Hallstatt- und La-Tène-Zeit, südl. der Stadt röm. Erdkastell (40–75).

höfische Dichtung, Dichtung, die v. a. im 12./13. Jh. an Fürstenhöfen entstand oder sich formal und thematisch an der höfisch-ritterl. Kultur orientierte. Hauptformen sind ↑ Minnesang und ↑ höfischer Roman.

höfischer Roman (höf. Epos), erzählende Großform der höf. Dichtung des MA. Gegenstand ist die als Vorbild und Legitimation der Feudalgesellschaft gedachte Darstellung eines idealen Rittertums, Hauptfigur ist der höf. Ritter, der sich meist im Dienste seiner Minnedame auf Turnieren und in Zweikämpfen auszeichnet, gesellschaftl. Ansehen erringt und seinen Platz in der höf. Welt und vor Gott zu bestimmen lernt. Für die metr. Form des zum Vortrag bestimmten h. R. ist der Reimpaarvers verbindlich. Prosa kommt erst mit den für ein lesendes Publikum geschriebenen chronikalen Romanzyklen auf. Seine klass. Form erhält der h. R. zw. 1160 und 1180 in den Werken von Chrétien de Troyes (Artusroman [↑ Artus]). Als Begründer des dt. h. R. gilt Heinrich von Veldeke („Eneit", 1170–90). Die herausragendsten Werke sind die Versepen Hartmanns von Aue „Erec" und „Iwein" (vor 1200), Wolfram von Eschenbachs „Parzival" (um 1200) und Gottfried von Straßburgs „Tristan und Isolt" (nach 1200). Nachahmer waren Ulrich von Zatzikhoven und Wirnt von Grafenberg. In der Folge entstand eine Fülle kompilierender Versepen, die die Abenteuer einzelner Helden des Artushofs zum Inhalt haben.

Hofjude ↑ Hoffaktor.

Hofkammer, Bez. für die oberste landesherrl. Finanzbehörde. Im Verfassungsstaat wurde die Kompetenz der H. auf das fürstl. Hausvermögen eingeschränkt.

Hofkanzlei, 1620 endgültig von der Reichshofkanzlei getrennte, zentrale, kollegial organisierte Verwaltungs-, Finanz- und Justizbehörde für die östr. Erblande.

Hofkapelle (lat. capella regia), in fränk. Zeit die Gemeinschaft aller am Königshof tätigen Geistlichen, die neben ihren religiösen Aufgaben auch diplomat. Tätigkeiten wahrnahmen. Bis zum Ende des 12. Jh. gingen aus der H. die geistl. Fürsten hervor.

Hofkriegsrat, 1556 errichtete, bis 1848 bestehende östr. Zentralbehörde für die Heeresverwaltung und Grenzverteidigung.

Hoflehner, Rudolf, *Linz 8. Aug. 1916, östr. Bildhauer und Maler. – H. arbeitete 1951–54 bei F. Wotruba; um 1960 entwickelte er stelenartige, aggressiv hochgereckte Körperzeichen; 1967 Übergang zu stark farbigen Bildern, die den Menschen als gemarterte Kreatur zeigen.

Höflich, Lucie, eigtl. L. von Holwede, *Hannover 20. Febr. 1883, †Berlin 9. Okt. 1956, dt. Schauspielerin. – 1903–32 in Berlin. Vitale Intensität bewies sie u. a. als Frau John („Die Ratten", G. Hauptmann).

Höflichkeit, verbindl., zuvorkommendes Verhalten, gegenseitige Achtung und Rücksichtnahme, urspr. (seit etwa dem 15. Jh.) das gesittete Benehmen bei „Hofe".

Rudolf Hoflehner. Doppel-Selbstporträt, 1976 (Privatbesitz)

Hofmann, August Wilhelm von (seit 1888), *Gießen 8. April 1818, †Berlin 5. Mai 1892, dt. Chemiker. – Prof. in London und Berlin; begründete mit seinen Arbeiten über Anilin und seine Derivate die Chemie der künstl. Farbstoffe. Außerdem grundlegende Arbeiten über organ. Stickstoffverbindungen (↑Hofmannscher Abbau); erster Präs. der von ihm mitbegr. Dt. Chem. Gesellschaft.

H., Friedrich (Fritz), *Kölleda 2. Nov. 1866, †Hannover 29. Okt. 1956, dt. Chemiker und Pharmazeut. – Leiter des Kaiser-Wilhelm-Instituts für Kohleforschung und Prof. in Breslau. Ihm gelang 1906 die techn. Darstellung des Isoprens, 1909 dessen Polymerisation zum ersten Synthesekautschuk.

H., Hans, *Weißenburg i. Bay. 21. März 1880, †New York 18. Febr. 1966, amerikan. Maler dt. Herkunft. – 1930 Emigration in die USA; seine abstrakten Bilder beeinflußten die amerikan. Maler des ↑ abstrakten Expressionismus und der ↑ Farbfeldmalerei.

H., Peter, *Marienbad 22. Aug. 1944, dt. Sänger (Tenor). – Gastiert an bed. Opernhäusern der Welt, v. a. im Wagner-Fach; auch Rocksänger.

H., Werner, *Wien 8. Aug. 1928, östr. Kunsthistoriker. – 1959–69 Direktor des Museums des 20. Jh. in Wien, 1969–90 Direktor der Hamburger Kunsthalle. Bes. bekannt durch Repräsentationen der Kunst des 19. und 20. Jh.

Hofmannscher Abbau [nach A. W. von Hofmann], Bez. für zwei unterschiedl. Abbaumethoden der organ. Chemie: 1. der für die Aufklärung der Konstitution von Naturstoffen wichtige Abbau von Aminen durch Methylierung und anschließende therm. Zersetzung in Alkene, tertiäre Amine und Wasser; 2. der Abbau von Carbonsäureamiden zu primären Aminen, deren Moleküle ein Kohlenstoffatom weniger enthalten:

$$R-CONH_2 \xrightarrow[-2\,HBr]{+Br_2}$$
$$R-NCO \xrightarrow{+H_2O} CO_2\uparrow + R-NH_2$$

Hofmannscher Zersetzungsapparat [nach A. W. von Hofmann], Gerät zur elektrolyt. Zersetzung von Wasser. Es besteht aus drei kommunizierenden Röhren, wovon die beiden äußeren unten je eine Platinelektrode haben. Der Apparat wird mit Wasser gefüllt, dem ein Elektrolyt (meist Schwefelsäure) zugesetzt ist, und die Elektroden werden an eine Gleichstromquelle angeschlossen. An der Kathode bildet sich Wasserstoff, an der Anode Sauerstoff im Volumenverhältnis 2:1.

Hofmannsthal, Hugo von, Pseudonyme Theophil Morren, Loris, Loris Melikow, *Wien 1. Febr. 1874, †Rodaun (= Wien) 15. Juli 1929, östr. Dichter. – 1901 freier Schriftsteller. Hg. verschiedener literar. Zeitschriften; ständige Zusammenarbeit mit R. Strauss (ab 1906) und M. Reinhardt (Mitbegr. der Salzburger Festspiele 1917). H. gehört mit Lyrik und Drama zu den bed. Vertretern des östr. Impressionismus und Symbolismus. Sein Frühwerk sind formvollendete, in verfeinerter Wortkunst lyrisch bestimmte Gedichte und Dramen voll Musikalität und Empfindung. Das Ästhetische gilt als letzte Instanz des Daseins, Schönheit und Tod sind vorherrschende Themen. Aller Erfahrung wird die Welterkenntnis vorweggenommen („Der Thor und der Tod", Dr., 1900). Um Lyrismus und Ästhetizismus zu überwinden, wandte sich H. der antiken und christlich-abendländ. Tradition zu, dem griech. Drama („Elektra", 1904), dem religiösen Mysterienspiel („Jedermann", 1911), dem Altwiener Lustspiel („Der Schwierige", 1921) und dem östr. Barocktheater („Das Salzburger große Welttheater", 1922). H. schuf mit literarisch eigenständigen, von R. Strauss vertonten Opernlibretti eine neue Form des Musiktheaters („Der Rosenkavalier", Kom., 1911). – *Weitere Werke:* Die Frau ohne Schatten (Opernlibretto, 1916; E., 1919), Der Unbestechliche (Kom., 1923), Das Bergwerk von Falun (Dr., hg. 1933).

Hofmann von Hofmannswaldau, Christian, *Breslau 25. Dez. 1617, †ebd. 18. April 1679, dt. Dichter. – Reisen nach England, Frankreich und Italien; Ratsherr in Breslau, 1677 Präs. des Ratskollegiums. Schrieb v. a. weltl. und geistl. Lieder, Oden, Heldenbriefe (nach dem Vorbild Ovids) und galante Lieder; Wegbereiter des spätbarocken Marinismus in Deutschland.

Hofmarschall, oberer Beamter für das Hauswesen eines Fürstenhofes; hatte urspr. militär. Aufgaben.

Hans Hofmann. Nr. 16, 1962 (Privatbesitz)

Hofmeister, Friedrich, *Strehla 24. Jan. 1782, †Reudnitz (= Leipzig) 30. Sept. 1864, dt. Verleger. – Gründete 1807 in Leipzig einen Musik- und Buchverlag. 1950 wurde die Firma F. H. in Frankfurt am Main neu aufgebaut (seit 1964 Sitz in Hofheim am Taunus), während sie in Leipzig als *F. H. Musikverlag Leipzig GmbH* (bis 1990 VEB) weitergeführt wird. Neben Musikalien v. a. Volkstanzausgaben, Volks- und Chormusik.

H., Wilhelm, *Leipzig 18. Mai 1824, †ebd. 12. Jan. 1877, dt. Botaniker. – Sohn von Friedrich H.; Prof. in Heidelberg und Tübingen. Verfaßte wichtige pflanzenmorpholog. Arbeiten; klärte den Generationswechsel der Moose und Farne auf.

Hofmeister, Hofamt nach dem Vorbild klösterl. Wirtschaftsamtsträger; nach der Trennung von Hof und Verwaltung seit dem 15. Jh. auch Stellvertreter seines Herrn.
▷ im 16. und 17. Jh. „Zeremonienmeister" und Erzieher an fürstl. Höfen, im 18. Jh. des Adels allg., dessen Söhne er zu standesgemäßem Betragen erzog und auf Reisen begleitete.

Hofnarren, seit dem hohen MA bis ins 17. Jh. (Frankreich) und 18. Jh. (Deutschland) Spaßmacher und Unterhalter an Fürstenhöfen. Zu ihrer Rolle gehörten Narrenkappe mit Eselsohren oder Hahnenkamm, Narrenzepter, Narrenschellen und Halskrause. Beliebt als H. waren v. a. Zwerge oder Krüppel. Vorläufer bestanden bereits in der Antike und im Orient. Durch die Möglichkeit, unter der Narrenkappe auch bissige Kritik an Personen oder Zuständen üben zu können, gewannen einzelne H. polit. Einfluß.

Hofpfalzgraf (mittellat. comes palatinus caesareus; Palatinat), eine von Kaiser Karl IV. neu geschaffene Würde, die sich unterteilte in die nur persönlich verliehene Würde des *Kleinen H.* (berechtigte u. a. zur Ernennung von Notaren, zur Adoption und später zur Erteilung bürgerl. Wappenbriefe) und des *Großen H.amts* (Recht zur Erhebung in den Niederadel und zur Verleihung der Kleinen H.würde). Beim *institutionellen Palatinat* war die Kleine H.würde mit einem anderen Amt verbunden (z. B. Universitätsrektor).

Hofrat (Ratsstube, Regierung, Kanzlei, Regiment), im Spät-MA von einzelnen Landesherren meist mit gelehrten Räten gebildetes beratendes Kollegium; seit dem 16. Jh. oberste Verwaltungs- und Justizbehörde in den dt. Territorien, i. d. R. wurden im 17. Jh. selbständige Zentralbehörden abgezweigt; Ehrentitel noch in Österreich.

Hofrecht, die Gesamtheit des im Bereich eines grundherrl. Hofes geltenden Rechts; urspr. mündlich überliefertes Gewohnheitsrecht, in der Neuzeit in Weistümern und Dorfordnungen schriftlich fixiert.

Hofschule (lat. schola palatina), Schule am königl. Hof im Früh-MA; berühmt die H. Karls d. Gr., der bed. Lehrer wie ↑Alkuin und ↑Einhard berief.

Hofstaat ↑Hof.

Hofstadter [engl. 'hɔfstɛtə], Douglas, *New York 15. Febr. 1945, amerikan. Computerfachmann und Schriftsteller. – Sohn von Robert H.; beschrieb in „Gödel, Escher, Bach ..." (1979) ausführlich die Paradoxien der Selbstbezüglichkeit; auch populäre Darstellungen der Mathematik („Metamagical themes", Nachdr. 1991).

H., Robert, *New York 5. Febr. 1915, †Stanford (Calif.) 17. Nov. 1990, amerikan. Physiker. – Vater von Douglas H.; Prof. an der Stanford University (Calif.). Wies 1960 durch Streuung hochenerget. Elektronen an Nukleonen deren elektromagnet. Struktur nach. Nobelpreis für Physik 1961 (mit R. Mößbauer).

Hofstätter, Peter Robert, *Wien 20. Okt. 1913, östr. Psychologe. – Wurde 1960 Prof. in Hamburg. Forschungen v. a. im sozialpsycholog. Bereich; vertritt eine empirisch und experimentell exakt arbeitende Psychologie. – *Werke:* Sozialpsychologie (1956), Gruppendynamik (1957), Psychologie zw. Kenntnis und Kult (1984).

Hoftag (lat. curia regis), Bez. für die v. a. seit fränk. Zeit vom König einberufene Versammlung der Reichsaristokratie an hohen Kirchenfesten; am H. holte der König Rat und Hilfe der Fürsten ein und verkündete Beschlüsse.

Hofuf ↑Hufuf, Al.

Hogarth, William [engl. 'hoʊgɑːθ], *London 10. Nov. 1697, †ebd. 25. Okt. 1764, engl. Maler und Kupferstecher. – Seine humorist. gesellschaftskrit. Gemäldezyklen fanden als Kupferstiche weite Verbreitung, u. a. „Leben einer Dirne" (Stichfolge von 1732), „Mariage à la mode" (1742–44, London, National Gallery, auch als Stichfolge), „Die Wahlen" (1754/55, London, Sir John Soane's Museum, Stichfolge 1755–58); auch bed. Porträtist. H. gilt als Begründer der engl. Karikatur. Er wies der engl. Malerei den Weg zu profilierter Eigenständigkeit.

Hogendorp, Gijsbert Karel Graf van (seit 1815) [niederl. 'hoːxəndɔrp], *Rotterdam 27. Okt. 1762, †Den Haag 5. Aug. 1834, niederl. Politiker. – 1813 Führer des Auf-

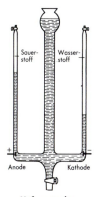

Hofmannscher Zersetzungsapparat

William Hogarth. Kurz nach der Hochzeit, Gemälde aus der Serie „Marriage à la mode", 1742–44 (London, National Gallery)

Höger

stands gegen die napoleon. Herrschaft und Mitglied der provisor. niederl. Exekutive. H. gestaltete weitgehend das Grundgesetz der Kgr. der Niederlande (1815).

Höger, Fritz, *Bekenreihe (= Kiebitzreihe bei Elmshorn) 12. Juni 1877, †Bad Segeberg 21. Juni 1949, dt. Architekt. – Erneuerer des norddt. Backsteinbaus unter expressionist. Einfluß, u. a. „Chilehaus" (Hamburg 1922/23).

Fritz Höger. Chilehaus in Hamburg, 1922/23

Hoge Veluwe [niederl. 'ho:xə 've:ly:wə], niederl. Nationalpark im S der ↑Veluwe.

Hogg, James, ≈ Ettrick bei Selkirk 9. Dez. 1770, †Altrive bei Yarrow (Selkirkshire) 21. Nov. 1835, schott. Dichter. – Schäfer; sein Talent wurde von W. Scott entdeckt; kam als der „Ettrick-Schäfer" in den literar. Salons Edinburghs zu hohem Ansehen; Vers- und Prosaerzähler; bevorzugte folklorist. Stoffe. – *Werke:* Scottish pastorals, poems and songs (1801), The mountain bard (Ged., 1807), Winter evening tales (En., 1820).

Hoggar [frz. ɔ'ga:r] ↑Ahaggar.

Høgh-Guldberg, Ove [dän. hø:'ɣ'gulbɛr'ɣ] ↑Guldberg, Ove.

Höhbeck, Anhöhe am Südufer der Elbe, 6 km nw. von Gartow, Nds., mit **Vietzer Schanze,** die als das bisher einzige bekannte, 789 von Karl d. Gr. erbaute Kastell gedeutet wird. Ausgrabungen 1897, 1920 und 1954–58.

Höhe, allg. der senkrechte Abstand eines Punktes von einer Grund- oder Bezugslinie oder -fläche (Basis); in der *Geometrie* z. B. die H. in einem Dreieck.
▷ in der *Astronomie* der Winkel zw. Horizont und Gestirn, gemessen auf dessen Vertikalkreis in Grad.

Hohe Acht, mit 747 m die höchste Erhebung der Eifel.

Hohe Behörde, amtl. Bez. für das höchste Verwaltungsorgan der Europ. Gemeinschaft für Kohle und Stahl 1952–66 mit Sitz in Luxemburg; ihr gehörten 9 Vertreter der Mgl.staaten an; die Entscheidungen der H. B. wurden mit Stimmenmehrheit getroffen.

Hohe Eifel ↑Eifel.

hohe Gerichtsbarkeit (Hochgerichtsbarkeit), die seit dem dt. MA durch Verleihung des Blutbannes (Blutgerichts) vom König auf den Landesherrn übertragene Gerichtsbarkeit über Kapitalverbrechen. Die Abgrenzung gegenüber der niederen Gerichtsbarkeit, die nur Strafen zu Haut und Haar verhängte, war zeitlich und regional verschieden. Die h. G. über die gemeine Bevölkerung wurde in den Landgerichten oder der hohen Zent ausgeübt.

Hoheit (frz. Altesse, engl. Highness), Titel fürstl. Personen. Seit dem 17. Jh. Anrede für die nächsten Verwandten von Kaisern, Königen und Fürsten mit Thronansprüchen; nach 1806 Titel für die Herzöge, während sich die von dt. Königen abstammenden Prinzen und Prinzessinnen, die Großherzöge und der Kurfürst von Hessen *Königl. H.,* der dt. Kronprinz und die östr. Erzherzöge *Kaiserl. H.* nannten. 1919 wurden im Dt. Reich die Titel amtlich aufgehoben.

Hoheitsakt, Maßnahme in Ausübung staatl. Gewalt.

Hoheitsaufgaben, Aufgaben, die ein Subjekt der öff. Verwaltung in öff.-rechtl. Form zu erfüllen hat. Gemäß Art. 33 Abs. 4 GG muß die Ausübung hoheitsrechtl. Befugnisse (↑Hoheitsrechte) als ständige Aufgabe i. d. R. solchen Angehörigen des öff. Dienstes übertragen werden, die in einem öff.-rechtl. Dienst- und Treueverhältnis stehen (Beamte).

Hoheitsgewässer, diejenigen Gewässer, an denen staatl. Recht, insbes. Hoheitsrechte, bestehen: Binnengewässer, Küstenmeere und histor. Buchten.

Hoheitsrechte, die dem Staat zur Erfüllung des Staatszwecks und zur Ausübung der Staatsgewalt zustehenden Befugnisse, ein bestimmtes Verhalten zu befehlen und mit Zwang durchzusetzen. H. sind z. B. Rechtsetzungsgewalt, Polizeigewalt, Wehrhoheit, Finanzgewalt, Gerichtsbarkeit. Die H. bemessen sich anderen Staaten gegenüber nach dem Völkerrecht, innerstaatlich werden sie durch die Verfassung und die Gesetze begrenzt. Im demokrat. Rechtsstaat wird die Ausübung der H. durch das Prinzip der Gewaltentrennung und durch die Grundrechte eingeschränkt. Im Bundesstaat stehen neben dem Bund auch den Ländern H. zu. Gemäß Art. 24 GG kann der Bund durch Gesetze einzelne H. auf zwischenstaatl. Einrichtungen übertragen, z. B. auf Organe der EG.

Hoheitszeichen, Zeichen, die den Staat symbolisieren, z. B. Flaggen, Wappen, Siegel. Schwarz-Rot-Gold ist gemäß Art. 22 GG die **Bundesflagge,** womit zugleich die Bundesfarben für die übrigen H. bestimmt sind. Weitere H. sind durch Bekanntmachungen des Bundespräsidenten betreffend das **Bundeswappen** und den **Bundesadler** und durch Erlaß über die Dienstsiegel vom 20. 1. 1950 festgelegt worden. Die Länder verfügen über eigene H.; mit Ausnahme der Bundesflagge dürfen H. nur von staatl. Stellen verwendet werden. Wer bestimmte H. verunglimpft oder öff. angebrachte H. beschädigt, wird mit Freiheits- oder Geldstrafe bestraft (§ 90 a StGB).
In *Österreich* ist H. der einköpfige schwarze Adler mit einem roten, von einem silbernen Querbalken durchzogenen Brustschild, der auf dem Haupt eine goldene Mauerkrone, im rechten Fang eine goldene Sichel und im linken Fang einen goldenen Hammer trägt. Eine gesprengte Kette umschließt die Fänge. Die Flagge der Republik besteht aus drei gleich breiten, waagerechten Streifen in den Farben Rot-Weiß-Rot. – In der *Schweiz* verfügen Bund und Kt. über eigene H.; Wappen und Fahne der Eidgenossenschaft tragen im roten Feld ein aufrechtes, freistehendes, weißes Kreuz.

hohe Jagd (großes Weidwerk), wm. Bez. für die Jagd auf Hochwild. Die h. J. stand in früheren Jh., als sie noch Regal (↑Regalien) war, dem Landesherrn zu. – ↑Niederjagd.

Hohelied ↑Hoheslied.

höhen, mittels weißen Farbauftrags Licht aufsetzen, v. a. bei Zeichnungen und Holzschnitten auf getöntem Grund.

Höhenadaptation (Höhenanpassung), bei längerem Aufenthalt in größeren Höhen stattfindende Anpassung des Organismus an den geringeren atmosphär. Druck und den erniedrigten Sauerstoffpartialdruck durch Neubildung von roten Blutkörperchen, Erhöhung ihres Hämoglobingehaltes u. a.

Höhenänderungsmesser ↑Variometer.

Hohenasperg, alte Bergfestung (wohl schon keltisch [6./5. Jh.]; heutige Anlage 1535) bei Asperg, Bad.-Württ.; im 18./19. Jh. Staatsgefängnis, in dem u. a. J. Süß-Oppenheimer, F. Schubart, F. List inhaftiert waren; seit 1948 Strafanstalt (Zentralkrankenhaus).

Hohenberg, Sophie Herzogin von ↑Chotek, Sophie Gräfin.

Hohenelbe ↑Vrchlabí.

Hohenems, östr. Marktgemeinde in Vorarlberg, 423 m ü. d. M., 13 700 E. Sommerfrische und Wintersportplatz. U. a. Textilind., Schuh- und Skifabrik. – Eine um 1170 erbaute Reichsburg, seit 1792 Ruine, wurde zum Zentrum einer Herrschaft der Reichsministerialen, seit 1560 Reichsgrafen von H. – Pfarrkirche (1797) mit Renaissancehochaltar. Renaissanceschloß H. (1562–67), Ruine Altems, spätgot., noch heute bewohnte Burg Glopper (Neuems). – Seit 1976 Schubert-Festival.

Höhenfleckvieh ↑Höhenvieh.

Höhenformel, svw. ↑barometrische Höhenformel.

Höhenforschungsrakete, kleinerer Flugkörper für Flughöhen bis 400 km und Nutzlasten bis 1 t. H. dienen Untersuchungen auf Gebieten wie Strahlungsphysik, Astrophysik, Biologie, Meteorologie, Wiedereintrittsdynamik, Instrumenten- und Sensorenerprobung sowie Untersuchungen unter größerer Schwerelosigkeit.

Hohenfriedeberg (poln. Dobromierz), Stadt im Sudetenvorland, Polen, 6200 E. – Zw. 1295 und 1307 von dt. Kolonisten gegr.; Stadtrecht seit 1356. Am 4. Juni 1745 schlug Friedrich II. im 2. Schles. Krieg bei H. die östr.-sächs. Armee.

Hohenfurth ↑Vyšší Brod.

Hohenfurther Altar, um 1350 wohl in einer Prager Werkstatt entstandener Altar für die Klosterkirche in Hohenfurth (Vyšší Brod); erhalten sind neun Tafeln (heute in Prag, Nationalgalerie).

Höhengrenze, durch klimat. Faktoren bedingter Grenzsaum, über dessen Höhe eine Vegetationsformation oder eine Pflanze nicht mehr gedeihen kann.

Höhengürtel, svw. Höhenstufen, ↑Vegetationsstufen.

Hohenheim, Franziska Reichsgräfin von (seit 1774), geb. Freiin von Bernardin zum Pernthurn, *Adelmannsfelden (bei Ellwangen/Jagst) 10. Jan. 1748, †Kirchheim unter Teck 1. Jan. 1811, Herzogin wie Württ. (seit 1786). – Seit 1769 Geliebte des Hzg. Karl Eugen von Württ.; er reichte erst 1786 die Anerkennung der mit H. 1770 geschlossenen morganat. Ehe.

Höhenklima, das Klima in Höhenlagen oberhalb von etwa 1000 m ü. d. M.; seine Ausprägung wird bestimmt von der geograph. Breite und der Lage des Gebirges zur vorherrschenden Luftströmung. – ↑Gebirgsklima.

Hohenfurther Altar. Tafel „Geburt Christi", um 1350 (Prag, Nationalgalerie)

Höhenkrankheit (Bergkrankheit, Ballonfahrerkrankheit, Fliegerkrankheit), bei untrainierten, nicht akklimatisierten sowie bei herz- und kreislauflabilen Menschen in Höhen über 3000 m auftretende Erkrankung infolge Minderung der Sauerstoffsättigung des Blutes und der Gewebe durch Abnahme des Sauerstoffpartialdrucks. Symptome sind Verminderung der körperl. und geistigen Leistungsfähigkeit, verbunden mit einem dem Alkoholrausch ähnl. Zustand **(Höheneuphorie, Höhenrausch),** später Atemnot, Übelkeit und Erbrechen, evtl. Bewußtseinsstörungen; sie

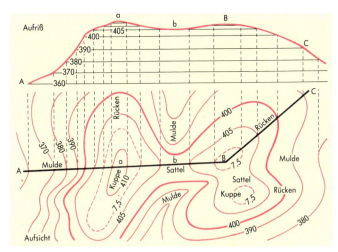

Höhenlinien. Darstellung eines Berggeländes im Querschnitt (oben) und mit Höhenlinien (unten); bei sehr flachem Gelände werden Hilfshöhenlinien (hier punktiert 7,5) eingeschaltet

treten in Abhängigkeit von Akklimatisation und Geschwindigkeit des Aufstiegs auf.

Höhenkreis (Vertikalkreis), zur Höhen- oder Erhebungswinkelmessung dienender Teilkreis an geodät. Instrumenten.

Höhenleitwerk ↑Flugzeug.

Hohenlinden, Gemeinde 30 km östlich von München, Bay., 2150 E. – In H. wurde während des 2. Koalitionskrieges am 20. Sept. 1800 ein Waffenstillstand zw. Österreich und Frankreich abgeschlossen; nach dessen Bruch siegten in der Schlacht von H. am 3. Dez. 1800 die frz. Truppen.

Höhenlinien (Isohypsen), in der *Geodäsie* und *Kartographie* Bez. für Verbindungslinien von Punkten nominell absolut gleicher Höhe über einer Bezugsfläche (meist Normalnull), die eine Reliefdarstellung ermöglichen.

Hohenlohe, fränk. Fürstengeschlecht. Erstmals 1153 erwähnt als Herren von Weikersheim, seit 1178 im Besitz der Burg Hohlach bei Uffenheim, die die wichtige Handelsstraße Augsburg–Frankfurt am Main kontrollierte. Unter den Staufern erfolgten Rangerhöhung und Besitzerweiterung. Trotz reicher Schenkungen an den Dt. Orden sowie mehrfacher Erbteilungen konnten die H. im Gebiet von Kocher und Tauber ein fast geschlossenes Territorium errichten. 1553 erfolgte die Teilung des Landes in die prot. Linie *H.-Neuenstein* (1764 gefürstet) und in die kath. Linie *H.-Waldenburg* (1744 gefürstet). 1806 fiel der Großteil der hohenloh. Territorien an das Kgr. Württ., kleinere Teile kamen zu Bayern.

Hohenlohekreis, Landkr. in Baden-Württemberg.

Hohenloher Ebene, flachwelliges Hügelland (Gäulandschaft), das sich halbkreisförmig am Fuß des Schwäbisch-Fränk. Waldlandes vom Neckar zur Tauber erstreckt.

Hohenlohe-Schillingsfürst, Chlodwig Fürst zu, Prinz von Ratibor und Corvey, *Rotenburg a.d. Fulda 31. März 1819, †Bad Ragaz 6. Juli 1901, dt. Politiker. – Seine entschieden nationalpolit. Einstellung führte ihn 1848 in den Dienst der provisor. Zentralgewalt in Frankfurt; seitdem gehörte H.-S. in Süddeutschland zu den Verfechtern der preuß.-kleindt. Hegemoniallösung der dt. Frage. Als bayr. Min.präs. und Außenmin. 1866–70 setzte er diese Haltung in die Festigung der Militärallianz mit Preußen um. Auf preuß. Druck sicherte H.-S. die Einbeziehung Süddeutschlands in das Zollparlament. 1871–81 MdR (Dt. Reichspartei), 1880 interimist. Leiter und Staatssekretär des Auswärtigen Amtes. Als Reichskanzler und preuß. Min.präs. 1894–1900 stand er im Schatten Kaiser Wilhelms II.

Höhenmesser (Altimeter), Gerät zur Anzeige der Flughöhe in Luftfahrzeugen. Die als kombinierte *Grob-Fein-H.*

Franziska von Hohenheim

Chlodwig Fürst zu Hohenlohe-Schillingsfürst

Höhenmessung

ausgebildeten **barometrischen Höhenmesser** sind Luftdruckmeßgeräte mit einem federelast. Meßelement (Aneroiddose), das sich mit zunehmender Höhe infolge des abnehmenden Außendrucks ausdehnt; die Ausdehnung wird auf einer geeichten Skala angezeigt. Beim **Funkhöhenmesser** wird die Höhe aus der Laufzeit eines am Erdboden reflektierten Impulses bestimmt.

Höhenmessung (Hypsometrie), das Ermitteln des Höhenunterschieds von Punkten im Gelände (Messung ihrer relativen Höhen bezüglich einer gewählten Bezugsebene), woraus dann Normalhöhen (absolute Höhen, meist bezogen auf Normalnull) abgeleitet werden. Die H. erfolgt je nach Genauigkeit durch Nivellement (Millimetergenauigkeit), durch trigonometr. H. (Dezimetergenauigkeit), durch photogrammetr. Verfahren oder als barometr. H. durch Messung des Luftdrucks mit Hilfe von Barometern oder Hypsometern.

Hohenmölsen, Krst. sö. von Weißenfels, Sa.-Anh., 165 m ü. d. M., 6300 E. Bei H. in Webau chem. Industrie. H., Landkr. in Sachsen-Anhalt.

Hohenneuffen, Zeugenberg vor dem NW-Trauf der Schwäb. Alb, östlich der Stadt Neuffen, Bad.-Württ., 743 m hoch mit Burgruine.

Hohenrechberg, Zeugenberg vor dem NW-Trauf der Schwäb. Alb, nö. von Göppingen, Bad.-Württ., 707 m hoch mit barocker Wallfahrtskirche (1686–88) und Burgruine.

Hohenrodter Bund, eine 1923 in Hohenrodt (= Loßburg bei Freudenstadt) gegr. Vereinigung zur Förderung der Erwachsenenbildung (u. a. T. Bäuerle, R. Buchwald und W. A. Flitner) mit starkem Einfluß auf das Volksbildungswesen; 1935 aufgelöst.

Hohensalza ↑ Inowrocław.

Hohensatz, geometr. Lehrsatz: Das Quadrat über der Höhe h eines rechtwinkligen Dreiecks ist gleich dem Produkt aus den Abschnitten p und q, in welche die Hypotenuse durch die Höhe geteilt wird: $h^2 = p \cdot q$.

Höhenschichten, in der Kartographie Bez. für die durch verschiedene Farbtöne herausgehobenen Schichten zw. zwei ausgewählten Höhenlinien.

Hohenschwangau, Schloß in der Gemeinde Schwangau, bei Füssen, Bay.; 1833–37 unter Maximilian II. von Bayern von D. Quaglio, D. Ohlmüller u. a. in neugot. Stil errichtet (Fresken aus der dt. Sage, u. a. von M. von Schwind).

Höhenschwindel (Bathophobie), ein Schwindelgefühl beim Hinunterblicken von hohen, steil oder senkrecht abfallenden Standorten (z. B. Türmen) mit der Empfindung des Hinabgezogenwerdens und Störung der Raumorientierung, auch vegetativen Reaktionen wie Schweißausbruch und Übelkeit.

Höhensonne, in der *Meteorologie* Bez. für die Sonnenstrahlung in größerer Höhe (bes. im Hochgebirge), die wesentlich intensiver ist als im Tiefland (geringere Absorption infolge des durchstrahlter Luftmasse, geringeren Wasserdampfgehalts) und einen größeren Anteil an UV-Strahlung besitzt.

▷ ⓌⓏ Quecksilberdampflampe (Glaskolben aus ultraviolettdurchlässigem Quarzglas), die sehr viel UV-Licht ausstrahlt. Verwendung in der *Medizin* zur Hautbräunung (Solarium) und zur Heilbehandlung.

Hohenstaufen, Zeugenberg vor dem NW-Trauf der Schwäb. Alb, nö. von Göppingen, Bad.-Württ., 684 m hoch mit geringen Resten der Stammburg der Staufer.

Hohenstein-Ernstthal, Krst. westlich von Chemnitz, Sa., 310–480 m ü. d. M., 16 500 E. Karl-May-Museum im Geburtshaus von K. May; Textilind.; nahebei die 8,7 km lange Rennstrecke Sachsenring. – Hohenstein wurde 1513–17 als Bergleutesiedlung gegr., die 1521 Stadtrecht erhielt. 1698 wurde Ernstthal gegr.; 1898 zu H.-E. vereinigt.

H.-E., Landkr. in Sachsen.

Höhenstrahlung (kosmische Strahlung, Ultrastrahlung), 1912/13 von V. F. Hess und W. Kolhörster entdeckte, aus dem Weltraum in die Erdatmosphäre eindringende hochenerget. Teilchen- und Photonenstrahlung. Sie besitzt in etwa 20 km Höhe ein Intensitätsmaximum und nimmt im oberen Teil der Erdatmosphäre einen konstanten Wert an. Dieser Wert entspricht der Intensität der sog. *primären H.,* die aus sehr energiereichen nuklearen Teilchen besteht (Energie 10^7 bis 10^{20} eV). Beim Auftreffen der Primärstrahlung auf Atomkerne der Erdatmosphäre findet Kernzertrümmerung statt. Primärteilchen und Kerntrümmer fliegen weiter und zertrümmern weitere Atomkerne, erzeugen Myonen und übertragen ihre Energie auf Atomelektronen; diese wiederum erzeugen durch Bremsstrahlungseffekte Photonen (Gammaquanten), die ihrerseits Elektron-Positron-Paare erzeugen usw., bis die urspr. Energie aufgebraucht ist. Es entsteht eine immer teilchenreicher werdende *Sekundärstrahlung,* wodurch es zunächst zu einer Erhöhung der Intensität kommt. Beim weiteren Eindringen der Sekundärstrahlung in die Erdatmosphäre nimmt die Intensität jedoch infolge von Absorptionsprozessen ab. Am Erdboden wird nur noch Sekundärstrahlung beobachtet. Man unterscheidet: 1. Die *Nukleonenkomponente* (aus Protonen und Neutronen); 2. die *harte Komponente* (aus Myonen), die erst beim Durchqueren einer 1 m dicken Bleischicht auf die Hälfte ihrer Intensität zurückgeht; 3. *die weiche Komponente* (aus Elektronen und Photonen), die von einer 15 cm dicken Bleischicht fast völlig absorbiert wird; 4. den *Neutrinostrom,* der praktisch ungehindert die ganze Erde durchquert. Der energieärmere Teil der H. stammt von der Sonne, die Teilchen hoher Energie kommen aus unserem Milchstraßensystem u. a. Galaxien.

Höhenstufen (Höhengürtel.) ↑ Vegetationsstufen.

Hohensyburg [...ˈziːbʊrk], frühgeschichtl. Befestigung im Stadtgebiet von Dortmund. Die altsächs. Sigiburg wurde 775 durch Karl d. Gr. zerstört, der innerhalb der Vorburg eine Peterskirche erbauen ließ.

Hohenthal, Karl, Pseud. des dt. Schriftstellers Karl ↑ May.

Hohentwiel, Bergkegel im Hegau, Bad.-Württ., 686 m hoch. – Seit kelt. Zeit besiedelt; im 10. Jh. erstmals eine Burg belegt; später war der H. häufig Sitz der Hzg. von Schwaben; 1521/38 an Hzg. Ulrich von Württemberg; Ausbau der Burg um 1549, Bau der Festungsanlagen seit 1634, geschleift 1800/01.

Höhenvieh (Höhenrind), Sammelbez. für dt. Rinderrassen, die v. a. in Vorgebirgs- und Gebirgslagen gehalten werden. Zum H. zählen **Hohenfleckvieh** (Fleckvieh) mit hoher Milch-, Fett- und Fleischleistung; kommt v. a. in den Farben gelb- oder rotscheckig vor. Genügsam, jedoch sehr leistungsfähig ist das semmel- bis rotgelbe **Gelbe Höhenvieh,** das in verschiedenen Landschlägen gezüchtet wird. Ledergelb bis rotgescheckt ist das **Hinterwälderrind;** gute Milch- und Fleischleistung; in Farbe und Leistung ähnlich ist das **Vorderwälderrind.** Beide Rassen werden im Schwarzwald gezüchtet. In der O-Schweiz, Tirol und Allgäu kommt das einfarbig graue bis braune **Graubraune Höhenvieh** vor; mit guter Milch-, Mast- und Arbeitsleistung.

Hohenwart, Karl Sigmund Graf, * Wien 12. Febr. 1824, † ebd. 26. April 1899, östr. Politiker. – 1871 Min.präs. (Febr. bis Okt.) und Innenmin., seit 1873 Führer des rechten Zentrums im östr. Abg.haus; vertrat seine Ideen seit 1891 im ↑ Hohenwartklub.

Hohenwartetalsperre ↑ Stauseen (Übersicht).

Hohenwartklub, 1891–97 von K. S. Graf Hohenwart geführte konservative östr. Parteigruppierung, setzte sich für eine föderalist. Länderautonomie ein.

Höhenwind, turbulenzfreier Wind der freien Atmosphäre, der von Effekten der Bodenreibung nicht mehr beeinflußt ist.

Hohenzollern, dt. Dyn., seit 1061 als *Zollern* (Mitte 16. Jh. durch den Namen H. ersetzt) nachweisbares schwäb. Dynastengeschlecht, begütert zw. oberem Neckar, Schwäb. Alb und oberer Donau. Um 1214 erfolgte durch die Söhne des 1191/92 mit der Burggft. Nürnberg belehnten Friedrich I. (III., † um 1200) die Teilung in eine fränk. (später brandenburg.-preuß.) und eine schwäb. Linie. – Die auch nach der Reformation kath. *schwäb. Linie* teilte sich

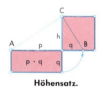

Höhensatz.
$h^2 = p \cdot q$

Hohenstein-Ernstthal
Stadtwappen

1575 in die 1623 in den Reichsfürstenstand erhobenen Linien **Hohenzollern-Hechingen** (1869 erloschen) und **Hohenzollern-Sigmaringen**, die 1634 die gräfl. Linie **Hohenzollern-Haigerloch** beerbte; sie trat Ende 1849 ihre Souveränitätsrechte an Preußen ab (1850–1945 preuß. Reg.-Bez. [„Hohenzoller. Lande"]). Der Linie H.-Sigmaringen gelang 1866/69 die Einflechtung in die europ. Politik (Fürsten/Könige von Rumänien 1866/81–1947; span. Thronkandidatur Leopolds [* 1835, † 1905]). – Die seit der Reformation ev. *fränk.* Linie baute bis Ende 14. Jh. Ansbach und Bayreuth zu einer bed. Territorialherrschaft aus, wurde 1363 in den Reichsfürstenstand erhoben und erhielt 1417 die brandenburg. Kurwürde. Die Unteilbarkeit der Markgft. Brandenburg und die Errichtung der fränk. Sekundo- bzw. Tertiogenituren wurde durch Hausverträge gesichert (Dispositio Achillea 1473, Geraer Hausvertrag 1598/99). In Ansbach und Bayreuth regierte 1486–1603 die *ältere fränk.*, 1603–1791 (Abtretung an Preußen) die *jüngere brandenburg. Linie* (erloschen 1806); Preußen verlor diese Gebiete 1805/07 an Bayern bzw. Frankreich. Die *brandenburg. H.* (Kurlinie) hatten 1614 Kleve, Mark und Ravensberg und 1618 als poln. Lehen das Hzgt. Preußen erhalten. Dem Aufstieg zur Großmachtstellung unter dem Großen Kurfürsten Friedrich Wilhelm (⚭ 1640–88) folgte 1701 der Erwerb des Königstitels „in" (1772–1918 „von") Preußen. – 1871–1918 waren die Könige von Preußen zugleich Dt. Kaiser.

Hohenzollern, Zeugenberg vor dem SW-Trauf der Schwäb. Alb, südlich von Hechingen, Bad.-Württ., 855 m hoch, mit Stammburg der Hohenzollern. 1267 erstmals belegt, 1423 zerstört, im 15. Jh. neu errichtet, im 17. Jh. zur Festung ausgebaut, später verfallen. 1850–67 wurde die neugot. Burg errichtet und die spätgot. Sankt Michaelskapelle (1461) in die Anlage einbezogen.

Hohenzollernkanal ↑ Oder-Havel-Kanal.

Hohe Pforte (Pforte), urspr. Bez. für den Sultanspalast in Konstantinopel nach der Eingangspforte; 1718–1922 Bez. für den Sitz des Großwesirs bzw. für die türk. Reg. (bes. für das Außenministerium).

Hohepriester ↑ Hoherpriester.

Hohepriesterliches Gebet, Abschluß der Abschiedsreden Jesu (Joh. 14–17).

Hoher Atlas ↑ Atlas.

höhere Fachschulen, seit 1968 umgewandelt in ↑ Fachhochschulen.

höhere Gewalt, von außen her einwirkendes, außergewöhnl., nicht vorhersehbares, durch äußerste zumutbare Sorgfalt nicht abwendbares Ereignis, z. B. Sturm. H. G. kann ein Grund sein, für übernommene Haftungsrisiken nicht einstehen zu müssen (u. a. § 701 BGB).

höhere Handelsschulen ↑ Handelsschule.

höhere Lehranstalten, in Österreich berufsbildende höhere Schulen, die das 9.–13. Schuljahr umfassen: höhere techn. und gewerbl. Lehranstalten, h. L. für wirtsch. Berufe, höhere land- und forstwirtsch. Lehranstalten. Sonderformen für Abiturienten allgemeinbildender höherer Schulen und Berufstätige.

höhere Pflanzen, Bez. für die ↑ Samenpflanzen.

höhere Schulen, traditionelle Bez. für allgemeinbildende weiterführende Schulen. In der gegenwärtigen Fachsprache (z. B. Strukturplan für das Bildungswesen) wird die Bez. gelegentlich verwendet, und zwar für alle Schularten der Sekundarstufe; i. e. S. bezeichnen h. S. Schulen mit wiss. orientierten Lehrplänen (gymnasiale Oberstufe, Fachoberschulen). – In *Österreich* amtl. Bez. für Schulen, die im Anschluß an die vierte Schulstufe nach acht bzw. vier oder fünf Jahren (Schulstufen) zur Reifeprüfung führen. Man unterscheidet die meist achtjährigen allgemeinbildenden h. S. (u. a. Gymnasium, Realgymnasium) und die meist neunjährigen berufsbildenden höheren Schulen.

höheres Lehramt ↑ Lehramt.

Hoher Flüchtlingskommissar der Vereinten Nationen (engl. United Nations High Commissioner for Refugees [Abk. UNHCR]), 1951 errichtete Hilfsorganisation der UN zum Schutz der Flüchtlinge und Staatenlosen. Das

Hohenzollern. Burg Hohenzollern, 1850–67 Errichtung der neugotischen Burg auf altem Grundriß

Amt untersteht der UN-Vollversammlung, die auch sein Mandat um jeweils fünf Jahre erneuert; Sitz: Genf; daneben 100 weitere Büros in 75 Ländern (in Deutschland: Bonn, Zirndorf). Grundlage und Rahmen der Arbeit des UNHCR ist bes. das Genfer Abkommen über die Rechtsstellung der Flüchtlinge vom 28. 7. 1951: Schutz vor Diskriminierung, Ausweisung nur aus Gründen der öff. Sicherheit; Verbot der Ausweisung eines Flüchtlings in ein Land, in dem sein Leben und seine Freiheit aus rass., religiösen, nat. oder polit. Gründen gefährdet sind (Art. 33 des Genfer Abkommens).

Hoher Göll, Gipfel im Berchtesgadener Land, an der dt.-östr. Grenze, 2 523 m hoch.

Hoher Meißner ↑ Meißner.

Hohermuth (Hohermut), Georg, gen. Georg von Speyer, * Speyer oder Memmingen um 1500, † Coro (Venezuela) 11. Juni 1540, dt. Konquistador. – Statthalter der Welser in Venezuela, das er 1535–38 auch im Innern erforschte.

Hoher Peißenberg, Gipfel im bayr. Alpenvorland, osö. von Schongau, 988 m hoch mit meteorolog. Observatorium (seit 1781).

Hoherpriester (Hohepriester), Oberhaupt der Priesterschaft des Jerusalemer Tempels mit seit dem Untergang des Königtums zunehmender polit. Bed.; Aufgabenbereich: Regelung des kultisch-religiösen Lebens und innenpolit. Administration mit Aufsicht über gesetzl. und richterl. Körperschaften. Das Amt erlosch mit der Zerstörung des Tempels (70 n. Chr.).

Hoher Rat ↑ Synedrium.

Höherversicherung, zusätzl. Versicherung innerhalb der gesetzl. Rentenversicherung zur späteren Erlangung einer höheren Rente. Beiträge werden neben Pflicht- und freiwilligen Beiträgen entrichtet; die Steigerungsbeträge werden von den Rentenanpassungen nicht erfaßt.

Hoher Westerwald ↑ Westerwald.

Hohe Schrecke ↑ Schrecke.

Hohe Schule, vollendete Reitkunst, im 17. Jh. entwickelt; höchste Stufe des Dressurreitens.

Schulen auf der Erde sind die **Piaffe**, eine trabartige Bewegung auf der Stelle, bei der das Pferd die diagonalen Beinpaare federnd vom Boden abschwingt und wieder aufsetzt, die **Passage,** bei der die erhobenen diagonalen Beinpaare länger in der Schwebe bleiben als im Trab, und die **Pirouette,** eine Wendung auf der Hinterhand, um die sich die Vorhand in mehreren Sprüngen bewegt. Zu den *Schulen*

Hohe Schule. Links: Kapriole. Rechts: Kurbette

über der Erde gehören die **Pesade**, in der das Pferd, sich auf seine tief gesetzten Hinterhand stützend, die Vorhand so vom Boden erhebt, daß der Körper einen Winkel von etwa 45° zum Boden bildet, und die **Levade**, bei der das Pferd sich so erhebt, daß der Körper mit dem Boden einen Winkel von etwa 30° bildet. Die **Kurbette** ist die Ausführung von mehreren Sprüngen auf der Hinterhand, ohne daß das Pferd dabei mit der Vorhand den Boden berührt. Die erste Phase auf dem Weg zur Kapriole ist die **Kruppade**, in der sich das Pferd aus der Levade vom Boden abschnellt, die Beine unter dem Körper anzieht und auf den Hinterbeinen landet. Die zweite Phase, die **Ballotade**, wird zunächst wie die Kruppade ausgeführt. Die Hinterbeine sind so angezogen, daß die Hufeisen zu sehen sind. In der **Kapriole** folgen aufeinander: das Abspringen aus der Levade zur Kruppade, das energ. Ausschlagen mit den Hinterbeinen in dem Augenblick, in dem der Pferdekörper waagerecht in der Luft schwebt, und das Landen auf allen vier Beinen.

hohe See, diejenigen Meeresteile, an denen nach allg. Völkerrecht Rechte, insbes. Hoheitsrechte, weder bestehen noch begründet werden können. Zur h. S. zu rechnen sind der *Meeresgrund*, soweit er nicht dem Festlandsockel (↑ Schelf) angehört, und der über der h. S. befindl. *Luftraum.* Die h. S. unterliegt dem Grundsatz der Freiheit der Meere.

Hohes Gesenke (Altvatergebirge), Teil der Ostsudeten, im Nordmähr. Gebiet, ČR, im Altvater 1 491 m hoch.

Hohes Gras, mit 615 m die höchste Erhebung im Habichtswald, Hessen.

Hoheslied (Lied der Lieder; lat. Canticum canticorum), Buch des A.T., Sammlung populärer Liebes- und Hochzeitslieder, die urspr. selbständig waren, aber kaum vollständig erhalten sind; vermutlich überwiegend erst in nachexil. Zeit entstanden.

Hohe Straße (Hohe Landstraße), Bez. für die im MA fest ausgebauten Handelsstraßen, bes. für die seit dem 13. Jh. von Frankfurt am Main über Eisenach–Erfurt–Halle–Leipzig nach Breslau führende Straße.

Hohes Venn, höchster Teil der ↑ Ardennen.

Hohe Tatra ↑ Tatra.

Hohe Tauern, Gebirgskette in den Zentralalpen (↑ Alpen), Österreich, setzt sich aus der Venediger-, Granatspitz-, Glockner-, Sonnblick-, Ankogel- und Hafnergruppe zus.; höchste Erhebung ist der Großglockner (3 798 m).

Hohhot (Huhehot, bis 1954 Guisui [Kueisui]), Hauptstadt der Autonomen Region Innere Mongolei, China, an einem Nebenfluß des Hwangho, 810 000 E. Univ. (gegr. 1957), PH, Fachhochschulen für Viehzucht, Veterinärmedizin, Forstwirtschaft und Medizin, mongol. Nationalmuseum; Leder-, Woll-, chem. Ind., Bau von Dieselmotoren, Walzwerk; ✈. – Entstanden aus der im 16. Jh. gegr. mongol. Siedlung **Köke-khota** (von den Chinesen später **Kueihua** genannt) und dem 4 km nö. davon im 18. Jh. angelegten chin. Verwaltungszentrum **Suiyuan.** Unter dem Namen **Kueisui** wurden schließlich beide Städte vereinigt. – Ältestes Bauwerk der Stadt ist die siebenstöckige Pagode (um 1000).

Hohkönigsburg (frz. Haut-Kœnigsbourg), Burg bei Schlettstadt, Unterelsaß. Die Anlage aus dem 15./16. Jh., die auf roman. Resten basiert, wurde 1900–08 als Besitz Kaiser Wilhelms II. durch B. Ebhardt wieder aufgebaut.

Hohlblockstein, großformatiger Baustein aus Leichtbeton mit mehreren offenen Hohlräumen v. a. zur Wärmedämmung.

Höhle, großer natürl. Hohlraum im Gestein, entweder primär, d. h. zugleich mit dem Gestein entstanden (in Riffen, in vulkan. Gestein) oder sekundär, d. h. nachträglich gebildet durch Erosion, z. B. durch Brandung oder durch Auslaugung (sog. Mischungskorrosion) von verkarstungsfähigem Gestein (↑ Karst). Diese **Karsthöhlen** bilden z. T. riesige Systeme mit Seen und Flüssen. Durch Ausscheiden von Kalkspat aus Sickerwässern entsteht *Höhlensinter* in oft bizarren Formen, darunter die *Tropfsteine.* Bei diesen unterscheidet man die spitzen *Stalaktiten,* die von der Decke nach unten wachsen, und die ihnen vom Boden entgegenwachsenden stumpfen *Stalagmiten.* Beide können zu *Stalagnaten* (Säulen) zusammenwachsen. **Schauhöhlen** sind für Besucher zugänglich gemachte H., sie zeichnen sich durch bes. schöne Sinterbildungen aus. **Eishöhlen** entstanden sind. – ↑ Speläologie.

Vorgeschichte: Die H. als natürl. Obdach wurde bereits von den altsteinzeitl. Menschen genutzt. Älteste erhaltene Kulturschichten in europ. H. setzen erst mit dem Mittelpaläolithikum ein, gegen dessen Ende auch tiefere H.partien aufgesucht wurden, die im Jungpaläolithikum als Kult- und Initiationsplätze dienten, bei deren Ritualen auch Felsbilder entstanden. Seit dem Neolithikum dienten H. meist nur noch zum kurzfristigen Aufenthalt, gelegentlich auch als Kult- oder Grabstätte.

Höhlenbär (Ursus spelaeus), ausgestorbene, sehr große Bärenart im mittleren und oberen Pleistozän Europas und NW-Afrikas; sehr kräftiges Tier mit stark entwickelten Unterkiefern, einem Knick zw. Augenregion und Nasenrücken; Allesfresser; lebte in Höhlen oder in deren Umgebung.

Höhlenbrüter, Bez. für Vögel, die zur Aufzucht ihrer Jungen schützende Höhlen benötigen. Einheim. H. sind Spechte, Kleiber, Meisen und Rotschwänzchen.

Höhlenflughunde (Rousettus), Gatt. bis 15 cm körperlanger, oberseits brauner, unterseits hellerer Flughunde (↑ Flederhunde) mit rd. 10 Arten in Afrika südlich und östlich der Sahara, S-Asien und auf den Sundainseln; Flügelspannweite bis 60 cm; suchen als Schlafplätze Höhlen auf.

Höhlengleichnis, bildhafte Darstellung der Möglichkeiten und Schwierigkeiten, die Wahrheit zu erkennen (in Platons „Staat", 7. Buch). In einer von der Außenwelt ab-

Höhle. Dachstein-Rieseneishöhle bei Obertraun, Österreich

geschlossenen Höhle blicken gefesselte Menschen auf eine Wand, auf die Schatten von Gegenständen fallen: 1. Wissensstufe: Die Bilder werden für die Realität gehalten. 2. Stufe: Ein Mensch befreit sich und durchschaut den illusionären Charakter seiner bisherigen Annahmen, hält aber die Situation in der Höhle für die Realität. 3. Stufe: Er verläßt die Höhle und erkennt die Wirklichkeit.

Höhlenhyäne (Crocuta spelaea), ausgestorbene, große, vorwiegend höhlenbewohnende Hyänenart im Pleistozän Eurasiens und N-Afrikas; Vorderkörper und Kopf sehr stark entwickelt.

Höhlenkataster ↑ Speläologie.

Höhlenklima, Mikroklima unter Tage, das sich durch Lichtmangel, hohe Luftfeuchtigkeit und eine große Gleichmäßigkeit der Temperatur sowohl im Tages- als auch im Jahresgang auszeichnet.

Höhlenkrebse, svw. ↑ Brunnenkrebse.

Höhlenkunde ↑ Speläologie.

Höhlenlöwe (Panthera leo spelaea), ausgestorbene Unterart des Löwen in vielen eiszeitl. Ablagerungen Europas, Kleinasiens, Syriens und Algeriens; etwa $1/3$ größer als der rezente Löwe; selten Höhlenbewohner.

Höhlenmalerei ↑ Felsbilder.

Höhlensinter ↑ Höhle.

Höhlentempel, svw. ↑ Felsentempel.

Höhlenwohnung. Höhlenwohnungen in Matmata, Tunesien

Höhlentiere (Troglobionten), Bez. für Tiere, die sich ständig in Höhlen aufhalten; Körper meist ohne oder mit nur geringer Pigmentierung, Augen sehr häufig rückgebildet, dagegen Tastsinn hoch entwickelt. Zu den H. gehört u. a. der Grottenolm.

Höhlenwohnung, im anstehenden Gestein in natürl. und künstl. Höhlen angelegte Wohnung, u. a. in S-Spanien, N-China, in NW-Afrika und in der Türkei verbreitet.

Höhler, Franz, * Biel 1. März 1943, schweizer. Kabarettist und Schriftsteller. – H. erzählt zw. Alltag und Phantastik angesiedelte skurrile, tragikom. oder groteske Geschichten („Das verlorene Gähnen und andere nutzlose Geschichten", 1967; „Die Rückeroberung", 1982; „Dem Mann auf der Insel", 1991). Verfaßt auch Kinderbücher, Theaterstücke, arbeitet für das Fernsehen.

Hohlfuß ↑ Fußdeformitäten.

Hohlglas ↑ Glas.

Hohlkehle, an Steilküsten svw. Brandungskehle (↑ Brandung).

▷ konkaves Zierprofil an Gesimsen, Portalgewänden, Fenstern, Säulenbasen.

Hohlkreuz ↑ Lordose.

Hohlladungsgeschoß ↑ Munition.

Hohlleiter (Hohlrohrleiter), in der *Nachrichtentechnik* (Fernsehen, Richtfunk, Radar) verwendete Leitungen mit rechteckigem oder anderem Querschnitt und elektrisch leitenden Innenwänden. H. dienen zur Fortleitung hochfrequenter elektromagnet. Wellen (Zentimeter- oder Millimeterwellen).

Hohlmaß, svw. Volumeneinheit (↑ Volumen).

Hohlmeißel ↑ Meißel.

Hohlnadel, svw. ↑ Kanüle.

Hohlnarbe (Coelogyne), Gatt. epiphyt. und terrestr. Orchideen mit rd. 130 Arten in den Monsungebieten von Ceylon bis Samoa; Pseudobulben und Blätter immergrün; Blüten in lockerer Blütentraube. Bekannteste, leicht zu kultivierende Art: **Coelogyne cristata** aus dem Himalaja mit weißen, auf der Lippe orangegelb gezeichneten Blüten.

Hohlpfanne ↑ Dachziegel.

Hohlpfennige ↑ Brakteaten.

Hohlplatten, bei Stahlbrücken niedere plattenförmige Hohlkästen, die von Straßenfahrzeugen befahren werden können; u. a. im Behelfsbrückenbau eingesetzt.

Hohlraumresonator, ein Schwingkreis der Mikrowellentechnik, bei dem sich in einem metallisch abgeschlossenen (dielektr.) Raum das elektr. und magnet. Wechselfeld überlagern; als Verstärker oder Filter.

Hohlraumstrahlung, elektromagnet. Strahlung, die im Innern eines allseitig geschlossenen hohlen Körpers auftritt, wenn die Innenwände an allen Stellen die gleiche Temperatur haben *(Hohlraumstrahler)*. Durch eine kleine Öffnung in der Wand des Hohlraums läßt sich in sehr guter Näherung ein ↑ schwarzer Strahler darstellen.

Hohlraumversiegelung, Einsprühen eines äußerst kriechfähigen Korrosionsschutzmittels in die konstruktionsbedingten Hohlräume einer Fahrzeugkarosserie. H. mit *Hartschaum* erhöht die Festigkeit der Karosserie bes. im Seitenwandbereich.

Hohlrohrleiter, svw. ↑ Hohlleiter.

Hohlrücken ↑ Lordose.

Hohlsaum, Durchbruchstickerei, bei der zugleich der Saum befestigt wird.

Hohlschliff, Art des Schliffes von messerartigen Schneidwerkzeugen, bei dem die Schneide konkav geschliffen ist.

Hohlsog, svw. ↑ Kavitation.

Hohlspaten ↑ Spaten.

Hohlspiegel ↑ Spiegel.

Hohlstachler (Coelacanthini, Actinistia), Unterordnung bis 1,8 m langer, meist aber nur 60–70 cm messender Knochenfische (Ordnung ↑ Quastenflosser) mit zahlr. heute ausgestorbenen Arten; Ausnahme: die heute noch vertretene Art *Latimeria chalumnae* (↑ Latimeria).

Hohlsteine, Sammelbez. für alle normalformatigen Beton-, Glas- und Ziegelsteine, die mit Hohlräumen versehen sind.

Hohltiere (Coelenterata, Radiata), Unterabteilung radiärsymmetr. Vielzeller mit über 10 000 Süß- und Meerwasser bewohnenden Arten mit einem Durchmesser von unter 1 mm bis etwa 1,5 m; meist kolonienbildende Tiere mit äußerst einfachem, aus Ekto- und Entoderm gebildetem Körper, einem Hohlraum (Gastralraum; dient der Vorverdauung der Nahrung) und einer einzigen Körperöffnung. Man unterscheidet zwei Stämme: ↑ Nesseltiere und Aknidarier (↑ Rippenquallen).

Hohlvenen (Venae cavae), Venen, die das verbrauchte (sauerstoffarme, kohlendioxidreiche) Blut zum rechten Herzvorhof führen. Die **obere Hohlvene** (*vordere H.*, Vena cava superior) führt das Blut aus Kopf, Hals, den Armen und der Brust zum Herzvorhof, die **untere Hohlvene** (*hintere Hohlvene,* Vena cava inferior) verläuft neben der Bauchaorta zum Herzvorhof.

Hohlzahn (Hanfnessel, Daun, Galeopsis), Gatt. der Lippenblütler mit rd. 10 euras. Arten; Blütenkrone purpurn oder gelblich bis weiß; Unterlippe mit zwei hohlen, zahnförmigen Höckern; einheimisch sind u. a. der Stechende H., ↑ Gemeine Hohlzahn und der ↑ Sandhohlzahn.

Hohlziegel ↑ Dachziegel.

Hohlzunge (Coeloglossum), Gatt. der Orchideen mit vier Arten im gemäßigten Eurasien und in N-Amerika. In Deutschland (Alpen und Voralpen) kommt nur die **Grüne Hohlzunge** (Grünstendel, Coeloglossum viride) vor: mit

Hohlzahn. Stechender Hohlzahn (Höhe 20–70 cm)

Hohlzunge. Grüne Hohlzunge

bis 25 cm hohen Sprossen und grünl., schwach duftenden, kleinen Blüten in lockeren Ähren.

Hohmann, Walter, *Hardheim (Odenwaldkreis) 18. März 1880, †Essen 11. März 1945, dt. Ingenieur und Raumfahrtwissenschaftler. – H. lieferte wesentl. theoret. Grundlagen der Raumfahrt. Er schlug als Raumflugbahn zw. zwei Planeten eine diese Planeten tangierende Halbellipse vor. Diese nach ihm benannte Kurve **(Hohmann-Flugbahn)** erfordert einen geringen Energieaufwand.

Hohnstein, Stadt am N-Rand des Elbsandsteingebirges, Sa., 307 m ü. d. M., 1 200 E. Erholungsort. – Burg (12./13. und 15./16. Jh.) 90 m über dem Polenztal.

H. (Honstein), Burgruine in der Gemeinde Neustadt, Kr. Nordhausen, Thür. Die Burg wurde im 12. Jh. erbaut; nach ihr nannten sich seit 1182/88 die Grafen von Ilfeld. Die Gft. H. fiel durch den Westfäl. Frieden (1648) an Brandenburg.

Hohnsteiner Puppenspiele ↑Jacob, Max.

Hohoff, Curt, *Emden 18. März 1913, dt. Schriftsteller. – Setzt sich in betont christl. Haltung v. a. mit aktuellen und religiösen Stoffen auseinander. Am bekanntesten ist sein russ. Kriegstagebuch „Woina, Woina" (1951). – *Weitere Werke:* Hochwasser (En., 1948), Geist und Ursprung (Essays, 1954), Die Märzhasen (R., 1966), Gegen die Zeit (Essays, 1970), Venus im September (R., 1984).

Hohokamkultur [engl. həˈhoʊkəm], formative Indianerkultur im SW der USA, Zentrum im Salt-River-Becken, Arizona; starke Einflüsse aus Mesoamerika; intensiver Bodenbau mit Kanalbewässerung; rot-auf-ocker-farbene Keramik; bekannte Ruinenstätten: Snaketown, Los Muertos und Casa Grande; unterschieden werden: Pionierperiode (von etwa 300 v. Chr. bis um 500 n. Chr.), Kolonialperiode (500–900), Konsolidierungsperiode (Sedentary Period, 900–1100), klass. Periode (1100–1400) mit Einflüssen der Anasazitradition.

Höhr-Grenzhausen, Stadt im Unterwesterwald, Rhld.-Pf., 250–450 m ü. d. M., 8 200 E. Fachrichtung Keramik der FHS des Landes Rhld.-Pf., Keramikmuseum. Mittelpunkt des Kannenbäckerlandes, v. a. mit keram. Ind. – Im 13. Jh. erstmals gen.; Stadt seit 1936. – Burg Grenzau (vor 1213 erbaut).

Hohwachter Bucht ↑Kieler Bucht.

Hoitsu Sakai, *Edo (= Tokio) 1761, †ebd. 1828, jap. Maler. – Verlieh dem dekorativen Stil ↑Ogata Kōrins neuen Glanz; v. a. Pflanzen- und Tierdarstellungen.

Hojeda, Alonso de [span. ɔˈxeða] ↑Ojeda, Alonso de.

Hoka-Sioux [– ˈziːʊks, engl. ˈhəʊkə ˈsuː] (korrekter Hokan-Siouan [ˈhəʊkən ˈsuːən]), Sprachfamilie Nordamerikas;

Hans Holbein d. Ä.
(Selbstbildnis, Silberstiftzeichnung; Chantilly, Musée Condé)

Hans Holbein d. J.
(Selbstbildnis, um 1543; Florenz, Uffizien)

Hans Holbein d. Ä. Darbringung im Tempel, Tafel vom linken Innenflügel des Hochaltars für die Dominikanerkirche in Frankfurt am Main, 1501 (Hamburg, Kunsthalle)

zu ihr gehören neben den Siouan(Sioux)sprachen (u. a. Dakota) und den Hokansprachen auch die Irokesen- sowie die Caddosprachen.

Hokkaidō (bis 1869 Yezo), nördlichste der vier jap. Hauptinseln, 77 900 km², 5,67 Mill. E (darunter die ↑Ainu); Verw.sitz Sapporo. Überwiegend gebirgig, mit aktiven Vulkanen, bis 2 290 m ü. d. M. (Asahi) hoch; vom außertrop. Monsun beeinflußtes, gemäßigtes Klima; im N überwiegend Nadel-, im S Laubwald. Größte jap. Steinkohlevorkommen, Abbau von Eisen-, Zink-, Bleierzen u. a. An den Küsten befinden sich zahlr. Fischereihäfen. Von Hakodate aus Verbindung mit Honshū durch Fähren und ↑Saikantunnel.

Hokkohühner [indian./dt.] (Hokkos, Cracidae), Fam. 0,4–1 m langer, meist auf Bäumen lebender und nistender Hühnervögel mit fast 50 Arten in den Wäldern M- und S-Amerikas; hochbeinig, mit kurzen, gerundeten Flügeln und ziemlich langem Schwanz; leben meist gesellig.

Hokusai Katsushika, *Edo (= Tokio) 21. Okt. 1760, †ebd. 10. Mai 1849, jap. Meister des Farbholzschnitts. – Einer der vielseitigsten Künstler des ↑Ukiyo-e. Nach 1820 schuf er Illustrationen zu über 500 Büchern und zahlr. Holzschnittfolgen mit Landschaften, Vögeln und Blumen, u. a. 36 Ansichten des Fuji (1823–32), Hundert Erzählungen (um 1839; unvollendet).

Hokuspokus, aus den Niederlanden stammender Spruch der Taschenspieler bei der Ausführung ihrer Kunststücke; dann auch svw. Gaukelei, Betrug.

Holabird, William [engl. ˈhɔləbəːd], *Amenia Union (N. Y.) 11. Sept. 1854, †Evanston (Ill.) 19. Juli 1923, amerikan. Architekt. – Ab 1880 Partner von M. Roche (*1855, †1927), richtungweisende Stahlskelettbauweise im Hochhausbau (Chicagoer Schule): „Tacoma-Building" (1887 bis 1889, 12 Stockwerke), „Marquette Building" (1893/1894, beide in Chicago).

Holan, Vladimír, *Prag 16. Sept. 1905, †ebd. 31. März 1980, tschech. Schriftsteller. – Begann mit bildreicher, vielfach visionärer Lyrik; später zeitbezogene Dichtungen, u. a. „Nacht mit Hamlet" (1962). Bed. auch als Übersetzer aus dem Chinesischen, Russischen und Englischen.

holandrische Merkmale [griech./dt.], Merkmale (bzw. Gene), die ausschließlich vom Vater auf die Söhne vererbt werden; sie liegen z. B. beim Menschen auf dem Y-Chromosom. – Ggs. ↑hologyne Merkmale.

Holarktis [zu griech. hólos „ganz"], in der *Tiergeographie* eine tiergeograph. Region, die sich aus der ↑Paläarktis und der ↑Nearktis zusammensetzt und sich daher v. a. über den gemäßigten und kalten kontinentalen Bereich der nördl. Halbkugel erstreckt.
▷ svw. ↑holarktisches Florenreich.

holarktisches Florenreich (Holarktis), größte pflanzengeograph. Region der Erde, die die gesamte Nordhalbkugel zw. Pol und einer Linie etwa entlang dem nördl. Wendekreis umfaßt. Die Vegetation des h. F. ist gekennzeichnet durch Arten der Birken-, Weiden-, Hahnenfuß-, Steinbrech- und Rosengewächse, viele Kreuzblütler und Doldenblütler sowie Primel- und Glockenblumengewächse.

Holbach, Paul Heinrich Dietrich Baron von, frz. Paul Henri Thiry d' [ˈhɔlbax, frz. ɔlˈbak], *Edesheim (bei Landau in der Pfalz) 8. Dez. 1723, †Paris 21. Jan. 1789, frz. Philosoph dt. Herkunft. – Ab 1735 in Paris, durch Vermittlung Diderots Mitarbeit an der „Encyclopédie" auf Gebieten der Naturwiss. (bis 1760). Sein philosoph. Hauptwerk „Système de la nature ..." (1770) wurde eines der grundlegenden Werke des frz. atheist. Determinismus und Materialismus.

Holbein, Ambrosius, *Augsburg 1494 (?), †Basel 1519 (?), dt. Maler und Zeichner. – Sohn von Hans H. d. Ä.; Lehre wohl beim Vater, ab 1516 in Basel (mit seinem Bruder Hans); v. a. Porträts.

H., Hans, d. Ä., *Augsburg um 1465, †Basel (?) 1524, dt. Maler und Zeichner. – Vater von Ambrosius H. und Hans H. d. J.; Lehre wohl in Ulm, daneben Kölner und niederl. Einflüsse. Malte feierlich wirkende Altarbilder in warmem

Kolorit; seine Köpfe sind z. T. individuelle physiognom. Studien. 1500/01 Hochaltar für die Dominikanerkirche in Frankfurt am Main (Mitarbeit seines Bruders Sigmund H. [* um 1475, † 1540] und L. Becks; heute v. a. in Frankfurt am Main, Städelsches Kunstinstitut, und Hamburg, Kunsthalle), 1502–04 Hochaltar für die Zisterzienserabtei Kaisheim (mit A. Daucher und G. Erhart; München, Alte Pinakothek). Zahlr. Bildniszeichnungen.

Hans Holbein d. J. Bildnis des Kaufmanns Georg Gisze, 1532 (Berlin, Staatliche Museen)

H., Hans, d. J., *Augsburg im Winter 1497/98, □ London 29. Nov. 1543, dt. Maler und Zeichner. – Lehre in der Werkstatt seines Vaters Hans H. d. Ä.; in Basel (seit 1515) u. a. Bekanntschaft mit Erasmus von Rotterdam; 1526–28 und nach 1532 in London (ab etwa 1536 Hofmaler König Heinrichs VIII.). Seine repräsentative Porträtkunst, die sachlich-kühl beobachtet und große Könnerschaft bes. auch in der Wiedergabe stoffl. Qualitäten zeigt, steht kennzeichnend innerhalb der späten Renaissance. Auch Zeichnungen, Holzschnitte (Totentanz, 1523–26), Buchschmuck und -illustration, Wandmalereien. – *Werke:* Christus im Grabe (1521/22; Basel, Kunstmuseum), Bildnis Erasmus' von Rotterdam (1523; ebd.), Die Madonna des Basler Bürgermeisters Jakob Meyer zum Hasen (1526–30; Darmstadt, Schloß), Bildnis des Kaufmanns Georg Gisze (1532; Berlin, Staatl. Museen), Die Gesandten (1533; London, National Gallery), Bildnis des Sieur de Morette (1534/35; Dresden, Gemäldegalerie), Bildnis der Jane Seymour (1536; Wien, Kunsthistor. Museum), Bildnis Heinrichs VIII. (1537, Lugano, Privatsammlung).

Holberg, Ludvig Baron von (seit 1747) [dän. ˈhɔlbɛr], Pseud. Hans Mikkelsen, *Bergen (Norwegen) 3. Dez. 1684, † Kopenhagen 28. Jan. 1754, dän. Dichter und Historiker. – Als Gelehrter wie als Dichter eine der bedeutendsten Persönlichkeiten der dän. Aufklärung; Begründer der dän. Nationalliteratur. Seine auf Quellenkritik aufgebauten Geschichtswerke, u. a. „Dän. und norweg. Staatsgeschichte" (3 Bde., 1732–35), wurden zum Vorbild für die dän. Prosa. Literar. Bed. erlangte H. durch seine 33 derb-realist. Komödien, die er 1722–28 und nach 1747 für die dän. Nationalschaubühne schrieb, u. a. „Der polit. Kannegießer" (1722). Nach 1730 schrieb H. satirisch-moral. Dichtungen, u. a. den utop. Reiseroman „Nicolai Klims Unterird. Reise" (1741).

Holder, svw. ↑ Holunder.

Hölderlin, Johann Christian Friedrich, *Lauffen am Neckar 20. März 1770, † Tübingen 7. Juni 1843, dt. Dichter. – Von seiner Mutter und auf den ev. Klosterschulen in Denkendorf und Maulbronn (1784–88) im Geist des aufgeklärten Württemberg. Pietismus erzogen; sein Studium am Tübinger Stift (1788–93) bestimmte ihn zum Pfarrer, ein Amt, das er mit der Begründung ablehnte, sein Glaubensbekenntnis sei nicht mehr das der „Theologen von Profession". Die Frz. Revolution beeinflußte sein Werk ebenso wie seine philosoph. Studien, durch die er in Verbindung mit Hegel und Schelling trat. 1796 übernahm er eine Hauslehrerstelle bei der Bankiersfamilie Gontard in Frankfurt am Main. Die Liebe zu der Hausherrin Susette Gontard („Diotima") führte zum Bruch mit der Familie. Sein Freund Isaak von Sinclair (* 1775, † 1815) nahm ihn in Bad Homburg auf (1799/1800); danach Hofmeisterstellen in Hauptwil (1801) und Bordeaux. Nach Sinclairs Verhaftung als Jakobiner (1805) wurde H. – möglicherweise zu seinem Schutz – in eine Heilanstalt gebracht und 1807 als unheilbar entlassen. Daraufhin wurde H. in Tübingen von der Schreinersfamilie Zimmer gepflegt, die ihn in ihrem am Neckar gelegenen Turm („Hölderlinturm") unterbrachte. H. ist Dichter der Idee des Ganzen als eines Versöhnten in einer Zeit der Gegensätze und Auseinandersetzungen. Im Briefroman „Hyperion" (2 Bde., 1797–99) ist die Liebe zw. Diotima und Hyperion nicht privat, sondern poetisch allgemein in ihrer gesellschaftl. Bedeutung, ist Vorwegnahme der allg. Versöhnung. Auch eine polit. Bewegung wie der Befreiungskampf der Griechen gegen die türk. Herrschaft ist am Ideal einer pantheist. Versöhnung von Menschheit und Natur zu einem Reich der Schönheit zu messen. H. griff nach dem Scheitern der Frz. Revolution auf Formen (Ode, Elegie, Hymne; Versmaße) und mytholog. Bildwelt der griech. Antike zurück. Die späteren Hymnen und Gedichte verschmelzen in aufgeklärt-myth. Sprache Antike und Christentum („Brot und Wein"). – H. Werk ist zu Lebzeiten nur in geringem Umfang veröffentlicht worden. Es ist in wesentl. Teilen nur handschriftlich in Entwürfen, Verbesserungen, Reinschriften überliefert. – *Weitere Werke:* Der Tod des Empedokles (Fragment, 1797–99), Ödipus Tyrann (Übers., 1804); Antigonä (Übers., 1804).

Holdinggesellschaft [engl. ˈhouldiŋ „das Halten, Besitz"] (Beteiligungsgesellschaft), zur einheitl. Leitung und Verwaltung eines Konzerns gegr. Obergesellschaft, die selbst keine Produktions- oder Handelsfunktionen ausübt und damit eine rechtl. Verselbständigung der Konzernhauptverwaltung darstellt. H. werden dadurch gebildet, daß mehrere Gesellschaften ihre Aktien in eine neu gegründete AG einbringen und dafür Aktien der H. erhalten. Die in die H. eingebrachten Gesellschaften bleiben dabei rechtlich selbständig.

Holenstein, Thomas, *Sankt Gallen 7. Febr. 1896, † Muralto bei Locarno 31. Okt. 1962, schweizer. Jurist und Politiker. – 1937–54 als Mgl. der Konservativen Volkspartei (seit 1957 Konservativ-christl.soziale Volkspartei der Schweiz) Abg. des Nationalrats (1952/53 dessen Präs.), 1954–59 Bundesrat (Volkswirtschaftsdepartement); 1958 Bundespräsident.

Holgersen, Alma, *Innsbruck 27. April 1899, † ebd. 18. Febr. 1976, östr. Schriftstellerin. – Schrieb Erzählungen, Lyrik, Dramen, Kinderbücher und Romane wie „Der Aufstand der Kinder" (1935), „Die Reichen hungern" (1955), „Weiße Taube in der Nacht" (1963), „Maximilian" (1965).

Holguín [span. ɔlˈɣin], Stadt im östl. Kuba, 195 000 E. Verwaltungssitz einer Provinz; Theater; Verarbeitungs- und Handelszentrum eines Agrargebiets.

Holiday, Billie [engl. ˈhɔlɪdeɪ], eigtl. Eleonora Fagan, gen. „Lady Day", *Baltimore 7. April 1915, † New York 17. Juli 1959, amerikan. Jazzsängerin. – Gehörte neben E. Fitzgerald zu den bedeutendsten und ausdrucksstärksten Sängerinnen der Swingepoche.

Holinshed, Raphael [engl. ˈhɔlɪnʃed], † Bramcote (Warwickshire) um 1580, engl. Geschichtsschreiber. – Sein aus unkrit. Kompilation von Chroniken entstandenes Geschichtswerk („Chronicles of England, Scotland, and Ireland", 1577) diente u. a. Shakespeare als Materialsammlung.

Ludvig von Holberg (Ausschnitt aus einem Gemälde von Alexander Roslin)

Johann Christian Friedrich Hölderlin (Gemälde von Franz Karl Hiemer, 1792)

Billie Holiday

Holismus [zu griech. hólos „ganz"], Bez. für das method. Vorgehen, die Daseinsformen der Welt unter „ganzheitl." Betrachtungsweise zu erklären. J. C. Smuts führte den Begriff H. in einem biolog. Kontext ein, um alle Lebensphänomene aus einem ganzheitl. „metabiolog. Prinzip" abzuleiten, im Gegensatz zu den Auffassungen des ↑Mechanismus und ↑Vitalismus. In den *Sozialwissenschaften* steht H. für die Ansicht, nach der gesellschaftl. Verhältnisse nur als soziale Ganzheiten begrifflich erklärt werden können *(method. H.).* Die *Wissenschaftstheorie* faßt H. als ganzheitl. Interpretation von Theorien, nicht ihrer Einzelbestandteile.

Holitscher, Arthur, *Budapest 22. Aug. 1869, †Genf 14. Okt. 1941, östr. Schriftsteller. – Neben literatur- und kunstwiss. Schriften, Essays und Dramen schrieb er vom frz. Symbolismus beeinflußte Romane, u. a. „Der vergiftete Brunnen" (1900), „Ein Mensch ganz frei" (1931) und Novellen („Leidende Menschen", 1893); populäre Reiseberichte, u. a. „Wiedersehen mit Amerika" (1930).

Holkeri, Harri, *Oripää 6. Jan. 1937, finn. Politiker. – 1971–79 Vors. der konservativen Nationalen Sammlungspartei, 1987–91 Min.präs.; unterlag M. Koivisto 1982 und 1988 bei den Präsidentschaftswahlen.

Holl, Elias, *Augsburg 28. Febr. 1573, †ebd. 6. Jan. 1646, dt. Baumeister. – Auf einer Venedigreise 1600/01 v. a. von Bauten Palladios beeindruckt; Stadtbaumeister in Augsburg (1602–31, bzw. 1635). Sein Hauptwerk ist das Augsburger Rathaus (1615–20).

H., Karl, *Tübingen 15. Mai 1866, †Berlin 23. Mai 1926, dt. ev. Theologe. – Seit 1901 Prof. in Tübingen, ab 1906 in Berlin; bed. v. a. durch seine Lutherforschung.

Hollabrunn, östr. Bez.hauptstadt im westl. Weinviertel, 237 m ü. d. M., 10 100 E. Schulstadt, Gewerbebetriebe. – Seit 1908 Stadt. – Got. Pfarrkirche (im 17. Jh. barockisiert).

Hollaender, Friedrich (in den USA: Frederick Hollander), *London 18. Okt. 1896, †München 18. Jan. 1976, dt. Komponist. – Komponierte v. a. Filmmusiken (u. a. für J. von Sternbergs „Der blaue Engel", 1930), Chansons, Revuen und Musicals.

Holland, David („Dave") [engl. 'hɔlənd], *Wolverhampton 1. Okt. 1946, engl. Jazzmusiker (Bassist). – Spielte 1968–71 in der Miles-Davis-Group, danach zus. mit Chick Corea, A. Braxton, S. Rivers. H. gehört zu den richtungweisenden Bassisten der zeitgenöss. Jazz.

Holland [von Holtland, eigtl. „Baumland"], 1. der W-Teil der Niederlande; seit 1840 untergliedert in die Prov. N- und S-Holland, die etwa der ma. Gft. H. (seit dem 11. Jh.) entsprechen; Kerngebiet war das Territorium um Dordrecht. Das 1299 erloschene Geschlecht der Grafen von H. wurde durch das Haus Hennegau beerbt. H. kam 1345 unter die Herrschaft der Wittelsbacher, fiel 1433 an Burgund, 1477 an die Habsburger und 1555 an Spanien; wurde unter dem Statthalter Wilhelm von Oranien zum Zentrum des Widerstandes gegen die span. Krone; teilte seit 1579 das Schicksal der entstehenden Republik der Vereinigten Niederlande; 2. 1806–10 Name des aus der Batav. Republik gebildeten Königreichs unter Ludwig, einem Bruder Napoleons I.; 3. gebräuchl., aber unzutreffende Bez. für die Niederlande.

Holländer, Mahl- und Mischwerk zur Weiterverarbeitung von Zellstoff und zur Papierherstellung (im 19. Jh. in Holland verwendet).

holländern, Bücher und Broschüren provisorisch maschinell heften.

Hollandia ↑Jayapura.

Holländisch ↑niederländische Sprache.

Holländischer Gulden, Abk. hfl, Währungseinheit in den Niederlanden; 1 hfl = 100 Cents (c, ct).

Holländischer Krieg (1672–78/79) ↑Niederländisch-Französischer Krieg.

holländische Soße, svw. ↑Sauce hollandaise.

Hollar, Wenzel (Václav), *Prag 13. Juli 1607, †London 25. März 1677, böhm. Zeichner und Kupferstecher. – Schuf topographisch genaue Kupferstichveduten, Illustrationen, Porträts und Reproduktionsstiche.

Friedrich Hollaender

Elias Holl. Augsburger Rathaus, 1615–20

Holle (Holl), Lienhart, *Ulm, †nach 1492, dt. Inkunabeldrucker. – In den 1480er Jahren in Ulm tätig, druckte u. a. 1482–84 die „Cosmographia" des Ptolemäus und 1484 die „Goldene Bulle" Karls IV.

Holle (Frau Holle), weibl. Gestalt der Sage und des Volksglaubens, bes. in M-Deutschland (Hessen, Thüringen, Franken); urspr. Führerin einer dem Totenheer der Wilden Jagd ähnl. Geisterschar (auch Frau **Gode** oder **Horke, Percht**), hat sich zum dämon. Einzelwesen bzw. später Jenseitswesen mit vielerlei myth. Funktionen entwickelt; auch als Märchenfigur (wenn sie die Betten schüttelt, schneit es) verbreitet.

Hölle [zu ↑Hel], Bez. für die in zahlr. Religionen herrschende Vorstellung von der ↑Unterwelt als Bereich des Todes, der Totengottheiten, unterweltl. Dämonen, als Behausung der Toten; auch jenseitiger Vergeltungsort für die Bösen. – Im A. T. entspricht dem dt. Begriff H. die ↑Scheol, im N. T. ist die Gehenna der Ort eschatolog. Strafe nach dem ↑Jüngsten Gericht für Leib und Seele der Verdammten, auch für die Dämonen und den Satan. Die christl. Theologie bezeichnet mit H. diejenige Wirklichkeit, in der der Mensch nach Gottes Gericht das Heil nicht erlangt hat und die Strafe der Verdammnis erleidet. – In der bildenden Kunst v. a. in Verbindung mit dem Jüngsten Gericht dargestellt, u. a. als H.rachen oder lodernder Flammenort; oft drastisch ausgeschmückt (H. Bosch). Dargestellt wird auch der *Höllensturz* einzelner oder ganzer Scharen (H. Memling, L. Signorelli, P. P. Rubens).

Holledau ↑Hallertau.

Höllenfahrt Christi (Höllenabstieg Christi), Abstieg Jesu Christi in das Reich des Todes zur Erlösung der Gerechten des Alten Bundes.

Höllengebirge, Gebirgsstock der Nördl. Kalkalpen, zw. Atter- und Traunsee, Oberösterreich, im Großen Höllkogel 1 862 m hoch.

Höllenstein (Lapis infernalis, Argentum nitricum), volkstüml. Bez. für Silbernitrat, $AgNO_3$, in fester Form; Verwendung als Ätzmittel, z. B. bei Warzen.

Höllental, Engtal des Rotbaches im südl. Schwarzwald, Bad.-Württ.; tief in das Grundgebirge eingeschnitten; von Bahn und Straße Donaueschingen–Freiburg im Breisgau benutzt.

H., Hochtal im Wettersteingebirge, sw. von Garmisch-Partenkirchen, Bayern, Oberlauf des Hammerbachs, der im Unterlauf die steile **Höllentalklamm** bildet.

Höller, Karl, *Bamberg 25. Juli 1907, †Hausham (Landkr. Miesbach) 14. April 1987, dt. Komponist. – Seine Kompositionen (Orchester-, Kammer- und Klaviermusik, Chorwerke, Lieder sowie Film- und Hörspielmusiken) stehen in der Nachfolge Regers und Hindemiths.

Höllerer, Walter, *Sulzbach-Rosenberg (Oberpfalz) 19. Dez. 1922, dt. Germanist und Schriftsteller. – Seit 1959 Prof. an der TU Berlin; gehörte zur Gruppe 47. 1954–68 Mithg. der literar. Zeitschrift „Akzente", seit 1961 Hg. der Zeitschrift „Sprache im techn. Zeitalter". Neben wiss. Veröffentlichungen u. a. Herausgebertätigkeit. Schrieb Lyrik und den modernen Erzähltechniken verpflichteten Roman „Die Elephantenuhr" (1973); veröffentlichte 1978 „Alle Vögel alle" (Kom.), 1982 „Gedichte 1942–82".

Hollerith, Hermann, *Buffalo 29. Febr. 1860, †Washington 17. Nov. 1929, amerikan. Ingenieur, Erfinder und Unternehmer dt. Abstammung. – Erfand u. a. das erstmals 1890 bei einer Volkszählung angewendete **Hollerith-Lochkartenverfahren,** bei dem gelochte Karten [als Informationsträger] durch Abtastfedern entsprechend der Lochung sortiert werden; gründete 1896 die Tabulating Machine Co., die spätere IBM, in New York.

Holley, Robert [William] [engl. 'hɔlɪ], *Urbana (Ill.) 28. Jan. 1922, †Los Gatos (Calif.) 14. Febr. 1993, amerikan. Biochemiker. – Prof. an der Cornell University in Ithaca (N. Y.); Forschungen über die molekularbiolog. Vorgänge bei der Zellteilung und die Protein- und Nukleinsäuresynthese; erhielt für seinen Beitrag zur Entzifferung des genet. Codes 1968 (zus. mit H. G. Khorana und M. W. Nirenberg) den Nobelpreis für Physiologie oder Medizin.

Holliger, Heinz, *Langenthal (Kt. Bern) 21. Mai 1939, schweizer. Oboist und Komponist. – Schüler von S. Veress und P. Boulez, solist. Tätigkeit, seit 1974 Prof. an der Staatl. Musikhochschule in Freiburg im Breisgau. Seine instrumentalen Neuerungen beeinflußten zahlr. Komponisten. – *Werke:* Atembogen (1975; für Orchester), Streichquartett (1975), Kommen und gehen (1978; Kurzoper nach S. Beckett), Gesänge der Frühe (1988; für Chor, Orchester und Tonband), Alb-Cher (1991; für Volksmusikensemble).

Hollmann, Hans, *Graz 2. Febr. 1933, östr. Regisseur. – Seit 1968 am Basler Theater, 1975–77 dessen Direktor. Bed., die literar. Vorlage oft sprengende Inszenierungen waren „Die letzten Tage der Menschheit" (1974) nach K. Kraus und Shakespeares „Othello" (1976). Bei den Ruhrfestspielen 1977 inszenierte H. „Coriolan" (nach Shakespeare), in München 1986 „Erfolg" (nach L. Feuchtwanger).

Hollreiser, Heinrich, *München 24. Juni 1913, dt. Dirigent. – Debütierte 1932 in Wiesbaden; war 1945–52 Generalmusikdirektor in Düsseldorf; wirkte 1952–61 als Erster Kapellmeister an der Wiener Staatsoper, 1961–64 als Chefdirigent an der Dt. Oper Berlin; trat auch als Gastdirigent an zahlr. Opernhäusern auf.

Hollywood [engl. 'hɒlɪwʊd], nw. Stadtteil von Los Angeles (seit 1910), USA. – Zentrum der amerikan. Filmindustrie, die sich seit 1908 (Entstehung des ersten Films) entwickelte. Als sog. „Traumfabrik" lange Zeit Hauptsitz von etwa 250 Filmgesellschaften (Metro-Goldwyn-Mayer, Paramount, 20th Century-Fox, Warner Brothers); die Filmproduktion ging seit den 50er Jahren v. a. auf Grund des konkurrierenden Fernsehens stark zurück. Ein Teil der Studios dient heute der Produktion von Fernsehsendungen. Den **Hollywoodfilm** kennzeichnen Professionalität, Tempo, Dramatik und einfache Erzähltechnik, abgestimmt auf die jeweils eingesetzten Stars, bes. in Filmgenres wie Musical, Western oder Filmkomödie. In den 50er Jahren entwickelte sich dagegen das **Off-Hollywood Cinema,** v. a. mit Dokumentar- und Experimentalfilmen. Der Film des **New Hollywood** ab Beginn der 70er Jahre verbindet Tradition mit neuen Themen, Seh- und Erzählweisen.

Holm [niederdt.], Führungs- oder Handleiste eines Geländers, Griffstange am Barren, an Leitern u. a.
▷ im *Flugzeugbau:* tragendes Bauteil eines Tragflügels oder einer Leitwerksflosse in Richtung der Spannweite; auch Hauptlängsbauteil des Rumpfes.

Holmboe, Vagn [dän. 'hɔlmbo:ə], *Horsens (Jütland) 20. Dez. 1909, dän. Komponist. – Lehrte 1950–65 am Konservatorium in Kopenhagen. Er schrieb die Oper „Lave og Jon" (1946), die Kammeroper „Kniven" (1963); zahlr. Orchesterwerke, darunter 10 Sinfonien; 14 Streichquartette u. a. Kammermusik; „Requiem for Nietzsche" op. 84 (1964).

Holmenkollen, bewaldeter Höhenzug im N von Oslo, Norwegen, in etwa 400 m Höhe; bed. Wintersportplatz mit Sprungschanze und Skimuseum.

Holmes, Oliver Wendell [engl. hoʊmz], *Cambridge (Mass.) 29. Aug. 1809, †Boston (Mass.) 7. Okt. 1894, amerikan. Arzt und Schriftsteller. – 1847–82 Prof. für Anatomie an der Harvard University. – Seine literar. Hauptwerke sind „Der Tisch-Despot" (1857 ff.), eine Mischung von Gedichten, Essays und Plaudereien, sowie programmat. Romane, u. a. „Elsie Venner" (1861); zahlr. medizin. Abhandlungen.

Holmium [nach Holmia, dem latinisierten Namen Stockholms], chem. Symbol Ho; Element aus der Reihe der Lanthanoide mit der Ordnungszahl 67, relative Atommasse 164,9304, Schmelzpunkt 1 470 °C, Siedepunkt 2 720 °C, Dichte 8,795 g/cm³. H. ist ein gut verformbares, silbergraues Metall; seine dreiwertigen Verbindungen sind gelb bis braungelb gefärbt. Es kommt in der Natur zus. mit anderen Seltenerdmetallen vor. H. wird u. a. als Aktivator von Leuchtstoffen verwendet.

Holmsen, Bjarne Peter, gemeinsames Pseud. für Arno ↑Holz und Johannes ↑Schlaf.

holo..., Holo... [zu griech. hólos „ganz"], Bestimmungswort von Zusammensetzungen mit der Bed. „ganz, unversehrt".

Holocaust ['– – –; engl. 'hɔləkɔst; „Massenvernichtung"; zu griech. holókauston „Brandopfer, Ganzopfer"], Tötung einer großen Zahl von Menschen, eines Volkes, v. a. die vom NS betriebene Vernichtung des jüd. Volkes (↑Judenverfolgungen).

Holoenzym [...o-ε...] ↑Enzyme.

Holofernes (Holophernes), nach dem alttestamentl. Buch ↑Judith ein assyr. Feldherr und zugleich Personifikation der Gottesfeindschaft, dem Judith das Haupt abschlägt und dadurch ihre Stadt vor der Vernichtung rettet.

Hologramm ↑Holographie.

Holographie, von D. Gábor 1948 entwickeltes opt. Abbildungsverfahren mit kohärentem Licht für die Aufzeichnung und Wiedergabe von Objekten in ihrer dreidimensionalen Struktur. Voraussetzung für die techn. Anwendung der H. seit 1962 war die Erfindung des Lasers als kohärente Lichtquelle. Werden Gegenstände mit kohärentem Licht beleuchtet, so enthält das dann von ihnen ausgehende, bes. durch Reflexion beeinflußte Wellenfeld in seiner Amplituden- und Phasenverteilung sämtl. opt. Informationen über die beleuchteten Gegenstände. Wird diesem Wellenfeld (Objektwelle) eine kohärente Vergleichswelle (Referenz-

Walter Höllerer

Robert Holley

Heinz Holliger

Holographie. Photographische Wiedergabe der räumlichen Wirkung eines Weißlichthologramms; durch leichtes Kippen der Ebene des einen der beiden identischen Hologramme wird erreicht, daß man das Objekt, die Taube, aus verschiedenen Richtungen sieht

hologyne Merkmale

Erich von Holst

Friedrich von Holstein

welle) von derselben Lichtquelle (Laser) überlagert, so ergibt sich ein räuml. Interferenzbild, dessen Intensitätsverteilung auf einer Photoplatte oder in einem anderen lichtempfindl. Medium (z. B. Kristall) registriert werden kann. Das so gewonnene Bild bezeichnet man als **Hologramm.** Bei der Wiedergabe wird das Hologramm mit kohärentem Licht (derselben Wellenlänge) beleuchtet, das unter demselben Winkel auf die Hologrammplatte einfällt wie bei der Aufnahme das Referenzbündel (Referenzwelle). Durch Beugung dieses Bündels entstehen hinter dem Hologramm im wesentlichen zwei Lichtbündel erster Ordnung, von denen das eine ein virtuelles und das andere ein reelles Bild liefert; beide sind dreidimensional. Das virtuelle Bild kann von verschiedenen Seiten aus betrachtet oder mit einer Kamera aufgenommen werden, wobei sich die Perspektive mit der Entfernung ändert; auch lassen sich wahlweise Vordergrund oder Hintergrund scharf betrachten. Das reelle Bild kann man ohne Linsen photographisch aufzeichnen. Bei Verwendung mehrerer kohärenter Lichtbündel mit verschiedenen Wellenlängen erlaubt die H. auch die Speicherung und Wiedergabe von farbigen Szenen (sog. **Farbholographie**). Das Verfahren kann mit allen interferenzfähigen Wellen durchgeführt werden, z. B. auch mit Schallwellen oder Mikrowellen. Weitere Anwendungsmöglichkeiten: 1. *Holograph. Aufnahme* schnell veränderl. räuml. Vorgänge und ihre nachträgl. Vermessung und Auswertung. 2. *Holograph. Interferometrie:* Doppelt belichtete Hologramme erlauben die sehr empfindl. Nachweis geringfügiger Verformungen und Bewegungen. 3. *Holograph. Speicherung* von Daten. 4. *Akust. H. (Ultraschall-H.):* Aus den Echos von Schallwellen wird mit Hilfe eines Lasers ein räuml. Bild des schallreflektierenden Objekts rekonstruiert.

hologyne Merkmale [griech./dt.], Merkmale, die phänotypisch ausschließlich im ♀ Lebewesen ausgeprägt sind, d. h. nur in der ♀ Linie übertragen werden. – Ggs. ↑ holandrische Merkmale.

Holokopie, spezielles photograph. Verfahren zur Ausschöpfung des vollen Informationsgehaltes einer photograph. Abbildung, bei dem die Kopie vom ausgebleichten Negativ gezogen wird. Dies führt zu einer Verminderung der statist. Korngrößenschwankungen; u. a. in der Astrophotographie, Spektroskopie und Röntgenphotographie angewendet.

holokrine Drüsen. ↑ Drüsen.
Holometabolie ↑ Metamorphose.
holomorphe Funktion (reguläre Funktion), eine Funktion $f(z)$ (mit komplexem Argument z), die in einem Gebiet der komplexen Zahlen differenzierbar ist. Eine durch sie vermittelte Abbildung wird als *holomorphe Abbildung* bezeichnet.

Holon, Stadt im südl. Vorortbereich von Tel Aviv-Jaffa, Israel, 146 000 E. Vermessungsfachschule; Textil- und Bekleidungsind., Bau von elektr. Geräten; Metallverarbeitung; sö. von H. Sitz des Meteorolog. Dienstes. – Gegründet 1935.

holophrastische Sprachen [griech./dt.], svw. ↑ polysynthetische Sprachen.

Holostei [...te-i; griech.] (Knochenschmelzschupper, Knochenganoiden), im Mesozoikum weit verbreitete und artenreiche Überordnung der ↑ Strahlenflosser; heute nur noch durch wenige Arten (Schlammfisch [↑ Kahlhechte] und ↑ Knochenhechte) vertreten; Körper langgestreckt, walzenförmig.

Holothurien [griech.], svw. ↑ Seegurken.
Holozän [griech.] (Alluvium), die geolog. Gegenwart seit Abklingen der pleistozänen Eiszeit.

Holschuld ↑ Leistungsort.
Holst, Erich von, * Riga 28. Nov. 1908, † Herrsching a. Ammersee 26. Mai 1962, dt. Verhaltensphysiologe. – Prof. für Zoologie in Heidelberg, 1954 Direktor des Max-Planck-Instituts für Verhaltensphysiologie in Wilhelmshaven (ab 1957 in Seewiesen bei Starnberg). H. stellte 1950 (zus. mit

Holozän (Nacheiszeit)							
Vor bzw. nach Chr.	Bezeichnung des Zeitabschnitts	vorherrschende Vegetation	Klimacharakter	Stadien der		Kulturentwicklung
				Ostsee	Nordsee	
Abklingen der Vereisung		Subatlantikum II (jüngere Nachwärmezeit)	land- und forstwirtsch. Nutzung	kühler und feuchter	Myameer (heutiger Zustand)	Meeresvorstoß (Dünkirchener Transgression)	histor. Zeit
	600 n. Chr.	Subatlantikum I (ältere Nachwärmezeit, Buchenzeit)	Buchenwald und buchenreicher Mischwald		Limneameer (Brackwasser)	Meeresrückzug bzw. Stillstand	Eisenzeit
	800 v. Chr.	Subboreal (späte Wärmezeit)	Eichenmischwald zu Buchenwald umgewandelt	noch warm, etwas feuchter			Bronzezeit
	2 500	Atlantikum II (mittlere Wärmezeit,	Eichenmischwald (Eiche, Linde, Hasel)	warm, mäßig feucht (Klimaoptimum)	Litorinameer (höherer Salzgehalt als heute)		
	4 000	Atlantikum I Eichenmischwaldzeit)				Meeresvorstoß (Flandr. Transgression)	
	5 000	Boreal (frühe Wärmezeit, Haselzeit)	haselreicher Kiefern- und Eichenmischwald	warm, trocken	Ancylussee (Binnensee mit Süßwasserfauna)		
	6 800	Präboreal (Vorwärmezeit, Birken-Kiefern-Zeit)	Birken- und Kiefernwald	Erwärmung	Yoldiameer*		Jung- und Mittelsteinzeit
	8 150	jüngere Dryaszeit (jüngere subarkt. Zeit)	Birken- und Kiefernwald, z. T. Tundra	Kälterückschlag		Eisbedeckung (z. T.)	
	8 800	Allerödzeit (mittlere subarkt. Zeit)	Birken- und Kiefernwald	geringe Erwärmung	Eisstausee		
	9 800	ältere Dryaszeit (ältere subarkt. Zeit)	Tundra	kalt			
*(Meeresstraße zw. Nordsee und Weißem Meer)							

Holstentor in Lübeck von Hinrich Helmstede, 1477/78 vollendet

H. Mittelstaedt] das ↑Reafferenzprinzip auf. Er entdeckte, daß das Verhalten auch durch selbsttätige Impulse des Zentralnervensystems gesteuert wird (↑Automatismen).

H., Gustav [engl. hoʊlst], *Cheltenham 21. Sept. 1874, †London 25. Mai 1934, engl. Komponist. – Vertreter eines betont nationalengl. Stils, u. a. „St. Paul's suite" (1913), sinfon. Suite „The planets" (1917), „Hymn of Jesus" (1917), „Ode of death" (1919), 12 „Welsh folksongs" (1933), die Opern „The perfect fool" (1923) und „The tale of the wandering scholar" (1929).

Holstein, Friedrich von, *Schwedt/Oder 24. April 1837, †Berlin 8. Mai 1909, dt. Diplomat. – Jurist aus preuß. Offiziers- und Gutsbesitzerfamilie; 1876 an das Auswärtige Amt in Berlin berufen, enger Mitarbeiter Bismarcks. Ab 1885 insgeheim in Opposition zu Bismarck, suchte durch eigenmächtige Schritte dessen Politik friedl. Beziehungen zu Rußland zu untergraben und betrieb den Sturz des Kanzlers unauffällig mit. Bis zur gescheiterten Politik auf der Konferenz von Algeciras 1906 war H. die Zentralfigur der dt. Außenpolitik. Seine illusionäre Politik der „freien Hand" für das Dt. Reich zus. mit dem aggressiven Stil seiner Frankreichpolitik zerstörte die 1898–1900 auch von ihm angestrebte Chance eines Bündnisses mit Großbritannien. – Sein Einfluß („Graue Eminenz") wurde lange Zeit überschätzt.

Holstein, ehem. Hzgt. zw. Nord- und Ostsee, im S durch die Elbe, im N durch die Eider begrenzt (zur Geschichte ↑Schleswig-Holstein).

Holsteiner, in Schleswig-Holstein gezüchtete, edle und leichte Warmblutpferderasse; meist hell- oder dunkelbraune, große langgestreckte Tiere mit schwungvollem Trab und vorzügl. Galoppiervermögen.

Holstein-Euterseuche (Weide-Euterseuche, Pyogenesmastitis), durch das Corynebacterium pyogenes hervorgerufene Euterentzündung bei Färsen und Kühen; in Weidegebieten seuchenhaft, bei Stalltieren sporadisch auftretend. Aus dem Euter erfolgt eine Absonderung von eitrigem, mitunter blutigem Sekret. Bei frühzeitiger Behandlung mit Antibiotika ist eine Heilung möglich.

Holsteinische Schweiz, seenreiche kuppige Moränenlandschaft im östl. Schl.-H., erstreckt sich vom Großen Eutiner See und dem Bungsberg bis über den Großen Plöner See hinaus, Zentrum Malente-Gremsmühlen.

Holsteinsborg [dän. 'hɔlsdainsbɔr] (Sisimiut), Stadt an der SW-Küste Grönlands, 4 500 E. Radio- und meteorolog. Station; Hafen, Gefrierfischanlage, Werft. – Gegr. um 1760.

Holstentor, zweitürmiges Stadttor in Lübeck, von Ratsbaumeister H. Helmstede errichtet (1477/78 vollendet).

Holster [niederl.-engl., zu niederdt. hulfte „Köcher"] (Halfter, Holfter), offene Ledertasche, in der eine Faustfeuerwaffe (meist Revolver) zugriffbereit getragen werden kann.

Hölszky, Adriana, *Bukarest 30. Juni 1953, dt. Komponistin. – Seit 1976 in der BR Deutschland. Gehört zu den bed. Vertretern der zeitgenöss. Musik; komponierte Orchesterwerke, Kammer- und Vokalmusik, die Oper „Bremer Freiheit" (1988, nach R. W. Faßbinder) sowie das Projekt „Schweigentonzwei" (1990).

Holt, Hans, *Wien 22. Nov. 1909, östr. Schauspieler, Regisseur und Schriftsteller. – Seit 1940 am Theater in der Josefstadt in Wien; wirkte in zahlr. Filmen mit; schrieb Theaterstücke („Der Traumtänzer", 1973); „Jeder Tag hat einen Morgen" (Autobiographie, 1990).

H., Harold Edward [engl. hoʊlt], *Sydney 5. Aug. 1908, †Portsea (Victoria) 17. Dez. 1967 (ertrunken), austral. Politiker. – Als Mgl. der United Australian Party seit 1935 Abg.; 1940/41 und erneut 1949–58 Min. für Arbeit und nat. Dienste, Mitbegr. der Liberal Party (1945), 1949–56 Einwanderungsmin.; 1958–66 Schatzmin.; 1966/67 Premiermin. und Parteivorsitzender.

Holtei, Karl von, *Breslau 24. Jan. 1798, †ebd. 12. Febr. 1880, dt. Schriftsteller und Schauspieler. – Bühnenschriftsteller mit rührseligen Stücken im Zeitgeschmack, v. a. Singspiele; auch Lyrik und Romane aus dem Theaterleben. Von kulturgeschichtl. Bed. ist seine Autobiographie „Vierzig Jahre" (1843–50) und „Noch ein Jahr in Schlesien" (1864).

Holthusen, Hans Egon, *Rendsburg 15. April 1913, dt. Schriftsteller. – 1961–64 Programmdirektor des Goethe-Hauses in New York; 1968–81 Prof. in Evanston (Ill.). Vertreter eines christl. Existentialismus. Bes. bekannt durch den Essayband „Der unbehauste Mensch" (1951). – Weitere Werke: Klage um den Bruder (Ged., 1947), Labyrinth. Jahre (Ged., 1952), Krit. Verstehen (Essays, 1961), Indiana Campus. Ein amerikan. Tagebuch (1969), Opus 19. Reden und Widerreden aus 25 Jahren (1983), Vom Eigensinn der Literatur. Krit. Versuche aus den 80er Jahren (1989).

Hölty, Ludwig Christoph Heinrich [...ti], *Mariensee bei Hannover 21. Dez. 1748, †Hannover 1. Sept. 1776, dt. Dichter. – Mitbegr. des „Göttinger Hains". Verfaßte Gedichte (hg. 1782/83) und gilt als Begr. der neueren dt. Balladendichtung.

Holtzbrinck, Georg von, *Waldbauer (= Hagen) 11. Mai 1909, †Stuttgart 27. April 1983, dt. Verleger. – Konnte sich mittels Buchgemeinschaften (Dt. Bücherbund, Ev. Buchgemeinde, Dt. Buchklub) auf dem Markt durchsetzen. 1971 kam es in Stuttgart zur Gründung einer Dachgesellschaft mit dem Namen *Verlagsgruppe G. v. H. GmbH,* 1977 der *Gesellschaft für Wirtschaftspublizistik GmbH & Co.* Zum Konzern **(Holtzbrinck-Gruppe)** gehören S. Fischer Verlag, Droemersche Verlagsanstalt T. Knaur Nachf., Rowohlt Verlag, Kindler Verlag u. a.; Zeitungen: „Handelsblatt", „Wirtschaftswoche", „Südkurier", „Tagesspiegel"; Beteiligung an der Fernsehgesellschaft SAT 1.

Holub, Miroslav, *Pilsen 13. Sept. 1923, tschech. Schriftsteller. – Themen und Metaphorik seiner Gedichte, u. a. „Obwohl..." (1969), „Halbgedichte" (1974) stammen v. a. aus dem Bereich der Wiss. – Weitere Werke: Engel auf Rädern (1964), Naopak (= Umgekehrt; Ged., 1982).

Holunder (Holder, Sambucus), Gatt. der Geißblattgewächse mit rd. 20 Arten in den gemäßigten und subtrop. Gebieten; meist Sträucher oder kleine Bäume mit markhaltigen Zweigen; Frucht eine beerenartige, drei- bis fünfsamige Steinfrucht. Heim. Arten sind ↑Attich und der bis 6 m hohe **Schwarze Holunder** (Flieder, Sambucus nigra) mit tiefgefurchter Borke, schwarz-violetten Früchten und gelblichweißen, stark duftenden Blüten. In der Volksmedizin werden die Blüten zu **Fliedertee** (gegen Erkältungen) verwendet. In Eurasien und N-Amerika wächst der **Traubenholunder** (Sambucus racemosa), ein 1–4 m hoher Strauch mit gelblichweißen Blüten und scharlachroten Früchten.

Hans Egon Holthusen

Ludwig Christoph Heinrich Hölty (zeitgenössischer Kupferstich)

Holunder. Blühender Zweig und Fruchtstand des Schwarzen Holunders

Holyhead [engl. 'hɔlihɛd], walis. Hafenort auf **Holy Island,** einer Insel vor der W-Küste von Anglesey, Gft. Gwynedd, 10 500 E. Wichtiger Fährhafen für den Verkehr zw. Großbritannien und Irland.

Holy Island [engl. 'hɔlɪ 'aɪlənd] (Lindisfarne), engl. Nordseeinsel vor der Küste der Gft. Northumberland, 5,4 km². – Die Insel wurde 635 Ausgangspunkt für die Christianisierung Northumbrias durch den hl. Aidan (iroschott. Mönch, †651). Berühmt ist die **Evangelienhandschrift von Lindisfarne** (7. Jh.; jetzt in London, Brit. Museum).

Holyoake, Sir Keith Jacka [engl. 'hoʊlioʊk], * Mangamutu 11. Febr. 1904, † Wellington 8. Dez. 1983, neuseeländ. Politiker. – Farmer; 1932–38 und 1943–77 Abg. der konservativen National Party; 1949–57 stellv. Premiermin. und Min. für Landw.; 1957–72 Vors. der National Party; 1957 und 1960–72 Premiermin., 1960–72 auch Außenmin.; 1975–77 Staatsmin., 1977–80 Generalgouverneur von Neuseeland.

Holz, Arno, * Rastenburg 26. April 1863, † Berlin 26. Okt. 1929, dt. Schriftsteller. – Mit J. Schlaf Begründer des konsequenten Naturalismus in theoret. Schriften („Die Kunst, ihr Wesen und ihre Gesetze", 1891/92) und gemeinsam verfaßten Musterbeispielen naturalist. Dichtung unter dem Pseudonym Bjarne Peter Holmsen („Papa Hamlet", Novellen, 1889; „Die Familie Selicke", Dr., 1890). In seinem Bemühen um neue Ausdrucksmöglichkeiten bezog H. Umgangssprache und neue Themen (soziale Tendenz, sozialrevolutionäre Bekenntnisse, Großstadtbilder) in die Literatur ein. Unter Verzicht auf Reim und alle Formregeln ist seine z. T. sprachlich virtuose Lyrik allein vom „inneren Rhythmus" her bestimmt („Phantasus", 1898/99). – *Weitere Werke:* Das Buch der Zeit. Lieder eines Modernen (Ged., 1886), Socialaristokraten (Kom., 1896), Dafnis (1904), Traumulus (Kom., 1904; mit O. Jerschke), Sonnenfinsternis (Trag., 1908).

Holz [eigtl. „Abgehauenes"], Hauptsubstanz der Stämme, Äste und Wurzeln der Holzgewächse; in der Pflanzenanatomie Bez. für das vom ↑Kambium nach innen abgegebene Dauergewebe, dessen Zellwände meist durch Ligninablagerungen (zur Erhöhung der mechan. Festigkeit) verdickt sind.

Aufbau des Holzes: Ohne Hilfsmittel kann man an einem Stammausschnitt folgende Einzelheiten erkennen: Im Zentrum liegt das **Mark,** das von einem breiten **Holzkörper** umschlossen wird. Dieser setzt sich bei den meisten H.arten aus ↑Jahresringen zusammen. Das Kambium umschließt als dünner Mantel den gesamten H.körper. Die meisten Hölzer lassen mit zunehmendem Alter eine Differenzierung des H.körpers in eine hellere, äußere Zone und einen dunkler gefärbten Kern erkennen. Die hellere Zone besteht aus den lebenden jüngsten Jahresringen und wird als **Splintholz** (Weich-H.) bezeichnet. Der dunkel gefärbte Kern ist das sog. **Kernholz,** das aus abgestorbenen Zellen besteht und nur noch mechan. Funktionen hat. Es ist fester, härter, wasserärmer und durch Einlagerung von Farbstoffen dunkler gefärbt als das Splint-H. Da es durch die Einlage-

Arno Holz

Name	Herkunft	Eigenschaften	Verwendung
außertropische Hölzer			
Ahornholz	Europa, N-Amerika	weißlich; hart, elastisch	Furniere, Drechslerei, Teile von Streichinstrumenten
Apfelbaum	Europa, Vorderasien	rotbraun; hart	Drechslerei
Birkenholz	Eurasien	gelblichweiß bis hellbraun; weich	Möbel, Furniere
Birnbaumholz	Eurasien, N-Amerika	rotbraun; hart	Furniere, Möbel, Drechslerei
Buche	Europa	gelblichweiß; hart, zäh	Möbel, Furniere, Bauholz
Eibe	Europa	rötlichbraun; hart	Furniere, Drechslerei
Eiche	Europa, N-Amerika	gelblich bis dunkelbraun; hart, elastisch	Möbel, Furniere, Parkett, Fässer
Erle	Europa, N-Amerika	rötlichweiß; weich	Sperrholz, Kisten, Bleistifte, Wasserbau
Esche	Europa, O-Asien, N-Amerika	gelblich oder rötlichweiß; hart	Furniere, Möbel, Sportgeräte
Espe	Europa, N-Amerika	weiß; leicht, weich	Zündhölzer, Spankörbe
Fichte	Eurasien, N-Amerika	gelblichweiß; leicht, weich	Möbel, Furniere, Papierindustrie
Kiefer	Eurasien, N-Amerika	gelblich; weich	Möbel, Furniere
Kirschbaum	Eurasien, N-Amerika	goldbraun; hart	Furniere, Möbel
Lärche	Eurasien, N-Amerika	hellbraun; weich	Möbel, Bauholz
Linde	Europa, N-Amerika	weiß; leicht, weich	Möbel, Schnitzholz
Nußbaum	Europa, N-Amerika	gelb, hellbraun, schwarzbraun; hart	Furniere, Möbel
Tanne	Europa, W-Asien, N-Amerika	gelblich oder rötlichweiß; weich	Bauholz, Möbel
Ulme (Rüster)	Eurasien, N-Amerika	gelbbraun; hart	Furniere, Möbel
Zirbelkiefer	Eurasien	gelb; weich	Furniere, Möbel
tropische Hölzer			
Abachi	W-Afrika	graugelb; weich	Furniere, Sauna
Afrormosiaholz	W-Afrika	gelblich-olivfarben; hart	Furniere, Parkett
Balsaholz	Z- und S-Amerika	weiß; sehr leicht	Modellbau, Wärmeisolierung
Courbarilholz	Z- und S-Amerika	hell- bis dunkelrotbraun; hart	Furniere, Parkett, Schiffbau
Eukalyptus	Australien	hellrot, braunrot, dunkelbraun; hart	Konstruktions- und Bauholz
Ebenholz	Tropen und Subtropen	schwarzbraun; hart	Drechslerei, Teile von Musikinstrumenten
Grenadillholz	Afrika	dunkelbraun oder schwarzviolett; hart	Drechslerei, Holzblasinstrumente
Limba	W-Afrika	gelblich- bis grünlichbraun; hart	Furniere, Innenausbau, Sperrholz
Mahagoni	Z- und S-Amerika	rotbraun; hart	Furniere, Möbel, Bootsbau
Makoré	W-Afrika	rotbraun; hart	Furniere, Parkett
Palisander	Asien, Amerika	schwarz- bis violettbraun; hart	Furniere, Drechslerei
Pernambukholz	Brasilien	braungelb, dunkelrot nachdunkelnd; hart	Drechslerei, Teile von Musikinstrumenten
Pitchpine	Amerika	gelb; hart	Parkett, Konstruktionsholz
Quebracho	Z- und S-Amerika	rotbraun bis blutrot; sehr hart	Konstruktionsholz
Rosenholz	Brasilien	gelblichrot, rosa Aderung; hart	Furniere, Intarsien
Sandelholz	Asien	grünlichgelb bis goldbraun; duftend; hart	Drechslerei, Parfümindustrie
Sapelli	W-Afrika	braunrot, goldglänzend; hart	Furniere, Parkett
Teakholz	Tropen	gelb- bis goldbraun; hart	Furniere, Parkett, Schiffbau

Hölzer (Übersicht)

rung bestimmter Stoffe (Oxidationsprodukte von Gerbstoffen) geschützt wird, ist wirtsch. wertvoller. Einheim. Kernholzbäume sind z. B. Kiefer, Eiche, Eibe. Importhölzer von Kernholzbäumen sind Eben-H., Mahagoni, Palisander. Ist nur ein kleiner Kern ohne Verfärbung ausgebildet, spricht man von **Reifholzbäumen** (z. B. Fichte, Tanne, Linde). **Splintholzbäume** (z. B. Birke, Erle, Ahorn) haben

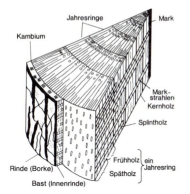

Holz. Stammquerschnitt

keinen Kern ausgebildet, das Stamminnere besteht ebenfalls aus Splint-H. An den letzten Jahresring schließt sich nach außen der Bast an. Den Abschluß des Stamms nach außen bildet die Borke aus toten Korkzellen und abgestorbenem Bast.
Unter dem Mikroskop zeigen sich folgende Zelltypen: 1. **Gefäße,** in zwei Ausbildungsformen vorhanden: als großlumige Tracheen und als englumige Tracheiden. Erstere durchziehen meist als Rohr die ganze Länge der Pflanze. Die Tracheiden dagegen bestehen nur aus einer Zelle. Beide leiten das Bodenwasser mit den darin gelösten Nährsalzen zu den Blättern. 2. **Holzfasern,** sehr kleine, an beiden Enden zugespitzte Zellen mit starker Wandverdickung und engem Innendurchmesser (Lumen). Sie sind das Stützgewebe des H.körpers. Auf ihnen beruht die Trag-, Bruchund Biegefestigkeit der Hölzer. 3. **Holzparenchym,** die lebenden Bestandteile des H.körpers. Sie übernehmen die Speicherung der organ. Substanzen. 4. **Markstrahlparenchym,** besteht aus lebenden parenchymat. Zellen, die in den Blättern gebildeten und in den Bast gebrachten Assimilate zu den H.parenchymzellen transportieren.
Eigenschaften des Holzes: Die Dichte beträgt lufttrocken (10–20 % Wassergehalt) zw. 0,1 und 1,2 g/cm^3. Frisch geschlagenes H. hat etwa 40–60 % Wassergehalt. Die Zug-, Druck- und Biegefestigkeit von H. ist parallel zur Stammachse etwa 5- bis 10mal größer als quer dazu. Die wichtigsten einheim. Hölzer haben lufttrocken eine Druckfestigkeit von etwa 35–83 N/mm^2, eine Zugfestigkeit von 77–135 N/mm^2 und eine Biegefestigkeit von 65–160 N/mm^2. Die Wärmeausdehnung des H. ist gering. Trockenes H. hat durch die mit Luft gefüllten Zellhohlräume eine sehr gute Wärmedämmung. H. ist beständig gegen wäßrige Alkalien und Säuren. Der Heizwert liegt etwa bei 15–20 MJ/kg. H. ist ein guter Werkstoff für Musikinstrumente, da es bei größerer innerer Dämpfung eine große akust. Strahlungsdämpfung hat. Der ohmsche Widerstand von H. ist abhängig von der Feuchtigkeit; absolut trockenes H. ist ein besserer Isolator als Porzellan.
Geschichte: In größerem Umfang wurde H. erst seit der Jungsteinzeit verwendet. Es diente zum Bau des Hauses, zur Herstellung von Hausrat aller Art, von Waffen, Werkzeugen u. a. sowie für sakrale Gegenstände und für rituelle Zwecke. Zur althergebrachten Bearbeitungstechnik kam seit der Hallstattzeit das Drechseln, später auch das Sägen. Ein bes. hoher Stand der H.bearbeitung ist für die Germanen in N-Europa (Schiffsgräber) und für die Slawen bezeugt. Durch die Dendrochronologie und die Radiokarbonmethode ist H. eines der wichtigsten Datierungsmittel der Vorgeschichtsforschung geworden.

Hölz, Max ↑Hoelz, Max.
Holzamer, Karl, * Frankfurt am Main 13. Okt. 1906, dt. Philosoph und Pädagoge. – 1946–62 Prof. für Philosophie, Psychologie und Pädagogik in Mainz; 1962–77 Intendant des Zweiten Dt. Fernsehens (ZDF); zahlr. Publikationen.
Holzapfel, Rudolf Maria, * Krakau 26. April 1874, † Elfenau bei Bern 8. Febr. 1930, östr. Philosoph, Psychologe und Dichter. – Versuchte durch wiss. „Seelenforschung" die psycholog. und wertphilosoph. Begründung eines alle Lebensbereiche umfassenden neuen Kulturideals, des „Panideals"; erstrebte dabei eine einheitl. Sozialkultur. – *Werke:* Panideal. Psychologie der sozialen Gefühle (1901; Neufassung 1923), Welterlebnis (1928).
Holzapfel, volkstüml. Bez. für die gerbstoffreiche Frucht verschiedener wilder Arten des Apfelbaums.
Holzapfelbaum (Wilder Apfelbaum, Malus sylvestris), bis 7 m hoher Baum oder Strauch aus der Fam. der Rosengewächse in Eurasien; Zweige meist dornig, Blüten rötlichweiß; Früchte kugelig, 2–4 cm breit, herbsauer.
Holzbau, seit alters beim Hausbau verwendete Bauweise. Typ. Formen des H. sind *Blockbau* oder *Vollschichtung* (Wände aus waagerecht geschichteten Stämmen), *Stab-* bzw. *Palisadenbau* oder *Vollreihung* (Wände aus senkrechten Stämmen), *Fachwerk-* oder *Rahmenbau* (hölzernes Fachwerk als tragendes Gerüst).
Holzbauer, Ignaz, * Wien 17. Sept. 1711, † Mannheim 7. April 1783, östr. Komponist. – Ab 1753 Hofkapellmeister in Mannheim; einer der Hauptvertreter der ↑Mannheimer Schule. Schrieb italien. und dt. Opern (u. a. „Günther von Schwarzburg", 1776), Oratorien, Kirchenmusik, Sinfonien, Solokonzerte, Kammermusik.
Holzbeton, Leichtbeton aus Zement und Säge- oder Hobelspänen bzw. Holzwolle. Aus H. gefertigte Platten sind nagel- und sägbar und werden als Wand- und Deckenelemente verwendet.
Holzbienen (Xylocopa), Gatt. einzeln lebender, mit zahlr. Arten hauptsächlich in den Tropen verbreiteter, hummelartiger Bienen. In Deutschland die 18–28 mm große **Blaue Holzbiene** (Xylocopa violacea), deren ♀♀ in altem Holz einen langen Gang nagen.
Holzbildhauerei (Bildschnitzerei), Herstellung plast. Bildwerke, Reliefs, Verzierungen (↑Holzschnitzerei) durch Bearbeitung des trockenen, in eine Schnitzbank eingespannten Holzblockes mit Meißel, Klöppel, Flach- und

Rudolf Maria Holzapfel

Holzbienen. Blaue Holzbiene

Holzbildhauerei. Ignaz Günther, Kopf Jesu der Pietà, 1774 (Nenningen, Friedhofskapelle)

Hohleisen. Die geschnitzte Figur erhielt im allg. durch den Faßmaler eine auf einen mit Kreide oder Gips grundierten Textilgrund aufgetragene Bemalung und Vergoldung („Fassung"). In Europa brachten MA und Barock eine bed. H. hervor: Madonnen (sog. „Goldene Madonna", Essen, Münster, um 980), Kruzifixe („Gerokreuz", Köln, Dom, um 975), Kultgerät, Chorgestühle (J. Syrlin d. Ä. [Werkstatt], Ulmer Münster, 1469–74) sowie ↑Andachtsbilder. Ein Höhepunkt der H. sind die spätgot. ↑Schnitzaltäre. In

Holzbirne

Holzbildhauerei. Statue des Vorlesepriesters Kaapar, gefunden in einer Mastaba in Sakkara, Höhe 112 cm, um 2400 v. Chr. (Kairo, Ägyptisches Museum)

die 2. Hälfte des 15. Jh. fällt der Verzicht auf die durchgehend mehrfarbige Fassung der H. (T. Riemenschneider, Münnerstädter Altar, 1490–92). Mit Beginn der Renaissance zieht sich die H. größtenteils auf die Kleinplastik zurück (bes. Holzschnitzerei an Truhen, auch Chorgestühlen), während die Barockzeit in G. Petel und B. Permoser und das Rokoko in I. Günther und J. A. Feuchtmayer große Meister der H. besitzen, die auch wieder Großplastik schaffen. Abgesehen von der Volkskunst erlebt die H. erst im 20. Jh. wieder eine große Blüte (E. Barlach, H. Arp, C. Brancusi, Picasso, H. Moore, L. Nevelson). Bed. H. finden sich auch im Altertum (Ägypten) sowie in den außereurop. Kulturen (Afrika, Ostasien).

Holzbirne, svw. ↑ Wilder Birnbaum.

Holzblasinstrumente, im Ggs. zu den Blechblasinstrumenten die primär aus Holz gefertigten Flöten- und Rohrblattinstrumente.

Holzbock (Waldzecke, Ixodes ricinus), weltweit verbreitete, v. a. an Säugetieren und Vögeln, auch beim Menschen blutsaugende Schildzeckenart; läßt sich auf Grund von Erschütterungs- und Geruchsreizen von Sträuchern und Gräsern auf die Wirtstiere fallen; Körper schwarzbraun, abgeflacht, 1–4 mm groß, ♀ (mit Blut vollgesogen; ♂ saugt kein Blut) über 10 mm lang; gefährl. Überträger von Krankheiten (↑ Zeckenenzephalitis).

Holzbohrer (Cossidae), mit rd. 700 Arten weltweit verbreitete Fam. bis 25 cm spannender Nachtschmetterlinge; Rüssel rückgebildet, Körper robust; Raupen entwickeln sich mehrjährig v. a. im Innern von Baumstämmen; in Deutschland fünf Arten, u. a. der bis 9 cm spannende **Weidenbohrer** (Cossus cossus); Vorderflügel braun und weißgrau, mit zahlr. schwarzen Querstrichen.

Holzdestillation (Holzverkohlung), Zersetzung von Holz durch trockenes Erhitzen unter Luftabschluß; früher im Meiler (Endprodukt nur ↑ Holzkohle), heute großtechnisch in eisernen Retorten und Rohröfen betrieben. Dabei anfallende Produkte sind: 30 % Holzkohle, 15–19 % **Holzgas** (Gemisch aus Kohlendioxid, Kohlenmonoxid, Methan, Wasserstoff und Äthylen; während des 2. Weltkrieges in Deutschland als Motorentreibgas benutzt) und 46–54 % einer wäßrigen, sauren Flüssigkeit (**Holzessig** oder Rohholzessig). Aus dem Holzessig werden durch Erhitzen zunächst etwa 2 % **Holzgeist** gewonnen (Gemisch aus Methanol, Aceton, Methylacetat u. a., zum Vergällen von Äthanol und als Lösungsmittel verwendet). Durch azeotrope Destillation oder durch Extraktion erhält man danach etwa 7 % Essigsäure. Bei der weiteren Aufarbeitung fallen daneben rund 13 % **Holzteer** an (dunkelbraune bis schwarze, dickflüssige, ölige Substanz; enthält Phenole, Kresole, Phenoläther, Guajakol, Fettsäuren und hochsiedende Kohlenwasserstoffe; dient als Holzschutzmittel).

Holzeinschlag (Einschlag, Holzfällerei), in der Forstwirtschaft Bez. für alle mit der Holzfällung verbundenen Vorgänge (z. B. Fällung, Aufbereitung, Transport) sowie für die jährlich gefällte Holzmasse.

hölzerne Hochzeit ↑ Hochzeit.

hölzernes Gelächter, bis ins 19. Jh. benutzte Bez. für ↑ Xylophon.

Holzfaserdämmplatten (Holzfaserisolierplatten), unverpreßte und daher eine hohe Porosität besitzende Holzfaserplatten, die zur Schalldämmung verwendet werden.

Holzfaserplatten (Faserplatten), aus geringwertigem Faserholz, Holzabfällen oder anderen Faserstoffen hergestellte Platten, die v. a. zur Wärme- und Schallisolierung verwendet werden; mit einem zusätzl. Oberflächenschutz versehene H. finden u. a. bei der Möbelherstellung sowie im Fertighausbau Verwendung. **Holzfaserhartplatten** (**Hartfaserplatten**) sind bei Drücken bis zu 600 N/cm² (= 0,06 Pa) stark verdichtete H.

Holzfliegen (Erinnidae), mit rd. 150 Arten v. a. in Wäldern verbreitete Fam. mittelgroßer, schlanker, meist schwarz und rostrot gefärbter Fliegen.

holzfreies Papier, aus reinem Zellstoff hergestelltes Papier, im Ggs. zu **holzhaltigem Papier,** das außerdem ↑ Holzschliff enthält.

Holzbildhauerei. Ernst Ludwig Kirchner, Männliche Aktfigur – Adam, 1923 (Stuttgart, Staatsgalerie)

Holzfresser, svw. ↑ Xylophagen.
Holzgas ↑ Holzdestillation.
Holzgewächse (Gehölze, Holzpflanzen), ausdauernde Pflanzen, deren Stamm und Äste durch sekundäres Dickenwachstum mehr oder weniger stark verholzen (z. B. die meisten Bäume und Sträucher).

holzhaltiges Papier ↑ holzfreies Papier.

Holzhay, Johann Nepomuk, * Rappen (heute zu Unteregg, Kr. Unterallgäu) 26. Febr. 1741, † Ottobeuren 17. Sept. 1809, dt. Orgelbauer. – Schüler von K. J. Riepp, letzter bed. Vertreter der oberschwäb. Orgelbaus im 18. Jh.; Orgeln u. a. im Obermarchtal (1784), Rot an der Rot (1785–93).

Holzindustrie, zusammenfassende Bez. für alle Industriezweige, deren Grundstoff Holz ist, z. B. Sägewerke und Holzbearbeitungsbetriebe, die holzverarbeitende Ind., teilweise auch die Hersteller von Holzschliff, Zellstoff sowie die Papier und Pappe erzeugende Industrie. Gelegentlich wird die Bez. H. auf die holzverarbeitende Ind., z. T. unter Ausschluß der Spiel- und Sportartikel- sowie Musikinstrumentenhersteller, eingeschränkt.

Holzinger, Franz Joseph, * Schörfling am Attersee um 1691, † Markt Sankt Florian 14. Aug. 1775, östr. Bildhauer und Stukkator. – Spätbarocke Dekorationen u. a. für Stift Sankt Florian (1724–27 Marmorsaal und Sala terrena).

Holzkitt, Kitt aus Leinöl und Harzseifen, denen Kreide, Kalk oder Ton beigemischt sind; wird zum Ausfüllen von Rissen im Holz verwendet; ähnl. Zwecken dient der aus Holzmehl und meist Zelluloseestern zusammengesetzte, pastenartige **Holzzement** (plastisches, flüssiges Holz).

Holzknecht, Guido, * Wien 3. Dez. 1872, † ebd. 30. Okt. 1931, östr. Röntgenologe. – Prof. in Wien; integrierte die Röntgenologie in die klin. Medizin; entwickelte 1902 den ersten Strahlendosismesser (Chromoradiometer) und gab eine – erst 20 Jahre später durch das ↑ Röntgen (R) ersetzte – Röntgenstrahleneinheit an (1 H ≈ 50 R). Nach ihm benannt ist auch der **Holzknecht-Raum** (zw. Herzhinterwand und Wirbelsäule), der v. a. bei Erweiterung des linken Vorhofs des Herzens verkleinert ist.

Holzkohle, schwarze, poröse, sehr leichte Kohle, die durch Holzdestillation gewonnen wird; Kohlenstoffgehalt 80–90 %, Heizwert 29–33 MJ/kg. H. wird als Brennstoff,

Holzschnitt. Albrecht Dürer, Die Dreifaltigkeit, 1511 (Berlin, Staatliche Museen)

z. B. zum Grillen, als Reduktionsmittel in der Metallurgie, als Aktivkohle, Zeichenkohle sowie bei der Herstellung von Schwarzpulver, Schwefelkohlenstoff u. a. verwendet.

Holzschnitt. Edvard Munch, Mondschein, 1896

Holzmaden, Gemeinde vor dem NW-Trauf der mittleren Schwäb. Alb, Bad.-Württ., 1650 E. Museum Hauff (Versteinerungen); Natur- und Grabungsschutzgebiet im Posidonienschiefer (Lias).

Holzmeister, Clemens, *Fulpmes (Tirol) 27. März 1886, †Hallein 12. Juni 1983, östr. Architekt. – Bauten in gemäßigtem Modernismus, u. a. Krematorium (1924) und das „Funkhaus" (1934–36) in Wien, Parlament in Ankara (1939 ff.), Festspielhaus in Salzburg (1960, Umbau), Kirchen.

Holzminden, Krst. an der Weser, Nds., 83 m ü. d. M., 21 100 E. Fachbereiche Architektur und Bauingenieurwesen der FHS Hildesheim/H. Elektrotechn., Glas-, chem., Geschmacksstoff- und Duftstoffind., Maschinenbau. – Um 1200 planmäßig gegr. (Stadtrechtsbestätigung 1245).
H., Landkr. in Niedersachsen.

Holzöl (Tungöl), ein rasch trocknendes, gelbes bis braunes Öl, das aus dem Samen des in China, Japan und Amerika angebauten Tungbaumes (Aleurites fordii, ein Wolfsmilchgewächs) gewonnen wird. H. enthält einen hohen Anteil ungesättigter Fettsäuren, daher erstarrt es an der Luft unter Sauerstoffzutritt (zählt also zu den trocknenden Ölen). H. wird u. a. zur Herstellung von Außen- und Bodenlacken verwendet.

Holzpappe, aus Holzschliff hergestellte Pappe.
Holzpflanzen, svw. ↑Holzgewächse.
Holzschädlinge, Tiere (u. a. Holzwespen und Termiten) sowie Pflanzen (bes. Pilze), die durch Fraßgänge oder Fäulnisbildung die Nutzung von Holz beeinträchtigen.
Holzschliff (Holzstoff), durch Abschleifen von Fichten-, Tannen-, Kiefern- und Pappelschwachhölzern mit großen Schleifsteinen erzeugte feine Holzmasse, die als wichtigster Grundstoff für die Papier- und Pappeherstellung dient; **Weißschliff** entsteht bei der Aufarbeitung ungedämpfter Hölzer; er wird bei Bedarf noch chemisch mit Natriumsulfit und Hydrosulfiten gebleicht; **Braunschliff** entsteht, wenn das Holz vor dem Schleifprozeß gedämpft wird; die aus derartig vorbehandeltem Holz erzeugten Fasern sind länger und geschmeidiger.
Holzschnitt, graph. Technik, bei der eine Zeichnung erhaben aus einer Holzplatte herausgeschnitten und nach Einfärben gedruckt wird (Hochdruckverfahren). – Im Abendland wurden seit dem 4. Jh. holzgeschnittene Stempel (Model) zum Bedrucken von Stoff und Tapeten verwendet (Zeugdruck). Jedoch erst gegen Ende des 14. Jh. setzte mit der Verbreitung des Papiers die Entwicklung des H. als Bilddruck ein. Die frühesten Zeugnisse sind in einfachen Umrissen gedruckte Heiligenbilder (Einblattdrucke). Wenig später wurden den Bildern auch Texte, mit diesen gemeinsam aus einer Holzplatte geschnitten, hinzugefügt und zu Büchern verbunden (Blockbücher). Mit Erfindung der Buchdruckerkunst erhielt der H. als Illustrationsmittel Bedeutung („Schedelsche Weltchronik", 1493, mit H. von H. Pleydenwurff und M. Wolgemut). Durch Dürer, der neue Ausdrucksmöglichkeiten in der Linienspache des H. entwickelte, gelangte diese Kunstgattung zu so hohem Ansehen, daß Kaiser Maximilian I. Aufgaben wie „Ehrenpforte" und „Triumphzug" als H.werke in Auftrag gab. Hervorragende H. schufen neben Dürer u. a. L. Cranach, H. Burgkmair, H. Holbein d. J., H. Baldung, in der Schweiz N. Manuel, U. Graf, in den Niederlanden Lucas van Leyden. Häufig war der Helldunkelschnitt **(Clair-obscur-Schnitt),** bei dem vor dem Druck mit der Strichplatte mit „Tonplatten" gedruckt wurde. A. Altdorfer wandte bereits den eigtl. **Farbholzschnitt** an. Bei dieser Technik wird auf jeder der Druckplatten nur ein Teil des Schnitts ausgeführt, der dann in der jeweiligen Farbe erscheint. – Seit Mitte des 16. Jh. verdrängten Kupferstich und Radierung den H. Neue Möglichkeiten ergaben sich erst mit dem durch den engl. Stecher T. Bewick kurz vor 1800 erfundenen **Holzstich** (Tonstich, Xylographie i. e. S.), bei dem mit dem Stichel das (senkrecht zur Faser geschnittene) Hirnholz des Buchsbaums bearbeitet wird. Diese Technik, die feinste Schattierungen erlaubt, wurde in Deutschland v. a. von A. von Menzel meisterhaft ausgeführt, auch von A. Rethel und L. Richter. Frankreich hat den Holzstich am frühesten aufgenommen (H. Daumier, G. Doré). In England brachte die Buchkunst W. Morris eine Neubelebung der alten H.technik, die unter dem Einfluß des jap. H. einen Höhepunkt in den Jugendstilholzschnitten A. Beardsleys fand. E. Valloton, E. Bernard und P. Gauguin entwickelten einen umrißbetonten großflächigen Stil. Diese Ansätze führten E. Munch und die Künstler des dt. Expressionismus (E. L. Kirchner, Otto Müller, E. Nolde, E. Barlach) weiter. Dieser **Flächenholzschnitt** setzt schwarze und weiße Flächen gegeneinander, Linien (schwarz oder in schwarzdruckenden Flächen weiß ausgespart) werden sparsam gesetzt; er wurde übernommen durch Künstler wie F. Masereel und HAP Grieshaber.
In *China* wurden seit dem 7./8. Jh. H.illustrationen für Buchrollen von Holzplatten gedruckt. – Die Blütezeit des *jap. H.* begann im 17. Jh. als Gattung des ↑Ukiyo-e. Im 18. Jh. gelang auch der Zwei- und Dreifarbendruck (1742) und der Vielfarbendruck (1765). Stilprägend wurden Moronobus Linienzeichnung und Thematik aus dem Leben in Edo. Das expressive Schauspielerporträt Sharakus und das psychologisierende Frauenporträt Utamaros sind Sonderformen der weiteren Entwicklung des Ukiyo-e, während bei Hokusai die Landschaft in den Vordergrund trat. Bes. Hokusais H.kunst beeinflußte die europ. Entwicklung seit dem Jugendstil.

Holzbock. Weibchen, normale Größe (links) und vollgesogen (rechts)

Guido Holzknecht

Holzschnitt. Hokusai Katsushika, Die Woge, aus der Folge „36 Ansichten des Berges Fuji", 1823–33

Holzschnitzerei, i. e. S. dekorative Schnitzerei an Möbeln (z. B. Chorgestühl, Truhen, Schränke) u. a. Gegenständen; i. w. S. svw. ↑Holzbildhauerei.
Holzschutz (Holzkonservierung), Maßnahmen zur Erhöhung der Lebensdauer der Hölzer mit Hilfe von Schutz-

Holzspanplatten

Homberg (Efze). Marktplatz mit der auf einer hohen Terrasse stehenden Stadtkirche, 1340 begonnen

Homburg
Stadtwappen

Homburg

Holzwespen.
Riesenholzwespe

mitteln und -verfahren gegenüber Witterungseinflüssen, Holzschädlingen und Feuer. H.mittel müssen über eine große Tiefenwirkung im Holz, über Langzeitwirkung, über Verträglichkeit mit anderen Werkstoffen verfügen und dürfen durch Wasser nicht auslaugbar und für Mensch und Haustiere nicht schädlich sein. Nach ihrer speziellen Wirksamkeit unterscheidet man: Bekämpfungs- und Schutzmittel gegen Fäulnis- und Insektenschäden an bearbeitetem Holz (v. a. Fungizide und Insektizide), Bekämpfungs- und Schutzmittel in verbautem Holz und Flammenschutzmittel zur Herabsetzung der Entflammbarkeit.

Holzspanplatten, aus Holzspänen und Bindemittel (meist Kunstharz) unter Wärme und Druck gepreßte Platten. Holzart, Form und Anordnung der Späne (senkrecht zur Plattenebene oder ein- bzw. mehrschichtig flach zu ihr liegend angeordnet), Bindemittelart sowie Preßdruck bestimmen Art und Eigenschaften der H. – ↑Holzfaserplatten.

Holzstich (Xylographie) ↑Holzschnitt.

Holztafeldruck (Tafeldruck), Druckverfahren mit Holztafeln, in die der Text ganzer Seiten sowie Bilder geschnitten sind (Einblattdrucke, Blockbücher und Spielkarten).

Holzteer ↑Holzdestillation.

Holzteil, svw. Xylem (↑Leitbündel).

Holzverkohlung, svw. ↑Holzdestillation.

Holzverzuckerung, die den sog. *Holzzucker* ergebende chem. Aufbereitung von Holzabfällen durch Hydrolyse ihrer Zellulose mit Mineralsäuren; dabei werden die Zellulosemoleküle hauptsächlich zu Glucosemolekülen abgebaut. Der Holzzucker wurde während der beiden Weltkriege z. T. zu Alkohol oder Futterhefe verarbeitet.

Holzwarth, Hans, *Dornhan 20. Aug. 1877, †Oberhausen 21. Aug. 1953, dt. Ingenieur. – Entwickelte seit 1905 eine Verpuffungsgasturbine *(H.-Turbine),* die erste arbeitsfähige Gasturbine.

Holzwespen (Siricidae), weltweit verbreitete Fam. der ↑Pflanzenwespen mit über 100, teils bis 4 cm langen Arten; mit langen Fühlern und (im ♀ Geschlecht) langem Legeapparat, mit dem die Tiere ihre Eier (v. a. in Nadelholz) legen. In M-Europa kommt u. a. die **Riesenholzwespe** (Urocerus gigas) vor, 1,5–4 cm lang, mit gelbem Kopffleck.

Holzwolle, ineinander verknäulte, etwa 500 mm lange, gekräuselte Holzspäne (0,5–4 mm breit und 0,03–0,5 mm dick), verwendet als Verpackungs- und Isoliermaterial.

Holzwurm, volkstüml. Bez. für im Holz lebende Insektenlarven.

Holzzement ↑Holzkitt.

▷ elast., fußwarmer Fußboden[belag], bestehend aus Holzspänen (als Füllstoff) und Zement.

Holzzucker ↑Holzverzuckerung.

▷ in der Chemie svw. ↑Xylose.

hom..., Hom... ↑homo..., Homo...

Homagium [mittellat.] ↑Lehnswesen.

Homann, Johann Baptist, *Oberkammlach bei Mindelheim 20. März 1663, †Nürnberg 1. Juli 1724, dt. Kartograph und Verleger. – Gründete 1702 einen Kartenverlag, die *Homannsche Offizin;* auf H. gehen über 200 Karten mit oft reicher künstler. Ausstattung, Stadtansichten, Porträts, Globen und Armillarsphären zurück.

Homatropin (DL-Mandelsäuretropylester), dem Atropin chemisch sehr ähnl. Substanz, jedoch von geringerer Giftigkeit und geringerer physiolog. Wirkung; wird in der Augenheilkunde zur kurzfristigen Pupillenerweiterung und Akkomodationsausschaltung verwendet.

Homberg (Efze), hess. Krst. im nördl. Knüllvorland, 180–526 m ü. d. M., 14 000 E. Verwaltungssitz des Schwalm-Eder-Kreises. Museum; Gießerei, Schuhfabrik, Steinwerk. – Das im Schutz der 1162 erstmals belegten Burg entstandene H. war 1526 der Tagungsort der **Homberger Synode,** die die Einführung der Reformation in Hessen beschloß. – Hochgot. Stadtkirche (1340 ff.), zahlr. Fachwerkhäuser (15.–19. Jh.), Burgruine.

Homberg (Niederrhein), ehem. Stadt in NRW, seit 1975 Stadtbez. von Duisburg.

Homberg (Ohm) (früher Homberg, Kr. Alsfeld), hess. Stadt am Rande des Amöneburger Beckens, 261 m ü. d. M., 7 400 E. Basaltwerke. – Der 1065 erstmals genannte, bei der Burg der Herren von Homberg entstandene Ort wird 1234 erstmals als Stadt erwähnt. – Spätroman. Pfarrkirche mit spätgot. Chor, Fachwerkhäuser (17.–19. Jh.), Rathaus (1539).

Homburg, Prinz von ↑Friedrich II., Landgraf von Hessen-Homburg.

Homburg, Krst. des Saar-Pfalz-Kreises, Saarland, 230 m ü. d. M., 41 400 E. Medizin. Fakultät der Univ. des Saarlandes; röm. Freilichtmuseum im Stadtteil *Schwarzenacker;* Reifenwerke, metallverarbeitende Ind. – Für 160 bis 400 n. Chr. ist eine galloröm. Siedlung nachgewiesen. Im Schutz der namengebenden *Hohenburg* (12. Jh.) entstand eine Siedlung, die 1330 Stadtrecht erhielt (1558 bestätigt). Während der Reunionskriege wurde H. von Frankreich besetzt und in den frz. Festungsgürtel eingegliedert (Festungsanlagen 1697 geschleift). 1778/85–93 Residenz der Herzöge von Pfalz-Zweibrücken. – Schloßberghöhlen; Ruinen des Residenzschlosses (1778–85).

Homburg, Herrenhut aus Filz mit leicht aufwärts gerundeter Krempe; zuerst von dem späteren engl. König Eduard VII. in Bad Homburg getragen.

Homburg v. d. H., Bad ↑Bad Homburg v. d. H.

Home [engl. hjuːm], seit 1605 Earlstitel der schott. Fam. H.; erbte 1857 den Besitz der Barone Douglas.

Homecomputer [engl. ˈhoumkəmˌpjuːtər] ↑Heimcomputer.

Homelands [ˈhoumlændz], svw. Bantu homelands (↑Bantuheimatländer).

Homer, nach der Überlieferung ältester ep. Dichter des Abendlandes. Nachdem H. lange als fiktive Persönlichkeit betrachtet wurde, glaubt man heute wieder an seine histor. Existenz. Als wahrscheinlichste Datierung gilt die 2. Hälfte des 8. Jh. v. Chr.; seine Heimat ist das ion. Kleinasien. Als typ. Legendenzug erscheint die Blindheit des Dichters. Unter seinem Namen werden die Epen „Ilias" und „Odyssee" tradiert. Die moderne Philologie nimmt jedoch im allg. an, daß beide Werke nicht vom gleichen Verfasser stammen; ihr zeitl. Abstand dürfte etwa eine Generation betragen. Die **„Ilias",** als deren Verfasser H. heute gilt, ist das älteste erhaltene Großepos der europ. Literatur (rd. 16 000 Verse); es behandelt die entscheidenden 51 Tage der 10jährigen Belagerung Trojas. Die Geschehnisse sind unter die leitende Idee des Achilleuszornes gestellt. Zahlr. Episoden unterbrechen den Gang der Handlung, wobei in wechselnder Folge griech. und trojan. Helden als Protagonisten (Aristien) hervortreten. Parallel zum menschl. Geschehen läuft eine Götterhandlung; die Götter suchen den Gang der Ereignisse nach ihrem Willen zu lenken. Ob hinter dem Epos ein konkretes myken. Unternehmen gegen Troja steht, ist umstritten. Als Versmaß verwandte H. den Hexameter, der bei ihm bereits seine klass. Gestalt gefunden hat. Seine Sprache ist eine Kunstsprache mit ionisch-äol. Elementen. Die ep. Technik charakterisieren stehende Beiwörter (Epitheta) und Verswiederholungen (Iteraten), Formelverse und typ. Szenen. In ihr vollendet sich eine ep. Tradition, die die Summe einer jahrhundertealten Entwicklung zieht.

Die „**Odyssee**" (rd. 12 000 Verse) berichtet von den 10jährigen Irrfahrten des Odysseus, die sich an die Eroberung Trojas anschließen, und dessen Heimkehr nach Ithaka. Odysseus verkörpert den Prototyp des ion. Seefahrers der beginnenden Kolonialzeit, der mit unersättl. Neugier in unbekannte Bereiche vorstößt. Einen eigenen Handlungszug bildet die „**Telemachie**": In Telemach, dem Sohn des Odysseus, ist ein junger Mensch gestaltet, der sich zum ersten selbständigen Handeln entschließt, indem er sich aufmacht, um nach dem Schicksal des Vaters zu forschen.

Die „**Homerische Frage**" ist ein philolog. Schlagwort zur Bez. der (wiss.) Bemühungen um die Klärung der Autorschaft des Homer. Dichtungen. Bis zum 4. Jh. v. Chr. wurden H. noch andere Dichtungen (z. B. die Homer. Hymnen) neben „Ilias" und „Odyssee" zugeschrieben; danach galt H. im wesentlichen als Verfasser der beiden letzteren, bis im Hellenismus eine Gruppe von Grammatikern, die „Chorizonten" (Trennenden), beide Gedichte verschiedenen Verfassern zusprach. Gestützt auf antike Nachrichten und frz. bzw. italien. Vorarbeiten, hielt F. A. Wolf (1795) „Ilias" und „Odyssee" für späte Zusammenfassungen (6. Jh.) mehrerer Einzelepen (↑Homeriden); andere nahmen Erweiterungen einer „Ur-Ilias" durch Hinzudichtung (G. Hermann) oder Kompilation verschiedener Kleinepen an (A. Kirchhoff), zerlegten sie in Einzellieder (K. Lachmann) oder dachten an zahlr. Überarbeiter (U. von Wilamowitz-Moellendorff). Charakterist. Züge der Improvisationsrhapsodik, typisch für die Volksepik, wies M. Parry nach. Die raffinierte Komposition der „Ilias" und „Odyssee" führt zu der Annahme, daß in ihnen der Schritt von der mündl. Gebrauchsepik in die eigtl. Literatur bereits vollzogen ist. H.-Übersetzungen entstanden in Deutschland im 18. Jh. (bes. von J. H. Voss: „Odyssee", 1781; „Ilias", 1793).

Homer, Winslow [engl. 'hoʊmə], * Boston (Mass.) 24. Febr. 1836, † Prout's Neck (Maine) 29. Sept. 1910, amerikan. Maler. — Nach Tätigkeit als Illustrator (Lithographien) wurde H. der führende Vertreter der amerikan. realist. Genremalerei; im Spätwerk auch Marinen ohne Staffage; zahlr. Aquarelle.

Homeriden [griech.], urspr. Bez. für die Angehörigen der Rhapsodengilde aus Chios, die ihr Geschlecht auf Homer zurückführte; i. w. S. Rhapsoden, die auf den Vortrag der homer. Gedichte spezialisiert waren.

Homerische Hymnen, Sammlung von 33 Gedichten in daktyl. Hexametern, die Homer zugeschrieben wurden. Sie sind zu verschiedenen Zeiten (7.–5. Jh.) in verschiedenen Gegenden entstanden; sprachlich wie stofflich gehören sie zur rhapsod. Tradition.

homerisches Gelächter, schallendes Gelächter (nach Homer, der vom „unauslöschl. Gelächter der seligen Götter" spricht).

Winslow Homer. Nach dem Tornado, 1899 (Chicago, Art Institute)

Home Rule [engl. 'hoʊmruːl „Selbstregierung"], polit. Schlagwort für das von der ir. Nationalpartei seit etwa 1870 angestrebte Ziel, die Selbständigkeit Irlands im Rahmen des brit. Empire auf parlamentar. Wege zu erreichen (im Ggs. zu den Feniern); 1922 für Irland mit Ausnahme Ulsters erreicht. — ↑Irland (Geschichte).

Homespun [engl. 'hoʊmspʌn „Heimgesponnenes"], grobfädiger, noppiger Wollstoff, bes. für Sportanzüge.

Hometrainer [engl. 'hoʊm,treɪnə], Heimübungsgerät für Trainings- oder auch heilgymnast. Zwecke, z. B. stationäres Fahrrad, bei dem die aufzuwendende Pedalkraft durch einen Widerstand gesteuert werden kann.

Homeyer, Josef, * Harsewinkel 1. Aug. 1929, dt. kath. Theologe. — 1972–83 Sekretär der Dt. Bischofskonferenz; seit 1983 Bischof von Hildesheim.

Homiletik [griech.], Lehre von der christl. Predigt und ihrer Geschichte, seit der Aufklärung Teil der prakt. Theologie.

Homiliar [griech.-mittellat.], Sammlung von Homilien (Predigten), geordnet nach der Perikopenordnung des Kirchenjahres.

Homilie [zu griech. homilía „Versammlung, Unterricht"] ↑ Predigt.

Hominidae (Hominiden) [lat.], Fam. der Herrentiere. – ↑Mensch.

Homininae [lat.], svw. Echtmenschen (↑Mensch).

Hominisation [lat.] (Menschwerdung), von H. von Vallois 1958 geprägte Bez. für den körperlich-geistigen Entwicklungsgang von dem äffischen Vorfahren des Menschen bis zum heutigen Menschen.

Hominoidea [lat./griech.], svw. ↑Menschenartige.

Hommer, Joseph, * Koblenz 4. April 1760, † Trier 11. Nov. 1836, dt. kath. Theologe. — Seit 1824 Bischof des neu umschriebenen Bistums Trier. Trat der „Berliner Konvention" von 1834 über die konfessionsverschiedene Ehe bei, von der er sich aber einen Tag vor seinem Tod wieder distanzierte. In der Folge kam es zu den Kölner Wirren.

Homo [lat.] ↑Mensch.

homo..., Homo..., hom..., Hom... [zu griech. homós „gemeinsam"], Bestimmungswort von Zusammensetzungen mit der Bed. „gleich, gleichartig, entsprechend".

homocyclische Verbindungen [griech./dt.], svw. isocycl. Verbindungen (↑cyclische Verbindungen).

Homocystein (2-Amino-4-mercaptobuttersäure), Abk. Hcy, eine schwefelhaltige aliphat. α-Aminosäure, die zum ↑Cystein homolog ist. Chem. Strukturformel:

$$\text{HS-CH}_2\text{-CH}_2\text{-}\underset{\underset{\text{NH}_2}{|}}{\text{CH}}\text{-COOH}$$

Homo erectus [lat. „aufgerichteter Mensch"], (ausgestorbene) Art der Gatt. Homo; lebte vor rd. 500 000 Jahren; fossile Funde v. a. auf Java *(H. e. erectus)* und auf dem asiat. Festland *(H. e. pekinensis).*

Homoerotik, Bez. für erot. Beziehungen zw. gleichgeschlechtl. Partnern (↑Homosexualität).

Homo faber [lat. „der Mensch als Verfertiger"], typolog. Charakterisierung des Menschen durch die philosoph. Anthropologie. Im Vergleich zum Tier prinzipiell unspezifischer geboren, d. h. organisch und instinktmäßig nicht zur Lebensbewältigung in einer bestimmten Umwelt ausgerüstet, muß der Mensch unter Zuhilfenahme von Werkzeugen und seiner technisch-prakt. Intelligenz die ihn umgebende Natur zu seinen „Lebensmitteln" machen.

Homogamie [griech.] ↑Heterogamie.

homogen, durch und durch gleichartig (im inneren Aufbau eines Stoffes), an allen Stellen dieselben [physikal.] Eigenschaften besitzend. – Ggs. ↑heterogen.

▷ in der *Wirtschaft* gleichartig bzw. nicht unterscheidbar (von Gütern gesagt). In der Preistheorie ist die Modellvorstellung eines vollkommenen Marktes u. a. durch die Annahme der Homogenität der angebotenen und nachgefragten Güter definiert.

Homogenisat [griech.], das durch ↑Homogenisieren gewonnene Mischprodukt.

Johann Baptist Homann (Ausschnitt aus einem Kupferstich)

Homer (römische Kopie eines Bildniskopfes, zwischen 460 und 450 v. Chr.; München, Glyptothek)

Homogenisieren [griech.], gleichmäßiges Verteilen ineinander unlösl. Stoffe durch Feinstzerkleinerung.
▷ Glühen des Metalls zur Erzielung eines homogenen Gefüges.

Homogenität [griech.], Gleichartigkeit, gleich[artige] Beschaffenheit.

Homographe (Homogramme) [griech.], Wörter oder Wortformen, die gleich geschrieben, aber verschieden ausgesprochen werden, z. B. *modern* „faulen": *modern* „neuzeitlich".

Homo heidelbergensis [nlat.] ↑ Mensch.

homo homini lupus [lat. „der Mensch (ist) dem Menschen ein Wolf"], der zuerst von T. Hobbes im „Leviathan" (engl. 1651) als Grundprämisse seiner Staatstheorie vorausgesetzte Naturzustand menschl. Verhaltens: das aus den natürl. Grundtriebkräften Selbsterhaltung und Lustgewinnung resultierende Streben nach uneingeschränkter Macht. Da zudem die Menschen von Natur aus gleich sind und das gleiche [Natur]recht zur Selbstentfaltung haben, ist die notwendige Folge der „Kampf aller gegen alle". Erst durch Aufgabe bzw. Einschränkung des Naturrechts im Gesellschaftsvertrag wird ein friedl., soziales Zusammenleben möglich.

homoio..., Homoio... ↑ homöo..., Homöo...

Homoioplastik, svw. ↑ Homöoplastik.

homoiusios (homöusios) [griech. „wesensähnlich"] ↑ homousios.

Homolka, Oskar, *Wien 12. Aug. 1898 (1901 ?), † Sussex 29. Jan. 1978, östr. Schauspieler. – Kam 1925 nach Berlin, ab 1926 am Dt. Theater und beim Film tätig. 1933 emigrierte er über London nach Hollywood (1937). In zahlr. Filmen verkörperte er wuchtige und hintergründige Charaktere, u. a. in „Krieg und Frieden" (1956).

homolog [griech.], in der *Biologie:* stammesgeschichtlich gleichwertig, entsprechend, übereinstimmend, von entwicklungsgeschichtlich gleicher Herkunft; h. Organe können einander sehr ähnlich sein oder durch Funktionswechsel im Verlauf der stammesgeschichtl. Entwicklung eine sehr unterschiedl. Ausformung erfahren, z. B. die einander h. Vorderextremitäten der Wirbeltiere, die als Flossen, Laufbeine, Flügel, Grabwerkzeuge oder Arme ausgebildet sein können.
▷ in der *Mathematik* svw. gleichliegend, entsprechend.
▷ in der *Chemie* svw. gesetzmäßig aufeinanderfolgend (z. B. ↑ homologe Reihe).

homologe Elemente, Bez. für die im Periodensystem der chem. Elemente untereinander stehenden und oft in ihren Eigenschaften sehr ähnl. Elemente, z. B. die Alkalimetalle, die Halogene und die Edelgase.

homologe Reihe, Stoffklassenreihe, deren Glieder sich jeweils um einen bestimmten Molekülanteil unterscheiden. In der organ. Chemie speziell eine Gruppe von Verbindungen, bei denen sich jedes Individuum vom vorhergehenden um eine CH$_2$-Gruppe unterscheidet, z. B. die h. R. der Alkane: CH$_4$ (Methan), C$_2$H$_6$ (Äthan), C$_3$H$_8$ (Propan) usw.

homologer Serumikterus ↑ Leberentzündung.

Homolyse [griech.], in der *Chemie* die Dissoziation der Moleküle einer chem. Verbindung in je zwei elektrisch ungeladene ↑ Radikale durch symmetr. Spaltung von Atombindungen.

Homo-mensura-Satz [lat./dt.], der Satz des Sophisten Protagoras, der besagt: „Der Mensch (lat. homo) ist das Maß (lat. mensura) aller Dinge, der seienden, wie (daß) sie sind, der nicht seienden, wie (daß) sie nicht sind". Durch ihn wird erstmals die Abhängigkeit allen Wissens vom Menschen formuliert und so die Fundierung aller Theorie in den menschl. Handlungsweisen, der Praxis, postuliert.

Homomorphismus [griech.] (homomorphe Abbildung), eine Abbildung f einer ↑ algebraischen Struktur A mit der Verknüpfung $\circ$ in eine algebraische Struktur B mit der Verknüpfung $*$, bei welcher gilt:

$$f(a \circ b) = f(a) * f(b).$$

Das Bild eines Verknüpfungsergebnisses ist also das Verknüpfungsergebnis der Bilder.

homonom [griech.], gleichwertig, gleichartig hinsichtlich der einzelnen Körperabschnitte, z. B. beim Regenwurm. – Ggs. heteronom.

Homo novus [lat., eigtl. „neuer Mensch"], im alten Rom Bez. für einen meist aus dem Ritterstand stammenden Mann, der als erster seines Geschlechts in den Senat aufgenommen wurde und durch Erlangung des Konsulats die Nobilität seiner Familie begründete; heute allg. für Emporkömmling.

Homonyme [griech.], in der Sprachwiss. in diachron. (histor.) Sicht Wörter, die in der Lautung übereinstimmen, also **Homonymie** aufweisen, aber verschiedenen Ursprungs sind, z. B. *kosten* „schmecken" (aus althochdt. *kostōn*) und *kosten* „wert sein" (aus altfrz. *coster*) bzw. in synchron. (auf einen bestimmten Sprachzustand bezogener) Sicht Wörter mit gleichem Wortkörper, die aber auf Grund ihrer stark voneinander abweichenden Bedeutungen vom Sprachgefühl als verschiedene Wörter aufgefaßt werden, z. B. *Flügel* „Körperteil des Vogels" und *Flügel* „Klavierart". H. können durch verschiedene Lautentwicklung entstehen, durch Entlehnung eines Wortes aus einer anderen Sprache, z. B. *Ball* „Spielball" (aus althochdt. *bal*) und *Ball* „Tanzfest" (aus frz. *bal*) und durch semant. Prozesse (Bedeutungsdifferenzierungen), z. B. *Feder* „Vogelfeder" und *Feder* „elast. Metallstück".

homöo..., Homöo..., homoio..., Homoio... [zu griech. *homoîos* „ähnlich"], Bestimmungswort in Zusammensetzungen mit der Bed. „ähnlich", z. B. Homöopathie.

Homo oeconomicus [öko...; lat./griech.], die v. a. in der klass. Nationalökonomie häufig verwendete Fiktion eines ausschließlich ökonomisch rational ausgerichteten Menschen. An diesem abstrakten Gebilde sollen idealtypisch bestimmte menschl. Züge, insbes. das am Eigeninteresse und Gewinnstreben orientierte Verhalten, dargestellt werden.

Homöomerien [griech., eigtl. „gleichartige Teile"], nach dem Zeugnis des Aristoteles die von Anaxagoras qualitativ fest bestimmten Urstoffe oder Elemente, die die gegebenen Dinge bilden (z. B. Goldstoffe das Gold).

Homöomorphie, svw. ↑ Isomorphie.

Homöomorphismus [griech.] (topologische Abbildung), umkehrbar eindeutige stetige Abbildung eines topolog. Raumes auf einen anderen, so daß auch die Umkehrabbildung stetig ist. Die beiden topolog. Räume, die durch einen H. auseinander hervorgehen, heißen **homöomorph**.

Homöonyme (Homoionyme) [griech.], 1. ähnlich lautende Wörter oder ähnlich lautende Namen, z. B. *Schmied – Schmidt;* 2. partielle ↑ Synonyme, d. h. Wörter, die nicht in allen Kontexten austauschbar sind, z. B. *Bahn* und *Zug*.

Homöopathie [griech.], von dem dt. Arzt S. Hahnemann 1796 begründetes (seit 1807 H. genanntes) Heilverfahren. Grundlegend war die Annahme, Krankheit sei ein ganzheitl. Körperphänomen, eine „Affektion der Lebenskraft" durch krankmachende Reize. Zur Behandlung von Erkrankungen dürfen nur solche Medikamente in bestimmten (niedrigen) Dosen verabreicht werden, die in höheren Dosen beim Gesunden ein ähnl. Krankheitsbild hervorrufen (*Simileprinzip:* „Similia similibus curantur" [„Ähnliches wird durch Ähnliches geheilt"]), woraufhin die „Lebenskraft" mit neuer Steigerung der Abwehrkräfte reagiert. Die Verabreichung der Arzneimittel erfolgt in sehr starken Verdünnungen (Potenzen), die mit D (Dezimalpotenz) bezeichnet werden: D_1 = Verdünnung 1:10, D_2 = 1:100 usw. Zugleich werden dadurch Nebenwirkungen auf ein Minimum reduziert.

Homöoplastik (allogene Transplantation, Homoioplastik, Homoplastik), plastisch-operative Verpflanzung von Gewebe von einem Individuum auf ein anderes (genetisch verschiedenes) der gleichen Art.

homöopolar, gleichartig elektrisch geladen. – Ggs. heteropolar.

homöopolare Bindung, svw. Atombindung (↑ chemische Bindung).

Homöoprophoron [griech.], antike Bez. für ↑ Alliteration.

Homöostase (Homöostasis, Homöostasie) [griech.], in der *Physiologie* die Erhaltung des normalen Gleichgewichtes der Körperfunktionen gegenüber Störeinflüssen durch physiolog. (humorale, hormonale, neuronale) Regelungsprozesse; umfaßt u. a. die Konstanthaltung des Blutdrucks, der Blutzusammensetzung und der Körpertemperatur.

homöotherm (homoiotherm) [griech.], gleichbleibende Körperwärme aufweisend; gesagt von Tieren und vom Menschen (↑Warmblüter). – Ggs. ↑poikilotherm.

Homophilie [griech.], svw. ↑Homosexualität.

Homophone [griech.], Wörter oder Wortformen, die gleich lauten, aber verschieden geschrieben werden, z. B. *Moor: Mohr.*

Homophonie [zu griech. homophonía „Gleichklang"], in der Musik eine Satzweise, in der alle Stimmen rhythmisch weitgehend gleich verlaufen bzw. die Melodiestimme gleichrhythmisch mit Akkorden begleiten. – Ggs. ↑Polyphonie.

Homoplastik, svw. ↑Homöoplastik.

Homo sapiens [lat. „weiser Mensch"], (einzige) rezente Art der Gatt. Homo; typ. Vertreter mit den morpholog. Merkmalen des Jetztmenschen (Homo sapiens sapiens) erst seit rd. 40 000 Jahren; allg. Bez. für ↑Mensch.

Homoseiste [griech.], auf kartograph. Darstellungen eine Linie, die Orte gleichzeitiger Erdbebenwirkung verbindet.

Homosexualität (Homophilie, Sexualinversion), sexuelle Beziehungen mit gleichgeschlechtlichen Partnern; H. bei Frauen wird auch *lesb. Liebe, Sapphismus, Tribadismus* oder *Tribadie* gen., bei Männern auch *Uranismus* (Sonderform *Päderastie*). Von den Homosexuellen werden als sexuelle Praktiken am häufigsten gegenseitige Masturbation, Fellatio bzw. Cunnilingus angewandt, von männl. Homosexuellen zudem analgenitaler Verkehr. Nicht selten bestehen homo- und heterosexuelle Neigungen (mit Überwiegen der einen oder anderen) nebeneinander (↑Bisexualität). Nach der Theorie der Psychoanalyse wird die Disposition zur H. während der frühesten Phasen der Mutter-Kind-Beziehung und durch eine bes. Ausprägung dieser Beziehung gelegt. – Die moderne Sexologie befürwortet eine neutrale Bewertung der H., die bes. den Verzicht auf sexuelle Umorientierung zu heterosexuellem Verhalten einschließt.
Nachdem H. unter Männern lange Zeit sozial geächtet war und die strafrechtl. Verfolgung der männl. Homosexuellen gesellschaftlich isoliert hatte, haben die Reform des § 175 StGB, Aktivitäten der Homosexuellen selbst (Zusammenschlüsse, Gründung von Homosexuellenzentren; Einflüsse aus den USA) sowie z. T. die Aufklärung in den Medien (Filme, Schriften, Illustriertenserien) eine allmähl. Emanzipation der Homosexuellen eingeleitet, die langfristig die gesellschaftl. Vorurteile über die H. abbauen könnte. Die moderne Sexologie sieht in der dennoch weiterbestehenden Diskriminierung der H. ein Abreagieren von Unlustgefühlen, die aus der Verdrängung homosexueller Neigungen in der Sexualität jedes Menschen herrühren und gegen die Homosexuellen als „Sündenböcke" gewendet werden. Sie zwingt den größten Teil der Homosexuellen weiterhin, ihre Sexualität der Gesellschaft gegenüber zu verheimlichen und eine eigene Subkultur aufzubauen. Verschärft wird die Situation durch die Verbreitung von ↑Aids. Da Homosexuelle eine bes. Risikogruppe darstellen, haben sich latente Vorurteile verstärkt.
Geschichtlich nachweisbar ist die H. bis in die frühe Antike. Homosexuelle Beziehungen zw. männl. Erwachsenen und Knaben im Reifealter wurden im alten Griechenland nicht nur sozial gebilligt, sondern in den dor. Staaten im 4. Jh. ausdrücklich legalisiert. Das A. T. (3. Mos. 18, 22 und 20, 13) wie auch das N. T. (z. B. Röm. 1, 26 und 27; z. T. unter Umdeutung der Sünden Sodoms) verurteilten die Homosexualität. In Rom wurde bereits in der republikan. Zeit H. mit Strafe bedroht, der Codex Theodosianus (390) sah für die Ausübung der H. den Feuertod vor. Die Scholastik, bes. Thomas von Aquin mit seinen Ausführungen über die „Sünden gegen die Natur", hat die H. als Sünde klassifiziert und damit kirchl. und weltl. Recht für Jh. bestimmt.

Homs. Die mit neun Kuppeln versehene Moschee Chalid Ibn Wahid, 1908 begonnen

Die Carolina (1532) bedroht H. unter beiden Geschlechtern mit dem Feuertod, das gemeine Recht schließt sich hier an. Noch das Allg. Landrecht [für die preuß. Staaten] (1794) verlangt die „gänzl. Vertilgung des Andenkens" bei „dergleichen unnatürl. Sünden". Das moderne Strafrecht beurteilt H. unterschiedlich, der Code civil (1804) stellte nur qualifizierte Tatbestände (unter Gewalt, Verführung, Autoritätsmißbrauch) unter Strafe, während die brit. Gesetzgebung (1861, 1885) auch H. unter erwachsenen Männern als Straftatbestand kennt.
In zahlr. *dt. Ländern* war der homosexuelle Verkehr zw. erwachsenen Männern bis 1871 nicht strafbar. Die Regelung des § 175 Reichsstrafgesetzbuch (RStGB) vom 15. 5. 1871 wurde dahingehend ausgelegt, daß sie allein beischlafsähnl. (orale und anale) Handlungen unter Strafe stelle. Durch den in der Strafrechtsnovelle vom 28. 6. 1935 neu gefaßten § 175 wurde die Strafbarkeit der männl. H. auf jede Unzucht „mit" einem anderen Mann ausgedehnt. Gleichzeitig wurden in § 175a vier qualifizierte Formen der männl. H. als Verbrechen unter Strafe gestellt (Zuchthaus bis zu zehn Jahren). In seiner neuen Fassung galt § 175 (und § 175a) nach Inkrafttreten des GG als Bundesrecht weiter. Für eine Gesetzesänderung trat nach dem 2. Weltkrieg zuerst die Dt. Gesellschaft für Sexualforschung ein. Seine heute gültige Fassung erhielt § 175 im Rahmen der Neuordnung des gesamten Sexualstrafrechts durch das 4. StrafrechtsreformG vom 23. 11. 1973. Danach wird mit Freiheitsstrafe bis zu 5 Jahren oder mit Geldstrafe bestraft, wenn ein über 18 Jahre alter Mann mit einem Mann unter 18 Jahren sexuelle Handlungen vornimmt oder von diesem an sich vornehmen läßt (lt. Einigungsvertrag wird § 175 StBG in den neuen Bundesländern nicht angewendet).
Nach dem *östr. StGB* sind homosexuelle Handlungen mit männl. Jugendlichen (§ 209) und die öff. Werbung sowie Verbindungen zur Begünstigung für derartige H. (§§ 220, 221) strafbar.
Im *schweizer. Recht* stehen die Verführung unmündiger Personen gleichen Geschlechts im Alter von mehr als 16 Jahren zur Vornahme oder zur Duldung unzüchtiger Handlungen sowie die gewerbsmäßige und die unter Mißbrauch eines Abhängigkeitsverhältnisses begangenen homosexuellen Handlungen unter Strafe (Art. 194 StGB).

homosyllabisch [griech.] (tautosyllabisch), derselben Silbe angehörend. – Ggs. ↑heterosyllabisch.

homousios [griech. „wesensgleich"], zentraler Begriff der christolog. Auseinandersetzungen des 2./3. Jh. (↑Jesus Christus), der die Wesensidentität von Gott-Vater und Gott-Sohn (seit dem 1. Konzil von Konstantinopel [381] auch von der dritten göttl. Person, dem Hl. Geist) aussagt. Die Gegner dieser Lehre vertraten die Auffassung, Vater und Sohn seien nicht wesensgleich, sondern nur wesensähnlich (griech. **„homoiusios"**), konnten sich jedoch

homozentrisch

Honduras
Fläche: 112 088 km²
Bevölkerung: 5,2 Mill. E (1990), 46,4 E/km²
Hauptstadt: Tegucigalpa
Amtssprache: Spanisch
Nationalfeiertag: 15. Sept. (Unabhängigkeitstag)
Währung: 1 Lempira (L) — 100 Centavos
Zeitzone: MEZ —7 Stunden

Honduras

Staatswappen

nicht durchsetzen. Das 1. Konzil von Nizäa (325) übernahm den Begriff h. in das Glaubensbekenntnis.

homozentrisch, von einem Punkt ausgehend bzw. in einem Punkt zusammenlaufend (gesagt von Strahlenbüscheln).

homozentrische Sphären, in den vorkeplerschen Theorien der Planetenbewegungen als anschaul. Vorstellung eingeführte, ineinander gelagerte, zur Erde als Weltmitte konzentr. Kugelschalen. Dieses Modell wurde von Eudoxos von Knidos aufgestellt und von Kallipos verbessert, von Aristoteles seiner Ätherphysik angepaßt und später durch Einschaltung sog. zurückrollender Sphären zu einem Gesamtsystem aller Planeten (mit insgesamt 55 Sphären) ausgebaut. Das System h. S. galt bis ins 16. Jh. als allein real im Unterschied zu der Epizykeltheorie und Exzentertheorie, die als rein mathemat. Hypothesen betrachtet wurden.

Homozygotie [griech.] (Reinerbigkeit, Gleicherbigkeit), die Erscheinung, daß eine befruchtete Eizelle (Zygote) oder ein daraus hervorgegangenes Lebewesen aus der Vereinigung zweier Keimzellen entstanden ist, die sich in den einander entsprechenden (homologen) Chromosomen überhaupt nicht unterscheiden. – Ggs. ↑Heterozygotie.

Homs, Stadt im zentralen W-Syrien, 355 000 E. Hauptstadt der Prov. H., kath. Erzbischofssitz, Univ. (gegr. 1979); bed. Ind.-, Handels- und Verkehrszentrum; Bibliothek. – Schon in vorchristl. Zeit belegt; in der Römerzeit **Emesa.** Seit 636 unter arab. Herrschaft, 1516–1918 zum Osman. Reich. – Unterird. Kapelle (5. Jh.), Reste der ma. Stadtmauer und der Zitadelle. – Abb. S. 425.

H. ↑Chums, Al.

Homunkulus [lat. „Menschlein"], Idee eines künstlich hergestellten Menschen. Während des 13. Jh. sollen Alchimisten erste Experimente unternommen haben, um einen künstl. Menschen im Reagenzglas zu erzeugen. Goethe läßt im 2. Teil des „Faust" den Famulus Wagner einen H. nach Anleitung des Paracelsus erzeugen.

Honan ↑Henan.

Honanseide, leinwandbindiges Seidengewebe aus Tussahseide mit leichten Fadenverdickungen.

Honda Motor Co. Ltd. [engl. ˈhɔndə ˈmoʊtə ˈkʌmpəni ˈlɪmɪtɪd], weltgrößter Motorradproduzent; Auto- und Motorgerätehersteller; Sitz Tokio.

Hondō, svw. ↑Honshū.

Hondtsches Höchstzahlverfahren, d' ↑d'Hondtsches Höchstzahlverfahren.

Honduras (amtl. Vollform: República de Honduras), Republik in Z-Amerika zw. 13° und 16° n. Br. sowie 83° 10' und 89° 20' w. L. **Staatsgebiet:** H. erstreckt sich vom Karib. Meer zum Pazifik, grenzt im SO an Nicaragua, im W an El Salvador und Guatemala. **Verwaltungsgliederung:** 18 Dep. und ein B.-Distr. **Internat. Mitgliedschaften:** UN, OAS, ODECA, SELA.

Landesnatur: Der größte Teil des Landes wird von einem Bergland mit Höhen bis 2 500 m eingenommen, in dem viele Becken liegen und das durch zahlr. Flüsse zerschnitten wird. Das karib. Küstenland erweitert sich im NO zu einer breiten Küstenebene, der Mosquitia. Der pazif. Küstensaum liegt am Golf von Fonseca. Zu H. gehören noch die Islas de la Bahía und die Islas del Cisne (Swan Islands; 1858–1971 zu den USA) im Karib. Meer.

Klima: Das trop. Klima steht unter dem ständigen Einfluß des NO-Passats. Im N fallen über 2 500 mm Niederschlag/Jahr, im N haben Hurrikane oft verheerende Auswirkungen. Nach S und SW nehmen die Niederschlagsmengen ab.

Vegetation: Der trop. Tieflandregenwald geht mit zunehmender Höhe in Berg- und Nebelwald über; in trockeneren Gebieten herrschen Trockenwald und -busch vor, in der Mosquitia v. a. Kiefern und Sumpfpflanzen.

Bevölkerung: Die Angaben über die ethn. Gruppen schwanken: 80–90 % sind Mestizen, 5–10 % Indianer (größtenteils Maya), 5 % Schwarze und 5 % Weiße. Außer Spanisch werden Englisch und mehrere Indianersprachen gesprochen. Etwa 90 % sind kath., doch ist das Christentum stark mit altindian. Glaubensgut vermischt. Die Analphabetenquote beträgt noch 40 %. H. verfügt über zwei Univ. und mehrere Hochschulen.

Wirtschaft: Gemessen am Bruttosozialprodukt zählt H. zu den ärmsten Agrarländern Lateinamerikas mit einer nur schwach entwickelten Ind.produktion. Die Bananenplantagen an der Karibikküste befinden sich größtenteils im Besitz amerikan. Konzerne. In kleinbäuerl. Betrieben werden die Grundnahrungsmittel Mais, Hirse, Reis, Bohnen u. a. angebaut. Die Viehwirtschaft, v. a. Rinder- und Schweinezucht, ist bedeutend. Trotz großer Waldbestände (rd. 45 % Landesfläche) wird nur die Pitchpine-Kiefer im N von H. wirtsch. genutzt. Die Fischerei arbeitet z. T. für den Export. Die reichen Bodenschätze (Blei-, Zink-, Antimonerze, Silber, Gold u. a.) sind bisher kaum erschlossen. Ind.schwerpunkt ist neben der Hauptstadt der Raum San Pedro Sula: Nahrungsmittel-, Schuh- und Bekleidungsind., daneben Zementherstellung. Der Fremdenverkehr konzentriert sich auf die Hauptstadt und die Mayaruinenstätte Copán.

Außenhandel: Ausgeführt werden Bananen, Kaffee, Garnelen und Langusten, Zucker, Holz, Fleisch und Bergbauprodukte (Zink, Silber, Platin), eingeführt chem. Erzeugnisse, Maschinen und Transportmittel sowie Nahrungsmittel. Haupthandelspartner sind die USA, Deutschland, Japan und Venezuela.

Verkehr: 50 % des 1 004 km langen Eisenbahnnetzes sind in Besitz der Bananenkonzerne. Das Straßennetz ist rd. 18 500 km lang, davon entfallen 240 km auf die Carretera Interamericana im äußersten S. Binnenschiffahrt ist nur auf den Unterläufen der Flüsse im N möglich. Wichtigster Seehafen an der Karibik ist Puerto Cortés, am Pazifik San Lorenzo. Internat. ✈ in Tegucigalpa und San Pedro Sula.

Geschichte: Der westlichste Teil von H. mit der Ruinenstätte Copán gehört zur klass. Mayakultur, in anderen Teilen lebten einzelne Indianerstämme (u. a. Misquito). 1502 entdeckte Kolumbus die Küste von H. 1524 begann die Besiedlung durch die Europäer, die mit ständigen Kämpfen gegen die Indianer verbunden war. 1525 wurde H. durch

königl. Erlaß als span. Prov. anerkannt. Infolge der brit. Schutzherrschaft über die Mosquitia (1704–86) kam es zu einem dauernden Kleinkrieg zw. den von den Briten unterstützten Misquito und den Spaniern. Nach der Unabhängigkeitserklärung der zentralamerikan. Prov. Spaniens 1821 gehörte H. 1822–23 zu Mexiko, ab 1824 zur Zentralamerikan. Föderation, machte sich aber 1828 als Republik unabhängig. Innere Auseinandersetzungen, Bürgerkriege, Konflikte mit den Nachbarstaaten (zuletzt Krieg mit El Salvador 1969/70, sog. *Fußballkrieg*) und Interventionen der USA, von denen H. im 20. Jh. abhängig wurde, machten H. zum ärmsten und innenpolitisch instabilsten zentralamerikan. Staat. Nach Militärputschen 1972, 1975 und im Aug. 1978 kehrte H. 1981 durch die Wahl von Präs. R. Suazo Cordova (PLH) zum parlamentar. Reg.system zurück. Abhängig von der Wirtschafts- und Militärhilfe der USA, die die Gegner (Contras) der sandinist. Reg. in Nicaragua in H. ausbildeten, mußte Präs. J. Azcona Hoyo (1985–90; PLH) den Schuldendienst Anfang 1989 einstellen. Gipfeltreffen der fünf zentralamerikan. Staatschefs im Febr. und Aug. 1989 beschlossen den Abzug der Contras aus H., in den diese erst nach der Wahlniederlage der Sandinisten im Febr. 1990 einwilligten. Vor dem seit Jan. 1990 amtierenden Staatspräs. A. L. Calleja Romero (* 1943), dessen liberalkonservative Nationalpartei (PN) die Parlaments- und Präsidentschaftswahlen im Nov. 1989 gewann, steht die Aufgabe, die Wirtschaft des Landes zu sanieren und die Armut zu bekämpfen.
Politisches System: Nach der Verfassung vom 20. Jan. 1982 ist H. eine präsidiale Republik. *Staatsoberhaupt* und Inhaber der *Exekutivgewalt* (Reg.chef) ist der Präs. (für 4 Jahre direkt gewählt). Die *Legislative* liegt beim Nat.kongreß (128 Abg., für 4 Jahre gewählt). Im Parlament vertreten sind folgende *Parteien:* Partido Nacional (PN), Partido Liberal de H. (PLH) und Partido de Innovación y Unidad (PINU). Dachorganisation der *Gewerkschaften* ist die Confederación de Trabajadores de H. (CTH) mit rd. 150 000 Mitgliedern. Das *Recht* folgt span. und chilen. Muster; höchste Instanz ist der Oberste Gerichtshof.

Honecker, Erich, * Neunkirchen/Saar 25. Aug. 1912, dt. Politiker. – Gelernter Dachdecker; 1929 Mgl. der KPD; nach 1933 illegale Arbeit in SW-Deutschland; 1935 verhaftet, 1937–45 im Zuchthaus. 1946–55 Vors. der FDJ, seit 1949 Abg. der Volkskammer; seit 1946 Mgl. des Parteivorstands bzw. des ZK, seit 1958 des Politbüros der SED; löste 1971 W. Ulbricht als 1. Sekretär des ZK der SED ab, seit 1976 Generalsekretär des ZK; als Vors. des Staatsrates seit 1976 faktisch auch Staatsoberhaupt der DDR. – H. trug in allen seinen Funktionen hohe Verantwortung für den Ausbau der SED-Herrschaft und dehnte sie auf alle Lebensbereiche der Gesellschaft aus; gegenüber Andersdenkenden veranlaßte er insbes. seit Mitte der 70er Jahre einen repressiven Kurs, uch im Ggs. zu einer außen wie innen den KSZE-Prozeß mittragenden Politik. Gegenüber Reformversuchen und -ideen, v. a. im Gefolge der sowjet. Politik der Perestroika, blieb er hartnäckig ablehnend. – Am 18. Okt. 1989 trat H. unter Druck von allen Ämtern zurück; am 3. Dez. 1989 wurde er aus der SED ausgeschlossen. Ein Anfang Dez. 1989 eingeleitetes Ermittlungsverfahren v. a. wegen Machtmißbrauch, Korruption und persönl. Bereicherung wurde 1990 auf Totschlag erweitert, um H. für den Schießbefehl an der innerdt. Grenze und dessen Opfer haftbar zu machen. Nach einem fast einjährigen Aufenthalt (seit dem 3. April 1990) in einem Hospital der Sowjetarmee in Beelitz wurde H. am 13. März 1991 zus. mit seiner Frau *Margot H.* (* 1927) nach Moskau ausgeflogen. Nach dem Ausweisungsbeschluß der russ. Regierung flüchtete H. am 11. Dez. 1991 in die dortige chilen. Botschaft, in der er sich bis zu seiner Ausreise nach Deutschland am 29. Juli 1992 aufhielt. Nach seiner Ankunft in Berlin wurde H. verhaftet; am 12. Nov. 1992 wurde der Prozeß gegen ihn eröffnet; nach der Einstellung des Verfahrens am 12. Jan. 1993 reiste H. nach Chile aus.

Honegger, Arthur, * Le Havre 10. März 1892, † Paris 27. Nov. 1955, frz.-schweizer. Komponist. – Schüler u. a.

Honduras. Einzelhof im Bergland

von V. d'Indy und C. Widor. Mgl. der Gruppe der ↑ „Six"; wurde bekannt durch sein Oratorium „Le roi David" (1921) und das Orchesterwerk „Pacific 231" (1923). Seine u. a. auch vom Jazz beeinflußte Musik weist einen großen Stil- und Formenreichtum auf. Opern: „Antigone" (1924–27, J. Cocteau), „L'aiglon" (mit J. Ibert, 1937); [szen.] Oratorien: „Judith" (1925), „Johanna auf dem Scheiterhaufen" (1938, P. Claudel) u. a.; außerdem Operetten, Ballette, Schauspiel-, Hörspiel- und Filmmusiken, Orchestermusik, Kammermusik, Klavierwerke und Lieder. Schriften: „Beschwörungen" (1948), „Ich bin Komponist" (1951).

H., Arthur, * St. Gallen 27. Sept. 1924, schweizer. Schriftsteller. – Als Kind im Heim, dann als Knecht bei einem Bauern und in einem Arbeitserziehungsheim. Von diesem Leben ist sein Werk geprägt, in dem er sich auch mit der polit. Situation in der Schweiz während der Zeit des Nationalsozialismus beschäftigt. – *Werke:* Die Fertigmacher (R., 1974), Der Schneekönig und andere Geschichten aus dem Toggenburg (R., 1982), Ein Flecken Erde (R., 1984), Dobermänner reizt man nicht (R., 1988).

H., Fritz * Bischofszell (Thurgau) 25. Juli 1917, schweizer. Politiker. – Seit 1974 Präs. der Freisinnig-demokrat. Partei der Schweiz; 1978–82 Bundesrat (Volkswirtschaftsdepartement); 1982 Bundespräsident.

Honen [engl.] (Ziehschleifen), Verfahren zur Feinbearbeitung metall. Werkstückoberflächen mit Hilfe feinkörniger Schleifkörper *(Honsteine);* erreichbar sind Rauhtiefen zw. 0,5 und 1 μm sowie eine Verbesserung der Maß- und Formgenauigkeit.

Honeymoon [engl. ˈhʌnɪmuːn „Honigmond"], engl. Bez. für Flitterwochen.

Honeywell Inc. [engl. ˈhʌnɪwel ɪnˈkɔːpəreɪtɪd], amerikan. Hersteller von Regelgeräten, Informations- und Regelsystemen, u. a. für Weltraumfahrt und Verteidigung, Sitz Minneapolis, gegr. 1885.

Honfleur [frz. õˈflœːr], nordfrz. Hafenstadt, Dep. Calvados, 8 500 E. Museen; Schiffbau, chem. Ind. – H. wurde im 11. Jh. gegr. – Spätgot. Holzkirche Sainte-Catherine (15. Jh.).

Hongkong (chin. Xianggang), brit. Kronkolonie an der südchin. Küste, 1 071 km², 5,80 Mill. E (1990), Hauptstadt Victoria. H. besteht aus der Insel **Hongkong** (79,5 km²), der Halbinsel **Kowloon** und den in deren Hinterland gelegenen **New Territories** sowie etwa 236 zum größten Teil unbewohnten Inseln. – Als Fortsetzung des südchin. Berglands (Taimo Shan in den New Territories 958 m ü. d. M.) ist H. gebirgig mit urspr. bewaldeten, jetzt aber stark erodierten, felsigen Hängen. Die Küstenebenen sind schmal, ausgedehntere Ebenen sind auf den NW der New Territories beschränkt. Der Meeresarm zw. Festland und der Insel H. ist

Erich Honecker

Arthur Honegger
(Komponist)

Hongkong
Wappen

Honiara

Hongkong

einer der besten Naturhäfen der Erde. – Das trop. Klima wird vom Monsun bestimmt. Die Sommer sind feuchtheiß, v.a. von Juni bis Aug. treten Taifune auf; die Winter sind kühl und trocken. – Wald (Aufforstungen) nimmt rd. 10 % ein.

98,5 % der Bev. sind Chinesen, daneben leben andere Asiaten und Europäer in Hongkong. Amtssprachen sind Englisch und Chinesisch, Hauptumgangssprache ist der kantones. Dialekt. Buddhismus und Daoismus sind die Hauptreligionen, außerdem sind Christentum, Islam und Hinduismus vertreten. H. verfügt über drei Univ. (gegr. 1911, 1963 bzw. 1988), zwei polytechn. Hochschulen (gegr. 1972 bzw. 1984) und weitere Bildungseinrichtungen. Nach Gründung der Kolonie erfolgte ein rasches Bev.wachstum. Zw. 1945 und 1950 war der Flüchtlingszustrom aus China bes. groß. Seit 1980 werden wirksame Maßnahmen zur Eindämmung der starken Zuwanderung in das übervölkerte H. durchgeführt. Etwa 150 000 Menschen leben heute noch auf Hausbooten. Trotz des Baus von Satellitenstädten und der Entwicklung von Kleinstädten in den New Territories zu Ind.zentren weisen einzelne Viertel der Städte noch sehr hohe Bev.dichten auf. Die beiden größten Städte sind die Hauptstadt *Victoria* an der N-Küste der Insel H., Sitz des Gouverneurs und der Verwaltung, in erster Linie Finanz- und Handelszentrum der Kolonie, und jenseits, auf dem Festland, *Kowloon*, Verkehrsknotenpunkt mit Fähr- und Buszentralen, Endstation der Eisenbahn sowie dem Passagierhafen Ocean Terminal. Das südl. Kowloon ist das tourist. Zentrum der Kronkolonie mit der Hauptgeschäftsstraße Nathan Road, der sog. „Goldenen Meile". – H. entwickelte sich nach dem 2. Weltkrieg zu einem der weltweit größten Handelszentren und ist nach New York und London drittgrößter Finanzplatz der Erde. Wichtigster Wirtschaftsbereich ist die überwiegend exportorientierte verarbeitende Ind. mit der Textil- und Bekleidungsbranche (40 % der Erwerbstätigen), gefolgt von der expandierenden Elektronikind., der Metall-, Kunststoffverarbeitung, der Herstellung von wiss. und opt. Geräten sowie von Spielzeug. Zweige der Schwerind. sind der Maschinenbau (bes. Schiffbau), die Eisenhüttenind. und die Petrochemie. Drittgrößte Devisenquelle H. ist der Fremdenverkehr, begünstigt durch die Einkaufsmöglichkeiten in der Freihandelszone. Landw. wird v.a. in den New Territories betrieben. In der Lebensmittelversorgung ist H. stark von der VR China abhängig, ebenso in der Versorgung mit Frischwasser. Reis als Grundnahrungsmittel muß fast vollständig importiert werden. Nach der Öffnung des chin. Marktes stieg der Anteil Chinas am Außenhandel H. auf über 21 % (1990). China ist damit hinter den USA wichtigster Handelspartner. – Der Abschnitt der elektrifizierten Eisenbahnstrecke Kowloon–Kanton ist in H. 34 km lang. Die Länge des Straßennetzes beträgt 1 484 km. Kowloon und Victoria sind durch einen untermeer. Straßentunnel verbunden. Das 1979 in Betrieb genommene U-Bahnnetz wird weiter ausgebaut. Zahlr. Fährschiffe bewältigen den Verkehr zw. Festland und den Inseln. Der internat. ✈ Kai Tak mit ins Meer hinausgebauter Start- und Landebahn zählt zu den führenden Luftfrachtumschlagplätzen der Erde. Tragflügelboote und Hubschrauber verkehren zw. H. und Macau.

Geschichte: H. war Anfang des 19. Jh. ein Fischerdorf. Großbritannien ließ sich im Vertrag von Nanking (1842) die bereits 1840 besetzte Insel übereignen. Die 1843 **Victoria** (nach dem Verwaltungszentrum im N der Insel) ben. brit. Kolonie entwickelte sich zu einem der wichtigsten Handelsplätze O- und SO-Asiens. 1860 mußte China einen Teil der Halbinsel Kowloon an Großbritannien abtreten, das sich 1898 durch einen Pachtvertrag auf 99 Jahre die New Territories und zahlr. kleine Inseln sicherte. Im 2. Weltkrieg 1941–45 japanisch besetzt. Das brit.-chin. Abkommen von 1984/85 sieht die Rückgabe der Kolonie an China zum 1. Juli 1997 vor. Das bisherige Wirtschafts- und Gesellschaftssystem soll dann noch mindestens 50 Jahre lang weiter bestehen. – Verwaltet wird die Kronkolonie von einem Gouverneur (als Vertreter der brit. Königin; seit Juli 1992 C. Patten), der einem Exekutivrat (14 Mgl.) und einem Legislativrat (60 Mgl.) als Präs. vorsteht.

Honiara, Hauptstadt der Salomoninseln, an der N-Küste der Insel Guadalcanal, 30 500 E. Nahrungsmittelind.; Hafen; internat. ✈.

Honig [zu althochdt. hona(n)g, eigtl. „der Goldfarbene"], von Honigbienen bereitetes, hochwertiges Nahrungsmittel mit hohem Zuckergehalt, das in frischem Zustand klebrig-flüssig ist, jedoch bei Lagerung dicker wird und schließlich durch kristallisierende Glucose eine feste Konsistenz erhält; zur Wiederverflüssigung darf man H. nicht über 50 °C erhitzen, um die Wirkstoffe nicht zu zerstören. Je nach Herkunft (Linden, Obstblüten, Heide) können Farbe (von hellgelb bis grünschwarz), Zusammensetzung und dementsprechend Geruch und Geschmack stark variieren. H. enthält durchschnittlich 70–80 % Zucker, davon ungefähr zu gleichen Teilen Fructose und Glucose so-

Hongkong

Honigstrauch

wie geringere Mengen Saccharose und Dextrine, rd. 20 % Wasser und kleine Mengen organ. Säuren, auch Aminosäuren, Eiweiße, insbes. Enzyme, sowie Spuren von Mineralstoffen und Vitaminen. Zur **Honigbereitung** nehmen die Bienen Nektar, der den *Blüten-H.* ergibt, süße Pflanzensäfte, aber auch Honigtau (liefert den *Blatt-H., Wald-H.*) in ihren Honigmagen auf und fügen ein enzymhaltiges Sekret der Kropfdrüsen hinzu. Der H. wird dann in Waben gespeichert und reift unter Wasserverdunstung und enzymat. Vorgängen in diesen heran. Ein Bienenvolk liefert in Deutschland durchschnittlich 7–10 kg H. im Jahr. Zur Bereitung von 1 kg ist der Besuch mehrerer Millionen Blüten nötig. – Nach den Erntemethoden unterscheidet man *Preß-H.* (aus brutfreien Waben durch hydraul. Pressen gewonnen), *Seim-H.* (aus brutfreien Waben durch vorsichtiges Erwärmen und nachfolgendes Pressen gewonnen), *Schleuder-H.* (aus brutfreien Waben ausgeschleudert) und den bes. reinen *Scheiben-H. (Waben-H.;* aus frisch gebauten, unbebrüteten Waben). – H. hat auf Grund seiner entzündungshemmenden Wirkung auch medizin. Bedeutung.

Honiganzeiger (Indicatoridae), Fam. 10–20 cm langer, überwiegend unscheinbar braun, grau oder grünlich gefärbter Spechtvögel Afrikas und Indonesiens; ernähren sich von Bienenwachs. Einige Arten führen durch ihr Verhalten größere Tiere (z. B. Honigdachs, Paviane), auch den Menschen, zu den Nestern wilder Bienen.

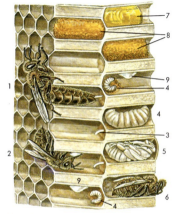

Honigbienen. Schematischer Längsschnitt durch eine Wabe: 1 Königin bei der Eiablage; 2 Arbeiterin beim Anbringen eines Wassertropfens für Luftfeuchtigkeit und Kühlung; 3 Ei; 4 Larven verschiedenen Alters; 5 Puppe; 6 schlüpfende Biene; 7 Honig; 8 Pollen in Wabenzellen; 9 Wassertropfen

Honigbienen (Apis), weltweit verbreitete Gatt. staatenbildender Bienen mit sechs aus den Tropen SO-Asiens und Afrikas stammenden Arten; blütenbesuchende Insekten, deren Hinterbeine als Pollensammelapparat ausgebildet sind: Der Unterschenkel hat eine eingedellte Außenseite **(Körbchen).** Die Innenseite des Fußgliedes ist mit Borstenreihen besetzt **(Bürste),** die in das Körbchen des gegenüberliegenden Hinterbeins Pollen abstreifen (Bildung sog. *Höschen).* Zum Nestbau verwenden H. aus Drüsen abgesondertes Wachs *(Bienenwachs),* chemisch ein Gemisch aus langkettigen Fettsäuren (Wachssäuren) und ihren Estern. Die wichtigste Art ist die **Honigbiene** i. e. S. (Apis mellifica) mit ihren zahlr. Unterarten. Zur wirtsch. Nutzung ↑ Imkerei.

Wie bei den Ameisen unterscheidet man drei Kasten: Arbeiterinnen, Drohnen und Königin. Die **Arbeiterinnen** sind 13–15 mm lang und leben etwa 4–5 Wochen. Die **Drohnen** sind 15–17 mm lange, durch Jungfernzeugung entstandene Männchen, die sich von den Arbeiterinnen füttern lassen. Sie erscheinen im Mai und werden im Sommer nach dem Hochzeitsflug der Königin von den kleineren Arbeiterinnen vertrieben **(Drohnenschlacht).** Die **Königin** (Weisel) ist 20–25 mm lang und nur zum Eierlegen (bis zu 3 000 Eier pro Tag) befähigt; sie muß von den Arbeiterinnen gefüttert werden. Sie wird nur ein einziges Mal während des Hochzeitsfluges begattet und speichert den Samen in einer Samentasche. Etwa eine Woche vor dem Schlüpfen der Jungkönigin verläßt die alte Königin (um nicht von der schlüpfenden Jungkönigin totgestochen zu werden) mit einem Teil ihres Volkes den Stock **(Schwärmen).** Sie bildet in der Nähe des alten Stocks zus. mit den Arbeiterinnen eine große Traube **(Schwarmtraube).** Von hier aus fliegen sog. Spurbienen aus, um eine neue Unterkunft zu suchen. – Je nachdem, ob die Königin die Eier befruchtet oder nicht, entstehen Weibchen bzw. Männchen. Ob aus dem befruchteten Ei eine Arbeiterin oder Königin werden soll, bestimmen die Arbeiterinnen durch den Bau der Zelle und durch die Zusammensetzung des Larvenfutters (Verfüttern von ↑ Gelée royale läßt eine Königin entstehen).

H. haben ein gut entwickeltes Verständigungssystem, mit dessen Hilfe sie sich Informationen über eine Futterquelle mitteilen *(Bienensprache).* Liegt die – mit Duftmarken über die Ergiebigkeit gekennzeichnete – Futterquelle nicht weiter als 80 m vom Stock entfernt, wird ein **Rundtanz** getanzt. Ein hervorgewürgter Nahrungstropfen und mitgebrachter Duft informieren, welche Pflanzenart anzufliegen ist. Liegt die Futterquelle in größerem Abstand, werden Entfernung und Richtung durch einen **Schwänzeltanz** übermittelt. Dabei läuft die Trachtbiene auf der senkrecht stehenden Wabe eine zusammengedrückte Acht, bei deren Mittelstück sie mit dem Hinterleib wackelt. Anzahl und Dauer der nach rechts und links erfolgenden Hinterleibsausschläge (Schwänzeln) geben die Entfernung an. Weiteres zur Orientierung und Verständigung ↑ Bienen.

Honigblende ↑ Zinkblende.

Honigdachs (Mellivora capensis), 60–70 cm langer, gedrungener Marder, in Vorderasien und Indien; mit meist silbergrauer Oberseite, schwarzer Unterseite, kräftigem Gebiß und starken Grabklauen an den kurzen Vorderfüßen; vorwiegend nachtaktives Tier, das sich bes. von Kleinsäugern ernährt und eine Vorliebe für Honig hat.

Honigfresser (Meliphagidae), Fam. 10–45 cm großer Singvögel mit rd. 170 Arten in den Wäldern der austral. Region; Schnabel relativ lang, gebogene Zunge in Anpassung an die Nektaraufnahme vorstreckbar, borstig und nahe der Spitze gespalten. Zu den H. gehört u. a. der schwarze **Priestervogel** (Tui, Poe, Prosthemadera novaeseelandiae), Länge rd. 30 cm; mit Büscheln breiter weißer Federn an den Kehlseiten; in Neuseeland und auf den benachbarten Inseln.

Honiggras (Holcus), Gatt. der Süßgräser mit rd. zehn Arten in der gemäßigten Zone Eurasiens und in N-Afrika; mehrjährige Pflanzen mit wollig behaarten Blättern; Rispen reichblütig, oft rötlich oder violett, zur Blütezeit zuweilen nach Honig duftend. In M-Europa zwei Arten, darunter das 30–100 cm hohe, graugrüne Horste bildende **Wollige Honiggras** (Holcus lanatus) auf Wiesen und in lichten Wäldern.

Honigmagen, der Kropf der Honigbienen, in dem der aufgenommene Nektar mit Enzymen der Speicheldrüsen vermischt und in Honig umgewandelt wird.

Honigpalme (Jubaea), Gatt. der Palmen mit der einzigen Art **Jubaea chilensis** in Chile (an der W-Küste N-Amerikas kultiviert); bis 20 m hohe Fiederpalme mit kokosnußähnl. Früchten (Samen eßbar: **Coquillos).** Aus dem zuckerhaltigen Saft des Stamms wird Palmhonig und Palmwein hergestellt.

Honigsauger, svw. ↑ Nektarvögel.

Honigsheim, Paul, * Düsseldorf 28. März 1885, † East Lansing (Mich.) 22. Jan. 1963, amerikan. Soziologe dt. Herkunft. – Ab 1927 Prof. in Köln, 1933 Emigration (Frankreich, Schweiz); seit 1938 Prof. an der Michigan State University; v. a. kultur-, kunst- und religionssoziolog. Studien.

Honigstrauch (Melianthus), Gatt. der Fam. **Honigbaumgewächse** mit sechs Arten in S-Afrika; eigentümlich riechende, graugrüne oder weißgraue Sträucher mit honigführenden, braunrötl. Blüten in Trauben.

Honigbienen.
a Königin;
b Arbeiterin;
c Drohne

Honiggras.
Wolliges Honiggras

Hönigswald

Hönigswald, Richard, *Ungarisch-Altenburg (= Mosonmagyaróvár) 18. Juli 1875, †New Haven (Conn.) 11. Juli 1947, dt.-östr. Philosoph. – 1916 Prof. in Breslau, 1930 in München; 1933 Zwangsemeritierung, 1938 Internierung in Dachau; 1939 Emigration in die USA. Versuchte v. a. im Hinblick auf Pädagogik und Psychologie eine Vermittlung der neukantian. Erkenntnistheorie mit den Ontologien seiner Zeit (z. B. N. Hartmann). – *Werke:* Über die Grundlagen der Pädagogik (1918), Die Grundlagen der Denkpsychologie (1921), Grundfragen der Erkenntnistheorie (1931), Philosophie und Sprache (1937).

Honigtau, durchscheinender, klebrig-süßer Saft auf Pflanzen; wird von den Pflanzen selbst oder durch den Pilz des Mutterkorns (an Getreideähren) oder auch durch Insekten (Exkremente, v. a. der Blatt- und Schildläuse) gebildet.

Honigwein, svw. ↑Met.

Hönir ↑Ask.

Honi soit qui mal y pense (Honni soit qui mal y pense) [frz. ɔniswakimali'pɑ̃s „verachtet sei, wer Arges dabei denkt"], Devise des ↑Hosenbandordens.

Honky-Tonk [engl. 'hɔŋkɪˌtɔŋk], Bez. für preiswerte Lokale in den Südstaaten der USA, in denen die unteren Bev.schichten verkehrten. Der daraus abgeleitete H.-T.-Stil bezeichnet die Spielweise der in diesen Lokalen beschäftigten Blues- und Ragtimepianisten.

Honnef, Bad ↑Bad Honnef.

Honnefer Modell, 1957 eingeführtes Studienförderungssystem; 1971 abgelöst durch das BundesausbildungsförderungsG (↑Ausbildungsförderung).

Honneurs [(h)ɔˈnœːrs; frz., zu lat. honor „Ehre"], Ehrenerweisung; **die Honneurs machen,** Gäste begrüßen, willkommen heißen.

Honolulu, Hauptstadt des Bundesstaats Hawaii, USA, an der S-Küste der Insel Oahu, 372 000 E. Sitz eines kath. Bischofs; zwei Univ. (gegr. 1907 bzw. 1955), Kunstakad.; ethnolog. Museum. Wichtigster Hafen von Hawaii; Konservenherstellung, Zucker-, Bekleidungs- und Stahlind.; Fremdenverkehr (Waikiki Beach); internat. ✈. – 1794 wurde der Hafen von Briten entdeckt; seit 1850 ist H. Hauptstadt von Hawaii.

Johannes Nikolaus
von Hontheim
(Kupferstich, 1775)

Honolulu. Der Waikiki Beach, im Hintergrund die bis 960 m hohe Koolau Range

Honorar [zu lat. honorarium „Ehrensold"], Vergütung der Leistungen in freien Berufen (z. B. Ärzte, Autoren, Künstler, Rechtsanwälte).

Honorarprofessor ↑Professor.

Honoratioren [zu lat. honoratior „geehrter (als andere)"], Bez. für die angesehensten Bürger eines Ortes; heute oft abfällig gebraucht.

Honoratiorenpartei ↑Partei.

honorieren [zu lat. honorare „ehren"], 1. ein Honorar bezahlen; 2. eine Leistung würdigen; 3. einen Wechsel einlösen.

honoris causa ↑h. c.

Honorius, Name von Päpsten:
H. I., †12. Okt. 638, Papst (seit 27. Okt. 625). – Gab in den christolog. Auseinandersetzungen eine monotheletisch klingende Glaubensformel ab (↑Monotheletismus) und wurde deshalb bis ins 11. Jh. als Ketzer betrachtet. Aus diesem Sachverhalt erwuchs die **Honoriusfrage** (Causa Honorii), ob ein Papst in seiner Glaubensfrage irren könne. Die neuere Forschung sieht in den Äußerungen des H. keine lehramtl. Entscheidungen.
H. II., *Fiagnano, †13. Febr. 1130, vorher Lambert, Papst (seit 21. Dez. 1124). – Verdient um den Abschluß des Wormser Konkordats; bestätigte 1126 den Prämonstratenserorden.
H. III., *Rom um 1150, †18. März 1227, vorher Cencio Savelli, Papst (seit 18. Juli 1216). – Erstrebte den Ausgleich Frankreich–England und das Zusammenwirken von Papsttum und Kaisertum, um den auf dem 4. Laterankonzil (1215) beschlossenen Kreuzzug zu ermöglichen. Bestätigte die neuen Orden der Dominikaner (1216), Franziskaner (1223) und Karmeliten (1226).

Honorius, Flavius, *Konstantinopel 9. Sept. 384, †Ravenna 15. Aug. 423, weström. Kaiser (seit 395). – 393 zum Augustus ernannt, nach dem Tode seines Vaters, Theodosius I., Kaiser des westl. Teiles des Röm. Reiches; sein Bruder Arcadius erhielt Ostrom.

Honoriusfrage ↑Honorius I., Papst.

Honourable [engl. 'ɔnərəbl „Ehrenwerter" (zu lat. honor „Ehre")], Abk. Hon., in Großbritannien u. a. englischsprachigen Ländern Höflichkeitstitel für die Söhne des brit. Hochadels sowie höchste Richter und Beamte. Die Bez. **Right Honourable** gebührt v. a. dem Earl, Viscount oder Baron; **Most Hounourable** findet beim Marquis Verwendung.

Honshū [jap. ...ʃ...] (Honschu; Hondō), größte der vier Hauptinseln Japans, mit Nebeninseln 231 089 km², 99,25 Mill. E (1990), Hauptstadt Tokio. Überwiegend eng gekammertes Gebirgsland. Gequert wird H. von der tekton. Bruchzone der **Fossa Magna,** an der der jap. Inselbogen aus der N–S- in WSW–ONO-Richtung umbiegt. Hier erhebt sich der höchste Berg Japans, der Fuji (3 776 m). Westl. der Fossa Magna liegen die jap. Alpen. Die Küsten sind stark gegliedert. In den Küstenebenen konzentrieren sich Landw., Ind. und Verkehr. In der **Kantoebene,** mit rd. 14 700 km² größtes jap. Tieflandgebiet, liegt das Ballungsgebiet Tokio–Yokohama.

Honterus (Honter), eigtl. Johannes Groß oder Gras, *Kronstadt 1498, †ebd. 23. Jan. 1549, Theologe, Humanist. – Setzte 1542/43 in Siebenbürgen die luth. Reformation durch. Seine Schriften wurden Grundlage der neuen „Kirchenordnung aller Deutschen in Siebenbürgen" (1547).

Hontheim, Johannes Nikolaus von, *Trier 27. Jan. 1701, †Schloß Montquentin (Luxemburg) 2. Sept. 1790, dt. kath. Theologe. – Übte großen Einfluß durch die Veröffentlichung seiner Schrift „De statu ecclesiae et legitima potestate Romani Pontificis" aus, die 1763 unter dem Pseudonym *Justinus Febronius* (↑Febronianismus) erschien.

Honthorst, Gerrit (Gerard) van, *Utrecht 4. Nov. 1590, †ebd. 27. April 1656, niederl. Maler. – 1610–20 in Rom, stilistisch von Caravaggio beeinflußt; malte bevorzugt Nachtstücke, v. a. Genreszenen und bibl. Motive; als Bildnismaler höfisch-elegant, u. a. „Apoll und Diana" (1628; Windsor Castle [das engl. Königspaar]).

Hontschar, Oles (Olexandr) Terentijomytsch, *Sucha (Gebiet Poltawa) 3. April 1918, ukrain. Schriftsteller. – Schreibt eine von starkem Naturgefühl getragene lyrisch-expressive Prosa; u. a. über den 2. Weltkrieg die Romantrilogie „Die Bannerträger" (1946–48), „Die Brigantine" (E., 1972), „Morgenröte" (R., 1980).

Honved (Honvéd) [ungar. „Vaterlandsverteidiger"], 1848 geprägte Bez. für ungar. Freiwillige, seit dem östr.

ungar. Ausgleich 1867 auf die ungar. Landwehr angewandt, 1919–45 Bez. für die gesamte ungar. Armee.

Honwana, Luís Bernardo, *Lourenço Marques (= Maputo) Nov. 1942, moçambikan. Schriftsteller und Filmschöpfer. – Schreibt in portugies. Sprache. Übte mit Mitteln eines afrikanisch geprägten mag. Realismus subtile, aber deutl. Kritik an den sozialen Verhältnissen der Salazar-Diktatur; meisterhafte Erzählungen vereint die Sammlung „Wir haben den räudigen Hund getötet" (1964).

Hooch (Hoogh), Pieter de, ≈ Rotterdam 20. Dez. 1629, †Amsterdam nach 1684, niederl. Maler. – Seine Hauptwerke in warmem Kolorit zeigen den Einfluß Vermeer van Delfts. Bevorzugte Motive sind v. a. Durchblicke in von Sonnenlicht erfüllte Innenräume.

Hood [engl. hʊd], Raymond, *Pawtucket (R. I.) 29. März 1881, †Stamford (Conn.) 14. Aug. 1934, amerikan. Architekt. – Ein Hauptvertreter des ↑internationalen Stils in den USA (Daily News Building, 1930, McGraw Hill Building, 1931, Rockefeller Center, 1932, in New York). **H.,** Robin ↑ Robin Hood.

Hooft, Pieter Cornelisz., *Amsterdam 16. März 1581, †Den Haag 21. Mai 1647, niederl. Jurist, Dichter und Historiker. – Seit 1609 Drost zu Muiden bei Amsterdam; gehört zu den wichtigsten niederl. Dichtern der Renaissance; im 17. Jh. bedeutendster Historiker der Niederlande.

Hoogh, Pieter de [niederl. hoːx] ↑ Hooch, Pieter de.

Hooghly [engl. 'huːglɪ], engl. für Hugli, Mündungsarm des ↑ Ganges.

Hooghlyside [engl. 'huːglɪsaɪd], Name der Conurbation ↑ Kalkutta.

Hoogstraten [niederl. 'hoːxstraːtə], Jacob van (Jakob von Hochstraten), *Hoogstraten (Prov. Antwerpen) 1460, †Köln 27. Jan. 1527, dt. Dominikaner niederl. Herkunft. – Verlangte als päpstl. Inquisitor die Beschlagnahmung nicht bibl. jüd. Bücher und geriet darüber in Streit mit J. ↑ Reuchlin; einer der ersten literar. Gegner Luthers. **H.,** Samuel van, *Dordrecht 2. Aug. 1627, †ebd. 19. Okt. 1678, niederl. Maler und Kunstschriftsteller. – Schüler Rembrandts; legte Wert auf perspektiv. Effekte. Seine „Inleyding tot de hooge schoole der schilderkonst" (1678) ist eine wichtige Quelle für die damalige Kunst.

Hooke, Robert [engl. hʊk], *Freshwater (Isle of Wight) 18. Juli 1635, †London 3. März 1703, engl. Naturforscher. – H. war einer der vielseitigsten Wissenschaftler des 17. Jh. In seinem Hauptwerk „Micrographia" (1665) berichtete er über seine umfangreichen mikroskop. Beobachtungen, gleichzeitig auch über eine Theorie der Verbrennung und über seine Untersuchungen der Farben dünner Blättchen. 1678 formulierte er das nach ihm benannte ↑ Hookesche Gesetz. H. verbesserte physikal. Instrumente, u. a. Mikroskop, Barometer und Uhren.

Hookesches Gesetz [engl. hʊk; nach R. Hooke], Gesetz, wonach der Zusammenhang zw. der elast. Verformung eines Körpers und der dazu erforderl. Kraft bis zur Proportionalitätsgrenze linear ist. So lautet das H. G. für einachsige Beanspruchung: $\sigma = E\varepsilon$ (mit Normalspannung σ, Dehnung ε und Elastizitätsmodul E). Auch die beim Spannen einer Feder mit der Federdehnung x wachsende Rückstellkraft F unterliegt dem H. G., $F = -Dx$ (D Federkonstante).

Hooligans [engl. 'huːligəns], gewalttätige, meist in Gruppen auftretende Jugendliche.

Hoorn, niederl. Stadt am IJsselmeer, 56 500 E. Westfries. Museum. Marktzentrum, Nahrungsmittel-, elektrotechn. und metallverarbeitende Ind. – 1356 Stadtrecht; etwa zw. 1500 und 1600 bedeutendster Ein- und Ausfuhrhafen an der Zuidersee. – Zwei spätgot. Kirchen: Noorderkerk (1426–1519), Oosterkerk (1450–um 1520); zahlr. Profanbauten (16. und v. a. 17. Jh.).

Hoorn, Kap, südlichste Spitze Südamerikas, auf der chilen. Hoorninsel; 55° 59' s. Br. War z. Z. der Segelschiffahrt wegen seiner Klippen und schweren Stürme gefürchtet.

Hoorne, Philipp Graf von ↑ Horne, Philipp II. von Montmorency-Nivelle, Graf von.

Pieter de Hooch. Mutter an der Wiege, 1664 (Berlin, Staatliche Museen)

Hoover [engl. 'huːvə], Herbert Clark, *West Branch (Iowa) 10. Aug. 1874, †New York 20. Okt. 1964, 31. Präs. der USA (1929–33). – Bergbauingenieur; leitete 1917 bis 1919 das amerikan. Kriegsernährungsamt und organisierte ab 1918/19 ein Hilfsprogramm für Europa (Quäker- oder H.-Speisungen); 1921–28 Handelsmin.; 1928 als Republikaner zum Präs. gewählt. Seine Außenpolitik war auf Ausgleich bedacht. Der dt. Revisionspolitik kam er durch das **Hoover-Moratorium** entgegen (Stundung aller Kriegsschulden und Reparationen auf 1 Jahr). Innenpolitisch konnte er wegen seines Verzichts auf staatl. Eingriffe die Wirtschaftskrise nicht beheben. 1932 bei den Präsidentschaftswahlen von F. D. Roosevelt geschlagen, dessen Politik des New Deal er scharf ablehnte; 1947–49 und 1953–55 Vors. einer Kommission zur Reorganisation der Bundesverwaltung (H.-Commission).

Hoover Dam [engl. 'huːvə 'dæm], Staudamm in einer Schlucht des Colorado, USA, an der Grenze zw. Arizona und Nevada; Dammhöhe 221 m, Kronenlänge 379 m, erbaut 1931–36; staut den Lake Mead (38,55 Mrd. m³, Kraftwerk mit 1 345 MW).

Hoover-Moratorium [engl. 'huːvə] ↑ Hoover, Herbert Clark.

Hope, Bob [engl. hoʊp], eigtl. Leslie Townes H., *Eltham (= London) 29. Mai 1903, amerikan. Komiker brit. Herkunft. – Seit 1907 in den USA; populär in seiner Darstellung des untauglich-humorigen Feiglings, dessen held. Aktionen stets fehlschlagen, wie in dem Film „Sein Engel mit den zwei Pistolen" (1948); wirkte auch für Bühne, Rundfunk und Fernsehen

Hopeh ↑ Hebei.

Hopewellkultur [engl. 'hoʊpwəl; nach dem amerikan. Farmer C. Hopewell, auf dessen Farm im 19. Jh. typ. Siedlungen gefunden wurden], vorgeschichtl. indian. Kultur Nordamerikas, etwa 200 v. Chr. bis 400 n. Chr., mit dem Zentrum im mittleren Ohiotal; Feldbau mit Mais; permanente Siedlungen; künstlerisch hochwertige Handwerkserzeugnisse aus Ton, kaltgehämmertem Kupfer, Glimmer, Stein (Plattformpfeifen) und Holz.

Hopf, Heinz, *Gräbschen (Schlesien) 19. Nov. 1894, †Zollikon bei Zürich 3. Juni 1971, schweizer. Mathematiker dt. Herkunft. – 1931–65 Prof. an der ETH Zürich; bed. Arbeiten zu Differentialgeometrie und Topologie.

Hopfe (Upupidae), Fam. 24–38 cm langer Rackenvögel in Steppen, Wäldern und parkartigem Gelände Eurasiens

Herbert Clark Hoover

Bob Hope

Hopfen

Hopfen.
Gemeiner Hopfen

Hopfenbuche.
Links: männliche Kätzchen.
Rechts: weiblicher Fruchtstand

Hopi.
Kachinapuppe

und Afrikas; Schnabel schlank, leicht gebogen. Neben dem kurzkralligen, v. a. am Boden lebenden ↑ Wiedehopf gibt es noch die langkralligen, nur in Afrika südlich der Sahara v. a. auf Bäumen lebenden **Baumhopfe** (Phoeniculinae).

Hopfen (Humulus), Gatt. der Hanfgewächse mit 3 Arten in der nördlich gemäßigten Zone; zweihäusige Stauden mit rechtswindenden Trieben. Die wichtigste Art ist der **Gemeine Hopfen** (Humulus lupulus), eine Liane der Auwälder und Ufer der nördlich gemäßigten Zone; bis 6 m hoch rankende Pflanze mit tiefreichendem Wurzelsystem. Die grünl. Fruchtzapfen (*H. dolden*) sind dicht mit drüsigen Schuppen besetzt, die abgeschüttelt das *Lupulin (Hopfenmehl)* ergeben. Dieses enthält v. a. Bitterstoffe (Humulon, Lupulon), die dem Bier Haltbarkeit, Schäumvermögen und Bittergeschmack verleihen. In den feldmäßigen Anlagen werden nur ♀♀ Pflanzen kultiviert. – Die H.kultur ist in M-Europa seit der Karolingerzeit nachweisbar. H. wurde wegen des strengen Flurzwangs der Dreifelderwirtschaft zunächst nicht in Feldern, sondern in Klostergärten gezogen. Seit dem 14. Jh. wird er in M-Europa in größeren Kulturen angebaut.

Hopfenblattlaus ↑ Röhrenläuse.

Hopfenbuche (Ostrya), Gatt. der Haselnußgewächse mit fünf Arten auf der Nordhalbkugel; der Hainbuche sehr ähnl. Bäume und Sträucher; Fruchtstände an die Fruchtzapfen des Hopfens erinnernd.

Hopfenklee ↑ Schneckenklee.

Hopfer, Daniel, *Kaufbeuren um 1470, †Augsburg 1536, dt. Plattner und Radierer. – 1493 Bürger von Augsburg; wohl Erfinder der Radierung, indem er das Ätzverfahren auf die Druckgraphik übertrug; verbreitete den Formenschatz der Renaissance.

Hopi, zu den Puebloindianern zählender Stamm in NO-Arizona; etwa 6 000 Menschen. Intensiver, dem ariden Klima angepaßter Bodenbau. Bed. Kunsthandwerk (Töpfer-, Korb- und Webwaren, Silberschmuck, Masken und holzgeschnitzte, bemalte Kachinapuppen). Ihre Sprache, Hopi, gehört zur Gruppe Uto-Aztekisch.

Hopkalit [Kw.], eine v. a. Mangandioxid und Kupferoxid enthaltende Mischung, die bei normalen Temperaturen die Oxidation des giftigen Kohlenmonoxids zu Kohlendioxid ermöglicht; v. a. als Atemfilter benutzt.

Höpker-Aschoff, Hermann, *Herford 31. Jan. 1883, †Karlsruhe 15. Jan. 1954, dt. Jurist und Politiker. – 1921–32 MdL in Preußen (DDP); 1925–31 preuß. Finanzmin.; 1930–32 MdR; beteiligte sich an der Gründung der FDP; Mgl. des Parlamentar. Rats 1948/49, 1949–51 MdB (FDP); verlieh dem Bundesverfassungsgericht als dessen erster Präs. (1951–54) hohes Ansehen.

Hopkins, Anthony, *Port Talbot 31. Dez. 1937, brit. Schauspieler. – Seit 1964 Bühnenengagements, seit 1968 beim Film, u. a. „Der Elefantenmensch" (1979), „Das Schweigen der Lämmer" (1990), „Wiedersehen in Howards End" (1991).

H., Sir (seit 1925) Frederick (Gowland), *Eastbourne 20. Juni 1861, †Cambridge 16. Mai 1947, brit. Biochemiker. – Prof. in Cambridge. Für die Entdeckung wachstumsfördernder Vitamine erhielt er 1929 (zus. mit C. Eijkman) den Nobelpreis für Physiologie oder Medizin.

H., Harry Lloyd, *Sioux City (Iowa) 17. Aug. 1890, †New York 29. Jan. 1946, amerikan. Politiker. – Leitete unter F. D. Roosevelt Arbeitsbeschaffungsprogramme und regte bed. Sozialgesetze an. 1938–40 Handelsmin.; persönl. Berater Roosevelts u. a. auf den Konferenzen von Casablanca (1943) und Jalta (1945); erreichte 1945 eine Einigung mit Stalin über die UN (Vetofrage).

Hopliten [griech., zu *hópla* „Rüstung"], Bez. für schwerbewaffnete Truppen als Kern des griech. Heeres seit dem 7. Jh. v. Chr., zum Einsatz in geschlossenem Verband (Phalanx) bestimmt.

Hoplites [griech.], nur aus der Kreide bekannte Gatt. der Kopffüßer (Ordnung Ammoniten) mit kräftigen Rippen und Knoten. Einige Arten dienen als Leitfossilien.

Hoppe, Marianne, *Rostock 26. April 1911, dt. Schauspielerin. – ∞ mit G. Gründgens (1936–45); überwiegend klass. Rollenrepertoire; 1935–45 am Berliner Staatstheater, 1947–55 am Düsseldorfer Schauspielhaus; danach zahlr. Gastverpflichtungen. Seit 1934 auch beim Film, u. a. „Eine Frau ohne Bedeutung" (1936), „Romanze in Moll" (1943), „Liebfrauen" (1985); auch Fernsehrollen.

H., Rolf, *Ellrich 6. Dez. 1930, dt. Schauspieler. – Feinfühliger Charakterdarsteller; 1961–70 und ab 1975 am Staatstheater Dresden. Seit Anfang der 70er Jahre Film- und Fernsehrollen, u. a. „Jörg Ratgeb – Maler" (1978), „Mephisto" (1981), „Frühlingssinfonie" (1983), „Der Bruch" (1989).

Hopper, Dennis [engl. 'hɔpə], *Dodge City (Kans.) 17. Mai 1936, amerikan. Schauspieler und Filmregisseur. – Seit dem Erfolg seines Films „Easy Rider" (1969) Idol der zeitgenöss. Jugend; drehte u. a. „Colors – Farben der Gewalt" (1988); Darsteller u. a. in „,... denn sie wissen nicht, was sie tun" (1955).

H., Edward, Nyack (N. Y.) 22. Juli 1882, †New York 15. Mai 1967, amerikan. Maler und Graphiker. – Malte in einem zur Stilisierung neigenden Realismus typisch amerikan. Städte und Landschaften sowie Interieurs.

Hoppe-Seyler (Doppelname seit 1864), Felix, *Freyburg/Unstrut 26. Dez. 1825, †Wasserburg (Bodensee) 11. Aug. 1895, dt. Biochemiker. – Prof. in Berlin, Tübingen und Straßburg. Begründer der modernen physiolog. Chemie, u. a. Untersuchungen über Blutfarbstoffe und Gärung; begründete 1877 die „Zeitschrift für physiolog. Chemie".

Hoppner, John [engl. 'hɔpnə], *Whitechapel (= London) 4. April 1758, †London 25. Jan. 1810, engl. Maler. – Beliebter Porträtist; auch Landschaftsmaler.

Hoquetus [...'ke:tʊs; mittellat., zu altfrz. *hoqueter* „zerschneiden"] (Hoketus), eine von etwa 1200 bis um 1400 verwendete Satztechnik in der mehrstimmigen Musik, bei der zwei melodietragende Stimmen derart in einzelne Töne oder Tongruppen aufgeteilt werden, daß, wenn eine pausiert, die andere nicht pausiert, und umgekehrt.

Hoquetus.
Beispiel aus einer Motette von Guillaume de Machault

Hora, Josef, *Dobříň bei Roudnice nad Labem 8. Juli 1891, †Prag 21. Juni 1945, tschech. Schriftsteller und Kritiker. – Begann mit neuromant., z. T. durch impressionist. Stilmittel bestimmten Gedichten, schrieb dann sozialist. Lyrik, wandte sich um 1930 meditativer, methaphys. Dichtung, zu, unter dem Eindruck der polit. Ereignisse 1938 volksverbundene Heimatlyrik.

Horákovkultur, nach Funden aus dem Grabhügel Hlásnice bei Horákov (9 km nö. von Brünn, ČR) ben. südmähr. Kulturgruppe der östl. Hallstattkultur (7.–6. Jh.); gekennzeichnet durch Körper- und Brandbestattungen in Holzkammergräbern unter Hügeln sowie durch bemalte Keramik.

Horand, im mittelhochdt. Epos „Kudrun" als Lehnsmann König Hetels Herr über Dänemark; berühmt durch seine Sangeskunst. Er entführte Hilde, König Hagens Tochter.

Horatier (lat. Horatii), altröm. Patriziergeschlecht, das gegen Ende des 5. Jh. v. Chr. ausstarb. Nach der Sage kämpften unter dem röm. König Tullus Hostilius das Drillingspaar der H. auf der Seite Roms und das der **Curiatier** auf der Seite Alba Longas um die Vorherrschaft der Städte. Der jüngste H. entschied nach dem Tod seiner Brüder den Kampf für Rom und tötete seine Schwester, weil sie um einen mit ihr verlobten Curiatier trauerte (Drama „Horace" von P. Corneille, 1640). – Aus der röm. Heldensage ist ferner **Horatius Cocles** („der Einäugige") bekannt, der 507 v. Chr. (?) die Verteidigung der Tiberbrücke in Rom gegen die Etrusker unter Porsenna geführt haben soll.

Horaz (Quintus Horatius Flaccus), *Venusia (= Venosa) 8. Dez. 65, †27. Nov. 8 v. Chr., röm. Dichter. – Sohn eines Freigelassenen; schloß sich Brutus an und wurde in

Edward Hopper. Haus am Bahndamm, 1925 (New York, Museum of Modern Art)

dessen Heer Militärtribun, danach Schreiber in Rom. 38 von Maecenas in dessen Dichterkreis aufgenommen und 35 mit dem Landgut „Sabinum" beschenkt. Sein in 9 Büchern vorliegendes Gesamtwerk (entstanden zw. 41 und 13) ist vollständig erhalten. Zu seinem Frühwerk zählen die *Satiren* (etwa 35 und 30 v. Chr.), poet. „Plaudereien" („Sermones") in Hexametern von stark persönl. Färbung, und die *Epoden* (etwa 30 v. Chr.), „Schmähgedichte" („Iambi") mit aktuell-röm. Inhalt. Während der mittleren Schaffensperiode (30–23 v. Chr.) schrieb H. sein Meisterwerk, die ersten 3 Bücher der Oden („Carmina"), im Rückgriff auf die äol. Lyrik der Sappho und des Alkaios; von dort stammen die kunstvollen Versmaße und ein Teil der Motive. In den „Episteln" (20 und 13 v. Chr. vollendet) werden philosoph. und poetolog. Fragen erörtert; das 2. Buch bildet mit dem als „*Ars poetica*" („Dichtkunst") bekannten Brief den Höhepunkt seiner Literaturkritik.

Horb am Neckar, Stadt im Oberen Gäu, Bad.-Württ., 437 m ü. d. M., 21 000 E. Heimatmuseum; metallverarbeitende, Textil- und Holzind. – Um 1100 erstmals erwähnt; im 13. Jh. Stadtrechtsverleihung, 1381–1805 habsburg., dann württembergisch. – Got. Spitalkirche, barocke Pfarrkirche Hl. Kreuz. Fachwerkhäuser.

Hörbereich, derjenige Frequenzbereich, in dem die Frequenzen der elast. Schwingungen von Materie[teilchen] liegen müssen, um vom menschl. Ohr, allgemeiner vom Gehörorgan eines Lebewesens, als Schall wahrgenommen werden zu können. Der H. des Menschen erstreckt sich von 16 Hz *(untere Hörgrenze)* bis zu 40 000 Hz *(obere Hörgrenze);* er umfaßt also etwa 10 Oktaven.

Hörbiger, Attila, *Budapest 21. April 1896, †Wien 27. April 1987, östr. Schauspieler. – ∞ mit Paula Wessely, Bruder von Paul H.; 1928–50 am Theater in der Josefstadt in Wien engagiert; ab 1950 am Wiener Burgtheater. Bed. Charakterdarsteller.

H., Paul, *Budapest 29. April 1894, †Wien 5. März 1981, östr. Schauspieler. – 1926–40 an verschiedenen Berliner Theatern, 1940–46 und seit 1963 am Wiener Burgtheater. Bühnenerfolge u. a. mit Raimund- und Nestroyrollen. Populärer Filmschauspieler (z. B. „Der liebe Augustin", 1940), stellte meist kauzige Typen dar.

Hörbrille ↑ Hörgeräte.

Horch, August, *Winningen 12. Okt. 1868, †Münchberg 3. Febr. 1951, dt. Automobilkonstrukteur und Industrieller. – H. war zunächst Mitarbeiter von C. Benz. 1899 gründete er die *August H. u. Cie.,* 1910 die Audi Automobilwerke.

Hordaland [norweg. ˌhɔrdalan], Verw.-Geb. in W-Norwegen, 15 634 km², 409 000 E (1990), Verwaltungssitz Bergen. Reicht vom Meer bis auf die Hardangervidda; bed. Landw. (v. a. Obstbau).

Horde [wohl zu türk. ordu „Heer", eigtl. „umherziehender Tatarenstamm"], Bez. für eine umherstreifende Völkerschaft (z. B. Goldene H.), später auch für eine wilde Schar.
▷ in der *Völkerkunde* Gruppe von untereinander verwandten Familien mit gemeinsamem Lagerplatz.
▷ umgangssprachl. Bez. für die Herden mancher Tiere, z. B. bei bestimmten Affenarten.

Hörde, ehem. selbständige Stadt, seit 1928 zu ↑Dortmund.

Hordeolum [lat.], svw. ↑ Gerstenkorn.

Horeb, im A. T. in den Quellen Elohist und Deuteronomist Name des Berges Sinai.

Horen, in der griech. Mythologie die Göttinnen der Jahreszeiten, des Blühens und Reifens in der Natur; bereits seit Hesiod auch als sittl. Mächte: Eunomia (gesetzl. Ordnung), Dike (Gerechtigkeit), Eirene (Friede).

Horen (Die H.) [nach den griech. Göttinnen], Titel einer von Schiller 1795–97 herausgegebenen und von Cotta verlegten Zeitschrift. Die „H." wurden als erste Zeitschrift der dt. Klassik zum epochemachenden Vorbild für alle späteren literar. Zeitschriften.

Horen [griech.-lat.], die 7 bzw. 8 „Stunden" des christl. ↑ Stundengebets.

Hören ↑Gehörorgan.

Hörfunk (Tonrundfunk), Aufnahme, Übertragung und Wiedergabe hörbarer Vorgänge mit Hilfe elektromagnet. Wellen, gewöhnlich drahtlos, seltener auch über Kabel.

Technische Einrichtungen

Akust. Signale (Sprache, Musik, Geräusche) werden von Mikrophonen in elektr. Wechselspannungen umgesetzt und auf Magnetband gespeichert oder direkt (Live-Sendung) dem Sender zugeleitet. Diese Wechselspannungen werden auf der dem H.sender eigenen Sendefrequenz übertragen. Zusammen mit dieser bilden sie ein Mischprodukt (modulierte Trägerwelle), das in Form elektromagnet. Wellen von der Sendeantenne abgestrahlt wird. Die Antenne des H.teilnehmers fängt Wellen der verschiedensten Sender auf und leitet sie über das Antennenkabel dem Empfangsgerät zu. Wird dessen Empfangsfrequenz auf die Sendefrequenz der entsprechenden H.station abgestimmt, können die elektromagnet. Wellen passieren, und der Empfänger gewinnt aus ihnen die urspr. Informationen in Form der Wechselspannungen zurück. Die geringen Ausgangsspannungen des Empfangsteils werden durch einen nachgeschalteten Verstärker vergrößert und dem Lautsprecher zugeführt, der sie wieder in hörbare Schallwellen umwandelt. Die Frequenz der vom Sender ausgestrahlten modulierten Trägerwelle kann im Bereich der *Langwelle* (LW; 150 bis 285 kHz), *Mittelwelle* (MW; 525–1605 kHz), *Kurzwelle* (KW; 3,95–26,1 MHz) und *Ultrakurzwelle* (UKW; 87,5–104 MHz, im Ausland bis 108 MHz) liegen. Die Verteilung der Sendefrequenzen wurde zuletzt im *Genfer Abkommen* geregelt, das am 23. Nov. 1978 in Kraft trat. LW- und MW-Sender strahlen jeweils eine *Bodenwelle* (Reichweite mehrere 100 km) und eine *Raumwelle* aus, die bes. gut nachts an der Ionosphäre zur Erde zurückgestrahlt wird und so Empfang über große Entfernung ermöglicht. KW-Sender ermöglichen weltweite Verbindungen, da sie nur mit der Raumwelle arbeiten. UKW-Sender haben wegen der geradlinigen Ausbreitung der Ultrakurzwellen nur eine geringe Reichweite. LW-, MW- und KW-Sender arbeiten mit der *Amplitudenmodulation* (AM; Amplitude der hochfrequenten Trägerwelle ändert sich im Rhythmus der Tonfrequenz; große Anfälligkeit gegen Störungen, z. B. bei Gewittern, da sie sich als Amplitudenspitzen auswirken), UKW-

Frederick Hopkins

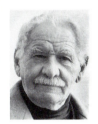

Attila Hörbiger

Paul Hörbiger

August Horch

Obere Hörgrenze verschiedener Lebewesen			
Katze	50 000 Hz	Zwergwels	13 000 Hz
Hund	35 000 Hz	Uhu	über 8 000 Hz
Großer Tümmler	150 000 Hz	Buchfink	29 000 Hz
Glattnasenfledermaus	über 90 000 Hz	Waldkauz	21 000 Hz
Maus	bis über 20 000 Hz	Feldheuschrecke	12 000 Hz

Hörfunk

Sender mit *Frequenzmodulation* (FM; die Trägerfrequenz ändert sich im Rhythmus der Tonfrequenz; Amplitude bleibt konstant, Störungen werden durch Amplitudenbegrenzer weitgehend ferngehalten). FM erfordert eine große Bandbreite, also einen großen Frequenzabstand von Sender zu Sender, und erlaubt Übertragungen in Hi-Fi-Qualität (↑ High-Fidelity) und von stereophonen Sendungen (↑ Stereophonie). Im MW-Bereich ist der frequenzmäßige Abstand (Kanalabstand) von Sender zu Sender 9 kHz, im UKW-Bereich 100 kHz. Bei sog. *Digitalempfängern* wird im UKW-Bereich die Empfangsfrequenz in Schritten von meist 100 kHz entsprechend den tatsächl. Sendefrequenzen verändert und digital angezeigt.

Für die Aufnahme stereophoner Sendungen werden wenigstens 2 Mikrophone (linker und rechter Kanal) benötigt. Aus den beiden Wechselspannungen der Mikrophone wird das Summen- und das Differenzsignal gebildet. Dabei stellt das *Summensignal* (Frequenzbereich 30 Hz bis 15 kHz) den Hauptkanal dar, der auch von einem Monogerät empfangen werden kann. Die von den Mikrophonen aufgezeichneten Signale sind alle im Hauptkanal enthalten. Mit Hilfe des *Differenzsignals* wird ein *Multiplexsignal* gebildet, das auf einer Trägerfrequenz von 19 kHz *(Pilotton)* parallel zum Hauptkanal mitübertragen wird. Der *Decoder* des Empfangsteils entschlüsselt das Multiplexsignal und leitet die beiden wiedergewonnenen Kanäle (links bzw. rechts) einem Stereoverstärker zur Weiterverarbeitung zu.

H.produktionen entstehen überwiegend im Studio, das aus einem Aufnahmeraum und einem Regieraum (mit Regiepult und Einrichtungen zum Abspielen von Tonträgern, z. B. Tonband) besteht. Die einzelnen Studioräume sind durch Sichtfenster miteinander verbunden, akustisch aber gegeneinander abgeschirmt. Ein Hörspielstudio besitzt zusätzlich einen Hallraum und einen schalltoten Raum, um bestimmte Raumakustiken simulieren zu können. Bei Außenübertragungen werden Übertragungswagen (sog. Ü-Wagen) eingesetzt, die mit einer kompletten Studioanlage ausgerüstet sind. In den Aufnahmeräumen erfolgt die Schallaufnahme und Umwandlung in tonfrequente elektr. Wechselspannungen (NF-Signale) durch Mikrophone. Über Leitungen gelangen die NF-Signale in den Regieraum; hier regelt der Toningenieur mit Hilfe von Einzel- bzw. Summenreglern die von den einzelnen Mikrophonen bzw. Mikrophongruppen kommenden Signale. Die in der Regie für die Ausstrahlung vorbereitete Sendung wird über Verteiler und Kabel vom Regieraum zum Studioschaltraum geleitet; von hier aus erfolgt die Übertragung zum Sender.

Organisation und Programme

In Deutschland ist der Rundfunk, damit auch der H., nach dem öff. Integrationssystem organisiert (↑ Fernsehen, Recht). Die ↑ Rundfunkanstalten besitzen als Anstalten des öff. Rechts das Recht auf Selbstverwaltung, die durch bes. Organe wahrgenommen wird: Rundfunkrat, Verwaltungsrat, Intendant (bei NDR und WDR zusätzlich Programmbeirat). Die Rundfunkanstalten arbeiten in der Arbeitsgemeinschaft der öff.-rechtl. Rundfunkanstalten der BR Deutschland (ARD) zusammen. Im H. arbeiten daneben etwa 120 private, meist regionale Rundfunkveranstalter (1990).

Die Landesrundfunkanstalten in Deutschland – Bayerischer Rundfunk (BR), Hessischer Rundfunk (HR), Mitteldeutscher Rundfunk (MDR), Norddeutscher Rundfunk (NDR), Ostdeutscher Rundfunk Brandenburg (ORB), Radio Bremen (RB), Saarländischer Rundfunk (SR), Sender Freies Berlin (SFB), Süddeutscher Rundfunk (SDR), Südwestfunk (SWF), Westdeutscher Rundfunk (WDR) – strahlen in ihrem Sendegebiet bis zu 5 Hörfunkprogramme aus. Im Mittelpunkt des 1. Programme stehen – allerdings mit erhebl. regionalen Abweichungen – leichte Musik, polit. Information und aktuelle Magazine; im 2. Programm werden vornehmlich ernste Musik, Kultur- und Bildungsprogramme geboten. Im 3. Sendernetz werden v. a. leichte Musik (für jugendl. Hörer) und unterrichtende Sendungen verbreitet sowie ein Serviceprogramm für Autofahrer. Teilweise sind die Funktionen von 2. und 3. Programm umgekehrt ausgelegt (NDR, SFB, WDR). Auch die 4. Programme werden unterschiedlich genutzt.

Daneben verbreiten H.anstalten des Bundesrechts (Dt. Welle, Deutschlandfunk) neben Sendern ausländ. Trägerschaft kontinentale und interkontinentale Programme in dt. Sprache und zahlr. Fremdsprachen. Im Juli 1991 einigten sich die Min.präs. der Bundesländer, die H.programme RIAS 1, Deutschlandsender (DS)-Kultur und Deutschlandfunk in einer nat. Gemeinschaftseinrichtung von ARD und ZDF mit Sitz in Köln zusammenzufassen.

Die Sendedauer sämtlicher H.programme nimmt kontinuierlich zu und betrug 1991 rd. 854 Stunden täglich.

Zu den rechtl. Grundlagen in Deutschland, in Österreich und in der Schweiz ↑ Fernsehen; zu den völkerrechtl. Vereinbarungen ↑ Rundfunk.

Wirtschaftliche Grundlagen

In der BR Deutschland waren 1991 28,63 Mill. H.empfangsgeräte angemeldet, davon rd. 2,2 Mill. gebührenbefreit; das Massenmedium H. erreichte damit über 90 % aller Haushalte. Die Kosten des H. werden v. a. durch H.gebühren (1991: 1,94 Mrd. DM) und Werbeeinnahmen gedeckt. Da die Sendegebiete der Landesrundfunkanstalten und damit das Gebührenaufkommen der Sender unterschiedlich groß sind, führen die Anstalten einen Finanzausgleich durch. Für die Erbringung techn. Leistungen ist die Dt. Bundespost mit rd. 10 % an den Einnahmen durch Gebühren beteiligt. Die Ausstrahlung einer Programm-Minute im H. kostete 1991 durchschnittlich 101 DM.

Geschichte

Der Rundfunk und damit auch der H. basiert wesentlich auf der Entwicklung der 1896 von G. Marconi verwirklichten drahtlosen Telegraphie: 1898 führte K. F. Braun den Schwingkreis ein. 1906 erfanden L. De Forest und L. von Lieben die Triode, De Forest außerdem das sehr bald die Empfänger und ab 1912 auch als Sender verwendete Audion. Mit der Einführung des Rückkopplungsprinzips durch A. Meißner (1913) setzte die bes. von G. Graf von Arco vorangetriebene Entwicklung des Röhrensenders ein. Die ersten Versuche mit Röhrensendern und Rückkopplungsempfängern, die H. Bredow und A. Meißner im 1. Weltkrieg 1917 an der dt. W-Front durchführten und bei denen Musik übertragen wurde, können in techn. Hinsicht als Ausgangspunkt des Rundfunks betrachtet werden. Nach dem 1. Weltkrieg setzte v. a. in den USA die Entwicklung des Rundfunks ein. In Deutschland übertrug zum ersten Male am 22. Dez. 1920 der posteigene Langwellensender Königs Wusterhausen ein Instrumentalkonzert. Ab Sept. 1922 wurde der „Wirtschaftsrundspruchdienst" als erster regelmäßiger, gebührenpflichtiger Rundfunkdienst betrieben. Nach Aufhebung des Rundfunkempfangsverbots für Privatpersonen wurde im Okt. 1923 in Berlin der erste dt. Rundfunksender (Sendeleistung 0,25 kW) eröffnet und wenig später die Dt. Welle GmbH gegr., die ab 1926 den Deutschlandsender betrieb. Die zahlr. 1924 gegr. dt. Rundfunkgesellschaften wurden 1925 in der Reichs-Rundfunk-Gesellschaft als Dachorganisation des dt. Rundfunks zusammengefaßt, an der die Dt. Reichspost wesentlich beteiligt war. Durch die 1932 beschlossene Rundfunkreform wurden die Regionalgesellschaften völlig in Staatsbesitz (Reich und Länder) übergeführt. Während der Herrschaft des NS 1933–45 war der Rundfunk unter der zentralen Steuerung und Kontrolle des Reichsministeriums für Volksaufklärung und Propaganda wichtigstes Mittel der nat.-soz. Partei- und Reg.propaganda. Nach Kriegsende 1945 übertrugen die Besatzungsmächte z. T. ihre heimatl. Rundfunkorganisationsmodelle auf die neuerrichteten dt. Anstalten: die Briten schufen nach dem Vorbild der BBC als zentrale Anstalt für ihr gesamtes Besatzungsgebiet den NWDR, aus dem 1953/55 SFB und NDR/WDR hervorgingen; die Franzosen in gleicher Weise den SWF; die Amerikaner dagegen errichteten in jedem Land ihres Besatzungsgebietes einen eigenen Sender: BR, SDR, HR, RB. 1957 wurde als letzte Landesrundfunkanstalt der SR gegr., 1960 die Rundfunkanstalten des Bundesrechts: DLF und DW. In den neuen Bundesländern wurden 1991 der MDR und der ORB gegr.; Meckl.-Vorp. trat dem NDR bei. 1950 wurden auf der Funkausstellung der dt. Öffentlichkeit erstmals der UKW-Empfang von H.sendungen, 1961 die Stereophonie, 1973 die Quadrophonie, 1975 schließlich die Kunstkopfstereophonie vorgeführt.

Horgen, schweizer. Bez.hauptort am SW-Ufer des Zürichsees, Kt. Zürich, 408 m ü.d.M., 17 000 E. Maschinenbau, elektron. Ind. – Zunächst habsburgisch; 1406 an Zürich.

Horgener Kultur, nach Funden aus der Ufersiedlung in Horgen und in Scheller (Kt. Zürich) ben. jungneolith. Kulturgruppe (3. Jt. v. Chr.) der N- und W-Schweiz mit Ausstrahlung nach SW-Deutschland; gekennzeichnet durch grobe Keramik, Holzgefäße, Knochengeräte, Steinbeile und Steinäxte.

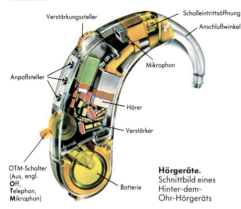

Hörgeräte. Schnittbild eines Hinter-dem-Ohr-Hörgeräts

Hörgeräte (Hörhilfen), elektroakust. Verstärker zum Ausgleich verminderten Hörvermögens bei Schwerhörigkeit. H. bestehen aus Batterie, Mikrophon, Verstärker (meist als integrierte Schaltung) und Hörer (Miniaturlautsprecher). Zur Anpassung an den Hörschaden sind die H. auf das Audiogramm des Patienten abgestimmt und mit mehreren Einstellmöglichkeiten versehen: Lautstärkeregler, Tonblende (zur Regelung der Klangfarbe), Begrenzungsregler (zur Begrenzung der Ausgangsleistung des Verstärkers). **Taschenhörgeräte** werden in der Oberbekleidung getragen; der Hörer ist über ein Kabel mit dem Gerät verbunden und wird von einem in den äußeren Gehörgang eingeführten Ohrstück gehalten. **Kopfhörgeräte** werden hinter dem Ohr getragen (Hinter-dem-Ohr-H., HdO-Geräte, bananenförmig mit Schallschlauch zum individuell geformten Ohrpaßstück) oder in der Ohrmuschel und am äußeren Gehörgang (In-dem-Ohr-H., IdO-Geräte). Bei **Mini-im-Ohr-Geräten** befinden sich die kompletten H. mit sämtl. Bauteilen in einem individuell hergestellten, dem Gehörgang angepaßten Ohrpaßstück. Bei **Hörbrillen** ist das H. komplett im Brillenbügel untergebracht; ein Schallschlauch führt zum Ohreinsatz.

Hörhilfen, svw. ↑Hörgeräte.

Horia (Horea), eigtl. Vasile Ursu Nicola, *Albac bei Klausenburg um 1730, †Alba Iulia 28. Febr. 1785 (hingerichtet), rumän. Revolutionär. – Zus. mit Cloşca (*um 1747, †1785) und Crişan (*1730, †1785) Anführer des gegen den (magyar.) Adel gerichteten Aufstandes leibeigener Bauern im westl. Siebenbürgen (1784).

Hörige (Grundholde) ↑Leibeigenschaft.

Hörigkeit ↑Leibeigenschaft.

▷ schrankenlose Unterwerfung des Willens einer Person unter den einer anderen, insbes. bei sexueller Abhängigkeit oder aus Angst um den Verlust des Partners.

Horiudschi ↑Hōryūji.

Horizont [griech., zu horízein „begrenzen"] (Gesichtskreis), die sichtbare *Grenzlinie,* an der Himmelsgewölbe und Erde zusammenzustoßen scheinen (natürl. H.; auf See als **Kimm** bezeichnet). In der *Astronomie* unterscheidet man ferner den *wahren* H., die Schnittlinie einer senkrecht zum Lot am Beobachtungsort durch den Erdmittelpunkt gelegten Ebene mit der Himmelskugel, und den *scheinbaren* H., die Schnittlinie einer senkrecht zum Lot durch den Fußpunkt des Beobachters gelegten Ebene mit der Himmelskugel.

▷ in der *Geologie* Bez. für die kleinste Einheit, räumlich (Schichteinheit) wie zeitlich durch einheitl. Fossilgehalt (Fossil-H.) oder Gesteine bestimmt.

▷ in der *Bodenkunde* die einzelnen horizontalen Schichten eines Bodens.

▷ übertragen: geistiges Gesichtsfeld.

horizontal [griech.], waagerecht.

Horizontale [griech.], eine waagerechte Gerade oder Ebene.

Horizontalpendel, Pendel, das um eine nahezu senkrechte Drehachse in einer nahezu waagerechten Ebene schwingt. Wird als Seismometer zur Registrierung von Erdbeben verwendet.

Horizontalverschiebung ↑Verwerfung.

Horizontdetektor (Erd[horizont]sensor, Horizontaster, Horizontsucher), Steuergerät für aktive Raumflugsysteme im erdnahen Bereich, bei dem zwei infrarotempfindl. Sensoren mit kegelförmigem Abtastbereich (Kegelachsen senkrecht zueinander ausgerichtet) die Grenzlinie zw. der Wärme abstrahlenden Erdoberfläche und dem Himmelshintergrund (Horizont) abtasten.

Horizontsystem ↑astronomische Koordinatensysteme (Übersicht).

Horkheimer, Max, *Stuttgart 14. Febr. 1895, †Nürnberg 7. Juli 1973, dt. Philosoph und Soziologe. – 1930–33 Prof. für Sozialphilosophie und Direktor des von ihm mitgegr. Instituts für Sozialforschung an der Univ. Frankfurt; 1933 Emigration. 1934 Fortführung des inzw. durch die Nationalsozialisten geschlossenen Frankfurter Instituts als „Institute of Social Research" in New York. 1932–39 Hg. der „Zeitschrift für Sozialforschung"; 1943/44 Direktor der wiss. Abteilung des „American Jewish Committee" in New York. Seit 1949 wieder Prof. in Frankfurt am Main und seit 1950 Leiter des wiedererrichteten „Instituts für Sozialforschung" ebd., daneben 1954–59 Prof. in Chicago. Zus. mit T. W. Adorno einer der Begr. und bedeutendsten Repräsentanten der ↑kritischen Theorie der sog. Frankfurter Schule; in seinen Arbeiten zu Autorität und Familie unterzog er die histor. Bedingungen der Schwächung des Individuums einer empir. Untersuchung, um die psych. Disposition der Massen für autoritäre Systeme, insbes. den Faschismus erklären zu können. Seine Kritik an spätkapitalist. Herrschaftsstrukturen gewann maßgebl. Einfluß auf die Studentenbewegung der 1960er Jahre. – *Werke:* Anfänge der bürgerl. Geschichtsphilosophie (1930), Studien über Autorität und Familie (1936; mit E. Fromm), Dialektik der Aufklärung (1947; mit T. W. Adorno), Zur Kritik der instrumentellen Vernunft (1947), Sociologica II (1962), Krit. Theorie (1967).

Hörkopf ↑Tonbandgerät.

Hormayr, Joseph Freiherr von [...maiər], *Innsbruck 20. Jan. 1781, †München 5. Nov. 1848, östr. Publizist und Historiker. – Seit 1808 Direktor des Geheimen Hausarchivs in Wien, bereitete mit Billigung Erzhg. Johanns den Tiroler Freiheitskampf 1809 vor, den er neben A. Hofer leitete; trat 1828 in bayr. Dienste.

Hormisdas, hl., *Frosinone, †6. Aug. 523, Papst (seit 20. Juli 514). – H. setzte die Lehre des Konzils von Chalkedon unter Betonung des päpstl. Primats durch.

hormonal (hormonell) [griech.], von Hormonen ausgehend, auf sie bezüglich.

hormonale Empfängnisverhütung ↑Empfängnisverhütung.

Hormonbehandlung ↑Hormonpräparate.

Horizontalpendel

Max Horkheimer

Joseph Freiherr von Hormayr (zeitgenössischer Kupferstich)

Hormone

Hormone [zu griech. hormãn „in Bewegung setzen, antreiben"], vom menschl. und tier. Organismus, meist von bes. Hormondrüsen, auch bes. Zellarten oder Geweben gebildete und ins Blut abgegebene körpereigene Wirkstoffe, die zus. mit dem Nervensystem die Vorgänge des Stoffwechsels, des Wachstums, die Entwicklung und den emotionalen Bereich eines Individuums steuern. Eingeteilt werden können die H. nach ihrer chem. Struktur (Steroide, Aminosäuren und Peptide) oder nach den produzierenden Organen bzw. Hormondrüsen (z. B. Schilddrüsen-H., Nebennierenrinden-H.) oder nach dem Wirkungsbereich (z. B. Geschlechts-H.).

Gustaf Karlsson Graf Horn (Stich)

Die Steuerungsfunktion der bereits in kleinsten Mengen wirksamen H. ist sehr differenziert und erstreckt sich auch auf die Hormonproduktion selbst. Die H. wirken immer nur auf bestimmte Organe (Ziel- oder Erfolgsorgane). Diese haben spezif. Bindungsstellen (Rezeptoren; häufig in den Zellmembranen und Zellkernen), mit denen die entsprechenden Hormonmoleküle gebunden und die biochem. Reaktionen ausgelöst werden. – Zw. Hormonproduktion, Ausschüttung und Wirkung bestehen vielseitige Wechselbeziehungen. Die Ausschüttung wird nach dem Rückkopplungsprinzip geregelt, d. h., die Ausschüttung einer Hormondrüse wird durch das eigene Hormon bei einer bestimmten Konzentration im Blut gehemmt. Hypophyse bzw. die Hypophysenhormone kontrollieren als übergeordnetes System die Hormonausschüttung anderer Hormondrüsen, und zwar ebenfalls nach dem Prinzip eines Regelkreises. – ↑Hypophyse, ↑Geschlechtshormone, ↑Gewebshormone, ↑Nebennierenrindenhormone, ↑Schilddrüse.

Hormonentzugsblutung, svw. ↑Abbruchblutung.

Hormonpräparate, Arzneimittel mit hormonartiger Wirkung, die aus getrockneten, pulverisierten Drüsen oder Drüsenextrakten oder aus extrahierten, gereinigten natürl. Wirkstoffen gewonnen werden, in zunehmendem Maße aber aus synthet. Stoffen von gleicher, nicht selten auch abgewandelter chem. Struktur wie die körpereigenen Hormone hergestellt werden. Alle H., die nicht aus chemisch reinen Hormonen bestehen, werden im Tierversuch standardisiert, um eine möglichst gleichbleibende Wirksamkeit zu garantieren; der Wirkungsgrad wird gewöhnlich in Internat. Einheiten angegeben. Die Anwendung von H. (**Hormonbehandlung, Hormontherapie**) erfolgt v. a. bei den durch Hormonmangel bedingten Symptomen und damit verbundenen Erscheinungen. Bei fehlender oder mangelhafter Funktion der Schilddrüse werden synthetisch hergestellte Hormone oder aus getrockneten Rinder- bzw. Schafsdrüsen gewonnene H., meist in Tablettenform, gegeben. Bei Diabetes mellitus wird entweder das aus Bauchspeicheldrüsen von Schweinen gewonnene und aufbereitete oder mit gentechnolog. Methoden hergestellte Insulin injiziert. Als H., die den Nebennierenrindenhormonen entsprechen, werden neben den seltener verwendeten Mineralokortikoiden v. a. die Glukokortikoide hergestellt und zur Behandlung von allerg., rheumat. oder entzündl. Erkrankungen, von bösartigen Systemerkrankungen sowie zur Hemmung der körpereigenen Abwehr bei Transplantationen oder zur Immunsuppression verwendet. Geschlechtsdrüsen-H. werden meist synthetisch hergestellt; das Testosteron bzw. seine Derivate dienen der Behandlung von männl. Potenz- oder Fertilitätsstörungen. H. mit weibl. Geschlechtshormonen (Östrogene, Gestagene) bzw. deren synthet. Derivate werden bei der Behandlung von Blutungsanomalien, Fruchtbarkeitsstörungen sowie zur Schwangerschaftserkennung und -verhütung eingesetzt. Das synthetisch hergestellte Oxytozin wird zur Geburteneinleitung und bei Wehenschwäche verwendet.

Hormontherapie ↑Hormonpräparate.

Hormos, Straße von, Meeresstraße, bed. Schiffahrtsweg, verbindet den Golf von Oman mit dem Pers. Golf, 60–100 km breit. In der S. v. H. liegen die iran. Inseln **Gheschm** (110 km lang 10–30 km breit) und **Hormos** (8 km lang, 5 km breit).

Hormone (Übersicht)			
Hormone des Menschen und der Wirbeltiere			
Name	chem. Konstitution	Bildungsort	Wirkung
Adrenalin	Tyrosinderivat	Nebennierenmark	Pulsfrequenz-, Blutzuckererhöhung (Streßhormon)
Aldosteron	Steroid	Nebennierenrinde	Regulierung des Natrium-Kalium-Gleichgewichts
Calcitonin	Protein	Schilddrüse	Senkung des Calciumspiegels
follikelstimulierendes Hormon (FSH)	Glykoproteid	Hypophysenvorderlappen	Reifung der männl. und weibl. Geschlechtszellen
Glukagon	Protein	Langerhans-Inseln	Erhöhung des Blutzuckerspiegels
Insulin	Protein	Langerhans-Inseln	Senkung des Blutzuckerspiegels
Kortikosteron und Hydrokortison (Cortisol)	Steroid	Nebennierenrinde	Erhöhung des Blutzuckerspiegels, Unterdrückung allerg. und entzündl. Reaktionen
luteinisierendes Hormon (LH)	Glykoproteid	Hypophysenvorderlappen	Auslösung der Ovulation, Gelbkörperbildung
luteotropes Hormon (Prolaktin, LTH)	Protein	Hypophysenvorderlappen	Förderung der Milchbildung
Melatonin	Tryptophanderivat	Zirbeldrüse	Kontraktion der Pigmentzellen bei Fischen und Lurchen
Noradrenalin	Tyrosinderivat	Nebennierenmark	Blutdrucksteigerung
Östradiol	Steroid	Eierstock	Ausprägung weibl. sekundärer Geschlechtsmerkmale, Wachstum der Gebärmutterschleimhaut
Oxytozin	Oligopeptid aus 8 Aminosäuren	Hypothalamus	Gebärmutterkontraktion
Parathormon	Protein	Nebenschilddrüse	Erhöhung des Calciumspiegels
Progesteron	Steroid	Gelbkörper, Plazenta	Sekretionsphase der Gebärmutterschleimhaut, Erhaltung der Schwangerschaft
Somatotropin (Wachstumshormon)	Protein	Hypophysenvorderlappen	Förderung des Körperwachstums
Testosteron	Steroid	Hoden	Ausprägung männl. sekundärer Geschlechtsmerkmale
Thyroxin	Derivat der Aminosäure Tyrosin	Schilddrüse	Steigerung des Grundumsatzes, des Eiweiß-, Kohlenhydrat-, Fett- und Mineralstoffwechsels, der Atmung, des Kreislaufs; bei Lurchen Auslösung der Metamorphose
Vasopressin (Adiuretin)	Oligopeptid aus 8 Aminosäuren	Hypothalamus	Wasserresorption in der Niere, Blutdruckerhöhung

Horn, Arvid Bernhard Graf [schwed. huːrn], *Halikko (Finnland) 6. April 1664, †Ekebyholm bei Stockholm 17. April 1742, schwed. Politiker. – Setzte als Gesandter König Karls XII. in Warschau 1704 die Wahl von Stanisław Leszczyński zum König von Polen durch; als Präs. der Kanzlei (1720–38) eigtl. Leiter der schwed. Politik.

H., Gustaf Karlsson Graf [schwed. huːrn], *Örbyhus bei Uppsala 22. Okt. 1592, †Skara 10. Mai 1657, schwed. Feldherr. – Kämpfte im Dreißigjährigen Krieg zus. mit Gustav II. Adolf in Deutschland; wurde 1634 in Nördlingen gefangengenommen (1642 freigelassen); zwang die Dänen zum Frieden von Brömsebro (1645).

H., Gyula, *Budapest 5. Juli 1932, ungar. Politiker. – 1985–Okt. 1989 Mgl. des ZK der USAP und einer ihrer wichtigsten Reformer; Mai 1989–April 1990 Außenmin.; seit Mai 1990 Vors. der oppositionellen Ungar. Sozialist. Partei (USP), die aus der USAP hervorging. – Karlspreis 1990 (v. a. für seine Öffnung der ungar.-östr. Grenze im Sept. 1989, die letztlich zum polit. Umbruch in der DDR führte).

H., Rebecca, *Michelstadt 24. März 1944, dt. Künstlerin. – Lebt in Berlin und New York. Ritualisierte Aktionen mit dem eigenen Körper werden oft Ausgangspunkt ihrer Performances, Schmalfilme, Videobänder, Rauminstallationen und Zeichnungen. 1981 drehte sie den Spielfilm „La Ferdinanda – Sonate für eine Medici-Villa".

Horn, Bez.hauptstadt im östl. Waldviertel, Niederösterreich, 309 m ü. d. M., 7 400 E. Museum; Mittelpunkt eines Agrargebiets. – Erstmals um 1045 erwähnt. Nach 1170 wurden Burg und Burgstadt (Stadtrecht 1282) ausgebaut. H. war eines der Zentren der Reformation in Österreich. – Barocke Pfarrkirche Sankt Stephan (18. Jh.) mit got. Chor (14. Jh.), barocke Piaristenkirche (1658–75); Schloß (1539).

Horn [eigtl. „Spitze, Oberstes"], in der *Biologie* überwiegend aus ↑ Keratin bestehende und von der Epidermis gebildete harte, zähe, faserartige Eiweißsubstanz, die große mechan. und chem. Widerstandsfähigkeit besitzt. Aus H. bestehen die H.schicht der Haut sowie die Haare, Federn und Schuppen. Bes. H.bildungen sind u. a. Nägel, Hufe und Hörner.

▷ in der *Instrumentenkunde* 1. Kurzform für ↑Waldhorn; 2. Oberbegriff für ↑Blasinstrumente, deren Ton durch die schwingenden Lippen des Bläsers, häufig mit Hilfe eines Mundstücks, erzeugt wird. Hierzu zählen sowohl Instrumente mit vorwiegend kon. Röhre (Bügel-H., Kornett, Wald-H.) als auch solche mit vorwiegend zylindr. Röhre (Trompete, Posaune). – Hörner einfacher Bauart finden sich bereits in vorgeschichtl. Zeit. Sie verbreiteten sich als Kult-, Signal- und Repräsentationsinstrumente über die ganze Erde. Auf dem urtüml. H. wurden nur wenige Töne geblasen; später wurden durch Ausnutzung der Naturtöne auch Melodien möglich. Die Lücken zw. den Naturtönen wurden spätestens seit dem MA durch Tonlöcher, später durch einen Zug und durch Ventile überbrückt.

Horn, Îles de [frz. ildəˈɔrn], Inselgruppe im südl. Pazifik, ↑Wallis et Futuna.

Hornbach, Stadt 7 km südlich von Zweibrücken, Rhld.-Pf., 240 m ü. d. M., 1 700 E. – Bei einem Benediktinerkloster (gegr. um 740) entstanden; 1352 Stadtrecht. – Reste der im MA bed. Benediktinerabtei, v. a. das Pirminiusgrab in der Apsis der vorroman. Kirche (11. Jh.; heute Kapelle) und Teile des got. Kreuzgangs; klassizistische ev. Pfarrkirche (1785/86).

Horn-Bad Meinberg, Stadt 28 km nö. von Paderborn, NRW, 220 m ü. d. M., 16 300 E. Museum; Kurbetrieb auf Grund von Kohlesäure-, Gips- und Kochsalzquellen sowie Schwefelmoor. Holzind. – 1970 Zusammenschluß der Stadt Horn (Stadtrecht seit 1248) und der Gem. Bad Meinberg. – Nahebei die ↑Externsteine.

Hornberg, Stadt an der Schwarzwaldbahn, Bad.-Württ., 350 m ü. d. M., 4 600 E. Elektro-, Keramikind. – Unterhalb der Burg von H. entstand im 13. Jh. die 1275 erstmals erwähnte Stadt als Residenz und wirtsch. Mittelpunkt der gleichnamigen Herrschaft. 1423/48 württembergisch, seit 1810 badisch. – Burgruine auf dem Schloßberg. – Die Stadt ist bekannt durch das **Hornberger Schießen,** bei dem die Bürger von H. einen Herzog durch Schüsse begrüßen wollten, bei dessen Erscheinen aber kein Pulver mehr hatten. Daher die Redewendung „Es ging aus wie das Hornberger Schießen", d. h. ohne Ergebnis.

Hornblatt (Hornkraut, Ceratophyllum), einzige Gatt. der **Hornblattgewächse** (Ceratophyllaceae) mit drei Arten in allen Erdteilen; vollständig untergetaucht lebende, im Alter wurzellose Wasserpflanzen mit vielgliedrigen Blattquirlen und unscheinbaren Blüten. In M-Europa kommt das **Gemeine Hornblatt** (Ceratophyllum demersum) in stehenden, nährstoffreichen Gewässern vor.

Rebecca Horn. Motorisiertes Pfauenrad, 1980

Hornblenden, zur Amphibolgruppe gehörende, sehr verbreitete gesteinsbildende Calcium-Natrium-Magnesium-Silicatminerale (mit oder ohne Aluminium und Eisen) mit nichtmetall. Glanz und bräunlich-grünem Strich; Kristallform überwiegend monoklin, seltener orthorhombisch; H. bilden oft stenglig-faserige Aggregate (z. B. Asbest). Dichte 2,9 bis 3,4 g/cm³, Mohshärte 5,0 bis 6,0. – Zu den *monoklinen H.* zählen Vertreter der Strahlsteingruppe (Nephrit, Strahlstein), die aluminium- und eisenhaltige grünlichschwarze **gemeine Hornblende,** die schwarze **basaltische Hornblende** (mit hohem Fe_2O_3-Gehalt), die natriumhaltige **Natronhornblende.**

Hornbostel, Erich von, *Wien 25. Febr. 1877, †Cambridge 28. Nov. 1935, östr. Musikforscher. – Beschäftigte sich mit tonpsycholog. und musikethnolog. Studien, war 1906–33 Leiter des Berliner Phonogrammarchivs (1917 Prof.), ging 1933 nach New York, 1934 nach Großbritannien; gilt als der Begründer der Musikethnologie.

Hörnchen (Sciuridae), mit Ausnahme von Australien und Madagaskar nahezu weltweit verbreitete Nagetierfam. mit rd. 250 Arten von etwa 10–80 cm Körperlänge; Schwanz sehr kurz bis etwa körperlang, dicht, oft buschig behaart; Kopf kurz und breit; überwiegend Pflanzenfresser. Zu den H. gehören u. a. Baum-H. und Flughörnchen.

Horne (Hoorne, Horn), Philipp II. von Montmorency-Nivelle, Graf von [niederl. 'hoːrnə], *Nevele 1524, †Brüssel 5. Juni 1568 (hingerichtet), niederl. Statthalter. – Wurde 1561 Mgl. des niederl. Staatsrates; gehörte neben Egmond und Wilhelm von Oranien zu den Führern der hochadeligen Opposition gegen die span. Krone; trat für eine maßvolle Religionspolitik ein.

Hornemann, Friedrich Konrad, *Hildesheim 15. Sept. 1772, †Bokane (Nigeria) Febr. 1801, dt. Afrikareisender. – Durchquerte als erster Europäer der Neuzeit die Sahara von Kairo aus bis zum Fessan (Mursuk) (1798/99), drang auf einer 2. Reise wahrscheinlich bis zum Niger vor.

Hörner (Gehörn), unterschiedlich geformte Kopfwaffe bestimmter Paarhufer (v. a. für Brunstkämpfe), auch Kopfschmuck (oft steht der Kampfwert dahinter zurück; v. a. von Bed. bei Partnerwahl), u. a. bei Ziegen, Schafen, Antilopen, Gemsen, Rindern. Die H. bestehen aus einem häufig (zur Gewichtsverringerung) lufthaltigen Knochenzapfen **(Hornzapfen),** der vom Stirnbein ausgeht, und einer hornigen, epidermalen Scheide **(Hornscheide).** Durch peri-

Hornblenden. Gemeine Hornblende

Hörnerableiter

odisch unterschiedlich starke Hornbildung kommt es häufig zu einer Ringelung der Hörner. Bei Kühen zeigen die schwächeren Hornzonen die geringere Hornbildung während der Tragzeit an. Im Ggs. zum (hornlosen) ↑Geweih kommt ein jährl. Wechsel der H. nur bei Gabelantilopen vor. Giraffen und Okapis bilden keine Hornscheide aus; die H. bleiben fellüberzogen. Häufig sind beide Geschlechter hörnertragend, wobei die H. der Weibchen oft schwächer ausgebildet sind.

Hörnerableiter, eine aus zwei isoliert montierten, V-förmig zueinander gebogenen Drähten bestehende Vorrichtung zum Schutz elektr. Anlagen gegen Überspannungen; ihr Abstand an der engsten Stelle ist so gewählt, daß bei Überspannungen (z. B. durch Schaltvorgänge) an der engsten Stelle ein Lichtbogen entsteht, in dem sich diese Spannungen zw. Leitung und Erde ausgleichen; der Lichtbogen wird infolge therm. Auftriebs und durch elektrodynam. Kräfte nach oben getrieben, wobei er sich immer mehr verlängert, bis er schließlich verlischt.

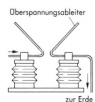

Hörnerableiter

Hörnerv, der VIII. Hirnnerv (↑Gehirn).

Horney ['hɔːrnaɪ], **Brigitte,** *Berlin 29. März 1911, †Hamburg 27. Juli 1988, dt. Schauspielerin. – Tochter von Karen H.; in den 1930er Jahren internat. bekannt durch Filme wie „Rasputin" (1932), „Das Mädchen von Fanö" (1940); zahlr. Fernsehrollen, so seit 1982 in „Jakob und Adele" mit C.-H. Schroth, in „Teufels Großmutter" (1986).

H., **Karen,** *Hamburg 16. Sept. 1885, †New York 4. Dez. 1952, amerikan. Psychoanalytikerin dt. Herkunft. – Lehrte 1932–41 in Chicago, anschließend in New York. Stellte statt des biolog. Antriebs die kulturellen und insbes. sozialen Bedürfnisse des Menschen in den Vordergrund ihrer Lehre. – *Werke:* Der neurot. Mensch unserer Zeit (1937), Neue Wege in der Psychoanalyse (1939), Selbstanalyse (1942), Unsere inneren Konflikte (1945).

Hornfarn (Ceratopteris), Farngatt. mit der einzigen, in den Tropen verbreiteten, sehr vielgestaltigen Art **Geweihfarn** (Wasserfarn, Ceratopteris thalictroides); beliebte Aquarienpflanze.

Hornfels, dunkles, oft geflecktes, dichtes Gestein, durch Kontaktmetamorphose entstanden.

Hornfrösche (Ceratophrys), Gatt. 2,5–20 cm großer, krötenartig gedrungener Pfeiffrösche mit rd. 20 Arten in S-Amerika; Körper meist sehr bunt, mit warziger Oberseite, sehr großem Kopf, großem Maul und meist zu weichen Hautzipfeln ausgezogenen oberen Augenlidern; Bodenbewohner. H. sind z. T. beliebte Terrarientiere, z. B. der **Schmuckhornfrosch** (Ceratophrys ornata).

Hornhausen, Reiterstein von, Grabrelief des 7. Jh., gefunden in Hornhausen (Landkr. Oschersleben), heute im Landesmuseum für Vorgeschichte in Halle/Saale. Seltener Fund german. Kunst.

Hornhaut, svw. Hornschicht (↑Haut).
▷ (Cornea) ↑Auge.

Hornhautentzündung (Keratitis), häufigste Erkrankung der Hornhaut des Auges, die infolge Narbenbildung oder Gefäßsprossung bleibende Sehstörungen hinterlassen kann. Anzeichen sind Rötung des Auges, vermehrter Tränenfluß, Hornhauttrübung, Lichtscheu und Schmerzen; durch die Hornhauttrübung kann auch das Sehvermögen herabgesetzt sein. Ursachen sind meist Virus-, seltener bakterielle Infektionen oder Verletzungen. Auch Lichteinwirkungen, z. B. starke UV-Bestrahlung, und Allergene können eine H. auslösen.

Hornhautkegel (Keratokonus), kegelförmige Vorwölbung der Augenhornhaut durch krankhafte Verdünnung des Hornhautstromas (Hornhauthauptschicht); meist in der Pubertät beginnend, erblich oder endokrin bedingt.

Hornhautreflex (Kornealreflex), durch kurzdauernde Reizung der Augenhornhaut und Augenbindehaut ausgelöster, rascher, unwillkürl. Lidschluß. Der H. verhindert als physiolog. Schutzreflex eine Schädigung der Hornhaut durch Austrocknung oder Fremdkörper und eine Überreizung der Lichtsinneszellen in der Netzhaut. Die medizin. Bed. des H. besteht darin, daß er bei Erkrankungen oder Verletzungen im Bereich des Reflexbogens abgeschwächt sein oder fehlen kann. Außerdem dient der H. zur Feststellung der Tiefe einer Bewußtlosigkeit und einer Narkose.

Hornhauttransplantation (Hornhautübertragung, Keratoplastik), Ersatz der Hornhaut des Auges durch operative Übertragung gesunder Spenderhornhaut (teilweise oder ganz) bei ein erkranktes Auge bei irreversiblen Hornhauttrübungen oder bei Hornhautdefekten. Eine Abstoßungsreaktion ist im allg. nicht zu erwarten, da das Transplantat (die Hornhaut ist gefäßfrei) nicht mit dem Blut des Empfängers und daher nicht auch mit immunkompetenten Zellen in Kontakt kommt.

Hornhechte (Nadelhechte, Belonidae), Fam. der Knochenfische mit rd. 60 bis über 1 m (meist um 50 cm) langen Arten, mit sehr langgestrecktem Körper und schnabelartig verlängerten, mit spitzen Zähnen bestandenen Kiefern. H. sind räuber. Oberflächenfische. Im O-Atlantik, im Mittelmeer sowie in Nord- und Ostsee lebt der **Europäische Hornhecht** (Hornfisch, Belone belone), oberseits grünlichblau, Körperseiten silbrig.

Hornindalsvatn, See in W-Norwegen, 52 m ü. d. M., 51 km², mit 514 m tiefster See Europas.

Hornisgrinde, mit 1164 m höchster Berg des nördl. Schwarzwaldes. An der SO-Flanke liegt der **Mummelsee,** ein eiszeitl. Karsee.

Hornfrösche. Schmuckhornfrosch

Hornisse. Schnitt durch ein Hornissennest mit den in Stockwerken angeordneten Waben, die der Aufzucht der Brut dienen

Hornisse [zu althochdt. hurnus, eigtl. „gehörntes Tier" (wegen der gebogenen Fühlhörner)] (Vespa crabro), größte Wespenart in Europa und NW-Afrika; mit schwarzem, z. T. rotbraun gezeichnetem Vorderkörper und schwarzem, rötlichgelb geringeltem Hinterleib; staatenbildende Insekten, die aus abgeschabten, fein zerkauten, mit klebrigem Speichel vermengten Holzfasern ein großes (bis 0,5 m langes), ovales Papiernest mit in Stockwerken angelegten Waben v. a. in hohle Bäume bauen. Wie bei Honigbienen unterscheidet man auch bei den H. drei Kasten: *Königin,* bis 35 mm lang, im Herbst befruchtet, Gründerin des neuen Staates im Frühjahr; *Arbeiterinnen,* bis 25 mm lange, geschlechtlich unterentwickelte ♀♀, aus befruchteten Eiern entstanden; *Männchen,* bis 20 mm lang, aus unbefruchteten Eiern entstanden. – Die H. ernährt sich vorwiegend von anderen Insekten, z. T. auch von Früchten u. a. pflanzl. Substanzen. – Der Stich der H. ist sehr schmerzhaft und kann für den Menschen gefährlich sein. ↑Insektenstiche.

Hornissenschwärmer ↑Glasflügler.

Hornklee (Lotus), Gatt. der Schmetterlingsblütler mit rd. 150 Arten in den gemäßigten Zonen, im subtrop. Eurasien, in S-Afrika und Australien; Stauden oder Halbsträucher mit meist doldenförmigen Blütenständen. In M-Europa kommt v. a. der **Wiesenhornklee** (Gemeiner H., Lotus corniculatus) vor; 10–30 cm hoch, mit gelben Blüten.

Hornkraut, (Cerastium) Gatt. der Nelkengewächse mit rd. 100 Arten in Eurasien; Kräuter oder Stauden mit ungeteilten, gegenständigen Blättern und weißen Blüten in endständigen Trugdolden. Eine häufige Art ist das bis 30 cm hohe **Ackerhornkraut** (Cerastium arvense) an Wegrändern und auf Wiesen.
▷ svw. ↑Hornblatt.

Hornklee. Wiesenhornklee

Hornzahnmoos. Purpurzahnmoos

Hornmilben (Oribatei), Gruppe etwa 0,2–1 mm großer, meist dunkel gefärbter Milben mit lederartigem oder stark verhärtetem Chitinpanzer; ernähren sich von zerfallenden Pflanzenstoffen (spielen eine wichtige Rolle bei der Humusbildung).

Hornmoose (Anthocerotales), Ordnung der Lebermoose mit zwei Fam. und vier Gatt.; eine auf feuchter Erde, bes. auf Brachäckern, vorkommende Art ist das **Fruchthorn** (Anthoceros levis), Sporenträger bis 3 cm lang.

Hornpipe [engl. 'hɔːnpaɪp „Hornpfeife"], (Pibgorn) ein v. a. aus Wales bekanntes Rohrblattinstrument mit Windbehälter aus Tierhorn oder Tierhuf.
▷ alter engl. (auch walis., ir. und schott.) Tanz im $^3/_2$-, später $^4/_4$-Takt.

Hornschröter ↑ Hirschkäfer.

Hornschwämme (Keratosa), Ordnung der Schwämme mit ausschließlich aus Sponginfasern bestehendem Skelett ohne Nadeln (Sklerite); meist große, dunkel gefärbte, massige Arten; v. a. in wärmeren Meeren, Bewohner der Küstenregion (z. B. Badeschwamm).

Hornstein, eine Varietät des Jaspis.

Hornstrahlen ↑ Flossenstrahlen.

Hornstrahler (Trichterstrahler), Parabolantenne mit trichterförmigem Hohlleiter, für Frequenzen bis zu 2 GHz verwendet.

Hornstrauch, svw. ↑ Hartriegel.

Horntiere (Hornträger, Bovidae), sehr formenreiche, äußerst anpassungsfähige und hoch entwickelte, mit Ausnahme der austral. Region und S-Amerikas weltweit verbreitete, jedoch überwiegend altweltl. Fam. der Paarhufer (Unterordnung Wiederkäuer); rd. 120 Arten, beide Geschlechter oder (seltener) nur die ♂♂ mit artspezifisch gestalteten Hörnern, die (im Unterschied zum Geweih) nicht abgeworfen werden. – H. sind fast ausschließlich Pflanzenfresser.
Man unterscheidet folgende Unterfam.: Ducker, Böckchen, Waldböcke, Rinder, Kuhantilopen, Pferdeböcke, Riedböcke, Gazellenartige, Saigaartige, Ziegenartige.

Hörnum (Sylt), Gemeinde auf der S-Spitze der Insel Sylt, Schl.-H., 900 E. Nordseebad; Hafen.

Hornung ↑ Februar.

Hornussen, dem Schlagballspiel ähnl. schweizer. Volksspiel; die Spieler der Schlagpartei schlagen vom „Bock" (metall. Gestell) den „Hornuß" (Hartgummischeibe, Durchmesser 62 mm) mit dem etwa 2 m langen „Stecken" (Stock aus Kunststoff oder Metall) ins Spielfeld (Flugweite bis 400 m). Die gegner. Mannschaft versucht mit „Schindeln" oder „Schaufeln" (mit Stiel versehene Holzbretter) den Hornuß abzufangen; mißlingt dies, erhält der Gegner einen Punkt.

Hornvipern (Cerastes), Gatt. bis 60 cm langer, gedrungener Vipern mit 2 Arten in den Wüsten N-Afrikas; sandbis rötlichgelb mit brauner Fleckung. H. sind Dämmerungstiere, die sich bei Tag im Sand verbergen; ihr Gift schädigt die roten Blutkörperchen stark. Die **Hornviper** (Cerastes cerastes) trägt fast stets über jedem Auge eine spitze, dornförmige Schuppe.

Hornwarze (Kastanie), graue, verhornte Hautstelle an den Vorder- und Hinterextremitäten (kurz über den Fußwurzelknochen) bei Pferden, Zebras und Eseln.

Hornzahnmoos (Ceratodon), Gatt. der Laubmoose mit 2 weltweit verbreiteten Arten; in M-Europa v. a. die Art **Purpurzahnmoos** (Ceratodon purpureus), ein lockeres, rötl. bis blaugrüne Polster bildendes Moos.

Höroldt (Herold, Heroldt), Johann Gregor, *Jena 6. Aug. 1696, †Meißen 26. Jan. 1775, dt. Porzellanmaler. – Entwickelte neue Schmelz- und Fondfarben, die der Porzellanmalerei und damit dem Meißner Porzellan großen Auftrieb gaben. Berühmt wurden seine kostbaren Dekore (*H.-Chinoiserien*).

Horologion [griech. „Stundenzeiger, Uhr"], histor. Bez. für die Uhr.
▷ liturg. Buch der orth. Kirchen.

Horologium [griech.] (Pendeluhr) ↑ Sternbilder (Übersicht).

Horopter [griech./dt.], die Gesamtheit der Punkte, die bei fester Augeneinstellung und ↑ binokularem Sehen auf korrespondierenden Netzhautstellen abgebildet und somit einfach gesehen werden; Reize außerhalb des H. werden doppelt wahrgenommen.

Hörorgan, svw. ↑ Gehörorgan.

Horos ↑ Horus.

Horoskop [griech. eigtl. „Stundenseher"], schemat. (häufig kreisförmige) Darstellung der Planetenkonstellation zu den Tierkreiszeichen unter bes. Berücksichtigung der Aspekte zur Zeit der Geburt eines Menschen (↑ Astrologie).

Horowitz, Wladimir, *Berditschew (Ukraine) 1. Okt. 1903, †New York 5. Nov. 1989, amerikan. Pianist russ. Herkunft. – Bereiste ab 1924 Europa, ab 1928 die USA und wurde als brillanter Interpret v. a. der Werke R. Schumanns, F. Liszts, P. Tschaikowskys, S. Rachmaninows und S. Prokofjews bekannt.

Horoztepe [türk. 'hɔrɔztɛˌpɛ], Siedlungshügel der frühen Bronzezeit (um 2200 v. Chr.) bei Tokat (Türkei); Fund eines reich ausgestatteten Fürstengrabes; Beigaben: u. a. Bronzegefäße, ein Spiegel, Waffen, vollplast. Bronzefiguren.

Hörpartitur (Lesepartitur), Aufzeichnung von Musik durch graph. Zeichen und Farben statt der übl. Notation.

Hornkraut. Ackerhornkraut

Wladimir Horowitz

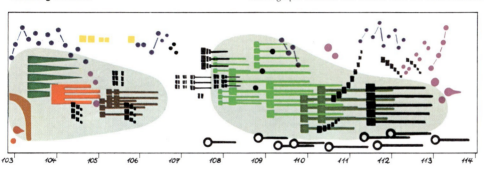

Hörpartitur. Ausschnitt aus der Hörpartitur von Rainer Wehinger zur elektronischen Musik „Artikulation" von György Ligeti

Hörprüfung

Mit der H. soll dem Hörer das Musikwerk auf visuellem Weg leichter verständlich gemacht werden.

Hörprüfung (Gehörprüfung), Untersuchungen zur Feststellung der Hörfähigkeit in bezug auf Lautstärke und Tonhöhe. Das einfachste Verfahren ist die Feststellung, auf welche Distanz Umgangs- bzw. Flüstersprache von einzelnen Ohr noch wahrgenommen werden kann. Die genauere Diagnose erfolgt mit dem ↑ Audiometer.

Horrebow, Peder [dän. ˈhɔrəbou], *Løgstør (Jütland) 24. Mai 1679, †Kopenhagen 15. April 1764, dän. Astronom. – Ab 1714 Prof. der Mathematik und Direktor der Sternwarte in Kopenhagen. Zog zur Bestimmung der geograph. Breite Zenitbeobachtungen heran. Gemeinsam mit seinen Söhnen Christian H. (*1718, †1776) und Peder H. (*1728, †1812) prägte er die Physik und Astronomie des 18. Jh. in Dänemark.

Hörrohr, svw. ↑Stethoskop.

Horror [lat.], Schrecken, Entsetzen, Abscheu.

Horrorfilm, Filmgenre, in dem mittels Darstellung phantast., makabrer, dämon. und lebensbedrohl. Ereignisse oder Phänomene eine Atmosphäre der Angst und des Entsetzens erzeugt wird. Trotz rationaler Distanz zur oft unglaubwürdigen Handlung ist der Zuschauer zu emotionaler Beteiligung gezwungen. Nach Anfängen Ende des 19. Jh. und dem expressionist. H. setzt mit dem Tonfilm der eigtl. H. und in den 1930er Jahren dessen Blütezeit ein. Zu den populärsten Ungeheuern gehörten Wesen aus dem Grenzbereich zw. Leben und Tod (Phantome, Vampire, Monster).

Hortensie.
Gartenhortensie

Horrorliteratur, literar. Werke aller Gattungen, die Unheimliches, Verbrechen und entsetzen oder Abscheu erregende Greueltaten und Zustände gestalten. Motive und Requisiten der H. besitzen eine lange Tradition, die bis auf die Gothic novel, die Gespenstergeschichte und den Schauerroman zurückreicht. – ↑Trivialliteratur.

Horror vacui [lat. „Furcht vor der Leere"], die aus der scholast. Naturphilosophie stammende und bis zur Entdeckung des Luftdrucks durch E. Torricelli (1643/44) in der Physik herrschende Vorstellung, daß die Natur vor einem leeren Raum einen Abscheu besitze und dieses Vakuum mit allen Mitteln und mit aller Kraft auszufüllen suche.

Hörschwelle, derjenige Schalldruck, bei dem gerade eine Hörempfindung im menschl. Gehörorgan hervorgerufen wird. Die H. ist stark frequenzabhängig; das Maximum der Empfindlichkeit liegt zw. 1 000 und 2 000 Hz.

Hörschwellenmeßgerät, svw. ↑Audiometer.

Horsd'œuvre [frz. ɔrˈdœːvr „Bei-, Nebenwerk"], appetitanregende Vorspeise.

Horsepower [engl. ˈhɔːspauə „Pferdestärke"], Einheitenzeichen hp, in Großbritannien und in den USA verwendete Einheit der Leistung: 1 hp = 1,01387 PS = 0,7457 kW.

Otto Hörsing

Hörsing, Otto, *Groß-Schillingken (Ostpreußen) 18. Juli 1874, †Berlin 23. Aug. 1937, dt. Politiker (SPD). – Bis 1932 Mgl. der SPD; 1918/19 Vors. des Arbeiter- und Soldatenrates für Oberschlesien, 1919/20 Reichs- und preuß. Staatskommissar für Schlesien und Posen; 1924 Mitbegr. und bis 1932 Vors. des „Reichsbanner Schwarz-Rot-Gold".

Hörsinn, svw. ↑Gehör.

Hörspiel, für den Rundfunk produzierte literar. Gattung, deren wesentlichstes Merkmal die akust. Unmittelbarkeit ist. Heute unterscheidet man begrifflich das sog. literar. H. (neben dramat. H. und H., in denen das Lyrische oder Epische überwiegt, v. a. auch solche, die die Möglichkeit des ↑inneren Monologs nutzen) vom experimentellen H., in dem Sprache, Musik, Geräusche als Material für Kompositionen dienen, die nicht mehr figuren- und handlungsbezogen sind, sondern die Sprache und ihre Verwendungsweisen, z. T. das akust. Material insgesamt zum Thema haben. Dem H. verwandt sind die Funkerzählung und das Feature.

Die **Geschichte** des H. beginnt mit Bearbeitungen v. a. von Theaterstücken („Radiodrama" gen.). Die ersten H. entstanden 1924: „A comedy of danger" von R. A. W. Hughes in Großbritannien, „Maremoto" von P. Cusy und G. Germinet in Frankreich und die Funkgroteske „Zauberei auf dem Sender" von H. G. Flesch in Deutschland. Hier waren F. Bischoff und A. Braun bedeutend, in den frühen 1930er Jahren dann u. a. B. Brecht, J. R. Becher, A. Döblin, E. Johannsen, E. Kästner, F. Wolf. Zu gleicher Zeit entstanden die ersten H.theorien von Brecht („Radiotheorie", 1927–32), Döblin („Literatur und Rundfunk", 1929), H. Pongs („Das H.", 1931). Während des 2. Weltkriegs wurde das H. als Propagandainstrument eingesetzt. Durch Arbeiten von H. Brink wurde die Funkerzählung als sprechtextorientierte, referierende Gattung abgegrenzt. – Nach 1945 entwickelte D. Thomas in Großbritannien mit seinem „long dramatic programme in verse" „Under the Milkwood" (1953; dt. „Unter dem Milchwald") eine wegweisende, gattungsunabhängige Poetik des H., die auch für die bis in die 1960er Jahre prägende Hamburger H.dramaturgie unter H. Schwitzke mit deren Verständnis des H. als „Wortkunstwerk" bedeutsam war; als Vertreter dieser Zeit galten u. a. G. Eich, I. Aichinger, I. Bachmann, F. Dürrenmatt, M. Frisch, W. Hildesheimer, D. Wellershoff. Einflußreich wurden die in den 1940er Jahren begonnenen elektron. Experimente des „Club d'Essai" in Paris und die H. der Autoren des Nouveau roman. Das neue H. vertreten seit Ende der 1960er Jahre u. a. P. Handke, E. Jandl, F. Mon. Hörcollagen der 1970er Jahre arbeiten mit dokumentar. Tonmaterial (O Ton). Durch Stereophonie und Kunstkopftechnik ergaben sich neue dramaturg. Bedingungen für einen perfekten Illusionismus und die Schaffung völlig abstrakter Sprachgewebe, die ausschließlich musikal. Gesetzen folgen (J. Cage: „Roaratorio", 1979).

Hörspielpreis der Kriegsblinden, ein 1951 vom Bund der Kriegsblinden Deutschlands e. V. gestifteter Ehrenpreis; wird jährlich an den Autor des bedeutendsten Originalhörspiels in dt. Sprache, das im vorangegangenen Jahr von einer Rundfunkanstalt der ARD als Uraufführung gesendet wurde, vergeben.

Horst [zu althochdt. hurst „Dickicht"], Bez. für eine Vereinigung von Bäumen, die sich durch Holzart und Alter von ihrer Umgebung unterscheiden und eine Einheit bilden.
▷ bei Gräsern Bez. für ein Büschel dicht beisammenstehender Bestockungstriebe; H. bildende Gräser (z. B. Knäuelgras, Glatthafer) werden als H.*gräser* bezeichnet.
▷ meist auf Bäumen angelegtes, hauptsächlich aus Reisig gebautes, umfangreiches Nest großer Vögel (bes. Greif- und Stelzvögel).
▷ in der *Geologie* Ggs. von ↑Graben.

Hörstel, Stadt im nördl. Münsterland, NRW, 15 300 E. Maschinenbau, Wirkwaren-, Teppich- und Ziegelind. – H. entstand um das 1256 gegr. Zisterzienserinnenkloster Gravenhorst (1808 aufgehoben).

Horstmar, Stadt im W der Westfäl. Bucht, NRW, 100 m ü. d. M., 6 000 E. Textilind., Leuchtenfabrik. – Seit dem frühen 11. Jh. belegt; kurz nach 1269 Stadterhebung. – Planmäßige Stadtanlage, spätgot. Pfarrkirche Sankt Gertrud (14. Jh.).

Hörstummheit, Stummheit bei intaktem Gehör (und richtigem Verständnis der Sprachlaute).

Hörsturz, plötzlich, meist einseitig auftretende Hörverschlechterung (Innenohrschwerhörigkeit), die überwiegend mittlere und hohe Frequenzen betrifft und bis zur akuten Ertaubung reichen kann. Überwiegende Ursache ist eine akute Durchblutungsstörung im Innenohr, die v. a. auf Behinderungen des Blutflusses in der Wirbelarterie auf Grund von Veränderungen der Halswirbel, auch auf Mikroinfarkte oder Gefäßkrämpfe zurückzuführen ist.

Horst-Wessel-Lied, nach seinem Urheber ben. polit. Kampflied der NSDAP („Die Fahne hoch ...", 1927), das seit 1933 zus. mit dem Deutschlandlied Nationalhymne des Dritten Reiches war.

Hort, allg.: sicherer Ort, Schutz, Zuflucht.
▷ (Kinderhort) pädagogisch geleitete Kindertagesstätte für schulpflichtige Kinder.

Horta, Victor, *Gent 6. Jan. 1861, †Etterbeek 8. Sept. 1947, belg. Architekt. – Führender Vertreter des Jugendstils in Belgien: Hôtel Tassel, 1892/93; Hôtel Solvay, 1895 bis 1900; Grand Bazar Anspach, 1895/96 (alle Brüssel).

Horta [portugies. 'ɔrte], Stadt an der SO-Küste der Azoreninsel Faial, 6 900 E. Wichtige Kabel- und Funkstation; Fischkonservenfabrik, ⚓.

Horten, norweg. Stadt an der W-Küste des Oslofjords, 13 000 E. Marinemuseum; Werft, elektrotechn. Ind., Aluminiumwalzwerk, Kabelwerk.

Horten AG, Kaufhauskonzern in Deutschland, Sitz Düsseldorf, gegr. 1954, seit 1968 AG. Der Konzern entstand aus dem 1936 gegr. Kaufhaus Helmut Horten KG, Duisburg.

Hortense [frz. ɔr'tã:s], *Paris 10. April 1783, †Schloß Arenenberg (Schweiz) 5. Okt. 1837, Königin von Holland (1806–10). – Tochter der späteren Kaiserin Joséphine und des Generals A. de Beauharnais; heiratete Louis Bonaparte; Mutter Napoleons III.

Hortensie [wohl benannt nach Hortense Lepaute, der Reisegefährtin des frz. Botanikers P. Commerson, *1727, †1773] (Hortensia, Hydrangea), Gatt. der Steinbrechgewächse mit rd. 90 Arten in O- und SO-Asien sowie in Amerika; Sträucher, seltener Bäume oder Kletterstäucher; Blüten klein, in Rispen oder flachen bis kugeligen Trugdolden; bes. bei Zuchtformen (z. B. **Gartenhortensie**) sind viele Blüten unfruchtbar und haben dann blumenblattartig vergrößerte Kelchblätter.

Hortensius, altröm. plebej. Geschlecht, bed. v. a. der Diktator (287 v. Chr.) **Quintus Hortensius,** der ein Gesetz *(lex Hortensia)* erließ, das die Plebiszite den Gesetzen gleichstellte und für das Gesamtvolk verbindlich machte, sowie der Konsul **Quintus Hortensius Hortalus** (*114, †50), Konsul (69), berühmter röm. Redner, erst von Cicero übertroffen.

Hortfunde ↑Depotfunde.

Horthy, Miklós (Nikolaus H. von Nagybánya), *Kenderes 18. Juni 1868, †Estoril (Portugal) 9. Febr. 1957, ungar. Reichsverweser (1920–44). – 1918 Konteradmiral und Oberbefehlshaber der östr.-ungar. Flotte; Mitte 1919 Kriegsmin., dann Oberbefehlshaber der „Nationalarmee" gegen die Ungar. Räterepublik; im März 1920 zum „Reichsverweser" mit beschränkten königl. Rechten gewählt; seit 1937 Regent; näherte Ungarn an das Dt. Reich und an Italien an und trat am 27. Juni 1941 auf dt. Seite in den 2. Weltkrieg ein; mußte nach seinem gescheiterten Versuch, mit den Alliierten einen Sonderfrieden zu schließen, und der dt. Besetzung Ungarns (19. März) am 15./16. Okt. 1944 abdanken und wurde in Bayern interniert; lebte seit 1948 in Portugal.

Hortobágy [ungar. 'hortoba:dj], Teil des Großen Ungar. Tieflands, urspr. Überschwemmungsgebiet der Theiß, seit der Theißregulierung (Mitte 19. Jh.) z. T. trockengefallen. Dank eines Be- und Entwässerungskanalnetzes intensive agrar. Nutzung; Nationalpark (seit 1973; 520 km²) mit einem Restgebiet der ↑Puszta.

Hortus deliciarum [lat. „Garten der Wonnen" (= Paradies)], Sammlung von Auszügen aus Bibel und theolog. Literatur u. a. von Herrad von Landsberg, berühmt durch die 336 kolorierten Miniaturen.

Horuk, eigtl. Arudsch, gen. Barbarossa, *Mitilini (Lesbos) um 1473, ⚔ Tlemcen 1518, islamisierter Grieche, osman. Herrscher in Algier. – Bekämpfte die Spanier in N-Afrika, eroberte 1515 Algier.

Horus (Horos), kinder- oder falkengestaltiger ägypt. Gott, postum von dem durch Seth ermordeten Osiris mit Isis gezeugt. Später besiegt H. Seth in Zweikämpfen sowie vor Gericht und wird ägypt. Herrscher. Jeder Pharao ist seine Inkarnation und nennt sich „Horus". H. gilt als Welt- und Lichtgott und als Beschützer der Kinder. Sein Kult war in ganz Ägypten verbreitet.

Horváth, Ödön von (Edmund von H.), *Fiume (= Rijeka) 9. Dez. 1901, †Paris 1. Juni 1938 (Unfall), östr. Schriftsteller. – Lebte ab 1924 u. a. in Berlin, ab 1933 in Österreich, emigrierte 1938 nach Frankreich. In seiner z. T. sozial- und moralkrit. Bühnenwerken versuchte H., das Wiener Volksstück neu zu beleben; sie weisen eine sichere, knappe Stilisierung, dichte Atmosphäre, geschickte Dialogführung und treffende Menschendarstellung auf, v. a. „Bergbahn" (Uraufführung 1929), „Geschichten aus dem Wiener Wald" (1931), „Glaube, Liebe, Hoffnung" (Uraufführung 1936). Den deklassierten Kleinbürger schildert der Roman „Der ewige Spießer" (1930); in „Ein Kind unserer Zeit" (R., 1938) gab er seinem Entsetzen über das Wesen der Diktatur Ausdruck.

Horwitz, Kurt [Thomas], *Neuruppin 21. Dez. 1897, †München 14. Febr. 1974, dt. Schauspieler und Regisseur. – 1919–33 an den Münchner Kammerspielen, ging 1933 in die Schweiz, 1946–50 Direktor des Basler Stadttheaters, 1953–58 Intendant des Bayer. Staatsschauspiels in München.

Hōryūji [jap. ho:rju:dʒi] (Horiudschi), ältester erhaltener buddhist. Tempel Japans, sw. von Nara, 607 vollendet, 670 niedergebrannt, im 8. Jh. wieder aufgebaut. Im Schatz des H. befinden sich u. a. Kunstwerke des 7. Jh. (Tamamushi-Schrein). Die Wandmalereien der „Goldenen Halle" (7. oder 8. Jh.) wurden 1949 durch Feuer fast völlig zerstört.

Hörzellen ↑Gehörorgan.

HOS, Abk. für: **H**eeres**o**ffizier**s**chule, ↑Offizierschulen.

Hosain Ali Nuri, Mirsa ↑Baha Ullah.

Hosanna ↑Hosianna.

Hoschana rabba [hebr. „großes Hosianna"], der letzte Tag des jüd. Laubhüttenfests.

Hose [zu althochdt. hosa, eigtl. „die Bedeckende"], Bekleidungsstück des Unterkörpers und Beinbekleidung; als Fell-H. bereits in der Vorgeschichte nachweisbar. In der griech.-röm. Antike spielte sie keine Rolle, während sie gleichzeitig von oriental. und german. Völkern getragen wurde. Vom europ. MA bis ins 20. Jh. galt sie ausschließlich als männl. Bekleidungsstück. Die H. wurde unter dem Rock getragen, im 12. Jh. verengte sie sich modisch zum Strumpfpaar (Beinlinge), das an der „Bruch" befestigt wurde (erst im 15. Jh. durch Naht und Zwickel). Schlitz-, Pluder- und Pump-H. und die weiten „Rhingraves" folgten im 16. und 17. Jh. und schließlich im 18. Jh. enge, seidene Knie-H. („culottes"). Mit den röhrenförmigen „pantalons" des Volkes setzten die frz. Revolutionäre das Urbild der heutigen H. durch. Der Damen-H. gelang erst in den 60er Jahren des 20. Jh. der allg. Durchbruch als Tages- und Abendkleidung. – Als Unterwäsche ist die H. erst seit dem 16. Jh. bekannt.

Hosea (Vulgata: Osee), Prophet im Nordreich Israel, etwa 755–725 v. Chr.; Schwerpunkt seiner theolog. und sprachlich imponierenden Prophetie (enthalten im Buch H. des A. T.) sind Kritik an Kult und Politik.

Hosemann, Theodor, *Brandenburg/Havel 24. Sept. 1807, †Berlin 15. Okt. 1875, dt. Zeichner. – Originelle Buchillustrationen sowie Szenen aus dem Berliner Leben.

Hosenanzug ↑Anzug.

Hosenbandorden (engl. The Most Noble Order of the Garter „Hochedler Orden vom Hosenbande"), höchster brit. Orden (einklassig). 1348 durch König Eduard III. gestiftet (u. a. zurückgeführt auf einen galanten Zwischenfall, interpretiert als Wiederherstellung der Tafelrunde König Artus'). Zahl der Ritter i. d. R. 25, dazu der König (zugleich Ordenssouverän); goldgesäumtes, blaues Samtband, von Herren unter dem linken Knie, von Damen am linken Oberarm getragen; dazu blaues Schulterband; Devise: ↑Honi soit qui mal y pense.

Hosenbienen ↑Sägehornbienen.

Hosenboje, Einrichtung zum Transport von Schiffbrüchigen oder Kranken von einem Schiff zum Land oder zu einem anderen Schiff; ein Rettungsring, an dem ein hosenartiger Sack angebracht ist, wird an einem Tau mit Hilfe von Jolltauen hin und hergezogen.

Hosenrock, Damenhose, die einen Rock vortäuscht; Vorläufer beim Reitkleid (Wien, 19. Jh.); v. a. in den 1930er und 1970er Jahren, erneut in der Mode Anfang der 90er Jahre.

Hosenrolle, männl. Bühnenrolle, die von Frauen gespielt wird oder weibl. Rolle in Männerkleidung.

Hortense, Königin von Holland

Miklós Horthy

Ödön von Horváth

Horus

Hosianna

Hosianna (Hosanna) [hebr. „hilf doch!"], in der Bibel zunächst Flehruf an Gott bzw. den König, dann Jubel- und Huldigungsruf; so auch in der christl. Liturgiesprache.

Hosios Lukas, bei Delphi gelegenes orthodoxes Kloster aus dem 10. Jh.; Wallfahrtsort. Mittelpunkt der Anlage ist das Katholikon (Hauptkirche), eine „klass." Kreuzkuppelkirche (um 1030) mit bed. Wandmosaiken (ebenfalls mittelbyzantinisch).

Hosius, Stanislaus (poln. Stanisław Hozjusz), *Krakau 5. Mai 1504, †Capranica Prenestina bei Rom 5. Aug. 1579, poln. Humanist und Kardinal (seit 1561). – 1549 Bischof von Kulm, 1551 von Ermland, 1560 Nuntius in Wien; 1561–63 päpstl. Legat auf dem Tridentinum; berief 1564 die Jesuiten nach Braunsberg, mit denen er die Konzilsbeschlüsse durchsetzte; seine „Confessio catholicae fidei" (1552/53) war weit verbreitet.

Hospital [zu lat. hospitalis „gastlich"], Bez. für Krankenhaus, veraltet für Pflegeheim, Altersheim.

Hospitalismus [lat.], (infektiöser H.) Sammelbez. für Infektionskrankheiten, die in Kliniken, Arztpraxen, Pflegeheimen u. a. durch therapieresistente Keime hervorgerufen werden.
▷ Sammelbez. für die durch den Mangel an Zuwendung speziell bei längerem Aufenthalt in Pflegestätten, Heimen, Kliniken, Anstalten, Lagern entstehenden psych. und psychosomat. Schäden (u. a. bei Kleinkindern).

Hospitaliter (lat. Hospitalarii), Ordensgemeinschaften, die sich bes. der Krankenpflege in Hospitälern widmen, entstanden v. a. in der Kreuzzugszeit (u. a. Dt. Orden, Johanniter, Jakobus-Orden, Antoniter, Heiliggeistbrüder) und im 16. Jh. (Barmherzige Brüder und Kamillianer).

Hospitant [lat.], Gastteilnehmer (z. B. Gast einer Fraktion); **hospitieren,** als Gast teilnehmen, z. B. in der Lehrerausbildung dem Unterricht zuhören.

Hospiz [zu lat. hospitium „Herberge, Bewirtung"], in bzw. bei Klöstern und Stiften Unterkunftsstätte für Reisende, v. a. Pilger; im ev. Bereich Bez. für einen Beherbergungsbetrieb mit christl. Hausordnung.

Hoss, Al, (Huss), Selim (Salim), *Beirut 20. Dez. 1929, libanes. Politiker. – Sunnit. Moslem; 1976–80 und 1987–90 Premierminister.

Hoßbachniederschrift, am 10. Nov. 1937 von Hitlers Wehrmachtsadjutanten, Oberst F. Hoßbach (* 1894, † 1980) aus dem Gedächtnis nachträglich angefertigte Aufzeichnung über eine Besprechung Hitlers am 5. Nov. 1937 mit Reichsaußenmin. K. Freiherr von Neurath, Reichskriegsmin. W. von Blomberg, den Oberbefehlshabern des Heeres, der Marine und Luftwaffe, W. von Fritsch, E. Raeder and H. Göring, in der Reichskanzlei. Die H., die als ein Schlüsseldokument im Nürnberger Hauptkriegsverbrecherprozeß diente, belegte Hitlers krieger. Absichten. Als spätesten Termin für die gewaltsame Lösung der dt. Raumfrage bezeichnete Hitler die Jahre 1943–45, als möglich ein „blitzartiges" Vorgehen gegen die Tschechoslowakei und Österreich bereits 1938.

Hostess [engl., eigtl. „Gastgeberin" (zu lat. hospes „Gast")], zur Betreuung von Gästen bei Reise-, Flug- und Schiffahrtsgesellschaften, Verbänden und Hotels u. a. angestellte junge Frau.

Hostie [...i-ɛ; zu lat. hostia „Opfertier"], das in der kath. und luth. Eucharistie- bzw. Abendmahlsfeier verwendete ungesäuerte Weizenbrot.

Hostovský, Egon [tschech. 'hostofski:], *Hronov 23. April 1908, †New York 5. Mai 1973, tschech. Schriftsteller. – Lebte 1939–46 und seit 1949 in der Emigration, zuletzt in den USA; schilderte in psychologisierenden Novellen und Romanen wie „Der Mitternachtspatient" (1954) und „Das Komplott" (1960) das Problem des Ausgestoßenseins, oft am Beispiel der Prager Juden exemplarisch dargestellt.

Hotan [chin. xɔtiɛn] (Khotan, Chotan; Hetian), Oase und alte Handelsstadt am S-Rand des Tarimbeckens, im S der Autonomen Region Sinkiang, China, 1 400 m ü. d. M. am H.fluß, etwa 3 600 km², 121 000 E. Seidenind., Teppichproduktion, Jadeverarbeitung; ⌘. – Durch H. verlief ein Zweig der Seidenstraße. Im 1. Jt. n. Chr. war H. eine bedeutende Karawanenstadt und ein Zentrum des Buddhismus.

Hot dog [engl. 'hɔt 'dɔk, „heißer Hund"], in ein aufgeschnittenes Brötchen gelegtes heißes Würstchen mit Ketchup und/oder Senf.

Hotel [frz., zu lat. hospitalis „gastlich"], Beherbergungsbetrieb, der Zimmer für vereinbarte Zeiträume (im allg. mindestens 1 Tag) zu Übernachtungs- und Wohnzwecken an jedermann vermietet und meist gleichzeitig eine Bewirtung vornimmt (ein **Hotel garni** gewährt neben der Übernachtung nur ein Frühstück). Die H.typen unterscheiden sich nach Größe, Unternehmensform und Qualität (Einteilung in Kategorien).

Hôtel de Bourgogne [frz. otɛldəbur'gɔɲ] ↑ Confrérie de la passion.

Hotelier [...li'e:; lat.-frz.], Eigentümer oder Pächter eines Hotels.

Hot Jazz [engl. 'hɔt 'dʒæz], Sammelbegriff für die älteren Stilbereiche des Jazz (New-Orleans, Dixieland usw.).

Hot pants [engl. 'hɔt 'pænts, „heiße Höschen"], von der brit. Modeschöpferin M. Quant 1971 kreierte gesäßkurze Shorts der Damenmode.

Ho Tschi Minh ↑ Ho Chi Minh.

Hot Springs [engl. 'hɔt 'sprɪŋz], Stadt und Thermalbad am Ouachita River, Arkansas, 180–430 m ü. d. M., 35 200 E. Wirtschafts- und Fremdenverkehrszentrum für den H. S. National Park (2 363 ha) mit 47 heißen Quellen. – Dauersiedlung seit 1807. 1832 Einrichtung einer Reservation, aus der 1921 der H. S. National Park entstand.

Hottentotten (Eigenbez. Khoi-Khoin [„Menschen der Menschen"]), Volk der khoisaniden Rasse, urspr. auf Großviehzucht spezialisierte Hirtennomaden, die das südlichste Afrika bewohnten und von den Weißen nach N und O abgedrängt wurden. Die nach Namibia abgewanderte Gruppe der **Nama** (100 000) hat sich als einzige rein erhalten.

Hottentottenbrot ↑ Elefantenfuß.

Hottentottensprachen, zur Sprachfamilie ↑ Khoi-San gehörende Gruppe afrikan. Sprachen (u. a. Nama, Korana, Nhauru) im sw. Afrika; Hauptmerkmale der H. sind Schnalzlaute.

Hottentottensteiß ↑ Fettsteiß.

Hötzendorf, Franz Graf Conrad von ↑ Conrad von Hötzendorf, Franz Graf

Hotzenköcherle, Rudolf, *Chur 12. April 1903, †Zürich 8. Dez. 1976, schweizer. Sprachwissenschaftler. – Ab 1935 Prof. in Zürich; widmete sich v. a. der Erforschung der schweizer. Dialekte und der wiss. Grundlegung der Sprachgeographie.

Hotzenwald, Teil des südl. Schwarzwalds zw. Wehra- und Schlüchttal, durchschnittlich 600–700 m hoch; Viehzucht.

Houdar de La Motte, Antoine [frz. udardəla'mɔt], auch La Motte-Houdar, *Paris 17. (18. ?) Jan. 1672, †ebd. 26. Dez. 1731, frz. Dichter. – Begann mit Singspieltexten („L'Europe galante", 1697), wandte sich gegen die Regel von den drei Einheiten im Drama; verfaßte Fabeln und übersetzte die „Ilias" (1714).

Houdon, Jean-Antoine [frz. u'dõ], *Versailles 20. März 1741, †Paris 15. Juli 1828, frz. Bildhauer. – Bed. seine Porträtbildwerke, u. a. Büste Diderots (1771; Paris, Louvre), Sitzstatue Voltaires (1779–81; Paris, Comédie-Française), Büste Washingtons (1785; New York, Metropolitan Museum).

Houmt-Souk [frz. umt'suk], Hauptort der tunes. Insel Djerba, an der N-Küste, 9 300 E. Seebad; Gold- und Silberschmiedehandwerk, Textilind.; Fischereihafen, ⌘.

Hounsfield, Godfrey Newbold [engl. 'haʊnzfi:ld], *Newark (Gft. Nottingham) 28. Aug. 1919, brit. Elektroingenieur. – Entwickelte Radarsysteme und Großrechenanlagen. Ab 1967 schuf er unabhängig von A. M. Cormack die Grundlagen der Computertomographie, die er mit der Entwicklung des EMI-Scanners auch praktisch verwirklichte. Nobelpreis für Physiologie oder Medizin 1979 (zus. mit A. M. Cormack).

Jean-Antoine Houdon. Der Winter, Marmor, 1783–85 (Montpellier, Musée Fabre)

Godfrey Newbold Hounsfield

Houphouët-Boigny, Félix [frz. ufwɛbwa'ɲi], *Yamoussoukro 18. Okt. 1905, westafrikan. Politiker (Elfenbeinküste). – 1945 in die Verfassunggebende Versammlung Frankreichs gewählt, 1946 Präs. des von ihm mitbegr. Rassemblement Démocratique Africain; 1956–59 Min. verschiedener frz. Reg.; seit 1959 Premiermin., seit 1960 (immer wiedergewählt) Präs. der unabhängigen Republik Elfenbeinküste; mußte 1990 unter Druck sozialer Unruhen die Einleitung polit. Reformen zugestehen.

Houppelande [frz. u'plɑ̃:d], langer, weiter, vorn offener Überrock mit Gürtel (burgund.-frz. Mode, 14. bis 16. Jh.).

House, Edward Mandell [engl. haʊs], gen. Colonel H., *Houston 26. Juli 1856, †New York 28. März 1938, amerikan. Politiker. – Außenpolit. Berater von Präs. W. Wilson; koordinierte die amerikan. Kriegsallianz mit der Entente 1917/18; Mitbegr. des Völkerbundes; Bruch mit Wilson im Juni 1919 wegen dessen Verhandlungsführung bei den Versailler Friedensverhandlungen.

House of Commons [engl. 'haʊs əv 'kɒmənz] ↑ Unterhaus.

House of Lords [engl. 'haʊs əv 'lɔ:dz] ↑ Oberhaus.

House of Representatives [engl. 'haʊs əv rɛprɪ'zɛntətɪvz] ↑ Repräsentantenhaus.

Houssay, Bernardo Alberto [span. u'saj], *Buenos Aires 10. April 1887, †ebd. 21. Sept. 1971, argentin. Physiologe. – Prof. in Buenos Aires; ermittelte die Bed. des Hypophysenvorderlappens für den Zuckerstoffwechsel und erhielt hierfür (zus. mit C. F. und G. T. Cori) 1947 den Nobelpreis für Physiologie oder Medizin.

Houston [engl. 'hju:stən], Stadt in der Golfküstenebene, SO-Texas, USA, 16 m ü. d. M., 1,7 Mill. E, Metropolitan Area 3,6 Mill. E. Sitz eines kath. Bischofs; mehrere Univ., die älteste 1891 gegr.; Naturkunde-, Kunstmuseum, Theater, Symphonieorchester, Bibliotheken. Wichtiges Ind.-, Handels-, Finanz- und Verkehrszentrum der USA, wozu v. a. seine Lage in einem Erdölgebiet beigetragen hat. Der Hafen ist mit dem Golf von Mexiko durch einen 80 km langen Kanal verbunden. Kontrollzentrum der NASA; internat. ⚓. – 1836 gegr. und nach General Samuel Houston, dem ersten Präs. der Republik Texas, deren Hauptstadt H. 1837–39 und 1842–45 war, benannt.

Hovawart [zu mittelhochdt. hovewart „Hofwächter, Hofhund"], kraftvoller, bis 70 cm hoher Hund von rechteckigem Körperbau; Kopf breit mit Hängeohren; Schwanz stark behaart; Fell schwarz, schwarz mit hellen Abzeichen oder falb.

Hovercraft Ⓦ [engl. 'hɒvəkrɑ:ft, eigtl. „Schwebefahrzeug"] ↑ Luftkissenfahrzeug.

Howaida, Amir Abbas [pers. hoveiˈda], *Teheran 18. Febr. 1919, †ebd. 7. April 1979 (hingerichtet), iran. Diplomat und Politiker. – 1942–58 im diplomat. Dienst; 1964/65 Finanzmin., 1965–78 iran. Min.präs.; Ende 1978 verhaftet.

Howaldtswerke – Deutsche Werft AG, dt. Schiffbau-, -reparatur- und Maschinenbauunternehmen, Sitz Hamburg und Kiel; entstanden 1967 durch Fusion der Kieler Howaldtswerke und der Hamburger Dt. Werft AG. Das Aktienkapital wird zum größten Teil von der Salzgitter AG und dem Land Schleswig-Holstein gehalten.

Howard [engl. 'haʊəd], engl. Adelsfamilie; bed. Vertreter:

H., Charles, Earl of Nottingham (seit 1597), Baron of Effingham (seit 1573), *Effingham (Surrey) 1536, †Haling-House bei Croydon (Surrey) 14. Dez. 1624, Admiral. – Vertrauter Elisabeths I.; kommandierte die engl. Flotte, die 1588 die span. Armada vernichtete.

H., Henry, Earl of Surrey ↑ Surrey, Henry Howard, Earl of.

Howard [engl. 'haʊəd], Leslie, eigtl. Leslie Stainer, *London 3. April 1893, †1. Juni 1943 (Flugzeugabsturz), brit. Schauspieler. – In den 1930er Jahren Theater- und Filmstar in Großbritannien und den USA; seine Darstellung des vollendeten Gentleman kam in den Filmen „Das scharlachrote Siegel" (1934) und „Vom Winde verweht" (1939) am besten zur Geltung.

H., Trevor, *Cliftonville (Kent) 29. Sept. 1916, †Bushey bei London 7. Jan. 1988, brit. Schauspieler. – Ab 1933 auf der Bühne, ab 1944 beim Film; internat. bekannt machten ihn u. a. „Der dritte Mann" (1949), „Ryans Tochter" (1969), „Nora" (1973), „Dust" (1985).

Howe, Sir (seit 1972) Geoffrey [engl. haʊ], *Port Talbot 20. Dez. 1926, brit. Politiker (Konservativer). – Jurist; 1964–66 und seit 1970 Abg. im Unterhaus; 1970–72 Kronanwalt; 1972–74 Min. für Handel und Verbraucherfragen; 1979–83 Schatzkanzler, 1983–89 Außenmin.; 1989/90 stellv. Premierminister.

Howells, William Dean [engl. 'haʊəlz], *Martins Ferry (Ohio) 1. März 1837, †New York 11. Mai 1920, amerikan. Schriftsteller. – Vorkämpfer und einer der bedeutendsten Vertreter des realist. Romans in den USA. – Werke: Die große Versuchung (R., 1885), Indian summer (R., 1886).

Howrah [engl. 'haʊrə] (neue amtl. Schreibung Haora), ind. Stadt gegenüber von Kalkutta, B.staat West Bengal, 742 000 E. Bed. Ind.- und Handelsstadt; Hafen am Hugli.

Hoxha (Hodscha), Enver [alban. 'hodʒa], *Gjirokastër 16. Okt. 1908, †Tirana 11. April 1985, alban. Politiker. – Seit 1943 Generalsekretär der von ihm gegr. KP Albaniens (seit 1954 Erster Sekretär des ZK der „Partei der Arbeit"); 1944–54 Min.präs. (bis 1953 auch Außen- und Innenmin.); nach durchgreifenden innerparteil. Säuberungen (v. a. 1948–52) leitete er als unangefochtener Staatsführer die Umwandlung Albaniens in einen Staat nach marxistisch-leninist. Muster.

Höxter, Krst. an der Oberweser, NRW, 95 m ü. d. M., 32 000 E. Abteilungen Architektur und Bautechnik der Gesamthochschule Paderborn; Papier-, Holz-, chem. und metallverarbeitende Ind. – 1115 Marktrecht, nach 1250 Stadtrecht. Nach Säkularisierung der Fürstabtei ↑ Corvey (1802/1803), der H. seit 823 gehörte, 1815 an Preußen. – Kilianskirche (12.–16. Jh.) mit roman. Westbau, frühgot. Marienkirche (13. Jh.), Rathaus (1610–13, Weserrenaissance).

H., Kreis in Nordrhein-Westfalen.

Hoya ['hoːja], Stadt an der Weser, Nds., 18 m ü. d. M., 3 700 E. Niedersächs. Inst. für Sportgeschichte, Kartonagen- und Lederartikelherstellung. – Seit 1200 Sitz der Grafen Stumpenhausen, die von hier aus eine Gft. **(Grafschaft Hoya)** aufbauten, die Burg H. errichteten (1233 erstmals erwähnt) und den Namen H. annahmen. Fiel 1582 an Braunschweig-Lüneburg; seit 1929 Stadt.

Hoyer ['hɔyər], Alexandra Galina von, russ. Schriftstellerin, ↑ Rachmanowa, Alja.

H., Dore, eigtl. Anna Dora H., *Dresden 12. Dez. 1911, †Berlin 30. Dez. 1967 (Selbstmord), dt. Tänzerin und Choreographin. – Tanzte 1935–40 in der Gruppe von M. Wigman, übernahm 1945 die Leitung der ehem. Wigman-Schule in Dresden; 1949–51 Ballettmeisterin der Hamburg. Staatsoper; bed. Vertreterin des Ausdruckstanzes.

H., Werner, *Wuppertal 17. Nov. 1951, dt. Politiker. – Volkswirt; seit 1987 MdB; seit 1993 Generalsekretär der FDP.

Hoyerswerda [hɔyərs...], Krst. in der Oberlausitz, Sa., an der Schwarzen Elster, 120 m ü. d. M., 67 900 E. Wohnstadt für das 12 km entfernte Braunkohlenwerk Schwarze Pumpe. – 1371 Marktrecht, 1423 Stadtrecht. – Spätgot. Pfarrkirche (Anfang 16. Jh.), Renaissancerathaus und -schloß (beide Ende 16. Jh.).

H., Landkr. in Sachsen.

Hozjusz, Stanisław [poln. 'hɔzjuʃ] ↑ Hosius, Stanislaus.

hp [engl. 'eɪtʃ'pi:], Einheitenzeichen für ↑ Horsepower.

Hrabal, Bohumil, *Brünn 28. März 1914, tschech. Schriftsteller. – In seinen Erzählungen und Romanen stehen oft Alltagssituationen am Anfang, denen der Autor burleske, meist aber tragikom. Wendungen gibt. – Werke: Die Bafler (En., 1964), Das Haaropfer (E., 1976), Ich habe den engl. König bedient (R., 1987).

Hrabanus Maurus (Rhabanus, Rabanus), *Mainz um 780, †ebd. 4. Febr. 856, Universalgelehrter und Erzbischof von Mainz. – Schüler Alkuins in Tours, wurde 804 Vorsteher der Klosterschule in Fulda (die unter seiner Leitung zur damals führenden in Deutschland wurde) und 822 Abt des Klosters; 847 Erzbischof von Mainz. – Seine schriftsteller.

Félix Houphouët-Boigny

Bernardo Alberto Houssay

Geoffrey Howe

Enver Hoxha

Dore Hoyer

Hrabanus Maurus. Papst Gregor IV. nimmt von Hrabanus Maurus (rechts) ein Buch entgegen, Ausschnitt aus einer Miniatur in einem Bildgedicht von Hrabanus Maurus, um 835 (Wien, Österreichische Nationalbibliothek)

Tätigkeit umfaßt neben theolog. Werken auch Stellungnahmen zu Problemen aller Disziplinen der Artes liberales; deshalb erhielt er später den Ehrennamen „[Primus] Praeceptor Germaniae" („[Erster] Lehrer Deutschlands"). H. M. verhalf im Rahmen der karoling. Renaissance der Theologie zu großer Breitenwirkung; verfaßte dogmat. Schriften und Predigtbücher sowie enzykloäd. Handbücher auch des profanen Wissens („De rerum naturis", 22 Bde.); viele religiöse lat. Gedichte und Hymnen werden ihm zugeschrieben; regte die dt. Übersetzung des ↑Tatian an.

Hradec Králové [tschech. 'hradɛts 'kra:lɔvɛ:] ↑Königgrätz.

Hradschin [hra'tʃi:n, 'hratʃi:n; zu tschech. hrad „Burg, Schloß"], Burgviertel und Stadtteil von Prag.

Hranice [tschech. 'hranjitsɛ] (dt. Mährisch-Weißkirchen), Stadt am S-Rand des Odergebirges, ČR, 255 m ü. d. M., 19 100 E. V. a. Baustoffind. – 1169 wurde ein Benediktinerkloster gegr., um das eine Siedlung entstand, die 1251 zur Stadt erhoben wurde. – Barocke Stadtkirche (18. Jh.), Altes Rathaus (1544), Renaissanceschloß (16./17. Jh.).

Hrawi (Hraoui), Elias, *Sahlé (östlich von Beirut) 1926, libanes. Politiker. – Seit 1972 christl. Abg.; seit Ende Nov. 1989 Staatspräs. Libanons.

Hrdlicka, Alfred ['hɪrdlɪtska], *Wien 27. Febr. 1928, östr. Bildhauer und Graphiker. – Ab 1986 Prof. an der Berliner Hochschule der Künste; Steinskulpturen und Reliefs sowie graph. Zyklen, in denen das Phänomen von Mord und Gewalt in unserer Zeit aufgegriffen wird, u. a. „Haarmann-Relief" (1967), „Plötzenseer Totentanz" (1970–72), „Mahnmal gegen Krieg und Faschismus in Wien" (1991 fertiggestellt).

Hristić, Stevan [serbokroat. ˌhri:stitɕ], *Belgrad 19. Juni 1885, †ebd. 21. Aug. 1958, jugoslaw. Komponist. – Von serb. und makedon. Volksmusik beeinflußte Kompositionen, u. a. das Ballett „Die Ohrider Legende" (1947; Neufassung 1958), Lieder, Chöre.

Hrolf Krake, historisch nicht gesicherter König der dän. Frühzeit und Gestalt der isländ. und dän. Heldensage des 12. und 13. Jh. Wichtige Quellen sind die altisländ. „Bjarkamál" (etwa 12. Jh.), ein lat. Gedicht des Saxo Grammaticus sowie die spätaltisländ. „Hrólfs saga kraka" (14. Jh.).

Hromádka, Josef Lukl [tschech. 'hrɔma:tka], *Hodslavice 8. Juni 1889, †Prag 26. Dez. 1969, tschech. ev. Theologe. – 1920 Prof. in Prag; 1939–47 in den USA, seit 1947 wieder in Prag. Führendes Mitgl. des Ökumen. Rates, Vizepräs. des Ref. Weltbundes; bemüht um den Dialog zw. Christen und Marxisten; gründete 1958 die Christl. Friedenskonferenz, deren Präs. er bis 1968 war.

Hua Guofeng

Hrotsvit von Gandersheim (Roswita von G.) ['ro:tsvit, *um 935, †nach 973(?), erste namentlich bekannte dt. Schriftstellerin. – Kanonisse des sächs. Stiftes Gandersheim, wohl aus einem sächs. Adelsgeschlecht, verfaßte in mittellat. Sprache 6 Dramen in Reimprosa, 8 Heiligenlegenden in leonin. Hexametern und Distichen sowie histor. Dichtungen („Gesta Oddonis"). Die Legenden und Dramen preisen das Ideal der Jungfräulichkeit.

Hrubín, František [tschech. 'hrubi:n], *Prag 17. Sept. 1910, †Budweis 1. März 1971, tschech. Schriftsteller. – Zunächst Liebes- und Naturlyrik; dann sozial engagierte Dichtung; verfaßte Kinderbücher („Das Hühnchen im Kornfeld"; 1957), Stücke und Erzählungen.

Hs, chem. Symbol für **Ha**ssium (Element 108). – ↑Transactinoide.

Hsia Kuei [chin. ɕiaguɛi] ↑Xia Gui.
Hsiamen [chin. ɕia:mən] ↑Xiamen.
Hsiao Chien [chin. ɕiaudʑiɛn] ↑Xiao Jian.
Hsieh Fu-chih [chin. ɕiɛfudʒi], chin. General und Politiker, ↑Xie Fuzhi.
Hsinchiang ↑Uigurische Autonome Region Sinkiang.
Hsin-hua t'ung-hsün-she [chin. ɕɪnxua tʊŋɕynʃʌ], svw. Xinhua Tong xunsha, ↑Nachrichtenagenturen (Übersicht).
Hsü Pei-hung [chin. ɕybɛixʊŋ] ↑Xu Beihong.
HTL, Abk. für: **H**öhere **T**echnische **L**ehranstalt (in Verbindung mit dem Ortsnamen).
HTOL [engl. 'ɛɪtʃtiːoʊˈɛl], Abk. für engl.: **H**orizontal **t**ake-**o**ff and **l**anding („Horizontalstart und -landung"), ↑Flugzeug.
HTP-Verfahren, Kurzbez. für **H**och**t**emperatur**p**yrolyse, ein bei hohen Temperaturen (2 500 °C Anfangs-, 1 300 °C Spalt-, 300 °C Endtemperatur) ablaufendes Verfahren zur Herstellung vorwiegend von Acetylen und Äthylen aus Leichtbenzinen bzw. Rohöl.
HU, Abk. für: **H**umanistische **U**nion.
Hua Guofeng (Hua Kuo-feng) [chin. xuaguɔfəŋ], *Jiaocheng (Prov. Shanxi) 1920, chin. Politiker. – 1958–67 Prov.gouverneur von Hunan, seit 1970 dort Erster Sekretär der KP, seit 1973 Erster polit. Kommissar des Militärdistriktes Hunan und Mgl. des Politbüros der KPCh (bis 1982); 1975/76 stellv. Min.präs. und Min. für öff. Sicherheit; 1976–80 Min.präs. und 1976–81 Nachfolger Mao Zedongs als Vors. des ZK der KPCh.

Huai He [chin. xuaiχʌ] (Hwaiho), Fluß in China, entspringt im westl. Dabie Shan, durchfließt die Große Ebene in östl. Richtung, endet in den Seen Hongze Hu und Gaoyou Hu, 1 078 km lang. Über die Seen Abfluß zum Jangtsekiang bzw. über Kanäle zum Gelben Meer.

Huainan [chin. xuainan] (Hwainan), chin. Stadt am S-Ufer des Huai He, 1,09 Mill. E. Kohlenbergbauzentrum, Düngemittelindustrie.

Alfred Hrdlicka. Haarmann-Relief, 1967 (Privatbesitz)

Huallaga, Río [span. rrio ua'jaya], rechter Nebenfluß des Río Marañón in NO-Peru, entspringt in den Anden, mündet 300 km wsw. von Iquitos, etwa 1 140 km lang.

Huambo [portugies. ˈuɛmbu] (1928–75 Nova Lisboa), angolan. Prov.hauptstadt an der Benguelabahn, 1 713 m ü. d. M., etwa 200 000 E. Kath. Erzbischofssitz, landw. Forschungsinst., Handelszentrum eines Agrargebiets, ⚒. – Gegr. 1912.

Huanako [indian.] ↑Guanako.

Huancavelica [span. u̯aŋkaβe'lika], Hauptstadt des peruan. Dep. H. in der Westkordillere, 3798 m ü.d.M., 24 700 E. Kath. Bischofssitz; Bergbauzentrum. – Gegr. 1572.

H., Dep. im südl. Z-Peru, in den Anden, 21 079 km², 375 000 E (1990), Hauptstadt H. Silber-, Blei- und Quecksilbererzbergbau.

Huaxteken. Brustschmuck aus Meeresschnecken (Mexiko, Nationalmuseum der Anthropologie)

Huancayo [span. u̯aŋ'kajo], Hauptstadt des zentralperuan. Dep. Junín, in den Anden, 3260 m ü.d.M., 199 000 E. Kath. Erzbischofssitz; Univ. (gegr. 1962), Handelszentrum des wichtigsten peruan. Weizenanbaugebiets. – Im 16. Jh. von Spaniern an der Stelle eines alten Inkazentrums gegründet.

Huangdi (Huang-ti) [chin. xu̯aŋdi „Gelber Kaiser"], legendärer erster Kaiser Chinas; lebte nach der Überlieferung gegen Ende des 3. Jt. v. Chr.; gilt als Ahnherr der chin. Zivilisation und Kulturheros.

Huang Gongwang (Huang Kung-wang) [chin. xu̯aŋ...], *1269, †1354, chin. Maler und Dichter. – Führender Yuan-Meister; sein Landschaftsstil im Geist des Daoismus wurde von den Literatenmalern aufgegriffen; u. a. Querrolle (33 × 638 cm), „In den Fuchun-Bergen wohnen" (1350; Taipeh, Palastmuseum).

Huang Hai [chin. xu̯aŋxʌi] ↑Gelbes Meer.

Huang He (Huangho) [chin. xu̯aŋxʌ] ↑Hwanghe.

Huang Hua [chin. xu̯aŋ'xu̯a] (früher Wang Rumei), * in der Prov. Hebei 1913, chin. Diplomat und Politiker. – Botschafter in Ghana 1960–66, in der VAR 1966–70, in Kanada 1971; 1971–76 Ständiger Vertreter Chinas bei den UN; seit 1973 Mgl. des ZK der KPCh. Entwickelte als Außenmin. (1976–83) die Kontakte Chinas zu den westl. Ind.staaten; 1980–82 auch stellv. Min.präs., 1986–88 amtierender Vors. des Nat. Volkskongresses.

Huánuco [span. 'u̯anuko], Hauptstadt des peruan. Dep. H., in der Zentralkordillere, 1893 m ü.d.M., 85 500 E. Kath. Bischofssitz; Handelszentrum eines Agrargebiets; Quecksilbererzbergbau; ⚒. – Gegr. 1539. Nahebei die Inka-Ruinenstätte **Huánuco Viejo.**

H., Dep. in Z-Peru, 34 094 km², 609 000 E (1990), Hauptstadt H. Liegt im Bereich der Zentral- und Ostkordillere der Anden, zw. Río Marañón im W und Río Ucayali im O. Je nach klimat. Lage Anbau von Mais, Gerste, Weizen, Kartoffeln oder Koka, Kaffee, Kakao, Zuckerrohr, Tabak.

Huaraz [span. u̯a'ras], Hauptstadt des Dep. Ancash im westl. Z-Peru, 3063 m ü.d.M., 61 200 E. Kath. Bischofssitz; Silbererzbergbau.

Huarikultur [span. 'u̯ari], altamerikan. Kultur im zentralen Andengebiet (550–800); ben. nach der Ruinenstätte Huari im westl. Z-Peru, der Hauptstadt eines großen, fast ganz Peru umfassenden Reiches (↑Warireich); typisch sind stark stilisierte tierköpfige (Kondor und Jaguar) Dämonen auf mehrfarbigen Tongefäßen, Textilien und Muschelmosaiken.

Huáscar [span. 'u̯askar] (Waskar), †Andamarca (Peru) 1533 (ermordet), 12. Herrscher der traditionellen Inkaliste. – Kämpfte gegen seinen Halbbruder Atahualpa und die Spanier, die ihn 1532 gefangennahmen.

Huascarán [span. u̯aska'ran] (Nevado de H.), erloschener und stark vergletscherter Vulkan in der Cordillera Blanca (Westkordillere) Perus; Doppelgipfel mit 6768 m und 6655 m. Durch Erdbeben am 31. Mai 1970 ausgelöste Eislawinen (etwa 26 Mill. m³) und ↑Mure (etwa 50 Mill. m³) vernichteten die am Bergfuß gelegene Stadt Yungay (18 000 E).

Huaxteken [huas'te:kən], zur Sprachgruppe Maya-Quiché gehörender Indianerstamm in NO-Mexiko; etwa 71 000 Menschen (v. a. Kleinbauern). – Archäolog. lassen sich die H. etwa seit 1500 v. Chr. nachweisen; Blütezeit etwa seit 900 n. Chr., v. a. Steinskulpturen, schwarzweiß bemalte Keramik, Tonfiguren, Muschelschnitzereien, runde Tempelpyramiden.

Hub ↑Hubraum.

Hubalek, Claus, *Berlin 18. März 1926, dt. Schriftsteller. – War Dramaturg bei B. Brecht am Berliner Ensemble; schrieb zeitkrit. Dramen („Der Hauptmann und sein Held", 1954), Erzählungen, Hörspiele, Fernsehbearbeitungen von Stoffen aus der Kriegs- und Nachkriegszeit.

Hubay, Jenő [ungar. 'hubɔi], seit 1909 H. von Szalatna, *Budapest 15. Sept. 1858, †ebd. 12. März 1937, ungar. Violinvirtuose und Komponist. – Schüler J. Joachims; nach Konzerttätigkeit Prof. für Violine in Brüssel (1882) und Budapest (1886); Leiter eines berühmten Streichquartetts.

Hubble, Edwin Powell [engl. hʌbl], * Marshfield (Mo.) 20. Nov. 1889, †San Marino (Calif.) 28. Sept. 1953, amerikan. Astronom. – Begründete die moderne extragalakt. Astronomie. 1923/24 gelang ihm die Bestimmung der Entfernung des Andromedanebels. 1929 entdeckte er den später nach ihm benannten Hubble-Effekt.

Hubble-Effekt [engl. hʌbl], Bez. für den von E. P. Hubble entdeckten Zusammenhang zw. der Größe der Rotverschiebung der Spektrallinien in den Spektren extragalakt. Sternsysteme und deren Entfernung; dient zur Bestimmung der Radialgeschwindigkeit und Entfernung weit entfernter Sternsysteme. Man deutet die beobachtete Rotverschiebung als Doppler-Effekt auf Grund einer Expansionsbewegung. Die Expansionsgeschwindigkeit (Fluchtgeschwindigkeit) der extragalakt. Systeme nimmt je 1 Mpc um etwa 75 km/s zu **(Hubble-Konstante).**

Hubble-Weltraumteleskop [engl. hʌbl], 1990 vom Space Shuttle „Discovery" auf eine Erdumlaufbahn gebrachtes Weltraumteleskop der NASA und ESA mit einem 2,4-Meter-Hauptspiegel. Das H.-W. soll noch Strahlung empfangen, die vor 15–20 Mrd. Lichtjahren ausgesandt wurde und somit einen tiefen Blick in die Vergangenheit des Weltalls gestatten; es soll Quasare und Galaxien beobachten und nach Planeten von nahen Sternen suchen sowie Ringe, Monde und Planetenatmosphären in unserem Sonnensystem studieren. – Die zu große sphär. Aberration des Hauptspiegels wird teilweise durch eine Computerbearbeitung der Aufnahmen ausgeglichen; 1993 soll eine korrigierende Vorsatzoptik installiert werden.

Hybbuch, Karl, *Karlsruhe 21. Nov. 1891, †ebd. 26. Dez. 1979, dt. Maler und Graphiker. – 1925–33 und 1948–57 Prof. in Karlsruhe; zunächst v. a. Graphiker, seit 1925 auch Gemälde in einem gesellschafts- und sozialkritisch engagierten Verismus; seit den 1950er Jahren v. a. Porträts. – Abb. S. 446.

Hubei [chin. xubɛi] (Hupeh), Prov. im zentralen China, 187 400 km², 53,97 Mill. E (1990), Hauptstadt Wuhan. Kernraum ist die seenreiche Flußniederung am Jangtsekiang und am Han Shui. Den W nimmt ein Bergland ein, im NO und SO bilden Dabie Shan bzw. Mufu Shan natürl. Grenzen. H. ist eine der wichtigsten Reiskammern Chinas;

Edwin Powell Hubble

Huang Hua

Hubel

David Hunter Hubel

bed. Tungölgewinnung, Süßwasserfischerei; Abbau von Gips und Erzen.

Hubel, David Hunter [engl. 'hjubel], *Windsor (Kanada) 27. Febr. 1926, amerikan. Neurophysiologe. – Ab 1965 Prof. in Boston (Mass.); erhielt für die Erforschung der Verarbeitung opt. Reize durch das Gehirn (mit T. N. Wiesel und R. W. Sperry) 1981 den Nobelpreis für Physiologie oder Medizin.

Huber, Erwin, *Reisbach (Ldkr. Dingolfing) 26. Juli 1946, dt. Politiker (CSU). – Seit 1978 MdL in Bayern; 1987/88 stellv., seit Aug. 1988 Generalsekretär der CSU.

H., Klaus, *Bern 30. Nov. 1924, schweizer. Komponist. – Kompositionstechnisch an A. von Webern anknüpfend, hebt sich H. mit expressiven Vokalwerken meist religiösen Inhalts von der seriellen Webern-Nachfolge ab; u. a. „Tenebrae" (1968), Oper „Jot oder Wann kommt der Herr zurück?" (1973), „Drei kleine Stücke für Orchester" (1986).

Klaus Huber

H., Kurt, *Chur 24. Okt. 1893, † München 13. Juli 1943 (hingerichtet), dt. Widerstandskämpfer. – Philosoph, Psychologe, Musikwissenschaftler und Volksliedforscher; seit 1926 Prof. in München, 1937/38 Leiter des Volksliedarchivs in Berlin. Als Mgl. der ↑ Weißen Rose (seit 1942) verhaftet.

H., Nicolaus A., *Passau 15. Dez. 1939, dt. Komponist. – Wandte zunächst in seinen Kompositionen, die auch politisch verstanden werden sollten, serielle Techniken an, entwickelte später eine leichter faßbare Schreibweise; komponierte Orchester-, Kammer- und Vokalmusik, u. a. „Harakiri" (1971) und „Vier Stücke" für Orchester und Tonband (1988), „Go ahead. Musik für Orchester mit Shrugs" (1989).

H., Robert, *München 20. Febr. 1937, dt. Biochemiker. – Seit 1987 Direktor des Max-Planck-Instituts für Biochemie in Planegg-Martinsried; erhielt mit J. Deisenhofer und H. Michel den Nobelpreis für Chemie 1988 für die Bestimmung der dreidimensionalen Struktur eines photosynthet. Reaktionszentrums eines Bakteriums durch Röntgenstrukturanalyse.

Robert Huber

H., Victor Aimé, *Stuttgart 10. März 1800, † Nöschenrode (= Wernigerode) 19. Juli 1869, dt. Literarhistoriker und Sozialpolitiker. – 1848 Mitbegr. der preuß. Konservativen Partei, wollte Anregungen der brit. Genossenschaftsbewegung unter sozialkonservativem und christlich-sozialem Vorzeichen auf Deutschland übertragen und so die Arbeiterschaft in die bürgerl. Gesellschaft integrieren.

H., Wolf, *Feldkirch (Vorarlberg) um 1485, † Passau 3. Juni 1553, dt. Maler und Zeichner. – Maler der Donauschule; Landschaftsfederzeichnungen von großer Unmittelbarkeit. – *Werke:* Annenaltar (1515–21; u. a. Wien, Kunsthistor. Museum), Marienaltar (um 1525–30; Berlin-Dahlem und München, Bayer. Nationalmuseum); Bildnisse (u. a. „Jakob Ziegler" 1544–49, Wien, Kunsthistor. Museum).

Hubertus (Hubert), hl., * um 655, † Tervuren bei Brüssel 30. Mai 727, Missionar und Bischof. – Um 703/705 Bischof von Tongern-Maastricht (später Lüttich). Auf Grund einer Legende, wonach H. sich während der Jagd durch die Erscheinung eines Hirsches mit einem Kreuz im Geweih bekehrt habe, wurde er zum Patron der Jäger und Schützenvereine sowie gegen die Tollwut. – Fest: 3. Nov.

Paul Hubschmid

Hubertusburg, ehem. kurfürstl. Jagdschloß (erbaut v. a. 1743–51; Gem. Wermsdorf östl. von Leipzig). Mit dem hier am 15. Febr. 1763 unterzeichneten Friedensverträgen wurde der Siebenjährige Krieg beendet.

Hubinsel ↑ Off-shore-Technik.

Hubli-Dharwar, ind. Stadt am W-Rand des Dekhan, B.staat Karnataka, 527 000 E, Univ.; Baumwollmarkt; Textilind., Eisenbahnreparaturwerkstätten. – 1961 wurden Hubli und Dharwar vereinigt.

Hubmaier, Balthasar, *Friedberg bei Augsburg zw. 1480 und 1485, † Wien 10. März 1528 (verbrannt), dt. Theologe. – Gewann 1525 Waldshut für das Täufertum; vertrat, abweichend von anderen Täufern, das Recht auch der christl. Obrigkeit auf Ausübung der Schwertgewalt.

Hübner, Kurt, *Hamburg 30. Okt. 1916, dt. Regisseur. – 1959–62 Intendant des Ulmer, 1962–73 General-

intendant des Bremer Theaters, 1973–86 Leiter der Freien Volksbühne Berlin. H. pflegte mit W. Minks, P. Zadek, P. Palitzsch u. a. ein Theaterspiel avantgardist. Prägung.

Karl Hubbuch. Sie wohnen im gleichen Haus, um 1925/26 (Privatbesitz)

Hubplattform ↑ Off-shore-Technik.

Hubraum (Hubvolumen), vom Kolben einer Kolbenmaschine auf dem Weg (Hub, Kolbenhub) vom oberen Umkehrpunkt (oberer Totpunkt = **OT**) zum unteren (**UT**) überstrichener Raum, d. h. das Produkt aus Zylinderquerschnitt und Hub. Bei Mehrzylindermaschinen ergibt sich der **Gesamthubraum** als Summe der Hubvolumina aller Arbeitszylinder. Die **Hubraumleistung (Literleistung)** ist der Quotient aus maximaler Nutzleistung und Gesamt-H. eines Motors (Angabe in Kilowatt/Liter [kW/l], früher PS/l).

Hübschmann, Heinrich, *Erfurt 1. Juli 1848, † Freiburg im Breisgau 20. Jan. 1908, dt. Indogermanist. – Prof. in Leipzig und Straßburg; wies nach, daß das Armenische eine eigenständige indogerman. Sprache ist.

Hubschmid, Paul, *Aarau 20. Juli 1917, schweizer. Schauspieler. – Seit 1938 im Film tätig, hat H. in Liebhaberrollen und als Bonvivant, später als Charakterheld Karriere gemacht. Glanzrolle als Prof. Higgins in „My Fair Lady" (1961).

Hubschrauber (Helikopter), zu den *Drehflügelflugzeugen* zählende Flugzeuge, bei denen an Stelle starrer Tragflächen umlaufende Flügel vorhanden sind, sog. *Rotoren,* die den Auf- und Vortrieb erzeugen. Die *Rotorblätter* (Einzelflügel) sind gelenkig oder elastisch am *Rotorkopf* befestigt; sie dienen zur Steuerung um ihre Holmachsen drehbar, der Blattwinkel kann kollektiv und/oder zyklisch (in Abhängigkeit vom jeweiligen Umlaufwinkel des einzelnen Blattes) verstellt werden.

Beim eigtl. H. erfolgt der Rotorantrieb über Wellen durch [Kolben]motor oder Gasturbine. Drehmomentenausgleich um die Hochachse entweder durch zwei gegenläufige Rotoren (z. B. beim *Tandemhubschrauber*) oder durch seitl. *Heckrotor* (Heckschraube). – Weitere Typen von Drehflügelflugzeugen: **Tragschrauber (Autogiro),** bei dem der Fahrtwind den Rotor antreibt, wodurch Auftrieb erzeugt wird; Tragschrauber benötigen eine zusätzl. Vortriebsanlage, meist in Form eines Propellers am Rumpf; senkrechtes Landen und Starten ist nicht möglich; – **Flugschrauber** haben neben Rotoren noch Vortriebseinrichtungen (Propeller oder Schubdüsen); dadurch höhere Fluggeschwindigkeiten. – Eine wesentl. Entlastung des Rotors im Horizontalflug erzielt man durch zusätzl. feste Tragflügel. So entsteht der **Kombinationsflugschrauber.**

H. finden u. a. Verwendung als **Lufttaxi** (Zubringerverkehr zu Flughäfen), **Transporthubschrauber** (zum Transport kleinerer militär. Einheiten), **Rettungshubschrauber** (zum schnellen Transport von Verletzten oder Kranken) und zur Verkehrsüberwachung. V. a. im militär. Bereich wird der H. in vielfältiger Weise eingesetzt.

Geschichte: Grundgedanken zum H. gibt es bereits in Aufzeichnungen von Leonardo da Vinci (1475); 1907 erster

Flug eines von L. Bréguet konstruierten H., 1923 Entwicklung des Tragschraubers durch J. de la Cierva.

Hubschrauberträger, Kriegsschiff mit Flugdeck und einer größeren Anzahl von Hubschraubern zur U-Bootbekämpfung und Durchführung von Landungsoperationen.

Hubstapler, Kraft- oder Elektrofahrzeug zum Transport und Stapeln von Stückgut mit mechan. oder hydraul. Hebevorrichtung (Plattform, Zangengreifer oder Dorn); **Gabelstapler** haben als Hebevorrichtung einen gabelförmigen Ausleger (Hubgabel) für Paletten bzw. palettierte Ladungen.

Hubtor, senkrecht auf und ab bewegl. stählernes Schleusentor.

Hubvolumen, svw. ↑Hubraum.

Huch, Felix, *Braunschweig 6. Sept. 1880, †Tutzing (Landkr. Starnberg) 6. Juli 1952, dt. Erzähler. – Bruder von Friedrich H., Vetter von Ricarda H.; schrieb biograph. Musikerromane, u. a. „Mozart" (2 Bde., 1941–48).

H., Friedrich, *Braunschweig 19. Juni 1873, †München 12. Mai 1913, dt. Schriftsteller. – Vetter von Ricarda H.; schrieb Satiren und psychologisch feinfühlige Romane wie „Peter Michel" (1901), „Enzio" (1911).

H., Ricarda, Pseud. Richard Hugo, *Braunschweig 18. Juli 1864, †Schönberg (Taunus) 17. Nov. 1947, dt. Erzählerin und Lyrikerin. – Bis 1897 Tätigkeit an der Züricher Stadtbibliothek; dann Lehrerin in Bremen; heiratete 1898 in Wien den italien. Zahnarzt E. Ceconi, nach der Scheidung 1907 ihren Vetter Richard H., von dem sie sich 1910 wieder trennte. Trat 1933 aus Protest gegen den NS aus der Preuß. Akademie der Künste aus. Waren für ihr Frühwerk v. a. Phantasie und lyr. Subjektivismus prägend, gelangte sie später zur beschreibenden „objektiven" Darstellung histor. Gestalten und Ereignisse („Der große Krieg in Deutschland", 1912–14; 1937 u. d. T. „Der Dreißigjährige Krieg") und zu religiöser Thematik („Luthers Glaube", 1916). Eine Sonderstellung im Werkkatalog von H. nimmt ihr literar- und kulturgeschichtl. Werk „Die Romantik" (1908) ein, das für die Wiederentdeckung der Romantik und für die Überwindung des Naturalismus von großer Bed. war. Kurz vor ihrem Tod hatte sie die Herausgabe eines Buches über die dt. Widerstandsbewegung geplant („Der lautlose Aufstand", von G. Weisenborn bearbeitet und hg. 1953). – *Weitere Werke:* Erinnerungen von Ludolf Ursleu dem Jüngeren (R., 1893), Aus der Triumphgasse (Skizzen, 1902), Die Geschichte von Garibaldi (Bd. 1: Die Verteidigung Roms, 1906; Bd. 2: Der Kampf um Rom, 1907), Frühling in der Schweiz (Erinnerungen, 1938), Herbstfeuer (Ged., 1944).

H., Rudolf, Pseud. A. Schuster, *Porto Alegre (Brasilien) 28. Febr. 1862, †Bad Harzburg 12. Jan. 1943, dt. Schriftsteller. – Bruder von Ricarda H.; war Rechtsanwalt und Notar; schrieb satir., zeitkrit. Romane, Erzählungen, Lustspiele und kulturkrit. Essays.

Hubschrauber. Transporthubschrauber

Huchel, Peter, *Berlin 3. April 1903, †Staufen im Breisgau 30. April 1981, dt. Schriftsteller. – 1945–48 am Rundfunk in Berlin (Ost); 1948 Chefredakteur der Zeitschrift „Sinn und Form" (mußte 1962 zurücktreten); seit 1971 in der BR Deutschland. Verfaßte v. a. zeitbezogene, auch politisch zu deutende Naturgedichte wie „Chausseen, Chausseen" (1963), „Die Sternenreuse. Gedichte 1925–1947" (1967), „Gezählte Tage" (1972), „Die neunte Stunde" (1977).

Hückel, Erich, *Charlottenburg (= Berlin) 9. Aug. 1896, †Marburg 16. Febr. 1980, dt. Physiker. – Prof. in Marburg; arbeitete mit P. ↑Debye eine Theorie der starken Elektrolyte aus und gab eine Erklärung der C-C-Doppelbindung und der Bindung im Benzolring.

Hückelhoven [...ho:fən], Stadt an der Rur, NRW, 60 m ü. d. M., 33 700 E. Steinkohlenbergbau, Metallverarbeitung. – Das 1261 genannte H. sowie das um 1300 belegte **Ratheim** waren 1530 Zentren der Täuferbewegung. 1935 zur Gemeinde H.-Ratheim vereinigt, 1969 Stadtrecht; H. seit 1972.

Huckepackverkehr, Beförderung von Straßenfahrzeugen auf Spezialgüterwagen der Eisenbahn.

Hückeswagen, Stadt an der Wupper, NRW, 250 m ü. d. M., 14 800 E. Werkzeug- und Kleineisenind. – Das 1085 erstmals erwähnte H. war Mittelpunkt der gleichnamigen Gft.; 1859 Stadtrecht. – Klassizist. ev. Pauluskirche (1783–86), Schloß (mehrfach umgebaut, heute Rathaus und Museum).

Hudaida, Al (Hodeida), Hafenstadt am Roten Meer in der Rep. Jemen, 155 000 E. Baumwollentkörnung, Getränke- und Textilherstellung; Tiefwasserhafen **Al Ahmadi;** internat. ⌖.

Huddersfield [engl. 'hʌdəzfi:ld], engl. Stadt am Colne, Metropolitan County West Yorkshire, 123 900 E. TH; Zentrum der Wollind., Fahrzeug- und Maschinenbau, chem. und pharmazeut. Ind. – Im Domesday Book (1086) als **Oderesfelt** erwähnt; 1888 Stadtrecht.

Hudiksvall, schwed. Hafenstadt am inneren Ende des H.fjärden (Bottensee), 37 600 E. Maschinenbau, holzverarbeitende Ind., im Gemeindeteil **Iggesund** Sulfatzellulosewerk. – 1582 gegründet.

Hudson [engl. 'hʌdsn], Henry, *um 1550, †1611, engl. Seefahrer. – Unternahm zw. 1607 und 1611 vier Reisen auf der Suche nach einer kürzeren Seeverbindung nach China durch das Nordpolarmeer. Er entdeckte und erkundete den Hudson River und die Chesapeake Bay, erreichte 1610 die Hudsonstraße und die Hudsonbai; wurde zus. mit seinem Sohn und 7 Gefährten im Juni 1611 von der meuternden Mannschaft ausgesetzt und blieb verschollen.

H., Rock, eigtl. Roy Fitzgerald, *Winnetka (Ill.) 17. Nov. 1925, †Los Angeles 2. Okt. 1985, amerikan. Filmschauspieler. – Hatte internat. Erfolge in dramat., melodramat. und kom. Rollen, z. B. „Giganten" (1956), „Duell in den Wolken" (1957), „Bettgeflüster" (1959).

Hudsonbai [engl. 'hʌdsn], Binnenmeer in NO-Kanada, über die etwa 700 km lange, 60–240 km breite **Hudsonstraße** mit dem Atlantik, über den nur im Sommer passierbaren, über 300 km langen, 150–300 km breiten **Foxe Channel** mit dem Nordpolarmeer verbunden, etwa 900 km lang und breit, mit der südl. Bucht **James Bay** 1 350 km lang, durchschnittl. 128 m, maximal 259 m tief. – Wirtsch. Bed. hat die H. wegen des Kabeljau- und Lachsfangs und als Schiffahrtsstraße, die von Mitte Juli–Mitte Nov. befahren wird. – Von H. Hudson 1610 entdeckt, 1662 von P. E. Radisson über Land erreicht; 1668 folgte die Gründung des ersten Handelspostens an der Mündung des Rupert River.

Hudson River [engl. 'hʌdsn 'rɪvə], Fluß im O der USA, entspringt in mehreren Quellflüssen in den Adirondack Mountains, mündet bei New York in den Atlantik, 493 km lang. Durch den New York State Barge Canal besteht Verbindung zu den Großen Seen einerseits und dem Sankt-Lorenz-Strom andererseits.

Hudson River School [engl. 'hʌdsn 'rɪvə 'sku:l], amerikan. Schule der romant. Landschaftsmalerei, etwa 1825 bis 1870. Führend war T. Cole, in der zweiten Generation

Peter Huchel

Ricarda Huch

Rock Hudson

Hudson's Bay Company

Hudson River School. Albert Bierstadt, Rocky Mountains, 1863 (New York, Metropolitan Museum of Art)

J. F. Cropsey, J. F. Kensett, F. E. Church, G. Inness und A. Bierstadt. Sie arbeiteten zuerst in den Catskill Mountains am Hudson River, später in den Appalachen und u. a. im Polargebiet.

Hudson's Bay Company [engl. 'hʌdsnz 'beɪ 'kʌmpənɪ], engl. Handelskompanie, 1670 gegr. und von König Karl II. mit Handels- und Bergbauprivilegien sowie dem Rechtstitel auf alles Land im Einzugsbereich der Hudsonbai ausgestattet. 1821 mit der North West Company vereinigt; verkaufte 1869 fast ihre gesamten Besitzrechte an den Kanad. Bund; heute bed. Handelsfirma.

Hudsonstraße [engl. hʌdsn] ↑Hudsonbai.

Huê, vietnames. Stadt im Zentralen Tiefland, 10 km oberhalb der Mündung des Huong Giang ins Südchin. Meer, 1,5 Mill. E. Verwaltungssitz der Prov. Binh Tri Thien, kath. Erzbischofssitz; Univ. (gegr. 1957); Konservatorium. Textil-, Holzind., Hafen; ✈. – Die anfangs **Phu Xuan** gen. Stadt wurde 1687 Residenz der Nguyên und 1802 Hauptstadt des vereinigten Annam. – In der Altstadt Tempel- und Palastanlagen, in ihrer Mitte der Kaiserpalast (19. Jh.).

Huehuetenango [span. ueuete'naŋgo], Hauptstadt des Dep. H., Guatemala, 1 890 m ü.d. M., 36 900 E. Kath. Bischofssitz; Landw.zentrum. Nahebei die Tempel- und Pyramidenruinen von Zaculen.

Huelsenbeck, Richard ['hyl...], *Frankenau 23. April 1892, †Muralto (Tessin) 20. April 1974, dt. Schriftsteller. – Arzt; 1916 Mitinitiator und Wortführer der Züricher, 1917 der Berliner „Dada"-Bewegung; 1936 Emigration nach New York, wo er als Psychiater lebte, seit 1970 in der Schweiz. – *Werke:* Phantast. Gebete (Ged., 1916), Dada siegt (Schrift, 1920), Ruhrkrieg (En., 1932), Die New Yorker Kantaten (Ged., 1952), Die Antwort der Tiefe (Ged., 1954), Reise bis ans Ende der Freiheit (autobiograph. Fragmente, hg. 1984).

Huelva [span. 'uɛlβa], span. Hafenstadt am Golf von Cádiz, 135 600 E. Verwaltungssitz der Prov. H.; kath. Bischofssitz; biolog. Forschungsinst.; in H. laufen die Werksbahnen aus den Bergbaugebieten der Prov. zusammen. Kupfererzverhüttung, chem., Eisen- und Stahlind.; Erdölraffinerie, Schiffsreparaturen, Fischkonservenind. Zentrum der Costa de la Luz, Badetourismus. – Röm. Exporthafen für die Erze der Umgebung, geriet 713 in muslim. Hand, wurde 1238 im Zuge der Reconquista erobert, 1755 weitgehend durch das große iber. Erdbeben zerstört.

Huerta, Vicente García de la, ↑García de la Huerta, Vicente.

Huerta [span. 'uɛrta; zu lat. hortus „Garten"], in Spanien das durch Kanäle und Gräben bewässerte, intensiv genutzte Gemüse- und Obstland in den **Vegas,** d. h. Flußauen oder bewässerbaren Gebieten.

Huesca [span. 'ueska], span. Stadt im Ebrobecken, 488 m ü.d. M., 40 700 E. Verwaltungssitz der Prov. H.; kath. Bischofssitz; landw. Marktzentrum. – Das röm. **Osca** war etwa 77–72 die Hauptstadt eines span. Teilreiches unter Sertorius; 1096–1118 Hauptstadt des Kgr. Aragonien. – Roman. Kirche San Pedro el Viejo (12./13. Jh.), got. Kathedrale (13.–16. Jh.).

Huet, Paul [frz. ɥ'ɛ], *Paris 3. Okt. 1803, †ebd. 9. Jan. 1869, frz. Maler und Graphiker. – Von Constable und R. P. Bonington, später von der Schule von Barbizon beeinflußte Landschaften; auch Holzstiche, Radierungen und Lithographien.

Huf (Ungula), die bei den Unpaarhufern (bei den Paarhufern ↑Klaue) das Endglied der dritten (mittleren) Zehe als Schutzeinrichtung schuhartig überdeckende Hornmasse *(Hornkapsel, Hornschuh);* i. w. S. auch Bez. für das ganze hornbedeckte Zehenendglied. Die Hornkapsel läßt sich in *Hornwand, Hornsohle* und *Hornstrahl* (letzterer ist die von der Huflederhaut erzeugte hornige, ins Zentrum der Hornsohle keilartig vorspringende Erhebung) gliedern.

Hufkrankheiten: Die **Rehkrankheit** (Rehe, Hufrehe, Hufverschlag) ist eine H.lederhautentzündung bei dem Pferd, die als plötzl. Lahmheit auftritt. Der **Hufkrebs** (Huffraß) wird durch Wucherungen der H.lederhaut hervorgerufen und ist äußerlich erkennbar an Geschwüren und nässenden Furchen sowie Lahmen.

Hufe (oberdt. Hube), im MA Sammelbegriff für die zum Lebensunterhalt notwendige Hofstätte der bäuerl. Familie mit Ackerland und Nutzungsrecht an der Allmende; seit fränk. Zeit Grundeinheit für Abgaben an die Grundherrschaft. Die Durchschnittsgröße betrug 7–10 ha, die Königs-H. (fränk. H.) für Siedler hatte doppelte Größe.

Hufeisen, flaches, in der Form dem äußeren Rand des Pferdehufs angepaßtes geschmiedetes Eisenstück, das als Schutz auf die Unterseite des Hufes aufgenagelt wird. Neben dem „glatten Beschlag", dem einfachsten und die Bewegungsvorgänge bei Be- und Entlastung des Hufes am wenigsten störenden H., gibt es schmale Renn-H. für Rennpferde, Halbmondeisen, die nur den Zehenteil des Hufs abdecken, Bügelhintereisen.

Hufeisenklee (Hippocrepis), Gatt. der Schmetterlingsblütler mit rd. 20 Arten vom Mittelmeergebiet **(Schopfiger Hufeisenklee)** bis Z-Asien; Kräuter oder Halbsträucher mit unpaarig gefiederten Blättern; Blüten klein, meist gelb, einzeln oder in Dolden; Bruchhülsen mit einsamigen, hufeisenförmigen Gliedern.

Hufeisennasen ↑Fledermäuse.

Hufeisenniere (Ren arcuatus), angeborene Nierenmißbildung; beide Nieren sind über die Körpermitte durch Verwachsung der unteren Nierenpole verbunden. H. neigen häufig zu Entzündungen durch Harnabflußstörungen und Nierensteinbildung.

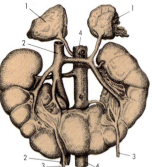

Hufeisenniere.
1 Nebennieren;
2 Hohlvene;
3 Harnleiter;
4 Aorta

Hufeland, Christoph Wilhelm, *Bad Langensalza 12. Aug. 1762, †Berlin 25. Aug. 1836, dt. Arzt. – Prof. in Jena, an der Berliner Charité und königl. Leibarzt. H., zu dessen Patienten Goethe, Schiller, Herder und Wieland zählten, wurde v. a. durch sein Hauptwerk „Makrobiotik oder Die Kunst, das menschl. Leben zu verlängern" (1796) bekannt. Er setzte sich bes. für Maßnahmen der vorbeugenden Gesundheitspflege und Seuchenbekämpfung ein.

Hufeland-Medaille [nach C. W. Hufeland], 1954 vom Zentralverband der Ärzte für Naturheilverfahren geschaffene Auszeichnung für Ärzte und Forscher, die hervorragende Leistungen in der biolog. Medizin erbracht haben.

Hufeland-Preis [nach C. W. Hufeland], 1960 von Versicherungsträgern gestifteter, jährlich verliehener Preis für Arbeiten (Schrift oder Film) über vorbeugende Gesundheitspflege.

Hufenflur ↑ Flurformen.

Huffraß, svw. Hufkrebs (↑ Huf).

Hüfingen, Stadt auf der Baar, Bad.-Württ., 684 m ü. d. M., 6 500 E. Berühmt die Blumenteppiche zur alljährl. Fronleichnamsprozession. – H. geht auf eine kelt. Ansiedlung („Brigobanuis") sowie röm. Militäranlagen aus der Zeit des Donaulimes (1. Jh. n. Chr.) zurück. – 1083 erstmals urkundlich erwähnt, erhielt H. 1492 Stadtrecht. – Spätgot. Stadtpfarrkirche, Schellenberger Schloß (18. Jh.).

Hufkrebs ↑ Huf.

Hügelgrab. Hügelgräber in England, Grafschaft Wiltshire

Huflattich (Tussilago), Gatt. der Korbblütler mit der einzigen, auf der Nordhalbkugel verbreiteten Art **Gemeiner Huflattich** (Tussilago farfara): ausdauerndes Acker- und Schuttunkraut mit herzförmigen, unterseits weißfilzigen, grundständigen Blättern; Blütenköpfchen goldgelb, auf 10–25 cm langen, schuppig beblätterten Stengeln.

Hufnagelnotation ↑ Choralnotation.

Hufrehe, svw. Rehkrankheit (↑ Huf).

Hüftbein (Coxa, Os coxae), paariger Beckenknochen (↑ Becken).

Hüfte (Coxa), bei Säugetieren (einschl. Mensch) die seitl. Körperregion vom Ober- und Vorderrand des Hüftbeins bis zum Oberschenkelansatz.

Hüftgelenk (Koxalgelenk, Articulatio coxae), Nußgelenk (↑ Gelenk), das sich aus der Gelenkpfanne des Hüftbeins (Hüftgelenkpfanne) und dem Kopf des Oberschenkelknochens zusammensetzt und durch starke Bänder einen bes. festen Halt besitzt.

Hüftgelenkentzündung (Koxitis), akute oder chron. Entzündung des Hüftgelenks; Erreger gelangen auf dem Blutweg, durch Verletzungen oder bei einer Punktion in das Gelenk. Unterschieden wird zw. rheumat., unspezif. und spezif. H. (durch Erreger von Infektionskrankheiten). Die asept. H. (ohne Erregerbeteiligung) entsteht durch Gelenkreizungen infolge Fehlstellung oder degenerativer Veränderung.

Hüftgelenkluxation, dominant vererbbare oder durch intrauterine Schädigungen hervorgerufene, häufigste Skelettmißbildung, die auf einer mangelhaften Ausbildung der Hüftgelenkpfanne, häufig auch einer Unterentwicklung des Oberschenkelkopfs beruht *(Hüftgelenkdysplasie)*. Im Stadium der Dysplasie steht der Oberschenkelkopf noch in der knorpeligen Pfanne, die jedoch klein, steil und abgeflacht ist. Bei der *Subluxation* hat der Oberschenkel das Pfannendach deformiert, die Pfanne jedoch noch nicht verlassen. Bei der kompletten *Luxation* (Verrenkung) infolge Belastung des Hüftgelenks ist der Oberschenkelkopf aus der Pfanne getreten und gleitet auf der Beckenschaufel nach oben und außen ab. – Die Behandlung von Dysplasie und Subluxation, die möglichst früh einsetzen soll, ist durch breites Wickeln, Tragen einer Spreizhose oder eines Schienenapparates über eine Dauer von sechs Monaten oder länger möglich. Bei stärkerer Ausprägung oder Luxation ist eine Einrichtung mit nachfolgendem Gipsverband oder auch eine operative Korrektur des Gelenks erforderlich.

Huftiere (Ungulata), Sammelbez. für ↑ Unpaarhufer und ↑ Paarhufer, deren Zehenglieder von Hufen oder hufartigen Gebilden (Klauen) umgeben sind. Zu den H. i. w. S. zählen neben zahlr. ausgestorbenen Ordnungen auch die Röhrenzähner, Seekühe, Rüsseltiere und Schliefer.

Hüftnerv (Ischiasnerv, Ischiadikus, Nervus ischiadicus), längster und stärkster Nerv (nahezu kleinfingerdick) des menschl. Körpers; setzt sich aus motor. und sensiblen Nervenfasern zus. und entsteht aus dem Kreuzbeinnervengeflecht. Er verläuft zw. den Gesäßmuskeln nahe dem Hüftgelenk zur Hinterseite des Beines und innerviert Haut und Muskeln bis zum Fuß.

Hufuf, Al (Hofuf), Oasenstadt in der O-Prov. Saudi-Arabiens, 101 000 E. Forschungsstation für Hydrologie und Bewässerungswirtschaft, größte Oase und Handelszentrum der Landschaft Al Ahsa.

Hufverschlag, svw. Rehkrankheit (↑ Huf).

Hügel, Geländeerhebung von geringer relativer Höhe.

Hügelgrab, Grabanlage mit einer oder mehreren Bestattungen unter bzw. in einem aus Erde oder Steinen angehäuften Hügel; älteste Hügelgräber (mesolith.; etwa 7./6. Jt.) auf dem Pinnberg bei Ahrensburg. Hügelgräber des südruss. Raumes werden **Kurgane** genannt.

Hügelgräberkultur, nach der vorherrschenden Bestattungsform (Körper- oder Brandbestattung in einem Hügelgrab) ben. mittlerer Zeitabschnitt (16.–14. Jh.) der mitteleurop. Bronzezeit, in der vom Karpatenbecken bis O-Frankreich mehrere lokale Kulturgruppen erkennbar sind.

Hugenberg, Alfred, * Hannover 19. Juni 1865, † Kükenbruch (= Extertal) 12. März 1951, dt. Wirtschaftsführer und Politiker. – 1891 Mitbegr. des Alldt. Verbandes; 1909–18 Vors. des Direktoriums der Firma Krupp; begann seit 1916 mit dem *H.konzern* eine eigene wirtsch.-polit. Machtposition aufzubauen; 1919 Mgl. der Nat.versammlung, seit 1920 MdR, 1928–33 Vors. der DNVP; trug dazu bei, Hitler politisch gesellschaftsfähig zu machen (u. a. Harzburger Front); Jan.–Juni 1933 Reichswirtschafts- und Reichsernährungsmin.; blieb als MdR bis 1945 ohne größeren polit. Einfluß.

Hugenbergkonzern, nat.-konservative Mediengruppe, gegr. 1914 als Propagandaorganisation der westdt. Montanindustrie und der deutschnat. Politik, seit 1916 von A. Hugenberg geleitet und während der Weimarer Republik für die DNVP und die Verbreitung antidemokrat., antirepublikan. und antisozialist. Meinungen benutzt; begann mit der Gründung der Werbeagentur Ala 1914, der Übernahme des Scherl-Verlags 1916 und der Beteiligung an der Nachrichtenagentur „Telegraphen-Union" (TU) 1916 (1919 Erwerb der Aktienmehrheit). Gewann 1917–22 maßgebenden Einfluß auf die Provinzpresse; erreichte mit dem Erwerb der „Universum Film AG" (Ufa) 1927 den Höhepunkt seiner Machtkonzentration, 1933 (bis 1944) wurde der Konzern von den Nationalsozialisten abgebaut.

Hugenotten [frz., entstellt aus „Eidgenossen"], seit dem Eindringen des Kalvinismus in Frankreich (Mitte des 16. Jh.) Bez. für die frz. Protestanten, die 1559 auf ihrer ersten Nationalsynode in Paris ihr Bekenntnis (Confessio Gallicana) formulierten; fanden ihre Anhänger v. a. beim hohen Adel. Das Ringen der H. um Anerkennung ihres Glaubens sowie der bürgerl. und polit. Rechte und andererseits das Bemühen des frz. Königs, sie zu unterdrücken, führten zu blutigen konfessionellen Bürgerkriegen, den acht sog. **Hugenottenkriegen**. Sie begannen mit dem Blutbad von Vassy (1. März 1562). 1563 wurde den H. im Edikt von Amboise eine an bestimmte Orte („Sicherheits-

Hufeisenklee. Schopfiger Hufeisenklee

Huflattich. Gemeiner Huflattich

Hugenottenkriege

plätze") gebundene Kultusfreiheit – 1570 im Frieden von Saint-Germain-en-Laye noch erweitert – zugesichert. Jedoch führte die Ermordung Tausender H. und zahlr. ihrer Führer in der ↑Bartholomäusnacht zu weiteren H.kriegen (1572/73, 1574–76, 1576/77, 1579/80). Unter dem Einfluß der Hl. Liga begann König Heinrich III. 1585 den 8. H.krieg, nachdem er im Edikt von Nemours die H. eingeräumten Rechte widerrufen hatte. Nach seiner Ermordung (1589) bestieg der Hugenotte Heinrich IV. von Navarra den frz. Thron. Um die nat. Einheit und die Integrität Frankreichs zu wahren, trat er 1593 zum Katholizismus über, gewährte den H. aber im Edikt von Nantes (1598) freie Religionsausübung und eine polit. Sonderstellung („Staat im Staat"), wodurch die H.kriege ihr Ende fanden. Doch unter Richelieu wurden den H. im sog. „Gnadenedikt" von Nîmes (1629) die polit. Sonderrechte wieder genommen und ihre Sicherheitsplätze in offene Städte umgewandelt; ihre religiösen Freiheiten wurden 1685 durch das Revokationsedikt von Fontainebleau unter Ludwig XIV. so stark eingeschränkt, daß die H. sich in Frankreich nur noch als „Église du désert" („Kirche der Wüste") in der Verborgenheit halten konnten. Zahlr. H. wanderten aus (Réfugiés), v. a. nach N-Amerika, Großbritannien, in die Niederlande, die Schweiz und nach Deutschland (hier schwerpunktmäßige Ansiedlung in Brandenburg-Preußen, wo der Große Kurfürst ihre Aufnahme durch das Edikt von Potsdam 1685 förderte, sowie in Hessen-Kassel). Gegen die Restgemeinde in Frankreich wurde 1701–04 der Cevennenkrieg geführt (↑Kamisarden). Kirchlich führten die H. ein streng geordnetes Leben und widmeten sich in der Theologie v. a. der Erforschung von A. T. und N. T. sowie der Kirchengeschichte.

Hugenottenkriege ↑Hugenotten.

Huggenberger, Alfred, *Bewangen bei Winterthur 26. Dez. 1867, †Gerlikon bei Frauenfeld 14. Febr. 1960, schweizer. Schriftsteller. – War zeitlebens Bauer; schrieb schlichte Lyrik und Balladen, eine große Zahl von Romanen, Dorfgeschichten, histor. Bühnenstücken und Lustspielen in Mundart.

Charles Huggins

Huggins [engl. ˈhʌgɪnz], Charles, *Halifax 22. Sept. 1901, amerikan. Arzt kanad. Herkunft. – Prof. in Chicago; für seine Entdeckung der Möglichkeit wirksamer Behandlung von Prostatakrebs mit weibl. Geschlechtshormonen erhielt er 1966 (zus. mit F. P. Rous) den Nobelpreis für Physiologie oder Medizin.

H., Sir (seit 1897) William, *London 7. Febr. 1824, †Tulse Hill bei London 12. Mai 1910, brit. Astrophysiker. – Führte 1863 die Spektralanalyse in die Astronomie ein. Photographierte erstmals Spektren von Sternnebeln.

Charles Evans Hughes

Hughes [engl. hjuːz], Charles Evans, *Glens Falls (N. Y.) 11. April 1862, †Osterville (Mass.) 27. Aug. 1948, amerikan. Jurist und Politiker. – 1907–10 Gouverneur von New York; 1910–16 Richter am Supreme Court; 1921–25 Außenmin.; 1929 Mgl. des Ständigen Internat. Gerichtshofs in Den Haag; Oberster Bundesrichter 1930–41.

H., Howard Robard, *Houston 24. Dez. 1905, †im Flugzeug zw. Acapulco und Houston 5. April 1976, amerikan. Industrieller, Filmproduzent und Erfinder. – Produzierte bed. Filme, u. a. „Hell's Angels" (1930), „Geächtet" (1941), förderte dabei Filmstars wie J. Harlow und J. Russell; stellte mehrere Flugweltrekorde auf und konstruierte Flugzeuge; gründete die H. Aircraft Co. Lebte seit 1954 völlig zurückgezogen.

Langston Hughes

H., [James] Langston, *Joplin (Mo.) 1. Febr. 1902, †New York 22. Mai 1967, amerikan. Schriftsteller. – Stellte anklagend die Existenzprobleme der amerikan. schwarzen Bev. dar, wobei er Elemente afroamerikan. Volkskultur, des Jazz und der Sprache aufgriff. Bes. seine Gedichte machten ihn zu einem der bedeutendsten schwarzen Dichter der USA, z. B. „The weary blues" (Ged., 1926) und „Das Buch vom Jazz" (1954). Er schrieb auch Romane, Kurzgeschichten, Dramen, Opernlibretti und Musicals, ferner die Autobiographie „Ich werfe meine Netze aus" (1940).

H., Richard Arthur Warren, *Weybridge (= Walton and Weybridge) 19. April 1900, †Moredrin (bei Harlech,

Hugo von Trimberg. Seite aus dem Lehrgedicht „Der Renner" in einer Handschrift von 1431 (Heidelberg, Universitätsbibliothek)

Wales) 28. April 1976, engl. Schriftsteller. – Gilt als Verfasser des ersten Hörspiels („A comedy of danger", 1924), schrieb auch Lyrik, Kurzgeschichten und psycholog. Romane. Von einer geplanten Romantrilogie über einen jungen Engländer in Deutschland vor und während des NS erschienen nur 2 Bde.: „Der Fuchs unterm Dach" (1961) und „The wooden sheperdess" (1973).

H., Ted, *Mytholmroyd (Yorkshire) 17. Aug. 1930, engl. Schriftsteller. – War ∞ mit S. Plath. In kraftvoll-dynam., bildintensiver Sprache gestaltet er das Thema der Vitalität und Gewalt in Natur-, v. a. Tiergedichten; hat auch an Bühnenproduktionen von P. Brook mitgearbeitet; Kurzgeschichten, Kinderbücher.

Hugin ↑Odin.

Hugli (Hooghly) ↑Ganges.

Hugo, Name von Herrschern:

Frankreich:

H. Capet [frz. kaˈpɛ], *um 940, †Paris 24. Okt. 996, König (seit 987). – Sohn Hzg. Hugos d. Gr. von Franzien (†956); 987 gegen den Thronanspruch des Karolingers Karl von Niederlothringen zum König erhoben; schlug karoling. Aufstände in Niederlothringen nieder; begr. Königtum und Dyn. der Kapetinger.

Italien:

H., †Arles 10. April 947, Graf von Arles und Vienne, König von Italien (seit 926). – Rivalisierte als Hzg. der Provence und Regent in Niederburgund mit Rudolf II. von Hochburgund. 926 in Pavia zum König von Italien gekrönt, konnte er die Nachfolge seines Sohnes Lothar (†950) durchsetzen, aber nicht die Herrschaft in Rom ergreifen.

Hugo von Cluny [frz. klyˈni], hl., *Semur-en-Auxois (Côte-d'Or) 1024, †Cluny 28. April 1109, frz. Benediktiner. – Seit 1049 Abt des Klosters Cluny. Unter H. kam die ↑kluniazensische Reform zu ihrer höchsten Entfaltung.

Hugo von Montfort [frz. mõˈfɔːr], *1357, †5. April 1423, mittelhochdt. Dichter. – Graf H. (V.), Herr von Bregenz. Seine 28 Gedichte umfassen Reimreden über Liebe und Dichtung unter dem Aspekt der Weltabsage, Morallehre und Totenklage; bed. Briefe.

Hugo von Oignies [frz. waˈɲi], † bald nach 1238, fläm. Goldschmied. – Laienbruder im Kloster Oignies bei Namur. Gesichert sind drei von ihm signierte Goldschmiedearbeiten, u. a. die Einbanddeckel eines Evangeliars (um 1230).

Hugo von Payens (Payns) [frz. paˈjãːs], † 1136, frz. Kreuzfahrer. – Gründete 1119 in Jerusalem den ↑Templerorden.

Hugo von Pisa ↑Huguccio.

Hugo von Sankt Viktor (Hugues de Saint-Victor), * Hartingham (vermutl. bei Blankenburg/Harz) 1096, † Paris 11. Febr. 1141, scholast. Theologe. – Schrieb als bedeutendster Lehrer der Schule von ↑Sankt Viktor Werke über fast alle Gebiete des damaligen Wissens. Bed. Einfluß auf die Theologie der Scholastik und die Mystik.

Hugo von Trimberg, *Werna (Oberwern bei Schweinfurt?) 1. Hälfte des 13. Jh., † wohl in Bamberg nach 1313, mittelhochdt. Schriftsteller. – Rektor am Stift Sankt Gangolf zu Bamberg; von seinen 7 mittelhochdt. Werken ist nur das Hauptwerk, das größte Lehrgedicht der Zeit (mehr als 24 500 Verse), „Der Renner" (nach eigenen Angaben 1300 vollendet, mit Nachträgen bis 1313) erhalten.

Hugo, Victor [frz. yˈgo], *Besançon 26. Febr. 1802, † Paris 22. Mai 1885, frz. Dichter. – Sohn eines napoleon. Generals; Gründer und Hg. des Organs der frz. Romantik „La Muse française"; 1841 Mgl. der Académie française. Trat als demokrat. Abg. der Pariser Kammer für liberale Ideen ein. 1848 Präsidentschaftskandidat; mußte 1851 ins Exil gehen; 1870 Rückkehr nach Paris; wurde 1871 in die Nationalversammlung und 1876 in den Senat gewählt. Einer der bedeutendsten und populärsten Dichter Frankreichs, begründete H. die frz. Romantik, deren Programm er in der Vorrede zu seinem Drama „Cromwell" (1827) entwickelte; mit dem Drama „Hernani oder die kastilian. Ehre" (1830) beendete er die Zeit der klassizist. Tragödie; seine Gedichte, Dramen und Romane wurden maßgebl. Beispiele romant. Dichtung, v. a. der romantisch-histor. Roman „Der Glöckner von Notre Dame" (2 Bde., 1831); Hauptthemen waren zunächst Entwicklung und Läuterung der Menschheit (Epos „Die Weltlegende", 4 Bde., 1859 bis 1883), dann jedoch die Erneuerung der Gesellschaft, die er v. a. in den Romanen der Spätzeit forderte. Als Hauptwerke dieser sozialkrit. Schaffensperiode gelten der philanthrop. Ideenroman „Die Elenden" (1862), der kulturhistor. Roman „Der lachende Mann" (4 Bde., 1869) und der Revolutionsroman „Dreiundneunzig" (3 Bde., 1874). – H. betätigte sich auch zeichnerisch.

Weitere Werke: Oden und Balladen (1826), Aus dem Morgenland (Ged., 1829), Herbstblätter (Ged., 1831), Marion Delorme (Dr., 1831), Der König amüsiert sich (Dr., 1832), Lukrezia Borgia (Dr., 1833), Dämmerungsgesänge (Ged., 1835), Innere Stimmen (Ged., 1837), Lichter und Schatten (Ged., 1840), Ruy Blas (Dr., 1838), Die Burggrafen (Dr., 1843), William Shakespeare (Schrift, 1864), Die Arbeiter des Meeres (R., 3 Bde., 1866).

Huguccio [italien. uˈguttʃo] (Hugo von Pisa) *Pisa, † Ferrara 30. April 1210, Theologe und Kanonist. – Seine „Summa in Decretum Gratiani" hatte großen Einfluß auf die Entwicklung der Kanonistik.

Hugues de Saint-Victor [frz. ygdəsẽvikˈtɔːr] ↑Hugo von Sankt Viktor.

Huhehot ↑Hohhot.

Huhn, volkstüml. Bez. für das Haushuhn.
▷ Bez. für das ♀ vieler Hühnervögel.

Hühnerauge, Hornhautverdickung an den Füßen (bes. an den Zehen) mit zentralem, in die Tiefe vordringendem Zapfen; entsteht durch wiederholten Druck (Schuhwerk) auf Hautpartien, die einen Knochen überziehen. H. können durch Salicylpflaster (Auflösung der Hornhaut) entfernt werden.

Hühnerei, das vom Haushuhn gelegte Ei. Es besteht wie jedes Vogelei aus der von der Dotterhaut begrenzten Eizelle und den tertiären Eihüllen und ist ein wichtiges Nahrungsmittel. Der eßbare Anteil des H. setzt sich zus. aus durchschnittlich 74 % Wasser, 13 % Eiweißen, 11 % Fett, 0,7 % Kohlenhydraten und 1 % Mineralstoffen (v. a. Natrium, Kalium, Calcium, Phosphor und Eisen) und enthält zahlr. Vitamine. Von dem durchschnittlich 50–60 g schweren H. beträgt der Schalenanteil etwa 10 % (davon sind über 90 % Kalk). Das durch Laktoflavin leicht grünlichgelbe Eiklar macht etwa 58 % des H. aus, der Dotter etwa 32 %.

Hühnerfasanen ↑Fasanen.
Hühnerfloh ↑Flöhe.
Hühnergans ↑Halbgänse.
Hühnerhabicht ↑Habichte.
Hühnerkrankheiten ↑Geflügelkrankheiten.

Hühnerläuse, Bez. für verschiedene, hauptsächlich an Haushühnern lebende Federlinge; z. B. **Große Hühnerlaus** (Goniodes gigas), 3,5–4 mm lang, braunschwarz, mit breit gerundetem Hinterleib und die häufige, 0,8–1,4 mm große **Flaumlaus** (Goniocotes hologaster) mit vorn gerundetem Kopf und breit-ovalem Hinterleib (Federfresser, v. a. im flaumigen Gefiederanteil).

Hühnervögel (Galliformes, Galli), mit über 260 Arten weltweit verbreitete Ordnung kräftiger, kurzflügeliger, 10 bis 150 cm körperlanger Bodenvögel; mit stark entwickelten, häufig mit Sporen versehenen Füßen; Schnabel kräftig; Kropf stark dehnungsfähig, dient der Einweichung (z. T. auch Vorverdauung) harter Pflanzenteile (bes. Körner), die im sehr muskulösen Magen (häufig mit Hilfe aufgenommener Steinchen) zermahlen werden; ♂ und ♀ meist unterschiedlich gefärbt; Nestflüchter; Standvögel. Einige Arten werden zu Haus- und Ziergeflügel domestiziert. Man unterscheidet vier Fam.: Großfußhühner, Hokkohühner, Fasanenartige (zu denen u. a. das Haushuhn gehört) und Schopfhühner.

Victor Hugo

Victor Hugo. Einsames Haus in einem Unwetter, Tuschzeichnung (Paris, Privatbesitz)

Huidobro, Vicente [span. ɥiˈðoβro], eigtl. V. García H. Fernández, *Santiago de Chile 10. Jan. 1893, † ebd. 2. Jan. 1948, chilen. Lyriker. – Begründer des avantgardist. „Creacionismo", der ähnlich dem Ultraismus eine schöpferischnaturhafte Erneuerung der Lyrik anstrebte; von nachhaltigem Einfluß auf die span. und südamerikan. Lyrik; auch Prosa und Dramatik.

Huila [span. ˈɥila], Dep. im südl. Z-Kolumbien, 19 890 km², 671 000 E (1985), Hauptstadt Neiva. Umfaßt das Einzugsgebiet des oberen Río Magdalena. Über die Hälfte des Dep. wird als Weideland genutzt; angebaut werden v. a. Kaffee, Mais, Zuckerrohr.

Huila, Nevado de [span. neˈβaðo ðe ˈɥila], höchster Berg der Z-Kordillere Kolumbiens, 80 km sö. von Cali, 5 750 m; vergletschert.

Huiracocha [span. ɥiraˈkotʃa] ↑Viracocha.

Huitzilopochtli [span. ɥitsiloˈpotʃtli], Stammes- und Kriegsgott der Azteken; sein Name (oft zu **Vitzliputzli** entstellt) bedeutet „Kolibri der linken Seite", worin die Verbindung H. mit dem Süden (Sonne) angedeutet wird, da die Azteken sich nach Westen orientierten; vogelgestaltig dargestellt.

Johan Huizinga

Cordell Hull

Huizinga, Johan [niederl. ˈhœÿzɪŋxaː], *Groningen 7. Dez. 1872, †De Steeg (bei Arnheim) 1. Febr. 1945, niederl. Kulturhistoriker. – 1905 Prof. in Groningen, 1915–40 in Leiden; seine bedeutendsten Werke sind „Herbst des MA" (1919), „Erasmus" (1924) und „Homo Ludens" (1938).

hujus anni, Abk. h. a., lat. „in diesem Jahr".

hujus mensis, Abk. h. m., lat. „in diesem Monat".

HUK-Verband, Abk. für: Verband der Haftpflicht-, Unfall-, Auto- und Rechtsschutzversicherer e. V.; Sitz Hamburg.

Hülägü (Hulagu), *um 1217, †Maragha (Aserbaidschan) 8. Febr. 1265, mongol. Ilkhan. – Enkel Dschingis-Khans; vernichtete das Kalifat der Abbasiden (1258) und er richtete das Ilkhanat von Iran.

Huldigung, staatsrechtlich das Treuegelöbnis der Untertanen an ihren Herrn, v. a. in den dt. Territorien bedeutsam. Im 19. Jh. trat an die Stelle der H. die Vereidigung der Volksvertretung, der Beamten und des Heeres.

Hulk (Holk) [engl., zu mittelgriech. holkás „Lastkahn"], in der Hansezeit (bes. in der Nord- und Ostsee) gebräuchl., den Koggen ähnl., aber kleineres, einmastiges Frachtschiff; im 15. Jh. Bez. für eine größere, dreimastige Form der Kogge.

▷ ausgedientes und abgetakeltes Schiff; dient als Unterkunft, Magazin bzw. Werkstatt.

Hull, Cordell [engl. hʌl], *im Overton County (Tenn.) 2. Okt. 1871, †Bethesda (Md.) 23. Juli 1955, amerikan. Politiker (Demokrat. Partei). – 1907–21 und 1923–31 Mgl. des Repräsentantenhauses, 1931–33 des Senats; Außenmin. 1933–44; förderte die Unterstützung Großbritanniens im 2. Weltkrieg und verfocht eine unnachgiebige Politik gegenüber Japan; erhielt 1945 den Friedensnobelpreis für die Vorbereitung der UN.

Hull [engl. hʌl] (amtl. Kingston upon Hull), engl. Stadt an der Mündung des Hull in den Humber, 268 300 E. Verwaltungssitz der Gft. Humberside, Univ. (gegr. 1927), Fischerei- und Schiffahrtsmuseum, Bibliotheken. Handels- und Fischereigroßhafen; Fähren nach Rotterdam und Zeebrugge. Schiff- und Maschinenbau, chem. Ind., Fischverarbeitung, Gerbereien, Mühlenindustrie, bei H. 2 200 m lange Hängebrücke über den Humber; ⚓. – Die Handelsniederlassung **Wyke upon Hull,** 1160 erstmals genannt, erhielt 1299 Stadtrecht. – Kirche Holy Trinity (13.–15. Jh.).

Hüllblätter, einfach gestaltete Hochblätter, die die Fortpflanzungsorgane bei Moosen und Blütenpflanzen (↑Blütenhülle) umschließen oder die Knospen schützen.

Hüllkurve ↑Enveloppe.

Hüllspelzen ↑Spelzen.

Hüllwort, svw. ↑Euphemismus.

Hulock [engl.] ↑Gibbons.

Hülse, feste Umhüllung, Ummantelung.

▷ (Hülsenfrucht, Legumen) ↑Fruchtformen.

▷ in der *Buchbinderei* plattgedrückter Schlauch aus zähem Papier, der den Buchblockrücken mit der Rückeneinlage der Buchdecke verbindet.

Hülsenfrüchtler (Leguminosen, Fabales, Leguminosae), Ordnung der zweikeimblättrigen Pflanzen, die die Fam. Schmetterlingsblütler, Mimosengewächse und Caesalpiniengewächse umfaßt; über 14 000 Arten holziger oder krautiger Pflanzen mit überaus vielfältig gestalteten Fiederblättern; Blüte nur mit einem Fruchtblatt, aus dem meist eine vielsamige Hülse hervorgeht.

Hülsenkartusche ↑Kartusche.

Hulst, Hendrik Christoffel van de [niederl. hγlst], *Utrecht 19. Nov. 1918, niederl. Astrophysiker und Astronom. – Seit 1952 Prof. in Leiden; 1958–62 erster Präs. des Committee on Space Research (COSPAR) in Paris. Arbeiten v. a. zur Radioastronomie, über die Lichtstreuung an kleinen Teilchen, über die Sonnenkorona und die interstellare Materie.

Hultschiner Ländchen, Hügelland in der ČR, nw. von Ostrau; hauptsächlich landw. genutzt, im S auch Kohlenbergbau; Hauptort ist Hlučín. – Das seit 1742 preuß. H. L. fiel durch den Versailler Vertrag 1919 an die Tschechoslowakei.

Humajun (Humayun), eigtl. Nasir Ad Din H. Padischah, *Kabul 6. März 1508, †Delhi 26. oder 27. Jan. 1556, ind. Herrscher. – Sohn Baburs; verlor das von diesem eroberte Gebiet und die Herrschaft über das Mogulreich an Scher Schah; nach langer Exilzeit konnte er einen Teil N-Indiens wiedergewinnen (1554–56). Sein Sohn Akbar konsolidierte das Mogulreich.

human [zu lat. humanus, eigtl. „irdisch" (zu humus „Erde")], menschenwürdig, nachsichtig; (in der Medizin:) beim Menschen vorkommend.

Humanae vitae [lat. „des menschl. Lebens ..."], Enzyklika Papst Pauls VI. vom 25. Juli 1968 über die christl. Ehe.

Human engineering [engl. ˈhjuːmən ˈendʒɪˈnɪərɪŋ], svw. ↑Anthropotechnik.

Humangenetik (Anthropogenetik), Erblehre des Menschen als Spezialgebiet der Genetik; eine der Grundwiss. der biolog. Anthropologie, die sich in erster Linie mit der Erblichkeit normaler körperl. Merkmale (etwa der Blutgruppen) und seelisch-geistiger Eigenschaften (↑Erbpsychologie) befaßt. Im Sinne der Erbpathologie behandelt die H. die Vererbung krankhafter Merkmale (↑Erbkrankheiten) und deren Korrektur (↑Gentherapie). Darüber hinaus beschäftigt sich die H. mit Fragen der Stammesgeschichte und mit der biolog. Zukunft des Menschen, mit rassengenet. Problemen und mit den Möglichkeiten der Anwendung humangenet. Forschungsergebnisse durch Eugenik, Erbdiagnose bzw. genet. Beratung und Vaterschaftsgutachten.

Humani generis [lat. „des Menschengeschlechts ..."], Enzyklika Pius' XII. vom 12. Aug. 1950 gegen die *Nouvelle Théologie,* der Existenzialismus und Relativierung von Dogma und bibl. und lehramtl. Aussagen unterstellt wird.

Humaniora [zu lat. (studia) humaniora, eigtl. „die ‚feineren' (Studien)"], die geisteswiss. (urspr. die altphilolog.) Lehr- und Prüfungsfächer.

Humanismus [lat.], allg. das Bemühen um Humanität, um eine der Menschenwürde und freien Persönlichkeitsentfaltung entsprechende Gestaltung des Lebens und der Gesellschaft durch Bildung und Erziehung und/oder Schaffung der dafür notwendigen Lebens- und Umweltbedingungen selbst. I. e. S. dient der Begriff als Epochenbez. v. a. zur Kennzeichnung der philolog., kulturellen und wiss. Bewegung der 14. bis 16. Jh.; dieser sog. **Renaissance-Humanismus** wandte sich zum Zwecke einer von der kirchl. Dogmatik befreiten und diesseitigen Lebensgestaltung gegen die Scholastik, indem er die Wiederentdeckung und Pflege der griech. und lat. bzw. röm. Sprache, Literatur und Wiss. forderte. Humanisten galten als Vorbilder antiker Ge-

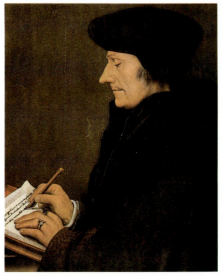

Humanismus. Erasmus von Rotterdam am Schreibpult, Gemälde von Hans Holbein d. J., 1523 (Paris, Louvre)

lehrsamkeit und einer auf literar. Bildung begründeten Menschlichkeit. Oft synonym verwendet, unterscheiden sich H. und Renaissance in der Weise, daß H. von seinem Beginn her für den Rückgang auf die lat. Schriften (bes. Cicero) steht, während er sich unter Hinzunahme des griech. Denkens zur Renaissance ausweitete.

Zunächst außerhalb von Wiss. und Univ., waren es in Italien Vertreter des gehobenen Bürgertums (u. a. Dante Alighieri, C. Salutati, F. Petrarca), die sich unter Rückbesinnung auf die literar. und allg. kulturellen Leistungen der antiken Römertums und unter dem Eindruck der polit. Auflösungserscheinungen der norditalien. Staaten und den vielfach verhärteten kirchl. Dogmatismus zu wehren suchten. Seit etwa 1400 und bes. seit der Zerstörung von Byzanz kam durch den Einfluß byzantin. Gelehrter die Beschäftigung mit der griech. Literatur hinzu (Pico della Mirandola, M. Ficino). Erst durch die Konzile von Konstanz (1414–18) und Basel (1431–49) wurde der H. auch in Frankreich (J. Faber), Spanien (F. Jiménez de Cisneros) und England (J. Colet) wirksam. In Deutschland entstanden erstmals humanist. Zirkel, die teils stärker christlich orientiert waren als ihre italien. Vorbilder, teils betont nationalist. antiröm. Tendenzen zeigten (K. Celtis). Literar. Höhepunkt waren die Schriften Erasmus' von Rotterdam und Ulrichs von Hutten sowie die ↑„Epistolae obscurorum virorum". Zentren des dt. H. waren Nürnberg (W. Pirckheimer, Gregor von Heimburg, Niklas von Wyle), Augsburg (K. Peutinger), Heidelberg (Philipp der Aufrichtige, Johannes von Dalberg, R. Agricola) und Straßburg (J. Wimpfeling, Geiler von Kaisersberg). Zugleich fand der H. in Deutschland mit C. Mutianus Rufus, J. Reuchlin und Melanchthon Eingang in die Universitäten. Das Denken des H. und der Renaissance ist entgegen früheren Thesen weitgehend voraufklärerisch geblieben und stellt keinen markanten Bruch zur Tradition des MA dar. Hatte der **Neuhumanismus** („zweiter H.") im 18./19. Jh. die Rezeption humanist. Gedankensätze vor allem auf den Gebieten der Literatur, Ästhetik und Pädagogik fortentwickelt (v. a. Winckelmann, Herder, Lessing, Goethe, Schiller), so entfaltete sich im weiteren Verlauf des 19. Jh. eine bereits in der Antike angelegte anthropozent. Einstellung des H. (L. Feuerbach), der als **philosophisch-politischer Humanismus** den Begriff des Humanen v. a. als gesellschaftl. Postulat bestimmte. In Anknüpfung an Hegels Dialektik von Herr und Knecht sah K. Marx im H. die vollendete Aneignung des menschl. Wesens durch und für den Menschen (Aufhebung der Selbstentfremdung) durch den Kommunismus als „realem Humanismus".

Der *Marxismus-Leninismus* sieht den **sozialistischen Humanismus** in der Tradition aller Gestalten und Strömungen der Geschichte, die in seinem Sinne politisch „progressiv" gewirkt haben (z. B. die „antifeudalen" Bestrebungen des „frühbürgerl." Renaissance-H.) und betrachtet den Klassenkampf als „Form des H." Ohne bedeutende Auswirkungen blieb der sog. **dritte Humanismus** (um 1930), der, wohl im Zusammenhang mit der „inneren Emigration" zur Zeit des NS stehend, versuchte, die Antike als grundlegendes Bildungselement für die Gegenwart zu beleben (W. Jaeger, L. Helbing).

Humanistendrama, an antiken Vorbildern geschultes, lat. verfaßtes Drama der niederl. und dt. Humanisten des 15. und 16. Jh. mit Akt- und Szeneneinteilung, Prolog und Epilog. Das H. war zunächst überwiegend an den akadem. Rahmen gebunden (Univ., Lateinschulen). Seit der 1. Hälfte des 16. Jh. stand das H. im Zeichen der religiösen Auseinandersetzung und knüpfte thematisch an das geistl. Spiel des späten MA an; in der 2. Hälfte des 16. Jh. entwickelte sich das lat. Jesuitendrama. Die histor. Bedeutung des H. liegt v. a. darin, daß erstmals seit der Antike ein ästhet. Maßstäben genügendes Literaturdrama entwickelt wurde.

humanistisches Gymnasium ↑Gymnasium.

Humanistische Union e. V., Abk. HU, 1961 in München gegr., überparteil. Vereinigung zur Verteidigung der freiheitl. demokrat. Ordnung gegenüber Tendenzen zur Errichtung einer weltanschaulich (v. a. konfessionell) gebundenen Ordnung.

humanitär [lat.-frz.], menschenfreundlich, wohltätig.

Humanität, „Menschlichkeit", im 16. Jh. aus dem lat. Wort „humanitas" gebildet; v. a. vom dt. Idealismus als Bildungsideal vertreten. Das H.ideal des fortschrittl. Bürgertums gipfelte im 18. Jh. in den Forderungen nach Anerkennung der Würde aller Menschen, unabhängig von Rasse, Nation und Stand, nach Aufhebung von Sklaverei und Leibeigenschaft, nach geistiger Aufklärung, Toleranz anderer Auffassungen gegenüber und polit. Gleichberechtigung aller; heute allg. eine Gesinnung, die die Verwirklichung der ↑Menschenrechte anstrebt.

Humanité, L' [frz. lymani'te „die Menschlichkeit"], frz. Zeitung, ↑Zeitungen (Übersicht).

Humanities [engl. hju:'mænɪtɪz], engl. Bez. für Geisteswissenschaften.

Humanmedizin ↑Medizin.

Humann, Carl, *Steele (= Essen) 4. Jan. 1839, †Smyrna (= İzmir) 12. April 1896, dt. Archäologe. – Entdeckte den Altar von Pergamon. Leitete 1878–86 die ersten Ausgrabungen von Pergamon im Auftrag der Berliner Museen, 1891–94 die Grabungen von Magnesia am Mäander und 1895 in Priene.

Human Relations [engl. 'hju:mən rɪ'leɪʃənz „menschl. Beziehungen"], Bez. für eine in den 1930er Jahren von den USA ausgegangene Richtung betriebl. Personal- und Sozialpolitik, die neben den organisatorisch vorgeschriebenen Beziehungen im Betrieb die „informell", „spontan" bildenden Sozialkontakte als Mittel zur Entspannung betriebl. Konflikte und zum Abbau von Gefühlen der Unzufriedenheit betont. Die H. R.-Forschung wurde schon frühzeitig methodologisch und ideologisch kritisiert.

Humber [engl. 'hʌmbə], Mündung von Ouse und Trent, an der engl. O-Küste; 60 km lang; wichtige Wasserstraße mit Tiefwasserhäfen; über Kanäle mit dem mittelengl. Industriegebiet verbunden.

Humberside [engl. 'hʌmbəsaɪd], Gft. in N-England.

Humbert (Umberto), italien. Herrscher:

H. I., *Turin 14. März 1844, †Monza 29. Juli 1900, König (seit 1878). – Sohn Viktor Emanuels II.; schloß wegen kolonialer Gegensätze zu Frankreich den Dreibund (1882) ab; wurde von einem Anarchisten ermordet.

H. II., *Racconigi (Prov. Cuneo) 15. Sept. 1904, †Genf 18. März 1983, König (1946). – Sohn Viktor Emanuels III.; nach dem Thronverzicht seines Vaters 1944 Generalstatthalter des Kgr.; Mai/Juni 1946 König von Italien, das er auf Grund des Referendums für die Republik verließ; lebte in Portugal.

Humbert von Silva Candida, *in Lothringen (?) Ende des 10 Jh., †Rom 5. Mai 1061, Kardinalbischof von Silva Candida (seit 1051) – Benediktiner; Vertreter der gregorian. Reform; legte als Gesandter Leos IX. nach vergebl. Verhandlungen am 16. Juli 1054 die Bannbulle gegen Michael Kerullarios auf den Altar der Hagia Sophia (↑Morgenländisches Schisma).

Humboldt, Alexander Frhr. von, *Berlin 14. Sept. 1769, †ebd. 6. Mai 1859, dt. Naturforscher und Geograph. – Bruder von Wilhelm Frhr. von H.; bereiste nach Beendigung vorwiegend technolog. und naturhistor. Studien in Frankfurt/Oder, Berlin und Göttingen mit J. G. Forster Westeuropa. Von 1799–1804 führte er zus. mit dem frz. Botaniker A. Bonpland in Lateinamerika genaue Ortsbestimmungen und Höhenmessungen durch (u. a. Bestimmung des Verlaufs des Río Casiquiare, Besteigung des Chimborasso bis in 5 400 m Höhe) und maß die Temperaturen des später nach ihm ben. Humboldtstroms. 1807–27 lebte er in Paris und wertete in Zusammenarbeit mit Wissenschaftlern aus aller Welt seine Amerikareise aus. Das 30bändige Werk „Voyage aux régions équinoxiales du nouveau continent" (1805 bis 1834) ist seine bedeutendste wiss. Leistung. 1827 kehrte H. nach Berlin zurück und hielt hier seine berühmten Vorlesungen über die phys. Weltbeschreibung. 1829 unternahm H. eine Expedition in das asiat. Rußland, deren wichtigstes Resultat die in Zusammenarbeit mit C. F. Gauß erfolgte Organisation eines weltweiten Netzes magnet. Beobachtungsstationen war. Seit 1830 wieder in Berlin, be-

Carl Humann
(Holzstich, um 1890)

Alexander von
Humboldt
(Lithographie)

Humboldtgebirge

Wilhelm von Humboldt (Lithographie)

David Hume

Johann Nepomuk Hummel (Kreidelithographie)

gann H. mit der Darstellung des gesamten Wissens über die Erde ("Kosmos. Entwurf einer phys. Weltbeschreibung", hg. 1845–62). H. hatte auf seinen Reisen riesige Mengen botan. (rund 60 000 Pflanzen) und geolog. Materials gesammelt; er hatte die Abnahme der magnet. Feldstärke vom Pol zum Äquator registriert und Meteoritenschwärme beobachtet. Er zeichnete Isothermen und berichtete über Sprachen, Kultur und Kunst der Indianer. Durch seine Reisen und Berichte leistete H. wesentl. Beiträge zur Meeres-, Wetter-, Klima- und Landschaftskunde. Er förderte durch eigene Forschungen fast alle Naturwiss. der damaligen Zeit.

H., Wilhelm Frhr. von, *Potsdam 22. Juni 1767, †Tegel (= Berlin) 8. April 1835, dt. Philosoph, Sprachforscher und preuß. Staatsmann. – Nach rechtswiss. Studien 1787–90 wirkte H. 1794–97 als Privatgelehrter in Jena, 1802–08 als preuß. Ministerresident in Rom. 1809/10 Direktor für Kultus und Unterricht im Innenministerium, reformierte H. das preuß. Bildungswesen, gründete u. a. die Berliner Universität. Seit 1810 Gesandter in Wien (Teilnahme am Wiener Kongreß), seit 1817 in London, 1819 wieder Minister. – Im Mittelpunkt seines Denkens steht ein stets auf die Gesellschaft hin orientiertes Humanitätsideal. Als Sprachwissenschaftler befaßte sich H. v. a. mit amerikan. Sprachen, mit Sanskrit, Ägyptisch, Koptisch, Chinesisch, Japanisch. In der Einleitung zu "Über die Kawi-Sprache auf der Insel Java" (1836–40) entfaltet H. seine Grundkonzeption von Sprache. Wesen, Sinn und Entwicklung von Sprache deutete H. in umfassendem kulturgeschichtl. Verständnis als Entwicklung des menschl. Geistes überhaupt. Dabei wird Sprache als "Tätigkeit" (Energeia) bestimmt, die im Sprechen und Verstehen, in der Einheit von Ich und Du im Dialog aktualisiert werde. Bemühungen der Linguistik um eine generative Grammatik (N. Chomsky u. a.) verstehen sich weithin als Erfüllung H.scher Ideen. – *Weitere Werke:* Ideen zu einem Versuch, die Grenzen der Wirksamkeit des Staats zu bestimmen (1851), Über Einrichtung landständ. Verfassungen in den preuß. Staaten (1819).

Humboldtgebirge ↑ Nan Shan.

Humboldt River [engl. 'hʌmboʊlt 'rɪvə], Fluß in Nevada, USA, entsteht aus mehreren Quellflüssen im NO von Nevada, mündet in den abflußlosen **Humboldt Sink**, etwa 480 km lang.

Humboldt-Stiftung ↑ Alexander von Humboldt-Stiftung.

Humboldtstrom (Perustrom), kalte, nordwärts gerichtete Meeresströmung vor der W-Küste Südamerikas, von großem klimat. Einfluß auf die Küstengebiete N-Chiles und Perus (Nebelbildung, Küstenwüste).

Humbug [engl.], Unsinn, Schwindel.

Hume, David [engl. hju:m], *Edinburgh 7. Mai 1711, †ebd. 25. Aug. 1776, schott. Philosoph und Historiker. – Vertrat einen extremen Empirismus und begründete den modernen Positivismus und Psychologismus. In seiner Ansätze von Locke und Berkeley konsequent fortsetzenden Erkenntnistheorie führte er alle Vorstellungen auf sinnl. Wahrnehmung zurück, auf die im menschl. Bewußtsein unmittelbar gegebenen Sinneseindrücke *(impressions),* sowie auf die Ideen *(ideas)* als deren blassere Abbilder. Alles Wissen ist Kenntnis der Beziehungen zw. den Eindrücken (empir. Wiss.) oder Beziehung zw. Vorstellungen (Mathematik). Die Kategorie der Kausalität z. B., vermeintlich objektiv gegebene Beziehung zw. Naturvorgängen, entstehe durch "wiederholte Erfahrung" des Nacheinanders dieser Vorgänge. – *Werke:* A treatise of human nature (1739/40), Essays, moral and political (1741/42), History of Great Britain from the invasion of J. Caesar to the revolution of 1683 (1754–62).

Humerale [lat.] ↑ Amikt.

Hume-Rothery-Phasen [engl. hju:m 'rɒðərɪ; nach dem brit. Metallurgen W. Hume-Rothery, *1899, †1968], drei definierte Phasen β, γ und ε intermetall. Verbindungen von unterschiedl. Kristallstruktur. Sie entstehen, wenn der Quotient aus der Zahl der Valenzelektronen und der Zahl der Atome einen für den jeweiligen Gittertyp typ. Zahlenwert annimmt (**Hume-Rothery-Regel,** 1927).

Humerus [lat.], svw. ↑ Oberarmknochen.

humid [zu lat. humidus "feucht"], in der Klimatologie Bez. für ein Klima, in dem die jährl. Niederschlagsmenge größer ist als die mögl. jährl. Verdunstung; **vollhumid:** ausreichende Niederschläge in allen Monaten, **semihumid:** in einigen Monaten ist die mögl. Verdunstung größer als der Niederschlag; **Humidität,** Grad der Feuchtigkeit in Gebieten mit humidem Klima.

Humifizierung [lat.] ↑ Humus.

Humiliaten [lat.], Anhänger einer der ma. Armutsbewegungen.

Huminsäuren (Humussäuren) [lat./dt.], in Mutterboden, Torf und Braunkohle vorkommende, v. a. aus abgestorbenem pflanzl. Material durch Umbau, Stickstoffeinbau und Polymerisation entstandene, beständige, stark gefärbte, stickstoffreiche und hochmolekulare, natürl. Hydroxy- und Polyhydroxycarbonsäuren, die in geringer Konzentration wachstumsfördernd wirken. Sie sind wertvolle Bestandteile fruchtbarer Böden.

Humm, Rudolf Jakob, *Modena 13. Jan. 1895, †Zürich 27. Jan. 1977, schweizer. Schriftsteller. – Schrieb Romane und Erzählungen über Intellektuelle und Künstler; außerdem Essays und Dramen. – *Werke:* Carolin (R., 1944), Spiel mit Valdivia (R., 1964), Der Kreter (R., 1973), Der Wicht (R., 1976).

Hummel, Johann Nepomuk, *Preßburg 14. Nov. 1778, †Weimar 17. Okt. 1837, östr. Komponist und Pianist. – Schüler von Mozart, Albrechtsberger und Salieri; 1816 Hofkapellmeister in Stuttgart, 1819 in Weimar. Komponierte Klavier-, Violin-, Kammermusik und mehrere Bühnenwerke.

Hummelblumen, Bez. für Blüten, die bevorzugt von Hummeln bestäubt werden. Der Nektar ist mehr oder weniger tief verborgen, so daß er nur mit langem Rüssel erreicht werden kann. Typ. H. sind Gemeine Akelei, Eisenhutarten und Wiesenklee.

Hummeln (Bombinae), auf der Nordhalbkugel (nur in den Anden auch südlich des Äquators) verbreitete, rd. 200 stechende Arten umfassende Gattungsgruppe staatenbildender ↑ Bienen mit einem etwa 1–3 cm großen, plumpen, pelzig und oft bunt behaarten Körper; wichtige Blütenbestäuber. – Die meist 100–500 Tiere zählenden Staaten sind in den warmen Gebieten mehrjährig, in den gemäßigten Zonen einjährig (es überwintern nur die begatteten ♀♀, von denen jedes im kommenden Frühjahr ein neues Nest gründet). Die Nester werden u. a. in Erdhöhlen, unter Wurzeln, in alten Vogelnestern angelegt. In M-Europa kommen rd. 30 Arten vor, u. a.: **Erdhummel** (Bombus terrestris), 20–28 mm groß, Körper schwarz behaart mit je einer gelben Querbinde auf Vorderbrust und Hinterleib, Hinterleibsende meist weiß behaart; **Feldhummel** (Ackerhummel, Bombus agrorum), 12–22 mm groß, lange, struppige Behaarung, Brust einfarbig rostrot, 2. und 3. Hinterleibssegment schwarz, 4.–6. gelb-rot behaart; **Gartenhummel** (Bombus hortorum), 24–28 mm groß, Körper meist schwarz mit drei gelben Querbinden, Hinterleibsende weiß behaart, Rüssel etwa körperlang; **Steinhummel** (Bombus lapidarius), bis 27 mm groß, samtschwarz mit tiefrotem Hinterleibsende.

Hummelragwurz ↑ Ragwurz.

Hummer [niederdt.] (Homaridae), Fam. mariner Zehnfußkrebse, von der Küstenregion bis in die Tiefsee verbreitet. H. ernähren sich hauptsächlich von Weichtieren und Aas. Sie haben (wegen ihres geschätzten Fleisches) z. T. große wirtsch. Bed., sind aber, wie z. B. der **Europäische Hummer** (Homarus gammarus, bis 50 cm lang, Färbung

Hummeln. Oben: Erdhummel. Unten: Steinhummel.

Hummer. Europäischer Hummer

braun bis dunkelblau, nach Kochen rot) durch intensiven Fang z. B. vor Helgoland in ihren Beständen bedroht.

Humor [lat. „Feuchtigkeit"], allg. die heitere Gelassenheit gegenüber den Schwierigkeiten des Alltags und den Unzulänglichkeiten von Welt und Menschen. Die urspr. Bedeutung geht auf die antike und ma. Medizin zurück, nach der die Temperamente der Menschen aus der unterschiedl. Mischung der Körpersäfte (humores) entstehen. Seit dem 18. Jh. wird H. in der Bedeutung der heiteren Gemütsverfassung gebraucht.

In der *Literatur* erscheint Humoristisches oder Humorisierendes in allen Epochen und Gattungen. Der H. kann als bes. Schattierung des Komischen charakterisiert werden; im Unterschied zu Parodie, Witz, Satire oder Ironie gehört zum H. eher das Lachen, weniger das Verlachen. – Als Wort findet sich der H. in der Comedy of humours, einem v. B. Johnson kreierten Komödientyp des 16. und 17. Jh. Erst unter dem Einfluß der engl. Humoristen des 18. Jh. (u. a. O. Goldsmith, R. B. Sheridan, H. Fielding, L. Sterne) erhielt der H. als Begriff seinen Ort in Literatur und Ästhetik. Eine umfassende Theorie des H. entwickelte Jean Paul in seiner „Vorschule der Aesthetik ..." (3 Bde., 1804). – In jüngster Zeit wird infolge eines geschwundenen metaphys. Bewußtseins, deprimierender Wirklichkeitserfahrung und postulierter Gesellschaftsveränderung der H. als literar. Mittel von anderen Darstellungsmöglichkeiten (absurde, abstrakte, dokumentar. Formen) überlagert oder ins Groteske (Farce, Posse, Burleske) und Satirische verwandelt.

Humpen. Deckelhumpen, Silber, teilvergoldet, um 1675 (Nürnberg, Germanisches Nationalmuseum)

humoral [lat.], in der Medizin: die Körperflüssigkeiten betreffend; auf dem Flüssigkeitsweg (über Blut oder Lymphe) übertragen.

Humoraldiagnostik, medizin. Methoden der Krankheitserkennung durch Untersuchung der Körperflüssigkeiten; z. B. Blutuntersuchung, Harnuntersuchung, Liquordiagnostik, Magensaftanalyse.

Humoralpathologie, eine auf Hippokrates zurückgehende Lehre, nach der die rechte Mischung der Körpersäfte (Blut, Lymphe, gelbe und schwarze Galle) Gesundheit, deren Ungleichgewicht dagegen Krankheit bedeute.

Humoreske [lat.], literar. Gattungsbez., die um 1800 analog zu Burleske, Groteske, Arabeske gebildet wurde und urspr. nur auf humorist. Erzählungen bezogen war.
▷ in der *Musik* heiteres instrumentales Charakterstück in zwei- oder dreiteiliger Liedform.

Humpen [niederdt.], größeres zylindr. Trinkgefäß in Glas, Keramik, Metall u. a. Material, v. a. 16.–18. Jh. z. T. mit reichem Dekor.

Humperdinck, Engelbert, *Siegburg 1. Sept. 1854, †Neustrelitz 27. Sept. 1921, dt. Komponist. – Internat. bekannt ist heute nur noch seine Märchenoper „Hänsel und Gretel" (1893), gekennzeichnet durch eine kindlich einfache, auf der Verarbeitung von Volksliedmelodien beruhenden Sanglichkeit. H. komponierte ferner sechs weitere Opern, Schauspielmusiken, Orchesterstücke, Kammermusik, Klavierwerke und einige Lieder.

Humphrey, Hubert Horatio [engl. ˈhʌmfri], *Wallace (S. Dak.) 27. Mai 1911, †Waverly (Minn.) 13. Jan. 1978, amerikan. Politiker. – 1949–64 Senator; als Mitbegr. und Vors. der „Americans for democratic action" Sprecher des linken Parteiflügels der Demokrat. Partei und Vorkämpfer für die Bürgerrechte; trat für eine Politik der Abrüstung und des Ausgleichs mit der UdSSR ein und befürwortete das Atomteststoppabkommen (1963); 1965–69 Vizepräs., unterlag 1968 als Präsidentschaftskandidat R. M. Nixon.

Humus [lat. „Erde, Erdboden"], die gesamte abgestorbene tier. und v. a. pflanzl. Substanz in und auf dem Boden (mit Ausnahme frischer Streu der Waldbäume), die auf Grund mikrobiol. und biochem. Vorgänge einem ständigen, als *Humifizierung* bezeichneten Ab-, Um- und Aufbau unterworfen und für die Fruchtbarkeit des Bodens von großer Bed. ist. Der H. stellt ein Stoffgemisch dar, das aus den urspr. organ. Substanzen, kohlenstoffreichen Zwischenprodukten und einfacheren organ. Verbindungen wie Umsetzungsprodukten des Lignins sowie Huminsäuren besteht. Man unterscheidet die nicht dunkel gefärbten Anteile wie Kohlenhydrate, Hemizellulosen u. a., die sich sehr rasch zersetzen und v. a. zur Ernährung der im Boden befindl. Mikroorganismen dienen (sie bilden den sog. *Nähr-H.*), und die dunkel gefärbten *Huminstoffe* (H.kohle, Huminsäuren, Humoligninsäuren u. a.), die nur schwer zersetzbar sind *(Dauer-, Reserve-H.),* aber die physikalisch-chem. Eigenschaften des Bodens verbessern; sie bedingen die Krümelstruktur, die Bodengare und Sorptionsfähigkeit des Bodens und binden außerdem die Nährstoffe für die Pflanzen. Unter ungünstigen Bedingungen, wenn nur eine unvollständige Zersetzung der organ. Substanz stattfindet, bildet sich der weniger wertvolle *Roh-H.,* z. B. als starke Deckschicht naßkalter, saurer und wenig durchlüfteter Waldböden. In warmen, trockenen und stickstoffreichen Wald- und Ackerböden entsteht aus leicht zersetzl. Stoffen eine lockere H.form, der **Mull** oder **Mulm.**

Humussäuren, svw. ↑Huminsäuren.

Hunan [chin. xunan], Prov. in China, südlich des mittleren Jangtsekiang 210 000 km², 61 Mill. E (1990), Hauptstadt Changsha. Im N liegt das Becken des Sees Dongting Hu, den O, W und S nehmen Hügel- und Bergländer ein. H. ist eines der chin. Hauptanbaugebiete von Reis und Tee. Spezialerzeugnisse der Prov. sind Ramie und Tungöl. Holzwirtschaft in den Bergländern im W und S. Vorkommen von Wolfram- und Antimonerz, außerdem Mangan-, Blei-, Zinkerz, Kohle und Phosphaten. Die wichtigsten Ind.städte liegen an der N–S verlaufenden Haupteisenbahnlinie bzw. am schiffbaren Xiang Jiang.

Hund, Friedrich, *Karlsruhe 4. Febr. 1896, dt. Physiker. – Prof. in Rostock, Leipzig, Jena, Frankfurt und Göttingen; bed. Arbeiten zur Theorie der Atom- und Molekülspektren, zur Anwendung der Quantenmechanik, bes. zur Theorie des Molekülbaus und zahlr. Arbeiten zur Geschichte der Physik.

Hunde, Gattungsgruppe meist großer, ihre Beutetiere oft rudelweise hetzender Raubtiere (Fam. ↑Hundeartige), zu denen bes. die Arten der Gatt. Canis gehören (u. a. Schakale, Wolf).
▷ svw. ↑Haushunde.

Hundeartige (Canidae), mit rd. 40 Arten nahezu weltweit verbreitete Fam. durchschnittlich 35–135 cm körperlanger Raubtiere; mit schlankem, in den Flanken eingezogenem Rumpf, langgestrecktem Kopf, nackter, feuchter Nase und meist aufgerichteten Ohren; Schwanz häufig buschig; Gebiß kräftig; vorwiegend Fleischfresser. Die H. sind z. T. nacht-, z. T. tagaktive, oft gesellig in Rudeln auftretende Hetzjäger, die sich vorwiegend nach dem Geruchs- und Gehörsinn orientieren und anpassungsfähig sind. Sie ruhen meist in selbstgegrabenen Höhlen, in denen auch die blinden, doch behaarten Jungen aufgezogen werden. – Zu den H. gehören u. a. Füchse, Schakale, Wolf.

Engelbert Humperdinck

Hubert Horatio Humphrey

Hundebandwurm

Friedensreich Hundertwasser. Die Sonderausgabe der Brockhaus Enzyklopädie

Hundebandwurm, Bez. für verschiedene v. a. im Haushund vorkommende Bandwurmarten, z. B. ↑ Blasenwurm.

Hundefloh ↑ Flöhe.

Hundelaus (Linognathus setosus), etwa 2 mm lange, weitverbreitete, gelblichweiße Lausart auf Hunden; Hinterleibssegmente mit zwei Haarreihen; geht nicht an Menschen.

Hunderassen, Bez. für die verschiedenen Kulturvarietäten des Haushundes, die sich durch (vererbbare) einheitl. äußere Erscheinung und einheitl. Wesensmerkmale (Rassenmerkmale) gegeneinander abgrenzen lassen. Die Zahl der H. wird auf über 400 geschätzt.

Hunderennen ↑ Windhundrennen.

Hundertfüßer (Chilopoda), mit rd. 2 800 Arten weltweit verbreitete, jedoch überwiegend in trop. und subtrop. Gebieten vorkommende Unterklasse der Gliederfüßer mit langgestrecktem, gleichmäßig segmentiertem Körper; bis über 25 cm lang, meist jedoch wesentlich kleiner; jedes Rumpfsegment (mit Ausnahme der beiden letzten) mit einem Beinpaar, insgesamt je nach Art 15–173 Beinpaare. Der Biß mancher Arten ist für den Menschen sehr schmerzhaft, die Giftwirkung hält jedoch meist nur sehr kurz an. Man unterscheidet die vier Ordnungen Erdläufer, Skolopender, Steinläufer und Spinnenasseln.

Hundertfüßer. Steinläufer

Hundertjähriger Kalender, 1700 von dem Arzt C. von Hellwig hg. Wettervorhersagen für 1701 bis 1801, die auf Wetterbeobachtungen (1652–58) des Abtes des Klosters Langheim, M. Knauer (* 1613, † 1664), beruhen. Bez. H. K. seit 1721, als die Wetterprognosen erstmals zus. mit Knauers Planetentafeln für 100 Jahre erschienen.

Hundertjähriger Krieg, Konflikt zw. England und Frankreich um die Vorherrschaft in W-Europa, dauerte von 1337–1453. Anlaß war der Anspruch König Eduards III. von England auf den frz. Königstitel gegen das Haus Valois nach dem Aussterben der Kapetinger in direkter Linie. Der Krieg, ausschließlich auf frz. Boden ausgetragen, führte dort zeitweise zum Bürgerkrieg. Dennoch konnte sich Frankreich behaupten. 1450 mußten die Engländer die Normandie räumen; bis 1453 verloren sie alle frz. Territorien außer Calais (bis 1558 englisch) und die Kanalinseln. 1475 kam es zum offiziellen Friedensschluß in Picquigny.

Hundertschaft, allg. eine Gliederungseinheit von 100 Mann (z. B. bei der Polizei). – Als Untergliederung german. Völkerschaften der Antike und des frühen MA Heeres-, Gerichts- und Siedlungsverband; davon abgeleitet der von einer H. bewohnte Teil des Herrschafts-(Stammes-)Gebiets.

Hundert Tage, Bez. für den Zeitraum zw. der Landung Napoleons I. in Frankreich (1. März 1815) nach seiner Verbannung auf Elba und seiner endgültigen Niederlage bei Waterloo (18. Juni 1815).

Hundertwasser, Friedensreich, eigtl. Friedrich Stowasser, * Wien 15. Dez. 1928, östr. Maler und Graphiker. – In seiner stark farbigen Malerei mit ornamental-dekorativ verschlungenen Linienzügen (v. a. Spiralen) setzt H. die Tradition des östr. Jugendstils fort. H. ist auch als Buchgestalter tätig (Sonderausg. der 19. Aufl. der Brockhaus Enzyklopädie, 1989 ff.); ferner ökologisch engagierte Manifeste und Aktionen sowie architekton. Projekte (Öko-Haus, Wien, 1985). 1991 wurde das „KunstHausWien" fertiggestellt.

Hundespulwurm ↑ Spulwürmer.

Hundestaupe (Staupe), weit verbreitete, ansteckende Viruskrankheit bei Hunden, bes. bei Jungtieren; äußerlich gekennzeichnet durch Fieber, Freßunlust, schleimigen Nasen- und Augenausfluß *(katarrhal. H.),* ferner Husten, Atemnot *(Lungen-H.),* Durchfall, Erbrechen *(Darmstaupe),* Eiterbläschen v. a. an den Innenflächen der Extremitäten *(Hautstaupe),* Beißsucht, Krämpfe *(nervöse Staupe)* und seltener auch Hornhautverdickung auf Ballen und Nase *(Hartballenkrankheit);* häufig tödl. Verlauf; Schutzimpfungen sind möglich, Heilimpfungen (im Anfangsstadium) erfolgversprechend.

Hundesteuer, eine kommunale Steuer auf das Halten von Hunden; Befreiung kann erfolgen aus berufl., polizeil., gesundheitl. (Blindenhunde) u. ä. Gründen.

Hundezecken ↑ Schildzecken.

Hundhammer, Alois, * Moos (= Forstinning bei München) 25. Febr. 1900, † München 1. Aug. 1974, bayr. Politiker. – 1932/33 MdL (BVP); Mitbegr. der CSU, 1946–70 MdL, 1946–50 Kultusmin. und CSU-Fraktionsvors.; 1951–54 Landtagspräs., 1957–69 Landwirtschaftsminister.

Hundredweight [engl. ˈhʌndrəd,weɪt, eigtl. „Hundertgewicht"], Einheitenzeichen **cwt** (für centweight); anglo-amerikan. Massen- und Gewichtseinheit. In Großbritannien: 1 cwt = 112 lb = 50,802352 kg. In den USA: *Long hundredweight* (entspricht dem brit. H.) und *Short hundredweight* (Einheitenzeichen **sh cwt):** 1 sh cwt = 100 lb = 45,35924 3 kg.

Hundsaffen (Hundskopfaffen, Cercopithecoidea), Überfam. der Schmalnasen mit den Fam. Meerkatzenartige und Schlankaffen, die oft durch stark verlängerte Hundeschnauzen gekennzeichnet sind.

Hundertjähriger Krieg. Zeitgenössische Darstellung einer Schlacht im Jahre 1346 bei Crécy-en-Ponthieu, Ausschnitt aus einer Miniatur (Paris, Bibliothèque Nationale)

Hunedoara. Blick auf die im 14./15. Jh. von János Hunyadi zum Schloß umgebaute Festung

Hundsfische (Umbridae), artenarme, den Hechten nahestehende Fam. der Knochenfische in stehenden und langsam fließenden Süßgewässern O-Europas und N-Amerikas; kleine, räuber. Grundfische, die mit Atmungsorganen zur Aufnahme von Luftsauerstoff im feuchten Schlamm Trokkenperioden überdauern können.

Hundsgiftgewächse (Immergrüngewächse, Apocynaceae), zweikeimblättrige Pflanzenfam. mit rd. 200 Gatt. und über 2 000 Arten vorwiegend in den Tropen und Subtropen; milchsaftführende Gehölze, Stauden und Lianen mit teller- oder trichterförmigen Blüten; Samen oft mit Haarschopf oder Flügeln. Bekannte Gatt. sind: Immergrün und Oleander.

Hundsgugel ↑Helm.

Hundshai, (Grundhai, Schweinshai, Galeorhinus galeus) bis 2 m langer, schlanker, lebendgebärender Haifisch im östl. Atlantik und im Mittelmeer; Rücken stahlgrau, Unterseite weißlich bis perlmuttfarben; Schnauze stark verlängert, spitz; jagt v. a. Grundfische; wird dem Menschen nicht gefährlich.
▷ svw. Südl. Glatthai (↑Glatthaie).

Hundskamille (Anthemis), Gatt. kamillenähnl. Korbblütler mit rd. 100 Arten in Europa und im Mittelmeergebiet; einjährige oder ausdauernde Kräuter mit fiederteiligen Blättern; Blütenköpfchen groß, mit zungenförmigen Randblüten. Bekannte Arten sind: **Färberkamille** (Anthemis tinctoria) mit goldgelben Blütenköpfchen; kommt auf kalkhaltigen, trockenen Abhängen vor; **Ackerhundskamille** (Anthemis arvensis), ein einjähriges, bis 50 cm hohes Ackerunkraut mit weißen, waagerecht ausgebreiteten Zungenblüten und goldgelben Scheibenblüten; **Römische Kamille** (Doppelkamille, Anthemis nobilis), 15–30 cm hoch, Blätter doppelt fiederspaltig, einzelne, endständige Blütenköpfchen mit silberweißen Zungenblüten.

Hundslattich ↑Löwenzahn.

Hundspetersilie […i-ɛ] (Gartenschierling, Gleiße, Aethusa cynapium), Doldengewächs in Europa und Sibirien, einzige Art der gleichnamigen Gatt.; petersilienähnl., weißblühendes, 10–120 cm hohes, blaugrünes, einjähriges Unkraut in Gärten, auf Äckern und auf Schuttplätzen; sehr giftig.

Hundsrose ↑Rose.

Hundsstern, svw. ↑Sirius.

Hundstage, die Tage zw. dem 23. Juli und dem 23. Aug., während der die Sonne in der Nähe des Hundssterns (Sirius) steht.

Hundsveilchen ↑Veilchen.

Hundswut, svw. ↑Tollwut.

Hundszahn (Zahnlilie, Erythronium), Gatt. der Liliengewächse mit 15 Arten in N-Amerika und einer Art (Erythronium denscanis) in Eurasien; Blüten nickend, einzeln oder locker traubig, langgestielt, in Form und Färbung an die der Alpenveilchen erinnernd; einige Arten sind Zierpflanzen.

Hundszahngras (Cynodon), Gatt. der Süßgräser mit 12 Arten in den Tropen und Subtropen. Die bekannteste Art ist das **Fingerhundszahngras** (*Bermudagras,* Cynodon dactylon), ein wichtiges, dürreresistentes Futtergras wärmerer Länder.

Hundszunge (Cynoglossum), Gatt. der Rauhblattgewächse mit rd. 90 Arten in gemäßigten und subtrop. Gebieten; meist zweijährige, behaarte Kräuter mit verlängerten Blütentrauben und Klettfrüchten. In M-Europa u. a. die graufilzige **Gemeine Hundszunge** (Cynoglossum officinale) mit braunroten Blüten.

Hundszungen (Cynoglossidae), mit über 30 Arten hauptsächlich in warmen Meeren (v. a. in flachen Küstengewässern des Ind. Ozeans) verbreitete Fam. der Plattfische; Körperform lang und schlank; Augen auf der linken Körperseite.

Hüne [niederdt. „Hunne"], Riese, großer Mann.

Hunedoara (dt. Eisenmarkt), rumän. Stadt im sw. Siebenbürgen, 89 000 E. Museum, Theater; wichtigster Hüttenstandort des Landes. – Im 13. Jh. erwähnt. – Von J. Hunyadi zum Schloß umgebaute Festung (14./15. Jh.); orth. Kirche (15. Jh.).

Huneke, Ferdinand, *Brilon 23. Sept. 1891, †Düsseldorf 2. Juni 1966, dt. Mediziner. – Entwickelte ab 1925 die Neuraltherapie (Behandlung mit Procainhydrochlorid) und entdeckte 1941 das ↑Sekundenphänomen.

Hünengrab, volkstüml. Bez. für ein norddt. ↑Megalithgrab, auch für ein Hügelgrab.

Hünfeld, hess. Stadt am W-Rand der Vorderrhön, 282 m ü. d. M., 13 100 E. Museum. Apparatebau, Holz-, Metall-, Textilind., Kosmetikherstellung. – Der 781 erstmals erwähnte Ort H. erhielt 1310 Stadtrecht. – Spätgot. kath. Stadtpfarrkirche (Langhaus 1507 begonnen).

Hungaristenbewegung ↑Pfeilkreuzler.

Hungen, hess. Stadt 20 km sö. von Gießen, 150 m ü. d. M., 11 700 E. Milchverarbeitung, Textilind., Schraubenwerke, Betonwerke. – 782 erstmals erwähnt, Stadtrecht 1361. – Romanisch-got. Pfarrkirche; Schloß (15.–18. Jh.); Reste der Stadtbefestigung.

Hunger, das subjektiv als Allgemeinempfindung (Gemeingefühl) auftretende Verlangen nach Nahrung, das bei leerem Magen auftritt und nach der Nahrungsaufnahme verschwindet bzw. durch das Sättigungsgefühl verdrängt wird. Der H. wird im Zentralnervensystem durch zwei Faktoren ausgelöst: 1. durch reflektor. rhythm. Kontraktionen des leeren Magens, die auf nervalem Weg einem H.zentrum im Hypothalamus gemeldet werden; 2. durch Rei-

Hundszunge. Gemeine Hundszunge (Höhe 20–80 cm)

Hundspetersilie

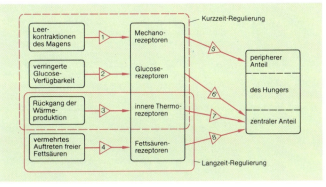

Hunger. Schematische Darstellung zur Entstehung des Hungergefühls

zung von bestimmten Zellen im sog. Sättigungszentrum des Hypothalamus, die den (bei Nahrungsmangel) erniedrigten Blutzuckerspiegel registrieren. Die Aktivität des Sätti-

Hungerblümchen

gungszentrums wird von deren Glucoseverwertung geregelt. Durch fehlende Glucoseverwertung wird es gehemmt und löst das H.gefühl aus. Hohe Glucoseverwertung steigert die Aktivität des Sättigungszentrums und löst somit das Sättigungsgefühl aus.
Bei vollem Nahrungsentzug reichen die Energiereserven eines durchschnittlich ernährten, gesunden Menschen rd. 50 Tage aus. Die ertragbare H.zeit ist abhängig von Flüssigkeitszufuhr, Umgebungstemperatur und dem zur Energiegewinnung verbleibenden Depotfett.
Bei Tieren ist die Dauer einer H.zeit unterschiedlich. Viele haben spezielle Anpassungsmechanismen wie Ruhestadien (z. B. Trockenstarre, Winterschlaf) oder können Körperzellen einschmelzen (bes. niedere Tiere). Kaltblüter ertragen im allg. H. leichter als Warmblüter, Fleischfresser leichter als Pflanzenfresser.

Hungerblümchen (Erophila), Gatt. der Kreuzblütler mit mehreren z. T. sehr formenreichen Arten in Europa, W-Asien und N-Afrika; kurzlebige, 3–20 cm hohe Kräuter mit grundständiger Blattrosette, weißen oder rötl. kleinen Blüten und Schotenfrüchten.

Hungerkrankheiten, durch längerdauernde Unterernährung verursachte oder begünstigte, akute oder chron. Erkrankungen. Direkte Folgen unzureichender Ernährung sind Störungen des ↑Stoffwechsels (sog. Hungerstoffwechsel), Atrophie der Körpergewebe (Hungeratrophie), bes. des Fettgewebes und der Knochen (Hungerosteopathie) und Störungen der inneren Sekretion. Lang andauernder Eiweißmangel bewirkt eine Ansammlung von Gewebsflüssigkeit, v. a. in den Spalten des Unterhautzellgewebes **(Hungerödeme).**

Hungersnöte, durch länger anhaltende Verknappung der menschl. Grundnahrungsmittel ausgelöste Katastrophen. Ursachen sind v. a. Mißernten, Kriege und Naturkatastrophen. Die erste schriftl. Nachricht über eine H. stammt aus Ägypten (etwa 2500 v. Chr.). Eine Mißernte brachte 1315–17 eine H. über M- und W-Europa. Eine schwere H. in China 1333–37 mag eine der Ursachen für die Ausbreitung der Pest gewesen sein (seit 1347/48 in Europa). In den folgenden Jh. wurden u. a. Rußland (1557, 1600, 1650–52) und Indien (1594–98, 1600, 1677, 1769/70 [3–10 Mill. Opfer]), 1618–48 weite Teile Deutschlands, 1693 und 1769 auch Frankreich betroffen. Eine Kartoffelkrankheit, die zu 3 Mißernten (1845, 1846, 1848) beitrug, führte 1846–49 zu schweren H. in Irland (etwa 800 000 Tote durch Hunger und Typhus) und SW-Deutschland sowie zu einer starken Auswanderungsbewegung (diese auch in Frankreich). Seitdem wurde die west. Welt im allg. nur noch in Kriegszeiten von H. betroffen, im Ggs. zu Asien, bes. Indien und China. Die Zahl der Opfer der H. in N-China (1876–79) wird auf 9–13 Mill. Menschen geschätzt. Sie galt als die schwerste H. der Menschheit. Die Zahl der während des Bürgerkrieges in der Sowjetunion 1921/22 an Hunger Gestorbenen wird auf 1,5–5 Mill., die der Opfer der durch Zwangskollektivierung verstärkten H. 1932–34 auf 5–6 Mill. geschätzt. Unzureichende wirtsch., soziale und polit. Verhältnisse sind die wesentl. Ursache für H. bei rd. einem Fünftel der Welt-Bev., das mangelernährt ist, und Millionen von Menschen, die daran jährlich sterben (v. a. in Afrika und Asien). – ↑Welternährung.

James Henry Leigh Hunt

Hungersteine, große Steine, die im Flußbett nur bei länger anhaltender Trockenheit sichtbar werden.

Hungersteppe (Nördliche Hungersteppe, Betpak-Dala), etwa 75 000 km² große Wüste in Kasachstan, zw. dem Sarysu im W und Balchaschsee im O; spärl. Salzsteppenvegetation, als Winterweide genutzt; Bewässerungsfeldbau.

Hungersteppe, Südliche, in Usbekistan gelegener Teil der ↑Kysylkum.

Hungerstreik, Verweigerung der Nahrungsaufnahme als Form des passiven Widerstandes, praktiziert z. B. von polit. Häftlingen oder Strafgefangenen bzw. in polit. und sozialen Auseinandersetzungen. Die Zwangsernährung ist umstritten.

Hungertuch (Fastentuch), Altarverhüllung während der Fastenzeit; urspr. (Ende des 10. Jh.) als symbol. Ausschluß des sündigen Menschen vom Kultgeschehen gedacht; Ausgestaltung des H. mit Symbolen und Bildern vom Leiden Christi.

Hungnam, nordkorean. Hafenstadt am Jap. Meer, 120 000 E. Metallverarbeitung, chem. Ind., Erdölraffinerie.

Hunnen, euras. Nomadenvolk, dessen Geschichte vor seinem Auftauchen in O-Europa im 4. Jh. n. Chr. weitgehend unbekannt ist. Die früher angenommene Abstammung von den in chin. Geschichtswerken seit dem 3. Jh. v. Chr. bezeugten Xiongnu (Hsiung-nu), auch *ostasiat. H. gen.*, wird von der neueren Forschung verneint. Wahrscheinlich vertrieben die vom Chin. Reich Ende des 2. Jh. v. Chr. nach N und W abgedrängten Xiongnu benachbarte Völker und lösten so eine euras. Völkerwanderung aus, zu deren westl. Ausläufern die H. zählten. Möglicherweise schlossen sich der aus unterschiedl. Völkerschaften zusammengesetzten H.-Konföderation abgesprengte Teile der Xiongnu an. Seit 375 stießen die H. in mehreren Wellen aus den südruss. Steppen nach W vor und unterwarfen zahlr. german. Stämme in SO-Europa, was panikartige Fluchtbewegungen (↑Völkerwanderung) bewirkte. 375/76 eroberten die H. das Vielvölkerreich des Ostgotenkönigs Ermanarich und besiegten das westgot. Heer unter Athanarich. 395–410 drangen sie zur unteren Donau sowie ins Oder-Weichsel-Gebiet vor. Unter Bleda (434–445) erreichte das H.-Reich seine größte Ausdehnung: von Mittelasien und dem Kaukasus bis zur Donau und an den Rhein. Unter Attila unternahmen die H. Kriegszüge nach Gallien, wo sie 451 in der *Schlacht auf den Katalaun. Feldern (Hunnenschlacht)* geschlagen wurden, und nach Italien (452). Nach Attilas Tod (453) zerfiel das Reich rasch, da seine Söhne eine vernichtende Niederlage gegen die Gepiden erlitten, was den endgültigen Rückzug der H. aus Europa nach sich zog. Seit dem 6. Jh. gingen sie in anderen Völkerschaften (Awaren, Chasaren, Wolgabulgaren u. a.) auf. – Zu den sog. Weißen Hunnen ↑Hephthaliten.

Hunnenschlacht ↑Hunnen.

Hunsrück, sw. Teil des Rhein. Schiefergebirges zw. Saar, Mosel, Rhein und Nahe; landw. genutzte, wellige Hochflächen (400–500 m ü. d. M.) werden von 100 bis 300 m höher liegenden, waldbestandenen Rücken überragt, die eigene Namen haben: **Soonwald** (bis 657 m hoch), **Bingerwald** (bis 637 m hoch), **Lützelsoon** (bis 597 m hoch), **Idarwald** (757 m hoch), **Schwarzwälder Hochwald** (im Erbeskopf, der höchsten Erhebung des H., 818 m hoch) und **Osburger Hochwald** (bis 708 m hoch). Die Verkehrserschließung durch die Eisenbahn (seit 1889) sowie die Verbesserung des Straßennetzes seit den 1930er Jahren (H.-Höhenstraße) ermöglichten die Ansiedelung von holz- und metallverarbeitender sowie von Textilind.; älter sind Dachschiefergewinnung und Edelsteinschleifereien.

Hunsrück-Eifel-Kultur, nach ihrem Hauptverbreitungsgebiet ben. Gruppe der späten Hallstattzeit und älteren La-Tène-Zeit am Mittelrhein; auffallend sind reiche Gräber mit Wagen und Bronzesitulen (eimerartiges Gefäß) sowie befestigte Siedlungen.

Hunsrückschiefer, bis 6 000 m mächtige Tonschieferserie aus dem Unterdevon des Rhein. Schiefergebirges, z. T. fossilreich.

Hunt [engl. hʌnt], **James Henry Leigh,** * Southgate (= London) 19. Okt. 1784, † Putney (= London) 28. Aug. 1859, engl. Schriftsteller. – Gründer, Hg. und Mitarbeiter zahlr. Zeitschriften; kurze Zusammenarbeit mit Byron; bed. v. a. als Essayist und Kritiker, der sich für kirchl. und polit. Reformen einsetzte; erster bed. engl. Theaterkritiker.
H., William Holman, * London 2. April 1827, † ebd. 7. Sept. 1910, engl. Maler. – Mitbegr. und einer der Hauptvertreter der präraffaelit. Schule; wählte literar., mytholog. und bibl. Motive, u. a. „Claudio und Isabella" (1850; London, Tate Gallery) und „Der Schatten des Todes" (1870–73; Manchester, City Art Gallery); stilist. Parallelen zum Jugendstil.

Hunte, linker Nebenfluß der Weser, entspringt im Wiehengebirge, durchfließt den Dümmer, ist ab Oldenburg (Oldenburg) kanalisiert, mündet bei Elsfleth; 189 km lang.

Hunter, Alberta [engl. 'hʌntə], Pseud. Josephine Beatty, *Memphis (Tenn.) 1. April 1897, †New York 17. Okt. 1984, amerikan. Sängerin. – Machte den Blues in Europa bekannt; Aufnahmen u. a. mit L. Armstrong, F. Henderson, F. Waller; sang wiederholt in Broadwayshows.

Hunter [engl. 'hʌntə, zu to hunt „jagen"], in Großbritannien und Irland gezüchtetes, sehr robustes Jagdpferd mit außerordentl. Springvermögen.

Hunter Islands [engl. 'hʌntə 'aɪləndz], unbewohnte austral. Inselgruppe in der Bass-Straße, vor der NW-Spitze Tasmaniens.

Huntington [engl. 'hʌntɪŋtən], Ind.stadt am Ohio, West-Virginia, USA, 61 000 E. Univ. (gegr. 1837); Hafen am Ohio; Verkehrsknotenpunkt, ✈. – Gegr. 1869.

Huntington-Chorea [engl. 'hʌntɪŋtən; nach dem amerikan. Neurologen G. Huntington, *1851, †1915] ↑Veitstanz.

Huntsville [engl. 'hʌntsvɪl], Stadt in N-Alabama, 143 000 E. Eines der Zentren der amerikan. Raketen- und Weltraumforschung. – Gegr. 1805.

Hunyadi, János [ungar. 'hunjɔdi] (Iancu de Hunedoara), *in Siebenbürgen um 1408, †Semlin 11. Aug. 1456, ungar. Reichsverweser (seit 1446) und Feldherr. – Vater von Matthias I. Corvinus; schlug 1442 die Türken, wurde 1448 auf dem Amselfeld geschlagen, siegte 1456 bei Belgrad über Sultan Muhammad II.

Hunza, Landschaft im Karakorum und NW-Himalaja, Teil der Gilgit Agency, vom H. (rd. 190 km lang) durchflossen.

H., im H.tal in 1 600–2 500 m Höhe lebendes ismailit. Bergvolk; etwa 30 000. Auf terrassierten Hängen wird Bewässerungsfeldbau und Gartenbau betrieben, in höheren Lagen Almwirtschaft (Ziegen, Schafe). Die H. sind gesuchte Träger bei Bergexpeditionen.

William Holman Hunt. Claudio und Isabella, 1850 (London, Tate Gallery)

Hupe (Horn, Signalhorn), nach der Straßenverkehrs-Zulassungs-Ordnung (StVZO) vorgeschriebene akust. Warnanlage für Kfz. Das **Aufschlaghorn** *(Tellerhorn)* besteht aus einem Elektromagneten, dessen Ankerplatte mit einer Membran und einem Schwingteller verbunden ist. Beim Betätigen der H. schlägt die Ankerplatte auf den Magnetkern auf und öffnet gleichzeitig das Kontaktpaar eines Unterbrechers; infolge des stromlos gewordenen Elektromagneten federt die Membran mit Schwingteller und Ankerplatte zurück, wodurch das Kontaktpaar schließt, wodurch das Wechselspiel von neuem beginnt. Bei der **Elektrofanfare** wird eine Membran auf die gleiche Weise in period. Schwingungen versetzt und bringt die Luftsäule eines Trichters zum Schwingen. Bei der **Preßluft-** oder **Kompressorfanfare** wird die Membran der Fanfare durch Preßluft zum Schwingen angeregt. Eine **Tonfolgeanlage** besteht aus Hörnern verschiedener Frequenz, die von einer Schaltanlage automatisch betätigt werden (in Deutschland für private Kfz verboten). Die **Lichthupe** gibt opt. Warnsignale durch kurzes Einschalten des Fernlichts.

Hupeh ↑Hubei.

Hüpferlinge (Cyclopidae), artenreiche, weltweit verbreitete Fam. etwa 1 bis 5 mm großer Ruderfußkrebse, v. a. in Süß-, seltener in Meeresgewässern; Kopfbrust meist keulenförmig, Hinterleib schlank; ♀♀ mit zwei (äußerlich sehr auffälligen) Eisäckchen.

Hüpfmäuse (Zapodidae), Fam. 5–10 cm körperlanger, langschwänziger, mausartiger Nagetiere mit rd. 10 Arten, v. a. in Steppen, buschigen Landschaften (z. T. auch Wäldern) Eurasiens und N-Amerikas; gut kletternde Tiere; überstehen ungünstige Witterungsperioden in einem schlafähnl. Zustand; einzige einheim. Art: ↑Birkenmaus.

Hupp, Otto, *Düsseldorf 21. Mai 1859, †Oberschleißheim bei München 31. Jan. 1949, dt. Maler, Graphiker, Heraldiker und Gutenbergforscher. – Entwarf mehrere Druckschriften (u. a. „H.-Antiqua" und „H.-Unziale", 1910), schuf die Grundlagen der modernen dt. Heraldik.

Huppert, Isabelle [frz. yˈpɛːr], *Paris 16. März 1953, frz. Filmschauspielerin. – Bed. Charakterdarstellerin des internat. Films, u. a. „Die Spitzenklöpplerin" (1977), „Violette Nozière" (1978), „Heaven's gate" (1980), „Eine Frauensache" (1988), „Malina" (1991; nach I. Bachmann, Drehbuch von E. Jelinek).

Huppert-Krankheit [nach dem dt. Physiologen K. H. Huppert, *1832, †1904], svw. ↑Plasmozytom.

Hurd, Douglas Richard [engl. həːd], *Marlborough 8. März 1930, brit. Politiker (Konservative Partei). – 1952/66 im diplomat. Dienst (u. a. 1954/56 in China), seit 1974 Mgl. des Unterhauses, 1979–84 Staatsmin., 1984/85 Min. für Nordirlandfragen, 1985–89 Innenmin., seit 1989 Außenminister.

Hürdenlauf, leichtathlet. Disziplin, bei der 10 in regelmäßigem Abstand aufgestellte Hürden überlaufen werden müssen. H. werden im Wettkampf von Männern (110 m [Hürdenhöhe 1,067 m] und 400 m [Hürdenhöhe 0,914 m]) und Frauen (100 m [Hürdenhöhe 0,840 m] und 400 m [Hürdenhöhe 0,762 m]) ausgetragen. Ein Lauf gilt auch dann, wenn Hürden umgestoßen werden.

Hürdenrennen ↑Hindernisrennen.

Hurdes, Felix, *Bruneck 9. Aug. 1901, †Wien 12. Okt. 1974, östr. Politiker. – Jurist; 1936–38 Landesrat in der Reg. von Kärnten. 1938/39 und 1944/45 im KZ; 1945 Mitbegr. der ÖVP, bis 1951 deren Generalsekretär; 1945–52 Unterrichtsmin., 1953–59 Präs. des Nationalrates.

Hure [zu althochdt. huor, „außerehel. Beischlaf"], abwertend für eine Frau, die häufig wechselnde sexuelle Beziehungen unterhält; auch Bez. für Prostituierte.

Huri [arab.], Paradiesjungfrau im islam. Glauben, die im Paradies dem Gläubigen zur Frau gegeben wird.

Hürlimann, Hans, *Walchwil (Kt. Zug) 6. April 1918, schweizer. Politiker. – Mgl. des Parteivorstands der Christlichdemokrat. Volkspartei der Schweiz; 1974–82 Bundesrat (Innendepartement); 1979 Bundespräsident.

Hurling [engl. 'həːlɪŋ], hockeyähnl. Malspiel aus Irland (dort heute noch populär); als Spielplatz (137 m lang, 82 m breit) bevorzugte man ebenen und harten Strandboden, im Winter Eisflächen. Mit H. sind das schott. **Shinty** und das in SW-England gespielte **Kappan** verwandt.

Huronen, Konföderation von vier Irokesisch sprechenden Indianerstämmen, urspr. seßhafte Bauern an der Georgian Bay des Huronsees. Seit 1615 starke Jesuitenmissionierung; 1648 vom Irokesenbund unterjocht und in diesem aufgegangen.

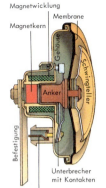

Hupe. Aufschlaghorn

Otto Hupp. Signet

Isabelle Huppert

Hans Hürlimann

Jan Hus

Husain II., König von Jordanien

Saddam Husain

Gustav Husák

Huronsee [-'--; engl. 'hjʊərən], der zweitgrößte der Großen Seen Nordamerikas (USA und Kanada), 400 km lang, bis 160 km breit, 176 m ü. d. M., bis 229 m tief. Zufluß aus dem Michigansee und dem Oberen See sowie aus mehreren Flüssen; Abfluß zum Eriesee. Im NO liegt die etwa 15 000 km² große **Georgian Bay**, die durch einen Kanal mit dem Ontariosee verbunden ist.

Hurrikan ['---; engl. 'hʌrɪkən, indian.-span.-engl., zu indian. hura „Wind, wegblasen"], trop. Wirbelsturm im Bereich des Karib. Meeres, der Westind. Inseln und des Golfs von Mexiko. H. entstehen meist aus Wellenstörungen der Passatströmung und immer über Meeresgebieten mit einer Wassertemperatur von 26 bis 27 °C, also am häufigsten im Sommer und Spätherbst. Der Durchmesser eines H. beträgt einige hundert Kilometer, die Windgeschwindigkeiten erreichen Werte von mehr als 200 km pro Stunde. Ein typ. Merkmal des H. ist das Auge des Sturmes, eine windschwache, niederschlagsfreie und wolkenarme Zone von etwa 20 km Durchmesser im Wirbelzentrum. H. können nur über dem Meer längere Zeit bestehen; beim Übertritt auf das Festland schwächen sie sich rasch ab, richten jedoch durch den von Wolkenbrüchen begleiteten Orkan und durch Sturmfluten verheerende Zerstörungen an. Zur Unterscheidung werden die einzelnen H. eines Jahres mit engl. Vornamen (♂ und ♀) in alphabet. Reihenfolge benannt.

Hurriter ↑ Churriter.

Hurtado de Mendoza, Diego [span. ur'taðo ðe men'doθa], *Granada 1503, †Madrid 14. Aug. 1575, span. Dichter, Historiker und Diplomat. – 1568–74 nach Granada verbannt. Schrieb lyr. Dichtungen und eine „Geschichte der Empörung der Mauren in Granada" (hg. 1627) über den letzten Aufstand der Morisken. Seine Verfasserschaft des Schelmenromans „El Lazarillo de Tormes" (1554) ist zweifelhaft.

Hürth, Großgemeinde im N der Ville, NRW, 90 m ü. d. M., 48 400 E. B.-Sprachenamt, Außeninst. der Biolog. B.-Anstalt für Land- und Forstwirtschaft. Braunkohlenbergbau, Kraftwerk, chem. Ind., Maschinenbau.

Hurufis, schiit.-islam. Sekte, gegr. von Fadl Allah aus Astarabad (*1340, †1394 [hingerichtet]), dessen myst. Lehren auf den Buchstaben (arab. „huruf") zugeschriebenen symbol. Bed. beruhen.

Hurwitz, Adolf, *Hildesheim 26. März 1859, †Zürich 18. Nov. 1919, dt. Mathematiker. – Prof. in Königsberg und Zürich; bed. Arbeiten zur Funktionentheorie und zur algebraischen Zahlentheorie.

Hus, Jan (dt. Johannes Huß), *Husinec (Südböhm. Bez.) um 1370(?), †Konstanz 6. Juli 1415, tschech. Reformator. – 1400 Priester, 1401 Dekan der Artistenfakultät in Prag, 1405–08 Synodalprediger; Vertreter der Gedanken Wyclifs (Autorität des Gewissens, Kritik an weltl. Besitz der Kirche); durch eine Bulle Alexanders V. (1410) kam es in Prag zum Kampf gegen die Wycliften, zu Bücherverbrennung, Predigtverbot und Bann über H., der jedoch, von König und Volk gestützt, seine gegen Ablaß- und Kreuzzugsbulle Johannes' XXIII. gerichtete Predigttätigkeit im 1412 fortsetzen konnte, als sich die Prager theolog. Fakultät gegen ihn erklärte. H. stellte sich dem Konstanzer Konzil, wo er den Widerruf der am 4. Mai 1415 verurteilten und von ihm in „De ecclesia" vertretenen Wyclifschen Lehre verweigerte; er wurde deshalb – trotz eines Geleitversprechens König Sigismunds – festgenommen, verurteilt und verbrannt.

Husa, Karel, *Prag 7. Aug. 1921, amerikan. Komponist tschech. Herkunft. – Schüler u. a. von N. Boulanger und A. Honegger; komponierte v. a. Konzert- und Kammermusik, u. a. drei Streichquartette, „Fresque" für Orchester (1948), „Portrait" für Streicher (1953), „Mosaïques" (1961), ferner die Ballette „Monodrama" (1976) und „The Trojan women" (1981).

Husain, Name von Haschimidenherrschern:

H. Ibn Ali, *Mekka um 1853, †Amman 4. Juni 1931, König des Hedschas (1917–25). – 1908 Emir von Mekka, beteiligte sich am brit. Seite am 1. Weltkrieg; mußte 1925 abdanken, nachdem er Mekka an Ibn Saud verloren hatte.

H. II. (Hussein), *Amman 14. Nov. 1935, König von Jordanien (seit 1952). – Folgte seinem abgesetzten Vater Talal (Krönung 1953); behauptete in der Staatskrise 1956/57 die Monarchie; befürwortete nach dem Sechstagekrieg 1967 eine polit. Lösung im Nahostkonflikt; erkannte 1974 die PLO als Vertreterin des palästinens. Araber im von Israel besetzten Westjordanland an, auf das er 1988 zugunsten der PLO verzichtete.

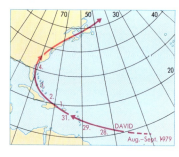

Hurrikan. Die Bahn des Hurrikan „David" zwischen dem 28. 8. und dem 4. 9. 1979

Husain (Hussein), Saddam, *Tikrit (bei Bagdad) 1937, irak. Politiker. – Wurde 1966 stellv. Sekretär der regionalen Führung der Bath-Partei im Irak; 1968 maßgeblich an dem Putsch beteiligt, der die Bath-Partei an die Macht brachte; 1969–79 stellv. Vors. des Kommandorats der Revolution; seit 1979 Staats- und Reg.chef, 1979–91 Generalsekretär der Partei und militär. Oberbefehlshaber; regiert diktatorisch und zunehmend unter Berufung auf den Islam. Mit einem irak. Angriff (Sept. 1980) löste er den 8 Jahre währenden Krieg mit dem Iran aus (1. ↑Golfkrieg); verstärkte und modernisierte seit dieser Zeit seine Streitkräfte mit sowjet. wie auch westl. Hilfe; löste mit der Besetzung Kuwaits (Aug. 1990) den 2. ↑Golfkrieg (Jan./Febr. 1991) aus; schlug Aufstände der Kurden und Schiiten gegen sein Regime 1991 brutal nieder.

H., Taha, *Maghagha (Oberägypten) 14. Nov. 1889, †Kairo 28. Okt. 1973, ägypt. Schriftsteller und Literaturwissenschaftler. – Seit dem 3. Lebensjahr blind; 1934–42 Prof. in Kairo; 1950–52 Erziehungsmin.; verfaßte zahlr. Romane; literaturkrit. Untersuchungen zur altarab., klass. und modernen arab. Literatur; auch Übersetzungen.

H., Zakir, *Hyderabad (Andhra Pradesh) 8. Febr. 1897, †Delhi 3. Mai 1969, ind. Politiker. – 1957–62 Gouverneur von Bihar; 1962–67 Vizepräs., ab 1967 (erster muslim.) Staatspräs. Indiens.

Husaini, Al, Muhammad Amin, *Jerusalem 1895, †Beirut 4. Juli 1974, arab. Politiker. – 1926 Großmufti von Jerusalem und Vors. des Obersten Muslim. Rats; Führer des arab. Widerstands gegen die jüd. Besiedlung Palästinas; 1937 aus Palästina ausgewiesen, suchte seit 1941 in Deutschland Verbindungen mit den Achsenmächten anzuknüpfen; seit 1946 wieder in Ägypten, zog sich nach dem Israelisch-Arab. Krieg 1948 aus der Politik zurück.

Husák, Gustav, *Dúbravka bei Preßburg 10. Jan. 1913, †Preßburg 18. Nov. 1991, slowak. Politiker. – Seit 1933 Mgl. der KPČ, im 2. Weltkrieg führender slowak. Widerstandskämpfer. 1951 verhaftet, 1954 zu lebenslangem Kerker verurteilt; 1960 begnadigt, 1963 voll rehabilitiert; seit April 1968 stellv. Min.präs., distanzierte sich vom „Prager Frühling"; 1969–87 Parteichef und Präsidiumsmgl. der KPČ; 1975–89 Staatspräs. Im Febr. 1990 aus der KPČ ausgeschlossen.

Husaren [ungar., urspr. „Straßenräuber" (wohl zu italien. corsaro „Seeräuber, Korsar")], seit dem 15. Jh. Bez. für die Angehörigen des ungar. berittenen Aufgebots; später Bez. für leichte Reiter in ungar. Nationaltracht (als Rock den Dolman, in Preußen seit 1853 die Attila; enge, mit Plattschnur besetzte Beinkleider und Wadenstiefel; als Kopfbedeckung den Kalpak oder im 18. Jh. auch Flügelmützen).

Husarenaffe (Erythrocebus patas), bodenbewohnende Art der Meerkatzenartigen in W- und Z-Afrika und in Teilen O-Afrikas; Körperlänge etwa 60–90 cm, Schwanz etwas kürzer, ♀ deutlich kleiner als ♂; Fell rauhhaarig, größtenteils leuchtend rostrot, Schultern dunkelgrau oder gelblich, Arme und Unterschenkel weißlich. Der H. lebt in meist kleinen Gruppen in Savannen und Grassteppen.

Husarenknopf (Sanvitalie, Sanvitalia), Gatt. der Korbblütler mit acht Arten von Arizona bis M-Amerika. Die Art **Sanvitalia procumbens**, ein einjähriges, bis 20 cm hohes Kraut mit orangegelben Zungenblüten und schwärzl. Röhrenblüten, wird als Sommerblume häufig in Gärten angepflanzt.

Hüsch, Hanns Dieter, * Moers 6. Mai 1925, dt. Kabarettist und Schriftsteller. – 1956 Gründer und bis 1962 Leiter des Kabaretts „arche nova"; seither Solokabarettist, Schauspieler, Synchronsprecher; typisch sind phantasievolle Wort- und Tonassoziationen, lyr. Sprachwitz und entlarvende Sprachakrobatik; H. veröffentlichte u. a. „Und sie bewegt mich doch" (1984).

Hu Shi (Hu Shih, Hu Schi) [chin. xu ʃi], * Schanghai 17. Dez. 1891, † Taipeh 24. Febr. 1962, chin. Schriftsteller und Literarhistoriker. – Prof. in Peking (ab 1917) und Schanghai (1928–30); später in den USA (1942–45 als chin. Botschafter) und Taiwan. Vertreter der literar. Reformbewegung gegen die Nachahmung der Klassiker und für eine Volksliteratur; bed. Werke über chin. Philosophie.

Husky [engl. 'hʌski] (Siberian Husky), mittelgroßer (bis 58 cm Schulterhöhe), spitzähnl., kräftiger, aus Sibirien stammender, heute v. a. in N-Amerika gehaltener Hund; Kopf fuchsartig; Rute über den Rücken gerollt; Fell dick, weich, meist schwarz, silbergrau oder braun mit weißen Abzeichen.

Husky

Huß, Johannes ↑ Hus, Jan.
Huss, Al, Salim ↑ Hoss, Al, Selim.
Hussarek von Heinlein, Max Frhr. (seit 1916), * Preßburg 3. Mai 1865, † Wien 7. März 1935, östr. Politiker und Kirchenrechtler. – Seit 1895 Prof. in Wien. 1911–17 östr. Min. für Kultus und Unterricht; letzter Min.präs. der Donaumonarchie Juli–Okt. 1918; Hauptvertreter der östr. Staatskirchenrechtsschule.
Hussein ↑ Husain II.
Hussein, Saddam ↑ Husain, Saddam.
Husserl, Edmund, * Proßnitz (= Prostějov bei Olmütz) 8. April 1859, † Freiburg im Breisgau 26. April 1938, dt. Philosoph. – 1901 Prof. in Göttingen, seit 1916 in Freiburg im Breisgau. Begründer der ↑ Phänomenologie; wollte mit ihr (in Überwindung von Psychologismus, Historismus und Szientismus) nicht nur die Philosophie als apriorisch „strenge Wiss.", sondern auch die Einzelwissenschaften neu begründen. Hierfür konstatierte H. die Existenz eines „reinen Bewußtseins", aus dem sich die objektive Welt ableiten läßt; zu gültigen Aussagen gelangt man durch eine Folge immer radikalerer (irrationaler, intuitiver) Reduktionsschritte: zu den „Phänomenen" durch „phänomenolog. Reduktion" (Ausklammern der realen Welt), zur Wesensstruktur des Bewußtseins durch „eidet. Reduktion" (Ausklammerung der [bildhaften] Vorstellungen), zur transzendentalen Sphäre durch die „transzendentale Reduktion" (Ausklammerung des Übersinnlichen); sie erschließt die „transzendentale Subjektivität" (das „reine Bewußtsein"), die den Sinn von Welt und Weltinhalt und somit die Gegenständlichkeit konstituiert. H. übte bed. Einfluß auf M. Scheler, N. Hartmann und M. Heidegger aus. – *Werke:* Philosophie als strenge Wiss. (1911), Ideen zu einer reinen Phänomenologie (1913), Formale und transzendentale Logik (1929).

Hussiten, von Jan ↑ Hus abgeleiteter Name für mehrere unterschiedl. kirchenreformer. bzw. -revolutionäre Bewegungen in Böhmen unter dem gemeinsamen religiösen Symbol des Laienkelchs; die beiden wichtigsten Gruppen sind: 1. die sog. **Kalixtiner** [zu lat. calix, „Kelch"] bzw. **Utraquisten** [zu lat. sub utraque specie, „(Kommunion) in beiderlei Gestalt"], deren von Adligen und Bürgern unterstützte Forderungen die von Jan Rokycana zusammenfassen „4 Prager Artikel" von 1420 zusammenfassen (freie Predigt; Laienkelch; Säkularisation des Kirchenguts und Rückkehr zu apostol. Armut; strenge Kirchenzucht im Klerus); 2. die **Taboriten,** die über die Zustimmung zu den Prager Artikeln hinaus chiliast. und sozialrevolutionäre Motive zur Geltung bringen (Aufrichtung des Reiches Gottes durch das Schwert, Ablehnung kirchl. Einrichtungen). Der Fanatismus der Bewegung *(Hussitismus)* hatte ständisch-soziale und polit. (tschechisch-frühnationale) Motive; aus den utraquist. H. gingen die ↑ Böhmischen Brüder hervor.

Hussitenkriege, die 1419–36 aus dem Aufstand der Hussiten resultierenden Feldzüge. Das Heer der Taboriten besiegte unter der Führung J. Žižkas das kaiserl. Kreuzheer und führte seit 1426/27 den Krieg auch offensiv mit Einfällen in die Nachbarländer. Der Abschluß des Prager Friedensvertrages *(Prager Kompaktaten* [↑ Basler Konzil], 30. Nov. 1433) wurde von den Taboriten abgelehnt; erst der Sieg des utraquistisch (kalixtinisch) gesinnten Adels über die Taboriten bei Lipany (30. Mai 1434) leitete den Frieden ein (Iglauer Vergleich, 5. Juli 1436), wie er auf dem Landtag zu Iglau am 15. Jan. 1437 verkündet wurde.

Husten (Tussis), willkürl. oder unwillkürl. (reflexhaftes) Ausstoßen der Luft aus der Luftröhre und den Bronchien mit Hilfe einer plötzl., meist reflektorisch ausgelösten Ausatmungsbewegung unter der Öffnung der krampfhaft verschlossenen Stimmritze. Mit dem Luftstrom werden gleichzeitig meist kleine Schleimpartikel oder evtl. eingedrungene (in die „falsche Kehle" geratene) Fremdkörper herausgeschleudert. Ursachen des H. sind meist Reizungen der Schleimhaut in den Atemwegen durch Entzündung oder äußere Noxen (z. B. Fremdkörper, Rauch, Staub, Reizgase). H. kann Anzeichen recht verschiedener Erkrankungen (z. B. Bronchitis, Lungenentzündung u. a.) sein.

Hüsten ↑ Arnsberg (Stadt).

Hustenmittel (Antitussiva), i. w. S. alle Arzneimittel zur Behandlung des Hustens einschl. der auswurffördernden Mittel (↑ Expektoranzien); i. e. S. hustenstillende Mittel, die den Hustenreflex ausschalten oder betäuben.

Huston, John [engl. 'hjuːstən], * Nevada (Mo.) 5. Aug. 1906, † Newport (Mass.) 28. Aug. 1987, amerikan. Filmregisseur und Drehbuchautor. – Leitete mit seinem Regiedebüt „Die Spur des Falken"/„Der Malteserfalke" (1941) den sog. schwarzen Film ein; danach drehte er u. a. „Der Schatz der Sierra Madre" (1947), „Asphalt-Dschungel"/ „Raubmord" (1950), „African Queen" (1952), „Misfits – nicht gesellschaftsfähig" (1960), „Die Nacht des Leguan" (1963), verfilmte Malcolm Lowrys „Unter dem Vulkan" (1983) und „Die Ehre der Prizzies" (1985). Die Autobiographie „An open book" erschien 1981.

Husum, Stadt an der Mündung der Husumer Au in die Nordsee, Schl.-H., 20 800 E. Verwaltungssitz des Landkr. Nordfriesland; Amt für Land- und Wasserwirtschaft, Museen; Windkraftanlage; Werft, Fisch-, Krabben- und Muschelverarbeitung, Hafen; Fremdenverkehr („Tor zu den Halligen"). – Ersterwähnung 1252, seit 1603 Stadt. Nach der Eingliederung in Preußen wurde H. 1867 bed. Fischmarkt. – Klassizist. Marktkirche (1829–33); vom ehem. Schloß sind der Hauptbau (1577–82) und das Torhaus (1612) erhalten; Altes Rathaus (1601). – Abb. S. 462.

Husarenknopf. Sanvitalia procumbens

Hanns Dieter Hüsch

Edmund Husserl

John Huston

Husum. Blick über den Hafen auf die Stadt

Hut [zu althochdt. huot, eigtl. „der Schützende, Bedeckende"], Kopfbedeckung aus einem geformten Kopfteil meist mit Krempe, die als Teil einer [Amts]tracht oder als mod. Zubehör getragen wird. Hüte mit breiter Krempe sind seit der Hallstatt- und La-Tène-Zeit nachweisbar. In Antike und MA ist der H. selten (Ausnahme: Judenhut). Im späten MA entwickelten sich v. a. in Burgund und Italien Hüte, Hauben, Kappen und Wülste aus kostbarem Stoff mit Perlen und Schleiern, bes. bekannt der hohe spitze Hennin der Damen, die Rundhüte der Herren. Im 16. Jh. kreierten die span. Mode einen hohen H. mit Feder, die Niederlande den breitkrempigen weichen Rembrandt- oder Rubens-H., der das 17. Jh. beherrschte und der nach der Perückenmode im 18. Jh. als Dreispitz wieder auftauchte. Bei Frauen überwog nach wie vor die ↑Haube. In der Herrenmode kamen Ende des 18. Jh. der Zweispitz und der Zylinder auf sowie ein weicher (engl.) Filz-H. (Werther-H.). Nach den engl. Damenhüten mit breiter, schwingender Krempe um 1800 brachte das Biedermeier den Schuten-H. hervor. Es folgten geschwungene Hüte und der Kapott-H., gelegentlich traten seit der Jh.wende auch wieder breite Krempen auf sowie zahlr. andere mod. Formen (z. B. Matelot-H.). Die Herrenmode läßt die Wahl zw. Melone, Canotier, Homburger u. a., die bis heute variiert werden.

▷ Bez. für Verwitterungszone von Lagerstätten, z. B. Gips-H. (↑Salzstock).

Hut, svw. ↑Hutung.

Aldous Huxley

Andrew Huxley

Hutcheson, Francis [engl. ˈhʌtʃɪsn], * Drumalig 8. Aug. 1694, † Glasgow 1746, ir. Philosoph. – Ab 1730 Prof. in Glasgow; zus. mit T. Reid Begründer der schott. Schule der Moralphilosophie. Exponent der Theorie des „moral sense", des angeborenen, deshalb jedem Menschen grundsätzlich eigenen „moral Sinns", der zur Beurteilung von Handlungen, ob formal und material gut, und zur Erkenntnis eth. Normen dient. Zentralbegriff seiner Ethik ist die „benevolence", das „Glück der größtmögl. Zahl".

Hutchinson, Sir (seit 1908) Jonathan [engl. ˈhʌtʃɪnsn], * Selby (Yorkshire) 23. Juli 1828, † Haslemere (Surrey) 23. Juni 1913, brit. Mediziner. – Prof. in London; arbeitete hauptsächlich auf den Gebieten der Unfallchirurgie und der Geschlechtskrankheiten; beschrieb die nach ihm benannte *H.-Trias,* ein angeborene Syphilis kennzeichnendes Syndrom mit Hornhautentzündung des Auges, Innenohrschwerhörigkeit und Zahnanomalien.

Hüte, schwed. Adelspartei, 1731 entstanden. Die für das Bündnis mit Frankreich eintretende Partei verwickelte Schweden in einen Krieg gegen Rußland (1741–43) und in den Siebenjährigen Krieg (1756–63).

Hutpilze, volkstüml. Bez. für ↑Ständerpilze mit gestieltem, hutförmigem Fruchtkörper.

Hutschlangen, svw. ↑Kobras.

Hütte, einfache Art der festen Behausung; aus Holz, Lehm, Flechtwerk.

▷ (Hüttenwerk) industrielle Anlage, in der metall. (z. B. Eisen, Kupfer, Blei oder Zink) oder nichtmetall. Werkstoffe (Schwefel, Glas, Ziegel u. a.) aus Erzen, Mineralen, Konzentraten u. a. oder aus Alt- und sonstigen Rücklaufmaterialien gewonnen und teilweise weiterverarbeitet werden.

▷ svw. ↑Poop.

Hutten, Philipp von, * Königshofen i. Grabfeld (?) um 1511, † Coro (Venezuela) 1546 (ermordet), dt. Konquistador. – Ging im Auftrag der Welser nach Venezuela und nahm 1535–38 an einer Entdeckungsreise ins Landesinnere teil. Im Juni 1540 wurde H. Generalkapitän und unternahm eine neue Expedition ins Orinocogebiet.

H., Ulrich Reichsritter von, * Burg Steckelberg (bei Schlüchtern) 21. April 1488, † Insel Ufenau im Zürichsee 29. Aug. 1523, dt. Humanist und Publizist. – 1517 von Maximilian I. zum Dichter gekrönt; ein Aufenthalt in Rom (1515–17) ließ ihn zum entschiedenen Gegner des Papsttums werden. Zeugnisse seiner antiröm. Polemik sind u. a. die Neuausgabe der Schrift Lorenzo Vallas über die Fälschung der Konstantin. Schenkung (1519) und der „Vadiscus" (1520), in dem er ein umfassendes antiröm. Reformprogramm entwickelte; Verfasser des 2. Teils der „Epistolae obscurorum virorum". Trat seit der Leipziger Disputation (1519) für Luther ein, ohne jedoch dessen Lehre anzunehmen; verband sich mit Franz von Sickingen; mußte nach dem gescheiterten Reichsritteraufstand (1521) zu Zwingli in die Schweiz fliehen.

Ulrich von Hutten. Holzschnitt von Erhard Schön, um 1520

Hüttenberg, östr. Marktgemeinde in NO-Kärnten, 800 m ü. d. M., 2 500 E. Der Eisenerzbergbau am Erzberg von H. wurde 1978 eingestellt, heute Schaubergwerk. – In H. wurde bereits im Altertum Erz abgebaut. – Got. Pfarrkirche St. Nikolaus (1425).

Hüttenbims (Hochofenschaumschlacke) ↑Bimsbaustoffe.

Hüttener Berge, Endmoränenzug westl. von Eckernförde, Schl.-H., bis 106 m hoch.

Hüttenrauch, Bez. für die mit Flugstaub vermischten Abgase metallurg. Öfen; H. enthält Oxide des Schwefels, des Arsens und anderer leichtflüchtiger Metalle, ist daher stark umweltgefährdend; er wird heute meist einer Entstaubung und Gasreinigung unterzogen.

Hüttenwerk, svw. ↑Hütte.

Hutter, Wolfgang, * Wien 13. Dez. 1928, östr. Maler und Graphiker. – Gehört der Wiener Schule des Phantast. Realismus an; pflanzl. Motive, Gesichter u. a.; buntfarbig, genau im Detail.

Hutterer (Hutterische Brüder), nach ihrem Bischof und Organisator Jakob Huter († 1536) ben. Gruppe der Täufer, die seit etwa 1528 in Gütergemeinschaft lebten; in Nordamerika existieren noch etwa 170 Bruderhöfe mit rd. 15 000 Hutterern.

Hutton, James [engl. hʌtn], * Edinburgh 3. Juni 1726, † ebd. 26. März 1797, brit. Geologe. – Privatgelehrter; legte der Geologie naturwiss. Prinzipien zugrunde; begr. den Plutonismus (↑Geologie).

Hutu, Bantuvolk in Ostafrika, überwiegend Feldbauern. Die H. stellen heute in Rwanda und Burundi die größte Bev.gruppe (etwa 9,5 Mill.). Der weit in die Geschichte zurückreichende Konflikt mit den Tussi (Tutsi) prägt die gesellschaftl. Entwicklung beider Staaten und löste dort mehrfach blutige Unruhen aus.

Hutung (Hut, Trift), nicht eingezäuntes, unregelmäßig bestocktes Weideland auf geringwertigen Böden.

Hutzelbrot, Gebäck aus Mehl, gedörrten Birnen (Hutzeln) und Pflaumen, Nüssen und Gewürzen.

Huxelrebe, Rebsorte, die aus einer Kreuzung der Rebsorten Weißer Gutedel mit Courtillier musqué (Muscat courtillier; südfrz. Tafeltraube) hervorging; ertragreiche, frühreife Rebsorte, deren Trauben rassige Weine mit dezentem Muskatbukett liefern.

Huxley [engl. 'hʌkslɪ], brit. Gelehrtenfamilie. Bed. Vertreter:
H., Aldous, * Godalming (Surrey) 26. Juli 1894, † Los Angeles-Hollywood 22. Nov. 1963, Schriftsteller, Essayist und Kulturkritiker. – Bruder von Andrew und Sir Julian Sorell H.; lebte seit 1938 in einer myst. Gemeinde in Kalifornien. Verfaßte in äußerst geschliffener und präziser Sprache satir.-realist. Romane, z. B. „Parallelen der Liebe" (1925), „Kontrapunkt des Lebens" (1928), und stellte mit „Fortschrittsglauben mit desillusionierenden Bildern einer zukünftigen automatisierten Welt bloß („Schöne neue Welt", 1932; „Affe und Wesen", 1948). In den späteren Werken neigte H. mehr und mehr zu philosoph. Problemen und myst. Kontemplation. – *Weitere Werke:* Das Lächeln der Gioconda (Nov., 1924), Geblendet in Gaza (R., 1936), Nach vielen Sommern (R., 1939), Die graue Eminenz (R., 1941), Die Teufel von Loudun (R., 1952), Das Genie und die Göttin (R., 1955), 30 Jahre danach oder Wiedersehen mit der „wackeren neuen Welt" (Essays, 1960), Eiland (R., 1962).

H., Andrew [Fielding], * London 22. Nov. 1917, Physiologe. – Bruder von Aldous und Sir Julian Sorell H.; Prof. in London. Entdeckte den Ionenmechanismus bei Erregung und Hemmung zentraler und peripherer Teile der Nervenzellmembran; erhielt 1963 mit A. L. Hodgkin und J. C. Eccles den Nobelpreis für Physiologie oder Medizin.

H., Sir (seit 1958) Julian Sorell, * London 22. Juni 1887, † London 14. Febr. 1975, Biologe und Schriftsteller. – Bruder von Aldous und Andrew H.; Prof. in London; 1946–48 Generaldirektor der UNESCO. In seinen wiss. Arbeiten befaßte sich H. hauptsächlich mit Problemen des Bevölkerungswachstums bzw. der Überbevölkerung sowie der Welternährung. Neben populärwiss. Abhandlungen schrieb H. auch Essays und Gedichte. – *Werke:* Der Mensch in der modernen Welt (1947), Die Wüste und die alten Götter (1954), The story of evolution (1958), Der evolutionäre Humanismus (1961).

H., Thomas, * Ealing (= London) 4. Mai 1825, † London 29. Juni 1895, Zoologe, Anatom und Physiologe. – Großvater von Aldous, Andrew und Sir Julian Sorell H.; Prof. in London; bed. Arbeiten zur vergleichenden Anatomie der Wirbellosen und der Wirbeltiere. Er trat als einer der ersten brit. Forscher entschieden für die ↑Deszendenztheorie ein und prägte den Begriff ↑Agnostizismus. Schrieb u. a. „Zeugnisse für die Stellung des Menschen in der Natur" (1863).

Huy [frz. ɥi] (niederl. Hoei), belg. Stadt an der Maas, 77 m ü. d. M., 17 200 E. Gießereien, Walzwerke; im Stadtteil Tihange Kernkraftwerk (2 770 MW Gesamtleistung). – Kirchen Notre Dame (14./15. Jh.) mit roman. Krypta (1066), Saint-Mengold (13.–15. Jh.); Rathaus (1766).

H. [hy:] (Huywald), Höhenzug im nördl. Harzvorland, Sa.-Anh., bis 314 m hoch; weithin Landschafts- und Naturschutzgebiet.

Hu Yaobang, * Liuyang (Hunan) 1915, † Peking 15. April 1989, chin. Politiker. – Parteigänger Deng Xiaopings, wurde 1956 Mgl. des ZK der KPCh; im Zuge der „Kulturrevolution" 1966–72 und 1976/77 politisch ausgeschaltet, seit 1978 Mgl. des Politbüros; 1980–87 Generalsekretär (1981/82 Vors.) des ZK der KPCh.

Huydecoper, Balthazar [niederl. 'hœÿdəko:pər], * Amsterdam 10. April 1695, † ebd. 23. Sept. 1778, niederl. Gelehrter und Dichter. – Bed. Sprachforscher; erster krit. Hg. altniederl. Texte; auch Trauerspiele und Gedichte.

Huygens, Christiaan [niederl. 'hœÿxəns] (latinisiert Hugenius), * Den Haag 14. April 1629, † ebd. 8. Juli 1695, niederl. Physiker, Mathematiker und Astronom. – Lebte in Den Haag und 1666–81 in Paris. H. war einer der bedeutendsten und vielseitigsten Physiker und Mathematiker seiner Epoche. Seine ersten Untersuchungen galten u. a. der Wahrscheinlichkeitsrechnung (seit 1656). Im Zusammenhang mit seiner Erfindung der Pendeluhr (1656/57) entwickelte er u. a. die Theorie des physikal. Pendels. Seine Konstruktion einer Uhr mit Spiralfeder und Unruh (1675) führte zu einem Prioritätsstreit mit R. Hooke. – Am bekanntesten sind seine Leistungen in der Optik, bes. das ↑Huygenssche Prinzip. Bereits seit 1653 hatte er sich auch mit der Anfertigung von opt. Instrumenten (Linsen, Fernrohre, Mikroskope) befaßt; entdeckte 1655 den ersten Saturnmond, 1656 den Saturnring und den Orionnebel.

Huygenssches Prinzip ['hɔyɡəns], eine von C. Huygens 1690 formulierte, auf mechan. Grundlage beruhende Theorie der Lichtausbreitung in einem von unvorstellbar kleinen Kügelchen erfüllten Äther. Das Licht breitet sich hiernach in Form einer räuml. [Stoß]welle aus, die im Äther durch mechan. Stöße übertragen wird. Jeder Punkt einer Welle wird als Ausgangspunkt einer sog. **Elementarwelle** betrachtet. Diese Elementarwellen breiten sich in der Ebene als Kreiswellen, im Raum als Kugelwellen aus. Die Einhüllende dieser Elementarwellen bildet eine neue Wellenfront. Mit Hilfe des H. P. lassen sich Brechung und Reflexion von Wellen anschaulich deuten. Unter Einbeziehung der ↑Interferenz modifizierte A. J. Fresnel das H. P. so, daß auch die Huygens noch unbekannten Beugungserscheinungen gedeutet werden können (**Huygens-Fresnelsches Prinzip**).

Huysmans [niederl. 'hœysmans, frz. ɥis'mɑ̃s], Joris-Karl, eigtl. Georges Charles H., * Paris 5. Febr. 1848, † ebd. 12. Mai 1907, frz. Schriftsteller. – Aus niederl. Malerfamilie; konvertierte 1892 zum Katholizismus, seit 1899 Laienbruder in einem Benediktinerkloster; begann als Naturalist (Freundschaft mit É. Zola), wandte sich dann einem symbolistisch gefärbten Schönheitskult zu und gelangte nach einer okkultist. Phase zu einem ästhetisierenden Katholizismus. – *Werke:* Der Junggeselle (R., 1881), Stromabwärts (E., 1882), Gegen den Strich (R., 1884), Tief unten (R., 1891), Die Kathedrale (R., 1898).

H., Kamiel (Camille), * Bilzen (Prov. Limburg) 26. Mai 1871, † Antwerpen 25. Febr. 1968, belg. Politiker. – Trat der sozialist. Partei bei; 1905–22 war er Sekretär des Internat. Büros der 2. Internationale, 1910–65 Abg.; 1936–39 Präs. der 2. Kammer (erneut 1954–58); ging 1940 ins Exil nach Großbritannien; 1946/47 Min.präs.; 1947–49 Unterrichtsminister.

Hüyük [türk. hy'jyk], türk. Bez. für Siedlungshügel.

Huzule [nach den ↑Huzulen] (Huzulenpony, Karpatenpony), trittsicheres, größeres Gebirgspony der östl. Karpaten (Widerristhöhe 126–135 cm).

Christiaan Huygens (Ausschnitt aus einem Kupferstich von Abraham Blooteling, um 1685)

Joris-Karl Huysmans

Hu Yaobang

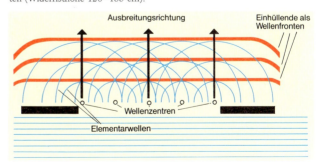

Huygenssches Prinzip. Bildung paralleler Wellenfronten an einem breiten Spalt durch Überlagerung der von mehreren Ausgangspunkten (Wellenzentren) ausgehenden Elementarwellen

Hyänen. Links: Tüpfelhyäne. Rechts: Streifenhyäne

Huzulen, ukrain. Volksstamm in den Wald- und Ostkarpaten, Ukraine und Rumänien.

Hvannadalshnúkur [isländ. 'hwanadalshnu:kyr], mit 2 119 m höchste Erhebung Islands, im Bereich des Vatnajökull.

Hvar (italien. Lesina), Hauptort der Insel H. in Kroatien, 3 200 E. Kath. Bischofssitz; Fischkonservenfabriken, Fremdenverkehr. – Die ummauerte Altstadt wird vom „Spanischen Fort" (16. Jh.) beherrscht; Kathedrale (16. Jh.) mit neuroman. Kampanile, ehem. Arsenal (1579–1611; jetzt Archiv und Museum).
H., 300 km² große Adriainsel in Kroatien, bis 626 m hoch. – Reiche neolith. Funde (sog. *H.-Lisicici-Kultur*). – Im 4. Jh. v. Chr. unter dem Namen **Pharos** als griech. Kolonie erwähnt, im 7. Jh. n. Chr. von Slawen besiedelt, fiel 1358 an Ungarn, 1420 an Venedig; ab 1797 (außer 1805–12) östr.; 1918 von Italien besetzt, dann aber Jugoslawien angegliedert.

Hviezdoslav [slowak. 'hvjɛzdɔslau̯], eigtl. Pavol Országh, *Vyšný Kubín 2. Febr. 1849, † Dolný Kubín 8. Nov. 1921, slowak. Dichter. – Bed. Realist; übersetzte Goethe, Schiller, Shakespeare u. a.; bereicherte die slowak. Literatur um neue Formen und neu geprägte Wörter, behandelte in Dramen und Versepen Stoffe und Themen aus dem slowak. Volksleben.

Hwaiho ↑ Huai He.
Hwainan ↑ Huainan.
Hwaiyangschan ↑ Dabie Shan.
Hwange [hwaŋɡe] (bis 1982 Wankie), Stadt in W-Simbabwe, 750 m ü. d. M., 39 000 E. Kath. Bischofssitz; Zentrum des größten Steinkohlebaugebiets im südl. Afrika mit verarbeitender Ind.; südlich von H. der **Hwange-Nationalpark** (14 651 km²).

Hwangho ['xvaŋho] (Hoangho, Huangho, Huang He), Fluß in N-China, mit 5 464 km Länge und einem Einzugsgebiet von über 752 000 km² zweitgrößter Fluß des Landes; er entspringt im NO des Hochlands von Tibet, unterhalb von Lanzhou beginnt der große Bogen, mit dem der H. das Wüstengebiet des Ordosplateaus umströmt, bevor er die Lößlandschaften der Prov. Shanxi und Shaanxi in cañonartigen Talstrecken durchfließt; kurz unterhalb der Mündung von Luo He und Wei He wendet sich der H. scharf nach O und durchschneidet die Schwelle der westl. Randgebirge der Großen Ebene. Auf Grund der Erosion im Lößgebiet hat er eine starke Lößführung (daher **Gelber Fluß** gen.). Ein Großteil des Löß wird in der Großen Ebene abgelagert, etwa 600 Mill. t gelangen ins Meer. Der H. durchströmt die Große Ebene auf einer Strecke von rd. 800 km als Dammfluß und mündet in den Bohaigolf (Gelbes Meer). Die sommerl. Hochwasser des H. führten vielfach zu katastrophalen Überschwemmungen. Die in den 1950er Jahren eingeleiteten Schutzmaßnahmen waren um so dringlicher, als rd. 40 % der Gesamtackerfläche Chinas im Stromgebiet des H. liegen. Zahlr. Staustufen (u. a. Liujiaxia, Sanmen, Longyanxia) wurden im H. und unter seinen Nebenflüssen gebaut, ausgedehnte Bewässerungssysteme angelegt. Wegen zahlr. Untiefen ist der H. für die Schiffahrt nur bedingt geeignet; über den Kaiserkanal besteht Verbindung mit dem Jangtsekiang.

HWWA – Institut für Wirtschaftsforschung Hamburg, unabhängiges wirtschaftswiss. Forschungsinst., gegr. 1908 als Zentralstelle des Kolonialinst., 1921 umbenannt in **Hamburgisches Welt-Wirtschafts-Archiv,** seit 1970 jetziger Name. Forschungsschwerpunkte sind Konjunkturentwicklung, Finanzen, Fragen der Wirtschaftsstruktur und Wirtschaftsbeziehungen.

Hyaden [griech.] (Regengestirn), der um den Stern Aldebaran (im Sternbild Stier) gelegene offene Sternhaufen, mit bloßem Auge sichtbar.

Hyakinthos ↑ Hyazinth.

hyalin [griech.], durchsichtig, glashell, glasig; von einer organ. Substanz, einem bestimmten Typus Gewebe (Knorpel) oder (glasig) erstarrten Ergußgesteinen gesagt.

Hyalit [zu griech. hýalos „durchsichtiger Stein"], wasserheller, glasglänzender Opal; traubig, nierig oder stalaktitisch; auf vulkan. Gesteinen als krustenartiger Überzug.

Hyaloplasma [griech.] (Grundplasma) ↑ Plasma.

Hyaluronidasen [griech.], Enzyme, die Hyaluronsäure und andere Mukopolysaccharide (v. a. Chondroitinschwefelsäure) hydrolytisch spalten, wodurch das Gewebe leichter durchdringbar wird. Deshalb werden H. als Zusatz zu Medikamenten benutzt. H. finden sich auch in manchen tier. Geweben. Die H. der Spermien ermöglichen die Durchdringung der Eihüllen.

Hyaluronsäure [griech./dt.], ein ↑ Mukopolysaccharid, das sich aus N-Acetylglucosamin- und Glucuronsäure zusammensetzt (Molekulargewicht von 20 000 bis mehrere Mill.); wichtiger Bestandteil der Binde- und Stützgewebes. H. kommt, meist zus. mit Proteinen, in der Gelenkschmiere, im Glaskörper des Auges, in der Haut und in der Nabelschnur vor.

Hyänen (Hyaenidae) [griech., zu hŷs „Schwein" (wohl mit Bezug auf den borstigen Rücken)], seit dem Pleistozän bekannte, mit den Schleichkatzen nahe verwandte Fam. sehr gefräßiger Raubtiere mit drei Arten, v. a. in offenen Landschaften Afrikas, SW-Asiens bis Vorderindiens; Körper etwa 90–160 cm lang, vorn stark erhöht; Gebiß sehr kräftig. – H. sind überwiegend nachtaktiv. Sie ernähren sich vorzugsweise von Aas und Kleintieren oder von (im Rudel erjagten) Großtieren. Arten: **Schabrackenhyäne** (Braune H., Strandwolf, Hyaena brunnea), etwa 1 m Körperlänge, mit zottigem, langem Fell, überwiegend dunkelbraun, mit hell geringelten Beinen und heller Nackenmähne, Einzelgänger; **Streifenhyäne** (Hyaena hyaena), etwa 1 m Körperlänge, mit langem, gelblichgrauem bis graubraunem Fell, braunschwarze Querstreifen an den Körperseiten und mähnenartig verlängerte Nacken- und Vorderrückenhaare; **Tüpfelhyäne** (Fleckenhyäne, Crocuta crocuta), bis 1,6 m Körperlänge, mit dunkelbraunen bis schwarzen Flecken auf dem graubraunen bis gelbgrauen Fell; jagt Säugetiere bis Zebragröße; ihre Lautäußerungen sind „lachendes" Bellen, Heulen oder Knurren.

Hyänenhund (Afrikan. Wildhund, Lycaon pictus), 75–100 cm körperlanges Raubtier (Fam. Hundeartige), v. a. in Steppen und Savannen Afrikas südlich der Sahara; mit kräftigem Kopf und sehr großen Ohren. H. sind ausdauernde, im Rudel laufende, überwiegend dämmerungsaktive Hetzjäger. Sie erbeuten v. a. mittelgroße Antilopen und Jungtiere.

Hyazinth (Hyakinthos), Gestalt der griech. Mythologie. Aus dem Blut des irrtümlich von Apollon Erschlagenen läßt dieser die nach H. benannte Blume sprießen.

Hyazinth [griech.], durchsichtiges, gelbrotes (hyazinthrotes) Mineral, Varietät des ↑ Zirkons; beliebter Schmuckstein.

Hyazinthe (Hyacinthus) [griech.], Gatt. der Liliengewächse mit rd. 30 Arten im Mittelmeergebiet und Orient; Zwiebelpflanzen mit trichterförmigen bis glockigen Blüten in Trauben. Eine beliebte Zierpflanze mit duftenden Blüten in vielen Farbvarietäten ist die Art **Hyacinthus orientalis.**

hybrid, [griech.] hochmütig, überheblich, vermessen. ▷ [griech.-lat.] gemischt, von zweierlei Herkunft.

Hybridantrieb, Kombination aus verschiedenen Antriebsarten oder Energieträgern. Im *Kfz-Bereich:* Kombination z. B. aus Verbrennungsmotor, Generator und Elektromotor bei Bussen im öff. Nahverkehr. Der Verbrennungs-

Hyazinthe.
Hyacinthus orientalis
(Höhe 20–45 cm)

motor treibt einen Generator an, der je nach Leistungsbedarf Strom an den elektr. Fahrmotor oder an die Batterien (Akkumulatoren) liefert. Im Stadtbereich kann ohne Verbrennungsmotor nur mit Batteriestrom gefahren werden. Der Verbrennungsmotor kann (z. B. außerhalb des Stadtbereichs) auch direkt zum Fahren dienen. In der *Raketentechnik:* Raketen mit H. *(Fest-Flüssig-Antrieb)* verwenden **Hybridtreibstoffe,** d. h. festen Brennstoff und in getrenntem Tank mitgeführte flüssige Oxidatoren.

Hybride [griech.-lat.], in der landw. Tier- und Pflanzenzüchtung Bez. für einen aus einer Hybridzüchtung hervorgegangenen Nachkommen. – ↑ Bastard.

hybride Bildung, zusammengesetztes oder abgeleitetes Wort, dessen Teile verschiedenen Sprachen angehören, z. B. *Auto-mobil* (griech./lat.), *Büro-kratie* (frz./griech.).

Hybridisierung [griech.-lat.], (Bastardisierung) ein bei der chem. Bindung eintretender *quantenmechan. Vorgang,* bei dem sich die ↑ Orbitale der beteiligten Atome zu neuen, durch ihre bes. räuml. Ausrichtung für die Bindungen in den Molekülen energetisch günstigeren Orbitalen, den *Hybridorbitalen,* umordnen.

▷ in der *Molekularbiologie* Bez. für die experimentell herbeigeführte Reaktion zw. zwei komplementären Nukleinsäureeinzelsträngen unter Bildung eines Nukleinsäuredoppelstrangs für den Nachweis verwandter (komplementärer) Nukleinsäuren zur Genlokalisation und zur Identifizierung unbekannter DNS- bzw. RNS-Stücke.

▷ svw. ↑ Hybridzüchtung.

Hybridomtechnik (Hybridomatechnik, Hybridzelltechnik), Verfahren, Zellen, die gewünschte Stoffe produzieren, mit Krebszellen zu verschmelzen, wodurch sie unbegrenzt teilungsfähig werden. Auf diese Weise können z. B. Antikörper identischer Struktur und Spezifität (monoklonale Antikörper) in großer Menge produziert werden.

Hybridrechner, elektron. Rechenanlage, die Daten sowohl in analoger als auch in digitaler Form (↑ Datenverarbeitung) verarbeiten kann.

Hybridzüchtung (Hybridisierung, Heterosiszüchtung), in der landw. Tier- und Pflanzenzüchtung häufig angewandtes Züchtungsverfahren zur Erzielung einer hohen markt- oder betriebsgerechten tier. oder pflanzl. Produktion durch Bastardwüchsigkeit (Nachkommen der 1. Generation wachsen üppiger als die Eltern [Luxurieren], die folgenden Generationen sind wieder weniger leistungsfähig). Bei der H. werden geeignete, gesondert gezüchtete Inzuchtlinien einmalig miteinander gekreuzt, wodurch gesteigerte Leistungen ausgelöst werden und eine Kombination erwünschter Eigenschaften stattfindet.

Hybris [griech.], Überheblichkeit, frevelhafter Stolz gegenüber Göttern und Gesetzen; zentraler Begriff der griech. Ethik.

hyd..., Hyd... ↑ hydro..., Hydro...

Hydantoine [Kw.], Gruppe pharmakologisch wichtiger heterocycl. Verbindungen (z. B. Phenytoin) mit hypnot. und stark antiepilept. Wirkung; Anwendung bei Krankheiten, die mit Krampfanfällen einhergehen, z. B. bei Epilepsie.

Hydarthrose, schmerzhafte Gelenkerkrankung mit seröser Ergußbildung innerhalb der Gelenkkapsel als Folge von Traumen oder Gelenkentzündungen.

Hyde [engl. haɪd], Anna, *Windsor 12. März 1637, †31. März 1671, Herzogin von York. – Tochter von Edward H., Earl of ↑ Clarendon; heiratete 1660 den Herzog von York, den späteren König ↑ Jakob II.; begünstigte die Restaurationspolitik Jakobs und trat 1670 zum Katholizismus über.

H., Douglas (Dubhglas de h'Ide), Pseudonym An Craoibhin Aoibhinn, * Frenchpark (Grafschaft Roscommon) 17. Jan. 1860, † Dublin 12. Juli 1949, ir. Dichter und Gelehrter. – 1909–32 Prof. in Dublin; bemühte sich um die Wiederbelebung der ir. Sprache; Mitbegr. des Abbey Theatre in Dublin; 1938–45 erster Präs. der Republik Irland. Bed. Beiträge zur ir. Sprach- und Literaturforschung.

H., Edward, Earl of Clarendon, ↑ Clarendon, Edward Hyde, Earl of.

Hydepark [engl. 'haɪd'pɑːk], mit den anschließenden **Kensington Gardens** die größte Grünfläche Londons. An der NO-Ecke Speakers Corner als Ort öff. Reden und Versammlungen an jedem Sonntag (seit 1866).

Hyderabad ['haɪdəraːbad], Hauptstadt des ind. Bundesstaats Andhra Pradesh, auf dem mittleren Dekhan, 521 m ü. d. M., 2,19 Mill. E. Kath. Erzbischofssitz; Univ. (gegr. 1918), landw. Univ. (gegr. 1964), TU (gegr. 1972), Goethe-Inst.; Museum für Kunst und Archäologie, Staatsmuseum, Staatsbibliothek; botan. Garten, Zoo. Überregionales Kultur-, Verwaltungs- und Dienstleistungszentrum mit vielseitiger Industrie; bed. Emailhandwerk.

Hyderabad. Halle des Tschar Minar, vier Türme auf den Ecken eines quadratischen Unterbaus, dessen weite Bogen sich nach den vier Himmelsrichtungen öffnen, erbaut 1591

Geschichte: Das 1589 gegr. H. kam 1687 unter die Herrschaft des Mogulreichs und war 1724–1947 ein unabhängiger Staat unter der von Asaf Dschah († 1748) begr. Nisam-Dyn.; 1948 nach gescheiterten Verhandlungen über den Anschluß an die Ind. Union von ind. Truppen besetzt und 1956 auf die Gliedstaaten Andhra Pradesh (mit der Hauptstadt H.), Bombay und Madras aufgeteilt.

Bauten: In der von einer zwölftorigen Mauer umschlossenen Altstadt u. a. die Halle des Tschar Minar („Vier Minarette", 1591), die Dschami Masdschid (1598), die Hauptmoschee Mekka Masdschid (1614–92), der Chaumahallapalast (18. Jh.).

H., pakistan. Ind.- und Handelsstadt am Unterlauf des Indus, 752 000 E. Kath. Bischofssitz; Univ. (gegr. 1947). Leicht-, Zement-, chem. Ind., Kunsthandwerk (Gold- und Silberstickerei, Töpferarbeiten), Flußhafen.

hydr..., Hydr... ↑ hydro..., Hydro...

Hydra ↑ Herakles.

Hydra [griech.] (Weibl. oder Nördl. Wasserschlange) ↑ Sternbilder (Übersicht).

Hydra [griech.] ↑ Süßwasserpolypen.

Hydrämie [griech.], erhöhter Wassergehalt des Blutes mit Volumenzunahme und Verdünnung des Blutplasmas (Hypervolämie); Ursachen sind verminderte Wasserausscheidung bei Herz- oder Nierenerkrankungen sowie übermäßige Flüssigkeitszufuhr.

Hydramnion [griech.], krankhafte Vermehrung des Fruchtwassers (auf mehr als zwei Liter).

Hydrant [engl., zu griech. hýdōr „Wasser"], Zapfstelle zur Wasserentnahme aus einem Versorgungsnetz, v. a. für Feuerwehr und Straßenreinigung vorgesehen. – Abb. S. 466.

Hydrargyrosis

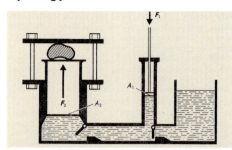

Hydraulische Presse. Schematische Darstellung der Wirkungsweise; $F_2 = F_1 \cdot A_2/A_1$, wobei F_1 die eingesetzte Kraft, F_2 die genutzte Kraft, A_1 und A_2 die Querschnittsflächen der beiden Kolben sind

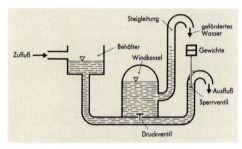

Hydraulischer Widder

Hydrargyrosis [griech.], svw. ↑ Quecksilbervergiftung.
Hydrargyrum [griech., eigtl. „Wassersilber"], svw. ↑ Quecksilber.
Hydratasen [griech.], svw. ↑ Dehydratasen.
Hydratation (Hydration) [zu griech. hýdōr „Wasser"], Anlagerung der als Dipole wirkenden Wassermoleküle an Ionen oder Moleküle; Bildung von ↑ Hydraten; Spezialfall der ↑ Solvatation.
Hydrate [zu griech. hýdōr „Wasser"], durch ↑ Hydratation gebildete Verbindungen von Wasser mit anderen Ionen oder Molekülen. In festen H. sind die Wassermoleküle koordinativ an die Ionen gebunden (Komplexliganden) oder sie besetzen in Form von Kristallwasser freie Stellen im Kristall, wodurch die **Hydratisomerie** zustande kommt. – Nicht zu den H. gehören die Kohlenhydrate.
Hydration ↑ Hydratation.
Hydratzellulose ↑ Zellulose.
Hydraulik [griech., zu ↑ Hydraulis], urspr. ein Teilgebiet der Strömungslehre, das die Theorie der Strömung dichtebeständiger (inkompressibler) Stoffe in Rohren, offenen Gerinnen und porösen Stoffen umfaßte. Heute versteht man unter H. bes. die techn. Verfahren und Anlagen zur Kraftübertragung mittels Flüssigkeiten (Hydrauliköl) in geschlossenen Leitungssystemen, z. B. zum Antrieb von Arbeitsmaschinen.
Hydraulis [griech. „Wasserorgel"] (Hydraulos, Organum hydraulicum), altgriech. Musikinstrument, dessen Gebläse (nach Heron) aus einem teilweise wassergefüllten Behälter bestand, der eine am unteren Rand mit Löchern versehene Druckglocke enthielt, von deren Scheitelpunkt eine Röhre zur Windlade führte. Eine Handpumpe drückte Luft von oben in die Glocke und dadurch das Wasser in das äußere Gefäß. Der Druck des dort aufsteigenden Wassers bewirkte, daß der Winddruck in der Windlade ausgeglichen wurde. Die Tasten, etwa 2 Oktaven umfassend, bewegten eine mit Löchern versehene Schiene, die die Luft zu den Pfeifen (bis zu 8 Reihen mit je 13–18 Pfeifen) durchließ. Neben mehreren Bruchstücken aus röm. Zeit sind techn.

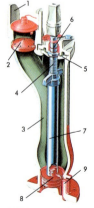

Hydrant. Geschlossener Unterflurhydrant: 1 Schlauchanschluß (Klaue); 2 Mündungsverschluß; 3 Mantelrohr; 4 Spindel; 5 Spindelauflagescheibe; 6 Stopfbuchse; 7 Spindelverlängerung; 8 Absperrventil; 9 Entwässerungsöffnung

Beschreibungen von Heron von Alexandria und von Vitruv erhalten.
hydraulisch [griech.], unter Mitwirkung von Wasser erfolgend; mit Wasser- oder anderem Flüssigkeitsdruck arbeitend.
hydraulische Bindemittel ↑ Bindemittel.
hydraulische Presse, Vorrichtung zur Erzeugung sehr großer Kräfte, deren Wirkungsweise auf der Erscheinung beruht, daß der Druck in einer Flüssigkeit nach allen Seiten in gleicher Stärke wirkt. Bei der h. P. tauchen zwei Kolben mit unterschiedl. Querschnittsflächen in eine Flüssigkeit. Drückt man den Kolben mit der kleineren Querschnittsfläche mit kleiner Kraft in die Flüssigkeit, so bewegt sich der Kolben mit der größeren Querschnittsfläche mit großer Kraft nach außen. Die Kräfte verhalten sich dabei wie die Querschnittsflächen der beiden Kolben, die Hubhöhen jedoch umgekehrt.
hydraulischer Widder (Stoßheber), eine die Bewegungsenergie strömenden Wassers ausnutzende Pumpe. Eine große Wassermenge strömt durch ein mittels Zusatzgewicht offen gehaltenes Absperrventil, bis das hindurchströmende Wasser dieses so plötzlich schließt, daß durch die rücklaufende Druckwelle Wasser über ein Druckventil in die Förderleitung gedrückt wird; nach dem Öffnen des Absperrventils und dem dadurch ausgelösten Druckabfall beginnt ein neuer Arbeitszyklus.
Hydrazide ↑ Hydrazin.
Hydrazin (Diamin), H_2N-NH_2, giftige Flüssigkeit (Schmelzpunkt 2 °C, Siedepunkt 113,5 °C), wird durch Oxidation von Ammoniak mit Natriumhypochlorit gewonnen. Mit Wasser bildet H. das **Hydrazinhydrat** ($N_2H_4 \cdot H_2O$; starkes Reduktionsmittel), mit Säuren die **Hydraziniumsalze** (z. B. Hydraziniumsulfat $[N_2H_6]SO_4$) und mit Säurehalogeniden **Säurehydrazide** (z. B. Carbonsäurehydrazide $R-CO-NH-NH_2$), mit Aldehyden und Ketonen die **Hydrazone**, mit Metallen und Metallverbindungen die **Metallhydrazide.** H. wird als Reduktions- und Lösungsmittel in der chem. Ind. und (im Gemisch mit Distickstofftetroxid) als Raketentreibstoff verwendet, außerdem bei der Herstellung von Medikamenten und Klebstoffen; kann zu Krämpfen und zu Leberschädigungen führen; gilt als krebserregend.

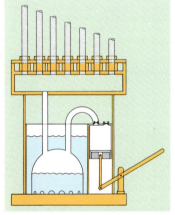

Hydraulis. Schematische Darstellung des Musikinstruments mit einer Kolbenpumpe und Pfeifenreihe

Hydrazobenzol [griech./arab.], aus Nitrobenzol durch Reduktion hergestellte kristalline chem. Verbindung; sie geht bei Oxidation in ↑ Azobenzol, bei Reduktion in ↑ Anilin und durch Umlagerung in ↑ Benzidin über; Formel: $C_6H_5-NH-NH-C_6H_5$.
Hydrazone [griech.] ↑ Hydrazin.
Hydria [griech., zu hýdōr „Wasser"], altgriech. bauchiger Wasserkrug mit drei Henkeln, aus Ton, auch aus Metall.
Hydriatrie [griech.], svw. ↑ Hydrotherapie.
Hydride [griech., zu hýdōr „Wasser"], chem. Verbindung des Wasserstoffs mit Metallen oder Nichtmetallen.

Nichtmetalle bilden mit Wasserstoff gasförmige oder flüchtige kovalente H., z. B. Wasser, Halogenwasserstoffe, Kohlenwasserstoffe. Alkali- und Erdalkalimetalle bilden mit Wasserstoff feste salzartige H. (z. B. Calciumhydrid [CaH_2]), deren Ionengitter Hydridionen (H^-) enthalten. Die salzartigen H. sind starke Reduktionsmittel. Übergangsmetalle bilden mit Wasserstoff die metallartigen H. von meist nicht stöchiometr. Zusammensetzung, in denen der Wasserstoff vom Metallgitter legierungsartig aufgenommen wird.

Hydrierbenzin [griech./dt.], durch ↑Kohlehydrierung hergestelltes Benzin.

Hydrierstahl [griech./dt.], Stahl, der infolge seines Gehaltes an Chrom (auch Molybdän, Nickel, Vanadin und Wolfram) gegen die Einwirkung von Wasserstoff bei höheren Temperaturen und Drücken beständig ist.

Hydrierung [griech.], allg. die Synthese von Stoffen durch Anlagerung (Addition) von Wasserstoff; i. e. S. die Herstellung von Kohlenwasserstoffen, insbes. von Benzin, durch ↑Kohlehydrierung. H. werden meist bei höheren Temperaturen und Drücken sowie in Gegenwart von Katalysatoren durchgeführt *(katalyt. Druck-H.);* sie sind die Grundlage vieler großtechn. Synthesen.

hydro..., Hydro..., hydr..., Hydr..., hyd..., Hyd... [zu griech. hýdōr „Wasser"], Bestimmungswort von Zusammensetzungen mit der Bed. „Wasser".

Hydrobiologie, Wiss. von den im Wasser lebenden Organismen, ihren Lebensgemeinschaften und ihren Beziehungen zum Wasser als Umwelt; umfaßt die ↑Limnologie und ↑Meeresbiologie.

Hydrochemie, Teilgebiet der ↑Hydrologie; untersucht die in Gewässern (auch in Niederschlags- und Grundwasser) enthaltenen chem. Elemente und Verbindungen. Hydrochem. Analysen spielen v. a. für die Wasserversorgung, die Abwasserreinigung, die Limnologie und die Balneologie eine bed. Rolle.

Hydrochinon (1,4-Dihydroxybenzol), $C_6H_4 \cdot (OH)_2$, ein zweiwertiges Phenol; wird wegen seiner Reduktionswirkung als photograph. Entwicklungssubstanz und Oxidationshemmstoff (z. B. in Fetten) verwendet.

Hydrochorie [griech.] ↑Allochorie.

Hydrodynamik, Teilgebiet der ↑Strömungslehre, das sich mit den Strömungen dichtebeständiger (inkompressibler) Stoffe befaßt, also v. a. mit der Strömung von Flüssigkeiten sowie Strömungen von Gasen unter der Bedingung, daß die Strömungsgeschwindigkeit klein im Vergleich zur Schallgeschwindigkeit ist; Strömungen mit erhebl. Dichteänderung werden in der ↑Gasdynamik behandelt. Im Grenzfall der Ruhe reduziert sich die H. zur ↑Hydrostatik. – Experimente zur H. werden häufig als Modellversuche bei Beachtung der ↑Ähnlichkeitsgesetze durchgeführt, z. B. an Schiffsmodellen im Strömungskanal bzw. an Fahrzeug- oder Flugzeugmodellen im Windkanal. Heute werden in der H. vielfach auch Computersimulationen eingesetzt.

hydrodynamische Kupplung, svw. ↑Strömungskupplung.

hydrodynamisches Getriebe, svw. ↑Strömungswandler.

hydrodynamisches Paradoxon, Bez. für verschiedene Strömungserscheinungen, bei denen die Kraftwirkung der Strömung von der erwarteten abweicht. So ziehen sich z. B. zwei Platten mit Strömung im Zwischenraum entgegen der Vermutung an, weil zw. ihnen gegenüber der Umgebung ein Unterdruck entsteht.

hydroelektrisches Kraftwerk, svw. Wasserkraftwerk (↑Kraftwerke).

hydroenergetisch [griech.], vom Wasser [an]getrieben.

Hydroforming [engl. 'haɪdrou,fɔːmɪŋ, griech./lat.] ↑Erdöl.

Hydroformylierung, svw. ↑Oxosynthese.

hydrogen..., Hydrogen... [griech.], Hinweiswort der chem. Nomenklatur; kennzeichnend für saure Salze, z. B. Hydrogencarbonate, Hydrogensulfate.

Hydrogenasen, svw. ↑Reduktasen.

Hydrogencarbonate (alte Bez.: Bicarbonate), Salze der Kohlensäure; allg. Formel Me^IHCO_3 (Me^I = einwertiges Metall).

Hydrogenium [griech.], svw. ↑Wasserstoff.

Hydrogensulfate (alte Bez.: Bisulfate), saure Salze der Schwefelsäure; allg. Formel: Me^IHSO_4 (Me^I = einwertiges Metall).

Hydrogensulfite (Hydrogensulfate(IV), alte Bez.: Bisulfite), saure Salze der schwefligen Säure, allg. Formel: Me^IHSO_3 (Me^I = einwertiges Metall).

Hydrographie ↑Hydrologie.

Hydroidea (Hydroiden) [griech.], mit über 2 400 Arten vorwiegend im Meer verbreitete Ordnung der Nesseltiere (Klasse Hydrozoen); mit fast stets festsitzenden, meist koloniebildenden Polypen. Fast alle H. erzeugen ungeschlechtlich durch Knospung Medusen, die entweder am Polypenstock verbleiben oder sich ablösen und frei schwimmen. Die Medusen dienen der geschlechtl. Fortpflanzung.

Hydrokortison (Hydrocortison, Kortisol, Cortisol, 17-Hydroxykortikosteron), zu den Glukokortikoiden gehörendes Hormon der Nebennierenrinde mit entzündungshemmender Wirkung.

Hydrokracken (Hydrocracken) [engl. 'haɪdrou ˌkræ kən], katalyt. Kracken hochsiedender Erdöldestillate in Gegenwart von Wasserstoff unter hohem Druck; dabei entstehen schwefelfreie, gesättigte Kohlenwasserstoffe, insbes. (niedrigsiedendes) Benzin.

Hydrokultur (Wasserkultur, Hydroponik), Bez. für Kultivierungsmethoden von Nutz- und Zierpflanzen in Behältern mit Nährlösungen anstelle des natürl. Bodens als Nährstoffträger. Der Vorteil gegenüber der normalen Erdkultur liegt darin, daß das Substrat für die Ernährung der Pflanzen für die jeweiligen Zwecke und Objekte genau dosierbar ist und die Versorgung leicht automatisiert werden kann.

Hydrolasen [griech.] ↑Enzyme.

Hydrologie, die Lehre von den Erscheinungsformen des Wassers über, auf und unter der Erdoberfläche. Umfaßt neben Hydrobiologie und -chemie v. a. die **Hydrographie (Gewässerkunde)** mit den Teilgebieten *Grundwasserkunde, Flußkunde, Seenkunde* und *Gletscherkunde,* i. w. S. auch die *Meereskunde.*

Hydrolyasen [griech.], svw. ↑Dehydratasen.

Hydrolyse [griech.] (hydrolytische Spaltung), Spaltung eines Moleküls durch Reaktion mit Wasser. Techn. oder biolog. Bed. haben z. B. die Fettspaltung, die Rohrzuckerspaltung und die Eiweißspaltung. Die H. beim Abbau der Nahrungsmittel im Organismus werden von Hydrolasen (↑Enzyme) katalysiert. Früher auch Bez. für die Reaktionen von Salzen schwacher Säuren und starker Basen oder starker Säuren und schwacher Basen mit Wasser (Salz-H., wird heute als ↑Protolyse aufgefaßt).

Hydromechanik, Teilgebiet der *Physik,* das sich mit dem Verhalten von Flüssigkeiten befaßt (↑Hydrodynamik, ↑Hydrostatik).

Hydromedusen (Saumquallen), fast nur bei marinen Arten auftretende, freischwimmende, mit Geschlechtsorganen ausgestattete, meist getrenntgeschlechtl. Medusengeneration der Hydrozoen (nicht bei Staatsquallen); Schirm meist von 1 bis 3 cm Durchmesser.

Hydrometallurgie, svw. ↑Naßmetallurgie.

Hydromotor, Motor, der die Energie eines ihn durchströmenden hydraul. Druckmittels in mechan. Arbeit umsetzt. Je nachdem, ob er die stat. Druckenergie oder die kinet. Energie des Druckmittels nutzt, spricht man von *hydrostat.* (z. B. Axialkolbenmotor) oder *hydrodynam. Motor* (z. B. Wasserturbine).

Hydromyelozele [griech.] (Meningomyelozele), angeborene Fehlbildung des Rückenmarks und der Wirbelsäule.

Hydronephrose (Harnstauungsniere, Wassersackniere), sackartige Erweiterung des Nierenbeckenkelchsystems mit Gewebeatrophie als Folge einer über längere Zeit bestehenden Abflußbehinderung aus der Niere. Der gesteigerte Harndruck kann zum Schwund des funktionstüchti-

Hydronfarbstoffe

gen Nierengewebes *(hydronephrot. Schrumpfniere)* führen. Harnstauungsursachen können u. a. Nierensteine, Nierenbeckenmißbildungen oder Verengungen des Harnleiters sein.

Hydronfarbstoffe [griech./dt.], Gruppe von ↑Schwefelfarbstoffen, die sich vom Carbazol ableiten und zum Färben von Baumwollgeweben verwendet werden.

Hydroniumionen [griech.] (Hydroxoniumionen) ↑Oxoniumverbindungen.

Hydronymie [griech.], svw. ↑Gewässernamen.

Hydroperoxide, organ. Verbindungen der allg. Formel R−O−OH.

hydrophil, das Wasser bevorzugend, wasserliebend; von Tieren und Pflanzen, die im und am Wasser leben, gesagt.
▷ in Physik, Chemie und Technik svw. wasseranziehend, Feuchtigkeit aufnehmend.

hydrophob [griech.], das Wasser meidend; von Tieren und Pflanzen gesagt, die trockene Lebensräume bevorzugen.
▷ in Physik, Chemie und Technik svw. wasserabstoßend; nicht in Wasser löslich.

Hydrophon [griech.] ↑Geophon.

Hydrophthalmus [griech.] (Buphthalmus), angeborener grüner Star (↑Glaukom) mit Vergrößerung des Augapfeldurchmessers als Reaktion der dünnen kindl. Augapfelhüllen auf eine Drucksteigerung infolge übermäßiger Ansammlung von Kammerflüssigkeit.

Hydrophyten [griech.], svw. ↑Wasserpflanzen.

Hydropolypen, die etwa 1 mm bis über 2 m großen Polypen der Hydrozoen; meist stockbildend und festsitzend oder freischwimmend, meist ungeschlechtl. Generation der Hydrozoen dar, die Medusen, Medusoide oder Gonophoren erzeugt.

Hydroponik [griech.], svw. ↑Hydrokultur.

Hydrops [griech.], Wassersucht; i. e. S. vermehrte Flüssigkeitsansammlung in vorgebildeten Höhlen (Höhlenwassersucht; Gelenke, Herzbeutel und Bauchraum); i. w. S. auch im Gewebe (↑Ödem).

Hydrosol ↑Sol.

Hydrosphäre, die Wasserhülle der Erde (Meere, Grundwasser, Binnengewässer, das in Gletschereis gebundene sowie das in der Atmosphäre vorhandene Wasser); bildet keinen geschlossenen Bereich.

Hydrostatik, die Lehre von den Gleichgewichtszuständen ruhender dichtebeständiger (inkompressibler) Flüssigkeiten bei Einwirkung äußerer Kräfte, v. a. der Schwerkraft; ihre Hauptaufgabe ist die Ermittlung der Druckverteilung in derartigen Flüssigkeiten, daneben auch die Ermittlung der sich unter Einwirkung von inneren oder äußeren Kräften ausbildenden Flüssigkeitsoberflächen.

hydrostatischer Druck, der im Inneren einer ruhenden Flüssigkeit herrschende Druck p. Er ist in jeder Richtung gleich groß; daraus folgt, daß der Druck auf ein beliebig gerichtetes Flächenstück der Gefäßwandung genau so groß ist wie in der angrenzenden waagerechten Schicht der Flüssigkeit. Der h. D. wächst im Schwerefeld mit der Höhe h der Flüssigkeit über der betreffenden Stelle: $p = \rho \cdot g \cdot h$ (ρ Dichte der Flüssigkeit, g Fallbeschleunigung). Als **hydrostatisches Paradoxon** wird die Erscheinung bezeichnet, daß der *Bodendruck* in einer mit Flüssigkeit gefüllten Gefäß nur von der Höhe der Flüssigkeitsoberfläche über der Bodenfläche abhängt, nicht aber von der Form des Gefäßes und der Flüssigkeitsmenge.

Hydrotherapie (Hydriatrie), auf Wasseranwendungen beruhendes Behandlungsverfahren (z. B. Waschungen, Bäder, Abklatschungen, Güsse, Dämpfe), das über kräftige mechan., therm. und chem. Hautreize anregend auf Kreislauf- und Nervensystem, Stoffwechselvorgänge, Wärmeregulation u. a. wirkt.

hydrothermale Lagerstätten [griech./dt.], Lagerstätten, die sich aus **hydrothermalen Lösungen,** d. h. den wäßrigen, mit Metallen angereicherten Restlösungen eines Magmas, bilden.

Hydrothorax, svw. ↑Pleuraerguß.

Hygieia. Statue der Göttin aus dem Asklepieion von Epidauros, Höhe 87 cm, um 370 v. Chr. (Athen, Archäologisches Nationalmuseum)

hydrotrope Verbindungen [griech./dt.], chem. Substanzen, die aus einem ↑hydrophilen und einem ↑hydrophoben Molekülanteil bestehen. Sie vermögen wasserunlösl. Stoffe in Wasser löslich zu machen.

Hydroureter [...o-u...; griech.], durch mechan. Harnabflußbehinderung, z. B. Nierensteine, verursachte Erweiterung der Harnleiter.

Hydroxide, i. e. S. Bez. für chem. Verbindungen mit abdissoziierbaren Hydroxylgruppen (OH-Gruppen), die dadurch in Lösung basisch reagieren (z. B. Natriumhydroxid, NaOH); i. w. S. Bez. für alle chem. Verbindungen mit funktionellen Hydroxylgruppen wie Oxosäuren (z. B. phosphorige Säure, $P(OH)_3 = H_3PO_3$), Hydroxosalze, Alkohole.

Hydroxosalze (Hydroxoverbindungen), ↑Koordinationsverbindungen, in deren Komplexen die negativ geladenen Hydroxidionen (OH^-) als Liganden auftreten, z. B. das Natriumtetrahydroxoaluminat, $Na[Al(OH)_4]$.

Hydroxy-, Bez. der chem. Nomenklatur für die Atomgruppierung −OH in organ. Verbindungen.

Hydroxybenzol, svw. ↑Phenol.

Hydroxycarbonsäuren, svw. ↑Hydroxysäuren.

Hydroxyessigsäure, svw. ↑Glykolsäure.

Hydroxygruppe, Bez. für die einwertige funktionelle Gruppe −OH in Alkoholen, Säuren, Hydroxycarbonsäuren, Enolen, Phenolen u. a. Hydroxiden.

Hydroxyl- [griech.], Bez. für die OH-Gruppe als Radikal; anwendbar, wenn diese Gruppe in freiem Zustand oder als Substituent für Wasserstoff vorliegt.

Hydroxylamin, NH_2-OH, explosible chem. Verbindung, die mit Aldehyden und Ketonen Oxime bildet.

Hydroxynaphthaline, svw. ↑Naphthole.

Hydroxysäuren (Hydroxycarbonsäuren), Carbonsäuren mit einer oder mehreren Hydroxygruppen (Mono-, Di-, ..., Polyhydroxysäuren). Die Mehrzahl der H. zeigt opt. Aktivität (z. B. D- und L-Milchsäure). Weitere wichtige H. sind Salicylsäure, Weinsäure, Zitronensäure.

Hydrozele [griech.], svw. ↑Wasserbruch.

Hydrozephalus (Hydrocephalus) [griech.], svw. ↑Wasserkopf.

Hydrozinkit [griech./dt.], svw. ↑Zinkblüte.

Hydrozoen (Hydrozoa) [griech.], Klasse der Nesseltiere mit rd. 2 700 überwiegend marinen Arten von etwa 1 mm bis über 2 m Länge; meist mit Generationswechsel (Metagenese) zw. ungeschlechtl. Polypengeneration (↑Hydropolypen) und geschlechtl. Medusengeneration (↑Hydromedusen).

Hydruntum, italienische Hafenstadt, ↑Otranto.

Hydrus [griech.] (Männl. oder Südl. Wasserschlange) ↑Sternbilder (Übersicht).

Hyères [frz. jɛːr], frz. Stadt in der Provence, Dep. Var, nahe der Mittelmeerküste, 42 000 E. Seebad (H.-Plage); Zentrum des Obst- und Gemüsebaus; Textilind. – Seit dem 10. Jh. bezeugt. – Kapelle Saint-Blaise (13. Jh.), roman. Kirche Saint-Louis; Reste der Stadtbefestigung (13. Jh.).

Hyères, Îles d' [frz. il'djɛːr], frz. Inselgruppe im Mittelmeer sö. von Toulon.

Hygieia, bei den Griechen Begriff und vergöttlichte Personifikation der Gesundheit.

Hygiene [zu griech. hygieinḗ (téchnē) „der Gesundheit zuträgliche (Kunst)"] (Gesundheitslehre), medizin. Disziplin, die durch Untersuchung der Wechselbeziehungen zw. Organismus und Umwelt Normen und Maßnahmen erarbeitet, deren Durchsetzung die Verhütung von Krankheiten sichert und optimale Bedingungen für das Leben und das Wohlbefinden des Menschen schafft. – Die H. als Wiss. wurde gegen Ende des 18. Jh. von J. P. Frank, die experimentelle H. von M. von Pettenkofer und die experimentelle Bakteriologie als eines der wichtigsten Teilgebiete der modernen H. von R. Koch begründet.

Hyginus, Gajus Julius, *wohl um 60 v. Chr., †um 10 n. Chr., röm. Philologe und Polyhistor. – Freigelassener des Augustus aus Spanien; leitete seit 28 v. Chr. dessen Bibliothek in Rom (Palatina); verfaßte Werke zur Mythologie, Religion, Landwirtschaft und Geographie Italiens sowie Biographien und philolog. Kommentare.

hygro..., Hygro... [zu griech. hygrós „naß"], Bestimmungswort von Zusammensetzungen mit der Bed. „Feuchtigkeit".

Hygrograph, Meßinstrument zur Registrierung der Luftfeuchtigkeit. Die Aufzeichnung wird als **Hygrogramm** bezeichnet.

Hygrom [griech.], chronisch entzündl. Anschwellung eines Schleimbeutels oder einer Sehnenscheide infolge Flüssigkeitsansammlung; z. B. bei Rheumatismus.

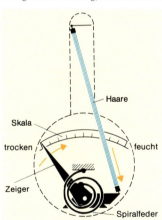

Hygrometer. Schematische Darstellung eines Haarhygrometers

Hygrometer [griech. „Feuchtigkeitsmesser"], Gerät zur Messung der Luftfeuchtigkeit. Das **Absorptionshygrometer** beruht auf der Massezunahme wasseranziehender, d. h. hygroskop. Stoffe beim Messen. Die Wirkungsweise des **Haarhygrometers** beruht auf der Längenänderung von Haaren oder Kunststoffolien unter Einwirkung von Feuchtigkeit. **Taupunkthygrometer** *(Kondensations-H.):* Eine spiegelnde Metalloberfläche wird so weit unter die Umgebungstemperatur abgekühlt, bis sich Wasserdampf aus der Luft darauf niederschlägt *(Taupunkt).* Aus der Temperatur am Taupunkt folgt die absolute Feuchtigkeit. – ↑Psychrometer.

hygrophil, feuchtigkeitsliebend; von Pflanzenarten gesagt, die feuchte Standorte bevorzugen.

Hygrophyten [griech.], Landpflanzen, die an Standorten mit dauernd guter Wasserversorgung bei gleichbleibend hoher Boden- und Luftfeuchtigkeit wachsen.

hygroskopische Stoffe [griech./dt.], Stoffe, die die Feuchtigkeit der Luft aufnehmen und dabei Hydrate bilden; werden als Trockenmittel verwendet. H. S. sind z. B. Calciumchlorid, Phosphorpentoxid, Schwefelsäure, Glycerin.

Hyksos [gräzisierte Form des ägypt. Ausdrucks für „Herrscher der Fremdländer"], aus Asien stammende Könige der 15. und 16. ägypt. Dyn. (1650–1540), vielleicht churrit. Herkunft, die mit Hilfe von (z. T. ägypt.) Unterkönigen (16. Dyn.) regierten. Die bedeutendsten Namen sind Chian und Apophis, Residenz war Auaris. – Die H. übernahmen ägypt. Kultur und Verwaltung; ihre Überlegenheit beruhte v. a. auf den pferdebespannten Kampfwagen. Die jüd. Tradition brachte die H. – mit Sicherheit unrichtig – mit dem Aufenthalt der Israeliten in Ägypten in Verbindung.

hyl..., Hyl... [zu griech. hýlē „Wald"], Bestimmungswort zu Zusammensetzungen mit der Bed. „Holz, Wald, Materie".

Hyläa [griech.], Bez. für den immergrünen trop. Regenwald.

Hyle, griech. Bez. für Stoff, Materie; eines der Aristotel. Grundprinzipien.

Hylemorphismus [griech.], scholast. Fassung der Aristotel. Lehre von Form und Stoff (Materie), wonach die materiellen Dinge eine begriffl. Einheit von Form und Materie darstellen.

Hyllos, Gestalt der griech. Mythologie. Sohn des Herakles und der Deianira, Anführer der Herakliden (Nachkommen des Herakles) im Kampf gegen Eurystheus.

Hylozoismus [zu ↑Hyle und griech. zōein „leben"], Bez. für die kosmolog. Theorien der ion. Naturphilosophen von der belebten Materie.

Hymen [griech.] (Jungfernhäutchen), sichel- bis ringförmige, dünne Schleimhautfalte zw. Scheidenvorhof und Scheideneingang bei der Frau. Das H. reißt im allg. beim ersten Geschlechtsverkehr unter leichter Blutung ein.

Hymenaios, griech. Gott der Hochzeit und der Ehe.

Hymenoptera (Hymenopteren) [griech.], svw. ↑Hautflügler.

Hymir, Riese der nord. Mythologie, Besitzer eines großen [Met]kessels, den Thor und [H. Sohn] Tyr für ein Gelage herbeischaffen sollen. Als Thor hierfür als Kraftprobe die Midgardschlange an die Angel bekommt, durchtrennt H. aus Furcht die Angelschnur, weshalb ihn Thor von Bord des Schifferkahnes wirft.

Hymne (Hymnos) [griech.], feierl., meist religiöser Lob- und Preisgesang. Die älteste Form hymn. Dichtung ist aus der sumerisch-akkad. Zeit bezeugt. Die hebr. H.dichtung ist in den Psalmen des A. T. präsent. Im antiken Griechenland wurden H. als Preislieder der Heroen und Götter an Götterfesten oder Kultfeiern vorgetragen. Formen und Motive der griech. H.dichtung (v. a. Pindar und Kallimachos) wurden in die röm. Literatur übernommen („Carmina"). Seit dem Urchristentum ist **Hymnus** Bez. für einen Lobgesang in der Art der Psalmen. Die lat. Liturgie versteht darunter im allg. das seit dem 4. Jh. entstandene religiöse, streng metr. bzw. rhythm. Strophenlied für das Stundengebet; jedoch erst seit dem 13. Jh. wurde der H.gesang liturgisch offiziell zugelassen; um 1400 begann man, den H.gesang auch polyphon zu gestalten. Für die H. in der dt. Dichtung als freie, anfangs der Ode ähnl. Form, war die griech. H.dichtung vorbildlich; verwendet wurde sie bes. von Klopstock, Goethe, Schiller, Hölderlin. H. wirkten auf den George-Kreis, auf Rilke, Trakl, Heym, Weinheber; ekstatisch-hymn. Dichtungen entstanden auch im Expressionismus (A. Mombert, T. Däubler, J. R. Becher).

Hymnus [griech.] ↑Hymne.

Hyoid [griech.], svw. ↑Zungenbein.

Hyoscin [griech.], svw. ↑Scopolamin.

Hyoscyamin

Hyoscyamin [griech.], in verschiedenen Nachtschattengewächsen (v. a. Tollkirsche) vorkommendes Alkaloid; optisch aktive Form des ↑Atropins.

hyp..., Hyp... ↑hypo..., Hypo...

Hypatia, *Alexandria um 370, †ebd. um 415 (von Christen gesteinigt), griech. neuplaton. Philosophin und Mathematikerin. – Tochter des Theon von Alexandria; Lehrerin des Synesios von Kyrene, mit dem sie 404–407 wiss. korrespondierte.

Hyperämie [griech.], (arterielle H., aktive H.) Mehrdurchblutung infolge einer Gefäßerweiterung, z. B. bei vermehrter Organtätigkeit oder Histaminausschüttung.
▷ (passive H., venöse H.) ↑Blutstauung.

Hyperbaton [griech.] (Hyperbasis, Trajectio, Transgressio), rhetor. Figur: Trennung syntaktisch zusammengehörender Wortgruppen durch eingeschobene Satzteile.

Hyperbel [griech., zu hyperbállein „über ein Ziel hinauswerfen, übertreffen"], in der *Geometrie* eine zu den Kegelschnitten gehörende zweiästige ebene Kurve; der geometr. Ort aller Punkte P, für die der Betrag der Differenz ihrer Abstände ϱ_1 und ϱ_2 von zwei gegebenen Punkten F_1 und F_2 (den Brennpunkten) konstant ($= 2a$) ist. Der Mittelpunkt M der Strecke zw. F_1 und F_2 (Länge $2e$) ist zugleich der Mittelpunkt der H. Trägt man auf der Geraden durch F_1 und F_2 von M aus die Strecke a nach beiden Seiten ab, so erhält man die beiden *Hauptscheitel* A_1 und A_2; die Strecke $\overline{A_1A_2}$ bezeichnet man als die *reelle Achse (Hauptachse)* der H. Errichtet man in M die Senkrechte zu $\overline{F_1F_2}$ und schlägt um einen der Hauptscheitel einen Kreis mit dem Radius $\overline{MF_1} = e$, so erhält man als Schnittpunkt die „reellen Vertreter" der *imaginären Nebenscheitel* B_1 und B_2. Die Strecke $\overline{B_1B_2}$ bezeichnet man als die *imaginäre Achse (Nebenachse)* der H. (Länge $2b$). Als *lineare Exzentrizität* der H. wird die Größe $e = \sqrt{a^2 + b^2}$ bezeichnet. – Die H. ist eine algebraische Kurve zweiter Ordnung; liegt der Mittelpunkt im Ursprung eines kartes. Koordinatensystems, so lautet ihre Gleichung

$$\frac{x^2}{a^2} - \frac{y^2}{b^2} = 1$$

▷ *rhetor. Figur:* starke Übertreibung des Ausdrucks, z. B. „zahlreich wie *Sand am Meer*".

Hyperbeldurchmesser ↑Durchmesser.

Hyperbelfunktionen (hyperbolische Funktionen), Sammelbez. für die Funktionen *Hyperbelsinus* (Sinus hyperbolicus, Funktionszeichen sinh), *Hyperbelkosinus* (Cosinus hyperbolicus, Zeichen cosh), *Hyperbeltangens* (Tangens hyperbolicus, Zeichen tanh) und *Hyperbelkotangens* (Cotangens hyperbolicus, Zeichen coth). Mit den trigonometr. Funktionen Sinus und Kosinus sind sie durch die beiden Beziehungen $\sinh z = -\mathrm{i} \cdot \sin \mathrm{i}z$, $\cosh z = \cos \mathrm{i}z$ verknüpft (mit $\mathrm{i} = \sqrt{-1}$). Ferner gilt:

$$\tanh z = \frac{\sinh z}{\cosh z} \quad \text{bzw.} \quad \coth z = \frac{\cosh z}{\sinh z}.$$

Hyperbelnavigation ↑Funknavigation.

hyperbolisch [griech.], hyperbelartig, hyperbelförmig; die ↑Hyperbel betreffend.

hyperbolische Funktionen, svw. ↑Hyperbelfunktionen.

Hyperboloid [griech.], eine Fläche 2. Ordnung bzw. der von ihr begrenzte Körper. In kartes. Koordinaten lautet die Mittelpunktsgleichung eines H., das die z-Achse als Symmetrieachse besitzt:

$$\frac{x^2}{a^2} + \frac{y^2}{b^2} - \frac{z^2}{c^2} = 1 \quad \text{(einschaliges H.)},$$

$$\frac{x^2}{a^2} + \frac{y^2}{b^2} - \frac{z^2}{c^2} = -1 \quad \text{(zweischaliges H.)}.$$

Rotations-H. kann man sich durch Rotation einer ↑Hyperbel um die die Brennpunkte verbindende Achse (zweischaliges H.) oder um die dazu senkrechte Symmetrieachse (einschaliges H.) entstanden denken. – ↑analytische Geometrie.

Hypercholesterinämie [...ço...] ↑Hyperlipidämie.

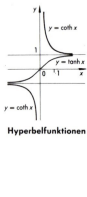

Hyperbelfunktionen

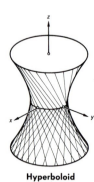

Hyperboloid (einschalig)

Hypereides (lat. Hyperides), *Athen um 390 v. Chr., †Kleonai (Peloponnes) 5. Okt. 322 v. Chr., athen. Redner. – Bed. Gerichtsredner und als Parteigänger des Demosthenes kompromißloser Vertreter antimakedon. Politik. Von seinen 77 in der Antike bekannten Reden galten nur 52 als echt, 6 sind (fragmentarisch) überliefert. H. wurde auf Befehl Antipaters hingerichtet.

Hyperemesis, übermäßiges, anhaltendes ↑Erbrechen, bes. Schwangerschaftserbrechen.

Hyperfeinstruktur, die zusätzlich zur Feinstruktur auftretende, viel feinere Aufspaltung der Spektrallinien in den Atomspektren. Die H. wird verursacht 1. durch die Wechselwirkung der Hüllenelektronen mit magnet. (Dipol)momenten und elektr. Quadrupolmomenten der Atomkerne und 2. durch eine Isotopieverschiebung in Atomspektren von Isotopengemischen (dieser Effekt betrifft nicht das einzelne Atom).

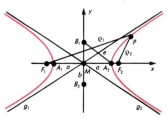

Hyperbel. F_1, F_2 Brennpunkte; A_1, A_2 Hauptscheitel; B_1, B_2 Nebenscheitel; g_1, g_2 Asymptoten; ϱ_1, $\varrho_2 = 2a$; Länge der Strecke $\overline{F_1F_2} = 2e$, der Strecke $\overline{B_1B_2} = 2b$

Hyperfiltration, die auf umgekehrter ↑Osmose beruhende Gewinnung eines Lösungsmittels (z. B. Wasser) aus einer Lösung mit Hilfe von [semipermeablen] Membranen. Die H. hat für die Meerwasserentsalzung große Bed. erlangt.

Hyperglobulie [griech./lat.], svw. ↑Polyglobulie.

Hyperglykämie [griech.], Erhöhung des Glucosegehaltes („Blutzuckerspiegel") auf Werte über 120 mg je 100 ml (6,7 mmol/l) Blut; Vorkommen v. a. bei Diabetes mellitus, Überfunktion der Nebennieren oder frischem Herzinfarkt.

hypergolischer Treibstoff [hyp-ɛr...; griech./lat./dt.], Raketentreibstoffkombination, die beim Zusammentreffen in der Brennkammer selbstzündend reagiert.

Hyperhidrose (Hyperhidrosis), abnorm gesteigerte Schweißabsonderung, z. B. bei Störungen des vegetativen Nervensystems oder bei Schilddrüsenüberfunktion.

Hyperinsulinismus [griech./lat.], gesteigerte Insulinbildung der Bauchspeicheldrüse und dadurch bedingte Senkung des Blutzuckers (↑Hypoglykämie), z. B. bei Hyperplasie, Adenom oder Karzinom der Bauchspeicheldrüse.

Hyperion [hyˈpeːrɪɔn, hyperˈiːon], einer der ↑Titanen der griech. Mythologie.

Hyperion [hyˈpeːrɪɔn, hyperˈiːon; griech., nach der Gestalt der griech. Mythologie], einer der Monde des ↑Saturn.

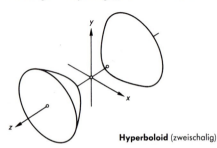

Hyperboloid (zweischalig)

Hyperius, Andreas, eigtl. A. Gerhard, *Ypern 16. Mai 1511, †Marburg 1. Febr. 1564, dt. prot. Theologe. – 1542 Prof. in Marburg; H. gilt als Begründer der prakt. Theologie als [wiss.] theolog. Disziplin.

Hyperkaliämie [griech./arab./griech.], Erhöhung des Kaliumgehaltes im Blut. Ursachen sind eine verminderte Ausscheidung von Kalium im Harn (z. B. bei eingeschränkter Nierenfunktion), eine vermehrte Freisetzung durch Zerfall von Körperzellen (z. B. bei Hämolyse, Verbrennungen) oder eine stark erhöhte äußere Zufuhr. Anzeichen einer H. sind Herzrhythmusstörungen, Verwirrtheits- und Schwächezustände, Sensibilitätsstörungen und schlaffe Lähmungen.

Hyperkalzämie [griech./lat./griech.], Erhöhung des Calciumgehaltes im Blut. Ursachen sind meist die erhöhte Produktion von Parathormon in den Nebenschilddrüsen oder eine übermäßige Zufuhr von Vitamin D. Die *idiopath. H.* ist Folge einer angeborenen Stoffwechselanomalie. Anzeichen sind Appetitlosigkeit, Übelkeit, vermehrte Harnausscheidung und starker Durst, Muskelschwäche, Apathie und depressive Verstimmung.

hyperkatalektisch, über den letzten regelmäßig gefüllten Versfuß hinaus eine überzählige Silbe enthaltend.

Hyperkeratose [griech.], übermäßige Verhornung der Haut mit Verdickung der Hornschicht (vermehrte Bildung oder verminderte Abstoßung von Hornzellen) als Folge einer starken mechan. Belastung (Schwielenbildung) oder einer Hauterkrankung.

Hyperkortizismus [griech./lat.], durch Überfunktion der Nebennierenrinde hervorgerufene Krankheitsbilder; u. a. das ↑ adrenogenitale Syndrom.

Hyperladung, ladungsartige Quantenzahl von Elementarteilchen; Summe aus Baryonenzahl und Strangeness.

Hyperlipidämie, erhöhter Gehalt des Blutes an Fettstoffen, d. h. Triglyzeride (**Hypertriglyzeridämie**) und/ oder Cholesterin (**Hypercholesterinämie**). H. sind weit verbreitete angeborene, primäre oder erworbene sekundäre Störungen des Fettstoffwechsels, z. B. infolge Zuckerharnruhr, Schilddrüsenunterfunktion, Alkoholmißbrauchs; häufig verbunden mit Übergewicht, Gicht, Diabetes, Bluthochdruck oder Fettleber („Wohlstandssyndrom") infolge Fehlernährung. H. bewirken eine maßgebl. Förderung der arteriosklerotisch bedingten Herz-Kreislauf-Erkrankungen.

Hypermetropie [griech.], svw. ↑Übersichtigkeit.

Hypermnestra ↑Danaiden.

hypermorph, das Merkmal verstärkt ausprägend; mutiertes Gen, das phänotypisch wie das (allele) Normalgen wirkt, jedoch mit stärkerem Effekt. – Ggs. ↑hypomorph.

Hypernephrom [griech.] (hypernephroides Karzinom, Nierenkarzinom, Grawitz-Tumor), häufigster bösartiger Nierentumor im Erwachsenenalter; tritt v. a. bei Männern nach dem 45. Lebensjahr auf. Anzeichen sind Druckgefühl und evtl. Schmerzen in der Nierengegend sowie das plötzl. massive Auftreten von Blut im Harn. Die Behandlung besteht in der operativen Entfernung der betroffenen Niere.

Hyperonen [griech.], zur Gruppe der ↑Baryonen gehörende Elementarteilchen, deren Ruhemasse größer als die der Nukleonen ist. Sie besitzen den Spin $1/2$, die Strangeness $S \neq 0$, sind instabil und zerfallen mit Halbwertszeiten von $< $ rd. 10^{-10} s.

Hyperonym [griech.], in der Sprachwiss. Oberbegriff, der einer Gruppe von (mindestens zwei) ↑Hyponymen übergeordnet ist.

Hyperopie [griech.], svw. ↑Übersichtigkeit.

Hyperorexie [griech.], svw. ↑Heißhunger.

Hyperostose [griech.], überschießende, geschwulstartige Bildung von Knochengewebe. – ↑Enostose, ↑Exostose.

Hyperoxide, chem. Verbindungen, die das Hyperoxidion O_2^- enthalten, z. B. KO_2.

Hyperparathyreoidismus [...o-i...; griech.], svw. Nebenschilddrüsenüberfunktion (↑Nebenschilddrüse).

Hyperpituitarismus [griech./lat.], ↑Hypophyse.

Hyperplasie [griech.], abnorme Vergrößerung eines Organs oder Gewebes durch Vermehrung der Anzahl gewebespezif. Zellen.

Hyperpnoe [griech.], vertiefte Atmung, v. a. nach körperl. Anstrengung.

Hyperschall, Schallwellen mit Frequenzen über 1 GHz (Mrd. Hertz).

Hyperschallbereich (Hypersonikbereich), in der *Strömungslehre* (**Hyperschallströmung**) und *Luftfahrttechnik* der Geschwindigkeitsbereich oberhalb fünffacher Schallgeschwindigkeit.

hypersensibilisieren, die Empfindlichkeit photograph. Aufnahmematerialien durch bestimmte Maßnahmen vor der Belichtung erhöhen.

Hypersensibilität [lat.], svw. ↑Überempfindlichkeit.

Hyperserotonismus, svw. ↑Karzinoidsyndrom.

Hypersiderinämie [griech.], krankhaft erhöhter Eisenspiegel des Blutes; z. B. bei Lebererkrankungen.

Hypersomie [griech.], svw. ↑Riesenwuchs.

Hypersomnie [griech./lat.], svw. ↑Schlafsucht.

Hypersonikbereich [griech./lat./dt.], svw. ↑Hyperschallbereich.

Hypersthen [griech.], derbes, sprödes, pechschwarzes bis schwarzbraunes oder schwarzgrünes Mineral der chem. Zusammensetzung (Mg, Fe)$_2$ [Si$_2$O$_6$]; rhomb. Augit; Mohshärte 5 bis 6; Dichte 3,3 bis 3,5 g/cm^3. Vorkommen meist in Gabbros und bas. Ergußgesteinen.

Hypertension, erhöhte Gefäß- oder Muskelspannung; z. B. Bluthochdruck (↑Blutdruck).

Hyperthermie [griech.], Erhöhung der Körpertemperatur, die im Unterschied zum Fieber durch ein Mißverhältnis zw. Wärmebildung und peripherer Wärmeabgabe des Körpers bedingt ist.

Hyperthyreose [griech.], svw. Schilddrüsenüberfunktion (↑Schilddrüse).

Hypertonie [griech.], svw. Bluthochdruck (↑Blutdruck).

hypertonische Lösung ↑hypotonische Lösung.

Hypertrichose (Hypertrichosis, Polytrichie), übermäßige Entwicklung der normalen Körperbehaarung beim Menschen.

Hypertriglyzeridämie ↑Hyperlipidämie.

Hypertrophie [griech.], Vergrößerung eines Organs oder Gewebes durch Größenzunahme des Zellvolumens bei gleichbleibender Zellanzahl; meist verursacht durch eine vermehrte Inanspruchnahme *(funktionelle H.)* des betreffenden Organs, z. B. Muskel-H. bei körperl. Training oder *kompensator. H.,* bei der zum Beispiel die zweite Niere sich nach Ausfall der ersten vergrößert.

Hypervitaminose [Kw.], durch langfristige Einnahme überhöhter Vitaminmengen verursachter Gesundheitsschaden.

Hyphen ['hyfən; zu griech. hyphé „das Gewebte"], fadenförmige, oft zellig gegliederte und verzweigte Grundstrukturen der Pilze, aus denen sich das ↑Myzel und der Fruchtkörper aufbauen.

Hypnolepsie [griech.], svw. ↑Narkolepsie.

Hypnos. Bronzekopf, griechisches Original oder römische Kopie, Höhe 20,3 cm, gefunden bei Perugia

Hypnos, bei den Griechen Begriff und personifizierter Dämon des Schlafes; Sohn der Nyx („Nacht").

Hypnose [zu griech. hýpnos „Schlaf"], durch Suggestion herbeigeführte, weitgehend auf dem sozialen Kontakt (Rapport) mit der Person des Hypnotiseurs verengte Bewußtseinsänderung, die in physiolog. Hinsicht (Gehirnaktivität, Pulsfrequenz, Grundumsatz u. a.) mehr einem partiellen Wachsein als einem Schlafzustand gleicht. Die Hypnotisierbarkeit sowie die erreichbare Intensität der H. hängt jeweils weniger vom Hypnotiseur ab als von der Charakterstruktur – speziell der Beeinflußbarkeit (Suggestibilität) – des zu Hypnotisierenden. Die genaue Natur der H. ist nicht bekannt. Vieles deutet darauf hin, daß im hypnot. Zustand physiolog. Gegebenheiten (bes. in phylogenetisch alten Ge-

Hypnotika

hirnteilen) mit psycholog. Bedingungen (etwa der Identifizierung) verzahnt sind. Medizinisch findet die H. v. a. als ↑Autohypnose Anwendung.

Geschichte: In der Antike lagen Kenntnis und Ausübung des Hypnotisierens in den Händen von Priestern. Durch das MA hielt sich die Vorstellung eines myst. Fluidums, das angeblich durch hypnot. Wirkung übertragen wird. Athanasius Kircher prägte für die H. den Begriff „Magnetismus", den F. A. Mesmer durch seine Lehre vom tier. Magnetismus (Mesmerismus) popularisierte. Der brit. Mediziner J. Braid (* 1795, † 1860) schließlich erkannte weitgehend die physiolog. und psych. Voraussetzungen des künstlich hervorzurufenden „Schlafzustandes", den er unter dem Namen H. bereits therapeutisch bei Nervenstörungen einsetzte.

Hypnotika [griech.], svw. ↑Schlafmittel.

hypo..., Hypo..., hyp..., Hyp... [griech.], Vorsilbe mit der Bed. „unter, darunter". – In der Chemie zur Kennzeichnung von Verbindungen, in denen sich das zentrale Atom in einem niedrigeren Oxidationszustand als normalerweise befindet.

Hypobromite [griech.], nomenklaturgerecht als *Bromate (I)* bezeichnete Salze der hypobromigen Säure (↑Bromsauerstoffsäuren).

Hypochlorämie [griech.], Verminderung des Chloridgehaltes im Blutserum; meist bedingt durch eine [krankhafte] vermehrte Chloridausscheidung, z. B. bei anhaltendem Erbrechen und Durchfall.

hypochlorige Säure ↑Chlorsauerstoffsäuren.

Hypochlorite, nomenklaturgerecht als *Chlorate (I)* zu bezeichnende Salze der hypochlorigen Säure, allg. Formel Me^{I}OCl (Me^I = einwertiges Metall).

Hypochonder [griech.], jemand, der an Hypochondrie leidet.

Hypochondrie [griech.], Bez. für die gestörte psych. Einstellung eines Menschen zum eigenen Körper, v. a. durch übertriebene Neigung, ständig seinen Gesundheitszustand zu beobachten. H. wird oft von zwanghafter Angst vor Erkrankungen oder der Einbildung des Erkranktseins oder Überbewertung tatsächlich vorhandener Beschwerden begleitet. H. ist meist das Zeichen neurot. Reaktionen oder Entwicklungen; seltener ist H. Symptom einer Depression oder schizophrenen Psychose.

Hypodermis [griech.], bei Sprossen, Wurzeln und Blättern vieler Pflanzen ausgebildete äußere Schicht des unter der Epidermis liegenden Rindenparenchyms.

▷ äußere einschichtige Haut bei Wirbellosen, die eine Kutikula abscheidet (z. B. bei Fadenwürmern).

hypogäisch [griech.], unterirdisch keimend (↑Keimung).

Hypogastrium [griech.], in der Anatomie Bez. für die Unterbauchregion.

Hypoglykämie, Verminderung des Blutzuckergehaltes unter 50 mg je 100 ml (unter 2,8 mmol/l) Blut; z. B. bei Insulinüberdosierung, Erkrankungen der Leber, der Bauchspeicheldrüse und Schilddrüse oder Funktionsstörungen der Nebennierenrinde. Durch Verminderung des Blutzuckergehaltes kommt es zu Unruhe, Angst, Zittern, Schweißausbruch, Herzklopfen, Muskelschwäche und schließlich tiefer Bewußtlosigkeit *(hypoglykäm. Schock, hypoglykäm. Koma).* Durch Zuckerzufuhr können derartige Erscheinungen in kurzer Zeit rückgängig gemacht werden.

Hypoidgetriebe [griech./dt.] (Kegelschraubgetriebe), Kegelradgetriebe mit zueinander versetzten Achsen der Kegelräder. Die versetzten Kegelräder *(Hypoidräder)* sind vorwiegend bogenverzahnt und zeichnen sich durch größere Tragfähigkeit und Laufruhe aus. H. werden z. B. beim Hinterradantrieb von Kfz verwendet.

Hypokaliämie, Verminderung des Kaliumgehaltes im Blutserum; meist bedingt durch übermäßige Kaliumausscheidung, z. B. bei schwerem Erbrechen und Durchfall. Symptome sind Muskelschwäche, Brechreiz und Störungen der Herztätigkeit.

Hypokalzämie, Verminderung des Calciumgehaltes im Blutserum. Ursachen sind u. a. die verminderte Calciumaufnahme durch den Darm (z. B. bei Vitamin-D-Mangel),

erhöhte Calciumausscheidung im Harn und/oder gesteigerter Einbau von Calcium in das Knochensystem. Wichtiges Symptom ist eine gesteigerte neuromuskuläre Erregbarkeit (↑Tetanie).

Hypokaustum (Mrz. Hypokausten) [griech.-lat.], röm. Zentralheizung; durch Kanäle in den Stein- oder Ziegelfußboden, später auch durch Hohlziegel oder Tonrohre der Wände wurden Rauchgase geleitet; v. a. bei Thermen.

Hypokaustum. Blick auf die Heizungsanlage eines römischen Bades (Budapest, Historisches Museum)

Hypokotyl [griech.], bei Samenpflanzen Bez. für das unterste Sproßglied des Keimlings, das sich zw. Wurzelhals und Keimblättern befindet. Ist das H. knollig verdickt, spricht man von einer **Hypokotylknolle**. Sie dient als Reservestoffspeicherorgan, z. B. beim Radieschen und bei der Roten Rübe.

Hypomanie ↑Manie.

Hypomanikien ↑liturgische Gewänder.

hypomorph, das Merkmal schwächer ausprägend; mutiertes Gen, das phänotypisch wie das (allele) Normalgen wirkt, jedoch mit schwächerem Effekt. – Ggs. ↑hypermorph.

Hyponyme [griech.], in der Sprachwiss. lexikal. Einheiten, die einem Hyperonym untergeordnet sind, z. B. sind *Rose, Nelke* usw. H. von *Blume,* schließen den Inhalt von *Blume* ein. *Blume* wiederum ist H. des Hyperonyms *Pflanze.*

Hypoparathyreoidismus [...o-i...; griech.], svw. Nebenschilddrüseninsuffizienz (↑Nebenschilddrüsen).

hypophosphorige Säure ↑Phosphorsauerstoffsäuren.

Hypophyse [griech.] (Hirnanhangdrüse, Hypophysis [cerebri]), aus 2 verschiedenen Anteilen bestehende endokrine Drüse der Wirbeltiere und des Menschen, die im Türkensattel des Keilbeins liegt. Durch den H.stiel (Infundibulum) ist sie mit dem Zwischenhirn verbunden. Beim Menschen ist die H. erbsengroß und etwa 0,6 g schwer. Sie besteht aus dem drüsigen Vorderlappen *(Adeno-H.)* mit dem Zwischen- und Trichterlappen, die sich aus dem embryonalen Mundhöhlendach (Rathkesche Tasche) entwickelt haben, und einem aus dem Zwischenhirn hervorgegangenen Hinterlappen *(Neuro-H.)* mit H.stiel. Die H. ist eine übergeordnete Hormondrüse, die eng mit dem Nervensystem verknüpft ist und steuernd auf andere endokrine Drüsen und Organe wirkt. Durch die im Vorderlappen produzierten Hormone werden Wachstum (Somatotropin), die Tätigkeit von Schilddrüse (Thyreotropin), Nebennierenrinde (ACTH), Milchdrüse (Prolaktin) und Geschlechtsdrüsen (Gonadotropine) sowie der Fettstoffwechsel (Lipotropine) reguliert. Der Hinterlappen enthält neben marklosen Nervenzellfortsätzen aus dem Zwischenhirn Gliazellen. Er speichert Neurosekrete und schüttet die Hormone Vasopressin und Oxytozin aus. Der H.zwischenlappen bildet ein melanozytenstimulierendes Hormon (Melanotropin), das z. B. Fischen oder dem Chamäleon eine Farbanpassung an die Umgebung ermöglicht.

Hypophysenerkrankungen (Tumoren, Degeneration, Nekrosen) bewirken eine vermehrte bzw. verringerte Sekretion der einzelnen H.hormone und damit bestimmte Krankheitsbilder: 1. *Überfunktion* (**Hyperpituitarismus**) mit vermehrter Produktion von adrenokortikotropem Hormon führt über die Beeinflussung der Nebennierenrinde zum Cushing-Syndrom (↑Cushing), die von Somatotropin zur ↑Akromegalie und zum ↑Riesenwuchs, von Thyreotropin zu den Symptomen der Schilddrüsenüberfunktion (↑Schilddrüse) und von Gonadotropinen zur vorzeitig einsetzenden Geschlechtsreife; 2. *Unterfunktion* (**Hypopituitarismus**) verursacht Zwergwuchs (Somatotropinmangel), Schilddrüsenunterfunktion und ↑Myxödem (Mangel an Thyreotropin) sowie ↑Amenorrhö, Potenz- und Keimdrüsenstörungen; die verringerte Produktion von adrenokortikotropem Hormon wirkt sich nur geringfügig aus.

Hypopituitarismus [griech./lat.] ↑Hypophyse.
Hypoplasie [griech.], Unterentwicklung (unvollkommene Ausbildung) von Organen.
Hypoproteinämie [...te-in-æ...; griech.], verminderter Eiweißgehalt im Blutserum, z.B. bei Mangelernährung, chron. Infekten, bestimmten Nierenerkrankungen oder nach großen Blutverlusten. Durch Erniedrigung des kolloidosmot. Drucks kann es zu Ödemen kommen.
hyposalpetrige Säure (untersalpetrige Säure), in trockenem Zustand explosive zweibasige Sauerstoffsäure des Stickstoffs, ihre Salze sind die *Hyponitrite*; chem. Formel: $HO-N=N-OH$.
hyposchweflige Säure, svw. dithionige Säure (↑Schwefelsauerstoffsäuren).
Hyposensibilisierung, svw. ↑Desensibilisierung.
Hypostase [zu griech. hypóstasis, eigtl. „das Unterstellen"], v.a. in Religionswiss. Bez. für die Personifizierung göttl. Attribute. – ↑hypostatische Union.
▷ (Hypostasie) Verselbständigung eines Wortes, z.B. der Übergang eines Substantivs im Genitiv zum Adverb *(des Mittags – mittags).*
▷ in der *Medizin:* vermehrte Blutansammlung in den tiefer liegenden Kreislaufabschnitten des Körpers, v.a. bei Herzinsuffizienz.
hypostatische Union [griech./lat.], in der christl. Theologie Bez. für die Einheit der menschl. Natur Jesu Christi mit der einen göttl. Hypostase (d.h. Person) des Logos.
Hyposthenurie [griech.], verminderte Konzentrationsleistung der Nieren mit Bildung eines dünnen (wasserklaren) Harns als Anzeichen einer beginnenden Niereninsuffizienz. Sehr früh leidet dann auch die Verdünnungsfähigkeit (unabhängig von der Flüssigkeitszufuhr), und es kommt zu **Isosthenurie**, d.h., die Dichte bleibt nahezu konstant um 1,010 g/cm^3 (bei H. liegt sie unter 1,010 g/cm^3).
Hyposulfate, svw. Dithionate (↑Schwefelsauerstoffsäuren).
Hyposulfite, svw. Dithionite (↑Schwefelsauerstoffsäuren).
Hypotaxe (Hypotaxis) [griech.], grammat. Bez. für die syntakt. Unterordnung von Sätzen, d.h., in einem Satzgefüge sind einem Hauptsatz ein oder mehrere Nebensätze untergeordnet, im Ggs. zur syntakt. Beiordnung (↑Parataxe).
Hypotension, verminderte Muskelspannung; auch Bez. für Hypotonie (niedriger ↑Blutdruck).
Hypotenuse [zu griech. hypoteínusa (pleurá), eigtl. „(unter dem rechten Winkel) sich erstreckende (Seite)"], in einem rechtwinkligen Dreieck die dem rechten Winkel gegenüberliegende Seite.
Hypothalamus, basaler Wandteil des Zwischenhirns der Wirbeltiere (↑Gehirn).
Hypothek [zu griech. hypothḗkē, eigtl. „Unterlage"], ein zu den ↑Grundpfandrechten gehörendes beschränktes dingl. Grundstücksrecht zur Sicherung einer Geldforderung (§§ 1113–1190 BGB). Dem H.gläubiger haftet das belastete Grundstück, das er bei Fälligkeit zur Befriedigung der gesicherten Forderung im Wege der Zwangsvollstreckung verwerten kann. Die H. ist in ihrem Bestand, Inhalt und Umfang mit der zu sichernden Forderung, die sich gegen den Grundstückseigentümer oder einen Dritten richten kann, verknüpft. Forderungs- und H.gläubiger sind identisch. *Arten:* 1. die **Verkehrshypothek** (Regelfall), die als im Grundbuch eingetragene **Buchhypothek** oder als **Briefhypothek,** über die ein Hypothekenbrief ausgestellt ist, bestellt werden kann; 2. die **Sicherungshypothek,** eine Buch-H., bei deren Geltendmachung der Gläubiger den Bestand der Forderung nachweisen muß, wozu die Eintragung im Grundbuch nicht genügt; 3. die **Gesamthypothek,** sie erstreckt sich auf mehrere Grundstücke, wovon jedes für die Gesamtsumme haftet; 4. die **Tilgungs-** oder **Amortisationshypothek,** deren Rückzahlung durch gleichbleibende Annuität erfolgt; u.a.
Begründung, Übertragung: 1. Die rechtsgeschäftl. Begründung einer H. erfordert: a) Einigung zw. dem Forderungsgläubiger und dem Grundstückseigentümer; b) Eintragung der H. ins Grundbuch; c) bei der Brief-H. Übergabe des H.briefes; d) Entstehung der zu sichernden Forderung. 2. Wegen ihrer ↑Akzessorietät kann die H. nur gemeinschaftlich mit der Forderung übertragen werden.
Befriedigung des Gläubigers: Bei Fälligkeit der gesicherten Forderung kann der Gläubiger sein Forderungsrecht geltend machen und in das gesamte Schuldnervermögen vollstrecken. Er kann außerdem ↑Zwangsversteigerung und ↑Zwangsverwaltung betreiben. Mit der Befriedigung des Gläubigers (freiwillig oder durch Zwangsvollstreckung) erlischt die Hypothek.
Auch nach *östr. Recht* ist die H. ein besitzloses Pfand an einer Liegenschaft. Zu ihrer Begründung bedarf es der Einverleibung im Lastenblatt des Grundbuchs. In der *Schweiz* wird die Bez. H. oft synonym mit der der ↑Grundpfandverschreibung verwendet.
Hypothekarkredit [griech./dt.], durch Eintragung einer Hypothek gesicherter Kredit.
Hypothekenbanken, privatrechtliche Kreditinstitute, deren Geschäftsbetrieb vorwiegend darauf gerichtet ist, Grundstücke zu beleihen und auf Grund der erworbenen Hypotheken Schuldverschreibungen auszugeben sowie Darlehen an Körperschaften und Anstalten des öff. Rechts zu gewähren.
Hypothekenpfandbriefe, festverzinsl. Schuldverschreibungen der Realkreditinstitute zur Beschaffung des Kapitals für die Vergabe von Hypothekarkrediten.

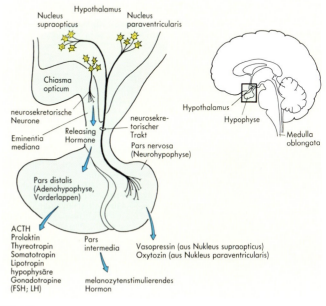

Hypophyse

Hypothekenübernahme

Hypothekenübernahme, die bei einer Grundstücksveräußerung getroffene Vereinbarung, daß der Erwerber die auf dem Grundstück lastende ↑Hypothek übernehmen (d. h. tilgen) solle, meist „in Anrechnung auf den Kaufpreis". Sie bedeutet in der Regel zugleich eine den Grundstücksverkäufer befreiende ↑Schuldübernahme.

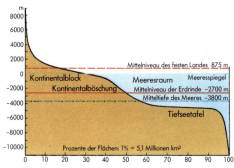

Hypsometrische Kurve

Hypothermie [griech.], Unterkühlung oder Senkung der Körpertemperatur durch fehlende physiolog. Wärmeregulation oder durch Dämpfung der Stoffwechselaktivität und der damit verbundenen körpereigenen Wärmeproduktion (z. B. bei großer körperl. Erschöpfung, Schilddrüsenunterfunktion, auch beim künstl. Winterschlaf).

Hypothese [zu griech. hypóthesis „die Grundlage"], eine widerspruchsfreie Aussage, deren Geltung nur vermutet ist und die in den Wiss. als Annahme eingeführt wird, um mit ihrer Hilfe schon bekannte wahre Sachverhalte zu erklären. Hypothet., allg. Geltung beanspruchende Aussagen gelten als empirisch begründet, wenn sie durch passende Verallgemeinerung (Generalisierung) endlich vieler singulärer Tatsachen gewonnen sind (↑Induktion). Die mit wahrscheinlichkeitstheoret. Methoden beurteilte *Bestätigung* empir. H. schließt die in der Regel experimentelle Überprüfung der Folgerungen aus diesen H. mit ein. Werden H. zur Erklärung von Tatsachen nur versuchsweise eingeführt, so spricht man von **Arbeitshypothesen,** den in der Regel ersten Schritten auf dem Wege zu einer wiss. begründeten empir. Theorie.

hypothetisch [griech.], auf einer Hypothese beruhend; fraglich, zweifelhaft.

hypothetische Sätze, Sätze, die eine ↑Hypothese zum Inhalt haben oder auf einer solchen beruhen.

Hypothyreose [griech.], svw. Schilddrüsenunterfunktion (↑Schilddrüse).

Hypotonie [griech.], svw. niedriger ↑Blutdruck.

hypotonische Lösung, eine Lösung, die einen geringeren osmot. Druck verursacht als eine durch eine semipermeable Membran von ihr getrennte Vergleichsflüssigkeit. Folge dieser *Hypotonie* ist eine Abgabe von Lösungsmittel (meist Wasser) an die angrenzende, einen stärkeren osmot. Druck besitzende *hyperton. Lösung,* die sich damit zu verdünnen sucht. Der Raum, in dem sich die h. L. befindet, schrumpft infolge dieser Wasserabgabe zus., während sich der Raum, in dem sich die hyperton. Lösung befindet, infolge des Wasserzutritts vergrößert.

Hypotrichose, verminderte Körperbehaarung infolge mangelhaften Haarwuchses oder vermehrten Haarausfalls.

Hypotrophie [griech.], svw. ↑Unterernährung.
▷ unterdurchschnittl. Größenwachstum, Schwund von Geweben (Vorstufe der Atrophie), z. B. infolge Inaktivität.

Hypovitaminosen [Kw.], svw. ↑Vitaminmangelkrankheiten.

Hypoxie [griech.], Sauerstoffmangel in Geweben oder im Blut **(Hypoxämie)** infolge Beeinträchtigung der Atmung (z. B. Aufenthalt in großen Höhen) oder z. B. bei Herzinsuffizienz.

Hypozentrum, die Stelle im Erdinnern, von der ein Erdbeben ausgeht.

Hypozykloide

Hypozykloide, Kurve, die von einem Punkt auf einem Kreis beschrieben wird, wenn dieser auf der Innenseite eines festen Kreises gleitfrei abrollt.

Hypsilantis, Alexandros ↑Ipsilantis, Alexandros.

hypso... [zu griech. hýpsos „Höhe"], Vorsilbe mit der Bed. „hoch..., Höhen-...".

hypsographische Kurve, svw. ↑hypsometrische Kurve.

Hypsometer (Siedebarometer), Spezialthermometer zur Messung der Siedetemperatur des Wassers, woraus der Luftdruck und aus diesem die Ortshöhe bestimmt werden kann.

hypsometrische Kurve (hypsograph. Kurve), graph. Darstellung der Flächenanteils der verschiedenen Höhen- und Tiefenareale an der Erdoberfläche.

Hyrkanien, hist. Landschaft am SO-Ufer des Kasp. Meeres, Hauptstadt Zadrakarta (= Sari); Teil des Assyrer-, dann des Meder-, darauf des Perserreiches.

Hyrkanos I. (Johannes Hyrkanos I.), † 104 v. Chr., jüd. Hoherpriester. – Sohn von Simon dem Makkabäer; Fürst und Hoherpriester seit 134; eroberte u. a. Galiäa sowie Teile des Ostjordanlandes und erreichte seine polit. Anerkennung durch Rom.

H. II. (Johannes Hyrkanos II.), † 30 v. Chr., jüd. Hoherpriester. – Sohn von ↑Alexander Jannäus und der Alexandra Salome. War 67 und 63–40 Hoherpriester; durch seinen Neffen Antigonos II. und die Parther gestürzt; Herodes I. ließ ihn hinrichten.

Hystaspes (gräzisierte Form von altiran. Wischtaspa), Name mehrerer altiran. Personen: 1. H., ostiran. Fürst, Beschützer und Gönner Zarathustras; galt in hellenist. Zeit als Seher und als Verfasser einer Orakelsammlung. 2. H., aus dem Geschlecht der Achämeniden, Vater Darius' I.

Hysterektomie [griech.], operative Entfernung der Gebärmutter.

Hysterese [griech. „das Zurückbleiben"] (Hysteresis), das Zurückbleiben einer Wirkung hinter der sie verursachenden veränderl. physikal. Größe, verbunden mit einer Restwirkung (Remanenz) bei Beseitigung der Ursache. Die *magnet. H.* tritt bei ferromagnet. Materialien auf (↑Ferromagnetismus); sie äußert sich in einem Zurückbleiben der Magnetisierung gegenüber der erregenden magnet. Feldstärke.

Hystereseverluste, bei elektr. Maschinen und Geräten durch Wechselmagnetisierung in den Eisenteilen entstehende Umwandlung elektr. Energie in Wärmeenergie. H. werden durch geeignete Eisenlegierungen gering gehalten.

Hysteresisschleife (Hystereseschleife), die graphische Darstellung einer ↑Hysterese. – ↑Magnetisierungskurve.

Hysterie [griech.], uneinheitlich verwendete Bez. für Formen psych. Fehlentwicklung oder für Reaktionsweisen mit übersteigertem, demonstrativem Verhalten **(hysterische Reaktion),** deren Begleiterscheinungen phys. Störungen (z. B. Krämpfe, psychogene Sensibilitäts- und Gangstörungen) sein können, ohne daß entsprechende organische Veränderungen vorliegen.
In der Antike (die Bez. H. geht auf Hippokrates zurück) galt die H. als typ. Frauenleiden, das man auf krankhafte Vorgänge in der Gebärmutter (griech. hystéra) zurückführte. Genaue Beschreibung der H. lieferte J. M. Charcot, der sie als Nervenerkrankung ansah. S. Freud („Studien über die H.", 1895) faßte H. als Ausdruck verdrängter Wünsche (hauptsächlich aus dem Sexualbereich) auf.

Hysterographie [griech.], röntgenolog. Darstellung der Gebärmutter mit Hilfe von Kontrastmitteln; die Aufnahme wird als **Hysterogramm** bezeichnet.

Hysteron-Proteron [griech. „das Spätere als Früheres"], rhetor. Figur: Umkehrung der zeitl. oder log. Abfolge einer Aussage, z. B. „Laßt uns sterben und uns mitten in die Feinde stürzen" (Vergil, „Äneis").

Hysterosalpingographie [griech.], Röntgendarstellung der Gebärmutterhöhle und der Eileiter mit Hilfe eines eingespritzten Kontrastmittels von der Scheide aus, muß unter Asepsis durchgeführt werden und dient v. a. zur Sterilitätsuntersuchung. Das Röntgenbild heißt **Hysterosalpingogramm.**

Hysteroskopie [griech.], Untersuchung der Innenwände der Gebärmutter mit Hilfe eines speziellen in die Gebärmutterhöhle eingeführten Endoskops (Hyteroskop) unter Aufblähung des Innenraums durch Zufuhr von Kohlendioxid oder einer Flüssigkeit.

Hysterotomie [griech. tomé „das Schneiden", „Schnitt"], Gebärmutterschnitt, operative Öffnung der Gebärmutter von der Scheide aus oder über die Bauchdecke (v. a. bei Kaiserschnitt).

Hz, Einheitenzeichen für ↑ Hertz.

I

I, der 9. Buchstabe des Alphabets, im Griechischen ι (↑ Jota), im Nordwestsemitischen (Phönikischen) 𐤆 (Jod). Im Semitischen bezeichnet Jod den palatalen Halbvokal [j]; der vokal. Lautwert [i] wurde dem Buchstaben erst im Griechischen zugelegt; in beiden Schriftsystemen hat das Zeichen den Zahlwert 10, dagegen im röm. Zahlensystem den Wert 1.

▷ (Münzbuchstabe) ↑ Münzstätten.

i, mathemat. Zeichen für die imaginäre Einheit (↑ imaginäre Zahlen).

i, in der *Chemie* früher verwendeter Vorsatz in der Nomenklatur, Abk. für: ↑ iso-.

I, chem. Symbol für Iod (↑ Jod).

I, Formelzeichen für die elektr. ↑ Stromstärke und für die ↑ Lichtstärke.

IA, Abk. für: **I**ntelligenz**a**lter.

i. a., Abk. für: **i**m **a**llgemeinen.

i. A., Abk. für: **i**m **A**uftrag, **i**m **A**ufbau.

IAA, Abk. für: **I**nternat. **A**rbeiter**a**ssoziation, ↑ Internationale.

▷ für: **I**nternat. **A**rbeits**a**mt, ↑ Internationale Arbeitsorganisation.

Iacopo da Varazze ↑ Jacobus a Voragine.

Iacopo de' Barbari ↑ Barbari, Iacopo de'.

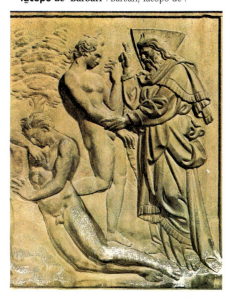

Iacopo della Quercia. Erschaffung Evas, Steinflachrelief, 1425 ff. (Bologna, San Petronio, Hauptportal)

Iacopo della Quercia [italien. ˈjaːkopo dɛla ˈku̯ɛrtʃa, * Quercia Grossa bei Siena wahrscheinlich 1374, † Siena 20. Okt. 1438, italien. Bildhauer. – Einer der Bahnbrecher der Renaissance in der italien. Plastik: 1414/15–19 Fonte Gaia für die Piazza del Campo in Siena, 1417–28 Taufbrunnen (Gesamtentwurf und Relief) von San Giovanni in Siena. 1425 begann I. mit der plast. Ausschmückung des Hauptportals von San Petronio in Bologna, die er – seit 1435 auch Dombaumeister von Siena – aber nicht mehr vollenden konnte.

Iacopone da Todi, eigtl. Iacopo dei Benedetti, latinisiert Jacobus Tudertinus oder de Benedictis, * Todi um 1230, † San Lorenzo bei Collazzone (Prov. Perugia) 25. Dez. 1306, italien. Dichter; Franziskaner. – Wurde als Vertreter der Spiritualen im Armutsstreit der Franziskaner exkommuniziert und 1298 inhaftiert, 1303 jedoch wieder in die Kirche aufgenommen. Eine der profiliertesten Dichterpersönlichkeiten des italien. MA; schrieb bed. Satiren, geistl. Lobgesänge („Lauden", hg. 1490, dt. 1924); eine Grundlage des religiösen Dramas schuf er mit den dialogisierten Marienklagen; unsicher ist seine Verfasserschaft der Sequenz „Stabat mater".

IAEA [engl. ˈaɪ-ɛi-iːˈɛɪ], Abk. für engl.: **I**nternational **A**tomic **E**nergy **A**gency, ↑ Internationale Atomenergie-Organisation.

Iamblichos, * um 250, † um 330, griech. Philosoph aus Chalkis (Syrien). – Schüler des Porphyrios; Begründer der syr. Schule des Neuplatonismus (Platonauslegung). Seine theolog. Konzeption beeinflußte die Versuche Ks. Julians zur Erneuerung der antiken (nichtchristl.) Religion.

Ianiculum ↑ Janiculum.

Ianus ↑ Janus.

Iapetos, einer der ↑ Titanen der griech. Mythologie.

Iași ↑ Jassy.

Iason ↑ Jason.

IATA [iˈaːta; engl. ˈaɪ-ɛiti:ˈɛɪ], Abk. für: ↑ **I**nternational **A**ir **T**ransport **A**ssociation.

Iatrik [griech.], svw. ↑ Iatrologie.

iatro... [zu griech. iatrós „Arzt"], Vorsilbe mit der Bed. „ärztlich, Arzt...".

Iatrochemie (Chemiatrie), auf Paracelsus und J. B. van Helmont zurückgehende, v. a. von D. Sennert und F. Sylvius vertretene Richtung der Medizin im 17./18. Jh., nach deren Lehre die Lebensvorgänge und die krankhaften Veränderungen im Organismus auf chem. Vorgängen beruhen und deshalb mit chem. Mitteln beeinflußbar sind.

iatrogen, durch ärztl. Einwirkung (z. B. fehlerhafte Behandlung) ausgelöst, verursacht.

Iatrologie (Iatrik), die Lehre von der ärztl. Heilkunst.

Iatromathematik, in der Antike geprägte Bez. für die Lehre, in der der Medizin auch Astrologie und Zahlenspekulation zugrunde gelegt wurden. Durch die Konstellation der Gestirne bei der Geburt werde die künftige Krankheitsdisposition festgelegt, durch ihre Konstellation bei Krankheitsbeginn hingegen Diagnose, Prognose sowie Art und Zeitpunkt der therapeut. Maßnahmen.

Iatrophysik (Iatromechanik), v. a. von S. Santorio begründete, von R. Descartes, A. Borelli, F. Glisson, G. Baglivi u. a. vertretene Richtung der Medizin im 17./18. Jh., nach der die Lebensvorgänge und die krankhaften Veränderungen im Organismus (im Ggs. zur Lehre der Iatrochemie)

Ibiza. Blick auf die Stadt mit Befestigungsanlagen und Hafen

physikalisch und mechanisch bedingt und daher mit physikal. und mechan. Mitteln zu beeinflussen sind.

ib., Abk. für lat.: **ib**idem („ebenda").

Ibach, Rudolf Ibach Sohn, älteste dt., bis heute in Familienbesitz befindl. Klavierfabrik, gegr. 1794 in Beyenburg-Barmen durch Johannes Adolf Ibach (* 1766, † 1848); Sitz: Schwelm.

Ibadan [– – ´–; –´– –], Hauptstadt des nigerian. B.staats Oyo, 196 m ü. d. M., 1,06 Mill. E. Sitz eines anglikan. und eines kath. Bischofs; Univ. (gegr. 1948), Polytechnikum; Nigerian. Akad. der Wiss.; Landwirtschaftsschule; Bibliotheken; Nationalarchiv. Handelszentrum eines Kakaoanbaugebiets; Kunststoff-, Nahrungsmittel- u. a. Ind.; Verkehrsknotenpunkt, ✈.

Ibagué [span. iβa'ɣe], Hauptstadt des Dep. Tolima in Z-Kolumbien, 1250 m ü. d. M. 306 600 E. Kath. Erzbischofssitz; Univ. (gegr. 1945), Konservatorium; Handelszentrum mit Nahrungsmittel- und Genußmittelind.; Eisenbahnendpunkt, ✈. – Gegr. 1550.

Ibaliiden (Ibaliidae), weltweit verbreitete Fam. 8–16 mm langer Gallwespen mit seitlich sehr stark zusammengedrücktem, messerartigem Hinterleib.

Ibáñez, Vicente Blasco [span. i'βaɲeθ] ↑ Blasco Ibáñez, Vicente.

Ibáñez del Campo, Carlos [span. i'βaɲeθ ðel 'kampo], * Linares 3. Nov. 1877, † Santiago de Chile 28. April 1960, chilen. General und Politiker. – Seit 1925 Kriegs-, später zugleich Innenmin.; 1927–31 und 1952–58 Staatspräsident.

Ibarra, Hauptstadt der ecuadorian. Prov. Imbabura, 80 km nö. von Quito, 2 225 m ü. d. M., 72 500 E. Kath. Bischofssitz, Zentrum eines Agrargebiets. – Gegr. 1606.

Ibárruri Gómez, Dolores [span. i'βarruri 'gomes], gen. „La Pasionaria", * Gallarta 9. Dez. 1895, † Madrid 12. Nov. 1989, span. Politikerin. – 1920 Mitbegr. der span. KP; wurde 1930 Mgl. des ZK, 1932 des Politbüros, 1936 Abg. und Präs. der Cortes; emigrierte 1939 in die UdSSR; 1942–60 Generalsekretärin, 1960–67 Vors. der span. Exil-KP; kehrte 1977 nach Spanien zurück.

Ibbenbüren, Stadt im nw. Teutoburger Wald, am Dortmund-Ems- und Mittellandkanal, NRW, 60–160 m ü. d. M., 43 200 E. Botan. Garten; Steinkohlenbergbau, Großkraftwerk; Abbau von Sandstein und Kalk; Stahlind. und Maschinenbau, Leder-, Textil- und chem. Ind. – 1721 Stadt. – Spätgot. Stadtpfarrkirche.

IBCG, Abk. für: **I**nternat. **B**und **C**hristl. **G**ewerkschaften, ↑ Gewerkschaften.

ibd., Abk. für lat.: **ibd**em („ebenda").

Iberer (lat. Iberi), zusammenfassender Name für verschiedene Volksstämme, die vom 6. Jh. v. Chr. bis zur Zeit der Romanisierung (seit Augustus) auf dem dem Mittelmeer zugewandten Teil der Iber. Halbinsel zw. W-Andalusien und den Pyrenäen siedelten. Die I. bildeten eine Kulturgruppe, die sich durch bestimmte Gemeinsamkeiten in Sprache, Tracht, Siedlungsweise, Kunst, Grabbau, Keramik sowie Anlage von Heiligtümern auszeichnete. Hinsichtlich ihres Ursprungs handelt es sich bei den iber. Stämmen wahrscheinlich um einheim. Gruppen spätbronzezeitl. Tradition, wobei im N (Katalonien) mitteleurop., im S ostmediterran-oriental. Einflüsse hinzukamen. – ↑ Keltiberer.

▷ im Altertum Volk im Kaukasus, ↑ Iberien.

Dolores Ibárruri Gómez

Jacques Ibert

Iberg ↑ Bad Grund (Harz).

Iberia [lat.], im Altertum der Landschaftsname für die Gegend von Huelva, dann Bez. für die ganze Mittelmeerküste von Kap San Vicente bis zur Rhonemündung, schließlich Bez. für die gesamte Iber. Halbinsel.

▷ ↑ Iberien.

Iberia, Líneas Aéreas de España S. A. [span. i'βeria 'lineas a'ereas ðe es'paɲa 'ese 'a], span. Luftverkehrsunternehmen, ↑ Luftverkehrsgesellschaften (Übersicht).

Iberien (lat. Iberia), Gebiet südlich des Kaukasus am Oberlauf des Kyros (= Kura), im Altertum von dem Volk der indogerman. **Iberer** bewohnt; Hauptstadt Tiphilis (= Tiflis). I. stand 117–363 vorwiegend unter röm. Einfluß, seit 363 unter dem der pers. Sassaniden.

Iberis [i'be:rɪs, 'i:bɛrɪs; griech.], svw. ↑ Schleifenblume.

Iberische Halbinsel (Pyrenäenhalbinsel), span. und portugies. Península Ibérica), Halbinsel SW-Europas, umfaßt ↑ Spanien, ↑ Portugal, ↑ Andorra und ↑ Gibraltar; 585 560 km²; vom übrigen Europa durch die Pyrenäen getrennt.

Iberische Landschildkröte ↑ Maurische Landschildkröte.

Iberisches Hauptscheidegebirge, Gebirgszug im Zentrum der Iber. Halbinsel, ↑ Kastilisches Scheidegebirge, ↑ Portugiesisches Scheidegebirge.

iberische Sprachen, vorröm., z. T. nichtindogerman. Sprachen in Spanien, die von den ↑ Iberern und von den Keltiberern gesprochen, in iber. Schriften sowie im griech., später auch lat. Alphabet fixiert wurden.

Iberisches Randgebirge, NW-SO gerichtetes Gebirge in Z-Spanien zw. der Meseta im S und dem Ebrobecken im N, bis 2 313 m hoch. Das I. R. ist stark gegliedert und besteht z. T. aus weiten Hochflächen. Das Klima ist im NW subozeanisch, wird aber nach SO kontinentaler. In den Talauen Bewässerungsfeldbau, auf unbewässertem Land v. a. Ölbaumhaine; z. T. große Waldgebiete auf den Höhen. Neben Großviehzucht v. a. Schafhaltung. Vereinzelt Eisen- und Kupfererz-, Braunkohle- und Steinkohlebergbau.

Iberoamerika, svw. ↑ Lateinamerika.

Iberomaurusien [iberomory'ziɛ̃; frz.] (in der engl. Fachliteratur auch Oranian gen.), vom typ. Capsien zu unterscheidende, vom 14. bis 9. Jt. v. Chr. verbreitete spät- und epipaläolith. Kulturgruppe im Maghreb, meist in Küstennähe, mit verwandten Fundgruppen in der Cyrenaika (Eastern Oranian) und im Niltal; kennzeichnend die Tendenz zur Mikrolithik bei den Steinwerkzeugen.

Ibert, Jacques [frz. i'bɛ:r], * Paris 15. Aug. 1890, † ebd. 5. Febr. 1962, frz. Komponist. – Schüler von G. Fauré, wurde mit Opern, u. a. „Angélique" (1927), Orchesterwerken, Ballett-, Bühnen- und Filmmusiken, Kammer- und Klaviermusik bekannt.

Iberus, röm. Bez. des Ebro; seit 226 v. Chr. Grenze zw. dem karthag. und röm. Machtbereich in Spanien.

IBFG, Abk. für: **I**nternat. **B**und **F**reier **G**ewerkschaften, ↑ Gewerkschaften.

ibid., Abk. für lat.: **ibid**em („ebenda").

Ibisse [ägypt.] (Threskiornithidae), Fam. storchähnlicher, gesellig lebender und brütender Vögel mit rd. 30 mittelgroßen bis großen, sumpf-, ufer- oder steppenbewohnenden Arten, v. a. in den wärmeren Gebieten der Alten und Neuen Welt. Nach der Form des Schnabels unterscheidet man die beiden Unterfam. ↑Sichler und ↑Löffler.

Ibiza [span. i'βiθa], span. Hafenstadt an der SO-Küste der Insel I. und deren Hauptort, 26 000 E. Kath. Bischofssitz; archäolog. Museum. Fischerei, Handel, Fremdenverkehr, ⚓. – Got. Kathedrale (13. Jh., im 18. Jh. umgestaltet), mächtige Befestigungsmauern.

I., Insel der Balearen und größte der Pityusen, Spanien, 568 km², 61 000 E, Hauptstadt I. Das Innere der Insel nehmen Bergländer ein (bis 475 m ü. d. M.). Ausgedehnte Bewässerungskulturen und Fruchtbaine, außerdem Fischerei und Seesalzgewinnung. Bed. Fremdenverkehr. – Schon in phönik. Zeit war die Insel I. wegen ihrer Bleierzminen bekannt; die Römer nannten sie **Ebusus**.

Ibla ↑Tall Mardich.

Iblis [arab.], im Islam Name des Teufels.

IBM [engl. 'aɪbi:'ɛm], Abk. für: **I**nternational **B**usiness **M**achines Corp., größter Hersteller der Welt von EDV-Anlagen, Sitz Armonk (N. Y.), gegr. 1911. Größte und älteste Tochtergesellschaft ist die 1910 als Dt. Hollerith Maschinen GmbH gegr. IBM Deutschland GmbH, die zum 1. 1. 1993 in vier rechtlich selbständige Gesellschaften unter dem Dach einer Holding (Sitz: Berlin) aufgeteilt wurde.

Ibn [arab.], Sohn; häufig Teil arab. Personennamen.

Ibn Al Arabi (Ibn Arabi), Muhji Ad Din, *Murcia 28. Juli 1165, †Damaskus 16. Okt. 1240, span.-arab. Mystiker des Islams. – Pantheist; stark beeinflußt vom griech. und ind. Denken; gab in seinem Hauptwerk „Mekkan. Offenbarungen" eine systemat. Darstellung myst. Erkenntnis.

Ibn Al Baitar (Albeitar), Abd Allah Ibn Ahmad, *Málaga Ende 12. Jh., †Damaskus 1248, arab. Botaniker und Pharmakognost span. Herkunft. – Schrieb eine Zusammenfassung der botan. und pharmakognost. Kenntnisse seiner Zeit.

Ibn Al Chatib, Lisan Ad Din Muhammad, *Loja bei Granada 15. Nov. 1313, †Fes 1374, span.-arab. Dichter und Geschichtsschreiber. – Wesir in Granada, in einen Religionsprozeß verwickelt, zum Tode verurteilt und im Gefängnis ermordet; Verf. einer Geschichte des muslim. Spaniens.

Ibn Al Haitham ↑Alhazen.

Ibn An Nadim, Muhammad Ibn Ishak, *Bagdad um 935, †ebd. 12. Nov. 990, arab. Gelehrter. – Verfasser der ersten bekanntgewordenen arab. Literaturgeschichte („Fihrist").

Ibn Baddscha, ↑Avempace.

Ibn Battuta, Abu Abd Allah Muhammad, *Tanger 25. Febr. 1304, †in Marokko um 1368/69 oder 1377, bedeutendster arab. Reisender des MA. – Besuchte u. a. S-Rußland, Mesopotamien, Indien, China, Sumatra, S-Spanien und kam in Afrika bis Timbuktu.

Ibn Chaldun, Abd Ar Rahman, *Tunis 27. Mai 1332, †Kairo 19. März 1406, arab. Geschichtsschreiber. – Hoher Hofbeamter in Spanien und N-Afrika; schrieb eine Weltgeschichte, die bes. Ruf wegen der ausführl. Einleitung genießt, in der aus histor. Ereignissen allg. Gesetze abgeleitet werden.

Ibn Challikan, Schams Ad Din Ahmad, *Arbil 23. Sept. 1211, †Damaskus 21. Nov. 1282, arab. Geschichtsschreiber. – Verf. eines bed. Lexikons (zum arab. MA).

Ibn Esra, Abraham Ben Meir ↑Abraham Ben Meir Ibn Esra.

Ibn Gabirol, Salomon Ben Jehuda ↑Gabirol, Salomon.

Ibn Haijan Dschabir, arab. Arzt und Alchimist, ↑Geber.

Ibn Hanbal ↑Ahmad Ibn Hanbal.

Ibn Junus (Ibn Junis), Abul Hasan Ali As Sadafi, *Kairo um 950, †ebd. 31. Mai 1009, arab. Astronom. – Verfaßte nach eigenen Beobachtungen Planetentafeln („Große Hakimit. Tafeln").

Ibn Ruschd, ↑Averroes.

Ibn Saud ['ɪbən za'u:t], Dyn. in Arabien, begr. von Muhammad I. S., der sich um 1740 der wahhabit. Lehre anschloß.

Ibn Saud, Abd Al Asis ['ɪbən za'u:t], *Ar Rijad 24. Nov. 1880, †At Taif 9. Nov. 1953, König von Saudi-Arabien. – Eroberte vom Exil in Kuwait aus 1902 Ar Rijad zurück und wurde zum Herrscher im Nadschd und Führer der Wahhabiten proklamiert; unterwarf 1921 Hail, 1924/25 Mekka und das Kgr. Hedschas; nahm am 8. Jan. 1926 selbst den Titel König des Hedschas an; annektierte das Emirat Asir (1923); gab seinem Land den Namen „Saudi-Arabisches Kgr." (↑Saudi-Arabien).

Ibn Sina ↑Avicenna.

Ibn Taimijja, Taki Ad Din Ahmad, *Charran 22. Jan. 1263, †Damaskus 26. Sept. 1328, arab.-islam. Theologe und Rechtsgelehrter. – Anhänger der streng orth. Lehre nach Ahmad Ibn Hanbal; seine Lehre wurde von den Wahhabiten übernommen.

Ibn Tufail, Abu Bakr ↑Abubacer.

Ibn Tumart, Muhammad, *im Antiatlas um 1080, †bei Marrakesch 1128 oder 1130, religiöser Reformer des Islams. – Gründer der Bewegung der ↑Almohaden; wurde als der erwartete Mahdi betrachtet.

Ibo, großes Volk der Sudaniden in SO-Nigeria, etwa 18,1 Mill. Menschen, spricht eine Kwasprache. Die I. nahmen früh Christentum und europ. Kultur an. Sie rückten daher zur Führungsschicht Nigerias auf, was sie bei den Muslimen im N und den Königskulturen im W unbeliebt machte. Ihr Versuch, 1967 einen eigenen Staat, ↑Biafra, zu gründen, endete 1970 nach einem Bürgerkrieg mit einer Niederlage und der Reintegration in den nigerian. Staat.

IBRD [engl. 'aɪbi:ɑ:'di:], Abk. für engl.: **I**nternational **B**ank for **R**econstruction and **D**evelopment, ↑Internationale Bank für Wiederaufbau und Entwicklung.

Ibsen, Henrik, Pseud. Brynjolf Bjarme, *Skien 20. März 1828, †Kristiania (= Oslo) 23. Mai 1906, norweg. Dichter. – Arbeitete 1840–50 als Apotheker; 1851–62 Theaterdichter und -leiter in Bergen und Kristiania; 1864–91 im Ausland (Rom, Dresden, München). Begann mit revolutionären Gedichten und dem Drama „Catilina" (1850). Einflüsse der Nationalromantik, deren konservative Züge I. bekämpfte, zeigten sich u. a. in dem histor. Drama „Kronprätendenten" (1862); den philosoph.-symbol. „Ideendramen" sind „Brand" (1866) und „Peer Gynt" (1867) zuzurechnen. Mit „Stützen der Gesellschaft" (1877) schuf I. die neue Gattung des „Gesellschaftsstücks", das, mit radikaler Kritik an gesellschaftl. Verhältnissen, den Beginn des modernen Dramas markiert. In diesem Stück und in den nachfolgenden Werken wie „Nora oder Ein Puppenheim" (1879), „Gespenster" (1881) und „Ein Volksfeind" (1882) verband er retrospektive Technik, vollendete Dialogführung und straffe Komposition zu einer kritisch-realist. Methode, mit der er an Stoffen aus dem Alltag die bisher verdeckte Brüchigkeit zwischenmenschl. Beziehungen enthüllte; kennzeichnend ist die hintergründige Symbolik der Leitmotive und die episch-monolog. Form. In einigen seiner späten symbolist. Dramen nahm er psychoanalyt. Erkenntnisse vorweg, aufgezeigt u. a. an schwierigen Charakteren („Hedda Gabler", 1890) und an der Auseinandersetzung mit sich selbst („Baumeister Solness", 1892). I. hat sowohl dem Naturalismus in Deutschland und Skandinavien den Weg bereitet, als auch das Drama des Symbolismus mitbegründet. – *Weitere Werke:* Die Wildente (Dr., 1884), Rosmersholm (Dr., 1886), Die Frau vom Meere (Dr., 1888), Wenn wir Toten erwachen (Dr., 1900).

Iburg, Bad ↑Bad Iburg.

Ibykos, griech. Dichter des 6. Jh. v. Chr. aus Rhegion (= Reggio di Calabria). – Ging um 540 an den Hof des Polykrates von Samos; die späthellenist. Anekdote von der Ermordung des I. gestaltete Schiller („Die Kraniche des Ibykus").

IC, Abk. für engl.: **I**ntegrated **C**ircuit (↑integrierte Schaltung).
▷ Abk. für: ↑Intercity.

Ica [span. 'ika], Hauptstadt des peruan. Dep. I., am Río Ica, 402 m ü. d. M., 144 000 E. Kath. Bischofssitz; Univ. (gegr. 1961); Handelszentrum eines Agrargebiets; Textilind., Weinkellereien. – Gegr. 1563 durch Spanier.

Abd Al Asis Ibn Saud, König von Saudi-Arabien

Henrik Ibsen

I-C-Analyse

I., Dep. im südl. Peru, am Pazifik, 21 251 km², 542 000 E (1990), Hauptstadt Ica. Im S liegt das wichtigste Eisenerzbergbaugebiet Perus.

I-C-Analyse [engl. 'aɪ'siː], Kurzwort für **I**mmediate **C**onstituent Analysis („Analyse der unmittelbaren Bestandteile"); ↑ Konstituentenanalyse.

ICAO [engl. 'aɪsiːɛɪ'oʊ], Abk. für: ↑ International Civil Aviation Organization.

Icarus (Ikarus) [griech., nach der Sagengestalt Ikarus], ein Planetoid mit sonnennächstem Bahnpunkt innerhalb der Merkurbahn; schneidet bei seinem Umlauf die Bahnen von Merkur, Venus, Erde und Mars.

ICBM [engl. 'aɪsiːbiː'ɛm], Abk. für engl.: **I**nter**c**ontinental **b**allistic **m**issile („interkontinentale ballist. Rakete"), ballist. Rakete mit sehr großer Reichweite.

ICE, Abk. für: Intercity-Expreß (↑ Intercity).

Ich, der sich selbst bewußte Ursprung und Träger aller psych. Akte des Individuums, in denen dieses sich als kontinuierl., ident. Selbst erfährt und von der Umwelt unterscheidet.
▷ in der *Psychoanalyse* die zw. dem ↑ Es und dem ↑ Über-Ich agierende Substanz (↑ Ego).

Ichang ↑Yichang.

Ichform (Ich-Erzählung), literar. Darstellungsform mit einem von sich selbst in der 1. Person Singular sprechenden, aber nicht mit der Person des Autors ident. Ich.

Ichikawa Kon [...tʃ...], *Ujiamada (= Ise) 20. Nov. 1915, jap. Filmregisseur. – Versucht in oft brutalen und exzessiven Filmen die extremen Widersprüche der jap. Gesellschaft aufzuzeigen; u. a. „Herr Pu" (1953), „Nobi" (1956), „Matabi" (1973), „Die Schwestern Makioka" (1983), „Die Schauspielerin" (1987).

Ichikawa [...tʃ...] (Itschikawa), jap. Stadt auf Honshū, im östl. Vorortbereich von Tokio, 412 000 E. Forschungsinst.; Metallverarbeitung, Textilindustrie.

I-ching ↑Yijing.

Ichinomiya [...tʃ...] (Itschinomija), jap. Stadt auf Honshū, nw. von Nagoya, 259 000 E. Woll- und Baumwollindustrie.

Ichneumon [griech., eigtl. „Aufsucher"] (Heiliger I., Pharaonenratte, Herpestes ichneumon), bis 65 cm lange, langhaarige, grünlichgraue Schleichkatze (Unterfam. Mangusten), v. a. in den Steppen und Flußniederungen Spaniens und großer Teile Afrikas; mit etwa 45 cm langem Schwanz und sehr kurzen Beinen; vertilgt Mäuse. – Der I. wurde im alten Ägypten als heilig verehrt.

Ichneumone [griech.], svw. ↑ Mangusten.

Ichthyismus [griech.], svw. ↑ Fischvergiftung.

Ichthyo... [zu griech. ichthýs „Fisch"], Bestimmungswort von Zusammensetzungen mit der Bed. „Fisch".

Ichthyodont [griech.], fossiler Fischzahn.

Ichthyol ⓦ [Kw.], schwarzbraune [als *Leukichthol* ⓦ farblose], in Wasser und Alkohol lösl. Flüssigkeit, die eine antisept., entzündungshemmende und schmerzstillende Wirkung besitzt. I. wird v. a. in Form der *I.salbe* gegen Furunkel u. a. Hauterkrankungen, bei Quetschungen, Frostschäden, Sehnen-, Knochenhaut- und Schleimhautentzündungen, Hämorrhoiden u. a. angewendet.

Ichthyolith [griech.], versteinerter Fisch.

Ichthyologie (Fischkunde), Wiss. und Lehre von den Fischen.

Ichthyolschiefer, bitumenreicher, fossile Fischreste enthaltender schwarzer Mergel im Hauptdolomit der alpinen Trias N-Tirols, bei Seefeld, Grundstoff für die Ichthyolgewinnung.

Ichthyophthirius [griech.], Gatt. bis 1 mm großer, eiförmiger Wimpertierchen; parasitieren in der Haut von Süßwasserfischen; äußerlich meist erkennbar an kleinen weißen Knötchen.

Ichthyosaurier [griech.], svw. ↑ Fischechsen.

Ichthyose [griech.] (Fischschuppenkrankheit, Ichthyosis), Gruppe von erbl. Erkrankungen mit übermäßig starker Verhornung der Haut (Hyperkeratose). Bei der unregelmäßig dominant vererbten *Ichthyosis vulgaris* ist die Haut trocken und mit silberglänzenden oder grauschwarzen Schuppen bedeckt. Bei einer schweren Form, der *Ichthyosis hystrix,* kommt es zur Ausbildung horniger Warzen sowie zur Herabsetzung der Talg- und Schweißsekretion. Zur Behandlung (Ablösen der Schuppen) werden z. B. fettende Salben mit Zusatz von 1–2 % Salicylsäure verwendet.

Ichthyotoxin, Sammelbez. für die bei Giftfischen vorkommenden Gifte, die (z. B. von Adlerrochen) als Nervengifte und blutzersetzende Gifte für den Menschen gefährlich werden können.

Ichthys [griech.], Christussymbol, ↑ Fisch.

Ichwan As Safa [arab. „Brüder der Reinheit"] (lautere Brüder), wohl im 10. Jh. in Kreisen der schiit. Ismailiten entstandene islam. religiös-polit. Sekte (Geheimbund); die von den I. As S. geschaffene Enzyklopädie der Wiss. („Rasail I. As S.") ist ein wichtiges Zeugnis für den arab. hellenist. Denkens auf die arab. Theologie und Philosophie.

ICOMOS [engl. 'aɪkɔməs], Abk. für: International Council of Monuments and Sites, „Internat. Rat für Baudenkmäler und Kunststätten", 1965 in Warschau gegr., von der UNESCO betreute Organisation, Sitz Paris, die die wiss. Erforschung und Konservierung von wichtigen Baudenkmälern und Kunststätten in der ganzen Welt fördert. Organ: „Monumentum" (1967 ff.).

Icterus [griech.], svw. ↑Gelbsucht.

Ictus [lat.] ↑Iktus.

id., Abk. für lat.: ↑idem.

Ida, Gebirgsmassiv in M-Kreta, 2 456 m hoch. In der Mythologie Geburtsstätte des Zeus.

I., der ↑ Kybele hl. Gebirge in Mysien, der heutige Kaz Dağı nw. von Edremit, Türkei.

IDA, Abk. für engl.: International Development Association, ↑ Internationale Entwicklungs-Organisation.

Idaho [engl. 'aɪdəhoʊ], B.staat der USA, in den Rocky Mountains, 216 432 km², 1,01 Mill. E (1990), 4,6 E/km², Hauptstadt Boise.
Landesnatur: Der größte Teil von I. liegt im Bereich der W-Abdachung der nördl. Rocky Mountains mit mittleren Höhen von 1 500 bis 2 400 m. Im W und S greift das Columbia Plateau auf I. über, zu ihm gehört u. a. die trockene, steppenhafte Snake River Plain, an deren Rand der z. T. tief eingeschnittene Snake River fließt. An diese Ebene schließen sich nach S wiederum Bergländer an. – I. hat kontinentales, unter dem Einfluß von W-Strömungen sommertrockenes Klima. – Nord- und Mittel-I. sind von großen Nadelwäldern (fast 40 % des Staatsgebiets) bedeckt.
Bevölkerung, Wirtschaft, Verkehr: Der Anteil der weißen Bev. beträgt über 95 %. Die indian. Minderheit gehört v. a. zu den Stämmen der Shoshone und Nez Percé. I. ist dünn besiedelt. Größere Bev.dichte weisen der alte Bergbaudistrikt um Coeur d'Alene, Moscow und Lewiston auf sowie die Bewässerungsgebiete um Boise und Idaho Falls/Pocatello. Neben Colleges verfügt I. über Univ. in Boise, Moscow (gegr. 1889) und Pocatello (gegr. 1901). – Führend ist die Landwirtschaft. Angebaut werden, z. T. in Bewässerungsoasen, Kartoffeln, Zuckerrüben, Weizen, Gemüse, Obst, Luzerne u. a.; Schaf- und Rinderhaltung. Ein Großteil der Wälder wird forstwirtsch. genutzt. Der Bergbaudistrikt von Coeur d'Alene, im N von I., besitzt die reichsten Silbererzlager der USA, weiterhin Kupfer-, Blei- und Zinkvorkommen. Neben der Holzind. spielen die Verarbeitung landw. Produkte und die Elektronik eine Rolle. Wichtig ist der Fremdenverkehr, u. a. im Wintersportzentrum Sun Valley im SO des B.staats. Das Eisenbahnnetz beträgt rd. 4 800 km, das Highwaynetz rd. 8 000 km. Ab Lewiston ist der Snake River schiffbar, wodurch I. einen Wasserweg zum Pazifik besitzt. I. verfügt über 68 ✈.
Geschichte: 1805/06 erstmals von Weißen durchquert; gehörte bis 1846 zum neutralen Territorium Oregon, ab 1859 zum Territorium Washington. 1863 wurde das Territorium I. eingerichtet, von dem 1864 die Bundesreg. das Territorium Montana, 1868 das Territorium Wyoming abtrennte. 1890 wurde I. zum 43. Staat der USA.

Idaho Falls [engl. 'aɪdəhoʊ 'fɔːlz], Stadt am Snake River, Idaho, 1 496 m ü. d. M., 42 000 E. Nahrungsmittel-, Metall- u. a. Ind., ✈. – Entstand um 1865.

Idar-Oberstein, Stadt im Saar-Nahe-Bergland, Rhld.-Pf., 200–400 m ü. d. M., 33 600 E. Schmuckfachschule; Dt. Edelsteinmuseum, Heimatmuseum; Diamanten- und Edelsteinbörse, Inst. für Edelsteinforschung der Univ. Mainz. Schmuckwarenind. – Der seit 1454 bezeugte Achatbergbau wurde seit 1800 aufgegeben. Die Achatschleiferei ist seit 1531 belegt. – Entstand als Stadt 1933 durch Zusammenlegung der Städte Oberstein und Idar sowie der Orte Algenrodt und Tiefenstein. – Spätgot. Felsenkirche von Oberstein (1482) mit bed. Flügelaltar. Ruinen des Alten und Neuen Schlosses.

Idarwald ↑ Hunsrück.

Ideal [griech.-lat.-frz., zu ↑ Idee], gemeinsprachlich der Inbegriff der Vollkommenheit; Vorbild; Wunschbild; erstrebenswertes Ziel menschl. Handelns.
▷ in der *Mathematik* eine additive Untergruppe I eines ↑ Ringes R, deren Elemente folgende Bedingungen erfüllen: Wenn $a \in I$ und $r \in R$, dann ist auch $a \cdot r \in I$.

ideale Flüssigkeit, eine reibungslos strömende, inkompressible (d. h. nicht zusammendrückbare) ↑ Flüssigkeit.

ideale Landschaft ↑ Landschaftsmalerei.

Idealgewicht ↑ Körpergewicht.

Idealgrund ↑ Grund.

Idealisierung, im allg. Sprachgebrauch Verklärung: eine Idee (ein Ideal) aus der Wirklichkeit heraussehen oder in sie hineinlegen, das Unvollkommene darüber vergessen. – In der Terminologie der traditionellen *Erkenntnistheorie* die Verwendung mathemat. Termini in naturwiss. Zusammenhängen.

Idealismus [griech.-lat.], allg. Streben nach Verwirlichung von eth. oder ästhet. Idealen; durch Ideale bestimmte Lebensführung oder Weltanschauung. – In der Philosophie ein seit dem 18. Jh. verwendeter Terminus zur Bez. verschiedener philosoph. Grundpositionen: 1. Der *ontolog. I.* behauptet im Ggs. zum ↑ Materialismus, daß alle Dinge, insbes. die materiellen, durch Nichtmaterielles (Geistiges, Ideen) zur Existenz gebracht worden sind (und werden). Platon und der Platonismus faßten diese Verursachung der Existenz als eine Teilhabebeziehung auf: Die materiellen Dinge existieren, insofern sie an den jeweiligen Ideen teilhaben. Nach dem Grad ihres Anteils an den Ideen richtet sich zudem der Grad ihrer Vollkommenheit. Diese Vorstellung ist insbes. in der christl. Theologie, in der an die Stelle der Ideen Gott bzw. Gottes Gedanken gesetzt werden, aufgenommen worden. – 2. Der *kulturelle I.* behauptet die Autonomie der Kulturentwicklung, die nicht als ein Sonderfall der Naturgeschichte angesehen werden dürfe. Insbes. in der an Hegels Geschichtsphilosophie anknüpfenden Geistesgeschichte werden Wertideen und Deutungsmodelle für die menschl. Welt als treibende Kräfte der Kulturentwicklung gesehen. – 3. Den *epistemolog. I.* kennzeichnet die Annahme, daß die Wirklichkeit nicht unabhängig von der geistigen Leistung der erkennenden Subjekte, insbes. von den bei der Erkenntnis verwendeten Unterscheidungen, existiert; je nachdem, ob die Unterscheidungsleistungen, die „Kategorien", unter denen man die Wirklichkeit zuerst erfaßt, für angeboren oder erworben, nicht empirisch oder empirisch erklärbar (transzendentaler bzw. empir. I.), objektiv verbindlich oder bloß subjektiv (objektiver bzw. subjektiver I.) gehalten werden, können verschiedene Arten des epistemolog. I. unterschieden werden.

idealistische Geschichtsphilosophie ↑ Geschichtsphilosophie.

Idealkonkurrenz (Tateinheit), Verletzung mehrerer Strafgesetze **(ungleichartige Idealkonkurrenz)** oder mehrfache Verletzung desselben Strafgesetzes **(gleichartige Idealkonkurrenz)** durch ein und dieselbe Handlung (deshalb auch **Handlungseinheit**). In beiden Fällen der I. handelt es sich um eine Konkurrenz (Zusammentreffen) von Straftaten; es wird nur auf *eine* Strafe erkannt. Gemäß § 52 StGB wird die Strafe nach demjenigen Gesetz bestimmt, das die schwerste Strafe androht (Absorptionsprinzip).

Idar-Oberstein. Stadtteil Oberstein mit der in die nahezu senkrechte Felswand hineingebauten Felsenkirche, 1482

Im *östr. Recht* (§ 28 StGB) und im *schweizer. Recht* (§ 68 StGB) wird I. so behandelt wie Gesetzverletzungen durch mehrere rechtlich selbständige Handlungen (↑ Realkonkurrenz). In Österreich gilt auch das Absorptionsprinzip, in der Schweiz das ↑ Asperationsprinzip.

Idealkristall ↑ Kristall.

Idealmünze, im Ggs. zu Kurant und Rechnungsmünze eine Werteinheit im Bankverkehr, die einer jeweils festgelegten Edelmetallmenge entspricht, aber nicht ohne weiteres Einer Einheit kursierenden Geldes.

Idealstadt, nach ästhet. und funktionellen Gesichtspunkten durchdachter Plan einer Stadt. Die Idee der I. ist eine Leistung der Renaissance, die dabei auf Überlegungen von Platon und Vitruv zurückgreifen konnte. Verwirklicht wurde der Gedanke einer I. z. B. 1593 in Palmanova bei Udine. Dt. Idealpläne stammen u. a. von Dürer (1527), Freudenstadt (1599), Mannheim (1698 ff.) und Karlsruhe (1715 ff.) sind von I.vorstellungen beeinflußt, moderne Beispiele sind ↑ Gartenstadt, die „Città Nuova" von A. Sant'Elia (1914) und Le Corbusiers „Ville Radieuse" (1922), hier kennzeichnend die Trennung von Arbeiten und Wohnen.

Idealtypus, von Max Weber eingeführter Terminus, durch den eine für die sozialwiss. Begriffs- und Theoriebildung zentrale Konstruktionsmethode bezeichnet wird. Der I. wird „durch gedanklich einseitige Steigerung bestimmter Elemente der Wirklichkeit gewonnen", die dann „zu einem in sich widerspruchslosen Idealbilde zusammengefügt" werden. Die Bildung des I. ist ein heurist. Schritt der Begriffs- und Theoriebildung, der deutlich von der überprüften Theorie und deren Terminologie zu unterscheiden ist.

Idee [zu griech. idéa, eigtl. „Erscheinung, Form"], allg. plötzl. Einfall, Gedanke, Auffassung; mit unbestimmtem Artikel svw. „ein bißchen". – Von Platon in die *Philosophie* eingeführter Begriff, durch den die den Erscheinungen zugrundeliegenden Urbilder bestimmt werden; die Beziehungen zw. ihnen, die Nachbilder, existierten durch „Teilhabe" an den Urbildern; nach Wert und Rang geordnet, gipfelt diese I.welt in der I. des Guten, Wahren und Schönen. In theolog. Umdeutung sind für Augustinus die I. unveränderl., der Schöpfung vorausgehende Gedanken Gottes. Für die Erkenntnistheorie des neuzeitl. Rationalismus und Empirismus wurde der von der platon. Tradition abweichende Wortgebrauch der Stoa und insbes. des Nominalismus maßgebend (I. entstehen im Denkprozeß und sind die Namen menschl. Allgemeinvorstellungen). Bei Descartes, Leibniz, Locke sind sie Bewußtseinsinhalte (Vorstellungen); für Kant sind erkenntniskritisch die I. Begriffe, die die Vernunft bildet, indem sie die Erfahrung überschrei-

ideeller Schaden

tet (reine Vernunftsbegriffe). In prakt. Hinsicht verschafft die Vernunft ihnen, insbes. der I. der Freiheit, Realität. Hegel definiert die I. als Einheit von Begriff und Realität, Subjektivem und Objektivem. Die „absolute I." bringt in ihrer Selbstverwirklichung das Sein hervor.

▷ ↑ fixe Idee.

ideeller Schaden [griech.-lat./dt.] ↑ Schaden.

Ideenballade, von Goethe und Schiller 1797 entwickelte Sonderform der neuzeitl. dt. Kunstballade; die I. folgt der Intention der klass. Ästhetik, das Individuelle zur überzeitl., „idealischen Allgemeinheit" (Schiller) und zu einer „reineren Form" (Goethe) zu läutern. Beispiele: „Die Bürgschaft" (Schiller), „Der Zauberlehrling" (Goethe).

Ideendrama, Drama, in dem Handlung, Charaktere, Stoff und Sprache auf einen übergeordneten Leitgedanken, auf eine Idee oder Weltanschauung bezogen sind, die Allgemeingültigkeit beanspruchen können, z. B. in der frz. Klassik, Lessings „Nathan der Weise" (Idee der Toleranz), in der Weimarer Klassik und neu problematisiert in Werken von F. Grillparzer und F. Hebbel. Als I. gelten auch Stücke von Shaw, T. S. Eliot, Sartre, Camus.

Ideengeschichte, eine Betrachtungsweise geschichtl. Abläufe, die, ohne deren realen sozialen Gehalt zu leugnen, die Bewegungskräfte des Geschichtlichen primär in den hinter den geschichtl. Ereignissen wirkenden ideellen Kräften sieht, z. B. in der Idee der Freiheit, der Erlösung, der Gerechtigkeit (besonders im 19. Jh. F. Meinecke, E. Troeltsch, W. Dilthey, O. Spengler und K. Breysig). I. und moderne ↑ Sozialgeschichte werden heute als einander ergänzende Auffassungen von Geschichte angesehen.

Ideenlehre ↑ Platon.

idem [lat.], Abk. id., derselbe (v. a. bei bibliograph. Angaben).

Iden (lat. Idus), im altröm. Kalender der 13., im März, Mai, Juli und Oktober der 15. Tag des Monats.

Identifizierung (Identifikation) [lat.], Gleichsetzung; Feststellung der Identität (Wiedererkennen, z. B. eines Toten).

identisch [lat.], ein und dasselbe [bedeutend], völlig gleich; wesensgleich.

identische Reduplikation, svw. ↑ Autoreduplikation.

identische Zwillinge, svw. eineiige ↑ Zwillinge.

Idfu. Pylon (Breite 64 m, Höhe 36 m) des Horustempels, errichtet 237–57 v. Chr.

Identität [lat., zu idem „derselbe"], allg. vollkommene Gleichheit oder Übereinstimmung (in bezug auf Dinge oder Personen); v. a. durch Schriftstücke nachzuweisende Echtheit einer Person **(Identitätspapiere)**.

▷ in der *Logik* die vollkommene Übereinstimmung, d. h. Gleichheit in allen Hinsichten.

▷ in der *Mathematik:* 1. ident. Gleichung (↑Gleichung); 2. eine ↑ Abbildung, die jedes Element einer Menge auf sich abbildet *(ident. Abbildung);* 3. eine zweistellige ↑Relation, die nur für solche geordneten Paare zutrifft, bei denen an der ersten und der zweiten Stelle des Paares dasselbe Element steht (z. B. die Relation „ = ").

▷ in der *Psychoanalyse* Bez. für emotionales Sichgleichsetzen mit einer anderen Person oder einer Gruppe und Übernahme ihrer Motive und Ideale in das eigene Ich (z. B. **Identifikation mit dem Aggressor**).

Identitätsphilosophie, i. w. S. Bez. für philosoph. Systeme, v. a. die Philosophien des Parmenides, Hegels und Spinozas, die die in der traditionellen Ontologie problematisierte Differenz von Denken und Sein (auch: Geist und Natur) aufheben. I. e. S. Bez. für die Philosophie Schellings zw. 1801 und 1806: Subjekt und Objekt kommen im Absoluten überein und sind als Geist und Natur dessen Auseinanderlegung und Entfaltung.

ideo..., Ideo... [zu griech. idéa „Erscheinung"], Bestimmungswort von Zusammensetzungen mit der Bed. „Begriff, Vorstellung", z. B. Ideologie.

Ideogramm, Schriftzeichen, das nicht eine bestimmte Lautung, sondern einen ganzen Begriff repräsentiert (z. B. bei Hieroglyphen).

Ideographie, Schrift, deren Elemente Ideogramme sind.

Ideologie [griech.], urspr. Bez. für die von A. L. C. Destutt de Tracy begründete sensualist. Philosophie (Wiss. von den Ideen, d. h. sinnl. Wahrnehmungen); im Anschluß an die Kritik Napoleons I. an den Anhängern dieser Richtung **(Ideologen)** auch abwertend für weltfremde, spekulative Lehren; daneben bis ins 19. Jh. in neutraler Bedeutung die Wiss. von der Entstehung und Entwicklung geistesgeschichtl. Ideen. In neuerer Zeit wird I. als Gesamtheit der von einer Bewegung, einer Gesellschaftsgruppe oder Kultur hervorgebrachten Denksysteme, Wertungen und geistigen Grundeinstellungen verstanden, häufig mit krit. Akzent als begrenztes, starres, einseitiges, im Ggs. zur Wahrheit gestelltes, durch unterschiedl. Interessen oder äußere Beeinflussungen verzerrtes bzw. verfälschtes Wirklichkeitsbild. Eine wesentl. Rolle spielt der I.-Begriff in den im einzelnen unterschiedl. ideologiekrit. Konzepten des Marxismus, der Wissenssoziologie und der positivistisch beeinflußten Soziologie.

Unter politisch-histor. Aspekt gilt bes. die Neuzeit seit Beginn der Industrialisierung als Zeitalter der I. Zu den wichtigsten polit. I. dieser Epoche rechnen die liberale, die konservative, die faschist. und die kommunist. I. Die krit. Diskussion über die verzerrte Wirklichkeitssicht einer politisch-sozialen Weltanschauung, hinter deren theoret. Wahrheitsanspruch sich partikulare Interessen verbergen oder solche vermutet werden können, hat im 20. Jh. als I.-Verdacht oder I.-Kritik – insbesondere mit Blick auf die Praxis totalitärer Systeme und verdeckter Herrschaftsformen im menschl. Zusammenleben – große Bedeutung gewonnen.

ideologisch, gemeinsprachlich im Sinne von doktrinär und antiempirisch; im wiss. Sprachgebrauch zur Kennzeichnung der gesellschaftl. Bedingtheit bestimmter Bewußtseinselemente.

Ideomotorik, Bez. für Bewegungen und Handlungen, die nicht absichtlich, sondern unwillkürlich (z. B. auf Grund emotional- oder affektgetönter Vorstellungen) zustande kommen. – ↑ Carpenter-Effekt.

Ideorealgesetz, Erweiterung des ↑ Carpenter-Effektes auf alle (subjektiven) Erlebnis- und Vorstellungsinhalte, insofern als diese Inhalte auch die Antriebe zu ihrer (objektiven) Verwirklichung einschließen sollen. Das I. wird auch zur Erklärung von Phänomenen wie Nachahmung, Suggestion und Hypnose herangezogen.

id est, Abk.: i.e.; lat. „das ist, das heißt".

IDFF, Abk. für: ↑ Internationale Demokratische Frauenföderation.

Idfu (Edfu), Stadt in Oberägypten, am linken Nilufer, 28 000 E. Zuckerfabriken; Nilbrücke. – I. ist das antike **Appolinopolis Magna.** – Horustempel (errichtet 237–57 v. Chr.).

idiochromatisch, eigenfarbig (von Kristallen gesagt, deren Farbe nicht von der Beimengung fremder Substanzen herrührt); Ggs. ↑allochromatisch.

Idiogamie [griech.], besondere psych. Disposition, den Geschlechtsverkehr nur mit ein und derselben Person ausüben zu können.

Idiokrasie, svw. ↑ Idiosynkrasie.

Idiolękt [griech.] (Individualsprache), Sprachbesitz und Sprachverhalten, Wortschatz und Ausdrucksweise eines einzelnen Sprechers.

Idiom [zu griech. idíōma „Eigentümlichkeit"], eigentüml. Sprachgebrauch einer Gruppe, bes. einer regionalen Gruppierung (Mundart).

▷ (idiomat. oder phraseolog. Ausdruck, Wortgruppenlexem) eigentüml. Wortprägung; Wortverbindung oder syntakt. Fügung, deren Gesamtbedeutung sich nicht aus den lexikal. Einzelbedeutungen ableiten läßt, z. B. *Angsthase* („sehr ängstl. Mensch").

Idstein. „Killingerhaus", Fachwerkhaus mit Renaissancegiebel und Erker, 1615

Idiomatik [griech.] (Phraseologie), Teilgebiet der Lexikologie, das sich mit Idiomen befaßt.

idiomorph, eigengestaltig; gesagt von Mineralen, die aus einer Magmaschmelze zuerst ausgeschieden wurden und daher ihre eigene Kristallform ungehindert ausbilden konnten; Ggs. ↑allotriomorph.

idiopathisch [griech.], selbständig und ohne erkennbare Ursache auftretend (bei Krankheiten).

Idiophone [griech.], Bez. für jene Gruppe von Musikinstrumenten, bei denen der schwingende Instrumentenkörper selbst und nicht eine Membran oder Saite den Ton erzeugt. I. können durch Schlagen, Zupfen, Reiben u. ä. zum Schwingen gebracht werden, z. B. Glocke, Becken, Xylophon, Maultrommel.

idiorrhythmische Klöster, seit Ende des 14. Jh. bestehende ostkirchl. Klöster (z. B. ↑Athos) mit einer „eigenen Art" des monast. Lebens (demokrat. Verwaltung, Privatbesitz, eigener Haushalt u. a.), oft als Mönchs- bzw. Nonnendörfer organisiert. – ↑Koinobitentum.

Idiosynkrasie (Idiokrasie) [griech.], in der *Medizin:* anlagebedingte Überempfindlichkeit; Form der Allergie.

▷ in der *Psychologie:* hochgradige Abneigung oder Überempfindlichkeit eines Menschen gegenüber bestimmten Personen, Lebewesen, Gegenständen, Reizen, Anschauungen u. a.

Idiotie [zu griech. idiótēs „Privatmann, einfacher Mensch"], angeborener oder in frühester Kindheit erworbener hochgradiger Schwachsinn (schwerster Grad der ↑Oligophrenie) infolge Chromosomenanomalie, Stoffwechselkrankheit oder Gehirnkrankheit, so daß jede Art von Bildungsfähigkeit ausgeschlossen ist.

Idiotikon [griech.], Wörterbuch einer Mundart, z. B. „Schweizer. Idiotikon".

Idiotop [griech.], Lebensraum des einzelnen Individuums.

Idiotyp (Erbbild, Erbmasse, Erbgut), Gesamtheit der Erbanlagen eines Individuums. Der I. umfaßt sowohl alle chromosomalen Gene (Genotyp oder Genom) als auch alle extrachromosomalen (zytoplasmat.) Gene (Plasmotyp oder Plasmon).

Idjengebirge, Gebirgsmassiv im äußersten O Javas mit den Vulkanen **Merapi** (2 800 m hoch) und **Raung** (3 332 m hoch).

Ido, künstl.Welthilfssprache, aus dem Esperanto weiterentwickelt von dem Franzosen L. de Beaufort (1907).

Idol [zu griech. eídōlon „Gestalt, Bild"], (Gottesbild, Götterbild) eine durch Menschen gefertigte Repräsentation von Gottheiten. – Zur religiösen und kult. Bed. des I. ↑Bild [in der Religionsgeschichte]. – Aus vorgeschichtl. Zeit (Jungpaläolithikum, Neolithikum) sowie den frühen Hochkulturen stammen zahlr., oft als I. bezeichnete Kleinplastiken in sehr unterschiedl. Stilisierung, z. T. von hoher künstler. Qualität, meist weibl. Figuren aus Knochen, Horn, Stein, Ton u. a. Material. Während die neolith. I. meist mit den späteren weibl. Gottheiten Vorderasiens in Verbindung gebracht werden, ist die Deutung der jungpaläolith. umstritten (Herrin der Tiere?).

▷ [falsches] Leitbild, Trugbild; jemand oder etwas als Gegenstand übermäßiger Verehrung (z. B. Leinwandidol).

Idololatrie (Idolatrie) [griech.], in der Religionswiss. Bez. für die Verehrung von Bildern, in denen Realpräsenz einer Gottheit angenommen wird.

Idomeneus, Gestalt der griech. Mythologie. Sohn des Deukalion, Enkel des Minos, König von Kreta. – Oper „Idomeneo" von W. A. Mozart (mit Text von Giambattista Veresco, Uraufführung 1781).

Idra (Hydra), Hauptort der griech. Insel I., an der mittleren W-Küste, 2 600 E. Orth. Bischofssitz; Fremdenverkehr. **I.**, griech. Insel vor der argol. Küste, 50 km^2, 2 700 E; bis 592 m hoch. – Die Insel hieß in der Antike **Idrea**.

Idrija, Stadt in Slowenien, 333 m ü. d. M., 5 000 E. Abbau und Aufbereitung von Zinnobererz, das 1 % Quecksilber enthält.

Idris I. El Senussi, Mohammad (arab. Idris As Sanusi, Muhammad), *Al Dschaghbub 12. März 1890, †Kairo 25. März 1983, König von Libyen (1950–69). – 1917 Oberhaupt der ↑Senussi, seit 1920 Emir der Cyrenaika, ging 1923 ins Exil nach Ägypten (1949 wieder eingesetzt); 1950 zum König von Libyen proklamiert, 1969 durch Kadhdhafi abgesetzt; lebte danach im Exil in Ägypten.

Idrisi, Al, Abu Abd Allah Muhammad Ibn Muhammad, *Ceuta 1100, †auf Sizilien um 1165, arab.-maghrebin. Geograph. – Nach Studium und ausgedehnten Reisen verfertigte er am Hof Rogers II. von Sizilien in Palermo eine große silberne Erdkarte mit ausführl. Beschreibung (1154 vollendet).

Idschma [arab. „Übereinstimmung"], die Übereinstimmung der muslim. Theologen in Fragen des Glaubens und des religiösen Gesetzes; eines der vier Grundprinzipien der islam. Rechtslehre.

Idstein, hess. Stadt nördl. von Wiesbaden, 266 m ü. d. M., 19 000 E. Abteilungen der Fachhochschule Wiesbaden (Architektur und Bauingenieurwesen), Herstellung von Heimwerkergeräten und Armaturen, Kunststoff- und Lederverarbeitung. – Burg I. 1102 erstmals erwähnt, 1287 Stadtrecht; 1355–1605 und 1629–1721 Residenz der Linie Nassau-Idstein. – Ev. Unionskirche (1655–77) mit Deckenmalerei, Schloß (17. Jh.), Fachwerkhäuser, u. a. das „Killingerhaus" (1615).

Idsteiner Senke ↑Taunus.

Idumäa (Idumaea), hellenist. Bez. für den westlich des Toten Meeres gelegenen Teil von ↑Edom mit der Hauptstadt Hebron.

Idun (Iduna), nordgerman. Göttin aus dem Geschlecht der Asen, Gattin des Bragi. Sie verwaltet die goldenen Äpfel der ewigen Jugend, durch die sich die Asen verjüngen.

Idus [lat.] ↑Iden.

Idyll [zu griech. eidýllion, eigtl. „Bildchen"], allg. Zustand oder Bild eines einfachen, friedl. Lebens.

Idylle [zu griech. eidýllion, eigtl. „Bildchen", dann „Hirtengedicht"], i. w. S. Bez. für jede räumlich-ausschnitthafte dichter. Darstellung beschaulich-unschuldsvoller Szenen; i. e. S. ist I. eine zw. Lyrik und Epik schwankende literar. Gattung in der Nachfolge der Gedichte Theokrits; nach diesen und im Anschluß an Vergils „Bucolica" (entstanden

IE

Igel. Europäischer Igel

Igeler Säule

August Wilhelm Iffland

42–39) wurde der Begriff I. seit der Renaissance gleichbedeutend mit Hirtendichtung, Ekloge oder Schäferpoesie. In Deutschland erlebte die I. im 18. Jh. eine bes. Blüte durch S. Geßner („Idyllen", 1756); Goethe gestaltete sie zunehmend als Ausdruck notwendiger Entsagung angesichts der bedrohl. Zerrissenheit der Geschichte; Schiller postulierte das Idyllische als Darstellung einer mündigen, mit der Kultur wie mit der Natur versöhnten zukünftigen Menschheit. Demgegenüber führte die Betonung gegenwärtiger Wirklichkeit bei Maler Müller zu bewußter Irrationalisierung und Entmoralisierung der Natur, bei J. H. Voß zur sozialkrit. Anti-I. und bei J. P. Hebel zur ironisch moralisierenden „Verbauerung". In der Romantik lebte die I. nur vereinzelt fort, während im 20. Jh. von T. Mann der Weg zur Selbstparodie eingeschlagen wurde.

In der *bildenden Kunst* Bez. für die idealisierte Darstellung harmon. menschl. Existenz in der Natur, bevorzugt als Hirten- und Schäferszenen (bes. in der Malerei des 17. und 18. Jh.).

IE (I. E.), Abk. für: ↑Internationale **E**inheit.

i. e., Abk. für lat.: ↑**id e**st.

Ieper [niederl. 'i:pər] ↑Ypern.

Iesi, italien. Stadt in den Marken, Prov. Ancona, am Esino, 96 m ü. d. M., 40 900 E. Kath. Bischofssitz; archäolog. Museum; Nahrungsmittelind. – I. geht zurück auf die umbr. Stadt, die 247 v. Chr. röm. Kolonie (**Aesis**) wurde. 756 fiel die Siedlung mit der Pippinschen Schenkung an den Papst; Blütezeit unter den Staufern. – Got. Kirche San Marco (13. Jh.), Renaissancerathaus (1486–98), Dom (18. Jh.). Die Altstadt ist von der ma. Stadtmauer umgeben.

Ieyasu Tokugawa, *Okazaki 31. Jan. 1543, †Sumpu (= Shizuoka) 1. Juni 1616, jap. Shōgun. – Gründer der Dyn. der Tokugawa; errang durch den Sieg bei Sekigahara (1600) die gesamte Macht im Reich und wurde 1603 vom Tenno zum erbl. Shōgun ernannt.

Ife, Stadt in SW-Nigeria, 215 000 E. Sitz des Oni (geistl. Oberhaupt der Yoruba); Univ. (gegr. 1961); Museum; Kakaoanbau und -verarbeitung; Kunsthandwerk (Fundort von Plastiken der Yoruba aus der Zeit vor 1500 n. Chr.).

I., zur Yorubagruppe gehörender Stamm in W-Nigeria.

Iffezheim, Gem. 8 km nw. von Baden-Baden, Bad.-Württ., 120 m ü. d. M., 4000 E. Pferderennbahn (seit 1858); im Rhein Staustufe mit Laufkraftwerk (100 MW).

Iffland, August Wilhelm, *Hannover 19. April 1759, †Berlin 22. Sept. 1814, dt. Schauspieler, Dramatiker und Theaterleiter. – Begann 1777 an Ekhofs Gothaer Hoftheater, kam 1779 ans Mannheimer Nationaltheater; großer Erfolg als Franz Moor in der Uraufführung von Schillers „Räubern" (1782). 1796 Direktor des Königl. Nationaltheaters in Berlin und 1811 Generaldirektor der Königl. Schauspiele. Vertrat einen Details herausarbeitenden Spielstil mit lebhafter Gestik anstelle statuar. Deklamation. Schrieb über 60 zur damaligen Zeit sehr erfolgreiche Theaterstücke.

Ifflandring, angeblich von Iffland gestifteter Ring für den besten Schauspieler, von T. Döring an F. Haase gegeben. Die folgenden Träger: A. Bassermann, W. Krauss, J. Meinrad.

Ifni, marokkan. Hafenstadt an der Atlantikküste, 14 000 E. U. a. Fischkonserven- und Teppichherstellung. –

Sidi Ifni war bis Ende 1968 Verwaltungssitz der span. Überseeprov. I. und des gesamten Spanisch-Westafrika. **I.,** ehem. span. Überseeprov. an der Atlantikküste, 1969 an Marokko abgetreten (jetzt Teil der Prov. Agadir), 1 500 km², 53 000 E (1965), Hauptstadt war Sidi Ifni (= Ifni); überwiegend von Berbern bewohnt. – Seit 1860 de jure, 1934–1969 de facto bei Spanien.

IFO-Institut für Wirtschaftsforschung e. V. (IFO Abk. für: **I**nformation und **Fo**rschung), gemeinnütziges, unabhängiges wirtschaftswiss. Forschungsinstitut; gegr. 1949, Sitz München.

IG, Abk. für: **I**ndustrie**g**ewerkschaft. – ↑Deutscher Gewerkschaftsbund.

Igapo [indian.], der alljährlich längere Zeit überschwemmte Sumpfwald im Amazonastiefland.

IGB, Abk. für: **I**nternat. **G**ewerkschafts**b**und (↑Gewerkschaften).

Igel (Erinaceidae), Fam. 10–45 cm langer, kurzbeiniger, meist nachtaktiver Insektenfresser mit rd. 20 Arten; Körper gedrungen rundlich oder rattenförmig, spitzköpfig; Schwanz stummelförmig oder länger. Weiche dichte Haare hat die vier Arten umfassende Unterfam. **Haarigel** (Ratten-I., Echinosoricinae), die in den Wäldern SO-Asiens, der Sundainseln und Philippinen vorkommt. Die Unterfam. **Stacheligel** (Echte I., Erinaceinae) hat rd. 15 Arten in Europa, Afrika und Asien; Haare zu harten Stacheln umgebildet. Eine bes. Rückenmuskulatur ermöglicht ein Zusammenrollen des Körpers und Aufrichten der kräftigen, spitzen Stacheln. Am bekanntesten ist die Gatt. **Kleinohrigel** (Erinaceus) mit rd. 10 Arten in Eurasien und Afrika. Einheimisch ist der bis 30 cm lange, kurzschwänzige **Europäischer Igel** (Erinaceus europaeus); Oberseite graubraun mit spitzen Stacheln, Unterseite weich und heller behaart; Unterarten sind der **Braunbrustigel** und der **Weißbrustigel.** Der Europ. I. kommt in Parklandschaften und Gärten vor; nützlich als Schädlingsvertilger, da er Schnecken, Würmer und Insekten frißt. Das Weibchen wirft nach einer Tragzeit von 5–6 Wochen ein- bis zweimal im Jahr 5–7 blinde Junge. Von Ende Oktober bis Ende März hält er seinen Winterschlaf in einem Nest aus Moos und Blättern.

Igeler Säule, galloröm. Pfeilergrabmal aus rotem Sandstein in Igel (8 km moselaufwärts von Trier), um 250 errichtet (etwa 23 m hoch); mit Reliefszenen.

Igelfische (Diodontidae), Fam. 10–50 cm langer Knochenfische mit rd. 15 Arten in trop. und subtrop. Meeren;

Ife. Gedenkkopf aus Terrakotta, 13. Jahrhundert

Körper rundlich, dicht mit (in Ruhe angelegten) Stacheln besetzt; füllen bei Bedrohung ihren Magen mit Wasser, wodurch der Körper ballonartig aufgetrieben wird und die Stacheln aufgerichtet werden; u.a. **Großer Igelfisch.**

Igelkäfer (Hispinae), weltweit verbreitete Unterfam. der Blattkäfer mit über 3000, überwiegend trop. Arten; Oberseite meist mit dichtstehenden Stacheln; in M-Europa nur der 3–4 mm lange, mattschwarze **Stachelkäfer** (Hispella atra).

Iglu

Igelkaktus (Kugelkaktus, Echinokaktus, Echinocactus), Gatt. der Kakteen mit 10 Arten in Mexiko; kugelige oder zylindr., oft meterdicke Pflanzen mit kräftig bedornten Längsrippen und gipfelständigen, meist gelben Blüten; bekannteste Art ist der **Goldkugelkaktus** (Echinocactus grusonii), bis 80 cm breit, bis 1,20 m hoch.

Igelkolben (Sparganium), einzige Gatt. der einkeimblättrigen Pflanzenfam. *Igelkolbengewächse (Sparganiaceae)* mit 20 Arten in gemäßigten und kalten Gebieten der Erde; ausdauernde Sumpf- und Wasserpflanzen mit kriechenden Wurzelstöcken, schwertförmigen Blättern und grünl. Blüten in kugeligen Köpfchen. In Mitteleuropa kommt u. a. der **Ästige Igelkolben** vor.

Igelpolster (Acantholimon), Gatt. der Bleiwurzgewächse mit über 100 Arten in Steppengebieten vom östl. Mittelmeergebiet bis M-Asien; Polsterpflanzen mit grasähnl., stechenden Blättern und weißen bis roten Blüten in Ähren.

Igelsäulenkaktus (Echinocereus), Kakteengatt. mit rd. 70 Arten in Mexiko und in den USA; Sprosse kurz und dick, vielrippig und reich bedornt; Blüten groß, relativ lange haltbar und farbenprächtig.

Igelwürmer (Sternwürmer, Echiurida), den Ringelwürmern nahestehender Stamm der Wirbellosen mit rd. 150 marinen Arten; Körper wurm- bis eiförmig; mit oft außergewöhnlich langem Rüssel, der eine Wimperrinne aufweist; bis 0,3–185 cm lang. – Abb. S. 484.

I. G. Farbenindustrie AG (I. G. Farben), ehem. größter Chemiekonzern weltweit und größtes dt. Unternehmen. Als Ergebnis des um die Jahrhundertwende einsetzenden Prozesses verstärkter Unternehmenskonzentration bildeten sich auch in der chem. Ind. zw. den einzelnen Gesellschaften immer fester werdende Verbindungen heraus. Eine bes. Rolle spielten dabei die Vorläufergesellschaften der heutigen Unternehmen ↑Bayer AG, ↑BASF AG und ↑Hoechst AG, die bereits um 1900 in der Herstellung von synthet. Farbstoffen weltweite Bedeutung erlangt hatten. Der sich in Stufen vollziehende Fusionsprozeß führte 1916 zur Gründung der „Interessengemeinschaft der dt. Teerfarbenfabriken" und 1925 zur Bildung der I. G. Farbenindustrie AG, Sitz Frankfurt am Main. Der stark exportorientierte Konzern gründete 1928/29 Auslandsgesellschaften (u.a. Schweiz, USA).

Der Konzern war durch dezentrale Organisation mit weitgehender Selbständigkeit der einzelnen Werke gekennzeichnet. Für einige Sachgebiete bestanden Zentralverwaltungen (Finanzverwaltung, Buchhaltung, Zentraleinkauf für Rohstoffe u.a.). Die Anzahl der Beschäftigten betrug bei der Fusion 83 719 und erreichte 1928 mit 114 185 ihren Höchststand. Grundlage für die wirtsch. Entwicklung war eine intensive Forschung, die C. Bosch und G. Domagk den Nobelpreis für Chemie und dem Konzern 9000 dt. und etwa 30 000 ausländ. Patente einbrachte.

Im 2. Weltkrieg trat die I. G. Farben neben der Produktion kriegswichtiger Stoffe durch Eingliederung von Chemieunternehmen in den besetzten Gebieten, Rekrutierung von Zwangsarbeitern, Aufbau einer Produktionsstätte im Konzentrationslager Auschwitz u.a. hervor, was nach 1945 Gegenstand eines amerikan. Militärtribunalverfahrens (*I. G.-Farben-Prozeß*) wurde.

Im Sommer 1945 wurde das gesamte Vermögen des Konzerns von den vier Besatzungsmächten beschlagnahmt, das Auslandsvermögen wurde enteignet. Die verschiedenen Einheiten des Konzerns wurden verpflichtet, ihre Geschäfte wieder als selbständige Unternehmen zu führen. 1952 entstanden I.G.-Farben-Nachfolgegesellschaften als eigenständige Unternehmen.

Iggesund ↑Hudiksvall.

Iglau (tschech. Jihlava), Stadt im Südmähr. Bez., ČR, 516 m ü. d. M., 53 800 E. Gemäldegalerie. Nahrungsmittel-, Textilind., Herstellung von Kfz-Teilen. – Anfangs des 13. Jh. von dt. Bergleuten gegr.; das **Iglauer Bergrecht** fand internat. Verbreitung. – Die planmäßig angelegte Altstadt hat ma. Gepräge; zahlr. Kirchen, u.a. Sankt Jakob (13./14. Jh.) und die Jesuitenkirche (17./18. Jh.).

Iglesias, italien. Stadt auf Sardinien, 199 m ü. d. M., 30 100 E. Kath. Bischofssitz; Bergbauakad. und -museum; Zentrum eines Blei- und Zinkerzabbaugebietes. – Im 13. Jh. erstmals erwähnt; 1478 unter aragones. Herrschaft. – Dom (1285 ff., im 16. Jh. erneuert), Reste der ma. Stadtmauer.

Iglu [eskimoisch], aus Schneeblöcken errichtetes, kuppelförmiges Haus der Eskimo.

Ignatius (Ignatios) **von Antiochia** [...tsius], hl. †Rom zw. 107 und 117, Bischof, Märtyrer und Kirchenvater. – Seine sieben Briefe an kleinasiat. Gemeinden sind ein wichtiges Zeugnis für die Entwicklung der altkirchl. Glaubenslehre und der Gemeindeverfassung. – Fest: 17. Okt. (früher 1. Febr.).

Ignatius von Loyola [...tsius], hl., eigtl. Íñigo López Oñaz y Loyola, * Schloß Loyola bei Azpeitia (Guipúzcoa) 1491, †Rom 31. Juli 1556, kath. Ordensgründer bask. Herkunft. – Zunächst in höf. und militär. Dienst, wandte er sich nach einer Verwundung bei Pamplona 1521 religiöser Literatur zu und lebte nun als büßender Wallfahrer (Grundlegung seines „Exerzitienbüchleins") bekehrt; nach einer Palästinawallfahrt 1523/24 Studium in Barcelona, Alcalá, Paris und Venedig; wegen seelsorgl. Tätigkeit (als Laie) mehrfach vor dem Inquisitionsgericht; 1537 Priesterweihe. Sein urspr. Plan, mit seinen Gefährten in Palästina missionarisch zu wirken, scheiterte; deshalb stellten sie sich in Rom dem Papst zur Verfügung; dort Aufbau seiner Gemeinschaft (↑Jesuiten), deren erster Generaloberer I. 1541 wurde. Seine Schriften („Regel", „Satzungen", „Geistl. Tagebuch" und „Lebenserinnerungen") sowie sein pastoraler Einsatz (Exerzitien) und seine Ordensgründung hatten entscheidende Bed. für die kirchl. Erneuerung des 16. Jh. – Fest: 31. Juli.

Ignimbrit [zu lat. ignis „Feuer" und imber „Regen"], vulkan. Gestein, besteht aus Bimssteinbruchstücken in glasiger Grundmasse; entsteht durch Glutwolken.

IGNM, Abk. für: ↑**I**nternationale **G**esellschaft für **N**eue **M**usik.

ignoramus et ignorabimus [lat.], „wir wissen es nicht und werden es nie wissen" (nach E. Du Bois-Reymonds Schlagwort für die Unlösbarkeit des Welträtsels).

Ignorant [zu lat. ignorare „nicht kennen (wollen)"], unwissender Mensch, Dummkopf.

Igor, * 877 (?), †945, Großfürst von Kiew (seit 912). – Sohn Ruriks; unternahm Feldzüge gegen Byzanz, mit dem er 944 einen Handelsvertrag abschloß.

Igorlied (Lied von der Heerfahrt Igors), zw. 1185 und 1196 in Südrußland von einem unbekannten Dichter verfaßtes Heldenepos über den Feldzug Fürst Igor Swjatoslawitschs (*1150, †1202) gegen die Polowzer (1185). Bedeu-

Igelfische.
Großer Igelfisch in normaler Schwimmhaltung (oben) und bei Gefahr, mit aufgerichteten Stacheln (unten)

Igelkaktus.
Goldkugelkaktus

Igelkolben.
Ästiger Igelkolben (Höhe 30–50 cm) mit kleinen männlichen (oben) und größeren weiblichen Blütenständen (unten)

Igorot

Rio Iguaçu. Blick auf die Iguaçufälle von brasilianischer Seite aus

tendstes Denkmal altruss. Literatur; 1795 als Kopie aus dem 15./16. Jh. in Jaroslawl entdeckt und 1800 ediert.

Igorot, Bez. für die im N der philippin. Insel Luzon lebenden altmalaiischen Völker.

Iguaçu, Rio [brasilian. 'rriu igua'su] (span. Río Iguazú), linker Nebenfluß des Paraná in S-Brasilien, entspringt in der Serra do Mar, mündet an der argentin. Grenze in den Paraná, 1320 km lang. Bildet 23 km oberhalb seiner Mündung, an der brasilianisch-argentin. Grenze, die I.fälle (**Saltos do Iguaçu**), die aus 21 größeren und 250 kleineren Wasserfällen bestehen, mit Fallhöhen bis 80 m; Nationalpark in beiden Ländern.

Iguanodon [indian./griech.], vom oberen Malm bis zur Unterkreide Eurasiens bekannte Gatt. bis 8 m langer und bis 5 m hoher pflanzenfressender Dinosaurier.

Iguvinische Tafeln, sieben Bronzetafeln verschiedener Größe, die 1444 in der umbr. Stadt Gubbio (lat. *Iguvium*) gefunden wurden. Sie sind teilweise in umbr. Schrift, teilweise in lat. Schrift beschrieben und stellen das wichtigste Zeugnis der umbr. Sprache und Religion dar.

Ihara Saikaku, eigtl. Hirayama Tōgo, *Ōsaka 1642, †ebd. 9. Sept. 1693, jap. Schriftsteller. – Schuf mit „Yonosuke, der dreitausendfache Liebhaber" 1682 den neuen realist. Gesellschafts- und Sittenroman.

IHC, byzantin. Schreibweise für IHS; ↑Christusmonogramm.

Ihering ['je:rɪŋ], (Jhering) Herbert, *Springe 29. Febr. 1888, †Berlin 15. Jan. 1977, dt. Theaterkritiker. – Kritiker u. a. an der „Schaubühne", am „Berliner Tageblatt" und an der „Weltbühne"; auch als Dramaturg tätig (Volksbühne Wien, Dt. Theater in Berlin). Förderte junge Dramatiker, u. a. E. Barlach und B. Brecht.

I., Rudolf von, *Aurich 22. Aug. 1818, †Göttingen 17. Sept. 1892, dt. Jurist. – Prof. in Basel (1845), Rostock (1846), Kiel (1849), Gießen (1852), Wien (1868) und Göttingen (1872). Löste sich von der Begriffsjurisprudenz und wurde zum Vorkämpfer der Interessenjurisprudenz (↑Begriffsjurisprudenz). – *Werke:* Geist des röm. Rechts auf den verschiedenen Stufen seiner Entwicklung (1852–65), Der Kampf ums Recht (1872), Der Zweck im Recht (1877–83).

IHK, Abk.
▷ für: **I**ndustrie- und **H**andels**k**ammer.
▷ für: **I**nternat. **H**andels**k**ammer.

Ihlenfeld, Kurt, *Colmar 26. Mai 1901, †Berlin 25. Aug. 1972, dt. Schriftsteller. – 1933–43 Hg. der Literaturzeitschrift „Eckart"; begründete als geistiges Widerstandszentrum in der Zeit des NS den „Eckart-Kreis"; verfaßte Erzählungen, Lyrik und Essays aus prot.-christl. Sicht.

Igelwürmer. Längsschnitt durch einen Igelwurm, Rücken- (oben) und Seitenansicht (unten): a Rüssel; b Blutgefäße; c Scheidewand (Diaphragma); d Epithelsäckchen der bauchseitigen Borsten; e Ausscheidungsorgan; f Darmsinus; g Darm mit Nebendarm; h bauchseitiger Nervenstrang; i Geschlechtsdrüse (Gonade); k schlauchartige Anhänge des Enddarms; l Borsten des Körperhinterendes

Ihne, Ernst von (seit 1906), *Elberfeld (= Wuppertal) 23. Mai 1848, †Berlin 21. April 1917, dt. Architekt. – Seit 1888 Hofarchitekt in Berlin; baute neubarocke wilhelmin. Repräsentativbauten, u. a. Marstall (1899/1900), Kaiser-Friedrich-Museum (1897–1903, heute Bode-Museum) und Staatsbibliothek (1908–14).

Ihram [iç'raːm; arab.], der Weihezustand des Mekkapilgers, den er beim Betreten des hl. Bezirks (↑Haram) annimmt und in dem er ein bes. Gewand (ebenfalls I. genannt) trägt.

IHS ↑Christusmonogramm.

Ijjar [hebr.], 8. Monat des jüd. Jahres, im April/Mai, mit 29 Tagen. Am 5. I. wurde 1948 der jüd. Staat proklamiert.

IJmuiden [niederl. ɛi'mœydə] ↑Velsen.

IJssel [niederl. 'ɛisəl], schiffbarer Mündungsarm des Rheins, 125 km lang, Hauptzufluß des IJsselmeers.

IJsselmeer [niederl. ɛisəl'meːr], Restsee der ehem. ↑Zuidersee, Niederlande.

IJsselmonde [niederl. ɛisəl'mɔndə], niederl. Insel im Rhein-Maas-Delta, im nördl. Teil zu Rotterdam gehört.

Ikakopflaume ↑Goldpflaume.

Ikaria, griech. Insel westlich von Samos, 255 km², 7600 E; bis 1033 m hoch; radiumhaltige Thermalquellen.

Ikarus ↑Dädalus.

Ikbal ↑Iqbal.

Ikebana [jap. „lebendige Blumen"], Kunst des Blumensteckens, wird in Japan seit dem 8. Jh. gelehrt. Die im 15. Jh. gegr. *Ikenoboschule* versinnbildlicht durch das Arrangement bes. Himmel (oben), Erde (unten), Mensch (Mittelpunkt).

Ikeda Hayato, *Yoshina (Präfektur Hiroshima) 3. Dez. 1899, †Tokio 13. Aug. 1965, jap. Politiker. – Jurist; mehrfach Min. (u. a. für Finanzen 1949–52, 1956/57), 1960–64 Min.präs. und Vors. der Liberal-Demokrat. Partei.

Ikeja [iːˈkeɪdʒɑː], Hauptstadt des nigerian. Bundesstaats Lagos, nw. von Lagos, 11500 E. Nahrungsmittel-, Metall-, Textil-, Reifenind.; internat. ✈ von Lagos.

Ikonen [zu griech. eikón „Bild"], transportable, meist auf Holz gemalte Kultbilder der Ostkirchen, auf denen Christus, Maria, andere Heilige oder bibl. Szenen wiedergegeben sind. Nach theolog. Definition steht den I. Verehrung, nicht Anbetung zu, die sich auf die in ihnen dargestellten Urbilder bezieht, als deren authent. und gnadenhafte Abbilder die I. verstanden werden. Die I.malerei gilt als liturg. Handlung und ist deshalb einer streng vorgeschriebenen, durch Malerbücher weitergegebenen Typisierung unterworfen, die nur eine beschränkte stilist. Entwicklung zuließ. Charakteristisch ist die Malerei in Eitemperafarben, die von einer dunklen Grundschicht zu zunehmend hellen und linearen Höhungen fortschreitet. Hintergründe sind meist mit Gold ausgelegt, das ganze Bild wird mit einem Leinöl-Firnis überzogen; auch Enkaustik, Email, Mosaik, Stickerei. Seit dem 13. Jh. sind Metallbeschläge üblich, die manchmal nur Gesicht und Hände freilassen. – Die Anfänge der I.malerei liegen im kopt. Totenporträt, sie ist seit dem 4. Jh. bezeugt, seit dem 6. Jh. (Katharinenkloster am Sinai) belegt und verbreitete sich über Byzanz nach S-Italien, Armenien, in die slaw. Balkanländer und nach Rußland (Schulen von Nowgorod, Susdal, Moskau). Vereinzelt hat sich die Produktion von I. bis in die Gegenwart erhalten.

Ikonische Dynastie ↑Rum-Seldschuken.

Ikonodulie [griech.], Bilderverehrung (↑Bild); **Ikonodule,** Bilderverehrer.

Ikonographie [zu griech. eikonographía „Abbildung"], in der Kunstwiss. seit dem 19. Jh. die beschreibende Erfassung und Klassifizierung der (religiösen, mytholog., symbol., allegor.) Inhalte bzw. Themen bildl. Darstellungen. In ihrer Bezogenheit auf figürl. und szen. Abbildungen bezieht I. urspr. nur Plastik und Malerei ein, später auch Architektur. Für weite Bereiche bes. religiöser Kunst ist sie notwendige Voraussetzung sinngemäßen Erschließens. Sie untersucht Dinge wie auch Formen, Farben und Zahlen bzw. ihre Symbolik. – ↑Ikonologie.

Ikonoklasmus [griech.], Verfolgung der Ikonodulen (↑Bild).

Ikonologie [griech.], Bedeutungslehre (Kunstwiss.); fragt v. a. nach Funktion und Ort des einzelnen Kunstwerks innerhalb eines Gesamtkonzepts (z. B. Ikonostase, Flügelaltar, Bildprogramm der Barockkirche, Architekturkomplex); entwickelt von E. Panofsky, der einen grundsätzl. Unterschied zu ikonograph. Fragestellungen sah.

Ikonoskop [griech.], Name der ersten (von dem amerikan. Physiker W. K. Zworykin entwickelten) ↑ Bildspeicherröhre.

Ikonostase (Ikonostas) [griech.], mit Ikonen besetzte dreitürige Holzwand, die in orthodoxen Kirchen Altar- und Gemeinderaum voneinander trennt. Aus den Chorschranken frühchristl. Kirchen entwickelt, wurde die I. um das 14. Jh. in Rußland zur bisweilen raumhohen, mit Schnitzereien verzierten Wand ausgebildet, an der Ikonen in mehreren Reihen und nach festgelegten ikonograph. Regeln angebracht wurden.

Ikosaeder [griech.] (Zwanzigflächner), von 20 gleichseitigen, kongruenten Dreiecken begrenztes regelmäßiges Polyeder, bei dem in jeder Ecke 5 Kanten zusammentreffen; einer der fünf ↑ platonischen Körper.

Ikositetraeder [griech.] (Vierundzwanzigflächner), von 24 Flächen begrenztes ↑ Polyeder; beim *Deltoid-I. (Leuzitoeder)* sind die Begrenzungsflächen Drachenvierecke, beim *Pentagon-I. (Gyroeder)* Fünfecke.

Ikterus [griech.], svw. ↑ Gelbsucht.

Iktinos, griech. Baumeister des 5. Jh. v. Chr. – Erbaute den ↑ Parthenon sowie vermutlich auch den Apollontempel von ↑ Bassai.

Iktus (Ictus) [lat. „Wurf, Schlag"], Bez. für die durch verstärkten Druckakzent ausgezeichnete Hebung in den nach dem ↑ akzentuierenden Versprinzip gebauten Versen.

i. L., Abk. für: **i**n **L**iquidation als Firmenzusatz (↑ Liquidation).

Ilarion (Hilarion von Kiew), russ. Metropolit des 11. Jh. – 1051–54 erster russ. Metropolit von Kiew; seine Predigten und Festreden waren wegweisend für den späteren russ. Predigtstil.

Iława [poln. i'u̯ava], ↑ Deutsch Eylau.

Ilchane ↑ Ilkhane.

Ilebo, Stadt in Zaire, am Kasai, 634 m ü. d. M., 49 000 E. Umschlagplatz (Bahn/Schiff) am Beginn der Schiffahrt auf dem Kasai; Eisenbahnendpunkt.

Île de France [frz. ildə'frɑ̃:s], histor. Landschaft und seit 1976 Region Frankreichs, 12 012 km², 10,65 Mill. E (1990); geograph. heute der Kernraum des Pariser Beckens. Zur Merowingerzeit gehörte dieses Gebiet als Teil des Hzgt. Franzien zum Kern des Reiches; im 10./11. Jh. wurde es Ausgangspunkt für die Herrschaft der Kapetinger und wegen der Hauptstadtfunktion von Paris zu einem Schwerpunkt der frz. Wirtschaft und Kultur.

Ileozäkalklappe [lat./dt.], svw. ↑ Bauhin-Klappe.

Ilerda, span. Stadt, ↑ Lérida.

Ilesha [iːˈlɛɪʃaː], nigerian. Stadt 30 km nö. von Ife, 273 000 E, Handelszentrum eines Kakaoanbaugebietes.

Îles Normandes [frz. ilnɔr'mɑ̃:d] ↑ Kanalinseln.

Ileum [ˈiːle-ʊm; lat.], svw. Krummdarm (↑ Darm).

Ileus [ˈiːle-ʊs; griech.-lat.], svw. ↑ Darmverschluß.

Ilex [lat.], svw. ↑ Stechpalme.

Ilf, Ilja, eigtl. Ilja Arnoldowitsch Fainsilberg, *Odessa 15. Okt. 1897, †Moskau 13. April 1937, russ. Schriftsteller. – Sein Hauptwerk ist der zus. mit J. Petrow verfaßte Roman „Zwölf Stühle" (1928), der den sowjet. Alltag satirisch darstellt.

Il Gesù [italien. il dʒeˈzu], Jesuitenkirche in Rom, ↑ Vignola, il.

Ilhéus [brasilian. iˈʎɛʊs], brasilian. Stadt am Atlantik, 59 000 E. Kath. Bischofssitz; wichtigster Hafen für den brasilian. Kakaoexport. – Gegr. 1535.

Ili, Zufluß des Balchaschsees, Kasachstan und China, entspringt mit zwei Quellflüssen im Tian Shan, durchfließt im Unterlauf das kasach. Siebenstromland, 1 001 km lang (mit Quellfluß Tekes 1 439 km).

Ilias, Epos ↑ Homers von den 51 entscheidenden Tagen des Trojan. Krieges.

Iliescu, Ion, *Oltenița 3. März 1930, rumän. Politiker. – 1953–89 Mgl. der KP, 1968–84 ihres ZK; von Ceaușescu seit 1971 schrittweise entmachtet. Während des Volksaufstandes gegen Ceaușescu im Dez. 1989 Sprecher der „Front für nat. Errettung", seit 26. Dez. 1989 deren Vors. und provisor. Staatsoberhaupt, am 23 Febr. 1990 zum Präs. des Rats der Nationalen Einheit, am 20. Mai 1990 in den ersten (weitgehend) freien Wahlen zum Staatspräs. gewählt; sah sich bes. seit den schweren Unruhen im Juni 1990 heftigen Angriffen der Opposition ausgesetzt; im Okt. 1992 nach einer Stichwahl bestätigt. – Abb. S. 486.

Iligan [span. iˈliɣan], philippin. Hafenstadt an der N-Küste von Mindanao, 199 000 E. Verwaltungssitz der Prov. Lanao del Norte; kath. Bischofssitz; Ind.standort der südl. Philippinen.

Ilion (Ilium), svw. ↑ Troja.

Iljuschin, Sergei Wladimirowitsch, *Diljalewo (Gouv. Wologda) 30. März 1894, †Moskau 9. Febr. 1977, sowjet. Flugzeugkonstrukteur. – Ab 1948 Prof. an der Luftfahrt-Militärakademie; entwickelte u. a. 1936 die *Il 4* (im 2. Weltkrieg Fernbomber), 1939 das gepanzerte Erdkampfflugzeug

Ikosaeder. Regelmäßiges Ikosaeder

Ikositetraeder. Deltoid- (oben) und Pentagonikositetraeder (unten)

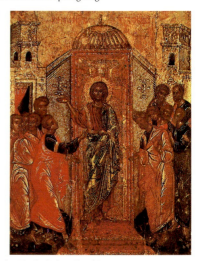

Ikonen. Links: Thronende Muttergottes mit Engeln, umgeben von Heiligen und Evangelienszenen, Ende des 16. Jh. (Athen, Benaki Museum). Mitte: Andrej Rubljow, Die Dreifaltigkeit, 1411 (Moskau, Tretjakow-Galerie). Rechts: Der ungläubige Thomas, 14./15. Jh. (Zagreb, Kunstmuseum)

Ilk

Sergei Wladimirowitsch Iljuschin. Langstreckenverkehrsflugzeug Il 62

Il 2 und nach dem Krieg die *Il 14* (zweimotoriges Mittelstreckenverkehrsflugzeug), das Turbopropverkehrsflugzeug *Il 18* für Mittel- und Langstrecken, das vierstrahlige Langstreckenverkehrsflugzeug *Il 62*, das vierstrahlige Fracht- und Transportflugzeug *Il 76* sowie das vierstrahlige Großraumflugzeug *Il 86*.

Ilk, svw. Waldiltis (↑Iltisse).

Ilkhane (Ilchane), mongolische Dynastie in Persien (1256–1353); zeitweilig im Ggs. zu den Herrschern der ↑Goldenen Horde. Die I. lockerten nach 1294 die Bindungen an das Stammland.

Ilkhaniden (Dschelairiden), Nachfolgedyn. (bis 1424) der ↑Ilkhane.

Ill, rechter Nebenfluß des Rheins, in Vorarlberg, entspringt am Großen Vermuntgletscher, mündet bei Meiningen, 75 km lang; am Oberlauf der Silvrettastausee und der Vermuntstausee; Wasserkraftwerk.

I., linker Nebenfluß des Rheins, im Elsaß, entspringt am N-Abfall des Jura, mündet unterhalb von Straßburg, 208 km lang.

Ion Iliescu

Iłłakowiczówna, Kazimiera [poln. iuuakɔvitʃuvna], *Wilna 6. Aug. 1892, †Posen 16. Febr. 1983, poln. Dichterin. – Galt als eine der bedeutendsten poln. Lyrikerinnen (dt. Auswahl 1964 u. d. T. „Meine bunte Welt"); übersetzte u. a. Goethe, Schiller, Büchner, Böll.

Illampu [span. iˈjampu], vergletscherter Berg in den bolivian. Anden, mit zwei Gipfeln, Ancohuma (6 550 m ü. d. M.) und I. (6 485 m ü. d. M.).

Ille-et-Vilaine [frz. ilevi'lɛn], Dep. in Frankreich.

illegal [lat.], gesetzwidrig, ungesetzlich, ohne behördl. Genehmigung.

illegitim [lat.], unrechtmäßig, im Widerspruch zur Rechtsordnung [stehend].

Iller, rechter Nebenfluß der Donau, in Bayern, entsteht bei Oberstdorf, mündet sw. von Ulm; 165 km lang.

Iller-Lech-Platte, Landschaft im dt. Alpenvorland, zw. der Donau im N, der Iller im W, den würmeiszeitl. Endmoränen im S und dem Lech im O.

Illertissen, Stadt im Illertal, Bay., 513 m ü. d. M., 13 400 E. Bienen-, Heimatmuseum; chem., pharmazeut., Holz-, Textilind. – 954 erstmals bezeugt, seit 1954 Stadt. – Pfarrkirche Sankt Martin (1590) mit prunkvollem Hochaltar (1604), Renaissanceschloß (um 1550).

Illiberis ↑Granada.

Illimani [span. ijiˈmani], höchster Berg in den bolivian. Anden, 6 882 m hoch.

Illinois [engl. ılıˈnɔı(z)], einer der nördl. Staaten des Mittleren W der USA, 145 934 km², 11,43 Mill. E (1990), 78,3 E/km², Hauptstadt Springfield.
Landesnatur: I. liegt zum größten Teil im Zentralen Tiefland N-Amerikas. Im SW greift ein Ausläufer des Ozark Plateaus auf das Gebiet von I. über. Im S, am Zusammenfluß von Mississippi und Ohio, hat I. Anteil an der Golfküstenebene. – Es herrscht kontinentales Klima mit extremen Temperaturen im Sommer und Winter, mit gelegentl. Kälteeinbrüchen von N und Schneestürmen oder sommerl. Zyklonen vom Golf von Mexiko her. – Nur etwa 10 % des Staatsgebiets sind bewaldet.

Bevölkerung, Wirtschaft, Verkehr: Der Anteil der weißen Bev. beträgt rd. 84 %, der der schwarzen rd. 15 %. Die indian. Minderheit gehört zur Sprachfamilie der Algonkin. Rd. 83 % der Bev. leben in Städten, von denen Chicago die größte ist. I. verfügt über 15 Univ., deren älteste, in Evanston, 1851 gegr. wurde. – I. ist der bedeutendste Ind.staat des Mittleren W in günstiger Verkehrslage im ↑Manufacturing Belt; von Bed. sind v. a. Eisen- und Stahlerzeugung, Maschinenbau, Elektrotechnik, Fleischverarbeitung, Konservenind. Etwa 75 % der Ind.betriebe liegen im Raum Chicago. – Über 80 % der Staatsfläche werden landw. genutzt; Anbau von Mais, Sojabohnen, Getreide, Kartoffeln, Obst und Gemüse. Daneben bed. Viehhaltung. An Bodenschätzen kommen Kohle, Erdöl, Flußspat u. a. vor. – I. verfügt über ein Eisenbahnnetz von rd. 22 000 km, ein Hauptstraßennetz von rd. 33 000 km. Bed. Wasserstraßen sind sowohl der Mississippi, der durch den I. Waterway mit den Großen Seen verbunden ist, als auch seine Nebenflüsse. Von den über 1 000 Flug- und Landeplätzen ist der internat. ✈ Chicago der verkehrsreichste der Erde.
Geschichte: 1673 erkundeten Franzosen das Gebiet; 1717 als Distrikt der Kolonie Louisiane eingerichtet; wurde 1763 mit Louisiane britisch; im Nordamerikan. Unabhängigkeitskrieg von den Amerikanern 1778 erobert; kam 1783 in den Besitz der USA, wurde 1809 selbständig, 1818 als 21. Staat in die USA aufgenommen.

Illinois River [engl. ılıˈnɔı(z) ˈrıvə], linker Nebenfluß des Mississippi, entsteht durch Zusammenfluß von zwei Quellflüssen 70 km sw. von Chicago, mündet 80 km nw. von Saint Louis, 439 km lang; bildet den größten Teil des **Illinois Waterway,** einer 523 km langen Wasserstraße zw. dem Mississippi und den Großen Seen.

Illiquidität [lat.] ↑Liquidität.

Illit [nach dem Staat Illinois (USA)], Bez. für: 1. glimmerartige Zwischenprodukte bei der Umbildung von Feldspat zu Kaolin; 2. Hydromuskovite, die sich bei der Diagenese von Tonen zu Tonschiefern bilden.

Illo, Christian Freiherr von ↑Ilow, Christian Freiherr von.

illoyal [lat.] ↑loyal.

Illuminaten [zu lat. illuminatus „erleuchtet"], Anhänger esoter. Vereinigungen, die sich v. a. einer höheren Erkenntnis Gottes rühmen.

Illuminatenorden, 1776 von A. Weishaupt in Ingolstadt gegr., über die Freimaurerei hinausgehender Geheimbund mit dem Ziel, die Prinzipien der Aufklärung zu fördern; Mgl. waren u. a. J. G. Herder und Goethe; seit 1785 verfolgt und aufgelöst, 1896 neugegr., 1925 Zusammenschluß zum „Weltbund der Illuminaten", Sitz Berlin.

Illumination [lat.], festl. Beleuchtung; **illuminieren,** festlich erleuchten, kolorieren; Buchmalereien ausführen.

Illuminationstheorie, im Anschluß an Platon insbes. von Augustinus und Dionysius ausgebildete Lehre, nach der die menschl. Erkenntnis durch ein „geistiges Licht" ermöglicht wird.

Illusion [lat.-frz., zu lat. illudere „verspotten, täuschen" (zu ludus „Spiel")], subjektive Verzerrung und Mißdeutung von Sinneseindrücken, denen (im Ggs. zu Halluzinationen) objektive Erscheinungen zugrunde liegen; im übertragenen Sinn die nicht erfüllbare Wunschvorstellung oder Erwartung, die subjektiv als realisierbar erlebt wird.

illusionär (illusionistisch) [lat.-frz.], kennzeichnet allg. (meist polemisch) eine Vorstellung als nicht verwirklichbar auf Grund falscher Einschätzung der Istlage.

Illusionismus [lat.], in der bildenden Kunst (v. a. der Malerei) die künstler. Darstellungsweise, die Räumlichkeit vortäuscht.

Illusionist [lat.-frz.], Zauberkünstler.

illusionistisch, svw. ↑illusionär.
▷ Scheinwirkungen erzeugend.
▷ auf Realität und Identifikation zielend (↑illusionistisches Theater).

illusionistisches Theater, als Ggs. zum ↑epischen Theater ein Aufführungsstil, der auf Identifikation des Zuschauers mit dem Geschehen zielt; als Ggs. zum symbolist.

Theater ein mit allen Mitteln Realität vortäuschender Theaterstil, bedient sich v. a. der Kulissenbühne als Illusionsbühne.

illusorisch [lat.-frz.], trügerisch, vergeblich, sich erübrigend.

illuster [lat.-frz.], glänzend, vornehm, erlaucht.

Illustration [zu lat. illustratio „Erhellung, anschaul. Darstellung"], allg. svw. Bebilderung eines Druckwerks (Zeitschrift, Buch); i. e. S. die künstler. Zeichnungen bzw. Graphiken zu einem Text (↑Buchillustration). In einigen Formen moderner Publizistik steht die I. gleichrangig neben dem Text oder hat auch das Übergewicht (Comic strips, Illustrierte).

Illustrierte [lat.], Form der Publikumszeitschrift. I. bieten ihre häufig aktuellen [Unterhaltungs]beiträge mit starker Bebilderung. Die Verkaufspreise decken nur einen Bruchteil der realen Kosten, die Hauptfinanzierung erfolgt über Anzeigen. Die Auflagen der I. liegen an der Spitze der Auflagen period. Druckerzeugnisse.

Illyés, Gyula [ungar. 'ijjeːʃ], *Rácegrespuszta 2. Nov. 1902, †Budapest 15. April 1983, ungar. Schriftsteller. – Sohn eines Gutsschmieds. In den 1930er Jahren schloß er sich den Populisten an, zu deren bedeutendsten Vertretern er mit seinem soziograph. Prosawerk „Pußtavolk" (1936) gehört. Auch erfolgreicher Dramatiker, Essayist und Übersetzer.

Iltisse. Waldiltis

Illyrer (Illyrier), indogerman. Volk, das, in viele Stämme aufgesplittert, nach antiken Zeugnissen und auf Grund archäolog. Monumente spätestens seit dem 8./7. Jh. ↑Illyrien besiedelte. Als erste größere illyr. Staatsbildung entstand von etwa 400 bis etwa 260 das Taulantierreich zw. Mathis (= Mati) und Drilon (= Drin). Zur selben Zeit gerieten die I. in größere Verwicklungen mit Makedonien. 260/250 entstand das südillyr. Reich von Skodra (= Shkodër), das 168 von den Römern der 3. Makedon. Krieg aufgelöst wurde. An seine Stelle trat von 158 v. Chr. bis 9 n. Chr. die Eidgenossenschaft der Dalmater, die seit 155 die röm. Oberhoheit anerkannte.

Illyricum, röm. Prov., ↑Illyrien.

Illyricus, dt. ev. Theologe, ↑Flacius, Matthias.

Illyrien (lat. Illyria, Illyricum), im Altertum der vom Volk der Illyrer abgeleitete Name für die gebirgige Landschaft im O des Adriat. Meeres mit zahlr. Inseln nördlich von Epirus. Die Griechen bezeichneten urspr. damit ein Gebiet an der Mündung des Drilon (= Drin), seit Mitte oder Ende des 2. Jh. v. Chr. das Land von der N-Grenze von Epirus bis zum Adriazufluß Titius (= Krka). Um Christi Geburt röm. Bez. für das Gebiet von Epirus im S bis zur Save und Donau im N und vom Adriat. Meer im W bis zu einer stets fließenden Grenze gegenüber den Thrakern im O. Als röm. Prov. Illyricum wurde z. Z. des Augustus das Land von der Arsia (= Raša) bis zum Mathis (= Mati) und im O bis zur Drina verwaltet. – Die im Frieden von Schönbrunn (1809) abgetretenen und von Napoleon I. als **Illyrische Provinzen** zusammengefaßten Gebiete W-Kärntens, O-Tirol, Teile Kroatiens mit Istrien und Dalmatien fielen 1814 an Österreich zurück und wurden 1816 ohne Dalmatien und Kroatien zum **Königreich Illyrien** umgebildet (1849 in einzelne Kronländer aufgelöst).

Illyrisch, die Sprache der Illyrer; gehört zur Gruppe der indogerman. Sprachen, schon im Altertum ausgestorben. Überliefert sind Personen- und geograph. Namen aus anti-

ker Zeit. Als Verbreitungsgebiet nimmt man heute den N Albaniens und das angrenzende Kroatien an.

Illyrismus, kroat. Bewegung der Jahre 1830–50 mit polit., kulturellen und sprachreformer. Zielen; versuchte eine südslaw. Einigungsbewegung zu schaffen.

Ilmenau, Krst. in Thür., am Austritt der Ilm aus dem Thüringer Wald, 540 m ü. d. M., 29 300 E. TH; Glas- und Porzellanind. – 1341 als Stadt bezeugt. – Renaissancestadtkirche (17./18. Jh.), Amtshaus (1616, 1756; Goethegedenkstätte), Renaissancerathaus (1625, nach Brand 1752 wiederaufgebaut). – Sw. von I. der *Kickelhahn* (861 m) mit Goethehäuschen.

I., Landkr. in Thüringen.

I., linker Nebenfluß der Elbe, entspringt südlich von Uelzen, mündet nw. von Winsen (Luhe); 107 km lang.

Ilmenit [nach den Ilmenbergen des Südl. Urals] (Titaneisen), schwarz[braun]es, metallisch glänzendes, muschelig brechendes Mineral, $FeTiO_3$; fast immer mit Fe_2O_3 gemischt; Mohshärte 5 bis 6; Dichte 4,5 bis 5,0 g/cm³; wichtigstes Titanerz.

Ilmensee, See südlich von Nowgorod in Rußland, 733–2 090 km² (je nach Wasserstand), bis 10 m tief, Abfluß ist der Wolchow.

ILO [engl. 'aɪ-ɛl'oʊ], Abk. für engl.: **I**nternational **L**abour **O**rganization, ↑Internationale Arbeitsorganisation.

Iloilo, philippin. Hafenstadt an der SO-Küste der Insel Panay, 269 000 E. Verwaltungssitz der Prov. I.; zwei Univ. (gegr. 1904 bzw. 1905). Textilind., Holzverarbeitung.

Ilorin, Hauptstadt des nigerian. Bundesstaats Kwara, 344 000 E. Kath. Bischofs- und muslim. Emirssitz. Landw. Handelszentrum.

Ilow (Illo), Christian Freiherr von [...lo], *in der Mark Brandenburg um 1585, †Eger 25. Febr. 1634, kaiserl. Feldmarschall (seit 1633). – Vertrauter Wallensteins, zus. mit ihm ermordet.

ILS [engl. 'aɪ-ɛl'ɛs], Abk. für engl.: **I**nstrument **L**anding **S**ystem, ↑Instrumentenlandesystem.

Ilsenburg/Harz, Stadt an der Ilse, Sa.-Anh., 238 m ü. d. M., 7 100 E. Hüttenmuseum; Luftkurort; Blechwalzwerk. – Klosterkirche des ehem. Benediktinerklosters (1078–87).

Iltisse, Gruppe bis 45 cm körperlanger nachtaktiver Marder mit vier Arten in Wäldern und offenen Landschaften Eurasiens und N-Amerikas; Körper relativ gedrungen; Schwanz bis 20 cm lang. Zu den I. gehören u. a. **Waldiltis** (Europ. Iltis, Ratz, Ilk, Mustela putorius), Körperlänge 30–45 cm, leicht buschiger Schwanz, Fell oberseits dunkelbraun mit gelbl. Unterwolle und weißl. Maskenzeichnung im Gesicht; sondert bei Gefahr ein übelriechendes Sekret ab („Stinkmarder"); **Steppeniltis** (Eversmann-Iltis, Mustela eversmanni), von Asien bis nach Mitteleuropa vor-

Ilmenau
Stadtwappen

Gyula Illyés

Ilmenau. Rathaus am Markt, 1652 erbaut, nach Brand 1752 wiederaufgebaut

gedrungen, Körperlänge 40 cm, Körperseiten fahlgelb, Kehle, Brust und Beine schwarzbraun, Gesicht weißlich.

Ilva, antiker Name von ↑Elba.

I. M., Abk. für: **I**hre **M**ajestät.

Imabari, jap. Hafenstadt an der N-Küste Shikokus, 125 000 E. Markt- und Verarbeitungsort für Agrarprodukte.

Image [engl. 'ɪmɪdʒ; zu lat. imago „Bild(nis), Vorstellung"], aus der angloamerikan. Sozialforschung stammender, v. a. im Bereich der Werbepsychologie, Motiv- und Marktforschung verwendeter Begriff, der ein gefühlsbetontes, über den Bereich des Visuellen hinausgehendes Vorstellungsbild bezeichnet, das die Gesamtheit an Einstellungen, Erwartungen und Anmutungserlebnissen umfaßt, die subjektiv mit einem Meinungsgegenstand (z. B. einer Persönlichkeit, einem Markenartikel) verbunden sind. Das von einer Person oder einer Personengruppe über sich selbst entwickelte I. wird als **Selbstimage,** das über andere Personen, Gruppen, soziale Gebilde als **Fremdimage** bezeichnet. I.bildung erleichtert einerseits die soziale Orientierung und die Einordnung von sich selbst und anderen in komplizierte soziale Zusammenhänge (Zuordnungsfunktionen), führt andererseits zu selektiver Wahrnehmung und stereotyper ideolog. Bewertung von Tatsachen.

imaginabel [lat.], vorstellbar, erdenkbar.

imaginär [zu lat. imago „Bild"], nur scheinbar, in der Einbildung vorhanden; unwirklich.

imaginäre Achse, die Ordinatenachse (y-Achse) in der ↑Gaußschen Zahlenebene.

imaginäre Zahlen, diejenigen ↑komplexen Zahlen, deren Realteil null ist. Die i. Z. sind die Vielfachen der *imaginären Einheit* i = $\sqrt{-1}$.

Imaginärteil ↑komplexe Zahl.

Imagination [zu lat. imago „Bild(nis), Vorstellung"], Einbildungskraft; Fähigkeit, sich abwesende Gegenstände, Personen, Situationen u. a. in Form von Vorstellungen zu vergegenwärtigen.

Imaginisten [zu lat. imago „Bild"], russ. avantgardist. Dichtergruppe von 1919–24 in Moskau; trat für die Konzentration der poet. Aussage auf das Bild als wesentlichstes Element der Dichtung ein; bedeutendster Vertreter war S. A. Jessenin.

Imagismus (Imagism) [engl., zu lat. imago „Bild"], angloamerikan. literar. Bewegung (etwa 1912–17); wegbereitend für die moderne engl. Lyrik; führende Vertreter waren E. Pound, A. Lowell, H. Doolittle, R. Aldington, die sich gegen eine im Konventionellen erstarrte lyr. Tradition wandten; charakteristisch sind u. a. Konzentration auf ein Bild, Verzicht auf erzählende und reflektierende Elemente, klare und exakte Sprache.

Imago [lat. „Bild(nis), Abbild"], (Mrz. Imagines; Vollinsekt, Vollkerf) in der *Biologie* das fertig ausgebildete, geschlechtsreife Insekt nach Abschluß der Wachstumsphase, d. h. nach der letzten Häutung.

▷ in der *Tiefenpsychologie* Bez. für das idealisierte Bild von Personen der sozialen Umwelt, insbes. von Vater und Mutter. Die I. wird v. a. in der frühen Kindheit unbewußt gebildet und kann als Idealbild eines Partners die sozialen Beziehungen des Erwachsenen beeinflussen.

Imago Dei [lat.] ↑Gottebenbildlichkeit.

Imam [arab. „Vorbild, Vorbeter"], 1. Vorbeter in der Moschee, leitet das rituelle Gebet der Gläubigen. 2. Oberhaupt der Gemeinschaft aller Muslime als Nachfolger des Propheten. Über die Frage der Rechtmäßigkeit des I. spaltete sich die muslim. Gemeinschaft früh in Sunniten und Schiiten. Nach der Auffassung der Sunniten ist der Kalif zugleich der I.; dagegen erkennen die Schiiten nur I. aus der Nachkommenschaft des Propheten an.

Imamiten, am weitesten verbreitete Gruppe der ↑Schiiten, auch **Zwölferschiiten** gen.; nach ihrem Glauben hatte Mohammed in seinem Schwiegersohn Ali Ibn Abi Talib und seinen Nachkommen zwölf rechtmäßige Nachfolger (Imame). Der zwölfte Imam sei 873 in den Zustand der Verborgenheit übergegangen und werde am Ende der Zeiten als der ↑Mahdi erscheinen. Die Religion der I. ist seit dem 16. Jh. in Iran Staatsreligion. Das Fehlen des Imams hatte eine Aufteilung seiner Autorität zur Folge: Politisch ist der jeweilige weltl. Herrscher maßgebend, während in Glaubensfragen die schiit. Gelehrten, v. a. die ↑Ajatollahs, den Imam vertreten.

Imamura Shohei, *Tokio 15. Sept. 1926, jap. Filmregisseur und Drehbuchautor. – In „Das Insektenweib" (1963) schildert er 3 Frauengenerationen parallel zu einer Chronik der jap. Geschichte 1918–62; eine Replik auf diesen Film ist „Die Geschichte Nachkriegsjapans und das zerrissene Leben einer Barfrau" (1970).

Iman, arab. Bez. für den Glauben.

Imandrasee, 812 km² großer inselreicher See im W der Halbinsel Kola, Rußland, bis 67 m tief.

Imatra, Stadt in SO-Finnland am ehem. Wasserfall des Vuoksi, 34 100 E. Wasserkraftwerk, Holz-, Zellstoff-, Papier-, chem. Industrie.

Imbabura, Prov. in N-Ecuador, 4 817 km², 273 200 E (1990), Hauptstadt Ibarra. Hauptsiedlungs- und Hauptwirtschaftsgebiet ist das Becken von Ibarra.

I., erloschener Vulkan in N-Ecuador, 4 580 m hoch.

Imbezillität [lat.], angeborener oder durch frühkindl. Hirnschädigung verursachter Schwachsinn mittleren Grades.

Imbreviatur [lat.] ↑Urkunde.

IMF [engl. 'aɪ-ɛm'ɛf], Abk. für engl.: **I**nternational **M**onetary **F**und, ↑Internationaler Währungsfonds.

Imgur-Enlil, assyr. Stadt, ↑Balawat.

Imhof, Eduard, *Schiers (Graubünden) 25. Jan. 1895, †Erlenbach (ZH) 27. April 1986, schweizer. Kartograph. – Prof. in Zürich; veröffentlichte u. a. zahlr. schweizer. Karten und Schulatlanten; Chefredakteur des „Atlas der Schweiz" (1965–72).

Imhoof-Blumer, Friedrich, *Winterthur 11. Mai 1838, †ebd. 26. April 1920, schweizer. Numismatiker. – Veröffentlichte Studien zur griech. Münzprägung.

Imhotep (griech. Imuthes), altägypt. Arzt um 2600 v. Chr. – Baumeister und Berater des Pharao Djoser; erbaute die Stufenpyramide in Sakkara als erste steinerne Pyramide, in griech. Zeit als Heilgott verehrt und mit Asklepios gleichgesetzt.

Imidazol [Kw.] (1,3-Diazol), eine zu den aromat. Basen zählende heterocycl. Verbindung, die in Form von Derivaten ein wichtiger Bestandteil von Naturstoffen ist; Zwischenprodukt für die Kunststoff-, Farbstoff- und pharmazeut. Industrie.

Imide [Kw.], chem. Verbindungen, in denen die zweiwertige Gruppe =NH *(Imido-* oder *Iminogruppe)* entweder anionisch an ein Metall gebunden ist *(Metall-I.),* z. B. Natriumimid (Na_2NH), oder die sich durch den Ersatz zweier Hydroxygruppen einer mehrbasigen Säure oder je einer Hydroxygruppe zweier Säuren durch die NH-Gruppe ableiten *(Säure-I.),* z. B. Imidobisschwefelsäure, $HN(SO_3H)_2$, oder ↑Succinimid. – ↑Imine.

Imine [Kw.], i. w. S. organ. Verbindungen mit einer Kohlenstoff-Stickstoff-Doppelbindung; z. B. die *Aldimine,* R−CH = NH, und die *Ketimine* R_1R_2C = NH.

Imitatio Christi [lat.] ↑Nachfolge Christi.

Imitation [zu lat. imitatio „Nachahmung"], allg. das [möglichst genaue] Nachahmen bestimmter Erscheinungsformen, z. B. das Herstellen eines Gegenstandes in der Weise, daß er einem anderen, echten (meist höherwertigen) Gegenstand gleicht (z. B. Kunstleder), jedoch ohne die Absicht der Täuschung im Rechtsverkehr (die bei der ↑Fälschung besteht); aber auch z. B. die musikal. I. [eines Motivs] oder die I. von Tier- oder Menschenstimmen.

Imkerei [niederdt., zusammengesetzt aus Imme und niederdt. kar „Korb"] (Bienenhaltung, Bienenzucht, Zeidelwesen), Haltung und Zucht von Honigbienen zur Gewinnung von Honig, Wachs und Weiselfuttersaft (↑Gelée royale). Als Bienenwohnung *(Beute, Bienenstock)* wird heute der doppelwandige *Bienenkasten* mit bewegl. Waben verwendet. Das *Bienenhaus (Bienenstand, Bienenschuppen, Apiarium)* enthält bis zu 30 oder mehr Beuten und den Arbeitsraum für den Imker. Das Bienenjahr beginnt bei Außentemperaturen von 7–8 °C (frühestens im Februar) mit dem

Imhotep.
Bronzestatuette des Imhotep als in einer Papyrusrolle lesender Priester (Berlin, Staatliche Museen)

Immersion

Jörg Immendorff. Brrrd-DDrrr (Café Deutschland – Winter), 1978 (Eindhoven, Stedelijk Van Abbemuseum)

sog. *Reinigungsflug,* wobei die Kotblase entleert wird. Mit Beginn der ersten Blüte wird der Sammeleifer durch Reizfütterung (warme Honig- oder Zuckerlösung), die Bruttätigkeit durch Einhängen leerer Wabenrähmchen angeregt, ab Mai die Schwarmtätigkeit kontrolliert. Im Juni/Juli wird der Honig entnommen, ab August die Einwinterung vorbereitet. Zur *Einwinterung* wird der Brutraum mit einem Sperrbrett auf 5–6 Waben begrenzt, der Futtervorrat auf 7–10 kg (evtl. Zuckerlösung) ergänzt, Beuten und Stand werden abgedichtet. Die Vermehrung der Bienenvölker (Stärke: 40 000 bis 80 000 Bienen, davon rd. 1 000 Drohnen) vollzieht sich durch Schwärmen während der Schwarmzeit oder durch Bildung von Kunstschwarm, Brut- oder Königinnenableger oder durch Bildung eines *Feglings,* wobei von Waben eines starken Bienenvolkes Bienen mit einer Gänsefeder abgekehrt werden und zus. mit der Altkönigin oder einer neuen Jungkönigin in eine neue Beute gebracht werden.

Immaculata [lat. „die Unbefleckte"], in der kath. Kirche Ehrenname für Maria, die Mutter Jesu (↑Unbefleckte Empfängnis).

Immanenz [zu lat. immanere „in (bei) etwas bleiben"], philosoph. Bez. für das Verbleiben in einem vorgegebenen Bereich: *erkenntnistheoretisch* innerhalb der Erfahrung (Kant), in der *Kritik* innerhalb der Voraussetzungen der kritisierten These, Theorie u. a. *(immanente Kritik)* und *metaphysisch* das Verbleiben Gottes (als der innewohnenden Ursache) in allen Dingen; diese metaphys. I. wurde bes. im Pantheismus vertreten. – Ggs. ↑Transzendenz.

Immanuel [hebr. „Gott mit uns"] (Emmanuel, Emanuel), symbol. Name des Sohnes einer jungen Frau (bzw. Jungfrau), dessen Geburt Jesaja weissagt (Jes. 7, 14), auf Jesus Christus (oder den erwarteten jüd. Messias) gedeutet.

Immaterialgüterrechte, Rechte an bestimmten unkörperl. Rechtsgegenständen, d. h. Geisteswerken (↑Urheberrecht), geistigen Leistungen, gewerbl. Mustern und Modellen, Erfindungen, Gebrauchsmustern, Warenzeichen, die die ausschließl. Nutzung und Verwertung umfassen.

Immaterialismus, von G. Berkeley begründete Lehre, die in ihrer radikalsten Form (Spiritualismus) die Körperlichkeit der Welt insgesamt leugnet und sie auf Wahrnehmungs- und Bewußtseinsinhalte reduziert.

immaterielle Güter ↑Gut.

Immatrikulation [lat.], Aufnahme als ordentl. Studierender an einer wiss. Hochschule durch Einschreibung in die Matrikel (Liste der Studierenden).

Immediat [lat.], im staatl. Bereich eine der obersten staatl. Instanz ohne Einschaltung von Zwischeninstanzen untergeordnete Person bzw. Behörde oder eine jener unmittelbar zukommende Sache. **Immediateingaben** und **Immediatvorstellungen** werden direkt bei der obersten Instanz vorgebracht; ein **Immediatgesuch** ist ein unmittelbar an das Staatsoberhaupt gerichtetes Schriftstück, ein **Immediatbericht** die direkte Berichterstattung an das Staatsoberhaupt. Im Dt. Reich hießen 1871–1945 diejenigen Zentralbehörden, die keinem Ministerium unterstanden (z. B. Reichsbank, Reichsrechnungshof), **Immediatbehörden.**

Immediatstände, im Hl. Röm. Reich die reichsunmittelbaren Stände.

Immelmann, Max, *Dresden 21. Sept. 1890, ✕ (im Luftkampf bei Sallaumines, N-Frankreich) 18. Juni 1916, dt. Jagdflieger. – Entwickelte im 1. Weltkrieg neben O. Boelcke die Taktik der dt. Kampfflieger. Der **Immelmann-Turn** aus einem halben Looping und einer halben Rolle ermöglicht eine schnelle Flugrichtungsumkehr.

Immen [zu mittelhochdt. imme „Bienenschwarm, Bienenstand"], volkstüml. Bez. für verschiedene Hautflügler (z. B. Stechimmen), bes. für die wirtsch. genutzten Honigbienen.

Immendorff, Jörg, *Bleckede bei Lüneburg 14. Juni 1945, dt. Maler und Bildhauer. – Schüler von J. Beuys, seit 1989 Prof. an der Städelschule in Frankfurt am Main. Seine Arbeiten befassen sich kritisch mit Gesellschaft, Politik und Kunstbetrieb, u. a. Folge „Café Deutschland" (1978 ff.).

Immenkäfer (Bienenwolf, Trichodes apiarius), behaarter, 10–16 mm großer Buntkäfer in M-Europa; Flügeldecken rot mit schwarzen Querbinden; meist auf Doldenblüten, von wo er auf Kleininsekten Jagd macht; Larven oft in Wildbienennestern oder in alten Honigbienenstöcken, wo sie Larven, Puppen und kranke Bienen fressen.

Immenkäfer

immens [lat.], unermeßlich, unendlich (groß).

Immenstadt i. Allgäu, Stadt an der oberen Iller, Bay., 729 m ü. d. M., 13 000 E. Textil- und metallverarbeitende Ind.; Mittelpunkt eines Fremdenverkehrsgebiets im westl. Allgäu. – 1332 erwarben die Grafen von Montfort die Herrschaft Rothenfels mit dem Zentrum Immendorf, das 1497 als Stadt bezeichnet wird (bis 1618 Immendorf). – Schloß (16./17. Jh.), Rathaus (17. Jh.).

Immergrün (Singrün, Vinca), Gatt. der Hundsgiftgewächse mit sechs Arten in Europa, N-Afrika und Vorderasien; Kräuter oder Halbsträucher mit gegenständigen, lederartigen Blättern und einzelnen, blauen, roten oder weißen, trichterförmigen Blüten. Eine häufig als Zierpflanze verwendete Art ist das **Kleine Immergrün** (Vinca minor) mit niederliegenden Stengeln und hellblauen bis blauvioletten Blüten, das in Wäldern M-Europas wächst.

Immergrün. Kleines Immergrün (Höhe 10–20 cm)

Immergrüne Bärentraube (Echte Bärentraube, Achelkraut, Arctostaphylos uvaursi), über die ganze Nordhalbkugel verbreitete Art der Heidekrautgewächse; kriechender, 20–60 cm hoher Strauch mit eiförmigen, immergrünen Blättern, kleinen, weißen oder rötl., glockenförmigen Blüten und glänzend roten, mehligen Früchten.

immergrüne Pflanzen, Pflanzen, deren Blätter über mehrere Vegetationsperioden hinweg voll funktionsfähig bleiben; z. B. Rottanne, Immergrün.

Immergrüngewächse, svw. ↑Hundsgiftgewächse.

Immermann, Karl Leberecht, *Magdeburg 24. April 1796, †Düsseldorf 25. Aug. 1840, dt. Dichter. – Nahm an den Befreiungskriegen teil; seit 1827 Landgerichtsrat in Düsseldorf; 1835–39 Leiter des dortigen Theaters. I. stand als Dichter am Übergang vom Idealismus zum Realismus des 19. Jh. Er empfand sich als Epigone von Klassik und Romantik; dichter. Gestaltung fand das Aufeinandertreffen überkommener idealist. Vorstellungen und neuer Erfahrungen v. a. in dem zeitkritisch-satir. Roman „Münchhausen" (1838/39) mit der später auch selbständig erschienenen realist. Dorfidylle „Der Oberhof"; die Auflösung der alten Gesellschaftsordnung wird in dem Zeitroman „Die Epigonen" (1836) dargestellt; verfaßte auch Dramen wie „Das Trauerspiel in Tirol" (1827, 1834 u. d. T. „Andreas Hofer"), „Merlin" (1832).

Karl Leberecht Immermann (Zeichnung von Carl Friedrich Lessing, 1831)

Immersion [zu lat. immersio „Untertauchen"], Eintauchen des Mikroskopobjektivs in eine I.flüssigkeit (Brechzahl größer als die von Luft), die zw. Präparatdeckglas und

Immersionstaufe

Frontlinse des Objektivs gebracht wird. Dadurch wird ein größerer Strahlenkegel vom Objektiv erfaßt, womit die numer. Apertur und somit das Auflösungsvermögen erhöht werden.

Immersionstaufe ↑ Taufe.
Immerwährender Reichstag ↑ Reichstag.
Immigrant [lat.], Einwanderer.
Immigration [lat.], svw. Einwanderung.
Immission [zu lat. immissio „das Hineinlassen"], im *Umweltbereich* die Einwirkung von Luftverunreinigungen, Geräuschen, Erschütterungen, Licht, Wärme, Strahlen und ähnl. schädl. Umwelteinwirkungen sowie chemisch oder physikalisch umgewandelter, schädl. Zwischenprodukte auf Menschen, Tiere, Pflanzen und Gegenstände (z. B. Gebäude). Das Ausmaß schädl. Auswirkungen hängt von der Verweildauer und Konzentration der Schadstoffe am Ort der Einwirkung ab. *I.grenzwerte* sind Richtwerte des Schadstoffeintrags je Raumeinheit. – ↑ MIK.
▷ im *Zivilrecht* die Einwirkung von einem Grundstück auf ein anderes durch Zuführen von Stoffen. Grundsätzlich braucht der Eigentümer des Grundstücks I. nicht zu dulden; er kann sie jedoch nicht verbieten, wenn die Benutzung seines Grundstücks nur unwesentlich beeinträchtigt wird. Wesentl. Beeinträchtigungen sind zu dulden, wenn sie ortsüblich sind (z. B. Rauch in Industrieorten) und nicht durch wirtsch. zumutbare Maßnahmen des Verursachers verhindert werden können (gemäß § 906 BGB kann ein angemessener Ausgleich in Geld verlangt werden). – Im *östr.* und im *schweizer. Recht* bestehen ähnl. Regelungen.

Immissionskataster, Darstellung der räuml. Verteilung der Luftverunreinigungen für ein bestimmtes Gebiet. I. müssen für Belastungsgebiete aufgestellt werden. Auch für schutzbedürftige Gebiete (z. B. Kurorte) oder aus Gründen des Naturschutzes können I. erstellt werden.

Immissionsschäden, die in der belebten und unbelebten Natur an Menschen, Tieren, Pflanzen oder Gebäuden auftretenden Schäden oder Krankheiten, hervorgerufen durch die ↑ Immission gasförmiger, flüssiger oder als Stäube und Aerosole auftretender Schadstoffe. Akute Schäden können schon bei einmaligem Überschreiten von Grenzwerten auftreten, so z. B. Gesundheitsschäden durch Smog, Strahlungsschäden, Fischsterben, Vergiftungserscheinungen in der Natur und beim Menschen oder Gehörschäden. Chron. Schäden treten u. U. bereits bei der Immission schädl. Stoffe in vergleichsweise geringer Konzentration, oft aber verstärkt durch die Summenwirkung mehrerer gleichzeitig emittierender Schadstoffe auf (Waldsterben, Zunahme der Allergiekrankheiten u. a.).

Immissionsschutz, Maßnahmen und gesetzl. Regelungen zum Schutz vor rechtswidrigen Einwirkungen auf die Person oder das eigene Grundstück durch Zuführung von Luftverunreinigungen, Geräuschen und Erschütterungen. Der traditionelle I. ist im *Sachenrecht* des BGB geregelt (↑ Immission). Einen umfassenderen I. sieht das *Bundesimmissionsschutzgesetz* i. d. F. vom 14. 5. 1990 vor (gilt mit einigen im Einigungsvertrag 1990 vereinbarten Änderungen auch in den Ländern der ehem. DDR). Danach sind Immissionen, die nach Art, Ausmaß und Dauer geeignet sind, Gefahren, erhebl. Nachteile oder erhebl. Belästigungen für die Allgemeinheit oder die Nachbarschaft herbeizuführen, *schädl. Umwelteinwirkungen.* Der I. in der BR Deutschland wird u. a. dadurch verwirklicht, daß Anlagen mit umweltschädl. Emissionen genehmigungspflichtig sind, die Emissionen (dürfen bestimmte Grenzwerte nicht überschreiten) durch Emissionserklärungen der Betreiber von Anlagen offenbart werden müssen, Messungen durchgeführt werden, die Luftverunreinigung im gesamten Bundesgebiet überwacht wird, bestimmte Unternehmen einen I.beauftragten zu bestellen haben und die Bundesreg. verpflichtet ist, jeweils ein Jahr nach ihrem ersten Zusammentreten dem Bundestag einen Bericht über den I. zu erstatten.

Immersion. Schematische Darstellung des Strahlengangs beim Mikroskop ohne (linke Hälfte) und mit objektseitiger Immersion (rechte Hälfte): a Frontlinse des Objektivs; b Immersionsmittel; c total reflektierter Strahl; d Deckglas

Immobiliarkredit [lat.], durch Immobilien gesicherter Kredit: Hypothekarkredit, Grundschuld- und Rentenkredit.
Immobiliarzwangsvollstreckung [lat./dt.] ↑ Zwangsvollstreckung.
Immobilien [lat.] (unbewegliche Sachen, Liegenschaften), Grundstücke und grundstücksgleiche Rechte im Ggs. zu Mobilien (bewegl. Sachen und Forderungen). Den Grundstücken sind hinsichtlich der rechtl. Behandlung (Übereignung, Belastung u. a.) weitestgehend gleichgestellt: im Schiffsregister eingetragene Schiffe, in die Luftfahrzeugrolle eingetragene Luftfahrzeuge, und, nach Landesrecht, das Bergwerkseigentum.
Immobilienfonds [f5], Investmentfonds, die eine Beteiligung an Haus- und Grundbesitz ermöglichen. Die ersten I. entstanden schon vor dem 2. Weltkrieg in der Schweiz. Die rechtl. Gestaltung ist meist zweistufig: Die Anleger beteiligen sich an einer Gesellschaft, die sich an einem oder mehreren Objekten beteiligt oder diese allein finanziert.
Immobilienmakler ↑ Makler.
Immobilisation (Immobilisierung) [zu lat. immobilis „unbeweglich"], Ruhigstellung v. a. von Gliedern oder Gelenken durch Gipsverband oder Schienung.
Immoralismus, mehrdeutiger philosoph. Begriff, der allg. eine negative Abgrenzung von einer moral. Orientierung bezeichnet. – *Relativer I.* lehnt die jeweils herrschenden moral. Grundsätze zugunsten anderer Werte ab; *absoluter I.* bestreitet den Wert jegl. Moral.
Immortellen [zu lat.-frz. immortel „unsterblich"] (Strohblumen), Sammelbez. für verschiedene Korbblütler, deren Blüten strohartig trockene sehr lang haltbare und oft auffällig gefärbte Hüllblätter besitzen, z. B. Katzenpfötchen, Strohblume.
immun [lat.], unempfänglich (für Krankheiten), geschützt (vor Strafverfolgung).
Immunabwehr, die Fähigkeit des Organismus, mit Hilfe des Immunsystems Antigene abzuwehren.
Immunantwort (Immunreaktion), Reaktion des Organismus auf ein Antigen, die entweder zur Antikörperbildung (Antigen-Antikörper-Reaktion; humorale Immunität) oder zur Bildung von Lymphozyten führt, die mit dem Antigen spezifisch reagieren können (zelluläre Immunität).
Immunbiologie ↑ Immunologie.
Immunglobuline, Abk. Ig, von B-Lymphozyten gebildete Proteine, die meist Antikörperaktivität haben und deren Bildung durch Antigene ausgelöst wird, auch als **Gammaglobuline i. w. S.** bezeichnet. Sie sind für die Infektabwehr von großer Bedeutung. Beim Menschen sind bisher 5 Klassen von I. bekannt, von denen das Gammaglobulin i.e.S. (IgG) das häufigste ist.
Immunisierung [lat.], die Erzeugung einer ↑ Immunität zum Zwecke der Vorbeugung oder der Behandlung von Krankheiten (oder Vergiftungen). **Aktive Immunisierung** nennt man die Erzeugung einer langdauernden Immunität durch die Anregung der hochspezif. Antikörperbildung im Wirtsorganismus. Dies geschieht durch die Zufuhr der betreffenden Antigene in Form lebender (abgeschwächter) oder abgetöteter Mikroorganismen bzw. abgewandelter Toxine (sog. Toxoide). Als **passive Immunisierung** wird dagegen die Übertragung der fertigen Antikörper aus dem Blutserum (humorale Antikörper) von Menschen und Tieren bezeichnet (aktive und passive ↑ Schutzimpfung).
Immunität [zu lat. immunitas „Freisein (von Leistungen)"], (parlamentar. I.) Schutz der Mgl. von Volksvertretungen vor Strafverfolgung und anderer Beeinträchtigung der persönl. Freiheit; die Abg. des Bundestages und der Länderparlamente dürfen nur mit Genehmigung des Parlaments strafgerichtlich zur Verantwortung gezogen oder verhaftet werden, es sei denn, sie werden auf frischer Tat oder im Laufe des folgenden Tages festgenommen (Art. 46 Abs. 2–4 GG und Bestimmungen in Länderverfassungen). Die I. ist ein Recht des Parlaments und nicht des einzelnen Abg. und daher für diesen unverzichtbar. Die I. endet mit dem Mandat. Auch der Bundespräs. genießt I. – ↑ Indemnität. Im *Völkerrecht* das Recht der diplomat. Vertreter, von

Imola. Kreuzgang im ehemaligen bischöflichen Palast, dem heutigen Diözesanmuseum, errichtet 1188, im 18. und 19. Jh. umgebaut

der Gerichtsbarkeit und Zwangsgewalt des Empfangsstaates ausgenommen zu sein (↑ Exterritorialität).

Nach *östr. Recht* kann der Bundespräs. nur mit Zustimmung der Bundesversammlung behördlich verfolgt werden (Art. 63 BVG). Die Mgl. des Nationalrates, Bundesrates und der Landtage dürfen wegen ihrer Stimmabgabe niemals verantwortlich gemacht werden; wegen ihrer Äußerungen in Ausübung ihres Berufes sind sie nur dem jeweiligen Parlament verantwortlich. In strafrechtl. Hinsicht besteht eine dem dt. Recht ähnl. Regelung.

In der *Schweiz* besitzen die Mgl. des Bundesrates sowie die Abg. in National- und Ständerat für die abgegebenen Voten parlamentar. I. Die Strafverfolgung wegen strafbarer Handlungen, die sich auf ihre amtl. Tätigkeit oder Stellung beziehen, bedarf der Ermächtigung der Bundesversammlung. Ähnliches gilt in den Kantonen.

▷ seit der Spätantike Sonderrechtsstatus weltl. und kirchl. Institutionen und Personen sowie ihrer Güter zur Befreiung von herrschaftl. Gewalt, seit dem 7. Jh. von finanziellen Belastungen und v. a. von der ordentl. Gerichtsbarkeit; bis zum Investiturstreit Grundlage des Reichskirchensystems. I. e. S. auch die Bezeichnung für den Bezirk, für den eine bes. Privilegierung galt.

▷ Unempfindlichkeit des Organismus gegen eingedrungene Krankheitserreger und bzw. oder deren Gifte; Fähigkeit zur Erkennung und Zerstörung körperfremder Strukturen, aber auch unbrauchbarer gealterter, geschädigter oder entarteter körpereigener Zellen (Schutz- und Reinigungsfunktion). Die I. gewährleistet die Erhaltung der ererbten körpereigenen, individuellen Strukturen. *Natürl. unspezif. I.* ist eine angeborene Resistenz gegen Krankheitserreger, beruhend auf inneren Schutzvorrichtungen des Organismus; *erworbene spezif. I.* entsteht nach Auseinandersetzung mit einem bestimmten Krankheitserreger durch Überstehen einer ↑ Infektionskrankheit oder durch *aktive künstl. Immunisierung* mit abgeschwächten Krankheitserregern (Schutzimpfung) und ist an die aktive Bildung von spezif. Abwehrstoffen (Antikörper) und Abwehrzellen (sensibilisierte immunkompetente Zellen) gebunden. Bei der *passiven künstl. Immunisierung* bewirkt die Zufuhr antikörperhaltigen Serums (Immunserum) eine rasch einsetzende, kurzzeitige Immunität.

Immunologie [lat./griech.], Wissenschaft, die sich mit den biolog. und chem. Grundlagen der Immunantwort, d. h. der Reaktion des Organismus auf das Eindringen körperfremder Substanz, befaßt. Die **Immunbiologie** untersucht biochem. und physiolog. Grundlagen der humoralen und zellulären Immunität im Gesamtorganismus.

Immunosuppressiva, svw. ↑ Immunsuppressiva.

Immunreaktion, i. w. S. die ↑ Immunantwort, i. e. S. die Antigen-Antikörper-Reaktion und die Reaktion zw. Antigen und Immunzellen. Sie bildet die Grundlage immunolog. Testverfahren.

Immunsuppression, künstl. Unterdrückung oder Abschwächung der Immunreaktion des Organismus zur Behandlung von Autoimmunkrankheiten oder Verhinderung von Transplantatabstoßungen. Zu den Hauptverfahren gehört die Chemotherapie mit ↑ Immunsuppressiva, ferner auch z. B. die Strahlentherapie.

Immunsuppressiva (Immunosuppressiva), Wirkstoffe oder Arzneimittel zur ↑ Immunsuppression; z. B. zytostat. Mittel, manche Antimetaboliten, einzelne Antibiotika und Glucocorticoide. Der Wirkungsmechanismus der I. beruht z. T. (über RNS- oder DNS-Hemmung) auf einer Blockierung der Antikörpersynthese, z. T. auf einer Hemmung der Phagozytose oder Zerstörung immunkompetenter Lymphozyten.

Immunsystem, das für die Immunität des Wirbeltierorganismus verantwortl. Abwehrsystem, das die für die Immunreaktionen notwendigen Antikörper (humorale und zelluläre Antikörper) sowie T- (thymusabhängige) und (nichtthymusabhängige) B-Lymphozyten umfaßt sowie alle immunologisch kompetenten Organe (z. B. Thymus, Knochenmark, Milz, Lymphknoten, Mandeln).

Immuntoleranz, streng spezif. Duldung bestimmter körperfremder Strukturen (Antigene) durch das Immunsystem mit Ausbleiben der ↑ Immunantwort; auslösbar durch Zufuhr sehr großer oder sehr geringer Antigenmengen, begünstigt z. B. durch ↑ Immunsuppression.

Imola, italien. Stadt in der Emilia-Romagna, am Santerno, 47 m ü. d. M., 61 700 E. Kath. Bischofssitz; Museen, Gemäldegalerie; Motorsportrennstrecke; Textilind., nahebei Erdgasförderung. – I. ist das röm. **Forum Corneli[i]**, das in der 1. Hälfte des 8. Jh. zu einer langobard. Grenzfestung ausgebaut wurde und durch die Schenkung der Karolinger an den Papst fiel; 1504 endgültig dem Kirchenstaat einverleibt. – Zahlr. Kirchen, u. a. San Domenico (14. Jh.), Santa Maria dei Servi (15. Jh.), Dom Sant' Agostino (18. Jh.), Palazzo Comunale (12. Jh.; mehrmals umgebaut) mit Fassade von 1758, ehem. bischöfl. Palast, heute Diözesanmuseum (1188 erbaut, im 18. und 19. Jh. umgebaut); Reste der alten Stadtumauerung und eines röm. Amphitheaters.

imp., Abk. für: ↑ **Imp**rimatur.

impair [ɛ̃ˈpɛːr; lat.-frz.], ungerade (Zahlen beim Roulette).

Impakt [lat.], Einschlag eines Meteoriten auf die Erde bzw. den Mond.

Impala [afrikan.] (Pala, Schwarzfersenantilope, Aepyceros melampus), etwa 1,3–1,8 m körperlange, oberseits rotbraune, unterseits weiße Antilope mit schwarzer Zeichnung an den Fersen, v. a. in den Steppen O- und S-Afrikas; kann bis 10 m weit und 3 m hoch springen.

Impala

Imparitätsprinzip ↑ Bewertung.

Impasto [italien.], in der Malerei dicker Farbauftrag (pastose Malerei).

Impatiens [...i-e...; lat.], svw. ↑ Springkraut.

Impeachment [engl. imˈpiːtʃmənt; zu lat.-frz. empêcher „verhindern"], Antrag einer parlamentar. Körperschaft (brit. Unterhaus, Repräsentantenhaus der USA) auf Amtsenthebung oder Bestrafung einer Person, über den eine andere parlamentar. Körperschaft (brit. Oberhaus, Senat der USA) entscheidet.

Impedanz

Impedanz [lat.], Quotient aus der (komplexen) Wechselspannung U und der (komplexen) Wechselstromstärke I; Zeichen Z, SI-Einheit Ohm (Ω). Der Betrag wird *Scheinwiderstand* genannt; der Kehrwert der I. wird als **Admittanz** bezeichnet. Der Realteil des komplexen Widerstandes wird **Resistanz**, *Wirkwiderstand* oder *Ohmscher Widerstand* genannt. Der nur beim Fließen eines Wechselstroms sich bemerkbar machende Widerstand heißt **Reaktanz** oder *Blindwiderstand*. Diese setzt sich zus. aus **Induktanz** *(induktiver Widerstand)* bes. bei Spulen und **Kapazitanz** *(kapazitiver Widerstand)* bes. bei Kondensatoren. Die Induktanz nimmt mit der Frequenz zu, die Kapazitanz mit der Frequenz ab. Die I. ist die Summe aus Resistanz und Reaktanz.

Imperativ [lat., zu imperare „befehlen", „anordnen"] (Befehlsform), Modus (Aussageweise) des Verbs, mit dem eine Forderung ausgedrückt wird. Der Sprecher wendet sich dabei direkt an eine Person oder mehrere Personen, und zwar in der zweiten (angesprochenen) Person Singular oder Plural. Im Dt. kann der I. Verschiedenes ausdrücken: einen Befehl *(Komm her!),* einen Wunsch oder eine Bitte *(Komm doch mit!),* eine Aufforderung *(Bring mir die Zeitung!),* einen Rat *(Erkundige dich zuerst nach dem Weg!),* eine Mahnung *(Tu das nicht noch einmal!).*

Imperativ, kategorischer ↑ kategorischer Imperativ.
imperatives Mandat ↑ Mandat.

Imperator [lat., zu imperare „anordnen"], 1. röm. Bez. für den Inhaber des Imperiums; urspr. oberster Befehlshaber des militär. Aufgebots im Krieg, dann Ehrentitel des vom Heer begrüßten siegreichen Feldherrn; seit Augustus Namensbestandteil der röm. Kaiser. 2. Titel der ma. Kaiser.

Imperatorrücken, untermeer. Schwelle im nw. Pazifik, bis 11 m ü. d. M. ansteigend.

Imperfekt (Imperfektum) [lat.], in der *Sprachwiss.* Bez. für die Zeitform beim Verb, die Geschehnisse der Vergangenheit ausdrückt, die als von der Gegenwart des Sprechers/Schreibers getrennt berichtet oder erzählt werden. – ↑ Präteritum.

Imperfektion [lat.], in der Mensuralnotation die durch das Notenbild angezeigte Verkürzung (Imperfizierung) einer regulär dreizeitigen (perfekten) zu einer zweizeitigen (imperfekten) Note.

Imperia, italien. Stadt an der Riviera di Ponente, Ligurien, 47 m ü. d. M., 41 200 E, Hauptstadt der Prov. I.; Bibliothek; Nahrungsmittelind., Ölhandelszentrum; Häfen; Winterkurort und Seebad. – Der Stadtteil **Porto Maurizio** (Winterkurort und Seebad) entstand im Hoch-MA um einen Turm aus der Zeit des Augustus.

Imperial [lat.], 1. kleine italien. Silbermünze des 12. bis 15. Jh. bes. in Mailand; 2. russ. Goldmünze zu 10 Rubel, geprägt 1755–1805 und 1886–96, ab 1897 mit 15 Rubel bewertet.

Imperial Chemical Industries Ltd. [engl. ɪmˈpɪərɪəl ˈkɛmɪkəl ˈɪndəstrɪz ˈlɪmɪtɪd], Abk. ICI, einer der größten Chemiekonzerne der Erde, Sitz London; entstanden 1926 durch Fusion; zahlr. Tochtergesellschaften.

Imperial Conferences [engl. ɪmˈpɪərɪəl ˈkɔnfərənsɪz] ↑ Empirekonferenzen.

Imperial gallon ↑ Gallon.

Imperialismus [frz.; zu lat. imperialis „das ↑ Imperium betreffend"], Bez. für das Herrschaftsstreben mit dem Ziel, die Bev. eines fremden Landes mit polit., ökonom., kulturellen und ideolog. Mitteln zu beeinflussen, auszubeuten, abhängig zu machen und direkt oder indirekt zu beherrschen. Historisch wurde die Bez. zuerst auf die Beherrschung von Absatz- und Kapitalmärkten angewandt. Nach 1870 stand der Begriff I. in enger Verbindung mit dem Nationalismus für eine Politik der territorialen Expansion eines Staates.

Geschichte: Schon in der Antike und im MA zeigten Reichsgründungen imperiale Züge, die sich mit dem Entstehen großer Kolonialreiche europ. Staaten (z. B. Portugal, Spanien, England) vom 15. bis 19. Jh. verstärkten. Während der Zeit des *klass. I.* (1880–1918) entfaltete sich in Europa eine Politik des expansiven Nationalismus, die auf einem durch pseudowiss. Thesen (z. B. Sozialdarwinismus) untermauerten „zivilisator. Sendungsbewußtsein" gründete. Innenpolit. Schwierigkeiten, außenwirtsch. Konkurrenzdruck und ein sich verselbständigendes Prestigedenken („Platz an der Sonne") lösten einen Wettlauf der europ. Mächte um die Aufteilung der Welt aus, der mit dem brit. Protektorat über Ägypten 1882 begann. Hauptrivale bei der Aufteilung Afrikas war Frankreich, das sich in W- und NW-Afrika ein Kolonialreich aufgebaut hatte. Deutschland, Italien und Belgien folgten wenig später. Mit dem Vorstoß Großbritanniens, Frankreichs und Deutschlands in den asiat. und pazif. Raum, der expansiven Asienpolitik Rußlands und Japans sowie den Aktivitäten der USA v. a. in Lateinamerika hatte die Politik des I. Ende des 19. Jh. einen vorläufigen Höhepunkt. Die Konflikte zw. den imperialist. Mächten beim Streben nach Rohstoffquellen, Absatzmärkten und Einflußsphären führten zunächst zu regional begrenzten Kriegen und schließlich zum 1. Weltkrieg. Für die Zeit bis 1945 spricht die Forschung von der Ära des *verschleierten I.* Der italien. Faschismus, der japan. Militarismus („großasiat. Wohlstandssphäre") und der dt. Nationalsozialismus („Lebensraum") verfolgten eine Politik des I. auf nationalist. und rassist. Grundlage. Im Verlauf der nach dem 2. Weltkrieg beginnenden ↑ Entkolonisation sank zwar der direkte Einfluß der alten Kolonialmächte, jedoch halten die neuen Staaten Afrikas und Asiens gegenüber diesen Ländern den Vorwurf imperialist. Politik aufrecht (↑ Neokolonialismus, ↑ Nord-Süd-Konflikt). Auch die Politik der UdSSR in ihrem nach 1945 entstandenen Einflußbereich trug bis Mitte der 80er Jahre imperialist. Züge. V. a. in Lateinamerika richtet sich der Begriff I. gegen die polit. und ökonom. Hegemonie der USA.

Imperialismustheorien: Eine umfassende I.theorie formulierte erstmals A. Hobson 1902 („I."), wonach die Suche nach neuen Kapitalanlagemöglichkeiten wesentl. Grundlage einer imperialist. Politik sei; als Alternative zum I. forderte er deshalb eine Hebung der Nachfrage der wirtsch. benachteiligten einheim. Bev. u. a. durch sozialpolit. Maßnahmen. Auf Hobson fußten R. Hilferding („Das Finanzkapital", 1910) und bes. W. I. Lenin („Der I. als höchstes Stadium des Kapitalismus", 1916/17), der den I. v. a. anhand von fünf Merkmalen definierte: Konzentration von Produktion und Kapital (Monopolkapitalismus); Verschmelzung von Bank- und Industriekapital; Entstehung einer Finanzoligarchie auf dieser Basis; Kapitalexport; Herausbildung internat. monopolist. Kapitalistenverbände, die die Erde unter sich aufteilen. Lenins Thesen wurden von der marxistisch-leninist. Theorie mehrfach revidiert, zumal der vorausgesagte Zusammenbruch des Kapitalismus ausblieb. J. Schumpeter definierte I. als objektlose Disposition eines Staates zu gewaltsamer Expansion ohne angebbare Grenzen („Zur Soziologie der Imperialismen", 1818/19). – Nichtmarxist. Wissenschaftler verweisen auf die Reproduktion der Abhängigkeitsverhältnisse des Kolonialsystems

Imperia. Blick auf den Stadtteil Porto Maurizio

und auf eine verstärkte „strukturelle" Abhängigkeit. Wegen des empirisch-theoret. Doppelcharakters des Begriffs I. (und seiner oft politisch-polem. Verwendung) besteht heute kein wiss. Konsens in der I.diskussion. Es zeichnet sich jedoch die Tendenz ab, den I. als universalhistor. Phänomen zu erfassen und durch Definition und histor. Ortsbestimmung den Begriff I. für die Analyse komplexer gesellschaftl. Prozesse fruchtbar zu machen.

Imperial Valley [engl. ɪmˈpɪərɪəl ˈvælɪ], über 200 000 ha großes Bewässerungsfeldbaugebiet im S-Teil der Colorado Desert, Kaliforniern, an der Grenze zu Mexiko. Das für den Anbau benötigte Wasser wird vom Unterlauf des Colorado abgeleitet; 4 800 km Bewässerungskanäle.

Imperium [lat., zu imperare „anordnen"], im alten Rom die den höchsten Beamten übertragene unumschränkte militär., zivile und richterl. Befehlsgewalt, bes. die der Konsuln und Prätoren, in den Prov. die der Statthalter, später die Befehlsgewalt der Kaiser.
▷ seit der sullanisch-ciceron. Zeit das Gebiet, in dem das röm. Volk durch seine Beamten die Herrschaft ausübte **(Imperium Romanum)**.
▷ im MA die Machtkompetenz des Kaisers, die sakrale Züge trug und zumeist als weit über den realen Machtbereich des Kaisers hinausgehend gedacht wurde. Neben dem durch die fränk. und dt. Röm. Könige errichteten Romanum I. (seit 1157 **Sacrum Romanum Imperium** [Hl. Röm. Reich]) wurden die Begriffe I. und Imperator ohne universalist. Bedeutung zeitweilig auch von engl. und span. Herrschern in Anspruch genommen.
▷ neuzeitl. Bez. für Groß- bzw. Weltreich.

Impersonale [lat.], unpersönl. Verb, das nur in der 3. Person Einz. vorkommt (z. B. „es regnet").

impertinent [lat.], ungehörig, zudringlich, frech, unverschämt.

Impetigo [lat. „chron. Ausschlag, Schorf"] (Eiterflechte, Grindflechte), durch Eitererreger (Strepto- oder Staphylokokken) verursachte ansteckende Hauterkrankung mit Pusteln oder eiterhaltigen Blasen, später mit gelben Krusten; tritt bes. bei Kindern auf.

impetuoso [italien.], musikal. Vortragsbez.: stürmisch, ungestüm, heftig.

Impetus [lat., eigtl. „das Vorwärtsdrängen"], (innerer) Antrieb, Impuls, Schwung (Kraft), Ungestüm.

Impfkalender (Impfplan), Zeitplan für die Schutzimpfung von Kindern mit dem Ziel einer optimalen Immunisierung gegen die wichtigsten Infektionskrankheiten nach Empfehlungen der Weltgesundheitsorganisation, des Bundesgesundheitsamtes u. a. Organisationen.

Impfpaß, Ausweis mit ärztl. Eintragungen über Impfungen.

Impfpistole, medizin. Gerät, das die Impfstoffe mit hohem Druck in oder unter die Haut „schießt".

Impfplan, svw. ↑Impfkalender.

Impfschäden, durch Impfung verursachte Gesundheitsschäden der geimpften Person. I. sind bei gesetzlich vorgeschriebenen oder öff. empfohlenen Impfungen entschädigungspflichtig.

Impfstoffe (Vakzine), antigenhaltige Lösungen zur aktiven Immunisierung bei Infektionskrankheiten. Man unterscheidet: **Lebendimpfstoff,** hergestellt aus lebenden Mikroorganismen, deren krankmachende Fähigkeit und Angriffslust jedoch abgeschwächt wird, und **Totimpfstoff** aus abgeschwächten (inaktivierten) Erregern.

Impfung, in der *Mikrobiologie* Bez. für die Übertragung von Mikroorganismen auf feste oder flüssige Nährmedien zum Zweck ihrer Züchtung.
▷ in der *Medizin* die Vornahme einer Schutzimpfung (↑Impfstoffe).
▷ in der *Chemie* Einbringen von Kristallchen in unterkühlte Schmelzen oder übersättigte Lösungen, um sie zum raschen Auskristallisieren zu bringen.

Impfzwang, staatlich erzwingbare generelle Impfpflicht. Ein I. bestand nach dem Impfgesetz vom 8. 4. 1874 gegen *Pocken;* das PockenschutzimpfG vom 18. 4. 1976 wurde mit Wirkung vom 24. 11. 1982 aufgehoben. Daneben können auf Grund des BundesseuchenG vom 18. 7. 1961 zur Verhütung *übertragbarer Krankheiten,* wie Pocken, Cholera, Typhus und Diphtherie, für Teile der Bev. in Fällen drohender epidem. Verbreitung Zwangsimpfungen durch die obersten Bundes- bzw. Landesgesundheitsbehörden angeordnet werden. Außer Zwangsimpfungen sieht das Gesetz auch öff. unentgeltl. Schutzimpfungen auf freiwilliger Basis vor, die hinsichtlich evtl. Impfschäden den Zwangsimpfungen gleichgestellt sind.

Imphal, Hauptstadt des ind. Bundesstaats Manipur, nördl. des Logtaksees, 782 m ü. d. M., 156 000 E. Univ. (gegr. 1980); Messing- und Bronzewarenherstellung; ✈.

Implantation [lat.] (Einpflanzung), in der *Medizin* die Einbringung von biolog. Material oder chem. Substanzen in den Organismus, und zwar: I. von Geweben oder Organen (Transplantation), I. von Medikamenten (Depotpräparate).
▷ in der *Biologie* die Einnistung der befruchteten Eizelle in die Gebärmutterschleimhaut.

Implementierung [lat.], in der *Datenverarbeitung* die Erstellung eines lauffähigen Programms für eine spezielle Aufgabe.

Implikation [zu lat. implicatio „Verflechtung"], allg. die Einbeziehung einer Sache in eine andere.
▷ in der *formalen Logik* eine Aussagenverbindung, die nur dann falsch ist, wenn die erste der beiden verknüpften Aussagen wahr und die zweite falsch ist; wird in der natürl. Sprache mit „wenn ..., so ..." formuliert.

implizit [lat.], [stillschweigend] eingeschlossen, mitenthalten, mitgemeint (Ggs. ↑explizit).
▷ in der *Mathematik* Bez. für Gleichungen (bzw. Funktionen) mit mehreren Variablen, die nicht nach bestimmten Variablen aufgelöst, sondern in der Form

$$F(x_1, ..., x_n; y) = 0 \quad (\text{z. B. } 3x + 4y - 5 = 0)$$

gegeben sind.

Implosion [lat.], schlagartiges Eindrücken oder Zertrümmern eines Hohlkörpers durch äußeren Überdruck, z. B. eines evakuierten Gefäßes durch den von außen wirkenden Luftdruck.

Imponderabilien [lat.], eigtl. svw. unwägbare Stoffe; meist übertragen gebraucht für „Unwägbarkeiten, nicht vorsehbare Risiken".

Impfkalender für Kinder und Jugendliche	
Lebensalter	Art der Impfung
1. Lebenswoche	BCG-(Tuberkulose-)Impfung
ab 3. Lebensmonat	Diphtherie/Pertussis/Tetanus (DPT-Impfung), 3 × im Abstand von 4 Wochen Haemophilus influenzae Typ b, 2 Injektionen im Abstand von 6 Wochen oder mit der 1. und 3. DPT-Impfung Poliomyelitis, 2 × trivalente Schluckimpfung im Abstand von mindestens 6 Wochen, ggf. in Kombination mit der 1. und 3. DPT-Impfung oder Teilnahme an Impfaktionen der Gesundheitsämter im folgenden Winter
ab 2. Lebensjahr	Masern/Mumps/Röteln (Dreifachlebendimpfstoff) Poliomyelitis, 3. trivalente Schluckimpfung DPT (Auffrischungsimpfung) Haemophilus influenzae Typ b, 3. Injektion, ggf. mit der 4. DPT-Impfung
ab 6. Lebensjahr	Diphtherie/Tetanus (Auffrischungsimpfung) Masern/Mumps/Röteln (Wiederimpfung)
ab 10. Lebensjahr	Poliomyelitis (Auffrischungsimpfung), trivalente Schluckimpfung
11.–15. Lebensjahr	Röteln (bei Mädchen) Diphtherie/Tetanus (Auffrischungsimpfung)

Imponiergehabe

Imponiergehabe des Blauen Pfaus

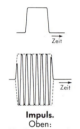

Impuls. Oben: Gleichstromimpuls. Unten: Wechselstromimpuls

Imponiergehabe [lat./dt.], in der Verhaltensforschung Bez. für im Tierreich v. a. bei ♂♂ weit verbreitete Verhaltensweisen, die Drohwirkung (auf einen Rivalen gerichtet) und Werbewirkung (an ein ♀ gerichtet) in sich vereinigen. Bekannte Formen des I. sind das Spreizen der Rückenflosse bei Fischen und das Sträuben der Kopf- und Nackenhaare beim Gorilla.

Import [engl., zu lat. importare „hineintragen"] (Einfuhr), der Bezug von Waren und Dienstleistungen aus dem Ausland. Der I. ist Teil des ↑Außenhandels. Zur Verbesserung der Zahlungsbilanz oder zum Schutz des Binnenmarktes können staatl. Maßnahmen ergriffen werden, um den I. einzuschränken (I.beschränkung, Einfuhrbeschränkung, I.restriktion; ↑Zoll). – In Deutschland unterliegen nur einige bestimmte Waren dem Erfordernis einer bes. I.genehmigung. – Ggs. ↑Export.

Importbeschränkung (Einfuhrbeschränkung), Maßnahme des Staates, die Importe aller oder einiger weniger Waren oder der Waren eines bestimmten Landes durch Einfuhrkontingentierung, Zölle oder Devisenbewirtschaftung mit dem Ziele der Verbesserung der Zahlungsbilanz oder zum Schutze des Binnenmarktes einzuschränken.

imposant [lat.-frz.], Eindruck machend, bedeutsam, überwältigend, großartig.

Impotenz (Impotentia) [lat.], allg. svw. Unvermögen, Unfähigkeit; im *sexuellen Bereich* die Zeugungsunfähigkeit infolge Sterilität *(Impotentia generandi)* oder das Unvermögen des Mannes, den Geschlechtsverkehr auszuüben *(Impotentia coeundi;* insbes. die Unfähigkeit zur Peniserektion). – Die I. kann zugleich physisch und psychisch bedingt sein sowie vorübergehend oder auf Dauer bestehen. Phys. Ursachen sind u. a. Penis- oder Hodenmißbildungen, allg. körperl. Schwäche, Rückenmarks- und Stoffwechselerkrankungen, Drogenmißbrauch oder starker Alkoholgenuß; psych. Ursachen sind v. a. in mangelndem Selbstvertrauen, Nervosität, Schüchternheit, Haß, Ekel, Angst oder Depressionen zu suchen.

impr., Abk. für: ↑Imprimatur.

Imprägnation [lat.], allg. svw. Durchtränkung, Durchsetzung.

▷ in der *Geologie* die feine Verteilung von Erz oder Erdöl in Spalten oder Poren eines Gesteins; ↑Erzlagerstätten.

Imprägnierung [zu lat. impraegnare „schwängern"], das Aufbringen von gelösten, dispergierten oder emulgierten Substanzen auf feste, poröse Stoffe (z. B. Papier, Textilien, Holz) zum Schutz gegen Feuer, Wasser, tier. oder pflanzl. Schädlinge u. a.

Impresario [lat.-italien.], Theater- und Konzertagent, der für einen Künstler die Verträge abschließt und die Geschäfte führt.

Impression [lat. „Abdruck", „Eindruck"], in der *Sinnesphysiologie* der durch einen Reiz ausgelöste elementare Sinneseindruck.

Impressionismus [frz., zu lat. impressio „Eindruck"], eine in der frz. Malerei zw. 1860 und 1870 entstandene Kunstrichtung. Der Name wurde von C. Monets Landschaftsbild „Impression, soleil levant" („Eindruck bei Sonnenaufgang", 1872) abgeleitet, das 1874 in der ersten gemeinsamen Ausstellung der frz. Impressionisten gezeigt wurde. Diese versuchten, einen Gegenstand in seiner augenblickl. Erscheinungsform in einem zufälligen Ausschnitt wiederzugeben. In freier Natur bemühten sie sich, u. a. durch helle Farben und eine die Konturen auflösende Malweise Licht, Atmosphäre und Bewegung zu erfassen. Voraussetzungen liegen in der span. (Velázquez, Goya) und engl. Malerei (W. Turner, J. Constable), in Frankreich selbst bei G. Courbet und der Schule von Barbizon. Von großer Bed. für den I. waren die schon vor 1870 gemalten pleinairist. Figurenbilder É. Manets, der meist zum I. gerechnet wird, ebenso wie E. Degas. Hauptvertreter impressionist. Freilichtmalerei sind C. Monet und A. Renoir sowie C. Pissarro und A. Sisley. G. Seurat und P. Signac vertraten den **Neoimpressionismus**, der die Farbwerte in mosaikartig aneinandergereihte Punkte zerlegt **(Pointillismus)**, wobei methodisch komplementäre Kontrastfarben nebeneinandergesetzt werden **(Divisionismus)**. P. Bonnard und É. Vuillard knüpften an I. und Neo-I. an. – In abgewandelter Form setzte sich der frz. I. in fast allen europ. Ländern durch. In Deutschland entwickelte er sich aus dem bes. von A. von Menzel vertretenen Realismus (F. von Uhde, M. Slevogt, M. Liebermann, W. Leibl, L. Corinth, C. Schuch und W. Trübner). Zu den führenden Impressionisten gehörten in England W. Sickert und der Amerikaner J. Whistler, in Dänemark P. S. Krøyer und V. Hammershøi, in Italien G. de Nittis und der Bildhauer M. Rosso. Bed. amerikan. Vertreter sind C. Hassam, J. S. Sargent, J. F. Sloan und v. a. M. Cassatt. – In der Plastik führte der I. zu einer malerisch weichen Modellierung der Oberfläche (Spiel von Licht und Schatten). Wichtige Vertreter des I. waren in diesem Bereich A. Rodin, E. Degas, A. Renoir. Auf die Architektur blieb der I. ohne Einfluß.

Als I. wird auch die *literar. Strömung* 1890–1910 bezeichnet, die, (bes. in Lyrik, Prosaskizzen und Einaktern) eine betont subjektive, möglichst differenzierte Wiedergabe persönl. Umwelteindrücke mit Erfassung der Stimmungen, des Augenblickhaften und Flüchtigen erstrebte. – ↑Symbolismus.

In der *Musik* des ausgehenden 19. und beginnenden 20. Jh. bezeichnet I. eine v. a. durch C. Debussy und M. Ravel vertretene Stilrichtung. Wichtige Stilmittel sind Auflösung tonalharmon. Verhältnisse, Verwischen melod. und rhythm. Konturen sowie ein vielfältiges Mischen und Wechseln instrumentaler Klangfarben unter Bevorzugung extremer Lagen. Im Sinne der Romantik ist der musikal. I. angelegt auf die Erzeugung von Naturstimmungen und Empfindungen. Im *photograph. I.* wurde nach Erfindung des Farbfilms durch Anwendung von Korn- bzw. Linsenrasterverfahren eine dem spätimpressionist. Pointillismus ähnl. Auflösung der Farbfläche in eine Kornstruktur erreicht. Die moderne Photographie kennt weitere techn. Hilfsmittel (Tricklinsen, Farbfilter, Weichzeichner), mit denen sich eine typisch impressionist. Darstellungsweise erreichen läßt; hochentwickelt u. a. bei E. Haas, D. Hamilton und A. Martin.

Impressum [lat. „das Eingedrückte, Aufgedrückte"] (Druckvermerk, Pflichteindruck), Vermerk über Drucker und Verleger (bei Büchern), beim Selbstverlag auch über Verf. oder Herausgeber, bei period. Druckwerken zusätzlich über mindestens einen verantwortl. Redakteur.

Imprimatur [lat. „es werde gedruckt", Abk. impr., imp., die vom Autor oder vom Verleger erteilte Druckerlaubnis.

▷ die nach *kath. Kirchenrecht* erforderl. bischöfl. Erlaubnis zum Drucken von Bibelausgaben, religiöse und theolog. Schriften.

Impromptu [ɛ̃prɔ̃'tyː; frz.; zu lat. in promptu „zur Verfügung"], in der *Musik* Bez. für eine der Fantasie nahestehende Komposition, beliebt v. a. in der Klaviermusik der ersten Hälfte des 19. Jh. (Schubert, Chopin).

Improvisation [italien., zu lat. improvisus „unvorhergesehen"], in einer bestimmten Situation geborener Einfall, der in Handlung umgesetzt wird (z. B. eine Ansprache, ein Umdisponieren), insbes. in den Bereichen Theater (↑Stegreifspiel), Musik und Tanz. In der *Musik* ist die I. Gegenbegriff zur Komposition. V. a. im Jazz, aber auch im Rock, in einigen Bereichen der Neuen Musik und in den meisten außereurop. Musikkulturen spielt die I. eine bed. Rolle.

Impuls [lat., zu impellere „stoßend in Bewegung setzen"], allg. die kurzzeitige Wirkung einer physikal. Größe bzw. ihre kurzzeitige Abweichung von einem Normal- oder Grundwert. I. e. S. ist der I. das Produkt aus Masse m und Geschwindigkeit v eines Massenpunktes, Zeichen p, SI-Einheit kg · m/s = N · s. Der I. ist ein Vektor $p = mv$, der die gleiche Richtung wie die Geschwindigkeit hat, d. h. in jedem Punkt der Bahnkurve tangential an dieser liegt; sein Betrag wird auch **Bewegungsgröße** genannt. – ↑Impulssatz.

▷ in der *Schwachstrom-* und *Nachrichtentechnik* sowie in der *elektr. Meßtechnik* ein kurzzeitiger elektr. Strom- oder Spannungsstoß.

▷ in der *Psychologie* Verhaltensanstoß in Form eines Antriebs oder Auslösers.

Impulserhaltungssatz, svw. ↑Impulssatz.

Impulsgenerator, Gerät zur Erzeugung von elektr. Impulsen wählbarer Dauer und Frequenz. Für niedrige Pulsfrequenzen werden meist elektromechan. oder elektromagnet. Impulsgeber verwendet. *Elektron. I.* für höhere Pulsfrequenzen (bis über 1 GHz) und kleine Impulsdauern (bis in den Pikosekundenbereich) sind u. a. der Sägezahngene-

Impressionismus

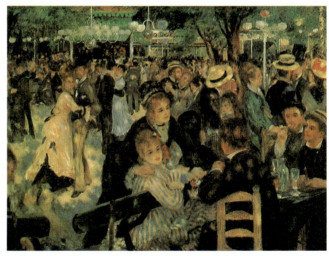

Oben links: Claude Monet, Eindruck bei Sonnenaufgang, 1872 (Paris, Musée Marmottan). Oben rechts: Edgar Degas, Absinth, 1876 (Paris, Louvre). Unten links: John Singer Sargent, Dennis Miller Bunker beim Malen in Calcot, um 1888 (Chicago, Terra Museum of American Art). Unten rechts: Auguste Renoir, Der Ball im Moulin de la Gallette, 1876 (Paris, Musée d'Orsay)

Impulshöhenanalysator

rator und der Multivibrator; sie sind häufig mit bes. Impulsformern gekoppelt, die dem Impuls die gewünschte Form geben.

Impulshöhenanalysator, in der Atom- und Kernphysik verwendetes Gerät zur Messung der Energie von [Elementar]teilchen mit [Teilchen]detektoren als Analysier- und Registriergeräte. Dabei werden die elektr. Impulse des Detektors entsprechend ihrer Höhe (= Maß für die Teilchenenergie) meist in eine Vielzahl von Kanälen *(Vielkanalanalysator)* einsortiert und gezählt.

Impulsivität [lat.], die individuell unterschiedlich ausgeprägte Neigung von Menschen zu plötzl. Handlungen.

Impulsmoment, svw. ↑Drehimpuls.

Impulssatz, Satz von der Erhaltung des ↑Impulses. Er besagt, daß in einem System, auf das keine äußeren Kräfte wirken, die Summe der Impulse der einzelnen Systemteile (Teilchen) zeitlich konstant ist, der Gesamtimpuls damit nach Größe und Richtung erhalten bleibt. Der I. ist eines der wichtigsten Grundgesetze der Physik, auf dem u. a. der Antrieb eines Körpers durch Rückstoß beruht.

Impulstechnik, Teilgebiet der Elektrotechnik, in dem man sich mit der Erzeugung (↑Impulsgenerator), Übertragung, Verarbeitung und Anwendung bzw. dem Nachweis von elektr. Impulsen befaßt. Die wichtigsten Anwendungsgebiete der I. sind neben dem Fernsehen und dem Radar die Computer- und Datenverarbeitungstechnik sowie Regelungs- und Steuerungssysteme.

Imputation [lat., zu imputare „anrechnen"] ↑Rechtfertigung.

Imrédy, Béla, *Budapest 29. Dez. 1891, †ebd. 28. Febr. 1946 (hingerichtet), ungar. Politiker. – 1932–35 Finanzmin.; als Min.präs. (1938/39) Anlehnung an die Achse Berlin–Rom; 1940 Gründer der rechtsautoritären „Partei der ungar. Erneuerung".

IMRO, Abk. für: ↑Innere Makedonische Revolutionäre Organisation.

İmroz, vulkan. Insel im Ägäischen Meer, mit 256 km² größte Insel der Türkei.

Imst, östr. Bez.hauptstadt am Ausgang des Gurgltales in das Inntal, Tirol, 828 m ü. d. M., 6 700 E. SOS-Kinderdorf; Textil-, Holz- u. a. Ind.; Fremdenverkehr. – Das 763 erstmals urkundlich erwähnte I. kam 1266 an die Grafen von Tirol; 1898 Stadt. – Spätgotisch sind die Pfarrkirche und die zweigeschossige Michaelskapelle.

Imuschag, Eigenbezeichnung der ↑Tuareg.

Imuthes ↑Imhotep.

in, Einheitenzeichen für ↑Inch.

In, chem. Symbol für ↑Indium.

in..., In... [lat.], Vorsilbe mit den Bed. „ein..., hinein" und „ohne, nicht, un..."; wird vor l zu **il...,** vor r zu **ir...,** vor m, b und p zu **im...,** z. B. illegal, implizit.

in absentia [lat.], in Abwesenheit [des Angeklagten].

in abstracto [lat.], rein begrifflich, nur gedacht; ohne Berücksichtigung der bes. Lage betrachtet. – Ggs. ↑in concreto.

inadäquater Reiz, Reiz, der entweder überhaupt nicht oder nur bei hohen Intensitäten erregungsauslösend wirkt; z. B. löst ein Schlag auf das Auge als i. R. Lichtempfindungen aus.

inaktiv, untätig, ohne Dienst oder Amt.

Inanna (Innin), sumer. Name der ↑Ischtar.

inäquale Furchung ↑Furchungsteilung.

Inarisee, 1 000 km² großer, insel- und buchtenreicher See in Lappland, N-Finnland, 119 m ü. d. M., bis 60 m tief. Am SW-Ufer liegt der Ort **Inari,** 7 200 E. Freilichtmuseum.

Inauguraladresse [lat.], Bez. für die Rede des Präs. der USA, die er am Tage seiner Amtseinführung (20. Jan.) vor dem Kapitol über die Grundsätze seiner Politik hält.

Inauguraldissertation [lat.], svw. ↑Dissertation.

Inauguration [lat.], im antiken Rom Weihezeremonie zur Machtübertragung für die Priestertümer der Auguren, Flamines und des Rex sacrorum.
▷ feierl. Einsetzung in ein akadem. oder polit. Amt oder eine akadem. Würde.

Inc., Abk. für: ↑Incorporated Company.

496

Inch [engl. ɪntʃ; zu lat. uncia „zwölfter Teil eines Fußes, Zoll"], Einheitenzeichen in oder ", in Großbritannien und in den USA verwendete Längeneinheit: 1 in = 1/36 yard = 25,4 mm.

Inchon [korean. intʃʌn], südkorean. Hafenstadt am Gelben Meer, 1,387 Mill. E. Kath. Bischofssitz; TH. Zweitgrößter Hafen Süd-Koreas und wichtiger Industriestandort. – Seit der Koryo-Zeit (918–1392) als Verwaltungsstadt erwähnt. 1883 wurde der Hafen für den Außenhandel geöffnet; wegen seiner strateg. Lage (Zugang nach Seoul) im Koreakrieg Landeplatz der UN-Truppen.

incipit [lat. „es beginnt"], erstes Wort der Anfangsformel, die in Handschriften oder Frühdrucken anstelle des (späteren) Titels den Beginn eines Textes anzeigt.

incl., Abk. für lat.: **incl**usive [„einschließlich"].

In Coena Domini ['tsø:na; lat.] ↑Abendmahlsbulle.

in concreto [lat.], in Wirklichkeit, tatsächlich.

Incorporated Company [engl. ɪnˈkɔːpəreɪtɪd ˈkʌmpəni, eigtl. „eingetragene Gesellschaft"], Abk. Inc., Kapitalgesellschaft in den USA, entspricht der AG.

Incoterms [engl. 'ɪŋkoʊtəːmz] ↑Handelsklauseln.

Incus [lat.] ↑Amboß.

I. N. D., Abk. für: **in n**omine **D**ei [„im Namen Gottes"]; **in n**omine **D**omini [„im Namen des Herrn"].

Indanthren ⓌⓏ [Kw. aus **Ind**igo und **Anthrac**en] ↑Indanthrenfarbstoffe.

Indanthrenblau RS ↑Indanthron.

Indanthrenfarbstoffe, urspr. Bez. für Anthrachinonfarbstoffe; heute ist **Indanthren** ⓌⓏ allg. Warenzeichen für mehr als 100 licht- und waschechte Farbstoffe aller Farbstoffklassen.

Indanthron [Kw.] (früher Indanthrenblau RS), ein Anthrachinonfarbstoff (↑Farbstoffe).

indefinibel [lat.], begrifflich nicht zu bestimmen, unerklärbar.

indefinit [lat.], unbestimmt.

Indefinitpronomen ↑Pronomen.

indeklinabel [lat.], nicht flektierbar (beugbar), z. B. ein *rosa* Kleid.

Indemnität [lat.-frz.; zu lat. indemnis „schadlos, verlustlos"], 1. die Nichtverantwortlichkeit des Abg. wegen einer Abstimmung, Äußerung oder sonstigen Amtshandlung im Parlament und dessen Ausschüssen (Art. 46 Abs. 1 GG, § 36 StGB). Die I. ist unverzichtbar, sie kann im Unterschied zur Immunität nicht vom Parlament aufgehoben werden und dauert auch nach Beendigung des Mandats fort. Zur I. gehört auch die Verantwortungsfreiheit für wahrheitsgetreue *Berichte* über die öff. Sitzungen des Bundestages und seiner Ausschüsse. 2. Nachträgl. parlamentar. Entlastung der Reg., z. B. für Haushaltsüberschreitungen oder im Ausnahmezustand ergriffene Maßnahmen.

Indemnitätsvorlage ↑preußischer Verfassungskonflikt.

Inden [Kw.] (Benzocyclopentadien), aromat., bicycl. Kohlenwasserstoff, C_9H_8, der an der Luft polymerisiert; dient zur Herstellung von Kumaron-I.harzen.

Independence Day [engl. ɪndɪˈpɛndəns ˈdeɪ], Unabhängigkeitstag der USA (4. Juli [1776]).

Independent Broadcasting Authority [engl. ɪndɪˈpɛndənt ˈbrɔːdkɑːstɪŋ ɔːˈθɒrɪti], Abk. IBA, staatl. Treuhandgesellschaft für Betrieb und Aufsicht des kommerziellen, durch Werbung finanzierten Hörfunks und Fernsehens in Großbritannien; gegr. 1954 als **Independent Television Authority** (Abk. ITA), 1972 um den Hörfunkbereich erweitert.

Independenten [zu lat.-engl. independent „unabhängig"], aus den Religionskämpfen des 16. Jh. in England hervorgegangene Bez. der radikalen Puritaner, die gegenüber der anglikan. Kirche Unabhängigkeit und Autonomie der einzelnen Gemeinden forderten; begaben sich wegen Verfolgungen ins niederl. Exil. Nach ihrer Niederlassung in Neuengland (Überfahrt der „Mayflower" 1620) wurden sie zu Vätern des amerikan. Demokratieverständnisses.

Independent Labour Party [engl. ɪndɪˈpɛndənt ˈleɪbə ˈpɑːtɪ] ↑Labour Party.

Inder ↑ Sternbilder (Übersicht).
indeterminabel [lat.], unbestimmbar.
Indeterminismus, im Ggs. zum Determinismus allg. die Lehrmeinung, nach der ein (bzw. alles) Geschehen [grundsätzlich] nicht, nur bedingt oder in bestimmten Bereichen nicht durch Kausalität bzw. durch Naturgesetze bestimmt ist und nach dem Prinzip der Kausalität erkannt und vorausgesagt werden kann. I. in der *Ethik* meint, daß Wille und Handlung des Menschen nicht, nicht nur oder nur bedingt durch Umwelt, Erziehung, Motivation usw. determiniert sind und eine bestimmte Spontaneität sowie die Möglichkeit der Freiheit der Entscheidung besteht.

Index [lat.], (Mrz. Indexe, Indizes) alphabet. Verzeichnis (Namen-, Titel-, Schlagwortregister, v. a. bei Büchern.
▷ (Mrz. Indizes) Zahl oder Buchstabe (im allg. tiefgesetzt) zur Unterscheidung bzw. Kennzeichnung gleichartiger Größen.
▷ (Mrz. Indices) in der *Anatomie* svw. Zeigefinger.
▷ ↑ Preisindex.

Index librorum prohibitorum [lat.], amtl. Verzeichnis der vom Apostol. Stuhl verbotenen Bücher; als Maßnahme der zum kirchl. Lehramt gehörenden Überwachung des Schrifttums wurde er von Paul IV. 1559 zum erstenmal förmlich, dann grundlegend nach dem Tridentinum 1564 erlassen. Durch die Erlasse der Glaubenskongregation vom 14. Juni und 15. Nov. 1966 wurden mit Wirkung vom 29. März 1967 der Index und somit das Bücherverbot und die entsprechenden Strafgesetze außer Kraft gesetzt.

Indexzahlen (Indexziffern), statist. Zahlen, die die relativen Veränderungen bzw. die relativen Unterschiede zusammengesetzter Größen angeben; I. sind Verhältnisse gewogener Mittelwerte von mehreren Meßziffern. Sie werden am häufigsten als Preis-, Mengen- und Umsatzindizes errechnet.

Indiaca ⓌⓏ, dem Volleyball verwandtes, aus S-Amerika stammendes Rückschlagspiel. Gespielt wird mit einem 23–25 cm langen federballähnl. Spielgerät, das aus einem ledernen Ballkörper, Stabilisierungsgewichten und auswechselbaren Führungsfedern besteht; geschlagen wird mit der Handfläche. Wettkampfmäßig wird I. auf einem Spielfeld ähnlich wie Volleyball gespielt.

Indiana, Robert [engl. ɪndɪˈænə], eigtl. R. Clark, * New Castle (Ind.) 13. Sept. 1928, amerikan. Maler und Graphiker. – Vertreter der Pop-art, legt seinen Werken v. a. Zahlen, Buchstaben und Worte zugrunde.

Indiana [ɪndɪˈɑːna, engl. ɪndɪˈænə], B.-Staat im Mittleren Westen der USA, 93 720 km², 5,54 Mill. E (1990), 59,1 E/km²; Hauptstadt Indianapolis.
Landesnatur: I. liegt im östl. Zentralen Tiefland und erstreckt sich vom Michigansee im N bis zum Ohio im S. Die glazial überformte, flachwellige Landschaft liegt in 92–383 m Höhe. – Das Klima ist gemäßigtkontinental; Waldareale v. a. im Süden.
Bevölkerung, Wirtschaft, Verkehr: Der Anteil der weißen Bev. beträgt rd. 92 %, der der schwarzen rd. 8 %. Die Verstädterung (64 %) ist bes. hoch im ↑ Manufacturing Belt im N, d. h. in den Ind.städten am Michigansee östlich von Chicago. I. verfügt über 9 Univ., deren älteste 1801 in Vincennes gegr. wurde. Der größte Teil von I. liegt im ↑ Corn Belt. Neben Mais werden v. a. Winterweizen, Hafer, Sojabohnen, Gerste und Roggen angebaut; daneben Viehwirtschaft. Im SW befinden sich Kohlevorkommen, die zu etwa 70 % über Tage abgebaut werden, sowie bed. Kalksteinbrüche (80 % des US-Bedarfs). Mehrere Erdölfelder werden ausgebeutet. Am Michigansee ist v. a. Eisen- und Stahlind. (Gary, Hammond, East Chicago) konzentriert. Das Eisenbahnnetz hat eine Länge von rd. 10 000 km, das Highwaynetz von rd. 15 500 km. Der Ohio ist ein weiterer bed. Verkehrsträger. In I. befinden sich über 100 ✈.
Geschichte: 1679/80 von Franzosen erstmals durchquert; gelangte 1763 in brit. Besitz; fiel 1783 an die USA, wurde 1787 Teil des Northwest Territory und durch dessen Teilung (1800) ein eigenes Territorium (umfaßte die heutigen Staaten I., Illinois, Wisconsin und große Teile von Michigan und Minnesota); nach militär. Sicherung (1811 Sieg über den vom Shawnee-Häuptling Tecumseh organisierten indian. Bund bei Tippecanoe) in seinen heutigen Grenzen 1816 als 19. Staat in die Union aufgenommen.

Indianapolis [engl. ɪndɪəˈnæpəlɪs], Hauptstadt des Bundestaates Indiana, USA, 720 000 E. Sitz eines kath. Erzbischofs, eines anglikan. und eines methodist. Bischofs; zwei Univ. (gegr. 1849 bzw. 1902), Colleges, Staatsbibliothek; chem., elektron., pharmazeut. Ind., Kfz- und Maschinenbau; Sitz zahlr. Verlage. Verkehrsknotenpunkt, ✈. – Gegr. 1821; Hauptstadt seit 1825.

Indianer [von Kolumbus fälschlich so ben.], Ureinwohner Nord- und Südamerikas; wahrscheinlich aus Asien eingewandert über die während der pleistozänen Eiszeit z. T. leicht zu überwindende Beringstraße. Sie gehören zur Rassengruppe der Indianiden. Von Alaska bis Feuerland entwickelten die einzelnen Stämme auf Grund der unter natürl. Bedingungen und Wirtschaftsgrundlagen eigene Formen der sozialen Ordnung, des Lebensunterhalts, des materiellen Kulturbesitzes und der Religion. Grundlegende Veränderungen (Akkulturation) bewirkten die europ. Kolonisatoren, deren Landnahme bis heute anhält.

Nordamerika

Die subarkt. Stämme *(Athapasken, Algonkin)* waren Jäger; sie entwickelten Rahmenschneeschuh, Tobogganschlitten und Boote (Kanu, Kajak) aus Holz, Rinde, Leder. Die *Cree* sö. der James Bay waren Handelspartner der engl. Hudson's Bay Company (gegr. 1670). Der Besitz von Zivilisationsgütern der Weißen (Perlen, Messer, Wolldecken, Gewehre im Tausch gegen Felle) machte sie zu Zwischenhändlern und bewirkte ihre Westwanderung im 18. Jh. Heute leben die Cree von Quebec bis Alberta. Man unterscheidet *Plains Cree* und *Woodland Cree*. Die I. der NW-

Indiaca.
Das federballähnliche Spielgerät:
1 eingesteckter Federträger mit auswechselbaren Federn;
2 Stabilisierungsgewichte;
3 Ballkörper

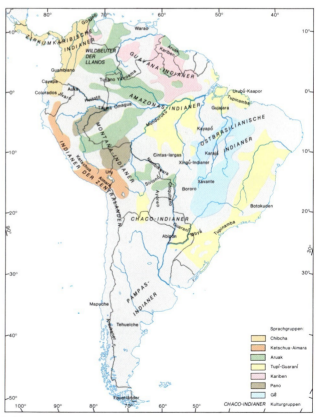

Indianer. Verbreitung der südamerikanischen Indianer

Indianer

Küste lebten v. a. vom Fischfang (Lachs, Wal). Material für Hausbau, Kochkisten und Kultgegenstände war Zedernholz; bes. Kennzeichen ihrer Kultur ist die geschnitzte Darstellung von Totemtieren (Klanzeichen an aufgerichteten Zedernstämmen und Hausfronten). Zentrales Ereignis ihres zeremoniellen Lebens war das Potlatch (Geschenkverteilungsfest), das als soziales Regulativ die gleichzeitige Anhäufung von polit. Macht und materiellem Reichtum verhinderte. Die I. Kaliforniens waren Sammler und Fischer, ihre Korbflechterei war hoch entwickelt; erste Besiedelung ihrer Territorien erfolgte durch die Spanier, die Missionsstationen errichteten. Verheerende Folgen hatte der kaliforn. Goldrausch im 19. Jh. Im SW lebten Wildbeuter, die später von den Spaniern die Schafhaltung übernahmen *(Navajo)*, und seßhafte Maisbauern *(Pueblo*völker). Ihre mehrstöckigen Terrassenhäuser sind aus gebrannten Lehmziegeln (Adobe) gebaut; Korbflechterei, Weberei und Töpferei werden noch ausgeübt; berühmt ist heute ihr Schmuck aus Silber und Türkis. Das nö. Waldland war Lebensraum der Algonkinstämme und der *Irokesen*föderation. Letztere bestand aus 6 Nationen *(Onondaga, Mohawk, Seneca, Cayuga, Oneida, Tuscarora)* und beeinflußte mit ihrem Rätesystem die Verfassung der USA. Sie betrieben Gartenbau in kollektiven Arbeitsgemeinschaften (Mais, Bohnen, Kürbis), jagten und wohnten in Langhäusern, die zu Dörfern zusammengeschlossen waren. Sie waren wie viele andere mutterrechtlich ausgerichtet. Die Stämme im SO wurden bekannt als die „Fünf Zivilisierten Nationen" *(Creek, Choctaw, Chickasaw, Seminolen, Cherokee).* Sie entwickelten eine eigene Schrift, verheirateten sich mit Weißen, hatten ein radikales, erfolgreiches Resozialisierungssystem und brachten es zu großem kollektivem Reichtum. Die I. der Prärien *(Sioux, Arapaho, Cheyenne)* lebten urspr. von Gartenbau und Saisonjagd; das von den Spaniern eingeführte Pferd machte sie zu Jagdnomaden und stärkte ihre Position gegenüber Nachbarstämmen. Hauptnahrungslieferant war der Bison, der bis Mitte 19. Jh. den Mittleren Westen entlang der Rocky Mountains in riesigen Herden bevölkerte. Der soziale Rang des Mannes war an der Adlerfeder und deren Verzierung zu erkennen. Die Häuptlingsfederhauben der Präriestämme prägten später das I.bild in Literatur und Film. Typ. Waffen waren vor Verbreitung der Feuerwaffen das Wurfbeil (Tomahawk), Keule sowie Pfeil und Bogen. Der Widerstand der I. begleitete die Landnahme der Europäer: 1680 verbündeten sich die Pueblos im SW gegen die Spanier. 1754 vereinigte Häuptling Pontiac von den Ottawa mehrere Stämme im Gebiet der Großen Seen gegen die Engländer; nach dem Frieden von Paris 1763 kämpfte er weiter, mußte 1765 aber Frieden schließen. Shawnee-Häuptling Tecumseh (Tecumtha) bemühte sich seit 1805 um ein Bündnis aller Stämme im MW und S gegen die nach W vordringenden weißen Siedler. Im 19. Jh. wurde das Schicksal der indian. Völker besiegelt. Zw. 1830/83 wurden 75 Mill. Büffel (wichtigste Nahrungsquelle der Prärie-I.) abgeschlachtet. Skalpprämien wurden ausgesetzt. Um 1830 begann die Umsiedlung zahlr. Stämme nach Okla-

Indianer

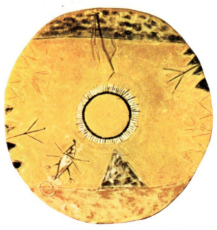

Links oben: Decke der Chilkat, einer Untergruppe der Tlingit (Stuttgart, Linden-Museum). Rechts oben: Schildmalerei von Puebloindianern nach Anasazitradition (Awatovi, Arizona). Links unten: Flechtarbeiten mit Kachinafiguren der Hopiindianer (Arizona). Rechts unten: Rundschild der Apachenkultur (New York, Museum of the American Indian-Heye Foundation)

homa. Letzter Sieg der I. gegen die Armee der USA war die Schlacht der Sioux unter Führung Sitting Bulls am Little Big Horn 1876. Mit dem Massaker am Wounded Knee 1890 war der indian. Widerstand gebrochen. Blutige Bilanz der I.kriege: rd. 2300 tote Soldaten, etwa 400 000 Indianer. Die einzelnen Stämme lebten von nun an in Reservaten, die vom Bureau of Indian Affairs (BIA) verwaltet wurden.

Lateinamerika

Die I. Lateinamerikas kann man grob in hochentwickelte Staaten im W und in Mittelamerika und in Stammesvölker im Tiefland im O und SO gliedern. Von den archäologisch bekannten *Olmeken, Azteken, Zapoteken, Mixteken, Tarasken, Totonaken* als auch den *Maya* und *Inka* leben heute in Mittelamerika bzw. Peru nur die Nachfahren der bäuerl. Grundbev. Die hochentwickelten Staaten waren durchorganisierte, gesellschaftlich streng hierarchisch gegliederte Großreiche mit einer sakralen und profanen Führungsschicht, während die auf dem Land errichteten Gemeinschaften regionale Kollektive mit demokrat. Verfassung waren. Die Unterwerfung durch die Spanier (1519 Ankunft Cortés' bei den Azteken) erfolgte durch Gefangennahme des Herrschers, womit auch das Volk besiegt war. Der Widerstand der Maya dauerte 165 Jahre, da ihre Staaten nicht so zentralistisch geordnet waren wie die der Inka und Azteken. Die an Überschußproduktion und Abgaben gewöhnten Bauern ließen sich leichter in eine Kolonialdiktatur integrieren als die kleinen, anarchistisch-demokratisch geordneten Stammeseinheiten der Tieflandstämme im O. Das von den Spaniern begehrte Gold hatte für die I. erst Wert, wenn es sakrale Gestalt angenommen hatte. Zahlreiche Nutzpflanzen und Drogen wurden z. T. mit ihren aztek. Namen in die Alte Welt eingeführt: Kartoffel, Garten-, Mond-, Feuer- und Schwertbohne, Garten- und Moschuskürbis, Tomate („tomatl"), Chili, Paprika, Ananas, Erdnuß, Kakao („cacauatl"), Tabak, Baumwolle. Mais wurde im Hochland von Mexiko seit 3500 v. Chr. kultiviert.

Die ökonom. Grundlage der trop. Tieflandkulturen ist bis heute der Maniok- und Bananenanbau; sämtl. Tieflandstämme leben bis heute vom Jagen und Sammeln. Gebräuchlichste Waffe der Pampasvölker war die Bola, eine Wurfkugel; sie wurde insbes. von den *Patagoniern* benutzt, die eine Reiterkultur entwickelt hatten. In den Regenwäldern östl. der Anden erfolgte der Kontakt mit den Weißen z. T. erst im 20. Jh. (v. a. über Missionare). Die Nomadenstämme jagen mit Blasrohr und Giftpfeil und treiben Gartenbau. Die weitere Existenz der trop. Stämme ist durch die Gewinnung von Erdöl, Eisenerzen und Edelhölzern sowie durch die zunehmende Verbreitung von Krankheiten gefährdet.

In den meisten Staaten findet man eine indian.-span. Mischkultur. Heute leben rd. 15 Mill. reinrassige I. in Südamerika (davon 10 Mill. im Zentralandenraum) und 4–5 Mill. in Mittelamerika und Mexiko. Sämtl. Statistiken sind ungenau, da von den Behörden entweder weniger I. ange-

Links oben: der Cliff-Palace, eine typische Siedlung der Anasazitradition (Mesa Verde National Park, Colorado). Links unten: Federschmuck der Urubú, eines Stammes der Tupí, um 1960 (Caninde, Brasilien). Rechts unten: Türkisschmuck der Navajoindianer (Arizona). Rechts außen: Totempfahl der Tlingit aus Alaska, 1850–85 (Philadelphia, University Museum)

Indianer

Indianer Nordamerikas in frühhistorischer Zeit

geben werden, um Dezimierungen zu verschleiern, oder mehr, um staatl. Hilfsgelder zu kassieren. Bis auf einige Stämme im Amazonasgebiet sind die I. Lateinamerikas unterdrückt und leben in Armut. Ethnologen unterscheiden bei der Ausrottung der I. zw. Ethnozid (kultureller Völkermord) im W und Genozid (phys. Völkermord) im Osten.

Religionen

Die religiösen und mytholog. Vorstellungen der I. sind ebenso vielgestaltig wie ihre Stämme und Sprachgruppen, so daß man nur einige wenige gemeinsame Züge nennen kann. – Bei den I. *Nordamerikas* war der Glaube an einen Hochgott (↑Großer Geist) weit verbreitet; in vielen Stämmen ist daneben die Gestalt eines Heilbringers nachweisbar. Typ. Erscheinungen sind Totemismus und Initiationsriten. Der Kult der I. hatte häufig ekstat. Charakter. Der Seelen- und Unsterblichkeitsglaube verband sich mit der Vorstellung von einem Jenseitsreich, das an unterschiedl. Orten gedacht wurde und von den Jägerstämmen als „ewige Jagdgründe" angesehen wurde. Die Verbindung zur Geister- und Dämonenwelt wurde vielfach von einem ↑Medizinmann aufrechterhalten, der oft auch Funktionen eines Priesters oder Schamanen hatte. – Ähnl. Vorstellungen (Hochgottglaube, Kulturheros, Schamanentum, Totengeister, Ahnenkult) sowie die Verehrung von Vegetationsgottheiten und der Vollzug von Fruchtbarkeitsriten lassen sich auch bei den indian. Naturvölkern *Lateinamerikas* feststellen (für die Kulturvölker ↑Inka [Inkareligion], ↑Mayakultur, ↑Azteken [Religion]).

Gegenwärtige Situation

Die aus Vertreibung, Entrechtung, Deklassierung und Dezimierung folgenden Probleme der heutigen I. in ganz Amerika werden allg. als **Indianerfrage** bezeichnet. Die neue Widerstandsbewegung der I. (sog. „Red Power") seit den 1960er Jahren rückte die Situation der 1991 rd. 2,5 Mill. nordamerikan. I. (hohe Arbeitslosigkeit, weitaus geringere Lebenserwartung, um 50 % höhere Kindersterb-

lichkeit als bei den Weißen, Alkoholabhängigkeit und höhere Selbstmordquoten) in das Bewußtsein der Weltöffentlichkeit.
Die „Neuen I." forderten die Erneuerung der gebrochenen Verträge bzw. Wiedergutmachung und machten mit spektakulären Aktionen auf sich aufmerksam: u. a. 1969 Besetzung der Gefängnisinsel Alcatraz bei San Francisco, 1972 „Marsch der gebrochenen Verträge" nach Washington und Besetzung des BIA, 1973 Besetzung der Ortschaft Wounded Knee.
Ziel der Widerstandsbewegung des *American Indian Movement* (AIM) ist v. a. die Abschaffung des Bureau of Indian Affairs (BIA). AIM will die Autonomie der Reservate und die Anerkennung der Stämme als souveräne Nationen erreichen. Erster Erfolg war eine UN-Konferenz in Genf (Sept. 1977) mit indian. Delegationen aus Nord- und Südamerika.
In Brasilien werden bei der Urbarmachung des Amazonasbeckens durch Straßen- (Transamazônica) und Staudammbauten, durch weitflächige Waldrodungen zugunsten von Viehzuchtprojekten sowie durch die bergbaul. Erschließung riesiger Eisenerzvorkommen u.a. bed. Lagerstätten (Gold, Erdöl, Bauxit) große Regenwaldgebiete zerstört und die Tiefland-I. aus ihren Stammesgebieten entweder vertrieben oder sogar ausgerottet. Zahlr. Stämme sind vom Aussterben bedroht, etwa 100 leben in Reservaten. Die brasilian. I.behörde, die Nationale I.stiftung *Fundação Nacional do Indio* (FUNAI), muß wie das nordamerikan. BIA gleichzeitig Reg.interessen wahrnehmen. In den meisten lateinamerikan. Staaten macht die „indian. Minderheit" die Mehrheit der ethn. Bev.gruppen aus. Seit den 1960er Jahren organisierten sich die I. in Interessengruppen mit dem Dorf als Grundeinheit. Die polit. Kampfmittel dieser Organisationen (Demonstrationen, Landbesetzungen, Petitionen an die Reg.) ähneln den nordamerikan. Bürgerinitiativen. Als neue Bündnispartner gelten neben den kath. Missionaren (v. a. in Brasilien) oder auch Gewerkschaften die in den I.gebieten oder -reservaten tätigen Anthropologen, die nicht nur die Lebensgewohnheiten der I. untersuchen, sondern sie auch aktiv unterstützen.

Indianerliteratur, unklare Bez. sowohl für die von Weißen über die Indianer verfaßte Literatur wie auch für die von Indianern, d. h. den Ureinwohnern Nordamerikas verfaßte.

Die Leben und Gebräuche der Indianer darstellende **Indianerliteratur von Nichtindianern** hat seit den ersten Berichten über die Neue Welt bis heute die Vorstellungen der Weißen vom Indianer maßgeblich geprägt. Die darin vermittelten Klischees vom „edlen Wilden" und vom „barbar. Wilden" fanden zunächst in Reise- und Missionsberichten, histor. und philosoph. Schriften ihre Verbreitung. Die Vorstellung vom heidn., aber „unschuldigen" edlen Naturmenschen war seit dem 16. Jh. in Europa populär und diente v. a. im Frankreich des 18. Jh. den Philosophen der Aufklärung als Argument ihrer Zivilisationskritik. In Nordamerika dominierte lange das den weißen Eroberern dienende Bild des blutrünstigen, gottlosen Roten. Erst im 19. Jh. wurde der Indianer als edler Wilder verherrlicht, am eindrucksvollsten in J. F. Coopers „Lederstrumpf"-Romanen (1823–41). In der Nachfolge Coopers erschienen im 19. Jh. in Deutschland populäre, humanitär für die Indianer eintretende Romane (C. Sealsfield, F. Gerstäcker, B. Möllhausen, F. A. Strubberg, F. Pajeken und K. May). In der 2. Hälfte des 19. Jh. suchte in Nordamerika auch eine ethnologisch detailgetreue I. ein verständnisvolleres, realistischeres Bild zu zeichnen. In den 1960er Jahren schließlich wurde der Indianer zur Identifikationsfigur der nach neuen Lebensformen und Einklang mit der Natur strebenden Gegenkultur und diente als Mittel ihrer Kritik an der Industriegesellschaft, so z. B. in K. Keseys Roman „Einer flog über das Kuckucksnest" (1962).

Die **Literatur der indianischen Bevölkerung** Nordamerikas umfaßt die jahrtausendealten mündl. Überlieferungen der verschiedenen Indianerkulturen, in denen das Wissen des Stammes gespeichert ist und die tradierten Glaubens- und Wertvorstellungen weitergegeben werden. – Im Wortsinn der schriftlich Niedergelegten bezeichnet I. die von Indianern in engl. Sprache verfaßte Literatur, die sich erst nach dem Kulturkontakt mit den Weißen entwickelte. Die ersten bedeutendsten Werke dieser I. entstanden in der 1. Hälfte des 19. Jh. und vermehrt nach Einweisung der Urbevölkerung in Reservate im späten 19. und frühen 20. Jh. Es waren dies v. a. Autobiographien, die persönl. Erinnerung und Stammeskultur verbanden und z. T. mit Hilfe weißer Koautoren aufgezeichnet wurden. Daneben erschienen erste Werke der Lyrik und der erzählenden Prosa. In den 1930er Jahren setzte eine Renaissance indian. Kultur ein, in der Literatur mit Romanen, Autobiographien und stammeskundl. Schriften. Erst in den 1960er Jahren aber, parallel zu den Forderungen der Indianer nach Gleichberechtigung und Selbstbestimmung, gelang der I. der Durchbruch und die Anerkennung durch die für Alternativen sensibilisierte Majorität mit dem Roman „Haus aus Dämmerung" (1968) des Kiowa N. S. Momaday, während das neu erwachte indian. Selbstbewußtsein seinen Ausdruck in dem erfolgreichen „indian. Manifest" „Custer died for your sins" (1969) des Sioux Vine Deloria jr. fand. Zu den bekanntesten Vertretern der modernen I. gehören neben Momaday die Tiwa Leslie Marmon Silko, der Blackfoot J. Welch, der Keres S. Ortiz und der Ojibwa G. R. Vizenor. – ↑USA (Literatur).

Indianerreservate (Reservationen), den Indianern vorbehaltene Siedlungsgebiete, die ihnen vertraglich, v. a. bis in die Mitte des 19. Jh., zum großen Teil gegen ihren Willen, meist auf schlechten Böden, von den Weißen aufgezwungen wurden. In den USA gibt es 278 I. (heute mit Selbstverwaltung), die dem Bureau of Indian Affairs unterstehen, in Kanada 2 250 I., die z. T. aber nur aus Einzeldörfern bestehen. Auch in Lateinamerika gibt es ähnl. abgegrenzte Siedlungsgebiete. Ein früher Vorläufer waren hier die von den Jesuiten in Paraguay im 17./18. Jh. gegr. Indianerreduktionen.

Indianersommer, in Nordamerika mit großer Regelmäßigkeit Ende Sept. bis Anfang Okt. auftretende Schönwetterlage, dem ↑Altweibersommer M-Europas vergleichbar.

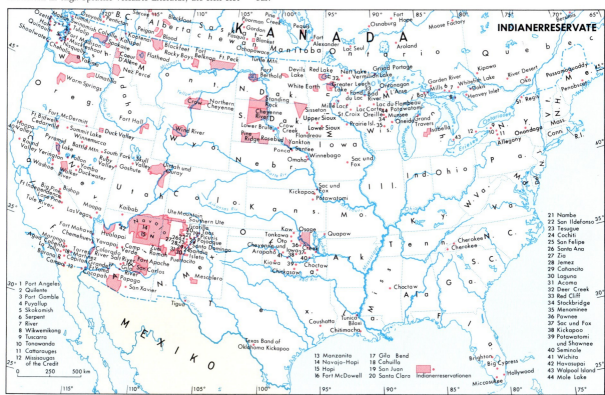

Indianersprachen

Indianersprachen, Sprachen der indian. Bev. Amerikas, deren Verbreitung seit der europ. Entdeckung bes. in Nordamerika stark zurückgegangen ist. In Mittel- und Südamerika wurden v. a. Aztekisch und Quechua von den span. Eroberern als Missionssprachen verwendet und so noch über ihren urspr. Bereich hinaus verbreitet. – Während nordamerikan. Sprachen und die Hochkultursprachen Aztekisch (Nahuatl), Maya und Quechua relativ gut erforscht sind, ist die Erfassung der südamerikan. I. größtenteils noch lückenhaft. In grober Schätzung sind etwa 3 500 bis 4 000 I. belegt, davon etwa 1 000 für Nordamerika, etwa 600 bis 700 für Mittelamerika und etwa 2 000 für Südamerika.

Unter den wichtigsten Sprachgruppen Altamerikas ragt im N Athapaskisch (Sprachfamilie: Nadene) hervor; bedeutender ist das weitverbreitete Algonkin (Algonkin-Wakash); Irokesisch war im Gebiet des Ontariosees beheimatet, Sioux oder Dakota im Stromgebiet des Mississippi (beide zur Sprachfamilie Hoka-Sioux). Vom heutigen Staat Utah bis Nicaragua waren die Utoaztekischen verbreitet, mit Hopi und den shoshon. Sprachen im N, Pipil und Nicarao im S, im Zentrum Mexikos Toltekisch und Aztekisch, das z. Z. der staatl. Eigenständigkeit der Azteken Nahuatl genannt wurde. Die zweite große Sprachgruppe Mittelamerikas umfaßt die Mayasprachen (Maya-Zoque), die von der pazif. Küste Guatemalas bis nach Yucatán reichten. Zu ihnen gehört auch Huaxtekisch im N der mexikan. Golfküste. Auf den Antillen besaßen das Taino Haitis und die karib. Sprachen vorrangige Bed. Verkehrssprache in Brasilien und Teilen Boliviens und Paraguays war das in mehrere Dialekte aufgespaltene Tupí-Guaraní. In der Andenregion waren Quechua und Aymará verbreitet, südl. davon sprachl. isoliert Araukanisch. – Die I. sind überwiegend inkorporierende Sprachen. Bes. die Sprachen der alten Hochkulturen verfügen über einen sehr reichen Wortschatz mit nuancenreichen Ausdrucksmöglichkeiten. – Bed. Werke in aztek. Sprache sind die „Historia general de las cosas de Nueva España" (1560) des Franziskaners Bernardino de Sahagún sowie das Geschichtswerk des Azteken Chimalpahin. Aus dem Bereich der Maya ist das „Popol Vuh" als heiliges Buch überliefert sowie mehrere unter dem Titel „Chilam Balam" veröffentlichte prophet. Bücher. In Quechua wurde das Drama „Apu Olántay" verfaßt. – Zahlr. indian. Wörter haben in europ. Sprachen Eingang gefunden, z. B. Tabak, Kanu, Kannibale, Mais.

Indianide, Rassengruppe der ↑ Mongoliden, die in mehreren Wellen (erstmals wahrscheinlich schon vor 40 000 Jahren) aus dem asiat. Raum in den amerikan. Kontinent einwanderte und sich in zahlr. regionale Gruppen differenzierte.

indianische Musik, wird, soweit noch unberührt von europ. und afrikan. Einflüssen, von der einstimmigen Vokalmusik geprägt. In *Nordamerika* fallen die musikal. Eigentümlichkeiten der einzelnen Gebiete nicht immer mit den durch andere Kulturelemente gegebenen Einteilungen zusammen. Bes. zur Unterscheidung geeignet sind Vortragsstil (gepreßt, gestoßen, von Akzenten durchsetzt, vibrierend u. a.), Umfang und Dichte der Skala und Aufbau der Gesänge (von Rezitationsformen bis zu durchkomponierten Gebilden mit stroph. Text). Gemeinsam ist die (teilweise terrassenförmig) absteigende Melodik, das Fehlen fester Intervallfolgen und die nur seltene instrumentale Ergänzung, u. a. durch Rahmentrommeln, Flöten, Rasseln, Schraper. Fast immer ist die Musik kultgebunden. Gegen den Norden zu nimmt der Vorrang des Textes ab, der kürzer als die Melodiezeile sein kann oder auch ganz fehlt (Silbensingen ohne sprachl. Sinn).

Bei den *mittel- und südamerikan. schriftlosen Indianerkulturen* ist das Alte fast vollständig in Mischformen mit iber. und negroider Musik aufgegangen. Ursprüngliches hielt sich in den großen Urwäldern, vereinzelt in den Anden und in Feuerland. Die Fünftonleiter überwiegt, im Amazonasgebiet gibt es daneben engschrittige Melodik, bei der mit Halbtonabstand ein Haupton umspielt wird. Zuweilen begegnet Parallelbewegung der Stimmen in Quinten und Quarten, selten echte Zweistimmigkeit. Begleitende und autonome Instrumentalmusik spielt hier eine etwas wichtigere Rolle: Neben den erwähnten Instrumenten kommen Musikbogen, Zungenschlitztrommel, Muschelhorn, verschiedene Gefäßflöten und -pfeifen und insbes. die Panflöte häufiger vor.

Die *Musik der höf. Hochkulturen* ist vollständig zerstört und nur durch archäolog., literar. und bildl. Denkmäler faßbar. Neben den Priestern, die das heutige Melodierepertoire überlieferten und lehrten, gab es Dichterkomponisten, die im Auftrag von Herrschern für religiöse Feste Werke schufen und musikalisch und choreographisch einstudierten. Entsprechend dem zeremoniellen Aufwand konnte die Ausstattung mit Sängern und Instrumentalisten reich sein.

Indian National Congress [engl. ˈɪndɪən ˈnæʃənəl ˈkɔŋgres „Ind. Nationalkongreß"], Abk. INC, größte ind. Partei; 1885 von Angehörigen der neu entstehenden ind. Bildungselite und Briten als Organ zur Vertretung eigenständiger ind. Interessen gegr.; wurde unter Führung M. K. Gandhis zu einer Massenbewegung, die seit 1920 zunehmend Einfluß auf die polit. Entwicklung Indiens nahm; nach der Unabhängigkeit Indiens 1947 von J. Nehru zu einer modernen Massenpartei ausgebaut; Sammelbecken heterogener sozialer und ideolog. Gruppierungen, wobei ihre verbal-radikalen sozialist. Programme durch den Einfluß einer dominanten Großbauernschicht neutralisiert werden. Der INC erlebte wiederholt Abspaltungen (zuletzt 1978) und war seit 1950 zumeist Reg.partei (ausgenommen 1977–80 und 1989–91).

Indican (Indikan) [Kw.], Bez. für zwei Verbindungen des Indoxyls: 1. *Pflanzen-I.,* das Glucosid des Indoxyls; es ist v. a. im Indigostrauch sowie auch im Färberwaid enthalten; 2. *Harn-I.,* der Schwefelsäureester des Indoxyls; er wird in der Leber aus Abbauprodukten der Aminosäure Tryptophan gebildet und mit dem Harn ausgeschieden.

Indien (Verwaltungsgliederung; Stand: 1990)

Bundesstaaten	Fläche (km²)	E (in 1000)	Hauptstadt
Andhra Pradesh	275 068	63 510	Hyderabad
Arunachal Pradesh	83 743	810	Itanagar
Assam	78 438	24 640	Dispur
Bihar	173 877	85 340	Patna
Goa	3 702	1 168	Panaji
Gujarat	196 024	40 580	Gandhinagar
Haryana	44 212	16 240	Chandigarh
Himachal Pradesh	55 673	5 050	Simla
Jammu and Kashmir	222 236[1]	7 340[2]	Srinagar[3]
Karnataka	191 791	44 830	Bangalore
Kerala	38 863	29 810	Trivandrum
Madhya Pradesh	443 446	63 450	Bhopal
Maharashtra	307 690	74 560	Bombay
Manipur	22 327	1 770	Imphal
Meghalaya	22 429	1 710	Shillong
Mizoram	21 081	700	Aizawl
Nagaland	16 579	1 110	Kohima
Orissa	155 707	31 100	Bhubaneswar
Punjab	50 362	19 650	Chandigarh
Rajasthan	342 239	43 850	Jaipur
Sikkim	7 096	440	Gangtok
Tamil Nadu	130 058	55 920	Madras
Tripura	10 486	2 550	Agartala
Uttar Pradesh	294 411	134 610	Lucknow
West Bengal	87 853	65 180	Kalkutta
Unionsterritorien			
Andaman and Nicobar Islands	8 249	279	Port Blair
Chandigarh	114	640	Chandigarh
Dadra and Nagar Haveli	491	138	Silvassa
Daman and Diu	113	101	Moti Daman
Delhi	1 483	9 370	Delhi
Lakshadweep	32	51	Kavaratti
Pondicherry	492	807	Pondicherry

[1] einschl. des von Pakistan kontrollierten Teiles (78 114 km²) von Kaschmir. – [2] Bev. des von Indien verwalteten Gebietes. – [3] Winterhauptstadt ist Jammu.

Indien

Indien
Fläche: 3,288 Mill. km²
Bevölkerung: 850 Mill. E (1990), 258,5 E/km²
Hauptstadt: Delhi (Neu-Delhi)
Amtssprachen: Hindi und Englisch
Nationalfeiertage: 26. Jan. (Tag der Republik) und 15. Aug. (Unabhängigkeitstag)
Währung: 1 Ind. Rupie (iR) = 100 Paise (P)
Zeitzone: MEZ + 4½ Stunden

Indices ↑ Index.
Indide, Unterrasse der ↑ Europiden mit zahlr. Untertypen, hauptsächlich in den Schwemmlandschaften und Hochebenen Vorderindiens verbreitet; mittelgroßer, schlanker Körperbau, langer Kopf, längl.-ovales Gesicht mit steiler Stirn, große Lidspalte, schwarzbraunes Haar, dunkelbraune Augen und hellbraune Haut.
Indien (amtl. Bharat Juktarashtra), föderative Republik in Südasien, zw. 8° 04' und 37° 06' n. Br. sowie 68° 07' und 97° 25' ö. L. **Staatsgebiet:** Umfaßt den größten Teil Vorderindiens; grenzt im NW an Pakistan, im N an China, Nepal und Bhutan, im O an Birma und an Bangladesch, im SW an das Arab. Meer, im SO an den Golf von Bengalen; zu I. gehören außerdem die Lakkadiven, Andamanen und Nikobaren. **Verwaltungsgliederung:** 25 Bundesstaaten, 7 Unionsterritorien. **Internat. Mitgliedschaften:** UN, Commonwealth, Colombo-Plan, GATT, mit der EWG assoziiert.

Landesnatur und Klima

I. ist von N nach S in drei große Landschaftsräume gegliedert: Hochgebirge (Himalaja und Karakorum), Tiefland (Ganges-Brahmaputra-Tiefland und indischer Anteil am Pandschab) sowie das dreiecksförmige Halbinsel-I. (Hochland von Dekhan). Das Hochgebirge nimmt etwa 10 % der Gesamtfläche ein. Es erreicht im K 2 (Karakorum) 8 610 m, im östl. Himalaja im Kangchenjunga 8 586 m Höhe. Quer durch Nord-I. zieht sich am S-Fuß des Himalaja in einer Breite von 300–500 km das Ganges-Brahmaputra-Tiefland, ein größtenteils von ertragreichen Lehmböden bedecktes Schwemmland, entlang. Das in 150–500 m Höhe liegende Pandschab geht nach S in die Wüstensteppe Thar über. Im N des Hochlands von Dekhan ragen einzelne Gebirgshorste auf, u. a. die Vindhjakette bis 1 350 m ü. d. M. Ein von der Narmada durchflossener tekton. Graben trennt Nord- und Süd-I., von altersher eine wichtige Verkehrsleitlinie zw. dem Arab. Meer und der Gangesebene.
Die Ränder des Hochlandes von Dekhan wölben sich in den küstenparallelen Gebirgen der Westghats (Anai Mudi 2 695 m) und der Ostghats (bis 1 640 m) auf. Beide Gebirge fallen steil zum Arab. Meer bzw. zum Golf von Bengalen ab, nur an der Ostküste konnte sich ein breiterer Tieflandsaum ausbilden. In den ebenen Landschaften neigen die Flüsse während der Regenzeit zu Überflutungen.
I. besitzt subtrop. bis trop., vom Monsun geprägtes Klima. Im Sommer erreichen feuchtwarme Luftmassen aus SW das Land, im Winter herrschen kühle und trockene NO-Strömungen vor. Abgesehen von Südost-I. bringt der Südwestmonsun dem Land 80 bis 90 % der Jahresniederschlagsmengen. Die höchsten Niederschläge fallen in den Gebirgen im NO und an der W-Abdachung der Westghats. In Höhenlagen ab etwa 5 500 m ü. d. M. im Himalaja und Karakorum fallen auch im Sommer die Niederschläge als Schnee. Das trop. Süd-I. ausgenommen, treten im Jahresverlauf mit wachsender nördl. Breite und zunehmender Meeresferne größere Temperaturschwankungen auf.

Vegetation und Tierwelt

Je nach Lage und Klima kommen verschiedene Waldtypen vor, vom trop. immergrünen Regenwald an der südl. Malabarküste über regengrüne Monsunwälder im nordind. Tiefland bis zu den Trockenwäldern des Dekhan. Hier finden sich auch Trocken- und Dornsavannen sowie Halbwüstenvegetation. Halbimmergrüne Regenwälder nehmen die unteren Hanglagen des östl. Himalaja ein, hangaufwärts schließen sich immergrüne Saisonregenwälder und Gebirgsregenwälder an.
Die Tierwelt gehört größtenteils der oriental. Region an; die meisten Säugetiere der Wüstengebiete im NW werden der paläarkt. Fauna zugeordnet. Tiger, Leoparden und Ind. Elefanten sind charakteristisch; daneben gibt es mehrere Arten von Bären, Antilopen, Gazellen, Zibetkatzen, Wölfen, Schakalen u. a.; überaus artenreich ist die Vogelwelt.

Bevölkerung

Die ind. Bev.struktur ist außerordentlich differenziert und gliedert sich in zahlr. verschiedene Gruppen. Ethnisch wird der N und das mittlere I. von den hellhäutigen ↑ Indiden geprägt. Im NO und SO (Tamil Nadu) bilden die Melaniden (Schwarzinder) die zweite ethn. Hauptgruppe. Viele Bergvölker des Himalaja und NO-I. gehören zu den Mongoliden; Weddide leben in den Wäldern des Dekhan. Rd. 75 % der Bev. sind Hindus, 18 % Muslime, 3 % Sikhs, 3 % Christen und 1 % Buddhisten.
I. ist nach China mit einem Anteil an der Weltbev. von rd. 16 % der volkreichste Staat der Erde. Jährlich nimmt seine Bev. um 16–17 Mill. zu. Als Folge mangelnder Hygiene, unzureichender Trinkwasserversorgung, Unter- und Fehlernährung befinden sich große Teile der Bev. in schlechtem gesundheitl. Zustand.
Die mittlere Lebenserwartung erhöhte sich aber von 27 (1930) auf 56 Jahre (1985). Insgesamt stieg die Einwohnerzahl zw. 1961 und 1990 um über 90 %. Die 1952 eingeführte, auf freiwilliger Basis praktizierte Familienplanung konnte die nach wie vor hohe Geburtenrate von 3,2 % (1990) nicht wesentlich senken. Nachwirkend erschweren die zw. 1975 und 1977 zwangsweise durchgeführten Massensterilisationen noch heute die Durchsetzung der Familienplanung. Bes. dicht besiedelt sind die SW-Küste (Kerala), das Ganges-Brahmaputra-Tiefland und die Deltagebiete der O-Küste. Es herrscht hohe Arbeitslosigkeit und Verarmung. Vermutlich haben etwa über ein Drittel aller Einwohner ein Einkommen unterhalb der Armutsgrenze. Etwa die Hälfte der Bev. sind Analphabeten. Die allg. Schulpflicht, die von 7–15 Jahren besteht, kann auf Grund der großen sprachl., religiösen und sozialen Unterschiede sowie des Lehrermangels nur unzureichend durchgeführt werden. Etwa 47 % der Kinder besuchen die Schule nur bis zum 10. Lebensjahr. I. verfügt über 145 Univ. und 25 Inst. mit Univ.rang sowie zahlr. Colleges.

Staatswappen

Internationales Kfz-Kennzeichen

1970 1990 1970 1990
Bevölkerung Bruttosozial-
(in Mill.) produkt je E
(in US-$)

Bevölkerungsverteilung 1990

Bruttoinlandsprodukt 1990

Indien

Wirtschaft und Verkehr

Trotz der stark agrarisch geprägten Erwerbsstruktur kann I. zu den zehn höchstindustrialisierten Ländern der Welt gezählt werden, ist aber, gemessen am Bruttosozialprodukt, auch einer der zwanzig ärmsten Staaten der Erde. Die Wirtschaftsentwicklung wird durch Fünfjahrespläne zentral gesteuert. In der Landw. sind etwa die Hälfte der ind. Arbeitskräfte beschäftigt. Auf über 80 % der landw. Nutzfläche werden Reis, Weizen, Hirse, Mais und Hülsenfrüchte angebaut, doch hält die Ernte (weltweit viertgrößter Getreideproduzent) nicht Schritt mit dem Bev.wachstum; v. a. Getreide muß eingeführt werden. Nachteilig wirkt sich die große Abhängigkeit der Ernteergebnisse von Monsunregen und Kunstdüngereinfuhr aus. Die Landreform geht nur schleppend voran. Über die Hälfte der etwa 90 Mill. Betriebe bearbeiten weniger als 1 ha Land. Fast 20 % des landw. genutzten Bodens verbleiben für die Erzeugung der für den Export wichtigen Produkte wie Baumwolle, Jute, Kautschuk, Tee, Tabak, Kaffee, Zuckerrohr und Gewürze. I. besitzt etwa ein Fünftel der Rinderbestände der Erde, doch in weiten Gebieten dürfen die Rinder aus religiösen Gründen nicht geschlachtet werden. Die ehem. reichen Waldbestände sind durch Raubbau (v. a. im Himalajavorland) stark zurückgegangen, wodurch Dürre- und Flutkatastrophen begünstigt werden. Heute sind noch etwa 20 % der Landfläche mit Wald bedeckt. I. verfügt mit Braun- und Steinkohlen- sowie Eisenerzvorkommen über eine gute Rohstoffbasis; rd. 60 % des Erdölbedarfs werden im Lande gefördert, u. a. im Off-shore-Bereich vor Bombay. Wasserkraftwerke haben eine geringe Kapazitätsausnutzung, verursacht durch die stark schwankenden Wasserstände der Flüsse. Auch die Wärmekraftwerke arbeiten nicht wirtsch. genug. I. verfügt über mehrere Kernkraftwerke. Verschiedene Ind.zweige sind heute verstaatlicht. Die Eisen- und Stahlind. basiert auf den mit Hilfe der BR Deutschland, von Großbritannien und der UdSSR errichteten Werken (Rourkela, Durgapur, Bhilai Nagar, Bokaro). Ausgebaut wurden auch die chem., insbes. die petrochem. Ind., der Maschinenbau, die Kfz-, Elektro- und Elektronikind. Die Gummiproduktion wird zu über 50 % in der einheim. Reifenind. verwertet. Neben der Nahrungsmittel- und Genußmittelind. ist die Baumwollverarbeitung der älteste und bedeutendste Ind.zweig. Hinzu kommen Woll-, Jute- und Seidenerzeugung. Der Fremdenverkehr ist ein wichtiger Devisenbringer.

Haupthandelspartner sind die USA, Rußland u. a. Staaten der GUS, Japan, von den EG-Staaten Großbritannien und Deutschland. Ausgeführt werden Edel- und Halbedelsteine, Perlen, Maschinen, Baumwollbekleidung, Lederwaren, Juteerzeugnisse, Eisenerz, Chemikalien, Tee und Gewürze, eingeführt Maschinen und Transportausrüstungen, Erdöl und -derivate, Edelsteine zur Weiterverarbeitung, Eisen und Stahl.

Wichtigster Verkehrsträger ist die bis auf einige Schmalspurstrecken verstaatlichte Eisenbahn (4 Spurweiten). Das gut ausgebaute Streckennetz (62 000 km) ist das längste in Asien und das viertlängste der Erde. Bedeutung im Massengutverkehr haben außerdem die rd. 10 000 km langen Binnenwasserstraßen. Die wichtigsten Häfen für die See- und Küstenschiffahrt sind Bombay, Kalkutta, Madras, Cochin,

Indien und Bangladesh. Wirtschaft

Visakhapatnam, Marmagao und Kandla. Das Straßennetz ist rd. 2 Mill. km lang, davon sind 960 000 km mit fester Decke versehen. V. a. in der Regenzeit ist der Straßenzustand unzureichend. Indian Airlines betreiben den Inlands- und Air India den Auslandsflugverkehr. Internat. ✈ besitzen Bombay, Kalkutta, Madras und Delhi.

Geschichte

Die wedische Periode: Bereits vor der Einwanderung der Arier (wohl Mitte des 2. Jt. v. Chr.) gab es in der Harappakultur große Städte auf hohem zivilisator. Niveau (Mohendscho Daro, Harappa). Die mit Pferden und Streitwagen durch das Pandschab nach O vordringenden Arier (Selbstbez. Arya [„Edle"]) eroberten weite Teile N-I. und gelangten zw. 900 und 600 v. Chr. in die Gangesebene; ihre religiösen Vorstellungen sind in den Weden (↑Weda), einer Hauptquelle der frühen ind. Geschichte, enthalten. Nur langsam begannen die Arier seßhaft zu werden und Ackerbau zu treiben. Etwa um 1000 v. Chr. wird das Kastensystem erwähnt. Beendet wird die wed. Periode mit dem Auftreten des Buddha (*560, †um 480), der ersten belegten bed. Persönlichkeit aus I.; Buddhismus, Dschainismus und zahlr. weitere religiöse Systeme entstanden um die Mitte des 1. Jt. v. Chr. Bimbisara (*um 540, †um 490), begründete das Reich von Magadha im heutigen Bihar. Von Pataliputra (heute Patna) aus übte die Nanda-Dyn. (360–322 v. Chr.) ihre Macht weit über Magadha hinaus aus.

Das Reich der Maurja und die Fremdherrschaft: Von Magadha aus nahm auch das erste fast ganz I. umfassende Reich der Maurja-Dyn. seinen Ausgang, das Tschandragupta Maurja (⚭ um 322–um 300) begründete und das seine höchste Machtentfaltung unter ↑Aschoka erreichte, als es im NW über I. hinausgriff. Von NW her begannen seit etwa 100 v. Chr. die Skythen, I. zu erobern. Ihnen folgten die Kuschan. Sie setzten den indogriech. Kgr., die sich als Folge der Invasion Alexanders d. Gr. in NW-I. gebildet hatten, ein Ende. Um 50 n. Chr. entstand das Großreich der Kuschan, das sich unter König Kanischka von Z-Asien bis Benares erstreckte und entweder durch die Sassaniden im 3. Jh. oder die Guptas im 4. Jh. zerstört wurde.

Vom Guptareich bis zum Einbruch des Islams: Das Guptareich, das unter Samudragupta (⚭ etwa 335–375) ganz N-I. umfaßte, erlag um 500 dem Hunnensturm. Während der Guptaherrschaft kam es zu einer Hochblüte der Sanskritliteratur. Mit ihrem Ende zerfiel N-I. bis zum Beginn der islam. Herrschaft in eine Fülle kleiner, einander bekämpfender Kgr. Harschawardhana, dem letzten großen Schirmherrn des Buddhismus (*606, †647), gelang es von Kanauj aus noch einmal, den größten Teil von N-I. zu vereinen. Ende des 8. Jh. wurden die Radschputen Träger der polit. Macht. Dem Klan der Gudschara-Pratihara gelang es, von Kanauj aus ein Großreich zu errichten, das lange das Vordringen des Islams nach I. wirksam verhinderte. Nur die Prov. Sind wurde 712 islamisch. In ständige Kriege verwickelt, zerfiel das Gudschara-Pratihara-Reich und ging um 1000 endgültig unter.

Der Islam in Nordindien: Nach wiederholten Vorstößen (1001–27) des Mahmud von Ghazni kam es zu einer dauerhaften islam. Besetzung des Landes erst 1192 unter Muhammad von Ghur (⚭ 1173–1206). Er setzte in Delhi General Kutub Ad Din Aibak als Statthalter ein, der 1206 das Sultanat von Delhi gründete. Aibaks Nachfolger Iletmisch (⚭ 1211–36) und Balban (⚭ 1266–87) bauten das Reich weiter aus. Der Gründer der Childschi-Dyn., Dschalal Ad Din Firus Schah (⚭ 1290–97), wurde von seinem Neffen Ala Ad Din (⚭ 1296–1316) ermordet. Ala Ad Din unternahm mehrere Eroberungszüge nach S; im Innern führte er anstelle des Lehnswesens, das zu ständigen Rebellionen der Großen des Reiches geführt hatte, eine Besoldung aus der Staatskasse ein. Nach dem Ende dieser Dyn. (1318) begann der Zerfall des Sultanats, das 1398 unter dem Ansturm Timur-Lengs endgültig zusammenbrach. Erst unter der Dyn. der Lodi (1451–1526) begann eine erneute Festigung der Herrschaft von Delhi aus über N-I. Der Timuride

Babur (*1483, †1530) wurde 1526 durch seinen Sieg über das Heer des Sultans (Schlacht bei Panipat) zum Begründer des Mogulreiches. Das nur lose zusammengefaßte Reich Baburs mußte von seinem Sohn Humajun (*1508, †1556) erneut erobert werden. Unter Akbar (⚭ 1556–1605) dehnte es sich über ganz N-I. aus. Durch Akbars tolerante Politik gegenüber den Hindus entstand eine hinduist.-muslim. Mischkultur. Unter seinen Nachfolgern Dschahangir (⚭ 1605–27), Schah Dschahan (⚭ 1628–58) und Aurangseb (⚭ 1658–1707) erweiterte sich das Reich im S um die Sultanate im Dekhan, verlor aber an innerer Stabilität und konnte nicht wirksam gegen die seit Mitte des 17. Jh. unabhängigen Marathen verteidigt werden. Das Mogulreich löste sich nach der Eroberung Delhis durch den Perser Nadir Schah 1739 in einen lockeren Staatenbund auf; 1858 setzten die Briten den letzten Mogul ab.

Südindien bis zur Kolonialzeit: Bis zum 6. Jh. n. Chr. ist die Geschichte des S nur in Umrissen bekannt. Die Tamilen beherrschten zeitweise Ceylon. Seit etwa 570 regierte von Badami aus die Tschalukja-Dyn., die um 750 von Dantidurga Raschtrakuta (um 735–757) gestürzt wurde. Die nächsten 200 Jahre lang beherrschten die Raschtrakutas den Dekhan von Malkhed aus, bis noch einmal die Tschalukja-Dyn. von Kaljani aus vom 10.–12. Jh. die Oberhand gewann. Bereits die erste Tschalukja-Dyn. sah sich häufig in Kriege mit den Pallawas verwickelt. Nach einem Verfall ihrer Macht um 500 gewannen die Pallawas von Kantschi aus ihre alte Machtfülle zurück und eroberten 642 Badami. Während der Pallawazeit griff die ind. Kultur nach SO-Asien über und drang tief in den Malaiischen Archipel ein.

Blütezeit des Mogulreiches

Indien

Unter Radschradscha I. (⚭ 985–1012) und Radschendra I. (⚭ 1012–42) unterwarf das Tscholareich von Uraiyur bei Tiruchirapalli aus nicht nur S-I., sondern dehnte seine Macht bis nach Bengalen und Indonesien aus. Sein Erbe übernahm die Pandja-Dyn. von Madurai, die im 13. Jh. zur führenden Macht des S wurde. Mit der Invasion Malik Kafurs 1311, die alle Reiche des S erschütterte, erloschen die Jadawa- und die Hoysala-Dyn., während die Pandja-Dyn. zu einer Lokaldyn. herabsank. 1336 errichteten die Brüder Bukka, Hakka und Kampa das hinduist. Großreich von Widschajanagara im südl. Dekhan, das mit den islam. Reichen des nördl. Dekhan zusammenstieß. Bereits unter Muhammad Bin Tughluk (⚭ 1325–51) war im Dekhan die Bahmani-Dyn. mit der Hauptstadt Gulbarga entstanden, die sich 1347–1527 halten konnte. Ständige Kämpfe mit dem Reich von Widschajanagara führten zu einem Zerfall des Reiches in kleinere Staaten. Diese Sultanate des Dekhan wurden bis 1687 vom Mogulreich erobert.

Kolonialzeit und Unabhängigkeit: Mit der Entdeckung des Seeweges nach I. durch Vasco da Gama 1498 entstanden dort die portugies. Stützpunkte Daman, Diu und Goa. Die seit 1600 bestehende engl. Ostind. Kompanie gründete in Surat (1612), Madras (1639), Bombay (1661) und Kalkutta (1690) Niederlassungen; die 1664 entstandene frz. Ostind. Kompanie ließ sich 1674 in Pondicherry und 1688 in Chandernagore nieder. Seit etwa 1740 begannen zw. Franzosen und Briten in S-I. bewaffnete Auseinandersetzungen, als sich die Kompanien in Thronfolgestreitigkeiten lokaler Dyn. einmischten. Nach den Niederlagen im Siebenjährigen Krieg (Schlachten bei Vandivash 1760 und Pondicherry 1761) verlor Frankreich durch den Frieden von Paris 1763 seinen polit. Einfluß in I. Spannungen zw. den Briten und dem Nabob von Bengalen, Sirasch-ud-Daula, mündeten in einen Krieg, der die brit. Ostind. Kompanie zum Herrn Bengalens machte; 1765 übertrug ihr der Großmogul die Verwaltungshoheit über dieses Gebiet. Schwere Mißstände innerhalb der Kompanie führten zu mehrfachem Eingreifen des brit. Parlaments und zu Reformen unter dem ersten Generalgouverneur von O-I., W. Hastings (1773–85), der die brit. Machtstellung in I. ausbaute. Im Verlauf des 18. und 19. Jh. kamen etwa drei Fünftel des Gebietes von I. unter die Herrschaft der brit. Ostind. Kompanie, während das restl. Territorium weiterhin durch ind. Fürsten regiert wurde, die jedoch in Verträgen mit den Briten ihre Hoheitsrechte in der Außen- und Verteidigungspolitik an die Briten abgetreten hatten. Nach der endgültigen Unterwerfung der Marathenfürsten (1818) wurde 1843 Sind annektiert, 1849 das Reich der Sikh im Pandschab erobert, 1886 nach drei Kriegen Birma endgültig (bis 1935) Brit.-I. angegliedert. Generalgouverneur Lord W. H. Cavendish-Bentinck (1833 bis 1835) führte Englisch als Verwaltungssprache ein und untersagte die Witwenverbrennung. Unter Generalgouverneur J. A. B. R. Dalhousie (1848–56) fanden Telegraf und Eisenbahn in I. Eingang. Die Furcht vor einer westl. Überfremdung des Landes war letztlich die Ursache des großen Aufstandes (Mutiny) von 1857/58, in dessen Verlauf sich nach der Annexion der Fürstentums von Oudh 1856 verschiedene ind. Regimenter (Sepoys) in N-I. gegen die Briten erhoben. Mit der Niederwerfung des Aufstandes wurde zugleich das Mogulreich auch formal aufgehoben. Die brit. Ostind. Kompanie wurde 1858 aufgelöst und direkt der brit. Krone unterstellt, die durch den „Governor General in Council" (meist Vizekönig gen.) vertreten war. In London wurde ein I.ministerium geschaffen. Die ind. Unabhängigkeitsbewegung nahm ihren Anfang mit der Konstituierung des ↑ Indian National Congress 1885. Die unter G. N. Curzon (1898–1905) erfolgte Teilung Bengalens (1905) führte zu weit verbreiteter Unruhe im Lande. Daraufhin räumten die Morley-Minto-Reformen (1909) den Indern eine bescheidene Mitwirkung an der Reg. des Landes ein. Die Verfassungsreformen wurden in Anerkennung der von I. während des 1. Weltkriegs getragenen Lasten durch die Montagu-Chelmsford-Reformen (Montford-Reformen) weitergeführt, durch die den Indern in den Prov. eine Teilverantwortung an der Reg. gewährt wurde (Dyarchie). Die Ausführung der Reformen wurde durch die Rowlatt-Gesetze hinausgezögert, die eine Verlängerung des während des Krieges eingeführten Ausnahmerechts erlaubten. Der Protest gegen diese Gesetze ist mit dem ersten Auftreten M. K. Gandhis in I. verbunden. Nachdem in Amritsar eine Protestversammlung blutig aufgelöst worden war, kam es 1920–22 zu einer vom Kongreß und der 1906 gegr. Muslimliga gemeinsam getragenen Satjagraha-Kampagne des „zivilen Ungehorsams" gegen die brit. Behörden (nach gewaltsamen Ausschreitungen von Gandhi abgebrochen). Als die brit. Reg. die Forderung des Kongresses ablehnte, I. den Dominionstatus zu gewähren, löste Gandhi 1930 erneut eine Massenkampagne („Salzmarsch") aus, die zu den ergebnislosen Round-table-Konferenzen von 1930–32 führte. Die letzte Verfassungsreform von 1935 kam ohne eigtl. ind. Beteiligung zustande.

Die Muslimliga forderte unter M. A. Dschinnah einen eigenen muslim. Staat. Nach dem 2. Weltkrieg sah sich daher der letzte Vizekönig Lord Mountbatten (1947) gezwungen, durch eine rasche Teilung des Landes in I. und Pakistan den seit Aug. 1946 andauernden bürgerkriegsähnl. Unruhen ein Ende zu setzen. Nachdem beide Staaten am 15. Aug. 1947 unabhängig geworden waren (I. bis 1950 und Pakistan bis 1956 als Dominion), wurden die 562 Fürstenstaaten in die Union eingegliedert; nur die Kaschmirfrage blieb offen. Eine Verfassung trat am 26. Jan. 1950 in Kraft. Seit den ersten Wahlen 1951/52 regierte die Kongreßpartei, 1952–64 unter J. Nehru, 1964–66 unter L. B. Shastri, 1966–77 unter I. Gandhi. Die ind. Innenpolitik wurde unter Nehru und in verstärktem Maße unter seiner Tochter I. Gandhi von einer Hinwendung zum Sozialismus und zu einer säkularen Politik gekennzeichnet. Beid. Anstrengungen galten der Industrialisierung des Landes und der Verbesserung der Ernährungsgrundlage („grüne Revolution"). Die Außenpolitik Nehrus machte I. zu einem führenden Mitglied der blockfreien Staaten. Eine erstrebte Annäherung an China scheiterte an der Tibetfrage, die 1962 zusammen mit Streitigkeiten über den Grenzverlauf (McMahonlinie) zu einem für China erfolgreichen ind.-chin. Krieg führte. Der Konflikt mit Pakistan und Kaschmir 1965 wurde im Jan. 1966 unter sowjet. Vermittlung beigelegt. Am 9. Aug. 1971 schloß I. mit der UdSSR einen Freundschaftsvertrag. Im Dez. 1971 kam es zu einem weiteren ind.-pakistan. Krieg, der mit der Bildung von Bangladesch endete. 1975 wurde die frühere ind. Schutzgebiet Sikkim 22. Bundesstaat der Ind. Union. Im Juni 1975 wurde über das ganze Land der Ausnahmezustand verhängt, was von Premiermin. I. Gandhi mit einer Verschwörung gegen ihre Politik begründet wurde (Verhaftung zahlr. Oppositionspolitiker). Als I. Gandhi 1977 den Ausnahmezustand lockerte und Parlamentswahlen anberaumte, siegte die neu gegr. Janata Party. Ihr Führer M. Desai wurde Premiermin. Er ließ den Ausnahmezustand vollends aufheben. Anhaltende wirtsch. und soziale Probleme brachten jedoch der Kongreßpartei bei vorgezogenen Wahlen im Jan. 1980 wieder eine $^2/_3$-Mehrheit, I. Gandhi wurde erneut Premiermin. Durch Auflösung und Neuwahlen der Parlamente in 9 Bundesstaaten gelang es ihr bis Juni 1980, sich auch im Oberhaus eine Mehrheit zu verschaffen. Nach Rücktritt von Staatspräs. N. S. Reddy (1977–82) trat Zail Singh seine Nachfolge an (1982–87). Der innenpolitisch labile Zustand des Landes hielt in den folgenden Jahren an. V. a. in Punjab kam es immer wieder zu gewalttätigen Auseinandersetzungen mit separatist. Sikhs. Seinen Höhepunkt erreichte dieser Konflikt mit der Besetzung des Goldenen Tempels von Amritsar (Nationalheiligtum der Sikhs) im Juni 1984, die zum Anlaß für die Ermordung von Min.-präs. I. Gandhi durch zwei ihrer Sikh-Leibwächter wurde. Ihr Nachfolger wurde ihr Sohn R. Gandhi, der bei den Parlamentswahlen 1984 eine klare Mehrheit erhielt.

Zw. 1987 und 1992 war R. Venkataraman Staatspräsident. Bei den Wahlen im Nov. 1989 verlor die Kongreßpartei ihre absolute Mehrheit; R. Gandhi trat zurück; im Dez. 1989 bildete V. P. Singh, Parteiführer des Janata Dal, eine Minderheitsregierung. Außenpolitisch suchte I. die Beziehungen zu seinen Nachbarn, v. a. zur VR China und zu Paki-

Indien

Links: der Dschagannuathatempel aus dem 11. Jh. im hinduistischen Wallfahrtsort Puri, Bundesstaat Orissa. Rechts: Reisernte im Bundesstaat Tamil Nadu

Links: Straßenszene in Kalkutta. Rechts: ein Sadhu hat sich einen Dolch durch die Wange gestoßen; er nimmt Geißelungen auf sich, um das Wohl der Göttin Durga zu erflehen

Links: Salzgärten südlich von Madras. Rechts: Ernte auf einer Teeplantage im Himalajagebiet.

indifferent

stan (Nichtangriffspakt 1988) zu verbessern. Der Versuch, die Parteien im Nationalitätenstreit zw. tamil. und singhales. Gruppen in Sri Lanka an den Verhandlungstisch zu bringen, scheiterte 1985; die zur Niederschlagung des separatist. Aufstands der Tamilen seit 1987 im N Sri Lankas stationierten ind. Truppen zogen sich bis März 1990 wieder vollständig zurück. Im Zusammenhang mit blutigen Unruhen in Kaschmir, dessen muslim. Bev.mehrheit die Unabhängigkeit fordert, kam es seit 1990 erneut zu Grenzgefechten zw. I. und Pakistan. Gewaltsame Ausschreitungen bei einem religiösen Streit zw. Muslimen und Hindus um einen Tempel in Ayodhya lösten im Okt. 1990 eine Reg.krise (Spaltung des Janata Dal) aus, die zum Rücktritt von Min.-präs. V. P. Singh führte. Sein Nachfolger wurde mit Unterstützung des INC im Nov. 1990 Chandra Shekar, der bereits im März 1991 zurücktrat. Nach der Ermordung R. Gandhis (Mai 1991) wurde P. V. Narasimha Rao Präs. des INC. Aus den von gewalttätigen Ausschreitungen begleiteten Parlamentswahlen im Juni 1991 ging der INC zwar als stärkste Partei hervor, verfehlte jedoch die absolute Mehrheit; er stellt aber mit Rao den Premiermin. Im Juli 1992 wurde S. D. Sharma zum Staatspräs. gewählt.

Politisches System: Nach der am 26. Jan. 1950 in Kraft getretenen Verfassung ist die Rep. I. eine parlamentar. Demokratie mit bundesstaatl. Ordnung. *Staatsoberhaupt* ist der Präs., der von einem aus Mgl. des Zentralparlaments und der Staatenparlamente gebildeten Wahlmännerkollegium für eine Amtszeit von 5 Jahren gewählt wird; Wiederwahl ist möglich. Der Präs. ist Oberbefehlshaber der Streitkräfte, er hat u. a. das Notverordnungsrecht, das aufschiebende Vetorecht gegen verabschiedete Gesetze, er ernennt die Gouverneure, die höheren Beamten und Richter und kann das Unterhaus auflösen. Er ernennt als oberster Träger der *Exekutive* den Führer der stärksten Unterhausfraktion zum Premiermin. und auf dessen Vorschlag die übrigen Min., die einem der beiden Häuser des Parlaments angehören müssen. Präs. und Parlament bilden gemeinsam die *Legislative*. Das Parlament besteht aus dem Oberhaus (Vors.: der von beiden Häusern gewählte Vizepräs.) und dem Unterhaus. Die maximal 250 Mgl. des Oberhauses (Rajya Sabha) werden von den Staatenparlamenten entsandt (alle 2 Jahre wird ein Drittel der Abg. für jeweils 6 Jahre gewählt) und bis zu 12 weitere Abg. vom Staatspräs. bestimmt, die maximal 545 Abg. des politisch wesentlich bedeutenderen Unterhauses (Lok Sabha) werden auf 5 Jahre (bis auf 2 vom Präs. ernannte) direkt nach dem Mehrheitswahlrecht in Wahlkreisen gewählt. Die jeweiligen Zuständigkeiten des Gesamtstaats und der Bundesstaaten sind in der Verfassung festgelegt. Für Verteidigung, Auswärtiges, Währung und Kredit, Verkehrswesen, Zölle und Steuern u. a. ist die Zentralreg. zuständig; die Bereiche Polizei, Gesundheitswesen, Bildungswesen, Landwirtschaft u. a. sind Angelegenheiten der Bundesstaaten, für einige Bereiche (u. a. Planung, Sozialgesetzgebung, Justiz, Handel und Industrie) haben sowohl die Zentralreg. als auch die Reg. der Bundesstaaten Kompetenzen, im Zweifelsfall genießt der Gesamtstaat Priorität.

Die *Parteien*landschaft in I. ist infolge häufiger Absplitterungen, Verschmelzungen, Neugründungen in ständiger Veränderung begriffen. Stärkste Partei ist seit 1980 der Indian National Congress (INC); daneben sind im Parlament vertreten: Bharatiya Janata Party (BJB), Janata Dal (JD), die beiden kommunist. Parteien Communist Party of India (CPI) sowie CPI(M) [M = Marxist] und zahlr. weitere Parteien mit meist nur regionaler Bedeutung.

Die bedeutendsten *Gewerkschaftsdachverbände* sind der Indian National Trade Union Congress (INTUC, 3,7 Mill. Mgl.) und Hind Mazdoor Sabha (HMS; 2,1 Mill. Mgl.), die beide dem Internat. Bund Freier Gewerkschaften angehören, sowie der dem Weltgewerkschaftsbund angeschlossene All-India Trade Union Congress (AITUC; 3,0 Mill. Mgl.).

Verwaltung: Der bundesstaatl. Aufbau trägt der außergewöhnl. soziokulturellen und ökonom. Heterogenität des Landes Rechnung. Heute bestehen 25 Bundesstaaten und 7 Unionsterritorien. An der Spitze eines jeden Bundesstaates steht der von der Zentralreg. ernannte Gouverneur. Entsprechend den Mehrheitsverhältnissen in den direkt gewählten Landtagen ernennt er den Chefmin. und auf dessen Vorschlag die übrigen Min. Einige Bundesstaaten verfügen zusätzlich über ein Oberhaus. Für Ausnahmefälle ist die Übernahme der Exekutivgewalt durch die Zentralreg. vorgesehen. Die Unionsterritorien werden direkt von der Zentralreg. verwaltet. Die untere Verwaltungsgliederung fällt in die Zuständigkeit der einzelnen Staaten und ist regional verschieden. An der Spitze des *Gerichtswesens* steht der Oberste Gerichtshof in Neu-Delhi. Jeder Bundesstaat verfügt über einen Hohen Gerichtshof sowie über die Gerichte der nachfolgenden Ebenen: Distriktgerichte, Magistratsgerichte, auf Dorfebene Laiengerichte. Von diesen Gerichten werden auf den jeweiligen Ebenen sämtl. Rechtsfälle behandelt; eine eigene Verfassungs-, Arbeits-, Verwaltungsgerichtsbarkeit gibt es nicht.

indifferent [zu lat. indifferens, eigtl. „keinen Unterschied habend"], unbestimmt, teilnahmslos, gleichgültig.

indifferente Stoffe (indifferente oder inerte Materialien), Substanzen, die entweder gar nicht oder unter extremen Bedingungen nur sehr geringfügig mit Chemikalien reagieren; z. B. Porzellan, Glas, Platin, Graphit.

Indifferenz [lat.], Gleichgültigkeit gegen bestimmte (religiöse, eth., polit.) Werte und Normen (**Indifferentismus**), Uninteressiertheit.

Indifferenzkurve, in der Haushaltstheorie der geometr. Ort aller Mengenkombinationen zweier Güter, denen ein Haushalt gleichen Nutzen beimißt.

Indifferenztemperatur, Bereich der Umgebungstemperatur bei warmblütigen Lebewesen, in dem die Temperatur des Körperinnern im ruhenden und nüchternen Zustand konstant bleibt; liegt beim unbekleideten Menschen zw. 28 und 30 °C.

Indigenat [zu lat. indigena „Eingeborener, Inländer"], Staats-, Ortsangehörigkeit, Heimatrecht, Gemeinderecht. Durch die Verfassung des Norddt. Bundes (1867) und die Reichsverfassung (1871) eingeführtes Grundrecht, wonach jeder Angehörige jedes dt. Bundesstaates in jedem anderen Bundesstaat wie ein Inländer zu behandeln und zu allen öff. Ämtern und bürgerl. Rechten wie ein Einheimischer zuzulassen war. Dieses staatsbürgerl. Recht ist in Art. 33 Abs. 1 GG enthalten.

Indigenismo [span. indixeˈnizmo, zu lat. indigena „Eingeborener, Inländer"], Bewegung in Lateinamerika, mit dem Ziel der Rückbesinnung auf die indian. Vergangenheit (v. a. auf dem Gebiet der Kultur), der Integration der indian. Bev. und der Hebung ihres Lebensstandards; bes. in Mexiko ausgeprägt.

Indigirka, Fluß in NO-Sibirien, Rußland, entspringt am O-Rand des Oimjakonberglands, mündet mit einem Delta in die Ostsibir. See, 1 726 km lang; 1 154 km schiffbar.

indigniert [zu lat. indignus „unwürdig"], peinlich berührt, unwillig, entrüstet; **Indignation**, Unwille, Entrüstung, Abscheu.

Indigo [span., zu lat. indicum (griech. indikón), eigtl. „das Indische" (zur Bez. der Herkunft)] (Indigoblau), der älteste und früher wichtigste pflanzl. Farbstoff (ein Küpenfarbstoff); chemisch ein Derivat des Indols. In reinem Zustand ist I. ein dunkelblaues, kupfern schimmerndes Pulver. I. kommt v. a. in Indigostraucharten in Form des farblosen Glucosids *Indican* vor, das bei der Extraktion mit Wasser von einem in der Pflanze enthaltenen Enzym in Glucose und Indoxyl gespalten wird; letzteres geht durch den Luftsauerstoff in I. über. Zum Färben wird I. im alkal. Medium gelöst, wobei das farblose **Indigoweiß** (Leukindigo, Dihydroindigo) entsteht, mit dem das Gewebe getränkt wird. Beim Trocknen an der Luft bildet sich der blaue Farbstoff auf der Faser oxidativ zurück. I. wurde erstmals 1878 von A. von Baeyer synthetisiert.

Indigofarbstoffe (Indigoide), strukturell dem Indigo ähnl. Küpenfarbstoffe.

Indigostrauch (Indigofera), Gatt. der Schmetterlingsblütler mit rd. 300 Arten (einige davon, z. B. **Indigofera**

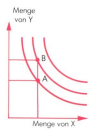

Indifferenzkurve. Durch vermehrten Konsum des Gutes Y (von Punkt A nach B) wird ein höheres Nutzenniveau (eine hohe Indifferenzkurve) erreicht

tinctonia, sind Hauptlieferanten von Indigo) in den Tropen und Subtropen; meist behaarte, sommergrüne Sträucher, Halbsträucher oder Stauden; Blätter meist unpaarig gefiedert; Blüten in achselständigen Trauben, rosafarben bis purpurfarben.

Indik ↑ Indischer Ozean.

Indikan, svw. ↑ Indican.

Indikation [zu lat. indicatio „Anzeige"], (Heilanzeige) aus ärztl. Sicht Grund zur Anwendung eines bestimmten Heilverfahrens.
▷ ↑ Schwangerschaftsabbruch.

Indikator [zu lat. indicare „anzeigen"], in der Chemie Sammelbez. für Substanzen, mit deren Hilfe der Verlauf einer chem. Reaktion verfolgt werden kann. *pH-Indikatoren* (Säure-Basen-I.) ändern ihre Farbe in Abhängigkeit vom pH-Wert der Lösung (z. B. Lackmus, Methylorange, Phenolphthalein); *Misch-I.* sollen die Farbänderung besser erkennbar machen; *Universal-I.* sind ein Gemisch verschiedener pH-I.; *Adsorptions-I.* zeigen bei Fällungstitrationen den Endpunkt durch charakterist. Färbung des Niederschlages an; *Fluoreszenz-I.* zeigen bei Bestrahlung mit ultraviolettem Licht bes. Farben (z. B. Eosin, Fluoreszein); *Metall-I.* dienen zur Bestimmung von Metallionenkonzentrationen, wobei farbige Komplexe gebildet werden (z. B. Eriochromschwarz, Murexid); *Redox-I.* werden zur Bestimmung des ↑ Redoxpotentials verwendet (z. B. Methylenblau).

Indikatormethode (Leitisotopenmethode, Tracer-Methode), Methode zur Untersuchung eines biolog., physikal. oder chem. Prozesses, bes. eines Stofftransportes im atomaren und molekularen Bereich, wobei ein stabiles (z. B. Deuterium) oder radioaktives (z. B. Kohlenstoff-14) Isotop als Indikator *(Leitisotop, Indikatorsubstanz, Tracer-Isotop)* einer Substanz oder einem Organ zugeführt wird. Da alle Isotope eines Elements chemisch gleich reagieren, nimmt das zugesetzte Isotop am Reaktionsweg teil, den das betreffende Element durchläuft; der Nachweis des Indikators erfolgt anhand der radioaktiven Strahlung oder, bei stabilen Isotopen, durch massenspektrometr. Analyse.

Indikatorpapier, poröse Papierstreifen, die mit geeigneten Indikatoren oder Indikatorgemischen getränkt und getrocknet worden sind. Beim Eintauchen in eine chem. Reaktionslösung nehmen die I. eine dem pH-Wert entsprechende Farbe an, aus der sich auf den Säure- oder Basegehalt der Lösung schließen läßt.

Indikatorpflanzen, svw. ↑ Bodenanzeiger.

Indio, span. Bez. für ↑ Indianer.

Indirect Rule [engl. ɪndɪˈrɛkt ˈruːl „indirekte Herrschaft"], von der brit. Kolonialmacht v. a. in Afrika und Asien angewandtes Herrschaftsprinzip; ließ die Struktur der bestehenden Gesellschaft grundsätzlich unangetastet und nur im Konfliktfall die brit. Macht hervortreten; erschwerte z. T. die Entwicklung zur Unabhängigkeit, da überkommene regionale und ethn. Konflikte konserviert und häufig im Interesse der brit. Kolonialherrschaft genutzt wurden.

indirekt [lat.], nicht geradewegs, mittelbar, abhängig.

indirekte Kernteilung, svw. ↑ Mitose.

indirekte Rede (Oratio obliqua), mittelbare, berichtete, nicht wörtl. Wiedergabe von Aussagen oder Gedanken, z. B. „Er sagte, er komme morgen".

indirekte Reduktion ↑ Eisen.

indirekter Freistoß ↑ Freistoß.

indirektes Sehen ↑ Sehen.

indirekte Steuern, Steuern, die von Wirtschaftssubjekten erhoben werden, welche sie nicht unbedingt selbst tragen, aber vorschießen sollen (Vorschußsteuern), z. B. Umsatz- und Verbrauchsteuern.

indirekte Wahl ↑ Wahlen.

Indisch-Antarktischer Rücken, untermeer. Schwelle im südl. Ind. Ozean, bis 1922 m u. d. M. ansteigend.

Indische Erdbeere ↑ Duchesnea.

indische Kunst, vorwiegend aus eigenen Überlieferungen (↑ Harappakultur) und gelegentlich durch fremde Anregungen bereicherte Kunst der altind. Dynastien und der einheim. Religionsgemeinschaften der Hindus, Buddhisten und Dschainas, eine Kunst, die sich heute auf dem Boden Indiens, Pakistans, Bangladeschs und Afghanistans findet. Die i. K. entwickelte einen bes. Reichtum an menschengestaltigen Götterbildern, die mit Hilfe des Sanskrit-Schrifttums interpretiert werden.

Frühe historische Reiche: Das erste geschichtl. ind. Großreich entstand im letzten Viertel des 4. Jh. u. Chr. unter den Maurja (um 322–um 185); der Herrscher Aschoka ließ religiöse Edikte in Felswände und Steinsäulen meißeln (pers.-achämenid. Einflüsse). Eine führende Gesellschaftsschicht im iran.-ind. Grenzgebiet hatte um 250 v. Chr. teil an der hellenist. Kultur. In den folgenden zwei Jh. entstand eine mittelmeerländ.-asiat. Mischkunst in Baktrien und NW-Indien (Ausgrabungen in Ay Chanum, Balkh, Bagram [Afghanistan], Taxila [NW-Pakistan]). Im baktr.-ind. Grenzland Gandhara entstanden bis ins 5./6. Jh. buddhist. Bildwerke aus Schiefer, Ton und Stuck (Fundstätten: Bagram, Hadda, Taxila). Zum Gedächtnis an Buddha wurden ↑ Stupas errichtet.

Guptakunst: Unter den hinduist. Guptaherrschern (um 320–570) erreichte mit der gesamten ind. Kultur auch die Bau- und Bildkunst einen Höhepunkt. Eine Terrasse trägt den Tempel mit der Versammlungshalle (Mandapa) und dem Allerheiligsten (Garbhagrha) mit dem Götterbild. Diesen kult. Mittelpunkt betonen Tempeltürme, die den gestuften Bau des Kosmos und den myth. Weltberg Meru symbolisieren, so in Deogarh (nördlich von Bhopal). Daneben wurden hinduist. Kulthöhlen (nach altbuddhist. Vorbild) errichtet (↑ Elephanta, ↑ Ellora) bzw. weiter ausgestaltet (↑ Ajanta).

Frühes und hohes MA: Etwa zw. 700 und 1300 entstanden die großen Hindutempel in trockenem Verband, waagerechtem Sturz und Kragebau, im N z. B. in Konarak und Khajuraho mit hochaufstrebenden Turmgruppen, im S in Pattadakal und Thanjavur (Tanjore).

Frühislamische Epoche: Als sich die Muslime Ende des 12. Jh. in Delhi niederließen, erbauten sie zunächst aus Hindu- und Dschaina-Heiligtümern ihre Moscheen. Als Minarett für den Kultbezirk am Kuwwat Al Islam errichteten sie den mehrgeschossigen Kutub Minar. Aus der Verbindung von iran. Raumwirkung und Bauformen mit einheim. Massenbau und Schmuckkunst entstanden indoislam. Sonderformen: Backsteinbauten von Bengalen, Moscheen und Gräber in Gulbarga und Bidar, Paläste von Mandu.

Mogulreich: Im 16. Jh. unter Babur und Humajun (Grabmal in Delhi, 1565 ff.) stark pers. Einflüsse. Akbar suchte eine geistige Durchdringung von ind. Überlieferung und islam. Formenwelt auf allen Gebieten der Kunst, Bauten in Fatehpur-Sikri (1569–74; u. a. Moschee, 1571), Agra (Rotes Fort) und Sikandra (Akbarmausoleum), eine Synthese zw. altind. Halle und islam. Raum. Hauptwerke der Folgezeit (in weißem Marmor) sind das Grabmal des Großwesirs Itimad Ad Daula (1628), unter Schah Dschahan Rotes Fort (1639 ff.) und Große Moschee (Dschami Masdschid, 1650 ff.) in Delhi und das Tadsch Mahal von Agra (1630–48); bed. Buchmalerei.

Kunst des Wischnuismus: Im 16.–19. Jh. in den nordind. Staaten Zentren der Buchmalerei; uralte ind. Symbole der erot. Kunst wurden jetzt in Szenen der myst. Liebe zw. der Hirtin Radha und dem Gott und Geliebten Krischna wieder aufgenommen. Bauten in hinduist.-islam. Stil entstanden u. a. in Widschajanagara und Bijapur in S-Indien.

Ende 18.–20. Jahrhundert: Nach der Unabhängigkeit entstand eine eigenständige Architektur, die z. T. internat. Formengut (u. a. Funktionalismus) aufnahm (Bauten in Chandigarh, Ahmadabad und Bangalore, u. a. von Le Corbusier und L. I. Kahn). Gegen Ende des 19. Jh. erlebte die ind. Malerei eine „Renaissance" unter A. Tagore und weiteren bengal. Malern, die in Anlehnung u. a. an die traditionelle Miniaturmalerei eine Kunstrichtung entwickelten, die von europ. Einflüssen weitgehend unabhängig sein wollte. Daneben bildete sich auch eine von der europ. Moderne beeinflußte Malerei und Plastik heraus. Die heutige ind. Malerei paßt sich vielfach internat. Stilrichtungen an. – Abb. S. 510/511.

Indigostrauch.
Indigofera tinctonia
(Höhe 1–1,5 m)

indische Literaturen

indische Literaturen, das mehr als drei Jt. und zahlr. Sprachen (↑indische Sprachen) umfassende Schrifttum des ind. Subkontinents, das von den bisher noch unentzifferten Inschriften der präar. Industalkultur bis zu den gegenwärtigen Literaturen Indiens, Pakistans, Bangladeschs, Nepals und Sri Lankas reicht.

Alt- und mittelindische Literatur

Wedische, Prakrit-, Pali- und Sanskritliteratur: Ausgangspunkt der i. L. sind die hl. Schriften des Brahmanismus, der Weda, aus dem sich seit 1500 v. Chr. die Hauptströmungen des alt- und mittelind. Schrifttums (die ep. und klass. Literatur) entwickelten. An ihn schlossen sich die Brahmanas (1000–500) und die Upanischaden (seit 800 v. Chr.) als früheste Zeugnisse der (religiösen) Sanskritliteratur an. Auch die mittelind. Dialekte, die unter dem Begriff Prakrit (Bed. wahrscheinlich Volkssprache) zusammengefaßt werden, sind Nachkommen des Wedischen. Sie wurden bes. von den Buddhisten und Dschainas verwendet. Erhalten sind u. a. der in Pali abgefaßte Tipitaka-Kanon der Buddhisten sowie die in Ardhamagadhi überlieferten Lehrreden des Mahawira, des Begründers des Dschainismus. Im Ggs. dazu pflegten die brahman. Schulen, die mit Dichtern aus dem Kriegeradel die Heldenepen „Mahabharata" (darin die „Bhagawadgita") und „Ramajana" schufen, das Sanskrit, das sich seit dem 1. Jh. v. Chr. in ganz Indien als Hochsprache durchsetzte. Die schlichten mytholog. Dichtungen der Puranas (wohl 4.–9. Jh.) und die religiös-didakt. Tantras dienten den Dichtern der Folgezeit als Quelle. Mit der Guptadynastie (um 320–500) begann das klass. Zeitalter der ind. Literatur, in dem die Kunstdichtung mit Kalidasa und Dandin (um 700, u. a. „Spiegel der Dichtkunst") ihre Blütezeit erlebte. Bes. befruchtend auf die Weltliteratur wirkte die ind. Erzählliteratur.

Drawidische Literatur: Die erste der drawid. Literatursprachen, die unabhängig vom Sanskrit entstand, war Tamil, das auf eine höf. Tradition zurückgreifen konnte und dessen Grammatik und Poetik (das „Tolkappijam") bereits im 1. Jh. v. Chr. verfaßt wurde. Einfluß auf die gesamte ind. Dichtung nahm die in der Volksreligion des S wurzelnde Bhaktiliteratur (↑Bhakti), deren Anfänge in den Preisliedern der wischnuit. Hymnendichter zu suchen sind.

Die Kannadaliteratur (Steininschriften seit dem 5. Jh. n. Chr.) kannte seit dem 10. Jh. eine eigenständige Entwicklung, während die Literatur in Malajalam erst im 13. Jh. einsetzte. Am Anfang einer selbständigen Teluguliteratur (überliefert seit dem 6. Jh.) standen Nannetschoda (10. Jh. ?) und Nannaja Bhattas Teluguübersetzung des „Mahabharata" (11. Jh.), die Tikkanna im 13. Jh. fortführte. Mit der Entwicklung der Regionalsprachen im Laufe des 2. Jt. schwand der Einfluß des Sanskrit als Literatursprache. Es wurde aber von der Oberschicht als Sprache der religiösen Literatur, des Theaters und der Wiss. weitergepflegt.

Indische Kunst

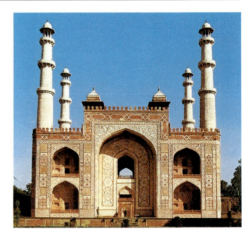

Oben links: Höhlentempel (Caityahalle) mit einer Buddhafigur am Stupa, zwischen 200 v. Chr. und 650 n. Chr., Ajanta, Bundesstaat Maharashtra. Oben rechts: Akbarmausoleum in Sikandra bei Agra, Bundesstaat Uttar Pradesh, 1605–27 erbaut. Unten links: Radrelief am Sockel des Sonnentempels in Konarak, Bundesstaat Orissa, 13. Jh. Unten rechts: Lakshmanatempel in Khajuraho, Bundesstaat Madhya Pradesh, 954 n. Chr. erbaut

indische Literaturen

Neuindische Literaturen

Die **bengalische Literatur** ist eine der umfangreichsten und bekanntesten der i. L. Sie nimmt ihren Anfang in den buddhist. Liedern um 1000. Die klass. Literatur beginnt mit den wischnuit. Werken des Tschandidas (15. Jh.) und des Tschaitanja (* 1846, † 1533). Bed. spätere Vertreter dieser Periode sind im 18. Jh. B. Ray und Ramprasad Sen (* 1718, † 1755). In der Kolonialzeit erhielten Epik und Prosa neue Impulse durch M. M. Datta (* 1824, † 1873) und B. Chatterjee (* 1838, † 1894). Das im Zeichen der engl. Romantik stehende lyr. Werk R. Tagores (Nobelpreisträger) zählt zur Weltliteratur.

Die **assamesische Literatur**, von Schankara Dewa, einem Anhänger der wischnuit. Bewegung Tschaitanjas († 1569) begründet, stand lange im Schatten der bengal. Entwicklung. Die Identitätsfrage Assams wird heute bes. in der Lyrik H. Bhattacharias (* 1932) und N. Phookans (* 1933) behandelt.

An der Entwicklung der **Gudscharatiliteratur** hatten die Dschainamönche einen wesentl. Anteil. Ihre frühesten Texte (1100–1300) finden sich im Werk Hematschandras (* 1088, † 1172). Nach einem Niedergang im 16. Jh. erlebte die Gudscharatiliteratur mit Premanand (* 1636, † 1734) eine Blütezeit. Im 19. Jh. begann mit Narmadaschankar (* 1833, † 1886) ein umfangreiches Prosaschrifttum. Als einer der wichtigsten Autoren gilt G. Tripathi (* 1855, † 1907), dessen sozialkrit. Roman „Saraswatitschandra" half, die Lehren Gandhis vorzubereiten, dessen Autobiographie selbst Vorbild für ein reichhaltiges polit. Schrifttum wurde.

Das älteste erhaltene Werk der **Hindiliteratur** ist das aus dem Leben der Radschputen berichtende Heldenepos „Prithiradsch-raso" des Tschand Bardai (12. Jh.). Neben die panegyr. höf. Dichtung, die auch von islam. Fürsten gefördert wurde, traten im 15. Jh. zahlr. der Krischnaverehrung entspringende Werke, z. B. die des Webers Kabir, der die volkstüml. Hindureligion mit dem Islam zu verschmelzen suchte. Der von ihm beeinflußte Nanak begründete die Religion der Sikhs. Ein Meisterwerk in Althindi schuf im 16. Jh. Tulsidas (* 1532, † 1623) mit seiner Neuschöpfung des „Ramajana", dem „Ramtscharitmanas", worin er die Ramalegende erzählt.

Am Beginn der Moderne steht der Schöpfer des Neuhindi, Lalludschi Lal (* 1763, † 1835). Der „progressist." Schule verpflichtet sind die über die Grenzen Indiens hinaus bekannten sozialkrit. Romane Premtschands (* 1880, † 1936), der zunächst in Urdu, später in Hindi schrieb. Mahadewi Warma (* 1907) knüpfte an die Tradition des Althindi an. Weitere bekannte Gegenwartsautoren sind Dsch. Kumar (* 1905, † 1988), Yashpal (* 1903) und Sumitranand Pant (* 1900).

Die erste große Dichtung der **Marathiliteratur** ist ein Kommentar (um 1290) des brahman. Asketen Dschnaneschwar zur „Bhagawadgita". Auch das Werk Tukarams (17. Jh.), des einflußreichsten Dichters Maharaschtras, gehört zum Kreis der wischnuit. Dichtung. Der Begründer der modernen Marathilyrik ist Keschawsut (* 1865, † 1905), der der Prosaliteratur der Essayist und Nationalist W. Chiplunkar (* 1850, † 1882). Hari Narajan Apte (* 1864, † 1919) und D. M. Pitale (* 1882, † 1928) schrieben v. a. histor. Romane. Zu den bekannten Autoren der Gegenwart gehören der Dramatiker W. D. Tendulkar (* 1928) und der Erzähler Daja Pawar (* 1935).

Die **Orijaliteratur** begann mit den Liedern des Markandadasa im 14. Jh. und erreichte mit dem Schaffen Upendrabhandschas (* 1670, † 1720) ihren Höhepunkt. Die Moderne wurde durch die Prosaisten Madhusudan Rao (* 1853, † 1912) und Radhanath Ray (* 1848, † 1909) eingeleitet.

Die **drawidischen Literaturen** der neueren Zeit umfassen zahlr. philosoph. Texte in der schiwait. Tradition des Südens. Das 18. Jh. war in der Teluguliteratur die Zeit der volkstüml. Genres (Hymnen, Volksdramen u. a.). Mit K. W. Pantulu (* 1848, † 1919) setzte ein Neubeginn der Teluguliteratur ein, die Modernisierung der tamil. Sprache gelang S. Bharati (* 1882, † 1921). Der sozialkrit. Roman fand in Malajalam, Kannada und Tamil wichtige Repräsentanten. Weitere herausragende Dichterpersönlichkeiten des Südens sind der tamil. Erzähler K. N. Subramanjam (* 1912, † 1989) sowie die v. a. mit engl. Veröffentlichungen hervorgetretenen Schriftsteller R. Rao (* 1909) und R. K. Narayan (* 1906).

Bed. für die **Sindhiliteratur** waren die Sufimystiker Shah Abdul Latif (* 1689, † 1752) und D. K. Chandani (* 1844, † 1916). Das bedeutendste ältere Werk der **Pandschabiliteratur** wurde im 17. Jh. verfaßt. Auch den muslim. Dichtern, die sich des Persischen (Hofsprache der Mogulherrscher) und des Arabischen (religiöse Dichtung) bedienten, galten diese Volkssprachen lange nicht als literaturwürdig. Die in 22 Fassungen überlieferte Liebesgeschichte „Hir Ranjha" des Waris Shah (* 1735, † 1784) gilt als Werk im reinsten Pandschabi, das seit dem 18. Jh. in der muslim. Literatur vom Urdu verdrängt wurde. Vertreter der modernen Pandschabiliteratur sind der Erzähler Vir Singh (* 1872, † 1957), der Lyriker Dhani Ram Catrik (* 1856, † 1954), der Satiriker Caran Singh Sahid (* 1891, † 1936) sowie die Lyrikerin und Erzählerin Amrita Pritam (* 1919).

Bahnbrechend für die **Urduliteratur** (17. Jh.) war das Werk des größten Dichters dieser Zeit, Wali (* 1668, † 1744). Literar. Zentren entstanden in Delhi (17. Jh.), wo dann auch der noch bis heute gefeierte Dichter M. A. Gha-

Oben: Zwei weibliche Gestalten, aus Wolken auftauchend, Felsmalerei, 5. Jh., Sigiriya, Sri Lanka. Unten: Radha und Krischna im Brinda-Hain, Miniatur aus Kangra, etwa 1785 (London, Victoria and Albert Museum)

indische Musik

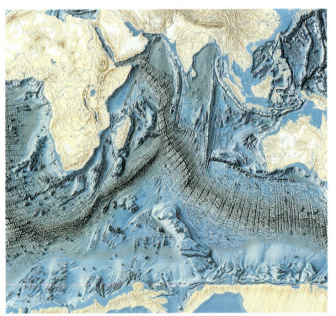

Indischer Ozean. Reliefkarte des Meeresbodens von Tanguy de Rémur (Quelle: Hachette-Guides-Bleus)

lib (* 1797, † 1869) am Hof des letzten Großmoguls wirkte, in Lucknow (18. Jh.) und Hyderabad (19. Jh.). Vater der modernen Literatur ist M. Iqbal. Die Prosa öffnete sich im 20. Jh. v. a. sozialkrit. Tendenzen.
Die Wurzeln der **indoenglischen Literatur (Indo-Anglian literature)** liegen im frühen 19. Jh., als sich in Indien eine Gesellschaft etablierte, die sich dem Englischen (seit 1835 offizielle Landessprache) und somit westl. Einflüssen öffnete. Die indoengl. Literatur gelangte nach der polit. Unabhängigkeit (1947) zur vollen Entfaltung. Sie ist zu unterscheiden von der **angloindischen Literatur (Anglo-Indian literature)** der engl. Kolonialschriftsteller. Das dabei vermittelte Indienbild wurde zwar von Philip Meadows Taylor (* 1808, † 1876) und B. Bhattarcharia (* 1906) korrigiert, dennoch prägt dieser Zwiespalt noch das Werk R. Kiplings, der die angloind. Literatur zu internat. Anerkennung führte. Zu den Initiatoren der indoengl. Literatur zählen v. a. Ram Mohan Roy (* 1772, † 1833) und H. L. V. Derozio (* 1809, † 1831), dem M. M. Datta u. a. folgten.
Einer der ersten Prosaschriftsteller war B. Chatterjee, dessen von W. Scott beeinflußte Familientragödie „Rajmohan's wife" (1864) Schule machte. Mit dem Werk von M. R. Anand erfolgte eine Hinwendung zur sozialkrit. Darstellung. Einen breiten Raum nimmt aber auch die zur Unabhängigkeit führende nat. Bewegung ein, so bei R. K. Narayan, K. Singh (* 1915) und R. Rao. Inhaltl. Themen v. a. der Prosa werden die nat. Identität, der Gegensatz zw. Tradition und Moderne sowie die Situation der ind. Frau, u. a. in Bhattacharyas „Music for Mohini" (1952), K. Markandayas (* 1924) „Nectar in a sieve" (1954) und Anands „The old woman and the cow" (1960, 1976 u. d. T. „Gauri"). Ein Einblick in das Leben der muslim. Inder findet sich bei Ahmed Ali (* 1912) sowie v. a. bei S. Rushdie.
indische Musik, die i. M. erlaubt eine Einteilung in musikal. Hochkunst, Volksmusik und Stammesmusik. Bei der Hochkunst – meist als i. M. i. e. S. aufgefaßt – unterscheidet man funktionell die hindustan. Musik als Stilkriterien der Sprachbereichs in N-Indien, Pakistan und Bangladesch von der karnat. Musik des S mit drawid. Sprachen. Ähnlichkeiten von Hochkunst und Volksmusik sind auf gleiche Vorbilder oder die Übernahme von Melodien und Rhythmen zurückzuführen. Dagegen hat jeder Stamm sein eigenes Musikrepertoire. – Die musikal. Hochkunst geht zurück v. a. auf den „Rigweda" und den „Samaweda", Sammlungen religiös-kult. Dichtungen. Die Musiklehre im „Natjaschastra" von Bharata aus den letzten vorchristl. Jh. kennt zwei siebenstufige Tonskalen im Oktavumfang, die nach ihrem Anfangston „Sagrama" und „Magrama" heißen. Jede dieser Skalen besteht aus Halbtönen und großen und kleinen Ganztönen, die sich wiederum aus 22 „Schruti" pro Skala zusammensetzen. Indem man auf jedem Ton der Skala eine siebenstufige Modalleiter errichtete, erhielt man sieben „Murtschana", aus denen durch Hinzutreten weiterer Merkmale (z. B. Anfangston, Zentralton, Finalis) 18 (sieben reine, 11 gemischte), als „Dschati" bezeichnete Melodietypen gewonnen wurden. Die Haupttöne verliehen der Melodie ihre bes. „Stimmung" oder „Farbe" („Raga"). Später entstandene Melodien mit neuen Tonkombinationen wurden als eigenständige „Raga" erfaßt. – Die fünf rhythm. Werte der i. M. („laghu", „guru", „pluta"; später zusätzlich „druta" und „anadruta") wurden zu Takteinheiten („Tala") zusammengefaßt. Die rhythm. Gestaltung der meist gesungenen Melodie, bei der Improvisation eine überragende Rolle spielt, ist dagegen vom Tala-Metrum weitgehend unabhängig. Sie wird meist von der Bordunlaute Tambura gestützt, von einem Streichinstrument (Sarangi in N-, Violine in S-Indien) umspielt und von der Trommel (Tabla in N-, Mirdanga in S-Indien) begleitet. Ferner sind beliebt: gezupfte Lauteninstrumente wie Sitar und Sarod in N- und die Wina in S-Indien, die Oboen Schahnai in N- und Nagaswara in S-Indien und überall Flöten. – Die Eigenart der beiden Stilbereiche der i. M. zeigt sich auch in den gegenwärtig geläufigen Skalensystemen. Das System S-Indiens umfaßt 72 Grundtonleitern („Melakarta"), die einer 12stufigen chromat. Skala entwachsen sind. Im Anschluß an das „Melakarta"-System wurde Anfang des 20. Jh. zur Systematisierung der nordind. „Raga" das „That"-System entwickelt, das die 10 für die Musikpraxis bes. wichtigen Skalen enthält. Schließlich sind viele Stücke der altind. Musik textierte und musikalisch weitgehend festgelegte Schöpfungen bekannter Komponisten, bes. des Dichter-Musikers Tyagaraja (* 1767, † 1847).
indische Philosophie, das philosoph. Denken auf der vorderind. Halbinsel entwickelte sich bis in die Gegenwart in engem Zusammenhang mit religiösen Vorstellungen, insbes. unter Einfluß der *Weden* (↑ Weda) und Upanischaden. Zentrales Thema ist das Problem der Erlösung; ihm sind die Fragen der Ethik, Metaphysik und Kosmologie zugeordnet. Kennzeichnend ist ein Götterpluralismus, doch werden erste Ansätze sichtbar, die Vielheit der Phänomene auf einen einheitl. Urgrund zurückzuführen. In den *Brahmanas* (entstanden zw. 1000 und 500) verstärkte sich diese monist. Tendenz zu einem einheitl. Urprinzip des Kosmos. Die älteren *Upanischaden* (entstanden seit 800 v. Chr.) bezeichnen die Wende vom myth. zum philosoph. Denken. Sie sind bereits eindeutig monistisch orientiert: Brahman, das All-Eine, das absolute, nur durch Intuition erfaßbare Sein, und Atman, das individuelle Selbst der menschl. Persönlichkeit, werden in eins gesetzt. Die Lehre von der Seelenwanderung wird entfaltet; Erkenntnis der Einheit von Brahman und Atman bringt Erlösung aus dem Kreislauf der Geburten (Samsara). Der orthodoxe Brahmanismus entwickelte – unterschieden nach den Methoden der Erkenntnis der Wirklichkeit – einerseits die vornehmlich praxisorientierten Systeme der *Mimansa,* des *Samkhja* und des *Njaja* und andererseits die metaphys. Systeme des *Wedanta, Yoga* und *Waischeschika*. Die größte Wirkung ging von Schankara aus, dem Hauptvertreter der *Adwaita.* Zw. 500 und 1000 standen neben und in Auseinandersetzung mit den Systemen des Brahmanismus v. a. die Erlösungslehren des *Dschainismus* und *Buddhismus* mit ihren philosoph. Implikationen. Danach wurden bis 1600 Ansätze altind. Philosophie aufgegriffen; erst im 19. und 20. Jh. kam es zur Auseinandersetzung mit der europ. Philosophie, z. B. bei R. Tagore und S. Aurobindo.
Indischer Büffel ↑ Wasserbüffel.
Indischer Dornschwanz ↑ Dornschwanzagamen.
Indischer Elefant ↑ Elefanten.

Indischer Korallenbaum, svw. ↑ Condoribaum.

Indischer Mungo (Herpestes edwardsi), bis 45 cm körperlange Schleichkatzenart in Arabien, Indien und auf Ceylon; Färbung überwiegend bräunlich; flinker Räuber, tötet auch Giftschlangen und kann relativ hohe Giftdosen überleben.

Indischer Nationalkongreß ↑ Indian National Congress.

Indischer Ozean (Indik), mit 73,43 Mill. km² (ohne Nebenmeere) kleinster der drei Ozeane der Erde. Die mittlere Tiefe beträgt 3 872 m, die größte bisher gemessene Tiefe liegt bei 7 455 m u. d. M. im Sundagraben. Seine Grenzen sind im SW der Meridian 20° ö. L. zw. Kap Agulhas und der Antarktis, im O der Meridian 147° ö. L. zw. Tasmanien und der Antarktis. Im NO verläuft die Grenze zum Pazifik durch die Singapurstraße, die Sundastraße, entlang den Kleinen Sundainseln nach Neuguinea und durch die Torresstraße nach Australien. Nebenmeere des I. O. sind das Rote Meer und der Pers. Golf. Vorderindien teilt den nördl. I. O. in das Arab. Meer im W und den Golf von Bengalen im O. Der I. O. wird im Zentrum vom **Zentralindischen Rücken** von N nach S durchzogen in Form eines umgekehrten Y; außerdem erstreckt sich der **Ostindische Rücken** von den Andamanen über 4 000 km nach S. Diese untermeer. Rücken gliedern den I. O. in 11 Tiefseebecken. Entlang des Zentralind. Rückens verlaufen (entsprechend dem Mittelatlant.) bis über 1 000 m tiefe Zentralspalten. Der Meeresboden zu beiden Seiten bewegt sich mit einer Geschwindigkeit von einigen cm/Jahr zu den Seiten. Im I. O. liegen u. a. die Inselgruppen der Lakkadiven, Malediven, Seychellen und Amiranten, Maskarenen sowie Madagaskar und Ceylon. Auf Grund des unterschiedl. Klimas sind Salzgehalt und Temperatur des Wassers sehr ungleichmäßig. Verdunstungsüberschuß und daher hohen Salzgehalt haben das Arab. Meer, v.a. aber der Pers. Golf und das Rote Meer. Nur im antarkt. Teil des I. O. tritt Eis als Meereis bis 50° s. Br. auf. Riesige Eisberge (bis 100 km lang bei Höhen bis 80 m über der Wasseroberfläche) dringen im östl. I. O. bis 34° s. Br. vor. Im äquatorialen und nördl. I. O. bewirken die jahreszeitlich wechselnden Winde eine nahezu völlige Umkehr der Oberflächenströmungen. So fließt z. B. der etwa 100 km breite Somalistrom im Winter nach S, im Sommer nach N mit Geschwindigkeiten bis zu 150 cm/s. Entlang der afrikan. Küste, im Golf von Bengalen und entlang der NW-Küste von Australien herrschen halbtägige Gezeiten vor. Gemischte Gezeiten, deren tägl. Hochwasser verschieden hoch sind, findet man im Arab. Meer und entlang der Küste von Sumatra und Java. Eintägige Gezeiten mit einem Hoch- und Niedrigwasser pro Tag gibt es an der SW-Küste von Australien.

Die Fischerei der Anliegerstaaten des I. O. beschränkt sich auf küstennahe Gewässer. An Bodenschätzen sind die Erdöllagerstätten des Pers. Golfes von großer wirtsch. Bedeutung.

Die erste wiss. Expedition erfolgte 1873–76 durch das brit. Forschungsschiff „Challenger". Die dt. Schiffe „Valdivia" und „Gauss" folgten 1898/99 bzw. 1901–03. 1959–65 fand die Internat. I.-O.-Expedition statt, an der sich 40 Forschungsschiffe aus 20 Ländern beteiligten. 1979 wurde das internat. Großprojekt INDEX (engl. **Ind**ian Ocean **Ex**periment) zur Untersuchung der Wirkung des einsetzenden SW-Monsuns durchgeführt. Seit 1982 wird im Rahmen der Intergovernmental Oceanographic Commission (IOC) eine intensive Erforschung des westl. I. O. betrieben. In diesem Rahmen fand die Expedition des dt. Forschungsschiffs „Meteor", MINDIK 1987, statt. Seit 1988 besteht im zentralen und östl. I. O. ein Komitee der Anrainerstaaten zur Erforschung der Ressourcen.

Indischer Senf (Sareptasenf, Junceasenf, Brassica juncea ssp. juncea), Kreuzblütler der Gatt. Kohl aus S-, Z- und O-Asien; bis 1,50 m hohe Pflanze mit dunklen Samen; v.a. in Indien als Öl- und Senfpflanze kultiviert, in China auch als Gemüse.

Indischer Subkontinent ↑ Vorderindien.

Indischer Tanz, als myth. Schöpfer des Tanzes, dessen älteste Quelle das „Natjaschastra" (nach dem 1. Jh. n. Chr.) ist, gilt der Gott Schiwa. Typisch für die vier großen, heute in eigenen Akademien gelehrten Tanzformen ist eine symbol. Gestensprache der Hände („mudra"). In Tamil Nadu wurde u. a. durch die Tempeltänzerinnen das klass. „Bharata Natjam" gepflegt. Um 1657 soll in Kerala das „Kathakali", in dem Stoffe der Sanskritepen tänzerisch dargestellt werden, entstanden sein. Unter islam. Einfluß entwickelte sich in N-Indien der „Kathak-Tanz", während der „Manipuri-Tanz" durch R. Tagore 1917 in Indien heimisch wurde.

indische Schriften, mit Ausnahme der ältesten i. S., der noch nicht entzifferten Indusschrift, und der Kharoschthischrift gehen alle i. S. auf die Mitte des 1. Jt. v. Chr. aus einem semit. Alphabet entstandene Brahmischrift zurück; diese Schriften sind rechtsläufige Silbenschriften, jede Schrift kennt Zeichen für Vokale und Konsonanten sowie Zusatzzeichen z. B. für Vokallosigkeit oder Nasalierung. – Die etwa 200 aus der Brahmischrift entstandenen Alphabete werden in eine nördl. und eine südl. Gruppe aufgeteilt. Zur nördl. Gruppe mit dem Guptaalphabet als Grundlage gehört u. a. die Dewanagari (entstanden seit etwa 700 n. Chr.), in der u. a. Hindi und Marathi geschrieben werden, das Bengali- und das Orijaalphabet, die für das Pandschabi verwendete Gurmukhischrift und die Schrift des Gudscharati. Zur südl. Gruppe, ausgehend von der Granthaschrift, gehören die kanares. Schrift, die Telugu- und die Malajalamschrift. Der Ursprung der Tamilschrift ist umstritten. – Schriften ind. Ursprungs außerhalb Indiens sind u. a. die singhales., birman. u. kambodschan. Schrift und die in Teilen Indonesiens gebrauchte Kawischrift; auch die tibet. Schrift hat sich im 7. Jh. n. Chr. aus einem nordind. Alphabet entwickelt.

Brahmi	𑀅𑀲𑀻𑀤𑁆 𑀭𑀸𑀚𑀸
Dewanagari	आसीद्राजा नलो नाम वीरसेनसुतो बली
Kannada	ನಿಘಂಟನ ಇಂಗ್ಲಿಷ್ ಭಾಗವನ್ನು
Telugu	నుండి విదేశ భాషే
Malajalam	ഭൂമിശാസ്ത്ര പേരുകം
Tamil	அணங்குகொலாய்மயில்கொல்
Singhalesisch	කඩිකාරසිඤ්ඤේ
Birmanisch	အဂၤလိပ် တဂၤလိပ် ဂၽိဳဟ္
Thailändisch	ปากฎเมฆๆ ยกๅ นๅม

Indische Schriften

indische Sprachen, die Sprachen des ind. Subkontinents; sie werden auf mehr als 1 500 Einzelsprachen geschätzt. Diese Vielzahl gliedert sich in 15 regional gebundene Hauptsprachen mit meist über 20 Mill. Sprechern und kleinere Sprachen und Sprachgruppen.

Die größte Verbreitung hat die Familie der **indoarischen Sprachen,** die Sprache der um die Mitte des 2. Jt. v. Chr. nach Indien eingewanderten Arier. Dazu gehören die erst in neuerer Zeit entstandene Staatssprache Hindi sowie die Regionalsprachen Assami, Bengali, Gudscharati, Marathi, Orija, Pandschabi, Sindhi, Urdu und die Staatssprache Sri Lankas, Singhalesisch, die auch alle über eine lange literar. Tradition verfügen. Als Literatursprache hat das altind. Sanskrit bis in die Gegenwart eine große Bed. Auf Inschriften und in der Literatur sind das Wedische als die älteste Form indoarischer Sprachen sowie, daraus hervorgegangen,

indisches Theater

Pali, die Prakrits und die Apabhramsha überliefert. Weitere Dialekte sind seit dem 13. Jh. bezeugt. – Die zweitgrößte Sprachgruppe bilden die **drawidischen Sprachen.** Die Völker mit drawid. Sprachen müssen schon vor den Indogermanen (etwa 3000 v. Chr.) in Indien eingewandert sein. Zu den drawid. Sprachen zählen neben den norddrawid. Restsprachen Brahui, Oraon und Malto das Zentraldrawidische mit der Regionalsprache Telugu sowie den Kleinsprachen Condi, Kui, Kuwi, Kolami, Naiki, Ollari, Gadba und Pardschi sowie das Süddrawidische mit den Regionalsprachen Tamil, Malajalam und Kannada sowie den Kleinsprachen Tulu, Kodagu, Kota und Toda. Außerdem gibt es weit über 100 Idiome, die v. a. den **Mundasprachen** (in Bihar, Bengalen, Orissa, Madhya Pradesh), den **dardischen Sprachen** (neben der Regionalsprache Kaschmiri die Kafirsprachen), den **iranischen Sprachen** (mit Paschto) und den **tibetobirmanischen Sprachen** (das Tibetische mit Lhoke und Kagate; die Himalajasprachen wie Newari, Gurung, Sunwar, Lepcha, Limbu; die assambirman. Sprachen mit den Bodosprachen, den Nagasprachen, den Kukisprachen; ↑sinotibetische Sprachen) zuzuordnen sind.

indisches Theater, schon in seiner frühesten Form haben sich Dichtung, Musik, Gesang und Tanz sowie Elemente aus Schattenspiel und Pantomime verbunden. Lehrbuch des *klass. i. T.* ist das in den ältesten Teilen wohl aus dem 1. Jh. n. Chr. stammende „Natjaschastra" des Bharata; danach sind die Haupttypen des i. T., das keine Tragödien kennt, das **Nataka** („Tanzspiel") mit Stoffen aus den Epen Mahabharata und Ramajana bzw. das **Prakarana** mit nicht-traditionellen Stoffen, das **Prahasana** („Komödie") und das monolog. **Bhana.** Die ältesten erhaltenen Dramen sind die Fragmente des Buddhisten Aschwaghoscha (1. Jh. n. Chr.). Bed. Dramatiker in der Folgezeit sind Bhasa, Schudraka und Kalidasa. Die klass. Periode endet mit den Dramen des Bhawabhuti im 7./8. Jh. Das klass. i. T., dessen Sprache Sanskrit und für bestimmte Personen auch Prakrit ist, ist bis heute lebendig.

indische Zahlen, die ind. Zählweise war seit alters her dezimal aufgebaut. Etwa ab dem 3. Jh. v. Chr. waren die Brahmiziffern in Gebrauch mit bes. Zeichen für die Zahlen 1 bis 9, für 10, 100 und 1000. Aus ihnen entwickelte sich bereits im 6. Jh. n. Chr. das ↑Dezimalsystem.

indiskret, taktlos, zudringlich, nicht verschwiegen; **Indiskretion,** Mangel an Verschwiegenheit, Weitergeben einer geheimen (oder vertraul.) Nachricht; Taktlosigkeit.

indiskutabel [lat.], nicht erörternswert.

indisponiert [lat.], nicht aufgelegt zu etwas, unpäßlich; **Indisposition,** schlechte körperlich-seel. Verfassung, Unpäßlichkeit.

Indium [zu lat. indicum „Indigo"], chem. Symbol In; metall. Element aus der III. Hauptgruppe des Periodensystems der chem. Elemente. Ordnungszahl 49; relative Atommasse 114,82, Schmelzpunkt 156,61 °C, Siedepunkt 2080 °C, Dichte 7,31 g/cm³. Das silberglänzende Metall tritt in seinen Verbindungen meist dreiwertig auf. I. kommt spurenweise in Zink- und Bleierzen vor; es wird durch Elektrolyse gewonnen. Verwendet wird es als korrosionsmindernder Legierungszusatz und in Form von Indiumantimonid, -arsenid und -phosphid als Halbleitermaterial.

Individualbegriff, in der traditionellen Logik ein Begriff, unter den genau ein Gegenstand fällt (z. B. „der natürl. Erdtrabant"); Ggs. Allgemeinbegriff.

Individualentwicklung ↑Entwicklung (in der Biologie).

Individualethik, auf Eigenverantwortlichkeit und Selbstverwirklichung orientierende ↑Ethik.

Individualismus [lat.-frz.], allg. eine Betrachtungsweise, in der das Individuum – meist unter Betonung der individuellen Selbständigkeit und Freiheit – zum Ausgangspunkt des Denkens und Handelns, der (eth., religiösen, gesellschaftl.) Wertvorstellungen und Normen gemacht wird; im bes. die Forschungsrichtungen v. a. in den Sozialwissenschaften, in denen diese Betrachtungsweise methodologisch bestimmend ist (*methodolog. I.;* vertreten u. a. von Popper, Hayek, Watkins).

▷ in der *Soziologie* Gegenstand von Theorien sozialen Handelns, die das Individuum und seine natürl. Antriebskräfte zum zentralen Ansatzpunkt der Erklärung sowohl von Ursache-Wirkungs-Verhältnissen zw. einzelnen Handlungseinheiten als auch von Ursprung und Aufrechterhaltung sozialer „Ordnung" (Regelmäßigkeit von integrierten Handlungsabläufen) machen. Soziolog. I. führt auch soziale Vorgänge in Organisationen und größeren Gebilden auf bloße Wechselwirkungen von aufeinander einwirkenden Individuen zurück und leugnet im Prinzip die Existenz von sozialen „Tatsachen".

Individualist [lat.-frz.], jemand, der einen eigenen Lebensstil entwickelt hat und von der Gemeinschaft unabhängig sein möchte; **individualistisch,** nur die eigenen Interessen berücksichtigend; eigenbrötlerisch.

Individualität [lat.-frz.], 1. Eigenartigkeit, Einzigartigkeit [einer Person]; auch Bez. für die unterscheidenden Merkmale einer Sache; 2. die einzelne Persönlichkeit.

Individualpsychologie, i. w. S. Bez. für die mit dem Einzelwesen sich befassende Psychologie (im Ggs. etwa zur Völkerpsychologie); i. e. S. die Psychologie A. Adlers in Abhebung gegen die Psychoanalyse S. Freuds und seiner Nachfolger und in Gegensatz zu der analyt. Psychologie C. G. Jungs.

Individualversicherung (Privatversicherung), im Ggs. zur Sozialversicherung durch Versicherungsbedingungen und Versicherungsvertragsgesetz geregeltes, meist auf freiwilliger Vereinbarung beruhendes Vertragsverhältnis zw. Versicherungsnehmer einerseits und privaten bzw. öff.-rechtl. Versicherungsunternehmen andererseits.

Individuation [lat.], in der *Philosophie* die Heraussonderung des Einzelnen aus dem Allgemeinen; v. a. seit der Scholastik als **Individuationsprinzip** das die Individualität und Konkretheit des Seienden Ermöglichende und Bedingende (z. B. für Thomas von Aquin die Materie, für die empirist. Tradition und den Kantianismus Raum und Zeit).

▷ in der *Psychologie* Prozeß der „Selbstwerdung", in dessen Verlauf sich das Bewußtsein der eigenen Individualität verfestigt.

individuell [lat.-frz.], dem einzelnen zugehörig, die persönl. Eigenart betonend.

individuelle Mythologie, auf der documenta 5 (1972) erstmals präsentierte Richtung der zeitgenöss. Kunst, in der Künstler ihre myth. Vorstellungen (aus Traum, Erinnerung, myth. Überlieferung usw.) in eine symbolisierende Bild- und Zeichensprache umsetzen. Vertreter sind u. a. P. Thek, M. Buthe, J. Gerz, F. Schwegler.

Individuendichte ↑Abundanz.

Individuum [lat., „das Unteilbare"], (Mrz. Individuen) urspr. svw. Atom, später zunächst auf den einzelnen Menschen im Ggs. zur Gesellschaft eingeschränkte Bez., dann wieder auf einzelnes Lebewesen erweitert.

▷ (Mrz. Individua) in der *Logik* Element des Bereiches, der einer Untersuchung als Grundmenge von Objekten zugrunde liegt.

Indivisibeln (Indivisibilien) [zu lat. indivisibilis „unteilbar"], in der *Mathematik* des 17. Jh. Bez. für gedachte, in einer Querdimension unendlich dünne mathemat. Gebilde, aus denen sich Flächen und Körper zusammensetzen sollten (als unendl. Summe ihrer I.). Die I.geometrie ermöglichte die Flächen- bzw. Volumenbestimmung krummlinig begrenzter Flächen und Körper und war eine Vorstufe der Integralrechnung.

Indizes [lat.], in der *Kristallographie* Zahlen oder Zeichen, die zur Kennzeichnung von Kristallflächen bzw. Netzebenenscharen und deren Lage dienen. Die *Millerschen Indizes (hkl)* sind reziprok und ganzzahlig gemachte Werte der Achsenabschnitte im jeweiligen Achsenkreuz. Die *Bravais-Indizes (hkil)* beziehen sich auf das vierachsige hexagonale bzw. trigonale Achsensystem.

Indizien [lat., zu index „Anzeiger"], Tatsachen, aus denen das Vorliegen eines bestimmten Sachverhalts geschlossen werden kann, so z. B. beim Indizienbeweis (↑Beweis).

indizieren [lat.], in den Index librorum prohibitorum aufnehmen; allg. „verbieten".

indizierte Leistung ↑Motorleistung.

indoarische Sprachen, Bez. für die indogerman. Sprachen der Völker Vorderindiens, ↑indische Sprachen.

Indochina (Frz.-I.), die 1887 von Frankreich zur „Indochin. Union" vereinigten Protektorate Annam, Tonkin, Kambodscha und die Kolonie Cochinchina; 1893 um Laos erweitert. Während des 2. Weltkriegs verlor Frankreich seinen Einfluß in I. weitgehend an Japan, das im März/April 1945 die unabhängigen Staaten Vietnam (Tonkin, Annam und Cochinchina), Laos und Kambodscha proklamieren ließ. Nach der Kapitulation Japans und seinem Rückzug aus I. rief Ho Chi Minh am 2. Sept. 1945 die „Demokrat. Republik Vietnam" (DRV) aus. Das Scheitern der Verhandlungen mit Frankreich über die Eingliederung der DRV als selbständiger Staat in die „Indochin. Union" führte zur 1. Phase des ↑Vietnamkrieges **(Indochinakrieg).** 1949 erkannte Frankreich die Unabhängigkeit von Vietnam, Laos und Kambodscha innerhalb der Frz. Union an, mußte sich jedoch nach der Niederlage bei Diên Biên Phu 1954 und gemäß dem Genfer I.abkommen von 1954 ganz aus I. zurückziehen.

Indochina-Konferenz ↑Genfer Konferenzen.

indoeuropäisch, svw. indogermanisch; **Indoeuropäer,** svw. Indogermanen.

Indogermanen (Indoeuropäer), Gesamtbez. für die Völker mit indogerman. Sprachen, i. e. S. die Bevölkerungsgruppe, die als Träger der sprachwiss. erschlossenen indogerman. Grund- oder Ursprache angesetzt wird. Der Name wurde 1823 von H. J. Klaproth geprägt. Mittels Vorgeschichte und Anthropologie versuchte die Indogermanistik nach Erschließung der Grundsprache, die Frage nach der „Urheimat" und „Rasse" der I. zu klären. Lange Zeit betrachtete man Z-Asien als Herkunftsgebiet, später wurden O-Europa sowie M- und N-Europa als Kernbereiche angesehen; neuere ethnogenet. Theorien lokalisieren das Entstehungsgebiet der I. sowohl in M- als auch in O-Europa. Archäologisch betrachtet, konzentriert sich die Expansionsphase auf die Streitaxtkulturen, deren Träger überwiegend zum europiden Rassenkreis gehören.

indogermanische Sprachen (indoeuropäische Sprachen), Sprachfamilie, die schon zu Beginn der geschichtl. Überlieferung über ganz Europa und große Teile Vorderasiens und Vorderindiens verbreitet war. In der Neuzeit dehnte sie ihr Gebiet über die anderen Erdteile aus. Die i. S. zeigen in Laut- und Formenstruktur, in Syntax und Wortschatz so viele Übereinstimmungen, daß sie sich alle als genetisch verwandt und als Fortsetzer einer gemeinsamen, rekonstruierten Grundsprache („Indogermanisch") erweisen. Im einzelnen umfaßt die Familie folgende Sprachgruppen: 1. die indoarischen Sprachen; 2. die iranischen Sprachen; 3. die Kafirsprachen; diese drei Gruppen werden zusammen häufig als indoiranische oder arische Sprachen bezeichnet; 4. die armenische Sprache; 5. das sog. Tocharische; 6. die hethitisch-luwischen Sprachen; 7. das Phrygische; 8. das Thrakische und das Dakische; 9. die griechische Sprache; 10. die albanische Sprache; 11. das Illyrische; 12. die italischen Sprachen; 13. die keltischen Sprachen; 14. die germanischen Sprachen; 15. die slawischen Sprachen; 16. die baltischen Sprachen.

Die Gemeinsamkeiten von möglichst vielen historisch bezeugten Einzelsprachen und die Erkenntnis von regelmäßigen Lautentsprechungen (Lautgesetzen) ermöglichen zugleich die teilweise Rekonstruktion von Wörtern einer zugrunde liegenden gemeinsamen indogerman. Grundsprache. Diese Grundsprache ist flektierend (und demzufolge sind alle i. S. flektierend, soweit sie nicht sekundär durch äußere Einwirkung umgebildet wurden) und zeigt als auffälliges Charakteristikum das System des Ablauts. Viele Einzelsprachen sind nur aus schriftl. Aufzeichnungen bzw. durch indirekten Nachweis aus Lehnwörtern rekonstruiert worden.

Für die Gliederung des gesamten indogerman. Sprachgebiets spielte in der Forschung die Trennung der i. S. in ↑Kentumsprachen und ↑Satemsprachen eine gewisse Rolle; sie verliert jedoch immer mehr an Bed. gegenüber der Gliederung in westindogerman. (Keltisch, Italisch, Germanisch)

und ostindogerman. Sprachen (Indoiranisch, Baltisch, Slawisch, Griechisch, Armenisch).

Indogermanistik, Zweig der histor. Sprachwiss., der sich mit der Erforschung der ↑indogermanischen Sprachen befaßt und aus den histor. Einzelsprachen eine erschließbare indogerman. Grundsprache zu rekonstruieren sucht sowie die Entwicklung der Einzelsprachen nachzeichnet. Zur historisch-vergleichenden Methode tritt die innere Rekonstruktion und der universell-typolog. Vergleich. – Die Verwandtschaft der indogerman. Sprachen wurde schon 1786 von W. Jones erkannt. Begründer der I. waren R. Rask (1814), F. Bopp (1816) und J. Grimm (1819). Rask wies die Regelmäßigkeit der Lautentsprechungen nach, Bopp sah die Übereinstimmung im Formenbau und begründete die historisch-vergleichende Grammatik, während Grimm die Bedeutung der geschichtl. Entwicklung am Beispiel der german. Sprachfamilie aufzeigte. Eine Rekonstruktion der Grundsprache unternahm zuerst A. Schleicher.

indoiranische Sprachen, svw. ↑arische Sprachen.

Indoktrination [lat.], alle Formen der Propaganda und psych. Beeinflussung nutzendes Verfahren zur Regulierung des Denkens und Handelns von Individuen oder Gruppen zur Durchsetzung einer Ideologie (Doktrin) unter möglichst weitgehender Ausschaltung der individuellen Freiheit, insbes. der freien Meinungsbildung; **indoktrinieren,** durch Indoktrination beeinflussen, in eine bestimmte Richtung drängen.

Indol [Kw. aus **Ind**igo und Benz**ol**] (Benzopyrrol), eine heterocycl. schwache organ. Base, die in farblosen, glänzenden Blättchen kristallisiert. I. riecht in starker Verdünnung angenehm blumig, konzentriert jedoch fäkalienartig. Es entsteht bei der Fäulnis von Eiweißstoffen aus der Aminosäure Tryptophan und kommt in vielen äther. Ölen vor (u. a. bestimmt es den Geruch in Jasminblütenöl). I. wird in der Kosmetikind. sowie zur Synthese von Arzneimitteln und Indigofarbstoffen verwendet. Chem. Strukturformel:

Indolenz [zu lat. dolor „Schmerz"], allg. svw. Trägheit, Lässigkeit, Unempfindlichkeit gegenüber Eindrücken. In der Medizin verminderte Schmerzempfindung auf Grund organ. oder psych. Erkrankungen.

Indologie [griech.], Wiss. von Kunst, Kultur, Literaturen, Sprachen und Religion Indiens. Den ersten Lehrstuhl für Sanskrit in Europa hatte in Paris A. L. Chézy ab 1815, in Deutschland (Bonn) folgte A. W. von Schlegel 1818.

Indolylessigsäure, Abk. IES, zu den Wuchsstoffen zählendes, weit verbreitetes Pflanzenhormon, das aus der Aminosäure Tryptophan entsteht. – ↑Auxine.

Indonesien. Reisterrassen auf Java

Indonesien

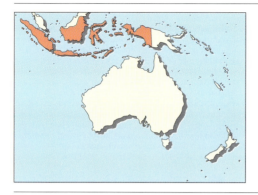

Indonesien

Fläche: 1 919 443 km²
Bevölkerung: 191,3 Mill. E (1990), 99,7 E/km²
Hauptstadt: Jakarta
Amtssprache: Bahasa Indonesia
Nationalfeiertag: 17. Aug. (Unabhängigkeitstag)
Währung: 1 Rupiah (Rp.) = 100 Sen (S)
Zeitzone (von W nach O): MEZ +6, +7 bzw. +7½ Stunden

Indonesien

Staatswappen

Internationales
Kfz-Kennzeichen

1970 1990   1970 1990
Bevölkerung Bruttosozial-
(in Mill.)   produkt je E
             (in US-$)

☐ Stadt   ☐ Land

Bevölkerungsverteilung
1990

☐ Industrie
☐ Landwirtschaft
☐ Dienstleistung

Bruttoinlandsprodukt
1990

Indonesien (amtl. Vollform: Republik Indonesia), präsidiale Republik in Südostasien, zw. 6° 08′ n. Br. und 11° 15′ s. Br. sowie 94° 15′ und 141° 05′ ö. L. Staatsgebiet: Umfaßt den Hauptteil des Malaiischen Archipels mit den Großen Sundainseln (Borneo nur z. T.), den Kleinen Sundainseln sowie den Großen Osten (Molukken, Irian Jaya); insgesamt 13 677 Inseln, davon 6 044 bewohnt. Landgrenzen bestehen auf Borneo gegen Malaysia und auf Neuguinea gegen Papua-Neuguinea. **Verwaltungsgliederung:** 27 Prov., darunter die beiden Städte Jakarta und Yogyakarta im Prov.rang. Internat. Mitgliedschaften: UN, ASEAN, Colombo-Plan, OPEC, GATT.
Landesnatur: Die indones. Inseln liegen beiderseits des Äquators mit einer W–O-Erstreckung von 5 110 km und einer N–S-Erstreckung bis zu 1 888 km; sie nehmen eine Brückenstellung zw. dem asiat. und austral. Kontinent ein. In Fortsetzung der hinterind. Gebirgsketten durchziehen stark aufgelöste Faltengebirge in zwei Bögen den W und S der Inselwelt. Im SO biegen sie vor der starren alten Masse Australiens und seiner Schelfmeere nach N ab. Dem austral. Schelf sitzt Neuguinea auf; hier liegt die höchste Erhebung von I. mit 5 033 m ü. d. M. (Gunung Jaya). Der Inselsaum, der die alte, nahezu stabile zentrale Landmasse Borneos umgibt, gehört einer tektonisch labilen, den Pazifik säumenden Schwächezone an (häufige Erdbeben). Eine Vulkankette zieht sich durch das westl. Sumatra, Java und die Kleinen Sundainseln, die N-Spitze von Celebes und die Molukken. Zahlr. Vulkane sind noch aktiv. Gegen den Ind. Ozean schließen die Inseln vielfach mit Steilküsten ab. Junge Aufschüttungstiefländer und Küstenebenen haben sich im Bereich gegen die Flachmeere im östl. Sumatra, am N-Saum Javas, in den Deltagebieten Borneos, auf Celebes sowie im nw. Neuguinea gebildet.
Klima: Auf Sumatra, W-Java, Borneo, Celebes, den Molukken und Irian Jaya herrscht trop. immerfeuchtes Klima. Die jährl. Niederschlagsmenge beträgt 3 000–4 000 mm, in Gebirgen z. T. über 6 000 mm. Auf M- und O-Java, den Kleinen Sundainseln sowie im Gebiet bis zu den Aruinseln herrscht tropisch-monsunales Klima. Die Niederschläge betragen im Jahresmittel 2 000–3 000 mm.
Vegetation: Der urspr. auf über 60 % der Landesfläche dominierende trop. Regenwald ist infolge ungehemmten Holzeinschlages in den letzten zwei Jahrzehnten sowie z. T. durch verheerende Waldbrände (1982/83 auf Borneo) regional schon ganz verdrängt (auf Java) und kaum zu nutzenden Alang-Alang-Grasfluren gewichen. In höheren Lagen gehen die montanen Regenwälder in Nebelwälder über. In den Tiefebenen O-Sumatras sowie S- und W-Borneos sind auch ausgedehnte Moor- und Süßwassersumpfwälder (mit Sagopalmen) verbreitet. An den Küstensäumen häufig Mangroven.
Bevölkerung: I. ist gekennzeichnet durch seine ethn. und kulturelle Vielfalt. Altmalaien (u. a. Dayak auf Borneo, Batak auf Sumatra) und v. a. Jungmalaien (u. a. Javaner, Sundanesen, Maduresen, Balinesen) stellen die größten Bev.gruppen. Im Großen Osten überwiegen Angehörige der melanesiden Rasse und Papua. In Rückzugsgebieten leben u. a. Negritos. Die größte ausländ. Bev.gruppe stellen die Chinesen (etwa 6 Mill.). Neben der offiziellen Landessprache werden in I. über 250 Regionalsprachen und zahlr. Dialekte gesprochen. Rd. 87 % der Bev. bekennen sich zum Islam, rd. 9 % zum Christentum (v. a. prot.), rd. 1,5 % zum Hinduismus, 0,4 % sind Buddhisten und Konfuzianer. Es besteht sechsjährige Schulpflicht. Die Analphabetenquote wird auf 30–40 % geschätzt. Neben 49 staatl. bestehen private Univ. sowie zahlr. Fachhochschulen. Die größten Univ. befinden sich auf Java in Jakarta (gegr. 1950) und Yogyakarta (gegr. 1947). Die Bev. ist ungleich verteilt: Auf Java und Madura (weniger als 7 % der Staatsfläche) leben 61 %, in Irian Jaya (23,3 % der Staatsfläche) dagegen nur 0,8 % der Gesamtbev. Die Überbevölkerung v. a. auf Java hat bereits seit 1905 zu staatlich gelenkter Umsiedlung auf benachbarte Inseln geführt; allein zw. 1980 und 1985 betraf diese Maßnahme 2,2 Mill. Menschen.
Wirtschaft: Obwohl I. zu den an Bodenschätzen reichsten Ländern der Erde gehört, ist der Agrarsektor, in dem 56 % der Erwerbstätigen beschäftigt sind und der über ein Viertel des Bruttoinlandproduktes erbringt, strukturbestimmend. Über 90 % der bäuerl. Betriebe verfügen über weniger als 2 ha. Hauptanbauprodukt ist Reis. Bei den Bergvölkern wird Brandrodungswanderfeldbau betrieben. In den Plantagen werden v. a. Kautschuk, Tee, Kaffee, Ölpalmprodukte und Chinarinde erzeugt. Die Viehzucht spielt eine geringe Rolle im Ggs. zur Fischerei. Seit 1985 besteht ein Exportverbot für unbearbeitetes Holz, um den extensiven Kahlschlag von Edelhölzern einzudämmen. – Hauptfördergebiete von Erdöl und Erdgas sind Sumatra, Borneo und Irian Jaya. Etwa ein Drittel der Produktion stammt aus Offshore-Feldern. Auf Sumatra verbinden Pipelines die Ölfelder mit den Häfen und Raffinerien von Palembang. Das geförderte Erdgas wird größtenteils in Flüssiggas (weltweit größter Exporteur) umgewandelt. Der Steinkohlenbergbau auf Sumatra soll ausgebaut werden. In Irian Jaya und auf Timor werden Kupfererze abgebaut, Zinnerze (weltweit 2. Platz) auf Bangka und Belitung, Bauxit auf Bintan und Borneo sowie Nickel (3. Platz) auf Celebes. – Wichtigster Ind.zweig ist die Nahrungsmittel- und Genußmittelind., gefolgt von Textilind., chem. Ind., Kfz-Montage, Reifenproduktion, Kunstdünger-, Zement-, Holz-, Papierind. Die Ind.betriebe liegen überwiegend auf Java. – Abb. S. 515.
Außenhandel: Die wichtigsten Partner sind Japan, die USA, die EG-Länder, Singapur, Australien. Ausgeführt werden Ind.erzeugnisse (48 % am Exportwert), Erdöl und Erdgas (40 %), Zinn, Kautschuk, Palmöl, Kaffee, Tee, Holzprodukte (70 % des Weltbedarfs an Sperrholz), Gewürze, eingeführt Maschinen, elektrotechn. Erzeugnisse und Fahrzeuge.
Verkehr: Verkehrsmäßig gut erschlossen sind nur Java und Teile von Sumatra und Bali. Das Eisenbahnnetz ist 6 520 km lang (auf Java, Madura und Sumatra). Das Straßennetz hat eine Länge von 219 000 km, davon sind 61 % asphaltiert. Der Schiffsverkehr zw. den Inseln wird von einheim.

Gesellschaften durchgeführt. Wichtige Überseehäfen sind Tanjung Priok bei Jakarta, Surabaya, Semarang, Belawan und Ujung Pandang. Im internat. Luftverkehr werden von Garuda Indonesian Airways europ., asiat. und austral. ✈ angeflogen. Wichtigste internat. ✈ sind die zwei von Jakarta, von Medan (Sumatra) und Depasar (Bali).

Geschichte: *Vor- und Frühgeschichte:* Java war im älteren und mittleren Pleistozän der Lebensraum der Frühmenschen *Pithecanthropus erectus* von Trinil (1891/92 entdeckt) und des *Pithecanthropus modjokertensis* (1936 entdeckt). Während des Neolithikums wurde der indones. Archipel von mehreren Einwanderungswellen protomalaiischer Stämme aus dem asiat. Festland überflutet. Nachweisbar ist die hochstehende, aus S-China und Tonkin eingeführte Dongsonkultur (2. Hälfte des 1. Jt. v. Chr. bis 1. Jh. n. Chr.), mit der Java die Technik der Bronze- und Eisenbearbeitung sowie der Naßfeldbau nach I. kamen.

Indisierung und muslim. Königreiche: In den ersten Jh. n. Chr. entstanden unter dem Einfluß der ind. Kultur auf Sumatra, Java, Borneo und Celebes kleine Kgr. Das bedeutendste Staatsgebilde war das im 7. Jh. in O-Sumatra (Palembang) gegr. Reich von Sriwijaya. Im Zuge seiner Expansionspolitik brachte es die wichtigsten indones. Seestraßen unter Kontrolle und dehnte seine Herrschaft fast über den gesamten Archipel einschl. der Halbinsel Malakka aus. Unter der buddhist. Dyn. der Shailendra (seit dem 8. Jh.) wurde die Residenz nach Java verlegt, und es entstanden zahlr. Kultbauten, u. a. der Tempel von Borobudur. Als mit dem allmähl. Niedergang seiner Vormachtstellung Sriwijaya Java aufgab (gegen 832) und die Hauptstadt nach Palembang zurückverlegte, verschob sich der polit. und wirtsch. Schwerpunkt auf Java immer weiter nach O. Im 13. Jh. entstanden in O-Java die Reiche von Kediri und Tumapel, in W-Java das Reich Pajajaran. Diesen folgte Majapahit als mächtigstes Reich (1293–1520) in M- und O-Java sowie Madura. Nach der Zerschlagung von Pajajaran (1350) und der Eroberung Sriwijayas (1377) erstreckte sich der Einfluß Majapahits über sein ostjavan. Stammland hinaus auf die Halbinsel Malakka und den gesamten indones. Archipel. Zwei histor. Ereignisse besiegelten seinen Untergang: Malakkas rascher Aufstieg zum führenden Handelszentrum SO-Asiens und der durch pers. und ind. Kaufleute vermittelte Islam, der seit Ende des 13. Jh. allmählich ganz I. mit Ausnahme Balis durchdrang. Gegen Ende des 15. Jh. bekannten sich die meisten javan. Fürsten zum Islam und gründeten islam. Sultanate: Demak (1518), Banten (1552) und Mataram (1586).

Die niederl. Kolonialisierung: Mit der Entdeckung des Seeweges nach Indien (1498) stießen auch die Europäer in den südostasiat. Raum vor, um den bisher von Orientalen unterhaltenen Gewürzhandel zu übernehmen. Nach der Eroberung Malakkas durch die Portugiesen (1511) und der Gründung von Handelsniederlassungen auf Sumatra, Timor und den Molukken folgten Spanier und Engländer, die sich jedoch gegen die Niederländer nicht behaupten konnten. 1602 erfolgte die Gründung der niederl. Vereinigten Ostind. Kompanie mit allen Vollmachten über neue und bereits bestehende Handelsfaktoreien. Der Generalgouverneur und Begründer Batavias (heute Jakarta), J. P. Coen, baute ständig die Einflußsphäre der Kompanie aus und legte damit die Grundlage für das niederl. Kolonialreich in Indonesien. 1800 wurde die durch Mißwirtschaft und Korruption stark verschuldete Kompanie aufgelöst. Ihre Besitzungen übernahm die niederl. Reg., die nur nach langwierigen Kämpfen gegen aufständ. Fürsten ihre Herrschaft in I. (Niederl.-Indien) konsolidieren konnte. Die Besetzung der Molukken und Javas durch die Briten (1811–16) blieb eine Episode.

Freiheitskampf und Aufbau des modernen indones. Staates: 1908 nahm mit dem zunächst kulturellen Zusammenschluß indones. Intellektueller in der Vereinigung „Budi Utomo" („Edles Streben") die indones. Nationalbewegung ihren Anfang. Aus der 1911 entstandenen religiös-nationalist. „Sarekat Islam Indonesia" wurde die erste indones. antikoloniale Partei. 1927 gründete A. Sukarno die Indones. Nationalpartei (PNI), die 1931 in der Indones. Partei aufging. Die niederl. Reg. bekämpfte die nationalist. Bewegungen aller Schattierungen mit äußerster Härte. Während des 2. Weltkrieges beendete die jap. Invasion 1942 die niederl. Herrschaft. Während Sukarno und M. Hatta sich für eine Zusammenarbeit mit den Japanern entschieden, gingen die Sozialisten und Kommunisten in den Untergrund.

Am 17. Aug. 1945, zwei Tage nach der Kapitulation Japans, riefen Sukarno und Hatta die Unabhängigkeit der freien Republik I. aus. Die Niederländer, die im Gefolge brit. Truppen nach I. zurückgekehrt waren, sicherten sich durch zwei „Polizeiaktionen" 1947/48 gegen die indones. Truppen die Herrschaft über große Teile des Landes, dessen staatl. Zusammenhalt durch die 1948 in O-Java proklamierte „Sowjetrepublik I." gefährdet wurde. Auf der Konferenz von Den Haag 1949 verpflichteten sich die Niederlande, am 27. Dez. 1949 bedingungslos ihre Souveränitätsrechte an I. zu übergeben, das bis 1954 in Personalunion mit der niederl. Krone verbunden blieb. W-Neuguinea (Irian Jaya), das weiterhin in niederl. Besitz blieb, wurde erst 1963 administrativ und 1969 offiziell dem indones. Staat eingegliedert. Sukarno übernahm das Amt des Staatspräs. Die auf Grund der vorläufigen Verfassung von 1950 abgehaltenen Wahlen brachten 1955 der Nationalpartei Sukarnos den Sieg. 1959 löste Sukarno die Verfassunggebende Versammlung auf und setzte die Verfassung von 1945 wieder in Kraft. Nach dem Verbot der Oppositionsparteien ersetzte er, mittlerweile Präs. auf Lebenszeit und Oberbefehlshaber der Armee, das parlamentar. System durch die „gelenkte Demo-

Indonesien. Wirtschaft

Indonesier

Indonesien. Alte Torajahäuser in Palawa auf Celebes

kratie". Die selbstherrl. Amtsführung des Präs. erregte den Unwillen der Bev. weiter Landesteile gegenüber der Zentralreg. Auf Celebes und Sumatra kam es zu Aufstandsbewegungen, die nur unter Einsatz starker militär. Kräfte niedergeschlagen werden konnten. Außenpolitisch verfolgte Sukarno bei Annäherung an China und an die UdSSR einen immer härteren antiwestl. Kurs, der 1963 mit der polit., wirtsch. und auch militär. Konfrontation gegen Malaysia und mit dem Austritt aus den UN (1965) seinen Höhepunkt erreichte. Innenpolitisch stützte sich die von Sukarno propagierte „linke Nasakomrevolution" auf die von Kommunisten gebildete Volksfront. Die schwelende Rivalität zwischen der konservativen Armee und den Kommunisten entlud sich 1965 in einem kommunist. Putschversuch, der von der Armee unter General Suharto niedergeschlagen wurde. Die Kommunisten waren als polit. Faktor ausgeschaltet worden, zugleich wurden viele Angehörige der angeblich kommunistenfreundl. chin. Minderheit niedergemetzelt. Sukarno, dessen wahre Rolle in diesem Zusammenhang nie ganz aufgedeckt werden konnte, blieb zwar noch nominell Staatspräs., mußte aber allmählich seine Machtbefugnisse an Suharto abtreten, der 1966 vom Volkskongreß zum provisor. Präs. und 1968 zum Präs. der Republik I. gewählt wurde (zuletzt 1993 bestätigt). Er verfolgt eine bündnisfreie Außenpolitik. I. gehörte 1967 zu den Gründungsmgl. der ASEAN. Seit dem Wiedereintritt in die UN (1966) ist die indones. Reg. um engere Kontakte zum Westen bemüht. Indones. Truppen griffen im Dez. 1975 in den Bürgerkrieg in Portugiesisch-Timor ein und entschieden bis März 1976 den Kampf für die Anhänger eines Anschlusses an Indonesien (Annexion im Juni 1976). Vor neue Probleme wurde I. durch den Flüchtlingsstrom aus Indochina gestellt. Innenpolit. Konfliktstoff bietet das Wirken islam.-fundamentalist. Gruppen. Bei den Wahlen seit 1971 (zuletzt 1992) gewann die Suharto unterstützende „Golkar" stets die weitaus größte Zahl von Mandaten.

Politisches System: Nach der seit 1959 wieder geltenden provisor. Verfassung vom 18. Aug. 1945 (1969 ergänzt und als endgültige Verfassung proklamiert) ist I. ein Einheitsstaat mit Präsidialsystem. *Staatsoberhaupt* und *Reg.-Chef* mit umfassenden Befugnissen ist der auf 5 Jahre gewählte Präs. (Wiederwahl zulässig). Er wirkt bei der Gesetzgebung mit, hat den Oberbefehl über die Streitkräfte, er ernennt die Min., die ihm allein verantwortlich sind.
Formell höchstes Verfassungsorgan ist der Beratende Volkskongreß (1 000 Abg.), der sich zur Hälfte aus den Abg. des Repräsentantenhauses und aus gewählten bzw. vom Präs. ernannten Vertretern der Parteien der Berufsstände („funktionale Gruppen"), der Streitkräfte und der Prov. zusammensetzt. Die Zuständigkeiten dieser Versammlung, die mindestens alle 5 Jahre zusammentreten muß, umfassen die Wahl des Präs. und eines Stellvertreters, die Formulierung der Richtlinien der Politik sowie Verfassungsänderungen. Das Repräsentantenhaus bildet zusammen mit dem Präs. das eigtl. *Legislativorgan.* Seine Kompetenzen sind beschränkt. Gegen die Gesetzesbeschlüsse des Repräsentantenhauses kann der Präs. ein absolutes Veto einlegen. Von 500 Abg. werden 100 vom Präs. ernannt, 400 Abg. werden auf 5 Jahre nach dem Verhältniswahlrecht gewählt. Stärkste *Partei* ist die Golongan Karya („Funktionelle Gruppen"; Abk. Golkar), gegr. 1964, in der sich 1971 (nach Reorganisation) rd. 200 Berufsverbände, Gewerkschaften und andere Gruppen zusammenschlossen. Konservativ-islamisch orientiert ist die Vereinigte Entwicklungspartei (gegr. 1973). Die Indones. Demokrat. Partei entstand 1973 durch den Zusammenschluß von 5 nationalist. und christl. Parteien. Dachorganisation der *Gewerkschaften* ist der Federasi Buruh Seleruh Indonesia (FBSI). An der Spitze des *Gerichtswesens* steht der Oberste Gerichtshof, 14 Hohe Gerichtshöfe sind den Distriktgerichten übergeordnet.

Indonesier, Staatsangehörige der Republik Indonesien.
▷ Bev. des Malaiischen Archipels.

indonesische Kunst, die ältesten Spuren künstler. Schaffens in Indonesien sind Erzeugnisse der Dongsonkultur. Mit dem Aufkommen indisierter Königreiche seit dem 5. Jh. n. Chr. entfaltete sich v. a. auf Java im 8.–15. Jh. eine Blütezeit religiöser Kunst.
Mitteljavanische Periode (8. bis Anfang 10. Jh.): Die Hauptfundorte der indojavan. Kunst Mitteljavas sind das Hochplateau von Dieng im N, die Ebene von Kedu im S und östl. davon die Prambananregion. Das bedeutendste Bauwerk der Shailendraperiode, der um 800 erbaute ↑ Borobudur, ist wie auch der fast völlig zerfallene Tempelkomplex des Candi Sewu bei Prambanan (9. Jh.) als Mandala angelegt und symbolisiert den Heilsweg des Mahajana-Buddhismus. Nahebei der Candi Sari. Die graziösen Relieffiguren stellen Schutzgottheiten (Taras) dar. Dem Dieng-Typ nahe steht der frühe (778 datierte) Candi Kalasan. Der

Indonesische Kunst. Der schiwaitische Tempel Candi Lara Jonggrang in Prambanan auf Java, um 850–915 erbaut

Regierungsübernahme der javan. Herrscher von Mataram um 850 verdankt das schiwaitische Heiligtum Candi Lara Jonggrang vor Prambanan seine Entstehung (um 850 bis 915). Dieser Tempelkomplex ist das größte erhaltene Hindumonument Javas. Bed. sind die Reliefs und Kleinbronzen.

Ostjavanische Periode (930–1525): Die ostjavan. Periode, die mit dem Zerfall des Reiches von Majapahit zu Ende geht, wurde von neuen religiösen Vorstellungen, der Synthese von prähinduist. Ahnenkult und Hinduismus, geprägt. Haupthseiligtum war die unregelmäßige Anlage des Candi Panataran (14. Jh.). Die Candi waren jetzt echte Grabmonumente. Die Reliefs waren betont flach-silhouettenhaft, Vorbilder für die Figuren des javan. Schattenspiels (Wayang). Die ostjavan. Skulptur tendierte zunehmend zu ornamentaler Überladenheit und Erstarrung. Der Einbruch des Islams setzte der hindujavan. Kunst ein Ende. Ihre Traditionen leben noch heute auf Bali und im Kunsthandwerk fort.

indonesische Literatur, umfaßt i. e. S. die schriftlich fixierten Literaturen der indones. Hochkulturen, i. w. S. die mündlich überlieferte Volksliteratur. Den nach Indonesien (und der Halbinsel Malakka) einströmenden kulturschöpfer. Impulsen des Hinduismus und Buddhismus Indiens, des Islams und des Abendlandes entsprechen drei literar. Epochen:

Hinduistisch-javanische Literatur (8.–16. Jh.): Die eigtl. altjavan. Literatur erreichte ihre höchste Blüte zur Zeit der Königreiche von Kediri und Majapahit mit ihren Nachschöpfungen der großen ind. Epen „Mahabharata" und „Ramajana". In der Übergangsphase zur neujavan. Literatur entstand 1365 das „Nagara Kertagama", ein Lobgedicht auf König Hayam Wuruk.

Islamisch-malaiische Literatur (16.–19. Jh.): Durch den Islam wurde der Archipel mit der Märchen-, Sagen- und Fabelliteratur des arab.-pers. Kulturkreises bekannt gemacht. Überaus zahlr. waren religiöse Schriften. Ihren Höhepunkt erreichte die malaiische Prosa mit der Historiographie und dem histor. Roman. Die malaiische Dichtung kannte die Versformen des Pantun und des Syair.

Moderne indonesische Literatur: Sie begann mit der Proklamation des Malaiischen zur ↑Bahasa Indonesia (1928). Im sozialen Bereich fordern die Schriftsteller die Befreiung des Individuums aus den Banden überalterten Brauchtums. Einen ungebundenen revolutionären Stil vertrat die Literatengruppe „Angkatan 45" („Die Generation von 45"), die von der „Angkatan 66" („Die Generation von 66") mit ihrem Kampf für die von Sukarno unterdrückten Menschenrechte abgelöst wurde. Wichtige Schriftsteller der Moderne sind Rendra, Supardi Goko Damono, Putu Wijaya, Tuti Heraty, Pramoedya Ananta Toer.

indonesische Musik, im 1. Jt. n. Chr. haben ind. und chin., danach arab. Einflüsse die Musikkulturen Indonesiens in unterschiedl. Maße bestimmt. Unterschiedlich wirkte sich auch der abendländ. Einfluß aus, der sich seit dem 16. Jh. v. a. in portugies. und niederländ. Ausprägung geltend machte. Als gemeinschaftl. Basis für weite Regionen Indonesiens sind insbes. die ↑Gamelan genannten Ensembles javan. Ursprungs charakteristisch. In Java selbst und v. a. auf Bali ist im Laufe der Jh. ein kostbares fürstl. bzw. rituales Repertoire an orchestralen Stücken entstanden und bewahrt worden. Verschiedene Gattungen der Gamelanmusik erklingen auf Bali noch heute im Rahmen der großen Tempelfeste, als Begleitung ritueller und dramat. Tänze sowie des Schattenspiels. Während Bali sich dem Islam gänzlich verschlossen hat, sind Sumatra und die umliegenden kleinen Inseln stark vom Islam und von der pers.-arab. Musik beeinflußt worden. Dies zeigt sich an manchen hier gebräuchlichen Instrumenten wie Zupflaute („gambus"), Rahmentrommel („rebana"), Holzschalmei („serunai") oder der auf Nias gestrichenen Spießlaute („lagiya"). Neben Xylophonen und Gongs gelten in Indonesien als autochthone Musikinstrumente verschiedene Arten von zweifelligen Membranophonen (Trommeln mannigfacher Bauart, häufig „kendang" genannt), Maultrommeln („geng-gong"), Rasseln, Schwirrhölzer, Bambusflöten und -schalmeien, Bambuszithern, Stampfrohre, Klangstäbe.

indonesischer Tanz, aus mag. und kult. Ursprüngen der Frühzeit indones. Völker hat sich unter der Einwirkung fremder Kulturen (Hinduismus und Islam) v. a. auf Java und Bali eine hohe Tanzkunst entwickelt, die in Verbindung mit dem Gamelanorchester (↑Gamelan) ihre Ausprägung als klass. i. T. erfahren hat. Die in Tanzschulen (bereits Kindern) gelehrten mannigfachen Tanzformen zeichnen sich durch stereotyp stilisierte Gestik von Eleganz und Ausdruckskraft aus, wobei z. B. jede Fingerhaltung und Beinstellung ihren festgelegten Sinngehalt hat. Jegl. individuelle dramat. Gestaltung des Tanzes tritt zurück.

Indonesische Kunst. Rollbild des Wayangtheaters, Malerei auf javanischem Papier (Leiden, Rijksmuseum voor Volkenkunde)

indonesische Sprachen, nach früherer Klassifikation der westl. Zweig der austrones. Sprachen. Gesprochen in Indonesien, Malaysia, Kambodscha, Vietnam (Cham), auf den Philippinen, Taiwan und Madagaskar; ferner dazugehörig das Chamorro (auch Tjamorro) und Palau in W-Mikronesien. Heute werden sie mit Ausnahme der Idiome O-Indonesiens und Taiwans als westmalaiopolynes. Sprachen (↑malaiopolynesische Sprachen) klassifiziert.

Indore, ind. Stadt in der Vindhya Range, Bundesstaat Madhya Pradesh, 550 m ü. d. M., 829 000 E. Kath. Bischofssitz; Univ. (gegr. 1964); Baumwoll-, Papier-, Nahrungsmittel- und Zementind. – 1715 gegr., seit 1818 Hauptstadt des gleichnamigen Staates, der 1948 in dem Bundesstaat Madhya Pradesh aufging. – Neben Tempeln und Palästen prächtige Häuser mit holzgeschnitzten Fassaden (Konsolen, Veranden, Säulen).

indoskythische Reiche, die im 1. Jh. v. Chr. in Indien von den fälschlich als Skythen bezeichneten zentralasiat. Nomadenstämmen der Saken (in Indien Schaka gen.) gegr. Reiche; sie brachen unter dem Ansturm der Kuschan zusammen.

Indossament [italien., zu lat. dorsum „Rücken"] (Giro), die Anweisung auf einem Orderpapier (z. B. Wechsel, Scheck), daß der Schuldner der verbrieften Forderung nicht an den bisherigen Gläubiger **(Indossant),** sondern an einen Dritten **(Indossatar)** leisten soll. Das I. wird meist auf die Rückseite (italien.: in dosso) des Papiers gesetzt, kann aber auch auf einem mit dem Papier verbundenen Anhang (↑Allonge) stehen und muß vom Indossanten unterschrieben werden. Der Indossatar gilt als rechtmäßiger Inhaber der verbrieften Forderung, sofern er das Papier besitzt und durch eine *ununterbrochene Reihe von I.* ausgewiesen wird. Der Indossant andererseits übernimmt durch das I. die Haftung für die Zahlung. – Arten des I.: 1. *Namens-I.* (das den Indossatar namentlich benennt); 2. *Blanko-I.* (ohne namentl. Bez. des Indossatars, z. B. „an den Inhaber"); 3. *Voll-I.* (überträgt sämtl. Rechte); 4. *I. mit beschränkter Wirkung,* nämlich a) *Pfand-I.* (das der Verpfändung des Papiers dient), b) *Vollmachts-I.* (ermächtigt den Indossatar, die

Indoxyl

Rechte aus dem Papier im Namen des Indossanten geltend zu machen, z. B. „in Prokura", „zum Inkasso").

Indoxyl, Derivat des ↑Indols.

Indra, ind. Gott; Hauptgott der wed. Religion, im Hinduismus nur noch Regengott und Schützer des östl. Himmels.

Indre [frz. ɛ̃:dr], Dep. in Frankreich.

I., linker Nebenfluß der Loire, Frankreich, entspringt im nw. Zentralmassiv, mündet 40 km wsw. von Tours, 265 km lang.

Indre-et-Loire [frz. ɛ̃dre'lwa:r], Dep. in Frankreich.

Indris [Malagassi] (Indriartige, Indriidae), Fam. 30–90 cm körperlanger (mit Schwanz bis 1,4 m messender), schlanker Halbaffen mit vier Arten, u. a. in den Wäldern Madagaskars, u. a. der **Wollmaki** (Avahi, Avahi laniger), Körperlänge 30–40 cm, Kopf rundlich mit großen Augen und sehr kleinen Ohren, Fell überwiegend braungrau, und der bis 90 cm lange **Eigentliche Indri** (Indri indri), meist schwarzbraun und weiß.

in dubio pro reo [lat.], „im Zweifel für den Angeklagten", Grundsatz des Strafverfahrens, wonach nicht behebbare Zweifel bei der *Tatsachenfeststellung* sich zugunsten des Angeklagten auswirken. Dieser Grundsatz, der ein Hauptmerkmal eines rechtsstaatl. Verfahrens bildet, ist in Art. 6 Abs. 2 der Konvention zum Schutze der ↑Menschenrechte und Grundfreiheiten eingeschlossen. In der StPO ist er nicht ausdrücklich formuliert, aber aus §261 ableitbar.

Induktanz [lat.], svw. ↑induktiver Widerstand. – ↑Impedanz.

Induktion [zu lat. inductio, eigtl. „das Hineinführen"], in der *Logik* das Schließen von Einzelbeobachtungen (dem Besonderen) auf allg. Aussagen. Induktive Schlüsse sind im allg. keine zwingenden Schlüsse; ihre Gewißheit wird durch Verbindung mit der ↑Deduktion und mit Experimenten erhöht. Der Induktivismus als wissenschaftstheoret. Position versucht, die I. wahrscheinlichkeitstheoretisch zu begründen; der Deduktivismus andererseits geht davon aus, daß allg. Sätze nicht bestätigt, sondern nur widerlegt werden können.

▷ in der *Mathematik* ↑vollständige Induktion.

▷ in der *Physik* (elektromagnet. I.) Erzeugung einer elektr. Spannung $U = -d\Phi/dt$ **(Faradaysches Induktionsgesetz)** in einem Leiter bei Änderung des ihn durchsetzenden magnet. Flusses Φ. Die induzierte Spannung (I.spannung) ist die Ursache des dann fließenden sog. I.stromes. Eine I.spannung wird erzeugt, wenn eine Leiterschleife im Magnetfeld oder ein Magnet relativ zur Leiterschleife so bewegt wird, daß die Zahl der sie durchsetzenden Feldlinien sich ändert, oder wenn die magnet. Feldstärke bei ruhendem Magneten und Leiter geändert wird (z. B. durch Stromstärkeänderung in einer Spule). Als **Selbstinduktion** bezeichnet man die Erscheinung, daß in einem stromdurchflossenen Leiter bei Änderung der Stromstärke eine I.spannung erzeugt wird; diese wirkt nach der ↑Lenzschen Regel der Ursache der I. entgegen. Auf der I. beruht heute praktisch die gesamte Spannungserzeugung in elektr. Maschinen (Generatoren) und die Funktionsweise des Transformators.

▷ (magnet. Induktion) svw. ↑magnetische Flußdichte.

▷ in der *Biologie* die Fähigkeit von Keimbezirken, in benachbarten Geweben bestimmte Entwicklungsleistungen auszulösen; bei Genen Vorgang der Genregulation durch bestimmte Induktoren *(Enzyminduktion).*

Induktionsgeber ↑Zündanlage.
Induktionshärten ↑Wärmebehandlung.
Induktionskonstante ↑Permeabilität.
Induktionsmotor ↑Wechselstrommaschinen.
Induktionsofen ↑Schmelzöfen.
Induktionszähler, Elektrizitätszähler für Wechsel- oder Drehstrom, dessen Wirkungsweise auf dem Induktionsprinzip beruht. Der I. besteht aus der Spannungsspu-

Induktion. Oben: Erzeugung eines Induktionsstroms durch Bewegung eines Magnetstabes in einer Spule. Unten: Entstehung eines Wechselstroms in der Sekundärspule durch Öffnen und Schließen eines Gleichstromkreises über einen Unterbrecher

le, der Stromspule, einer zw. beiden gelagerten Aluminiumscheibe (Läufer) und dem Bremsmagneten. Ist die Belastung induktionsfrei, so haben die Ströme und damit die magnet. Flüsse der beiden Spulen eine Phasenverschiebung von 90°; die beiden magnet. Flüsse üben auf die Scheibe ein zur Belastung proportionales Drehmoment aus. Ein mechan. Zählwerk zählt die Läuferumdrehungen; durch geeignete Übersetzung erfolgt Anzeige in kWh. Die Drehzahl des Läufers wird durch einen Bremsmagneten, der in der sich drehenden Scheibe Wirbelströme induziert, entsprechend dem Stromverbrauch geregelt.

Induktionszünder, Magnetzünder für Minen, der auf Veränderungen des magnet. Erdfeldes z. B. durch ein vorbeifahrendes Schiff anspricht.

induktiv [lat.], in der *Philosophie* nach Art der ↑Induktion vom Einzelnen zum Allgemeinen hinführend.

▷ in der *Elektrotechnik* durch ↑Induktion wirkend oder entstehend.

induktive Erwärmung ↑Hochfrequenzerwärmung.

induktiver Widerstand (Induktanz), Bez. für einen Blindwiderstand in einem Wechselstromkreis (mit Spule = Induktivität), der bewirkt, daß die Stromstärke der Spannung um 90° in der Phase nacheilt.

induktive Zugbeeinflussung, svw. induktive Zugsicherung, ↑Eisenbahn.

Induktivität [lat.], (Selbstinduktivität) Proportionalitätsfaktor L zw. dem magnet. Fluß $\Phi = LI$, der von einem stromführenden Leiter aufgebaut wird, und der elektr. Stromstärke I bzw. zw. der Spannung $U = -L \cdot dI/dt$ und der sie in einem Leiter induzierenden Stromstärkeänderung dI/dt; SI-Einheit ist das ↑Henry (H).

▷ ein elektr. Leiter (z. B. Spule) mit frequenzabhängigem *induktivem Widerstand* und frequenzunabhängigem *ohmschem Widerstand.*

Induktor [lat.] (Erd-I.), drehbare Spule zur Bestimmung der erdmagnet. Inklination; wird die Spule parallel zur Richtung des erdmagnet. Feldes justiert, so wird bei einer Drehung keine Spannung induziert.

Indulgenz [lat.], Nachsicht, Straferlaß; **indulgent,** Schonung gewährend, nachsichtig.

Induline [Kw.] (Indulinfarbstoffe), zu den ↑Azinfarbstoffen gehörende Gruppe grauer bis blauschwarzer oder violetter Farbstoffe; dienen u. a. zur Herstellung von schwarzen Spirituslacken und als Indigoersatz.

Indult [zu lat. indulgere „Nachsicht haben, erlauben"], im Völkerrecht das Recht feindl. Handelsschiffe, bei Ausbruch eines Krieges innerhalb einer bestimmten Frist den Hafen des Gegners ohne Behelligung zu verlassen.

Induration [lat.], in der Medizin Gewebeverhärtung infolge Bindegewebsvermehrung.

Indus (Inder) ↑Sternbilder (Übersicht).

Indus, größter Strom des Ind. Subkontinents, entspringt im Transhimalaja (China [Tibet]), fließt zunächst nach NW durch den ind. und pakistan. Teil Kaschmirs, biegt dann in Pakistan nach S um und durchbricht den Vorderhimalaja und die Siwalikketten, passiert die Salt Range und tritt in das Pandschab ein. Der I. nimmt oberhalb von Mithankot den Panjnad auf, der ihm das Wasser der fünf Flüsse des Pandschab zuführt. Ab Tatta baut er ein 7 800 km² großes Delta auf und mündet südlich von Karatschi in das Arab. Meer; 3 200 km lang, Einzugsgebiet rd. 1,16 Mill. km², jahreszeitlich stark schwankende Wasserführung. Der I. ist die Lebensader Pakistans; zahlr. große Stauwerke, verbunden mit Energiegewinnung, ermöglichen die Bewässerung von 8 Mill. ha Land. Die Nutzung des I.wassers und des Wassers der Pandschabflüsse ist vertraglich zw. Indien und Pakistan geregelt.

Indusi [Kw. aus: **indu**ktive Zug**si**cherung] (induktive Zugbeeinflussung) ↑Eisenbahn.

Induskultur ↑Harappakultur.

Indusschrift (protoindische Schrift), die noch nicht entzifferte, bildhafte Schrift, die auf Inschriften an den Hauptfundplätzen der Induskultur (Harappakultur, Mohendscho Daro) und in Mesopotamien gefunden wurde (2. Hälfte des 3. Jt. v. Chr.). Vermutlich ist die I. eine Mischung aus Wort-

und Silbenzeichen; wahrscheinlich ist es die Sprache einer nichtindogerman. Bev. des Pandschab; vermutet wird ein Zusammenhang mit den drawid. Sprachen.

Industrial design [engl. ɪnˈdʌstrɪəl dɪˈzaɪn], svw. ↑Industriedesign.

Industrialisierung [lat.-frz.], i. e. S. die Errichtung von Ind.betrieben. I. w. S. umfaßt der Begriff auch außerökonom. Tatbestände, die sich auf die Entwicklung der Ind. beziehen, ihre Wirkung auf die soziale Struktur der Bev., auf das Verhalten der Individuen und gesellschaftl. Gruppen zueinander und auf die geistige Verfassung der Menschen schlechthin. Im volkswirtsch. Sinn ist I. ein Prozeß, durch den eine Volkswirtschaft so umgestaltet wird, daß der industrielle Sektor relativ zu Landw. und Handwerk zunehmende Bed. gewinnt. Der I.prozeß setzte gegen Ende des 18. Jh. in Großbritannien ein und griff Anfang des 19. Jh. auf Deutschland über. Er verlief unter sozialen Krisen und Umwälzungen (↑industrielle Revolution) und führte zur ↑Industriegesellschaft.

Industrie [frz., zu lat. industria „Fleiß, Betriebsamkeit"], die gewerbl. Gewinnung von Rohstoffen sowie die Be- bzw. Verarbeitung von Rohstoffen und Halbfabrikaten. Merkmale der I. sind Arbeitsteilung und Spezialisierung, Mechanisierung und Rationalisierung der Produktion. Vom Handwerk unterscheidet sich die I. durch eine stärkere Trennung von Leitung und Produktion, größere Betriebsstätten und die Möglichkeit, verschiedene Arten der Produktion in einem Unternehmen zu betreiben.

Industrieanleihen, svw. ↑Industrieobligationen.

Industriearchäologie, svw. ↑industrielle Archäologie.

Industriebauten, baul. Anlagen von industriellen Produktions- und Forschungsstätten mit den dazugehörigen Verwaltungs- und Sozialbauten, von Lagerhallen und techn. Großbauten; in Großbritannien seit dem 18. Jh., im übrigen Europa und den USA seit dem 19. Jh., weltweit seit dem 20. Jh. errichtet. Frühe I. sind von Formen des städt. Bürgerhauses, des Landsitzes oder des Schloßbaus beeinflußt, im Laufe des 19. Jh. setzte sich der kastenförmige Geschoßbau durch, z. T. mit eklektizist. Fassadenverkleidung. Für die Schwerind. entstanden noch Hallenbauten. Erst allmählich begann man, die Gebäude dem Produktionsablauf anzupassen. Im Sinne einer künstler. und formalen Bewältigung des Ind.baus als Funktionseinheit stehen am Beginn der modernen I. in Deutschland die erste Stahl-Fabrikationsanlage in Giengen an der Brenz (1903), die AEG-Turbinenhalle in Berlin (1908/09) von P. Behrens und – im Zusammenhang mit der Gründung des ↑Deutschen Werkbundes – die Dt. Werkstätten in Hellerau (1909) von R. Riemerschmid, das „Faguswerk" in Alfeld (Leine) von W. Gropius (1911–18), der Wasserturm in Posen (1911) und die Chem. Fabrik Luban (1911/12) von H. Poelzig. Wichtig wurde der Beitrag des ↑Bauhauses, bes. im Hinblick auf seine Öffnung gegenüber den modernen techn. Möglichkeiten, neuen Baustoffen (Stahlbeton) und neuen Bauverfahren, die v. a. durch die Normierung und Verfestigung einzelner Bauteile und die Skelettbauweise unter reicher Verwendung von Glasflächen dem Ind.bau neue Dimensionen erschlossen. Neben einem werbewirksamen Erscheinungsbild sind heute für I. v. a. Forderungen nach Umweltverträglichkeit maßgebend.

Zu den vorbildl. I. des 20. Jh. in Europa und den USA gehören: Tabakfabrik Van Nelle in Rotterdam von J. A. Brinkman u. a. (1928/29), Chem. Fabrik der Firma Boots in Beeston (Nottinghamshire) von E. O. Williams (1930–32), General Motors' Technical Center in Warren (Mich.) von E. Saarinen u. a. (1951–56), Laboratorien des Richards Institute der Univ. von Pennsylvania in Philadelphia von L. I. Kahn (1957–61), Olivetti-Ausbildungszentrum in Haslemere (Surrey) von J. Stirling (1969–73) sowie das Ind.werk Leybild AG in Alzenau i. UFr. von Behnisch & Partner (1987 vollendet).

Industriebetrieb, Betriebstyp innerhalb der Produktionswirtschaft, der zur Gruppe der Sachleistungsbetriebe zählt und der Stoffgewinnung und -verarbeitung (z. B. Bergbau, Metall-, Holz-, Textilverarbeitung) dient.

Industriebetriebslehre, die spezielle ↑Betriebswirtschaftslehre für den Bereich Industrie.

Industriedesign [...dızaın] (Industrial design, industrielle Formgebung), die den Erfordernissen der Massenproduktion angepaßte bewußte Gestaltung von Geräten aller Art, Maschinen, Werkzeugen u. a. Das Bestimmungswort „Industrie..." ist insofern irreführend, als es nicht auf die Organisationsform des Herstellers ankommt, techn. Gestaltung ist ebenso ein Problem von Handwerksbetrieben. Das Urteil „gutes modernes Design" entspringt der Auffassung, daß die ästhet. Gestalt eines Produkts von seinem Material und von seiner Funktion her gestaltet sein soll und daß funktionsgerechte Gestalt wiederum auf die Eignung des Erzeugnisses für seine Zwecke zurückwirkt. – Am Beginn moderner Formgebung steht in Großbritannien die ↑Arts and Crafts Exhibition Society, in Deutschland der Jugendstil, der ↑Deutsche Werkbund und das ↑Bauhaus. Außer in den skandinav. Ländern verbreitete sich das moderne I. bes. auch in den USA und wirkte von hier v. a. nach dem 2. Weltkrieg wieder auf die Industrienationen zurück, in Deutschland u. a. vermittelt durch die an Bauhausideen anknüpfende Hochschule für Gestaltung in Ulm (M. Bill).

Industrieforschung ↑Forschung.

Industriegesellschaft, zunächst jede Gesellschaft, in der der sekundäre Sektor (Ind.) gegenüber dem primären (Landw.) und tertiären (Handel, Transport, Dienstleistungen) überwiegt. Mit dieser dominierenden Bed. des sekundären Sektors verbundene Merkmale einer I. sind u. a. eine hochgradige Akkumulation und Konzentration des Produktivkapitals, ein hohes Niveau in der Anwendung wiss. Erkenntnisse auf die Produktion und eine ausgeprägte Arbeitsteilung zw. den Produktionsstätten. Folgeerscheinungen dieser Kennzeichen sind eine Verstädterung durch die Konzentration der Arbeitskräfte an großen Produktionszentren, eine stark differenzierte Berufsstruktur, ein an Leistungsvorstellungen orientiertes Wertsystem und eine Steigerung des Lebensstandards. – ↑postindustrielle Gesellschaft.

Industriegewerkschaft, Abk. IG, Gewerkschaft, die nach dem Industrieverbandsprinzip alle in einem Wirtschaftszweig oder in einem Bereich des öff. Dienstes beschäftigten Arbeitnehmer erfaßt. – ↑Gewerkschaften, ↑Deutscher Gewerkschaftsbund.

industriell [lat.-frz.], die Industrie betreffend, in der Industrie hergestellt.

industrielle Archäologie (Industriearchäologie), Ausdehnung der Ziele und Methoden von Archäologie und Denkmalschutz auf Objekte der Industrie (Bauwerke wie Maschinen und Produkte industrieller Fertigung. Entstand zuerst in Großbritannien, seit 1959 Arbeitsgebiet des Council for British Archaeology; erfolgt in Zusammenarbeit von staatl. Stellen, Industrien, Hochschulen und Privatpersonen. Hauptaufgabe: Erhaltung beispielhafter (technisch veralteter) Industrieanlagen.

industrielle Revolution, Bez. für den durch wiss.-techn. Fortschritt bewirkten Übergang von der Agrar- zur Ind.gesellschaft. Heute wird als i. R. insbes. jene Phase beschleunigter technolog., ökonom. und gesellschaftl. Veränderungen verstanden, in der etwa seit 1760 Großbritannien und seitdem fast alle europ. Staaten, die nordamerikan. Staaten und Japan den Schritt aus einer statisch-agrar. Gesellschaft zur Ind.gesellschaft getan haben. I. e. S. Bez. für die Periode des „großen Spurts" (W. W. Rostow: „Takeoff") im Verlauf der Industrialisierung (in Großbritannien etwa seit 1820, in Deutschland seit 1850), der eine rasche quantitative Veränderung der Gesellschaftsstruktur herbeiführte, die subjektiv als qualitativer Wandel empfunden wurde und zu dem die Ind.gesellschaft kennzeichnenden, permanent expandierenden, ungleichmäßig verlaufenden Wachstum führte.

Zu den wichtigsten Resultaten der i. R. in Europa gehörten die Beseitigung der Massenarmut, die auf der agrarrevolutionären Vorstufe der Industrialisierung durch Bev.wachstum und Bauernbefreiung entstanden war, die sprunghafte Vergrößerung des realen Sozialprodukts insgesamt und pro

Industriedesign. Netzrasierer, gestaltet 1962 von Alfred Müller und Hans Gugelot (oben), 1973 von Dieter Rams, Florian Seiffert, Robert Oberheim und Peter Hartwein (Mitte), 1987 von Roland Ullmann (unten)

industrielles Zeitalter

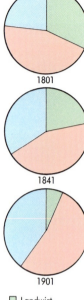

1801

1841

1901

☐ Landwirtschaft
☐ Dienstleistungen
☐ Industrie und Handwerk

Industrielle Revolution. Veränderung der Verteilung des Sozialprodukts in Großbritannien

Kopf, die Entstehung neuer, aus dem industriell-kapitalist. Produktionsprozeß folgender Klassengegensätze, eine Erosion traditioneller Wert- und Gesellschaftssysteme, langfristig schließlich die Verfestigung der ungleichmäßigen Entwicklung industrieller Sektoren sowie der Ind.länder und der Entwicklungsländer.
Als *zweite i. R.* bezeichnet man (seit Mitte des 20. Jh.) die durch zunehmende Automatisierung bestimmte Entwicklung, als *3. i. R.* die großen Veränderungen, die die Einführung der Mikroelektronik (Computer, Industrieroboter u. a.) in Ind. und Wirtschaft mit sich brachte.

industrielles Zeitalter, Epoche der Weltgeschichte, die mit der ↑ industriellen Revolution begann und durch die ↑ Industriegesellschaft, v.a. durch die damit verbundene Massenproduktion von Gütern und die Erschließung neuer Rohstoff- und Energiequellen, gekennzeichnet ist. Die jüngste Phase seit Mitte des 20. Jh. ist geprägt durch die wachsende Bedeutung der Kernkraft (Atomzeitalter), der Mikroelektronik und moderner Informations- und Kommunikationstechnologien.

Industriemeister, Fortbildungsabschluß für Facharbeiter, die nach einem Vorbereitungslehrgang eine I.prüfung vor der Industrie- und Handelskammer abgelegt haben.

Industriemelanismus ↑ Melanismus.

Industriemüll ↑ Müll.

Industrieobligationen (Industrieanleihen), Anleihen privater Unternehmen, insbes. der Industrie, gelegentlich auch von Handelsunternehmen oder Banken; bes. Formen der I. sind **Gewinnobligationen,** die außer der Verzinsung auch eine Gewinnbeteiligung gewähren, sowie **Wandelobligationen** mit dem Recht auf Umtausch in Aktien und **Optionsanleihen,** die mit einem Bezugsrecht auf neue Aktien ausgestattet sind.

Industrieroboter ↑ Roboter.

Industrieschulen, seit dem letzten Drittel des 18. Jh. eingerichtete Armenschulen, die Fertigkeiten insbes. der Hausindustrie (v. a. Textil- und Spielwarenherstellung) und Landarbeit vermittelten. Ursprünglich humanitäre Einrichtungen mit dem Ziel, die Kinder zu befähigen, Lohnarbeiten auszuführen; bes. in den Handwerker- und Fabrikschulen des 19. Jh. wurden diese jedoch im allgemeinen ausgebeutet.

Industriesoziologie, spezielle Soziologie, die sich mit den Institutionen, Organisationen, Verhaltens- und Einstellungsmustern in Ind.gesellschaften befaßt und die v. a. die Folgen der verschiedenen Stadien der Industrialisierung für die Gesellschaft und für die verschiedenen Gruppen und Schichten arbeitender Menschen erforscht.

Industriestatistik, in der amtl. Statistik der BR Deutschland bis 1977 Bez. eines der wichtigsten Teilgebiete der Wirtschaftsstatistik; wurde bis 1980 in das geschlossene System der Statistik des produzierenden Gewerbes integriert. Der Untersuchungsbereich Industrie umfaßt dabei bei Einbeziehung des produzierenden Handwerks die Bereiche Energie- und Wasserversorgung, Bergbau, verarbeitendes Gewerbe sowie Baugewerbe. Ziel der I. ist u. a., die Analyse des Konjunkturverlaufs sowie der mittel- und langfristigen Strukturveränderungen zu verbessern, der regionalen Wirtschaftspolitik und Raumordnung wichtige Daten zu liefern und diese internat. vergleichbar zu machen.

Industrie- und Handelskammer, Abk. IHK, regionale Selbstverwaltungsorganisation aller gewerbl. Unternehmen mit Ausnahme des Handwerks in Form einer Körperschaft des öff. Rechts mit Zwangsmitgliedschaft. Aufgaben: Interessenvertretung der gewerbl. Wirtschaft nach außen, Mitgliederberatung, Errichtung eigener Schulen, Organisierung von Messen, Auskunftsstelle, Errichtung von Schiedsgerichten, Förderung des Verkehrs, Erstellung von Gutachten. Die IHK führen die *Verzeichnisse der Ausbildungsverhältnisse* für kaufmänn. und gewerbl. Auszubildende und nehmen in diesem Bereich die Lehrabschlußprüfungen ab.

Organe sind die *Vollversammlung* sowie ein durch diese bestellter *Präsident*. Der Präs. ist Vors. der Vollversammlung und des *Präsidiums*. Die Vollversammlung bestellt den *Hauptgeschäftsführer*. Dieser und der Präsident vertreten die IHK. – Die IHK sind im Deutschen Industrie- und Handelstag (DIHT) zusammengeschlossen.
In *Österreich* bestehen Kammern der gewerbl. Wirtschaft, deren Dachorganisation die Bundeswirtschaftskammer ist.

Indy, Vincent d' [frz. dɛ̃'di], * Paris 27. März 1851, † ebd. 2. Dez. 1931, frz. Komponist. – Schüler von C. Franck; von R. Wagner angeregtes, stark sinfonisch bestimmtes Werk: Orchester-, Kammer-, Klaviermusik, Bühnenwerke, geistliche und weltliche Vokalwerke.

Inedita [lat.], unveröffentlichte Schriften.

in effigie [...i-ɛ; lat.], „im Bild", bildlich; **executio in effigie,** Scheinhinrichtung durch Hängen oder Verbrennen des Bildes eines abwesenden Verbrechers.

ineffizient [lat.], unwirksam, nicht leistungsfähig; unwirtschaftlich; **Ineffizienz,** Unwirksamkeit; Unwirtschaftlichkeit.

inert [lat.], untätig, träge.

Inertgase, reaktionsträge Gase, wie die Edelgase, Stickstoff u. a., die sich an chem. Vorgängen gar nicht oder nur unter extremen Bedingungen beteiligen.

Inertialnavigation [lat.], svw. ↑ Trägheitsnavigation.

Inertialsystem [lat./griech.] ↑ Bezugssystem.

in extenso [lat.], in aller Ausführlichkeit, vollständig.

INF [engl. aɪɛnɛf], Abk. für: **I**ntermediate **R**ange **N**uclear **F**orces, Bez. für mit nuklearen Sprengköpfen versehene Mittelstreckenraketen. 1987 wurde zw. den USA und der UdSSR ein Vertrag über den vollständigen Abbau von INF mit Reichweiten von 500–5 500 km geschlossen.

Infallibilität [lat.] ↑ Unfehlbarkeit.

Infamie [lat.], allg. svw. Ehrlosigkeit, Niedertracht; Unverschämtheit; **infam,** ehrlos, niederträchtig, unverschämt.
▷ bis 1983 nach *röm.-kath. Kirchenrecht* die Kirchenstrafe des rechtl. und fakt. Ehrverlustes.

Infant [span., zu lat. infans „kleines Kind"], Titel der königl. Prinzen und Prinzessinnen (**Infantin**) in Spanien und Portugal seit dem 13. Jh.

Infanterie [italien., zu infante in einer früheren Bed. „Knabe, Fußsoldat" (eigtl. „kleines Kind")], Bez. für die Gesamtheit der Fußtruppen der Streitkräfte eines Landes. Seit dem Ende des 1. Weltkriegs zunächst teilweise (z. B. Radfahrabteilungen, Kradschützen) schnell beweglich gemacht; heute meist voll mechanisiert oder motorisiert. Mit wenigen Ausnahmen (Reitervölker; Rittertum) war und ist das Fußvolk, seit dem 17. Jh. allg. I. gen., Hauptbestandteil der Streitkräfte. Zunächst noch nach der jeweiligen Bewaffnung unterschieden (Pikeniere, Schützen bzw. Musketiere oder Füsiliere, Grenadiere, Jäger) bzw. nach der takt. Verwendung (Linien-I. für den geschlossenen Kampf; leichte I. für kleinere, aufgelockertere Gefechte; im 19. Jh. vereinheitlicht (Einheits-I.), wobei die Benennung nach der urspr. Bewaffnung aus Traditionsgründen erhalten blieb. – In der Bundeswehr aufgegliedert in Jäger, Gebirgsjäger, Fallschirmjäger sowie Panzergrenadiere.

Infanteriegeschütz, im 1. Weltkrieg zur Bekämpfung von Punktzielen entwickelter leichter Geschütztyp (zerlegbar; Kaliber 37–76 mm); nach 1945 nicht mehr verwendet.

infantil [lat.], kindlich, unentwickelt; auch: kindisch.

Infantilismus [zu lat. infans „kleines Kind"], Fortbestehen kindl. Merkmale beim Erwachsenen infolge einer körperl. und/oder geistigen Entwicklungshemmung.

Infantin ↑ Infant.

Infarkt [zu lat. infarcire „hineinstopfen"], Absterben eines Organs oder eines Organteils infolge plötzl. Unterbrechung der Blutzufuhr bei Verschluß des versorgenden Blutgefäßes durch Embolie, Thrombose u. a.; z. B. Herz-, Lungen-, Hirn-, Milzinfarkt.

Infektion [lat., zu inficere „anstecken"], (Infekt, Ansteckung) in der *Medizin* und *Biologie* das Eindringen von Krankheitserregern (Bakterien, Viren, tier. Einzeller, Pilze) in den Organismus mit der möglichen Folge einer Infektionskrankheit.
▷ in der *Mikrobiologie* die Verunreinigung einer Reinkultur durch Fremdorganismen.

Infektionskrankheiten (ansteckende Krankheiten, übertragbare Krankheiten), durch ↑Infektion verursachte akut oder chronisch verlaufende Krankheiten. Neben *manifesten I.* gibt es *inapparente* (klinisch nicht erkennbare) sowie *abortive I.* (sehr rasch, untypisch, klinisch unterschwellig und harmlos verlaufend). Von einer *latenten I.* spricht man, wenn sich der Erreger dauernd im Wirtsorganismus vermehrt, ohne Krankheitszeichen hervorzurufen.
Die Eintrittspforten für die Erreger (u. a. Protozoen, Bakterien, Rickettsien, Viren) sind die Körperöffnungen und die (verletzte oder intakte) Haut. – Bei den *lokalen I.* verbleiben die Erreger im Bereich ihrer Eintrittspforte (z. B. bei verschiedenen Darm-I.) und beeinflussen den Körper vorwiegend durch ihre Toxine. – Bei den *zykl. I.* gelangen die Erreger von der Eintrittspforte über die Lymph- und Blutbahnen in die Gewebe und Organe.
Die zykl. I. zeigen charakterist. Phasen: 1. das symptomlose *Inkubationsstadium;* 2. das *Prodromal-* oder *Ausbreitungsstadium* mit uncharakterist. Allgemeinerscheinungen, wie z. B. Abgeschlagenheit, Kopf- und Gliederschmerzen, Fieberanstieg, Kreislaufstörungen sowie Blutbildveränderungen; 3. das Stadium der *Organmanifestationen* mit für die einzelne Infektionskrankheit typ. Organsymptomen; 4. die *Heilung* bei der Infektionskrankheit, bei der die klin. Symptome verschwinden. – Nach Überstehen einer Infektionskrankheit bleibt bei zykl. I. erworbene, aktive Immunität zurück, bei lokalen I. keine oder nur geringe.

Infektionskrankheiten (Auswahl)

Krankheit	Inkubationszeit
AIDS	0,5–5 Jahre
Botulismus	12–36 Stunden (bis 14 Tage)
Cholera asiatica	1–5 Tage
Diphtherie	2–4 Tage
Fleckfieber	10–14 Tage
Gasbrand	2–5 Tage
Gelbfieber	3–6 Tage
Grippe (Influenza)	einige Stunden bis 4 Tage
Virus-A-Hepatitis	15–50 Tage
Virus-B-Hepatitis	50–180 Tage
Keuchhusten	7–14 Tage
Kinderlähmung (Poliomyelitis)	7–14 Tage (bis 5 Wochen)
Lepra	3 Monate bis 5 Jahre (bis 20 Jahre)
Malaria quartana	3–6 Wochen
Malaria tertiana und tropica	8–20 Tage
Masern	10–14 Tage
Milzbrand	einige Stunden bis 3 Tage
Mumps	14–21 Tage
Pocken	8–14 Tage
Röteln	15–21 Tage
Rückfallfieber	5–7 Tage (bis 2 Wochen)
Scharlach	1–8 Tage (bis 10 Tage)
Schlafkrankheit	10–20 Tage
Syphilis	21 Tage (bis 28 Tage)
Tetanus	4–14 Tage
Tollwut	3 Wochen bis 3 Monate (bis 1 Jahr)
Toxoplasmose	etwa 3 Tage
Tripper	2–3 Tage (bis 7 Tage)
Tuberkulose	mehrere Wochen
Typhus (abdominalis)	3–10 Tage
Windpocken	14–21 Tage

Geschichte: Das MA sah die Ursachen für bestimmte Krankheiten (Lepra, Pest) in krankmachenden Stoffen der Luft („Miasma"). Ausdünstungen („Contagium"). 1856 prägte R. Virchow den Begriff der Infektion, den J. von Liebig als chem. Fermentationsprozeß, L. Pasteur, R. Koch u. a. Bakteriologen als den Befall und das Eindringen von Bakterien in den Organismus definierten. R. Koch entdeckte dann die spezif. Erreger für Milzbrand (1876), Tuberkulose (1882) und Cholera (1883).
infektiös [lat.-frz.], ansteckend.
infektiöse Mononukleose [lat.], svw. ↑Mononukleose.

Infeld, Leopold, *Krakau 20. Aug. 1898, †Warschau 15. Jan. 1968, poln. Physiker. – 1933 Emigration nach Großbritannien bzw. in die USA; 1936–38 Mitarbeiter von A. Einstein. 1939–50 Prof. in Toronto, ab 1950 in Warschau. Arbeiten zur allg. Relativitätstheorie (bes. Bewegungsgleichungen), Spinortheorie und zur nichtlinearen Elektrodynamik.
inferior [lat. „niedriger"], untergeordnet; minderwertig; **Inferiorität,** untergeordnete Stellung, Unterlegenheit; Minderwertigkeit.
inferiore Güter, Güter, die bei steigender Konsumsumme eines Haushalts in geringerer Menge nachgefragt werden, weil sie durch höherwertige Güter **(superiore Güter)** ersetzt werden (Beispiel: Fleisch statt Kartoffeln).
infernalisch (infernal) [zu lat. infernalis „unterirdisch"], höllisch, teuflisch.
Inferno [lat.-italien., eigtl. „das Untere"], Unterwelt, Hölle; Ort eines unheilvollen Geschehens, entsetzl. Geschehen.
Infertilität [zu lat. infertilis „unfruchtbar"], bei der Frau die Unfähigkeit, ein Kind bis zu seiner Lebensfähigkeit auszutragen; beim Mann gleichbedeutend mit Unfruchtbarkeit (Sterilität).
Infestation [lat.] ↑Invasion.
Infight ['ɪnfaɪt; engl.], Nahkampf (Boxen).
Infiltration [mittellat.], allg. svw. Eindringen, Einsickern.
▷ in der *Petrographie:* das Eindringen oder Einsickern von Gasen oder Lösungen in Spalten, Klüfte und Poren von Gesteinen; kann zur Bildung von Erzlagerstätten führen.
▷ in der *Medizin:* das Eindringen fremdartiger Zellen, Flüssigkeiten, Gewebe u. a. (insbes. krankheitserregender) Substanzen *(Infiltrate)* in normales Körpergewebe.
▷ in der *Politik:* Einschleusen von Personen in polit., militär. und wirtsch. Schlüsselstellungen zur polit.-ideolog. Beeinflussung von Personen und Gruppen durch Organisationen, die an einer Veränderung bestehender Verhältnisse interessiert sind.
Infiltrationsanästhesie ↑Anästhesie.
Infimum [lat.], svw. untere ↑Grenze.
infinite Form [lat.] (Nominalform), Verbform, die nicht nach Person, Numerus usw. bestimmt ist; zu den i. F. gehören im Dt. der Infinitiv und das 1. und 2. Partizip.
infinitesimal [lat.], beliebig („unendlich") klein; gegen Null strebend; z. B. infinitesimale Größe.
Infinitesimalrechnung, zusammenfassende Bez. für Differential- und Integralrechnung.
Infinitiv [lat., zu infinitus „unbegrenzt"] (Nennform, Grundform), Form des Verbs, die ein Geschehen oder Sein einfach nennt, ohne weitere Angaben über Person, Numerus, Modus und Tempus zu enthalten. Im Dt. wird der I. mit der Endung *-en (grünen)* oder *-n (ärgern)* gebildet und kann substantiviert werden *(das Singen).* In Verbindung mit *zu* oder *um zu* kann er verschiedene syntakt. Funktionen (als Objekt, Attribut usw.) erfüllen; erweitert durch abhängige Satzglieder erhält er den Wert eines Nebensatzes **(Infinitivsatz, satzwertiger Infinitiv),** z. B. *Er hoffte, die Stelle zu bekommen.*
Infinitivsatz, svw. satzwertiger ↑Infinitiv.
Infix [lat., zu infigere „hineinheften"], Bildungselement, das in den Wortstamm eingefügt ist, z. B. das *n* in lat. *fu-n-do* gegenüber der Perfektform *fudi.*
infizieren [zu lat. inficere, eigtl. „hineintun"] (anstecken), eine Infektion verursachen.
in flagranti (i. f. crimine) [lat. „in brennendem (Verbrechen)"], auf frischer Tat.
inflammabel [lat.], entzündbar (v. a. von Gasen und Dämpfen gesagt).
Inflammatio [lat.], svw. ↑Entzündung.
Inflation [zu lat. inflatio „das Sichaufblasen, das Aufschwellen"], anhaltender Prozeß der Geldentwertung; findet seinen Ausdruck in einem Anstieg des Preisniveaus, wobei nach dem Ausmaß des Anstiegs unterschieden wird zwischen *schleichender, trabender* und *galoppierender I.* Ein Sonderfall ist die (durch staatl. Zwangsmaßnahmen) zu-

Inflationsrate

rückgestaute I., bei der offene Preissteigerungen zwar verhindert werden, dies jedoch zum einen nur vorübergehend gelingen kann, zum anderen zur Bildung eines schwarzen Marktes führt.

Die *Ursachen* für I. werden von der Quantitätstheorie in einer im Vergleich zur Gütermenge übermäßigen Ausweitung der Geldmenge durch die Geldschöpfung des Staates und des Bankensystems gesehen. Nach der Einkommenstheorie des Geldes resultiert I. aus einer Ausweitung der effektiven Nachfrage über das verfügbare Angebot. Dabei wird weiter unterschieden in die von der Nachfrageseite ausgehende *Nachfrage-I.*, die von der Angebotsseite ausgehende Angebots- oder *Kosten-I.* und die – durch einen Verteilungskampf der Einkommensgruppen verursachte – *Einkommens-I.* – Von großer Bed. ist auch die *importierte I.*, die durch die internat. wirtsch. Verflechtung über den direkten internat. Preiszusammenhang und die internat. Kapitalbewegungen zustandekommt. Neben den generell schädl. Auswirkungen einer I. auf das Wirtschaftsleben wegen des schwindenden Vertrauens in das Geld bis hin zum Rückfall in Formen des Naturaltauschs hat eine I. v. a. auch negative Folgen für die Einkommens- und Vermögensverteilung, da zum einen i. d. R. die Konsumgüter von Preissteigerungen am stärksten betroffen sind, zum anderen Besitzer von Sachwerten (Grundstücken, Produktionsmitteln) im Unterschied zu kleinen Sparern nicht betroffen werden.

Geschichte: Die Erscheinung der I. ist bereits seit der Antike (im 2./3. Jh. n. Chr. im Röm. Reich) bekannt. Auch die folgenden Jh. hatten durchweg I. zu verzeichnen (↑ Kipper und Wipper, John ↑ Law), häufig im Zusammenhang mit Revolutionen und Kriegen, so nach der Frz. Revolution und den Napoleon. Kriegen, in den USA beim Unabhängigkeitskrieg und beim Sezessionskrieg. Die bislang schwerste I. trat im Gefolge des 1. Weltkriegs auf. Nach dem 2. Weltkrieg blieben die Preissteigerungen zunächst auf vergleichsweise niedrigem Niveau. Nachdem in den 1970er Jahren der Preisanstieg weltweit stark zugenommen hatte, gelang es den Industrieländern in den 1980er Jahren, durch eine restriktive Geldpolitik die Inflationsraten zu reduzieren. Allerdings signalisieren in vielen Entwicklungsländern z. T. sehr hohe Inflationsraten ungelöste wirtsch. Anpassungsprobleme.

Inflationsrate, Prozentsatz, der den Anstieg des Preisniveaus in einem bestimmten Zeitraum (meist einem Jahr) ausdrückt.

Influenz [lat., zu influere „hineinfließen"], Ladungstrennung durch ein elektr. Feld, z. B. durch Annäherung eines elektrisch geladenen Körpers an einen Leiter; die dem Körper zugewandte Seite des Leiters wird ungleichnamig, die abgewandte gleichnamig aufgeladen. Die I. beruht auf der freien Beweglichkeit der Elektronen im Leiter.

Influenza [lat.-italien., eigtl. „Einfluß" (der Sterne auf die Krankheit)], svw. ↑ Grippe.
▷ svw. ↑ Pferdestaupe.

Influenzaviren, RNS-Viren aus der Gruppe der Myxoviren, Erreger der Grippe. Nach den Antigeneigenschaften unterscheidet man drei Typen (A, B, C) mit zahlr. Untergruppen.

Influenzkonstante ↑ Dielektrikum.

Informatik [Kw. aus Information und Automatik] (engl. Computer science), Wiss. von der automat. Informationsverarbeitung mit Hilfe von Computern, insbes. dem entwurf und der Formulierung von Algorithmen (↑ Algorithmus) in angemessenen Sprachen (↑ Programmiersprachen) sowie ihrer physikal. Realisation.

Die **theoretische Informatik** befaßt sich mit formalen Modellen und Methoden zur Beschreibung von Systemen und des dynam. Ablaufs von ↑ Prozessen. Beispiele für Teilgebiete der theoret. I. sind die Theorie der formalen Sprachen, die Automatentheorie, die Theorie der Berechenbarkeit, die Theorie der Datenstrukturen, die Komplexitätstheorie und Korrektheitsbeweise.

Die **praktische Informatik** entwickelt Methoden, um umfangreiche Programmsysteme (↑ Software) erstellen zu können, sowie konkrete Entwicklungsumgebungen und (Software-)Werkzeuge zur Unterstüzung von Programmierern und Anwendern. Beispiele für die Teilgebiete der prakt. I. sind Programmiersprachen, Übersetzerbau, Informationssysteme, Betriebssysteme, Simulation und künstl. Intelligenz.

Die **technische Informatik** befaßt sich mit dem funktionellen Aufbau von Computern und den zugehörigen Geräten sowie mit dem log. Entwurf von Rechnern, Geräten und Schaltungen (↑ Hardware). Beispiele für Teilgebiete der techn. I. sind Rechnerarchitektur, Prozeßdatenverarbeitung und VLSI-Entwurf.

Die **angewandte Informatik** untersucht Abläufe in den unterschiedlichsten Bereichen (wie Linguistik, Medizin u. a.) auf ihre Automatisierbarkeit. Neben anwendungsbezogenen Analysen entwickelt man ingenieurmäßige Methoden bei der Entwicklung von Software für bestimmte Anwendungsfälle.

Ähnlich wie die Einführung mechan. Maschinen bleibt auch die zunehmende Computerisierung nicht ohne Auswirkungen auf die gesellschaftl. Entwicklung. So wird auch der Computer als Instrument der Rationalisierung eingesetzt, woraus sich für die Betroffenen oft schwerwiegende soziale Folgen (Wandel von Arbeitsplätzen und berufl. Anforderungen) ergeben. Die sich aus der schnellen Verfügbarkeit personenbezogener Daten und der Konzentration von Informationen in Datenbanken ergebenden Gefahren wie mögl. Einschränkungen der Rechte des einzelnen und Entstehung neuer Abhängigkeiten bzw. Machtverhältnisse durch die Verfügungsgewalt über Informationen erfordern gesetzgeber. Maßnahmen (↑ Datenschutz) sowie gesellschaftl. Diskussion.

Information [zu lat. informatio „Bildung, Belehrung"], allg. Unterrichtung, Mitteilung, Nachricht.
▷ im *journalist.* Bereich ist I. für die Massenmedien öff. Aufgabe und in Deutschland aus dem Grundrecht der I.- und Meinungsfreiheit (Art. 5 GG) abgeleitete Verfassungspflicht.
▷ in den *Sozialwissenschaften* sind Austausch und Verbreitung von I. Voraussetzung für soziales Handeln; sie verbinden soziale Systeme (Familie, Unternehmen, Organisationen, Staat) und regulieren deren Verhalten. Informiertheit ist Grundbedingung für die funktionsadäquate Mitwirkung jedes Individuums am gesellschaftl. Prozeß.
▷ in der *Informationstheorie* Objekt einer Wechselwirkung zw. Systemen, bei der die stofflich und energet. Aspekte von untergeordneter Bedeutung sind. Zu jeder I. gehört ein stoffl.-energet. Träger. Das Wesentlichere der I., das mit dem Träger vermittelte Getragene, entsteht im Sende- bzw. Empfangssystem. *Signale* entsprechen mehr dem Träger, haben aber meist eine Bedeutung im Sinne des Getragenen; *Nachrichten* betonen stärker den Aspekt des Getragenen.
▷ ↑ Fachinformation.

informationelle Selbstbestimmung, vom Bundesverfassungsgericht in seinem Urteil vom 15. 12. 1983 zum Volkszählungsgesetz 1983 aus dem allg. Persönlichkeitsrecht abgeleitetes Grundrecht, das die Befugnis des einzelnen gewährleistet, grundsätzlich selbst über die Preisgabe und Verwendung persönl. Daten zu bestimmen.

Informationsästhetik, v. a. von M. Bense, A. A. Moles und W. Meyer-Eppler entwickelte moderne Ästhetik, die die traditionelle philosophisch orientierte Ästhetik durch ein mathematisch-informationstheoret. Beschreiben sowie semiot., statist. und kybernet. Untersuchungen der Strukturen ästhet. Produkte ersetzen soll.

Informationsdienst, gedruckte oder vervielfältigte, für bestimmte Personengruppen in Politik und Wirtschaft oft zur vertraul. und persönl. Unterrichtung periodisch herausgegebene Korrespondenz (im Abonnement).

Informationsfreiheit, das Grundrecht, sich aus allg. zugängl. Quellen ungehindert zu unterrichten. Die I. ist Voraussetzung der ↑ Meinungsfreiheit. Sie wurde in das Grundgesetz (Art. 5 Abs. 1) und einige Länderverfassungen aufgenommen. Die I. ist eine wesentl. Voraussetzung des demokratischen Willensbildungsprozesses. Sie findet ihre Schranken in den allg. Gesetzen.

Influenz.
Oben: bei Metallen.
Unten: bei Nichtmetallen

Ähnl. Rechte sind in Art. 13 *östr. Staatsgrundgesetz* und in Art 55 ff. *schweizer. BV* verankert.

Informationsrecht, allg. das Recht auf Unterrichtung und Vermittlung bestimmter Kenntnisse. In gesetzl. Regelungen sind zahlr. bes. I. formuliert, z. B. im Arbeitsrecht der Anspruch des Betriebsrates auf Unterrichtung durch den Arbeitgeber, im Prozeßrecht das Recht der Parteien oder des Verteidigers auf Akteneinsicht. Im Staatsrecht ↑ Informationsfreiheit.

Informationssystem, System zur Speicherung, Wiedergewinnung, Verknüpfung und Auswertung von Informationen. Ein I. besteht i. d. R. aus einem Computer, einem Datenbanksystem und Auswertungsprogrammen. Man unterscheidet reine Informationswiedergewinnungssysteme (etwa bei der Lagerhaltung), Dokumentationssysteme (z. B. bei Bibliotheken) und Managementinformationssysteme.

Informationstheorie, von O. Shannon 1948 begründete mathemat. Theorie, die sich mit der strukturellen und quantitativen Erfassung und mit den (statist.) Gesetzmäßigkeiten der Übermittlung und Verarbeitung von Nachrichten und den in ihnen enthaltenen Informationen befaßt. Ein Nachrichtensystem besteht aus einer Nachrichtenquelle (Sender), einem Nachrichtenkanal und einer Nachrichtensenke (Empfänger). Eine Nachricht ist eine endl. Kette von Zeichen oder Zuständen. Die zu übermittelnde Information wird vom Sender codiert, vom Empfänger decodiert. Fragen der Fehlererkennung und der Korrektur werden in der Codierungstheorie untersucht.

Informationsverarbeitung, Auswertung von Informationen, die durch Rezeptoren (Sensoren) aufgenommen und an eine zentrale Speicher- und Verarbeitungseinrichtung (bei Lebewesen das Gehirn) weitergeleitet werden. Eine I. mit techn. Hilfsmitteln ist die ↑ Datenverarbeitung. Auf den Menschen bezogen spricht man von Denken.

Informationswissenschaft, die Wiss. von der Wissensdarstellung (Repräsentation und Präsentation), -aufnahme (Rezeption) und -übermittlung (Transfer). Während in der ↑ Informatik der Computer als Instrument der Informationsverarbeitung im Vordergrund steht, stellt die I. den Menschen mit seinen Informationsbedürfnissen (unter Anwendung moderner Informationstechnologie) in den Mittelpunkt.

Informator (Informant) [lat.], jemand, von dem man Informationen bezieht; **informatorisch,** einen ersten Überblick gebend.

Informel, svw. ↑ abstrakter Expressionismus.

informell [lat.-frz.], 1. belehrend, aufklärend; 2. ohne Formalitäten, nicht offiziell.

informelle Kunst (Informel), svw. ↑ abstrakter Expressionismus.

informieren [lat.], in Kenntnis setzen, Auskunft geben; **sich informieren,** Erkundigungen einholen.

infra..., Infra... [lat.], Vorsilbe mit der Bed. „unter[halb]".

Infraktion [lat.], svw. ↑ Knickbruch.

Infrarot, Kurzbez. für ↑ Infrarotstrahlung.

Infrarotastronomie, modernes Teilgebiet der ↑ Astronomie. Photometr. Messungen erfolgen in den Wellenlängenbereichen von 1–3 μm und um 11 μm, in denen die Erdatmosphäre für Infrarotstrahlung durchlässig ist. Hauptgegenstand der I.-A. ist die Milchstraße sowie die Erforschung von Infrarotsternen und von praktisch nur im Infrarotbereich strahlenden interstellaren Wolken. Eine neue Ära der I.-A. wurde 1983 mit dem Start des Infrarotsatelliten IRAS eingeleitet, der mit einem Spezialteleskop eine Infrarotdurchmusterung des Alls vornahm.

Infrarotblitzlampe (Dunkelblitz), infrarotes Licht abstrahlende Blitzlampe zum Photographieren auf Infrarotfilm.

Infrarotdetektor, Strahlungsempfänger für den infraroten Frequenzbereich, der in Infrarotgeräten oder bei der Infrarotübertragung die einfallenden Infrarotstrahlen in elektr. Signale oder in sichtbares Licht umwandelt.

Infrarotfarbfilm (Falschfarbenfilm), Umkehrfilm, der Infrarot reflektierende Gegenstände in tiefroter Farbe, rote und orangefarbene in gelber, gelbe in weißer und grüne (Chlorophyll) in weißer Farbe wiedergibt. – ↑ Infrarotphotographie.

Infrarotheizung, die Infrarotstrahlung glühender Körper ausnutzende Strahlungsheizung. Man unterscheidet *Dunkelstrahler* und *Hellstrahler*.

Infrarotlenkung, Eigenlenkverfahren bes. bei militär. Flugkörpern. Bordseitige Infrarotsensoren bestimmen die Richtung maximaler Einfallsstärke von Infrarot- bzw. Wärmestrahlung (ausgehend z. B. vom Triebwerk von Raketen und Flugzeugen) und steuern damit automatisch den Kurs.

Infrarotphotographie, photograph. Aufnahmetechnik, die sich der bes. physikal. Eigenschaften infraroter Strahlung bedient (z. B. Unsichtbarkeit, die Fähigkeit, Dunst und atmosphär. Trübungen zu durchdringen, die Möglichkeit, erwärmte Körper mittels der Wärmestrahlung optisch abzubilden). Die Aufnahmen werden auf zusätzlich für den Infrarotbereich sensibilisiertem Photomaterial gemacht, wobei sichtbares Licht durch Filter (Schwarzfilter) ausgeschaltet werden muß. Als Infrarotlichtquelle dient die Sonnenstrahlung, die Wärmestrahlung der Objekte oder künstl. Beleuchtung (Infrarotstrahler, für Aufnahmen in der Dunkelheit bes. Infrarotblitzlampen).

Infrarotspektroskopie, Untersuchung der im infraroten Spektralbereich liegenden Spektren von Molekülen, die durch deren Rotationen und Schwingungen verursacht werden; wird angewendet für die Spektralanalyse und Molekülstrukturforschung.

Infrarotstrahlung (IR-Strahlung, Ultrarotstrahlung, Wärmestrahlung), vom menschl. Auge im allg. nicht wahrnehmbare elektromagnet. Strahlung, die an die langwellige Grenze (Rot) des sichtbaren Lichts bei 780 nm Wellenlänge anschließt und sich bis ins Mikrowellengebiet bei 1 mm Wellenlänge erstreckt. I. erkennt man u. a. an ihrer Wärmewirkung. Diese wird beim *Infrarotstrahler* und beim *Infrarotgrill* für Heizzwecke ausgenutzt. I. durchdringt fast ungehindert Nebel und Wolken. Die ↑ Infrarotphotographie verwendet Filmmaterial, das für I. empfindlich ist. Damit kann sowohl durch Dunst und Wolken als auch bei Nacht photographiert werden. Für ähnl. Zwecke werden auch *Infrarotsichtgeräte* eingesetzt. Sie enthalten als Hauptbestandteil eine Vorrichtung, durch die die auf das Gerät treffende I. in sichtbares Licht umgewandelt wird.

Infraschall, Schwingungen mit Frequenzen unter 16 Hz, d. h. unterhalb der menschl. Hörschwelle. Zum I. zählen auch Boden- oder Gebäudeschwingungen, die als Erschütterungen wahrgenommen werden.

Infrastruktur, die Gesamtheit aller (meist) durch Gebietskörperschaften der öff. Rechts getragenen Einrichtungen der sog. Vorsorgeverwaltung (z. B. die der Allgemeinheit dienenden Einrichtungen für Verkehr und Beförderung, Fernsprech- und Fernmeldewesen, Gas-, Wasser- und Elektrizitätsversorgung, Bildung und Kultur, Krankheitsvorsorge und -behandlung).

Inful [lat.], svw. ↑ Mitra.

Infusion [zu lat. infusio „das Eingießen"], das (meist langsame) Einfließenlassen größerer Flüssigkeitsmengen (z. B. physiolog. Kochsalzlösung, Blut oder Blutersatz) meist in das venöse Blutgefäßsystem, seltener unter die Haut oder in den Darm.

Infusorien [lat.] (Aufgußtierchen), Sammelbez. für kleine, meist einzellige, in Aufguß von pflanzl. Material sich entwickelnde Organismen (bes. Flagellaten, Wimpertierchen).

Infusum [lat.] ↑ Aufguß.

Inga, Ort in Zaire, an den 96 m hohen I.fällen des Kongo, 7 000 E. Großkraftwerk.

Ingafälle ↑ Kongo (Fluß).

Ingarden, Roman, *Krakau 5. Febr. 1893, †ebd. 14. Juni 1970, poln. Philosoph. – 1945–63 Prof. in Krakau, 1950–56 wegen „Idealismus" suspendiert. I. verwirft den transzendentalen Idealismus seines Lehrers Husserl und entwirft mit Hilfe der phänomenolog. Methode eine realist. Ontologie. Seine in bed. Werken zur Ästhetik entwickelte Ontologie der Kunst, insbes. der Literatur, beschränkt sich

Infrarotlenkung. Zielansteuerung bei militärischen Flugkörpern

Ingäwonen

auf die Analyse der Schichten und Strukturen des Kunstwerks. – *Werke:* Das literar. Kunstwerk (1931), Vom Erkennen des literar. Kunstwerks (1937), Der Streit um die Existenz der Welt (2 Bde., 1947/48).

Ingäwonen ↑ Ingwäonen.

Ingeborg-Bachmann-Preis, von der Stadt Klagenfurt (Geburtsstadt I. Bachmanns) und dem Östr. Rundfunk gestifteter Literaturpreis, der seit 1977 jährlich verliehen wird. Bisherige Preisträger: G. F. Jonke (1977), U. Plenzdorf (1978), G. Hofmann (1979), S. Nadolny (1980), U. Jaeggi (1981), J. Amann (1982), F. Roth (1983), E. Pedretti (1984), H. Burger (1985), K. Lange-Müller (1986), U. Saeger (1987), A. Krauss (1988), W. Hilbig (1989), B. Vanderbeke (1990), E. Sevgi Özdamar (1991), A. Walser (1992).

Roman Ingarden

Ingelfingen, Stadt im Kochertal, Bad.-Württ., 217 m ü. d. M., 5300 E. Heilbad; Nahrungsmittel- u. a. Ind. – 1080 erstmals gen.; 1334 Stadt. – Pfarrkirche (1490–1502) mit roman. Turm, barockes Schloß.

Ingelheim am Rhein, Stadt 12 km östlich von Bingen, Rhld.-Pf., 21 100 E. Chem.-pharmazeut. und elektrotechn. Ind., Wein-, Obst- und Spargelanbau. – I. a. R. wurde 1939 durch den Zusammenschluß der Gem. Ober-Ingelheim, Nieder-Ingelheim und Frei-Weinheim gebildet. Der ehem. fränk. Königshof Ingelheim wurde von Karl d. Gr. zur Pfalz ausgebaut; hier fanden bis ins 12. Jh. zahlr. Hof- und Reichstage statt. – Von der Kaiserpfalz sind nur geringe Reste erhalten; spätgot. Burgkirche (15. Jh.) mit roman. Turm.

Ingenhousz (Ingen-Housz), Jan [niederl. ˈɪŋənhuːs], * Breda 8. Dez. 1730, † Bowood (Wiltshire) 7. Sept. 1799, niederl. Arzt und Naturforscher. – Arzt in London und Wien; entdeckte die Photosynthese und Atmung der Pflanzen.

Ingenieur [ɪnʒəniˈøːr; frz., zu ↑ Ingenium], geschützte Berufsbez. für wiss. oder auf wiss. Grundlage ausgebildete Fachleute der Technik. Ausgebildet werden Diplom-I. an den techn. Univ. (TU) und techn. Hochschulen (TH), Fachhochschulen (FH) und an Gesamthochschulen. Zusammenschlüsse: Verein Deutscher Ingenieure e. V. (VDI), Verband Deutscher Elektrotechniker (VDE) u. a.; Dachverbände: Deutscher Verband techn.-wiss. Vereine, Zentralverband der berufsständ. Ingenieurvereine (ZBI e. V.).
In *Österreich* gibt es die Standesbez. Ziviltechniker, untergliedert in Architekt, Zivil-I. und I.konsulent; Voraussetzung ist im allg. eine abgeschlossene Ausbildung an einer östr. höheren techn. Lehranstalt und Berufspraxis. In der *Schweiz* können Ingenieurwiss. auf Hochschulebene an der Eidgenöss. Techn. Hochschule in Zürich und der École Polytechnique in Lausanne studiert werden (Dipl.-Ing.). I.-Techniker haben eine höhere techn. Lehranstalt absolviert.

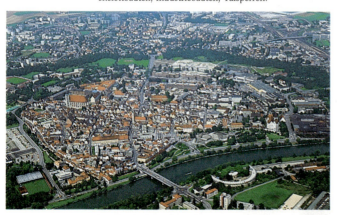

Meinrad Inglin

Ingenieurbauten [ɪnʒəniˈøːr], Bauwerke, die zu ihrer Errichtung die Lösung technisch-konstruktiver und stat. Aufgaben erfordern; z. B. Brücken, Stahl- und Stahlbetonskelettbauten, Industriebauten, Talsperren.

Ingolstadt
Stadtwappen

Ingenieurbiologie [ɪnʒəniˈøːr] (techn. Biologie), die Wiss. von den biolog. Auswirkungen, die durch baul. Veränderungen im Landschaftsgefüge hervorgerufen werden, sowie von der Nutzbarmachung biolog. Erkenntnisse bei notwendigen techn. Eingriffen in die Landschaft. Aufgaben der I. sind u. a. die Erforschung der Verwendbarkeit von Pflanzen als lebende Baumaterialien (zur Befestigung und Sicherung von Böschungen, Bodeneinschnitten, Ufern, Deichen und Dünen) sowie als Bodenerschließer.

Ingenieurgeologie [ɪnʒəniˈøːr] ↑ Geologie.

Ingenieurpsychologie [ɪnʒəniˈøːr], svw. Human engineering (↑ Anthropotechnik).

Ingenieurschulen [ɪnʒəniˈøːr], ehem. höhere techn. Lehranstalten; 1968 umgewandelt in ↑ Fachhochschulen.

Ingenieurwissenschaften [ɪnʒəniˈøːr], zusammenfassende Bez. aller techn. Fachrichtungen, die sich heute zu eigenen Wiss.bereichen entwickelt haben, z. B. Hoch- und Tiefbau, Bergbau, Hüttenwesen, Maschinenbau, Elektrotechnik.

ingeniös [lat.-frz.], erfinderisch, scharfsinnig; **Ingeniosität,** Erfindungsgabe.

Ingenium [lat.], Begabung, Scharfsinn, Erfindungsgeist.

Inger (Schleimfische, Schleimaale, Myxini), Unterklasse der Rundmäuler mit rund 20 Arten, v. a. in den gemäßigten Meeren; Körper aalförmig mit rückgebildeten, von Haut überwachsenen Augen; leben im Sand oder Schlamm eingegraben; Aas- und Kleintierfresser.

Ingermanland, histor. Landschaft in Rußland, zw. Finn. Meerbusen, Newa, Ilmensee und Peipussee. – Das vom westfinn. Stamm der **Ingrier** bewohnte und nach ihm ben. Land gehörte im MA zu Nowgorod, kam 1478 zum Groß-Ft. Moskau, 1617 an Schweden; seit 1721 in russ. Besitz.

Ingestion [lat.], die Aufnahme von Stoffen und Flüssigkeiten in den Körper über Öffnungen (z. B. die Dermalporen der Schwämme). – Ggs. ↑ Egestion.

Inglewood [engl. ˈɪŋlwʊd], Stadt im sw. Vorortbereich von Los Angeles, Kalifornien, USA, 94 000 E. Univ.; Maschinenbau, Raumfahrt-, elektron. Ind.; nahebei der internat. ✈ von Los Angeles. – Seit 1908 City.

Inglin, Meinrad, * Schwyz 28. Juli 1893, † ebd. 4. Dez. 1971, schweizer. Schriftsteller. – Verfasser realist., hintergründiger Romane aus dem schweizer. Volksleben, u. a. „Schweizerspiegel" (1938), „Erlenbüel" (1965); Erzählungen („Die Lawine", 1947).

Ingluvies [...i-ɛs; lat.], in der Zoologie svw. ↑ Kropf.

Ingold, Sir (seit 1958) Christopher [engl. ˈɪŋɡəld], * Ilford (= London) 28. Okt. 1893 † London 8. Dez. 1970, brit. Chemiker. – Prof. in Leeds und London. Beschäftigte sich u. a. mit den Reaktionsmechanismen organ. Verbindungen und untersuchte die Struktur aromat. Verbindungen; einer der Begründer der physikal. organ. Chemie.

Ingolstadt, kreisfreie Stadt a. d. Donau, Bay., 374 m ü. d. M., 96 100 E. Bayer. Armeemuseum, Dt. Medizinhistor. Museum; Theater; wirtschaftswiss. Fakultät der Univ. Eichstätt. Maschinen- und Fahrzeugbau, elektrotechn. und Textilind., Erdölraffinerien (Pipelines vom Mittelmeer). – 806 erstmals erwähnter fränk. Königshof; um 1250 Stadtgründung; 1392–1447 Residenz des Teilhzgt. Bay.-I.; 1472 Gründung der Univ., die ein Zentrum des Humanismus, später der Gegenreformation wurde (1800 nach Landshut verlegt). – Zahlr. Kirchen, u. a. spätgot. Pfarrkirche Zu Unserer Lieben Frau (1425 ff.), Pfarrkirche Sankt Moritz (14. Jh.), got. Minoritenkirche (1275 ff.), barocker Betsaal Sankt Maria Victoria (1732–36). Vom alten Schloß (13. Jh.) ist der sog. Herzogskasten erhalten; spätgot. neues Schloß (15. Jh.). Die Stadtummauerung (14. und 16. Jh.) ist z. T. erhalten sowie Teile der klassizist. Festung (1828–40). Bed. Theaterbau (1966).

Ingredienz (Ingrediens) [lat. „das Hineinkommende"], Zutat (z. B. Gewürz bei Speisen), Bestandteil [eines Medikaments].

Ingres, Jean Auguste Dominique [frz. ɛ̃:gr], * Montauban 29. Aug. 1780, † Paris 14. Jan. 1867, frz. Maler und Zeichner. – Schüler von J. L. David. I. trat zunächst mit Por-

Ingolstadt. Blick auf die Altstadt

träts hervor (Ehepaar und Tochter Rivière, alle drei 1805; Paris, Louvre), darunter Bildnisse Napoleons I. 1808 schuf I. mit der „Badenden von Valpençon" (Louvre) den ersten seiner typ. weibl. Rückenakte. Berühmt wurde er mit religiösen und histor. Kolossalgemälden („Apotheose Homers", 1827; Louvre). Charakteristisch ist sein dünnes, glattes emailleartiges Kolorit und der ausgewogene Aufbau. – *Weitere Werke:* Die große Odaliske (1814; Louvre), Die Quelle (1820–56; Paris, Musée d'Orsay), Das türk. Bad (1862; Louvre).

Jean Auguste Dominique Ingres. Die Badende von Valpençon, 1808 (Paris, Louvre)

Ingression [lat.], das langsame Eindringen des Meeres in festländ. Senkungsräume, Becken oder Täler.

Ingressionsküste, Küste, die durch „ertrunkene" Flußmündungen gekennzeichnet ist, z. B. Fjord-, Fjärd- und Riasküste auf Grund von Meeresspiegelanstieg.

Ingrid Marie ↑Äpfel (Übersicht).

Ingrier [...i-ɛr] ↑Ingermanland.

Ingrisch, Lotte, *Wien 20. Juli 1930, östr. Schriftstellerin. – ∞ mit Gottfried von Einem; v. a. bekannt durch skurrile Theaterstücke und Fernsehspiele voll schwarzen Humors.

Ingroup [engl. 'ɪngru:p] (Eigengruppe), Gruppe, der sich ein Individuum zugehörig und innerlich stark verbunden fühlt und die seine Wert- und Verhaltensorientierung prägt. I. grenzen sich von den **Outgroups** (Fremdgruppen) als den „anderen" ab.

Inguri, Fluß im W Georgiens, entspringt im Großen Kaukasus, durchfließt die Kolchis, mündet ins Schwarze Meer, 213 km lang. Stauwerke.

Inguschen, Volk im N des Großen Kaukasus, in ↑Tschescheno-Inguschetien, Rußland; rd. 186 000 Menschen (Muslime).

Inguschisch ↑kaukasische Sprachen.

Ingwäonen (lat. Ingaevones; Ingäwonen), nach Tacitus eine der großen Stammesgruppen der Germanen, die an der Nordseeküste siedelten; vermutlich ein aus mehreren Stämmen (Kimbern, Teutonen, Chauken, Angeln, Warnen, Sachsen, Friesen, Ampsivarier) gebildeter religiös-polit. Kultverband, der nach dem Recht des german. Gottes Ing lebte.

Ingwer [Sanskrit-griech.-lat., eigtl. „der Hornförmige" (nach der Form der Wurzel)] (Ginger, Zingiber officinale), Art der Ingwergewächse; urspr. verbreitet in O-Asien, heute überall in den Tropen und Subtropen kultiviert; schilfartige Staude mit knolligem, kriechendem Wurzelstock; Blüten grünlichgelb, in bis 5 cm langen, eiförmigen Blütenähren. – ↑Gewürze (Übersicht).

Ingwergewächse (Zingiberaceae, Curcumaceae), Fam. der Einkeimblättrigen mit rd. 1 500 Arten, darunter viele Nutzpflanzen, in den Tropen und Subtropen; ausdauernde Kräuter oder Stauden mit Wurzelstöcken und oft stark verdickten Wurzeln.

INH, Abk. für: **I**so**n**ikotinsäure**h**ydrazid (↑Isoniazid).

Inhaberpapiere ↑Wertpapiere.

Inhaberschuldverschreibung, ein Wertpapier, in dem der Aussteller dem Inhaber eine Leistung verspricht (§ 793 BGB), z. B. Schuldverschreibungen des Bundes oder der Länder, Hypothekenpfandbriefe, Gewinnanteilscheine der AG, Investmentzertifikate. I., in denen die Zahlung einer Geldsumme versprochen wird, dürfen i. d. R. nur mit staatl. Genehmigung in den Verkehr gebracht werden.

Inhalation [zu lat. inhalare „anhauchen"], die Einatmung von Gasen, Dämpfen bzw. Aerosolen zur Therapie von Erkrankungen der Atemwege (v. a. bei Bronchitis und Bronchialasthma).

Inhalt, in der *Logik* svw. ↑Intension.
▷ in der *Sprachwiss.* die ↑Bedeutung oder begriffl. Seite im Gegensatz zur Lautgestalt sprachl. Zeichen.
▷ in der *Mathematik* ↑Flächeninhalt bzw. Rauminhalt oder ↑Volumen.

Inhaltsanalyse (Aussageanalyse), Sammelbez. für ein anwendungs- und formenreiches Untersuchungsverfahren, das die inhaltl. und/oder formalen Charakteristika von Texten – v. a. der Massenmedien – herausarbeitet. Die I. unterscheidet sich von hermeneut. Verfahren der Textinterpretation durch das systemat., i. d. R. quantifizierende Vorgehen, das auf das Auftreten oder Ausbleiben bestimmter Zeichen (Schlüsselworte, bildl. Symbole) bezogen ist. Die I. ist heute in den Sozialwiss. gebräuchlich, um neben der Ermittlung inhaltl. bzw. formaler Strukturen der Aussage auch Ansatzpunkte für Hypothesen über andere Untersuchungsfelder der Massenkommunikation zu ermöglichen.

inhaltsbezogene Sprachbetrachtung ↑Sprachinhaltsforschung.

Inhaltsirrtum ↑Anfechtung.

Inhaltsnormen ↑Tarifvertrag.

Inhaltssatz, Nebensatz, der den wesentl. Inhalt der Gesamtaussage enthält, z. B.: Es stellte sich heraus, *daß er die Banknoten gefunden hatte.*

Inhambane [portugies. iɲɐmˈbɐnɐ], Hafenstadt in S-Moçambique, am Ind. Ozean, 64 000 E. Distr.hauptstadt, kath. Bischofssitz. Nahrungsmittelind., ⚓.

inhärent [lat.], anhaftend, innewohnend.

Inhärenz [zu lat. inhaerere „anhaften"], in der philosoph. Tradition Bez. zur Charakterisierung des Zusammenhanges der Eigenschaften eines Gegenstandes (Akzidenzien) mit diesem Gegenstand (Substanz), um die Unselbständigkeit der Eigenschaften im Unterschied zur Selbständigkeit der Substanzen (deren **Subsistenz**) auszudrücken.

Inhibition [lat.], Hemmung.

Inhibitoren [zu lat. inhibere „hemmen"] (Hemmstoffe), i. w. S. alle Substanzen, die im Ggs. zu den Katalysatoren chem. Vorgänge einschränken oder verhindern (z. B. Antienzyme und Antivitamine, Antioxidantien, Korrosions-I. und Alterungsschutzmittel). In der Biochemie, Physiologie und Medizin sind I. natürl. oder synthet. Substanzen, die bes. auf bestimmte Stoffwechselprozesse in Zellen, Organen und ganzen Organismen hemmend wirken und sie u. U. sogar blockieren. Zu diesen I. zählen z. B. die Zytostatika, die die natürl. Antikörperbildung der Zellen herabsetzen und als sog. *Immun-I.* bei Organtransplantationen verwendet werden. I. e. S. sind I. Substanzen, deren Moleküle sich mit der Wirkgruppe eines Enzymmoleküls verbinden und es dadurch unwirksam machen.

Ingwer (Höhe der Blattsprossen 0,8–1,2 m)

inhomogen, an verschiedenen Punkten unterschiedl. [physikal.] Eigenschaften aufweisend.

inhuman, menschenunwürdig, unmenschlich; **Inhumanität,** unmenschl. Wesen, unmenschl. Handlung.

Inia [indian.] ↑ Flußdelphine.

in infinitum, svw. ↑ ad infinitum.

Inisheer [engl. ɪnɪˈʃɪə] ↑ Aran Islands.

Inishmaan [engl. ɪnɪʃˈmæn] ↑ Aran Islands.

Inishmore [engl. ɪnɪʃˈmɔː] ↑ Aran Islands.

Initial... [zu lat. initium „Anfang"], Bestimmungswort von Zusammensetzungen mit der Bed. „Anfangs...", z. B. Initialzündung.

Initialen [zu lat. initialis „am Anfang stehend"], in Handschriften und Büchern am Kapitelanfang durch Größe, Farbe und Dekor ausgezeichnete Anfangsbuchstaben. In der ma. Buchmalerei kostbare Ausführungen.

Initialen. Initial D aus dem Folchartspsalter, 2. Hälfte des 9. Jh. (Sankt Gallen, Stiftsbibliothek)

Initialsprengstoff ↑ Initialzündung, ↑ Sprengstoffe.

Initialwort, andere Bez. für ↑ Akronym.

Initialzellen, unbegrenzt teilungs- und wachstumsfähige Zellgruppe am Scheitel des Vegetationspunktes pflanzl. Sprosse und Wurzeln.

Initialzündung, Zündung eines schwer entzündl. Sprengstoffs durch einen leicht entzündl., die erforderl. hohe Temperatur liefernden Sprengstoff **(Initialsprengstoff),** z. B. in Granaten durch die Zündladung.

Initiation [zu lat. initiare „den Anfang machen, einführen, einweihen"], Einführung, Einweihung, die am Beginn eines neuen Lebensstandes steht. Sie trägt religiösen Charakter und wird mit Riten begangen, die häufig Tod und Auferstehung (Wiedergeburt) zu neuem Leben symbolisieren (z. B. die christl. Taufe). In spezif. Weise ist der Vollzug von I.riten charakteristisch für den Eintritt in Geheimbünde, in Mysteriengemeinschaften und in totemist. Gruppen. Bei Naturvölkern ist die I. meist mit der Erlangung der Geschlechtsreife verbunden, bei der der Jugend „Übergangsriten", sog. ↑ Rites de Passage, auferlegt werden wie Absonderung, Fastenübungen, Mutproben, religiöse, kult. und sexuelle Unterweisungen sowie die Überprüfung des erworbenen Wissens. Die darauffolgende I.feier wird häufig mit Beschneidung, Maskierung, Zahnverstümmelung oder Tatauierung begangen. – In industriell entwickelten Gesellschaften finden sich Merkmale von I.riten nur noch bei traditionellen Gruppen (z. B. Äquatortaufe), im Bereich der jugendl. Subkultur (z. B. Mutprobe, Einstand) und in einigen Volks-, v. a. Hochzeitsbräuchen.

Initiative [frz., zu lat. initiare „den Anfang machen"], Anstoß, Anregung zu einer Handlung; Entschlußkraft, Unternehmungsgeist.

Initiativrecht, das Recht, den zuständigen Organen Vorlagen für Gesetze zuzuleiten. In Deutschland steht ausschließlich der Bundesreg. das I. für die Einbringung von Haushaltsvorlagen, Ratifikationsgesetzentwürfen zu völkerrechtl. Verträgen und Anträgen auf Feststellung des Verteidigungsfalles zu, während das I. für die Einbringung normaler Gesetzentwürfe, die sog. **Gesetzesinitiative** (Art. 76 GG), auch dem Bundesrat und einzelnen Mitgliedern des Bundestages in Fraktionsstärke eingeräumt ist. Das GG kennt kein I. des Volkes. – Zum I. in *Österreich* und in der *Schweiz* ↑ Gesetzgebungsverfahren.

Initiator [lat. „Beginner"], Anreger, Anstifter; Urheber. ▷ in der *Chemie* eine Substanz, die eine Kettenreaktion auslöst; wird im Ggs. zum Katalysator bei der Reaktion verbraucht.

initiieren [lat.], den Anstoß zu etwas geben, in die Wege leiten, anregen; in ein Amt oder eine Gemeinschaft einführen (↑ Initiation).

Injektion [zu lat. iniectio, eigtl. „das Hineinwerfen"], das Einspritzen von gelösten Arzneimitteln unter Umgehung des Magen-Darm-Kanals (parenteral) in den Organismus mit Hilfe einer I.spritze (bestehend aus Kolben, Zylinder und Kanüle) zu therapeut. oder diagnost. Zwecken. Die wesentl. I.arten sind *subkutan* (unter die Haut), *intramuskulär* (in die Muskulatur), *intravenös* (in die Vene), *intraarteriell* (in die Arterie), *intrakardial* (in eine der Herzhöhlen), *intraperitoneal* (in die Bauchhöhle).

injektive Abbildung [lat./dt.] ↑ Abbildung (Mathematik).

Injektor [lat.], svw. Dampfstrahlpumpe (↑ Pumpen).

Injurie [...i-ɛ; lat.], Beleidigung durch Worte oder Tätlichkeiten.

9783411075416.3